2009
Collector Car
PRICE
GUIDE

Pricing Consultants

Gerald Perschbacher

Angelo Van Bogart

Database Coordinators

Lori Anderson

Justine Bonikowske

Edited by Ron Kowalke, *Old Cars Price Guide*

©2008 Krause Publications

Published by

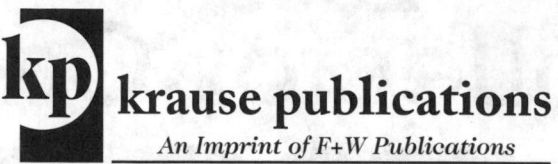

krause publications

An Imprint of F+W Publications

700 East State Street • Iola, WI 54990-0001
715-445-2214 • 888-457-2873
www.krausebooks.com

Our toll-free number to place an order or obtain
a free catalog is (800) 258-0929.

ISSN 1931-9819

ISBN-13: 978-0-89689-626-0

ISBN-10: 0-89689-626-9

Designed by Stacy Bloch

Edited by Ron Kowalke

Printed in United States of America

Table of Contents

FOREIGN CARS

DOMESTIC TRUCKS

FOREIGN TRUCKS

MOTORCYCLES

Introduction

The market for cars more than 15 years old may be stronger than ever. Some buyers of pre-1985 cars are collectors who purchase vehicles that they particularly enjoy, or feel are likely to increase in value the older they get. Other buyers prefer the looks, size, performance, and reliability of what they think of as yesterday's better-built automobiles.

With a typical year 2009 model selling for around $30,000, many Americans find themselves priced out of the new-car market. Late-model used cars are pricey too, although often short on distinctive looks and roominess. The older cars may use more fuel, but their purchase prices are typically a whole lot less.

New cars and late-model used cars tend to depreciate rapidly in value. Many can't tow large trailers or mobile homes. Their high-tech engineering is often expensive to maintain or repair. In contrast, well-kept older cars are mechanically simpler, but often very powerful. In addition, they generally *appreciate* in value as they grow more scarce and collectible. Even insuring them is generally cheaper.

Selecting a car and paying the right price for it are two considerations old-car buyers face. What should you look for when inspecting a collector car to buy? What are some of the pros and cons of buying a collector car at auction? How much can I spend in restoring my collector vehicle without exceeding its current cash value?

The 2009 edition of **Collector Car Price Guide**, from F+W Publications, answers these questions and many more. It shows the most popular models made between 1901 and 2001 and points out what they sell for today in six different, graded conditions.

Contained herein are the same data gathered for publication in **Old Cars Price Guide**, a highly-specialized magazine used by collectors, dealers, appraisers, auctioneers, lenders, and insurers to determine valid pricing levels for older vehicles. Representing up-to-date market research, it is presented in a convenient-sized format that is easy to read, easy to use, and easy to store on your bookshelf.

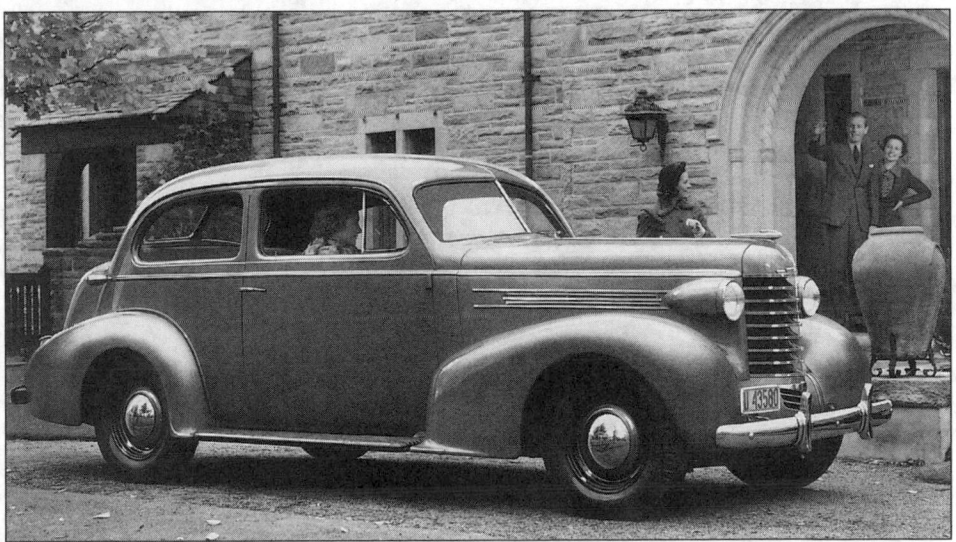

Driving to visit friends, these ladies arrive in a new 1937 Oldsmobile two-door touring sedan. (*Old Cars Weekly* Collection photo)

How old car prices are gathered

Thousands of old cars change hands each year. People who follow these transactions include collectors, collector car dealers and auctioneers. They can often estimate the value of an old car, within a range of plus or minus 10 percent, with amazing accuracy.

Collector Car Price Guide has been produced by F+W Publications of Iola, Wis., a company involved in publishing specialized books and magazines upon which collectors, dealers and auctioneers regularly rely.

Figures listed in this book should be taken as "ballpark" prices. They are amounts that fall within a reasonable range of each car's value to buyers and sellers. The figures are not to be interpreted as "wholesale" or "retail." Rather, they reflect what an informed buyer might pay a knowledgeable seller for his car in an arm's length transaction without duress to either party. Special cases, where nostalgia or other factors enter into the picture, must be judged on an individual basis.

This guide can help you to decide which old car you'd like to own and how much to pay for it based on year, make, model and condition. It provides a consensus of old car values determined by careful research.

Research sources used to compile these data include:
- Advertised asking prices.
- Documented private sales.
- Professional appraisers.
- Collector car auction results.
- **Old Cars Price Guide** advisors.
- Contact with dealers.
- Contact with collectors.
- Networking with value sources.

AMC's muscle car offerings included this potent Rebel "The Machine" hardtop, painted in striking red, white and blue. (*Old Cars Weekly* Collection photo)

Abbreviations

Alphabetical

A/C .... Air Conditioning
Aero .... Aerodynamic
Auto ....Automatic Transmission
A/W or A-W... All-Weather
Berl ....Berline
Brgm .... Brougham
Brn .... Brunn
BT ....Boattail
Bus.................................... Business (as in Bus Cpe)
Cabr ....Cabriolet
C.C. ....Close-Coupled
cid .... Cubic Inch Displacement
Clb..........................Club (as in Clb Cpe/Clb Cab)
Cpe...Coupe
Coll .... Collapsible (as in Semi-Coll)
Cont ....Continental
Conv...Convertible
Ctry...Country
Cus...Custom
DC .... Dual-Cowl
Darr...Darrin
DeL .... Deluxe
Der .... Derham
deV..deVille
DHC...Drop Head Coupe
Dly......................................Delivery (as in Sed Dly)
Dtrch... Dietrich
DuW..Dual Windshield
DW .... Division Window
Encl... Enclosed
FBK..Fastback
FHC .... Fixed Head Coupe
FI...Fuel Injection
FmL..Formal
FWD .... Front-Wheel Drive
GT .... Gran Turismo (Grand Touring)
GW...Gull-Wing
HBk .... Hatchback
Hemi ....Hemispherical-head engine
Hlbrk .... Holbrook
hp..Horsepower
HT ....Hardtop
Imp ....Imperial
IPC .... Indy (Indianapolis) Pace Car
IROC .... International Race of Champions
Jud...Judkins
Lan.. Landau
Lan'let .... Landaulet
LBx...........................Long Box (pickup truck bed)
LeB or Leb...................................... LeBaron
LHD...Left-Hand Drive
Limo...Limousine
Ltd...Limited
Lke .... Locke

LWB .... Long-Wheelbase
Mk..Mark (I, II, III, etc)
O/D ....Overdrive
Opt... Option(s)
OW...Opera Window
P .... Passenger (as in 3P Cpe)
Phae... Phaeton
PU..Pickup Truck
R/A...Ram Air (Pontiac)
Rbt.. Runabout
Rds ....Roadster
Ret .... Retractable
RHD...Right-Hand Drive
Rlstn or Roll.......................................Rollston
R/S .... Rumbleseat
Saloon..................................... British for sedan
SMt(s).. Sidemount(s)
Sednt .... Sedanet
Spds .... Speedster
Spec or Spl ....Special
Spt .... Sport
S/R... Sunroof
Sta Wag ....Station Wagon
Std..Standard
Sub .... Suburban
Sup .... Super
SWB...Short-Wheelbase
T-bird ....Thunderbird
T-top .... T-Top Roof
Trg .... Touring Car (not Targa)
Turbo ....Equipped with turbocharger(s)
Twn .... Town (as in Twn Sed)
V-4, -6, -8 .... V-block engine
Vic..Victoria
W ....Window (as in 3W Cpe)
WW .... Wire Wheels
W'by .... Willoughby
Woodie .... Wood-bodied Car
Wtrhs.. Waterhouse

Numerical

1/2T ....One-Half Ton Truck
2d ....Two-Door (also 4d, 6d, etc.)
2P ....Two-Passenger (also 3P, 4P, etc.)
2S ....Two-Seat (also 3S, 4S, etc.)
2x4V .... Two Four-barrel Carbs
3x2V ....Three Two-barrel Carbs/Tri-Power
3W .... Three-Window (also 4W, 5W, etc.)
4-cyl...............In-Line Four Engine (also 6-, 8-, etc.)
4-Spd.....................................4-Speed Transmission
.... (also 3-, 5-, etc.)
4V ....Four-barrel Carburetor
4x4................................ Four-wheel drive (not FWD)
8/9P .... Eight or Nine Passenger

HOW TO USE THIS PRICE GUIDE

Price estimates are listed for cars in six different states of condition. These conditions (1-6) are illustrated and explained in the **VEHICLE CONDITION SCALE** on the following three pages.

Prices are for complete vehicles; not parts cars, except as noted. Modified-car prices are not included, but can be estimated by figuring the cost of restoring to original condition and adjusting the figures shown here.

Appearing below is a section of chart taken from the **Collector Car Price Guide** price estimate listings to illustrate the following elements:

A. MAKE: The make of car, or marque name, appears in large, boldface type at the beginning of each price section.

B. DESCRIPTION: The extreme left-hand column indicates vehicle year, model name, body type, engine configuration and, in some cases, wheelbase.

C. CONDITION CODE: The six columns to the right are headed by the numbers one through six (1-6) that correspond to the conditions described in the VEHICLE CONDITION SCALE on the following three pages.

D. PRICE: The price estimates, in dollars, appear below their respective condition code headings and across from the vehicle descriptions.

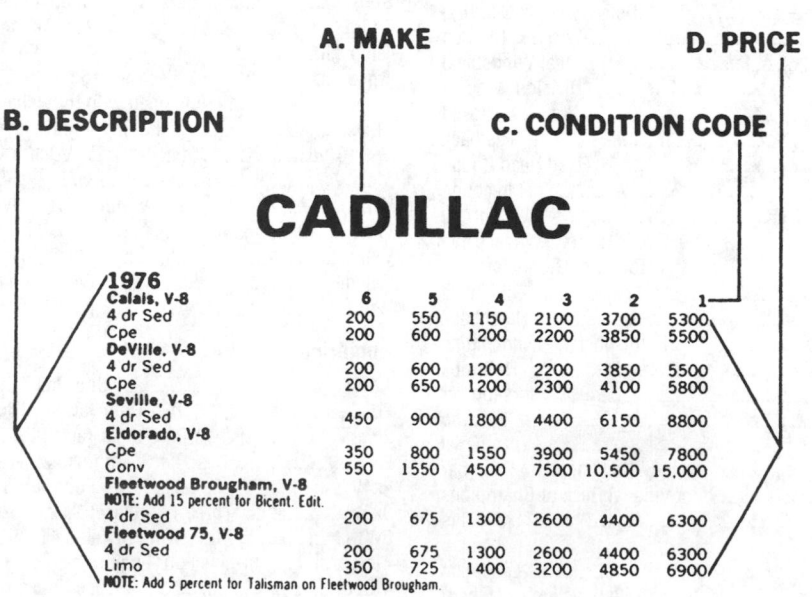

A. MAKE

D. PRICE

B. DESCRIPTION

C. CONDITION CODE

CADILLAC

1976	6	5	4	3	2	1
Calais, V-8						
4 dr Sed	200	550	1150	2100	3700	5300
Cpe	200	600	1200	2200	3850	5500
DeVille, V-8						
4 dr Sed	200	600	1200	2200	3850	5500
Cpe	200	650	1200	2300	4100	5800
Seville, V-8						
4 dr Sed	450	900	1800	4400	6150	8800
Eldorado, V-8						
Cpe	350	800	1550	3900	5450	7800
Conv	550	1550	4500	7500	10,500	15,000
Fleetwood Brougham, V-8						
NOTE: Add 15 percent for Bicent. Edit.						
4 dr Sed	200	675	1300	2600	4400	6300
Fleetwood 75, V-8						
4 dr Sed	200	675	1300	2600	4400	6300
Limo	350	725	1400	3200	4850	6900
NOTE: Add 5 percent for Talisman on Fleetwood Brougham.						

VEHICLE CONDITION SCALE

Excellent

1) EXCELLENT: Restored to current maximum professional standards of quality in every area, or perfect original with components operating and appearing as new. A 95-plus point show vehicle that is not driven.

Fine

2) FINE: Well-restored, or a combination of superior restoration and excellent original. Also, an *extremely* well-maintained original showing very minimal wear.

Very Good

3) VERY GOOD: Completely operable original or "older restoration" showing wear. Also, a good amateur restoration, all presentable and serviceable inside and out. Plus, combinations of well-done restoration and good operable components or a partially restored vehicle with all parts necessary to complete and/or valuable NOS parts.

VEHICLE CONDITION SCALE

Good

4) GOOD: A drivable vehicle needing no or pnly minorj work to be functional. Also, a deteriorated restoration or a very poor amateur restoration. All components may need restoration to be "excellent," but the vehicle is mostly usable "as is."

Restorable

5) RESTORABLE: Needs *complete* restoration of body, chassis and interior. May or may not be running, but isn't weathered, wrecked or stripped to the point of being useful only for parts.

Parts Car

6) PARTS VEHICLE: May or may not be running, but is weathered, wrecked and/or stripped to the point of being useful primarily for parts.

DOMESTIC CAR

	6	5	4	3	2	1

AMC

NOTE: AMC listings follow NASH listings.

AMERICAN AUSTIN-BANTAM

1930-31 American Austin 4-cyl., 15 hp, 75" wb
	6	5	4	3	2	1
2d Rds	680	2,040	3,400	7,650	11,900	17,000
2d Cpe	520	1,560	2,600	5,850	9,100	13,000
2d DeL Cpe	540	1,620	2,700	6,080	9,450	13,500

1932 American Austin 4-cyl., 15 hp, 75" wb
2d Rbt	700	2,050	3,400	7,650	11,900	17,000
2d Bus Cpe	500	1,550	2,600	5,850	9,100	13,000
2d Cabr	700	2,100	3,500	7,880	12,250	17,500
2d Std Cpe	550	1,600	2,650	5,940	9,250	13,200
2d DeL Cpe	550	1,600	2,700	6,080	9,450	13,500

1933 American Austin 4-cyl., 15 hp, 75" wb
2d Rds	700	2,050	3,400	7,650	11,900	17,000
2d Bus Cpe	500	1,550	2,600	5,850	9,100	13,000
2d Spl Cpe	550	1,700	2,800	6,300	9,800	14,000
2d Cpe	550	1,600	2,700	6,080	9,450	13,500

1934 American Austin 4-cyl., 15 hp, 75" wb
2d Bus Cpe	500	1,550	2,600	5,850	9,100	13,000
2d Std Cpe	550	1,600	2,650	5,990	9,300	13,300
2d DeL Cpe	550	1,600	2,700	6,080	9,450	13,500

1935 American Austin 4-cyl., 15 hp, 75" wb
2d Bus Cpe	500	1,500	2,500	5,630	8,750	12,500
2d Std Cpe	500	1,550	2,600	5,850	9,100	13,000
2d DeL Cpe	550	1,600	2,700	6,080	9,450	13,500

1938 American Bantam Model 60, 4-cyl., 19 hp, 75" wb
2d Rds	650	1,900	3,200	7,200	11,200	16,000
2d Cpe	500	1,500	2,500	5,630	8,750	12,500

1939 American Bantam Model 60, 4-cyl., 20 hp, 75" wb
2d Std Cpe	500	1,450	2,400	5,400	8,400	12,000
2d Std Rds	600	1,850	3,100	6,980	10,900	15,500
2d Spl Cpe	500	1,500	2,500	5,630	8,750	12,500
2d Spl Rds	650	2,000	3,300	7,430	11,600	16,500
2d Spds	740	2,220	3,700	8,330	12,950	18,500
2d DeL Cpe	500	1,550	2,600	5,850	9,100	13,000
2d DeL Rds	700	2,150	3,600	8,100	12,600	18,000
2d DeL Spds	750	2,300	3,800	8,550	13,300	19,000
2d Sta Wag	640	1,920	3,200	7,200	11,200	16,000

1940-41 American Bantam Model 65, 4-cyl., 22 hp, 75" wb
2d Std Cpe	480	1,440	2,400	5,400	8,400	12,000
2d Master Cpe	500	1,500	2,500	5,630	8,750	12,500
2d Master Rds	680	2,040	3,400	7,650	11,900	17,000
2d Conv Cpe	600	1,800	3,000	6,750	10,500	15,000
2d Conv Sed	700	2,100	3,500	7,880	12,250	17,500
2d Sta Wag	680	2,040	3,400	7,650	11,900	17,000

AUBURN

1904 Model A
Tr	1,320	3,960	6,600	14,850	23,100	33,000

1905 Model B, 2-cyl.
Tr	1,280	3,840	6,400	14,400	22,400	32,000

1906 Model C, 2-cyl.
Tr	1,280	3,840	6,400	14,400	22,400	32,000

1907 Model D, 2-cyl.
Tr	1,280	3,840	6,400	14,400	22,400	32,000

1908 Model G, 2-cyl., 24 hp
Tr	1,280	3,840	6,400	14,400	22,400	32,000

1908 Model H, 2-cyl.
Tr	1,320	3,960	6,600	14,850	23,100	33,000

1908 Model K, 2-cyl.
Rbt	1,360	4,080	6,800	15,300	23,800	34,000

1909 Model G, 2-cyl., 24 hp
Tr	1,320	3,960	6,600	14,850	23,100	33,000

1909 Model H, 2-cyl.
Tr	1,320	3,960	6,600	14,850	23,100	33,000

1909 Model K
Rbt	1,280	3,840	6,400	14,400	22,400	32,000

AUBURN

AUBURN

	6	5	4	3	2	1
1909 Model B, 4-cyl., 25-30 hp						
Tr.	1,280	3,840	6,400	14,400	22,400	32,000
1909 Model C, 4-cyl.						
Tr.	1,360	4,080	6,800	15,300	23,800	34,000
1909 Model D, 4-cyl.						
Rbt.	1,400	4,200	7,000	15,750	24,500	35,000
1910 Model G, 2-cyl., 24 hp						
Tr.	1,240	3,720	6,200	13,950	21,700	31,000
1910 Model H, 2-cyl.						
Tr.	1,280	3,840	6,400	14,400	22,400	32,000
1910 Model K, 2-cyl.						
Rbt.	1,320	3,960	6,600	14,850	23,100	33,000
1910 Model B, 4-cyl., 25-30 hp						
Tr.	1,320	3,960	6,600	14,850	23,100	33,000
1910 Model C, 4-cyl.						
Tr.	1,280	3,840	6,400	14,400	22,400	32,000
1910 Model D, 4-cyl.						
Rbt.	1,320	3,960	6,600	14,850	23,100	33,000
1910 Model X, 4-cyl., 35-40 hp						
Tr.	1,320	3,960	6,600	14,850	23,100	33,000
1910 Model R, 4-cyl.						
Tr.	1,360	4,080	6,800	15,300	23,800	34,000
1910 Model S, 4-cyl.						
Rds	1,360	4,080	6,800	15,300	23,800	34,000
1911 Model G, 2-cyl., 24 hp						
Tr.	1,240	3,720	6,200	13,950	21,700	31,000
1911 Model K, 2-cyl.						
Rbt.	1,280	3,840	6,400	14,400	22,400	32,000
1911 Model L, 4-cyl., 25-30 hp						
Tr.	1,280	3,840	6,400	14,400	22,400	32,000
1911 Model F, 4-cyl.						
Tr.	1,280	3,840	6,400	14,400	22,400	32,000
1911 Model N, 4-cyl., 40 hp						
Tr.	1,320	3,960	6,600	14,850	23,100	33,000
1911 Model Y, 4-cyl.						
Tr.	1,280	3,840	6,400	14,400	22,400	32,000
1911 Model T, 4-cyl.						
Tr.	1,280	3,840	6,400	14,400	22,400	32,000
1911 Model M, 4-cyl.						
Rds	1,320	3,960	6,600	14,850	23,100	33,000
1912 Model 6-50, 6-cyl.						
Tr.	1,360	4,080	6,800	15,300	23,800	34,000
1912 Model 40H, 4-cyl., 35-40 hp						
Tr.	1,280	3,840	6,400	14,400	22,400	32,000
1912 Model 40M, 4-cyl., 35-40 hp						
Rds	1,280	3,840	6,400	14,400	22,400	32,000
1912 Model 40N, 4-cyl., 35-40 hp						
Tr.	1,320	3,960	6,600	14,850	23,100	33,000
1912 Model 35L, 4-cyl., 30 hp						
Tr.	1,240	3,720	6,200	13,950	21,700	31,000
1912 Model 30L, 4-cyl., 30 hp						
Rds	1,280	3,840	6,400	14,400	22,400	32,000
Tr.	1,320	3,960	6,600	14,850	23,100	33,000
1913 Model 33M, 4-cyl., 33 hp						
Rds	1,320	3,960	6,600	14,850	23,100	33,000
1913 Model 33L, 4-cyl., 33 hp						
Tr.	1,360	4,080	6,800	15,300	23,800	34,000
1913 Model 40A, 4-cyl., 40 hp						
Rds	1,360	4,080	6,800	15,300	23,800	34,000
1913 Model 40L, 4-cyl.						
Tr.	1,400	4,200	7,000	15,750	24,500	35,000
1913 Model 45, 6-cyl., 45 hp						
Tr.	1,400	4,200	7,000	15,750	24,500	35,000
1913 Model 45B, 6-cyl., 45 hp						
Rds	1,360	4,080	6,800	15,300	23,800	34,000
T&C	1,240	3,720	6,200	13,950	21,700	31,000
Cpe	1,200	3,600	6,000	13,500	21,000	30,000
1913 Model 50, 6-cyl., 50 hp						
Tr.	1,440	4,320	7,200	16,200	25,200	36,000
1914 Model 4-40, 4-cyl., 40 hp						
Rds	1,240	3,720	6,200	13,950	21,700	31,000
Tr.	1,280	3,840	6,400	14,400	22,400	32,000
Cpe	1,080	3,240	5,400	12,150	18,900	27,000
1914 Model 4-41, 4-cyl., 40 hp						
Tr.	1,320	3,960	6,600	14,850	23,100	33,000
1914 Model 6-45, 6-cyl., 45 hp						
Rds	1,320	3,960	6,600	14,850	23,100	33,000
Tr.	1,360	4,080	6,800	15,300	23,800	34,000
1914 Model 6-46, 6-cyl., 45 hp						
Tr.	1,400	4,200	7,000	15,750	24,500	35,000

	6	5	4	3	2	1
1915 Model 4-36, 4-cyl., 36 hp						
Rds	1,240	3,720	6,200	13,950	21,700	31,000
Tr	1,280	3,840	6,400	14,400	22,400	32,000
1915 Model 4-43, 4-cyl., 43 hp						
Rds	1,280	3,840	6,400	14,400	22,400	32,000
Tr	1,320	3,960	6,600	14,850	23,100	33,000
1915 Model 6-40, 6-cyl., 50 hp						
Rds	1,360	4,080	6,800	15,300	23,800	34,000
Tr	1,400	4,200	7,000	15,750	24,500	35,000
Cpe	1,120	3,360	5,600	12,600	19,600	28,000
1915 Model 6-47, 6-cyl., 47 hp						
Rds	1,320	3,960	6,600	14,850	23,100	33,000
Tr	1,360	4,080	6,800	15,300	23,800	34,000
1916 Model 4-38, 4-cyl., 38 hp						
Rds	1,280	3,840	6,400	14,400	22,400	32,000
Tr	1,320	3,960	6,600	14,850	23,100	33,000
1916 Model 6-38						
Rds	1,320	3,960	6,600	14,850	23,100	33,000
Tr	1,360	4,080	6,800	15,300	23,800	34,000
1916 Model 6-40, 6-cyl., 40 hp						
Rds	1,400	4,200	7,000	15,750	24,500	35,000
Tr	1,440	4,320	7,200	16,200	25,200	36,000
1916 Model Union 4-36, 6-cyl., 36 hp						
Tr	1,400	4,200	7,000	15,750	24,500	35,000
1917 Model 6-39, 6-cyl., 39 hp						
Rds	1,200	3,600	6,000	13,500	21,000	30,000
Tr	1,240	3,720	6,200	13,950	21,700	31,000
1917 Model 6-44, 6-cyl., 44 hp						
Rds	1,240	3,720	6,200	13,950	21,700	31,000
Tr	1,280	3,840	6,400	14,400	22,400	32,000
1917 Model 4-36, 4-cyl., 36 hp						
Rds	1,160	3,480	5,800	13,050	20,300	29,000
Tr	1,200	3,600	6,000	13,500	21,000	30,000
1918 Model 6-39, 6-cyl.						
Tr	1,120	3,360	5,600	12,600	19,600	28,000
Rds	1,120	3,360	5,600	12,600	19,600	28,000
Spt Tr	1,160	3,480	5,800	13,050	20,300	29,000
1918 Model 6-44, 6-cyl.						
Tr	1,120	3,360	5,600	12,600	19,600	28,000
Rds	1,120	3,360	5,600	12,600	19,600	28,000
Spt Tr	1,160	3,480	5,800	13,050	20,300	29,000
Sed	800	2,400	4,000	9,000	14,000	20,000
1919 Model 6-39						
Tr	1,120	3,360	5,600	12,600	19,600	28,000
Rds	1,120	3,360	5,600	12,600	19,600	28,000
Cpe	720	2,160	3,600	8,100	12,600	18,000
Sed	760	2,280	3,800	8,550	13,300	19,000
1920 Model 6-39, 6-cyl.						
Tr	1,120	3,360	5,600	12,600	19,600	28,000
Spt Tr	1,160	3,480	5,800	13,050	20,300	29,000
Rds	1,160	3,480	5,800	13,050	20,300	29,000
Sed	840	2,520	4,200	9,450	14,700	21,000
Cpe	880	2,640	4,400	9,900	15,400	22,000
1921 Model 6-39						
Tr	1,120	3,360	5,600	12,600	19,600	28,000
Spt Tr	1,200	3,600	6,000	13,500	21,000	30,000
Rds	1,200	3,600	6,000	13,500	21,000	30,000
Cabr	1,200	3,600	6,000	13,500	21,000	30,000
Sed	840	2,520	4,200	9,450	14,700	21,000
Cpe	880	2,640	4,400	9,900	15,400	22,000
1922 Model 6-51, 6-cyl.						
Tr	1,160	3,480	5,800	13,050	20,300	29,000
Rds	1,200	3,600	6,000	13,500	21,000	30,000
Spt Tr	1,200	3,600	6,000	13,500	21,000	30,000
Sed	840	2,520	4,200	9,450	14,700	21,000
Cpe	880	2,640	4,400	9,900	15,400	22,000
1923 Model 6-43, 6-cyl.						
Tr	1,200	3,600	6,000	13,500	21,000	30,000
Sed	800	2,400	4,000	9,000	14,000	20,000
1923 Model 6-63, 6-cyl.						
Tr	1,240	3,720	6,200	13,950	21,700	31,000
Spt Tr	1,280	3,840	6,400	14,400	22,400	32,000
Brgm	840	2,520	4,200	9,450	14,700	21,000
Sed	800	2,400	4,000	9,000	14,000	20,000
1923 Model 6-51, 6-cyl.						
Phae	1,280	3,840	6,400	14,400	22,400	32,000
Tr	1,240	3,720	6,200	13,950	21,700	31,000
Spt Tr	1,320	3,960	6,600	14,850	23,100	33,000

AUBURN

	6	5	4	3	2	1
Brgm	880	2,640	4,400	9,900	15,400	22,000
Sed	840	2,520	4,200	9,450	14,700	21,000
1924 Model 6-43, 6-cyl.						
Tr.	1,200	3,600	6,000	13,500	21,000	30,000
Spt Tr	1,240	3,720	6,200	13,950	21,700	31,000
Sed	800	2,400	4,000	9,000	14,000	20,000
Cpe	840	2,520	4,200	9,450	14,700	21,000
2d	800	2,400	4,000	9,000	14,000	20,000
1924 Model 6-63, 6-cyl.						
Tr.	1,240	3,720	6,200	13,950	21,700	31,000
Spt Tr	1,320	3,960	6,600	14,850	23,100	33,000
Sed	840	2,520	4,200	9,450	14,700	21,000
Brgm	880	2,640	4,400	9,900	15,400	22,000
1925 Model 8-36, 8-cyl.						
Tr.	1,440	4,320	7,200	16,200	25,200	36,000
2d Brgm	800	2,400	4,000	9,000	14,000	20,000
4d Sed	800	2,400	4,000	9,000	14,000	20,000
1925 Model 6-43, 6-cyl.						
Phae	1,360	4,080	6,800	15,300	23,800	34,000
Spt Phae	1,400	4,200	7,000	15,750	24,500	35,000
Cpe	880	2,640	4,400	9,900	15,400	22,000
4d Sed	840	2,520	4,200	9,450	14,700	21,000
2d Sed	800	2,400	4,000	9,000	14,000	20,000
1925 Model 6-66, 6-cyl.						
Rds	1,360	4,080	6,800	15,300	23,800	34,000
Brgm	760	2,280	3,800	8,550	13,300	19,000
4d	800	2,400	4,000	9,000	14,000	20,000
Tr.	1,400	4,200	7,000	15,750	24,500	35,000
1925 Model 8-88, 8-cyl.						
Rds	1,400	4,200	7,000	15,750	24,500	35,000
4d Sed 5P	840	2,520	4,200	9,450	14,700	21,000
4d Sed 7P	840	2,520	4,200	9,450	14,700	21,000
Brgm	800	2,400	4,000	9,000	14,000	20,000
Tr.	1,400	4,200	7,000	15,750	24,500	35,000
1926 Model 4-44, 4-cyl., 42 hp						
Tr.	1,320	3,960	6,600	14,850	23,100	33,000
Rds	1,360	4,080	6,800	15,300	23,800	34,000
Cpe	1,040	3,120	5,200	11,700	18,200	26,000
4d Sed	1,000	3,000	5,000	11,250	17,500	25,000
1926 Model 6-66, 6-cyl., 48 hp						
Rds	1,480	4,440	7,400	16,650	25,900	37,000
Tr.	1,440	4,320	7,200	16,200	25,200	36,000
Brgm	1,000	3,000	5,000	11,250	17,500	25,000
4d Sed	1,040	3,120	5,200	11,700	18,200	26,000
Cpe	1,080	3,240	5,400	12,150	18,900	27,000
1926 Model 8-88, 8-cyl., 88 hp, 129" wb						
Rds	1,560	4,680	7,800	17,550	27,300	39,000
Tr.	1,520	4,560	7,600	17,100	26,600	38,000
Cpe	1,120	3,360	5,600	12,600	19,600	28,000
Brgm	1,040	3,120	5,200	11,700	18,200	26,000
5P Sed	1,040	3,120	5,200	11,700	18,200	26,000
7P Sed	1,060	3,180	5,300	11,930	18,550	26,500
1926 Model 8-88, 8-cyl., 88 hp, 146" wb						
7P Sed	1,080	3,240	5,400	12,150	18,900	27,000
1927 Model 6-66, 6-cyl., 66 hp						
Rds	1,480	4,440	7,400	16,650	25,900	37,000
Tr.	1,440	4,320	7,200	16,200	25,200	36,000
Brgm	1,040	3,120	5,200	11,700	18,200	26,000
Sed	1,080	3,240	5,400	12,150	18,900	27,000
1927 Model 8-77, 8-cyl., 77 hp						
Rds	1,520	4,560	7,600	17,100	26,600	38,000
Tr.	1,480	4,440	7,400	16,650	25,900	37,000
Brgm	1,080	3,240	5,400	12,150	18,900	27,000
Sed	1,080	3,240	5,400	12,150	18,900	27,000
1927 Model 8-88, 8-cyl., 88 hp, 129" wb						
Tr.	1,600	4,800	8,000	18,000	28,000	40,000
Rds	1,640	4,920	8,200	18,450	28,700	41,000
Cpe	1,160	3,480	5,800	13,050	20,300	29,000
Brgm	1,040	3,120	5,200	11,700	18,200	26,000
Sed	1,040	3,120	5,200	11,700	18,200	26,000
Spt Sed	1,080	3,240	5,400	12,150	18,900	27,000
1927 Model 8-88, 8-cyl., 88 hp, 146" wb						
7P Sed	1,080	3,240	5,400	12,150	18,900	27,000
Tr.	1,640	4,920	8,200	18,450	28,700	41,000
1928 Model 6-66, 6-cyl., 66 hp						
Rds	1,640	4,920	8,200	18,450	28,700	41,000
Cabr	1,600	4,800	8,000	18,000	28,000	40,000
Sed	1,040	3,120	5,200	11,700	18,200	26,000
Spt Sed	1,080	3,240	5,400	12,150	18,900	27,000

	6	5	4	3	2	1
1928 Model 8-77, 8-cyl., 77 hp						
Rds	1,680	5,040	8,400	18,900	29,400	42,000
Cabr	1,640	4,920	8,200	18,450	28,700	41,000
Sed	1,080	3,240	5,400	12,150	18,900	27,000
Spt Sed	1,120	3,360	5,600	12,600	19,600	28,000
1928 Model 8-88, 8-cyl., 88 hp						
Rds	1,720	5,160	8,600	19,350	30,100	43,000
Tr	1,680	5,040	8,400	18,900	29,400	42,000
Cabr	1,680	5,040	8,400	18,900	29,400	42,000
Sed	1,080	3,240	5,400	12,150	18,900	27,000
Spt Sed	1,120	3,360	5,600	12,600	19,600	28,000
1928 Model 8-88, 8-cyl., 88 hp, 136" wb						
7P Sed	1,360	4,080	6,800	15,300	23,800	34,000
1928 SECOND SERIES Model 76, 6-cyl.						
Rds	1,880	5,640	9,400	21,150	32,900	47,000
Cabr	1,800	5,400	9,000	20,250	31,500	45,000
Sed	1,120	3,360	5,600	12,600	19,600	28,000
Spt Sed	1,160	3,480	5,800	13,050	20,300	29,000
1928 Model 88, 8-cyl.						
Spds	3,920	11,760	19,600	44,100	68,600	98,000
Rds	2,160	6,480	10,800	24,300	37,800	54,000
Cabr	1,800	5,400	9,000	20,250	31,500	45,000
Sed	1,120	3,360	5,600	12,600	19,600	28,000
Spt Sed	1,160	3,480	5,800	13,050	20,300	29,000
Phae	2,080	6,240	10,400	23,400	36,400	52,000
1928 Model 115, 8-cyl.						
Spds	4,080	12,240	20,400	45,900	71,400	102,000
Rds	2,280	6,840	11,400	25,650	39,900	57,000
Cabr	2,040	6,120	10,200	22,950	35,700	51,000
Sed	1,200	3,600	6,000	13,500	21,000	30,000
Spt Sed	1,240	3,720	6,200	13,950	21,700	31,000
Phae	2,200	6,600	11,000	24,750	38,500	55,000
1929 Model 76, 6-cyl.						
Rds	2,000	6,000	10,000	22,500	35,000	50,000
Tr	1,920	5,760	9,600	21,600	33,600	48,000
Cabr	1,880	5,640	9,400	21,150	32,900	47,000
Vic	1,280	3,840	6,400	14,400	22,400	32,000
Sed	1,120	3,360	5,600	12,600	19,600	28,000
Spt Sed	1,160	3,480	5,800	13,050	20,300	29,000
1929 Model 88, 8-cyl.						
Spds	4,560	13,680	22,800	51,300	79,800	114,000
Rds	3,200	9,600	16,000	36,000	56,000	80,000
Tr	2,600	7,800	13,000	29,250	45,500	65,000
Cabr	2,720	8,160	13,600	30,600	47,600	68,000
Vic	1,360	4,080	6,800	15,300	23,800	34,000
Sed	1,120	3,360	5,600	12,600	19,600	28,000
Spt Sed	1,160	3,480	5,800	13,050	20,300	29,000
Phae	2,800	8,400	14,000	31,500	49,000	70,000
1929 Model 115, 8-cyl.						
Spds	5,160	15,480	25,800	58,050	90,300	129,000
Rds	3,360	10,080	16,800	37,800	58,800	84,000
Cabr	2,800	8,400	14,000	31,500	49,000	70,000
Vic	1,400	4,200	7,000	15,750	24,500	35,000
Sed	1,120	3,360	5,600	12,600	19,600	28,000
Spt Sed	1,200	3,600	6,000	13,500	21,000	30,000
Phae	3,200	9,600	16,000	36,000	56,000	80,000
1929 Model 6-80, 6-cyl.						
Tr	2,520	7,560	12,600	28,350	44,100	63,000
Cabr	2,560	7,680	12,800	28,800	44,800	64,000
Vic	1,200	3,600	6,000	13,500	21,000	30,000
Sed	1,120	3,360	5,600	12,600	19,600	28,000
Spt Sed	1,160	3,480	5,800	13,050	20,300	29,000
1929 Model 8-90, 8-cyl.						
Spds	5,160	15,480	25,800	58,050	90,300	129,000
Tr	3,240	9,720	16,200	36,450	56,700	81,000
Cabr	3,400	10,200	17,000	38,250	59,500	85,000
Phae	3,600	10,800	18,000	40,500	63,000	90,000
Vic	1,400	4,200	7,000	15,750	24,500	35,000
Sed	1,160	3,480	5,800	13,050	20,300	29,000
Spt Sed	1,200	3,600	6,000	13,500	21,000	30,000
1929 Model 120, 8-cyl.						
Spds	5,760	17,280	28,800	64,800	100,800	144,000
Cabr	3,560	10,680	17,800	40,050	62,300	89,000
Phae	3,640	10,920	18,200	40,950	63,700	91,000
Vic	1,480	4,440	7,400	16,650	25,900	37,000
Sed	1,200	3,600	6,000	13,500	21,000	30,000
7P Sed	1,280	3,840	6,400	14,400	22,400	32,000
Spt Sed	1,240	3,720	6,200	13,950	21,700	31,000

	6	5	4	3	2	1
1930 Model 6-85, 6-cyl.						
Cabr	3,480	10,440	17,400	39,150	60,900	87,000
Sed	1,200	3,600	6,000	13,500	21,000	30,000
Spt Sed	1,240	3,720	6,200	13,950	21,700	31,000
1930 Model 8-95, 8-cyl.						
Cabr	3,520	10,560	17,600	39,600	61,600	88,000
Phae	3,600	10,800	18,000	40,500	63,000	90,000
Sed	1,280	3,840	6,400	14,400	22,400	32,000
Spt Sed	1,320	3,960	6,600	14,850	23,100	33,000
1930 Model 125, 8-cyl.						
Cabr	3,600	10,800	18,000	40,500	63,000	90,000
Phae	3,680	11,040	18,400	41,400	64,400	92,000
Sed	1,320	3,960	6,600	14,850	23,100	33,000
Spt Sed	1,360	4,080	6,800	15,300	23,800	34,000
1931 Model 8-98, 8-cyl., Standard, 127" wb						
Spds	5,400	16,200	27,000	60,750	94,500	135,000
Cabr	3,720	11,160	18,600	41,850	65,100	93,000
Phae	3,800	11,400	19,000	42,750	66,500	95,000
Cpe	1,360	4,080	6,800	15,300	23,800	34,000
2d Brgm	1,240	3,720	6,200	13,950	21,700	31,000
5P Sed	1,280	3,840	6,400	14,400	22,400	32,000
1931 Model 8-98, 8-cyl., 136" wb						
7P Sed	1,320	3,960	6,600	14,850	23,100	33,000
1931 Model 8-98A, 8-cyl., Custom, 127" wb						
Spds	5,600	16,800	28,000	63,000	98,000	140,000
Cabr	4,160	12,480	20,800	46,800	72,800	104,000
Phae	4,240	12,720	21,200	47,700	74,200	106,000
Cpe	1,520	4,560	7,600	17,100	26,600	38,000
2d Brgm	1,400	4,200	7,000	15,750	24,500	35,000
4d Sed	1,440	4,320	7,200	16,200	25,200	36,000
1931 Model 8-98, 8-cyl., 136" wb						
7P Sed	1,520	4,560	7,600	17,100	26,600	38,000
1932 Model 8-100, 8-cyl., Custom, 127" wb						
Spds	6,000	18,000	30,000	67,500	105,000	150,000
Cabr	4,280	12,840	21,400	48,150	74,900	107,000
Phae	4,400	13,200	22,000	49,500	77,000	110,000
Cpe	1,560	4,680	7,800	17,550	27,300	39,000
2d Brgm	1,440	4,320	7,200	16,200	25,200	36,000
4d Sed	1,480	4,440	7,400	16,650	25,900	37,000
1932 Model 8-100, 8-cyl., 136" wb						
7P Sed	1,600	4,800	8,000	18,000	28,000	40,000
1932 Model 8-100A, 8-cyl., Custom Dual Ratio, 127" wb						
Spds	7,200	21,600	36,000	81,000	126,000	180,000
Cabr	5,320	15,960	26,600	59,850	93,100	133,000
Phae	5,520	16,560	27,600	62,100	96,600	138,000
Cpe	1,680	5,040	8,400	18,900	29,400	42,000
2d Brgm	1,520	4,560	7,600	17,100	26,600	38,000
4d Sed	1,560	4,680	7,800	17,550	27,300	39,000
1932 Model 8-100A, 8-cyl., 136" wb						
7P Sed	1,680	5,040	8,400	18,900	29,400	42,000
1932 Model 12-160, 12-cyl., Standard						
Spds	7,800	23,400	39,000	87,750	136,500	195,000
Cabr	5,960	17,880	29,800	67,050	104,300	149,000
Phae	6,160	18,480	30,800	69,300	107,800	154,000
Cpe	1,960	5,880	9,800	22,050	34,300	49,000
2d Brgm	1,520	4,560	7,600	17,100	26,600	38,000
4d Sed	1,560	4,680	7,800	17,550	27,300	39,000
1932 Model 12-160A, 12-cyl., Custom Dual Ratio						
Spds	8,200	24,600	41,000	92,250	143,500	205,000
Cabr	6,520	19,560	32,600	73,350	114,100	163,000
Phae	6,760	20,280	33,800	76,050	118,300	169,000
Cpe	2,280	6,840	11,400	25,650	39,900	57,000
2d Brgm	1,720	5,160	8,600	19,350	30,100	43,000
4d Sed	1,760	5,280	8,800	19,800	30,800	44,000
1933 Model 8-101, 8-cyl., Standard, 127" wb						
Spds	5,800	17,400	29,000	65,250	101,500	145,000
Cabr	3,800	11,400	19,000	42,750	66,500	95,000
Phae	3,880	11,640	19,400	43,650	67,900	97,000
Cpe	1,440	4,320	7,200	16,200	25,200	36,000
2d Brgm	1,240	3,720	6,200	13,950	21,700	31,000
4d Sed	1,280	3,840	6,400	14,400	22,400	32,000
1933 Model 8-101, 8-cyl., 136" wb						
7P Sed	1,320	3,960	6,600	14,850	23,100	33,000
1933 Model 8-101A, 8-cyl., Custom Dual Ratio, 127" wb						
Spds	5,920	17,760	29,600	66,600	103,600	148,000
Cabr	3,880	11,640	19,400	43,650	67,900	97,000
Phae	3,960	11,880	19,800	44,550	69,300	99,000
Cpe	1,600	4,800	8,000	18,000	28,000	40,000

	6	5	4	3	2	1
2d Brgm	1,320	3,960	6,600	14,850	23,100	33,000
4d Sed	1,360	4,080	6,800	15,300	23,800	34,000
1933 Model 8-101A, 8-cyl., 136" wb						
7P Sed	1,440	4,320	7,200	16,200	25,200	36,000
1933 Model 8-105, 8-cyl., Salon Dual Ratio						
Spds	6,200	18,600	31,000	69,750	108,500	155,000
Cabr	4,560	13,680	22,800	51,300	79,800	114,000
Phae	4,640	13,920	23,200	52,200	81,200	116,000
2d Brgm	1,520	4,560	7,600	17,100	26,600	38,000
4d Sed	1,440	4,320	7,200	16,200	25,200	36,000
1933 Model 12-161, 12-cyl., Standard						
Spds	6,440	19,320	32,200	72,450	112,700	161,000
Cabr	5,400	16,200	27,000	60,750	94,500	135,000
Phae	5,520	16,560	27,600	62,100	96,600	138,000
Cpe	1,760	5,280	8,800	19,800	30,800	44,000
2d Brgm	1,560	4,680	7,800	17,550	27,300	39,000
4d Sed	1,600	4,800	8,000	18,000	28,000	40,000
1933 Model 12-161A, 12-cyl., Custom Dual Ratio						
Spds	7,240	21,720	36,200	81,450	126,700	181,000
Cabr	5,680	17,040	28,400	63,900	99,400	142,000
Phae	5,800	17,400	29,000	65,250	101,500	145,000
Cpe	1,920	5,760	9,600	21,600	33,600	48,000
2d Brgm	1,720	5,160	8,600	19,350	30,100	43,000
4d Sed	1,840	5,520	9,200	20,700	32,200	46,000
1933 Model 12-165, 12-cyl., Salon Dual Ratio						
Spds	7,680	23,040	38,400	86,400	134,400	192,000
Cabr	6,000	18,000	30,000	67,500	105,000	150,000
Phae	6,120	18,360	30,600	68,850	107,100	153,000
2d Brgm	1,840	5,520	9,200	20,700	32,200	46,000
4d Sed	1,880	5,640	9,400	21,150	32,900	47,000
1934 Model 652X, 6-cyl., Standard						
Cabr	2,760	8,280	13,800	31,050	48,300	69,000
2d Brgm	1,000	3,000	5,000	11,250	17,500	25,000
4d Sed	1,040	3,120	5,200	11,700	18,200	26,000
1934 Model 652Y, 6-cyl., Custom						
Cabr	3,240	9,720	16,200	36,450	56,700	81,000
Phae	3,400	10,200	17,000	38,250	59,500	85,000
2d Brgm	1,520	4,560	7,600	17,100	26,600	38,000
4d Sed	1,480	4,440	7,400	16,650	25,900	37,000
1934 Model 850X, 8-cyl., Standard						
Cabr	3,400	10,200	17,000	38,250	59,500	85,000
2d Brgm	1,560	4,680	7,800	17,550	27,300	39,000
4d Sed	1,520	4,560	7,600	17,100	26,600	38,000
1934 Model 850Y, 8-cyl., Dual Ratio						
Cabr	3,720	11,160	18,600	41,850	65,100	93,000
Phae	3,840	11,520	19,200	43,200	67,200	96,000
2d Brgm	1,760	5,280	8,800	19,800	30,800	44,000
4d Sed	1,880	5,640	9,400	21,150	32,900	47,000
1934 Model 1250, 12-cyl., Salon Dual Ratio						
Cabr	6,080	18,240	30,400	68,400	106,400	152,000
Phae	6,240	18,720	31,200	70,200	109,200	156,000
2d Brgm	1,880	5,640	9,400	21,150	32,900	47,000
4d Sed	1,920	5,760	9,600	21,600	33,600	48,000
1935 Model 6-653, 6-cyl., Standard						
Cabr	3,080	9,240	15,400	34,650	53,900	77,000
Phae	3,200	9,600	16,000	36,000	56,000	80,000
Cpe	1,560	4,680	7,800	17,550	27,300	39,000
2d Brgm	1,480	4,440	7,400	16,650	25,900	37,000
4d Sed	1,520	4,560	7,600	17,100	26,600	38,000
1935 Model 6-653, 6-cyl., Custom Dual Ratio						
Cabr	3,400	10,200	17,000	38,250	59,500	85,000
Phae	3,520	10,560	17,600	39,600	61,600	88,000
Cpe	1,640	4,920	8,200	18,450	28,700	41,000
2d Brgm	1,520	4,560	7,600	17,100	26,600	38,000
4d Sed	1,560	4,680	7,800	17,550	27,300	39,000
1935 Model 6-653, 6-cyl., Salon Dual Ratio						
Cabr	3,760	11,280	18,800	42,300	65,800	94,000
Phae	3,920	11,760	19,600	44,100	68,600	98,000
Cpe	1,680	5,040	8,400	18,900	29,400	42,000
2d Brgm	1,560	4,680	7,800	17,550	27,300	39,000
4d Sed	1,600	4,800	8,000	18,000	28,000	40,000
1935 Model 8-851, 8-cyl., Standard						
Cabr	3,560	10,680	17,800	40,050	62,300	89,000
Phae	3,720	11,160	18,600	41,850	65,100	93,000
Cpe	1,720	5,160	8,600	19,350	30,100	43,000
2d Brgm	1,600	4,800	8,000	18,000	28,000	40,000
4d Sed	1,640	4,920	8,200	18,450	28,700	41,000
1935 Model 8-851, 8-cyl., Custom Dual Ratio						
Cabr	3,880	11,640	19,400	43,650	67,900	97,000

	6	5	4	3	2	1
Phae	4,040	12,120	20,200	45,450	70,700	101,000
Cpe	1,800	5,400	9,000	20,250	31,500	45,000
2d Brgm	1,640	4,920	8,200	18,450	28,700	41,000
4d Sed	1,680	5,040	8,400	18,900	29,400	42,000
1935 Model 8-851, 8-cyl., Salon Dual Ratio						
Cabr	4,000	12,000	20,000	45,000	70,000	100,000
Phae	4,160	12,480	20,800	46,800	72,800	104,000
Cpe	1,840	5,520	9,200	20,700	32,200	46,000
2d Brgm	1,680	5,040	8,400	18,900	29,400	42,000
4d Sed	1,720	5,160	8,600	19,350	30,100	43,000
1935 Model 8-851, 8-cyl., Supercharged Dual Ratio						
Spds	9,200	27,600	46,000	103,500	161,000	230,000
Cabr	4,800	14,400	24,000	54,000	84,000	120,000
Phae	4,880	14,640	24,400	54,900	85,400	122,000
Cpe	1,800	5,400	9,000	20,250	31,500	45,000
2d Brgm	1,720	5,160	8,600	19,350	30,100	43,000
4d Sed	1,680	5,040	8,400	18,900	29,400	42,000
1936 Model 6-654, 6-cyl., Standard						
Cabr	3,120	9,360	15,600	35,100	54,600	78,000
Phae	3,240	9,720	16,200	36,450	56,700	81,000
Cpe	1,560	4,680	7,800	17,550	27,300	39,000
2d Brgm	1,480	4,440	7,400	16,650	25,900	37,000
4d Sed	1,520	4,560	7,600	17,100	26,600	38,000
1936 Model 6-654, 6-cyl., Custom Dual Ratio						
Cabr	3,440	10,320	17,200	38,700	60,200	86,000
Phae	3,560	10,680	17,800	40,050	62,300	89,000
Cpe	1,640	4,920	8,200	18,450	28,700	41,000
2d Brgm	1,520	4,560	7,600	17,100	26,600	38,000
4d Sed	1,560	4,680	7,800	17,550	27,300	39,000
1936 Model 6-654, 6-cyl., Salon Dual Ratio						
Cabr	4,320	12,960	21,600	48,600	75,600	108,000
Phae	4,480	13,440	22,400	50,400	78,400	112,000
Cpe	1,680	5,040	8,400	18,900	29,400	42,000
2d Brgm	1,560	4,680	7,800	17,550	27,300	39,000
4d Sed	1,600	4,800	8,000	18,000	28,000	40,000
1936 Model 8-852, 8-cyl., Standard						
Cabr	4,800	14,400	24,000	54,000	84,000	120,000
Phae	4,960	14,880	24,800	55,800	86,800	124,000
Cpe	1,720	5,160	8,600	19,350	30,100	43,000
2d Brgm	1,600	4,800	8,000	18,000	28,000	40,000
4d Sed	1,640	4,920	8,200	18,450	28,700	41,000
1936 Model 8-852, 8-cyl., Custom Dual Ratio						
Cabr	4,920	14,760	24,600	55,350	86,100	123,000
Phae	5,080	15,240	25,400	57,150	88,900	127,000
Cpe	1,800	5,400	9,000	20,250	31,500	45,000
2d Brgm	1,640	4,920	8,200	18,450	28,700	41,000
4d Sed	1,680	5,040	8,400	18,900	29,400	42,000
1936 Model 8-852, 8-cyl., Salon Dual Ratio						
Cabr	4,880	14,640	24,400	54,900	85,400	122,000
Phae	5,040	15,120	25,200	56,700	88,200	126,000
Cpe	1,840	5,520	9,200	20,700	32,200	46,000
2d Brgm	1,680	5,040	8,400	18,900	29,400	42,000
4d Sed	1,720	5,160	8,600	19,350	30,100	43,000
1936 Model 8-852, 8-cyl., Supercharged Dual Ratio						
Spds	8,800	26,400	44,000	99,000	154,000	220,000
Cabr	4,960	14,880	24,800	55,800	86,800	124,000
Phae	5,040	15,120	25,200	56,700	88,200	126,000
Cpe	1,920	5,760	9,600	21,600	33,600	48,000
2d Brgm	1,720	5,160	8,600	19,350	30,100	43,000
4d Sed	1,760	5,280	8,800	19,800	30,800	44,000

BUICK

	6	5	4	3	2	1
1904 Model B, 2-cyl.						
Tr			value not estimable			
1905 Model C, 2-cyl.						
Tr	1,680	5,040	8,400	18,900	29,400	42,000
1906 Model F & G, 2-cyl.						
Tr	1,640	4,920	8,200	18,450	28,700	41,000
Rds	1,600	4,800	8,000	18,000	28,000	40,000
1907 Model F & G, 2-cyl.						
Tr	1,640	4,920	8,200	18,450	28,700	41,000
Rds	1,600	4,800	8,000	18,000	28,000	40,000
1907 Model D, S, K & H, 4-cyl.						
Tr	1,680	5,040	8,400	18,900	29,400	42,000
Rds	1,640	4,920	8,200	18,450	28,700	41,000
1908 Model F & G, 2-cyl.						
Tr	1,880	5,640	9,400	21,150	32,900	47,000
Rds	1,840	5,520	9,200	20,700	32,200	46,000

BUICK

	6	5	4	3	2	1
1908 Model D & S, 4-cyl.						
Tr	1,720	5,160	8,600	19,350	30,100	43,000
Rds	1,760	5,280	8,800	19,800	30,800	44,000
1908 Model 10, 4-cyl.						
Tr	1,680	5,040	8,400	18,900	29,400	42,000
1908 Model 5, 4-cyl.						
Tr	1,880	5,640	9,400	21,150	32,900	47,000
1909 Model G, (only 6 built in 1909)						
Rds	1,920	5,760	9,600	21,600	33,600	48,000
1909 Model F & G						
Tr	1,840	5,520	9,200	20,700	32,200	46,000
Rds	1,880	5,640	9,400	21,150	32,900	47,000
1909 Model 10, 4-cyl.						
Tr	1,800	5,400	9,000	20,250	31,500	45,000
Rds	1,840	5,520	9,200	20,700	32,200	46,000
1909 Model 16 & 17, 4-cyl.						
Rds	1,880	5,640	9,400	21,150	32,900	47,000
Tr	1,840	5,520	9,200	20,700	32,200	46,000
1910 Model 6, 2-cyl.						
Tr	1,680	5,040	8,400	18,900	29,400	42,000
1910 Model F, 2-cyl.						
Tr	1,600	4,800	8,000	18,000	28,000	40,000
1910 Model 14, 2-cyl.						
Rds	1,560	4,680	7,800	17,550	27,300	39,000
1910 Model 10, 4-cyl.						
Tr	1,480	4,440	7,400	16,650	25,900	37,000
Rds	1,520	4,560	7,600	17,100	26,600	38,000
1910 Model 19, 4-cyl.						
Tr	1,720	5,160	8,600	19,350	30,100	43,000
1910 Model 16 & 17, 4-cyl.						
Rds	1,680	5,040	8,400	18,900	29,400	42,000
Tr	1,640	4,920	8,200	18,450	28,700	41,000
1910 Model 7, 4-cyl.						
Tr	1,840	5,520	9,200	20,700	32,200	46,000
1910 Model 41, 4-cyl.						
Limo	1,640	4,920	8,200	18,450	28,700	41,000
1911 Model 14, 2-cyl.						
Rds	1,440	4,320	7,200	16,200	25,200	36,000
1911 Model 21, 4-cyl.						
Tr	1,480	4,440	7,400	16,650	25,900	37,000
1911 Model 26 & 27, 4-cyl.						
Rds	1,520	4,560	7,600	17,100	26,600	38,000
Tr	1,440	4,320	7,200	16,200	25,200	36,000
1911 Model 32 & 33						
Rds	1,480	4,440	7,400	16,650	25,900	37,000
Tr	1,440	4,320	7,200	16,200	25,200	36,000
1911 Model 38 & 39, 4-cyl.						
Rds	1,680	5,040	8,400	18,900	29,400	42,000
Tr	1,640	4,920	8,200	18,450	28,700	41,000
Limo	2,280	6,840	11,400	25,650	39,900	57,000
1912 Model 34, 35 & 36, 4-cyl.						
Rds	1,480	4,440	7,400	16,650	25,900	37,000
Tr	1,440	4,320	7,200	16,200	25,200	36,000
1912 Model 28 & 29, 4-cyl.						
Rds	1,520	4,560	7,600	17,100	26,600	38,000
Tr	1,480	4,440	7,400	16,650	25,900	37,000
1912 Model 43, 4-cyl.						
Tr	1,520	4,560	7,600	17,100	26,600	38,000
1913 Model 30 & 31, 4-cyl.						
Rds	1,440	4,320	7,200	16,200	25,200	36,000
Tr	1,400	4,200	7,000	15,750	24,500	35,000
1913 Model 40, 4-cyl.						
Tr	1,480	4,440	7,400	16,650	25,900	37,000
1913 Model 24 & 25, 4-cyl.						
Rds	1,560	4,680	7,800	17,550	27,300	39,000
Tr	1,520	4,560	7,600	17,100	26,600	38,000
1914 Model B-24 & B-25, 4-cyl.						
Rds	1,480	4,440	7,400	16,650	25,900	37,000
Tr	1,440	4,320	7,200	16,200	25,200	36,000
1914 Model B-36, B-37 & B-38, 4-cyl.						
Rds	1,520	4,560	7,600	17,100	26,600	38,000
Tr	1,480	4,440	7,400	16,650	25,900	37,000
Cpe	1,360	4,080	6,800	15,300	23,800	34,000
1914 Model B-55, 6-cyl.						
7P Tr	1,520	4,560	7,600	17,100	26,600	38,000
1915 Model C-24 & C-25, 4-cyl.						
Rds	1,520	4,560	7,600	17,100	26,600	38,000
Tr	1,480	4,440	7,400	16,650	25,900	37,000

BUICK

BUICK

	6	5	4	3	2	1
1915 Model C-36 & C-37, 4-cyl.						
Rds	1,560	4,680	7,800	17,550	27,300	39,000
Tr	1,520	4,560	7,600	17,100	26,600	38,000
1915 Model C-54 & C-55, 6-cyl.						
Rds	1,600	4,800	8,000	18,000	28,000	40,000
Tr	1,560	4,680	7,800	17,550	27,300	39,000
1916 Model D-54 & D-55, 6-cyl.						
Rds	1,520	4,560	7,600	17,100	26,600	38,000
Tr	1,480	4,440	7,400	16,650	25,900	37,000
1916-17 Model D-34 & D-35, 4-cyl.						
Rds	1,440	4,320	7,200	16,200	25,200	36,000
Tr	1,400	4,200	7,000	15,750	24,500	35,000
1916-17 Model D-44 & D-45, 6-cyl.						
Rds	1,400	4,200	7,000	15,750	24,500	35,000
Tr	1,440	4,320	7,200	16,200	25,200	36,000
1916-17 Model D-46 & D-47, 6-cyl.						
Conv Cpe	1,280	3,840	6,400	14,400	22,400	32,000
Sed	1,000	3,000	5,000	11,250	17,500	25,000
1918 Model E-34 & E-35, 4-cyl.						
Rds	1,320	3,960	6,600	14,850	23,100	33,000
Tr	1,280	3,840	6,400	14,400	22,400	32,000
1918 Model E-37, 4-cyl.						
Sed	960	2,880	4,800	10,800	16,800	24,000
1918 Model E-44, E-45 & E-49, 6-cyl.						
Rds	1,360	4,080	6,800	15,300	23,800	34,000
Tr	1,320	3,960	6,600	14,850	23,100	33,000
7P Tr	1,400	4,200	7,000	15,750	24,500	35,000
1918 Model E-46, E-47 & E-50, 6-cyl.						
Conv Cpe	1,200	3,600	6,000	13,500	21,000	30,000
Sed	1,000	3,000	5,000	11,250	17,500	25,000
7P Sed	1,020	3,060	5,100	11,480	17,850	25,500
1919 Model H-44, H-45 & H-49, 6-cyl.						
2d Rds	1,320	3,960	6,600	14,850	23,100	33,000
4d Tr	1,280	3,840	6,400	14,400	22,400	32,000
4d 7P Tr	1,360	4,080	6,800	15,300	23,800	34,000
1919 Model H-46, H-47 & H-50, 6-cyl.						
2d Cpe	1,040	3,120	5,200	11,700	18,200	26,000
4d Sed	880	2,640	4,400	9,900	15,400	22,000
4d 7P Sed	920	2,760	4,600	10,350	16,100	23,000
1920 Model K, 6-cyl.						
2d Cpe K-46	960	2,880	4,800	10,800	16,800	24,000
4d Sed K-47	800	2,400	4,000	9,000	14,000	20,000
2d Rds K-44	1,240	3,720	6,200	13,950	21,700	31,000
4d Tr K-49	1,200	3,600	6,000	13,500	21,000	30,000
4d Tr K-45	1,160	3,480	5,800	13,050	20,300	29,000
4d 7P Sed K-50	840	2,520	4,200	9,450	14,700	21,000
1921 Series 40, 6-cyl.						
2d Rds	1,240	3,720	6,200	13,950	21,700	31,000
4d Tr	1,200	3,600	6,000	13,500	21,000	30,000
4d 7P Tr	1,240	3,720	6,200	13,950	21,700	31,000
2d Cpe	720	2,160	3,600	8,100	12,600	18,000
4d Sed	680	2,040	3,400	7,650	11,900	17,000
2d Ewb Cpe	760	2,280	3,800	8,550	13,300	19,000
4d 7P Sed	720	2,160	3,600	8,100	12,600	18,000
1921-22 Series 30, 4-cyl.						
2d Rds	1,160	3,480	5,800	13,050	20,300	29,000
4d Tr	1,120	3,360	5,600	12,600	19,600	28,000
2d Cpe OS	680	2,040	3,400	7,650	11,900	17,000
4d Sed	600	1,800	3,000	6,750	10,500	15,000
1921-22 Series 40, 6-cyl.						
2d Rds	1,240	3,720	6,200	13,950	21,700	31,000
4d Tr	1,200	3,600	6,000	13,500	21,000	30,000
4d 7P Tr	1,240	3,720	6,200	13,950	21,700	31,000
4d Sed	640	1,920	3,200	7,200	11,200	16,000
2d Cpe	800	2,400	4,000	9,000	14,000	20,000
4d 7P Sed	760	2,280	3,800	8,550	13,300	19,000
4d 50 7P Limo	840	2,520	4,200	9,450	14,700	21,000
1923 Series 30, 4-cyl.						
2d Rds	1,040	3,120	5,200	11,700	18,200	26,000
2d Spt Rds	1,080	3,240	5,400	12,150	18,900	27,000
4d Tr	1,040	3,120	5,200	11,700	18,200	26,000
2d Cpe	720	2,160	3,600	8,100	12,600	18,000
4d Sed	640	1,920	3,200	7,200	11,200	16,000
4d Tr Sed	680	2,040	3,400	7,650	11,900	17,000
1923 Series 40, 6-cyl.						
2d Rds	1,120	3,360	5,600	12,600	19,600	28,000
4d Tr	1,080	3,240	5,400	12,150	18,900	27,000
4d 7P Tr	1,120	3,360	5,600	12,600	19,600	28,000

	6	5	4	3	2	1
2d Cpe	800	2,400	4,000	9,000	14,000	20,000
4d Sed	720	2,160	3,600	8,100	12,600	18,000
1923 Master Series 50, 6-cyl.						
2d Spt Rds	1,160	3,480	5,800	13,050	20,300	29,000
4d Spt Tr	1,200	3,600	6,000	13,500	21,000	30,000
4d 7P Sed	800	2,400	4,000	9,000	14,000	20,000
1924 Standard Series 30, 4-cyl.						
2d Rds	1,200	3,600	6,000	13,500	21,000	30,000
4d Tr	1,160	3,480	5,800	13,050	20,300	29,000
2d Cpe	760	2,280	3,800	8,550	13,300	19,000
4d Sed	680	2,040	3,400	7,650	11,900	17,000
1924 Master Series 40, 6-cyl.						
2d Rds	1,240	3,720	6,200	13,950	21,700	31,000
4d Tr	1,200	3,600	6,000	13,500	21,000	30,000
4d 7P Tr	1,240	3,720	6,200	13,950	21,700	31,000
2d Cpe	800	2,400	4,000	9,000	14,000	20,000
4d Sed	720	2,160	3,600	8,100	12,600	18,000
4d Demi Sed	740	2,220	3,700	8,330	12,950	18,500
1924 Master Series 50, 6-cyl.						
2d Spt Rds	1,200	3,600	6,000	13,500	21,000	30,000
4d Spt Tr	1,240	3,720	6,200	13,950	21,700	31,000
2d Cabr Cpe	1,160	3,480	5,800	13,050	20,300	29,000
4d Town Car	920	2,760	4,600	10,350	16,100	23,000
4d 7P Sed	840	2,520	4,200	9,450	14,700	21,000
4d Brgm Sed	880	2,640	4,400	9,900	15,400	22,000
4d Limo	960	2,880	4,800	10,800	16,800	24,000
1925 Standard Series 20, 6-cyl.						
2d Rds	1,080	3,240	5,400	12,150	18,900	27,000
2d Spt Rds	1,120	3,360	5,600	12,600	19,600	28,000
2d Encl Rds	1,160	3,480	5,800	13,050	20,300	29,000
4d Tr	1,040	3,120	5,200	11,700	18,200	26,000
4d Encl Tr	1,120	3,360	5,600	12,600	19,600	28,000
2d Bus Cpe	880	2,640	4,400	9,900	16,100	22,000
2d Cpe	900	2,700	4,500	10,130	15,750	22,500
4d Sed	800	2,400	4,000	9,000	14,000	20,000
4d Demi Sed	820	2,460	4,100	9,230	14,350	20,500
1925 Master Series 40, 6-cyl.						
2d Rds	1,160	3,480	5,800	13,050	20,300	29,000
2d Encl Rds	1,200	3,600	6,000	13,500	21,000	30,000
4d Tr	1,120	3,360	5,600	12,600	19,600	28,000
4d Encl Tr	1,200	3,600	6,000	13,500	21,000	30,000
2d Cpe	920	2,760	4,600	10,350	16,100	23,000
2d Sed	800	2,400	4,000	9,000	14,000	20,000
4d Sed	840	2,520	4,200	9,450	14,700	21,000
1925 Master Series 50, 6-cyl.						
2d Spt Rds	1,200	3,600	6,000	13,500	21,000	30,000
4d Spt Tr	1,240	3,720	6,200	13,950	21,700	31,000
2d Cabr Cpe	1,240	3,720	6,200	13,950	21,700	31,000
4d 7P Sed	920	2,760	4,600	10,350	16,100	23,000
4d Limo	960	2,880	4,800	10,800	16,800	24,000
4d Brgm Sed	1,000	3,000	5,000	11,250	17,500	25,000
4d Town Car	1,080	3,240	5,400	12,150	18,900	27,000
1926 Standard Series, 6-cyl.						
2d Rds	1,120	3,360	5,600	12,600	19,600	28,000
4d Tr	1,080	3,240	5,400	12,150	18,900	27,000
2d 2P Cpe	1,000	3,000	5,000	11,250	17,500	25,000
2d 4P Cpe	960	2,880	4,800	10,800	16,800	24,000
2d Sed	840	2,520	4,200	9,450	14,700	21,000
4d Sed	880	2,640	4,400	9,900	15,400	22,000
1926 Master Series, 6-cyl.						
2d Rds	1,160	3,480	5,800	13,050	20,300	29,000
4d Tr	1,120	3,360	5,600	12,600	19,600	28,000
2d Spt Rds	1,200	3,600	6,000	13,500	21,000	30,000
4d Spt Tr	1,240	3,720	6,200	13,950	21,700	31,000
2d 4P Cpe	1,040	3,120	5,200	11,700	18,200	26,000
2d Spt Cpe	1,080	3,240	5,400	12,150	18,900	27,000
2d Sed	960	2,880	4,800	10,800	16,800	24,000
4d Sed	1,000	3,000	5,000	11,250	17,500	25,000
4d Brgm	1,040	3,120	5,200	11,700	18,200	26,000
4d 7P Sed	1,080	3,240	5,400	12,150	18,900	27,000
1927 Series 115, 6-cyl.						
2d Rds	1,120	3,360	5,600	12,600	19,600	28,000
4d Tr	1,080	3,240	5,400	12,150	18,900	27,000
2d 2P Cpe	960	2,880	4,800	10,800	16,800	24,000
2d 4P RS Cpe	1,000	3,000	5,000	11,250	17,500	25,000
2d Spt Cpe	960	2,880	4,800	10,800	16,800	24,000
2d Sed	840	2,520	4,200	9,450	14,700	21,000
4d Sed	880	2,640	4,400	9,900	15,400	22,000
4d Brgm	920	2,760	4,600	10,350	16,100	23,000

BUICK

	6	5	4	3	2	1
1927 Series 120, 6-cyl.						
2d 4P Cpe	1,000	3,000	5,000	11,250	17,500	25,000
2d Sed	880	2,640	4,400	9,900	15,400	22,000
4d Sed	920	2,760	4,600	10,350	16,100	23,000
1927 Series 128, 6-cyl.						
2d Spt Rds	1,240	3,720	6,200	13,950	21,700	31,000
4d Spt Tr	1,280	3,840	6,400	14,400	22,400	32,000
2d Conv	1,160	3,480	5,800	13,050	20,300	29,000
2d 5P Cpe	1,040	3,120	5,200	11,700	18,200	26,000
2d Spt Cpe RS	1,080	3,240	5,400	12,150	18,900	27,000
4d 7P Sed	960	2,880	4,800	10,800	16,800	24,000
4d Brgm	1,000	3,000	5,000	11,250	17,500	25,000
1928 Series 115, 6-cyl.						
2d Rds	1,120	3,360	5,600	12,600	19,600	28,000
4d Tr	1,080	3,240	5,400	12,150	18,900	27,000
2d 2P Cpe	880	2,640	4,400	9,900	15,400	22,000
2d Spt Cpe	920	2,760	4,600	10,350	16,100	23,000
2d Sed	800	2,400	4,000	9,000	14,000	20,000
4d Sed	840	2,520	4,200	9,450	14,700	21,000
4d Brgm	880	2,640	4,400	9,900	15,400	22,000
1928 Series 120, 6-cyl.						
2d Cpe	920	2,760	4,600	10,350	16,100	23,000
4d Sed	840	2,520	4,200	9,450	14,700	21,000
4d Brgm	880	2,640	4,400	9,900	15,400	22,000
1928 Series 128, 6-cyl.						
2d Spt Rds	1,280	3,840	6,400	14,400	22,400	32,000
4d Spt Tr	1,320	3,960	6,600	14,850	23,100	33,000
2d 5P Cpe	920	2,760	4,600	10,350	16,100	23,000
2d Spt Cpe	960	2,880	4,800	10,800	16,800	24,000
4d 7P Sed	880	2,640	4,400	9,900	15,400	22,000
4d Brgm	920	2,760	4,600	10,350	16,100	23,000
1929 Series 116, 6-cyl.						
4d Spt Tr	1,400	4,200	7,000	15,750	24,500	35,000
2d Bus Cpe	1,000	3,000	5,000	11,250	17,500	25,000
2d RS Cpe	1,080	3,240	5,400	12,150	18,900	27,000
2d Sed	800	2,400	4,000	9,000	14,000	20,000
4d Sed	900	2,700	4,500	10,130	15,750	22,500
1929 Series 121, 6-cyl.						
2d Spt Rds	1,440	4,320	7,200	16,200	25,200	36,000
2d Bus Cpe	1,040	3,120	5,200	11,700	18,200	26,000
2d RS Cpe	1,120	3,360	5,600	12,600	19,600	28,000
2d 4P Cpe	1,080	3,240	5,400	12,150	18,900	27,000
4d Sed	870	2,610	4,350	9,790	15,230	21,750
4d CC Sed	900	2,700	4,500	10,130	15,750	22,500
1929 Series 129, 6-cyl.						
2d Conv	1,600	4,800	8,000	18,000	28,000	40,000
4d Spt Tr	1,520	4,560	7,600	17,100	26,600	38,000
4d 7P Tr	1,400	4,200	7,000	15,750	24,500	35,000
2d 5P Cpe	1,080	3,240	5,400	12,150	18,900	27,000
4d CC Sed	1,000	3,000	5,000	11,250	17,500	25,000
4d 7P Sed	1,040	3,120	5,200	11,700	18,200	26,000
4d Limo	1,080	3,240	5,400	12,150	18,900	27,000
1930 Series 40, 6-cyl.						
2d Rds	1,760	5,280	8,800	19,800	30,800	44,000
4d Phae	1,720	5,160	8,600	19,350	30,100	43,000
2d Bus Cpe	1,120	3,360	5,600	12,600	19,600	28,000
2d RS Cpe	1,240	3,720	6,200	13,950	21,700	31,000
2d Sed	900	2,700	4,500	10,130	15,750	22,500
4d Sed	920	2,760	4,600	10,350	16,100	23,000
1930 Series 50, 6-cyl.						
2d 4P Cpe	1,160	3,480	5,800	13,050	20,300	29,000
4d Sed	920	2,760	4,600	10,350	16,100	23,000
1930 Series 60, 6-cyl.						
2d RS Rds	1,920	5,760	9,600	21,600	33,600	48,000
4d 7P Tr	1,680	5,040	8,400	18,900	29,400	42,000
2d RS Spt Cpe	1,440	4,320	7,200	16,200	25,200	36,000
2d 5P Cpe	1,360	4,080	6,800	15,300	23,800	34,000
4d Sed	1,080	3,240	5,400	12,150	18,900	27,000
4d 7P Sed	1,120	3,360	5,600	12,600	19,600	28,000
4d Limo	1,160	3,480	5,800	13,050	20,300	29,000
1930 Marquette - Series 30, 6-cyl.						
2d Spt Rds	1,440	4,320	7,200	16,200	25,200	36,000
4d Phae	1,400	4,200	7,000	15,750	24,500	35,000
2d Bus Cpe	920	2,760	4,600	10,350	16,100	23,000
2d RS Cpe	1,000	3,000	5,000	11,250	17,500	25,000
2d Sed	680	2,040	3,400	7,650	11,900	17,000
4d Sed	700	2,100	3,500	7,880	12,250	17,500
1931 Series 50, 8-cyl.						
2d Spt Rds	1,840	5,520	9,200	20,700	32,200	46,000

	6	5	4	3	2	1
4d Phae	1,800	5,400	9,000	20,250	31,500	45,000
2d Bus Cpe	1,200	3,600	6,000	13,500	21,000	30,000
2d RS Cpe	1,240	3,720	6,200	13,950	21,700	31,000
2d Sed	920	2,760	4,600	10,350	16,100	23,000
4d Sed	960	2,880	4,800	10,800	16,800	24,000
2d Conv	1,760	5,280	8,800	19,800	30,800	44,000
1931 Series 60, 8-cyl.						
2d Spt Rds	1,960	5,880	9,800	22,050	34,300	49,000
4d Phae	1,920	5,760	9,600	21,600	33,600	48,000
2d Bus Cpe	1,240	3,720	6,200	13,950	21,700	31,000
2d RS Cpe	1,280	3,840	6,400	14,400	22,400	32,000
4d Sed	1,000	3,000	5,000	11,250	17,500	25,000
1931 Series 80, 8-cyl.						
2d Cpe	1,320	3,960	6,600	14,850	23,100	33,000
4d Sed	1,080	3,240	5,400	12,150	18,900	27,000
4d 7P Sed	1,120	3,360	5,600	12,600	19,600	28,000
1931 Series 90, 8-cyl.						
2d Spt Rds	2,440	7,320	12,200	27,450	42,700	61,000
4d 7P Tr	2,120	6,360	10,600	23,850	37,100	53,000
2d 5P Cpe	1,720	5,160	8,600	19,350	30,100	43,000
2d RS Cpe	1,680	5,040	8,400	18,900	29,400	42,000
2d Conv	2,360	7,080	11,800	26,550	41,300	59,000
4d 5P Sed	1,440	4,320	7,200	16,200	25,200	36,000
4d 7P Sed	1,480	4,440	7,400	16,650	25,900	37,000
4d Limo	1,520	4,560	7,600	17,100	26,600	38,000
1932 Series 50, 8-cyl.						
4d Spt Phae	1,840	5,520	9,200	20,700	32,200	46,000
2d Conv	1,880	5,640	9,400	21,150	32,900	47,000
2d Phae	1,920	5,760	9,600	21,600	33,600	48,000
2d Bus Cpe	1,000	3,000	5,000	11,250	17,500	25,000
2d HS Cpe	1,040	3,120	5,200	11,700	18,200	26,000
2d Vic Cpe	1,080	3,240	5,400	12,150	18,900	27,000
4d Sed	840	2,520	4,200	9,450	14,700	21,000
4d Spt Sed	880	2,610	4,400	9,900	15,400	22,000
1932 Series 60, 8-cyl.						
4d Spt Phae	1,880	5,640	9,400	21,150	32,900	47,000
2d Conv	1,920	5,760	9,600	21,600	33,600	48,000
2d Phae	1,960	5,880	9,800	22,050	34,300	49,000
2d Bus Cpe	1,040	3,120	5,200	11,700	18,200	26,000
2d RS Cpe	1,080	3,240	5,400	12,150	18,900	27,000
2d Vic Cpe	1,120	3,360	5,600	12,600	19,600	28,000
4d Sed	920	2,760	4,600	10,350	16,100	23,000
1932 Series 80, 8-cyl.						
2d Vic Cpe	1,040	3,120	5,200	11,700	10,200	26,000
4d Sed	960	2,880	4,800	10,800	16,800	24,000
1932 Series 90, 8-cyl.						
4d 7P Sed	1,400	4,200	7,000	15,750	24,500	35,000
4d Limo	1,560	4,680	7,800	17,550	27,300	39,000
4d Clb Sed	1,520	4,560	7,600	17,100	26,600	38,000
4d Spt Phae	2,400	7,200	12,000	27,000	42,000	60,000
2d Phae	2,440	7,320	12,200	27,450	42,700	61,000
2d Conv Cpe	2,360	7,080	11,800	26,550	41,300	59,000
2d RS Cpe	1,600	4,800	8,000	18,000	28,000	40,000
2d Vic Cpe	1,640	4,920	8,200	18,450	28,700	41,000
4d 5P Sed	1,560	4,680	7,800	17,550	27,300	39,000
1933 Series 50, 8-cyl.						
2d Conv	1,480	4,440	7,400	16,650	25,900	37,000
2d Bus Cpe	880	2,640	4,400	9,900	15,400	22,000
2d RS Spt Cpe	920	2,760	4,600	10,350	16,100	23,000
2d Vic Cpe	1,000	3,000	5,000	11,250	17,500	25,000
4d Sed	840	2,520	4,200	9,450	14,700	21,000
1933 Series 60, 8-cyl.						
2d Conv Cpe	1,600	4,800	8,000	18,000	28,000	40,000
4d Phae	1,720	5,160	8,600	19,350	30,100	43,000
2d Spt Cpe	1,000	3,000	5,000	11,250	17,500	25,000
2d Vic Cpe	1,160	3,480	5,800	13,050	20,300	29,000
4d Sed	960	2,880	4,800	10,800	16,800	24,000
1933 Series 80, 8-cyl.						
2d Conv	1,840	5,520	9,200	20,700	32,200	46,000
4d Phae	1,960	5,880	9,800	22,050	34,300	49,000
2d Spt Cpe	1,240	3,720	6,200	13,950	21,700	31,000
2d Vic	1,280	3,840	6,400	14,400	22,400	32,000
4d Sed	1,040	3,120	5,200	11,700	18,200	26,000
1933 Series 90, 8-cyl.						
2d Vic	1,600	4,800	8,000	18,000	28,000	40,000
4d 5P Sed	1,200	3,600	6,000	13,500	21,000	30,000
4d 7P Sed	1,240	3,720	6,200	13,950	21,700	31,000
4d Clb Sed	1,320	3,960	6,600	14,850	23,100	33,000
4d Limo	1,480	4,440	7,400	16,650	25,900	37,000

BUICK

BUICK

	6	5	4	3	2	1
1934 Special Series 40, 8-cyl.						
2d Bus Cpe	920	2,760	4,600	10,350	16,100	23,000
2d RS Cpe	960	2,880	4,800	10,800	16,800	24,000
2d Tr Sed	840	2,520	4,200	9,450	14,700	21,000
4d Tr Sed	920	2,760	4,600	10,350	16,100	23,000
4d Sed	880	2,640	4,400	9,900	15,400	22,000
1934 Series 50, 8-cyl.						
2d Conv	1,800	5,400	9,000	20,250	31,500	45,000
2d Bus Cpe	1,040	3,120	5,200	11,700	18,200	26,000
2d Spt Cpe	1,120	3,360	5,600	12,600	19,600	28,000
2d Vic Cpe	1,200	3,600	6,000	13,500	21,000	30,000
4d Sed	920	2,760	4,600	10,350	16,100	23,000
1934 Series 60, 8-cyl.						
2d Conv	1,840	5,520	9,200	20,700	32,200	46,000
4d Phae	1,880	5,640	9,400	21,150	32,900	47,000
2d Spt Cpe	1,160	3,480	5,800	13,050	20,300	29,000
2d Vic	1,240	3,720	6,200	13,950	21,700	31,000
4d Sed	960	2,880	4,800	10,800	16,800	24,000
4d Clb Sed	1,040	3,120	5,200	11,700	18,200	26,000
1934 Series 90, 8-cyl.						
2d Conv	1,920	5,760	9,600	21,600	33,600	48,000
4d Phae	1,960	5,880	9,800	22,050	34,300	49,000
4d Spt Cpe	1,160	3,480	5,800	13,050	20,300	29,000
4d 5P Sed	1,080	3,240	5,400	12,150	18,900	27,000
4d 7P Sed	1,120	3,360	5,600	12,600	19,600	28,000
4d Clb Sed	1,160	3,480	5,800	13,050	20,300	29,000
4d Limo	1,200	3,600	6,000	13,500	21,000	30,000
2d Vic	1,360	4,080	6,800	15,300	23,800	34,000
1935 Special Series 40, 8-cyl.						
2d Conv	1,560	4,680	7,800	17,550	27,300	39,000
2d Bus Cpe	960	2,880	4,800	10,800	16,800	24,000
2d RS Spt Cpe	1,040	3,120	5,200	11,700	18,200	26,000
2d Sed	840	2,520	4,200	9,450	14,700	21,000
2d Tr Sed	880	2,640	4,400	9,900	15,400	22,000
4d Sed	880	2,640	4,400	9,900	15,400	22,000
4d Tr Sed	920	2,760	4,600	10,350	16,100	23,000
1935 Series 50, 8-cyl.						
2d Conv	1,760	5,280	8,800	19,800	30,800	44,000
2d Bus Cpe	1,000	3,000	5,000	11,250	17,500	25,000
2d Spt Cpe	1,040	3,120	5,200	11,700	18,200	26,000
2d Vic	1,120	3,360	5,600	12,600	19,600	28,000
4d Sed	920	2,760	4,600	10,350	16,100	23,000
1935 Series 60, 8-cyl.						
2d Conv	1,800	5,400	9,000	20,250	31,500	45,000
4d Phae	1,840	5,520	9,200	20,700	32,200	46,000
2d Vic	1,200	3,600	6,000	13,500	21,000	30,000
4d Sed	960	2,880	4,800	10,800	16,800	24,000
4d Clb Sed	1,040	3,120	5,200	11,700	18,200	26,000
2d Spt Cpe	1,160	3,480	5,800	13,050	20,300	29,000
1935 Series 90, 8-cyl.						
2d Conv	1,880	5,640	9,400	21,150	32,900	47,000
4d Phae	1,920	5,760	9,600	21,600	33,600	48,000
2d Spt Cpe	1,200	3,600	6,000	13,500	21,000	30,000
2d Vic	1,240	3,720	6,200	13,950	21,700	31,000
4d 5P Sed	1,120	3,360	5,600	12,600	19,600	28,000
4d 7P Sed	1,120	3,360	5,600	12,600	19,600	28,000
4d Limo	1,200	3,600	6,000	13,500	21,000	30,000
4d Clb Sed	1,160	3,480	5,800	13,050	20,300	29,000
1936 Special Series 40, 8-cyl.						
2d Conv	1,600	4,800	8,000	18,000	28,000	40,000
2d Bus Cpe	1,080	3,240	5,400	12,150	18,900	27,000
2d RS Cpe	1,120	3,360	5,600	12,600	19,600	28,000
2d Sed	880	2,640	4,400	9,900	15,400	22,000
4d Sed	920	2,760	4,600	10,350	16,100	23,000
1936 Century Series 60, 8-cyl.						
2d Conv	1,840	5,520	9,200	20,700	32,200	46,000
2d RS Cpe	1,240	3,720	6,200	13,950	21,700	31,000
2d Sed	960	2,880	4,800	10,800	16,800	24,000
4d Sed	1,160	3,480	5,800	13,050	20,300	29,000
1936 Roadmaster Series 80, 8-cyl.						
4d Phae	1,880	5,640	9,400	21,150	32,900	47,000
4d Sed	1,200	3,600	6,000	13,500	21,000	30,000
1936 Limited Series 90, 8-cyl.						
4d Sed	1,240	3,720	6,200	13,950	21,700	31,000
4d 7P Sed	1,280	3,840	6,400	14,400	22,400	32,000
4d Fml Sed	1,360	4,080	6,800	15,300	23,800	34,000
4d 7P Limo	1,440	4,320	7,200	16,200	25,200	36,000
1937 Special Series 40, 8-cyl.						
2d Conv	1,800	5,400	9,000	20,250	31,500	45,000

	6	5	4	3	2	1
4d Phae	1,840	5,520	9,200	20,700	32,200	46,000
2d Bus Cpe	1,040	3,120	5,200	11,700	18,200	26,000
2d Spt Cpe	1,080	3,240	5,400	12,150	18,900	27,000
2d FBk	1,000	3,000	5,000	11,250	17,500	25,000
2d Sed	840	2,520	4,200	9,450	14,700	21,000
4d FBk Sed	920	2,760	4,600	10,350	16,100	23,000
4d Sed	880	2,640	4,400	9,900	15,400	22,000
1937 Century Series 60, 8-cyl.						
2d Conv	1,880	5,640	9,400	21,150	32,900	47,000
4d Phae	1,920	5,760	9,600	21,600	33,600	48,000
2d Spt Cpe	1,160	3,480	5,800	13,050	20,300	29,000
2d FBk	1,040	3,120	5,200	11,700	18,200	26,000
2d Sed	880	2,640	4,400	9,900	15,400	22,000
4d FBk Sed	960	2,880	4,800	10,800	16,800	24,000
4d Sed	920	2,760	4,600	10,350	16,100	23,000
1937 Roadmaster Series 80, 8-cyl.						
4d Sed	1,200	3,600	6,000	13,500	21,000	30,000
4d Fml Sed	1,240	3,720	6,200	13,950	21,700	31,000
4d Phae	1,880	5,640	9,400	21,150	32,900	47,000
1937 Limited Series 90, 8-cyl.						
4d Sed	1,240	3,720	6,200	13,950	21,700	31,000
4d 7P Sed	1,280	3,840	6,400	14,400	22,400	32,000
4d Fml Sed	1,360	4,080	6,800	15,300	23,800	34,000
4d Limo	1,440	4,320	7,200	16,200	25,200	36,000
1938 Special Series 40, 8-cyl.						
2d Conv	1,840	5,520	9,200	20,700	32,200	46,000
4d Phae	1,880	5,640	9,400	21,150	32,900	47,000
2d Bus Cpe	1,040	3,120	5,200	11,700	18,200	26,000
2d Spt Cpe	1,080	3,240	5,400	12,150	18,900	27,000
2d FBk	1,000	3,000	5,000	11,250	17,500	25,000
2d Sed	840	2,520	4,200	9,450	14,700	21,000
4d FBk Sed	920	2,760	4,600	10,350	16,100	23,000
4d Sed	880	2,640	4,400	9,900	15,400	22,000
1938 Century Series 60, 8-cyl.						
2d Conv	1,960	5,880	9,800	22,050	34,300	49,000
4d Phae	2,000	6,000	10,000	22,500	35,000	50,000
2d Spt Cpe	1,160	3,480	5,800	13,050	20,300	29,000
2d Sed	1,040	3,120	5,200	11,700	18,200	26,000
4d FBk Sed	1,000	3,000	5,000	11,250	17,500	25,000
4d Sed	960	2,880	4,800	10,800	16,800	24,000
1938 Roadmaster Series 80, 8-cyl.						
4d Phae	2,040	6,120	10,200	22,950	35,700	51,000
4d FBk Sed	1,080	3,240	5,400	12,150	18,900	27,000
4d Sed	1,040	3,120	5,200	11,700	18,200	26,000
4d Fml Sed	1,160	3,480	5,800	13,050	20,300	29,000
1938 Limited Series 90, 8-cyl.						
4d Sed	1,200	3,600	6,000	13,500	21,000	30,000
4d 7P Sed	1,240	3,720	6,200	13,950	21,700	31,000
4d Limo	1,480	4,440	7,400	16,650	25,900	37,000
1939 Special Series 40, 8-cyl.						
2d Conv	1,960	5,880	9,800	22,050	34,300	49,000
4d Phae	2,000	6,000	10,000	22,500	35,000	50,000
2d Bus Cpe	1,120	3,360	5,600	12,600	19,600	28,000
2d Spt Cpe	1,160	3,480	5,800	13,050	20,300	29,000
2d Sed	1,040	3,120	5,200	11,700	18,200	26,000
4d Sed	880	2,640	4,400	9,900	15,400	22,000
1939 Century Series 60, 8-cyl.						
2d Conv	2,080	6,240	10,400	23,400	36,400	52,000
4d Phae	2,120	6,360	10,600	23,850	37,100	53,000
2d Spt Cpe	1,240	3,720	6,200	13,950	21,700	31,000
2d Sed	1,120	3,360	5,600	12,600	19,600	28,000
4d Sed	960	2,880	4,800	10,800	16,800	24,000
1939 Roadmaster Series 80, 8-cyl.						
4d Phae FBk	2,280	6,840	11,400	25,650	39,900	57,000
4d Phae	2,160	6,480	10,800	24,300	37,800	54,000
4d FBk Sed	1,120	3,360	5,600	12,600	19,600	28,000
4d Sed	1,080	3,240	5,400	12,150	18,900	27,000
4d Fml Sed	1,200	3,600	6,000	13,500	21,000	30,000
1939 Limited Series 90, 8-cyl.						
4d 8P Sed	1,200	3,600	6,000	13,500	21,000	30,000
4d Sed	1,280	3,840	6,400	14,400	22,400	32,000
4d Limo	1,520	4,560	7,600	17,100	26,600	38,000
1940 Special Series 40, 8-cyl.						
2d Conv	2,080	6,240	10,400	23,400	36,400	52,000
4d Phae	2,120	6,360	10,600	23,850	37,100	53,000
2d Bus Cpe	1,080	3,240	5,400	12,150	18,900	27,000
2d Spt Cpe	1,160	3,480	5,800	13,050	20,300	29,000
2d Sed	1,040	3,120	5,200	11,700	18,200	26,000
4d Sed	880	2,640	4,400	9,900	15,400	22,000

	6	5	4	3	2	1
1940 Super Series 50, 8-cyl.						
2d Conv	2,120	6,360	10,600	23,850	37,100	53,000
4d Phae	2,160	6,480	10,800	24,300	37,800	54,000
2d Cpe	1,160	3,480	5,800	13,050	20,300	29,000
4d Sed	920	2,760	4,600	10,350	16,100	23,000
4d Sta Wag	2,000	6,000	10,000	22,500	35,000	50,000
1940 Century Series 60, 8-cyl.						
2d Conv	2,160	6,480	10,800	24,300	37,800	54,000
4d Phae	2,200	6,600	11,000	24,750	38,500	55,000
2d Bus Cpe	1,240	3,720	6,200	13,950	21,700	31,000
2d Spt Cpe	1,280	3,840	6,400	14,400	22,400	32,000
4d Sed	1,000	3,000	5,000	11,250	17,500	25,000
1940 Roadmaster Series 70, 8-cyl.						
2d Conv	2,480	7,440	12,400	27,900	43,400	62,000
2d Cpe	1,320	3,960	6,600	14,850	23,100	33,000
4d Sed	1,080	3,240	5,400	12,150	18,900	27,000
4d Phae	2,520	7,560	12,600	28,350	44,100	63,000
1940 Limited Series 80, 8-cyl.						
4d FBk Phae	2,320	6,960	11,600	26,100	40,600	58,000
4d Phae	2,200	6,600	11,000	24,750	38,500	55,000
4d FBk Sed	1,280	3,840	6,400	14,400	22,400	32,000
4d Sed	1,240	3,720	6,200	13,950	21,700	31,000
4d Fml Sed	1,320	3,960	6,600	14,850	23,100	33,000
4d Fml FBk	1,360	4,080	6,800	15,300	23,800	34,000
1940 Limited Series 90, 8-cyl.						
4d 7P Sed	1,320	3,960	6,600	14,850	23,100	33,000
4d Fml Sed	1,360	4,080	6,800	15,300	23,800	34,000
4d Limo	1,560	4,680	7,800	17,550	27,300	39,000
1941 Special Series 40-A, 8-cyl.						
2d Conv	2,080	6,240	10,400	23,400	36,400	52,000
2d Bus Cpe	1,080	3,240	5,400	12,150	18,900	27,000
2d Spt Cpe	1,120	3,360	5,600	12,600	19,600	28,000
4d Sed	900	2,750	4,600	10,350	16,100	23,000
1941 Special Series 40-B, 8-cyl.						
2d Bus Cpe	1,160	3,480	5,800	13,050	20,300	29,000
2d S'net	1,200	3,600	6,000	13,500	21,000	30,000
4d Trg Sed	960	2,880	4,800	10,800	16,800	24,000
4d Sta Wag	1,960	5,880	9,800	22,050	34,300	49,000
1941 Super Series 50, 8-cyl.						
2d Conv	2,160	6,480	10,800	24,300	37,800	54,000
4d Phae	2,240	6,720	11,200	25,200	39,200	56,000
2d Cpe	1,220	3,660	6,100	13,730	21,350	30,500
4d Sed	1,000	3,000	5,000	11,250	17,500	25,000
1941 Century Series 60, 8-cyl.						
2d Bus Cpe	1,240	3,720	6,200	13,950	21,700	31,000
2d S'net	1,280	3,840	6,400	14,400	22,400	32,000
4d Sed	1,100	3,250	5,400	12,150	18,900	27,000
1941 Roadmaster Series 70, 8-cyl.						
2d Conv	2,560	7,680	12,800	28,800	44,800	64,000
4d Phae	2,600	7,800	13,000	29,250	45,500	65,000
2d Cpe	1,320	3,960	6,600	14,850	23,100	33,000
4d Sed	1,100	3,350	5,600	12,600	19,600	28,000
1941 Limited Series 90, 8-cyl.						
4d 7P Sed	1,500	4,450	7,400	16,650	25,900	37,000
4d Sed	1,250	3,700	6,200	13,950	21,700	31,000
4d Fml Sed	1,350	4,100	6,800	15,300	23,800	34,000
4d Limo	1,600	4,800	8,000	18,000	28,000	40,000
1942 Special Series 40-A, 8-cyl.						
2d Bus Cpe	1,000	3,000	5,000	11,250	17,500	25,000
2d S'net	1,060	3,180	5,300	11,930	18,550	26,500
2d 3P S'net	1,020	3,060	5,100	11,480	17,850	25,500
2d Conv	1,600	4,800	8,000	18,000	28,000	40,000
4d Sed	880	2,640	4,400	9,900	15,400	22,000
1942 Special Series 40-B, 8-cyl.						
2d 3P S'net	1,080	3,240	5,400	12,150	18,900	27,000
2d S'net	1,120	3,360	5,600	12,600	19,600	28,000
4d Sed	880	2,640	4,400	9,900	15,400	22,000
4d Sta Wag	1,880	5,640	9,400	21,150	32,900	47,000
1942 Super Series 50, 8-cyl.						
2d Conv	2,080	6,240	10,400	23,400	36,400	52,000
2d S'net	1,160	3,480	5,800	13,050	20,300	29,000
4d Sed	900	2,700	4,500	10,130	15,750	22,500
1942 Century Series 60, 8-cyl.						
2d S'net	1,200	3,600	6,000	13,500	21,000	30,000
4d Sed	940	2,820	4,700	10,580	16,450	23,500
1942 Roadmaster Series 70, 8-cyl.						
2d Conv	2,360	7,080	11,800	26,550	41,300	59,000
2d S'net	1,240	3,720	6,200	13,950	21,700	31,000
4d Sed	1,040	3,120	5,200	11,700	18,200	26,000

	6	5	4	3	2	1
1942 Limited Series 90, 8-cyl.						
4d 8P Sed.	1,080	3,240	5,400	12,150	18,900	27,000
4d Sed	1,040	3,120	5,200	11,700	18,200	26,000
4d Fml Sed	1,120	3,360	5,600	12,600	19,600	28,000
4d Limo	1,160	3,480	5,800	13,050	20,300	29,000
1946-48 Special Series 40, 8-cyl.						
2d S'net	1,040	3,120	5,200	11,700	18,200	26,000
4d Sed	920	2,760	4,600	10,350	16,100	23,000
1946-48 Super Series 50, 8-cyl.						
2d Conv	2,200	6,600	11,000	24,750	38,500	55,000
2d S'net	1,080	3,240	5,400	12,150	18,900	27,000
4d Sed	980	2,940	4,900	11,030	17,150	24,500
4d Sta Wag.	1,720	5,160	8,600	19,350	30,100	43,000
1946-48 Roadmaster Series 70, 8-cyl.						
2d Conv	2,560	7,680	12,800	28,800	44,800	64,000
2d S'net	1,200	3,600	6,000	13,500	21,000	30,000
4d Sed	1,120	3,360	5,600	12,600	19,600	28,000
4d Sta Wag.	1,840	5,520	9,200	20,700	32,200	46,000
1949 Special Series 40, 8-cyl.						
2d S'net	1,080	3,240	5,400	12,150	18,900	27,000
4d Sed	960	2,880	4,800	10,800	16,800	24,000
1949 Super Series 50, 8-cyl.						
2d Conv	2,200	6,600	11,000	24,750	38,500	55,000
2d S'net	1,080	3,240	5,400	12,150	18,900	27,000
4d Sed	1,040	3,120	5,200	11,700	18,200	26,000
4d Sta Wag.	1,720	5,160	8,600	19,350	30,100	43,000
1949 Roadmaster Series 70, 8-cyl.						
2d Conv	2,520	7,560	12,600	28,350	44,100	63,000
2d Riv HT	1,560	4,680	7,800	17,550	27,300	39,000
2d S'net	1,200	3,600	6,000	13,500	21,000	30,000
4d Sed	1,160	3,480	5,800	13,050	20,300	29,000
4d Sta Wag.	1,840	5,520	9,200	20,700	32,200	46,000

NOTE: Add 10 percent for sweap spear side trim on late 1949 Roadmaster models.

	6	5	4	3	2	1
1950 Special Series 40, 8-cyl., 121-1/2" wb						
2d Bus Cpe.	800	2,400	4,000	9,000	14,000	20,000
2d S'net	920	2,760	4,600	10,350	16,100	23,000
4d S'net	840	2,520	4,200	9,450	14,700	21,000
4d Tr Sed	800	2,400	4,000	9,000	14,000	20,000
1950 Special DeLuxe Series 40, 8-cyl., 121-1/2" wb						
2d S'net	960	2,880	4,800	10,800	16,800	24,000
4d S'net	880	2,640	4,400	9,900	15,400	22,000
4d Tr Sed	840	2,520	4,200	9,450	14,700	21,000
1950 Super Series 50, 8-cyl.						
2d Conv	1,480	4,440	7,400	16,650	25,900	37,000
2d Riv HT	1,080	3,240	5,400	12,150	18,900	27,000
2d S'net	1,000	3,000	5,000	11,250	17,500	25,000
4d Sed	880	2,640	4,400	9,900	15,400	22,000
4d Sta Wag.	1,720	5,160	8,600	19,350	30,100	43,000
1950 Roadmaster Series 70, 8-cyl.						
2d Conv	1,880	5,640	9,400	21,150	32,900	47,000
2d Riv HT	1,360	4,080	6,800	15,300	23,800	34,000
2d S'net	1,120	3,360	5,600	12,600	19,600	28,000
4d Sed 71	920	2,760	4,600	10,350	16,100	23,000
4d Sed 72	960	2,880	4,800	10,800	16,800	24,000
4d Sta Wag.	1,800	5,400	9,000	20,250	31,500	45,000
4d Riv Sed DeL	960	2,880	4,800	10,800	16,800	24,000
1951-52 Special Series 40, 8-cyl., 121-1/2" wb						
2d Bus Cpe (1951 only)	800	2,400	4,000	9,000	14,000	20,000
2d Sed (1951 only)	760	2,280	3,800	8,550	13,300	19,000
4d Sed	760	2,280	3,800	8,550	13,300	19,000
2d Spt Cpe	800	2,400	4,000	9,000	14,000	20,000
1951-52 Special DeLuxe Series 40, 8-cyl., 121-1/2" wb						
4d Sed	800	2,400	4,000	9,000	14,000	20,000
2d Sed	800	2,400	4,000	9,000	14,000	20,000
2d Riv HT	1,080	3,240	5,400	12,150	18,900	27,000
2d Conv	1,400	4,200	7,000	15,750	24,500	35,000
1951-52 Super Series 50, 8-cyl.						
2d Conv	1,480	4,440	7,400	16,650	25,900	37,000
2d Riv HT	1,200	3,600	6,000	13,500	21,000	30,000
4d Sta Wag.	1,720	5,160	8,600	19,350	30,100	43,000
2d S'net (1951 only)	960	2,880	4,800	10,800	16,800	24,000
4d Sed	880	2,640	4,400	9,900	15,400	22,000
1951-52 Roadmaster Series 70, 8-cyl.						
2d Conv	1,600	4,800	8,000	18,000	28,000	40,000
2d Riv HT	1,360	4,080	6,800	15,300	23,800	34,000
4d Sta Wag.	1,800	5,400	9,000	20,250	31,500	45,000
4d Riv Sed	960	2,880	4,800	10,800	16,800	24,000
1953 Special Series 40, 8-cyl.						
4d Sed	840	2,520	4,200	9,450	14,700	21,000

	6	5	4	3	2	1
2d Sed.	860	2,580	4,300	9,680	15,050	21,500
2d Riv HT	1,080	3,240	5,400	12,150	18,900	27,000
2d Conv.	1,480	4,440	7,400	16,650	25,900	37,000
1953 Super Series 50, V-8						
2d Riv HT	1,240	3,720	6,200	13,950	21,700	31,000
2d Conv.	1,600	4,800	8,000	18,000	28,000	40,000
4d Sta Wag	1,720	5,160	8,600	19,350	30,100	43,000
4d Riv Sed.	880	2,640	4,400	9,900	15,400	22,000
1953 Roadmaster Series 70, V-8						
2d Riv HT	1,400	4,200	7,000	15,750	24,500	35,000
2d Skylark	5,200	15,600	26,000	58,500	91,000	130,000
2d Conv.	1,720	5,160	8,600	19,350	30,100	43,000
4d DeL Sta Wag	1,800	5,400	9,000	20,250	31,500	45,000
4d Riv Sed.	960	2,880	4,800	10,800	16,800	24,000
1954 Special Series 40, V-8						
4d Sed.	760	2,280	3,800	8,550	13,300	19,000
2d Sed.	760	2,280	3,800	8,550	13,300	19,000
2d Riv HT	1,160	3,480	5,800	13,050	20,300	29,000
2d Conv.	1,520	4,560	7,600	17,100	26,600	38,000
4d Sta Wag	1,040	3,120	5,200	11,700	18,200	26,000
1954 Century Series 60, V-8						
4d DeL.	800	2,400	4,000	9,000	14,000	20,000
2d Riv HT	1,280	3,840	6,400	14,400	22,400	32,000
2d Conv.	1,840	5,520	9,200	20,700	32,200	46,000
4d Sta Wag	1,080	3,240	5,400	12,150	18,900	27,000
1954 Super Series 50, V-8						
4d Sed.	760	2,280	3,800	8,550	13,300	19,000
2d Riv HT	1,200	3,600	6,000	13,500	21,000	30,000
2d Conv.	1,640	4,920	8,200	18,450	28,700	41,000
1954 Roadmaster Series 70, V-8						
4d Sed.	800	2,400	4,000	9,000	14,000	20,000
2d Riv HT	1,400	4,200	7,000	15,750	24,500	35,000
2d Conv.	1,840	5,520	9,200	20,700	32,200	46,000
1954 Skylark Series, V-8						
2d Spt Conv	4,140	12,420	20,700	46,580	72,450	103,500
1955 Special Series 40, V-8						
4d Sed.	760	2,280	3,800	8,550	13,300	19,000
4d Riv HT	880	2,640	4,400	9,900	15,400	22,000
2d Sed.	760	2,280	3,800	8,550	13,300	19,000
2d Riv HT	1,240	3,720	6,200	13,950	21,700	31,000
2d Conv.	1,880	5,640	9,400	21,150	32,900	47,000
4d Sta Wag	960	2,880	4,800	10,800	16,800	24,000
1955 Century Series 60, V-8						
4d Sed.	800	2,400	4,000	9,000	14,000	20,000
4d Riv HT	920	2,760	4,600	10,350	16,100	23,000
2d Riv HT	1,320	3,960	6,600	14,850	23,100	33,000
2d Conv.	1,960	5,880	9,800	22,050	34,300	49,000
4d Sta Wag	1,000	3,000	5,000	11,250	17,500	25,000
1955 Super Series 50, V-8						
4d Sed.	800	2,400	4,000	9,000	14,000	20,000
2d Riv HT	1,280	3,840	6,400	14,400	22,400	32,000
2d Conv.	1,880	5,640	9,400	21,150	32,900	47,000
1955 Roadmaster Series 70, V-8						
4d Sed.	880	2,640	4,400	9,900	15,400	22,000
2d Riv HT	1,400	4,200	7,000	15,750	24,500	35,000
2d Conv.	2,080	6,240	10,400	23,400	36,400	52,000
1956 Special Series 40, V-8						
4d Sed.	760	2,280	3,800	8,550	13,300	19,000
4d Riv HT	880	2,640	4,400	9,900	15,400	22,000
2d Sed.	760	2,280	3,800	8,550	13,300	19,000
2d Riv HT	1,240	3,720	6,200	13,950	21,700	31,000
2d Conv.	1,840	5,520	9,200	20,700	32,200	46,000
4d Sta Wag	920	2,760	4,600	10,350	16,100	23,000
1956 Century Series 60, V-8						
4d Sed.	800	2,400	4,000	9,000	14,000	20,000
4d Riv HT	1,000	3,000	5,000	11,250	17,500	25,000
2d Riv HT	1,320	3,960	6,600	14,850	23,100	33,000
2d Conv.	1,920	5,760	9,600	21,600	33,600	48,000
4d Sta Wag	960	2,880	4,800	10,800	16,800	24,000
1956 Super Series 50						
4d Sed.	800	2,400	4,000	9,000	14,000	20,000
4d Riv HT	1,080	3,240	5,400	12,150	18,900	27,000
2d Riv HT	1,280	3,840	6,400	14,400	22,400	32,000
2d Conv.	1,840	5,520	9,200	20,700	32,200	46,000
1956 Roadmaster Series 70, V-8						
4d Sed.	840	2,520	4,200	9,450	14,700	21,000
4d Riv HT	1,160	3,480	5,800	13,050	20,300	29,000
2d Riv HT	1,360	4,080	6,800	15,300	23,800	34,000
2d Conv.	2,040	6,120	10,200	22,950	35,700	51,000

BUICK

	6	5	4	3	2	1
1957 Special Series 40, V-8						
4d Sed	720	2,160	3,600	8,100	12,600	18,000
4d Riv HT	920	2,760	4,600	10,350	16,100	23,000
2d Sed	720	2,160	3,600	8,100	12,600	18,000
2d Riv HT	1,200	3,600	6,000	13,500	21,000	30,000
2d Conv	1,720	5,160	8,600	19,350	30,100	43,000
4d Sta Wag	960	2,880	4,800	10,800	16,800	24,000
4d HT Wag	1,360	4,080	6,800	15,300	23,800	34,000
1957 Century Series 60, V-8						
4d Sed	760	2,280	3,800	8,550	13,300	19,000
4d Riv HT	960	2,880	4,800	10,800	16,800	24,000
2d Riv HT	1,320	3,960	6,600	14,850	23,100	33,000
2d Conv	1,800	5,400	9,000	20,250	31,500	45,000
4d HT Wag	1,360	4,080	6,800	15,300	23,800	34,000
1957 Super Series 50, V-8						
4d Riv HT	1,000	3,000	5,000	11,250	17,500	25,000
2d Riv HT	1,320	3,960	6,600	14,850	23,100	33,000
2d Conv	1,760	5,280	8,800	19,800	30,800	44,000
1957 Roadmaster Series 70, V-8						
4d Riv HT	1,040	3,120	5,200	11,700	18,200	26,000
2d Riv HT	1,400	4,200	7,000	15,750	24,500	35,000
2d Conv	1,880	5,640	9,400	21,150	32,900	47,000
NOTE: Add 5 percent for 75 Series.						
1958 Special Series 40, V-8						
4d Sed	680	2,040	3,400	7,650	11,900	17,000
4d Riv HT	800	2,400	4,000	9,000	14,000	20,000
2d Sed	680	2,040	3,400	7,650	11,900	17,000
2d Riv HT	1,040	3,120	5,200	11,700	18,200	26,000
2d Conv	1,240	3,720	6,200	13,950	21,700	31,000
4d Sta Wag	720	2,160	3,600	8,100	12,600	18,000
4d HT Wag	1,120	3,360	5,600	12,600	19,600	28,000
1958 Century Series 60, V-8						
4d Sed	720	2,160	3,000	0,100	12,600	18,000
4d Riv HT	840	2,520	4,200	9,450	14,700	21,000
2d Riv HT	1,160	3,480	5,800	13,050	20,300	29,000
2d Conv	1,320	3,960	6,600	14,850	23,100	33,000
4d HT Wag	1,200	3,600	6,000	13,500	21,000	30,000
1958 Super Series 50, V-8						
4d Riv HT	880	2,640	4,400	9,900	15,400	22,000
2d Riv HT	1,200	3,600	6,000	13,500	21,000	30,000
1958 Roadmaster Series 75, V-8						
4d Riv HT	920	2,760	4,600	10,350	16,100	23,000
2d Riv HT	1,240	3,720	6,200	13,950	21,700	31,000
2d Conv	1,480	4,440	7,400	16,650	25,900	37,000
1958 Limited Series 700, V-8						
4d Riv HT	1,200	3,600	6,000	13,500	21,000	30,000
2d Riv HT	1,560	4,680	7,800	17,550	27,300	39,000
2d Conv	2,120	6,360	10,600	23,850	37,100	53,000
1959 LeSabre Series 4400, V-8						
4d Sed	680	2,040	3,400	7,650	11,900	17,000
4d HT	760	2,280	3,800	8,550	13,300	19,000
2d Sed	700	2,100	3,500	7,880	12,250	17,500
2d HT	880	2,640	4,400	9,900	15,400	22,000
2d Conv	1,240	3,720	6,200	13,950	21,700	31,000
4d Sta Wag	760	2,280	3,800	8,550	13,300	19,000
1959 Invicta Series 4600, V-8						
4d Sed	720	2,160	3,600	8,100	12,600	18,000
4d HT	800	2,400	4,000	9,000	14,000	20,000
2d HT	920	2,760	4,600	10,350	16,100	23,000
2d Conv	1,360	4,080	6,800	15,300	23,800	34,000
4d Sta Wag	800	2,400	4,000	9,000	14,000	20,000
1959 Electra Series 4700, V-8						
4d Sed	760	2,280	3,800	8,550	13,300	19,000
4d HT	840	2,520	4,200	9,450	14,700	21,000
2d HT	1,000	3,000	5,000	11,250	17,500	25,000
1959 Electra 225 Series 4800, V-8						
4d Riv HT 6W	800	2,400	4,000	9,000	14,000	20,000
4d HT 4W	840	2,520	4,200	9,450	14,700	21,000
2d Conv	1,480	4,440	7,400	16,650	25,900	37,000
1960 LeSabre Series 4400, V-8						
4d Sed	680	2,040	3,400	7,650	11,900	17,000
4d HT	760	2,280	3,800	8,550	13,300	19,000
2d Sed	700	2,100	3,500	7,880	12,250	17,500
2d HT	920	2,760	4,600	10,350	16,100	23,000
2d Conv	1,280	3,840	6,400	14,400	22,400	32,000
4d Sta Wag	720	2,160	3,600	8,100	12,600	18,000
1960 Invicta Series 4600, V-8						
4d Sed	720	2,160	3,600	8,100	12,600	18,000

BUICK

	6	5	4	3	2	1
4d HT	800	2,400	4,000	9,000	14,000	20,000
2d HT	960	2,880	4,800	10,800	16,800	24,000
2d Conv	1,400	4,200	7,000	15,750	24,500	35,000
4d Sta Wag	760	2,280	3,800	8,550	13,300	19,000
1960 Electra Series 4700, V-8						
4d Riv HT 6W	840	2,520	4,200	9,450	14,700	21,000
4d HT 4W	880	2,640	4,400	9,900	15,400	22,000
2d HT	1,000	3,000	5,000	11,250	17,500	25,000
1960 Electra 225 Series 4800, V-8						
4d Riv HT 6W	880	2,640	4,400	9,900	15,400	22,000
4d HT 4W	920	2,760	4,600	10,350	16,100	23,000
2d Conv	1,480	4,440	7,400	16,650	25,900	37,000
NOTE: Add 5 percent for bucket seat option.						
1961 Special Series 4000, V-8, 112" wb						
4d Sed	640	1,920	3,200	7,200	11,200	16,000
2d Cpe	680	2,040	3,400	7,650	11,900	17,000
4d Sta Wag	680	2,040	3,400	7,650	11,900	17,000
1961 Special DeLuxe Series 4100, V-8, 112" wb						
4d Sed	660	1,980	3,300	7,430	11,550	16,500
2d Skylark Cpe	720	2,160	3,600	8,100	12,600	18,000
4d Sta Wag	720	2,160	3,600	8,100	12,600	18,000
NOTE: Deduct 5 percent for V-6.						
1961 LeSabre Series 4400, V-8						
4d Sed	680	2,040	3,400	7,650	11,900	17,000
4d HT	720	2,160	3,600	8,100	12,600	18,000
2d Sed	680	2,040	3,400	7,650	11,900	17,000
2d HT	760	2,280	3,800	8,550	13,300	19,000
2d Conv	1,120	3,360	5,600	12,600	19,600	28,000
4d Sta Wag	720	2,160	3,600	8,100	12,600	18,000
1961 Invicta Series 4600, V-8						
4d HT	720	2,160	3,600	8,100	12,600	18,000
2d HT	800	2,400	4,000	9,000	14,000	20,000
2d Conv	1,200	3,600	6,000	13,500	21,000	30,000
1961 Electra Series 4700, V-8						
4d Sed	700	2,100	3,500	7,880	12,250	17,500
4d HT	720	2,160	3,600	8,100	12,600	18,000
2d HT	760	2,280	3,800	8,550	13,300	19,000
1961 Electra 225 Series 4800, V-8						
4d Riv HT 6W	720	2,160	3,600	8,100	12,600	18,000
2d Conv	1,360	4,080	6,800	15,300	23,800	34,000
1962 Special Series 4000, V-6, 112.1" wb						
4d Sed	640	1,920	3,200	7,200	11,200	16,000
2d Cpe	700	2,100	3,500	7,880	12,250	17,500
2d Conv	920	2,760	4,600	10,350	16,100	23,000
4d Sta Wag	680	2,040	3,400	7,650	11,900	17,000
1962 Special DeLuxe Series 4100, V-8, 112.1" wb						
4d Sed	680	2,040	3,400	7,650	11,900	17,000
2d Conv	1,000	3,000	5,000	11,250	17,500	25,000
4d Sta Wag	720	2,160	3,600	8,100	12,600	18,000
1962 Special Skylark Series 4300, V-8, 112.1" wb						
2d HT	700	2,100	3,500	7,880	12,250	17,500
2d Conv	1,040	3,120	5,200	11,700	18,200	26,000
1962 LeSabre Series 4400, V-8						
4d Sed	680	2,040	3,400	7,650	11,900	17,000
4d HT	720	2,160	3,600	8,100	12,600	18,000
2d Sed	680	2,040	3,400	7,650	11,900	17,000
2d HT	800	2,400	4,000	9,000	14,000	20,000
1962 Invicta Series 4600, V-8						
4d HT	720	2,160	3,600	8,100	12,600	18,000
2d HT	840	2,520	4,200	9,450	14,700	21,000
2d HT Wildcat	880	2,640	4,400	9,900	15,400	22,000
2d Conv	1,200	3,600	6,000	13,500	21,000	30,000
4d Sta Wag*	720	2,160	3,600	8,100	12,600	18,000
NOTE: Add 10 percent for bucket seat option where offered.						
1962 Electra 225 Series 4800, V-8						
4d Sed	680	2,040	3,400	7,650	11,900	17,000
4d Riv HT 6W	760	2,280	3,800	8,550	13,300	19,000
4d HT 4W	800	2,400	4,000	9,000	14,000	20,000
2d HT	920	2,760	4,600	10,350	16,100	23,000
2d Conv	1,360	4,080	6,800	15,300	23,800	34,000
1963 Special Series 4000, V-6, 112" wb						
4d Sed	664	1,992	3,320	7,470	11,620	16,600
2d Cpe	668	2,004	3,340	7,520	11,690	16,700
2d Conv	840	2,520	4,200	9,450	14,700	21,000
4d Sta Wag	680	2,040	3,400	7,650	11,900	17,000
1963 Special DeLuxe Series 4100, V-6, 112" wb						
4d Sed	668	2,004	3,340	7,520	11,690	16,700
4d Sta Wag	700	2,100	3,500	7,880	12,250	17,500

	6	5	4	3	2	1
1963 Special DeLuxe Series 4100, V-8, 112" wb						
4d Sed	672	2,016	3,360	7,560	11,760	16,800
4d Sta Wag	712	2,136	3,560	8,010	12,460	17,800
1963 Special Skylark Series 4300, V-8, 112" wb						
2d HT	740	2,220	3,700	8,330	12,950	18,500
2d Conv	880	2,640	4,400	9,900	15,400	22,000
1963 LeSabre Series 4400, V-8						
4d Sed	668	2,004	3,340	7,520	11,690	16,700
4d HT	720	2,160	3,600	8,100	12,600	18,000
2d Sed	660	1,980	3,300	7,430	11,550	16,500
2d HT	800	2,400	4,000	9,000	14,000	20,000
4d Sta Wag	680	2,040	3,400	7,650	11,900	17,000
2d Conv	1,000	3,000	5,000	11,250	17,500	25,000
1963 Invicta Series 4600, V-8						
4d Sta Wag	740	2,220	3,700	8,330	12,950	18,500
1963 Wildcat Series 4600, V-8						
4d HT	740	2,220	3,700	8,330	12,950	18,500
2d HT	840	2,520	4,200	9,450	14,700	21,000
2d Conv	1,120	3,360	5,600	12,600	19,600	28,000
1963 Electra 225 Series 4800, V-8						
4d Sed	660	1,980	3,300	7,430	11,550	16,500
4d HT 6W	720	2,160	3,600	8,100	12,600	18,000
4d HT 4W	740	2,220	3,700	8,330	12,950	18,500
2d HT	880	2,640	4,400	9,900	15,400	22,000
2d Conv	1,200	3,600	6,000	13,500	21,000	30,000
1963 Riviera Series 4700, V-8						
2d HT	960	2,880	4,800	10,800	16,800	24,000
1964 Special Series 4000, V-6, 115" wb						
4d Sed	600	1,800	3,000	6,750	10,500	15,000
2d Cpe	608	1,824	3,040	6,840	10,640	15,200
2d Conv	840	2,520	4,200	9,450	14,700	21,000
4d Sta Wag	620	1,860	3,100	6,980	10,850	15,500
1964 Special Deluxe Series 4100, V-6, 115" wb						
4d Sed	612	1,836	3,060	6,890	10,710	15,300
2d Cpe	620	1,860	3,100	6,980	10,850	15,500
4d Sta Wag	640	1,920	3,200	7,200	11,200	16,000
1964 Special Skylark Series 4300, V-6, 115" wb						
4d Sed	620	1,860	3,100	6,980	10,850	15,500
2d HT	640	1,920	3,200	7,200	11,200	16,000
2d Conv	920	2,760	4,600	10,350	16,100	23,000
1964 Special Series 4000, V-8, 115" wb						
4d Sed	620	1,860	3,100	6,980	10,850	15,500
2d Cpe	624	1,872	3,120	7,020	10,920	15,600
2d Conv	920	2,760	4,600	10,350	16,100	23,000
4d Sta Wag	648	1,944	3,240	7,290	11,340	16,200
1964 Special DeLuxe Series 4100, V-8, 115" wb						
4d Sed	628	1,884	3,140	7,070	10,990	15,700
2d Cpe	632	1,896	3,160	7,110	11,060	15,800
4d Sta Wag	660	1,980	3,300	7,430	11,550	16,500
1964 Skylark Series 4300, V-8, 115" wb						
4d Sed	600	1,800	3,000	6,750	10,500	15,000
2d HT	640	1,920	3,200	7,200	11,200	16,000
2d Conv	960	2,880	4,800	10,800	16,800	24,000
1964 Skylark Series 4200, V-8, 120" wb						
4d Spt Wag	680	2,040	3,400	7,650	11,900	17,000
4d Cus Spt Wag	760	2,280	3,800	8,550	13,300	19,000
1964 LeSabre Series 4400, V-8						
4d Sed	648	1,944	3,240	7,290	11,340	16,200
4d HT	660	1,980	3,300	7,430	11,550	16,500
2d HT	800	2,400	4,000	9,000	14,000	20,000
2d Conv	1,040	3,120	5,200	11,700	18,200	26,000
4d Spt Wag	720	2,160	3,600	8,100	12,600	18,000
1964 Wildcat Series 4600, V-8						
4d Sed	652	1,956	3,260	7,340	11,410	16,300
4d HT	740	2,220	3,700	8,330	12,950	18,500
2d HT	880	2,640	4,400	9,900	15,400	22,000
2d Conv	1,080	3,240	5,400	12,150	18,900	27,000
1964 Electra 225 Series 4800, V-8						
4d Sed	656	1,968	3,280	7,380	11,480	16,400
4d HT 6W	700	2,100	3,500	7,880	12,250	17,500
4d HT 4W	720	2,160	3,600	8,100	12,600	18,000
2d HT	840	2,520	4,200	9,450	14,700	21,000
2d Conv	1,120	3,360	5,600	12,600	19,600	28,000
1964 Riviera Series 4700, V-8						
2d HT	960	2,880	4,800	10,800	16,800	24,000
1965 Special, V-6, 115" wb						
4d Sed	460	1,380	2,300	5,180	8,050	11,500
2d Cpe	464	1,392	2,320	5,220	8,120	11,600

	6	5	4	3	2	1
2d Conv.	800	2,400	4,000	9,000	14,000	20,000
4d Sta Wag	500	1,500	2,500	5,630	8,750	12,500
1965 Special DeLuxe, V-6, 115" wb						
4d Sed.	508	1,524	2,540	5,720	8,890	12,700
4d Sta Wag.	516	1,548	2,580	5,810	9,030	12,900
1965 Skylark, V-6, 115" wb						
4d Sed.	600	1,800	3,000	6,750	10,500	15,000
2d Cpe.	612	1,836	3,060	6,890	10,710	15,300
2d HT	652	1,956	3,260	7,340	11,410	16,300
2d Conv.	920	2,760	4,600	10,350	16,100	23,000
1965 Special, V-8, 115" wb						
4d Sed.	508	1,524	2,540	5,720	8,890	12,700
2d Cpe.	512	1,536	2,560	5,760	8,960	12,800
2d Conv.	960	2,880	4,800	10,800	16,800	24,000
4d Sta Wag.	508	1,524	2,540	5,720	8,890	12,700
1965 Special DeLuxe, V-8, 115" wb						
4d Sed.	516	1,548	2,580	5,810	9,030	12,900
4d Sta Wag.	600	1,800	3,000	6,750	10,500	15,000
1965 Skylark, V-8, 115" wb						
4d Sed.	532	1,596	2,660	5,990	9,310	13,300
2d Cpe.	580	1,740	2,900	6,530	10,150	14,500
2d HT	620	1,860	3,100	6,980	10,850	15,500
2d Conv.	880	2,640	4,400	9,900	15,400	22,000

NOTE: Add 25 percent for Skylark Gran Sport Series (400 cid/325hp V-8). Deduct 5 percent for V-6.

	6	5	4	3	2	1
1965 Sport Wagon, V-8, 120" wb						
4d 2S Sta Wag	680	2,040	3,400	7,650	11,900	17,000
4d 3S Sta Wag	700	2,100	3,500	7,880	12,250	17,500
1965 Custom Sport Wagon, V-8, 120" wb						
4d 2S Sta Wag	740	2,220	3,700	8,330	12,950	18,500
4d 3S Sta Wag	760	2,280	3,800	8,550	13,300	19,000
1965 LeSabre, V-8, 123" wb						
4d Sed.	484	1,452	2,420	5,450	8,470	12,100
4d HT	492	1,476	2,460	5,540	8,610	12,300
2d HT	612	1,836	3,060	6,890	10,710	15,300
1965 LeSabre Custom, V-8, 123" wb						
4d Sed.	492	1,476	2,460	5,540	8,610	12,300
4d HT	516	1,548	2,580	5,810	9,030	12,900
2d HT	680	2,040	3,400	7,650	11,900	17,000
2d Conv.	840	2,520	4,200	9,450	14,700	21,000
1965 Wildcat, V-8, 126" wb						
4d Sed.	512	1,536	2,560	5,760	8,960	12,800
4d HT	612	1,836	3,060	6,890	10,710	15,300
2d HT	760	2,280	3,800	8,550	13,300	19,000
1965 Wildcat DeLuxe, V-8, 126" wb						
4d Sed.	600	1,800	3,000	6,750	10,500	15,000
4d HT	620	1,860	3,100	6,980	10,850	15,500
2d HT	780	2,340	3,900	8,780	13,650	19,500
2d Conv.	880	2,640	4,400	9,900	15,400	22,000
1965 Wildcat Custom, V-8, 126" wb						
4d HT	632	1,896	3,160	7,110	11,060	15,800
2d HT	800	2,400	4,000	9,000	14,000	20,000
2d Conv.	920	2,760	4,600	10,350	16,100	23,000
1965 Electra 225, V-8, 126" wb						
4d Sed.	612	1,836	3,060	6,890	10,710	15,300
4d HT	652	1,956	3,260	7,340	11,410	16,300
2d HT	780	2,340	3,900	8,780	13,650	19,500
1965 Electra 225 Custom, V-8, 126" wb						
4d Sed.	620	1,860	3,100	6,980	10,850	15,500
4d HT	664	1,992	3,320	7,470	11,620	16,600
2d HT	708	2,124	3,540	7,970	12,390	17,700
2d Conv.	920	2,760	4,600	10,350	16,100	23,000
1965 Riviera, V-8, 117" wb						
2d HT	840	2,520	4,200	9,450	14,700	21,000
2d HT GS	880	2,640	4,400	9,900	15,400	22,000

NOTE: Add 25 percent for 425.

	6	5	4	3	2	1
1966 Special, V-6, 115" wb						
4d Sed.	440	1,320	2,200	4,950	7,700	11,000
2d Cpe.	444	1,332	2,220	5,000	7,770	11,100
2d Conv.	840	2,520	4,200	9,450	14,700	21,000
4d Sta Wag	440	1,320	2,200	4,950	7,700	11,000
1966 Special DeLuxe, V-6, 115" wb						
4d Sed.	444	1,332	2,220	5,000	7,770	11,100
2d Cpe.	448	1,344	2,240	5,040	7,840	11,200
2d HT	492	1,476	2,460	5,540	8,610	12,300
4d Sta Wag	444	1,332	2,220	5,000	7,770	11,100
1966 Skylark, V-6, 115" wb						
4d HT	456	1,368	2,280	5,130	7,980	11,400
2d Cpe.	460	1,380	2,300	5,180	8,050	11,500

	6	5	4	3	2	1
2d HT	512	1,536	2,560	5,760	8,960	12,800
2d Conv	880	2,640	4,400	9,900	15,400	22,000
1966 Special, V-8, 115" wb						
4d Sed	452	1,356	2,260	5,090	7,910	11,300
2d Cpe	456	1,368	2,280	5,130	7,980	11,400
2d Conv	840	2,520	4,200	9,450	14,700	21,000
4d Sta Wag.	452	1,356	2,260	5,090	7,910	11,300
1966 Special DeLuxe, V-8, 115" wb						
4d Sed	460	1,380	2,300	5,180	8,050	11,500
2d Cpe	470	1,420	2,360	5,310	8,260	11,800
2d HT	510	1,540	2,560	5,760	8,960	12,800
4d Sta Wag.	460	1,380	2,300	5,180	8,050	11,500
1966 Skylark, V-8, 115" wb						
4d HT	500	1,500	2,500	5,630	8,750	12,500
2d Cpe	500	1,510	2,520	5,670	8,820	12,600
2d HT	610	1,840	3,060	6,890	10,710	15,300
2d Conv	920	2,760	4,600	10,350	16,100	23,000
1966 Skylark Gran Sport, V-8, 115" wb						
2d Cpe	720	2,160	3,600	8,100	12,600	18,000
2d HT	960	2,880	4,800	10,800	16,800	24,000
2d Conv	1,080	3,240	5,400	12,150	18,900	27,000
1966 Sport Wagon, V-8, 120" wb						
4d 2S Sta Wag	680	2,040	3,400	7,650	11,900	17,000
4d 3S Sta Wag	700	2,100	3,500	7,880	12,250	17,500
4d 2S Cus Sta Wag	740	2,220	3,700	8,330	12,950	18,500
4d 3S Cus Sta Wag	760	2,280	3,800	8,550	13,300	19,000
1966 LeSabre, V-8, 123" wb						
4d Sed	452	1,356	2,260	5,090	7,910	11,300
4d HT	492	1,476	2,460	5,540	8,610	12,300
2d HT	640	1,920	3,200	7,200	11,200	16,000
1966 LeSabre Custom, V-8, 123" wb						
4d Sed	468	1,404	2,340	5,270	8,190	11,700
4d HT	492	1,476	2,460	5,540	8,610	12,300
2d HT	660	1,980	3,300	7,430	11,550	16,500
2d Conv	920	2,760	4,600	10,350	16,100	23,000
1966 Wildcat, V-8, 126" wb						
4d Sed	472	1,416	2,360	5,310	8,260	11,800
4d HT	512	1,536	2,560	5,760	8,960	12,800
2d HT	680	2,040	3,400	7,650	11,900	17,000
2d Conv	960	2,880	4,800	10,800	16,800	24,000
1966 Wildcat Custom, V-8, 126" wb						
4d Sed	476	1,428	2,380	5,360	8,330	11,900
4d HT	528	1,584	2,640	5,940	9,240	13,200
2d HT	700	2,100	3,500	7,880	12,250	17,500
2d Conv	1,000	3,000	5,000	11,250	17,500	25,000

NOTE: Add 25 percent for Wildcat Gran Sport Series.

	6	5	4	3	2	1
1966 Electra 225, V-8, 126" wb						
4d Sed	512	1,536	2,560	5,760	8,960	12,800
4d HT	612	1,836	3,060	6,890	10,710	15,300
2d HT	720	2,160	3,600	8,100	12,600	18,000
1966 Electra 225 Custom, V-8						
4d Sed	512	1,536	2,560	5,760	8,960	12,800
4d HT	632	1,896	3,160	7,110	11,060	15,800
2d HT	740	2,220	3,700	8,330	12,950	18,500
2d Conv	1,040	3,120	5,200	11,700	18,200	26,000
1966 Riviera, V-8						
2d HT GS	760	2,280	3,800	8,550	13,300	19,000
2d HT	720	2,160	3,600	8,100	12,600	18,000

NOTE: Add 25 percent for 425. Not available in Riviera.

	6	5	4	3	2	1
1967 Special, V-6, 115" wb						
4d Sed	356	1,068	1,780	4,010	6,230	8,900
2d Cpe	440	1,320	2,200	4,950	7,700	11,000
4d Sta Wag.	352	1,056	1,760	3,960	6,160	8,800
1967 Special DeLuxe, V-6, 115" wb						
4d Sed	440	1,320	2,200	4,950	7,700	11,000
2d HT	480	1,440	2,400	5,400	8,400	12,000
1967 Skylark, V-6, 115" wb						
2d Cpe	472	1,416	2,360	5,310	8,260	11,800
1967 Special, V-8, 115" wb						
4d Sed	444	1,332	2,220	5,000	7,770	11,100
2d Cpe	460	1,380	2,300	5,180	8,050	11,500
4d Sta Wag.	448	1,344	2,240	5,040	7,840	11,200
1967 Special DeLuxe, V-8, 115" wb						
4d Sed	448	1,344	2,240	5,040	7,840	11,200
2d HT	500	1,500	2,500	5,630	8,750	12,500
4d Sta Wag.	452	1,356	2,260	5,090	7,910	11,300
1967 Skylark, V-8, 115" wb						
4d Sed	452	1,356	2,260	5,090	7,910	11,300
4d HT	460	1,380	2,300	5,180	8,050	11,500

	6	5	4	3	2	1
2d Cpe.	480	1,440	2,400	5,400	8,400	12,000
2d HT	600	1,800	3,000	6,750	10,500	15,000
2d Conv.	880	2,640	4,400	9,900	15,400	22,000
1967 Sport Wagon, V-8, 120" wb						
4d 2S Sta Wag	680	2,040	3,400	7,650	11,900	17,000
4d 3S Sta Wag	700	2,100	3,500	7,880	12,250	17,500
1967 Gran Sport 340, V-8, 115" wb						
2d HT	760	2,280	3,800	8,550	13,300	19,000
1967 Gran Sport 400, V-8, 115" wb						
2d Cpe.	680	2,040	3,400	7,650	11,900	17,000
2d HT	780	2,340	3,900	8,780	13,650	19,500
2d Conv.	960	2,880	4,800	10,800	16,800	24,000
1967 LeSabre, V-8, 123" wb						
4d Sed.	456	1,368	2,280	5,130	7,980	11,400
4d HT	464	1,392	2,320	5,220	8,120	11,600
2d HT	600	1,800	3,000	6,750	10,500	15,000
1967 LeSabre Custom, V-8, 123" wb						
4d Sed.	464	1,392	2,320	5,220	8,120	11,600
4d HT	472	1,416	2,360	5,310	8,260	11,800
2d HT	620	1,860	3,100	6,980	10,850	15,500
2d Conv.	840	2,520	4,200	9,450	14,700	21,000
1967 Wildcat, V-8, 126" wb						
4d Sed.	472	1,416	2,360	5,310	8,260	11,800
4d HT	480	1,440	2,400	5,400	8,400	12,000
2d HT	640	1,920	3,200	7,200	11,200	16,000
2d Conv.	880	2,640	4,400	9,900	15,400	22,000
1967 Wildcat Custom, V-8, 126" wb						
4d HT	500	1,500	2,500	5,630	8,750	12,500
2d HT	660	1,980	3,300	7,430	11,550	16,500
2d Conv.	960	2,880	4,800	10,800	16,800	24,000
1967 Electra 225, V-8, 126" wb						
4d Sed.	468	1,404	2,340	5,270	8,190	11,700
4d HT	520	1,560	2,600	5,850	9,100	13,000
2d HT	680	2,040	3,400	7,650	11,900	17,000
1967 Electra 225 Custom, V-8, 126" wb						
4d Sed.	484	1,452	2,420	5,450	8,470	12,100
4d HT	540	1,620	2,700	6,080	9,450	13,500
2d HT	700	2,100	3,500	7,880	12,250	17,500
2d Conv.	1,040	3,120	5,200	11,700	18,200	26,000
1967 Riviera Series, V-8						
2d HT GS	740	2,220	3,700	8,330	12,950	18,500
2d HT	720	2,160	3,600	8,100	12,600	18,000
NOTE: Add 25 percent for 400. Not available in Riviera.						
1968 Special DeLuxe, V-6, 116" wb, 2d 112" wb						
4d Sed.	348	1,044	1,740	3,920	6,090	8,700
2d Sed.	352	1,056	1,760	3,960	6,160	8,800
1968 Skylark, V-6, 116" wb, 2d 112" wb						
4d Sed.	352	1,056	1,760	3,960	6,160	8,800
2d HT	460	1,380	2,300	5,180	8,050	11,500
1968 Special DeLuxe, V-8, 116" wb, 2d 112" wb						
4d Sed.	352	1,056	1,760	3,960	6,160	8,800
2d Sed.	356	1,068	1,780	4,010	6,230	8,900
4d Sta Wag	356	1,068	1,780	4,010	6,230	8,900
1968 Skylark, V-8, 116" wb, 2d 112" wb						
4d Sed.	356	1,068	1,780	4,010	6,230	8,900
4d HT	440	1,320	2,200	4,950	7,700	11,000
1968 Skylark Custom, V-8, 116" wb, 2d 112" wb						
4d Sed.	440	1,320	2,200	4,950	7,700	11,000
4d HT	452	1,356	2,260	5,090	7,910	11,300
2d HT	480	1,440	2,400	5,400	8,400	12,000
2d Conv.	840	2,520	4,200	9,450	14,700	21,000
1968 Sport Wagon, V-8, 121" wb						
4d 2S Sta Wag	640	1,920	3,200	7,200	11,200	16,000
4d 3S Sta Wag	660	1,980	3,300	7,430	11,550	16,500
1968 Gran Sport GS 350, V-8, 112" wb						
2d HT	780	2,340	3,900	8,780	13,650	19,500
1968 Gran Sport GS 400, V-8, 112" wb						
2d HT	800	2,400	4,000	9,000	14,000	20,000
2d Conv.	920	2,760	4,600	10,350	16,100	23,000
NOTE: Add 20 percent for Skylark GS Calif. Spl.						
1968 LeSabre, V-8, 123" wb						
4d Sed.	452	1,356	2,260	5,090	7,910	11,300
4d HT	464	1,392	2,320	5,220	8,120	11,600
2d HT	620	1,860	3,100	6,980	10,850	15,500
1968 LeSabre Custom, V-8, 123" wb						
4d Sed.	456	1,368	2,280	5,130	7,980	11,400
4d HT	468	1,404	2,340	5,270	8,190	11,700
2d HT	640	1,920	3,200	7,200	11,200	16,000
2d Conv.	880	2,640	4,400	9,900	15,400	22,000

	6	5	4	3	2	1
1968 Wildcat, V-8, 126" wb						
4d Sed	460	1,380	2,300	5,180	8,050	11,500
4d HT	472	1,416	2,360	5,310	8,260	11,800
2d HT	660	1,980	3,300	7,430	11,550	16,500
1968 Wildcat Custom, V-8, 126" wb						
4d HT	484	1,452	2,420	5,450	8,470	12,100
2d HT	680	2,040	3,400	7,650	11,900	17,000
2d Conv	960	2,880	4,800	10,800	16,800	24,000
1968 Electra 225, V-8, 126" wb						
4d Sed	480	1,440	2,400	5,400	8,400	12,000
4d HT	496	1,488	2,480	5,580	8,680	12,400
2d HT	700	2,100	3,500	7,880	12,250	17,500
1968 Electra 225 Custom, V-8, 126" wb						
4d Sed	484	1,452	2,420	5,450	8,470	12,100
4d HT	500	1,500	2,500	5,630	8,750	12,500
2d HT	720	2,160	3,600	8,100	12,600	18,000
2d Conv	1,040	3,120	5,200	11,700	18,200	26,000
1968 Riviera Series, V-8						
2d HT GS	740	2,220	3,700	8,330	12,950	18,500
2d HT	720	2,160	3,600	8,100	12,600	18,000
NOTE: Add 25 percent for 400. Not available in Riviera.						
1969 Special DeLuxe, V-6, 116" wb, 2d 112" wb						
4d Sed	348	1,044	1,740	3,920	6,090	8,700
2d Sed	344	1,032	1,720	3,870	6,020	8,600
1969 Skylark, V-6, 116" wb, 2d 112" wb						
4d Sed	352	1,056	1,760	3,960	6,160	8,800
2d HT	440	1,320	2,200	4,950	7,700	11,000
1969 Special DeLuxe, V-8, 116" wb, 2d 112" wb						
4d Sed	352	1,056	1,760	3,960	6,160	8,800
2d Sed	348	1,044	1,740	3,920	6,090	8,700
4d Sta Wag	352	1,056	1,760	3,960	6,160	8,800
1969 Skylark, V-8, 116" wb, 2d 112" wb						
4d Sed	356	1,068	1,780	4,010	6,230	8,900
2d HT	480	1,440	2,400	5,400	8,400	12,000
1969 Skylark Custom, V-8, 116" wb, 2d 112" wb						
4d Sed	440	1,320	2,200	4,950	7,700	11,000
4d HT	444	1,332	2,220	5,000	7,770	11,100
2d HT	600	1,800	3,000	6,750	10,500	15,000
2d Conv	800	2,400	4,000	9,000	14,000	20,000
1969 Gran Sport GS 350, V-8, 112" wb						
2d Calif GS	760	2,280	3,800	8,550	13,300	19,000
2d HT	800	2,400	4,000	9,000	14,000	20,000
1969 Gran Sport GS 400, V-8, 112" wb						
2d HT	840	2,520	4,200	9,450	14,700	21,000
2d Conv	1,000	3,000	5,000	11,250	17,500	25,000
NOTE: Add 75 percent for Stage I option.						
1969 Sport Wagon, V-8, 121" wb						
4d 2S Sta Wag	640	1,920	3,200	7,200	11,200	16,000
4d 3S Sta Wag	660	1,980	3,300	7,430	11,550	16,500
1969 LeSabre, V-8, 123.2" wb						
4d Sed	448	1,344	2,240	5,040	7,840	11,200
4d HT	452	1,356	2,260	5,090	7,910	11,300
2d HT	500	1,500	2,500	5,630	8,750	12,500
1969 LeSabre Custom, V-8, 123.2" wb						
4d Sed	452	1,356	2,260	5,090	7,910	11,300
4d HT	456	1,368	2,280	5,130	7,980	11,400
2d HT	600	1,800	3,000	6,750	10,500	15,000
2d Conv	800	2,400	4,000	9,000	14,000	20,000
1969 Wildcat, V-8, 123.2" wb						
4d Sed	460	1,380	2,300	5,180	8,050	11,500
4d HT	468	1,404	2,340	5,270	8,190	11,700
2d HT	620	1,860	3,100	6,980	10,850	15,500
1969 Wildcat Custom, V-8, 123.2" wb						
4d HT	476	1,428	2,380	5,360	8,330	11,900
2d HT	640	1,920	3,200	7,200	11,200	16,000
2d Conv	840	2,520	4,200	9,450	14,700	21,000
1969 Electra 225, V-8, 126.2" wb						
4d Sed	464	1,392	2,320	5,220	8,120	11,600
4d HT	468	1,404	2,340	5,270	8,190	11,700
2d HT	660	1,980	3,300	7,430	11,550	16,500
1969 Electra 225 Custom, V-8, 126.2" wb						
4d Sed	472	1,416	2,360	5,310	8,260	11,800
4d HT	484	1,452	2,420	5,450	8,470	12,100
2d HT	680	2,040	3,400	7,650	11,900	17,000
2d Conv	1,000	3,000	5,000	11,250	17,500	25,000
1969 Riviera Series, V-8						
2d GS HT	740	2,220	3,700	8,330	12,950	18,500
2d HT	720	2,160	3,600	8,100	12,600	18,000
NOTE: Add 25 percent for 400.						

	6	5	4	3	2	1
1970 Skylark, V-6, 116" wb, 2d 112" wb						
4d Sed. 348	1,044	1,740	3,920	6,090	8,700
2d Sed. 352	1,056	1,760	3,960	6,160	8,800
1970 Skylark 350, V-6, 116" wb, 2d 112" wb						
4d Sed. 356	1,068	1,780	4,010	6,230	8,900
2d HT 460	1,380	2,300	5,180	8,050	11,500
1970 Skylark, V-8, 116" wb, 2d 112" wb						
4d Sed. 352	1,056	1,760	3,960	6,160	8,800
2d Sed. 356	1,068	1,780	4,010	6,230	8,900
1970 Skylark 350, V-8, 116" wb, 2d 112.2" wb						
4d Sed. 440	1,320	2,200	4,950	7,700	11,000
2d HT 500	1,500	2,500	5,630	8,750	12,500
1970 Skylark Custom, V-8, 116" wb, 2d 112" wb						
4d Sed. 444	1,332	2,220	5,000	7,770	11,100
4d HT 448	1,344	2,240	5,040	7,840	11,200
2d HT 620	1,860	3,100	6,980	10,850	15,500
2d Conv. 960	2,880	4,800	10,800	16,800	24,000
1970 Gran Sport GS 350, V-8, 112" wb						
2d HT 800	2,400	4,000	9,000	14,000	20,000
1970 Gran Sport GS 455, V-8, 112" wb						
2d HT 840	2,520	4,200	9,450	14,700	21,000
2d Conv. 1,040	3,120	5,200	11,700	18,200	26,000
1970 GSX, V-8, 455, 112" wb						
2d HT 3,580	10,740	17,900	40,280	62,650	89,500
NOTE: Add 75 percent for Stage I 455.						
1970 Sport Wagon, V-8, 116" wb						
2S Sta Wag. 480	1,440	2,400	5,400	8,400	12,000
1970 LeSabre, V-8, 124" wb						
4d Sed. 456	1,368	2,280	5,130	7,980	11,400
4d HT 464	1,392	2,320	5,220	8,120	11,600
2d HT 600	1,800	3,000	6,750	10,500	15,000
1970 LeSabre Custom, V-8, 124" wb						
4d Sed. 460	1,380	2,300	5,180	8,050	11,500
4d HT 468	1,404	2,340	5,270	8,190	11,700
2d HT 620	1,860	3,100	6,980	10,850	15,500
2d Conv. 800	2,400	4,000	9,000	14,000	20,000
1970 LeSabre Custom 455, V-8, 124" wb						
4d Sed. 468	1,404	2,340	5,270	8,190	11,700
4d HT 480	1,440	2,400	5,400	8,400	12,000
2d HT 632	1,896	3,160	7,110	11,060	15,800
1970 Estate Wagon, V-8, 124" wb						
4d 2S Sta Wag 540	1,620	2,700	6,080	9,450	13,500
4d 3S Sta Wag 560	1,680	2,800	6,300	9,800	14,000
1970 Wildcat Custom, V-8, 124" wb						
4d HT 476	1,428	2,380	5,360	8,330	11,900
2d HT 640	1,920	3,200	7,200	11,200	16,000
2d Conv. 840	2,520	4,200	9,450	14,700	21,000
1970 Electra 225, V-8, 127" wb						
4d Sed. 472	1,416	2,360	5,310	8,260	11,800
4d HT 488	1,464	2,440	5,490	8,540	12,200
2d HT 660	1,980	3,300	7,430	11,550	16,500
1970 Electra Custom 225, V-8, 127" wb						
4d Sed. 476	1,428	2,380	5,360	8,330	11,900
4d HT 496	1,488	2,480	5,580	8,680	12,400
2d HT 680	2,040	3,400	7,650	11,900	17,000
2d Conv. 1,000	3,000	5,000	11,250	17,500	25,000
1970 Riviera Series, V-8						
2d GS Cpe 720	2,160	3,600	8,100	12,600	18,000
2d HT Cpe 700	2,100	3,500	7,880	12,250	17,500
NOTE: Add 40 percent for 455, except in Riviera.						
1971-72 Skylark, V-8, 116" wb, 2d 112" wb						
4d Sed. 324	972	1,620	3,650	5,670	8,100
2d Sed. 328	984	1,640	3,690	5,740	8,200
2d HT 440	1,320	2,200	4,950	7,700	11,000
1971-72 Skylark 350, V-8, 116" wb, 2d 112" wb						
4d Sed. 336	1,008	1,680	3,780	5,880	8,400
2d HT 480	1,440	2,400	5,400	8,400	12,000
1971-72 Skylark Custom, V-8						
4d Sed. 332	996	1,660	3,740	5,810	8,300
4d HT 340	1,020	1,700	3,830	5,950	8,500
2d HT 600	1,800	3,000	6,750	10,500	15,000
2d Conv. 800	2,400	4,000	9,000	14,000	20,000
1971-72 Gran Sport, 350, V-8						
2d HT 760	2,280	3,800	8,550	13,300	19,000
2d Conv. 960	2,880	4,800	10,800	16,800	24,000
2d HT GSX 3,340	10,020	16,700	37,580	58,450	83,500
NOTE: Add 70 percent for Stage I & 25 percent for GS-455 options. Add 15 percent for folding sunroof (1972).						
1971-72 Sport Wagon, V-8, 116" wb						
4d 2S Sta Wag 360	1,080	1,800	4,050	6,300	9,000

	6	5	4	3	2	1
1971-72 LeSabre						
4d Sed	312	936	1,560	3,510	5,460	7,800
4d HT	320	960	1,600	3,600	5,600	8,000
2d HT	328	984	1,640	3,690	5,740	8,200
1971-72 LeSabre Custom, V-8						
4d Sed	316	948	1,580	3,560	5,530	7,900
4d HT	324	972	1,620	3,650	5,670	8,100
2d HT	336	1,008	1,680	3,780	5,880	8,400
2d Conv	760	2,280	3,800	8,550	13,300	19,000
1971-72 Centurion, V-8						
4d HT	332	996	1,660	3,740	5,810	8,300
2d HT	344	1,032	1,720	3,870	6,020	8,600
2d Conv	800	2,400	4,000	9,000	14,000	20,000
1971-72 Estate Wagon, V-8, 124" wb						
4d 2S Sta Wag	380	1,140	1,900	4,280	6,650	9,500
4d 3S Sta Wag	400	1,200	2,000	4,500	7,000	10,000
1971-72 Electra 225, V-8, 127" wb						
4d HT	336	1,008	1,680	3,780	5,880	8,400
2d HT	348	1,044	1,740	3,920	6,090	8,700
1971-72 Electra Custom 225, V-8						
4d HT	340	1,020	1,700	3,830	5,950	8,500
2d HT	440	1,320	2,200	4,950	7,700	11,000
1971-72 Riviera, V-8						
2d HT GS	500	1,500	2,500	5,630	8,750	12,500
2d HT	460	1,380	2,300	5,180	8,050	11,500
1973 Apollo, 6-cyl., 111" wb						
4d Sed	268	804	1,340	3,020	4,690	6,700
2d Sed	276	828	1,380	3,110	4,830	6,900
2d HBk	284	852	1,420	3,200	4,970	7,100
1973 Apollo, V-8						
4d Sed	272	816	1,360	3,060	4,760	6,800
2d Sed	284	852	1,420	3,200	4,970	7,100
2d HBk	288	864	1,440	3,240	5,010	7,200
1973 Century, V-8, 116" wb, 2d 112" wb						
2d Cpe	284	852	1,420	3,200	4,970	7,100
4d Sed	280	840	1,400	3,150	4,900	7,000
4d 3S Sta Wag	276	828	1,380	3,110	4,830	6,900
1973 Century Luxus, V-8						
4d HT	284	852	1,420	3,200	4,970	7,100
2d Cpe	288	864	1,440	3,240	5,040	7,200
4d 3S Wag	280	840	1,400	3,150	4,900	7,000
1973 Century Regal, V-8						
2d HT	320	960	1,600	3,600	5,600	8,000
NOTE: Add 30 percent for Gran Sport Package. Add 70 percent for GS Stage I, 455 option.						
1973 LeSabre, V-8, 124" wb						
4d Sed	264	792	1,320	2,970	4,620	6,600
4d HT	268	804	1,340	3,020	4,690	6,700
2d HT	280	840	1,400	3,150	4,900	7,000
1973 LeSabre Custom, V-8						
4d Sed	288	864	1,440	3,240	5,040	7,200
4d HT	292	876	1,460	3,290	5,110	7,300
2d HT	312	936	1,560	3,510	5,460	7,800
4d 3S Est Wag	288	864	1,440	3,240	5,040	7,200
1973 Centurion, V-8						
4d HT	296	888	1,480	3,330	5,180	7,400
2d HT	316	948	1,580	3,560	5,530	7,900
2d Conv	640	1,920	3,200	7,200	11,200	16,000
1973 Electra 225, V-8, 127" wb						
4d HT	300	900	1,500	3,380	5,250	7,500
2d HT	328	984	1,640	3,690	5,740	8,200
1973 Electra Custom 225, V-8						
4d HT	304	912	1,520	3,420	5,320	7,600
2d HT	332	996	1,660	3,740	5,810	8,300
1973 Riviera, V-8						
2d HT GS	460	1,380	2,300	5,180	8,050	11,500
2d HT	420	1,260	2,100	4,730	7,350	10,500
1974 Apollo, 6-cyl., 111" wb						
4d Sed	264	792	1,320	2,970	4,620	6,600
2d Sed	264	792	1,320	2,970	4,620	6,600
2d HBk	268	804	1,340	3,020	4,690	6,700
1974 Apollo, V-8, 111" wb						
4d Sed	308	924	1,540	3,470	5,390	7,700
2d Sed	308	924	1,540	3,470	5,390	7,700
2d HBk	312	936	1,560	3,510	5,460	7,800
1974 Century, V-8						
2d Cpe	284	852	1,420	3,200	4,970	7,100
4d HT	280	840	1,400	3,150	4,900	7,000
4d Sta Wag	280	840	1,400	3,150	4,900	7,000

	6	5	4	3	2	1
1974 Century Luxus, V-8, 112" wb						
2d HT	280	840	1,400	3,150	4,900	7,000
4d HT	276	828	1,380	3,110	4,830	6,900
4d Sta Wag	276	828	1,380	3,110	4,830	6,900
1974 Gran Sport, V-8 (350-cid)						
2d Cpe	320	960	1,600	3,600	5,600	8,000
1974 Century Regal, V-8, 112" wb						
2d HT	304	912	1,520	3,420	5,320	7,600
4d HT	292	876	1,460	3,290	5,110	7,300
1974 LeSabre						
4d Sed	288	864	1,440	3,240	5,040	7,200
4d HT	292	876	1,460	3,290	5,110	7,300
2d HT	296	888	1,480	3,330	5,180	7,400
1974 LeSabre, V-8, 123" wb						
4d Sed	324	972	1,620	3,650	5,670	8,100
4d HT	328	984	1,640	3,690	5,740	8,200
2d HT	336	1,008	1,680	3,780	5,880	8,400
1974 LeSabre Luxus, V-8, 123" wb						
4d Sed	328	984	1,640	3,690	5,740	8,200
4d HT	332	996	1,660	3,740	5,810	8,300
2d HT	340	1,020	1,700	3,830	5,950	8,500
2d Conv	620	1,860	3,100	6,980	10,850	15,500
1974 Estate Wagon, V-8						
4d Sta Wag	332	996	1,660	3,740	5,810	8,300
1974 Electra 225, V-8						
2d HT	428	1,284	2,140	4,820	7,490	10,700
4d HT	328	984	1,640	3,690	5,740	8,200
1974 Electra 225 Custom, V-8						
2d HT	436	1,308	2,180	4,910	7,630	10,900
4d HT	336	1,008	1,680	3,780	5,880	8,400
1974 Electra Limited, V-8						
2d HT	444	1,332	2,220	5,000	7,770	11,100
4d HT	424	1,272	2,120	4,770	7,420	10,600
1974 Riviera, V-8						
2d HT	440	1,320	2,200	4,950	7,700	11,000

NOTE: Add 10 percent for Apollo GSX. Add 15 percent for Century GS-455. Add 20 percent for GS-455 Stage I. Add 5 percent for sunroof. Add 15 percent for Riviera GS or Stage I.

	6	5	4	3	2	1
1975 Skyhawk, V-6						
2d "S" HBk	250	700	1,150	2,610	4,050	5,800
2d HBk	250	700	1,150	2,610	4,050	5,800
1975 Apollo, V-8						
4d Sed	268	804	1,340	3,020	4,690	6,700
4d "SR" Sed	272	816	1,360	3,060	4,760	6,800
1975 Skylark, V-8						
2d Cpe	276	828	1,380	3,110	4,830	6,900
2d HBk	280	840	1,400	3,150	4,900	7,000
2d "SR" Cpe	280	840	1,400	3,150	4,900	7,000
2d "SR" HBk	284	852	1,420	3,200	4,970	7,100
1975 Century, V-8						
4d Sed	264	792	1,320	2,970	4,620	6,600
2d Cpe	264	792	1,320	2,970	4,620	6,600
4d Cus Sed	276	828	1,380	3,110	4,830	6,900
2d Cus Cpe	280	840	1,400	3,150	4,900	7,000
4d 2S Sta Wag	264	792	1,320	2,970	4,620	6,600
4d 3S Sta Wag	268	804	1,340	3,020	4,690	6,700

NOTE: Add 20 percent for Indy pace car edition.

	6	5	4	3	2	1
1975 Regal, V-8						
4d Sed	272	816	1,360	3,060	4,760	6,800
2d Cpe	272	816	1,360	3,060	4,760	6,800
1975 LeSabre, V-8						
4d Sed	276	828	1,380	3,110	4,830	6,900
4d HT	284	852	1,420	3,200	4,970	7,100
2d Cpe	280	840	1,400	3,150	4,900	7,000
1975 LeSabre Custom, V-8						
4d Sed	284	852	1,420	3,200	4,970	7,100
4d HT	296	888	1,480	3,330	5,180	7,400
2d Cpe	296	888	1,480	3,330	5,180	7,400
2d Conv	620	1,860	3,100	6,980	10,850	15,500
1975 Estate Wagon, V-8						
4d 2S Sta Wag	288	864	1,440	3,240	5,040	7,200
4d 3S Sta Wag	296	888	1,480	3,330	5,180	7,400
1975 Electra 225 Custom, V-8						
4d HT	300	900	1,500	3,380	5,250	7,500
2d Cpe	308	924	1,540	3,470	5,390	7,700
1975 Electra 225 Limited, V-8						
4d HT	304	912	1,520	3,420	5,320	7,600
2d Cpe	316	948	1,580	3,560	5,530	7,900
1975 Riviera, V-8						
2d HT	320	960	1,600	3,600	5,600	8,000

NOTE: Add 15 percent for Park Avenue DeLuxe. Add 5 percent for Park Avenue, Century, GS or Riviera GS options.

	6	5	4	3	2	1
1976 Skyhawk, V-6						
2d HBk	200	600	1,000	2,210	3,450	4,900
1976 Skylark S, V-8						
2d Cpe	244	732	1,220	2,750	4,270	6,100
1976 Skylark, V-8						
4d Sed	244	732	1,220	2,750	4,270	6,100
2d Cpe	248	744	1,240	2,790	4,340	6,200
2d HBk	252	756	1,260	2,840	4,410	6,300
1976 Skylark SR, V-8						
4d Sed	248	744	1,240	2,790	4,340	6,200
2d Cpe	252	756	1,260	2,840	4,410	6,300
2d HBk	256	768	1,280	2,880	4,480	6,400
1976 Century Special, V-6						
2d Cpe	240	720	1,200	2,700	4,200	6,000
1976 Century, V-8						
4d Sed	260	780	1,300	2,930	4,550	6,500
2d Cpe	248	744	1,240	2,790	4,340	6,200
1976 Century Custom, V-8						
4d Sed	268	804	1,340	3,020	4,690	6,700
2d Cpe	252	756	1,260	2,840	4,410	6,300
4d 2S Sta Wag	244	732	1,220	2,750	4,270	6,100
4d 3S Sta Wag	248	744	1,240	2,790	4,340	6,200
NOTE: Add 20 percent for Indy pace car edition.						
1976 Regal, V-8						
4d Sed	272	816	1,360	3,060	4,760	6,800
2d Cpe	256	768	1,280	2,880	4,480	6,400
1976 LeSabre, V-6						
4d Sed	276	828	1,380	3,110	4,830	6,900
4d HT	260	780	1,300	2,930	4,550	6,500
2d Cpe	264	792	1,320	2,970	4,620	6,600
1976 LeSabre Custom, V-8						
4d Sed	280	840	1,400	3,150	4,900	7,000
4d HT	268	804	1,340	3,020	4,690	6,700
2d Cpe	272	816	1,360	3,060	4,760	6,800
1976 Estate, V-8						
4d 2S Sta Wag	280	840	1,400	3,150	4,900	7,000
4d 3S Sta Wag	284	852	1,420	3,200	4,970	7,100
1976 Electra 225, V-8						
4d HT	288	864	1,440	3,240	5,040	7,200
2d Cpe	280	840	1,400	3,150	4,900	7,000
1976 Electra 225 Custom, V-8						
4d HT	296	888	1,480	3,330	5,180	7,400
2d Cpe	288	864	1,440	3,240	5,040	7,200
1976 Riviera, V-8						
2d Spt Cpe	300	900	1,500	3,380	5,250	7,500
NOTE: Deduct 5 percent for 6-cylinder.						
1977 Skyhawk, V-6						
2d HBk	150	400	700	1,580	2,450	3,500
1977 Skylark S, V-8						
2d Cpe	150	450	750	1,670	2,600	3,700
1977 Skylark, V-8						
4d Sed	150	450	750	1,670	2,600	3,700
2d Cpe	150	450	750	1,710	2,650	3,800
2d HBk	150	450	800	1,760	2,750	3,900
1977 Skylark SR, V-8						
4d Sed	150	450	750	1,710	2,650	3,800
2d Cpe	150	450	800	1,760	2,750	3,900
2d HBk	150	500	800	1,800	2,800	4,000
1977 Century, V-8						
4d Sed	200	550	900	2,030	3,150	4,500
2d Cpe	200	550	900	2,070	3,200	4,600
1977 Century Special, V-6						
2d Cpe	200	550	950	2,120	3,300	4,700
1977 Century Custom, V-8						
4d Sed	200	550	900	2,070	3,200	4,600
2d Cpe	200	550	950	2,120	3,300	4,700
4d 2S Sta Wag	200	550	900	1,980	3,100	4,400
4d 3S Sta Wag	200	550	900	2,030	3,150	4,500
1977 Regal, V-8						
4d Sed	200	600	950	2,160	3,350	4,800
2d Cpe	200	600	1,000	2,210	3,450	4,900
1977 LeSabre, V-8						
4d Sed	210	640	1,060	2,390	3,710	5,300
2d Cpe	220	650	1,080	2,430	3,780	5,400
1977 LeSabre Custom, V-8						
4d Sed	220	650	1,080	2,430	3,780	5,400
2d Cpe	220	660	1,100	2,480	3,850	5,500
2d Spt Cpe	220	670	1,120	2,520	3,920	5,600

	6	5	4	3	2	1
1977 Electra 225, V-8						
4d Sed	220	670	1,120	2,520	3,920	5,600
2d Cpe	230	680	1,140	2,570	3,990	5,700
1977 Electra Limited, V-8						
4d Sed	230	700	1,160	2,610	4,060	5,800
2d Cpe	240	720	1,200	2,700	4,200	6,000
NOTE: Add 5 percent for Electra Park Avenue trim option.						
1977 Riviera, V-8						
2d Cpe	200	650	1,100	2,430	3,800	5,400
NOTE: Deduct 5 percent for V-6.						
1978 Skyhawk						
2d "S" HBk	150	400	650	1,440	2,250	3,200
2d HBk	136	408	680	1,530	2,380	3,400
1978 Skylark						
2d "S" Cpe	250	760	1,260	2,840	4,410	6,300
4d Sed	160	480	800	1,800	2,800	4,000
2d Cpe	260	770	1,280	2,880	4,480	6,400
2d HBk	260	780	1,300	2,930	4,550	6,500
1978 Skylark Custom						
4d Sed	160	490	820	1,850	2,870	4,100
2d Cpe	260	780	1,300	2,930	4,550	6,500
2d HBk	260	790	1,320	2,970	4,620	6,600
1978 Century Special						
4d Sed	140	420	700	1,580	2,450	3,500
2d Cpe	144	432	720	1,620	2,520	3,600
Sta Wag	136	408	680	1,530	2,380	3,400
1978 Century Custom						
4d Sed	144	432	720	1,620	2,520	3,600
2d Cpe	148	444	740	1,670	2,590	3,700
Sta Wag	140	420	700	1,580	2,450	3,500
1978 Century Sport						
2d Cpe	156	468	780	1,760	2,730	3,900
1978 Century Limited						
4d Sed	152	456	760	1,710	2,660	3,800
2d Cpe	156	468	780	1,760	2,730	3,900
1978 Regal						
2d Cpe	230	680	1,140	2,570	3,990	5,700
Spt Cpe	230	700	1,160	2,610	4,060	5,800
1978 Regal Limited						
2d Cpe	240	720	1,200	2,700	4,200	6,000
1978 LeSabre						
4d Sed	180	530	880	1,980	3,080	4,400
2d Cpe	180	540	900	2,030	3,150	4,500
2d Spt Turbo Cpe	190	580	960	2,160	3,360	4,800
1978 LeSabre Custom						
4d Sed	180	540	900	2,030	3,150	4,500
2d Cpe	180	550	920	2,070	3,220	4,600
1978 Estate Wagon						
4d Sta Wag	180	530	880	1,980	3,080	4,400
1978 Electra 225						
4d Sed	180	550	920	2,070	3,220	4,600
2d Cpe	200	590	980	2,210	3,430	4,900
1978 Electra Limited						
4d Sed	190	560	940	2,120	3,290	4,700
2d Cpe	210	620	1,040	2,340	3,640	5,200
1978 Electra Park Avenue						
4d Sed	200	590	980	2,210	3,430	4,900
2d Cpe	220	660	1,100	2,480	3,850	5,500
1978 Riviera						
2d Cpe	250	740	1,240	2,790	4,340	6,200
NOTE: Deduct 5 percent for 6-cyl.						
1979 Skyhawk, V-6						
2d HBk	140	420	700	1,580	2,450	3,500
2d "S" HBk	150	400	700	1,530	2,400	3,400
1979 Skylark "S", V-8						
2d "S" Cpe	250	760	1,260	2,840	4,410	6,300
1979 Skylark, V-8						
4d Sed	160	480	800	1,800	2,800	4,000
2d Cpe	260	780	1,300	2,930	4,550	6,500
2d HBk	260	790	1,320	2,970	4,620	6,600
1979 Skylark Custom, V-8						
4d Sed	160	490	820	1,850	2,870	4,100
2d Cpe	260	790	1,320	2,970	4,620	6,600
1979 Century Special, V-8						
4d Sed	144	432	720	1,620	2,520	3,600
2d Cpe	140	420	700	1,580	2,450	3,500
4d Sta Wag	144	432	720	1,620	2,520	3,600
1979 Century Custom, V-8						
4d Sed	148	444	740	1,670	2,590	3,700

	6	5	4	3	2	1
2d Cpe	144	432	720	1,620	2,520	3,600
4d Sta Wag.	148	444	740	1,670	2,590	3,700
1979 Century Sport, V-8						
2d Cpe	160	480	800	1,800	2,800	4,000
1979 Century Limited, V-8						
4d Sed	156	468	780	1,760	2,730	3,900
NOTE: Deduct 7 percent for 6-cyl.						
1979 Regal, V-6						
2d Cpe	220	650	1,080	2,430	3,780	5,400
1979 Regal Sport Turbo, V-6						
2d Cpe	260	770	1,280	2,880	4,480	6,400
1979 Regal, V-8						
2d Cpe	240	720	1,200	2,700	4,200	6,000
1979 Regal Limited, V-8 & V-6						
2d Cpe V-6	240	710	1,180	2,660	4,130	5,900
2d Cpe V-8	250	740	1,240	2,790	4,340	6,200
1979 LeSabre, V-8						
4d Sed	180	550	920	2,070	3,220	4,600
2d Cpe	180	540	900	2,030	3,150	4,500
1979 LeSabre LImited, V-8						
4d Sed	190	560	940	2,120	3,290	4,700
2d Cpe	180	550	920	2,070	3,220	4,600
NOTE: Deduct 7 percent for V-6.						
1979 LeSabre Sport Turbo, V-6						
2d Cpe	210	620	1,040	2,340	3,640	5,200
1979 LeSabre Estate Wagon						
4d Sta Wag.	190	560	940	2,120	3,290	4,700
1979 Electra 225, V-8						
4d Sed	190	580	960	2,160	3,360	4,800
2d Cpe	200	600	1,000	2,250	3,500	5,000
1979 Electra Limited, V-8						
4d Sed	200	600	1,000	2,250	3,500	5,000
2d Cpe	210	640	1,060	2,390	3,710	5,300
1979 Electra Park Avenue, V-8						
4d Sod	210	640	1,060	2,390	3,710	5,300
2d Cpe	220	670	1,120	2,520	3,920	5,600
1979 Riviera, V-8						
2d "S" Cpe	400	1,200	2,000	4,500	7,000	10,000
NOTE: Deduct 10 percent for V-6.						
1980 Skyhawk, V-6						
2d HBk S	148	444	740	1,670	2,590	3,700
2d HBk	152	456	760	1,710	2,660	3,800
1980 Skylark, V-6						
4d Sed	160	490	820	1,850	2,870	4,100
2d Cpe	280	830	1,380	3,110	4,830	6,900
4d Sed LTD	170	500	840	1,890	2,940	4,200
2d Cpe LTD	280	840	1,400	3,150	4,900	7,000
4d Sed Spt	180	530	880	1,980	3,080	4,400
2d Cpe Spt	290	860	1,440	3,240	5,040	7,200
NOTE: Deduct 10 percent for 4-cyl.						
1980 Century, V-8						
4d Sed	144	432	720	1,620	2,520	3,600
2d Cpe	152	456	760	1,710	2,660	3,800
4d Sta Wag Est	148	444	740	1,670	2,590	3,700
2d Cpe Spt	156	468	780	1,760	2,730	3,900
NOTE: Deduct 12 percent for V-6.						
1980 Regal, V-8						
2d Cpe	240	710	1,180	2,660	4,130	5,900
2d Cpe LTD	240	720	1,200	2,700	4,200	6,000
NOTE: Deduct 12 percent for V-6.						
1980 Regal Turbo, V-6						
2d Cpe	260	780	1,300	2,930	4,550	6,500
1980 LeSabre, V-8						
4d Sed	190	580	960	2,160	3,360	4,800
2d Cpe	200	590	980	2,210	3,430	4,900
4d Sed LTD	200	600	1,000	2,250	3,500	5,000
2d Cpe LTD	200	610	1,020	2,300	3,570	5,100
4d Sta Wag Est	240	720	1,200	2,700	4,200	6,000
1980 LeSabre Turbo, V-6						
2d Cpe Spt	220	670	1,120	2,520	3,920	5,600
1980 Electra, V-8						
4d Sed Ltd	210	640	1,060	2,390	3,710	5,300
2d Cpe Ltd	220	650	1,080	2,430	3,780	5,400
4d Sed Park Ave	220	650	1,080	2,430	3,780	5,400
2d Cpe Park Ave	220	660	1,100	2,480	3,850	5,500
4d Sta Wag Est	220	670	1,120	2,520	3,920	5,600
1980 Riviera S Turbo, V-6						
2d Cpe	248	744	1,240	2,790	4,340	6,200

BUICK

	6	5	4	3	2	1
1980 Riviera, V-8						
2d Cpe.	400	1,200	2,000	4,500	7,000	10,000
1981 Skylark, V-6						
4d Sed Spt	168	504	840	1,890	2,940	4,200
2d Cpe Spt	172	516	860	1,940	3,010	4,300
NOTE: Deduct 10 percent for 4-cyl. Deduct 5 percent for lesser models.						
1981 Century, V-8						
4d Sed Ltd.	152	456	760	1,710	2,660	3,800
4d Sta Wag Est.	156	468	780	1,760	2,730	3,900
NOTE: Deduct 12 percent for V-6. Deduct 5 percent for lesser models.						
1981 Regal, V-8						
2d Cpe.	280	830	1,380	3,110	4,830	6,900
2d Cpe Ltd.	280	840	1,400	3,150	4,900	7,000
NOTE: Deduct 12 percent for V-6.						
1981 Regal Turbo, V-6						
2d Cpe Spt	340	1,020	1,700	3,830	5,950	8,500
1981 LeSabre, V-8						
4d Sed Ltd.	200	600	1,000	2,250	3,500	5,000
2d Cpe Ltd.	200	610	1,020	2,300	3,570	5,100
4d Sta Wag Est.	210	620	1,040	2,340	3,640	5,200
NOTE: Deduct 12 percent for V-6 except Estate Wag. Deduct 5 percent for lesser models.						
1981 Electra, V-8						
4d Sed Ltd.	200	610	1,020	2,300	3,570	5,100
2d Cpe Ltd.	210	620	1,040	2,340	3,640	5,200
4d Sed Park Ave	210	640	1,060	2,390	3,710	5,300
2d Cpe Park Ave	220	650	1,080	2,430	3,780	5,400
4d Sta Wag Est.	220	650	1,080	2,430	3,780	5,400
NOTE: Deduct 15 percent for V-6 except Estate Wag.						
1981 Riviera, V-8						
2d Cpe.	400	1,200	2,000	4,500	7,000	10,000
1981 Riviera, V-6						
2d Cpe.	380	1,140	1,900	4,280	6,650	9,500
2d Cpe Turbo T-Type	390	1,160	1,940	4,370	6,790	9,700
1982 Skyhawk, 4-cyl.						
4d Sed Ltd.	156	468	780	1,760	2,730	3,900
2d Cpe Ltd.	160	480	800	1,800	2,800	4,000
NOTE: Deduct 5 percent for lesser models.						
1982 Skylark, V-6						
4d Sed Spt	176	528	880	1,980	3,080	4,400
2d Cpe Spt	180	540	900	2,030	3,150	4,500
NOTE: Deduct 10 percent for 4-cyl. Deduct 5 percent for lesser models.						
1982 Regal, V-6						
4d Sed.	180	550	920	2,070	3,220	4,600
2d Cpe.	300	900	1,500	3,380	5,250	7,500
2d Cpe Turbo	360	1,080	1,800	4,050	6,300	9,000
2d Grand Natl	1,040	3,120	5,200	11,700	18,200	26,000
4d Sed Ltd.	190	580	960	2,160	3,360	4,800
2d Cpe Ltd.	310	940	1,560	3,510	5,460	7,800
4d Sta Wag	200	590	980	2,210	3,430	4,900
NOTE: Add 10 percent for T-top option.						
1982 Century, V-6						
4d Sed Ltd.	196	588	980	2,210	3,430	4,900
2d Cpe Ltd.	200	600	1,000	2,250	3,500	5,000
NOTE: Deduct 10 percent for 4-cyl. Deduct 5 percent for lesser models.						
1982 LeSabre, V-8						
4d Sed Ltd.	220	670	1,120	2,520	3,920	5,600
2d Cpe Ltd.	230	680	1,140	2,570	3,990	5,700
4d Sta Wag Est.	230	680	1,140	2,570	3,990	5,700
NOTE: Deduct 12 percent for V-6 except Estate Wag. Deduct 5 percent for lesser models.						
1982 Electra, V-8						
4d Sed Ltd.	220	670	1,120	2,520	3,920	5,600
2d Cpe Ltd.	230	700	1,160	2,610	4,060	5,800
4d Sed Park Ave	240	710	1,180	2,660	4,130	5,900
2d Cpe Park Ave	240	730	1,220	2,750	4,270	6,100
4d Sta Wag Est.	240	730	1,220	2,750	4,270	6,100
NOTE: Deduct 15 percent for V-6 except Estate Wag.						
1982 Riviera, V-6						
2d Cpe.	380	1,140	1,900	4,280	6,650	9,500
2d Cpe T-Type	392	1,176	1,960	4,410	6,860	9,800
2d Conv.	840	2,520	4,200	9,450	14,700	21,000
1982 Riviera, V-8						
2d Cpe.	400	1,200	2,000	4,500	7,000	10,000
2d Conv.	880	2,640	4,400	9,900	15,400	22,000
1983 Skyhawk, 4-cyl.						
4d Sed Ltd.	168	504	840	1,890	2,940	4,200
2d Cpe Ltd.	172	516	860	1,940	3,010	4,300
4d Sta Wag Ltd	172	516	860	1,940	3,010	4,300
2d Cpe T-Type	196	588	980	2,210	3,430	4,900
NOTE: Deduct 5 percent for lesser models.						

	6	5	4	3	2	1
1983 Skylark, V-6						
4d Sed Ltd	168	504	840	1,890	2,940	4,200
2d Cpe Ltd	172	516	860	1,940	3,010	4,300
2d Cpe T-Type	204	612	1,020	2,300	3,570	5,100
NOTE: Deduct 10 percent for 4-cyl except T-Type. Deduct 5 percent for lesser models.						
1983 Century, V-6						
4d Sed T-Type	200	600	1,000	2,250	3,500	5,000
2d Cpe T-Type	220	660	1,100	2,480	3,850	5,500
NOTE: Deduct 12 percent for 4-cyl except T-Type. Deduct 5 percent for lesser models.						
1983 Regal, V-6						
4d Sed	240	720	1,200	2,700	4,200	6,000
2d Cpe T-Type	540	1,620	2,700	6,080	9,450	13,500
4d Sta Wag	200	590	980	2,210	3,430	4,900
NOTE: Add 10 percent for T-top option. Deduct 5 percent for lesser models.						
1983 LeSabre, V-8						
4d Sed Ltd	240	710	1,180	2,660	4,130	5,900
2d Cpe Ltd	240	720	1,200	2,700	4,200	6,000
4d Sta Wag	240	720	1,200	2,700	4,200	6,000
NOTE: Deduct 12 percent for V-6 except Estate. Deduct 5 percent for lesser models.						
1983 Electra, V-8						
4d Sed Ltd	240	710	1,180	2,660	4,130	5,900
2d Cpe Ltd	240	720	1,200	2,700	4,200	6,000
4d Sed Park Ave	240	730	1,220	2,750	4,270	6,100
2d Cpe Park Ave	250	740	1,240	2,790	4,340	6,200
4d Sta Wag Est	250	740	1,240	2,790	4,340	6,200
NOTE: Deduct 15 percent for V-6.						
1983 Riviera, V-6						
2d Cpe	380	1,140	1,900	4,280	6,650	9,500
2d Conv	840	2,520	4,200	9,450	14,700	21,000
2d T-Type	420	1,260	2,100	4,730	7,350	10,500
1983 Riviera, V-8						
2d Cpe	424	1,272	2,120	4,770	7,420	10,600
2d Conv	880	2,640	4,400	9,900	15,400	22,000
NOTE: Add 20 percent for XX option						
1984 Skyhawk Limited, 4-cyl.						
4d Sed	172	516	860	1,940	3,010	4,300
2d Sed	172	516	860	1,940	3,010	4,300
4d Sta Wag	172	516	860	1,940	3,010	4,300
NOTE: Deduct 5 percent for lesser models.						
1984 Skyhawk T-Type, 4-cyl.						
2d Sed	200	600	1,000	2,250	3,500	5,000
1984 Skylark Limited, V-6						
4d Sed	176	528	880	1,980	3,080	4,400
2d Sed	180	540	900	2,030	3,150	4,500
NOTE: Deduct 5 percent for lesser models. Deduct 8 percent for 4-cyl.						
1984 Skylark T-Type, V-6						
2d Sed	208	624	1,040	2,340	3,640	5,200
1984 Century Limited, 4-cyl.						
NOTE: Deduct 5 percent for lesser models. Deduct 8 percent for 4-cyl.						
1984 Century Limited, V-6						
4d Sed	180	540	900	2,030	3,150	4,500
2d Sed	184	552	920	2,070	3,220	4,600
4d Sta Wag Est	184	552	920	2,070	3,220	4,600
1984 Century T-Type, V-6						
4d Sed	204	612	1,020	2,300	3,570	5,100
2d Sed	224	672	1,120	2,520	3,920	5,600
1984 Regal, V-6						
4d Sed	180	550	920	2,070	3,220	4,600
2d Sed	300	900	1,500	3,380	5,250	7,500
2d Grand Natl	860	2,580	4,300	9,680	15,050	21,500
1984 Regal Limited, V-6						
4d Sed	190	560	940	2,120	3,290	4,700
2d Sed	300	910	1,520	3,420	5,320	7,600
1984 Regal T-Type, V-6						
2d Sed	560	1,680	2,800	6,300	9,800	14,000
1984 LeSabre Custom, V-8						
4d Sed	240	710	1,180	2,660	4,130	5,900
2d Sed	240	710	1,180	2,660	4,130	5,900
1984 LeSabre Limited, V-8						
4d Sed	240	720	1,200	2,700	4,200	6,000
2d Sed	240	720	1,200	2,700	4,200	6,000
NOTE: Deduct 10 percent for V-6 cyl.						
1984 Electra Limited, V-8						
4d Sed	250	760	1,260	2,840	4,410	6,300
2d Sed	260	770	1,280	2,880	4,480	6,400
4d Est Wag	260	770	1,280	2,880	4,480	6,400
1984 Electra Park Avenue, V-8						
4d Sed	250	760	1,260	2,840	4,410	6,300

	6	5	4	3	2	1
2d Sed.................................... 260		770	1,280	2,880	4,480	6,400

NOTE: Deduct 10 percent for V-6 cyl.

1984 Riviera, V-6

	6	5	4	3	2	1
2d Cpe..................................... 384		1,152	1,920	4,320	6,720	9,600
2d Conv................................... 860		2,580	4,300	9,680	15,050	21,500

NOTE: Add 20 percent for GN V-6 option.

1984 Riviera, V-8

	6	5	4	3	2	1
2d Cpe..................................... 400		1,200	2,000	4,500	7,000	10,000
2d Conv................................... 900		2,700	4,500	10,130	15,750	22,500

1984 Riviera T-Type, V-6 Turbo

	6	5	4	3	2	1
2d Cpe..................................... 396		1,188	1,980	4,460	6,930	9,900

1985 Skyhawk, 4-cyl.

	6	5	4	3	2	1
4d Sed Ltd................................ 176		528	880	1,980	3,080	4,400
2d Ltd 176		528	880	1,980	3,080	4,400
4d Sta Wag Ltd 176		528	880	1,980	3,080	4,400
2d T-Type 204		612	1,020	2,300	3,570	5,100

NOTE: Deduct 5 percent for lesser models.

1985 Skylark, V-6

	6	5	4	3	2	1
4d Cus Sed 176		528	880	1,980	3,080	4,400
4d Sed Ltd................................ 180		540	900	2,030	3,150	4,500

NOTE: Deduct 10 percent for 4-cyl.

1985 Century, V-6

	6	5	4	3	2	1
4d Sed Ltd................................ 184		552	920	2,070	3,220	4,600
2d Ltd 184		552	920	2,070	3,220	4,600
4d Sta Wag Est 192		576	960	2,160	3,360	4,800
4d Sed T-Type 220		660	1,100	2,480	3,850	5,500
2d T-Type 228		684	1,140	2,570	3,990	5,700

NOTE: Deduct 10 percent for 4-cyl. where available. Deduct 5 percent for lesser models.

1985 Somerset Regal, V-6

	6	5	4	3	2	1
2d Cus.................................... 188		564	940	2,120	3,290	4,700
2d Ltd 192		576	960	2,160	3,360	4,800

NOTE: Deduct 10 percent for 4-cyl.

1985 Regal, V-6

	6	5	4	3	2	1
2d 300		910	1,520	3,420	5,320	7,600
2d Ltd 310		920	1,540	3,470	5,390	7,700
2d T-Type 560		1,680	2,800	6,300	9,800	14,000
2d T-Type Grand Natl 860		2,580	4,300	9,680	15,050	21,500

1985 LeSabre, V-8

	6	5	4	3	2	1
4d Sed Ltd................................ 240		730	1,220	2,750	4,270	6,100
2d Ltd 260		770	1,280	2,880	4,480	6,400
4d Sta Wag Est 260		770	1,280	2,880	4,480	6,400
4d Electra Sta Wag Est 260		780	1,300	2,930	4,550	6,500

NOTE: Add 20 percent for Ltd Collectors Ed. Deduct 20 percent for V-6. Deduct 5 percent for lesser models.

1985 Electra, V-6

	6	5	4	3	2	1
4d Sed.................................... 220		660	1,100	2,480	3,850	5,500
2d 224		672	1,120	2,520	3,920	5,600

1985 Electra Park Avenue, V-6

	6	5	4	3	2	1
4d Sed.................................... 224		672	1,120	2,520	3,920	5,600
2d Sed.................................... 228		684	1,140	2,570	3,990	5,700

1985 Electra T-Type, V-6

	6	5	4	3	2	1
4d Sed.................................... 232		696	1,160	2,610	4,060	5,800
2d 236		708	1,180	2,660	4,130	5,900

1985 Riviera T-Type, V-6

	6	5	4	3	2	1
2d Turbo 396		1,188	1,980	4,460	6,930	9,900

1985 Riviera, V-8

	6	5	4	3	2	1
2d 400		1,200	2,000	4,500	7,000	10,000
Conv 920		2,760	4,600	10,350	16,100	23,000

NOTE: Deduct 30 percent for diesel where available.

1986 Skyhawk, 4-cyl.

	6	5	4	3	2	1
4d Cus Sed 176		528	880	1,980	3,080	4,400
2d Cus Cpe................................ 172		516	860	1,940	3,010	4,300
4d Cus Sta Wag 180		540	900	2,030	3,150	4,500
4d Ltd Sed................................ 180		540	900	2,030	3,150	4,500
2d Cpe Ltd................................ 176		528	880	1,980	3,080	4,400
4d Sta Wag Ltd 184		552	920	2,070	3,220	4,600
2d Spt HBk 188		564	940	2,120	3,290	4,700
2d T-Type HBk 192		576	960	2,160	3,360	4,800
2d T-Type Cpe 188		564	940	2,120	3,290	4,700

1986 Skylark, V-6

	6	5	4	3	2	1
2d Cus Cpe................................ 176		528	880	1,980	3,080	4,400
4d Sed Ltd................................ 180		540	900	2,030	3,150	4,500

1986 Somerset, V-6

	6	5	4	3	2	1
2d Cus Cpe................................ 192		576	960	2,160	3,360	4,800
2d Cpe T-Type............................ 208		624	1,040	2,340	3,640	5,200

1986 Century Custom

	6	5	4	3	2	1
2d Cpe.................................... 196		588	980	2,210	3,430	4,900
4d Sed.................................... 192		576	960	2,160	3,360	4,800
4d Sta Wag 200		600	1,000	2,250	3,500	5,000

NOTE: Add 20 percent for GS package.

	6	5	4	3	2	1
1986 Century Limited, V-6						
2d Cpe	200	600	1,000	2,250	3,500	5,000
4d Sed	196	588	980	2,210	3,430	4,900
4d Sta Wag	204	612	1,020	2,300	3,570	5,100
4d Sed T-Type	216	648	1,080	2,430	3,780	5,400
1986 Regal, V-6						
2d Cpe, V-8	310	920	1,540	3,470	5,390	7,700
2d Cpe Ltd, V-8	320	950	1,580	3,560	5,530	7,900
2d Cpe T-Type	660	1,980	3,300	7,430	11,550	16,500
2d T-Type Grand Natl	1,160	3,480	5,800	13,050	20,300	29,000
1986 LeSabre Custom, V-6						
2d Cpe	220	660	1,100	2,480	3,850	5,500
4d Sed	216	648	1,080	2,430	3,780	5,400
1986 LeSabre Limited						
2d Cpe Grand Natl	680	2,040	3,400	7,650	11,900	17,000
2d Cpe	224	672	1,120	2,520	3,920	5,600
4d Sed	220	660	1,100	2,480	3,850	5,500
4d Sta Wag Est, V-8	240	720	1,200	2,700	4,200	6,000
1986 Electra, V-6						
2d Cpe	224	672	1,120	2,520	3,920	5,600
4d Sed	224	672	1,120	2,520	3,920	5,600
1986 Electra Park Avenue, V-6						
2d Cpe	228	684	1,140	2,570	3,990	5,700
4d Sed	228	684	1,140	2,570	3,990	5,700
4d Sed T-Type	236	708	1,180	2,660	4,130	5,900
4d Sta Wag Est	248	744	1,240	2,790	4,340	6,200
1986 Riviera, V-6						
2d Cpe	392	1,176	1,960	4,410	6,860	9,800
2d Cpe T-Type	400	1,200	2,000	4,500	7,000	10,000

NOTE: Add 10 percent for deluxe models. Deduct 5 percent for smaller engines where available.

	6	5	4	3	2	1
1987 Skyhawk, 4-cyl.						
4d Cus Sed	176	528	880	1,980	3,080	4,400
2d Cus Cpe	172	516	860	1,940	3,010	4,300
4d Cus Sta Wag	180	540	900	2,030	3,150	4,500
4d Sed Ltd	180	540	900	2,030	3,150	4,500
2d Cpe Ltd	176	528	880	1,980	3,080	4,400
4d Sta Wag Ltd	184	552	920	2,070	3,220	4,600
Spt HBk	188	564	940	2,120	3,290	4,700

NOTE: Add 5 percent for Turbo.

	6	5	4	3	2	1
1987 Somerset, 4-cyl.						
2d Cus Cpe	196	588	980	2,210	3,430	4,900
2d Cpe Ltd	200	600	1,000	2,250	3,500	5,000

NOTE: Add 10 percent for V-6.

	6	5	4	3	2	1
1987 Skylark						
4d Cus Sed	188	564	940	2,120	3,290	4,700
4d Sed Ltd	192	576	960	2,160	3,360	4,800

NOTE: Add 10 percent for V-6.

	6	5	4	3	2	1
1987 Century, 4-cyl.						
4d Cus Sed	196	588	980	2,210	3,430	4,900
2d Cus Cpe	192	576	960	2,160	3,360	4,800
4d Cus Sta Wag	200	600	1,000	2,250	3,500	5,000
4d Sed Ltd	200	600	1,000	2,250	3,500	5,000
2d Cpe Ltd	196	588	980	2,210	3,430	4,900
4d Sta Wag Est	204	612	1,020	2,300	3,570	5,100

NOTE: Add 10 percent for V-6.

	6	5	4	3	2	1
1987 Regal, V-6						
2d Cpe	320	960	1,600	3,600	5,600	8,000
2d Cpe Ltd	320	970	1,620	3,650	5,670	8,100
1987 Regal, Turbo V-6						
2d Cpe T	900	2,650	4,400	9,900	15,400	22,000
2d Cpe T Ltd	960	2,880	4,800	10,800	16,800	24,000
2d Cpe Grand Natl	1,260	3,780	6,300	14,180	22,050	31,500
2d Cpe GNX	3,620	10,860	18,100	40,730	63,350	90,500

NOTE: Add 30 percent for turbo option on base Regal.

	6	5	4	3	2	1
1987 Regal, V-8						
2d Cpe	350	1,060	1,760	3,960	6,160	8,800
2d Cpe Ltd	360	1,070	1,780	4,010	6,230	8,900
1987 LeSabre, V-6						
4d Sed	220	660	1,100	2,480	3,850	5,500
4d Cus Sed	224	672	1,120	2,520	3,920	5,600
2d Cus Cpe	220	660	1,100	2,480	3,850	5,500
2d Cpe T-Type	228	684	1,140	2,570	3,990	5,700
1987 LeSabre, V-8						
4d Sta Wag	244	732	1,220	2,750	4,270	6,100
1987 Electra, V-6						
4d Sed Ltd	232	696	1,160	2,610	4,060	5,800
4d Sed Park Ave	240	720	1,200	2,700	4,200	6,000
2d Cpe Park Ave	236	708	1,180	2,660	4,130	5,900
4d Sed T-Type	240	720	1,200	2,700	4,200	6,000

	6	5	4	3	2	1
1987 Electra, V-8						
4d Sta Wag Est	248	744	1,240	2,790	4,340	6,200
1987 Riviera, V-6						
2d Cpe	400	1,200	2,000	4,500	7,000	10,000
2d Cpe T-Type	408	1,224	2,040	4,590	7,140	10,200
1988 Skyhawk, 4-cyl.						
4d Sed	184	552	920	2,070	3,220	4,600
2d Cpe	180	540	900	2,030	3,150	4,500
2d Cpe SE	192	576	960	2,160	3,360	4,800
4d Sta Wag	188	564	940	2,120	3,290	4,700
1988 Skylark, 4-cyl.						
4d Cus Sed	188	564	940	2,120	3,290	4,700
2d Cus Cpe	192	576	960	2,160	3,360	4,800
4d Sed Ltd	192	576	960	2,160	3,360	4,800
2d Cpe Ltd	196	588	980	2,210	3,430	4,900
NOTE: Add 10 percent for V-6.						
1988 Century, 4-cyl.						
4d Cus Sed	188	564	940	2,120	3,290	4,700
2d Cus Cpe	192	576	960	2,160	3,360	4,800
4d Cus Sta Wag	196	588	980	2,210	3,430	4,900
4d Sed Ltd	192	576	960	2,160	3,360	4,800
2d Cpe Ltd	196	588	980	2,210	3,430	4,900
4d Sta Wag Ltd	200	600	1,000	2,250	3,500	5,000
NOTE: Add 10 percent for V-6.						
1988 Regal, V-6						
2d Cus Cpe	240	720	1,200	2,700	4,200	6,000
2d Cpe Ltd	260	780	1,300	2,930	4,550	6,500
1988 LeSabre, V-6						
2d Cpe	220	660	1,100	2,480	3,850	5,500
4d Cus Sed	240	720	1,200	2,700	4,200	6,000
2d Cpe Ltd	252	756	1,260	2,840	4,410	6,300
4d Sed Ltd	248	744	1,240	2,790	4,340	6,200
2d Cpe T-Type	256	768	1,280	2,880	4,480	6,400
4d Sta Wag, V-8	264	792	1,320	2,970	4,620	6,600
1988 Electra, V-6						
4d Sed Ltd	260	780	1,300	2,930	4,550	6,500
4d Sed Park Ave	368	1,104	1,840	4,140	6,440	9,200
4d Sed T-Type	360	1,080	1,800	4,050	6,300	9,000
4d Sta Wag, V-8	388	1,164	1,940	4,370	6,790	9,700
1988 Riviera, V-6						
2d Cpe	376	1,128	1,880	4,230	6,580	9,400
2d Cpe T-Type	408	1,224	2,040	4,590	7,140	10,200
1988 Reatta, V-6						
2d Cpe	600	1,800	3,000	6,750	10,500	15,000
1989 Skyhawk, 4-cyl.						
4d Sed	192	576	960	2,160	3,360	4,800
2d Cpe	188	564	940	2,120	3,290	4,700
2d SE Cpe	208	624	1,040	2,340	3,640	5,200
4d Sta Wag	200	600	1,000	2,250	3,500	5,000
1989 Skylark, 4-cyl.						
2d Cus Cpe	200	600	1,000	2,250	3,500	5,000
2d Cpe Ltd	208	624	1,040	2,340	3,640	5,200
4d Cus Sed	216	648	1,080	2,430	3,780	5,400
4d Sed Ltd	224	672	1,120	2,520	3,920	5,600
1989 Skylark, V-6						
2d Cus Cpe	204	612	1,020	2,300	3,570	5,100
2d Cpe Ltd	212	636	1,060	2,390	3,710	5,300
4d Cus Sed	220	660	1,100	2,480	3,850	5,500
4d Sed Ltd	228	684	1,140	2,570	3,990	5,700
1989 Century, 4-cyl.						
4d Cus Sed	208	624	1,040	2,340	3,640	5,200
4d Sed Ltd	216	648	1,080	2,430	3,780	5,400
2d Cus	212	636	1,060	2,390	3,710	5,300
4d Cus Sta Wag	224	672	1,120	2,520	3,920	5,600
4d Sta Wag Ltd	228	684	1,140	2,570	3,990	5,700
1989 Century, V-6						
4d Cus Sed	212	636	1,060	2,390	3,710	5,300
4d Sed Ltd	220	660	1,100	2,480	3,850	5,500
2d Cus	216	648	1,080	2,430	3,780	5,400
4d Cus Sta Wag	228	684	1,140	2,570	3,990	5,700
4d Sta Wag Ltd	232	696	1,160	2,610	4,060	5,800
1989 Regal, V-6						
2d Cus	272	816	1,360	3,060	4,760	6,800
2d Ltd	276	828	1,380	3,110	4,830	6,900
1989 LeSabre, V-6						
2d	272	816	1,360	3,060	4,760	6,800
2d Ltd	276	828	1,380	3,110	4,830	6,900
2d T-Type	380	1,140	1,900	4,280	6,650	9,500
4d Cus	268	804	1,340	3,020	4,690	6,700

	6	5	4	3	2	1
4d Ltd	272	816	1,360	3,060	4,760	6,800
4d Sta Wag, V-8	368	1,104	1,840	4,140	6,440	9,200
1989 Electra, V-6						
4d Sed Ltd	396	1,188	1,980	4,460	6,930	9,900
4d Park Ave	436	1,308	2,180	4,910	7,630	10,900
4d Park Ave Ultra	600	1,800	3,000	6,750	10,500	15,000
4d T-Type	420	1,260	2,100	4,730	7,350	10,500
4d Sta Wag, V-8	540	1,620	2,700	6,080	9,450	13,500
1989 Riviera, V-6						
2d Cpe	520	1,560	2,600	5,850	9,100	13,000
1989 Reatta, V-6						
2d Cpe	600	1,800	3,000	6,750	10,500	15,000
1990 Skylark, 4-cyl.						
2d Cpe	220	660	1,100	2,480	3,850	5,500
4d Sed	224	672	1,120	2,520	3,920	5,600
2d Cus Cpe	228	684	1,140	2,570	3,990	5,700
4d Cus Sed	232	696	1,160	2,610	4,060	5,800
2d Gran Spt Cpe	240	720	1,200	2,700	4,200	6,000
4d LE Sed	240	720	1,200	2,700	4,200	6,000
NOTE: Add 10 percent for V-6 where available.						
1990 Century, 4-cyl.						
2d Cus	260	780	1,300	2,930	4,550	6,500
4d Cus	264	792	1,320	2,970	4,620	6,600
4d Cus Sta Wag	272	816	1,360	3,060	4,760	6,800
4d Ltd Sed	272	816	1,360	3,060	4,760	6,800
4d Ltd Sta Wag	360	1,080	1,800	4,050	6,300	9,000
NOTE: Add 10 percent for V-6 where available.						
1990 Regal, V-6						
2d Cus Cpe	380	1,140	1,900	4,280	6,650	9,500
2d Ltd Cpe	400	1,200	2,000	4,500	7,000	10,000
1990 LeSabre, V-6						
2d Cpe	400	1,200	2,000	4,500	7,000	10,000
4d Cus Sed	404	1,212	2,020	4,550	7,070	10,100
2d Ltd Cpe	420	1,260	2,100	4,700	7,350	10,500
4d Ltd Sed	424	1,272	2,120	4,770	7,420	10,600
1990 Estate, V-8						
4d Sta Wag	520	1,560	2,600	5,850	9,100	13,000
1990 Electra, V-6						
4d Ltd Sed	520	1,560	2,600	5,850	9,100	13,000
4d Park Ave	540	1,620	2,700	6,080	9,450	13,500
4d Ultra Sed	640	1,920	3,200	7,200	11,200	16,000
4d T-Type Sed	540	1,620	2,700	6,080	9,450	13,500
1990 Riviera, V-6						
2d Cpe	540	1,620	2,700	6,080	9,450	13,500
1990 Reatta, V-6						
2d Cpe	600	1,800	3,000	6,750	10,500	15,000
2d Conv	800	2,400	4,000	9,000	14,000	20,000
1991 Skylark, 4-cyl.						
2d Cpe	200	600	1,000	2,250	3,500	5,000
4d Sed	204	612	1,020	2,300	3,570	5,100
2d Cus Cpe	204	612	1,020	2,300	3,570	5,100
4d Cus Sed	208	624	1,040	2,340	3,640	5,200
2d Gran Spt Cpe	220	660	1,100	2,480	3,850	5,500
4d LE Sed	224	672	1,120	2,520	3,920	5,600
NOTE: Add 10 percent for V-6 where available.						
1991 Century, 4-cyl.						
4d Spl Sed	204	612	1,020	2,300	3,570	5,100
4d Cus Sed	208	624	1,040	2,340	3,640	5,200
2d Cus Cpe	204	612	1,020	2,300	3,570	5,100
4d Cus Sta Wag	216	648	1,080	2,430	3,780	5,400
4d Ltd Sed	212	636	1,060	2,390	3,710	5,300
4d Ltd Sta Wag	224	672	1,120	2,520	3,920	5,600
NOTE: Add 10 percent for V-6 where available.						
1991 Regal, V-6						
4d Cus Sed	256	768	1,280	2,880	4,480	6,400
2d Cus Cpe	252	756	1,260	2,840	4,410	6,300
4d Ltd Sed	264	792	1,320	2,970	4,620	6,600
2d Ltd Cpe	260	780	1,300	2,930	4,550	6,500
1991 LeSabre, V-6						
2d Cpe	272	816	1,360	3,060	4,760	6,800
4d Cus Sed	276	828	1,380	3,110	4,830	6,900
4d Ltd Sed	376	1,128	1,880	4,230	6,580	9,400
2d Ltd Cpe	372	1,116	1,860	4,190	6,510	9,300
1991 Roadmaster, V-8						
4d Est Sta Wag	540	1,620	2,700	6,080	9,450	13,500
1991 Park Avenue, V-6						
4d Sed	420	1,260	2,100	4,730	7,350	10,500
4d Ultra Sed	520	1,560	2,600	5,850	9,100	13,000

BUICK

	6	5	4	3	2	1
1991 Riviera, V-6						
2d Cpe.	540	1,620	2,700	6,080	9,450	13,500
1991 Reatta, V-6						
2d Cpe.	680	2,040	3,400	7,650	11,900	17,000
2d Conv.	840	2,520	4,200	9,450	14,700	21,000
1992 Skylark, 4-cyl.						
2d Quad 4 Cpe	220	660	1,100	2,480	3,850	5,500
4d Quad 4 Sed	220	660	1,100	2,480	3,850	5,500
2d Cpe.	240	720	1,200	2,700	4,200	6,000
4d Sed.	240	720	1,200	2,700	4,200	6,000
2d Gran Spt Cpe	260	780	1,300	2,930	4,550	6,500
4d Gran Spt Sed	260	780	1,300	2,930	4,550	6,500
NOTE: Add 10 percent for V-6 where available.						
1992 Century, 4-cyl.						
4d Spl Sed.	240	720	1,200	2,700	4,200	6,000
4d Cus Sed	248	744	1,240	2,790	4,340	6,200
2d Cus Cpe	260	780	1,300	2,930	4,550	6,500
4d Sed Ltd.	360	1,080	1,800	4,050	6,300	9,000
4d Cus Sta Wag	368	1,104	1,840	4,140	6,440	9,200
4d Ltd Sta Wag	380	1,140	1,900	4,280	6,650	9,500
NOTE: Add 10 percent for V-6 where available.						
1992 Regal, V-6						
4d Cus Sed	360	1,080	1,800	4,050	6,300	9,000
2d Cus Cpe	360	1,080	1,800	4,050	6,300	9,000
4d Ltd Sed.	380	1,140	1,900	4,280	6,650	9,500
2d Ltd Cpe.	380	1,140	1,900	4,280	6,650	9,500
4d Gran Spt Sed	400	1,200	2,000	4,500	7,000	10,000
2d Gran Spt Cpe	400	1,200	2,000	4,500	7,000	10,000
1992 LeSabre, V-6						
4d Cus Sed	400	1,200	2,000	4,500	7,000	10,000
4d Ltd Sed	420	1,260	2,100	4,730	7,350	10,500
1992 Roadmaster, V-8						
4d Sed.	520	1,560	2,600	5,850	9,100	13,000
4d Ltd Sed.	540	1,620	2,700	6,080	9,450	13,500
4d Est Sta Wag	560	1,680	2,800	6,300	9,800	14,000
1992 Park Avenue, V-6						
4d Sed.	540	1,620	2,700	6,080	9,450	13,500
4d Ultra Sed	560	1,680	2,800	6,300	9,800	14,000
1992 Riviera, V-6						
2d Cpe.	600	1,800	3,000	6,750	10,500	15,000
1993 Skylark, 4-cyl. & V-6						
2d Cus Cpe	228	684	1,140	2,570	3,990	5,700
4d Cus Sed	228	684	1,140	2,570	3,990	5,700
2d Ltd Cpe.	232	696	1,160	2,610	4,060	5,800
4d Ltd Sed.	232	696	1,160	2,610	4,060	5,800
2d Gran Spt Cpe (V-6 only)	236	708	1,180	2,660	4,130	5,900
4d Gran Spt Sed (V-6 only)	236	708	1,180	2,660	4,130	5,900
1993 Century, 4-cyl.						
2d Cus Cpe	244	732	1,220	2,750	4,270	6,100
4d Spl Sed.	244	732	1,220	2,750	4,270	6,100
4d Cus Sed	248	744	1,240	2,790	4,340	6,200
4d Ltd Sed.	252	756	1,260	2,840	4,410	6,300
4d Ltd Sta Wag	260	780	1,300	2,930	4,550	6,500
1993 Century, V-6						
2d Cus Cpe	252	756	1,260	2,840	4,410	6,300
4d Spl Sed.	252	756	1,260	2,840	4,410	6,300
4d Cus Sed	256	768	1,280	2,880	4,480	6,400
4d Ltd Sed.	260	780	1,300	2,930	4,550	6,500
4d Ltd Sta Wag	268	804	1,340	3,020	4,690	6,700
1993 Regal, V-6						
2d Cus Cpe	364	1,092	1,820	4,100	6,370	9,100
2d Ltd Cpe.	368	1,104	1,840	4,140	6,440	9,200
2d Gran Spt Cpe	372	1,116	1,860	4,190	6,510	9,300
4d Cus Sed	364	1,092	1,820	4,100	6,370	9,100
4d Ltd Sed.	368	1,104	1,840	4,140	6,440	9,200
4d Gran Spt Sed	372	1,116	1,860	4,190	6,510	9,300
1993 LeSabre, V-6						
4d Cus Sed	408	1,224	2,040	4,590	7,140	10,200
4d Ltd Sed.	424	1,272	2,120	4,770	7,420	10,600
1993 Roadmaster, V-8						
4d Sed.	528	1,584	2,640	5,940	9,240	13,200
4d Ltd Sed.	548	1,644	2,740	6,170	9,590	13,700
4d Est Sta Wag	580	1,740	2,900	6,530	10,150	14,500
1993 Park Avenue, V-6						
4d Sed.	540	1,620	2,700	6,080	9,450	13,500
4d Ultra Sed	568	1,704	2,840	6,390	9,940	14,200
1993 Riviera, V-6						
2d Cpe.	608	1,824	3,040	6,840	10,640	15,200

	6	5	4	3	2	1
1994 Skylark, 4-cyl. & V-6						
2d Cus Cpe	228	684	1,140	2,570	3,990	5,700
4d Cus Sed.	232	696	1,160	2,610	4,060	5,800
4d Ltd	240	720	1,200	2,700	4,200	6,000
2d Gran Spt Cpe	264	792	1,320	2,970	4,620	6,600
4d Gran Spt Sed.	268	804	1,340	3,020	4,690	6,700
1994 Century, 4-cyl. & V-6						
4d Special.	260	780	1,300	2,930	4,550	6,500
4d Sta Wag Special	280	840	1,400	3,150	4,900	7,000
4d Cus	264	792	1,320	2,970	4,620	6,600
2d Cus	260	780	1,300	2,930	4,550	6,500
4d Ltd	280	840	1,400	3,150	4,900	7,000
4d Ltd Sta Wag.	288	864	1,440	3,240	5,040	7,200
1994 Regal, V-6						
4d Cus Sed.	324	972	1,620	3,650	5,670	8,100
2d Cus Sed.	320	960	1,600	3,600	5,600	8,000
4d Ltd Sed	340	1,020	1,700	3,830	5,950	8,500
2d Ltd Cpe	336	1,008	1,680	3,780	5,880	8,400
4d Gran Spt Sed.	380	1,140	1,900	4,280	6,650	9,500
2d Gran Spt Cpe	376	1,128	1,880	4,230	6,580	9,400
1994 LeSabre, V-6						
4d Cus Sed.	328	984	1,640	3,690	5,740	8,200
4d Ltd Sed	336	1,008	1,680	3,780	5,880	8,400
1994 Roadmaster, V-8						
4d Sed	360	1,080	1,800	4,050	6,300	9,000
4d Ltd Sed	336	1,008	1,680	3,780	5,880	8,400
4d Est Sta Wag	580	1,740	2,900	6,530	10,150	14,500
1994 Park Avenue, V-6						
4d Sed	368	1,104	1,840	4,140	6,440	9,200
4d Ultra	384	1,152	1,920	4,320	6,720	9,600
1994 Riviera, V-6 (Spring 1994 launch of 1995 model)						
2d Cpe	400	1,250	2,100	4,730	7,350	10,500
1995 Skylark, 4-cyl. & V-6						
2d Cus Cpe	250	700	1,150	2,570	4,000	5,700
4d Cus Sed.	250	700	1,150	2,610	4,050	5,800
2d Ltd Cpe	250	700	1,200	2,660	4,150	5,900
4d Ltd Sed	250	700	1,200	2,700	4,200	6,000
2d Gran Spt Cpe (V-6 only)	260	790	1,320	2,970	4,620	6,600
4d Gran Spt Sed (V-6 only)	250	800	1,350	3,020	4,700	6,700
1995 Century, 4-cyl. & V-6						
4d Spl Sed	250	800	1,300	2,930	4,550	6,500
4d Spl Sta Wag	300	850	1,400	3,150	4,900	7,000
4d Cus Sed (V-6 only)	260	790	1,320	2,970	4,620	6,600
4d Ltd Sed (V-6 only)	280	840	1,400	3,150	4,900	7,000
1995 Regal, V-6						
2d Cus Cpe	300	950	1,600	3,600	5,600	8,000
4d Cus Cpe	300	950	1,600	3,650	5,650	8,100
4d Ltd Sed	350	1,000	1,700	3,830	5,950	8,500
2d Gran Spt Cpe	400	1,150	1,900	4,230	6,600	9,400
4d Gran Spt Sed.	400	1,150	1,900	4,280	6,650	9,500
1995 LeSabre, V-6						
4d Cus Sed.	350	1,000	1,650	3,690	5,750	8,200
4d Ltd Sed	350	1,000	1,700	3,780	5,900	8,400
1995 Roadmaster, V-8						
4d Sed	350	1,100	1,800	4,050	6,300	9,000
4d Ltd Sed	400	1,150	1,900	4,230	6,600	9,400
4d Estate Sta Wag	500	1,450	2,400	5,450	8,450	12,100
4d Estate Ltd Sta Wag	520	1,560	2,600	5,850	9,100	13,000
1995 Park Avenue, V-6						
4d Sed	350	1,100	1,850	4,140	6,450	9,200
4d Ultra Sed	400	1,150	1,900	4,320	6,700	9,600
1995 Riviera, V-6						
2d Cpe	400	1,250	2,100	4,730	7,350	10,500
1996 Skylark, 4-cyl. & V-6						
2d Cus Cpe	250	700	1,150	2,570	4,000	5,700
4d Cus Sed.	250	700	1,150	2,610	4,050	5,800
2d Ltd Cpe	250	700	1,200	2,660	4,150	5,900
4d Ltd Sed	250	700	1,200	2,700	4,200	6,000
2d Gran Spt Cpe (V-6 only)	250	800	1,300	2,970	4,600	6,600
4d Gran Spt Sed (V-6 only)	250	800	1,350	3,020	4,700	6,700
1996 Century, 4-cyl. & V-6						
4d Spl Sed	250	800	1,300	2,930	4,550	6,500
4d Spl Sta Wag (V-6 only)	300	850	1,400	3,150	4,900	7,000
4d Cus Sed (V-6 only)	260	790	1,320	2,970	4,620	6,600
4d Ltd Sed (V-6 only)	280	840	1,400	3,150	4,900	7,000
1996 Regal, V-6						
2d Cus Cpe	300	950	1,600	3,600	5,600	8,000
4d Cus Cpe	300	950	1,600	3,650	5,650	8,100

	6	5	4	3	2	1
4d Ltd Sed..............................	350	1,000	1,700	3,830	5,950	8,500
2d Gran Spt Cpe..........................	400	1,150	1,900	4,230	6,600	9,400
4d Gran Spt Sed..........................	400	1,150	1,900	4,280	6,650	9,500
1996 LeSabre, V-6						
4d Cus Sed..............................	350	1,000	1,650	3,690	5,750	8,200
4d Ltd Sed..............................	350	1,000	1,700	3,780	5,900	8,400
1996 Roadmaster, V-8						
4d Sed.................................	350	1,100	1,800	4,050	6,300	9,000
4d Ltd Sed..............................	400	1,150	1,900	4,230	6,600	9,400
4d Estate Sta Wag........................	500	1,450	2,400	5,450	8,450	12,100
4d Estate Ltd Sta Wag.....................	520	1,560	2,600	5,850	9,100	13,000
1996 Park Avenue, V-6						
4d Sed.................................	350	1,100	1,850	4,140	6,450	9,200
4d Ultra Sed............................	400	1,150	1,900	4,320	6,700	9,600
1996 Riviera, V-6						
2d Cpe................................	400	1,250	2,100	4,730	7,350	10,500
NOTE: Add 5 percent for supercharged V-6.						
1997 Skylark, 4-cyl. & V-6						
2d Cus Cpe.............................	228	684	1,140	2,570	3,990	5,700
4d Cus Sed.............................	232	696	1,160	2,610	4,060	5,800
2d Ltd Cpe.............................	236	708	1,180	2,660	4,130	5,900
4d Ltd Sed.............................	240	720	1,200	2,700	4,200	6,000
2d Gran Spt Cpe (V-6 only)................	264	792	1,320	2,970	4,620	6,600
4d Gran Spt Sed (V-6 only)................	268	804	1,340	3,020	4,690	6,700
1997 Century, V-6						
4d Cus Sed.............................	264	792	1,320	2,970	4,620	6,600
4d Ltd Sed.............................	280	840	1,400	3,150	4,900	7,000
1997 Regal, V-6						
4d Cus Sed.............................	324	972	1,620	3,650	5,670	8,100
4d Ltd Sed.............................	340	1,020	1,700	3,830	5,950	8,500
4d Gran Spt Sed.........................	380	1,140	1,900	4,280	6,650	9,500
NOTE: Regals were carried over from '96 until the launch of the '97-1/2 - '98 models in the fall.						
1997 LeSabre, V-6						
4d Cus Sed.............................	328	984	1,640	3,690	5,740	8,200
4d Ltd Sed.............................	336	1,008	1,680	3,780	5,880	8,400
1997 Park Avenue, V-6						
4d Sed.................................	368	1,104	1,840	4,140	6,440	9,200
4d Ultra Sed............................	384	1,152	1,920	4,320	6,720	9,600
1997 Riviera, V-6						
2d Cpe................................	420	1,260	2,100	4,730	7,350	10,500
NOTE: Add 5 percent for supercharged V-6.						
1998 Skylark, V-6						
4d Cus Sed.............................	230	700	1,160	2,610	4,060	5,800
1998 Century, V-6						
4d Cus Sed.............................	260	790	1,320	2,970	4,620	6,600
4d Ltd Sed.............................	280	840	1,400	3,150	4,900	7,000
1998 Regal, V-6						
4d LS Sed..............................	320	970	1,620	3,650	5,670	8,100
4d GS Sed..............................	340	1,020	1,700	3,830	5,950	8,500
NOTE: Add 10 percent for 25th Anv Pkg.						
1998 LeSabre, V-6						
4d Cus Sed.............................	330	1,000	1,660	3,740	5,810	8,300
4d Ltd Sed.............................	340	1,030	1,720	3,870	6,020	8,600
1998 Park Avenue, V-6						
4d Sed.................................	370	1,100	1,840	4,140	6,440	9,200
4d Ultra Sed............................	380	1,150	1,920	4,320	6,720	9,600
1998 Riviera, Supercharged V-6						
2d Cpe................................	460	1,380	2,300	5,180	8,050	11,500
1999 Century, V-6						
4d Cus Sed.............................	270	820	1,360	3,060	4,760	6,800
4d Ltd Sed.............................	290	860	1,440	3,240	5,040	7,200
1999 Regal, V-6						
4d LS Sed..............................	330	1,000	1,660	3,740	5,810	8,300
4d GS Sed..............................	350	1,040	1,740	3,920	6,090	8,700
4d LSE Sed.............................	360	1,070	1,780	4,010	6,230	8,900
4d GSE Sed.............................	360	1,090	1,820	4,100	6,370	9,100
1999 LeSabre, V-6						
4d Cus Sed.............................	340	1,010	1,680	3,780	5,880	8,400
4d Ltd Sed.............................	350	1,060	1,760	3,960	6,160	8,800
NOTE: Add 5 percent for Gran Touring pkg.						
1999 Park Avenue, V-6						
4d Sed.................................	370	1,100	1,840	4,140	6,440	9,200
4d Ultra Sed............................	380	1,150	1,920	4,320	6,720	9,600
1999 Riviera, Supercharged V-6						
2d Cpe................................	480	1,440	2,400	5,400	8,400	12,000
2000 Century, V-6						
4d Cus Sed.............................	270	820	1,360	3,060	4,760	6,800
4d Ltd Sed.............................	290	860	1,440	3,240	5,040	7,200
NOTE: Add 10 percent for Century 2000 Special Edition pkg.						

BUICK

	6	5	4	3	2	1
2000 Regal, V-6						
4d LS Sed	330	1,000	1,660	3,740	5,810	8,300
4d GS Sed	350	1,040	1,740	3,920	6,090	8,700
2000 LeSabre, V-6						
4d Cus Sed	340	1,010	1,680	3,780	5,880	8,400
4d Ltd Sed	350	1,060	1,760	3,960	6,160	8,800
NOTE: Add 5 percent for Gran Touring pkg.						
2000 Park Avenue, V-6						
4d Sed	370	1,100	1,840	4,140	6,440	9,200
4d Ultra Sed	380	1,150	1,920	4,320	6,720	9,600
NOTE: Add 5 percent for Gran Touring pkg.						
2001 Century, V-6						
4d Cus Sed	280	830	1,380	3,450	4,830	6,900
4d Ltd Sed	290	880	1,460	3,650	5,110	7,300
NOTE: Add 10 percent for Century 2001 Special Ed pkg.						
2001 Regal, V-6						
4d LS Sed	340	1,010	1,680	4,200	5,880	8,400
4d GS Sed	350	1,060	1,760	4,400	6,160	8,800
NOTE: Add 10 percent for Regal Olympic Ed pkg.						
2001 LeSabre, V-6						
4d Cus Sed	340	1,020	1,700	4,250	5,950	8,500
4d Ltd Sed	360	1,070	1,780	4,450	6,230	8,900
2001 Park Avenue, V-6						
4d Sed	370	1,120	1,860	4,650	6,510	9,300
4d Ultra Sed	390	1,160	1,940	4,850	6,790	9,700
NOTE: Add 10 percent for mid-year Ultra model in Laguna Green w/walnut int trim.						

CADILLAC

	6	5	4	3	2	1
1903 Model A, 1-cyl.						
Rbt	1,640	4,920	8,200	18,450	28,700	41,000
Tonn Rbt	1,680	5,040	8,400	18,900	29,400	42,000
1904 Model A, 1-cyl.						
Rbt	1,620	4,860	8,100	18,230	28,350	40,500
Tonn Rbt	1,640	4,920	8,200	18,450	28,700	41,000
1904 Model B, 1-cyl.						
Rbt	1,640	4,920	8,200	18,450	28,700	41,000
Tr	1,680	5,040	8,400	18,900	29,400	42,000
1905 Models B-E						
Rbt	1,600	4,800	8,000	18,000	28,000	40,000
Tonn Rbt	1,640	4,920	8,200	18,450	28,700	41,000
1905 Model D, 4-cyl.						
Rbt	1,680	5,040	8,400	18,900	29,400	42,000
Tonn Rbt	1,720	5,160	8,600	19,350	30,100	43,000
1905 Model F, 1-cyl.						
Tr	1,520	4,560	7,600	17,100	26,600	38,000
1906 Model K-M, 1-cyl.						
Rbt	1,520	4,560	7,600	17,100	26,600	38,000
Tr	1,560	4,680	7,800	17,550	27,300	39,000
1906 Model H, 4-cyl.						
Rbt	1,560	4,680	7,800	17,550	27,300	39,000
Tr	1,600	4,800	8,000	18,000	28,000	40,000
1906 Model L, 4-cyl.						
7P Tr	1,680	5,040	8,400	18,900	29,400	42,000
Limo	1,600	4,800	8,000	18,000	28,000	40,000
1907 Model G, 4-cyl., 20 hp						
Rbt	1,520	4,560	7,600	17,100	26,600	38,000
Tr	1,560	4,680	7,800	17,550	27,300	39,000
Limo	1,480	4,440	7,400	16,650	25,900	37,000
1907 Model H, 4-cyl., 30 hp						
Tr	1,600	4,800	8,000	18,000	28,000	40,000
Limo	1,560	4,680	7,800	17,550	27,300	39,000
1907 Model K-M, 1-cyl.						
Rbt	1,440	4,320	7,200	16,200	25,200	36,000
Tr	1,480	4,440	7,400	16,650	25,900	37,000
1908 Model G, 4-cyl., 25 hp						
Rbt	1,520	4,560	7,600	17,100	26,600	38,000
Tr	1,560	4,680	7,800	17,550	27,300	39,000
1908 Model H, 4-cyl., 30 hp						
Rbt	1,600	4,800	8,000	18,000	28,000	40,000
Tr	1,640	4,920	8,200	18,450	28,700	41,000
Cpe	1,520	4,560	7,600	17,100	26,600	38,000
Limo	1,480	4,440	7,400	16,650	25,900	37,000
1908 Model S-T, 1-cyl.						
Rbt	1,480	4,440	7,400	16,650	25,900	37,000
Tr	1,520	4,560	7,600	17,100	26,600	38,000
Cpe	1,400	4,200	7,000	15,750	24,500	35,000
1909 Model 30, 4-cyl.						
Rds	1,720	5,160	8,600	19,350	30,100	43,000

CADILLAC

	6	5	4	3	2	1
demi T&C 1,760	5,280	8,800	19,800	30,800	44,000
Tr. 1,800	5,400	9,000	20,250	31,500	45,000

1909 Model T, 1-cyl.

	6	5	4	3	2	1
Tr. 1,640	4,920	8,200	18,450	28,700	41,000

1910 Model 30, 4-cyl.

	6	5	4	3	2	1
Rds 1,840	5,520	9,200	20,700	32,200	46,000
demi T&C 1,880	5,640	9,400	21,150	32,900	47,000
Tr. 1,680	5,040	8,400	18,900	29,400	42,000
Limo 1,600	4,800	8,000	18,000	28,000	40,000

1911 Model 30, 4-cyl.

	6	5	4	3	2	1
Rds 1,840	5,520	9,200	20,700	32,200	46,000
demi T&C 1,880	5,640	9,400	21,150	32,900	47,000
Tr. 2,140	6,420	10,700	24,080	37,450	53,500
Cpe 1,640	4,920	8,200	18,450	28,700	41,000
Limo 1,720	5,160	8,600	19,350	30,100	43,000

1912 Model 30, 4-cyl.

	6	5	4	3	2	1
Rds 2,040	6,120	10,200	22,950	35,700	51,000
4P Phae 2,080	6,240	10,400	23,400	36,400	52,000
5P Tr 2,120	6,360	10,600	23,850	37,100	53,000
Cpe 1,680	5,040	8,400	18,900	29,400	42,000
Limo 1,800	5,400	9,000	20,250	31,500	45,000

1913 Model 30, 4-cyl.

	6	5	4	3	2	1
Rds 2,040	6,120	10,200	22,950	35,700	51,000
Phae 2,080	6,240	10,400	23,400	36,400	52,000
Torp. 2,120	6,360	10,600	23,850	37,100	53,000
5P Tr 2,160	6,480	10,800	24,300	37,800	54,000
6P Tr 2,200	6,600	11,000	24,750	38,500	55,000
Cpe 1,640	4,920	8,200	18,450	28,700	41,000
Limo 1,760	5,280	8,800	19,800	30,800	44,000

1914 Model 30, 4-cyl.

	6	5	4	3	2	1
Rds 2,080	6,240	10,400	23,400	36,400	52,000
Phae 2,120	6,360	10,600	23,850	37,100	53,000
5P Tr 2,380	7,140	11,900	26,780	41,650	59,500
7P Tr 2,200	6,600	11,000	24,750	38,500	55,000
Lan Cpe. 1,680	5,040	8,400	18,900	29,400	42,000
Encl dr Limo 1,760	5,280	8,800	19,800	30,800	44,000
Limo 1,800	5,400	9,000	20,250	31,500	45,000

1915 Model 51, V-8

	6	5	4	3	2	1
Rds 2,120	6,360	10,600	23,850	37,100	53,000
Sal Tr. 2,160	6,480	10,800	24,300	37,800	54,000
7P Tr 2,200	6,600	11,000	24,750	38,500	55,000
3P Cpe 1,720	5,160	8,600	19,350	30,100	43,000
Sed Brgm 1,680	5,040	8,400	18,900	29,400	42,000
7P Limo. 1,880	5,640	9,400	21,150	32,900	47,000
Berl Limo. 1,960	5,880	9,800	22,050	34,300	49,000

1916 Model 53, V-8

	6	5	4	3	2	1
Rds 2,080	6,240	10,400	23,400	36,400	52,000
5P Tr 2,120	6,360	10,600	23,850	37,100	53,000
7P Tr 2,160	6,480	10,800	24,300	37,800	54,000
3P Cpe 1,720	5,160	8,600	19,350	30,100	43,000
Sed Brgm 1,680	5,040	8,400	18,900	29,400	42,000
7P Limo. 1,880	5,640	9,400	21,150	32,900	47,000
Berl Limo. 1,960	5,880	9,800	22,050	34,300	49,000

1917 Model 55, V-8

	6	5	4	3	2	1
Rds 2,080	6,240	10,400	23,400	36,400	52,000
Clb Rds 2,120	6,360	10,600	23,850	37,100	53,000
Conv 2,040	6,120	10,200	22,950	35,700	51,000
Cpe 1,680	5,040	8,400	18,900	29,400	42,000
Vic. 1,720	5,160	8,600	19,350	30,100	43,000
Brgm 1,680	5,040	8,400	18,900	29,400	42,000
Limo 1,800	5,400	9,000	20,250	31,500	45,000
Imp Limo 1,880	5,640	9,400	21,150	32,900	47,000
7P Lan'let 1,960	5,880	9,800	22,050	34,300	49,000

1918-19 Type 57, V-8

	6	5	4	3	2	1
Rds 2,040	6,120	10,200	22,950	35,700	51,000
Phae 2,080	6,240	10,400	23,400	36,400	52,000
Tr. 2,000	6,000	10,000	22,500	35,000	50,000
Conv Vic 1,960	5,880	9,800	22,050	34,300	49,000
Brgm 1,640	4,920	8,200	18,450	28,700	41,000
Limo 1,680	5,040	8,400	18,900	29,400	42,000
Twn Limo. 1,720	5,160	8,600	19,350	30,100	43,000
Lan'let 1,800	5,400	9,000	20,250	31,500	45,000
Twn Lan'let 1,880	5,640	9,400	21,150	32,900	47,000
Imp Limo 1,840	5,520	9,200	20,700	32,200	46,000

1920-21 Type 59, V-8

	6	5	4	3	2	1
Rds 1,920	5,760	9,600	21,600	33,600	48,000
Phae 1,960	5,880	9,800	22,050	34,300	49,000
Tr. 1,880	5,640	9,400	21,150	32,900	47,000

	6	5	4	3	2	1
Vic	1,560	4,680	7,800	17,550	27,300	39,000
Sed	1,520	4,560	7,600	17,100	26,600	38,000
Cpe	1,560	4,680	7,800	17,550	27,300	39,000
Sub	1,520	4,560	7,600	17,100	26,600	38,000
Limo	1,680	5,040	8,400	18,900	29,400	42,000
Twn Brgm	1,720	5,160	8,600	19,350	30,100	43,000
Imp Limo	1,760	5,280	8,800	19,800	30,800	44,000

NOTE: Coupe and Town Brougham dropped for 1921.

1922-23 Type 61, V-8

	6	5	4	3	2	1
Rds	1,800	5,400	9,000	20,250	31,500	45,000
Phae	1,840	5,520	9,200	20,700	32,200	46,000
Tr	1,800	5,400	9,000	20,250	31,500	45,000
Cpe	1,520	4,560	7,600	17,100	26,600	38,000
Vic	1,560	4,680	7,800	17,550	27,300	39,000
5P Cpe	1,440	4,320	7,200	16,200	25,200	36,000
Sed	1,400	4,200	7,000	15,750	24,500	35,000
Sub	1,600	4,800	8,000	18,000	28,000	40,000
7P Limo	1,640	4,920	8,200	18,450	28,700	41,000
Imp Limo	1,680	5,040	8,400	18,900	29,400	42,000
Lan'let Sed	1,720	5,160	8,600	19,350	30,100	43,000

1924-25 V-63, V-8

	6	5	4	3	2	1
Rds	1,920	5,760	9,600	21,600	33,600	48,000
Phae	1,960	5,880	9,800	22,050	34,300	49,000
Tr	1,800	5,400	9,000	20,250	31,500	45,000
Vic	1,520	4,560	7,600	17,100	26,600	38,000
Cpe	1,480	4,440	7,400	16,650	25,900	37,000
Limo	1,420	4,260	7,100	15,980	24,850	35,500
Twn Brgm	1,440	4,320	7,200	16,200	25,200	36,000
Imp Sed	1,400	4,200	7,000	15,750	24,500	35,000

Custom models, (V-8 introduced Oct., 1924).

	6	5	4	3	2	1
Cpe	1,440	4,320	7,200	16,200	25,200	36,000
5P Cpe	1,480	4,440	7,400	16,650	25,900	37,000
5P Sed	1,460	4,380	7,300	16,430	25,550	36,500
Sub	1,440	4,320	7,200	16,200	25,200	36,000
Imp Sub	1,460	4,380	7,300	16,430	25,550	36,500

Other models, V-8.

	6	5	4	3	2	1
7P Sed	1,440	4,320	7,200	16,200	25,200	36,000
Vic	1,460	4,380	7,300	16,430	25,550	36,500
Lan Sed	1,480	4,440	7,400	16,650	25,900	37,000
2d Sed	1,320	3,960	6,600	14,850	23,100	33,000
8P Imp Sed	1,360	4,080	6,800	15,300	23,800	34,000

(All Custom and post-Dec. 1924 models have scrolled radiators).

1926-27 Series 314, V-8

	6	5	4	3	2	1
Cpe	1,720	5,160	8,600	19,350	30,100	43,000
Vic	1,760	5,280	8,800	19,800	30,800	44,000
5P Brgm	1,720	5,160	8,600	19,350	30,100	43,000
5P Sed	1,400	4,200	7,000	15,750	24,500	35,000
7P Sed	1,440	4,320	7,200	16,200	25,200	36,000
Imp Sed	1,400	4,200	7,000	15,750	24,500	35,000

1926-27 Custom Line, V-8

	6	5	4	3	2	1
Rds	3,540	10,620	17,700	39,830	61,950	88,500
Tr	3,400	10,200	17,000	38,250	59,500	85,000
Phae	3,480	10,440	17,400	39,150	60,900	87,000
Cpe	1,960	5,880	9,800	22,050	34,300	49,000
Sed	1,680	5,040	8,400	18,900	29,400	42,000
Sub	1,720	5,160	8,600	19,350	30,100	43,000
Imp Sed	1,880	5,640	9,400	21,150	32,900	47,000

1927 Series 314 Std., V-8, 132" wb

	6	5	4	3	2	1
Spt Cpe	1,720	5,160	8,600	19,350	30,100	43,000
Cpe	1,600	4,800	8,000	18,000	28,000	40,000
Sed 5P	1,280	3,840	6,400	14,400	22,400	32,000
Sed 7P	1,320	3,960	6,600	14,850	23,100	33,000
Victoria 4P	1,640	4,920	8,200	18,450	28,700	41,000
Spt Sed	1,360	4,080	6,800	15,300	23,800	34,000
Brgm	1,280	3,840	6,400	14,400	22,400	32,000
Imp	1,360	4,080	6,800	15,300	23,800	34,000

1927 Std. Series, V-8, 132" wb

	6	5	4	3	2	1
7P Sed	1,280	3,840	6,400	14,400	22,400	32,000

1927 Custom, 138" wb

	6	5	4	3	2	1
RS Rds	3,080	9,240	15,400	34,650	53,900	77,000
RS Conv	2,520	7,560	12,600	28,350	44,100	63,000
Phae	3,320	9,960	16,600	37,350	58,100	83,000
Spt Phae	3,480	10,440	17,400	39,150	60,900	87,000
Tr	3,160	9,480	15,800	35,550	55,300	79,000
Conv	2,440	7,320	12,200	27,450	42,700	61,000
Cpe	1,800	5,400	9,000	20,250	31,500	45,000
5P Sed	1,400	4,200	7,000	15,750	24,500	35,000
Sub	1,440	4,320	7,200	16,200	25,200	36,000

	6	5	4	3	2	1
Imp Sed	1,480	4,440	7,400	16,650	25,900	37,000
Brn Twn Cabr	1,480	4,440	7,400	16,650	25,900	37,000
Wilby Twn Cabr	1,640	4,920	8,200	18,450	28,700	41,000
1927 Fleetwood Bodies						
Limo Brgm	1,880	5,640	9,400	21,150	32,900	47,000
Twn Cabr	1,960	5,880	9,800	22,050	34,300	49,000
Trans Twn Cabr	2,120	6,360	10,600	23,850	37,100	53,000
Coll Twn Cabr	2,160	6,480	10,800	24,300	37,800	54,000
Vic	1,840	5,520	9,200	20,700	32,200	46,000
1928 Fisher Custom Line, V-8, 140" wb						
Rds	4,360	13,080	21,800	49,050	76,300	109,000
Tr	4,440	13,320	22,200	49,950	77,700	111,000
Phae	4,520	13,560	22,600	50,850	79,100	113,000
Spt Phae	4,760	14,280	23,800	53,550	83,300	119,000
Conv RS	3,960	11,880	19,800	44,550	69,300	99,000
2P Cpe	1,680	5,040	8,400	18,900	29,400	42,000
5P Cpe	1,560	4,680	7,800	17,550	27,300	39,000
Twn Sed	1,480	4,440	7,400	16,650	25,900	37,000
Sed	1,440	4,320	7,200	16,200	25,200	36,000
7P Sed	1,480	4,440	7,400	16,650	25,900	37,000
5P Imp Sed	1,520	4,560	7,600	17,100	26,600	38,000
Imp Cabr	4,120	12,360	20,600	46,350	72,100	103,000
7P Imp Sed	2,480	7,440	12,400	27,900	43,400	62,000
7P Imp Cabr	4,320	12,960	21,600	48,600	75,600	108,000
1928 Fisher Fleetwood Line, V-8, 140" wb						
Sed	1,600	4,800	8,000	18,000	28,000	40,000
5P Cabr	4,360	13,080	21,800	49,050	76,300	109,000
5P Imp Cabr	4,520	13,560	22,600	50,850	79,100	113,000
7P Sed	1,680	5,040	8,400	18,900	29,400	42,000
7P Cabr	4,400	13,200	22,000	49,500	77,000	110,000
7P Imp Cabr	4,600	13,800	23,000	51,750	80,500	115,000
Trans Twn Cabr	4,520	13,560	22,600	50,850	79,100	113,000
Trans Limo Brgm	3,160	9,480	15,800	35,550	55,300	79,000
1929 Series 341-B, V-8, 140" wb						
Rds	4,520	13,560	22,600	50,850	79,100	113,000
Phae	4,680	14,040	23,400	52,650	81,900	117,000
Spt Phae	5,080	15,240	25,400	57,150	88,900	127,000
Tr	4,120	12,360	20,600	46,350	72,100	103,000
Conv	4,120	12,360	20,600	46,350	72,100	103,000
2P Cpe	2,800	8,400	14,000	31,500	49,000	70,000
5P Cpe	2,200	6,600	11,000	24,750	38,500	55,000
5P Sed	1,800	5,400	9,000	20,250	31,500	45,000
7P Sed	1,760	5,280	8,800	19,800	30,800	44,000
Twn Sed	1,840	5,520	9,200	20,700	32,200	46,000
7P Imp Sed	1,880	5,640	9,400	21,150	32,900	47,000
1929 Fleetwood Custom Line, V-8, 140" wb						
Sed	1,800	5,400	9,000	20,250	31,500	45,000
Sed Cabr	4,760	14,280	23,800	53,550	83,300	119,000
5P Imp Sed	2,080	6,240	10,400	23,400	36,400	52,000
7P Imp Sed	2,120	6,360	10,600	23,850	37,100	53,000
Trans Twn Cabr	4,120	12,360	20,600	46,350	72,100	103,000
Trans Limo Brgm	3,160	9,480	15,800	35,550	55,300	79,000
Clb Cabr	4,360	13,080	21,800	49,050	76,300	109,000
A/W Phae	5,200	15,600	26,000	58,500	91,000	130,000
A/W State Imp	5,160	15,480	25,800	58,050	90,300	129,000
1930 Series 353, V-8, 140" wb Fisher Custom Line						
Conv	4,720	14,160	23,600	53,100	82,600	118,000
2P Cpe	3,000	9,000	15,000	33,750	52,500	75,000
Twn Sed	2,000	6,000	10,000	22,500	35,000	50,000
Sed	1,960	5,880	9,800	22,050	34,300	49,000
7P Sed	2,040	6,120	10,200	22,950	35,700	51,000
7P Imp Sed	2,280	6,840	11,400	25,650	39,900	57,000
5P Cpe	2,360	7,080	11,800	26,550	41,300	59,000
1930 Fleetwood Line, V-8						
Rds	5,360	16,080	26,800	60,300	93,800	134,000
5P Sed	2,080	6,240	10,400	23,400	36,400	52,000
Sed Cabr	4,720	14,160	23,600	53,100	82,600	118,000
5P Imp	2,280	6,840	11,400	25,650	39,900	57,000
7P Sed	2,080	6,240	10,400	23,400	36,400	52,000
7P Imp	2,280	6,840	11,400	25,650	39,900	57,000
Trans Cabr	5,440	16,320	27,200	61,200	95,200	136,000
Trans Limo Brgm	5,200	15,600	26,000	58,500	91,000	130,000
Clb Cabr	5,360	16,080	26,800	60,300	93,800	134,000
A/W Phae	5,760	17,280	28,800	64,800	100,800	144,000
A/W State Imp	5,920	17,760	29,600	66,600	103,600	148,000
1930 Fleetwood Custom Line, V-16, 148" wb						
Rds	13,760	41,280	68,800	154,800	240,800	344,000
Phae	14,560	43,680	72,800	163,800	254,800	364,000

	6	5	4	3	2	1
1930 "Flat Windshield" Models						
A/W Phae................................14,760		44,280	73,800	166,050	258,300	369,000
Conv....................................13,760		41,280	68,800	154,800	240,800	344,000
Cpe......................................5,200		15,600	26,000	58,500	91,000	130,000
Clb Sed..................................4,960		14,880	24,800	55,800	86,800	124,000
5P OS Sed...............................4,960		14,880	24,800	55,800	86,800	124,000
5P Sed Cabr............................11,560		34,680	57,800	130,050	202,300	289,000
Imp Cabr...............................11,560		34,680	57,800	130,050	202,300	289,000
7P Sed...................................5,200		15,600	26,000	58,500	91,000	130,000
7P Imp Sed..............................5,360		16,080	26,800	60,300	93,800	134,000
Twn Cabr 4212.........................11,360		34,080	56,800	127,800	198,800	284,000
Twn Cabr 4220.........................11,360		34,080	56,800	127,800	198,800	284,000
Twn Cabr 4225.........................11,360		34,080	56,800	127,800	198,800	284,000
Limo Brgm...............................8,360		25,080	41,800	94,050	146,300	209,000
Twn Brgm 05............................8,360		25,080	41,800	94,050	146,300	209,000
1930 Madame X Models, V-16						
5P OS Imp...............................7,160		21,480	35,800	80,550	125,300	179,000
5P Imp..................................6,960		20,880	34,800	78,300	121,800	174,000
Twn Cabr 4312.........................13,360		40,080	66,800	150,300	233,800	334,000
Twn Cabr 4320.........................13,360		40,080	66,800	150,300	233,800	334,000
Twn Cabr 4325.........................13,360		40,080	66,800	150,300	233,800	334,000
Limo Brgm...............................9,960		29,880	49,800	112,050	174,300	249,000
1931 Series 355, V-8, 134" wb Fisher Bodies						
Rds......................................5,280		15,840	26,400	59,400	92,400	132,000
Phae....................................5,040		15,120	25,200	56,700	88,200	126,000
2P Cpe..................................3,160		9,480	15,800	35,550	55,300	79,000
5P Cpe..................................3,080		9,240	15,400	34,650	53,900	77,000
Sed......................................2,080		6,240	10,400	23,400	36,400	52,000
Twn Sed.................................2,160		6,480	10,800	24,300	37,800	54,000
7P Sed...................................2,240		6,720	11,200	25,200	39,200	56,000
Imp Limo................................2,280		6,840	11,400	25,650	39,900	57,000
1931 Fleetwood Bodies, V-8						
Rds......................................5,600		16,800	28,000	63,000	98,000	110,000
Conv....................................5,000		16,800	28,000	63,000	98,000	140,000
Phae....................................5,960		17,880	29,800	67,050	104,300	149,000
A/W Phae................................6,160		18,480	30,800	69,300	107,800	154,000
1931 Series 370, V-12, 140" wb						
Rds......................................9,360		28,080	46,800	105,300	163,800	234,000
Phae....................................9,360		28,080	46,800	105,300	163,800	234,000
Conv....................................8,760		26,280	43,800	98,550	153,300	219,000
A/W Phae................................9,560		28,680	47,800	107,550	167,300	239,000
2P Cpe..................................5,960		17,880	29,800	67,050	104,300	149,000
5P Cpe..................................5,760		17,280	28,800	64,800	100,800	144,000
Sed......................................4,960		14,880	24,800	55,800	86,800	124,000
Twn Sed.................................5,200		15,600	26,000	58,500	91,000	130,000
1931 Series 370, V-12, 143" wb						
7P Sed...................................5,600		16,800	28,000	63,000	98,000	140,000
Imp Sed.................................5,760		17,280	28,800	64,800	100,800	144,000
1931 Series V-16, 148" wb						
2P Rds.................................14,960		44,880	74,800	168,300	261,800	374,000
Phae...................................15,160		45,480	75,800	170,550	265,300	379,000
A/W Phae................................5,200		15,600	26,000	58,500	91,000	130,000
4476 Cpe................................6,160		18,480	30,800	69,300	107,800	154,000
4276 Cpe................................6,160		18,480	30,800	69,300	107,800	154,000
5P Cpe..................................5,960		17,880	29,800	67,050	104,300	149,000
Conv...................................15,160		45,480	75,800	170,550	265,300	379,000
4361 Clb Sed............................6,960		20,880	34,800	78,300	121,800	174,000
4161 Clb Sed............................6,960		20,880	34,800	78,300	121,800	174,000
4330 Imp................................7,160		21,480	35,800	80,550	125,300	179,000
4330 Sed................................4,000		12,000	20,000	45,000	70,000	100,000
4130 Sed................................4,160		12,480	20,800	46,800	72,800	104,000
4130 Imp................................4,160		12,480	20,800	46,800	72,800	104,000
4335 Sed Cabr.........................12,560		37,680	62,800	141,300	219,800	314,000
4355 Imp Cabr.........................12,960		38,880	64,800	145,800	226,800	324,000
4155 Sed Cabr.........................12,960		38,880	64,800	145,800	226,800	324,000
4155 Imp Cabr.........................13,560		40,680	67,800	152,550	237,300	339,000
4375 Sed................................4,000		12,000	20,000	45,000	70,000	100,000
4175 Sed................................4,160		12,480	20,800	46,800	72,800	104,000
4375 Imp................................4,400		13,200	22,000	49,500	77,000	110,000
4175 Imp................................4,560		13,680	22,800	51,300	79,800	114,000
4312 Twn Cabr.........................12,960		38,880	64,800	145,800	226,800	324,000
4320 Twn Cabr.........................12,960		38,880	64,800	145,800	226,800	324,000
4220 Twn Cabr.........................12,960		38,880	64,800	145,800	226,800	324,000
4325 Twn Cabr.........................12,560		37,680	62,800	141,300	219,800	314,000
4225 Twn Cabr.........................12,560		37,680	62,800	141,300	219,800	314,000
4391 Limo Brgm.........................9,160		27,480	45,800	103,050	160,300	229,000
4291 Limo Brgm.........................9,560		28,680	47,800	107,550	167,300	239,000
4264 Twn Brgm..........................9,760		29,280	48,800	109,800	170,800	244,000
4264B Twn Brgm C/N....................9,960		29,880	49,800	112,050	174,300	249,000

CADILLAC

	6	5	4	3	2	1
1932 Series 355B, V-8, 134" wb						
Rds	4,880	14,640	24,400	54,900	85,400	122,000
Conv	4,040	12,120	20,200	45,450	70,700	101,000
2P Cpe	2,280	6,840	11,400	25,650	39,900	57,000
Sed	1,920	5,760	9,600	21,600	33,600	48,000
1932 Fisher Line, 140" wb						
Std Phae	4,400	13,200	22,000	49,500	77,000	110,000
DW Phae	4,400	13,200	22,000	49,500	77,000	110,000
DC Spt Phae	4,560	13,680	22,800	51,300	79,800	114,000
A/W Phae	4,560	13,680	22,800	51,300	79,800	114,000
Cpe	2,480	7,440	12,400	27,900	43,400	62,000
Spec Sed	1,960	5,880	9,800	22,050	34,300	49,000
Twn Sed	2,000	6,000	10,000	22,500	35,000	50,000
Imp Sed	2,080	6,240	10,400	23,400	36,400	52,000
1932 Fleetwood Bodies, 140" wb						
Sed	2,080	6,240	10,400	23,400	36,400	52,000
Twn Cpe	2,560	7,680	12,800	28,800	44,800	64,000
7P Sed	2,280	6,840	11,400	25,650	39,900	57,000
7P Limo	2,560	7,680	12,800	28,800	44,800	64,000
5P Twn Car	4,400	13,200	22,000	49,500	77,000	110,000
Twn Cabr	4,560	13,680	22,800	51,300	79,800	114,000
Limo Brgm	2,760	8,280	13,800	31,050	48,300	69,000
1932 Series 370B, V-12, 134" wb						
Rds	7,760	23,280	38,800	87,300	135,800	194,000
Conv	7,360	22,080	36,800	82,800	128,800	184,000
2P Cpe	2,920	8,760	14,600	32,850	51,100	73,000
Std Sed	2,280	6,840	11,400	25,650	39,900	57,000
1932 Series 370B, V-12, 140" wb Fisher Bodies						
Std Phae	7,560	22,680	37,800	85,050	132,300	189,000
Spl Phae	7,760	23,280	38,800	87,300	135,800	194,000
Spt Phae	8,160	24,480	40,800	91,800	142,800	204,000
A/W Phae	7,960	23,880	39,800	89,550	139,300	199,000
5P Cpe	3,320	9,960	16,600	37,350	58,100	83,000
Spl Sed	3,160	9,480	15,800	35,550	55,300	79,000
Twn Sed	2,760	8,280	13,800	31,050	48,300	69,000
7P Sed	2,840	8,520	14,200	31,950	49,700	71,000
7P Imp	2,920	8,760	14,600	32,850	51,100	73,000
1932 Series 370B, V-12, 140" wb Fleetwood Bodies						
Tr	9,160	27,480	45,800	103,050	160,300	229,000
Conv	9,360	28,080	46,800	105,300	163,800	234,000
Sed	3,760	11,280	18,800	42,300	65,800	94,000
Twn Cpe	3,840	11,520	19,200	43,200	67,200	96,000
7P Sed	3,440	10,320	17,200	38,700	60,200	86,000
Limo	3,760	11,280	18,800	42,300	65,800	94,000
5P Twn Cabr	8,960	26,880	44,800	100,800	156,800	224,000
7P Twn Cabr	9,160	27,480	45,800	103,050	160,300	229,000
Limo Brgm	7,360	22,080	36,800	82,800	128,800	184,000
1932 Series 452B, V-16, 143" wb Fisher Bodies						
Rds	12,360	37,080	61,800	139,050	216,300	309,000
Conv	11,160	33,480	55,800	125,550	195,300	279,000
Cpe	8,360	25,080	41,800	94,050	146,300	209,000
Std Sed	7,360	22,080	36,800	82,800	128,800	184,000
1932 Series 452B, V-16, 149" wb Fisher Bodies						
Std Phae	14,360	43,080	71,800	161,550	251,300	359,000
Spl Phae	14,560	43,680	72,800	163,800	254,800	364,000
Spt Phae	14,360	43,080	71,800	161,550	251,300	359,000
A/W Phae	14,560	43,680	72,800	163,800	254,800	364,000
1932 Fleetwood Bodies, V-16						
5P Sed	8,960	26,880	44,800	100,800	156,800	224,000
Imp Limo	9,760	29,280	48,800	109,800	170,800	244,000
Twn Cpe	9,960	29,880	49,800	112,050	174,300	249,000
7P Sed	9,760	29,280	48,800	109,800	170,800	244,000
7P Twn Cabr	14,160	42,480	70,800	159,300	247,800	354,000
5P Twn Cabr	13,960	41,880	69,800	157,050	244,300	349,000
Limo Brgm	9,160	27,480	45,800	103,050	160,300	229,000
1933 Series 355C, V-8, 134" wb Fisher Bodies						
Rds	4,560	13,680	22,800	51,300	79,800	114,000
Conv	3,800	11,400	19,000	42,750	66,500	95,000
Cpe	2,080	6,240	10,400	23,400	36,400	52,000
1933 Series 355C, V-8, 140" wb Fisher Bodies						
Phae	4,040	12,120	20,200	45,450	70,700	101,000
A/W Phae	4,400	13,200	22,000	49,500	77,000	110,000
5P Cpe	2,120	6,360	10,600	23,850	37,100	53,000
Sed	2,040	6,120	10,200	22,950	35,700	51,000
Twn Sed	2,080	6,240	10,400	23,400	36,400	52,000
7P Sed	2,120	6,360	10,600	23,850	37,100	53,000
Imp Sed	2,240	6,720	11,200	25,200	39,200	56,000
1933 Series 355C, V-8, 140" wb Fleetwood Line						
5P Sed	2,080	6,240	10,400	23,400	36,400	52,000

	6	5	4	3	2	1
7P Sed	2,120	6,360	10,600	23,850	37,100	53,000
Limo	2,240	6,720	11,200	25,200	39,200	56,000
5P Twn Cabr	4,040	12,120	20,200	45,450	70,700	101,000
7P Twn Cabr	4,400	13,200	22,000	49,500	77,000	110,000
Limo Brgm	2,600	7,800	13,000	29,250	45,500	65,000
1933 Series 370C, V-12, 134" wb Fisher Bodies						
Rds	4,960	14,880	24,800	55,800	86,800	124,000
Conv	4,800	14,400	24,000	54,000	84,000	120,000
Cpe	3,080	9,240	15,400	34,650	53,900	77,000
1933 Series, 370C, V-12, 140" wb Fisher Bodies						
Phae	4,880	14,640	24,400	54,900	85,400	122,000
A/W Phae	4,960	14,880	24,800	55,800	86,800	124,000
5P Cpe	3,240	9,720	16,200	36,450	56,700	81,000
Sed	2,760	8,280	13,800	31,050	48,300	69,000
Twn Sed	2,760	8,280	13,800	31,050	48,300	69,000
7P Sed	2,600	7,800	13,000	29,250	45,500	65,000
Imp Sed	2,840	8,520	14,200	31,950	49,700	71,000
1933 Series 370C, V-12, 140" wb Fleetwood Line						
Sed	2,840	8,520	14,200	31,950	49,700	71,000
7P Sed	2,840	8,520	14,200	31,950	49,700	71,000
Limo	2,920	8,760	14,600	32,850	51,100	73,000
5P Twn Cabr	4,960	14,880	24,800	55,800	86,800	124,000
7P Twn Cabr	5,040	15,120	25,200	56,700	88,200	126,000
7P Limo Brgm	3,520	10,560	17,600	39,600	61,600	88,000
1933 Series 452C, V-16, 154" wb						
DC Spt Phae	10,760	32,280	53,800	121,050	188,300	269,000
1933 Fleetwood Bodies, 149" wb						
Conv	10,560	31,680	52,800	118,800	184,800	264,000
A/W Phae	10,760	32,280	53,800	121,050	188,300	269,000
Sed	7,360	22,080	36,800	82,800	128,800	184,000
7P Sed	7,360	22,080	36,800	82,800	128,800	184,000
Twn Cab	9,360	28,080	46,800	105,300	163,800	234,000
7P Twn Cab	9,160	27,480	45,800	103,050	160,300	229,000
7P Limo	7,560	22,680	37,800	85,050	132,300	189,000
Limo Brgm	7,560	22,680	37,800	85,050	132,300	189,000
5P Twn Cpe	7,160	21,480	35,800	80,550	125,300	179,000
Imp Cab	9,560	28,680	47,800	107,550	167,300	239,000
1934 Series 355D, V-8, 128" wb Fisher Bodies						
Conv	3,160	9,480	15,800	35,550	55,300	79,000
Conv Sed	3,240	9,720	16,200	36,450	56,700	81,000
2P Cpe	2,080	6,240	10,400	23,400	36,400	52,000
Twn Cpe	1,880	5,640	9,400	21,150	32,900	47,000
Sed	1,800	5,400	9,000	20,250	31,500	45,000
Twn Sed	1,840	5,520	9,200	20,700	32,200	46,000
1934 Series 355D, V-8, 136" wb Fisher Bodies						
Conv	3,320	9,960	16,600	37,350	58,100	83,000
Conv Sed	3,400	10,200	17,000	38,250	59,500	85,000
Cpe	2,160	6,480	10,800	24,300	37,800	54,000
Sed	1,800	5,400	9,000	20,250	31,500	45,000
Twn Sed	1,840	5,520	9,200	20,700	32,200	46,000
7P Sed	2,080	6,240	10,400	23,400	36,400	52,000
Imp Sed	2,280	6,840	11,400	25,650	39,900	57,000
1934 Series 355D, V-8, 146" wb Fleetwood bodies with straight windshield						
Sed	1,880	5,640	9,400	21,150	32,900	47,000
Twn Sed	1,920	5,760	9,600	21,600	33,600	48,000
7P Sed	1,960	5,880	9,800	22,050	34,300	49,000
7P Limo	2,040	6,120	10,200	22,950	35,700	51,000
Imp Cab	3,720	11,160	18,600	41,850	65,100	93,000
7P Imp Cab	3,800	11,400	19,000	42,750	66,500	95,000
1934 Series 355D, V-8, 146" wb Fleetwood bodies with modified "V" windshield						
Conv	3,560	10,680	17,800	40,050	62,300	89,000
Aero Cpe	3,320	9,960	16,600	37,350	58,100	83,000
Cpe	2,480	7,440	12,400	27,900	43,400	62,000
Spl Sed	2,080	6,240	10,400	23,400	36,400	52,000
Spl Twn Sed	2,120	6,360	10,600	23,850	37,100	53,000
Conv Sed Div	3,960	11,880	19,800	44,550	69,300	99,000
7P Spl Sed	2,160	6,480	10,800	24,300	37,800	54,000
Spl Limo	2,240	6,720	11,200	25,200	39,200	56,000
Sp Twn Cab	3,800	11,400	19,000	42,750	66,500	95,000
7P Twn Cab	3,880	11,640	19,400	43,650	67,900	97,000
5P Spl Imp Cab	3,880	11,640	19,400	43,650	67,900	97,000
7P Spl Imp Cab	3,960	11,880	19,800	44,550	69,300	99,000
Limo Brgm	3,160	9,480	15,800	35,550	55,300	79,000
1934 Series 370D, V-12, 146" wb Fleetwood bodies with straight windshield						
Sed	2,480	7,440	12,400	27,900	43,400	62,000
Twn Sed	2,520	7,560	12,600	28,350	44,100	63,000
7P Sed	2,560	7,680	12,800	28,800	44,800	64,000
7P Limo	2,680	8,040	13,400	30,150	46,900	67,000

	6	5	4	3	2	1
5P Imp Cab	4,400	13,200	22,000	49,500	77,000	110,000
7P Imp Cab	4,480	13,440	22,400	50,400	78,400	112,000
1934 Series 370D, V-12, 146" wb Fleetwood bodies with modified "V" windshield						
Conv	3,880	11,640	19,400	43,650	67,900	97,000
Aero Cpe	3,560	10,680	17,800	40,050	62,300	89,000
RS Cpe	2,680	8,040	13,400	30,150	46,900	67,000
Spl Sed	2,520	7,560	12,600	28,350	44,100	63,000
Spl Twn Sed	2,600	7,800	13,000	29,250	45,500	65,000
Conv Sed	4,560	13,680	22,800	51,300	79,800	114,000
7P Spl Sed	2,680	8,040	13,400	30,150	46,900	67,000
Spec Limo	2,760	8,280	13,800	31,050	48,300	69,000
5P Twn Cab	4,400	13,200	22,000	49,500	77,000	110,000
7P Twn Cab	4,480	13,440	22,400	50,400	78,400	112,000
5P Spl Imp Cab	4,560	13,680	22,800	51,300	79,800	114,000
7P Spl Imp Cab	4,880	14,640	24,400	54,900	85,400	122,000
1934 Series 452D, V-16, 154" wb Fleetwood bodies with straight windshield						
Sed	5,960	17,880	29,800	67,050	104,300	149,000
Twn Sed	6,160	18,480	30,800	69,300	107,800	154,000
7P Sed	6,160	18,480	30,800	69,300	107,800	154,000
Limo	6,360	19,080	31,800	71,550	111,300	159,000
5P Imp Cab	7,760	23,280	38,800	87,300	135,800	194,000
1934 Series 452D, V-16, 154" wb Fleetwood bodies with modified "V" windshield						
4P Conv	8,160	24,480	40,800	91,800	142,800	204,000
Aero Cpe	7,760	23,280	38,800	87,300	135,800	194,000
RS Cpe	9,560	28,680	47,800	107,550	167,300	239,000
Spl Sed	9,160	27,480	45,800	103,050	160,300	229,000
Spl Twn Sed	6,360	19,080	31,800	71,550	111,300	159,000
Conv Sed	9,360	28,080	46,800	105,300	163,800	234,000
7P Spl Sed	6,160	18,480	30,800	69,300	107,800	154,000
Spl Limo	6,560	19,680	32,800	73,800	114,800	164,000
5P Twn Cab	7,560	22,680	37,800	85,050	132,300	189,000
7P Twn Cab	7,760	23,280	38,800	87,300	135,800	194,000
5P Spl Imp Cab	7,960	23,880	39,800	89,550	139,300	199,000
7P Spl Imp Cab	8,160	24,480	40,800	91,800	142,800	204,000
Limo Brgm	6,960	20,880	34,800	78,300	121,800	174,000
1935 Series 355E, V-8, 128" wb Fisher Bodies						
RS Conv	3,160	9,480	15,800	35,550	55,300	79,000
Conv Sed	3,240	9,720	16,200	36,450	56,700	81,000
RS Cpe	2,080	6,240	10,400	23,400	36,400	52,000
5P Twn Cpe	1,880	5,640	9,400	21,150	32,900	47,000
Sed	1,800	5,400	9,000	20,250	31,500	45,000
Twn Sed	1,840	5,520	9,200	20,700	32,200	46,000
1935 Series 355E, V-8, 136" wb Fisher Bodies						
RS Conv	2,920	8,760	14,600	32,850	51,100	73,000
Conv Sed	2,840	8,520	14,200	31,950	49,700	71,000
RS Cpe	2,400	7,200	12,000	27,000	42,000	60,000
Sed	1,960	5,880	9,800	22,050	34,300	49,000
Twn Sed	2,000	6,000	10,000	22,500	35,000	50,000
7P Sed	2,080	6,240	10,400	23,400	36,400	52,000
Imp Sed	2,280	6,840	11,400	25,650	39,900	57,000
1935 Series 355E, V-8, 146" wb Fleetwood bodies with straight windshield						
Sed	1,880	5,640	9,400	21,150	32,900	47,000
Twn Sed	1,920	5,760	9,600	21,600	33,600	48,000
7P Sed	1,960	5,880	9,800	22,050	34,300	49,000
Limo	2,040	6,120	10,200	22,950	35,700	51,000
5P Imp Cabr	3,720	11,160	18,600	41,850	65,100	93,000
7P Imp Cabr	3,800	11,400	19,000	42,750	66,500	95,000
1935 Series 355E, V-8, 146" wb Fleetwood bodies with modified "V" windshield						
4P Conv	3,560	10,680	17,800	40,050	62,300	89,000
4P Cpe	2,480	7,440	12,400	27,900	43,400	62,000
Spl Sed	2,080	6,240	10,400	23,400	36,400	52,000
Spl Twn Sed	2,120	6,360	10,600	23,850	37,100	53,000
Conv Sed	3,800	11,400	19,000	42,750	66,500	95,000
7P Spl Sed	2,160	6,480	10,800	24,300	37,800	54,000
Spl Limo	2,240	6,720	11,200	25,200	39,200	56,000
5P Twn Cabr	3,800	11,400	19,000	42,750	66,500	95,000
7P Twn Cabr	3,880	11,640	19,400	43,650	67,900	97,000
5P Imp Cabr	3,880	11,640	19,400	43,650	67,900	97,000
7P Imp Cabr	3,960	11,880	19,800	44,550	69,300	99,000
Limo Brgm	3,160	9,480	15,800	35,550	55,300	79,000
1935 Series 370E, V-12, 146" wb Fleetwood bodies with straight windshield						
Sed	2,480	7,440	12,400	27,900	43,400	62,000
Twn Sed	2,520	7,560	12,600	28,350	44,100	63,000
7P Sed	2,560	7,680	12,800	28,800	44,800	64,000
Limo	2,680	8,040	13,400	30,150	46,900	67,000
5P Imp Cabr	4,400	13,200	22,000	49,500	77,000	110,000
7P Imp Cabr	4,480	13,440	22,400	50,400	78,400	112,000

CADILLAC

	6	5	4	3	2	1
1935 Series 370E, V-12, 146" wb Fleetwood bodies with modified "V" windshield						
Conv	4,080	12,240	20,400	45,900	71,400	102,000
4P Cpe	2,680	8,040	13,400	30,150	46,900	67,000
Spl Sed	2,360	7,080	11,800	26,550	41,300	59,000
Spl Twn Sed	2,600	7,800	13,000	29,250	45,500	65,000
Conv Sed	4,560	13,680	22,800	51,300	79,800	114,000
7P Spl Sed	2,680	8,040	13,400	30,150	46,900	67,000
7P Spl Limo	2,760	8,280	13,800	31,050	48,300	69,000
5P Twn Cabr	4,400	13,200	22,000	49,500	77,000	110,000
7P Twn Cabr	4,480	13,440	22,400	50,400	78,400	112,000
5P Spl Imp Cabr	4,560	13,680	22,800	51,300	79,800	114,000
7P Spl Imp Cabr	4,880	14,640	24,400	54,900	85,400	122,000
Limo Brgm	3,800	11,400	19,000	42,750	66,500	95,000
1935 Series 452E, V-16, 154" wb Fleetwood bodies with straight windshield						
Sed	5,960	17,880	29,800	67,050	104,300	149,000
Twn Sed	6,160	18,480	30,800	69,300	107,800	154,000
7P Sed	6,160	18,480	30,800	69,300	107,800	154,000
7P Limo	6,360	19,080	31,800	71,550	111,300	159,000
5P Imp Cabr	7,760	23,280	38,800	87,300	135,800	194,000
7P Imp Cabr	7,960	23,880	39,800	89,550	139,300	199,000
1935 Series 452D, V-16, 154" wb Fleetwood bodies with modified "V" windshield						
2-4P Cpe	9,160	27,480	45,800	103,050	160,300	229,000
4P Cpe	9,360	28,080	46,800	105,300	163,800	234,000
Spl Sed	9,160	27,480	45,800	103,050	160,300	229,000
Spl Twn Sed	6,560	19,680	32,800	73,800	114,800	164,000
7P Spl Sed	6,160	18,480	30,800	69,300	107,800	154,000
Spl Limo	6,560	19,680	32,800	73,800	114,800	164,000
5P Twn Cabr	7,560	22,680	37,800	85,050	132,300	189,000
7P Twn Cab	7,760	23,280	38,800	87,300	135,800	194,000
5P Spl Imp Cabr	7,960	23,880	39,800	89,550	139,300	199,000
7P Spl Imp Cabr	8,160	24,480	40,800	91,800	142,800	204,000
Limo Brgm	6,960	20,880	34,800	78,300	121,800	174,000
5P Conv	8,760	26,280	43,800	98,550	153,300	219,000
Conv Sed	8,960	26,880	44,800	100,800	156,800	224,000
1936 Series 60, V-8, 121" wb						
2d Conv	2,680	8,040	13,400	30,150	46,900	67,000
2d 2P Cpe	1,480	4,440	7,400	16,650	25,900	37,000
4d Tr Sed	1,240	3,720	6,200	13,950	21,700	31,000
1936 Series 70, V-8, 131" wb, Fleetwood bodies						
2d Conv	2,920	8,760	14,600	32,850	51,100	73,000
2d 2P Cpe	1,520	4,560	7,600	17,100	26,600	38,000
4d Conv Sed	3,000	9,000	15,000	33,750	52,500	75,000
4d Tr Sed	1,400	4,200	7,000	15,750	24,500	35,000
1936 Series 75, V-8, 138" wb, Fleetwood bodies						
4d Sed	1,800	5,400	9,000	20,250	31,500	45,000
4d Tr Sed	1,840	5,520	9,200	20,700	32,200	46,000
4d Conv Sed	3,160	9,480	15,800	35,550	55,300	79,000
4d Fml Sed	1,800	5,400	9,000	20,250	31,500	45,000
4d Twn Sed	1,840	5,520	9,200	20,700	32,200	46,000
4d 7P Sed	1,880	5,640	9,400	21,150	32,900	47,000
4d 7P Tr Sed	2,000	6,000	10,000	22,500	35,000	50,000
4d Imp Sed	2,040	6,120	10,200	22,950	35,700	51,000
4d Imp Tr Sed	2,080	6,240	10,400	23,400	36,400	52,000
4d Twn Car	2,280	6,840	11,400	25,650	39,900	57,000
1936 Series 80, V-12, 131" wb, Fleetwood bodies						
2d Conv	3,320	9,960	16,600	37,350	58,100	83,000
4d Conv Sed	3,400	10,200	17,000	38,250	59,500	85,000
2d Cpe	2,080	6,240	10,400	23,400	36,400	52,000
4d Tr Sed	1,960	5,880	9,800	22,050	34,300	49,000
1936 Series 85, V-12, 138" wb, Fleetwood bodies						
4d Sed	2,000	6,000	10,000	22,500	35,000	50,000
4d Tr Sed	2,040	6,120	10,200	22,950	35,700	51,000
4d Conv Sed	3,160	9,480	15,800	35,550	55,300	79,000
4d Fml Sed	2,160	6,480	10,800	24,300	37,800	54,000
4d Twn Sed	2,200	6,600	11,000	24,750	38,500	55,000
4d 7P Sed	2,160	6,480	10,800	24,300	37,800	54,000
4d 7P Tr Sed	2,200	6,600	11,000	24,750	38,500	55,000
4d Imp Sed	2,280	6,840	11,400	25,650	39,900	57,000
4d Imp Tr Sed	2,360	7,080	11,800	26,550	41,300	59,000
4d Twn Car	2,680	8,040	13,400	30,150	46,900	67,000
1936 Series 90, V-16, 154" wb, Fleetwood bodies						
2d 2P Conv	5,360	16,080	26,800	60,300	93,800	134,000
4d Conv Sed	5,600	16,800	28,000	63,000	98,000	140,000
2d 2P Cpe	4,160	12,480	20,800	46,800	72,800	104,000
2d Aero Cpe	4,720	14,160	23,600	53,100	82,600	118,000
4d Sed	4,000	12,000	20,000	45,000	70,000	100,000
4d Twn Sed	4,000	12,000	20,000	45,000	70,000	100,000
4d 7P Sed	4,080	12,240	20,400	45,900	71,400	102,000

CADILLAC

	6	5	4	3	2	1
4d 5P Imp Cabr	5,760	17,280	28,800	64,800	100,800	144,000
4d 7P Imp Cabr	5,760	17,280	28,800	64,800	100,800	144,000
4d Imp Sed	5,960	17,880	29,800	67,050	104,300	149,000
4d Twn Cabr	6,160	18,480	30,800	69,300	107,800	154,000
4d Twn Lan	5,600	16,800	28,000	63,000	98,000	140,000
4d 5P Conv	5,760	17,280	28,800	64,800	100,800	144,000
1937 Series 60, V-8, 124" wb						
2d Conv	2,480	7,440	12,400	27,900	43,400	62,000
4d Conv Sed	2,560	7,680	12,800	28,800	44,800	64,000
2d 2P Cpe	1,480	4,440	7,400	16,650	25,900	37,000
4d Tr Sed	1,280	3,840	6,400	14,400	22,400	32,000
1937 Series 65, V-8, 131" wb						
4d Tr Sed	1,360	4,080	6,800	15,300	23,800	34,000
1937 Series 70, V-8, 131" wb, Fleetwood bodies						
2d Conv	2,680	8,040	13,400	30,150	46,900	67,000
4d Conv Sed	2,600	7,800	13,000	29,250	45,500	65,000
2d Spt Cpe	1,600	4,800	8,000	18,000	28,000	40,000
4d Tr Sed	1,440	4,320	7,200	16,200	25,200	36,000
1937 Series 75, V-8, 138" wb, Fleetwood bodies						
4d Tr Sed	1,560	4,680	7,800	17,550	27,300	39,000
4d Twn Sed	1,600	4,800	8,000	18,000	28,000	40,000
4d Conv Sed	2,920	8,760	14,600	32,850	51,100	73,000
4d Fml Sed	1,680	5,040	8,400	18,900	29,400	42,000
4d Spl Tr Sed	1,720	5,160	8,600	19,350	30,100	43,000
4d Spl Imp Tr Sed	1,760	5,280	8,800	19,800	30,800	44,000
4d 7P Tr Sed	1,800	5,400	9,000	20,250	31,500	45,000
4d 7P Imp	1,760	5,280	8,800	19,800	30,800	44,000
4d Bus Tr Sed	1,720	5,160	8,600	19,350	30,100	43,000
4d Bus Imp	2,080	6,240	10,400	23,400	36,400	52,000
4d Twn Car	2,760	8,280	13,800	31,050	48,300	69,000
1937 4d Series 85, V-12, 138" wb, Fleetwood bodies						
4d Tr Sed	2,080	6,240	10,400	23,400	36,400	52,000
4d Twn Sed	2,120	6,360	10,600	23,850	37,100	53,000
4d Conv Sed	3,320	9,960	16,600	37,350	58,100	83,000
4d 7P Tr Sed	2,200	6,600	11,000	24,750	38,500	55,000
4d Imp Tr Sed	2,400	7,200	12,000	27,000	42,000	60,000
4d Twn Car	3,080	9,240	15,400	34,650	53,900	77,000
1937 Series 90, V-16, 154" wb, Fleetwood bodies						
2d 2P Conv	6,360	19,080	31,800	71,550	111,300	159,000
2d 5P Conv	6,360	19,080	31,800	71,550	111,300	159,000
4d Conv Sed	6,360	19,080	31,800	71,550	111,300	159,000
2d Cpe	4,560	13,680	22,800	51,300	79,800	114,000
4d Twn Sed	4,160	12,480	20,800	46,800	72,800	104,000
4d 7P Sed	4,240	12,720	21,200	47,700	74,200	106,000
4d Limo	4,480	13,440	22,400	50,400	78,400	112,000
4d 5P Imp Cabr	6,160	18,480	30,800	69,300	107,800	154,000
4d 5P Twn Cabr	6,360	19,080	31,800	71,550	111,300	159,000
4d 7P Imp Cabr	6,360	19,080	31,800	71,550	111,300	159,000
4d 7P Twn Cabr	6,560	19,680	32,800	73,800	114,800	164,000
2d Aero Cpe	4,880	14,640	24,400	54,900	85,400	122,000
4d Limo Brgm	4,560	13,680	22,800	51,300	79,800	114,000
4d Fml Sed	4,800	14,400	24,000	54,000	84,000	120,000
1938 Series 60, V-8, 124" wb						
2d Conv	2,600	7,800	13,000	29,250	45,500	65,000
4d Conv Sed	2,640	7,920	13,200	29,700	46,200	66,000
2d 2P Cpe	1,480	4,440	7,400	16,650	25,900	37,000
4d Tr Sed	1,440	4,320	7,200	16,200	25,200	36,000
1938 Series 60 Special, V-8, 127" wb						
4d Tr Sed	1,680	5,040	8,400	18,900	29,400	42,000
1938 Series 65, V-8, 132" wb						
4d Tr Sed	1,480	4,440	7,400	16,650	25,900	37,000
4d Div Tr Sed	1,680	5,040	8,400	18,900	29,400	42,000
4d Conv Sed	2,920	8,760	14,600	32,850	51,100	73,000
1938 Series 75, V-8, 141" wb, Fleetwood bodies						
2d Conv	3,000	9,000	15,000	33,750	52,500	75,000
4d Conv Sed	3,080	9,240	15,400	34,650	53,900	77,000
2d 2P Cpe	2,080	6,240	10,400	23,400	36,400	52,000
2d 5P Cpe	2,000	6,000	10,000	22,500	35,000	50,000
4d Tr Sed	1,680	5,040	8,400	18,900	29,400	42,000
4d Div Tr Sed	1,760	5,280	8,800	19,800	30,800	44,000
4d Twn Sed	1,720	5,160	8,600	19,350	30,100	43,000
4d Fml Sed	1,720	5,160	8,600	19,350	30,100	43,000
4d 7P Fml Sed	1,880	5,640	9,400	21,150	32,900	47,000
4d 7P Tr Sed	1,800	5,400	9,000	20,250	31,500	45,000
4d Imp Tr Sed	1,840	5,520	9,200	20,700	32,200	46,000
4d 8P Tr Sed	1,840	5,520	9,200	20,700	32,200	46,000
4d 8P Imp Tr Sed	1,880	5,640	9,400	21,150	32,900	47,000
4d Twn Car	2,520	7,560	12,600	28,350	44,100	63,000

	6	5	4	3	2	1
1938 Series 90, V-16, 141" wb, Fleetwood bodies						
2d Conv	4,400	13,200	22,000	49,500	77,000	110,000
4d Conv Sed Trk	4,480	13,440	22,400	50,400	78,400	112,000
2d 2P Cpe	3,360	10,080	16,800	37,800	58,800	84,000
2d 5P Cpe	3,240	9,720	16,200	36,450	56,700	81,000
4d Tr Sed	2,920	8,760	14,600	32,850	51,100	73,000
4d Twn Sed	3,000	9,000	15,000	33,750	52,500	75,000
4d Div Tr Sed	3,160	9,480	15,800	35,550	55,300	79,000
4d 7P Tr Sed	3,080	9,240	15,400	34,650	53,900	77,000
4d Imp Tr Sed	3,240	9,720	16,200	36,450	56,700	81,000
4d Fml Sed	3,240	9,720	16,200	36,450	56,700	81,000
4d Fml Sed Trk	3,320	9,960	16,600	37,350	58,100	83,000
4d Twn Car	3,800	11,400	19,000	42,750	66,500	95,000
1939 Series 61, V-8, 126" wb						
2d Conv	2,760	8,280	13,800	31,050	48,300	69,000
4d Conv Sed	2,840	8,520	14,200	31,950	49,700	71,000
2d Cpe	1,280	3,840	6,400	14,400	22,400	32,000
4d Tr Sed	1,160	3,480	5,800	13,050	20,300	29,000
1939 Series 60 Special, V-8, 127" wb, Fleetwood						
4d Sed	1,680	5,040	8,400	18,900	29,400	42,000
4d S/R Sed	1,760	5,280	8,800	19,800	30,800	44,000
4d S/R Imp Sed	1,880	5,640	9,400	21,150	32,900	47,000
1939 Series 75, V-8, 141" wb, Fleetwood bodies						
2d Conv	3,240	9,720	16,200	36,450	56,700	81,000
4d Conv Sed Trk	3,320	9,960	16,600	37,350	58,100	83,000
2d 4P Cpe	1,680	5,040	8,400	18,900	29,400	42,000
2d 5P Cpe	1,720	5,160	8,600	19,350	30,100	43,000
4d Tr Sed	1,600	4,800	8,000	18,000	28,000	40,000
4d Div Tr Sed	1,640	4,920	8,200	18,450	28,700	41,000
4d Twn Sed Trk	1,680	5,040	8,400	18,900	29,400	42,000
4d Fml Sed Trk	1,720	5,160	8,600	19,350	30,100	43,000
4d 7P Fml Sed Trk	1,800	5,400	9,000	20,250	31,500	45,000
4d 7P Tr Sed	1,760	5,280	8,800	19,800	30,800	44,000
4d 7P Tr Imp Sed	1,800	5,400	9,000	20,250	31,500	45,000
4d Bus Tr Sed	1,680	5,040	8,400	18,900	29,400	42,000
4d 8P Tr Imp Sed	1,880	5,640	9,400	21,150	32,900	47,000
4d Twn Car Trk	1,920	5,760	9,600	21,600	33,600	48,000
1939 Series 90, V-16, 141" wb, Fleetwood bodies						
2d Conv	4,160	12,480	20,800	46,800	72,800	104,000
4d Conv Sed	4,560	13,680	22,800	51,300	79,800	114,000
2d 4P Cpe	3,560	10,680	17,800	40,050	62,300	89,000
2d 5P Cpe	3,480	10,440	17,400	39,150	60,900	87,000
4d 5P Tr Sed	2,920	8,760	14,600	32,850	51,100	73,000
4d Twn Sed Trk	3,000	9,000	15,000	33,750	52,500	75,000
4d Div Tr Sed	3,000	9,000	15,000	33,750	52,500	75,000
4d 7P Tr Sed	3,000	9,000	15,000	33,750	52,500	75,000
4d 7P Imp Tr Sed	3,080	9,240	15,400	34,650	53,900	77,000
4d Fml Sed Trk	3,080	9,240	15,400	34,650	53,900	77,000
4d 7P Fml Sed Trk	3,160	9,480	15,800	35,550	55,300	79,000
4d Twn Car Trk	3,560	10,680	17,800	40,050	62,300	89,000
1940 Series 62, V-8, 129" wb						
2d Conv	2,720	8,160	13,600	30,600	47,600	68,000
4d Conv Sed	2,800	8,400	14,000	31,500	49,000	70,000
2d Cpe	1,320	3,960	6,600	14,850	23,100	33,000
4d Sed	1,000	3,000	5,000	11,250	17,500	25,000
1940 Series 60 Special, V-8, 127" wb, Fleetwood						
4d Sed	1,640	4,920	8,200	18,450	28,700	41,000
4d S/R Sed	1,720	5,160	8,600	19,350	30,100	43,000
4d Imp Sed	1,720	5,160	8,600	19,350	30,100	43,000
4d S/R Imp Sed	1,800	5,400	9,000	20,250	31,500	45,000
4d MB Twn Car	2,280	6,840	11,400	25,650	39,900	57,000
4d LB Twn Car	2,280	6,840	11,400	25,650	39,900	57,000
1940 Series 72, V-8, 138" wb, Fleetwood						
4d Sed	1,800	5,400	9,000	20,250	31,500	45,000
4d 4P Imp Sed	1,840	5,520	9,200	20,700	32,200	46,000
4d 7P Sed	1,880	5,640	9,400	21,150	32,900	47,000
4d 7P Bus Sed	1,800	5,400	9,000	20,250	31,500	45,000
4d 7P Imp Sed	1,880	5,640	9,400	21,150	32,900	47,000
4d 7P Fml Sed	1,920	5,760	9,600	21,600	33,600	48,000
4d 7P Bus Imp	1,840	5,520	9,200	20,700	32,200	46,000
4d 5P Fml Sed	1,960	5,880	9,800	22,050	34,300	49,000
1940 Series 75, V-8, 141" wb, Fleetwood						
2d Conv	3,320	9,960	16,600	37,350	58,100	83,000
4d Conv Sed	3,400	10,200	17,000	38,250	59,500	85,000
2d 2P Cpe	2,320	6,960	11,600	26,100	40,600	58,000
2d 5P Cpe	2,280	6,840	11,400	25,650	39,900	57,000
4d Sed	2,200	6,600	11,000	24,750	38,500	55,000
4d 5P Imp Sed	2,280	6,840	11,400	25,650	39,900	57,000

CADILLAC

	6	5	4	3	2	1
4d 7P Sed	2,240	6,720	11,200	25,200	39,200	56,000
4d 7P Imp Sed	2,320	6,960	11,600	26,100	40,600	58,000
4d 5P Fml Sed	2,280	6,840	11,400	25,650	39,900	57,000
4d 7P Fml Sed	2,360	7,080	11,800	26,550	41,300	59,000
4d Twn Sed	2,680	8,040	13,400	30,150	46,900	67,000
4d Twn Car	2,680	8,040	13,400	30,150	46,900	67,000
1940 Series 90, V-16, 141" wb, Fleetwood						
2d Conv	4,800	14,400	24,000	54,000	84,000	120,000
4d Conv Sed	4,880	14,640	24,400	54,900	85,400	122,000
2d 2P Cpe	3,560	10,680	17,800	40,050	62,300	89,000
2d 5P Cpe	3,480	10,440	17,400	39,150	60,900	87,000
4d Sed	3,400	10,200	17,000	38,250	59,500	85,000
4d 7P Sed	3,480	10,440	17,400	39,150	60,900	87,000
4d 7P Imp Sed	3,480	10,440	17,400	39,150	60,900	87,000
4d 5P Fml Sed	3,640	10,920	18,200	40,950	63,700	91,000
4d 7P Fml Sed	3,640	10,920	18,200	40,950	63,700	91,000
4d 5P Twn Sed	3,720	11,160	18,600	41,850	65,100	93,000
4d 7P Twn Car	3,720	11,160	18,600	41,850	65,100	93,000
1941 Series 61, V-8, 126" wb						
2d FBk	1,050	3,100	5,200	11,700	18,200	26,000
2d DeL FBk	1,100	3,250	5,400	12,150	18,900	27,000
4d Sed FBk	950	2,900	4,800	10,800	16,800	24,000
4d DeL Sed FBk	1,100	3,350	5,600	12,600	19,600	28,000
1941 Series 62, V-8, 126" wb						
2d Conv	2,800	8,400	14,000	31,500	49,000	70,000
4d Conv Sed	2,880	8,640	14,400	32,400	50,400	72,000
2d Cpe	1,300	3,850	6,400	14,400	22,400	32,000
2d DeL Cpe	1,300	3,950	6,600	14,850	23,100	33,000
4d Sed	900	2,650	4,400	9,900	15,400	22,000
4d DeL Sed	900	2,750	4,600	10,350	16,100	23,000
1941 Series 63, V-8, 126" wb						
4d Sed	1,120	3,360	5,600	12,600	19,600	28,000
1941 Series 60 Special, V-8, 126" wb, Fleetwood						
4d Sed	1,700	5,050	8,400	18,900	29,400	42,000
4d S/R Sed	1,800	5,400	9,000	20,250	31,500	45,000
NOTE: Add $1,500 for division window.						
1941 Series 67, V-8, 138" wb						
4d 5P Sed	1,240	3,720	6,200	13,950	21,700	31,000
4d Imp Sed	1,280	3,840	6,400	14,400	22,400	32,000
4d 7P Sed	1,240	3,720	6,200	13,950	21,700	31,000
4d 7P Imp Sed	1,320	3,960	6,600	14,850	23,100	33,000
1941 Series 75, V-8, 136- 1/2" wb						
4d 5P Sed	1,280	3,840	6,400	14,400	22,400	32,000
4d 5P Imp Sed	1,340	4,020	6,700	15,080	23,450	33,500
4d 7P Sed	1,340	4,020	6,700	15,080	23,450	33,500
4d 9P Bus Sed	1,320	3,960	6,600	14,850	23,100	33,000
4d 7P Imp Sed	1,360	4,080	6,800	15,300	23,800	34,000
4d Bus Imp Sed	1,280	3,840	6,400	14,400	22,400	32,000
4d 5P Fml Sed	1,360	4,080	6,800	15,300	23,800	34,000
4d 7P Fml Sed	1,360	4,080	6,800	15,300	23,800	34,000
1942 Series 61, V-8, 126" wb						
2d FBk	1,120	3,360	5,600	12,600	19,600	28,000
4d FBk	880	2,640	4,400	9,900	15,400	22,000
1942 Series 62, V-8, 129" wb						
2d DeL FBk	1,180	3,540	5,900	13,280	20,650	29,500
2d FBk	1,160	3,480	5,800	13,050	20,300	29,000
2d DeL Conv Cpe	2,080	6,240	10,400	23,400	36,400	52,000
4d Sed	920	2,760	4,600	10,350	16,100	23,000
4d DeL Sed	960	2,880	4,800	10,800	16,800	24,000
1942 Series 63, V-8, 126" wb						
4d FBk	920	2,760	4,600	10,350	16,100	23,000
1942 Series 60 Special, V-8, 133" wb, Fleetwood						
4d Sed	1,120	3,360	5,600	12,600	19,600	28,000
4d Imp Sed	1,160	3,480	5,800	13,050	20,300	29,000
1942 Series 67, V-8, 139" wb						
4d 5P Sed	920	2,760	4,600	10,350	16,100	23,000
4d 5P Sed Div	1,040	3,120	5,200	11,700	18,200	26,000
4d 7P Sed	960	2,880	4,800	10,800	16,800	24,000
4d 7P Sed Imp	1,040	3,120	5,200	11,700	18,200	26,000
1942 Series 75, V-8, 136" wb, Fleetwood						
4d 5P Imp	1,040	3,120	5,200	11,700	18,200	26,000
4d 5P Imp Sed	1,080	3,240	5,400	12,150	18,900	27,000
4d 7P Sed	1,040	3,120	5,200	11,700	18,200	26,000
4d 9P Bus Sed	1,040	3,120	5,200	11,700	18,200	26,000
4d 7P Imp Sed	1,120	3,360	5,600	12,600	19,600	28,000
4d 9P Bus Imp	1,080	3,240	5,400	12,150	18,900	27,000
4d 5P Fml Sed	1,160	3,480	5,800	13,050	20,300	29,000
4d 7P Fml Sed	1,200	3,600	6,000	13,500	21,000	30,000

	6	5	4	3	2	1
1946-47 Series 61, V-8, 126" wb						
2d FBk	1,240	3,720	6,200	13,950	21,700	31,000
4d FBk	1,040	3,120	5,200	11,700	18,200	26,000
1946-47 Series 62, V-8, 129" wb						
2d Conv	3,600	10,800	18,000	40,500	63,000	90,000
2d FBk	1,280	3,840	6,400	14,400	22,400	32,000
4d 5P Sed	1,080	3,240	5,400	12,150	18,900	27,000
1946-47 Series 60 Special, V-8, 133" wb, Fleetwood						
4d 6P Sed	1,160	3,480	5,800	13,050	20,300	29,000
1946-47 Series 75, V-8, 136" wb, Fleetwood						
4d 5P Sed	1,240	3,720	6,200	13,950	21,700	31,000
4d 7P Sed	1,280	3,840	6,400	14,400	22,400	32,000
4d 7P Imp Sed	1,440	4,320	7,200	16,200	25,200	36,000
4d 9P Bus Sed	1,280	3,840	6,400	14,400	22,400	32,000
4d 9P Bus Imp	1,360	4,080	6,800	15,300	23,800	34,000
1948 Series 61, V-8, 126" wb						
2d FBk	1,200	3,600	6,000	13,500	21,000	30,000
4d 5P Sed	1,080	3,240	5,400	12,150	18,900	27,000
1948 Series 62, V-8, 126" wb						
2d Conv	3,100	9,300	15,500	34,880	54,250	77,500
2d Clb Cpe	1,240	3,720	6,200	13,950	21,700	31,000
4d 5P Sed	1,160	3,480	5,800	13,050	20,300	29,000
1948 Series 60 Special, V-8, 133" wb, Fleetwood						
4d Sed	1,240	3,720	6,200	13,950	21,700	31,000
1948 Series 75, V-8, 136" wb, Fleetwood						
4d 5P Sed	1,240	3,720	6,200	13,950	21,700	31,000
4d 7P Sed	1,280	3,840	6,400	14,400	22,400	32,000
4d 7P Imp Sed	1,440	4,320	7,200	16,200	25,200	36,000
4d 9P Bus Sed	1,280	3,840	6,400	14,400	22,400	32,000
4d 9P Bus Imp	1,360	4,080	6,800	15,300	23,800	34,000
1949 Series 61, V-8, 126" wb						
2d FBk	1,240	3,720	6,200	13,950	21,700	31,000
4d Sed	1,120	3,360	5,600	12,600	19,600	28,000
1949 Series 62, V-8, 126" wb						
2d FBk	1,280	3,840	6,400	14,400	22,400	32,000
4d 5P Sed	1,200	3,600	6,000	13,500	21,000	30,000
2d HT Cpe DeV	1,800	5,400	9,000	20,250	31,500	45,000
2d Conv	3,100	9,300	15,500	34,880	54,250	77,500
1949 Series 60 Special, V-8, 133" wb, Fleetwood						
4d 5P Sed	1,280	3,840	6,400	14,400	22,400	32,000
1949 Series 75, V-8, 136" wb, Fleetwood						
4d 5P Sed	1,280	3,840	6,400	14,400	22,400	32,000
4d 7P Sed	1,320	3,960	6,600	14,850	23,100	33,000
4d 7P Imp Sed	1,480	4,440	7,400	16,650	25,900	37,000
4d 9P Bus Sed	1,320	3,960	6,600	14,850	23,100	33,000
4d 9P Bus Imp	1,400	4,200	7,000	15,750	24,500	35,000
1950-51 Series 61, V-8						
4d 5P Sed	960	2,880	4,800	10,800	16,800	24,000
2d HT Cpe	1,440	4,320	7,200	16,200	25,200	36,000
1950-51 Series 62, V-8						
4d 5P Sed	1,000	3,000	5,000	11,250	17,500	25,000
2d HT Cpe	1,200	3,600	6,000	13,500	21,000	30,000
2d HT Cpe DeV	1,680	5,040	8,400	18,900	29,400	42,000
2d Conv	3,400	10,200	17,000	38,250	59,500	85,000
1950-51 Series 60S, V-8						
4d Sed	1,200	3,600	6,000	13,500	21,000	30,000
1950-51 Series 75, Fleetwood						
4d 8P Sed	1,240	3,720	6,200	13,950	21,700	31,000
1950-51 Series 75 Fleetwood						
4d 8P Imp	1,320	3,960	6,600	14,850	23,100	33,000
1952 Series 62, V-8						
4d Sed	1,000	3,000	5,000	11,250	17,500	25,000
2d HT	1,160	3,480	5,800	13,050	20,300	29,000
2d HT Cpe DeV	1,680	5,040	8,400	18,900	29,400	42,000
2d Conv	3,400	10,200	17,000	38,250	59,500	85,000
1952 Series 60S, V-8						
4d Sed	1,200	3,600	6,000	13,500	21,000	30,000
1952 Series 75, V-8, Fleetwood						
4d Sed	1,240	3,720	6,200	13,950	21,700	31,000
4d Imp Sed	1,320	3,960	6,600	14,850	23,100	33,000
1953 Series 62, V-8						
4d Sed	960	2,880	4,800	10,800	16,800	24,000
2d HT	1,400	4,200	7,000	15,750	24,500	35,000
2d HT Cpe DeV	1,760	5,280	8,800	19,800	30,800	44,000
2d Conv	3,500	10,500	17,500	39,380	61,250	87,500
2d Eldo Conv	8,000	24,000	40,000	90,000	140,000	200,000
1953 Series 60S, V-8						
4d Sed	1,440	4,320	7,200	16,200	25,200	36,000

	6	5	4	3	2	1
1953 Series 75, V-8, Fleetwood						
4d 7P Sed	1,480	4,440	7,400	16,650	25,900	37,000
4d Imp Sed	1,560	4,680	7,800	17,550	27,300	39,000
1954 Series 62, V-8						
4d Sed	960	2,880	4,800	10,800	16,800	24,000
2d HT	1,320	3,960	6,600	14,850	23,100	33,000
2d HT Cpe DeV	1,600	4,800	8,000	18,000	28,000	40,000
2d Conv	3,400	10,200	17,000	38,250	59,500	85,000
2d Eldo Conv	3,700	11,100	18,500	41,630	64,750	92,500
1954 Series 60S, V-8						
4d Sed	1,280	3,840	6,400	14,400	22,400	32,000
1954 Series 75, V-8, Fleetwood						
4d 7P Sed	1,400	4,200	7,000	15,750	24,500	35,000
4d 7P Imp Sed	1,480	4,440	7,400	16,650	25,900	37,000
1955 Series 62, V-8						
4d Sed	960	2,880	4,800	10,800	16,800	24,000
2d HT	1,600	4,800	8,000	18,000	28,000	40,000
2d HT Cpe DeV	1,640	4,920	8,200	18,450	28,700	41,000
2d Conv	3,400	10,200	17,000	38,250	59,500	85,000
2d Eldo Conv	3,700	11,100	18,500	41,630	64,750	92,500
1955 Series 60S, V-8						
4d Sed	1,280	3,840	6,400	14,400	22,400	32,000
1955 Series 75, V-8, Fleetwood						
4d 7P Sed	1,400	4,200	7,000	15,750	24,500	35,000
4d 7P Imp Sed	1,480	4,440	7,400	16,650	25,900	37,000
1956 Series 62, V-8						
4d Sed	960	2,880	4,800	10,800	16,800	24,000
2d HT	1,640	4,920	8,200	18,450	28,700	41,000
4d HT Sed DeV	1,400	4,200	7,000	15,750	24,500	35,000
2d HT Cpe DeV	1,680	5,040	8,400	18,900	29,400	42,000
2d Conv	3,500	10,500	17,500	39,380	61,250	87,500
2d HT Eldo Sev	1,880	5,640	9,400	21,150	32,900	47,000
2d Brtz Eldo Conv	4,740	14,220	23,700	53,330	82,950	118,500
1956 Series 60S, V-8						
4d Sed	1,280	3,840	6,400	14,400	22,400	32,000
1956 Series 75, V-8, Fleetwood						
4d 7P Sed	1,400	4,200	7,000	15,750	24,500	35,000
4d 7P Imp Sed	1,480	4,440	7,400	16,650	25,900	37,000
1957 Series 62, V-8						
4d HT	800	2,400	4,000	9,000	14,000	20,000
2d HT	1,480	4,440	7,400	16,650	25,900	37,000
2d HT Cpe DeV	1,600	4,800	8,000	18,000	28,000	40,000
4d HT Sed DeV	1,400	4,200	7,000	15,750	24,500	35,000
2d Conv	3,140	9,420	15,700	35,330	54,950	78,500
1957 Eldorado, V-8						
2d HT Sev	1,640	4,920	8,200	18,450	28,700	41,000
2d Brtz Conv	4,940	14,820	24,700	55,580	86,450	123,500
1957 Fleetwood 60 Special, V-8						
4d HT	1,040	3,120	5,200	11,700	18,200	26,000
1957 Eldorado Brougham, V-8						
4d HT	5,140	15,420	25,700	57,830	89,950	128,500
1957 Series 75						
4d 8P Sed	1,080	3,240	5,400	12,150	18,900	27,000
4d 8P Imp Sed	1,160	3,480	5,800	13,050	20,300	29,000
1958 Series 62, V-8 & Series 63, V-8						
4d HT Sh Dk	720	2,160	3,600	8,100	12,600	18,000
4d 6W Sed	1,000	3,000	5,000	11,250	17,500	25,000
4d Sed DeV	1,040	3,120	5,200	11,700	18,200	26,000
2d HT	1,320	3,960	6,600	14,850	23,100	33,000
2d HT Cpe DeV	1,400	4,200	7,000	15,750	24,500	35,000
2d Conv	3,140	9,420	15,700	35,330	54,950	78,500
1958 Eldorado, V-8						
2d HT Sev	1,440	4,320	7,200	16,200	25,200	36,000
2d Brtz Conv	4,940	14,820	24,700	55,580	86,450	123,500
1958 Fleetwood 60 Special, V-8						
4d HT	1,200	3,600	6,000	13,500	21,000	30,000
1958 Eldorado Brougham, V-8						
4d HT	5,140	15,420	25,700	57,830	89,950	128,500
1958 Series 75						
4d 8P Sed	1,000	3,000	5,000	11,250	17,500	25,000
4d 8P Imp Sed	1,080	3,240	5,400	12,150	18,900	27,000
1959 Series 62, V-8						
4d 4W HT	1,000	3,000	5,000	11,250	17,500	25,000
4d 6W HT	960	2,880	4,800	10,800	16,800	24,000
2d HT	1,200	3,600	6,000	13,500	21,000	30,000
2d Conv	4,700	14,100	23,500	52,880	82,250	117,500
1959 Series 63 DeVille, V-8						
2d HT Cpe DeV	1,480	4,440	7,400	16,650	25,900	37,000

	6	5	4	3	2	1
4d 4W HT	1,080	3,240	5,400	12,150	18,900	27,000
4d 6W HT	1,040	3,120	5,200	11,700	18,200	26,000
1959 Series Eldorado, V-8						
4d HT Brgm	2,160	6,480	10,800	24,300	37,800	54,000
2d HT Sev	2,300	6,900	11,500	25,880	40,250	57,500
2d Brtz Conv	5,500	16,500	27,500	61,880	96,250	137,500
1959 Fleetwood 60 Special, V-8						
4d 6P Sed	1,240	3,720	6,200	13,950	21,700	31,000
1959 Fleetwood Series 75, V-8						
4d 9P Sed	1,320	3,960	6,600	14,850	23,100	33,000
4d Limo	1,400	4,200	7,000	15,750	24,500	35,000
1960 Series 62, V-8						
4d 4W HT	1,000	3,000	5,000	11,250	17,500	25,000
4d 6W HT	960	2,880	4,800	10,800	16,800	24,000
2d HT	1,280	3,840	6,400	14,400	22,400	32,000
2d Conv	2,700	8,100	13,500	30,380	47,250	67,500
1960 Series 63 DeVille, V-8						
4d 4W Sed	1,040	3,120	5,200	11,700	18,200	26,000
4d 6W Sed	1,000	3,000	5,000	11,250	17,500	25,000
2d HT Cpe DeV	1,360	4,080	6,800	15,300	23,800	34,000
1960 Eldorado Series, V-8						
4d HT Brgm	1,640	4,920	8,200	18,450	28,700	41,000
2d HT Sev	1,740	5,220	8,700	19,580	30,450	43,500
2d Brtz Conv	3,560	10,680	17,800	40,050	62,300	89,000
1960 Fleetwood 60 Special, V-8						
4d 6P HT	1,320	3,960	6,600	14,850	23,100	33,000
1960 Fleetwood Series 75, V-8						
4d 9P Sed	1,240	3,720	6,200	13,950	21,700	31,000
4d Limo	1,320	3,960	6,600	14,850	23,100	33,000
1961 Series 62, V-8						
4d 4W HT	660	1,980	3,300	7,430	11,550	16,500
4d 6W HT	656	1,968	3,280	7,380	11,480	16,400
2d HT	920	2,760	4,600	10,350	16,100	23,000
2d Conv	1,580	4,740	7,900	17,780	27,650	39,500
1961 Series 63 DeVille, V-8						
4d 4W HT	668	2,004	3,340	7,520	11,690	16,700
4d 6W HT	664	1,992	3,320	7,470	11,620	16,600
4d HT Sh Dk	660	1,980	3,300	7,430	11,550	16,500
2d HT Cpe DeV	1,040	3,120	5,200	11,700	18,200	26,000
1961 Eldorado Series, V-8						
2d Brtz Conv	3,460	10,380	17,300	38,930	60,550	86,500
1961 Fleetwood 60 Special, V-8						
4d 6P HT	960	2,880	4,800	10,800	16,800	24,000
1961 Fleetwood Series 75, V-8						
4d 9P Sed	920	2,760	4,600	10,350	16,100	23,000
4d 9P Limo	1,120	3,360	5,600	12,600	19,600	28,000
1962 Series 62, V-8						
4d 4W HT	668	2,004	3,340	7,520	11,690	16,700
4d 6W HT	660	1,980	3,300	7,430	11,550	16,500
4d HT Sh Dk	660	1,980	3,300	7,430	11,550	16,500
2d HT	960	2,880	4,800	10,800	16,800	24,000
2d Conv	1,580	4,740	7,900	17,780	27,650	39,500
1962 Series 63 DeVille, V-8						
4d 4W HT	840	2,520	4,200	9,450	14,700	21,000
4d 6W HT	780	2,340	3,900	8,780	13,650	19,500
4d HT Pk Ave	820	2,460	4,100	9,230	14,350	20,500
2d HT Cpe DeV	1,040	3,120	5,200	11,700	18,200	26,000
1962 Eldorado Series, V-8						
2d Brtz Conv	2,100	6,300	10,500	23,630	36,750	52,500
1962 Fleetwood 60 Special, V-8						
4d 6P HT	920	2,760	4,600	10,350	16,100	23,000
1962 Fleetwood 75 Series, V-8						
4d 9P Sed	960	2,880	4,800	10,800	16,800	24,000
4d 9P Limo	1,120	3,360	5,600	12,600	19,600	28,000
1963 Series 62, V-8						
4d 4W HT	680	2,040	3,400	7,650	11,900	17,000
4d 6W HT	664	1,992	3,320	7,470	11,620	16,600
2d HT	800	2,400	4,000	9,000	14,000	20,000
2d Conv	1,200	3,600	6,000	13,500	21,000	30,000
1963 Series 63 DeVille, V-8						
4d 4W HT	720	2,160	3,600	8,100	12,600	18,000
4d 6W HT	704	2,112	3,520	7,920	12,320	17,600
4d HT Pk Ave	700	2,100	3,500	7,880	12,250	17,500
2d HT Cpe DeV	1,000	3,000	5,000	11,250	17,500	25,000
1963 Eldorado Series, V-8						
2d Brtz Conv	1,400	4,200	7,000	15,750	24,500	35,000
1963 Fleetwood 60 Special, V-8						
4d 6P HT	760	2,280	3,800	8,550	13,300	19,000

CADILLAC

	6	5	4	3	2	1
1963 Fleetwood 75 Series, V-8						
4d 9P Sed	840	2,520	4,200	9,450	14,700	21,000
4d 9P Limo	1,000	3,000	5,000	11,250	17,500	25,000
1964 Series 62, V-8						
4d 4W HT	720	2,160	3,600	8,100	12,600	18,000
4d 6W HT	712	2,136	3,560	8,010	12,460	17,800
2d HT	880	2,640	4,400	9,900	15,400	22,000
1964 Series 63 DeVille, V-8						
4d 4W HT	728	2,184	3,640	8,190	12,740	18,200
4d 6W HT	720	2,160	3,600	8,100	12,600	18,000
2d HT Cpe DeV	1,040	3,120	5,200	11,700	18,200	26,000
2d Conv	1,240	3,720	6,200	13,950	21,700	31,000
1964 Eldorado Series, V-8						
2d Conv	1,440	4,320	7,200	16,200	25,200	36,000
1964 Fleetwood 60 Special, V-8						
4d 6P HT	880	2,640	4,400	9,900	15,400	22,000
1964 Fleetwood 75 Series, V-8						
4d 9P Sed	880	2,640	4,400	9,900	15,400	22,000
4d 9P Limo	1,000	3,000	5,000	11,250	17,500	25,000
1965 Calais Series, V-8						
4d Sed	632	1,896	3,160	7,110	11,060	15,800
4d HT	640	1,920	3,200	7,200	11,200	16,000
2d HT	720	2,160	3,600	8,100	12,600	18,000
1965 DeVille Series, V-8						
6P Sed	640	1,920	3,200	7,200	11,200	16,000
4d HT	656	1,968	3,280	7,380	11,480	16,400
2d HT	800	2,400	4,000	9,000	14,000	20,000
2d Conv	1,000	3,000	5,000	11,250	17,500	25,000
1965 Fleetwood 60 Special, V-8						
4d 6P Sed	740	2,220	3,700	8,330	12,950	18,500
4d Brgm Sed	760	2,280	3,800	8,550	13,300	19,000
1965 Fleetwood Eldorado, V-8						
2d Conv	1,200	3,600	6,000	13,500	21,000	30,000
1965 Fleetwood 75 Series, V-8						
4d 9P Sed	880	2,640	4,400	9,900	15,400	22,000
4d 9P Limo	1,000	3,000	5,000	11,250	17,500	25,000
1966 Calais Series, V-8						
4d Sed	632	1,896	3,160	7,110	11,060	15,800
4d HT	640	1,920	3,200	7,200	11,200	16,000
2d HT	720	2,160	3,600	8,100	12,600	18,000
1966 DeVille Series, V-8						
4d Sed	640	1,920	3,200	7,200	11,200	16,000
4d HT	648	1,944	3,240	7,290	11,340	16,200
2d HT	800	2,400	4,000	9,000	14,000	20,000
2d Conv	1,000	3,000	5,000	11,250	17,500	25,000
1966 Eldorado, V-8						
2d Conv	1,200	3,600	6,000	13,500	21,000	30,000
1966 Fleetwood Brougham, V-8						
4d Sed	720	2,160	3,600	8,100	12,600	18,000
1966 Sixty Special, V-8						
4d Sed	720	2,160	3,600	8,100	12,600	18,000
1966 Seventy Five, V-8						
4d Sed	840	2,520	4,200	9,450	14,700	21,000
4d Limo	1,000	3,000	5,000	11,250	17,500	25,000
1967 Calais, V-8, 129.5" wb						
4d HT	640	1,920	3,200	7,200	11,200	16,000
2d HT	700	2,100	3,500	7,880	12,250	17,500
1967 DeVille, V-8, 129.5" wb						
4d HT	664	1,992	3,320	7,470	11,620	16,600
2d HT	760	2,280	3,800	8,550	13,300	19,000
2d Conv	1,000	3,000	5,000	11,250	17,500	25,000
1967 Fleetwood Eldorado, V-8, 120" wb						
2d HT	760	2,280	3,800	8,550	13,300	19,000
1967 Sixty-Special, V-8, 133" wb						
4d Sed	680	2,040	3,400	7,650	11,900	17,000
1967 Fleetwood Brougham, V-8, 133" wb						
4d Sed	680	2,040	3,400	7,650	11,900	17,000
1967 Seventy-Five Series, V-8, 149.8" wb						
4d Sed	720	2,160	3,600	8,100	12,600	18,000
4d Limo	760	2,280	3,800	8,550	13,300	19,000
1968 Calais, V-8, 129.5" wb						
2d HT	700	2,100	3,500	7,880	12,250	17,500
4d HT	644	1,932	3,220	7,250	11,270	16,100
1968 DeVille, V-8, 129.5" wb						
4d Sed	648	1,944	3,240	7,290	11,340	16,200
4d HT	664	1,992	3,320	7,470	11,620	16,600
2d HT	760	2,280	3,800	8,550	13,300	19,000
2d Conv	1,000	3,000	5,000	11,250	17,500	25,000
1968 Fleetwood Eldorado, V-8, 120" wb						
2d HT	760	2,280	3,800	8,550	13,300	19,000

	6	5	4	3	2	1
1968 Sixty-Special, V-8, 133" wb						
4d Sed	680	2,040	3,400	7,650	11,900	17,000
1968 Fleetwood Brougham, V-8, 133" wb						
4d Sed	680	2,040	3,400	7,650	11,900	17,000
1968 Series 75, V-8, 149.8" wb						
4d Sed	720	2,160	3,600	8,100	12,600	18,000
4d Limo	760	2,280	3,800	8,550	13,300	19,000
1969-70 Calais, V-8, 129.5" wb						
2d HT	620	1,860	3,100	6,980	10,850	15,500
4d HT	500	1,500	2,500	5,630	8,750	12,500
1969-70 DeVille, V-8, 129.5" wb						
4d Sed	504	1,512	2,520	5,670	8,820	12,600
4d HT	516	1,548	2,580	5,810	9,030	12,900
2d HT	620	1,860	3,100	6,980	10,850	15,500
2d Conv	880	2,640	4,400	9,900	15,400	22,000
1969-70 Fleetwood Eldorado, V-8, 120" wb						
2d HT	720	2,160	3,600	8,100	12,600	18,000
1969-70 Sixty-Special, V-8, 133" wb						
4d Sed	640	1,920	3,200	7,200	11,200	16,000
4d Brgm	660	1,980	3,300	7,430	11,550	16,500
1969-70 Series 75, V-8, 149.8" wb						
4d Sed	660	1,980	3,300	7,430	11,550	16,500
4d Limo	680	2,040	3,400	7,650	11,900	17,000
1971-72 Calais						
2d HT	632	1,896	3,160	7,110	11,060	15,800
4d HT	508	1,524	2,540	5,720	8,890	12,700
1971-72 DeVille						
2d HT	660	1,980	3,300	7,430	11,550	16,500
4d HT	608	1,824	3,040	6,840	10,640	15,200
1971-72 Fleetwood 60 Special						
4d Brgm	660	1,980	3,300	7,430	11,550	16,500
1971-72 Fleetwood 75						
4d 9P Sed	632	1,896	3,160	7,110	11,060	15,800
4d Limo	652	1,956	3,260	7,340	11,410	16,300
1971-72 Fleetwood Eldorado						
2d HT	680	2,040	3,400	7,650	11,900	17,000
2d Conv	840	2,520	4,200	9,450	14,700	21,000
1973 Calais, V-8						
2d HT	500	1,500	2,500	5,630	8,750	12,500
4d HT	492	1,476	2,460	5,540	8,610	12,300
1973 DeVille, V-8						
2d HT	600	1,800	3,000	6,750	10,500	15,000
4d HT	512	1,536	2,560	5,760	8,960	12,800
1973 Fleetwood 60S, V-8						
4d Brgm Sed	640	1,920	3,200	7,200	11,200	16,000
1973 Fleetwood Eldorado, V-8						
2d HT	640	1,920	3,200	7,200	11,200	16,000
2d Conv	840	2,520	4,200	9,450	14,700	21,000
NOTE: Add 20 percent for Pace Car Edition.						
1973 Fleetwood 75, V-8						
4d Sed	620	1,860	3,100	6,980	10,850	15,500
4d Limo	640	1,920	3,200	7,200	11,200	16,000
1974 Calais, V-8						
2d HT	496	1,488	2,480	5,580	8,680	12,400
4d HT	488	1,464	2,440	5,490	8,540	12,200
1974 DeVille, V-8						
2d HT	516	1,548	2,580	5,810	9,030	12,900
4d HT	508	1,524	2,540	5,720	8,890	12,700
1974 Fleetwood Brougham, V-8						
4d Sed	640	1,920	3,200	7,200	11,200	16,000
1974 Fleetwood Eldorado, V-8						
2d HT	640	1,920	3,200	7,200	11,200	16,000
2d Conv	880	2,640	4,400	9,900	15,400	22,000
1974 Fleetwood 75, V-8						
4d Sed	620	1,860	3,100	6,980	10,850	15,500
4d Limo	640	1,920	3,200	7,200	11,200	16,000
NOTE: Add 20 percent for Talisman Brougham. Add 10 percent for padded top on Series 75. Add 10 percent for sunroof on DeVille/60/Eldorado.						
1975 Calais, V-8						
2d HT	508	1,524	2,540	5,720	8,890	12,700
4d HT	492	1,476	2,460	5,540	8,610	12,300
1975 DeVille, V-8						
2d HT	516	1,548	2,580	5,810	9,030	12,900
4d HT	500	1,500	2,500	5,630	8,750	12,500
1975 Fleetwood Brougham, V-8						
4d Sed	620	1,860	3,100	6,980	10,850	15,500
1975 Fleetwood Eldorado, V-8						
2d HT	640	1,920	3,200	7,200	11,200	16,000
2d Conv	880	2,640	4,400	9,900	15,400	22,000

CADILLAC

	6	5	4	3	2	1
1975 Fleetwood 75, V-8						
4d Sed.	620	1,860	3,100	6,980	10,850	15,500
4d Limo	640	1,920	3,200	7,200	11,200	16,000
1976 Calais, V-8						
2d HT	480	1,440	2,400	5,400	8,400	12,000
4d HT	472	1,416	2,360	5,310	8,260	11,800
1976 DeVille, V-8						
2d HT	492	1,476	2,460	5,540	8,610	12,300
4d HT	480	1,440	2,400	5,400	8,400	12,000
1976 Seville, V-8						
4d Sed.	600	1,850	3,050	6,890	10,700	15,300
1976 Eldorado, V-8						
2d Cpe.	680	2,040	3,400	7,650	11,900	17,000
2d Brtz Cpe	720	2,160	3,600	8,100	12,600	18,000
2d Conv.	960	2,880	4,800	10,800	16,800	24,000
NOTE: Add 15 percent for Bicent. Edit.						
1976 Fleetwood Brougham, V-8						
4d Sed.	620	1,860	3,100	6,980	10,850	15,500
1976 Fleetwood 75, V-8						
4d Sed.	460	1,380	2,300	5,180	8,050	11,500
4d Limo	480	1,440	2,400	5,400	8,400	12,000
NOTE: Add 5 percent for Talisman on Fleetwood Brougham.						
1977 DeVille, V-8						
2d Cpe.	360	1,090	1,820	4,100	6,370	9,100
4d Sed.	320	960	1,600	3,600	5,600	8,000
1977 Seville, V-8						
4d Sed.	400	1,200	2,000	4,500	7,000	10,000
1977 Eldorado, V-8						
2d Cpe.	600	1,800	3,000	6,750	10,500	15,000
2d Brtz Cpe	720	2,160	3,600	8,100	12,600	18,000
1977 Fleetwood Brougham, V-8						
4d Sed.	400	1,200	2,000	4,500	7,000	10,000
1977 Fleetwood 75, V-8						
4d Sed.	408	1,224	2,040	4,590	7,140	10,200
4d Limo	420	1,260	2,100	4,730	7,350	10,500
1978 Seville						
4d Sed.	384	1,152	1,920	4,320	6,720	9,600
1978 DeVille						
2d Cpe.	360	1,090	1,820	4,100	6,370	9,100
4d Sed.	320	960	1,600	3,600	5,600	8,000
1978 Eldorado						
2d Cpe.	640	1,920	3,200	7,200	11,200	16,000
2d Brtz Cpe	760	2,280	3,800	8,550	13,300	19,000
1978 Fleetwood Brougham						
4d Sed.	272	816	1,360	3,060	4,760	6,800
1978 Fleetwood Limo						
4d	388	1,164	1,940	4,370	6,790	9,700
4d Fml	396	1,188	1,980	4,460	6,930	9,900
1979 Seville, V-8						
4d Sed.	400	1,200	2,000	4,500	7,000	10,000
NOTE: Add 10 percent for Elegant'e.						
1979 DeVille, V-8						
2d Cpe.	360	1,090	1,820	4,100	6,370	9,100
4d Sed.	320	960	1,600	3,600	5,600	8,000
NOTE: Add 5 percent for Phaeton Special Edition.						
1979 Eldorado, V-8						
2d Cpe.	560	1,680	2,800	6,300	9,800	14,000
NOTE: Add 15 percent for Biarritz.						
1979 Fleetwood Brougham, V-8						
4d Sed.	260	780	1,300	2,930	4,550	6,500
1979 Fleetwood Limo						
4d Sed.	388	1,164	1,940	4,370	6,790	9,700
4d Fml Sed	396	1,188	1,980	4,460	6,930	9,900
NOTE: Deduct 12 percent for diesel.						
1980 Seville, V-8						
4d Sed.	376	1,128	1,880	4,230	6,580	9,400
1980 DeVille, V-8						
2d Cpe.	360	1,080	1,800	4,050	6,300	9,000
4d Sed.	256	768	1,280	2,880	4,480	6,400
1980 Eldorado, V-8						
2d Cpe.	560	1,680	2,800	6,300	9,800	14,000
NOTE: Add 15 percent for Biarritz.						
1980 Fleetwood Brougham, V-8						
2d Cpe.	380	1,140	1,900	4,280	6,650	9,500
4d Sed.	276	828	1,380	3,110	4,830	6,900
1980 Fleetwood, V-8						
4d Limo	396	1,188	1,980	4,460	6,930	9,900
4d Fml	364	1,092	1,820	4,100	6,370	9,100

CADILLAC

	6	5	4	3	2	1
1981 Seville, V-8						
4d Sed	260	780	1,300	2,930	4,550	6,500
1981 DeVille, V-8						
2d Cpe	244	732	1,220	2,750	4,270	6,100
4d Sed	220	660	1,100	2,480	3,850	5,500
1981 Eldorado, V-8						
2d Cpe	520	1,560	2,600	5,850	9,100	13,000
NOTE: Add 15 percent for Biarritz.						
1981 Fleetwood Brougham, V-8						
2d Cpe	264	792	1,320	2,970	4,620	6,600
4d Sed	240	720	1,200	2,700	4,200	6,000
1981 Fleetwood, V-8						
4d Limo	360	1,080	1,800	4,050	6,300	9,000
4d Fml	368	1,104	1,840	4,140	6,440	9,200
NOTE: Deduct 10 percent for V-6 where available.						
1982 Cimarron, 4-cyl.						
4d Sed	208	624	1,040	2,340	3,640	5,200
1982 Seville, V-8						
4d Sed	264	792	1,320	2,970	4,620	6,600
1982 DeVille, V-8						
2d Cpe	252	756	1,260	2,840	4,410	6,300
4d Sed	228	684	1,140	2,570	3,990	5,700
1982 Eldorado, V-8						
2d Cpe	520	1,560	2,600	5,850	9,100	13,000
NOTE: Add 15 percent for Biarritz.						
1982 Fleetwood Brougham, V-8						
2d Cpe	272	816	1,360	3,060	4,760	6,800
4d Sed	248	744	1,240	2,790	4,340	6,200
1982 Fleetwood, V-8						
4d Limo	368	1,104	1,840	4,140	6,440	9,200
4d Fml	376	1,128	1,880	4,230	6,580	9,400
NOTE: Deduct 10 percent for V-6 where available.						
1983 Cimarron, 4-cyl.						
4d Sed	220	660	1,100	2,480	3,850	5,500
1983 Seville, V-8						
4d Sed	268	804	1,340	3,020	4,690	6,700
1983 DeVille, V-8						
2d Cpe	260	780	1,300	2,930	4,550	6,500
4d Sed	236	708	1,180	2,660	4,130	5,900
1983 Eldorado, V-8						
2d Cpe	520	1,560	2,600	5,850	9,100	13,000
NOTE: Add 15 percent for Biarritz.						
1983 Fleetwood Brougham, V-8						
2d Cpe	360	1,080	1,800	4,050	6,300	9,000
4d Sed	256	768	1,280	2,880	4,480	6,400
1983 Fleetwood, V-8						
4d Limo	376	1,128	1,880	4,230	6,580	9,400
4d Fml	384	1,152	1,920	4,320	6,720	9,600
1984 Cimarron, 4-cyl.						
4d Sed	224	672	1,120	2,520	3,920	5,600
1984 Seville, V-8						
4d Sed	272	816	1,360	3,060	4,760	6,800
1984 DeVille, V-8						
2d Sed	264	792	1,320	2,970	4,620	6,600
4d Sed	240	720	1,200	2,700	4,200	6,000
1984 Eldorado, V-8						
2d Cpe	520	1,560	2,600	5,850	9,100	13,000
2d Conv	960	2,880	4,800	10,800	16,800	24,000
NOTE: Add 15 percent for Biarritz.						
1984 Fleetwood Brougham, V-8						
2d Sed	360	1,080	1,800	4,050	6,300	9,000
4d Sed	260	780	1,300	2,930	4,550	6,500
1984 Fleetwood, V-8						
4d Sed	380	1,140	1,900	4,280	6,650	9,500
4d Fml Limo	388	1,164	1,940	4,370	6,790	9,700
1985 Cimarron, V-6						
4d Sed	228	684	1,140	2,570	3,990	5,700
NOTE: Deduct 15 percent for 4-cyl.						
1985 Seville, V-8						
4d Sed	276	828	1,380	3,110	4,830	6,900
1985 DeVille, V-8						
2d Cpe	264	792	1,320	2,970	4,620	6,600
4d Sed	244	732	1,220	2,750	4,270	6,100
1985 Eldorado, V-8						
2d Cpe	520	1,560	2,600	5,850	9,100	13,000
Conv	960	2,880	4,800	10,800	16,800	24,000
NOTE: Add 15 percent for Biarritz.						
1985 Fleetwood, V-8						
2d Cpe	276	828	1,380	3,110	4,830	6,900
4d Sed	268	804	1,340	3,020	4,690	6,700

	6	5	4	3	2	1
1985 Fleetwood Brougham, V-8						
2d Cpe.	388	1,164	1,940	4,370	6,790	9,700
4d Sed.	392	1,176	1,960	4,410	6,860	9,800
1985 Fleetwood 75, V-8						
4d Limo	420	1,260	2,100	4,730	7,350	10,500
NOTE: Deduct 30 percent for diesel where available.						
1986 Cimarron						
4d Sed.	232	696	1,160	2,610	4,060	5,800
1986 Seville						
4d Sed.	360	1,080	1,800	4,050	6,300	9,000
1986 DeVille						
2d Cpe.	248	744	1,240	2,790	4,340	6,200
4d Sed.	244	732	1,220	2,750	4,270	6,100
1986 Fleetwood						
2d Cpe.	392	1,176	1,960	4,410	6,860	9,800
4d Sed.	388	1,164	1,940	4,370	6,790	9,700
1986 Fleetwood 75						
4d Limo	420	1,260	2,100	4,730	7,350	10,500
4d Fml Limo	436	1,308	2,180	4,910	7,630	10,900
1986 Fleetwood Brougham						
4d Sed.	392	1,176	1,960	4,410	6,860	9,800
1986 Eldorado						
2d Cpe.	528	1,584	2,640	5,940	9,240	13,200
1987 Cimarron						
4d Sed, 4-cyl.	236	708	1,180	2,660	4,130	5,900
4d Sed, V-6	240	720	1,200	2,700	4,200	6,000
1987 Seville, V-8						
4d Sed.	364	1,092	1,820	4,100	6,370	9,100
1987 DeVille, V-8						
4d Sed.	252	756	1,260	2,840	4,410	6,300
2d Cpe.	248	744	1,240	2,790	4,340	6,200
1987 Fleetwood, V-8						
4d Sed d'Elegance	396	1,188	1,980	4,460	6,930	9,900
4d Sed 60 Spl	400	1,200	2,000	4,500	7,000	10,000
1987 Eldorado, V-8						
2d Cpe.	524	1,572	2,620	5,900	9,170	13,100
1987 Brougham, V-8						
4d Sed.	416	1,248	2,080	4,680	7,280	10,400
1987 Fleetwood 75 Series, V-8						
4d Limo	580	1,740	2,900	6,530	10,150	14,500
4d Fml	560	1,680	2,800	6,300	9,800	14,000
1987 Allante, V-8						
2d Conv.	920	2,760	4,600	10,350	16,100	23,000
1988 Cimarron, V-6						
4d Sed.	220	660	1,100	2,480	3,850	5,500
1988 Seville, V-8						
4d Sed.	540	1,620	2,700	6,080	9,450	13,500
1988 DeVille, V-8						
2d Cpe.	424	1,272	2,120	4,770	7,420	10,600
4d Sed.	424	1,272	2,120	4,770	7,420	10,600
1988 Fleetwood, V-8						
4d Sed d'Elegance	540	1,620	2,700	6,080	9,450	13,500
4d Sed 60 Spl	580	1,740	2,900	6,530	10,150	14,500
1988 Brougham, V-8						
4d Sed.	600	1,800	3,000	6,750	10,500	15,000
1988 Eldorado, V-8						
2d Cpe.	540	1,620	2,700	6,080	9,450	13,500
1988 Allante, V-8						
2d Conv.	960	2,880	4,800	10,800	16,800	24,000
1989 Seville, V-8						
4d Sed.	640	1,920	3,200	7,200	11,200	16,000
1989 DeVille, V-8						
2d Cpe.	648	1,944	3,240	7,290	11,340	16,200
4d Sed.	644	1,932	3,220	7,250	11,270	16,100
1989 Fleetwood, V-8						
2d Cpe.	700	2,100	3,500	7,880	12,250	17,500
4d Sed.	696	2,088	3,480	7,830	12,180	17,400
4d Sed 60 Spl	660	1,970	3,280	7,380	11,480	16,400
1989 Brougham, V-8						
4d Sed.	600	1,800	3,000	6,750	10,500	15,000
1989 Eldorado, V-8						
2d Cpe.	672	2,016	3,360	7,560	11,760	16,800
1989 Allante, V-8						
2d Conv.	950	2,900	4,800	10,800	16,800	24,000
1990 Seville, V-8						
4d Sed.	560	1,680	2,800	6,300	9,800	14,000
4d Sed STS.	640	1,920	3,200	7,200	11,200	16,000
1990 DeVille, V-8						
2d Cpe.	580	1,740	2,900	6,530	10,150	14,500
4d Sed.	568	1,704	2,840	6,390	9,940	14,200

	6	5	4	3	2	1
1990 Fleetwood, V-8						
2d Cpe	620	1,860	3,100	6,980	10,850	15,500
4d Sed	628	1,884	3,140	7,070	10,990	15,700
4d Sed 60 Spl	680	2,040	3,400	7,650	11,900	17,000
1990 Eldorado, V-8						
2d Cpe	640	1,920	3,200	7,200	11,200	16,000
1990 Brougham, V-8						
4d Sed	640	1,920	3,200	7,200	11,200	16,000
1990 Allante						
2d Conv	960	2,880	4,800	10,800	16,800	24,000
NOTE: Add $3,000 for hardtop.						
1991 Seville, V-8						
4d Sed	560	1,680	2,800	6,300	9,800	14,000
4d Trg Sed	600	1,800	3,000	6,750	10,500	15,000
1991 DeVille, V-8						
4d Sed	540	1,620	2,700	6,080	9,450	13,500
4d Trg Sed	580	1,740	2,900	6,530	10,150	14,500
2d Cpe	536	1,608	2,680	6,030	9,380	13,400
1991 Fleetwood, V-8						
2d Cpe	580	1,740	2,900	6,530	10,150	14,500
4d Sed	590	1,760	2,940	6,620	10,290	14,700
4d Sed 60 Spl	680	2,040	3,400	7,650	11,900	17,000
1991 Eldorado, V-8						
2d Cpe	600	1,800	3,000	6,750	10,500	15,000
1991 Brougham, V-8						
4d Sed	600	1,800	3,000	6,750	10,500	15,000
1991 Allante, V-8						
2d Conv	960	2,880	4,800	10,800	16,800	24,000
NOTE: Add $3,000 for hardtop.						
1992 Seville, V-8						
4d Sed	680	2,040	3,400	7,650	11,900	17,000
4d STS Sed	720	2,160	3,600	8,100	12,600	18,000
1992 DeVille, V-8						
4d Sed	600	1,800	3,000	6,750	10,500	15,000
2d Cpe	600	1,800	3,000	6,750	10,500	15,000
4d Trg Sed	640	1,920	3,200	7,200	11,200	16,000
1992 Fleetwood, V-8						
4d Sed	640	1,920	3,200	7,200	11,200	16,000
2d Cpe	640	1,920	3,200	7,200	11,200	16,000
4d Sed 60 Spl	680	2,040	3,400	7,650	11,900	17,000
1992 Eldorado, V-8						
2d Cpe	720	2,160	3,600	8,100	12,600	18,000
1992 Brougham, V-8						
4d Sed	680	2,040	3,400	7,650	11,900	17,000
1992 Allante, V-8						
2d Conv	1,120	3,360	5,600	12,600	19,600	28,000
NOTE: Add $1,500 for hardtop.						
1993 Seville, V-8						
4d Sed	680	2,040	3,400	7,650	11,900	17,000
4d STS Sed	720	2,160	3,600	8,100	12,600	18,000
1993 DeVille, V-8						
2d Cpe	608	1,824	3,040	6,840	10,640	15,200
4d Sed	620	1,860	3,100	6,980	10,850	15,500
4d Trg Sed	640	1,920	3,200	7,200	11,200	16,000
1993 Fleetwood, V-8						
4d Sed	700	2,100	3,500	7,880	12,250	17,500
1993 Sixty Special, V-8						
4d Sed	680	2,040	3,400	7,650	11,900	17,000
1993 Eldorado, V-8						
2d Cpe	728	2,184	3,640	8,190	12,740	18,200
1993 Allante, V-8						
2d Conv	1,160	3,480	5,800	13,050	20,300	29,000
1994 Seville, V-8						
4d Sed SLS	660	1,980	3,300	7,430	11,550	16,500
4d Sed STS	700	2,100	3,500	7,880	12,250	17,500
1994 DeVille, V-8						
4d Sed	560	1,680	2,800	6,300	9,800	14,000
4d Sed Concours	620	1,860	3,100	6,980	10,850	15,500
1994 Fleetwood, V-8						
4d Sed	640	1,920	3,200	7,200	11,200	16,000
1994 Eldorado, V-8						
2d Cpe	640	1,920	3,200	7,200	11,200	16,000
2d Cpe Trg	660	1,980	3,300	7,430	11,550	16,500
1995 Seville, V-8						
4d SLS Sed	650	2,000	3,300	7,430	11,600	16,500
4d STS Sed	700	2,100	3,500	7,880	12,300	17,500
1995 Deville, V-8						
4d Sed	550	1,700	2,800	6,300	9,800	14,000
4d Concours Sed	600	1,850	3,100	6,980	10,900	15,500

	6	5	4	3	2	1
1995 Fleetwood, V-8						
4d Sed	650	1,900	3,200	7,200	11,200	16,000
1995 Eldorado, V-8						
2d Cpe	650	1,900	3,200	7,200	11,200	16,000
2d Trg Cpe	650	2,000	3,300	7,430	11,600	16,500
1996 Seville, V-8						
4d SLS Sed	650	2,000	3,300	7,430	11,600	16,500
4d STS Sed	700	2,100	3,500	7,880	12,300	17,500
1996 Deville, V-8						
4d Sed	550	1,700	2,800	6,300	9,800	14,000
4d Concours Sed	600	1,850	3,100	6,980	10,900	15,500
1996 Fleetwood, V-8						
4d Sed	650	1,900	3,200	7,200	11,200	16,000
1996 Eldorado, V-8						
2d Cpe	650	1,900	3,200	7,200	11,200	16,000
2d Trg Cpe	650	2,000	3,300	7,430	11,600	16,500
1997 Catera, V-6						
4d Sed	400	1,200	2,000	4,500	7,000	10,000
1997 Seville, V-8						
4d SLS Sed	660	1,980	3,300	7,430	11,550	16,500
4d STS Sed	700	2,100	3,500	7,880	12,250	17,500
1997 Deville, V-8						
4d Sed	560	1,680	2,800	6,300	9,800	14,000
4d d'Elegance Sed	600	1,800	3,000	6,750	10,500	15,000
4d Concours Sed	620	1,860	3,100	6,980	10,850	15,500
1997 Eldorado, V-8						
2d Cpe	640	1,920	3,200	7,200	11,200	16,000
2d Trg Cpe	660	1,980	3,300	7,430	11,550	16,500
1998 Catera, V-6						
4d Sed	400	1,200	2,000	4,500	7,000	10,000
1998 Seville, V-8						
4d SLS Sed	670	2,000	3,340	7,520	11,690	16,700
4d STS Sed	710	2,120	3,540	7,970	12,390	17,700
1998 Deville, V-8						
4d Sed	560	1,680	2,800	6,300	9,800	14,000
4d d'Elegance Sed	600	1,800	3,000	6,750	10,500	15,000
4d Concours Sed	620	1,860	3,100	6,980	10,850	15,500
1998 Eldorado, V-8						
2d Cpe	640	1,920	3,200	7,200	11,200	16,000
2d Trg Cpe	660	1,980	3,300	7,430	11,550	16,500
1999 Catera, V-6						
4d Sed	400	1,200	2,000	4,500	7,000	10,000
NOTE: Add 10 percent for Sport pkg.						
1999 Seville, V-8						
4d SLS Sed	670	2,000	3,340	7,520	11,690	16,700
4d STS Sed	710	2,120	3,540	7,970	12,390	17,700
1999 Deville, V-8						
4d Sed	560	1,680	2,800	6,300	9,800	14,000
4d d'Elegance Sed	600	1,800	3,000	6,750	10,500	15,000
4d Concours Sed	620	1,860	3,100	6,980	10,850	15,500
1999 Eldorado, V-8						
2d Cpe	640	1,920	3,200	7,200	11,200	16,000
2d ETC Trg Cpe	680	2,050	3,420	7,700	11,970	17,100
2000 Catera, V-6						
4d Sed	400	1,210	2,020	4,550	7,070	10,100
NOTE: Add 10 percent for Sport pkg.						
2000 Seville, V-8						
4d SLS Sed	670	2,000	3,340	7,520	11,690	16,700
4d STS Sed	710	2,120	3,540	7,970	12,390	17,700
2000 Deville, V-8						
4d Sed	570	1,720	2,860	6,440	10,010	14,300
4d DHS Sed	620	1,850	3,080	6,930	10,780	15,400
4d DTS Sed	630	1,900	3,160	7,110	11,060	15,800
2000 Eldorado, V-8						
2d ESC Cpe	640	1,930	3,220	7,250	11,270	16,100
2d ETC Trg Cpe	690	2,060	3,440	7,740	12,040	17,200
2001 Catera, V-6						
4d Sed	410	1,220	2,040	5,100	7,140	10,200
2001 Seville, V-8						
4d SLS Sed	670	2,020	3,360	8,400	11,760	16,800
4d STS Sed	710	2,140	3,560	8,900	12,460	17,800
NOTE: Add 5 percent for STS Sport pkg.						
2001 Deville, V-8						
4d Sed	580	1,730	2,880	6,480	10,080	14,400
4d DHS Sed	620	1,860	3,100	7,750	10,850	15,500
4d DTS Sed	640	1,910	3,180	7,950	11,130	15,900
2001 Eldorado, V-8						
2d ESC Cpe	650	1,940	3,240	8,100	11,340	16,200
2d ETC Trg Cpe	690	2,080	3,460	8,650	12,110	17,300

	6	5	4	3	2	1

LASALLE

1927 Series 303, V-8, 125" wb

	6	5	4	3	2	1
2d RS Rds	3,080	9,240	15,400	34,650	53,900	77,000
4d Phae	3,160	9,480	15,800	35,550	55,300	79,000
4d Spt Phae	3,240	9,720	16,200	36,450	56,700	81,000
2d 2P Conv Cpe	2,760	8,280	13,800	31,050	48,300	69,000
2d RS Cpe	1,680	5,040	8,400	18,900	29,400	42,000
2d 4P Vic	1,480	4,440	7,400	16,650	25,900	37,000
4d Sed	1,040	3,120	5,200	11,700	18,200	26,000
4d Twn Sed	1,120	3,360	5,600	12,600	19,600	28,000

1927 Series 303, V-8, 134" wb

	6	5	4	3	2	1
4d Imp Sed	1,240	3,720	6,200	13,950	21,700	31,000
4d 7P Sed	1,200	3,600	6,000	13,500	21,000	30,000
4d 7P Imp Sed	1,280	3,840	6,400	14,400	22,400	32,000

1928 Series 303, V-8, 125" wb

	6	5	4	3	2	1
2d Rds	3,080	9,240	15,400	34,650	53,900	77,000
4d Phae	3,160	9,480	15,800	35,550	55,300	79,000
4d Spt Phae	3,240	9,720	16,200	36,450	56,700	81,000
2d Conv	2,760	8,280	13,800	31,050	48,300	69,000
2d Bus Cpe	1,440	4,320	7,200	16,200	25,200	36,000
2d RS Cpe	1,680	5,040	8,400	18,900	29,400	42,000
2d Vic	1,400	4,200	7,000	15,750	24,500	35,000
4d 5P Sed	1,280	3,840	6,400	14,400	22,400	32,000
4d Fam Sed	1,200	3,600	6,000	13,500	21,000	30,000
4d Twn Sed	1,240	3,720	6,200	13,950	21,700	31,000

1928 Series 303, V-8, 134" wb

	6	5	4	3	2	1
2d 5P Cpe	1,600	4,800	8,000	18,000	28,000	40,000
4d Cabr Sed	3,000	9,000	15,000	33,750	52,500	75,000
4d Imp Sed	1,720	5,160	8,600	19,350	30,100	43,000
4d 7P Sed	1,680	5,040	8,400	18,900	29,400	42,000
4d Fam Sed	1,520	4,560	7,600	17,100	26,600	38,000
4d Imp Fam Sed	1,720	5,160	8,600	19,350	30,100	43,000

1928 Series 303, V-8, 125" wb Fleetwood Line

	6	5	4	3	2	1
2d Bus Cpe	1,640	4,920	8,200	18,450	28,700	41,000
4d Sed	1,520	4,560	7,600	17,100	26,600	38,000
4d Twn Cabr	3,000	9,000	15,000	33,750	52,500	75,000
4d Trans Twn Cabr	3,080	9,240	15,400	34,650	53,900	77,000

1929 Series 328, V-8, 125" wb

	6	5	4	3	2	1
2d Rds	3,080	9,240	15,400	34,650	53,900	77,000
4d Phae	3,160	9,480	15,800	35,550	55,300	79,000
4d Spt Phae	3,240	9,720	16,200	36,450	56,700	81,000
4d Trans FW Twn Cabr	2,760	8,280	13,800	31,050	48,300	69,000

1929 Series 328, V-8, 134" wb

	6	5	4	3	2	1
2d Conv	3,000	9,000	15,000	33,750	52,500	75,000
2d RS Cpe	1,840	5,520	9,200	20,700	32,200	46,000
2d 5P Cpe	1,720	5,160	8,600	19,350	30,100	43,000
4d Sed	1,600	4,800	8,000	18,000	28,000	40,000
4d Fam Sed	1,640	4,920	8,200	18,450	28,700	41,000
4d Twn Sed	1,680	5,040	8,400	18,900	29,400	42,000
4d 7P Sed	1,680	5,040	8,400	18,900	29,400	42,000
4d 7P Imp Sed	1,720	5,160	8,600	19,350	30,100	43,000
4d Conv Lan Cabr	3,480	10,440	17,400	39,150	60,900	87,000
4d FW Trans Twn Cabr 1	3,480	10,440	17,400	39,150	60,900	87,000

1930 Series 340, V-8, 134" wb Fisher Line

	6	5	4	3	2	1
2d Conv	3,080	9,240	15,400	34,650	53,900	77,000
2d RS Cpe	2,240	6,720	11,200	25,200	39,200	56,000
2d Cpe	2,040	6,120	10,200	22,950	35,700	51,000
4d Sed	1,840	5,520	9,200	20,700	32,200	46,000
4d Imp Sed	1,880	5,640	9,400	21,150	32,900	47,000
4d 7P Sed	1,920	5,760	9,600	21,600	33,600	48,000
4d 7P Imp Sed	2,040	6,120	10,200	22,950	35,700	51,000

1930 Series 340, V-8, 134" wb Fleetwood Line

	6	5	4	3	2	1
2d RS Rds	3,520	10,560	17,600	39,600	61,600	88,000

1930 Fleetcliffe

	6	5	4	3	2	1
4d Phae	3,440	10,320	17,200	38,700	60,200	86,000
4d 7P Tr	2,960	8,880	14,800	33,300	51,800	74,000

1930 Fleetlands

	6	5	4	3	2	1
4d A/W Phae	3,640	10,920	18,200	40,950	63,700	91,000

1930 Fleetway

	6	5	4	3	2	1
4d S'net Cabr 4081	2,920	8,760	14,600	32,850	51,100	73,000

1930 Fleetwind

	6	5	4	3	2	1
4d S'net Cabr 4082	2,920	8,760	14,600	32,850	51,100	73,000

1931 Series 345A, V-8, 134" wb Fisher Line

	6	5	4	3	2	1
2d RS Cpe	2,440	7,320	12,200	27,450	42,700	61,000
2d Cpe	2,320	6,960	11,600	26,100	40,600	58,000
4d Sed	1,880	5,640	9,400	21,150	32,900	47,000
4d Twn Sed	1,920	5,760	9,600	21,600	33,600	48,000

	6	5	4	3	2	1
4d 7P Sed 1,960		5,880	9,800	22,050	34,300	49,000
4d 7P Imp Sed 2,000		6,000	10,000	22,500	35,000	50,000
1931 Series 345A, V-8, 134" wb Fleetwood Line						
2d RS Rds. 3,520		10,560	17,600	39,600	61,600	88,000
2d Conv. 3,240		9,720	16,200	36,450	56,700	81,000
4d Tr 3,240		9,720	16,200	36,450	56,700	81,000
4d A/W Phae 3,720		11,160	18,600	41,850	65,100	93,000
4d S'net Cabr 4081 2,920		8,760	14,600	32,850	51,100	73,000
4d S'net Cabr 4082 2,920		8,760	14,600	32,850	51,100	73,000
1932 Series 345B, V-8, 130" wb						
2d Conv. 2,960		8,880	14,800	33,300	51,800	74,000
2d RS Cpe. 2,240		6,720	11,200	25,200	39,200	56,000
2d Twn Cpe. 2,040		6,120	10,200	22,950	35,700	51,000
4d Sed. 1,640		4,920	8,200	18,450	28,700	41,000
1932 Series 345B, V-8, 136" wb						
4d 7P Sed 1,640		4,920	8,200	18,450	28,700	41,000
4d 7P Imp Sed 2,040		6,120	10,200	22,950	35,700	51,000
4d 7P Twn Sed 2,080		6,240	10,400	23,400	36,400	52,000
1933 Series 345C, V-8, 130" wb						
2d Conv. 2,600		7,800	13,000	29,250	45,500	65,000
2d RS Cpe. 1,880		5,640	9,400	21,150	32,900	47,000
2d Twn Cpe. 1,760		5,280	8,800	19,800	30,800	44,000
4d Sed. 1,600		4,800	8,000	18,000	28,000	40,000
1933 Series 345C, V-8, 136" wb						
4d Twn Sed. 2,040		6,120	10,200	22,950	35,700	51,000
4d Sed. 1,720		5,160	8,600	19,350	30,100	43,000
4d 7P Imp Sed 1,680		5,040	8,400	18,900	29,400	42,000
1934 Series 350, 8-cyl., 119" wb						
2d Conv. 2,280		6,840	11,400	25,650	39,900	57,000
2d Cpe. 1,600		4,800	8,000	18,000	28,000	40,000
4d Clb Sed 1,320		3,960	6,600	14,850	23,100	33,000
4d Sed. 1,280		3,840	6,400	14,400	22,400	32,000
1935 Series 50, 8-cyl., 120" wb						
2d Conv. 2,400		7,200	12,000	27,000	42,000	60,000
2d Cpe. 1,480		4,440	7,400	16,650	25,900	37,000
2d Sed. 1,120		3,360	5,600	12,600	19,600	28,000
4d Sed. 1,160		3,480	5,800	13,050	20,300	29,000
1936 Series 50, 8-cyl., 120" wb, LaSalle						
2d Conv. 2,200		6,600	11,000	24,750	38,500	55,000
2d RS Cpe. 1,400		4,200	7,000	15,750	24,500	35,000
2d Sed. 1,040		3,120	5,200	11,700	18,200	26,000
4d Sed. 1,080		3,240	5,400	12,150	18,900	27,000
1937 Series 50, V-8, 124" wb, LaSalle						
2d Conv. 2,280		6,840	11,400	25,650	39,900	57,000
2d Conv Sed 2,360		7,080	11,800	26,550	41,300	59,000
4P Cpe 1,400		4,200	7,000	15,750	24,500	35,000
2d Sed. 1,080		3,240	5,400	12,150	18,900	27,000
4d Sed. 1,120		3,360	5,600	12,600	19,600	28,000
1938 Series 50, V-8, 124" wb, LaSalle						
2d Conv. 2,280		6,840	11,400	25,650	39,900	57,000
4d Conv Sed 2,360		7,080	11,800	26,550	41,300	59,000
4P Cpe 1,440		4,320	7,200	16,200	25,200	36,000
2d Sed. 1,120		3,360	5,600	12,600	19,600	28,000
4d Sed. 1,160		3,480	5,800	13,050	20,300	29,000
1939 Series 50, V-8, 120" wb						
2d Conv. 2,280		6,840	11,400	25,650	39,900	57,000
4d Conv Sed 2,360		7,080	11,800	26,550	41,300	59,000
2d Cpe. 1,440		4,320	7,200	16,200	25,200	36,000
2d Sed. 1,120		3,360	5,600	12,600	19,600	28,000
2d S/R Sed 1,140		3,420	5,700	12,830	19,950	28,500
4d Sed. 1,160		3,480	5,800	13,050	20,300	29,000
4d S/R Sed 1,180		3,540	5,900	13,280	20,650	29,500
1940 Series 50, V-8, 123" wb						
2d Conv. 2,280		6,840	11,400	25,650	39,900	57,000
4d Conv Sed 2,360		7,080	11,800	26,550	41,300	59,000
2d Cpe. 1,480		4,440	7,400	16,650	25,900	37,000
2d Sed. 1,120		3,360	5,600	12,600	19,600	28,000
2d S/R Sed 1,140		3,420	5,700	12,830	19,950	28,500
4d Sed. 1,160		3,480	5,800	13,050	20,300	29,000
4d S/R Sed 1,180		3,540	5,900	13,280	20,650	29,500
1940 "Special" Series 52 LaSalle, V-8, 123" wb						
2d Conv. 2,280		6,840	11,400	25,650	39,900	57,000
4d Conv Sed 2,360		7,080	11,800	26,550	41,300	59,000
2d Cpe. 1,520		4,560	7,600	17,100	26,600	38,000
4d Sed. 1,160		3,480	5,800	13,050	20,300	29,000

CHECKER

1960 Checker Superba Std.

	6	5	4	3	2	1
Sed 630		1,900	3,160	7,110	11,060	15,800

	6	5	4	3	2	1
Sta Wag	640	1,910	3,180	7,160	11,130	15,900
1960 Checker Superba Spl.						
Sed	640	1,910	3,180	7,160	11,130	15,900
Sta Wag	640	1,920	3,200	7,200	11,200	16,000
1961 Checker Superba						
Sed	630	1,900	3,160	7,110	11,060	15,800
Sta Wag	640	1,910	3,180	7,160	11,130	15,900
1961 Checker Marathon						
Sed	640	1,910	3,180	7,160	11,130	15,900
Sta Wag	640	1,920	3,200	7,200	11,200	16,000
1962 Checker Superba						
Sed	630	1,900	3,160	7,110	11,060	15,800
Sta Wag	640	1,910	3,180	7,160	11,130	15,900
1962 Checker Marathon						
Sed	640	1,910	3,180	7,160	11,130	15,900
Sta Wag	640	1,920	3,200	7,200	11,200	16,000
1963 Checker Superba						
Sed	640	1,910	3,180	7,160	11,130	15,900
Sta Wag	640	1,920	3,200	7,200	11,200	16,000
1963 Checker Marathon						
Sed	640	1,910	3,180	7,160	11,130	15,900
Sta Wag	640	1,920	3,200	7,200	11,200	16,000
Limo	650	1,960	3,260	7,340	11,410	16,300
1964 Checker Marathon						
Sed	640	1,910	3,180	7,160	11,130	15,900
Sta Wag	640	1,920	3,200	7,200	11,200	16,000
Limo	660	1,970	3,280	7,380	11,480	16,400
Aerobus	730	2,180	3,640	8,190	12,740	18,200
1965 Marathon Series						
Sed	640	1,910	3,180	7,160	11,130	15,900
DeL Sed	640	1,920	3,200	7,200	11,200	16,000
Sta Wag	640	1,920	3,200	7,200	11,200	16,000
Limo	660	1,970	3,280	7,380	11,480	16,400
1966 Marathon Series						
Sed	640	1,910	3,180	7,160	11,130	15,900
DeL Sed	640	1,920	3,200	7,200	11,200	16,000
Sta Wag	640	1,920	3,200	7,200	11,200	16,000
Limo	660	1,970	3,280	7,380	11,480	16,400
1967 Marathon Series						
Sed	640	1,910	3,180	7,160	11,130	15,900
Sta Wag	640	1,920	3,200	7,200	11,200	16,000
1968 Marathon Series						
Sed	640	1,910	3,180	7,160	11,130	15,900
DeL Sed	640	1,920	3,200	7,200	11,200	16,000
Sta Wag	640	1,920	3,200	7,200	11,200	16,000
1969 Marathon Series						
Sed	640	1,910	3,180	7,160	11,130	15,900
DeL Sed	640	1,920	3,200	7,200	11,200	16,000
Sta Wag	640	1,920	3,200	7,200	11,200	16,000
Limo	660	1,970	3,280	7,380	11,480	16,400
1970 Marathon Series						
Sed	640	1,910	3,180	7,160	11,130	15,900
Sta Wag	640	1,920	3,200	7,200	11,200	16,000
DeL Sed	640	1,920	3,200	7,200	11,200	16,000
Limo	660	1,970	3,280	7,380	11,480	16,400
1971 Marathon Series						
Sed	640	1,910	3,180	7,160	11,130	15,900
Sta Wag	640	1,920	3,200	7,200	11,200	16,000
DeL Sed	640	1,920	3,200	7,200	11,200	16,000
Limo	660	1,970	3,280	7,380	11,480	16,400
NOTE: Add 5 percent for V-8.						
1972 Marathon Series						
Sed	620	1,870	3,120	7,020	10,920	15,600
Sta Wag	630	1,900	3,160	7,110	11,060	15,800
DeL Sed	630	1,900	3,160	7,110	11,060	15,800
NOTE: Add 5 percent for V-8.						
1973 Marathon Series						
Sed	620	1,870	3,120	7,020	10,920	15,600
Sta Wag	630	1,900	3,160	7,110	11,060	15,800
DeL Sed	630	1,900	3,160	7,110	11,060	15,800
NOTE: Add 5 percent for V-8.						
1974 Marathon Series						
Sed	620	1,870	3,120	7,020	10,920	15,600
Sta Wag	630	1,900	3,160	7,110	11,060	15,800
DeL Sed	630	1,900	3,160	7,110	11,060	15,800
NOTE: Add 5 percent for V-8.						
1975 Marathon Series						
Sed	620	1,860	3,100	6,980	10,850	15,500

	6	5	4	3	2	1
Sta Wag	630	1,880	3,140	7,070	10,990	15,700
DeL Sed	630	1,880	3,140	7,070	10,990	15,700
1976 Marathon Series						
4d Sed	620	1,860	3,100	6,980	10,850	15,500
4d Sed DeL	630	1,880	3,140	7,070	10,990	15,700
1977 Marathon Series						
4d Sed	620	1,860	3,100	6,980	10,850	15,500
4d Sed DeL	630	1,880	3,140	7,070	10,990	15,700
1978 Marathon Series						
4d Sed	620	1,870	3,120	7,020	10,920	15,600
4d Sed DeL	630	1,900	3,160	7,110	11,060	15,800
1979 Marathon Series						
4d Sed	620	1,870	3,120	7,020	10,920	15,600
4d Sed DeL	630	1,900	3,160	7,110	11,060	15,800
1980 Marathon Series						
4d Sed	630	1,880	3,140	7,070	10,990	15,700
4d Sed DeL	640	1,910	3,180	7,160	11,130	15,900
1981 Marathon Series						
4d Sed	630	1,880	3,140	7,070	10,990	15,700
4d Sed DeL	640	1,910	3,180	7,160	11,130	15,900
1982 Marathon Series						
4d Sed	630	1,880	3,140	7,070	10,990	15,700
4d Sed DeL	640	1,910	3,180	7,160	11,130	15,900

CHEVROLET

	6	5	4	3	2	1
1912 Classic Series, 6-cyl.						
Tr	1,320	3,960	6,600	14,850	23,100	33,000
1913 Classic Series, 6-cyl.						
Tr	1,220	3,660	6,100	13,730	21,350	30,500
1914 Series H2 & H4, 4-cyl.						
Rds	1,000	3,000	5,000	11,250	17,500	25,000
Tr	1,020	3,060	5,100	11,480	17,850	25,500
1914 Series C, 6-cyl.						
Tr	1,160	3,480	5,800	13,050	20,300	29,000
1914 Series L, 6-cyl.						
Tr	1,360	4,080	6,800	15,300	23,800	34,000
1915 Series H2 & H4, 4-cyl.						
Rds	920	2,760	4,600	10,350	16,100	23,000
Tr	1,000	3,000	5,000	11,250	17,500	25,000
1915 Series H3, 4-cyl.						
2P Rds	1,040	3,120	5,200	11,700	18,200	26,000
1915 Series L, 6-cyl.						
Tr	1,320	3,960	6,600	14,850	23,100	33,000
1916 Series 490, 4-cyl.						
Tr	840	2,520	4,200	9,450	14,700	21,000
1916 Series H2, 4-cyl.						
Rds	780	2,340	3,900	8,780	13,650	19,500
Torp Rds	840	2,520	4,200	9,450	14,700	21,000
1916 Series H4, 4-cyl.						
Tr	920	2,760	4,600	10,350	16,100	23,000
1917 Series F2 & F5, 4-cyl.						
Rds	760	2,280	3,800	8,550	13,300	19,000
Tr	800	2,400	4,000	9,000	14,000	20,000
1917 Series 490, 4-cyl.						
Rds	740	2,220	3,700	8,330	12,950	18,500
Tr	880	2,640	4,400	9,900	15,400	22,000
HT Tr	760	2,280	3,800	8,550	13,300	19,000
1917 Series D2 & D5, V-8						
Rds	1,080	3,240	5,400	12,150	18,900	27,000
Tr	1,120	3,360	5,600	12,600	19,600	28,000
1918 Series 490, 4-cyl.						
Tr	880	2,640	4,400	9,900	15,400	22,000
Rds	740	2,220	3,700	8,330	12,950	18,500
Cpe	340	1,020	1,700	3,830	5,950	8,500
Sed	280	840	1,400	3,150	4,900	7,000
1918 Series FA, 4-cyl.						
Rds	760	2,280	3,800	8,550	13,300	19,000
Tr	800	2,400	4,000	9,000	14,000	20,000
Sed	320	960	1,600	3,600	5,600	8,000
1918 Series D, V-8						
4P Rds	1,080	3,240	5,400	12,150	18,900	27,000
Tr	1,120	3,360	5,600	12,600	19,600	28,000
1919 Series 490, 4-cyl.						
Rds	740	2,220	3,700	8,330	12,950	18,500
Tr	880	2,640	4,400	9,900	15,400	22,000
Sed	308	924	1,540	3,470	5,390	7,700
Cpe	340	1,020	1,700	3,830	5,950	8,500
1919 Series FB, 4-cyl.						
Rds	680	2,040	3,400	7,650	11,900	17,000

CHEVROLET

	6	5	4	3	2	1
Tr	720	2,160	3,600	8,100	12,600	18,000
Cpe	440	1,320	2,200	4,950	7,700	11,000
2d Sed	340	1,020	1,700	3,830	5,950	8,500
4d Sed	320	960	1,600	3,600	5,600	8,000
1920 Series 490, 4-cyl.						
Rds	640	1,920	3,200	7,200	11,200	16,000
Tr	680	2,040	3,400	7,650	11,900	17,000
Sed	380	1,140	1,900	4,280	6,650	9,500
Cpe	480	1,440	2,400	5,400	8,400	12,000
1920 Series FB, 4-cyl.						
Rds	720	2,160	3,600	8,100	12,600	18,000
Tr	760	2,280	3,800	8,550	13,300	19,000
Sed	500	1,500	2,500	5,630	8,750	12,500
Cpe	520	1,560	2,600	5,850	9,100	13,000
1921 Series 490, 4-cyl.						
Rds	800	2,400	4,000	9,000	14,000	20,000
Tr	800	2,400	4,000	9,000	14,000	20,000
Cpe	480	1,440	2,400	5,400	8,400	12,000
C-D Sed	500	1,500	2,500	5,630	8,750	12,500
1921 Series FB, 4-cyl.						
Rds	820	2,460	4,100	9,230	14,350	20,500
Tr	840	2,520	4,200	9,450	14,700	21,000
Cpe	520	1,560	2,600	5,850	9,100	13,000
4d Sed	500	1,500	2,500	5,630	8,750	12,500
1922 Series 490, 4-cyl.						
Rds	800	2,400	4,000	9,000	14,000	20,000
Tr	840	2,520	4,200	9,450	14,700	21,000
Cpe	520	1,560	2,600	5,850	9,100	13,000
Utl Cpe	500	1,500	2,500	5,630	8,750	12,500
Sed	480	1,440	2,400	5,400	8,400	12,000
1922 Series FB, 4-cyl.						
Rds	800	2,400	4,000	9,000	14,000	20,000
Tr	840	2,520	4,200	9,450	14,700	21,000
Sed	480	1,440	2,400	5,400	8,400	12,000
Cpe	520	1,560	2,600	5,850	9,100	13,000
1923 Superior B, 4-cyl.						
Rds	800	2,400	4,000	9,000	14,000	20,000
Tr	840	2,520	4,200	9,450	14,700	21,000
Sed	480	1,440	2,400	5,400	8,400	12,000
2d Sed	480	1,440	2,400	5,400	8,400	12,000
Utl Cpe	500	1,500	2,500	5,630	8,750	12,500
DeL Tr	560	1,680	2,800	6,300	9,800	14,000
1924 Superior, 4-cyl.						
Rds	800	2,400	4,000	9,000	14,000	20,000
Tr	840	2,520	4,200	9,450	14,700	21,000
DeL Tr	860	2,580	4,300	9,680	15,050	21,500
Sed	380	1,140	1,900	4,280	6,650	9,500
DeL Sed	390	1,170	1,950	4,390	6,830	9,750
2P Cpe	500	1,500	2,500	5,630	8,750	12,500
4P Cpe	480	1,440	2,400	5,400	8,400	12,000
DeL Cpe	490	1,470	2,450	5,510	8,580	12,250
2d Sed	380	1,140	1,900	4,280	6,650	9,500
1925 Superior K, 4-cyl.						
Rds	940	2,820	4,700	10,580	16,450	23,500
Tr	980	2,940	4,900	11,030	17,150	24,500
Cpe	500	1,500	2,500	5,630	8,750	12,500
Sed	460	1,380	2,300	5,180	8,050	11,500
2d Sed	460	1,380	2,300	5,180	8,050	11,500
1926 Superior V, 4-cyl.						
Rds	980	2,940	4,900	11,030	17,150	24,500
Tr	980	2,940	4,900	11,030	17,150	24,500
Cpe	540	1,620	2,700	6,080	9,450	13,500
Sed	500	1,500	2,500	5,630	8,750	12,500
2d Sed	500	1,500	2,500	5,630	8,750	12,500
Lan Sed	520	1,560	2,600	5,850	9,100	13,000
1927 Model AA, 4-cyl.						
Rds	1,020	3,060	5,100	11,480	17,850	25,500
Tr	980	2,940	4,900	11,030	17,150	24,500
Utl Cpe	520	1,560	2,600	5,850	9,100	13,000
2d Sed	500	1,500	2,500	5,630	8,750	12,500
Sed	500	1,500	2,500	5,630	8,750	12,500
Lan Sed	520	1,560	2,600	5,850	9,100	13,000
Cabr	780	2,340	3,900	8,780	13,650	19,500
Imp Lan	700	2,100	3,500	7,880	12,250	17,500
1928 Model AB, 4-cyl.						
Rds	1,020	3,060	5,100	11,480	17,850	25,500
Tr	1,020	3,060	5,100	11,480	17,850	25,500
Utl Cpe	540	1,620	2,700	6,080	9,450	13,500

	6	5	4	3	2	1
Sed	520	1,560	2,600	5,850	9,100	13,000
2d Sed	520	1,560	2,600	5,850	9,100	13,000
Cabr	820	2,460	4,100	9,230	14,350	20,500
Imp Lan	700	2,100	3,500	7,880	12,250	17,500
Conv Cabr	900	2,700	4,500	10,130	15,750	22,500
1929 Model AC, 6-cyl.						
Rds	1,060	3,180	5,300	11,930	18,550	26,500
Tr	1,100	3,300	5,500	12,380	19,250	27,500
Cpe	660	1,980	3,300	7,430	11,550	16,500
Spt Cpe	700	2,100	3,500	7,880	12,250	17,500
Sed	540	1,620	2,700	6,080	9,450	13,500
Imp Sed	580	1,740	2,900	6,530	10,150	14,500
Conv Lan	940	2,820	4,700	10,580	16,450	23,500
2d Sed	540	1,620	2,700	6,080	9,450	13,500
Conv Cabr	980	2,940	4,900	11,030	17,150	24,500
1930 Model AD, 6-cyl.						
Rds	1,160	3,480	5,800	13,050	20,300	29,000
Spt Rds	1,120	3,360	5,600	12,600	19,600	28,000
Phae	1,120	3,360	5,600	12,600	19,600	28,000
2d Sed	520	1,560	2,600	5,850	9,100	13,000
Cpe	640	1,920	3,200	7,200	11,200	16,000
Spt Cpe	680	2,040	3,400	7,650	11,900	17,000
Clb Sed	580	1,740	2,900	6,530	10,150	14,500
Spec Sed	560	1,680	2,800	6,300	9,800	14,000
Sed	540	1,620	2,700	6,080	9,450	13,500
Con Lan	920	2,760	4,600	10,350	16,100	23,000
1931 Model AE, 6-cyl.						
Rds	1,280	3,840	6,400	14,400	22,400	32,000
Spt Rds	1,320	3,960	6,600	14,850	23,100	33,000
Cabr	1,200	3,600	6,000	13,500	21,000	30,000
Phae	1,240	3,720	6,200	13,950	21,700	31,000
2d Sed	560	1,680	2,800	6,300	9,800	14,000
5P Cpe	680	2,040	3,400	7,650	11,900	17,000
5W Cpe	720	2,160	3,600	8,100	12,600	18,000
Spt Cpe	800	2,400	4,000	9,000	14,000	20,000
Cpe	760	2,280	3,800	8,550	13,300	19,000
2d DeL Sed	640	1,920	3,200	7,200	11,200	16,000
Sed	580	1,740	2,900	6,530	10,150	14,500
Spl Sed	640	1,920	3,200	7,200	11,200	16,000
Lan Phae	1,080	3,240	5,400	12,150	18,900	27,000
1932 Model BA Standard, 6-cyl.						
Rds	1,480	4,440	7,400	16,650	25,900	37,000
Phae	1,480	4,440	7,400	16,650	25,900	37,000
Lan Phae	1,440	4,320	7,200	16,200	25,200	36,000
3W Cpe	880	2,640	4,400	9,900	15,400	22,000
5W Cpe	920	2,760	4,600	10,350	16,100	23,000
Spt Cpe	960	2,880	4,800	10,800	16,800	24,000
2d Sed	680	2,040	3,400	7,650	11,900	17,000
Sed	720	2,160	3,600	8,100	12,600	18,000
5P Cpe	920	2,760	4,600	10,350	16,100	23,000
1932 Model BA DeLuxe, 6-cyl.						
Spt Rds	1,520	4,560	7,600	17,100	26,600	38,000
Lan Phae	1,480	4,440	7,400	16,650	25,900	37,000
Cabr	1,440	4,320	7,200	16,200	25,200	36,000
3W Bus Cpe	920	2,760	4,600	10,350	16,100	23,000
5W Cpe	960	2,880	4,800	10,800	16,800	24,000
Spt Cpe	1,000	3,000	5,000	11,250	17,500	25,000
2d Sed	720	2,160	3,600	8,100	12,600	18,000
Sed	760	2,280	3,800	8,550	13,300	19,000
Spl Sed	800	2,400	4,000	9,000	14,000	20,000
5P Cpe	960	2,880	4,800	10,800	16,800	24,000
1933 Mercury, 6-cyl.						
2P Cpe	680	2,040	3,400	7,650	11,900	17,000
RS Cpe	720	2,160	3,600	8,100	12,600	18,000
2d Sed	540	1,620	2,700	6,080	9,450	13,500
1933 Master Eagle, 6-cyl.						
Spt Rds	1,320	3,960	6,600	14,850	23,100	33,000
Phae	1,360	4,080	6,800	15,300	23,800	34,000
2P Cpe	680	2,040	3,400	7,650	11,900	17,000
Spt Cpe	720	2,160	3,600	8,100	12,600	18,000
2d Sed	552	1,656	2,760	6,210	9,660	13,800
2d Trk Sed	560	1,680	2,800	6,300	9,800	14,000
Sed	560	1,680	2,800	6,300	9,800	14,000
Conv	1,280	3,840	6,400	14,400	22,400	32,000
1934 Standard, 6-cyl.						
Sed	540	1,620	2,700	6,080	9,450	13,500
Spt Rds	1,200	3,600	6,000	13,500	21,000	30,000
Phae	1,240	3,720	6,200	13,950	21,700	31,000

	6	5	4	3	2	1
Cpe.	680	2,040	3,400	7,650	11,900	17,000
2d Sed	536	1,608	2,680	6,030	9,380	13,400
1934 Master, 6-cyl.						
Spt Rds.	1,240	3,720	6,200	13,950	21,700	31,000
Bus Cpe	720	2,160	3,600	8,100	12,600	18,000
Spt Cpe	760	2,280	3,800	8,550	13,300	19,000
2d Sed	564	1,692	2,820	6,350	9,870	14,100
Twn Sed	596	1,788	2,980	6,710	10,430	14,900
Sed.	576	1,728	2,880	6,480	10,080	14,400
Conv.	1,200	3,600	6,000	13,500	21,000	30,000
1935 Standard, 6-cyl.						
Rds.	1,040	3,120	5,200	11,700	18,200	26,000
Phae.	1,120	3,360	5,600	12,600	19,600	28,000
Cpe.	660	1,980	3,300	7,430	11,550	16,500
2d Sed	580	1,740	2,900	6,530	10,150	14,500
Sed.	592	1,776	2,960	6,660	10,360	14,800
1935 Master, 6-cyl.						
5W Cpe	680	2,040	3,400	7,650	11,900	17,000
Spt Cpe	700	2,100	3,500	7,880	12,250	17,500
2d Sed	588	1,764	2,940	6,620	10,290	14,700
Sed.	600	1,800	3,000	6,750	10,500	15,000
Spt Sed.	608	1,824	3,040	6,840	10,640	15,200
Twn Sed.	592	1,776	2,960	6,660	10,360	14,800
1936 Standard, 6-cyl.						
Cpe.	660	1,980	3,300	7,430	11,550	16,500
Sed.	580	1,740	2,900	6,530	10,150	14,500
Spt Sed.	592	1,776	2,960	6,660	10,360	14,800
2d Sed	576	1,728	2,880	6,480	10,080	14,400
Cpe PU.	720	2,160	3,600	8,100	12,600	18,000
Conv.	920	2,760	4,600	10,350	16,100	23,000
1936 Master, 6-cyl.						
5W Cpe	700	2,100	3,500	7,880	12,250	17,500
Spt Cpe	740	2,220	3,700	8,330	12,950	18,500
2d Sed	588	1,764	2,940	6,620	10,290	14,700
Twn Sed	592	1,776	2,960	6,660	10,360	14,800
Sed.	596	1,788	2,980	6,710	10,430	14,900
Spt Sed.	600	1,800	3,000	6,750	10,500	15,000
1937 Master, 6-cyl.						
Conv.	1,320	3,960	6,600	14,850	23,100	33,000
Cpe.	720	2,160	3,600	8,100	12,600	18,000
Cpe PU.	760	2,280	3,800	8,550	13,300	19,000
2d Sed	640	1,920	3,200	7,200	11,200	16,000
2d Twn Sed	660	1,980	3,300	7,430	11,550	16,500
4d Trk Sed	648	1,944	3,240	7,290	11,340	16,200
4d Spt Sed	652	1,956	3,260	7,340	11,410	16,300
1937 Master DeLuxe, 6-cyl.						
Cpe.	740	2,220	3,700	8,330	12,950	18,500
Spt Cpe	780	2,340	3,900	8,780	13,650	19,500
2d Sed	600	1,800	3,000	6,750	10,500	15,000
2d Twn Sed	604	1,812	3,020	6,800	10,570	15,100
4d Trk Sed	600	1,800	3,000	6,750	10,500	15,000
4d Spt Sed	604	1,812	3,020	6,800	10,570	15,100
1938 Master, 6-cyl.						
Conv.	1,360	4,080	6,800	15,300	23,800	34,000
Cpe.	720	2,160	3,600	8,100	12,600	18,000
Cpe PU.	760	2,280	3,800	8,550	13,300	19,000
2d Sed	640	1,920	3,200	7,200	11,200	16,000
2d Twn Sed	644	1,932	3,220	7,250	11,270	16,100
4d Sed	640	1,920	3,200	7,200	11,200	16,000
4d Spt Sed	644	1,932	3,220	7,250	11,270	16,100
1938 Master DeLuxe, 6-cyl.						
Cpe.	740	2,220	3,700	8,330	12,950	18,500
Spt Cpe	780	2,340	3,900	8,780	13,650	19,500
2d Sed	644	1,932	3,220	7,250	11,270	16,100
2d Twn Sed	648	1,944	3,240	7,290	11,340	16,200
4d Sed	644	1,932	3,220	7,250	11,270	16,100
4d Spt Sed	648	1,944	3,240	7,290	11,340	16,200
1939 Master 85, 6-cyl.						
Cpe.	720	2,160	3,600	8,100	12,600	18,000
2d Sed	612	1,836	3,060	6,890	10,710	15,300
2d Twn Sed	616	1,848	3,080	6,930	10,780	15,400
4d Sed	612	1,836	3,060	6,890	10,710	15,300
4d Spt Sed	616	1,848	3,080	6,930	10,780	15,400
Sta Wag	1,200	3,600	6,000	13,500	21,000	30,000
1939 Master DeLuxe, 6-cyl.						
Cpe.	740	2,220	3,700	8,330	12,950	18,500
Spt Cpe	760	2,280	3,800	8,550	13,300	19,000
2d Sed	652	1,956	3,260	7,340	11,410	16,300

	6	5	4	3	2	1
2d Twn Sed	656	1,968	3,280	7,380	11,480	16,400
4d Sed	652	1,956	3,260	7,340	11,410	16,300
4d Spt Sed	616	1,848	3,080	6,930	10,780	15,400
Sta Wag	1,240	3,720	6,200	13,950	21,700	31,000
1940 Master 85, 6-cyl.						
2d Cpe	840	2,520	4,200	9,450	14,700	21,000
2d Twn Sed	624	1,872	3,120	7,020	10,920	15,600
4d Spt Sed	620	1,860	3,100	6,980	10,850	15,500
4d Sta Wag	1,200	3,600	6,000	13,500	21,000	30,000
1940 Master DeLuxe, 6-cyl.						
2d Cpe	860	2,580	4,300	9,680	15,050	21,500
Spt Cpe	880	2,640	4,400	9,900	15,400	22,000
2d Twn Sed	640	1,920	3,200	7,200	11,200	16,000
4d Spt Sed	640	1,920	3,200	7,200	11,200	16,000
1940 Special DeLuxe, 6-cyl.						
2d Cpe	880	2,640	4,400	9,900	15,400	22,000
2d Spt Cpe	900	2,700	4,500	10,130	15,750	22,500
2d Twn Sed	660	1,980	3,300	7,430	11,550	16,500
4d Spt Sed	656	1,968	3,280	7,380	11,480	16,400
2d Conv	1,520	4,560	7,600	17,100	26,600	38,000
4d Sta Wag	1,280	3,840	6,400	14,400	22,400	32,000
1941 Master DeLuxe, 6-cyl.						
2P Cpe	840	2,520	4,200	9,450	14,700	21,000
4P Cpe	860	2,580	4,300	9,680	15,050	21,500
2d Twn Sed	650	1,950	3,300	7,380	11,500	16,400
4d Spt Sed	650	1,950	3,250	7,340	11,400	16,300
1941 Special DeLuxe, 6-cyl.						
2P Cpe	880	2,640	4,400	9,900	15,400	22,000
4P Cpe	920	2,760	4,600	10,350	16,100	23,000
2d Twn Sed	700	2,100	3,500	7,920	12,300	17,600
4d Spt Sed	700	2,100	3,500	7,880	12,300	17,500
4d Flt Sed	750	2,200	3,700	8,330	13,000	18,500
2d Conv	1,700	5,050	8,400	18,900	29,400	42,000
4d Sta Wag	1,650	4,900	8,200	18,450	28,700	41,000
2d Cpe PU	800	2,400	4,000	9,000	14,000	20,000
1942 Master DeLuxe, 6-cyl.						
2P Cpe	780	2,340	3,900	8,780	13,650	19,500
4P Cpe	800	2,400	4,000	9,000	14,000	20,000
2d Cpe PU	820	2,460	4,100	9,230	14,350	20,500
2d Twn Sed	632	1,896	3,160	7,110	11,060	15,800
1942 Special DeLuxe, 6-cyl.						
2P Cpe	820	2,460	4,100	9,230	14,350	20,500
2d 5P Cpe	840	2,520	4,200	9,450	14,700	21,000
2d Twn Sed	640	1,920	3,200	7,200	11,200	16,000
4d Spt Sed	644	1,932	3,220	7,250	11,270	16,100
2d Conv	1,480	4,440	7,400	16,650	25,900	37,000
4d Sta Wag	1,400	4,200	7,000	15,750	24,500	35,000
1942 Fleetline, 6-cyl.						
2d Aero	720	2,160	3,600	8,100	12,600	18,000
4d Spt Mstr	680	2,040	3,400	7,650	11,900	17,000
1946-48 Stylemaster, 6-cyl.						
2d Bus Cpe	780	2,340	3,900	8,780	13,650	19,500
2d Spt Cpe	800	2,400	4,000	9,000	14,000	20,000
2d Twn Sed	680	2,040	3,400	7,650	11,900	17,000
4d Spt Sed	684	2,052	3,420	7,700	11,970	17,100
1946-48 Fleetmaster, 6-cyl.						
2d Spt Cpe	800	2,400	4,000	9,000	14,000	20,000
2d Twn Sed	696	2,088	3,480	7,830	12,180	17,400
4d Spt Sed	700	2,100	3,500	7,880	12,250	17,500
2d Conv	1,560	4,680	7,800	17,550	27,300	39,000
4d Sta Wag	1,440	4,320	7,200	16,200	25,200	36,000
1946-48 Fleetline, 6-cyl.						
2d Aero	760	2,280	3,800	8,550	13,300	19,000
4d Spt Mstr	720	2,160	3,600	8,100	12,600	18,000
1949-50 Styleline Special, 6-cyl.						
2d Bus Cpe	760	2,280	3,800	8,550	13,300	19,000
2d Spt Cpe	780	2,340	3,900	8,780	13,650	19,500
2d Sed	724	2,172	3,620	8,150	12,670	18,100
4d Sed	728	2,184	3,640	8,190	12,740	18,200
1949-50 Fleetline Special, 6-cyl.						
2d Sed	728	2,184	3,640	8,190	12,740	18,200
4d Sed	732	2,196	3,660	8,240	12,810	18,300
1949-50 Styleline DeLuxe, 6-cyl.						
Spt Cpe	800	2,400	4,000	9,000	14,000	20,000
2d Sed	732	2,196	3,660	8,240	12,810	18,300
4d Sed	736	2,208	3,680	8,280	12,880	18,400
2d HT Bel Air (1950 only)	1,020	3,060	5,100	11,480	17,850	25,500
2d Conv	1,520	4,560	7,600	17,100	26,600	38,000

CHEVROLET

	6	5	4	3	2	1
4d Woodie Wag (1949 only)	1,240	3,720	6,200	13,950	21,700	31,000
4d Mtl Sta Wag	920	2,760	4,600	10,350	16,100	23,000
1949-50 Fleetline DeLuxe, 6-cyl.						
2d Sed	776	2,328	3,880	8,730	13,580	19,400
4d Sed	780	2,340	3,900	8,780	13,650	19,500
1951-52 Styleline Special, 6-cyl.						
2d Bus Cpe	780	2,340	3,900	8,780	13,650	19,500
2d Spt Cpe	788	2,364	3,940	8,870	13,790	19,700
2d Sed	732	2,196	3,660	8,240	12,810	18,300
4d Sed	728	2,184	3,640	8,190	12,740	18,200
1951-52 Styleline DeLuxe, 6-cyl.						
2d Spt Cpe	840	2,520	4,200	9,450	14,700	21,000
2d Sed	752	2,256	3,760	8,460	13,160	18,800
4d Sed	752	2,256	3,760	8,460	13,160	18,800
2d HT Bel Air	1,000	3,000	5,000	11,250	17,500	25,000
2d Conv	1,560	4,680	7,800	17,550	27,300	39,000
1951-52 Fleetline Special, 6-cyl.						
2d Sed	696	2,088	3,480	7,830	12,180	17,400
4d Sed (1951 only)	692	2,076	3,460	7,790	12,110	17,300
4d Sta Wag	800	2,400	4,000	9,000	14,000	20,000
1951-52 Fleetline DeLuxe, 6-cyl.						
2d Sed	764	2,292	3,820	8,600	13,370	19,100
4d Sed (1951 only)	760	2,280	3,800	8,550	13,300	19,000
1953 Special 150, 6-cyl.						
2d Bus Cpe	720	2,160	3,600	8,100	12,600	18,000
2d Clb Cpe	732	2,196	3,660	8,240	12,810	18,300
2d Sed	688	2,064	3,440	7,740	12,040	17,200
4d Sed	684	2,052	3,420	7,700	11,970	17,100
4d Sta Wag	800	2,400	4,000	9,000	14,000	20,000
1953 DeLuxe 210, 6-cyl.						
2d Clb Cpe	800	2,400	4,000	9,000	14,000	20,000
2d Sed	740	2,220	3,700	8,330	12,950	18,500
4d Sed	736	2,200	3,680	8,280	12,880	18,400
2d HT	1,040	3,120	5,200	11,700	18,200	26,000
2d Conv	1,600	4,800	8,000	18,000	28,000	40,000
4d Sta Wag	820	2,460	4,100	9,230	14,350	20,500
4d 210 Townsman Sta Wag	840	2,520	4,200	9,450	14,700	21,000
1953 Bel Air						
2d Sed	784	2,352	3,920	8,820	13,720	19,600
4d Sed	780	2,340	3,900	8,780	13,650	19,500
2d HT	1,080	3,240	5,400	12,150	18,900	27,000
2d Conv	1,720	5,160	8,600	19,350	30,100	43,000
1954 Special 150, 6-cyl.						
2d Utl Sed	680	2,040	3,400	7,650	11,900	17,000
2d Sed	688	2,064	3,440	7,740	12,040	17,200
4d Sed	684	2,052	3,420	7,700	11,970	17,100
4d Sta Wag	800	2,400	4,000	9,000	14,000	20,000
1954 Special 210, 6-cyl.						
2d Sed	740	2,220	3,700	8,330	12,950	18,500
2d Sed Delray	800	2,400	4,000	9,000	14,000	20,000
4d Sed	736	2,208	3,680	8,280	12,880	18,400
4d Sta Wag	840	2,520	4,200	9,450	14,700	21,000
1954 Bel Air, 6-cyl.						
2d Sed	788	2,364	3,940	8,870	13,790	19,700
4d Sed	784	2,352	3,920	8,820	13,720	19,600
2d HT	1,080	3,240	5,400	12,150	18,900	27,000
2d Conv	1,760	5,280	8,800	19,800	30,800	44,000
4d Sta Wag	920	2,760	4,600	10,350	16,100	23,000
1955 Model 150, V-8						
2d Utl Sed	1,080	3,240	5,400	12,150	18,900	27,000
2d Sed	1,160	3,480	5,800	13,050	20,300	29,000
4d Sed	800	2,400	4,000	9,000	14,000	20,000
2d Sta Wag	1,120	3,360	5,600	12,600	19,600	28,000
1955 Model 210, V-8						
2d Sed	1,200	3,600	6,000	13,500	21,000	30,000
2d Sed Delray	1,240	3,720	6,200	13,950	21,700	31,000
4d Sed	800	2,400	4,000	9,000	14,000	20,000
2d HT	1,640	4,920	8,200	18,450	28,700	41,000
2d Sta Wag	1,180	3,540	5,900	13,280	20,650	29,500
4d Sta Wag	1,140	3,420	5,700	12,830	19,950	28,500
1955 Bel Air, V-8						
2d Sed	1,240	3,720	6,200	13,950	21,700	31,000
4d Sed	880	2,640	4,400	9,900	15,400	22,000
2d HT	1,840	5,520	9,200	20,700	32,200	46,000
2d Conv	3,700	11,100	18,500	41,630	64,750	92,500
2d Nomad	2,460	7,380	12,300	27,680	43,050	61,500
4d Sta Wag	1,240	3,720	6,200	13,950	21,700	31,000

NOTE: Add 10 percent for A/C; 15 percent for "Power-Pack". Deduct 10 percent for 6-cyl.

	6	5	4	3	2	1
1956 Model 150, V-8						
2d Utl Sed	1,080	3,240	5,400	12,150	18,900	27,000
2d Sed	1,160	3,480	5,800	13,050	20,300	29,000
4d Sed	800	2,400	4,000	9,000	14,000	20,000
2d Sta Wag	1,120	3,360	5,600	12,600	19,600	28,000
1956 Model 210, V-8						
2d Sed	1,200	3,600	6,000	13,500	21,000	30,000
2d Sed Delray	1,240	3,720	6,200	13,950	21,700	31,000
4d Sed	800	2,400	4,000	9,000	14,000	20,000
4d HT	880	2,640	4,400	9,900	15,400	22,000
2d HT	1,640	4,920	8,200	18,450	28,700	41,000
2d Sta Wag	1,180	3,540	5,900	13,280	20,650	29,500
4d Sta Wag	1,120	3,360	5,600	12,600	19,600	28,000
4d 9P Sta Wag	1,140	3,420	5,700	12,830	19,950	28,500
1956 Bel Air, V-8						
2d Sed	1,500	4,500	7,500	16,880	26,250	37,500
4d Sed	880	2,640	4,400	9,900	15,400	22,000
4d HT	920	2,760	4,600	10,350	16,100	23,000
2d HT	1,960	5,880	9,800	22,050	34,300	49,000
2d Conv	3,600	10,800	18,000	40,500	63,000	90,000
2d Nomad	2,380	7,140	11,900	26,780	41,650	59,500
4d 9P Sta Wag	1,240	3,720	6,200	13,950	21,700	31,000

NOTE: Add 10 percent for A/C; 15 percent for "Power-Pack". Deduct 10 percent for 6-cyl. Add 25 percent for dual 4 barrel carbs.

	6	5	4	3	2	1
1957 Model 150, V-8						
2d Utl Sed	1,300	3,900	6,500	14,630	22,750	32,500
2d Sed	1,400	4,200	7,000	15,750	24,500	35,000
4d Sed	820	2,460	4,100	9,230	14,350	20,500
2d Sta Wag	1,180	3,540	5,900	13,280	20,650	29,500
1957 Model 210, V-8						
2d Sed	1,420	4,260	7,100	15,980	24,850	35,500
2d Sed Delray	1,540	4,620	7,700	17,330	26,950	38,500
4d Sed	900	2,700	4,500	10,130	15,750	22,500
4d HT	960	2,880	4,800	10,800	16,800	24,000
2d HT	1,980	5,940	9,900	22,280	34,650	49,500
2d Sta Wag	1,240	3,720	6,200	13,950	21,700	31,000
4d Sta Wag	1,160	3,480	5,800	13,050	20,300	29,000
4d 9P Sta Wag	1,220	3,660	6,100	13,730	21,350	30,500
1957 Bel Air, V-8						
2d Sed	1,280	3,840	6,400	14,400	22,400	32,000
4d Sed	920	2,760	4,600	10,350	16,100	23,000
4d HT	960	2,880	4,800	10,800	16,800	24,000
2d HT	2,540	7,620	12,700	28,580	44,450	63,500
2d Conv	4,340	13,020	21,700	48,830	75,950	108,500
2d Nomad	2,400	7,200	12,000	27,000	42,000	60,000
4d Sta Wag	1,280	3,840	6,400	14,400	22,400	32,000

NOTE: Add 10 percent for A/C; 15 percent for "Power-Pack" and 20 percent for F.I. Deduct 10 percent for 6-cyl. Add 25 percent for dual 4 barrel carbs.

	6	5	4	3	2	1
1958 Delray, V-8						
2d Utl Sed	680	2,040	3,400	7,650	11,900	17,000
2d Sed	700	2,100	3,500	7,880	12,250	17,500
4d Sed	660	1,980	3,300	7,430	11,550	16,500
1958 Biscayne, V-8						
2d Sed	680	2,040	3,400	7,650	11,900	17,000
4d Sed	664	1,992	3,320	7,470	11,620	16,600
1958 Bel Air, V-8						
2d Sed	760	2,280	3,800	8,550	13,300	19,000
4d Sed	740	2,220	3,700	8,330	12,950	18,500
4d HT	800	2,400	4,000	9,000	14,000	20,000
2d HT	1,320	3,960	6,600	14,850	23,100	33,000
2d Impala	1,840	5,520	9,200	20,700	32,200	46,000
2d Imp Conv	2,600	7,800	13,000	29,250	45,500	65,000
1958 Station Wagons, V-8						
2d Yeo	744	2,232	3,720	8,370	13,020	18,600
4d Yeo	740	2,220	3,700	8,330	12,950	18,500
4d 6P Brookwood	752	2,256	3,760	8,460	13,160	18,800
4d 9P Brookwood	756	2,268	3,780	8,510	13,230	18,900
4d Nomad	820	2,460	4,100	9,230	14,350	20,500

NOTE: Add 10 percent for "Power-Pack" & dual exhaust on 283 V-8. Add 20 percent for 348. Add 30 percent for 348 Tri-Power set up. Add 15 percent for A/C. Deduct 10 percent for 6-cyl.

	6	5	4	3	2	1
1959 Biscayne, V-8						
2d Utl Sed	640	1,920	3,200	7,200	11,200	16,000
2d Sed	652	1,956	3,260	7,340	11,410	16,300
4d Sed	648	1,944	3,240	7,290	11,340	16,200
1959 Bel Air, V-8						
2d Sed	672	2,016	3,360	7,560	11,760	16,800
4d Sed	668	2,004	3,340	7,520	11,690	16,700
4d HT	720	2,160	3,600	8,100	12,600	18,000
1959 Impala, V-8						
4d Sed	680	2,040	3,400	7,650	11,900	17,000

	6	5	4	3	2	1
4d HT	760	2,280	3,800	8,550	13,300	19,000
2d HT	1,520	4,560	7,600	17,100	26,600	38,000
2d Conv	1,840	5,520	9,200	20,700	32,200	46,000
1959 Station Wagons, V-8						
2d Brookwood	720	2,160	3,600	8,100	12,600	18,000
4d Brookwood	680	2,040	3,400	7,650	11,900	17,000
4d Parkwood	696	2,088	3,480	7,830	12,180	17,400
4d Kingswood	720	2,160	3,600	8,100	12,600	18,000
4d Nomad	740	2,220	3,700	8,330	12,950	18,500

NOTE: Add 10 percent for A/C. Add 5 percent for 4-speed transmission. Deduct 10 percent for 6-cyl. Add 30 percent for 348 Tri-Power set up.

	6	5	4	3	2	1
1960 Biscayne, V-8						
2d Utl Sed	532	1,596	2,660	5,990	9,310	13,300
2d Sed	548	1,644	2,740	6,170	9,590	13,700
4d Sed	544	1,632	2,720	6,120	9,520	13,600
1960 Biscayne Fleetmaster, V-8						
2d Sed	556	1,668	2,780	6,260	9,730	13,900
4d Sed	552	1,656	2,760	6,210	9,660	13,800
1960 Bel Air, V-8						
2d Sed	656	1,908	3,280	7,380	11,480	16,400
4d Sed	652	1,956	3,260	7,340	11,410	16,300
4d HT	700	2,100	3,500	7,880	12,250	17,500
2d HT	1,160	3,480	5,800	13,050	20,300	29,000
1960 Impala, V-8						
4d Sed	672	2,016	3,360	7,560	11,760	16,800
4d HT	760	2,280	3,800	8,550	13,300	19,000
2d HT	1,440	4,320	7,200	16,200	25,200	36,000
2d Conv	2,000	6,000	10,000	22,500	35,000	50,000
1960 Station Wagons, V-8						
2d Brookwood	720	2,160	3,600	8,100	12,600	18,000
4d Brookwood	680	2,040	3,400	7,650	11,900	17,000
4d Kingswood	692	2,076	3,460	7,790	12,110	17,300
4d Parkwood	700	2,100	3,500	7,880	12,250	17,500
4d Nomad	720	2,160	3,600	8,100	12,600	18,000

NOTE: Add 10 percent for A/C. Deduct 10 percent for 6 cyl. Add 30 percent for 348 Tri-Power set up.

	6	5	4	3	2	1
1961 Biscayne, V-8						
2d Utl Sed	516	1,548	2,580	5,810	9,030	12,900
2d Sed	544	1,632	2,720	6,120	9,520	13,600
4d Sed	540	1,620	2,700	6,080	9,450	13,500
1961 Bel Air, V-8						
2d Sed	548	1,644	2,740	6,170	9,590	13,700
4d Sed	544	1,632	2,720	6,120	9,520	13,600
4d HT	680	2,040	3,400	7,650	11,900	17,000
2d HT	1,200	3,600	6,000	13,500	21,000	30,000
1961 Impala, V-8						
2d Sed	644	1,932	3,220	7,250	11,270	16,100
4d Sed	640	1,920	3,200	7,200	11,200	16,000
4d HT	700	2,100	3,500	7,880	12,250	17,500
2d HT	1,360	4,080	6,800	15,300	23,800	34,000
2d Conv	1,840	5,520	9,200	20,700	32,200	46,000
1961 Station Wagons, V-8						
4d Brookwood	660	1,980	3,300	7,430	11,550	16,500
4d Parkwood	680	2,040	3,400	7,650	11,900	17,000
4d Nomad	760	2,280	3,800	8,550	13,300	19,000

NOTE: Add 10 percent for "Power-Pack" & dual exhaust on 283 V-8. Add 15 percent for A/C. Add 35 percent for 348 cid. Add 40 percent for Super Sport option. Add 50 percent for 409 V-8. Deduct 10 percent for 6-cyl.

	6	5	4	3	2	1
1962 Chevy II, 4 & 6-cyl.						
2d Sed	524	1,572	2,620	5,900	9,170	13,100
4d Sed	520	1,560	2,600	5,850	9,100	13,000
2d HT	840	2,520	4,200	9,450	14,700	21,000
2d Conv	1,000	3,000	5,000	11,250	17,500	25,000
4d Sta Wag	660	1,980	3,300	7,430	11,550	16,500
1962 Biscayne, V-8						
2d Sed	540	1,620	2,700	6,080	9,450	13,500
4d Sed	536	1,608	2,680	6,030	9,380	13,400
4d Sta Wag	652	1,956	3,260	7,340	11,410	16,300
1962 Bel Air, V-8						
2d Sed	548	1,644	2,740	6,170	9,590	13,700
4d Sed	544	1,632	2,720	6,120	9,520	13,600
2d HT	1,240	3,720	6,200	13,950	21,700	31,000
4d Sta Wag	720	2,160	3,600	8,100	12,600	18,000

NOTE: Add 10 percent for "Power-Pack" & dual exhaust on 283 V-8. Add 15 percent for A/C. Add 35 percent for 348 cid. Add 40 percent for Super Sport option. Add 50 percent for 409 V-8. Deduct 10 percent for 6-cyl.

	6	5	4	3	2	1
1962 Impala, V-8						
4d Sed	640	1,920	3,200	7,200	11,200	16,000
4d HT	720	2,160	3,600	8,100	12,600	18,000
2d HT	1,400	4,200	7,000	15,750	24,500	35,000
2d Conv	1,880	5,640	9,400	21,150	32,900	47,000

CHEVROLET

	6	5	4	3	2	1
4d Sta Wag 760	2,280	3,800	8,550	13,300	19,000

NOTE: Add 25 percent for Super Sport option. Add 15 percent for Power-Pack & dual exhaust. Add 15 percent for A/C. Add 50 percent for 409 cid. Deduct 10 percent for 6-cyl. except Chevy II.

1963 Chevy II and Nova, 4 & 6-cyl.

	6	5	4	3	2	1
2d Sed. 510	1,540	2,560	5,760	8,960	12,800
4d Sed. 508	1,524	2,540	5,720	8,890	12,700
2d HT 800	2,400	4,000	9,000	14,000	20,000
2d Conv. 960	2,880	4,800	10,800	16,800	24,000
4d Sta Wag 640	1,920	3,200	7,200	11,200	16,000

NOTE: Add 15 percent for Super Sport option.

1963 Biscayne, V-8

	6	5	4	3	2	1
2d Sed. 504	1,512	2,520	5,670	8,820	12,600
4d Sed. 500	1,500	2,500	5,630	8,750	12,500
4d Sta Wag 540	1,620	2,700	6,080	9,450	13,500

1963 Bel Air, V-8

	6	5	4	3	2	1
2d Sed. 508	1,524	2,540	5,720	8,890	12,700
4d Sed. 504	1,512	2,520	5,670	8,820	12,600
4d Sta Wag 640	1,920	3,200	7,200	11,200	16,000

1963 Impala, V-8

	6	5	4	3	2	1
4d Sed. 640	1,920	3,200	7,200	11,200	16,000
4d HT 720	2,160	3,600	8,100	12,600	18,000
2d HT 1,200	3,600	6,000	13,500	21,000	30,000
2d Conv. 1,800	5,400	9,000	20,250	31,500	45,000
4d Sta Wag 720	2,160	3,600	8,100	12,600	18,000

NOTE: Add 15 percent for "Power-Pack" & dual exhaust. Add 15 percent for A/C. Add 50 percent for 409 cid. Add 25 percent for Super Sport option. Deduct 10 percent for 6-cyl. except Chevy II.

1964 Chevy II and Nova, 4 & 6-cyl.

	6	5	4	3	2	1
2d Sed. 516	1,548	2,580	5,810	9,030	12,900
4d Sed. 512	1,536	2,560	5,760	8,960	12,800
2d HT 880	2,640	4,400	9,900	15,400	22,000
4d Sta Wag 648	1,944	3,240	7,290	11,340	16,200

NOTE: Add 10 percent for 8-cyl.

1964 Nova Super Sport Series, 6-cyl.

	6	5	4	3	2	1
2d HT 1,060	3,180	5,300	11,930	18,550	26,500

NOTE: Add 25 percent for V-8. Add 10 percent for 4-speed transmission.

1964 Chevelle

	6	5	4	3	2	1
2d Sed. 504	1,512	2,520	5,670	8,820	12,600
4d Sed. 500	1,500	2,500	5,630	8,750	12,500
2d Sta Wag 656	1,968	3,280	7,380	11,480	16,400
4d Sta Wag 648	1,944	3,240	7,290	11,340	16,200

1964 Malibu Series, V-8

	6	5	4	3	2	1
4d Sed. 504	1,512	2,520	5,670	8,820	12,600
2d HT 920	2,760	4,600	10,350	16,100	23,000
2d Conv. 1,360	4,080	6,800	15,300	23,800	34,000
4d Sta Wag 640	1,920	3,200	7,200	11,200	16,000

NOTE: Add 25 percent for Super Sport option. Deduct 10 percent for 6-cyl.

1964 Biscayne, V-8

	6	5	4	3	2	1
2d Sed. 504	1,512	2,520	5,670	8,820	12,600
4d Sed. 500	1,500	2,500	5,630	8,750	12,500
4d Sta Wag 540	1,620	2,700	6,080	9,450	13,500

1964 Bel Air, V-8

	6	5	4	3	2	1
2d Sed. 500	1,500	2,500	5,630	8,750	12,500
4d Sed. 504	1,512	2,520	5,670	8,820	12,600
4d Sta Wag 680	2,040	3,400	7,650	11,900	17,000

1964 Impala, V-8

	6	5	4	3	2	1
4d Sed. 540	1,620	2,700	6,080	9,450	13,500
4d HT 700	2,100	3,500	7,880	12,250	17,500
2d HT 1,080	3,240	5,400	12,150	18,900	27,000
2d Conv. 1,520	4,560	7,600	17,100	26,600	38,000
4d Sta Wag 760	2,280	3,800	8,550	13,300	19,000

NOTE: Add 25 percent for Super Sport option. Add 15 percent for Power-Pack & dual exhaust. Add 15 percent for A/C. Add 50 percent for 409 cid. Deduct 10 percent for 6-cyl.

1965 Chevy II, V-8

	6	5	4	3	2	1
4d Sed. 504	1,512	2,520	5,670	8,820	12,600
2d Sed. 508	1,524	2,540	5,720	8,890	12,700
4d Sta Wag 512	1,536	2,560	5,760	8,960	12,800

1965 Nova Series, V-8

	6	5	4	3	2	1
4d Sed. 508	1,524	2,540	5,720	8,890	12,700
2d HT 840	2,520	4,200	9,450	14,700	21,000
4d Sta Wag 640	1,920	3,200	7,200	11,200	16,000

1965 Nova Super Sport, V-8

	6	5	4	3	2	1
2d Spt Cpe 1,020	3,060	5,100	11,480	17,850	25,500

1965 Chevelle

	6	5	4	3	2	1
2d Sed. 500	1,500	2,500	5,630	8,750	12,500
4d Sed. 496	1,488	2,480	5,580	8,680	12,400
2d Sta Wag 660	1,980	3,300	7,430	11,550	16,500
4d Sta Wag 660	1,980	3,300	7,430	11,550	16,500

1965 Malibu, V-8

	6	5	4	3	2	1
4d Sed. 512	1,536	2,560	5,760	8,960	12,800

	6	5	4	3	2	1
2d HT	960	2,880	4,800	10,800	16,800	24,000
2d Conv	1,400	4,200	7,000	15,750	24,500	35,000
4d Sta Wag.	644	1,932	3,220	7,250	11,270	16,100

1965 Malibu Super Sport, V-8

2d HT	1,400	4,200	7,000	15,750	24,500	35,000
2d Conv	1,680	5,040	8,400	18,900	29,400	42,000

NOTE: Add 150 percent for RPO Z16 SS-396 option on hardtop only. Add 35 percent for 396 cid, 325 hp.

1965 Biscayne, V-8

2d Sed	500	1,500	2,500	5,630	8,750	12,500
4d Sed	496	1,488	2,480	5,580	8,680	12,400
4d Sta Wag.	508	1,524	2,540	5,720	8,890	12,700

1965 Bel Air, V-8

2d Sed	516	1,548	2,580	5,810	9,030	12,900
4d Sed	512	1,536	2,560	5,760	8,960	12,800
4d Sta Wag.	540	1,620	2,700	6,080	9,450	13,500

1965 Impala, V-8

4d Sed	640	1,920	3,200	7,200	11,200	16,000
4d HT	700	2,100	3,500	7,880	12,250	17,500
2d HT	960	2,880	4,800	10,800	16,800	24,000
2d Conv	1,280	3,840	6,400	14,400	22,400	32,000
4d Sta Wag.	660	1,980	3,300	7,430	11,550	16,500

1965 Impala Super Sport, V-8

2d HT	1,160	3,480	5,800	13,050	20,300	29,000
2d Conv	1,400	4,200	7,000	15,750	24,500	35,000

NOTE: Add 20 percent for "Power-Pack" & dual exhaust. Add 15 percent for A/C. Add 35 percent for 396 cid, 325 hp. Add 50 percent for 396 cid, 425 hp. Add 40 percent for 409 cid, 340 hp. Add 50 percent for 409 cid, 400 hp. Deduct 10 percent for 6-cyl. Add 10 percent for Caprice models.

1966 Chevy II Series 100

2d Sed	508	1,524	2,540	5,720	8,890	12,700
4d Sed	504	1,512	2,520	5,670	8,820	12,600
4d Sta Wag.	516	1,548	2,580	5,810	9,030	12,900

1966 Nova Series, V-8

2d HT	680	2,040	3,400	7,650	11,900	17,000
4d Sed	512	1,536	2,560	5,760	8,960	12,800
4d Sta Wag.	520	1,560	2,600	5,850	9,100	13,000

1966 Nova Super Sport

2d HT	1,580	4,740	7,900	17,780	27,650	39,500

NOTE: Add 60 percent for High Performance Package.

1966 Chevelle

2d Sed	500	1,500	2,500	5,630	8,750	12,500
4d Sed	496	1,488	2,480	5,580	8,680	12,400
4d Sta Wag.	508	1,524	2,540	5,720	8,890	12,700

1966 Malibu, V-8

4d Sed	550	1,660	2,760	6,210	9,660	13,800
4d HT	720	2,160	3,600	8,100	12,600	18,000
2d HT	960	2,880	4,800	10,800	16,800	24,000
2d Conv	1,420	4,260	7,100	15,980	24,850	35,500
4d Sta Wag.	780	2,340	3,900	8,780	13,650	19,500

1966 Super Sport, "396" V-8

2d HT	2,280	6,840	11,400	25,650	39,900	57,000
2d Conv	2,600	7,800	13,000	29,250	45,500	65,000

NOTE: Deduct 10 percent for 6-cyl Chevelle. Add 20 percent for 396 cid, 360 hp. Add 30 percent for 396 cid, 375 hp.

1966 Biscayne, V-8

2d Sed	504	1,512	2,520	5,670	8,820	12,600
4d Sed	500	1,500	2,500	5,630	8,750	12,500
4d Sta Wag.	512	1,536	2,560	5,760	8,960	12,800

1966 Bel Air, V-8

2d Sed	524	1,572	2,620	5,900	9,170	13,100
4d Sed	520	1,560	2,600	5,850	9,100	13,000
4d 3S Wag	640	1,920	3,200	7,200	11,200	16,000

1966 Impala, V-8

4d Sed	540	1,620	2,700	6,080	9,450	13,500
4d HT	700	2,100	3,500	7,880	12,250	17,500
2d HT	1,000	3,000	5,000	11,250	17,500	25,000
2d Conv	1,320	3,960	6,600	14,850	23,100	33,000
4d Sta Wag.	720	2,160	3,600	8,100	12,600	18,000

1966 Impala Super Sport, V-8

2d HT	1,120	3,360	5,600	12,600	19,600	28,000
2d Conv	1,680	5,040	8,400	18,900	29,400	42,000

1966 Caprice, V-8

4d HT	800	2,400	4,000	9,000	14,000	20,000
2d HT	1,040	3,120	5,200	11,700	18,200	26,000
4d Sta Wag.	760	2,280	3,800	8,550	13,300	19,000

NOTE: Add 35 percent for 396 cid. Add 40 percent for 427 cid, 390 hp. Add 50 percent for 427 cid, 425 hp. Add approx. 40 percent for 427 cid engine when available. Add 15 percent for A/C.

1967 Chevy II, 100, V-8, 110" wb

2d Sed	496	1,488	2,480	5,580	8,680	12,400
4d Sed	492	1,476	2,460	5,540	8,610	12,300
4d Sta Wag.	504	1,512	2,520	5,670	8,820	12,600

	6	5	4	3	2	1
1967 Chevy II Nova, V-8, 110" wb						
4d Sed	500	1,500	2,500	5,630	8,750	12,500
2d HT	780	2,340	3,900	8,780	13,650	19,500
4d Sta Wag	540	1,620	2,700	6,080	9,450	13,500
1967 Chevy II Nova SS, V-8, 110" wb						
2d HT	1,580	4,740	7,900	17,780	27,650	39,500
NOTE: Add 60 percent for High Performance Package.						
1967 Chevelle 300, V-8, 115" wb						
2d Sed	500	1,500	2,500	5,630	8,750	12,500
4d Sed	496	1,488	2,480	5,580	8,680	12,400
1967 Chevelle 300 DeLuxe, V-8, 115" wb						
2d Sed	512	1,536	2,560	5,760	8,960	12,800
4d Sed	508	1,524	2,540	5,720	8,890	12,700
4d Sta Wag	640	1,920	3,200	7,200	11,200	16,000
1967 Chevelle Malibu, V-8, 115" wb						
4d Sed	560	1,670	2,780	6,260	9,730	13,900
4d HT	760	2,280	3,800	8,550	13,300	19,000
2d HT	1,000	3,000	5,000	11,250	17,500	25,000
2d Conv	1,460	4,380	7,300	16,430	25,550	36,500
4d Sta Wag	820	2,460	4,100	9,230	14,350	20,500
NOTE: Add 50 percent for 327 cid, 325 hp.						
1967 Chevelle Concours, V-8, 115" wb						
4d Sta Wag	740	2,220	3,700	8,330	12,950	18,500
1967 Chevelle Super Sport 396, 115" wb						
2d HT	2,280	6,840	11,400	25,650	39,900	57,000
2d Conv	2,600	7,800	13,000	29,250	45,500	65,000
NOTE: Add 20 percent for 396 cid, 350 hp. Add 30 percent for 396 cid, 375 hp.						
1967 Biscayne, V-8, 119" wb						
2d Sed	504	1,512	2,520	5,670	8,820	12,600
4d Sed	500	1,500	2,500	5,630	8,750	12,500
4d Sta Wag	540	1,620	2,700	6,080	9,450	13,500
1967 Bel Air, V-8, 119" wb						
2d Sed	532	1,596	2,660	5,990	9,310	13,300
4d Sed	528	1,584	2,640	5,940	9,240	13,200
4d 3S Sta Wag	640	1,920	3,200	7,200	11,200	16,000
1967 Impala, V-8, 119" wb						
4d Sed	540	1,620	2,700	6,080	9,450	13,500
4d HT	640	1,920	3,200	7,200	11,200	16,000
2d HT	960	2,880	4,800	10,800	16,800	24,000
2d Conv	1,280	3,840	6,400	14,400	22,400	32,000
4d 3S Sta Wag	680	2,040	3,400	7,650	11,900	17,000
1967 Impala SS, V-8, 119" wb						
2d HT	1,080	3,240	5,400	12,150	18,900	27,000
2d Conv	1,640	4,920	8,200	18,450	28,700	41,000
1967 Caprice, V-8, 119" wb						
2d HT	920	2,760	4,600	10,350	16,100	23,000
4d HT	760	2,280	3,800	8,550	13,300	19,000
4d 3S Sta Wag	720	2,160	3,600	8,100	12,600	18,000
NOTE: Add 200 percent for Impala SS 427 option. Add 40 percent for SS-396 option. Add 15 percent for A/C.						
1967 Camaro, V-8						
2d IPC	2,600	7,800	13,000	29,250	45,500	65,000
2d Cpe	1,200	3,600	6,000	13,500	21,000	30,000
2d Conv	1,640	4,920	8,200	18,450	28,700	41,000
2d Z28 Cpe	3,000	9,000	15,000	33,750	52,500	75,000
NOTE: Deduct 5 percent for Six, (when available). Add 15 percent for Rally Sport Package, (when available; except incl. w/ Indy Pace Car). Add 25 percent for SS-350 (when available; except incl. w/Indy Pace Car). Add 30 percent for SS-396 (L-35/325 hp; when available). Add 40 percent for SS-396 (L-78/375 hp; when available). Add 10 percent for A/ C. Due to rarity, Yenko Camaro value inestimable.						
1968 Nova 307, V8						
2d Cpe	516	1,548	2,580	5,810	9,030	12,900
4d Sed	512	1,536	2,560	5,760	8,960	12,800
NOTE: Deduct 5 percent for 4 or 6-cyl. Add 25 percent for SS package. Add 25 percent for 327 cid. Add 30 percent for 350 cid. Add 35 percent for 396 cid engine. Only 1,270 Nova 4's were built in 1968.						
1968 Chevelle 300						
2d Sed	376	1,128	1,880	4,230	6,580	9,400
4d Sta Wag	380	1,140	1,900	4,280	6,650	9,500
1968 Chevelle 300 DeLuxe						
4d Sed	376	1,128	1,880	4,230	6,580	9,400
4d HT	396	1,188	1,980	4,460	6,930	9,900
2d Cpe	380	1,140	1,900	4,280	6,650	9,500
4d Sta Wag	480	1,440	2,400	5,400	8,400	12,000
1968 Chevelle Malibu						
4d Sed	380	1,140	1,900	4,280	6,650	9,500
4d HT	500	1,500	2,500	5,630	8,750	12,500
2d HT	800	2,400	4,000	9,000	14,000	20,000
2d Conv	1,200	3,600	6,000	13,500	21,000	30,000
4d Sta Wag	500	1,500	2,500	5,630	8,750	12,500
NOTE: Add 20 percent for 396 cid, 350 hp. Add 30 percent for 396 cid, 375 hp. Add 5 percent for Concourse Package.						

	6	5	4	3	2	1
1968 Chevelle Concours Estate						
4d Sta Wag.	640	1,920	3,200	7,200	11,200	16,000
1968 Chevelle SS-396						
2d HT	2,200	6,600	11,000	24,750	38,500	55,000
2d Conv	2,560	7,680	12,800	28,800	44,800	64,000
1968 Biscayne						
2d Sed	380	1,140	1,900	4,280	6,650	9,500
4d Sed	376	1,128	1,880	4,230	6,580	9,400
4d Sta Wag.	480	1,440	2,400	5,400	8,400	12,000
1968 Bel Air						
2d Sed	384	1,152	1,920	4,320	6,720	9,600
4d Sed	380	1,140	1,900	4,280	6,650	9,500
4d 2S Sta Wag	500	1,500	2,500	5,630	8,750	12,500
4d 3S Sta Wag	520	1,560	2,600	5,850	9,100	13,000
1968 Impala						
4d Sed	500	1,500	2,500	5,630	8,750	12,500
4d HT	528	1,584	2,640	5,940	9,240	13,200
2d HT	680	2,040	3,400	7,650	11,900	17,000
2d Cus Cpe	700	2,100	3,500	7,880	12,250	17,500
2d Conv	1,160	3,480	5,800	13,050	20,300	29,000
4d 2S Sta Wag	640	1,920	3,200	7,200	11,200	16,000
4d 3S Sta Wag	644	1,932	3,220	7,250	11,270	16,100
NOTE: Add 200 percent for Impala SS 427 option.						
1968 Caprice						
4d HT	640	1,920	3,200	7,200	11,200	16,000
2d HT	760	2,280	3,800	8,550	13,300	19,000
4d 2S Sta Wag	660	1,980	3,300	7,430	11,550	16,500
4d 3S Sta Wag	680	2,040	3,400	7,650	11,900	17,000
1968 Camaro, V-8						
2d Cpe	1,120	3,360	5,600	12,600	19,600	28,000
2d Conv	1,560	4,680	7,800	17,550	27,300	39,000
2d Z28	2,480	7,440	12,400	27,900	43,400	62,000

NOTE: Deduct 5 percent for Six (when available). Add 10 percent for A/C. Add 15 percent for Rally Sport Package (when available). Add 25 percent for SS package. Add 15 percent for SS-350 (when available; except Z-28). Add 25 percent for SS-396 (L35/325 hp; when available). Add 25 percent for SS-396 (L34/350 hp; when available). Add 35 percent for SS-396 (L78/375 hp; when available). Add 40 percent for SS-396 (L89; when available). Add approx. 40 percent for 427 engine options when available. Due to rarity, Yenko Camaro value inestimable.

	6	5	4	3	2	1
1969 Nova Four						
2d Cpe	490	1,480	2,460	5,540	8,610	12,300
4d Sed	410	1,240	2,060	4,640	7,210	10,300
1969 Nova Six						
2d Cpe	500	1,490	2,480	5,580	8,680	12,400
4d Sed	420	1,250	2,080	4,680	7,280	10,400
1969 Chevy II, Nova V-8						
2d Cpe	500	1,500	2,500	5,630	8,750	12,500
4d Sed	420	1,260	2,100	4,730	7,350	10,500
2d Yenko 396 CID Cpe	3,800	11,400	19,000	42,750	66,500	95,000
NOTE: Add 50 percent for Nova SS. Add 30 percent for 350 cid. Add 35 percent for 396 cid. Add 25 percent for other "SS" equipment pkgs. Add 150 percent for Yenko 427 cid.						
1969 Chevelle 300 DeLuxe						
4d Sed	320	960	1,600	3,600	5,600	8,000
2d HT	500	1,500	2,500	5,630	8,750	12,500
2d Cpe	340	1,020	1,700	3,830	5,950	8,500
4d Nomad Wag	640	1,920	3,200	7,200	11,200	16,000
4d GB Wag.	660	1,980	3,300	7,430	11,550	16,500
NOTE: Add 20 percent for 396-cid. Add 5 percent for dual-action tailgate.						
1969 Chevelle Malibu, Concours, V-8						
4d Sed	340	1,020	1,700	3,830	5,950	8,500
4d HT	360	1,080	1,800	4,050	6,300	9,000
2d HT	760	2,280	3,800	8,550	13,300	19,000
2d Conv	1,040	3,120	5,200	11,700	18,200	26,000
4d Concours HT	500	1,500	2,500	5,630	8,750	12,500
4d 9P Estate	740	2,220	3,700	8,330	12,950	18,500
4d 6P Estate	720	2,160	3,600	8,100	12,600	18,000
NOTE: Add 30 percent for 396 cid, 350 hp. Add 40 percent for 396 cid, 375 hp.						
1969 Chevelle Malibu SS-396						
2d HT	2,200	6,600	11,000	24,750	38,500	55,000
2d Conv	2,600	7,800	13,000	29,250	45,500	65,000
NOTE: Add 170 percent for Yenko Hardtop.						
1969 Biscayne						
2d Sed	320	960	1,600	3,600	5,600	8,000
4d Sed	316	948	1,580	3,560	5,530	7,900
4d Sta Wag.	328	984	1,640	3,690	5,740	8,200
NOTE: Add 300 percent for 427 cid.						
1969 Bel Air						
2d Sed	340	1,020	1,700	3,830	5,950	8,500
4d Sed	336	1,008	1,680	3,780	5,880	8,400
4d 6P Sta Wag	344	1,032	1,720	3,870	6,020	8,600

	6	5	4	3	2	1
4d 9P Sta Wag	352	1,056	1,760	3,960	6,160	8,800

NOTE: Add 300 percent for 427 cid.

1969 Impala, V-8

	6	5	4	3	2	1
4d Sed	340	1,020	1,700	3,830	5,950	8,500
4d HT	480	1,440	2,400	5,400	8,400	12,000
2d HT	620	1,860	3,100	6,980	10,850	15,500
2d Cus Cpe	548	1,644	2,740	6,170	9,590	13,700
2d Conv	960	2,880	4,800	10,800	16,800	24,000
4d 6P Sta Wag	352	1,056	1,760	3,960	6,160	8,800
4d 9P Sta Wag	360	1,080	1,800	4,050	6,300	9,000

NOTE: Add 200 percent for Impala SS 427 option.

1969 Caprice, V-8

	6	5	4	3	2	1
4d HT	520	1,560	2,600	5,850	9,100	13,000
2d Cus Cpe	660	1,980	3,300	7,430	11,550	16,500
4d 6P Sta Wag	360	1,080	1,800	4,050	6,300	9,000
4d 9P Sta Wag	480	1,440	2,400	5,400	8,400	12,000

NOTE: Add 100 percent for 427 CID.

1969 Camaro, V-8

	6	5	4	3	2	1
2d Spt Cpe	1,240	3,720	6,200	13,950	21,700	31,000
2d Conv	1,920	5,760	9,600	21,600	33,600	48,000
2d Z28	2,760	8,280	13,800	31,050	48,300	69,000
2d IPC	2,520	7,560	12,600	28,350	44,100	63,000
2d ZL-1*	18,520	55,560	92,600	208,350	324,100	463,000
2d Yenko	11,140	33,420	55,700	125,330	194,950	278,500

NOTE: Deduct 5 percent for Six, (when available). Add 10 percent for A/C. Add 10 percent for Rally Sport (except incl. w/ Indy Pace Car). Add 25 percent for SS-350 (when available; except incl. w/Indy Pace Car). Add 35 percent for SS-396 (L78/375 hp; when available). Add 25 percent for SS-396 (L35/325 hp; when available). Add 25 percent for SS-396 (L34/350 hp; when available). Add 40 percent for SS-396 (L89/375 hp; alum. heads; when available). *Add approx. 40 percent for all-aluminum 427 engine options when available.

1970 Nova Four

	6	5	4	3	2	1
2d Cpe	480	1,440	2,400	5,400	8,400	12,000
4d Sed	400	1,200	2,000	4,500	7,000	10,000

1970 Nova Six

	6	5	4	3	2	1
2d Cpe	480	1,450	2,420	5,450	8,470	12,100
4d Sed	400	1,210	2,020	4,550	7,070	10,100

1970 Nova, V-8

	6	5	4	3	2	1
2d Cpe	490	1,460	2,440	5,490	8,540	12,200
4d Sed	410	1,220	2,040	4,590	7,140	10,200
2d Yenko Deuce Cpe	3,800	11,400	19,000	42,750	66,500	95,000

NOTE: Add 50 percent for SS option.

1970 Chevelle

	6	5	4	3	2	1
2d Cpe	460	1,380	2,300	5,180	8,050	11,500
4d Sed	340	1,020	1,700	3,830	5,950	8,500
4d Nomad	360	1,080	1,800	4,050	6,300	9,000

1970 Greenbrier

	6	5	4	3	2	1
4d 6P Sta Wag	340	1,020	1,700	3,830	5,950	8,500
4d 8P Sta Wag	340	1,020	1,700	3,830	5,950	8,500

1970 Malibu, V-8

	6	5	4	3	2	1
4d Sed	344	1,032	1,720	3,870	6,020	8,600
4d HT	360	1,080	1,800	4,050	6,300	9,000
2d HT	860	2,580	4,300	9,680	15,050	21,500
2d Conv	1,300	3,900	6,500	14,630	22,750	32,500
4d Concours Est Wag	380	1,150	1,920	4,320	6,720	9,600

1970 Chevelle Malibu SS 396

	6	5	4	3	2	1
2d HT	2,240	6,720	11,200	25,200	39,200	56,000
2d Conv	2,740	8,220	13,700	30,830	47,950	68,500

1970 Chevelle Malibu SS 454

	6	5	4	3	2	1
2d HT	2,600	7,800	13,000	29,250	45,500	65,000
2d Conv	3,000	9,000	15,000	33,750	52,500	75,000

NOTE: Add 35 percent for 396 cid, 375 hp. Add 85 percent for LS6 engine option.

1970 Monte Carlo

	6	5	4	3	2	1
2d HT	840	2,520	4,200	9,450	14,700	21,000

NOTE: Add 35 percent for SS 454.

1970 Biscayne

	6	5	4	3	2	1
4d Sed	308	924	1,540	3,470	5,390	7,700
4d Sta Wag	312	936	1,560	3,510	5,460	7,800

1970 Bel Air

	6	5	4	3	2	1
4d Sed	324	972	1,620	3,650	5,670	8,100
4d 6P Sta Wag	332	996	1,660	3,740	5,810	8,300
4d 9P Sta Wag	340	1,020	1,700	3,830	5,950	8,500

1970 Impala, V-8

	6	5	4	3	2	1
4d Sed	352	1,056	1,760	3,960	6,160	8,800
4d HT	500	1,500	2,500	5,630	8,750	12,500
2d Spt Cpe	520	1,560	2,600	5,850	9,100	13,000
2d Cus Cpe	520	1,560	2,600	5,850	9,100	13,000
2d Conv	760	2,280	3,800	8,550	13,300	19,000
4d 6P Sta Wag	380	1,140	1,900	4,280	6,650	9,500
4d 9P Sta Wag	480	1,440	2,400	5,400	8,400	12,000

	6	5	4	3	2	1
1970 Caprice, V-8						
4d HT	520	1,560	2,600	5,850	9,100	13,000
2d Cus Cpe	660	1,980	3,300	7,430	11,550	16,500
4d 6P Sta Wag	488	1,464	2,440	5,490	8,540	12,200
4d 9P Sta Wag	500	1,500	2,500	5,630	8,750	12,500

NOTE: Add 35 percent for SS 454 option. Add 25 percent for Rally Sport and/or Super Sport options.

	6	5	4	3	2	1
1970 Camaro, V-8						
2d Cpe	760	2,280	3,800	8,550	13,300	19,000
2d Z28	1,640	4,920	8,200	18,450	28,700	41,000

NOTE: Deduct 5 percent for Six, (except Z28). Add 35 percent for the 375 hp 396, (L78 option). Add 35 percent for Rally Sport and/or Super Sport options.

	6	5	4	3	2	1
1971 Vega						
2d Sed	320	960	1,600	3,600	5,600	8,000
2d HBk	324	972	1,620	3,650	5,670	8,100
2d Kammback	328	984	1,640	3,690	5,740	8,200

NOTE: Add 5 percent for GT.

	6	5	4	3	2	1
1971 Nova, V-8						
4d Sed	400	1,200	2,000	4,500	7,000	10,000
2d Sed	490	1,460	2,440	5,490	8,540	12,200
2d SS	780	2,340	3,900	8,780	13,650	19,500
1971 Chevelle						
2d HT	720	2,160	3,600	8,100	12,600	18,000
2d Malibu HT	920	2,760	4,600	10,350	16,100	23,000
2d Malibu Conv	1,120	3,360	5,600	12,600	19,600	28,000
4d HT	520	1,560	2,600	5,850	9,100	13,000
4d Sed	340	1,020	1,700	3,830	5,950	8,500
4d Concours Est Wag	480	1,440	2,400	5,400	8,400	12,000
1971 Chevelle Malibu SS						
2d HT	2,040	6,120	10,200	22,950	35,700	51,000
2d Conv	2,500	7,500	12,500	28,130	43,750	62,500
1971 Chevelle Malibu SS-454						
2d HT	2,120	6,360	10,600	23,850	37,100	53,000
2d Conv	2,580	7,740	12,900	29,030	45,150	64,500
1971 Monte Carlo						
2d HT	840	2,520	4,200	9,450	14,700	21,000

NOTE: Add 35 percent for SS 454. Add 25 percent for SS 402 engine option.

	6	5	4	3	2	1
1971 Biscayne, V-8, 121" wb						
4d Sed	312	936	1,560	3,510	5,460	7,800
1971 Bel Air, V-8, 121" wb						
4d Sed	328	984	1,640	3,690	5,740	8,200
1971 Impala, V-8, 121" wb						
4d Sed	340	1,020	1,700	3,830	5,950	8,500
4d HT	368	1,104	1,840	4,140	6,440	9,200
2d HT	520	1,560	2,600	5,850	9,100	13,000
2d HT Cus	528	1,584	2,640	5,940	9,240	13,200
2d Conv	880	2,640	4,400	9,900	15,400	22,000
1971 Caprice, V-8, 121" wb						
4d HT	480	1,440	2,400	5,400	8,400	12,000
2d HT	540	1,620	2,700	6,080	9,450	13,500
1971 Station Wagons, V-8, 125" wb						
4d Brookwood 2-S	376	1,128	1,880	4,230	6,580	9,400
4d Townsman 3-S	388	1,164	1,940	4,370	6,790	9,700
4d Kingswood 3-S	396	1,188	1,980	4,460	6,930	9,900
4d Est 3-S	400	1,200	2,000	4,500	7,000	10,000

NOTE: Add 3v5 percent for SS 454 option.

	6	5	4	3	2	1
1971 Camaro, V-8						
2d Cpe	760	2,280	3,800	8,550	13,300	19,000
2d Z28	1,460	4,380	7,300	16,430	25,550	36,500

NOTE: Add 35 percent for Rally Sport and/or Super Sport options. Add 25 percent for 402 ("396") engine option.

	6	5	4	3	2	1
1972 Vega						
2d Sed	320	960	1,600	3,600	5,600	8,000
2d HBk	324	972	1,620	3,650	5,670	8,100
2d Kammback	328	984	1,640	3,690	5,740	8,200

NOTE: Add 15 percent for GT.

	6	5	4	3	2	1
1972 Nova						
4d Sed	380	1,140	1,900	4,280	6,650	9,500
2d Sed	470	1,400	2,340	5,270	8,190	11,700

NOTE: Add 50 percent for SS. Add 15 percent for folding vinyl sunroof.

	6	5	4	3	2	1
1972 Chevelle						
2d Malibu HT	840	2,520	4,200	9,450	14,700	21,000
2d Malibu Conv	1,120	3,360	5,600	12,600	19,600	28,000
4d HT	520	1,560	2,600	5,850	9,100	13,000
4d Sed	340	1,020	1,700	3,830	5,950	8,500
4d Concours Est Wag	480	1,440	2,400	5,400	8,400	12,000
1972 Chevelle Malibu SS						
2d HT	1,520	4,560	7,600	17,100	26,600	38,000
2d Conv	2,000	6,000	10,000	22,500	35,000	50,000
1972 Chevelle Malibu SS-454						
2d HT	1,600	4,800	8,000	18,000	28,000	40,000
2d Conv	2,080	6,240	10,400	23,400	36,400	52,000

CHEVROLET

	6	5	4	3	2	1
1972 Monte Carlo						
2d HT	840	2,520	4,200	9,450	14,700	21,000
NOTE: Add 35 percent for 454 cid engine. Add 25 percent for 402 engine option.						
1972 Biscayne, V-8, 121" wb						
4d Sed	312	936	1,560	3,510	5,460	7,800
1972 Bel Air, V-8, 121" wb						
4d Sed	316	948	1,580	3,560	5,530	7,900
1972 Impala, V-8, 121" wb						
4d Sed	328	984	1,640	3,690	5,740	8,200
4d HT	368	1,104	1,840	4,140	6,440	9,200
2d HT Cus	520	1,560	2,600	5,850	9,100	13,000
2d HT	500	1,500	2,500	5,630	8,750	12,500
2d Conv	800	2,400	4,000	9,000	14,000	20,000
1972 Caprice, V-8, 121" wb						
4d Sed	340	1,020	1,700	3,830	5,950	8,500
4d HT	500	1,500	2,500	5,630	8,750	12,500
2d HT	540	1,620	2,700	6,080	9,450	13,500
1972 Station Wagons, V-8, 125" wb						
4d Brookwood 2-S	388	1,164	1,940	4,370	6,790	9,700
4d Townsman 3-S	396	1,188	1,980	4,460	6,930	9,900
4d Kingswood 3-S	400	1,200	2,000	4,500	7,000	10,000
4d Est 3-S	420	1,260	2,100	4,730	7,350	10,500
NOTE: Add 35 percent for 454 option. Add 30 percent for 402 option.						
1972 Camaro, V-8						
2d Cpe	760	2,280	3,800	8,550	13,300	19,000
2d Z28	1,460	4,380	7,300	16,430	25,550	36,500
NOTE: Add 35 percent for Rally Sport and/or Super Sport options.						
1973 Vega						
2d Sed	344	1,032	1,720	3,870	6,020	8,600
2d HBk	324	972	1,620	3,650	5,670	8,100
2d Sta Wag	328	984	1,640	3,690	5,740	8,200
1973 Nova Custom V8						
2d Cpe	336	1,008	1,680	3,780	5,880	8,400
4d Sed	332	996	1,660	3,740	5,810	8,300
2d HBk	340	1,020	1,700	3,830	5,950	8,500
NOTE: Add 15 percent for folding vinyl sunroof.						
1973 Chevelle Malibu V8						
2d Cpe	344	1,032	1,720	3,870	6,020	8,600
4d Sed	340	1,020	1,700	3,830	5,950	8,500
NOTE: Add 15 percent for SS option.						
1973 Laguna V8						
4d Sed	344	1,032	1,720	3,870	6,020	8,600
2d Cpe	500	1,500	2,500	5,630	8,750	12,500
4d 3S DeL Sta Wag	320	960	1,600	3,600	5,600	8,000
4d 3S Malibu Sta Wag	320	970	1,620	3,650	5,670	8,100
4d 3S Malibu Est Wag	330	980	1,640	3,690	5,740	8,200
4d 3S Laguna Sta Wag	340	1,020	1,700	3,830	5,950	8,500
4d 3S Laguna Est Wag	350	1,040	1,740	3,920	6,090	8,700
1973 Monte Carlo V8						
2d Cpe	520	1,560	2,600	5,850	9,100	13,000
2d Cpe Lan	540	1,620	2,700	6,080	9,450	13,500
1973 Bel Air						
4d Sed	344	1,032	1,720	3,870	6,020	8,600
4d 2S Bel Air Sta Wag	380	1,130	1,880	4,230	6,580	9,400
4d 3S Bel Air Sta Wag	380	1,140	1,900	4,280	6,650	9,500
1973 Impala V8						
2d Cpe Spt	380	1,140	1,900	4,280	6,650	9,500
2d Cpe Cus	388	1,164	1,940	4,370	6,790	9,700
4d Sed	348	1,044	1,740	3,920	6,090	8,700
4d HT	360	1,080	1,800	4,050	6,300	9,000
4d 3S Impala Wag	400	1,200	2,000	4,500	7,000	10,000
1973 Caprice Classic V8						
2d Cpe	480	1,440	2,400	5,400	8,400	12,000
4d Sed	348	1,044	1,740	3,920	6,090	8,700
4d HT	380	1,140	1,900	4,280	6,650	9,500
2d Conv	920	2,760	4,600	10,350	16,100	23,000
4d 3S Caprice Est Wag	420	1,260	2,100	4,730	7,350	10,500
1973 Camaro, V-8						
2d Cpe	760	2,280	3,800	8,550	13,300	19,000
2d Z28	1,100	3,300	5,500	12,380	19,250	27,500
NOTE: Add 35 percent for Rally Sport and/or Super Sport options. Add 35 percent for 454 option.						
1974 Vega						
2d Cpe	320	960	1,600	3,600	5,600	8,000
2d HBk	324	972	1,620	3,650	5,670	8,100
2d Sta Wag	328	984	1,640	3,690	5,740	8,200
1974 Nova						
2d Cpe	336	1,008	1,680	3,780	5,880	8,400
2d HBk	344	1,032	1,720	3,870	6,020	8,600
4d Sed	336	1,008	1,680	3,780	5,880	8,400

	6	5	4	3	2	1
1974 Nova Custom						
2d Cpe	340	1,020	1,700	3,830	5,950	8,500
2d HBk	344	1,032	1,720	3,870	6,020	8,600
4d Sed	340	1,020	1,700	3,830	5,950	8,500
NOTE: Add 10 percent for Spirit of America option where applied.						
1974 Malibu						
2d Col Cpe	360	1,080	1,800	4,050	6,300	9,000
4d Col Sed	344	1,032	1,720	3,870	6,020	8,600
4d Sta Wag	328	984	1,640	3,690	5,740	8,200
1974 Malibu Classic						
2d Col Cpe	348	1,044	1,740	3,920	6,090	8,700
2d Lan Cpe	336	1,008	1,680	3,780	5,880	8,400
4d Col Sed	324	972	1,620	3,650	5,670	8,100
4d Sta Wag	320	960	1,600	3,600	5,600	8,000
1974 Malibu Classic Estate						
4d Sta Wag	324	972	1,620	3,650	5,670	8,100
1974 Laguna Type S-3, V-8						
2d Cpe	600	1,800	3,000	6,750	10,500	15,000
1974 Monte Carlo						
2d "S" Cpe	520	1,560	2,600	5,850	9,100	13,000
2d Lan	540	1,620	2,700	6,080	9,450	13,500
1974 Bel Air						
4d Sed	320	960	1,600	3,600	5,600	8,000
4d Sta Wag	360	1,080	1,800	4,050	6,300	9,000
1974 Impala						
4d Sed	332	996	1,660	3,740	5,810	8,300
4d HT Sed	352	1,056	1,760	3,960	6,160	8,800
2d Spt Cpe	380	1,140	1,900	4,280	6,650	9,500
2d Cus Cpe	392	1,176	1,960	4,410	6,860	9,800
4d Sta Wag	364	1,092	1,820	4,100	6,370	9,100
1974 Caprice Classic						
4d Sed	336	1,008	1,680	3,780	5,880	8,400
4d HT Sed	360	1,080	1,800	4,050	6,300	9,000
2d Cus Cpe	408	1,464	2,440	5,490	8,540	12,200
2d Conv	960	2,880	4,800	10,800	16,800	24,000
4d Sta Wag	380	1,140	1,900	4,280	6,650	9,500
NOTE: Add 20 percent for Nova SS package. Add 12 percent for Malibu with canopy roof. Add 35 percent for 454 V-8. Add 15 percent for Nova with 185 horsepower V-8. Add 25 percent for Impala "Spirit of America" Sport Coupe.						
1974 Camaro, V-8						
2d Cpe	740	2,220	3,700	8,330	12,950	18,500
2d LT Cpe	760	2,280	3,800	8,550	13,300	19,000
NOTE: Add 10 percent for Z28 option.						
1975 Vega						
2d Cpe	320	960	1,600	3,600	5,600	8,000
2d HBk	324	972	1,620	3,650	5,670	8,100
2d Lux Cpe	324	972	1,620	3,650	5,670	8,100
4d Sta Wag	328	984	1,640	3,690	5,740	8,200
4d Est Wag	332	996	1,660	3,740	5,810	8,300
2d Cosworth	440	1,320	2,200	4,950	7,700	11,000
1975 Nova						
2d "S" Cpe	324	972	1,620	3,650	5,670	8,100
2d Cpe	324	972	1,620	3,650	5,670	8,100
2d HBk	328	984	1,640	3,690	5,740	8,200
4d Sed	328	984	1,640	3,690	5,740	8,200
1975 Nova Custom						
2d Cpe	328	984	1,640	3,690	5,740	8,200
2d HBk	332	996	1,660	3,740	5,810	8,300
4d Sed	328	984	1,640	3,690	5,740	8,200
1975 Nova LN, V-8						
4d Sed	332	996	1,660	3,740	5,810	8,300
2d Cpe	336	1,008	1,680	3,780	5,880	8,400
1975 Monza						
2d 2 plus 2	260	780	1,300	2,930	4,550	6,500
2d Twn Cpe	248	744	1,240	2,790	4,340	6,200
1975 Malibu						
2d Col Cpe	340	1,020	1,700	3,830	5,950	8,500
2d Col Sed	320	960	1,600	3,600	5,600	8,000
4d Sta Wag	324	972	1,620	3,650	5,670	8,100
1975 Malibu Classic						
2d Col Cpe	360	1,080	1,800	4,050	6,300	9,000
2d Lan	368	1,104	1,840	4,140	6,440	9,200
4d Col Sed	328	984	1,640	3,690	5,740	8,200
4d Sta Wag	324	972	1,620	3,650	5,670	8,100
4d Est Wag	328	984	1,640	3,690	5,740	8,200
1975 Laguna Type S-3, V-8						
2d Cpe	660	1,980	3,300	7,430	11,550	16,500
1975 Monte Carlo						
2d "S" Cpe	520	1,560	2,600	5,850	9,100	13,000
2d Lan	550	1,600	2,700	6,080	9,450	13,500

	6	5	4	3	2	1
1975 Bel Air						
4d Sed.	324	972	1,620	3,650	5,670	8,100
4d Sta Wag	360	1,080	1,800	4,050	6,300	9,000
1975 Impala						
4d Sed.	332	996	1,660	3,740	5,810	8,300
4d HT	336	1,008	1,680	3,780	5,880	8,400
2d Spt Cpe	360	1,080	1,800	4,050	6,300	9,000
2d Cus Cpe	364	1,092	1,820	4,100	6,370	9,100
2d Lan	380	1,140	1,900	4,280	6,650	9,500
4d Sta Wag	376	1,128	1,880	4,230	6,580	9,400
1975 Caprice Classic						
4d Sed.	336	1,008	1,680	3,780	5,880	8,400
4d HT	340	1,020	1,700	3,830	5,950	8,500
2d Cus Cpe	380	1,140	1,900	4,280	6,650	9,500
2d Lan	380	1,140	1,900	4,280	6,650	9,500
2d Conv.	920	2,760	4,600	10,350	16,100	23,000
4d Sta Wag	400	1,200	2,000	4,500	7,000	10,000

NOTE: Add 10 percent for Nova SS. Add 15 percent for SS option on Chevelle wagon. Add 20 percent for Monte Carlo or Laguna 454. Add 15 percent for 454 Caprice. Add 15 percent for canopy top options. Add 10 percent for Monza V-8.

	6	5	4	3	2	1
1975 Camaro, V-8						
Cpe.	680	2,040	3,400	7,650	11,900	17,000
Type LT	720	2,160	3,600	8,100	12,600	18,000

NOTE: Add 30 percent for Camaro R/S.

	6	5	4	3	2	1
1976 Chevette, 4-cyl.						
2d Scooter.	228	684	1,140	2,570	3,990	5,700
2d HBk	236	708	1,180	2,660	4,130	5,900
1976 Vega, 4-cyl.						
2d Sed.	320	960	1,600	3,600	5,600	8,000
2d HBk	324	972	1,620	3,650	5,670	8,100
2d Cosworth HBk	500	1,450	2,400	5,400	8,400	12,000
2d Sta Wag	328	984	1,640	3,690	5,740	8,200
2d Est Sta Wag.	332	996	1,660	3,740	5,810	8,300
1976 Nova, V-8						
2d Cpe.	324	972	1,620	3,650	5,670	8,100
2d HBk	328	984	1,640	3,690	5,740	8,200
4d Sed.	320	960	1,600	3,600	5,600	8,000
1976 Nova Concours, V-8						
2d Cpe.	328	984	1,640	3,690	5,740	8,200
2d HBk	332	996	1,660	3,740	5,810	8,300
4d Sed.	324	972	1,620	3,650	5,670	8,100
1976 Monza, 4-cyl.						
2d Twn Cpe.	236	708	1,180	2,660	4,130	5,900
2d HBk	236	708	1,180	2,660	4,130	5,900
1976 Malibu, V-8						
2d Sed.	324	972	1,620	3,650	5,670	8,100
4d Sed.	320	960	1,600	3,600	5,600	8,000
4d 2S Sta Wag ES	320	960	1,600	3,600	5,600	8,000
4d 3S Sta Wag ES	324	972	1,620	3,650	5,670	8,100
1976 Malibu Classic, V-8						
2d Sed.	340	1,020	1,700	3,830	5,950	8,500
2d Lan Cpe	348	1,044	1,740	3,920	6,090	8,700
4d Sed.	320	960	1,600	3,600	5,600	8,000
1976 Laguna Type S-3, V-8						
2d Cpe.	660	1,980	3,300	7,430	11,550	16,500
1976 Monte Carlo, V-8						
2d Cpe.	520	1,560	2,600	5,850	9,100	13,000
2d Lan Cpe	540	1,620	2,700	6,080	9,450	13,500
1976 Impala, V-8						
4d Sed.	352	1,056	1,760	3,960	6,160	8,800
4d Spt Sed	356	1,068	1,780	4,010	6,230	8,900
2d Cus Cpe	380	1,140	1,900	4,280	6,650	9,500
4d 2S Sta Wag	356	1,068	1,780	4,010	6,230	8,900
4d 3S Sta Wag	360	1,080	1,800	4,050	6,300	9,000
1976 Caprice Classic, V-8						
4d Sed.	360	1,080	1,800	4,050	6,300	9,000
4d Spt Sed	364	1,092	1,820	4,100	6,370	9,100
2d Cpe.	420	1,260	2,100	4,730	7,350	10,500
2d Lan Cpe	428	1,284	2,140	4,820	7,490	10,700
4d 2S Sta Wag	360	1,080	1,800	4,050	6,300	9,000
4d 3S Sta Wag	364	1,092	1,820	4,100	6,370	9,100
1976 Camaro, V-8						
2d Cpe.	640	1,920	3,200	7,200	11,200	16,000
2d Cpe LT	680	2,040	3,400	7,650	11,900	17,000
1977 Chevette, 4-cyl.						
2d HBk	204	612	1,020	2,300	3,570	5,100
1977 Vega, 4-cyl.						
2d Spt Cpe	292	876	1,460	3,290	5,110	7,300
2d HBk	296	888	1,480	3,330	5,180	7,400

CHEVROLET

	6	5	4	3	2	1
2d Sta Wag	300	900	1,500	3,380	5,250	7,500
2d Est Wag	304	912	1,520	3,420	5,320	7,600
1977 Nova, V-8						
2d Cpe	300	900	1,500	3,380	5,250	7,500
2d HBk	304	912	1,520	3,420	5,320	7,600
4d Sed	296	888	1,480	3,330	5,180	7,400
1977 Nova Concours, V-8						
2d Cpe	304	912	1,520	3,420	5,320	7,600
2d HBk	308	924	1,540	3,470	5,390	7,700
4d Sed	300	900	1,500	3,380	5,250	7,500
1977 Monza, 4-cyl.						
2d Twn Cpe	220	660	1,100	2,480	3,850	5,500
2d HBk	220	660	1,100	2,480	3,850	5,500
1977 Malibu, V-8						
2d Cpe	296	888	1,480	3,330	5,180	7,400
4d Sed	300	900	1,500	3,380	5,250	7,500
4d 2S Sta Wag	284	852	1,420	3,200	4,970	7,100
3S Sta Wag	288	864	1,440	3,240	5,040	7,200
1977 Malibu Classic, V-8						
2d Cpe	300	900	1,500	3,380	5,250	7,500
2d Lan Cpe	320	960	1,600	3,600	5,600	8,000
4d Sed	304	912	1,520	3,420	5,320	7,600
4d 2S Sta Wag	292	876	1,460	3,290	5,110	7,300
4d 3S Sta Wag	296	888	1,480	3,330	5,180	7,400
1977 Monte Carlo, V-8						
2d Cpe	520	1,560	2,600	5,850	9,100	13,000
2d Lan Cpe	540	1,620	2,700	6,080	9,450	13,500
1977 Impala, V-8						
2d Cpe	308	924	1,540	3,470	5,390	7,700
4d Sed	250	800	1,300	2,930	4,550	6,500
4d 2S Sta Wag	250	800	1,300	2,930	4,550	6,500
4d 3S Sta Wag	250	800	1,300	2,970	4,600	6,600
1977 Caprice Classic, V-8						
2d Cpe	316	948	1,580	3,560	5,530	7,900
2d Lan Cpe	324	972	1,620	3,650	5,670	8,100
4d Sed	250	800	1,350	3,020	4,700	6,700
4d 2S Sta Wag	250	800	1,300	2,970	4,600	6,600
4d 3S Sta Wag	250	800	1,350	3,020	4,700	6,700
1977 Camaro, V-8						
2d Spt Cpe	520	1,560	2,600	5,850	9,100	13,000
2d Spt Cpe LT	540	1,620	2,700	6,080	9,450	13,500
2d Spt Cpe Z28	640	1,920	3,200	7,200	11,200	16,000
1978 Chevette						
2d Scooter	152	456	760	1,710	2,660	3,800
2d HBk	152	456	760	1,710	2,660	3,800
4d HBk	156	468	780	1,760	2,730	3,900
1978 Nova						
2d Cpe	250	750	1,300	2,880	4,500	6,400
2d HBk	250	750	1,300	2,880	4,500	6,400
4d Sed	250	750	1,250	2,840	4,400	6,300
1978 Nova Custom						
2d Cpe	250	800	1,300	2,930	4,550	6,500
4d Sed	250	750	1,300	2,880	4,500	6,400
1978 Monza						
2d Cpe 2 plus 2	184	552	920	2,070	3,220	4,600
2d "S" Cpe	200	550	900	2,030	3,150	4,500
2d Cpe	176	528	880	1,980	3,080	4,400
2d Sta Wag	160	490	820	1,850	2,870	4,100
2d Est Wag	170	500	840	1,890	2,940	4,200
2d Spt Cpe 2 plus 2	200	600	1,000	2,250	3,500	5,000
2d Spt Cpe	192	576	960	2,160	3,360	4,800
1978 Malibu						
2d Spt Cpe	304	912	1,520	3,420	5,320	7,600
4d Sed	220	660	1,100	2,480	3,850	5,500
4d Sta Wag	220	660	1,100	2,480	3,850	5,500
1978 Malibu Classic						
2d Spt Cpe	308	924	1,540	3,470	5,390	7,700
4d Sed	224	672	1,120	2,520	3,920	5,600
4d Sta Wag	224	672	1,120	2,520	3,920	5,600
1978 Monte Carlo, V-8						
2d Cpe	350	1,000	1,700	3,830	5,950	8,500
1978 Impala						
2d Cpe	300	900	1,500	3,380	5,250	7,500
4d Sed	216	648	1,080	2,430	3,780	5,400
4d Sta Wag	216	648	1,080	2,430	3,780	5,400
1978 Caprice Classic						
2d Cpe	312	936	1,560	3,510	5,460	7,800
2d Lan Cpe	320	960	1,600	3,600	5,600	8,000

CHEVROLET

	6	5	4	3	2	1
4d Sed.. 228		684	1,140	2,570	3,990	5,700
4d Sta Wag.. 232		696	1,160	2,610	4,060	5,800
1978 Camaro, V-8						
2d Cpe... 240		720	1,200	2,700	4,200	6,000
2d LT Cpe.. 260		780	1,300	2,930	4,550	6,500
2d Z28 Cpe....................................... 360		1,080	1,800	4,050	6,300	9,000
1979 Chevette, 4-cyl.						
4d HBk... 156		468	780	1,760	2,730	3,900
2d HBk... 156		468	780	1,760	2,730	3,900
2d Scooter....................................... 152		456	760	1,710	2,660	3,800
1979 Nova, V-8						
4d Sed... 250		750	1,300	2,880	4,500	6,400
2d Sed... 250		750	1,250	2,840	4,400	6,300
2d HBk... 250		800	1,300	2,930	4,550	6,500
1979 Nova Custom, V-8						
4d Sed... 250		800	1,300	2,930	4,550	6,500
2d Sed... 250		750	1,300	2,880	4,500	6,400
NOTE: Deduct 5 percent for 6-cyl.						
1979 Monza, 4-cyl.						
2d 2 plus 2 HBk.................................. 188		564	940	2,120	3,290	4,700
2d... 184		552	920	2,070	3,220	4,600
2d Sta Wag....................................... 170		500	840	1,890	2,940	4,200
2d Spt 2 plus 2 HBk.............................. 192		576	960	2,160	3,360	4,800
1979 Malibu, V-8						
4d Sed... 224		672	1,120	2,520	3,920	5,600
2d Spt Cpe....................................... 312		936	1,560	3,510	5,460	7,800
4d Sta Wag....................................... 228		684	1,140	2,570	3,990	5,700
1979 Malibu Classic, V-8						
4d Sed... 228		684	1,140	2,570	3,990	5,700
2d Spt Cpe....................................... 316		948	1,580	3,560	5,530	7,900
2d Lan Cpe....................................... 320		960	1,600	3,600	5,600	8,000
4d Sta Wag....................................... 232		696	1,160	2,610	4,060	5,800
NOTE: Deduct 5 percent for 6-cyl.						
1979 Monte Carlo, V-8						
2d Spt Cpe....................................... 350		1,000	1,700	3,830	5,950	8,500
2d Lan Cpe....................................... 350		1,100	1,800	4,050	6,300	9,000
NOTE: Deduct 10 percent for 6-cyl.						
1979 Impala, V-8						
4d Sed... 220		660	1,100	2,480	3,850	5,500
2d Sed... 288		864	1,440	3,240	5,040	7,200
2d Lan Cpe....................................... 296		888	1,480	3,330	5,180	7,400
4d 2S Sta Wag.................................... 216		648	1,080	2,430	3,780	5,400
4d 3S Sta Wag.................................... 220		660	1,100	2,480	3,850	5,500
1979 Caprice Classic, V-8						
4d Sed... 228		684	1,140	2,570	3,990	5,700
2d Sed... 304		912	1,520	3,420	5,320	7,600
2d Lan Cpe....................................... 308		924	1,540	3,470	5,390	7,700
4d 2S Sta Wag.................................... 232		696	1,160	2,610	4,060	5,800
4d 3S Sta Wag.................................... 236		708	1,180	2,660	4,130	5,900
NOTE: Deduct 15 percent for 6-cyl.						
1979 Camaro, V-8						
2d Spt Cpe....................................... 232		696	1,160	2,610	4,060	5,800
2d Rally Cpe..................................... 256		768	1,280	2,880	4,480	6,400
2d Berlinetta Cpe................................ 264		792	1,320	2,970	4,620	6,600
2d Z28 Cpe....................................... 276		828	1,380	3,110	4,830	6,900
NOTE: Deduct 20 percent for 6-cyl.						
1980 Chevette, 4-cyl.						
2d HBk Scooter................................... 120		360	600	1,350	2,100	3,000
2d HBk... 124		372	620	1,400	2,170	3,100
4d HBk... 128		384	640	1,440	2,240	3,200
1980 Citation, 6-cyl.						
4d HBk... 140		420	700	1,580	2,450	3,500
2d HBk... 136		408	680	1,530	2,380	3,400
2d Cpe... 144		432	720	1,620	2,520	3,600
2d Cpe Clb....................................... 148		444	740	1,670	2,590	3,700
NOTE: Deduct 10 percent for 4-cyl.						
1980 Monza, 4-cyl.						
2d HBk 2 plus 2.................................. 136		408	680	1,530	2,380	3,400
2d HBk Spt 2 plus 2.............................. 144		432	720	1,620	2,520	3,600
2d Cpe... 140		420	700	1,580	2,450	3,500
NOTE: Add 10 percent for V-6.						
1980 Malibu, V-8						
4d Sed... 184		552	920	2,070	3,220	4,600
2d Cpe Spt....................................... 272		816	1,360	3,060	4,760	6,800
4d Sta Wag....................................... 188		564	940	2,120	3,290	4,700
NOTE: Deduct 10 percent for V-6.						
1980 Malibu Classic, V-8						
4d Sed... 188		564	940	2,120	3,290	4,700

	6	5	4	3	2	1
2d Cpe Spt	276	828	1,380	3,110	4,830	6,900
2d Cpe Lan	280	840	1,400	3,150	4,900	7,000
4d Sta Wag	192	576	960	2,160	3,360	4,800

NOTE: Deduct 10 percent for 6-cyl.

1980 Camaro, 6-cyl.

	6	5	4	3	2	1
2d Cpe Spt	244	732	1,220	2,750	4,270	6,100
2d Cpe RS	252	756	1,260	2,840	4,410	6,300
2d Cpe Berlinetta	256	768	1,280	2,880	4,480	6,400

1980 Camaro, V-8

	6	5	4	3	2	1
2d Cpe Spt	260	780	1,300	2,930	4,550	6,500
2d Cpe RS	268	804	1,340	3,020	4,690	6,700
2d Cpe Berlinetta	272	816	1,360	3,060	4,760	6,800
2d Cpe Z28	360	1,080	1,800	4,050	6,300	9,000

1980 Monte Carlo, 6-cyl.

	6	5	4	3	2	1
2d Cpe Spt	244	732	1,220	2,750	4,270	6,100
2d Cpe Lan	248	744	1,240	2,790	4,340	6,200

1980 Monte Carlo, V-8

	6	5	4	3	2	1
2d Cpe Spt	300	900	1,500	3,380	5,250	7,500
2d Cpe Lan	304	912	1,520	3,420	5,320	7,600

1980 Impala, V-8

	6	5	4	3	2	1
4d Sed	184	552	920	2,070	3,220	4,600
2d Cpe	260	780	1,300	2,930	4,550	6,500
4d 2S Sta Wag	188	564	940	2,120	3,290	4,700
4d 3S Sta Wag	192	576	960	2,160	3,360	4,800

NOTE: Deduct 12 percent for 6-cyl. sedan and coupe only.

1980 Caprice Classic, V-8

	6	5	4	3	2	1
4d Sed	188	564	940	2,120	3,290	4,700
2d Cpe	268	804	1,340	3,020	4,690	6,700
2d Cpe Lan	276	828	1,380	3,110	4,830	6,900
4d 2S Sta Wag	192	576	960	2,160	3,360	4,800
4d 3S Sta Wag	196	588	980	2,210	3,430	4,900

1981 Chevette, 4-cyl.

	6	5	4	3	2	1
2d HBk Scooter	124	372	620	1,400	2,170	3,100
2d HBk	128	384	640	1,440	2,240	3,200
4d HBk	132	396	660	1,490	2,310	3,300

1981 Citation, 6-cyl.

	6	5	4	3	2	1
4d HBk	144	432	720	1,620	2,520	3,600
2d HBk	140	420	700	1,580	2,450	3,500

NOTE: Deduct 10 percent for 4-cyl.

1981 Malibu, V-8

	6	5	4	3	2	1
4d Sed Spt	188	564	940	2,120	3,290	4,700
2d Cpe Spt	272	816	1,360	3,060	4,760	6,800
4d Sta Wag	192	576	960	2,160	3,360	4,800

NOTE: Deduct 10 percent for 6-cyl.

1981 Malibu Classic, V-8

	6	5	4	3	2	1
4d Sed Spt	192	576	960	2,160	3,360	4,800
2d Cpe Spt	276	828	1,380	3,110	4,830	6,900
2d Cpe Lan	280	840	1,400	3,150	4,900	7,000
4d Sta Wag	196	588	980	2,210	3,430	4,900

1901 Camaro, 6-cyl.

	6	5	4	3	2	1
2d Cpe Spt	248	744	1,240	2,790	4,340	6,200
2d Cpe Berlinetta	256	768	1,280	2,880	4,480	6,400

1981 Camaro, V-8

	6	5	4	3	2	1
2d Cpe Spt	264	792	1,320	2,970	4,620	6,600
2d Cpe Berlinetta	272	816	1,360	3,060	4,760	6,800
2d Cpe Z28	368	1,104	1,840	4,140	6,440	9,200

1981 Monte Carlo, 6-cyl.

	6	5	4	3	2	1
2d Cpe Spt	288	864	1,440	3,240	5,040	7,200
2d Cpe Lan	292	876	1,460	3,290	5,110	7,300

1981 Monte Carlo, V-8

	6	5	4	3	2	1
2d Cpe Spt	304	912	1,520	3,420	5,320	7,600
2d Cpe Lan	360	1,080	1,800	4,050	6,300	9,000

1981 Impala, V-8

	6	5	4	3	2	1
4d Sed	188	564	940	2,120	3,290	4,700
2d Cpe	264	792	1,320	2,970	4,620	6,600
4d 2S Sta Wag	192	576	960	2,160	3,360	4,800
4d 3S Sta Wag	196	588	980	2,210	3,430	4,900

NOTE: Deduct 12 percent for 6-cyl. sedan and coupe only.

1981 Caprice Classic, V-8

	6	5	4	3	2	1
4d Sed	196	588	980	2,210	3,430	4,900
2d Cpe	272	816	1,360	3,060	4,760	6,800
2d Cpe Lan	280	840	1,400	3,150	4,900	7,000
4d 2S Sta Wag	200	600	1,000	2,250	3,500	5,000
4d 3S Sta Wag	204	612	1,020	2,300	3,570	5,100

NOTE: Deduct 15 percent for 6-cyl. sedan and coupe only.

1982 Chevette, 4-cyl.

	6	5	4	3	2	1
2d HBk	136	408	680	1,530	2,380	3,400
4d HBk	140	420	700	1,580	2,450	3,500

NOTE: Deduct 5 percent for lesser models.

CHEVROLET

	6	5	4	3	2	1
1982 Cavalier, 4-cyl.						
4d Sed CL	160	480	800	1,800	2,800	4,000
2d Cpe CL	164	492	820	1,850	2,870	4,100
2d Hatch CL	168	504	840	1,890	2,940	4,200
4d Sta Wag CL	168	504	840	1,890	2,940	4,200
NOTE: Deduct 5 percent for lesser models.						
1982 Citation, 6-cyl.						
4d HBk	152	456	760	1,710	2,660	3,800
2d HBk	148	444	740	1,670	2,590	3,700
2d Cpe	152	456	760	1,710	2,660	3,800
NOTE: Deduct 10 percent for 4-cyl.						
1982 Malibu, V-8						
4d Sed	164	492	820	1,850	2,870	4,100
4d Sta Wag	168	504	840	1,890	2,940	4,200
NOTE: Deduct 10 percent for 6-cyl.						
1982 Celebrity, 6-cyl.						
4d Sed	168	504	840	1,890	2,940	4,200
2d Cpe	172	516	860	1,940	3,010	4,300
NOTE: Deduct 10 percent for 6-cyl.						
1982 Camaro, 6-cyl.						
2d Cpe Spt	252	756	1,260	2,840	4,410	6,300
2d Cpe Berlinetta	260	780	1,300	2,930	4,550	6,500
1982 Camaro, V-8						
2d Cpe Spt	268	804	1,340	3,020	4,690	6,700
2d Cpe Berlinetta	276	828	1,380	3,110	4,830	6,900
2d Cpe Z28	376	1,128	1,880	4,230	6,580	9,400
NOTE: Add 20 percent for Indy Pace Car.						
1982 Monte Carlo, 6-cyl.						
2d Cpe Spt	292	876	1,460	3,290	5,110	7,300
1982 Monte Carlo, V-8						
2d Cpe Spt	364	1,092	1,820	4,100	6,370	9,100
1982 Impala, V-8						
4d Sed	204	612	1,020	2,300	3,570	5,100
4d 2S Sta Wag	204	612	1,020	2,300	3,570	5,100
4d 3S Sta Wag	208	624	1,040	2,340	3,640	5,200
NOTE: Deduct 12 percent for 6-cyl. on sedan only.						
1982 Caprice Classic, V-8						
4d Sed	212	636	1,060	2,390	3,710	5,300
2d Spt Cpe	292	876	1,460	3,290	5,110	7,300
4d 3S Sta Wag	216	648	1,080	2,430	3,780	5,400
NOTE: Deduct 15 percent for 6-cyl. sedan and coupe only.						
1983 Chevette, 4-cyl.						
2d HBk	140	420	700	1,580	2,450	3,500
4d HBk	144	432	720	1,620	2,520	3,600
NOTE: Deduct 5 percent for lesser models.						
1983 Cavalier, 4-cyl.						
4d Sed CS	156	468	780	1,760	2,730	3,900
2d Cpe CS	160	480	800	1,800	2,800	4,000
2d HBk CS	164	492	820	1,850	2,870	4,100
4d Sta Wag CS	164	492	820	1,850	2,870	4,100
NOTE: Deduct 5 percent for lesser models.						
1983 Citation, 6-cyl.						
4d HBk	152	456	760	1,710	2,660	3,800
2d HBk	148	444	740	1,670	2,590	3,700
2d Cpe	152	456	760	1,710	2,660	3,800
NOTE: Deduct 10 percent for 4-cyl.						
1983 Malibu, V-8						
4d Sed	168	504	840	1,890	2,940	4,200
4d Sta Wag	172	516	860	1,940	3,010	4,300
NOTE: Deduct 10 percent for 6-cyl.						
1983 Celebrity, V-6						
4d Sed	172	516	860	1,940	3,010	4,300
2d Cpe	176	528	880	1,980	3,080	4,400
NOTE: Deduct 10 percent for 4-cyl.						
1983 Camaro, 6-cyl.						
2d Cpe Spt	256	768	1,280	2,880	4,480	6,400
2d Cpe Berlinetta	264	792	1,320	2,970	4,620	6,600
1983 Camaro, V-8						
2d Cpe Spt	272	816	1,360	3,060	4,760	6,800
2d Cpe Berlinetta	360	1,080	1,800	4,050	6,300	9,000
2d Cpe Z28	380	1,140	1,900	4,280	6,650	9,500
1983 Monte Carlo, 6-cyl.						
2d Cpe Spt	292	876	1,460	3,290	5,110	7,300
1983 Monte Carlo, V-8						
2d Cpe Spt SS	372	1,116	1,860	4,190	6,510	9,300
2d Cpe Spt	300	900	1,500	3,380	5,250	7,500
1983 Impala, V-8						
4d Sed	208	624	1,040	2,340	3,640	5,200
NOTE: Deduct 12 percent for 6-cyl.						

	6	5	4	3	2	1
1983 Caprice Classic, V-8						
4d Sed	216	648	1,080	2,430	3,780	5,400
4d Sta Wag.	216	648	1,080	2,430	3,780	5,400
NOTE: Deduct 15 percent for 6-cyl.						
1984 Chevette CS, 4-cyl.						
2d HBk	144	432	720	1,620	2,520	3,600
NOTE: Deduct 10 percent for V-6 cyl. Deduct 5 percent for lesser models.						
1984 Cavalier, 4-cyl.						
4d Sed	148	444	740	1,670	2,590	3,700
4d Sta Wag.	160	480	800	1,800	2,800	4,000
1984 Cavalier Type 10, 4-cyl.						
2d Sed	152	456	760	1,710	2,660	3,800
2d HBk	156	468	780	1,760	2,730	3,900
2d Conv	220	660	1,100	2,480	3,850	5,500
1984 Cavalier CS, 4-cyl.						
4d Sed	156	468	780	1,760	2,730	3,900
4d Sta Wag.	160	480	800	1,800	2,800	4,000
1984 Citation, V-6						
4d HBk	164	492	820	1,850	2,870	4,100
2d HBk	164	492	820	1,850	2,870	4,100
2d Cpe	168	504	840	1,890	2,940	4,200
NOTE: Deduct 5 percent for 4-cyl.						
1984 Celebrity, V-6						
4d Sed	160	480	800	1,800	2,800	4,000
2d Sed	160	480	800	1,800	2,800	4,000
4d Sta Wag.	164	492	820	1,850	2,870	4,100
NOTE: Deduct 5 percent for 4-cyl.						
1984 Camaro, V-8						
2d Cpe	264	792	1,320	2,970	4,620	6,600
2d Cpe Berlinetta	272	816	1,360	3,060	4,760	6,800
2d Cpe Z28	364	1,092	1,820	4,100	6,370	9,100
NOTE: Deduct 10 percent for V-6 cyl.						
1984 Monte Carlo, V-8						
2d Cpe	292	876	1,460	3,290	5,110	7,300
2d Cpe SS	368	1,104	1,040	4,140	6,440	9,200
NOTE: Deduct 15 percent for V-6 cyl.						
1984 Impala, V-8						
4d Sed	216	648	1,080	2,430	3,780	5,400
NOTE: Deduct 10 percent for V-6 cyl.						
1984 Caprice Classic, V-8						
4d Sed	224	672	1,120	2,520	3,920	5,600
2d Sed	304	912	1,520	3,420	5,320	7,600
4d Sta Wag.	224	672	1,120	2,520	3,920	5,600
NOTE: Deduct 10 percent for V-6 cyl.						
1985 Sprint, 3-cyl.						
2d HBk	140	420	700	1,580	2,450	3,500
1985 Chevette, 4-cyl.						
4d HBk	144	432	720	1,620	2,520	3,600
2d HBk	140	420	700	1,580	2,450	3,500
NOTE: Deduct 20 percent for diesel.						
1985 Spectrum, 4-cyl.						
4d HBk	144	432	720	1,620	2,520	3,600
2d HBk	144	432	720	1,620	2,520	3,600
1985 Nova, 4-cyl.						
4d HBk	144	432	720	1,620	2,520	3,600
1985 Cavalier						
2d T Type Cpe	168	504	840	1,890	2,940	4,200
2d T Type HBk	172	516	860	1,940	3,010	4,300
T Type Conv.	220	660	1,100	2,480	3,850	5,500
NOTE: Deduct 10 percent for 4-cyl. Deduct 5 percent for lesser models.						
1985 Citation, V-6						
4d HBk	168	504	840	1,890	2,940	4,200
2d HBk	168	504	840	1,890	2,940	4,200
NOTE: Deduct 10 percent for 4-cyl.						
1985 Celebrity, V-6						
4d Sed	172	516	860	1,940	3,010	4,300
2d Cpe	172	516	860	1,940	3,010	4,300
4d Sta Wag.	176	528	880	1,980	3,080	4,400
NOTE: Deduct 10 percent for 4-cyl. Deduct 30 percent for diesel.						
1985 Camaro, V-8						
2d Cpe Spt	268	804	1,340	3,020	4,690	6,700
2d Cpe Berlinetta	276	828	1,380	3,110	4,830	6,900
2d Cpe Z28	368	1,104	1,840	4,140	6,440	9,200
2d Cpe IROC-Z	384	1,152	1,920	4,320	6,720	9,600
NOTE: Deduct 30 percent for 4-cyl. Deduct 20 percent for V-6.						
1985 Monte Carlo, V-8						
2d Cpe Spt	296	888	1,480	3,330	5,180	7,400
2d Cpe SS	372	1,116	1,860	4,190	6,510	9,300
NOTE: Deduct 20 percent for V-6 where available.						

CHEVROLET

	6	5	4	3	2	1
1985 Impala, V-8						
4d Sed 220	660	1,100	2,480	3,850	5,500
NOTE: Deduct 20 percent for V-6.						
1985 Caprice Classic, V-8						
4d Sed 228	684	1,140	2,570	3,990	5,700
2d Cpe 304	912	1,520	3,420	5,320	7,600
4d Sta Wag 236	708	1,180	2,660	4,130	5,900
NOTE: Deduct 20 percent for V-6. Deduct 30 percent for diesel.						
1986 Chevette						
2d Cpe 144	432	720	1,620	2,520	3,600
4d Sed 148	444	740	1,670	2,590	3,700
1986 Nova						
4d Sed 148	444	740	1,670	2,590	3,700
4d HBk 152	456	760	1,710	2,660	3,800
1986 Cavalier						
2d Cpe 160	480	800	1,800	2,800	4,000
4d Sed 164	492	820	1,850	2,870	4,100
4d Sta Wag 168	504	840	1,890	2,940	4,200
2d Conv 240	720	1,200	2,700	4,200	6,000
1986 Cavalier Z24						
2d Cpe 232	696	1,160	2,610	4,060	5,800
2d HBk 228	684	1,140	2,570	3,990	5,700
1986 Camaro						
2d Cpe 272	816	1,360	3,060	4,760	6,800
2d Cpe Berlinetta 360	1,080	1,800	4,050	6,300	9,000
2d Cpe Z28 380	1,140	1,900	4,280	6,650	9,500
2d Cpe IROC-Z 400	1,200	2,000	4,500	7,000	10,000
1986 Celebrity						
2d Cpe 176	528	880	1,980	3,080	4,400
4d Sed 180	540	900	2,030	3,150	4,500
4d Sta Wag 184	552	920	2,070	3,220	4,600
1986 Monte Carlo						
2d Cpe 320	960	1,600	3,600	5,600	8,000
2d Cpe LS 340	1,020	1,700	3,830	5,950	8,500
1986 Monte Carlo SS						
2d Cpe 500	1,500	2,500	5,630	8,750	12,500
2d Cpe Aero 660	1,980	3,300	7,430	11,550	16,500
1986 Caprice						
4d Sed 244	732	1,220	2,750	4,270	6,100
1986 Caprice Classic						
2d Cpe 332	996	1,660	3,740	5,810	8,300
4d Sed 252	756	1,260	2,840	4,410	6,300
4d Sta Wag 268	804	1,340	3,020	4,690	6,700
1986 Caprice Classic Brougham						
4d Sed 264	792	1,320	2,970	4,620	6,600
4d Sed LS 268	804	1,340	3,020	4,690	6,700
1987 Sprint, 3-cyl.						
2d HBk 144	432	720	1,620	2,520	3,600
4d HBk 148	444	740	1,670	2,590	3,700
2d HBk ER 148	444	740	1,670	2,590	3,700
2d HBk Turbo 152	456	760	1,710	2,660	3,800
1987 Chevette, 4-cyl.						
2d HBk 144	432	720	1,620	2,520	3,600
4d HBk 148	444	740	1,670	2,590	3,700
1987 Spectrum, 4-cyl.						
2d HBk 156	468	780	1,760	2,730	3,900
4d HBk 156	468	780	1,760	2,730	3,900
2d HBk EX 152	456	760	1,710	2,660	3,800
4d HBk Turbo 160	480	800	1,800	2,800	4,000
1987 Nova, 4-cyl.						
4d HBk 152	456	760	1,710	2,660	3,800
4d Sed 156	468	780	1,760	2,730	3,900
1987 Cavalier, 4-cyl.						
4d Sed 160	480	800	1,800	2,800	4,000
2d Cpe 156	468	780	1,760	2,730	3,900
4d Sta Wag 164	492	820	1,850	2,870	4,100
4d Sed GS 164	492	820	1,850	2,870	4,100
2d HBk GS 160	480	800	1,800	2,800	4,000
4d Sta Wag GS 168	504	840	1,890	2,940	4,200
4d Sed RS 168	504	840	1,890	2,940	4,200
2d Cpe RS 164	492	820	1,850	2,870	4,100
2d HBk RS 164	492	820	1,850	2,870	4,100
2d Conv RS 248	744	1,240	2,790	4,340	6,200
4d Sta Wag 168	504	840	1,890	2,940	4,200
NOTE: Add 10 percent for V-6.						
1987 Cavalier Z24, V-6						
2d Spt Cpe 236	708	1,180	2,660	4,130	5,900
2d Spt HBk 232	696	1,160	2,610	4,060	5,800

	6	5	4	3	2	1
1987 Beretta						
2d Cpe, 4-cyl.	188	564	940	2,120	3,290	4,700
2d Cpe, V-6	200	600	1,000	2,250	3,500	5,000
1987 Corsica						
4d Sed, 4-cyl.	192	576	960	2,160	3,360	4,800
4d Sed, V-6	204	612	1,020	2,300	3,570	5,100
1987 Celebrity						
4d Sed, 4-cyl.	184	552	920	2,070	3,220	4,600
2d Cpe, 4-cyl.	180	540	900	2,030	3,150	4,500
4d Sta Wag, 4-cyl.	188	564	940	2,120	3,290	4,700
4d Sed, V-6	192	576	960	2,160	3,360	4,800
2d Cpe, V-6	188	564	940	2,120	3,290	4,700
4d Sta Wag, V-6	196	588	980	2,210	3,430	4,900
1987 Camaro						
2d Cpe, V-6	276	828	1,380	3,110	4,830	6,900
2d Cpe LT, V-6	360	1,080	1,800	4,050	6,300	9,000
2d Cpe, V-8	368	1,104	1,840	4,140	6,440	9,200
2d Cpe LT, V-8	372	1,116	1,860	4,190	6,510	9,300
2d Cpe Z28, V-8	388	1,164	1,940	4,370	6,790	9,700
2d Cpe IROC-Z, V-8	410	1,220	2,040	4,590	7,140	10,200
2d Conv IROC-Z, V-8	800	2,400	4,000	9,000	14,000	20,000
NOTE: Add 20 percent for 350 V-8 where available. Add 10 percent for Anniversary Edition.						
1987 Monte Carlo						
2d Cpe LS, V-6	324	972	1,620	3,650	5,670	8,100
2d Cpe LS, V-8	332	996	1,660	3,740	5,810	8,300
2d Cpe SS, V-8	500	1,500	2,500	5,630	8,750	12,500
2d Cpe Aero, V-8	620	1,860	3,100	6,980	10,850	15,500
1987 Caprice, V-6						
4d Sed	248	744	1,240	2,790	4,340	6,200
1987 Caprice Classic, V-6						
4d Sed	256	768	1,280	2,880	4,480	6,400
2d Cpe	332	996	1,660	3,740	5,810	8,300
4d Sed Brgm	260	780	1,300	2,930	4,550	6,500
2d Cpe Brgm	336	1,008	1,680	3,780	5,880	8,400
1987 Caprice, V-8						
4d Sed	260	780	1,300	2,930	4,550	6,500
4d Sta Wag	272	816	1,360	3,060	4,760	6,800
1987 Caprice Classic, V-8						
4d Sed	268	804	1,340	3,020	4,690	6,700
2d Cpe	340	1,020	1,700	3,830	5,950	8,500
4d Sta Wag	280	840	1,400	3,150	4,900	7,000
4d Sed Brgm	272	816	1,360	3,060	4,760	6,800
2d Cpe Brgm	344	1,032	1,720	3,870	6,020	8,600
1988 Sprint, 3-cyl.						
2d HBk	120	360	600	1,350	2,100	3,000
4d HBk	128	384	640	1,440	2,240	3,200
2d Metro	112	336	560	1,260	1,960	2,800
2d Turbo	116	348	580	1,310	2,030	2,900
1988 Spectrum, 4-cyl.						
2d HBk Express	108	324	540	1,220	1,890	2,700
4d Sed	116	348	580	1,310	2,030	2,900
2d HBk	112	336	560	1,260	1,960	2,800
4d Turbo Sed	124	372	620	1,400	2,170	3,100
1988 Nova, 4-cyl.						
5d HBk	140	420	700	1,580	2,450	3,500
4d Sed	136	408	680	1,530	2,380	3,400
4d Sed Twin Cam	164	492	820	1,850	2,870	4,100
1988 Cavalier						
4d Sed	136	408	680	1,530	2,380	3,400
2d Cpe	144	432	720	1,620	2,520	3,600
4d Sta Wag	136	408	680	1,530	2,380	3,400
4d RS Sed	156	468	780	1,760	2,730	3,900
2d RS Cpe	160	480	800	1,800	2,800	4,000
2d Z24 Cpe, V-6	200	600	1,000	2,250	3,500	5,000
2d Z24 Conv, V-6	240	720	1,200	2,700	4,200	6,000
1988 Beretta, 4-cyl.						
2d Cpe	168	504	840	1,890	2,940	4,200
2d Cpe, V-6	180	540	900	2,030	3,150	4,500
1988 Corsica, V-4						
4d Sed	160	480	800	1,800	2,800	4,000
4d Sed, V-6	172	516	860	1,940	3,010	4,300
1988 Celebrity, 4-cyl.						
4d Sed	144	432	720	1,620	2,520	3,600
2d Cpe	140	420	700	1,580	2,450	3,500
4d Sta Wag	156	468	780	1,760	2,730	3,900
4d Sed, V-6	156	468	780	1,760	2,730	3,900
2d Cpe, V-6	152	456	760	1,710	2,660	3,800
4d Sta Wag, V-6	164	492	820	1,850	2,870	4,100

	6	5	4	3	2	1
1988 Monte Carlo						
2d LS Cpe, V-6	320	970	1,620	3,650	5,670	8,100
2d LS Cpe, V-8	330	1,000	1,660	3,740	5,810	8,300
2d SS Cpe, V-8	520	1,560	2,600	5,850	9,100	13,000
1988 Caprice, V-6						
4d Sed	200	600	1,000	2,250	3,500	5,000
4d Classic Sed	220	660	1,100	2,480	3,850	5,500
4d Brgm Sed	240	720	1,200	2,700	4,200	6,000
4d LS Brgm Sed	260	780	1,300	2,930	4,550	6,500
1988 Caprice, V-8						
4d Sed	240	720	1,200	2,700	4,200	6,000
4d Classic Sed	260	780	1,300	2,930	4,550	6,500
4d Sta Wag	360	1,080	1,800	4,050	6,300	9,000
4d Brgm Sed	368	1,104	1,840	4,140	6,440	9,200
4d LS Brgm Sed	380	1,140	1,900	4,280	6,650	9,500
1988 Camaro V-6						
2d Cpe	220	660	1,100	2,480	3,850	5,500
1988 Camaro, V-8						
2d Cpe	240	720	1,200	2,700	4,200	6,000
2d Conv	560	1,680	2,800	6,300	9,800	14,000
2d IROC-Z Cpe	420	1,260	2,100	4,730	7,350	10,500
2d IROC-Z Conv	700	2,150	3,600	8,100	12,600	18,000
1989 Cavalier, 4-cyl.						
4d Sed	184	552	920	2,070	3,220	4,600
2d VL Cpe	168	504	840	1,890	2,940	4,200
2d Cpe	180	540	900	2,030	3,150	4,500
4d Sta Wag	192	576	960	2,160	3,360	4,800
2d Z24 Cpe, V-6	276	828	1,380	3,110	4,830	6,900
2d Z24 Conv, V-6	300	900	1,500	3,380	5,250	7,500
1989 Beretta						
2d Cpe, 4-cyl.	208	624	1,040	2,340	3,640	5,200
2d Cpe, V-6	244	732	1,220	2,750	4,270	6,100
2d GT Cpe, V-6	248	744	1,240	2,790	4,340	6,200
1989 Corsica 4-cyl.						
4d NBk	188	564	940	2,120	3,290	4,700
4d HBk	192	576	960	2,160	3,360	4,800
1989 V-6						
4d NBk	208	624	1,040	2,340	3,640	5,200
4d NBk LTZ	232	696	1,160	2,610	4,060	5,800
4d HBk	212	636	1,060	2,390	3,710	5,300
1989 Celebrity 4-cyl.						
4d Sed	180	540	900	2,030	3,150	4,500
4d Sta Wag	188	564	940	2,120	3,290	4,700
1989 V-6						
4d Sed	184	552	920	2,070	3,220	4,600
4d Sta Wag	196	588	980	2,210	3,430	4,900
1989 Caprice, V-8						
4d Sed	248	744	1,240	2,790	4,340	6,200
4d Sed Classic	264	792	1,320	2,970	4,620	6,600
4d Classic Brgm Sed	290	860	1,440	3,240	5,040	7,200
4d Classic Sta Wag	400	1,250	2,100	4,730	7,350	10,500
4d LS Sed	408	1,224	2,040	4,590	7,140	10,200
1989 Camaro V-6						
2d RS Cpe	240	720	1,200	2,700	4,200	6,000
1989 Camaro, V-8						
2d RS Cpe	260	780	1,300	2,930	4,550	6,500
2d RS Conv	640	1,920	3,200	7,200	11,200	16,000
2d IROC-Z Cpe	340	1,020	1,700	3,830	5,950	8,500
2d IROC-Z Conv	720	2,160	3,600	8,100	12,600	18,000
1990 Cavalier, 4-cyl.						
2d Cpe	168	504	840	1,890	2,940	4,200
4d Sed	172	516	860	1,940	3,010	4,300
4d Sta Wag	176	528	880	1,980	3,080	4,400
2d Z24, V-6	260	780	1,300	2,930	4,550	6,500
1990 Beretta, 4-cyl.						
2d Cpe	208	624	1,040	2,340	3,640	5,200
2d GTZ Cpe	248	744	1,240	2,790	4,340	6,200
NOTE: Add 10 percent for V-6. Add 10 percent for Pace car.						
1990 Corsica, 4-cyl.						
4d LT	192	576	960	2,160	3,360	4,800
4d LT HBk	196	588	980	2,210	3,430	4,900
4d LTZ	240	720	1,200	2,700	4,200	6,000
NOTE: Add 10 percent for V-6.						
1990 Celebrity, 4-cyl.						
4d Sta Wag	200	600	1,000	2,250	3,500	5,000
NOTE: Add 10 percent for V-6.						
1990 Lumina, 4-cyl.						
2d Cpe	220	660	1,100	2,480	3,850	5,500

	6	5	4	3	2	1
4d Sed	220	660	1,100	2,480	3,850	5,500
2d Euro Cpe	260	780	1,300	2,930	4,550	6,500
4d Euro Sed	260	780	1,300	2,930	4,550	6,500
1990 Caprice, V-8						
4d Sed	260	780	1,300	2,930	4,550	6,500
4d Classic Sed	400	1,200	2,000	4,500	7,000	10,000
4d Classic Sta Wag	420	1,260	2,100	4,730	7,350	10,500
4d Brgm Sed	420	1,260	2,100	4,730	7,350	10,500
4d LS Sed	520	1,560	2,600	5,850	9,100	13,000
1990 Camaro V-6						
2d RS Cpe	240	720	1,200	2,700	4,200	6,000
1990 Camaro, V-8						
2d RS Cpe	264	792	1,320	2,970	4,620	6,600
2d RS Conv	600	1,800	3,000	6,750	10,500	15,000
2d IROC-Z Cpe	520	1,560	2,600	5,850	9,100	13,000
2d IROC-Z Conv	680	2,040	3,400	7,650	11,900	17,000
1991 Cavalier, 4-cyl.						
4d VL Sed	140	420	700	1,580	2,450	3,500
2d VL Cpe	136	408	680	1,530	2,380	3,400
4d VL Sta Wag	144	432	720	1,620	2,520	3,600
4d RS Sta Wag	152	456	760	1,710	2,660	3,800
2d RS Cpe	148	444	740	1,670	2,590	3,700
2d RS Conv, V-6	360	1,080	1,800	4,050	6,300	9,000
4d RS Sta Wag	156	468	780	1,760	2,730	3,900
2d Z24, V-6	240	720	1,200	2,700	4,200	6,000
NOTE: Add 10 percent for V-6.						
1991 Beretta, 4-cyl.						
2d Cpe	180	540	900	2,030	3,150	4,500
2d GT Cpe, V-6	272	816	1,360	3,060	4,760	6,800
2d GTZ Cpe	260	780	1,300	2,930	4,550	6,500
4d NBk Corsica	160	480	800	1,800	2,800	4,000
4d HBk Corsica	168	504	840	1,890	2,940	4,200
NOTE: Add 10 percent for V-6.						
1991 Lumina, 4-cyl.						
4d Sed	188	564	940	2,120	3,290	4,700
2d Cpe	192	576	960	2,160	3,360	4,800
NOTE: Add 10 percent for V-6.						
4d Euro Sed, V-6	228	684	1,140	2,570	3,990	5,700
2d Euro Sed, V-6	276	828	1,380	3,110	4,830	6,900
2d Z34 Cpe, V-6	380	1,140	1,900	4,280	6,650	9,500
1991 Camaro, V-6						
2d Cpe	240	720	1,200	2,700	4,200	6,000
2d Conv	560	1,680	2,800	6,300	9,800	14,000
1991 Camaro, V-8						
2d RS Cpe	260	780	1,300	2,930	4,550	6,500
2d RS Conv	580	1,740	2,900	6,530	10,150	14,500
2d Z28 Cpe	420	1,260	2,100	4,730	7,350	10,500
2d Z28 Conv	660	1,980	3,300	7,430	11,550	16,500
1991 Caprice, V-8						
4d Sed	236	708	1,180	2,660	4,130	5,900
4d Sta Wag	380	1,140	1,900	4,280	6,650	9,500
4d Sed Classic	372	1,116	1,860	4,190	6,510	9,300
NOTE: Add 15 percent LTZ Sed option.						
1992 Cavalier, 4-cyl.						
4d VL Sed	200	600	1,000	2,250	3,500	5,000
2d VL Cpe	200	600	1,000	2,250	3,500	5,000
4d VL Sta Wag	204	612	1,020	2,300	3,570	5,100
4d RS Sed	208	624	1,040	2,340	3,640	5,200
2d RS Cpe	240	720	1,200	2,700	4,200	6,000
2d RS Conv	380	1,140	1,900	4,280	6,650	9,500
4d RS Sta Wag	200	600	1,000	2,250	3,500	5,000
2d Z24 Cpe, V-6	260	780	1,300	2,930	4,550	6,500
2d Z24 Conv, V-6	420	1,260	2,100	4,730	7,350	10,500
NOTE: Add 10 percent for V-6 where available.						
1992 Beretta, 4-cyl.						
2d Cpe	220	660	1,100	2,480	3,850	5,500
2d GT Cpe	240	720	1,200	2,700	4,200	6,000
2d GTZ Cpe	260	780	1,300	2,930	4,550	6,500
NOTE: Add 10 percent for V-6 where available.						
1992 Corsica						
4d LT Sed	208	624	1,040	2,340	3,640	5,200
NOTE: Add 10 percent for V-6 where available.						
1992 Lumina, 4-cyl.						
4d Sed	220	660	1,100	2,480	3,850	5,500
2d Cpe	220	660	1,100	2,480	3,850	5,500
4d Euro Sed, V-6	240	720	1,200	2,700	4,200	6,000
2d Euro Cpe, V-6	240	720	1,200	2,700	4,200	6,000
2d Z34 Cpe, V-6	400	1,200	2,000	4,500	7,000	10,000
NOTE: Add 10 percent for V-6 where available.						

CHEVROLET

	6	5	4	3	2	1
1992 Camaro, V-6						
2d RS Cpe	400	1,200	2,000	4,500	7,000	10,000
2d RS Conv	600	1,800	3,000	6,750	10,500	15,000
2d Z28 Cpe	540	1,620	2,700	6,080	9,450	13,500
2d Z28 Conv	680	2,040	3,400	7,650	11,900	17,000
NOTE: Add 10 percent for V-8 where available.						
1992 Caprice, V-8						
4d Sed	240	720	1,200	2,700	4,200	6,000
4d Classic Sed	260	780	1,300	2,930	4,550	6,500
4d Sta Wag	360	1,080	1,800	4,050	6,300	9,000
1993 Cavalier, 4-cyl.						
2d VL Cpe	204	612	1,020	2,300	3,570	5,100
4d VL Sed	208	624	1,040	2,340	3,640	5,200
4d VL Sta Wag	220	660	1,100	2,480	3,850	5,500
2d RS Cpe	212	636	1,060	2,390	3,710	5,300
2d RS Conv	216	648	1,080	2,430	3,780	5,400
4d RS Sed	220	660	1,100	2,480	3,850	5,500
4d RS Sta Wag	228	684	1,140	2,570	3,990	5,700
1993 Cavalier, V-6						
2d Z24 Cpe	260	780	1,300	2,930	4,550	6,500
2d Z24 Conv	428	1,284	2,140	4,820	7,490	10,700
1993 Beretta, 4-cyl.						
2d Cpe	248	744	1,240	2,790	4,340	6,200
2d GT Cpe	252	756	1,260	2,840	4,410	6,300
2d GTZ Cpe	256	768	1,280	2,880	4,480	6,400
1993 Beretta, V-6						
2d Cpe	252	756	1,260	2,840	4,410	6,300
2d GT Cpe	256	768	1,280	2,880	4,480	6,400
2d GTZ Cpe	260	780	1,300	2,930	4,550	6,500
1993 Corsica, 4-cyl.						
4d NBk	212	636	1,060	2,390	3,710	5,300
4d HBk	220	660	1,100	2,480	3,850	5,500
1993 Corsica, V-6						
4d NBk	216	648	1,080	2,430	3,780	5,400
4d HBk	224	672	1,120	2,520	3,920	5,600
1993 Lumina, 4-cyl. & V-6						
2d Cpe	224	672	1,120	2,520	3,920	5,600
4d Sed, 4-cyl.	232	696	1,160	2,610	4,060	5,800
4d Sed	240	720	1,200	2,700	4,200	6,000
4d Euro Sed	248	744	1,240	2,790	4,340	6,200
2d Euro Cpe	404	1,212	2,020	4,550	7,070	10,100
2d Z34 Cpe	408	1,224	2,040	4,590	7,140	10,200
1993 Camaro						
2d Cpe, V-6	420	1,260	2,100	4,730	7,350	10,500
2d Cpe Z28, V-8	540	1,620	2,700	6,080	9,450	13,500
NOTE: Add 10 percent for Pace Car.						
1993 Caprice, V-8						
4d Sed	248	744	1,240	2,790	4,340	6,200
4d LS Sed	264	792	1,320	2,970	4,620	6,600
4d Sta Wag	272	816	1,360	3,060	4,760	6,800
1994 Cavalier, 4-cyl.						
4d VL Sed	180	540	900	2,030	3,150	4,500
2d VL Cpe	168	504	840	1,890	2,940	4,200
4d RS Sed	200	600	1,000	2,250	3,500	5,000
2d RS Cpe	192	576	960	2,160	3,360	4,800
4d RS Sta Wag	204	612	1,020	2,300	3,570	5,100
2d RS Conv	280	840	1,400	3,150	4,900	7,000
2d Z24 Cpe, V-6	244	732	1,220	2,750	4,270	6,100
2d Z24 Conv, V-6	320	960	1,600	3,600	5,600	8,000
1994 Beretta & Corsica, 4-cyl. & V-6						
2d Cpe	220	660	1,100	2,480	3,850	5,500
2d Cpe Z26	260	780	1,300	2,930	4,550	6,500
4d Sed	208	624	1,040	2,340	3,640	5,200
1994 Lumina, V-6						
4d Sed	260	780	1,300	2,930	4,550	6,500
4d Euro Sed	288	864	1,440	3,240	5,040	7,200
2d Euro Cpe	284	852	1,420	3,200	4,970	7,100
2d Z34 Cpe	320	960	1,600	3,600	5,600	8,000
1994 Camaro						
2d Cpe, V-6	340	1,020	1,700	3,830	5,950	8,500
2d Conv, V-6	380	1,140	1,900	4,280	6,650	9,500
2d Z28 Cpe, V-8	420	1,260	2,100	4,730	7,350	10,500
2d Z28 Conv, V-8	500	1,500	2,500	5,630	8,750	12,500
1994 Caprice Classic, V-8						
4d Sed	340	1,020	1,700	3,830	5,950	8,500
4d LS Sed	380	1,140	1,900	4,280	6,650	9,500
4d Sta Wag	420	1,260	2,100	4,730	7,350	10,500
4d Impala Sed	680	2,040	3,400	7,650	11,900	17,000

	6	5	4	3	2	1
1995 Cavalier, 4-cyl.						
2d Cpe	150	500	850	1,890	2,950	4,200
4d Sed	200	550	900	2,030	3,150	4,500
2d LS Conv.	300	850	1,400	3,150	4,900	7,000
4d LS Sed.	200	600	1,000	2,250	3,500	5,000
2d Z24 Cpe.	250	750	1,200	2,750	4,250	6,100
1995 Beretta & Corsica, 4-cyl. & V-6						
2d Beretta Cpe	200	650	1,100	2,480	3,850	5,500
2d Beretta Z26 Cpe (V-6 only)	250	800	1,300	2,930	4,550	6,500
4d Corsica Sed.	200	600	1,050	2,340	3,650	5,200
1995 Lumina, V-6						
4d Sed	250	800	1,300	2,930	4,550	6,500
4d LS Sed.	300	850	1,400	3,150	4,900	7,000
1995 Monte Carlo, V-6						
2d LS Cpe	250	800	1,300	2,970	4,600	6,600
2d Z34 Cpe.	300	900	1,450	3,290	5,100	7,300
1995 Camaro, V-6 & V-8						
2d Cpe, V-6	350	1,000	1,700	3,830	5,950	8,500
2d Conv, V-6	400	1,150	1,900	4,280	6,650	9,500
2d Z28 Cpe, V-8	400	1,250	2,100	4,730	7,350	10,500
2d Z28 Conv, V-8	500	1,500	2,500	5,630	8,750	12,500
1995 Caprice Classic, V-8						
4d Sed	350	1,000	1,700	3,830	5,950	8,500
4d Sta Wag.	400	1,250	2,100	4,730	7,350	10,500
4d Impala SS Sed	700	2,050	3,400	7,650	11,900	17,000
1996 Cavalier, 4-cyl.						
2d Cpe	150	500	850	1,890	2,950	4,200
4d Sed	200	550	900	2,030	3,150	4,500
2d LS Conv.	300	850	1,400	3,150	4,900	7,000
4d LS Sed.	200	600	1,000	2,250	3,500	5,000
2d Z24 Cpe.	250	750	1,200	2,750	4,250	6,100
1996 Beretta & Corsica, 4-cyl. & V-6						
2d Beretta Cpe	200	650	1,100	2,480	3,850	5,500
2d Beretta Z26 Cpe (V-6 only)	250	800	1,300	2,930	4,550	6,500
4d Corsica Sed.	200	600	1,050	2,340	3,650	5,200
1996 Lumina, V-6						
4d Sed	250	800	1,300	2,930	4,550	6,500
4d LS Sed.	300	850	1,400	3,150	4,900	7,000
1996 Monte Carlo, V-6						
2d LS Cpe	250	800	1,300	2,970	4,600	6,600
2d Z34 Cpe.	300	900	1,450	3,290	5,100	7,300
1996 Camaro, V-6 & V-8						
2d Cpe, V-6	350	1,000	1,700	3,830	5,950	8,500
2d Conv, V-6	400	1,150	1,900	4,280	6,650	9,500
2d RS Cpe, V-6	350	1,100	1,800	4,050	6,300	9,000
2d RS Conv, V-6	400	1,200	2,000	4,500	7,000	10,000
2d Z28 Cpe, V-8.	400	1,250	2,100	4,730	7,350	10,500
2d Z28 Conv, V-8	500	1,500	2,500	5,630	8,750	12,500
NOTE: Add 25 percent for SS option pkg.						
1996 Caprice Classic, V-8						
4d Sed	350	1,000	1,700	3,830	5,950	8,500
4d Sta Wag.	400	1,250	2,100	4,730	7,350	10,500
4d Impala SS Sed	700	2,050	3,400	7,650	11,900	17,000
1997 Cavalier, 4-cyl.						
2d Cpe	168	504	840	1,890	2,940	4,200
4d Sed	180	540	900	2,030	3,150	4,500
2d RS Cpe	196	588	980	2,210	3,430	4,900
2d LS Conv.	280	840	1,400	3,150	4,900	7,000
4d LS Sed.	200	600	1,000	2,250	3,500	5,000
2d Z24 Cpe.	244	732	1,220	2,750	4,270	6,100
1997 Malibu, 4-cyl. & V-6						
4d Sed	256	768	1,280	2,880	4,480	6,400
4d LS Sed (V-6 only)	280	830	1,380	3,110	4,830	6,900
1997 Lumina, V-6						
4d Sed	260	780	1,300	2,930	4,550	6,500
4d LS Sed.	280	840	1,400	3,150	4,900	7,000
4d LTZ Sed.	300	900	1,500	3,380	5,250	7,500
1997 Monte Carlo, V-6						
2d LS Cpe	264	792	1,320	2,970	4,620	6,600
2d Z34 Cpe.	292	876	1,460	3,290	5,110	7,300
1997 Camaro, V-6 & V-8						
2d Cpe, V-6	340	1,020	1,700	3,830	5,950	8,500
2d Conv, V-6	380	1,140	1,900	4,280	6,650	9,500
2d RS Cpe, V-6	360	1,080	1,800	4,050	6,300	9,000
2d RS Conv, V-6	400	1,200	2,000	4,500	7,000	10,000
2d Z28 Cpe, V-8.	420	1,260	2,100	4,730	7,350	10,500
2d Z28 Conv, V-8.	500	1,500	2,500	5,630	8,750	12,500
NOTE: Add 10 percent for Z28 30th Anv Pkg.						

CHEVROLET

	6	5	4	3	2	1
1998 Metro, 4-cyl.						
2d HBk (3-cyl.)	120	360	600	1,350	2,100	3,000
2d LSi HBk	130	400	660	1,490	2,310	3,300
4d LSi Sed.	140	430	720	1,620	2,520	3,600
1998 Prism, 4-cyl.						
4d Sed.	150	440	740	1,670	2,590	3,700
4d LSi Sed.	160	480	800	1,800	2,800	4,000
1998 Cavalier, 4-cyl.						
2d Cpe.	170	500	840	1,890	2,940	4,200
4d Sed.	180	540	900	2,030	3,150	4,500
2d RS Cpe.	200	590	980	2,210	3,430	4,900
4d LS Sed.	200	600	1,000	2,250	3,500	5,000
2d Z24 Cpe	240	730	1,220	2,750	4,270	6,100
2d Z24 Conv	280	840	1,400	3,150	4,900	7,000
1998 Malibu, 4-cyl. & V-6						
4d Sed.	260	770	1,280	2,880	4,480	6,400
4d LS Sed (V-6 only).	280	830	1,380	3,110	4,830	6,900
1998 Lumina, V-6						
4d Sed.	260	780	1,300	2,930	4,550	6,500
4d LS Sed	280	840	1,400	3,150	4,900	7,000
4d LTZ Sed	300	900	1,500	3,380	5,250	7,500
NOTE: Add 5 percent for LTZ 3.8L V-6.						
1998 Monte Carlo, V-6						
2d LS Cpe	270	800	1,340	3,020	4,690	6,700
2d Z34 Cpe	300	900	1,500	3,380	5,250	7,500
1998 Camaro, V-6 & V-8						
2d Cpe, V-6.	340	1,020	1,700	3,830	5,950	8,500
2d Conv, V-6.	380	1,140	1,900	4,280	6,650	9,500
2d Z28 Cpe, V-8.	420	1,260	2,100	4,730	7,350	10,500
2d Z28 Conv, V-8.	500	1,500	2,500	5,630	8,750	12,500
2d SS Cpe, V-8.	480	1,440	2,400	5,400	8,400	12,000
2d SS Conv, V-8.	560	1,680	2,800	6,300	9,800	14,000
1999 Metro, 4-cyl.						
2d HBk (3-cyl.)	120	360	600	1,350	2,100	3,000
2d LSi HBk	130	400	660	1,490	2,310	3,300
4d LSi Sed.	140	430	720	1,620	2,520	3,600
1999 Prism, 4-cyl.						
4d Sed.	150	440	740	1,670	2,590	3,700
4d LSi Sed.	160	480	800	1,800	2,800	4,000
1999 Cavalier, 4-cyl.						
2d Cpe.	170	500	840	1,890	2,940	4,200
4d Sed.	180	540	900	2,030	3,150	4,500
2d RS Cpe.	200	590	980	2,210	3,430	4,900
4d LS Sed.	200	600	1,000	2,250	3,500	5,000
2d Z24 Cpe	240	730	1,220	2,750	4,270	6,100
2d Z24 Conv	280	840	1,400	3,150	4,900	7,000
NOTE: Add 5 percent for bi-fuel (compressed natural gas) Sed.						
1999 Malibu, 4-cyl. & V-6						
4d Sed.	260	770	1,280	2,880	4,480	6,400
4d LS Sed (V-6 only).	280	830	1,380	3,110	4,830	6,900
1999 Lumina, V-6						
4d Sed.	260	780	1,300	2,930	4,550	6,500
4d LS Sed	280	840	1,400	3,150	4,900	7,000
4d LTZ Sed	300	900	1,500	3,380	5,250	7,500
NOTE: Add 5 percent for Police pkg 3.8L V-6.						
1999 Monte Carlo, V-6						
2d LS Cpe	270	800	1,340	3,020	4,690	6,700
2d Z34 Cpe	300	900	1,500	3,380	5,250	7,500
1999 Camaro, V-6 & V-8						
2d Cpe, V-6.	350	1,040	1,740	3,920	6,090	8,700
2d Conv, V-6.	390	1,160	1,940	4,370	6,790	9,700
2d Z28 Cpe, V-8.	430	1,280	2,140	4,820	7,490	10,700
2d Z28 Conv, V-8.	510	1,520	2,540	5,720	8,890	12,700
2d SS Cpe, V-8.	490	1,460	2,440	5,490	8,540	12,200
2d SS Conv, V-8.	570	1,700	2,840	6,390	9,940	14,200
NOTE: Add 5 percent for optional 6-Spd on Z28.						
2000 Metro, 4-cyl.						
2d HBk (3-cyl.)	120	360	600	1,350	2,100	3,000
2d LSi HBk	130	400	660	1,490	2,310	3,300
4d LSi Sed.	140	430	720	1,620	2,520	3,600
2000 Prism, 4-cyl.						
4d Sed.	150	440	740	1,670	2,590	3,700
4d LSi Sed.	160	480	800	1,800	2,800	4,000
2000 Cavalier, 4-cyl.						
2d Cpe.	170	500	840	1,890	2,940	4,200
4d Sed.	180	540	900	2,030	3,150	4,500
4d LS Sed	200	600	1,000	2,250	3,500	5,000
2d Z24 Cpe	240	730	1,220	2,750	4,270	6,100
2d Z24 Conv	280	840	1,400	3,150	4,900	7,000

CHEVROLET

	6	5	4	3	2	1
2000 Malibu, V-6						
4d Sed	260	770	1,280	2,880	4,480	6,400
4d LS Sed	280	830	1,380	3,110	4,830	6,900
2000 Lumina, V-6						
4d Sed	260	780	1,300	2,930	4,550	6,500
2000 Monte Carlo, V-6						
2d LS Cpe	270	800	1,340	3,020	4,690	6,700
2d SS Cpe	340	1,020	1,700	3,830	5,950	8,500
2000 Camaro, V-6 & V-8						
2d Cpe, V-6	350	1,040	1,740	3,920	6,090	8,700
2d Conv, V-6	390	1,160	1,940	4,370	6,790	9,700
2d Z28 Cpe, V-8	430	1,280	2,140	4,820	7,490	10,700
2d Z28 Conv, V-8	510	1,520	2,540	5,720	8,890	12,700
2d SS Cpe, V-8	490	1,460	2,440	5,490	8,540	12,200
2d SS Conv, V-8	570	1,700	2,840	6,390	9,940	14,200
2000 Impala, V-6						
4d Sed	280	840	1,400	3,150	4,900	7,000
4d LS Sed	300	900	1,500	3,380	5,250	7,500
2001 Metro, 4-cyl.						
4d LSi Sed	140	430	720	1,800	2,520	3,600
2001 Prism, 4-cyl.						
4d Sed	150	440	740	1,850	2,590	3,700
4d LSi Sed	160	480	800	2,000	2,800	4,000
2001 Cavalier, 4-cyl.						
2d Cpe	170	500	840	2,100	2,940	4,200
4d Sed	180	540	900	2,250	3,150	4,500
4d LS Sed	200	600	1,000	2,500	3,500	5,000
2d Z24 Cpe	240	730	1,220	3,050	4,270	6,100
2001 Malibu, V-6						
4d Sed	260	770	1,280	3,200	4,480	6,400
4d LS Sed	280	830	1,380	3,450	4,830	6,900
2001 Lumina, V-6						
4d Sed	260	780	1,300	3,250	4,550	6,500
2001 Monte Carlo, V-6						
2d LS Cpe	270	800	1,340	3,350	4,690	6,700
2d SS Cpe	340	1,020	1,700	4,250	5,950	8,500
2001 Camaro, V-6 & V-8						
2d Cpe, V-6	350	1,040	1,740	4,350	6,090	8,700
2d Conv, V-6	390	1,160	1,940	4,850	6,790	9,700
2d Z28 Cpe, V-8	430	1,300	2,160	5,400	7,560	10,800
2d Z28 Conv, V-8	510	1,540	2,560	6,400	8,960	12,800
2d SS Cpe, V-8	490	1,480	2,460	6,150	8,610	12,300
2d SS Conv, V-8	570	1,720	2,860	7,150	10,010	14,300
2001 Impala, V-8						
4d Sed	280	840	1,400	3,500	4,900	7,000
4d LS Sed	300	900	1,500	3,750	5,250	7,500

CORVAIR

	6	5	4	3	2	1
1960 Standard, 6-cyl.						
4d Sed	360	1,080	1,800	4,050	6,300	9,000
2d Cpe	380	1,140	1,900	4,280	6,650	9,500
1960 DeLuxe, 6-cyl.						
4d Sed	364	1,092	1,820	4,100	6,370	9,100
2d Cpe	388	1,164	1,940	4,370	6,790	9,700
1960 Monza, 6-cyl.						
2d Cpe	568	1,704	2,840	6,390	9,940	14,200
1961 Series 500, 6-cyl.						
4d Sed	360	1,080	1,800	4,050	6,300	9,000
2d Cpe	380	1,140	1,900	4,280	6,650	9,500
4d Sta Wag	372	1,116	1,860	4,190	6,510	9,300
1961 Series 700, 6-cyl.						
4d Sed	376	1,128	1,880	4,230	6,580	9,400
2d Cpe	480	1,440	2,400	5,400	8,400	12,000
4d Sta Wag	388	1,164	1,940	4,370	6,790	9,700
1961 Monza, 6-cyl.						
4d Sed	384	1,152	1,920	4,320	6,720	9,600
2d Cpe	540	1,620	2,700	6,080	9,450	13,500
NOTE: Add $1,200 for A/C.						
1962-63 Series 500, 6-cyl.						
2d Cpe	384	1,152	1,920	4,320	6,720	9,600
1962-63 Series 700, 6-cyl.						
4d Sed	384	1,152	1,920	4,320	6,720	9,600
2d Cpe	484	1,452	2,420	5,450	8,470	12,100
4d Sta Wag (1962 only)	390	1,180	1,960	4,410	6,860	9,800
1962-63 Series 900 Monza, 6-cyl.						
4d Sed	484	1,452	2,420	5,450	8,470	12,100
2d Cpe	544	1,632	2,720	6,120	9,520	13,600

CORVAIR

	6	5	4	3	2	1
2d Conv....................................... 600	1,800	3,000	6,750	10,500	15,000
4d Sta Wag (1962 only) 490	1,460	2,440	5,490	8,540	12,200
1962-63 Monza Spyder, 6-cyl.						
2d Cpe....................................... 564	1,692	2,820	6,350	9,870	14,100
2d Conv....................................... 620	1,860	3,100	6,980	10,850	15,500
NOTE: Add $1,600 for K.O. wire wheels. Add $1,000 for A/C.						
1964 Series 500, 6-cyl.						
2d Cpe....................................... 372	1,116	1,860	4,190	6,510	9,300
1964 Series 700, 6-cyl.						
4d Sed.. 384	1,152	1,920	4,320	6,720	9,600
1964 Series 900 Monza, 6-cyl.						
4d Sed.. 480	1,440	2,400	5,400	8,400	12,000
2d Cpe....................................... 552	1,656	2,760	6,210	9,660	13,800
2d Conv....................................... 580	1,740	2,900	6,530	10,150	14,500
1964 Monza Spyder, 6-cyl.						
2d Cpe....................................... 564	1,692	2,820	6,350	9,870	14,100
2d Conv....................................... 620	1,860	3,100	6,980	10,850	15,500
NOTE: Add $1,600 for K.O. wire wheels. Add $1,000 for A/C except Spyder.						
1965 Series 500, 6-cyl.						
4d HT 332	996	1,660	3,740	5,810	8,300
2d HT 368	1,104	1,840	4,140	6,440	9,200
1965 Monza Series, 6-cyl.						
4d HT 360	1,080	1,800	4,050	6,300	9,000
2d HT 520	1,560	2,600	5,850	9,100	13,000
2d Conv....................................... 600	1,800	3,000	6,750	10,500	15,000
NOTE: Add 20 percent for 140 hp engine.						
1965 Corsa Series, 6-cyl.						
2d HT 520	1,560	2,600	5,850	9,100	13,000
2d Conv....................................... 620	1,860	3,100	6,980	10,850	15,500
NOTE: Add 30 percent for 180 hp engine. Add $1,000 for A/C.						
1966 Series 500, 6-cyl.						
4d HT 340	1,020	1,700	3,830	5,950	8,500
2d HT 376	1,128	1,880	4,230	6,580	9,400
1966 Monza Series, 6-cyl.						
4d HT 368	1,104	1,840	4,140	6,440	9,200
2d HT 520	1,560	2,600	5,850	9,100	13,000
2d Conv....................................... 620	1,860	3,100	6,980	10,850	15,500
NOTE: Add 20 percent for 140 hp engine.						
1966 Corsa Series, 6-cyl.						
2d HT 544	1,632	2,720	6,120	9,520	13,600
2d Conv....................................... 640	1,920	3,200	7,200	11,200	16,000
NOTE: Add 30 percent for 180 hp engine. Add $1,000 for A/C.						
1967 Series 500, 6-cyl.						
2d HT 360	1,080	1,800	4,050	6,300	9,000
4d HT 340	1,020	1,700	3,830	5,950	8,500
1967 Monza, 6-cyl.						
4d HT 368	1,104	1,840	4,140	6,440	9,200
2d HT 520	1,560	2,600	5,850	9,100	13,000
2d Conv....................................... 600	1,800	3,000	6,750	10,500	15,000
NOTE: Add $1,000 for A/C. Add 20 percent for 140 hp engine.						
1968 Series 500, 6-cyl.						
2d HT 380	1,140	1,900	4,280	6,650	9,500
1968 Monza, 6-cyl.						
2d HT 540	1,620	2,700	6,080	9,450	13,500
2d Conv....................................... 640	1,920	3,200	7,200	11,200	16,000
NOTE: Add 20 percent for 140 hp engine.						
1969 Series 500, 6-cyl.						
2d HT 480	1,440	2,400	5,400	8,400	12,000
1969 Monza						
2d HT 600	1,800	3,000	6,750	10,500	15,000
2d Conv....................................... 680	2,040	3,400	7,650	11,900	17,000
NOTE: Add 20 percent for 140 hp engine.						

CORVETTE

	6	5	4	3	2	1
1953						
6-cyl. Conv 7,380	22,140	36,900	83,030	129,150	184,500
1954						
6-cyl. Conv 4,680	14,040	23,400	52,650	81,900	117,000
NOTE: Add $3,000 & up for access. hardtop.						
1955						
6-cyl. Conv 4,740	14,220	23,700	53,330	82,950	118,500
8-cyl. Conv 4,920	14,760	24,600	55,350	86,100	123,000
NOTE: Add $3,000 & up for access. hardtop.						
1956						
Conv 3,500	10,500	17,500	39,380	61,250	87,500

NOTE: All post-1955 Corvettes are V-8 powered. Add $3,000 & up for removable hardtop. Add 20 percent for two 4 barrel carbs.

	6	5	4	3	2	1

1957
Conv. 3,660   10,980   18,300   41,180   64,050   91,500
NOTE: *Add $3,000 for hardtop. Add 50 percent for F.I., 250 hp. Add 75 percent for F.I., 283 hp. Add 25 percent for two 4 barrel carbs, 245 hp. Add 35 percent for two 4 barrel carbs, 270 hp. Add 15 percent for 4-speed transmission. Add 150 percent for 579E option.*

1958
Conv. 3,240   9,720   16,200   36,450   56,700   81,000
NOTE: *Add $3,000 for hardtop. Add 25 percent for two 4 barrel carbs, 245 hp. Add 35 percent for two 4 barrel carbs, 270 hp. Add 40 percent for F.I., 250 hp. Add 60 percent for F.I., 290 hp.*

1959
Conv. 3,040   9,120   15,200   34,200   53,200   76,000
NOTE: *Add $3,000 for hardtop. Add 40 percent for F.I., 250 hp. Add 60 percent for F.I., 290 hp. Add 25 percent for two 4 barrel carbs, 245 hp. Add 35 percent for two 4 barrel carbs, 270 hp.*

1960
Conv. 3,040   9,120   15,200   34,200   53,200   76,000
NOTE: *Add $3,000 for hardtop. Add 40 percent for F.I., 275 hp. Add 60 percent for F.I., 315 hp. Add 25 percent for two 4 barrel carbs, 245 hp. Add 35 percent for two 4 barrel carbs, 270 hp.*

1961
Conv. 3,040   9,120   15,200   34,200   53,200   76,000
NOTE: *Add $3,000 for hardtop. Add 40 percent for F.I., 275 hp. Add 60 percent for F.I., 315 hp. Add 25 percent for two 4 barrel carbs, 245 hp. Add 35 percent for two 4 barrel carbs, 270 hp.*

1962
Conv. 3,040   9,120   15,200   34,200   53,200   76,000
NOTE: *Add $3,000 for hardtop; 30 percent for F.I.*

1963
Spt Cpe 3,340   10,020   16,700   37,580   58,450   83,500
Conv. 3,140   9,420   15,700   35,330   54,950   78,500
GS . . . .   value not estimable
NOTE: *Add 30 percent for F.I.; $4,500 for A/C. Add 25 percent for 327 cid, 340 hp. Add $3,000 for hardtop; $3,000 for knock off wheels. Z06 option, value not estimable.*

1964
Spt Cpe 2,560   7,680   12,800   28,800   44,800   64,000
Conv. 2,800   8,400   14,000   31,500   49,000   70,000
NOTE: *Add 30 percent for F.I.; $4,500 for A/C. Add 30 percent for 327 cid, 365 hp. Add $3,000 for hardtop; $3,000 for knock off wheels.*

1965
Spt Cpe 2,680   8,040   13,400   30,150   46,900   67,000
Conv. 2,920   8,760   14,600   32,850   51,100   73,000
NOTE: *Add 40 percent for F.I.; $4,500 for A/C. Add 60 percent for 396 cid. Add $3,000 for knock off wheels. Add $3,000 for hardtop.*

1966
Spt Cpe 2,880   8,640   14,400   32,400   50,400   72,000
Conv. 3,120   9,360   15,600   35,100   54,600   78,000
NOTE: *Add $4,500 for A/C.; 30 percent for 427 engine - 390 hp. Add 50 percent for 427 engine - 425 hp (L72 listed by Chevrolet as having 425 hp, but, is believed to have more). Add $3,000 for knock off wheels; $3,000 for hardtop.*

1967
Spt Cpe 3,500   10,500   17,500   39,380   61,250   87,500
Conv. 3,780   11,340   18,900   42,530   66,150   94,500
NOTE: *Add $4,500 for A/C. L88 & L89 option not estimable, 30 percent for 427 engine - 390 hp. Add 50 percent for 427 engine - 400 hp, 75 percent for 427 engine - 435 hp; $4,000 for aluminum wheels; $3,000 for hardtop.*

1968
Spt Cpe 1,660   4,980   8,300   18,680   29,050   41,500
Conv. 1,920   5,760   9,600   21,600   33,600   48,000
NOTE: *Add 80 percent for L89 427 - 435 hp aluminum head option. L88 engine option not estimable. Add 30 percent for 427-390 hp. Add 40 percent for 427, 400 hp. Add 30 percent for L71 427-435 hp cast head.*

1969
Spt Cpe 1,660   4,980   8,300   18,680   29,050   41,500
Conv. 1,920   5,760   9,600   21,600   33,600   48,000
NOTE: *Add 80 percent for L89 427 - 435 hp aluminum head option. L88 engine option not estimable. Add 30 percent for 427-390 hp. Add 40 percent for 427, 400 hp. Add 30 percent for L71 427-435 hp cast head.*

1970
Spt Cpe 1,600   4,800   8,000   18,000   28,000   40,000
Conv. 1,880   5,640   9,400   21,150   32,900   47,000
NOTE: *Add 70 percent for LT-1 option. ZR1 option not estimable. Add 30 percent for LS5 option.*

1971
Spt Cpe 1,560   4,680   7,800   17,550   27,300   39,000
Conv. 1,840   5,520   9,200   20,700   32,200   46,000
NOTE: *Add 50 percent for LT-1 option; 30 percent for LS5 option; 75 percent for LS6 option.*

1972
Spt Cpe 1,560   4,680   7,800   17,550   27,300   39,000
Conv. 1,840   5,520   9,200   20,700   32,200   46,000
NOTE: *Add 50 percent for LT-1 option. Add 30 percent for LS5 option. Add 25 percent for air on LT-1.*

1973
Spt Cpe 1,480   4,440   7,400   16,650   25,900   37,000
Conv. 1,760   5,280   8,800   19,800   30,800   44,000
NOTE: *Add 10 percent for L82. Add 25 percent for LS4.*

1974
Spt Cpe 1,240   3,720   6,200   13,950   21,700   31,000

	6	5	4	3	2	1
Conv 1,520	4,560	7,600	17,100	26,600	38,000	

NOTE: Add 10 percent for L82. Add 25 percent for LS4.

1975

	6	5	4	3	2	1
Spt Cpe. 1,160	3,480	5,800	13,050	20,300	29,000
Conv 1,440	4,320	7,200	16,200	25,200	36,000

NOTE: Add 10 percent for L82.

1976

	6	5	4	3	2	1
Cpe. 840	2,520	4,200	9,450	14,700	21,000

NOTE: Add 10 percent for L82.

1977

	6	5	4	3	2	1
Cpe. 880	2,640	4,400	9,900	15,400	22,000

NOTE: Add 10 percent for L82.

1978

	6	5	4	3	2	1
Cpe 1,000	3,000	5,000	11,250	17,500	25,000

NOTE: Add 10 percent for anniversary model. Add 25 percent for Pace Car. Add 10 percent for L82 engine option.

1979

	6	5	4	3	2	1
Cpe 880	2,640	4,400	9,900	15,400	22,000

NOTE: Add 10 percent for L82 engine option.

1980

	6	5	4	3	2	1
Cpe 880	2,640	4,400	9,900	15,400	22,000

NOTE: Add 20 percent for L82 engine option.

1981

	6	5	4	3	2	1
Cpe. 880	2,640	4,400	9,900	15,400	22,000

1982

	6	5	4	3	2	1
2d Cpe. 920	2,760	4,600	10,350	16,100	23,000

NOTE: Add 20 percent for Collector Edition.

1983

NOTE: None manufactured.

1984

	6	5	4	3	2	1
2d HBk 1,080	3,240	5,400	12,150	18,900	27,000

1985

	6	5	4	3	2	1
2d HBk 1,080	3,240	5,400	12,150	18,900	27,000

1986

	6	5	4	3	2	1
2d HBk 1,120	3,360	5,600	12,600	19,600	28,000
Conv Pace Car 1,410	4,220	7,040	15,840	24,640	35,200

1987

	6	5	4	3	2	1
2d HBk 1,120	3,360	5,600	12,600	19,600	28,000
Conv 1,280	3,840	6,400	14,400	22,400	32,000

1988

	6	5	4	3	2	1
2d Cpe. 1,100	3,300	5,500	12,380	19,250	27,500
Conv 1,200	3,600	6,000	13,500	21,000	30,000

1989

	6	5	4	3	2	1
2d Cpe. 1,120	3,360	5,600	12,600	19,600	28,000
Conv 1,240	3,720	6,200	13,950	21,700	31,000

1990

	6	5	4	3	2	1
2d HBk 1,080	3,240	5,400	12,150	18,900	27,000
Conv 1,240	3,720	6,200	13,950	21,700	31,000
2d HBk ZR1. 1,960	5,880	9,800	22,050	34,300	49,000

1991

	6	5	4	3	2	1
2d HBk 1,320	3,960	6,600	14,850	23,100	33,000
Conv 1,440	4,320	7,200	16,200	25,200	36,000
2d HBk ZR1. 2,080	6,240	10,400	23,400	36,400	52,000

1992

	6	5	4	3	2	1
2d HBk Cpe. 1,360	4,080	6,800	15,300	23,800	34,000
2d Conv. 1,480	4,440	7,400	16,650	25,900	37,000
2d ZR1 Cpe. 2,120	6,360	10,600	23,850	37,100	53,000

1993

	6	5	4	3	2	1
2d Cpe. 1,400	4,200	7,000	15,750	24,500	35,000
2d ZR1 Cpe. 2,160	6,480	10,800	24,300	37,800	54,000
2d Conv. 1,520	4,560	7,600	17,100	26,600	38,000

NOTE: Add 10 percent for Anniversary model.

1994

	6	5	4	3	2	1
2d Cpe. 1,400	4,200	7,000	15,750	24,500	35,000
2d Conv. 1,560	4,680	7,800	17,550	27,300	39,000
2d ZR1 Cpe. 2,200	6,600	11,000	24,750	38,500	55,000

1995

	6	5	4	3	2	1
2d Cpe. 1,400	4,200	7,000	15,750	24,500	35,000
2d Conv. 1,560	4,680	7,800	17,550	27,300	39,000
2d ZR1 Cpe. 2,200	6,600	11,000	24,750	38,500	55,000

NOTE: Add 10 percent for Pace Car.

1996

	6	5	4	3	2	1
2d Cpe. 1,400	4,200	7,000	15,750	24,500	35,000
2d Conv. 1,560	4,680	7,800	17,550	27,300	39,000

NOTE: Add 10 percent for Grand Sport/Collector Ed. Add 5 percent for LT4 V-8 in base model.

1997

	6	5	4	3	2	1
2d Cpe. 1,480	4,440	7,400	16,650	25,900	37,000

1998 V-8

	6	5	4	3	2	1
2d Cpe. 1,480	4,440	7,400	16,650	25,900	37,000

CORVETTE

	6	5	4	3	2	1
2d Conv	1,600	4,800	8,000	18,000	28,000	40,000

NOTE: Add 10 percent for Pace Car Ed.
1999 V-8

	6	5	4	3	2	1
2d HT	1,440	4,320	7,200	16,200	25,200	36,000
2d Cpe	1,500	4,500	7,500	16,880	26,250	37,500
2d Conv	1,620	4,860	8,100	18,230	28,350	40,500

2000 V-8

	6	5	4	3	2	1
2d HT	1,440	4,320	7,200	16,200	25,200	36,000
2d Cpe	1,500	4,500	7,500	16,880	26,250	37,500
2d Conv	1,620	4,860	8,100	18,230	28,350	40,500

2001 V-8

	6	5	4	3	2	1
2d HT Z06	1,560	4,680	7,800	19,500	27,300	39,000
2d Cpe	1,500	4,500	7,500	18,750	26,250	37,500
2d Conv	1,620	4,860	8,100	20,250	28,350	40,500

NOTE: Add $500 for removable HT.

CHRYSLER

1924 Model B, 6-cyl., 112.75" wb

	6	5	4	3	2	1
2d Rds	880	2,640	4,400	9,900	15,400	22,000
4d Phae	920	2,760	4,600	10,350	16,100	23,000
4d Tr.	840	2,520	4,200	9,450	14,700	21,000
2d RS Cpe	600	1,800	3,000	6,750	10,500	15,000
4d Sed	520	1,560	2,600	5,850	9,100	13,000
2d Brgm	540	1,620	2,700	6,080	9,450	13,500
4d Imp Sed	560	1,680	2,800	6,300	9,800	14,000
4d Crw Imp	600	1,800	3,000	6,750	10,500	15,000
4d Twn Car.	680	2,040	3,400	7,650	11,900	17,000

1925 Model B-70, 6-cyl., 112.75" wb

	6	5	4	3	2	1
2d Rds	880	2,640	4,400	9,900	15,400	22,000
4d Phae	920	2,760	4,600	10,350	16,100	23,000
4d Tr.	840	2,520	4,200	9,450	14,700	21,000
2d Roy Cpe	600	1,800	3,000	6,750	10,500	15,000
4d Sed	520	1,560	2,600	5,850	9,100	13,000
2d Brgm	540	1,620	2,700	6,080	9,450	13,500
4d Imp Sed	560	1,680	2,800	6,300	9,800	14,000
4d Crw Imp	600	1,800	3,000	6,750	10,500	15,000
4d Twn Car.	680	2,040	3,400	7,650	11,900	17,000

1926 Series 58, 4-cyl., 109" wb

	6	5	4	3	2	1
2d Rds	840	2,520	4,200	9,450	14,700	21,000
4d Tr.	880	2,640	4,400	9,900	15,400	22,000
2d Clb Cpe	580	1,740	2,900	6,530	10,150	14,500
2d Sed	540	1,620	2,700	6,080	9,450	13,500
4d Sed	500	1,500	2,500	5,630	8,750	12,500

1926 Series 60, 6-cyl., 109" wb Introduced: May, 1926.

	6	5	4	3	2	1
2d Rds	840	2,520	4,200	9,450	14,700	21,000
4d Tr.	880	2,640	4,400	9,900	15,400	22,000
2d Cpe	580	1,740	2,900	6,530	10,150	14,500
2d Sed	540	1,620	2,700	6,080	9,450	13,500
4d Lthr Tr Sed	560	1,680	2,800	6,300	9,800	14,000
4d Sed	540	1,620	2,700	6,080	9,450	13,500
4d Lan Sed.	540	1,620	2,700	6,080	9,450	13,500

1926 Series G-70, 6-cyl., 112.75" wb

	6	5	4	3	2	1
2d Rds	880	2,640	4,400	9,900	15,400	22,000
4d Phae	920	2,760	4,600	10,350	16,100	23,000
2d Roy Cpe	620	1,860	3,100	6,980	10,850	15,500
2d Sed	560	1,680	2,800	6,300	9,800	14,000
4d Lthr Trm Sed	580	1,740	2,900	6,530	10,150	14,500
2d Brgm	620	1,860	3,100	6,980	10,850	15,500
4d Sed	580	1,740	2,900	6,530	10,150	14,500
4d Roy Sed.	620	1,860	3,100	6,980	10,850	15,500
4d Crw Sed.	640	1,920	3,200	7,200	11,200	16,000

1926 Series E-80 Imperial, 6-cyl., 120" wb

	6	5	4	3	2	1
2d RS Rds	1,000	3,000	5,000	11,250	17,500	25,000
4d Phae	1,040	3,120	5,200	11,700	18,200	26,000
2d Cpe	720	2,160	3,600	8,100	12,600	18,000
4d 5P Sed.	680	2,040	3,400	7,650	11,900	17,000
4d 7P Sed.	720	2,160	3,600	8,100	12,600	18,000
4d Berl	740	2,220	3,700	8,330	12,950	18,500

1927 Series I-50, 4-cyl., 106" wb

	6	5	4	3	2	1
2d 2P Rds	840	2,520	4,200	9,450	14,700	21,000
2d RS Rds	880	2,640	4,400	9,900	15,400	22,000
4d Tr.	840	2,520	4,200	9,450	14,700	21,000
2d Cpe	580	1,740	2,900	6,530	10,150	14,500
2d Sed	540	1,620	2,700	6,080	9,450	13,500
4d Lthr Trm Sed	560	1,680	2,800	6,300	9,800	14,000
4d Sed	530	1,600	2,660	5,990	9,310	13,300
4d Lan Sed.	540	1,620	2,700	6,080	9,450	13,500

CHRYSLER

	6	5	4	3	2	1
1927 Series H-60, 6-cyl., 109" wb						
2d 2P Rds	960	2,880	4,800	10,800	16,800	24,000
2d RS Rds	1,000	3,000	5,000	11,250	17,500	25,000
4d Tr	960	2,880	4,800	10,800	16,800	24,000
2d 2P Cpe	600	1,800	3,000	6,750	10,500	15,000
2d RS Cpe	620	1,860	3,100	6,980	10,850	15,500
2d Sed	560	1,680	2,800	6,300	9,800	14,000
4d Lthr Trm Sed	580	1,740	2,900	6,530	10,150	14,500
4d Sed	520	1,560	2,600	5,850	9,100	13,000
1927 Series "Finer" 70, 6-cyl., 112.75" wb						
2d RS Rds	960	2,880	4,800	10,800	16,800	24,000
4d Phae	1,000	3,000	5,000	11,250	17,500	25,000
4d Spt Phae	1,040	3,120	5,200	11,700	18,200	26,000
4d Cus Spt Phae	1,080	3,240	5,400	12,150	18,900	27,000
2d RS Cabr	920	2,760	4,600	10,350	16,100	23,000
2d 2P Cpe	600	1,800	3,000	6,750	10,500	15,000
2d RS Cpe	620	1,860	3,100	6,980	10,850	15,500
2d 4P Cpe	580	1,740	2,900	6,530	10,150	14,500
2d Brgm	580	1,750	2,920	6,570	10,220	14,600
4d Lan Brgm	590	1,760	2,940	6,620	10,290	14,700
4d Roy Sed	590	1,780	2,960	6,660	10,360	14,800
4d Crw Sed	600	1,790	2,980	6,710	10,430	14,900
1927-Early 1928 Series E-80 Imperial, 6-cyl., 120" & 127" wb						
2d RS Rds	1,160	3,480	5,800	13,050	20,300	29,000
2d Spt Rds	1,200	3,600	6,000	13,500	21,000	30,000
4d 5P Phae	1,200	3,600	6,000	13,500	21,000	30,000
4d Spt Phae	1,240	3,720	6,200	13,950	21,700	31,000
4d 7P Phae	1,160	3,480	5,800	13,050	20,300	29,000
2d RS Cabr	1,120	3,360	5,600	12,600	19,600	28,000
2d Bus Cpe	720	2,160	3,600	8,100	12,600	18,000
2d 4P Cpe	740	2,220	3,700	8,330	12,950	18,500
2d 5P Cpe	680	2,040	3,400	7,650	11,900	17,000
4d Std Sed	620	1,860	3,100	6,980	10,850	15,500
4d Sed	600	1,800	3,000	6,750	10,500	15,000
4d Lan Sed	640	1,920	3,200	7,200	11,200	16,000
4d 7P Sed	660	1,980	3,300	7,430	11,550	16,500
4d Limo	720	2,160	3,600	8,100	12,600	18,000
4d Twn Car	760	2,280	3,800	8,550	13,300	19,000
1928 Series 52, 4-cyl., 106" wb						
2d RS Rds	1,000	3,000	5,000	11,250	17,500	25,000
4d Tr	580	1,740	2,900	6,530	10,150	14,500
2d Clb Cpe	540	1,620	2,700	6,080	9,450	13,500
2d DeL Cpe	600	1,800	3,000	6,750	10,500	15,000
2d Sed	560	1,680	2,800	6,300	9,800	14,000
4d Sed	560	1,680	2,800	6,300	9,800	14,000
4d DeL Sed	552	1,656	2,760	6,210	9,660	13,800
1928 Series 62, 6-cyl., 109" wb						
2d RS Rds	1,040	3,120	5,200	11,700	18,200	26,000
4d Tr	1,000	3,000	5,000	11,250	17,500	25,000
2d Bus Cpe	580	1,740	2,900	6,530	10,150	14,500
2d RS Cpe	620	1,860	3,100	6,980	10,850	15,500
2d Sed	560	1,680	2,800	6,300	9,800	14,000
4d Sed	552	1,656	2,760	6,210	9,660	13,800
4d Lan Sed	564	1,692	2,820	6,350	9,870	14,100
1928 Series 72, 6-cyl., 120.5" wb						
2d RS Rds	1,000	3,000	5,000	11,250	17,500	25,000
2d Spt Rds	1,080	3,240	5,400	12,150	18,900	27,000
2d Conv	920	2,760	4,600	10,350	16,100	23,000
2d RS Cpe	640	1,920	3,200	7,200	11,200	16,000
2d 4P Cpe	600	1,800	3,000	6,750	10,500	15,000
4d CC Sed	600	1,800	3,000	6,750	10,500	15,000
4d Roy Sed	560	1,680	2,800	6,300	9,800	14,000
4d Crw Sed	600	1,800	3,000	6,750	10,500	15,000
4d Twn Sed	620	1,860	3,100	6,980	10,850	15,500
4d LeB Imp Twn Cabr	720	2,160	3,600	8,100	12,600	18,000
1928 Series 80 L Imperial, 6-cyl., 136" wb						
2d RS Rds	1,080	3,240	5,400	12,150	18,900	27,000
4d Sed	600	1,800	3,000	6,750	10,500	15,000
4d Twn Sed	620	1,860	3,100	6,980	10,850	15,500
4d 7P Sed	640	1,920	3,200	7,200	11,200	16,000
4d Limo	680	2,040	3,400	7,650	11,900	17,000
1928 Series 80 L Imperial, 6-cyl., 136" wb, Custom Bodies						
4d LeB DC Phae	2,400	7,200	12,000	27,000	42,000	60,000
4d LeB CC Conv Sed	2,120	6,360	10,600	23,850	37,100	53,000
2d LeB RS Conv	2,000	6,000	10,000	22,500	35,000	50,000
2d LeB Clb Cpe	1,080	3,240	5,400	12,150	18,900	27,000
2d LeB Twn Cpe	1,040	3,120	5,200	11,700	18,200	26,000
4d LeB Lan Limo	1,880	5,640	9,400	21,150	32,900	47,000

	6	5	4	3	2	1
4d Der Conv Sed	2,080	6,240	10,400	23,400	36,400	52,000
4d Dtrch Conv Sed	2,280	6,840	11,400	25,650	39,900	57,000
4d 4P Dtrch Phae	2,400	7,200	12,000	27,000	42,000	60,000
4d 7P Dtrch Phae	2,400	7,200	12,000	27,000	42,000	60,000
4d Dtrch Sed	1,320	3,960	6,600	14,850	23,100	33,000
4d Lke Phae	1,880	5,640	9,400	21,150	32,900	47,000
1929 Series 65, 6-cyl., 112.75" wb						
2d RS Rds	1,120	3,360	5,600	12,600	19,600	28,000
4d Tr	1,160	3,480	5,800	13,050	20,300	29,000
2d Bus Cpe	800	2,400	4,000	9,000	14,000	20,000
2d RS Cpe	840	2,520	4,200	9,450	14,700	21,000
2d Sed	680	2,040	3,400	7,650	11,900	17,000
4d Sed	700	2,100	3,500	7,880	12,250	17,500
1929 Series 75, 6-cyl.						
2d RS Rds	1,280	3,840	6,400	14,400	22,400	32,000
4d 5P Phae	1,320	3,960	6,600	14,850	23,100	33,000
4d DC Phae	1,360	4,080	6,800	15,300	23,800	34,000
4d 7P Phae	1,280	3,840	6,400	14,400	22,400	32,000
2d RS Conv	1,240	3,720	6,200	13,950	21,700	31,000
4d Conv Sed	1,200	3,600	6,000	13,500	21,000	30,000
2d RS Cpe	840	2,520	4,200	9,450	14,700	21,000
2d Cpe	800	2,400	4,000	9,000	14,000	20,000
4d Roy Sed	720	2,160	3,600	8,100	12,600	18,000
4d Crw Sed	760	2,280	3,800	8,550	13,300	19,000
4d Twn Sed	780	2,340	3,900	8,780	13,650	19,500
1929-30 Series 80 L Imperial, 6-cyl., 136" wb						
2d RS Rds	2,640	7,920	13,200	29,700	46,200	66,000
4d Lke DC Spt Phae	2,920	8,760	14,600	32,850	51,100	73,000
4d Lke 7P Phae	2,760	8,280	13,800	31,050	48,300	69,000
4d Lke Conv Sed	2,680	8,040	13,400	30,150	46,900	67,000
2d Lke RS Conv	2,360	7,080	11,800	26,550	41,300	59,000
2d 2P Cpe	960	2,880	4,800	10,800	16,800	24,000
2d RS Cpe	1,080	3,240	5,400	12,150	18,900	27,000
4d Sed	840	2,520	4,200	9,450	14,700	21,000
4d Twn Sed	880	2,640	4,400	9,900	15,400	22,000
4d 7P Sed	840	2,520	4,200	9,450	14,700	21,000
4d Limo	1,000	3,000	5,000	11,250	17,500	25,000
1930-31 (through December) Series Six, 6-cyl., 109" wb						
(Continued through Dec. 1930.)						
2d RS Rds	1,280	3,840	6,400	14,400	22,400	32,000
4d Tr	1,040	3,120	5,200	11,700	18,200	26,000
2d RS Conv	1,200	3,600	6,000	13,500	21,000	30,000
2d Bus Cpe	720	2,160	3,600	8,100	12,600	18,000
2d Roy Cpe	760	2,280	3,800	8,550	13,300	19,000
4d Roy Sed	680	2,040	3,400	7,650	11,900	17,000
1930-31 Series 66, 6-cyl., 112-3/4" wb						
(Continued through May 1931).						
2d RS Rds	1,320	3,960	6,600	14,850	23,100	33,000
4d Phae	1,360	4,080	6,800	15,300	23,800	34,000
2d Bus Cpe	760	2,280	3,800	8,550	13,300	19,000
2d Roy Cpe	780	2,340	3,900	8,780	13,650	19,500
2d Brgm	680	2,040	3,400	7,650	11,900	17,000
4d Roy Sed	720	2,160	3,600	8,100	12,600	18,000
1930-31 Series 70, 6 cyl., 116-1/2" wb						
(Continued through Feb. 1931).						
2d RS Rds	1,480	4,440	7,400	16,650	25,900	37,000
2d RS Conv	1,360	4,080	6,800	15,300	23,800	34,000
4d Phae	1,520	4,560	7,600	17,100	26,600	38,000
2d Bus Cpe	760	2,280	3,800	8,550	13,300	19,000
2d Roy Cpe	780	2,340	3,900	8,780	13,650	19,500
2d Brgm	720	2,160	3,600	8,100	12,600	18,000
4d Roy Sed	760	2,280	3,800	8,550	13,300	19,000
1930-31 Series 77, 6-cyl., 124.5" wb						
2d RS Rds	1,960	5,880	9,800	22,050	34,300	49,000
4d DC Phae	1,760	5,280	8,800	19,800	30,800	44,000
2d RS Conv	1,560	4,680	7,800	17,550	27,300	39,000
2d Bus Cpe	800	2,400	4,000	9,000	14,000	20,000
2d Roy RS Cpe	820	2,460	4,100	9,230	14,350	20,500
2d Crw Cpe	800	2,400	4,000	9,000	14,000	20,000
4d Roy Sed	760	2,280	3,800	8,550	13,300	19,000
4d Crw Sed	800	2,400	4,000	9,000	14,000	20,000
1931-32 New Series Six, CM, 6-cyl., 116" wb						
(Produced Jan. - Dec. 1931).						
2d RS Rds	1,520	4,560	7,600	17,100	26,600	38,000
4d Tr	1,480	4,440	7,400	16,650	25,900	37,000
2d RS Conv	1,440	4,320	7,200	16,200	25,200	36,000
2d Bus Cpe	800	2,400	4,000	9,000	14,000	20,000
2d Roy Cpe	820	2,460	4,100	9,230	14,350	20,500
4d Roy Sed	760	2,280	3,800	8,550	13,300	19,000

CHRYSLER

	6	5	4	3	2	1
1931-32 Series 70, 6-cyl., 116-1/2" wb						
2d Bus Cpe 820	2,460	4,100	9,230	14,350	20,500
2d Roy Cpe 840	2,520	4,200	9,450	14,700	21,000
2d Brgm 800	2,400	4,000	9,000	14,000	20,000
4d Roy Sed 800	2,400	4,000	9,000	14,000	20,000
1931-32 First Series, CD, 8-cyl., 80 hp, 124" wb						
(Built 7/17/30 - 1/31.)						
2d RS Rds 1,600	4,800	8,000	18,000	28,000	40,000
2d Spt Rds 1,720	5,160	8,600	19,350	30,100	43,000
2d Conv 1,560	4,680	7,800	17,550	27,300	39,000
2d Cpe 960	2,880	4,800	10,800	16,800	24,000
2d Spl Cpe 920	2,760	4,600	10,350	16,100	23,000
4d Roy Sed 800	2,400	4,000	9,000	14,000	20,000
4d Spl Roy Sed 840	2,520	4,200	9,450	14,700	21,000
1931-32 Second Series, CD, 8-cyl., 88 hp, 124" wb						
(Built 2/2/31 - 5/18/31.)						
2d RS Spt Rds 2,120	6,360	10,600	23,850	37,100	53,000
4d Lke DC Phae 2,000	6,000	10,000	22,500	35,000	50,000
2d RS Conv 1,720	5,160	8,600	19,350	30,100	43,000
2d Roy Cpe 1,040	3,120	5,200	11,700	18,200	26,000
2d Spl Roy Cpe 1,000	3,000	5,000	11,250	17,500	25,000
4d Roy Sed 800	2,400	4,000	9,000	14,000	20,000
1931-32 Second Series CD						
4d Spl Roy Sed 840	2,520	4,200	9,450	14,700	21,000
1931-32 DeLuxe Series, CD, 8-cyl., 100 hp, 124" wb						
(Built 5/19/31 - 11/31.)						
2d RS Rds 2,160	6,480	10,800	24,300	37,800	54,000
4d Lke DC Phae 2,040	6,120	10,200	22,950	35,700	51,000
2d RS Conv 1,760	5,280	8,800	19,800	30,800	44,000
2d RS Cpe 1,080	3,240	5,400	12,150	18,900	27,000
2d Roy Cpe 1,040	3,120	5,200	11,700	18,200	26,000
4d Sed 800	2,400	4,000	9,000	14,000	20,000
1931-32 Imperial, CG, 8-cyl., 125 hp, 145" wb						
(Built July 17, 1930 thru Dec . 1931.)						
1931-32 Standard Line						
4d CC Sed 1,760	5,280	8,800	19,800	30,800	44,000
4d 5P Sed 1,160	3,480	5,800	13,050	20,300	29,000
4d 7P Sed 1,160	3,480	5,800	13,050	20,300	29,000
4d Limo 1,400	4,200	7,000	15,750	24,500	35,000
1931-32 Custom Line						
2d LeB RS Rds 11,960	35,880	59,800	134,550	209,300	299,000
4d LeB DC Phae 11,760	35,280	58,800	132,300	205,800	294,000
4d LeB Conv Sed 11,560	34,680	57,800	130,050	202,300	289,000
2d LeB RS Cpe 4,160	12,480	20,800	46,800	72,800	104,000
2d Wths Conv Vic 10,760	32,280	53,800	121,050	188,300	269,000
2d LeB Conv Spds 10,360	31,080	51,800	116,550	181,300	259,000
1932 Second Series, CI, 6-cyl., 116-1/2" wb						
(Begun 1/1/32).						
2d RS Rds 1,360	4,080	6,800	15,300	23,800	34,000
4d Phae 1,320	3,960	6,600	14,850	23,100	33,000
2d RS Conv 1,280	3,840	6,400	14,400	22,400	32,000
4d Conv Sed 1,320	3,960	6,600	14,850	23,100	33,000
2d Bus Cpe 840	2,520	4,200	9,450	14,700	21,000
2d RS Cpe 880	2,640	4,400	9,900	15,400	22,000
4d Sed 760	2,280	3,800	8,550	13,300	19,000
1932 Series CP, 8-cyl., 125" wb, 100 hp						
(Began 1/1/32).						
2d RS Conv 1,480	4,440	7,400	16,650	25,900	37,000
4d Conv Sed 1,520	4,560	7,600	17,100	26,600	38,000
2d RS Cpe 1,240	3,720	6,200	13,950	21,700	31,000
2d Cpe 960	2,880	4,800	10,800	16,800	24,000
4d Sed 800	2,400	4,000	9,000	14,000	20,000
4d LeB Twn Car 1,160	3,480	5,800	13,050	20,300	29,000
1932 Imperial Series, CH, 8-cyl., 135" wb, 125 hp						
(Began 1/1/32.)						
1932 Standard Line						
4d Conv Sed 7,760	23,280	38,800	87,300	135,800	194,000
2d RS Cpe 2,600	7,800	13,000	29,250	45,500	65,000
4d Sed 1,720	5,160	8,600	19,350	30,100	43,000
1932 Imperial Series, CL, 8-cyl., 146" wb, 125 hp						
(Began 1/1/32.)						
1932 Custom Line - LeBaron bodies						
2d RS Conv 11,160	33,480	55,800	125,550	195,300	279,000
4d DC Phae 12,360	37,080	61,800	139,050	216,300	309,000
4d Conv Sed 12,160	36,480	60,800	136,800	212,800	304,000
1933 Series CO, 6-cyl., 116.5" wb						
2d RS Conv 1,200	3,600	6,000	13,500	21,000	30,000
4d Conv Sed 1,360	4,080	6,800	15,300	23,800	34,000

CHRYSLER

	6	5	4	3	2	1
2d Bus Cpe.	880	2,640	4,400	9,900	15,400	22,000
2d RS Cpe	960	2,880	4,800	10,800	16,800	24,000
2d Brgm	800	2,400	4,000	9,000	14,000	20,000
4d Sed	800	2,400	4,000	9,000	14,000	20,000
1933 Royal Series CT, 8-cyl., 119.5" wb						
2d RS Conv	1,480	4,440	7,400	16,650	25,900	37,000
4d Conv Sed.	1,520	4,560	7,600	17,100	26,600	38,000
2d Bus Cpe.	960	2,880	4,800	10,800	16,800	24,000
2d RS Cpe	1,000	3,000	5,000	11,250	17,500	25,000
4d Sed	840	2,520	4,200	9,450	14,700	21,000
4d 7P Sed.	880	2,640	4,400	9,900	15,400	22,000
1933 Imperial Series CQ, 8-cyl., 126" wb						
2d RS Conv	1,720	5,160	8,600	19,350	30,100	43,000
4d Conv Sed.	1,800	5,400	9,000	20,250	31,500	45,000
2d RS Cpe	1,280	3,840	6,400	14,400	22,400	32,000
2d 5P Cpe	1,040	3,120	5,200	11,700	18,200	26,000
4d Sed	960	2,880	4,800	10,800	16,800	24,000
1933 Imperial Custom, Series CL, 8-cyl., 146" wb						
2d RS Conv	10,360	31,080	51,800	116,550	181,300	259,000
4d WS Phae.	10,760	32,280	53,800	121,050	188,300	269,000
4d CC Sed	2,840	8,520	14,200	31,950	49,700	71,000
1934 Series CA, 6-cyl., 117" wb						
2d RS Conv	1,640	4,920	8,200	18,450	28,700	41,000
2d Bus Cpe.	920	2,760	4,600	10,350	16,100	23,000
2d RS Cpe	960	2,880	4,800	10,800	16,800	24,000
2d Brgm	800	2,400	4,000	9,000	14,000	20,000
4d Sed	760	2,280	3,800	8,550	13,300	19,000
1934 Series CB, 6-cyl., 121" wb						
4d Conv Sed.	1,880	5,640	9,400	21,150	32,900	47,000
4d CC Sed	1,080	3,240	5,400	12,150	18,900	27,000
1934 Airflow, Series CU, 8-cyl., 123" wb						
2d Cpe	1,600	4,800	8,000	18,000	28,000	40,000
2d Brgm	1,480	4,440	7,400	16,650	25,900	37,000
4d Sed	1,400	4,200	7,000	15,750	24,500	35,000
4d Twn Sed	1,440	4,020	7,200	16,200	25,200	36,000
1934 Imperial Airflow, Series CV, 8-cyl., 128" wb						
2d Cpe	1,760	5,280	8,800	19,800	30,800	44,000
4d Sed	1,440	4,320	7,200	16,200	25,200	36,000
4d Twn Sed	1,520	4,560	7,600	17,100	26,600	38,000
1934 Imperial Custom Airflow, Series CX, 8-cyl., 137.5" wb						
4d Sed	2,080	6,240	10,400	23,400	36,400	52,000
4d Twn Sed	2,120	6,360	10,600	23,850	37,100	53,000
4d Limo.	2,600	7,800	13,000	29,250	45,500	65,000
4d Twn Limo.	2,760	8,280	13,800	31,050	48,300	69,000
1934 Imperial Custom Airflow, Series CW, 8-cyl., 146.5" wb						
4d Sed	5,560	16,680	27,800	62,550	97,300	139,000
4d Twn Sed	5,800	17,400	29,000	65,250	101,500	145,000
4d Limo.	5,880	17,640	29,400	66,150	102,900	147,000
1935 Airstream Series C-6, 6-cyl., 118" wb						
2d RS Conv	1,440	4,320	7,200	16,200	25,200	36,000
2d Bus Cpe.	800	2,400	4,000	9,000	14,000	20,000
2d RS Cpe	840	2,520	4,200	9,450	14,700	21,000
4d Tr Brgm	720	2,160	3,600	8,100	12,600	18,000
4d Sed	680	2,040	3,400	7,650	11,900	17,000
4d Tr Sed	680	2,040	3,400	7,650	11,900	17,000
1935 Airstream Series CZ, 8-cyl., 121" wb						
2d Bus Cpe.	840	2,520	4,200	9,450	14,700	21,000
2d RS Cpe	880	2,640	4,400	9,900	15,400	22,000
2d Tr Brgm	760	2,280	3,800	8,550	13,300	19,000
4d Sed	720	2,160	3,600	8,100	12,600	18,000
4d Tr Sed	720	2,160	3,600	8,100	12,600	18,000
1935 Airstream DeLuxe Series CZ, 121" wb						
2d RS Conv	1,480	4,440	7,400	16,650	25,900	37,000
2d Bus Cpe.	880	2,640	4,400	9,900	15,400	22,000
2d RS Cpe	920	2,760	4,600	10,350	16,100	23,000
2d Tr Brgm	820	2,460	4,100	9,230	14,350	20,500
4d Sed	740	2,220	3,700	8,330	12,950	18,500
4d Tr Sed	740	2,220	3,700	8,330	12,950	18,500
1935 Airstream DeLuxe, Series CZ, 8-cyl., 133" wb						
4d Trav Sed	780	2,340	3,900	8,780	13,650	19,500
4d 7P Sed.	780	2,340	3,900	8,780	13,650	19,500
1935 Airflow Series C-1, 8-cyl., 123" wb						
2d Bus Cpe.	1,560	4,680	7,800	17,550	27,300	39,000
2d Cpe	1,600	4,800	8,000	18,000	28,000	40,000
4d Sed	1,320	3,960	6,600	14,850	23,100	33,000
1935 Imperial Airflow Series C-2, 8-cyl., 128" wb						
2d Cpe	1,680	5,040	8,400	18,900	29,400	42,000
4d Sed	1,400	4,200	7,000	15,750	24,500	35,000

CHRYSLER

	6	5	4	3	2	1
1935 Imperial Custom Airflow Series C-3, 8-cyl., 137" wb						
4d Sed.	1,480	4,440	7,400	16,650	25,900	37,000
4d Twn Sed.	1,520	4,560	7,600	17,100	26,600	38,000
4d Sed Limo	1,840	5,520	9,200	20,700	32,200	46,000
4d Twn Limo	1,920	5,760	9,600	21,600	33,600	48,000
1935 Imperial Custom Airflow Series C-W, 8-cyl., 146.5" wb						
4d Sed.	4,400	13,200	22,000	49,500	77,000	110,000
4d Sed Limo	4,480	13,440	22,400	50,400	78,400	112,000
4d Twn Limo	4,560	13,680	22,800	51,300	79,800	114,000
1936 Airstream Series C-7, 6-cyl., 118" wb						
2d RS Conv.	1,320	3,960	6,600	14,850	23,100	33,000
4d Conv Sed	1,360	4,080	6,800	15,300	23,800	34,000
2d Bus Cpe	840	2,520	4,200	9,450	14,700	21,000
2d RS Cpe.	880	2,640	4,400	9,900	15,400	22,000
2d Tr Brgm	760	2,280	3,800	8,550	13,300	19,000
4d Tr Sed	800	2,400	4,000	9,000	14,000	20,000
1936 Airstream DeLuxe Series C-8, 8-cyl., 121" wb						
2d RS Conv.	1,400	4,200	7,000	15,750	24,500	35,000
4d Conv Sed	1,480	4,440	7,400	16,650	25,900	37,000
2d Bus Cpe	880	2,640	4,400	9,900	15,400	22,000
2d RS Cpe.	920	2,760	4,600	10,350	16,100	23,000
2d Tr Brgm	800	2,400	4,000	9,000	14,000	20,000
4d Tr Sed	800	2,400	4,000	9,000	14,000	20,000
1936 Airstream DeLuxe, Series C-8, 8-cyl., 133" wb						
4d Trav Sed.	820	2,460	4,100	9,230	14,350	20,500
4d Sed.	800	2,400	4,000	9,000	14,000	20,000
4d Sed Limo	840	2,520	4,200	9,450	14,700	21,000
4d LeB Twn Sed	880	2,640	4,400	9,900	15,400	22,000
1936 Airflow, 8-cyl., 123" wb						
2d Cpe.	1,480	4,440	7,400	16,650	25,900	37,000
4d Sed.	1,280	3,840	6,400	14,400	22,400	32,000
1936 Imperial Airflow, 8-cyl., 128" wb						
2d Cpe.	1,560	4,680	7,800	17,550	27,300	39,000
4d Sed.	1,360	4,080	6,800	15,300	23,800	34,000
1936 Imperial Custom Airflow, 8-cyl., 137" wb						
4d Sed.	1,400	4,200	7,000	15,750	24,500	35,000
4d Sed Limo	1,520	4,560	7,600	17,100	26,600	38,000
1936 Imperial Custom Airflow, 8-cyl., 146.5" wb						
4d 8P Sed	4,960	14,880	24,800	55,800	86,800	124,000
4d Sed Limo	5,200	15,600	26,000	58,500	91,000	130,000
1937 Royal, 6-cyl., 116" wb						
2d RS Conv.	1,280	3,840	6,400	14,400	22,400	32,000
4d Conv Sed	1,400	4,200	7,000	15,750	24,500	35,000
2d Bus Cpe	760	2,280	3,800	8,550	13,300	19,000
2d RS Cpe.	800	2,400	4,000	9,000	14,000	20,000
2d Brgm.	680	2,040	3,400	7,650	11,900	17,000
2d Tr Brgm	720	2,160	3,600	8,100	12,600	18,000
4d Sed.	680	2,040	3,400	7,650	11,900	17,000
4d Tr Sed	688	2,064	3,440	7,740	12,040	17,200
1937 Royal, 6-cyl., 133" wb						
4d Sed.	720	2,160	3,600	8,100	12,600	18,000
4d Sed Limo	760	2,280	3,800	8,550	13,300	19,000
4d Der Twn Car.	1,160	3,480	5,800	13,050	20,300	29,000
1937 Airflow, 8-cyl., 128" wb						
2d Cpe.	1,480	4,440	7,400	16,650	25,900	37,000
4d Sed.	1,320	3,960	6,600	14,850	23,100	33,000
1937 Imperial, 8-cyl., 121" wb						
2d RS Conv.	1,400	4,200	7,000	15,750	24,500	35,000
4d Conv Sed	1,480	4,440	7,400	16,650	25,900	37,000
2d Bus Cpe	880	2,640	4,400	9,900	15,400	22,000
2d RS Cpe.	920	2,760	4,600	10,350	16,100	23,000
2d Tr Brgm	920	2,760	4,600	10,350	16,100	23,000
4d Tr Sed	880	2,640	4,400	9,900	15,400	22,000
1937 Imperial Custom, 8-cyl., 140" wb						
4d 5P Sed	1,080	3,240	5,400	12,150	18,900	27,000
4d 7P Sed	1,160	3,480	5,800	13,050	20,300	29,000
4d Sed Limo	1,600	4,800	8,000	18,000	28,000	40,000
4d Twn Limo	1,640	4,920	8,200	18,450	28,700	41,000
1937 Custom Built Models						
4d Der Fml Conv Twn Car.	3,520	10,560	17,600	39,600	61,600	88,000
4d Der Conv Vic	3,360	10,080	16,800	37,800	58,800	84,000
1937 Imperial Custom Airflow, 8-cyl., 146.5" wb						
4d Sed Limo			value not estimable			
1938 Royal, 6-cyl., 119" wb						
2d RS Conv.	1,200	3,600	6,000	13,500	21,000	30,000
4d Conv Sed	1,240	3,720	6,200	13,950	21,700	31,000
2d Bus Cpe	800	2,400	4,000	9,000	14,000	20,000
2d RS Cpe.	840	2,520	4,200	9,450	14,700	21,000
2d Brgm.	680	2,040	3,400	7,650	11,900	17,000

	6	5	4	3	2	1
2d Tr Brgm	800	2,400	4,000	9,000	14,000	20,000
4d Sed	680	2,040	3,400	7,650	11,900	17,000
4d Tr Sed	720	2,160	3,600	8,100	12,600	18,000
1938 4d Royal, 6-cyl., 136" wb						
4d 7P Sed	760	2,280	3,800	8,550	13,300	19,000
4d 7P Limo Sed	800	2,400	4,000	9,000	14,000	20,000
1938 Imperial, 8-cyl., 125" wb						
2d RS Conv	1,320	3,960	6,600	14,850	23,100	33,000
4d Conv Sed	1,400	4,200	7,000	15,750	24,500	35,000
2d Bus Cpe	880	2,640	4,400	9,900	15,400	22,000
2d RS Cpe	920	2,760	4,600	10,350	16,100	23,000
4d Tr Brgm	800	2,400	4,000	9,000	14,000	20,000
4d Tr Sed	840	2,520	4,200	9,450	14,700	21,000
1938 New York Special, 8-cyl., 125" wb						
4d Tr Sed	800	2,400	4,000	9,000	14,000	20,000
1938 Imperial Custom, 8-cyl., 144" wb						
4d 5P Sed	1,240	3,720	6,200	13,950	21,700	31,000
4d Sed	1,200	3,600	6,000	13,500	21,000	30,000
4d Limo Sed	1,360	4,080	6,800	15,300	23,800	34,000
1938 Derham customs on C-20 chassis						
4d Twn Sed	1,320	3,960	6,600	14,850	23,100	33,000
4d Twn Limo	1,520	4,560	7,600	17,100	26,600	38,000
2d Conv Vic	3,320	9,960	16,600	37,350	58,100	83,000
4d Conv Sed	3,480	10,440	17,400	39,150	60,900	87,000
1939 Royal, 6-cyl., 119" wb						
2d Cpe	720	2,160	3,600	8,100	12,600	18,000
2d Vic Cpe	760	2,280	3,800	8,550	13,300	19,000
2d Brgm	600	1,800	3,000	6,750	10,500	15,000
4d Sed	640	1,920	3,200	7,200	11,200	16,000
1939 Royal, 6-cyl., 136" wb						
4d 7P Sed	680	2,040	3,400	7,650	11,900	17,000
4d Limo	720	2,160	3,600	8,100	12,600	18,000
1939 Royal Windsor, 6-cyl., 119" wb						
2d Cpe	760	2,280	3,800	8,550	13,300	19,000
2d Vic Cpe	800	2,400	4,000	9,000	14,000	20,000
2d Clb Cpe	840	2,520	4,200	9,450	14,700	21,000
4d Sed	600	1,800	3,000	6,750	10,500	15,000
1939 Imperial, 8-cyl., 125" wb						
2d Cpe	760	2,280	3,800	8,550	13,300	19,000
2d Vic Cpe	800	2,400	4,000	9,000	14,000	20,000
2d Brgm	600	1,800	3,000	6,750	10,500	15,000
4d Sed	680	2,040	3,400	7,650	11,900	17,000
1939 New Yorker, 8-cyl., 125" wb						
2d Cpe	800	2,400	4,000	9,000	14,000	20,000
2d Vic Cpe	840	2,520	4,200	9,450	14,700	21,000
2d Clb Cpe	840	2,520	4,200	9,450	14,700	21,000
4d Sed	680	2,040	3,400	7,650	11,900	17,000
1939 Saratoga, 8-cyl., 125" wb						
2d Clb Cpe	840	2,520	4,200	9,450	14,700	21,000
4d Sed	720	2,160	3,600	8,100	12,600	18,000
1939 Imperial Custom, 8-cyl., 144" wb						
4d 5P Sed	1,240	3,720	6,200	13,950	21,700	31,000
4d 7P Sed	1,280	3,840	6,400	14,400	22,400	32,000
4d Limo	1,360	4,080	6,800	15,300	23,800	34,000
1939 Special Derham customs on C-24 chassis						
4d 7P Tr	1,360	4,080	6,800	15,300	23,800	34,000
4d Conv Sed	2,800	8,400	14,000	31,500	49,000	70,000
4d Conv Twn Car	3,000	9,000	15,000	33,750	52,500	75,000
1940 Royal, 6-cyl., 122.5" wb						
2d 3P Cpe	700	2,150	3,600	8,100	12,600	18,000
2d 6P Cpe	750	2,200	3,700	8,330	13,000	18,500
2d Vic Sed	650	1,950	3,250	7,340	11,400	16,300
4d Sed	650	1,900	3,200	7,200	11,200	16,000
1940 Royal, 6-cyl., 139.5" wb						
4d 8P Sed	700	2,050	3,400	7,650	11,900	17,000
4d 8P Limo	700	2,150	3,600	8,100	12,600	18,000
1940 Windsor, 6-cyl., 122.5" wb						
2d Conv Cpe	1,280	3,840	6,400	14,400	22,400	32,000
2d 3P Cpe	750	2,300	3,800	8,550	13,300	19,000
2d 6P Cpe	800	2,350	3,900	8,780	13,700	19,500
2d Vic Sed	650	1,950	3,250	7,340	11,400	16,300
4d Sed	650	2,000	3,300	7,430	11,600	16,500
1940 Windsor, 6-cyl., 139.5" wb						
4d 8P Sed	700	2,050	3,400	7,650	11,900	17,000
4d 8P Limo	700	2,150	3,600	8,100	12,600	18,000
1940 Traveler, 8-cyl., 128" wb						
2d 3P Cpe	800	2,400	4,000	9,000	14,000	20,000
2d 6P Cpe	850	2,500	4,200	9,450	14,700	21,000

CHRYSLER

	6	5	4	3	2	1
2d Vic Sed.	700	2,100	3,450	7,790	12,100	17,300
4d Sed.	700	2,050	3,400	7,650	11,900	17,000
1940 Saratoga, 8-cyl., 128.5" wb						
4d Sed.	750	2,300	3,800	8,550	13,300	19,000
4d Fml Sed Div	800	2,400	4,000	9,000	14,000	20,000
4d Twn Car Der.	1,000	3,000	5,000	11,250	17,500	25,000
1940 New Yorker, 8-cyl., 128.5" wb						
2d Conv Cpe	1,400	4,200	7,000	15,750	24,500	35,000
2d 3P Cpe.	900	2,650	4,400	9,900	15,400	22,000
2d 6P Cpe.	900	2,750	4,600	10,350	16,100	23,000
2d Vic Sed.	750	2,200	3,650	8,240	12,800	18,300
4d Sed.	700	2,150	3,600	8,100	12,600	18,000
4d Fml Sed Div	800	2,400	4,000	9,000	14,000	20,000
1940 Crown Imperial, 8-cyl., 145.5" wb						
4d 6P Sed.	900	2,750	4,600	10,350	16,100	23,000
4d 6P Twn Limo	1,050	3,100	5,200	11,700	18,200	26,000
4d 8P Twn Limo	1,050	3,100	5,200	11,700	18,200	26,000
4d 8P Sed	950	2,900	4,800	10,800	16,800	24,000
4d 8P Sed Limo.	1,050	3,100	5,200	11,700	18,200	26,000
4d 8P Limo	1,100	3,250	5,400	12,150	18,900	27,000
4d Nwpt Parade Phae.		value not estimable				
2d Thunderbolt		value not estimable				
1941 Royal, 6-cyl., 121.5" wb						
2d 3P Cpe.	700	2,100	3,500	7,880	12,300	17,500
2d 6P Clb Cpe.	700	2,150	3,600	8,100	12,600	18,000
2d Brgm.	600	1,800	3,000	6,750	10,500	15,000
4d Sed.	600	1,850	3,100	6,980	10,900	15,500
4d Twn Sed.	650	1,900	3,200	7,200	11,200	16,000
4d T&C Wag.	1,600	4,800	8,000	18,000	28,000	40,000
1941 Royal, 6-cyl., 139.5" wb						
4d 8P Sed.	650	1,900	3,200	7,200	11,200	16,000
4d 8P Limo Sed.	700	2,050	3,400	7,650	11,900	17,000
1941 Windsor, 6-cyl., 121.5" wb						
2d Conv Cpe.	1,320	3,960	6,600	14,850	23,100	33,000
2d 3P Cpe.	800	2,400	4,000	9,000	14,000	20,000
2d 6P Clb Cpe.	800	2,450	4,100	9,230	14,300	20,500
2d Brgm.	650	1,900	3,200	7,200	11,200	16,000
4d Sed.	700	2,050	3,400	7,650	11,900	17,000
4d Twn Sed.	700	2,150	3,600	8,100	12,600	18,000
1941 Windsor, 6-cyl., 139.5" wb						
4d 8P Sed.	750	2,300	3,800	8,550	13,300	19,000
4d 8P Sed Limo.	800	2,400	4,000	9,000	14,000	20,000
1941 Saratoga, 8-cyl., 127.5" wb						
2d 3P Cpe.	850	2,500	4,200	9,450	14,700	21,000
2d 6P Clb Cpe.	850	2,600	4,300	9,680	15,000	21,500
2d Brgm.	700	2,050	3,400	7,650	11,900	17,000
4d Sed.	700	2,150	3,600	8,100	12,600	18,000
4d Twn Sed.	750	2,200	3,700	8,330	13,000	18,500
1941 New Yorker, 8-cyl., 127.5" wb						
2d Conv Cpe.	1,440	4,320	7,200	16,200	25,200	36,000
3P Cpe.	900	2,750	4,600	10,350	16,100	23,000
2d 6P Cpe.	950	2,900	4,800	10,800	16,800	24,000
2d Brgm.	700	2,150	3,600	8,100	12,600	18,000
4d Sed.	750	2,300	3,800	8,550	13,300	19,000
4d Twn Sed.	800	2,350	3,900	8,780	13,700	19,500
4d 6P Sed.	800	2,400	4,000	9,000	14,000	20,000
4d 8P Sed.	850	2,500	4,200	9,450	14,700	21,000
4d 8P Sedan Limo.	950	2,900	4,800	10,800	16,800	24,000
4d 8P Limo	1,000	3,000	5,000	11,250	17,500	25,000
4d Laudalet Limo.	1,400	4,200	7,000	15,750	24,500	35,000
4d LeB Twn Limo	1,480	4,440	7,400	16,650	25,900	37,000
1941 New Yorker Special/Crown Imperial, 8-cyl., 127.5" wb						
4d Twn Sed.	1,000	3,000	5,000	11,250	17,500	25,000
C-33 Series.						
1942 Royal, 6-cyl., 121.5" wb						
2d 3P Cpe.	720	2,160	3,600	8,100	12,600	18,000
2d 6P Clb Cpe.	740	2,220	3,700	8,330	12,950	18,500
2d Brgm.	620	1,860	3,100	6,980	10,850	15,500
4d Sed.	640	1,920	3,200	7,200	11,200	16,000
4d Twn Sed.	660	1,980	3,300	7,430	11,550	16,500
1942 Royal, 6-cyl., 139.5" wb						
4d 8P Sed.	652	1,956	3,260	7,340	11,410	16,300
4d 8P Limo	672	2,016	3,360	7,560	11,760	16,800
1942 Windsor, 6-cyl., 121.5" wb						
2d Conv Cpe.	1,200	3,600	6,000	13,500	21,000	30,000
2d 3P Cpe.	780	2,340	3,900	8,780	13,650	19,500
2d 6P Cpe.	800	2,400	4,000	9,000	14,000	20,000
2d Brgm.	640	1,920	3,200	7,200	11,200	16,000

CHRYSLER

	6	5	4	3	2	1
4d Sed	660	1,980	3,300	7,430	11,550	16,500
4d Twn Sed	640	1,920	3,200	7,200	11,200	16,000
4d 6P T&C Wag	1,960	5,880	9,800	22,050	34,300	49,000
4d 9P T&C Wag	2,040	6,120	10,200	22,950	35,700	51,000
1942 Windsor, 6-cyl., 139.5" wb						
4d 8P Sed.	672	2,016	3,360	7,560	11,760	16,800
4d 8P Limo	692	2,076	3,460	7,790	12,110	17,300
1942 Saratoga, 8-cyl., 127.5" wb						
2d 6P Cpe	860	2,580	4,300	9,680	15,050	21,500
2d 3P Cpe	840	2,520	4,200	9,450	14,700	21,000
2d Brgm	652	1,956	3,260	7,340	11,410	16,300
4d Sed	656	1,968	3,280	7,380	11,480	16,400
4d Twn Sed	712	2,136	3,560	8,010	12,460	17,800
1942 New Yorker, 8-cyl., 127.5" wb						
2d Conv Cpe	1,320	3,960	6,600	14,850	23,100	33,000
2d Der Conv Cpe	1,680	5,040	8,400	18,900	29,400	42,000
2d 6P Cpe	900	2,700	4,500	10,130	15,750	22,500
2d 3P Cpe	880	2,640	4,400	9,900	15,400	22,000
2d Brgm	672	2,016	3,360	7,560	11,760	16,800
4d Sed	676	2,028	3,380	7,610	11,830	16,900
4d Twn Sed	732	2,196	3,660	8,240	12,810	18,300
1942 Crown Imperial, 8-cyl., 145.5" wb						
4d 6P Sed.	760	2,280	3,800	8,550	13,300	19,000
4d 8P Sed.	800	2,400	4,000	9,000	14,000	20,000
4d 8P Sed Limo	880	2,640	4,400	9,900	15,400	22,000
1942 Derham Customs						
4d Conv Sed.	1,640	4,920	8,200	18,450	28,700	41,000
4d Twn Car.	1,080	3,240	5,400	12,150	18,900	27,000
4d Fml Twn Car	1,120	3,360	5,600	12,600	19,600	28,000
1946-48 Royal Series, 6-cyl., 121.5" wb						
2d Cpe	800	2,400	4,000	9,000	14,000	20,000
2d Clb Cpe	820	2,460	4,100	9,230	14,350	20,500
2d Sed	680	2,040	3,400	7,650	11,900	17,000
4d Sed	680	2,040	3,400	7,650	11,900	17,000
1946-48 Royal Series, 6-cyl., 139.5" wb						
4d Sed	780	2,340	3,900	8,780	13,650	19,500
4d Limo.	860	2,580	4,300	9,680	15,050	21,500
1946-48 Windsor Series, 6-cyl., 121.5" wb						
2d Conv	1,240	3,720	6,200	13,950	21,700	31,000
2d Cpe	840	2,520	4,200	9,450	14,700	21,000
2d Clb Cpe	860	2,580	4,300	9,680	15,050	21,500
2d Sed	680	2,040	3,400	7,650	11,900	17,000
4d Sed	688	2,064	3,440	7,740	12,040	17,200
4d Trav Sed	696	2,088	3,480	7,830	12,180	17,400
1946-48 Windsor Series, 6-cyl., 139.5" wb						
4d Sed	820	2,460	4,100	9,230	14,350	20,500
4d Limo.	880	2,640	4,400	9,900	15,400	22,000
1946-48 Saratoga Series, 8-cyl., 127.5" wb						
2d 3P Cpe	860	2,580	4,300	9,680	15,050	21,500
2d Clb Cpe	880	2,640	4,400	9,900	15,400	22,000
2d Sed	708	2,124	3,540	7,970	12,390	17,700
4d Sed	712	2,136	3,560	8,010	12,460	17,800
1946-48 New Yorker, 8-cyl., 127.5" wb						
2d Conv	1,360	4,080	6,800	15,300	23,800	34,000
2d Cpe	840	2,520	4,200	9,450	14,700	21,000
2d Clb Cpe	860	2,580	4,300	9,680	15,050	21,500
2d Sed	712	2,136	3,560	8,010	12,460	17,800
4d Sed	720	2,160	3,600	8,100	12,600	18,000
1946-48 Town & Country						
2d Conv	4,800	14,400	24,000	54,000	84,000	120,000
4d Sed	2,600	7,800	13,000	29,250	45,500	65,000
1946-48 Imperial C-40						
4d Limo.	960	2,880	4,800	10,800	16,800	24,000
4d 8P Sed.	920	2,760	4,600	10,350	16,100	23,000
1949 Royal - Second Series, 6-cyl., 125.5" wb						
First Series 1949 is the same as 1948.						
2d Clb Cpe	800	2,400	4,000	9,000	14,000	20,000
4d Sed	740	2,220	3,700	8,330	12,950	18,500
4d Sta Wag.	1,200	3,600	6,000	13,500	21,000	30,000
1949 Royal - Second Series, 6-cyl., 139.5" wb						
4d Sed	752	2,256	3,760	8,460	13,160	18,800
1949 Windsor - Second Series, 6-cyl., 125.5" wb						
2d Conv	1,160	3,480	5,800	13,050	20,300	29,000
2d Clb Cpe	820	2,460	4,100	9,230	14,350	20,500
4d Sed	748	2,244	3,740	8,420	13,090	18,700
1949 Windsor - Second Series, 6-cyl., 139.5" wb						
4d Sed	800	2,400	4,000	9,000	14,000	20,000
4d Limo.	840	2,520	4,200	9,450	14,700	21,000

	6	5	4	3	2	1
1949 Saratoga - Second Series, 8-cyl., 131.5" wb						
2d Clb Cpe	820	2,460	4,100	9,230	14,350	20,500
4d Sed	720	2,160	3,600	8,100	12,600	18,000
1949 New Yorker - Second Series, 8-cyl., 131.5" wb						
2d Conv	1,240	3,720	6,200	13,950	21,700	31,000
2d Clb Cpe	840	2,520	4,200	9,450	14,700	21,000
4d Sed	760	2,280	3,800	8,550	13,300	19,000
1949 Town & Country - Second Series, 8-cyl., 131.5" wb						
2d Conv	3,040	9,120	15,200	34,200	53,200	76,000
1949 Imperial - Second Series, 8-cyl., 131.5" wb						
4d Sed Der	920	2,760	4,600	10,350	16,100	23,000
1949 Crown Imperial, 8-cyl., 145.5" wb						
4d 8P Sed	960	2,880	4,800	10,800	16,800	24,000
4d Limo	1,040	3,120	5,200	11,700	18,200	26,000
1950 Royal Series, 6-cyl., 125.5" wb						
4d Sed	712	2,136	3,560	8,010	12,460	17,800
2d Clb Cpe	760	2,280	3,800	8,550	13,300	19,000
4d T&C Sta Wag	1,160	3,480	5,800	13,050	20,300	29,000
4d Sta Wag	1,240	3,720	6,200	13,950	21,700	31,000
1950 Royal Series, 6-cyl., 139.5" wb						
4d Sed	760	2,280	3,800	8,550	13,300	19,000
1950 Windsor Series, 6-cyl., 125.5" wb						
2d Conv	1,200	3,600	6,000	13,500	21,000	30,000
2d HT	960	2,880	4,800	10,800	16,800	24,000
2d Clb Cpe	820	2,460	4,100	9,230	14,350	20,500
4d Sed	720	2,160	3,600	8,100	12,600	18,000
4d Trav Sed	724	2,172	3,620	8,150	12,670	18,100
1950 Windsor Series, 6-cyl., 139.5" wb						
4d Sed	800	2,400	4,000	9,000	14,000	20,000
4d Limo	880	2,640	4,400	9,900	15,400	22,000
1950 Saratoga, 8-cyl., 131.5" wb						
2d Clb Cpe	800	2,400	4,000	9,000	14,000	20,000
4d Sed	728	2,184	3,640	8,190	12,740	18,200
1950 New Yorker, 8-cyl., 131.5" wb						
2d Conv	1,360	4,080	6,800	15,300	23,800	34,000
2d HT	1,120	3,360	5,600	12,600	19,600	28,000
2d Clb Cpe	800	2,400	4,000	9,000	14,000	20,000
4d Sed	760	2,280	3,800	8,550	13,300	19,000
1950 Town & Country, 8-cyl., 131.5" wb						
2d HT	2,240	6,720	11,200	25,200	39,200	56,000
1950 Imperial, 8-cyl., 131.5" wb						
4d Sed	840	2,520	4,200	9,450	14,700	21,000
1950 Crown Imperial, 8-cyl., 145.5" wb						
4d Sed	880	2,640	4,400	9,900	15,400	22,000
4d Limo	960	2,880	4,800	10,800	16,800	24,000
1951-52 Windsor Series, 6-cyl., 125.5" wb						
2d Clb Cpe	800	2,400	4,000	9,000	14,000	20,000
4d Sed	700	2,100	3,500	7,880	12,250	17,500
4d T&C Sta Wag	1,160	3,480	5,800	13,050	20,300	29,000
1951-52 Windsor Series, 6-cyl., 139.5" wb						
4d Sed	700	2,100	3,500	7,880	12,250	17,500
1951-52 Windsor DeLuxe, 6-cyl., 125.5" wb						
2d Conv	1,120	3,360	5,600	12,600	19,600	28,000
2d HT	960	2,880	4,800	10,800	16,800	24,000
2d Clb Cpe (1951 only)	800	2,400	4,000	9,000	14,000	20,000
4d Sed	704	2,112	3,520	7,920	12,320	17,600
4d Trav Sed	720	2,160	3,600	8,100	12,600	18,000
1951-52 Windsor DeLuxe, 6-cyl., 139.5" wb						
4d Sed	740	2,220	3,700	8,330	12,950	18,500
4d Limo	760	2,280	3,800	8,550	13,300	19,000
1951-52 Saratoga, V-8, 125.5" wb						
2d Conv (1952 only)	1,120	3,360	5,600	12,600	19,600	28,000
2d HT Nwpt (1952 only)	1,000	3,000	5,000	11,250	17,500	25,000
2d Clb Cpe (1951 only)	840	2,520	4,200	9,450	14,700	21,000
4d Sed	780	2,340	3,900	8,780	13,650	19,500
4d T&C Sta Wag (1951 only)	1,200	3,600	6,000	13,500	21,000	30,000
1951-52 Windsor or Saratoga, V-8, 125.5" wb						
4d Sed	820	2,460	4,100	9,230	14,350	20,500
2d Clb Cpe (1952 only)	820	2,460	4,100	9,230	14,350	20,500
4d T&C Sta Wag (1952 only)	1,120	3,360	5,600	12,600	19,600	28,000
4d Limo (1951 only)	900	2,700	4,500	10,130	15,750	22,500
1951-52 New Yorker, V-8, 131.5" wb						
2d Conv	1,240	3,720	6,200	13,950	21,700	31,000
2d HT	1,040	3,120	5,200	11,700	18,200	26,000
2d Clb Cpe (1951 only)	900	2,700	4,500	10,130	15,750	22,500
4d Sed	860	2,580	4,300	9,680	15,050	21,500
4d T&C Sta Wag (1951 only)	1,200	3,600	6,000	13,500	21,000	30,000
1951-52 Imperial, V-8, 131.5" wb						
2d Conv (1951 only)	1,200	3,600	6,000	13,500	21,000	30,000

	6	5	4	3	2	1
2d HT	1,080	3,240	5,400	12,150	18,900	27,000
2d Clb Cpe	920	2,760	4,600	10,350	16,100	23,000
4d Sed	900	2,700	4,500	10,130	15,750	22,500
1951-52 Crown Imperial, V-8, 145.5" wb						
4d Sed	880	2,640	4,400	9,900	15,400	22,000
4d Limo	1,000	3,000	5,000	11,250	17,500	25,000
1953 Windsor Series, 6-cyl., 125.5" wb						
2d Clb Cpe	760	2,280	3,800	8,550	13,300	19,000
4d Sed	720	2,160	3,600	8,100	12,600	18,000
4d T&C Sta Wag	1,120	3,360	5,600	12,600	19,600	28,000
1953 Windsor Series, 6-cyl., 139.5" wb						
4d Sed	724	2,172	3,620	8,150	12,670	18,100
1953 Windsor DeLuxe Series, 6-cyl., 125.5" wb						
2d Conv	1,000	3,000	5,000	11,250	17,500	25,000
2d HT	920	2,760	4,600	10,350	16,100	23,000
4d Sed	732	2,196	3,660	8,240	12,810	18,300
1953 New Yorker, V-8, 125.5" wb						
2d Clb Cpe	820	2,460	4,100	9,230	14,350	20,500
2d HT	1,000	3,000	5,000	11,250	17,500	25,000
4d Sed	752	2,256	3,760	8,460	13,160	18,800
4d T&C Sta Wag	1,160	3,480	5,800	13,050	20,300	29,000
4d Sed	772	2,316	3,860	8,690	13,510	19,300
1953 New Yorker Deluxe, V-8, 125.5" wb						
2d Conv	1,200	3,600	6,000	13,500	21,000	30,000
2d HT	1,040	3,120	5,200	11,700	18,200	26,000
2d Clb Cpe	840	2,520	4,200	9,450	14,700	21,000
4d Sed	764	2,292	3,820	8,600	13,370	19,100
1953 Custom Imperial Series, V-8, 133.5" wb						
4d Sed	840	2,520	4,200	9,450	14,700	21,000
4d Twn Limo	920	2,760	4,600	10,350	16,100	23,000
1953 Custom Imperial, V-8, 131.5" wb						
2d HT	1,240	3,720	6,200	13,950	21,700	31,000
4d Sed	900	2,700	4,500	10,130	15,750	22,500
4d Limo	960	2,880	4,800	10,800	16,800	24,000
1954 Windsor DeLuxe Series, 6-cyl., 125.5" wb						
2d Conv	1,200	3,600	6,000	13,500	21,000	30,000
2d HT	1,040	3,120	5,200	11,700	18,200	26,000
2d Clb Cpe	780	2,340	3,900	8,780	13,650	19,500
4d Sed	720	2,160	3,600	8,100	12,600	18,000
4d T&C Sta Wag	1,040	3,120	5,200	11,700	18,200	26,000
1954 Windsor DeLuxe Series, 6-cyl., 139.5" wb						
4d Sed	780	2,340	3,900	8,780	13,650	19,500
1954 New Yorker Series, V-8, 125.5" wb						
2d HT	1,120	3,360	5,600	12,600	19,600	28,000
2d Clb Cpe	840	2,520	4,200	9,450	14,700	21,000
4d Sed	780	2,040	3,900	8,780	13,650	19,500
4d T&C Sta Wag	1,080	3,240	5,400	12,150	18,900	27,000
1954 New Yorker Series, V-8, 139.5" wb						
4d Sed	800	2,400	4,000	9,000	14,000	20,000
1954 New Yorker DeLuxe Series, V-8, 125.5" wb						
2d Conv	1,440	4,320	7,200	16,200	25,200	36,000
2d HT	1,160	3,480	5,800	13,050	20,300	29,000
2d Clb Cpe	800	2,400	4,000	9,000	14,000	20,000
4d Sed	820	2,460	4,100	9,230	14,350	20,500
1954 Custom Imperial, V-8, 133.5" wb						
4d Sed	920	2,760	4,600	10,350	16,100	23,000
4d Limo	1,000	3,000	5,000	11,250	17,500	25,000
1954 Custom Imperial, V-8, 131" wb						
2d HT Newport	1,240	3,720	6,200	13,950	21,700	31,000
1954 Crown Imperial, V-8, 145.5" wb						
4d Sed	940	2,820	4,700	10,580	16,450	23,500
4d Limo	1,040	3,120	5,200	11,700	18,200	26,000

NOTE: In 1955, Imperial became a separate division of Chrysler Corporation, and was no longer just a model of Chrysler. 1955-1975 Imperial listings directly follow Chrysler\Eagle listings.

	6	5	4	3	2	1
1955 Windsor DeLuxe Series, V-8, 126" wb						
2d Conv	1,560	4,680	7,800	17,550	27,300	39,000
2d HT Newport	1,080	3,240	5,400	12,150	18,900	27,000
2d HT Nassau	1,040	3,120	5,200	11,700	18,200	26,000
4d Sed	760	2,280	3,800	8,550	13,300	19,000
4d T&C Sta Wag	880	2,640	4,400	9,900	15,400	22,000
1955 New Yorker Deluxe Series, V-8, 126" wb						
2d Conv	1,680	5,040	8,400	18,900	29,400	42,000
2d HT St. Regis	1,120	3,360	5,600	12,600	19,600	28,000
2d HT Newport	1,080	3,240	5,400	12,150	18,900	27,000
4d Sed	800	2,400	4,000	9,000	14,000	20,000
4d T&C Sta Wag	1,040	3,120	5,200	11,700	18,200	26,000
1955 300 Series, V-8, 126" wb						
2d Spt Cpe	2,680	8,040	13,400	30,150	46,900	67,000

	6	5	4	3	2	1
1956 Windsor Series, V-8						
2d Conv.	1,520	4,560	7,600	17,100	26,600	38,000
2d HT Newport	1,120	3,360	5,600	12,600	19,600	28,000
2d HT Nassau	1,080	3,240	5,400	12,150	18,900	27,000
4d HT	840	2,520	4,200	9,450	14,700	21,000
4d Sed.	760	2,280	3,800	8,550	13,300	19,000
4d T&C Sta Wag	1,000	3,000	5,000	11,250	17,500	25,000
1956 New Yorker Series, V-8						
2d Conv.	1,640	4,920	8,200	18,450	28,700	41,000
2d HT St. Regis	1,200	3,600	6,000	13,500	21,000	30,000
2d HT Newport	1,160	3,480	5,800	13,050	20,300	29,000
4d HT	960	2,880	4,800	10,800	16,800	24,000
4d Sed.	800	2,400	4,000	9,000	14,000	20,000
4d T&C Sta Wag	1,040	3,120	5,200	11,700	18,200	26,000
1956 300 Letter Series "B", V-8						
2d HT	2,800	8,400	14,000	31,500	49,000	70,000
1957 Windsor Series, V-8						
2d HT	1,040	3,120	5,200	11,700	18,200	26,000
4d HT	840	2,520	4,200	9,450	14,700	21,000
4d Sed.	720	2,160	3,600	8,100	12,600	18,000
4d T&C Sta Wag	800	2,400	4,000	9,000	14,000	20,000
1957 Saratoga Series, V-8						
2d HT	1,120	3,360	5,600	12,600	19,600	28,000
4d HT	920	2,760	4,600	10,350	16,100	23,000
4d Sed.	740	2,220	3,700	8,330	12,950	18,500
1957 New Yorker Series, V-8						
2d Conv.	2,640	7,920	13,200	29,700	46,200	66,000
2d HT	1,240	3,720	6,200	13,950	21,700	31,000
4d HT	960	2,880	4,800	10,800	16,800	24,000
4d Sed.	760	2,280	3,800	8,550	13,300	19,000
4d T&C Sta Wag	840	2,520	4,200	9,450	14,700	21,000
1957 300 Letter Series "C", V-8						
2d Conv.	5,340	16,020	26,700	60,080	93,450	133,500
2d HT	3,480	10,440	17,400	39,150	60,900	87,000
1958 Windsor Series, V-8						
2d HT	1,000	3,000	5,000	11,250	17,500	25,000
4d HT	800	2,400	4,000	9,000	14,000	20,000
4d Sed.	720	2,160	3,600	8,100	12,600	18,000
4d T&C Sta Wag	820	2,460	4,100	9,230	14,350	20,500
1958 Saratoga Series, V-8						
2d HT	1,040	3,120	5,200	11,700	18,200	26,000
4d HT	840	2,520	4,200	9,450	14,700	21,000
4d Sed.	760	2,280	3,800	8,550	13,300	19,000
1958 New Yorker Series, V-8						
2d Conv.	2,640	7,920	13,200	29,700	46,200	66,000
2d HT	1,120	3,360	5,600	12,600	19,600	28,000
4d HT	880	2,640	4,400	9,900	15,400	22,000
4d Sed.	800	2,400	4,000	9,000	14,000	20,000
4d 6P T&C Sta Wag	820	2,460	4,100	9,230	14,350	20,500
4d 9P T&C Sta Wag	830	2,480	4,140	9,320	14,490	20,700
1958 300 Letter Series "D"						
2d Conv.	5,300	15,900	26,500	59,630	92,750	132,500
2d HT	3,440	10,320	17,200	38,700	60,200	86,000
NOTE: Add 40 percent for EFI.						
1959 Windsor Series, V-8						
2d Conv.	1,920	5,760	9,600	21,600	33,600	48,000
2d HT	920	2,760	4,600	10,350	16,100	23,000
4d HT	760	2,280	3,800	8,550	13,300	19,000
4d Sed.	680	2,040	3,400	7,650	11,900	17,000
1959 Town & Country Series, V-8						
4d 6P Sta Wag	740	2,220	3,700	8,330	12,950	18,500
4d 9P Sta Wag	708	2,124	3,540	7,970	12,390	17,700
1959 Saratoga Series, V-8						
4d Sed.	680	2,040	3,400	7,650	11,900	17,000
4d HT	800	2,400	4,000	9,000	14,000	20,000
2d HT	960	2,880	4,800	10,800	16,800	24,000
1959 New Yorker Series, V-8						
2d Conv.	2,560	7,680	12,800	28,800	44,800	64,000
2d HT	1,040	3,120	5,200	11,700	18,200	26,000
4d HT	840	2,520	4,200	9,450	14,700	21,000
4d Sed.	700	2,100	3,500	7,880	12,250	17,500
1959 Town & Country, V-8						
4d 6P Sta Wag	800	2,400	4,000	9,000	14,000	20,000
4d 9P Sta Wag	808	2,424	4,040	9,090	14,140	20,200
1959 300 Letter Series "E", V-8						
2d Conv.	5,260	15,780	26,300	59,180	92,050	131,500
2d HT	3,400	10,200	17,000	38,250	59,500	85,000
1960 Windsor Series, V-8						
2d Conv.	1,400	4,200	7,000	15,750	24,500	35,000

	6	5	4	3	2	1
2d HT	720	2,160	3,600	8,100	12,600	18,000
4d HT	680	2,040	3,400	7,650	11,900	17,000
4d Sed	640	1,920	3,200	7,200	11,200	16,000
1960 Town & Country Series, V-8						
4d 9P Sta Wag	688	2,064	3,440	7,740	12,040	17,200
4d 6P Sta Wag	680	2,040	3,400	7,650	11,900	17,000
1960 Saratoga Series, V-8						
2d HT	760	2,280	3,800	8,550	13,300	19,000
4d HT	720	2,160	3,600	8,100	12,600	18,000
4d Sed	648	1,944	3,240	7,290	11,340	16,200
1960 New Yorker Series, V-8						
2d Conv	2,000	6,000	10,000	22,500	35,000	50,000
2d HT	840	2,520	4,200	9,450	14,700	21,000
4d HT	760	2,280	3,800	8,550	13,300	19,000
4d Sed	660	1,980	3,300	7,430	11,550	16,500
1960 Town & Country Series, V-8, 126" wb						
4d 9P Sta Wag	728	2,184	3,640	8,190	12,740	18,200
4d 6P Sta Wag	720	2,160	3,600	8,100	12,600	18,000
1960 300 Letter Series "F", V-8						
2d Conv	5,060	15,180	25,300	56,930	88,550	126,500
2d HT	3,200	9,600	16,000	36,000	56,000	80,000

NOTE: 300 Letter Series cars containing the Pont-A-Mousson 4-speed transmission, the value is not estimable.

	6	5	4	3	2	1
1961 Newport Series, V-8						
2d Conv	1,200	3,600	6,000	13,500	21,000	30,000
2d HT	680	2,040	3,400	7,650	11,900	17,000
4d HT	660	1,980	3,300	7,430	11,550	16,500
4d Sed	620	1,860	3,100	6,980	10,850	15,500
4d 6P Sta Wag	640	1,920	3,200	7,200	11,200	16,000
4d 9P Sta Wag	644	1,932	3,220	7,250	11,270	16,100
1961 Windsor Series, V-8						
2d HT	700	2,100	3,500	7,880	12,250	17,500
4d HT	680	2,040	3,400	7,650	11,900	17,000
4d Sed	640	1,920	3,200	7,200	11,200	16,000
1961 New Yorker Series, V-8						
2d Conv	1,600	4,800	8,000	18,000	28,000	40,000
2d HT	720	2,160	3,600	8,100	12,600	18,000
4d HT	680	2,040	3,400	7,650	11,900	17,000
4d Sed	660	1,980	3,300	7,430	11,550	16,500
4d 6P Sta Wag	680	2,040	3,400	7,650	11,900	17,000
4d 9P Sta Wag	684	2,052	3,420	7,700	11,970	17,100
1961 300 Letter Series "G", V-8						
2d Conv	4,980	14,940	24,900	56,030	87,150	124,500
2d HT	3,120	9,360	15,600	35,100	54,600	78,000

NOTE: Add 20 percent for 400 hp engine.

	6	5	4	3	2	1
1962 Newport Series, V-8						
4d Sed	624	1,872	3,120	7,020	10,920	15,600
4d HT	640	1,920	3,200	7,200	11,200	16,000
2d Conv	960	2,880	4,800	10,800	16,800	24,000
2d HT	700	2,100	3,500	7,880	12,250	17,500
4d 6P HT Wag	680	2,040	3,400	7,650	11,900	17,000
4d 9P HT Wag	688	2,064	3,440	7,740	12,040	17,200
1962 300 Series						
2d Conv	1,080	3,240	5,400	12,150	18,900	27,000
2d HT	720	2,160	3,600	8,100	12,600	18,000
4d HT	680	2,040	3,400	7,650	11,900	17,000
1962 300 Letter Series "H", V-8						
2d Conv	4,980	14,940	24,900	56,030	87,150	124,500
2d HT	3,120	9,360	15,600	35,100	54,600	78,000
1962 New Yorker Series, V-8						
4d Sed	640	1,920	3,200	7,200	11,200	16,000
4d HT	700	2,100	3,500	7,880	12,250	17,500
4d 6P HT Wag	720	2,160	3,600	8,100	12,600	18,000
4d 9P HT Wag	728	2,184	3,640	8,190	12,740	18,200
1963 Newport Series, V-8						
2d Conv	800	2,400	4,000	9,000	14,000	20,000
2d HT	700	2,100	3,500	7,880	12,250	17,500
4d HT	640	1,920	3,200	7,200	11,200	16,000
4d Sed	624	1,872	3,120	7,020	10,920	15,600
4d 6P Sta Wag	680	2,040	3,400	7,650	11,900	17,000
4d 9P Sta Wag	688	2,064	3,440	7,740	12,040	17,200
1963 300 Series, "383" V-8						
2d Conv	880	2,640	4,400	9,900	15,400	22,000
2d HT	740	2,220	3,700	8,330	12,950	18,500
4d HT	660	1,980	3,300	7,430	11,550	16,500
1963 300 "Pacesetter" Series, "383" V-8						
2d Conv	880	2,640	4,400	9,900	15,400	22,000
2d HT	720	2,160	3,600	8,100	12,600	18,000
1963 300 Letter Series "J", "413" V-8						
2d HT	1,320	3,960	6,600	14,850	23,100	33,000

	6	5	4	3	2	1
1963 New Yorker Series, V-8						
4d Sed.	640	1,920	3,200	7,200	11,200	16,000
4d HT	660	1,980	3,300	7,430	11,550	16,500
4d HT Salon	668	2,004	3,340	7,520	11,690	16,700
4d 6P Sta Wag	708	2,124	3,540	7,970	12,390	17,700
4d 9P Sta Wag	708	2,124	3,540	7,970	12,390	17,700
1964 Newport Series, V-8						
2d Conv.	760	2,280	3,800	8,550	13,300	19,000
2d HT	680	2,040	3,400	7,650	11,900	17,000
4d HT	640	1,920	3,200	7,200	11,200	16,000
4d Sed.	624	1,872	3,120	7,020	10,920	15,600
1964 Town & Country Series, V-8						
4d 9P Sta Wag	660	1,980	3,300	7,430	11,550	16,500
4d 6P Sta Wag	660	1,980	3,300	7,430	11,550	16,500
1964 300 Series						
2d Conv.	880	2,640	4,400	9,900	15,400	22,000
2d HT	700	2,100	3,500	7,880	12,250	17,500
4d HT	660	1,980	3,300	7,430	11,550	16,500
1964 300 Letter Series "K", V-8						
2d Conv.	1,520	4,560	7,600	17,100	26,600	38,000
2d HT	1,280	3,840	6,400	14,400	22,400	32,000

NOTE: Add 10 percent for two 4-barrel carbs. Add 25 percent for Silver Edition introduced in Spring 1964.

	6	5	4	3	2	1
1964 New Yorker Series, V-8						
4d Sed.	660	1,980	3,300	7,430	11,550	16,500
4d HT	680	2,040	3,400	7,650	11,900	17,000
4d HT Salon	700	2,100	3,500	7,880	12,250	17,500
1964 Town & Country Series, V-8						
4d 9P HT Wag.	728	2,184	3,640	8,190	12,740	18,200
4d 6P HT Wag.	720	2,160	3,600	8,100	12,600	18,000
1965 Newport Series, V-8						
2d Conv.	780	2,340	3,900	8,780	13,650	19,500
2d HT	700	2,100	3,500	7,880	12,250	17,500
4d HT	660	1,980	3,300	7,430	11,550	16,500
4d Sed.	624	1,872	3,120	7,020	10,920	15,600
4d 6W Sed	612	1,836	3,060	6,890	10,710	15,300
1965 Town & Country Series, V-8						
4d 6P Wag	680	2,040	3,400	7,650	11,900	17,000
4d 9P Wag	688	2,064	3,440	7,740	12,040	17,200
1965 300 Series						
2d Conv.	840	2,520	4,200	9,450	14,700	21,000
2d HT	720	2,160	3,600	8,100	12,600	18,000
4d HT	660	1,980	3,300	7,430	11,550	16,500
1965 300 Letter Series "L", V-8						
2d Conv.	1,400	4,200	7,000	15,750	24,500	35,000
2d HT	1,240	3,720	6,200	13,950	21,700	31,000
1965 New Yorker Series, V-8						
2d HT	740	2,220	3,700	8,330	12,950	18,500
4d HT	680	2,040	3,400	7,650	11,900	17,000
4d 6W Sed	640	1,920	3,200	7,200	11,200	16,000
1965 Town & Country Series, V-8						
4d 6P Wag	720	2,160	3,600	8,100	12,600	18,000
4d 9P Wag	728	2,184	3,640	8,190	12,740	18,200
1966 Newport Series, V-8						
2d Conv.	840	2,520	4,200	9,450	14,700	21,000
2d HT	720	2,160	3,600	8,100	12,600	18,000
4d HT	680	2,040	3,400	7,650	11,900	17,000
4d Sed.	640	1,920	3,200	7,200	11,200	16,000
4d 6W Sed	640	1,920	3,200	7,200	11,200	16,000
1966 Town & Country Series, V-8						
4d 6P Sta Wag	720	2,160	3,600	8,100	12,600	18,000
4d 9P Sta Wag	728	2,184	3,640	8,190	12,740	18,200
1966 Chrysler 300, V-8						
2d Conv.	1,040	3,120	5,200	11,700	18,200	26,000
2d HT	840	2,520	4,200	9,450	14,700	21,000
4d HT	720	2,160	3,600	8,100	12,600	18,000
1966 New Yorker, V-8						
2d HT	740	2,220	3,700	8,330	12,950	18,500
4d HT	720	2,160	3,600	8,100	12,600	18,000
4d 6W Sed	700	2,100	3,500	7,880	12,250	17,500
1967 Newport, V-8, 124" wb						
2d Conv.	840	2,520	4,200	9,450	14,700	21,000
2d HT	740	2,220	3,700	8,330	12,950	18,500
4d HT	700	2,100	3,500	7,880	12,250	17,500
4d Sed.	644	1,932	3,220	7,250	11,270	16,100
4d Sta Wag	740	2,220	3,700	8,330	12,950	18,500
1967 Newport Custom, V-8, 124" wb						
2d HT	740	2,220	3,700	8,330	12,950	18,500
4d HT	700	2,100	3,500	7,880	12,250	17,500
4d Sed.	648	1,944	3,240	7,290	11,340	16,200

	6	5	4	3	2	1
1967 300, V-8, 124" wb						
2d Conv	960	2,880	4,800	10,800	16,800	24,000
2d HT	780	2,340	3,900	8,780	13,650	19,500
4d HT	720	2,160	3,600	8,100	12,600	18,000
1967 New Yorker, V-8, 124" wb						
2d HT	760	2,280	3,800	8,550	13,300	19,000
4d HT	720	2,160	3,600	8,100	12,600	18,000
4d Sed	660	1,980	3,300	7,430	11,550	16,500
1968 Newport, V-8, 124" wb						
2d Conv	840	2,520	4,200	9,450	14,700	21,000
2d HT	760	2,280	3,800	8,550	13,300	19,000
4d HT	720	2,160	3,600	8,100	12,600	18,000
4d Sed	680	2,040	3,400	7,650	11,900	17,000
1968 Newport Custom, V-8, 124" wb						
2d HT	760	2,280	3,800	8,550	13,300	19,000
4d HT	680	2,040	3,400	7,650	11,900	17,000
4d Sed	668	2,004	3,340	7,520	11,690	16,700
1968 300, V-8, 124" wb						
2d Conv	1,000	3,000	5,000	11,250	17,500	25,000
2d HT	780	2,340	3,900	8,780	13,650	19,500
4d HT	720	2,160	3,600	8,100	12,600	18,000
1968 Town & Country, V-8, 122" wb						
4d Sta Wag	740	2,220	3,700	8,330	12,950	18,500
1968 New Yorker, V-8, 124" wb						
2d HT	780	2,340	3,900	8,780	13,650	19,500
4d HT	740	2,220	3,700	8,330	12,950	18,500
4d Sed	680	2,040	3,400	7,650	11,900	17,000
1969 Newport, V-8, 124" wb						
2d Conv	760	2,280	3,800	8,550	13,300	19,000
2d HT	400	1,200	2,000	4,500	7,000	10,000
4d HT	348	1,044	1,740	3,920	6,090	8,700
4d Sed	328	984	1,640	3,690	5,740	8,200
1969 Newport Custom, V-8, 124" wb						
2d HT	408	1,224	2,040	4,590	7,140	10,200
4d HT	352	1,056	1,760	3,960	6,160	8,800
4d Sed	332	996	1,660	3,740	5,810	8,300
1969 300, V-8, 124" wb						
2d Conv	800	2,400	4,000	9,000	14,000	20,000
2d HT	600	1,800	3,000	6,750	10,500	15,000
4d HT	460	1,380	2,300	5,180	8,050	11,500
1969 New Yorker, V-8, 124" wb						
2d HT	600	1,800	3,000	6,750	10,500	15,000
4d HT	440	1,320	2,200	4,950	7,700	11,000
4d Sed	352	1,056	1,760	3,960	6,160	8,800
1969 Town & Country, V-8, 122" wb						
4d Sta Wag	440	1,320	2,200	4,950	7,700	11,000
1970 Newport, V-8, 124" wb						
2d HT	500	1,500	2,500	5,630	8,750	12,500
2d Conv	700	2,100	3,500	7,880	12,250	17,500
4d HT	440	1,320	2,200	4,950	7,700	11,000
4d Sed	348	1,044	1,740	3,920	6,090	8,700
1970 Newport Custom						
2d HT	480	1,440	2,400	5,400	8,400	12,000
4d HT	468	1,404	2,340	5,270	8,190	11,700
4d Sed	440	1,320	2,200	4,950	7,700	11,000
1970 300, V-8, 124" wb						
2d Conv	880	2,640	4,400	9,900	15,400	22,000
2d HT Hurst	840	2,520	4,200	9,450	14,700	21,000
2d HT	600	1,800	3,000	6,750	10,500	15,000
4d HT	500	1,500	2,500	5,630	8,750	12,500
1970 New Yorker, V-8, 124" wb						
2d HT	620	1,860	3,100	6,980	10,850	15,500
4d HT	480	1,440	2,400	5,400	8,400	12,000
4d Sed	460	1,380	2,300	5,180	8,050	11,500
1970 Town & Country, V-8, 122" wb						
4d Sta Wag	460	1,380	2,300	5,180	8,050	11,500
1971 Newport Royal, V-8, 124" wb						
2d HT	320	960	1,600	3,600	5,600	8,000
4d HT	276	828	1,380	3,110	4,830	6,900
4d Sed	272	816	1,360	3,060	4,760	6,800
1971 Newport, V-8, 124" wb						
2d HT	440	1,320	2,200	4,950	7,700	11,000
4d HT	288	864	1,440	3,240	5,040	7,200
4d Sed	276	828	1,380	3,110	4,830	6,900
1971 Newport Custom						
2d HT	460	1,380	2,300	5,180	8,050	11,500
4d HT	300	900	1,500	3,380	5,250	7,500
4d Sed	280	840	1,400	3,150	4,900	7,000

	6	5	4	3	2	1
1971 300						
2d HT	480	1,440	2,400	5,400	8,400	12,000
4d HT	288	864	1,440	3,240	5,040	7,200
1971 New Yorker						
2d HT	480	1,440	2,400	5,400	8,400	12,000
4d HT	300	900	1,500	3,380	5,250	7,500
4d Sed.	284	852	1,420	3,200	4,970	7,100
1971 Town & Country						
4d Sta Wag	300	900	1,500	3,380	5,250	7,500
1972 Newport Royal						
2d HT	320	960	1,600	3,600	5,600	8,000
4d HT	260	780	1,300	2,930	4,550	6,500
4d Sed.	236	708	1,180	2,660	4,130	5,900
1972 Newport Custom						
2d HT	420	1,260	2,100	4,730	7,350	10,500
4d HT	280	840	1,400	3,150	4,900	7,000
4d Sed.	240	720	1,200	2,700	4,200	6,000
1972 New Yorker Brougham						
2d HT	440	1,320	2,200	4,950	7,700	11,000
4d HT	300	900	1,500	3,380	5,250	7,500
4d Sed.	260	780	1,300	2,930	4,550	6,500
1972 Town & Country						
4d Sta Wag	280	840	1,400	3,150	4,900	7,000
1973 Newport, V-8, 124" wb						
2d HT	280	840	1,400	3,150	4,900	7,000
4d HT	220	660	1,100	2,480	3,850	5,500
4d Sed.	212	636	1,060	2,390	3,710	5,300
1973 Newport Custom, V-8						
2d HT	288	864	1,440	3,240	5,040	7,200
4d HT	224	672	1,120	2,520	3,920	5,600
4d Sed.	220	660	1,100	2,480	3,850	5,500
1973 New Yorker Brougham, V-8						
2d HT	300	900	1,500	3,380	5,250	7,500
4d HT	240	720	1,200	2,700	4,200	6,000
4d Sed.	224	672	1,120	2,520	3,920	5,600
1973 Town & Country, V-8						
4d 3S Sta Wag	212	636	1,060	2,390	3,710	5,300
1974 Newport, V-8						
2d HT	252	756	1,260	2,840	4,410	6,300
4d HT	200	600	1,000	2,250	3,500	5,000
4d Sed.	196	588	980	2,210	3,430	4,900
1974 Newport Custom, V-8						
2d HT	260	780	1,300	2,930	4,550	6,500
4d HT	208	624	1,040	2,340	3,640	5,200
4d Sed.	204	612	1,020	2,300	3,570	5,100
1974 New Yorker, V-8						
4d Sed.	208	624	1,040	2,340	3,640	5,200
4d HT	228	684	1,140	2,570	3,990	5,700
1974 New Yorker Brougham, V-8						
2d HT	268	804	1,340	3,020	4,690	6,700
4d HT	220	660	1,100	2,480	3,850	5,500
4d Sed.	216	648	1,080	2,430	3,780	5,400
1974 Town & Country, V-8						
4d 3S Sta Wag	216	648	1,080	2,430	3,780	5,400
1975 Cordoba, V-8						
2d HT	280	840	1,400	3,150	4,900	7,000
1975 Newport, V-8						
2d HT	240	720	1,200	2,700	4,200	6,000
4d HT	200	600	1,000	2,250	3,500	5,000
4d Sed.	196	588	980	2,210	3,430	4,900
1975 Newport Custom, V-8						
2d HT	244	732	1,220	2,750	4,270	6,100
4d HT	204	612	1,020	2,300	3,570	5,100
4d Sed.	200	600	1,000	2,250	3,500	5,000
1975 New Yorker Brougham, V-8						
2d HT	252	756	1,260	2,840	4,410	6,300
4d HT	212	636	1,060	2,390	3,710	5,300
4d Sed.	204	612	1,020	2,300	3,570	5,100
1975 Town & Country, V-8						
4d 3S Sta Wag	204	612	1,020	2,300	3,570	5,100
1976 Cordoba, V-8						
2d HT	300	900	1,500	3,380	5,250	7,500
1976 Newport, V-8						
2d HT	248	744	1,240	2,790	4,340	6,200
4d HT	216	648	1,080	2,430	3,780	5,400
4d Sed.	200	600	1,000	2,250	3,500	5,000
1976 Newport Custom, V-8						
2d HT	260	780	1,300	2,930	4,550	6,500

	6	5	4	3	2	1
4d HT	212	636	1,060	2,390	3,710	5,300
4d Sed	204	612	1,020	2,300	3,570	5,100
1976 Town & Country, V-8						
4d 2S Sta Wag	204	612	1,020	2,300	3,570	5,100
4d 3S Sta Wag	208	624	1,040	2,340	3,640	5,200
1976 New Yorker Brougham, V-8						
2d HT	268	804	1,340	3,020	4,690	6,700
4d HT	212	636	1,060	2,390	3,710	5,300
1977 LeBaron, V-8						
2d Cpe	200	550	900	2,030	3,150	4,500
4d Sed	150	500	850	1,940	3,000	4,300
1977 LeBaron Medallion, V-8						
2d Cpe	200	550	950	2,120	3,300	4,700
4d Sed	200	550	900	2,030	3,150	4,500
1977 Cordoba, V-8						
2d HT	250	700	1,200	2,700	4,200	6,000
1977 Newport, V-8						
2d HT	200	600	1,000	2,250	3,500	5,000
4d HT	150	500	850	1,940	3,000	4,300
4d Sed	150	500	800	1,850	2,850	4,100
1977 Town & Country, V-8						
4d 2S Sta Wag	150	500	850	1,890	2,950	4,200
4d 3S Sta Wag	150	500	850	1,940	3,000	4,300
1977 New Yorker Brougham, V-8						
2d HT	200	600	1,050	2,340	3,650	5,200
4d HT	200	550	900	1,980	3,100	4,400
1978 LeBaron						
2d Cpe	144	432	720	1,620	2,520	3,600
2d "S" Cpe	150	400	700	1,580	2,450	3,500
4d "S" Cpe	150	400	700	1,580	2,450	3,500
4d Sed	140	420	700	1,580	2,450	3,500
1978 Town & Country						
4d Sta Wag	140	420	700	1,580	2,450	3,500
1978 LeBaron Medallion						
2d Cpe	148	444	740	1,670	2,590	3,700
4d Sed	144	432	720	1,620	2,520	3,600
1978 Cordoba						
2d Cpe	220	660	1,100	2,480	3,850	5,500
1978 Newport						
2d Cpe	150	500	850	1,940	3,000	4,300
4d Sed	150	500	850	1,890	2,950	4,200
1978 New Yorker Brougham						
2d Cpe	200	550	900	2,030	3,150	4,500
4d Sed	200	550	900	1,980	3,100	4,400
1979 LeBaron, V-8						
2d Cpe	144	432	720	1,620	2,520	3,600
4d Sed	140	420	700	1,580	2,450	3,500
1979 LeBaron Salon, V-8						
2d Cpe	148	444	740	1,670	2,590	3,700
4d Sed	144	432	720	1,620	2,520	3,600
1979 LeBaron Medallion, V-8						
2d Cpe	156	468	780	1,760	2,730	3,900
4d Sed	152	456	760	1,710	2,660	3,800
1979 LeBaron Town & Country						
4d Sta Wag	152	456	760	1,710	2,660	3,800
NOTE: Deduct 5 percent for 6-cyl.						
1979 Cordoba, V-8						
2d Cpe	208	624	1,040	2,340	3,640	5,200
NOTE: Add 20 percent for 300 option.						
1979 Newport, V-8						
4d Sed	156	468	780	1,760	2,730	3,900
NOTE: Deduct 7 percent for 6-cyl.						
1979 New Yorker, V-8						
4d Sed	164	492	820	1,850	2,870	4,100
1980 LeBaron, V-8						
2d Cpe Medallion	160	480	800	1,800	2,800	4,000
4d Sed Medallion	156	468	780	1,760	2,730	3,900
4d Sta Wag T&C	160	480	800	1,800	2,800	4,000
NOTE: Deduct 5 percent for lesser models.						
1980 Cordoba, V-8						
2d Cpe Specialty	240	720	1,200	2,700	4,200	6,000
2d Cpe Spl Crown	260	780	1,300	2,930	4,550	6,500
2d Cpe Spl LS	236	708	1,180	2,660	4,130	5,900
NOTE: Deduct 12 percent for 6-cyl.						
1980 Newport, V-8						
4d Sed	172	516	860	1,940	3,010	4,300
1980 New Yorker, V-8						
4d Sed	180	540	900	2,030	3,150	4,500

	6	5	4	3	2	1
1981 LeBaron, V-8						
2d Cpe Medallion 164	492	820	1,850	2,870	4,100	
4d Sed Medallion 160	480	800	1,800	2,800	4,000	
4d Sta Wag T&C 164	492	820	1,850	2,870	4,100	
NOTE: Deduct 12 percent for 6-cyl. Deduct 5 percent for lesser models.						
1981 Cordoba, V-8						
2d Cpe Specialty LS 240	720	1,200	2,700	4,200	6,000	
2d Cpe Specialty 244	732	1,220	2,750	4,270	6,100	
NOTE: Deduct 12 percent for 6-cyl.						
1981 Newport, V-8						
4d Sed 176	528	880	1,980	3,080	4,400	
NOTE: Deduct 10 percent for 6-cyl.						
1981 New Yorker, V-8						
4d Sed 184	552	920	2,070	3,220	4,600	
1981 Imperial, V-8						
2d Cpe 240	720	1,200	2,700	4,200	6,000	
1982 LeBaron, 4-cyl.						
2d Conv 240	720	1,200	2,700	4,200	6,000	
2d Cpe Specialty 160	480	800	1,800	2,800	4,000	
4d Sed Medallion 164	492	820	1,850	2,870	4,100	
4d Sed 160	480	800	1,800	2,800	4,000	
2d Conv Medallion 240	720	1,200	2,700	4,200	6,000	
2d Cpe Spec Medallion 160	490	820	1,850	2,870	4,100	
4d Sta Wag T&C 176	528	880	1,980	3,080	4,400	
1982 Cordoba, V-8						
2d Cpe Specialty LS 240	730	1,220	2,750	4,270	6,100	
2d Cpe Specialty 248	744	1,240	2,790	4,340	6,200	
NOTE: Deduct 12 percent for 6-cyl.						
1982 New Yorker, V-8						
4d Sed 196	588	980	2,210	3,430	4,900	
NOTE: Deduct 11 percent for 6-cyl.						
1982 Imperial, V-8						
2d Cpe Luxury 240	720	1,200	2,700	4,200	6,000	
1983 LeBaron, 4-cyl.						
2d Conv 244	732	1,220	2,750	4,270	6,100	
2d Conv T&C Marc Cross 260	790	1,320	2,970	4,620	6,600	
2d Cpe 164	492	820	1,850	2,870	4,100	
4d Sed 164	492	820	1,850	2,870	4,100	
4d Sta Wag T&C 180	540	900	2,030	3,150	4,500	
4d Limo 196	588	980	2,210	3,430	4,900	
1983 E Class, 4-cyl.						
4d Sed 180	540	900	2,030	3,150	4,500	
1983 Cordoba, V-8						
2d Cpe 252	756	1,260	2,840	4,410	6,300	
NOTE: Deduct 12 percent for 6-cyl.						
1983 New Yorker, 4-cyl.						
4d Sed 192	576	960	2,160	3,360	4,800	
1983 New Yorker Fifth Avenue, V-8						
4d Sed 196	588	980	2,210	3,430	4,900	
4d Sed Luxury 200	600	1,000	2,250	3,500	5,000	
NOTE: Deduct 12 percent for 6-cyl.						
1983 Executive						
4d Limo 220	660	1,100	2,480	3,850	5,500	
1983 Imperial, V-8						
2d Cpe 240	720	1,200	2,700	4,200	6,000	
1984 LeBaron, 4-cyl.						
2d Conv 248	744	1,240	2,790	4,340	6,200	
2d Conv Marc Cross 270	800	1,340	3,020	4,690	6,700	
2d Conv T&C Marc Cross 260	790	1,320	2,970	4,620	6,600	
2d Sed 164	492	820	1,850	2,870	4,100	
4d Sed 164	492	820	1,850	2,870	4,100	
4d Sta Wag T&C 168	504	840	1,890	2,940	4,200	
1984 Laser, 4-cyl.						
2d HBk 168	504	840	1,890	2,940	4,200	
2d HBk XE 172	516	860	1,940	3,010	4,300	
1984 E Class, 4-cyl.						
4d Sed 180	540	900	2,030	3,150	4,500	
1984 New Yorker, 4-cyl.						
4d Sed 192	576	960	2,160	3,360	4,800	
1984 New Yorker Fifth Avenue, V-8						
4d Sed 200	600	1,000	2,250	3,500	5,000	
1984 Executive						
4d Limo 220	660	1,100	2,480	3,850	5,500	
1985 LeBaron, 4-cyl.						
2d Conv 248	744	1,240	2,790	4,340	6,200	
2d Conv Marc Cross 270	800	1,340	3,020	4,690	6,700	
2d Conv T&C Marc Cross 270	820	1,360	3,060	4,760	6,800	
2d Cpe 164	492	820	1,850	2,870	4,100	

	6	5	4	3	2	1
4d Sed	168	504	840	1,890	2,940	4,200
4d Sta Wag T&C	172	516	860	1,940	3,010	4,300
1985 Laser, 4-cyl.						
2d HBk	172	516	860	1,940	3,010	4,300
2d HBk XE	176	528	880	1,980	3,080	4,400
1985 LeBaron GTS, 4-cyl.						
4d Spt	184	552	920	2,070	3,220	4,600
4d Spt Premium	188	564	940	2,120	3,290	4,700
1985 New Yorker, 4-cyl.						
4d Sed	200	590	980	2,210	3,430	4,900
1985 Fifth Avenue, V-8						
4d Sed	204	612	1,020	2,300	3,570	5,100
1985 Executive						
4d Limo.	220	660	1,100	2,480	3,850	5,500
1985 LeBaron GTS, 4-cyl.						
4d Spt	184	552	920	2,070	3,220	4,600
4d Spt Premium	188	564	940	2,120	3,290	4,700
1986 Laser						
2d HBk	172	516	860	1,940	3,010	4,300
1986 LeBaron						
2d Conv	248	744	1,240	2,790	4,340	6,200
2d Marc Cross Conv.	280	840	1,400	3,150	4,900	7,000
2d Conv T&C Marc Cross	270	820	1,360	3,060	4,760	6,800
2d Cpe	184	552	920	2,070	3,220	4,600
4d Sed	188	564	940	2,120	3,290	4,700
4d T&C Sta Wag	192	576	960	2,160	3,360	4,800
1986 New Yorker						
4d Sed	200	600	1,000	2,250	3,500	5,000
1986 Fifth Avenue						
4d Sed	208	624	1,040	2,340	3,640	5,200
1986 Executive						
4d Limo.	220	660	1,100	2,480	3,850	5,500
NOTE: Add 10 percent for deluxe models. Deduct 5 percent for smaller engines.						
1987 LeBaron						
2d Conv	260	780	1,300	2,930	4,550	6,500
2d Cpe	168	504	840	1,890	2,940	4,200
2d Cpe Premium	172	516	860	1,940	3,010	4,300
4d Sed	172	516	860	1,940	3,010	4,300
4d HBk Spt GTS.	180	540	900	2,030	3,150	4,500
4d HBk Spt Prem GTS.	180	550	920	2,070	3,220	4,600
4d Sta Wag.	176	528	880	1,980	3,080	4,400
NOTE: Add 5 percent for 2.2 Turbo engine.						
1987 Conquest, 4-cyl. Turbo						
2d HBk	172	516	860	1,940	3,010	4,300
1987 New Yorker, 4-cyl.						
4d Sed	220	660	1,100	2,480	3,850	5,500
1987 New Yorker, V-6						
4d Sed	188	564	940	2,120	3,290	4,700
4d Sed Lan.	196	588	980	2,210	3,430	4,900
NOTE: Add 5 percent for 2.2 Turbo engine. Add 10 percent for V-6.						
1987 Fifth Avenue, V-8						
4d Sed	240	720	1,200	2,700	4,200	6,000
1988 LeBaron, 4-cyl.						
2d Conv	272	816	1,360	3,060	4,760	6,800
2d Cpe	152	456	760	1,710	2,660	3,800
2d Cpe Prem	180	540	900	2,030	3,150	4,500
4d Sed	132	396	660	1,490	2,310	3,300
4d HBk GTS.	128	384	640	1,440	2,240	3,200
4d HBk Prem GTS	140	420	700	1,580	2,450	3,500
4d Sta Wag T&C	168	504	840	1,890	2,940	4,200
1988 Conquest, 4-cyl.						
2d HBk	160	480	800	1,800	2,800	4,000
1988 New Yorker, 4-cyl., Turbo						
4d Sed	184	552	920	2,070	3,220	4,600
1988 New Yorker, V-6						
4d Sed	208	624	1,040	2,340	3,640	5,200
4d Sed Landau.	224	672	1,120	2,520	3,920	5,600
1988 Fifth Avenue, V-8						
4d Sed	272	816	1,360	3,060	4,760	6,800
1989 LeBaron, 4-cyl.						
2d Conv	360	1,080	1,800	4,050	6,300	9,000
2d Conv Prem	400	1,200	2,000	4,500	7,000	10,000
2d Cpe	224	672	1,120	2,520	3,920	5,600
2d Prem	232	696	1,160	2,610	4,060	5,800
4d HBk	220	660	1,100	2,480	3,850	5,500
4d HBk Prem	228	684	1,140	2,570	3,990	5,700
2d Conv	360	1,080	1,800	4,050	6,300	9,000
1989 Conquest, 4-cyl.						
2d HBk	240	720	1,200	2,700	4,200	6,000

CHRYSLER

	6	5	4	3	2	1
1989 New Yorker, V-6						
4d Sed	264	792	1,320	2,970	4,620	6,600
4d Lan Sed	272	816	1,360	3,060	4,760	6,800
1989 Fifth Avenue, V-8						
4d Sed	368	1,104	1,840	4,140	6,440	9,200
1989 TC, 4-cyl. Turbo by Maserati						
2d Conv	840	2,520	4,200	9,450	14,700	21,000
1990 LeBaron 4-cyl.						
2d Conv	260	780	1,300	2,930	4,550	6,500
2d Cpe	200	600	1,000	2,250	3,500	5,000
1990 V-6						
2d Conv	360	1,080	1,800	4,050	6,300	9,000
2d Prem Conv	380	1,140	1,900	4,280	6,650	9,500
2d Cpe	220	660	1,100	2,480	3,850	5,500
2d Prem Cpe	240	720	1,200	2,700	4,200	6,000
4d Sed	220	660	1,100	2,480	3,850	5,500
1990 New Yorker, V-6						
4d Sed	260	780	1,300	2,930	4,550	6,500
4d Lan Sed	360	1,080	1,800	4,050	6,300	9,000
4d Fifth Ave Sed	400	1,200	2,000	4,500	7,000	10,000
1990 Imperial, V-6						
4d Sed	520	1,560	2,600	5,850	9,100	13,000
1990 TC, V-6 by Maserati						
2d Conv	760	2,280	3,800	8,550	13,300	19,000
1991 TC, V-6 by Maserati						
2d Conv	800	2,400	4,000	9,000	14,000	20,000
1991 LeBaron, 4-cyl.						
2d Conv	260	780	1,300	2,930	4,550	6,500
2d Cpe	180	540	900	2,030	3,150	4,500
1991 V-6						
2d LX Conv	360	1,080	1,800	4,050	6,300	9,000
2d LX Cpe	200	600	1,000	2,250	3,500	5,000
4d Sed	220	660	1,100	2,480	3,850	5,500
1991 New Yorker & Imperial, V-6						
4d Salon Sed	248	744	1,240	2,790	4,340	6,200
4d Fifth Ave Sed	260	780	1,300	2,930	4,550	6,500
4d Imperial Sed	368	1,104	1,840	4,140	6,440	9,200
1992 LeBaron, 4-cyl.						
2d Cpe	220	660	1,100	2,480	3,850	5,500
2d Conv	360	1,080	1,800	4,050	6,300	9,000
4d Sed	216	648	1,080	2,430	3,780	5,400
4d Lan Sed	220	660	1,100	2,480	3,850	5,500
2d LX Cpe	380	1,140	1,900	4,280	6,650	9,500
2d LX Conv	240	720	1,200	2,700	4,200	6,000
4d LX Sed	260	780	1,300	2,930	4,550	6,500
NOTE: Add 10 percent for V-6 where available.						
1992 New Yorker, V-6						
4d Salom Sed	360	1,080	1,800	4,050	6,300	9,000
4d Fifth Ave Sed	380	1,140	1,900	4,280	6,650	9,500
1992 Imperial, V-6						
4d Sed	420	1,260	2,100	4,730	7,350	10,500
1993 LeBaron, 4-cyl.						
4d Sed	224	672	1,120	2,520	3,920	5,600
2d Cpe	200	650	1,100	2,480	3,850	5,500
2d LE Conv	364	1,092	1,820	4,100	6,370	9,100
1993 LeBaron, V-6						
4d LE Sed	228	684	1,140	2,570	3,990	5,700
4d Landau Sed	232	696	1,160	2,610	4,060	5,800
2d Cpe	232	696	1,160	2,610	4,060	5,800
2d LX Cpe	236	708	1,180	2,660	4,130	5,900
2d Conv	376	1,128	1,880	4,230	6,580	9,400
2d LX Conv	384	1,152	1,920	4,320	6,720	9,600
1993 Concorde, V-6						
4d Sed	260	780	1,300	2,930	4,550	6,500
1993 New Yorker, V-6						
4d Salom Sed	364	1,092	1,820	4,100	6,370	9,100
4d Fifth Ave Sed	380	1,140	1,900	4,280	6,650	9,500
1993 Imperial, V-6						
4d Sed	424	1,272	2,120	4,770	7,420	10,600
1994 LeBaron						
4d LE Sed, 4-cyl.	240	720	1,200	2,700	4,200	6,000
4d LE Sed, V-6	260	780	1,300	2,930	4,550	6,500
4d Landau Sed, V-6	280	840	1,400	3,150	4,900	7,000
2d GTC Conv, V-6	288	864	1,440	3,240	5,040	7,200
1994 Concorde, V-6						
4d Sed	300	900	1,500	3,380	5,250	7,500
1994 New Yorker, V-6						
4d Sed	320	960	1,600	3,600	5,600	8,000

	6	5	4	3	2	1
1994 LHS, V-6						
4d Sed	360	1,080	1,800	4,050	6,300	9,000
1995 LeBaron, V-6						
2d GTC Conv	300	850	1,450	3,240	5,050	7,200
1995 Cirrus, V-6						
4d LX Sed	250	750	1,200	2,750	4,250	6,100
4d LXi Sed	250	750	1,300	2,880	4,500	6,400
1995 Sebring, 4-cyl. & V-6						
2d LX Cpe	300	850	1,400	3,150	4,900	7,000
2d LXi Cpe (V-6 only)	320	960	1,600	3,600	5,600	8,000
1995 Concorde, V-6						
4d Sed	300	900	1,500	3,380	5,250	7,500
1995 New Yorker, V-6						
4d Sed	300	950	1,600	3,600	5,600	8,000
1995 LHS, V-6						
4d Sed	350	1,100	1,800	4,050	6,300	9,000
1996 Cirrus, 4-cyl. & V-6						
4d LX Sed	250	750	1,200	2,750	4,250	6,100
4d LXi Sed (V-6 only)	260	770	1,280	2,880	4,480	6,400
1996 Sebring, 4-cyl. & V-6						
2d LX Cpe	300	850	1,400	3,150	4,900	7,000
2d LXi Cpe (V-6 only)	320	960	1,600	3,600	5,600	8,000
2d JX Conv	350	1,000	1,700	3,830	5,950	8,500
2d JXi Conv (V-6 only)	360	1,080	1,800	4,050	6,300	9,000
1996 Concorde, V-6						
4d LX Sed	300	900	1,500	3,380	5,250	7,500
4d LXi Sed	300	950	1,600	3,600	5,600	8,000
1996 New Yorker, V-6						
4d Sed	300	950	1,600	3,600	5,600	8,000
1996 LHS, V-6						
4d Sed	350	1,100	1,800	4,050	6,300	9,000
1997 Cirrus, 4-cyl. & V-6						
4d LX Sed	244	732	1,220	2,750	4,270	6,100
4d LXi Sed	256	768	1,280	2,880	4,480	6,400
1997 Sebring, 4-cyl. & V-6						
2d LX Cpe	280	840	1,400	3,150	4,900	7,000
2d LXi Cpe (V-6 only)	320	960	1,600	3,600	5,600	8,000
2d JX Conv	340	1,020	1,700	3,830	5,950	8,500
2d JXi Conv	360	1,080	1,800	4,050	6,300	9,000
1997 Concorde, V-6						
4d LX Sed	300	900	1,500	3,380	5,250	7,500
4d LXi Sed	320	960	1,600	3,600	5,600	8,000
1997 LHS, V-6						
4d Sed	360	1,080	1,800	4,050	6,300	9,000
1998 Cirrus, V-6						
4d LXi Sed	260	770	1,280	2,880	4,480	6,400
1998 Sebring, 4-cyl. & V-6						
2d LX Cpe	280	840	1,400	3,150	4,900	7,000
2d LXi Cpe (V-6 only)	320	960	1,600	3,600	5,600	8,000
2d JX Conv	340	1,020	1,700	3,830	5,950	8,500
2d JXi Conv	360	1,080	1,800	4,050	6,300	9,000
2d Limited Conv (V-6 only)	380	1,140	1,900	4,280	6,650	9,500
1998 Concorde, V-6						
4d LX Sed	300	900	1,500	3,380	5,250	7,500
4d LXi Sed	320	960	1,600	3,600	5,600	8,000
1998						

NOTE: The LHS was not offered in 1998. The 1999 LHS debuted in mid-year 1998.

	6	5	4	3	2	1
1999 Cirrus, V-6						
4d LXi Sed	260	770	1,280	2,880	4,480	6,400
1999 Sebring, 4-cyl. & V-6						
2d LX Cpe	280	840	1,400	3,150	4,900	7,000
2d LXi Cpe (V-6 only)	320	960	1,600	3,600	5,600	8,000
2d JX Conv	340	1,020	1,700	3,830	5,950	8,500
2d JXi Conv	360	1,080	1,800	4,050	6,300	9,000
2d Limited Conv (V-6 only)	380	1,140	1,900	4,280	6,650	9,500
1999 Concorde, V-6						
4d LX Sed	300	900	1,500	3,380	5,250	7,500
4d LXi Sed	320	960	1,600	3,600	5,600	8,000
1999 LHS, V-6						
4d Sed	340	1,020	1,700	3,830	5,950	8,500
1999 300M, V-6						
4d Sed	350	1,040	1,740	3,920	6,090	8,700
2000 Cirrus, V-6						
4d LX Sed (4-cyl.)	210	620	1,040	2,340	3,640	5,200
4d LXi Sed	260	770	1,280	2,880	4,480	6,400
2000 Sebring, V-6						
2d LX Cpe	290	860	1,440	3,240	5,040	7,200
2d LXi Cpe	330	980	1,640	3,690	5,740	8,200
2d JX Conv	350	1,040	1,740	3,920	6,090	8,700

	6	5	4	3	2	1
2d JXi Conv. 370		1,100	1,840	4,140	6,440	9,200
2d Limited Conv 390		1,160	1,940	4,370	6,790	9,700
2000 Concorde, V-6						
4d LX Sed 300		900	1,500	3,380	5,250	7,500
4d LXi Sed 320		960	1,600	3,600	5,600	8,000
2000 LHS, V-6						
4d Sed 340		1,020	1,700	3,830	5,950	8,500
2000 300M, V-6						
4d Sed 350		1,040	1,740	3,920	6,090	8,700
2001 PT Cruiser, 4-cyl.						
4d Sed 280		830	1,380	3,450	4,830	6,900
4d Touring Sed 280		850	1,420	3,550	4,970	7,100
4d Limited Sed 320		960	1,600	4,000	5,600	8,000
2001 Sebring, 4-cyl. & V-6						
2d LX Cpe 290		880	1,460	3,650	5,110	7,300
4d LX Sed 290		860	1,440	3,240	5,040	7,200
2d LXi Cpe (V-6 only) 330		1,000	1,660	4,150	5,810	8,300
4d LXi Sed (V-6 only) 330		980	1,640	4,100	5,740	8,200
2d LX Conv (V-6 only) 350		1,040	1,740	4,350	6,090	8,700
2d LXi Conv (V-6 only) 370		1,100	1,840	4,600	6,440	9,200
2d Limited Conv (V-6 only) 390		1,160	1,940	4,850	6,790	9,700
2001 Concorde, V-6						
4d LX Sed 310		920	1,540	3,850	5,390	7,700
4d LXi Sed 330		980	1,640	4,100	5,740	8,200
2001 LHS, V-6						
4d Sed 340		1,030	1,720	4,300	6,020	8,600
NOTE: Add 5 percent for Luxury Group pkg.						
2001 300M, V-6						
4d Sed 350		1,060	1,760	4,400	6,160	8,800
2001 Prowler, V-6						
2d Rds 1,800		5,400	9,000	22,500	31,500	45,000

NOTE: With the demise of Plymouth during the 2001 model year, Prowler became a product of Chrysler.

EAGLE

1988 Medallion, 4-cyl.						
4d Sed 128		384	640	1,440	2,240	3,200
4d Sta Wag 136		408	680	1,530	2,380	3,400
4d LX Sed 140		420	700	1,580	2,450	3,500
1988 Premier, V-6						
4d LX Sed 160		480	800	1,800	2,800	4,000
4d ES Sed 180		540	900	2,030	3,150	4,500
1988 Eagle, 6-cyl.						
4d Ltd Sta Wag 260		780	1,300	2,930	4,550	6,500
1989 Jeep Summit, 4-cyl.						
4d DL Sed 160		480	800	1,800	2,800	4,000
4d LX Sed 180		540	900	2,030	3,150	4,500
4d LX Sed DOHC 188		564	940	2,120	3,290	4,700
1989 Medallion, 4-cyl.						
4d DL Sed 144		432	720	1,620	2,520	3,600
4d DL Sta Wag 148		444	740	1,670	2,590	3,700
4d LX Sed 152		456	760	1,710	2,660	3,800
4d LX Sta Wag 156		468	780	1,760	2,730	3,900
1989 Premier, V-6						
4d LX Sed, 4-cyl. 156		468	780	1,760	2,730	3,900
4d LX Sed 172		516	860	1,940	3,010	4,300
4d ES Sed 176		528	880	1,980	3,080	4,400
4d ES Sed Ltd 200		600	1,000	2,250	3,500	5,000
1990 Jeep Summit, 4-cyl.						
4d Sed 160		480	800	1,800	2,800	4,000
4d DL Sed 168		504	840	1,890	2,940	4,200
4d LX Sed 180		540	900	2,030	3,150	4,500
4d ES Sed 188		564	940	2,120	3,290	4,700
1990 Talon, 4-cyl.						
2d Cpe 300		900	1,500	3,380	5,250	7,500
2d Cpe Turbo 340		1,020	1,700	3,830	5,950	8,500
2d Cpe Turbo 4x4 540		1,620	2,700	6,080	9,450	13,500
1990 Premier, V-6						
4d LX Sed 180		540	900	2,030	3,150	4,500
4d ES Sed 200		600	1,000	2,250	3,500	5,000
4d ES Sed Ltd 220		660	1,100	2,480	3,850	5,500
1991 Summit, 4-cyl.						
2d HBk 160		480	800	1,800	2,800	4,000
2d ES HBk 164		492	820	1,850	2,870	4,100
4d Sed 164		492	820	1,850	2,870	4,100
4d ES Sed 168		504	840	1,890	2,940	4,200
1991 Talon, 4-cyl.						
2d Cpe 240		720	1,200	2,700	4,200	6,000

	6	5	4	3	2	1
2d Cpe TSi Turbo	280	840	1,400	3,150	4,900	7,000
2d Cpe TSi Turbo 4x4	320	960	1,600	3,600	5,600	8,000
1991 Premier, V-6						
4d LX Sed	164	492	820	1,850	2,870	4,100
4d ES Sed	188	564	940	2,120	3,290	4,700
4d ES Sed Ltd	200	600	1,000	2,250	3,500	5,000
1992 Summit, 4-cyl.						
2d HBk	172	516	860	1,940	3,010	4,300
2d ES HBk	176	528	880	1,980	3,080	4,400
4d Sed	168	504	840	1,890	2,940	4,200
4d ES Sed	172	516	860	1,940	3,010	4,300
4d DL Sta Wag	172	516	860	1,940	3,010	4,300
4d LX Sta Wag	176	528	880	1,980	3,080	4,400
4d Sta Wag 4x4	200	600	1,000	2,250	3,500	5,000
1992 Talon, 4-cyl.						
2d Liftback	220	660	1,100	2,480	3,850	5,500
2d Liftback TSi Turbo	260	780	1,300	2,930	4,550	6,500
2d Liftback TSi Turbo 4x4	300	900	1,500	3,380	5,250	7,500
1992 Premier, V-6						
4d LX Sed	220	660	1,100	2,480	3,850	5,500
4d ES Sed	228	684	1,140	2,570	3,990	5,700
4d ES Ltd Sed	240	720	1,200	2,700	4,200	6,000
1993 Summit, 4-cyl.						
2d DL Cpe	172	516	860	1,940	3,010	4,300
2d ES Cpe	176	528	880	1,980	3,080	4,400
4d DL Sed	176	528	880	1,980	3,080	4,400
4d ES Sed	180	540	900	2,030	3,150	4,500
2d DL Sta Wag	184	552	920	2,070	3,220	4,600
2d LX Sta Wag	188	564	940	2,120	3,290	4,700
2d Sta Wag 4x4	228	684	1,140	2,570	3,990	5,700
1993 Talon, 4-cyl.						
2d DL HBk	184	552	920	2,070	3,220	4,600
2d ES HBk	188	564	940	2,120	3,290	4,700
2d Turbo	240	720	1,200	2,700	4,200	6,000
2d Turbo 4x4	280	840	1,400	3,150	4,900	7,000
1993 Vision, V-6						
4d ESi Sed	188	564	940	2,120	3,290	4,700
4d TSi Sed	192	576	960	2,160	3,360	4,800
1994 Summit, 4-cyl.						
2d DL Cpe	172	516	860	1,940	3,010	4,300
2d ES Cpe	200	600	1,000	2,250	3,500	5,000
4d ES Sed	220	660	1,100	2,480	3,850	5,500
4d LX Sed	208	624	1,040	2,340	3,640	5,200
2d DL Sta Wag	280	840	1,400	3,150	4,900	7,000
2d LX Sta Wag	300	900	1,500	3,380	5,250	7,500
2d Sta Wag 4x4	320	960	1,600	3,600	5,600	8,000
1994 Talon, 4-cyl.						
2d DL HBk	240	720	1,200	2,700	4,200	6,000
2d ES HBk	260	780	1,300	2,930	4,550	6,500
2d HBk TSi Turbo	280	840	1,400	3,150	4,900	7,000
2d HBk TSi Turbo 4x4	340	1,020	1,700	3,830	5,950	8,500
1994 Vision, V-6						
4d ESi Sed	300	900	1,500	3,380	5,250	7,500
4d TSi Sed	340	1,020	1,700	3,830	5,950	8,500
1995 Summit, 4-cyl.						
2d DL Cpe	172	516	860	1,940	3,010	4,300
2d ESi Cpe	220	660	1,100	2,480	3,850	5,500
4d ESi Sed	240	720	1,200	2,700	4,200	6,000
4d LX Sed	208	624	1,040	2,340	3,640	5,200
2d DL Sta Wag	280	840	1,400	3,150	4,900	7,000
2d LX Sta Wag	300	900	1,500	3,380	5,250	7,500
2d Sta Wag 4x4	320	960	1,600	3,600	5,600	8,000
1995 Talon, 4-cyl.						
2d ESi HBk	260	780	1,300	2,930	4,550	6,500
2d TSi HBk Turbo	300	900	1,500	3,380	5,250	7,500
2d TSi HBk Turbo 4x4	380	1,140	1,900	4,280	6,650	9,500
1995 Vision, V-6						
4d ESi Sed	300	900	1,500	3,380	5,250	7,500
4d TSi Sed	340	1,020	1,700	3,830	5,950	8,500
1996 Summit, 4-cyl.						
2d DL Cpe	160	480	800	1,800	2,800	4,000
2d DL Sta Wag	200	600	1,000	2,250	3,500	5,000
2d ESi Cpe	172	516	860	1,940	3,010	4,300
4d ESi Sed	180	540	900	2,030	3,150	4,500
4d LX Sed	168	504	840	1,890	2,940	4,200
2d LX Sta Wag	212	636	1,060	2,390	3,710	5,300
2d Sta Wag 4x4	220	660	1,100	2,480	3,850	5,500
1996 Talon, 4-cyl.						
2d HBk	240	720	1,200	2,700	4,200	6,000

EAGLE

	6	5	4	3	2	1
2d ESi HBk	260	780	1,300	2,930	4,550	6,500
2d TSi Turbo HBk	300	900	1,500	3,380	5,250	7,500
2d TSi Turbo HBx 4x4	320	960	1,600	3,600	5,600	8,000
1996 Vision, V-6						
4d ESi Sed	240	720	1,200	2,700	4,200	6,000
4d TSi Sed	260	780	1,300	2,930	4,550	6,500
1997 Talon, 4-cyl.						
2d HBk	220	660	1,100	2,480	3,850	5,500
2d ESi HBk	240	720	1,200	2,700	4,200	6,000
2d TSi Turbo HBk	280	840	1,400	3,150	4,900	7,000
2d TSi Turbo HBk AWD	300	900	1,500	3,380	5,250	7,500
1997 Vision, V-6						
4d ESi Sed	220	660	1,100	2,480	3,850	5,500
4d TSi Sed	240	720	1,200	2,700	4,200	6,000
1998 Talon, 4-cyl.						
2d HBk	220	660	1,100	2,480	3,850	5,500
2d ESi HBk	240	720	1,200	2,700	4,200	6,000
2d TSi Turbo HBk	280	840	1,400	3,150	4,900	7,000
2d TSi Turbo HBk AWD	300	900	1,500	3,380	5,250	7,500

NOTE: Eagle production ended at the conclusion of the 1998 model year.

IMPERIAL

	6	5	4	3	2	1
1955 Imperial, V-8						
4d Sed	840	2,520	4,200	9,450	14,700	21,000
2d HT Newport	1,240	3,720	6,200	13,950	21,700	31,000
1955 Crown Imperial, V-8						
4d 8P Sed	1,000	3,000	5,000	11,250	17,500	25,000
4d 8P Limo	1,160	3,480	5,800	13,050	20,300	29,000
1956 Imperial, V-8						
4d Sed	840	2,520	4,200	9,450	14,700	21,000
4d HT S Hamp	960	2,880	4,800	10,800	16,800	24,000
2d HT S Hamp	1,240	3,720	6,200	13,950	21,700	31,000
1956 Crown Imperial, V-8						
4d 8P Sed	1,040	3,120	5,200	11,700	18,200	26,000
4d 8P Limo	1,120	3,360	5,600	12,600	19,600	28,000
1957 Imperial Custom, V-8						
2d HT S Hamp	1,160	3,480	5,800	13,050	20,300	29,000
4d HT S Hamp	1,040	3,120	5,200	11,700	18,200	26,000
4d Sed	960	2,880	4,800	10,800	16,800	24,000
1957 Imperial Crown, V-8						
2d Conv	2,400	7,200	12,000	27,000	42,000	60,000
2d HT S Hamp	1,200	3,600	6,000	13,500	21,000	30,000
4d HT S Hamp	1,080	3,240	5,400	12,150	18,900	27,000
4d Sed	1,000	3,000	5,000	11,250	17,500	25,000
1957 Imperial LeBaron, V-8						
4d Sed	1,040	3,120	5,200	11,700	18,200	26,000
4d HT S Hamp	1,120	3,360	5,600	12,600	19,600	28,000
1957 Crown Imperial Ghia, V-8						
4d 8P Limo	1,280	3,840	6,400	14,400	22,400	32,000
1958 Imperial Custom, V-8						
2d HT S Hamp	1,120	3,360	5,600	12,600	19,600	28,000
4d HT S Hamp	1,000	3,000	5,000	11,250	17,500	25,000
4d Sed	960	2,880	4,800	10,800	16,800	24,000
1958 Imperial Crown, V-8						
2d Conv	2,440	7,320	12,200	27,450	42,700	61,000
2d HT S Hamp	1,200	3,600	6,000	13,500	21,000	30,000
4d HT S Hamp	1,040	3,120	5,200	11,700	18,200	26,000
4d Sed	1,000	3,000	5,000	11,250	17,500	25,000
1958 Imperial LeBaron, V-8						
4d Sed	1,040	3,120	5,200	11,700	18,200	26,000
4d HT S Hamp	1,120	3,360	5,600	12,600	19,600	28,000
1958 Crown Imperial Ghia, V-8						
4d Limo	1,280	3,840	6,400	14,400	22,400	32,000
1959 Imperial Custom, V-8						
4d Sed	800	2,400	4,000	9,000	14,000	20,000
4d HT S Hamp	920	2,760	4,600	10,350	16,100	23,000
2d HT S Hamp	1,120	3,360	5,600	12,600	19,600	28,000
1959 Imperial Crown, V-8						
2d Conv	2,480	7,440	12,400	27,900	43,400	62,000
2d HT S Hamp	1,200	3,600	6,000	13,500	21,000	30,000
4d Sed	840	2,520	4,200	9,450	14,700	21,000
4d HT S Hamp	960	2,880	4,800	10,800	16,800	24,000
1959 Imperial LeBaron, V-8						
4d Sed	880	2,640	4,400	9,900	15,400	22,000
4d HT S Hamp	1,000	3,000	5,000	11,250	17,500	25,000
1959 Crown Imperial Ghia, V-8						
4d Limo	1,280	3,840	6,400	14,400	22,400	32,000

IMPERIAL

	6	5	4	3	2	1
1960 Imperial Custom, V-8						
2d HT S Hamp	840	2,520	4,200	9,450	14,700	21,000
4d HT S Hamp	760	2,280	3,800	8,550	13,300	19,000
4d Sed	680	2,040	3,400	7,650	11,900	17,000
1960 Imperial Crown, V-8						
2d Conv	2,160	6,480	10,800	24,300	37,800	54,000
2d HT S Hamp	1,120	3,360	5,600	12,600	19,600	28,000
4d HT S Hamp	920	2,760	4,600	10,350	16,100	23,000
4d Sed	800	2,400	4,000	9,000	14,000	20,000
1960 Imperial LeBaron, V-8						
4d Sed	820	2,460	4,100	9,230	14,350	20,500
4d HT S Hamp	940	2,820	4,700	10,580	16,450	23,500
1960 Crown Imperial Ghia, V-8						
4d Limo	1,280	3,840	6,400	14,400	22,400	32,000
1961 Imperial Custom, V-8						
2d HT S Hamp	740	2,220	3,700	8,330	12,950	18,500
4d HT S Hamp	680	2,040	3,400	7,650	11,900	17,000
1961 Imperial Crown, V-8						
2d Conv	2,080	6,240	10,400	23,400	36,400	52,000
2d HT S Hamp	760	2,280	3,800	8,550	13,300	19,000
4d HT S Hamp	700	2,100	3,500	7,880	12,250	17,500
1961 Imperial LeBaron, V-8						
4d HT S Hamp	720	2,160	3,600	8,100	12,600	18,000
1961 Crown Imperial Ghia, V-8						
4d Limo	1,200	3,600	6,000	13,500	21,000	30,000
1962 Imperial Custom, V-8						
2d HT S Hamp	760	2,280	3,800	8,550	13,300	19,000
4d HT S Hamp	680	2,040	3,400	7,650	11,900	17,000
1962 Imperial Crown, V-8						
2d Conv	2,000	6,000	10,000	22,500	35,000	50,000
2d HT S Hamp	720	2,160	3,600	8,100	12,600	18,000
4d HT S Hamp	700	2,100	3,500	7,880	12,250	17,500
1962 Imperial LeBaron, V-8						
4d HT S Hamp	720	2,160	3,600	8,100	12,600	18,000
1963 Imperial Custom, V-8						
2d HT S Hamp	740	2,220	3,700	8,330	12,950	18,500
4d HT S Hamp	680	2,040	3,400	7,650	11,900	17,000
1963 Imperial Crown, V-8						
2d Conv	1,920	5,760	9,600	21,600	33,600	48,000
2d HT S Hamp	740	2,220	3,700	8,330	12,950	18,500
4d HT S Hamp	680	2,040	3,400	7,650	11,900	17,000
1963 Imperial LeBaron, V-8						
4d HT S Hamp	720	2,160	3,600	8,100	12,600	18,000
1963 Crown Imperial Ghia, V-8						
4d 8P Sed	840	2,520	4,200	9,450	14,700	21,000
4d 8P Limo	1,040	3,120	5,200	11,700	18,200	26,000
1964 Imperial Crown, V-8						
2d Conv	1,160	3,480	5,800	13,050	20,300	29,000
2d HT	760	2,280	3,800	8,550	13,300	19,000
4d HT	700	2,100	3,500	7,880	12,250	17,500
1964 Imperial LeBaron, V-8						
4d HT	780	2,340	3,900	8,780	13,650	19,500
1964 Crown Imperial Ghia, V-8						
4d Limo	1,020	3,060	5,100	11,480	17,850	25,500
1965 Imperial Crown, V-8						
2d Conv	1,120	3,360	5,600	12,600	19,600	28,000
2d HT	760	2,280	3,800	8,550	13,300	19,000
4d HT	720	2,160	3,600	8,100	12,600	18,000
1965 Imperial LeBaron, V-8						
4d HT	780	2,340	3,900	8,780	13,650	19,500
1965 Crown Imperial Ghia, V-8						
4d Limo	1,040	3,120	5,200	11,700	18,200	26,000
1966 Imperial Crown, V-8						
2d Conv	1,120	3,360	5,600	12,600	19,600	28,000
2d HT	800	2,400	4,000	9,000	14,000	20,000
4d HT	760	2,280	3,800	8,550	13,300	19,000
1966 Imperial LeBaron, V-8						
4d HT	840	2,520	4,200	9,450	14,700	21,000
1967 Imperial, V-8						
2d Conv	1,120	3,360	5,600	12,600	19,600	28,000
4d Sed	780	2,340	3,900	8,780	13,650	19,500
1967 Imperial Crown, V-8						
4d HT	800	2,400	4,000	9,000	14,000	20,000
2d HT	900	2,700	4,500	10,130	15,750	22,500
1967 Imperial LeBaron, V-8						
4d HT	820	2,460	4,100	9,230	14,350	20,500
1968 Imperial Crown, V-8						
2d Conv	1,120	3,360	5,600	12,600	19,600	28,000
2d HT	900	2,700	4,500	10,130	15,750	22,500

IMPERIAL

	6	5	4	3	2	1
4d HT	800	2,400	4,000	9,000	14,000	20,000
4d Sed	740	2,220	3,700	8,330	12,950	18,500
1968 Imperial LeBaron, V-8						
4d HT	860	2,580	4,300	9,680	15,050	21,500
1969 Imperial Crown, V-8						
2d HT	600	1,800	3,000	6,750	10,500	15,000
4d HT	460	1,380	2,300	5,180	8,050	11,500
4d Sed	440	1,320	2,200	4,950	7,700	11,000
1969 Imperial LeBaron, V-8						
2d HT	620	1,860	3,100	6,980	10,850	15,500
4d HT	460	1,380	2,300	5,180	8,050	11,500
1970 Imperial Crown, V-8						
2d HT	640	1,920	3,200	7,200	11,200	16,000
4d HT	500	1,500	2,500	5,630	8,750	12,500
1970 Imperial LeBaron, V-8						
2d HT	660	1,980	3,300	7,430	11,550	16,500
4d HT	600	1,800	3,000	6,750	10,500	15,000
1971 Imperial LeBaron, V-8						
2d HT	480	1,440	2,400	5,400	8,400	12,000
4d HT	320	960	1,600	3,600	5,600	8,000
1972 Imperial LeBaron, V-8						
2d HT	380	1,140	1,900	4,280	6,650	9,500
4d HT	320	960	1,600	3,600	5,600	8,000
1973 Imperial LeBaron, V-8						
2d HT	308	924	1,540	3,470	5,390	7,700
4d HT	248	744	1,240	2,790	4,340	6,200
1974 Imperial LeBaron, V-8						
2d HT	276	828	1,380	3,110	4,830	6,900
4d HT	232	696	1,160	2,610	4,060	5,800
1975 Imperial LeBaron, V-8						
2d HT	264	792	1,320	2,970	4,620	6,600
4d HT	220	660	1,100	2,480	3,850	5,500

NOTE: Add 20 percent for Crown Coupe package (Orig. price $569.).

CORD

1930 Series L-29, 8-cyl., 137.5" wb						
4d 5P Sed	3,760	11,280	18,800	42,300	65,800	94,000
4d 5P Brgm	3,920	11,760	19,600	44,100	68,600	98,000
2d 4P Conv 2-4 Pas	8,300	24,900	41,500	93,380	145,250	207,500
4d Conv Sed	8,600	25,800	43,000	96,750	150,500	215,000
1931 Series L-29, 8-cyl., 137.5" wb						
4d 5P Sed	3,760	11,280	18,800	42,300	65,800	94,000
4d 5P Brgm	3,920	11,760	19,600	44,100	68,600	98,000
2d 2-4P Cabr	8,300	24,900	41,500	93,380	145,250	207,500
4d Conv Sed	8,600	25,800	43,000	96,750	150,500	215,000
1932 Series L-29, 8-cyl., 137.5" wb						
4d 5P Sed	3,760	11,280	18,800	42,300	65,800	94,000
4d 5P Brgm	3,920	11,760	19,600	44,100	68,600	98,000
2d 2-4P Conv	8,300	24,900	41,500	93,380	145,250	207,500
4d Conv Sed	8,600	25,800	43,000	96,750	150,500	215,000
1936 Model 810, 8-cyl., 125" wb						
4d West Sed	2,600	7,800	13,000	29,250	45,500	65,000
4d Bev Sed	2,620	7,860	13,100	29,480	45,850	65,500
2d Sportsman	7,500	22,500	37,500	84,380	131,250	187,500
2d Phae	6,920	20,760	34,600	77,850	121,100	173,000
1937 Model 812, 8-cyl., 125" wb						
4d West Sed	2,600	7,800	13,000	29,250	45,500	65,000
4d Bev Sed	2,620	7,860	13,100	29,480	45,850	65,500
2d Sportsman	7,000	21,000	35,000	78,750	122,500	175,000
2d Phae	6,620	19,860	33,100	74,480	115,850	165,500
1937 Model 812, 8-cyl., 132" wb						
4d Cus Bev	3,000	9,000	15,000	33,750	52,500	75,000
4d Cus Berline	3,100	9,300	15,500	34,880	54,250	77,500

NOTE: Add 40 percent for S/C Models.

CROSLEY

1939 2-cyl., 80" wb						
Conv	290	860	1,440	3,240	5,040	7,200
1940 2-cyl., 80" wb						
Conv	290	860	1,440	3,240	5,040	7,200
Sed	240	710	1,180	2,660	4,130	5,900
Sta Wag	250	760	1,260	2,840	4,410	6,300
1941 2-cyl., 80" wb						
Conv	290	860	1,440	3,240	5,040	7,200
Sed	240	710	1,180	2,660	4,130	5,900
Sta Wag	250	760	1,260	2,840	4,410	6,300

CORD

	6	5	4	3	2	1
1942 4-cyl., 80" wb						
Conv.	290	860	1,440	3,240	5,040	7,200
Sed.	240	710	1,180	2,660	4,130	5,900
Sta Wag.	250	740	1,240	2,790	4,340	6,200
1946-47-48 4-cyl., 80" wb						
Conv.	400	1,200	2,000	4,500	7,000	10,000
Sed.	280	840	1,400	3,150	4,900	7,000
Sta Wag.	290	880	1,460	3,290	5,110	7,300
1949 4-cyl., 80" wb						
Conv.	420	1,260	2,100	4,730	7,350	10,500
Sed.	280	840	1,400	3,150	4,900	7,000
Sta Wag.	290	880	1,460	3,290	5,110	7,300
1950 Standard, 4-cyl., 80" wb						
Conv.	420	1,260	2,100	4,730	7,350	10,500
Sed.	280	840	1,400	3,150	4,900	7,000
Sta Wag.	290	880	1,460	3,290	5,110	7,300
1950 Super, 4-cyl., 80" wb						
Conv.	420	1,270	2,120	4,770	7,420	10,600
Sed.	280	850	1,420	3,200	4,970	7,100
Sta Wag.	300	890	1,480	3,330	5,180	7,400
1950 Hot Shot, 4-cyl., 85" wb						
Rds.	460	1,380	2,300	5,180	8,050	11,500
1951 Standard, 4-cyl., 80" wb						
Cpe.	280	840	1,400	3,150	4,900	7,000
Sta Wag.	290	880	1,460	3,290	5,110	7,300
1951 Super, 4-cyl., 80" wb						
Conv.	420	1,260	2,100	4,730	7,350	10,500
Sed.	290	860	1,440	3,240	5,040	7,200
Sta Wag.	300	890	1,480	3,330	5,180	7,400
1951 Hot Shot, 4-cyl., 85" wb						
Rds.	460	1,380	2,300	5,180	8,050	11,500
1952 Standard, 4-cyl., 80" wb						
Cpe.	280	840	1,400	3,150	4,900	7,000
Sta Wag.	290	880	1,460	3,290	5,110	7,300
1952 Super, 4-cyl., 80" wb						
Conv.	420	1,270	2,120	4,770	7,420	10,600
Sed.	280	850	1,420	3,200	4,970	7,100
Sta Wag.	290	880	1,460	3,290	5,110	7,300
1952 Hot Shot, 4-cyl., 85" wb						
Rds.	460	1,380	2,300	5,180	8,050	11,500

DESOTO

	6	5	4	3	2	1
1929 Model K, 6-cyl.						
2d Rds.	1,200	3,600	6,000	13,500	21,000	30,000
4d Phae.	1,240	3,720	6,200	13,950	21,700	31,000
2d Bus Cpe.	620	1,860	3,100	6,980	10,850	15,500
2d DeL Cpe.	600	1,800	3,000	6,750	10,500	15,000
2d Sed.	504	1,512	2,520	5,670	8,820	12,600
4d Sed.	508	1,524	2,540	5,720	8,890	12,700
4d DeL Sed.	520	1,560	2,600	5,850	9,100	13,000
1930 Model CK, 6-cyl.						
2d Rds.	1,160	3,480	5,800	13,050	20,300	29,000
4d Phae.	1,200	3,600	6,000	13,500	21,000	30,000
2d Bus Cpe.	600	1,800	3,000	6,750	10,500	15,000
2d DeL Cpe.	620	1,860	3,100	6,980	10,850	15,500
2d Sed.	480	1,440	2,400	5,400	8,400	12,000
4d Sed.	500	1,500	2,500	5,630	8,750	12,500
1930 Model CF, 8-cyl.						
2d Rds.	1,200	3,600	6,000	13,500	21,000	30,000
4d Phae.	1,240	3,720	6,200	13,950	21,700	31,000
2d Bus Cpe.	620	1,860	3,100	6,980	10,850	15,500
2d DeL Cpe.	640	1,920	3,200	7,200	11,200	16,000
4d Sed.	540	1,620	2,700	6,080	9,450	13,500
4d DeL Sed.	560	1,680	2,800	6,300	9,800	14,000
2d Conv.	1,160	3,480	5,800	13,050	20,300	29,000
1931 Model SA, 6-cyl.						
2d Rds.	1,200	3,600	6,000	13,500	21,000	30,000
4d Phae.	1,240	3,720	6,200	13,950	21,700	31,000
2d Cpe.	600	1,800	3,000	6,750	10,500	15,000
2d DeL Cpe.	660	1,980	3,300	7,430	11,550	16,500
2d Sed.	520	1,560	2,600	5,850	9,100	13,000
4d Sed.	528	1,584	2,640	5,940	9,240	13,200
4d Sed.	540	1,620	2,700	6,080	9,450	13,500
2d Conv.	1,160	3,480	5,800	13,050	20,300	29,000
1931 Model CF, 8-cyl.						
2d Rds.	1,240	3,720	6,200	13,950	21,700	31,000
2d Bus Cpe.	680	2,040	3,400	7,650	11,900	17,000

	6	5	4	3	2	1
2d DeL Cpe.	700	2,100	3,500	7,880	12,250	17,500
4d Sed.	552	1,656	2,760	6,210	9,660	13,800
4d DeL Sed.	560	1,680	2,800	6,300	9,800	14,000
2d Conv.	1,200	3,600	6,000	13,500	21,000	30,000
1932 SA, 6-cyl., 109" wb						
4d Phae.	1,280	3,840	6,400	14,400	22,400	32,000
2d Rds.	1,240	3,720	6,200	13,950	21,700	31,000
2d Cpe.	700	2,100	3,500	7,880	12,250	17,500
2d DeL Cpe.	720	2,160	3,600	8,100	12,600	18,000
2d Conv.	1,200	3,600	6,000	13,500	21,000	30,000
2d Sed.	520	1,560	2,600	5,850	9,100	13,000
4d Sed.	528	1,584	2,640	5,940	9,240	13,200
4d DeL Sed.	540	1,620	2,700	6,080	9,450	13,500
1932 SC, 6-cyl., 112" wb						
2d Conv Sed.	1,200	3,600	6,000	13,500	21,000	30,000
2d Rds.	1,240	3,720	6,200	13,950	21,700	31,000
4d Phae.	1,280	3,840	6,400	14,400	22,400	32,000
2d Conv.	1,160	3,480	5,800	13,050	20,300	29,000
2d Bus Cpe.	680	2,040	3,400	7,650	11,900	17,000
2d RS Cpe.	700	2,100	3,500	7,880	12,250	17,500
4d Sed.	560	1,680	2,800	6,300	9,800	14,000
4d DeL Sed.	580	1,740	2,900	6,530	10,150	14,500
1932 CF, 8-cyl., 114" wb						
2d Rds.	1,280	3,840	6,400	14,400	22,400	32,000
2d Bus Cpe.	700	2,100	3,500	7,880	12,250	17,500
2d DeL Cpe.	720	2,160	3,600	8,100	12,600	18,000
4d Brgm.	560	1,680	2,800	6,300	9,800	14,000
4d Sed.	580	1,740	2,900	6,530	10,150	14,500
4d DeL Sed.	600	1,800	3,000	6,750	10,500	15,000
1933 SD, 6-cyl.						
2d Conv.	1,120	3,360	5,600	12,600	19,600	28,000
2d Conv Sed.	1,200	3,600	6,000	13,500	21,000	30,000
2d 2P Cpe.	600	1,800	3,000	6,750	10,500	15,000
2d RS Cpe.	620	1,860	3,100	6,980	10,850	15,500
2d DeL Cpe.	620	1,860	3,100	6,980	10,850	15,500
2d Std Brgm.	508	1,524	2,540	5,720	8,890	12,700
4d Cus Brgm.	520	1,560	2,600	5,850	9,100	13,000
4d Sed.	500	1,500	2,500	5,630	8,750	12,500
4d Cus Sed.	512	1,536	2,560	5,760	8,960	12,800
1934 Airflow SE, 6-cyl.						
2d Cpe.	960	2,880	4,800	10,800	16,800	24,000
4d Brgm.	880	2,640	4,400	9,900	15,400	22,000
4d Sed.	720	2,160	3,600	8,100	12,600	18,000
4d Twn Sed.	760	2,280	3,800	8,550	13,300	19,000
1935 Airstream, 6-cyl.						
2d Bus Cpe.	700	2,100	3,500	7,880	12,250	17,500
2d Cpe.	640	1,920	3,200	7,200	11,200	16,000
2d Conv.	1,120	3,360	5,600	12,600	19,600	28,000
2d Sed.	480	1,440	2,400	5,400	8,400	12,000
2d Tr Sed.	484	1,452	2,420	5,450	8,470	12,100
4d Sed.	472	1,416	2,360	5,310	8,260	11,800
4d Tr Sed.	480	1,440	2,400	5,400	8,400	12,000
1935 Airflow, 6-cyl.						
2d Bus Cpe.	840	2,520	4,200	9,450	14,700	21,000
2d Cpe.	920	2,760	4,600	10,350	16,100	23,000
4d Sed.	680	2,040	3,400	7,650	11,900	17,000
4d Twn Sed.	720	2,160	3,600	8,100	12,600	18,000
1936 DeLuxe Airstream S-1, 6-cyl.						
2d Bus Cpe.	620	1,860	3,100	6,980	10,850	15,500
4d Tr Brgm.	512	1,536	2,560	5,760	8,960	12,800
4d Tr Sed.	524	1,572	2,620	5,900	9,170	13,100
1936 Custom Airstream S-1, 6-cyl.						
2d Bus Cpe.	640	1,920	3,200	7,200	11,200	16,000
2d Cpe.	660	1,980	3,300	7,430	11,550	16,500
2d Conv.	1,200	3,600	6,000	13,500	21,000	30,000
4d Tr Brgm.	528	1,584	2,640	5,940	9,240	13,200
4d Tr Sed.	536	1,608	2,680	6,030	9,380	13,400
4d Conv Sed.	1,120	3,360	5,600	12,600	19,600	28,000
4d Trv Sed.	548	1,644	2,740	6,170	9,590	13,700
4d 7P Sed.	552	1,656	2,760	6,210	9,660	13,800
1936 Airflow III S-2, 6-cyl.						
2d Cpe.	880	2,640	4,400	9,900	15,400	22,000
4d Sed.	640	1,920	3,200	7,200	11,200	16,000
1937 S-3, 6-cyl.						
2d Conv.	1,200	3,600	6,000	13,500	21,000	30,000
4d Conv Sed.	1,240	3,720	6,200	13,950	21,700	31,000
2d Bus Cpe.	600	1,800	3,000	6,750	10,500	15,000
2d Cpe.	620	1,860	3,100	6,980	10,850	15,500

DESOTO

	6	5	4	3	2	1
4d Brgm	496	1,488	2,480	5,580	8,680	12,400
4d Tr Brgm	500	1,500	2,500	5,630	8,750	12,500
4d Sed	504	1,512	2,520	5,670	8,820	12,600
4d Tr Sed	508	1,524	2,540	5,720	8,890	12,700
4d 7P Sed	512	1,536	2,560	5,760	8,960	12,800
4d Limo	560	1,680	2,800	6,300	9,800	14,000
1938 S-5, 6-cyl.						
2d Conv	1,200	3,600	6,000	13,500	21,000	30,000
4d Conv Sed	1,240	3,720	6,200	13,950	21,700	31,000
2d Bus Cpe	600	1,800	3,000	6,750	10,500	15,000
2d Cpe	620	1,860	3,100	6,980	10,850	15,500
4d Tr Brgm	512	1,536	2,560	5,760	8,960	12,800
4d Sed	520	1,560	2,600	5,850	9,100	13,000
4d Tr Sed	524	1,572	2,620	5,900	9,170	13,100
4d 7P Sed	544	1,632	2,720	6,120	9,520	13,600
4d Limo	600	1,800	3,000	6,750	10,500	15,000
1939 S-6 DeLuxe, 6-cyl.						
2d Bus Cpe	620	1,860	3,100	6,980	10,850	15,500
2d Cpe	640	1,920	3,200	7,200	11,200	16,000
4d Tr Sed	512	1,536	2,560	5,760	8,960	12,800
4d Tr Sed	520	1,560	2,600	5,850	9,100	13,000
4d Limo	600	1,800	3,000	6,750	10,500	15,000
1939 S-6 Custom, 6-cyl.						
2d Cpe	640	1,920	3,200	7,200	11,200	16,000
2d Cus Cpe	660	1,980	3,300	7,430	11,550	16,500
2d Cus Clb Cpe	680	2,040	3,400	7,650	11,900	17,000
2d Tr Sed	540	1,620	2,700	6,080	9,450	13,500
4d Tr Sed	544	1,632	2,720	6,120	9,520	13,600
4d 7P Sed	548	1,644	2,740	6,170	9,590	13,700
4d Limo	640	1,920	3,200	7,200	11,200	16,000
1940 S-7 DeLuxe, 6-cyl.						
2d Bus Cpe	640	1,920	3,200	7,200	11,200	16,000
2d Cpe	660	1,980	3,300	7,430	11,550	16,500
2d Tr Sed	548	1,644	2,740	6,170	9,590	13,700
4d Tr Sed	560	1,680	2,800	6,300	9,800	14,000
4d 7P Sed	620	1,860	3,100	6,980	10,850	15,500
1940 S-7 Custom, 6-cyl.						
2d Conv	1,120	3,360	5,600	12,600	19,600	28,000
2d 2P Cpe	680	2,040	3,400	7,650	11,900	17,000
2d Clb Cpe	700	2,100	3,500	7,880	12,250	17,500
2d Sed	560	1,680	2,800	6,300	9,800	14,000
4d Sed	520	1,560	2,600	5,850	9,100	13,000
4d 7P Sed	580	1,740	2,900	6,530	10,150	14,500
4d Limo	600	1,800	3,000	6,750	10,500	15,000
1941 S-8 DeLuxe, 6-cyl.						
2d Bus Cpe	640	1,920	3,200	7,200	11,200	16,000
2d Cpe	660	1,980	3,300	7,430	11,550	16,500
2d Sed	560	1,680	2,800	6,300	9,800	14,000
4d Sed	564	1,692	2,820	6,350	9,870	14,100
2d 7P Sed	600	1,800	3,000	6,750	10,500	15,000
1941 S-8 Custom, 6-cyl.						
2d Conv	1,160	3,480	5,800	13,050	20,300	29,000
2d Cpe	660	1,980	3,300	7,430	11,550	16,500
2d Clb Cpe	680	2,040	3,400	7,650	11,900	17,000
2d Brgm	572	1,716	2,860	6,440	10,010	14,300
4d Sed	576	1,728	2,880	6,480	10,080	14,400
4d Twn Sed	580	1,740	2,900	6,530	10,150	14,500
4d 7P Sed	620	1,860	3,100	6,980	10,850	15,500
4d Limo	640	1,920	3,200	7,200	11,200	16,000
1942 S-10 DeLuxe, 6-cyl.						
2d Bus Cpe	650	2,000	3,300	7,430	11,600	16,500
2d Cpe	700	2,050	3,400	7,650	11,900	17,000
2d Sed	600	1,800	3,000	6,800	10,600	15,100
4d Sed	600	1,800	3,050	6,840	10,600	15,200
4d Twn Sed	600	1,850	3,050	6,890	10,700	15,300
4d 7P Sed	650	2,000	3,300	7,470	11,600	16,600
1942 2d S-10 Custom, 6-cyl.						
2d Conv	1,150	3,500	5,800	13,050	20,300	29,000
2d Cpe	700	2,050	3,400	7,650	11,900	17,000
2d Clb Cpe	750	2,200	3,700	8,330	13,000	18,500
4d Brgm	600	1,850	3,100	6,980	10,900	15,500
4d Sed	600	1,850	3,100	7,020	10,900	15,600
4d Twn Sed	650	1,900	3,200	7,200	11,200	16,000
4d 7P Sed	700	2,050	3,400	7,650	11,900	17,000
4d Limo	700	2,050	3,450	7,740	12,000	17,200
1946-48 S-11 DeLuxe, 6-cyl.						
2d Cpe	700	2,100	3,500	7,880	12,250	17,500
2d Clb Cpe	760	2,280	3,800	8,550	13,300	19,000

	6	5	4	3	2	1
2d Sed....................................	640	1,920	3,200	7,200	11,200	16,000
4d Sed....................................	652	1,956	3,260	7,340	11,410	16,300
1946-48 S-11 Custom, 6-cyl.						
2d Conv..................................	1,200	3,600	6,000	13,500	21,000	30,000
2d Clb Cpe	780	2,340	3,900	8,780	13,650	19,500
2d Sed....................................	652	1,956	3,260	7,340	11,410	16,300
4d Sed....................................	660	1,980	3,300	7,430	11,550	16,500
4d 7P Sed	680	2,040	3,400	7,650	11,900	17,000
4d Limo	720	2,160	3,600	8,100	12,600	18,000
4d Sub....................................	740	2,220	3,700	8,330	12,950	18,500
1949 S-13 DeLuxe, 6-cyl.						
First Series values and same as 1947-48.						
2d Clb Cpe	760	2,280	3,800	8,550	13,300	19,000
4d Sed....................................	700	2,100	3,500	7,880	12,250	17,500
4d C-A Sed	708	2,124	3,540	7,970	12,390	17,700
4d Sta Wag	1,320	3,960	6,600	14,850	23,100	33,000
1949 S-13 Custom, 6-cyl.						
2d Conv..................................	1,080	3,240	5,400	12,150	18,900	27,000
2d Clb Cpe	780	2,340	3,900	8,780	13,650	19,500
4d Sed....................................	720	2,160	3,600	8,100	12,600	18,000
4d 8P Sed	740	2,220	3,700	8,330	12,950	18,500
4d Sub....................................	840	2,520	4,200	9,450	14,700	21,000
1950 S-14 DeLuxe, 6-cyl.						
2d Clb Cpe	740	2,220	3,700	8,330	12,950	18,500
4d Sed....................................	700	2,100	3,500	7,880	12,250	17,500
4d C-A Sed	708	2,124	3,540	7,970	12,390	17,700
4d 8P Sed	720	2,160	3,600	8,100	12,600	18,000
1950 S-14 Custom, 6-cyl.						
2d Conv...................................	1,160	3,480	5,800	13,050	20,300	29,000
2d HT Sptman.............................	920	2,760	4,600	10,350	16,100	23,000
2d Clb Cpe	760	2,280	3,800	8,550	13,300	19,000
4d Sed....................................	720	2,160	3,600	8,100	12,600	18,000
4d 6P Sta Wag	1,320	3,960	6,600	14,850	23,100	33,000
4d Stl Sta Wag	840	2,520	4,200	9,450	14,700	21,000
4d 8P Sed	752	2,256	3,760	8,460	13,160	18,800
4d Sub Sed	740	2,220	3,700	8,330	12,950	18,500
1951-52 DeLuxe, 6-cyl., 125.5" wb						
4d Sed....................................	692	2,076	3,460	7,790	12,110	17,300
2d Clb Cpe	740	2,220	3,700	8,330	12,950	18,500
4d C-A Sed	692	2,076	3,460	7,790	12,110	17,300
1951-52 DeLuxe, 6-cyl., 139.5" wb						
4d Sed....................................	696	2,088	3,480	7,830	12,180	17,400
1951-52 Custom, 6-cyl., 125.5" wb						
4d Sed....................................	700	2,100	3,500	7,880	12,250	17,500
2d Clb Cpe	760	2,280	3,800	8,550	13,300	19,000
2d HT Sptman.............................	1,000	3,000	5,000	11,250	17,500	25,000
2d Conv..................................	1,160	3,480	5,800	13,050	20,300	29,000
4d Sta Wag	920	2,760	4,600	10,350	16,100	23,000
1951-52 Custom, 6-cyl., 139.5" wb						
4d Sed....................................	708	2,124	3,540	7,970	12,390	17,700
4d Sub....................................	720	2,160	3,600	8,100	12,600	18,000
1951-52 Firedome, V-8, 125.5" wb (1952 only)						
4d Sed....................................	720	2,160	3,600	8,100	12,600	18,000
2d Clb Cpe	840	2,520	4,200	9,450	14,700	21,000
2d HT Sptman.............................	1,040	3,120	5,200	11,700	18,200	26,000
2d Conv..................................	1,280	3,840	6,400	14,400	22,400	32,000
4d Sta Wag	920	2,760	4,600	10,350	16,100	23,000
1951-52 Firedome, V-8, 139.5" wb (1952 only)						
4d 8P Sed	740	2,220	3,700	8,330	12,950	18,500
1953-54 Powermaster Six, 6-cyl., 125.5" wb						
4d Sed....................................	680	2,040	3,400	7,650	11,900	17,000
2d Clb Cpe	700	2,100	3,500	7,880	12,250	17,500
4d Sta Wag	696	2,088	3,480	7,830	12,180	17,400
2d HT Sptman (1953 only)	920	2,760	4,600	10,350	16,100	23,000
1953-54 Powermaster Six, 6-cyl., 139.5" wb						
4d Sed....................................	672	2,016	3,360	7,560	11,760	16,800
1953-54 Firedome, V-8, 125.5" wb						
4d Sed....................................	704	2,112	3,520	7,920	12,320	17,600
2d Clb Cpe	740	2,220	3,700	8,330	12,950	18,500
2d HT Sptman.............................	1,040	3,120	5,200	11,700	18,200	26,000
2d Conv..................................	1,280	3,840	6,400	14,400	22,400	32,000
4d Sta Wag	880	2,640	4,400	9,900	15,400	22,000
1953-54 Firedome, V-8, 139.5" wb						
4d Sed....................................	692	2,076	3,460	7,790	12,110	17,300
1955 Firedome, V-8						
4d Sed....................................	692	2,076	3,460	7,790	12,110	17,300
2d HT	960	2,880	4,800	10,800	16,800	24,000
2d HT Sptman.............................	1,120	3,360	5,600	12,600	19,600	28,000

	6	5	4	3	2	1
2d Conv	1,680	5,040	8,400	18,900	29,400	42,000
4d Sta Wag	1,080	3,240	5,400	12,150	18,900	27,000
1955 Fireflite, V-8						
4d Sed	712	2,136	3,560	8,010	12,460	17,800
2d HT Sptman	1,160	3,480	5,800	13,050	20,300	29,000
2d Conv	1,880	5,640	9,400	21,150	32,900	47,000
1956 Firedome, V-8						
4d Sed	660	1,980	3,300	7,430	11,550	16,500
4d HT Sev	760	2,280	3,800	8,550	13,300	19,000
4d HT Sptman	880	2,640	4,400	9,900	15,400	22,000
2d HT Sev	1,040	3,120	5,200	11,700	18,200	26,000
2d HT Sptman	1,120	3,360	5,600	12,600	19,600	28,000
2d Conv	1,680	5,040	8,400	18,900	29,400	42,000
4d Sta Wag	920	2,760	4,600	10,350	16,100	23,000
1956 Fireflite, V-8						
4d Sed	680	2,040	3,400	7,650	11,900	17,000
4d HT Sptman	880	2,640	4,400	9,900	15,400	22,000
2d HT Sptman	1,160	3,480	5,800	13,050	20,300	29,000
2d Conv	1,880	5,640	9,400	21,150	32,900	47,000
2d Conv IPC	2,660	7,980	13,300	29,930	46,550	66,500
1956 Adventurer						
2d HT	1,280	3,840	6,400	14,400	22,400	32,000
1957 Firesweep, V-8, 122" wb						
4d Sed	640	1,920	3,200	7,200	11,200	16,000
4d HT Sptman	760	2,280	3,800	8,550	13,300	19,000
2d HT Sptman	1,080	3,240	5,400	12,150	18,900	27,000
4d 2S Sta Wag	900	2,700	4,500	10,130	15,750	22,500
4d 3S Sta Wag	960	2,880	4,800	10,800	16,800	24,000
1957 Firedome, V-8, 126" wb						
4d Sed	650	1,940	3,240	7,290	11,340	16,200
4d HT Sptman	840	2,520	4,200	9,450	14,700	21,000
2d HT Sptman	1,240	3,720	6,200	13,950	21,700	31,000
2d Conv	2,400	7,200	12,000	27,000	42,000	60,000
1957 Fireflite, V-8, 126" wb						
4d Sed	740	2,220	3,700	8,330	12,950	18,500
4d HT Sptman	920	2,760	4,600	10,350	16,100	23,000
2d HT Sptman	1,200	3,600	6,000	13,500	21,000	30,000
2d Conv	2,480	7,440	12,400	27,900	43,400	62,000
4d 2S Sta Wag	1,100	3,300	5,500	12,380	19,250	27,500
4d 3S Sta Wag	1,120	3,360	5,600	12,600	19,600	28,000
1957 Fireflite Adventurer, 126" wb						
2d HT	1,720	5,160	8,600	19,350	30,100	43,000
2d Conv	4,420	13,260	22,100	49,730	77,350	110,500
1958 Firesweep, V-8						
4d Sed	640	1,920	3,200	7,200	11,200	16,000
4d HT Sptman	760	2,280	3,800	8,550	13,300	19,000
2d HT Sptman	1,080	3,240	5,400	12,150	18,900	27,000
2d Conv	2,360	7,080	11,800	26,550	41,300	59,000
4d 2S Sta Wag	900	2,700	4,500	10,130	15,750	22,500
4d 3S Sta Wag	960	2,880	4,800	10,800	16,800	24,000
1958 Firedome, V-8						
4d Sed	648	1,944	3,240	7,290	11,340	16,200
4d HT Sptman	840	2,520	4,200	9,450	14,700	21,000
2d HT Sptman	1,240	3,720	6,200	13,950	21,700	31,000
2d Conv	2,400	7,200	12,000	27,000	42,000	60,000
1958 Fireflite, V-8						
4d Sed	740	2,220	3,700	8,330	12,950	18,500
4d HT Sptman	920	2,760	4,600	10,350	16,100	23,000
2d HT Sptman	1,200	3,600	6,000	13,500	21,000	30,000
2d Conv	2,480	7,440	12,400	27,900	43,400	62,000
4d 2S Sta Wag	1,100	3,300	5,500	12,380	19,250	27,500
4d 3S Sta Wag	1,120	3,360	5,600	12,600	19,600	28,000
1958 Adventurer, V-8						
2d HT	1,720	5,160	8,600	19,350	30,100	43,000
2d Conv	4,420	13,260	22,100	49,730	77,350	110,500
NOTE: With EFI, value inestimable.						
1959 Firesweep, V-8						
4d Sed	600	1,800	3,000	6,750	10,500	15,000
4d HT Sptman	720	2,160	3,600	8,100	12,600	18,000
2d HT Sptman	1,040	3,120	5,200	11,700	18,200	26,000
2d Conv	2,320	6,960	11,600	26,100	40,600	58,000
4d 2S Sta Wag	860	2,580	4,300	9,680	15,050	21,500
4d 3S Sta Wag	920	2,760	4,600	10,350	16,100	23,000
1959 Firedome, V-8						
4d Sed	620	1,860	3,100	6,980	10,850	15,500
4d HT Sptman	800	2,400	4,000	9,000	14,000	20,000
2d HT Sptman	1,200	3,600	6,000	13,500	21,000	30,000
2d Conv	2,360	7,080	11,800	26,550	41,300	59,000

	6	5	4	3	2	1
1959 Fireflite, V-8						
4d Sed	660	1,980	3,300	7,430	11,550	16,500
4d HT Sptman	840	2,520	4,200	9,450	14,700	21,000
2d HT Sptman	1,120	3,360	5,600	12,600	19,600	28,000
2d Conv	2,440	7,320	12,200	27,450	42,700	61,000
4d 2S Sta Wag	1,020	3,060	5,100	11,480	17,850	25,500
4d 3S Sta Wag	1,040	3,120	5,200	11,700	18,200	26,000
1959 Adventurer, V-8						
2d HT	1,600	4,800	8,000	18,000	28,000	40,000
2d Conv	4,220	12,660	21,100	47,480	73,850	105,500
1960 Fireflite, V-8						
4d Sed	620	1,860	3,100	6,980	10,850	15,500
4d HT	660	1,980	3,300	7,430	11,550	16,500
2d HT	800	2,400	4,000	9,000	14,000	20,000
1960 Adventurer, V-8						
4d Sed	640	1,920	3,200	7,200	11,200	16,000
4d HT	720	2,160	3,600	8,100	12,600	18,000
2d HT	880	2,640	4,400	9,900	15,400	22,000
1961 Fireflite, V-8						
4d HT	740	2,220	3,700	8,330	12,950	18,500
2d HT	920	2,760	4,600	10,350	16,100	23,000

DODGE

	6	5	4	3	2	1
1914 4-cyl., 110" wb						
(Serial # 1-249.)						
4d Tr	840	2,520	4,200	9,450	14,700	21,000
1915 4-cyl., 110" wb						
2d Rds	800	2,400	4,000	9,000	14,000	20,000
4d Tr	840	2,520	4,200	9,450	14,700	21,000
1916 4-cyl., 110" wb						
2d Rds	800	2,400	4,000	9,000	14,000	20,000
2d W.T. Rds	840	2,520	4,200	9,450	14,700	21,000
4d Tr	880	2,640	4,400	9,900	15,400	22,000
4d W.T. Tr	920	2,760	4,600	10,350	16,100	23,000
1917 4-cyl., 114" wb						
2d Rds	760	2,280	3,800	8,550	13,300	19,000
2d W.T. Rds	800	2,400	4,000	9,000	14,000	20,000
4d Tr	840	2,520	4,200	9,450	14,700	21,000
4d W.T. Tr	880	2,640	4,400	9,900	15,400	22,000
2d Cpe	500	1,500	2,500	5,630	8,750	12,500
4d C.D. Sed	480	1,440	2,400	5,400	8,400	12,000
1918 4-cyl., 114" wb						
2d Rds	760	2,280	3,800	8,550	13,300	19,000
2d W.T. Rds	800	2,400	4,000	9,000	14,000	20,000
4d Tr	840	2,520	4,200	9,450	14,700	21,000
4d W.T. Tr	880	2,640	4,400	9,900	15,400	22,000
2d Cpe	480	1,440	2,400	5,400	8,400	12,000
4d Sed	460	1,380	2,300	5,180	8,050	11,500
1919 4-cyl., 114" wb						
2d Rds	720	2,160	3,600	8,100	12,600	18,000
4d Tr	760	2,280	3,800	8,550	13,300	19,000
2d Cpe	480	1,440	2,400	5,400	8,400	12,000
2d Rex Cpe	500	1,500	2,500	5,630	8,750	12,500
4d Rex Sed	456	1,368	2,280	5,130	7,980	11,400
4d Sed	460	1,380	2,300	5,180	8,050	11,500
4d Dep Hk	440	1,320	2,200	4,950	7,700	11,000
2d Sed Dely	480	1,440	2,400	5,400	8,400	12,000
1920 4-cyl., 114" wb						
2d Rds	680	2,040	3,400	7,650	11,900	17,000
4d Tr	700	2,100	3,500	7,880	12,250	17,500
2d Cpe	320	960	1,600	3,600	5,600	8,000
4d Sed	300	900	1,500	3,380	5,250	7,500
1921 4-cyl., 114" wb						
2d Rds	680	2,040	3,400	7,650	11,900	17,000
4d Tr	700	2,100	3,500	7,880	12,250	17,500
2d Cpe	320	960	1,600	3,600	5,600	8,000
4d Sed	300	900	1,500	3,380	5,250	7,500
1922 1st series, 4-cyl., 114" wb, (low hood models)						
2d Rds	680	2,040	3,400	7,650	11,900	17,000
4d Tr	700	2,100	3,500	7,880	12,250	17,500
2d Cpe	320	960	1,600	3,600	5,600	8,000
4d Sed	300	900	1,500	3,380	5,250	7,500
1922 2nd series, 4-cyl., 114" wb, (high hood models)						
2d Rds	700	2,100	3,500	7,880	12,250	17,500
4d Tr	720	2,160	3,600	8,100	12,600	18,000
2d Bus Cpe	300	900	1,500	3,380	5,250	7,500
4d Bus Sed	284	852	1,420	3,200	4,970	7,100
4d Sed	280	840	1,400	3,150	4,900	7,000

DODGE

	6	5	4	3	2	1
1923 4-cyl., 114" wb						
2d Rds	640	1,920	3,200	7,200	11,200	16,000
4d Tr	660	1,980	3,300	7,430	11,550	16,500
2d Bus Cpe	292	876	1,460	3,290	5,110	7,300
4d Bus Sed	288	864	1,440	3,240	5,040	7,200
4d Sed	280	840	1,400	3,150	4,900	7,000
1924 4-cyl., 116" wb						
2d Rds	680	2,040	3,400	7,650	11,900	17,000
4d Tr	700	2,100	3,500	7,880	12,250	17,500
2d Bus Cpe	320	960	1,600	3,600	5,600	8,000
2d 4P Cpe	328	984	1,640	3,690	5,740	8,200
4d Bus Sed	320	960	1,600	3,600	5,600	8,000
4d Sed	324	972	1,620	3,650	5,670	8,100
1924 Special Series (deluxe equip. - introduced Jan. 1924)						
2d Rds	640	1,920	3,200	7,200	11,200	16,000
4d Tr	680	2,040	3,400	7,650	11,900	17,000
2d Bus Cpe	320	960	1,600	3,600	5,600	8,000
2d 4P Cpe	340	1,020	1,700	3,830	5,950	8,500
4d Bus Sed	320	960	1,600	3,600	5,600	8,000
4d Sed	324	972	1,620	3,650	5,670	8,100
1925 4-cyl., 116" wb						
2d Rds	640	1,920	3,200	7,200	11,200	16,000
2d Spl Rds	660	1,980	3,300	7,430	11,550	16,500
4d Tr	680	2,040	3,400	7,650	11,900	17,000
4d Spl Tr	700	2,100	3,500	7,880	12,250	17,500
2d Bus Cpe	340	1,020	1,700	3,830	5,950	8,500
2d Spl Bus Cpe	348	1,044	1,740	3,920	6,090	8,700
2d 4P Cpe	336	1,008	1,680	3,780	5,880	8,400
2d Sp Cpe	340	1,020	1,700	3,830	5,950	8,500
4d Bus Sed	320	960	1,600	3,600	5,600	8,000
4d Spl Bus Sed	324	972	1,620	3,650	5,670	8,100
4d Sed	328	984	1,640	3,690	5,740	8,200
4d Spl Sed	332	996	1,660	3,740	5,810	8,300
2d Sed	320	960	1,600	3,600	5,600	8,000
2d Spl Sed	324	972	1,620	3,650	5,670	8,100
1926 4-cyl., 116" wb						
2d Rds	620	1,860	3,100	6,980	10,850	15,500
2d Spl Rds	640	1,920	3,200	7,200	11,200	16,000
2d Spt Rds	648	1,944	3,240	7,290	11,340	16,200
4d Tr	620	1,860	3,100	6,980	10,850	15,500
4d Spl Tr	640	1,920	3,200	7,200	11,200	16,000
4d Spt Tr	680	2,040	3,400	7,650	11,900	17,000
2d Cpe	320	960	1,600	3,600	5,600	8,000
2d Spl Cpe	340	1,020	1,700	3,830	5,950	8,500
2d Sed	312	936	1,560	3,510	5,460	7,800
2d Spl Sed	320	960	1,600	3,600	5,600	8,000
4d Bus Sed	308	924	1,540	3,470	5,390	7,700
4d Spl Bus Sed	324	972	1,620	3,650	5,670	8,100
4d Sed	316	948	1,580	3,560	5,530	7,900
4d Spl Sed	320	960	1,600	3,600	5,600	8,000
4d DeL Sed	324	972	1,620	3,650	5,670	8,100
1927-28 4-cyl., 116" wb						
2d Rds	620	1,860	3,100	6,980	10,850	15,500
2d Spl Rds	640	1,920	3,200	7,200	11,200	16,000
2d Spt Rds	660	1,980	3,300	7,430	11,550	16,500
2d Cabr	600	1,800	3,000	6,750	10,500	15,000
4d Tr	600	1,800	3,000	6,750	10,500	15,000
4d Spl Tr	620	1,860	3,100	6,980	10,850	15,500
4d Spt Tr	640	1,920	3,200	7,200	11,200	16,000
2d Cpe	324	972	1,620	3,650	5,670	8,100
2d Spl Cpe	340	1,020	1,700	3,830	5,950	8,500
4d Sed	320	960	1,600	3,600	5,600	8,000
4d Spl Sed	324	972	1,620	3,650	5,670	8,100
4d DeL Sed	328	984	1,640	3,690	5,740	8,200
4d A-P Sed	340	1,020	1,700	3,830	5,950	8,500
1928 "Fast Four", 4-cyl., 108" wb						
2d Cabr	640	1,920	3,200	7,200	11,200	16,000
2d Cpe	448	1,344	2,240	5,040	7,840	11,200
4d Sed	440	1,320	2,200	4,950	7,700	11,000
4d DeL Sed	444	1,332	2,220	5,000	7,770	11,100
1928 Standard Series, 6-cyl., 110" wb						
2d Cabr	620	1,860	3,100	6,980	10,850	15,500
2d Cpe	480	1,440	2,400	5,400	8,400	12,000
4d Sed	460	1,380	2,300	5,180	8,050	11,500
4d DeL Sed	480	1,440	2,400	5,400	8,400	12,000
1928 Victory Series, 6-cyl., 112" wb						
4d Tr	840	2,520	4,200	9,450	14,700	21,000
2d Cpe	540	1,620	2,700	6,080	9,450	13,500

DODGE

	6	5	4	3	2	1
2d RS Cpe.	560	1,680	2,800	6,300	9,800	14,000
4d Brgm.	540	1,620	2,700	6,080	9,450	13,500
1928 Series 2249, Standard 6-cyl., 116" wb						
2d Cabr.	800	2,400	4,000	9,000	14,000	20,000
4d Brgm.	496	1,488	2,480	5,580	8,680	12,400
4d Sed.	460	1,380	2,300	5,180	8,050	11,500
4d DeL Sed.	480	1,440	2,400	5,400	8,400	12,000
1928 Series 2251, Senior 6-cyl., 116" wb						
2d Cabr.	880	2,640	4,400	9,900	15,400	22,000
2d Spt Cabr.	920	2,760	4,600	10,350	16,100	23,000
2d RS Cpe.	500	1,500	2,500	5,630	8,750	12,500
2d Spt Cpe.	520	1,560	2,600	5,850	9,100	13,000
4d Sed.	480	1,440	2,400	5,400	8,400	12,000
4d Spt Sed.	500	1,500	2,500	5,630	8,750	12,500
1929 Standard Series, 6-cyl., 110" wb						
2d Bus Cpe.	580	1,740	2,900	6,530	10,150	14,500
2d Cpe.	600	1,800	3,000	6,750	10,500	15,000
4d Sed.	540	1,620	2,700	6,080	9,450	13,500
4d DeL Sed.	560	1,680	2,800	6,300	9,800	14,000
4d Spt DeL Sed.	580	1,740	2,900	6,530	10,150	14,500
4d A-P Sed.	588	1,764	2,940	6,620	10,290	14,700
1929 Victory Series, 6-cyl., 112" wb						
2d Rds.	1,120	3,360	5,600	12,600	19,600	28,000
2d Spt Rds.	1,160	3,480	5,800	13,050	20,300	29,000
4d Tr.	1,160	3,480	5,800	13,050	20,300	29,000
4d Spt Tr.	1,200	3,600	6,000	13,500	21,000	30,000
2d Cpe.	620	1,860	3,100	6,980	10,850	15,500
2d DeL Cpe.	640	1,920	3,200	7,200	11,200	16,000
4d Sed.	560	1,680	2,800	6,300	9,800	14,000
4d Spt Sed.	580	1,740	2,900	6,530	10,150	14,500
1929 Standard Series DA, 6-cyl., 63 hp, 112" wb						
(Introduced Jan. 1, 1929.)						
2d Rds.	1,120	3,360	5,600	12,600	19,600	28,000
2d Spt Rds.	1,160	3,480	5,800	13,050	20,300	29,000
4d Phae.	1,200	3,600	6,000	13,500	21,000	30,000
4d Spt Phae.	1,240	3,720	6,200	13,950	21,700	31,000
2d Bus Cpe.	600	1,800	3,000	6,750	10,500	15,000
2d DeL RS Cpe.	620	1,860	3,100	6,980	10,850	15,500
2d Vic	580	1,740	2,900	6,530	10,150	14,500
4d Brgm.	520	1,560	2,600	5,850	9,100	13,000
4d Sed.	500	1,500	2,500	5,630	8,750	12,500
4d DeL Sed.	512	1,536	2,560	5,760	8,960	12,800
4d DeL Spt Sed.	520	1,560	2,600	5,850	9,100	13,000
1929 Senior Series, 6-cyl., 120" wb						
2d Rds.	1,200	3,600	6,000	13,500	21,000	30,000
2d 2P Cpe.	660	1,980	3,300	7,430	11,550	16,500
2d RS Spt Cpe.	700	2,100	3,500	7,880	12,250	17,500
2d Vic Brgm.	660	1,980	3,300	7,430	11,550	16,500
4d Sed.	620	1,860	3,100	6,980	10,850	15,500
4d Spt Sed.	640	1,920	3,200	7,200	11,200	16,000
4d Lan Sed.	660	1,980	3,300	7,430	11,550	16,500
4d Spt Lan Sed.	680	2,040	3,400	7,650	11,900	17,000
1930 Series DA, 6-cyl., 112" wb						
2d Rds.	1,400	4,200	7,000	15,750	24,500	35,000
4d Phae.	1,440	4,320	7,200	16,200	25,200	36,000
2d Bus Cpe.	560	1,680	2,800	6,300	9,800	14,000
2d DeL Cpe.	580	1,740	2,900	6,530	10,150	14,500
2d Vic	588	1,764	2,940	6,620	10,290	14,700
4d Brgm.	560	1,680	2,800	6,300	9,800	14,000
2d Sed.	548	1,644	2,740	6,170	9,590	13,700
4d Sed.	552	1,656	2,760	6,210	9,660	13,800
4d DeL Sed.	560	1,680	2,800	6,300	9,800	14,000
2d RS Rds.	1,440	4,320	7,200	16,200	25,200	36,000
2d RS Cpe.	660	1,980	3,300	7,430	11,550	16,500
4d Lan Sed.	580	1,740	2,900	6,530	10,150	14,500
1930 Series DD, 6-cyl., 109" wb						
(Introduced Jan. 1, 1930.)						
2d RS Rds.	1,360	4,080	6,800	15,300	23,800	34,000
4d Phae.	1,400	4,200	7,000	15,750	24,500	35,000
2d RS Conv.	1,440	4,320	7,200	16,200	25,200	36,000
2d Bus Cpe.	680	2,040	3,400	7,650	11,900	17,000
2d RS Cpe.	720	2,160	3,600	8,100	12,600	18,000
4d Sed.	540	1,620	2,700	6,080	9,450	13,500
1930 Series DC, 8-cyl., 114" wb						
(Introduced Jan. 1, 1930.)						
2d Rds.	1,400	4,200	7,000	15,750	24,500	35,000
2d RS Conv.	1,360	4,080	6,800	15,300	23,800	34,000
4d Phae.	1,440	4,320	7,200	16,200	25,200	36,000

	6	5	4	3	2	1
2d Bus Cpe.	700	2,100	3,500	7,880	12,250	17,500
2d RS Cpe	740	2,220	3,700	8,330	12,950	18,500
4d Sed	560	1,680	2,800	6,300	9,800	14,000
1931 Series DH, 6-cyl., 114" wb						
(Introduced Dec. 1, 1930.)						
2d Rds	1,440	4,320	7,200	16,200	25,200	36,000
2d RS Conv	1,400	4,200	7,000	15,750	24,500	35,000
2d Bus Cpe.	680	2,040	3,400	7,650	11,900	17,000
2d RS Cpe	720	2,160	3,600	8,100	12,600	18,000
4d Sed	500	1,500	2,500	5,630	8,750	12,500
1931 Series DG, 8-cyl., 118.3" wb						
(Introduced Jan. 1, 1931.)						
2d RS Rds	1,480	4,440	7,400	16,650	25,900	37,000
2d RS Conv	1,440	4,320	7,200	16,200	25,200	36,000
4d Phae	1,520	4,560	7,600	17,100	26,600	38,000
2d RS Cpe	760	2,280	3,800	8,550	13,300	19,000
4d Sed	640	1,920	3,200	7,200	11,200	16,000
2d 5P Cpe	760	2,280	3,800	8,550	13,300	19,000
1932 Series DL, 6-cyl., 114.3" wb						
(Introduced Jan. 1, 1932.)						
2d RS Conv	1,360	4,080	6,800	15,300	23,800	34,000
2d Bus Cpe.	720	2,160	3,600	8,100	12,600	18,000
2d RS Cpe	760	2,280	3,800	8,550	13,300	19,000
4d Sed	580	1,740	2,900	6,530	10,150	14,500
1932 Series DK, 8-cyl., 122" wb						
(Introduced Jan. 1, 1932.)						
2d Conv	1,400	4,200	7,000	15,750	24,500	35,000
4d Conv Sed.	1,480	4,440	7,400	16,650	25,900	37,000
2d RS Cpe	780	2,340	3,900	8,780	13,650	19,500
2d 5P Cpe	740	2,220	3,700	8,330	12,950	18,500
4d Sed	600	1,800	3,000	6,750	10,500	15,000
1933 Series DP, 6-cyl., 111.3" wb						
2d RS Conv	1,480	4,440	7,400	16,650	25,900	37,000
2d Bus Cpe.	700	2,100	3,500	7,880	12,250	17,500
2d RS Cpe	720	2,160	3,600	8,100	12,600	18,000
4d Sed	580	1,740	2,900	6,530	10,150	14,500
4d Brgm	588	1,764	2,940	6,620	10,290	14,700
4d DeL Brgm	600	1,800	3,000	6,750	10,500	15,000
NOTE: Second Series DP introduced April 5, 1933 increasing wb from 111" to 115" included in above.						
1933 Series DO, 8-cyl., 122" wb						
2d RS Conv	1,600	4,800	8,000	18,000	28,000	40,000
4d Conv Sed.	1,640	4,920	8,200	18,450	28,700	41,000
2d RS Cpe	800	2,400	4,000	9,000	14,000	20,000
2d Cpe	780	2,340	3,900	8,780	13,650	19,500
4d Sed	660	1,980	3,300	7,430	11,550	16,500
1934 DeLuxe Series DR, 6-cyl., 117" wb						
2d RS Conv	1,480	4,440	7,400	16,650	25,900	37,000
2d Bus Cpe.	740	2,220	3,700	8,330	12,950	18,500
2d RS Cpe	760	2,280	3,800	8,550	13,300	19,000
2d Sed	580	1,740	2,900	6,530	10,150	14,500
4d Sed	568	1,704	2,840	6,390	9,940	14,200
1934 Series DS, 6-cyl., 121" wb						
4d Conv Sed.	1,520	4,560	7,600	17,100	26,600	38,000
4d Brgm	600	1,800	3,000	6,750	10,500	15,000
1934 DeLuxe Series DRXX, 6-cyl., 117" wb						
(Introduced June 2, 1934.)						
2d Conv	1,440	4,320	7,200	16,200	25,200	36,000
2d Bus Cpe.	760	2,280	3,800	8,550	13,300	19,000
2d Cpe	780	2,340	3,900	8,780	13,650	19,500
2d Sed	564	1,692	2,820	6,350	9,870	14,100
4d Sed	560	1,680	2,800	6,300	9,800	14,000
1935 Series DU, 6-cyl., 116" wb - 128" wb, (*)						
2d RS Conv	1,360	4,080	6,800	15,300	23,800	34,000
2d Cpe	620	1,860	3,100	6,980	10,850	15,500
2d RS Cpe	640	1,920	3,200	7,200	11,200	16,000
2d Sed	504	1,512	2,520	5,670	8,820	12,600
2d Tr Sed	508	1,524	2,540	5,720	8,890	12,700
4d Sed	512	1,536	2,560	5,760	8,960	12,800
4d Tr Sed	520	1,560	2,600	5,850	9,100	13,000
4d Car Sed (*)	532	1,596	2,660	5,990	9,310	13,300
4d 7P Sed (*)	552	1,656	2,760	6,210	9,660	13,800
1936 Series D2, 6-cyl., 116" wb - 128" wb, (*)						
2d RS Conv	1,360	4,080	6,800	15,300	23,800	34,000
4d Conv Sed.	1,400	4,200	7,000	15,750	24,500	35,000
2d 2P Cpe	620	1,860	3,100	6,980	10,850	15,500
2d RS Cpe	640	1,920	3,200	7,200	11,200	16,000
2d Sed	492	1,476	2,460	5,540	8,610	12,300
2d Tr Sed	496	1,488	2,480	5,580	8,680	12,400

	6	5	4	3	2	1
4d Sed.	496	1,488	2,480	5,580	8,680	12,400
4d Tr Sed	500	1,500	2,500	5,630	8,750	12,500
4d 7P Sed (*)	512	1,536	2,560	5,760	8,960	12,800

1937 Series D5, 6-cyl., 115" wb - 132" wb, (*)

	6	5	4	3	2	1
2d RS Conv.	1,240	3,720	6,200	13,950	21,700	31,000
4d Conv Sed	1,280	3,840	6,400	14,400	22,400	32,000
2d Bus Cpe	620	1,860	3,100	6,980	10,850	15,500
2d RS Cpe	640	1,920	3,200	7,200	11,200	16,000
2d Sed.	492	1,476	2,460	5,540	8,610	12,300
2d Tr Sed	744	2,232	3,720	8,370	13,020	18,600
4d Sed.	504	1,512	2,520	5,670	8,820	12,600
4d Tr Sed	512	1,536	2,560	5,760	8,960	12,800
4d 7P Sed (*)	540	1,620	2,700	6,080	9,450	13,500
4d Limo (*)	560	1,680	2,800	6,300	9,800	14,000

1938 Series D8, 6-cyl., 115" wb - 132" wb, (*)

	6	5	4	3	2	1
2d Conv Cpe	1,280	3,840	6,400	14,400	22,400	32,000
4d Conv Sed	1,320	3,960	6,600	14,850	23,100	33,000
2d Bus Cpe	600	1,800	3,000	6,750	10,500	15,000
2d Cpe 2-4	640	1,920	3,200	7,200	11,200	16,000
2d Sed.	500	1,500	2,500	5,630	8,750	12,500
2d Tr Sed	508	1,524	2,540	5,720	8,890	12,700
4d Sed.	520	1,560	2,600	5,850	9,100	13,000
4d Tr Sed	524	1,572	2,620	5,900	9,170	13,100
4d Sta Wag	572	1,716	2,860	6,440	10,010	14,300
4d 7P Sed (*)	560	1,680	2,800	6,300	9,800	14,000
4d Limo	584	1,752	2,920	6,570	10,220	14,600

1939 Special Series D11S, 6-cyl., 117" wb

	6	5	4	3	2	1
2d Cpe.	650	1,950	3,250	7,340	11,400	16,300
2d Sed.	550	1,600	2,650	5,990	9,300	13,300
4d Sed.	550	1,600	2,700	6,080	9,450	13,500

1939 DeLuxe Series D11, 6-cyl., 117" wb - 134" wb, (*)

	6	5	4	3	2	1
2d Cpe.	700	2,050	3,400	7,650	11,900	17,000
2d A/S Cpe	750	2,300	3,800	8,550	13,300	19,000
2d Twn Cpe.	700	2,150	3,600	8,100	12,600	18,000
2d Sed.	550	1,600	2,700	6,080	9,450	13,500
4d Sed.	550	1,650	2,750	6,170	9,600	13,700
4d Ewb Sed (*)	650	1,900	3,150	7,110	11,100	15,800
4d Limo (*).	650	1,900	3,200	7,200	11,200	16,000

1940 Special Series D17, 6-cyl., 119.5" wb

	6	5	4	3	2	1
2d Cpe.	650	2,000	3,300	7,430	11,600	16,500
2d Sed.	550	1,700	2,800	6,300	9,800	14,000
4d Sed.	550	1,700	2,850	6,390	9,950	14,200

1940 DeLuxe Series D14, 6-cyl., 119.5" wb - 139.5" wb, (*)

	6	5	4	3	2	1
2d Conv.	1,360	4,080	6,800	15,300	23,800	34,000
2d Cpe.	700	2,050	3,400	7,650	11,900	17,000
2d 4P Cpe.	700	2,100	3,500	7,880	12,300	17,500
2d Sed.	600	1,750	2,900	6,530	10,200	14,500
4d Sed.	600	1,800	2,950	6,660	10,400	14,800
4d Ewb Sed (*)	600	1,800	3,000	6,710	10,400	14,900
4d Limo (*).	600	1,800	3,000	6,750	10,500	15,000

1941 DeLuxe Series D19, 6-cyl., 119.5" wb

	6	5	4	3	2	1
2d Cpe.	700	2,150	3,600	8,100	12,600	18,000
2d Sed.	600	1,750	2,950	6,620	10,300	14,700
4d Sed.	600	1,800	3,000	6,710	10,400	14,900

1941 Custom Series D19, 6-cyl., 119.5" wb - 137.5" wb, (*)

	6	5	4	3	2	1
2d Conv.	1,360	4,080	6,800	15,300	23,800	34,000
2d Clb Cpe	750	2,200	3,700	8,330	13,000	18,500
2d Brgm.	600	1,750	2,950	6,620	10,300	14,700
4d Sed.	600	1,800	3,000	6,750	10,500	15,000
4d Twn Sed	600	1,800	3,050	6,840	10,600	15,200
4d 7P Sed (*)	650	1,900	3,200	7,160	11,100	15,900
4d Limo (*).	650	2,000	3,300	7,430	11,600	16,500

1942 DeLuxe Series D22, 6-cyl., 119.5" wb

	6	5	4	3	2	1
2d Cpe.	650	1,900	3,150	7,110	11,100	15,800
2d Clb Cpe	650	1,900	3,200	7,200	11,200	16,000
2d Sed.	550	1,700	2,800	6,300	9,800	14,000
4d Sed.	550	1,700	2,800	6,350	9,850	14,100

1942 Custom Series D22, 6-cyl., 119.5" wb - 137.5" wb, (*)

	6	5	4	3	2	1
2d Conv.	1,280	3,840	6,400	14,400	22,400	32,000
2d Clb Cpe	700	2,050	3,400	7,650	11,900	17,000
2d Brgm.	600	1,850	3,100	6,980	10,900	15,500
4d Sed.	600	1,850	3,050	6,890	10,700	15,300
4d Twn Sed.	600	1,850	3,100	6,930	10,800	15,400
4d 7P Sed (*)	650	1,900	3,150	7,110	11,100	15,800
4d Limo (*).	700	2,100	3,500	7,880	12,300	17,500

1946-48 DeLuxe Series D24, 6-cyl., 119.5" wb

	6	5	4	3	2	1
2d Cpe.	676	2,028	3,380	7,610	11,830	16,900
2d Sed.	608	1,824	3,040	6,840	10,640	15,200
4d Sed.	612	1,836	3,060	6,890	10,710	15,300

	6	5	4	3	2	1
1946-48 Custom Series D24, 6-cyl., 119.5" wb - 137.5" wb, (*)						
2d Conv	1,160	3,480	5,800	13,050	20,300	29,000
2d Clb Cpe	660	1,980	3,300	7,430	11,550	16,500
4d Sed	620	1,860	3,100	6,980	10,850	15,500
4d Twn Sed	624	1,872	3,120	7,020	10,920	15,600
4d 7P Sed (*)	628	1,884	3,140	7,070	10,990	15,700
1949 Series D29 Wayfarer, 6-cyl., 115" wb						
First Series 1949 is the same as 1948.						
2d Rds	1,240	3,720	6,200	13,950	21,700	31,000
2d Bus Cpe	660	1,980	3,300	7,430	11,550	16,500
2d Sed	644	1,932	3,220	7,250	11,270	16,100
1949 Series D30 Meadowbrook, 6-cyl., 123.5" wb						
4d Sed	640	1,920	3,200	7,200	11,200	16,000
1949 Series D30 Coronet, 6-cyl., 123.5" wb - 137.5" wb, (*)						
2d Conv	1,160	3,480	5,800	13,050	20,300	29,000
2d Clb Cpe	680	2,040	3,400	7,650	11,900	17,000
4d Sed	652	1,956	3,260	7,340	11,410	16,300
4d Twn Sed	660	1,980	3,300	7,430	11,550	16,500
4d Sta Wag	2,200	6,600	11,000	24,750	38,500	55,000
4d 8P Sed (*)	700	2,100	3,500	7,880	12,250	17,500
1950 Series D33 Wayfarer, 6-cyl., 115" wb						
2d Rds	1,240	3,720	6,200	13,950	21,700	31,000
2d Cpe	680	2,040	3,400	7,650	11,900	17,000
2d Sed	648	1,944	3,240	7,290	11,340	16,200
1950 Series D34 Meadowbrook, 6-cyl., 123.5" wb						
4d Sed	640	1,920	3,200	7,200	11,200	16,000
1950 Series D34 Coronet, 123.5" wb - 137.5" wb, (*)						
2d Conv	1,240	3,720	6,200	13,950	21,700	31,000
2d Clb Cpe	680	2,040	3,400	7,650	11,900	17,000
2d HT Dipl	840	2,520	4,200	9,450	14,700	21,000
4d Sed	648	1,944	3,240	7,290	11,340	16,200
4d Twn Sed	656	1,968	3,280	7,380	11,480	16,400
4d Sta Wag	2,200	6,600	11,000	24,750	38,500	55,000
4d Mtl Sta Wag	760	2,280	3,800	8,550	10,000	19,000
4d 8P Sed (*)	704	2,112	3,520	7,920	12,320	17,600
1951-52 Wayfarer Series D41, 6-cyl., 115" wb						
2d Rds (1951 only)	1,160	3,480	5,800	13,050	20,300	29,000
2d Sed	600	1,800	3,000	6,750	10,500	15,000
2d Cpe	640	1,920	3,200	7,200	11,200	16,000
1951-52 Meadowbrook Series D42, 6-cyl., 123.5" wb						
4d Sed	620	1,860	3,100	6,980	10,850	15,500
1951-52 Coronet Series D42, 6-cyl., 123.5" wb						
4d Sed	628	1,884	3,140	7,070	10,990	15,700
2d Clb Cpe	664	1,992	3,320	7,470	11,620	16,600
2d HT Dipl	920	2,760	4,600	10,350	16,100	23,000
2d Conv	1,160	3,480	5,800	13,050	20,300	29,000
4d Mtl Sta Wag	760	2,280	3,800	8,550	13,300	19,000
4d 8P Sed	644	1,932	3,220	7,250	11,270	16,100
1953 Meadowbrook Special, 6-cyl., disc 4/53						
4d Sed	652	1,956	3,260	7,340	11,410	16,300
2d Clb Cpe	660	1,980	3,300	7,430	11,550	16,500
1953 Series D46 Meadowbrook, 6-cyl., 119" wb						
4d Sed	660	1,980	3,300	7,430	11,550	16,500
2d Clb Cpe	660	1,980	3,300	7,430	11,550	16,500
2d Sub	660	1,980	3,300	7,430	11,550	16,500
1953 Coronet, 6-cyl., 119" wb						
4d Sed	668	2,004	3,340	7,520	11,690	16,700
2d Clb Cpe	672	2,016	3,360	7,560	11,760	16,800
1953 Series D44 Coronet, V-8, 119" wb						
4d Sed	680	2,040	3,400	7,650	11,900	17,000
2d Clb Cpe	684	2,052	3,420	7,700	11,970	17,100
1953 Series D48 Coronet, V-8, 119" wb - 114" wb, (*)						
2d HT Dipl	880	2,640	4,400	9,900	15,400	22,000
2d Conv	1,160	3,480	5,800	13,050	20,300	29,000
2d Sta Wag (*)	720	2,160	3,600	8,100	12,600	18,000
1954 Series D51-1 Meadowbrook, 6-cyl., 119" wb						
4d Sed	672	2,016	3,360	7,560	11,760	16,800
2d Clb Cpe	672	2,016	3,360	7,560	11,760	16,800
1954 Series D51-2 Coronet, 6-cyl., 119" wb						
4d Sed	676	2,028	3,380	7,610	11,830	16,900
2d Clb Cpe	680	2,040	3,400	7,650	11,900	17,000
1954 Series D52 Coronet, 6-cyl., 114" wb						
2d Sub	700	2,100	3,500	7,880	12,250	17,500
4d 6P Sta Wag	760	2,280	3,800	8,550	13,300	19,000
4d 8P Sta Wag	800	2,400	4,000	9,000	14,000	20,000
1954 Series D50-1 Meadowbrook, V-8, 119" wb						
4d Sed	672	2,016	3,360	7,560	11,760	16,800
2d Clb Cpe	680	2,040	3,400	7,650	11,900	17,000

	6	5	4	3	2	1
1954 Series D50-2 Coronet, V-8, 119" wb						
4d Sed	692	2,076	3,460	7,790	12,110	17,300
2d Clb Cpe	700	2,100	3,500	7,880	12,250	17,500
1954 Series D53-2 Coronet, V-8, 114" wb						
2d Sub	692	2,076	3,460	7,790	12,110	17,300
4d 2S Sta Wag	780	2,340	3,900	8,780	13,650	19,500
4d 3S Sta Wag	820	2,460	4,100	9,230	14,350	20,500
1954 Series D50-3 Royal, V-8, 119" wb						
4d Sed	760	2,280	3,800	8,550	13,300	19,000
2d Clb Cpe	760	2,280	3,800	8,550	13,300	19,000
1954 Series D53-3 Royal, V-8, 114" wb						
2d HT	1,000	3,000	5,000	11,250	17,500	25,000
2d Conv	1,200	3,600	6,000	13,500	21,000	30,000
2d Pace Car Replica Conv	2,380	7,140	11,900	26,780	41,650	59,500
1955 Coronet, V-8, 120" wb						
4d Sed	672	2,016	3,360	7,560	11,760	16,800
2d Sed	668	2,004	3,340	7,520	11,690	16,700
2d HT	1,200	3,600	6,000	13,500	21,000	30,000
2d Sub Sta Wag	720	2,160	3,600	8,100	12,600	18,000
4d 6P Sta Wag	740	2,220	3,700	8,330	12,950	18,500
4d 8P Sta Wag	800	2,400	4,000	9,000	14,000	20,000
NOTE: Deduct 5 percent for 6-cyl. models.						
1955 Royal, V-8, 120" wb						
4d Sed	672	2,016	3,360	7,560	11,760	16,800
2d HT	1,240	3,720	6,200	13,950	21,700	31,000
4d 6P Sta Wag	760	2,280	3,800	8,550	13,300	19,000
4d 8P Sta Wag	840	2,520	4,200	9,450	14,700	21,000
1955 Custom Royal, V-8, 120" wb						
4d Sed	720	2,160	3,600	8,100	12,600	18,000
4d Lancer	840	2,520	4,200	9,450	14,700	21,000
2d HT	1,280	3,840	6,400	14,400	22,400	32,000
2d Conv	2,160	6,480	10,800	24,300	37,800	54,000
NOTE: Deduct 5 percent for 6-cyl. models. Add 10 percent for La-Femme.						
1956 Coronet, V-8, 120" wb						
4d Sed	660	1,980	3,300	7,430	11,550	16,500
4d HT	720	2,160	3,600	8,100	12,600	18,000
2d Clb Sed	880	2,640	4,400	9,900	15,400	22,000
2d HT	1,160	3,480	5,800	13,050	20,300	29,000
2d Conv	1,920	5,760	9,600	21,600	33,600	48,000
2d Sub Sta Wag	720	2,160	3,600	8,100	12,600	18,000
4d 6P Sta Wag	728	2,184	3,640	8,190	12,740	18,200
4d 8P Sta Wag	780	2,340	3,900	8,780	13,650	19,500
NOTE: Deduct 5 percent for 6-cyl. models.						
1956 Royal, V-8, 120" wb						
4d Sed	704	2,112	3,520	7,920	12,320	17,600
4d HT	760	2,280	3,800	8,550	13,300	19,000
2d HT	1,220	3,660	6,100	13,730	21,350	30,500
2d Sub Sta Wag	740	2,220	3,700	8,330	12,950	18,500
4d 6P Sta Wag	748	2,244	3,740	8,420	13,090	18,700
4d 8P Sta Wag	820	2,460	4,100	9,230	14,350	20,500
1956 Custom Royal, V-8, 120" wb						
4d Sed	708	2,124	3,540	7,970	12,390	17,700
4d HT	840	2,520	4,200	9,450	14,700	21,000
2d HT	1,240	3,720	6,200	13,950	21,700	31,000
2d Conv	2,120	6,360	10,600	23,850	37,100	53,000
NOTE: Add 30 percent for D500 option. Add 10 percent for Golden Lancer. Add 10 percent for La-Femme or Texan options.						
1957 Coronet, V-8, 122" wb						
4d Sed	750	2,240	3,740	8,420	13,090	18,700
4d HT	820	2,460	4,100	9,230	14,350	20,500
2d Sed	1,070	3,220	5,360	12,060	18,760	26,800
2d HT	1,160	3,480	5,800	13,050	20,300	29,000
NOTE: Deduct 5 percent for 6-cyl. models.						
1957 Coronet Lancer						
2d Conv	2,120	6,360	10,600	23,850	37,100	53,000
1957 Royal, V-8, 122" wb						
4d Sed	800	2,400	4,000	9,000	14,000	20,000
4d HT	900	2,700	4,500	10,130	15,750	22,500
2d HT	1,400	4,200	7,000	15,750	24,500	35,000
1957 Royal Lancer						
2d Conv	2,160	6,480	10,800	24,300	37,800	54,000
1957 Custom Royal, V-8, 122" wb						
4d Sed	840	2,520	4,200	9,450	14,700	21,000
4d HT	920	2,760	4,600	10,350	16,100	23,000
2d HT	1,440	4,320	7,200	16,200	25,200	36,000
4d 6P Sta Wag	1,000	3,000	5,000	11,250	17,500	25,000
4d 9P Sta Wag	1,100	3,300	5,500	12,380	19,250	27,500
2d Sub Sta Wag	940	2,820	4,700	10,580	16,450	23,500

DODGE

	6	5	4	3	2	1
1957 Custom Royal Lancer						
2d Conv	2,280	6,840	11,400	25,650	39,900	57,000
NOTE: Add 30 percent for D500 option.						
1958 Coronet, V-8, 122" wb						
4d Sed	750	2,240	3,740	8,420	13,090	18,700
4d HT	820	2,460	4,100	9,230	14,350	20,500
2d Sed	1,070	3,220	5,360	12,060	18,760	26,800
2d HT	1,160	3,480	5,800	13,050	20,300	29,000
2d Conv	2,160	6,480	10,800	24,300	37,800	54,000
NOTE: Deduct 5 percent for 6-cyl. models.						
1958 Royal						
4d Sed	800	2,400	4,000	9,000	14,000	20,000
4d HT	900	2,700	4,500	10,130	15,750	22,500
2d HT	1,400	4,200	7,000	15,750	24,500	35,000
1958 Custom Royal						
4d Sed	840	2,520	4,200	9,450	14,700	21,000
4d HT	920	2,760	4,600	10,350	16,100	23,000
2d HT	1,440	4,320	7,200	16,200	25,200	36,000
2d Conv	2,160	6,480	10,800	24,300	37,800	54,000
4d 6P Sta Wag	920	2,760	4,600	10,350	16,100	23,000
4d 9P Sta Wag	1,020	3,060	5,100	11,480	17,850	25,500
4d 6P Cus Wag	1,000	3,000	5,000	11,250	17,500	25,000
4d 9P Cus Wag	1,100	3,300	5,500	12,380	19,250	27,500
2d Sub Sta Wag	940	2,820	4,700	10,580	16,450	23,500
NOTE: Add 30 percent for D500 option. Add 50 percent for E.F.I. Super D500. Add 20 percent for Regal Lancer.						
1959 Coronet, V-8						
4d Sed	750	2,240	3,740	8,420	13,090	18,700
4d HT	820	2,460	4,100	9,230	14,350	20,500
2d Sed	1,070	3,220	5,360	12,060	18,760	26,800
2d HT	1,160	3,480	5,800	13,050	20,300	29,000
2d Conv	2,160	6,480	10,800	24,300	37,800	54,000
1959 Royal, V-8						
4d Sed	800	2,400	4,000	9,000	14,000	20,000
4d HT	900	2,700	4,500	10,130	15,750	22,500
2d HT	1,400	4,200	7,000	15,750	24,500	35,000
1959 Custom Royal, V-8						
4d Sed	840	2,520	4,200	9,450	14,700	21,000
4d HT	920	2,760	4,600	10,350	16,100	23,000
2d HT	1,440	4,320	7,200	16,200	25,200	36,000
2d Conv	2,160	6,480	10,800	24,300	37,800	54,000
1959 Sierra, V-8						
4d 6P Sta Wag	920	2,760	4,600	10,350	16,100	23,000
4d 9P Sta Wag	1,020	3,060	5,100	11,480	17,850	25,500
4d 6P Cus Wag	1,000	3,000	5,000	11,250	17,500	25,000
4d 9P Cus Wag	1,100	3,300	5,500	12,380	19,250	27,500
NOTE: Add 30 percent for D500 option. Deduct 10 percent for 6-cyl. models.						
1960 Seneca, V-8, 118" wb						
4d Sed	484	1,452	2,420	5,450	8,470	12,100
2d Sed	488	1,464	2,440	5,490	8,540	12,200
4d Sta Wag	620	1,860	3,100	6,980	10,850	15,500
1960 Pioneer, V-8, 118" wb						
4d Sed	504	1,512	2,520	5,670	8,820	12,600
2d Sed	508	1,524	2,540	5,720	8,890	12,700
2d HT	708	2,124	3,540	7,970	12,390	17,700
4d 6P Sta Wag	640	1,920	3,200	7,200	11,200	16,000
4d 9P Sta Wag	648	1,944	3,240	7,290	11,340	16,200
1960 Phoenix, V-8, 118" wb						
4d Sed	608	1,824	3,040	6,840	10,640	15,200
4d HT	720	2,160	3,600	8,100	12,600	18,000
2d HT	800	2,400	4,000	9,000	14,000	20,000
2d Conv	960	2,880	4,800	10,800	16,800	24,000
1960 Matador						
4d Sed	612	1,836	3,060	6,890	10,710	15,300
4d HT	740	2,220	3,700	8,330	12,950	18,500
2d HT	840	2,520	4,200	9,450	14,700	21,000
4d 6P Sta Wag	656	1,968	3,280	7,380	11,480	16,400
4d 9P Sta Wag	664	1,992	3,320	7,470	11,620	16,600
1960 Polara						
4d Sed	620	1,860	3,100	6,980	10,850	15,500
4d HT	708	2,124	3,540	7,970	12,390	17,700
2d HT	840	2,520	4,200	9,450	14,700	21,000
2d Conv	1,000	3,000	5,000	11,250	17,500	25,000
4d 6P Sta Wag	664	1,992	3,320	7,470	11,620	16,600
4d 9P Sta Wag	672	2,016	3,360	7,560	11,760	16,800
NOTE: Deduct 5 percent for 6-cyl. models. Add 30 percent for D500 option.						
1961 Lancer, 6-cyl., 106.5" wb						
4d Sed	480	1,440	2,400	5,400	8,400	12,000
2d HT	608	1,824	3,040	6,840	10,640	15,200
2d Spt Cpe	496	1,488	2,480	5,580	8,680	12,400

DODGE

	6	5	4	3	2	1

1961 Lancer 770
NOTE: Add 10 percent for Hyper Pak 170-180 hp engine option, and 20 percent for Hyper Pak 225-200 hp.

	6	5	4	3	2	1
4d Sta Wag	480	1,440	2,400	5,400	8,400	12,000
1961 Seneca, V-8, 118" wb						
4d Sed.	484	1,452	2,420	5,450	8,470	12,100
2d Sed.	488	1,464	2,440	5,490	8,540	12,200
4d Sta Wag	600	1,800	3,000	6,750	10,500	15,000
1961 Pioneer, V-8, 118" wb						
4d Sed.	484	1,452	2,420	5,450	8,470	12,100
2d Sed.	492	1,476	2,460	5,540	8,610	12,300
2d HT	620	1,860	3,100	6,980	10,850	15,500
4d 6P Sta Wag	616	1,848	3,080	6,930	10,780	15,400
4d 9P Sta Wag	620	1,860	3,100	6,980	10,850	15,500
1961 Phoenix, V-8, 118" wb						
4d Sed.	492	1,476	2,460	5,540	8,610	12,300
4d HT	640	1,920	3,200	7,200	11,200	16,000
2d HT	680	2,040	3,400	7,650	11,900	17,000
2d Conv.	840	2,520	4,200	9,450	14,700	21,000
1961 Polara						
4d Sed.	508	1,524	2,540	5,720	8,890	12,700
4d HT	660	1,980	3,300	7,430	11,550	16,500
2d HT	740	2,220	3,700	8,330	12,950	18,500
2d Conv.	880	2,640	4,400	9,900	15,400	22,000
4d 6P Sta Wag	620	1,860	3,100	6,980	10,850	15,500
4d 9P Sta Wag	624	1,872	3,120	7,020	10,920	15,600

NOTE: Deduct 5 percent for 6-cyl. models. Add 30 percent for D500 option. Add 75 percent for Ram Charger "413".

	6	5	4	3	2	1
1962 Lancer, 6-cyl., 106.5" wb						
4d Sed.	468	1,404	2,340	5,270	8,190	11,700
2d Sed.	472	1,416	2,360	5,310	8,260	11,800
4d Sta Wag	480	1,440	2,400	5,400	8,400	12,000
1962 Lancer 770, 6-cyl., 106.5" wb						
4d Sed.	472	1,416	2,360	5,310	8,260	11,800
2d Sed.	476	1,428	2,380	5,360	8,330	11,900
4d Sta Wag	488	1,464	2,440	5,490	8,540	12,200
2d GT Cpe.	600	1,800	3,000	6,750	10,500	15,000
1962 Dart, V-8, 116" wb						
4d Sed.	480	1,440	2,400	5,400	8,400	12,000
2d Sed.	484	1,452	2,420	5,450	8,470	12,100
2d HT	500	1,500	2,500	5,630	8,750	12,500
4d 6P Sta Wag	516	1,548	2,580	5,810	9,030	12,900
4d 9P Sta Wag	500	1,500	2,500	5,630	8,750	12,500
1962 Dart 440, V-8, 116" wb						
4d Sed.	488	1,464	2,440	5,490	8,540	12,200
4d HT	508	1,524	2,540	5,720	8,890	12,700
2d HT	600	1,800	3,000	6,750	10,500	15,000
2d Conv.	840	2,520	4,200	9,450	14,700	21,000
4d 6P Sta Wag	500	1,500	2,500	5,630	8,750	12,500
4d 9P Sta Wag	504	1,512	2,520	5,670	8,820	12,600
1962 Polara 500, V-8, 116" wb						
4d HT	600	1,800	3,000	6,750	10,500	15,000
2d HT	620	1,860	3,100	6,980	10,850	15,500
2d Conv.	880	2,640	4,400	9,900	15,400	22,000

NOTE: Add 20 percent for Daytona 500 Pace Car.

	6	5	4	3	2	1
1962 Custom 880, V-8, 122" wb						
4d Sed.	492	1,476	2,460	5,540	8,610	12,300
4d HT	620	1,860	3,100	6,980	10,850	15,500
2d HT	640	1,920	3,200	7,200	11,200	16,000
2d Conv.	800	2,400	4,000	9,000	14,000	20,000
4d 6P Sta Wag	500	1,500	2,500	5,630	8,750	12,500
4d 9P Sta Wag	508	1,524	2,540	5,720	8,890	12,700

NOTE: Deduct 5 percent for 6-cyl. models. Add 75 percent for Ram Charger "413". Value inestimable on autos equipped
at factory with Max wedge engine option.

	6	5	4	3	2	1
1963 Dart 170, 6-cyl., 111" wb						
4d Sed.	444	1,332	2,220	5,000	7,770	11,100
2d Sed.	448	1,344	2,240	5,040	7,840	11,200
4d Sta Wag	460	1,380	2,300	5,180	8,050	11,500
1963 Dart 270, 6-cyl., 111" wb						
4d Sed.	448	1,344	2,240	5,040	7,840	11,200
2d Sed.	452	1,356	2,260	5,090	7,910	11,300
2d Conv.	640	1,920	3,200	7,200	11,200	16,000
4d Sta Wag	468	1,404	2,340	5,270	8,190	11,700
1963 Dart GT						
2d HT	680	2,040	3,400	7,650	11,900	17,000
2d Conv.	840	2,520	4,200	9,450	14,700	21,000
1963 Dodge, 330/440, V-8, 119" wb						
4d Sed.	468	1,404	2,340	5,270	8,190	11,700
2d Sed.	464	1,392	2,320	5,220	8,120	11,600
2d HT	600	1,800	3,000	6,750	10,500	15,000

	6	5	4	3	2	1
4d 6P Sta Wag	500	1,500	2,500	5,630	8,750	12,500
4d 9P Sta Wag	504	1,512	2,520	5,670	8,820	12,600
1963 Polara, 318 cid V-8, 119" wb						
4d Sed	476	1,428	2,380	5,360	8,330	11,900
4d HT	496	1,488	2,480	5,580	8,680	12,400
2d HT	620	1,860	3,100	6,980	10,850	15,500
2d Conv	640	1,920	3,200	7,200	11,200	16,000
1963 Polara 500, 383 cid V-8, 119" wb						
2d HT	660	1,980	3,300	7,430	11,550	16,500
2d Conv	780	2,340	3,900	8,780	13,650	19,500
1963 880, V-8, 122" wb						
4d Sed	496	1,488	2,480	5,580	8,680	12,400
4d HT	600	1,800	3,000	6,750	10,500	15,000
2d HT	640	1,920	3,200	7,200	11,200	16,000
2d Conv	760	2,280	3,800	8,550	13,300	19,000
4d 6P Sta Wag	504	1,512	2,520	5,670	8,820	12,600
4d 9P Sta Wag	508	1,524	2,540	5,720	8,890	12,700

NOTE: Deduct 5 percent for 6-cyl. models. Add 100 percent for Ramcharger 426. Value inestimable on autos equipped at factory with Max wedge engine option.

	6	5	4	3	2	1
1964 Dart 170, 6-cyl., 111" wb						
4d Sed	444	1,332	2,220	5,000	7,770	11,100
2d Sed	448	1,344	2,240	5,040	7,840	11,200
4d Sta Wag	460	1,380	2,300	5,180	8,050	11,500
1964 Dart 270, 6-cyl., 106" wb						
4d Sed	448	1,344	2,240	5,040	7,840	11,200
2d Sed	452	1,356	2,260	5,090	7,910	11,300
2d Conv	760	2,280	3,800	8,550	13,300	19,000
4d Sta Wag	464	1,392	2,320	5,220	8,120	11,600
1964 Dart GT						
2d HT	700	2,100	3,500	7,880	12,250	17,500
2d Conv	960	2,880	4,800	10,800	16,800	24,000
1964 Dodge 330/440, V-8, 119" wb						
4d Sed	181	1,002	2,020	0,220	8,120	11,600
2d Sed	468	1,404	2,340	5,270	8,190	11,700
2d HT	600	1,800	3,000	6,750	10,500	15,000
4d 6P Sta Wag	500	1,500	2,500	5,630	8,750	12,500
4d 9P Sta Wag	504	1,512	2,520	5,670	8,820	12,600
1964 Polara, V-8, 119" wb						
4d Sed	492	1,476	2,460	5,540	8,610	12,300
4d HT	496	1,488	2,480	5,580	8,680	12,400
2d HT	660	1,980	3,300	7,430	11,550	16,500
2d Conv	840	2,520	4,200	9,450	14,700	21,000
1964 880, V-8, 122" wb						
4d Sed	508	1,524	2,540	5,720	8,890	12,700
4d HT	512	1,536	2,560	5,760	8,960	12,800
2d HT	680	2,040	3,400	7,650	11,900	17,000
2d Conv	860	2,580	4,300	9,680	15,050	21,500
4d 6P Sta Wag	504	1,512	2,520	5,670	8,820	12,600
4d 9P Sta Wag	508	1,524	2,540	5,720	8,890	12,700

NOTE: Add 75 percent for 426 street wedge. Add 100 percent for 426 Ramcharger. Add 30 percent for Polara 500 option. Deduct 5 percent for 6-cyl. models. Add 15 percent for 383 w/Hurst 4-Spd option. Value inestimable on autos equipped at factory with Max wedge engine option.

	6	5	4	3	2	1
1965 Dart, V8, 106" wb						
4d Sed	444	1,332	2,220	5,000	7,770	11,100
2d Sed	448	1,344	2,240	5,040	7,840	11,200
4d Sta Wag	460	1,380	2,300	5,180	8,050	11,500
1965 Dart 270, V-8, 106" wb						
4d Sed	448	1,344	2,240	5,040	7,840	11,200
2d Sed	452	1,356	2,260	5,090	7,910	11,300
2d HT	600	1,800	3,000	6,750	10,500	15,000
2d Conv	840	2,520	4,200	9,450	14,700	21,000
4d Sta Wag	464	1,392	2,320	5,220	8,120	11,600
1965 Dart GT						
2d HT	780	2,340	3,900	8,780	13,650	19,500
2d Conv	1,080	3,240	5,400	12,150	18,900	27,000
1965 Coronet, V-8, 117" wb						
4d Sed	452	1,356	2,260	5,090	7,910	11,300
2d Sed	456	1,368	2,280	5,130	7,980	11,400
1965 Coronet Deluxe, V-8, 117" wb						
4d Sed	460	1,380	2,300	5,180	8,050	11,500
2d Sed	464	1,392	2,320	5,220	8,120	11,600
4d Sta Wag	480	1,440	2,400	5,400	8,400	12,000
1965 Coronet 440, V-8, 117" wb						
4d Sed	468	1,404	2,340	5,270	8,190	11,700
2d HT	680	2,040	3,400	7,650	11,900	17,000
2d Conv	1,000	3,000	5,000	11,250	17,500	25,000
4d 6P Sta Wag	500	1,500	2,500	5,630	8,750	12,500
4d 9P Sta Wag	504	1,512	2,520	5,670	8,820	12,600

DODGE

	6	5	4	3	2	1
1965 Coronet 500, V-8, 117" wb						
2d HT	700	2,100	3,500	7,880	12,250	17,500
2d Conv	1,120	3,360	5,600	12,600	19,600	28,000
1965 Polara, V-8, 121" wb						
4d Sed	468	1,404	2,340	5,270	8,190	11,700
4d HT	476	1,428	2,380	5,360	8,330	11,900
2d HT	620	1,860	3,100	6,980	10,850	15,500
2d Conv	900	2,700	4,500	10,130	15,750	22,500
4d 6P Sta Wag	504	1,512	2,520	5,670	8,820	12,600
4d 9P Sta Wag	508	1,524	2,540	5,720	8,890	12,700
1965 Custom 880, V-8, 121" wb						
4d Sed	472	1,416	2,360	5,310	8,260	11,800
4d HT	460	1,380	2,300	5,180	8,050	11,500
2d HT	660	1,980	3,300	7,430	11,550	16,500
2d Conv	960	2,880	4,800	10,800	16,800	24,000
4d 6P Sta Wag	508	1,524	2,540	5,720	8,890	12,700
4d 9P Sta Wag	512	1,536	2,560	5,760	8,960	12,800
1965 Monaco, V-8, 121" wb						
2d HT	640	1,920	3,200	7,200	11,200	16,000
NOTE: Deduct 5 percent for 6-cyl. models. Autos equipped with 426 Hemi, value inestimable.						
1966 Dart, 6-cyl., 111" wb						
4d Sed	448	1,344	2,240	5,040	7,840	11,200
2d Sed	452	1,356	2,260	5,090	7,910	11,300
4d Sta Wag	460	1,380	2,300	5,180	8,050	11,500
1966 Dart 270, V-8, 111" wb						
4d Sed	452	1,356	2,260	5,090	7,910	11,300
2d Sed	456	1,368	2,280	5,130	7,980	11,400
2d HT	624	1,872	3,120	7,020	10,920	15,600
2d Conv	920	2,760	4,600	10,350	16,100	23,000
4d Sta Wag	464	1,392	2,320	5,220	8,120	11,600
1966 Dart GT, V-8, 111" wb						
2d HT	720	2,160	3,600	8,100	12,600	18,000
2d Conv	1,040	3,120	5,200	11,700	18,200	26,000
NOTE: Add 30 percent for 273 V-8, 275 hp engine option.						
1966 Coronet, V-8, 117" wb						
4d Sed	440	1,320	2,200	4,950	7,700	11,000
2d Sed	444	1,332	2,220	5,000	7,770	11,100
1966 Coronet DeLuxe, V-8, 117" wb						
4d Sed	444	1,332	2,220	5,000	7,770	11,100
2d Sed	448	1,344	2,240	5,040	7,840	11,200
4d Sta Wag	400	1,200	2,000	4,500	7,000	10,000
1966 Coronet 440, V-8, 117" wb						
4d Sed	452	1,356	2,260	5,090	7,910	11,300
2d HT	640	1,920	3,200	7,200	11,200	16,000
2d Conv	960	2,880	4,800	10,800	16,800	24,000
4d Sta Wag	460	1,380	2,300	5,180	8,050	11,500
1966 Coronet 500, V-8, 117" wb						
4d Sed	452	1,356	2,260	5,090	7,910	11,300
2d HT	660	1,980	3,300	7,430	11,550	16,500
2d Conv	1,040	3,120	5,200	11,700	18,200	26,000
NOTE: Deduct 5 percent for all Dodge 6-cyl.						
1966 Polara, V-8, 121" wb						
4d Sed	456	1,368	2,280	5,130	7,980	11,400
4d HT	476	1,428	2,380	5,360	8,330	11,900
2d HT	620	1,860	3,100	6,980	10,850	15,500
2d Conv	680	2,040	3,400	7,650	11,900	17,000
4d Sta Wag	508	1,524	2,540	5,720	8,890	12,700
NOTE: Add 10 percent for Polara 500 option.						
1966 Monaco, V-8, 121" wb						
4d Sed	456	1,368	2,280	5,130	7,980	11,400
4d HT	600	1,800	3,000	6,750	10,500	15,000
2d HT	624	1,872	3,120	7,020	10,920	15,600
4d Sta Wag	512	1,536	2,560	5,760	8,960	12,800
1966 Monaco 500						
2d HT	644	1,932	3,220	7,250	11,270	16,100
1966 Charger, 117" wb						
2d HT	1,040	3,120	5,200	11,700	18,200	26,000
NOTE: Autos equipped with 426 Hemi, value inestimable.						
1967 Dart, 6-cyl., 111" wb						
4d Sed	444	1,332	2,220	5,000	7,770	11,100
2d Sed	448	1,344	2,240	5,040	7,840	11,200
1967 Dart 270, 6-cyl., 111" wb						
4d Sed	452	1,356	2,260	5,090	7,910	11,300
2d HT	480	1,440	2,400	5,400	8,400	12,000
1967 Dart GT, V-8						
2d HT	720	2,160	3,600	8,100	12,600	18,000
2d Conv	1,080	3,240	5,400	12,150	18,900	27,000
1967 Coronet DeLuxe, V-8, 117" wb						
4d Sed	440	1,320	2,200	4,950	7,700	11,000

	6	5	4	3	2	1
2d Sed	444	1,332	2,220	5,000	7,770	11,100
4d Sta Wag.	464	1,392	2,320	5,220	8,120	11,600
1967 Coronet 440, V-8, 117" wb						
4d Sed	452	1,356	2,260	5,090	7,910	11,300
2d HT	640	1,920	3,200	7,200	11,200	16,000
2d Conv	1,040	3,120	5,200	11,700	18,200	26,000
4d Sta Wag.	468	1,404	2,340	5,270	8,190	11,700
1967 Coronet 500, V-8, 117" wb						
4d Sed	456	1,368	2,280	5,130	7,980	11,400
2d HT	680	2,040	3,400	7,650	11,900	17,000
2d Conv	1,080	3,240	5,400	12,150	18,900	27,000
1967 Coronet R/T, V-8, 117" wb						
2d HT	1,280	3,840	6,400	14,400	22,400	32,000
2d Conv	1,640	4,920	8,200	18,450	28,700	41,000
1967 Charger, V-8, 117 " wb						
2d HT	1,080	3,240	5,400	12,150	18,900	27,000
1967 Polara, V-8, 122" wb						
4d Sed	452	1,356	2,260	5,090	7,910	11,300
4d HT	460	1,380	2,300	5,180	8,050	11,500
2d HT	500	1,500	2,500	5,630	8,750	12,500
2d Conv	740	2,220	3,700	8,330	12,950	18,500
4d Sta Wag.	480	1,440	2,400	5,400	8,400	12,000
1967 Polara 500, V-8, 122" wb						
2d HT	600	1,800	3,000	6,750	10,500	15,000
2d Conv	760	2,280	3,800	8,550	13,300	19,000
1967 Monaco, V-8, 122" wb						
4d Sed	480	1,440	2,400	5,400	8,400	12,000
4d HT	484	1,452	2,420	5,450	8,470	12,100
2d HT	620	1,860	3,100	6,980	10,850	15,500
4d Sta Wag.	500	1,500	2,500	5,630	8,750	12,500
1967 Monaco 500, V-8, 122" wb						
2d HT	660	1,980	3,300	7,430	11,550	16,500

NOTE: *Add 40 percent for 440 Magnum when optional. Autos equipped with 426 Hemi, value inestimable.*

	6	5	4	3	2	1
1968 Dart, 6-cyl., 111" wb						
4d Sed	452	1,050	2,260	5,090	7,910	11,300
2d Sed	456	1,368	2,280	5,130	7,980	11,400
1968 Dart 270, 6-cyl., 111" wb						
2d HT	480	1,440	2,400	5,400	8,400	12,000
4d Sed	460	1,380	2,300	5,180	8,050	11,500
1968 Dart, V-8, 111" wb						
4d Sed	468	1,404	2,340	5,270	8,190	11,700
2d HT	604	1,812	3,020	6,800	10,570	15,100
1968 Dart GT						
2d HT	700	2,100	3,500	7,880	12,250	17,500
2d Conv	1,060	3,180	5,300	11,930	18,550	26,500
1968 Dart GT Sport 340, 111" wb						
2d HT	840	2,520	4,200	9,450	14,700	21,000
2d Conv	1,280	3,840	6,400	14,400	22,400	32,000
1968 Dart GT Sport 383, 111" wb						
2d HT	920	2,760	4,600	10,350	16,100	23,000
2d Conv	1,320	3,960	6,600	14,850	23,100	33,000
1968 Coronet DeLuxe, V-8, 117" wb						
4d Sed	448	1,344	2,240	5,040	7,840	11,200
2d Sed	452	1,356	2,260	5,090	7,910	11,300
4d Sta Wag.	480	1,440	2,400	5,400	8,400	12,000
1968 Coronet 440						
2d Sed	456	1,368	2,280	5,130	7,980	11,400
2d HT	700	2,100	3,500	7,880	12,250	17,500
4d Sed	460	1,380	2,300	5,180	8,050	11,500
4d Sta Wag.	492	1,476	2,460	5,540	8,610	12,300
1968 Coronet 500						
4d Sed	460	1,380	2,300	5,180	8,050	11,500
2d HT	720	2,160	3,600	8,100	12,600	18,000
2d Conv	1,120	3,360	5,600	12,600	19,600	28,000
4d Sta Wag.	500	1,500	2,500	5,630	8,750	12,500
1968 Coronet Super Bee, V-8, 117" wb						
2d Cpe	1,480	4,440	7,400	16,650	25,900	37,000
1968 Coronet R/T						
2d HT	1,680	5,040	8,400	18,900	29,400	42,000
2d Conv	2,040	6,120	10,200	22,950	35,700	51,000
1968 Charger						
2d HT	1,480	4,440	7,400	16,650	25,900	37,000
1968 Charger R/T						
2d HT	1,840	5,520	9,200	20,700	32,200	46,000
1968 Polara, V-8, 122" wb						
4d Sed	456	1,368	2,280	5,130	7,980	11,400
2d HT	604	1,812	3,020	6,800	10,570	15,100
4d HT	504	1,512	2,520	5,670	8,820	12,600

	6	5	4	3	2	1
2d Conv	780	2,340	3,900	8,780	13,650	19,500
4d Sta Wag	512	1,536	2,560	5,760	8,960	12,800
1968 Polara 500						
2d HT	620	1,860	3,100	6,980	10,850	15,500
2d Conv	800	2,400	4,000	9,000	14,000	20,000
1968 Monaco						
2d HT	688	2,064	3,440	7,740	12,040	17,200
4d HT	600	1,800	3,000	6,750	10,500	15,000
4d Sed	480	1,440	2,400	5,400	8,400	12,000
4d Sta Wag	600	1,800	3,000	6,750	10,500	15,000
1968 Monaco 500						
2d HT	700	2,100	3,500	7,880	12,250	17,500

NOTE: Add 40 percent for 440 Magnum when optional. Autos equipped with 426 Hemi, value inestimable.

	6	5	4	3	2	1
1969 Dart V-8						
2d HT	360	1,080	1,800	4,050	6,300	9,000
4d Sed	352	1,056	1,760	3,960	6,160	8,800
1969 Dart Swinger						
2d HT	472	1,416	2,360	5,310	8,260	11,800
1969 Dart Swinger 340						
2d HT	860	2,580	4,300	9,680	15,050	21,500
1969 Dart Custom, V-8, 111" wb						
4d Sed	440	1,320	2,200	4,950	7,700	11,000
2d HT	496	1,488	2,480	5,580	8,680	12,400
1969 Dart GT						
2d HT	960	2,880	4,800	10,800	16,800	24,000
2d Conv	1,240	3,720	6,200	13,950	21,700	31,000
1969 Dart GT Sport 340						
2d HT	1,080	3,240	5,400	12,150	18,900	27,000
2d Conv	1,400	4,200	7,000	15,750	24,500	35,000
1969 Dart GT Sport 383, 111" wb						
2d HT (383 hp)	1,240	3,720	6,200	13,950	21,700	31,000
2d Conv (330 hp)	1,360	4,080	6,800	15,300	23,800	34,000
1969 Dart GT Sport 440, 111" wb						
2d HT	1,360	4,080	6,800	15,300	23,800	34,000
1969 Coronet DeLuxe, V-8, 117" wb						
4d Sed	344	1,032	1,720	3,870	6,020	8,600
2d Sed	360	1,080	1,800	4,050	6,300	9,000
4d Sta Wag	356	1,068	1,780	4,010	6,230	8,900
1969 Coronet 440						
2d Sed	364	1,092	1,820	4,100	6,370	9,100
2d HT	820	2,460	4,100	9,230	14,350	20,500
4d Sed	348	1,044	1,740	3,920	6,090	8,700
4d Sta Wag	356	1,068	1,780	4,010	6,230	8,900
1969 Coronet 500						
2d HT	840	2,520	4,200	9,450	14,700	21,000
2d Conv	1,240	3,720	6,200	13,950	21,700	31,000
4d Sta Wag	396	1,188	1,980	4,460	6,930	9,900
4d Sed	400	1,200	2,000	4,500	7,000	10,000
1969 Coronet Super Bee, V-8						
2d HT	1,480	4,440	7,400	16,650	25,900	37,000
2d Cpe (base 440/375)	1,440	4,320	7,200	16,200	25,200	36,000

NOTE: Add 75 percent for Super Bee six pack.

	6	5	4	3	2	1
1969 Coronet R/T						
2d HT	1,640	4,920	8,200	18,450	28,700	41,000
2d Conv	1,960	5,880	9,800	22,050	34,300	49,000
1969 Charger						
2d HT	1,520	4,560	7,600	17,100	26,600	38,000
1969 Charger SE						
2d HT	1,560	4,680	7,800	17,550	27,300	39,000
1969 Charger 500						
2d HT	1,920	5,760	9,600	21,600	33,600	48,000
1969 Charger R/T						
2d HT	2,080	6,240	10,400	23,400	36,400	52,000
1969 Charger Daytona						
2d HT	3,800	11,400	19,000	42,750	66,500	95,000
1969 Polara, V-8						
4d Sed	328	984	1,640	3,690	5,740	8,200
2d HT	444	1,332	2,220	5,000	7,770	11,100
4d HT	336	1,008	1,680	3,780	5,880	8,400
2d Conv	664	1,992	3,320	7,470	11,620	16,600
4d Sta Wag	340	1,020	1,700	3,830	5,950	8,500
1969 Polara 500						
2d HT	464	1,392	2,320	5,220	8,120	11,600
2d Conv	684	2,052	3,420	7,700	11,970	17,100
1969 Monaco						
2d HT	468	1,404	2,340	5,270	8,190	11,700
4d HT	352	1,056	1,760	3,960	6,160	8,800
4d Sed	328	984	1,640	3,690	5,740	8,200

	6	5	4	3	2	1
4d Sta Wag.	332	996	1,660	3,740	5,810	8,300

NOTE: *Add 40 percent for Magnum 440/1x4V. Autos equipped with 426 Hemi, value inestimable. Add 20 percent for 383 engine. Add 75 percent for 440/3x2V.*

1970 Dart, V-8, 111" wb

	6	5	4	3	2	1
4d Sed	312	936	1,560	3,510	5,460	7,800
2d HT Swinger	480	1,440	2,400	5,400	8,400	12,000

1970 Dart Custom

	6	5	4	3	2	1
4d Sed	316	948	1,580	3,560	5,530	7,900
2d HT	440	1,320	2,200	4,950	7,700	11,000

1970 Dart Swinger 340

	6	5	4	3	2	1
2d HT	800	2,400	4,000	9,000	14,000	20,000

1970 Challenger, V-8, 110" wb

	6	5	4	3	2	1
2d HT	1,200	3,600	6,000	13,500	21,000	30,000
2d HT SE Fml.	1,160	3,480	5,800	13,050	20,300	29,000
2d Conv	2,200	6,600	11,000	24,750	38,500	55,000

1970 Challenger R/T

	6	5	4	3	2	1
2d HT	2,240	6,720	11,200	25,200	39,200	56,000
2d HT SE Fml.	1,440	4,320	7,200	16,200	25,200	36,000
2d Conv	2,740	8,220	13,700	30,830	47,950	68,500

1970 Challenger T/A

	6	5	4	3	2	1
2d Cpe	3,000	9,000	15,000	33,750	52,500	75,000

1970 Coronet, V-8, 117" wb

	6	5	4	3	2	1
4d Sed	308	924	1,540	3,470	5,390	7,700
2d Sed	316	948	1,580	3,560	5,530	7,900
4d Sta Wag.	312	936	1,560	3,510	5,460	7,800

1970 Coronet 440

	6	5	4	3	2	1
2d HT	720	2,160	3,600	8,100	12,600	18,000
4d Sed	320	960	1,600	3,600	5,600	8,000
2d Sed	328	984	1,640	3,690	5,740	8,200
4d Sta Wag.	324	972	1,620	3,650	5,670	8,100

1970 Coronet 500

	6	5	4	3	2	1
4d Sed	340	1,020	1,700	3,830	5,950	8,500
2d HT	800	2,400	4,000	9,000	14,000	20,000
2d Conv	1,160	3,480	5,800	13,050	20,300	29,000
4d Sta Wag.	320	960	1,600	3,600	5,600	8,000

1970 Coronet Super Bee

	6	5	4	3	2	1
2d HT	1,280	3,840	6,400	14,400	22,400	32,000
2d Cpe	1,200	3,600	6,000	13,500	21,000	30,000

1970 Coronet R/T

	6	5	4	3	2	1
2d HT	1,560	4,680	7,800	17,550	27,300	39,000
2d Conv	1,880	5,640	9,400	21,150	32,900	47,000

1970 Charger

	6	5	4	3	2	1
2d HT	1,360	4,080	6,800	15,300	23,800	34,000
2d HT 500.	1,600	4,800	8,000	18,000	28,000	40,000
2d HT R/T.	1,800	5,400	9,000	20,250	31,500	45,000

1970 Polara, V-8, 122" wb

	6	5	4	3	2	1
2d HT	440	1,320	2,200	4,950	7,700	11,000
4d HT	324	972	1,620	3,650	5,670	8,100
2d Conv	640	1,920	3,200	7,200	11,200	16,000
4d Sed	320	960	1,600	3,600	5,600	8,000

1970 Polara Custom

	6	5	4	3	2	1
4d Sed	328	984	1,640	3,690	5,740	8,200
2d HT	460	1,380	2,300	5,180	8,050	11,500
4d HT	332	996	1,660	3,740	5,810	8,300

1970 Monaco

	6	5	4	3	2	1
4d Sed	320	960	1,600	3,600	5,600	8,000
2d HT	360	1,080	1,800	4,050	6,300	9,000
4d HT	324	972	1,620	3,650	5,670	8,100
4d Sta Wag.	328	984	1,640	3,690	5,740	8,200

NOTE: *Add 40 percent for 440 Magnum. 440/1x4V autos equipped with 426 Hemi, value inestimable. Add 20 percent for 383 engine. Add 75 percent for 440/3x2V. Add 50 percent for 340/3x2V.*

1971 Demon

	6	5	4	3	2	1
2d Cpe	340	1,020	1,700	3,830	5,950	8,500
2d 340 Cpe.	600	1,800	3,000	6,750	10,500	15,000

1971 Dart

	6	5	4	3	2	1
4d Cus Sed.	292	876	1,460	3,290	5,110	7,300

1971 Swinger

	6	5	4	3	2	1
2d HT	480	1,440	2,400	5,400	8,400	12,000

1971 Challenger

	6	5	4	3	2	1
2d HT	1,160	3,480	5,800	13,050	20,300	29,000
2d Conv	2,120	6,360	10,600	23,850	37,100	53,000
2d HT R/T.	2,000	6,000	10,000	22,500	35,000	50,000

1971 Coronet Brougham

	6	5	4	3	2	1
4d Sed	264	792	1,320	2,970	4,620	6,600
4d Sta Wag.	268	804	1,340	3,020	4,690	6,700

1971 Charger

	6	5	4	3	2	1
2d HT 500.	1,160	3,480	5,800	13,050	20,300	29,000
2d HT	1,080	3,240	5,400	12,150	18,900	27,000
2d Super Bee HT	1,200	3,600	6,000	13,500	21,000	30,000

DODGE

	6	5	4	3	2	1
2d HT R/T	1,280	3,840	6,400	14,400	22,400	32,000
2d HT SE..	1,240	3,720	6,200	13,950	21,700	31,000
1971 Polara Brougham						
4d HT	268	804	1,340	3,020	4,690	6,700
2d HT	272	816	1,360	3,060	4,760	6,800
1971 Monaco						
4d HT	268	804	1,340	3,020	4,690	6,700
2d HT	276	828	1,380	3,110	4,830	6,900
4d Sta Wag..	272	816	1,360	3,060	4,760	6,800
NOTE: Add 40 percent for 440 Magnum. Autos equipped with 426 Hemi, value inestimable. Add 75 percent for 440/3x2V.						
1972 Colt						
4d Sed..	220	660	1,100	2,480	3,850	5,500
2d Cpe..	224	672	1,120	2,520	3,920	5,600
2d HT	240	720	1,200	2,700	4,200	6,000
4d Sta Wag..	220	660	1,100	2,480	3,850	5,500
1972 Dart						
4d Sed..	296	888	1,480	3,330	5,180	7,400
2d Demon 340 Cpe..	600	1,800	3,000	6,750	10,500	15,000
1972 Swinger						
2d HT	480	1,440	2,400	5,400	8,400	12,000
1972 Challenger						
2d HT	1,000	3,000	5,000	11,250	17,500	25,000
2d HT Rallye..	1,120	3,360	5,600	12,600	19,600	28,000
1972 Coronet						
4d Sed..	268	804	1,340	3,020	4,690	6,700
4d Sta Wag..	272	816	1,360	3,060	4,760	6,800
1972 Charger						
2d Sed..	680	2,040	3,400	7,650	11,900	17,000
2d HT	688	2,064	3,440	7,740	12,040	17,200
2d HT SE..	760	2,280	3,800	8,550	13,300	19,000
NOTE: Add 20 percent for Rallye.						
1972 Polara, V-8						
4d Sed..	260	780	1,300	2,930	4,550	6,500
4d HT	272	816	1,360	3,060	4,760	6,800
2d HT	280	840	1,400	3,150	4,900	7,000
4d Sta Wag..	268	804	1,340	3,020	4,690	6,700
1972 Polara Custom						
4d Sed..	268	804	1,340	3,020	4,690	6,700
4d HT	276	828	1,380	3,110	4,830	6,900
2d HT	300	900	1,500	3,380	5,250	7,500
4d 2S Sta Wag..	288	864	1,440	3,240	5,040	7,200
4d 3S Sta Wag..	292	876	1,460	3,290	5,110	7,300
1972 Monaco						
4d Sed..	272	816	1,360	3,060	4,760	6,800
4d HT	276	828	1,380	3,110	4,830	6,900
2d HT	312	936	1,560	3,510	5,460	7,800
4d 2S Sta Wag..	296	888	1,480	3,330	5,180	7,400
4d 3S Sta Wag..	300	900	1,500	3,380	5,250	7,500
NOTE: Add 75 percent for 440/3x2V.						
1973 Colt						
4d Sed..	220	660	1,100	2,480	3,850	5,500
2d Cpe..	216	648	1,080	2,430	3,780	5,400
2d HT	228	684	1,140	2,570	3,990	5,700
4d Sta Wag..	220	660	1,100	2,480	3,850	5,500
2d HT GT	240	720	1,200	2,700	4,200	6,000
1973 Dart						
4d Sed..	264	792	1,320	2,970	4,620	6,600
2d Cpe..	284	852	1,420	3,200	4,970	7,100
1973 Dart Sport						
2d Cpe..	304	912	1,520	3,420	5,320	7,600
1973 Dart Sport "340"						
2d Cpe..	340	1,020	1,700	3,830	5,950	8,500
1973 Dart Custom						
2d Cpe..	288	864	1,440	3,240	5,040	7,200
1973 Swinger						
2d HT	352	1,056	1,760	3,960	6,160	8,800
2d Spl HT..	336	1,008	1,680	3,780	5,880	8,400
1973 Challenger						
2d HT	920	2,760	4,600	10,350	16,100	23,000
2d Rallye HT..	1,040	3,120	5,200	11,700	18,200	26,000
1973 Coronet						
4d Sed..	244	732	1,220	2,750	4,270	6,100
4d Sta Wag..	248	744	1,240	2,790	4,340	6,200
1973 Coronet Custom						
4d Sed..	256	768	1,280	2,880	4,480	6,400
4d Sta Wag..	260	780	1,300	2,930	4,550	6,500
1973 Crestwood						
4d 6P Sta Wag..	264	792	1,320	2,970	4,620	6,600
4d 9P Sta Wag..	268	804	1,340	3,020	4,690	6,700

	6	5	4	3	2	1
1973 Charger						
2d Cpe	620	1,860	3,100	6,980	10,850	15,500
2d HT	640	1,920	3,200	7,200	11,200	16,000
2d "SE" HT	648	1,944	3,240	7,290	11,340	16,200
2d Rallye	660	1,980	3,300	7,430	11,550	16,500
1973 Polara						
4d Sed	248	744	1,240	2,790	4,340	6,200
2d HT	264	792	1,320	2,970	4,620	6,600
4d Sta Wag	252	756	1,260	2,840	4,410	6,300
1973 Polara Custom						
4d Sed	256	768	1,280	2,880	4,480	6,400
2d HT	272	816	1,360	3,060	4,760	6,800
4d HT	268	804	1,340	3,020	4,690	6,700
4d 2S Sta Wag	260	780	1,300	2,930	4,550	6,500
4d 3S Sta Wag	264	792	1,320	2,970	4,620	6,600
1973 Monaco						
4d Sed	260	780	1,300	2,930	4,550	6,500
4d HT	268	804	1,340	3,020	4,690	6,700
2d HT	284	852	1,420	3,200	4,970	7,100
4d 2S Sta Wag	272	816	1,360	3,060	4,760	6,000
4d 3S Sta Wag	276	828	1,380	3,110	4,830	6,900
1974 Colt						
4d Sed	200	600	1,000	2,250	3,500	5,000
2d Cpe	196	588	980	2,210	3,430	4,900
2d HT	208	624	1,040	2,340	3,640	5,200
2d Sta Wag	200	600	1,000	2,250	3,500	5,000
2d HT GT	220	660	1,100	2,480	3,850	5,500
4d Sta Wag	200	600	1,000	2,250	3,500	5,000
1974 Dart						
4d Sed	268	804	1,340	3,020	4,690	6,700
2d Spt Cpe	288	864	1,440	3,240	5,040	7,200
1974 Dart Sport "360"						
2d Cpe	304	912	1,520	3,420	5,320	7,600
1974 Dart Special Edition						
2d HT	284	852	1,420	3,200	4,970	7,100
4d Sed	280	840	1,400	3,150	4,900	7,000
1974 Dart Custom						
4d Sed	232	696	1,160	2,610	4,060	5,800
1974 Swinger						
2d HT	236	708	1,180	2,660	4,130	5,900
1974 Swinger Special						
2d HT	240	720	1,200	2,700	4,200	6,000
1974 Challenger						
2d HT	1,000	3,000	5,000	11,250	17,500	25,000
1974 Coronet						
4d Sta Wag	260	780	1,300	2,930	4,550	6,500
1974 Coronet Custom						
4d Sed	256	768	1,280	2,880	4,480	6,400
4d Sta Wag	260	780	1,300	2,930	4,550	6,500
1974 Coronet Crestwood						
4d Sta Wag	264	792	1,320	2,970	4,620	6,600
1974 Charger						
2d Cpe	344	1,032	1,720	3,870	6,020	8,600
2d HT	380	1,140	1,900	4,280	6,650	9,500
2d "SE" HT	400	1,200	2,000	4,500	7,000	10,000
1974 Monaco						
4d Sed	252	756	1,260	2,840	4,410	6,300
2d HT Cpe	260	780	1,300	2,930	4,550	6,500
4d Sta Wag	256	768	1,280	2,880	4,480	6,400
1974 Monaco Custom						
4d Sed	260	780	1,300	2,930	4,550	6,500
2d HT	272	816	1,360	3,060	4,760	6,800
4d HT	268	804	1,340	3,020	4,690	6,700
4d 2S Sta Wag	264	792	1,320	2,970	4,620	6,600
4d 3S Sta Wag	268	804	1,340	3,020	4,690	6,700
1974 Monaco Brougham						
4d Sed	264	792	1,320	2,970	4,620	6,600
2d HT	280	840	1,400	3,150	4,900	7,000
4d HT	272	816	1,360	3,060	4,760	6,800
4d 2S Sta Wag	268	804	1,340	3,020	4,690	6,700
4d 3S Sta Wag	272	816	1,360	3,060	4,760	6,800
1975 Dart						
4d Sed	208	624	1,040	2,340	3,640	5,200
1975 Dart Sport						
2d Cpe	224	672	1,120	2,520	3,920	5,600
1975 Swinger						
2d HT	272	816	1,360	3,060	4,760	6,800
2d Spl HT	252	756	1,260	2,840	4,410	6,300

DODGE

	6	5	4	3	2	1
1975 Dart Custom						
4d Sed.	232	696	1,160	2,610	4,060	5,800
2d "360" Cpe	264	792	1,320	2,970	4,620	6,600
1975 Dart S.E.						
2d HT	244	732	1,220	2,750	4,270	6,100
4d Sed.	224	672	1,120	2,520	3,920	5,600
1975 Coronet						
2d HT	232	696	1,160	2,610	4,060	5,800
4d Sed.	208	624	1,040	2,340	3,640	5,200
4d Sta Wag	216	648	1,080	2,430	3,780	5,400
1975 Coronet Custom						
2d HT	240	720	1,200	2,700	4,200	6,000
4d Sed.	212	636	1,060	2,390	3,710	5,300
4d Sta Wag	216	648	1,080	2,430	3,780	5,400
1975 Coronet Brougham						
2d HT	244	732	1,220	2,750	4,270	6,100
1975 Crestwood						
4d Sta Wag	220	660	1,100	2,480	3,850	5,500
1975 Charger S.E.						
2d HT	272	816	1,360	3,060	4,760	6,800
1975 Monaco						
2d HT	248	744	1,240	2,790	4,340	6,200
4d Sed.	212	636	1,060	2,390	3,710	5,300
4d Sta Wag	216	648	1,080	2,430	3,780	5,400
1975 Royal Monaco						
2d HT	256	768	1,280	2,880	4,480	6,400
4d Sed.	220	660	1,100	2,480	3,850	5,500
4d HT	244	732	1,220	2,750	4,270	6,100
4d 2S Sta Wag	224	672	1,120	2,520	3,920	5,600
4d 3S Sta Wag	228	684	1,140	2,570	3,990	5,700
1975 Royal Monaco Brougham						
2d Cpe.	260	780	1,300	2,930	4,550	6,500
4d Sed.	224	672	1,120	2,520	3,920	5,600
4d HT	248	744	1,240	2,790	4,340	6,200
4d 2S Sta Wag	228	684	1,140	2,570	3,990	5,700
4d 3S Sta Wag	232	696	1,160	2,610	4,060	5,800
1976 Colt, 4-cyl.						
4d Sed.	164	492	820	1,850	2,870	4,100
2d Cpe.	168	504	840	1,890	2,940	4,200
2d HT Carousel	180	540	900	2,030	3,150	4,500
4d Sta Wag	168	504	840	1,890	2,940	4,200
2d HT GT	176	528	880	1,980	3,080	4,400
1976 Dart Sport, 6-cyl.						
2d Spt Cpe	196	588	980	2,210	3,430	4,900
1976 Dart Swinger Special, 6-cyl.						
2d HT	200	600	1,000	2,250	3,500	5,000
1976 Dart, 6-cyl.						
4d Sed.	192	576	960	2,160	3,360	4,800
2d Swinger	196	588	980	2,210	3,430	4,900
2d HT	204	612	1,020	2,300	3,570	5,100
1976 Aspen, V-8						
4d Sed.	196	588	980	2,210	3,430	4,900
2d Spt Cpe	204	612	1,020	2,300	3,570	5,100
4d Sta Wag	200	600	1,000	2,250	3,500	5,000
1976 Aspen Custom, V-8						
4d Sed.	200	600	1,000	2,250	3,500	5,000
2d Spt Cpe	208	624	1,040	2,340	3,640	5,200
1976 Aspen Special Edition, V-8						
4d Sed.	204	612	1,020	2,300	3,570	5,100
2d Spt Cpe	212	636	1,060	2,390	3,710	5,300
4d Sta Wag	208	624	1,040	2,340	3,640	5,200
1976 Coronet, V-8						
4d Sed.	196	588	980	2,210	3,430	4,900
4d 2S Sta Wag	200	600	1,000	2,250	3,500	5,000
4d 3S Sta Wag	204	612	1,020	2,300	3,570	5,100
1976 Coronet Brougham, V-8						
4d Sed.	200	600	1,000	2,250	3,500	5,000
1976 Crestwood Coronet, V-8						
4d 2S Sta Wag	212	636	1,060	2,390	3,710	5,300
4d 3S Sta Wag	216	648	1,080	2,430	3,780	5,400
1976 Charger, V-8						
2d HT	248	744	1,240	2,790	4,340	6,200
2d HT Spt	252	756	1,260	2,840	4,410	6,300
1976 Charger Special Edition, V-8						
2d HT	256	768	1,280	2,880	4,480	6,400
1976 Monaco, V-8						
4d Sed.	216	648	1,080	2,430	3,780	5,400
4d Sta Wag	220	660	1,100	2,480	3,850	5,500

DODGE

	6	5	4	3	2	1
1976 Royal Monaco, V-8						
4d Sed	220	660	1,100	2,480	3,850	5,500
2d HT	228	684	1,140	2,570	3,990	5,700
4d 2S Sta Wag	224	672	1,120	2,520	3,920	5,600
4d 3S Sta Wag	228	684	1,140	2,570	3,990	5,700
1976 Royal Monaco Brougham, V-8						
4d Sed	204	612	1,020	2,300	3,570	5,100
2d HT	228	684	1,140	2,570	3,990	5,700
4d Sta Wag	224	672	1,120	2,520	3,920	5,600
1977 Colt, 4-cyl.						
4d Sed	168	504	840	1,890	2,940	4,200
2d Cpe	172	516	860	1,940	3,010	4,300
2d Cus Cpe	176	528	880	1,980	3,080	4,400
2d HT Carousel	184	552	920	2,070	3,220	4,600
4d Sta Wag	172	516	860	1,940	3,010	4,300
2d HT GT	180	540	900	2,030	3,150	4,500
1977 Aspen, V-8						
4d Sed	196	588	980	2,210	3,430	4,900
2d Spt Cpe	204	612	1,020	2,300	3,570	5,100
4d Sta Wag	200	600	1,000	2,250	3,500	5,000
1977 Aspen Custom, V-8						
4d Sed	200	600	1,000	2,250	3,500	5,000
2d Spt Cpe	208	624	1,040	2,340	3,640	5,200
1977 Aspen Special Edition, V-8						
4d Sed	204	612	1,020	2,300	3,570	5,100
2d Spt Cpe	212	636	1,060	2,390	3,710	5,300
4d Sta Wag	208	624	1,040	2,340	3,640	5,200
1977 Monaco, V-8						
4d Sed	180	540	900	2,030	3,150	4,500
2d HT	192	576	960	2,160	3,360	4,800
4d 2S Sta Wag	184	552	920	2,070	3,220	4,600
4d 3S Sta Wag	188	564	940	2,120	3,290	4,700
1977 Monaco Brougham, V-8						
4d Sed	188	564	940	2,120	3,290	4,700
2d HT	200	600	1,000	2,250	3,500	5,000
1977 Monaco Crestwood, V-8						
4d 2S Sta Wag	192	576	960	2,160	3,360	4,800
4d 3S Sta Wag	196	588	980	2,210	3,430	4,900
1977 Charger Special Edition, V-8						
2d HT	256	768	1,280	2,880	4,480	6,400
1977 Diplomat, V-8						
4d Sed	208	624	1,040	2,340	3,640	5,200
2d Cpe	216	648	1,080	2,430	3,780	5,400
1977 Diplomat Medallion, V-8						
4d Sed	216	648	1,080	2,430	3,780	5,400
2d Cpe	224	672	1,120	2,520	3,920	5,600
1977 Royal Monaco, V-8						
4d Sed	220	660	1,100	2,480	3,850	5,500
2d HT	228	684	1,140	2,570	3,990	5,700
4d Sta Wag	224	672	1,120	2,520	3,920	5,600
1977 Royal Monaco Brougham, V-8						
4d Sed	204	612	1,020	2,300	3,570	5,100
2d HT	228	684	1,140	2,570	3,990	5,700
4d 2S Sta Wag	220	660	1,100	2,480	3,850	5,500
4d 3S Sta Wag	224	672	1,120	2,520	3,920	5,600
1978 Omni						
4d HBk	132	396	660	1,490	2,310	3,300
1978 Colt						
4d Sed	128	384	640	1,440	2,240	3,200
2d Cpe	132	396	660	1,490	2,310	3,300
2d Cus Cpe	136	408	680	1,530	2,380	3,400
4d Sta Wag	128	384	640	1,440	2,240	3,200
1978 Aspen						
4d Sed	140	420	700	1,580	2,450	3,500
2d Cpe	144	432	720	1,620	2,520	3,600
4d Sta Wag	140	420	700	1,580	2,450	3,500
1978 Monaco						
4d Sed	144	432	720	1,620	2,520	3,600
2d Cpe	148	444	740	1,670	2,590	3,700
4d 3S Sta Wag	148	444	740	1,670	2,590	3,700
4d 2S Sta Wag	144	432	720	1,620	2,520	3,600
1978 Monaco Brougham						
4d Sed	148	444	740	1,670	2,590	3,700
2d Cpe	152	456	760	1,710	2,660	3,800
4d 3S Sta Wag	152	456	760	1,710	2,660	3,800
4d 2S Sta Wag	148	444	740	1,670	2,590	3,700
1978 Charger SE						
2d Cpe	208	624	1,040	2,340	3,640	5,200
1978 Magnum XE						
2d Cpe	350	1,000	1,650	3,740	5,800	8,300

DODGE

	6	5	4	3	2	1
1978 Challenger						
2d Cpe.	224	672	1,120	2,520	3,920	5,600
1978 Diplomat						
4d "S" Sed.	150	450	800	1,760	2,750	3,900
2d "S" Cpe.	150	500	800	1,800	2,800	4,000
4d Sed.	160	480	800	1,800	2,800	4,000
2d Cpe.	164	492	820	1,850	2,870	4,100
4d Sta Wag	160	480	800	1,800	2,800	4,000
1978 Diplomat Medallion						
4d Sed.	164	492	820	1,850	2,870	4,100
2d Cpe.	168	504	840	1,890	2,940	4,200
1979 Omni, 4-cyl.						
4d HBk	128	384	640	1,440	2,240	3,200
2d HBk	132	396	660	1,490	2,310	3,300
1979 Colt, 4-cyl.						
2d HBk	124	372	620	1,400	2,170	3,100
2d Cus HBk.	128	384	640	1,440	2,240	3,200
2d Cpe.	132	396	660	1,490	2,310	3,300
4d Sed.	128	384	640	1,440	2,240	3,200
4d Sta Wag	132	396	660	1,490	2,310	3,300
1979 Aspen, V-8						
4d Sed.	144	432	720	1,620	2,520	3,600
2d Cpe.	148	444	740	1,670	2,590	3,700
4d Sta Wag	144	432	720	1,620	2,520	3,600
NOTE: Deduct 5 percent for 6-cyl.						
1979 Magnum XE, V-8						
2d Cpe.	350	1,000	1,700	3,830	5,950	8,500
1979 Challenger, 4-cyl.						
2d Cpe.	228	684	1,140	2,570	3,990	5,700
1979 Diplomat, V-8						
4d Sed.	156	468	780	1,760	2,730	3,900
2d Cpe.	160	480	800	1,800	2,800	4,000
1979 Diplomat Salon, V-8						
4d Sed.	160	480	800	1,800	2,800	4,000
2d Cpe.	164	492	820	1,850	2,870	4,100
4d Sta Wag	160	480	800	1,800	2,800	4,000
1979 Diplomat Medallion, V-8						
4d Sed.	168	504	840	1,890	2,940	4,200
2d Cpe.	172	516	860	1,940	3,010	4,300
NOTE: Deduct 5 percent for 6-cyl.						
1979 St. Regis, V-8						
4d Sed.	176	528	880	1,980	3,080	4,400
NOTE: Deduct 5 percent for 6-cyl.						
1980 Omni, 4-cyl.						
4d HBk	140	420	700	1,580	2,450	3,500
2d HBk 2 plus 2 024	156	468	780	1,760	2,730	3,900
1980 Colt, 4-cyl.						
2d HBk	136	408	680	1,530	2,380	3,400
2d HBk Cus.	140	420	700	1,580	2,450	3,500
4d Sta Wag	144	432	720	1,620	2,520	3,600
1980 Aspen, 6-cyl.						
4d Sed Spl.	152	456	760	1,710	2,660	3,800
2d Cpe Spl	156	468	780	1,760	2,730	3,900
1980 Aspen, V-8						
4d Sed.	160	480	800	1,800	2,800	4,000
2d Cpe.	164	492	820	1,850	2,870	4,100
4d Sta Wag	164	492	820	1,850	2,870	4,100
NOTE: Deduct 10 percent for 6-cyl.						
1980 Challenger						
2d Cpe.	184	552	920	2,070	3,220	4,600
1980 Diplomat, V-8						
4d Sed Salon.	144	432	720	1,620	2,520	3,600
2d Cpe Salon	148	444	740	1,670	2,590	3,700
4d Sta Wag Salon	156	468	780	1,760	2,730	3,900
NOTE: Deduct 5 percent for lesser models.						
4d Sed Medallion	148	444	740	1,670	2,590	3,700
2d Cpe Medallion	152	456	760	1,710	2,660	3,800
NOTE: Deduct 10 percent for 6-cyl.						
1980 Mirada, V-8						
2d Cpe Specialty S	236	708	1,180	2,660	4,130	5,900
2d Cpe Specialty.	244	732	1,220	2,750	4,270	6,100
NOTE: Deduct 12 percent for 6-cyl.						
1980 St. Regis, V-8						
4d Sed.	164	492	820	1,850	2,870	4,100
NOTE: Deduct 12 percent for 6-cyl.						
1981 Omni, 4-cyl.						
4d HBk	152	456	760	1,710	2,660	3,800
2d HBk 024	164	492	820	1,850	2,870	4,100
NOTE: Deduct 5 percent for lesser models.						

	6	5	4	3	2	1
1981 Colt, 4-cyl.						
2d HBk	140	420	700	1,580	2,450	3,500
2d HBk DeL	144	432	720	1,620	2,520	3,600
2d HBk Cus	148	444	740	1,670	2,590	3,700
1981 Aries, 4-cyl.						
4d Sed SE	156	468	780	1,760	2,730	3,900
2d Sed SE	160	480	800	1,800	2,800	4,000
4d Sta Wag SE	168	504	840	1,890	2,940	4,200
NOTE: Deduct 5 percent for lesser models.						
1981 Challenger, 4-cyl.						
2d Cpe	180	540	900	2,030	3,150	4,500
1981 Diplomat, V-8						
4d Sed Medallion	156	468	780	1,760	2,730	3,900
2d Cpe Medallion	160	480	800	1,800	2,800	4,000
4d Sta Wag	164	492	820	1,850	2,870	4,100
NOTE: Deduct 5 percent for lesser models. Deduct 10 percent for 6-cyl.						
1981 Mirada, V-8						
2d Cpe	240	720	1,200	2,700	4,200	6,000
NOTE: Deduct 12 percent for 6-cyl.						
1981 St. Regis, V-8						
4d Sed	168	504	840	1,890	2,940	4,200
NOTE: Deduct 12 percent for 6-cyl.						
1982 Colt, 4-cyl.						
2d HBk Cus	160	480	800	1,800	2,800	4,000
4d HBk Cus	156	468	780	1,760	2,730	3,900
NOTE: Deduct 5 percent for lesser models.						
1982 Omni, 4-cyl.						
4d HBk Euro	172	516	860	1,940	3,010	4,300
2d HBk 024 Charger	180	540	900	2,030	3,150	4,500
NOTE: Deduct 5 percent for lesser models.						
1982 Aries, 4-cyl.						
4d Sed SE	156	468	780	1,760	2,730	3,900
2d Cpe SE	168	504	840	1,890	2,940	4,200
4d Sta Wag SE	176	528	880	1,980	3,080	4,400
NOTE: Deduct 5 percent for lesser models.						
1982 400, 4-cyl.						
2d Cpe Specialty LS	168	504	840	1,890	2,940	4,200
4d Sed LS	172	516	860	1,940	3,010	4,300
2d Conv	220	660	1,100	2,480	3,850	5,500
NOTE: Deduct 5 percent for lesser models.						
1982 Challenger, 4-cyl.						
2d Cpe	188	564	940	2,120	3,290	4,700
1982 Diplomat, V-8						
4d Sed	164	492	820	1,850	2,870	4,100
4d Sed Medallion	172	516	860	1,940	3,010	4,300
NOTE: Deduct 10 percent for 6-cyl.						
1982 Mirada, V-8						
2d Cpe Specialty	244	732	1,220	2,750	4,270	6,100
NOTE: Deduct 12 percent for 6-cyl.						
1983 Colt, 4-cyl.						
4d HBk Cus	156	468	780	1,760	2,730	3,900
2d HBk Cus	168	504	840	1,890	2,940	4,200
NOTE: Deduct 5 percent for lesser models.						
1983 Omni, 4-cyl.						
4d HBk	160	480	800	1,800	2,800	4,000
4d HBk Cus	172	516	860	1,940	3,010	4,300
1983 Charger, 4-cyl.						
2d HBk	176	528	880	1,980	3,080	4,400
2d HBk 2 plus 2	184	552	920	2,070	3,220	4,600
2d HBk Shelby	220	660	1,100	2,480	3,850	5,500
1983 Aries, 4-cyl.						
4d Sed SE	160	480	800	1,800	2,800	4,000
2d Sed SE	156	468	780	1,760	2,730	3,900
4d Sta Wag SE	180	540	900	2,030	3,150	4,500
NOTE: Deduct 5 percent for lesser models.						
1983 Challenger, 4-cyl.						
2d Cpe	192	576	960	2,160	3,360	4,800
1983 400, 4-cyl.						
4d Sed	168	504	840	1,890	2,940	4,200
2d Cpe	164	492	820	1,850	2,870	4,100
2d Conv	228	684	1,140	2,570	3,990	5,700
1983 600, 4-cyl.						
4d Sed	176	528	880	1,980	3,080	4,400
4d Sed ES	184	552	920	2,070	3,220	4,600
1983 Diplomat, V-8						
4d Sed	168	504	840	1,890	2,940	4,200
4d Sed Medallion	176	528	880	1,980	3,080	4,400
NOTE: Deduct 10 percent for 6-cyl.						

DODGE

	6	5	4	3	2	1
1983 Mirada, V-8						
2d Cpe Specialty	248	744	1,240	2,790	4,340	6,200
NOTE: Deduct 12 percent for 6-cyl.						
1984 Colt, 4-cyl.						
4d HBk DL	168	504	840	1,890	2,940	4,200
2d HBk DL	164	492	820	1,850	2,870	4,100
4d Sta Wag	160	480	800	1,800	2,800	4,000
NOTE: Deduct 5 percent for lesser models.						
1984 Omni, 4-cyl.						
4d HBk GLH	168	504	840	1,890	2,940	4,200
NOTE: Deduct 5 percent for lesser models.						
1984 Charger, 4-cyl.						
2d HBk	176	528	880	1,980	3,080	4,400
2d HBk 2 plus 2	184	552	920	2,070	3,220	4,600
2d HBk Shelby	220	660	1,100	2,480	3,850	5,500
1984 Aries, 4-cyl.						
4d Sed SE	164	492	820	1,850	2,870	4,100
2d Sed SE	168	504	840	1,890	2,940	4,200
4d Sta Wag SE	172	516	860	1,940	3,010	4,300
NOTE: Deduct 5 percent for lesser models.						
1984 Conquest, 4-cyl. Turbo						
2d HBk	180	540	900	2,030	3,150	4,500
1984 Daytona, 4-cyl.						
2d HBk	180	540	900	2,030	3,150	4,500
2d HBk Turbo	188	564	940	2,120	3,290	4,700
2d HBk Turbo Z	196	588	980	2,210	3,430	4,900
1984 600, 4-cyl.						
4d Sed	176	528	880	1,980	3,080	4,400
2d Sed	176	528	880	1,980	3,080	4,400
4d Sed ES	180	540	900	2,030	3,150	4,500
2d Conv	232	696	1,160	2,610	4,060	5,800
2d Conv ES	248	744	1,240	2,790	4,340	6,200
1984 Diplomat, V-8						
4d Sed	176	528	880	1,980	3,080	4,400
4d Sed SE	184	552	920	2,070	3,220	4,600
1985 Colt, 4-cyl.						
4d Sed DL	156	468	780	1,760	2,730	3,900
2d HBk DL	160	480	800	1,800	2,800	4,000
4d Sed Premiere	160	480	800	1,800	2,800	4,000
4d Sta Wag Vista	180	540	900	2,030	3,150	4,500
4d Sta Wag Vista 4WD	220	660	1,100	2,480	3,850	5,500
NOTE: Deduct 5 percent for lesser models.						
1985 Omni, 4-cyl.						
4d HBk GLH	172	516	860	1,940	3,010	4,300
NOTE: Deduct 5 percent for lesser models.						
1985 Charger, 4-cyl.						
2d HBk	196	588	980	2,210	3,430	4,900
2d HBk 2 plus 2	204	612	1,020	2,300	3,570	5,100
2d HBk Shelby	220	660	1,100	2,480	3,850	5,500
1985 Aries, 4-cyl.						
4d Sed LE	168	504	840	1,890	2,940	4,200
2d Sed LE	168	504	840	1,890	2,940	4,200
4d Sta Wag LE	176	528	880	1,980	3,080	4,400
NOTE: Deduct 5 percent for lesser models.						
1985 Conquest, 4-cyl.						
2d HBk Turbo	184	552	920	2,070	3,220	4,600
1985 Daytona, 4-cyl.						
2d HBk	184	552	920	2,070	3,220	4,600
2d HBk Turbo	192	576	960	2,160	3,360	4,800
2d HBk Turbo Z	200	600	1,000	2,250	3,500	5,000
1985 600, 4-cyl.						
4d Sed SE	180	540	900	2,030	3,150	4,500
2d Sed	184	552	920	2,070	3,220	4,600
Conv	232	696	1,160	2,610	4,060	5,800
Conv ES Turbo	248	744	1,240	2,790	4,340	6,200
1985 Lancer						
4d HBk	192	576	960	2,160	3,360	4,800
4d HBk ES	196	588	980	2,210	3,430	4,900
1985 Diplomat, V-8						
4d Sed	180	540	900	2,030	3,150	4,500
4d Sed SE	188	564	940	2,120	3,290	4,700
1986 Colt						
4d E Sed	164	492	820	1,850	2,870	4,100
2d E HBk	160	480	800	1,800	2,800	4,000
4d DL Sed	168	504	840	1,890	2,940	4,200
2d DL HBk	164	492	820	1,850	2,870	4,100
4d Premiere Sed	172	516	860	1,940	3,010	4,300
4d Vista Sta Wag	184	552	920	2,070	3,220	4,600
4d Vista Sta Wag 4WD	220	670	1,120	2,520	3,920	5,600

	6	5	4	3	2	1
1986 Omni						
4d HBk	168	504	840	1,890	2,940	4,200
4d HBk GLH	180	540	900	2,030	3,150	4,500
1986 Charger						
2d HBk	200	600	1,000	2,250	3,500	5,000
2d HBk 2 plus 2	212	636	1,060	2,390	3,710	5,300
2d HBk Shelby	228	684	1,140	2,570	3,990	5,700
2d HBk Daytona	216	648	1,080	2,430	3,780	5,400
HBk Daytona Turbo	224	672	1,120	2,520	3,920	5,600
1986 Aries						
2d Sed	172	516	860	1,940	3,010	4,300
4d Sed	172	516	860	1,940	3,010	4,300
1986 Lancer						
4d HBk	196	588	980	2,210	3,430	4,900
1986 600						
2d Cpe	180	540	900	2,030	3,150	4,500
2d Conv	240	720	1,200	2,700	4,200	6,000
2d ES Conv	256	768	1,280	2,880	4,480	6,400
4d Sed	184	552	920	2,070	3,220	4,600
1986 Conquest						
2d HBk	236	708	1,180	2,660	4,130	5,900
1986 Diplomat						
4d Sed	192	576	960	2,160	3,360	4,800
NOTE: Add 10 percent for deluxe models. Deduct 5 percent for smaller engines.						
1987 Colt, 4-cyl.						
4d E Sed	168	504	840	1,890	2,940	4,200
2d E HBk	164	492	820	1,850	2,870	4,100
4d DL Sed	172	516	860	1,940	3,010	4,300
2d DL HBk	168	504	840	1,890	2,940	4,200
4d Sed Premiere	176	528	880	1,980	3,080	4,400
4d Vista Sta Wag	188	564	940	2,120	3,290	4,700
4d Vista Sta Wag 4WD	230	680	1,140	2,570	3,990	5,700
1987 Omni, 4-cyl.						
4d HBk America	168	504	840	1,890	2,940	4,200
2d HBk Charger	180	540	900	2,030	3,150	4,500
2d HBk Charger Shelby	200	600	1,000	2,250	3,500	5,000
1987 Aries, 4-cyl.						
2d Sed	168	504	840	1,890	2,940	4,200
4d Sed	172	516	860	1,940	3,010	4,300
2d LE Sed	172	516	860	1,940	3,010	4,300
4d Sed LE	176	528	880	1,980	3,080	4,400
4d LE Sta Wag	176	528	880	1,980	3,080	4,400
1987 Shadow, 4-cyl.						
2d LBk	172	516	860	1,940	3,010	4,300
4d LBk	176	528	880	1,980	3,080	4,400
NOTE: Add 5 percent for 2.2 Turbo.						
1987 Daytona, 4-cyl.						
2d HBk	192	576	960	2,160	3,360	4,800
2d HBk Pacifica	228	684	1,140	2,570	3,990	5,700
2d HBk Shelby 2	248	744	1,240	2,790	4,340	6,200
1987 600, 4-cyl.						
4d Sed	180	540	900	2,030	3,150	4,500
4d Sed SE	184	552	920	2,070	3,220	4,600
NOTE: Add 5 percent for 2.2 Turbo.						
1987 Lancer, 4-cyl.						
4d HBk	188	564	940	2,120	3,290	4,700
4d HBk ES	192	576	960	2,160	3,360	4,800
NOTE: Add 5 percent for 2.2 Turbo. Add 15 percent for Shelby package.						
1987 Diplomat, V-8						
4d Sed	224	672	1,120	2,520	3,920	5,600
4d Sed SE	232	696	1,160	2,610	4,060	5,800
1988 Colt, 4-cyl.						
3d HBk	88	264	440	990	1,540	2,200
4d E Sed	112	336	560	1,260	1,960	2,800
3d E HBk	104	312	520	1,170	1,820	2,600
4d DL Sed	116	348	580	1,310	2,030	2,900
3d DL HBk	112	336	560	1,260	1,960	2,800
4d DL Sta Wag	120	360	600	1,350	2,100	3,000
4d Sed Premiere	140	420	700	1,580	2,450	3,500
4d Vista Sta Wag	160	480	800	1,800	2,800	4,000
4d Vista Sta Wag 4x4	200	600	1,000	2,250	3,500	5,000
1988 Omni, 4-cyl.						
4d HBk	112	336	560	1,260	1,960	2,800
1988 Aries, 4-cyl.						
2d Sed	112	336	560	1,260	1,960	2,800
4d Sed	112	336	560	1,260	1,960	2,800
4d Sta Wag	132	396	660	1,490	2,310	3,300

DODGE

DODGE

	6	5	4	3	2	1
1988 Shadow, 4-cyl.						
2d HBk	128	384	640	1,440	2,240	3,200
4d HBk	136	408	680	1,530	2,380	3,400
1988 Daytona, 4-cyl.						
2d HBk	180	540	900	2,030	3,150	4,500
2d HBk Pacifica	224	672	1,120	2,520	3,920	5,600
2d HBk Shelby Z	240	720	1,200	2,700	4,200	6,000
1988 600, 4-cyl.						
4d Sed	140	420	700	1,580	2,450	3,500
4d SE Sed	156	468	780	1,760	2,730	3,900
1988 Lancer, 4-cyl.						
4d Spt HBk	168	504	840	1,890	2,940	4,200
4d Spt ES HBk	200	600	1,000	2,250	3,500	5,000
NOTE: Add 5 percent for 2.2 Turbo. Add 15 percent for Shelby package.						
1988 Dynasty						
4d Sed 4-cyl.	160	480	800	1,800	2,800	4,000
4d Sed Prem 4-cyl.	172	516	860	1,940	3,010	4,300
4d Sed V-6	180	540	900	2,030	3,150	4,500
4d Sed Prem V-6	184	552	920	2,070	3,220	4,600
1988 Diplomat, V-8						
4d Sed Salon	152	456	760	1,710	2,660	3,800
4d Sed	132	396	660	1,490	2,310	3,300
4d SE Sed	168	504	840	1,890	2,940	4,200
1989 Colt, 4-cyl.						
2d HBk	152	456	760	1,710	2,660	3,800
2d HBk E	156	468	780	1,760	2,730	3,900
2d HBk GT	164	492	820	1,850	2,870	4,100
4d DL Sta Wag	200	600	1,000	2,250	3,500	5,000
4d DL Sta Wag 4x4	216	648	1,080	2,430	3,780	5,400
4d Vista Sta Wag	208	624	1,040	2,340	3,640	5,200
4d Vista Sta Wag 4x4	220	670	1,120	2,520	3,920	5,600
1989 Omni, 4-cyl.						
4d HBk	144	432	720	1,620	2,520	3,600
1989 Aries, 4-cyl.						
4d Sed	140	420	700	1,580	2,450	3,500
2d Sed	136	408	680	1,530	2,380	3,400
1989 Shadow, 4-cyl.						
4d HBk	168	504	840	1,890	2,940	4,200
2d HBk	164	492	820	1,850	2,870	4,100
1989 Daytona, 4-cyl.						
2d HBk	184	552	920	2,070	3,220	4,600
2d ES HBk	200	600	1,000	2,250	3,500	5,000
2d ES HBk Turbo	220	660	1,100	2,480	3,850	5,500
2d HBk Shelby	248	744	1,240	2,790	4,340	6,200
1989 Spirit, 4-cyl.						
4d Sed	168	504	840	1,890	2,940	4,200
4d LE Sed	180	540	900	2,030	3,150	4,500
4d ES Sed Turbo	204	612	1,020	2,300	3,570	5,100
4d ES Sed V-6	204	612	1,020	2,300	3,570	5,100
1989 Lancer, 4-cyl.						
4d Spt HBk	204	612	1,020	2,300	3,570	5,100
4d Spt HBk ES	212	636	1,060	2,390	3,710	5,300
4d Spt HBk Shelby	260	780	1,300	2,930	4,550	6,500
NOTE: Add 5 percent for 2.2 Turbo. Add 15 percent for Shelby package.						
1989 Dynasty, 4-cyl.						
4d Sed	184	552	920	2,070	3,220	4,600
1989 V-6						
4d Sed	192	576	960	2,160	3,360	4,800
4d LE Sed	216	648	1,080	2,430	3,780	5,400
1989 Diplomat, V-8						
4d Sed Salon	220	660	1,100	2,480	3,850	5,500
4d SE Sed	224	672	1,120	2,520	3,920	5,600
1990 Colt, 4-cyl.						
2d HBk	152	456	760	1,710	2,660	3,800
2d GL HBk	160	480	800	1,800	2,800	4,000
2d GT HBk	168	504	840	1,890	2,940	4,200
4d DL Sta Wag	184	552	920	2,070	3,220	4,600
4d DL Sta Wag 4x4	200	650	1,100	2,480	3,850	5,500
4d Vista	208	624	1,040	2,340	3,640	5,200
4d Vista 4x4	248	744	1,240	2,790	4,340	6,200
1990 Omni, 4-cyl.						
4d HBk	140	420	700	1,580	2,450	3,500
1990 Shadow, 4-cyl.						
2d HBk	164	492	820	1,850	2,870	4,100
4d HBk	168	504	840	1,890	2,940	4,200
1990 Daytona, 4-cyl.						
2d HBk	200	600	1,000	2,250	3,500	5,000
2d ES HBk	220	660	1,100	2,480	3,850	5,500

	6	5	4	3	2	1
2d ES HBk Turbo	240	720	1,200	2,700	4,200	6,000
2d Shelby HBk	260	780	1,300	2,930	4,550	6,500

NOTE: Add 10 percent for V-6 where available.

1990 Spirit, 4-cyl.

	6	5	4	3	2	1
4d Sed	160	480	800	1,800	2,800	4,000
4d LE Sed	180	540	900	2,030	3,150	4,500
4d ES Sed Turbo	200	600	1,000	2,250	3,500	5,000

NOTE: Add 10 percent for V-6 where available.

1990 Monaco, V-6

	6	5	4	3	2	1
4d LE Sed	160	480	800	1,800	2,800	4,000
4d ES Sed	176	528	880	1,980	3,080	4,400

1990 Dynasty, 4-cyl.

	6	5	4	3	2	1
4d Sed	192	576	960	2,160	3,360	4,800

1990 V-6

	6	5	4	3	2	1
4d Sed	220	660	1,100	2,480	3,850	5,500
4d LE Sed	240	720	1,200	2,700	4,200	6,000

1991 Colt, 4-cyl.

	6	5	4	3	2	1
2d HBk	120	360	600	1,350	2,100	3,000
2d GL HBk	140	420	700	1,580	2,450	3,500
4d Vista Sta Wag	180	540	900	2,030	3,150	4,500
4d Vista Sta Wag 4x4	220	660	1,100	2,480	3,850	5,500

1991 Shadow, 4-cyl.

	6	5	4	3	2	1
2d America HBk	140	420	700	1,580	2,450	3,500
4d America HBk	140	420	700	1,580	2,450	3,500
2d HBk	148	444	740	1,670	2,590	3,700
4d HBk	148	444	740	1,670	2,590	3,700
2d Conv	240	720	1,200	2,700	4,200	6,000
2d ES HBk	168	504	840	1,890	2,940	4,200
4d ES HBk	168	504	840	1,890	2,940	4,200
2d ES Conv	260	780	1,300	2,930	4,550	6,500

1991 Daytona, 4-cyl.

	6	5	4	3	2	1
2d HBk	180	540	900	2,030	3,150	4,500
2d ES HBk	184	552	920	2,070	3,220	4,600

1991 Daytona, V-6

	6	5	4	3	2	1
2d HBk	200	600	1,000	2,250	3,500	5,000
2d ES HBk	200	600	1,000	2,250	3,500	5,000
2d IROC HBk	240	720	1,200	2,700	4,200	6,000

1991 Sprint, 4-cyl.

	6	5	4	3	2	1
4d Sed	160	480	800	1,800	2,800	4,000
4d LE Sed	172	516	860	1,940	3,010	4,300
4d ES Sed Turbo	200	600	1,000	2,250	3,500	5,000
4d R/T Turbo Sed	208	624	1,040	2,340	3,640	5,200

1991 Sprint, V-6

	6	5	4	3	2	1
4d Sed	172	516	860	1,940	3,010	4,300
4d LE Sed	184	552	920	2,070	3,220	4,600
4d ES Sed	192	576	960	2,160	3,360	4,800

1991 Monaco, V-6

	6	5	4	3	2	1
4d LE Sed	140	420	700	1,580	2,450	3,500
4d ES Sed	160	480	800	1,800	2,800	4,000

1991 Dynasty

	6	5	4	3	2	1
4d Sed 4-cyl.	180	540	900	2,030	3,150	4,500
4d Sed V-6	200	600	1,000	2,250	3,500	5,000
4d LE Sed V-6	216	648	1,080	2,430	3,780	5,400

1991 Stealth, V-6

	6	5	4	3	2	1
2d LBk	450	1,400	2,300	5,180	8,050	11,500
2d ES LBk	600	1,750	2,900	6,530	10,200	14,500
2d R/T LBk	700	2,150	3,600	8,100	12,600	18,000
2d R/T LBk Turbo 4x4	800	2,400	4,000	9,000	14,000	20,000

1992 Colt, 4-cyl.

	6	5	4	3	2	1
2d HBk	144	432	720	1,620	2,520	3,600
2d GL HBk	160	480	800	1,800	2,800	4,000

1992 Shadow

	6	5	4	3	2	1
4d America HBk	160	480	800	1,800	2,800	4,000
2d America HBk	160	480	800	1,800	2,800	4,000
4d HBk	168	504	840	1,890	2,940	4,200
2d HBk	168	504	840	1,890	2,940	4,200
2d Conv	220	660	1,100	2,480	3,850	5,500
4d ES HBk	200	600	1,000	2,250	3,500	5,000
2d ES HBk	200	600	1,000	2,250	3,500	5,000
2d ES Conv	240	720	1,200	2,700	4,200	6,000

1992 Daytona, 4-cyl.

	6	5	4	3	2	1
2d HBk	200	600	1,000	2,250	3,500	5,000
2d ES HBk	208	624	1,040	2,340	3,640	5,200
2d IROC HBk	260	780	1,300	2,930	4,550	6,500
2d IROC R/T HBk	280	840	1,400	3,150	4,900	7,000

NOTE: Add 10 percent for V-6 where available.

1992 Spirit, 4-cyl.

	6	5	4	3	2	1
4d Sed	180	540	900	2,030	3,150	4,500

	6	5	4	3	2	1
4d LE Sed 188	564	940	2,120	3,290	4,700
4d ES Turbo Sed. 200	600	1,000	2,250	3,500	5,000
NOTE: Add 10 percent for V-6 where available.						
1992 Monaco, V-6						
4d LE Sed 160	480	800	1,800	2,800	4,000
4d ES Sed. 180	540	900	2,030	3,150	4,500
1992 Dynasty, V-6						
4d Sed 4-cyl. 180	540	900	2,030	3,150	4,500
4d Sed. 220	660	1,100	2,480	3,850	5,500
1992 Stealth, V-6						
2d Cpe. 450	1,400	2,300	5,180	8,050	11,500
2d ES Cpe. 550	1,700	2,800	6,300	9,800	14,000
2d R/T Cpe 650	1,900	3,200	7,200	11,200	16,000
2d R/T Cpe Turbo 4x4. 800	2,400	4,000	9,000	14,000	20,000
1992 Viper, V-10						
2d RT/10 Rds 3,000	9,000	15,000	33,750	52,500	75,000
1993 Colt						
2d Cpe. 152	456	760	1,710	2,660	3,800
4d Sed. 156	468	780	1,760	2,730	3,900
2d GL Cpe. 156	468	780	1,760	2,730	3,900
4d GL Sed. 160	480	800	1,800	2,800	4,000
1993 Shadow						
2d HBk 164	492	820	1,850	2,870	4,100
4d HBk 168	504	840	1,890	2,940	4,200
2d ES HBk. 168	504	840	1,890	2,940	4,200
4d ES HBk. 172	516	860	1,940	3,010	4,300
2d Conv. 220	660	1,100	2,480	3,850	5,500
2d ES Conv 240	720	1,200	2,700	4,200	6,000
1993 Daytona, 4-cyl.						
2d HBk 208	624	1,040	2,340	3,640	5,200
2d ES HBk. 212	636	1,060	2,390	3,710	5,300
1993 Daytona, V-6						
2d HBk 216	648	1,080	2,430	3,780	5,400
2d ES HBk. 220	660	1,100	2,480	3,850	5,500
2d IROC HBk 260	780	1,300	2,930	4,550	6,500
2d IROC R/T HBk 280	840	1,400	3,150	4,900	7,000
1993 Spirit, 4-cyl.						
4d Sed. 184	552	920	2,070	3,220	4,600
4d ES Sed. 188	564	940	2,120	3,290	4,700
1993 Spirit, V-6						
4d Sed. 188	564	940	2,120	3,290	4,700
4d ES Sed. 192	576	960	2,160	3,360	4,800
1993 Dynasty						
4d Sed, 4-cyl. 192	576	960	2,160	3,360	4,800
4d Sed, V-6 196	588	980	2,210	3,430	4,900
4d LE Sed, V-6 200	600	1,000	2,250	3,500	5,000
1993 Intrepid, V-6						
4d Sed. 208	624	1,040	2,340	3,640	5,200
4d ES Sed. 216	648	1,080	2,430	3,780	5,400
1993 Stealth, V-6						
2d HBk 450	1,400	2,300	5,220	8,100	11,600
2d ES HBk. 550	1,700	2,800	6,350	9,850	14,100
*2d R/T HBk 650	2,000	3,300	7,430	11,600	16,500
*2d R/T HBk, Turbo, 4x4 820	2,460	4,100	9,230	14,350	20,500
1993 Viper, V-10						
2d RT/10 Rds 3,000	9,000	15,000	33,750	52,500	75,000
1994 Colt, 4-cyl.						
2d Sed. 180	540	900	2,030	3,150	4,500
4d Sed. 200	600	1,000	2,250	3,500	5,000
2d ES Sed. 192	576	960	2,160	3,360	4,800
4d ES Sed. 208	624	1,040	2,340	3,640	5,200
1994 Shadow, 4-cyl.						
4d HBk 200	600	1,000	2,250	3,500	5,000
2d HBk 196	588	980	2,210	3,430	4,900
4d ES HBk. 216	648	1,080	2,430	3,780	5,400
2d ES HBk. 212	636	1,060	2,390	3,710	5,300
1994 Spirit, 4-cyl. & V-6						
4d Sed. 208	624	1,040	2,340	3,640	5,200
1994 Intrepid, V-6						
4d Sed. 280	840	1,400	3,150	4,900	7,000
4d ES Sed. 300	900	1,500	3,380	5,250	7,500
1994 Stealth, V-6						
2d HBk 500	1,550	2,600	5,850	9,100	13,000
2d R/T HBk 600	1,750	2,900	6,530	10,200	14,500
2d R/T HBK, Turbo, 4x4. 640	1,920	3,200	7,200	11,200	16,000
1994 Viper, V-10						
2d RT/10 Rds 3,000	9,000	15,000	33,750	52,500	75,000
1995 Neon, 4-cyl.						
4d Sed. 150	500	800	1,800	2,800	4,000

	6	5	4	3	2	1
2d Highline Cpe	150	500	850	1,890	2,950	4,200
4d Highline Sed	150	500	850	1,940	3,000	4,300
2d Spt Cpe	200	550	900	2,030	3,150	4,500
4d Spt Sed	200	550	900	2,070	3,200	4,600
1995 Spirit, 4-cyl. & V-6						
4d Sed	200	600	1,050	2,340	3,650	5,200
1995 Avenger, 4-cyl. & V-6						
2d Cpe, 4-cyl.	250	700	1,150	2,570	4,000	5,700
2d ES Cpe, V-6	250	800	1,350	3,020	4,700	6,700
1995 Stratus, 4-cyl. & V-6						
4d Sed (4-cyl. only)	200	550	900	2,030	3,150	4,500
4d ES Sed	200	600	1,050	2,340	3,650	5,200
1995 Intrepid, V-6						
4d Sed	300	850	1,400	3,150	4,900	7,000
4d ES Sed	300	900	1,500	3,380	5,250	7,500
1995 Stealth, V-6						
2d HBk	500	1,550	2,600	5,850	9,100	13,000
2d R/T HBk	600	1,750	2,900	6,530	10,200	14,500
2d R/T Turbo HBK, 4x4	640	1,920	3,200	7,200	11,200	16,000
1995 Viper, V-10						
2d RT/10 Rds	3,000	9,000	15,000	33,750	52,500	75,000
1996 Neon, 4-cyl.						
2d Cpe	150	450	800	1,760	2,750	3,900
4d Sed	150	500	800	1,800	2,800	4,000
2d Highline Cpe	150	500	850	1,890	2,950	4,200
4d Highline Sed	150	500	850	1,940	3,000	4,300
2d Spt Cpe	200	550	900	2,030	3,150	4,500
4d Spt Sed	200	550	900	2,070	3,200	4,600
1996 Avenger, 4-cyl. & V-6						
2d Cpe (4-cyl. only)	250	700	1,150	2,570	4,000	5,700
2d ES Cpe	250	800	1,350	3,020	4,700	6,700
1996 Stratus, 4-cyl. & V-6						
4d Sed (4-cyl. only)	200	600	1,050	2,340	3,650	5,200
1996 Intrepid, V-6						
4d Sed	300	850	1,400	3,150	4,900	7,000
4d ES Sed	300	900	1,500	3,380	5,250	7,500
1996 Stealth, V-6						
2d HBk	500	1,450	2,400	5,400	8,400	12,000
2d R/T HBk	550	1,600	2,700	6,080	9,450	13,500
2d R/T Turbo HBk, 4x4	600	1,800	3,000	6,750	10,500	15,000
1996 Viper, V-10						
2d RT/10 Rds	3,000	9,000	15,000	33,750	52,500	75,000
2d GTS Cpe	3,200	9,600	16,000	36,000	56,000	80,000
1997 Neon, 4-cyl.						
2d Cpe	156	468	780	1,760	2,730	3,900
4d Sed	160	480	800	1,800	2,800	4,000
2d Highline Cpe	168	504	840	1,890	2,940	4,200
4d Highline Sed	172	516	860	1,940	3,010	4,300
NOTE: Add 5 percent for Sport Pkg on Highline models.						
1997 Avenger, 4-cyl. & V-6						
2d Cpe	228	684	1,140	2,570	3,990	5,700
2d ES Cpe	268	804	1,340	3,020	4,690	6,700
1997 Stratus, 4-cyl. & V-6						
4d Sed (4-cyl. only)	180	540	900	2,030	3,150	4,500
4d ES Sed	208	624	1,040	2,340	3,640	5,200
1997 Intrepid, V-6						
4d Sed	280	840	1,400	3,150	4,900	7,000
4d ES Sed	300	900	1,500	3,380	5,250	7,500
1997 Viper, V-10						
2d RT/10 Rds	3,000	9,000	15,000	33,750	52,500	75,000
2d GTS Cpe	3,200	9,600	16,000	36,000	56,000	80,000
1998 Neon, 4-cyl.						
2d Highline Cpe	170	520	860	1,940	3,010	4,300
4d Highline Sed	180	530	880	1,980	3,080	4,400
NOTE: Add 5 percent for Sport Pkg or R/T Pkg. Add 10 percent for ARC Competition Pkg.						
1998 Avenger, 4-cyl. & V-6						
2d Cpe	230	680	1,140	2,570	3,990	5,700
2d ES Cpe	270	800	1,340	3,020	4,690	6,700
NOTE: Add 5 percent for Sport Pkg on base model.						
1998 Stratus, 4-cyl. & V-6						
4d Sed (4-cyl. only)	180	540	900	2,030	3,150	4,500
4d ES Sed	210	620	1,040	2,340	3,640	5,200
1998 Intrepid, V-6						
4d Sed	280	850	1,420	3,200	4,970	7,100
4d ES Sed	300	910	1,520	3,420	5,320	7,600
1998 Viper, V-10						
2d RT/10 Rds	3,000	9,000	15,000	33,750	52,500	75,000
2d GTS Cpe	3,200	9,600	16,000	36,000	56,000	80,000

DODGE

EDSEL

	6	5	4	3	2	1
1999 Neon, 4-cyl.						
2d Highline Cpe.	170	520	860	1,940	3,010	4,300
4d Highline Sed.	180	530	880	1,980	3,080	4,400
NOTE: Add 5 percent for Sport Pkg or R/T Pkg. Add 10 percent for ARC Competition Pkg.						
1999 Avenger, 4-cyl. & V-6						
2d Cpe.	230	680	1,140	2,570	3,990	5,700
2d ES Cpe.	270	800	1,340	3,020	4,690	6,700
NOTE: Add 5 percent for Sport Pkg on base model.						
1999 Stratus, 4-cyl. & V-6						
4d Sed (4-cyl. only)	190	560	940	2,120	3,290	4,700
4d ES Sed (V-6 only)	220	660	1,100	2,480	3,850	5,500
1999 Intrepid, V-6						
4d Sed.	280	850	1,420	3,200	4,970	7,100
4d ES Sed.	300	910	1,520	3,420	5,320	7,600
1999 Viper, V-10						
2d RT/10 Rds.	3,000	9,000	15,000	33,750	52,500	75,000
2d GTS Cpe.	3,200	9,600	16,000	36,000	56,000	80,000
NOTE: Add 5 percent for Cognac Pkg. Add 10 percent for ARC Competition Pkg.						
2000 Neon, 4-cyl.						
4d Highline Sed.	190	560	940	2,120	3,290	4,700
4d ES Sed.	200	590	980	2,210	3,430	4,900
NOTE: Add 5 percent for R/T pkg.						
2000 Avenger, V-6						
2d Cpe.	230	680	1,140	2,570	3,990	5,700
2d ES Cpe.	270	800	1,340	3,020	4,690	6,700
2000 Stratus, 4-cyl. & V-6						
4d SE Sed (4-cyl. only)	190	580	960	2,160	3,360	4,800
4d ES Sed (V-6 only)	220	660	1,100	2,480	3,850	5,500
2000 Intrepid, V-6						
4d Sed.	280	850	1,420	3,200	4,970	7,100
4d ES Sed.	300	910	1,520	3,420	5,320	7,600
4d R/T Sed	320	960	1,600	3,600	5,600	8,000
2000 Viper, V-10						
2d RT/10 Rds.	3,000	9,000	15,000	33,750	52,500	75,000
2d GTS Cpe.	3,200	9,600	16,000	36,000	56,000	80,000
NOTE: Add 10 percent for ARC Competition pkg.						
2001 Neon, 4-cyl.						
4d SE Sed.	190	560	940	2,350	3,290	4,700
4d ES Sed.	200	590	980	2,450	3,430	4,900
4d R/T Sed	220	670	1,120	2,800	3,920	5,600
4d ACR Competition Sed	270	800	1,340	3,350	4,690	6,700
2001 Stratus, 4-cyl. & V-6						
2d SE Cpe.	200	590	980	2,450	3,430	4,900
4d SE Sed.	190	580	960	2,400	3,360	4,800
4d ES Sed (V-6 only)	220	670	1,120	2,800	3,920	5,600
2d R/T Cpe (V-6 only)	300	910	1,520	3,800	5,320	7,600
2001 Intrepid, V-6						
4d SE Sed.	290	860	1,440	3,600	5,040	7,200
4d ES Sed.	310	920	1,540	3,850	5,390	7,700
4d R/T Sed	320	970	1,620	4,050	5,670	8,100
NOTE: Add 5 percent for 3.2L V-6 option on ES.						
2001 Viper, V-10						
2d RT/10 Rds.	3,000	9,000	15,000	37,500	52,500	75,000
2d GTS Cpe.	3,200	9,600	16,000	40,000	56,000	80,000
NOTE: Add 10 percent for ACR Competition pkg.						

EDSEL

	6	5	4	3	2	1
1958 Ranger Series, V-8, 118" wb						
2d Sed.	660	1,990	3,320	7,470	11,620	16,600
4d Sed.	660	1,980	3,300	7,430	11,550	16,500
4d HT	700	2,100	3,500	7,880	12,250	17,500
2d HT	800	2,400	4,000	9,000	14,000	20,000
1958 Pacer Series, V-8, 118" wb						
4d Sed.	680	2,040	3,400	7,650	11,900	17,000
4d HT	720	2,160	3,600	8,100	12,600	18,000
2d HT	840	2,520	4,200	9,450	14,700	21,000
2d Conv.	1,680	5,040	8,400	18,900	29,400	42,000
1958 Corsair Series, V-8, 124" wb						
4d HT	760	2,280	3,800	8,550	13,300	19,000
2d HT	880	2,640	4,400	9,900	15,400	22,000
1958 Citation Series, V-8, 124" wb						
4d HT	840	2,520	4,200	9,450	14,700	21,000
2d HT	960	2,880	4,800	10,800	16,800	24,000
2d Conv.	2,040	6,120	10,200	22,950	35,700	51,000
NOTE: Deduct 5 percent for 6-cyl.						
1958 Station Wagons, V-8						
4d Vill	820	2,460	4,100	9,230	14,350	20,500
4d Ber	860	2,580	4,300	9,680	15,050	21,500

	6	5	4	3	2	1
4d 9P Vill	870	2,600	4,340	9,770	15,190	21,700
4d 9P Ber	920	2,760	4,600	10,350	16,100	23,000
2d Rdup	800	2,400	4,000	9,000	14,000	20,000
1959 Ranger Series, V-8, 120" wb						
2d Sed	650	1,940	3,240	7,290	11,340	16,200
4d Sed	640	1,930	3,220	7,250	11,270	16,100
4d HT	680	2,050	3,420	7,700	11,970	17,100
2d HT	780	2,350	3,920	8,820	13,720	19,600
1959 Corsair Series, V-8, 120" wb						
4d Sed	660	1,980	3,300	7,430	11,550	16,500
4d HT	720	2,160	3,600	8,100	12,600	18,000
2d HT	840	2,520	4,200	9,450	14,700	21,000
2d Conv	1,280	3,840	6,400	14,400	22,400	32,000
1959 Station Wagons, V-8, 118" wb						
4d Vill	780	2,340	3,900	8,780	13,650	19,500
4d 9P Vill	800	2,400	4,000	9,000	14,000	20,000
NOTE: Deduct 5 percent for 6-cyl.						
1960 Ranger Series, V-8, 120" wb						
2d Sed	670	2,000	3,340	7,520	11,690	16,700
4d Sed	660	1,990	3,320	7,470	11,620	16,600
4d HT	700	2,100	3,500	7,880	12,250	17,500
2d HT	1,040	3,120	5,200	11,700	18,200	26,000
2d Conv	2,080	6,240	10,400	23,400	36,400	52,000
1960 Station Wagons, V-8, 120" wb						
4d 6P Vill	780	2,340	3,900	8,780	13,650	19,500
4d 9P Vill	800	2,400	4,000	9,000	14,000	20,000
NOTE: Deduct 5 percent for 6-cyl.						

FORD

	6	5	4	3	2	1
Model A 1903, 2-cyl., Ser. No. 1-670, 8 hp1904, 2-cyl., Ser. No. 671-1708, 10 hp						
Rbt	1,840	5,520	9,200	20,700	32,200	46,000
Rbt W/ton	1,880	5,640	9,400	21,150	32,900	47,000
Model B 10 hp, 4-cyl.						
Tr			value not estimable			
Model C 10 hp, 2-cyl., Ser. No. 1709-2700						
Rbt	1,840	5,520	9,200	20,700	32,200	46,000
Rbt W/ton	1,880	5,640	9,400	21,150	32,900	47,000
Dr's Mdl	1,920	5,760	9,600	21,600	33,600	48,000
Model F 16 hp, 2-cyl., (Produced 1904-05-06)						
Tr	1,920	5,760	9,600	21,600	33,600	48,000
Model K 40 hp, 6-cyl., (Produced 1905-06-07-08)						
Tr	2,960	8,880	14,800	33,300	51,800	74,000
Rds	2,960	8,880	14,800	33,300	51,800	74,000
Model N 18 hp, 4-cyl., (Produced 1906-07-08)						
Rbt	1,760	5,280	8,800	19,800	30,800	44,000
Model R 4-cyl., (Produced 1907-08)						
Rbt	1,760	5,280	8,800	19,800	30,800	44,000
Model S 4-cyl.						
Rbt	1,800	5,400	9,000	20,250	31,500	45,000
1908 Model T, 4-cyl., 2 levers, 2 foot pedals (1,000 produced)						
Tr	1,860	5,580	9,300	20,930	32,550	46,500
1909 Model T, 4-cyl.						
Rbt	1,260	3,780	6,300	14,180	22,050	31,500
Tr	1,220	3,660	6,100	13,730	21,350	30,500
Trbt	1,140	3,420	5,700	12,830	19,950	28,500
Cpe	1,060	3,180	5,300	11,930	18,550	26,500
Twn Car	1,260	3,780	6,300	14,180	22,050	31,500
Lan'let	1,140	3,420	5,700	12,830	19,950	28,500
1910 Model T, 4-cyl.						
Rbt	1,220	3,660	6,100	13,730	21,350	30,500
Tr	1,180	3,540	5,900	13,280	20,650	29,500
Cpe	1,020	3,060	5,100	11,480	17,850	25,500
Twn Car	1,060	3,180	5,300	11,930	18,550	26,500
C'ml Rds	1,020	3,060	5,100	11,480	17,850	25,500
1911 Model T, 4-cyl.						
Rbt	1,180	3,540	5,900	13,280	20,650	29,500
Tor Rds	1,140	3,420	5,700	12,830	19,950	28,500
Tr	1,140	3,420	5,700	12,830	19,950	28,500
Trbt	1,100	3,300	5,500	12,380	19,250	27,500
Cpe	940	2,820	4,700	10,580	16,450	23,500
Twn Car	1,100	3,300	5,500	12,380	19,250	27,500
C'ml Rds	980	2,940	4,900	11,030	17,150	24,500
Dely Van	900	2,700	4,500	10,130	15,750	22,500
1912 Model T, 4-cyl.						
Rds	1,100	3,300	5,500	12,380	19,250	27,500
Tor Rds	1,140	3,420	5,700	12,830	19,950	28,500
Tr	1,140	3,420	5,700	12,830	19,950	28,500
Twn Car	1,100	3,300	5,500	12,380	19,250	27,500

FORD

	6	5	4	3	2	1
Dely Van	940	2,820	4,700	10,580	16,450	23,500
C'ml Rds	1,020	3,060	5,100	11,480	17,850	25,500
1913 Model T, 4-cyl.						
Rds	1,100	3,300	5,500	12,380	19,250	27,500
Tr	1,140	3,420	5,700	12,830	19,950	28,500
Twn Car	1,020	3,060	5,100	11,480	17,850	25,500
1914 Model T, 4-cyl.						
Rds	1,100	3,300	5,500	12,380	19,250	27,500
Tr	1,140	3,420	5,700	12,830	19,950	28,500
Twn Car	1,060	3,180	5,300	11,930	18,550	26,500
Cpe	820	2,460	4,100	9,230	14,350	20,500
1915 & early 1916 Model T, 4-cyl., (brass rad.)						
Rds	1,100	3,300	5,500	12,380	19,250	27,500
Tr	1,100	3,300	5,500	12,380	19,250	27,500
Conv Cpe	1,140	3,420	5,700	12,830	19,950	28,500
Ctr dr Sed	860	2,580	4,300	9,680	15,050	21,500
Twn Car	1,020	3,060	5,100	11,480	17,850	25,500
1916 Model T, 4-cyl., (steel rad.)						
Rds	900	2,700	4,500	10,130	15,750	22,500
Tr	860	2,580	4,300	9,680	15,050	21,500
Conv Cpe	900	2,700	4,500	10,130	15,750	22,500
Ctr dr Sed	660	1,980	3,300	7,430	11,550	16,500
Twn Car	740	2,220	3,700	8,330	12,950	18,500
1917 Model T, 4-cyl.						
Rds	780	2,340	3,900	8,780	13,650	19,500
Tr	820	2,460	4,100	9,230	14,350	20,500
Conv Cpe	700	2,100	3,500	7,880	12,250	17,500
Twn Car	620	1,860	3,100	6,980	10,850	15,500
Ctr dr Sed	540	1,620	2,700	6,080	9,450	13,500
Cpe	580	1,740	2,900	6,530	10,150	14,500
1918 Model T, 4-cyl.						
Rds	780	2,340	3,900	8,780	13,650	19,500
Tr	820	2,460	4,100	9,230	14,350	20,500
Cpe	580	1,740	2,900	6,530	10,150	14,500
Ctr dr Sed	540	1,620	2,700	6,080	9,450	13,500
1919 Model T, 4-cyl.						
Rds	820	2,460	4,100	9,230	14,350	20,500
Tr	860	2,580	4,300	9,680	15,050	21,500
Cpe	580	1,740	2,900	6,530	10,150	14,500
Ctr dr Sed	580	1,740	2,900	6,530	10,150	14,500
1920-21 Model T, 4-cyl.						
Rds	820	2,460	4,100	9,230	14,350	20,500
Tr	860	2,580	4,300	9,680	15,050	21,500
Cpe	540	1,620	2,700	6,080	9,450	13,500
Ctr dr Sed	540	1,620	2,700	6,080	9,450	13,500
1922-23 Model T, 4-cyl.						
Rds	740	2,220	3,700	8,330	12,950	18,500
'22 Tr	780	2,340	3,900	8,780	13,650	19,500
'23 Tr	800	2,400	4,000	9,000	14,000	20,000
Cpe	540	1,620	2,700	6,080	9,450	13,500
4d Sed	440	1,320	2,200	4,950	7,700	11,000
2d Sed	430	1,300	2,160	4,860	7,560	10,800
Ctr dr Sed	540	1,620	2,700	6,080	9,450	13,500
1924 Model T, 4-cyl.						
Rds	740	2,220	3,700	8,330	12,950	18,500
Tr	800	2,400	4,000	9,000	14,000	20,000
Cpe	580	1,740	2,900	6,530	10,150	14,500
4d Sed	440	1,320	2,200	4,950	7,700	11,000
2d Sed	450	1,360	2,260	5,090	7,910	11,300
Rds PU	620	1,860	3,100	6,980	10,850	15,500
1925 Model T, 4-cyl.						
Rds	740	2,220	3,700	8,330	12,950	18,500
Tr	780	2,340	3,900	8,780	13,650	19,500
Cpe	580	1,740	2,900	6,530	10,150	14,500
2d	440	1,320	2,200	4,950	7,700	11,000
4d	460	1,380	2,300	5,180	8,050	11,500
1926 Model T, 4-cyl.						
Rds	780	2,340	3,900	8,780	13,650	19,500
Tr	820	2,460	4,100	9,230	14,350	20,500
Cpe	580	1,740	2,900	6,530	10,150	14,500
2d	460	1,380	2,300	5,180	8,050	11,500
4d	460	1,390	2,320	5,220	8,120	11,600
1927 Model T, 4-cyl.						
Rds	820	2,460	4,100	9,230	14,350	20,500
Tr	860	2,580	4,300	9,680	15,050	21,500
Cpe	600	1,800	3,000	6,750	10,500	15,000
2d	480	1,440	2,400	5,400	8,400	12,000
4d	470	1,420	2,360	5,310	8,260	11,800

	6	5	4	3	2	1
1928 Model A, 4-cyl.						
NOTE: Add 20 percent average for early "AR" features.						
2d Rds	1,320	3,960	6,600	14,850	23,100	33,000
4d Phae	1,400	4,200	7,000	15,750	24,500	35,000
2d Cpe	600	1,800	3,000	6,750	10,500	15,000
2d Spl Cpe	620	1,860	3,100	6,980	10,850	15,500
2d Bus Cpe	560	1,680	2,800	6,300	9,800	14,000
2d Spt Cpe	640	1,920	3,200	7,200	11,200	16,000
2d Sed	500	1,500	2,500	5,630	8,750	12,500
4d Sed	500	1,510	2,520	5,670	8,820	12,600
1929 Model A, 4-cyl.						
2d Rds	1,360	4,080	6,800	15,300	23,800	34,000
4d Phae	1,440	4,320	7,200	16,200	25,200	36,000
2d Cabr	1,280	3,840	6,400	14,400	22,400	32,000
2d Cpe	640	1,920	3,200	7,200	11,200	16,000
2d Bus Cpe	600	1,800	3,000	6,750	10,500	15,000
2d Spl Cpe	660	1,980	3,300	7,430	11,550	16,500
2d Spt Cpe	680	2,040	3,400	7,650	11,900	17,000
2d Sed	520	1,560	2,600	5,850	9,100	13,000
4d 3W Sed	540	1,620	2,700	6,080	9,450	13,500
4d 5W Sed	560	1,680	2,800	6,300	9,800	14,000
4d DeL Sed	640	1,920	3,200	7,200	11,200	16,000
4d Twn Sed	680	2,040	3,400	7,650	11,900	17,000
4d Taxi	1,800	5,400	9,000	20,250	31,500	45,000
4d Twn Car	920	2,760	4,600	10,350	16,100	23,000
4d Sta Wag	1,000	3,000	5,000	11,250	17,500	25,000
1930 Model A, 4-cyl.						
2d Rds	1,400	4,200	7,000	15,750	24,500	35,000
2d DeL Rds	1,440	4,320	7,200	16,200	25,200	36,000
4d Phae	1,480	4,440	7,400	16,650	25,900	37,000
2d DeL Phae	1,520	4,560	7,600	17,100	26,600	38,000
2d Cabr	1,320	3,960	6,600	14,850	23,100	33,000
2d Cpe	680	2,040	3,400	7,650	11,900	17,000
2d DeL Cpe	720	2,160	3,600	8,100	12,000	18,000
2d Spt Cpe	700	2,100	3,500	7,880	12,250	17,500
2d Std Sed	560	1,680	2,800	6,300	9,800	14,000
2d DeL Sed	720	2,160	3,600	8,100	12,600	18,000
2d 3W Cpe	680	2,040	3,400	7,650	11,900	17,000
2d 5W Cpe	700	2,100	3,500	7,880	12,250	17,500
4d DeL Sed	680	2,040	3,400	7,650	11,900	17,000
4d Twn Sed	720	2,160	3,600	8,100	12,600	18,000
2d Vic	880	2,640	4,400	9,900	15,400	22,000
4d Sta Wag	1,040	3,120	5,200	11,700	18,200	26,000
1931 Model A, 4-cyl.						
2d Rds	1,400	4,200	7,000	15,750	24,500	35,000
2d DeL Rds	1,440	4,320	7,200	16,200	25,200	36,000
4d Phae	1,480	4,440	7,400	16,650	25,900	37,000
2d DeL Phae	1,520	4,560	7,600	17,100	26,600	38,000
2d Cabr	1,320	3,960	6,600	14,850	23,100	33,000
2d Conv Sed	1,600	4,800	8,000	18,000	28,000	40,000
2d Cpe	680	2,040	3,400	7,650	11,900	17,000
2d DeL Cpe	720	2,160	3,600	8,100	12,600	18,000
2d Spt Cpe	700	2,100	3,500	7,880	12,250	17,500
2d Sed	560	1,680	2,800	6,300	9,800	14,000
2d DeL Sed	720	2,160	3,600	8,100	12,600	18,000
4d Sed	540	1,620	2,700	6,080	9,450	13,500
4d DeL Sed	560	1,680	2,800	6,300	9,800	14,000
4d Twn Sed	720	2,160	3,600	8,100	12,600	18,000
2d Vic	880	2,640	4,400	9,900	15,400	22,000
4d Sta Wag	1,040	3,120	5,200	11,700	18,200	26,000
1932 Model B, 4-cyl.						
2d Rds	2,320	6,960	11,600	26,100	40,600	58,000
4d Phae	1,840	5,520	9,200	20,700	32,200	46,000
2d Cabr	1,800	5,400	9,000	20,250	31,500	45,000
4d Conv Sed	1,680	5,040	8,400	18,900	29,400	42,000
2d Cpe	2,320	6,960	11,600	26,100	40,600	58,000
2d Spt Cpe	2,360	7,080	11,800	26,550	41,300	59,000
2d Sed	1,200	3,600	6,000	13,500	21,000	30,000
4d Sed	800	2,400	4,000	9,000	14,000	20,000
2d Vic	1,440	4,320	7,200	16,200	25,200	36,000
2d Sta Wag	2,440	7,320	12,200	27,450	42,700	61,000
1932 Model 18, V-8						
2d Rds	2,600	7,800	13,000	29,250	45,500	65,000
2d DeL Rds	2,680	8,040	13,400	30,150	46,900	67,000
4d Phae	1,920	5,760	9,600	21,600	33,600	48,000
4d DeL Phae	2,040	6,120	10,200	22,950	35,700	51,000
2d Cabr	1,920	5,760	9,600	21,600	33,600	48,000
4d Conv Sed	1,800	5,400	9,000	20,250	31,500	45,000

	6	5	4	3	2	1
2d Cpe.	2,400	7,200	12,000	27,000	42,000	60,000
2d DeL Cpe.	2,500	7,500	12,500	28,130	43,750	62,500
2d Spt Cpe	2,540	7,620	12,700	28,580	44,450	63,500
2d Sed.	1,400	4,200	7,000	15,750	24,500	35,000
2d DeL Sed.	1,500	4,500	7,500	16,880	26,250	37,500
4d Sed.	1,000	3,000	5,000	11,250	17,500	25,000
4d DeL Sed.	1,100	3,300	5,500	12,380	19,250	27,500
2d Vic	1,560	4,680	7,800	17,550	27,300	39,000
4d Sta Wag.	2,800	8,400	14,000	31,500	49,000	70,000
1933 Model 40, V-8						
4d Phae.	1,800	5,400	9,000	20,250	31,500	45,000
4d DeL Phae.	1,840	5,520	9,200	20,700	32,200	46,000
2d Rds.	2,400	7,200	12,000	27,000	42,000	60,000
2d DeL Rds.	2,480	7,440	12,400	27,900	43,400	62,000
2d 3W Cpe	2,100	6,300	10,500	23,630	36,750	52,500
2d 3W DeL Cpe.	2,200	6,600	11,000	24,750	38,500	55,000
2d 5W Cpe	1,840	5,520	9,200	20,700	32,200	46,000
2d 5W DeL Cpe.	1,880	5,640	9,400	21,150	32,900	47,000
2d Cabr.	2,320	6,960	11,600	26,100	40,600	58,000
2d Sed.	1,200	3,600	6,000	13,500	21,000	30,000
2d DeL Sed.	1,300	3,900	6,500	14,630	22,750	32,500
4d Sed.	800	2,400	4,000	9,000	14,000	20,000
4d DeL Sed.	900	2,700	4,500	10,130	15,750	22,500
2d Vic	1,640	4,920	8,200	18,450	28,700	41,000
4d Sta Wag.	2,700	8,100	13,500	30,380	47,250	67,500
1933 Model 40, 4-cyl.						
NOTE: All models deduct 20 percent average from V-8 models.						
1934 Model 40, V-8						
2d Rds.	2,520	7,560	12,600	28,350	44,100	63,000
4d Phae.	1,760	5,280	8,800	19,800	30,800	44,000
2d Cabr	2,200	6,600	11,000	24,750	38,500	55,000
5W Cpe	1,920	5,760	9,600	21,600	33,600	48,000
2d 3W DeL Cpe.	2,300	6,900	11,500	25,880	40,250	57,500
2d 5W DeL Cpe.	1,980	5,940	9,900	22,280	34,650	49,500
2d Sed.	1,280	3,840	6,400	14,400	22,400	32,000
2d DeL Sed.	1,420	4,260	7,100	15,980	24,850	35,500
4d Sed.	880	2,640	4,400	9,900	15,400	22,000
4d DeL Sed.	1,020	3,060	5,100	11,480	17,850	25,500
2d Vic	1,680	5,040	8,400	18,900	29,400	42,000
4d Sta Wag.	2,720	8,160	13,600	30,600	47,600	68,000
1935 Model 48, V-8						
4d Phae.	1,720	5,160	8,600	19,350	30,100	43,000
2d Rds.	2,000	6,000	10,000	22,500	35,000	50,000
2d Cabr	1,840	5,520	9,200	20,700	32,200	46,000
4d Conv Sed	1,920	5,760	9,600	21,600	33,600	48,000
2d 3W DeL Cpe.	1,240	3,720	6,200	13,950	21,700	31,000
2d 5W Cpe	1,100	3,250	5,400	12,150	18,900	27,000
2d 5W DeL Cpe.	1,100	3,350	5,600	12,600	19,600	28,000
2d Sed.	750	2,200	3,650	8,190	12,700	18,200
2d DeL Sed.	750	2,250	3,750	8,420	13,100	18,700
4d Sed.	700	2,150	3,600	8,150	12,700	18,100
4d DeL Sed.	750	2,250	3,700	8,370	13,000	18,600
4d Sta Wag.	2,600	7,800	13,000	29,250	45,500	65,000
4d C'ham Twn Car	2,480	7,440	12,400	27,900	43,400	62,000
1936 Model 68, V-8						
2d Rds.	2,040	6,120	10,200	22,950	35,700	51,000
4d Phae.	1,760	5,280	8,800	19,800	30,800	44,000
2d Cabr.	1,880	5,640	9,400	21,150	32,900	47,000
2d Clb Cabr.	1,920	5,760	9,600	21,600	33,600	48,000
4d Conv Trk Sed	2,000	6,000	10,000	22,500	35,000	50,000
4d Conv Sed	1,960	5,880	9,800	22,050	34,300	49,000
2d 3W Cpe	1,220	3,670	6,120	13,770	21,420	30,600
2d 5W Cpe	1,140	3,430	5,720	12,870	20,020	28,600
2d 5W DeL Cpe.	1,180	3,550	5,920	13,320	20,720	29,600
2d Sed.	750	2,250	3,700	8,370	13,000	18,600
2d Tr Sed	750	2,300	3,800	8,600	13,400	19,100
2d DeL Sed.	800	2,390	3,980	8,960	13,930	19,900
4d Sed.	750	2,200	3,700	8,330	13,000	18,500
4d Tr Sed	750	2,300	3,800	8,550	13,300	19,000
4d DeL Sed.	810	2,440	4,060	9,140	14,210	20,300
4d DeL Tr Sed.	790	2,380	3,960	8,910	13,860	19,800
4d Sta Wag.	2,680	8,040	13,400	30,150	46,900	67,000
1937 Model 74, V-8, 60 hp						
2d Sed.	700	2,050	3,400	7,700	12,000	17,100
2d Tr Sed	700	2,100	3,500	7,920	12,300	17,600
4d Sed.	700	2,050	3,400	7,650	11,900	17,000
4d Tr Sed	700	2,100	3,500	7,880	12,300	17,500
2d Cpe.	900	2,750	4,600	10,350	16,100	23,000
2d Cpe PU.	950	2,900	4,800	10,800	16,800	24,000

	6	5	4	3	2	1
1937 V-8 DeLuxe						
4d Sta Wag.	2,720	8,160	13,600	30,600	47,600	68,000
1937 Model 78, V-8, 85 hp						
2d Rds	2,240	6,720	11,200	25,200	39,200	56,000
4d Phae	1,880	5,640	9,400	21,150	32,900	47,000
2d Cabr.	1,960	5,880	9,800	22,050	34,300	49,000
2d Clb Cabr	2,000	6,000	10,000	22,500	35,000	50,000
4d Conv Sed.	2,040	6,120	10,200	22,950	35,700	51,000
2d Cpe	1,000	3,000	5,000	11,250	17,500	25,000
2d Clb Cpe	1,040	3,120	5,200	11,700	18,200	26,000
2d Sed	700	2,100	3,500	7,920	12,300	17,600
2d Tr Sed	700	2,150	3,600	8,150	12,700	18,100
4d Sed	700	2,100	3,500	7,880	12,300	17,500
4d Tr Sed	700	2,150	3,600	8,100	12,600	18,000
4d Sta Wag.	2,800	8,400	14,000	31,500	49,000	70,000
1938 Model 81A Standard, V-8						
2d Cpe	850	2,600	4,300	9,680	15,000	21,500
2d Sed	700	2,050	3,400	7,700	12,000	17,100
4d Sed	700	2,050	3,400	7,650	11,900	17,000
4d Sta Wag.	2,800	8,400	14,000	31,500	49,000	70,000
1938 Model 81A DeLuxe, V-8						
4d Phae	1,800	5,400	9,000	20,250	31,500	45,000
2d Conv	1,880	5,640	9,400	21,150	32,900	47,000
2d Clb Conv	1,920	5,760	9,600	21,600	33,600	48,000
4d Conv Sed.	2,000	6,000	10,000	22,500	35,000	50,000
2d Cpe	850	2,500	4,200	9,450	14,700	21,000
2d Clb Cpe	900	2,750	4,600	10,350	16,100	23,000
2d Sed	700	2,150	3,600	8,150	12,700	18,100
4d Sed	700	2,150	3,600	8,100	12,600	18,000
NOTE: Deduct 10 percent average for 60 hp 82A Ford.						
1939 Standard, V-8						
2d Cpe	950	2,900	4,800	10,800	16,800	24,000
2d Sed	700	2,100	3,500	7,920	12,300	17,600
4d Sed	700	2,100	3,500	7,880	12,000	17,500
4d Sta Wag.	2,600	7,800	13,000	29,250	45,500	65,000
1939 DeLuxe, V-8						
2d Conv	2,200	6,600	11,000	24,750	38,500	55,000
4d Conv Sed.	2,320	6,960	11,600	26,100	40,600	58,000
2d Cpe	1,000	3,000	5,000	11,250	17,500	25,000
2d Sed	700	2,150	3,600	8,150	12,700	18,100
4d Sed	700	2,150	3,600	8,100	12,600	18,000
4d Sta Wag.	2,800	8,400	14,000	31,500	49,000	70,000
NOTE: Deduct 10 percent average for V-8, 60 hp models.						
1940 Standard & DeLuxe, V-8						
2d Conv	2,120	6,360	10,600	23,850	37,100	53,000
2d Cpe	1,050	3,100	5,200	11,700	18,200	26,000
2d DeL Cpe	1,100	3,350	5,600	12,600	19,600	28,000
2d Sed	750	2,300	3,800	8,600	13,400	19,100
2d DeL Sed	800	2,350	3,900	8,820	13,700	19,600
4d Sed	750	2,300	3,800	8,550	13,300	19,000
4d DeL Sed	800	2,350	3,900	8,780	13,700	19,500
4d Sta Wag.	2,800	8,400	14,000	31,500	49,000	70,000
NOTE: Deduct 10 percent average for V-8, 60 hp models.						
1941 Model 11A Special, V-8						
2d Cpe	950	2,900	4,800	10,800	16,800	24,000
2d Sed	700	2,100	3,500	7,920	12,300	17,600
4d Sed	700	2,100	3,500	7,880	12,300	17,500
1941 DeLuxe						
3P Cpe	1,080	3,240	5,400	12,150	18,900	27,000
5P Cpe	1,050	3,100	5,200	11,700	18,200	26,000
2d Sed	750	2,300	3,800	8,600	13,400	19,100
4d Sed	750	2,300	3,800	8,550	13,300	19,000
4d Sta Wag.	2,600	7,800	13,000	29,250	45,500	65,000
1941 Super DeLuxe						
2d Conv	1,840	5,520	9,200	20,700	32,200	46,000
3P Cpe	1,100	3,250	5,400	12,150	18,900	27,000
5P Cpe	1,040	3,120	5,200	11,700	18,200	26,000
2d Sed	800	2,350	3,900	8,820	13,700	19,600
4d Sed	800	2,350	3,900	8,780	13,700	19,500
4d Sta Wag.	2,800	8,400	14,000	31,500	49,000	70,000
NOTE: Deduct 10 percent average for 6-cyl.						
1942 Model 2GA Special, 6-cyl.						
3P Cpe	850	2,500	4,200	9,450	14,700	21,000
2d Sed	700	2,050	3,400	7,700	12,000	17,100
4d Sed	700	2,050	3,400	7,650	11,900	17,000
1942 Model 21A DeLuxe, V-8						
2d Cpe	900	2,650	4,400	9,900	15,400	22,000
5P Cpe	900	2,750	4,600	10,350	16,100	23,000

FORD

FORD

	6	5	4	3	2	1
2d Sed....................................	700	2,100	3,500	7,920	12,300	17,600
4d Sed....................................	700	2,100	3,500	7,880	12,300	17,500
4d Sta Wag..............................	2,600	7,800	13,000	29,250	45,500	65,000
1942 Super DeLuxe						
2d Conv..................................	1,880	5,640	9,400	21,150	32,900	47,000
3P Cpe...................................	1,000	3,000	5,000	11,250	17,500	25,000
5P Cpe...................................	950	2,900	4,800	10,800	16,800	24,000
2d Sed....................................	700	2,100	3,500	7,880	12,300	17,500
4d Sed....................................	700	2,050	3,450	7,740	12,000	17,200
4d Sta Wag..............................	2,800	8,400	14,000	31,500	49,000	70,000
NOTE: Deduct 10 percent average for 6-cyl.						
1946-48 Model 89A DeLuxe, V-8						
3P Cpe...................................	840	2,520	4,200	9,450	14,700	21,000
2d Sed....................................	684	2,052	3,420	7,700	11,970	17,100
4d Sed....................................	680	2,040	3,400	7,650	11,900	17,000
1946-48 Model 89A Super DeLuxe, V-8						
2d Conv..................................	1,680	5,040	8,400	18,900	29,400	42,000
2d Sptman Conv.......................	5,000	15,000	25,000	56,250	87,500	125,000
2d 3P Cpe...............................	880	2,640	4,400	9,900	15,400	22,000
2d 5P Cpe...............................	920	2,760	4,600	10,350	16,100	23,000
2d Sed....................................	704	2,112	3,520	7,920	12,320	17,600
4d Sed....................................	700	2,100	3,500	7,880	12,250	17,500
4d Sta Wag..............................	2,120	6,360	10,600	23,850	37,100	53,000
NOTE: Deduct 5 percent average for 6-cyl.						
1949-50 DeLuxe, V-8, 114" wb						
2d Bus Cpe..............................	840	2,520	4,200	9,450	14,700	21,000
2d Sed....................................	680	2,040	3,400	7,650	11,900	17,000
4d Sed....................................	600	1,800	3,000	6,750	10,500	15,000
1949-50 Custom DeLuxe, V-8, 114" wb						
2d Clb Cpe...............................	880	2,640	4,400	9,900	15,400	22,000
2d Sed....................................	720	2,160	3,600	8,100	12,600	18,000
4d Sed....................................	640	1,920	3,200	7,200	11,200	16,000
2d Crest (1950 only)...................	920	2,760	4,600	10,350	16,100	23,000
2d Conv..................................	1,480	4,440	7,400	16,650	25,900	37,000
2d Sta Wag..............................	2,000	6,000	10,000	22,500	35,000	50,000
NOTE: Deduct 5 percent average for 6-cyl.						
1951 DeLuxe, V-8, 114" wb						
2d Bus Cpe..............................	840	2,520	4,200	9,450	14,700	21,000
2d Sed....................................	720	2,160	3,600	8,100	12,600	18,000
4d Sed....................................	640	1,920	3,200	7,200	11,200	16,000
1951 Custom DeLuxe, V-8, 114" wb						
2d Clb Cpe...............................	920	2,760	4,600	10,350	16,100	23,000
2d Sed....................................	760	2,280	3,800	8,550	13,300	19,000
4d Sed....................................	680	2,040	3,400	7,650	11,900	17,000
2d Crest..................................	960	2,880	4,800	10,800	16,800	24,000
2d HT.....................................	1,000	3,000	5,000	11,250	17,500	25,000
2d Conv..................................	1,520	4,560	7,600	17,100	26,600	38,000
2d Sta Wag..............................	2,040	6,120	10,200	22,950	35,700	51,000
NOTE: Deduct 5 percent average for 6-cyl.						
1952-53 Mainline, V-8, 115" wb						
2d Bus Cpe..............................	760	2,280	3,800	8,550	13,300	19,000
2d Sed....................................	684	2,052	3,420	7,700	11,970	17,100
4d Sed....................................	680	2,040	3,400	7,650	11,900	17,000
2d Sta Wag..............................	760	2,280	3,800	8,550	13,300	19,000
1952-53 Customline, V-8, 115" wb						
2d Clb Cpe...............................	840	2,520	4,200	9,450	14,700	21,000
2d Sed....................................	780	2,340	3,900	8,780	13,650	19,500
4d Sed....................................	776	2,328	3,880	8,730	13,580	19,400
4d Sta Wag..............................	840	2,520	4,200	9,450	14,700	21,000
1952-53 Crestline, 8-cyl., 115" wb						
2d HT.....................................	980	2,940	4,900	11,030	17,150	24,500
2d Conv..................................	1,200	3,600	6,000	13,500	21,000	30,000
4d Sta Wag..............................	860	2,580	4,300	9,680	15,050	21,500
NOTE: Deduct 5 percent average for 6-cyl. Add 50 percent for 1953 Indy Pace Car replica convertible.						
1954 Mainline, 8-cyl., 115.5" wb						
2d Bus Cpe..............................	720	2,160	3,600	8,100	12,600	18,000
2d Sed....................................	684	2,052	3,420	7,700	11,970	17,100
4d Sed....................................	680	2,040	3,400	7,650	11,900	17,000
2d Sta Wag..............................	760	2,280	3,800	8,550	13,300	19,000
1954 Customline, V-8, 115.5" wb						
2d Clb Cpe...............................	860	2,580	4,300	9,680	15,050	21,500
2d Sed....................................	820	2,460	4,100	9,230	14,350	20,500
4d Sed....................................	816	2,448	4,080	9,180	14,280	20,400
2/4d Sta Wag............................	880	2,640	4,400	9,900	15,400	22,000
1954 Crestline, V-8, 115.5" wb						
4d Sed....................................	820	2,460	4,100	9,230	14,350	20,500
2d HT.....................................	1,040	3,120	5,200	11,700	18,200	26,000
2d Sky Cpe..............................	1,280	3,840	6,400	14,400	22,400	32,000

		6	5	4	3	2	1
2d Conv		1,360	4,080	6,800	15,300	23,800	34,000
4d Sta Wag		920	2,760	4,600	10,350	16,100	23,000

NOTE: Deduct 5 percent average for 6-cyl.

1955 Mainline, V-8, 115.5" wb

		6	5	4	3	2	1
2d Bus Sed		664	1,992	3,320	7,470	11,620	16,600
2d Sed		672	2,016	3,360	7,560	11,760	16,800
4d Sed		668	2,004	3,340	7,520	11,690	16,700

1955 Customline, V-8, 115.5" wb

		6	5	4	3	2	1
2d Sed		696	2,088	3,480	7,830	12,180	17,400
4d Sed		692	2,076	3,460	7,790	12,110	17,300

1955 Fairlane, V-8, 115.5" wb

		6	5	4	3	2	1
2d Sed		752	2,256	3,760	8,460	13,160	18,800
4d Sed		748	2,244	3,740	8,420	13,090	18,700
2d HT Vic		1,000	3,000	5,000	11,250	17,500	25,000
2d Crn Vic		1,560	4,680	7,800	17,550	27,300	39,000
2d Crn Vic Plexi-top		2,320	6,960	11,600	26,100	40,600	58,000
2d Conv		2,140	6,420	10,700	24,080	37,450	53,500

1955 Station Wagon, V-8, 115.5" wb

		6	5	4	3	2	1
2d Custom Ran Wag		800	2,400	4,000	9,000	14,000	20,000
2d Ran Wag		780	2,340	3,900	8,780	13,650	19,500
4d Ctry Sed Customline		800	2,400	4,000	9,000	14,000	20,000
4d Ctry Sed Fairlane		840	2,520	4,200	9,450	14,700	21,000
4d Ctry Sq		880	2,640	4,400	9,900	15,400	22,000

NOTE: Deduct 5 percent average for 6-cyl.

1956 Mainline, V-8, 115.5" wb

		6	5	4	3	2	1
2d Bus Sed		668	2,004	3,340	7,520	11,690	16,700
2d Sed		676	2,028	3,380	7,610	11,830	16,900
4d Sed		672	2,016	3,360	7,560	11,760	16,800

1956 Customline, V-8, 115.5" wb

		6	5	4	3	2	1
2d Sed		700	2,100	3,500	7,880	12,250	17,500
4d Sed		696	2,088	3,480	7,830	12,180	17,400
2d HT Vic		920	2,760	4,600	10,350	16,100	23,000

1956 Fairlane, V-8, 115.5" wb

		6	5	4	3	2	1
2d Sed		752	2,256	3,760	8,460	13,160	18,800
4d Sed		748	2,244	3,740	8,420	13,090	18,700
4d HT Vic		1,000	3,000	5,000	11,250	17,500	25,000
2d HT Vic		1,200	3,600	6,000	13,500	21,000	30,000
2d Crn Vic		1,740	5,220	8,700	19,580	30,450	43,500
2d Crn Vic Plexi-top		2,360	7,080	11,800	26,550	41,300	59,000
2d Conv		2,180	6,540	10,900	24,530	38,150	54,500

1956 Station Wagons, V-8, 115.5" wb

		6	5	4	3	2	1
2d Ran Wag		760	2,280	3,800	8,550	13,300	19,000
2d Parklane		960	2,880	4,800	10,800	16,800	24,000
4d Ctry Sed Customline		800	2,400	4,000	9,000	14,000	20,000
4d Ctry Sed Fairlane		840	2,520	4,200	9,450	14,700	21,000
4d Ctry Sq		880	2,640	4,400	9,900	15,400	22,000

NOTE: Deduct 5 percent average for 6-cyl. Add 10 percent for "T-Bird Special" V-8.

1957 Custom, V-8, 116" wb

		6	5	4	3	2	1
2d Bus Cpe		524	1,572	2,620	5,900	9,170	13,100
2d Sed		536	1,608	2,680	6,030	9,380	13,400
4d Sed		532	1,596	2,660	5,990	9,310	13,300

1957 Custom 300, V-8, 116" wb

		6	5	4	3	2	1
2d Sed		640	1,920	3,200	7,200	11,200	16,000
4d Sed		544	1,632	2,720	6,120	9,520	13,600

1957 Fairlane, V-8, 118" wb

		6	5	4	3	2	1
2d Sed		644	1,932	3,220	7,250	11,270	16,100
4d Sed		640	1,920	3,200	7,200	11,200	16,000
4d HT Vic		880	2,640	4,400	9,900	15,400	22,000
2d Vic HT		960	2,880	4,800	10,800	16,800	24,000

1957 Fairlane 500, V-8, 118" wb

		6	5	4	3	2	1
2d Sed		652	1,956	3,260	7,340	11,410	16,300
4d Sed		648	1,944	3,240	7,290	11,340	16,200
4d HT Vic		880	2,640	4,400	9,900	15,400	22,000
2d HT Vic		1,040	3,120	5,200	11,700	18,200	26,000
2d Conv		1,680	5,040	8,400	18,900	29,400	42,000
2d Sky HT Conv		1,840	5,520	9,200	20,700	32,200	46,000

1957 Station Wagons, 8-cyl., 116" wb

		6	5	4	3	2	1
2d Ran Wag		680	2,040	3,400	7,650	11,900	17,000
2d DeL Rio Ran		700	2,100	3,500	7,880	12,250	17,500
4d Ctry Sed		800	2,400	4,000	9,000	14,000	20,000
4d Ctry Sq		760	2,280	3,800	8,550	13,300	19,000

NOTE: Deduct 5 percent average for 6-cyl. Add 20 percent for "T-Bird Special" V-8 (Code E). Add 30 percent for Supercharged V-8 (Code F).

1958 Custom 300, V-8, 116.03" wb

		6	5	4	3	2	1
2d Bus Cpe		388	1,164	1,940	4,370	6,790	9,700
2d Sed		520	1,560	2,600	5,850	9,100	13,000
4d Sed		492	1,476	2,460	5,540	8,610	12,300

1958 Fairlane, V-8, 116.03" wb

		6	5	4	3	2	1
2d Sed		500	1,500	2,500	5,630	8,750	12,500

FORD

	6	5	4	3	2	1
4d Sed.	496	1,488	2,480	5,580	8,680	12,400
4d HT	800	2,400	4,000	9,000	14,000	20,000
2d HT	840	2,520	4,200	9,450	14,700	21,000
1958 Fairlane 500, V-8, 118.04" wb						
2d Sed.	532	1,596	2,660	5,990	9,310	13,300
4d Sed.	528	1,584	2,640	5,940	9,240	13,200
4d HT	840	2,520	4,200	9,450	14,700	21,000
2d HT	920	2,760	4,600	10,350	16,100	23,000
2d Conv.	1,360	4,080	6,800	15,300	23,800	34,000
2d Sky HT Conv	1,520	4,560	7,600	17,100	26,600	38,000
1958 Station Wagons, V-8, 116.03" wb						
2d Ran.	668	2,004	3,340	7,520	11,690	16,700
4d Ran.	660	1,980	3,300	7,430	11,550	16,500
4d Ctry Sed	700	2,100	3,500	7,880	12,250	17,500
2d DeL Rio Ran.	720	2,160	3,600	8,100	12,600	18,000
4d Ctry Sq	740	2,220	3,700	8,330	12,950	18,500
NOTE: Deduct 5 percent average for 6-cyl.						
1959 Custom 300, V-8, 118" wb						
2d Bus Cpe	500	1,500	2,500	5,630	8,750	12,500
2d Sed.	504	1,512	2,520	5,670	8,820	12,600
4d Sed.	496	1,488	2,480	5,580	8,680	12,400
1959 Fairlane, V-8, 118" wb						
2d Sed.	396	1,188	1,980	4,460	6,930	9,900
4d Sed.	392	1,176	1,960	4,410	6,860	9,800
1959 Fairlane 500, V-8, 118" wb						
2d Sed.	484	1,452	2,420	5,450	8,470	12,100
4d Sed.	480	1,440	2,400	5,400	8,400	12,000
4d HT	780	2,340	3,900	8,780	13,650	19,500
2d HT	900	2,700	4,500	10,130	15,750	22,500
2d Sun Conv	1,360	4,080	6,800	15,300	23,800	34,000
2d Sky HT Conv	1,760	5,280	8,800	19,800	30,800	44,000
1959 Galaxie, V-8, 118" wb						
2d Sed.	492	1,476	2,460	5,540	8,610	12,300
4d Sed.	488	1,464	2,440	5,490	8,540	12,200
4d HT	820	2,460	4,100	9,230	14,350	20,500
2d HT	940	2,820	4,700	10,580	16,450	23,500
2d Sun Conv	1,360	4,080	6,800	15,300	23,800	34,000
2d Sky HT Conv	1,680	5,040	8,400	18,900	29,400	42,000
1959 Station Wagons, V-8, 118" wb						
2d Ran.	540	1,620	2,700	6,080	9,450	13,500
4d Ran.	680	2,040	3,400	7,650	11,900	17,000
2d Ctry Sed	720	2,160	3,600	8,100	12,600	18,000
4d Ctry Sed	700	2,100	3,500	7,880	12,250	17,500
4d Ctry Sq	720	2,160	3,600	8,100	12,600	18,000
NOTE: Deduct 5 percent average for 6-cyl.						
1960 Falcon, 6-cyl., 109.5" wb						
2d Sed.	368	1,104	1,840	4,140	6,440	9,200
4d Sed.	364	1,092	1,820	4,100	6,370	9,100
2d Sta Wag	372	1,116	1,860	4,190	6,510	9,300
4d Sta Wag	368	1,104	1,840	4,140	6,440	9,200
1960 Fairlane, V-8, 119" wb						
2d Bus Cpe	372	1,116	1,860	4,190	6,510	9,300
2d Sed.	384	1,152	1,920	4,320	6,720	9,600
4d Sed.	380	1,140	1,900	4,280	6,650	9,500
1960 Fairlane 500, V-8, 119" wb						
2d Sed.	388	1,164	1,940	4,370	6,790	9,700
4d Sed.	384	1,152	1,920	4,320	6,720	9,600
1960 Galaxie, V-8, 119" wb						
2d Sed.	500	1,500	2,500	5,630	8,750	12,500
4d Sed.	496	1,488	2,480	5,580	8,680	12,400
4d HT	720	2,160	3,600	8,100	12,600	18,000
2d HT	880	2,640	4,400	9,900	15,400	22,000
1960 Galaxie Special, V-8, 119" wb						
2d Starliner HT	960	2,880	4,800	10,800	16,800	24,000
2d Sun Conv	1,280	3,840	6,400	14,400	22,400	32,000
1960 Station Wagons, V-8, 119" wb						
2d Ran.	652	1,956	3,260	7,340	11,410	16,300
4d Ran.	640	1,920	3,200	7,200	11,200	16,000
4d Ctry Sed	660	1,980	3,300	7,430	11,550	16,500
4d Ctry Sq	680	2,040	3,400	7,650	11,900	17,000
NOTE: Deduct 5 percent average for 6-cyl.						
1961 Falcon, 6-cyl., 109" wb						
2d Sed.	392	1,176	1,960	4,410	6,860	9,800
4d Sed.	388	1,164	1,940	4,370	6,790	9,700
2d Futura Sed	640	1,920	3,200	7,200	11,200	16,000
2d Sta Wag	396	1,188	1,980	4,460	6,930	9,900
4d Sta Wag	392	1,176	1,960	4,410	6,860	9,800

	6	5	4	3	2	1
1961 Fairlane, V-8, 119" wb						
2d Sed	396	1,188	1,980	4,460	6,930	9,900
4d Sed	392	1,176	1,960	4,410	6,860	9,800
1961 Galaxie, V-8, 119" wb						
2d Sed	500	1,500	2,500	5,630	8,750	12,500
4d Sed	496	1,488	2,480	5,580	8,680	12,400
4d Vic HT	680	2,040	3,400	7,650	11,900	17,000
2d Vic HT	760	2,280	3,800	8,550	13,300	19,000
2d Star HT	880	2,640	4,400	9,900	15,400	22,000
2d Sun Conv.	1,000	3,000	5,000	11,250	17,500	25,000
1961 Station Wagons, V-8, 119" wb						
4d Ran	620	1,860	3,100	6,980	10,850	15,500
2d Ran	628	1,884	3,140	7,070	10,990	15,700
4d 6P Ctry Sed	720	2,160	3,600	8,100	12,600	18,000
4d Ctry Sq	740	2,220	3,700	8,330	12,950	18,500
NOTE: Deduct 5 percent average for 6-cyl.						
1962 Falcon, 6-cyl., 109.5" wb						
4d Sed	336	1,008	1,680	3,780	5,880	8,400
2d Sed	340	1,020	1,700	3,830	5,950	8,500
2d Fut Spt Cpe	680	2,040	3,400	7,650	11,900	17,000
4d Sq Wag	392	1,176	1,960	4,410	6,860	9,800
1962 Falcon Station Bus, 6-cyl., 109.5" wb						
Sta Bus	332	996	1,660	3,740	5,810	8,300
Clb Wag	336	1,008	1,680	3,780	5,880	8,400
DeL Wag	340	1,020	1,700	3,830	5,950	8,500
1962 Fairlane, V-8, 115.5" wb						
4d Sed	332	996	1,660	3,740	5,810	8,300
2d Sed	336	1,008	1,680	3,780	5,880	8,400
2d Spt Cpe	352	1,056	1,760	3,960	6,160	8,800
1962 Galaxie 500, V-8, 119" wb						
4d Sed	348	1,044	1,740	3,920	6,090	8,700
4d HT	640	1,920	3,200	7,200	11,200	16,000
2d Sed	392	1,176	1,960	4,410	6,860	9,800
2d HT	720	2,160	3,600	8,100	12,600	18,000
2d Conv	880	2,640	4,400	9,900	15,400	22,000
1962 Galaxie 500 XL, V-8, 119" wb						
2d HT	800	2,400	4,000	9,000	14,000	20,000
2d Conv	1,000	3,000	5,000	11,250	17,500	25,000
1962 Station Wagons, V-8, 119" wb						
4d Ranch	580	1,740	2,900	6,530	10,150	14,500
4d Ctry Sed	600	1,800	3,000	6,750	10,500	15,000
4d Ctry Sq	620	1,860	3,100	6,980	10,850	15,500
NOTE: Deduct 5 percent for 6-cyl. Add 30 percent for 406 V-8.						
1963 Falcon/Falcon Futura, 6-cyl., 109.5" wb						
4d Sed	344	1,032	1,720	3,870	6,020	8,600
2d Sed	348	1,044	1,740	3,920	6,090	8,700
2d Spt Sed	360	1,080	1,800	4,050	6,300	9,000
2d HT	640	1,920	3,200	7,200	11,200	16,000
2d Spt HT	680	2,040	3,400	7,650	11,900	17,000
2d Conv	800	2,400	4,000	9,000	14,000	20,000
2d Spt Conv	840	2,520	4,200	9,450	14,700	21,000
4d Sq Wag	420	1,260	2,100	4,730	7,350	10,500
4d Sta Wag	400	1,200	2,000	4,500	7,000	10,000
2d Sta Wag	404	1,212	2,020	4,550	7,070	10,100
NOTE: Add 10 percent for V-8 models.						
1963 Station Buses, 6-cyl., 90" wb						
Sta Bus	372	1,116	1,860	4,190	6,510	9,300
Clb Wag	376	1,128	1,880	4,230	6,580	9,400
DeL Clb Wag	384	1,152	1,920	4,320	6,720	9,600
1963 Sprint, V-8, 109.5" wb						
2d HT	760	2,280	3,800	8,550	13,300	19,000
2d Conv	880	2,640	4,400	9,900	15,400	22,000
1963 Fairlane, V-8, 115.5" wb						
4d Sed	332	996	1,660	3,740	5,810	8,300
2d Sed	336	1,008	1,680	3,780	5,880	8,400
2d HT	420	1,260	2,100	4,730	7,350	10,500
2d Spt Cpe	440	1,320	2,200	4,950	7,700	11,000
4d Sq Wag	580	1,740	2,900	6,530	10,150	14,500
4d Cus Ran	576	1,728	2,880	6,480	10,080	14,400
NOTE: Add 20 percent for 271 hp V-8.						
1963 Ford 300, V-8, 119" wb						
4d Sed	336	1,008	1,680	3,780	5,880	8,400
2d Sed	340	1,020	1,700	3,830	5,950	8,500
1963 Galaxie 500, V-8, 119" wb						
4d Sed	340	1,020	1,700	3,830	5,950	8,500
4d HT	720	2,160	3,600	8,100	12,600	18,000
2d Sed	344	1,032	1,720	3,870	6,020	8,600
2d HT	800	2,400	4,000	9,000	14,000	20,000

FORD

	6	5	4	3	2	1
2d FBk.	880	2,640	4,400	9,900	15,400	22,000
2d Conv.	960	2,880	4,800	10,800	16,800	24,000
1963 Galaxie 500 XL, V-8, 119" wb						
4d HT	760	2,280	3,800	8,550	13,300	19,000
2d HT	840	2,520	4,200	9,450	14,700	21,000
2d FBk.	920	2,760	4,600	10,350	16,100	23,000
2d Conv.	1,040	3,120	5,200	11,700	18,200	26,000
1963 Station Wagons, V-8, 119" wb						
4d Ctry Sed.	600	1,800	3,000	6,750	10,500	15,000
4d Ctry Sq.	620	1,860	3,100	6,980	10,850	15,500
NOTE: Deduct 5 percent average for 6-cyl. Add 30 percent for 406 & add 40 percent for 427. Add 5 percent for V-8 except Sprint.						
1964 Falcon/Falcon Futura, 6-cyl., 109.5" wb						
4d Sed.	340	1,020	1,700	3,830	5,950	8,500
2d Sed.	344	1,032	1,720	3,870	6,020	8,600
2d HT	540	1,620	2,700	6,080	9,450	13,500
2d Spt HT	700	2,100	3,500	7,880	12,250	17,500
2d Conv.	720	2,160	3,600	8,100	12,600	18,000
2d Spt Conv	760	2,280	3,800	8,550	13,300	19,000
4d Sq Wag	420	1,260	2,100	4,730	7,350	10,500
4d DeL Wag	400	1,200	2,000	4,500	7,000	10,000
4d Sta	400	1,200	2,000	4,500	7,000	10,000
2d Sta	404	1,212	2,020	4,550	7,070	10,100
NOTE: Add 10 percent for V-8 models.						
1964 Station Bus, 6-cyl., 90" wb						
Sta Bus	360	1,080	1,800	4,050	6,300	9,000
Clb Wag	364	1,092	1,820	4,100	6,370	9,100
DeL Clb	372	1,116	1,860	4,190	6,510	9,300
1964 Sprint, V-8, 109.5" wb						
2d HT	740	2,220	3,700	8,330	12,950	18,500
2d Conv.	800	2,400	4,000	9,000	14,000	20,000
1964 Fairlane, V-8, 115.5" wb						
4d Sed.	324	972	1,620	3,650	5,670	8,100
2d Sed.	328	984	1,640	3,690	5,740	8,200
2d HT	660	1,980	3,300	7,430	11,550	16,500
2d Spt HT	700	2,100	3,500	7,880	12,250	17,500
4d Sta Wag	524	1,572	2,620	5,900	9,170	13,100
NOTE: Add 20 percent for 271 hp V-8.						
1964 Fairlane Thunderbolt						
2d Sed.			value not estimable			
1964 Custom, V-8, 119" wb						
4d Sed.	324	972	1,620	3,650	5,670	8,100
2d Sed.	328	984	1,640	3,690	5,740	8,200
1964 Custom 500, V-8, 119" wb						
4d Sed.	328	984	1,640	3,690	5,740	8,200
2d Sed.	332	996	1,660	3,740	5,810	8,300
1964 Galaxie 500, V-8, 119" wb						
4d Sed.	376	1,128	1,880	4,230	6,580	9,400
4d HT	800	2,400	4,000	9,000	14,000	20,000
2d Sed.	380	1,140	1,900	4,280	6,650	9,500
2d HT	880	2,640	4,400	9,900	15,400	22,000
2d Conv.	1,000	3,000	5,000	11,250	17,500	25,000
1964 Galaxie 500XL, V-8, 119" wb						
4d HT	840	2,520	4,200	9,450	14,700	21,000
2d HT	920	2,760	4,600	10,350	16,100	23,000
2d Conv.	1,160	3,480	5,800	13,050	20,300	29,000
1964 Station Wagons, V-8, 119" wb						
4d Ctry Sed.	720	2,160	3,600	8,100	12,600	18,000
4d Ctry Sq.	740	2,220	3,700	8,330	12,950	18,500
NOTE: Add 40 percent for 427 V-8.						
1965 Falcon/Falcon Futura, 6-cyl., 109.5" wb						
4d Sed.	316	948	1,580	3,560	5,530	7,900
2d Sed.	320	960	1,600	3,600	5,600	8,000
2d HT	480	1,440	2,400	5,400	8,400	12,000
2d Conv.	760	2,280	3,800	8,550	13,300	19,000
4d Sq Wag	400	1,200	2,000	4,500	7,000	10,000
4d DeL Wag	380	1,140	1,900	4,280	6,650	9,500
4d Sta	360	1,080	1,800	4,050	6,300	9,000
2d Sta	368	1,104	1,840	4,140	6,440	9,200
NOTE: Add 10 percent for V-8 models.						
1965 Sprint, V-8, 109.5" wb						
2d HT	720	2,160	3,600	8,100	12,600	18,000
2d Conv.	800	2,400	4,000	9,000	14,000	20,000
1965 Falcon Station Buses, 6-cyl., 90" wb						
Sta Bus	324	972	1,620	3,650	5,670	8,100
Clb Wag	332	996	1,660	3,740	5,810	8,300
DeL Wag	340	1,020	1,700	3,830	5,950	8,500
1965 Fairlane, V-8, 116" wb						
4d Sed.	328	984	1,640	3,690	5,740	8,200

	6	5	4	3	2	1
2d Sed	332	996	1,660	3,740	5,810	8,300
2d HT	480	1,440	2,400	5,400	8,400	12,000
2d Spt HT	660	1,980	3,300	7,430	11,550	16,500
4d Sta Wag.	340	1,020	1,700	3,830	5,950	8,500

NOTE: Add 10 percent for 271 hp V-8.

1965 Custom, V-8, 119" wb

	6	5	4	3	2	1
4d Sed	316	948	1,580	3,560	5,530	7,900
2d Sed	320	960	1,600	3,600	5,600	8,000

1965 Custom 500, V-8, 119" wb

	6	5	4	3	2	1
4d Sed	320	960	1,600	3,600	5,600	8,000
2d Sed	324	972	1,620	3,650	5,670	8,100

1965 Galaxie 500, V-8, 119" wb

	6	5	4	3	2	1
4d Sed	360	1,080	1,800	4,050	6,300	9,000
4d HT	600	1,800	3,000	6,750	10,500	15,000
2d HT	680	2,040	3,400	7,650	11,900	17,000
2d Conv	760	2,280	3,800	8,550	13,300	19,000

1965 Galaxie 500 XL, V-8, 119" wb

	6	5	4	3	2	1
2d HT	720	2,160	3,600	8,100	12,600	18,000
2d Conv	800	2,400	4,000	9,000	14,000	20,000

1965 Galaxie 500 LTD, V-8, 119" wb

	6	5	4	3	2	1
4d HT	700	2,100	3,500	7,880	12,250	17,500
2d HT	780	2,340	3,900	8,780	13,650	19,500

1965 Station Wagons, V-8, 119" wb

	6	5	4	3	2	1
4d Ran	560	1,680	2,800	6,300	9,800	14,000
4d 9P Ctry Sed.	580	1,740	2,900	6,530	10,150	14,500
4d 9P Ctry Sq.	600	1,800	3,000	6,750	10,500	15,000

NOTE: Add 40 percent for 427 V-8.

1966 Falcon/Falcon Futura, 6-cyl., 110.9" wb

	6	5	4	3	2	1
4d Sed	320	960	1,600	3,600	5,600	8,000
2d Clb Cpe	320	970	1,620	3,650	5,670	8,100
2d Spt Cpe	330	1,000	1,660	3,740	5,810	8,300
4d 6P Wag	400	1,190	1,980	4,460	6,930	9,900
4d Sq Wag	400	1,200	2,000	4,500	7,000	10,000

1966 Falcon Station Bus, 6-cyl., 90" wb

	6	5	4	3	2	1
Clb Wag	312	936	1,560	3,510	5,460	7,800
Ous Olb Way	316	948	1,580	3,560	5,530	7,900
DeL Clb Wag	320	960	1,600	3,600	5,600	8,000

1966 Fairlane, V-8, 116" wb

	6	5	4	3	2	1
4d Sed	320	960	1,600	3,600	5,600	8,000
2d Clb Cpe	324	972	1,620	3,650	5,670	8,100

1966 Fairlane 500, V-8

	6	5	4	3	2	1
4d Sed	350	1,060	1,760	3,960	6,160	8,800
2d Cpe	380	1,140	1,900	4,280	6,650	9,500
2d HT	580	1,740	2,900	6,530	10,150	14,500
2d Conv	880	2,640	4,400	9,900	15,400	22,000

1966 Fairlane 500 XL, V-8, 116" wb

	6	5	4	3	2	1
2d HT	660	1,980	3,300	7,430	11,550	16,500
2d Conv	960	2,880	4,800	10,800	16,800	24,000

1966 Fairlane 500 GT, V-8, 116" wb

	6	5	4	3	2	1
2d HT	720	2,160	3,600	8,100	12,600	18,000
2d Conv	1,000	3,000	5,000	11,250	17,500	25,000

1966 Station Wagons, V-8, 113" wb

	6	5	4	3	2	1
6P DeL	320	960	1,600	3,600	5,600	8,000
2d Sq Wag	368	1,104	1,840	4,140	6,440	9,200

1966 Custom, V-8, 119" wb

	6	5	4	3	2	1
4d Sed	324	972	1,620	3,650	5,670	8,100
2d Sed	328	984	1,640	3,690	5,740	8,200

1966 Galaxie 500, V-8, 119" wb

	6	5	4	3	2	1
4d Sed	360	1,080	1,800	4,050	6,300	9,000
4d HT	500	1,500	2,500	5,630	8,750	12,500
2d HT	540	1,620	2,700	6,080	9,450	13,500
2d Conv	760	2,280	3,800	8,550	13,300	19,000

1966 Galaxie 500 XL, V-8, 119" wb

	6	5	4	3	2	1
2d HT	660	1,980	3,300	7,430	11,550	16,500
2d Conv	800	2,400	4,000	9,000	14,000	20,000

1966 LTD, V-8, 119" wb

	6	5	4	3	2	1
4d HT	600	1,800	3,000	6,750	10,500	15,000
2d HT	680	2,040	3,400	7,650	11,900	17,000

1966 Galaxie 500, 7-litre V-8, 119" wb

	6	5	4	3	2	1
2d HT	800	2,400	4,000	9,000	14,000	20,000
2d Conv	960	2,880	4,800	10,800	16,800	24,000

NOTE: Add 75 percent for 427 engine option on 7-litre models.

1966 Station Wagons, V-8, 119" wb

	6	5	4	3	2	1
4d Ran Wag	580	1,740	2,900	6,530	10,150	14,500
4d Ctry Sed	600	1,800	3,000	6,750	10,500	15,000
4d Ctry Sq	620	1,860	3,100	6,980	10,850	15,500

NOTE: Add 40 percent for 427 or 30 percent for 428 engine option.

1967 Falcon, 6-cyl., 111" wb

	6	5	4	3	2	1
4d Sed	316	948	1,580	3,560	5,530	7,900

FORD

	6	5	4	3	2	1
2d Sed.	320	960	1,600	3,600	5,600	8,000
4d Sta Wag	360	1,080	1,800	4,050	6,300	9,000
1967 Futura						
4d Sed.	320	960	1,600	3,600	5,600	8,000
2d Clb Cpe	324	972	1,620	3,650	5,670	8,100
2d HT	380	1,140	1,900	4,280	6,650	9,500
1967 Fairlane						
4d Sed.	316	948	1,580	3,560	5,530	7,900
2d Cpe.	320	960	1,600	3,600	5,600	8,000
1967 Fairlane 500, V-8, 116" wb						
4d Sed.	320	960	1,600	3,600	5,600	8,000
2d Cpe.	324	972	1,620	3,650	5,670	8,100
2d HT	500	1,500	2,500	5,630	8,750	12,500
2d Conv.	700	2,100	3,500	7,880	12,250	17,500
4d Wag	380	1,140	1,900	4,280	6,650	9,500
1967 Fairlane 500 XL, V-8						
2d HT	520	1,560	2,600	5,850	9,100	13,000
2d Conv.	800	2,400	4,000	9,000	14,000	20,000
2d HT GT	640	1,920	3,200	7,200	11,200	16,000
2d Conv GT.	840	2,520	4,200	9,450	14,700	21,000

NOTE: When fitted with automatic transmission, the GT was named GTA.

	6	5	4	3	2	1
1967 Fairlane Wagons						
4d Sta Wag.	360	1,080	1,800	4,050	6,300	9,000
4d 500 Wag.	364	1,092	1,820	4,100	6,370	9,100
4d Sq Wag	372	1,116	1,860	4,190	6,510	9,300
1967 Ford Custom						
4d Sed.	316	948	1,580	3,560	5,530	7,900
2d Sed.	320	960	1,600	3,600	5,600	8,000
1967 Ford Custom 500						
4d Sed.	320	960	1,600	3,600	5,600	8,000
2d Sed.	324	972	1,620	3,650	5,670	8,100
1967 Galaxie 500, V-8, 119" wb						
4d Sed.	332	996	1,660	3,740	5,810	8,300
4d HT	580	1,740	2,900	6,530	10,150	14,500
2d HT	660	1,980	3,300	7,430	11,550	16,500
2d Conv.	800	2,400	4,000	9,000	14,000	20,000
1967 Galaxie 500 XL						
2d HT	700	2,100	3,500	7,880	12,250	17,500
2d Conv.	840	2,520	4,200	9,450	14,700	21,000
1967 LTD, V-8, 119" wb						
4d HT	640	1,920	3,200	7,200	11,200	16,000
2d HT	720	2,160	3,600	8,100	12,600	18,000
1967 Station Wagons						
4d Ranch.	560	1,680	2,800	6,300	9,800	14,000
4d Ctry Sed.	580	1,740	2,900	6,530	10,150	14,500
4d Ctry Sq.	600	1,800	3,000	6,750	10,500	15,000

NOTE: Add 5 percent for V-8. Add 40 percent for 427 or 428 engine option.

	6	5	4	3	2	1
1968 Standard Falcon						
4d Sed.	296	888	1,480	3,330	5,180	7,400
2d Sed.	300	900	1,500	3,380	5,250	7,500
4d Sta Wag	340	1,020	1,700	3,830	5,950	8,500
1968 Falcon Futura, 6-cyl., 110.0" wb						
4d Sed.	300	900	1,500	3,380	5,250	7,500
2d Sed.	304	912	1,520	3,420	5,320	7,600
2d Spt Cpe	312	936	1,560	3,510	5,460	7,800
4d Sta Wag.	344	1,032	1,720	3,870	6,020	8,600
1968 Fairlane						
4d Sed.	304	912	1,520	3,420	5,320	7,600
2d HT	380	1,140	1,900	4,280	6,650	9,500
4d Sta Wag.	352	1,056	1,760	3,960	6,160	8,800
1968 Fairlane 500, V-8, 116" wb						
4d Sed.	308	924	1,540	3,470	5,390	7,700
2d HT	440	1,320	2,200	4,950	7,700	11,000
2d FBk.	480	1,440	2,400	5,400	8,400	12,000
2d Conv.	720	2,160	3,600	8,100	12,600	18,000
4d Sta Wag.	356	1,068	1,780	4,010	6,230	8,900
1968 Torino, V-8, 116" wb						
4d Sed.	292	876	1,460	3,290	5,110	7,300
2d HT	500	1,500	2,500	5,630	8,750	12,500
4d Wag	360	1,080	1,800	4,050	6,300	9,000
1968 Torino GT, V-8						
2d HT	640	1,920	3,200	7,200	11,200	16,000
2d FBk.	720	2,160	3,600	8,100	12,600	18,000
2d Conv.	800	2,400	4,000	9,000	14,000	20,000
1968 Custom						
4d Sed.	296	888	1,480	3,330	5,180	7,400
2d Sed.	300	900	1,500	3,380	5,250	7,500
1968 Custom 500						
4d Sed.	300	900	1,500	3,380	5,250	7,500
2d Sed.	304	912	1,520	3,420	5,320	7,600

	6	5	4	3	2	1
1968 Galaxie 500, V-8, 119" wb						
4d Sed	308	924	1,540	3,470	5,390	7,700
4d HT	440	1,320	2,200	4,950	7,700	11,000
2d HT	520	1,560	2,600	5,850	9,100	13,000
2d FBk	680	2,040	3,400	7,650	11,900	17,000
2d Conv	760	2,280	3,800	8,550	13,300	19,000
1968 XL						
2d FBk	720	2,160	3,600	8,100	12,600	18,000
2d Conv	800	2,400	4,000	9,000	14,000	20,000
1968 LTD						
4d Sed	320	960	1,600	3,600	5,600	8,000
4d HT	460	1,380	2,300	5,180	8,050	11,500
2d HT	540	1,620	2,700	6,080	9,450	13,500
1968 Ranch Wagon						
4d Std Wag.	520	1,560	2,600	5,850	9,100	13,000
4d 500 Wag	528	1,584	2,640	5,940	9,240	13,200
4d DeL 500 Wag	532	1,596	2,660	5,990	9,310	13,300
1968 Country Sedan						
4d Std Wag.	560	1,680	2,800	6,300	9,800	14,000
DeL Wag	568	1,704	2,840	6,390	9,940	14,200
1968 Country Squire						
4d Sta Wag.	600	1,800	3,000	6,750	10,500	15,000
4d DeL Wag	616	1,848	3,080	6,930	10,780	15,400
NOTE: Add 50 percent for 429 engine option. Add 40 percent for 427 or 428 engine option.						
1969 Falcon Futura, 6-cyl., 111" wb						
2d Spt Cpe	284	852	1,420	3,200	4,970	7,100
2d Sed	268	804	1,340	3,020	4,690	6,700
1969 Fairlane 500, V-8, 116" wb						
4d Sed	264	792	1,320	2,970	4,620	6,600
2d HT	360	1,080	1,800	4,050	6,300	9,000
2d FBk	380	1,140	1,900	4,280	6,650	9,500
2d Conv	640	1,920	3,200	7,200	11,200	16,000
1969 Torino, V-8, 116" wb						
4d Sed	280	840	1,400	3,150	4,900	7,000
2d HT	400	1,440	2,400	5,400	8,400	12,000
1969 Torino GT, V-8						
2d HT	640	1,920	3,200	7,200	11,200	16,000
2d FBk	720	2,160	3,600	8,100	12,600	18,000
2d Conv	840	2,520	4,200	9,450	14,700	21,000
1969 Cobra						
2d HT	880	2,640	4,400	9,900	15,400	22,000
2d FBk	920	2,760	4,600	10,350	16,100	23,000
1969 Galaxie 500, V-8, 121" wb						
4d HT	340	1,020	1,700	3,830	5,950	8,500
2d HT	380	1,140	1,900	4,280	6,650	9,500
2d FBk	520	1,560	2,600	5,850	9,100	13,000
2d Conv	720	2,160	3,600	8,100	12,600	18,000
1969 XL						
2d FBk	660	1,980	3,300	7,430	11,550	16,500
2d Conv	760	2,280	3,800	8,550	13,300	19,000
NOTE: Add 10 percent for GT option.						
1969 LTD						
4d HT	360	1,080	1,800	4,050	6,300	9,000
2d HT	460	1,380	2,300	5,180	8,050	11,500
1969 Falcon Wagon, 6-cyl.						
4d Wag	280	840	1,400	3,150	4,900	7,000
4d Futura Sta Wag	324	972	1,620	3,650	5,670	8,100
1969 Fairlane, 6-cyl.						
4d Wag	364	1,092	1,820	4,100	6,370	9,100
4d 500 Sta Wag	388	1,164	1,940	4,370	6,790	9,700
4d Torino Sta Wag	372	1,116	1,860	4,190	6,510	9,300
NOTE: Add 30 percent for V-8 where available.						
1969 Custom Ranch Wagon, V-8						
4d Wag	440	1,320	2,200	4,950	7,700	11,000
4d 500 Sta Wag 2S	444	1,332	2,220	5,000	7,770	11,100
4d 500 Sta Wag 4S	448	1,344	2,240	5,040	7,840	11,200
NOTE: Deduct 30 percent for 6-cyl.						
1969 Galaxie 500 Country Sedan, V-8						
4d Wag 2S	448	1,344	2,240	5,040	7,840	11,200
4d Wag 4S	452	1,356	2,260	5,090	7,910	11,300
1969 LTD Country Squire, V-8						
4d Wag 2S	500	1,500	2,500	5,630	8,750	12,500
4d Wag 4S	504	1,512	2,520	5,670	8,820	12,600
NOTE: Add 40 percent for 428 engine option. Add 50 percent for 429 engine option.						
1970 Falcon, 6-cyl., 110" wb						
4d Sed	292	876	1,460	3,290	5,110	7,300
2d Sed	296	888	1,480	3,330	5,180	7,400
4d Sta Wag.	332	996	1,660	3,740	5,810	8,300

FORD

	6	5	4	3	2	1
1970 Futura, 6-cyl., 110" wb						
4d Sed.	300	900	1,500	3,380	5,250	7,500
2d Sed.	304	912	1,520	3,420	5,320	7,600
4d Sta Wag	340	1,020	1,700	3,830	5,950	8,500
NOTE: Add 10 percent for V-8.						
1970 Maverick						
2d Sed.	288	864	1,440	3,240	5,040	7,200
1970 Fairlane 500, V-8, 117" wb						
4d Sed.	312	936	1,560	3,510	5,460	7,800
2d HT	360	1,080	1,800	4,050	6,300	9,000
4d Sta Wag	348	1,044	1,740	3,920	6,090	8,700
1970 Torino, V-8, 117" wb						
4d Sed.	316	948	1,580	3,560	5,530	7,900
4d HT	360	1,080	1,800	4,050	6,300	9,000
2d HT	420	1,260	2,100	4,730	7,350	10,500
2d Sports Roof HT	540	1,620	2,700	6,080	9,450	13,500
4d Sta Wag	360	1,080	1,800	4,050	6,300	9,000
1970 Torino Brougham, V-8, 117" wb						
4d HT	380	1,140	1,900	4,280	6,650	9,500
2d HT	500	1,500	2,500	5,630	8,750	12,500
4d Sta Wag	352	1,056	1,760	3,960	6,160	8,800
1970 Torino GT, V-8, 117" wb						
2d HT	640	1,920	3,200	7,200	11,200	16,000
2d Conv.	760	2,280	3,800	8,550	13,300	19,000
1970 Cobra, V-8, 117" wb						
2d HT	1,040	3,120	5,200	11,700	18,200	26,000
1970 Custom, V-8, 121" wb						
4d Sed.	280	840	1,400	3,150	4,900	7,000
4d Sta Wag	348	1,044	1,740	3,920	6,090	8,700
1970 Custom 500, V-8, 121" wb						
4d Sed.	284	852	1,420	3,200	4,970	7,100
4d Sta Wag	352	1,056	1,760	3,960	6,160	8,800
1970 Galaxie 500, V-8, 121" wb						
4d Sed.	288	864	1,440	3,240	5,040	7,200
4d HT	340	1,020	1,700	3,830	5,950	8,500
2d HT	380	1,140	1,900	4,280	6,650	9,500
4d Sta Wag	356	1,068	1,780	4,010	6,230	8,900
2d FBk	520	1,560	2,600	5,850	9,100	13,000
1970 XL, V-8, 121" wb						
2d FBk	540	1,620	2,700	6,080	9,450	13,500
2d Conv.	700	2,100	3,500	7,880	12,250	17,500
1970 LTD, V-8, 121" wb						
4d Sed.	292	876	1,460	3,290	5,110	7,300
4d HT	308	924	1,540	3,470	5,390	7,700
2d HT	340	1,020	1,700	3,830	5,950	8,500
4d Sta Wag	360	1,080	1,800	4,050	6,300	9,000
1970 LTD Brougham, V-8, 121" wb						
4d Sed.	296	888	1,480	3,330	5,180	7,400
4d HT	320	960	1,600	3,600	5,600	8,000
2d HT	360	1,080	1,800	4,050	6,300	9,000
NOTE: Add 40 percent for 428 engine option. Add 50 percent for 429 engine option.						
1970-1/2 Falcon, 6-cyl., 117" wb						
4d Sed.	296	888	1,480	3,330	5,180	7,400
2d Sed.	300	900	1,500	3,380	5,250	7,500
4d Sta Wag	340	1,020	1,700	3,830	5,950	8,500
1971 Pinto						
2d Rbt	288	864	1,440	3,240	5,040	7,200
1971 Maverick, 6-cyl.						
2d Sed.	310	940	1,560	3,510	5,460	7,800
4d Sed.	310	920	1,540	3,470	5,390	7,700
2d Grabber Sed.	340	1,010	1,680	3,780	5,880	8,400
NOTE: Add 20 percent for V-8.						
1971 Torino, V-8, 114" wb, Sta Wag 117" wb						
4d Sed.	316	948	1,580	3,560	5,530	7,900
2d HT	380	1,140	1,900	4,280	6,650	9,500
4d Sta Wag	356	1,068	1,780	4,010	6,230	8,900
1971 Torino 500, V-8, 114" wb, Sta Wag 117" wb						
4d Sed.	320	960	1,600	3,600	5,600	8,000
4d HT	364	1,092	1,820	4,100	6,370	9,100
2d Formal HT	640	1,920	3,200	7,200	11,200	16,000
2d Sports Roof HT	660	1,980	3,300	7,430	11,550	16,500
4d Sta Wag	320	960	1,600	3,600	5,600	8,000
4d HT Brougham	364	1,092	1,820	4,100	6,370	9,100
2d HT Brougham	500	1,500	2,500	5,630	8,750	12,500
4d Sq Sta Wag	404	1,212	2,020	4,550	7,070	10,100
2d HT Cobra	1,040	3,120	5,200	11,700	18,200	26,000
2d HT GT	760	2,280	3,800	8,550	13,300	19,000
2d Conv.	860	2,580	4,300	9,680	15,050	21,500

	6	5	4	3	2	1
1971 Custom, V-8, 121" wb						
4d Sed	304	912	1,520	3,420	5,320	7,600
4d Sta Wag	400	1,200	2,000	4,500	7,000	10,000
1971 Custom 500, V-8, 121" wb						
4d Sed	308	924	1,540	3,470	5,390	7,700
4d Sta Wag	404	1,212	2,020	4,550	7,070	10,100
1971 Galaxie 500, V-8, 121" wb						
4d Sed	316	948	1,580	3,560	5,530	7,900
4d HT	320	960	1,600	3,600	5,600	8,000
2d HT	340	1,020	1,700	3,830	5,950	8,500
4d Sta Wag	416	1,248	2,080	4,680	7,280	10,400
1971 LTD						
4d Sed	320	960	1,600	3,600	5,600	8,000
4d HT	324	972	1,620	3,650	5,670	8,100
2d HT	344	1,032	1,720	3,870	6,020	8,600
2d Conv	660	1,980	3,300	7,430	11,550	16,500
4d Ctry Sq Sta Wag	560	1,680	2,800	6,300	9,800	14,000
1971 LTD Brougham, V-8, 121" wb						
4d Sed	324	972	1,620	3,650	5,670	8,100
4d HT	340	1,020	1,700	3,830	5,950	8,500
2d HT	380	1,140	1,900	4,280	6,650	9,500
NOTE: Add 40 percent for 429 engine option.						
1972 Pinto						
2d Sed	296	888	1,480	3,330	5,180	7,400
3d HBk	300	900	1,500	3,380	5,250	7,500
2d Sta Wag	304	912	1,520	3,420	5,320	7,600
1972 Maverick						
4d Sed	296	888	1,480	3,330	5,180	7,400
2d Sed	300	900	1,500	3,380	5,250	7,500
2d Grabber Sed	340	1,010	1,680	3,780	5,880	8,400
NOTE: Deduct 20 percent for 6-cyl. Add 20 percent for Spring pkg.						
1972 Torino, V-8, 118" wb, 2d 114" wb						
4d Sed	296	888	1,480	3,330	5,180	7,400
2d HT	000	1,140	1,900	4,280	6,650	9,500
4d Sta Wag	348	1,044	1,740	3,920	6,090	8,700
1972 Gran Torino						
4d Pillared HT	300	900	1,500	3,380	5,250	7,500
2d HT	440	1,320	2,200	4,950	7,700	11,000
1972 Gran Torino Sport, V-8						
2d Formal HT	480	1,440	2,400	5,400	8,400	12,000
2d Sports Roof HT	500	1,500	2,500	5,630	8,750	12,500
4d Sta Wag	340	1,020	1,700	3,830	5,950	8,500
1972 Custom, V-8, 121" wb						
4d Sed	304	912	1,520	3,420	5,320	7,600
4d Sta Wag	360	1,080	1,800	4,050	6,300	9,000
1972 Custom 500, V-8, 121" wb						
4d Sed	308	924	1,540	3,470	5,390	7,700
4d Sta Wag	380	1,140	1,900	4,280	6,650	9,500
1972 Galaxie 500, V-8, 121" wb						
4d Sed	312	936	1,560	3,510	5,460	7,800
4d HT	360	1,080	1,800	4,050	6,300	9,000
2d HT	440	1,320	2,200	4,950	7,700	11,000
4d Sta Wag	400	1,200	2,000	4,500	7,000	10,000
1972 LTD, V-8, 121" wb						
4d Sed	316	948	1,580	3,560	5,530	7,900
4d HT	380	1,140	1,900	4,280	6,650	9,500
2d HT	500	1,500	2,500	5,630	8,750	12,500
2d Conv	700	2,100	3,500	7,880	12,250	17,500
4d Sta Wag	408	1,224	2,040	4,590	7,140	10,200
1972 LTD Brougham, V-8, 121" wb						
4d Sed	320	960	1,600	3,600	5,600	8,000
4d HT	388	1,164	1,940	4,370	6,790	9,700
2d HT	520	1,560	2,600	5,850	9,100	13,000
NOTE: Add 40 percent for 429 engine option. Add 30 percent for 460 engine option.						
1973 Pinto, 4-cyl.						
2d Sed	212	636	1,060	2,390	3,710	5,300
2d Rbt	216	648	1,080	2,430	3,780	5,400
2d Sta Wag	220	660	1,100	2,480	3,850	5,500
1973 Maverick, V-8						
2d Sed	224	672	1,120	2,520	3,920	5,600
4d Sed	228	684	1,140	2,570	3,990	5,700
2d Grabber Sed	270	800	1,340	3,020	4,690	6,700
1973 Torino, V-8						
4d Sed	216	648	1,080	2,430	3,780	5,400
2d HT	300	900	1,500	3,380	5,250	7,500
4d Sta Wag	224	672	1,120	2,520	3,920	5,600
1973 Gran Torino, V-8						
4d Pillared HT	220	660	1,100	2,480	3,850	5,500

	6	5	4	3	2	1
2d HT 320	960	1,600	3,600	5,600	8,000
4d Sta Wag 268	804	1,340	3,020	4,690	6,700
1973 Gran Torino Sport, V-8						
2d Sports Roof HT 460	1,380	2,300	5,180	8,050	11,500
2d Formal HT 480	1,440	2,400	5,400	8,400	12,000
4d Sq Sta Wag 320	960	1,600	3,600	5,600	8,000
1973 Gran Torino Brgm, V-8						
4d Pillared HT 224	672	1,120	2,520	3,920	5,600
2d HT 460	1,380	2,300	5,180	8,050	11,500
1973 Custom 500, V-8						
4d Pillared HT 224	672	1,120	2,520	3,920	5,600
4d Sta Wag 300	900	1,500	3,380	5,250	7,500
1973 Galaxie 500, V-8						
4d Pillared HT 228	684	1,140	2,570	3,990	5,700
2d HT 288	864	1,440	3,240	5,040	7,200
4d HT 232	696	1,160	2,610	4,060	5,800
4d Sta Wag 320	960	1,600	3,600	5,600	8,000
1973 LTD, V-8						
4d Sed 232	696	1,160	2,610	4,060	5,800
2d HT 300	900	1,500	3,380	5,250	7,500
4d HT 240	720	1,200	2,700	4,200	6,000
4d Sta Wag 340	1,020	1,700	3,830	5,950	8,500
1973 LTD Brgm, V-8						
4d Sed 236	708	1,180	2,660	4,130	5,900
2d HT 320	960	1,600	3,600	5,600	8,000
4d HT 280	840	1,400	3,150	4,900	7,000
NOTE: Add 30 percent for 429 engine option. Add 30 percent for 460 engine option.						
1974 Pinto						
2d Sed 212	636	1,060	2,390	3,710	5,300
3d HBk 216	648	1,080	2,430	3,780	5,400
2d Sta Wag 220	660	1,100	2,480	3,850	5,500
1974 Maverick, V-8						
2d Sed 224	672	1,120	2,520	3,920	5,600
4d Sed 228	684	1,140	2,570	3,990	5,700
2d Grabber Sed 260	770	1,280	2,880	4,480	6,400
1974 Torino, V-8						
4d Sed 224	672	1,120	2,520	3,920	5,600
2d HT 288	864	1,440	3,240	5,040	7,200
4d Sta Wag 260	780	1,300	2,930	4,550	6,500
1974 Gran Torino, V-8						
4d Sed 228	684	1,140	2,570	3,990	5,700
2d HT 304	912	1,520	3,420	5,320	7,600
4d Sta Wag 264	792	1,320	2,970	4,620	6,600
1974 Gran Torino Sport, V-8						
2d HT 324	972	1,620	3,650	5,670	8,100
1974 Gran Torino Brgm, V-8						
4d Sed 232	696	1,160	2,610	4,060	5,800
2d HT 300	900	1,500	3,380	5,250	7,500
1974 Gran Torino Elite, V-8						
2d HT 320	960	1,600	3,600	5,600	8,000
1974 Gran Torino Squire, V-8						
4d Sta Wag 284	852	1,420	3,200	4,970	7,100
1974 Custom 500						
4d Sed 220	660	1,100	2,480	3,850	5,500
4d Sta Wag 280	840	1,400	3,150	4,900	7,000
1974 Galaxie 500, V-8						
4d Sed 224	672	1,120	2,520	3,920	5,600
2d HT 248	744	1,240	2,790	4,340	6,200
4d HT 236	708	1,180	2,660	4,130	5,900
4d Sta Wag 284	852	1,420	3,200	4,970	7,100
1974 LTD, V-8						
2d HT 260	780	1,300	2,930	4,550	6,500
4d Sed 228	684	1,140	2,570	3,990	5,700
4d HT 240	720	1,200	2,700	4,200	6,000
4d Sta Wag 320	960	1,600	3,600	5,600	8,000
1974 LTD Brgm, V-8						
4d Sed 228	684	1,140	2,570	3,990	5,700
2d HT 280	840	1,400	3,150	4,900	7,000
4d HT 260	780	1,300	2,930	4,550	6,500
NOTE: Add 30 percent for 460 engine option.						
1975 Pinto						
2d Sed 220	660	1,100	2,480	3,850	5,500
3d HBk 224	672	1,120	2,520	3,920	5,600
2d Sta Wag 240	720	1,200	2,700	4,200	6,000
1975 Maverick						
2d Sed 240	720	1,200	2,700	4,200	6,000
4d Sed 236	708	1,180	2,660	4,130	5,900
2d Grabber Sed 260	790	1,320	2,970	4,620	6,600

FORD

	6	5	4	3	2	1
1975 Torino						
2d Cpe	240	720	1,200	2,700	4,200	6,000
4d Sed	220	660	1,100	2,480	3,850	5,500
4d Sta Wag.	224	672	1,120	2,520	3,920	5,600
1975 Gran Torino						
2d Cpe	244	732	1,220	2,750	4,270	6,100
4d Sed	228	684	1,140	2,570	3,990	5,700
4d Sta Wag.	232	696	1,160	2,610	4,060	5,800
1975 Gran Torino Brougham						
2d Cpe	252	756	1,260	2,840	4,410	6,300
4d Sed	248	744	1,240	2,790	4,340	6,200
1975 Gran Torino Sport						
2d HT	260	780	1,300	2,930	4,550	6,500
1975 Torino Squire						
4d Sta Wag.	280	840	1,400	3,150	4,900	7,000
1975 Elite						
2d HT	280	840	1,400	3,150	4,900	7,000
1975 Granada						
2d Cpe	212	636	1,060	2,390	3,710	5,300
4d Sed	188	564	940	2,120	3,290	4,700
2d Ghia Cpe	224	672	1,120	2,520	3,920	5,600
4d Ghia Sed	220	660	1,100	2,480	3,850	5,500
1975 Custom 500						
4d Sed	224	672	1,120	2,520	3,920	5,600
4d Sta Wag.	228	684	1,140	2,570	3,990	5,700
1975 LTD						
2d Cpe	236	708	1,180	2,660	4,130	5,900
4d Sed	228	684	1,140	2,570	3,990	5,700
1975 LTD Brougham						
2d Cpe	240	720	1,200	2,700	4,200	6,000
4d Sed	232	696	1,160	2,610	4,060	5,800
1975 LTD Landau						
2d Cpe	248	744	1,240	2,790	4,340	6,200
4d Sed	236	708	1,180	2,660	4,130	5,900
1975 LTD Station Wagon						
4d Sta Wag.	268	804	1,340	3,020	4,690	6,700
4d Ctry Sq	288	864	1,440	3,240	5,040	7,200
NOTE: Add 30 percent for 460 engine option.						
1976 Pinto, 4-cyl.						
2d Sed	200	600	1,000	2,250	3,500	5,000
2d Rbt.	204	612	1,020	2,300	3,570	5,100
2d Sta Wag.	208	624	1,040	2,340	3,640	5,200
2d Sq Wag	212	636	1,060	2,390	3,710	5,300
NOTE: Add 10 percent for V-6.						
1976 Maverick, V-8						
4d Sed	192	576	960	2,160	3,360	4,800
2d Sed	196	588	980	2,210	3,430	4,900
NOTE: Deduct 5 percent for 6-cyl.						
1976 Torino, V-8						
4d Sed	200	600	1,000	2,250	3,500	5,000
2d HT	204	612	1,020	2,300	3,570	5,100
1976 Gran Torino, V-8						
4d Sed	204	612	1,020	2,300	3,570	5,100
2d HT	208	624	1,040	2,340	3,640	5,200
NOTE: Add 20 percent for "Starsky & Hutch" Ed.						
1976 Gran Torino Brougham, V-8						
4d Sed	208	624	1,040	2,340	3,640	5,200
2d HT	212	636	1,060	2,390	3,710	5,300
1976 Station Wagons, V-8						
4d 2S Torino.	240	720	1,200	2,700	4,200	6,000
4d 2S Gran Torino	244	732	1,220	2,750	4,270	6,100
4d 2S Gran Torino Sq	250	740	1,240	2,790	4,340	6,200
1976 Granada, V-8						
4d Sed	188	564	940	2,120	3,290	4,700
2d Sed	212	636	1,060	2,390	3,710	5,300
1976 Granada Ghia, V-8						
4d Sed	220	660	1,100	2,480	3,850	5,500
2d Sed	224	672	1,120	2,520	3,920	5,600
1976 Elite, V-8						
2d HT	208	624	1,040	2,340	3,640	5,200
1976 Custom, V-8						
4d Sed	196	588	980	2,210	3,430	4,900
1976 LTD, V-8						
4d Sed	204	612	1,020	2,300	3,570	5,100
2d Sed	212	636	1,060	2,390	3,710	5,300
1976 LTD Brougham, V-8						
4d Sed	212	636	1,060	2,390	3,710	5,300
2d Sed	220	660	1,100	2,480	3,850	5,500

	6	5	4	3	2	1
1976 LTD Landau, V-8						
4d Sed.	220	660	1,100	2,480	3,850	5,500
2d Sed.	228	684	1,140	2,570	3,990	5,700
1976 Station Wagons, V-8						
4d Ranch Wag	256	768	1,280	2,880	4,480	6,400
4d LTD Wag	268	804	1,340	3,020	4,690	6,700
4d Ctry Sq Wag.	288	864	1,440	3,240	5,040	7,200
1977 Pinto, 4-cyl.						
2d Sed.	204	612	1,020	2,300	3,570	5,100
2d Rbt.	208	624	1,040	2,340	3,640	5,200
2d Sta Wag	228	684	1,140	2,570	3,990	5,700
2d Sq Wag	232	696	1,160	2,610	4,060	5,800
NOTE: Add 5 percent for V-6.						
1977 Maverick, V-8						
4d Sed.	196	588	980	2,210	3,430	4,900
2d Sed.	200	600	1,000	2,250	3,500	5,000
NOTE: Deduct 5 percent for 6-cyl.						
1977 Granada, V-8						
4d Sed.	188	564	940	2,120	3,290	4,700
2d Sed.	212	636	1,060	2,390	3,710	5,300
1977 Granada Ghia, V-8						
4d Sed.	220	660	1,100	2,480	3,850	5,500
2d Sed.	224	672	1,120	2,520	3,920	5,600
1977 LTD II "S", V-8						
4d Sed.	132	396	660	1,490	2,310	3,300
2d Sed.	136	408	680	1,530	2,380	3,400
1977 LTD II, V-8						
4d Sed.	136	408	680	1,530	2,380	3,400
2d Sed.	140	420	700	1,580	2,450	3,500
1977 LTD II Brougham, V-8						
4d Sed.	144	432	720	1,620	2,520	3,600
2d Sed.	148	444	740	1,670	2,590	3,700
1977 Station Wagons, V-8						
4d 2S LTD II	200	550	900	2,030	3,150	4,500
4d 3S LTD II	200	550	900	2,070	3,200	4,600
4d 3S LTD II Sq.	200	600	950	2,160	3,350	4,800
1977 LTD, V-8						
4d Sed.	208	624	1,040	2,340	3,640	5,200
2d Sed.	212	636	1,060	2,390	3,710	5,300
1977 LTD Landau, V-8						
4d Sed.	216	648	1,080	2,430	3,780	5,400
2d Sed.	220	660	1,100	2,480	3,850	5,500
1977 Station Wagons, V-8						
4d 2S LTD	292	876	1,460	3,290	5,110	7,300
4d 3S LTD	296	888	1,480	3,330	5,180	7,400
4d 3S Ctry Sq	300	900	1,500	3,380	5,250	7,500
1978 Fiesta						
2d HBk	112	336	560	1,260	1,960	2,800
1978 Pinto						
2d Sed.	200	600	1,000	2,250	3,500	5,000
3d Rbt.	204	612	1,020	2,300	3,570	5,100
2d Sta Wag	224	672	1,120	2,520	3,920	5,600
2d Sq Wag	228	684	1,140	2,570	3,990	5,700
1978 Fairmont						
4d Sed.	124	372	620	1,400	2,170	3,100
2d Sed.	120	360	600	1,350	2,100	3,000
2d Cpe Futura	150	450	700	1,620	2,500	3,600
4d Sta Wag	150	400	700	1,580	2,450	3,500
1978 Granada						
4d Sed.	188	564	940	2,120	3,290	4,700
2d Sed.	212	636	1,060	2,390	3,710	5,300
1978 LTD II "S"						
4d Sed.	100	350	600	1,400	2,150	3,100
2d Cpe.	100	350	600	1,350	2,100	3,000
1978 LTD II						
4d Sed.	128	384	640	1,440	2,240	3,200
2d Cpe.	124	372	620	1,400	2,170	3,100
1978 LTD II Brougham						
4d Sed.	132	396	660	1,490	2,310	3,300
2d Cpe.	128	384	640	1,440	2,240	3,200
1978 LTD						
4d Sed.	208	624	1,040	2,340	3,640	5,200
2d Cpe.	212	636	1,060	2,390	3,710	5,300
4d 2S Sta Wag	292	876	1,460	3,290	5,110	7,300
1978 LTD Landau						
4d Sed.	216	648	1,080	2,430	3,780	5,400
2d Cpe.	220	660	1,100	2,480	3,850	5,500
1979 Fiesta, 4-cyl.						
3d HBk	116	348	580	1,310	2,030	2,900

	6	5	4	3	2	1
1979 Pinto, V-6						
2d Sed	150	450	800	1,760	2,750	3,900
2d Rbt.	150	500	800	1,800	2,800	4,000
2d Sta Wag.	200	550	900	2,030	3,150	4,500
2d Sq Wag	200	550	900	2,070	3,200	4,600
NOTE: Deduct 5 percent for 4-cyl.						
1979 Fairmont, 6-cyl.						
4d Sed	128	384	640	1,440	2,240	3,200
2d Sed	124	372	620	1,400	2,170	3,100
2d Cpe	144	432	720	1,620	2,520	3,600
4d Sta Wag.	132	396	660	1,490	2,310	3,300
4d Sq Wag	136	408	680	1,530	2,380	3,400
NOTE: Deduct 5 percent for 4-cyl. Add 5 percent for V-8.						
1979 Granada, V-8						
4d Sed	150	500	850	1,940	3,000	4,300
2d Sed	150	450	750	1,670	2,600	3,700
NOTE: Deduct 5 percent for 6-cyl.						
1979 LTD II, V-8						
4d Sed	128	384	640	1,440	2,240	3,200
2d Sed	124	372	620	1,400	2,170	3,100
1979 LTD II Brougham, V-8						
4d Sed	132	396	660	1,490	2,310	3,300
2d Sed	128	384	640	1,440	2,240	3,200
1979 LTD, V-8						
4d Sed	144	432	720	1,620	2,520	3,600
2d Sed	136	408	680	1,530	2,380	3,400
4d 2S Sta Wag	140	420	700	1,580	2,450	3,500
4d 3S Sta Wag	144	432	720	1,620	2,520	3,600
4d 2S Sq Wag	148	444	740	1,670	2,590	3,700
4d 3S Sq Wag	152	456	760	1,710	2,660	3,800
1979 LTD Landau						
4d Sed	152	456	760	1,710	2,660	3,800
2d Sed	144	432	720	1,620	2,520	3,600
1980 Fiesta, 4-cyl,						
2d HBk	124	372	620	1,400	2,170	3,100
1980 Pinto, 4-cyl.						
2d Cpe Pony.	150	450	750	1,670	2,600	3,700
2d Sta Wag Pony	150	450	800	1,760	2,750	3,900
2d Cpe	150	450	750	1,710	2,650	3,800
2d HBk	150	450	750	1,710	2,650	3,800
2d Sta Wag.	200	550	900	1,980	3,100	4,400
2d Sta Wag Sq	200	550	900	2,030	3,150	4,500
1980 Fairmont, 6-cyl.						
4d Sed	136	408	680	1,530	2,380	3,400
2d Sed	132	396	660	1,490	2,310	3,300
4d Sed Futura.	144	432	720	1,620	2,520	3,600
2d Cpe Futura	164	492	820	1,850	2,870	4,100
4d Sta Wag.	152	456	760	1,710	2,660	3,800
NOTE: Deduct 10 percent for 4-cyl. Add 12 percent for V-8.						
1980 Granada, V-8						
4d Sed	156	468	780	1,760	2,730	3,900
2d Sed	152	456	760	1,710	2,660	3,800
4d Sed Ghia	164	492	820	1,850	2,870	4,100
2d Sed Ghia	160	480	800	1,800	2,800	4,000
4d Sed ESS	168	504	840	1,890	2,940	4,200
2d Sed ESS	164	492	820	1,850	2,870	4,100
NOTE: Deduct 10 percent for 6-cyl.						
1980 LTD, V-8						
4d Sed S.	168	504	840	1,890	2,940	4,200
4d Sta Wag.	176	528	880	1,980	3,080	4,400
4d Sed	172	516	860	1,940	3,010	4,300
2d Sed	168	504	840	1,890	2,940	4,200
4d Sta Wag.	180	540	900	2,030	3,150	4,500
4d Sta Wag CS.	188	564	940	2,120	3,290	4,700
1980 LTD Crown Victoria, V-8						
4d Sed	184	552	920	2,070	3,220	4,600
2d Sed	180	540	900	2,030	3,150	4,500
1981 Escort, 4-cyl.						
2d HBk SS	144	432	720	1,620	2,520	3,600
4d HBk SS	148	444	740	1,670	2,590	3,700
NOTE: Deduct 5 percent for lesser models.						
1981 Fairmont, 6-cyl.						
2d Sed S.	136	408	680	1,530	2,380	3,400
4d Sed	140	420	700	1,580	2,450	3,500
2d Sed	140	420	700	1,580	2,450	3,500
4d Futura	144	432	720	1,620	2,520	3,600
2d Cpe Futura	168	504	840	1,890	2,940	4,200
4d Sta Wag.	156	468	780	1,760	2,730	3,900

	6	5	4	3	2	1
4d Sta Wag Futura 160		480	800	1,800	2,800	4,000

NOTE: Deduct 10 percent for 4-cyl. Add 12 percent for V-8.

1981 Granada, 6-cyl.

4d Sed GLX................................. 160		480	800	1,800	2,800	4,000
2d Sed GLX................................. 156		468	780	1,760	2,730	3,900

NOTE: Deduct 5 percent for lesser models. Deduct 10 percent for 4-cyl. Add 12 percent for V-8.

1981 LTD, V-8

4d Sed S 172		516	860	1,940	3,010	4,300
4d Sta Wag S 180		540	900	2,030	3,150	4,500
4d Sed....................................... 176		528	880	1,980	3,080	4,400
2d Sed....................................... 172		516	860	1,940	3,010	4,300
4d Sta Wag 184		552	920	2,070	3,220	4,600
4d Sta Wag CS 192		576	960	2,160	3,360	4,800

1981 LTD Crown Victoria, V-8

4d Sed....................................... 192		576	960	2,160	3,360	4,800
2d Sed....................................... 188		564	940	2,120	3,290	4,700

NOTE: Deduct 15 percent for 6-cyl.

1982 Escort, 4-cyl.

2d HBk GLX 144		432	720	1,620	2,520	3,600
4d HBk GLX 148		444	740	1,670	2,590	3,700
4d Sta Wag GLX 152		456	760	1,710	2,660	3,800
2d HBk GT 156		468	780	1,760	2,730	3,900

NOTE: Deduct 5 percent for lesser models.

1982 EXP, 4-cyl.

2d Cpe....................................... 180		540	900	2,030	3,150	4,500

1982 Fairmont Futura, 4-cyl.

4d Sed....................................... 120		360	600	1,350	2,100	3,000
2d Sed....................................... 116		348	580	1,310	2,030	2,900
2d Cpe Futura............................... 132		396	660	1,490	2,310	3,300

1982 Fairmont Futura, 6-cyl.

4d Sed....................................... 148		444	740	1,670	2,590	3,700
2d Cpe Futura............................... 172		516	860	1,940	3,010	4,300

1982 Granada, 6-cyl.

4d Sed GLX................................. 164		492	820	1,850	2,870	4,100
2d Sed GLX................................. 160		480	800	1,800	2,800	4,000

NOTE: Deduct 10 percent for 4-cyl. Deduct 5 percent for lesser models.

1982 Granada Wagon, 6-cyl.

4d Sta Wag GL 172		516	860	1,940	3,010	4,300

1982 LTD, V-8

4d Sed S 176		528	880	1,980	3,080	4,400
4d Sed....................................... 180		540	900	2,030	3,150	4,500
2d Sed....................................... 176		528	880	1,980	3,080	4,400

1982 LTD Crown Victoria, V-8

4d Sed....................................... 196		588	980	2,210	3,430	4,900
2d Sed....................................... 192		576	960	2,160	3,360	4,800

1982 LTD Station Wagon, V-8

4d Sta Wag S 184		552	920	2,070	3,220	4,600
4d Sta Wag 188		564	940	2,120	3,290	4,700
4d Sta Wag CS 196		588	980	2,210	3,430	4,900

NOTE: Deduct 15 percent for V-6.

1983 Escort, 4-cyl.

2d HBk GLX 144		432	720	1,620	2,520	3,600
4d HBk GLX 148		444	740	1,670	2,590	3,700
4d Sta Wag GLX 152		456	760	1,710	2,660	3,800
2d HBk GT 148		444	740	1,670	2,590	3,700

NOTE: Deduct 5 percent for lesser models.

1983 EXP, 4-cyl.

2d Cpe....................................... 180		540	900	2,030	3,150	4,500

1983 Fairmont Futura, 6-cyl.

4d Sed....................................... 148		444	740	1,670	2,590	3,700
2d Sed....................................... 144		432	720	1,620	2,520	3,600
2d Cpe....................................... 172		516	860	1,940	3,010	4,300

NOTE: Deduct 5 percent for 4-cyl.

1983 LTD, 6-cyl.

4d Sed....................................... 168		504	840	1,890	2,940	4,200
4d Sed Brgm................................. 176		528	880	1,980	3,080	4,400
4d Sta Wag 184		552	920	2,070	3,220	4,600

NOTE: Deduct 10 percent for 4-cyl.

1983 LTD Crown Victoria, V-8

4d Sed....................................... 200		600	1,000	2,250	3,500	5,000
2d Sed....................................... 196		588	980	2,210	3,430	4,900
4d Sta Wag 204		612	1,020	2,300	3,570	5,100

1984 Escort, 4-cyl.

4d HBk LX................................... 140		420	700	1,580	2,450	3,500
2d HBk LX................................... 140		420	700	1,580	2,450	3,500
4d Sta Wag LX 144		432	720	1,620	2,520	3,600
2d HBk GT 144		432	720	1,620	2,520	3,600
2d HBk Turbo GT 152		456	760	1,710	2,660	3,800

NOTE: Deduct 5 percent for lesser models.

	6	5	4	3	2	1
1984 EXP, 4-cyl.						
2d Cpe	160	480	800	1,800	2,800	4,000
2d Cpe L	168	504	840	1,890	2,940	4,200
2d Cpe Turbo	184	552	920	2,070	3,220	4,600
1984 Tempo, 4-cyl.						
2d Sed GLX	140	420	700	1,580	2,450	3,500
4d Sed GLX	140	420	700	1,580	2,450	3,500
NOTE: Deduct 5 percent for lesser models.						
1984 LTD, V-6						
4d Sed	168	504	840	1,890	2,940	4,200
4d Sed Brgm	172	516	860	1,940	3,010	4,300
4d Sta Wag	172	516	860	1,940	3,010	4,300
4d Sed LX, (V-8)	184	552	920	2,070	3,220	4,600
NOTE: Deduct 8 percent for 4-cyl.						
1984 LTD Crown Victoria, V-8						
4d Sed S	188	564	940	2,120	3,290	4,700
4d Sed	196	588	980	2,210	3,430	4,900
2d Sed	196	588	980	2,210	3,430	4,900
4d Sta Wag S	200	600	1,000	2,250	3,500	5,000
4d Sta Wag	204	612	1,020	2,300	3,570	5,100
4d Sta Wag Sq	208	624	1,040	2,340	3,640	5,200
1985 Escort, 4-cyl.						
4d HBk LX	144	432	720	1,620	2,520	3,600
4d Sta Wag LX	144	432	720	1,620	2,520	3,600
2d HBk GT	148	444	740	1,670	2,590	3,700
2d HBk Turbo GT	156	468	780	1,760	2,730	3,900
NOTE: Deduct 5 percent for lesser models.						
1985 EXP, 4-cyl.						
2d Cpe HBk	164	492	820	1,850	2,870	4,100
2d Cpe HBk Luxury	172	516	860	1,940	3,010	4,300
2d Cpe HBk Turbo	188	564	940	2,120	3,290	4,700
NOTE: Deduct 20 percent for diesel.						
1985 Tempo, 4-cyl.						
2d Sed GLX	140	420	700	1,580	2,450	3,500
4d Sed GLX	140	420	700	1,580	2,450	3,500
NOTE: Deduct 5 percent for lesser models. Deduct 20 percent for diesel.						
1985 LTD						
4d V-6 Sed	172	516	860	1,940	3,010	4,300
4d V-6 Sed Brgm	176	528	880	1,980	3,080	4,400
4d V-6 Sta Wag	176	528	880	1,980	3,080	4,400
4d V-8 Sed LX	188	564	940	2,120	3,290	4,700
NOTE: Deduct 20 percent for 4-cyl. where available.						
1985 LTD Crown Victoria, V-8						
4d Sed S	192	570	960	2,160	3,360	4,800
4d Sed	200	600	1,000	2,250	3,500	5,000
2d Sed	196	588	980	2,210	3,430	4,900
4d Sta Wag S	204	612	1,020	2,300	3,570	5,100
4d Sta Wag	208	624	1,040	2,340	3,640	5,200
4d Sta Wag Ctry Sq	216	648	1,080	2,430	3,780	5,400
1986 Escort						
2d HBk	144	432	720	1,620	2,520	3,600
4d HBk	140	420	700	1,580	2,450	3,500
4d Sta Wag	148	444	740	1,670	2,590	3,700
2d GT HBk	160	480	800	1,800	2,800	4,000
1986 EXP						
2d Cpe	184	552	920	2,070	3,220	4,600
1986 Tempo						
2d Sed	144	432	720	1,620	2,520	3,600
4d Sed	144	432	720	1,620	2,520	3,600
1986 Taurus						
4d Sed	188	564	940	2,120	3,290	4,700
4d Sta Wag	192	576	960	2,160	3,360	4,800
1986 LTD						
4d Sed	208	624	1,040	2,340	3,640	5,200
4d Brgm Sed	208	624	1,040	2,340	3,640	5,200
4d Sta Wag	216	648	1,080	2,430	3,780	5,400
1986 LTD Crown Victoria						
2d Sed	216	648	1,080	2,430	3,780	5,400
4d Sed	216	648	1,080	2,430	3,780	5,400
4d Sta Wag	220	660	1,100	2,480	3,850	5,500
NOTE: Add 10 percent for deluxe models. Deduct 5 percent for smaller engines.						
1987 Escort, 4-cyl.						
2d HBk Pony	148	444	740	1,670	2,590	3,700
2d HBk GL	152	456	760	1,710	2,660	3,800
4d HBk GL	156	468	780	1,760	2,730	3,900
4d Sta Wag GL	156	468	780	1,760	2,730	3,900
2d HBk GT	160	480	800	1,800	2,800	4,000
1987 EXP, 4-cyl.						
2d HBk LX	188	564	940	2,120	3,290	4,700
2d HBk Spt	192	576	960	2,160	3,360	4,800

FORD

FORD

	6	5	4	3	2	1
1987 Tempo						
2d Sed GL	148	444	740	1,670	2,590	3,700
4d Sed GL	152	456	760	1,710	2,660	3,800
2d Sed GL Spt.	152	456	760	1,710	2,660	3,800
4d Sed GL Spt.	156	468	780	1,760	2,730	3,900
2d Sed LX	156	468	780	1,760	2,730	3,900
4d Sed LX	160	480	800	1,800	2,800	4,000
2d Sed 4WD	180	540	900	2,030	3,150	4,500
4d Sed 4WD	184	552	920	2,070	3,220	4,600
1987 Taurus, 4-cyl.						
4d Sed	192	576	960	2,160	3,360	4,800
4d Sta Wag	196	588	980	2,210	3,430	4,900
1987 Taurus, V-6						
4d Sed L	196	588	980	2,210	3,430	4,900
4d Sta Wag L	200	600	1,000	2,250	3,500	5,000
4d Sed GL	200	600	1,000	2,250	3,500	5,000
4d Sta Wag GL	204	612	1,020	2,300	3,570	5,100
4d Sed LX	204	612	1,020	2,300	3,570	5,100
4d Sta Wag LX	208	624	1,040	2,340	3,640	5,200
1987 LTD Crown Victoria, V-8						
4d Sed S	220	660	1,100	2,480	3,850	5,500
4d Sta Wag S	224	672	1,120	2,520	3,920	5,600
4d Sed	224	672	1,120	2,520	3,920	5,600
2d Cpe	220	660	1,100	2,480	3,850	5,500
4d Sta Wag	224	672	1,120	2,520	3,920	5,600
4d Sta Wag Ctry Sq	230	700	1,160	2,610	4,060	5,800
4d Sed LX	228	684	1,140	2,570	3,990	5,700
2d Cpe LX	224	672	1,120	2,520	3,920	5,600
4d Sta Wag LX	228	684	1,140	2,570	3,990	5,700
4d Sta Wag Ctry Sq LX	240	710	1,180	2,660	4,130	5,900
1988 Festiva, 4-cyl.						
2d HBk L	92	276	460	1,040	1,610	2,300
2d HBk L Plus	100	300	500	1,130	1,750	2,500
2d HBk LX	116	348	580	1,310	2,030	2,900
1988 Escort, 4-cyl.						
2d HBk Pony	88	264	440	990	1,540	2,200
2d HBk GL	100	300	500	1,130	1,750	2,500
4d HBk GL	104	312	520	1,170	1,820	2,600
4d Sta Wag GL	116	348	580	1,310	2,030	2,900
2d HBk GT	140	420	700	1,580	2,450	3,500
2d HBk LX	112	336	560	1,260	1,960	2,800
4d HBk LX	116	348	580	1,310	2,030	2,900
4d Sta Wag LX	124	372	620	1,400	2,170	3,100
1988 EXP, 4-cyl.						
2d HBk	120	360	600	1,350	2,100	3,000
1988 Tempo, 4-cyl.						
2d Sed GL	132	396	660	1,490	2,310	3,300
4d Sed GL	140	420	700	1,580	2,450	3,500
2d Sed GLS	140	420	700	1,580	2,450	3,500
4d Sed GLS	144	432	720	1,620	2,520	3,600
4d Sed LX	148	444	740	1,670	2,590	3,700
4d Sed 4x4	180	540	900	2,030	3,150	4,500
1988 Taurus, 4-cyl., V-6						
4d Sed	168	504	840	1,890	2,940	4,200
4d Sed L	176	528	880	1,980	3,080	4,400
4d Sta Wag L	184	552	920	2,070	3,220	4,600
4d Sed GL	180	540	900	2,030	3,150	4,500
4d Sta Wag GL	200	600	1,000	2,250	3,500	5,000
4d Sed LX	220	660	1,100	2,480	3,850	5,500
4d Sta Wag LX	228	684	1,140	2,570	3,990	5,700
1988 LTD Crown Victoria, V-8						
4d Sed	204	612	1,020	2,300	3,570	5,100
4d Sta Wag	212	636	1,060	2,390	3,710	5,300
4d Ctry Sq Sta Wag	230	700	1,160	2,610	4,060	5,800
4d Sed S	212	636	1,060	2,390	3,710	5,300
4d Sed LX	216	648	1,080	2,430	3,780	5,400
4d Sta Wag LX	220	660	1,100	2,480	3,850	5,500
4d Ctry Sq Sta Wag	240	720	1,200	2,700	4,200	6,000
1989 Festiva, 4-cyl.						
2d HBk L	128	384	640	1,440	2,240	3,200
2d HBk L Plus	132	396	660	1,490	2,310	3,300
2d HBk LX	136	408	680	1,530	2,380	3,400
1989 Escort, 4-cyl.						
2d HBk Pony	132	396	660	1,490	2,310	3,300
2d HBk LX	136	408	680	1,530	2,380	3,400
2d HBk GT	152	456	760	1,710	2,660	3,800
4d HBk LX	140	420	700	1,580	2,450	3,500
4d Sta Wag LX	144	432	720	1,620	2,520	3,600

	6	5	4	3	2	1
1989 Tempo, 4-cyl.						
2d Sed GL	140	420	700	1,580	2,450	3,500
4d Sed GL	144	432	720	1,620	2,520	3,600
2d Sed GLS	152	456	760	1,710	2,660	3,800
4d Sed GLS	156	468	780	1,760	2,730	3,900
4d Sed LX	168	504	840	1,890	2,940	4,200
4d Sed 4x4	192	576	960	2,160	3,360	4,800
1989 Probe, 4-cyl.						
2d GL HBk	200	600	1,000	2,250	3,500	5,000
2d LX HBk	220	660	1,100	2,480	3,850	5,500
2d GT Turbo HBk	240	720	1,200	2,700	4,200	6,000
1989 Taurus, 4-cyl.						
4d Sed L	184	552	920	2,070	3,220	4,600
4d Sed GL	188	564	940	2,120	3,290	4,700
1989 V-6						
4d Sed L	192	576	960	2,160	3,360	4,800
4d Sta Wag L	200	600	1,000	2,250	3,500	5,000
4d Sed GL	204	612	1,020	2,300	3,570	5,100
4d Sta Wag GL	240	720	1,200	2,700	4,200	6,000
4d Sed LX	232	696	1,160	2,610	4,060	5,800
4d Sta Wag LX	360	1,080	1,800	4,050	6,300	9,000
4d Sed SHO	400	1,200	2,000	4,500	7,000	10,000
1989 LTD Crown Victoria, V-8						
4d Sed S	220	660	1,100	2,480	3,850	5,500
4d Sed	228	684	1,140	2,570	3,990	5,700
4d Sed LX	252	756	1,260	2,840	4,410	6,300
4d Sta Wag	256	768	1,280	2,880	4,480	6,400
4d Sta Wag LX	260	780	1,300	2,930	4,550	6,500
4d Ctry Sq Sta Wag	260	790	1,320	2,970	4,620	6,600
4d Ctry Sq LX Sta Wag	270	800	1,340	3,020	4,690	6,700
1990 Festiva, 4-cyl.						
2d	112	336	560	1,260	1,960	2,800
2d L	120	360	600	1,350	2,100	3,000
2d LX	140	420	700	1,580	2,450	3,500
1990 Escort, 4-cyl.						
2d Pony HBk	120	360	600	1,350	2,100	3,000
2d LX HBk	140	420	700	1,580	2,450	3,500
4d LX HBk	144	432	720	1,620	2,520	3,600
4d LX Sta Wag	152	456	760	1,710	2,660	3,800
2d GT HBk	164	492	820	1,850	2,870	4,100
1990 Tempo, 4-cyl.						
2d GL Sed	144	432	720	1,620	2,520	3,600
4d GL Sed	148	444	740	1,670	2,590	3,700
2d GLS Sed	160	480	800	1,800	2,800	4,000
4d GLS Sed	164	492	820	1,850	2,870	4,100
4d LX Sed	168	504	840	1,890	2,940	4,200
4d Sed 4x4	220	660	1,100	2,480	3,850	5,500
1990 Probe						
2d GL HBk, 4-cyl.	220	660	1,100	2,480	3,850	5,500
2d LX HBk, V-6	260	780	1,300	2,930	4,550	6,500
2d GT HBk, Turbo	360	1,080	1,800	4,050	6,300	9,000
1990 Taurus, 4-cyl.						
4d L Sed	160	480	800	1,800	2,800	4,000
4d GL Sed	168	504	840	1,890	2,940	4,200
1990 V-6						
4d L Sed	188	564	940	2,120	3,290	4,700
4d L Sta Wag	200	600	1,000	2,250	3,500	5,000
4d GL Sed	196	588	980	2,210	3,430	4,900
4d GL Sta Wag	208	624	1,040	2,340	3,640	5,200
4d LX Sed	232	696	1,160	2,610	4,060	5,800
4d LX Sta Wag	256	768	1,280	2,880	4,480	6,400
4d SHO Sed	360	1,080	1,800	4,050	6,300	9,000
1990 LTD Crown Victoria, V-8						
4d S Sed	220	660	1,100	2,480	3,850	5,500
4d Sed	240	720	1,200	2,700	4,200	6,000
4d LX Sed	260	780	1,300	2,930	4,550	6,500
4d Sta Wag	232	696	1,160	2,610	4,060	5,800
4d LX Sta Wag	248	744	1,240	2,790	4,340	6,200
4d Ctry Sq Sta Wag	260	780	1,300	2,930	4,550	6,500
4d LX Ctry Sq Sta Wag	270	820	1,360	3,060	4,760	6,800
1991 Festiva, 4-cyl.						
2d HBk	124	372	620	1,400	2,170	3,100
2d GL HBk	132	396	660	1,490	2,310	3,300
1991 Escort, 4-cyl.						
2d Pony HBk	140	420	700	1,580	2,450	3,500
2d LX HBk	148	444	740	1,670	2,590	3,700
4d LX HBk	148	444	740	1,670	2,590	3,700
4d LX Sta Wag	156	468	780	1,760	2,730	3,900
2d GT HBk	164	492	820	1,850	2,870	4,100

FORD

	6	5	4	3	2	1
1991 Tempo, 4-cyl.						
2d L Sed	144	432	720	1,620	2,520	3,600
4d L Sed	144	432	720	1,620	2,520	3,600
2d GL Sed	152	456	760	1,710	2,660	3,800
4d GL Sed	152	456	760	1,710	2,660	3,800
2d GLS Sed	160	480	800	1,800	2,800	4,000
4d GLS Sed	160	480	800	1,800	2,800	4,000
4d LX Sed	168	504	840	1,890	2,940	4,200
4d Sed 4x4	200	600	1,000	2,250	3,500	5,000
1991 Probe, 4-cyl.						
2d GL HBk	188	564	940	2,120	3,290	4,700
2d LX HBk	220	660	1,100	2,480	3,850	5,500
2d GT HBk Turbo	240	720	1,200	2,700	4,200	6,000
1991 Taurus, 4-cyl.						
4d L Sed	144	432	720	1,620	2,520	3,600
4d GL Sed	152	456	760	1,710	2,660	3,800
1991 Taurus, V-6						
4d L Sed	152	456	760	1,710	2,660	3,800
4d L Sta Wag	180	540	900	2,030	3,150	4,500
4d GL Sed	168	504	840	1,890	2,940	4,200
4d GL Sta Wag	220	660	1,100	2,480	3,850	5,500
4d LX Sed	208	624	1,040	2,340	3,640	5,200
4d LX Sta Wag	260	780	1,300	2,930	4,550	6,500
4d SHO Sed	380	1,140	1,900	4,280	6,650	9,500
1991 LTD Crown Victoria, V-8						
4d S Sed	180	540	900	2,030	3,150	4,500
4d Sed	220	660	1,100	2,480	3,850	5,500
4d LX Sed	240	720	1,200	2,700	4,200	6,000
4d 3S Sta Wag	196	588	980	2,210	3,430	4,900
4d 2S Sta Wag	236	708	1,180	2,660	4,130	5,900
4d LX 3S Sta Wag	256	768	1,280	2,880	4,480	6,400
4d Ctry Sq 3S Sta Wag	210	620	1,040	2,340	3,640	5,200
4d Ctry Sq 2S Sta Wag	250	740	1,240	2,790	4,340	6,200
4d Ctry Sq LX 3S Sta Wag	250	800	1,350	3,020	4,700	6,700
1992 Festiva, 4-cyl.						
2d L HBk	140	420	700	1,580	2,450	3,500
2d GL HBk	152	456	760	1,710	2,660	3,800
1992 Escort, 4-cyl.						
2d HBk	168	504	840	1,890	2,940	4,200
2d LX HBk	168	504	840	1,890	2,940	4,200
4d LX HBk	168	504	840	1,890	2,940	4,200
4d LX Sed	160	480	800	1,800	2,800	4,000
4d LX Sta Wag	176	528	880	1,980	3,080	4,400
4d LX-E Sta Wag	180	540	900	2,030	3,150	4,500
2d GT HBk	200	600	1,000	2,250	3,500	5,000
1992 Tempo, 4-cyl.						
2d GL Cpe	152	456	760	1,710	2,660	3,800
4d GL Sed	156	468	780	1,760	2,730	3,900
4d LX Sed	160	480	800	1,800	2,800	4,000
2d GLS Sed V-6	220	660	1,100	2,480	3,850	5,500
4d GLS Sed V-6	220	660	1,100	2,480	3,850	5,500
1992 Probe, 4-cyl.						
2d GL HBk	220	660	1,100	2,480	3,850	5,500
2d LX HBk V-6	256	768	1,280	2,880	4,480	6,400
2d GT HBk Turbo	260	780	1,300	2,930	4,550	6,500
1992 Taurus, V-6						
4d L Sed	200	600	1,000	2,250	3,500	5,000
4d L Sta Wag	200	600	1,000	2,250	3,500	5,000
4d GL Sed	220	660	1,100	2,480	3,850	5,500
4d GL Sta Wag	220	660	1,100	2,480	3,850	5,500
4d LX Sed	240	720	1,200	2,700	4,200	6,000
4d LX Sta Wag	240	720	1,200	2,700	4,200	6,000
4d SHO Sed	420	1,260	2,100	4,730	7,350	10,500
1992 Crown Victoria, V-8						
4d S Sed	240	720	1,200	2,700	4,200	6,000
4d Sed	260	780	1,300	2,930	4,550	6,500
4d LX Sed	380	1,140	1,900	4,280	6,650	9,500
4d Trg Sed	320	960	1,600	3,600	5,600	8,000
1993 Festiva, 4-cyl.						
2d Sed	144	432	720	1,620	2,520	3,600
1993 Escort, 4-cyl.						
2d HBk	172	516	860	1,940	3,010	4,300
2d LX HBk	176	528	880	1,980	3,080	4,400
2d GT HBk	180	540	900	2,030	3,150	4,500
4d HBk	176	528	880	1,980	3,080	4,400
4d LX Sed	180	540	900	2,030	3,150	4,500
4d LXE Sed	184	552	920	2,070	3,220	4,600
4d LX Sta Wag	188	564	940	2,120	3,290	4,700

	6	5	4	3	2	1
1993 Tempo, 4-cyl.						
2d GL Sed	168	504	840	1,890	2,940	4,200
4d GL Sed	172	516	860	1,940	3,010	4,300
4d LX Sed	180	540	900	2,030	3,150	4,500
1993 Probe						
2d HBk, 4-cyl.	244	732	1,220	2,750	4,270	6,100
2d GT HBk, V-6	256	768	1,280	2,880	4,480	6,400
1993 Taurus, V-6						
4d GL Sed	248	744	1,240	2,790	4,340	6,200
4d LX Sed	252	756	1,260	2,840	4,410	6,300
4d GL Sta Wag	264	792	1,320	2,970	4,620	6,600
4d LX Sta Wag	268	804	1,340	3,020	4,690	6,700
4d SHO Sed	380	1,140	1,900	4,280	6,650	9,500
1993 Crown Victoria, V-8						
4d Sed S	284	852	1,420	3,200	4,970	7,100
4d Sed	292	876	1,460	3,290	5,110	7,300
4d LX Sed	296	888	1,480	3,330	5,180	7,400
1994 Aspire, 4-cyl.						
2d HBk	128	384	640	1,440	2,240	3,200
2d SE HBk	140	420	700	1,580	2,450	3,500
4d HBk	136	408	680	1,530	2,380	3,400
1994 Escort, 4-cyl.						
2d HBk	156	468	780	1,760	2,730	3,900
2d LX HBk	180	540	900	2,030	3,150	4,500
4d LX HBk	180	540	900	2,030	3,150	4,500
2d GT HBk	200	600	1,000	2,250	3,500	5,000
4d LX Sed	188	564	940	2,120	3,290	4,700
4d LX Sta Wag	192	576	960	2,160	3,360	4,800
1994 Tempo, 4-cyl.						
2d GL Sed	168	504	840	1,890	2,940	4,200
4d GL Sed	172	516	860	1,940	3,010	4,300
4d LX Sed	180	540	900	2,030	3,150	4,500
1994 Probe						
2d HbK, 4-cyl.	250	750	1,200	2,750	4,250	6,100
2d GT HBk, V-6	250	750	1,000	2,880	4,500	6,400
1994 Taurus, V-6						
4d GL Sed	250	750	1,250	2,790	4,350	6,200
4d LX Sed	250	750	1,250	2,840	4,400	6,300
4d GL Sta Wag	250	800	1,300	2,970	4,600	6,600
4d LX Sta Wag	250	800	1,350	3,020	4,700	6,700
4d SHO Sed	400	1,150	1,900	4,280	6,650	9,500
1994 Crown Victoria, V-8						
4d Sed S	288	864	1,440	3,240	5,040	7,200
4d Sed	300	900	1,500	3,380	5,250	7,500
4d LX Sed	320	960	1,600	3,600	5,600	8,000
1995 Aspire, 4-cyl.						
2d HBk	150	400	650	1,440	2,250	3,200
2d SE HBk	150	400	700	1,580	2,450	3,500
4d HBk	150	400	700	1,530	2,400	3,400
1995 Escort, 4-cyl.						
2d HBk	150	450	800	1,760	2,750	3,900
2d LX HBk	200	550	900	2,030	3,150	4,500
4d LX HBk	200	550	900	2,030	3,150	4,500
4d LX Sed	200	550	950	2,120	3,300	4,700
4d LX Sta Wag	200	600	950	2,160	3,350	4,800
2d GT HBk	200	600	1,000	2,250	3,500	5,000
1995 Contour, 4-cyl. & V-6						
4d GL Sed	200	600	1,050	2,340	3,650	5,200
4d LX Sed	200	650	1,050	2,390	3,700	5,300
4d SE Sed (V-6 only)	220	670	1,120	2,520	3,920	5,600
1995 Probe, 4-cyl. & V-6						
2d HBk, 4-cyl.	250	750	1,200	2,750	4,250	6,100
2d GT HBk, V-6	250	750	1,300	2,880	4,500	6,400
1995 Taurus, V-6						
4d GL Sed	250	750	1,250	2,790	4,350	6,200
4d GL Sta Wag	250	800	1,300	2,970	4,600	6,600
4d LX Sed	250	750	1,250	2,840	4,400	6,300
4d LX Sta Wag	250	800	1,350	3,020	4,700	6,700
4d SE Sed	250	750	1,300	2,880	4,500	6,400
4d SHO Sed	400	1,150	1,900	4,280	6,650	9,500
1995 Crown Victoria, V-8						
4d S Sed	300	850	1,450	3,240	5,050	7,200
4d Sed	300	900	1,500	3,380	5,250	7,500
4d LX Sed	300	950	1,600	3,600	5,600	8,000
1996 Aspire, 4-cyl.						
2d HBk	150	400	650	1,440	2,250	3,200
4d HBk	150	400	700	1,530	2,400	3,400
1996 Escort, 4-cyl.						
2d HBk	150	450	800	1,760	2,750	3,900

FORD

	6	5	4	3	2	1
2d LX HBk	200	550	900	2,030	3,150	4,500
4d LX HBk	200	550	900	2,030	3,150	4,500
4d LX Sed	200	550	950	2,120	3,300	4,700
4d LX Sta Wag	200	600	950	2,160	3,350	4,800
2d GT HBk	200	600	1,000	2,250	3,500	5,000
1996 Contour, 4-cyl. & V-6						
4d GL Sed	200	600	1,050	2,340	3,650	5,200
4d LX Sed	200	650	1,050	2,390	3,700	5,300
4d SE Sed (V-6 only)	220	670	1,120	2,520	3,920	5,600
1996 Probe, 4-cyl. & V-6						
2d HBk, 4-cyl.	250	750	1,200	2,750	4,250	6,100
2d GT HBk, V-6	250	750	1,300	2,880	4,500	6,400
1996 Taurus, V-6						
4d G Sed	250	700	1,200	2,700	4,200	6,000
4d GL Sed	250	750	1,250	2,790	4,350	6,200
4d GL Sta Wag	250	800	1,300	2,970	4,600	6,600
4d LX Sed	250	750	1,250	2,840	4,400	6,300
4d LX Sta Wag	250	800	1,350	3,020	4,700	6,700
1996 Crown Victoria, V-8						
4d S Sed	300	850	1,450	3,240	5,050	7,200
4d Sed	300	900	1,500	3,380	5,250	7,500
4d LX Sed	300	950	1,600	3,600	5,600	8,000
1997 Aspire, 4-cyl.						
2d HBk	128	384	640	1,440	2,240	3,200
4d HBk	136	408	680	1,530	2,380	3,400
1997 Escort, 4-cyl.						
4d Sed	180	540	900	2,030	3,150	4,500
4d LX Sed	188	564	940	2,120	3,290	4,700
4d LX Sta Wag	192	576	960	2,160	3,360	4,800
1997 Contour, 4-cyl. & V-6						
4d Sed (4-cyl. only)	200	600	1,000	2,250	3,500	5,000
4d GL Sed	208	624	1,040	2,340	3,640	5,200
4d LX Sed	212	636	1,060	2,390	3,710	5,300
4d SE Sed (V-6 only)	220	670	1,120	2,520	3,920	5,600
NOTE: Add 5 percent for Sport Pkg on GL or LX models.						
1997 Probe, 4-cyl. & V-6						
2d HBK, 4-cyl.	244	732	1,220	2,750	4,270	6,100
2d GT HBk, V-6	256	768	1,280	2,880	4,480	6,400
NOTE: Add 5 percent for GTS Sport Pkg on GT model.						
1997 Taurus, V-6						
4d G Sed	240	720	1,200	2,700	4,200	6,000
4d GL Sed	248	744	1,240	2,790	4,340	6,200
4d GL Sta Wag	264	792	1,320	2,970	4,620	6,600
4d LX Sed	252	756	1,260	2,840	4,410	6,300
4d LX Sta Wag	268	804	1,340	3,020	4,690	6,700
1997 Taurus, V-8						
4d SHO Sed	420	1,260	2,100	4,730	7,350	10,500
1997 Crown Victoria, V-8						
4d S Sed	288	864	1,440	3,240	5,040	7,200
4d Sed	300	900	1,500	3,380	5,250	7,500
4d LX Sed	320	960	1,600	3,600	5,600	8,000
1998 Escort, 4-cyl.						
4d LX Sed	180	550	920	2,070	3,220	4,600
4d SE Sed	190	580	960	2,160	3,360	4,800
4d SE Sta Wag	200	590	980	2,210	3,430	4,900
2d ZX2 "Cool" Cpe	200	610	1,020	2,300	3,570	5,100
2d ZX2 "Hot" Cpe	210	620	1,040	2,340	3,640	5,200
NOTE: Add 5 percent for ZX2 Spt Pkg.						
1998 Contour, 4-cyl. & V-6						
4d LX Sed	210	640	1,060	2,390	3,710	5,300
4d SE Sed	220	670	1,120	2,520	3,920	5,600
4d SVT Spt Sed (V-6 only)	420	1,260	2,100	4,730	7,350	10,500
1998 Taurus, V-6						
4d LX Sed	250	760	1,260	2,840	4,410	6,300
4d SE Sed	260	780	1,300	2,930	4,550	6,500
4d SE Sta Wag	270	800	1,340	3,020	4,690	6,700
1998 Taurus, V-8						
4d SHO Sed	420	1,260	2,100	4,730	7,350	10,500
NOTE: Add 10 percent for Spt Pkg on SE Sed.						
1998 Crown Victoria, V-8						
4d S Sed	290	860	1,440	3,240	5,040	7,200
4d Sed	300	900	1,500	3,380	5,250	7,500
4d LX Sed	320	960	1,600	3,600	5,600	8,000
NOTE: Add 5 percent for 41G Handling & Performance Pkg.						
1999 Escort, 4-cyl.						
4d LX Sed	180	550	920	2,070	3,220	4,600
4d SE Sed	190	580	960	2,160	3,360	4,800

	6	5	4	3	2	1
4d SE Sta Wag...............................	200	590	980	2,210	3,430	4,900
2d ZX2 "Cool" Cpe............................	200	610	1,020	2,300	3,570	5,100
2d ZX2 "Hot" Cpe.............................	210	620	1,040	2,340	3,640	5,200

NOTE: Add 5 percent for ZX2 Spt Pkg.

1999 Contour, 4-cyl. & V-6

	6	5	4	3	2	1
4d LX Sed.................................	210	640	1,060	2,390	3,710	5,300
4d SE Sed	220	670	1,120	2,520	3,920	5,600
4d SVT Spt Sed (V-6 only).....................	420	1,260	2,100	4,730	7,350	10,500

1999 Taurus, V-6

	6	5	4	3	2	1
4d LX Sed.................................	250	760	1,260	2,840	4,410	6,300
4d SE Sed	260	780	1,300	2,930	4,550	6,500
4d SE Sta Wag.............................	270	800	1,340	3,020	4,690	6,700

NOTE: Add 10 percent for Sport Pkg on SE Sed.

1999 Taurus, V-8

	6	5	4	3	2	1
4d SHO Sed................................	440	1,320	2,200	4,950	7,700	11,000

1999 Crown Victoria, V-8

	6	5	4	3	2	1
4d S Sed..................................	290	860	1,440	3,240	5,040	7,200
4d Sed	300	900	1,500	3,380	5,250	7,500
4d LX Sed.................................	320	960	1,600	3,600	5,600	8,000

NOTE: Add 5 percent for 41G Handling & Performance Pkg. Add 5 percent for natural gas-fueled Sed.

2000 Focus, 4-cyl.

	6	5	4	3	2	1
4d LX Sed.................................	190	560	940	2,120	3,290	4,700
4d SE Sed	200	590	980	2,210	3,430	4,900
4d ZTS Sed	210	640	1,060	2,390	3,710	5,300
4d SE Sta Wag.............................	210	620	1,040	2,340	3,640	5,200
2d ZX3 HBk	200	610	1,020	2,300	3,570	5,100

2000 Escort, 4-cyl.

	6	5	4	3	2	1
4d SE Sed	190	580	960	2,160	3,360	4,800
2d ZX2 Cpe	200	610	1,020	2,300	3,570	5,100

NOTE: Add 5 percent for ZX2 S/R pkg.

2000 Contour, 4-cyl. & V-6

	6	5	4	3	2	1
4d SE Sed	220	670	1,120	2,520	3,920	5,600
4d Spt Sed (V-6 only)........................	250	740	1,240	2,790	4,340	6,200
4d SVT Sed (V-6 only)	420	1,260	2,100	4,730	7,350	10,500

2000 Taurus, V-6

	6	5	4	3	2	1
4d LX Sed.................................	250	760	1,260	2,840	4,410	6,300
4d SE Sed	260	780	1,300	2,930	4,550	6,500
4d SES Sed	260	790	1,320	2,970	4,620	6,600
4d SEL Sed	270	800	1,340	3,020	4,690	6,700
4d SE Sta Wag.............................	270	800	1,340	3,020	4,690	6,700
4d SES Sta Wag	270	820	1,360	3,060	4,760	6,800

NOTE: Add 5 percent for flex-fuel SE Sed.

2000 Crown Victoria, V-8

	6	5	4	3	2	1
4d S Sed..................................	290	860	1,440	3,240	5,040	7,200
4d Sed	300	900	1,500	3,380	5,250	7,500
4d LX Sed.................................	320	960	1,600	3,600	5,600	8,000

NOTE: Add 5 percent for 41G Handling & Performance Pkg. Add 5 percent for natural gas-fueled Sed.

2001 Focus, 4-cyl.

	6	5	4	3	2	1
4d LX Sed.................................	190	560	940	2,350	3,290	4,700
4d SE Sed	200	590	980	2,450	3,430	4,900
4d ZTS Sed	210	640	1,060	2,650	3,710	5,300
4d SE Sta Wag.............................	210	620	1,040	2,600	3,640	5,200
2d ZX3 HBk	200	610	1,020	2,550	3,570	5,100

NOTE: Add 5 percent for Sony or Kona pkgs.

2001 Escort, 4-cyl.

	6	5	4	3	2	1
2d ZX2 Cpe	200	610	1,020	2,550	3,570	5,100

NOTE: The 4d SE Sed was now available only to fleet service.

2001 Taurus, V-6

	6	5	4	3	2	1
4d LX Sed.................................	250	760	1,260	3,150	4,410	6,300
4d SE Sed	260	780	1,300	3,250	4,550	6,500
4d SES Sed	260	790	1,320	3,300	4,620	6,600
4d SEL Sed	270	800	1,340	3,350	4,690	6,700
4d SE Sta Wag.............................	270	800	1,340	3,350	4,690	6,700

NOTE: Add 5 percent for flex-fuel SE Sed.

2001 Crown Victoria, V-8

	6	5	4	3	2	1
4d S Sed..................................	290	860	1,440	3,600	5,040	7,200
4d Sed	300	910	1,520	3,800	5,320	7,600
4d LX Sed.................................	320	970	1,620	4,050	5,670	8,100

NOTE: Add 5 percent for 41G Handling & Performance Pkg. Add 5 percent for natural gas-fueled Sed.

MUSTANG

1964

	6	5	4	3	2	1
2d HT	1,020	3,060	5,100	11,480	17,850	25,500
Conv.....................................	1,520	4,560	7,600	17,100	26,600	38,000

NOTE: Deduct 20 percent for 6-cyl. Add 20 percent for Challenger Code "K" V-8. First Mustang introduced April 17, 1964 at N.Y. World's Fair. Add 20 percent for Indianapolis 500 pace car edition.

	6	5	4	3	2	1
1965						
2d HT	1,020	3,060	5,100	11,480	17,850	25,500
Conv	1,520	4,560	7,600	17,100	26,600	38,000
FBk	1,560	4,680	7,800	17,550	27,300	39,000

NOTE: Add 30 percent for 271 hp Hi-perf engine. Add 10 percent for "GT" Package. Add 10 percent for "original pony interior". Deduct 20 percent for 6-cyl.

	6	5	4	3	2	1
1965 Shelby GT						
350 FBk	10,700	32,100	53,500	120,380	187,250	267,500
1966						
2d HT	1,020	3,060	5,100	11,480	17,850	25,500
Conv	1,560	4,680	7,800	17,550	27,300	39,000
FBk	1,600	4,800	8,000	18,000	28,000	40,000

NOTE: Same as 1965.

	6	5	4	3	2	1
1966 Shelby GT						
350 FBk	5,740	17,220	28,700	64,580	100,450	143,500
350H FBk	7,080	21,240	35,400	79,650	123,900	177,000
350 Conv	10,140	30,420	50,700	114,080	177,450	253,500
1967						
2d HT	940	2,820	4,700	10,580	16,450	23,500
Conv	1,600	4,800	8,000	18,000	28,000	40,000
FBk	1,640	4,920	8,200	18,450	28,700	41,000

NOTE: Same as 1964-65 plus. Add 10 percent for 390 cid V-8 (code "S"). Deduct 15 percent for 6-cyl.

	6	5	4	3	2	1
1967 Shelby GT						
350 FBk	6,720	20,160	33,600	75,600	117,600	168,000
500 FBk	9,660	28,980	48,300	108,680	169,050	241,500
1968						
2d HT	940	2,820	4,700	10,580	16,450	23,500
Conv	1,400	4,200	7,000	15,750	24,500	35,000
FBk	1,360	4,080	6,800	15,300	23,800	34,000

NOTE: Same as 1964-67 plus. Add 10 percent for GT-390. Add 30 percent for 428 cid V-8 (code "R"). Add 15 percent for "California Special" trim. Add 200 percent for 135 Series.

	6	5	4	3	2	1
1968 Shelby GT						
350 Conv	6,140	18,420	30,700	69,080	107,450	153,500
350 FBk	5,100	15,300	25,500	57,380	89,250	127,500
500 Conv	9,580	28,740	47,900	107,780	167,650	239,500
500 FBk	6,740	20,220	33,700	75,830	117,950	168,500

NOTE: Add 35 percent for KR models.

	6	5	4	3	2	1
1969						
2d HT	900	2,700	4,500	10,130	15,750	22,500
Conv	1,300	3,900	6,500	14,630	22,750	32,500
FBk	1,240	3,720	6,200	13,950	21,700	31,000

NOTE: Deduct 20 percent for 6-cyl.

	6	5	4	3	2	1
Mach 1	2,240	6,720	11,200	25,200	39,200	56,000
Boss 302	3,120	9,360	15,600	35,100	54,600	78,000
Boss 429	14,900	44,700	74,500	167,630	260,750	372,500
Grande	940	2,820	4,700	10,580	16,450	23,500

NOTE: Same as 1968; plus. Add 30 percent for Cobra Jet V-8. Add 40 percent for "Super Cobra Jet" engine.

	6	5	4	3	2	1
1969 Shelby GT						
350 Conv	5,940	17,820	29,700	66,830	103,950	148,500
350 FBk	4,900	14,700	24,500	55,130	85,750	122,500
500 Conv	9,380	28,140	46,900	105,530	164,150	234,500
500 FBk	6,540	19,620	32,700	73,580	114,450	163,500
1970						
2d HT	900	2,700	4,500	10,130	15,750	22,500
Conv	1,220	3,660	6,100	13,730	21,350	30,500
FBk	1,160	3,480	5,800	13,050	20,300	29,000
Mach 1	2,220	6,660	11,100	24,980	38,850	55,500
Boss 302	3,060	9,180	15,300	34,430	53,550	76,500
Boss 429	13,500	40,500	67,500	151,880	236,250	337,500
Grande	940	2,820	4,700	10,580	16,450	23,500

NOTE: Add 30 percent for Cobra Jet V-8. Add 40 percent for "Super Cobra Jet". Deduct 20 percent for 6-cyl.

	6	5	4	3	2	1
1970 Shelby GT						
350 Conv	5,860	17,580	29,300	65,930	102,550	146,500
350 FBk	4,820	14,460	24,100	54,230	84,350	120,500
500 Conv	9,300	27,900	46,500	104,630	162,750	232,500
500 FBk	6,460	19,380	32,300	72,680	113,050	161,500
1971						
2d HT	680	2,040	3,400	7,650	11,900	17,000
Grande	700	2,100	3,500	7,880	12,250	17,500
Conv	1,080	3,240	5,400	12,150	18,900	27,000
FBk	1,000	3,000	5,000	11,250	17,500	25,000
Mach 1	1,660	4,980	8,300	18,680	29,050	41,500
Boss 351	2,900	8,700	14,500	32,630	50,750	72,500

NOTE: Same as 1970. Deduct 20 percent for 6-cyl. Add 20 percent for HO option where available.

	6	5	4	3	2	1
1972						
2d HT	680	2,040	3,400	7,650	11,900	17,000
Grande	700	2,100	3,500	7,880	12,250	17,500
FBk	880	2,640	4,400	9,900	15,400	22,000

	6	5	4	3	2	1
Mach 1	1,280	3,840	6,400	14,400	22,400	32,000
Conv	1,040	3,120	5,200	11,700	18,200	26,000

NOTE: Deduct 20 percent for 6-cyl. Add 20 percent for HO option where available.

1973

	6	5	4	3	2	1
2d HT	660	1,980	3,300	7,430	11,550	16,500
Grande	680	2,040	3,400	7,650	11,900	17,000
FBk	840	2,520	4,200	9,450	14,700	21,000
Mach 1	1,240	3,720	6,200	13,950	21,700	31,000
Conv	1,000	3,000	5,000	11,250	17,500	25,000

1974 Mustang II, Mustang Four

	6	5	4	3	2	1
HT Cpe	240	720	1,200	2,700	4,200	6,000
FBk	252	756	1,260	2,840	4,410	6,300
Ghia	252	756	1,260	2,840	4,410	6,300

1974 Mustang II, Six

	6	5	4	3	2	1
HT Cpe	250	700	1,200	2,700	4,200	6,000
FBk	250	750	1,300	2,880	4,500	6,400
Ghia	250	750	1,300	2,880	4,500	6,400

1974 Mach 1, Six

	6	5	4	3	2	1
FBk	400	1,150	1,900	4,280	6,650	9,500

1975 Mustang II

	6	5	4	3	2	1
HT Cpe	250	700	1,200	2,700	4,200	6,000
FBk	250	750	1,250	2,840	4,400	6,300
Ghia	250	750	1,250	2,840	4,400	6,300

1975 Mustang II, Six

	6	5	4	3	2	1
HT Cpe	250	750	1,200	2,750	4,250	6,100
FBk	250	750	1,300	2,880	4,500	6,400
Ghia	250	750	1,300	2,880	4,500	6,400
Mach 1	400	1,150	1,900	4,280	6,650	9,500

1975 Mustang II, V-8

	6	5	4	3	2	1
HT Cpe	350	1,100	1,800	4,100	6,350	9,100
FBk Cpe	350	1,100	1,850	4,140	6,450	9,200
Ghia	400	1,150	1,900	4,280	6,650	9,500
Mach 1	400	1,250	2,100	4,730	7,350	10,500

1976 Mustang II, V-6

	6	5	4	3	2	1
2d	252	756	1,260	2,840	4,410	6,300
3d 2 plus 2	256	768	1,280	2,880	4,480	6,400
2d Ghia	268	804	1,340	3,020	4,690	6,700

NOTE: Deduct 20 percent for 4-cyl. Add 20 percent for V-8. Add 20 percent for Cobra II.

1976 Mach 1, V-6

	6	5	4	3	2	1
3d	360	1,080	1,800	4,050	6,300	9,000

1977 Mustang II, V-6

	6	5	4	3	2	1
2d	260	780	1,300	2,930	4,550	6,500
3d 2 plus 2	268	804	1,340	3,020	4,690	6,700
2d Ghia	276	828	1,380	3,110	4,830	6,900

NOTE: Deduct 20 percent for 4-cyl. Add 30 percent for Cobra II option. Add 20 percent for V-8.

1977 Mach 1, V-6

	6	5	4	3	2	1
2d	368	1,104	1,840	4,140	6,440	9,200

1978 Mustang II

	6	5	4	3	2	1
Cpe	244	732	1,220	2,750	4,270	6,100
3d 2 plus 2	252	756	1,260	2,840	4,410	6,300
Ghia Cpe	256	768	1,280	2,880	4,480	6,400

1978 Mach 1, V-6

	6	5	4	3	2	1
Cpe	360	1,080	1,800	4,050	6,300	9,000

NOTE: Add 20 percent for V-8. Add 30 percent for Cobra II option. Add 50 percent for King Cobra option. Deduct 20 percent for 4-cyl.

1979 V-6

	6	5	4	3	2	1
2d Cpe	248	744	1,240	2,790	4,340	6,200
3d Cpe	252	756	1,260	2,840	4,410	6,300
2d Ghia Cpe	260	780	1,300	2,930	4,550	6,500
3d Ghia Cpe	264	792	1,320	2,970	4,620	6,600

NOTE: Add 30 percent for Pace Car package. Add 30 percent for Cobra option. Add 20 percent for V-8.

1980 6-cyl.

	6	5	4	3	2	1
2d Cpe	212	636	1,060	2,390	3,710	5,300
2d HBk	216	648	1,080	2,430	3,780	5,400
2d Ghia Cpe	224	672	1,120	2,520	3,920	5,600
2d Ghia HBk	228	684	1,140	2,570	3,990	5,700

NOTE: Deduct 20 percent for 4-cyl. Add 30 percent for V-8.

1981 6-cyl.

	6	5	4	3	2	1
2d S Cpe	196	588	980	2,210	3,430	4,900
2d Cpe	204	612	1,020	2,300	3,570	5,100
2d HBk	208	624	1,040	2,340	3,640	5,200
2d Ghia Cpe	208	624	1,040	2,340	3,640	5,200
2d Ghia HBk	212	636	1,060	2,390	3,710	5,300

NOTE: Deduct 20 percent for 4-cyl. Add 35 percent for V-8.

1982 4-cyl.

	6	5	4	3	2	1
2d L Cpe	180	540	900	2,030	3,150	4,500
2d GL Cpe	184	552	920	2,070	3,220	4,600
2d GL HBk	188	564	940	2,120	3,290	4,700

MUSTANG

	6	5	4	3	2	1
2d GLX Cpe	196	588	980	2,210	3,430	4,900
2d GLX HBk	200	600	1,000	2,250	3,500	5,000
1982 6-cyl.						
2d L Cpe	196	588	980	2,210	3,430	4,900
2d GL Cpe	200	600	1,000	2,250	3,500	5,000
2d GL HBk	204	612	1,020	2,300	3,570	5,100
2d GLX Cpe	212	636	1,060	2,390	3,710	5,300
2d GLX HBk	216	648	1,080	2,430	3,780	5,400
1982 V-8						
2d GT HBk	256	768	1,280	2,880	4,480	6,400
1983 4-cyl.						
2d L Cpe	184	552	920	2,070	3,220	4,600
2d GL Cpe	188	564	940	2,120	3,290	4,700
2d GL HBk	196	588	980	2,210	3,430	4,900
2d GLX Cpe	200	600	1,000	2,250	3,500	5,000
2d GLX HBk	204	612	1,020	2,300	3,570	5,100
1983 6-cyl.						
2d GL Cpe	204	612	1,020	2,300	3,570	5,100
2d GL HBk	208	624	1,040	2,340	3,640	5,200
2d GLX Cpe	216	648	1,080	2,430	3,780	5,400
2d GLX HBk	220	660	1,100	2,480	3,850	5,500
2d GLX Conv	240	720	1,200	2,700	4,200	6,000
NOTE: Add 30 percent for V-8.						
1983 V-8						
2d GT HBk	360	1,080	1,800	4,050	6,300	9,000
2d GT Conv	400	1,200	2,000	4,500	7,000	10,000
1984 4-cyl.						
2d L Cpe	188	564	940	2,120	3,290	4,700
2d L HBk	192	576	960	2,160	3,360	4,800
2d LX Cpe	192	576	960	2,160	3,360	4,800
2d LX HBk	196	588	980	2,210	3,430	4,900
2d GT Turbo HBk	212	636	1,060	2,390	3,710	5,300
2d GT Turbo Conv	260	780	1,300	2,930	4,550	6,500
1984 V-6						
2d L Cpe	192	576	960	2,160	3,360	4,800
2d L HBk	196	588	980	2,210	3,430	4,900
2d LX Cpe	196	588	980	2,210	3,430	4,900
2d LX HBk	200	600	1,000	2,250	3,500	5,000
LX 2d Conv	280	840	1,400	3,150	4,900	7,000
1984 V-8						
2d L HBk	200	600	1,000	2,250	3,500	5,000
2d LX Cpe	204	612	1,020	2,300	3,570	5,100
2d LX HBk	204	612	1,020	2,300	3,570	5,100
2d LX Conv	320	960	1,600	3,600	5,600	8,000
2d GT HBk	212	636	1,060	2,390	3,710	5,300
2d GT Conv	340	1,020	1,700	3,830	5,950	8,500
NOTE: Add 20 percent for 20th Anniversary Edition. Add 40 percent for SVO Model.						
1985 4-cyl.						
2d LX	196	588	980	2,210	3,430	4,900
2d LX HBk	200	600	1,000	2,250	3,500	5,000
2d SVO Turbo	240	720	1,200	2,700	4,200	6,000
1985 V-6						
2d LX	204	612	1,020	2,300	3,570	5,100
2d LX HBk	208	624	1,040	2,340	3,640	5,200
2d LX Conv	396	1,188	1,980	4,460	6,930	9,900
1985 V-8						
2d LX	220	660	1,100	2,480	3,850	5,500
2d LX HBk	224	672	1,120	2,520	3,920	5,600
2d LX Conv	420	1,260	2,100	4,730	7,350	10,500
2d GT HBk	400	1,200	2,000	4,500	7,000	10,000
2d GT Conv	560	1,680	2,800	6,300	9,800	14,000
NOTE: Add 40 percent for SVO Model.						
1986 Mustang						
2d Cpe	200	600	1,000	2,250	3,500	5,000
2d HBk	200	600	1,000	2,250	3,500	5,000
2d Conv	380	1,140	1,900	4,280	6,650	9,500
2d Turbo HBk	240	720	1,200	2,700	4,200	6,000
1986 V-8						
2d HBk	240	720	1,200	2,700	4,200	6,000
2d Conv	420	1,260	2,100	4,730	7,350	10,500
2d GT HBk	400	1,200	2,000	4,500	7,000	10,000
2d GT Conv	560	1,680	2,800	6,300	9,800	14,000
NOTE: Add 40 percent for SVO Model.						
1987 4-cyl.						
2d LX Sed	200	600	1,000	2,250	3,500	5,000
2d LX HBk	204	612	1,020	2,300	3,570	5,100
2d LX Conv	360	1,080	1,800	4,050	6,300	9,000
1987 V-8						
2d LX Sed	200	600	1,000	2,250	3,500	5,000

MUSTANG

	6	5	4	3	2	1
2d LX HBk	204	612	1,020	2,300	3,570	5,100
2d LX Conv	424	1,272	2,120	4,770	7,420	10,600
2d GT HBk	390	1,160	1,940	4,370	6,790	9,700
2d GT Conv	560	1,680	2,800	6,300	9,800	14,000
1988 V-6						
2d LX Sed	160	480	800	1,800	2,800	4,000
2d LX HBk	168	504	840	1,890	2,940	4,200
2d LX Conv	360	1,080	1,800	4,050	6,300	9,000
1988 V-8						
2d LX Sed	200	600	1,000	2,250	3,500	5,000
2d LX HBk	220	660	1,100	2,480	3,850	5,500
2d LX Conv	400	1,200	2,000	4,500	7,000	10,000
2d GT HBk	380	1,140	1,900	4,280	6,650	9,500
2d GT Conv	560	1,680	2,800	6,300	9,800	14,000
1989 4-cyl.						
2d LX Cpe	180	540	900	2,030	3,150	4,500
2d LX HBk	188	564	940	2,120	3,290	4,700
2d LX Conv	420	1,260	2,100	4,730	7,350	10,500
1989 V-8						
2d LX Spt Cpe	236	708	1,180	2,660	4,130	5,900
2d LX Spt HBk	240	720	1,200	2,700	4,200	6,000
2d LX Spt Conv	560	1,680	2,800	6,300	9,800	14,000
2d GT HBk	388	1,164	1,940	4,370	6,790	9,700
2d GT Conv	680	2,040	3,400	7,650	11,900	17,000
1990 4-cyl.						
2d LX	184	552	920	2,070	3,220	4,600
2d LX HBk	192	576	960	2,160	3,360	4,800
2d LX Conv	380	1,140	1,900	4,280	6,650	9,500
1990 V-8						
2d LX Spt	240	720	1,200	2,700	4,200	6,000
2d LX HBk Spt	248	744	1,240	2,790	4,340	6,200
2d LX Conv Spt	520	1,560	2,600	5,850	9,100	13,000
2d GT HBk	400	1,200	2,000	4,500	7,000	10,000
2d GT Conv	560	1,680	2,800	6,300	9,800	14,000
1991 4-cyl.						
2d LX Cpe	180	540	900	2,030	3,150	4,500
2d LX HBk	200	600	1,000	2,250	3,500	5,000
2d LX Conv	360	1,080	1,800	4,050	6,300	9,000
1991 V-8						
2d LX Cpe	220	660	1,100	2,480	3,850	5,500
2d LX HBk	240	720	1,200	2,700	4,200	6,000
2d LX Conv	400	1,200	2,000	4,500	7,000	10,000
2d GT HBk	380	1,140	1,900	4,280	6,650	9,500
2d GT Conv	540	1,620	2,700	6,080	9,450	13,500
1992 V-8, 4-cyl.						
2d LX Cpe	200	600	1,000	2,250	3,500	5,000
2d LX HBk	220	660	1,100	2,480	3,850	5,500
2d LX Conv	400	1,200	2,000	4,500	7,000	10,000
1992 V-8						
2d LX Sed	360	1,080	1,800	4,050	6,300	9,000
2d LX HBk	380	1,140	1,900	4,280	6,650	9,500
2d LX Conv	520	1,560	2,600	5,850	9,100	13,000
2d GT HBk	420	1,260	2,100	4,730	7,350	10,500
2d GT Conv	600	1,800	3,000	6,750	10,500	15,000
1993 4-cyl.						
2d LX Cpe	220	660	1,100	2,480	3,850	5,500
2d LX HBk	224	672	1,120	2,520	3,920	5,600
2d LX Conv	408	1,224	2,040	4,590	7,140	10,200
1993 V-8						
2d LX Cpe	360	1,080	1,800	4,050	6,300	9,000
2d LX HBk	368	1,104	1,840	4,140	6,440	9,200
2d LX Conv	552	1,656	2,760	6,210	9,660	13,800
2d GT HBk	400	1,200	2,000	4,500	7,000	10,000
2d GT Conv	620	1,860	3,100	6,980	10,850	15,500
1993 Cobra						
2d HBk	700	2,100	3,500	7,880	12,250	17,500
NOTE: Add 40 percent for Code R.						
1994 V-6						
2d Cpe	320	960	1,600	3,600	5,600	8,000
2d Conv	440	1,320	2,200	4,950	7,700	11,000
1994 GT, V-8						
2d GT Cpe	420	1,260	2,100	4,730	7,350	10,500
2d GT Conv	480	1,440	2,400	5,400	8,400	12,000
1994 Cobra, V-8						
2d Cpe	560	1,680	2,800	6,300	9,800	14,000
2d Conv	640	1,920	3,200	7,200	11,200	16,000
1995 V-6						
2d Cpe	300	950	1,600	3,600	5,600	8,000
2d Conv	450	1,300	2,200	4,950	7,700	11,000

MUSTANG

	6	5	4	3	2	1
1995 V-8						
2d GTS Cpe 400	1,200	2,000	4,500	7,000	10,000	
2d GT Cpe. 400	1,250	2,100	4,730	7,350	10,500	
2d GT Conv. 500	1,450	2,400	5,400	8,400	12,000	
2d Cobra Cpe 550	1,700	2,800	6,300	9,800	14,000	
2d Cobra Conv 650	1,900	3,200	7,200	11,200	16,000	
1996 V-6						
2d Cpe. 300	950	1,600	3,600	5,600	8,000	
2d Conv. 450	1,300	2,200	4,950	7,700	11,000	
1996 V-8						
2d GT Cpe. 400	1,250	2,100	4,730	7,350	10,500	
2d GT Conv. 500	1,450	2,400	5,400	8,400	12,000	
2d Cobra Cpe 550	1,700	2,800	6,300	9,800	14,000	
2d Cobra Conv 650	1,900	3,200	7,200	11,200	16,000	
1997 V-6						
2d Cpe. 320	960	1,600	3,600	5,600	8,000	
2d Conv. 440	1,320	2,200	4,950	7,700	11,000	
1997 V-8						
2d GT Cpe. 420	1,260	2,100	4,730	7,350	10,500	
2d GT Conv. 480	1,440	2,400	5,400	8,400	12,000	
2d Cobra Cpe 560	1,680	2,800	6,300	9,800	14,000	
2d Cobra Conv 640	1,920	3,200	7,200	11,200	16,000	
1998 V-6						
2d Cpe. 320	960	1,600	3,600	5,600	8,000	
2d Conv. 440	1,320	2,200	4,950	7,700	11,000	
1998 V-8						
2d GT Cpe. 420	1,260	2,100	4,730	7,350	10,500	
2d GT Conv. 480	1,440	2,400	5,400	8,400	12,000	
2d Cobra Cpe 560	1,680	2,800	6,300	9,800	14,000	
2d Cobra Conv 640	1,920	3,200	7,200	11,200	16,000	
NOTE: Add 10 percent for SVT Pkg.						
1999 V-6						
2d Cpe. 320	960	1,600	3,600	5,600	8,000	
2d Conv. 440	1,320	2,200	4,950	7,700	11,000	
1999 V-8						
2d GT Cpe. 420	1,260	2,100	4,730	7,350	10,500	
2d GT Conv. 480	1,440	2,400	5,400	8,400	12,000	
2d SVT Cobra Cpe 580	1,740	2,900	6,530	10,150	14,500	
2d SVT Cobra Conv 660	1,980	3,300	7,430	11,550	16,500	
NOTE: Add 10 percent for 35th Anv Pkg on GT models.						
2000 V-6						
2d Cpe. 320	970	1,620	3,650	5,670	8,100	
2d Conv. 440	1,330	2,220	5,000	7,770	11,100	
2000 V-8						
2d GT Cpe. 430	1,280	2,140	4,820	7,490	10,700	
2d GT Conv. 490	1,460	2,440	5,490	8,540	12,200	
2d SVT Cobra R Cpe (300 built) 2,400	7,200	12,000	27,000	42,000	60,000	
NOTE: Cobra SVT coupe and convertible not available as 2000 models.						
2001 V-6						
2d Cpe. 320	970	1,620	4,050	5,670	8,100	
2d Conv. 440	1,330	2,220	5,550	7,770	11,100	
2001 V-8						
2d GT Cpe. 430	1,280	2,140	5,350	7,490	10,700	
2d GT Conv. 490	1,460	2,440	6,100	8,540	12,200	
2d Cobra Cpe 660	1,980	3,300	8,250	11,550	16,500	
2d Cobra Conv 700	2,100	3,500	8,750	12,250	17,500	
2d GT Bullitt Cpe. 650	1,950	3,250	8,130	11,380	16,250	

THUNDERBIRD

	6	5	4	3	2	1
1955 102" wb						
Conv 2,640	7,920	13,200	29,700	46,200	66,000	
NOTE: Add $1,800 for hardtop.						
1956 102" wb						
Conv 2,560	7,680	12,800	28,800	44,800	64,000	
NOTE: Add $1,800 for hardtop. Add 10 percent for 312 engine.						
1957 102" wb						
Conv 2,720	8,160	13,600	30,600	47,600	68,000	
NOTE: Add $1,800 for hardtop. Add 100 percent for supercharged V-8 (Code F). Add 25 percent for "T-Bird Special" V-8 (Code E).						
1958 113" wb						
2d HT 1,240	3,720	6,200	13,950	21,700	31,000	
Conv 1,640	4,920	8,200	18,450	28,700	41,000	
1959 113" wb						
2d HT 1,200	3,600	6,000	13,500	21,000	30,000	
Conv 1,600	4,800	8,000	18,000	28,000	40,000	
NOTE: Add 30 percent for 430 engine option.						
1960 113" wb						
SR HT 1,360	4,080	6,800	15,300	23,800	34,000	

	6	5	4	3	2	1
2d HT	1,200	3,600	6,000	13,500	21,000	30,000
Conv	1,600	4,800	8,000	18,000	28,000	40,000

NOTE: Add 30 percent for 430 engine option Code J.

1961 113" wb

	6	5	4	3	2	1
2d HT	1,000	3,000	5,000	11,250	17,500	25,000
Conv	1,440	4,320	7,200	16,200	25,200	36,000

NOTE: Add 25 percent for Indy Pace Car.

1962 113" wb

	6	5	4	3	2	1
2d HT	1,000	3,000	5,000	11,250	17,500	25,000
2d Lan HT	1,040	3,120	5,200	11,700	18,200	26,000
Conv	1,400	4,200	7,000	15,750	24,500	35,000
Spt Rds	1,640	4,920	8,200	18,450	28,700	41,000

NOTE: Add 40 percent for M Series option.

1963 113" wb

	6	5	4	3	2	1
2d HT	1,000	3,000	5,000	11,250	17,500	25,000
2d Lan HT	1,040	3,120	5,200	11,700	18,200	26,000
Conv	1,400	4,200	7,000	15,750	24,500	35,000
Spt Rds	1,640	4,920	8,200	18,450	28,700	41,000

NOTE: Add 12 percent for Monaco option. Add 40 percent for M Series option. Add 10 percent for 390-330 hp engine.

1964 113" wb

	6	5	4	3	2	1
2d HT	840	2,520	4,200	9,450	14,700	21,000
2d Lan HT	880	2,640	4,400	9,900	15,400	22,000
Conv	1,320	3,960	6,600	14,850	23,100	33,000

NOTE: Add 10 percent for Tonneau convertible option. Add 30 percent for tonneau option and wire wheels.

1965 113" wb

	6	5	4	3	2	1
2d HT	840	2,520	4,200	9,450	14,700	21,000
2d Lan HT	880	2,640	4,400	9,900	15,400	22,000
Conv	1,360	4,080	6,800	15,300	23,800	34,000

NOTE: Add 5 percent for Special Landau option.

1966 113" wb

	6	5	4	3	2	1
2d HT Cpe	880	2,640	4,400	9,900	15,400	22,000
2d Twn Lan	960	2,880	4,800	10,800	16,800	24,000
2d HT Twn	920	2,760	4,600	10,350	16,100	23,000
Conv	1,400	4,200	7,000	15,750	24,500	35,000

NOTE: Add 20 percent for 428 engine.

1967 117" wb

	6	5	4	3	2	1
4d Lan	600	1,800	3,000	6,750	10,500	15,000

1967 115" wb

	6	5	4	3	2	1
2d Lan	640	1,920	3,200	7,200	11,200	16,000
2d HT	648	1,944	3,240	7,290	11,340	16,200

NOTE: Add 30 percent for 428 engine option.

1968 117" wb

	6	5	4	3	2	1
4d Lan Sed	600	1,800	3,000	6,750	10,500	15,000

1968 115" wb

	6	5	4	3	2	1
2d HT	620	1,860	3,100	6,980	10,850	15,500
2d Lan HT	628	1,884	3,140	7,070	10,990	15,700

NOTE: Add 30 percent for 429 engine option, Code K or 428 engine.

1969 117" wb

	6	5	4	3	2	1
4d Lan	600	1,800	3,000	6,750	10,500	15,000

1969 115" wb

	6	5	4	3	2	1
2d HT	620	1,860	3,100	6,980	10,850	15,500
2d Lan HT	630	1,880	3,140	7,070	10,990	15,700

1970 117" wb

	6	5	4	3	2	1
4d Lan	600	1,800	3,000	6,750	10,500	15,000

1970 115" wb

	6	5	4	3	2	1
2d HT	620	1,860	3,100	6,980	10,850	15,500
2d Lan HT	630	1,880	3,140	7,070	10,990	15,700

1971 117" wb

	6	5	4	3	2	1
4d HT	600	1,800	3,000	6,750	10,500	15,000

1971 115" wb

	6	5	4	3	2	1
2d HT	620	1,860	3,100	6,980	10,850	15,500
2d Lan HT	628	1,884	3,140	7,070	10,990	15,700

1972 120" wb

	6	5	4	3	2	1
2d HT	580	1,740	2,900	6,530	10,150	14,500

NOTE: Add 20 percent for 460 engine option.

1973 120" wb

	6	5	4	3	2	1
2d HT	560	1,680	2,800	6,300	9,800	14,000

1974 120" wb

	6	5	4	3	2	1
2d HT	560	1,680	2,800	6,300	9,800	14,000

1975 120" wb

	6	5	4	3	2	1
2d HT	472	1,416	2,360	5,310	8,260	11,800

1976 120" wb

	6	5	4	3	2	1
2d HT	452	1,356	2,260	5,090	7,910	11,300

1977 114" wb

	6	5	4	3	2	1
2d HT	364	1,092	1,820	4,100	6,370	9,100
2d Lan	368	1,104	1,840	4,140	6,440	9,200

1978 114" wb

	6	5	4	3	2	1
2d HT	380	1,140	1,900	4,280	6,650	9,500
2d Twn Lan	420	1,260	2,100	4,730	7,350	10,500

	6	5	4	3	2	1
2d Diamond Jubilee	520	1,560	2,600	5,850	9,100	13,000

NOTE: Add 5 percent for T-tops.

1979 V-8, 114" wb

2d HT	360	1,080	1,800	4,050	6,300	9,000
2d HT Lan	380	1,140	1,900	4,280	6,650	9,500
2d HT Heritage	400	1,200	2,000	4,500	7,000	10,000

NOTE: Add 5 percent for T-tops.

1980 V-8, 108" wb

2d Cpe.	240	720	1,200	2,700	4,200	6,000
2d Twn Lan Cpe	252	756	1,260	2,840	4,410	6,300
2d Silver Anniv. Cpe	260	780	1,300	2,930	4,550	6,500

1981 V-8, 108" wb

2d Cpe.	224	672	1,120	2,520	3,920	5,600
2d Twn Lan Cpe	232	696	1,160	2,610	4,060	5,800
2d Heritage Cpe	236	708	1,180	2,660	4,130	5,900

NOTE: Deduct 15 percent for 6-cyl.

1982 V-8, 108" wb

2d Cpe.	232	696	1,160	2,610	4,060	5,800
2d Twn Lan Cpe	240	720	1,200	2,700	4,200	6,000
2d Heritage Cpe	248	744	1,240	2,790	4,340	6,200

NOTE: Deduct 15 percent for V-6.

1983 V-6

2d Cpe.	364	1,092	1,820	4,100	6,370	9,100
2d Cpe Heritage	376	1,128	1,880	4,230	6,580	9,400

1983 V-8

2d Cpe.	376	1,128	1,880	4,230	6,580	9,400
2d Cpe Heritage	392	1,176	1,960	4,410	6,860	9,800

1983 4-cyl.

2d Cpe Turbo	380	1,140	1,900	4,280	6,650	9,500

1984 V-6

2d Cpe.	276	828	1,380	3,110	4,830	6,900
2d Cpe Elan	368	1,104	1,840	4,140	6,440	9,200
2d Cpe Fila	372	1,116	1,860	4,190	6,510	9,300

1984 V-8

2d Cpe.	376	1,128	1,880	4,230	6,580	9,400
2d Cpe Elan	384	1,152	1,920	4,320	6,720	9,600
2d Cpe Fila	388	1,164	1,940	4,370	6,790	9,700

NOTE: Deduct 10 percent for V-6 non turbo.

1984 4-cyl.

2d Cpe Turbo	376	1,128	1,880	4,230	6,580	9,400

1985 V-8, 104" wb

2d Cpe.	256	768	1,280	2,880	4,480	6,400
2d Elan Cpe	272	816	1,360	3,060	4,760	6,800
2d Fila Cpe	276	828	1,380	3,110	4,830	6,900

1985 4-cyl. Turbo

2d Cpe.	360	1,080	1,800	4,050	6,300	9,000

NOTE: Deduct 10 percent for V-6 non-turbo. Add 5 percent for 30th Anv. Ed.

1986 104" wb

2d Cpe.	256	768	1,280	2,880	4,480	6,400
2d Elan Cpe	264	792	1,320	2,970	4,620	6,600
2d Turbo Cpe	368	1,104	1,840	4,140	6,440	9,200

1987 V-6, 104" wb

2d Cpe.	260	780	1,300	2,930	4,550	6,500
2d LX Cpe	264	792	1,320	2,970	4,620	6,600

1987 V-8, 104" wb

2d Cpe.	360	1,080	1,800	4,050	6,300	9,000
2d Spt Cpe	368	1,104	1,840	4,140	6,440	9,200
2d LX Cpe	372	1,116	1,860	4,190	6,510	9,300

1987 4-cyl. Turbo

2d Cpe.	368	1,104	1,840	4,140	6,440	9,200

1988 V-6

2d Cpe.	180	540	900	2,030	3,150	4,500
2d LX Cpe	200	600	1,000	2,250	3,500	5,000

1988 V-8

2d Spt Cpe	220	660	1,100	2,480	3,850	5,500

1988 4-cyl. Turbo

2d Cpe.	350	1,100	1,850	4,140	6,450	9,200

NOTE: Add 20 percent for V-8 where available.

1989 V-6

2d Cpe.	272	816	1,360	3,060	4,760	6,800
2d LX Cpe	360	1,080	1,800	4,050	6,300	9,000
2d Sup Cpe	520	1,560	2,600	5,850	9,100	13,000

1990 V-6

2d Cpe.	260	780	1,300	2,930	4,550	6,500
2d LX Cpe	360	1,080	1,800	4,050	6,300	9,000
2d Sup Cpe	520	1,560	2,600	5,850	9,100	13,000

NOTE: Add 10 percent for Anniversary model.

1991 V-6

2d Cpe.	240	720	1,200	2,700	4,200	6,000

THUNDERBIRD

	6	5	4	3	2	1
2d LX Cpe	260	780	1,300	2,930	4,550	6,500
2d Sup Cpe	340	1,020	1,700	3,830	5,950	8,500
1991 V-8						
2d Cpe	360	1,080	1,800	4,050	6,300	9,000
2d LX Cpe	380	1,140	1,900	4,280	6,650	9,500
1992 V-6						
2d Cpe	360	1,080	1,800	4,050	6,300	9,000
2d LX Cpe	368	1,104	1,840	4,140	6,440	9,200
2d Sup Cpe	380	1,140	1,900	4,280	6,650	9,500
1992 V-8						
2d Cpe	364	1,092	1,820	4,100	6,370	9,100
2d Spt Cpe	392	1,176	1,960	4,410	6,860	9,800
2d LX Cpe	380	1,140	1,900	4,280	6,650	9,500
1993 V-6						
2d LX Cpe	372	1,116	1,860	4,190	6,510	9,300
2d Sup Cpe	380	1,140	1,900	4,280	6,650	9,500
1993 V-8						
2d LX Cpe	404	1,212	2,020	4,550	7,070	10,100
1994 V-6						
2d LX Cpe	300	900	1,500	3,380	5,250	7,500
2d Sup Cpe	360	1,080	1,800	4,050	6,300	9,000
1994 V-8						
2d LX Cpe	320	960	1,600	3,600	5,600	8,000
1995 V-6						
2d LX Cpe	300	900	1,500	3,380	5,250	7,500
2d Sup Cpe	350	1,100	1,800	4,050	6,300	9,000
1995 V-8						
2d LX Cpe	300	950	1,600	3,600	5,600	8,000
1996 V-6						
2d LX Cpe	300	900	1,500	3,380	5,250	7,500

NOTE: Add 10 percent for V-8.

1997 V-6						
2d LX Cpe	300	900	1,500	3,380	5,250	7,500

NOTE: Add 10 percent for V-8. Add 5 percent for Sport Pkg. Thunderbird production ceased until 2002.

FRANKLIN

		6	5	4	3	2	1
1903 Four, 10 hp, 72" wb							
Rbt		1,560	4,680	7,800	17,550	27,300	39,000
1904 Type A, 4-cyl., 12 hp, 82" wb							
2/4P Light Rbt.		1,520	4,560	7,600	17,100	26,600	38,000
1904 Type B, 4-cyl., 12 hp, 82" wb							
4P Light Ton		1,520	4,560	7,600	17,100	26,600	38,000
1904 Type C, 4-cyl., 30 hp, 110" wb							
5P Side Entrance Ton		1,520	4,560	7,600	17,100	26,600	38,000
1904 Type D, 4-cyl., 20 hp, 100" wb							
5P Light Tr		1,480	4,440	7,400	16,650	25,900	37,000
1904 Type E, 4-cyl., 12 hp, 74" wb							
2P Gentleman's Rbt		1,440	4,320	7,200	16,200	25,200	36,000
1904 Type F, 4-cyl., 12 hp, 82" wb							
4P Light Ton		1,480	4,440	7,400	16,650	25,900	37,000
1905 Type A, 4-cyl., 12 hp, 80" wb							
Rbt		1,360	4,080	6,800	15,300	23,800	34,000
Detachable Ton		1,400	4,200	7,000	15,750	24,500	35,000
1905 Type B, 4-cyl., 12 hp, 80" wb							
Tr		1,400	4,200	7,000	15,750	24,500	35,000
1905 Type C, 4-cyl., 30 hp, 107" wb							
Tr		1,520	4,560	7,600	17,100	26,600	38,000
1905 Type D, 4-cyl., 20 hp, 100" wb							
Tr		1,480	4,440	7,400	16,650	25,900	37,000
1905 Type E, 4-cyl., 12 hp, 80" wb							
Rbt		1,360	4,080	6,800	15,300	23,800	34,000
1906 Type E, 4-cyl., 12 hp, 81-1							
2P Rbt		1,280	3,840	6,400	14,400	22,400	32,000
1906 Type G, 4-cyl., 12 hp, 88" wb							
5P Tr.		1,320	3,960	6,600	14,850	23,100	33,000
1906 Type D, 4-cyl., 20 hp, 100" wb							
5P Tr.		1,360	4,080	6,800	15,300	23,800	34,000
5P Limo (115" wb)		1,120	3,360	5,600	12,600	19,600	28,000
1906 Type H, 6-cyl., 30 hp, 114" wb							
5P Tr.		1,400	4,200	7,000	15,750	24,500	35,000
1907 Model G, 4-cyl., 12 hp, 90" wb							
2P Rbt		1,440	4,320	7,200	16,200	25,200	36,000
4P Tr.		1,480	4,440	7,400	16,650	25,900	37,000
1907 Model D, 4-cyl., 20 hp, 105" wb							
5P Tr.		1,520	4,560	7,600	17,100	26,600	38,000
2P Rbt		1,480	4,440	7,400	16,650	25,900	37,000
5P Lan'let		1,280	3,840	6,400	14,400	22,400	32,000

FRANKLIN

	6	5	4	3	2	1
1907 Model H, 6-cyl., 30 hp, 127" wb						
7P Tr	1,560	4,680	7,800	17,550	27,300	39,000
2P Rbt	1,520	4,560	7,600	17,100	26,600	38,000
5P Limo	1,320	3,960	6,600	14,850	23,100	33,000
1908 Model G, 4-cyl., 16 hp, 90" wb						
Tr	1,400	4,200	7,000	15,750	24,500	35,000
Rbt	1,440	4,320	7,200	16,200	25,200	36,000
Brgm	1,120	3,360	5,600	12,600	19,600	28,000
Lan'let	1,160	3,480	5,800	13,050	20,300	29,000
1908 Model D, 4-cyl., 28 hp, 105" wb						
Tr	1,440	4,320	7,200	16,200	25,200	36,000
Surrey-Seat Rbt	1,400	4,200	7,000	15,750	24,500	35,000
Lan'let	1,200	3,600	6,000	13,500	21,000	30,000
1908 Model H, 6-cyl., 42 hp, 127" wb						
Tr	1,520	4,560	7,600	17,100	26,600	38,000
Limo	1,360	4,080	6,800	15,300	23,800	34,000
Rbt	1,480	4,440	7,400	16,650	25,900	37,000
1909 Model G, 4-cyl., 18 hp, 91-1						
4P Tr	1,400	4,200	7,000	15,750	24,500	35,000
4P Cape Top Tr	1,440	4,320	7,200	16,200	25,200	36,000
Brgm	1,120	3,360	5,600	12,600	19,600	28,000
Lan'let	1,160	3,480	5,800	13,050	20,300	29,000
1909 Model D, 4-cyl., 28 hp, 106" wb						
5P Tr	1,440	4,320	7,200	16,200	25,200	36,000
5P Cape Top Tr	1,480	4,440	7,400	16,650	25,900	37,000
Rbt, Single Rumble	1,520	4,560	7,600	17,100	26,600	38,000
Rbt, Double Rumble	1,560	4,680	7,800	17,550	27,300	39,000
Lan'let	1,280	3,840	6,400	14,400	22,400	32,000
1909 Model H, 6-cyl., 42 hp, 127" wb						
7P Tr	1,480	4,440	7,400	16,650	25,900	37,000
7P Cape Top Tr	1,520	4,560	7,600	17,100	26,600	38,000
Limo	1,400	4,200	7,000	15,750	24,500	35,000
1910 Model G, 4-cyl., 18 hp, 91-1						
5P Tr	1,480	4,440	7,400	16,650	25,900	37,000
4P Rbt	1,440	4,320	7,200	16,200	25,200	36,000
2P Rbt	1,400	4,200	7,000	15,750	24,500	35,000
1910 Model K, 4-cyl., 18 hp, 91-1						
Twn Car	1,360	4,080	6,800	15,300	23,800	34,000
Taxicab	1,280	3,840	6,400	14,400	22,400	32,000
1910 Model D, 4-cyl., 28 hp, 106" wb						
5P Tr	1,520	4,560	7,600	17,100	26,600	38,000
4P Surrey	1,360	4,080	6,800	15,300	23,800	34,000
6P Limo (111-1/2" wb)	1,280	3,840	6,400	14,400	22,400	32,000
Lan'let 6P (111-1/2" wb)	1,320	3,960	6,600	14,850	23,100	33,000
1910 Model H, 6-cyl., 42 hp, 127" wb						
7P Tr	1,560	4,680	7,800	17,550	27,300	39,000
4P Surrey	1,400	4,200	7,000	15,750	24,500	35,000
7P Limo	1,320	3,960	6,600	14,850	23,100	33,000
1911 Model G, 4-cyl., 18 hp, 100" wb						
5P Tr	1,440	4,320	7,200	16,200	25,200	36,000
Torp Phae (108" wb)	1,480	4,440	7,400	16,650	25,900	37,000
1911 Model M, 4-cyl., 25 hp, 108" wb						
5P Tr	1,480	4,440	7,400	16,650	25,900	37,000
7P Limo	1,320	3,960	6,600	14,850	23,100	33,000
7P Lan'let	1,360	4,080	6,800	15,300	23,800	34,000
1911 Model D, 6-cyl., 38 hp, 123" wb						
4P Torp Phae	1,560	4,680	7,800	17,550	27,300	39,000
5P Tr	1,520	4,560	7,600	17,100	26,600	38,000
6P Limo	1,360	4,080	6,800	15,300	23,800	34,000
6P Lan'let	1,400	4,200	7,000	15,750	24,500	35,000
1911 Model H, 6-cyl., 48 hp, 133" wb						
7P Tr	1,600	4,800	8,000	18,000	28,000	40,000
Torp Phae (126" wb)	1,640	4,920	8,200	18,450	28,700	41,000
1912 Model G, 4-cyl., 18 hp, 100" wb						
Rbt	1,480	4,440	7,400	16,650	25,900	37,000
1912 Model G, 4-cyl., 25 hp, 103" wb						
Tr	1,520	4,560	7,600	17,100	26,600	38,000
1912 Model M, 6-cyl., 30 hp, 116" wb						
Tr	1,600	4,800	8,000	18,000	28,000	40,000
Torp Phae	1,640	4,920	8,200	18,450	28,700	41,000
Rds	1,720	5,160	8,600	19,350	30,100	43,000
1912 Model K-6, 4-cyl., 18 hp, 100" wb						
Taxicab	1,360	4,080	6,800	15,300	23,800	34,000
1912 Model D, 6-cyl., 38 hp, 123" wb						
Tr	1,600	4,800	8,000	18,000	28,000	40,000
Torp Phae	1,640	4,920	8,200	18,450	28,700	41,000
1912 Model H, 6-cyl., 38 hp, 126" wb						
Tr	1,640	4,920	8,200	18,450	28,700	41,000
Limo	1,680	5,040	8,400	18,900	29,400	42,000

	6	5	4	3	2	1
1913 Model G, 4-cyl., 18 hp, 100" wb						
2P Rbt	1,600	4,800	8,000	18,000	28,000	40,000
1913 Model G, 4-cyl., 25 hp, 103" wb						
5P Tr.	1,600	4,800	8,000	18,000	28,000	40,000
1913 Model M, 6-cyl., 30 hp, 116" wb						
5P Little Six Tr	1,640	4,920	8,200	18,450	28,700	41,000
2P Little Six Vic	1,560	4,680	7,800	17,550	27,300	39,000
1913 Model D, 6-cyl., 38 hp, 123" wb						
5P Tr.	1,720	5,160	8,600	19,350	30,100	43,000
4P Torp Phae	1,760	5,280	8,800	19,800	30,800	44,000
1913 Model H, 4-cyl., 38 hp, 126" wb						
7P Tr.	1,760	5,280	8,800	19,800	30,800	44,000
7P Limo	1,680	5,040	8,400	18,900	29,400	42,000
1914 Model Six-30, 6-cyl., 31.6 hp, 120" wb						
5P Tr.	1,600	4,800	8,000	18,000	28,000	40,000
Rds	1,680	5,040	8,400	18,900	29,400	42,000
Cpe.	1,440	4,320	7,200	16,200	25,200	36,000
Sed.	1,400	4,200	7,000	15,750	24,500	35,000
Limo	1,520	4,560	7,600	17,100	26,600	38,000
Berlin	1,600	4,800	8,000	18,000	28,000	40,000
1915 Model Six-30, 6-cyl., 31.6 hp, 120" wb						
2P Rds	1,720	5,160	8,600	19,350	30,100	43,000
5P Tr.	1,680	5,040	8,400	18,900	29,400	42,000
Cpe.	1,440	4,320	7,200	16,200	25,200	36,000
Sed.	1,400	4,200	7,000	15,750	24,500	35,000
Berlin	1,600	4,800	8,000	18,000	28,000	40,000
1916 Model Six-30, 6-cyl., 31.6 hp, 120" wb						
5P Tr.	1,720	5,160	8,600	19,350	30,100	43,000
3P Rds	1,760	5,280	8,800	19,800	30,800	44,000
5P Sed	1,440	4,320	7,200	16,200	25,200	36,000
4P Doctor's Car	1,480	4,440	7,400	16,650	25,900	37,000
7P Berlin	1,640	4,920	8,200	18,450	28,700	41,000
1917 Series 9, 6-cyl., 25.35 hp, 115" wb						
5P Tr.	1,760	5,280	8,800	19,800	30,800	44,000
4P Rds	1,800	5,400	9,000	20,250	31,500	45,000
2P Rbt	1,600	4,800	8,000	18,000	28,000	40,000
7P Limo	1,560	4,680	7,800	17,550	27,300	39,000
5P Sed	1,440	4,320	7,200	16,200	25,200	36,000
7P Twn Car	1,600	4,800	8,000	18,000	28,000	40,000
4P Brgm	1,520	4,560	7,600	17,100	26,600	38,000
4P Cabr	1,720	5,160	8,600	19,350	30,100	43,000
1918 Series 9, 6-cyl., 25.35 hp, 115" wb						
5P Tr.	1,760	5,280	8,800	19,800	30,800	44,000
2P Rds	1,800	5,400	9,000	20,250	31,500	45,000
4P Rds	1,800	5,400	9,000	20,250	31,500	45,000
Sed.	1,360	4,080	6,800	15,300	23,800	34,000
Brgm.	1,400	4,200	7,000	15,750	24,500	35,000
Limo	1,560	4,680	7,800	17,550	27,300	39,000
Twn Car	1,600	4,800	8,000	18,000	28,000	40,000
Cabr	1,720	5,160	8,600	19,350	30,100	43,000
1919 Series 9, 6-cyl., 25.35 hp, 115" wb						
5P Tr.	1,760	5,280	8,800	19,800	30,800	44,000
Rbt	1,760	5,280	8,800	19,800	30,800	44,000
4P Rds	1,800	5,400	9,000	20,250	31,500	45,000
Brgm.	1,400	4,200	7,000	15,750	24,500	35,000
Sed.	1,360	4,080	6,800	15,300	23,800	34,000
Limo	1,560	4,680	7,800	17,550	27,300	39,000
1920 Model 9-B, 6-cyl., 25.3 hp, 115" wb						
5P Tr.	1,760	5,280	8,800	19,800	30,800	44,000
4P Rds	1,760	5,280	8,800	19,800	30,800	44,000
2P Rds	1,720	5,160	8,600	19,350	30,100	43,000
5P Sed	1,360	4,080	6,800	15,300	23,800	34,000
4P Brgm	1,400	4,200	7,000	15,750	24,500	35,000
1921 Model 9-B, 6-cyl., 25 hp, 115" wb						
2P Rbt	1,760	5,280	8,800	19,800	30,800	44,000
4P Rds	1,760	5,280	8,800	19,800	30,800	44,000
5P Tr.	1,760	5,280	8,800	19,800	30,800	44,000
2P Conv Rbt	1,840	5,520	9,200	20,700	32,200	46,000
5P Conv Tr	1,880	5,640	9,400	21,150	32,900	47,000
4P Brgm	1,400	4,200	7,000	15,750	24,500	35,000
5P Sed	1,360	4,080	6,800	15,300	23,800	34,000
1922 Model 9-B, 6-cyl., 25 hp, 115" wb						
2P Rds	1,720	5,160	8,600	19,350	30,100	43,000
5P Tr.	1,680	5,040	8,400	18,900	29,400	42,000
2P Demi Cpe	1,440	4,320	7,200	16,200	25,200	36,000
5P Demi Cpe	1,440	4,320	7,200	16,200	25,200	36,000
4P Brgm	1,400	4,200	7,000	15,750	24,500	35,000
5P Sed	1,360	4,080	6,800	15,300	23,800	34,000
5P Limo	1,520	4,560	7,600	17,100	26,600	38,000

FRANKLIN

	6	5	4	3	2	1
1923 Model 10, 6-cyl., 25 hp, 115" wb						
5P Tr	1,600	4,800	8,000	18,000	28,000	40,000
2P Rds	1,680	5,040	8,400	18,900	29,400	42,000
5P Demi Sed	1,400	4,200	7,000	15,750	24,500	35,000
4P Brgm	1,440	4,320	7,200	16,200	25,200	36,000
4P Cpe	1,480	4,440	7,400	16,650	25,900	37,000
5P Sed	1,360	4,080	6,800	15,300	23,800	34,000
5P Tr Limo	1,600	4,800	8,000	18,000	28,000	40,000
1924 Model 10-B, 6-cyl., 25 hp, 115" wb						
5P Tr	1,480	4,440	7,400	16,650	25,900	37,000
5P Demi Sed	1,280	3,840	6,400	14,400	22,400	32,000
4P Cpe	1,320	3,960	6,600	14,850	23,100	33,000
5P Brgm	1,320	3,960	6,600	14,850	23,100	33,000
5P Sed	1,240	3,720	6,200	13,950	21,700	31,000
Tr Limo	1,480	4,440	7,400	16,650	25,900	37,000
1925 Model 10-C, 6-cyl., 32 hp, 115" wb						
5P Tr	1,400	4,200	7,000	15,750	24,500	35,000
5P Demi Sed	1,200	3,600	6,000	13,500	21,000	30,000
4P Cpe	1,240	3,720	6,200	13,950	21,700	31,000
4P Brgm	1,200	3,600	6,000	13,500	21,000	30,000
5P Sed	1,160	3,480	5,800	13,050	20,300	29,000
NOTE: Series II introduced spring of 1925.						
1926 Model 11-A, 6-cyl., 32 hp, 119" wb						
5P Sed	1,160	3,480	5,800	13,050	20,300	29,000
5P Spt Sed	1,200	3,600	6,000	13,500	21,000	30,000
4P Cpe	1,240	3,720	6,200	13,950	21,700	31,000
5P Encl Dr Limo	1,400	4,200	7,000	15,750	24,500	35,000
4P Cabr	1,480	4,440	7,400	16,650	25,900	37,000
5P Tr	1,520	4,560	7,600	17,100	26,600	38,000
2P Spt Rbt	1,480	4,440	7,400	16,650	25,900	37,000
5P Cpe Rumble	1,280	3,840	6,400	14,400	22,400	32,000
1927 Model 11-B, 6-cyl., 32 hp, 119" wb						
4P Vic	1,240	3,720	6,200	13,950	21,700	31,000
2P Spt Cpe	1,280	3,840	6,400	14,400	22,400	32,000
4P Tandem Spt	1,440	4,320	7,200	16,200	25,200	36,000
5P Sed	1,160	3,480	5,800	13,050	20,300	29,000
5P Spt Sed	1,200	3,600	6,000	13,500	21,000	30,000
3P Cpe	1,240	3,720	6,200	13,950	21,700	31,000
5P Encl Dr Limo	1,400	4,200	7,000	15,750	24,500	35,000
5P Cabr	1,920	5,760	9,600	21,600	33,600	48,000
5P Tr	1,880	5,640	9,400	21,150	32,900	47,000
2P Spt Rbt	1,960	5,880	9,800	22,050	34,300	49,000
5P Cpe Rumble	1,280	3,840	6,400	14,400	22,400	32,000
1928 Airman, 6-cyl., 46 hp, 119" wb						
3P Cpe	1,360	4,080	6,800	15,300	23,800	34,000
4P Vic	1,320	3,960	6,600	14,850	23,100	33,000
5P Sed	1,200	3,600	6,000	13,500	21,000	30,000
5P Oxford Sed	1,240	3,720	6,200	13,950	21,700	31,000
5P Spt Sed	1,240	3,720	6,200	13,950	21,700	31,000
3/5P Conv	1,960	5,880	9,800	22,050	34,300	49,000
1928 Airman, 6-cyl., 46 hp, 128" wb						
Spt Rbt	2,040	6,120	10,200	22,950	35,700	51,000
Spt Tr	2,000	6,000	10,000	22,500	35,000	50,000
7P Sed	1,200	3,600	6,000	13,500	21,000	30,000
Oxford Sed	1,240	3,720	6,200	13,950	21,700	31,000
7P Tr	1,880	5,640	9,400	21,150	32,900	47,000
7P Limo	1,440	4,320	7,200	16,200	25,200	36,000
1929 Model 130, 6-cyl., 46 hp, 120" wb						
3/5P Cpe	1,200	3,600	6,000	13,500	21,000	30,000
5P Sed	1,040	3,120	5,200	11,700	18,200	26,000
1929 Model 135, 6-cyl., 60 hp, 125" wb						
3P Cpe	1,240	3,720	6,200	13,950	21,700	31,000
5P Sed	1,080	3,240	5,400	12,150	18,900	27,000
3/5P Conv Cpe	1,880	5,640	9,400	21,150	32,900	47,000
4P Vic Brgm	1,160	3,480	5,800	13,050	20,300	29,000
5P Oxford Sed	1,160	3,480	5,800	13,050	20,300	29,000
5P Spt Sed	1,160	3,480	5,800	13,050	20,300	29,000
1929 Model 137, 6-cyl., 60 hp, 132" wb						
5P Spt Tr	2,040	6,120	10,200	22,950	35,700	51,000
4P Spt Rbt	2,080	6,240	10,400	23,400	36,400	52,000
7P Tr	1,880	5,640	9,400	21,150	32,900	47,000
7P Sed	1,120	3,360	5,600	12,600	19,600	28,000
7P Oxford Sed	1,160	3,480	5,800	13,050	20,300	29,000
7P Limo	1,240	3,720	6,200	13,950	21,700	31,000
1930 Model 145, 6-cyl., 87 hp, 125" wb						
Sed	1,000	3,000	5,000	11,250	17,500	25,000
Cpe	1,080	3,240	5,400	12,150	18,900	27,000
Clb Sed	1,080	3,240	5,400	12,150	18,900	27,000

	6	5	4	3	2	1
DeL Sed	1,040	3,120	5,200	11,700	18,200	26,000
Vic Brgm	1,160	3,480	5,800	13,050	20,300	29,000
Conv Cpe	1,720	5,160	8,600	19,350	30,100	43,000
Tr Sed	1,080	3,240	5,400	12,150	18,900	27,000
Pursuit	1,560	4,680	7,800	17,550	27,300	39,000
1930 Model 147, 6-cyl., 87 hp, 132" wb						
Rds	2,280	6,840	11,400	25,650	39,900	57,000
Pirate Tr	2,320	6,960	11,600	26,100	40,600	58,000
Pirate Phae	2,360	7,080	11,800	26,550	41,300	59,000
5P Sed	1,080	3,240	5,400	12,150	18,900	27,000
7P Sed	1,120	3,360	5,600	12,600	19,600	28,000
Limo	1,280	3,840	6,400	14,400	22,400	32,000
Sed Limo	1,320	3,960	6,600	14,850	23,100	33,000
Spds	1,680	5,040	8,400	18,900	29,400	42,000
Conv Spds	2,800	8,400	14,000	31,500	49,000	70,000
Deauville Sed	1,800	5,400	9,000	20,250	31,500	45,000
Twn Car	1,400	4,200	7,000	15,750	24,500	35,000
Cabr	2,480	7,440	12,400	27,900	43,400	62,000
Conv Sed	2,560	7,680	12,800	28,800	44,800	64,000
1931 Series 15, 6-cyl., 100 hp, 125" wb						
Pursuit	1,720	5,160	8,600	19,350	30,100	43,000
5P Sed	1,160	3,480	5,800	13,050	20,300	29,000
Cpe	1,280	3,840	6,400	14,400	22,400	32,000
Oxford Sed	1,180	3,540	5,900	13,280	20,650	29,500
Vic Brgm	1,240	3,720	6,200	13,950	21,700	31,000
Conv Cpe	1,880	5,640	9,400	21,150	32,900	47,000
Twn Sed	1,280	3,840	6,400	14,400	22,400	32,000
1931 Series 15, 6-cyl., 100 hp, 132" wb						
Rds	2,720	8,160	13,600	30,600	47,600	68,000
7P Sed	1,280	3,840	6,400	14,400	22,400	32,000
Spt Salon	1,320	3,960	6,600	14,850	23,100	33,000
Limo	1,400	4,200	7,000	15,750	24,500	35,000
1931 Series 15 DeLuxe, 6-cyl., 100 hp, 132" wb						
5P Tr	2,560	7,680	12,800	28,800	44,800	64,000
7P Tr	2,560	7,000	12,800	28,800	44,800	64,000
Spds	1,800	5,400	9,000	20,250	31,500	45,000
5P Sed	1,320	3,960	6,600	14,850	23,100	33,000
Clb Sed	1,360	4,080	6,800	15,300	23,800	34,000
Conv Cpe	2,560	7,680	12,800	28,800	44,800	64,000
Twn Sed	1,400	4,200	7,000	15,750	24,500	35,000
7P Sed	1,320	3,960	6,600	14,850	23,100	33,000
Limo	1,440	4,320	7,200	16,200	25,200	36,000
1932 Airman, 6-cyl., 100 hp, 132" wb						
Spds	1,680	5,040	8,400	18,900	29,400	42,000
5P Sed	1,240	3,720	6,200	13,950	21,700	31,000
Cpe	1,280	3,840	6,400	14,400	22,400	32,000
Clb Sed	1,260	3,780	6,300	14,180	22,050	31,500
Vic Brgm	1,280	3,840	6,400	14,400	22,400	32,000
Conv Cpe	2,400	7,200	12,000	27,000	42,000	60,000
7P Sed	1,280	3,840	6,400	14,400	22,400	32,000
Limo	1,320	3,960	6,600	14,850	23,100	33,000
Sed Oxford	1,240	3,720	6,200	13,950	21,700	31,000
1933 Olympic, 6-cyl., 100 hp, 118" wb						
5P Sed	960	2,880	4,800	10,800	16,800	24,000
4P Cpe	1,040	3,120	5,200	11,700	18,200	26,000
4P Conv Cpe	1,800	5,400	9,000	20,250	31,500	45,000
1933 Airman, 6-cyl., 100 hp, 132" wb						
4P Spds	1,120	3,360	5,600	12,600	19,600	28,000
5P Sed	1,080	3,240	5,400	12,150	18,900	27,000
5P Cpe	1,160	3,480	5,800	13,050	20,300	29,000
5P Clb Sed	1,120	3,360	5,600	12,600	19,600	28,000
5P Vic Brgm	1,160	3,480	5,800	13,050	20,300	29,000
7P Sed	1,040	3,120	5,200	11,700	18,200	26,000
6P Oxford Sed	1,080	3,240	5,400	12,150	18,900	27,000
7P Limo	1,120	3,360	5,600	12,600	19,600	28,000
1933 Twelve, V-12, 150 hp, 144" wb						
5P Sed	2,280	6,840	11,400	25,650	39,900	57,000
5P Clb Brgm	2,360	7,080	11,800	26,550	41,300	59,000
7P Sed	2,080	6,240	10,400	23,400	36,400	52,000
7P Limo	2,480	7,440	12,400	27,900	43,400	62,000
1934 Olympic, 6-cyl., 100 hp, 118" wb						
Sed	960	2,880	4,800	10,800	16,800	24,000
Cpe	1,040	3,120	5,200	11,700	18,200	26,000
Conv Cpe	1,880	5,640	9,400	21,150	32,900	47,000
1934 Airman, 6-cyl., 100 hp, 132" wb						
Sed	1,080	3,240	5,400	12,150	18,900	27,000
Clb Sed	1,120	3,360	5,600	12,600	19,600	28,000
Sed	1,100	3,300	5,500	12,380	19,250	27,500

	6	5	4	3	2	1
Oxford Sed	1,140	3,420	5,700	12,830	19,950	28,500
Limo	1,320	3,960	6,600	14,850	23,100	33,000
1934 Twelve, V-12, 150 hp, 144" wb						
Sed	2,280	6,840	11,400	25,650	39,900	57,000
Clb Brgm	2,360	7,080	11,800	26,550	41,300	59,000
Sed	2,080	6,240	10,400	23,400	36,400	52,000
Limo	2,480	7,440	12,400	27,900	43,400	62,000

GARDNER

	6	5	4	3	2	1
1920 Model G, 4-cyl., 35 hp, 112" wb						
5P Tr	960	2,880	4,800	10,800	16,800	24,000
3P Rds	1,080	3,240	5,400	12,150	18,900	27,000
5P Sed	680	2,040	3,400	7,650	11,900	17,000
1921 Model G, 4-cyl., 35 hp, 112" wb						
3P Rds	760	2,280	3,800	8,550	13,300	19,000
5P Tr	960	2,880	4,800	10,800	16,800	24,000
5P Sed	680	2,040	3,400	7,650	11,900	17,000
1922 Four, 35 hp, 112" wb						
3P Rds	1,080	3,240	5,400	12,150	18,900	27,000
5P Tr	960	2,880	4,800	10,800	16,800	24,000
5P Sed	680	2,040	3,400	7,650	11,900	17,000
1923 Model 5, 4-cyl., 43 hp, 112" wb						
5P Tr	960	2,880	4,800	10,800	16,800	24,000
2P Rds	1,080	3,240	5,400	12,150	18,900	27,000
2P Cpe	840	2,520	4,200	9,450	14,700	21,000
5P Sed	680	2,040	3,400	7,650	11,900	17,000
1924 Model 5, 4-cyl., 43 hp, 112" wb						
3P Rds	1,080	3,240	5,400	12,150	18,900	27,000
5P Tr	960	2,880	4,800	10,800	16,800	24,000
5P Spt Tr	1,000	3,000	5,000	11,250	17,500	25,000
3P Cpe	840	2,520	4,200	9,450	14,700	21,000
5P Brgm	720	2,160	3,600	8,100	12,600	18,000
5P Sed	680	2,040	3,400	7,650	11,900	17,000
1925 Model 5, 4-cyl., 44 hp, 112" wb						
5P Tr	960	2,880	4,800	10,800	16,800	24,000
3P Rds	1,080	3,240	5,400	12,150	18,900	27,000
5P Std Tr	1,000	3,000	5,000	11,250	17,500	25,000
5P DeL Tr	1,040	3,120	5,200	11,700	18,200	26,000
5P Sed	680	2,040	3,400	7,650	11,900	17,000
4P Cpe	840	2,520	4,200	9,450	14,700	21,000
5P Radio Sed	800	2,400	4,000	9,000	14,000	20,000
1925 Six, 57 hp, 117" wb						
5P Tr	1,000	3,000	5,000	11,250	17,500	25,000
1925 Line 8, 8-cyl., 65 hp, 125" wb						
5P Tr	1,040	3,120	5,200	11,700	18,200	26,000
5P Brgm	760	2,280	3,800	8,550	13,300	19,000
1926 Six, 57 hp, 117" wb						
5P Tr	1,120	3,360	5,600	12,600	19,600	28,000
4P Rds	1,280	3,840	6,400	14,400	22,400	32,000
4P Cabr	1,080	3,240	5,400	12,150	18,900	27,000
5P 4d Brgm	800	2,400	4,000	9,000	14,000	20,000
5P Sed	720	2,160	3,600	8,100	12,600	18,000
DeL Sed	760	2,280	3,800	8,550	13,300	19,000
1926 Line 8, 65 hp, 125" wb						
5P Tr	1,520	4,560	7,600	17,100	26,600	38,000
4P Rds	1,680	5,040	8,400	18,900	29,400	42,000
4P Cabr	1,480	4,440	7,400	16,650	25,900	37,000
5P 4d Brgm	1,120	3,360	5,600	12,600	19,600	28,000
5P Sed	1,040	3,120	5,200	11,700	18,200	26,000
5P DeL Sed	1,080	3,240	5,400	12,150	18,900	27,000
1927 Model 6-B, 6-cyl., 55 hp, 117" wb						
5P Tr	1,120	3,360	5,600	12,600	19,600	28,000
4P Rds	1,280	3,840	6,400	14,400	22,400	32,000
4P Cabr	1,160	3,480	5,800	13,050	20,300	29,000
5P 4d Brgm	800	2,400	4,000	9,000	14,000	20,000
5P Sed	720	2,160	3,600	8,100	12,600	18,000
1927 Model 8-80, 8-cyl., 70 hp, 122" wb						
4P Rds	1,600	4,800	8,000	18,000	28,000	40,000
5P Sed	1,040	3,120	5,200	11,700	18,200	26,000
Vic Cpe	1,160	3,480	5,800	13,050	20,300	29,000
1927 Model 8-90, 8-cyl., 84 hp, 130" wb						
4P Rds	1,680	5,040	8,400	18,900	29,400	42,000
5P Sed	760	2,280	3,800	8,550	13,300	19,000
5P Brgm	840	2,520	4,200	9,450	14,700	21,000
5P Vic	840	2,520	4,200	9,450	14,700	21,000
1928 Model 8-75, 8-cyl., 65 hp, 122" wb						
4P Rds	1,640	4,920	8,200	18,450	28,700	41,000

	6	5	4	3	2	1
Vic	1,160	3,480	5,800	13,050	20,300	29,000
Cpe	1,120	3,360	5,600	12,600	19,600	28,000
5P Clb Sed	1,080	3,240	5,400	12,150	18,900	27,000
5P Sed	1,000	3,000	5,000	11,250	17,500	25,000
1928 Model 8-85, 8-cyl., 74 hp, 125" wb						
4P Rds	1,680	5,040	8,400	18,900	29,400	42,000
5P Brgm	1,160	3,480	5,800	13,050	20,300	29,000
5P Sed	1,040	3,120	5,200	11,700	18,200	26,000
4P Cus Cpe	1,200	3,600	6,000	13,500	21,000	30,000
1928 Model 8-95, 8-cyl., 115 hp, 130" wb						
4P Rds	1,800	5,400	9,000	20,250	31,500	45,000
5P Brgm	1,200	3,600	6,000	13,500	21,000	30,000
5P Sed	1,080	3,240	5,400	12,150	18,900	27,000
4P Cus Cpe	1,240	3,720	6,200	13,950	21,700	31,000
1929-30 Model 120, 8-cyl., 65 hp, 122" wb						
4P Rds	1,680	5,040	8,400	18,900	29,400	42,000
5P Spt Sed	1,200	3,600	6,000	13,500	21,000	30,000
4P Cpe	1,240	3,720	6,200	13,950	21,700	31,000
5P Sed	1,040	3,120	5,200	11,700	18,200	26,000
1929-30 Model 125, 8-cyl., 85 hp, 125" wb						
4P Rds	1,800	5,400	9,000	20,250	31,500	45,000
4P Cabr	1,520	4,560	7,600	17,100	26,600	38,000
5P Brgm	1,160	3,480	5,800	13,050	20,300	29,000
5P Sed	1,080	3,240	5,400	12,150	18,900	27,000
4P Vic	1,120	3,360	5,600	12,600	19,600	28,000
Cpe	1,240	3,720	6,200	13,950	21,700	31,000
1929-30 Model 130, 8-cyl., 115 hp, 130" wb						
4P Rds	1,840	5,520	9,200	20,700	32,200	46,000
4P Cpe	1,280	3,840	6,400	14,400	22,400	32,000
5P Brgm	1,240	3,720	6,200	13,950	21,700	31,000
5P Sed	1,160	3,480	5,800	13,050	20,300	29,000
5P Vic	1,280	3,840	6,400	14,400	22,400	32,000
1930 Model 136, 6-cyl., 70 hp, 122" wb						
Rds	1,720	5,160	8,600	19,350	30,100	43,000
5P Spt Phae	1,640	4,920	8,200	18,450	28,700	41,000
7P Spt Phae	1,680	5,040	8,400	18,900	29,400	42,000
Spt Sed	1,160	3,480	5,800	13,050	20,300	29,000
Cpe	1,280	3,840	6,400	14,400	22,400	32,000
Brgm	1,160	3,480	5,800	13,050	20,300	29,000
5P Sed	1,040	3,120	5,200	11,700	18,200	26,000
7P Sed	1,080	3,240	5,400	12,150	18,900	27,000
1930 Model 140, 8-cyl., 90 hp, 125" wb						
Rds	1,800	5,400	9,000	20,250	31,500	45,000
5P Spt Phae	1,680	5,040	8,400	18,900	29,400	42,000
7P Spt Phae	1,720	5,160	8,600	19,350	30,100	43,000
Spt Sed	1,240	3,720	6,200	13,950	21,700	31,000
Cpe	1,320	3,960	6,600	14,850	23,100	33,000
Brgm	1,200	3,600	6,000	13,500	21,000	30,000
5P Sed	1,080	3,240	5,400	12,150	18,900	27,000
7P Sed	1,120	3,360	5,600	12,600	19,600	28,000
1930 Model 150, 8-cyl., 126 hp, 130" wb						
Rds	1,880	5,640	9,400	21,150	32,900	47,000
5P Spt Phae	1,800	5,400	9,000	20,250	31,500	45,000
7P Spt Phae	1,840	5,520	9,200	20,700	32,200	46,000
Spt Sed	1,280	3,840	6,400	14,400	22,400	32,000
Cpe	1,360	4,080	6,800	15,300	23,800	34,000
Brgm	1,240	3,720	6,200	13,950	21,700	31,000
5P Sed	1,120	3,360	5,600	12,600	19,600	28,000
7P Sed	1,160	3,480	5,800	13,050	20,300	29,000
1931 Model 136, 6-cyl., 70 hp, 122" wb						
Rds	1,760	5,280	8,800	19,800	30,800	44,000
Spt Sed	1,240	3,720	6,200	13,950	21,700	31,000
Cpe	1,280	3,840	6,400	14,400	22,400	32,000
Sed	1,120	3,360	5,600	12,600	19,600	28,000
1931 Model 148, 6-cyl., 100 hp, 125" wb						
Rds	1,800	5,400	9,000	20,250	31,500	45,000
Phae	1,760	5,280	8,800	19,800	30,800	44,000
Spt Sed	1,320	3,960	6,600	14,850	23,100	33,000
Cpe	1,360	4,080	6,800	15,300	23,800	34,000
Brgm	1,320	3,960	6,600	14,850	23,100	33,000
Sed	1,160	3,480	5,800	13,050	20,300	29,000
1931 Model 158, 8-cyl., 130 hp, 130" wb						
Rds	1,840	5,520	9,200	20,700	32,200	46,000
Cpe	1,400	4,200	7,000	15,750	24,500	35,000
Brgm	1,360	4,080	6,800	15,300	23,800	34,000
Sed	1,280	3,840	6,400	14,400	22,400	32,000

	6	5	4	3	2	1
GRAHAM-PAIGE						
1928 Model 610, 6-cyl., 111" wb						
Cpe	580	1,740	2,900	6,530	10,150	14,500
4d Sed	510	1,540	2,560	5,760	8,960	12,800
1928 Model 614, 6-cyl., 114" wb						
Cpe	600	1,800	3,000	6,750	10,500	15,000
4d Sed	520	1,560	2,600	5,850	9,100	13,000
1928 Model 619, 6-cyl., 119" wb						
Cpe	620	1,860	3,100	6,980	10,850	15,500
4d Sed	560	1,680	2,800	6,300	9,800	14,000
DeL Cpe	640	1,920	3,200	7,200	11,200	16,000
DeL 4d Sed	500	1,500	2,500	5,630	8,750	12,500
1928 Model 629, 6-cyl., 129" wb						
2P Cpe	640	1,920	3,200	7,200	11,200	16,000
5P Cpe	660	1,980	3,300	7,430	11,550	16,500
Cabr	1,040	3,120	5,200	11,700	18,200	26,000
5P 4d Sed	600	1,810	3,020	6,800	10,570	15,100
4d Twn Sed	570	1,700	2,840	6,390	9,940	14,200
7P 4d Sed	610	1,840	3,060	6,890	10,710	15,300
1928 Model 835, 8-cyl., 137" wb						
Cpe 2P	660	1,980	3,300	7,430	11,550	16,500
Cpe 5P	680	2,040	3,400	7,650	11,900	17,000
Cabr	1,120	3,360	5,600	12,600	19,600	28,000
5P 4d Sed	650	1,960	3,260	7,340	11,410	16,300
7P 4d Sed	660	1,970	3,280	7,380	11,480	16,400
4d Twn Sed	650	1,960	3,260	7,340	11,410	16,300
Limo	670	2,000	3,340	7,520	11,690	16,700
1929 Model 612, 6-cyl., 112" wb						
Rds	1,180	3,540	5,900	13,280	20,650	29,500
Tr	1,200	3,600	6,000	13,500	21,000	30,000
Cpe	600	1,800	3,000	6,750	10,500	15,000
Cabr	1,080	3,240	5,400	12,150	18,900	27,000
2d Sed	560	1,680	2,800	6,300	9,800	14,000
4d Sed	560	1,690	2,820	6,350	9,870	14,100
1929 Model 615, 6-cyl., 115" wb						
Rds	1,200	3,600	6,000	13,500	21,000	30,000
Tour	1,220	3,660	6,100	13,730	21,350	30,500
Cpe	640	1,920	3,200	7,200	11,200	16,000
Cabr	1,120	3,360	5,600	12,600	19,600	28,000
2d Sed	580	1,740	2,900	6,530	10,150	14,500
4d Sed	580	1,750	2,920	6,570	10,220	14,600
1929 Model 621, 6-cyl., 121" wb						
Rds	1,220	3,660	6,100	13,730	21,350	30,500
Tr	1,240	3,720	6,200	13,950	21,700	31,000
Cpe	620	1,860	3,100	6,980	10,850	15,500
Cabr	1,140	3,420	5,700	12,830	19,950	28,500
4d Sed	590	1,780	2,960	6,660	10,360	14,800
1929 Model 827, 8-cyl., 127" wb						
Rds	1,400	4,200	7,000	15,750	24,500	35,000
Tr	1,440	4,320	7,200	16,200	25,200	36,000
Cpe	720	2,160	3,600	8,100	12,600	18,000
Cabr	1,320	3,960	6,600	14,850	23,100	33,000
4d Sed	640	1,920	3,200	7,200	11,200	16,000
1929 Model 837, 8-cyl., 137" wb						
Tr	1,600	4,800	8,000	18,000	28,000	40,000
Cpe	880	2,640	4,400	9,900	15,400	22,000
5P 4d Sed	800	2,400	4,000	9,000	14,000	20,000
7P 4d Sed	840	2,520	4,200	9,450	14,700	21,000
4d Twn Sed	880	2,640	4,400	9,900	15,400	22,000
Limo	960	2,880	4,800	10,800	16,800	24,000
LeB Limo	1,040	3,120	5,200	11,700	18,200	26,000
LeB Twn Car	1,080	3,240	5,400	12,150	18,900	27,000
GRAHAM						
1930 Standard, 6-cyl., 115" wb						
Rds	1,720	5,160	8,600	19,350	30,100	43,000
Phae	1,680	5,040	8,400	18,900	29,400	42,000
Cabr	1,480	4,440	7,400	16,650	25,900	37,000
Cpe	680	2,040	3,400	7,650	11,900	17,000
DeL Cpe	720	2,160	3,600	8,100	12,600	18,000
2d Sed	588	1,764	2,940	6,620	10,290	14,700
4d Sed	592	1,776	2,960	6,660	10,360	14,800
4d DeL Sed	600	1,800	3,000	6,750	10,500	15,000
4d Twn Sed	600	1,800	3,000	6,750	10,500	15,000
DeL Twn Sed	608	1,824	3,040	6,840	10,640	15,200

	6	5	4	3	2	1
1930 Special, 6-cyl., 115" wb						
Cpe	740	2,220	3,700	8,330	12,950	18,500
R/S Cpe	760	2,280	3,800	8,550	13,300	19,000
4d Sed	640	1,920	3,200	7,200	11,200	16,000
1930 Standard, 8-cyl., 122" and *134" wb						
Cpe	800	2,400	4,000	9,000	14,000	20,000
4d Sed	720	2,160	3,600	8,100	12,600	18,000
Conv Sed	1,760	5,280	8,800	19,800	30,800	44,000
*7P 4d Sed	760	2,280	3,800	8,550	13,300	19,000
1930 Special, 8-cyl., 122" and *134" wb						
Cpe	820	2,460	4,100	9,230	14,350	20,500
4d Sed	740	2,220	3,700	8,330	12,950	18,500
Conv Sed	1,880	5,640	9,400	21,150	32,900	47,000
*7P 4d Sed	800	2,400	4,000	9,000	14,000	20,000
1930 Custom, 8-cyl., 127" wb						
Rds	1,840	5,520	9,200	20,700	32,200	46,000
Phae	1,800	5,400	9,000	20,250	31,500	45,000
Cpe	880	2,640	4,400	9,900	15,400	22,000
Cabr	1,720	5,160	8,600	19,350	30,100	43,000
4d Sed	840	2,520	4,200	9,450	14,700	21,000
1930 Custom, 8-cyl., 137" wb						
Phae	1,920	5,760	9,600	21,600	33,600	48,000
5P 4d Sed	860	2,580	4,300	9,680	15,050	21,500
4d Twn Sed	880	2,640	4,400	9,900	15,400	22,000
7P 4d Sed	900	2,700	4,500	10,130	15,750	22,500
Limo	960	2,880	4,800	10,800	16,800	24,000
LeB Limo	1,120	3,360	5,600	12,600	19,600	28,000
LeB Twn Car	1,040	3,120	5,200	11,700	18,200	26,000
1931 Standard, 6-cyl., 115" wb						
Rds	1,680	5,040	8,400	18,900	29,400	42,000
Phae	1,640	4,920	8,200	18,450	28,700	41,000
Bus Cpe	680	2,040	3,400	7,650	11,900	17,000
Cpe	700	2,100	3,500	7,880	12,250	17,500
Spt Cpe	720	2,160	3,600	8,100	12,600	18,000
2d Sed	612	1,836	3,060	6,890	10,710	15,300
4d Twn Sed	616	1,848	3,080	6,930	10,780	15,400
4d Univ Sed	620	1,860	3,100	6,980	10,850	15,500
4d DeL Sed	628	1,884	3,140	7,070	10,990	15,700
4d DeL Twn Sed	640	1,920	3,200	7,200	11,200	16,000
1931 Special, 6-cyl., 115" wb						
Bus Cpe	684	2,052	3,420	7,700	11,970	17,100
Cpe	720	2,160	3,600	8,100	12,600	18,000
4d Sed	656	1,968	3,280	7,380	11,480	16,400
1931 Model 621, 6-cyl., 121" wb						
Rds	1,520	4,560	7,600	17,100	26,600	38,000
Phae	1,480	4,440	7,400	10,650	25,900	37,000
Vic	720	2,160	3,600	8,100	12,600	18,000
Cpe	760	2,280	3,800	8,550	13,300	19,000
4d Sed	700	2,100	3,500	7,880	12,250	17,500
1931 Standard, 8-cyl., 122" and *134" wb						
Cpe	800	2,400	4,000	9,000	14,000	20,000
4d Sed	740	2,220	3,700	8,330	12,950	18,500
Conv Sed	1,560	4,680	7,800	17,550	27,300	39,000
7P 4d Sed	760	2,280	3,800	8,550	13,300	19,000
5P 4d Sed	740	2,220	3,700	8,330	12,950	18,500
*Limo	800	2,400	4,000	9,000	14,000	20,000
1931 Special 822, 8-cyl., 122" and *134" wb						
Cpe	840	2,520	4,200	9,450	14,700	21,000
4d Sed	760	2,280	3,800	8,550	13,300	19,000
Conv Sed	1,600	4,800	8,000	18,000	28,000	40,000
7P 4d Sed	840	2,520	4,200	9,450	14,700	21,000
5P 4d Sed	800	2,400	4,000	9,000	14,000	20,000
*Limo	880	2,640	4,400	9,900	15,400	22,000
1931 Custom, 8-cyl., 127" wb						
Rds	1,800	5,400	9,000	20,250	31,500	45,000
Phae	1,760	5,280	8,800	19,800	30,800	44,000
Vic	800	2,400	4,000	9,000	14,000	20,000
Cabr	1,720	5,160	8,600	19,350	30,100	43,000
4d Sed	780	2,340	3,900	8,780	13,650	19,500
1931 Custom, 8-cyl., 137" wb						
7P Phae	2,320	6,960	11,600	26,100	40,600	58,000
4d Sed	840	2,520	4,200	9,450	14,700	21,000
LeB Limo	1,040	3,120	5,200	11,700	18,200	26,000
1931 Prosperity, 6-cyl., 113" wb						
Cpe	680	2,040	3,400	7,650	11,900	17,000
Cpe 2-4	720	2,160	3,600	8,100	12,600	18,000
4d Sed	612	1,836	3,060	6,890	10,710	15,300
4d Twn Sed	620	1,860	3,100	6,980	10,850	15,500

	6	5	4	3	2	1
1931 Special 820, 8-cyl., 120" wb						
Bus Cpe	780	2,340	3,900	8,780	13,650	19,500
Cpe 2-4	800	2,400	4,000	9,000	14,000	20,000
4d Spt Sed	740	2,220	3,700	8,330	12,950	18,500
4d Sed	720	2,160	3,600	8,100	12,600	18,000
1931 Custom 834, 8-cyl., 134" wb						
4d Sed	780	2,340	3,900	8,780	13,650	19,500
7P 4d Sed	800	2,400	4,000	9,000	14,000	20,000
Limo	840	2,520	4,200	9,450	14,700	21,000
1932 Prosperity, 6-cyl., 113" wb						
Cpe	760	2,280	3,800	8,550	13,300	19,000
Cpe 2-4	800	2,400	4,000	9,000	14,000	20,000
4d Sed	652	1,956	3,260	7,340	11,410	16,300
4d Twn Sed	660	1,980	3,300	7,430	11,550	16,500
1932 Graham, 6-cyl., 113" wb						
Bus Cpe	800	2,400	4,000	9,000	14,000	20,000
Cpe 2-4	840	2,520	4,200	9,450	14,700	21,000
Cabr	1,120	3,360	5,600	12,600	19,600	28,000
4d Sed	680	2,040	3,400	7,650	11,900	17,000
1932 Standard, 6-cyl., 115" wb						
Rds	1,400	4,200	7,000	15,750	24,500	35,000
Bus Cpe	820	2,460	4,100	9,230	14,350	20,500
Cpe 2-4	860	2,580	4,300	9,680	15,050	21,500
4d Sed	700	2,100	3,500	7,880	12,250	17,500
4d Twn Sed	720	2,160	3,600	8,100	12,600	18,000
1932 Special, 6-cyl., 115" wb						
Rds	1,440	4,320	7,200	16,200	25,200	36,000
Bus Cpe	860	2,580	4,300	9,680	15,050	21,500
Cpe 2-4	880	2,640	4,400	9,900	15,400	22,000
4d Sed	680	2,040	3,400	7,650	11,900	17,000
4d Twn Sed	760	2,280	3,800	8,550	13,300	19,000
1932 Model 57, 8-cyl., 123" wb						
Cpe	880	2,640	4,400	9,900	15,400	22,000
Cpe 2-4	900	2,700	4,500	10,130	15,750	22,500
4d Sed	780	2,340	3,900	8,780	13,650	19,500
DeL Cpe	920	2,760	4,600	10,350	16,100	23,000
DeL Cpe 2-4	960	2,880	4,800	10,800	16,800	24,000
Conv Cpe	1,520	4,560	7,600	17,100	26,600	38,000
4d DeL Sed	800	2,400	4,000	9,000	14,000	20,000
1932 Special 820, 8-cyl., 120" wb						
Bus Cpe	940	2,820	4,700	10,580	16,450	23,500
Cpe 2-4	980	2,940	4,900	11,030	17,150	24,500
4d Spt Sed	820	2,460	4,100	9,230	14,350	20,500
4d Sed	808	2,424	4,040	9,090	14,140	20,200
1932 Special 822, 8-cyl., 122" wb						
4d Sed	840	2,520	4,200	9,450	14,700	21,000
Conv Sed	1,920	5,760	9,600	21,600	33,600	48,000
1932 Custom 834, 8-cyl., 134" wb						
4d Sed	1,000	3,000	5,000	11,250	17,500	25,000
7P 4d Sed	1,040	3,120	5,200	11,700	18,200	26,000
Limo	1,160	3,480	5,800	13,050	20,300	29,000
1933 Graham, 6-cyl., 113" wb						
4d Sed	644	1,932	3,220	7,250	11,270	16,100
4d Twn Sed	652	1,956	3,260	7,340	11,410	16,300
1933 Model 65, 6-cyl., 113" wb						
Bus Cpe	680	2,040	3,400	7,650	11,900	17,000
Cpe 2-4	700	2,100	3,500	7,880	12,250	17,500
Conv Cpe	1,240	3,720	6,200	13,950	21,700	31,000
4d Sed	656	1,968	3,280	7,380	11,480	16,400
1933 Graham, 6-cyl., 118" wb						
Bus Cpe	700	2,100	3,500	7,880	12,250	17,500
Cpe 2-4	720	2,160	3,600	8,100	12,600	18,000
Cabr	1,280	3,840	6,400	14,400	22,400	32,000
4d Sed	660	1,980	3,300	7,430	11,550	16,500
1933 Model 64, 8-cyl., 119" wb						
Bus Cpe	720	2,160	3,600	8,100	12,600	18,000
Cpe 2-4	740	2,220	3,700	8,330	12,950	18,500
Conv Cpe	1,320	3,960	6,600	14,850	23,100	33,000
4d Sed	668	2,004	3,340	7,520	11,690	16,700
1933 Model 57A, 8-cyl., 123" wb						
Cpe	740	2,220	3,700	8,330	12,950	18,500
Cpe 2-4	760	2,280	3,800	8,550	13,300	19,000
4d Sed	676	2,028	3,380	7,610	11,830	16,900
DeL Cpe	780	2,340	3,900	8,780	13,650	19,500
DeL Cpe 2-4	800	2,400	4,000	9,000	14,000	20,000
DeL Conv Cpe	1,400	4,200	7,000	15,750	24,500	35,000
4d DeL Sed	688	2,064	3,440	7,740	12,040	17,200
1933 Custom 57A, 8-cyl., 123" wb						
Cpe	800	2,400	4,000	9,000	14,000	20,000

	6	5	4	3	2	1
Cpe 2-4.	820	2,460	4,100	9,230	14,350	20,500
4d Sed	700	2,100	3,500	7,880	12,250	17,500
1934 Model 65, 6-cyl., 113" wb						
Cpe.	700	2,100	3,500	7,880	12,250	17,500
Cpe 2-4.	720	2,160	3,600	8,100	12,600	18,000
Conv Cpe	1,160	3,480	5,800	13,050	20,300	29,000
4d Sed	616	1,848	3,080	6,930	10,780	15,400
1934 Model 64, 6-cyl., 119" wb						
Cpe.	700	2,100	3,500	7,880	12,250	17,500
Cpe 2-4.	720	2,160	3,600	8,100	12,600	18,000
Conv Cpe	1,200	3,600	6,000	13,500	21,000	30,000
4d Sed	620	1,860	3,100	6,980	10,850	15,500
1934 Model 68, 6-cyl., 116" wb						
Bus Cpe	720	2,160	3,600	8,100	12,600	18,000
Cpe 2-4.	740	2,220	3,700	8,330	12,950	18,500
Conv Cpe	1,360	4,080	6,800	15,300	23,800	34,000
4d Sed	624	1,872	3,120	7,020	10,920	15,600
4d Sed Trunk	628	1,884	3,140	7,070	10,990	15,700
1934 Model 67, 8-cyl., 123" wb						
Bus Cpe	740	2,220	3,700	8,330	12,950	18,500
Cpe 2-4.	760	2,280	3,800	8,550	13,300	19,000
Conv Cpe	1,400	4,200	7,000	15,750	24,500	35,000
4d Sed	560	1,680	2,800	6,300	9,800	14,000
4d Sed Trunk	648	1,944	3,240	7,290	11,340	16,200
1934 Model 69, 8-cyl., 123" wb						
Bus Cpe	760	2,280	3,800	8,550	13,300	19,000
Cpe 2-4.	780	2,340	3,900	8,780	13,650	19,500
Conv Cpe	1,440	4,320	7,200	16,200	25,200	36,000
4d Sed	648	1,944	3,240	7,290	11,340	16,200
4d Sed Trunk	656	1,968	3,280	7,380	11,480	16,400
1934 Custom 8-71, 8-cyl., 138" wb						
7P 4d Sed.	700	2,100	3,500	7,880	12,250	17,500
7P 4d Sed Trunk	720	2,160	3,600	8,100	12,600	18,000
1935 Model 74, 6-cyl., 111" wb						
2d Sed	608	1,824	3,040	6,840	10,640	15,200
4d Sed	612	1,836	3,060	6,890	10,710	15,300
2d DeL Sed	612	1,836	3,060	6,890	10,710	15,300
4d DeL Sed	616	1,848	3,080	6,930	10,780	15,400
1935 Model 68, 6-cyl., 116" wb						
Bus Cpe	700	2,100	3,500	7,880	12,250	17,500
Cpe 3-5.	720	2,160	3,600	8,100	12,600	18,000
Conv Cpe	1,120	3,360	5,600	12,600	19,600	28,000
4d Sed	616	1,848	3,080	6,930	10,780	15,400
4d Sed Trunk	620	1,860	3,100	6,980	10,850	15,500
1935 Model 67, 8-cyl., 123" wb						
Cpe.	720	2,160	3,600	8,100	12,600	18,000
Cpe 3-5.	740	2,220	3,700	8,330	12,950	18,500
Conv Cpe	1,160	3,480	5,800	13,050	20,300	29,000
4d Sed	628	1,884	3,140	7,070	10,990	15,700
4d Sed Trunk	632	1,896	3,160	7,110	11,060	15,800
1935 Model 72, 8-cyl., 123" wb						
Cpe.	720	2,160	3,600	8,100	12,600	18,000
Cpe 2-4.	740	2,220	3,700	8,330	12,950	18,500
Conv Cpe	1,240	3,720	6,200	13,950	21,700	31,000
4d Sed	632	1,896	3,160	7,110	11,060	15,800
1935 Custom Model 69, Supercharged, 8-cyl., 123" wb						
Cpe.	780	2,340	3,900	8,780	13,650	19,500
Cpe 3-5.	800	2,400	4,000	9,000	14,000	20,000
Conv Cpe	1,320	3,960	6,600	14,850	23,100	33,000
4d Sed	720	2,160	3,600	8,100	12,600	18,000
4d Sed Trunk	728	2,184	3,640	8,190	12,740	18,200
1935 Model 75, Supercharged, 8-cyl., 123" wb						
Cpe.	800	2,400	4,000	9,000	14,000	20,000
Cpe 2-4.	840	2,520	4,200	9,450	14,700	21,000
Conv Cpe	1,360	4,080	6,800	15,300	23,800	34,000
4d Sed	760	2,280	3,800	8,550	13,300	19,000
1936 Crusader Model 80, 6-cyl., 111" wb						
2d Sed	604	1,812	3,020	6,800	10,570	15,100
2d Sed Trunk	608	1,824	3,040	6,840	10,640	15,200
4d Sed	608	1,824	3,040	6,840	10,640	15,200
4d Sed Trunk	612	1,836	3,060	6,890	10,710	15,300
1936 Cavalier Model 90, 6-cyl., 115" wb						
Bus Cpe	652	1,956	3,260	7,340	11,410	16,300
Cpe 2-4.	660	1,980	3,300	7,430	11,550	16,500
2d Sed	608	1,824	3,040	6,840	10,640	15,200
2d Sed Trunk	612	1,836	3,060	6,890	10,710	15,300
4d Sed	608	1,824	3,040	6,840	10,640	15,200
4d Sed Trunk	616	1,848	3,080	6,930	10,780	15,400

GRAHAM

	6	5	4	3	2	1
1936 Model 110, Supercharged, 6-cyl., 115" wb						
Cpe	760	2,280	3,800	8,550	13,300	19,000
Cpe 2-4	780	2,340	3,900	8,780	13,650	19,500
2d Sed	700	2,100	3,500	7,880	12,250	17,500
2d Sed Trunk	704	2,112	3,520	7,920	12,320	17,600
4d Sed	700	2,100	3,500	7,880	12,250	17,500
4d Sed Trunk	704	2,112	3,520	7,920	12,320	17,600
4d Cus Sed	720	2,160	3,600	8,100	12,600	18,000
1937 Crusader, 6-cyl., 111" wb						
2d Sed	600	1,800	3,000	6,750	10,500	15,000
2d Sed Trunk	604	1,812	3,020	6,800	10,570	15,100
4d Sed	608	1,824	3,040	6,840	10,640	15,200
4d Sed Trunk	612	1,836	3,060	6,890	10,710	15,300
1937 Cavalier, 6-cyl., 116" wb						
Bus Cpe	720	2,160	3,600	8,100	12,600	18,000
Cpe 3-5	760	2,280	3,800	8,550	13,300	19,000
Conv Cpe	1,160	3,480	5,800	13,050	20,300	29,000
2d Sed	604	1,812	3,020	6,800	10,570	15,100
2d Sed Trunk	608	1,824	3,040	6,840	10,640	15,200
4d Sed	612	1,836	3,060	6,890	10,710	15,300
4d Sed Trunk	616	1,848	3,080	6,930	10,780	15,400
1937 Series 116, Supercharged, 6-cyl., 116" wb						
Bus Cpe	760	2,280	3,800	8,550	13,300	19,000
Cpe 3-5	772	2,316	3,860	8,690	13,510	19,300
Conv Cpe	1,280	3,840	6,400	14,400	22,400	32,000
2d Sed	700	2,100	3,500	7,880	12,250	17,500
2d Sed Trunk	704	2,112	3,520	7,920	12,320	17,600
4d Sed	704	2,112	3,520	7,920	12,320	17,600
4d Sed Trunk	708	2,124	3,540	7,970	12,390	17,700
1937 Series 120, Custom Supercharged, 6-cyl., 116" and 120" wb						
Bus Cpe	768	2,304	3,840	8,640	13,440	19,200
Cpe 3-5	780	2,340	3,900	8,780	13,650	19,500
Conv Cpe	1,360	4,080	6,800	15,300	23,800	34,000
4d Sed	720	2,160	3,600	8,100	12,600	18,000
4d Sed Trunk	728	2,184	3,640	8,190	12,740	18,200
1938 Standard Model 96, 6-cyl., 120" wb						
4d Sed	588	1,764	2,940	6,620	10,290	14,700
1938 Special Model 96, 6-cyl., 120" wb						
4d Sed	600	1,800	3,000	6,750	10,500	15,000
1938 Model 97, Supercharged, 6-cyl., 120" wb						
4d Sed	620	1,860	3,100	6,980	10,850	15,500
1938 Custom Model 97, Supercharged, 6-cyl., 120" wb						
4d Sed	640	1,920	3,200	7,200	11,200	16,000
1939 Special Model 96, 6-cyl., 120" wb						
Cpe	680	2,040	3,400	7,650	11,900	17,000
2d Sed	628	1,884	3,140	7,070	10,990	15,700
4d Sed	632	1,896	3,160	7,110	11,060	15,800
1939 Custom Special 96, 6-cyl., 120" wb						
Cpe	700	2,100	3,500	7,880	12,250	17,500
2d Sed	632	1,896	3,160	7,110	11,060	15,800
4d Sed	636	1,908	3,180	7,160	11,130	15,900
1939 Model 97, Supercharged, 6-cyl., 120" wb						
Cpe	840	2,520	4,200	9,450	14,700	21,000
2d Sed	800	2,400	4,000	9,000	14,000	20,000
4d Sed	820	2,460	4,100	9,230	14,350	20,500
1939 Custom Model 97, Supercharged, 6-cyl., 120" wb						
Cpe	860	2,580	4,300	9,680	15,050	21,500
2d Sed	820	2,460	4,100	9,230	14,350	20,500
4d Sed	840	2,520	4,200	9,450	14,700	21,000
1940 DeLuxe Model 108, 6-cyl., 120" wb						
Cpe	680	2,040	3,400	7,650	11,900	17,000
2d Sed	636	1,908	3,180	7,160	11,130	15,900
4d Sed	640	1,920	3,200	7,200	11,200	16,000
1940 Custom Model 108, 6-cyl., 120" wb						
Cpe	700	2,100	3,500	7,880	12,250	17,500
2d Sed	640	1,920	3,200	7,200	11,200	16,000
4d Sed	648	1,944	3,240	7,290	11,340	16,200
1940 DeLuxe Model 107, Supercharged, 6-cyl., 120" wb						
Cpe	840	2,520	4,200	9,450	14,700	21,000
2d Sed	820	2,460	4,100	9,230	14,350	20,500
4d Sed	828	2,484	4,140	9,320	14,490	20,700
1940 Custom Model 107, Supercharged, 6-cyl., 120" wb						
Cpe	880	2,640	4,400	9,900	15,400	22,000
2d Sed	828	2,484	4,140	9,320	14,490	20,700
4d Sed	840	2,520	4,200	9,450	14,700	21,000
1941 Custom Hollywood Model 113, 6-cyl., 115" wb						
4d Sed	880	2,640	4,400	9,900	15,400	22,000
1941 Custom Hollywood Model 113, Supercharged, 6-cyl., 115" wb						
4d Sed	1,540	4,620	7,700	17,330	26,950	38,500

	6	5	4	3	2	1
HUDSON						
1909 Model 20, 4-cyl.						
2d Rds	1,320	3,960	6,600	14,850	23,100	33,000
1910 Model 20, 4-cyl.						
2d Rds	1,280	3,840	6,400	14,400	22,400	32,000
4d Tr	1,280	3,840	6,400	14,400	22,400	32,000
1911 Model 33, 4-cyl.						
2d Rds	1,280	3,840	6,400	14,400	22,400	32,000
2d Tor Rds	1,320	3,960	6,600	14,850	23,100	33,000
4d Pony Ton	1,360	4,080	6,800	15,300	23,800	34,000
4d Tr	1,400	4,200	7,000	15,750	24,500	35,000
1912 Model 33, 4-cyl.						
2d Rds	1,480	4,440	7,400	16,650	25,900	37,000
2d Tor Rds	1,520	4,560	7,600	17,100	26,600	38,000
4d Tr	1,600	4,800	8,000	18,000	28,000	40,000
2d Cpe	1,120	3,360	5,600	12,600	19,600	28,000
4d Limo	1,240	3,720	6,200	13,950	21,700	31,000
1913 Model 37, 4-cyl.						
2d Rds	1,360	4,080	6,800	15,300	23,800	34,000
2d Tor Rds	1,400	4,200	7,000	15,750	24,500	35,000
4d Tr	1,440	4,320	7,200	16,200	25,200	36,000
2d Cpe	1,080	3,240	5,400	12,150	18,900	27,000
4d Limo	1,200	3,600	6,000	13,500	21,000	30,000
1913 Model 54, 6-cyl.						
2d 2P Rds	1,400	4,200	7,000	15,750	24,500	35,000
2d 5P Rds	1,440	4,320	7,200	16,200	25,200	36,000
2d Tor Rds	1,480	4,440	7,400	16,650	25,900	37,000
4d Tr	1,520	4,560	7,600	17,100	26,600	38,000
4d 7P Tr	1,560	4,680	7,800	17,550	27,300	39,000
2d Cpe	1,160	3,480	5,800	13,050	20,300	29,000
4d Limo	1,240	3,720	6,200	13,950	21,700	31,000
1914 Model 40, 6-cyl.						
2d Rbt	1,240	3,720	6,200	13,950	21,700	31,000
4d Tr	1,320	3,960	6,600	14,850	23,100	33,000
2d Cabr	1,280	3,840	6,400	14,400	22,400	32,000
1914 Model 54, 6-cyl.						
4d 7P Tr	1,360	4,080	6,800	15,300	23,800	34,000
1915 Model 40, 6-cyl.						
2d Rds	1,200	3,600	6,000	13,500	21,000	30,000
4d Phae	1,280	3,840	6,400	14,400	22,400	32,000
4d Tr	1,240	3,720	6,200	13,950	21,700	31,000
2d Cabr	1,240	3,720	6,200	13,950	21,700	31,000
2d Cpe	800	2,400	4,000	9,000	14,000	20,000
4d Limo	880	2,640	4,400	9,900	15,400	22,000
4d Lan Limo	920	2,760	4,600	10,350	16,100	23,000
1915 Model 54, 6-cyl.						
4d Phae	1,360	4,080	6,800	15,300	23,800	34,000
4d 7P Tr	1,400	4,200	7,000	15,750	24,500	35,000
4d Sed	840	2,520	4,200	9,450	14,700	21,000
4d Limo	960	2,880	4,800	10,800	16,800	24,000
1916 Super Six, 6-cyl.						
2d Rds	1,120	3,360	5,600	12,600	19,600	28,000
2d Cabr	1,160	3,480	5,800	13,050	20,300	29,000
4d Phae	1,200	3,600	6,000	13,500	21,000	30,000
4d Tr Sed	760	2,280	3,800	8,550	13,300	19,000
4d T&C	800	2,400	4,000	9,000	14,000	20,000
1916 Model 54, 6-cyl.						
4d 7P Phae	1,320	3,960	6,600	14,850	23,100	33,000
1917 Super Six, 6-cyl.						
2d Rds	1,040	3,120	5,200	11,700	18,200	26,000
2d Cabr	1,080	3,240	5,400	12,150	18,900	27,000
4d 7P Phae	1,120	3,360	5,600	12,600	19,600	28,000
4d Tr Sed	680	2,040	3,400	7,650	11,900	17,000
4d T&C	800	2,400	4,000	9,000	14,000	20,000
4d Twn Lan	760	2,280	3,800	8,550	13,300	19,000
4d Limo Lan	800	2,400	4,000	9,000	14,000	20,000
1918 Super Six, 6-cyl.						
2d Rds	960	2,880	4,800	10,800	16,800	24,000
2d Cabr	1,000	3,000	5,000	11,250	17,500	25,000
4d 4P Phae	1,000	3,000	5,000	11,250	17,500	25,000
4d 5P Phae	1,040	3,120	5,200	11,700	18,200	26,000
2d 4P Cpe	680	2,040	3,400	7,650	11,900	17,000
4d Tr Sed	720	2,160	3,600	8,100	12,600	18,000
4d Sed	720	2,160	3,600	8,100	12,600	18,000
4d Tr Limo	760	2,280	3,800	8,550	13,300	19,000
4d T&C	760	2,280	3,800	8,550	13,300	19,000
4d Limo	800	2,400	4,000	9,000	14,000	20,000

	6	5	4	3	2	1
4d Twn Limo	800	2,400	4,000	9,000	14,000	20,000
4d Limo Lan	800	2,400	4,000	9,000	14,000	20,000
4d F F Lan	840	2,520	4,200	9,450	14,700	21,000
1919 Super Six Series O, 6-cyl.						
2d Cabr	840	2,520	4,200	9,450	14,700	21,000
4d 4P Phae	880	2,640	4,400	9,900	15,400	22,000
4d 7P Phae	920	2,760	4,600	10,350	16,100	23,000
2d 4P Cpe	560	1,680	2,800	6,300	9,800	14,000
4d Sed	520	1,560	2,600	5,850	9,100	13,000
4d Tr Limo	560	1,680	2,800	6,300	9,800	14,000
4d T&C	600	1,800	3,000	6,750	10,500	15,000
4d Twn Lan	600	1,800	3,000	6,750	10,500	15,000
4d Limo Lan	640	1,920	3,200	7,200	11,200	16,000
1920 Super Six Series 10-12, 6-cyl.						
4d 4P Phae	880	2,640	4,400	9,900	15,400	22,000
4d 7P Phae	920	2,760	4,600	10,350	16,100	23,000
2d Cabr	720	2,160	3,600	8,100	12,600	18,000
2d Cpe	520	1,560	2,600	5,850	9,100	13,000
4d Sed	480	1,440	2,400	5,400	8,400	12,000
4d Tr Limo	560	1,680	2,800	6,300	9,800	14,000
4d Limo	600	1,800	3,000	6,750	10,500	15,000
1921 Super Six, 6-cyl.						
4d 4P Phae	880	2,640	4,400	9,900	15,400	22,000
4d 7P Phae	920	2,760	4,600	10,350	16,100	23,000
2d Cabr	720	2,160	3,600	8,100	12,600	18,000
2d 4P Cpe	480	1,440	2,400	5,400	8,400	12,000
4d Sed	440	1,320	2,200	4,950	7,700	11,000
4d Tr Limo	480	1,440	2,400	5,400	8,400	12,000
4d Limo	520	1,560	2,600	5,850	9,100	13,000
1922 Super Six, 6-cyl.						
2d Spds	880	2,640	4,400	9,900	15,400	22,000
4d Phae	840	2,520	4,200	9,450	14,700	21,000
2d Cabr	720	2,160	3,600	8,100	12,600	18,000
2d Cpe	460	1,380	2,300	5,180	8,050	11,500
2d Sed	260	780	1,300	2,930	4,550	6,500
4d Sed	260	780	1,300	2,930	4,550	6,500
4d Tr Limo	520	1,560	2,600	5,850	9,100	13,000
4d Limo	480	1,440	2,400	5,400	8,400	12,000
1923 Super Six, 6-cyl.						
2d Spds	880	2,640	4,400	9,900	15,400	22,000
4d Phae	840	2,520	4,200	9,450	14,700	21,000
2d Cpe	460	1,380	2,300	5,180	8,050	11,500
2d Sed	256	768	1,280	2,880	4,480	6,400
4d Sed	260	780	1,300	2,930	4,550	6,500
4d 7P Sed	440	1,320	2,200	4,950	7,700	11,000
1924 Super Six, 6-cyl.						
2d Spds	880	2,640	4,400	9,900	15,400	22,000
4d Phae	840	2,520	4,200	9,450	14,700	21,000
2d Sed	240	720	1,200	2,700	4,200	6,000
4d Sed	244	732	1,220	2,750	4,270	6,100
4d 7P Sed	260	780	1,300	2,930	4,550	6,500
1925 Super Six, 6-cyl.						
2d Spds	920	2,760	4,600	10,350	16,100	23,000
4d Phae	880	2,640	4,400	9,900	15,400	22,000
2d Sed	460	1,380	2,300	5,180	8,050	11,500
4d Brgm	480	1,440	2,400	5,400	8,400	12,000
4d Sed	460	1,380	2,300	5,180	8,050	11,500
4d 7P Sed	480	1,440	2,400	5,400	8,400	12,000
1926 Super Six, 6-cyl.						
4d Phae	920	2,760	4,600	10,350	16,100	23,000
2d Sed	480	1,440	2,400	5,400	8,400	12,000
4d Brgm	520	1,560	2,600	5,850	9,100	13,000
4d 7P Sed	500	1,500	2,500	5,630	8,750	12,500
1927 Standard Six, 6-cyl.						
4d Phae	960	2,880	4,800	10,800	16,800	24,000
2d Sed	468	1,404	2,340	5,270	8,190	11,700
2d Spl Sed	480	1,440	2,400	5,400	8,400	12,000
4d Brgm	500	1,500	2,500	5,630	8,750	12,500
4d 7P Sed	500	1,500	2,500	5,630	8,750	12,500
1927 Super Six						
2d Cus Rds	1,400	4,200	7,000	15,750	24,500	35,000
4d Cus Phae	1,440	4,320	7,200	16,200	25,200	36,000
2d Sed	520	1,560	2,600	5,850	9,100	13,000
4d Sed	560	1,680	2,800	6,300	9,800	14,000
4d Cus Brgm	720	2,160	3,600	8,100	12,600	18,000
4d Cus Sed	760	2,280	3,800	8,550	13,300	19,000
1928 First Series, 6-cyl., (Start June, 1927)						
2d Std Sed	460	1,380	2,300	5,180	8,050	11,500

	6	5	4	3	2	1
4d Std Sed	468	1,404	2,340	5,270	8,190	11,700
2d Sed	480	1,440	2,400	5,400	8,400	12,000
4d Sed	500	1,500	2,500	5,630	8,750	12,500
2d Rds	960	2,880	4,800	10,800	16,800	24,000
4d Cus Phae	1,000	3,000	5,000	11,250	17,500	25,000
4d Cus Brgm	560	1,680	2,800	6,300	9,800	14,000
4d Cus Sed	600	1,800	3,000	6,750	10,500	15,000
1928 Second Series, 6-cyl., (Start Jan. 1928)						
2d Sed	480	1,440	2,400	5,400	8,400	12,000
4d Sed	500	1,500	2,500	5,630	8,750	12,500
2d RS Cpe	560	1,680	2,800	6,300	9,800	14,000
2d Rds	1,000	3,000	5,000	11,250	17,500	25,000
4d EWB Sed	500	1,500	2,500	5,630	8,750	12,500
4d Lan Sed	500	1,500	2,500	5,630	8,750	12,500
2d Vic	504	1,512	2,520	5,670	8,820	12,600
4d 7P Sed	520	1,560	2,600	5,850	9,100	13,000
1929 Series Greater Hudson, 6-cyl., 122" wb						
2d RS Rds	1,480	4,440	7,400	16,650	25,900	37,000
4d Phae	1,560	4,680	7,800	17,550	27,300	39,000
2d Cpe	680	2,040	3,400	7,650	11,900	17,000
2d Sed	640	1,920	3,200	7,200	11,200	16,000
2d Conv	1,360	4,080	6,800	15,300	23,800	34,000
2d Vic	680	2,040	3,400	7,650	11,900	17,000
4d Sed	560	1,680	2,800	6,300	9,800	14,000
4d Twn Sed	580	1,740	2,900	6,530	10,150	14,500
4d Lan Sed	600	1,800	3,000	6,750	10,500	15,000
1929 Series Greater Hudson, 6-cyl., 139" wb						
4d Spt Sed	800	2,400	4,000	9,000	14,000	20,000
4d 7P Sed	880	2,640	4,400	9,900	15,400	22,000
4d Limo	960	2,880	4,800	10,800	16,800	24,000
4d DC Phae	1,880	5,640	9,400	21,150	32,900	47,000
1930 Great Eight, 8-cyl., 119" wb						
2d Rds	1,840	5,520	9,200	20,700	32,200	46,000
4d Phae	1,920	5,760	9,600	21,600	33,600	48,000
2d RS Cpe	880	2,640	4,400	9,900	15,400	22,000
2d Sed	680	2,040	3,400	7,650	11,900	17,000
4d Sed	700	2,100	3,500	7,880	12,250	17,500
4d Conv Sed	1,960	5,880	9,800	22,050	34,300	49,000
1930 Great Eight, 8-cyl., 126" wb						
4d Phae	2,040	6,120	10,200	22,950	35,700	51,000
4d Tr Sed	700	2,100	3,500	7,880	12,250	17,500
4d 7P Sed	720	2,160	3,600	8,100	12,600	18,000
4d Brgm	720	2,160	3,600	8,100	12,600	18,000
1931 Greater Eight, 8-cyl., 119" wb						
2d Rds	2,040	6,120	10,200	22,950	35,700	51,000
4d Phae	2,120	6,360	10,600	23,850	37,100	53,000
2d Cpe	640	1,920	3,200	7,200	11,200	16,000
2d Spl Cpe	740	2,220	3,700	8,330	12,950	18,500
2d RS Cpe	760	2,280	3,800	8,550	13,300	19,000
2d Sed	600	1,800	3,000	6,750	10,500	15,000
4d Sed	608	1,824	3,040	6,840	10,640	15,200
4d Twn Sed	640	1,920	3,200	7,200	11,200	16,000
1931 Great Eight, LWB, 8-cyl., 126" wb						
4d Spt Phae	2,200	6,600	11,000	24,750	38,500	55,000
4d Brgm	840	2,520	4,200	9,450	14,700	21,000
4d Fam Sed	840	2,520	4,200	9,450	14,700	21,000
4d 7P Sed	820	2,460	4,100	9,230	14,350	20,500
4d Clb Sed	820	2,460	4,100	9,230	14,350	20,500
4d Tr Sed	720	2,160	3,600	8,100	12,600	18,000
4d Spl Sed	740	2,220	3,700	8,330	12,950	18,500
1932 (Standard) Greater, 8-cyl., 119" wb						
2d 2P Cpe	620	1,860	3,100	6,980	10,850	15,500
2d 4P Cpe	640	1,920	3,200	7,200	11,200	16,000
2d Spl Cpe	680	2,040	3,400	7,650	11,900	17,000
2d Conv	1,520	4,560	7,600	17,100	26,600	38,000
2d Sed	600	1,800	3,000	6,750	10,500	15,000
4d 5P Sed	620	1,860	3,100	6,980	10,850	15,500
4d Twn Sed	624	1,872	3,120	7,020	10,920	15,600
1932 (Sterling) Series, 8-cyl., 132" wb						
4d Spl Sed	680	2,040	3,400	7,650	11,900	17,000
4d Sub	640	1,920	3,200	7,200	11,200	16,000
1932 Major Series, 8-cyl., 132" wb						
4d Phae	1,600	4,800	8,000	18,000	28,000	40,000
4d Tr Sed	680	2,040	3,400	7,650	11,900	17,000
4d Clb Sed	700	2,100	3,500	7,880	12,250	17,500
4d Brgm	740	2,220	3,700	8,330	12,950	18,500
4d 7P Sed	720	2,160	3,600	8,100	12,600	18,000
1933 Pacemaker Super Six, 6-cyl., 113" wb						
2d Conv	1,160	3,480	5,800	13,050	20,300	29,000

	6	5	4	3	2	1
4d Phae.	1,200	3,600	6,000	13,500	21,000	30,000
2d Bus Cpe	500	1,500	2,500	5,630	8,750	12,500
2d RS Cpe.	540	1,620	2,700	6,080	9,450	13,500
2d Sed.	440	1,320	2,200	4,950	7,700	11,000
4d Sed.	460	1,380	2,300	5,180	8,050	11,500
1933 Pacemaker Standard, 8-cyl., 119" wb						
2d Conv.	1,320	3,960	6,600	14,850	23,100	33,000
2d RS Cpe.	500	1,500	2,500	5,630	8,750	12,500
2d Sed.	460	1,380	2,300	5,180	8,050	11,500
4d Sed.	540	1,620	2,700	6,080	9,450	13,500
1933 Pacemaker Major, 8-cyl., 132" wb						
4d Phae.	1,400	4,200	7,000	15,750	24,500	35,000
4d Tr Sed	540	1,620	2,700	6,080	9,450	13,500
4d Brgm.	540	1,620	2,700	6,080	9,450	13,500
2d Clb Sed	560	1,680	2,800	6,300	9,800	14,000
4d 7P Sed	580	1,740	2,900	6,530	10,150	14,500
1934 Special, 8-cyl., 116" wb						
2d Conv.	1,440	4,320	7,200	16,200	25,200	36,000
2d Bus Cpe	488	1,464	2,440	5,490	8,540	12,200
2d Cpe.	500	1,500	2,500	5,630	8,750	12,500
2d RS Cpe.	560	1,680	2,800	6,300	9,800	14,000
2d Comp Vic	508	1,524	2,540	5,720	8,890	12,700
2d Sed.	500	1,500	2,500	5,630	8,750	12,500
4d Sed.	480	1,440	2,400	5,400	8,400	12,000
4d Comp Sed	520	1,560	2,600	5,850	9,100	13,000
1934 DeLuxe Series, 8-cyl., 116" wb						
2d 2P Cpe.	500	1,500	2,500	5,630	8,750	12,500
2d RS Cpe.	540	1,620	2,700	6,080	9,450	13,500
2d Comp Vic	520	1,560	2,600	5,850	9,100	13,000
2d Sed.	512	1,536	2,560	5,760	8,960	12,800
4d Sed.	492	1,476	2,460	5,540	8,610	12,300
4d Comp Sed	504	1,512	2,520	5,670	8,820	12,600
1934 Challenger Series, 8-cyl., 116" wb						
2d 2P Cpe.	504	1,512	2,520	5,670	8,820	12,600
2d RS Cpe.	552	1,656	2,760	6,210	9,660	13,800
2d Conv.	1,600	4,800	8,000	18,000	28,000	40,000
2d Sed.	504	1,512	2,520	5,670	8,820	12,600
4d Sed.	508	1,524	2,540	5,720	8,890	12,700
1934 Major Series, 8-cyl., 123" wb (Special)						
4d Tr Sed	560	1,680	2,800	6,300	9,800	14,000
4d Comp Trs	568	1,704	2,840	6,390	9,940	14,200
1934 (DeLuxe)						
4d Clb Sed	580	1,740	2,900	6,530	10,150	14,500
4d Brgm.	568	1,704	2,840	6,390	9,940	14,200
4d Comp Clb Sed	564	1,692	2,820	6,350	9,870	14,100
1935 Big Six, 6-cyl., 116" wb						
2d Conv.	1,280	3,840	6,400	14,400	22,400	32,000
2d Cpe.	500	1,500	2,500	5,630	8,750	12,500
2d RS Cpe.	480	1,440	2,400	5,400	8,400	12,000
4d Tr Brgm	480	1,440	2,400	5,400	8,400	12,000
2d Sed.	460	1,380	2,300	5,180	8,050	11,500
4d Sed.	480	1,440	2,400	5,400	8,400	12,000
4d Sub Sed	496	1,488	2,480	5,580	8,680	12,400
1935 Eight Special, 8-cyl., 117" wb						
2d Conv.	1,520	4,560	7,600	17,100	26,600	38,000
2d Cpe.	508	1,524	2,540	5,720	8,890	12,700
2d RS Cpe.	540	1,620	2,700	6,080	9,450	13,500
4d Tr Brgm	488	1,464	2,440	5,490	8,540	12,200
2d Sed.	484	1,452	2,420	5,450	8,470	12,100
4d Sed.	504	1,512	2,520	5,670	8,820	12,600
4d Sub Sed	508	1,524	2,540	5,720	8,890	12,700
1935 Eight DeLuxe Eight Special, 8-cyl., 124" wb						
4d Brgm.	504	1,512	2,520	5,670	8,820	12,600
4d Tr Brgm	508	1,524	2,540	5,720	8,890	12,700
4d Clb Sed	500	1,500	2,500	5,630	8,750	12,500
4d Sub Sed	504	1,512	2,520	5,670	8,820	12,600
1935 Eight DeLuxe, 8-cyl., 117" wb						
2d 2P Cpe.	512	1,536	2,560	5,760	8,960	12,800
2d RS Cpe.	544	1,632	2,720	6,120	9,520	13,600
2d Conv.	1,560	4,680	7,800	17,550	27,300	39,000
4d Tr Brgm	492	1,476	2,460	5,540	8,610	12,300
2d Sed.	488	1,464	2,440	5,490	8,540	12,200
4d Sed.	508	1,524	2,540	5,720	8,890	12,700
4d Sub Sed	512	1,536	2,560	5,760	8,960	12,800
1935 Eight Custom, 8-cyl., 124" wb						
4d Brgm.	508	1,524	2,540	5,720	8,890	12,700
4d Tr Brgm	512	1,536	2,560	5,760	8,960	12,800
4d Sed.	500	1,500	2,500	5,630	8,750	12,500
Sub Sed	512	1,536	2,560	5,760	8,960	12,800

HUDSON

	6	5	4	3	2	1
1935 Late Special, 8-cyl., 124" wb						
4d Brgm	488	1,464	2,440	5,490	8,540	12,200
4d Tr Brgm	492	1,476	2,460	5,540	8,610	12,300
4d Clb Sed	484	1,452	2,420	5,450	8,470	12,100
4d Sub Sed	512	1,536	2,560	5,760	8,960	12,800
1935 Late DeLuxe, 8-cyl., 124" wb						
4d Brgm	492	1,476	2,460	5,540	8,610	12,300
4d Tr Brgm	496	1,488	2,480	5,580	8,680	12,400
4d Clb Sed	488	1,464	2,440	5,490	8,540	12,200
4d Sub Sed	516	1,548	2,580	5,810	9,030	12,900
1936 Custom Six, 6-cyl., 120" wb						
2d Conv	1,440	4,320	7,200	16,200	25,200	36,000
2d Cpe	500	1,500	2,500	5,630	8,750	12,500
2d RS Cpe	560	1,680	2,800	6,300	9,800	14,000
4d Brgm	480	1,440	2,400	5,400	8,400	12,000
4d Tr Brgm	484	1,452	2,420	5,450	8,470	12,100
4d Sed	480	1,440	2,400	5,400	8,400	12,000
4d Tr Sed	500	1,500	2,500	5,630	8,750	12,500
1936 DeLuxe Eight, Series 64, 8-cyl., 120" wb						
2d Conv	1,520	4,560	7,600	17,100	26,600	38,000
2d Cpe	508	1,524	2,540	5,720	8,890	12,700
2d RS Cpe	496	1,488	2,480	5,580	8,680	12,400
4d Brgm	488	1,464	2,440	5,490	8,540	12,200
4d Tr Brgm	492	1,476	2,460	5,540	8,610	12,300
1936 DeLuxe Eight, Series 66, 8-cyl., 127" wb						
4d Sed	508	1,524	2,540	5,720	8,890	12,700
4d Tr Sed	520	1,560	2,600	5,850	9,100	13,000
1936 Custom Eight, Series 65, 120" wb						
2d 2P Cpe	512	1,536	2,560	5,760	8,960	12,800
2d RS Cpe	540	1,620	2,700	6,080	9,450	13,500
2d Conv	1,560	4,680	7,800	17,550	27,300	39,000
4d Brgm	492	1,476	2,460	5,540	8,610	12,300
4d Tr Brgm	496	1,488	2,480	5,580	8,680	12,400
1936 Custom Eight, Series 67, 127" wb						
4d Sed	504	1,512	2,520	5,670	8,820	12,600
4d Tr Sed	508	1,524	2,540	5,720	8,890	12,700
1937 Custom Six, Series 73, 6-cyl., 122" wb						
2d Conv	1,520	4,560	7,600	17,100	26,600	38,000
2d Conv Brgm	1,560	4,680	7,800	17,550	27,300	39,000
2d Bus Cpe	500	1,500	2,500	5,630	8,750	12,500
2d 3P Cpe	520	1,560	2,600	5,850	9,100	13,000
2d Vic Cpe	540	1,620	2,700	6,080	9,450	13,500
2d Brgm	700	2,100	3,500	7,880	12,250	17,500
2d Tr Brgm	508	1,524	2,540	5,720	8,890	12,700
4d Sed	520	1,560	2,600	5,850	9,100	13,000
4d Tr Sed	524	1,572	2,620	5,900	9,170	13,100
1937 DeLuxe Eight, Series 74, 8-cyl., 122" wb						
2d Cpe	560	1,680	2,800	6,300	9,800	14,000
2d Vic Cpe	580	1,740	2,900	6,530	10,150	14,500
2d Conv	1,560	4,680	7,800	17,550	27,300	39,000
2d Brgm	584	1,752	2,920	6,570	10,220	14,600
2d Tr Brgm	588	1,764	2,940	6,620	10,290	14,700
4d Sed	588	1,764	2,940	6,620	10,290	14,700
4d Tr Sed	592	1,776	2,960	6,660	10,360	14,800
2d Conv Brgm	1,600	4,800	8,000	18,000	28,000	40,000
1937 DeLuxe Eight, Series 76, 8-cyl., 129" wb						
4d Sed	600	1,800	3,000	6,750	10,500	15,000
4d Tr Sed	620	1,860	3,100	6,980	10,850	15,500
1937 Custom Eight, Series 75, 122" wb						
2d Cpe	560	1,680	2,800	6,300	9,800	14,000
2d Vic Cpe	568	1,704	2,840	6,390	9,940	14,200
2d Conv Cpe	1,600	4,800	8,000	18,000	28,000	40,000
2d Brgm	552	1,656	2,760	6,210	9,660	13,800
2d Tr Brgm	560	1,680	2,800	6,300	9,800	14,000
4d Sed	552	1,656	2,760	6,210	9,660	13,800
4d Tr Sed	556	1,668	2,780	6,260	9,730	13,900
2d Conv Brgm	1,640	4,920	8,200	18,450	28,700	41,000
1937 Custom Eight, Series 77, 8-cyl., 129" wb						
4d Sed	560	1,680	2,800	6,300	9,800	14,000
4d Tr Sed	568	1,704	2,840	6,390	9,940	14,200
1938 Standard Series 89, 6-cyl., 112" wb						
2d Conv	1,520	4,560	7,600	17,100	26,600	38,000
2d Conv Brgm	1,560	4,680	7,800	17,550	27,300	39,000
2d 3P Cpe	560	1,680	2,800	6,300	9,800	14,000
2d Vic Cpe	580	1,740	2,900	6,530	10,150	14,500
4d Brgm	536	1,608	2,680	6,030	9,380	13,400
4d Tr Brgm	540	1,620	2,700	6,080	9,450	13,500
4d Sed	544	1,632	2,720	6,120	9,520	13,600
4d Tr Sed	548	1,644	2,740	6,170	9,590	13,700

	6	5	4	3	2	1
1938 Utility Series 89, 6-cyl., 112" wb						
2d Cpe.	540	1,620	2,700	6,080	9,450	13,500
2d Sed.	512	1,536	2,560	5,760	8,960	12,800
2d Tr Sed	516	1,548	2,580	5,810	9,030	12,900
1938 DeLuxe Series 89, 6-cyl., 112" wb						
2d Conv.	1,560	4,680	7,800	17,550	27,300	39,000
2d Conv Brgm	1,600	4,800	8,000	18,000	28,000	40,000
2d 3P Cpe.	600	1,800	3,000	6,750	10,500	15,000
2d Vic Cpe.	620	1,860	3,100	6,980	10,850	15,500
4d Brgm.	560	1,680	2,800	6,300	9,800	14,000
4d Tr Brgm	568	1,704	2,840	6,390	9,940	14,200
4d Sed.	572	1,716	2,860	6,440	10,010	14,300
4d Tr Sed	576	1,728	2,880	6,480	10,080	14,400
1938 Custom Series 83, 6-cyl., 122" wb						
2d Conv.	1,600	4,800	8,000	18,000	28,000	40,000
2d Conv Brgm	1,640	4,920	8,200	18,450	28,700	41,000
2d 3P Cpe.	620	1,860	3,100	6,980	10,850	15,500
2d Vic Cpe.	640	1,920	3,200	7,200	11,200	16,000
4d Brgm.	580	1,740	2,900	6,530	10,150	14,500
4d Tr Brgm	584	1,752	2,920	6,570	10,220	14,600
4d Sed.	576	1,728	2,880	6,480	10,080	14,400
4d Tr Sed	580	1,740	2,900	6,530	10,150	14,500
1938 DeLuxe Series 84, 8-cyl., 122" wb						
2d Conv.	1,640	4,920	8,200	18,450	28,700	41,000
2d Conv Brgm	1,680	5,040	8,400	18,900	29,400	42,000
2d 3P Cpe.	640	1,920	3,200	7,200	11,200	16,000
2d Vic Cpe.	660	1,980	3,300	7,430	11,550	16,500
4d Brgm.	610	1,820	3,040	6,840	10,640	15,200
4d Tr Brgm	580	1,740	2,900	6,530	10,150	14,500
4d Tr Sed	560	1,680	2,800	6,300	9,800	14,000
1938 Custom Series 85, 8-cyl., 122" wb						
2d 3P Cpe.	680	2,040	3,400	7,650	11,900	17,000
2d Vic Cpe.	700	2,100	3,500	7,880	12,250	17,500
4d Brgm.	640	1,920	3,200	7,200	11,200	16,000
4d Tr Brgm	660	1,980	3,300	7,430	11,550	16,500
4d Sed.	620	1,860	3,100	6,980	10,850	15,500
4d Tr Sed	620	1,870	3,120	7,020	10,920	15,600
1938 Country Club Series 87, 8-cyl., 129" wb						
4d Sed.	680	2,040	3,400	7,650	11,900	17,000
4d Tr Sed	688	2,064	3,440	7,740	12,040	17,200
1939 DeLuxe Series 112, 6-cyl., 112" wb						
2d Conv.	1,520	4,560	7,600	17,100	26,600	38,000
2d Conv Brgm	1,560	4,680	7,800	17,550	27,300	39,000
2d Trav Cpe.	560	1,680	2,800	6,300	9,800	14,000
2d Utl Cpe.	580	1,740	2,900	6,530	10,150	14,500
2d 3P Cpe.	588	1,764	2,940	6,620	10,290	14,700
2d Vic Cpe.	600	1,800	3,000	6,750	10,500	15,000
2d Utl Sed.	540	1,620	2,700	6,080	9,450	13,500
4d Tr Brgm	556	1,668	2,780	6,260	9,730	13,900
4d Tr Sed	560	1,680	2,800	6,300	9,800	14,000
4d Sta Wag.	1,240	3,720	6,200	13,950	21,700	31,000
1939 Pacemaker Series 91, 6-cyl., 118" wb						
2d 3P Cpe.	620	1,860	3,100	6,980	10,850	15,500
2d Vic Cpe.	640	1,920	3,200	7,200	11,200	16,000
4d Tr Brgm	610	1,820	3,040	6,840	10,640	15,200
4d Tr Sed	600	1,800	3,000	6,750	10,500	15,000
1939 Series 92, 6-cyl., 118" wb						
2d Conv.	1,560	4,680	7,800	17,550	27,300	39,000
2d Conv Brgm	1,600	4,800	8,000	18,000	28,000	40,000
2d 3P Cpe.	680	2,040	3,400	7,650	11,900	17,000
2d Vic Cpe.	700	2,100	3,500	7,880	12,250	17,500
4d Tr Brgm	660	1,980	3,300	7,430	11,550	16,500
4d Tr Sed	640	1,920	3,200	7,200	11,200	16,000
1939 Country Club Series 93, 6-cyl., 122" wb						
2d Conv.	1,600	4,800	8,000	18,000	28,000	40,000
2d Conv Brgm	1,640	4,920	8,200	18,450	28,700	41,000
2d 3P Cpe.	700	2,100	3,500	7,880	12,250	17,500
2d Vic Cpe.	720	2,160	3,600	8,100	12,600	18,000
4d Tr Brgm	700	2,100	3,500	7,880	12,250	17,500
4d Tr Sed	680	2,040	3,400	7,650	11,900	17,000
1939 Big Boy Series 96, 6-cyl., 129" wb						
4d 6P Sed.	720	2,160	3,600	8,100	12,600	18,000
4d 7P Sed.	732	2,196	3,660	8,240	12,810	18,300
1939 Country Club Series 95, 8-cyl., 122" wb						
2d Conv.	1,680	5,040	8,400	18,900	29,400	42,000
2d Conv Brgm	1,720	5,160	8,600	19,350	30,100	43,000
2d 3P Cpe.	720	2,160	3,600	8,100	12,600	18,000
2d Vic Cpe.	740	2,220	3,700	8,330	12,950	18,500

HUDSON

	6	5	4	3	2	1
4d Tr Brgm	712	2,136	3,560	8,010	12,460	17,800
4d Tr Sed	700	2,100	3,500	7,880	12,250	17,500
1939 Custom Series 97, 8-cyl., 129" wb						
4d 5P Tr Sed	728	2,184	3,640	8,190	12,740	18,200
4d 7P Sed.	740	2,220	3,700	8,330	12,950	18,500
1940 Traveler Series 40-T, 6-cyl., 113" wb						
2d Cpe	568	1,704	2,840	6,390	9,940	14,200
2d Vic Cpe	576	1,728	2,880	6,480	10,080	14,400
2d Tr Sed	560	1,680	2,800	6,300	9,800	14,000
4d Tr Sed	564	1,692	2,820	6,350	9,870	14,100
1940 DeLuxe Series, 40-P, 6-cyl., 113" wb						
2d 6P Conv.	1,320	3,960	6,600	14,850	23,100	33,000
2d Cpe	584	1,752	2,920	6,570	10,220	14,600
2d Vic Cpe	588	1,764	2,940	6,620	10,290	14,700
2d Tr Sed	568	1,704	2,840	6,390	9,940	14,200
4d Sed	572	1,716	2,860	6,440	10,010	14,300
1940 Super Series 41, 6-cyl., 118" wb						
2d 5P Conv.	1,360	4,080	6,800	15,300	23,800	34,000
2d 6P Conv.	1,400	4,200	7,000	15,750	24,500	35,000
2d Cpe	640	1,920	3,200	7,200	11,200	16,000
2d Vic Cpe	660	1,980	3,300	7,430	11,550	16,500
2d Tr Sed	560	1,680	2,800	6,300	9,800	14,000
4d Tr Sed	568	1,704	2,840	6,390	9,940	14,200
1940 Country Club Series 43, 6-cyl., 125" wb						
4d 6P Sed.	600	1,800	3,000	6,750	10,500	15,000
4d 7P Sed.	620	1,860	3,100	6,980	10,850	15,500
1940 Series 44, 8-cyl., 118" wb						
2d 5P Conv.	1,400	4,200	7,000	15,750	24,500	35,000
2d 6P Conv.	1,440	4,320	7,200	16,200	25,200	36,000
2d Cpe	720	2,160	3,600	8,100	12,600	18,000
2d Vic Cpe	740	2,220	3,700	8,330	12,950	18,500
2d Tr Sed	704	2,112	3,520	7,920	12,320	17,600
4d Tr Sed	708	2,124	3,540	7,970	12,390	17,700
1940 DeLuxe Series 45, 8-cyl., 118" wb						
2d Tr Sed	712	2,136	3,560	0,010	12,400	17,800
4d Tr Sed	716	2,148	3,580	8,060	12,530	17,900
1940 Country Club Eight Series 47, 8-cyl., 125" wb						
4d Tr Sed	724	2,172	3,620	8,150	12,670	18,100
4d 7P Sed.	728	2,184	3,640	8,190	12,740	18,200
1940 Big Boy Series 48, 6-cyl., 125" wb						
4d C-A Sed.	700	2,100	3,500	7,880	12,250	17,500
4d 7P Sed.	688	2,064	3,440	7,740	12,040	17,200
1941 Utility Series 10-C, 6-cyl., 116" wb						
2d Cpe	580	1,740	2,900	6,530	10,150	14,500
2d Sed	540	1,620	2,700	6,080	9,450	13,500
1941 Traveler Series 10-T, 6-cyl., 116" wb						
2d Cpe	600	1,800	3,000	6,750	10,500	15,000
2d Clb Cpe	620	1,860	3,100	6,980	10,850	15,500
2d Sed	548	1,644	2,740	6,170	9,590	13,700
4d Sed	556	1,668	2,780	6,260	9,730	13,900
1941 DeLuxe Series 10-P, 6-cyl., 116" wb						
2d Conv	1,360	4,080	6,800	15,300	23,800	34,000
2d Cpe	640	1,920	3,200	7,200	11,200	16,000
2d Clb Cpe	660	1,980	3,300	7,430	11,550	16,500
2d Sed	564	1,692	2,820	6,350	9,870	14,100
4d Sed	568	1,704	2,840	6,390	9,940	14,200
1941 Super Series 11, 6-cyl., 121" wb						
2d Conv	1,440	4,320	7,200	16,200	25,200	36,000
2d Cpe	660	1,980	3,300	7,430	11,550	16,500
2d Clb Cpe	680	2,040	3,400	7,650	11,900	17,000
2d Sed	576	1,728	2,880	6,480	10,080	14,400
4d Sed	580	1,740	2,900	6,530	10,150	14,500
4d Sta Wag.	1,400	4,200	7,000	15,750	24,500	35,000
1941 Commodore Series 12, 6-cyl., 121" wb						
2d Conv	1,480	4,440	7,400	16,650	25,900	37,000
2d Cpe	688	2,064	3,440	7,740	12,040	17,200
2d Clb Cpe	696	2,088	3,480	7,830	12,180	17,400
2d Sed	600	1,800	3,000	6,750	10,500	15,000
4d Sed	604	1,812	3,020	6,800	10,570	15,100
1941 Commodore Series 14, 8-cyl., 121" wb						
2d Conv	1,520	4,560	7,600	17,100	26,600	38,000
2d Cpe	700	2,100	3,500	7,880	12,250	17,500
2d Clb Cpe	708	2,124	3,540	7,970	12,390	17,700
2d Sed	664	1,992	3,320	7,470	11,620	16,600
4d Sed	668	2,004	3,340	7,520	11,690	16,700
4d Sta Wag.	1,440	4,320	7,200	16,200	25,200	36,000
1941 Commodore Custom Series 15, 8-cyl., 121" wb						
2d Cpe	712	2,136	3,560	8,010	12,460	17,800
2d Clb Cpe	720	2,160	3,600	8,100	12,600	18,000

HUDSON

	6	5	4	3	2	1
1941 Commodore Custom Series 17, 8-cyl., 128" wb						
4d Sed.	672	2,016	3,360	7,560	11,760	16,800
4d 7P Sed	680	2,040	3,400	7,650	11,900	17,000
1941 Big Boy Series 18, 6-cyl., 128" wb						
4d C-A Sed	680	2,040	3,400	7,650	11,900	17,000
4d 7P Sed	660	1,980	3,300	7,430	11,550	16,500
1942 Traveler Series 20-T, 6-cyl., 116" wb						
2d Cpe.	580	1,740	2,900	6,530	10,150	14,500
2d Clb Cpe	588	1,764	2,940	6,620	10,290	14,700
2d Sed.	544	1,632	2,720	6,120	9,520	13,600
4d Sed.	548	1,644	2,740	6,170	9,590	13,700
1942 DeLuxe Series 20-P, 6-cyl., 116" wb						
2d Conv.	1,400	4,200	7,000	15,750	24,500	35,000
2d Cpe.	628	1,884	3,140	7,070	10,990	15,700
2d Clb Cpe	640	1,920	3,200	7,200	11,200	16,000
2d Sed.	560	1,680	2,800	6,300	9,800	14,000
4d Sed.	564	1,692	2,820	6,350	9,870	14,100
1942 Super Series 21, 6-cyl., 121" wb						
2d Conv.	1,440	4,320	7,200	16,200	25,200	36,000
2d Cpe.	640	1,920	3,200	7,200	11,200	16,000
2d Clb Cpe	648	1,944	3,240	7,290	11,340	16,200
2d Sed.	584	1,752	2,920	6,570	10,220	14,600
4d Sed.	588	1,764	2,940	6,620	10,290	14,700
4d Sta Wag	1,480	4,440	7,400	16,650	25,900	37,000
1942 Commodore Series 22, 6-cyl., 121" wb						
2d Conv.	1,520	4,560	7,600	17,100	26,600	38,000
2d Cpe.	660	1,980	3,300	7,430	11,550	16,500
2d Clb Cpe	680	2,040	3,400	7,650	11,900	17,000
2d Sed.	580	1,740	2,900	6,530	10,150	14,500
4d Sed.	584	1,752	2,920	6,570	10,220	14,600
1942 Commodore Series 24, 8-cyl., 121" wb						
2d Conv.	1,560	4,680	7,800	17,550	27,300	39,000
2d Cpe.	720	2,160	3,600	8,100	12,600	18,000
2d Clb Cpe	740	2,220	3,700	8,330	12,950	18,500
2d Sed.	648	1,944	3,240	7,290	11,340	16,200
4d Sed.	652	1,956	3,260	7,340	11,410	16,300
1942 Commodore Custom Series 25, 8-cyl., 121" wb						
2d Cpe.	744	2,232	3,720	8,370	13,020	18,600
1942 Commodore Series 27, 8-cyl., 128" wb						
4d Sed.	660	1,980	3,300	7,430	11,550	16,500
1946-47 Super Series, 6-cyl., 121" wb						
2d Cpe.	756	2,268	3,780	8,510	13,230	18,900
2d Clb Cpe	680	2,040	3,400	7,650	11,900	17,000
2d Conv.	1,120	3,360	5,600	12,600	19,600	28,000
2d Sed.	592	1,776	2,960	6,660	10,360	14,800
4d Sed.	596	1,788	2,980	6,710	10,430	14,900
1946-47 Commodore Series, 6-cyl., 121" wb						
2d Clb Cpe	704	2,112	3,520	7,920	12,320	17,600
4d Sed.	640	1,920	3,200	7,200	11,200	16,000
1946-47 Super Series, 8-cyl., 121" wb						
2d Clb Cpe	708	2,124	3,540	7,970	12,390	17,700
4d Sed.	648	1,944	3,240	7,290	11,340	16,200
1946-47 Commodore Series, 8-cyl., 121" wb						
2d Clb Cpe	732	2,196	3,660	8,240	12,810	18,300
2d Conv.	1,240	3,720	6,200	13,950	21,700	31,000
4d Sed.	672	2,016	3,360	7,560	11,760	16,800
1948-49 Super Series, 6-cyl., 124" wb						
2d Cpe.	760	2,280	3,800	8,550	13,300	19,000
2d Clb Cpe	772	2,316	3,860	8,690	13,510	19,300
2d Conv.	1,480	4,440	7,400	16,650	25,900	37,000
2d Sed.	684	2,052	3,420	7,700	11,970	17,100
4d Sed.	680	2,040	3,400	7,650	11,900	17,000
1948-49 Commodore Series, 6-cyl., 124" wb						
2d Clb Cpe	800	2,400	4,000	9,000	14,000	20,000
2d Conv.	1,640	4,920	8,200	18,450	28,700	41,000
4d Sed.	740	2,220	3,700	8,330	12,950	18,500
1948-49 Super Series, 8-cyl., 124" wb						
2d Clb Cpe	820	2,460	4,100	9,230	14,350	20,500
2d Sed (1949 only)	744	2,232	3,720	8,370	13,020	18,600
4d Sed.	740	2,220	3,700	8,330	12,950	18,500
1948-49 Commodore Series, 8-cyl., 124" wb						
2d Clb Cpe	840	2,520	4,200	9,450	14,700	21,000
2d Conv.	1,720	5,160	8,600	19,350	30,100	43,000
4d Sed.	780	2,340	3,900	8,780	13,650	19,500
1950 Pacemaker Series 500, 6-cyl., 119" wb						
2d Bus Cpe	720	2,160	3,600	8,100	12,600	18,000
2d Clb Cpe	760	2,280	3,800	8,550	13,300	19,000
2d Conv.	1,600	4,800	8,000	18,000	28,000	40,000

HUDSON

	6	5	4	3	2	1
2d Sed	688	2,064	3,440	7,740	12,040	17,200
4d Sed	692	2,076	3,460	7,790	12,110	17,300
1950 DeLuxe Series 50A, 6-cyl., 119" wb						
2d Clb Cpe	808	2,424	4,040	9,090	14,140	20,200
2d Conv	1,640	4,920	8,200	18,450	28,700	41,000
2d Sed	700	2,100	3,500	7,880	12,250	17,500
4d Sed	704	2,112	3,520	7,920	12,320	17,600
1950 Super Six Series 501, 6-cyl., 124" wb						
2d Clb Cpe	820	2,460	4,100	9,230	14,350	20,500
2d Conv	1,680	5,040	8,400	18,900	29,400	42,000
2d Sed	724	2,172	3,620	8,150	12,670	18,100
4d Sed	728	2,184	3,640	8,190	12,740	18,200
1950 Commodore Series 502, 6-cyl., 124" wb						
2d Clb Cpe	840	2,520	4,200	9,450	14,700	21,000
2d Conv	1,720	5,160	8,600	19,350	30,100	43,000
4d Sed	760	2,280	3,800	8,550	13,300	19,000
1950 Super Series 503, 8-cyl., 124" wb						
2d Sed	760	2,280	3,800	8,550	13,300	19,000
2d Clb Cpe	860	2,580	4,300	9,680	15,050	21,500
4d Sed	748	2,244	3,740	8,420	13,090	18,700
1950 Commodore Series 504, 8-cyl., 124" wb						
2d Clb Cpe	880	2,640	4,400	9,900	15,400	22,000
2d Conv	1,800	5,400	9,000	20,250	31,500	45,000
4d Sed	760	2,280	3,800	8,550	13,300	19,000
1951 Pacemaker Custom Series 4A, 6-cyl., 119" wb						
2d Cpe	780	2,340	3,900	8,780	13,650	19,500
2d Clb Cpe	820	2,460	4,100	9,230	14,350	20,500
2d Conv	1,600	4,800	8,000	18,000	28,000	40,000
2d Sed	724	2,172	3,620	8,150	12,670	18,100
4d Sed	720	2,160	3,600	8,100	12,600	18,000
1951 Super Custom Series 5A, 6-cyl., 124" wb						
2d Clb Cpe	840	2,520	4,200	9,450	14,700	21,000
2d Hlywd HT	960	2,880	4,800	10,800	16,800	24,000
2d Conv	1,640	4,920	8,200	18,450	28,700	41,000
2d Sed	740	2,220	3,700	8,330	12,950	18,500
4d Sed	748	2,244	3,740	8,420	13,090	18,700
1951 Commodore Custom Series 6A, 6-cyl., 124" wb						
2d Clb Cpe	860	2,580	4,300	9,680	15,050	21,500
2d Hlywd HT	1,000	3,000	5,000	11,250	17,500	25,000
2d Conv	1,680	5,040	8,400	18,900	29,400	42,000
4d Sed	824	2,472	4,120	9,270	14,420	20,600
1951 Hornet Series 7A, 6-cyl., 124" wb						
2d Clb Cpe	880	2,640	4,400	9,900	15,400	22,000
2d Hlywd HT	1,040	3,120	5,200	11,700	18,200	26,000
2d Conv	1,960	5,880	9,800	22,050	34,300	49,000
4d Sed	844	2,532	4,220	9,500	14,770	21,100
1951 Commodore Custom Series 8A, 8-cyl., 124" wb						
2d Clb Cpe	900	2,700	4,500	10,130	15,750	22,500
2d Hlywd HT	1,080	3,240	5,400	12,150	18,900	27,000
2d Conv	1,800	5,400	9,000	20,250	31,500	45,000
4d Sed	864	2,592	4,320	9,720	15,120	21,600
1952 Pacemaker Series 4B, 6-cyl., 119" wb						
2d Cpe	788	2,364	3,940	8,870	13,790	19,700
2d Clb Cpe	792	2,376	3,960	8,910	13,860	19,800
2d Sed	740	2,220	3,700	8,330	12,950	18,500
4d Sed	744	2,232	3,720	8,370	13,020	18,600
1952 Wasp Series 5B, 6-cyl., 119" wb						
2d Clb Cpe	800	2,400	4,000	9,000	14,000	20,000
2d Hlywd HT	880	2,640	4,400	9,900	15,400	22,000
2d Conv	1,600	4,800	8,000	18,000	28,000	40,000
2d Sed	744	2,232	3,720	8,370	13,020	18,600
4d Sed	748	2,244	3,740	8,420	13,090	18,700
1952 Commodore Series 6B, 6-cyl., 124" wb						
2d Clb Cpe	804	2,412	4,020	9,050	14,070	20,100
2d Hlywd HT	920	2,760	4,600	10,350	16,100	23,000
2d Conv	1,840	5,520	9,200	20,700	32,200	46,000
4d Sed	760	2,280	3,800	8,550	13,300	19,000
1952 Hornet Series 7B, 6-cyl., 124" wb						
2d Clb Cpe	812	2,436	4,060	9,140	14,210	20,300
2d Hlywd HT	960	2,880	4,800	10,800	16,800	24,000
2d Conv	1,880	5,640	9,400	21,150	32,900	47,000
4d Sed	764	2,292	3,820	8,600	13,370	19,100
1952 Commodore Series 8B, 8-cyl., 124" wb						
2d Clb Cpe	816	2,448	4,080	9,180	14,280	20,400
2d Hlywd HT	1,000	3,000	5,000	11,250	17,500	25,000
2d Conv	1,920	5,760	9,600	21,600	33,600	48,000
4d Sed	764	2,292	3,820	8,600	13,370	19,100
1953 Jet Series 1C, 6-cyl., 105" wb						
4d Sed	680	2,040	3,400	7,650	11,900	17,000

HUDSON (side tab)

	6	5	4	3	2	1
1953 Super Jet Series 2C, 6-cyl., 105" wb						
2d Clb Sed	700	2,100	3,500	7,880	12,250	17,500
4d Sed	704	2,112	3,520	7,920	12,320	17,600
1953 Wasp Series 4C, 6-cyl., 119" wb						
2d Clb Cpe	752	2,256	3,760	8,460	13,160	18,800
2d Sed	700	2,100	3,500	7,880	12,250	17,500
4d Sed	704	2,112	3,520	7,920	12,320	17,600
1953 Super Wasp Series 5C, 6-cyl., 119" wb						
2d Clb Cpe	760	2,280	3,800	8,550	13,300	19,000
2d Hlywd HT	880	2,640	4,400	9,900	15,400	22,000
2d Conv	1,600	4,800	8,000	18,000	28,000	40,000
2d Sed	704	2,112	3,520	7,920	12,320	17,600
4d Sed	708	2,124	3,540	7,970	12,390	17,700
1953 Hornet Series 7C, 6-cyl., 124" wb						
2d Clb Cpe	800	2,400	4,000	9,000	14,000	20,000
2d Hlywd HT	944	2,832	4,720	10,620	16,520	23,600
2d Conv	1,920	5,760	9,600	21,600	33,600	48,000
4d Sed	760	2,280	3,800	8,550	13,300	19,000
1954 Jet Series 1D, 6-cyl., 105" wb						
2d Utl Sed	680	2,040	3,400	7,650	11,900	17,000
2d Clb Sed	700	2,100	3,500	7,880	12,250	17,500
4d Sed	696	2,088	3,480	7,830	12,180	17,400
1954 Super Jet Series 2D, 6-cyl., 105" wb						
2d Clb Sed	720	2,160	3,600	8,100	12,600	18,000
4d Sed	716	2,148	3,580	8,060	12,530	17,900
1954 Jet Liner Series 3D, 6-cyl., 105" wb						
2d Clb Sed	728	2,184	3,640	8,190	12,740	18,200
4d Sed	724	2,172	3,620	8,150	12,670	18,100
1954 Wasp Series 4D, 6-cyl., 119" wb						
2d Clb Cpe	740	2,220	3,700	8,330	12,950	18,500
2d Clb Sed	692	2,076	3,460	7,790	12,110	17,300
4d Sed	696	2,088	3,480	7,830	12,180	17,400
1954 Super Wasp Series 5D, 6-cyl., 119" wb						
2d Clb Cpe	748	2,244	3,740	8,420	13,090	18,700
2d Hlywd HT	840	2,520	4,200	9,450	14,700	21,000
2d Conv	1,640	4,920	8,200	18,450	28,700	41,000
2d Clb Sed	704	2,112	3,520	7,920	12,320	17,600
4d Sed	700	2,100	3,500	7,880	12,250	17,500
1954 Hornet Special Series 6D, 6-cyl., 124" wb						
2d Clb Cpe	800	2,400	4,000	9,000	14,000	20,000
2d Clb Sed	724	2,172	3,620	8,150	12,670	18,100
4d Sed	736	2,208	3,680	8,280	12,880	18,400
1954 Hornet Series 7D, 6-cyl., 124" wb						
2d Clb Cpe	840	2,520	4,200	9,450	14,700	21,000
2d Hlywd HT	920	2,760	4,600	10,350	16,100	23,000
2d Brgm Conv	2,200	6,600	11,000	24,750	38,500	55,000
4d Sed	744	2,232	3,720	8,370	13,020	18,600
1954 Italia, 6-cyl.						
2d Cpe	3,400	10,200	17,000	38,250	59,500	85,000
1955 Super Wasp, 6-cyl., 114" wb						
4d Sed	660	1,980	3,300	7,430	11,550	16,500
1955 Custom Wasp, 6-cyl., 114" wb						
2d Hlywd HT	840	2,520	4,200	9,450	14,700	21,000
4d Sed	664	1,992	3,320	7,470	11,620	16,600
1955 Hornet Super, 6-cyl., 121" wb						
4d Sed	680	2,040	3,400	7,650	11,900	17,000
1955 Hornet Custom, 6-cyl., 121" wb						
2d Hlywd HT	880	2,640	4,400	9,900	15,400	22,000
4d Sed	700	2,100	3,500	7,880	12,250	17,500
1955 Italia, 6-cyl.						
2d Cpe	3,400	10,200	17,000	38,250	59,500	85,000

NOTE: Add 5 percent for V-8. For Hudson Rambler prices see Nash section same year.

	6	5	4	3	2	1
1956 Super Wasp, 6-cyl., 114" wb						
4d Sed	640	1,920	3,200	7,200	11,200	16,000
1956 Super Hornet, 6-cyl., 121" wb						
4d Sed	680	2,040	3,400	7,650	11,900	17,000
1956 Custom Hornet, 6-cyl., 121" wb						
2d Hlywd HT	920	2,760	4,600	10,350	16,100	23,000
4d Sed	720	2,160	3,600	8,100	12,600	18,000
1956 Hornet Super Special, 8-cyl., 114" wb						
2d Hlywd HT	960	2,880	4,800	10,800	16,800	24,000
4d Sed	728	2,184	3,640	8,190	12,740	18,200
1956 Hornet Custom, 8-cyl., 121" wb						
2d Hlywd HT	1,000	3,000	5,000	11,250	17,500	25,000
4d Sed	740	2,220	3,700	8,330	12,950	18,500

NOTE: For Hudson Rambler prices see Nash section same year.

	6	5	4	3	2	1
1957 Hornet Super, 8-cyl., 121" wb						
2d Hlywd HT	960	2,880	4,800	10,800	16,800	24,000
4d Sed	780	2,340	3,900	8,780	13,650	19,500

	6	5	4	3	2	1
1957 Hornet Custom, 8-cyl., 121" wb						
2d Hlywd HT	1,000	3,000	5,000	11,250	17,500	25,000
4d Sed	820	2,460	4,100	9,230	14,350	20,500

NOTE: For Hudson Rambler prices see Nash section same year.

ESSEX

	6	5	4	3	2	1
1919 Model A, 4-cyl.						
2d Rds	600	1,800	3,000	6,750	10,500	15,000
4d Tr	580	1,740	2,900	6,530	10,150	14,500
4d Sed	520	1,560	2,600	5,850	9,100	13,000
1920 4-cyl.						
2d Rds	600	1,800	3,000	6,750	10,500	15,000
4d Tr	580	1,740	2,900	6,530	10,150	14,500
4d Sed	520	1,560	2,600	5,850	9,100	13,000
1921 4-cyl.						
2d Rds	620	1,860	3,100	6,980	10,850	15,500
4d Tr	560	1,680	2,800	6,300	9,800	14,000
2d Cabr	600	1,800	3,000	6,750	10,500	15,000
2d Sed	460	1,380	2,300	5,180	8,050	11,500
4d Sed	460	1,390	2,320	5,220	8,120	11,600
1922 4-cyl.						
4d Tr	560	1,680	2,800	6,300	9,800	14,000
2d Cabr	600	1,800	3,000	6,750	10,500	15,000
2d Sed	460	1,380	2,300	5,180	8,050	11,500
4d Sed	460	1,390	2,320	5,220	8,120	11,600
1923 4-cyl.						
2d Cabr	600	1,800	3,000	6,750	10,500	15,000
4d Phae	560	1,680	2,800	6,300	9,800	14,000
2d Sed	440	1,320	2,200	4,950	7,700	11,000
1924 Six, 6-cyl.						
4d Tr	600	1,800	3,000	6,750	10,500	15,000
2d Sed	440	1,320	2,200	4,950	7,700	11,000
1925 Six, 6-cyl.						
4d Tr	600	1,800	3,000	6,750	10,500	15,000
2d Sed	350	1,060	1,760	3,960	6,160	8,800
1926 Six, 6-cyl.						
4d Tr	600	1,800	3,000	6,750	10,500	15,000
2d Sed	460	1,380	2,300	5,180	8,050	11,500
4d Sed	460	1,390	2,320	5,220	8,120	11,600
1927 Six, 6-cyl.						
4d Tr	680	2,040	3,400	7,650	11,900	17,000
2d Sed	320	960	1,600	3,600	5,600	8,000
4d Sed	330	980	1,640	3,690	5,740	8,200
1927 Super Six, 6-cyl.						
2d BT Spds	1,080	3,240	5,400	12,150	18,900	27,000
4d Tr	720	2,160	3,600	8,100	12,600	18,000
2d 4P Spds	920	2,760	4,600	10,350	16,100	23,000
2d Cpe	460	1,380	2,300	5,180	8,050	11,500
2d Sed	340	1,020	1,700	3,830	5,950	8,500
4d Sed	340	1,030	1,720	3,870	6,020	8,600
4d DeL Sed	480	1,440	2,400	5,400	8,400	12,000
1928 First Series, 6-cyl.						
2d BT Spds	1,000	3,000	5,000	11,250	17,500	25,000
2d 4P Spds	920	2,760	4,600	10,350	16,100	23,000
2d Cpe	460	1,370	2,280	5,130	7,980	11,400
2d Sed	340	1,030	1,720	3,870	6,020	8,600
4d Sed	350	1,060	1,760	3,960	6,160	8,800
1928 Second Series, 6-cyl.						
2d Spt Rds	920	2,760	4,600	10,350	16,100	23,000
4d Phae	960	2,880	4,800	10,800	16,800	24,000
2d 2P Cpe	480	1,440	2,400	5,400	8,400	12,000
2d RS Cpe	520	1,560	2,600	5,850	9,100	13,000
2d Sed	340	1,030	1,720	3,870	6,020	8,600
4d Sed	350	1,060	1,760	3,960	6,160	8,800
1929 Challenger Series, 6-cyl.						
2d Rds	1,280	3,840	6,400	14,400	22,400	32,000
2d Phae	520	1,560	2,600	5,850	9,100	13,000
2d 2P Cpe	560	1,680	2,800	6,300	9,800	14,000
2d 4P Cpe	480	1,430	2,380	5,360	8,330	11,900
2d Sed	360	1,070	1,780	4,010	6,230	8,900
4d Sed	460	1,370	2,280	5,130	7,980	11,400
2d RS Rds	1,280	3,840	6,400	14,400	22,400	32,000
4d Phae	1,240	3,720	6,200	13,950	21,700	31,000
2d Conv	1,200	3,600	6,000	13,500	21,000	30,000
2d RS Cpe	480	1,440	2,400	5,400	8,400	12,000
4d Twn Sed	480	1,450	2,420	5,450	8,470	12,100
4d DeL Sed	490	1,480	2,460	5,540	8,610	12,300

ESSEX

	6	5	4	3	2	1
1930 First Series, Standard, 6-cyl.						
2d Rds	1,400	4,200	7,000	15,750	24,500	35,000
2d Conv	1,240	3,720	6,200	13,950	21,700	31,000
4d Phae	1,280	3,840	6,400	14,400	22,400	32,000
2d 2P Cpe	460	1,370	2,280	5,130	7,980	11,400
2d RS Cpe	480	1,440	2,400	5,400	8,400	12,000
2d Sed	450	1,340	2,240	5,040	7,840	11,200
4d Std Sed	450	1,360	2,260	5,090	7,910	11,300
4d Twn Sed	460	1,370	2,280	5,130	7,980	11,400
1930 Second Series, Standard, 6-cyl.						
2d RS Rds	1,480	4,440	7,400	16,650	25,900	37,000
4d Phae	1,440	4,320	7,200	16,200	25,200	36,000
4d Sun Sed	600	1,800	3,000	6,750	10,500	15,000
4d Tr	1,360	4,080	6,800	15,300	23,800	34,000
2d 2P Cpe	460	1,370	2,280	5,130	7,980	11,400
2d RS Cpe	500	1,490	2,480	5,580	8,680	12,400
2d Sed	320	960	1,600	3,600	5,600	8,000
4d Sed	320	970	1,620	3,650	5,670	8,100
4d Twn Sed	440	1,320	2,200	4,950	7,700	11,000
4d DeL Sed	460	1,370	2,280	5,130	7,980	11,400
4d Brgm	480	1,440	2,400	5,400	8,400	12,000
1931 Standard, 6-cyl.						
2d BT Rds	1,960	5,880	9,800	22,050	34,300	49,000
4d Phae	1,320	3,960	6,600	14,850	23,100	33,000
2d RS Cpe	560	1,680	2,800	6,300	9,800	14,000
2d 2P Cpe	520	1,560	2,600	5,850	9,100	13,000
4d Sed	460	1,370	2,280	5,130	7,980	11,400
2d Sed	450	1,360	2,260	5,090	7,910	11,300
4d Tr Sed	460	1,380	2,300	5,180	8,050	11,500
1932 Pacemaker, 6-cyl.						
2d Conv	1,200	3,600	6,000	13,500	21,000	30,000
4d Phae	1,280	3,840	6,400	14,400	22,400	32,000
2d 2P Cpe	560	1,680	2,800	6,300	9,800	14,000
2d RS Cpe	640	1,910	3,180	7,160	11,130	15,900
2d Sed	540	1,610	2,680	6,030	9,380	13,400
4d Sed	540	1,620	2,700	6,080	9,450	13,500

TERRAPLANE

	6	5	4	3	2	1
1933 Six, 6-cyl., 106" wb						
2d Rds	1,400	4,200	7,000	15,750	24,500	35,000
4d Phae	1,440	4,320	7,200	16,200	25,200	36,000
2d 2P Cpe	560	1,680	2,800	6,300	9,800	14,000
2d RS Cpe	616	1,848	3,080	6,930	10,780	15,400
2d Sed	576	1,728	2,880	6,480	10,080	14,400
4d Sed	584	1,752	2,920	6,570	10,220	14,600
1933 Special Six, 6-cyl., 113" wb						
2d Spt Rds	1,440	4,320	7,200	16,200	25,200	36,000
4d Phae	1,480	4,440	7,400	16,650	25,900	37,000
2d Conv	1,200	3,600	6,000	13,500	21,000	30,000
2d Bus Cpe	612	1,836	3,060	6,890	10,710	15,300
2d RS Cpe	624	1,872	3,120	7,020	10,920	15,600
2d Sed	584	1,752	2,920	6,570	10,220	14,600
4d Sed	592	1,776	2,960	6,660	10,360	14,800
1933 DeLuxe Six, 6-cyl., 113" wb						
2d Conv	1,400	4,200	7,000	15,750	24,500	35,000
2d 2P Cpe	580	1,740	2,900	6,530	10,150	14,500
2d RS Cpe	640	1,920	3,200	7,200	11,200	16,000
2d Sed	588	1,764	2,940	6,620	10,290	14,700
4d Sed	600	1,800	3,000	6,750	10,500	15,000
1933 Terraplane, 8-cyl.						
2d 2P Rds	1,440	4,320	7,200	16,200	25,200	36,000
2d RS Rds	1,480	4,440	7,400	16,650	25,900	37,000
2d 2P Cpe	632	1,896	3,160	7,110	11,060	15,800
2d RS Cpe	680	2,040	3,400	7,650	11,900	17,000
2d Conv	1,360	4,080	6,800	15,300	23,800	34,000
2d Sed	632	1,896	3,160	7,110	11,060	15,800
4d Sed	640	1,920	3,200	7,200	11,200	16,000
1933 Terraplane DeLuxe Eight, 8-cyl.						
2d Conv	1,440	4,320	7,200	16,200	25,200	36,000
2P Cpe	640	1,920	3,200	7,200	11,200	16,000
2d RS Cpe	700	2,100	3,500	7,880	12,250	17,500
2d Sed	632	1,896	3,160	7,110	11,060	15,800
4d Sed	640	1,920	3,200	7,200	11,200	16,000
1934 Terraplane Challenger KS, 6-cyl., 112" wb						
2P Cpe	576	1,728	2,880	6,480	10,080	14,400
2d RS Cpe	616	1,848	3,080	6,930	10,780	15,400
2d Sed	548	1,644	2,740	6,170	9,590	13,700
4d Sed	560	1,680	2,800	6,300	9,800	14,000

TERRAPLANE

	6	5	4	3	2	1
1934 Major Line KU, 6-cyl.						
2P Cpe	580	1,740	2,900	6,530	10,150	14,500
2d RS Cpe	620	1,860	3,100	6,980	10,850	15,500
2d Conv	1,400	4,200	7,000	15,750	24,500	35,000
2d Comp Vic	580	1,740	2,900	6,530	10,150	14,500
2d Sed	520	1,560	2,600	5,850	9,100	13,000
4d Sed	564	1,692	2,820	6,350	9,870	14,100
4d Comp Sed	572	1,716	2,860	6,440	10,010	14,300
1934 Special Line K, 8-cyl.						
2P Cpe	600	1,800	3,000	6,750	10,500	15,000
2d RS Cpe	640	1,920	3,200	7,200	11,200	16,000
2d Conv	1,440	4,320	7,200	16,200	25,200	36,000
2d Comp Vic	584	1,752	2,920	6,570	10,220	14,600
2d Sed	560	1,680	2,800	6,300	9,800	14,000
4d Sed	564	1,692	2,820	6,350	9,870	14,100
4d Comp Sed	572	1,716	2,860	6,440	10,010	14,300
1935 Special G, 6-cyl.						
2P Cpe	576	1,728	2,880	6,480	10,080	14,400
2d RS Cpe	588	1,764	2,940	6,620	10,290	14,700
4d Tr Brgm	568	1,704	2,840	6,390	9,940	14,200
2d Sed	564	1,692	2,820	6,350	9,870	14,100
4d Sed	568	1,704	2,840	6,390	9,940	14,200
4d Sub Sed	572	1,716	2,860	6,440	10,010	14,300
1935 DeLuxe GU, 6-cyl., Big Six						
2d 2P Cpe	580	1,740	2,900	6,530	10,150	14,500
2d RS Cpe	600	1,800	3,000	6,750	10,500	15,000
2d Conv	1,320	3,960	6,600	14,850	23,100	33,000
4d Tr Brgm	584	1,752	2,920	6,570	10,220	14,600
2d Sed	576	1,728	2,880	6,480	10,080	14,400
4d Sed	580	1,740	2,900	6,530	10,150	14,500
4d Sub Sed	588	1,764	2,940	6,620	10,290	14,700
1936 DeLuxe 61, 6-cyl.						
2d Conv	1,320	3,960	6,600	14,850	23,100	33,000
2d 2P Cpe	560	1,680	2,800	6,300	9,800	14,000
2d RS Cpe	600	1,800	3,000	6,750	10,500	15,000
4d Brgm	544	1,632	2,720	6,120	9,520	13,600
2d Tr Brgm	560	1,680	2,800	6,300	9,800	14,000
4d Sed	548	1,644	2,740	6,170	9,590	13,700
4d Tr Sed	552	1,656	2,760	6,210	9,660	13,800
1936 Custom 62, 6-cyl.						
2d Conv	1,360	4,080	6,800	15,300	23,800	34,000
2d 2P Cpe	584	1,752	2,920	6,570	10,220	14,600
2d RS Cpe	640	1,920	3,200	7,200	11,200	16,000
4d Brgm	576	1,728	2,880	6,480	10,080	14,400
2d Tr Brgm	584	1,752	2,920	6,570	10,220	14,600
4d Sed	576	1,728	2,880	6,480	10,080	14,400
4d Tr Sed	580	1,740	2,900	6,530	10,150	14,500
1937 DeLuxe 71, 6-cyl.						
2d Bus Cpe	560	1,680	2,800	6,300	9,800	14,000
2d 3P Cpe	564	1,692	2,820	6,350	9,870	14,100
2d Vic Cpe	576	1,728	2,880	6,480	10,080	14,400
2d Conv	1,280	3,840	6,400	14,400	22,400	32,000
2d Brgm	560	1,680	2,800	6,300	9,800	14,000
1938 Terraplane Utility Series 80, 6-cyl., 117" wb						
2d 3P Cpe	456	1,368	2,280	5,130	7,980	11,400
2d Sed	444	1,332	2,220	5,000	7,770	11,100
4d Twn Sed	448	1,344	2,240	5,040	7,840	11,200
4d Sed	444	1,332	2,220	5,000	7,770	11,100
2d Tr Sed	448	1,344	2,240	5,040	7,840	11,200
4d Sta Wag	1,200	3,600	6,000	13,500	21,000	30,000
1938 Terraplane Deluxe Series 81, 6-cyl., 117" wb						
2d 3P Conv	1,280	3,840	6,400	14,400	22,400	32,000
2d Conv Brgm	1,320	3,960	6,600	14,850	23,100	33,000
2d 3P Cpe	464	1,392	2,320	5,220	8,120	11,600
2d Vic Cpe	520	1,560	2,600	5,850	9,100	13,000
4d Brgm	452	1,356	2,260	5,090	7,910	11,300
2d Tr Brgm	444	1,332	2,220	5,000	7,770	11,100
4d Sed	448	1,344	2,240	5,040	7,840	11,200
4d Tr Sed	452	1,356	2,260	5,090	7,910	11,300
1938 Terraplane Super Series 82, 6-cyl., 117" wb						
2d Conv	1,320	3,960	6,600	14,850	23,100	33,000
2d Conv Brgm	1,360	4,080	6,800	15,300	23,800	34,000
2d Vic Cpe	520	1,560	2,600	5,850	9,100	13,000
2d Brgm	496	1,488	2,480	5,580	8,680	12,400
2d Tr Brgm	488	1,464	2,440	5,490	8,540	12,200
4d Sed	492	1,476	2,460	5,540	8,610	12,300
4d Tr Sed	496	1,488	2,480	5,580	8,680	12,400

TERRAPLANE

	6	5	4	3	2	1
HUPMOBILE						
1909 Model 20, 4-cyl., 16.9 hp, 86" wb						
2d 2P Rbt 1,320		3,960	6,600	14,850	23,100	33,000
1910 Model 20, 4-cyl., 18/20 hp, 86" wb						
2d 2P B Rbt. 1,320		3,960	6,600	14,850	23,100	33,000
1911 Model 20, 4-cyl., 20 hp, 86" wb						
2d 2P C Rbt. 1,320		3,960	6,600	14,850	23,100	33,000
2d 2P T Torp 1,360		4,080	6,800	15,300	23,800	34,000
4d 4P D Tr. 1,400		4,200	7,000	15,750	24,500	35,000
2d 4P F Cpe 1,200		3,600	6,000	13,500	21,000	30,000
1912 Model 20, 4-cyl., 20 hp, 86" wb						
2d 2P Rbt 1,320		3,960	6,600	14,850	23,100	33,000
2d 2P Rds 1,360		4,080	6,800	15,300	23,800	34,000
2d 2P Cpe 1,200		3,600	6,000	13,500	21,000	30,000
1912 Model 32, 4-cyl., 32 hp, 106" wb						
4d 4P Torp Tr 1,400		4,200	7,000	15,750	24,500	35,000
1913 Model 20-C, 4-cyl., 20 hp, 86" wb						
2d 2P Rbt 1,320		3,960	6,600	14,850	23,100	33,000
1913 Model 20-E, 4-cyl., 20 hp, 110" wb						
2d Rds. 1,160		3,480	5,800	13,050	20,300	29,000
1913 Model 32, 4-cyl., 32 hp, 106" wb						
4d 5P H Tr. 1,360		4,080	6,800	15,300	23,800	34,000
2d 2P H Rds 1,400		4,200	7,000	15,750	24,500	35,000
2d H L Cpe 1,120		3,360	5,600	12,600	19,600	28,000
1913 Model 32, 4-cyl., 32 hp, 126" wb						
4d 6P Tr 1,440		4,320	7,200	16,200	25,200	36,000
1914 Model 32, 4-cyl., 32 hp, 106" wb						
4d 6P HM Tr 1,240		3,720	6,200	13,950	21,700	31,000
2d 2P HR Rds 1,280		3,840	6,400	14,400	22,400	32,000
4d 5P H Tr. 1,320		3,960	6,600	14,850	23,100	33,000
2d 3P HAK Cpe. 1,040		3,120	5,200	11,700	18,200	26,000
1915 Model 32, 4-cyl., 32 hp, 106" wb						
4d 4P Tr 1,280		3,840	6,400	14,400	22,400	32,000
2d 2P Rds 1,240		3,720	6,200	13,950	21,700	31,000
1915 Model K, 4-cyl., 36 hp, 119" wb						
2d 2P Rds 1,280		3,840	6,400	14,400	22,400	32,000
4d 5P Tr 1,320		3,960	6,600	14,850	23,100	33,000
2d 2P Cpe. 960		2,880	4,800	10,800	16,800	24,000
4d Limo 1,000		3,000	5,000	11,250	17,500	25,000
1916 Model N, 4-cyl., 22.5 hp, 119" wb						
4d 5P Tr 1,080		3,240	5,400	12,150	18,900	27,000
2d 2P Rds 1,040		3,120	5,200	11,700	18,200	26,000
4d 5P Sed 840		2,520	4,200	9,450	14,700	21,000
4d 5P Year-'Round Tr 1,120		3,360	5,600	12,600	19,600	28,000
2d Year-'Round Cpe 880		2,640	4,400	9,900	15,400	22,000
1916 Model N, 4-cyl., 22.5 hp, 134" wb						
4d 7P Tr 1,240		3,720	6,200	13,950	21,700	31,000
4d 7P Limo 960		2,880	4,800	10,800	16,800	24,000
1917 Model N, 4-cyl., 22 hp, 119" wb						
4d 5P Tr 1,000		3,000	5,000	11,250	17,500	25,000
2d 6P Rds 1,040		3,120	5,200	11,700	18,200	26,000
4d 5P Year-'Round Tr 1,080		3,240	5,400	12,150	18,900	27,000
2d 2P Year-'Round Cpe 800		2,400	4,000	9,000	14,000	20,000
4d 5P Sed 680		2,040	3,400	7,650	11,900	17,000
1917 Model N, 4-cyl., 22.5 hp, 134" wb						
4d 7P Tr 1,120		3,360	5,600	12,600	19,600	28,000
NOTE: Series R introduced October 1917.						
1918 Series R-1, 4-cyl., 16.9 hp, 112" wb						
4d 5P Tr 840		2,520	4,200	9,450	14,700	21,000
2d 2P Rds 800		2,400	4,000	9,000	14,000	20,000
1919 Series R-1,2,3, 4-cyl., 16.9 hp, 112" wb						
4d 5P Tr 880		2,640	4,400	9,900	15,400	22,000
2d 2P Rds 840		2,520	4,200	9,450	14,700	21,000
4d 5P Sed 560		1,680	2,800	6,300	9,800	14,000
2d 4P Cpe 640		1,920	3,200	7,200	11,200	16,000
1920 Series R-3,4,5, 4-cyl., 35 hp, 112" wb						
4d 5P Tr 880		2,640	4,400	9,900	15,400	22,000
2d 2P Rds 840		2,520	4,200	9,450	14,700	21,000
2d 4P Cpe 640		1,920	3,200	7,200	11,200	16,000
4d 5P Sed 560		1,680	2,800	6,300	9,800	14,000
1921 Series R-4,5,6, 4-cyl., 35 hp, 112" wb						
4d 5P Tr 880		2,640	4,400	9,900	15,400	22,000
2d 2P Rds 840		2,520	4,200	9,450	14,700	21,000
2d 4P Cpe 640		1,920	3,200	7,200	11,200	16,000
4d 5P Sed 560		1,680	2,800	6,300	9,800	14,000
1922 Series R-7,8,9,10, 4-cyl., 35 hp, 112" wb						
4d 5P Tr 880		2,640	4,400	9,900	15,400	22,000

	6	5	4	3	2	1
2d 2P Cpe Rds...............................	840	2,520	4,200	9,450	14,700	21,000
2d 2P Cpe	640	1,920	3,200	7,200	11,200	16,000
2d 4P Cpe	660	1,980	3,300	7,430	11,550	16,500
4d 5P Sed....................................	560	1,680	2,800	6,300	9,800	14,000
1923 Series R-10,11,12, 4-cyl., 35 hp, 112" wb						
4d 5P Tr	840	2,520	4,200	9,450	14,700	21,000
4d 5P Spl Tr	880	2,640	4,400	9,900	15,400	22,000
2d 2P Rds....................................	880	2,640	4,400	9,900	15,400	22,000
2d Spl Rds	920	2,760	4,600	10,350	16,100	23,000
4d 5P Sed....................................	560	1,680	2,800	6,300	9,800	14,000
2d 4P Cpe	680	2,040	3,400	7,650	11,900	17,000
2d 2P Cpe	640	1,920	3,200	7,200	11,200	16,000
1924 Series R-12,13, 4-cyl., 39 hp, 115" wb						
4d 5P Tr	800	2,400	4,000	9,000	14,000	20,000
4d 5P Spl Tr	840	2,520	4,200	9,450	14,700	21,000
2d 2P Spl Rds	880	2,640	4,400	9,900	15,400	22,000
2d 2P Cpe	640	1,920	3,200	7,200	11,200	16,000
2d 4P Cpe	680	2,040	3,400	7,650	11,900	17,000
4d 5P Sed....................................	560	1,680	2,800	6,300	9,800	14,000
4d 5P Clb Sed	600	1,800	3,000	6,750	10,500	15,000
1925 Model R-14,15, 4-cyl., 39 hp, 115" wb						
4d 5P Tr	800	2,400	4,000	9,000	14,000	20,000
2d 2P Rds....................................	840	2,520	4,200	9,450	14,700	21,000
2d 2P Cpe	600	1,800	3,000	6,750	10,500	15,000
4d 5P Clb Sed	600	1,800	3,000	6,750	10,500	15,000
4d 5P Sed....................................	560	1,680	2,800	6,300	9,800	14,000
1925 Model E-1, 8-cyl., 60 hp, 118-1/4" wb						
4d 5P Tr	1,000	3,000	5,000	11,250	17,500	25,000
2d 2P Rds....................................	1,040	3,120	5,200	11,700	18,200	26,000
2d 4P Cpe	680	2,040	3,400	7,650	11,900	17,000
4d 5P Sed....................................	600	1,800	3,000	6,750	10,500	15,000
1926 Model A-1, 6-cyl., 50 hp, 114" wb						
4d 5P Tr	800	2,400	4,000	9,000	14,000	20,000
4d 5P Sed....................................	560	1,680	2,800	6,300	9,800	14,000
1926 Model E-2, 8-cyl., 63 hp, 118-1/4" wb						
2d 4P Rds....................................	1,040	3,120	5,200	11,700	18,200	26,000
4d 5P Tr	1,000	3,000	5,000	11,250	17,500	25,000
2d 2P Cpe	680	2,040	3,400	7,650	11,900	17,000
2d 4P Cpe	720	2,160	3,600	8,100	12,600	18,000
4d 5P Sed....................................	600	1,800	3,000	6,750	10,500	15,000
1927 Series A, 6-cyl., 50 hp, 114" wb						
4d 5P Tr	840	2,520	4,200	9,450	14,700	21,000
2d 2P Rds....................................	880	2,640	4,400	9,900	15,400	22,000
4d 5P Sed....................................	560	1,680	2,800	6,300	9,800	14,000
2d 4P Cpe	640	1,920	3,200	7,200	11,200	16,000
4d 5P Brgm	600	1,800	3,000	6,750	10,500	15,000
1927 Series E-3, 8-cyl., 67 hp, 125" wb						
2d 4P Rds....................................	1,000	3,000	5,000	11,250	17,500	25,000
4d 5P Tr	960	2,880	4,800	10,800	16,800	24,000
4d 5P Spt Tr	1,000	3,000	5,000	11,250	17,500	25,000
2d 2P Cpe	680	2,040	3,400	7,650	11,900	17,000
4d 7P Tr	920	2,760	4,600	10,350	16,100	23,000
4d 5P Sed....................................	560	1,680	2,800	6,300	9,800	14,000
4d 7P Sed....................................	580	1,740	2,900	6,530	10,150	14,500
4d 5P Berl...................................	600	1,800	3,000	6,750	10,500	15,000
4d 5P Brgm	580	1,740	2,900	6,530	10,150	14,500
2d 5P Vic	600	1,800	3,000	6,750	10,500	15,000
4d Limo Sed..................................	640	1,920	3,200	7,200	11,200	16,000
1928 Century Series A, 6-cyl., 57 hp, 114" wb						
4d 5P Phae...................................	1,000	3,000	5,000	11,250	17,500	25,000
4d 7P Phae...................................	960	2,880	4,800	10,800	16,800	24,000
4d 4P Cpe	640	1,920	3,200	7,200	11,200	16,000
4d 5P Sed....................................	560	1,680	2,800	6,300	9,800	14,000
2d 5P Sed....................................	520	1,560	2,600	5,850	9,100	13,000
1928 Century Series M, 8-cyl., 80 hp, 120" wb						
2d Rds.......................................	1,120	3,360	5,600	12,600	19,600	28,000
4d 5P Tr	1,080	3,240	5,400	12,150	18,900	27,000
4d 7P Tr	1,040	3,120	5,200	11,700	18,200	26,000
2d 2P Cpe	800	2,400	4,000	9,000	14,000	20,000
4d Brgm	720	2,160	3,600	8,100	12,600	18,000
2d Vic	760	2,280	3,800	8,550	13,300	19,000
4d 5P Sed....................................	600	1,800	3,000	6,750	10,500	15,000
4d 7P Sed....................................	560	1,680	2,800	6,300	9,800	14,000
4d Sed Limo	640	1,920	3,200	7,200	11,200	16,000
1928 Century Series 125 (E-4), 8-cyl., 80 hp, 125" wb						
2d R.S. Rds	1,160	3,480	5,800	13,050	20,300	29,000
4d 5P Tr	1,120	3,360	5,600	12,600	19,600	28,000
4d 7P Tr	1,080	3,240	5,400	12,150	18,900	27,000

	6	5	4	3	2	1
2d R.S. Cpe.	800	2,400	4,000	9,000	14,000	20,000
4d 5P Brgm	760	2,280	3,800	8,550	13,300	19,000
4d 5P Sed	640	1,920	3,200	7,200	11,200	16,000
4d 7P Sed	600	1,800	3,000	6,750	10,500	15,000
2d Vic	800	2,400	4,000	9,000	14,000	20,000
4d Sed-Limo	720	2,160	3,600	8,100	12,600	18,000

NOTE: Series A and Series E-3 of 1927 carried over as 1928 models. Both Century Series A and M available in custom line.

1929 Series A, 6-cyl., 57 hp, 114" wb

	6	5	4	3	2	1
4d 5P Tr	1,320	3,960	6,600	14,850	23,100	33,000
2d 4P Rds	1,360	4,080	6,800	15,300	23,800	34,000
4d 7P Tr	1,280	3,840	6,400	14,400	22,400	32,000
4d 5P Brgm	920	2,760	4,600	10,350	16,100	23,000
2d 4P Cpe	960	2,880	4,800	10,800	16,800	24,000
4d 5P Sed	800	2,400	4,000	9,000	14,000	20,000
2d 2P Cabr	1,240	3,720	6,200	13,950	21,700	31,000
2d 4P Cabr	1,280	3,840	6,400	14,400	22,400	32,000

1929 Series M, 8-cyl., 80 hp, 120" wb

	6	5	4	3	2	1
4d 5P Tr	1,360	4,080	6,800	15,300	23,800	34,000
2d 4P Rds	1,400	4,200	7,000	15,750	24,500	35,000
4d 7P Tr	1,320	3,960	6,600	14,850	23,100	33,000
4d 5P Brgm	960	2,880	4,800	10,800	16,800	24,000
2d 4P Cpe	1,000	3,000	5,000	11,250	17,500	25,000
4d 5P Sed	840	2,520	4,200	9,450	14,700	21,000
2d 5P Cabr	1,320	3,960	6,600	14,850	23,100	33,000
4d 5P Twn Sed	920	2,760	4,600	10,350	16,100	23,000
4d 7P Sed (130" wb)	960	2,880	4,800	10,800	16,800	24,000
4d 7P Limo (130" wb)	1,200	3,600	6,000	13,500	21,000	30,000

NOTE: Both series available in custom line models.

1930 Model S, 6-cyl., 70 hp, 114" wb

	6	5	4	3	2	1
4d Phae	1,560	4,680	7,800	17,550	27,300	39,000
2d Cpe	1,000	3,000	5,000	11,250	17,500	25,000
4d Sed	840	2,520	4,200	9,450	14,700	21,000
2d Conv Cabr	1,440	4,320	7,200	16,200	25,200	36,000

1930 Model C, 8-cyl., 100 hp, 121" wb

	6	5	4	3	2	1
2d Cpe	1,000	3,000	5,000	11,250	17,500	25,000
4d Sed	880	2,640	4,400	9,900	15,400	22,000
2d Cabr	1,520	4,560	7,600	17,100	26,600	38,000
4d Tr Sed	920	2,760	4,600	10,350	16,100	23,000

1930 Model H, 8-cyl., 133 hp, 125" wb

	6	5	4	3	2	1
4d Sed	960	2,880	4,800	10,800	16,800	24,000
2d Cpe	1,040	3,120	5,200	11,700	18,200	26,000
2d Cabr	1,560	4,680	7,800	17,550	27,300	39,000
4d Tr Sed	960	2,880	4,800	10,800	16,800	24,000

1930 Model U, 8-cyl., 133 hp, 137" wb

	6	5	4	3	2	1
4d Sed	1,040	3,120	5,200	11,700	18,200	26,000
4d Sed Limo	1,240	3,720	6,200	13,950	21,700	31,000

NOTE: All models available in custom line.

1931 Century Six, Model S, 70 hp, 114" wb

	6	5	4	3	2	1
4d Phae	1,640	4,920	8,200	18,450	28,700	41,000
2d 2P Cpe	1,000	3,000	5,000	11,250	17,500	25,000
2d 4P Cpe	1,040	3,120	5,200	11,700	18,200	26,000
2d Rds	1,680	5,040	8,400	18,900	29,400	42,000
4d Sed	840	2,520	4,200	9,450	14,700	21,000
2d Cabr	1,440	4,320	7,200	16,200	25,200	36,000

1931 Century Eight, Model L, 90 hp, 118" wb

	6	5	4	3	2	1
4d Phae	1,720	5,160	8,600	19,350	30,100	43,000
2d Rds	1,760	5,280	8,800	19,800	30,800	44,000
2d 2P Cpe	1,000	3,000	5,000	11,250	17,500	25,000
2d 4P Cpe	1,040	3,120	5,200	11,700	18,200	26,000
4d Sed	880	2,640	4,400	9,900	15,400	22,000
2d Cabr	1,480	4,440	7,400	16,650	25,900	37,000

1931 Model C, 8-cyl., 100 hp, 121" wb

	6	5	4	3	2	1
4d Spt Phae	1,880	5,640	9,400	21,150	32,900	47,000
2d 4P Cpe	1,080	3,240	5,400	12,150	18,900	27,000
4d Sed	920	2,760	4,600	10,350	16,100	23,000
2d Vic Cpe	1,040	3,120	5,200	11,700	18,200	26,000
2d Cabr	1,520	4,560	7,600	17,100	26,600	38,000
4d Twn Sed	1,000	3,000	5,000	11,250	17,500	25,000

1931 Model H, 8-cyl., 133 hp, 125" wb

	6	5	4	3	2	1
2d Cpe	1,120	3,360	5,600	12,600	19,600	28,000
4d Sed	960	2,880	4,800	10,800	16,800	24,000
4d Twn Sed	1,000	3,000	5,000	11,250	17,500	25,000
4d Phae	2,000	6,000	10,000	22,500	35,000	50,000
2d Vic Cpe	1,080	3,240	5,400	12,150	18,900	27,000
2d Cabr	1,560	4,680	7,800	17,550	27,300	39,000

1931 Model U, 8-cyl., 133 hp, 137" wb

	6	5	4	3	2	1
2d Vic Cpe	1,160	3,480	5,800	13,050	20,300	29,000
4d Sed	1,000	3,000	5,000	11,250	17,500	25,000

	6	5	4	3	2	1
4d Sed Limo 1,200		3,600	6,000	13,500	21,000	30,000

NOTE: All models available in custom line.

1932 Series S-214, 6-cyl., 70 hp, 114" wb

	6	5	4	3	2	1
2d Rds 1,720		5,160	8,600	19,350	30,100	43,000
2d Cpe 1,040		3,120	5,200	11,700	18,200	26,000
4d Sed 880		2,640	4,400	9,900	15,400	22,000
2d Cabr. 1,640		4,920	8,200	18,450	28,700	41,000

1932 Series B-216, 6-cyl., 75 hp, 116" wb

	6	5	4	3	2	1
4d Phae 1,800		5,400	9,000	20,250	31,500	45,000
2d Rds 1,840		5,520	9,200	20,700	32,200	46,000
2d 2P Cpe 1,040		3,120	5,200	11,700	18,200	26,000
2d 4P Cpe 1,080		3,240	5,400	12,150	18,900	27,000
4d Sed 920		2,760	4,600	10,350	16,100	23,000
2d Conv Cabr 1,760		5,280	8,800	19,800	30,800	44,000

1932 Series L-218, 8-cyl., 90 hp, 118" wb

	6	5	4	3	2	1
2d Rds 1,760		5,280	8,800	19,800	30,800	44,000
2d Cpe 1,080		3,240	5,400	12,150	18,900	27,000
4d Sed 960		2,880	4,800	10,800	16,800	24,000
2d Cabr. 1,720		5,160	8,600	19,350	30,100	43,000

1932 Series C-221, 8-cyl., 100 hp, 121" wb

	6	5	4	3	2	1
4d Sed 1,000		3,000	5,000	11,250	17,500	25,000
2d Vic 1,080		3,240	5,400	12,150	18,900	27,000
4d Twn Sed 960		2,880	4,800	10,800	16,800	24,000

1932 Series F-222, 8-cyl., 93 hp, 122" wb

	6	5	4	3	2	1
2d Cabr. 1,800		5,400	9,000	20,250	31,500	45,000
2d Cpe 1,080		3,240	5,400	12,150	18,900	27,000
4d Sed 1,000		3,000	5,000	11,250	17,500	25,000
2d Vic 1,120		3,360	5,600	12,600	19,600	28,000

1932 Series H-225, 8-cyl., 133 hp, 125" wb

	6	5	4	3	2	1
4d Sed 1,040		3,120	5,200	11,700	18,200	26,000

1932 Series I-226, 8-cyl., 103 hp, 126" wb

	6	5	4	3	2	1
2d Cpe 1,120		3,360	5,600	12,600	19,600	28,000
2d Cabr Rds 1,880		5,640	9,400	21,150	32,900	47,000
4d Sed 1,040		3,120	5,200	11,700	18,200	26,000
2d Vic 1,160		3,480	5,800	13,050	20,300	29,000

1932 Series V-237, 8-cyl., 133 hp, 137" wb

	6	5	4	3	2	1
2d Vic 1,200		3,600	6,000	13,500	21,000	30,000
4d Sed 1,080		3,240	5,400	12,150	18,900	27,000

NOTE: Series S-214, L-218, C-221, H-225 and V-237 were carryovers of 1931 models. Horsepower of Series F-222 raised to 96 mid-year.

1933 Series K-321, 6-cyl., 90 hp, 121" wb

	6	5	4	3	2	1
2d Cpe 920		2,760	4,600	10,350	16,100	23,000
4d Sed 800		2,400	4,000	9,000	14,000	20,000
2d Vic 880		2,640	4,400	9,900	15,400	22,000
2d Cabr. 1,680		5,040	8,400	18,900	29,400	42,000

1933 Series KK-321A, 6-cyl., 90 hp, 121" wb

	6	5	4	3	2	1
2d Cpe 960		2,880	4,800	10,800	16,800	24,000
4d Sed 840		2,520	4,200	9,450	14,700	21,000
2d Vic 920		2,760	4,600	10,350	16,100	23,000

1933 Series F-322, 8-cyl., 96 hp, 122" wb

	6	5	4	3	2	1
2d Cpe 1,040		3,120	5,200	11,700	18,200	26,000
4d Sed 880		2,640	4,400	9,900	15,400	22,000
2d Vic 960		2,880	4,800	10,800	16,800	24,000
2d Cabr. 1,720		5,160	8,600	19,350	30,100	43,000

1933 Series I-326, 8-cyl., 109 hp, 126" wb

	6	5	4	3	2	1
2d Cpe 1,000		3,000	5,000	11,250	17,500	25,000
4d Sed 920		2,760	4,600	10,350	16,100	23,000
2d Vic 960		2,880	4,800	10,800	16,800	24,000
2d Cabr. 1,760		5,280	8,800	19,800	30,800	44,000

1934 Series 417-W, 6-cyl., 80 hp, 117" wb

	6	5	4	3	2	1
2d Cpe 880		2,640	4,400	9,900	15,400	22,000
4d Sed 720		2,160	3,600	8,100	12,600	18,000

1934 Series KK-421A, 6-cyl., 90 hp, 121" wb

	6	5	4	3	2	1
4d DeL Sed 800		2,400	4,000	9,000	14,000	20,000
4d Sed 760		2,280	3,800	8,550	13,300	19,000
4d Tr Sed 800		2,400	4,000	9,000	14,000	20,000
2d Cpe 1,000		3,000	5,000	11,250	17,500	25,000
2d Cabr. 1,760		5,280	8,800	19,800	30,800	44,000
2d Vic 960		2,880	4,800	10,800	16,800	24,000

1934 Series K-421, 6-cyl., 90 hp, 121" wb

	6	5	4	3	2	1
2d Cpe 760		2,280	3,800	8,550	13,300	19,000
4d Sed 720		2,160	3,600	8,100	12,600	18,000
2d Vic 800		2,400	4,000	9,000	14,000	20,000
2d Cabr. 1,600		4,800	8,000	18,000	28,000	40,000

1934 Series 421-J, 6-cyl., 93 hp, 121" wb

	6	5	4	3	2	1
2d Cpe 1,000		3,000	5,000	11,250	17,500	25,000
4d Sed 840		2,520	4,200	9,450	14,700	21,000
2d Vic 1,000		3,000	5,000	11,250	17,500	25,000

HUPMOBILE

HUPMOBILE

	6	5	4	3	2	1
1934 Series F-442, 8-cyl., 96 hp, 122" wb						
2d Cpe.	1,040	3,120	5,200	11,700	18,200	26,000
4d Sed.	880	2,640	4,400	9,900	15,400	22,000
2d Vic	1,040	3,120	5,200	11,700	18,200	26,000
2d Cabr	1,640	4,920	8,200	18,450	28,700	41,000
1934 Series I-426, 8-cyl., 109 hp, 126" wb						
2d Cpe.	1,080	3,240	5,400	12,150	18,900	27,000
4d Sed.	920	2,760	4,600	10,350	16,100	23,000
2d Vic	1,080	3,240	5,400	12,150	18,900	27,000
2d Cabr	1,680	5,040	8,400	18,900	29,400	42,000
1934 Series 427-T, 8-cyl., 115 hp, 127" wb						
2d Cpe.	1,120	3,360	5,600	12,600	19,600	28,000
4d Sed.	960	2,880	4,800	10,800	16,800	24,000
2d Vic	1,120	3,360	5,600	12,600	19,600	28,000

NOTE: Series KK-421A, K-421, F-422, I-426 were carryover 1933 models.

	6	5	4	3	2	1
1935 Series 517-W, 6-cyl., 91 hp, 117" wb						
4d Sed.	640	1,920	3,200	7,200	11,200	16,000
4d Sed Tr	660	1,980	3,300	7,430	11,550	16,500
1935 Series 518-D, 6-cyl., 91 hp, 118" wb						
4d Sed.	660	1,980	3,300	7,430	11,550	16,500
1935 Series 521-J, 6-cyl., 101 hp, 121" wb						
4d Sed.	700	2,100	3,500	7,880	12,250	17,500
2d Cpe.	740	2,220	3,700	8,330	12,950	18,500
2d Vic	740	2,220	3,700	8,330	12,950	18,500
1935 Series 521-O, 8-cyl., 120 hp, 121" wb						
2d Cpe.	740	2,220	3,700	8,330	12,950	18,500
2d Vic	740	2,220	3,700	8,330	12,950	18,500
2d Vic Tr	740	2,220	3,700	8,330	12,950	18,500
4d Sed.	660	1,980	3,300	7,430	11,550	16,500
4d Sed Tr	680	2,040	3,400	7,650	11,900	17,000
1935 Series 527-T, 8-cyl., 120 hp, 127-1/2" wb						
4d Sed.	740	2,220	3,700	8,330	12,950	18,500
2d Cpe.	800	2,400	4,000	9,000	14,000	20,000
2d Vic	840	2,520	4,200	9,450	14,700	21,000

NOTE: All series except 517-W available in deluxe models.

	6	5	4	3	2	1
1936 Series 618-D, 6-cyl., 101 hp, 118" wb						
4d Sed.	600	1,800	3,000	6,750	10,500	15,000
4d Tr Sed	620	1,860	3,100	6,980	10,850	15,500
1936 Series 618-G, 6-cyl., 101 hp, 118" wb						
2d Bus Cpe	680	2,040	3,400	7,650	11,900	17,000
2d Cpe.	720	2,160	3,600	8,100	12,600	18,000
4d Sed.	640	1,920	3,200	7,200	11,200	16,000
2d Sed.	600	1,800	3,000	6,750	10,500	15,000
4d Tr Sed	660	1,980	3,300	7,430	11,550	16,500
2d Tr Sed	620	1,860	3,100	6,980	10,850	15,500
1936 Series 621-N, 8-cyl., 120 hp, 121" wb						
2d Cpe.	740	2,220	3,700	8,330	12,950	18,500
2d Sed.	640	1,920	3,200	7,200	11,200	16,000
4d Sed.	660	1,980	3,300	7,430	11,550	16,500
4d Tr Sed	680	2,040	3,400	7,650	11,900	17,000
2d Tr Sed	660	1,980	3,300	7,430	11,550	16,500
1936 Series 621-O, 8-cyl., 120 hp, 121" wb						
2d Cpe.	760	2,280	3,800	8,550	13,300	19,000
4d Vic	800	2,400	4,000	9,000	14,000	20,000
4d Tr Vic	820	2,460	4,100	9,230	14,350	20,500
4d Sed.	680	2,040	3,400	7,650	11,900	17,000
4d Tr Sed	700	2,100	3,500	7,880	12,250	17,500

NOTE: Series 618-G and 621-N available in custom models. Series 618-D and 621-O available in deluxe models.

1937 Series 621-O, 8-cyl., 120 hp, 121" wb
Although ostensibly there were no 1937 Hupmobiles beginning July 1937, some 1936 style 618-G and 621-N models were run off to use up parts. Some of these cars may have been sold in the U.S. as 1937 models.

	6	5	4	3	2	1
1938 Series 822-ES, 6-cyl., 101 hp, 122" wb						
4d Std Sed	480	1,440	2,400	5,400	8,400	12,000
1938 Series 822-E, 6-cyl., 101 hp, 122" wb						
4d Sed.	500	1,500	2,500	5,630	8,750	12,500
4d DeL Sed	520	1,560	2,600	5,850	9,100	13,000
4d Cus Sed	540	1,620	2,700	6,080	9,450	13,500
1938 Series 825-H, 8-cyl., 120 hp, 125" wb						
4d Sed.	560	1,680	2,800	6,300	9,800	14,000
4d DeL Sed	580	1,740	2,900	6,530	10,150	14,500
4d Cus Sed	600	1,800	3,000	6,750	10,500	15,000
1939 Model R, 6-cyl., 101 hp, 115" wb						
4d Spt Sed	520	1,560	2,600	5,850	9,100	13,000
4d Cus Sed	528	1,584	2,640	5,940	9,240	13,200
1939 Model E, 6-cyl., 101 hp, 122" wb						
4d DeL Sed	540	1,620	2,700	6,080	9,450	13,500
4d Cus Sed	548	1,644	2,740	6,170	9,590	13,700

	6	5	4	3	2	1
1939 Model H, 8-cyl., 120 hp, 125" wb						
4d DeL Sed	620	1,860	3,100	6,980	10,850	15,500
4d Cus Sed	628	1,884	3,140	7,070	10,990	15,700
NOTE: The first pilot models of the Skylark were built April, 1939.						
1940 Skylark, 6-cyl., 101 hp, 115" wb						
4d Sed	800	2,400	4,000	9,000	14,000	20,000
1941 Series 115-R Skylark, 6-cyl., 101 hp, 115" wb						
4d Sed	840	2,520	4,200	9,450	14,700	21,000

KAISER

	6	5	4	3	2	1
1947-48 Special, 6-cyl.						
4d Sed	780	2,340	3,900	8,780	13,650	19,500
1947-48 Custom, 6-cyl.						
4d Sed	800	2,400	4,000	9,000	14,000	20,000
1949-50 Special, 6-cyl.						
4d Sed	812	2,436	4,060	9,140	14,210	20,300
1949-50 Traveler, 6-cyl.						
4d Sed	820	2,460	4,100	9,230	14,350	20,500
1949-50 DeLuxe, 6-cyl.						
4d Sed	832	2,496	4,160	9,360	14,560	20,800
4d Conv Sed	1,820	5,460	9,100	20,480	31,850	45,500
1949-50 Vagabond, 6-cyl.						
4d Sed	980	2,940	4,900	11,030	17,150	24,500
1949-50 Virginian, 6-cyl.						
4d Sed HT	1,300	3,900	6,500	14,630	22,750	32,500
1951 Special, 6-cyl.						
4d Sed	820	2,460	4,100	9,230	14,350	20,500
4d Trav Sed	832	2,496	4,160	9,360	14,560	20,800
2d Sed	824	2,472	4,120	9,270	14,420	20,600
2d Trav Sed	840	2,520	4,200	9,450	14,700	21,000
2d Bus Cpe	900	2,700	4,500	10,130	15,750	22,500
1951 DeLuxe						
4d Sed	836	2,508	4,180	9,410	14,630	20,900
4d Trav Sed	844	2,532	4,220	9,500	14,770	21,100
2d Sed	840	2,520	4,200	9,450	14,700	21,000
2d Trav Sed	848	2,544	4,240	9,540	14,840	21,200
2d Clb Cpe	980	2,940	4,900	11,030	17,150	24,500
1952 Kaiser DeLuxe, 6-cyl.						
4d Sed	820	2,460	4,100	9,230	14,350	20,500
Ta Sed	840	2,520	4,200	9,450	14,700	21,000
2d Sed	820	2,460	4,100	9,230	14,350	20,500
2d Trav	860	2,580	4,300	9,680	15,050	21,500
2d Bus Cpe	960	2,880	4,800	10,800	16,800	24,000
1952 Kaiser Manhattan, 6-cyl.						
4d Sed	880	2,640	4,400	9,900	15,400	22,000
2d Sed	900	2,700	4,500	10,130	15,750	22,500
2d Clb Cpe	980	2,940	4,900	11,030	17,150	24,500
1952 Virginian, 6-cyl.						
4d Sed	840	2,520	4,200	9,450	14,700	21,000
2d Sed	844	2,532	4,220	9,500	14,770	21,100
2d Clb Cpe	940	2,820	4,700	10,580	16,450	23,500
1953 Carolina, 6-cyl.						
2d Sed	832	2,496	4,160	9,360	14,560	20,800
4d Sed	828	2,484	4,140	9,320	14,490	20,700
1953 Deluxe						
2d Clb Sed	840	2,520	4,200	9,450	14,700	21,000
4d Trav Sed	844	2,532	4,220	9,500	14,770	21,100
4d Sed	836	2,508	4,180	9,410	14,630	20,900
1953 Manhattan, 6-cyl.						
2d Clb Sed	888	2,664	4,440	9,990	15,540	22,200
4d Sed	884	2,652	4,420	9,950	15,470	22,100
1953 Dragon 4d Sed, 6-cyl.						
4d Sed	1,060	3,180	5,300	11,930	18,550	26,500
1954 Early Special, 6-cyl.						
4d Sed	884	2,652	4,420	9,950	15,470	22,100
2d Clb Sed	888	2,664	4,440	9,990	15,540	22,200
1954 Late Special, 6-cyl.						
4d Sed	880	2,640	4,400	9,900	15,400	22,000
2d Clb Sed	884	2,652	4,420	9,950	15,470	22,100
1954 Manhattan, 6-cyl.						
4d Sed	900	2,700	4,500	10,130	15,750	22,500
2d Clb Sed	908	2,724	4,540	10,220	15,890	22,700
1954 Kaiser Darrin Spts Car, 6-cyl.						
2d Spt Car	2,280	6,840	11,400	25,650	39,900	57,000
1955 Manhattan, 6-cyl.						
4d Sed	920	2,760	4,600	10,350	16,100	23,000
2d Clb Sed	924	2,772	4,620	10,400	16,170	23,100

KAISER

	6	5	4	3	2	1
FRAZER						
1947-48						
4d Sed.	800	2,400	4,000	9,000	14,000	20,000
1947-48 Manhattan, 6-cyl.						
4d Sed.	820	2,460	4,100	9,230	14,350	20,500
1949-50 Manhattan, 6-cyl.						
4d Sed.	840	2,520	4,200	9,450	14,700	21,000
4d Conv Sed	1,860	5,580	9,300	20,930	32,550	46,500
1951 Manhattan, 6-cyl.						
4d Sed.	780	2,340	3,900	8,780	13,650	19,500
4d Vag.	860	2,580	4,300	9,680	15,050	21,500
4d Sed HT.	1,100	3,300	5,500	12,380	19,250	27,500
4d Conv Sed	1,860	5,580	9,300	20,930	32,550	46,500
HENRY J						
1951 Four						
2d Sed.	704	2,112	3,520	7,920	12,320	17,600
1951 DeLuxe Six						
2d Sed.	712	2,136	3,560	8,010	12,460	17,800
1952 Vagabond, 4-cyl.						
2d Sed.	720	2,160	3,600	8,100	12,600	18,000
1952 Vagabond, 6-cyl.						
2d Sed.	728	2,184	3,640	8,190	12,740	18,200
1952 Corsair, 4-cyl.						
2d Sed.	740	2,220	3,700	8,330	12,950	18,500
1952 Corsair, 6-cyl.						
2d Sed.	748	2,244	3,740	8,420	13,090	18,700
1952 Allstate						
2d 4-cyl	744	2,232	3,720	8,370	13,020	18,600
2d DeL Six.	752	2,256	3,760	8,460	13,160	18,800
1953 Corsair, 4-cyl.						
2d Sed.	720	2,160	3,600	8,100	12,600	18,000
1953 Corsair, 6-cyl.						
2d DeL Sed.	728	2,184	3,640	8,190	12,740	18,200
1953 Allstate						
2d Sed 4-cyl.	724	2,172	3,620	8,150	12,670	18,100
2d Sed DeL Six.	732	2,196	3,660	8,240	12,810	18,300
1954 Corsair, 4-cyl.						
2d Sed.	728	2,184	3,640	8,190	12,740	18,200
1954 Corsair Deluxe, 6-cyl.						
2d Sed.	732	2,196	3,660	8,240	12,810	18,300
LINCOLN						
1920 V-8, 130" - 136" wb						
3P Rds	1,880	5,640	9,400	21,150	32,900	47,000
5P Phae	2,000	6,000	10,000	22,500	35,000	50,000
7P Tr	1,920	5,760	9,600	21,600	33,600	48,000
4P Cpe	1,420	4,260	7,100	15,980	24,850	35,500
5P Sed	1,380	4,140	6,900	15,530	24,150	34,500
Sub Sed	1,380	4,140	6,900	15,530	24,150	34,500
7P Town Car	1,460	4,380	7,300	16,430	25,550	36,500
1921 V-8, 130" - 136" wb						
3P Rds	1,840	5,520	9,200	20,700	32,200	46,000
5P Phae	1,920	5,760	9,600	21,600	33,600	48,000
7P Tr.	1,880	5,640	9,400	21,150	32,900	47,000
4P Cpe	1,420	4,260	7,100	15,980	24,850	35,500
4P Sed	1,340	4,020	6,700	15,080	23,450	33,500
5P Sed	1,380	4,140	6,900	15,530	24,150	34,500
Sub Sed	1,380	4,140	6,900	15,530	24,150	34,500
Town Car.	1,460	4,380	7,300	16,430	25,550	36,500
1922 V-8, 130" wb						
3P Rds	1,960	5,880	9,800	22,050	34,300	49,000
5P Phae	1,880	5,640	9,400	21,150	32,900	47,000
7P Tr.	1,840	5,520	9,200	20,700	32,200	46,000
Conv Tr.	1,880	5,640	9,400	21,150	32,900	47,000
4P Cpe	1,460	4,380	7,300	16,430	25,550	36,500
5P Sed	1,420	4,260	7,100	15,980	24,850	35,500
1922 V-8, 136" wb						
Spt Rds	1,920	5,760	9,600	21,600	33,600	48,000
DeL Phae	1,960	5,880	9,800	22,050	34,300	49,000
DeL Tr.	1,880	5,640	9,400	21,150	32,900	47,000
Std Sed.	1,460	4,380	7,300	16,430	25,550	36,500
Jud Sed.	1,500	4,500	7,500	16,880	26,250	37,500
FW Sed.	1,500	4,500	7,500	16,880	26,250	37,500
York Sed.	1,500	4,500	7,500	16,880	26,250	37,500

FRAZER

	6	5	4	3	2	1
4P Jud Sed	1,540	4,620	7,700	17,330	26,950	38,500
7P Jud Limo	1,640	4,920	8,200	18,450	28,700	41,000
Sub Limo	1,720	5,160	8,600	19,350	30,100	43,000
Town Car	1,760	5,280	8,800	19,800	30,800	44,000
FW Limo	1,840	5,520	9,200	20,700	32,200	46,000
Std Limo	1,760	5,280	8,800	19,800	30,800	44,000
FW Cabr	2,040	6,120	10,200	22,950	35,700	51,000
FW Coll Cabr	2,240	6,720	11,200	25,200	39,200	56,000
FW Lan'let	1,840	5,520	9,200	20,700	32,200	46,000
FW Town Car	1,920	5,760	9,600	21,600	33,600	48,000
Holbrk Cabr	2,040	6,120	10,200	22,950	35,700	51,000
Brn Town Car	1,840	5,520	9,200	20,700	32,200	46,000
Brn OD Limo	1,920	5,760	9,600	21,600	33,600	48,000
1923 Model L, V-8						
Tr	1,840	5,520	9,200	20,700	32,200	46,000
Phae	1,880	5,640	9,400	21,150	32,900	47,000
Rds	1,840	5,520	9,200	20,700	32,200	46,000
Cpe	1,540	4,620	7,700	17,330	26,950	38,500
5P Sed	1,500	4,500	7,500	16,880	26,250	37,500
7P Sed	1,540	4,620	7,700	17,330	26,950	38,500
Limo	1,720	5,160	8,600	19,350	30,100	43,000
OD Limo	1,760	5,280	8,800	19,800	30,800	44,000
Town Car	1,800	5,400	9,000	20,250	31,500	45,000
4P Sed	1,460	4,380	7,300	16,430	25,550	36,500
Berl	1,500	4,500	7,500	16,880	26,250	37,500
FW Cabr	1,800	5,400	9,000	20,250	31,500	45,000
FW Limo	1,760	5,280	8,800	19,800	30,800	44,000
FW Town Car	1,800	5,400	9,000	20,250	31,500	45,000
Jud Cpe	1,540	4,620	7,700	17,330	26,950	38,500
Brn Town Car	1,800	5,400	9,000	20,250	31,500	45,000
Brn OD Limo	1,840	5,520	9,200	20,700	32,200	46,000
Jud 2W Berl	1,540	4,620	7,700	17,330	26,950	38,500
Jud 3W Berl	1,540	4,620	7,700	17,330	26,950	38,500
Holbrk Cabr	2,040	6,120	10,200	22,950	35,700	51,000
1924 V-8						
Tr	1,840	5,520	9,200	20,700	32,200	46,000
Phae	1,880	5,640	9,400	21,150	32,900	47,000
Rds	1,920	5,760	9,600	21,600	33,600	48,000
Cpe	1,580	4,740	7,900	17,780	27,650	39,500
5P Sed	1,500	4,500	7,500	16,880	26,250	37,500
7P Sed	1,460	4,380	7,300	16,430	25,550	36,500
Limo	1,540	4,620	7,700	17,330	26,950	38,500
4P Sed	1,460	4,380	7,300	16,430	25,550	36,500
Town Car	1,640	4,920	8,200	18,450	28,700	41,000
Twn Limo	1,680	5,040	8,400	18,900	29,400	42,000
FW Limo	1,720	5,160	8,600	19,350	30,100	43,000
Jud Cpe	1,500	4,500	7,500	16,880	26,250	37,500
Jud Berl	1,540	4,620	7,700	17,330	26,950	38,500
Brn Cabr	1,800	5,400	9,000	20,250	31,500	45,000
Brn Cpe	1,540	4,620	7,700	17,330	26,950	38,500
Brn OD Limo	1,720	5,160	8,600	19,350	30,100	43,000
Leb Sed	1,760	5,280	8,800	19,800	30,800	44,000
1925 Model L, V-8						
Tr	1,960	5,880	9,800	22,050	34,300	49,000
Spt Tr	2,120	6,360	10,600	23,850	37,100	53,000
Phae	2,000	6,000	10,000	22,500	35,000	50,000
Rds	1,960	5,880	9,800	22,050	34,300	49,000
Cpe	1,600	4,800	8,000	18,000	28,000	40,000
4P Sed	1,240	3,720	6,200	13,950	21,700	31,000
5P Sed	1,200	3,600	6,000	13,500	21,000	30,000
7P Sed	1,200	3,600	6,000	13,500	21,000	30,000
Limo	1,600	4,800	8,000	18,000	28,000	40,000
FW Limo	1,640	4,920	8,200	18,450	28,700	41,000
Jud Cpe	1,460	4,380	7,300	16,430	25,550	36,500
Jud Berl	1,500	4,500	7,500	16,880	26,250	37,500
Brn Cabr	2,000	6,000	10,000	22,500	35,000	50,000
FW Coll Clb Rds	1,960	5,880	9,800	22,050	34,300	49,000
FW Sed	1,760	5,280	8,800	19,800	30,800	44,000
FW Brgm	1,800	5,400	9,000	20,250	31,500	45,000
FW Cabr	1,920	5,760	9,600	21,600	33,600	48,000
3W Jud Berl	1,800	5,400	9,000	20,250	31,500	45,000
4P Jud Cpe	1,800	5,400	9,000	20,250	31,500	45,000
Jud Brgm	1,760	5,280	8,800	19,800	30,800	44,000
Mur OD Limo	1,920	5,760	9,600	21,600	33,600	48,000
Holbrk Brgm	1,840	5,520	9,200	20,700	32,200	46,000
Holbrk Coll	1,880	5,640	9,400	21,150	32,900	47,000
Brn OD Limo	1,880	5,640	9,400	21,150	32,900	47,000
Brn Spt Phae	2,120	6,360	10,600	23,850	37,100	53,000

LINCOLN

LINCOLN

	6	5	4	3	2	1
Brn Lan Sed	1,880	5,640	9,400	21,150	32,900	47,000
Brn Town Car	1,920	5,760	9,600	21,600	33,600	48,000
Brn Pan Brgm	1,880	5,640	9,400	21,150	32,900	47,000
Hume Limo	1,960	5,880	9,800	22,050	34,300	49,000
Hume Cpe	1,800	5,400	9,000	20,250	31,500	45,000
5P Leb Sed	1,920	5,760	9,600	21,600	33,600	48,000
4P Leb Sed	1,840	5,520	9,200	20,700	32,200	46,000
Leb DC Phae	2,560	7,680	12,800	28,800	44,800	64,000
Leb Clb Rds	2,240	6,720	11,200	25,200	39,200	56,000
Leb Limo	1,840	5,520	9,200	20,700	32,200	46,000
Leb Brgm	1,880	5,640	9,400	21,150	32,900	47,000
Leb Twn Brgm	1,920	5,760	9,600	21,600	33,600	48,000
Leb Cabr	2,040	6,120	10,200	22,950	35,700	51,000
Leb Coll Spt Cabr	2,240	6,720	11,200	25,200	39,200	56,000
Lke Cabr	2,160	6,480	10,800	24,300	37,800	54,000
Dtrch Coll Cabr	2,200	6,600	11,000	24,750	38,500	55,000
1926 Model L, V-8						
Tr	2,120	6,360	10,600	23,850	37,100	53,000
Spt Tr	2,320	6,960	11,600	26,100	40,600	58,000
Phae	2,240	6,720	11,200	25,200	39,200	56,000
Rds	2,160	6,480	10,800	24,300	37,800	54,000
Cpe	1,420	4,260	7,100	15,980	24,850	35,500
4P Sed	1,240	3,720	6,200	13,950	21,700	31,000
5P Sed	1,200	3,600	6,000	13,500	21,000	30,000
7P Sed	1,200	3,600	6,000	13,500	21,000	30,000
Limo	1,460	4,380	7,300	16,430	25,550	36,500
FW Limo	1,500	4,500	7,500	16,880	26,250	37,500
Jud Cpe	1,720	5,160	8,600	19,350	30,100	43,000
Jud Berl	1,680	5,040	8,400	18,900	29,400	42,000
Brn Cabr	2,080	6,240	10,400	23,400	36,400	52,000
Holbrk Coll Cabr	2,120	6,360	10,600	23,850	37,100	53,000
Hume Limo	1,680	5,040	8,400	18,900	29,400	42,000
W'by Limo	1,680	5,040	8,400	18,900	29,400	42,000
W'by Lan'let	1,720	5,160	8,600	19,350	30,100	43,000
Dtrch Sed	1,600	4,800	8,000	18,000	28,000	40,000
Dtrch Coll Cabr	2,160	6,480	10,800	24,300	37,800	54,000
Dtrch Brgm	1,760	5,280	8,800	19,800	30,800	44,000
Dtrch Cpe Rds	2,120	6,360	10,600	23,850	37,100	53,000
3W Jud Berl	1,640	4,920	8,200	18,450	28,700	41,000
Jud Brgm	1,600	4,800	8,000	18,000	28,000	40,000
Brn Phae	2,080	6,240	10,400	23,400	36,400	52,000
Brn Sed	1,580	4,740	7,900	17,780	27,650	39,500
Brn Brgm	1,600	4,800	8,000	18,000	28,000	40,000
Brn Semi-Coll Cabr	2,080	6,240	10,400	23,400	36,400	52,000
2W LeB Sed	1,580	4,740	7,900	17,780	27,650	39,500
3W LeB Sed	1,580	4,740	7,900	17,780	27,650	39,500
LeB Cpe	1,640	4,920	8,200	18,450	28,700	41,000
LeB Spt Cabr	2,120	6,360	10,600	23,850	37,100	53,000
LeB A-W Cabr	2,040	6,120	10,200	22,950	35,700	51,000
LeB Limo	1,720	5,160	8,600	19,350	30,100	43,000
LeB Clb Rds	2,160	6,480	10,800	24,300	37,800	54,000
Lke Rds	2,240	6,720	11,200	25,200	39,200	56,000
Lke Semi-Coll Cabr	2,040	6,120	10,200	22,950	35,700	51,000
Lke Cabr	2,160	6,480	10,800	24,300	37,800	54,000
LeB Conv Phae	2,240	6,720	11,200	25,200	39,200	56,000
LeB Conv	2,240	6,720	11,200	25,200	39,200	56,000
1927 Model L, V-8						
Spt Rds	3,000	9,000	15,000	33,750	52,500	75,000
Spt Tr	2,920	8,760	14,600	32,850	51,100	73,000
Phae	3,080	9,240	15,400	34,650	53,900	77,000
Cpe	1,640	4,920	8,200	18,450	28,700	41,000
2W Sed	1,280	3,840	6,400	14,400	22,400	32,000
3W Sed	1,240	3,720	6,200	13,950	21,700	31,000
Sed	1,200	3,600	6,000	13,500	21,000	30,000
FW Limo	1,760	5,280	8,800	19,800	30,800	44,000
Jud Cpe	1,720	5,160	8,600	19,350	30,100	43,000
Brn Cabr	2,920	8,760	14,600	32,850	51,100	73,000
Holbrk Cabr	3,080	9,240	15,400	34,650	53,900	77,000
Brn Brgm	2,280	6,840	11,400	25,650	39,900	57,000
Dtrch Conv Sed	3,160	9,480	15,800	35,550	55,300	79,000
Dtrch Conv Vic	3,160	9,480	15,800	35,550	55,300	79,000
Brn Conv	3,000	9,000	15,000	33,750	52,500	75,000
Brn Semi-Coll Cabr	3,080	9,240	15,400	34,650	53,900	77,000
Holbrk Coll Cabr	3,160	9,480	15,800	35,550	55,300	79,000
LeB A-W Cabr	3,160	9,480	15,800	35,550	55,300	79,000
LeB A-W Brgm	3,160	9,480	15,800	35,550	55,300	79,000
W'by Semi-Coll Cabr	3,080	9,240	15,400	34,650	53,900	77,000
Jud Brgm	2,080	6,240	10,400	23,400	36,400	52,000

	6	5	4	3	2	1
Clb Rds	2,240	6,720	11,200	25,200	39,200	56,000
2W Jud Berl	1,640	4,920	8,200	18,450	28,700	41,000
3W Jud Berl	1,640	4,920	8,200	18,450	28,700	41,000
7P E d Limo	1,800	5,400	9,000	20,250	31,500	45,000
LeB Spt Cabr	3,160	9,480	15,800	35,550	55,300	79,000
W'by Lan'let	2,920	8,760	14,600	32,850	51,100	73,000
W'by Limo	1,840	5,520	9,200	20,700	32,200	46,000
LeB Cpe	1,760	5,280	8,800	19,800	30,800	44,000
Der Spt Sed	1,720	5,160	8,600	19,350	30,100	43,000
Lke Conv Sed	3,160	9,480	15,800	35,550	55,300	79,000
Dtrch Cpe Rds	3,080	9,240	15,400	34,650	53,900	77,000
Dtrch Spt Phae	3,160	9,480	15,800	35,550	55,300	79,000
1928 Model L, V-8						
164 Spt Tr	3,480	10,440	17,400	39,150	60,900	87,000
163 Lke Spt Phae	3,640	10,920	18,200	40,950	63,700	91,000
151 Lke Spt Rds	3,560	10,680	17,800	40,050	62,300	89,000
154 Clb Rds	3,400	10,200	17,000	38,250	59,500	85,000
156 Cpe	2,000	6,000	10,000	22,500	35,000	50,000
144W 2W Sed	1,280	3,840	6,400	14,400	22,400	32,000
144B Sed	1,280	3,840	6,400	14,400	22,400	32,000
152 Sed	1,240	3,720	6,200	13,950	21,700	31,000
147A Sed	1,240	3,720	6,200	13,950	21,700	31,000
147B Limo	2,000	6,000	10,000	22,500	35,000	50,000
161 Jud Berl	2,080	6,240	10,400	23,400	36,400	52,000
161C Jud Berl	2,080	6,240	10,400	23,400	36,400	52,000
Jud Cpe	2,240	6,720	11,200	25,200	39,200	56,000
159 Brn Cabr	3,480	10,440	17,400	39,150	60,900	87,000
145 Brn Brgm	2,920	8,760	14,600	32,850	51,100	73,000
155A Hlbrk Coll Cabr	3,640	10,920	18,200	40,950	63,700	91,000
155 LeB Spt Cabr	4,040	12,120	20,200	45,450	70,700	101,000
157 W'by Lan'let Berl	3,640	10,920	18,200	40,950	63,700	91,000
160 W'by Limo	3,880	11,640	19,400	43,650	67,900	97,000
162A LeB A-W Cabr	3,720	11,160	18,600	41,850	65,100	93,000
162 LeB A-W Lan'let	3,560	10,680	17,800	40,050	62,300	89,000
Jud Spt Cpe	3,320	9,960	16,600	37,350	58,100	83,000
LeB Cpe	3,480	10,440	17,400	39,150	60,900	87,000
Dtrch Conv Vic	3,880	11,640	19,400	43,650	67,900	97,000
Dtrch Cpe Rds	3,960	11,880	19,800	44,550	69,300	99,000
Dtrch Conv Sed	4,040	12,120	20,200	45,450	70,700	101,000
Holbrk Cabr	3,960	11,880	19,800	44,550	69,300	99,000
W'by Spt Sed	2,120	6,360	10,600	23,850	37,100	53,000
Der Spt Sed	2,120	6,360	10,600	23,850	37,100	53,000
Brn Spt Conv	3,560	10,680	17,800	40,050	62,300	89,000
1929 Model L, V-8 Standard Line						
Lke Spt Rds	3,880	11,640	19,400	43,650	67,900	97,000
Clb Rds	3,800	11,400	19,000	42,750	66,500	95,000
Lke Spt Phae	4,120	12,360	20,600	46,350	72,100	103,000
Lke TWS Spt Phae	4,520	13,560	22,600	50,850	79,100	113,000
Lke Spt Phae TC & WS	4,680	14,040	23,400	52,650	81,900	117,000
Lke Spt Tr	3,960	11,880	19,800	44,550	69,300	99,000
Lke Clb Rds	4,280	12,840	21,400	48,150	74,900	107,000
4P Cpe	2,040	6,120	10,200	22,950	35,700	51,000
Twn Sed	1,320	3,960	6,600	14,850	23,100	33,000
5P Sed	1,280	3,840	6,400	14,400	22,400	32,000
7P Sed	1,240	3,720	6,200	13,950	21,700	31,000
7P Limo	2,000	6,000	10,000	22,500	35,000	50,000
2W Jud Berl	2,160	6,480	10,800	24,300	37,800	54,000
3W Jud Berl	2,120	6,360	10,600	23,850	37,100	53,000
Brn A-W Brgm	3,640	10,920	18,200	40,950	63,700	91,000
Brn Cabr	3,800	11,400	19,000	42,750	66,500	95,000
Brn Non-Coll Cabr	3,640	10,920	18,200	40,950	63,700	91,000
Holbrk Coll Cabr	4,040	12,120	20,200	45,450	70,700	101,000
LeB A-W Cabr	4,120	12,360	20,600	46,350	72,100	103,000
LeB Semi-Coll Cabr	3,640	10,920	18,200	40,950	63,700	91,000
LeB Coll Cabr	4,040	12,120	20,200	45,450	70,700	101,000
W'by Lan'let	3,080	9,240	15,400	34,650	53,900	77,000
W'by Limo	2,920	8,760	14,600	32,850	51,100	73,000
Dtrch Cpe	2,680	8,040	13,400	30,150	46,900	67,000
Dtrch Sed	2,680	8,040	13,400	30,150	46,900	67,000
Dtrch Conv	3,880	11,640	19,400	43,650	67,900	97,000
LeB Spt Sed	2,760	8,280	13,800	31,050	48,300	69,000
LeB Aero Phae	3,880	11,640	19,400	43,650	67,900	97,000
LeB Sal Cabr	3,800	11,400	19,000	42,750	66,500	95,000
Brn Spt Conv	3,880	11,640	19,400	43,650	67,900	97,000
Dtrch Conv Sed	4,040	12,120	20,200	45,450	70,700	101,000
Dtrch Conv Vic	4,120	12,360	20,600	46,350	72,100	103,000
1930 Model L, V-8 Standard Line						
Conv Rds	3,880	11,640	19,400	43,650	67,900	97,000

	6	5	4	3	2	1
5P Lke Spt Phae	4,480	13,440	22,400	50,400	78,400	112,000
5P Lke Spt Phae TC & WS	4,560	13,680	22,800	51,300	79,800	114,000
7P Lke Spt Phae	4,040	12,120	20,200	45,450	70,700	101,000
Lke Rds	4,480	13,440	22,400	50,400	78,400	112,000
4P Cpe	2,040	6,120	10,200	22,950	35,700	51,000
Twn Sed	1,320	3,960	6,600	14,850	23,100	33,000
5P Sed	1,280	3,840	6,400	14,400	22,400	32,000
7P Sed	1,240	3,720	6,200	13,950	21,700	31,000
7P Limo	2,000	6,000	10,000	22,500	35,000	50,000
1930 Custom Line						
Jud Cpe	2,600	7,800	13,000	29,250	45,500	65,000
2W Jud Berl	3,000	9,000	15,000	33,750	52,500	75,000
3W Jud Berl	3,000	9,000	15,000	33,750	52,500	75,000
Brn A-W Cabr	3,640	10,920	18,200	40,950	63,700	91,000
Brn Non-Coll Cabr	3,080	9,240	15,400	34,650	53,900	77,000
LeB A-W Cabr	4,720	14,160	23,600	53,100	82,600	118,000
LeB Semi-Coll Cabr	4,480	13,440	22,400	50,400	78,400	112,000
W'by Limo	3,000	9,000	15,000	33,750	52,500	75,000
Dtrch Cpe	2,760	8,280	13,800	31,050	48,300	69,000
Dtrch Sed	2,760	8,280	13,800	31,050	48,300	69,000
2W W'by Twn Sed	2,760	8,280	13,800	31,050	48,300	69,000
3W W'by Twn Sed	2,920	8,760	14,600	32,850	51,100	73,000
W'by Pan Brgm	3,080	9,240	15,400	34,650	53,900	77,000
LeB Cpe	2,760	8,280	13,800	31,050	48,300	69,000
LeB Conv Rds	4,480	13,440	22,400	50,400	78,400	112,000
LeB Spt Sed	3,480	10,440	17,400	39,150	60,900	87,000
Der Spt Conv	4,560	13,680	22,800	51,300	79,800	114,000
Der Conv Phae	4,640	13,920	23,200	52,200	81,200	116,000
Brn Semi-Coll Cabr	4,480	13,440	22,400	50,400	78,400	112,000
Dtrch Conv Cpe	4,640	13,920	23,200	52,200	81,200	116,000
Dtrch Conv Sed	4,720	14,160	23,600	53,100	82,600	118,000
Wolf Conv Sed	4,720	14,160	23,600	53,100	82,600	118,000
1931 Model K, V-8 Type 201, V-8, 145" wb						
202B Spt Phae	5,280	15,840	26,400	59,400	92,400	132,000
202A Spt Phae	5,360	16,080	26,800	60,300	93,800	134,000
203 Spt Tr	4,880	14,640	24,400	54,900	85,400	122,000
214 Conv Rds	4,720	14,160	23,600	53,100	82,600	118,000
206 Cpe	2,480	7,440	12,400	27,900	43,400	62,000
204 Twn Sed	2,200	6,600	11,000	24,750	38,500	55,000
205 Sed	2,120	6,360	10,600	23,850	37,100	53,000
207A Sed	2,120	6,360	10,600	23,850	37,100	53,000
207B Limo	2,560	7,680	12,800	28,800	44,800	64,000
212 Conv Phae	4,880	14,640	24,400	54,900	85,400	122,000
210 Conv Cpe	4,720	14,160	23,600	53,100	82,600	118,000
211 Conv Sed	4,880	14,640	24,400	54,900	85,400	122,000
216 W'by Pan Brgm	3,000	9,000	15,000	33,750	52,500	75,000
213A Jud Berl	2,680	8,040	13,400	30,150	46,900	67,000
213B Jud Berl	2,680	8,040	13,400	30,150	46,900	67,000
Jud Cpe	2,680	8,040	13,400	30,150	46,900	67,000
Brn Cabr	4,720	14,160	23,600	53,100	82,600	118,000
LeB Cabr	4,720	14,160	23,600	53,100	82,600	118,000
W'by Limo	3,000	9,000	15,000	33,750	52,500	75,000
Lke Spt Rds	4,880	14,640	24,400	54,900	85,400	122,000
Der Conv Sed	5,200	15,600	26,000	58,500	91,000	130,000
LeB Conv Rds	4,960	14,880	24,800	55,800	86,800	124,000
Mur DC Phae	5,360	16,080	26,800	60,300	93,800	134,000
Dtrch Conv Sed	5,360	16,080	26,800	60,300	93,800	134,000
Dtrch Conv Cpe	5,280	15,840	26,400	59,400	92,400	132,000
Wtrhs Conv Vic	5,360	16,080	26,800	60,300	93,800	134,000
1932 Model KA, V-8, 8-cyl., 136" wb						
Rds	4,560	13,680	22,800	51,300	79,800	114,000
Phae	5,280	15,840	26,400	59,400	92,400	132,000
Twn Sed	2,320	6,960	11,600	26,100	40,600	58,000
Sed	2,240	6,720	11,200	25,200	39,200	56,000
Cpe	2,800	8,400	14,000	31,500	49,000	70,000
Vic	2,720	8,160	13,600	30,600	47,600	68,000
7P Sed	2,720	8,160	13,600	30,600	47,600	68,000
Limo	2,880	8,640	14,400	32,400	50,400	72,000
1932 Model KB, V-12 Standard, 12-cyl., 145" wb						
Phae	4,960	14,880	24,800	55,800	86,800	124,000
Spt Phae	5,120	15,360	25,600	57,600	89,600	128,000
Cpe	2,800	8,400	14,000	31,500	49,000	70,000
2W Tr Sed	2,480	7,440	12,400	27,900	43,400	62,000
3W Tr Sed	2,440	7,320	12,200	27,450	42,700	61,000
5P Sed	2,400	7,200	12,000	27,000	42,000	60,000
7P Sed	2,360	7,080	11,800	26,550	41,300	59,000
Limo	2,720	8,160	13,600	30,600	47,600	68,000
1932 Custom, 145" wb						
LeB Conv Cpe	5,520	16,560	27,600	62,100	96,600	138,000

	6	5	4	3	2	1
2P Dtrch Cpe	3,520	10,560	17,600	39,600	61,600	88,000
4P Dtrch Cpe	3,360	10,080	16,800	37,800	58,800	84,000
Jud Cpe	3,600	10,800	18,000	40,500	63,000	90,000
Jud Berl	3,200	9,600	16,000	36,000	56,000	80,000
W'by Limo	3,280	9,840	16,400	36,900	57,400	82,000
Wtrhs Conv Vic.	5,360	16,080	26,800	60,300	93,800	134,000
Dtrch Conv Sed	5,520	16,560	27,600	62,100	96,600	138,000
W'by Twn Brgm	4,040	12,120	20,200	45,450	70,700	101,000
Brn Brgm	3,960	11,880	19,800	44,550	69,300	99,000
Brn Non-Coll Cabr	4,640	13,920	23,200	52,200	81,200	116,000
Brn Semi-Coll Cabr	5,520	16,560	27,600	62,100	96,600	138,000
LeB Twn Cabr	5,920	17,760	29,600	66,600	103,600	148,000
Dtrch Spt Berl	4,720	14,160	23,600	53,100	82,600	118,000
5P Rlstn TwnC	5,360	16,080	26,800	60,300	93,800	134,000
7P Rlstn TwnC	5,360	16,080	26,800	60,300	93,800	134,000
Brn Phae	5,360	16,080	26,800	60,300	93,800	134,000
Brn dbl-entry Spt Sed	4,640	13,920	23,200	52,200	81,200	116,000
Brn A-W Brgm	5,360	16,080	26,800	60,300	93,800	134,000
Brn Clb Sed	4,240	12,720	21,200	47,700	74,200	106,000
Mur Conv Rds	7,720	23,160	38,600	86,850	135,100	193,000
1933 Model KA, V-12, 12-cyl., 136" wb						
512B Cpe	2,800	8,400	14,000	31,500	49,000	70,000
512A RS Cpe	2,880	8,640	14,400	32,400	50,400	72,000
513A Conv Rds	4,720	14,160	23,600	53,100	82,600	118,000
514 Twn Sed	2,400	7,200	12,000	27,000	42,000	60,000
515 Sed	2,360	7,080	11,800	26,550	41,300	59,000
516 Cpe	2,800	8,400	14,000	31,500	49,000	70,000
517 Sed	2,360	7,080	11,800	26,550	41,300	59,000
517B Limo	2,720	8,160	13,600	30,600	47,600	68,000
518A DC Phae	5,520	16,560	27,600	62,100	96,600	138,000
518B Phae	5,360	16,080	26,800	60,300	93,800	134,000
519 7P Tr	5,200	15,600	26,000	58,500	91,000	130,000
520B RS Rds	4,800	14,400	24,000	54,000	84,000	120,000
520A Rds	4,720	14,160	23,600	53,100	82,600	118,000
1933 Model KB, V-8, 12-cyl., 145" wb						
252A DC Phae	5,760	17,280	28,800	64,800	100,800	144,000
252B Phae	5,520	16,560	27,600	62,100	96,600	138,000
253 7P Tr	5,520	16,560	27,600	62,100	96,600	138,000
Twn Sed	2,480	7,440	12,400	27,900	43,400	62,000
255 5P Sed	2,560	7,680	12,800	28,800	44,800	64,000
256 5P Cpe	2,880	8,640	14,400	32,400	50,400	72,000
257 7P Sed	2,480	7,440	12,400	27,900	43,400	62,000
257B Limo	2,960	8,880	14,000	33,300	51,800	74,000
258C Brn Semi-Coll Cabr	5,360	16,080	26,800	60,300	93,800	134,000
258D Brn Non-Coll Cabr	4,960	14,880	24,800	55,800	86,800	124,000
259 Brn Brgm	3,760	11,280	18,800	42,300	65,800	94,000
260 Brn Conv Cpe	7,720	23,160	38,600	86,850	135,100	193,000
Dtrch Conv Sed	7,920	23,760	39,600	89,100	138,600	198,000
2P Dtrch Cpe	3,680	11,040	18,400	41,400	64,400	92,000
4P Dtrch Cpe	3,680	11,040	18,400	41,400	64,400	92,000
Jud Berl	3,200	9,600	16,000	36,000	56,000	80,000
2P Jud Cpe	3,360	10,080	16,800	37,800	58,800	84,000
4P Jud Cpe	3,360	10,080	16,800	37,800	58,800	84,000
Jud Limo	3,520	10,560	17,600	39,600	61,600	88,000
LeB Conv Rds	6,320	18,960	31,600	71,100	110,600	158,000
W'by Limo	3,520	10,560	17,600	39,600	61,600	88,000
W'by Brgm	3,680	11,040	18,400	41,400	64,400	92,000
1934 Series K, V-12, 12-cyl., 136" wb						
4P Conv Rds	4,800	14,400	24,000	54,000	84,000	120,000
4P Twn Sed	2,120	6,360	10,600	23,850	37,100	53,000
5P Sed	2,480	7,440	12,400	27,900	43,400	62,000
5P Cpe	2,880	8,640	14,400	32,400	50,400	72,000
7P Sed	2,480	7,440	12,400	27,900	43,400	62,000
7P Limo	2,960	8,880	14,800	33,300	51,800	74,000
2P Cpe	2,960	8,880	14,800	33,300	51,800	74,000
5P Conv Phae	4,720	14,160	23,600	53,100	82,600	118,000
4P Cpe	2,720	8,160	13,600	30,600	47,600	68,000
1934 V-12, 145" wb						
Tr	4,640	13,920	23,200	52,200	81,200	116,000
Sed	2,560	7,680	12,800	28,800	44,800	64,000
Limo	2,880	8,640	14,400	32,400	50,400	72,000
2W Jud Berl	3,360	10,080	16,800	37,800	58,800	84,000
3W Jud Berl	3,200	9,600	16,000	36,000	56,000	80,000
Jud Sed Limo	2,960	8,880	14,800	33,300	51,800	74,000
Brn Brgm	3,200	9,600	16,000	36,000	56,000	80,000
Brn Semi-Coll Cabr	4,480	13,440	22,400	50,400	78,400	112,000
Brn Conv Cpe	5,360	16,080	26,800	60,300	93,800	134,000
W'by Limo	2,880	8,640	14,400	32,400	50,400	72,000

	6	5	4	3	2	1
LeB Rds	5,360	16,080	26,800	60,300	93,800	134,000
Dtrch Conv Sed	5,760	17,280	28,800	64,800	100,800	144,000
Brn Conv Vic	5,760	17,280	28,800	64,800	100,800	144,000
LeB Cpe	3,200	9,600	16,000	36,000	56,000	80,000
Dtrch Conv Rds	5,360	16,080	26,800	60,300	93,800	134,000
W'by Spt Sed	2,880	8,640	14,400	32,400	50,400	72,000
LeB Conv Cpe	5,360	16,080	26,800	60,300	93,800	134,000
Brn Conv Sed	5,760	17,280	28,800	64,800	100,800	144,000
Brn Cus Phae	5,760	17,280	28,800	64,800	100,800	144,000
Brwstr Non-Coll Cabr	4,560	13,680	22,800	51,300	79,800	114,000
1935 Series K, V-12, 136" wb						
LeB Conv Rds	4,800	14,400	24,000	54,000	84,000	120,000
LeB Cpe	2,440	7,320	12,200	27,450	42,700	61,000
Cpe	2,360	7,080	11,800	26,550	41,300	59,000
Brn Conv Vic	4,880	14,640	24,400	54,900	85,400	122,000
2W Sed	2,000	6,000	10,000	22,500	35,000	50,000
3W Sed	1,960	5,880	9,800	22,050	34,300	49,000
LeB Conv Phae	4,960	14,880	24,800	55,800	86,800	124,000
1935 V-12, 145" wb						
7P Tr	4,720	14,160	23,600	53,100	82,600	118,000
7P Sed	2,040	6,120	10,200	22,950	35,700	51,000
7P Limo	2,440	7,320	12,200	27,450	42,700	61,000
LeB Conv Sed	5,360	16,080	26,800	60,300	93,800	134,000
Brn Semi-Coll Cabr	4,480	13,440	22,400	50,400	78,400	112,000
Brn Non-Coll Cabr	4,120	12,360	20,600	46,350	72,100	103,000
Brn Brgm	2,440	7,320	12,200	27,450	42,700	61,000
W'by Limo	2,400	7,200	12,000	27,000	42,000	60,000
W'by Spt Sed	2,440	7,320	12,200	27,450	42,700	61,000
2W Jud Berl	2,400	7,200	12,000	27,000	42,000	60,000
3W Jud Berl	2,440	7,320	12,200	27,450	42,700	61,000
Jud Sed Limo	2,480	7,440	12,400	27,900	43,400	62,000
1936 Zephyr, V-12, 122" wb						
4d Sed	1,360	4,080	6,800	15,300	23,800	34,000
2d Sed	1,400	4,200	7,000	15,750	24,500	35,000
1936 12-cyl., 136" wb						
LeB Rds Cabr	3,720	11,160	18,600	41,850	65,100	93,000
2P LeB Cpe	1,880	5,640	9,400	21,150	32,900	47,000
5P Cpe	1,800	5,400	9,000	20,250	31,500	45,000
Brn Conv Vic	3,960	11,880	19,800	44,550	69,300	99,000
2W Sed	1,600	4,800	8,000	18,000	28,000	40,000
3W Sed	1,560	4,680	7,800	17,550	27,300	39,000
LeB Conv Sed	4,120	12,360	20,600	46,350	72,100	103,000
1936 V-12, 145" wb						
7P Tr	4,120	12,360	20,600	46,350	72,100	103,000
7P Sed	1,880	5,640	9,400	21,150	32,900	47,000
7P Limo	2,040	6,120	10,200	22,950	35,700	51,000
LeB Conv Sed w/part	4,560	13,680	22,800	51,300	79,800	114,000
Brn Semi-Coll Cabr	3,960	11,880	19,800	44,550	69,300	99,000
Brn Non-Coll Cabr	3,160	9,480	15,800	35,550	55,300	79,000
Brn Brgm	2,080	6,240	10,400	23,400	36,400	52,000
W'by Limo	2,160	6,480	10,800	24,300	37,800	54,000
W'by Spt Sed	2,000	6,000	10,000	22,500	35,000	50,000
2W Jud Berl	2,080	6,240	10,400	23,400	36,400	52,000
3W Jud Berl	2,120	6,360	10,600	23,850	37,100	53,000
Jud Limo	2,200	6,600	11,000	24,750	38,500	55,000
1937 Zephyr, V-12						
3P Cpe	1,500	4,500	7,500	16,880	26,250	37,500
2d Sed	1,400	4,200	7,000	15,750	24,500	35,000
4d Sed	1,360	4,080	6,800	15,300	23,800	34,000
Twn Sed	1,380	4,140	6,900	15,530	24,150	34,500
1937 Series K, V-12, 136" wb						
LeB Conv Rds	3,760	11,280	18,800	42,300	65,800	94,000
LeB Cpe	1,840	5,520	9,200	20,700	32,200	46,000
W'by Cpe	1,920	5,760	9,600	21,600	33,600	48,000
Brn Conv Vic	3,920	11,760	19,600	44,100	68,600	98,000
2W Sed	1,680	5,040	8,400	18,900	29,400	42,000
3W Sed	1,640	4,920	8,200	18,450	28,700	41,000
1937 V-12, 145" wb						
7P Sed	1,760	5,280	8,800	19,800	30,800	44,000
7P Limo	1,840	5,520	9,200	20,700	32,200	46,000
LeB Conv Sed	3,800	11,400	19,000	42,750	66,500	95,000
LeB Conv Sed w/part	3,960	11,880	19,800	44,550	69,300	99,000
Brn Semi-Coll Cabr	3,560	10,680	17,800	40,050	62,300	89,000
Brn Non-Coll Cabr	2,840	8,520	14,200	31,950	49,700	71,000
Brn Brgm	2,120	6,360	10,600	23,850	37,100	53,000
Brn Tr Cabr	3,720	11,160	18,600	41,850	65,100	93,000
2W Jud Berl	2,080	6,240	10,400	23,400	36,400	52,000
3W Jud Berl	2,040	6,120	10,200	22,950	35,700	51,000

	6	5	4	3	2	1
Jud Limo....................................	2,280	6,840	11,400	25,650	39,900	57,000
W'by Tr.....................................	2,400	7,200	12,000	27,000	42,000	60,000
W'by Limo..................................	2,240	6,720	11,200	25,200	39,200	56,000
W'by Spt Sed	2,040	6,120	10,200	22,950	35,700	51,000
W'by Cpe	2,120	6,360	10,600	23,850	37,100	53,000
W'by Pan Brgm	2,160	6,480	10,800	24,300	37,800	54,000
Jud Cpe	2,120	6,360	10,600	23,850	37,100	53,000
1938 Zephyr, V-12						
3P Cpe.....................................	1,500	4,500	7,500	16,880	26,250	37,500
3P Conv Cpe	2,460	7,380	12,300	27,680	43,050	61,500
4d Sed	1,240	3,720	6,200	13,950	21,700	31,000
2d Sed	1,280	3,840	6,400	14,400	22,400	32,000
Conv Sed	2,980	8,940	14,900	33,530	52,150	74,500
Twn Sed	1,380	4,140	6,900	15,530	24,150	34,500
1938 Series K, V-12, 136" wb						
LeB Conv Rds	3,560	10,680	17,800	40,050	62,300	89,000
LeB Cpe	1,840	5,520	9,200	20,700	32,200	46,000
W'by Cpe	1,880	5,640	9,400	21,150	32,900	47,000
2W Sed....................................	1,680	5,040	8,400	18,900	29,400	42,000
3W Sed....................................	1,640	4,920	8,200	18,450	28,700	41,000
Brn Conv Vic	3,440	10,320	17,200	38,700	60,200	86,000
1938 V-12, 145" wb						
7P Sed	1,720	5,160	8,600	19,350	30,100	43,000
Sed Limo	1,760	5,280	8,800	19,800	30,800	44,000
LeB Conv Sed	3,960	11,880	19,800	44,550	69,300	99,000
LeB Conv Sed w/part	4,120	12,360	20,600	46,350	72,100	103,000
2W Jud Berl	1,760	5,280	8,800	19,800	30,800	44,000
3W Jud Berl	1,800	5,400	9,000	20,250	31,500	45,000
Jud Limo...................................	1,880	5,640	9,400	21,150	32,900	47,000
Brn Tr Cabr................................	4,040	12,120	20,200	45,450	70,700	101,000
W'by Tr....................................	2,480	7,440	12,400	27,900	43,400	62,000
W'by Spt Sed	1,880	5,640	9,400	21,150	32,900	47,000
Brn Non-Coll Cabr	2,760	8,280	13,800	31,050	48,300	69,000
Brn Semi-Coll Cabr	3,560	10,680	17,800	40,050	62,300	89,000
Brn Brgm	1,880	5,640	9,400	21,150	32,900	47,000
W'by Pan Brgm............................	1,680	5,040	8,400	18,900	29,400	42,000
W'by Limo..................................	2,080	6,240	10,400	23,400	36,400	52,000
1939 Zephyr, V-12						
3P Cpe	1,500	4,500	7,500	16,880	26,250	37,500
Conv Cpe	2,500	7,500	12,500	28,130	43,750	62,500
2d Sed	1,300	3,900	6,500	14,630	22,750	32,500
5P Sed	1,280	3,840	6,400	14,400	22,400	32,000
Conv Sed	2,980	8,940	14,900	33,530	52,150	74,500
Twn Sed	1,860	5,580	9,300	20,930	32,550	46,500
1939 Series K, V-12, 136" wb						
LeB Conv Rds	3,360	10,080	16,800	37,800	58,800	84,000
LeB Cpe	1,920	5,760	9,600	21,600	33,600	48,000
W'by Cpe	1,960	5,880	9,800	22,050	34,300	49,000
2W Sed....................................	1,800	5,400	9,000	20,250	31,500	45,000
3W Sed....................................	1,800	5,400	9,000	20,250	31,500	45,000
Brn Conv Vic	3,240	9,720	16,200	36,450	56,700	81,000
1939 V-12, 145" wb						
2W Jud Berl	1,840	5,520	9,200	20,700	32,200	46,000
3W Jud Berl	1,800	5,400	9,000	20,250	31,500	45,000
Jud Limo...................................	1,920	5,760	9,600	21,600	33,600	48,000
Brn Tr Cabr................................	2,680	8,040	13,400	30,150	46,900	67,000
7P Sed	1,840	5,520	9,200	20,700	32,200	46,000
7P Limo	1,960	5,880	9,800	22,050	34,300	49,000
LeB Conv Sed	3,960	11,880	19,800	44,550	69,300	99,000
LeB Conv Sed w/part	4,120	12,360	20,600	46,350	72,100	103,000
W'by Spt Sed	2,080	6,240	10,400	23,400	36,400	52,000
1939 V-12, 145" wb, 6 wheels						
Brn Non-Coll Cabr	3,560	10,680	17,800	40,050	62,300	89,000
Brn Semi-Coll Cabr	3,960	11,880	19,800	44,550	69,300	99,000
Brn Brgm	2,200	6,600	11,000	24,750	38,500	55,000
W'by Limo..................................	2,360	7,080	11,800	26,550	41,300	59,000
1940 Zephyr, V-12						
3P Cpe.....................................	1,380	4,140	6,900	15,530	24,150	34,500
OS Cpe	1,260	3,780	6,300	14,180	22,050	31,500
Clb Cpe	1,340	4,020	6,700	15,080	23,450	33,500
Conv Clb Cpe..............................	2,200	6,600	11,000	24,750	38,500	55,000
6P Sed	1,100	3,300	5,500	12,380	19,250	27,500
Twn Limo	1,460	4,380	7,300	16,430	25,550	36,500
Cont Clb Cpe	2,320	6,960	11,600	26,100	40,600	58,000
Cont Conv Cabr............................	2,840	8,520	14,200	31,950	49,700	71,000
1940 Series K, V-12						
NOTE: Available on special request, black emblems rather than blue.						
1941 Zephyr, V-12						
3P Cpe.....................................	1,380	4,140	6,900	15,530	24,150	34,500

LINCOLN

LINCOLN

	6	5	4	3	2	1
OS Cpe 1,260	3,780	6,300	14,180	22,050	31,500
Clb Cpe 1,340	4,020	6,700	15,080	23,450	33,500
Conv Cpe 2,200	6,600	11,000	24,750	38,500	55,000
Cont Cpe 2,280	6,840	11,400	25,650	39,900	57,000
Cont Conv Cabr 2,840	8,520	14,200	31,950	49,700	71,000
6P Sed 1,300	3,900	6,500	14,630	22,750	32,500
Cus Sed 1,260	3,780	6,300	14,180	22,050	31,500
8P Limo 2,120	6,360	10,600	23,850	37,100	53,000
1942 Zephyr, V-12						
3P Cpe 960	2,880	4,800	10,800	16,800	24,000
Clb Cpe 1,000	3,000	5,000	11,250	17,500	25,000
Conv Clb Cpe 2,000	6,000	10,000	22,500	35,000	50,000
Cont Cpe 2,320	6,960	11,600	26,100	40,600	58,000
Cont Conv Cabr 2,880	8,640	14,400	32,400	50,400	72,000
6P Sed 880	2,640	4,400	9,900	15,400	22,000
Cus Sed 920	2,760	4,600	10,350	16,100	23,000
8P Limo 1,320	3,960	6,600	14,850	23,100	33,000
1946-48 8th Series, V-12, 125" wb						
2d Clb Cpe 1,040	3,120	5,200	11,700	18,200	26,000
2d Conv 1,920	5,760	9,600	21,600	33,600	48,000
4d Sed 960	2,880	4,800	10,800	16,800	24,000
2d Cont Cpe 2,200	6,600	11,000	24,750	38,500	55,000
2d Cont Conv 2,720	8,160	13,600	30,600	47,600	68,000
1949-50 Model OEL, V-8, 121" wb						
4d Spt Sed 960	2,880	4,800	10,800	16,800	24,000
2d Cpe 1,120	3,360	5,600	12,600	19,600	28,000
2d Lido Cpe (1950 only) 1,320	3,960	6,600	14,850	23,100	33,000
1949-50 Cosmopolitan, V-8, 125" wb						
4d Town Sed (1949 only) 1,000	3,000	5,000	11,250	17,500	25,000
4d Spt Sed 1,020	3,060	5,100	11,480	17,850	25,500
2d Cpe 1,120	3,360	5,600	12,600	19,600	28,000
2d Capri (1950 only) 1,280	3,840	6,400	14,400	22,400	32,000
2d Conv 1,960	5,880	9,800	22,050	34,300	49,000
1951 Model Del, V-8, 121" wb						
4d Spt Sed 1,000	3,000	5,000	11,250	17,500	25,000
2d Cpe 1,080	3,240	5,400	12,150	18,900	27,000
2d Lido Cpe 1,380	4,140	6,900	15,530	24,150	34,500
1951 Cosmopolitan, V-8, 125" wb						
4d Spt Sed 1,040	3,120	5,200	11,700	18,200	26,000
2d Cpe 1,120	3,360	5,600	12,600	19,600	28,000
2d Capri 1,240	3,720	6,200	13,950	21,700	31,000
2d Conv 2,000	6,000	10,000	22,500	35,000	50,000
1952-53 Cosmopolitan Model BH, V-8, 123" wb						
4d Sed 960	2,880	4,800	10,800	16,800	24,000
2d HT 1,160	3,480	5,800	13,050	20,300	29,000
1952-53 Capri, V-8, 123" wb						
4d Sed 1,000	3,000	5,000	11,250	17,500	25,000
2d HT 1,200	3,600	6,000	13,500	21,000	30,000
2d Conv 2,080	6,240	10,400	23,400	36,400	52,000
1954 V-8, 123" wb						
4d Sed 960	2,880	4,800	10,800	16,800	24,000
2d HT 1,200	3,600	6,000	13,500	21,000	30,000
1954 Capri, V-8, 123" wb						
4d Sed 960	2,880	4,800	10,800	16,800	24,000
2d HT 1,280	3,840	6,400	14,400	22,400	32,000
2d Conv 2,080	6,240	10,400	23,400	36,400	52,000
1955 V-8, 123" wb						
4d Sed 960	2,880	4,800	10,800	16,800	24,000
2d HT 1,160	3,480	5,800	13,050	20,300	29,000
1955 Capri, V-8, 123" wb						
4d Sed 980	2,940	4,900	11,030	17,150	24,500
2d HT 1,240	3,720	6,200	13,950	21,700	31,000
2d Conv 2,120	6,360	10,600	23,850	37,100	53,000
1956 Capri, V-8, 126" wb						
4d Sed 980	2,940	4,900	11,030	17,150	24,500
2d HT 1,360	4,080	6,800	15,300	23,800	34,000
1956 Premiere, V-8, 126" wb						
4d Sed 1,000	3,000	5,000	11,250	17,500	25,000
2d HT 1,560	4,680	7,800	17,550	27,300	39,000
2d Conv 2,200	6,600	11,000	24,750	38,500	55,000
1956 Continental Mk II, V-8, 126" wb						
2d HT 3,320	9,960	16,600	37,350	58,100	83,000
1957 Capri, V-8, 126" wb						
4d Sed 840	2,520	4,200	9,450	14,700	21,000
4d HT 920	2,760	4,600	10,350	16,100	23,000
2d HT 1,240	3,720	6,200	13,950	21,700	31,000
1957 Premiere, V-8, 126" wb						
4d Sed 880	2,640	4,400	9,900	15,400	22,000
4d HT 960	2,880	4,800	10,800	16,800	24,000

	6	5	4	3	2	1
2d HT	1,320	3,960	6,600	14,850	23,100	33,000
2d Conv	2,120	6,360	10,600	23,850	37,100	53,000
1957 Continental Mk II, V-8, 126" wb						
2d HT	3,320	9,960	16,600	37,350	58,100	83,000
1958-59 Capri, V-8, 131" wb						
4d Sed	720	2,160	3,600	8,100	12,600	18,000
4d HT	800	2,400	4,000	9,000	14,000	20,000
2d HT	920	2,760	4,600	10,350	16,100	23,000
1958-59 Premiere, V-8, 131" wb						
4d Sed	760	2,280	3,800	8,550	13,300	19,000
4d HT	840	2,520	4,200	9,450	14,700	21,000
2d HT	960	2,880	4,800	10,800	16,800	24,000
1958-59 Continental Mk III and IV, V-8, 131" wb						
4d Sed	840	2,520	4,200	9,450	14,700	21,000
4d HT	920	2,760	4,600	10,350	16,100	23,000
2d HT	1,040	3,120	5,200	11,700	18,200	26,000
2d Conv	1,800	5,400	9,000	20,250	31,500	45,000
4d Town Car (1959 only)	1,040	3,120	5,200	11,700	18,200	26,000
4d Limo (1959 only)	1,080	3,240	5,400	12,150	18,900	27,000
1960 Lincoln, V-8, 131" wb						
4d Sed	760	2,280	3,800	8,550	13,300	19,000
4d HT	840	2,520	4,200	9,450	14,700	21,000
2d HT	920	2,760	4,600	10,350	16,100	23,000
1960 Premiere, V-8, 131" wb						
4d Sed	800	2,400	4,000	9,000	14,000	20,000
4d HT	880	2,640	4,400	9,900	15,400	22,000
2d HT	960	2,880	4,800	10,800	16,800	24,000
1960 Continental Mk V, V-8, 131" wb						
4d Sed	880	2,640	4,400	9,900	15,400	22,000
4d HT	960	2,880	4,800	10,800	16,800	24,000
2d HT	1,120	3,360	5,600	12,600	19,600	28,000
2d Conv	1,840	5,520	9,200	20,700	32,200	46,000
4d Town Car	1,080	3,240	5,400	12,150	18,900	27,000
4d Limo	1,120	3,360	5,600	12,600	19,600	28,000
1961-63 Continental, V-8, 123" wb						
4d Sed	720	2,160	3,600	8,100	12,600	18,000
4d Conv	1,160	3,480	5,800	13,050	20,300	29,000
1964-65 Continental, V-8, 126" wb						
4d Sed	720	2,160	3,600	8,100	12,600	18,000
4d Conv	1,200	3,600	6,000	13,500	21,000	30,000
4d Exec Limo	800	2,400	4,000	9,000	14,000	20,000
1966 Continental, V-8, 126" wb						
4d Sed	720	2,160	3,600	8,100	12,600	18,000
2d HT	840	2,520	4,200	9,450	14,700	21,000
4d Conv	1,200	3,600	6,000	13,500	21,000	30,000
1967 Continental, V-8, 126" wb						
4d Sed	720	2,160	3,600	8,100	12,600	18,000
2d HT	840	2,520	4,200	9,450	14,700	21,000
4d Conv	1,200	3,600	6,000	13,500	21,000	30,000
1968 Continental, V-8, 126" wb						
4d Sed	680	2,040	3,400	7,650	11,900	17,000
2d HT	800	2,400	4,000	9,000	14,000	20,000
1968 Continental, V-8, 117" wb						
2d HT	840	2,520	4,200	9,450	14,700	21,000
1969 Continental, V-8, 126" wb						
4d Sed	640	1,920	3,200	7,200	11,200	16,000
2d HT	680	2,040	3,400	7,650	11,900	17,000
1969 Continental Mk III, V-8, 117" wb						
2d HT	1,000	3,000	5,000	11,250	17,500	25,000
1970 Continental						
4d Sed	640	1,920	3,200	7,200	11,200	16,000
2d HT	680	2,040	3,400	7,650	11,900	17,000
1970 Continental Mk III, V-8, 117" wb						
2d HT	1,020	3,060	5,100	11,480	17,850	25,500
1971 Continental						
4d Sed	640	1,920	3,200	7,200	11,200	16,000
2d	680	2,040	3,400	7,650	11,900	17,000
1971 Mk III						
2d	1,020	3,060	5,100	11,480	17,850	25,500
1972 Continental						
4d Sed	640	1,920	3,200	7,200	11,200	16,000
2d	680	2,040	3,400	7,650	11,900	17,000
1972 Mk IV						
2d	760	2,280	3,800	8,550	13,300	19,000
1973 Continental, V-8						
2d HT	660	1,980	3,300	7,430	11,550	16,500
4d HT	620	1,860	3,100	6,980	10,850	15,500
1973 Mk IV, V-8						
2d HT	760	2,280	3,800	8,550	13,300	19,000

	6	5	4	3	2	1
1974 Continental, V-8						
4d Sed.	600	1,800	3,000	6,750	10,500	15,000
2d Cpe.	620	1,860	3,100	6,980	10,850	15,500
1974 Mk IV, V-8						
2d HT	720	2,160	3,600	8,100	12,600	18,000
1975 Continental, V-8						
4d Sed.	612	1,836	3,060	6,890	10,710	15,300
2d Cpe.	620	1,860	3,100	6,980	10,850	15,500
1975 Mk IV, V-8						
2d HT	720	2,160	3,600	8,100	12,600	18,000
1976 Continental, V-8						
4d Sed.	600	1,800	3,000	6,750	10,500	15,000
2d Cpe.	620	1,860	3,100	6,980	10,850	15,500
1976 Mk IV, V-8						
2d Cpe.	720	2,160	3,600	8,100	12,600	18,000

NOTE: Add 10 percent for 460 cid engine. Add 5 percent for Designer Series.

	6	5	4	3	2	1
1977 Versailles, V-8						
4d Sed.	400	1,200	2,000	4,500	7,000	10,000
1977 Continental, V-8						
4d Sed.	412	1,236	2,060	4,640	7,210	10,300
2d Cpe.	420	1,260	2,100	4,730	7,350	10,500
1977 Mk V, V-8						
2d Cpe.	600	1,800	3,000	6,750	10,500	15,000

NOTE: Add 10 percent for 460 cid engine. Add 5 percent for Designer Series.

	6	5	4	3	2	1
1978 Versailles						
4d Sed.	300	850	1,400	3,150	4,900	7,000
1978 Continental						
4d Sed.	300	850	1,450	3,240	5,050	7,200
2d Cpe.	300	900	1,500	3,420	5,300	7,600
1978 Mk V						
2d Cpe.	600	1,800	3,000	6,750	10,500	15,000

NOTE: Add 10 percent for Diamond Jubilee. Add 5 percent for Collector Series. Add 5 percent for Designer Series. Add 10 percent for 460 cid engine.

	6	5	4	3	2	1
1979 Versailles, V-8						
4d Sed.	250	800	1,350	3,060	4,750	6,800
1979 Continental, V-8						
4d Sed.	300	900	1,500	3,330	5,200	7,400
2d Cpe.	300	950	1,600	3,560	5,550	7,900
1979 Mk V, V-8						
2d Cpe.	560	1,680	2,800	6,300	9,800	14,000

NOTE: Add 5 percent for Collector Series. Add 5 percent for Designer Series.

	6	5	4	3	2	1
1980 Versailles, V-8						
4d Sed.	244	732	1,220	2,750	4,270	6,100
1980 Continental, V-8						
4d Sed.	300	900	1,500	3,330	5,200	7,400
2d Cpe.	300	950	1,600	3,560	5,550	7,900
1980 Mk VI, V-8						
4d Sed.	360	1,080	1,800	4,050	6,300	9,000
2d Cpe.	368	1,104	1,840	4,140	6,440	9,200
1981 Town Car, V-8						
4d Sed.	300	900	1,450	3,290	5,100	7,300
2d Cpe.	300	950	1,550	3,510	5,450	7,800
1981 Mk VI						
4d Sed.	240	720	1,200	2,700	4,200	6,000
2d Cpe.	248	744	1,240	2,790	4,340	6,200
1982 Town Car, V-8						
4d Sed.	260	780	1,300	2,930	4,550	6,500
1982 Mk VI, V-8						
4d Sed.	244	732	1,220	2,750	4,270	6,100
2d Cpe.	248	744	1,240	2,790	4,340	6,200
1982 Continental, V-8						
4d Sed.	520	1,560	2,600	5,850	9,100	13,000
1983 Town Car, V-8						
4d Sed.	272	816	1,360	3,060	4,760	6,800
1983 Mk VI, V-8						
4d Sed.	250	750	1,200	2,750	4,250	6,100
2d Cpe.	248	744	1,240	2,790	4,340	6,200
1983 Continental, V-8						
4d Sed.	520	1,560	2,600	5,850	9,100	13,000
1984 Town Car, V-8						
4d Sed.	276	828	1,380	3,110	4,830	6,900
1984 Mk VII, V-8						
2d Cpe.	360	1,080	1,800	4,050	6,300	9,000
2d LSC Cpe.	540	1,620	2,700	6,080	9,450	13,500
1984 Continental, V-8						
4d Sed.	520	1,560	2,600	5,850	9,100	13,000
1985 Town Car, V-8						
4d Sed.	360	1,080	1,800	4,050	6,300	9,000

	6	5	4	3	2	1
1985 Mk VII, V-8						
2d Cpe	368	1,104	1,840	4,140	6,440	9,200
2d LSC Cpe	540	1,620	2,700	6,080	9,450	13,500
1985 Continental, V-8						
4d Sed	536	1,608	2,680	6,030	9,380	13,400
1986 Town Car						
4d Sed	380	1,140	1,900	4,280	6,650	9,500
1986 Mk VII						
2d Cpe	520	1,560	2,600	5,850	9,100	13,000
2d LSC Cpe	540	1,620	2,700	6,080	9,450	13,500
2d Cpe Bill Blass	550	1,700	2,800	6,300	9,800	14,000
1986 Continental						
4d Sed	552	1,656	2,760	6,210	9,660	13,800
NOTE: Add 20 percent for Designer Series.						
1987 Town Car, V-8						
4d Sed	392	1,176	1,960	4,410	6,860	9,800
4d Sed Signature	420	1,260	2,100	4,730	7,350	10,500
4d Sed Cartier	540	1,620	2,700	6,080	9,450	13,500
1987 Mk VII, V-8						
2d Cpe	420	1,260	2,100	4,730	7,350	10,500
2d Cpe LSC	540	1,620	2,700	6,080	9,450	13,500
2d Cpe Bill Blass	560	1,680	2,800	6,300	9,800	14,000
1987 Continental, V-8						
4d Sed	380	1,140	1,900	4,280	6,650	9,500
4d Sed Givenchy	420	1,260	2,100	4,730	7,350	10,500
1988 Town Car, V-8						
4d Sed	400	1,200	2,000	4,500	7,000	10,000
4d Sed Signature	520	1,560	2,600	5,850	9,100	13,000
4d Sed Cartier	540	1,620	2,700	6,080	9,450	13,500
1988 Mk VII, V-8						
2d Cpe LSC	552	1,656	2,760	6,210	9,660	13,800
2d Cpe Bill Blass	556	1,668	2,780	6,260	9,730	13,900
1988 Continental, V-6						
4d Sed	412	1,236	2,060	4,640	7,210	10,300
4d Sed Signature	532	1,596	2,660	5,990	9,310	13,300
1989 Town Car, V-8						
4d Sed	540	1,620	2,700	6,080	9,450	13,500
4d Sed Signature	560	1,680	2,800	6,300	9,800	14,000
4d Sed Cartier	600	1,800	3,000	6,750	10,500	15,000
1989 Mk VII, V-8						
2d Cpe LSC	560	1,680	2,800	6,300	9,800	14,000
2d Cpe Bill Blass	560	1,680	2,800	6,300	9,800	14,000
1989 Continental, V-6						
4d Sed	420	1,260	2,100	4,730	7,350	10,500
4d Sed Signature	540	1,620	2,700	6,080	9,450	13,500
1990 Town Car, V-8						
4d Sed	600	1,800	3,000	6,750	10,500	15,000
4d Sed Signature	640	1,920	3,200	7,200	11,200	16,000
4d Sed Cartier	660	1,980	3,300	7,430	11,550	16,500
1990 Mk VII, V-8						
2d LSC Cpe	560	1,680	2,800	6,300	9,800	14,000
2d Cpe Bill Blass	580	1,740	2,900	6,530	10,150	14,500
1990 Continental, V-6						
4d Sed	520	1,560	2,600	5,850	9,100	13,000
4d Sed Signature	540	1,620	2,700	6,080	9,450	13,500
1991 Town Car, V-8						
4d Sed	520	1,560	2,600	5,850	9,100	13,000
4d Sed Signature	540	1,620	2,700	6,080	9,450	13,500
4d Sed Cartier	580	1,740	2,900	6,530	10,150	14,500
1991 Mk VII, V-8						
2d Cpe LSC	560	1,680	2,800	6,300	9,800	14,000
2d Cpe Bill Blass	580	1,740	2,900	6,530	10,150	14,500
1991 Continental, V-6						
4d Sed	420	1,260	2,100	4,730	7,350	10,500
4d Sed Signature	520	1,560	2,600	5,850	9,100	13,000
1992 Town Car, V-8						
4d Sed Executive	592	1,776	2,960	6,660	10,360	14,800
4d Sed Signature	600	1,800	3,000	6,750	10,500	15,000
4d Sed Cartier	620	1,860	3,100	6,980	10,850	15,500
1992 Mk VII, V-8						
2d Cpe LSC	640	1,920	3,200	7,200	11,200	16,000
2d Cpe Bill Blass	640	1,920	3,200	7,200	11,200	16,000
1992 Continental, V-6						
4d Executive	400	1,200	2,000	4,500	7,000	10,000
4d Signature	420	1,260	2,100	4,730	7,350	10,500
1993 Town Car, V-8						
4d Sed Executive	600	1,800	3,000	6,750	10,500	15,000
4d Sed Signature	640	1,920	3,200	7,200	11,200	16,000
4d Sed Cartier	660	1,980	3,300	7,430	11,550	16,500

LINCOLN

	6	5	4	3	2	1
1993 Mk VIII, V-8						
2d Sed Executive 648	1,944	3,240	7,290	11,340	16,200
2d Sed Signature 652	1,956	3,260	7,340	11,410	16,300
1993 Continental, V-6						
4d Sed Executive 600	1,800	3,000	6,750	10,500	15,000
4d Sed Signature 604	1,812	3,020	6,800	10,570	15,100
1994 Town Car, V-8						
4d Sed Executive 520	1,560	2,600	5,850	9,100	13,000
4d Sed Signature 540	1,620	2,700	6,080	9,450	13,500
4d Sed Cartier 580	1,740	2,900	6,530	10,150	14,500
1994 Mark VIII, V-8						
2d Cpe. 520	1,560	2,600	5,850	9,100	13,000
1994 Continental, V-6						
4d Sed Executive 440	1,320	2,200	4,950	7,700	11,000
4d Sed Signature 480	1,440	2,400	5,400	8,400	12,000
1995 Town Car, V-8						
4d Executive Sed 500	1,550	2,600	5,850	9,100	13,000
4d Signature Sed 550	1,600	2,700	6,080	9,450	13,500
4d Cartier Sed 600	1,750	2,900	6,530	10,200	14,500
1995 Mark VIII, V-8						
2d Cpe. 500	1,550	2,600	5,850	9,100	13,000
1995 Continental V-8						
4d Sed. 500	1,500	2,500	5,630	8,750	12,500
1996 Town Car, V-8						
4d Executive Sed 500	1,550	2,600	5,850	9,100	13,000
4d Signature Sed 550	1,600	2,700	6,080	9,450	13,500
4d Cartier Sed 600	1,750	2,900	6,530	10,200	14,500
1996 Mark VIII, V-8						
2d Cpe. 500	1,550	2,600	5,850	9,100	13,000
1996 Continental, V-8						
4d Sed. 500	1,500	2,500	5,630	8,750	12,500
1997 Town Car, V-8						
4d Executive Sed 520	1,560	2,600	5,850	9,100	13,000
4d Signature Sed 540	1,620	2,700	6,080	9,450	13,500
4d Cartier Sed 580	1,740	2,900	6,530	10,150	14,500
1997 Mark VIII, V-8						
2d Cpe. 520	1,560	2,600	5,850	9,100	13,000
2d LSC Cpe. 560	1,680	2,800	6,300	9,800	14,000
1997 Continental, V-8						
4d Sed. 500	1,500	2,500	5,630	8,750	12,500
1998 Town Car, V-8						
4d Executive Sed 530	1,580	2,640	5,940	9,240	13,200
4d Signature Sed 550	1,640	2,740	6,170	9,590	13,700
4d Cartier Sed 590	1,760	2,940	6,620	10,290	14,700
1998 Mark VIII, V-8						
2d Cpe. 520	1,560	2,600	5,850	9,100	13,000
2d LSC Cpe. 560	1,680	2,800	6,300	9,800	14,000
1998 Continental, V-8						
4d Sed. 510	1,520	2,540	5,720	8,890	12,700
1999 Town Car, V-8						
4d Executive Sed 530	1,580	2,640	5,940	9,240	13,200
4d Signature Sed 550	1,640	2,740	6,170	9,590	13,700
4d Cartier Sed 590	1,760	2,940	6,620	10,290	14,700
1999 Continental, V-8						
4d Sed. 510	1,540	2,560	5,760	8,960	12,800
2000 LS, V-6 & V-8						
4d Sed. 360	1,080	1,800	4,050	6,300	9,000
NOTE: Deduct 5 percent for manual transmission.						
2000 Town Car, V-8						
4d Executive Sed 530	1,600	2,660	5,990	9,310	13,300
4d Signature Sed 550	1,660	2,760	6,210	9,660	13,800
4d Cartier Sed 590	1,780	2,960	6,660	10,360	14,800
NOTE: Add 5 percent for Signature Touring pkg.						
2000 Continental, V-8						
4d Sed. 510	1,540	2,560	5,760	8,960	12,800
2001 LS, V-6 & V-8						
4d Sed. 360	1,090	1,820	4,550	6,370	9,100
NOTE: Add 5 percent for Sport pkg. Deduct 5 percent for manual transmission.						
2001 Town Car, V-8						
4d Executive Sed 540	1,610	2,680	6,700	9,380	13,400
4d Signature Sed 560	1,670	2,780	6,950	9,730	13,900
4d Cartier Sed 600	1,790	2,980	7,450	10,430	14,900
NOTE: Add 5 percent for L pkg. (N/A on Signature Sed). Add 5 percent for Signature Touring pkg.						
2001 Continental, V-8						
4d Sed. 520	1,550	2,580	6,450	9,030	12,900

LOCOMOBILE

	6	5	4	3	2	1
1901						
Style 2 Steam Rbt 1,560	4,680	7,800	17,550	27,300	39,000

	6	5	4	3	2	1
Style 02 Steam Rbt	1,600	4,800	8,000	18,000	28,000	40,000
Style 3 Buggy Top Rbt	1,640	4,920	8,200	18,450	28,700	41,000
Style 03 Vic Top Rbt	1,640	4,920	8,200	18,450	28,700	41,000
Style 003 Vic Top Rbt	1,640	4,920	8,200	18,450	28,700	41,000
Style 5 Locosurrey	1,680	5,040	8,400	18,900	29,400	42,000
Style 05 Locosurrey	1,720	5,160	8,600	19,350	30,100	43,000
1902						
4P Model A Steam Tr	1,640	4,920	8,200	18,450	28,700	41,000
2/4P Model B Steam Tr	1,680	5,040	8,400	18,900	29,400	42,000
2P Steam Vic	1,560	4,680	7,800	17,550	27,300	39,000
Style No. 2 Std Steam Rbt	1,520	4,560	7,600	17,100	26,600	38,000
Style No. 02 Steam Rbt	1,560	4,680	7,800	17,550	27,300	39,000
4P Style No. 5 Steam Locosurrey	1,640	4,920	8,200	18,450	28,700	41,000
4P Style No. 05 Steam Locosurrey	1,680	5,040	8,400	18,900	29,400	42,000
Style No. 3 Steam Physician's Car	1,560	4,680	7,800	17,550	27,300	39,000
Style No. 03 Steam Stanhope	1,480	4,440	7,400	16,650	25,900	37,000
Style No. 003 Stanhope	1,520	4,560	7,600	17,100	26,600	38,000
Steam Locotrap	1,520	4,560	7,600	17,100	26,600	38,000
Steam Locodelivery	1,560	4,680	7,800	17,550	27,300	39,000
1903 Steam Cars						
Dos-a-Dos	1,600	4,800	8,000	18,000	28,000	40,000
Locosurrey	1,640	4,920	8,200	18,450	28,700	41,000
Rbt	1,560	4,680	7,800	17,550	27,300	39,000
1903 Gasoline Car, 2-cyl., 9 hp, 76" wb						
5P Tonn	1,600	4,800	8,000	18,000	28,000	40,000
1903 Gasoline Car, 4-cyl., 16 hp, 86" wb						
5P Tonn	1,720	5,160	8,600	19,350	30,100	43,000
1904 Steam Cars						
Tr, 85" wb	1,680	5,040	8,400	18,900	29,400	42,000
Tr, 79" wb	1,720	5,160	8,600	19,350	30,100	43,000
Stanhope, 79" wb	1,560	4,680	7,800	17,550	27,300	39,000
Dos-a-Dos, 79" wb	1,640	4,920	8,200	18,450	28,700	41,000
LWB Rbt	1,600	4,800	8,000	18,000	28,000	40,000
Locosurrey, 75" wb	1,720	5,160	8,600	19,350	30,100	43,000
Spl Surrey, 93" wb	1,760	5,280	8,800	19,800	30,800	44,000
1904 Gasoline Model C, 2-cyl., 9/12 hp, 76" wb						
5P Tonn	1,680	5,040	8,400	18,900	29,400	42,000
5P Canopy Top Tonn	1,840	5,520	9,200	20,700	32,200	46,000
1904 Gasoline Model D, 4-cyl., 16/22 hp, 86" wb						
6/8P Limo	1,440	4,320	7,200	16,200	25,200	36,000
6P King of Belgian Tonn	1,560	4,680	7,800	17,550	27,300	39,000
6P DeL Tonn	1,400	4,200	7,000	15,750	24,500	35,000
1905 Model E, 4-cyl., 15/20 hp, 92" wb						
5P Tr	1,720	5,160	8,600	19,350	30,100	43,000
5P Lan'let	1,640	4,920	8,200	18,450	28,700	41,000
1905 Model D, 4-cyl., 20/25 hp, 96" wb						
7P Tr	1,760	5,280	8,800	19,800	30,800	44,000
1905 Model H, 4-cyl., 30/35 hp, 106" wb						
7P Tr	1,800	5,400	9,000	20,250	31,500	45,000
7P Limo	1,480	4,440	7,400	16,650	25,900	37,000
1905 Model F, 4-cyl., 40/45 hp, 110" wb						
7P Limo	1,520	4,560	7,600	17,100	26,600	38,000
1906 Model E, 4-cyl., 15/20 hp, 93" wb						
5P Tr	1,720	5,160	8,600	19,350	30,100	43,000
2P Fishtail Rbt	1,760	5,280	8,800	19,800	30,800	44,000
5P Limo	1,440	4,320	7,200	16,200	25,200	36,000
1906 Model H, 4-cyl., 30/35 hp, 106" wb						
5/7P Tr	1,800	5,400	9,000	20,250	31,500	45,000
5/7P Limo	1,480	4,440	7,400	16,650	25,900	37,000
1906 Special, 4-cyl., 90 hp, 110" wb						
Vanderbilt Racer		value not estimable				
1907 Model E, 4-cyl., 20 hp, 96" wb						
5P Tr	1,760	5,280	8,800	19,800	30,800	44,000
2P Fishtail Rbt	1,800	5,400	9,000	20,250	31,500	45,000
5P Limo	1,480	4,440	7,400	16,650	25,900	37,000
1907 Model H, 4-cyl., 35 hp, 120" wb						
7P Tr	1,840	5,520	9,200	20,700	32,200	46,000
7P Limo	1,520	4,560	7,600	17,100	26,600	38,000
1907 Special, 4-cyl., 90 hp, 120" wb						
Vanderbilt Racer		value not estimable				
1908 Model E, 4-cyl., 20 hp, 102" wb						
Std Tr	1,800	5,400	9,000	20,250	31,500	45,000
1908 Model E, 4-cyl., 20 hp, 116" wb						
6P Limo	1,480	4,440	7,400	16,650	25,900	37,000
6P Lan'let	1,600	4,800	8,000	18,000	28,000	40,000
1908 Model I, 4-cyl., 40 hp, 123" wb						
3P Rbt	1,880	5,640	9,400	21,150	32,900	47,000
1909 Model 30, 4-cyl., 32 hp, 120" wb						
5P Tr	1,840	5,520	9,200	20,700	32,200	46,000
4P Rbt	1,880	5,640	9,400	21,150	32,900	47,000

LOCOMOBILE

	6	5	4	3	2	1
1909 Model 40, 4-cyl., 40 hp, 123" wb						
7P Tr	1,920	5,760	9,600	21,600	33,600	48,000
4P Baby Tonn	1,960	5,880	9,800	22,050	34,300	49,000
7P Limo	1,480	4,440	7,400	16,650	25,900	37,000
1910 Model 30(L), 4-cyl., 30 hp, 120" wb						
4P Rds	1,920	5,760	9,600	21,600	33,600	48,000
4P Baby Tonn	1,880	5,640	9,400	21,150	32,900	47,000
5P Tr	1,840	5,520	9,200	20,700	32,200	46,000
Limo	1,480	4,440	7,400	16,650	25,900	37,000
1910 Model 40(I), 4-cyl., 40 hp, 123" wb						
7P Tr	2,160	6,480	10,800	24,300	37,800	54,000
Rbt	2,120	6,360	10,600	23,850	37,100	53,000
7P Limo	1,760	5,280	8,800	19,800	30,800	44,000
7P Lan'let	1,880	5,640	9,400	21,150	32,900	47,000
4P Baby Tonn	2,120	6,360	10,600	23,850	37,100	53,000
1911 Model 30(L), 4-cyl., 32 hp, 120" wb						
5P Tr	1,920	5,760	9,600	21,600	33,600	48,000
4P Baby Tonn	2,000	6,000	10,000	22,500	35,000	50,000
4P Torp	2,040	6,120	10,200	22,950	35,700	51,000
6P Limo	1,560	4,680	7,800	17,550	27,300	39,000
6P Lan'let	1,680	5,040	8,400	18,900	29,400	42,000
1911 Model 48(M), 6-cyl., 48 hp, 125" wb						
7P Tr	2,200	6,600	11,000	24,750	38,500	55,000
4P Baby Tonn	2,320	6,960	11,600	26,100	40,600	58,000
7P Limo	1,840	5,520	9,200	20,700	32,200	46,000
7P Lan'let	1,960	5,880	9,800	22,050	34,300	49,000
1912 Model 30(L), 4-cyl., 30 hp, 120" wb						
Tr	1,920	5,760	9,600	21,600	33,600	48,000
Baby Tonn	1,960	5,880	9,800	22,050	34,300	49,000
Torp	2,000	6,000	10,000	22,500	35,000	50,000
Limo	1,560	4,680	7,800	17,550	27,300	39,000
Berl	1,720	5,160	8,600	19,350	30,100	43,000
Lan'let	1,840	5,520	9,200	20,700	32,200	46,000
1912 Model 48(M), 6-cyl., 48 hp, 135" wb						
Tr	2,200	6,600	11,000	24,750	38,500	55,000
4P Torp	2,240	6,720	11,200	25,200	39,200	56,000
5P Torp	2,280	6,840	11,400	25,650	39,900	57,000
Limo	1,800	5,400	9,000	20,250	31,500	45,000
Berl	1,960	5,880	9,800	22,050	34,300	49,000
Lan'let	2,080	6,240	10,400	23,400	36,400	52,000
1913 Model 30(L), 4-cyl., 32.4 hp, 120" wb						
4P Torp	2,040	6,120	10,200	22,950	35,700	51,000
5P Tr	2,080	6,240	10,400	23,400	36,400	52,000
Rds	2,040	6,120	10,200	22,950	35,700	51,000
1913 Model 38(R), 6-cyl., 43.8 hp, 128" wb						
4P Torp	2,480	7,440	12,400	27,900	43,400	62,000
5P Tr	2,440	7,320	12,200	27,450	42,700	61,000
Rds	2,480	7,440	12,400	27,900	43,400	62,000
Limo	1,840	5,520	9,200	20,700	32,200	46,000
Lan'let	1,920	5,760	9,600	21,600	33,600	48,000
Berl Limo	2,040	6,120	10,200	22,950	35,700	51,000
Berl Lan'let	2,120	6,360	10,600	23,850	37,100	53,000
1914 Model 38, 6-cyl., 43.8 hp, 132" wb						
4P Torp	2,720	8,160	13,600	30,600	47,600	68,000
5P Tr	2,800	8,400	14,000	31,500	49,000	70,000
2P Rds	2,880	8,640	14,400	32,400	50,400	72,000
7P Limo	2,160	6,480	10,800	24,300	37,800	54,000
7P Lan'let	2,200	6,600	11,000	24,750	38,500	55,000
7P Berl	2,280	6,840	11,400	25,650	39,900	57,000
1914 Model 48, 6-cyl., 48.6 hp, 136 & 140" wb						
7P Tr	2,800	8,400	14,000	31,500	49,000	70,000
6P Torp	2,880	8,640	14,400	32,400	50,400	72,000
2P Rds	2,960	8,880	14,800	33,300	51,800	74,000
7P Limo	2,280	6,840	11,400	25,650	39,900	57,000
7P Lan'let	2,360	7,080	11,800	26,550	41,300	59,000
7P Berl	2,440	7,320	12,200	27,450	42,700	61,000
1915 Model 38, 6-cyl., 43.3 hp, 132" wb						
5P Tr	2,800	8,400	14,000	31,500	49,000	70,000
2P Rds	2,880	8,640	14,400	32,400	50,400	72,000
4P Torp	2,800	8,400	14,000	31,500	49,000	70,000
7P Limo	1,560	4,680	7,800	17,550	27,300	39,000
7P Lan'let	1,600	4,800	8,000	18,000	28,000	40,000
7P Berl	1,640	4,920	8,200	18,450	28,700	41,000
1915 Model 48, 6-cyl., 48.6 hp, 140" wb						
7P Tr	2,880	8,640	14,400	32,400	50,400	72,000
2P Rds	2,960	8,880	14,800	33,300	51,800	74,000
6P Torp	2,880	8,640	14,400	32,400	50,400	72,000
7P Limo	1,600	4,800	8,000	18,000	28,000	40,000

	6	5	4	3	2	1
7P Lan'let	1,640	4,920	8,200	18,450	28,700	41,000
7P Berl	1,680	5,040	8,400	18,900	29,400	42,000
1916 Model 38, 6-cyl., 43.35 hp, 140" wb						
7P Tr.	3,040	9,120	15,200	34,200	53,200	76,000
6P Tr.	3,120	9,360	15,600	35,100	54,600	78,000
7P Limo	1,560	4,680	7,800	17,550	27,300	39,000
7P Lan'let	1,600	4,800	8,000	18,000	28,000	40,000
7P Berl	1,640	4,920	8,200	18,450	28,700	41,000
1916 Model 48, 6-cyl., 48.6 hp, 143" wb						
6P Tr.	3,760	11,280	18,800	42,300	65,800	94,000
7P Tr.	3,440	10,320	17,200	38,700	60,200	86,000
7P Lan'let	1,720	5,160	8,600	19,350	30,100	43,000
7P Berl	1,760	5,280	8,800	19,800	30,800	44,000
7P Limo	1,680	5,040	8,400	18,900	29,400	42,000
1917 Model 38, 6-cyl., 43.34 hp, 139" wb						
7P Tr.	3,600	10,800	18,000	40,500	63,000	90,000
6P Tr.	3,760	11,280	18,800	42,300	65,800	94,000
4P Tr.	3,840	11,520	19,200	43,200	67,200	96,000
7P Limo	1,680	5,040	8,400	18,900	29,400	42,000
7P Lan'let	1,720	5,160	8,600	19,350	30,100	43,000
7P Berl	1,800	5,400	9,000	20,250	31,500	45,000
1917 Model 48, 6-cyl., 48.6 hp, 142" wb						
Sportif	5,920	17,760	29,600	66,600	103,600	148,000
6P Tr.	3,840	11,520	19,200	43,200	67,200	96,000
7P Tr.	3,760	11,280	18,800	42,300	65,800	94,000
7P Lan'let	1,800	5,400	9,000	20,250	31,500	45,000
7P Berl	1,880	5,640	9,400	21,150	32,900	47,000
7P Limo	1,760	5,280	8,800	19,800	30,800	44,000
1918 Model 38, Series Two, 6-cyl., 43.35 hp, 139" wb						
7P Tr.	3,600	10,800	18,000	40,500	63,000	90,000
6P Tr.	3,680	11,040	18,400	41,400	64,400	92,000
4P Tr.	3,760	11,280	18,800	42,300	65,800	94,000
7P Lan'let	1,680	5,040	8,400	18,900	29,400	42,000
7P Berl	1,800	5,400	9,000	20,250	31,500	45,000
7P Limo	1,640	4,920	8,200	18,450	28,700	41,000
1918 Model 48, Series Two, 6-cyl., 48.6 hp, 142" wb						
Sportif	5,920	17,760	29,600	66,600	103,600	148,000
7P Tr.	3,760	11,280	18,800	42,300	65,800	94,000
6P Tr.	3,840	11,520	19,200	43,200	67,200	96,000
4P Tr.	3,840	11,520	19,200	43,200	67,200	96,000
7P Limo	1,760	5,280	8,800	19,800	30,800	44,000
7P Lan'let	1,800	5,400	9,000	20,250	31,500	45,000
7P Berl	1,880	5,640	9,400	21,150	32,900	47,000
1919 Model 48, 6-cyl., 48.6 hp, 142" wb						
7P Tr.	3,840	11,520	19,200	43,200	67,200	96,000
Torp	3,840	11,520	19,200	43,200	67,200	96,000
Sportif	5,920	17,760	29,600	66,600	103,600	148,000
Limo	2,080	6,240	10,400	23,400	36,400	52,000
Lan'let	2,160	6,480	10,800	24,300	37,800	54,000
Berl	2,280	6,840	11,400	25,650	39,900	57,000
1920 Model 48, 6-cyl., 142" wb						
4P Spl Tr	3,920	11,760	19,600	44,100	68,600	98,000
4P Tr.	3,760	11,280	18,800	42,300	65,800	94,000
7P Tr.	3,520	10,560	17,600	39,600	61,600	88,000
7P Limo	2,280	6,840	11,400	25,650	39,900	57,000
7P Lan'let	2,360	7,080	11,800	26,550	41,300	59,000
7P Sed	1,360	4,080	6,800	15,300	23,800	34,000
4P Cabr	1,880	5,640	9,400	21,150	32,900	47,000
5P Semi-Tr	2,280	6,840	11,400	25,650	39,900	57,000
1921 Model 48, 6-cyl., 95 hp, 142" wb						
7P Tr.	3,520	10,560	17,600	39,600	61,600	88,000
Sportif	5,720	17,160	28,600	64,350	100,100	143,000
7P Limo	2,280	6,840	11,400	25,650	39,900	57,000
7P Lan	2,360	7,080	11,800	26,550	41,300	59,000
1922 Model 48, 6-cyl., 95 hp, 142" wb						
7P Tr.	3,520	10,560	17,600	39,600	61,600	88,000
4P Sportif	5,720	17,160	28,600	64,350	100,100	143,000
6P Limo	2,280	6,840	11,400	25,650	39,900	57,000
Lan'let	2,360	7,080	11,800	26,550	41,300	59,000
DC Phae	5,520	16,560	27,600	62,100	96,600	138,000
Cpe-Limo	2,480	7,440	12,400	27,900	43,400	62,000
Cabr	2,560	7,680	12,800	28,800	44,800	64,000
Sed	1,880	5,640	9,400	21,150	32,900	47,000
1923 Model 48, 6-cyl., 95 hp, 142" wb						
4P Sportif	5,720	17,160	28,600	64,350	100,100	143,000
7P Tr.	3,520	10,560	17,600	39,600	61,600	88,000
4P Tr.	3,760	11,280	18,800	42,300	65,800	94,000
7P Limo	2,480	7,440	12,400	27,900	43,400	62,000

LOCOMOBILE

	6	5	4	3	2	1
4P DC Phae	5,520	16,560	27,600	62,100	96,600	138,000
5P Cpe	1,880	5,640	9,400	21,150	32,900	47,000
5P Cabr	2,560	7,680	12,800	28,800	44,800	64,000
7P Sed	1,680	5,040	8,400	18,900	29,400	42,000
1924 Model 48, 6-cyl., 95 hp, 142" wb						
4P Sportif	5,520	16,560	27,600	62,100	96,600	138,000
7P Tr	3,760	11,280	18,800	42,300	65,800	94,000
7P Tr Limo	2,560	7,680	12,800	28,800	44,800	64,000
5P Brgm	2,480	7,440	12,400	27,900	43,400	62,000
Encl Dr Limo	2,400	7,200	12,000	27,000	42,000	60,000
Vic Sed	1,880	5,640	9,400	21,150	32,900	47,000
5P Cabr	2,720	8,160	13,600	30,600	47,600	68,000
1925 Junior 8, 8-cyl., 66 hp, 124" wb						
5P Tr	3,040	9,120	15,200	34,200	53,200	76,000
5P Sed	1,520	4,560	7,600	17,100	26,600	38,000
5P Brgm	1,920	5,760	9,600	21,600	33,600	48,000
4P Rds	3,200	9,600	16,000	36,000	56,000	80,000
4P Cpe	1,720	5,160	8,600	19,350	30,100	43,000
1925 Model 48, 6-cyl., 103 hp, 142" wb						
4P Sportif	5,720	17,160	28,600	64,350	100,100	143,000
7P Tr	3,840	11,520	19,200	43,200	67,200	96,000
7P Tr Limo	2,640	7,920	13,200	29,700	46,200	66,000
6P Brgm	2,400	7,200	12,000	27,000	42,000	60,000
5P Vic Sed	1,920	5,760	9,600	21,600	33,600	48,000
7P Encl Limo	2,480	7,440	12,400	27,900	43,400	62,000
7P Cabr	2,800	8,400	14,000	31,500	49,000	70,000
1926 Junior 8, 8-cyl., 66 hp, 124" wb						
5P Tr	3,120	9,360	15,600	35,100	54,600	78,000
5P Sed	1,520	4,560	7,600	17,100	26,600	38,000
5P Brgm	1,720	5,160	8,600	19,350	30,100	43,000
4P Rds	3,200	9,600	16,000	36,000	56,000	80,000
4P Cpe	1,800	5,400	9,000	20,250	31,500	45,000
1926 Model 90, 6-cyl., 86 hp, 138" wb						
4P Sportif	5,200	15,600	26,000	58,500	91,000	130,000
4P Rds	5,040	15,120	25,200	56,700	88,200	126,000
5P Vic Cpe	1,800	5,400	9,000	20,250	31,500	45,000
5P Vic Sed	1,720	5,160	8,600	19,350	30,100	43,000
5P Vic Div Sed	1,920	5,760	9,600	21,600	33,600	48,000
7P Brgm	2,000	6,000	10,000	22,500	35,000	50,000
7P Sub Limo	2,040	6,120	10,200	22,950	35,700	51,000
7P Cabr	2,560	7,680	12,800	28,800	44,800	64,000
1926 Model 48, 6-cyl., 103 hp, 138" wb						
4P Sportif	5,440	16,320	27,200	61,200	95,200	136,000
7P Tr	3,840	11,520	19,200	43,200	67,200	96,000
7P Cabr	2,640	7,920	13,200	29,700	46,200	66,000
5P Vic Sed	1,920	5,760	9,600	21,600	33,600	48,000
7P Encl Dr Limo	2,320	6,960	11,600	26,100	40,600	58,000
7P Tr Limo	2,120	6,360	10,600	23,850	37,100	53,000
6P Twn Brgm	2,080	6,240	10,400	23,400	36,400	52,000
1927 Junior 8, 8-cyl., 66 hp, 124" wb						
5P Tr	3,440	10,320	17,200	38,700	60,200	86,000
5P Sed	1,920	5,760	9,600	21,600	33,600	48,000
5P Brgm	2,320	6,960	11,600	26,100	40,600	58,000
4P Rds	3,280	9,840	16,400	36,900	57,400	82,000
4P Cpe	2,400	7,200	12,000	27,000	42,000	60,000
1927 Model 8-80, 8-cyl., 90 hp, 130" wb						
5P Sed	1,720	5,160	8,600	19,350	30,100	43,000
1927 Model 90, 6-cyl., 86 hp, 138" wb						
4P Tr	3,600	10,800	18,000	40,500	63,000	90,000
4P Sportif	5,200	15,600	26,000	58,500	91,000	130,000
4P Rds	3,920	11,760	19,600	44,100	68,600	98,000
5P Vic Cpe	2,400	7,200	12,000	27,000	42,000	60,000
5P Sed	2,120	6,360	10,600	23,850	37,100	53,000
5P Div Sed	2,200	6,600	11,000	24,750	38,500	55,000
7P Sed	2,160	6,480	10,800	24,300	37,800	54,000
7P Brgm	2,400	7,200	12,000	27,000	42,000	60,000
7P Cabr	2,800	8,400	14,000	31,500	49,000	70,000
1927 Model 48, 6-cyl., 103 hp, 138" wb						
4P Sportif	5,440	16,320	27,200	61,200	95,200	136,000
7P Tr	3,680	11,040	18,400	41,400	64,400	92,000
4P Rds	4,000	12,000	20,000	45,000	70,000	100,000
5P Cabr	3,040	9,120	15,200	34,200	53,200	76,000
5P Vic Sed	1,920	5,760	9,600	21,600	33,600	48,000
7P Encl Dr Limo	2,320	6,960	11,600	26,100	40,600	58,000
7P Tr Limo	2,200	6,600	11,000	24,750	38,500	55,000
6P Twn Brgm	2,400	7,200	12,000	27,000	42,000	60,000
1928 Model 8-70, 8-cyl., 70 hp, 122" wb						
5P Sed	1,520	4,560	7,600	17,100	26,600	38,000

	6	5	4	3	2	1
5P Brgm	1,600	4,800	8,000	18,000	28,000	40,000
5P DeL Brgm	1,680	5,040	8,400	18,900	29,400	42,000
4P Vic Cpe	1,800	5,400	9,000	20,250	31,500	45,000
1928 Model 8-80, 8-cyl., 90 hp, 130" wb						
5P Spt Phae	2,640	7,920	13,200	29,700	46,200	66,000
5P Sed	1,600	4,800	8,000	18,000	28,000	40,000
5P Brgm	1,680	5,040	8,400	18,900	29,400	42,000
4P Vic Cpe	1,920	5,760	9,600	21,600	33,600	48,000
Spl Rds	2,720	8,160	13,600	30,600	47,600	68,000
4P Collegiate Cpe	2,040	6,120	10,200	22,950	35,700	51,000
7P Tr	2,640	7,920	13,200	29,700	46,200	66,000
Vic Sed	1,680	5,040	8,400	18,900	29,400	42,000
7P Sed, 140" wb	1,600	4,800	8,000	18,000	28,000	40,000
7P Sub, 140" wb	1,680	5,040	8,400	18,900	29,400	42,000
1928 Model 90, 6-cyl., 86 hp, 138" wb						
4P Sportif	3,440	10,320	17,200	38,700	60,200	86,000
4P Rds	3,040	9,120	15,200	34,200	53,200	76,000
7P Tr	2,960	8,880	14,800	33,300	51,800	74,000
Cpe	2,000	6,000	10,000	22,500	35,000	50,000
5P Vic Sed	1,800	5,400	9,000	20,250	31,500	45,000
5P Div Vic Sed	1,920	5,760	9,600	21,600	33,600	48,000
7P Sub	1,960	5,880	9,800	22,050	34,300	49,000
7P Twn Brgm	1,960	5,880	9,800	22,050	34,300	49,000
7P Cabr	2,640	7,920	13,200	29,700	46,200	66,000
7P Semi-Collapsible Cabr	2,560	7,680	12,800	28,800	44,800	64,000
1928 Model 48, 6-cyl., 103 hp, 142" wb						
4P Sportif	3,600	10,800	18,000	40,500	63,000	90,000
7P Tr	3,440	10,320	17,200	38,700	60,200	86,000
Rds	3,520	10,560	17,600	39,600	61,600	88,000
7P Cabr	2,720	8,160	13,600	30,600	47,600	68,000
5P Vic Sed	2,720	8,160	13,600	30,600	47,600	68,000
7P Encl Dr Limo	2,640	7,920	13,200	29,700	46,200	66,000
7P Tr Limo	2,800	8,400	14,000	31,500	49,000	70,000
6P Twn Brgm	2,800	8,400	14,000	31,500	49,000	70,000
1929 Model 88, 8-cyl., 115 hp, 130" wb						
4P Phae	3,040	9,120	15,200	34,200	53,200	76,000
5P Sed	1,720	5,160	8,600	19,350	30,100	43,000
Vic Cpe	2,320	6,960	11,600	26,100	40,600	58,000
5P Brgm	2,120	6,360	10,600	23,850	37,100	53,000
4P Collegiate Cpe	2,400	7,200	12,000	27,000	42,000	60,000
7P Sed	1,640	4,920	8,200	18,450	28,700	41,000
7P Sub	1,680	5,040	8,400	18,900	29,400	42,000
7P A/W Cabr	2,400	7,200	12,000	27,000	42,000	60,000
1929 Model 90, 6-cyl., 86 hp, 138" wb						
4P Sportif	3,480	10,440	17,400	39,150	60,900	87,000
4P Rds	3,200	9,600	16,000	36,000	56,000	80,000
7P Tr	3,120	9,360	15,600	35,100	54,600	78,000
5P Vic Sed	2,320	6,960	11,600	26,100	40,600	58,000
5P Vic Div Sed	2,400	7,200	12,000	27,000	42,000	60,000
6P Twn Brgm	2,480	7,440	12,400	27,900	43,400	62,000
7P Cabr	2,800	8,400	14,000	31,500	49,000	70,000
Semi-Collapsible Cabr	2,720	8,160	13,600	30,600	47,600	68,000
1929 Model 48, 6-cyl., 103 hp, 142" wb						
4P Sportif	3,680	11,040	18,400	41,400	64,400	92,000
7P Tr	3,440	10,320	17,200	38,700	60,200	86,000
Rds	3,600	10,800	18,000	40,500	63,000	90,000
7P Cabr	3,040	9,120	15,200	34,200	53,200	76,000
5P Vic Sed	2,400	7,200	12,000	27,000	42,000	60,000
7P Encl Dr Limo	2,560	7,680	12,800	28,800	44,800	64,000
7P Tr Limo	2,640	7,920	13,200	29,700	46,200	66,000
6P Twn Brgm	2,640	7,920	13,200	29,700	46,200	66,000

MARMON

NOTE: Marmon production started in 1902 but the earliest car known to exist is a 1909 speedster. Therefore ballpark values on pre-1909 models are inestimable.

1909-12 Model 32, 4-cyl., 32 hp, 120" wb

	6	5	4	3	2	1
Rds	1,880	5,640	9,400	21,150	32,900	47,000
4P Tr	1,920	5,760	9,600	21,600	33,600	48,000
5P Tr	1,960	5,880	9,800	22,050	34,300	49,000
Spds	3,200	9,600	16,000	36,000	56,000	80,000
Limo	1,760	5,280	8,800	19,800	30,800	44,000
1913 Model 32, 4-cyl., 32 hp, 120" wb						
Rds	1,880	5,640	9,400	21,150	32,900	47,000
5P Tr	1,920	5,760	9,600	21,600	33,600	48,000
7P Tr	1,960	5,880	9,800	22,050	34,300	49,000
Spds	3,400	10,200	17,000	38,250	59,500	85,000
Limo	1,760	5,280	8,800	19,800	30,800	44,000

MARMON

	6	5	4	3	2	1
1913 Model 48, 6-cyl., 48 hp, 145" wb						
Rds	2,520	7,560	12,600	28,350	44,100	63,000
4P Tr	2,560	7,680	12,800	28,800	44,800	64,000
5P Tr	2,600	7,800	13,000	29,250	45,500	65,000
7P Tr	2,640	7,920	13,200	29,700	46,200	66,000
Spds	3,600	10,800	18,000	40,500	63,000	90,000
Limo	2,400	7,200	12,000	27,000	42,000	60,000
1914 Model 32, 4-cyl., 32 hp, 120" wb						
Rds	1,880	5,640	9,400	21,150	32,900	47,000
4P Tr	1,920	5,760	9,600	21,600	33,600	48,000
5P Tr	1,960	5,880	9,800	22,050	34,300	49,000
Spds	3,400	10,200	17,000	38,250	59,500	85,000
Limo	1,920	5,760	9,600	21,600	33,600	48,000
1914 Model 41, 6-cyl., 41 hp, 132" wb						
Rds	2,000	6,000	10,000	22,500	35,000	50,000
4P Tr	2,040	6,120	10,200	22,950	35,700	51,000
5P Tr	2,080	6,240	10,400	23,400	36,400	52,000
7P Tr	2,120	6,360	10,600	23,850	37,100	53,000
Spds	3,500	10,500	17,500	39,380	61,250	87,500
1914 Model 48, 6-cyl., 48 hp, 145" wb						
Rds	2,360	7,080	11,800	26,550	41,300	59,000
4P Tr	2,400	7,200	12,000	27,000	42,000	60,000
5P Tr	2,440	7,320	12,200	27,450	42,700	61,000
7P Tr	2,480	7,440	12,400	27,900	43,400	62,000
Spds	3,600	10,800	18,000	40,500	63,000	90,000
Limo	2,400	7,200	12,000	27,000	42,000	60,000
Ber Limo	2,440	7,320	12,200	27,450	42,700	61,000
1915 Model 41, 6-cyl., 41 hp, 132" wb						
Rds	1,960	5,880	9,800	22,050	34,300	49,000
4P Tr	2,000	6,000	10,000	22,500	35,000	50,000
5P Tr	2,040	6,120	10,200	22,950	35,700	51,000
7P Tr	2,080	6,240	10,400	23,400	36,400	52,000
Spds	3,500	10,500	17,500	39,380	61,250	87,500
1915 Model 48, 6-cyl., 48 hp, 145" wb						
7P Tr	2,200	6,600	11,000	24,750	38,500	55,000
1916 Model 41, 6-cyl., 41 hp, 132" wb						
Rds	1,920	5,760	9,600	21,600	33,600	48,000
4P Tr	1,960	5,880	9,800	22,050	34,300	49,000
5P Tr	2,000	6,000	10,000	22,500	35,000	50,000
5P Tr	2,040	6,120	10,200	22,950	35,700	51,000
Spds	3,500	10,500	17,500	39,380	61,250	87,500
1916 Model 34, 6-cyl., 34 hp, 136" wb						
Clb Rds	1,880	5,640	9,400	21,150	32,900	47,000
5P Tr	1,920	5,760	9,600	21,600	33,600	48,000
7P Tr	1,960	5,880	9,800	22,050	34,300	49,000
Limo	1,840	5,520	9,200	20,700	32,200	46,000
Lan'let	1,880	5,640	9,400	21,150	32,900	47,000
Sed	1,560	4,680	7,800	17,550	27,300	39,000
Twn Car	1,680	5,040	8,400	18,900	29,400	42,000
1917 Model 34, 6-cyl., 34 hp, 136" wb						
5P Tr	1,560	4,680	7,800	17,550	27,300	39,000
4P Rds	1,520	4,560	7,600	17,100	26,600	38,000
7P Tr	1,640	4,920	8,200	18,450	28,700	41,000
Limo	1,080	3,240	5,400	12,150	18,900	27,000
Lan'let	1,240	3,720	6,200	13,950	21,700	31,000
Sed	1,000	3,000	5,000	11,250	17,500	25,000
Twn Car	1,280	3,840	6,400	14,400	22,400	32,000
1918 Model 34, 6-cyl., 34 hp, 136" wb						
5P Tr	1,560	4,680	7,800	17,550	27,300	39,000
4P Rds	1,520	4,560	7,600	17,100	26,600	38,000
7P Tr	1,640	4,920	8,200	18,450	28,700	41,000
Sed	1,000	3,000	5,000	11,250	17,500	25,000
Limo-Twn Car	1,280	3,840	6,400	14,400	22,400	32,000
Lan'let	1,320	3,960	6,600	14,850	23,100	33,000
Rubay Twn Car	1,440	4,320	7,200	16,200	25,200	36,000
Rubay Limo	1,480	4,440	7,400	16,650	25,900	37,000
1919 Model 34, 6-cyl., 34 hp, 136" wb						
5P Tr	1,560	4,680	7,800	17,550	27,300	39,000
4P Rds	1,520	4,560	7,600	17,100	26,600	38,000
7P Tr	1,640	4,920	8,200	18,450	28,700	41,000
Sed	1,000	3,000	5,000	11,250	17,500	25,000
Limo	1,240	3,720	6,200	13,950	21,700	31,000
Twn Car	1,320	3,960	6,600	14,850	23,100	33,000
Lan'let	1,360	4,080	6,800	15,300	23,800	34,000
1920 Model 34, 6-cyl., 34 hp, 136" wb						
4P Rds	1,600	4,800	8,000	18,000	28,000	40,000
4P 4d Tr	1,640	4,920	8,200	18,450	28,700	41,000
4P Cpe	1,000	3,000	5,000	11,250	17,500	25,000

	6	5	4	3	2	1
7P Sed	960	2,880	4,800	10,800	16,800	24,000
Twn Car	1,120	3,360	5,600	12,600	19,600	28,000
7P Tr.	1,480	4,440	7,400	16,650	25,900	37,000
1921 Model 34, 6-cyl., 34 hp, 136" wb						
4P Rds	1,600	4,800	8,000	18,000	28,000	40,000
7P Tr.	1,680	5,040	8,400	18,900	29,400	42,000
2P Spds	2,040	6,120	10,200	22,950	35,700	51,000
4P Cpe	1,000	3,000	5,000	11,250	17,500	25,000
4P Tr.	1,440	4,320	7,200	16,200	25,200	36,000
7P Sed	960	2,880	4,800	10,800	16,800	24,000
Limo	1,000	3,000	5,000	11,250	17,500	25,000
Twn Car	1,120	3,360	5,600	12,600	19,600	28,000
1922 Model 34, 6-cyl., 34 hp, 136" wb						
4P Rds	1,480	4,440	7,400	16,650	25,900	37,000
4P Tr.	1,520	4,560	7,600	17,100	26,600	38,000
7P Tr.	1,560	4,680	7,800	17,550	27,300	39,000
2P Spds	1,920	5,760	9,600	21,600	33,600	48,000
4P Spds	1,880	5,640	9,400	21,150	32,900	47,000
W'by Cpe	1,080	3,240	5,400	12,150	18,900	27,000
N & M Cpe	960	2,880	4,800	10,800	16,800	24,000
7P N & M Sed.	960	2,880	4,800	10,800	16,800	24,000
Rubay Limo	1,360	4,080	6,800	15,300	23,800	34,000
4P N & M Sed.	880	2,640	4,400	9,900	15,400	22,000
7P Sub	890	2,660	4,440	9,990	15,540	22,200
Spt Sed.	900	2,700	4,500	10,130	15,750	22,500
N & H Sed	1,000	3,000	5,000	11,250	17,500	25,000
Rubay Twn Car	1,320	3,960	6,600	14,850	23,100	33,000
W'by Limo.	1,520	4,560	7,600	17,100	26,600	38,000
W'by Twn Car.	1,360	4,080	6,800	15,300	23,800	34,000
NOTE: N & M bodies by Nordyke Marmon Co. (factory custom).						
1923 Model 34, 6-cyl., 34 hp, 132" wb						
4P Phae	1,480	4,440	7,400	16,650	25,900	37,000
2P Rds	1,440	4,320	7,200	16,200	25,200	36,000
4P Rds	1,440	4,320	7,200	16,200	25,200	36,000
7P Phae	1,520	4,500	7,000	17,100	26,600	38,000
4P Tr.	1,480	4,440	7,400	16,650	25,900	37,000
2P Spds	2,000	6,000	10,000	22,500	35,000	50,000
4P Spds	1,960	5,880	9,800	22,050	34,300	49,000
4P Cpe	960	2,880	4,800	10,800	16,800	24,000
4P Sed	880	2,640	4,400	9,900	15,400	22,000
7P Sed	900	2,700	4,500	10,130	15,750	22,500
7P Limo	1,320	3,960	6,600	14,850	23,100	33,000
Twn Car	1,300	3,900	6,500	14,630	22,750	32,500
Sub Sed	880	2,640	4,400	9,900	15,400	22,000
1924 Model 34, 6-cyl., 34 hp, 132" wb						
Spt Spds	2,000	6,000	10,000	22,500	35,000	50,000
4P Spds	1,960	5,880	9,800	22,050	34,300	49,000
4P Phae	1,600	4,800	8,000	18,000	28,000	40,000
4P Conv Phae	1,640	4,920	8,200	18,450	28,700	41,000
7P Conv Phae	1,680	5,040	8,400	18,900	29,400	42,000
4P Cpe	980	2,940	4,900	11,030	17,150	24,500
4P Sed	880	2,640	4,400	9,900	15,400	22,000
7P Sed	920	2,760	4,600	10,350	16,100	23,000
Sub Sed	880	2,640	4,400	9,900	15,400	22,000
Limo	1,320	3,960	6,600	14,850	23,100	33,000
Twn Car	1,300	3,900	6,500	14,630	22,750	32,500
NOTE: The Phaeton (Phae) is a touring car; the convertible Phaeton (Conv Phae) is a convertible sedan with glass slide-in windows.						
NOTE: The following Marmon models are authentic Classic Cars: all 16-cyl., all Models 74 (1925-26); all Models 75 (1927); all Models E75 (1928), 1930 "Big Eight" and 1931 Model "88" and "Big Eight".						
1925 Model D-74, 6-cyl., 34 hp, 136" wb						
R/S Rds	2,400	7,200	12,000	27,000	42,000	60,000
5P Phae	2,320	6,960	11,600	26,100	40,600	58,000
7P Tr.	1,960	5,880	9,800	22,050	34,300	49,000
Std Sed.	1,080	3,240	5,400	12,150	18,900	27,000
Brgm Cpe	1,100	3,300	5,500	12,380	19,250	27,500
DeL Cpe	1,120	3,360	5,600	12,600	19,600	28,000
DeL Sed	1,100	3,300	5,500	12,380	19,250	27,500
7P DeL Sed	1,120	3,360	5,600	12,600	19,600	28,000
5P Sed Limo	1,120	3,360	5,600	12,600	19,600	28,000
7P Sed Limo.	1,120	3,360	5,600	12,600	19,600	28,000
7P Std Sed.	1,100	3,300	5,500	12,380	19,250	27,500
4P Vic Cpe	1,100	3,300	5,500	12,380	19,250	27,500
2P Std Cpe.	1,120	3,360	5,600	12,600	19,600	28,000
1926 Model D-74, 6-cyl., 34 hp, 136" wb						
2P Spds	2,240	6,720	11,200	25,200	39,200	56,000
5P Phae	2,320	6,960	11,600	26,100	40,600	58,000
7P Tr.	1,960	5,880	9,800	22,050	34,300	49,000

	6	5	4	3	2	1
Std Cpe	1,120	3,360	5,600	12,600	19,600	28,000
Std Sed	1,080	3,240	5,400	12,150	18,900	27,000
5P DeL Sed	1,100	3,300	5,500	12,380	19,250	27,500
7P Del Sed	1,120	3,360	5,600	12,600	19,600	28,000
Std Vic	1,140	3,420	5,700	12,830	19,950	28,500
Std Brgm	1,100	3,300	5,500	12,380	19,250	27,500
5P DeL Limo	1,140	3,420	5,700	12,830	19,950	28,500
7P DeL Limo	1,160	3,480	5,800	13,050	20,300	29,000
Spl Brgm	1,120	3,360	5,600	12,600	19,600	28,000
7P Spl Sed	1,120	3,360	5,600	12,600	19,600	28,000
5P Spl Sed	1,100	3,300	5,500	12,380	19,250	27,500
1927 Little Marmon Series, 8-cyl., 24 hp						
2P Spds	1,120	3,360	5,600	12,600	19,600	28,000
4P Spds	1,080	3,240	5,400	12,150	18,900	27,000
4d Sed	600	1,800	3,000	6,750	10,500	15,000
2d Sed	580	1,740	2,900	6,530	10,150	14,500
R/S Cpe	680	2,040	3,400	7,650	11,900	17,000
Coll Rds Cpe	960	2,880	4,800	10,800	16,800	24,000
4P Brgm	620	1,860	3,100	6,980	10,850	15,500
1927 E-75 Series (Factory Body), 6-cyl., 34 hp, 136" wb						
5P Sed	940	2,820	4,700	10,580	16,450	23,500
7P Sed	960	2,880	4,800	10,800	16,800	24,000
5P Brgm	980	2,940	4,900	11,030	17,150	24,500
R/M Cpe	1,000	3,000	5,000	11,250	17,500	25,000
Twn Cpe	1,020	3,060	5,100	11,480	17,850	25,500
Vic	1,040	3,120	5,200	11,700	18,200	26,000
4P Spds	2,120	6,360	10,600	23,850	37,100	53,000
2P Spds	2,320	6,960	11,600	26,100	40,600	58,000
1927 E-75 Series (Custom Body), 6-cyl., 136" wb						
7P Sed	1,160	3,480	5,800	13,050	20,300	29,000
5P Sed	1,120	3,360	5,600	12,600	19,600	28,000
Limo	1,140	3,420	5,700	12,830	19,950	28,500
7P Spds	2,600	7,800	13,000	29,250	45,500	65,000
1928 Series 68, 8-cyl., 24 hp, 114" wb						
Rds	1,360	4,080	6,800	15,300	23,800	34,000
Sed	620	1,860	3,100	6,980	10,850	15,500
Cpe	700	2,100	3,500	7,880	12,250	17,500
Vic	720	2,160	3,600	8,100	12,600	18,000
1928 Series 78, 8-cyl., 28 hp, 120" wb						
Cpe	760	2,280	3,800	8,550	13,300	19,000
Sed	660	1,980	3,300	7,430	11,550	16,500
Rds	1,360	4,080	6,800	15,300	23,800	34,000
Spds	1,560	4,680	7,800	17,550	27,300	39,000
Coll Cpe	1,000	3,000	5,000	11,250	17,500	25,000
Vic Cpe	800	2,400	4,000	9,000	14,000	20,000
1928 Series 75 Standard Line, 6-cyl., 34 hp						
Twn Cpe	1,000	3,000	5,000	11,250	17,500	25,000
2P Spds	1,720	5,160	8,600	19,350	30,100	43,000
Cpe	920	2,760	4,600	10,350	16,100	23,000
Vic	960	2,880	4,800	10,800	16,800	24,000
Cpe Rds	1,120	3,360	5,600	12,600	19,600	28,000
Brgm	920	2,760	4,600	10,350	16,100	23,000
5P Sed	880	2,640	4,400	9,900	15,400	22,000
7P Sed	900	2,700	4,500	10,130	15,750	22,500
1928 Series 75 Custom Line, 6-cyl., 34 hp						
4P Spds	2,320	6,960	11,600	26,100	40,600	58,000
7P Spds	2,280	6,840	11,400	25,650	39,900	57,000
5P Sed	880	2,640	4,400	9,900	15,400	22,000
7P Sed	920	2,760	4,600	10,350	16,100	23,000
Limo	940	2,820	4,700	10,580	16,450	23,500
1929 Marmon Roosevelt, 8-cyl., 24 hp, 112.75" wb						
Sed	840	2,520	4,200	9,450	14,700	21,000
Cpe	880	2,640	4,400	9,900	15,400	22,000
Vic Cpe	900	2,700	4,500	10,130	15,750	22,500
Coll Cpe	1,080	3,240	5,400	12,150	18,900	27,000
1929 Series 68, 8-cyl., 28 hp, 114" wb						
Sed	880	2,640	4,400	9,900	15,400	22,000
Coll Cpe	1,240	3,720	6,200	13,950	21,700	31,000
Cpe	960	2,880	4,800	10,800	16,800	24,000
Rds	1,680	5,040	8,400	18,900	29,400	42,000
Vic Cpe	1,000	3,000	5,000	11,250	17,500	25,000
1929 Series 78, 8-cyl., 28 hp, 120" wb						
Sed	920	2,760	4,600	10,350	16,100	23,000
Cpe	1,000	3,000	5,000	11,250	17,500	25,000
Vic Cpe	1,040	3,120	5,200	11,700	18,200	26,000
Coll Cpe	1,480	4,440	7,400	16,650	25,900	37,000
Rds	1,720	5,160	8,600	19,350	30,100	43,000
6P Spds	2,040	6,120	10,200	22,950	35,700	51,000

	6	5	4	3	2	1
1930 Marmon Roosevelt, 8-cyl., 24 hp, 112.75" wb						
Sed	840	2,520	4,200	9,450	14,700	21,000
R/S Cpe	920	2,760	4,600	10,350	16,100	23,000
Vic Cpe	880	2,640	4,400	9,900	15,400	22,000
Conv	1,680	5,040	8,400	18,900	29,400	42,000
1930 Model 8-69, 8-cyl., 25.5 hp, 118" wb						
Sed	880	2,640	4,400	9,900	15,400	22,000
Cpe	920	2,760	4,600	10,350	16,100	23,000
Phae	1,920	5,760	9,600	21,600	33,600	48,000
Conv	1,880	5,640	9,400	21,150	32,900	47,000
Brgm	880	2,640	4,400	9,900	15,400	22,000
Clb Sed	920	2,760	4,600	10,350	16,100	23,000
1930 Model 8-79, 8-cyl., 32.5 hp, 125" wb						
Sed	880	2,640	4,400	9,900	15,400	22,000
R/S Cpe	1,000	3,000	5,000	11,250	17,500	25,000
Phae	2,120	6,360	10,600	23,850	37,100	53,000
Conv	2,080	6,240	10,400	23,400	36,400	52,000
Brgm	960	2,880	4,800	10,800	16,800	24,000
Clb Sed	840	2,520	4,200	9,450	14,700	21,000
1930 Model "Big Eight", 8-cyl., 34 hp, 136" wb						
5P Sed	1,400	4,200	7,000	15,750	24,500	35,000
R/S Cpe	1,800	5,400	9,000	20,250	31,500	45,000
7P Tr	2,280	6,840	11,400	25,650	39,900	57,000
Conv Sed	2,680	8,040	13,400	30,150	46,900	67,000
7P Sed	1,440	4,320	7,200	16,200	25,200	36,000
Limo	1,480	4,440	7,400	16,650	25,900	37,000
Brgm	1,400	4,200	7,000	15,750	24,500	35,000
Clb Sed	1,440	4,320	7,200	16,200	25,200	36,000
1931 Model "Big Eight" (First Series), 8-cyl., 33.8 hp, 136" wb						
5P Sed	1,360	4,080	6,800	15,300	23,800	34,000
Cpe	1,760	5,280	8,800	19,800	30,800	44,000
Tr	2,080	6,240	10,400	23,400	36,400	52,000
Conv Sed	2,560	7,680	12,800	28,800	44,800	64,000
Weyman Sed		value not estimable				
7P Sed	1,400	4,200	7,000	15,750	24,500	35,000
Limo	1,480	4,440	7,400	16,650	25,900	37,000
Brgm	1,400	4,200	7,000	15,750	24,500	35,000
Clb Sed	1,440	4,320	7,200	16,200	25,200	36,000
1931 Model 8-79 (First Series), 8-cyl., 32.5 hp, 125" wb						
5P Sed	880	2,640	4,400	9,900	15,400	22,000
Cpe	1,000	3,000	5,000	11,250	17,500	25,000
Phae	2,080	6,240	10,400	23,400	36,400	52,000
Conv Cpe	1,800	5,400	9,000	20,250	31,500	45,000
Brgm	920	2,760	4,600	10,350	16,100	23,000
Clb Sed	880	2,640	4,400	9,900	15,400	22,000
1931 Model 8-69 (First Series), 8-cyl., 25.3 hp, 118" wb						
Sed	880	2,640	4,400	9,900	15,400	22,000
Cpe	960	2,880	4,800	10,800	16,800	24,000
Phae	1,880	5,640	9,400	21,150	32,900	47,000
Conv Cpe	1,640	4,920	8,200	18,450	28,700	41,000
Brgm	880	2,640	4,400	9,900	15,400	22,000
Clb Sed	840	2,520	4,200	9,450	14,700	21,000
1931 Marmon Roosevelt (First Series), 8-cyl., 25.3 hp, 112.75" wb						
Sed	840	2,520	4,200	9,450	14,700	21,000
Cpe	920	2,760	4,600	10,350	16,100	23,000
Vic Cpe	880	2,640	4,400	9,900	15,400	22,000
Conv Cpe	1,600	4,800	8,000	18,000	28,000	40,000
1931 Model 70 (Second Series), 8-cyl., 25.3 hp, 112.75" wb						
Sed	760	2,280	3,800	8,550	13,300	19,000
Cpe	840	2,520	4,200	9,450	14,700	21,000
Vic Cpe	800	2,400	4,000	9,000	14,000	20,000
Conv Cpe	1,520	4,560	7,600	17,100	26,600	38,000
NOTE: Effective with release of the Second Series on January 1, 1931, the Roosevelt became the Marmon Model 70.						
1931 Model 88 (Second Series), 8-cyl., 33.8 hp, 130"-136" wb						
5P Sed	1,360	4,080	6,800	15,300	23,800	34,000
Cpe	1,440	4,320	7,200	16,200	25,200	36,000
Conv Cpe	2,160	6,480	10,800	24,300	37,800	54,000
Spl Sed	1,400	4,200	7,000	15,750	24,500	35,000
Clb Sed	1,360	4,080	6,800	15,300	23,800	34,000
Tr	2,160	6,480	10,800	24,300	37,800	54,000
Spl Cpe	1,480	4,440	7,400	16,650	25,900	37,000
7P Sed	1,400	4,200	7,000	15,750	24,500	35,000
Limo	1,520	4,560	7,600	17,100	26,600	38,000
1931 Series 16 (Second Series), 16-cyl., 62.5 hp, 145" wb						
5P Sed	3,560	10,680	17,800	40,050	62,300	89,000
2P Cpe	4,320	12,960	21,600	48,600	75,600	108,000
5P Cpe	4,400	13,200	22,000	49,500	77,000	110,000
Conv Cpe	11,920	35,760	59,600	134,100	208,600	298,000

	6	5	4	3	2	1
Conv Sed 12,120	36,360	60,600	136,350	212,100	303,000
7P Sed 3,720	11,160	18,600	41,850	65,100	93,000
Limo 3,960	11,880	19,800	44,550	69,300	99,000
C.C. Sed 3,800	11,400	19,000	42,750	66,500	95,000

1932 Series 70, 8-cyl., 25.3 hp, 112.75" wb

	6	5	4	3	2	1
Sed 880	2,640	4,400	9,900	15,400	22,000
Cpe 960	2,880	4,800	10,800	16,800	24,000

1932 Series 125, 8-cyl., 33.8 hp, 125" wb

	6	5	4	3	2	1
Sed 920	2,760	4,600	10,350	16,100	23,000
Cpe 1,040	3,120	5,200	11,700	18,200	26,000
Conv Cpe 1,840	5,520	9,200	20,700	32,200	46,000

1932 Series 16, 16-cyl., 62.5 hp, 145" wb

	6	5	4	3	2	1
Sed 3,560	10,680	17,800	40,050	62,300	89,000
2d Cpe 4,320	12,960	21,600	48,600	75,600	108,000
5P Cpe 4,400	13,200	22,000	49,500	77,000	110,000
Conv Cpe 11,920	35,760	59,600	134,100	208,600	298,000
Conv Sed 12,120	36,360	60,600	136,350	212,100	303,000
Sed 3,720	11,160	18,600	41,850	65,100	93,000
Limo 3,960	11,880	19,800	44,550	69,300	99,000
C.C. Sed 3,800	11,400	19,000	42,750	66,500	95,000

1933 Series 16, 16-cyl., 62.5 hp, 145" wb

	6	5	4	3	2	1
Sed 3,560	10,680	17,800	40,050	62,300	89,000
2P Cpe 4,320	12,960	21,600	48,600	75,600	108,000
5P Cpe 4,400	13,200	22,000	49,500	77,000	110,000
Conv Cpe 11,920	35,760	59,600	134,100	208,600	298,000
Conv Sed 12,120	36,360	60,600	136,350	212,100	303,000
Sed 3,720	11,160	18,600	41,850	65,100	93,000
Limo 3,960	11,880	19,800	44,550	69,300	99,000
C.C. Sed 3,800	11,400	19,000	42,750	66,500	95,000

NOTE: Marmon was discontinued after the close of 1933 model year.

MERCURY

1939 Series 99A, V-8, 116" wb

	6	5	4	3	2	1
2d Conv 1,760	5,280	8,800	19,800	30,800	44,000
2d Cpe. 980	2,940	4,900	11,030	17,150	24,500
2d Sed. 796	2,388	3,980	8,960	13,930	19,900
4d Sed. 792	2,376	3,960	8,910	13,860	19,800

1940 Series O9A, V-8, 116" wb

	6	5	4	3	2	1
2d Conv. 1,760	5,280	8,800	19,800	30,800	44,000
4d Conv Sed 2,080	6,240	10,400	23,400	36,400	52,000
2d Cpe. 1,020	3,060	5,100	11,480	17,850	25,500
2d Sed. 796	2,388	3,980	8,960	13,930	19,900
4d Sed. 792	2,376	3,960	8,910	13,860	19,800

1941 Series 19A, V-8, 118" wb

	6	5	4	3	2	1
2d Conv. 1,720	5,160	8,600	19,350	30,100	43,000
2d Bus Cpe 860	2,580	4,300	9,680	15,050	21,500
2d 5P Cpe 872	2,616	4,360	9,810	15,260	21,800
2d 6P Cpe 892	2,676	4,460	10,040	15,610	22,300
2d Sed. 784	2,352	3,920	8,820	13,720	19,600
4d Sed. 780	2,340	3,900	8,780	13,650	19,500
4d Sta Wag 2,400	7,200	12,000	27,000	42,000	60,000

1942 Series 29A, V-8, 118" wb

	6	5	4	3	2	1
2d Conv. 1,640	4,920	8,200	18,450	28,700	41,000
2d Bus Cpe 808	2,424	4,040	9,090	14,140	20,200
2d 6P Cpe 820	2,460	4,100	9,230	14,350	20,500
2d Sed. 760	2,280	3,800	8,550	13,300	19,000
4d Sed. 756	2,268	3,780	8,510	13,230	18,900
4d Sta Wag 2,400	7,200	12,000	27,000	42,000	60,000

NOTE: Add 10 percent for liquamatic drive models.

1946-48 Series 69M, V-8, 118" wb

	6	5	4	3	2	1
2d Conv. 1,960	5,880	9,800	22,050	34,300	49,000
2d 6P Cpe 860	2,580	4,300	9,680	15,050	21,500
2d Sed. 748	2,244	3,740	8,420	13,090	18,700
4d Sed. 744	2,232	3,720	8,370	13,020	18,600
4d Sta Wag 3,400	10,200	17,000	38,250	59,500	85,000
2d Sptsman Conv (1946-47 only) 6,280	18,840	31,400	70,650	109,900	157,000

1949-50 Series OCM, V-8, 118" wb

	6	5	4	3	2	1
2d Conv. 1,920	5,760	9,600	21,600	33,600	48,000
2d Cpe. 1,200	3,600	6,000	13,500	21,000	30,000
2d Clb Cpe 1,240	3,720	6,200	13,950	21,700	31,000
2d Mon Cpe (1950 only) 1,280	3,840	6,400	14,400	22,400	32,000
4d Sed. 840	2,520	4,200	9,450	14,700	21,000
4d Sta Wag 2,700	8,100	13,500	30,380	47,250	67,500

1951 Mercury, V-8, 118" wb

	6	5	4	3	2	1
4d Sed. 860	2,580	4,300	9,680	15,050	21,500
2d Cpe. 1,240	3,720	6,200	13,950	21,700	31,000
2d Conv. 1,860	5,580	9,300	20,930	32,550	46,500
2d Sta Wag 2,600	7,800	13,000	29,250	45,500	65,000

	6	5	4	3	2	1
1951 Monterey, V-8, 118" wb						
2d Clth Cpe	1,320	3,960	6,600	14,850	23,100	33,000
2d Lthr Cpe	1,360	4,080	6,800	15,300	23,800	34,000
1952-53 Mercury Custom, V-8, 118" wb						
4d Sta Wag (1952 only)	1,000	3,000	5,000	11,250	17,500	25,000
4d Sed	740	2,220	3,700	8,330	12,950	18,500
2d Sed	744	2,232	3,720	8,370	13,020	18,600
2d HT	1,080	3,240	5,400	12,150	18,900	27,000
1952-53 Monterey Special Custom, V-8, 118" wb						
4d Sed	732	2,196	3,660	8,240	12,810	18,300
2d HT	1,120	3,360	5,600	12,600	19,600	28,000
2d Conv	1,320	3,960	6,600	14,850	23,100	33,000
4d Sta Wag (1953 only)	1,080	3,240	5,400	12,150	18,900	27,000
1954 Mercury Custom, V-8, 118" wb						
4d Sed	780	2,340	3,900	8,780	13,650	19,500
2d Sed	784	2,352	3,920	8,820	13,720	19,600
2d HT	1,080	3,240	5,400	12,150	18,900	27,000
1954 Monterey Special Custom, V-8, 118" wb						
4d Sed	792	2,376	3,960	8,910	13,860	19,800
2d HT SV	1,520	4,560	7,600	17,100	26,600	38,000
2d HT	1,120	3,360	5,600	12,600	19,600	28,000
2d Conv	1,400	4,200	7,000	15,750	24,500	35,000
4d Sta Wag	1,000	3,000	5,000	11,250	17,500	25,000
1955 Custom Series, V-8, 119" wb						
4d Sed	736	2,208	3,680	8,280	12,880	18,400
2d Sed	740	2,220	3,700	8,330	12,950	18,500
2d HT	960	2,880	4,800	10,800	16,800	24,000
4d Sta Wag	760	2,280	3,800	8,550	13,300	19,000
1955 Monterey Series, V-8, 119" wb						
4d Sed	760	2,280	3,800	8,550	13,300	19,000
2d HT	1,000	3,000	5,000	11,250	17,500	25,000
4d Sta Wag	880	2,640	4,400	9,900	15,400	22,000
1955 Montclair Series, V-8, 119" wb						
4d Sed	780	2,340	3,900	8,780	13,650	19,500
2d HT	1,080	3,240	5,400	12,150	18,900	27,000
2d HT SV	1,600	4,800	8,000	18,000	28,000	40,000
2d Conv	1,440	4,320	7,200	16,200	25,200	36,000
1956 Medalist Series, V-8, 119" wb						
4d Sed	696	2,088	3,480	7,830	12,180	17,400
2d Sed	700	2,100	3,500	7,880	12,250	17,500
2d HT	880	2,640	4,400	9,900	15,400	22,000
4d Phae HT	800	2,400	4,000	9,000	14,000	20,000
1956 Custom Series, V-8, 119" wb						
4d Sed	720	2,160	3,600	8,100	12,600	18,000
2d Sed	728	2,184	3,640	8,190	12,740	18,200
2d HT	920	2,760	4,600	10,350	16,100	23,000
4d Phae HT	840	2,520	4,200	9,450	14,700	21,000
2d Conv	1,360	4,080	6,800	15,300	23,800	34,000
4d Sta Wag 8P	820	2,460	4,100	9,230	14,350	20,500
4d Sta Wag 9P	840	2,520	4,200	9,450	14,700	21,000
1956 Monterey Series, V-8, 119" wb						
4d Sed	740	2,220	3,700	8,330	12,950	18,500
4d Spt Sed	760	2,280	3,800	8,550	13,300	19,000
2d HT	1,000	3,000	5,000	11,250	17,500	25,000
4d Phae HT	860	2,580	4,300	9,680	15,050	21,500
4d Sta Wag	860	2,580	4,300	9,680	15,050	21,500
1956 Montclair Series, V-8, 119" wb						
4d Spt Sed	780	2,340	3,900	8,780	13,650	19,500
2d HT	1,080	3,240	5,400	12,150	18,900	27,000
4d Phae HT	960	2,880	4,800	10,800	16,800	24,000
2d Conv	1,480	4,440	7,400	16,650	25,900	37,000
1957 Monterey Series, V-8, 122" wb						
4d Sed	696	2,088	3,480	7,830	12,180	17,400
2d Sed	700	2,100	3,500	7,880	12,250	17,500
4d HT	840	2,520	4,200	9,450	14,700	21,000
2d HT	960	2,880	4,800	10,800	16,800	24,000
2d Conv	1,080	3,240	5,400	12,150	18,900	27,000
1957 Montclair Series, V-8, 122" wb						
4d Sed	720	2,160	3,600	8,100	12,600	18,000
4d HT	880	2,640	4,400	9,900	15,400	22,000
2d HT	1,000	3,000	5,000	11,250	17,500	25,000
2d Conv	1,240	3,720	6,200	13,950	21,700	31,000
1957 Turnpike Cruiser, V-8, 122" wb						
4d HT	1,120	3,360	5,600	12,600	19,600	28,000
2d HT	1,240	3,720	6,200	13,950	21,700	31,000
2d Conv	1,480	4,440	7,400	16,650	25,900	37,000
NOTE: Add 10 percent for pace car edition.						
1957 Station Wagons, V-8, 122" wb						
2d Voy HT	1,080	3,240	5,400	12,150	18,900	27,000

MERCURY

	6	5	4	3	2	1
4d Voy HT	1,140	3,420	5,700	12,830	19,950	28,500
2d Com HT	1,100	3,300	5,500	12,380	19,250	27,500
4d Com HT	1,160	3,480	5,800	13,050	20,300	29,000
4d Col Pk HT	1,200	3,600	6,000	13,500	21,000	30,000
1958 Mercury, V-8, 122" wb						
4d Sed	640	1,920	3,200	7,200	11,200	16,000
2d Sed	648	1,944	3,240	7,290	11,340	16,200
1958 Monterey, V-8, 122" wb						
4d Sed	648	1,944	3,240	7,290	11,340	16,200
2d Sed	652	1,956	3,260	7,340	11,410	16,300
4d HT	720	2,160	3,600	8,100	12,600	18,000
2d HT	800	2,400	4,000	9,000	14,000	20,000
2d Conv	1,080	3,240	5,400	12,150	18,900	27,000
1958 Montclair, V-8, 122" wb						
4d Sed	640	1,920	3,200	7,200	11,200	16,000
4d HT	840	2,520	4,200	9,450	14,700	21,000
2d HT	1,000	3,000	5,000	11,250	17,500	25,000
2d Conv	1,160	3,480	5,800	13,050	20,300	29,000
1958 Turnpike Cruiser, V-8, 122" wb						
4d HT	960	2,880	4,800	10,800	16,800	24,000
2d HT	1,120	3,360	5,600	12,600	19,600	28,000
1958 Station Wagons, V-8, 122" wb						
2d Voy HT	1,060	3,180	5,300	11,930	18,550	26,500
4d Voy HT	1,120	3,360	5,600	12,600	19,600	28,000
2d Com HT	1,080	3,240	5,400	12,150	18,900	27,000
4d Com HT	1,140	3,420	5,700	12,830	19,950	28,500
4d Col Pk HT	1,180	3,540	5,900	13,280	20,650	29,500
1958 Park Lane, V-8, 125" wb						
4d HT	880	2,640	4,400	9,900	15,400	22,000
2d HT	1,040	3,120	5,200	11,700	18,200	26,000
2d Conv	1,440	4,320	7,200	16,200	25,200	36,000
1959 Monterey, V-8, 126" wb						
4d Sed	620	1,860	3,100	6,980	10,850	15,500
2d Sed	624	1,872	3,120	7,020	10,920	15,600
4d HT	680	2,040	3,400	7,650	11,900	17,000
2d HT	800	2,400	4,000	9,000	14,000	20,000
2d Conv	1,120	3,360	5,600	12,600	19,600	28,000
1959 Montclair, V-8, 126" wb						
4d Sed	640	1,920	3,200	7,200	11,200	16,000
4d HT	720	2,160	3,600	8,100	12,600	18,000
2d HT	880	2,640	4,400	9,900	15,400	22,000
1959 Park Lane, V-8, 128" wb						
4d HT	760	2,280	3,800	8,550	13,300	19,000
2d HT	920	2,760	4,600	10,350	16,100	23,000
2d Conv	1,160	3,480	5,800	13,050	20,300	29,000
1959 Country Cruiser Station Wagons, V-8, 126" wb						
2d Com HT	1,000	3,000	5,000	11,250	17,500	25,000
4d Com HT	1,060	3,180	5,300	11,930	18,550	26,500
4d Voy HT	1,080	3,240	5,400	12,150	18,900	27,000
4d Col Pk HT	1,140	3,420	5,700	12,830	19,950	28,500
1960 Comet, 6-cyl., 114" wb						
4d Sed	332	996	1,660	3,740	5,810	8,300
2d Sed	336	1,008	1,680	3,780	5,880	8,400
4d Sta Wag	340	1,020	1,700	3,830	5,950	8,500
2d Sta Wag	344	1,032	1,720	3,870	6,020	8,600
1960 Monterey, V-8, 126" wb						
4d Sed	456	1,368	2,280	5,130	7,980	11,400
2d Sed	460	1,380	2,300	5,180	8,050	11,500
4d HT	500	1,500	2,500	5,630	8,750	12,500
2d HT	620	1,860	3,100	6,980	10,850	15,500
2d Conv	1,000	3,000	5,000	11,250	17,500	25,000
1960 Country Cruiser Station Wagons, V-8, 126" wb						
4d Com HT	1,000	3,000	5,000	11,250	17,500	25,000
4d Col Pk HT	1,040	3,120	5,200	11,700	18,200	26,000
1960 Montclair, V-8, 126" wb						
4d Sed	472	1,416	2,360	5,310	8,260	11,800
4d HT	680	2,040	3,400	7,650	11,900	17,000
2d HT	760	2,280	3,800	8,550	13,300	19,000
1960 Park Lane, V-8, 126" wb						
4d HT	720	2,160	3,600	8,100	12,600	18,000
2d HT	840	2,520	4,200	9,450	14,700	21,000
2d Conv	1,200	3,600	6,000	13,500	21,000	30,000
1961 Comet, 6-cyl., 114" wb						
4d Sed	312	936	1,560	3,510	5,460	7,800
2d Sed	316	948	1,580	3,560	5,530	7,900
2d S-22 Cpe	580	1,740	2,900	6,530	10,150	14,500
4d Sta Wag	384	1,152	1,920	4,320	6,720	9,600
2d Sta Wag	388	1,164	1,940	4,370	6,790	9,700

MERCURY

	6	5	4	3	2	1
1961 Meteor 600, V-8, 120" wb						
4d Sed	308	924	1,540	3,470	5,390	7,700
2d Sed	312	936	1,560	3,510	5,460	7,800
1961 Meteor 800, V-8, 120" wb						
4d Sed	316	948	1,580	3,560	5,530	7,900
4d HT	324	972	1,620	3,650	5,670	8,100
2d Sed	320	960	1,600	3,600	5,600	8,000
2d HT	340	1,020	1,700	3,830	5,950	8,500
1961 Monterey, V-8, 120" wb						
4d Sed	336	1,008	1,680	3,780	5,880	8,400
4d HT	340	1,020	1,700	3,830	5,950	8,500
2d HT	380	1,140	1,900	4,280	6,650	9,500
2d Conv	720	2,160	3,600	8,100	12,600	18,000
1961 Station Wagon, V-8, 120" wb						
4d Com	700	2,100	3,500	7,880	12,250	17,500
4d Col Pk	720	2,160	3,600	8,100	12,600	18,000
1962 Comet, 6-cyl.						
4d Sed	292	876	1,460	3,290	5,110	7,300
2d Sed	296	888	1,480	3,330	5,180	7,400
4d Sta Wag	292	876	1,460	3,290	5,110	7,300
2d Sta Wag	360	1,080	1,800	4,050	6,300	9,000
2d S-22 Cpe	580	1,740	2,900	6,530	10,150	14,500
4d Vill Sta Wag	368	1,104	1,840	4,140	6,440	9,200
NOTE: Add 10 percent for Custom line.						
1962 Meteor, 8-cyl.						
4d Sed	296	888	1,480	3,330	5,180	7,400
2d Sed	300	900	1,500	3,380	5,250	7,500
2d S-33 Cpe	460	1,380	2,300	5,180	8,050	11,500
NOTE: Deduct 10 percent for 6-cyl. Add 10 percent for Custom line.						
1962 Monterey, V-8						
4d Sed	296	888	1,480	3,330	5,180	7,400
4d HT Sed	308	924	1,540	3,470	5,390	7,700
2d Sed	304	912	1,520	3,420	5,320	7,600
2d HT	320	960	1,600	3,600	5,600	8,000
2d Conv	640	1,920	3,200	7,200	11,200	16,000
4d Sta Wag	560	1,680	2,800	6,300	9,800	14,000
NOTE: Add 10 percent for Custom line.						
1962 Custom S-55 Sport Series, V-8						
2d HT	580	1,740	2,900	6,530	10,150	14,500
2d Conv	800	2,400	4,000	9,000	14,000	20,000
NOTE: Add 30 percent for 406 cid.						
1963 Comet, 6-cyl.						
4d Sed	292	876	1,460	3,290	5,110	7,300
2d Sed	296	888	1,480	3,330	5,180	7,400
4d Cus Sed	380	1,140	1,900	4,280	6,650	9,500
2d Cus Sed	384	1,152	1,920	4,320	6,720	9,600
2d Cus HT	460	1,380	2,300	5,180	8,050	11,500
2d Cus Conv	640	1,920	3,200	7,200	11,200	16,000
2d S-22 Cpe	500	1,500	2,500	5,630	8,750	12,500
2d S-22 HT	620	1,860	3,100	6,980	10,850	15,500
2d S-22 Conv	720	2,160	3,600	8,100	12,600	18,000
4d Sta Wag	368	1,104	1,840	4,140	6,440	9,200
2d Cus Sta Wag	372	1,116	1,860	4,190	6,510	9,300
4d Cus Sta Wag	380	1,140	1,900	4,280	6,650	9,500
4d Vill Sta Wag	392	1,176	1,960	4,410	6,860	9,800
1963 Meteor, V-8						
4d Sed	296	888	1,480	3,330	5,180	7,400
2d Sed	300	900	1,500	3,380	5,250	7,500
4d Sta Wag	400	1,200	2,000	4,500	7,000	10,000
2d Cus HT	420	1,260	2,100	4,730	7,350	10,500
2d S-33 HT	480	1,440	2,400	5,400	8,400	12,000
NOTE: Deduct 10 percent for 6-cyl. Add 10 percent for Custom line.						
1963 Monterey, V-8						
4d Sed	304	912	1,520	3,420	5,320	7,600
4d HT	320	960	1,600	3,600	5,600	8,000
2d Sed	308	924	1,540	3,470	5,390	7,700
2d HT	324	972	1,620	3,650	5,670	8,100
2d Cus Conv	448	1,344	2,240	5,040	7,840	11,200
2d S-55 HT	680	2,040	3,400	7,650	11,900	17,000
4d S-55 HT	600	1,800	3,000	6,750	10,500	15,000
2d S-55 Conv	840	2,520	4,200	9,450	14,700	21,000
2d Marauder FBk	520	1,560	2,600	5,850	9,100	13,000
2d Mar S-55 FBk	700	2,100	3,500	7,880	12,250	17,500
4d Col Pk	600	1,800	3,000	6,750	10,500	15,000
NOTE: Add 10 percent for Custom line. Add 30 percent for 406 cid. Add 60 percent for 427 cid.						
1964 Comet, 6-cyl., 114" wb						
4d Sed	316	948	1,580	3,560	5,530	7,900
2d Sed	320	960	1,600	3,600	5,600	8,000
4d Sta Wag	368	1,104	1,840	4,140	6,440	9,200

MERCURY

	6	5	4	3	2	1
1964 Comet 404, 6-cyl., 114" wb						
4d Sed.	320	960	1,600	3,600	5,600	8,000
2d Sed.	324	972	1,620	3,650	5,670	8,100
2d HT	460	1,380	2,300	5,180	8,050	11,500
2d Conv.	640	1,920	3,200	7,200	11,200	16,000
4d DeL Wag	368	1,104	1,840	4,140	6,440	9,200
4d Sta Wag	364	1,092	1,820	4,100	6,370	9,100
1964 Comet Caliente, V-8 cyl., 114" wb						
4d Sed.	328	984	1,640	3,690	5,740	8,200
2d HT	640	1,920	3,200	7,200	11,200	16,000
2d Conv.	760	2,280	3,800	8,550	13,300	19,000
1964 Comet Cyclone, V-8 cyl., 114" wb						
2d HT	720	2,160	3,600	8,100	12,600	18,000
NOTE: Deduct 25 percent for 6-cyl. Caliente.						
1964 Monterey, V-8						
4d Sed.	312	936	1,560	3,510	5,460	7,800
4d HT	324	972	1,620	3,650	5,670	8,100
2d Sed.	316	948	1,580	3,560	5,530	7,900
2d HT	332	996	1,660	3,740	5,810	8,300
2d FBk.	460	1,380	2,300	5,180	8,050	11,500
2d Conv.	660	1,980	3,300	7,430	11,550	16,500
1964 Montclair, V-8, 120" wb						
4d Sed.	320	960	1,600	3,600	5,600	8,000
4d FBk.	340	1,020	1,700	3,830	5,950	8,500
2d HT	440	1,320	2,200	4,950	7,700	11,000
2d FBk.	460	1,380	2,300	5,180	8,050	11,500
1964 Park Lane, V-8, 120" wb						
4d Sed.	328	984	1,640	3,690	5,740	8,200
4d HT	420	1,260	2,100	4,730	7,350	10,500
4d FBk.	460	1,380	2,300	5,180	8,050	11,500
2d HT	600	1,800	3,000	6,750	10,500	15,000
2d FBk.	640	1,920	3,200	7,200	11,200	16,000
2d Conv.	760	2,280	3,800	8,550	13,300	19,000
1964 Station Wagon, V-8, 120" wb						
4d Col Pk.	708	2,124	3,540	7,970	12,390	17,700
4d Com	700	2,100	3,500	7,880	12,250	17,500
NOTE: Add 10 percent for Marauder. Add 5 percent for bucket seat option where available. 427 Super Marauder, value inestimable.						
1965 Comet 202, V-8, 114" wb						
4d Sed.	320	960	1,600	3,600	5,600	8,000
2d Sed.	324	972	1,620	3,650	5,670	8,100
4d Sta Wag	372	1,116	1,860	4,190	6,510	9,300
NOTE: Deduct 20 percent for 6-cyl.						
1965 Comet 404						
4d Sed.	324	972	1,620	3,650	5,670	8,100
2d Sed.	328	984	1,640	3,690	5,740	8,200
4d Vill Wag	376	1,128	1,880	4,230	6,580	9,400
4d Sta Wag	372	1,116	1,860	4,190	6,510	9,300
1965 Comet Caliente, V-8, 114" wb						
4d Sed.	332	996	1,660	3,740	5,810	8,300
2d HT	480	1,440	2,400	5,400	8,400	12,000
2d Conv.	760	2,280	3,800	8,550	13,300	19,000
1965 Comet Cyclone, V-8, 114" wb						
2d HT	720	2,160	3,600	8,100	12,600	18,000
1965 Monterey, V-8, 123" wb						
4d Sed.	336	1,008	1,680	3,780	5,880	8,400
4d HT	440	1,320	2,200	4,950	7,700	11,000
4d Brzwy	460	1,380	2,300	5,180	8,050	11,500
2d Sed.	340	1,020	1,700	3,830	5,950	8,500
2d HT	472	1,416	2,360	5,310	8,260	11,800
2d Conv.	720	2,160	3,600	8,100	12,600	18,000
1965 Montclair, V-8, 123" wb						
4d Brzwy	472	1,416	2,360	5,310	8,260	11,800
4d HT	440	1,320	2,200	4,950	7,700	11,000
2d HT	480	1,440	2,400	5,400	8,400	12,000
1965 Park Lane, V-8, 123" wb						
4d Brzwy	476	1,428	2,380	5,360	8,330	11,900
4d HT	480	1,440	2,400	5,400	8,400	12,000
2d HT	500	1,500	2,500	5,630	8,750	12,500
2d Conv.	760	2,280	3,800	8,550	13,300	19,000
1965 Station Wagon, V-8, 119" wb						
4d Col Pk.	568	1,704	2,840	6,390	9,940	14,200
4d Com	548	1,644	2,740	6,170	9,590	13,700
NOTE: Add 60 percent for 427 cid engine.						
1966 Comet Capri, V-8, 116" wb						
4d Sed.	328	984	1,640	3,690	5,740	8,200
2d HT	440	1,320	2,200	4,950	7,700	11,000
4d Sta Wag	380	1,140	1,900	4,280	6,650	9,500

	6	5	4	3	2	1
1966 Comet Caliente, V-8, 116" wb						
4d Sed	332	996	1,660	3,740	5,810	8,300
2d HT	600	1,800	3,000	6,750	10,500	15,000
2d Conv	760	2,280	3,800	8,550	13,300	19,000
1966 Comet Cyclone, V-8, 116" wb						
2d HT	640	1,920	3,200	7,200	11,200	16,000
2d Conv	880	2,640	4,400	9,900	15,400	22,000
1966 Comet Cyclone GT/GTA, V-8, 116" wb						
2d HT	720	2,160	3,600	8,100	12,600	18,000
2d Conv	1,000	3,000	5,000	11,250	17,500	25,000
NOTE: Add 40 percent for pace car edition.						
1966 Comet 202, V-8, 116" wb						
4d Sed	320	960	1,600	3,600	5,600	8,000
2d Sed	328	984	1,640	3,690	5,740	8,200
4d Sta Wag	324	972	1,620	3,650	5,670	8,100
1966 Monterey, V-8, 123" wb						
4d Sed	332	996	1,660	3,740	5,810	8,300
4d Brzwy Sed	440	1,320	2,200	4,950	7,700	11,000
4d HT	460	1,380	2,300	5,180	8,050	11,500
2d Sed	336	1,008	1,680	3,780	5,880	8,400
2d FBk	480	1,440	2,400	5,400	8,400	12,000
2d Conv	660	1,980	3,300	7,430	11,550	16,500
1966 Montclair, V-8, 123" wb						
4d Sed	340	1,020	1,700	3,830	5,950	8,500
4d HT	468	1,404	2,340	5,270	8,190	11,700
2d HT	480	1,440	2,400	5,400	8,400	12,000
1966 Park Lane, V-8, 123" wb						
4d Brzwy Sed	480	1,440	2,400	5,400	8,400	12,000
4d HT	492	1,476	2,460	5,540	8,610	12,300
2d HT	520	1,560	2,600	5,850	9,100	13,000
2d Conv	720	2,160	3,600	8,100	12,600	18,000
1966 S-55, V-8, 123" wb						
2d HT	640	1,920	3,200	7,200	11,200	16,000
2d Conv	720	2,160	3,600	8,100	12,600	10,000
NOTE: Add 30 percent for 428-cid.						
1966 Station Wagons, V-8, 123" wb						
4d Comm	460	1,380	2,300	5,180	8,050	11,500
4d Col Pk	480	1,440	2,400	5,400	8,400	12,000
NOTE: Add 20 percent for 410 cid engine.						
1967 Comet 202, V-8, 116" wb						
2d Sed	336	1,008	1,680	3,780	5,880	8,400
4d Sed	332	996	1,660	3,740	5,810	8,300
1967 Capri, V-8, 116" wb						
2d HT	348	1,044	1,740	3,920	6,090	8,700
4d Sed	332	996	1,660	3,740	5,810	8,300
1967 Caliante, V-8, 116" wb						
4d Sed	352	1,056	1,760	3,960	6,160	8,800
2d HT	500	1,500	2,500	5,630	8,750	12,500
2d Conv	700	2,100	3,500	7,880	12,250	17,500
1967 Cyclone, V-8, 116" wb						
2d HT	680	2,040	3,400	7,650	11,900	17,000
2d Conv	800	2,400	4,000	9,000	14,000	20,000
1967 Station Wagons, V-8, 113" wb						
4d Voyager	384	1,152	1,920	4,320	6,720	9,600
4d Villager	388	1,164	1,940	4,370	6,790	9,700
1967 Cougar, V-8, 111" wb						
2d HT	840	2,520	4,200	9,450	14,700	21,000
2d XR-7 HT	1,020	3,060	5,100	11,480	17,850	25,500
1967 Monterey, V-8, 123" wb						
4d Sed	332	996	1,660	3,740	5,810	8,300
4d Brzwy	400	1,200	2,000	4,500	7,000	10,000
2d Conv	680	2,040	3,400	7,650	11,900	17,000
2d HT	420	1,260	2,100	4,730	7,350	10,500
4d HT	340	1,020	1,700	3,830	5,950	8,500
1967 Montclair, V-8, 123" wb						
4d Sed	336	1,008	1,680	3,780	5,880	8,400
4d Brzwy	420	1,260	2,100	4,730	7,350	10,500
2d HT	480	1,440	2,400	5,400	8,400	12,000
4d HT	440	1,320	2,200	4,950	7,700	11,000
1967 Park Lane, V-8, 123" wb						
4d Brzwy	460	1,380	2,300	5,180	8,050	11,500
2d Conv	720	2,160	3,600	8,100	12,600	18,000
2d HT	500	1,500	2,500	5,630	8,750	12,500
4d HT	480	1,440	2,400	5,400	8,400	12,000
1967 Brougham, V-8, 123" wb						
4d Brzwy	520	1,560	2,600	5,850	9,100	13,000
4d HT	540	1,620	2,700	6,080	9,450	13,500
1967 Marquis, V-8, 123" wb						
2d HT	600	1,800	3,000	6,750	10,500	15,000

MERCURY

	6	5	4	3	2	1
1967 Station Wagons, 119" wb						
4d Commuter	560	1,680	2,800	6,300	9,800	14,000
4d Col Park	580	1,740	2,900	6,530	10,150	14,500
NOTE: Add 10 percent for GT option. Add 60 percent for S-55 performance package. Add 60 percent for 427 cid engine.						
1968 Comet, V-8						
2d HT	440	1,320	2,200	4,950	7,700	11,000
1968 Montego, V-8						
4d Sed	300	900	1,500	3,380	5,250	7,500
2d HT	320	960	1,600	3,600	5,600	8,000
1968 Montego MX						
4d Sta Wag	340	1,020	1,700	3,830	5,950	8,500
4d Sed	292	876	1,460	3,290	5,110	7,300
2d HT	440	1,320	2,200	4,950	7,700	11,000
2d Conv	660	1,980	3,300	7,430	11,550	16,500
1968 Cyclone, V-8						
2d FBk	680	2,040	3,400	7,650	11,900	17,000
2d HT	640	1,920	3,200	7,200	11,200	16,000
1968 Cyclone GT, V-8						
2d FBk	1,000	3,000	5,000	11,250	17,500	25,000
2d HT	960	2,880	4,800	10,800	16,800	24,000
1968 Cougar, V-8						
2d HT	760	2,280	3,800	8,550	13,300	19,000
2d XR-7 HT	940	2,820	4,700	10,580	16,450	23,500
NOTE: Add 120 percent for GTE package. Add 40 percent for XR-7G.						
1968 Monterey, V-8						
4d Sed	292	876	1,460	3,290	5,110	7,300
2d Conv	680	2,040	3,400	7,650	11,900	17,000
2d HT	340	1,020	1,700	3,830	5,950	8,500
4d HT	320	960	1,600	3,600	5,600	8,000
1968 Montclair, V-8						
4d Sed	296	888	1,480	3,330	5,180	7,400
2d HT	348	1,044	1,740	3,920	6,090	8,700
4d HT	328	984	1,640	3,690	5,740	8,200
1968 Park Lane, V-8						
4d Sed	312	936	1,560	3,510	5,460	7,800
2d Conv	700	2,100	3,500	7,880	12,250	17,500
2d HT	460	1,380	2,300	5,180	8,050	11,500
4d HT	356	1,068	1,780	4,010	6,230	8,900
1968 Marquis, V-8						
2d HT	480	1,440	2,400	5,400	8,400	12,000
1968 Station Wagons, V-8						
4d Commuter	580	1,740	2,900	6,530	10,150	14,500
4d Col Pk	600	1,800	3,000	6,750	10,500	15,000
NOTE: Deduct 5 percent for six-cylinder engine. Add 5 percent for Brougham package. Add 5 percent for "yacht paneling". Add 60 percent for 427 cid engine. Add 30 percent for 428 cid engine.						
1969 Comet, 6-cyl.						
2d HT	320	960	1,600	3,600	5,600	8,000
1969 Montego, 6-cyl.						
4d Sed	272	816	1,360	3,060	4,760	6,800
2d HT	280	840	1,400	3,150	4,900	7,000
1969 Montego MX, V8						
4d Sed	276	828	1,380	3,110	4,830	6,900
2d HT	320	960	1,600	3,600	5,600	8,000
2d Conv	600	1,800	3,000	6,750	10,500	15,000
4d Sta Wag	380	1,140	1,900	4,280	6,650	9,500
1969 Cyclone, V-8						
2d HT	640	1,920	3,200	7,200	11,200	16,000
1969 Cyclone CJ, V-8						
2d HT	800	2,400	4,000	9,000	14,000	20,000
1969 Cougar, V-8						
2d HT	740	2,220	3,700	8,330	12,950	18,500
2d Conv	960	2,880	4,800	10,800	16,800	24,000
2d XR-7 HT	900	2,700	4,500	10,130	15,750	22,500
2d XR-7 Conv	1,220	3,660	6,100	13,730	21,350	30,500
2d Eliminator HT	1,320	3,960	6,600	14,850	23,100	33,000
NOTE: Add 30 percent for Boss 302. Add 50 percent for 428 CJ.						
1969 Monterey, V-8						
4d Sed	312	936	1,560	3,510	5,460	7,800
4d HT	316	948	1,580	3,560	5,530	7,900
2d HT	328	984	1,640	3,690	5,740	8,200
2d Conv	560	1,680	2,800	6,300	9,800	14,000
4d Sta Wag	500	1,500	2,500	5,630	8,750	12,500
1969 Marauder, V-8						
2d HT	460	1,380	2,300	5,180	8,050	11,500
2d X-100 HT	640	1,920	3,200	7,200	11,200	16,000
1969 Marquis, V-8						
4d Sed	316	948	1,580	3,560	5,530	7,900
4d HT	360	1,080	1,800	4,050	6,300	9,000
2d HT	460	1,380	2,300	5,180	8,050	11,500

	6	5	4	3	2	1
2d Conv	680	2,040	3,400	7,650	11,900	17,000
4d Sta Wag.	520	1,560	2,600	5,850	9,100	13,000
1969 Marquis Brougham, V-8						
4d Sed	320	960	1,600	3,600	5,600	8,000
4d HT	380	1,140	1,900	4,280	6,650	9,500
2d HT	500	1,500	2,500	5,630	8,750	12,500

NOTE: Add 10 percent for Montego/Comet V-8. Add 15 percent for GT option. Add 20 percent for GT Spoiler II. Add 10 percent for bucket seats (except Cougar). Add 10 percent for bench seats (Cougar only). Add 40 percent for "CJ" 428 V-8. Add 50 percent for 429 cid engine.

	6	5	4	3	2	1
1970 Montego						
4d Sed	316	948	1,580	3,560	5,530	7,900
2d HT	320	960	1,600	3,600	5,600	8,000
1970 Montego MX, V-8						
4d Sed	332	996	1,660	3,740	5,810	8,300
2d HT	400	1,200	2,000	4,500	7,000	10,000
4d Sta Wag.	380	1,140	1,900	4,280	6,650	9,500
1970 Montego MX Brougham, V-8						
4d Sed	328	984	1,640	3,690	5,740	8,200
4d HT	380	1,140	1,900	4,280	6,650	9,500
2d HT	420	1,260	2,100	4,730	7,350	10,500
4d Vill Sta Wag.	440	1,320	2,200	4,950	7,700	11,000
1970 Cyclone, V-8						
2d HT	700	2,100	3,500	7,880	12,250	17,500
1970 Cyclone GT, V-8						
2d HT	760	2,280	3,800	8,550	13,300	19,000
1970 Cyclone Spoiler, V-8						
2d HT	900	2,700	4,500	10,130	15,750	22,500

NOTE: Add 40 percent for 429 V-8 GT. Add 50 percent for Gurney or Yarborough Editions.

	6	5	4	3	2	1
1970 Cougar, V-8						
2d HT	740	2,220	3,700	8,330	12,950	18,500
2d Conv	960	2,880	4,800	10,800	16,800	24,000
1970 Cougar XR-7, V-8						
2d HT	860	2,580	4,300	9,680	15,050	21,500
2d Conv	1,180	3,540	5,900	13,280	20,650	29,500
2d Eliminator HT	1,200	3,840	6,400	14,400	22,400	32,000

NOTE: Add 30 percent for Boss 302. Add 50 percent for 428 CJ.

	6	5	4	3	2	1
1970 Monterey, V-8						
4d Sed	320	960	1,600	3,600	5,600	8,000
4d HT	352	1,056	1,760	3,960	6,160	8,800
2d HT	412	1,236	2,060	4,640	7,210	10,300
2d Conv	620	1,860	3,100	6,980	10,850	15,500
4d Sta Wag.	448	1,344	2,240	5,040	7,840	11,200
1970 Monterey Custom, V-8						
4d Sed	328	984	1,640	3,690	5,740	8,200
4d HT	440	1,320	2,200	4,950	7,700	11,000
2d HT	460	1,380	2,300	5,180	8,050	11,500
1970 Marauder, V-8						
2d HT	460	1,380	2,300	5,180	8,050	11,500
2d X-100 HT	640	1,920	3,200	7,200	11,200	16,000
1970 Marquis, V-8						
4d Sed	316	948	1,580	3,560	5,530	7,900
4d HT	360	1,080	1,800	4,050	6,300	9,000
2d HT	460	1,380	2,300	5,180	8,050	11,500
2d Conv	680	2,040	3,400	7,650	11,900	17,000
4d Sta Wag.	520	1,560	2,600	5,850	9,100	13,000
4d Col Pk	540	1,620	2,700	6,080	9,450	13,500
1970 Marquis Brougham, V-8						
4d Sed	320	960	1,600	3,600	5,600	8,000
4d HT	380	1,140	1,900	4,280	6,650	9,500
2d HT	500	1,500	2,500	5,630	8,750	12,500

NOTE: Add 50 percent for any 429 engine option.

	6	5	4	3	2	1
1971 Comet, V-8						
4d Sed	264	792	1,320	2,970	4,620	6,600
2d Sed	268	804	1,340	3,020	4,690	6,700
2d HT GT	420	1,260	2,100	4,730	7,350	10,500
1971 Montego, V-8						
4d Sed	296	888	1,480	3,330	5,180	7,400
2d HT	308	924	1,540	3,470	5,390	7,700
1971 Montego MX						
4 Sed	312	936	1,560	3,510	5,460	7,800
2d HT	376	1,128	1,880	4,230	6,580	9,400
4d Sta Wag.	384	1,152	1,920	4,320	6,720	9,600
1971 Montego MX Brougham						
4d Sed	308	924	1,540	3,470	5,390	7,700
4d HT	360	1,080	1,800	4,050	6,300	9,000
2d HT	400	1,200	2,000	4,500	7,000	10,000
4d Villager Sta Wag	420	1,260	2,100	4,730	7,350	10,500
1971 Cyclone, V-8						
2d HT	600	1,800	3,000	6,750	10,500	15,000

	6	5	4	3	2	1
1971 Cyclone GT, V-8						
2d HT	700	2,100	3,500	7,880	12,250	17,500
1971 Cyclone Spoiler, V-8						
2d HT	800	2,400	4,000	9,000	14,000	20,000
NOTE: Add 40 percent for 429 V-8 GT.						
1971 Cougar, V-8						
2d HT	640	1,920	3,200	7,200	11,200	16,000
2d Conv	740	2,220	3,700	8,330	12,950	18,500
1971 Cougar XR-7, V-8						
2d HT	760	2,280	3,800	8,550	13,300	19,000
2d Conv	860	2,580	4,300	9,680	15,050	21,500
1971 Monterey, V-8						
4d Sed	300	900	1,500	3,380	5,250	7,500
4d HT	332	996	1,660	3,740	5,810	8,300
2d HT	392	1,176	1,960	4,410	6,860	9,800
4d Sta Wag	424	1,272	2,120	4,770	7,420	10,600
1971 Monterey Custom, V-8						
4d Sed	320	960	1,600	3,600	5,600	8,000
4d HT	424	1,272	2,120	4,770	7,420	10,600
2d HT	432	1,296	2,160	4,860	7,560	10,800
1971 Marquis, V-8						
4d Sed	292	876	1,460	3,290	5,110	7,300
4d HT	352	1,056	1,760	3,960	6,160	8,800
2d HT	440	1,320	2,200	4,950	7,700	11,000
4d Sta Wag	500	1,500	2,500	5,630	8,750	12,500
1971 Marquis Brougham						
4d Sed	300	900	1,500	3,380	5,250	7,500
4d HT	360	1,080	1,800	4,050	6,300	9,000
2d HT	480	1,440	2,400	5,400	8,400	12,000
4d Col Pk	520	1,560	2,600	5,850	9,100	13,000
NOTE: Add 30 percent for 429.						
1972 Comet, V-8						
4d Sed	264	792	1,320	2,970	4,620	6,600
2d Sed	268	804	1,340	3,020	4,690	6,700
1972 Montego, V-8						
4d Sed	280	840	1,400	3,150	4,900	7,000
2d HT	308	924	1,540	3,470	5,390	7,700
1972 Montego MX, V-8						
4d Sed	292	876	1,460	3,290	5,110	7,300
2d HT	368	1,104	1,840	4,140	6,440	9,200
4d Sta Wag	376	1,128	1,880	4,230	6,580	9,400
1972 Montego Brougham, V-8						
4d Sed	300	900	1,500	3,380	5,250	7,500
2d HT	380	1,140	1,900	4,280	6,650	9,500
4d Sta Wag	400	1,200	2,000	4,500	7,000	10,000
1972 Montego GT, V-8						
2d HT FBk	420	1,260	2,100	4,730	7,350	10,500
1972 Cougar, V-8						
2d HT	600	1,800	3,000	6,750	10,500	15,000
2d Conv	660	1,980	3,300	7,430	11,550	16,500
1972 Cougar XR-7, V-8						
2d HT	720	2,160	3,600	8,100	12,600	18,000
2d Conv	760	2,280	3,800	8,550	13,300	19,000
1972 Monterey, V-8						
4d Sed	300	900	1,500	3,380	5,250	7,500
4d HT	332	996	1,660	3,740	5,810	8,300
2d HT	392	1,176	1,960	4,410	6,860	9,800
4d Sta Wag	424	1,272	2,120	4,770	7,420	10,600
1972 Monterey Custom, V-8						
4d Sed	320	960	1,600	3,600	5,600	8,000
4d HT	424	1,272	2,120	4,770	7,420	10,600
2d HT	432	1,296	2,160	4,860	7,560	10,800
1972 Marquis, V-8						
4d Sed	292	876	1,460	3,290	5,110	7,300
4d HT	352	1,056	1,760	3,960	6,160	8,800
2d HT	440	1,320	2,200	4,950	7,700	11,000
4d Sta Wag	500	1,500	2,500	5,630	8,750	12,500
1972 Marquis Brougham, V-8						
4d Sed	300	900	1,500	3,380	5,250	7,500
4d HT	360	1,080	1,800	4,050	6,300	9,000
2d HT	480	1,440	2,400	5,400	8,400	12,000
4d Col Pk	520	1,560	2,600	5,850	9,100	13,000
1973 Comet, V-8						
4d Sed	256	768	1,280	2,880	4,480	6,400
2d Sed	260	780	1,300	2,930	4,550	6,500
1973 Montego, V-8						
4d Sed	260	780	1,300	2,930	4,550	6,500
2d HT	288	864	1,440	3,240	5,040	7,200

MERCURY

	6	5	4	3	2	1
1973 Montego MX, V-8						
4d Sed	272	816	1,360	3,060	4,760	6,800
2d HT	332	996	1,660	3,740	5,810	8,300
1973 Montego MX Brougham, V-8						
4d Sed	272	816	1,360	3,060	4,760	6,800
2d HT	348	1,044	1,740	3,920	6,090	8,700
1973 Montego GT, V-8						
2d HT	400	1,200	2,000	4,500	7,000	10,000
1973 Montego MX						
4d Village Wag	372	1,116	1,860	4,190	6,510	9,300
1973 Cougar, V-8						
2d HT	500	1,500	2,500	5,630	8,750	12,500
2d Conv	620	1,860	3,100	6,980	10,850	15,500
1973 Cougar XR-7, V-8						
2d HT	620	1,860	3,100	6,980	10,850	15,500
2d Conv	660	1,980	3,300	7,430	11,550	16,500
1973 Monterey, V-8						
4d Sed	260	780	1,300	2,930	4,550	6,500
2d HT	200	840	1,400	3,150	4,900	7,000
1973 Monterey Custom, V-8						
4d Sed	280	840	1,400	3,150	4,900	7,000
2d HT	300	900	1,500	3,380	5,250	7,500
1973 Marquis, V-8						
4d Sed	288	864	1,440	3,240	5,040	7,200
4d HT	292	876	1,460	3,290	5,110	7,300
2d HT	420	1,260	2,100	4,730	7,350	10,500
1973 Marquis Brougham, V-8						
4d Sed	292	876	1,460	3,290	5,110	7,300
4d HT	300	900	1,500	3,380	5,250	7,500
2d HT	420	1,260	2,100	4,730	7,350	10,500
1973 Station Wagon, V-8						
4d Monterey	276	828	1,380	3,110	4,830	6,900
4d Marquis	280	840	1,400	3,150	4,900	7,000
4d Col Pk	420	1,260	2,100	4,730	7,350	10,500
1974 Comet, V-8						
4d Sed	256	768	1,280	2,880	4,480	6,400
2d Sed	260	780	1,300	2,930	4,550	6,500
1974 Montego, V-8						
4d Sed	260	780	1,300	2,930	4,550	6,500
2d HT	288	864	1,440	3,240	5,040	7,200
1974 Montego MX, V-8						
4d Sed	272	816	1,360	3,060	4,760	6,800
2d HT	332	996	1,660	3,740	5,810	8,300
1974 Montego MX Brougham, V-8						
4d Sed	272	816	1,360	3,060	4,760	6,800
2d HT	348	1,044	1,740	3,920	6,090	8,700
4d Villager	372	1,116	1,860	4,190	6,510	9,300
1974 Cougar XR-7, V-8						
2d HT	400	1,200	2,000	4,500	7,000	10,000
1974 Monterey, V-8						
4d Sed	260	780	1,300	2,930	4,550	6,500
2d HT	280	840	1,400	3,150	4,900	7,000
1974 Monterey Custom, V-8						
4d Sed	280	840	1,400	3,150	4,900	7,000
2d HT	300	900	1,500	3,380	5,250	7,500
1974 Marquis, V-8						
4d Sed	288	864	1,440	3,240	5,040	7,200
4d HT	292	876	1,460	3,290	5,110	7,300
2d HT	420	1,260	2,100	4,730	7,350	10,500
1974 Marquis Brougham, V-8						
4d Sed	292	876	1,460	3,290	5,110	7,300
4d HT	300	900	1,500	3,380	5,250	7,500
2d HT	420	1,260	2,100	4,730	7,350	10,500
1974 Station Wagons, V-8						
4d Monterey	276	828	1,380	3,110	4,830	6,900
4d Marquis	280	840	1,400	3,150	4,900	7,000
4d Col Pk	420	1,260	2,100	4,730	7,350	10,500
1975 Bobcat 4-cyl.						
2d HBk	248	744	1,240	2,790	4,340	6,200
4d Sta Wag	244	732	1,220	2,750	4,270	6,100
1975 Comet, V-8						
4d Sed	256	768	1,280	2,880	4,480	6,400
2d Sed	260	780	1,300	2,930	4,550	6,500
1975 Monarch, V-8						
4d Sed	240	720	1,200	2,700	4,200	6,000
2d Cpe	244	732	1,220	2,750	4,270	6,100
1975 Monarch Ghia, V-8						
4d Sed	244	732	1,220	2,750	4,270	6,100
2d Cpe	248	744	1,240	2,790	4,340	6,200

	6	5	4	3	2	1
1975 Monarch Grand Ghia, V-8						
4d Sed	252	756	1,260	2,840	4,410	6,300
1975 Montego, V-8						
4d Sed	260	780	1,300	2,930	4,550	6,500
2d HT	288	864	1,440	3,240	5,040	7,200
1975 Montego MX, V-8						
4d Sed	272	816	1,360	3,060	4,760	6,800
2d HT	332	996	1,660	3,740	5,810	8,300
1975 Montego Brougham, V-8						
4d Sed	276	828	1,380	3,110	4,830	6,900
2d HT	352	1,056	1,760	3,960	6,160	8,800
1975 Station Wagons, V-8						
4d Villager	368	1,104	1,840	4,140	6,440	9,200
1975 Cougar XR-7, V-8						
2d HT	360	1,080	1,800	4,050	6,300	9,000
1975 Marquis, V-8						
4d Sed	280	840	1,400	3,150	4,900	7,000
2d HT	400	1,200	2,000	4,500	7,000	10,000
1975 Marquis Brougham, V-8						
4d Sed	288	864	1,440	3,240	5,040	7,200
2d HT	408	1,224	2,040	4,590	7,140	10,200
1975 Grand Marquis, V-8						
4d Sed	292	876	1,460	3,290	5,110	7,300
2d HT	412	1,236	2,060	4,640	7,210	10,300
1975 Station Wagons, V-8						
4d Marquis	284	852	1,420	3,200	4,970	7,100
4d Col Pk	424	1,272	2,120	4,770	7,420	10,600
1976 Bobcat, 4-cyl.						
3d HBk	248	744	1,240	2,790	4,340	6,200
4d Sta Wag	244	732	1,220	2,750	4,270	6,100
1976 Comet, V-8						
4d Sed	256	768	1,280	2,880	4,480	6,400
2d Sed	260	780	1,300	2,930	4,550	6,500
1976 Monarch, V-8						
4d Sed	240	720	1,200	2,700	4,200	6,000
2d Sed	244	732	1,220	2,750	4,270	6,100
1976 Monarch Ghia, V-8						
4d Sed	244	732	1,220	2,750	4,270	6,100
2d Sed	248	744	1,240	2,790	4,340	6,200
1976 Monarch Grand Ghia, V-8						
4d Sed	252	756	1,260	2,840	4,410	6,300
1976 Montego, V-8						
4d Sed	260	780	1,300	2,930	4,550	6,500
2d Cpe	288	864	1,440	3,240	5,040	7,200
1976 Montego MX, V-8						
4d Sed	272	816	1,360	3,060	4,760	6,800
2d Cpe	332	996	1,660	3,740	5,810	8,300
1976 Montego Brougham, V-8						
4d Sed	256	768	1,280	2,880	4,480	6,400
2d Cpe	352	1,056	1,760	3,960	6,160	8,800
1976 Station Wagons, V-8						
4d Montego MX	320	960	1,600	3,600	5,600	8,000
4d Montego Vill	360	1,080	1,800	4,050	6,300	9,000
1976 Cougar XR7, V-8						
2d HT	280	840	1,400	3,150	4,900	7,000
1976 Marquis, V-8						
4d Sed	280	840	1,400	3,150	4,900	7,000
2d Cpe	400	1,200	2,000	4,500	7,000	10,000
1976 Marquis Brougham, V-8						
4d Sed	288	864	1,440	3,240	5,040	7,200
2d Cpe	408	1,224	2,040	4,590	7,140	10,200
1976 Grand Marquis, V-8						
4d Sed	292	876	1,460	3,290	5,110	7,300
2d Cpe	412	1,236	2,060	4,640	7,210	10,300
1976 Station Wagons, V-8						
4d Marquis	284	852	1,420	3,200	4,970	7,100
4d Col Pk	424	1,272	2,120	4,770	7,420	10,600
1977 Bobcat, 4-cyl.						
3d HBk	248	744	1,240	2,790	4,340	6,200
4d Sta Wag	244	732	1,220	2,750	4,270	6,100
4d Vill Wag	252	756	1,260	2,840	4,410	6,300
NOTE: Add 5 percent for V-6.						
1977 Comet, V-8						
4d Sed	256	768	1,280	2,880	4,480	6,400
2d Sed	260	780	1,300	2,930	4,550	6,500
1977 Monarch, V-8						
4d Sed	240	720	1,200	2,700	4,200	6,000
2d Sed	244	732	1,220	2,750	4,270	6,100

MERCURY

	6	5	4	3	2	1
1977 Monarch Ghia, V-8						
4d Sed	244	732	1,220	2,750	4,270	6,100
2d Sed	248	744	1,240	2,790	4,340	6,200
1977 Cougar, V-8						
4d Sed	220	660	1,100	2,480	3,850	5,500
2d Sed	224	672	1,120	2,520	3,920	5,600
1977 Cougar Brougham, V-8						
4d Sed	228	684	1,140	2,570	3,990	5,700
2d Sed	232	696	1,160	2,610	4,060	5,800
1977 Cougar XR7, V-8						
2d HT	280	840	1,400	3,150	4,900	7,000
1977 Station Wagons, V-8						
4d Cougar	248	744	1,240	2,790	4,340	6,200
4d Vill	320	960	1,600	3,600	5,600	8,000
1977 Marquis, V-8						
4d Sed	280	840	1,400	3,150	4,900	7,000
2d Sed	400	1,200	2,000	4,500	7,000	10,000
1977 Marquis Brougham, V-8						
4d Sed	288	864	1,440	3,240	5,040	7,200
2d Sed	408	1,224	2,040	4,590	7,140	10,200
1977 Grand Marquis, V-8						
4d HT	292	876	1,460	3,290	5,110	7,300
2d HT	412	1,236	2,060	4,640	7,210	10,300
1977 Station Wagons, V-8						
4d 2S Marquis	284	852	1,420	3,200	4,970	7,100
4d 3S Marquis	300	900	1,500	3,380	5,250	7,500
1978 Bobcat						
3d Rbt	200	600	1,050	2,340	3,650	5,200
4d Sta Wag	200	600	1,000	2,300	3,550	5,100
1978 Zephyr						
4d Sed	150	450	750	1,710	2,650	3,800
2d Sed	150	450	750	1,670	2,600	3,700
2d Cpe	150	500	800	1,800	2,800	4,000
4d Sta Wag	150	500	850	1,890	2,950	4,200
1978 Monarch						
4d Sed	200	600	1,000	2,250	3,500	5,000
2d Sed	200	600	1,000	2,300	3,550	5,100
1978 Cougar						
4d Sed	200	550	900	2,030	3,150	4,500
2d HT	200	550	900	2,070	3,200	4,600
1978 Cougar XR7						
2d HT	250	700	1,200	2,700	4,200	6,000
1978 Marquis						
4d Sed	250	700	1,200	2,700	4,200	6,000
2d HT	350	1,100	1,800	4,050	6,300	9,000
4d Sta Wag	300	850	1,400	3,150	4,900	7,000
1978 Marquis Brougham						
4d Sed	250	750	1,250	2,790	4,350	6,200
2d HT	350	1,100	1,850	4,140	6,450	9,200
1978 Grand Marquis						
4d Sed	250	750	1,250	2,840	4,400	6,300
2d HT	350	1,100	1,850	4,190	6,500	9,300
1979 Bobcat, 4-cyl.						
3d Rbt	148	444	740	1,670	2,590	3,700
4d Wag	144	432	720	1,620	2,520	3,600
4d Villager Wag	148	444	740	1,670	2,590	3,700
1979 Capri, 4-cyl.						
2d Cpe	152	456	760	1,710	2,660	3,800
2d Ghia Cpe	160	480	800	1,800	2,800	4,000
NOTE: Add 5 percent for 6-cyl. Add 8 percent for V-8.						
1979 Zephyr, 6-cyl.						
4d Sed	136	408	680	1,530	2,380	3,400
2d Cpe	144	432	720	1,620	2,520	3,600
2d Spt Cpe	152	456	760	1,710	2,660	3,800
4d Sta Wag	140	420	700	1,580	2,450	3,500
NOTE: Deduct 10 percent for 4-cyl.						
1979 Monarch, V-8						
4d Sed	136	408	680	1,530	2,380	3,400
2d Cpe	144	432	720	1,620	2,520	3,600
NOTE: Deduct 5 percent for 6-cyl.						
1979 Cougar, V-8						
4d Sed	144	432	720	1,620	2,520	3,600
2d HT	148	444	740	1,670	2,590	3,700
2d HT XR7	250	700	1,150	2,610	4,050	5,800
1979 Marquis, V-8						
4d Sed	152	456	760	1,710	2,660	3,800
2d HT	156	468	780	1,760	2,730	3,900
1979 Marquis Brougham, V-8						
4d Sed	156	468	780	1,760	2,730	3,900
2d HT	160	480	800	1,800	2,800	4,000

	6	5	4	3	2	1
1979 Grand Marquis, V-8						
4d Sed	160	480	800	1,800	2,800	4,000
2d HT	164	492	820	1,850	2,870	4,100
1979 Station Wagons, V-8						
4d 3S Marquis	152	456	760	1,710	2,660	3,800
4d 3S Colony Park	160	480	800	1,800	2,800	4,000
1980 Bobcat, 4-cyl.						
2d HBk	140	420	700	1,580	2,450	3,500
2d Sta Wag	144	432	720	1,620	2,520	3,600
2d Sta Wag Villager	152	456	760	1,710	2,660	3,800
1980 Capri, 6-cyl.						
2d HBk	188	564	940	2,120	3,290	4,700
2d HBk Ghia	200	600	1,000	2,250	3,500	5,000
NOTE: Deduct 10 percent for 4-cyl.						
1980 Zephyr, 6-cyl.						
4d Sed	140	420	700	1,580	2,450	3,500
2d Sed	136	408	680	1,530	2,380	3,400
2d Cpe Z-7	168	504	840	1,890	2,940	4,200
4d Sta Wag	156	468	780	1,760	2,730	3,900
NOTE: Deduct 10 percent for 4-cyl.						
1980 Monarch, V-8						
4d Sed	168	504	840	1,890	2,940	4,200
2d Cpe	164	492	820	1,850	2,870	4,100
NOTE: Deduct 10 percent for 4-cyl.						
1980 Cougar XR7, V-8						
2d Cpe	232	696	1,160	2,610	4,060	5,800
1980 Marquis, V-8						
4d Sed	176	528	880	1,980	3,080	4,400
2d Sed	172	516	860	1,940	3,010	4,300
1980 Marquis Brougham, V-8						
4d Sed	184	552	920	2,070	3,220	4,600
2d Sed	180	540	900	2,030	3,150	4,500
1980 Grand Marquis, V-8						
4d Sed	188	564	940	2,120	3,290	4,700
2d Sed	184	552	920	2,070	3,220	4,600
4d Sta Wag	192	576	960	2,160	3,360	4,800
4d Sta Wag CP	200	600	1,000	2,250	3,500	5,000
1981 Lynx, 4-cyl.						
2d HBk RS	148	444	740	1,670	2,590	3,700
4d HBk RS	152	456	760	1,710	2,660	3,800
2d HBk LS	152	456	760	1,710	2,660	3,800
NOTE: Deduct 5 percent for lesser models.						
1981 Zephyr, 6-cyl.						
4d Sed S	140	420	700	1,580	2,450	3,500
4d Sed	144	432	720	1,620	2,520	3,600
2d Sed	140	420	700	1,580	2,450	3,500
2d Cpe Z-7	172	516	860	1,940	3,010	4,300
4d Sta Wag	160	480	800	1,800	2,800	4,000
NOTE: Deduct 10 percent for 4-cyl.						
1981 Capri, 6-cyl.						
2d HBk	180	540	900	2,030	3,150	4,500
2d HBk GS	188	564	940	2,120	3,290	4,700
NOTE: Deduct 10 percent for 4-cyl.						
1981 Cougar, 6-cyl.						
4d Sed	168	504	840	1,890	2,940	4,200
2d Sed	164	492	820	1,850	2,870	4,100
NOTE: Deduct 10 percent for 4-cyl.						
1981 Cougar XR7, V-8						
2d Cpe	236	708	1,180	2,660	4,130	5,900
NOTE: Deduct 12 percent for 6-cyl.						
1981 Marquis, V-8						
4d Sed	176	528	880	1,980	3,080	4,400
1981 Marquis Brougham, V-8						
4d Sed	184	552	920	2,070	3,220	4,600
2d Sed	180	540	900	2,030	3,150	4,500
1981 Grand Marquis, V-8						
4d Sed	192	576	960	2,160	3,360	4,800
2d Sed	188	564	940	2,120	3,290	4,700
4d Sta Wag	196	588	980	2,210	3,430	4,900
4d Sta Wag CP	196	588	980	2,210	3,430	4,900
1982 Lynx, 4-cyl.						
2d HBk LS	152	456	760	1,710	2,660	3,800
4d HBk LS	156	468	780	1,760	2,730	3,900
4d Sta Wag LS	160	480	800	1,800	2,800	4,000
2d HBk RS	156	468	780	1,760	2,730	3,900
NOTE: Deduct 5 percent for lesser models.						
1982 LN7, 4-cyl.						
2d HBk	184	552	920	2,070	3,220	4,600

	6	5	4	3	2	1
1982 Zephyr, 6-cyl.						
4d Sed	148	444	740	1,670	2,590	3,700
2d Cpe Z-7	172	516	860	1,940	3,010	4,300
4d Sed GS	152	456	760	1,710	2,660	3,800
2d Cpe Z-7 GS	180	540	900	2,030	3,150	4,500
1982 Capri, 6-cyl.						
2d HBk L	212	636	1,060	2,390	3,710	5,300
2d HBk GS	220	660	1,100	2,480	3,850	5,500
1982 Capri, V-8						
2d HBk RS	224	672	1,120	2,520	3,920	5,600
NOTE: Deduct 10 percent for 4-cyl.						
1982 Cougar, 6-cyl.						
4d Sed GS	160	480	800	1,800	2,800	4,000
2d Sed GS	156	468	780	1,760	2,730	3,900
4d Sta Wag GS	168	504	840	1,890	2,940	4,200
4d Sed LS	164	492	820	1,850	2,870	4,100
2d Sed LS	160	480	800	1,800	2,800	4,000
1982 Cougar XR7, V-8						
2d Cpe	240	720	1,200	2,700	4,200	6,000
2d Cpe LS	248	744	1,240	2,790	4,340	6,200
NOTE: Deduct 10 percent for 6-cyl.						
1982 Marquis, V-8						
4d Sed	180	540	900	2,030	3,150	4,500
1982 Marquis Brougham, V-8						
4d Sed	188	564	940	2,120	3,290	4,700
2d Cpe	184	552	920	2,070	3,220	4,600
1982 Grand Marquis, V-8						
4d Sed	196	588	980	2,210	3,430	4,900
2d Cpe	192	576	960	2,160	3,360	4,800
4d Sta Wag	196	588	980	2,210	3,430	4,900
4d Sta Wag CP	200	600	1,000	2,250	3,500	5,000
1983 Lynx, 4-cyl.						
2d HBk LS	152	456	760	1,710	2,660	3,800
4d HBk LS	156	468	780	1,760	2,730	3,900
4d Sta Wag LS	160	480	800	1,800	2,800	4,000
2d HBk RS	156	468	780	1,760	2,730	3,900
4d HBk LTS	160	480	800	1,800	2,800	4,000
NOTE: Deduct 5 percent for lesser models.						
1983 LN7, 4-cyl.						
2d HBk	188	564	940	2,120	3,290	4,700
2d HBk Spt	192	576	960	2,160	3,360	4,800
2d HBk GS	200	600	1,000	2,250	3,500	5,000
2d HBk RS	208	624	1,040	2,340	3,640	5,200
1983 Zephyr, V-6						
4d Sed	152	456	760	1,710	2,660	3,800
2d Cpe Z-7	176	528	880	1,980	3,080	4,400
4d Sed GS	156	468	780	1,760	2,730	3,900
2d Cpe Z-7 GS	184	552	920	2,070	3,220	4,600
NOTE: Deduct 10 percent for 4-cyl.						
1983 Capri, 6-cyl.						
2d HBk L	216	648	1,080	2,430	3,780	5,400
2d HBk GS	224	672	1,120	2,520	3,920	5,600
1983 Capri, V-8						
2d HBk RS	228	684	1,140	2,570	3,990	5,700
NOTE: Deduct 10 percent for 4-cyl.						
1983 Cougar, V-8						
2d Cpe	260	780	1,300	2,930	4,550	6,500
2d Cpe LS	268	804	1,340	3,020	4,690	6,700
NOTE: Deduct 15 percent for V-6.						
1983 Marquis, 4-cyl.						
4d Sed	168	504	840	1,890	2,940	4,200
4d Brgm	176	528	880	1,980	3,080	4,400
1983 Marquis, 6-cyl.						
4d Sed	176	528	880	1,980	3,080	4,400
4d Sta Wag	188	564	940	2,120	3,290	4,700
4d Sed Brgm	192	576	960	2,160	3,360	4,800
4d Sta Wag Brgm	196	588	980	2,210	3,430	4,900
1983 Grand Marquis, V-8						
4d Sed	208	624	1,040	2,340	3,640	5,200
2d Cpe	204	612	1,020	2,300	3,570	5,100
4d Sed LS	216	648	1,080	2,430	3,780	5,400
2d Cpe LS	212	636	1,060	2,390	3,710	5,300
4d Sta Wag	220	660	1,100	2,480	3,850	5,500
1984 Lynx, 4-cyl.						
4d HBk LTS	140	420	700	1,580	2,450	3,500
2d HBk RS	144	432	720	1,620	2,520	3,600
2d HBk RS Turbo	152	456	760	1,710	2,660	3,800
NOTE: Deduct 5 percent for lesser models.						

	6	5	4	3	2	1
1984 Topaz, 4-cyl.						
2d Sed	132	396	660	1,490	2,310	3,300
4d Sed	132	396	660	1,490	2,310	3,300
2d Sed GS	136	408	680	1,530	2,380	3,400
4d Sed GS	136	408	680	1,530	2,380	3,400
1984 Capri, 4-cyl.						
2d HBk GS	176	528	880	1,980	3,080	4,400
2d HBk RS Turbo	192	576	960	2,160	3,360	4,800
2d HBk GS, V-6	184	552	920	2,070	3,220	4,600
2d HBk GS, V-8	192	576	960	2,160	3,360	4,800
2d HBk RS, V-8	200	600	1,000	2,250	3,500	5,000
1984 Cougar, V-6						
2d Cpe	168	504	840	1,890	2,940	4,200
2d Cpe LS	172	516	860	1,940	3,010	4,300
1984 Cougar, V-8						
2d Cpe	180	540	900	2,030	3,150	4,500
2d Cpe LS	192	576	960	2,160	3,360	4,800
2d Cpe XR7	220	660	1,100	2,480	3,850	5,500
1984 Marquis, 4-cyl.						
4d Sed	164	492	820	1,850	2,870	4,100
4d Sed Brgm	168	504	840	1,890	2,940	4,200
1984 Marquis, V-6						
4d Sed	168	504	840	1,890	2,940	4,200
4d Sed Brgm	172	516	860	1,940	3,010	4,300
4d Sta Wag	172	516	860	1,940	3,010	4,300
4d Sta Wag Brgm	176	528	880	1,980	3,080	4,400
1984 Grand Marquis, V-8						
4d Sed	196	588	980	2,210	3,430	4,900
2d Sed	196	588	980	2,210	3,430	4,900
4d Sed LS	200	600	1,000	2,250	3,500	5,000
2d Sed LS	200	600	1,000	2,250	3,500	5,000
4d Sta Wag Colony Park	200	600	1,000	2,250	3,500	5,000
1985 Lynx, 4-cyl.						
2d HBk GS	136	408	680	1,530	2,380	3,400
4d HBk GS	140	420	700	1,580	2,450	3,500
4d Sta Wag GS	140	420	700	1,580	2,450	3,500
NOTE: Deduct 20 percent for diesel. Deduct 5 percent for lesser models.						
1985 Topaz, 4-cyl.						
2d Sed	136	408	680	1,530	2,380	3,400
4d Sed	136	408	680	1,530	2,380	3,400
2d Sed LS	136	408	680	1,530	2,380	3,400
4d Sed LS	140	420	700	1,580	2,450	3,500
NOTE: Deduct 20 percent for diesel.						
1985 Capri, 4-cyl.						
2d HBk GS	180	540	900	2,030	3,150	4,500
2d HBk GS, V-6	184	552	920	2,070	3,220	4,600
2d HBk GS, V-8	196	588	980	2,210	3,430	4,900
2d HBk 5.0 liter, V-8	210	620	1,040	2,340	3,640	5,200
1985 Cougar, V-6						
2d Cpe	172	516	860	1,940	3,010	4,300
2d Cpe LS	176	528	880	1,980	3,080	4,400
2d Cpe, V-8	184	552	920	2,070	3,220	4,600
2d Cpe LS, V-8	196	588	980	2,210	3,430	4,900
2d Cpe XR7 Turbo, 4-cyl.	220	670	1,120	2,520	3,920	5,600
1985 Marquis, V-6						
4d Sed	172	516	860	1,940	3,010	4,300
4d Sed Brgm	176	528	880	1,980	3,080	4,400
4d Sta Wag	176	528	880	1,980	3,080	4,400
4d Sta Wag Brgm	180	540	900	2,030	3,150	4,500
NOTE: Deduct 20 percent for 4-cyl. where available.						
1985 Grand Marquis, V-8						
4d Sed	200	600	1,000	2,250	3,500	5,000
2d Sed	196	588	980	2,210	3,430	4,900
4d Sed LS	204	612	1,020	2,300	3,570	5,100
2d Sed LS	200	600	1,000	2,250	3,500	5,000
4d Sta Wag Colony Park	210	620	1,040	2,340	3,640	5,200
1986 Lynx						
2d HBk	140	420	700	1,580	2,450	3,500
4d HBk	148	444	740	1,670	2,590	3,700
4d Sta Wag	148	444	740	1,670	2,590	3,700
1986 Capri						
2d HBk	184	552	920	2,070	3,220	4,600
1986 Topaz						
2d Sed	144	432	720	1,620	2,520	3,600
4d Sed	144	432	720	1,620	2,520	3,600
1986 Marquis						
4d Sed	176	528	880	1,980	3,080	4,400
4d Sta Wag	180	540	900	2,030	3,150	4,500

	6	5	4	3	2	1
1986 Marquis Brougham						
4d Sed	180	540	900	2,030	3,150	4,500
4d Sta Wag	184	552	920	2,070	3,220	4,600
1986 Cougar						
2d Cpe	192	576	960	2,160	3,360	4,800
2d LS Cpe	200	600	1,000	2,250	3,500	5,000
XR7 2d Cpe	228	684	1,140	2,570	3,990	5,700
1986 Sable, V-6						
4d Sed GS	200	600	1,000	2,250	3,500	5,000
4d Sed LS	200	610	1,020	2,300	3,570	5,100
4d Sta Wag GS	200	610	1,020	2,300	3,570	5,100
4d Sta Wag LS	210	620	1,040	2,340	3,640	5,200
1986 Grand Marquis						
2d Sed	204	612	1,020	2,300	3,570	5,100
4d Sed	208	624	1,040	2,340	3,640	5,200
4d Sta Wag	220	660	1,100	2,480	3,850	5,500
NOTE: Add 10 percent for deluxe models. Deduct 5 percent for smaller engines.						
1987 Lynx, 4-cyl.						
2d HBk L	148	444	740	1,670	2,590	3,700
2d HBk GS	152	456	760	1,710	2,660	3,800
4d HBk GS	156	468	780	1,760	2,730	3,900
4d Sta Wag GS	156	468	780	1,760	2,730	3,900
2d HBk XR3	160	480	800	1,800	2,800	4,000
1987 Topaz, 4-cyl.						
2d Sed GS	152	456	760	1,710	2,660	3,800
4d Sed GS	156	468	780	1,760	2,730	3,900
2d Sed GS Spt	156	468	780	1,760	2,730	3,900
4d Sed GS Spt	160	480	800	1,800	2,800	4,000
4d Sed LS	164	492	820	1,850	2,870	4,100
1987 Cougar						
2d Cpe LS, V-6	256	768	1,280	2,880	4,480	6,400
2d Cpe LS, V-8	360	1,080	1,800	4,050	6,300	9,000
2d Cpe XR7, V-8	368	1,104	1,840	4,140	6,440	9,200
NOTE: Add 10 percent for Anniversary Model.						
1987 Sable, V-6						
4d Sed GS	200	600	1,000	2,250	3,500	5,000
4d Sed LS	204	612	1,020	2,300	3,570	5,100
4d Sta Wag GS	204	612	1,020	2,300	3,570	5,100
4d Sta Wag LS	208	624	1,040	2,340	3,640	5,200
1987 Grand Marquis, V-8						
4d Sed GS	228	684	1,140	2,570	3,990	5,700
4d Sta Wag Col Park GS	240	710	1,180	2,660	4,130	5,900
2d Sed LS	228	684	1,140	2,570	3,990	5,700
4d Sed LS	232	696	1,160	2,610	4,060	5,800
4d Sta Wag Col Park LS	240	720	1,200	2,700	4,200	6,000
1988 Tracer, 4-cyl.						
2d HBk	120	360	600	1,350	2,100	3,000
4d HBk	124	372	620	1,400	2,170	3,100
4d Sta Wag	132	396	660	1,490	2,310	3,300
1988 Topaz, 4-cyl.						
2d Sed	128	384	640	1,440	2,240	3,200
4d Sed	132	396	660	1,490	2,310	3,300
4d Sed LS	144	432	720	1,620	2,520	3,600
4d Sed LTS	152	456	760	1,710	2,660	3,800
2d Sed XR5	160	480	800	1,800	2,800	4,000
1988 Cougar						
2d LS V-6	232	696	1,160	2,610	4,060	5,800
2d LS V-8	248	744	1,240	2,790	4,340	6,200
2d XR7 V-8	272	816	1,360	3,060	4,760	6,800
1988 Sable, V-6						
4d Sed GS	184	552	920	2,070	3,220	4,600
4d Sta Wag GS	208	624	1,040	2,340	3,640	5,200
4d Sed LS	192	576	960	2,160	3,360	4,800
4d Sta Wag LS	232	696	1,160	2,610	4,060	5,800
1988 Grand Marquis, V-8						
4d Sed GS	220	660	1,100	2,480	3,850	5,500
4d Sta Wag Col Park GS	230	700	1,160	2,610	4,060	5,800
4d Sed LS	224	672	1,120	2,520	3,920	5,600
4d Sta Wag Col Park LS	240	730	1,220	2,750	4,270	6,100
1989 Tracer, 4-cyl.						
4d HBk	156	468	780	1,760	2,730	3,900
2d HBk	152	456	760	1,710	2,660	3,800
4d Sta Wag	160	480	800	1,800	2,800	4,000
1989 Topaz, 4-cyl.						
2d Sed GS	144	432	720	1,620	2,520	3,600
4d Sed GS	148	444	740	1,670	2,590	3,700
4d Sed LS	156	468	780	1,760	2,730	3,900
4d Sed LTS	172	516	860	1,940	3,010	4,300
2d Sed XR5	196	588	980	2,210	3,430	4,900

MERCURY

		6	5	4	3	2	1
1989 Cougar, V-6							
2d Cpe LS	360	1,080	1,800	4,050	6,300	9,000
2d Cpe XR7	400	1,200	2,000	4,500	7,000	10,000
1989 Sable, V-6							
4d Sed GS	212	636	1,060	2,390	3,710	5,300
4d Sta Wag GS	248	744	1,240	2,790	4,340	6,200
4d Sed LS	236	708	1,180	2,660	4,130	5,900
4d Sta Wag LS	368	1,104	1,840	4,140	6,440	9,200
1989 Grand Marquis, V-8							
4d Sed GS	252	756	1,260	2,840	4,410	6,300
4d Sed LS	256	768	1,280	2,880	4,480	6,400
4d Sta Wag Col Park GS	270	800	1,340	3,020	4,690	6,700
4d Sta Wag Col Park LS	280	830	1,380	3,110	4,830	6,900
1990 Topaz, 4-cyl.							
2d Sed GS	156	468	780	1,760	2,730	3,900
4d Sed GS	160	480	800	1,800	2,800	4,000
4d Sed LS	168	504	840	1,890	2,940	4,200
4d Sed LTS	184	552	920	2,070	3,220	4,600
2d Sed XR5	168	504	840	1,890	2,940	4,200
1990 Cougar, V-6							
2d Cpe LS	260	780	1,300	2,930	4,550	6,500
2d Cpe XR7	360	1,080	1,800	4,050	6,300	9,000
1990 Sable, V-6							
4d Sed GS	220	660	1,100	2,480	3,850	5,500
4d Sed LS	240	720	1,200	2,700	4,200	6,000
4d Sta Wag GS	240	720	1,200	2,700	4,200	6,000
4d Sta Wag LS	260	780	1,300	2,930	4,550	6,500
1990 Grand Marquis, V-8							
4d Sed GS	260	780	1,300	2,930	4,550	6,500
4d Sed LS	360	1,080	1,800	4,050	6,300	9,000
4d Sta Wag GS	360	1,080	1,800	4,050	6,300	9,000
4d Sta Wag LS	380	1,140	1,900	4,280	6,650	9,500
NOTE: Mercury suspended production of the Tracer for 1990. It would return the following year.							
1991 Tracer, 4-cyl.							
4d NBk	140	420	700	1,580	2,450	3,500
4d NBk LTS	148	444	740	1,670	2,590	3,700
4d Sta Wag	156	468	780	1,760	2,730	3,900
1991 Topaz, 4-cyl.							
2d Sed GS	148	444	740	1,670	2,590	3,700
4d Sed GS	148	444	740	1,670	2,590	3,700
4d Sed LS	156	468	780	1,760	2,730	3,900
4d Sed LTS	160	480	800	1,800	2,800	4,000
2d Sed XR5	168	504	840	1,890	2,940	4,200
1991 Capri, 4-cyl.							
2d Conv	200	600	1,000	2,250	3,500	5,000
2d Conv XR2 Turbo	220	660	1,100	2,480	3,850	5,500
1991 Cougar							
2d Cpe LS, V-6	240	720	1,200	2,700	4,200	6,000
2d Cpe LS, V-8	360	1,080	1,800	4,050	6,300	9,000
2d Cpe XR7, V-8	380	1,140	1,900	4,280	6,650	9,500
1991 Sable, V-6							
4d Sed GS	148	444	740	1,670	2,590	3,700
4d Sta Wag GS	156	468	780	1,760	2,730	3,900
4d Sed LS	152	456	760	1,710	2,660	3,800
4d Sta Wag LS	160	480	800	1,800	2,800	4,000
1991 Grand Marquis, V-8							
4d Sed GS	184	552	920	2,070	3,220	4,600
4d Sed LS	192	576	960	2,160	3,360	4,800
1991 Grand Marquis Colony Park, V-8							
4d Sta Wag GS35	220	660	1,100	2,480	3,850	5,500
4d Sta Wag GS25	216	648	1,080	2,430	3,780	5,400
4d Sta Wag LS35	224	672	1,120	2,520	3,920	5,600
4d Sta Wag LS25	220	660	1,100	2,480	3,850	5,500
1992 Tracer, 4-cyl.							
4d Sed	164	492	820	1,850	2,870	4,100
4d Sed LTS	168	504	840	1,890	2,940	4,200
4d Sta Wag	184	552	920	2,070	3,220	4,600
1992 Topaz, 4-cyl. & V-6							
2d Cpe GS	156	468	780	1,760	2,730	3,900
4d Sed GS	160	480	800	1,800	2,800	4,000
4d Sed LS	168	504	840	1,890	2,940	4,200
4d Sed LTS V-6	224	672	1,120	2,520	3,920	5,600
2d Cpe XR5 V-6	224	672	1,120	2,520	3,920	5,600
1992 Capri, 4-cyl.							
2d Conv	240	720	1,200	2,700	4,200	6,000
2d Conv XR2 Turbo	248	744	1,240	2,790	4,340	6,200
1992 Cougar							
2d Cpe LS, V-6	292	876	1,460	3,290	5,110	7,300

	6	5	4	3	2	1
2d Cpe LS, V-8.............................	308	924	1,540	3,470	5,390	7,700
2d Cpe XR7 V-8............................	316	948	1,580	3,560	5,530	7,900
1992 Sable, V-6						
4d Sed GS.................................	240	720	1,200	2,700	4,200	6,000
4d Sta Wag GS.............................	240	720	1,200	2,700	4,200	6,000
4d Sed LS.................................	248	744	1,240	2,790	4,340	6,200
4d Sta Wag LS.............................	248	744	1,240	2,790	4,340	6,200
1992 Grand Marquis, V-8						
4d Sed GS.................................	280	840	1,400	3,150	4,900	7,000
4d Sed LS.................................	288	864	1,440	3,240	5,040	7,200
1993 Tracer, 4-cyl.						
4d Sed	172	516	860	1,940	3,010	4,300
4d Sta Wag................................	184	552	920	2,070	3,220	4,600
4d Sed LTS................................	180	540	900	2,030	3,150	4,500
1993 Topaz, 4-cyl.						
2d Sed GS.................................	168	504	840	1,890	2,940	4,200
4d Sed GS.................................	176	528	880	1,980	3,080	4,400
1993 Capri, 4-cyl.						
2d Conv	280	840	1,400	3,150	4,900	7,000
2d Conv XR2 Turbo	288	864	1,440	3,240	5,040	7,200
1993 Cougar						
2d Cpe XR7, V-6...........................	292	876	1,460	3,290	5,110	7,300
2d Cpe XR7, V-8...........................	302	906	1,510	3,400	5,285	7,550
1993 Sable, V-6						
4d Sed GS.................................	248	744	1,240	2,790	4,340	6,200
4d Sed LS.................................	252	756	1,260	2,840	4,410	6,300
4d Sta Wag GS.............................	260	780	1,300	2,930	4,550	6,500
4d Sta Wag LS.............................	264	792	1,320	2,970	4,620	6,600
1993 Grand Marquis, V-8						
4d Sed GS.................................	288	864	1,440	3,240	5,040	7,200
4d Sed LS.................................	296	888	1,480	3,330	5,180	7,400
1994 Tracer, 4-cyl.						
4d Sed	200	600	1,000	2,250	3,500	5,000
4d Sed LTS	220	660	1,100	2,480	3,850	5,500
4d Sta Wag................................	240	720	1,200	2,700	4,200	6,000
1994 Topaz, 4-cyl.						
2d Sed GS.................................	212	636	1,060	2,390	3,710	5,300
4d Sed GS	216	648	1,080	2,430	3,780	5,400
1994 Capri, 4-cyl.						
2d Conv	260	780	1,300	2,930	4,550	6,500
2d Conv XR2 Turbo	288	864	1,440	3,240	5,040	7,200
1994 Cougar						
2d Cpe XR7, V-6...........................	260	780	1,300	2,930	4,550	6,500
2d Cpe XR7, V-8...........................	280	840	1,400	3,150	4,900	7,000
1994 Sable, V-6						
4d Sed GS.................................	220	660	1,100	2,480	3,850	5,500
4d Sed LS.................................	240	720	1,200	2,700	4,200	6,000
4d Sta Wag GS.............................	240	720	1,200	2,700	4,200	6,000
4d Sta Wag LS.............................	260	780	1,300	2,930	4,550	6,500
1994 Grand Marquis, V-8						
4d Sed GS.................................	300	900	1,500	3,380	5,250	7,500
4d Sed LS.................................	320	960	1,600	3,600	5,600	8,000
1995 Tracer, 4-cyl.						
4d Sed	200	600	1,000	2,250	3,500	5,000
4d Sta Wag................................	250	700	1,200	2,700	4,200	6,000
4d LTS Sed	200	650	1,100	2,480	3,850	5,500
1995 Mystique, 4-cyl. & V-6						
4d GS Sed	200	650	1,050	2,390	3,700	5,300
4d LS Sed.................................	200	650	1,100	2,480	3,850	5,500
1995 Cougar, V-6 & V-8						
2d XR7 Cpe, V-6	250	800	1,300	2,930	4,550	6,500
2d XR7 Cpe, V-8	280	840	1,400	3,150	4,900	7,000
1995 Sable, V-6						
4d GS Sed	200	650	1,100	2,480	3,850	5,500
4d GS Sta Wag	250	700	1,200	2,700	4,200	6,000
4d LS Sed.................................	250	700	1,200	2,700	4,200	6,000
4d LS Sta Wag.............................	250	800	1,300	2,930	4,550	6,500
4d LTS Sed	250	800	1,300	2,970	4,600	6,600
1995 Grand Marquis, V-8						
4d GS Sed	300	900	1,500	3,380	5,250	7,500
4d LS Sed.................................	300	950	1,600	3,600	5,600	8,000
1996 Tracer, 4-cyl.						
4d Sed	200	600	1,000	2,250	3,500	5,000
4d Sta Wag................................	250	700	1,200	2,700	4,200	6,000
4d LTS Sed	200	650	1,100	2,480	3,850	5,500
1996 Mystique, 4-cyl. & V-6						
4d GS Sed	200	650	1,050	2,390	3,700	5,300
4d LS Sed.................................	200	650	1,100	2,480	3,850	5,500

MERCURY

MERCURY

	6	5	4	3	2	1
1996 Cougar, V-6						
2d XR7 Cpe, V-6 250	800	1,300	2,930	4,550	6,500
NOTE: Add 10 percent for V-8.						
1996 Sable, V-6						
4d G Sed 200	650	1,050	2,390	3,700	5,300
4d GS Sed 200	650	1,100	2,480	3,850	5,500
4d GS Sta Wag 250	700	1,200	2,700	4,200	6,000
4d LS Sed 250	700	1,200	2,700	4,200	6,000
4d LS Sta Wag 250	800	1,300	2,930	4,550	6,500
1996 Grand Marquis, V-8						
4d GS Sed 300	900	1,500	3,380	5,250	7,500
4d LS Sed 300	950	1,600	3,600	5,600	8,000
1997 Tracer, 4-cyl.						
4d GS Sed 200	600	1,000	2,250	3,500	5,000
4d LS Sed 240	720	1,200	2,700	4,200	6,000
4d LS Sta Wag 220	660	1,100	2,480	3,850	5,500
NOTE: Add 5 percent for Trio Pkg on LS Sed.						
1997 Mystique, 4-cyl. & V-6						
4d Sed (4-cyl. only) 200	600	1,000	2,250	3,500	5,000
4d GS Sed 212	636	1,060	2,390	3,710	5,300
4d LS Sed 220	660	1,100	2,480	3,850	5,500
NOTE: Add 5 percent for either Sport or Spree Pkg on GS Sed.						
1997 Cougar, V-6						
2d XR7 Cpe, V-6 260	780	1,300	2,930	4,550	6,500
NOTE: Add 10 percent for V-8. Add 10 percent for 30th Anv Pkg.						
1997 Sable, V-6						
4d G Sed 212	636	1,060	2,390	3,710	5,300
4d GS Sed 220	660	1,100	2,480	3,850	5,500
4d GS Sta Wag 240	720	1,200	2,700	4,200	6,000
4d LS Sed 240	720	1,200	2,700	4,200	6,000
4d LS Sta Wag 260	780	1,300	2,930	4,550	6,500
1997 Grand Marquis, V-8						
4d GS Sed 300	900	1,500	3,380	5,250	7,500
4d LS Sed 320	960	1,600	3,600	5,600	8,000
1998 Tracer, 4-cyl.						
4d GS Sed 200	600	1,000	2,250	3,500	5,000
4d LS Sed 240	720	1,200	2,700	4,200	6,000
4d LS Sta Wag 260	780	1,300	2,930	4,550	6,500
NOTE: Add 5 percent for Trio Pkg on GS Sed.						
1998 Mystique, 4-cyl. & V-6						
4d GS Sed 210	640	1,060	2,390	3,710	5,300
4d LS Sed (V-6 only) 220	660	1,100	2,480	3,850	5,500
NOTE: Add 5 percent for Sport Pkg on GS Sed.						
1998						
NOTE: The Cougar was not available in 1998. The 1999 Cougar debuted mid-year in 1998.						
1998 Sable, V-6						
4d GS Sed 220	660	1,100	2,480	3,850	5,500
4d LS Sed 240	720	1,200	2,700	4,200	6,000
4d LS Sta Wag 260	780	1,300	2,930	4,550	6,500
1998 Grand Marquis, V-8						
4d GS Sed 300	910	1,520	3,420	5,320	7,600
4d LS Sed 320	970	1,620	3,650	5,670	8,100
NOTE: Add 5 percent for Handling Pkg.						
1999 Tracer, 4-cyl.						
4d GS Sed 200	600	1,000	2,250	3,500	5,000
4d LS Sed 240	720	1,200	2,700	4,200	6,000
4d LS Sta Wag 260	780	1,300	2,930	4,550	6,500
NOTE: Add 5 percent for Trio Pkg on GS Sed.						
1999 Mystique, 4-cyl. & V-6						
4d GS Sed 210	640	1,060	2,390	3,710	5,300
4d LS Sed (V-6 only) 220	660	1,100	2,480	3,850	5,500
NOTE: Add 5 percent for Sport Pkg on GS Sed.						
1999 Sable, V-6						
4d GS Sed 220	660	1,100	2,480	3,850	5,500
4d GS Sta Wag 240	720	1,200	2,700	4,200	6,000
4d LS Sed 240	720	1,200	2,700	4,200	6,000
4d LS Sta Wag 260	780	1,300	2,930	4,550	6,500
1999 Cougar, 4-cyl. & V-6						
2d Cpe 260	780	1,300	2,930	4,550	6,500
NOTE: Add 5 percent for Sport Pkg on V-6 Cpe.						
1999 Grand Marquis, V-8						
4d GS Sed 300	910	1,520	3,420	5,320	7,600
4d LS Sed 320	970	1,620	3,650	5,670	8,100
NOTE: Add 5 percent for 41G Handling & Performance Pkg.						
2000 Mystique, 4-cyl. & V-6						
4d GS Sed (4-cyl. only) 210	640	1,060	2,390	3,710	5,300
4d LS Sed (V-6 only) 220	660	1,100	2,480	3,850	5,500
NOTE: Add 5 percent for Sport Pkg on GS Sed.						

	6	5	4	3	2	1
2000 Sable, V-6						
4d GS Sed	220	670	1,120	2,520	3,920	5,600
4d GS Sta Wag	240	730	1,220	2,750	4,270	6,100
4d LS Sed.	240	730	1,220	2,750	4,270	6,100
4d LS Sta Wag	260	790	1,320	2,970	4,620	6,600
NOTE: Add 10 percent for LS Premium pkg.						
2000 Cougar, 4-cyl. & V-6						
2d Cpe	260	780	1,300	2,930	4,550	6,500
2000 Grand Marquis, V-8						
4d GS Sed	300	910	1,520	3,420	5,320	7,600
4d LS Sed.	320	970	1,620	3,650	5,670	8,100
NOTE: Add 5 percent for 41G Handling & Performance Pkg.						
2001 Sable, V-6						
4d GS Sed	230	680	1,140	2,850	3,990	5,700
4d GS Sta Wag	250	740	1,240	3,100	4,340	6,200
4d LS Sed.	250	740	1,240	3,100	4,340	6,200
4d LS Premium Sed	270	800	1,340	3,350	4,690	6,700
4d LS Premium Sta Wag	270	820	1,360	3,400	4,760	6,800
2001 Cougar, 4-cyl. & V-6						
2d Cpe	280	830	1,380	3,450	4,830	6,900
NOTE: Add 5 percent for C2 or ZN pkgs. Add 5 percent for mid-year Sport Ed.						
2001 Grand Marquis, V-8						
4d GS Sed	310	920	1,540	3,850	5,390	7,700
4d LS Sed.	330	980	1,640	4,100	5,740	8,200
4d LSE Sed	350	1,060	1,760	4,400	6,160	8,800
NOTE: Add 5 percent for Limited Ed.						

RAMBLER

	6	5	4	3	2	1
1902 1-cyl., 4 hp						
2P Rbt	1,560	4,680	7,800	17,550	27,300	39,000
1903 1-cyl., 6 hp						
2/4P Lt Tr	1,520	4,560	7,600	17,100	26,600	38,000
1904 Model E, 1-cyl., 7 hp, 78" wb						
Rbt	1,360	4,080	6,800	15,300	23,800	34,000
1904 Model G, 1-cyl., 7 hp, 81" wb						
Rbt	1,400	4,200	7,000	15,750	24,500	35,000
1904 Model H, 1-cyl., 7 hp, 81" wb						
Tonn	1,400	4,200	7,000	15,750	24,500	35,000
1904 Model J, 2-cyl., 16 hp, 84" wb						
Rbt	1,440	4,320	7,200	16,200	25,200	36,000
1904 Model K, 2-cyl., 16 hp, 84" wb						
Tonn	1,440	4,320	7,200	16,200	25,200	36,000
1904 Model L, 2-cyl., 16 hp, 84" wb						
Canopy Tonn	1,480	4,440	7,400	16,650	25,900	37,000
1905 Model G, 1-cyl., 8 hp, 81" wb						
Rbt	1,360	4,080	6,800	15,300	23,800	34,000
1905 Model H, 1-cyl., 8 hp, 81" wb						
Tr	1,360	4,080	6,800	15,300	23,800	34,000
1905 Type One, 2-cyl., 18 hp, 90" wb						
Tr	1,400	4,200	7,000	15,750	24,500	35,000
1905 Type Two, 2-cyl., 20 hp, 100" wb						
Surrey	1,440	4,320	7,200	16,200	25,200	36,000
Limo	1,520	4,560	7,600	17,100	26,600	38,000
1906 Model 17, 2-cyl., 10/12 hp, 88" wb						
2P Rbt	1,320	3,960	6,600	14,850	23,100	33,000
1906 Type One, 2-cyl., 18/20 hp, 90" wb						
5P Surrey	1,360	4,080	6,800	15,300	23,800	34,000
1906 Type Two, 2-cyl., 20 hp, 100" wb						
5P Surrey	1,400	4,200	7,000	15,750	24,500	35,000
1906 Type Three, 2-cyl., 18/20 hp, 96" wb						
5P Surrey	1,440	4,320	7,200	16,200	25,200	36,000
1906 Model 14, 4-cyl., 25 hp, 106" wb						
5P Tr	1,480	4,440	7,400	16,650	25,900	37,000
1906 Model 15, 4-cyl., 35/40 hp, 112" wb						
5P Tr.	1,560	4,680	7,800	17,550	27,300	39,000
1906 Model 16, 4-cyl., 35/40 hp, 112" wb						
5P Limo	1,440	4,320	7,200	16,200	25,200	36,000
1907 Model 27, 2-cyl., 14/16 hp, 90" wb						
2P Rbt	1,320	3,960	6,600	14,850	23,100	33,000
1907 Model 22, 2-cyl., 20/22 hp, 100" wb						
2P Rbt	1,360	4,080	6,800	15,300	23,800	34,000
1907 Model 21, 2-cyl., 20/22 hp, 100" wb						
5P Tr.	1,400	4,200	7,000	15,750	24,500	35,000
1907 Model 24, 4-cyl., 25/30 hp, 108" wb						
5P Tr.	1,440	4,320	7,200	16,200	25,200	36,000
1907 Model 25, 4-cyl., 35/40 hp, 112" wb						
5P Tr.	1,520	4,560	7,600	17,100	26,600	38,000
1908 Model 31, 2-cyl., 22 hp, 106" wb						
Det Tonneau.	1,440	4,320	7,200	16,200	25,200	36,000

	6	5	4	3	2	1
1908 Model 34, 4-cyl., 32 hp, 112" wb						
3P Rds	1,480	4,440	7,400	16,650	25,900	37,000
5P Tr	1,520	4,560	7,600	17,100	26,600	38,000
1909 Model 47, 2-cyl., 22 hp, 106" wb						
2P Rbt	1,440	4,320	7,200	16,200	25,200	36,000
1909 Model 41, 2-cyl., 22 hp, 106" wb						
5P Tr	1,480	4,440	7,400	16,650	25,900	37,000
1909 Model 44, 4-cyl., 34 hp, 112" wb						
5P Tr	1,520	4,560	7,600	17,100	26,600	38,000
4P C.C. Tr	1,560	4,680	7,800	17,550	27,300	39,000
1909 Model 45, 4-cyl., 45 hp, 123" wb						
7P Tr	1,760	5,280	8,800	19,800	30,800	44,000
4P C.C. Tr	1,800	5,400	9,000	20,250	31,500	45,000
3P Rds	1,720	5,160	8,600	19,350	30,100	43,000
1910 Model 53, 4-cyl., 34 hp, 109" wb						
Tr	1,640	4,920	8,200	18,450	28,700	41,000
1910 Model 54, 4-cyl., 45 hp, 117" wb						
Tr	1,720	5,160	8,600	19,350	30,100	43,000
1910 Model 55, 4-cyl., 45 hp, 123" wb						
Tr	1,800	5,400	9,000	20,250	31,500	45,000
Limo	1,440	4,320	7,200	16,200	25,200	36,000
1911 Model 63, 4-cyl., 34 hp, 112" wb						
Tr	1,600	4,800	8,000	18,000	28,000	40,000
Rds	1,560	4,680	7,800	17,550	27,300	39,000
Cpe	920	2,760	4,600	10,350	16,100	23,000
Twn Car	1,000	3,000	5,000	11,250	17,500	25,000
1911 Model 64, 4-cyl., 34 hp, 120" wb						
Tr	1,680	5,040	8,400	18,900	29,400	42,000
Toy Tonn	1,720	5,160	8,600	19,350	30,100	43,000
Lan'let	1,320	3,960	6,600	14,850	23,100	33,000
1911 Model 65, 4-cyl., 34 hp, 128" wb						
Tr	1,760	5,280	8,800	19,800	30,800	44,000
Toy Tonn	1,800	5,400	9,000	20,250	31,500	45,000
Limo	1,320	3,960	6,600	14,850	23,100	33,000
1912 Four, 38 hp, 120" wb						
5P Cr Ctry Tr	1,720	5,160	8,600	19,350	30,100	43,000
4P Sub Ctry Clb	1,680	5,040	8,400	18,900	29,400	42,000
2P Rds	1,680	5,040	8,400	18,900	29,400	42,000
4P Sed	920	2,760	4,600	10,350	16,100	23,000
7P Gotham Limo	1,120	3,360	5,600	12,600	19,600	28,000
1912 Four, 50 hp, 120" wb						
Ctry Clb	1,760	5,280	8,800	19,800	30,800	44,000
Valkyrie	1,720	5,160	8,600	19,350	30,100	43,000
1912 Four, 50 hp, 128" wb						
Morraine Tr	1,840	5,520	9,200	20,700	32,200	46,000
Metropolitan	1,880	5,640	9,400	21,150	32,900	47,000
Greyhound	1,880	5,640	9,400	21,150	32,900	47,000
Knickerbocker	2,400	7,200	12,000	27,000	42,000	60,000
1913 Four, 42 hp, 120" wb						
2/3P Cr Ctry Rds	1,680	5,040	8,400	18,900	29,400	42,000
4/5P Cr Ctry Tr	1,720	5,160	8,600	19,350	30,100	43,000
4P Inside Drive Cpe	1,040	3,120	5,200	11,700	18,200	26,000
7P Gotham Limo	1,160	3,480	5,800	13,050	20,300	29,000
JEFFERY						
1914 Four, 40 hp, 116" wb						
4d 5P Tr	1,760	5,280	8,800	19,800	30,800	44,000
4d 5P Sed	1,360	4,080	6,800	15,300	23,800	34,000
1914 Four, 27 hp, 120" wb						
2d 2P Rds	1,840	5,520	9,200	20,700	32,200	46,000
4d 4P/5P/7P Tr	1,880	5,640	9,400	21,150	32,900	47,000
1914 Six, 48 hp, 128" wb						
4d 5P Tr	2,280	6,840	11,400	25,650	39,900	57,000
4d 6P Tr	2,320	6,960	11,600	26,100	40,600	58,000
4d 7P Limo	1,480	4,440	7,400	16,650	25,900	37,000
1915 Four, 40 hp, 116" wb						
4d 5P Tr	1,680	5,040	8,400	18,900	29,400	42,000
2d 2P Rds	1,640	4,920	8,200	18,450	28,700	41,000
2d 2P A/W	1,200	3,600	6,000	13,500	21,000	30,000
4d 7P Limo	1,040	3,120	5,200	11,700	18,200	26,000
4d 4P Sed	880	2,640	4,400	9,900	15,400	22,000
1915 Chesterfield Six, 48 hp, 122" wb						
4d 5P Tr	2,080	6,240	10,400	23,400	36,400	52,000
2d 2P Rds	2,000	6,000	10,000	22,500	35,000	50,000
2d 2P A/W	1,960	5,880	9,800	22,050	34,300	49,000
1916 Four, 40 hp, 116" wb						
4d 7P Tr	1,840	5,520	9,200	20,700	32,200	46,000
4d 5P Tr	1,800	5,400	9,000	20,250	31,500	45,000

	6	5	4	3	2	1
4d 7P Sed.	920	2,760	4,600	10,350	16,100	23,000
4d 5P Sed.	880	2,640	4,400	9,900	15,400	22,000
2d 3P Rds.	1,720	5,160	8,600	19,350	30,100	43,000
1916 Chesterfield Six, 48 hp, 122" wb						
4d 5P Tr.	2,160	6,480	10,800	24,300	37,800	54,000
1917 Model 472, 4-cyl., 40 hp, 116" wb						
4d 7P Tr.	1,720	5,160	8,600	19,350	30,100	43,000
2d 2P Rds.	1,680	5,040	8,400	18,900	29,400	42,000
4d 7P Sed.	880	2,640	4,400	9,900	15,400	22,000
1917 Model 671, 6-cyl., 48 hp, 125" wb						
4d 7P Tr.	2,080	6,240	10,400	23,400	36,400	52,000
2d 3P Rds.	2,040	6,120	10,200	22,950	35,700	51,000
4d 5P Sed.	1,160	3,480	5,800	13,050	20,300	29,000

NASH

	6	5	4	3	2	1
1918 Series 680, 6-cyl.						
4d 7P Tr.	1,240	3,720	6,200	13,950	21,700	31,000
4d 5P Tr.	1,200	3,600	6,000	13,500	21,000	30,000
4d 4P Rds.	1,280	3,840	6,400	14,400	22,400	32,000
4d Sed.	840	2,520	4,200	9,450	14,700	21,000
2d Cpe	840	2,520	4,200	9,450	14,700	21,000
1919 Series 680, 6-cyl.						
2d Rds	1,240	3,720	6,200	13,950	21,700	31,000
2d Spt Rds	1,200	3,600	6,000	13,500	21,000	30,000
4d 5P Tr	1,280	3,840	6,400	14,400	22,400	32,000
4d 7P Tr	1,320	3,960	6,600	14,850	23,100	33,000
2d 4P Rds.	1,280	3,840	6,400	14,400	22,400	32,000
4d Sed	880	2,640	4,400	9,900	15,400	22,000
2d Cpe	900	2,700	4,500	10,130	15,750	22,500
1920 Series 680, 6-cyl.						
4d 5P Tr	1,200	3,600	6,000	13,500	21,000	30,000
2d Rds	1,160	3,480	5,800	13,050	20,300	29,000
4d 7P Tr	1,240	3,720	6,200	13,950	21,700	31,000
2d Cpe	900	2,700	4,500	10,130	15,750	22,500
4d Sed	880	2,640	4,400	9,900	15,400	22,000
4d Spt Tr.	1,280	3,840	6,400	14,400	22,400	32,000
1921 Series 680, 6-cyl.						
4d 5P Tr.	1,120	3,360	5,600	12,600	19,600	28,000
2d Rds	1,160	3,480	5,800	13,050	20,300	29,000
4d Spt Tr.	1,200	3,600	6,000	13,500	21,000	30,000
4d Tr.	1,160	3,480	5,800	13,050	20,300	29,000
2d Cpe	900	2,700	4,500	10,130	15,750	22,500
4d Sed	840	2,520	4,200	9,450	14,700	21,000
1921 Series 40, 4-cyl.						
4d Tr.	1,080	3,240	5,400	12,150	18,900	27,000
2d Rds	1,120	3,360	5,600	12,600	19,600	28,000
2d Cpe	800	2,400	4,000	9,000	14,000	20,000
4d Sed	720	2,160	3,600	8,100	12,600	18,000
2d Cabr.	1,040	3,120	5,200	11,700	18,200	26,000
1922 Series 680, 6-cyl.						
4d 5P Tr.	1,120	3,360	5,600	12,600	19,600	28,000
4d 7P Tr.	1,160	3,480	5,800	13,050	20,300	29,000
4d 7P Sed.	800	2,400	4,000	9,000	14,000	20,000
2d Cpe	880	2,640	4,400	9,900	15,400	22,000
2d Rds	1,200	3,600	6,000	13,500	21,000	30,000
2d Spt	1,240	3,720	6,200	13,950	21,700	31,000
4d 5P Sed.	840	2,520	4,200	9,450	14,700	21,000
1922 Series 40, 4-cyl.						
4d Tr.	1,080	3,240	5,400	12,150	18,900	27,000
2d Rds	1,120	3,360	5,600	12,600	19,600	28,000
2d Cpe	840	2,520	4,200	9,450	14,700	21,000
4d Sed	680	2,040	3,400	7,650	11,900	17,000
2d Cabr.	880	2,640	4,400	9,900	15,400	22,000
Ca'ole	760	2,280	3,800	8,550	13,300	19,000
1923 Series 690, 6-cyl., 121" wb						
2d Rds	1,160	3,480	5,800	13,050	20,300	29,000
4d Tr.	1,200	3,600	6,000	13,500	21,000	30,000
4d Spt Tr.	1,240	3,720	6,200	13,950	21,700	31,000
4d Sed	680	2,040	3,400	7,650	11,900	17,000
2d Cpe	760	2,280	3,800	8,550	13,300	19,000
1923 Series 690, 6-cyl., 127" wb						
4d Tr.	1,200	3,600	6,000	13,500	21,000	30,000
4d Sed	660	1,980	3,300	7,430	11,550	16,500
2d Cpe	780	2,340	3,900	8,780	13,650	19,500
1923 Series 40, 4-cyl.						
4d Tr.	1,120	3,360	5,600	12,600	19,600	28,000
2d Rds	1,160	3,480	5,800	13,050	20,300	29,000

	6	5	4	3	2	1
4d Spt Tr 1,200	3,600	6,000	13,500	21,000	30,000
Ca'ole 720	2,160	3,600	8,100	12,600	18,000
4d Sed. 680	2,040	3,400	7,650	11,900	17,000
1924 Series 690, 6-cyl., 121" wb					
2d Rds. 1,160	3,480	5,800	13,050	20,300	29,000
4d Tr 1,120	3,360	5,600	12,600	19,600	28,000
4d Spl DeL 560	1,680	2,800	6,300	9,800	14,000
2d Cpe. 640	1,920	3,200	7,200	11,200	16,000
4d Spl Sed. 600	1,800	3,000	6,750	10,500	15,000
1924 Series 690, 6-cyl., 127" wb					
4d 7P Tr 1,200	3,600	6,000	13,500	21,000	30,000
4d 7P Sed 580	1,740	2,900	6,530	10,150	14,500
2d Vic 600	1,800	3,000	6,750	10,500	15,000
1924 4-cyl.					
4d Tr 1,160	3,480	5,800	13,050	20,300	29,000
2d Rds. 1,200	3,600	6,000	13,500	21,000	30,000
2d Cab. 1,120	3,360	5,600	12,600	19,600	28,000
4d 5P Sed 600	1,800	3,000	6,750	10,500	15,000
4d Sed. 560	1,680	2,800	6,300	9,800	14,000
4d Spt Sed 640	1,920	3,200	7,200	11,200	16,000
2d Cpe. 680	2,040	3,400	7,650	11,900	17,000
1925 Advanced models, 6-cyl.					
4d Tr 1,040	3,120	5,200	11,700	18,200	26,000
4d 7P Tr 1,080	3,240	5,400	12,150	18,900	27,000
4d Sed. 640	1,920	3,200	7,200	11,200	16,000
2d Vic Cpe. 680	2,040	3,400	7,650	11,900	17,000
4d 7P Sed 660	1,980	3,300	7,430	11,550	16,500
2d Rds. 1,080	3,240	5,400	12,150	18,900	27,000
2d Cpe. 640	1,920	3,200	7,200	11,200	16,000
2d Sed. 560	1,680	2,800	6,300	9,800	14,000
1925 Special models, 6-cyl.					
4d Tr 1,000	3,000	5,000	11,250	17,500	25,000
4d Sed. 600	1,800	3,000	6,750	10,500	15,000
2d Rds. 1,040	3,120	5,200	11,700	18,200	26,000
2d Sed. 592	1,776	2,960	6,660	10,360	14,800
1925 Light Six, (Ajax), 6-cyl.					
4d Tr 840	2,520	4,200	9,450	14,700	21,000
4d Sed. 560	1,680	2,800	6,300	9,800	14,000
1926 Advanced models, 6-cyl.					
4d 5P Tr 1,040	3,120	5,200	11,700	18,200	26,000
4d 7P Tr 1,080	3,240	5,400	12,150	18,900	27,000
2d Sed. 560	1,680	2,800	6,300	9,800	14,000
4d Sed. 568	1,704	2,840	6,390	9,940	14,200
4d 7P Sed 580	1,740	2,900	6,530	10,150	14,500
2d Cpe. 596	1,788	2,980	6,710	10,430	14,900
2d Rds. 1,080	3,240	5,400	12,150	18,900	27,000
2d Vic Cpe. 680	2,040	3,400	7,650	11,900	17,000
1926 Special models, 6-cyl.					
2d Rds. 1,000	3,000	5,000	11,250	17,500	25,000
2d Sed. 580	1,740	2,900	6,530	10,150	14,500
4d 7P Sed 588	1,764	2,940	6,620	10,290	14,700
2d Cpe. 600	1,800	3,000	6,750	10,500	15,000
4d Sed. 584	1,752	2,920	6,570	10,220	14,600
2d Spl Rds. 1,120	3,360	5,600	12,600	19,600	28,000
1926 Light Six (formerly Ajax)					
4d Tr 880	2,640	4,400	9,900	15,400	22,000
2d Sed. 580	1,740	2,900	6,530	10,150	14,500
1927 Standard, 6-cyl.					
4d Tr 880	2,640	4,400	9,900	15,400	22,000
2d Cpe. 620	1,860	3,100	6,980	10,850	15,500
2d Sed. 584	1,752	2,920	6,570	10,220	14,600
4d Sed. 544	1,632	2,720	6,120	9,520	13,600
4d DeL Sed 588	1,764	2,940	6,620	10,290	14,700
1927 Special, 6-cyl.					
2d Rds. 920	2,760	4,600	10,350	16,100	23,000
4d Tr 880	2,640	4,400	9,900	15,400	22,000
2d Cpe. 640	1,920	3,200	7,200	11,200	16,000
2d Sed. 600	1,800	3,000	6,750	10,500	15,000
4d Sed. 608	1,824	3,040	6,840	10,640	15,200
NOTE: Begin September 1926.					
4d Cav Sed 620	1,860	3,100	6,980	10,850	15,500
4d Sed. 616	1,848	3,080	6,930	10,780	15,400
2d RS Cab. 840	2,520	4,200	9,450	14,700	21,000
2d RS Rds. 880	2,640	4,400	9,900	15,400	22,000
NOTE: Begin January 1927.					
1927 Advanced, 6-cyl.					
2d Rds. 1,040	3,120	5,200	11,700	18,200	26,000
4d 5P Tr 1,000	3,000	5,000	11,250	17,500	25,000

NASH

	6	5	4	3	2	1
4d 7P Tr	1,040	3,120	5,200	11,700	18,200	26,000
2d Cpe	680	2,040	3,400	7,650	11,900	17,000
2d Vic	720	2,160	3,600	8,100	12,600	18,000
2d Sed	600	1,800	3,000	6,750	10,500	15,000
4d Sed	608	1,824	3,040	6,840	10,640	15,200
4d 7P Sed	620	1,860	3,100	6,980	10,850	15,500
NOTE: Begin August 1926.						
2d RS Cpe	760	2,280	3,800	8,550	13,300	19,000
4d Spl Sed	620	1,860	3,100	6,980	10,850	15,500
4d Amb Sed	628	1,884	3,140	7,070	10,990	15,700
NOTE: Begin January 1927.						
1928 Standard, 6-cyl.						
4d Tr	880	2,640	4,400	9,900	15,400	22,000
2d Cpe	640	1,920	3,200	7,200	11,200	16,000
2d Conv Cabr	920	2,760	4,600	10,350	16,100	23,000
2d Sed	580	1,740	2,900	6,530	10,150	14,500
4d Sed	584	1,752	2,920	6,570	10,220	14,600
4d Lan Sed	588	1,764	2,940	6,620	10,290	14,700
1928 Special, 6-cyl.						
4d Tr	856	2,568	4,280	9,630	14,980	21,400
2d RS Rds	920	2,760	4,600	10,350	16,100	23,000
2d Cpe	640	1,920	3,200	7,200	11,200	16,000
2d Conv Cabr	1,000	3,000	5,000	11,250	17,500	25,000
2d Vic	760	2,280	3,800	8,550	13,300	19,000
2d Sed	680	2,040	3,400	7,650	11,900	17,000
4d Sed	688	2,064	3,440	7,740	12,040	17,200
4d Cpe	700	2,100	3,500	7,880	12,250	17,500
1928 Advanced, 6-cyl.						
4d Spt Tr	1,120	3,360	5,600	12,600	19,600	28,000
4d Tr	1,080	3,240	5,400	12,150	18,900	27,000
2d RS Rds	1,160	3,480	5,800	13,050	20,300	29,000
2d Cpe	680	2,040	3,400	7,650	11,900	17,000
2d Vic	700	2,100	3,500	7,880	12,250	17,500
2d Sed	612	1,836	3,060	6,890	10,710	15,300
4d Sed	624	1,872	3,120	7,020	10,920	15,600
4d Cpe	640	1,920	3,200	7,200	11,200	16,000
4d 7P Sed	616	1,848	3,080	6,930	10,780	15,400
1929 Standard, 6-cyl.						
4d Sed	568	1,704	2,840	6,390	9,940	14,200
4d Tr	1,000	3,000	5,000	11,250	17,500	25,000
2d Cabr	840	2,520	4,200	9,450	14,700	21,000
2d Sed	568	1,704	2,840	6,390	9,940	14,200
2P Cpe	564	1,692	2,820	6,350	9,870	14,100
4P Cpe	576	1,728	2,880	6,480	10,080	14,400
4d Lan Sed	572	1,716	2,860	6,440	10,010	14,300
1929 Special, 6-cyl.						
2d Sed	600	1,800	3,000	6,750	10,500	15,000
2d 2P Cpe	620	1,860	3,100	6,980	10,850	15,500
2d 4P Cpe	640	1,920	3,200	7,200	11,200	16,000
2d Rds	1,200	3,600	6,000	13,500	21,000	30,000
4d Sed	600	1,800	3,000	6,750	10,500	15,000
2d Cabr	960	2,880	4,800	10,800	16,800	24,000
2d Vic	616	1,848	3,080	6,930	10,780	15,400
1929 Advanced, 6-cyl.						
2d Cpe	640	1,920	3,200	7,200	11,200	16,000
2d Cabr	1,120	3,360	5,600	12,600	19,600	28,000
2d Sed	616	1,848	3,080	6,930	10,780	15,400
4d 7P Sed	620	1,860	3,100	6,980	10,850	15,500
4d Amb Sed	632	1,896	3,160	7,110	11,060	15,800
4d Sed	620	1,860	3,100	6,980	10,850	15,500
1930 Single, 6-cyl.						
2d Rds	1,120	3,360	5,600	12,600	19,600	28,000
4d Tr	880	2,640	4,400	9,900	15,400	22,000
2P Cpe	620	1,860	3,100	6,980	10,850	15,500
2d Sed	600	1,800	3,000	6,750	10,500	15,000
4P Cpe	656	1,968	3,280	7,380	11,480	16,400
2d Cabr	1,080	3,240	5,400	12,150	18,900	27,000
4d Sed	604	1,812	3,020	6,800	10,570	15,100
4d DeL Sed	612	1,836	3,060	6,890	10,710	15,300
4d Lan'let	640	1,920	3,200	7,200	11,200	16,000
1930 Twin-Ign, 6-cyl.						
2d Rds	1,320	3,960	6,600	14,850	23,100	33,000
4d 7P Tr	1,280	3,840	6,400	14,400	22,400	32,000
4d 5P Tr	1,240	3,720	6,200	13,950	21,700	31,000
2d 2P Cpe	600	1,800	3,000	6,750	10,500	15,000
2d 4P Cpe	640	1,920	3,200	7,200	11,200	16,000
2d Sed	560	1,680	2,800	6,300	9,800	14,000
2d Cabr	1,160	3,480	5,800	13,050	20,300	29,000

NASH

	6	5	4	3	2	1
2d Vic	720	2,160	3,600	8,100	12,600	18,000
4d Sed	616	1,848	3,080	6,930	10,780	15,400
4d 7P Sed	628	1,884	3,140	7,070	10,990	15,700
1930 Twin-Ign, 8-cyl.						
2d Sed	656	1,968	3,280	7,380	11,480	16,400
2d 2P Cpe	780	2,340	3,900	8,780	13,650	19,500
2d 4P Cpe	800	2,400	4,000	9,000	14,000	20,000
2d Vic	880	2,640	4,400	9,900	15,400	22,000
2d Cabr	1,680	5,040	8,400	18,900	29,400	42,000
4d Sed	660	1,980	3,300	7,430	11,550	16,500
4d Amb Sed	700	2,100	3,500	7,880	12,250	17,500
4d 7P Sed	680	2,040	3,400	7,650	11,900	17,000
4d 7P Limo	720	2,160	3,600	8,100	12,600	18,000
1931 Series 660, 6-cyl.						
4d 5P Tr	1,080	3,240	5,400	12,150	18,900	27,000
2d 2P Cpe	620	1,860	3,100	6,980	10,850	15,500
2d 4P Cpe	628	1,884	3,140	7,070	10,990	15,700
2d Sed	600	1,800	3,000	6,750	10,500	15,000
4d Sed	600	1,800	3,000	6,750	10,500	15,000
1931 Series 870, 8-cyl.						
2d 2P Cpe	680	2,040	3,400	7,650	11,900	17,000
2d 4P Cpe	688	2,064	3,440	7,740	12,040	17,200
2d Conv Sed	2,280	6,840	11,400	25,650	39,900	57,000
2d Sed	648	1,944	3,240	7,290	11,340	16,200
4d Spl Sed	656	1,968	3,280	7,380	11,480	16,400
1931 Series 880 - Twin-Ign, 8-cyl.						
2d 2P Cpe	760	2,280	3,800	8,550	13,300	19,000
2d 4P Cpe	780	2,340	3,900	8,780	13,650	19,500
2d Conv Sed	2,320	6,960	11,600	26,100	40,600	58,000
2d Sed	680	2,040	3,400	7,650	11,900	17,000
4d Twn Sed	700	2,100	3,500	7,880	12,250	17,500
1931 Series 890 - Twin-Ign, 8-cyl.						
4d 7P Tr	2,080	6,240	10,400	23,400	36,400	52,000
2d 2P Cpe	1,040	3,120	5,200	11,700	18,200	26,000
2d 4P Cpe	1,080	3,240	5,400	12,150	18,900	27,000
2d Cabr	2,280	6,840	11,400	25,650	39,900	57,000
2d Vic	960	2,880	4,800	10,800	16,800	24,000
2d Sed	880	2,640	4,400	9,900	15,400	22,000
4d Amb Sed	920	2,760	4,600	10,350	16,100	23,000
4d 7P Sed	960	2,880	4,800	10,800	16,800	24,000
4d 7P Limo	1,000	3,000	5,000	11,250	17,500	25,000
1932 Series 960, 6-cyl.						
4d 5P Tr	1,320	3,960	6,600	14,850	23,100	33,000
2d 2P Cpe	600	1,800	3,000	6,750	10,500	15,000
2d 4P Cpe	620	1,860	3,100	6,980	10,850	15,500
2d Sed	480	1,440	2,400	5,400	8,400	12,000
4d Sed	488	1,464	2,440	5,490	8,540	12,200
1932 Series 970, 8-cyl., 116.5" wb						
2d 2P Cpe	720	2,160	3,600	8,100	12,600	18,000
2d 4P Cpe	740	2,220	3,700	8,330	12,950	18,500
2d Conv Sed	2,440	7,320	12,200	27,450	42,700	61,000
2d Sed	620	1,860	3,100	6,980	10,850	15,500
4d Spl Sed	628	1,884	3,140	7,070	10,990	15,700
1932 Series 980 - Twin-Ign, 8-cyl., 121" wb						
2d 2P Cpe	1,080	3,240	5,400	12,150	18,900	27,000
2d 4P Cpe	1,120	3,360	5,600	12,600	19,600	28,000
2d Conv Sed	2,360	7,080	11,800	26,550	41,300	59,000
4d Sed	960	2,880	4,800	10,800	16,800	24,000
4d Twn Sed	1,000	3,000	5,000	11,250	17,500	25,000
1932 Series 990 - Twin-Ign, 8-cyl., 124"-133" wb						
4d 7P Tr	2,200	6,600	11,000	24,750	38,500	55,000
2d 2P Cpe	1,160	3,480	5,800	13,050	20,300	29,000
2d 4P Cpe	1,200	3,600	6,000	13,500	21,000	30,000
2d Cabr	2,360	7,080	11,800	26,550	41,300	59,000
2d Vic	1,320	3,960	6,600	14,850	23,100	33,000
2d Sed	1,000	3,000	5,000	11,250	17,500	25,000
4d Spl Sed	1,080	3,240	5,400	12,150	18,900	27,000
4d Amb Sed	1,120	3,360	5,600	12,600	19,600	28,000
4d 7P Sed	1,080	3,240	5,400	12,150	18,900	27,000
4d Limo	1,280	3,840	6,400	14,400	22,400	32,000
1933 Standard Series, 8-cyl.						
2d Rds	1,240	3,720	6,200	13,950	21,700	31,000
2d 2P Cpe	540	1,620	2,700	6,080	9,450	13,500
2d 4P Cpe	520	1,560	2,600	5,850	9,100	13,000
4d Sed	480	1,440	2,400	5,400	8,400	12,000
4d Twn Sed	500	1,500	2,500	5,630	8,750	12,500
1933 Special Series, 8-cyl.						
2d Rds	1,400	4,200	7,000	15,750	24,500	35,000

	6	5	4	3	2	1
2d 2P Cpe	620	1,860	3,100	6,980	10,850	15,500
2d 4P Cpe	640	1,920	3,200	7,200	11,200	16,000
4d Sed	600	1,800	3,000	6,750	10,500	15,000
4d Conv Sed	2,080	6,240	10,400	23,400	36,400	52,000
4d Twn Sed	640	1,920	3,200	7,200	11,200	16,000
1933 Advanced Series, 8-cyl.						
2d Cabr	1,680	5,040	8,400	18,900	29,400	42,000
2d 2P Cpe	660	1,980	3,300	7,430	11,550	16,500
2d 4P Cpe	680	2,040	3,400	7,650	11,900	17,000
4d Sed	588	1,764	2,940	6,620	10,290	14,700
4d Conv Sed	2,360	7,080	11,800	26,550	41,300	59,000
2d Vic	700	2,100	3,500	7,880	12,250	17,500
1933 Ambassador Series, 8-cyl.						
2d Cabr	2,080	6,240	10,400	23,400	36,400	52,000
2d Cpe	740	2,220	3,700	8,330	12,950	18,500
4d Sed	700	2,100	3,500	7,880	12,250	17,500
4d Conv Sed	2,480	7,440	12,400	27,900	43,400	62,000
2d Vic	1,360	4,080	6,800	15,300	23,800	34,000
4d 142" Brgm	1,080	3,240	5,400	12,150	18,900	27,000
4d 142" Sed	1,000	3,000	5,000	11,250	17,500	25,000
4d 142" Limo	1,240	3,720	6,200	13,950	21,700	31,000
1934 Big Six, 6-cyl.						
2d Bus Cpe	600	1,800	3,000	6,750	10,500	15,000
2d Cpe	620	1,860	3,100	6,980	10,850	15,500
4d Brgm	560	1,680	2,800	6,300	9,800	14,000
2d Sed	540	1,620	2,700	6,080	9,450	13,500
4d Twn Sed	560	1,680	2,800	6,300	9,800	14,000
4d Tr Sed	556	1,668	2,780	6,260	9,730	13,900
1934 Advanced, 8-cyl.						
2d Bus Cpe	620	1,860	3,100	6,980	10,850	15,500
2d Cpe	640	1,920	3,200	7,200	11,200	16,000
4d Brgm	620	1,860	3,100	6,980	10,850	15,500
2d Sed	640	1,920	3,200	7,200	11,200	16,000
4d Twn Sed	640	1,920	3,200	7,200	11,200	16,000
4d Tr Sed	620	1,860	3,100	6,980	10,850	15,500
1934 Ambassador, 8-cyl.						
4d Brgm	640	1,920	3,200	7,200	11,200	16,000
2d Sed	620	1,860	3,100	6,980	10,850	15,500
4d Tr Sed	628	1,884	3,140	7,070	10,990	15,700
4d 7P Sed	660	1,980	3,300	7,430	11,550	16,500
4d Limo	740	2,220	3,700	8,330	12,950	18,500
1934 Lafayette, 6-cyl.						
2d Sed	520	1,560	2,600	5,850	9,100	13,000
4d Twn Sed	524	1,572	2,620	5,900	9,170	13,100
4d Brgm	532	1,596	2,660	5,990	9,310	13,300
2d Spl Cpe	580	1,740	2,900	6,530	10,150	14,500
2d Spl 4P Cpe	600	1,800	3,000	6,750	10,500	15,000
4d Spl Tr Sed	540	1,620	2,700	6,080	9,450	13,500
4d Spl Sed	548	1,644	2,740	6,170	9,590	13,700
4d Brgm	560	1,680	2,800	6,300	9,800	14,000
1935 Lafayette, 6-cyl.						
2d Bus Cpe	540	1,620	2,700	6,080	9,450	13,500
2d Sed	508	1,524	2,540	5,720	8,890	12,700
4d Brgm	520	1,560	2,600	5,850	9,100	13,000
4d Tr Sed	512	1,536	2,560	5,760	8,960	12,800
4d Twn Sed	516	1,548	2,580	5,810	9,030	12,900
2d Spl Cpe	580	1,740	2,900	6,530	10,150	14,500
4d Spl 6W Sed	540	1,620	2,700	6,080	9,450	13,500
4d 6W Brgm	544	1,632	2,720	6,120	9,520	13,600
1935 Advanced, 6-cyl.						
2d Vic	560	1,680	2,800	6,300	9,800	14,000
4d 6W Sed	520	1,560	2,600	5,850	9,100	13,000
1935 Advanced, 8-cyl.						
2d Vic	648	1,944	3,240	7,290	11,340	16,200
4d 6W Sed	608	1,824	3,040	6,840	10,640	15,200
1935 Ambassador, 8-cyl.						
2d Vic	660	1,980	3,300	7,430	11,550	16,500
4d 6W Sed	620	1,860	3,100	6,980	10,850	15,500
1936 Lafayette, 6-cyl.						
2d Bus Cpe	540	1,620	2,700	6,080	9,450	13,500
2d Cpe	548	1,644	2,740	6,170	9,590	13,700
2d Cabr	1,040	3,120	5,200	11,700	18,200	26,000
4d Sed	500	1,500	2,500	5,630	8,750	12,500
2d Vic	540	1,620	2,700	6,080	9,450	13,500
4d Tr Sed	504	1,512	2,520	5,670	8,820	12,600
1936 400 Series, 6-cyl.						
2d Bus Cpe	548	1,644	2,740	6,170	9,590	13,700
2d Cpe	560	1,680	2,800	6,300	9,800	14,000

NASH

	6	5	4	3	2	1
2d Vic	540	1,620	2,700	6,080	9,450	13,500
4d Tr Vic	560	1,680	2,800	6,300	9,800	14,000
4d Sed	504	1,512	2,520	5,670	8,820	12,600
4d Tr Sed	508	1,524	2,540	5,720	8,890	12,700
2d Spl Bus Cpe	560	1,680	2,800	6,300	9,800	14,000
2d Spl Cpe	580	1,740	2,900	6,530	10,150	14,500
2d Spl Spt Cabr	1,160	3,480	5,800	13,050	20,300	29,000
2d Spl Vic	540	1,620	2,700	6,080	9,450	13,500
2d Spl Tr Vic	560	1,680	2,800	6,300	9,800	14,000
4d Spl Sed	504	1,512	2,520	5,670	8,820	12,600
4d Spl Tr Sed	508	1,524	2,540	5,720	8,890	12,700
1936 Ambassador Series, 6-cyl.						
2d Vic	600	1,800	3,000	6,750	10,500	15,000
4d Tr Sed	560	1,680	2,800	6,300	9,800	14,000
1936 Ambassador Series, 8-cyl.						
4d Tr Sed	600	1,800	3,000	6,750	10,500	15,000
1937 Lafayette 400, 6-cyl.						
2d Bus Cpe	580	1,740	2,900	6,530	10,150	14,500
2d Cpe	600	1,800	3,000	6,750	10,500	15,000
2d A-P Cpe	600	1,800	3,000	6,750	10,500	15,000
2d Cabr	1,080	3,240	5,400	12,150	18,900	27,000
2d Vic Sed	520	1,560	2,600	5,850	9,100	13,000
4d Tr Sed	524	1,572	2,620	5,900	9,170	13,100
1937 Ambassador, 6-cyl.						
2d Bus Cpe	600	1,800	3,000	6,750	10,500	15,000
2d Cpe	620	1,860	3,100	6,980	10,850	15,500
2d A-P Cpe	628	1,884	3,140	7,070	10,990	15,700
2d Cabr	1,360	4,080	6,800	15,300	23,800	34,000
2d Vic Sed	560	1,680	2,800	6,300	9,800	14,000
4d Tr Sed	564	1,692	2,820	6,350	9,870	14,100
1937 Ambassador, 8-cyl.						
2d Bus Cpe	660	1,980	3,300	7,430	11,550	16,500
2d Cpe	680	2,040	3,400	7,650	11,900	17,000
2d A-P Cpe	696	2,088	3,480	7,830	12,180	17,400
2d Cabr	1,400	4,200	7,000	15,750	24,500	35,000
2d Vic Sed	620	1,860	3,100	6,980	10,850	15,500
4d Tr Sed	624	1,872	3,120	7,020	10,920	15,600
1938 Lafayette Master, 6-cyl.						
2d Bus Cpe	584	1,752	2,920	6,570	10,220	14,600
2d Vic	576	1,728	2,880	6,480	10,080	14,400
4d Tr Sed	544	1,632	2,720	6,120	9,520	13,600
1938 DeLuxe, 6-cyl.						
2d Bus Cpe	592	1,776	2,960	6,660	10,360	14,800
2d A-P Cpe	600	1,800	3,000	6,750	10,500	15,000
2d Cabr	1,040	3,120	5,200	11,700	18,200	26,000
2d Vic	580	1,740	2,900	6,530	10,150	14,500
4d Tr Sed	544	1,632	2,720	6,120	9,520	13,600
1938 Ambassador, 6-cyl.						
2d Bus Cpe	580	1,740	2,900	6,530	10,150	14,500
2d A-P Cpe	600	1,800	3,000	6,750	10,500	15,000
2d Cabr	1,280	3,840	6,400	14,400	22,400	32,000
2d Vic	560	1,680	2,800	6,300	9,800	14,000
4d Tr Sed	524	1,572	2,620	5,900	9,170	13,100
1938 Ambassador, 8-cyl.						
2d Bus Cpe	600	1,800	3,000	6,750	10,500	15,000
2d A-P Cpe	620	1,860	3,100	6,980	10,850	15,500
2d Cabr	1,320	3,960	6,600	14,850	23,100	33,000
2d Vic	604	1,812	3,020	6,800	10,570	15,100
4d Tr Sed	600	1,800	3,000	6,750	10,500	15,000
1939 Lafayette, 6-cyl.						
2d Bus Cpe	580	1,740	2,900	6,530	10,150	14,500
2d Sed	560	1,680	2,800	6,300	9,800	14,000
4d Sed	524	1,572	2,620	5,900	9,170	13,100
4d Tr Sed	528	1,584	2,640	5,940	9,240	13,200
2d A-P Cpe	620	1,860	3,100	6,980	10,850	15,500
2d A-P Cabr	1,080	3,240	5,400	12,150	18,900	27,000
NOTE: Add 10 percent for DeLuxe.						
1939 Ambassador, 6-cyl.						
2d Bus Cpe	624	1,872	3,120	7,020	10,920	15,600
2d A-P Cpe	640	1,920	3,200	7,200	11,200	16,000
2d A-P Cabr	1,360	4,080	6,800	15,300	23,800	34,000
2d Sed	548	1,644	2,740	6,170	9,590	13,700
4d Sed	552	1,656	2,760	6,210	9,660	13,800
4d Tr Sed	560	1,680	2,800	6,300	9,800	14,000
1939 Ambassador, 8-cyl.						
2d Bus Cpe	700	2,100	3,500	7,880	12,250	17,500
2d A-P Cpe	704	2,112	3,520	7,920	12,320	17,600
2d A-P Cabr	1,560	4,680	7,800	17,550	27,300	39,000

	6	5	4	3	2	1
2d Sed	620	1,860	3,100	6,980	10,850	15,500
4d Sed	624	1,872	3,120	7,020	10,920	15,600
4d Tr Sed	628	1,884	3,140	7,070	10,990	15,700
1940 DeLuxe Lafayette, 6-cyl.						
2d Bus Cpe.	620	1,860	3,100	6,980	10,850	15,500
2d A-P Cpe.	624	1,872	3,120	7,020	10,920	15,600
2d A-P Cabr	1,400	4,200	7,000	15,750	24,500	35,000
2d FBk	568	1,704	2,840	6,390	9,940	14,200
4d FBk	564	1,692	2,820	6,350	9,870	14,100
4d Trk Sed	572	1,716	2,860	6,440	10,010	14,300
1940 Ambassador, 6-cyl.						
2d Bus Cpe.	664	1,992	3,320	7,470	11,620	16,600
2d A-P Cpe.	680	2,040	3,400	7,650	11,900	17,000
2d A-P Cabr	1,640	4,920	8,200	18,450	28,700	41,000
2d FBk	624	1,872	3,120	7,020	10,920	15,600
4d FBk	620	1,860	3,100	6,980	10,850	15,500
4d Trk Sed	632	1,896	3,160	7,110	11,060	15,800
1940 Ambassador, 8-cyl.						
2d Bus Cpe.	740	2,220	3,700	8,330	12,950	18,500
2d A-P Cpe.	744	2,232	3,720	8,370	13,020	18,600
2d A-P Cabr	1,760	5,280	8,800	19,800	30,800	44,000
2d FBk	680	2,040	3,400	7,650	11,900	17,000
4d FBk	676	2,028	3,380	7,610	11,830	16,900
4d Trk Sed	680	2,040	3,400	7,650	11,900	17,000
1941 Ambassador 600, 6-cyl.						
2d Bus Cpe.	640	1,920	3,200	7,200	11,200	16,000
2d FBk	584	1,752	2,920	6,570	10,220	14,600
4d FBk	580	1,740	2,900	6,530	10,150	14,500
2d DeL Bus Cpe	664	1,992	3,320	7,470	11,620	16,600
4d DeL Brgm	620	1,860	3,100	6,980	10,850	15,500
2d DeL FBk	604	1,812	3,020	6,800	10,570	15,100
4d DeL FBk	600	1,800	3,000	6,750	10,500	15,000
4d Tr Sed	608	1,824	3,040	6,840	10,640	15,200
1941 Ambassador, 6-cyl.						
2d Bus Cpe.	704	2,112	3,520	7,920	12,320	17,600
2d Spl Bus Cpe	708	2,124	3,540	7,970	12,390	17,700
2d A-P Cabr	1,560	4,680	7,800	17,550	27,300	39,000
2d Brgm	656	1,968	3,280	7,380	11,480	16,400
4d Spl Sed	660	1,980	3,300	7,430	11,550	16,500
4d Spl FBk	656	1,968	3,280	7,380	11,480	16,400
4d DeL FBk	660	1,980	3,300	7,430	11,550	16,500
4d Tr Sed	664	1,992	3,320	7,470	11,620	16,600
1941 Ambassador, 8-cyl.						
2d A-P Cabr	1,600	4,800	8,000	18,000	28,000	40,000
2d DeL Brgm	700	2,100	3,500	7,880	12,250	17,500
4d Spl FBk	704	2,112	3,520	7,920	12,320	17,600
4d DeL FBk	708	2,124	3,540	7,970	12,390	17,700
4d Tr Sed	712	2,136	3,560	8,010	12,460	17,800
1942 Ambassador 600, 6-cyl.						
2d Bus Cpe.	688	2,064	3,440	7,740	12,040	17,200
2d Brgm	644	1,932	3,220	7,250	11,270	16,100
2d SS	640	1,920	3,200	7,200	11,200	16,000
4d SS	644	1,932	3,220	7,250	11,270	16,100
4d Tr Sed	648	1,944	3,240	7,290	11,340	16,200
1942 Ambassador, 6-cyl.						
2d Bus Cpe.	740	2,220	3,700	8,330	12,950	18,500
2d Brgm	692	2,076	3,460	7,790	12,110	17,300
2d SS	688	2,064	3,440	7,740	12,040	17,200
4d SS	692	2,076	3,460	7,790	12,110	17,300
4d Tr Sed	696	2,088	3,480	7,830	12,180	17,400
1942 Ambassador, 8-cyl.						
2d Bus Cpe.	720	2,160	3,600	8,100	12,600	18,000
2d Brgm	700	2,100	3,500	7,880	12,250	17,500
2d SS	692	2,076	3,460	7,790	12,110	17,300
4d SS	696	2,088	3,480	7,830	12,180	17,400
4d Tr Sed	700	2,100	3,500	7,880	12,250	17,500
1946 600, 6-cyl.						
2d Brgm	664	1,992	3,320	7,470	11,620	16,600
4d Sed	660	1,980	3,300	7,430	11,550	16,500
4d Trk Sed	672	2,016	3,360	7,560	11,760	16,800
1946 Ambassador, 6-cyl.						
2d Brgm	720	2,160	3,600	8,100	12,600	18,000
4d Sed	724	2,172	3,620	8,150	12,670	18,100
4d Trk Sed	728	2,184	3,640	8,190	12,740	18,200
4d Sed Suburban	1,380	4,140	6,900	15,530	24,150	34,500
1947 600, 6-cyl.						
2d Brgm	664	1,992	3,320	7,470	11,620	16,600
4d Sed	660	1,980	3,300	7,430	11,550	16,500
4d Trk Sed	672	2,016	3,360	7,560	11,760	16,800

	6	5	4	3	2	1
1947 Ambassador, 6-cyl.						
2d Brgm.	720	2,160	3,600	8,100	12,600	18,000
4d Sed.	724	2,172	3,620	8,150	12,670	18,100
4d Trk Sed.	728	2,184	3,640	8,190	12,740	18,200
4d Sed Suburban	1,420	4,260	7,100	15,980	24,850	35,500
1948 600, 6-cyl.						
DeL Bus Cpe.	732	2,196	3,660	8,240	12,810	18,300
4d Sup Sed.	684	2,052	3,420	7,700	11,970	17,100
4d Sup Trk Sed.	688	2,064	3,440	7,740	12,040	17,200
2d Sup Brgm.	688	2,064	3,440	7,740	12,040	17,200
4d Cus Sed.	692	2,076	3,460	7,790	12,110	17,300
4d Cus Trk Sed.	696	2,088	3,480	7,830	12,180	17,400
2d Cus Brgm.	700	2,100	3,500	7,880	12,250	17,500
1948 Ambassador, 6-cyl.						
4d Sed.	708	2,124	3,540	7,970	12,390	17,700
4d Trk Sed.	712	2,136	3,560	8,010	12,460	17,800
2d Brgm.	712	2,136	3,560	8,010	12,460	17,800
4d Sed Suburban	1,460	4,380	7,300	16,430	25,550	36,500
1948 Custom Ambassador, 6-cyl.						
4d Sed.	760	2,280	3,800	8,550	13,300	19,000
4d Trk Sed.	740	2,220	3,700	8,330	12,950	18,500
2d Brgm.	760	2,280	3,800	8,550	13,300	19,000
2d Cabr.	1,460	4,380	7,300	16,430	25,550	36,500
1949 600 Super, 6-cyl.						
4d Sed.	660	1,980	3,300	7,430	11,550	16,500
2d Sed.	664	1,992	3,320	7,470	11,620	16,600
2d Brgm.	668	2,004	3,340	7,520	11,690	16,700
1949 600 Super Special, 6-cyl.						
4d Sed.	664	1,992	3,320	7,470	11,620	16,600
2d Sed.	668	2,004	3,340	7,520	11,690	16,700
2d Brgm.	672	2,016	3,360	7,560	11,760	16,800
1949 600 Custom, 6-cyl.						
4d Sed.	672	2,016	3,360	7,560	11,760	16,800
2d Sed.	676	2,028	3,380	7,610	11,830	16,900
2d Brgm.	680	2,040	3,400	7,650	11,900	17,000
1949 Ambassador Super, 6-cyl.						
4d Sed.	704	2,112	3,520	7,920	12,320	17,600
2d Sed.	708	2,124	3,540	7,970	12,390	17,700
2d Brgm.	712	2,136	3,560	8,010	12,460	17,800
1949 Ambassador Super Special, 6-cyl.						
4d Sed.	708	2,124	3,540	7,970	12,390	17,700
2d Sed.	712	2,136	3,560	8,010	12,460	17,800
2d Brgm.	716	2,148	3,580	8,060	12,530	17,900
1949 Ambassador Custom, 6-cyl.						
4d Sed.	716	2,148	3,580	8,060	12,530	17,900
2d Sed.	720	2,160	3,600	8,100	12,600	18,000
2d Brgm.	724	2,172	3,620	8,150	12,670	18,100
1950 Rambler Custom, 6-cyl.						
2d Conv Lan	820	2,460	4,100	9,230	14,350	20,500
2d Sta Wag	680	2,040	3,400	7,650	11,900	17,000
1950 Nash Super Statesman, 6-cyl.						
2d DeL Cpe.	672	2,016	3,360	7,560	11,760	16,800
4d Sed.	664	1,992	3,320	7,470	11,620	16,600
2d Sed.	668	2,004	3,340	7,520	11,690	16,700
2d Clb Cpe	672	2,016	3,360	7,560	11,760	16,800
1950 Nash Custom Statesman, 6-cyl.						
4d Sed.	676	2,028	3,380	7,610	11,830	16,900
2d Sed.	680	2,040	3,400	7,650	11,900	17,000
2d Clb Cpe	684	2,052	3,420	7,700	11,970	17,100
1950 Ambassador, 6-cyl.						
4d Sed.	700	2,100	3,500	7,880	12,250	17,500
2d Sed.	708	2,124	3,540	7,970	12,390	17,700
2d Clb Cpe	712	2,136	3,560	8,010	12,460	17,800
1950 Ambassador Custom, 6-cyl.						
4d Sed.	716	2,148	3,580	8,060	12,530	17,900
2d Sed.	720	2,160	3,600	8,100	12,600	18,000
2d Clb Cpe	724	2,172	3,620	8,150	12,670	18,100
1951 Rambler, 6-cyl.						
2d Utl Wag	680	2,040	3,400	7,650	11,900	17,000
2d Sta Wag	688	2,064	3,440	7,740	12,040	17,200
2d Cus Clb Sed	676	2,028	3,380	7,610	11,830	16,900
2d Cus Conv	820	2,460	4,100	9,230	14,350	20,500
2d Ctry Clb HT	740	2,220	3,700	8,330	12,950	18,500
2d Cus Sta Wag	700	2,100	3,500	7,880	12,250	17,500
1951 Nash Statesman, 6-cyl.						
2d DeL Bus Cpe	680	2,040	3,400	7,650	11,900	17,000
4d Sup Sed	672	2,016	3,360	7,560	11,760	16,800
2d Sup.	668	2,004	3,340	7,520	11,690	16,700
2d Sup Cpe.	680	2,040	3,400	7,650	11,900	17,000

	6	5	4	3	2	1
2d Cus Cpe	684	2,052	3,420	7,700	11,970	17,100
2d Cus	680	2,040	3,400	7,650	11,900	17,000

1951 Ambassador, 6-cyl.

	6	5	4	3	2	1
4d Sup Sed	708	2,124	3,540	7,970	12,390	17,700
2d Sup	704	2,112	3,520	7,920	12,320	17,600
2d Sup Cpe	712	2,136	3,560	8,010	12,460	17,800
4d Cus Sed	716	2,148	3,580	8,060	12,530	17,900
2d Cus	708	2,124	3,540	7,970	12,390	17,700
2d Cus Cpe	712	2,136	3,560	8,010	12,460	17,800

1951 Nash-Healey

	6	5	4	3	2	1
Spt Rds	1,720	5,160	8,600	19,350	30,100	43,000

1952-53 Rambler, 6-cyl.

	6	5	4	3	2	1
2d Utl Wag	680	2,040	3,400	7,650	11,900	17,000
2d Sta Wag	688	2,064	3,440	7,740	12,040	17,200
2d Cus Clb Sed	680	2,040	3,400	7,650	11,900	17,000
2d Cus Conv	820	2,460	4,100	9,230	14,350	20,500
2d Cus Ctry Clb HT	740	2,220	3,700	8,330	12,950	18,500
2d Cus Sta Wag	700	2,100	3,500	7,880	12,250	17,500

1952-53 Nash Statesman, 6-cyl.

	6	5	4	3	2	1
2d Sed	688	2,064	3,440	7,740	12,040	17,200
4d Sed	684	2,052	3,420	7,700	11,970	17,100
2d Cus Ctry Clb	780	2,340	3,900	8,780	13,650	19,500

NOTE: Add 10 percent for Custom.

1952-53 Ambassador, 6-cyl.

	6	5	4	3	2	1
2d Sed	700	2,100	3,500	7,880	12,250	17,500
4d Sed	700	2,100	3,500	7,880	12,250	17,500
2d Cus Ctry Clb	820	2,460	4,100	9,230	14,350	20,500

NOTE: Add 10 percent for Custom.

1952-53 Nash-Healey

	6	5	4	3	2	1
2d Cpe (1953 only)	1,680	5,040	8,400	18,900	29,400	42,000
2d Spt Rds	1,840	5,520	9,200	20,700	32,200	46,000

1954 Rambler, 6-cyl.

	6	5	4	3	2	1
2d DeL Clb Sed	680	2,040	3,400	7,650	11,900	17,000
2d Sup Clb Sed	684	2,052	3,420	7,700	11,970	17,100
2d Sup Ctry Clb HT	720	2,160	3,600	8,100	12,600	18,000
2d Sup Suburban Sta Wag	692	2,076	3,460	7,790	12,110	17,300
4d Sup Sed (108")	684	2,052	3,420	7,700	11,970	17,100
2d Cus Ctry Clb HT	760	2,280	3,800	8,550	13,300	19,000
2d Cus Conv	860	2,580	4,300	9,680	15,050	21,500
2d Cus Sta Wag	720	2,160	3,600	8,100	12,600	18,000
4d Cus Sed (108")	688	2,064	3,440	7,740	12,040	17,200
4d Cus Wag (108")	724	2,172	3,620	8,150	12,670	18,100
2d Cus Wag (108")	740	2,220	3,700	8,330	12,950	18,500

1954 Nash Statesman, 6-cyl.

	6	5	4	3	2	1
4d Sup Sed	660	1,980	3,300	7,430	11,550	16,500
2d Sup Sed	664	1,992	3,320	7,470	11,620	16,600
4d Cus Sed	668	2,004	3,340	7,520	11,690	16,700
2d Cus Ctry Clb HT	820	2,460	4,100	9,230	14,350	20,500

1954 Nash Ambassador, 6-cyl.

	6	5	4	3	2	1
4d Sup Sed	708	2,124	3,540	7,970	12,390	17,700
2d Sup Sed	712	2,136	3,560	8,010	12,460	17,800
4d Cus Sed	720	2,160	3,600	8,100	12,600	18,000
2d Cus Ctry Clb HT	820	2,460	4,100	9,230	14,350	20,500

NOTE: Add 5 percent for LeMans option.

1954 Nash-Healey

	6	5	4	3	2	1
2d Cpe	1,760	5,280	8,800	19,800	30,800	44,000

1955 Rambler, 6-cyl.

	6	5	4	3	2	1
2d DeL Clb Sed	680	2,040	3,400	7,650	11,900	17,000
2d DeL Bus Sed	676	2,028	3,380	7,610	11,830	16,900
4d DeL Sed (108")	684	2,052	3,420	7,700	11,970	17,100
2d Sup Clb Sed	684	2,052	3,420	7,700	11,970	17,100
2d Sup Sta Wag	676	2,028	3,380	7,610	11,830	16,900
4d Sup Sed (108")	684	2,052	3,420	7,700	11,970	17,100
4d Sup Crs Ctry (108")	720	2,160	3,600	8,100	12,600	18,000
2d Cus Ctry Clb HT	780	2,340	3,900	8,780	13,650	19,500
4d Cus Sed (108")	688	2,064	3,440	7,740	12,040	17,200
4d Cus Crs Ctry (108")	760	2,280	3,800	8,550	13,300	19,000

1955 Nash Statesman, 6-cyl.

	6	5	4	3	2	1
4d Sup Sed	680	2,040	3,400	7,650	11,900	17,000
4d Cus Sed	684	2,052	3,420	7,700	11,970	17,100
2d Cus Ctry Clb	800	2,400	4,000	9,000	14,000	20,000

1955 Nash Ambassador, 6-cyl.

	6	5	4	3	2	1
4d Sup Sed	724	2,172	3,620	8,150	12,670	18,100
4d Cus Sed	728	2,184	3,640	8,190	12,740	18,200
2d Cus Ctry Clb	860	2,580	4,300	9,680	15,050	21,500

1955 Nash Ambassador, 8-cyl.

	6	5	4	3	2	1
4d Sup Sed	728	2,184	3,640	8,190	12,740	18,200
4d Cus Sed	768	2,304	3,840	8,640	13,440	19,200
2d Cus Ctry Clb	860	2,580	4,300	9,680	15,050	21,500

	6	5	4	3	2	1
1956 Rambler, 6-cyl.						
4d DeL Sed	628	1,884	3,140	7,070	10,990	15,700
4d Sup Sed	632	1,896	3,160	7,110	11,060	15,800
4d Sup Crs Ctry	664	1,992	3,320	7,470	11,620	16,600
4d Cus Sed	668	2,004	3,340	7,520	11,690	16,700
4d Cus HT	700	2,100	3,500	7,880	12,250	17,500
4d Cus Crs Ctry	684	2,052	3,420	7,700	11,970	17,100
4d HT Wag	700	2,100	3,500	7,880	12,250	17,500
1956 Nash Statesman, 6-cyl.						
4d Sup Sed	680	2,040	3,400	7,650	11,900	17,000
1956 Nash Ambassador, 6-cyl.						
4d Sup Sed	700	2,100	3,500	7,880	12,250	17,500
1956 Nash Ambassador, 8-cyl.						
4d Sup Sed	708	2,124	3,540	7,970	12,390	17,700
4d Cus Sed	720	2,160	3,600	8,100	12,600	18,000
2d Cus HT	900	2,700	4,500	10,130	15,750	22,500
1957 Rambler, 6-cyl.						
4d DeL Sed	592	1,776	2,960	6,660	10,360	14,800
4d Sup Sed	600	1,800	3,000	6,750	10,500	15,000
4d Sup HT	620	1,860	3,100	6,980	10,850	15,500
4d Sup Crs Ctry	628	1,884	3,140	7,070	10,990	15,700
4d Cus Sed	596	1,788	2,980	6,710	10,430	14,900
4d Cus Crs Ctry	628	1,884	3,140	7,070	10,990	15,700
1957 Rambler, 8-cyl.						
4d Sup Sed	600	1,800	3,000	6,750	10,500	15,000
4d Sup Crs Ctry Wag	630	1,880	3,140	7,070	10,990	15,700
4d Cus Sed	604	1,812	3,020	6,800	10,570	15,100
4d Cus HT	632	1,896	3,160	7,110	11,060	15,800
4d Cus Crs Ctry Wag	640	1,910	3,180	7,160	11,130	15,900
4d Cus HT Crs Ctry	660	1,980	3,300	7,430	11,550	16,500
1957 Rebel, 8-cyl.						
4d HT	820	2,460	4,100	9,230	14,350	20,500
1957 Nash Ambassador, 8-cyl.						
4d Sup Sed	688	2,064	3,440	7,740	12,040	17,200
2d Sup HT	860	2,580	4,300	9,680	15,050	21,500
4d Cus Sed	700	2,100	3,500	7,880	12,250	17,500
2d Cus HT	900	2,700	4,500	10,130	15,750	22,500

AMC

	6	5	4	3	2	1
1958-59 American DeLuxe, 6-cyl.						
2d Sed	328	984	1,640	3,690	5,740	8,200
2d Sta Wag (1959 only)	330	1,000	1,660	3,740	5,810	8,300
1958-59 American Super, 6-cyl.						
2d Sed	332	996	1,660	3,740	5,810	8,300
2d Sta Wag (1959 only)	340	1,010	1,680	3,780	5,880	8,400
1958-59 Rambler DeLuxe, 6-cyl.						
4d Sed	328	984	1,640	3,690	5,740	8,200
4d Sta Wag	332	996	1,660	3,740	5,810	8,300
1958-59 Rambler Super, 6-cyl.						
4d Sed	332	996	1,660	3,740	5,810	8,300
4d HT	340	1,020	1,700	3,830	5,950	8,500
4d Sta Wag	336	1,008	1,680	3,780	5,880	8,400
1958-59 Rambler Custom, 6-cyl.						
4d Sed	348	1,044	1,740	3,920	6,090	8,700
4d HT	356	1,068	1,780	4,010	6,230	8,900
4d Sta Wag	340	1,020	1,700	3,830	5,950	8,500
1958-59 Rebel Super V-8						
4d Sed DeL (1958 only)	430	1,280	2,140	4,820	7,490	10,700
4d Sed	432	1,296	2,160	4,860	7,560	10,800
4d Sta Wag	436	1,308	2,180	4,910	7,630	10,900
1958-59 Rebel Custom, V-8						
4d Sed	436	1,308	2,180	4,910	7,630	10,900
4d HT	444	1,332	2,220	5,000	7,770	11,100
4d Sta Wag	440	1,320	2,200	4,950	7,700	11,000
1958-59 Ambassador Super, V-8						
4d Sed	468	1,404	2,340	5,270	8,190	11,700
4d Sta Wag	472	1,416	2,360	5,310	8,260	11,800
1958-59 Ambassador Custom, V-8						
4d Sed	472	1,416	2,360	5,310	8,260	11,800
4d HT	476	1,428	2,380	5,360	8,330	11,900
4d Sta Wag	476	1,428	2,380	5,360	8,330	11,900
4d HT Sta Wag	564	1,692	2,820	6,350	9,870	14,100
1960 American DeLuxe, 6-cyl.						
2d Sed	364	1,092	1,820	4,100	6,370	9,100
4d Sed	360	1,080	1,800	4,050	6,300	9,000
2d Sta Wag	368	1,104	1,840	4,140	6,440	9,200
1960 American Super, 6-cyl.						
2d Sed	368	1,104	1,840	4,140	6,440	9,200

	6	5	4	3	2	1
4d Sed	364	1,092	1,820	4,100	6,370	9,100
2d Sta Wag	372	1,116	1,860	4,190	6,510	9,300
1960 American Custom, 6-cyl.						
2d Sed	372	1,116	1,860	4,190	6,510	9,300
4d Sed	368	1,104	1,840	4,140	6,440	9,200
2d Sta Wag	376	1,128	1,880	4,230	6,580	9,400
1960 Rambler DeLuxe, 6-cyl.						
4d Sed	364	1,092	1,820	4,100	6,370	9,100
4d Sta Wag	368	1,104	1,840	4,140	6,440	9,200
1960 Rambler Super, 6-cyl.						
4d Sed	368	1,104	1,840	4,140	6,440	9,200
4d 6P Sta Wag	372	1,116	1,860	4,190	6,510	9,300
4d 8P Sta Wag	376	1,128	1,880	4,230	6,580	9,400
1960 Rambler Custom, 6-cyl.						
4d Sed	372	1,116	1,860	4,190	6,510	9,300
4d HT	376	1,128	1,880	4,230	6,580	9,400
4d 6P Sta Wag	376	1,128	1,880	4,230	6,580	9,400
4d 8P Sta Wag	380	1,140	1,900	4,280	6,650	9,500
1960 Rebel Super, V-8						
Sed	456	1,368	2,280	5,130	7,980	11,400
4d 6P Sta Wag	460	1,380	2,300	5,180	8,050	11,500
4d 8P Sta Wag	464	1,392	2,320	5,220	8,120	11,600
1960 Rebel Custom, V-8						
4d Sed	460	1,380	2,300	5,180	8,050	11,500
4d HT	464	1,392	2,320	5,220	8,120	11,600
4d 6P Sta Wag	464	1,392	2,320	5,220	8,120	11,600
4d 8P Sta Wag	468	1,404	2,340	5,270	8,190	11,700
1960 Ambassador Super, V-8						
4d Sed	464	1,392	2,320	5,220	8,120	11,600
4d 6P Sta Wag	468	1,404	2,340	5,270	8,190	11,700
4d 8P Sta Wag	472	1,416	2,360	5,310	8,260	11,800
1960 Ambassador Custom, V-8						
4d Sed	468	1,404	2,340	5,270	8,190	11,700
4d HT	476	1,428	2,380	5,360	8,330	11,000
6P Sta Wag	472	1,416	2,360	5,310	8,260	11,800
4d HT Sta Wag	560	1,680	2,800	6,300	9,800	14,000
4d 8P Sta Wag	476	1,428	2,380	5,360	8,330	11,900
1961 American						
4d DeL Sed	320	960	1,600	3,600	5,600	8,000
2d DeL Sed	324	972	1,620	3,650	5,670	8,100
4d DeL Sta Wag	328	984	1,640	3,690	5,740	8,200
2d DeL Sta Wag	324	972	1,620	3,650	5,670	8,100
4d Sup Sed	324	972	1,620	3,650	5,670	8,100
2d Sup Sed	328	984	1,640	3,690	5,740	8,200
4d Sup Sta Wag	332	996	1,660	3,740	5,810	8,300
2d Sup Sta Wag	324	972	1,620	3,650	5,670	8,100
4d Cus Sed	324	972	1,620	3,650	5,670	8,100
2d Cus Sed	328	984	1,640	3,690	5,740	8,200
2d Cus Conv	560	1,680	2,800	6,300	9,800	14,000
4d Cus Sta Wag	328	984	1,640	3,690	5,740	8,200
2d Cus Sta Wag	332	996	1,660	3,740	5,810	8,300
4d 400 Sed	328	984	1,640	3,690	5,740	8,200
2d 400 Conv	568	1,704	2,840	6,390	9,940	14,200
1961 Rambler Classic						
4d DeL Sed	320	960	1,600	3,600	5,600	8,000
4d DeL Sta Wag	324	972	1,620	3,650	5,670	8,100
4d Sup Sed	324	972	1,620	3,650	5,670	8,100
4d Sup Sta Wag	328	984	1,640	3,690	5,740	8,200
4d Cus Sed	328	984	1,640	3,690	5,740	8,200
4d Cus Sta Wag	332	996	1,660	3,740	5,810	8,300
4d 400 Sed	332	996	1,660	3,740	5,810	8,300

NOTE: Add 5 percent for V-8.

1961 Ambassador						
4d DeL Sed	324	972	1,620	3,650	5,670	8,100
4d Sup Sed	328	984	1,640	3,690	5,740	8,200
5d Sup Sta Wag	332	996	1,660	3,740	5,810	8,300
4d Sup Sta Wag	328	984	1,640	3,690	5,740	8,200
4d Cus Sed	332	996	1,660	3,740	5,810	8,300
5d Cus Sta Wag	340	1,020	1,700	3,830	5,950	8,500
4d Cus Sta Wag	336	1,008	1,680	3,780	5,880	8,400
4d 400 Sed	336	1,008	1,680	3,780	5,880	8,400
1962 American						
4d DeL Sed	280	840	1,400	3,150	4,900	7,000
2d DeL Sed	284	852	1,420	3,200	4,970	7,100
4d DeL Sta Wag	284	852	1,420	3,200	4,970	7,100
2d DeL Sta Wag	280	840	1,400	3,150	4,900	7,000
4d Cus Sed	284	852	1,420	3,200	4,970	7,100
2d Cus Sed	284	852	1,420	3,200	4,970	7,100

	6	5	4	3	2	1
14d Cus Sta Wag	288	864	1,440	3,240	5,040	7,200
2d Cus Sta Wag	284	852	1,420	3,200	4,970	7,100
4d 400	284	852	1,420	3,200	4,970	7,100
2d 400	288	864	1,440	3,240	5,040	7,200
2d 400 Conv	568	1,704	2,840	6,390	9,940	14,200
4d 400 Sta Wag	300	900	1,500	3,380	5,250	7,500
1962 Classic						
4d DeL Sed	280	840	1,400	3,150	4,900	7,000
2d DeL	284	852	1,420	3,200	4,970	7,100
4d DeL Sta Wag	288	864	1,440	3,240	5,040	7,200
4d Cus Sed	292	876	1,460	3,290	5,110	7,300
2d Cus	296	888	1,480	3,330	5,180	7,400
4d Cus Sta Wag	292	876	1,460	3,290	5,110	7,300
5d Cus Sta Wag	296	888	1,480	3,330	5,180	7,400
4d 400 Sed	296	888	1,480	3,330	5,180	7,400
2d 400	300	900	1,500	3,380	5,250	7,500
4d 400 Sta Wag	304	912	1,520	3,420	5,320	7,600
NOTE: Add 5 percent for V-8.						
1962 Ambassador						
4d Cus Sed	288	864	1,440	3,240	5,040	7,200
2d Cus Sed	292	876	1,460	3,290	5,110	7,300
4d Cus Sta Wag	308	924	1,540	3,470	5,390	7,700
4d 400 Sed	300	900	1,500	3,380	5,250	7,500
2d 400 Sed	304	912	1,520	3,420	5,320	7,600
4d 400 Sta Wag	308	924	1,540	3,470	5,390	7,700
5d 400 Sta Wag	312	936	1,560	3,510	5,460	7,800
1963 American						
4d 220 Sed	264	792	1,320	2,970	4,620	6,600
2d 220 Sed	268	804	1,340	3,020	4,690	6,700
4d 220 Bus Sed	260	780	1,300	2,930	4,550	6,500
4d 220 Sta Wag	268	804	1,340	3,020	4,690	6,700
2d 220 Sta Wag	264	792	1,320	2,970	4,620	6,600
4d 330 Sed	268	804	1,340	3,020	4,690	6,700
2d 330 Sed	264	792	1,320	2,970	4,620	6,600
4d 330 Sta Wag	276	828	1,380	3,110	4,830	6,900
2d 330 Sta Wag	280	840	1,400	3,150	4,900	7,000
4d 440 Sed	276	828	1,380	3,110	4,830	6,900
2d 440 Sed	280	840	1,400	3,150	4,900	7,000
2d 440 HT	292	876	1,460	3,290	5,110	7,300
2d 440-H HT	400	1,200	2,000	4,500	7,000	10,000
2d 440 Conv	460	1,380	2,300	5,180	8,050	11,500
4d 440 Sta Wag	284	852	1,420	3,200	4,970	7,100
1963 Classic						
4d 550 Sed	260	780	1,300	2,930	4,550	6,500
2d 550 Sed	264	792	1,320	2,970	4,620	6,600
4d 550 Sta Wag	260	780	1,300	2,930	4,550	6,500
4d 660 Sed	260	780	1,300	2,930	4,550	6,500
2d 660 Sed	264	792	1,320	2,970	4,620	6,600
4d 660 Sta Wag	268	804	1,340	3,020	4,690	6,700
4d 770 Sed	276	828	1,380	3,110	4,830	6,900
2d 770 Sed	272	816	1,360	3,060	4,760	6,800
4d 770 Sta Wag	284	852	1,420	3,200	4,970	7,100
NOTE: Add 5 percent for V-8 models.						
1963 Ambassador						
4d 800 Sed	272	816	1,360	3,060	4,760	6,800
2d 800 Sed	276	828	1,380	3,110	4,830	6,900
4d 880 Sta Wag	280	840	1,400	3,150	4,900	7,000
4d 880 Sed	276	828	1,380	3,110	4,830	6,900
2d 880 Sed	280	840	1,400	3,150	4,900	7,000
4d 880 Sta Wag	284	852	1,420	3,200	4,970	7,100
4d 990 Sed	280	840	1,400	3,150	4,900	7,000
2d 990 Sed	284	852	1,420	3,200	4,970	7,100
5d 990 Sta Wag	292	876	1,460	3,290	5,110	7,300
4d 990 Sta Wag	288	864	1,440	3,240	5,040	7,200
1964 American						
4d 220 Sed	264	792	1,320	2,970	4,620	6,600
2d 220	268	804	1,340	3,020	4,690	6,700
4d 220 Sta Wag	272	816	1,360	3,060	4,760	6,800
4d 330 Sed	272	816	1,360	3,060	4,760	6,800
2d 330	276	828	1,380	3,110	4,830	6,900
4d 330 Sta Wag	276	828	1,380	3,110	4,830	6,900
4d 440 Sed	272	816	1,360	3,060	4,760	6,800
2d 440 HT	292	876	1,460	3,290	5,110	7,300
2d 440-H HT	400	1,200	2,000	4,500	7,000	10,000
2d Conv	460	1,380	2,300	5,180	8,050	11,500
1964 Classic						
4d 550 Sed	260	780	1,300	2,930	4,550	6,500
2d 550	264	792	1,320	2,970	4,620	6,600

	6	5	4	3	2	1
4d 550 Sta Wag	268	804	1,340	3,020	4,690	6,700
4d 660 Sed	264	792	1,320	2,970	4,620	6,600
2d 660	268	804	1,340	3,020	4,690	6,700
4d 660 Sta Wag	272	816	1,360	3,060	4,760	6,800
4d 770 Sed	268	804	1,340	3,020	4,690	6,700
2d 770	272	816	1,360	3,060	4,760	6,800
2d 770 HT	412	1,236	2,060	4,640	7,210	10,300
2d 770 Typhoon HT	460	1,380	2,300	5,180	8,050	11,500
4d 770 Sta Wag	272	816	1,360	3,060	4,760	6,800

NOTE: Add 5 percent for V-8 models.

1964 Ambassador

	6	5	4	3	2	1
4d Sed	312	936	1,560	3,510	5,460	7,800
2d HT	292	876	1,460	3,290	5,110	7,300
2d 990-H HT	400	1,200	2,000	4,500	7,000	10,000
4d Sta Wag	280	840	1,400	3,150	4,900	7,000

1965 American

	6	5	4	3	2	1
4d 220 Sed	268	804	1,340	3,020	4,690	6,700
2d 220	272	816	1,360	3,060	4,760	6,800
4d 220 Sta Wag	272	816	1,360	3,060	4,760	6,800
4d 330 Sed	272	816	1,360	3,060	4,760	6,800
2d 330	280	840	1,400	3,150	4,900	7,000
4d 330 Sta Wag	284	852	1,420	3,200	4,970	7,100
4d 440 Sed	280	840	1,400	3,150	4,900	7,000
2d 440 HT	320	960	1,600	3,600	5,600	8,000
2d 440-H HT	328	984	1,640	3,690	5,740	8,200
2d 440 Conv	460	1,390	2,320	5,220	8,120	11,600

1965 Classic

	6	5	4	3	2	1
4d 550 Sed	264	792	1,320	2,970	4,620	6,600
2d 550	268	804	1,340	3,020	4,690	6,700
4d 550 Sta Wag	268	804	1,340	3,020	4,690	6,700
4d 660 Sed	276	828	1,380	3,110	4,830	6,900
2d 660	280	840	1,400	3,150	4,900	7,000
4d 660 Sta Wag	284	852	1,420	3,200	4,970	7,100
4d 770 Sed	276	828	1,380	3,110	4,800	6,900
2d 770 HT	288	864	1,440	3,240	5,040	7,200
2d 770-H HT	332	996	1,660	3,740	5,810	8,300
2d 770 Conv	568	1,704	2,840	6,390	9,940	14,200
4d 770 Sta Wag	280	840	1,400	3,150	4,900	7,000

NOTE: Add 5 percent for V-8 models.

1965 Ambassador

	6	5	4	3	2	1
4d 880 Sed	280	840	1,400	3,150	4,900	7,000
2d 880	284	852	1,420	3,200	4,970	7,100
4d 880 Sta Wag	288	864	1,440	3,240	5,040	7,200
4d 990 Sed	284	852	1,420	3,200	4,970	7,100
2d 990 HT	292	876	1,460	3,290	5,110	7,300
2d 990-H HT	360	1,080	1,800	4,050	6,300	9,000
2d Conv	572	1,716	2,860	6,440	10,010	14,300
4d Sta Wag	288	864	1,440	3,240	5,040	7,200

1965 Marlin

	6	5	4	3	2	1
2d FBk	580	1,740	2,900	6,530	10,150	14,500

NOTE: Deduct 5 percent for 6-cyl.

1966 American

	6	5	4	3	2	1
4d 220 Sed	260	780	1,300	2,930	4,550	6,500
2d 220 Sed	264	792	1,320	2,970	4,620	6,600
4d 220 Wag	268	804	1,340	3,020	4,690	6,700
4d 440 Sed	272	816	1,360	3,060	4,760	6,800
2d 440 Sed	276	828	1,380	3,110	4,830	6,900
2d 440 Conv	440	1,330	2,220	5,000	7,770	11,100
4d 440 Wag	268	804	1,340	3,020	4,690	6,700
2d 440 HT	300	900	1,500	3,380	5,250	7,500
2d Rogue HT	340	1,020	1,700	3,830	5,950	8,500

1966 Classic

	6	5	4	3	2	1
4d 550 Sed	264	792	1,320	2,970	4,620	6,600
2d 550 Sed	264	792	1,320	2,970	4,620	6,600
4d 550 Sta Wag	268	804	1,340	3,020	4,690	6,700
4d 770 Sed	272	816	1,360	3,060	4,760	6,800
2d 770 HT	288	864	1,440	3,240	5,040	7,200
2d 770 Conv	560	1,680	2,800	6,300	9,800	14,000
4d 770 Sta Wag	268	804	1,340	3,020	4,690	6,700

1966 Rebel

	6	5	4	3	2	1
2d HT	460	1,380	2,300	5,180	8,050	11,500

1966 Marlin

	6	5	4	3	2	1
2d FBk	580	1,740	2,900	6,530	10,150	14,500

1966 Ambassador

	6	5	4	3	2	1
4d 880 Sed	276	828	1,380	3,110	4,830	6,900
2d 880 Sed	280	840	1,400	3,150	4,900	7,000
4d 880 Sta Wag	288	864	1,440	3,240	5,040	7,200
4d 990 Sed	284	852	1,420	3,200	4,970	7,100

	6	5	4	3	2	1
2d 990 HT	360	1,080	1,800	4,050	6,300	9,000
2d 990 Conv	600	1,800	3,000	6,750	10,500	15,000
4d 990 Sta Wag	276	828	1,380	3,110	4,830	6,900
1966 DPL (Diplomat)						
2d DPL HT	432	1,296	2,160	4,860	7,560	10,800
1967 American 220						
4d Sed	260	780	1,300	2,930	4,550	6,500
2d Sed	260	780	1,300	2,930	4,550	6,500
4d Sta Wag	264	792	1,320	2,970	4,620	6,600
1967 American 440						
4d Sed	264	792	1,320	2,970	4,620	6,600
2d Sed	264	792	1,320	2,970	4,620	6,600
2d HT	280	840	1,400	3,150	4,900	7,000
4d Sta Wag	268	804	1,340	3,020	4,690	6,700
1967 American Rogue						
2d HT	460	1,380	2,300	5,180	8,050	11,500
2d Conv	580	1,740	2,900	6,530	10,150	14,500
1967 Rebel 550						
4d Sed	260	780	1,300	2,930	4,550	6,500
2d Sed	260	780	1,300	2,930	4,550	6,500
4d Sta Wag	264	792	1,320	2,970	4,620	6,600
1967 Rebel 770						
4d Sed	264	792	1,320	2,970	4,620	6,600
2d HT	280	840	1,400	3,150	4,900	7,000
4d Sta Wag	264	792	1,320	2,970	4,620	6,600
1967 Rebel SST						
2d HT	288	864	1,440	3,240	5,040	7,200
2d Conv	600	1,800	3,000	6,750	10,500	15,000
1967 Rambler Marlin						
2d FBk	560	1,680	2,800	6,300	9,800	14,000
1967 Ambassador 880						
4d Sed	268	804	1,340	3,020	4,690	6,700
2d Sed	268	804	1,340	3,020	4,690	6,700
4d Sta Wag	272	816	1,360	3,060	4,760	6,800
1967 Ambassador 990						
4d Sed	280	840	1,400	3,150	4,900	7,000
2d HT	312	936	1,560	3,510	5,460	7,800
4d Sta Wag	284	852	1,420	3,200	4,970	7,100
1967 Ambassador DPL						
2d HT	420	1,260	2,100	4,730	7,350	10,500
2d Conv	620	1,860	3,100	6,980	10,850	15,500
1968 American 220						
4d Sed	268	804	1,340	3,020	4,690	6,700
2d Sed	268	804	1,340	3,020	4,690	6,700
1968 American 440						
4d Sed	272	816	1,360	3,060	4,760	6,800
4d Sta Wag	276	828	1,380	3,110	4,830	6,900
1968 Rogue						
2d HT	560	1,680	2,800	6,300	9,800	14,000
1968 Rebel 550						
4d Sed	260	780	1,300	2,930	4,550	6,500
2d Conv	580	1,740	2,900	6,530	10,150	14,500
4d Sta Wag	264	792	1,320	2,970	4,620	6,600
2d HT	288	864	1,440	3,240	5,040	7,200
1968 Rebel 770						
4d Sed	264	792	1,320	2,970	4,620	6,600
4d Sta Wag	268	804	1,340	3,020	4,690	6,700
2d HT	296	888	1,480	3,330	5,180	7,400
1968 Rebel SST						
2d Conv	580	1,740	2,900	6,530	10,150	14,500
2d HT	420	1,260	2,100	4,730	7,350	10,500
1968 Ambassador						
4d Sed	272	816	1,360	3,060	4,760	6,800
2d HT	400	1,200	2,000	4,500	7,000	10,000
1968 Ambassador DPL						
4d Sed	280	840	1,400	3,150	4,900	7,000
2d HT	308	924	1,540	3,470	5,390	7,700
4d Sta Wag	284	852	1,420	3,200	4,970	7,100
1968 Ambassador SST						
4d Sed	280	840	1,400	3,150	4,900	7,000
2d HT	400	1,200	2,000	4,500	7,000	10,000
1968 Javelin						
2d FBk	700	2,100	3,500	7,880	12,250	17,500
1968 Javelin SST						
2d FBk	780	2,340	3,900	8,780	13,650	19,500

NOTE: Add 25 percent for GO Package. Add 30 percent for Big Bad Package.

1968 AMX						
2d FBk	960	2,880	4,800	10,800	16,800	24,000

NOTE: Add 30 percent for Craig Breedlove Edit.

AMC

	6	5	4	3	2	1
1969 Rambler						
4d Sed	264	792	1,320	2,970	4,620	6,600
2d Sed	264	792	1,320	2,970	4,620	6,600
1969 Rambler 440						
4d Sed	268	804	1,340	3,020	4,690	6,700
2d Sed	268	804	1,340	3,020	4,690	6,700
1969 Rambler Rogue						
2d HT	600	1,800	3,000	6,750	10,500	15,000
1969 Rambler Hurst S/C						
2d HT	840	2,520	4,200	9,450	14,700	21,000
1969 Rebel						
4d Sed	260	780	1,300	2,930	4,550	6,500
2d HT	280	840	1,400	3,150	4,900	7,000
4d Sta Wag.	264	792	1,320	2,970	4,620	6,600
1969 Rebel SST						
4d Sed	268	804	1,340	3,020	4,690	6,700
2d HT	288	864	1,440	3,240	5,040	7,200
4d Sta Wag.	272	816	1,360	3,060	4,760	6,800
1969 AMX						
2d FBk	960	2,880	4,800	10,800	16,800	24,000

NOTE: Add 30 percent for Big Bad Package. Add 200 percent for Hurst-built SS/AMX.

	6	5	4	3	2	1
1969 Javelin						
2d FBk	700	2,100	3,500	7,880	12,250	17,500
1969 Javelin SST						
2d FBk	780	2,340	3,900	8,780	13,650	19,500

NOTE: Add 25 percent for GO Package. Add 30 percent for Big Bad Package.

	6	5	4	3	2	1
1969 Ambassador						
4d Sed	272	816	1,360	3,060	4,760	6,800
1969 Ambassador DPL						
4d Sed	280	840	1,400	3,150	4,900	7,000
4d Sta Wag.	284	852	1,420	3,200	4,970	7,100
2d HT	300	900	1,500	3,380	5,250	7,500
1969 Ambassador SST						
4d Sed	272	816	1,360	3,060	4,760	6,800
2d HT	312	936	1,560	3,510	5,460	7,800
1970 Hornet						
4d Sed	240	720	1,200	2,700	4,200	6,000
2d Sed	244	732	1,220	2,750	4,270	6,100
1970 Hornet SST						
4d Sed	244	732	1,220	2,750	4,270	6,100
2d Sed	248	744	1,240	2,790	4,340	6,200
1970 Rebel						
4d Sed	248	744	1,240	2,790	4,340	6,200
2d HT	400	1,200	2,000	4,500	7,000	10,000
4d Sta Wag.	264	792	1,320	2,970	4,620	6,600
1970 Rebel SST						
4d Sed	252	756	1,260	2,840	4,410	6,300
2d HT	420	1,260	2,100	4,730	7,350	10,500
4d Sta Wag.	256	768	1,280	2,880	4,480	6,400
1970 Rebel "Machine"						
2d HT	860	2,580	4,300	9,680	15,050	21,500
1970 AMX						
2d FBk	1,160	3,480	5,800	13,050	20,300	29,000
1970 Gremlin						
2d Comm	292	876	1,460	3,290	5,110	7,300
2d Sed	296	888	1,480	3,330	5,180	7,400
1970 Javelin						
2d FBk	680	2,040	3,400	7,650	11,900	17,000
1970 Javelin SST						
2d FBk	760	2,280	3,800	8,550	13,300	19,000

NOTE: Add 25 percent for GO Package. Add 30 percent for Big Bad Package.

	6	5	4	3	2	1
1970 "Trans Am"						
2d FBk	840	2,520	4,200	9,450	14,700	21,000
1970 "Mark Donohue"						
2d FBk	820	2,460	4,100	9,230	14,350	20,500
1970 Ambassador						
4d Sed	280	840	1,400	3,150	4,900	7,000
1970 Ambassador DPL						
4d Sed	288	864	1,440	3,240	5,040	7,200
2d HT	408	1,224	2,040	4,590	7,140	10,200
4d Sta Wag.	292	876	1,460	3,290	5,110	7,300
1970 Ambassador SST						
4d Sed	300	900	1,500	3,380	5,250	7,500
2d HT	424	1,272	2,120	4,770	7,420	10,600
4d Sta Wag.	304	912	1,520	3,420	5,320	7,600
1971 Gremlin						
2d Comm	288	864	1,440	3,240	5,040	7,200
2d Sed	296	888	1,480	3,330	5,180	7,400

NOTE: Add 10 percent for X Package.

AMC

	6	5	4	3	2	1
1971 Hornet						
2d Sed.	244	732	1,220	2,750	4,270	6,100
4d Sed.	240	720	1,200	2,700	4,200	6,000
1971 Hornet SST						
2d Sed.	248	744	1,240	2,790	4,340	6,200
4d Sed.	244	732	1,220	2,750	4,270	6,100
4d SportAbout Sta Wag	250	760	1,260	2,840	4,410	6,300
1971 Hornet SC/360						
2d HT	540	1,620	2,700	6,080	9,450	13,500
1971 Javelin						
2d HT	620	1,860	3,100	6,980	10,850	15,500
2d SST HT	640	1,920	3,200	7,200	11,200	16,000
NOTE: Add 40 percent for 401 V-8. Add 40 percent for Police Special 401 V-8.						
1971 Javelin AMX						
2d HT	780	2,340	3,900	8,780	13,650	19,500
NOTE: Add 25 percent for GO Package. Add 40 percent for 401 V-8.						
1971 Matador						
4d Sed.	244	732	1,220	2,750	4,270	6,100
2d HT	260	780	1,300	2,930	4,550	6,500
4d Sta Wag	248	744	1,240	2,790	4,340	6,200
1971 Ambassador DPL						
4d Sed.	244	732	1,220	2,750	4,270	6,100
1971 Ambassador SST						
4d Sed.	248	744	1,240	2,790	4,340	6,200
2d HT	272	816	1,360	3,060	4,760	6,800
4d Sta Wag	252	756	1,260	2,840	4,410	6,300
NOTE: Add 10 percent to Ambassador SST for Broughams.						
1972 Hornet SST						
2d Sed.	200	600	1,000	2,250	3,500	5,000
4d Sed.	204	612	1,020	2,300	3,570	5,100
4d Sta Wag	208	624	1,040	2,340	3,640	5,200
2d Gucci	240	720	1,200	2,700	4,200	6,000
4d DeL Wag	212	636	1,060	2,390	3,710	5,300
4d "X" Wag	208	624	1,040	2,340	3,640	5,200
1972 Matador						
4d Sed.	208	624	1,040	2,340	3,640	5,200
2d HT	216	648	1,080	2,430	3,780	5,400
4d Sta Wag	212	636	1,060	2,390	3,710	5,300
1972 Gremlin						
2d Sed.	260	780	1,300	2,930	4,550	6,500
NOTE: Add 10 percent for X Package. Add 20 percent for V-8.						
1972 Javelin						
2d SST	540	1,620	2,700	6,080	9,450	13,500
2d Go "360"	600	1,800	3,000	6,750	10,500	15,000
2d Go "401"	640	1,920	3,200	7,200	11,200	16,000
2d Cardin.	600	1,800	3,000	6,750	10,500	15,000
NOTE: Add 40 percent for 401 V-8. Add 40 percent for 401 Police Special V-8. Add 25 percent for GO Package.						
1972 Javelin AMX, V-8						
2d HT	700	2,100	3,500	7,880	12,250	17,500
NOTE: Add 25 percent for GO Package. Add 40 percent for 401 V-8.						
1972 Ambassador SST						
4d Sed.	208	624	1,040	2,340	3,640	5,200
2d HT	216	648	1,080	2,430	3,780	5,400
4d Sta Wag	212	636	1,060	2,390	3,710	5,300
1972 Ambassador Brougham, V-8						
4d Sed.	212	636	1,060	2,390	3,710	5,300
2d HT	220	660	1,100	2,480	3,850	5,500
4d Sta Wag	216	648	1,080	2,430	3,780	5,400
1973 Gremlin, V-8						
2d Sed.	260	780	1,300	2,930	4,550	6,500
NOTE: Add 10 percent for X Package. Deduct 20 percent for 6-cyl.						
1973 Hornet, V-8						
2d Sed.	216	648	1,080	2,430	3,780	5,400
4d Sed.	212	636	1,060	2,390	3,710	5,300
2d HBk	220	660	1,100	2,480	3,850	5,500
4d Sta Wag	224	672	1,120	2,520	3,920	5,600
1973 Javelin, V-8						
2d HT	400	1,200	2,000	4,500	7,000	10,000
NOTE: Add 20 percent for Trans Am Victory Javelin. Add 40 percent for 401 V-8.						
1973 Javelin AMX, V-8						
2d HT	520	1,560	2,600	5,850	9,100	13,000
NOTE: Add 40 percent for 401 V-8.						
1973 Matador, V-8						
4d Sed.	208	624	1,040	2,340	3,640	5,200
2d HT	212	636	1,060	2,390	3,710	5,300
4d Sta Wag	216	648	1,080	2,430	3,780	5,400
1973 Ambassador Brougham, V-8						
4d Sed.	212	636	1,060	2,390	3,710	5,300

	6	5	4	3	2	1
2d HT	216	648	1,080	2,430	3,780	5,400
4d Sta Wag.	220	660	1,100	2,480	3,850	5,500

1974 Gremlin, V-8

2d Sed	252	756	1,260	2,840	4,410	6,300

NOTE: Add 10 percent for X Package. Deduct 20 percent for 6-cyl.

1974 Hornet

4d Sed	176	528	880	1,980	3,080	4,400
2d Sed	180	540	900	2,030	3,150	4,500
2d HBk	184	552	920	2,070	3,220	4,600
4d Sta Wag.	188	564	940	2,120	3,290	4,700

1974 Javelin

2d FBk	360	1,080	1,800	4,050	6,300	9,000

NOTE: Add 30 percent for 401 V-8. Add 15 percent for GO Package.

1974 Javelin AMX

2d FBk	460	1,380	2,300	5,180	8,050	11,500

NOTE: Add 30 percent for 401 V-8.

1974 Matador

4d Sed	180	540	900	2,030	3,150	4,500
2d Sed	184	552	920	2,070	3,220	4,600
4d Sta Wag.	188	564	940	2,120	3,290	4,700

1974 Matador Brougham

2d Cpe	188	564	940	2,120	3,290	4,700

NOTE: Add 10 percent for Oleg Cassini coupe.

1974 Matador "X"

2d Cpe	192	576	960	2,160	3,360	4,800

1974 Ambassador Brougham

4d Sed	196	588	980	2,210	3,430	4,900
4d Sta Wag.	200	600	1,000	2,250	3,500	5,000

1975 Gremlin, V-8

2d Sed	252	756	1,260	2,840	4,410	6,300

NOTE: Add 10 percent for Levis Package. Add 15 percent for X Package. Deduct 20 percent for 6-cyl.

1975 Hornet

4d Sed	180	540	900	2,030	3,150	4,500
2d Sed	184	552	920	2,070	3,220	4,600
2d HBk	188	564	940	2,120	3,290	4,700
4d Sta Wag.	192	576	960	2,160	3,360	4,800

1975 Pacer

2d Sed	196	588	980	2,210	3,430	4,900

NOTE: Add 15 percent for X Package. Add 20 percent for D/L Package.

1975 Matador

4d Sed	180	540	900	2,030	3,150	4,500
2d Cpe	184	552	920	2,070	3,220	4,600
4d Sta Wag.	188	564	940	2,120	3,290	4,700

1976 Gremlin, V-8

2d Sed	252	756	1,260	2,840	4,410	6,300

NOTE: Add 10 percent for Levis Package. Add 15 percent for X Package. Deduct 20 percent for 6-cyl.

1976 Hornet, V-8

4d Sed	156	468	780	1,760	2,730	3,900
2d Sed	160	480	800	1,800	2,800	4,000
2d HBk	168	504	840	1,890	2,940	4,200
4d Sptabt	172	516	860	1,940	3,010	4,300

1976 Pacer, 6-cyl.

2d Sed	196	588	980	2,210	3,430	4,900

NOTE: Add 15 percent for X Package. Add 20 percent for D/L Package.

1976 Matador, V-8

4d Sed	164	492	820	1,850	2,870	4,100
2d Cpe	168	504	840	1,890	2,940	4,200
4d Sta Wag.	172	516	860	1,940	3,010	4,300

NOTE: Deduct 10 percent for 6-cylinder.

1977 Gremlin, V-8

2d Sed	256	768	1,280	2,880	4,480	6,400

NOTE: Add 15 percent for X Package. Deduct 20 percent for 6-cyl.

1977 Hornet, V-8

4d Sed	160	480	800	1,800	2,800	4,000
2d Sed	164	492	820	1,850	2,870	4,100
2d HBk	172	516	860	1,940	3,010	4,300
4d Sta Wag.	176	528	880	1,980	3,080	4,400

NOTE: Add 10 percent for AMX Package.

1977 Pacer, 6-cyl.

2d Sed	150	500	800	1,850	2,850	4,100
4d Sta Wag.	150	500	850	1,890	2,950	4,200

1977 Matador, V-8

4d Sed	164	492	820	1,850	2,870	4,100
2d Cpe	168	504	840	1,890	2,940	4,200
4d Sta Wag.	172	516	860	1,940	3,010	4,300

NOTE: Deduct 10 percent for 6-cylinder. Add 10 percent for AMX package.

1978 Gremlin, V-8

2d Sed	256	768	1,280	2,880	4,480	6,400

NOTE: Add 15 percent for X Package. Add 20 percent for GT Package. Deduct 20 percent for 6-cyl.

AMC

AMC

	6	5	4	3	2	1
1978 Concord						
4d Sed.	100	350	600	1,400	2,150	3,100
2d Sed.	150	400	650	1,440	2,250	3,200
2d HBk	150	400	650	1,440	2,250	3,200
4d Sta Wag	150	400	650	1,440	2,250	3,200
1978 Pacer						
2d HBk	150	450	750	1,710	2,650	3,800
4d Sta Wag	150	450	800	1,760	2,750	3,900
1978 AMX						
2d HBk	150	500	800	1,850	2,850	4,100
1978 Matador						
4d Sed.	164	492	820	1,850	2,870	4,100
2d Cpe.	168	504	840	1,890	2,940	4,200
4d Sta Wag	172	516	860	1,940	3,010	4,300
1979 Spirit, 6-cyl.						
2d HBk	140	420	700	1,580	2,450	3,500
2d Sed.	136	408	680	1,530	2,380	3,400
1979 Spirit DL, 6-cyl.						
2d HBk	144	432	720	1,620	2,520	3,600
2d Sed.	140	420	700	1,580	2,450	3,500
1979 Spirit Ltd, 6-cyl.						
2d HBk	148	444	740	1,670	2,590	3,700
2d Sed.	144	432	720	1,620	2,520	3,600
NOTE: Deduct 10 percent for 4-cyl.						
1979 Concord, V-8						
4d Sed.	124	372	620	1,400	2,170	3,100
2d Sed.	150	400	650	1,440	2,250	3,200
2d HBk	128	384	640	1,440	2,240	3,200
4d Sta Wag	128	384	640	1,440	2,240	3,200
1979 Concord DL, V-8						
4d Sed.	128	384	640	1,440	2,240	3,200
2d Sed.	124	372	620	1,400	2,170	3,100
2d HBk	132	396	660	1,490	2,310	3,300
4d Sta Wag	132	396	660	1,490	2,310	3,300
1979 Concord Ltd, V-8						
4d Sed.	132	396	660	1,490	2,310	3,300
2d Sed.	128	384	640	1,440	2,240	3,200
4d Sta Wag	136	408	680	1,530	2,380	3,400
NOTE: Deduct 5 percent for 6-cyl.						
1979 Pacer DL, V-8						
2d HBk	150	450	750	1,710	2,650	3,800
2d Sta Wag	150	450	800	1,760	2,750	3,900
1979 Pacer Ltd, V-8						
2d HBk	150	450	800	1,760	2,750	3,900
2d Sta Wag	150	500	800	1,800	2,800	4,000
NOTE: Deduct 5 percent for 6-cyl.						
1979 AMX, V-8						
2d HBk	150	500	800	1,850	2,850	4,100
NOTE: Deduct 7 percent for 6-cyl.						
1980 Spirit, 6-cyl.						
2d HBk	160	480	800	1,800	2,800	4,000
2d Cpe.	156	468	780	1,760	2,730	3,900
2d HBk DL	164	492	820	1,850	2,870	4,100
2d Cpe DL	160	480	800	1,800	2,800	4,000
2d HBk Ltd	172	516	860	1,940	3,010	4,300
2d Cpe Ltd.	168	504	840	1,890	2,940	4,200
NOTE: Deduct 10 percent for 4-cyl.						
1980 Concord, 6-cyl.						
4d Sed.	144	432	720	1,620	2,520	3,600
2d Cpe.	140	420	700	1,580	2,450	3,500
4d Sta Wag	148	444	740	1,670	2,590	3,700
4d Sed DL	148	444	740	1,670	2,590	3,700
2d Cpe DL	144	432	720	1,620	2,520	3,600
4d Sta Wag DL	152	456	760	1,710	2,660	3,800
4d Sed Ltd.	156	468	780	1,760	2,730	3,900
2d Cpe Ltd.	152	456	760	1,710	2,660	3,800
4d Sta Wag Ltd	156	468	780	1,760	2,730	3,900
1980 Pacer, 6-cyl.						
2d HBk DL.	144	432	720	1,620	2,520	3,600
2d Sta Wag DL	148	444	740	1,670	2,590	3,700
2d HBk Ltd	152	456	760	1,710	2,660	3,800
2d Sta Wag Ltd	156	468	780	1,760	2,730	3,900
1980 AMX, 6-cyl.						
2d HBk	168	504	840	1,890	2,940	4,200
1980 Eagle 4x4, 6-cyl.						
4d Sed.	200	600	1,000	2,250	3,500	5,000
2d Cpe.	196	588	980	2,210	3,430	4,900
4d Sta Wag	208	624	1,040	2,340	3,640	5,200

	6	5	4	3	2	1
4d Sed Ltd	208	624	1,040	2,340	3,640	5,200
2d Cpe Ltd	204	612	1,020	2,300	3,570	5,100
4d Sta Wag Ltd.	216	648	1,080	2,430	3,780	5,400
1981 Spirit, 4-cyl.						
2d HBk	148	444	740	1,670	2,590	3,700
2d Cpe	144	432	720	1,620	2,520	3,600
2d HBk DL	156	468	780	1,760	2,730	3,900
2d Cpe DL	152	456	760	1,710	2,660	3,800
1981 Spirit, 6-cyl.						
2d HBk	164	492	820	1,850	2,870	4,100
2d Cpe	160	480	800	1,800	2,800	4,000
2d HBk DL	172	516	860	1,940	3,010	4,300
2d Cpe DL	168	504	840	1,890	2,940	4,200
1981 Concord, 6-cyl.						
4d Sed	148	444	740	1,670	2,590	3,700
2d Cpe	144	432	720	1,620	2,520	3,600
4d Sta Wag.	152	456	760	1,710	2,660	3,800
4d Sed DL	152	456	760	1,710	2,660	3,800
2d Cpe DL	148	444	740	1,670	2,590	3,700
4d Sta Wag DL.	156	468	780	1,760	2,730	3,900
4d Sed Ltd	156	468	780	1,760	2,730	3,900
2d Cpe Ltd	152	456	760	1,710	2,660	3,800
4d Sta Wag Ltd.	160	480	800	1,800	2,800	4,000
NOTE: Deduct 12 percent for 4-cyl.						
1981 Eagle 50 4x4, 4-cyl.						
2d HBk SX4	200	600	1,000	2,250	3,500	5,000
2d HBk	196	588	980	2,210	3,430	4,900
2d HBk SX4 DL	208	624	1,040	2,340	3,640	5,200
2d HBk DL	204	612	1,020	2,300	3,570	5,100
1981 Eagle 50 4x4, 6-cyl.						
2d HBk SX4	216	648	1,080	2,430	3,780	5,400
2d HBk	212	636	1,060	2,390	3,710	5,300
2d HBk SX4 DL	224	672	1,120	2,520	3,920	5,600
2d HBk DL	220	660	1,100	2,480	3,850	5,500
1982 Spirit, 6-cyl.						
2d HBk	168	504	840	1,890	2,940	4,200
2d Cpe	164	492	820	1,850	2,870	4,100
2d HBk DL	176	528	880	1,980	3,080	4,400
2d Cpe DL	172	516	860	1,940	3,010	4,300
NOTE: Deduct 10 percent for 4-cyl.						
1982 Concord, 6-cyl.						
4d Sed	152	456	760	1,710	2,660	3,800
2d Cpe	148	444	740	1,670	2,590	3,700
4d Sta Wag.	156	468	780	1,760	2,730	3,900
4d Sed DL	156	468	780	1,760	2,730	3,900
2d Cpe DL	152	456	760	1,710	2,660	3,800
4d Sta Wag DL.	160	480	800	1,800	2,800	4,000
4d Sed Ltd	160	480	800	1,800	2,800	4,000
2d Cpe Ltd	156	468	780	1,760	2,730	3,900
4d Sta Wag Ltd.	164	492	820	1,850	2,870	4,100
NOTE: Deduct 12 percent for 4-cyl.						
1982 Eagle 50 4x4, 4-cyl.						
2d HBk SX4	204	612	1,020	2,300	3,570	5,100
2d HBk	200	600	1,000	2,250	3,500	5,000
2d HBk SX4 DL	212	636	1,060	2,390	3,710	5,300
2d HBk DL	208	624	1,040	2,340	3,640	5,200
1982 Eagle 50 4x4, 6-cyl.						
2d HBk SX4	220	660	1,100	2,480	3,850	5,500
2d HBk	216	648	1,080	2,430	3,780	5,400
2d HBk SX4 DL	228	684	1,140	2,570	3,990	5,700
2d HBk DL	224	672	1,120	2,520	3,920	5,600
1982 Eagle 30 4x4, 4-cyl.						
4d Sed	196	588	980	2,210	3,430	4,900
2d Cpe	192	576	960	2,160	3,360	4,800
4d Sta Wag.	200	600	1,000	2,250	3,500	5,000
4d Sed Ltd	200	600	1,000	2,250	3,500	5,000
2d Cpe Ltd	196	588	980	2,210	3,430	4,900
4d Sta Wag Ltd.	208	624	1,040	2,340	3,640	5,200
1982 Eagle 30 4x4, 6-cyl.						
4d Sed	212	636	1,060	2,390	3,710	5,300
2d Cpe	208	624	1,040	2,340	3,640	5,200
4d Sta Wag.	220	660	1,100	2,480	3,850	5,500
4d Sed Ltd	220	660	1,100	2,480	3,850	5,500
2d Cpe Ltd	216	648	1,080	2,430	3,780	5,400
4d Sta Wag Ltd.	228	684	1,140	2,570	3,990	5,700
1983 Spirit, 6-cyl.						
2d HBk DL	172	516	860	1,940	3,010	4,300
2d HBk GT	176	528	880	1,980	3,080	4,400

	6	5	4	3	2	1
1983 Concord, 6-cyl.						
4d Sed.	156	468	780	1,760	2,730	3,900
4d Sta Wag.	160	480	800	1,800	2,800	4,000
4d Sed DL.	160	480	800	1,800	2,800	4,000
4d Sta Wag DL.	164	492	820	1,850	2,870	4,100
4d Sta Wag Ltd.	172	516	860	1,940	3,010	4,300
1983 Alliance, 4-cyl.						
2d Sed.	144	432	720	1,620	2,520	3,600
4d Sed L.	148	444	740	1,670	2,590	3,700
2d Sed L.	148	444	740	1,670	2,590	3,700
4d Sed DL.	152	456	760	1,710	2,660	3,800
2d Sed DL.	152	456	760	1,710	2,660	3,800
4d Sed Ltd.	156	468	780	1,760	2,730	3,900
1983 Eagle 50 4x4, 4-cyl.						
2d HBk SX4.	208	624	1,040	2,340	3,640	5,200
2d HBk SX4 DL.	216	648	1,080	2,430	3,780	5,400
1983 Eagle 50 4x4, 6-cyl.						
2d HBk SX4.	224	672	1,120	2,520	3,920	5,600
2d HBk SX4 DL.	232	696	1,160	2,610	4,060	5,800
1983 Eagle 30 4x4, 4-cyl.						
4d Sed.	200	600	1,000	2,250	3,500	5,000
4d Sta Wag.	208	624	1,040	2,340	3,640	5,200
4d Sta Wag Ltd.	216	648	1,080	2,430	3,780	5,400
1983 Eagle 30 4x4, 6-cyl.						
4d Sed.	216	648	1,080	2,430	3,780	5,400
4d Sta Wag.	224	672	1,120	2,520	3,920	5,600
4d Sta Wag Ltd.	232	696	1,160	2,610	4,060	5,800
1984 Alliance, 4-cyl.						
2d.	148	444	740	1,670	2,590	3,700
1984 L						
4d.	152	456	760	1,710	2,660	3,800
2d.	152	456	760	1,710	2,660	3,800
1984 DL						
4d.	156	468	780	1,760	2,730	3,900
2d.	156	468	780	1,760	2,730	3,900
1984 Ltd						
4d.	160	480	800	1,800	2,800	4,000
1984 Encore, 4-cyl.						
2d Liftback.	136	408	680	1,530	2,380	3,400
1984 S						
2d Liftback.	140	420	700	1,580	2,450	3,500
4d Liftback.	140	420	700	1,580	2,450	3,500
1984 LS						
2d Liftback.	144	432	720	1,620	2,520	3,600
4d Liftback.	144	432	720	1,620	2,520	3,600
1984 GS						
2d Liftback.	148	444	740	1,670	2,590	3,700
1984 Eagle 4WD, 4-cyl.						
4d Sed.	204	612	1,020	2,300	3,570	5,100
4d Sta Wag.	212	636	1,060	2,390	3,710	5,300
4d Sta Wag Ltd.	220	660	1,100	2,480	3,850	5,500
1984 Eagle 4WD, 6-cyl.						
4d Sed.	220	660	1,100	2,480	3,850	5,500
4d Sta Wag.	228	684	1,140	2,570	3,990	5,700
4d Sta Wag Ltd.	236	708	1,180	2,660	4,130	5,900
1985 Alliance						
2d Sed.	104	312	520	1,170	1,820	2,600
4d Sed L.	112	336	560	1,260	1,960	2,800
2d Sed L.	116	348	580	1,310	2,030	2,900
Conv L.	148	444	740	1,670	2,590	3,700
4d Sed DL.	128	384	640	1,440	2,240	3,200
2d Sed DL.	140	420	700	1,580	2,450	3,500
Conv DL.	164	492	820	1,850	2,870	4,100
4d Ltd Sed.	156	468	780	1,760	2,730	3,900
1985 Eagle 4WD						
4d Sed.	224	672	1,120	2,520	3,920	5,600
4d Sta Wag.	232	696	1,160	2,610	4,060	5,800
4d Ltd Sta Wag.	240	720	1,200	2,700	4,200	6,000
1986 Encore 90						
2d HBk.	140	420	700	1,580	2,450	3,500
4d HBk.	144	432	720	1,620	2,520	3,600
1986 Alliance						
2d Sed.	144	432	720	1,620	2,520	3,600
4d Sed.	148	444	740	1,670	2,590	3,700
Conv.	220	660	1,100	2,480	3,850	5,500
1986 Eagle						
4d Sed.	228	684	1,140	2,570	3,990	5,700
4d Sta Wag.	232	696	1,160	2,610	4,060	5,800
4d Ltd Sta Wag.	240	720	1,200	2,700	4,200	6,000

NOTE: Add 10 percent for deluxe models. Deduct 5 percent for smaller engines.

	6	5	4	3	2	1
1987 Eagle						
2d Sed	160	480	800	1,800	2,800	4,000
4d Sed	160	480	800	1,800	2,800	4,000
2d HBk	164	492	820	1,850	2,870	4,100
4d HBk	164	492	820	1,850	2,870	4,100
2d Conv	272	816	1,360	3,060	4,760	6,800
NOTE: Add 10 percent for deluxe models. Add 20 percent for GTA models.						
4d Sed	260	780	1,300	2,930	4,550	6,500
4d Sta Wag	268	804	1,340	3,020	4,690	6,700
4d Sta Wag Ltd	300	850	1,400	3,110	4,850	6,900

METROPOLITAN

	6	5	4	3	2	1
1954 Series E, (Nash), 4-cyl., 85" wb, 42 hp						
HT	408	1,224	2,040	4,590	7,140	10,200
Conv	448	1,344	2,240	5,040	7,840	11,200
1955 Series A & B, Nash/Hudson, 4-cyl., 85" wb, 42 hp						
HT	408	1,224	2,040	4,590	7,140	10,200
Conv	448	1,344	2,240	5,040	7,840	11,200
1956 Series 1500, Nash/Hudson, 4-cyl., 85" wb, 52 hp						
HT	420	1,270	2,120	4,770	7,420	10,600
Conv	460	1,390	2,320	5,220	8,120	11,600
1956 Series A, Nash/Hudson, 4-cyl., 85" wb, 42 hp						
HT	410	1,240	2,060	4,640	7,210	10,300
Conv	450	1,360	2,260	5,090	7,910	11,300
1957 Series 1500, Nash/Hudson, 4-cyl., 85" wb, 52 hp						
HT	420	1,270	2,120	4,770	7,420	10,600
Conv	460	1,390	2,320	5,220	8,120	11,600
1957 Series A-85, Nash/Hudson, 4-cyl., 85" wb, 42 hp						
HT	410	1,240	2,060	4,640	7,210	10,300
Conv	450	1,360	2,260	5,090	7,910	11,300
1958 Series 1500, (AMC), 4-cyl., 85" wb, 55 hp						
HT	420	1,270	2,120	4,770	7,420	10,600
Conv	460	1,390	2,320	5,220	8,120	11,600
1959 Series 1500, (AMC), 4-cyl., 85" wb, 55 hp						
HT	430	1,280	2,140	4,820	7,490	10,700
Conv	540	1,620	2,700	6,080	9,450	13,500
1960 Series 1500, (AMC), 4-cyl., 85" wb, 55 hp						
HT	430	1,280	2,140	4,820	7,490	10,700
Conv	540	1,620	2,700	6,080	9,450	13,500
1961 Series 1500, (AMC), 4-cyl., 85" wb, 55 hp						
HT	430	1,280	2,140	4,820	7,490	10,700
Conv	540	1,620	2,700	6,080	9,450	13,500
1962 Series 1500, (AMC), 4-cyl., 85" wb, 55 hp						
HT	430	1,280	2,140	4,820	7,490	10,700
Conv	540	1,620	2,700	6,080	9,450	13,500

OLDSMOBILE

	6	5	4	3	2	1
1901 Curved Dash, 1-cyl.						
Rbt	1,640	4,920	8,200	18,450	28,700	41,000
1902 Curved Dash, 1-cyl.						
Rbt	1,600	4,800	8,000	18,000	28,000	40,000
1903 Curved Dash, 1-cyl.						
Rbt	1,600	4,800	8,000	18,000	28,000	40,000
1904 Curved Dash, 1-cyl.						
Rbt	1,600	4,800	8,000	18,000	28,000	40,000
1904 French Front, 1-cyl., 7 hp						
Rbt	1,480	4,440	7,400	16,650	25,900	37,000
1904 Light Tonneau, 1-cyl., 10 hp						
Tonn	1,440	4,320	7,200	16,200	25,200	36,000
1905 Curved Dash, 1-cyl.						
Rbt	1,600	4,800	8,000	18,000	28,000	40,000
1905 French Front, 1-cyl., 7 hp						
Rbt	1,480	4,440	7,400	16,650	25,900	37,000
1905 Touring Car, 2-cyl.						
Tr	1,440	4,320	7,200	16,200	25,200	36,000
1906 Straight Dash B, 1-cyl.						
Rbt	1,320	3,960	6,600	14,850	23,100	33,000
1906 Curved Dash B, 1-cyl.						
Rbt	1,600	4,800	8,000	18,000	28,000	40,000
1906 Model L, 2-cyl.						
Tr	1,360	4,080	6,800	15,300	23,800	34,000
1906 Model S, 4-cyl.						
Tr	1,480	4,440	7,400	16,650	25,900	37,000
1907 Straight Dash F, 2-cyl.						
Rbt	1,320	3,960	6,600	14,850	23,100	33,000
1907 Model H, 4-cyl.						
Fly Rds	1,440	4,320	7,200	16,200	25,200	36,000

OLDSMOBILE

	6	5	4	3	2	1
1907 Model A, 4-cyl.						
Pal Tr.	1,560	4,680	7,800	17,550	27,300	39,000
Limo	1,520	4,560	7,600	17,100	26,600	38,000
1908 Model X, 4-cyl.						
Tr.	1,440	4,320	7,200	16,200	25,200	36,000
1908 Model M-MR, 4-cyl.						
Rds	1,480	4,440	7,400	16,650	25,900	37,000
Tr.	1,440	4,320	7,200	16,200	25,200	36,000
1908 Model Z, 6-cyl.						
Tr.	1,880	5,640	9,400	21,150	32,900	47,000
1909 Model D, 4-cyl.						
Tr.	2,000	6,000	10,000	22,500	35,000	50,000
Limo	1,880	5,640	9,400	21,150	32,900	47,000
Lan	1,840	5,520	9,200	20,700	32,200	46,000
1909 Model DR, 4-cyl.						
Rds	1,960	5,880	9,800	22,050	34,300	49,000
Cpe	1,760	5,280	8,800	19,800	30,800	44,000
1909 Model X, 4-cyl.						
Rbt.	1,440	4,320	7,200	16,200	25,200	36,000
1909 Model Z, 6-cyl.						
Rbt.	2,560	7,680	12,800	28,800	44,800	64,000
Tr.	2,640	7,920	13,200	29,700	46,200	66,000
1910 Special, 4-cyl.						
Rbt.	1,440	4,320	7,200	16,200	25,200	36,000
Tr.	1,520	4,560	7,600	17,100	26,600	38,000
Limo	1,600	4,800	8,000	18,000	28,000	40,000
1910 Limited, 6-cyl.						
Rbt.	3,520	10,560	17,600	39,600	61,600	88,000
Tr.	4,160	12,480	20,800	46,800	72,800	104,000
Limo	2,400	7,200	12,000	27,000	42,000	60,000
1911 Special, 4-cyl.						
Rbt.	1,440	4,320	7,200	16,200	25,200	36,000
Tr.	1,520	4,560	7,600	17,100	26,600	38,000
Limo	1,480	4,440	7,400	16,650	25,900	37,000
1911 Autocrat, 4-cyl.						
Rbt.	2,360	7,080	11,800	26,550	41,300	59,000
Tr.	2,400	7,200	12,000	27,000	42,000	60,000
Limo	2,400	7,200	12,000	27,000	42,000	60,000
1911 Limited, 6-cyl.						
Rbt.	3,520	10,560	17,600	39,600	61,600	88,000
Tr.	4,160	12,480	20,800	46,800	72,800	104,000
Limo	2,400	7,200	12,000	27,000	42,000	60,000
1912 Autocrat, 4-cyl., 40 hp						
2d Rds	2,560	7,680	12,800	28,800	44,800	64,000
4d Tr	2,560	7,680	12,800	28,800	44,800	64,000
4d Limo	2,640	7,920	13,200	29,700	46,200	66,000
1912 Despatch, 4-cyl., 26 hp						
2d Rds	1,480	4,440	7,400	16,650	25,900	37,000
4d Tr	1,560	4,680	7,800	17,550	27,300	39,000
2d Cpe.	1,360	4,080	6,800	15,300	23,800	34,000
1912 Defender, 4-cyl., 35 hp						
2d 2P Tr	1,520	4,560	7,600	17,100	26,600	38,000
4d 4P Tr	1,560	4,680	7,800	17,550	27,300	39,000
2d 2P Rds	1,480	4,440	7,400	16,650	25,900	37,000
2d 3P Cpe	1,360	4,080	6,800	15,300	23,800	34,000
2d 5P Cpe	1,320	3,960	6,600	14,850	23,100	33,000
1912 Limited, 6-cyl.						
2d Rds	3,360	10,080	16,800	37,800	58,800	84,000
4d Tr	3,920	11,760	19,600	44,100	68,600	98,000
4d Limo	2,560	7,680	12,800	28,800	44,800	64,000
1913 Light Six, 6-cyl.						
4d 4P Tr	1,400	4,200	7,000	15,750	24,500	35,000
4d Phae.	1,440	4,320	7,200	16,200	25,200	36,000
4d 7P Tr	1,360	4,080	6,800	15,300	23,800	34,000
4d Limo	1,400	4,200	7,000	15,750	24,500	35,000
1913 6-cyl., 60 hp						
4d Tr	2,560	7,680	12,800	28,800	44,800	64,000
1913 4-cyl., 35 hp						
4d Tr	1,760	5,280	8,800	19,800	30,800	44,000
1914 Model 54, 6-cyl.						
4d Phae.	1,720	5,160	8,600	19,350	30,100	43,000
4d 5P Tr	1,680	5,040	8,400	18,900	29,400	42,000
4d 7P Tr	1,720	5,160	8,600	19,350	30,100	43,000
4d Limo	1,480	4,440	7,400	16,650	25,900	37,000
1914 Model 42, 4-cyl.						
4d 5P Tr	1,360	4,080	6,800	15,300	23,800	34,000
1915 Model 42, 4-cyl.						
2d Rds.	1,280	3,840	6,400	14,400	22,400	32,000
4d Tr	1,320	3,960	6,600	14,850	23,100	33,000

OLDSMOBILE

	6	5	4	3	2	1
1915 Model 55, 6-cyl.						
4d Tr.	2,280	6,840	11,400	25,650	39,900	57,000
1916 Model 43, 4-cyl.						
2d Rds	1,240	3,720	6,200	13,950	21,700	31,000
4d 5P Tr	1,280	3,840	6,400	14,400	22,400	32,000
1916 Model 44, V-8						
2d Rds	1,720	5,160	8,600	19,350	30,100	43,000
4d Tr.	1,760	5,280	8,800	19,800	30,800	44,000
4d Sed	960	2,880	4,800	10,800	16,800	24,000
2d Cabr.	1,680	5,040	8,400	18,900	29,400	42,000
1917 Model 37, 6-cyl.						
4d Tr.	1,160	3,480	5,800	13,050	20,300	29,000
2d Rds	1,120	3,360	5,600	12,600	19,600	28,000
2d Cabr.	1,080	3,240	5,400	12,150	18,900	27,000
4d Sed	800	2,400	4,000	9,000	14,000	20,000
1917 Model 45, V-8						
4d 5P Tr	1,680	5,040	8,400	18,900	29,400	42,000
4d 7P Tr	1,720	5,160	8,600	19,350	30,100	43,000
4d Conv Sed.	1,680	5,040	8,400	18,900	29,400	42,000
2d Rds	1,600	4,800	8,000	18,000	28,000	40,000
1917 Model 44-B, V-8						
2d Rds	1,640	4,920	8,200	18,450	28,700	41,000
4d Tr.	1,600	4,800	8,000	18,000	28,000	40,000
1918 Model 37, 6-cyl.						
2d Rds	920	2,760	4,600	10,350	16,100	23,000
4d Tr.	960	2,880	4,800	10,800	16,800	24,000
2d Cabr.	880	2,640	4,400	9,900	15,400	22,000
2d Cpe	680	2,040	3,400	7,650	11,900	17,000
4d Sed	600	1,800	3,000	6,750	10,500	15,000
1918 Model 45-A, V-8						
4d 5P Tr	1,560	4,680	7,800	17,550	27,300	39,000
4d 7P Tr	1,600	4,800	8,000	18,000	28,000	40,000
2d Rds	1,520	4,560	7,600	17,100	26,600	38,000
4d Spt Tr.	1,560	4,680	7,800	17,550	27,300	39,000
2d Cabr.	1,480	4,440	7,400	16,650	25,900	37,000
4d Sed	1,200	3,600	6,000	13,500	21,000	30,000
1919 Model 37-A, 6-cyl.						
2d Rds	880	2,640	4,400	9,900	15,400	22,000
4d Tr.	920	2,760	4,600	10,350	16,100	23,000
4d Sed	600	1,800	3,000	6,750	10,500	15,000
2d Cpe	680	2,040	3,400	7,650	11,900	17,000
1919 Model 45-A, V-8						
2d Rds	1,400	4,200	7,000	15,750	24,500	35,000
4d Tr.	1,440	4,320	7,200	16,200	25,200	36,000
1919 Model 45-B, V-8						
4d 4P Tr	1,440	4,320	7,200	16,200	25,200	36,000
4d 7P Tr	1,480	4,440	7,400	16,650	25,900	37,000
1920 Model 37-A, 6-cyl.						
2d Rds	800	2,400	4,000	9,000	14,000	20,000
4d Tr.	840	2,520	4,200	9,450	14,700	21,000
1920 Model 37-B, 6-cyl.						
2d Cpe	600	1,800	3,000	6,750	10,500	15,000
4d Sed	520	1,560	2,600	5,850	9,100	13,000
1920 Model 45-B, V-8						
4d 4P Tr	1,200	3,600	6,000	13,500	21,000	30,000
4d 5P Tr	1,240	3,720	6,200	13,950	21,700	31,000
4d 7P Sed.	880	2,640	4,400	9,900	15,400	22,000
1921 Model 37, 6-cyl.						
2d Rds	760	2,280	3,800	8,550	13,300	19,000
4d Tr.	800	2,400	4,000	9,000	14,000	20,000
2d Cpe	560	1,680	2,800	6,300	9,800	14,000
4d Sed	480	1,440	2,400	5,400	8,400	12,000
1921 Model 43-A, 4-cyl.						
2d Rds	680	2,040	3,400	7,650	11,900	17,000
4d Tr.	720	2,160	3,600	8,100	12,600	18,000
2d Cpe	520	1,560	2,600	5,850	9,100	13,000
1921 Model 46, V-8						
4d 4P Tr	1,120	3,360	5,600	12,600	19,600	28,000
4d Tr.	1,160	3,480	5,800	13,050	20,300	29,000
4d 7P Sed.	760	2,280	3,800	8,550	13,300	19,000
1921 Model 47, V-8						
4d Spt Tr.	1,160	3,480	5,800	13,050	20,300	29,000
2d 4P Cpe	880	2,640	4,400	9,900	15,400	22,000
4d 5P Sed.	1,200	3,600	6,000	13,500	21,000	30,000
1922 Model 46, V-8						
4d Spt Tr.	1,160	3,480	5,800	13,050	20,300	29,000
4d 4P Tr	1,080	3,240	5,400	12,150	18,900	27,000
4d 7P Tr	1,120	3,360	5,600	12,600	19,600	28,000
4d 7P Sed.	720	2,160	3,600	8,100	12,600	18,000

	6	5	4	3	2	1
1922 Model 47, V-8						
2d Rds	1,080	3,240	5,400	12,150	18,900	27,000
4d Tr	1,160	3,480	5,800	13,050	20,300	29,000
4d 4P Spt	1,200	3,600	6,000	13,500	21,000	30,000
2d 4P Cpe	800	2,400	4,000	9,000	14,000	20,000
4d 5P Sed	680	2,040	3,400	7,650	11,900	17,000
1923 Model M30-A, 6-cyl.						
2d Rds	840	2,520	4,200	9,450	14,700	21,000
4d Tr	880	2,640	4,400	9,900	15,400	22,000
2d Cpe	600	1,800	3,000	6,750	10,500	15,000
4d Sed	520	1,560	2,600	5,850	9,100	13,000
4d Spt Tr	960	2,880	4,800	10,800	16,800	24,000
1923 Model 43-A, 4-cyl.						
2d Rds	880	2,640	4,400	9,900	15,400	22,000
4d Tr	920	2,760	4,600	10,350	16,100	23,000
2d Cpe	600	1,800	3,000	6,750	10,500	15,000
4d Sed	520	1,560	2,600	5,850	9,100	13,000
4d Brgm	560	1,680	2,800	6,300	9,800	14,000
4d Cal Tp Sed	600	1,800	3,000	6,750	10,500	15,000
1923 Model 47, V-8						
4d 4P Tr	1,120	3,360	5,600	12,600	19,600	28,000
4d 5P Tr	1,160	3,480	5,800	13,050	20,300	29,000
2d Rds	1,080	3,240	5,400	12,150	18,900	27,000
4d Sed	760	2,280	3,800	8,550	13,300	19,000
2d Cpe	840	2,520	4,200	9,450	14,700	21,000
4d Spt Tr	1,200	3,600	6,000	13,500	21,000	30,000
1924 Model 30-B, 6-cyl.						
2d Rds	720	2,160	3,600	8,100	12,600	18,000
4d Tr	760	2,280	3,800	8,550	13,300	19,000
2d Spt Rds	760	2,280	3,800	8,550	13,300	19,000
4d Spt Tr	800	2,400	4,000	9,000	14,000	20,000
2d Cpe	560	1,680	2,800	6,300	9,800	14,000
4d Sed	520	1,560	2,600	5,850	9,100	13,000
2d Sed	500	1,500	2,500	5,630	8,750	12,500
4d DeL Sed	520	1,560	2,600	5,850	9,100	13,000
1925 Series 30-C, 6-cyl.						
2d Rds	720	2,160	3,600	8,100	12,600	18,000
4d Tr	760	2,280	3,800	8,550	13,300	19,000
2d Spt Rds	760	2,280	3,800	8,550	13,300	19,000
4d Spt Tr	800	2,400	4,000	9,000	14,000	20,000
2d Cpe	520	1,560	2,600	5,850	9,100	13,000
4d Sed	500	1,500	2,500	5,630	8,750	12,500
4d DeL Sed	512	1,536	2,560	5,760	8,960	12,800
2d DeL	480	1,440	2,400	5,400	8,400	12,000
1926 Model 30-D, 6-cyl.						
2d DeL Rds	840	2,520	4,200	9,450	14,700	21,000
4d Tr	800	2,400	4,000	9,000	14,000	20,000
4d DeL Tr	820	2,460	4,100	9,230	14,350	20,500
2d Cpe	560	1,680	2,800	6,300	9,800	14,000
2d DeL Cpe	580	1,740	2,900	6,530	10,150	14,500
2d Sed	500	1,500	2,500	5,630	8,750	12,500
2d DeL Sed	520	1,560	2,600	5,850	9,100	13,000
4d Sed	520	1,560	2,600	5,850	9,100	13,000
4d DeL Sed	540	1,620	2,700	6,080	9,450	13,500
4d Lan Sed	640	1,920	3,200	7,200	11,200	16,000
1927 Series 30-E, 6-cyl.						
2d DeL Rds	720	2,160	3,600	8,100	12,600	18,000
4d Tr	680	2,040	3,400	7,650	11,900	17,000
4d DeL Tr	680	2,040	3,400	7,650	11,900	17,000
2d Cpe	600	1,800	3,000	6,750	10,500	15,000
2d DeL Cpe	620	1,860	3,100	6,980	10,850	15,500
2d Spt Cpe	640	1,920	3,200	7,200	11,200	16,000
2d Sed	540	1,620	2,700	6,080	9,450	13,500
2d DeL Sed	560	1,680	2,800	6,300	9,800	14,000
4d Sed	560	1,680	2,800	6,300	9,800	14,000
4d DeL Sed	580	1,740	2,900	6,530	10,150	14,500
4d Lan	680	2,040	3,400	7,650	11,900	17,000
1928 Model F-28, 6-cyl.						
2d Rds	760	2,280	3,800	8,550	13,300	19,000
2d DeL Rds	800	2,400	4,000	9,000	14,000	20,000
4d Tr	800	2,400	4,000	9,000	14,000	20,000
4d DeL Tr	840	2,520	4,200	9,450	14,700	21,000
2d Cpe	640	1,920	3,200	7,200	11,200	16,000
2d Spl Cpe	660	1,980	3,300	7,430	11,550	16,500
2d Spt Cpe	680	2,040	3,400	7,650	11,900	17,000
2d DeL Spt Cpe	700	2,100	3,500	7,880	12,250	17,500
2d Sed	560	1,680	2,800	6,300	9,800	14,000
4d Sed	568	1,704	2,840	6,390	9,940	14,200

	6	5	4	3	2	1
4d DeL Sed	580	1,740	2,900	6,530	10,150	14,500
4d Lan	640	1,920	3,200	7,200	11,200	16,000
4d DeL Lan	680	2,040	3,400	7,650	11,900	17,000
1929 Model F-29, 6-cyl.						
2d Rds	960	2,880	4,800	10,800	16,800	24,000
2d Conv	880	2,640	4,400	9,900	15,400	22,000
4d Tr	920	2,760	4,600	10,350	16,100	23,000
2d Cpe	700	2,100	3,500	7,880	12,250	17,500
2d Spt Cpe	708	2,124	3,540	7,970	12,390	17,700
2d Sed	600	1,800	3,000	6,750	10,500	15,000
4d Sed	608	1,824	3,040	6,840	10,640	15,200
4d Lan	620	1,860	3,100	6,980	10,850	15,500
1929 Viking, V-8						
2d Conv Cpe	1,200	3,600	6,000	13,500	21,000	30,000
4d Sed	920	2,760	4,600	10,350	16,100	23,000
4d CC Sed	960	2,880	4,800	10,800	16,800	24,000
1930 Model F-30, 6-cyl.						
2d Conv	1,200	3,600	6,000	13,500	21,000	30,000
4d Tr	1,040	3,120	5,200	11,700	18,200	26,000
2d Cpe	680	2,040	3,400	7,650	11,900	17,000
2d Spt Cpe	720	2,160	3,600	8,100	12,600	18,000
2d Sed	640	1,920	3,200	7,200	11,200	16,000
4d Sed	960	2,880	4,800	10,800	16,800	24,000
4d Pat Sed	1,000	3,000	5,000	11,250	17,500	25,000
1930 Viking, V-8						
2d Conv Cpe	1,360	4,080	6,800	15,300	23,800	34,000
4d Sed	720	2,160	3,600	8,100	12,600	18,000
4d CC Sed	760	2,280	3,800	8,550	13,300	19,000
1931 Model F-31, 6-cyl.						
2d Conv	1,320	3,960	6,600	14,850	23,100	33,000
2d Cpe	740	2,220	3,700	8,330	12,950	18,500
2d Spt Cpe	880	2,640	4,400	9,900	15,400	22,000
2d Sed	840	2,520	4,200	9,450	14,700	21,000
4d Sed	840	2,520	4,200	9,450	14,700	21,000
4d Pat Sed	860	2,580	4,300	9,680	15,050	21,500
1932 Model F-32, 6-cyl.						
2d Conv	1,360	4,080	6,800	15,300	23,800	34,000
2d Cpe	840	2,520	4,200	9,450	14,700	21,000
2d Spt Cpe	880	2,640	4,400	9,900	15,400	22,000
2d Sed	740	2,220	3,700	8,330	12,950	18,500
4d Sed	760	2,280	3,800	8,550	13,300	19,000
4d Pat Sed	800	2,400	4,000	9,000	14,000	20,000
1932 Model L-32, 8-cyl.						
2d Conv	1,480	4,440	7,400	16,650	25,900	37,000
2d Cpe	840	2,520	4,200	9,450	14,700	21,000
2d Spt Cpe	880	2,640	4,400	9,900	15,400	22,000
2d Sed	780	2,340	3,900	8,780	13,650	19,500
4d Sed	820	2,460	4,100	9,230	14,350	20,500
4d Pat Sed	840	2,520	4,200	9,450	14,700	21,000
1933 Model F-33, 6-cyl.						
2d Conv	1,240	3,720	6,200	13,950	21,700	31,000
2d Bus Cpe	620	1,860	3,100	6,980	10,850	15,500
2d Spt Cpe	760	2,280	3,800	8,550	13,300	19,000
2d 5P Cpe	660	1,980	3,300	7,430	11,550	16,500
2d Tr Cpe	620	1,860	3,100	6,980	10,850	15,500
4d Sed	608	1,824	3,040	6,840	10,640	15,200
4d Trk Sed	620	1,860	3,100	6,980	10,850	15,500
1933 Model L-33, 8-cyl.						
2d Conv	1,280	3,840	6,400	14,400	22,400	32,000
2d Bus Cpe	640	1,920	3,200	7,200	11,200	16,000
2d Spt Cpe	760	2,280	3,800	8,550	13,300	19,000
2d 5P Cpe	700	2,100	3,500	7,880	12,250	17,500
4d Sed	620	1,860	3,100	6,980	10,850	15,500
4d Trk Sed	640	1,920	3,200	7,200	11,200	16,000
1934 Model F-34, 6-cyl.						
2d Bus Cpe	580	1,740	2,900	6,530	10,150	14,500
2d Spt Cpe	680	2,040	3,400	7,650	11,900	17,000
2d 5P Cpe	640	1,920	3,200	7,200	11,200	16,000
4d SB Sed	540	1,620	2,700	6,080	9,450	13,500
4d Trk Sed	548	1,644	2,740	6,170	9,590	13,700
1934 Model L-34, 8-cyl.						
2d Conv	1,280	3,840	6,400	14,400	22,400	32,000
2d Bus Cpe	640	1,920	3,200	7,200	11,200	16,000
2d Spt Cpe	760	2,280	3,800	8,550	13,300	19,000
2d 5P Cpe	700	2,100	3,500	7,880	12,250	17,500
2d Tr Cpe	640	1,920	3,200	7,200	11,200	16,000
4d Sed	560	1,680	2,800	6,300	9,800	14,000
4d Trk Sed	572	1,716	2,860	6,440	10,010	14,300

OLDSMOBILE

	6	5	4	3	2	1
1935 F-35, 6-cyl.						
2d Conv.	1,200	3,600	6,000	13,500	21,000	30,000
2d Clb Cpe	560	1,680	2,800	6,300	9,800	14,000
2d Bus Cpe	536	1,608	2,680	6,030	9,380	13,400
2d Spt Cpe	680	2,040	3,400	7,650	11,900	17,000
2d Tr Cpe	600	1,800	3,000	6,750	10,500	15,000
4d Sed.	484	1,452	2,420	5,450	8,470	12,100
4d Trk Sed.	488	1,464	2,440	5,490	8,540	12,200
1935 L-35, 8-cyl.						
2d Conv.	1,280	3,840	6,400	14,400	22,400	32,000
2d Clb Cpe	600	1,800	3,000	6,750	10,500	15,000
2d Bus Cpe	564	1,692	2,820	6,350	9,870	14,100
2d Spt Cpe	700	2,100	3,500	7,880	12,250	17,500
2d Sed.	508	1,524	2,540	5,720	8,890	12,700
2d Trk Sed.	520	1,560	2,600	5,850	9,100	13,000
4d Sed.	520	1,560	2,600	5,850	9,100	13,000
4d Trk Sed.	524	1,572	2,620	5,900	9,170	13,100
1936 F-36, 6-cyl.						
2d Conv.	1,280	3,840	6,400	14,400	22,400	32,000
2d Bus Cpe	500	1,500	2,500	5,630	8,750	12,500
2d Spt Cpe	600	1,800	3,000	6,750	10,500	15,000
2d Sed.	472	1,416	2,360	5,310	8,260	11,800
2d Trk Sed.	480	1,440	2,400	5,400	8,400	12,000
4d Sed.	484	1,452	2,420	5,450	8,470	12,100
4d Trk Sed.	488	1,464	2,440	5,490	8,540	12,200
1936 L-36, 8-cyl.						
2d Conv.	1,360	4,080	6,800	15,300	23,800	34,000
2d Bus Cpe	560	1,680	2,800	6,300	9,800	14,000
2d Spt Cpe	640	1,920	3,200	7,200	11,200	16,000
2d Sed.	528	1,584	2,640	5,940	9,240	13,200
2d Trk Sed.	540	1,620	2,700	6,080	9,450	13,500
4d Sed.	548	1,644	2,740	6,170	9,590	13,700
4d Trk Sed.	560	1,680	2,800	6,300	9,800	14,000
1937 F-37, 6-cyl.						
2d Conv.	1,400	4,200	7,000	15,750	24,500	35,000
2d Bus Cpe	576	1,728	2,880	6,480	10,080	14,400
2d Clb Cpe	620	1,860	3,100	6,980	10,850	15,500
2d Sed.	600	1,800	3,000	6,750	10,500	15,000
2d Trk Sed.	564	1,692	2,820	6,350	9,870	14,100
4d Sed.	600	1,800	3,000	6,750	10,500	15,000
4d Trk Sed.	568	1,704	2,840	6,390	9,940	14,200
1937 L-37, 8-cyl.						
2d Conv.	1,520	4,560	7,600	17,100	26,600	38,000
2d Bus Cpe	608	1,824	3,040	6,840	10,640	15,200
2d Clb Cpe	600	1,800	3,000	6,750	10,500	15,000
2d Sed.	576	1,728	2,880	6,480	10,080	14,400
2d Trk Sed.	580	1,740	2,900	6,530	10,150	14,500
4d Sed.	576	1,728	2,880	6,480	10,080	14,400
4d Trk Sed.	584	1,752	2,920	6,570	10,220	14,600
1938 F-38, 6-cyl.						
2d Conv.	1,480	4,440	7,400	16,650	25,900	37,000
2d Bus Cpe	576	1,728	2,880	6,480	10,080	14,400
2d Clb Cpe	596	1,788	2,980	6,710	10,430	14,900
2d Sed.	540	1,620	2,700	6,080	9,450	13,500
2d Tr Sed	560	1,680	2,800	6,300	9,800	14,000
4d Sed.	556	1,668	2,780	6,260	9,730	13,900
4d Tr Sed	560	1,680	2,800	6,300	9,800	14,000
1938 L-38, 8-cyl.						
2d Conv.	1,640	4,920	8,200	18,450	28,700	41,000
2d Bus Cpe	596	1,788	2,980	6,710	10,430	14,900
2d Clb Cpe	616	1,848	3,080	6,930	10,780	15,400
2d Sed.	560	1,680	2,800	6,300	9,800	14,000
2d Tr Sed	580	1,740	2,900	6,530	10,150	14,500
4d Sed.	572	1,716	2,860	6,440	10,010	14,300
4d Tr Sed	580	1,740	2,900	6,530	10,150	14,500
1939 F-39 "60" Series, 6-cyl.						
2d Bus Cpe	572	1,716	2,860	6,440	10,010	14,300
2d Clb Cpe	576	1,728	2,880	6,480	10,080	14,400
2d Sed.	568	1,704	2,840	6,390	9,940	14,200
4d Sed.	576	1,728	2,880	6,480	10,080	14,400
1939 G-39 "70" Series, 6-cyl.						
2d Conv.	1,400	4,200	7,000	15,750	24,500	35,000
2d Bus Sed	580	1,740	2,900	6,530	10,150	14,500
2d Clb Cpe	588	1,764	2,940	6,620	10,290	14,700
2d Sed.	576	1,728	2,880	6,480	10,080	14,400
2d SR Sed.	584	1,752	2,920	6,570	10,220	14,600
4d Sed.	580	1,740	2,900	6,530	10,150	14,500
4d SR Sed.	584	1,752	2,920	6,570	10,220	14,600

	6	5	4	3	2	1
1939 L-39 "80" Series, 8-cyl.						
2d Conv	1,520	4,560	7,600	17,100	26,600	38,000
2d Bus Cpe	640	1,920	3,200	7,200	11,200	16,000
2d Clb Cpe	660	1,970	3,280	7,380	11,480	16,400
2d Sed	630	1,880	3,140	7,070	10,990	15,700
2d SR Sed	640	1,920	3,200	7,200	11,200	16,000
4d Sed	640	1,930	3,220	7,250	11,270	16,100
4d SR Sed	630	1,900	3,160	7,110	11,060	15,800
1940 Series 60, 6-cyl.						
2d Conv	1,440	4,320	7,200	16,200	25,200	36,000
2d Bus Cpe	680	2,040	3,400	7,650	11,900	17,000
2d Clb Cpe	700	2,110	3,520	7,920	12,320	17,600
4d Sta Wag	1,420	4,270	7,120	16,020	24,920	35,600
2d Sed	650	1,960	3,260	7,340	11,410	16,300
2d SR Sed	660	1,990	3,320	7,470	11,620	16,600
4d Sed	660	1,970	3,280	7,380	11,480	16,400
4d SR Sed	670	2,000	3,340	7,520	11,690	16,700
1940 Series 70, 6-cyl.						
2d Conv	1,520	4,560	7,600	17,100	26,600	38,000
2d Bus Cpe	700	2,110	3,520	7,920	12,320	17,600
2d Clb Cpe	680	2,050	3,420	7,700	11,970	17,100
2d Sed	680	2,040	3,400	7,650	11,900	17,000
4d Sed	690	2,060	3,440	7,740	12,040	17,200
1940 Series 90, 8-cyl.						
2d Conv Cpe	2,160	6,480	10,800	24,300	37,800	54,000
4d Conv Sed	2,200	6,600	11,000	24,750	38,500	55,000
2d Clb Cpe	860	2,590	4,320	9,720	15,120	21,600
4d Tr Sed	780	2,350	3,920	8,820	13,720	19,600
1941 Series 66, 6-cyl.						
2d Conv Cpe	1,400	4,200	7,000	15,750	24,500	35,000
2d Bus Cpe	740	2,230	3,720	8,370	13,020	18,600
2d Clb Cpe	760	2,290	3,820	8,600	13,370	19,100
2d Sed	720	2,160	3,600	8,100	12,600	18,000
4d Sed	730	2,180	3,640	8,190	12,740	18,200
4d Twn Sed	730	2,200	3,660	8,240	12,810	18,300
4d Sta Wag	1,500	4,510	7,520	16,920	26,320	37,600
1941 Series 68, 8-cyl.						
2d Conv Cpe	1,480	4,440	7,400	16,650	25,900	37,000
2d Bus Cpe	760	2,290	3,820	8,600	13,370	19,100
2d Clb Cpe	780	2,350	3,920	8,820	13,720	19,600
2d Sed	730	2,180	3,640	8,190	12,740	18,200
4d Sed	740	2,210	3,680	8,280	12,880	18,400
4d Twn Sed	740	2,230	3,720	8,370	13,020	18,600
4d Sta Wag	1,540	4,630	7,720	17,370	27,020	38,600
1941 Series 76, 6-cyl.						
2d Bus Cpe	780	2,350	3,920	8,820	13,720	19,600
2d Clb Sed	740	2,230	3,720	8,370	13,020	18,600
4d Sed	740	2,230	3,720	8,370	13,020	18,600
1941 Series 78, 8-cyl.						
2d Bus Sed	750	2,240	3,740	8,420	13,090	18,700
2d Clb Sed	760	2,280	3,800	8,550	13,300	19,000
4d Sed	760	2,290	3,820	8,600	13,370	19,100
1941 Series 96, 6-cyl.						
2d Conv Cpe	2,000	6,000	10,000	22,500	35,000	50,000
2d Clb Cpe	910	2,720	4,540	10,220	15,890	22,700
4d Sed	830	2,480	4,140	9,320	14,490	20,700
1941 Series 98, 8-cyl.						
2d Conv Cpe	2,280	6,840	11,400	25,650	39,900	57,000
4d Conv Sed	2,320	6,960	11,600	26,100	40,600	58,000
2d Clb Cpe	950	2,840	4,740	10,670	16,590	23,700
4d Sed	870	2,600	4,340	9,770	15,190	21,700
1942 Special Series 66 & 68						
2d Conv	1,400	4,200	7,000	15,750	24,500	35,000
2d Bus Cpe	760	2,290	3,820	8,600	13,370	19,100
2d Clb Cpe	780	2,350	3,920	8,820	13,720	19,600
2d Clb Sed	770	2,300	3,840	8,640	13,440	19,200
2d Sed	760	2,270	3,780	8,510	13,230	18,900
4d Sed	760	2,290	3,820	8,600	13,370	19,100
4d Twn Sed	770	2,320	3,860	8,690	13,510	19,300
4d Sta Wag	1,540	4,630	7,720	17,370	27,020	38,600
NOTE: Add 10 percent for 8-cyl.						
1942 Dynamic Series 76-78						
2d Clb Sed	800	2,410	4,020	9,050	14,070	20,100
4d Sed	780	2,350	3,920	8,820	13,720	19,600
NOTE: Add 10 percent for 8-cyl.						
1942 Custom Series 98, 8-cyl.						
2d Conv	1,590	4,760	7,940	17,870	27,790	39,700
2d Clb Sed	890	2,660	4,440	9,990	15,540	22,200
4d Sed	880	2,630	4,380	9,860	15,330	21,900

	6	5	4	3	2	1
1946-47 Special Series 66, 6-cyl.						
2d Conv.	1,680	5,040	8,400	18,900	29,400	42,000
2d Clb Cpe	824	2,472	4,120	9,270	14,420	20,600
2d Clb Sed	816	2,448	4,080	9,180	14,280	20,400
4d Sed	812	2,436	4,060	9,140	14,210	20,300
4d Sta Wag	1,900	5,700	9,500	21,380	33,250	47,500
1946-47 Special Series 68, 8-cyl.						
2d Conv.	1,720	5,160	8,600	19,350	30,100	43,000
2d Clb Cpe	864	2,592	4,320	9,720	15,120	21,600
2d Clb Sed	856	2,568	4,280	9,630	14,980	21,400
4d Sed	852	2,556	4,260	9,590	14,910	21,300
4d Sta Wag	1,940	5,820	9,700	21,830	33,950	48,500
1946-47 Dynamic Cruiser, Series 76, 6-cyl.						
2d Clb Sed	828	2,484	4,140	9,320	14,490	20,700
2d DeL Clb Sed (1947 only)	832	2,496	4,160	9,360	14,560	20,800
4d Sed	824	2,472	4,120	9,270	14,420	20,600
4d DeL Sed (1947 only)	830	2,480	4,140	9,320	14,490	20,700
1946-47 Dynamic Cruiser Series 78, 8-cyl.						
2d Clb Sed	868	2,604	4,340	9,770	15,190	21,700
2d DeL Clb Sed (1947 only)	872	2,616	4,360	9,810	15,260	21,800
4d Sed	864	2,592	4,320	9,720	15,120	21,600
4d DeL Sed (1947 only)	870	2,600	4,340	9,770	15,190	21,700
1946-47 Custom Cruiser Series 98, 8-cyl.						
2d Conv.	1,320	3,960	6,600	14,850	23,100	33,000
2d Clb Sed	900	2,700	4,500	10,130	15,750	22,500
4d Sed	888	2,664	4,440	9,990	15,540	22,200
1948 Dynamic Series 66, 6-cyl., 119" wb						
2d Conv.	1,640	4,920	8,200	18,450	28,700	41,000
2d Clb Cpe	820	2,460	4,100	9,230	14,350	20,500
2d Clb Sed	812	2,436	4,060	9,140	14,210	20,300
4d Sed	808	2,424	4,040	9,090	14,140	20,200
4d Sta Wag	1,860	5,580	9,300	20,930	32,550	46,500
1948 Dynamic Series 68, 8-cyl., 119" wb						
2d Conv.	1,680	5,040	8,400	18,900	29,400	42,000
2d Clb Cpe	860	2,580	4,300	9,680	15,050	21,500
2d Clb Sed	852	2,556	4,260	9,590	14,910	21,300
4d Sed	848	2,544	4,240	9,540	14,840	21,200
4d Sta Wag	1,900	5,700	9,500	21,380	33,250	47,500
1948 Dynamic Series 76, 6-cyl., 125" wb						
2d Clb Sed	824	2,472	4,120	9,270	14,420	20,600
4d Sed	820	2,460	4,100	9,230	14,350	20,500
1948 Dynamic Series 78, 8-cyl., 125" wb						
2d Clb Sed	860	2,580	4,300	9,680	15,050	21,500
4d Sed	848	2,544	4,240	9,540	14,840	21,200
1948 Futuramic Series 98, 8-cyl., 125" wb						
2d Conv.	1,720	5,160	8,600	19,350	30,100	43,000
2d Clb Sed	900	2,700	4,500	10,130	15,750	22,500
4d Sed	880	2,640	4,400	9,900	15,400	22,000
1949 Futuramic 76, 6-cyl., 119.5" wb						
2d Conv.	1,760	5,280	8,800	19,800	30,800	44,000
2d Clb Cpe	840	2,520	4,200	9,450	14,700	21,000
2d Sed	764	2,292	3,820	8,600	13,370	19,100
4d Sed	760	2,280	3,800	8,550	13,300	19,000
4d Sta Wag	1,960	5,880	9,800	22,050	34,300	49,000
1949 Futuramic Series 88, V-8, 119.5" wb						
2d Conv.	1,800	5,400	9,000	20,250	31,500	45,000
2d Clb Cpe	1,080	3,240	5,400	12,150	18,900	27,000
2d Clb Sed	1,040	3,120	5,200	11,700	18,200	26,000
4d Sed	880	2,640	4,400	9,900	15,400	22,000
4d Sta Wag	2,040	6,120	10,200	22,950	35,700	51,000
1949 Futuramic Series 98, V-8, 125" wb						
2d Conv.	1,840	5,520	9,200	20,700	32,200	46,000
2d Holiday HT	1,160	3,480	5,800	13,050	20,300	29,000
2d Clb Sed	940	2,820	4,700	10,580	16,450	23,500
4d Sed	920	2,760	4,600	10,350	16,100	23,000
1950 Futuramic 76, 6-cyl., 119.5" wb						
2d Conv.	1,600	4,800	8,000	18,000	28,000	40,000
2d Holiday HT	1,240	3,720	6,200	13,950	21,700	31,000
2d Clb Cpe	1,000	3,000	5,000	11,250	17,500	25,000
2d Sed	768	2,304	3,840	8,640	13,440	19,200
2d Clb Sed	960	2,880	4,800	10,800	16,800	24,000
4d Sed	764	2,292	3,820	8,600	13,370	19,100
4d Sta Wag	1,820	5,460	9,100	20,480	31,850	45,500
1950 Futuramic 88, V-8, 119.5" wb						
2d Conv.	1,760	5,280	8,800	19,800	30,800	44,000
2d DeL Holiday HT	1,400	4,200	7,000	15,750	24,500	35,000
2d DeL Clb Cpe.	1,120	3,360	5,600	12,600	19,600	28,000
2d DeL	1,040	3,120	5,200	11,700	18,200	26,000
2d DeL Clb Sed.	1,000	3,000	5,000	11,250	17,500	25,000

	6	5	4	3	2	1
4d DeL Sed 960		2,880	4,800	10,800	16,800	24,000
4d DeL Sta Wag. 1,860		5,580	9,300	20,930	32,550	46,500
1950 Futuramic 98, V-8, 122" wb						
2d DeL Conv 1,920		5,760	9,600	21,600	33,600	48,000
2d DeL Holiday HT. 1,240		3,720	6,200	13,950	21,700	31,000
2d Holiday HT. 1,200		3,600	6,000	13,500	21,000	30,000
2d DeL Clb Sed 940		2,820	4,700	10,580	16,450	23,500
2d DeL FBk 928		2,784	4,640	10,440	16,240	23,200
4d DeL FBk 924		2,772	4,620	10,400	16,170	23,100
4d DeL Sed 904		2,712	4,520	10,170	15,820	22,600
4d DeL Twn Sed. 960		2,880	4,800	10,800	16,800	24,000
NOTE: Deduct 10 percent for 6-cyl.						
1951-52 Standard 88, V-8, 119.5" wb						
2d Sed (1951 only). 940		2,820	4,700	10,580	16,450	23,500
4d Sed (1951 only) 936		2,808	4,680	10,530	16,380	23,400
1951-52 DeLuxe 88, V-8, 120" wb						
2d Sed 864		2,592	4,320	9,720	15,120	21,600
4d Sed 860		2,580	4,300	9,680	15,050	21,500
1951-52 Super 88, V-8, 120" wb						
2d Conv 1,680		5,040	8,400	18,900	29,400	42,000
2d Holiday HT. 1,120		3,360	5,600	12,600	19,600	28,000
2d Clb Cpe 960		2,880	4,800	10,800	16,800	24,000
2d Sed 872		2,616	4,360	9,810	15,260	21,800
4d Sed 868		2,604	4,340	9,770	15,190	21,700
1951-52 Series 98, V-8, 122" wb						
2d Conv 1,760		5,280	8,800	19,800	30,800	44,000
2d DeL Holiday HT ('51). 1,200		3,600	6,000	13,500	21,000	30,000
2d Holiday HT. 1,160		3,480	5,800	13,050	20,300	29,000
4d Sed 880		2,640	4,400	9,900	15,400	22,000
1953 Series 88, V-8, 120" wb						
2d Sed 804		2,412	4,020	9,050	14,070	20,100
4d Sed 800		2,400	4,000	9,000	14,000	20,000
1953 Series Super 88, V-8, 120" wb						
2d Conv 1,760		5,280	8,800	19,800	30,800	44,000
2d Holiday HT. 1,200		3,600	6,000	13,500	21,000	30,000
2d Sed 808		2,424	4,040	9,090	14,140	20,200
4d Sed 804		2,412	4,020	9,050	14,070	20,100
1953 Classic 98, V-8, 124" wb						
2d Conv 1,920		5,760	9,600	21,600	33,600	48,000
2d Holiday HT. 1,280		3,840	6,400	14,400	22,400	32,000
4d Sed 860		2,580	4,300	9,680	15,050	21,500
1953 Fiesta 98, V-8, 124" wb						
2d Conv 7,940		23,820	39,700	89,330	138,950	198,500
1954 Series 88, V-8, 122" wb						
2d Holiday HT. 1,160		3,480	5,800	13,050	20,300	29,000
2d Sed 784		2,352	3,920	8,820	13,720	19,600
4d Sed 780		2,340	3,900	8,780	13,650	19,500
1954 Series Super 88, V-8, 122" wb						
2d Conv 1,720		5,160	8,600	19,350	30,100	43,000
2d Holiday HT. 1,240		3,720	6,200	13,950	21,700	31,000
2d Sed 808		2,424	4,040	9,090	14,140	20,200
4d Sed 800		2,400	4,000	9,000	14,000	20,000
1954 Classic 98, V-8, 126" wb						
2d Starfire Conv 2,240		6,720	11,200	25,200	39,200	56,000
2d DeL Holiday HT. 1,400		4,200	7,000	15,750	24,500	35,000
2d Holiday HT. 1,360		4,080	6,800	15,300	23,800	34,000
4d Sed 880		2,640	4,400	9,900	15,400	22,000
1955 Series 88, V-8, 122" wb						
2d DeL Holiday HT. 1,080		3,240	5,400	12,150	18,900	27,000
4d Holiday HT. 880		2,640	4,400	9,900	15,400	22,000
2d Sed 784		2,352	3,920	8,820	13,720	19,600
4d Sed 780		2,340	3,900	8,780	13,650	19,500
1955 Series Super 88, V-8, 122" wb						
2d Conv 1,680		5,040	8,400	18,900	29,400	42,000
2d DeL Holiday HT. 1,160		3,480	5,800	13,050	20,300	29,000
4d Holiday HT. 920		2,760	4,600	10,350	16,100	23,000
2d Sed 804		2,412	4,020	9,050	14,070	20,100
4d Sed 800		2,400	4,000	9,000	14,000	20,000
1955 Classic 98, V-8, 126" wb						
2d Starfire Conv 2,200		6,600	11,000	24,750	38,500	55,000
2d DeL Holiday HT. 1,320		3,960	6,600	14,850	23,100	33,000
4d DeL Holiday HT. 1,000		3,000	5,000	11,250	17,500	25,000
4d Sed 880		2,640	4,400	9,900	15,400	22,000
1956 Series 88, V-8, 122" wb						
2d Holiday HT. 1,160		3,480	5,800	13,050	20,300	29,000
4d Holiday HT. 1,000		3,000	5,000	11,250	17,500	25,000
2d Sed 880		2,640	4,400	9,900	15,400	22,000
4d Sed 860		2,580	4,300	9,680	15,050	21,500

	6	5	4	3	2	1
1956 Series Super 88, V-8, 122" wb						
2d Conv.	1,680	5,040	8,400	18,900	29,400	42,000
2d Holiday HT	1,240	3,720	6,200	13,950	21,700	31,000
4d Holiday HT	1,080	3,240	5,400	12,150	18,900	27,000
2d Sed.	920	2,760	4,600	10,350	16,100	23,000
4d Sed.	900	2,700	4,500	10,130	15,750	22,500
1956 Series 98, V-8, 126" wb						
2d Starfire Conv	2,200	6,600	11,000	24,750	38,500	55,000
2d DeL Holiday HT	1,280	3,840	6,400	14,400	22,400	32,000
4d DeL Holiday HT	1,120	3,360	5,600	12,600	19,600	28,000
4d Sed.	960	2,880	4,800	10,800	16,800	24,000
1957 Series 88, V-8, 122" wb						
2d Conv.	1,680	5,040	8,400	18,900	29,400	42,000
2d Holiday HT	1,160	3,480	5,800	13,050	20,300	29,000
4d Holiday HT	960	2,880	4,800	10,800	16,800	24,000
2d Sed.	824	2,472	4,120	9,270	14,420	20,600
4d Sed.	820	2,460	4,100	9,230	14,350	20,500
4d HT Sta Wag	1,340	4,020	6,700	15,080	23,450	33,500
4d Sta Wag	1,120	3,360	5,600	12,600	19,600	28,000
1957 Series Super 88, V-8, 122" wb						
2d Conv.	1,800	5,400	9,000	20,250	31,500	45,000
2d Holiday HT	1,240	3,720	6,200	13,950	21,700	31,000
4d Holiday HT	1,040	3,120	5,200	11,700	18,200	26,000
2d Sed.	864	2,592	4,320	9,720	15,120	21,600
4d Sed.	860	2,580	4,300	9,680	15,050	21,500
4d HT Sta Wag	1,500	4,500	7,500	16,880	26,250	37,500
1957 Series 98, V-8, 126" wb						
2d Starfire Conv	2,280	6,840	11,400	25,650	39,900	57,000
2d Holiday HT	1,280	3,840	6,400	14,400	22,400	32,000
4d Holiday HT	1,040	3,120	5,200	11,700	18,200	26,000
4d Sed.	900	2,700	4,500	10,130	15,750	22,500
NOTE: Add 20 percent for J-2 option.						
1958 Series 88, V-8, 122.5" wb						
2d Conv.	1,600	4,800	8,000	18,000	28,000	40,000
2d Holiday HT	1,120	3,360	5,600	12,600	19,600	28,000
4d Holiday HT	920	2,760	4,600	10,350	16,100	23,000
2d Sed.	780	2,340	3,900	8,780	13,650	19,500
4d Sed.	776	2,328	3,880	8,730	13,580	19,400
4d HT Sta Wag	1,260	3,780	6,300	14,180	22,050	31,500
4d Sta Wag	1,040	3,120	5,200	11,700	18,200	26,000
1958 Series Super 88, V-8, 122.5" wb						
2d Conv.	1,720	5,160	8,600	19,350	30,100	43,000
2d Holiday HT	1,240	3,720	6,200	13,950	21,700	31,000
4d Holiday HT	1,000	3,000	5,000	11,250	17,500	25,000
4d Sed.	800	2,400	4,000	9,000	14,000	20,000
4d HT Sta Wag	1,420	4,260	7,100	15,980	24,850	35,500
1958 Series 98, V-8, 126.5" wb						
2d Conv.	2,080	6,240	10,400	23,400	36,400	52,000
2d Holiday HT	1,200	3,600	6,000	13,500	21,000	30,000
4d Holiday HT	1,080	3,240	5,400	12,150	18,900	27,000
4d Sed.	840	2,520	4,200	9,450	14,700	21,000
NOTE: Add 20 percent for J-2 option.						
1959 Series 88, V-8, 123" wb						
2d Conv.	1,480	4,440	7,400	16,650	25,900	37,000
2d Holiday HT	1,040	3,120	5,200	11,700	18,200	26,000
4d Holiday HT	920	2,760	4,600	10,350	16,100	23,000
4d Sed.	720	2,160	3,600	8,100	12,600	18,000
4d Sta Wag	920	2,760	4,600	10,350	16,100	23,000
1959 Series Super 88, V-8, 123" wb						
2d Conv.	1,600	4,800	8,000	18,000	28,000	40,000
2d Holiday HT	1,120	3,360	5,600	12,600	19,600	28,000
4d Holiday HT	1,000	3,000	5,000	11,250	17,500	25,000
4d Sed.	740	2,220	3,700	8,330	12,950	18,500
4d Sta Wag	1,000	3,000	5,000	11,250	17,500	25,000
1959 Series 98, V-8, 126.3" wb						
2d Conv.	1,960	5,880	9,800	22,050	34,300	49,000
2d Holiday HT	1,200	3,600	6,000	13,500	21,000	30,000
4d Holiday HT	1,080	3,240	5,400	12,150	18,900	27,000
4d Sed.	760	2,280	3,800	8,550	13,300	19,000
NOTE: Add 10 percent for hp option.						
1960 Series Dynamic 88, V-8, 123" wb						
2d Conv.	1,240	3,720	6,200	13,950	21,700	31,000
2d Sed.	760	2,280	3,800	8,550	13,300	19,000
2d Holiday HT	1,040	3,120	5,200	11,700	18,200	26,000
4d Holiday HT	880	2,640	4,400	9,900	15,400	22,000
4d Sed.	720	2,160	3,600	8,100	12,600	18,000
4d Sta Wag	740	2,220	3,700	8,330	12,950	18,500
1960 Series Super 88, V-8, 123" wb						
2d Conv.	1,360	4,080	6,800	15,300	23,800	34,000

	6	5	4	3	2	1
2d Holiday HT.	1,040	3,120	5,200	11,700	18,200	26,000
4d Holiday HT.	960	2,880	4,800	10,800	16,800	24,000
4d Sed	740	2,220	3,700	8,330	12,950	18,500
4d Sta Wag.	760	2,280	3,800	8,550	13,300	19,000
1960 Series 98, V-8, 126.3" wb						
2d Conv	1,520	4,560	7,600	17,100	26,600	38,000
2d Holiday HT.	1,120	3,360	5,600	12,600	19,600	28,000
4d Holiday HT.	1,000	3,000	5,000	11,250	17,500	25,000
4d Sed	760	2,280	3,800	8,550	13,300	19,000
1961 F-85, V-8, 112" wb						
4d Sed	356	1,068	1,780	4,010	6,230	8,900
2d Clb Cpe	440	1,320	2,200	4,950	7,700	11,000
4d Sta Wag.	460	1,380	2,300	5,180	8,050	11,500
1961 Dynamic 88, V-8, 123" wb						
2d Sed	500	1,500	2,500	5,630	8,750	12,500
4d Sed	496	1,488	2,480	5,580	8,680	12,400
2d Holiday HT.	840	2,520	4,200	9,450	14,700	21,000
4d Holiday HT.	680	2,040	3,400	7,650	11,900	17,000
2d Conv	1,120	3,360	5,600	12,600	19,600	28,000
4d Sta Wag.	660	1,980	3,300	7,430	11,550	16,500
1961 Super 88, V-8, 123" wb						
4d Sed	600	1,800	3,000	6,750	10,500	15,000
4d Holiday HT.	720	2,160	3,600	8,100	12,600	18,000
2d Holiday HT.	920	2,760	4,600	10,350	16,100	23,000
2d Conv	1,240	3,720	6,200	13,950	21,700	31,000
4d Sta Wag.	680	2,040	3,400	7,650	11,900	17,000
2d Starfire Conv	1,520	4,560	7,600	17,100	26,600	38,000
1961 Series 98, V-8, 126" wb						
4d Twn Sed	700	2,100	3,500	7,880	12,250	17,500
4d Spt Sed	708	2,124	3,540	7,970	12,390	17,700
4d Holiday HT.	760	2,280	3,800	8,550	13,300	19,000
2d Holiday HT.	960	2,880	4,800	10,800	16,800	24,000
2d Conv	1,320	3,960	6,600	14,850	23,100	33,000

NOTE: Deduct 10 percent for std. line values; add 10 percent for Cutlass.

	6	5	4	3	2	1
1962 F-85 Series, V-8, 112" wb						
4d Sed	440	1,320	2,200	4,950	7,700	11,000
2d Cutlass Cpe	480	1,440	2,400	5,400	8,400	12,000
2d Cutlass Conv	640	1,920	3,200	7,200	11,200	16,000
4d Sta Wag.	440	1,320	2,200	4,950	7,700	11,000
1962 Jetfire Turbo-charged, V-8, 112" wb						
2d HT	720	2,160	3,600	8,100	12,600	18,000
1962 Dynamic 88, V-8, 123" wb						
4d Sed	500	1,500	2,500	5,630	8,750	12,500
4d Holiday HT.	680	2,040	3,400	7,650	11,900	17,000
2d Holiday HT.	880	2,640	4,400	9,900	15,400	22,000
2d Conv	1,120	3,360	5,600	12,600	19,600	28,000
4d Sta Wag.	660	1,980	3,300	7,430	11,550	16,500
1962 Super 88, V-8, 123" wb						
4d Sed	600	1,800	3,000	6,750	10,500	15,000
4d Holiday HT.	720	2,160	3,600	8,100	12,600	18,000
2d Holiday HT.	920	2,760	4,600	10,350	16,100	23,000
4d Sta Wag.	680	2,040	3,400	7,650	11,900	17,000
1962 Starfire, 345 hp V-8, 123" wb						
2d HT	1,160	3,480	5,800	13,050	20,300	29,000
2d Conv	1,400	4,200	7,000	15,750	24,500	35,000
1962 Series 98, V-8, 126" wb						
4d Twn Sed	660	1,980	3,300	7,430	11,550	16,500
4d Spt Sed	668	2,004	3,340	7,520	11,690	16,700
4d Holiday HT.	800	2,400	4,000	9,000	14,000	20,000
2d Holiday Spt HT	1,000	3,000	5,000	11,250	17,500	25,000
2d Conv	1,240	3,720	6,200	13,950	21,700	31,000
1963 F-85 Series, V-8, 112" wb						
4d Sed	440	1,320	2,200	4,950	7,700	11,000
2d Cutlass Cpe	480	1,440	2,400	5,400	8,400	12,000
2d Cutlass Conv	680	2,040	3,400	7,650	11,900	17,000
4d Sta Wag.	460	1,380	2,300	5,180	8,050	11,500

NOTE: Deduct 5 percent for V-6 engine.

	6	5	4	3	2	1
1963 Jetfire Series, V-8, 112" wb						
2d HT	720	2,160	3,600	8,100	12,600	18,000
1963 Dynamic 88, V-8, 123" wb						
4d Sed	620	1,860	3,100	6,980	10,850	15,500
4d Holiday HT.	680	2,040	3,400	7,650	11,900	17,000
2d Holiday HT.	840	2,520	4,200	9,450	14,700	21,000
2d Conv	1,000	3,000	5,000	11,250	17,500	25,000
4d Sta Wag.	640	1,920	3,200	7,200	11,200	16,000
1963 Super 88, V-8, 123" wb						
4d Sed	640	1,920	3,200	7,200	11,200	16,000
4d Holiday HT.	720	2,160	3,600	8,100	12,600	18,000

OLDSMOBILE

	6	5	4	3	2	1
2d Holiday HT	880	2,640	4,400	9,900	15,400	22,000
4d Sta Wag	660	1,980	3,300	7,430	11,550	16,500
1963 Starfire, V-8, 123" wb						
2d Cpe	1,040	3,120	5,200	11,700	18,200	26,000
2d Conv	1,400	4,200	7,000	15,750	24,500	35,000
1963 Series 98, V-8, 126" wb						
4d Sed	660	1,980	3,300	7,430	11,550	16,500
4d 4W Holiday HT	760	2,280	3,800	8,550	13,300	19,000
4d 6W Holiday HT	700	2,100	3,500	7,880	12,250	17,500
2d Holiday HT	920	2,760	4,600	10,350	16,100	23,000
2d Cus Spt HT	940	2,820	4,700	10,580	16,450	23,500
2d Conv	1,280	3,840	6,400	14,400	22,400	32,000
1964 F-85 Series, V-8, 115" wb						
2d Cpe	448	1,344	2,240	5,040	7,840	11,200
4d Sed	440	1,320	2,200	4,950	7,700	11,000
4d Sta Wag	452	1,356	2,260	5,090	7,910	11,300
NOTE: Deduct 5 percent for V-6 engine.						
1964 Cutlass Series, V-8						
2d Spt Cpe	480	1,440	2,400	5,400	8,400	12,000
2d HT	620	1,860	3,100	6,980	10,850	15,500
2d Conv	720	2,160	3,600	8,100	12,600	18,000
1964 Cutlass 4-4-2						
2d Sed	1,160	3,480	5,800	13,050	20,300	29,000
2d HT	1,320	3,960	6,600	14,850	23,100	33,000
2d Conv	1,640	4,920	8,200	18,450	28,700	41,000
1964 Vista Cruiser, V-8, 120" wb						
4d Sta Wag	600	1,800	3,000	6,750	10,500	15,000
4d Cus Wag	608	1,824	3,040	6,840	10,640	15,200
1964 Jetstar, V-8, 123" wb						
4d Sed	600	1,800	3,000	6,750	10,500	15,000
4d HT	660	1,980	3,300	7,430	11,550	16,500
2d HT	720	2,160	3,600	8,100	12,600	18,000
2d Conv	1,080	3,240	5,400	12,150	18,900	27,000
1964 Jetstar I, V-8, 123" wb						
2d HT	880	2,640	4,400	9,900	15,400	22,000
1964 Dynamic 88, V-8, 123" wb						
4d Sed	620	1,860	3,100	6,980	10,850	15,500
4d HT	680	2,040	3,400	7,650	11,900	17,000
2d HT	840	2,520	4,200	9,450	14,700	21,000
2d Conv	1,160	3,480	5,800	13,050	20,300	29,000
4d Sta Wag	640	1,920	3,200	7,200	11,200	16,000
1964 Super 88, V-8, 123" wb						
4d Sed	640	1,920	3,200	7,200	11,200	16,000
4d HT	720	2,160	3,600	8,100	12,600	18,000
1964 Starfire, 123" wb						
2d HT	1,040	3,120	5,200	11,700	18,200	26,000
2d Conv	1,320	3,960	6,600	14,850	23,100	33,000
NOTE: Add 20 percent for J code engine. Deduct 10 percent for 3 speed trans.						
1964 Series 98, V-8, 126" wb						
4d Sed	660	1,980	3,300	7,430	11,550	16,500
4d 6W HT	760	2,280	3,800	8,550	13,300	19,000
4d 4W HT	780	2,340	3,900	8,780	13,650	19,500
2d HT	920	2,760	4,600	10,350	16,100	23,000
2d Cus Spt HT	940	2,820	4,700	10,580	16,450	23,500
2d Conv	1,280	3,840	6,400	14,400	22,400	32,000
1965 F-85 Series, V-8, 115" wb						
4d Sed	444	1,332	2,220	5,000	7,770	11,100
2d Cpe	456	1,368	2,280	5,130	7,980	11,400
4d Sta Wag	448	1,344	2,240	5,040	7,840	11,200
4d DeL Sed	452	1,356	2,260	5,090	7,910	11,300
4d DeL Sta Wag	460	1,380	2,300	5,180	8,050	11,500
1965 Cutlass Series, V-8, 115" wb						
2d Cpe	500	1,500	2,500	5,630	8,750	12,500
2d HT	660	1,980	3,300	7,430	11,550	16,500
2d Conv	700	2,100	3,500	7,880	12,250	17,500
1965 Cutlass 4-4-2						
2d Sed	1,120	3,360	5,600	12,600	19,600	28,000
2d HT	1,280	3,840	6,400	14,400	22,400	32,000
2d Conv	1,600	4,800	8,000	18,000	28,000	40,000
1965 Vista Cruiser, V-8, 120" wb						
4d Sta Wag	480	1,440	2,400	5,400	8,400	12,000
1965 Jetstar Series, V-8, 123" wb						
4d Sed	472	1,416	2,360	5,310	8,260	11,800
4d HT	620	1,860	3,100	6,980	10,850	15,500
2d HT	700	2,100	3,500	7,880	12,250	17,500
2d Conv	760	2,280	3,800	8,550	13,300	19,000
1965 Dynamic 88, V-8, 123" wb						
4d Sed	480	1,440	2,400	5,400	8,400	12,000
4d HT	660	1,980	3,300	7,430	11,550	16,500

OLDSMOBILE

	6	5	4	3	2	1
2d HT	700	2,100	3,500	7,880	12,250	17,500
2d Conv	840	2,520	4,200	9,450	14,700	21,000
1965 Delta 88, V-8, 123" wb						
4d Sed	500	1,500	2,500	5,630	8,750	12,500
4d HT	660	1,980	3,300	7,430	11,550	16,500
2d HT	740	2,220	3,700	8,330	12,950	18,500
1965 Jetstar I, V-8, 123" wb						
2d HT	760	2,280	3,800	8,550	13,300	19,000
1965 Starfire, 123" wb						
2d HT	840	2,520	4,200	9,450	14,700	21,000
2d Conv	920	2,760	4,600	10,350	16,100	23,000
1965 Series 98, V-8, 126" wb						
4d Twn Sed	600	1,800	3,000	6,750	10,500	15,000
4d Lux Sed	608	1,824	3,040	6,840	10,640	15,200
4d HT	640	1,920	3,200	7,200	11,200	16,000
2d HT	760	2,280	3,800	8,550	13,300	19,000
2d Conv	920	2,760	4,600	10,350	16,100	23,000
1966 F-85 Series, Standard V-8, 115" wb						
4d Sed	444	1,332	2,220	5,000	7,770	11,100
2d Cpe	460	1,380	2,300	5,180	8,050	11,500
4d Sta Wag	464	1,392	2,320	5,220	8,120	11,600
1966 F-85 Series, Deluxe, V-8, 115" wb						
4d Sed	448	1,344	2,240	5,040	7,840	11,200
4d HT	464	1,392	2,320	5,220	8,120	11,600
2d HT	600	1,800	3,000	6,750	10,500	15,000
4d Sta Wag	468	1,404	2,340	5,270	8,190	11,700
1966 Cutlass, V-8, 115" wb						
4d Sed	452	1,356	2,260	5,090	7,910	11,300
4d HT	468	1,404	2,340	5,270	8,190	11,700
2d Cpe	464	1,392	2,320	5,220	8,120	11,600
2d HT	620	1,860	3,100	6,980	10,850	15,500
2d Conv	800	2,400	4,000	9,000	14,000	20,000
1966 Cutlass 4-4-2						
2d Sed	1,080	3,240	5,400	12,150	18,900	27,000
2d HT	1,240	3,720	6,200	13,950	21,700	31,000
2d Conv	1,560	4,680	7,800	17,550	27,300	39,000

NOTE: Add 30 percent for triple two-barrel carbs. Add 90 percent for W-30.

	6	5	4	3	2	1
1966 Vista Cruiser, V-8, 120" wb						
4d 3S Sta Wag	500	1,500	2,500	5,630	8,750	12,500
4d 2S Sta Wag	492	1,476	2,460	5,540	8,610	12,300
4d 3S Cus Sta Wag	508	1,524	2,540	5,720	8,890	12,700
4d 2S Cus Sta Wag	500	1,500	2,500	5,630	8,750	12,500
1966 Jetstar 88, V-8, 123" wb						
4d Sed	460	1,380	2,300	5,180	8,050	11,500
4d HT	480	1,440	2,400	5,400	8,400	12,000
2d HT	640	1,920	3,200	7,200	11,200	16,000
1966 Dynamic 88, V-8, 123" wb						
4d Sed	468	1,404	2,340	5,270	8,190	11,700
4d HT	500	1,500	2,500	5,630	8,750	12,500
2d HT	668	2,004	3,340	7,520	11,690	16,700
2d Conv	720	2,160	3,600	8,100	12,600	18,000
1966 Delta 88, V-8, 123" wb						
4d Sed	480	1,440	2,400	5,400	8,400	12,000
4d HT	600	1,800	3,000	6,750	10,500	15,000
2d HT	680	2,040	3,400	7,650	11,900	17,000
2d Conv	720	2,160	3,600	8,100	12,600	18,000
1966 Starfire, V-8, 123" wb						
2d HT	760	2,280	3,800	8,550	13,300	19,000
1966 Ninety-Eight, V-8, 126" wb						
4d Twn Sed	488	1,464	2,440	5,490	8,540	12,200
4d Lux Sed	492	1,476	2,460	5,540	8,610	12,300
4d HT	620	1,860	3,100	6,980	10,850	15,500
2d HT	720	2,160	3,600	8,100	12,600	18,000
2d Conv	800	2,400	4,000	9,000	14,000	20,000
1966 Toronado, FWD V-8, 119" wb						
2d Spt HT	720	2,160	3,600	8,100	12,600	18,000
2d Cus HT	740	2,220	3,700	8,330	12,950	18,500
1967 F-85 Series, Standard, V-8, 115" wb						
4d Sed	444	1,332	2,220	5,000	7,770	11,100
2d Cpe	460	1,380	2,300	5,180	8,050	11,500
4d 2S Sta Wag	448	1,344	2,240	5,040	7,840	11,200
1967 Cutlass, V-8, 115" wb						
4d Sed	452	1,356	2,260	5,090	7,910	11,300
4d HT	460	1,380	2,300	5,180	8,050	11,500
2d HT	620	1,860	3,100	6,980	10,850	15,500
2d Conv	920	2,760	4,600	10,350	16,100	23,000
4d 2S Sta Wag	460	1,380	2,300	5,180	8,050	11,500

NOTE: Deduct 20 percent for 6-cyl.

	6	5	4	3	2	1
1967 Cutlass Supreme, V-8, 115" wb						
4d Sed	460	1,380	2,300	5,180	8,050	11,500
4d HT	476	1,428	2,380	5,360	8,330	11,900
2d Cpe	484	1,452	2,420	5,450	8,470	12,100
2d HT	720	2,160	3,600	8,100	12,600	18,000
2d Conv	960	2,880	4,800	10,800	16,800	24,000
1967 Cutlass 4-4-2						
2d Sed	1,080	3,240	5,400	12,150	18,900	27,000
2d HT	1,240	3,720	6,200	13,950	21,700	31,000
2d Conv	1,560	4,680	7,800	17,550	27,300	39,000
NOTE: Add 70 percent for W-30.						
1967 Vista Cruiser, V-8, 120" wb						
4d 3S Sta Wag	480	1,440	2,400	5,400	8,400	12,000
4d 2S Cus Sta Wag	500	1,500	2,500	5,630	8,750	12,500
4d 3S Cus Sta Wag	508	1,524	2,540	5,720	8,890	12,700
1967 Delmont 88, 330 V-8, 123" wb						
4d Sed	440	1,320	2,200	4,950	7,700	11,000
4d HT	460	1,380	2,300	5,180	8,050	11,500
2d HT	600	1,800	3,000	6,750	10,500	15,000
1967 Delmont 88, 425 V-8, 123" wb						
4d Sed	460	1,380	2,300	5,180	8,050	11,500
4d HT	480	1,440	2,400	5,400	8,400	12,000
2d HT	620	1,860	3,100	6,980	10,850	15,500
2d Conv	800	2,400	4,000	9,000	14,000	20,000
1967 Delta 88, V-8, 123" wb						
4d Sed	472	1,416	2,360	5,310	8,260	11,800
4d HT	492	1,476	2,460	5,540	8,610	12,300
2d HT	660	1,980	3,300	7,430	11,550	16,500
2d Conv	880	2,640	4,400	9,900	15,400	22,000
1967 Delta 88, Custom V-8, 123" wb						
4d HT	500	1,500	2,500	5,630	8,750	12,500
2d HT	672	2,016	3,360	7,560	11,760	16,800
1967 Ninety-Eight, V-8, 126" wb						
4d Twn Sed	500	1,500	2,500	5,630	8,750	12,500
4d Lux Sed	504	1,512	2,520	5,670	8,820	12,600
4d HT	612	1,836	3,060	6,890	10,710	15,300
2d HT	680	2,040	3,400	7,650	11,900	17,000
2d Conv	920	2,760	4,600	10,350	16,100	23,000
1967 Toronado, V-8, 119" wb						
2d HT	700	2,100	3,500	7,880	12,250	17,500
2d Cus HT	720	2,160	3,600	8,100	12,600	18,000
NOTE: Add 10 percent for "425" Delmont Series. Add 30 percent for W-30.						
1968 F-85, V-8, 116" wb, 2d 112" wb						
4d Sed	448	1,344	2,240	5,040	7,840	11,200
2d Cpe	460	1,380	2,300	5,180	8,050	11,500
1968 Cutlass, V-8, 116" wb, 2d 112" wb						
4d Sed	452	1,356	2,260	5,090	7,910	11,300
4d HT	456	1,368	2,280	5,130	7,980	11,400
2d Cpe S	468	1,404	2,340	5,270	8,190	11,700
2d HT S	600	1,800	3,000	6,750	10,500	15,000
2d Conv S	920	2,760	4,600	10,350	16,100	23,000
4d Sta Wag	460	1,380	2,300	5,180	8,050	11,500
1968 Cutlass Supreme, V-8, 116" wb, 2d 112" wb						
4d Sed	460	1,380	2,300	5,180	8,050	11,500
4d HT	476	1,428	2,380	5,360	8,330	11,900
2d HT	660	1,980	3,300	7,430	11,550	16,500
NOTE: Deduct 5 percent for 6-cyl.						
1968 4-4-2, V-8, 112" wb						
2d Cpe	1,120	3,360	5,600	12,600	19,600	28,000
2d HT	1,280	3,840	6,400	14,400	22,400	32,000
2d Conv	1,600	4,800	8,000	18,000	28,000	40,000
1968 Hurst/Olds						
2d HT	1,960	5,880	9,800	22,050	34,300	49,000
2d Sed	1,840	5,520	9,200	20,700	32,200	46,000
1968 Vista Cruiser, V-8, 121" wb						
4d 2S Sta Wag	468	1,404	2,340	5,270	8,190	11,700
4d 3S Sta Wag	480	1,440	2,400	5,400	8,400	12,000
1968 Delmont 88, V-8, 123" wb						
4d Sed	460	1,380	2,300	5,180	8,050	11,500
4d HT	468	1,404	2,340	5,270	8,190	11,700
2d HT	620	1,860	3,100	6,980	10,850	15,500
2d Conv	840	2,520	4,200	9,450	14,700	21,000
1968 Delta 88, V-8, 123" wb						
4d Sed	468	1,404	2,340	5,270	8,190	11,700
2d HT	640	1,920	3,200	7,200	11,200	16,000
4d HT	480	1,440	2,400	5,400	8,400	12,000
1968 Delta 88, Custom V-8, 123" wb						
4d HT	500	1,500	2,500	5,630	8,750	12,500
2d HT	670	2,020	3,360	7,560	11,760	16,800

	6	5	4	3	2	1
1968 Ninety-Eight, V-8, 126" wb						
4d Sed	488	1,464	2,440	5,490	8,540	12,200
4d Lux Sed	496	1,488	2,480	5,580	8,680	12,400
4d HT	600	1,800	3,000	6,750	10,500	15,000
2d HT	680	2,040	3,400	7,650	11,900	17,000
2d Conv	880	2,640	4,400	9,900	15,400	22,000
1968 Toronado, V-8, 119" wb						
2d Cus Cpe	660	1,980	3,300	7,430	11,550	16,500
NOTE: Add 30 percent for W-30. Add 20 percent for 455 when not standard. Add 20 percent for W-34 option on Toronado.						
1969 F-85, V-8, 116" wb, 2d 112" wb						
2d Cpe	440	1,320	2,200	4,950	7,700	11,000
1969 Cutlass, V-8, 116" wb, 2d 112" wb						
4d Sed	384	1,152	1,920	4,320	6,720	9,600
4d HT	388	1,164	1,940	4,370	6,790	9,700
4d Sta Wag	388	1,164	1,940	4,370	6,790	9,700
1969 Cutlass S						
2d Cpe	460	1,380	2,300	5,180	8,050	11,500
2d HT	640	1,920	3,200	7,200	11,200	16,000
2d Conv	880	2,640	4,400	9,900	15,400	22,000
1969 Cutlass Supreme, V-8, 116" wb, 2d 112" wb						
4d Sed	444	1,332	2,220	5,000	7,770	11,100
4d HT	460	1,380	2,300	5,180	8,050	11,500
2d HT	800	2,400	4,000	9,000	14,000	20,000
1969 4-4-2, V-8, 112" wb						
2d Cpe	1,120	3,360	5,600	12,600	19,600	28,000
2d HT	1,280	3,840	6,400	14,400	22,400	32,000
2d Conv	1,600	4,800	8,000	18,000	28,000	40,000
1969 Hurst/Olds						
2d HT	1,960	5,880	9,800	22,050	34,300	49,000
1969 Vista Cruiser						
4d 2S Sta Wag	448	1,344	2,240	5,040	7,840	11,200
4d 3S Sta Wag	452	1,356	2,260	5,090	7,910	11,300
1969 Delta 88, V-8, 124" wb						
4d Sed	480	1,440	2,400	5,400	8,400	12,000
2d Conv	720	2,160	3,600	8,100	12,600	18,000
4d HT	500	1,500	2,500	5,630	8,750	12,500
2d HT	640	1,920	3,200	7,200	11,200	16,000
1969 Delta 88 Custom, V-8, 124" wb						
4d Sed	472	1,416	2,360	5,310	8,260	11,800
4d HT	600	1,800	3,000	6,750	10,500	15,000
2d HT	660	1,980	3,300	7,430	11,550	16,500
1969 Delta 88 Royale, V-8, 124" wb						
2d HT	680	2,040	3,400	7,650	11,900	17,000
1969 Ninety-Eight, V-8, 127" wb						
4d Sed	500	1,500	2,500	5,630	8,750	12,500
4d Lux Sed	504	1,512	2,520	5,670	8,820	12,600
4d Lux HT	624	1,872	3,120	7,020	10,920	15,600
4d HT	620	1,860	3,100	6,980	10,850	15,500
2d HT	720	2,160	3,600	8,100	12,600	18,000
2d Conv	800	2,400	4,000	9,000	14,000	20,000
2d Cus Cpe	628	1,884	3,140	7,070	10,990	15,700
1969 Toronado, V-8, 119" wb						
2d HT	660	1,980	3,300	7,430	11,550	16,500
NOTE: Add 30 percent for W-30. Add 25 percent for W-31. Add 20 percent for W-34 option on Toronado. Add 20 percent						
for 455 when not standard.						
1970 F-85, V-8, 116" wb, 2d 112" wb						
2d Cpe	460	1,380	2,300	5,180	8,050	11,500
1970 Cutlass, V-8, 116" wb, 2d 112" wb						
4d Sed	440	1,320	2,200	4,950	7,700	11,000
4d HT	460	1,380	2,300	5,180	8,050	11,500
4d Sta Wag	448	1,344	2,240	5,040	7,840	11,200
NOTE: Deduct 5 percent for 6-cyl.						
1970 Cutlass S, V-8, 112" wb						
2d Cpe	600	1,800	3,000	6,750	10,500	15,000
2d HT	760	2,280	3,800	8,550	13,300	19,000
NOTE: Add 30 percent for W45-W30-W31.						
1970 Cutlass Supreme, V-8, 112" wb						
4d HT	460	1,380	2,300	5,180	8,050	11,500
2d HT	840	2,520	4,200	9,450	14,700	21,000
2d Conv	1,000	3,000	5,000	11,250	17,500	25,000
1970 4-4-2, V-8, 112" wb						
2d Cpe	1,200	3,600	6,000	13,500	21,000	30,000
2d HT	1,280	3,840	6,400	14,400	22,400	32,000
2d Conv	1,600	4,800	8,000	18,000	28,000	40,000
1970 Rallye 350, 112" wb						
2d HT	1,120	3,360	5,600	12,600	19,600	28,000
1970 Vista Cruiser, V-8, 121" wb						
4d 2S Sta Wag	448	1,344	2,240	5,040	7,840	11,200
4d 3S Sta Wag	452	1,356	2,260	5,090	7,910	11,300

	6	5	4	3	2	1
1970 Delta 88, V-8, 124" wb						
4d Sed	452	1,356	2,260	5,090	7,910	11,300
4d HT	460	1,380	2,300	5,180	8,050	11,500
2d HT	620	1,860	3,100	6,980	10,850	15,500
2d Conv	760	2,280	3,800	8,550	13,300	19,000
1970 Delta 88 Custom, V-8, 124" wb						
4d Sed	460	1,380	2,300	5,180	8,050	11,500
4d HT	464	1,392	2,320	5,220	8,120	11,600
2d HT	640	1,920	3,200	7,200	11,200	16,000
1970 Delta 88 Royale, V-8, 124" wb						
2d HT	660	1,980	3,300	7,430	11,550	16,500
1970 Ninety-Eight, V-8, 127" wb						
4d Sed	464	1,392	2,320	5,220	8,120	11,600
4d Lux Sed	472	1,416	2,360	5,310	8,260	11,800
4d Lux HT	484	1,452	2,420	5,450	8,470	12,100
4d HT	480	1,440	2,400	5,400	8,400	12,000
2d HT	680	2,040	3,400	7,650	11,900	17,000
2d Conv	800	2,400	4,000	9,000	14,000	20,000
1970 Toronado, V-8, 119" wb						
2d Std Cpe	620	1,860	3,100	6,980	10,850	15,500
2d Cus Cpe	640	1,920	3,200	7,200	11,200	16,000

NOTE: Add 20 percent for SX Cutlass Supreme option. Add 35 percent for Y-74 Indy Pace Car option. Add 30 percent for W-30. Add 25 percent for W-31. Add 20 percent for 455 when not standard. Add 15 percent for Toronado GT W-34 option.

	6	5	4	3	2	1
1971 F-85, V-8, 116" wb						
4d Sed	296	888	1,480	3,330	5,180	7,400
1971 Cutlass, V-8, 116" wb, 2d 112" wb						
4d Sed	300	900	1,500	3,380	5,250	7,500
2d HT	660	1,980	3,300	7,430	11,550	16,500
4d Sta Wag	304	912	1,520	3,420	5,320	7,600
1971 Cutlass S, V-8, 112" wb						
2d Cpe	480	1,440	2,400	5,400	8,400	12,000
2d HT	600	1,800	3,000	6,750	10,500	15,000

NOTE: Deduct 5 percent for 6-cyl.

	6	5	4	3	2	1
1971 Cutlass Supreme, V-8, 116" wb, 2d 112" wb						
4d Sed	384	1,152	1,920	4,320	6,720	9,600
2d HT	760	2,280	3,800	8,550	13,300	19,000
2d Conv	960	2,880	4,800	10,800	16,800	24,000

NOTE: Add 15 percent for SX Cutlass Supreme option.

	6	5	4	3	2	1
1971 4-4-2, V-8, 112" wb						
2d HT	1,200	3,600	6,000	13,500	21,000	30,000
2d Conv	1,520	4,560	7,600	17,100	26,600	38,000
1971 Vista Cruiser, 121" wb						
4d 2S Sta Wag	340	1,020	1,700	3,830	5,950	8,500
4d 3S Sta Wag	344	1,032	1,720	3,870	6,020	8,600
1971 Delta 88, V-8, 124" wb						
4d Sed	300	900	1,500	3,380	5,250	7,500
4d HT	360	1,080	1,800	4,050	6,300	9,000
2d HT	480	1,440	2,400	5,400	8,400	12,000
1971 Delta 88 Custom, V-8, 124" wb						
4d Sed	304	912	1,520	3,420	5,320	7,600
4d HT	328	984	1,640	3,690	5,740	8,200
2d HT	500	1,500	2,500	5,630	8,750	12,500
1971 Delta 88 Royale, V-8, 124" wb						
2d HT	600	1,800	3,000	6,750	10,500	15,000
2d Conv	720	2,160	3,600	8,100	12,600	18,000
1971 Ninety-Eight, V-8, 127" wb						
2d HT	660	1,980	3,300	7,430	11,550	16,500
4d HT	380	1,140	1,900	4,280	6,650	9,500
4d Lux HT	388	1,164	1,940	4,370	6,790	9,700
2d Lux HT	640	1,920	3,200	7,200	11,200	16,000
1971 Custom Cruiser, V-8, 127" wb						
4d 2S Sta Wag	420	1,260	2,100	4,730	7,350	10,500
4d 3S Sta Wag	428	1,284	2,140	4,820	7,490	10,700
1971 Toronado, 122" wb						
2d HT	640	1,920	3,200	7,200	11,200	16,000

NOTE: Add 30 percent for W-30. Add 20 percent for 455 when not standard.

	6	5	4	3	2	1
1972 F-85, V-8, 116" wb						
4d Sed	296	888	1,480	3,330	5,180	7,400
1972 Cutlass, V-8, 116" wb, 2d 112" wb						
4d Sed	300	900	1,500	3,380	5,250	7,500
2d HT	680	2,040	3,400	7,650	11,900	17,000
4d Sta Wag	304	912	1,520	3,420	5,320	7,600
1972 Cutlass S, V-8, 112" wb						
2d Cpe	480	1,440	2,400	5,400	8,400	12,000
2d HT	680	2,040	3,400	7,650	11,900	17,000

NOTE: Deduct 5 percent for 6-cyl. Add 100 percent for 4-4-2 option.

	6	5	4	3	2	1
1972 Cutlass Supreme, V-8, 116" wb, 2d 112" wb						
4d HT	460	1,380	2,300	5,180	8,050	11,500

	6	5	4	3	2	1
2d HT	800	2,400	4,000	9,000	14,000	20,000
2d Conv	960	2,880	4,800	10,800	16,800	24,000

NOTE: Add 100 percent for Hurst option.

1972 Vista Cruiser, 121" wb

	6	5	4	3	2	1
4d 2S Sta Wag	340	1,020	1,700	3,830	5,950	8,500
4d 3S Sta Wag	344	1,032	1,720	3,870	6,020	8,600

1972 Delta 88, V-8, 124" wb

	6	5	4	3	2	1
4d Sed	292	876	1,460	3,290	5,110	7,300
4d HT	360	1,080	1,800	4,050	6,300	9,000
2d HT	640	1,920	3,200	7,200	11,200	16,000

1972 Delta 88 Royale, 124" wb

	6	5	4	3	2	1
4d Sed	296	888	1,480	3,330	5,180	7,400
4d HT	368	1,104	1,840	4,140	6,440	9,200
2d HT	660	1,980	3,300	7,430	11,550	16,500
2d Conv	720	2,160	3,600	8,100	12,600	18,000

1972 Custom Cruiser, 127" wb

	6	5	4	3	2	1
4d 2S Sta Wag	400	1,200	2,000	4,500	7,000	10,000
4d 3S Sta Wag	408	1,224	2,040	4,590	7,140	10,200

1972 Ninety-Eight, 127" wb

	6	5	4	3	2	1
4d HT	368	1,104	1,840	4,140	6,440	9,200
2d HT	640	1,920	3,200	7,200	11,200	16,000

1972 Ninety-Eight Luxury, 127" wb

	6	5	4	3	2	1
4d HT	380	1,140	1,900	4,280	6,650	9,500
2d HT	660	1,980	3,300	7,430	11,550	16,500

1972 Toronado, 122" wb

	6	5	4	3	2	1
2d HT	640	1,920	3,200	7,200	11,200	16,000

NOTE: Add 30 percent for W-30. Add 20 percent for 455 when not standard. Add 35 percent for Indy Pace Car option.

1973 Omega, V-8, 111" wb

	6	5	4	3	2	1
4d Sed	256	768	1,280	2,880	4,480	6,400
2d Cpe	264	792	1,320	2,970	4,620	6,600
2d HBk	276	828	1,380	3,110	4,830	6,900

1973 Cutlass, 112" - 116" wb

	6	5	4	3	2	1
2d Col HT	344	1,032	1,720	3,870	6,020	8,600
4d Col HT	288	864	1,440	3,240	5,040	7,200

1973 Cutlass S, 112" wb

	6	5	4	3	2	1
2d Cpe	356	1,068	1,780	4,010	6,230	8,900

NOTE: Add 100 percent for 4-4-2 option. Add 100 percent for Hurst option.

1973 Cutlass Supreme, 112" - 116" wb

	6	5	4	3	2	1
2d Col HT	360	1,080	1,800	4,050	6,300	9,000
4d Col HT	292	876	1,460	3,290	5,110	7,300

1973 Vista Cruiser, 116" wb

	6	5	4	3	2	1
4d 2S Sta Wag	340	1,020	1,700	3,830	5,950	8,500
4d 3S Sta Wag	344	1,032	1,720	3,870	6,020	8,600

1973 Delta 88, 124" wb

	6	5	4	3	2	1
4d Sed	272	816	1,360	3,060	4,760	6,800
4d HT	340	1,020	1,700	3,830	5,950	8,500
2d HT	460	1,380	2,300	5,180	8,050	11,500

1973 Delta 88 Royale, 124" wb

	6	5	4	3	2	1
4d Sed	276	828	1,380	3,110	4,830	6,900
4d HT	348	1,044	1,740	3,920	6,090	8,700
2d HT	480	1,440	2,400	5,400	8,400	12,000
2d Conv	640	1,920	3,200	7,200	11,200	16,000

1973 Custom Cruiser, 127" wb

	6	5	4	3	2	1
3S Sta Wag	388	1,164	1,940	4,370	6,790	9,700
2S Sta Wag	380	1,140	1,900	4,280	6,650	9,500
3S Roy Wag	396	1,188	1,980	4,460	6,930	9,900
2S Roy Wag	388	1,164	1,940	4,370	6,790	9,700

1973 Ninety-Eight, 127" wb

	6	5	4	3	2	1
4d HT	340	1,020	1,700	3,830	5,950	8,500
2d HT	460	1,380	2,300	5,180	8,050	11,500
4d Lux HT	356	1,068	1,780	4,010	6,230	8,900
2d Lux HT	480	1,440	2,400	5,400	8,400	12,000
4d HT Reg	360	1,080	1,800	4,050	6,300	9,000

1973 Toronado, 122" wb

	6	5	4	3	2	1
2d HT Cpe	480	1,440	2,400	5,400	8,400	12,000

1974 Omega, 111" wb

	6	5	4	3	2	1
2d Cpe	248	744	1,240	2,790	4,340	6,200
2d HBk	260	780	1,300	2,930	4,550	6,500
4d Sed	240	720	1,200	2,700	4,200	6,000

1974 Cutlass, 112" - 116" wb

	6	5	4	3	2	1
2d Cpe	284	852	1,420	3,200	4,970	7,100
4d Sed	260	780	1,300	2,930	4,550	6,500

1974 Cutlass S, 112" wb

	6	5	4	3	2	1
2d Cpe	284	852	1,420	3,200	4,970	7,100

1974 Cutlass Supreme, 112" - 116" wb

	6	5	4	3	2	1
4d Sed	268	804	1,340	3,020	4,690	6,700
2d Cpe	292	876	1,460	3,290	5,110	7,300

NOTE: Add 100 percent for 4-4-2 option. Add 100 percent for Hurst/Olds.

OLDSMOBILE

OLDSMOBILE

	6	5	4	3	2	1
1974 Vista Cruiser, 116" wb						
4d 6P Sta Wag	252	756	1,260	2,840	4,410	6,300
4d 8P Sta Wag	256	768	1,280	2,880	4,480	6,400
1974 Delta 88, 124" wb						
2d HT	340	1,020	1,700	3,830	5,950	8,500
4d HT	276	828	1,380	3,110	4,830	6,900
4d Sed	260	780	1,300	2,930	4,550	6,500
1974 Custom Cruiser, 127" wb						
4d 6P Sta Wag	360	1,080	1,800	4,050	6,300	9,000
4d 8P Sta Wag	368	1,104	1,840	4,140	6,440	9,200
1974 Delta 88 Royale, 124" wb						
2d HT	480	1,440	2,400	5,400	8,400	12,000
4d HT	348	1,044	1,740	3,920	6,090	8,700
4d Sed	276	828	1,380	3,110	4,830	6,900
2d Conv	640	1,920	3,200	7,200	11,200	16,000
NOTE: Add 20 percent for Indy PaceCar.						
1974 Ninety-Eight, 127" wb						
4d HT	340	1,020	1,700	3,830	5,950	8,500
2d Lux HT	480	1,440	2,400	5,400	8,400	12,000
4d Lux HT	356	1,068	1,780	4,010	6,230	8,900
2d HT Reg	460	1,380	2,300	5,180	8,050	11,500
4d Sed Reg	332	996	1,660	3,740	5,810	8,300
1974 Toronado, 122" wb						
2d Cpe	480	1,440	2,400	5,400	8,400	12,000
1975 Starfire, 97" wb						
2d Cpe "S"	204	612	1,020	2,300	3,570	5,100
2d Cpe	208	624	1,040	2,340	3,640	5,200
1975 Omega, 111" wb						
2d Cpe	204	612	1,020	2,300	3,570	5,100
2d HBk	220	660	1,100	2,480	3,850	5,500
4d Sed	208	624	1,040	2,340	3,640	5,200
1975 Omega Salon, 111" wb						
2d Cpe	216	648	1,080	2,430	3,780	5,400
2d HBk	224	672	1,120	2,520	3,920	5,600
4d Sed	220	660	1,100	2,480	3,850	5,500
1975 Cutlass, 112" - 116" wb						
2d Cpe	248	744	1,240	2,790	4,340	6,200
4d Sed	228	684	1,140	2,570	3,990	5,700
2d Cpe "S"	252	756	1,260	2,840	4,410	6,300
1975 Cutlass Supreme, 112" - 116" wb						
2d Cpe	256	768	1,280	2,880	4,480	6,400
4d Sed	240	720	1,200	2,700	4,200	6,000
1975 Cutlass Salon, 112" - 116" wb						
2d Cpe	260	780	1,300	2,930	4,550	6,500
4d Sed	240	720	1,200	2,700	4,200	6,000
NOTE: Add 25 percent for 4-4-2 option. Add 75 percent for Hurst/Olds.						
1975 Vista Cruiser, 116" wb						
4d Sta Wag	236	708	1,180	2,660	4,130	5,900
1975 Delta 88, 124" wb						
2d Cpe	240	720	1,200	2,700	4,200	6,000
4d Twn Sed	224	672	1,120	2,520	3,920	5,600
4d HT	260	780	1,300	2,930	4,550	6,500
1975 Delta 88 Royale, 124" wb						
2d Cpe	244	732	1,220	2,750	4,270	6,100
4d Twn Sed	228	684	1,140	2,570	3,990	5,700
4d HT	268	804	1,340	3,020	4,690	6,700
2d Conv	600	1,800	3,000	6,750	10,500	15,000
1975 Ninety-Eight, 127" wb						
2d Lux Cpe	292	876	1,460	3,290	5,110	7,300
4d Lux HT	280	840	1,400	3,150	4,900	7,000
2d Reg Cpe	296	888	1,480	3,330	5,180	7,400
4d Reg HT	288	864	1,440	3,240	5,040	7,200
1975 Toronado, 122" wb						
2d Cus Cpe	420	1,260	2,100	4,730	7,350	10,500
2d Brgm Cpe	440	1,320	2,200	4,950	7,700	11,000
1975 Custom Cruiser, 127" wb						
4d Sta Wag	324	972	1,620	3,650	5,670	8,100
1976 Starfire, V-6						
2d Spt Cpe	192	576	960	2,160	3,360	4,800
2d Spt Cpe SX	196	588	980	2,210	3,430	4,900
NOTE: Add 5 percent for V-8.						
1976 Omega F-85, V-8						
2d Cpe	184	552	920	2,070	3,220	4,600
1976 Omega, V-8						
4d Sed	188	564	940	2,120	3,290	4,700
2d Cpe	192	576	960	2,160	3,360	4,800
2d HBk	196	588	980	2,210	3,430	4,900
1976 Omega Brougham, V-8						
4d Sod	192	576	960	2,160	3,360	4,800

	6	5	4	3	2	1
2d Cpe	196	588	980	2,210	3,430	4,900
2d HBk	200	600	1,000	2,250	3,500	5,000
1976 Cutlass S, V-8						
4d Sed	204	612	1,020	2,300	3,570	5,100
2d Cpe	228	684	1,140	2,570	3,990	5,700
NOTE: Add 25 percent for 4-4-2 option.						
1976 Cutlass Supreme, V-8						
4d Sed	208	624	1,040	2,340	3,640	5,200
2d Cpe	232	696	1,160	2,610	4,060	5,800
1976 Cutlass Salon, V-8						
4d Sed	216	648	1,080	2,430	3,780	5,400
2d Cpe	236	708	1,180	2,660	4,130	5,900
1976 Cutlass Supreme Brougham, V-8						
2d Cpe	240	720	1,200	2,700	4,200	6,000
1976 Station Wagons, V-8						
4d 2S Cruiser	220	660	1,100	2,480	3,850	5,500
4d 3S Cruiser	224	672	1,120	2,520	3,920	5,600
4d 2S Vista Cruiser	224	672	1,120	2,520	3,920	5,600
4d 3S Vista Cruiser	228	684	1,140	2,570	3,990	5,700
4d 2S Cus Cruiser	280	840	1,400	3,150	4,900	7,000
4d 3S Cus Cruiser	284	852	1,420	3,200	4,970	7,100
1976 Delta 88, V-8						
4d Sed	216	648	1,080	2,430	3,780	5,400
4d HT	232	696	1,160	2,610	4,060	5,800
2d Sed	220	660	1,100	2,480	3,850	5,500
1976 Delta 88 Royale, V-8						
4d Sed	224	672	1,120	2,520	3,920	5,600
4d HT	240	720	1,200	2,700	4,200	6,000
2d Sed	228	684	1,140	2,570	3,990	5,700
1976 Ninety-Eight, V-8						
4d Lux HT	268	804	1,340	3,020	4,690	6,700
2d Lux Cpe	284	852	1,420	3,200	4,970	7,100
4d Reg HT	280	840	1,400	3,150	4,900	7,000
2d Reg Cpe	288	864	1,440	3,240	5,040	7,200
1976 Toronado, V-8						
2d Bus Cpe	340	1,020	1,700	3,830	5,950	8,500
2d Brgm Cpe	400	1,200	2,000	4,500	7,000	10,000
NOTE: Deduct 5 percent for V-6.						
1977 Starfire, V-6						
2d Spt Cpe	156	468	780	1,760	2,730	3,900
2d Spt Cpe SX	164	492	820	1,850	2,870	4,100
NOTE: Add 5 percent for V-8.						
1977 Omega F85, V-8						
2d Cpe	148	444	740	1,670	2,590	3,700
1977 Omega, V-8						
4d Sed	176	528	880	1,980	3,080	4,400
2d Cpe	180	540	900	2,030	3,150	4,500
2d HBk	184	552	920	2,070	3,220	4,600
1977 Omega Brougham, V-8						
4d Sed	180	540	900	2,030	3,150	4,500
2d Cpe	184	552	920	2,070	3,220	4,600
2d HBk	188	564	940	2,120	3,290	4,700
NOTE: Deduct 5 percent for V-6.						
1977 Cutlass S, V-8						
4d Sed	168	504	840	1,890	2,940	4,200
2d Cpe	170	520	860	1,940	3,010	4,300
NOTE: Add 25 percent for 4-4-2 option.						
1977 Cutlass Supreme, V-8						
4d Sed	176	528	880	1,980	3,080	4,400
2d Cpe	180	540	900	2,030	3,150	4,500
1977 Cutlass Salon, V-8						
2d	180	540	900	2,030	3,150	4,500
1977 Cutlass Supreme Brougham, V-8						
4d Sed	184	552	920	2,070	3,220	4,600
2d Cpe	190	580	960	2,160	3,360	4,800
1977 Station Wagons, V-8						
4d 3S Cruiser	180	540	900	2,030	3,150	4,500
1977 Delta 88, V-8						
4d Sed	190	580	960	2,160	3,360	4,800
2d Cpe	300	910	1,520	3,420	5,320	7,600
1977 Delta 88 Royale, V-8						
4d Sed	200	600	1,000	2,250	3,500	5,000
2d Cpe	310	940	1,560	3,510	5,460	7,800
NOTE: Add 20 percent for Indy pace car edition.						
1977 Station Wagons, V-8						
4d 2S Cus Cruiser	200	610	1,020	2,300	3,570	5,100
4d 3S Cus Cruiser	210	620	1,040	2,340	3,640	5,200
1977 Ninety-Eight, V-8						
4d Lux Sed	200	610	1,020	2,300	3,570	5,100

	6	5	4	3	2	1
2d Lux Cpe 320	960	1,600	3,600	5,600	8,000
4d Regency Sed 210	620	1,040	2,340	3,640	5,200
2d Regency Cpe 320	970	1,620	3,650	5,670	8,100
1977 Toronado Brougham, V-8						
2d Cpe XS 380	1,140	1,900	4,280	6,650	9,500
2d Cpe 330	980	1,640	3,690	5,740	8,200
NOTE: Deduct 5 percent for V-6.						
1978 Starfire						
2d Cpe 120	360	600	1,350	2,100	3,000
2d Cpe SX 128	384	640	1,440	2,240	3,200
1978 Omega						
4d Sed 140	420	700	1,580	2,450	3,500
2d Cpe 144	432	720	1,620	2,520	3,600
2d HBk 148	444	740	1,670	2,590	3,700
1978 Omega Brougham						
4d Sed 144	432	720	1,620	2,520	3,600
2d Cpe 148	444	740	1,670	2,590	3,700
1978 Cutlass Salon						
4d Sed 132	396	660	1,490	2,310	3,300
2d Cpe 180	530	880	1,980	3,080	4,400
1978 Cutlass Salon Brougham						
4d Sed 136	408	680	1,530	2,380	3,400
2d Cpe 180	540	900	2,030	3,150	4,500
1978 Cutlass Supreme						
2d Cpe 260	790	1,320	2,970	4,620	6,600
1978 Cutlass Calais						
2d Cpe 270	800	1,340	3,020	4,690	6,700
1978 Cutlass Supreme Brougham						
2d Cpe 270	820	1,360	3,060	4,760	6,800
NOTE: Add 25 percent for 4-4-2 option.						
1978 Cutlass Cruiser						
4d 2S Sta Wag 160	480	800	1,800	2,800	4,000
1978 Delta 88						
4d Sed 160	470	780	1,760	2,730	3,900
2d Cpe 270	800	1,340	3,020	4,690	6,700
1978 Delta 88 Royale						
4d Sed 160	480	800	1,800	2,800	4,000
2d Cpe 270	820	1,360	3,060	4,760	6,800
1978 Custom Cruiser						
4d Sta Wag 200	600	1,000	2,250	3,500	5,000
1978 Ninety-Eight						
4d Lux Sed 160	490	820	1,850	2,870	4,100
2d Lux Cpe 280	840	1,400	3,150	4,900	7,000
4d Regency Sed 170	500	840	1,890	2,940	4,200
2d Regency Cpe 280	850	1,420	3,200	4,970	7,100
1978 Toronado Brougham, V-8						
2d Cpe XS 380	1,140	1,900	4,280	6,650	9,500
2d Cpe 330	980	1,640	3,690	5,740	8,200
1979 Starfire, 4-cyl.						
2d Spt Cpe 124	372	620	1,400	2,170	3,100
2d Spt Cpe SX 128	384	640	1,440	2,240	3,200
1979 Omega, V-8						
4d Sed 144	432	720	1,620	2,520	3,600
2d Cpe 148	444	740	1,670	2,590	3,700
2d HBk 152	456	760	1,710	2,660	3,800
1979 Omega Brougham, V-8						
4d Sed 148	444	740	1,670	2,590	3,700
2d Cpe 152	456	760	1,710	2,660	3,800
1979 Cutlass Salon, V-8						
4d Sed 140	430	720	1,620	2,520	3,600
2d Cpe 180	540	900	2,030	3,150	4,500
NOTE: Add 25 percent for 4-4-2 option.						
1979 Cutlass Salon Brougham, V-8						
4d Sed 150	440	740	1,670	2,590	3,700
2d Cpe 180	550	920	2,070	3,220	4,600
1979 Cutlass Supreme, V-8						
2d Cpe 270	800	1,340	3,020	4,690	6,700
1979 Cutlass Calais, V-8						
2d Cpe 270	820	1,360	3,060	4,760	6,800
1979 Cutlass Supreme Brougham, V-8						
2d Cpe 280	830	1,380	3,110	4,830	6,900
1979 Cutlass Cruiser, V-8						
4d Sta Wag 160	480	800	1,800	2,800	4,000
1979 Cutlass Cruiser Brougham, V-8						
4d Sta Wag 170	500	840	1,890	2,940	4,200
1979 Delta 88, V-8						
4d Sed 160	470	780	1,760	2,730	3,900
2d Cpe 280	830	1,380	3,110	4,830	6,900

OLDSMOBILE

	6	5	4	3	2	1
1979 Delta 88 Royale, V-8						
4d Sed	160	480	800	1,800	2,800	4,000
2d Cpe	280	840	1,400	3,150	4,900	7,000
1979 Custom Cruiser, V-8						
4d 2S Sta Wag	200	590	980	2,210	3,430	4,900
4d 3S Sta Wag	200	600	1,000	2,250	3,500	5,000
1979 Ninety-Eight						
4d Lux Sed	170	520	860	1,940	3,010	4,300
2d Lux Cpe	290	860	1,440	3,240	5,040	7,200
4d Regency Sed	180	540	900	2,030	3,150	4,500
2d Regency Cpe	300	890	1,480	3,330	5,180	7,400
1979 Toronado						
2d Cpe	200	600	1,000	3,380	3,500	7,500

NOTE: Deduct 5 percent for V-6. Add 75 percent for Hurst/Olds. Deduct 10 percent for diesel.

	6	5	4	3	2	1
1980 Starfire, 4-cyl.						
2d Cpe	152	456	760	1,710	2,660	3,800
2d Cpe SX	156	468	780	1,760	2,730	3,900
1980 Omega, V-6						
4d Sed	152	456	760	1,710	2,660	3,800
2d Cpe	156	468	780	1,760	2,730	3,900

NOTE: Deduct 10 percent for 4-cyl.

	6	5	4	3	2	1
1980 Omega Brougham, V-6						
4d Sed	156	468	780	1,760	2,730	3,900
2d Cpe	160	480	800	1,800	2,800	4,000

NOTE: Deduct 10 percent for 4-cyl.

	6	5	4	3	2	1
1980 Cutlass, V-8						
4d Sed	150	440	740	1,670	2,590	3,700

NOTE: Deduct 12 percent for V-6.

	6	5	4	3	2	1
1980 Cutlass Salon, V-8						
2d Cpe	200	590	980	2,210	3,430	4,900

NOTE: Deduct 12 percent for V-6.

	6	5	4	3	2	1
1980 Cutlass Salon Brougham, V-8						
2d Cpe	200	600	1,000	2,250	3,500	5,000

NOTE: Deduct 12 percent for V-6.

	6	5	4	3	2	1
1980 Cutlass Supreme, V-8						
2d Cpe	280	850	1,420	3,200	4,970	7,100

NOTE: Deduct 12 percent for V-6.

	6	5	4	3	2	1
1980 Cutlass LS, V-8						
4d Sed	150	460	760	1,710	2,660	3,800

NOTE: Deduct 12 percent for V-6.

	6	5	4	3	2	1
1980 Cutlass Calais, V-8						
2d Cpe	290	860	1,440	3,240	5,040	7,200

NOTE: Deduct 12 percent for V-6. Add 25 percent for 4-4-2 option.

	6	5	4	3	2	1
1980 Cutlass Brougham, V-8						
4d Sed	160	470	780	1,760	2,730	3,900
2d Cpe Supreme	290	860	1,440	3,240	5,040	7,200

NOTE: Deduct 12 percent for V-6.

	6	5	4	3	2	1
1980 Cutlass Cruiser, V-8						
4d Sta Wag	160	480	800	1,800	2,800	4,000
4d Sta Wag Brgm	160	490	820	1,850	2,870	4,100

NOTE: Deduct 12 percent for V-6.

	6	5	4	3	2	1
1980 Delta 88, V-8						
4d Sed	190	580	960	2,160	3,360	4,800
2d Cpe	250	740	1,240	2,790	4,340	6,200

NOTE: Deduct 12 percent for V-6.

	6	5	4	3	2	1
1980 Delta 88 Royale, V-8						
4d Sed	200	590	980	2,210	3,430	4,900
2d Cpe	250	760	1,260	2,840	4,410	6,300

NOTE: Deduct 12 percent for V-6.

	6	5	4	3	2	1
1980 Delta 88 Royale Brougham, V-8						
4d Sed	200	610	1,020	2,300	3,570	5,100
2d Cpe	260	780	1,300	2,930	4,550	6,500

NOTE: Deduct 12 percent for V-6.

	6	5	4	3	2	1
1980 Custom Cruiser, V-8						
4d 2S Sta Wag	200	600	1,000	2,250	3,500	5,000
4d 3S Sta Wag	200	610	1,020	2,300	3,570	5,100
1980 Ninety-Eight, V-8						
4d Lux Sed	210	640	1,060	2,390	3,710	5,300
4d Regency Sed	220	670	1,120	2,520	3,920	5,600
2d Regency Cpe	280	850	1,420	3,200	4,970	7,100
1980 Toronado Brougham, V-8						
2d Cpe	300	900	1,500	3,380	5,250	7,500

NOTE: Add 10 percent for XSC Package.

	6	5	4	3	2	1
1981 Omega, V-6						
4d Sed	156	468	780	1,760	2,730	3,900
2d Cpe	160	480	800	1,800	2,800	4,000

NOTE: Deduct 10 percent for 4-cyl.

	6	5	4	3	2	1
1981 Omega Brougham, V-6						
4d Sed	160	480	800	1,800	2,800	4,000

	6	5	4	3	2	1
2d Cpe.................................. 164		492	820	1,850	2,870	4,100

NOTE: Deduct 10 percent for 4-cyl.

1981 Cutlass, V-8

4d Sed................................... 150		460	760	1,710	2,660	3,800

NOTE: Deduct 12 percent for V-6.

1981 Cutlass Supreme, V-8

2d Cpe.................................. 290		860	1,440	3,240	5,040	7,200

NOTE: Deduct 12 percent for V-6.

1981 Cutlass LS, V-8

4d Sed................................... 160		470	780	1,760	2,730	3,900

NOTE: Deduct 12 percent for V-6.

1981 Cutlass Calais, V-8

2d Cpe.................................. 300		890	1,480	3,330	5,180	7,400

NOTE: Deduct 12 percent for V-6.

1981 Cutlass Supreme Brougham, V-8

2d Cpe.................................. 290		880	1,460	3,290	5,110	7,300

NOTE: Deduct 12 percent for V-6.

1981 Cutlass Brougham, V-8

4d Sed................................... 160		480	800	1,800	2,800	4,000

NOTE: Deduct 12 percent for V-6.

1981 Cutlass Cruiser, V-8

4d Sta Wag.............................. 160		480	800	1,800	2,800	4,000
4d Brgm Sta Wag......................... 160		490	820	1,850	2,870	4,100

NOTE: Deduct 12 percent for V-6.

1981 Delta 88, V-8

4d Sed................................... 200		590	980	2,210	3,430	4,900
2d Cpe.................................. 250		760	1,260	2,840	4,410	6,300

NOTE: Deduct 12 percent for V-6.

1981 Delta 88 Royale, V-8

4d Sed................................... 200		600	1,000	2,250	3,500	5,000
2d Cpe.................................. 260		770	1,280	2,880	4,480	6,400

NOTE: Deduct 12 percent for V-6.

1981 Delta 88 Royale Brougham, V-8

4d Sed................................... 210		620	1,040	2,340	3,640	5,200
2d Cpe.................................. 260		790	1,320	2,970	4,620	6,600

1981 Custom Cruiser, V-8

4d 2S Sta Wag........................... 200		610	1,020	2,300	3,570	5,100
4d 3S Sta Wag........................... 210		620	1,040	2,340	3,640	5,200

1981 Ninety-Eight, V-8

4d Lux Sed.............................. 220		650	1,080	2,430	3,780	5,400
4d Regency Sed.......................... 220		660	1,100	2,480	3,850	5,500
2d Regency Cpe.......................... 280		830	1,380	3,110	4,830	6,900

NOTE: Deduct 12 percent for V-6.

1981 Toronado Brougham, V-8

2d Cpe.................................. 308		924	1,540	3,470	5,390	7,700

NOTE: Deduct 12 percent for V-6. Add 10 percent for XSC Package.

1982 Firenza, 4-cyl.

2d Cpe.................................. 168		504	840	1,890	2,940	4,200
4d Sed................................... 172		516	860	1,940	3,010	4,300
4d Sta Wag.............................. 180		540	900	2,030	3,150	4,500

1982 Cutlass Calais, 4-cyl.

2d Cpe.................................. 176		528	880	1,980	3,080	4,400
4d Sed................................... 180		540	900	2,030	3,150	4,500
2d Cpe SL............................... 192		576	960	2,160	3,360	4,800
2d Cpe Int.............................. 220		660	1,100	2,480	3,850	5,500
4d Sed Int.............................. 224		672	1,120	2,520	3,920	5,600
2d Cpe V-6.............................. 208		624	1,040	2,340	3,640	5,200
4d Sed V-6.............................. 212		636	1,060	2,390	3,710	5,300
2d Cpe SL V-6........................... 216		648	1,080	2,430	3,780	5,400
4d Sed SL V-6........................... 220		660	1,100	2,480	3,850	5,500

1982 Cutlass Ciera, 4-cyl.

2d Cpe.................................. 196		588	980	2,210	3,430	4,900
4d Sed................................... 200		600	1,000	2,250	3,500	5,000
4d Sta Wag.............................. 204		612	1,020	2,300	3,570	5,100
2d Cpe Brgm............................. 200		600	1,000	2,250	3,500	5,000
4d Sed Brgm SL.......................... 208		624	1,040	2,340	3,640	5,200
4d Sta Wag Brgm......................... 208		624	1,040	2,340	3,640	5,200
2d Cpe V-6.............................. 204		612	1,020	2,300	3,570	5,100
4d Sed V-6.............................. 208		624	1,040	2,340	3,640	5,200
4d Sta Wag V-6.......................... 212		636	1,060	2,390	3,710	5,300
2d Cpe SL V-6........................... 216		648	1,080	2,430	3,780	5,400
4d Sed V-6.............................. 220		660	1,100	2,480	3,850	5,500
4d Sta Wag V-6.......................... 224		672	1,120	2,520	3,920	5,600
2d Cpe Int V-6.......................... 232		696	1,160	2,610	4,060	5,800
4d Sed Int V-6.......................... 236		708	1,180	2,660	4,130	5,900

1982 Cutlass Supreme

2d Cpe V-6.............................. 284		852	1,420	3,200	4,970	7,100
2d Cpe SL V-6........................... 300		900	1,500	3,380	5,250	7,500

	6	5	4	3	2	1
2d Cpe Int V-6 308	924	1,540	3,470	5,390	7,700
2d Cpe V-8 304	912	1,520	3,420	5,320	7,600
2d Cpe Brgm V-8 300	900	1,500	3,380	5,250	7,500
1982 Delta 88 Royale						
2d Cpe V-6 220	660	1,100	2,480	3,850	5,500
4d Sed V-6 180	550	920	2,070	3,220	4,600
2d Cpe Brgm V-6 236	708	1,180	2,660	4,130	5,900
4d Sed Brgm V-6 240	720	1,200	2,700	4,200	6,000
1982 Cutlass Cruiser, V-8						
4d Sta Wag. 220	660	1,100	2,480	3,850	5,500
1982 Ninety-Eight, V-6						
4d Sed Regency 220	660	1,100	2,480	3,850	5,500
4d Sed Regency Brgm 260	780	1,300	2,930	4,550	6,500
4d Sed Touring Sed 260	780	1,300	2,930	4,550	6,500
1982 Toronado, V-8						
2d Cpe 380	1,140	1,900	4,280	6,650	9,500
2d Cpe Brgm 420	1,260	2,100	4,730	7,350	10,500
1982 Custom Cruiser, V-8						
4d Sta Wag. 240	720	1,200	2,700	4,200	6,000
1982 Ninety-Eight Regency, V-8						
4d Sed 230	700	1,160	2,610	4,060	5,800
2d Cpe 290	860	1,440	3,240	5,040	7,200
4d Brgm Sed 240	710	1,180	2,660	4,130	5,900
NOTE: Deduct 12 percent for V-6.						
1982 Toronado Brougham, V-8						
2d Cpe 312	936	1,560	3,510	5,460	7,800
NOTE: Deduct 12 percent for V-6.						
1983 Firenza, 4-cyl.						
4d LX Sed. 164	492	820	1,850	2,870	4,100
2d SX Cpe 168	504	840	1,890	2,940	4,200
4d LX Sta Wag. 172	516	860	1,940	3,010	4,300
NOTE: Deduct 5 percent for lesser models.						
1983 Omega, V-6						
4d Sed 164	492	820	1,850	2,870	4,100
2d Cpe 168	504	840	1,890	2,940	4,200
NOTE: Deduct 10 percent for 4-cyl.						
1983 Omega Brougham, V-6						
4d Sed 168	504	840	1,890	2,940	4,200
2d Cpe 172	516	860	1,940	3,010	4,300
NOTE: Deduct 10 percent for 4-cyl.						
1983 Cutlass Supreme, V-8						
4d Sed 190	580	960	2,160	3,360	4,800
2d Cpe 310	920	1,540	3,470	5,390	7,700
NOTE: Deduct 12 percent for V-6.						
1983 Cutlass Supreme Brougham, V-8						
4d Sed 200	590	980	2,210	3,430	4,900
2d Cpe 310	940	1,560	3,510	5,460	7,800
NOTE: Deduct 12 percent for V-6.						
1983 Cutlass Calais, V-8						
2d Cpe Hurst/Olds 680	2,040	3,400	7,650	11,900	17,000
2d Cpe 320	950	1,580	3,560	5,530	7,900
NOTE: Deduct 12 percent for V-6.						
1983 Cutlass Cruiser, V-8						
4d Sta Wag. 192	576	960	2,160	3,360	4,800
NOTE: Deduct 12 percent for V-6.						
1983 Cutlass Ciera, V-6						
4d Sed 184	552	920	2,070	3,220	4,600
2d Cpe 188	564	940	2,120	3,290	4,700
NOTE: Deduct 10 percent for 4-cyl.						
1983 Cutlass Ciera Brougham, V-6						
4d Sed 188	564	940	2,120	3,290	4,700
2d Cpe 192	576	960	2,160	3,360	4,800
NOTE: Deduct 10 percent for 4-cyl.						
1983 Delta 88, V-8						
4d Sed 192	576	960	2,160	3,360	4,800
NOTE: Deduct 12 percent for V-6.						
1983 Delta 88 Royale, V-8						
4d Sed 196	588	980	2,210	3,430	4,900
2d Cpe 240	720	1,200	2,700	4,200	6,000
NOTE: Deduct 12 percent for V-6.						
1983 Delta 88 Royale Brougham, V-8						
4d Sed 204	612	1,020	2,300	3,570	5,100
2d Cpe 250	740	1,240	2,790	4,340	6,200
NOTE: Deduct 12 percent for V-6.						
1983 Custom Cruiser, V-8						
4d Sta Wag. 204	612	1,020	2,300	3,570	5,100
1983 Ninety-Eight Regency, V-8						
4d Sed 250	760	1,260	2,840	4,410	6,300

OLDSMOBILE

	6	5	4	3	2	1
2d Cpe	300	900	1,500	3,380	5,250	7,500
4d Sed Brgm	260	770	1,280	2,880	4,480	6,400

NOTE: Deduct 13 percent for V-6.

1983 Toronado Brougham, V-8

	6	5	4	3	2	1
2d Cus Cpe	316	948	1,580	3,560	5,530	7,900

NOTE: Deduct 13 percent for V-6.

1984 Firenza, 4-cyl.

	6	5	4	3	2	1
4d LX Sed	164	492	820	1,850	2,870	4,100
2d LX Sed	164	492	820	1,850	2,870	4,100
4d LX Sta Wag Cruiser	170	520	860	1,940	3,010	4,300

NOTE: Deduct 5 percent for lesser models.

1984 Omega, V-6

	6	5	4	3	2	1
4d Sed	160	490	820	1,850	2,870	4,100
2d Sed	160	490	820	1,850	2,870	4,100
2d Cpe	170	500	840	1,890	2,940	4,200

NOTE: Deduct 10 percent for 4-cyl.

1984 Omega Brougham, V-6

	6	5	4	3	2	1
4d Sed Brgm	170	500	840	1,890	2,940	4,200
2d Sed Brgm	170	520	860	1,940	3,010	4,300

NOTE: Deduct 8 percent for 4-cyl.

1984 Cutlass, V-8

	6	5	4	3	2	1
4d Sed Supreme Brgm	200	590	980	2,210	3,430	4,900
2d Cpe Supreme Brgm	310	940	1,560	3,510	5,460	7,800
2d Sed Calais	320	950	1,580	3,560	5,530	7,900
2d Sed Calais Hurst/Olds	660	1,980	3,300	7,430	11,550	16,500

NOTE: Deduct 10 percent for V-6.

1984 Cutlass Ciera, V-6

	6	5	4	3	2	1
4d Sed	184	552	920	2,070	3,220	4,600
2d Sed	184	552	920	2,070	3,220	4,600
4d Sta Wag Cruiser	184	552	920	2,070	3,220	4,600
4d Sed Brgm	188	564	940	2,120	3,290	4,700
2d Sed Brgm	188	564	940	2,120	3,290	4,700

NOTE: Deduct 8 percent for 4-cyl.

1984 Cutlass Ciera, V-8

	6	5	4	3	2	1
4d Sed	192	576	960	2,160	3,360	4,800
2d Sed	192	576	960	2,160	3,360	4,800
4d Sta Wag	192	576	960	2,160	3,360	4,800
4d Sed Brgm	196	588	980	2,210	3,430	4,900
2d Sed Brgm	196	588	980	2,210	3,430	4,900

1984 Delta 88 Royale, V-8

	6	5	4	3	2	1
4d Sed	200	600	1,000	2,250	3,500	5,000
2d Sed	240	720	1,200	2,700	4,200	6,000
4d Sed Brgm	208	624	1,040	2,340	3,640	5,200
2d Sed Brgm	250	740	1,240	2,790	4,340	6,200
4d Cus Sta Wag Cruiser	220	660	1,100	2,480	3,850	5,500
4d LS Sed	212	636	1,060	2,390	3,710	5,300

NOTE: Deduct 10 percent for V-6 cyl.

1984 Ninety-Eight Regency, V-8

	6	5	4	3	2	1
4d Sed	220	660	1,100	2,480	3,850	5,500
2d Sed	300	900	1,500	3,380	5,250	7,500
4d Sed Brgm	224	672	1,120	2,520	3,920	5,600

1984 Toronado Brougham

	6	5	4	3	2	1
2d V-6 Cpe	300	900	1,500	3,380	5,250	7,500
2d V-8 Cpe	360	1,080	1,800	4,050	6,300	9,000

NOTE: Add 5 percent for Caliente Package.

1985 Firenza, V-6

	6	5	4	3	2	1
4d LX Sed	172	516	860	1,940	3,010	4,300
2d LX Sed	172	516	860	1,940	3,010	4,300
4d LX Sta Wag	176	528	880	1,980	3,080	4,400

NOTE: Deduct 8 percent for 4-cyl. Deduct 5 percent for lesser models.

1985 Cutlass Supreme, V-8

	6	5	4	3	2	1
4d Sed	200	590	980	2,210	3,430	4,900
2d Sed	310	940	1,560	3,510	5,460	7,800

1985 Cutlass Supreme Brougham, V-8

	6	5	4	3	2	1
4d Sed	200	600	1,000	2,250	3,500	5,000
2d Cpe	320	950	1,580	3,560	5,530	7,900

1985 Cutlass Salon, V-8

	6	5	4	3	2	1
2d Cpe	320	950	1,580	3,560	5,530	7,900
2d 4-4-2 Cpe	430	1,300	2,160	4,860	7,560	10,800

NOTE: Deduct 10 percent for 6-cyl. Deduct 30 percent for diesel.

1985 Calais, V-6

	6	5	4	3	2	1
2d Sed	196	588	980	2,210	3,430	4,900
2d Sed Brgm	196	588	980	2,210	3,430	4,900

NOTE: Deduct 8 percent for 4-cyl.

1985 Cutlass Ciera, V-6

	6	5	4	3	2	1
4d Sed	184	552	920	2,070	3,220	4,600
2d Sed	184	552	920	2,070	3,220	4,600
4d Sta Wag	188	564	940	2,120	3,290	4,700

	6	5	4	3	2	1
1985 Cutlass Ciera Brougham, V-6						
4d Sed	188	564	940	2,120	3,290	4,700
2d Sed	188	564	940	2,120	3,290	4,700
NOTE: Deduct 8 percent for 4-cyl. Deduct 30 percent for diesel.						
1985 Delta 88 Royale, V-8						
4d Sed	204	612	1,020	2,300	3,570	5,100
2d Sed	240	730	1,220	2,750	4,270	6,100
4d Sed Brgm	212	636	1,060	2,390	3,710	5,300
2d Sed Brgm	250	760	1,260	2,840	4,410	6,300
4d Sta Wag	220	670	1,120	2,520	3,920	5,600
NOTE: Deduct 10 percent for V-6 where available. Deduct 30 percent for diesel.						
1985 Ninety-Eight Regency, V-6						
4d Sed	224	672	1,120	2,520	3,920	5,600
2d Sed	224	672	1,120	2,520	3,920	5,600
4d Sed Brgm	228	684	1,140	2,570	3,990	5,700
2d Sed Brgm	228	684	1,140	2,570	3,990	5,700
1985 Toronado, V-8						
2d Cpe	364	1,092	1,820	4,100	6,370	9,100
NOTE: Deduct 30 percent for diesel. Add 5 percent for Caliente Package.						
1986 Firenza, 4-cyl.						
4d Sed	180	540	900	2,030	3,150	4,500
2d Cpe	176	528	880	1,980	3,080	4,400
2d HBk	180	540	900	2,030	3,150	4,500
4d Sed LX	184	552	920	2,070	3,220	4,600
2d Cpe LC	180	540	900	2,030	3,150	4,500
4d Sta Wag	184	552	920	2,070	3,220	4,600
2d HBk GT V-6	200	600	1,000	2,250	3,500	5,000
1986 Cutlass Supreme V-6						
4d Sed	188	564	940	2,120	3,290	4,700
2d Cpe	310	920	1,540	3,470	5,390	7,700
4d Sed Brgm	192	576	960	2,160	3,360	4,800
2d Cpe Brgm	310	940	1,560	3,510	5,460	7,800
1986 Cutlass Salon, V-6						
2d Cpe	320	950	1,580	3,560	5,530	7,900
2d Cpe 4-4-2-V-8	400	1,300	2,160	4,860	7,560	10,800
NOTE: Add 20 percent for V-8.						
1986 Calais, 4-cyl.						
4d Sed	204	612	1,020	2,300	3,570	5,100
2d Cpe	204	612	1,020	2,300	3,570	5,100
4d Sed Supreme	208	624	1,040	2,340	3,640	5,200
2d Cpe Supreme	208	624	1,040	2,340	3,640	5,200
NOTE: Add 10 percent for V-6.						
1986 Cutlass Ciera, V-6						
4d Sed LS	208	624	1,040	2,340	3,640	5,200
2d Cpe LS	208	624	1,040	2,340	3,640	5,200
2d Cpe S LS	212	636	1,060	2,390	3,710	5,300
4d Sta Wag LS	216	648	1,080	2,430	3,780	5,400
4d Sed Brgm	216	648	1,080	2,430	3,780	5,400
2d Cpe Brgm	216	648	1,080	2,430	3,780	5,400
2d Cpe Brgm SL	220	660	1,100	2,480	3,850	5,500
1986 Delta 88						
4d Sed	216	648	1,080	2,430	3,780	5,400
2d Cpe	216	648	1,080	2,430	3,780	5,400
4d Sed Brgm	220	660	1,100	2,480	3,850	5,500
2d Cpe Brgm	220	660	1,100	2,480	3,850	5,500
1986 Custom Cruiser, V-8						
4d Sta Wag	288	864	1,440	3,240	5,040	7,200
1986 Ninety-Eight Regency						
4d Sed	228	684	1,140	2,570	3,990	5,700
2d Cpe	228	684	1,140	2,570	3,990	5,700
4d Sed Brgm	232	696	1,160	2,610	4,060	5,800
2d Cpe Brgm	232	696	1,160	2,610	4,060	5,800
1986 Toronado						
2d Cpe	380	1,140	1,900	4,280	6,650	9,500
1987 Firenza, 4-cyl.						
4d Sed	180	540	900	2,030	3,150	4,500
2d Cpe	176	528	880	1,980	3,080	4,400
2d HBk S	180	540	900	2,030	3,150	4,500
4d Sed LX	184	552	920	2,070	3,220	4,600
2d Cpe LC	180	540	900	2,030	3,150	4,500
4d Sta Wag	184	552	920	2,070	3,220	4,600
2d HBk GT	190	580	960	2,160	3,360	4,800
1987 Cutlass Supreme, V-6						
4d Sed	192	576	960	2,160	3,360	4,800
2d Cpe	310	920	1,540	3,470	5,390	7,700
1987 Cutlass Supreme, V-8						
4d Sed	200	600	1,000	2,250	3,500	5,000
2d Cpe	320	950	1,580	3,560	5,530	7,900
2d Cpe 4-4-2	410	1,240	2,060	4,640	7,210	10,300

	6	5	4	3	2	1
1987 Cutlass Supreme Brougham, V-6						
4d Sed.	196	588	980	2,210	3,430	4,900
2d Cpe.	310	940	1,560	3,510	5,460	7,800
1987 Cutlass Supreme Brougham, V-8						
4d Sed.	204	612	1,020	2,300	3,570	5,100
2d Cpe.	320	960	1,600	3,600	5,600	8,000
1987 Cutlass Salon						
2d Cpe V-6	320	970	1,620	3,650	5,670	8,100
2d Cpe V-8	330	980	1,640	3,690	5,740	8,200
1987 Calais, 4-cyl.						
4d Sed.	208	624	1,040	2,340	3,640	5,200
2d Cpe.	204	612	1,020	2,300	3,570	5,100
1987 Calais, V-6						
4d Sed.	212	636	1,060	2,390	3,710	5,300
2d Cpe.	208	624	1,040	2,340	3,640	5,200
1987 Calais Supreme, 4-cyl.						
4d Sed.	212	636	1,060	2,390	3,710	5,300
2d Cpe.	208	624	1,040	2,340	3,640	5,200
1987 Calais Supreme, V-6						
4d Sed.	216	648	1,080	2,430	3,780	5,400
2d Cpe.	212	636	1,060	2,390	3,710	5,300
1987 Cutlass Ciera, 4-cyl.						
4d Sed.	216	648	1,080	2,430	3,780	5,400
2d Cpe.	212	636	1,060	2,390	3,710	5,300
4d Sta Wag.	220	660	1,100	2,480	3,850	5,500
1987 Cutlass Ciera, V-6						
4d Sed.	220	660	1,100	2,480	3,850	5,500
2d Cpe.	216	648	1,080	2,430	3,780	5,400
4d Sta Wag.	224	672	1,120	2,520	3,920	5,600
1987 Cutlass Ciera Brougham, 4-cyl.						
4d Sed.	220	660	1,100	2,480	3,850	5,500
2d Cpe SL.	216	648	1,080	2,430	3,780	5,400
4d Sta Wag.	224	672	1,120	2,520	3,920	5,600
1987 Cutlass Ciera Brougham, V-6						
4d Sed.	224	672	1,120	2,520	3,920	5,600
2d Cpe SL.	220	660	1,100	2,480	3,850	5,500
4d Sta Wag.	228	684	1,140	2,570	3,990	5,700
1987 Delta 88 Royale, V-6						
4d Sed.	216	648	1,080	2,430	3,780	5,400
2d Cpe.	212	636	1,060	2,390	3,710	5,300
4d Sed Brgm.	224	672	1,120	2,520	3,920	5,600
2d Cpe Brgm.	220	660	1,100	2,480	3,850	5,500
1987 Custom Cruiser, V-8						
4d Sta Wag.	220	660	1,100	2,480	3,850	5,500
1987 Ninety-Eight, V-6						
4d Sed.	224	672	1,120	2,520	3,920	5,600
4d Sed Regency Brgm.	230	680	1,140	2,570	3,990	5,700
2d Sed Regency Brgm.	220	670	1,120	2,520	3,920	5,600
1987 Toronado, V-6						
2d Cpe Brgm.	376	1,128	1,880	4,230	6,580	9,400
NOTE: Add 10 percent for Trofeo option.						
1988 Firenza, 4-cyl.						
2d Cpe.	168	504	840	1,890	2,940	4,200
4d Sed.	172	516	860	1,940	3,010	4,300
4d Sta Wag.	180	540	900	2,030	3,150	4,500
1988 Cutlass Calais, 4-cyl.						
2d Cpe.	176	528	880	1,980	3,080	4,400
4d Sed.	180	540	900	2,030	3,150	4,500
2d SL Cpe.	192	576	960	2,160	3,360	4,800
4d SL Sed.	196	588	980	2,210	3,430	4,900
2d Int'l Cpe.	220	660	1,100	2,480	3,850	5,500
4d Int'l Sed.	224	672	1,120	2,520	3,920	5,600
2d Cpe, V-6.	208	624	1,040	2,340	3,640	5,200
4d Sed, V-6.	212	636	1,060	2,390	3,710	5,300
2d SL Cpe, V-6.	216	648	1,080	2,430	3,780	5,400
4d SL Sed, V-6.	220	660	1,100	2,480	3,850	5,500
1988 Cutlass Ciera, 4-cyl.						
2d Cpe.	196	588	980	2,210	3,430	4,900
4d Sed.	200	600	1,000	2,250	3,500	5,000
4d Sta Wag.	204	612	1,020	2,300	3,570	5,100
1988 Cutlass Ciera Brougham, 4-cyl.						
2d Cpe.	200	600	1,000	2,250	3,500	5,000
4d SL Sed.	204	612	1,020	2,300	3,570	5,100
4d Sta Wag.	208	624	1,040	2,340	3,640	5,200
1988 Cutlass Ciera, V-6						
2d Cpe.	204	612	1,020	2,300	3,570	5,100
4d Sed.	208	624	1,040	2,340	3,640	5,200
4d Sta Wag.	212	636	1,060	2,390	3,710	5,300

	6	5	4	3	2	1
1988 Cutlass Ciera Brougham, V-6						
2d Cpe SL	216	648	1,080	2,430	3,780	5,400
4d Sed	220	660	1,100	2,480	3,850	5,500
4d Sta Wag.	224	672	1,120	2,520	3,920	5,600
2d Int'l Cpe	232	696	1,160	2,610	4,060	5,800
4d Int'l Cpe	236	708	1,180	2,660	4,130	5,900
1988 Cutlass Supreme, V-6						
2d Cpe	284	852	1,420	3,200	4,970	7,100
2d SL Cpe	300	900	1,500	3,380	5,250	7,500
2d Int'l Cpe	308	924	1,540	3,470	5,390	7,700
1988 Cutlass Supreme, V-8						
2d Cpe	370	1,120	1,860	4,190	6,510	9,300
2d Cpe Brgm	380	1,140	1,900	4,280	6,650	9,500
1988 Delta 88 Royale, V-6						
2d Cpe	220	660	1,100	2,480	3,850	5,500
4d Sed	224	672	1,120	2,520	3,920	5,600
2d Cpe Brgm	236	708	1,180	2,660	4,130	5,900
4d Sed Brgm	280	840	1,400	3,150	4,900	7,000
1988 Custom Cruiser, V-8						
4d Sta Wag.	300	900	1,500	3,380	5,250	7,500
1988 Ninety-Eight, V-6						
4d Sed Regency.	300	900	1,500	3,380	5,250	7,500
4d Sed Regency Brgm	360	1,080	1,800	4,050	6,300	9,000
4d Trg Sed	400	1,200	2,000	4,500	7,000	10,000
1988 Toronado, V-6						
2d Cpe	380	1,140	1,900	4,280	6,650	9,500
2d Cpe Trofeo	420	1,260	2,100	4,730	7,350	10,500
1989 Cutlass Calais, 4-cyl.						
4d Sed	180	540	900	2,030	3,150	4,500
2d Cpe	176	528	880	1,980	3,080	4,400
4d Sed S.	192	576	960	2,160	3,360	4,800
2d Cpe S	188	564	940	2,120	3,290	4,700
4d Sed SL.	212	636	1,060	2,390	3,710	5,300
2d Cpe SL	208	624	1,040	2,340	3,640	5,200
4d Sed Int'l Series	260	780	1,300	2,930	4,550	6,500
2d Cpe Int'l Series	250	750	1,300	2,880	4,500	6,400
1989 Cutlass Calais, V-6						
4d Sed S.	200	650	1,050	2,390	3,700	5,300
2d Cpe S	200	600	1,050	2,340	3,650	5,200
4d Sed SL.	200	650	1,100	2,520	3,900	5,600
2d Cpe SL	200	650	1,100	2,480	3,850	5,500
1989 Cutlass Ciera, 4-cyl.						
4d Sed	200	600	1,000	2,210	3,450	4,900
2d Cpe	200	600	950	2,160	3,350	4,800
4d Sta Wag.	250	700	1,200	2,700	4,200	6,000
4d Sed SL.	250	700	1,150	2,570	4,000	5,700
2d Cpe SL	200	650	1,100	2,520	3,900	5,600
4d Sta Wag SL.	250	750	1,250	2,790	4,350	6,200
1989 Cutlass Ciera, V-6						
4d Sed	200	650	1,100	2,480	3,850	5,500
2d Cpe	200	650	1,100	2,430	3,800	5,400
4d Sta Wag.	250	750	1,250	2,840	4,400	6,300
4d Sed SL.	250	700	1,150	2,570	4,000	5,700
2d Cpe SL	200	650	1,100	2,520	3,900	5,600
4d Sta Wag SL.	250	800	1,300	2,930	4,550	6,500
4d Sed Int'l Series	250	800	1,300	2,970	4,600	6,600
2d Cpe Int'l Series	250	800	1,300	2,930	4,550	6,500
1989 Cutlass Supreme, V-6						
2d Cpe	280	840	1,400	3,150	4,900	7,000
2d Cpe SL	300	900	1,500	3,380	5,250	7,500
2d Cpe Int'l Series	320	960	1,600	3,600	5,600	8,000
1989 Eighty-Eight Royale, V-6						
4d Sed	280	840	1,400	3,150	4,900	7,000
2d Cpe	276	828	1,380	3,110	4,830	6,900
4d Sed Brgm	300	900	1,500	3,380	5,250	7,500
2d Cpe Brgm	296	888	1,480	3,330	5,180	7,400
1989 Custom Cruiser, V-8						
4d Sta Wag.	300	900	1,500	3,380	5,250	7,500
1989 Ninety-Eight, V-6						
4d Sed Regency.	300	900	1,500	3,380	5,250	7,500
4d Sed Regency Brgm	340	1,020	1,700	3,830	5,950	8,500
4d Sed Trg	540	1,620	2,700	6,080	9,450	13,500
1989 Toronado, V-6						
2d Cpe	420	1,260	2,100	4,730	7,350	10,500
2d Cpe Trofeo	540	1,620	2,700	6,080	9,450	13,500
1990 Cutlass Calais, 4-cyl.						
2d Cpe	192	576	960	2,160	3,360	4,800
4d Sed	196	588	980	2,210	3,430	4,900
2d Cpe S	196	588	980	2,210	3,430	4,900

	6	5	4	3	2	1
4d Sed S	200	600	1,000	2,250	3,500	5,000
2d Cpe SL Quad	220	660	1,100	2,480	3,850	5,500
4d Sed SL Quad	224	672	1,120	2,520	3,920	5,600
2d Cpe Int'l Quad	224	672	1,120	2,520	3,920	5,600
4d Sed Int'l Quad	228	684	1,140	2,570	3,990	5,700
1990 Cutlass Calais, V-6						
2d Cpe SL	250	700	1,150	2,610	4,050	5,800
4d Sed SL	250	700	1,200	2,660	4,150	5,900
1990 Cutlass Ciera, 4-cyl.						
4d Sed	200	600	1,000	2,250	3,500	5,000
2d Cpe S	204	612	1,020	2,300	3,570	5,100
4d Sed S	208	624	1,040	2,340	3,640	5,200
4d Sta Wag S	220	660	1,100	2,480	3,850	5,500
1990 Cutlass Ciera, V-6						
4d Sed	200	600	1,050	2,340	3,650	5,200
2d Cpe S	200	650	1,100	2,480	3,850	5,500
4d Sed S	200	650	1,100	2,520	3,900	5,600
4d Sta Wag S	250	700	1,150	2,570	4,000	5,700
4d Sed SL	250	700	1,150	2,610	4,050	5,800
4d Sta Wag SL	250	700	1,200	2,660	4,150	5,900
2d Cpe Int'l	250	700	1,200	2,700	4,200	6,000
4d Sed Int'l	250	750	1,200	2,750	4,250	6,100
1990 Cutlass Supreme, 4-cyl.						
2d Cpe Quad	260	780	1,300	2,930	4,550	6,500
4d Sed Quad	264	792	1,320	2,970	4,620	6,600
2d Cpe Int'l Quad	300	900	1,500	3,380	5,250	7,500
4d Sed Int'l Quad	308	924	1,540	3,470	5,390	7,700
1990 Cutlass Supreme, V-6						
2d Cpe	250	800	1,350	3,020	4,700	6,700
4d Sed	250	800	1,350	3,060	4,750	6,800
2d Cpe SL	300	850	1,400	3,110	4,850	6,900
2d Conv	300	950	1,600	3,600	5,600	8,000
4d Sed SL	300	850	1,400	3,150	4,900	7,000
2d Cpe Int'l	300	900	1,500	3,380	5,250	7,500
4d Sed Int'l	300	900	1,500	3,420	5,300	7,600
1990 Eighty-Eight Royale, V-6						
4d Sed	280	840	1,400	3,150	4,900	7,000
2d Cpe Brgm	300	900	1,500	3,380	5,250	7,500
4d Sed Brgm	304	912	1,520	3,420	5,320	7,600
1990 Custom Cruiser, V-8						
4d Sta Wag	300	900	1,500	3,380	5,250	7,500
1990 Ninety-Eight, V-6						
4d Sed Regency	320	960	1,600	3,600	5,600	8,000
4d Sed Regency Brgm	340	1,020	1,700	3,830	5,950	8,500
4d Sed Trg	380	1,140	1,900	4,280	6,650	9,500
1990 Toronado, V-6						
2d Cpe	340	1,020	1,700	3,830	5,950	8,500
2d Cpe Trofeo	380	1,140	1,900	4,280	6,650	9,500
1991 Cutlass Calais, 4-cyl.						
2d Cpe	184	552	920	2,070	3,220	4,600
4d Sed	184	552	920	2,070	3,220	4,600
2d Cpe S	196	588	980	2,210	3,430	4,900
4d Sed S	196	588	980	2,210	3,430	4,900
2d Cpe SL	220	660	1,100	2,480	3,850	5,500
4d Sed SL	220	660	1,100	2,480	3,850	5,500
2d Cpe Int'l Quad	244	732	1,220	2,750	4,270	6,100
4d Sed Int'l Quad	244	732	1,220	2,750	4,270	6,100
1991 Cutlass Calais, V-6						
2d Cpe SL	228	684	1,140	2,570	3,990	5,700
4d Sed SL	228	684	1,140	2,570	3,990	5,700
1991 Cutlass Ciera, 4-cyl.						
4d Sed	192	576	960	2,160	3,360	4,800
2d Cpe S	200	600	1,000	2,250	3,500	5,000
4d Sed S	200	600	1,000	2,250	3,500	5,000
4d Sta Wag S	220	660	1,100	2,480	3,850	5,500
1991 Cutlass Ciera, V-6						
4d Sed	200	600	1,000	2,250	3,500	5,000
2d Cpe S	220	660	1,100	2,480	3,850	5,500
4d Sed S	220	660	1,100	2,480	3,850	5,500
4d Sta Wag S	228	684	1,140	2,570	3,990	5,700
4d Sed SL	228	684	1,140	2,570	3,990	5,700
4d Sta Wag SL	236	708	1,180	2,660	4,130	5,900
1991 Cutlass Supreme, 4-cyl.						
2d Cpe Quad	240	720	1,200	2,700	4,200	6,000
4d Sed Quad	240	720	1,200	2,700	4,200	6,000
1991 Cutlass Supreme, V-6						
2d Cpe	248	744	1,240	2,790	4,340	6,200
4d Sed	248	744	1,240	2,790	4,340	6,200

	6	5	4	3	2	1
2d Conv	580	1,740	2,900	6,530	10,150	14,500
2d Cpe SL	280	840	1,400	3,150	4,900	7,000
4d Sed SL	280	840	1,400	3,150	4,900	7,000
2d Cpe Int'l	300	900	1,500	3,380	5,250	7,500
4d Sed Int'l	300	900	1,500	3,380	5,250	7,500
1991 Eighty-Eight Royale, V-6						
2d Cpe	272	816	1,360	3,060	4,760	6,800
4d Sed	272	816	1,360	3,060	4,760	6,800
2d Cpe Brgm	288	864	1,440	3,240	5,040	7,200
4d Sed Brgm	288	864	1,440	3,240	5,040	7,200
1991 Custom Cruiser, V-8						
4d Sta Wag	380	1,140	1,900	4,280	6,650	9,500
1991 Ninety-Eight, V-6						
4d Sed	340	1,020	1,700	3,830	5,950	8,500
4d Sed Trg	380	1,140	1,900	4,280	6,650	9,500
1991 Toronado, V-6						
2d Cpe	320	960	1,600	3,600	5,600	8,000
2d Cpe Trofeo	380	1,140	1,900	4,280	6,650	9,500
1992 Achieva, 4-cyl.						
4d Sed S	220	660	1,100	2,480	3,850	5,500
2d Cpe S	220	660	1,100	2,480	3,850	5,500
4d Sed SL	236	708	1,180	2,660	4,130	5,900
2d Cpe SL	236	708	1,180	2,660	4,130	5,900
NOTE: Add 10 percent for V-6.						
1992 Cutlass Ciera, V-6						
4d Sed S	256	768	1,280	2,880	4,480	6,400
4d Sta Wag S	260	780	1,300	2,930	4,550	6,500
4d Sed SL	276	828	1,380	3,110	4,830	6,900
4d Sta Wag SL	280	840	1,400	3,150	4,900	7,000
NOTE: Deduct 10 percent for 4-cyl.						
1992 Cutlass Supreme, V-6						
4d Sed S	300	900	1,500	3,380	5,250	7,500
2d Cpe S	300	900	1,500	3,380	5,250	7,500
4d Sed Int'l	360	1,080	1,800	4,050	6,300	9,000
2d Cpe Int'l	360	1,080	1,800	4,050	6,300	9,000
2d Conv	480	1,440	2,400	5,400	8,400	12,000
1992 Eighty-Eight, V-6						
4d Sed	320	960	1,600	3,600	5,600	8,000
4d Sed LS	340	1,020	1,700	3,830	5,950	8,500
4d Sta Wag	380	1,140	1,900	4,280	6,650	9,500
1992 Ninety-Eight, V-6						
4d Sed Regency	360	1,080	1,800	4,050	6,300	9,000
4d Sed Regency Elite	380	1,140	1,900	4,280	6,650	9,500
4d Sed Trg	400	1,200	2,000	4,500	7,000	10,000
1992 Toronado, V-6						
2d Cpe	420	1,260	2,100	4,730	7,350	10,500
2d Cpe Trofeo	480	1,440	2,400	5,400	8,400	12,000
1993 Achieva, 4-cyl.						
2d Cpe S	220	660	1,100	2,480	3,850	5,500
4d Sed S	220	660	1,100	2,480	3,850	5,500
2d Cpe SL	224	672	1,120	2,520	3,920	5,600
4d Sed SL	224	672	1,120	2,520	3,920	5,600
1993 Achieva, V-6						
2d Cpe S	228	684	1,140	2,570	3,990	5,700
4d Sed S	228	684	1,140	2,570	3,990	5,700
2d Cpe SL	232	696	1,160	2,610	4,060	5,800
4d Sed SL	232	696	1,160	2,610	4,060	5,800
1993 Cutlass Ciera, 4-cyl.						
4d Sed	224	672	1,120	2,520	3,920	5,600
4d Sta Wag	232	696	1,160	2,610	4,060	5,800
1993 Cutlass Ciera, V-6						
4d Sed S	228	684	1,140	2,570	3,990	5,700
4d Sta Wag S	236	708	1,180	2,660	4,130	5,900
4d Sed SL	232	696	1,160	2,610	4,060	5,800
4d Sta Wag SL	240	720	1,200	2,700	4,200	6,000
1993 Cutlass Supreme, V-6						
2d Cpe S	248	744	1,240	2,790	4,340	6,200
4d Sed S	244	732	1,220	2,750	4,270	6,100
4d Sed Int'l	248	744	1,240	2,790	4,340	6,200
2d Cpe Int'l	252	756	1,260	2,840	4,410	6,300
2d Conv	500	1,450	2,400	5,400	8,400	12,000
1993 Eighty Eight, V-6						
4d Sed	300	900	1,500	3,380	5,250	7,500
4d Sed LS	304	912	1,520	3,420	5,320	7,600
1993 Ninety-Eight						
4d Sed Regency	344	1,032	1,720	3,870	6,020	8,600
4d Sed Regency Elite	350	1,040	1,740	3,920	6,090	8,700
4d Sed Trg	352	1,056	1,760	3,960	6,160	8,800

OLDSMOBILE

	6	5	4	3	2	1
1994 Achieva, 4-cyl. & V-6						
2d Cpe S	228	684	1,140	2,570	3,990	5,700
4d Sed S	232	696	1,160	2,610	4,060	5,800
2d Cpe SC	244	732	1,220	2,750	4,270	6,100
4d Sed SL	248	744	1,240	2,790	4,340	6,200
1994 Cutlass Ciera						
4d Sed S, 4-cyl.	260	780	1,300	2,930	4,550	6,500
4d Sed S, V-6	268	804	1,340	3,020	4,690	6,700
4d Sta Wag S, V-6	272	816	1,360	3,060	4,760	6,800
1994 Cutlass Supreme, V-6						
2d Cpe S	300	900	1,500	3,380	5,250	7,500
4d Sed S	304	912	1,520	3,420	5,320	7,600
2d Conv	480	1,440	2,400	5,400	8,400	12,000
1994 Eighty Eight Royale, V-6						
4d Sed	300	950	1,600	3,600	5,600	8,000
4d Sed LS	350	1,000	1,700	3,830	5,950	8,500
1994 Ninety-Eight, V-6						
4d Sed Regency	420	1,260	2,100	4,730	7,350	10,500
4d Sed Regency Elite	440	1,320	2,200	4,950	7,700	11,000
1995 Achieva, 4-cyl. & V-6						
2d S Cpe	250	700	1,150	2,570	4,000	5,700
4d S Sed	250	700	1,150	2,610	4,050	5,800
1995 Ciera, 4-cyl. & V-6						
4d SL Sed	250	800	1,350	3,020	4,700	6,700
4d SL Cruiser Sta Wag (V-6 only)	300	850	1,450	3,240	5,050	7,200
1995 Cutlass Supreme, V-6						
2d SL Cpe	300	900	1,500	3,420	5,300	7,600
4d SL Sed	300	900	1,550	3,470	5,400	7,700
2d Conv	500	1,450	2,400	5,400	8,400	12,000
1995 Eighty-Eight Royale, V-6						
4d Sed	300	950	1,600	3,600	5,600	8,000
4d LS Sed	350	1,000	1,700	3,830	5,950	8,500
1995 Ninety-Eight, V-6						
4d Regency Elite Sed	440	1,320	2,200	4,950	7,700	11,000
1995 Aurora, V-8						
4d Sed	500	1,500	2,500	5,630	8,750	12,500
1996 Achieva, 4-cyl. & V-6						
2d SC Cpe	250	700	1,150	2,570	4,000	5,700
4d SL Sed	250	700	1,150	2,610	4,050	5,800
1996 Ciera, 4-cyl. & V-6						
4d SL Sed	250	800	1,350	3,020	4,700	6,700
4d SL Cruiser Sta Wag (V-6 only)	300	850	1,450	3,240	5,050	7,200
1996 Cutlass Supreme, V-6						
2d SL Cpe	300	900	1,500	3,420	5,300	7,600
4d SL Sed	300	900	1,550	3,470	5,400	7,700
1996 Eighty-Eight, V-6						
4d Sed	300	950	1,600	3,600	5,600	8,000
4d LS Sed	350	1,000	1,700	3,830	5,950	8,500
1996 LSS, V-6						
4d Sed	350	1,050	1,750	3,920	6,100	8,700
NOTE: Add 5 percent for supercharged V-6.						
1996 Ninety-Eight, V-6						
4d Regency Elite Sed	440	1,320	2,200	4,950	7,700	11,000
1996 Aurora, V-8						
4d Sed	500	1,500	2,500	5,630	8,750	12,500
1997 Achieva, 4-cyl. & V-6						
2d SC Cpe	228	684	1,140	2,570	3,990	5,700
4d SL Sed	232	696	1,160	2,610	4,060	5,800
1997 Cutlass, V-6						
4d Sed	300	900	1,500	3,380	5,250	7,500
4d GLS Sed	320	960	1,600	3,600	5,600	8,000
1997 Cutlass Supreme, V-6						
2d SL Cpe	304	912	1,520	3,420	5,320	7,600
4d SL Sed	308	924	1,540	3,470	5,390	7,700
1997 Eighty-Eight, V-6						
4d Sed	320	960	1,600	3,600	5,600	8,000
4d LS Sed	340	1,020	1,700	3,830	5,950	8,500
1997 LSS, V-6						
4d Sed	348	1,044	1,740	3,920	6,090	8,700
NOTE: Add 5 percent for supercharged V-6.						
1997 Regency, V-6						
4d Regency Elite Sed	440	1,320	2,200	4,950	7,700	11,000
1997 Aurora, V-8						
4d Sed	500	1,500	2,500	5,630	8,750	12,500
1998 Achieva, V-6						
4d SL Sed	230	700	1,160	2,610	4,060	5,800
1998 Cutlass, V-6						
4d GL Sed	300	900	1,500	3,380	5,250	7,500
4d GLS Sed	320	960	1,600	3,600	5,600	8,000

OLDSMOBILE

	6	5	4	3	2	1
1998 Intrigue, V-6						
4d Sed	300	910	1,520	3,420	5,320	7,600
4d GL Sed	310	920	1,540	3,470	5,390	7,700
4d GLS Sed	320	950	1,580	3,560	5,530	7,900
1998 Eighty-Eight, V-6						
4d Sed	320	960	1,600	3,600	5,600	8,000
4d LS Sed	340	1,020	1,700	3,830	5,950	8,500
1998 LSS, V-6						
4d Sed	350	1,040	1,740	3,920	6,090	8,700
NOTE: Add 5 percent for supercharged V-6.						
1998 Regency, V-6						
4d Sed	440	1,320	2,200	4,950	7,700	11,000
1998 Aurora, V-8						
4d Sed	500	1,500	2,500	5,630	8,750	12,500
NOTE: Add 5 percent for either Autobahn Pkg or Gold Pkg.						
1999 Alero, 4-cyl. & V-6						
2d GX Cpe (4-cyl. only)	200	600	1,000	2,250	3,500	5,000
2d GL Cpe	210	620	1,040	2,340	3,640	5,200
2d GLS Cpe (V-6 only)	230	700	1,160	2,610	4,060	5,800
4d GX Sed (4-cyl. only)	210	640	1,060	2,390	3,710	5,300
4d GL Sed	220	660	1,100	2,480	3,850	5,500
4d GLS Sed (V-6 only)	240	720	1,200	2,700	4,200	6,000
NOTE: Add 5 percent for Sport Pkg on GL Sed. Add 5 percent for Performance Suspension Pkg on GLS Cpe.						
1999 Cutlass, V-6						
4d GL Sed	300	900	1,500	3,380	5,250	7,500
4d GLS Sed	320	960	1,600	3,600	5,600	8,000
NOTE: Add 5 percent for Gold Pkg.						
1999 Intrigue, V-6						
4d GX Sed	300	910	1,520	3,420	5,320	7,600
4d GL Sed	310	940	1,560	3,510	5,460	7,800
4d GLS Sed	320	970	1,620	3,650	5,670	8,100
NOTE: Add 5 percent for Autobahn Pkg.						
1999 Eighty-Eight, V-6						
4d Sed	320	960	1,600	3,600	5,000	8,000
4d LS Sed	340	1,020	1,700	3,830	5,950	8,500
NOTE: Add 5 percent for 50th Anv Ed.						
1999 LSS, V-6						
4d Sed	350	1,040	1,740	3,920	6,090	8,700
NOTE: Add 5 percent for supercharged V-6.						
1999 Aurora, V-8						
4d Sed	500	1,500	2,500	5,630	8,750	12,500
NOTE: Add 5 percent for either Autobahn Pkg or Gold Pkg.						
2000 Alero, 4-cyl. & V-6						
2d GX Cpe (4-cyl. only)	200	600	1,000	2,250	3,500	5,000
2d GL Cpe	210	620	1,040	2,340	3,640	5,200
2d GLS Cpe (V-6 only)	230	700	1,160	2,610	4,060	5,800
4d GX Sed (4-cyl. only)	210	640	1,060	2,390	3,710	5,300
4d GL Sed	220	660	1,100	2,480	3,850	5,500
4d GLS Sed (V-6 only)	240	720	1,200	2,700	4,200	6,000
NOTE: Add 5 percent for Sport Pkg on GL Sed. Add 5 percent for Performance Suspension Pkg on GLS Cpe.						
2000 Intrigue, V-6						
4d GX Sed	300	910	1,520	3,420	5,320	7,600
4d GL Sed	310	940	1,560	3,510	5,460	7,800
4d GLS Sed	320	970	1,620	3,650	5,670	8,100
NOTE: Add 5 percent for Autobahn Pkg.						
NOTE: Aurora was re-introduced in 2000 as a 2001 model.						
2001 Alero, 4-cyl. & V-6						
2d GX Cpe (4-cyl. only)	200	600	1,000	2,500	3,500	5,000
2d GL Cpe	210	620	1,040	2,600	3,640	5,200
2d GLS Cpe (V-6 only)	230	700	1,160	2,900	4,060	5,800
4d GX Sed (4-cyl. only)	210	640	1,060	2,390	3,710	5,300
4d GL Sed	220	660	1,100	2,750	3,850	5,500
4d GLS Sed (V-6 only)	240	720	1,200	3,000	4,200	6,000
NOTE: Add 5 percent for Sport pkg. on GL. Add 5 percent for Performance Suspension pkg. on GLS.						
2001 Intrigue, V-6						
4d GX Sed	300	910	1,520	3,800	5,320	7,600
4d GL Sed	310	940	1,560	3,900	5,460	7,800
4d GLS Sed	320	970	1,620	4,050	5,670	8,100
NOTE: Add 5 percent for Precision Control System pkg. (except GLS).						
2001 Aurora, V-6 & V-8						
4d Sed	340	1,030	1,720	4,300	6,020	8,600

PACKARD

1899 Model A, 1-cyl.

Rds .... value not estimable

1900 Model B, 1-cyl.

Rds .... value not estimable

PACKARD

	6	5	4	3	2	1
1901 Model C, 1-cyl.						
Rds		value not estimable				
1902-03 Model F, 4-cyl.						
Tr. 2,560	7,680	12,800	28,800	44,800	64,000
1904 Model L, 4-cyl.						
Tr. 2,480	7,440	12,400	27,900	43,400	62,000
1904 Model M, 4-cyl.						
Tr. 2,400	7,200	12,000	27,000	42,000	60,000
1905 Model N, 4-cyl.						
Tr. 2,280	6,840	11,400	25,650	39,900	57,000
1906 Model S, 4-cyl., 24 hp						
Tr. 2,280	6,840	11,400	25,650	39,900	57,000
1907 Model U, 4-cyl., 30 hp						
Tr. 2,360	7,080	11,800	26,550	41,300	59,000
1908 Model UA, 4-cyl., 30 hp						
Tr. 2,280	6,840	11,400	25,650	39,900	57,000
Rds 2,160	6,480	10,800	24,300	37,800	54,000
1909 Model UB UBS, 4-cyl., 30 hp						
Tr. 2,200	6,600	11,000	24,750	38,500	55,000
Rbt. 1,800	5,400	9,000	20,250	31,500	45,000
1909 Model NA, 4-cyl., 18 hp						
Tr. 1,880	5,640	9,400	21,150	32,900	47,000
1910-11 Model UC UCS, 4-cyl., 30 hp						
Tr. 2,280	6,840	11,400	25,650	39,900	57,000
Rbt. 2,200	6,600	11,000	24,750	38,500	55,000
1910-11 Model NB, 4-cyl., 18 hp						
Tr. 2,080	6,240	10,400	23,400	36,400	52,000
1911-12 Model UE, 4-cyl., 30 hp						
Tr. 2,480	7,440	12,400	27,900	43,400	62,000
Phae 2,400	7,200	12,000	27,000	42,000	60,000
Rbt. 2,480	7,440	12,400	27,900	43,400	62,000
Cpe 1,480	4,440	7,400	16,650	25,900	37,000
Brgm 1,360	4,080	6,800	15,300	23,800	34,000
Limo 1,680	5,040	8,400	18,900	29,400	42,000
Imp Limo 1,760	5,280	8,800	19,800	30,800	44,000
1912 Model NE, 4-cyl., 18 hp						
Tr. 1,880	5,640	9,400	21,150	32,900	47,000
Rbt. 1,920	5,760	9,600	21,600	33,600	48,000
Cpe 1,280	3,840	6,400	14,400	22,400	32,000
Limo 1,560	4,680	7,800	17,550	27,300	39,000
Imp Limo 1,680	5,040	8,400	18,900	29,400	42,000
1912 Model 12-48, 6-cyl., 36 hp						
Tr. 2,960	8,880	14,800	33,300	51,800	74,000
Phae 2,720	8,160	13,600	30,600	47,600	68,000
Rbt. 2,560	7,680	12,800	28,800	44,800	64,000
Cpe 1,760	5,280	8,800	19,800	30,800	44,000
Brgm 1,640	4,920	8,200	18,450	28,700	41,000
Limo 1,760	5,280	8,800	19,800	30,800	44,000
Imp Limo 1,840	5,520	9,200	20,700	32,200	46,000
1912 Model 1-38, 6-cyl., 38 hp						
Tr. 2,280	6,840	11,400	25,650	39,900	57,000
Phae 2,320	6,960	11,600	26,100	40,600	58,000
4P Phae 2,360	7,080	11,800	26,550	41,300	59,000
Rbt. 2,080	6,240	10,400	23,400	36,400	52,000
Cpe 1,880	5,640	9,400	21,150	32,900	47,000
Imp Cpe. 1,920	5,760	9,600	21,600	33,600	48,000
Lan'let 1,960	5,880	9,800	22,050	34,300	49,000
Imp Lan'let. 2,000	6,000	10,000	22,500	35,000	50,000
Limo 2,080	6,240	10,400	23,400	36,400	52,000
Imp Limo 2,200	6,600	11,000	24,750	38,500	55,000
1913 Model 13-48, 6-cyl.						
Tr. 2,280	6,840	11,400	25,650	39,900	57,000
1914 Model 2-38, 6-cyl.						
Tr. 2,160	6,480	10,800	24,300	37,800	54,000
Sal Tr. 2,200	6,600	11,000	24,750	38,500	55,000
Spl Tr. 2,240	6,720	11,200	25,200	39,200	56,000
Phae 2,280	6,840	11,400	25,650	39,900	57,000
4P Phae 2,320	6,960	11,600	26,100	40,600	58,000
Cpe 1,880	5,640	9,400	21,150	32,900	47,000
Brgm 1,680	5,040	8,400	18,900	29,400	42,000
4P Brgm 1,680	5,040	8,400	18,900	29,400	42,000
1914 Model 2-38						
Lan'let 1,760	5,280	8,800	19,800	30,800	44,000
Cabr Lan'let. 1,960	5,880	9,800	22,050	34,300	49,000
Limo 1,680	5,040	8,400	18,900	29,400	42,000
Cabr Limo 2,000	6,000	10,000	22,500	35,000	50,000
Imp Limo 1,920	5,760	9,600	21,600	33,600	48,000
Sal Limo 1,960	5,880	9,800	22,050	34,300	49,000

	6	5	4	3	2	1
1914 Model 14-48, 6-cyl.						
Tr	2,080	6,240	10,400	23,400	36,400	52,000
1914 Model 4-48, 6-cyl., 48 hp						
Tr	2,120	6,360	10,600	23,850	37,100	53,000
Sal Tr	2,120	6,360	10,600	23,850	37,100	53,000
Phae	2,280	6,840	11,400	25,650	39,900	57,000
4P Phae	2,320	6,960	11,600	26,100	40,600	58,000
Cpe	1,920	5,760	9,600	21,600	33,600	48,000
Brgm	1,880	5,640	9,400	21,150	32,900	47,000
Sal Brgm	1,920	5,760	9,600	21,600	33,600	48,000
Lan'let	1,960	5,880	9,800	22,050	34,300	49,000
Cabr Lan'let	2,080	6,240	10,400	23,400	36,400	52,000
Limo	1,960	5,880	9,800	22,050	34,300	49,000
Imp Limo	2,040	6,120	10,200	22,950	35,700	51,000
Sal Limo	2,080	6,240	10,400	23,400	36,400	52,000
1915 Model 3-38, 6-cyl.						
Tr	2,080	6,240	10,400	23,400	36,400	52,000
Sal Tr	2,160	6,480	10,800	24,300	37,800	54,000
Spl Tr	2,240	6,720	11,200	25,200	39,200	56,000
Phae	2,280	6,840	11,400	25,650	39,900	57,000
4P Phae	2,240	6,720	11,200	25,200	39,200	56,000
1915 Model 3-38, 38 hp						
Brgm	1,720	5,160	8,600	19,350	30,100	43,000
4P Brgm	1,680	5,040	8,400	18,900	29,400	42,000
Cpe	1,760	5,280	8,800	19,800	30,800	44,000
Lan'let	1,880	5,640	9,400	21,150	32,900	47,000
Cabr Lan'let	2,160	6,480	10,800	24,300	37,800	54,000
Limo	1,960	5,880	9,800	22,050	34,300	49,000
Limo Cabr	2,080	6,240	10,400	23,400	36,400	52,000
Imp Limo	2,040	6,120	10,200	22,950	35,700	51,000
Sal Limo	2,120	6,360	10,600	23,850	37,100	53,000
1915 Model 5-48, 6-cyl., 48 hp						
Tr	2,120	6,360	10,600	23,850	37,100	53,000
Sal Tr	2,160	6,480	10,800	24,300	37,800	51,000
Phae	2,200	6,600	11,000	24,750	38,500	55,000
4P Phae	2,240	6,720	11,200	25,200	39,200	56,000
Rbt	2,400	7,200	12,000	27,000	42,000	60,000
Cpe	1,680	5,040	8,400	18,900	29,400	42,000
Brgm	1,640	4,920	8,200	18,450	28,700	41,000
Sal Brgm	1,680	5,040	8,400	18,900	29,400	42,000
Lan'let	2,080	6,240	10,400	23,400	36,400	52,000
Cabr Lan'let	2,240	6,720	11,200	25,200	39,200	56,000
Limo	2,360	7,080	11,800	26,550	41,300	59,000
Cabr Limo	2,400	7,200	12,000	27,000	42,000	60,000
Imp Limo	2,400	7,200	12,000	27,000	42,000	60,000
1916 Twin Six, 12-cyl., 125" wb						
Tr	2,320	6,960	11,600	26,100	40,600	58,000
Sal Tr	2,360	7,080	11,800	26,550	41,300	59,000
Phae	2,400	7,200	12,000	27,000	42,000	60,000
Sal Phae	2,440	7,320	12,200	27,450	42,700	61,000
Rbt	2,360	7,080	11,800	26,550	41,300	59,000
Brgm	1,880	5,640	9,400	21,150	32,900	47,000
Cpe	1,920	5,760	9,600	21,600	33,600	48,000
Lan'let	2,000	6,000	10,000	22,500	35,000	50,000
Limo	2,040	6,120	10,200	22,950	35,700	51,000
1916 Twin Six, 12-cyl., 135" wb						
Tr	2,440	7,320	12,200	27,450	42,700	61,000
Sal Tr	2,480	7,440	12,400	27,900	43,400	62,000
Phae	2,440	7,320	12,200	27,450	42,700	61,000
Sal Phae	2,520	7,560	12,600	28,350	44,100	63,000
Brgm	2,000	6,000	10,000	22,500	35,000	50,000
Lan'let	2,080	6,240	10,400	23,400	36,400	52,000
Sal Lan'let	2,120	6,360	10,600	23,850	37,100	53,000
Cabr Lan'let	2,400	7,200	12,000	27,000	42,000	60,000
Limo	2,120	6,360	10,600	23,850	37,100	53,000
Cabr Limo	2,440	7,320	12,200	27,450	42,700	61,000
Imp Limo	2,400	7,200	12,000	27,000	42,000	60,000
1917 Series II Twin Six, 12-cyl., 126" wb						
Tr	2,120	6,360	10,600	23,850	37,100	53,000
Phae	2,160	6,480	10,800	24,300	37,800	54,000
Sal Phae	2,200	6,600	11,000	24,750	38,500	55,000
2P Rbt	2,080	6,240	10,400	23,400	36,400	52,000
4P Rbt	2,120	6,360	10,600	23,850	37,100	53,000
Brgm	1,640	4,920	8,200	18,450	28,700	41,000
Cpe	1,720	5,160	8,600	19,350	30,100	43,000
Lan'let	2,000	6,000	10,000	22,500	35,000	50,000
Limo	2,040	6,120	10,200	22,950	35,700	51,000
1917 Series II Twin Six, 12-cyl., 135" wb						
Tr	2,240	6,720	11,200	25,200	39,200	56,000

PACKARD

PACKARD

	6	5	4	3	2	1
Sal Tr.	2,280	6,840	11,400	25,650	39,900	57,000
Phae	2,320	6,960	11,600	26,100	40,600	58,000
Sal Phae	2,360	7,080	11,800	26,550	41,300	59,000
Brgm	1,480	4,440	7,400	16,650	25,900	37,000
Lan'let	1,920	5,760	9,600	21,600	33,600	48,000
Cabr Lan'let	2,040	6,120	10,200	22,950	35,700	51,000
Limo	2,000	6,000	10,000	22,500	35,000	50,000
Cabr Limo	2,040	6,120	10,200	22,950	35,700	51,000
Imp Limo	2,080	6,240	10,400	23,400	36,400	52,000
1918-20 Twin Six, 12-cyl., 128" wb						
Tr.	2,040	6,120	10,200	22,950	35,700	51,000
Sal Tr.	2,080	6,240	10,400	23,400	36,400	52,000
Phae	2,160	6,480	10,800	24,300	37,800	54,000
Sal Phae	2,240	6,720	11,200	25,200	39,200	56,000
Rbt.	2,200	6,600	11,000	24,750	38,500	55,000
2d Brgm.	1,560	4,680	7,800	17,550	27,300	39,000
Cpe	1,640	4,920	8,200	18,450	28,700	41,000
Lan'let	1,960	5,880	9,800	22,050	34,300	49,000
Limo	2,040	6,120	10,200	22,950	35,700	51,000
1918-20 Twin Six, 12-cyl., 136" wb						
Tr.	2,240	6,720	11,200	25,200	39,200	56,000
Sal Tr.	2,320	6,960	11,600	26,100	40,600	58,000
Brgm	1,600	4,800	8,000	18,000	28,000	40,000
Lan'let	2,040	6,120	10,200	22,950	35,700	51,000
Limo	2,080	6,240	10,400	23,400	36,400	52,000
Imp Limo	2,160	6,480	10,800	24,300	37,800	54,000
1921-22 Single Six (1st Series), 116" wb						
5P Tr	1,640	4,920	8,200	18,450	28,700	41,000
Rbt.	1,600	4,800	8,000	18,000	28,000	40,000
7P Tr	1,680	5,040	8,400	18,900	29,400	42,000
Cpe	1,440	4,320	7,200	16,200	25,200	36,000
Sed	1,360	4,080	6,800	15,300	23,800	34,000
1921-22 Single Six, 6-cyl., 126" wb						
Rbt.	1,720	5,160	8,600	19,350	30,100	43,000
Rds	1,800	5,400	9,000	20,250	31,500	45,000
Tr.	1,760	5,280	8,800	19,800	30,800	44,000
Cpe	1,480	4,440	7,400	16,650	25,900	37,000
5P Cpe	1,440	4,320	7,200	16,200	25,200	36,000
Sed	1,400	4,200	7,000	15,750	24,500	35,000
Limo Sed	1,520	4,560	7,600	17,100	26,600	38,000
1921-22 Single Six, 6-cyl., 133" wb						
Tr.	1,800	5,400	9,000	20,250	31,500	45,000
Sed	1,400	4,200	7,000	15,750	24,500	35,000
Limo	1,520	4,560	7,600	17,100	26,600	38,000
1923-24 Single Six, 6-cyl., 126" wb						
Rbt.	1,560	4,680	7,800	17,550	27,300	39,000
Spt Rds	1,640	4,920	8,200	18,450	28,700	41,000
Tr.	1,600	4,800	8,000	18,000	28,000	40,000
Sed	1,240	3,720	6,200	13,950	21,700	31,000
Tr Sed	1,280	3,840	6,400	14,400	22,400	32,000
Limo Sed	1,400	4,200	7,000	15,750	24,500	35,000
1923-24 Single Six, 6-cyl., 133" wb						
Tr.	1,680	5,040	8,400	18,900	29,400	42,000
Sed	1,280	3,840	6,400	14,400	22,400	32,000
Sed Limo	1,440	4,320	7,200	16,200	25,200	36,000
1923-24 Single Eight, 8-cyl., 136" wb						
Tr.	1,880	5,640	9,400	21,150	32,900	47,000
Rbt.	1,960	5,880	9,800	22,050	34,300	49,000
Spt Rds	2,080	6,240	10,400	23,400	36,400	52,000
Cpe	1,400	4,200	7,000	15,750	24,500	35,000
5P Cpe	1,360	4,080	6,800	15,300	23,800	34,000
Sed	1,320	3,960	6,600	14,850	23,100	33,000
Sed Limo	1,480	4,440	7,400	16,650	25,900	37,000
1923-24 Single Eight, 8-cyl., 143" wb						
Tr.	1,960	5,880	9,800	22,050	34,300	49,000
Sed	1,360	4,080	6,800	15,300	23,800	34,000
Clb Sed	1,400	4,200	7,000	15,750	24,500	35,000
Sed Limo	1,520	4,560	7,600	17,100	26,600	38,000
1925-26 Single Six (3rd Series), 6-cyl., 126" wb						
Rbt.	1,640	4,920	8,200	18,450	28,700	41,000
Spt Rds	1,760	5,280	8,800	19,800	30,800	44,000
Phae	1,800	5,400	9,000	20,250	31,500	45,000
2P Cpe	1,320	3,960	6,600	14,850	23,100	33,000
Cpe	1,280	3,840	6,400	14,400	22,400	32,000
5P Cpe	1,240	3,720	6,200	13,950	21,700	31,000
Sed	1,160	3,480	5,800	13,050	20,300	29,000
Sed Limo	1,360	4,080	6,800	15,300	23,800	34,000
1925-26 Single Six (3rd Series), 6-cyl., 133" wb						
Tr.	1,560	4,680	7,800	17,550	27,300	39,000

	6	5	4	3	2	1
Sed.	1,200	3,600	6,000	13,500	21,000	30,000
Clb Sed.	1,240	3,720	6,200	13,950	21,700	31,000
Sed Limo	1,400	4,200	7,000	15,750	24,500	35,000
1927 Single Six (4th Series), 6-cyl., 126" wb						
Rds.	1,720	5,160	8,600	19,350	30,100	43,000
Phae.	1,760	5,280	8,800	19,800	30,800	44,000
Sed.	1,240	3,720	6,200	13,950	21,700	31,000
1927 Single Six (4th Series), 6-cyl., 133" wb						
Tr.	1,760	5,280	8,800	19,800	30,800	44,000
Cpe.	1,320	3,960	6,600	14,850	23,100	33,000
Sed.	1,280	3,840	6,400	14,400	22,400	32,000
Clb Sed.	1,320	3,960	6,600	14,850	23,100	33,000
Sed Limo	1,440	4,320	7,200	16,200	25,200	36,000
1927 Single Eight (3rd Series), 8-cyl., 136" wb						
Rbt	2,040	6,120	10,200	22,950	35,700	51,000
Phae.	2,080	6,240	10,400	23,400	36,400	52,000
Sed.	1,240	3,720	6,200	13,950	21,700	31,000
1927 Single Eight (3rd Series), 8-cyl., 143" wb						
Tr.	2,120	6,360	10,600	23,850	37,100	53,000
Cpe.	1,400	4,200	7,000	15,750	24,500	35,000
Sed.	1,280	3,840	6,400	14,400	22,400	32,000
Clb Sed.	1,320	3,960	6,600	14,850	23,100	33,000
Sed Limo	1,440	4,320	7,200	16,200	25,200	36,000
1928 Single Six (5th Series), 6-cyl., 126" wb						
Phae.	3,720	11,160	18,600	41,850	65,100	93,000
Rbt.	3,600	10,800	18,000	40,500	63,000	90,000
Conv.	1,680	5,040	8,400	18,900	29,400	42,000
RS Cpe.	1,440	4,320	7,200	16,200	25,200	36,000
Sed.	1,160	3,480	5,800	13,050	20,300	29,000
1928 Single Six (5th Series), 6-cyl., 133" wb						
Phae.	5,120	15,360	25,600	57,600	89,600	128,000
7P Tr.	5,000	15,000	25,000	56,250	87,500	125,000
Rbt.	5,080	15,240	25,400	57,150	88,900	127,000
Sed.	1,400	4,200	7,000	15,760	24,500	35,000
Clb Sed	1,440	4,320	7,200	16,200	25,200	36,000
Sed Limo	1,480	4,440	7,400	16,650	25,900	37,000
1928 Standard, Single Eight (4th Series), 8-cyl., 143" wb						
Rbt.	7,600	22,800	38,000	85,500	133,000	190,000
Phae.	7,200	21,600	36,000	81,000	126,000	180,000
Conv.	7,000	21,000	35,000	78,750	122,500	175,000
7P Tr.	7,200	21,600	36,000	81,000	126,000	180,000
4P Cpe.	2,000	6,000	10,000	22,500	35,000	50,000
5P Cpe.	2,200	6,600	11,000	24,750	38,500	55,000
Sed.	2,000	6,000	10,000	22,500	35,000	50,000
Clb Sed.	2,200	6,600	11,000	24,750	38,500	55,000
Sed Limo	2,200	6,600	11,000	24,750	38,500	55,000
1928 Custom, Single Eight (4th Series), 8-cyl., 143" wb						
7P Tr.	7,600	22,800	38,000	85,500	133,000	190,000
Phae.	8,000	24,000	40,000	90,000	140,000	200,000
Rbt.	8,400	25,200	42,000	94,500	147,000	210,000
Conv Cpe.	7,200	21,600	36,000	81,000	126,000	180,000
RS Cpe.	3,200	9,600	16,000	36,000	56,000	80,000
7P Sed.	2,600	7,800	13,000	29,250	45,500	65,000
Sed.	2,520	7,560	12,600	28,350	44,100	63,000
Sed Limo	2,600	7,800	13,000	29,250	45,500	65,000
1929 Model 626, Standard Eight (6th Series), 8-cyl.						
Conv.	2,000	6,000	10,000	22,500	35,000	50,000
Cpe.	1,480	4,440	7,400	16,650	25,900	37,000
Sed.	1,280	3,840	6,400	14,400	22,400	32,000
1929 Model 633, Standard Eight (6th Series), 8-cyl.						
Phae.	5,000	15,000	25,000	56,250	87,500	125,000
Rbt.	5,400	16,200	27,000	60,750	94,500	135,000
7P Tr.	4,200	12,600	21,000	47,250	73,500	105,000
Cpe.	1,880	5,640	9,400	21,150	32,900	47,000
Sed.	1,360	4,080	6,800	15,300	23,800	34,000
Clb Sed.	1,400	4,200	7,000	15,750	24,500	35,000
Limo Sed	1,640	4,920	8,200	18,450	28,700	41,000
1929 Model 626, Speedster Eight (6th Series), 8-cyl.						
Phae.	value not estimable					
Rds.	value not estimable					
1929 Model 640, Custom Eight (6th Series), 8-cyl.						
DC Phae.	6,000	18,000	30,000	67,500	105,000	150,000
7P Tr.	5,840	17,520	29,200	65,700	102,200	146,000
Rbt.	6,800	20,400	34,000	76,500	119,000	170,000
Conv.	6,000	18,000	30,000	67,500	105,000	150,000
RS Cpe.	2,680	8,040	13,400	30,150	46,900	67,000
4P Cpe.	2,080	6,240	10,400	23,400	36,400	52,000
Sed.	2,000	6,000	10,000	22,500	35,000	50,000

PACKARD (side tab)

	6	5	4	3	2	1
Clb Sed	2,040	6,120	10,200	22,950	35,700	51,000
Limo	2,120	6,360	10,600	23,850	37,100	53,000

1929 Model 645, DeLuxe Eight (6th Series), 8-cyl.

	6	5	4	3	2	1
Phae	9,000	27,000	45,000	101,250	157,500	225,000
Spt Phae	9,200	27,600	46,000	103,500	161,000	230,000
7P Tr	7,200	21,600	36,000	81,000	126,000	180,000
Rbt	9,000	27,000	45,000	101,250	157,500	225,000
RS Cpe	2,800	8,400	14,000	31,500	49,000	70,000
5P Cpe	2,480	7,440	12,400	27,900	43,400	62,000
Sed	2,240	6,720	11,200	25,200	39,200	56,000
Clb Sed	2,280	6,840	11,400	25,650	39,900	57,000
Limo	2,360	7,080	11,800	26,550	41,300	59,000

1930 Model 726, Standard 8 (7th Series), 8-cyl.

	6	5	4	3	2	1
Sed	1,320	3,960	6,600	14,850	23,100	33,000

1930 Model 733, Standard 8 (7th Series), 8-cyl., 134" wb

	6	5	4	3	2	1
Phae	5,040	15,120	25,200	56,700	88,200	126,000
Spt Phae	5,360	15,360	25,600	57,600	89,600	128,000
Rds	5,440	16,320	27,200	61,200	95,200	136,000
7P Tr	4,560	13,680	22,800	51,300	79,800	114,000
RS Cpe	2,680	8,040	13,400	30,150	46,900	67,000
4P Cpe	1,480	4,440	7,400	16,650	25,900	37,000
Conv	4,200	12,600	21,000	47,250	73,500	105,000
Sed	1,560	4,680	7,800	17,550	27,300	39,000
Clb Sed	1,640	4,920	8,200	18,450	28,700	41,000
Limo Sed	1,800	5,400	9,000	20,250	31,500	45,000

1930 Model 734, Speedster Eight (7th Series), 8-cyl.

Boat		value not estimable				
RS Rds		value not estimable				
Phae		value not estimable				
Vic		value not estimable				
Sed		value not estimable				

1930 Model 740, Custom Eight (7th Series), 8-cyl.

	6	5	4	3	2	1
Phae	5,920	17,760	29,600	66,600	103,600	148,000
Spt Phae	6,200	18,600	31,000	69,750	108,500	155,000
7P Tr	5,840	17,520	29,200	65,700	102,200	146,000
Rds	7,320	21,960	36,600	82,350	128,100	183,000
Conv	6,320	18,960	31,600	71,100	110,600	158,000
RS Cpe	2,920	8,760	14,600	32,850	51,100	73,000
5P Cpe	2,280	6,840	11,400	25,650	39,900	57,000
Sed	2,000	6,000	10,000	22,500	35,000	50,000
7P Sed	2,040	6,120	10,200	22,950	35,700	51,000
Clb Sed	2,080	6,240	10,400	23,400	36,400	52,000
Limo	2,240	6,720	11,200	25,200	39,200	56,000

1930 Model 745, DeLuxe Eight (7th Series)

	6	5	4	3	2	1
Phae	9,520	28,560	47,600	107,100	166,600	238,000
Spt Phae	9,920	29,760	49,600	111,600	173,600	248,000
Rds	9,320	27,960	46,600	104,850	163,100	233,000
Conv	10,120	30,360	50,600	113,850	177,100	253,000
7P Tr	9,120	27,360	45,600	102,600	159,600	228,000
RS Cpe	2,960	8,880	14,800	33,300	51,800	74,000
5P Cpe	2,560	7,680	12,800	28,800	44,800	64,000
Sed	2,280	6,840	11,400	25,650	39,900	57,000
7P Sed	2,360	7,080	11,800	26,550	41,300	59,000
Clb Sed	2,440	7,320	12,200	27,450	42,700	61,000
Limo	2,640	7,920	13,200	29,700	46,200	66,000

1931 Model 826, Standard Eight (8th Series)

	6	5	4	3	2	1
Sed	1,320	3,960	6,600	14,850	23,100	33,000

1931 Model 833, Standard Eight (8th Series)

	6	5	4	3	2	1
Phae	5,120	15,360	25,600	57,600	89,600	128,000
Spt Phae	5,200	15,600	26,000	58,500	91,000	130,000
7P Tr	4,640	13,920	23,200	52,200	81,200	116,000
Conv Sed	5,400	16,200	27,000	60,750	94,500	135,000
Rds	5,520	16,560	27,600	62,100	96,600	138,000
Conv	4,320	12,960	21,600	48,600	75,600	108,000
RS Cpe	2,760	8,280	13,800	31,050	48,300	69,000
5P Cpe	2,400	7,200	12,000	27,000	42,000	60,000
7P Sed	1,680	5,040	8,400	18,900	29,400	42,000
Clb Sed	1,720	5,160	8,600	19,350	30,100	43,000

NOTE: Add 45 percent for 845 models.

1931 Model 840, Custom

	6	5	4	3	2	1
A/W Cabr	6,520	19,560	32,600	73,350	114,100	163,000
A/W Spt Cabr	6,720	20,160	33,600	75,600	117,600	168,000
A/W Lan'let	6,920	20,760	34,600	77,850	121,100	173,000
A/W Spt Lan'let	7,120	21,360	35,600	80,100	124,600	178,000
Dtrch Cv Sed	7,320	21,960	36,600	82,350	128,100	183,000
Limo Cabr	7,320	21,960	36,600	82,350	128,100	183,000
A/W Twn Car	7,120	21,360	35,600	80,100	124,600	178,000
Dtrch Cv Vic	7,520	22,560	37,600	84,600	131,600	188,000

	6	5	4	3	2	1
Conv	7,720	23,160	38,600	86,850	135,100	193,000
Spt Phae	8,320	24,960	41,600	93,600	145,600	208,000
Phae	8,120	24,360	40,600	91,350	142,100	203,000
Rds	7,920	23,760	39,600	89,100	138,600	198,000
Tr	7,720	23,160	38,600	86,850	135,100	193,000
RS Cpe	3,040	9,120	15,200	34,200	53,200	76,000
5P Cpe	2,480	7,440	12,400	27,900	43,400	62,000
Sed	2,080	6,240	10,400	23,400	36,400	52,000
Clb Sed	2,200	6,600	11,000	24,750	38,500	55,000
1931 Model 840, Individual Custom						
A/W Cabr	10,120	30,360	50,600	113,850	177,100	253,000
A/W Spt Cabr	10,320	30,960	51,600	116,100	180,600	258,000
A/W Lan'let	8,720	26,160	43,600	98,100	152,600	218,000
A/W Spt Lan'let	8,920	26,760	44,600	100,350	156,100	223,000
Dtrch Conv Sed	9,720	29,160	48,600	109,350	170,100	243,000
Cabr Sed Limo	8,920	26,760	44,600	100,350	156,100	223,000
A/W Twn Car	9,520	28,560	47,600	107,100	166,600	238,000
Lan'let Twn Car	8,320	24,960	41,600	93,600	145,600	208,000
Conv Vic	9,920	29,760	49,600	111,600	173,600	248,000
Sed	2,560	7,680	12,800	28,800	44,800	64,000
Sed Limo	3,120	9,360	15,600	35,100	54,600	78,000
1932 Model 900, Light Eight (9th Series)						
Rds	2,800	8,400	14,000	31,500	49,000	70,000
Cpe	1,520	4,560	7,600	17,100	26,600	38,000
Cpe Sed	1,440	4,320	7,200	16,200	25,200	36,000
Sed	1,400	4,200	7,000	15,750	24,500	35,000
1932 Model 901, Standard Eight (9th Series) 129" wb						
Sed	1,200	3,600	6,000	13,500	21,000	30,000
1932 Model 902, Standard Eight (9th Series) 136" wb						
Rds	5,600	16,800	28,000	63,000	98,000	140,000
Phae	5,200	15,600	26,000	58,500	91,000	130,000
Spt Phae	5,280	15,840	26,400	59,400	92,400	132,000
RS Cpe	2,400	7,200	12,000	27,000	42,000	60,000
5P Cpe	2,320	6,960	11,600	26,100	40,600	58,000
Sed	1,680	5,040	8,400	18,900	29,400	42,000
7P Sed	1,760	5,280	8,800	19,800	30,800	44,000
Clb Sed	1,800	5,400	9,000	20,250	31,500	45,000
Limo	1,840	5,520	9,200	20,700	32,200	46,000
Tr	4,720	14,160	23,600	53,100	82,600	118,000
Conv Sed	5,360	16,080	26,800	60,300	93,800	134,000
Conv Vic	5,520	16,560	27,600	62,100	96,600	138,000
1932 Model 903, DeLuxe Eight, 142" wb						
Conv	5,200	15,600	26,000	58,500	91,000	130,000
Phae	5,280	15,840	26,400	59,400	92,400	132,000
Spt Phae	5,360	16,080	26,800	60,300	93,800	134,000
Conv Sed	5,440	16,320	27,200	61,200	95,200	136,000
Conv Vic	5,600	16,800	28,000	63,000	98,000	140,000
7P Tr	4,800	14,400	24,000	54,000	84,000	120,000
RS Cpe	2,920	8,760	14,600	32,850	51,100	73,000
5P Cpe	2,560	7,680	12,800	28,800	44,800	64,000
Sed	1,800	5,400	9,000	20,250	31,500	45,000
Clb Sed	1,840	5,520	9,200	20,700	32,200	46,000
1932 Model 904, DeLuxe Eight, 147" wb						
Sed	2,600	7,800	13,000	29,250	45,500	65,000
Limo	3,000	9,000	15,000	33,750	52,500	75,000
1932 Model 904, Individual Custom, 147" wb						
Dtrch Conv Cpe	10,120	30,360	50,600	113,850	177,100	253,000
Dtrch Cpe	6,520	19,560	32,600	73,350	114,100	163,000
Cabr	10,320	30,960	51,600	116,100	180,600	258,000
Spt Cabr	10,720	32,160	53,600	120,600	187,600	268,000
A/W Brgm	10,920	32,760	54,600	122,850	191,100	273,000
Dtrch Spt Phae	10,920	32,760	54,600	122,850	191,100	273,000
Dtrch Conv Sed	11,120	33,360	55,600	125,100	194,600	278,000
Spt Sed	6,520	19,560	32,600	73,350	114,100	163,000
Limo Cabr	10,720	32,160	53,600	120,600	187,600	268,000
Dtrch Limo	7,520	22,560	37,600	84,600	131,600	188,000
A-W Twn Car	11,120	33,360	55,600	125,100	194,600	278,000
Dtrch Conv Vic	11,520	34,560	57,600	129,600	201,600	288,000
Lan'let	7,120	21,360	35,600	80,100	124,600	178,000
Spt Lan	7,520	22,560	37,600	84,600	131,600	188,000
Twn Car Lan'let	7,920	23,760	39,600	89,100	138,600	198,000
1932 Model 905, Twin Six, (9th Series), 142" wb						
Conv	10,920	32,760	54,600	122,850	191,100	273,000
Phae	10,720	32,160	53,600	120,600	187,600	268,000
Spt Phae	10,520	31,560	52,600	118,350	184,100	263,000
7P Tr	10,120	30,360	50,600	113,850	177,100	253,000
Conv Sed	10,920	32,760	54,600	122,850	191,100	273,000
Conv Vic	11,120	33,360	55,600	125,100	194,600	278,000

	6	5	4	3	2	1
RS Cpe	3,760	11,280	18,800	42,300	65,800	94,000
5P Cpe	3,520	10,560	17,600	39,600	61,600	88,000
Sed	2,720	8,160	13,600	30,600	47,600	68,000
Clb Sed	2,800	8,400	14,000	31,500	49,000	70,000
1932 Model 906, Twin Six, 147" wb						
7P Sed	3,520	10,560	17,600	39,600	61,600	88,000
Limo	4,160	12,480	20,800	46,800	72,800	104,000
1932 Model 906, Individual Custom, Twin Six, 147" wb						
Conv		value not estimable				
Cabr		value not estimable				
Dtrch Spt Phae		value not estimable				
Dtrch Conv Vic		value not estimable				
Dtrch Sed		value not estimable				
Dtrch Cpe		value not estimable				
Lan'let		value not estimable				
Twn Car Lan'let		value not estimable				
A/W Twn Car		value not estimable				
1933 Model 1001, Eight, (10th Series), 127" wb						
10th Series						
Conv	4,560	13,680	22,800	51,300	79,800	114,000
RS Cpe	1,680	5,040	8,400	18,900	29,400	42,000
Cpe Sed	1,600	4,800	8,000	18,000	28,000	40,000
Sed	1,520	4,560	7,600	17,100	26,600	38,000
1933 Model 1002, Eight, 136" wb						
Phae	5,720	17,160	28,600	64,350	100,100	143,000
Conv Sed	5,920	17,760	29,600	66,600	103,600	148,000
Conv Vic	6,120	18,360	30,600	68,850	107,100	153,000
7P Tr	5,120	15,360	25,600	57,600	89,600	128,000
RS Cpe	1,880	5,640	9,400	21,150	32,900	47,000
5P Cpe	1,800	5,400	9,000	20,250	31,500	45,000
Sed	1,720	5,160	8,600	19,350	30,100	43,000
7P Sed	1,800	5,400	9,000	20,250	31,500	45,000
Clb Sed	1,840	5,520	9,200	20,700	32,200	46,000
Limo	1,880	5,640	9,400	21,150	32,900	47,000
1933 Model 1003, Super Eight, 135" wb						
Sed	1,680	5,040	8,400	18,900	29,400	42,000
1933 Model 1004, Super Eight, 142" wb						
Conv	6,520	19,560	32,600	73,350	114,100	163,000
Phae	6,720	20,160	33,600	75,600	117,600	168,000
Spt Phae	7,320	21,960	36,600	82,350	128,100	183,000
Conv Vic	7,720	23,160	38,600	86,850	135,100	193,000
Conv Sed	7,320	21,960	36,600	82,350	128,100	183,000
7P Tr	6,920	20,760	34,600	77,850	121,100	173,000
RS Cpe	2,480	7,440	12,400	27,900	43,400	62,000
5P Cpe	2,080	6,240	10,400	23,400	36,400	52,000
Sed	1,760	5,280	8,800	19,800	30,800	44,000
Clb Sed	1,880	5,640	9,400	21,150	32,900	47,000
Limo	1,920	5,760	9,600	21,600	33,600	48,000
Fml Sed	1,960	5,880	9,800	22,050	34,300	49,000
1933 Model 1005, Twelve, 142" wb						
Conv	9,720	29,160	48,600	109,350	170,100	243,000
Spt Phae	9,920	29,760	49,600	111,600	173,600	248,000
Conv Sed	9,920	29,760	49,600	111,600	173,600	248,000
Conv Vic	10,120	30,360	50,600	113,850	177,100	253,000
RS Cpe	3,240	9,720	16,200	36,450	56,700	81,000
5P Cpe	2,680	8,040	13,400	30,150	46,900	67,000
Sed	2,280	6,840	11,400	25,650	39,900	57,000
Fml Sed	2,400	7,200	12,000	27,000	42,000	60,000
Clb Sed	2,440	7,320	12,200	27,450	42,700	61,000
1933 Model 1006, Standard, 147" wb						
7P Sed	3,160	9,480	15,800	35,550	55,300	79,000
Limo	3,400	10,200	17,000	38,250	59,500	85,000
1933 Model 1006, Custom Twelve, 147" wb, Dietrich						
Conv	10,320	30,960	51,600	116,100	180,600	258,000
Conv Vic	10,720	32,160	53,600	120,600	187,600	268,000
Spt Phae	10,520	31,560	52,600	118,350	184,100	263,000
Conv Sed	10,720	32,160	53,600	120,600	187,600	268,000
Cpe	3,560	10,680	17,800	40,050	62,300	89,000
Fml Sed	3,400	10,200	17,000	38,250	59,500	85,000
1933 Model 1006, LeBaron Custom, Twelve, 147" wb						
A/W Cabr		value not estimable				
A/W Twn Car		value not estimable				
1933 Model 1006, Packard Custom, Twelve, 147" wb						
A/W Cabr		value not estimable				
A/W Lan'let		value not estimable				
Spt Sed		value not estimable				
A/W Twn Car		value not estimable				
Twn Car Lan'let		value not estimable				

	6	5	4	3	2	1
Limo		value not estimable				
Lan'let Limo		value not estimable				
A/W Cabr		value not estimable				
A/W Twn Car		value not estimable				

1934 Model 1100, Eight, (11th Series), 129" wb
11th Series

	6	5	4	3	2	1
Sed 1,680	5,040	8,400	18,900	29,400	42,000	

1934 Model 1101, Eight, 136" wb

	6	5	4	3	2	1
Conv 5,600	16,800	28,000	63,000	98,000	140,000	
Phae 5,760	17,280	28,800	64,800	100,800	144,000	
Conv Vic 6,080	18,240	30,400	68,400	106,400	152,000	
Conv Sed 5,960	17,880	29,800	67,050	104,300	149,000	
RS Cpe 1,920	5,760	9,600	21,600	33,600	48,000	
5P Cpe 1,840	5,520	9,200	20,700	32,200	46,000	
Sed 1,760	5,280	8,800	19,800	30,800	44,000	
Clb Sed 1,880	5,640	9,400	21,150	32,900	47,000	
Fml Sed 1,920	5,760	9,600	21,600	33,600	48,000	

1934 Model 1102, Eight, 141" wb

	6	5	4	3	2	1
7P Sed 2,000	6,000	10,000	22,500	35,000	50,000	
Limo 2,080	6,240	10,400	23,400	36,400	52,000	

1934 Model 1103, Super Eight, 135" wb

	6	5	4	3	2	1
Sed 1,840	5,520	9,200	20,700	32,200	46,000	

1934 Model 1104, Super Eight, 142" wb

	6	5	4	3	2	1
Conv 4,960	14,880	24,800	55,800	86,800	124,000	
Phae 5,040	15,120	25,200	56,700	88,200	126,000	
Spt Phae 5,520	16,560	27,600	62,100	96,600	138,000	
Conv Vic 5,520	16,560	27,600	62,100	96,600	138,000	
Conv Sed 5,520	16,560	27,600	62,100	96,600	138,000	
RS Cpe 2,440	7,320	12,200	27,450	42,700	61,000	
5P Cpe 2,040	6,120	10,200	22,950	35,700	51,000	
Clb Sed 1,840	5,520	9,200	20,700	32,200	46,000	
Fml Sed 1,920	5,760	9,600	21,600	33,600	48,000	

1934 Model 1105, Super Eight, Standard, 147" wb

	6	5	4	3	2	1
7P Sed 3,000	9,000	15,000	33,750	52,500	75,000	
Limo 3,160	9,480	15,000	35,550	55,300	79,000	

1934 Model 1105, Dietrich, Super Eight, 147" wb

	6	5	4	3	2	1
Conv 5,720	17,160	28,600	64,350	100,100	143,000	
Conv Vic 6,920	20,760	34,600	77,850	121,100	173,000	
Conv Sed 6,720	20,160	33,600	75,600	117,600	168,000	
Cpe 3,680	11,040	18,400	41,400	64,400	92,000	
Spt Sed 3,600	10,800	18,000	40,500	63,000	90,000	

1934 Model 1105, LeBaron, Super Eight, 147" wbModel 1106, Twelve, LeBaron, 135" wb

	6	5	4	3	2	1
Spds		value not estimable				
Spt Phae		value not estimable				

1934 Model 1107, Twelve, 142" wb

	6	5	4	3	2	1
Conv		value not estimable				
Phae		value not estimable				
Spt Phae		value not estimable				
Conv Vic		value not estimable				
Conv Sed		value not estimable				
7P Tr		value not estimable				
RS Cpe		value not estimable				
5P Cpe		value not estimable				
Sed		value not estimable				
Clb Sed		value not estimable				
Fml Sed		value not estimable				

1934 Model 1108, Twelve, Standard, 147" wb

	6	5	4	3	2	1
7P Sed 3,560	10,680	17,800	40,050	62,300	89,000	
Limo 3,760	11,280	18,800	42,300	65,800	94,000	

1934 Model 1108, Twelve, Dietrich, 147" wb

	6	5	4	3	2	1
Conv		value not estimable				
Spt Phae		value not estimable				
Conv Sed		value not estimable				
Vic Conv		value not estimable				
Cpe		value not estimable				
Spt Sed		value not estimable				

1934 Model 1108, Twelve, LeBaron, 147" wb

	6	5	4	3	2	1
Cabr		value not estimable				
Spt Phae		value not estimable				
A/W Twn Car		value not estimable				

1935 120-A, 8-cyl., 120" wb

	6	5	4	3	2	1
Conv 2,080	6,240	10,400	23,400	36,400	52,000	
Bus Cpe 1,400	4,200	7,000	15,750	24,500	35,000	
Spt Cpe 1,480	4,440	7,400	16,650	25,900	37,000	
Tr Cpe 1,480	4,440	7,400	16,650	25,900	37,000	
Sed 1,080	3,240	5,400	12,150	18,900	27,000	
Clb Sed 1,160	3,480	5,800	13,050	20,300	29,000	
Tr Sed 1,120	3,360	5,600	12,600	19,600	28,000	

	6	5	4	3	2	1
1935 Series 1200, 8-cyl., 127" wb						
Sed 1,240	3,720	6,200	13,950	21,700	31,000
1935 Series 1201, 8-cyl., 134" wb						
Cpe Rds 2,600	7,800	13,000	29,250	45,500	65,000
Phae 2,680	8,040	13,400	30,150	46,900	67,000
Conv Vic 3,000	9,000	15,000	33,750	52,500	75,000
LeB A/W Cabr 3,320	9,960	16,600	37,350	58,100	83,000
RS Cpe 2,200	6,600	11,000	24,750	38,500	55,000
5P Cpe 2,160	6,480	10,800	24,300	37,800	54,000
Sed 1,640	4,920	8,200	18,450	28,700	41,000
Fml Sed 1,680	5,040	8,400	18,900	29,400	42,000
Clb Sed 1,760	5,280	8,800	19,800	30,800	44,000
1935 Series 1202, 8-cyl., 139" wb						
7P Sed 1,960	5,880	9,800	22,050	34,300	49,000
Limo 2,280	6,840	11,400	25,650	39,900	57,000
Conv Sed 3,720	11,160	18,600	41,850	65,100	93,000
LeB A/W Twn Car 4,120	12,360	20,600	46,350	72,100	103,000
1935 Series 1203, Super 8, 132" wb						
5P Sed 2,200	6,600	11,000	24,750	38,500	55,000
1935 Series 1204, Super 8, 139" wb						
Rds 3,720	11,160	18,600	41,850	65,100	93,000
Phae 3,800	11,400	19,000	42,750	66,500	95,000
Spt Phae 3,960	11,880	19,800	44,550	69,300	99,000
Conv Vic 3,880	11,640	19,400	43,650	67,900	97,000
RS Cpe 2,600	7,800	13,000	29,250	45,500	65,000
5P Cpe 2,400	7,200	12,000	27,000	42,000	60,000
Clb Sed 2,080	6,240	10,400	23,400	36,400	52,000
Fml Sed 2,040	6,120	10,200	22,950	35,700	51,000
LeB A/W Cabr 3,720	11,160	18,600	41,850	65,100	93,000
1935 Series 1205, Super 8, 144" wb						
Tr Sed 3,200	9,600	16,000	36,000	56,000	80,000
Conv Sed 4,120	12,360	20,600	46,350	72,100	103,000
7P Sed 2,280	6,840	11,400	25,650	39,900	57,000
Limo 2,560	7,680	12,800	28,800	44,800	64,000
LeB A/W Twn Car 3,960	11,880	19,800	44,550	69,300	99,000
1935 Series 1207, V-12, 139" wb						
Rds 5,920	17,760	29,600	66,600	103,600	148,000
Phae 6,120	18,360	30,600	68,850	107,100	153,000
Spt Phae 6,520	19,560	32,600	73,350	114,100	163,000
RS Cpe 3,120	9,360	15,600	35,100	54,600	78,000
5P Cpe 2,880	8,640	14,400	32,400	50,400	72,000
Clb Sed 2,560	7,680	12,800	28,800	44,800	64,000
Sed 2,640	7,920	13,200	29,700	46,200	66,000
Fml Sed 2,720	8,160	13,600	30,600	47,600	68,000
Conv Vic 5,920	17,760	29,600	66,600	103,600	148,000
LeB A/W Cabr 6,120	18,360	30,600	68,850	107,100	153,000
1935 Series 1208, V-12, 144" wb						
Conv Sed 7,320	21,960	36,600	82,350	128,100	183,000
7P Sed 2,720	8,160	13,600	30,600	47,600	68,000
Limo 3,120	9,360	15,600	35,100	54,600	78,000
LeB A/W Twn Car 6,720	20,160	33,600	75,600	117,600	168,000
1936 14th Series Series 120-B, 8-cyl., 120" wb						
Conv 2,280	6,840	11,400	25,650	39,900	57,000
Conv Sed 2,400	7,200	12,000	27,000	42,000	60,000
Bus Cpe 1,600	4,800	8,000	18,000	28,000	40,000
Spt Cpe 1,680	5,040	8,400	18,900	29,400	42,000
Tr Cpe 1,680	5,040	8,400	18,900	29,400	42,000
2d Sed 920	2,760	4,600	10,350	16,100	23,000
Sed 960	2,880	4,800	10,800	16,800	24,000
Clb Sed 1,040	3,120	5,200	11,700	18,200	26,000
Tr Sed 1,000	3,000	5,000	11,250	17,500	25,000
1936 14th Series Series 1400, 8-cyl., 127" wb						
Sed 1,080	3,240	5,400	12,150	18,900	27,000
1936 14th Series Series 1401, 8-cyl., 134" wb						
Rds 3,560	10,680	17,800	40,050	62,300	89,000
Phae 3,640	10,920	18,200	40,950	63,700	91,000
Conv Vic 4,040	12,120	20,200	45,450	70,700	101,000
LeB A/W Cabr 3,720	11,160	18,600	41,850	65,100	93,000
RS Cpe 2,080	6,240	10,400	23,400	36,400	52,000
5P Cpe 2,000	6,000	10,000	22,500	35,000	50,000
Clb Sed 1,760	5,280	8,800	19,800	30,800	44,000
Sed 1,680	5,040	8,400	18,900	29,400	42,000
Fml Sed 1,720	5,160	8,600	19,350	30,100	43,000
1936 14th Series Series 1402, 8-cyl., 139" wb						
Conv Sed 4,560	13,680	22,800	51,300	79,800	114,000
7P Tr 4,400	13,200	22,000	49,500	77,000	110,000
7P Sed 2,080	6,240	10,400	23,400	36,400	52,000
Bus Sed 2,000	6,000	10,000	22,500	35,000	50,000

PACKARD

	6	5	4	3	2	1
Limo	2,320	6,960	11,600	26,100	40,600	58,000
Bus Limo	2,240	6,720	11,200	25,200	39,200	56,000
LeB Twn Car	4,160	12,480	20,800	46,800	72,800	104,000
1936 14th Series Series 1403, Super 8, 132" wb						
Sed	2,000	6,000	10,000	22,500	35,000	50,000
1936 14th Series Series 1404, Super 8, 139" wb						
Cpe Rds	3,800	11,400	19,000	42,750	66,500	95,000
Phae	3,920	11,760	19,600	44,100	68,600	98,000
Spt Phae	4,160	12,480	20,800	46,800	72,800	104,000
Conv Vic	4,000	12,000	20,000	45,000	70,000	100,000
LeB A/W Cabr	4,160	12,480	20,800	46,800	72,800	104,000
RS Cpe	2,640	7,920	13,200	29,700	46,200	66,000
5P Cpe	2,440	7,320	12,200	27,450	42,700	61,000
Clb Sed	2,160	6,480	10,800	24,300	37,800	54,000
Fml Sed	2,080	6,240	10,400	23,400	36,400	52,000
1936 14th Series Series 1405, Super 8, 144" wb						
7P Tr	4,400	13,200	22,000	49,500	77,000	110,000
Conv Sed	4,560	13,680	22,800	51,300	79,800	114,000
1936 14th Series Series 1407, V-12, 139" wb						
Cpe Rds	5,920	17,760	29,600	66,600	103,600	148,000
Phae	6,120	18,360	30,600	68,850	107,100	153,000
Spt Phae	6,520	19,560	32,600	73,350	114,100	163,000
LeB A/W Cabr	6,120	18,360	30,600	68,850	107,100	153,000
Conv Vic	5,920	17,760	29,600	66,600	103,600	148,000
RS Cpe	3,120	9,360	15,600	35,100	54,600	78,000
5P Cpe	2,880	8,640	14,400	32,400	50,400	72,000
Clb Sed	2,560	7,680	12,800	28,800	44,800	64,000
Sed	2,640	7,920	13,200	29,700	46,200	66,000
Fml Sed	2,720	8,160	13,600	30,600	47,600	68,000
1936 14th Series Series 1408, V-12, 144" wb						
7P Tr	6,320	18,960	31,600	71,100	110,600	158,000
Conv Sed	7,320	21,960	36,600	82,350	128,100	183,000
7P Sed	2,720	8,160	13,600	30,600	47,600	68,000
Limo	3,120	9,360	15,600	35,100	54,600	78,000
LeB A/W Twn Car	6,720	20,160	33,600	75,600	117,600	168,000
1937 15th Series Model 115-C, 6-cyl., 115" wb						
Conv	1,880	5,640	9,400	21,150	32,900	47,000
Bus Cpe	1,280	3,840	6,400	14,400	22,400	32,000
Spt Cpe	1,360	4,080	6,800	15,300	23,800	34,000
2d Sed	1,000	3,000	5,000	11,250	17,500	25,000
Sed	960	2,880	4,800	10,800	16,800	24,000
Clb Sed	1,040	3,120	5,200	11,700	18,200	26,000
Tr Sed	1,000	3,000	5,000	11,250	17,500	25,000
Sta Wag	2,080	6,240	10,400	23,400	36,400	52,000
1937 15th Series Model 120-C, 8-cyl., 120" wb						
Conv	2,280	6,840	11,400	25,650	39,900	57,000
Conv Sed	2,360	7,080	11,800	26,550	41,300	59,000
Bus Cpe	1,320	3,960	6,600	14,850	23,100	33,000
Spt Cpe	1,400	4,200	7,000	15,750	24,500	35,000
2d Sed	1,040	3,120	5,200	11,700	18,200	26,000
Sed	1,000	3,000	5,000	11,250	17,500	25,000
Clb Sed	1,080	3,240	5,400	12,150	18,900	27,000
Tr Sed	1,040	3,120	5,200	11,700	18,200	26,000
Sta Wag	2,280	6,840	11,400	25,650	39,900	57,000
1937 15th Series Model 120-CD, 8-cyl., 120" wb						
2d Sed	1,080	3,240	5,400	12,150	18,900	27,000
Clb Sed	1,160	3,480	5,800	13,050	20,300	29,000
Tr Sed	1,120	3,360	5,600	12,600	19,600	28,000
1937 15th Series Model 138-CD, 8-cyl., 138" wb						
Tr Sed	1,200	3,600	6,000	13,500	21,000	30,000
Tr Limo	1,320	3,960	6,600	14,850	23,100	33,000
1937 15th Series Model 1500, Super 8, 127" wb						
Sed	1,360	4,080	6,800	15,300	23,800	34,000
1937 15th Series Model 1501, Super 8, 134" wb						
Conv	3,720	11,160	18,600	41,850	65,100	93,000
LeB A/W Cabr	3,960	11,880	19,800	44,550	69,300	99,000
RS Cpe	2,120	6,360	10,600	23,850	37,100	53,000
5P Cpe	2,080	6,240	10,400	23,400	36,400	52,000
Clb Sed	1,800	5,400	9,000	20,250	31,500	45,000
Tr Sed	1,840	5,520	9,200	20,700	32,200	46,000
Fml Sed	1,760	5,280	8,800	19,800	30,800	44,000
Vic	3,000	9,000	15,000	33,750	52,500	75,000
1937 15th Series Model 1502, Super 8, 139" wb						
Conv Sed	4,120	12,360	20,600	46,350	72,100	103,000
Bus Sed	1,720	5,160	8,600	19,350	30,100	43,000
Tr Sed	1,880	5,640	9,400	21,150	32,900	47,000
Tr Limo	1,880	5,640	9,400	21,150	32,900	47,000
Bus Limo	1,840	5,520	9,200	20,700	32,200	46,000
LeB A/W Twn Car	4,320	12,960	21,600	48,600	75,600	108,000

PACKARD

	6	5	4	3	2	1
1937 15th Series Model 1506, V-12, 132" wb						
Tr Sed	1,880	5,640	9,400	21,150	32,900	47,000
1937 15th Series Model 1507, V-12, 139" wb						
Conv	5,920	17,760	29,600	66,600	103,600	148,000
LeB A/W Cabr	6,120	18,360	30,600	68,850	107,100	153,000
RS Cpe	3,120	9,360	15,600	35,100	54,600	78,000
5P Cpe	2,880	8,640	14,400	32,400	50,400	72,000
Clb Sed	2,560	7,680	12,800	28,800	44,800	64,000
Fml Sed	2,720	8,160	13,600	30,600	47,600	68,000
Tr Sed	2,760	8,280	13,800	31,050	48,300	69,000
Conv Vic	5,920	17,760	29,600	66,600	103,600	148,000
1937 15th Series Model 1508, V-12, 144" wb						
Conv Sed	7,320	21,960	36,600	82,350	128,100	183,000
Tr Sed	3,120	9,360	15,600	35,100	54,600	78,000
Tr Limo	3,360	10,080	16,800	37,800	58,800	84,000
LeB A/W Twn Car	6,720	20,160	33,600	75,600	117,600	168,000
1938 16th Series Model 1600, 6-cyl., 122" wb						
Conv	1,760	5,280	8,800	19,800	30,800	44,000
Bus Cpe	1,040	3,120	5,200	11,700	18,200	26,000
Clb Cpe	1,080	3,240	5,400	12,150	18,900	27,000
2d Sed	640	1,920	3,200	7,200	11,200	16,000
Sed	680	2,040	3,400	7,650	11,900	17,000
1938 16th Series Model 1601, 8-cyl., 127" wb						
Conv	2,080	6,240	10,400	23,400	36,400	52,000
Conv Sed	2,160	6,480	10,800	24,300	37,800	54,000
Bus Cpe	1,160	3,480	5,800	13,050	20,300	29,000
Clb Cpe	1,200	3,600	6,000	13,500	21,000	30,000
2d Sed	880	2,640	4,400	9,900	15,400	22,000
Sed	840	2,520	4,200	9,450	14,700	21,000
1938 16th Series Model 1601-D, 8-cyl., 127" wb						
Tr Sed	1,040	3,120	5,200	11,700	18,200	26,000
1938 16th Series Model 1601, 8-cyl., 139" wb						
Roll A/W Cabr	4,320	12,960	21,600	48,600	75,600	108,000
Roll A/W Twn Car	4,160	12,480	20,800	46,800	72,800	104,000
Roll Brgm	3,760	11,280	18,800	42,300	65,800	94,000
1938 16th Series Model 1602, 8-cyl., 148" wb						
Tr Sed	1,480	4,440	7,400	16,650	25,900	37,000
Tr Limo	1,680	5,040	8,400	18,900	29,400	42,000
1938 16th Series Model 1603, Super 8, 127" wb						
Tr Sed	1,520	4,560	7,600	17,100	26,600	38,000
1938 16th Series Model 1604, Super 8, 134" wb						
Conv	3,720	11,160	18,600	41,850	65,100	93,000
RS Cpe	1,720	5,160	8,600	19,350	30,100	43,000
5P Cpe	1,680	5,040	8,400	18,900	29,400	42,000
Clb Sed	1,360	4,080	6,800	15,300	23,800	34,000
Tr Sed	1,280	3,840	6,400	14,400	22,400	32,000
Fml Sed	1,320	3,960	6,600	14,850	23,100	33,000
Vic	3,560	10,680	17,800	40,050	62,300	89,000
1938 16th Series Model 1605, Super 8, 139" wb						
Bus Sed	1,480	4,440	7,400	16,650	25,900	37,000
Conv Sed	4,120	12,360	20,600	46,350	72,100	103,000
Bus Limo	2,080	6,240	10,400	23,400	36,400	52,000
1938 16th Series Model 1605, Super 8, Customs						
Brn A/W Cabr			value not estimable			
Brn Tr Cabr			value not estimable			
Roll A/W Cabr			value not estimable			
Roll A/W Twn Car			value not estimable			
1938 16th Series Model 1607, V-12, 134" wb						
Conv Cpe	7,320	21,960	36,600	82,350	128,100	183,000
2-4P Cpe	2,680	8,040	13,400	30,150	46,900	67,000
5P Cpe	2,600	7,800	13,000	29,250	45,500	65,000
Clb Sed	2,320	6,960	11,600	26,100	40,600	58,000
Conv Vic	7,320	21,960	36,600	82,350	128,100	183,000
Tr Sed	2,200	6,600	11,000	24,750	38,500	55,000
Fml Sed	2,360	7,080	11,800	26,550	41,300	59,000
1938 16th Series Model 1608, V-12, 139" wb						
Conv Sed	7,520	22,560	37,600	84,600	131,600	188,000
Tr Sed	2,680	8,040	13,400	30,150	46,900	67,000
Tr Limo	2,840	8,520	14,200	31,950	49,700	71,000
1938 16th Series Model 1607-8, V-12, 139" wb						
Brn A/W Cabr			value not estimable			
Brn Tr Cabr			value not estimable			
Roll A/W Cabr			value not estimable			
Roll A/W Twn Car			value not estimable			
1939 17th Series Model 1700, 6-cyl., 122" wb						
Conv	1,680	5,040	8,400	18,900	29,400	42,000
Bus Cpe	840	2,520	4,200	9,450	14,700	21,000
Clb Cpe	880	2,640	4,400	9,900	15,400	22,000

	6	5	4	3	2	1
2d Sed	640	1,920	3,200	7,200	11,200	16,000
Tr Sed	660	1,980	3,300	7,430	11,550	16,500
Sta Wag	2,200	6,600	11,000	24,750	38,500	55,000
1939 17th Series Model 1701, 8-cyl., 127" wb						
Conv	2,400	7,200	12,000	27,000	42,000	60,000
Conv Sed	2,440	7,320	12,200	27,450	42,700	61,000
Clb Cpe	1,000	3,000	5,000	11,250	17,500	25,000
Bus Cpe	920	2,760	4,600	10,350	16,100	23,000
2d Sed	760	2,280	3,800	8,550	13,300	19,000
Sed	760	2,280	3,800	8,550	13,300	19,000
Sta Wag	2,240	6,720	11,200	25,200	39,200	56,000
1939 17th Series Model 1702, 8-cyl., 148" wb						
Tr Sed	1,160	3,480	5,800	13,050	20,300	29,000
Tr Limo	1,280	3,840	6,400	14,400	22,400	32,000
1939 17th Series Model 1703, Super 8, 127" wb						
Tr Sed	1,160	3,480	5,800	13,050	20,300	29,000
Conv	2,400	7,200	12,000	27,000	42,000	60,000
Conv Sed	2,480	7,440	12,400	27,900	43,400	62,000
Clb Cpe	1,400	4,440	7,400	16,650	25,900	37,000
1939 17th Series Model 1705, Super 8, 148" wb						
Tr Sed	1,480	4,440	7,400	16,650	25,900	37,000
Tr Limo	1,680	5,040	8,400	18,900	29,400	42,000
1939 17th Series Model 1707, V-12, 134" wb						
Conv Cpe	6,520	19,560	32,600	73,350	114,100	163,000
Conv Vic	6,520	19,560	32,600	73,350	114,100	163,000
Roll A/W Cabr	5,120	15,360	25,600	57,600	89,600	128,000
2-4P Cpe	2,560	7,680	12,800	28,800	44,800	64,000
5P Cpe	2,480	7,440	12,400	27,900	43,400	62,000
Sed	2,080	6,240	10,400	23,400	36,400	52,000
Clb Sed	2,320	6,960	11,600	26,100	40,600	58,000
Fml Sed	2,360	7,080	11,800	26,550	41,300	59,000
1939 17th Series Model 1708, V-12, 139" wb						
Conv Sed		value not estimable				
Brn Tr Cabr		value not estimable				
Brn A/W Cabr		value not estimable				
Tr Sed	2,960	8,880	14,800	33,300	51,800	74,000
Tr Limo	3,040	9,120	15,200	34,200	53,200	76,000
Roll A/W Twn Car		value not estimable				
1940 18th Series Model 1800, 6-cyl., 122" wb, (110)						
Conv	1,680	5,040	8,400	18,900	29,400	42,000
Bus Cpe	880	2,640	4,400	9,900	15,400	22,000
Clb Cpe	920	2,760	4,600	10,350	16,100	23,000
2d Sed	640	1,920	3,200	7,200	11,200	16,000
Sed	640	1,920	3,200	7,200	11,200	16,000
Sta Wag	2,200	6,600	11,000	24,750	38,500	55,000
1940 18th Series Model 1801, Std., 8-cyl., 127" wb, (120)						
Conv	1,960	5,880	9,800	22,050	34,300	49,000
Conv Sed	2,240	6,720	11,200	25,200	39,200	56,000
Bus Cpe	1,040	3,120	5,200	11,700	18,200	26,000
Clb Cpe	1,080	3,240	5,400	12,150	18,900	27,000
2d Sed	800	2,400	4,000	9,000	14,000	20,000
Clb Sed	840	2,520	4,200	9,450	14,700	21,000
Sed	800	2,400	4,000	9,000	14,000	20,000
Darr Vic	6,000	18,000	30,000	67,500	105,000	150,000
Sta Wag	2,280	6,840	11,400	25,650	39,900	57,000
1940 18th Series Model 1801, DeLuxe, 8-cyl., 127" wb, (120)						
Conv	2,080	6,240	10,400	23,400	36,400	52,000
Clb Cpe	1,080	3,240	5,400	12,150	18,900	27,000
Clb Sed	880	2,640	4,400	9,900	15,400	22,000
Tr Sed	840	2,520	4,200	9,450	14,700	21,000
1940 18th Series Model 1803, Super 8, 127" wb, (160)						
Conv	3,080	9,240	15,400	34,650	53,900	77,000
Conv Sed	3,240	9,720	16,200	36,450	56,700	81,000
Bus Cpe	1,240	3,720	6,200	13,950	21,700	31,000
Clb Cpe	1,320	3,960	6,600	14,850	23,100	33,000
Clb Sed	1,160	3,480	5,800	13,050	20,300	29,000
Sed	1,080	3,240	5,400	12,150	18,900	27,000
1940 18th Series Model 1804, Super 8, 138" wb, (160)						
Sed	1,200	3,600	6,000	13,500	21,000	30,000
1940 18th Series Model 1805, Super 8, 148" wb, (160)						
Tr Sed	1,440	4,320	7,200	16,200	25,200	36,000
Tr Limo	1,480	4,440	7,400	16,650	25,900	37,000
1940 18th Series Model 1806, Custom, Super 8, 127" wb, (180)						
Clb Sed	1,440	4,320	7,200	16,200	25,200	36,000
Darr Conv Vic	7,600	22,800	38,000	85,500	133,000	190,000
1940 18th Series Model 1807, Custom, Super 8, 138" wb, (180)						
Darr Conv Sed	6,200	18,600	31,000	69,750	108,500	155,000
Roll A/W Cabr	4,520	13,560	22,600	50,850	79,100	113,000

PACKARD

	6	5	4	3	2	1
Darr Spt Sed	6,600	19,800	33,000	74,250	115,500	165,000
Fml Sed	1,880	5,640	9,400	21,150	32,900	47,000
Tr Sed	1,840	5,520	9,200	20,700	32,200	46,000
1940 18th Series Model 1808, Custom, Super 8, 148" wb, (180)						
Roll A/W Twn Car	3,720	11,160	18,600	41,850	65,100	93,000
Tr Sed	2,040	6,120	10,200	22,950	35,700	51,000
Tr Limo	2,080	6,240	10,400	23,400	36,400	52,000
1941 19th Series Model 1900, Std., 6-cyl., 122" wb, (110)						
Conv	1,600	4,800	8,000	18,000	28,000	40,000
Bus Cpe	800	2,400	4,000	9,000	14,000	20,000
Clb Cpe	850	2,500	4,200	9,450	14,700	21,000
2d Sed	700	2,050	3,400	7,650	11,900	17,000
Tr Sed	700	2,050	3,400	7,650	11,900	17,000
Sta Wag	2,200	6,600	11,000	24,750	38,500	55,000
1941 19th Series Model 1900, DeLuxe, 6-cyl., 122" wb, (110)						
Conv	1,640	4,920	8,200	18,450	28,700	41,000
Clb Cpe	920	2,760	4,600	10,350	16,100	23,000
2d Sed	800	2,400	4,000	9,000	14,000	20,000
Sed	720	2,160	3,600	8,100	12,600	18,000
Sta Wag	2,240	6,720	11,200	25,200	39,200	56,000
1941 19th Series Model 1901, 8-cyl., 127" wb, (120)						
Conv	1,700	5,150	8,600	19,350	30,100	43,000
Conv Sed	1,800	5,400	9,000	20,250	31,500	45,000
Bus Cpe	1,000	3,000	5,000	11,250	17,500	25,000
Clb Cpe	1,050	3,100	5,200	11,700	18,200	26,000
2d Sed	900	2,650	4,400	9,900	15,400	22,000
Sed	800	2,400	4,000	9,000	14,000	20,000
Sta Wag	2,240	6,720	11,200	25,200	39,200	56,000
DeL Sta Wag	2,360	7,080	11,800	26,550	41,300	59,000
1941 19th Series Model 1903, Super 8, 127" wb, (160)						
Conv	2,850	8,500	14,200	31,950	49,700	71,000
DeL Conv	2,900	8,750	14,600	32,850	51,100	73,000
Conv Sed	3,000	9,000	15,000	33,750	52,500	75,000
DeL Conv Sed	3,100	9,250	15,400	34,650	53,900	77,000
Clb Cpe	1,100	3,350	5,600	12,600	19,600	28,000
Bus Cpe	1,100	3,250	5,400	12,150	18,900	27,000
Sed	1,050	3,100	5,200	11,700	18,200	26,000
1941 19th Series Model 1904, Super 8, 138" wb, (160)						
Sed	1,200	3,600	6,000	13,500	21,000	30,000
1941 19th Series Model 1905, Super 8, 148" wb, (160)						
Tr Sed	1,440	4,320	7,200	16,200	25,200	36,000
Tr Limo	1,480	4,440	7,400	16,650	25,900	37,000
1941 19th Series Model 1906, Custom, Super 8, 127" wb, (180)						
Darr Conv Vic	7,200	21,600	36,000	81,000	126,000	180,000
1941 19th Series Model 1907, Custom, Super 8, 138" wb, (180)						
Leb Spt Brgm	2,960	8,880	14,800	33,300	51,800	74,000
Roll A/W Cabr	3,760	11,280	18,800	42,300	65,800	94,000
Darr Spt Sed	4,400	13,200	22,000	49,500	77,000	110,000
Tr Sed	1,700	5,150	8,600	19,350	30,100	43,000
Fml Sed	1,800	5,400	9,000	20,250	31,500	45,000
1941 19th Series Model 1908, Custom, Super 8, 148" wb, (180)						
Roll A/W Twn Car	3,680	11,040	18,400	41,400	64,400	92,000
Tr Sed	2,040	6,120	10,200	22,950	35,700	51,000
LeB Tr Sed	2,320	6,960	11,600	26,100	40,600	58,000
Tr Limo	2,200	6,600	11,000	24,750	38,500	55,000
LeB Tr Limo	2,720	8,160	13,600	30,600	47,600	68,000
1941 19th Series Model 1951, Clipper, 8-cyl., 127" wb						
Sed	750	2,300	3,800	8,550	13,300	19,000
1942 20th Series Clipper Series - (6-cyl.) Series 2000, Special, 120" wb						
Bus Cpe	750	2,300	3,800	8,550	13,300	19,000
Clb Sed	700	2,150	3,600	8,100	12,600	18,000
Tr Sed	700	2,050	3,400	7,650	11,900	17,000
1942 20th Series Model 2010, Custom, 120" wb						
Clb Sed	850	2,500	4,200	9,450	14,700	21,000
Tr Sed	800	2,400	4,000	9,000	14,000	20,000
1942 20th Series Model 2020, Custom, 122" wb						
Conv	1,640	4,920	8,200	18,450	28,700	41,000
1942 20th Series Clipper Series - (8-cyl.) Series 2001, Special, 120" wb						
Bus Cpe	800	2,400	4,000	9,000	14,000	20,000
Clb Sed	850	2,500	4,200	9,450	14,700	21,000
Tr Sed	800	2,400	4,000	9,000	14,000	20,000
1942 20th Series Model 2011, Custom, 120" wb						
Clb Sed	950	2,900	4,800	10,800	16,800	24,000
Tr Sed	900	2,750	4,600	10,350	16,100	23,000
1942 20th Series Model 2021, Custom, 127" wb						
Conv	1,700	5,150	8,600	19,350	30,100	43,000
1942 20th Series Super 8, 160 Series, Clipper, 127" wb, 2003						
Clb Sed	1,100	3,350	5,600	12,600	19,600	28,000
Tr Sed	1,100	3,250	5,400	12,150	18,900	27,000

	6	5	4	3	2	1
1942 20th Series Super 8, 160, 127" wb, 2023						
Conv	2,600	7,800	13,000	29,250	45,500	65,000
1942 20th Series Super 8, 160, 138" wb, 2004						
Tr Sed	1,200	3,600	6,000	13,500	21,000	30,000
1942 20th Series Super 8, 160, 148" wb, 2005						
7P Sed	1,300	3,850	6,400	14,400	22,400	32,000
Limo	1,350	4,100	6,800	15,300	23,800	34,000
1942 20th Series Super 8, 160, 148" wb, 2055						
Bus Sed	1,200	3,600	6,000	13,500	21,000	30,000
Bus Limo	1,300	3,850	6,400	14,400	22,400	32,000
1942 20th Series Super 8, 180, Clipper, 127" wb, 2006						
Clb Sed	1,150	3,500	5,800	13,050	20,300	29,000
Tr Sed	1,100	3,350	5,600	12,600	19,600	28,000
1942 20th Series Super 8, 180, Special, 127" wb, 2006						
Darr Conv Vic	7,600	22,800	38,000	85,500	133,000	190,000
1942 20th Series Super 8, 180, 138" wb, 2007						
Tr Sed	1,100	3,350	5,600	12,600	19,600	28,000
Fml Sed	1,200	3,600	6,000	13,500	21,000	30,000
Roll A/W Cabr	3,550	10,700	17,800	40,050	62,500	89,000
1942 20th Series Super 8, 180, 148" wb, 2008						
Tr Sed	1,520	4,560	7,600	17,100	26,600	38,000
Limo	1,640	4,920	8,200	18,450	28,700	41,000
LeB Sed	2,000	6,000	10,000	22,500	35,000	50,000
LeB Limo	2,150	6,500	10,800	24,300	37,800	54,000
Roll A/W Twn Car	3,550	10,700	17,800	40,050	62,500	89,000
1946 21st Series Clipper, 6-cyl., 120" wb, 2100						
Clb Sed	800	2,400	4,000	9,000	14,000	20,000
Sed	760	2,280	3,800	8,550	13,300	19,000
1946 21st Series Clipper, 6-cyl., 120" wb, 2130						
4d Taxi	880	2,640	4,400	9,900	15,400	22,000
1946 21st Series Clipper, 8-cyl., 120" wb, 2101						
Tr Sed	760	2,280	3,800	8,550	13,300	19,000
1946 21st Series Clipper, DeLuxe, 8-cyl., 120" wb, 2111						
Clb Sed	840	2,520	4,200	9,450	14,700	21,000
Tr Sed	800	2,400	4,000	9,000	14,000	20,000
1946 21st Series Clipper, Super 8, 127" wb, 2103						
Clb Sed	880	2,640	4,400	9,900	15,400	22,000
Tr Sed	840	2,520	4,200	9,450	14,700	21,000
1946 21st Series Clipper, Super 8, 127" wb, 2106 Custom						
Clb Sed	960	2,880	4,800	10,800	16,800	24,000
Tr Sed	920	2,760	4,600	10,350	16,100	23,000
1946 21st Series Clipper, Super, 148" wb, 2126 Custom						
8P Sed	1,120	3,360	5,600	12,600	19,600	28,000
Limo	1,320	3,960	6,600	14,850	23,100	33,000
1947 21st Series Clipper, 6-cyl., 120" wb, 2100						
Clb Sed	800	2,400	4,000	9,000	14,000	20,000
Tr Sed	760	2,280	3,800	8,550	13,300	19,000
1947 21st Series Clipper, DeLuxe, 8-cyl., 120" wb, 2111						
Clb Sed	800	2,400	4,000	9,000	14,000	20,000
Tr Sed	760	2,280	3,800	8,550	13,300	19,000
1947 21st Series Clipper, Super 8, 127" wb, 2103						
Clb Sed	960	2,880	4,800	10,800	16,800	24,000
Tr Sed	880	2,640	4,400	9,900	15,400	22,000
1947 21st Series Clipper, Super 8, 127" wb, 2106 Custom						
Clb Sed	1,040	3,120	5,200	11,700	18,200	26,000
Tr Sed	960	2,880	4,800	10,800	16,800	24,000
1947 21st Series Clipper, Super 8, 148" wb, 2126 Custom						
7P Sed	1,120	3,360	5,600	12,600	19,600	28,000
Limo	1,320	3,960	6,600	14,850	23,100	33,000
1948 & Early 1949 22nd Series Model 2201, 8-cyl., 120" wb						
Clb Sed	760	2,280	3,800	8,550	13,300	19,000
Sed	720	2,160	3,600	8,100	12,600	18,000
Sta Sed	2,080	6,240	10,400	23,400	36,400	52,000
1948 & Early 1949 22nd Series Model 2211, DeLuxe, 8-cyl., 120" wb						
Clb Sed	840	2,520	4,200	9,450	14,700	21,000
Tr Sed	800	2,400	4,000	9,000	14,000	20,000
1948 & Early 1949 22nd Series Super 8, 120" wb, 2202						
Clb Sed	960	2,880	4,800	10,800	16,800	24,000
Sed	920	2,760	4,600	10,350	16,100	23,000
1948 & Early 1949 22nd Series Super 8, 120" wb, 2232						
Conv	2,360	7,080	11,800	26,550	41,300	59,000
1948 & Early 1949 22nd Series Super 8, 141" wb, 2222						
Sed	1,080	3,240	5,400	12,150	18,900	27,000
Limo	1,280	3,840	6,400	14,400	22,400	32,000
1948 & Early 1949 22nd Series Super 8, DeLuxe, 141" wb						
Sed	1,120	3,360	5,600	12,600	19,600	28,000
Limo	1,320	3,960	6,600	14,850	23,100	33,000
1948 & Early 1949 22nd Series Custom 8, 127" wb, 2206						
Clb Sed	1,080	3,240	5,400	12,150	18,900	27,000
Tr Sed	1,040	3,120	5,200	11,700	18,200	26,000

	6	5	4	3	2	1
1948 & Early 1949 22nd Series Custom 8, 127" wb, 2233						
Conv	2,560	7,680	12,800	28,800	44,800	64,000
1948 & Early 1949 22nd Series Custom 8, 148" wb, 2226						
7P Sed	1,320	3,960	6,600	14,850	23,100	33,000
Limo	1,360	4,080	6,800	15,300	23,800	34,000
1949-50 23rd Series Model 2301, 120" wb						
Clb Sed	800	2,400	4,000	9,000	14,000	20,000
Sed	760	2,280	3,800	8,550	13,300	19,000
Sta Sed	2,040	6,120	10,200	22,950	35,700	51,000
1949-50 23rd Series 2301 DeLuxe, 120" wb						
Clb Sed	840	2,520	4,200	9,450	14,700	21,000
Sed	800	2,400	4,000	9,000	14,000	20,000
1949-50 23rd Series Super 8, 127" wb, 2302						
Clb Sed	920	2,760	4,600	10,350	16,100	23,000
Sed	880	2,640	4,400	9,900	15,400	22,000
1949-50 23rd Series Super 8, 2302 DeLuxe						
Clb Sed	960	2,880	4,800	10,800	16,800	24,000
Sed	920	2,760	4,600	10,350	16,100	23,000
1949-50 23rd Series Super 8, Super DeLuxe, 127" wb, 2332						
Conv	2,360	7,080	11,800	26,550	41,300	59,000
1949-50 23rd Series Super 8, 141" wb, 2322						
7P Sed	1,160	3,480	5,800	13,050	20,300	29,000
Limo	1,320	3,960	6,600	14,850	23,100	33,000
1949-50 23rd Series Custom 8, 127" wb, 2306						
Sed	1,040	3,120	5,200	11,700	18,200	26,000
1949-50 23rd Series Custom 8, 127" wb, 2333						
Conv	2,560	7,680	12,800	28,800	44,800	64,000
1951 24th Series 200, Standard, 122" wb, 2401						
Bus Cpe	680	2,040	3,400	7,650	11,900	17,000
2d Sed	680	2,040	3,400	7,650	11,900	17,000
Sed	680	2,040	3,400	7,650	11,900	17,000
1951 24th Series 200, DeLuxe						
2d Sed	720	2,160	3,600	8,100	12,600	18,000
Sed	720	2,160	3,600	8,100	12,600	18,000
1951 24th Series 122" wb, 2402						
Mayfair HT	840	2,520	4,200	9,450	14,700	21,000
Conv	1,400	4,200	7,000	15,750	24,500	35,000
1951 24th Series 300, 127" wb, 2402						
Sed	760	2,280	3,800	8,550	13,300	19,000
1951 24th Series Patrician, 400, 127" wb, 2406						
Sed	840	2,520	4,200	9,450	14,700	21,000
1952 25th Series 200, Std., 122" wb, 2501						
2d Sed	680	2,040	3,400	7,650	11,900	17,000
Sed	680	2,040	3,400	7,650	11,900	17,000
1952 25th Series 200, DeLuxe						
2d Sed	720	2,160	3,600	8,100	12,600	18,000
Sed	720	2,160	3,600	8,100	12,600	18,000
1952 25th Series 122" wb, 2531						
Conv	1,440	4,320	7,200	16,200	25,200	36,000
Mayfair HT	880	2,640	4,400	9,900	15,400	22,000
1952 25th Series 300, 122" wb, 2502						
Sed	760	2,280	3,800	8,550	13,300	19,000
1952 25th Series Patrician, 400, 127" wb, 2506						
Sed	840	2,520	4,200	9,450	14,700	21,000
Der Cus Sed	880	2,640	4,400	9,900	15,400	22,000
1953 26th Series Clipper, 122" wb, 2601						
2d HT	840	2,520	4,200	9,450	14,700	21,000
2d Sed	720	2,160	3,600	8,100	12,600	18,000
Sed	720	2,160	3,600	8,100	12,600	18,000
1953 26th Series Clipper DeLuxe						
2d Sed	760	2,280	3,800	8,550	13,300	19,000
Sed	760	2,280	3,800	8,550	13,300	19,000
1953 26th Series Cavalier, 127" wb, 2602						
Cav Sed	800	2,400	4,000	9,000	14,000	20,000
1953 26th Series Packard 8, 122" wb, 2631						
Conv	1,600	4,800	8,000	18,000	28,000	40,000
Caribbean Conv	2,400	7,200	12,000	27,000	42,000	60,000
Mayfair HT	880	2,640	4,400	9,900	15,400	22,000
1953 26th Series Patrician, 127" wb, 2606						
Sed	840	2,520	4,200	9,450	14,700	21,000
Der Fml Sed	920	2,760	4,600	10,350	16,100	23,000
1953 26th Series 149" wb, 2626						
Exec Sed	880	2,640	4,400	9,900	15,400	22,000
Corp Limo	960	2,880	4,800	10,800	16,800	24,000
1954 54th Series Clipper, 122" wb, DeLuxe 5401						
2d HT	840	2,520	4,200	9,450	14,700	21,000
Clb Sed	720	2,160	3,600	8,100	12,600	18,000
Sed	720	2,160	3,600	8,100	12,600	18,000
1954 54th Series Clipper Super 5411						
Pan HT	880	2,640	4,400	9,900	15,400	22,000

PACKARD

	6	5	4	3	2	1
Clb Sed.	760	2,280	3,800	8,550	13,300	19,000
Sed.	760	2,280	3,800	8,550	13,300	19,000
1954 54th Series Cavalier, 127" wb, 5402						
Sed.	800	2,400	4,000	9,000	14,000	20,000
1954 54th Series Packard 8, 122" wb, 5431						
Pac HT.	1,400	4,200	7,000	15,750	24,500	35,000
Conv.	1,560	4,680	7,800	17,550	27,300	39,000
Caribbean Conv.	2,360	7,080	11,800	26,550	41,300	59,000
1954 54th Series Patrician, 127" wb, 5406						
Sed.	840	2,520	4,200	9,450	14,700	21,000
Der Cus Sed.	920	2,760	4,600	10,350	16,100	23,000
1954 54th Series 149" wb, 5426						
8P Sed.	960	2,880	4,800	10,800	16,800	24,000
Limo.	1,000	3,000	5,000	11,250	17,500	25,000
1955 55th Series Clipper, DeLuxe, 122" wb, 5540						
Sed.	640	1,920	3,200	7,200	11,200	16,000
1955 55th Series Clipper, Super, 5540						
Pan HT.	800	2,400	4,000	9,000	14,000	20,000
Sed.	680	2,040	3,400	7,650	11,900	17,000
1955 55th Series Clipper Custom 5560 (352 cid V-8)						
Con HT.	880	2,640	4,400	9,900	15,400	22,000
Sed.	720	2,160	3,600	8,100	12,600	18,000
1955 55th Series Packard, 400, 127" wb, 5580						
"400" HT.	1,160	3,480	5,800	13,050	20,300	29,000
1955 55th Series Caribbean 5580						
Conv.	2,720	8,160	13,600	30,600	47,600	68,000
1955 55th Series Patrician 5580						
Sed.	920	2,760	4,600	10,350	16,100	23,000
1956 56th Series Clipper, DeLuxe, 122" wb, 5640						
Sed.	680	2,040	3,400	7,650	11,900	17,000
1956 56th Series Clipper, Super, 5640						
HT.	840	2,520	4,200	9,450	14,700	21,000
Sed.	720	2,160	3,600	8,100	12,600	18,000
1956 56th Series Clipper, Custom, 5660						
Con HT.	880	2,640	4,400	9,900	15,400	22,000
Sed.	720	2,160	3,600	8,100	12,600	18,000
1956 56th Series Clipper Executive						
HT.	920	2,760	4,600	10,350	16,100	23,000
Sed.	760	2,280	3,800	8,550	13,300	19,000
1956 56th Series Packard, 400, 127" wb, 5680						
"400" HT.	1,200	3,600	6,000	13,500	21,000	30,000
1956 56th Series Caribbean, 5688						
Conv.	3,000	9,000	15,000	33,750	52,500	75,000
HT.	1,480	4,440	7,400	16,650	25,900	37,000
1956 56th Series Patrician, 5680						
Sed.	880	2,640	4,400	9,900	15,400	22,000
1957 57th L Series Clipper						
Sed.	640	1,920	3,200	7,200	11,200	16,000
Sta Wag.	680	2,040	3,400	7,650	11,900	17,000
1958 58th L Series Clipper						
HT.	760	2,280	3,800	8,550	13,300	19,000
Sed.	560	1,680	2,800	6,300	9,800	14,000
Sta Wag.	640	1,920	3,200	7,200	11,200	16,000
Hawk.	1,120	3,360	5,600	12,600	19,600	28,000

PIERCE-ARROW

	6	5	4	3	2	1
1901 1-cyl., 2-3/4 hp						
Motorette.	2,000	6,000	10,000	22,500	35,000	50,000
1901 1-cyl., 3-3/4 hp						
Motorette.	2,080	6,240	10,400	23,400	36,400	52,000
1902 1-cyl., 3-1/2 hp, 58" wb						
Motorette.	2,080	6,240	10,400	23,400	36,400	52,000
1903 1-cyl., 5 hp						
Rbt.	2,160	6,480	10,800	24,300	37,800	54,000
1903 1-cyl., 6-1/2 hp						
Stanhope.	2,240	6,720	11,200	25,200	39,200	56,000
1903 2-cyl., 15 hp						
5P Tr.	2,400	7,200	12,000	27,000	42,000	60,000
1904 1-cyl., 8 hp, 70" wb						
Stanhope.	2,080	6,240	10,400	23,400	36,400	52,000
2P Stanhope.	2,000	6,000	10,000	22,500	35,000	50,000
1904 4 cyl., 24/28 hp, 93" wb						
5P Great Arrow Tr.	2,800	8,400	14,000	31,500	49,000	70,000
1904 2-cyl., 15 hp, 81" wb						
5P Tr.	1,880	5,640	9,400	21,150	32,900	47,000
1904 4-cyl., 24/28 hp, 93" wb						
Great Arrow Tr.	2,480	7,440	12,400	27,900	43,400	62,000

PIERCE-ARROW

	6	5	4	3	2	1
1905 1-cyl., 8 hp, 70" wb						
2P Stanhope	1,600	4,800	8,000	18,000	28,000	40,000
Stanhope	1,680	5,040	8,400	18,900	29,400	42,000
1905 Great Arrow, 4-cyl., 24/28 hp, 100" wb						
5P Tonn	2,400	7,200	12,000	27,000	42,000	60,000
5P Canopy Tonn	2,480	7,440	12,400	27,900	43,400	62,000
5P Vic	2,280	6,840	11,400	25,650	39,900	57,000
5P Cape Tonn	2,360	7,080	11,800	26,550	41,300	59,000
1905 Great Arrow, 4-cyl., 28/32 hp, 104" wb						
5P Tonn	2,560	7,680	12,800	28,800	44,800	64,000
5P Canopy Tonn	2,480	7,440	12,400	27,900	43,400	62,000
5P Vic	2,400	7,200	12,000	27,000	42,000	60,000
5P Cape Tonn	2,480	7,440	12,400	27,900	43,400	62,000
1905 Great Arrow, 4-cyl., 28/32 hp, 109" wb						
7P Lan'let	2,080	6,240	10,400	23,400	36,400	52,000
7P Sub	1,880	5,640	9,400	21,150	32,900	47,000
8P Opera Coach	2,160	6,480	10,800	24,300	37,800	54,000
1905 4-cyl., 24/28 hp, 100" wb						
Great Arrow Tr	2,480	7,440	12,400	27,900	43,400	62,000
Great Arrow Lan'let	2,440	7,320	12,200	27,450	42,700	61,000
Great Arrow Sub	2,280	6,840	11,400	25,650	39,900	57,000
1905 4-cyl., 24/32 hp, 104" wb						
Great Arrow Opera Ch	2,640	7,920	13,200	29,700	46,200	66,000
1906 Motorette, 1-cyl., 8 hp, 70" wb						
Stanhope	1,280	3,840	6,400	14,400	22,400	32,000
1906 Great Arrow, 4-cyl., 28/32 hp, 107" wb						
5P Tr	2,560	7,680	12,800	28,800	44,800	64,000
5P Vic	2,280	6,840	11,400	25,650	39,900	57,000
8P Open Coach	2,720	8,160	13,600	30,600	47,600	68,000
7P Sub	2,640	7,920	13,200	29,700	46,200	66,000
7P Lan'let	2,400	7,200	12,000	27,000	42,000	60,000
1906 Great Arrow, 4-cyl., 40/45 hp, 109" wb						
7P Tr	2,800	8,400	14,000	31,500	49,000	70,000
8P Open Coach	2,880	8,640	14,400	32,400	50,400	72,000
7P Sub	2,800	8,400	14,000	31,500	49,000	70,000
7P Lan'let	2,560	7,680	12,800	28,800	44,800	64,000
1907 Great Arrow, 4-cyl., 28/32 hp, 112" wb						
5P Tr	2,880	8,640	14,400	32,400	50,400	72,000
5P Limo	2,560	7,680	12,800	28,800	44,800	64,000
7P Sub	2,640	7,920	13,200	29,700	46,200	66,000
1907 Great Arrow, 4-cyl., 40/45 hp, 124" wb						
7P Tr	2,960	8,880	14,800	33,300	51,800	74,000
7P Limo	2,800	8,400	14,000	31,500	49,000	70,000
7P Sub	2,880	8,640	14,400	32,400	50,400	72,000
1907 Great Arrow, 6-cyl., 65 hp, 135" wb						
7P Tr	2,960	8,880	14,800	33,300	51,800	74,000
1908 Great Arrow, 4-cyl., 30 hp, 112" wb						
Tr	2,720	8,160	13,600	30,600	47,600	68,000
1908 Great Arrow, 4-cyl., 40 hp, 124" wb						
Tr	2,960	8,880	14,800	33,300	51,800	74,000
Sub	2,800	8,400	14,000	31,500	49,000	70,000
1908 Great Arrow, 6-cyl., 40 hp, 130" wb						
Tr	3,200	9,600	16,000	36,000	56,000	80,000
Sub	2,960	8,880	14,800	33,300	51,800	74,000
Rds	3,120	9,360	15,600	35,100	54,600	78,000
1908 Great Arrow, 6-cyl., 60 hp, 135" wb						
Tr	3,520	10,560	17,600	39,600	61,600	88,000
Sub	3,120	9,360	15,600	35,100	54,600	78,000
Rds	3,360	10,080	16,800	37,800	58,800	84,000
1909 Model 24, 4-cyl., 24 hp, 111-1/2" wb						
3P Rbt	1,480	4,440	7,400	16,650	25,900	37,000
3P Vic Top Rbt	1,560	4,680	7,800	17,550	27,300	39,000
2P Rbt	1,440	4,320	7,200	16,200	25,200	36,000
4P Tr Car	1,680	5,040	8,400	18,900	29,400	42,000
5P Lan'let	1,600	4,800	8,000	18,000	28,000	40,000
5P Brgm	1,640	4,920	8,200	18,450	28,700	41,000
1909 Model 36, 6-cyl., 36 hp, 119" wb						
5P Tr	1,840	5,520	9,200	20,700	32,200	46,000
5P Cape Top Tr	1,880	5,640	9,400	21,150	32,900	47,000
2P Rbt	1,640	4,920	8,200	18,450	28,700	41,000
3P Rbt	1,660	4,980	8,300	18,680	29,050	41,500
4P Tr	1,800	5,400	9,000	20,250	31,500	45,000
5P Brgm	1,680	5,040	8,400	18,900	29,400	42,000
5P Lan'let	1,760	5,280	8,800	19,800	30,800	44,000
1909 Model 40, 4-cyl., 40 hp, 124" wb						
7P Sub	2,080	6,240	10,400	23,400	36,400	52,000
4P Tr Car	2,040	6,120	10,200	22,950	35,700	51,000
7P Tr	2,080	6,240	10,400	23,400	36,400	52,000
7P Lan	1,880	5,640	9,400	21,150	32,900	47,000

	6	5	4	3	2	1
1909 Model 48, 6-cyl., 48 hp, 130" wb						
4P Tr.	2,360	7,080	11,800	26,550	41,300	59,000
4P Cape Top Tr	2,440	7,320	12,200	27,450	42,700	61,000
2P Tr.	2,280	6,840	11,400	25,650	39,900	57,000
3P Tr.	2,360	7,080	11,800	26,550	41,300	59,000
7P Tr.	2,400	7,200	12,000	27,000	42,000	60,000
7P Lan	2,280	6,840	11,400	25,650	39,900	57,000
7P Sub	2,400	7,200	12,000	27,000	42,000	60,000
1909 Model 60, 6-cyl., 60 hp, 135" wb						
7P Tr.	2,960	8,880	14,800	33,300	51,800	74,000
7P Cape Top Tr	3,040	9,120	15,200	34,200	53,200	76,000
7P Sub	3,040	9,120	15,200	34,200	53,200	76,000
7P Lan	2,720	8,160	13,600	30,600	47,600	68,000
1910 Model 60, 6-cyl., 60 hp, 135" wb						
5P Lan'let	1,840	5,520	9,200	20,700	32,200	46,000
1910 Model 36, 6-cyl., 36 hp, 125" wb						
4P Miniature Tonn	1,760	5,280	8,800	19,800	30,800	44,000
5P Tr.	1,840	5,520	9,200	20,700	32,200	46,000
5P Brgm	1,680	5,040	8,400	18,900	29,400	42,000
Rbt (119" wb)	1,680	5,040	8,400	18,900	29,400	42,000
1910 Model 48, 6-cyl., 48 hp, 134-1/2" wb						
7P Lan'let	2,080	6,240	10,400	23,400	36,400	52,000
Miniature Tonn	2,000	6,000	10,000	22,500	35,000	50,000
7P Tr.	2,280	6,840	11,400	25,650	39,900	57,000
7P Sub	2,280	6,840	11,400	25,650	39,900	57,000
Rbt (128" wb)	2,080	6,240	10,400	23,400	36,400	52,000
1910 Model 66, 6-cyl., 66 hp, 140" wb						
7P Tr.	2,960	8,880	14,800	33,300	51,800	74,000
4P Miniature Tonn	2,720	8,160	13,600	30,600	47,600	68,000
7P Sub	2,960	8,880	14,800	33,300	51,800	74,000
7P Lan'let	2,720	8,160	13,600	30,600	47,600	68,000
Rbt (133-1/2" wb)	2,640	7,920	13,200	29,700	46,200	66,000
1911 Model 36T, 6-cyl., 38 hp, 125" wb						
5P Tr.	2,640	7,920	13,200	29,700	46,200	66,000
3P Rbt	2,480	7,440	12,400	27,900	43,400	62,000
4P Miniature Tonn	2,480	7,440	12,400	27,900	43,400	62,000
5P Brgm	2,360	7,080	11,800	26,550	41,300	59,000
5P Lan'let	2,400	7,200	12,000	27,000	42,000	60,000
1911 Model 48T, 6-cyl., 48 hp, 134-1/2" wb						
7P Tr.	2,880	8,640	14,400	32,400	50,400	72,000
Rbt	2,560	7,680	12,800	28,800	44,800	64,000
Miniature Tonn	2,640	7,920	13,200	29,700	46,200	66,000
5P Close Coupled	2,280	6,840	11,400	25,650	39,900	57,000
5P Protected Tr	2,560	7,680	12,800	28,800	44,800	64,000
Sub	2,800	8,400	14,000	31,500	49,000	70,000
Lan	2,800	8,400	14,000	31,500	49,000	70,000
1911 Model 66T, 6-cyl., 66 hp, 140" wb						
7P Tr.	3,200	9,600	16,000	36,000	56,000	80,000
Rbt	2,960	8,880	14,800	33,300	51,800	74,000
Miniature Tonn	3,040	9,120	15,200	34,200	53,200	76,000
5P Protected Tr	2,960	8,880	14,800	33,300	51,800	74,000
Close Coupled	2,560	7,680	12,800	28,800	44,800	64,000
Sub	3,120	9,360	15,600	35,100	54,600	78,000
Lan	3,120	9,360	15,600	35,100	54,600	78,000
1912 Model 36T, 6 cyl., 36 hp, 127-1/2" wb						
4P Tr.	2,560	7,680	12,800	28,800	44,800	64,000
5P Tr.	2,560	7,680	12,800	28,800	44,800	64,000
Brgm	2,400	7,200	12,000	27,000	42,000	60,000
Lan'let	2,400	7,200	12,000	27,000	42,000	60,000
Rbt (119" wb)	2,480	7,440	12,400	27,900	43,400	62,000
1912 Model 48, 6-cyl., 48 hp, 134-1/2" wb						
4P Tr.	2,800	8,400	14,000	31,500	49,000	70,000
5P Tr.	2,800	8,400	14,000	31,500	49,000	70,000
7P Tr.	2,880	8,640	14,400	32,400	50,400	72,000
Brgm	2,560	7,680	12,800	28,800	44,800	64,000
Lan'let	2,560	7,680	12,800	28,800	44,800	64,000
Sub	2,720	8,160	13,600	30,600	47,600	68,000
Lan	2,720	8,160	13,600	30,600	47,600	68,000
Vestibule Sub	2,640	7,920	13,200	29,700	46,200	66,000
Rbt (128" wb)	2,640	7,920	13,200	29,700	46,200	66,000
1912 Model 66, 6-cyl., 66 hp, 140" wb						
4P Tr.	3,120	9,360	15,600	35,100	54,600	78,000
5P Tr.	3,200	9,600	16,000	36,000	56,000	80,000
7P Tr.	3,280	9,840	16,400	36,900	57,400	82,000
Sub	3,200	9,600	16,000	36,000	56,000	80,000
Lan	3,120	9,360	15,600	35,100	54,600	78,000
Vestibule Sub	3,120	9,360	15,600	35,100	54,600	78,000
Rbt (133-1/2" wb)	3,120	9,360	15,600	35,100	54,600	78,000

	6	5	4	3	2	1
1913 Model 38-C, 6-cyl., 38.4 hp, 119" wb						
3P Rbt	2,280	6,840	11,400	25,650	39,900	57,000
4P Tr	2,360	7,080	11,800	26,550	41,300	59,000
5P Tr	2,440	7,320	12,200	27,450	42,700	61,000
6P Brgm	2,200	6,600	11,000	24,750	38,500	55,000
6P Lan'let	2,240	6,720	11,200	25,200	39,200	56,000
1913 Model 48-B, 6-cyl., 48.6 hp, 134-1/2" wb						
5P Tr	2,800	8,400	14,000	31,500	49,000	70,000
Rbt	2,720	8,160	13,600	30,600	47,600	68,000
4P Tr	2,800	8,400	14,000	31,500	49,000	70,000
7P Tr	2,880	8,640	14,400	32,400	50,400	72,000
Brgm	2,280	6,840	11,400	25,650	39,900	57,000
Lan'let	2,360	7,080	11,800	26,550	41,300	59,000
7P Sub	2,400	7,200	12,000	27,000	42,000	60,000
7P Lan	2,440	7,320	12,200	27,450	42,700	61,000
Vestibule Sub	2,480	7,440	12,400	27,900	43,400	62,000
Vestibule Lan	2,480	7,440	12,400	27,900	43,400	62,000
1913 Model 66-A, 6-cyl., 60 hp, 147-1/2" wb						
7P Tr	3,440	10,320	17,200	38,700	60,200	86,000
Rbt	3,120	9,360	15,600	35,100	54,600	78,000
4P Tr	3,360	10,080	16,800	37,800	58,800	84,000
5P Tr	3,360	10,080	16,800	37,800	58,800	84,000
Brgm	2,720	8,160	13,600	30,600	47,600	68,000
Lan'let	2,720	8,160	13,600	30,600	47,600	68,000
7P Sub	2,960	8,880	14,800	33,300	51,800	74,000
7P Lan	2,960	8,880	14,800	33,300	51,800	74,000
Vestibule Sub	3,040	9,120	15,200	34,200	53,200	76,000
Vestibule Lan	3,040	9,120	15,200	34,200	53,200	76,000
1914 Model 38-C, 6-cyl., 38.4 hp, 132" wb						
5P Tr	2,440	7,320	12,200	27,450	42,700	61,000
4P Tr	2,360	7,080	11,800	26,550	41,300	59,000
7P Brgm	2,200	6,600	11,000	24,750	38,500	55,000
7P Lan'let	2,240	6,720	11,200	25,200	39,200	56,000
Vestibule Brgm	2,280	6,840	11,400	25,650	39,900	57,000
Vestibule Lan	2,280	6,840	11,400	25,650	39,900	57,000
3P Rbt (127-1/2" wb)	2,360	7,080	11,800	26,550	41,300	59,000
1914 Model 48-B, 6-cyl., 48.6 hp, 142" wb						
4P Tr	2,800	8,400	14,000	31,500	49,000	70,000
5P Tr	2,880	8,640	14,400	32,400	50,400	72,000
7P Tr	2,960	8,880	14,800	33,300	51,800	74,000
7P Sub	2,880	8,640	14,400	32,400	50,400	72,000
7P Lan	2,640	7,920	13,200	29,700	46,200	66,000
Vestibule Sub	2,560	7,680	12,800	28,800	44,800	64,000
Vestibule Lan	2,560	7,680	12,800	28,800	44,800	64,000
Brgm	2,560	7,680	12,800	28,800	44,800	64,000
Lan	2,640	7,920	13,200	29,700	46,200	66,000
Vestibule Brgm	2,640	7,920	13,200	29,700	46,200	66,000
Vestibule Lan'let	2,640	7,920	13,200	29,700	46,200	66,000
3P Rbt (134-1/2 " wb)	2,720	8,160	13,600	30,600	47,600	68,000
1914 Model 66-A, 6-cyl., 60 hp, 147-1/2" wb						
4P Tr	3,280	9,840	16,400	36,900	57,400	82,000
5P Tr	3,360	10,080	16,800	37,800	58,800	84,000
7P Tr	3,440	10,320	17,200	38,700	60,200	86,000
7P Sub	3,280	9,840	16,400	36,900	57,400	82,000
7P Lan	3,120	9,360	15,600	35,100	54,600	78,000
Vestibule Lan	3,120	9,360	15,600	35,100	54,600	78,000
7P Brgm	3,120	9,360	15,600	35,100	54,600	78,000
7P Lan	3,120	9,360	15,600	35,100	54,600	78,000
Vestibule Brgm	3,200	9,600	16,000	36,000	56,000	80,000
Vestibule Lan	3,200	9,600	16,000	36,000	56,000	80,000
3P Rbt	3,200	9,600	16,000	36,000	56,000	80,000
1915 Model 38-C, 6-cyl., 38.4 hp, 134" wb						
5P Tr	2,400	7,200	12,000	27,000	42,000	60,000
4P Tr	2,480	7,440	12,400	27,900	43,400	62,000
2P Rbt	2,360	7,080	11,800	26,550	41,300	59,000
2P Cpe Rbt	2,280	6,840	11,400	25,650	39,900	57,000
7P Brgm	2,240	6,720	11,200	25,200	39,200	56,000
7P Lan'let	2,240	6,720	11,200	25,200	39,200	56,000
7P Sed	2,080	6,240	10,400	23,400	36,400	52,000
7P Brgm Lan'let	2,280	6,840	11,400	25,650	39,900	57,000
Vestibule Brgm	2,360	7,080	11,800	26,550	41,300	59,000
Vestibule Lan'let	2,360	7,080	11,800	26,550	41,300	59,000
Vestibule Brgm Lan'let	2,360	7,080	11,800	26,550	41,300	59,000
1915 Model 48-B, 6-cyl., 48.6 hp, 142" wb						
5P Tr	2,880	8,640	14,400	32,400	50,400	72,000
4P Tr	2,880	8,640	14,400	32,400	50,400	72,000
7P Tr	2,960	8,880	14,800	33,300	51,800	74,000
2P Rbt	2,800	8,400	14,000	31,500	49,000	70,000

	6	5	4	3	2	1
2P Cpe Rbt	2,720	8,160	13,600	30,600	47,600	68,000
Cpe	2,640	7,920	13,200	29,700	46,200	66,000
7P Sub	2,560	7,680	12,800	28,800	44,800	64,000
7P Lan	2,560	7,680	12,800	28,800	44,800	64,000
7P Brgm	2,560	7,680	12,800	28,800	44,800	64,000
Sub Lan	2,560	7,680	12,800	28,800	44,800	64,000
Vestibule Sub	2,640	7,920	13,200	29,700	46,200	66,000
Vestibule Lan	2,640	7,920	13,200	29,700	46,200	66,000
Vestibule Brgm	2,560	7,680	12,800	28,800	44,800	64,000
Vestibule Sub Lan	2,560	7,680	12,800	28,800	44,800	64,000
1915 Model 66-A, 6-cyl., 60 hp, 147-1/2" wb						
7P Tr	3,440	10,320	17,200	38,700	60,200	86,000
4P Tr	3,280	9,840	16,400	36,900	57,400	82,000
5P Tr	3,360	10,080	16,800	37,800	58,800	84,000
2P Rbt	3,200	9,600	16,000	36,000	56,000	80,000
2P Cpe Rbt	3,120	9,360	15,600	35,100	54,600	78,000
7P Sub	3,280	9,840	16,400	36,900	57,400	82,000
7P Lan	3,280	9,840	16,400	36,900	57,400	82,000
7P Brgm	3,280	9,840	16,400	36,900	57,400	82,000
7P Sub Lan	3,280	9,840	16,400	36,900	57,400	82,000
Vestibule Lan	3,360	10,080	16,800	37,800	58,800	84,000
Vestibule Sub	3,360	10,080	16,800	37,800	58,800	84,000
Vestibule Brgm	3,280	9,840	16,400	36,900	57,400	82,000
Vestibule Sub Lan	3,360	10,080	16,800	37,800	58,800	84,000
1916 Model 38-C, 6-cyl., 38.4 hp, 134" wb						
5P Tr	2,480	7,440	12,400	27,900	43,400	62,000
4P Tr	2,480	7,440	12,400	27,900	43,400	62,000
2P Rbt	2,400	7,200	12,000	27,000	42,000	60,000
3P Rbt	2,400	7,200	12,000	27,000	42,000	60,000
3P Cpe	2,080	6,240	10,400	23,400	36,400	52,000
2P Cpe	2,080	6,240	10,400	23,400	36,400	52,000
7P Brgm	2,040	6,120	10,200	22,950	35,700	51,000
7P Lan'let	2,040	6,120	10,200	22,950	35,700	51,000
7P Sed	1,960	5,880	9,800	22,050	34,300	49,000
Brgm Lan'let	2,080	6,240	10,400	23,400	36,400	52,000
Vestibule Brgm	2,160	6,480	10,800	24,300	37,800	54,000
Vestibule Lan'let	2,160	6,480	10,800	24,300	37,800	54,000
Vestibule Brgm Lan'let	2,160	6,480	10,800	24,300	37,800	54,000
1916 Model 48-B, 6-cyl., 48.6 hp, 142" wb						
7P Tr	2,880	8,640	14,400	32,400	50,400	72,000
4P Tr	2,800	8,400	14,000	31,500	49,000	70,000
5P Tr	2,880	8,640	14,400	32,400	50,400	72,000
2P Rbt	2,800	8,400	14,000	31,500	49,000	70,000
3P Rbt	2,800	8,400	14,000	31,500	49,000	70,000
2P Cpe	2,400	7,200	12,000	27,000	42,000	60,000
3P Cpe	2,400	7,200	12,000	27,000	42,000	60,000
7P Sub	2,560	7,680	12,800	28,800	44,800	64,000
7P Lan	2,560	7,680	12,800	28,800	44,800	64,000
7P Brgm	2,480	7,440	12,400	27,900	43,400	62,000
Sub Lan	2,560	7,680	12,800	28,800	44,800	64,000
Vestibule Sub	2,560	7,680	12,800	28,800	44,800	64,000
Vestibule Lan	2,560	7,680	12,800	28,800	44,800	64,000
Vestibule Brgm	2,480	7,440	12,400	27,900	43,400	62,000
Vestibule Sub Lan	2,560	7,680	12,800	28,800	44,800	64,000
1916 Model 66-A, 6-cyl., 60 hp, 147-1/2" wb						
7P Tr	3,360	10,080	16,800	37,800	58,800	84,000
4P Tr	3,280	9,840	16,400	36,900	57,400	82,000
5P Tr	3,280	9,840	16,400	36,900	57,400	82,000
2P Rbt	3,200	9,600	16,000	36,000	56,000	80,000
3P Rbt	3,280	9,840	16,400	36,900	57,400	82,000
2P Cpe	2,960	8,880	14,800	33,300	51,800	74,000
3P Cpe	2,960	8,880	14,800	33,300	51,800	74,000
7P Sub	3,120	9,360	15,600	35,100	54,600	78,000
7P Lan	3,040	9,120	15,200	34,200	53,200	76,000
7P Brgm	3,040	9,120	15,200	34,200	53,200	76,000
Sub Lan	3,040	9,120	15,200	34,200	53,200	76,000
Vestibule Lan	3,040	9,120	15,200	34,200	53,200	76,000
Vestibule Sub	3,040	9,120	15,200	34,200	53,200	76,000
Vestibule Brgm	3,040	9,120	15,200	34,200	53,200	76,000
Vestibule Sub Lan	3,040	9,120	15,200	34,200	53,200	76,000
1917 Model 38, 6-cyl., 38.4 hp, 134" wb						
5P Tr	2,280	6,840	11,400	25,650	39,900	57,000
2P Rbt	2,200	6,600	11,000	24,750	38,500	55,000
3P Rbt	2,200	6,600	11,000	24,750	38,500	55,000
2P Cpe	1,680	5,040	8,400	18,900	29,400	42,000
3P Cpe	1,720	5,160	8,600	19,350	30,100	43,000
4P Tr	2,240	6,720	11,200	25,200	39,200	56,000
Brgm	1,640	4,920	8,200	18,450	28,700	41,000

PIERCE-ARROW

	6	5	4	3	2	1
Lan'let	1,640	4,920	8,200	18,450	28,700	41,000
Sed	1,520	4,560	7,600	17,100	26,600	38,000
Vestibule Brgm	1,680	5,040	8,400	18,900	29,400	42,000
Brgm Lan'let	1,680	5,040	8,400	18,900	29,400	42,000
Vestibule Brgm Lan'let	1,760	5,280	8,800	19,800	30,800	44,000
Fr Brgm	1,760	5,280	8,800	19,800	30,800	44,000
Fr Brgm Lan'let	1,760	5,280	8,800	19,800	30,800	44,000
1917 Model 48, 6-cyl., 48.6 hp, 142" wb						
7P Tr	2,560	7,680	12,800	28,800	44,800	64,000
2P Rbt	2,400	7,200	12,000	27,000	42,000	60,000
3P Rbt	2,480	7,440	12,400	27,900	43,400	62,000
2P Cpe	2,080	6,240	10,400	23,400	36,400	52,000
3P Cpe	2,080	6,240	10,400	23,400	36,400	52,000
5P Tr	2,560	7,680	12,800	28,800	44,800	64,000
4P Tr	2,480	7,440	12,400	27,900	43,400	62,000
Brgm	2,040	6,120	10,200	22,950	35,700	51,000
Sub	2,080	6,240	10,400	23,400	36,400	52,000
Lan	2,080	6,240	10,400	23,400	36,400	52,000
Sub Lan	2,080	6,240	10,400	23,400	36,400	52,000
Vestibule Sub	2,160	6,480	10,800	24,300	37,800	54,000
Vestibule Lan	2,160	6,480	10,800	24,300	37,800	54,000
Vestibule Brgm	2,120	6,360	10,600	23,850	37,100	53,000
Vestibule Sub Lan	2,160	6,480	10,800	24,300	37,800	54,000
1917 Model 66, 6-cyl., 60 hp, 147-1/2" wb						
7P Tr	3,360	10,080	16,800	37,800	58,800	84,000
2P Rbt	3,200	9,600	16,000	36,000	56,000	80,000
3P Rbt	3,200	9,600	16,000	36,000	56,000	80,000
2P Cpe	2,960	8,880	14,800	33,300	51,800	74,000
3P Cpe	2,960	8,880	14,800	33,300	51,800	74,000
4P Tr	3,280	9,840	16,400	36,900	57,400	82,000
5P Tr	3,280	9,840	16,400	36,900	57,400	82,000
Brgm	2,640	7,920	13,200	29,700	46,200	66,000
Sub	2,720	8,160	13,600	30,600	47,600	68,000
Lan	2,720	8,160	13,600	30,600	47,600	68,000
Sub Lan	2,720	8,160	13,600	30,600	47,600	68,000
Vestibule Sub	2,720	8,160	13,600	30,600	47,600	68,000
Vestibule Lan	2,720	8,160	13,600	30,600	47,600	68,000
Vestibule Brgm	2,720	8,160	13,600	30,600	47,600	68,000
Vestibule Sub Lan	2,720	8,160	13,600	30,600	47,600	68,000
1918 Model 38, 6-cyl., 38.4 hp, 134" wb						
5P Tr	2,560	7,680	12,800	28,800	44,800	64,000
2P Rbt	2,480	7,440	12,400	27,900	43,400	62,000
3P Rbt	2,480	7,440	12,400	27,900	43,400	62,000
2P Cpe	2,240	6,720	11,200	25,200	39,200	56,000
3P Cpe	2,240	6,720	11,200	25,200	39,200	56,000
2P Conv Rds	2,480	7,440	12,400	27,900	43,400	62,000
3P Conv Rds	2,480	7,440	12,400	27,900	43,400	62,000
4P Rds	2,560	7,680	12,800	28,800	44,800	64,000
4P Tr	2,480	7,440	12,400	27,900	43,400	62,000
Brgm	2,280	6,840	11,400	25,650	39,900	57,000
Lan'let	2,280	6,840	11,400	25,650	39,900	57,000
Sed	2,080	6,240	10,400	23,400	36,400	52,000
Vestibule Brgm	2,160	6,480	10,800	24,300	37,800	54,000
Brgm Lan'let	2,120	6,360	10,600	23,850	37,100	53,000
Vestibule Lan'let	2,240	6,720	11,200	25,200	39,200	56,000
Vestibule Brgm Lan'let	2,240	6,720	11,200	25,200	39,200	56,000
Fr Brgm	2,200	6,600	11,000	24,750	38,500	55,000
Fr Brgm Lan'let	2,240	6,720	11,200	25,200	39,200	56,000
Twn Brgm	2,200	6,600	11,000	24,750	38,500	55,000
1918 Model 48, 6-cyl., 48.6 hp, 142" wb						
2P Rbt	2,560	7,680	12,800	28,800	44,800	64,000
4P Rbt	2,560	7,680	12,800	28,800	44,800	64,000
3P Rbt	2,560	7,680	12,800	28,800	44,800	64,000
2P Cpe	2,360	7,080	11,800	26,550	41,300	59,000
3P Cpe	2,360	7,080	11,800	26,550	41,300	59,000
2P Conv Rds	2,560	7,680	12,800	28,800	44,800	64,000
3P Conv Rds	2,640	7,920	13,200	29,700	46,200	66,000
4P Tr	2,720	8,160	13,600	30,600	47,600	68,000
5P Tr	2,720	8,160	13,600	30,600	47,600	68,000
Brgm	2,400	7,200	12,000	27,000	42,000	60,000
Sub	2,400	7,200	12,000	27,000	42,000	60,000
Lan	2,400	7,200	12,000	27,000	42,000	60,000
Sub Lan	2,400	7,200	12,000	27,000	42,000	60,000
Vestibule Sub	2,400	7,200	12,000	27,000	42,000	60,000
Vestibule Lan	2,400	7,200	12,000	27,000	42,000	60,000
Vestibule Brgm	2,480	7,440	12,400	27,900	43,400	62,000
Vestibule Sub Lan	2,560	7,680	12,800	28,800	44,800	64,000
Fr Brgm	2,400	7,200	12,000	27,000	42,000	60,000

	6	5	4	3	2	1
7P Tr.	2,800	8,400	14,000	31,500	49,000	70,000
7P Sub Lan.	2,560	7,680	12,800	28,800	44,800	64,000
1918 Model 66, 6-cyl., 60 hp, 147-1/2" wb						
2P Rbt	3,120	9,360	15,600	35,100	54,600	78,000
3P Rbt	3,120	9,360	15,600	35,100	54,600	78,000
2P Cpe	2,960	8,880	14,800	33,300	51,800	74,000
3P Cpe	2,960	8,880	14,800	33,300	51,800	74,000
2P Con Rds	3,120	9,360	15,600	35,100	54,600	78,000
3P Con Rds	3,200	9,600	16,000	36,000	56,000	80,000
4P Tr.	3,280	9,840	16,400	36,900	57,400	82,000
5P Tr.	3,280	9,840	16,400	36,900	57,400	82,000
7P Tr.	3,360	10,080	16,800	37,800	58,800	84,000
Brgm.	2,720	8,160	13,600	30,600	47,600	68,000
Sub.	2,800	8,400	14,000	31,500	49,000	70,000
Lan.	2,800	8,400	14,000	31,500	49,000	70,000
Sub Lan.	2,800	8,400	14,000	31,500	49,000	70,000
Vestibule Lan.	2,960	8,880	14,800	33,300	51,800	74,000
Vestibule Brgm.	2,960	8,880	14,800	33,300	51,800	74,000
Vestibule Sub.	2,960	8,880	14,800	33,300	51,800	74,000
Vestibule Sub Lan.	2,960	8,880	14,800	33,300	51,800	74,000
1919 Model 48-B-5, 6-cyl., 48.6 hp, 142" wb						
7P Tr.	2,960	8,880	14,800	33,300	51,800	74,000
2P Rbt	2,640	7,920	13,200	29,700	46,200	66,000
3P Rbt	2,640	7,920	13,200	29,700	46,200	66,000
4P Tr.	2,720	8,160	13,600	30,600	47,600	68,000
4P Rds	2,880	8,640	14,400	32,400	50,400	72,000
5P Tr.	2,960	8,880	14,800	33,300	51,800	74,000
2P Cpe	2,480	7,440	12,400	27,900	43,400	62,000
3P Cpe	2,480	7,440	12,400	27,900	43,400	62,000
2P Con Rds	2,560	7,680	12,800	28,800	44,800	64,000
3P Con Rds	2,560	7,680	12,800	28,800	44,800	64,000
Brgm.	2,480	7,440	12,400	27,900	43,400	62,000
Brgm Lan'let	2,480	7,440	12,400	27,900	43,400	62,000
Fr Brgm	2,400	7,200	12,000	27,000	42,000	60,000
Fr Brgm Lan'let	2,400	7,440	12,400	27,900	43,400	62,000
Sub.	2,480	7,440	12,400	27,900	43,400	62,000
Sub Lan	2,480	7,440	12,400	27,900	43,400	62,000
Vestibule Brgm	2,400	7,200	12,000	27,000	42,000	60,000
Vestibule Brgm Lan	2,480	7,440	12,400	27,900	43,400	62,000
Vestibule Sub.	2,400	7,200	12,000	27,000	42,000	60,000
Vestibule Lan	2,400	7,200	12,000	27,000	42,000	60,000
Vestibule Sub Lan	2,480	7,440	12,400	27,900	43,400	62,000
1920 Model 31, 6 cyl., 38 hp, 134" wb						
2P & 3P Rbt	2,280	6,840	11,400	25,650	39,900	57,000
4P Tr.	2,320	6,960	11,600	26,100	40,600	58,000
4P Rds	2,360	7,080	11,800	26,550	41,300	59,000
5P Tr.	2,400	7,200	12,000	27,000	42,000	60,000
7P Tr.	2,480	7,440	12,400	27,900	43,400	62,000
2P & 3P Cpe.	1,880	5,640	9,400	21,150	32,900	47,000
4P Sed	1,280	3,840	6,400	14,400	22,400	32,000
7P Sed	1,360	4,080	6,800	15,300	23,800	34,000
Brgm.	1,480	4,440	7,400	16,650	25,900	37,000
Fr Brgm	1,560	4,680	7,800	17,550	27,300	39,000
1920 Model 31, 6 cyl., 38 hp, 134" wbb						
Brgm Lan'let	1,600	4,800	8,000	18,000	28,000	40,000
1920 Model 31, 6 cyl., 38 hp, 134" wb						
Tourer Brgm	1,640	4,920	8,200	18,450	28,700	41,000
Vestibule Brgm	1,680	5,040	8,400	18,900	29,400	42,000
1920 Model 48, 6-cyl., 48 hp, 142" wb						
2P & 4P Rbt	2,400	7,200	12,000	27,000	42,000	60,000
4P Tr.	2,480	7,440	12,400	27,900	43,400	62,000
4P Rds	2,480	7,440	12,400	27,900	43,400	62,000
5P Tr.	2,400	7,200	12,000	27,000	42,000	60,000
6P Tr.	2,560	7,680	12,800	28,800	44,800	64,000
2P & 3P Cpe.	2,080	6,240	10,400	23,400	36,400	52,000
5P Brgm	2,240	6,720	11,200	25,200	39,200	56,000
7P Fr Brgm	2,240	6,720	11,200	25,200	39,200	56,000
7P Sub	2,320	6,960	11,600	26,100	40,600	58,000
7P Vestibule Sub	2,400	7,200	12,000	27,000	42,000	60,000
7P Fr Sub	2,320	6,960	11,600	26,100	40,600	58,000
1921 Model 32, 6-cyl., 38 hp, 138" wb						
4P Tr.	2,320	6,960	11,600	26,100	40,600	58,000
6P Tr.	2,320	6,960	11,600	26,100	40,600	58,000
7P Tr.	2,400	7,200	12,000	27,000	42,000	60,000
3P Rds	2,400	7,200	12,000	27,000	42,000	60,000
4P Cpe	1,880	5,640	9,400	21,150	32,900	47,000
7P Brgm	1,680	5,040	8,400	18,900	29,400	42,000
7P Limo	1,760	5,280	8,800	19,800	30,800	44,000

	6	5	4	3	2	1
6P Sed	1,680	5,040	8,400	18,900	29,400	42,000
6P Vestibule Sed	1,760	5,280	8,800	19,800	30,800	44,000
7P Lan	1,840	5,520	9,200	20,700	32,200	46,000
1922 Model 33, 6-cyl., 38 hp, 138" wb						
4P Tr	2,320	6,960	11,600	26,100	40,600	58,000
7P Tr	2,400	7,200	12,000	27,000	42,000	60,000
3P Rds	2,320	6,960	11,600	26,100	40,600	58,000
7P Brgm	1,680	5,040	8,400	18,900	29,400	42,000
Cpe Sed	1,680	5,040	8,400	18,900	29,400	42,000
3P Cpe	1,880	5,640	9,400	21,150	32,900	47,000
4P Sed	1,920	5,760	9,600	21,600	33,600	48,000
Lan'let	1,680	5,040	8,400	18,900	29,400	42,000
Limo	1,760	5,280	8,800	19,800	30,800	44,000
Fml Limo	1,840	5,520	9,200	20,700	32,200	46,000
Vestibule Sed	1,880	5,640	9,400	21,150	32,900	47,000
Sed	1,840	5,520	9,200	20,700	32,200	46,000
1923 Model 33, 6-cyl., 138" wb						
7P Tr	2,280	6,840	11,400	25,650	39,900	57,000
4P Tr	2,200	6,600	11,000	24,750	38,500	55,000
2P Rbt	2,080	6,240	10,400	23,400	36,400	52,000
3P Cpe	1,800	5,400	9,000	20,250	31,500	45,000
4P Cpe Sed	1,720	5,160	8,600	19,350	30,100	43,000
6P Brgm	1,680	5,040	8,400	18,900	29,400	42,000
4P Sed	1,560	4,680	7,800	17,550	27,300	39,000
7P Sed	1,640	4,920	8,200	18,450	28,700	41,000
6P Lan'let	1,880	5,640	9,400	21,150	32,900	47,000
7P Limo	1,960	5,880	9,800	22,050	34,300	49,000
7P Encl Drive Limo	2,040	6,120	10,200	22,950	35,700	51,000
7P Fml Limo	2,080	6,240	10,400	23,400	36,400	52,000
1924 Model 33, 6-cyl., 138" wb						
7P Tr	2,280	6,840	11,400	25,650	39,900	57,000
6P Tr	2,200	6,600	11,000	24,750	38,500	55,000
4P Tr	2,120	6,360	10,600	23,850	37,100	53,000
Rbt	1,960	5,880	9,800	22,050	34,300	49,000
6P Brgm	1,880	5,640	9,400	21,150	32,900	47,000
3P Cpe	1,920	5,760	9,600	21,600	33,600	48,000
4P Cpe Sed	1,920	5,760	9,600	21,600	33,600	48,000
4d 4P Sed	1,800	5,400	9,000	20,250	31,500	45,000
7P Encl Drive Limo	2,160	6,480	10,800	24,300	37,800	54,000
7P Fml Limo	2,200	6,600	11,000	24,750	38,500	55,000
6P Lan'let	2,240	6,720	11,200	25,200	39,200	56,000
7P Limo	2,280	6,840	11,400	25,650	39,900	57,000
7P Sed	2,200	6,600	11,000	24,750	38,500	55,000
7P Fml Lan	2,280	6,840	11,400	25,650	39,900	57,000
7P Limo Lan	2,320	6,960	11,600	26,100	40,600	58,000
4P Sed Lan	2,280	6,840	11,400	25,650	39,900	57,000
3P Cpe Lan	2,480	7,440	12,400	27,900	43,400	62,000
7P Encl Drive Lan	2,480	7,440	12,400	27,900	43,400	62,000
7P Sed Lan	2,440	7,320	12,200	27,450	42,700	61,000
1925 Model 80, 6-cyl., 130" wb						
7P Tr	2,280	6,840	11,400	25,650	39,900	57,000
4P Tr	2,240	6,720	11,200	25,200	39,200	56,000
5P Sed	1,760	5,280	8,800	19,800	30,800	44,000
4P Cpe	2,000	6,000	10,000	22,500	35,000	50,000
7P Sed	1,800	5,400	9,000	20,250	31,500	45,000
Encl Drive Limo	2,080	6,240	10,400	23,400	36,400	52,000
2P Rbt	2,160	6,480	10,800	24,300	37,800	54,000
1925 Model 33, 6-cyl., 138" wb						
2P Rbt	2,360	7,080	11,800	26,550	41,300	59,000
4P Tr	2,400	7,200	12,000	27,000	42,000	60,000
6P Tr	2,440	7,320	12,200	27,450	42,700	61,000
7P Tr	2,480	7,440	12,400	27,900	43,400	62,000
Brgm	2,160	6,480	10,800	24,300	37,800	54,000
Cpe	2,280	6,840	11,400	25,650	39,900	57,000
4P Sed	2,080	6,240	10,400	23,400	36,400	52,000
Cpe Sed	2,080	6,240	10,400	23,400	36,400	52,000
Lan'let	2,160	6,480	10,800	24,300	37,800	54,000
7P Sed	2,120	6,360	10,600	23,850	37,100	53,000
Encl Drive Sed	2,160	6,480	10,800	24,300	37,800	54,000
Limo	2,280	6,840	11,400	25,650	39,900	57,000
Lan	2,240	6,720	11,200	25,200	39,200	56,000
Encl Drive Lan	2,320	6,960	11,600	26,100	40,600	58,000
1926 Model 80, 6-cyl., 70 hp, 130" wb						
7P Tr	2,280	6,840	11,400	25,650	39,900	57,000
4P Tr	2,160	6,480	10,800	24,300	37,800	54,000
2P Rds	2,200	6,600	11,000	24,750	38,500	55,000
4P Cpe	2,400	7,200	12,000	27,000	42,000	60,000
7P Sed	2,280	6,840	11,400	25,650	39,900	57,000

	6	5	4	3	2	1
7P Encl Drive Limo	2,480	7,440	12,400	27,900	43,400	62,000
5P Sed	2,240	6,720	11,200	25,200	39,200	56,000
4P Cpe Lan	2,160	6,480	10,800	24,300	37,800	54,000
5P Coach	1,760	5,280	8,800	19,800	30,800	44,000
1926 Model 33, 6-cyl., 100 hp, 138" wb						
4P Tr.	2,760	8,280	13,800	31,050	48,300	69,000
2P Rbt	2,680	8,040	13,400	30,150	46,900	67,000
6P Tr.	2,840	8,520	14,200	31,950	49,700	71,000
7P Tr.	3,000	9,000	15,000	33,750	52,500	75,000
6P Brgm	2,680	8,040	13,400	30,150	46,900	67,000
3P Cpe	2,360	7,080	11,800	26,550	41,300	59,000
4P Sed	2,280	6,840	11,400	25,650	39,900	57,000
4P Cpe Sed	2,320	6,960	11,600	26,100	40,600	58,000
4P Encl Drive Limo	2,600	7,800	13,000	29,250	45,500	65,000
7P Sed	2,560	7,680	12,800	28,800	44,800	64,000
6P Lan'let	2,600	7,800	13,000	29,250	45,500	65,000
7P Fr Limo	2,600	7,800	13,000	29,250	45,500	65,000
7P Sed Lan'let	2,560	7,680	12,800	28,800	44,800	64,000
4P Sed Lan'let	2,560	7,680	12,800	28,800	44,800	64,000
3P Cpe Lan'let	2,680	8,040	13,400	30,150	46,900	67,000
7P Limo	2,720	8,160	13,600	30,600	47,600	68,000
7P Encl Drive Limo	2,760	8,280	13,800	31,050	48,300	69,000
7P Encl Drive Lan'let	2,840	8,520	14,200	31,950	49,700	71,000
1927 Model 80, 6-cyl., 70 hp, 130" wb						
7P Tr.	2,520	7,560	12,600	28,350	44,100	63,000
4P Tr.	2,480	7,440	12,400	27,900	43,400	62,000
2P Rds	2,440	7,320	12,200	27,450	42,700	61,000
4P Cpe	2,200	6,600	11,000	24,750	38,500	55,000
7P Sed	1,960	5,880	9,800	22,050	34,300	49,000
7P Encl Drive Limo	2,480	7,440	12,400	27,900	43,400	62,000
5P Sed	1,920	5,760	9,600	21,600	33,600	48,000
2d 5P Coach	1,960	5,880	9,800	22,050	34,300	49,000
4d 5P Coach	2,080	6,240	10,400	23,400	36,400	52,000
4P Cpe	2,240	6,720	11,200	25,200	39,200	56,000
2P Cpe	2,160	6,480	10,800	24,300	37,800	54,000
4d 7P Coach	2,160	6,480	10,800	24,300	37,800	54,000
7P Limo Coach	2,360	7,080	11,800	26,550	41,300	59,000
1927 Model 36, 6-cyl., 100 hp, 138" wb						
2P Rbt	2,600	7,800	13,000	29,250	45,500	65,000
4P Tr.	2,680	8,040	13,400	30,150	46,900	67,000
7P Tr.	2,840	8,520	14,200	31,950	49,700	71,000
3P Cpe	2,640	7,920	13,200	29,700	46,200	66,000
4d 4P Sed.	2,280	6,840	11,400	25,650	39,900	57,000
4P Cpe Sed	2,360	7,080	11,800	26,550	41,300	59,000
4P Encl Drive Limo	2,600	7,800	13,000	29,250	45,500	65,000
7P Encl Drive Lan.	2,560	7,680	12,800	28,800	44,800	64,000
7P Sed	2,480	7,440	12,400	27,900	43,400	62,000
7P Fr Lan	2,520	7,560	12,600	28,350	44,100	63,000
7P Sed Lan	2,520	7,560	12,600	28,350	44,100	63,000
4P Sed Lan.	2,480	7,440	12,400	27,900	43,400	62,000
7P Encl Drive Limo	2,640	7,920	13,200	29,700	46,200	66,000
7P Fr Limo	2,560	7,680	12,800	28,800	44,800	64,000
4P Encl Drive Limo	2,600	7,800	13,000	29,250	45,500	65,000
1928 Model 81, 6-cyl., 75 hp, 130" wb						
4P Rbt	2,680	8,040	13,400	30,150	46,900	67,000
4P Tr.	2,600	7,800	13,000	29,250	45,500	65,000
4P Rds	2,680	8,040	13,400	30,150	46,900	67,000
5P Brgm	2,440	7,320	12,200	27,450	42,700	61,000
2P Cpe	2,480	7,440	12,400	27,900	43,400	62,000
5P Clb Sed	2,440	7,320	12,200	27,450	42,700	61,000
4P Cpe	2,520	7,560	12,600	28,350	44,100	63,000
5P Sed	2,360	7,080	11,800	26,550	41,300	59,000
Spt Sed Lan	2,400	7,200	12,000	27,000	42,000	60,000
Clb Sed Lan	2,440	7,320	12,200	27,450	42,700	61,000
7P Sed	2,440	7,320	12,200	27,450	42,700	61,000
4P Cpe DeL	2,560	7,680	12,800	28,800	44,800	64,000
7P Encl Drive Limo	2,640	7,920	13,200	29,700	46,200	66,000
1928 Model 36, 6-cyl., 100 hp, 138" wb						
4P Rbt	3,160	9,480	15,800	35,550	55,300	79,000
4P Tr.	3,240	9,720	16,200	36,450	56,700	81,000
7P Tr.	3,320	9,960	16,600	37,350	58,100	83,000
Encl Drive Limo	2,920	8,760	14,600	32,850	51,100	73,000
7P Sed	2,880	8,640	14,400	32,400	50,400	72,000
7P Encl Drive Lan'let	2,920	8,760	14,600	32,850	51,100	73,000
7P Sed Lan.	2,760	8,280	13,800	31,050	48,300	69,000
3P Cpe	2,760	8,280	13,800	31,050	48,300	69,000
4P Cpe Sed	2,760	8,280	13,800	31,050	48,300	69,000
4P Encl Drive Sed	3,000	9,000	15,000	33,750	52,500	75,000

	6	5	4	3	2	1
4P Sed 2,680	8,040	13,400	30,150	46,900	67,000
6P Encl Drive Limo 3,160	9,480	15,800	35,550	55,300	79,000
4P CC Sed 2,840	8,520	14,200	31,950	49,700	71,000
4P Sed Lan 2,920	8,760	14,600	32,850	51,100	73,000
4P Encl Drive Lan 2,880	8,640	14,400	32,400	50,400	72,000
6P Fml Limo 3,160	9,480	15,800	35,550	55,300	79,000
6P Fr Lan 3,240	9,720	16,200	36,450	56,700	81,000
1929 Model 125, 8-cyl., 125 hp, 133" wb						
4P Rds 3,920	11,760	19,600	44,100	68,600	98,000
4P Tr 3,640	10,920	18,200	40,950	63,700	91,000
5P Brgm 2,680	8,040	13,400	30,150	46,900	67,000
4P Cpe 2,840	8,520	14,200	31,950	49,700	71,000
5P Sed 2,600	7,800	13,000	29,250	45,500	65,000
5P Twn Sed 2,680	8,040	13,400	30,150	46,900	67,000
7P Sed 2,680	8,040	13,400	30,150	46,900	67,000
7P Encl Drive Limo 2,920	8,760	14,600	32,850	51,100	73,000
1929 Model 126, 8-cyl., 125 hp, 143" wb						
7P Tr 4,160	12,480	20,800	46,800	72,800	104,000
4P Conv Cpe 4,240	12,720	21,200	47,700	74,200	106,000
7P Sed 3,080	9,240	15,400	34,650	53,900	77,000
7P Encl Drive Limo 3,160	9,480	15,800	35,550	55,300	79,000
4P Sed 2,920	8,760	14,600	32,850	51,100	73,000
1930 Model C, 8-cyl., 115 hp, 132" wb						
Clb Brgm 2,080	6,240	10,400	23,400	36,400	52,000
Cpe 2,160	6,480	10,800	24,300	37,800	54,000
Sed 1,960	5,880	9,800	22,050	34,300	49,000
1930 Model B, 8-cyl., 125 hp, 134" wb						
Rds 3,920	11,760	19,600	44,100	68,600	98,000
Tr 3,920	11,760	19,600	44,100	68,600	98,000
Spt Phae 4,560	13,680	22,800	51,300	79,800	114,000
Conv Cpe 4,240	12,720	21,200	47,700	74,200	106,000
1930 Model B, 8-cyl., 125 hp, 139" wb						
5P Sed 2,640	7,920	13,200	29,700	46,200	66,000
Vic Cpe 2,720	8,160	13,600	30,600	47,600	68,000
7P Sed 2,640	7,920	13,200	29,700	46,200	66,000
Clb Sed 2,720	8,160	13,600	30,600	47,600	68,000
Encl Drive Limo 3,120	9,360	15,600	35,100	54,600	78,000
1930 Model A, 8-cyl., 132 hp, 144" wb						
Tr 4,320	12,960	21,600	48,600	75,600	108,000
Conv Cpe 4,560	13,680	22,800	51,300	79,800	114,000
Sed 2,960	8,880	14,800	33,300	51,800	74,000
Encl Drive Limo 3,760	11,280	18,800	42,300	65,800	94,000
Twn Car 3,440	10,320	17,200	38,700	60,200	86,000
1931 Model 43, 8-cyl., 125 hp, 134" wb						
Rds 3,920	11,760	19,600	44,100	68,600	98,000
Tourer 3,920	11,760	19,600	44,100	68,600	98,000
Cpe 2,720	8,160	13,600	30,600	47,600	68,000
1931 Model 43, 8-cyl., 125 hp, 137" wb						
5P Sed 2,080	6,240	10,400	23,400	36,400	52,000
Clb Sed 2,280	6,840	11,400	25,650	39,900	57,000
7P Sed 2,360	7,080	11,800	26,550	41,300	59,000
Encl Drive Limo 2,480	7,440	12,400	27,900	43,400	62,000
1931 Model 42, 8-cyl., 132 hp, 142" wb						
Rds 4,320	12,960	21,600	48,600	75,600	108,000
Tourer 4,320	12,960	21,600	48,600	75,600	108,000
Spt Tourer 4,560	13,680	22,800	51,300	79,800	114,000
Conv Cpe 4,400	13,200	22,000	49,500	77,000	110,000
5P Sed 2,280	6,840	11,400	25,650	39,900	57,000
Clb Sed 2,400	7,200	12,000	27,000	42,000	60,000
7P Sed 2,360	7,080	11,800	26,550	41,300	59,000
Clb Berl 2,480	7,440	12,400	27,900	43,400	62,000
Encl Drive Limo 2,720	8,160	13,600	30,600	47,600	68,000
1931 Model 41, 8-cyl., 132 hp, 147" wb						
Tr 4,320	12,960	21,600	48,600	75,600	108,000
Conv Cpe 4,320	12,960	21,600	48,600	75,600	108,000
Sed 2,480	7,440	12,400	27,900	43,400	62,000
Encl Drive Limo 2,720	8,160	13,600	30,600	47,600	68,000
Twn Car 2,720	8,160	13,600	30,600	47,600	68,000
1932 Model 54, 8-cyl., 125 hp, 137" wb						
Conv Cpe Rds 4,480	13,440	22,400	50,400	78,400	112,000
5P Tr 3,920	11,760	19,600	44,100	68,600	98,000
Phae 4,080	12,240	20,400	45,900	71,400	102,000
Brgm 2,240	6,720	11,200	25,200	39,200	56,000
Cpe 2,480	7,440	12,400	27,900	43,400	62,000
5P Sed 2,200	6,600	11,000	24,750	38,500	55,000
Clb Sed 2,240	6,720	11,200	25,200	39,200	56,000
Clb Berl 2,280	6,840	11,400	25,650	39,900	57,000
Con Sed 4,000	12,000	20,000	45,000	70,000	100,000

	6	5	4	3	2	1
1932 Model 54, 8-cyl., 125 hp, 142" wb						
7P Tr.	4,160	12,480	20,800	46,800	72,800	104,000
7P Sed	2,280	6,840	11,400	25,650	39,900	57,000
Limo	2,480	7,440	12,400	27,900	43,400	62,000
1932 Model 53, 12-cyl., 140 hp, 137" wb						
Conv Cpe Rds	4,720	14,160	23,600	53,100	82,600	118,000
5P Tr.	4,240	12,720	21,200	47,700	74,200	106,000
Phae	4,480	13,440	22,400	50,400	78,400	112,000
Clb Brgm	2,480	7,440	12,400	27,900	43,400	62,000
Cpe.	2,400	7,200	12,000	27,000	42,000	60,000
5P Sed	2,360	7,080	11,800	26,550	41,300	59,000
Clb Sed.	2,440	7,320	12,200	27,450	42,700	61,000
Clb Berl.	2,560	7,680	12,800	28,800	44,800	64,000
Con Sed	4,400	13,200	22,000	49,500	77,000	110,000
1932 Model 53, 12-cyl., 140 hp, 142" wb						
7P Tr.	4,320	12,960	21,600	48,600	75,600	108,000
7P Sed	2,560	7,680	12,800	28,800	44,800	64,000
Limo	2,800	8,400	14,000	31,500	49,000	70,000
1932 Model 51, 12-cyl., 150 hp, 147" wb						
Cpe.	2,720	8,160	13,600	30,600	47,600	68,000
Conv Vic Cpe	4,960	14,880	24,800	55,800	86,800	124,000
Clb Sed.	2,640	7,920	13,200	29,700	46,200	66,000
Conv Sed	3,920	11,760	19,600	44,100	68,600	98,000
Encl Drive Limo	3,200	9,600	16,000	36,000	56,000	80,000
A/W Twn Brgm	3,960	11,880	19,800	44,550	69,300	99,000
A/W Twn Cabr	4,200	12,600	21,000	47,250	73,500	105,000
Encl Drive Brgm	3,600	10,800	18,000	40,500	63,000	90,000
1933 Model 836, 8-cyl., 135 hp, 136" wb						
5P Clb Brgm.	1,920	5,760	9,600	21,600	33,600	48,000
5P Sed	1,960	5,880	9,800	22,050	34,300	49,000
5P Clb Sed.	2,120	6,360	10,600	23,850	37,100	53,000
7P Sed	2,000	6,000	10,000	22,500	35,000	50,000
7P Encl Drive Limo.	2,280	6,840	11,400	25,650	39,900	57,000
1933 Model 1236, 12-cyl., 160 hp, 136" wb						
5P Clb Brgm.	2,120	0,300	10,600	23,850	37,100	53,000
5P Sed	2,160	6,480	10,800	24,300	37,800	54,000
5P Clb Sed.	2,320	6,960	11,600	26,100	40,600	58,000
7P Sed (139" wb)	2,200	6,600	11,000	24,750	38,500	55,000
7P Encl Drive Limo.	2,480	7,440	12,400	27,900	43,400	62,000
1933 Model 1242, 12-cyl., 175 hp, 137" wb						
5P Tr.	3,760	11,280	18,800	42,300	65,800	94,000
5P Spt Phae	4,400	13,200	22,000	49,500	77,000	110,000
7P Tourer (142" wb)	3,840	11,520	19,200	43,200	67,200	96,000
5P Clb Brgm.	2,200	6,600	11,000	24,750	38,500	55,000
5P Sed	2,240	6,720	11,200	25,200	39,200	56,000
5P Clb Sed.	2,400	7,200	12,000	27,000	42,000	60,000
5P Clb Berl.	2,480	7,440	12,400	27,900	43,400	62,000
4P Cpe.	2,160	6,480	10,800	24,300	37,800	54,000
4P Cus Rds	4,480	13,440	22,400	50,400	78,400	112,000
5P Conv Sed	3,960	11,880	19,800	44,550	69,300	99,000
7P Sed (142" wb)	2,280	6,840	11,400	25,650	39,900	57,000
7P Encl Drive Limo.	2,560	7,680	12,800	28,800	44,800	64,000
1933 Model 1247, 12-cyl., 175 hp, 142" wb						
5P Sed	2,560	7,680	12,800	28,800	44,800	64,000
5P Clb Sed.	2,640	7,920	13,200	29,700	46,200	66,000
7P Sed (147" wb)	2,640	7,920	13,200	29,700	46,200	66,000
5P Clb Berl.	2,640	7,920	13,200	29,700	46,200	66,000
7P Encl Drive Limo.	2,800	8,400	14,000	31,500	49,000	70,000
5P Conv Sed	3,960	11,880	19,800	44,550	69,300	99,000
4P Cpe (147" wb)	2,960	8,880	14,800	33,300	51,800	74,000
5P Conv Sed (147" wb)	4,960	14,880	24,800	55,800	86,800	124,000
5P Clb Sed (147" wb)	2,800	8,400	14,000	31,500	49,000	70,000
Encl Drive Limo (147" wb)	2,960	8,880	14,800	33,300	51,800	74,000
7P Twn Brgm (147" wb)	3,040	9,120	15,200	34,200	53,200	76,000
7P Twn Car (147" wb)	3,200	9,600	16,000	36,000	56,000	80,000
7P Twn Cabr (147" wb)	5,200	15,600	26,000	58,500	91,000	130,000
7P Encl Drive Brgm	3,200	9,600	16,000	36,000	56,000	80,000
1934 Model 836A, 136" wb						
Clb Brgm	2,000	6,000	10,000	22,500	35,000	50,000
Clb Brgm Salon	2,080	6,240	10,400	23,400	36,400	52,000
4d Sed	2,080	6,240	10,400	23,400	36,400	52,000
4d Sed Salon	2,160	6,480	10,800	24,300	37,800	54,000
1934 Model 840A, 8-cyl., 139" wb						
Rds	3,000	9,000	15,000	33,750	52,500	75,000
Brgm.	2,160	6,480	10,800	24,300	37,800	54,000
Sed.	2,200	6,600	11,000	24,750	38,500	55,000
Clb Sed.	2,240	6,720	11,200	25,200	39,200	56,000
Cpe.	2,360	7,080	11,800	26,550	41,300	59,000

PIERCE-ARROW

	6	5	4	3	2	1
1934 Model 840A, 8-cyl., 144" wb						
Silver Arrow	6,000	18,000	30,000	67,500	105,000	150,000
Sed	2,280	6,840	11,400	25,650	39,900	57,000
Encl Drive Limo	2,760	8,280	13,800	31,050	48,300	69,000
1934 Model 1240A, 12-cyl., 139" wb						
Rds	4,200	12,600	21,000	47,250	73,500	105,000
Brgm	2,280	6,840	11,400	25,650	39,900	57,000
Sed	2,320	6,960	11,600	26,100	40,600	58,000
Clb Sed	2,360	7,080	11,800	26,550	41,300	59,000
Cpe	2,480	7,440	12,400	27,900	43,400	62,000
1934 Model 1250A, 12-cyl., 144" wb						
Silver Arrow	6,400	19,200	32,000	72,000	112,000	160,000
Sed	2,480	7,440	12,400	27,900	43,400	62,000
1934 Model 1248A, 12-cyl., 147" wb						
Sed	2,760	8,280	13,800	31,050	48,300	69,000
Encl Drive Limo	3,160	9,480	15,800	35,550	55,300	79,000
1935 Model 845, 8-cyl., 140 hp, 138" wb						
Conv Rds	2,920	8,760	14,600	32,850	51,100	73,000
Clb Brgm	2,080	6,240	10,400	23,400	36,400	52,000
Cpe	2,280	6,840	11,400	25,650	39,900	57,000
5P Sed	2,120	6,360	10,600	23,850	37,100	53,000
Clb Sed	2,160	6,480	10,800	24,300	37,800	54,000
1935 Model 845, 8-cyl., 140 hp, 144" wb						
7P Sed	2,200	6,600	11,000	24,750	38,500	55,000
Encl Drive Limo	2,680	8,040	13,400	30,150	46,900	67,000
Silver Arrow	6,000	18,000	30,000	67,500	105,000	150,000
1935 Model 1245, 12-cyl., 175 hp, 138" wb						
Conv Rds	3,560	10,680	17,800	40,050	62,300	89,000
Clb Brgm	2,280	6,840	11,400	25,650	39,900	57,000
Cpe	2,480	7,440	12,400	27,900	43,400	62,000
5P Sed	2,320	6,960	11,600	26,100	40,600	58,000
Clb Sed	2,360	7,080	11,800	26,550	41,300	59,000
1935 Model 1245, 12-cyl., 175 hp, 144" wb						
7P Sed	2,400	7,200	12,000	27,000	42,000	60,000
Encl Drive Limo	2,560	7,680	12,800	28,800	44,800	64,000
Silver Arrow	6,400	19,200	32,000	72,000	112,000	160,000
1935 Model 1255, 12-cyl., 175 hp, 147" wb						
7P Sed	2,560	7,680	12,800	28,800	44,800	64,000
Encl Drive Limo	2,800	8,400	14,000	31,500	49,000	70,000
1936 Deluxe 8, 150 hp, 139" wb						
Cpe	2,080	6,240	10,400	23,400	36,400	52,000
Ctry Club Rds	2,760	8,280	13,800	31,050	48,300	69,000
Clb Sed	1,880	5,640	9,400	21,150	32,900	47,000
5P Sed	1,840	5,520	9,200	20,700	32,200	46,000
Clb Berl	2,080	6,240	10,400	23,400	36,400	52,000
1936 Deluxe 8, 150 hp, 144" wb						
7P Sed	1,960	5,880	9,800	22,050	34,300	49,000
Limo	2,280	6,840	11,400	25,650	39,900	57,000
Metropolitan Twn Car	2,480	7,440	12,400	27,900	43,400	62,000
Conv Sed	2,800	8,400	14,000	31,500	49,000	70,000
1936 Salon Twelve, 185 hp, 139" wb						
Cpe	2,280	6,840	11,400	25,650	39,900	57,000
Ctry Club Rds	3,160	9,480	15,800	35,550	55,300	79,000
Clb Sed	2,040	6,120	10,200	22,950	35,700	51,000
5P Sed	2,000	6,000	10,000	22,500	35,000	50,000
Clb Berl	2,280	6,840	11,400	25,650	39,900	57,000
1936 Salon Twelve, 185 hp, 144" wb						
7P Sed	2,200	6,600	11,000	24,750	38,500	55,000
Limo	2,480	7,440	12,400	27,900	43,400	62,000
Metropolitan Twn Car	2,560	7,680	12,800	28,800	44,800	64,000
Conv Sed	3,400	10,200	17,000	38,250	59,500	85,000
7P Sed (147" wb)	2,480	7,440	12,400	27,900	43,400	62,000
7P Encl Drive Limo	2,640	7,920	13,200	29,700	46,200	66,000
1937 Pierce-Arrow 8, 150 hp, 138" wb						
Cpe	2,040	6,120	10,200	22,950	35,700	51,000
5P Sed	1,800	5,400	9,000	20,250	31,500	45,000
Conv Rds	2,760	8,280	13,800	31,050	48,300	69,000
Clb Sed	1,880	5,640	9,400	21,150	32,900	47,000
Clb Berl	1,480	4,440	7,400	16,650	25,900	37,000
Fml Sed	2,120	6,360	10,600	23,850	37,100	53,000
1937 Pierce-Arrow 8, 150 hp, 144" wb						
7P Fml Sed	2,280	6,840	11,400	25,650	39,900	57,000
7P Sed	2,160	6,480	10,800	24,300	37,800	54,000
Limo	2,480	7,440	12,400	27,900	43,400	62,000
Conv Sed	3,120	9,360	15,600	35,100	54,600	78,000
Brunn Metro Twn Car	2,560	7,680	12,800	28,800	44,800	64,000
Twn Brgm	2,400	7,200	12,000	27,000	42,000	60,000
5P Encl Drive Limo (147" wb)	2,400	7,200	12,000	27,000	42,000	60,000

	6	5	4	3	2	1
1937 Pierce-Arrow 12, 185 hp, 139" wb						
Cpe	2,200	6,600	11,000	24,750	38,500	55,000
5P Sed	1,960	5,880	9,800	22,050	34,300	49,000
Conv Rds	3,160	9,480	15,800	35,550	55,300	79,000
Clb Sed	2,000	6,000	10,000	22,500	35,000	50,000
Clb Berl	2,040	6,120	10,200	22,950	35,700	51,000
5P Fml Sed	2,280	6,840	11,400	25,650	39,900	57,000
1937 Pierce-Arrow 12, 185 hp, 144" wb						
7P Sed	2,080	6,240	10,400	23,400	36,400	52,000
Limo	2,280	6,840	11,400	25,650	39,900	57,000
Conv Sed	3,600	10,800	18,000	40,500	63,000	90,000
Brunn Metro Twn Brgm	2,960	8,880	14,800	33,300	51,800	74,000
1937 Pierce-Arrow 12, 185 hp, 147" wb						
7P Sed	2,480	7,440	12,400	27,900	43,400	62,000
Encl Drive Limo	2,640	7,920	13,200	29,700	46,200	66,000
Metro Twn Car	3,040	9,120	15,200	34,200	53,200	76,000
1938 Pierce-Arrow 8, 150 hp, 139" wb						
5P Sed	1,720	5,160	8,600	19,350	30,100	43,000
Clb Sed	1,800	5,400	9,000	20,250	31,500	45,000
Cpe	2,000	6,000	10,000	22,500	35,000	50,000
Conv Cpe	2,760	8,280	13,800	31,050	48,300	69,000
Clb Berl	1,960	5,880	9,800	22,050	34,300	49,000
Fml Sed	1,840	5,520	9,200	20,700	32,200	46,000
1938 Pierce-Arrow 8, 150 hp, 144" wb						
Brunn Metro Twn Brgm	2,400	7,200	12,000	27,000	42,000	60,000
7P Sed	2,200	6,600	11,000	24,750	38,500	55,000
Encl Drive Limo	2,360	7,080	11,800	26,550	41,300	59,000
Con Sed	3,160	9,480	15,800	35,550	55,300	79,000
Spl Sed	2,160	6,480	10,800	24,300	37,800	54,000
Fml Sed	2,280	6,840	11,400	25,650	39,900	57,000
1938 Pierce-Arrow 12, 185 hp, 139" wb						
5P Sed	2,280	6,840	11,400	25,650	39,900	57,000
Clb Sed	2,360	7,080	11,800	26,550	41,300	59,000
Cpe	2,480	7,440	12,400	27,900	43,400	62,000
Conv Cpe	3,100	10,200	17,000	38,250	59,500	85,000
Clb Berl	2,080	6,240	10,400	23,400	36,400	52,000
Fml Sed	2,080	6,240	10,400	23,400	36,400	52,000
1938 Pierce-Arrow 12, 185 hp, 144" wb						
Spl Sed	2,480	7,440	12,400	27,900	43,400	62,000
7P Sed	2,400	7,200	12,000	27,000	42,000	60,000
Encl Drive Limo	2,800	8,400	14,000	31,500	49,000	70,000
Conv Sed	3,480	10,440	17,400	39,150	60,900	87,000
Brunn Metro Twn Brgm	2,880	8,640	14,400	32,400	50,400	72,000
1938 Pierce-Arrow 12, 147" wb						
7P Sed	2,480	7,440	12,400	27,900	43,400	62,000
Encl Drive Limo	2,960	8,880	14,800	33,300	51,800	74,000

PLYMOUTH

	6	5	4	3	2	1
1928 Model Q, 4-cyl.						
2d Rds	960	2,880	4,800	10,800	16,800	24,000
4d Tr	920	2,760	4,600	10,350	16,100	23,000
2d Cpe	480	1,440	2,400	5,400	8,400	12,000
2d DeL Cpe	500	1,500	2,500	5,630	8,750	12,500
2d Sed	400	1,200	2,000	4,500	7,000	10,000
4d Sed	380	1,140	1,900	4,280	6,650	9,500
4d DeL Sed	390	1,170	1,950	4,390	6,830	9,750
1929-30 Model U, 4-cyl.						
2d Rds	1,200	3,600	6,000	13,500	21,000	30,000
4d Tr	960	2,880	4,800	10,800	16,800	24,000
2d Cpe	460	1,380	2,300	5,180	8,050	11,500
2d DeL Cpe	480	1,440	2,400	5,400	8,400	12,000
2d Sed	420	1,260	2,100	4,730	7,350	10,500
4d Sed	400	1,200	2,000	4,500	7,000	10,000
4d DeL Sed	430	1,290	2,150	4,840	7,530	10,750
NOTE: Factory prices reduced app. 40 percent for 1930 model year.						
1931 Model PA, 4-cyl.						
2d Rds	1,240	3,720	6,200	13,950	21,700	31,000
4d Tr	1,000	3,000	5,000	11,250	17,500	25,000
2d Conv	1,120	3,360	5,600	12,600	19,600	28,000
2d Cpe	480	1,440	2,400	5,400	8,400	12,000
2d Sed	420	1,260	2,100	4,730	7,350	10,500
4d Sed	400	1,200	2,000	4,500	7,000	10,000
4d DeL Sed	440	1,320	2,200	4,950	7,700	11,000
1932 Model PA, 4-cyl., 109" wb						
2d Rds	1,200	3,600	6,000	13,500	21,000	30,000
2d Conv	1,240	3,720	6,200	13,950	21,700	31,000
2d Cpe	500	1,500	2,500	5,630	8,750	12,500

PLYMOUTH

	6	5	4	3	2	1
2d RS Cpe.	640	1,920	3,200	7,200	11,200	16,000
2d Sed.	440	1,320	2,200	4,950	7,700	11,000
4d Sed.	440	1,320	2,200	4,950	7,700	11,000
4d Phae.	1,200	3,600	6,000	13,500	21,000	30,000
1932 Model PB, 4-cyl., 112" wb						
2d Rds.	1,200	3,600	6,000	13,500	21,000	30,000
2d Conv.	1,240	3,720	6,200	13,950	21,700	31,000
4d Conv Sed.	1,280	3,840	6,400	14,400	22,400	32,000
2d RS Cpe.	660	1,980	3,300	7,430	11,550	16,500
2d Sed.	460	1,380	2,300	5,180	8,050	11,500
4d Sed.	460	1,380	2,300	5,180	8,050	11,500
4d DeL Sed.	468	1,404	2,340	5,270	8,190	11,700
1933 Model PC, 6-cyl., 108" wb						
2d Conv.	1,280	3,840	6,400	14,400	22,400	32,000
2d Cpe.	520	1,560	2,600	5,850	9,100	13,000
2d RS Cpe.	660	1,980	3,300	7,430	11,550	16,500
2d Sed.	484	1,452	2,420	5,450	8,470	12,100
4d Sed.	480	1,440	2,400	5,400	8,400	12,000
1933 Model PD, 6-cyl.						
NOTE: Deduct 4 percent for PCXX models.						
2d Conv.	1,320	3,960	6,600	14,850	23,100	33,000
2d Cpe.	580	1,740	2,900	6,530	10,150	14,500
2d RS Cpe.	720	2,160	3,600	8,100	12,600	18,000
2d Sed.	544	1,632	2,720	6,120	9,520	13,600
4d Sed.	536	1,608	2,680	6,030	9,380	13,400
1934 Standard PG Model, 6-cyl., 108" wb						
2d Bus Cpe.	520	1,560	2,600	5,850	9,100	13,000
2d Sed.	340	1,020	1,700	3,830	5,950	8,500
1934 Standard PF Model, 6-cyl., 108" wb						
2d Bus Cpe.	528	1,584	2,640	5,940	9,240	13,200
2d RS Cpe.	680	2,040	3,400	7,650	11,900	17,000
2d Sed.	348	1,044	1,740	3,920	6,090	8,700
4d Sed.	352	1,056	1,760	3,960	6,160	8,800
1934 DeLuxe PE Model, 6-cyl., 114" wb						
2d Conv.	1,280	3,840	6,400	14,400	22,400	32,000
2d Cpe.	540	1,620	2,700	6,080	9,450	13,500
2d RS Cpe.	700	2,100	3,500	7,880	12,250	17,500
2d Sed.	460	1,380	2,300	5,180	8,050	11,500
4d Sed.	464	1,392	2,320	5,220	8,120	11,600
4d Twn Sed.	480	1,440	2,400	5,400	8,400	12,000
1935 Model PJ, 6-cyl., 113" wb						
2P Cpe.	500	1,500	2,500	5,630	8,750	12,500
2d Bus Cpe.	464	1,392	2,320	5,220	8,120	11,600
2d Sed.	352	1,056	1,760	3,960	6,160	8,800
4d Bus Sed.	452	1,356	2,260	5,090	7,910	11,300
1935 DeLuxe PJ Model, 6-cyl., 113" wb						
2d Conv.	1,160	3,480	5,800	13,050	20,300	29,000
2d Bus Cpe.	520	1,560	2,600	5,850	9,100	13,000
2d RS Cpe.	660	1,980	3,300	7,430	11,550	16,500
2d Sed.	452	1,356	2,260	5,090	7,910	11,300
2d Tr Sed.	460	1,380	2,300	5,180	8,050	11,500
4d Sed.	472	1,416	2,360	5,310	8,260	11,800
4d Tr Sed.	492	1,476	2,460	5,540	8,610	12,300
4d 7P Sed.	512	1,536	2,560	5,760	8,960	12,800
4d Trav Sed.	516	1,548	2,580	5,810	9,030	12,900
1936 P1 Business Line, 6-cyl., 113" wb						
2d Bus Cpe.	500	1,500	2,500	5,630	8,750	12,500
2d Bus Sed.	452	1,356	2,260	5,090	7,910	11,300
4d Bus Sed.	456	1,368	2,280	5,130	7,980	11,400
4d Sta Wag.	1,400	4,200	7,000	15,750	24,500	35,000
1936 P2 DeLuxe, 6-cyl., 113"-125" wb						
2d Conv.	1,280	3,840	6,400	14,400	22,400	32,000
2d Cpe.	520	1,560	2,600	5,850	9,100	13,000
2d RS Cpe.	650	1,960	3,260	7,340	11,410	16,300
2d Sed.	472	1,416	2,360	5,310	8,260	11,800
2d Tr Sed.	492	1,476	2,460	5,540	8,610	12,300
4d Sed.	472	1,416	2,360	5,310	8,260	11,800
4d Tr Sed.	492	1,476	2,460	5,540	8,610	12,300
4d 7P Sed.	500	1,500	2,500	5,630	8,750	12,500
1937 Roadking, 6-cyl., 112" wb						
2d Cpe.	500	1,500	2,500	5,630	8,750	12,500
2d Sed.	324	972	1,620	3,650	5,670	8,100
4d Sed.	332	996	1,660	3,740	5,810	8,300
1937 DeLuxe, 6-cyl., 112"-132" wb						
2d Conv.	1,200	3,600	6,000	13,500	21,000	30,000
2d Cpe.	520	1,560	2,600	5,850	9,100	13,000
2d RS Cpe.	650	1,960	3,260	7,340	11,410	16,300
2d Sed.	440	1,320	2,200	4,950	7,700	11,000

	6	5	4	3	2	1
2d Tr Sed	448	1,344	2,240	5,040	7,840	11,200
4d Sed	356	1,068	1,780	4,010	6,230	8,900
4d Tr Sed	440	1,320	2,200	4,950	7,700	11,000
4d Limo	512	1,536	2,560	5,760	8,960	12,800
4d Westchester Sub	1,600	4,800	8,000	18,000	28,000	40,000

NOTE: For 1937 only, the Westchester Suburban built on a commercial chassis and was considered a truck.

1938 Roadking, 6-cyl., 112" wb

	6	5	4	3	2	1
2d Cpe	500	1,500	2,500	5,630	8,750	12,500
2d Sed	324	972	1,620	3,650	5,670	8,100
4d Sed	332	996	1,660	3,740	5,810	8,300
2d Tr Sed	340	1,020	1,700	3,830	5,950	8,500
4d Tr Sed	296	888	1,480	3,330	5,180	7,400

1938 DeLuxe, 6-cyl., 112"-132" wb

	6	5	4	3	2	1
2d Conv	1,200	3,600	6,000	13,500	21,000	30,000
2d Cpe	520	1,560	2,600	5,850	9,100	13,000
2d RS Cpe	650	1,960	3,260	7,340	11,410	16,300
2d Sed	440	1,320	2,200	4,950	7,700	11,000
2d Tr Sed	444	1,332	2,220	5,000	7,770	11,100
4d Sed	356	1,068	1,780	4,010	6,230	8,900
4d Tr Sed	440	1,320	2,200	4,950	7,700	11,000
4d 7P Sed	492	1,476	2,460	5,540	8,610	12,300
4d Limo	540	1,620	2,700	6,080	9,450	13,500
4d Westchester Sub	1,600	4,800	8,000	18,000	28,000	40,000

1939 P7 Roadking, 6-cyl., 114" wb

	6	5	4	3	2	1
2d Cpe	500	1,500	2,500	5,630	8,750	12,500
2d Sed	340	1,020	1,700	3,830	5,950	8,500
2d Tr Sed	344	1,032	1,720	3,870	6,020	8,600
4d Sed	348	1,044	1,740	3,920	6,090	8,700
4d Tr Sed	352	1,056	1,760	3,960	6,160	8,800
4d Utl Sed	348	1,044	1,740	3,920	6,090	8,700

1939 P8 DeLuxe, 6-cyl., 114"-134" wb

	6	5	4	3	2	1
2d Conv	1,120	3,360	5,600	12,600	19,600	28,000
4d Conv Sed	1,160	3,480	5,800	13,050	20,300	29,000
2P Cpe	520	1,560	2,600	5,850	9,100	13,000
2d RS Cpe	660	1,980	3,300	7,430	11,550	16,500
2d Sed	440	1,320	2,200	4,950	7,700	11,000
2d Tr Sed	444	1,332	2,220	5,000	7,770	11,100
4d Sed	440	1,320	2,200	4,950	7,700	11,000
4d Tr Sed	448	1,344	2,240	5,040	7,840	11,200
4d Sta Wag W/C	1,320	3,960	6,600	14,850	23,100	33,000
4d Sta Wag W/G	1,400	4,200	7,000	15,750	24,500	35,000
4d 7P Ewb Sed	480	1,440	2,400	5,400	8,400	12,000
4d Ewb Limo	520	1,560	2,600	5,850	9,100	13,000

1940 P9 Roadking, 6-cyl., 117" wb

	6	5	4	3	2	1
2d Cpe	520	1,560	2,600	5,850	9,100	13,000
2d Tr Sed	460	1,380	2,300	5,180	8,050	11,500
4d Tr Sed	456	1,368	2,280	5,130	7,980	11,400
4d Utl Sed	332	996	1,660	3,740	5,810	8,300

1940 P10 DeLuxe, 6-cyl., 117"-137" wb

	6	5	4	3	2	1
2d Conv	1,200	3,600	6,000	13,500	21,000	30,000
2d DeL Cpe	560	1,680	2,800	6,300	9,800	14,000
2d 4P Cpe	580	1,740	2,900	6,530	10,150	14,500
2d Sed	440	1,320	2,200	4,950	7,700	11,000
4d Sed	356	1,068	1,780	4,010	6,230	8,900
4d Sta Wag	1,400	4,200	7,000	15,750	24,500	35,000
4d 7P Sed	472	1,416	2,360	5,310	8,260	11,800
4d Sed Limo	540	1,620	2,700	6,080	9,450	13,500

1941 P11 Standard, 6-cyl., 117" wb

	6	5	4	3	2	1
2d Cpe	540	1,620	2,700	6,080	9,450	13,500
2d Sed	460	1,380	2,300	5,180	8,050	11,500
4d Sed	456	1,368	2,280	5,130	7,980	11,400
4d Utl Sed	340	1,020	1,700	3,830	5,950	8,500

1941 P11 DeLuxe, 6-cyl., 117" wb

	6	5	4	3	2	1
2d Cpe	548	1,644	2,740	6,170	9,590	13,700
2d Sed	468	1,404	2,340	5,270	8,190	11,700
4d Sed	464	1,392	2,320	5,220	8,120	11,600

1941 P12 Special DeLuxe, 6 cyl., 117"-137" wb

	6	5	4	3	2	1
2d Conv	1,200	3,600	6,000	13,500	21,000	30,000
2d DeL Cpe	560	1,680	2,800	6,300	9,800	14,000
2d 4P Cpe	580	1,740	2,900	6,530	10,150	14,500
2d Sed	460	1,380	2,300	5,180	8,050	11,500
4d Sed	464	1,392	2,320	5,220	8,120	11,600
4d Sta Wag	1,400	4,200	7,000	15,750	24,500	35,000
4d 7P Sed	472	1,416	2,360	5,310	8,260	11,800
4d Limo	540	1,620	2,700	6,080	9,450	13,500

1942 P14S DeLuxe, 6-cyl., 117" wb

	6	5	4	3	2	1
2d Cpe	600	1,800	3,000	6,750	10,500	15,000
2d Sed	396	1,188	1,980	4,460	6,930	9,900

	6	5	4	3	2	1
4d Utl Sed 384	1,152	1,920	4,320	6,720	9,600
2d Clb Cpe 620	1,860	3,100	6,980	10,850	15,500
4d Sed 388	1,164	1,940	4,370	6,790	9,700
1942 P14C Special DeLuxe, 6-cyl., 117" wb					
2d Conv 1,320	3,960	6,600	14,850	23,100	33,000
2d Cpe 640	1,920	3,200	7,200	11,200	16,000
2d Sed 404	1,212	2,020	4,550	7,070	10,100
4d Sed 400	1,200	2,000	4,500	7,000	10,000
4d Twn Sed 404	1,212	2,020	4,550	7,070	10,100
2d Clb Cpe 660	1,980	3,300	7,430	11,550	16,500
4d Sta Wag 1,400	4,200	7,000	15,750	24,500	35,000
1946-48 P15 DeLuxe, 6-cyl., 117" wb					
2d Cpe 640	1,920	3,200	7,200	11,200	16,000
2d Clb Cpe 660	1,980	3,300	7,430	11,550	16,500
2d Sed 600	1,800	3,000	6,750	10,500	15,000
4d Sed 596	1,788	2,980	6,710	10,430	14,900
1946-48 P15 Special DeLuxe, 6-cyl., 117" wb					
2d Conv 1,160	3,480	5,800	13,050	20,300	29,000
2d Cpe 660	1,980	3,300	7,430	11,550	16,500
2d Clb Cpe 680	2,040	3,400	7,650	11,900	17,000
2d Sed 620	1,860	3,100	6,980	10,850	15,500
4d Sed 616	1,848	3,080	6,930	10,780	15,400
4d Sta Wag 1,440	4,320	7,200	16,200	25,200	36,000
1949 DeLuxe, 6-cyl., 111" wb					
First Series 1949 is the same as 1948 Second Series.					
2d Cpe 600	1,800	3,000	6,750	10,500	15,000
2d Sed 500	1,500	2,500	5,630	8,750	12,500
2d Sta Wag 640	1,920	3,200	7,200	11,200	16,000
1949 DeLuxe, 6-cyl., 118.5" wb					
2d Clb Cpe 620	1,860	3,100	6,980	10,850	15,500
4d Sed 416	1,248	2,080	4,680	7,280	10,400
1949 Special DeLuxe, 6-cyl., 118.5" wb					
2d Conv 1,040	3,120	5,200	11,700	18,200	26,000
2d Clb Cpe 628	1,884	3,140	7,070	10,990	15,700
4d Sed 504	1,512	2,520	5,670	8,820	12,600
4d Sta Wag 1,200	3,600	6,000	13,500	21,000	30,000
1950 DeLuxe, 6-cyl., 111" wb					
2d Cpe 620	1,860	3,100	6,980	10,850	15,500
2d Sed 600	1,800	3,000	6,750	10,500	15,000
2d Sta Wag 640	1,920	3,200	7,200	11,200	16,000
1950 DeLuxe, 6-cyl., 118.5" wb					
2d Clb Cpe 624	1,872	3,120	7,020	10,920	15,600
4d Sed 608	1,824	3,040	6,840	10,640	15,200
1950 Special DeLuxe, 6-cyl., 118.5" wb					
2d Conv 1,000	3,000	5,000	11,250	17,500	25,000
2d Clb Cpe 628	1,884	3,140	7,070	10,990	15,700
4d Sed 620	1,860	3,100	6,980	10,850	15,500
4d Sta Wag 1,280	3,840	6,400	14,400	22,400	32,000
NOTE: Add 5 percent for P-19 Special DeLuxe Suburban.					
1951-52 P22 Concord, 6-cyl., 111" wb					
4d Sed 480	1,440	2,400	5,400	8,400	12,000
2d Cpe 500	1,500	2,500	5,630	8,750	12,500
2d Sta Wag 640	1,920	3,200	7,200	11,200	16,000
1951-52 P23 Cambridge, 6-cyl., 118.5" wb					
4d Sed 488	1,464	2,440	5,490	8,540	12,200
2d Clb Cpe 600	1,800	3,000	6,750	10,500	15,000
1951-52 P23 Cranbrook, 6-cyl., 118.5" wb					
4d Sed 496	1,488	2,480	5,580	8,680	12,400
2d Clb Cpe 620	1,860	3,100	6,980	10,850	15,500
2d HT 800	2,400	4,000	9,000	14,000	20,000
2d Conv 1,000	3,000	5,000	11,250	17,500	25,000
1953 P24-1 Cambridge, 6-cyl., 114" wb					
4d Sed 464	1,392	2,320	5,220	8,120	11,600
2d Sed 468	1,404	2,340	5,270	8,190	11,700
2d Bus Cpe 472	1,416	2,360	5,310	8,260	11,800
2d Sta Wag 680	2,040	3,400	7,650	11,900	17,000
1953 P24-2 Cranbrook, 6-cyl., 114" wb					
4d Sed 480	1,440	2,400	5,400	8,400	12,000
2d Clb Cpe 500	1,500	2,500	5,630	8,750	12,500
2d HT 840	2,520	4,200	9,450	14,700	21,000
2d Sta Wag 640	1,920	3,200	7,200	11,200	16,000
2d Conv 1,080	3,240	5,400	12,150	18,900	27,000
1954 P25-1 Plaza, 6-cyl., 114" wb					
4d Sed 512	1,536	2,560	5,760	8,960	12,800
2d Sed 516	1,548	2,580	5,810	9,030	12,900
2d Bus Cpe 600	1,800	3,000	6,750	10,500	15,000
2d Sta Wag 700	2,100	3,500	7,880	12,250	17,500
1954 P25-2 Savoy, 6-cyl., 114" wb					
4d Sed 600	1,800	3,000	6,750	10,500	15,000

PLYMOUTH

	6	5	4	3	2	1
2d Sed	604	1,812	3,020	6,800	10,570	15,100
2d Clb Cpe	620	1,860	3,100	6,980	10,850	15,500
2d Sta Wag	640	1,920	3,200	7,200	11,200	16,000
1954 P25-3 Belvedere, 6-cyl., 114" wb						
4d Sed	620	1,860	3,100	6,980	10,850	15,500
2d HT	920	2,760	4,600	10,350	16,100	23,000
2d Conv	1,120	3,360	5,600	12,600	19,600	28,000
2d Sta Wag	680	2,040	3,400	7,650	11,900	17,000
1955 Plaza, V-8, 115" wb						
4d Sed	600	1,800	3,000	6,750	10,500	15,000
2d Sed	604	1,812	3,020	6,800	10,570	15,100
2d Sta Wag	680	2,040	3,400	7,650	11,900	17,000
4d Sta Wag	720	2,160	3,600	8,100	12,600	18,000
1955 Savoy, V-8, 115" wb						
4d Sed	604	1,812	3,020	6,800	10,570	15,100
2d Sed	608	1,824	3,040	6,840	10,640	15,200
1955 Belvedere, V-8, 115" wb						
4d Sed	616	1,848	3,080	6,930	10,780	15,400
2d Sed	620	1,000	3,100	6,980	10,850	15,500
2d HT	1,040	3,120	5,200	11,700	18,200	26,000
2d Conv	1,440	4,320	7,200	16,200	25,200	36,000
4d Sta Wag	960	2,880	4,800	10,800	16,800	24,000
NOTE: Deduct 10 percent for 6-cyl. models.						
1956 Plaza, V-8, 115" wb						
4d Sed	496	1,488	2,480	5,580	8,680	12,400
2d Sed	500	1,500	2,500	5,630	8,750	12,500
2d Bus Cpe	488	1,464	2,440	5,490	8,540	12,200
1956 Savoy, V-8, 115" wb						
4d Sed	500	1,500	2,500	5,630	8,750	12,500
2d Sed	504	1,512	2,520	5,670	8,820	12,600
2d HT	960	2,880	4,800	10,800	16,800	24,000
1956 Belvedere, V-8, 115" wb						
4d Sed	600	1,800	3,000	6,750	10,500	15,000
4d HT	680	2,040	3,400	7,650	11,900	17,000
2d Sed	604	1,812	3,020	6,800	10,570	15,100
2d HT	1,120	3,360	5,600	12,600	19,600	28,000
1956 Belvedere, V-8, 115" wb (conv. avail. as 8-cyl. only)						
2d Conv	1,400	4,200	7,000	15,750	24,500	35,000
1956 Suburban, V-8, 115" wb						
4d DeL Sta Wag	800	2,400	4,000	9,000	14,000	20,000
2d Cus Sta Wag	920	2,760	4,600	11,500	16,100	23,000
4d Cus Sta Wag	900	2,700	4,500	10,130	15,750	22,500
4d Spt Sta Wag	1,000	3,000	5,000	11,250	17,500	25,000
1956 Fury, V-8, (avail. as V-8 only)						
2d HT	1,480	4,440	7,400	16,650	25,900	37,000
1957-58 Plaza, V-8, 118" wb						
4d Sed	448	1,344	2,240	5,040	7,840	11,200
2d Sed	540	1,620	2,700	6,080	9,450	13,500
2d Bus Cpe	480	1,440	2,400	5,400	8,400	12,000
1957-58 Savoy, V-8						
4d Sed	456	1,368	2,280	5,130	7,980	11,400
4d HT	620	1,860	3,100	6,980	10,850	15,500
2d Sed	560	1,680	2,800	6,300	9,800	14,000
2d HT	1,120	3,360	5,600	12,600	19,600	28,000
1957-58 Belvedere, V-8, 118" wb						
4d Sed	480	1,440	2,400	5,400	8,400	12,000
4d Spt HT	660	1,980	3,300	7,430	11,550	16,500
2d Sed	580	1,740	2,900	6,530	10,150	14,500
2d HT	1,360	4,080	6,800	15,300	23,800	34,000
1957-58 Belvedere, V-8, 118" wb (conv. avail. as 8-cyl. only)						
2d Conv	2,000	6,000	10,000	22,500	35,000	50,000
1957-58 Suburban, V-8, 122" wb						
4d Cus Sta Wag	880	2,640	4,400	9,900	15,400	22,000
2d Cus Sta Wag	900	2,700	4,500	10,130	15,750	22,500
4d Spt Sta Wag	1,080	3,240	5,400	12,150	18,900	27,000
1957-58 Fury, V-8, 118" wb						
2d HT	2,200	6,600	11,000	24,750	38,500	55,000
NOTE: Deduct 10 percent for 6-cyl. models. Add 25 percent for 318 cid/290 hp V-8 (except Fury) or 350 cid/305 hp V-8 (1958). Add 50 percent for 315 hp Bendix EFI V-8 (1958).						
1959 Savoy, 6-cyl., 118" wb						
4d Sed	440	1,320	2,200	4,950	7,700	11,000
2d Sed	520	1,560	2,600	5,850	9,100	13,000
1959 Belvedere, V-8, 118" wb						
4d Sed	444	1,332	2,220	5,000	7,770	11,100
4d HT	580	1,740	2,900	6,530	10,150	14,500
2d Sed	540	1,620	2,700	6,080	9,450	13,500
2d HT	1,280	3,840	6,400	14,400	22,400	32,000
2d Conv	1,800	5,400	9,000	20,250	31,500	45,000

PLYMOUTH

	6	5	4	3	2	1
1959 Fury, V-8, 118" wb						
4d Sed 460	1,380	2,300	5,180	8,050	11,500
4d HT 600	1,800	3,000	6,750	10,500	15,000
2d HT 1,320	3,960	6,600	14,850	23,100	33,000
1959 Sport Fury, V-8, 118" wb (260 hp, V-8 offered)						
2d HT 1,360	4,080	6,800	15,300	23,800	34,000
2d Conv 1,840	5,520	9,200	20,700	32,200	46,000
1959 Suburban, V-8, 122" wb						
4d Spt Sta Wag 1,040	3,120	5,200	11,700	18,200	26,000
2d Cus Sta Wag 860	2,580	4,300	9,680	15,050	21,500
4d Cus Sta Wag 840	2,520	4,200	9,450	14,700	21,000
NOTE: Deduct 10 percent for 6-cyl. models. Add 30 percent for Golden Commando V-8.						
1960 Valiant 100, 6-cyl., 106.5" wb						
4d Sed 448	1,344	2,240	5,040	7,840	11,200
4d Sta Wag 452	1,356	2,260	5,090	7,910	11,300
1960 Valiant 200, 6-cyl., 106" wb						
4d Sed 452	1,356	2,260	5,090	7,910	11,300
4d Sta Wag 456	1,368	2,280	5,130	7,980	11,400
1960 Fleet Special, V8, 118" wb						
4d Sed 448	1,344	2,240	5,040	7,840	11,200
2d Sed 452	1,356	2,260	5,090	7,910	11,300
1960 Savoy, V-8, 118" wb						
4d Sed 468	1,404	2,340	5,270	8,190	11,700
2d Sed 472	1,416	2,360	5,310	8,260	11,800
1960 Belvedere, V-8, 118" wb						
4d Sed 472	1,416	2,360	5,310	8,260	11,800
2d Sed 476	1,428	2,380	5,360	8,330	11,900
2d HT 720	2,160	3,600	8,100	12,600	18,000
1960 Fury, V-8, 118" wb						
4d Sed 500	1,500	2,500	5,630	8,750	12,500
4d HT 640	1,920	3,200	7,200	11,200	16,000
2d HT 800	2,400	4,000	9,000	14,000	20,000
1960 Fury, V-8, 118" wb (conv. avail. as V-8 only)						
2d Conv 1,800	5,400	9,000	20,250	31,500	45,000
1960 Suburban, V-8, 122" wb						
4d DeL Sta Wag 548	1,644	2,740	6,170	9,590	13,700
2d DeL Sta Wag 544	1,632	2,720	6,120	9,520	13,600
4d 9P Cus Sta Wag 548	1,644	2,740	6,170	9,590	13,700
4d 9P Spt Sta Wag 552	1,656	2,760	6,210	9,660	13,800
NOTE: Deduct 20 percent for 6-cyl. model except Valiant.						
1961 Valiant 100, 6-cyl., 106.5" wb						
4d Sed 432	1,296	2,160	4,860	7,560	10,800
2d Sed 436	1,308	2,180	4,910	7,630	10,900
4d Sta Wag 432	1,296	2,160	4,860	7,560	10,800
1961 Valiant 200, 6-cyl., 106.5" wb						
4d Sed 440	1,320	2,200	4,950	7,700	11,000
2d HT 640	1,920	3,200	7,200	11,200	16,000
4d Sta Wag 428	1,284	2,140	4,820	7,490	10,700
NOTE: Add 20 percent for Hyper Pak 170 cid/148 hp and 30 percent for Hyper Pak 225 cid/220 hp engines.						
1961 Fleet Special, V8, 118" wb						
4d Sed 424	1,272	2,120	4,770	7,420	10,600
2d Sed 428	1,284	2,140	4,820	7,490	10,700
1961 Savoy, V-8, 118" wb						
4d Sed 428	1,284	2,140	4,820	7,490	10,700
2d Sed 432	1,296	2,160	4,860	7,560	10,800
1961 Belvedere, V-8, 118" wb						
4d Sed 428	1,284	2,140	4,820	7,490	10,700
2d Clb Sed 432	1,296	2,160	4,860	7,560	10,800
2d HT 628	1,884	3,140	7,070	10,990	15,700
1961 Fury, V-8, 118" wb						
4d Sed 436	1,308	2,180	4,910	7,630	10,900
4d HT 600	1,800	3,000	6,750	10,500	15,000
2d HT 760	2,280	3,800	8,550	13,300	19,000
2d Conv 1,600	4,800	8,000	18,000	28,000	40,000
1961 Suburban, V-8, 122" wb						
4d 6P DeL Sta Wag 488	1,464	2,440	5,490	8,540	12,200
2d 6P DeL Sta Wag 484	1,452	2,420	5,450	8,470	12,100
4d 6P Cus Sta Wag 488	1,464	2,440	5,490	8,540	12,200
4d 9P Spt Sta Wag 492	1,476	2,460	5,540	8,610	12,300
NOTE: Deduct 10 percent for 6-cyl. models. Add 30 percent for 330, 340, 350, 375 hp engines.						
1962 Valiant 100, 6-cyl., 106.5" wb						
4d Sed 384	1,152	1,920	4,320	6,720	9,600
2d Sed 388	1,164	1,940	4,370	6,790	9,700
4d Sta Wag 392	1,176	1,960	4,410	6,860	9,800
1962 Valiant 200, 6-cyl., 106.5" wb						
4d Sed 388	1,164	1,940	4,370	6,790	9,700
2d Sed 392	1,176	1,960	4,410	6,860	9,800
4d Sta Wag 396	1,188	1,980	4,460	6,930	9,900

PLYMOUTH

	6	5	4	3	2	1
1962 Valiant Signet, 6-cyl., 106.5" wb						
2d HT	460	1,380	2,300	5,180	8,050	11,500

NOTE: Add 30 percent for Hyper Pak 170 cid/148 hp and 50 percent for Hyper Pak 225 cid/200 hp engines.

	6	5	4	3	2	1
1962 Fleet Special, V8, 116" wb						
4d Sed	380	1,140	1,900	4,280	6,650	9,500
2d Sed	384	1,152	1,920	4,320	6,720	9,600
1962 Savoy, V-8, 116" wb						
4d Sed	384	1,152	1,920	4,320	6,720	9,600
2d Sed	388	1,164	1,940	4,370	6,790	9,700
1962 Belvedere, V-8, 116" wb						
4d Sed	388	1,164	1,940	4,370	6,790	9,700
2d Sed	392	1,176	1,960	4,410	6,860	9,800
2d HT	620	1,860	3,100	6,980	10,850	15,500
1962 Fury, V-8, 116" wb						
4d Sed	396	1,188	1,980	4,460	6,930	9,900
4d HT	420	1,260	2,100	4,730	7,350	10,500
2d HT	640	1,920	3,200	7,200	11,200	16,000
2d Conv	880	2,640	4,400	9,900	15,400	22,000
1962 Sport Fury, V-8, 116" wb						
2d HT	720	2,160	3,600	8,100	12,600	18,000
2d Conv	960	2,880	4,800	10,800	16,800	24,000
1962 Suburban, V-8, 116" wb						
4d 6P Savoy Sta Wag	450	1,340	2,240	5,040	7,840	11,200
4d 6P Belv Sta Wag	450	1,360	2,260	5,090	7,910	11,300
4d 9P Fury Sta Wag	460	1,370	2,280	5,130	7,980	11,400

NOTE: Deduct 10 percent for 6-cyl. models. Add 30 percent for Golden Commando 361 ci. Add 50 percent for Golden Commando 383 ci. Add 75 percent for Super Stock 413, 410 hp. Value inestimable on autos equipped at factory with Max Wedge engine option.

	6	5	4	3	2	1
1963 Valiant 100, 6-cyl., 106.5" wb						
4d Sed	360	1,080	1,800	4,050	6,300	9,000
2d Sed	364	1,092	1,820	4,100	6,370	9,100
4d Sta Wag	364	1,092	1,820	4,100	6,370	9,100
1963 Valiant 200, 6-cyl., 106.5" wb						
4d Sed	364	1,092	1,820	4,100	6,370	9,100
2d Sed	368	1,104	1,840	4,140	6,440	9,200
2d Conv	660	1,980	3,300	7,430	11,550	16,500
4d Sta Wag	364	1,092	1,820	4,100	6,370	9,100
1963 Valiant Signet, 6-cyl., 106.5" wb						
2d HT	660	1,980	3,300	7,430	11,550	16,500
2d Conv	700	2,100	3,500	7,880	12,250	17,500
1963 Savoy, V-8, 116" wb						
4d Sed	380	1,140	1,900	4,280	6,650	9,500
2d Sed	384	1,152	1,920	4,320	6,720	9,600
4d 6P Sta Wag	416	1,248	2,080	4,680	7,280	10,400
1963 Belvedere, V-8, 116" wb						
4d Sed	380	1,140	1,900	4,280	6,650	9,500
2d Sed	384	1,152	1,920	4,320	6,720	9,600
2d HT	408	1,224	2,040	4,590	7,140	10,200
4d 6P Sta Wag	440	1,320	2,200	4,950	7,700	11,000
1963 Fury, V-8, 116" wb						
4d Sed	388	1,164	1,940	4,370	6,790	9,700
4d HT	420	1,260	2,100	4,730	7,350	10,500
2d HT	660	1,980	3,300	7,430	11,550	16,500
2d Conv	840	2,520	4,200	9,450	14,700	21,000
4d 9P Sta Wag	444	1,332	2,220	5,000	7,770	11,100
1963 Sport Fury, V-8, 116" wb						
2d HT	740	2,220	3,700	8,330	12,950	18,500
2d Conv	860	2,580	4,300	9,680	15,050	21,500

NOTE: Deduct 10 percent for 6-cyl. models. Add 75 percent for Max Wedge II 426 engine. Add 40 percent for 413. Value inestimable on autos equipped at factory with Max Wedge engine option.

	6	5	4	3	2	1
1964 Valiant 100, 6-cyl., 106.5" wb						
4d Sed	360	1,080	1,800	4,050	6,300	9,000
2d Sed	364	1,092	1,820	4,100	6,370	9,100
4d Sta Wag	360	1,080	1,800	4,050	6,300	9,000
1964 Valiant 200, 6 or V-8, 106.5" wb						
4d Sed	364	1,092	1,820	4,100	6,370	9,100
2d Sed	368	1,104	1,840	4,140	6,440	9,200
2d Conv	800	2,400	4,000	9,000	14,000	20,000
4d Sta Wag	364	1,092	1,820	4,100	6,370	9,100
1964 Valiant Signet, V-8, 106.5" wb						
2d HT	760	2,280	3,800	8,550	13,300	19,000
2d Barracuda	1,000	3,000	5,000	11,250	17,500	25,000
2d Conv	1,280	3,840	6,400	14,400	22,400	32,000
1964 Savoy, V-8, 116" wb						
4d Sed	380	1,140	1,900	4,280	6,650	9,500
2d Sed	384	1,152	1,920	4,320	6,720	9,600
4d 6P Sta Wag	428	1,284	2,140	4,820	7,490	10,700
1964 Belvedere, V-8, 116" wb						
2d HT	640	1,920	3,200	7,200	11,200	16,000

PLYMOUTH

	6	5	4	3	2	1
4d Sed.................................. 384	1,152	1,920	4,320	6,720	9,600
2d Sed.................................. 388	1,164	1,940	4,370	6,790	9,700
4d 6P Sta Wag 436	1,308	2,180	4,910	7,630	10,900
1964 Fury, V-8, 116" wb						
4d Sed.................................. 388	1,164	1,940	4,370	6,790	9,700
4d HT 404	1,212	2,020	4,550	7,070	10,100
2d HT 680	2,040	3,400	7,650	11,900	17,000
2d Conv. 800	2,400	4,000	9,000	14,000	20,000
4d 9P Sta Wag 444	1,332	2,220	5,000	7,770	11,100
1964 Sport Fury, V-8, 116" wb						
2d HT 800	2,400	4,000	9,000	14,000	20,000
Conv 1,000	3,000	5,000	11,250	17,500	25,000

NOTE: Deduct 10 percent for 6-cyl. models. Add 75 percent for 426-415 Max Wedge III. Add 75 percent for 426 street wedge. Autos equipped with 426 Hemi, value inestimable. Value inestimable on autos equipped at factory with Max Wedge engine option.

	6	5	4	3	2	1
1965 Valiant 100, V-8, 106" wb						
4d Sed.................................. 360	1,080	1,800	4,050	6,300	9,000
2d Sed.................................. 364	1,092	1,820	4,100	6,370	9,100
4d Sta Wag 364	1,092	1,820	4,100	6,370	9,100
1965 Valiant 200, V-8, 106" wb						
4d Sed.................................. 364	1,092	1,820	4,100	6,370	9,100
2d Sed.................................. 368	1,104	1,840	4,140	6,440	9,200
2d Conv. 720	2,160	3,600	8,100	12,600	18,000
4d Sta Wag 364	1,092	1,820	4,100	6,370	9,100
1965 Valiant Signet, V-8, 106" wb						
2d HT 760	2,280	3,800	8,550	13,300	19,000
2d Conv. 1,120	3,360	5,600	12,600	19,600	28,000
1965 Barracuda, V-8, 106" wb						
2d HT 1,080	3,240	5,400	12,150	18,900	27,000

NOTE: Add 10 percent for Formula S option.

	6	5	4	3	2	1
1965 Belvedere I, V-8, 116" wb						
4d Sed.................................. 364	1,092	1,820	4,100	6,370	9,100
2d Sed.................................. 368	1,104	1,840	4,140	6,440	9,200
4d Sta Wag 408	1,224	2,040	4,590	7,140	10,200
1965 Belvedere II, V-8, 116" wb						
4d Sed.................................. 376	1,128	1,880	4,230	6,580	9,400
2d HT 720	2,160	3,600	8,100	12,600	18,000
2d Conv. 920	2,760	4,600	10,350	16,100	23,000
4d 9P Sta Wag 380	1,140	1,900	4,280	6,650	9,500
4d 6P Sta Wag 416	1,248	2,080	4,680	7,280	10,400
1965 Satellite, V-8, 116"wb						
2d HT 840	2,520	4,200	9,450	14,700	21,000
2d Conv. 1,240	3,720	6,200	13,950	21,700	31,000
1965 Fury, V-8, 119" wb						
4d Sed.................................. 380	1,140	1,900	4,280	6,650	9,500
2d Sed.................................. 384	1,152	1,920	4,320	6,720	9,600
1965 Fury, V-8, 119" wb, Sta Wag 121" wb						
4d Sta Wag 424	1,272	2,120	4,770	7,420	10,600
1965 Fury II, V-8, 119" wb						
4d Sed.................................. 388	1,164	1,940	4,370	6,790	9,700
2d Sed.................................. 392	1,176	1,960	4,410	6,860	9,800
1965 Fury II, V-8, 119" wb, Sta Wag 121" wb						
4d 9P Sta Wag 432	1,296	2,160	4,860	7,560	10,800
4d 6P Sta Wag 428	1,284	2,140	4,820	7,490	10,700
1965 Fury III, V-8, 119" wb						
4d Sed.................................. 392	1,176	1,960	4,410	6,860	9,800
4d HT 440	1,320	2,200	4,950	7,700	11,000
2d HT 760	2,280	3,800	8,550	13,300	19,000
2d Conv. 1,200	3,600	6,000	13,500	21,000	30,000
1965 Fury III, V-8, 119" wb, Sta Wag 121" wb						
4d 9P Sta Wag 436	1,308	2,180	4,910	7,630	10,900
4d 6P Sta Wag 432	1,296	2,160	4,860	7,560	10,800
1965 Sport Fury, V-8						
2d HT 840	2,520	4,200	9,450	14,700	21,000
2d Conv. 1,080	3,240	5,400	12,150	18,900	27,000

NOTE: Deduct 5 percent for 6-cyl. models. Add 60 percent for 383 Commando engine option. Autos equipped with 426 Hemi, value inestimable.

	6	5	4	3	2	1
1966 Valiant 100, V-8, 106" wb						
4d Sed.................................. 364	1,092	1,820	4,100	6,370	9,100
2d Sed.................................. 368	1,104	1,840	4,140	6,440	9,200
4d Sta Wag 376	1,128	1,880	4,230	6,580	9,400
1966 Valiant 200, V-8, 106" wb						
4d Sed.................................. 372	1,116	1,860	4,190	6,510	9,300
4d Sta Wag 380	1,140	1,900	4,280	6,650	9,500
1966 Valiant Signet, V-8, 106" wb						
2d HT 800	2,400	4,000	9,000	14,000	20,000
2d Conv. 1,000	3,000	5,000	11,250	17,500	25,000
1966 Barracuda, V-8, 106" wb						
2d HT 1,000	3,000	5,000	11,250	17,500	25,000

NOTE: Add 10 percent for Formula S.

	6	5	4	3	2	1
1966 Belvedere I, V-8, 116" wb						
4d Sed	368	1,104	1,840	4,140	6,440	9,200
2d Sed	372	1,116	1,860	4,190	6,510	9,300
4d Sta Wag.	424	1,272	2,120	4,770	7,420	10,600
1966 Belvedere II, V-8, 116" wb						
4d Sed	376	1,128	1,880	4,230	6,580	9,400
2d HT	840	2,520	4,200	9,450	14,700	21,000
2d Conv	1,040	3,120	5,200	11,700	18,200	26,000
4d Sta Wag.	428	1,284	2,140	4,820	7,490	10,700
1966 Satellite, V-8, 116" wb						
2d HT	960	2,880	4,800	10,800	16,800	24,000
2d Conv	1,240	3,720	6,200	13,950	21,700	31,000
1966 Fury I, V-8, 119" wb						
4d Sed	376	1,128	1,880	4,230	6,580	9,400
2d Sed	380	1,140	1,900	4,280	6,650	9,500
4d 6P Sta Wag	432	1,296	2,160	4,860	7,560	10,800
NOTE: Deduct 5 percent for 6-cyl. models.						
1966 Fury II, V-8, 119" wb						
4d Sed	380	1,140	1,900	4,280	6,650	9,500
2d Sed	384	1,152	1,920	4,320	6,720	9,600
4d 9P Sta Wag	436	1,308	2,180	4,910	7,630	10,900
1966 Fury III, V-8, 119" wb						
4d Sed	388	1,164	1,940	4,370	6,790	9,700
2d HT	760	2,280	3,800	8,550	13,300	19,000
4d HT	520	1,560	2,600	5,850	9,100	13,000
2d Conv	1,160	3,480	5,800	13,050	20,300	29,000
4d 9P Sta Wag	480	1,440	2,400	5,400	8,400	12,000
1966 Sport Fury, V-8, 119" wb						
2d HT	840	2,520	4,200	9,450	14,700	21,000
2d Conv	1,200	3,600	6,000	13,500	21,000	30,000
1966 VIP, V-8, 119" wb						
4d HT	560	1,680	2,800	6,300	9,800	14,000
2d HT	800	2,400	4,000	9,000	14,000	20,000
NOTE: Autos equipped with 426 Street Hemi or Race Hemi, value inestimable.						
1967 Valiant 100, V-8, 108" wb						
4d Sed	364	1,092	1,820	4,100	6,370	9,100
2d Sed	368	1,104	1,840	4,140	6,440	9,200
1967 Valiant Signet, V-8, 108" wb						
4d Sed	368	1,104	1,840	4,140	6,440	9,200
2d Sed	372	1,116	1,860	4,190	6,510	9,300
1967 Barracuda, V-8, 108" wb						
2d HT	920	2,760	4,600	10,350	16,100	23,000
2d FBk	960	2,880	4,800	10,800	16,800	24,000
2d Conv	1,040	3,120	5,200	11,700	18,200	26,000
NOTE: Add 10 percent for Formula S and 40 percent for 383 cid.						
1967 Belvedere I, V-8, 116" wb						
4d Sed	368	1,104	1,840	4,140	6,440	9,200
2d Sed	372	1,116	1,860	4,190	6,510	9,300
4d 6P Sta Wag	408	1,224	2,040	4,590	7,140	10,200
1967 Belvedere II, V-8, 116" wb						
4d Sed	376	1,128	1,880	4,230	6,580	9,400
2d HT	800	2,400	4,000	9,000	14,000	20,000
2d Conv	1,000	3,000	5,000	11,250	17,500	25,000
4d 9P Sta Wag	416	1,248	2,080	4,680	7,280	10,400
1967 Satellite, V-8, 116" wb						
2d HT	1,080	3,240	5,400	12,150	18,900	27,000
2d Conv	1,320	3,960	6,600	14,850	23,100	33,000
1967 GTX, V-8, 116" wb						
2d HT	1,200	3,600	6,000	13,500	21,000	30,000
2d Conv	1,600	4,800	8,000	18,000	28,000	40,000
1967 Fury I, V-8, 122" wb						
4d Sed	380	1,140	1,900	4,280	6,650	9,500
2d Sed	384	1,152	1,920	4,320	6,720	9,600
4d 6P Sta Wag	428	1,284	2,140	4,820	7,490	10,700
1967 Fury II, V-8, 122" wb						
4d Sed	384	1,152	1,920	4,320	6,720	9,600
2d Sed	388	1,164	1,940	4,370	6,790	9,700
4d 9P Sta Wag	440	1,320	2,200	4,950	7,700	11,000
1967 Fury III, V-8, 122" wb						
4d Sed	392	1,176	1,960	4,410	6,860	9,800
4d HT	480	1,440	2,400	5,400	8,400	12,000
2d HT	640	1,920	3,200	7,200	11,200	16,000
2d Conv	840	2,520	4,200	9,450	14,700	21,000
4d 9P Sta Wag	440	1,320	2,200	4,950	7,700	11,000
1967 Sport Fury, V-8, 119" wb						
2d HT	680	2,040	3,400	7,650	11,900	17,000
2d FBk	700	2,100	3,500	7,880	12,250	17,500
2d Conv	880	2,640	4,400	9,900	15,400	22,000

	6	5	4	3	2	1
1967 VIP, V-8, 119" wb						
4d HT	600	1,800	3,000	6,750	10,500	15,000
2d HT	680	2,040	3,400	7,650	11,900	17,000
NOTE: Add 50 percent for 440 engine. Autos equipped with 426 Hemi, value inestimable.						
1968 Valiant 100, V-8, 108" wb						
4d Sed	368	1,104	1,840	4,140	6,440	9,200
2d Sed	372	1,116	1,860	4,190	6,510	9,300
1968 Valiant Signet, V-8, 108" wb						
4d Sed	376	1,128	1,880	4,230	6,580	9,400
2d Sed	380	1,140	1,900	4,280	6,650	9,500
1968 Barracuda, V-8, 108" wb						
2d HT	880	2,640	4,400	9,900	15,400	22,000
2d FBk	920	2,760	4,600	10,350	16,100	23,000
2d Conv	1,000	3,000	5,000	11,250	17,500	25,000
NOTE: Add 20 percent for Barracuda/Formula S and 40 percent for 383 cid.						
1968 Belvedere, V-8, 116" wb						
4d Sed	372	1,116	1,860	4,190	6,510	9,300
2d Sed	376	1,128	1,880	4,230	6,580	9,400
4d 6P Sta Wag	420	1,260	2,100	4,730	7,350	10,500
1968 Satellite, V-8, 116" wb						
4d Sed	380	1,140	1,900	4,280	6,650	9,500
2d HT	840	2,520	4,200	9,450	14,700	21,000
2d Conv	1,160	3,480	5,800	13,050	20,300	29,000
4d Sta Wag	424	1,272	2,120	4,770	7,420	10,600
1968 Sport Satellite, V-8, 116" wb						
2d HT	1,000	3,000	5,000	11,250	17,500	25,000
2d Conv	1,280	3,840	6,400	14,400	22,400	32,000
4d Sta Wag	468	1,404	2,340	5,270	8,190	11,700
1968 Road Runner, V-8, 116" wb						
2d Cpe	1,320	3,960	6,600	14,850	23,100	33,000
2d HT	1,400	4,200	7,000	15,750	24,500	35,000
1968 GTX, V-8, 116" wb						
2d HT	1,440	4,320	7,200	16,200	25,200	36,000
2d Conv	1,840	5,520	9,200	20,700	32,200	46,000
1968 Fury I, V-8, 119" & 122" wb						
4d Sed	384	1,152	1,920	4,320	6,720	9,600
2d Sed	388	1,164	1,940	4,370	6,790	9,700
4d 6P Sta Wag	432	1,296	2,160	4,860	7,560	10,800
1968 Fury II, V-8, 119" & 122" wb						
4d Sed	388	1,164	1,940	4,370	6,790	9,700
2d Sed	392	1,176	1,960	4,410	6,860	9,800
4d 6P Sta Wag	436	1,308	2,180	4,910	7,630	10,900
1968 Fury III, V-8, 119" & 122" wb						
4d Sed	396	1,188	1,980	4,460	6,930	9,900
4d HT	520	1,560	2,600	5,850	9,100	13,000
2d HT	760	2,280	3,800	8,550	13,300	19,000
2d FBk	920	2,760	4,600	10,350	16,100	23,000
2d Conv	1,160	3,480	5,800	13,050	20,300	29,000
4d 6P Sta Wag	440	1,320	2,200	4,950	7,700	11,000
1968 Suburban, V-8, 121" wb						
4d 6P Cus Sta Wag	428	1,284	2,140	4,820	7,490	10,700
4d 9P Cus Sta Wag	432	1,296	2,160	4,860	7,560	10,800
4d 6P Spt Sta Wag	436	1,308	2,180	4,910	7,630	10,900
4d 9P Spt Sta Wag	440	1,320	2,200	4,950	7,700	11,000
1968 Sport Fury, V-8, 119" wb						
2d HT	800	2,400	4,000	9,000	14,000	20,000
2d FBk	960	2,880	4,800	10,800	16,800	24,000
2d Conv	880	2,640	4,400	9,900	15,400	22,000
1968 VIP, V-8, 119" wb						
4d HT	620	1,860	3,100	6,980	10,850	15,500
2d FBk	700	2,100	3,500	7,880	12,250	17,500
NOTE: Add 50 percent for 440 engine. Autos equipped with 426 Hemi, value inestimable.						
1969 Valiant 100, V-8, 108" wb						
4d Sed	352	1,056	1,760	3,960	6,160	8,800
2d Sed	356	1,068	1,780	4,010	6,230	8,900
1969 Valiant Signet, V-8, 108" wb						
4d Sed	356	1,068	1,780	4,010	6,230	8,900
2d Sed	360	1,080	1,800	4,050	6,300	9,000
1969 Barracuda, V-8, 108" wb						
2d HT	1,080	3,240	5,400	12,150	18,900	27,000
2d FBk	1,120	3,360	5,600	12,600	19,600	28,000
2d Conv	1,200	3,600	6,000	13,500	21,000	30,000
NOTE: Add 40 percent for Formula S 383 cid option. Add 50 percent for Barracuda 440.						
1969 Belvedere, V-8, 117" wb						
4d Sed	364	1,092	1,820	4,100	6,370	9,100
2d Sed	368	1,104	1,840	4,140	6,440	9,200
4d 6P Sta Wag	408	1,224	2,040	4,590	7,140	10,200
1969 Satellite, V-8, 116" & 117" wb						
4d Sed	372	1,116	1,860	4,190	6,510	9,300

	6	5	4	3	2	1
2d HT	920	2,760	4,600	10,350	16,100	23,000
2d Conv	1,080	3,240	5,400	12,150	18,900	27,000
4d 6P Sta Wag	416	1,248	2,080	4,680	7,280	10,400
1969 Sport Satellite, V-8, 116" & 117" wb						
4d Sed	376	1,128	1,880	4,230	6,580	9,400
2d HT	960	2,880	4,800	10,800	16,800	24,000
2d Conv	1,160	3,480	5,800	13,050	20,300	29,000
4d 9P Sta Wag	420	1,260	2,100	4,730	7,350	10,500
1969 Road Runner, V-8, 116" wb						
2d Sed	1,280	3,840	6,400	14,400	22,400	32,000
2d HT	1,400	4,200	7,000	15,750	24,500	35,000
2d Conv	1,800	5,400	9,000	20,250	31,500	45,000
1969 GTX, V-8, 116" wb						
2d HT	1,440	4,320	7,200	16,200	25,200	36,000
2d Conv	1,840	5,520	9,200	20,700	32,200	46,000
1969 Fury I, V-8, 120" & 122" wb						
4d Sed	380	1,140	1,900	4,280	6,650	9,500
2d Sed	384	1,152	1,920	4,320	6,720	9,600
4d 6P Sta Wag	428	1,284	2,140	4,820	7,490	10,700
1969 Fury II, V-8, 120" & 122" wb						
4d Sed	384	1,152	1,920	4,320	6,720	9,600
2d Sed	388	1,164	1,940	4,370	6,790	9,700
4d 6P Sta Wag	432	1,296	2,160	4,860	7,560	10,800
1969 Fury III, V-8, 120" & 122" wb						
4d Sed	392	1,176	1,960	4,410	6,860	9,800
4d HT	532	1,596	2,660	5,990	9,310	13,300
2d HT	800	2,400	4,000	9,000	14,000	20,000
2d Conv	1,200	3,600	6,000	13,500	21,000	30,000
4d 9P Sta Wag	440	1,320	2,200	4,950	7,700	11,000
1969 Sport Fury						
2d HT	680	2,040	3,400	7,650	11,900	17,000
2d Conv	800	2,400	4,000	9,000	14,000	20,000
1969 VIP						
4d HT	440	1,320	2,200	4,950	7,700	11,000
2d HT	680	2,040	3,400	7,650	11,900	17,000

NOTE: Add 75 percent for 440 6 pack. Autos equipped with 426 Hemi, value inestimable.

	6	5	4	3	2	1
1970 Valiant						
4d Sed	352	1,056	1,760	3,960	6,160	8,800
1970 Valiant Duster						
2d Cpe	400	1,200	2,000	4,500	7,000	10,000
1970 Duster "340"						
2d Cpe	760	2,280	3,800	8,550	13,300	19,000
1970 Barracuda						
2d HT	1,360	4,080	6,800	15,300	23,800	34,000
2d Conv	1,960	5,880	9,800	22,050	34,300	49,000
1970 Gran Coupe						
2d HT	1,400	4,200	7,000	15,750	24,500	35,000
2d Conv	2,000	6,000	10,000	22,500	35,000	50,000
1970 'Cuda						
2d HT	2,200	6,600	11,000	24,750	38,500	55,000
2d Conv	2,800	8,400	14,000	31,500	49,000	70,000
2d Hemi Cuda Conv			value not estimable			
1970 'Cuda AAR						
2d HT	3,000	9,000	15,000	33,750	52,500	75,000
1970 Belvedere						
4d Sed	364	1,092	1,820	4,100	6,370	9,100
2d Cpe	368	1,104	1,840	4,140	6,440	9,200
4d Wag	412	1,236	2,060	4,640	7,210	10,300
1970 Road Runner						
2d Cpe	1,160	3,480	5,800	13,050	20,300	29,000
2d HT	1,280	3,840	6,400	14,400	22,400	32,000
2d Superbird	4,000	12,000	20,000	45,000	70,000	100,000
2d Conv	1,760	5,280	8,800	19,800	30,800	44,000
1970 Satellite						
4d Sed	372	1,116	1,860	4,190	6,510	9,300
2d HT	880	2,640	4,400	9,900	15,400	22,000
2d Conv	1,240	3,720	6,200	13,950	21,700	31,000
4d 6P Wag	416	1,248	2,080	4,680	7,280	10,400
4d 9P Wag	420	1,260	2,100	4,730	7,350	10,500
1970 Sport Satellite						
4d Sed	380	1,140	1,900	4,280	6,650	9,500
2d HT	1,000	3,000	5,000	11,250	17,500	25,000
4d 6P Wag	420	1,260	2,100	4,730	7,350	10,500
4d 9P Wag	424	1,272	2,120	4,770	7,420	10,600
1970 GTX						
2d HT	1,440	4,320	7,200	16,200	25,200	36,000
1970 Fury I						
4d Sed	380	1,140	1,900	4,280	6,650	9,500
2d Sed	384	1,152	1,920	4,320	6,720	9,600

	6	5	4	3	2	1
1970 Fury II						
4d Sed.	384	1,152	1,920	4,320	6,720	9,600
2d Sed.	388	1,164	1,940	4,370	6,790	9,700
4d 6P Wag	428	1,284	2,140	4,820	7,490	10,700
4d 9P Wag	432	1,296	2,160	4,860	7,560	10,800
1970 Gran Coupe						
2d Sed.	516	1,548	2,580	5,810	9,030	12,900
1970 Fury III						
4d Sed.	392	1,176	1,960	4,410	6,860	9,800
2d HT	740	2,220	3,700	8,330	12,950	18,500
4d HT	520	1,560	2,600	5,850	9,100	13,000
2d Fml	748	2,244	3,740	8,420	13,090	18,700
2d Conv.	1,080	3,240	5,400	12,150	18,900	27,000
4d 6P Wag	440	1,320	2,200	4,950	7,700	11,000
4d 9P Wag	444	1,332	2,220	5,000	7,770	11,100
1970 Sport Fury						
4d Sed.	396	1,188	1,980	4,460	6,930	9,900
2d HT	780	2,340	3,900	8,780	13,650	19,500
4d HT	540	1,620	2,700	6,080	9,450	13,500
2d Fml	668	2,004	3,340	7,520	11,690	16,700
4d Wag	448	1,344	2,240	5,040	7,840	11,200
1970 Fury S-23						
2d HT	1,000	3,000	5,000	11,250	17,500	25,000
1970 Fury GT						
2d HT	1,040	3,120	5,200	11,700	18,200	26,000

NOTE: Add 75 percent for 440 6 pack. Autos equipped with 426 Hemi, value inestimable. Add 20 percent for 'Cuda 340 package. Add 40 percent for 'Cuda 383.

	6	5	4	3	2	1
1971 Valiant						
4d Sed.	348	1,044	1,740	3,920	6,090	8,700
1971 Duster						
2d Cpe.	360	1,080	1,800	4,050	6,300	9,000
1971 Duster "340"						
2d Cpe.	664	1,992	3,320	7,470	11,620	16,600
1971 Scamp						
2d HT	460	1,380	2,300	5,180	8,050	11,500
1971 Barracuda						
2d Cpe.	1,320	3,960	6,600	14,850	23,100	33,000
2d HT	1,400	4,200	7,000	15,750	24,500	35,000
2d Conv.	2,000	6,000	10,000	22,500	35,000	50,000
1971 Gran Coupe						
2d HT	1,240	3,720	6,200	13,950	21,700	31,000
1971 'Cuda						
2d HT	2,240	6,720	11,200	25,200	39,200	56,000
2d Conv.	2,840	8,520	14,200	31,950	49,700	71,000
1971 Satellite						
4d Sed.	352	1,056	1,760	3,960	6,160	8,800
2d Cpe.	420	1,260	2,100	4,730	7,350	10,500
4d Sta Wag	428	1,284	2,140	4,820	7,490	10,700
1971 Satellite Sebring						
2d HT	740	2,220	3,700	8,330	12,950	18,500
1971 Satellite Custom						
4d Sed.	356	1,068	1,780	4,010	6,230	8,900
4d 6P Sta Wag	392	1,176	1,960	4,410	6,860	9,800
4d 9P Sta Wag	396	1,188	1,980	4,460	6,930	9,900
1971 Road Runner						
2d HT	1,020	3,060	5,100	11,480	17,850	25,500
1971 Sebring Plus						
2d HT	800	2,400	4,000	9,000	14,000	20,000
1971 Satellite Brougham						
4d Sed.	360	1,080	1,800	4,050	6,300	9,000
1971 Regent Wagon						
4d 6P Sta Wag	400	1,200	2,000	4,500	7,000	10,000
4d 9P Sta Wag	404	1,212	2,020	4,550	7,070	10,100
1971 GTX						
2d HT	1,200	3,600	6,000	13,500	21,000	30,000
1971 Fury I						
4d Sed.	364	1,092	1,820	4,100	6,370	9,100
2d Sed.	368	1,104	1,840	4,140	6,440	9,200
1971 Fury Custom						
4d Sed.	368	1,104	1,840	4,140	6,440	9,200
2d Sed.	372	1,116	1,860	4,190	6,510	9,300
1971 Fury II						
4d Sed.	376	1,128	1,880	4,230	6,580	9,400
2d HT	640	1,920	3,200	7,200	11,200	16,000
4d 6P Sta Wag	416	1,248	2,080	4,680	7,280	10,400
4d 9P Sta Wag	420	1,260	2,100	4,730	7,350	10,500
1971 Fury III						
4d Sed.	380	1,140	1,900	4,280	6,650	9,500
2d HT	580	1,740	2,900	6,530	10,150	14,500

	6	5	4	3	2	1
4d HT	460	1,380	2,300	5,180	8,050	11,500
2d Fml Cpe	672	2,016	3,360	7,560	11,760	16,800
4d 6P Sta Wag	380	1,140	1,900	4,280	6,650	9,500
4d 9P Sta Wag	384	1,152	1,920	4,320	6,720	9,600
1971 Sport Fury						
4d Sed	388	1,164	1,940	4,370	6,790	9,700
4d HT	480	1,440	2,400	5,400	8,400	12,000
2d Fml Cpe	600	1,800	3,000	6,750	10,500	15,000
2d HT	620	1,860	3,100	6,980	10,850	15,500
4d 9P Sta Wag	432	1,296	2,160	4,860	7,560	10,800
4d 6P Sta Wag	428	1,284	2,140	4,820	7,490	10,700
1971 Sport Fury "GT"						
2d HT	780	2,340	3,900	8,780	13,650	19,500

NOTE: Add 40 percent for 440 engine. Deduct 20 percent for 'Cuda 340 package. Add 75 percent for 440 6 pack. Autos equipped with 426 Hemi, value inestimable.

	6	5	4	3	2	1
1972 Valiant						
4d Sed	348	1,044	1,740	3,920	6,090	8,700
1972 Duster						
2d Cpe	420	1,260	2,100	4,730	7,350	10,500
2d "340" Cpe	680	2,040	3,400	7,650	11,900	17,000

NOTE: Add 10 percent for Gold Duster.

	6	5	4	3	2	1
1972 Scamp						
2d HT	640	1,920	3,200	7,200	11,200	16,000
1972 Barracuda						
2d HT	1,000	3,000	5,000	11,250	17,500	25,000
1972 'Cuda						
2d HT	1,800	5,400	9,000	20,250	31,500	45,000
1972 Satellite						
4d Sed	356	1,068	1,780	4,010	6,230	8,900
2d Cpe	420	1,260	2,100	4,730	7,350	10,500
4d 6P Wag	396	1,188	1,980	4,460	6,930	9,900
1972 Satellite Sebring						
2d HT	740	2,220	3,700	8,330	12,950	18,500
1972 Satellite Custom						
4d Sed	360	1,080	1,800	4,050	6,300	9,000
4d 6P Wag	444	1,332	2,220	5,000	7,770	11,100
4d 9P Wag	440	1,320	2,200	4,950	7,700	11,000
1972 Sebring-Plus						
2d HT	760	2,280	3,800	8,550	13,300	19,000
1972 Regent						
4d 6P Wag	448	1,344	2,240	5,040	7,840	11,200
4d 9P Wag	452	1,356	2,260	5,090	7,910	11,300
1972 Road Runner						
2d HT	960	2,880	4,800	10,800	16,800	24,000

NOTE: Add 25 percent for GTX Package.

	6	5	4	3	2	1
1972 Fury I						
4d Sed	344	1,032	1,720	3,870	6,020	8,600
1972 Fury II						
4d Sed	348	1,044	1,740	3,920	6,090	8,700
2d HT	620	1,860	3,100	6,980	10,850	15,500
1972 Fury III						
4d Sed	352	1,056	1,760	3,960	6,160	8,800
4d HT	380	1,140	1,900	4,280	6,650	9,500
2d Fml Cpe	628	1,884	3,140	7,070	10,990	15,700
2d HT	624	1,872	3,120	7,020	10,920	15,600
1972 Gran Fury						
4d HT	408	1,224	2,040	4,590	7,140	10,200
2d Fml Cpe	632	1,896	3,160	7,110	11,060	15,800
1972 Suburban						
4d 6P Sta Wag	404	1,212	2,020	4,550	7,070	10,100
4d 9P Sta Wag	408	1,224	2,040	4,590	7,140	10,200
4d 6P Cus Wag	408	1,224	2,040	4,590	7,140	10,200
4d 9P Cus Wag	412	1,236	2,060	4,640	7,210	10,300
4d 6P Spt Wag	416	1,248	2,080	4,680	7,280	10,400
4d 9P Spt Wag	420	1,260	2,100	4,730	7,350	10,500

NOTE: Add 25 percent for 440 engine where available.

	6	5	4	3	2	1
1973 Valiant, V-8						
4d Sed	304	912	1,520	3,420	5,320	7,600
1973 Duster, V-8						
2d Cpe Sport	364	1,092	1,820	4,100	6,370	9,100
2d 340 Cpe Spt	420	1,260	2,100	4,730	7,350	10,500

NOTE: Add 10 percent for Gold Duster.

	6	5	4	3	2	1
1973 Scamp, V-8						
2d HT	428	1,284	2,140	4,820	7,490	10,700
1973 Barracuda, V-8						
2d HT	1,000	3,000	5,000	11,250	17,500	25,000
2d 'Cuda HT	1,600	4,800	8,000	18,000	28,000	40,000
1973 Satellite Custom, V-8						
4d Sed	336	1,008	1,680	3,780	5,880	8,400

PLYMOUTH

PLYMOUTH

	6	5	4	3	2	1
4d 3S Sta Wag 400	1,200	2,000	4,500	7,000	10,000
4d 3S Sta Wag Regent 400	1,210	2,020	4,550	7,070	10,100
2d Cpe. 392	1,176	1,960	4,410	6,860	9,800
1973 Road Runner, V-8						
2d Cpe. 720	2,160	3,600	8,100	12,600	18,000
NOTE: Add 25 percent for GTX Package.						
1973 Satellite-Plus, V-8						
2d HT 640	1,920	3,200	7,200	11,200	16,000
1973 Satellite Sebring, V-8						
2d HT 620	1,860	3,100	6,980	10,850	15,500
1973 Fury I, V-8						
4d Sed. 340	1,020	1,700	3,830	5,950	8,500
1973 Fury II, V-8						
4d Sed. 344	1,032	1,720	3,870	6,020	8,600
1973 Fury III, V-8						
4d Sed. 348	1,044	1,740	3,920	6,090	8,700
2d HT 580	1,740	2,900	6,530	10,150	14,500
4d HT 380	1,140	1,900	4,280	6,650	9,500
1973 Gran Fury, V-8						
2d HT 600	1,800	3,000	6,750	10,500	15,000
4d HT 392	1,176	1,960	4,410	6,860	9,800
1973 Fury Suburban, V-8						
4d 3S Spt Sta Wag 380	1,140	1,900	4,280	6,650	9,500
NOTE: Add 25 percent for 440 engine where available.						
1974 Valiant						
4d Sed. 300	900	1,500	3,380	5,250	7,500
1974 Duster						
2d Cpe. 304	912	1,520	3,420	5,320	7,600
NOTE: Add 10 percent for Gold Duster.						
1974 Scamp						
2d HT 364	1,092	1,820	4,100	6,370	9,100
1974 Duster "360"						
2d Cpe. 428	1,284	2,140	4,820	7,490	10,700
1974 Valiant Brougham						
4d Sed. 308	924	1,540	3,470	5,390	7,700
2d HT 400	1,200	2,000	4,500	7,000	10,000
1974 Barracuda						
2d Spt Cpe 920	2,760	4,600	10,350	16,100	23,000
1974 'Cuda						
2d Spt Cpe 1,520	4,560	7,600	17,100	26,600	38,000
1974 Satellite						
4d Sed. 304	912	1,520	3,420	5,320	7,600
2d Cpe. 308	924	1,540	3,470	5,390	7,700
1974 Satellite Custom						
4d Sed. 312	936	1,560	3,510	5,460	7,800
1974 Sebring						
2d HT 452	1,356	2,260	5,090	7,910	11,300
1974 Sebring-Plus						
2d HT 584	1,752	2,920	6,570	10,220	14,600
1974 Road Runner						
2d Cpe. 664	1,992	3,320	7,470	11,620	16,600
NOTE: Add 25 percent for GTX Package.						
1974 Satellite Wagon						
4d Std Wag 356	1,068	1,780	4,010	6,230	8,900
4d 6P Cus Wag. 360	1,080	1,800	4,050	6,300	9,000
4d 9P Cus Wag. 364	1,092	1,820	4,100	6,370	9,100
4d 6P Regent 360	1,080	1,800	4,050	6,300	9,000
4d 9P Regent 364	1,092	1,820	4,100	6,370	9,100
1974 Fury I						
4d Sed. 308	924	1,540	3,470	5,390	7,700
1974 Fury II						
4d Sed. 312	936	1,560	3,510	5,460	7,800
1974 Fury III						
4d Sed. 316	948	1,580	3,560	5,530	7,900
2d HT 348	1,044	1,740	3,920	6,090	8,700
4d HT 328	984	1,640	3,690	5,740	8,200
1974 Gran Fury						
2d HT 368	1,104	1,840	4,140	6,440	9,200
4d HT 332	996	1,660	3,740	5,810	8,300
1974 Suburban						
4d Std Wag 344	1,032	1,720	3,870	6,020	8,600
4d 6P Cus 348	1,044	1,740	3,920	6,090	8,700
4d 9P Cus 352	1,056	1,760	3,960	6,160	8,800
4d 6P Spt 352	1,056	1,760	3,960	6,160	8,800
4d 9P Spt 356	1,068	1,780	4,010	6,230	8,900
1975 Valiant						
4d Sed. 220	660	1,100	2,480	3,850	5,500
4d Cus Sed 184	552	920	2,070	3,220	4,600

	6	5	4	3	2	1
1975 Brougham						
4d Sed	224	672	1,120	2,520	3,920	5,600
2d HT	268	804	1,340	3,020	4,690	6,700
1975 Duster						
2d Cpe	244	732	1,220	2,750	4,270	6,100
2d Cus	248	744	1,240	2,790	4,340	6,200
2d "360" Cpe	320	960	1,600	3,600	5,600	8,000
NOTE: Add 10 percent for Gold Duster.						
1975 Scamp						
2d HT	236	708	1,180	2,660	4,130	5,900
2d Brghm	244	732	1,220	2,750	4,270	6,100
1975 Fury						
2d HT	260	780	1,300	2,930	4,550	6,500
2d Cus HT	280	840	1,400	3,150	4,900	7,000
2d Spt HT	288	864	1,440	3,240	5,040	7,200
4d Sed	228	684	1,140	2,570	3,990	5,700
4d Cus Sed.	232	696	1,160	2,610	4,060	5,800
1975 Suburban						
4d Std Wag.	244	732	1,220	2,750	4,270	6,100
4d 6P Cus.	248	744	1,240	2,790	4,340	6,200
4d 9P Cus.	256	768	1,280	2,880	4,480	6,400
4d 6P Spt	252	756	1,260	2,840	4,410	6,300
4d 9P Spt	260	780	1,300	2,930	4,550	6,500
1975 Road Runner						
2d HT	272	816	1,360	3,060	4,760	6,800
1975 Gran Fury						
4d Sed	228	684	1,140	2,570	3,990	5,700
1975 Gran Fury Custom						
4d Sed	236	708	1,180	2,660	4,130	5,900
4d HT	268	804	1,340	3,020	4,690	6,700
2d HT	280	840	1,400	3,150	4,900	7,000
1975 Gran Fury Brougham						
4d HT	272	816	1,360	3,060	4,760	6,800
2d HT	288	864	1,440	3,240	5,040	7,200
1975 Suburban						
4d Std Wag.	276	828	1,380	3,110	4,830	6,900
4d 6P Cus.	280	840	1,400	3,150	4,900	7,000
4d 9P Cus.	284	852	1,420	3,200	4,970	7,100
4d 6P Spt	284	852	1,420	3,200	4,970	7,100
4d 9P Spt	288	864	1,440	3,240	5,040	7,200
1976 Arrow, 4-cyl.						
2d HBk	132	396	660	1,490	2,310	3,300
2d GT HBk	136	408	680	1,530	2,380	3,400
1976 Valiant, 6-cyl.						
2d Duster Spt Cpe	136	408	680	1,530	2,380	3,400
4d Sed Valiant	128	384	640	1,440	2,240	3,200
2d HT Scamp Spec	132	396	660	1,490	2,310	3,300
2d HT Scamp	140	420	700	1,580	2,450	3,500
1976 Volare, V-8						
4d Sed	148	444	740	1,670	2,590	3,700
2d Spt Cpe	164	492	820	1,850	2,870	4,100
4d Sta Wag.	152	456	760	1,710	2,660	3,800
1976 Volare Custom, V-8						
4d Sed	152	456	760	1,710	2,660	3,800
2d Spt Cpe	168	504	840	1,890	2,940	4,200
1976 Volare Premier, V-8						
4d Sed	156	468	780	1,760	2,730	3,900
2d Spt Cpe	176	528	880	1,980	3,080	4,400
4d Sta Wag.	160	480	800	1,800	2,800	4,000
1976 Fury, V-8						
4d Sed	172	516	860	1,940	3,010	4,300
2d HT	204	612	1,020	2,300	3,570	5,100
4d Sed Salon	176	528	880	1,980	3,080	4,400
2d HT Spt	212	636	1,060	2,390	3,710	5,300
4d 2S Suburban	216	648	1,080	2,430	3,780	5,400
4d 3S Suburban	220	660	1,100	2,480	3,850	5,500
4d 2S Spt Suburban	224	672	1,120	2,520	3,920	5,600
4d 3S Spt Suburban	232	696	1,160	2,610	4,060	5,800
1976 Gran Fury, V-8						
4d Sed	176	528	880	1,980	3,080	4,400
1976 Gran Fury Custom, V-8						
4d Sed	180	540	900	2,030	3,150	4,500
2d HT	192	576	960	2,160	3,360	4,800
1976 Gran Fury Brougham, V-8						
4d Sed	180	540	900	2,030	3,150	4,500
2d HT	204	612	1,020	2,300	3,570	5,100
4d 2S Gran Fury Sta Wag	230	700	1,160	2,610	4,060	5,800
4d 3S Gran Fury Sta Wag	240	720	1,200	2,700	4,200	6,000

PLYMOUTH

	6	5	4	3	2	1
1977 Arrow, 4-cyl.						
2d HBk	132	396	660	1,490	2,310	3,300
2d GS HBk	136	408	680	1,530	2,380	3,400
2d GT HBk	140	420	700	1,580	2,450	3,500
1977 Volare, V-8						
4d Sed	132	396	660	1,490	2,310	3,300
2d Spt Cpe	140	420	700	1,580	2,450	3,500
4d Sta Wag	136	408	680	1,530	2,380	3,400
1977 Volare Custom, V-8						
4d Sed	136	408	680	1,530	2,380	3,400
2d Spt Cpe	144	432	720	1,620	2,520	3,600
1977 Volare Premier, V-8						
4d Sed	140	420	700	1,580	2,450	3,500
2d Spt Cpe	148	444	740	1,670	2,590	3,700
4d Sta Wag	144	432	720	1,620	2,520	3,600
1977 Fury, V-8						
4d Spt Sed	176	528	880	1,980	3,080	4,400
2d Spt HT	208	624	1,040	2,340	3,640	5,200
4d 3S Sub	208	624	1,040	2,340	3,640	5,200
4d 3S Spt Sub	212	636	1,060	2,390	3,710	5,300
1977 Gran Fury, V-8						
4d Sed	180	540	900	2,030	3,150	4,500
2d HT	200	600	1,000	2,250	3,500	5,000
1977 Gran Fury Brougham, V-8						
4d Sed	184	552	920	2,070	3,220	4,600
2d HT	208	624	1,040	2,340	3,640	5,200
1977 Station Wagons, V-8						
2S Gran Fury	216	648	1,080	2,430	3,780	5,400
3S Gran Fury Spt	224	672	1,120	2,520	3,920	5,600
1978 Horizon						
4d HBk	136	408	680	1,530	2,380	3,400
1978 Arrow						
2d HBk	140	420	700	1,580	2,450	3,500
2d GS HBk	144	432	720	1,620	2,520	3,600
2d GT HBk	148	444	740	1,670	2,590	3,700
1978 Volare						
4d Sed	144	432	720	1,620	2,520	3,600
Spt Cpe	152	456	760	1,710	2,660	3,800
Sta Wag	148	444	740	1,670	2,590	3,700
1978 Sapporo						
Cpe	152	456	760	1,710	2,660	3,800
1978 Fury						
4d Sed	144	432	720	1,620	2,520	3,600
2d	148	444	740	1,670	2,590	3,700
4d Salon	148	444	740	1,670	2,590	3,700
2d Spt	152	456	760	1,710	2,660	3,800
1978 Station Wagons						
3S Fury Sub	148	444	740	1,670	2,590	3,700
2S Fury Sub	144	432	720	1,620	2,520	3,600
3S Spt Fury Sub	152	456	760	1,710	2,660	3,800
2S Spt Fury Sub	148	444	740	1,670	2,590	3,700
1979 Champ, 4-cyl.						
2d HBk	136	408	680	1,530	2,380	3,400
2d Cus HBk	140	420	700	1,580	2,450	3,500
1979 Horizon, 4-cyl.						
4d HBk	140	420	700	1,580	2,450	3,500
TC 3 HBk	148	444	740	1,670	2,590	3,700
1979 Fire-Arrow, 4-cyl.						
2d HBk	144	432	720	1,620	2,520	3,600
2d GS HBk	148	444	740	1,670	2,590	3,700
2d GT HBk	152	456	760	1,710	2,660	3,800
1979 Volare, V-8						
Sed	152	456	760	1,710	2,660	3,800
Spt Cpe	160	480	800	1,800	2,800	4,000
Sta Wag	156	468	780	1,760	2,730	3,900
1979 Sapporo, 4-cyl.						
Cpe	156	468	780	1,760	2,730	3,900
1980 Champ, 4-cyl.						
2d HBk	132	396	660	1,490	2,310	3,300
2d Cus HBk	136	408	680	1,530	2,380	3,400
1980 Horizon, 4-cyl.						
4d HBk	136	408	680	1,530	2,380	3,400
2d HBk 2 plus 2 TC3	152	456	760	1,710	2,660	3,800
1980 Arrow, 4-cyl.						
2d HBk	180	540	900	2,030	3,150	4,500
1980 Fire Arrow, 4-cyl.						
2d HBk	184	552	920	2,070	3,220	4,600
1980 Volare, V-8						
4d Sed	136	408	680	1,530	2,380	3,400

	6	5	4	3	2	1
2d Cpe	140	420	700	1,580	2,450	3,500
4d Sta Wag	148	444	740	1,670	2,590	3,700

NOTE: Deduct 10 percent for 6-cyl.

1980 Sapporo, 4-cyl.

2d Cpe	156	468	780	1,760	2,730	3,900

1980 Gran Fury, V-8

4d Sed	152	456	760	1,710	2,660	3,800

NOTE: Deduct 10 percent for 6-cyl.

1980 Gran Fury Salon, V-8

4d Sed	160	480	800	1,800	2,800	4,000

NOTE: Deduct 10 percent for 6-cyl.

1981 Champ, 4-cyl.

2d HBk	136	408	680	1,530	2,380	3,400
2d DeL HBk	140	420	700	1,580	2,450	3,500
2d Cus HBk	144	432	720	1,620	2,520	3,600

1981 Horizon, 4-cyl.

4d Miser HBk	140	420	700	1,580	2,450	3,500
4d Miser HBk TC3	152	456	760	1,710	2,660	3,800
4d HBk	148	444	740	1,670	2,590	3,700
2d HBk TC3	160	480	800	1,800	2,800	4,000

1981 Reliant, 4-cyl.

4d Sed	136	408	680	1,530	2,380	3,400
2d Cpe	140	420	700	1,580	2,450	3,500

1981 Reliant Custom, 4-cyl.

4d Sed	140	420	700	1,580	2,450	3,500
2d Cpe	144	432	720	1,620	2,520	3,600
4d Sta Wag	152	456	760	1,710	2,660	3,800

1981 Reliant SE, 4-cyl.

4d Sed	144	432	720	1,620	2,520	3,600
2d Cpe	148	444	740	1,670	2,590	3,700
4d Sta Wag	156	468	780	1,760	2,730	3,900

1981 Sapporo, 4-cyl.

2d HT	160	480	800	1,800	2,800	4,000

1981 Gran Fury, V-8

4d Sed	164	492	820	1,850	2,870	4,100

NOTE: Deduct 10 percent for 6-cyl.

1982 Champ, 4-cyl.

4d Cus HBk	144	432	720	1,620	2,520	3,600
2d Cus HBk	148	444	740	1,670	2,590	3,700

NOTE: Deduct 5 percent for lesser models.

1982 Horizon, 4-cyl.

4d Miser HBk	144	432	720	1,620	2,520	3,600
2d Miser HBk TC3	156	468	780	1,760	2,730	3,900
4d Cus HBk	148	444	740	1,670	2,590	3,700
2d Cus HBk	152	456	760	1,710	2,660	3,800
4d E-Type HBk	156	468	780	1,760	2,730	3,900

1982 Turismo, 4-cyl.

2d HBk TC3	180	540	900	2,030	3,150	4,500

1982 Reliant, 4-cyl.

4d Sed	144	432	720	1,620	2,520	3,600
2d Cpe	148	444	740	1,670	2,590	3,700

1982 Reliant Custom, 4-cyl.

4d Sed	148	444	740	1,670	2,590	3,700
2d Cpe	152	456	760	1,710	2,660	3,800
4d Sta Wag	156	468	780	1,760	2,730	3,900

1982 Reliant SE, 4-cyl.

4d Sed	152	456	760	1,710	2,660	3,800
2d Cpe	156	468	780	1,760	2,730	3,900
4d Sta Wag	160	480	800	1,800	2,800	4,000

1982 Sapporo

2d HT	188	564	940	2,120	3,290	4,700

1982 Gran Fury, V-8

4d Sed	160	480	800	1,800	2,800	4,000

NOTE: Deduct 10 percent for 6-cyl.

1983 Colt, 4-cyl.

4d Cus HBk	160	480	800	1,800	2,800	4,000
2d Cus HBk	164	492	820	1,850	2,870	4,100

NOTE: Deduct 5 percent for lesser models.

1983 Horizon, 4-cyl.

4d HBk	152	456	760	1,710	2,660	3,800
4d Cus HBk	156	468	780	1,760	2,730	3,900

1983 Turismo, 4-cyl.

2d HBk	180	540	900	2,030	3,150	4,500
2d HBk 2 plus 2	192	576	960	2,160	3,360	4,800

1983 Reliant, 4-cyl.

4d Sed	148	444	740	1,670	2,590	3,700
2d Cpe	152	456	760	1,710	2,660	3,800
4d Sta Wag	160	480	800	1,800	2,800	4,000

PLYMOUTH

	6	5	4	3	2	1
1983 Reliant SE, 4-cyl.						
4d Sed.	152	456	760	1,710	2,660	3,800
2d Cpe.	156	468	780	1,760	2,730	3,900
4d Sta Wag.	164	492	820	1,850	2,870	4,100
1983 Sapporo, 4-cyl.						
2d HT	192	576	960	2,160	3,360	4,800
1983 Gran Fury, V-8						
4d Sed.	164	492	820	1,850	2,870	4,100
NOTE: Deduct 10 percent for 6-cyl.						
1984 Colt, 4-cyl.						
4d HBk DL.	148	444	740	1,670	2,590	3,700
2d HBk DL.	148	444	740	1,670	2,590	3,700
4d Sta Wag Vista	148	444	740	1,670	2,590	3,700
NOTE: Deduct 5 percent for lesser models.						
1984 Horizon, 4-cyl.						
4d HBk	152	456	760	1,710	2,660	3,800
4d HBk SE.	156	468	780	1,760	2,730	3,900
1984 Turismo, 4-cyl.						
2d HBk	188	564	940	2,120	3,290	4,700
2d HBk 2 plus 2.	192	576	960	2,160	3,360	4,800
1984 Reliant, 4-cyl.						
4d Sed.	144	432	720	1,620	2,520	3,600
2d Sed.	144	432	720	1,620	2,520	3,600
4d Sta Wag	148	444	740	1,670	2,590	3,700
1984 Conquest, 4-cyl.						
2d HBk	180	540	900	2,030	3,150	4,500
1984 Gran Fury, V-8						
4d Sed.	168	504	840	1,890	2,940	4,200
1985 Colt, 4-cyl.						
4d HBk E.	148	444	740	1,670	2,590	3,700
2d HBk E.	148	444	740	1,670	2,590	3,700
4d Sed DL.	152	456	760	1,710	2,660	3,800
2d HBk DL.	152	456	760	1,710	2,660	3,800
4d Sed Premier.	152	456	760	1,710	2,660	3,800
4d Sta Wag Vista	156	468	780	1,760	2,730	3,900
4d Sta Wag Vista 4WD	190	560	940	2,120	3,290	4,700
1985 Horizon, 4-cyl.						
4d HBk	156	468	780	1,760	2,730	3,900
4d HBk SE.	160	480	800	1,800	2,800	4,000
1985 Turismo, 4-cyl.						
2d HBk	192	576	960	2,160	3,360	4,800
2d HBk 2 plus 2.	196	588	980	2,210	3,430	4,900
1985 Reliant, 4-cyl.						
4d Sed.	148	444	740	1,670	2,590	3,700
2d Sed.	148	444	740	1,670	2,590	3,700
4d Sed SE.	152	456	760	1,710	2,660	3,800
2d Sed SE.	152	456	760	1,710	2,660	3,800
4d Sta Wag SE	152	456	760	1,710	2,660	3,800
4d Sed LE.	156	468	780	1,760	2,730	3,900
2d Sed LE.	156	468	780	1,760	2,730	3,900
4d Sta Wag LE	156	468	780	1,760	2,730	3,900
1985 Conquest, 4-cyl.						
2d HBk Turbo	188	564	940	2,120	3,290	4,700
1985 Caravelle, 4-cyl.						
4d Sed SE.	164	492	820	1,850	2,870	4,100
NOTE: Add 10 percent for turbo.						
1985 Grand Fury, V-8						
4d Sed Salon.	172	516	860	1,940	3,010	4,300
1986 Colt						
4d Sed E.	164	492	820	1,850	2,870	4,100
2d HBk E.	160	480	800	1,800	2,800	4,000
4d Sed DL.	168	504	840	1,890	2,940	4,200
2d HBk DL.	164	492	820	1,850	2,870	4,100
4d Sed Premier.	172	516	860	1,940	3,010	4,300
4d Vista Sta Wag	184	552	920	2,070	3,220	4,600
4d Vista Sta Wag 4WD	220	670	1,120	2,520	3,920	5,600
1986 Horizon						
4d HBk	160	480	800	1,800	2,800	4,000
1986 Turismo						
2d HBk	196	588	980	2,210	3,430	4,900
1986 Reliant						
2d Sed.	152	456	760	1,710	2,660	3,800
4d Sed.	156	468	780	1,760	2,730	3,900
1986 Conquest, 4-cyl.						
2d HBk Turbo	190	560	940	2,120	3,290	4,700
1986 Caravelle						
4d Sed.	168	504	840	1,890	2,940	4,200
1986 Grand Fury						
4d Salon Sed.	188	564	940	2,120	3,290	4,700

NOTE: Add 10 percent for deluxe models. Deduct 5 percent for smaller engines.

	6	5	4	3	2	1
1987 Colt, 4-cyl.						
4d Sed E	168	504	840	1,890	2,940	4,200
2d HBk E	164	492	820	1,850	2,870	4,100
4d Sed DL	172	516	860	1,940	3,010	4,300
2d HBk DL	168	504	840	1,890	2,940	4,200
4d Sed Premier	176	528	880	1,980	3,080	4,400
4d Vista Sta Wag	188	564	940	2,120	3,290	4,700
4d Vista Sta Wag 4WD	230	680	1,140	2,570	3,990	5,700
1987 Horizon, 4-cyl.						
4d HBk	168	504	840	1,890	2,940	4,200
1987 Turismo, 4-cyl.						
2d HBk	180	540	900	2,030	3,150	4,500
1987 Sundance, 4-cyl.						
2d LBk	172	516	860	1,940	3,010	4,300
4d LBk	176	528	880	1,980	3,080	4,400
NOTE: Add 5 percent for 2.2 Turbo.						
1987 Reliant, 4-cyl.						
2d Sed	168	504	840	1,890	2,940	4,200
4d Sed	172	516	860	1,940	3,010	4,300
2d Sed LE	172	516	860	1,940	3,010	4,300
4d Sed LE	176	528	880	1,980	3,080	4,400
4d Sta Wag LE	176	528	880	1,980	3,080	4,400
1987 Caravelle, 4-cyl.						
4d Sed	180	540	900	2,030	3,150	4,500
4d Sed SE	184	552	920	2,070	3,220	4,600
NOTE: Add 5 percent for 2.2 Turbo.						
1987 Grand Fury, V-8						
4d Sed	220	660	1,100	2,480	3,850	5,500
1988 Colt, 4-cyl.						
3d HBk	88	264	440	990	1,540	2,200
4d Sed E	112	336	560	1,260	1,960	2,800
3d HBk E	104	312	520	1,170	1,820	2,600
4d Sed DL	116	348	580	1,310	2,030	2,900
3d HBk DL	112	336	560	1,260	1,960	2,800
4d Sta Wag DL	120	360	600	1,350	2,100	3,000
4d Sed Premier	140	420	700	1,580	2,450	3,500
4d Sta Wag Vista	160	480	800	1,800	2,800	4,000
4d Sta Wag Vista 4x4	200	600	1,000	2,250	3,500	5,000
1988 Horizon, 4-cyl.						
4d HBk	112	336	560	1,260	1,960	2,800
1988 Reliant, 4-cyl.						
2d Sed	112	336	560	1,260	1,960	2,800
4d Sed	116	348	580	1,310	2,030	2,900
4d Sta Wag	132	396	660	1,490	2,310	3,300
1988 Sundance, 4-cyl.						
2d HBk	128	384	640	1,440	2,240	3,200
4d HBk	136	408	680	1,530	2,380	3,400
1988 Caravelle, 4-cyl.						
4d Sed	140	420	700	1,580	2,450	3,500
4d Sed SE	156	468	780	1,760	2,730	3,900
1988 Gran Fury, V-8						
4d Salon	152	456	760	1,710	2,660	3,800
4d SE	168	504	840	1,890	2,940	4,200
1989 Colt, 4-cyl.						
2d HBk	152	456	760	1,710	2,660	3,800
2d HBk E	156	468	780	1,760	2,730	3,900
2d HBk GT	164	492	820	1,850	2,870	4,100
4d Sta Wag DL	200	600	1,000	2,250	3,500	5,000
4d Sta Wag DL 4x4	216	648	1,080	2,430	3,780	5,400
4d Sta Wag Vista	208	624	1,040	2,340	3,640	5,200
4d Sta Wag Vista 4x4	220	670	1,120	2,520	3,920	5,600
1989 Horizon, 4-cyl.						
4d HBk	144	432	720	1,620	2,520	3,600
1989 Reliant, 4-cyl.						
4d Sed	140	420	700	1,580	2,450	3,500
2d Sed	136	408	680	1,530	2,380	3,400
1989 Sundance, 4-cyl.						
4d HBk	168	504	840	1,890	2,940	4,200
2d HBk	164	492	820	1,850	2,870	4,100
1989 Acclaim, 4-cyl.						
4d Sed	208	624	1,040	2,340	3,640	5,200
4d Sed LE	212	636	1,060	2,390	3,710	5,300
1989 Gran Fury, V-8						
4d Sed Salon	216	648	1,080	2,430	3,780	5,400
1990 Colt, 4-cyl.						
2d HBk	152	456	760	1,710	2,660	3,800
2d HBk GL	160	480	800	1,800	2,800	4,000
2d HBk GT	168	504	840	1,890	2,940	4,200

PLYMOUTH

	6	5	4	3	2	1
4d Sta Wag DL	184	552	920	2,070	3,220	4,600
4d Sta Wag DL 4x4	220	660	1,100	2,480	3,850	5,500
4d Vista	208	624	1,040	2,340	3,640	5,200
4d Vista 4x4	248	744	1,240	2,790	4,340	6,200
1990 Horizon, 4-cyl.						
4d HBk	140	420	700	1,580	2,450	3,500
1990 Sundance, 4-cyl.						
2d HBk	168	504	840	1,890	2,940	4,200
4d HBk	164	492	820	1,850	2,870	4,100
1990 Laser, 4-cyl.						
2d HBk	200	600	1,000	2,250	3,500	5,000
2d HBk RS	220	660	1,100	2,480	3,850	5,500
2d HBk Turbo RS	240	720	1,200	2,700	4,200	6,000
1990 Acclaim 4-cyl.						
4d Sed	160	480	800	1,800	2,800	4,000
4d Sed LE	180	540	900	2,030	3,150	4,500
1990 V-6						
4d Sed	176	528	880	1,980	3,080	4,400
4d Sed LE	200	600	1,000	2,250	3,500	5,000
4d Sed LX	220	660	1,100	2,480	3,850	5,500
1991 Colt, 4-cyl.						
2d HBk	120	360	600	1,350	2,100	3,000
2d HBk GL	140	420	700	1,580	2,450	3,500
1991 Sundance, 4-cyl.						
2d HBk America	140	420	700	1,580	2,450	3,500
4d HBk America	140	420	700	1,580	2,450	3,500
2d HBk	148	444	740	1,670	2,590	3,700
4d HBk	148	444	740	1,670	2,590	3,700
2d HBk RS	168	504	840	1,890	2,940	4,200
4d HBk RS	168	504	840	1,890	2,940	4,200
1991 Laser, 4-cyl.						
2d HBk	180	540	900	2,030	3,150	4,500
2d HBk RS	184	552	920	2,070	3,220	4,600
2d HBk Turbo RS	192	576	960	2,160	3,360	4,800
1991 Acclaim, 4-cyl.						
4d Sed	160	480	800	1,800	2,800	4,000
4d Sed LE	172	516	860	1,940	3,010	4,300
1991 V-6						
4d Sed	172	516	860	1,940	3,010	4,300
4d Sed LE	184	552	920	2,070	3,220	4,600
4d LX Sed	192	576	960	2,160	3,360	4,800
1992 Colt, 4-cyl.						
2d HBk	144	432	720	1,620	2,520	3,600
2d GL HBk	160	480	800	1,800	2,800	4,000
3d Sta Wag	180	540	900	2,030	3,150	4,500
3d SE Sta Wag	184	552	920	2,070	3,220	4,600
3d Sta Wag 4x4	220	660	1,100	2,480	3,850	5,500
1992 Sundance, 4-cyl. & V-6						
4d HBk America	160	480	800	1,800	2,800	4,000
2d HBk America	160	480	800	1,800	2,800	4,000
4d HBk	168	504	840	1,890	2,940	4,200
2d HBk	168	504	840	1,890	2,940	4,200
4d Duster HBk, V-6	200	600	1,000	2,250	3,500	5,000
2d Duster HBk, V-6	200	600	1,000	2,250	3,500	5,000
1992 Laser, 4-cyl.						
2d HBk	200	600	1,000	2,250	3,500	5,000
2d RS HBk	220	660	1,100	2,480	3,850	5,500
2d RS HBk Turbo	240	720	1,200	2,700	4,200	6,000
2d RS HBk Turbo 4x4	300	900	1,500	3,380	5,250	7,500
1992 Acclaim, 4-cyl. & V-6						
4d Sed	200	600	1,000	2,250	3,500	5,000
4d Sed, V-6	220	660	1,100	2,480	3,850	5,500
1993 Colt, 4-cyl.						
2d Sed	152	456	760	1,710	2,660	3,800
2d GL Sed	156	468	780	1,760	2,730	3,900
4d Sed	152	456	760	1,710	2,660	3,800
4d GL Sed	156	468	780	1,760	2,730	3,900
3d Vista	182	546	910	2,050	3,185	4,550
3d SE Vista	184	552	920	2,070	3,220	4,600
3d Vista 4x4	224	672	1,120	2,520	3,920	5,600
1993 Sundance						
2d, 4-cyl.	184	552	920	2,070	3,220	4,600
2d Duster HBk, V-6	164	492	820	1,850	2,870	4,100
4d HBk, 4-cyl.	160	480	800	1,800	2,800	4,000
4d Duster HBk, V-6	164	492	820	1,850	2,870	4,100
1993 Laser						
2d HBk	224	672	1,120	2,520	3,920	5,600
2d RS HBk	204	612	1,020	2,300	3,570	5,100

	6	5	4	3	2	1
2d HBk Turbo	212	636	1,060	2,390	3,710	5,300
2d HBk, 4x4	260	780	1,300	2,930	4,550	6,500
1993 Acclaim						
4d Sed, 4-cyl.	208	624	1,040	2,340	3,640	5,200
4d Sed, V-6	216	648	1,080	2,430	3,780	5,400
1994 Sundance, 4-cyl.						
2d HBk	192	576	960	2,160	3,360	4,800
4d HBk	196	588	980	2,210	3,430	4,900
1994 Duster, V-6						
2d HBk	200	600	1,000	2,250	3,500	5,000
4d HBk	204	612	1,020	2,300	3,570	5,100
1994 Laser						
2d HBk	220	660	1,100	2,480	3,850	5,500
2d HBk RS	240	720	1,200	2,700	4,200	6,000
2d HBk RS Turbo	260	780	1,300	2,930	4,550	6,500
2d HBk RS Turbo 4x4	300	900	1,500	3,380	5,250	7,500
1994 Acclaim						
4d Sed, 4-cyl.	200	600	1,000	2,250	3,500	5,000
4d Sed, V-6	220	660	1,100	2,480	3,850	5,500
1995 Neon, 4-cyl.						
4d Sed	150	500	800	1,800	2,800	4,000
2d Highline Cpe	150	500	850	1,890	2,950	4,200
4d Highline Sed	150	500	850	1,940	3,000	4,300
2d Spt Cpe	200	550	900	2,030	3,150	4,500
4d Spt Sed	200	550	900	2,070	3,200	4,600
1995 Acclaim, 4-cyl. & V-6						
4d Sed, 4-cyl.	200	600	1,000	2,250	3,500	5,000
4d Sed, V-6	200	650	1,100	2,480	3,850	5,500
1996 Neon, 4-cyl.						
2d Cpe	150	450	800	1,760	2,750	3,900
4d Sed	150	500	800	1,800	2,800	4,000
2d Highline Cpe	150	500	850	1,890	2,950	4,200
4d Highline Sed	150	500	850	1,940	3,000	4,300
2d Spt Cpe	200	550	900	2,030	3,150	4,500
4d Spt Sed	200	550	900	2,070	3,200	4,600
1996 Breeze, 4-cyl.						
4d Sed	200	600	1,000	2,250	3,500	5,000
1997 Neon, 4-cyl.						
2d Cpe	156	468	780	1,760	2,730	3,900
4d Sed	160	480	800	1,800	2,800	4,000
2d Highline Cpe	168	504	840	1,890	2,940	4,200
4d Highline Sed	172	516	860	1,940	3,010	4,300
NOTE: Add 5 percent for Sport Pkg on Highline models.						
1997 Breeze, 4-cyl.						
4d Sed	200	600	1,000	2,250	3,500	5,000
1997 Prowler, V-6						
2d Rds	1,640	4,920	8,200	18,450	28,700	41,000
1998 Neon, 4-cyl.						
2d Highline Cpe	160	480	800	1,800	2,800	4,000
4d Highline Sed	160	490	820	1,850	2,870	4,100
2d Expresso Cpe	170	520	860	1,940	3,010	4,300
4d Expresso Sed	180	540	900	2,030	3,150	4,500
4d Style Sed	190	560	940	2,120	3,290	4,700
1998 Breeze, 4-cyl.						
4d Sed	200	600	1,000	2,250	3,500	5,000
NOTE: Add 5 percent for Expresso Pkg.						
1998 Prowler, V-6						
2d Rds	1,640	4,920	8,200	18,450	28,700	41,000
NOTE: Prowler was a carry-over model from the previous year. The second-generation, 1999 Prowler debuted in mid 1998.						
1999 Neon, 4-cyl.						
2d Highline Cpe	160	480	800	1,800	2,800	4,000
4d Highline Sed	160	490	820	1,850	2,870	4,100
2d Expresso Cpe	170	520	860	1,940	3,010	4,300
4d Expresso Sed	180	540	900	2,030	3,150	4,500
4d Style Sed	190	560	940	2,120	3,290	4,700
1999 Breeze, 4-cyl.						
4d Sed	200	600	1,000	2,250	3,500	5,000
NOTE: Add 5 percent for Expresso Pkg.						
1999 Prowler, V-6						
2d Rds	1,720	5,160	8,600	19,350	30,100	43,000
2000 Neon, 4-cyl.						
4d Highline Sed	190	560	940	2,120	3,290	4,700
4d LX Sed	200	590	980	2,210	3,430	4,900
2000 Breeze, 4-cyl.						
4d Sed	200	600	1,000	2,250	3,500	5,000
2000 Prowler, V-6						
2d Rds	1,760	5,280	8,800	19,800	30,800	44,000
2001 Neon, 4-cyl.						
4d Sed	190	580	960	2,400	3,360	4,800

PLYMOUTH

	6	5	4	3	2	1
4d LX Sed 200	600	1,000	2,500	3,500	5,000	

NOTE: Plymouth was discontinued during the 2001 model year, and the Prowler was transferred to Chrysler.

PONTIAC

1926 Model 6-27, 6-cyl.
2d Cpe. 660	1,980	3,300	7,430	11,550	16,500
2d Sed. 620	1,860	3,100	6,980	10,850	15,500

1927 Model 6-27, 6-cyl.
2d Spt Rds 800	2,400	4,000	9,000	14,000	20,000
2d Spt Cabr. 760	2,280	3,800	8,550	13,300	19,000
2d Cpe. 600	1,800	3,000	6,750	10,500	15,000
2d DeL Cpe 620	1,860	3,100	6,980	10,850	15,500
2d Sed. 560	1,680	2,800	6,300	9,800	14,000
4d Lan Sed 600	1,800	3,000	6,750	10,500	15,000

1928 Model 6-28, 6-cyl.
2d Rds. 800	2,400	4,000	9,000	14,000	20,000
2d Cabr 760	2,280	3,800	8,550	13,300	19,000
4d Phae. 760	2,280	3,800	8,550	13,300	19,000
2d Sed. 520	1,560	2,600	5,850	9,100	13,000
4d Sed. 500	1,500	2,500	5,630	8,750	12,500
4d Trs 540	1,620	2,700	6,080	9,450	13,500
2d Cpe. 580	1,740	2,900	6,530	10,150	14,500
2d Spt Cpe 620	1,860	3,100	6,980	10,850	15,500
4d Lan Sed 640	1,920	3,200	7,200	11,200	16,000

1929 Model 6-29A, 6-cyl.
2d Rds. 920	2,760	4,600	10,350	16,100	23,000
4d Phae. 900	2,700	4,500	10,130	15,750	22,500
2d Conv. 760	2,280	3,800	8,550	13,300	19,000
2d Cpe. 580	1,740	2,900	6,530	10,150	14,500
2d Sed. 520	1,560	2,600	5,850	9,100	13,000
4d Sed. 520	1,560	2,600	5,850	9,100	13,000
4d Spt Lan Sed 540	1,620	2,700	6,080	9,450	13,500

NOTE: Add 5 percent for horizontal louvers on early year cars.

1930 Model 6-30B, 6-cyl.
2d Spt Rds 1,080	3,240	5,400	12,150	18,900	27,000
4d Phae. 1,060	3,180	5,300	11,930	18,550	26,500
2d Cpe. 520	1,560	2,600	5,850	9,100	13,000
2d Spt Cpe 540	1,620	2,700	6,080	9,450	13,500
2d Sed. 480	1,440	2,400	5,400	8,400	12,000
4d Sed. 480	1,440	2,400	5,400	8,400	12,000
4d Cus Sed 500	1,500	2,500	5,630	8,750	12,500

1931 Model 401, 6-cyl.
2d Conv. 1,120	3,360	5,600	12,600	19,600	28,000
2P Cpe 620	1,860	3,100	6,980	10,850	15,500
2d Spt Cpe 640	1,920	3,200	7,200	11,200	16,000
2d Sed. 528	1,584	2,640	5,940	9,240	13,200
4d Sed. 540	1,620	2,700	6,080	9,450	13,500
4d Cus Sed 560	1,680	2,800	6,300	9,800	14,000

1932 Model 402, 6-cyl.
2d Conv. 1,280	3,840	6,400	14,400	22,400	32,000
2d Cpe. 660	1,980	3,300	7,430	11,550	16,500
2d RS Cpe. 680	2,040	3,400	7,650	11,900	17,000
2d Sed. 540	1,620	2,700	6,080	9,450	13,500
4d Cus Sed 560	1,680	2,800	6,300	9,800	14,000

1932 Model 302, V-8
2d Conv. 1,400	4,200	7,000	15,750	24,500	35,000
2d Cpe. 740	2,220	3,700	8,330	12,950	18,500
2d Spt Cpe 760	2,280	3,800	8,550	13,300	19,000
2d Sed. 580	1,740	2,900	6,530	10,150	14,500
4d Sed. 600	1,800	3,000	6,750	10,500	15,000
4d Cus Sed 640	1,920	3,200	7,200	11,200	16,000

1933 Model 601, 8-cyl.
2d Rds. 1,200	3,600	6,000	13,500	21,000	30,000
2d Conv. 1,120	3,360	5,600	12,600	19,600	28,000
2d Cpe. 640	1,920	3,200	7,200	11,200	16,000
2d Spt Cpe 680	2,040	3,400	7,650	11,900	17,000
2d Sed. 540	1,620	2,700	6,080	9,450	13,500
2d Trg Sed 548	1,644	2,740	6,170	9,590	13,700
4d Sed. 560	1,680	2,800	6,300	9,800	14,000

1934 Model 603, 8-cyl.
2d Conv. 1,080	3,240	5,400	12,150	18,900	27,000
2d Cpe. 680	2,040	3,400	7,650	11,900	17,000
2d Spt Cpe 700	2,100	3,500	7,880	12,250	17,500
2d Sed. 500	1,500	2,500	5,630	8,750	12,500
2d Trg Sed 520	1,560	2,600	5,850	9,100	13,000
4d Sed. 516	1,548	2,580	5,810	9,030	12,900
4d Trg Sed 520	1,560	2,600	5,850	9,100	13,000

PONTIAC

	6	5	4	3	2	1
1935 Standard Series 701, 6-cyl.						
2d Cpe	560	1,680	2,800	6,300	9,800	14,000
2d Sed	456	1,368	2,280	5,130	7,980	11,400
2d Trg Sed	460	1,380	2,300	5,180	8,050	11,500
4d Sed	480	1,440	2,400	5,400	8,400	12,000
4d Trg Sed	500	1,500	2,500	5,630	8,750	12,500
1935 DeLuxe Series 701, 6-cyl.						
2d Cpe	580	1,740	2,900	6,530	10,150	14,500
2d Spt Cpe	600	1,800	3,000	6,750	10,500	15,000
2d Cabr.	920	2,760	4,600	10,350	16,100	23,000
2d Sed	460	1,380	2,300	5,180	8,050	11,500
2d Trg Sed	464	1,392	2,320	5,220	8,120	11,600
4d Sed	468	1,404	2,340	5,270	8,190	11,700
4d Trg Sed	480	1,440	2,400	5,400	8,400	12,000
1935 Series 605, 8-cyl.						
2d Cpe	600	1,800	3,000	6,750	10,500	15,000
2d Spt Cpe	620	1,860	3,100	6,980	10,850	15,500
2d Cabr.	1,080	3,240	5,400	12,150	18,900	27,000
2d Sed	464	1,392	2,320	5,220	8,120	11,600
2d Trg Sed	480	1,440	2,400	5,400	8,400	12,000
4d Sed	520	1,560	2,600	5,850	9,100	13,000
4d Trg Sed	540	1,620	2,700	6,080	9,450	13,500
1936 DeLuxe Series Silver Streak, 6-cyl.						
2d Cpe	620	1,860	3,100	6,980	10,850	15,500
2d Spt Cpe	640	1,920	3,200	7,200	11,200	16,000
2d Cabr.	1,120	3,360	5,600	12,600	19,600	28,000
2d Sed	456	1,368	2,280	5,130	7,980	11,400
2d Trg Sed	464	1,392	2,320	5,220	8,120	11,600
4d Sed	468	1,404	2,340	5,270	8,190	11,700
4d Trg Sed	480	1,440	2,400	5,400	8,400	12,000
1936 DeLuxe Series Silver Streak, 8-cyl.						
2d Cpe	640	1,920	3,200	7,200	11,200	16,000
2d Spt Cpe	660	1,980	3,300	7,430	11,550	16,500
2d Cabr.	1,040	3,120	5,200	11,700	18,200	26,000
2d Sed	480	1,440	2,400	5,400	8,400	12,000
2d Trg Sed	488	1,464	2,440	5,490	8,540	12,200
4d Sed	484	1,452	2,420	5,450	8,470	12,100
4d Trg Sed	492	1,476	2,460	5,540	8,610	12,300
1937-38 DeLuxe Model 6DA, 6-cyl.						
2d Conv	1,360	4,080	6,800	15,300	23,800	34,000
4d Conv Sed.	1,400	4,200	7,000	15,750	24,500	35,000
2d Bus Cpe.	600	1,800	3,000	6,750	10,500	15,000
2d Spt Cpe	640	1,920	3,200	7,200	11,200	16,000
2d Sed	456	1,368	2,280	5,130	7,980	11,400
2d Trg Sed	460	1,380	2,300	5,180	8,050	11,500
4d Sed	480	1,440	2,400	5,400	8,400	12,000
4d Trg Sed	484	1,452	2,420	5,450	8,470	12,100
4d Sta Wag.	1,280	3,840	6,400	14,400	22,400	32,000
1937-38 DeLuxe Model 8DA, 8-cyl.						
2d Conv	1,440	4,320	7,200	16,200	25,200	36,000
4d Conv Sed.	1,480	4,440	7,400	16,650	25,900	37,000
2d Bus Cpe.	660	1,980	3,300	7,430	11,550	16,500
2d Spt Cpe	680	2,040	3,400	7,650	11,900	17,000
2d Sed	500	1,500	2,500	5,630	8,750	12,500
2d Trg Sed	504	1,512	2,520	5,670	8,820	12,600
4d Sed	504	1,512	2,520	5,670	8,820	12,600
4d Trg Sed	508	1,524	2,540	5,720	8,890	12,700
1939 Special Series 25, 6-cyl.						
2d Bus Cpe.	600	1,800	3,000	6,750	10,500	15,000
2d Spt Cpe	640	1,920	3,200	7,200	11,200	16,000
2d Trg Sed	520	1,560	2,600	5,850	9,100	13,000
4d Trg Sed	520	1,560	2,600	5,850	9,100	13,000
4d Sta Wag.	1,280	3,840	6,400	14,400	22,400	32,000
1939 DeLuxe Series 26, 6-cyl.						
2d Conv	1,280	3,840	6,400	14,400	22,400	32,000
2d Bus Cpe.	620	1,860	3,100	6,980	10,850	15,500
2d Spt Cpe	660	1,980	3,300	7,430	11,550	16,500
2d Sed	520	1,560	2,600	5,850	9,100	13,000
4d Sed	524	1,572	2,620	5,900	9,170	13,100
1939 DeLuxe Series 28, 8-cyl.						
2d Conv	1,360	4,080	6,800	15,300	23,800	34,000
2d Bus Cpe.	640	1,920	3,200	7,200	11,200	16,000
2d Spt Cpe	680	2,040	3,400	7,650	11,900	17,000
2d Sed	540	1,620	2,700	6,080	9,450	13,500
4d Trg Sed	544	1,632	2,720	6,120	9,520	13,600
1940 Special Series 25, 6-cyl., 117" wb						
2d Bus Cpe.	660	1,980	3,300	7,430	11,550	16,500
2d Spt Cpe	700	2,100	3,500	7,880	12,250	17,500

PONTIAC

PONTIAC

	6	5	4	3	2	1
2d Sed	556	1,668	2,780	6,260	9,730	13,900
4d Sed	560	1,680	2,800	6,300	9,800	14,000
4d Sta Wag	1,340	4,020	6,700	15,080	23,450	33,500
1940 DeLuxe Series 26, 6-cyl., 120" wb						
2d Conv	1,380	4,140	6,900	15,530	24,150	34,500
2d Bus Cpe	680	2,040	3,400	7,650	11,900	17,000
2d Spt Cpe	720	2,160	3,600	8,100	12,600	18,000
2d Sed	540	1,620	2,700	6,080	9,450	13,500
4d Sed	568	1,704	2,840	6,390	9,940	14,200
1940 DeLuxe Series 28, 8-cyl., 120" wb						
2d Conv	1,420	4,260	7,100	15,980	24,850	35,500
2d Bus Cpe	700	2,100	3,500	7,880	12,250	17,500
2d Spt Cpe	740	2,220	3,700	8,330	12,950	18,500
2d Sed	568	1,704	2,840	6,390	9,940	14,200
4d Sed	572	1,716	2,860	6,440	10,010	14,300
1940 Torpedo Series 29, 8-cyl., 122" wb						
2d Spt Cpe	760	2,280	3,800	8,550	13,300	19,000
4d Sed	680	2,040	3,400	7,650	11,900	17,000
1941 DeLuxe Torpedo, 8-cyl.						
2d Bus Cpe	640	1,920	3,200	7,200	11,200	16,000
2d Spt Cpe	660	1,980	3,300	7,430	11,550	16,500
2d Conv	1,420	4,260	7,100	15,980	24,850	35,500
2d Sed	556	1,668	2,780	6,260	9,730	13,900
4d 4W Sed	564	1,692	2,820	6,350	9,870	14,100
4d 6W Sed	560	1,680	2,800	6,300	9,800	14,000
1941 Streamliner, 8-cyl.						
2d Cpe	680	2,040	3,400	7,650	11,900	17,000
4d Sed	620	1,860	3,100	6,980	10,850	15,500
1941 Super Streamliner, 8-cyl.						
2d Cpe	740	2,220	3,700	8,330	12,950	18,500
4d Sed	680	2,040	3,400	7,650	11,900	17,000
1941 Custom, 8-cyl.						
2d Spt Cpe	820	2,460	4,100	9,230	14,350	20,500
4d Sed	760	2,280	3,800	8,550	13,300	19,000
4d Sta Wag	1,340	4,020	6,700	15,080	23,450	33,500
4d DeL Sta Wag	1,380	4,140	6,900	15,530	24,150	34,500
NOTE: Deduct 10 percent for 6-cyl. models.						
1942 Torpedo, 8-cyl.						
2d Conv	1,380	4,140	6,900	15,530	24,150	34,500
2d Bus Cpe	620	1,860	3,100	6,980	10,850	15,500
2d Spt Cpe	640	1,920	3,200	7,200	11,200	16,000
2d 5P Cpe	660	1,980	3,300	7,430	11,550	16,500
2d Sed	560	1,680	2,800	6,300	9,800	14,000
4d Sed	556	1,668	2,780	6,260	9,730	13,900
4d Metro Sed	572	1,716	2,860	6,440	10,010	14,300
1942 Streamliner, 8-cyl.						
2d Cpe	660	1,980	3,300	7,430	11,550	16,500
4d Sed	600	1,800	3,000	6,750	10,500	15,000
4d Sta Wag	1,340	4,020	6,700	15,080	23,450	33,500
1942 Chieftain, 8-cyl.						
2d Cpe	680	2,040	3,400	7,650	11,900	17,000
4d Sed	608	1,824	3,040	6,840	10,640	15,200
4d Sta Wag	1,380	4,140	6,900	15,530	24,150	34,500
NOTE: Deduct 10 percent for 6-cyl. models.						
1946 Torpedo, 8-cyl.						
2d Conv	1,180	3,540	5,900	13,280	20,650	29,500
2d Bus Cpe	700	2,100	3,500	7,880	12,250	17,500
2d Spt Cpe	720	2,160	3,600	8,100	12,600	18,000
2d 5P Cpe	740	2,220	3,700	8,330	12,950	18,500
2d Sed	640	1,920	3,200	7,200	11,200	16,000
4d Sed	644	1,932	3,220	7,250	11,270	16,100
1946 Streamliner, 8-cyl.						
5P Cpe	780	2,340	3,900	8,780	13,650	19,500
4d Sed	652	1,956	3,260	7,340	11,410	16,300
4d Sta Wag	1,340	4,020	6,700	15,080	23,450	33,500
4d DeL Sta Wag	1,380	4,140	6,900	15,530	24,150	34,500
NOTE: Deduct 5 percent for 6-cyl. models.						
1947 Torpedo, 8-cyl.						
2d Conv	1,220	3,660	6,100	13,730	21,350	30,500
2d DeL Conv	1,240	3,720	6,200	13,950	21,700	31,000
2d Bus Cpe	740	2,220	3,700	8,330	12,950	18,500
2d Spt Cpe	760	2,280	3,800	8,550	13,300	19,000
2d 5P Cpe	760	2,280	3,800	8,550	13,300	19,000
2d Sed	640	1,920	3,200	7,200	11,200	16,000
4d Sed	684	2,052	3,420	7,700	11,970	17,100
1947 Streamliner, 8-cyl.						
2d Cpe	780	2,340	3,900	8,780	13,650	19,500
4d Sed	700	2,100	3,500	7,880	12,250	17,500

	6	5	4	3	2	1
4d Sta Wag.	1,340	4,020	6,700	15,080	23,450	33,500
4d DeL Sta Wag	1,380	4,140	6,900	15,530	24,150	34,500

NOTE: Deduct 5 percent for 6-cyl. models.

1948 Torpedo, 8-cyl.

	6	5	4	3	2	1
2d Bus Cpe.	720	2,160	3,600	8,100	12,600	18,000
2d Spt Cpe	740	2,220	3,700	8,330	12,950	18,500
2d 5P Cpe	760	2,280	3,800	8,550	13,300	19,000
2d Sed	640	1,920	3,200	7,200	11,200	16,000
4d Sed	620	1,860	3,100	6,980	10,850	15,500

1948 DeLuxe Torpedo, 8-cyl.

	6	5	4	3	2	1
2d Conv	1,220	3,660	6,100	13,730	21,350	30,500
2d Spt Cpe	760	2,280	3,800	8,550	13,300	19,000
2d 5P Cpe	780	2,340	3,900	8,780	13,650	19,500
4d Sed	688	2,064	3,440	7,740	12,040	17,200

1948 DeLuxe Streamliner, 8-cyl.

	6	5	4	3	2	1
2d Cpe	780	2,340	3,900	8,780	13,650	19,500
4d Sed	700	2,100	3,500	7,880	12,250	17,500
4d Sta Wag.	1,380	4,140	6,900	15,530	24,150	34,500

NOTE: Deduct 5 percent for 6-cyl. models.

1949-50 Streamliner, 8-cyl.

	6	5	4	3	2	1
2d Cpe Sed	628	1,884	3,140	7,070	10,990	15,700
4d Sed	624	1,872	3,120	7,020	10,920	15,600
4d Sta Wag.	680	2,040	3,400	7,650	11,900	17,000
4d Wood Sta Wag ('49 only)	1,020	3,060	5,100	11,480	17,850	25,500

1949-50 Streamliner DeLuxe, 8-cyl.

	6	5	4	3	2	1
4d Sed	632	1,896	3,160	7,110	11,060	15,800
2d Cpe Sed	636	1,908	3,180	7,160	11,130	15,900
4d Stl Sta Wag	660	1,980	3,300	7,430	11,550	16,500
4d Woodie (1949 only)	860	2,580	4,300	9,680	15,050	21,500
2d Sed Dely	780	2,340	3,900	8,780	13,650	19,500

1949-50 Chieftain, 8-cyl.

	6	5	4	3	2	1
4d Sed	628	1,884	3,140	7,070	10,990	15,700
2d Sed	636	1,908	3,180	7,160	11,130	15,900
2d Cpe Sed	644	1,932	3,220	7,250	11,270	16,100
2d Bus Cpe.	680	2,040	3,400	7,650	11,900	17,000

1949-50 Chieftain DeLuxe, 8-cyl.

	6	5	4	3	2	1
4d Sed	632	1,896	3,160	7,110	11,060	15,800
2d Sed	640	1,920	3,200	7,200	11,200	16,000
2d Bus Cpe (1949 only)	720	2,160	3,600	8,100	12,600	18,000
2d HT (1950 only)	840	2,520	4,200	9,450	14,700	21,000
2d Cpe Sed	648	1,944	3,240	7,290	11,340	16,200
2d Sup HT (1950 only)	900	2,700	4,500	10,130	15,750	22,500
2d Conv	1,240	3,720	6,200	13,950	21,700	31,000

NOTE: Deduct 5 percent for 6-cyl. models.

1951-52 Streamliner, 8-cyl. (1951 only)

	6	5	4	3	2	1
2d Cpe Sed	632	1,896	3,160	7,110	11,060	15,800
4d Sta Wag.	680	2,040	3,400	7,650	11,900	17,000

1951-52 Streamliner DeLuxe, 8-cyl. (1951 only)

	6	5	4	3	2	1
2d Cpe Sed	640	1,920	3,200	7,200	11,200	16,000
4d Sta Wag.	700	2,100	3,500	7,880	12,250	17,500
2d Sed Dely	760	2,280	3,800	8,550	13,300	19,000

1951-52 Chieftain, 8-cyl.

	6	5	4	3	2	1
4d Sed	632	1,896	3,160	7,110	11,060	15,800
2d Sed	640	1,920	3,200	7,200	11,200	16,000
2d Cpe Sed	644	1,932	3,220	7,250	11,270	16,100
2d Bus Cpe.	680	2,040	3,400	7,650	11,900	17,000

1951-52 Chieftain DeLuxe, 8-cyl.

	6	5	4	3	2	1
4d Sed	640	1,920	3,200	7,200	11,200	16,000
2d Sed	644	1,932	3,220	7,250	11,270	16,100
2d Cpe Sed	660	1,980	3,300	7,430	11,550	16,500
2d HT	920	2,760	4,600	10,350	16,100	23,000
2d HT Sup	960	2,880	4,800	10,800	16,800	24,000
2d Conv	1,260	3,780	6,300	14,180	22,050	31,500

NOTE: Deduct 5 percent for 6-cyl. models.

1953 Chieftain, 8-cyl., 122" wb

	6	5	4	3	2	1
4d Sed	640	1,920	3,200	7,200	11,200	16,000
2d Sed	644	1,932	3,220	7,250	11,270	16,100
4d Paint Sta Wag	680	2,040	3,400	7,650	11,900	17,000
4d Woodgrain Sta Wag	700	2,100	3,500	7,880	12,250	17,500
2d Sed Dely	860	2,580	4,300	9,680	15,050	21,500

1953 Chieftain DeLuxe, 8-cyl.

	6	5	4	3	2	1
4d Sed	644	1,932	3,220	7,250	11,270	16,100
2d Sed	648	1,944	3,240	7,290	11,340	16,200
2d HT	900	2,700	4,500	10,130	15,750	22,500
2d Conv	1,220	3,660	6,100	13,730	21,350	30,500
4d Mtl Sta Wag.	660	1,980	3,300	7,430	11,550	16,500
4d Sim W Sta Wag.	700	2,100	3,500	7,880	12,250	17,500

	6	5	4	3	2	1
1953 Custom Catalina, 8-cyl.						
2d HT	920	2,760	4,600	10,350	16,100	23,000
NOTE: Deduct 5 percent for 6-cyl. models.						
1954 Chieftain, 8-cyl., 122" wb						
4d Sed	648	1,944	3,240	7,290	11,340	16,200
2d Sed	652	1,956	3,260	7,340	11,410	16,300
4d Sta Wag	700	2,100	3,500	7,880	12,250	17,500
1954 Chieftain DeLuxe, 8-cyl.						
4d Sed	652	1,956	3,260	7,340	11,410	16,300
2d Sed	660	1,980	3,300	7,430	11,550	16,500
2d HT	900	2,700	4,500	10,130	15,750	22,500
4d Sta Wag	720	2,160	3,600	8,100	12,600	18,000
1954 Custom Catalina, 8-cyl.						
2d HT	980	2,940	4,900	11,030	17,150	24,500
1954 Star Chief DeLuxe, 8-cyl.						
4d Sed	700	2,100	3,500	7,880	12,250	17,500
2d Conv	1,240	3,720	6,200	13,950	21,700	31,000
1954 Star Custom Chief, 8-cyl.						
4d Sed	740	2,220	3,700	8,330	12,950	18,500
1954 Star Chief Custom Catalina						
2d HT	1,020	3,060	5,100	11,480	17,850	25,500
NOTE: Deduct 5 percent for 6-cyl. models.						
1955 Chieftain 860, V-8						
4d Sed	640	1,920	3,200	7,200	11,200	16,000
2d Sed	644	1,932	3,220	7,250	11,270	16,100
2d Sta Wag	720	2,160	3,600	8,100	12,600	18,000
4d Sta Wag	740	2,220	3,700	8,330	12,950	18,500
1955 Chieftain 870, V-8, 122" wb						
4d Sed	660	1,980	3,300	7,430	11,550	16,500
2d Sed	664	1,992	3,320	7,470	11,620	16,600
2d HT	1,080	3,240	5,400	12,150	18,900	27,000
4d Sta Wag	760	2,280	3,800	8,550	13,300	19,000
1955 Star Chief Custom Safari, 122" wb						
2d Sta Wag	1,560	4,680	7,800	17,550	27,300	39,000
1955 Star Chief, V-8, 124" wb						
4d Sed	700	2,100	3,500	7,880	12,250	17,500
2d Conv	1,520	4,560	7,600	17,100	26,600	38,000
1955 Star Chief Custom, V-8, 124" wb						
4d Sed	740	2,220	3,700	8,330	12,950	18,500
1955 Star Chief Custom Catalina						
2d HT	1,160	3,480	5,800	13,050	20,300	29,000
1956 Chieftain 860, V-8, 122" wb						
4d Sed	640	1,920	3,200	7,200	11,200	16,000
4d HT	680	2,040	3,400	7,650	11,900	17,000
2d Sed	644	1,932	3,220	7,250	11,270	16,100
2d HT	1,040	3,120	5,200	11,700	18,200	26,000
2d Sta Wag	800	2,400	4,000	9,000	14,000	20,000
4d Sta Wag	780	2,340	3,900	8,780	13,650	19,500
1956 Chieftain 870, V-8, 122" wb						
4d Sed	652	1,956	3,260	7,340	11,410	16,300
4d HT	720	2,160	3,600	8,100	12,600	18,000
2d HT	1,080	3,240	5,400	12,150	18,900	27,000
4d Sta Wag	1,120	3,360	5,600	12,600	19,600	28,000
1956 Star Chief Custom Safari, V-8, 122" wb						
2d Sta Wag	1,600	4,800	8,000	18,000	28,000	40,000
1956 Star Chief, V-8, 124" wb						
4d Sed	680	2,040	3,400	7,650	11,900	17,000
2d Conv	1,640	4,920	8,200	18,450	28,700	41,000
1956 Star Chief Custom Catalina, V-8, 124" wb						
4d HT	800	2,400	4,000	9,000	14,000	20,000
2d HT	1,200	3,600	6,000	13,500	21,000	30,000
1957 Chieftain, V-8, 122" wb						
4d Sed	640	1,920	3,200	7,200	11,200	16,000
4d HT	680	2,040	3,400	7,650	11,900	17,000
2d Sed	660	1,980	3,300	7,430	11,550	16,500
2d HT	1,080	3,240	5,400	12,150	18,900	27,000
4d Sta Wag	760	2,280	3,800	8,550	13,300	19,000
2d Sta Wag	780	2,340	3,900	8,780	13,650	19,500
1957 Super Chief, V-8, 122" wb						
4d Sed	680	2,040	3,400	7,650	11,900	17,000
4d HT	760	2,280	3,800	8,550	13,300	19,000
2d HT	1,160	3,480	5,800	13,050	20,300	29,000
4d Sta Wag	840	2,520	4,200	9,450	14,700	21,000
1957 Star Chief Custom Safari, V-8, 122" wb						
4d Sta Wag	1,120	3,360	5,600	12,600	19,600	28,000
2d Sta Wag	1,600	4,800	8,000	18,000	28,000	40,000
1957 Star Chief, V-8, 124" wb						
4d Sed	720	2,160	3,600	8,100	12,600	18,000

	6	5	4	3	2	1
2d Conv	1,960	5,880	9,800	22,050	34,300	49,000
2d Bonneville Conv*	5,600	16,800	28,000	63,000	98,000	140,000
1957 Star Chief Custom, V-8, 124" wb						
4d Sed	740	2,220	3,700	8,330	12,950	18,500
4d HT	880	2,640	4,400	9,900	15,400	22,000
2d HT	1,240	3,720	6,200	13,950	21,700	31,000
Available on one-to-a-dealer basis.						
1958 Chieftain, V-8, 122" wb						
4d Sed	404	1,212	2,020	4,550	7,070	10,100
4d HT	660	1,980	3,300	7,430	11,550	16,500
2d Sed	600	1,800	3,000	6,750	10,500	15,000
2d HT	840	2,520	4,200	9,450	14,700	21,000
2d Conv	1,320	3,960	6,600	14,850	23,100	33,000
4d 9P Safari	720	2,160	3,600	8,100	12,600	18,000
1958 Super-Chief, V-8, 122" wb						
4d Sed	424	1,272	2,120	4,770	7,420	10,600
4d HT	720	2,160	3,600	8,100	12,600	18,000
2d HT	880	2,640	4,400	9,900	15,400	22,000
1958 Star Chief, V-8, 124" wb						
4d Cus Sed	600	1,800	3,000	6,750	10,500	15,000
4d HT	760	2,280	3,800	8,550	13,300	19,000
2d HT	1,000	3,000	5,000	11,250	17,500	25,000
4d Cus Safari	840	2,520	4,200	9,450	14,700	21,000
1958 Bonneville, V-8, 122" wb						
2d HT	1,600	4,800	8,000	18,000	28,000	40,000
2d Conv	3,140	9,420	15,700	35,330	54,950	78,500
NOTE: Add 30 percent for fuel-injection Bonneville.						
1959 Catalina, V-8, 122" wb						
4d Sed	360	1,080	1,800	4,050	6,300	9,000
4d HT	600	1,800	3,000	6,750	10,500	15,000
2d Sed	380	1,140	1,900	4,280	6,650	9,500
2d HT	800	2,400	4,000	9,000	14,000	20,000
2d Conv	1,120	3,360	5,600	12,600	19,600	28,000
1959 Safari, V-8, 124" wb						
4d 6P Sta Wag	680	2,040	3,400	7,650	11,900	17,000
4d 9P Sta Wag	688	2,064	3,440	7,740	12,040	17,200
1959 Star Chief, V-8, 124" wb						
4d Sed	600	1,800	3,000	6,750	10,500	15,000
4d HT	680	2,040	3,400	7,650	11,900	17,000
2d Sed	620	1,860	3,100	6,980	10,850	15,500
1959 Bonneville, V-8, 124" wb						
4d HT	720	2,160	3,600	8,100	12,600	18,000
2d HT	920	2,760	4,600	10,350	16,100	23,000
2d Conv	1,360	4,080	6,800	15,300	23,800	34,000
1959 Custom Safari, V-8, 122" wb						
4d Sta Wag	780	2,340	3,900	8,780	13,650	19,500
1960 Catalina, V-8, 122" wb						
4d Sed	384	1,152	1,920	4,320	6,720	9,600
4d HT	600	1,800	3,000	6,750	10,500	15,000
2d Sed	400	1,200	2,000	4,500	7,000	10,000
2d HT	800	2,400	4,000	9,000	14,000	20,000
2d Conv	1,160	3,480	5,800	13,050	20,300	29,000
1960 Safari, V-8, 122" wb						
4d Sta Wag	720	2,160	3,600	8,100	12,600	18,000
4d 6P Sta Wag	740	2,220	3,700	8,330	12,950	18,500
1960 Ventura, V-8, 122" wb						
4d HT	640	1,920	3,200	7,200	11,200	16,000
2d HT	840	2,520	4,200	9,450	14,700	21,000
1960 Star Chief, V-8, 124" wb						
4d Sed	620	1,860	3,100	6,980	10,850	15,500
4d HT	680	2,040	3,400	7,650	11,900	17,000
2d Sed	640	1,920	3,200	7,200	11,200	16,000
1960 Bonneville, V-8, 124" wb						
4d HT	720	2,160	3,600	8,100	12,600	18,000
2d HT	960	2,880	4,800	10,800	16,800	24,000
2d Conv	1,320	3,960	6,600	14,850	23,100	33,000
1960 Bonneville Safari, V-8, 122" wb						
4d Sta Wag	800	2,400	4,000	9,000	14,000	20,000
NOTE: Add 10 percent for alum wheel option.						
1961 Tempest Compact, 4-cyl.						
4d Sed	388	1,164	1,940	4,370	6,790	9,700
2d Cpe	392	1,176	1,960	4,410	6,860	9,800
2d Cus Cpe	440	1,320	2,200	4,950	7,700	11,000
4d Safari Wag	440	1,320	2,200	4,950	7,700	11,000
NOTE: Add 20 percent for Tempest V-8.						
1961 Catalina, V-8, 119" wb						
4d Sed	460	1,380	2,300	5,180	8,050	11,500
4d HT	500	1,500	2,500	5,630	8,750	12,500
2d Sed	464	1,392	2,320	5,220	8,120	11,600

PONTIAC

	6	5	4	3	2	1
2d HT	720	2,160	3,600	8,100	12,600	18,000
2d Conv	920	2,760	4,600	10,350	16,100	23,000
4d Safari Wag	680	2,040	3,400	7,650	11,900	17,000

NOTE: Add 200 percent for "421" S-D models.

1961 Ventura, V-8, 119" wb

	6	5	4	3	2	1
4d HT	620	1,860	3,100	6,980	10,850	15,500
2d HT	800	2,400	4,000	9,000	14,000	20,000

1961 Star Chief, V-8, 123" wb

	6	5	4	3	2	1
4d Sed	500	1,500	2,500	5,630	8,750	12,500
4d HT	640	1,920	3,200	7,200	11,200	16,000

1961 Bonneville, V-8, 123" wb

	6	5	4	3	2	1
4d HT	660	1,980	3,300	7,430	11,550	16,500
2d HT	800	2,400	4,000	9,000	14,000	20,000
2d Conv	1,120	3,360	5,600	12,600	19,600	28,000

1961 Bonneville Safari, V-8, 119" wb

	6	5	4	3	2	1
4d Sta Wag	720	2,160	3,600	8,100	12,600	18,000

NOTE: Add 10 percent for alum wheel option.

1962 Tempest, 4-cyl., 122" wb

	6	5	4	3	2	1
4d Sed	348	1,044	1,740	3,920	6,090	8,700
2d Cpe	352	1,056	1,760	3,960	6,160	8,800
2d HT	600	1,800	3,000	6,750	10,500	15,000
2d Conv	720	2,160	3,600	8,100	12,600	18,000
4d Safari	440	1,320	2,200	4,950	7,700	11,000

NOTE: Add 20 percent for Tempest V-8.

1962 Catalina, V-8, 120" wb

	6	5	4	3	2	1
4d Sed	460	1,380	2,300	5,180	8,050	11,500
4d HT	500	1,500	2,500	5,630	8,750	12,500
2d Sed	464	1,392	2,320	5,220	8,120	11,600
2d HT	720	2,160	3,600	8,100	12,600	18,000
2d Conv	880	2,640	4,400	9,900	15,400	22,000
4d Sta Wag	660	1,980	3,300	7,430	11,550	16,500
2d HT (421/405)	3,900	11,700	19,500	43,880	68,250	97,500
2d Sed (421/405)	3,800	11,400	19,000	42,750	66,500	95,000

1962 Star Chief, V-8, 123" wb

	6	5	4	3	2	1
4d Sed	480	1,440	2,400	5,400	8,400	12,000
4d HT	620	1,860	3,100	6,980	10,850	15,500

1962 Bonneville, V-8, 123" wb, Sta Wag 119" wb

	6	5	4	3	2	1
4d HT	640	1,920	3,200	7,200	11,200	16,000
2d HT	800	2,400	4,000	9,000	14,000	20,000
2d Conv	1,040	3,120	5,200	11,700	18,200	26,000
4d Sta Wag	700	2,100	3,500	7,880	12,250	17,500

1962 Grand Prix, V-8, 120" wb

	6	5	4	3	2	1
2d HT	880	2,640	4,400	9,900	15,400	22,000

NOTE: Add 30 percent for 421. Add 10 percent for alum wheel option.

1963 Tempest (Compact), 4-cyl., 112" wb

	6	5	4	3	2	1
4d Sed	340	1,020	1,700	3,830	5,950	8,500
2d Cpe	440	1,320	2,200	4,950	7,700	11,000
2d HT	500	1,500	2,500	5,630	8,750	12,500
2d Conv	720	2,160	3,600	8,100	12,600	18,000
4d Sta Wag	440	1,320	2,200	4,950	7,700	11,000

NOTE: Add 20 percent for Tempest V-8.

1963 LeMans, V-8, 112" wb

	6	5	4	3	2	1
2d HT	640	1,920	3,200	7,200	11,200	16,000
2d Conv	800	2,400	4,000	9,000	14,000	20,000

1963 Catalina, V-8, 119" wb

	6	5	4	3	2	1
4d Sed	444	1,332	2,220	5,000	7,770	11,100
4d HT	504	1,512	2,520	5,670	8,820	12,600
2d Sed	464	1,392	2,320	5,220	8,120	11,600
2d HT	760	2,280	3,800	8,550	13,300	19,000
2d Conv	840	2,520	4,200	9,450	14,700	21,000
4d Sta Wag	680	2,040	3,400	7,650	11,900	17,000

1963 Catalina Super-Duty

	6	5	4	3	2	1
2d HT (421/405)	3,900	11,700	19,500	43,880	68,250	97,500
2d HT (421/410)	4,000	12,000	20,000	45,000	70,000	100,000
2d Sed (421/405)	3,800	11,400	19,000	42,750	66,500	95,000
2d Sed (421/410)	3,900	11,700	19,500	43,880	68,250	97,500

NOTE: Add 5 percent for 4-speed.

1963 Star Chief, V-8, 123" wb

	6	5	4	3	2	1
4d Sed	460	1,380	2,300	5,180	8,050	11,500
4d HT	620	1,860	3,100	6,980	10,850	15,500

1963 Bonneville, V-8, 123" wb

	6	5	4	3	2	1
2d HT	800	2,400	4,000	9,000	14,000	20,000
4d HT	660	1,980	3,300	7,430	11,550	16,500
2d Conv	1,000	3,000	5,000	11,250	17,500	25,000
4d Sta Wag	700	2,100	3,500	7,880	12,250	17,500

1963 Grand Prix, V-8, 120" wb

	6	5	4	3	2	1
2d HT	920	2,760	4,600	10,350	16,100	23,000

NOTE: Add 5 percent for Catalina Ventura. Add 30 percent for "421" engine option. Add 10 percent for alum wheel option.

	6	5	4	3	2	1
1964 Tempest Custom 21, V-8, 115" wb						
4d Sed	348	1,044	1,740	3,920	6,090	8,700
2d HT	500	1,500	2,500	5,630	8,750	12,500
2d Conv	720	2,160	3,600	8,100	12,600	18,000
4d Sta Wag	440	1,320	2,200	4,950	7,700	11,000
NOTE: Deduct 10 percent for 6-cyl. where available.						
1964 LeMans, V-8, 115" wb						
2d HT	720	2,160	3,600	8,100	12,600	18,000
2d Cpe	660	1,980	3,300	7,430	11,550	16,500
2d Conv	760	2,280	3,800	8,550	13,300	19,000
2d GTO Cpe	1,920	5,760	9,600	21,600	33,600	48,000
2d GTO Conv	2,400	7,200	12,000	27,000	42,000	60,000
2d GTO HT	1,960	5,880	9,800	22,050	34,300	49,000
NOTE: Deduct 20 percent for Tempest 6-cyl.						
1964 Catalina, V-8, 120" wb						
4d Sed	460	1,380	2,300	5,180	8,050	11,500
4d HT	500	1,500	2,500	5,630	8,750	12,500
2d Sed	464	1,392	2,320	5,220	8,120	11,600
2d HT	720	2,160	3,600	8,100	12,600	18,000
2d Conv	840	2,520	4,200	9,450	14,700	21,000
4d Sta Wag	640	1,920	3,200	7,200	11,200	16,000
1964 Star Chief, V-8, 123" wb						
4d Sed	460	1,380	2,300	5,180	8,050	11,500
4d HT	620	1,860	3,100	6,980	10,850	15,500
1964 Bonneville, V-8, 123" wb						
4d HT	660	1,980	3,300	7,430	11,550	16,500
2d HT	760	2,280	3,800	8,550	13,300	19,000
2d Conv	960	2,880	4,800	10,800	16,800	24,000
4d Sta Wag	700	2,100	3,500	7,880	12,250	17,500
1964 Grand Prix, V-8, 120" wb						
2d HT	880	2,640	4,400	9,900	15,400	22,000
NOTE: Add 30 percent for tri power. Add 5 percent for Catalina-Ventura option. Add 10 percent for 2 plus 2. Add 10 percent for alum wheel option.						
1965 Tempest, 6-cyl., 115" wb						
4d Sed	384	1,152	1,920	4,320	6,720	9,600
2d Spt Cpe	444	1,332	2,220	5,000	7,770	11,100
2d HT	500	1,500	2,500	5,630	8,750	12,500
2d Conv	640	1,920	3,200	7,200	11,200	16,000
4d Sta Wag	440	1,320	2,200	4,950	7,700	11,000
NOTE: Add 20 percent for V-8.						
1965 LeMans, V-8, 115" wb						
4d Sed	440	1,320	2,200	4,950	7,700	11,000
2d Cpe	500	1,500	2,500	5,630	8,750	12,500
2d HT	660	1,980	3,300	7,430	11,550	16,500
2d Conv	840	2,520	4,200	9,450	14,700	21,000
2d GTO Conv	2,440	7,320	12,200	27,450	42,700	61,000
2d GTO HT	2,000	6,000	10,000	22,500	35,000	50,000
2d GTO Cpe	1,960	5,880	9,800	22,050	34,300	49,000
NOTE: Deduct 20 percent for 6-cyl. where available. Add 5 percent for 4-speed.						
1965 Catalina, V-8, 121" wb						
4d Sed	392	1,176	1,960	4,410	6,860	9,800
4d HT	480	1,440	2,400	5,400	8,400	12,000
2d Sed	460	1,380	2,300	5,180	8,050	11,500
2d HT	660	1,980	3,300	7,430	11,550	16,500
2d Conv	760	2,280	3,800	8,550	13,300	19,000
4d Sta Wag	700	2,100	3,500	7,880	12,250	17,500
1965 Star Chief, V-8, 123" wb						
4d Sed	440	1,320	2,200	4,950	7,700	11,000
4d HT	500	1,500	2,500	5,630	8,750	12,500
1965 Bonneville, V-8, 123" wb						
4d HT	620	1,860	3,100	6,980	10,850	15,500
2d HT	720	2,160	3,600	8,100	12,600	18,000
2d Conv	920	2,760	4,600	10,350	16,100	23,000
4d 2S Sta Wag	700	2,100	3,500	7,880	12,250	17,500
1965 Grand Prix, 120" wb						
2d HT	800	2,400	4,000	9,000	14,000	20,000
NOTE: Add 30 percent for "421" H.O. tri power V-8. Add 30 percent for tri power. Add 10 percent for 2 plus 2. Add 10 percent for Catalina-Ventura option. Add 10 percent for Ram Air. Add 20 percent for alum wheel option.						
1966 Tempest Custom, OHC-6, 115" wb						
4d Sed	384	1,152	1,920	4,320	6,720	9,600
4d HT	428	1,284	2,140	4,820	7,490	10,700
2d HT	612	1,836	3,060	6,890	10,710	15,300
2d Cpe	480	1,440	2,400	5,400	8,400	12,000
2d Conv	640	1,920	3,200	7,200	11,200	16,000
4d Sta Wag	380	1,140	1,900	4,280	6,650	9,500
NOTE: Add 20 percent for V-8.						
1966 Lemans, OHC-6, 115" wb						
4d HT	440	1,320	2,200	4,950	7,700	11,000

PONTIAC

	6	5	4	3	2	1
2d Cpe.	472	1,416	2,360	5,310	8,260	11,800
2d HT	640	1,920	3,200	7,200	11,200	16,000
2d Conv.	700	2,100	3,500	7,880	12,250	17,500

NOTE: Add 20 percent for V-8.

1966 GTO, V-8, 115" wb

	6	5	4	3	2	1
2d HT	2,000	6,000	10,000	22,500	35,000	50,000
2d Cpe.	1,960	5,880	9,800	22,050	34,300	49,000
2d Conv.	2,440	7,320	12,200	27,450	42,700	61,000

NOTE: Add 5 percent for 4-speed. Add 30 percent for tri power option.

1966 Catalina, V-8, 121" wb

	6	5	4	3	2	1
4d Sed.	388	1,164	1,940	4,370	6,790	9,700
4d HT	480	1,440	2,400	5,400	8,400	12,000
2d Sed.	460	1,380	2,300	5,180	8,050	11,500
2d HT	700	2,100	3,500	7,880	12,250	17,500
2d Conv.	880	2,640	4,400	9,900	15,400	22,000
4d Sta Wag	680	2,040	3,400	7,650	11,900	17,000

1966 2 Plus 2, V-8, 121" wb

	6	5	4	3	2	1
2d HT	740	2,220	3,700	8,330	12,950	18,500
2d Conv.	840	2,520	4,200	9,450	14,700	21,000

1966 Executive, V-8, 124" wb

	6	5	4	3	2	1
4d Sed.	460	1,380	2,300	5,180	8,050	11,500
4d HT	500	1,500	2,500	5,630	8,750	12,500
2d HT	700	2,100	3,500	7,880	12,250	17,500

1966 Bonneville, V-8, 124" wb

	6	5	4	3	2	1
4d HT	620	1,860	3,100	6,980	10,850	15,500
2d HT	740	2,220	3,700	8,330	12,950	18,500
2d Conv.	960	2,880	4,800	10,800	16,800	24,000
4d Sta Wag	700	2,100	3,500	7,880	12,250	17,500

1966 Grand Prix, V-8, 121" wb

	6	5	4	3	2	1
2d HT	840	2,520	4,200	9,450	14,700	21,000

NOTE: Add 30 percent for 421. Add 20 percent for Ram Air. Add 30 percent for tri power. Add 10 percent for Ventura Custom trim option. Add 10 percent for alum wheel option.

1967 Tempest, 6-cyl., 115" wb

	6	5	4	3	2	1
4d Sed.	380	1,140	1,900	4,280	6,650	9,500
2d Cpe.	440	1,320	2,200	4,950	7,700	11,000
4d Sta Wag	464	1,392	2,320	5,220	8,120	11,600

NOTE: Add 20 percent for V-8.

1967 Tempest Custom, 6-cyl., 115" wb

	6	5	4	3	2	1
2d Cpe.	444	1,332	2,220	5,000	7,770	11,100
2d HT	504	1,512	2,520	5,670	8,820	12,600
2d Conv.	640	1,920	3,200	7,200	11,200	16,000
4d HT	448	1,344	2,240	5,040	7,840	11,200
4d Sed.	384	1,152	1,920	4,320	6,720	9,600
4d Sta Wag	440	1,320	2,200	4,950	7,700	11,000

NOTE: Add 20 percent for V-8.

1967 Lemans, 6-cyl., 115" wb

	6	5	4	3	2	1
4d HT	440	1,320	2,200	4,950	7,700	11,000
2d Cpe.	448	1,344	2,240	5,040	7,840	11,200
2d HT	600	1,800	3,000	6,750	10,500	15,000
2d Conv.	700	2,100	3,500	7,880	12,250	17,500

NOTE: Add 20 percent for V-8.

1967 Tempest Safari, 6-cyl., 115" wb

	6	5	4	3	2	1
4d Sta Wag	480	1,440	2,400	5,400	8,400	12,000

NOTE: Add 20 percent for V-8.

1967 GTO, V-8, 115" wb

	6	5	4	3	2	1
2d Cpe.	1,960	5,880	9,800	22,050	34,300	49,000
2d HT	2,000	6,000	10,000	22,500	35,000	50,000
2d Conv.	2,440	7,320	12,200	27,450	42,700	61,000

NOTE: Add 25 percent for Ram Air 400 GTO.

1967 Catalina, V-8, 121" wb

	6	5	4	3	2	1
4d Sed.	388	1,164	1,940	4,370	6,790	9,700
4d HT	480	1,440	2,400	5,400	8,400	12,000
2d Sed.	464	1,392	2,320	5,220	8,120	11,600
2d HT	660	1,980	3,300	7,430	11,550	16,500
2d Conv.	720	2,160	3,600	8,100	12,600	18,000

1967 2 Plus 2, V-8, 121" Wb

	6	5	4	3	2	1
2d HT	740	2,220	3,700	8,330	12,950	18,500
2d Conv.	960	2,880	4,800	10,800	16,800	24,000
4d 3S Sta Wag	640	1,920	3,200	7,200	11,200	16,000

1967 Executive, V-8, 124" wb, Sta Wag 121" wb

	6	5	4	3	2	1
4d Sed.	440	1,320	2,200	4,950	7,700	11,000
4d HT	500	1,500	2,500	5,630	8,750	12,500
2d HT	700	2,100	3,500	7,880	12,250	17,500
4d 3S Sta Wag	680	2,040	3,400	7,650	11,900	17,000

1967 Bonneville, V-8, 124" wb

	6	5	4	3	2	1
4d HT	600	1,800	3,000	6,750	10,500	15,000
2d HT	700	2,100	3,500	7,880	12,250	17,500
2d Conv.	840	2,520	4,200	9,450	14,700	21,000
4d Sta Wag	680	2,040	3,400	7,650	11,900	17,000

	6	5	4	3	2	1
1967 Grand Prix, V-8, 121" wb						
2d HT	720	2,160	3,600	8,100	12,600	18,000
Conv	920	2,760	4,600	10,350	16,100	23,000

NOTE: Add 30 percent for 428. Add 10 percent for Sprint option. Add 15 percent for 2 plus 2 option. Add 10 percent for Ventura Custom trim option. Add 10 percent for alum wheel option.

	6	5	4	3	2	1
1967 Firebird, V-8, 108" wb						
2d Cpe	960	2,880	4,800	10,800	16,800	24,000
2d Conv	1,120	3,360	5,600	12,600	19,600	28,000

NOTE: Deduct 25 percent for 6-cyl. Add 20 percent for 326 HO. Add 10 percent for 4-speed. Add 20 percent for 400 /4V carb. Add 30 percent for the Ram Air 400 Firebird.

	6	5	4	3	2	1
1968 Tempest, 6-cyl., 112" wb						
2d Spt Cpe	440	1,320	2,200	4,950	7,700	11,000
2d Cus "S" Cpe	460	1,380	2,300	5,180	8,050	11,500
2d Cus "S" HT	600	1,800	3,000	6,750	10,500	15,000
2d Cus "S" Conv	640	1,920	3,200	7,200	11,200	16,000
2d LeMans	440	1,320	2,200	4,950	7,700	11,000
2d LeMans Spt Cpe	480	1,440	2,400	5,400	8,400	12,000
2d LeMans Conv	800	2,400	4,000	9,000	14,000	20,000

NOTE: Add 20 percent for V-8.

	6	5	4	3	2	1
1968 GTO, V-8, 112" wb						
2d HT	1,520	4,560	7,600	17,100	26,600	38,000
2d Conv	1,680	5,040	8,400	18,900	29,400	42,000

NOTE: Add 25 percent for Ram Air I, 40 percent for Ram Air II.

	6	5	4	3	2	1
1968 Catalina, V-8, 122" wb						
4d Sed	380	1,140	1,900	4,280	6,650	9,500
4d HT	440	1,320	2,200	4,950	7,700	11,000
2d Sed	468	1,404	2,340	5,270	8,190	11,700
2d HT	600	1,800	3,000	6,750	10,500	15,000
2d Conv	680	2,040	3,400	7,650	11,900	17,000
4d Sta Wag	640	1,920	3,200	7,200	11,200	16,000
1968 Executive, V-8, 124" wb, Sta Wag 121" wb						
4d Sed	460	1,380	2,300	5,180	8,050	11,500
4d HT	480	1,440	2,400	5,400	8,400	12,000
2d HT	660	1,980	3,300	7,430	11,550	10,500
4d 3S Sta Wag	680	2,040	3,400	7,650	11,900	17,000
1968 Bonneville, V-8, 125" wb						
4d Sed	468	1,404	2,340	5,270	8,190	11,700
4d HT	500	1,500	2,500	5,630	8,750	12,500
2d HT	680	2,040	3,400	7,650	11,900	17,000
2d Conv	760	2,280	3,800	8,550	13,300	19,000
4d Sta Wag	700	2,100	3,500	7,880	12,250	17,500
1968 Grand Prix, V-8, 118" wb						
2d HT	720	2,160	3,600	8,100	12,600	18,000

NOTE: Add 10 percent for Sprint option. Add 30 percent for 428. Add 25 percent for Ram Air I, 40 percent for Ram Air II. Add 10 percent for Ventura Custom trim option. Add 10 percent for alum wheel option.

	6	5	4	3	2	1
1968 Firebird, V-8, 108" wb						
2d Cpe	960	2,880	4,800	10,800	16,800	24,000
2d Conv	1,120	3,360	5,600	12,600	19,600	28,000

NOTE: Deduct 25 percent for 6-cyl. Add 20 percent for 350 HO. Add 10 percent for 4-speed. Add 25 percent for the Ram Air 400 Firebird.

	6	5	4	3	2	1
1969 Tempest, 6-cyl., 116" wb, 2d 112" wb						
4d Sed	364	1,092	1,820	4,100	6,370	9,100
2d Cpe	368	1,104	1,840	4,140	6,440	9,200

NOTE: Add 20 percent for V-8.

	6	5	4	3	2	1
1969 Tempest "S" Custom, 6-cyl., 116" wb, 2d 112" wb						
4d Sed	368	1,104	1,840	4,140	6,440	9,200
4d HT	376	1,128	1,880	4,230	6,580	9,400
2d Cpe	372	1,116	1,860	4,190	6,510	9,300
2d HT	480	1,440	2,400	5,400	8,400	12,000
2d Conv	600	1,800	3,000	6,750	10,500	15,000
4d Sta Wag	420	1,260	2,100	4,730	7,350	10,500

NOTE: Add 20 percent for V-8.

	6	5	4	3	2	1
1969 Tempest Lemans, 6-cyl., 116" wb, 2d 112" wb						
4d HT	380	1,140	1,900	4,280	6,650	9,500
2d Cpe	376	1,128	1,880	4,230	6,580	9,400
2d HT	500	1,500	2,500	5,630	8,750	12,500
2d Conv	660	1,980	3,300	7,430	11,550	16,500

NOTE: Add 20 percent for V-8.

	6	5	4	3	2	1
1969 Tempest Safari, 6-cyl., 116" wb						
4d Sta Wag	428	1,284	2,140	4,820	7,490	10,700

NOTE: Add 20 percent for V-8.

	6	5	4	3	2	1
1969 GTO, V-8, 112" wb						
2d HT	1,480	4,440	7,400	16,650	25,900	37,000
2d Conv	1,640	4,920	8,200	18,450	28,700	41,000

NOTE: Add 125 percent for GTO Judge option.

	6	5	4	3	2	1
1969 Catalina, V-8, 122" wb						
4d Sed	380	1,140	1,900	4,280	6,650	9,500
4d HT	388	1,164	1,940	4,370	6,790	9,700

PONTIAC

	6	5	4	3	2	1
2d HT	500	1,500	2,500	5,630	8,750	12,500
2d Conv.	660	1,980	3,300	7,430	11,550	16,500
4d 3S Sta Wag	520	1,560	2,600	5,850	9,100	13,000

1969 Executive, V-8, 125" wb, Sta Wag 122" wb

4d Sed.	384	1,152	1,920	4,320	6,720	9,600
4d HT	432	1,296	2,160	4,860	7,560	10,800
2d HT	600	1,800	3,000	6,750	10,500	15,000
4d 3S Sta Wag	528	1,584	2,640	5,940	9,240	13,200

1969 Bonneville, V-8, 125" wb

4d Sed.	384	1,152	1,920	4,320	6,720	9,600
4d HT	440	1,320	2,200	4,950	7,700	11,000
2d HT	620	1,860	3,100	6,980	10,850	15,500
2d Conv.	700	2,100	3,500	7,880	12,250	17,500
4d Sta Wag	540	1,620	2,700	6,080	9,450	13,500

1969 Grand Prix, V-8, 118" wb

2d HT	640	1,920	3,200	7,200	11,200	16,000

NOTE: Add 10 percent for LeMans Rally E Package. Add 30 percent for 428 cid V-8. Add 25 percent for Ram Air III. Add 40 percent for Ram Air IV.

1969 Firebird, V-8, 108" wb

2d Cpe.	960	2,880	4,800	10,800	16,800	24,000
2d Conv.	1,120	3,360	5,600	12,600	19,600	28,000
2d Trans Am Cpe	1,280	3,840	6,400	14,400	22,400	32,000
2d Trans Am Conv	1,560	4,680	7,800	17,550	27,300	39,000

NOTE: Deduct 25 percent for 6-cyl. Add 25 percent for "HO" 400 Firebird. Add 10 percent for 4-speed. Add 20 percent for Ram Air IV Firebird. Add 50 percent for "303" V-8 SCCA race engine.

1970 Tempest, 6-cyl., 116" wb, 2d 112" wb

4d Sed.	372	1,116	1,860	4,190	6,510	9,300
2d HT	480	1,440	2,400	5,400	8,400	12,000
2d Cpe.	380	1,140	1,900	4,280	6,650	9,500

NOTE: Add 20 percent for V-8.

1970 LeMans, 6 cyl., 116" wb, 2d 112" wb

4d Sed.	376	1,128	1,880	4,230	6,580	9,400
4d HT	440	1,320	2,200	4,950	7,700	11,000
2d Cpe.	384	1,152	1,920	4,320	6,720	9,600
2d HT	500	1,500	2,500	5,630	8,750	12,500
4d Sta Wag	432	1,296	2,160	4,860	7,560	10,800

NOTE: Add 20 percent for V-8.

1970 LeMans Sport, 6-cyl., 116" wb, 2d 112" wb

4d HT	448	1,344	2,240	5,040	7,840	11,200
2d Cpe.	460	1,380	2,300	5,180	8,050	11,500
2d HT	600	1,800	3,000	6,750	10,500	15,000
2d Conv.	620	1,860	3,100	6,980	10,850	15,500
4d Sta Wag	480	1,440	2,400	5,400	8,400	12,000

NOTE: Add 20 percent for V-8.

1970 LeMans GT 37, V-8, 112" wb

2d Cpe.	600	1,800	3,000	6,750	10,500	15,000
2d HT	660	1,980	3,300	7,430	11,550	16,500

1970 GTO, V-8, 112" wb

2d HT	1,440	4,320	7,200	16,200	25,200	36,000
2d Conv.	1,600	4,800	8,000	18,000	28,000	40,000

NOTE: Add 125 percent for GTO Judge option.

1970 Catalina, V-8, 122" wb

4d Sed.	380	1,140	1,900	4,280	6,650	9,500
4d HT	460	1,380	2,300	5,180	8,050	11,500
2d HT	600	1,800	3,000	6,750	10,500	15,000
2d Conv.	640	1,920	3,200	7,200	11,200	16,000
4d 3S Sta Wag	520	1,560	2,600	5,850	9,100	13,000

1970 Executive, V-8, 125" wb, Sta Wag 122" wb

4d Sed.	384	1,152	1,920	4,320	6,720	9,600
4d HT	480	1,440	2,400	5,400	8,400	12,000
2d HT	620	1,860	3,100	6,980	10,850	15,500
4d 3S Sta Wag	488	1,464	2,440	5,490	8,540	12,200

1970 Bonneville, V-8, 125" wb, Sta Wag 122" wb

4d Sed.	440	1,320	2,200	4,950	7,700	11,000
4d HT	500	1,500	2,500	5,630	8,750	12,500
2d HT	640	1,920	3,200	7,200	11,200	16,000
2d Conv.	700	2,100	3,500	7,880	12,250	17,500
4d 3S Sta Wag	500	1,500	2,500	5,630	8,750	12,500

1970 Grand Prix, V-8, 118" wb

2d Hurst "SSJ" HT	740	2,220	3,700	8,330	12,950	18,500
2d HT	660	1,980	3,300	7,430	11,550	16,500

NOTE: Add 10 percent for V-8 LeMans Rally Package. Add 40 percent for 455 HO V-8. Add 10 percent for Grand Prix S.J. Add 25 percent for Ram Air III. Add 10 percent for 4-speed trans.

1970 Firebird, V-8, 108" wb

2d Firebird	720	2,160	3,600	8,100	12,600	18,000
2d Esprit	740	2,220	3,700	8,330	12,950	18,500
2d Formula 400	760	2,280	3,800	8,550	13,300	19,000
2d Trans Am	1,120	3,360	5,600	12,600	19,600	28,000

NOTE: Deduct 25 percent for 6-cyl. Add 10 percent for Trans Am with 4-speed. Add 25 percent for Ram Air IV Firebird.

	6	5	4	3	2	1
1971 Ventura II, 6-cyl., 111" wb						
2d Cpe	384	1,152	1,920	4,320	6,720	9,600
4d Sed	368	1,104	1,840	4,140	6,440	9,200
1971 Ventura II, V-8, 111" wb						
2d Cpe	392	1,176	1,960	4,410	6,860	9,800
4d Sed	384	1,152	1,920	4,320	6,720	9,600
1971 LeMans T37, 6-cyl., 116" wb, 2d 112" wb						
2d Sed	380	1,140	1,900	4,280	6,650	9,500
4d Sed	360	1,080	1,800	4,050	6,300	9,000
2d HT	480	1,440	2,400	5,400	8,400	12,000
1971 LeMans, 6-cyl., 116" wb, 2d 112" wb						
2d Sed	364	1,092	1,820	4,100	6,370	9,100
4d Sed	360	1,080	1,800	4,050	6,300	9,000
4d HT	416	1,248	2,080	4,680	7,280	10,400
2d HT	600	1,800	3,000	6,750	10,500	15,000
4d 3S Sta Wag	460	1,380	2,300	5,180	8,050	11,500
1971 LeMans Sport, 6-cyl., 116" wb, 2d 112" wb						
4d HT	420	1,260	2,100	4,730	7,350	10,500
2d HT	620	1,860	3,100	6,980	10,850	15,500
2d Conv	680	2,040	3,400	7,650	11,900	17,000
NOTE: Add 20 percent for V-8.						
1971 LeMans GT 37, V-8, 112" wb						
2d HT	680	2,040	3,400	7,650	11,900	17,000
1971 GTO						
2d HT	1,320	3,960	6,600	14,850	23,100	33,000
2d Conv	1,480	4,440	7,400	16,650	25,900	37,000
NOTE: Add 125 percent for GTO Judge option.						
1971 Catalina						
4d Sed	384	1,152	1,920	4,320	6,720	9,600
4d HT	428	1,284	2,140	4,820	7,490	10,700
2d HT	460	1,380	2,300	5,180	8,050	11,500
2d Conv	640	1,920	3,200	7,200	11,200	16,000
1971 Safari, V-8, 127" wb						
4d 2S Sta Wag	428	1,284	2,140	4,820	7,490	10,700
4d 3S Sta Wag	432	1,290	2,160	4,860	7,560	10,800
1971 Catalina Brougham, V-8, 123" wb						
4d Sed	392	1,176	1,960	4,410	6,860	9,800
4d HT	440	1,320	2,200	4,950	7,700	11,000
2d HT	468	1,404	2,340	5,270	8,190	11,700
1971 Grand Safari, V-8, 127" wb						
4d 2S Sta Wag	400	1,200	2,000	4,500	7,000	10,000
4d 3S Sta Wag	404	1,212	2,020	4,550	7,070	10,100
1971 Bonneville						
4d Sed	396	1,188	1,980	4,460	6,930	9,900
4d HT	440	1,320	2,200	4,950	7,700	11,000
2d HT	480	1,440	2,400	5,400	8,400	12,000
1971 Grandville						
4d HT	440	1,320	2,200	4,950	7,700	11,000
2d HT	480	1,440	2,400	5,400	8,400	12,000
2d Conv	760	2,280	3,800	8,550	13,300	19,000
1971 Grand Prix						
2d HT	640	1,920	3,200	7,200	11,200	16,000
2d Hurst "SSJ" Cpe	740	2,220	3,700	8,330	12,950	18,500
1971 Firebird, V-8, 108" wb						
2d Firebird	740	2,220	3,700	8,330	12,950	18,500
2d Esprit	720	2,160	3,600	8,100	12,600	18,000
2d Formula	760	2,280	3,800	8,550	13,300	19,000
2d Trans Am	1,120	3,360	5,600	12,600	19,600	28,000
NOTE: Add 25 percent for Formula 455. Deduct 25 percent for 6-cyl. Add 40 percent for 455 HO V-8. Add 10 percent for 4-speed. (Formula Series - 350, 400, 455).						
1972 Ventura, 6-cyl., 111" wb						
4d Sed	328	984	1,640	3,690	5,740	8,200
2d Cpe	320	960	1,600	3,600	5,600	8,000
NOTE: Add 20 percent for V-8.						
1972 LeMans, 6-cyl., 116" wb, 2d 112" wb						
2d Cpe	340	1,020	1,700	3,830	5,950	8,500
4d Sed	332	996	1,660	3,740	5,810	8,300
2d HT	600	1,800	3,000	6,750	10,500	15,000
2d Conv	660	1,980	3,300	7,430	11,550	16,500
4d 3S Sta Wag	340	1,020	1,700	3,830	5,950	8,500
1972 GTO						
2d HT	940	2,820	4,700	10,580	16,450	23,500
2d Sed	820	2,460	4,100	9,230	14,350	20,500
1972 Luxury LeMans, V-8						
4d HT	348	1,044	1,740	3,920	6,090	8,700
2d HT	620	1,860	3,100	6,980	10,850	15,500
NOTE: Add 10 percent for Endura option on LeMans models. Add 20 percent for V-8.						
1972 Catalina, V-8, 123" wb						
4d Sed	320	960	1,600	3,600	5,600	8,000

	6	5	4	3	2	1
4d HT	328	984	1,640	3,690	5,740	8,200
2d HT	440	1,320	2,200	4,950	7,700	11,000
2d Conv.	640	1,920	3,200	7,200	11,200	16,000
1972 Catalina Brougham, V-8, 123" wb						
4d Sed.	324	972	1,620	3,650	5,670	8,100
4d HT	340	1,020	1,700	3,830	5,950	8,500
2d HT	460	1,380	2,300	5,180	8,050	11,500
1972 Bonneville						
4d Sed.	328	984	1,640	3,690	5,740	8,200
4d HT	360	1,080	1,800	4,050	6,300	9,000
2d HT	480	1,440	2,400	5,400	8,400	12,000
1972 Grandville						
4d HT	360	1,080	1,800	4,050	6,300	9,000
2d HT	488	1,464	2,440	5,490	8,540	12,200
2d Conv.	700	2,100	3,500	7,880	12,250	17,500
1972 Safari, V-8, 127" wb						
4d 2S Sta Wag	324	972	1,620	3,650	5,670	8,100
4d 3S Sta Wag	328	984	1,640	3,690	5,740	8,200
1972 Grand Safari, V-8, 127" wb						
4d 2S Sta Wag	332	996	1,660	3,740	5,810	8,300
4d 3S Sta Wag	336	1,008	1,680	3,780	5,880	8,400
1972 Grand Prix						
2d HT	628	1,884	3,140	7,070	10,990	15,700
2d Hurst "SSJ" HT	680	2,040	3,400	7,650	11,900	17,000
1972 Firebird, V-8, 108" wb						
2d Firebird	640	1,920	3,200	7,200	11,200	16,000
2d Esprit	620	1,860	3,100	6,980	10,850	15,500
2d Formula	660	1,980	3,300	7,430	11,550	16,500
2d Trans Am	780	2,340	3,900	8,780	13,650	19,500

NOTE: Add 10 percent for Trans Am with 4-speed. Deduct 25 percent for 6-cyl. Add 40 percent for 455 HO V-8.

	6	5	4	3	2	1
1973 Ventura						
4d Sed.	308	924	1,540	3,470	5,390	7,700
2d Cpe.	296	888	1,480	3,330	5,180	7,400
2d HBk Cpe.	312	936	1,560	3,510	5,460	7,800
1973 Ventura Custom						
4d Sed.	312	936	1,560	3,510	5,460	7,800
2d Cpe.	316	948	1,580	3,560	5,530	7,900
2d HBk Cpe.	304	912	1,520	3,420	5,320	7,600

NOTE: Deduct 5 percent for 6-cyl.

	6	5	4	3	2	1
1973 LeMans						
4d Sed.	320	960	1,600	3,600	5,600	8,000
2d HT	368	1,104	1,840	4,140	6,440	9,200
1973 LeMans Spt						
2d Cpe.	340	1,020	1,700	3,830	5,950	8,500
1973 Luxury LeMans						
2d Cpe.	348	1,044	1,740	3,920	6,090	8,700
4d HT	340	1,020	1,700	3,830	5,950	8,500
1973 LeMans Safari, V-8, 116" wb						
4d 2S Sta Wag	320	960	1,600	3,600	5,600	8,000
4d 3S Sta Wag	324	972	1,620	3,650	5,670	8,100
1973 Grand Am						
2d HT	580	1,740	2,900	6,530	10,150	14,500
4d HT	360	1,080	1,800	4,050	6,300	9,000
2d GTO Spt Cpe	580	1,740	2,900	6,530	10,150	14,500

NOTE: Deduct 5 percent for 6-cyl.

	6	5	4	3	2	1
1973 Catalina						
4d HT	304	912	1,520	3,420	5,320	7,600
2d HT	360	1,080	1,800	4,050	6,300	9,000
1973 Bonneville						
4d Sed.	308	924	1,540	3,470	5,390	7,700
4d HT	320	960	1,600	3,600	5,600	8,000
2d HT	376	1,128	1,880	4,230	6,580	9,400
1973 Safari, V-8, 127" wb						
4d 2S Sta Wag	320	960	1,600	3,600	5,600	8,000
4d 3S Sta Wag	324	972	1,620	3,650	5,670	8,100
1973 Grand Safari, V-8, 127" wb						
4d 2S Sta Wag	328	984	1,640	3,690	5,740	8,200
4d 3S Sta Wag	332	996	1,660	3,740	5,810	8,300
1973 Grandville						
4d HT	328	984	1,640	3,690	5,740	8,200
2d HT	384	1,152	1,920	4,320	6,720	9,600
2d Conv.	700	2,100	3,500	7,880	12,250	17,500
1973 Grand Prix						
2d HT	600	1,800	3,000	6,750	10,500	15,000
2d "SJ" HT	608	1,824	3,040	6,840	10,640	15,200
1973 Firebird, V-8, 108" wb						
2d Cpe.	620	1,860	3,100	6,980	10,850	15,500
2d Esprit	640	1,920	3,200	7,200	11,200	16,000

	6	5	4	3	2	1
2d Formula	660	1,980	3,300	7,430	11,550	16,500
2d Trans Am	680	2,040	3,400	7,650	11,900	17,000

NOTE: Add 75 percent for 455 SD V-8 (Formula & Trans Am only). Deduct 25 percent for 6-cyl. Add 10 percent for 4-speed.

1974 Ventura

	6	5	4	3	2	1
4d Sed	248	744	1,240	2,790	4,340	6,200
2d Cpe	236	708	1,180	2,660	4,130	5,900
2d HBk	252	756	1,260	2,840	4,410	6,300

1974 Ventura Custom

	6	5	4	3	2	1
4d Sed	252	756	1,260	2,840	4,410	6,300
2d Cpe	240	720	1,200	2,700	4,200	6,000
2d HBk	256	768	1,280	2,880	4,480	6,400
2d GTO	320	960	1,600	3,600	5,600	8,000

NOTE: Deduct 5 percent for 6-cyl.

1974 LeMans

	6	5	4	3	2	1
4d HT	228	684	1,140	2,570	3,990	5,700
2d HT	288	864	1,440	3,240	5,040	7,200
4d Sta Wag.	240	720	1,200	2,700	4,200	6,000

1974 LeMans Sport

	6	5	4	3	2	1
2d Cpe	260	780	1,300	2,930	4,550	6,500

1974 Luxury LeMans

	6	5	4	3	2	1
4d HT	252	756	1,260	2,840	4,410	6,300
2d HT	308	924	1,540	3,470	5,390	7,700
4d Safari	260	780	1,300	2,930	4,550	6,500

NOTE: Add 10 percent for GT option.

1974 Grand Am

	6	5	4	3	2	1
2d HT	380	1,140	1,900	4,280	6,650	9,500
4d HT	292	876	1,460	3,290	5,110	7,300

1974 Catalina

	6	5	4	3	2	1
4d HT	252	756	1,260	2,840	4,410	6,300
2d HT	300	900	1,500	3,380	5,250	7,500
4d Sed	220	660	1,100	2,480	3,850	5,500
4d Safari	252	756	1,260	2,840	4,410	6,300

1974 Bonneville

	6	5	4	3	2	1
4d Sed	228	684	1,140	2,570	3,990	5,700
4d HT	200	780	1,300	2,930	4,550	6,500
2d HT	316	948	1,580	3,560	5,530	7,900

1974 Grandville

	6	5	4	3	2	1
4d HT	264	792	1,320	2,970	4,620	6,600
2d HT	320	960	1,600	3,600	5,600	8,000
2d Conv	660	1,980	3,300	7,430	11,550	16,500

1974 Grand Prix

	6	5	4	3	2	1
2d HT	580	1,740	2,900	6,530	10,150	14,500
2d "SJ" Cpe	588	1,764	2,940	6,620	10,290	14,700

1974 Firebird, V-8, 108" wb

	6	5	4	3	2	1
2d Firebird	400	1,200	2,000	4,500	7,000	10,000
2d Esprit	580	1,740	2,900	6,530	10,150	14,500
2d Formula	640	1,920	3,200	7,200	11,200	16,000
2d Trans Am	660	1,980	3,300	7,430	11,550	16,500

NOTE: Add 75 percent for 455-SD V-8 (Formula & Trans Am only). Deduct 25 percent for 6-cyl. Add 10 percent for 4-speed.

1975 Astre S

	6	5	4	3	2	1
2d Cpe	212	636	1,060	2,390	3,710	5,300
2d HBk	216	648	1,080	2,430	3,780	5,400
2d Safari	220	660	1,100	2,480	3,850	5,500

1975 Astre

	6	5	4	3	2	1
2d HBk	216	648	1,080	2,430	3,780	5,400
2d Safari	220	660	1,100	2,480	3,850	5,500

NOTE: Add 10 percent for Astre "SJ".

1975 Ventura

	6	5	4	3	2	1
4d Sed	216	648	1,080	2,430	3,780	5,400
2d Cpe	220	660	1,100	2,480	3,850	5,500
2d HBk	224	672	1,120	2,520	3,920	5,600

NOTE: Deduct 5 percent for Ventura "S". Add 15 percent for Ventura "SJ". Add 5 percent for Ventura Custom.

1975 LeMans

	6	5	4	3	2	1
4d HT	220	660	1,100	2,480	3,850	5,500
2d HT	260	780	1,300	2,930	4,550	6,500
4d Safari	224	672	1,120	2,520	3,920	5,600

NOTE: Add 10 percent for Grand LeMans.

1975 LeMans Sport

	6	5	4	3	2	1
2d HT Cpe	268	804	1,340	3,020	4,690	6,700

1975 Grand Am

	6	5	4	3	2	1
4d HT	288	864	1,440	3,240	5,040	7,200
2d HT	376	1,128	1,880	4,230	6,580	9,400

NOTE: Add 5 percent for 4-speed. Add 20 percent for 455 HO V-8.

1975 Catalina

	6	5	4	3	2	1
4d Sed	204	612	1,020	2,300	3,570	5,100
2d Cpe	220	660	1,100	2,480	3,850	5,500
4d Safari	200	600	1,000	2,250	3,500	5,000

1975 Bonneville

	6	5	4	3	2	1
4d HT	212	636	1,060	2,390	3,710	5,300

PONTIAC

PONTIAC

	6	5	4	3	2	1
2d Cpe.	224	672	1,120	2,520	3,920	5,600
4d Gr Safari.	216	648	1,080	2,430	3,780	5,400
1975 Grand Ville Brougham						
4d HT	216	648	1,080	2,430	3,780	5,400
2d Cpe.	232	696	1,160	2,610	4,060	5,800
2d Conv.	720	2,160	3,600	8,100	12,600	18,000
NOTE: Add 20 percent for 455 V-8.						
1975 Grand Prix						
2d Cpe.	360	1,080	1,800	4,050	6,300	9,000
2d "LJ" Cpe.	364	1,092	1,820	4,100	6,370	9,100
2d "SJ" Cpe.	368	1,104	1,840	4,140	6,440	9,200
NOTE: Add 12 percent for 455 V-8.						
1975 Firebird, V-8, 108" wb						
2d Cpe.	360	1,080	1,800	4,050	6,300	9,000
2d Esprit	400	1,200	2,000	4,500	7,000	10,000
2d Formula	420	1,260	2,100	4,730	7,350	10,500
Trans Am.	600	1,800	3,000	6,750	10,500	15,000
NOTE: Add 20 percent for 455 HO V-8. Deduct 25 percent for 6-cyl. Add 10 percent for 4-speed. Add $150 for Honeycomb wheels.						
1976 Astre, 4-cyl.						
2d Cpe.	184	552	920	2,070	3,220	4,600
2d HBk	188	564	940	2,120	3,290	4,700
2d Sta Wag	192	576	960	2,160	3,360	4,800
1976 Sunbird, 4-cyl.						
2d Cpe.	232	696	1,160	2,610	4,060	5,800
1976 Ventura, V-8						
4d Sed.	224	672	1,120	2,520	3,920	5,600
2d Cpe.	228	684	1,140	2,570	3,990	5,700
2d HBk	232	696	1,160	2,610	4,060	5,800
1976 Ventura SJ, V-8						
4d Sed.	228	684	1,140	2,570	3,990	5,700
2d Cpe.	232	696	1,160	2,610	4,060	5,800
2d HBk	236	708	1,180	2,660	4,130	5,900
1976 LeMans, V-8						
4d Sed.	232	696	1,160	2,610	4,060	5,800
2d Cpe.	236	708	1,180	2,660	4,130	5,900
4d 2S Safari Wag	224	672	1,120	2,520	3,920	5,600
4d 3S Safari Wag	228	684	1,140	2,570	3,990	5,700
1976 LeMans Sport Cpe, V-8						
2d Cpe.	248	744	1,240	2,790	4,340	6,200
1976 Grand LeMans, V-8						
4d Sed.	236	708	1,180	2,660	4,130	5,900
2d Sed.	240	720	1,200	2,700	4,200	6,000
4d 2S Safari Wag	232	696	1,160	2,610	4,060	5,800
4d 3S Safari Wag	236	708	1,180	2,660	4,130	5,900
1976 Catalina, V-8						
4d Sed.	228	684	1,140	2,570	3,990	5,700
2d Cpe.	232	696	1,160	2,610	4,060	5,800
4d 2S Safari Wag	244	732	1,220	2,750	4,270	6,100
4d 3S Safari Wag	228	684	1,140	2,570	3,990	5,700
1976 Bonneville, V-8						
4d Sed.	236	708	1,180	2,660	4,130	5,900
2d Cpe.	240	720	1,200	2,700	4,200	6,000
1976 Bonneville Brougham, V-8						
4d Sed.	244	732	1,220	2,750	4,270	6,100
2d Cpe.	252	756	1,260	2,840	4,410	6,300
1976 Grand Safari, V-8						
4d 2S Sta Wag	232	696	1,160	2,610	4,060	5,800
4d 3S Sta Wag	236	708	1,180	2,660	4,130	5,900
1976 Grand Prix, V-8						
2d Cpe.	340	1,020	1,700	3,830	5,950	8,500
2d Cpe SJ	348	1,044	1,740	3,920	6,090	8,700
2d Cpe LJ	368	1,104	1,840	4,140	6,440	9,200
NOTE: Add 10 percent for T-tops & Anniversary model.						
1976 Firebird, V-8						
2d Cpe.	288	864	1,440	3,240	5,040	7,200
2d Esprit Cpe	300	900	1,500	3,380	5,250	7,500
2d Formula Cpe	308	924	1,540	3,470	5,390	7,700
2d Trans Am Cpe	600	1,800	3,000	6,750	10,500	15,000
NOTE: Add 20 percent for 455 HO V-8. Deduct 25 percent for 6-cyl. Add 10 percent for 4-speed. Add $150 for Honeycomb wheels. Add 20 percent for Limited Edition.						
1977 Astre, 4-cyl.						
2d Cpe.	152	456	760	1,710	2,660	3,800
2d HBk	156	468	780	1,760	2,730	3,900
2d Sta Wag	160	480	800	1,800	2,800	4,000
1977 Sunbird, 4-cyl.						
2d Cpe.	200	600	1,000	2,250	3,500	5,000
2d HBk	204	612	1,020	2,300	3,570	5,100

	6	5	4	3	2	1
1977 Phoenix, V-8						
4d Sed	156	468	780	1,760	2,730	3,900
2d Cpe	160	480	800	1,800	2,800	4,000
1977 Ventura, V-8						
4d Sed	196	588	980	2,210	3,430	4,900
2d Cpe	200	600	1,000	2,250	3,500	5,000
2d HBk	204	612	1,020	2,300	3,570	5,100
1977 Ventura SJ, V-8						
4d Sed	200	600	1,000	2,250	3,500	5,000
2d Cpe	204	612	1,020	2,300	3,570	5,100
2d HBk	208	624	1,040	2,340	3,640	5,200
1977 LeMans, V-8						
4d Sed	200	600	1,000	2,250	3,500	5,000
2d Cpe	204	612	1,020	2,300	3,570	5,100
4d 2S Sta Wag	196	588	980	2,210	3,430	4,900
4d 3S Sta Wag	200	600	1,000	2,250	3,500	5,000
1977 LeMans Sport Cpe, V-8						
2d Cpe	248	744	1,240	2,790	4,340	6,200
NOTE: Add 25 percent for Can Am option.						
1977 Grand LeMans, V-8						
4d Sed	204	612	1,020	2,300	3,570	5,100
2d Cpe	208	624	1,040	2,340	3,640	5,200
4d 2S Sta Wag	200	600	1,000	2,250	3,500	5,000
4d 3S Sta Wag	204	612	1,020	2,300	3,570	5,100
1977 Catalina, V-8						
4d Sed	156	468	780	1,760	2,730	3,900
2d Cpe	160	480	800	1,800	2,800	4,000
4d 2S Safari Wag	152	456	760	1,710	2,660	3,800
4d 3S Safari Wag	156	468	780	1,760	2,730	3,900
1977 Bonneville, V-8						
4d Sed	164	492	820	1,850	2,870	4,100
2d Cpe	168	504	840	1,890	2,940	4,200
1977 Bonneville Brougham, V-8						
4d Sed	172	516	860	1,940	3,010	4,300
2d Cpe	180	540	900	2,030	3,150	4,500
1977 Grand Safari						
4d 2S Sta Wag	168	504	840	1,890	2,940	4,200
4d 3S Sta Wag	172	516	860	1,940	3,010	4,300
1977 Grand Prix, V-8						
2d Cpe	308	924	1,540	3,470	5,390	7,700
2d Cpe LJ	320	960	1,600	3,600	5,600	8,000
2d Cpe SJ	360	1,080	1,800	4,050	6,300	9,000
1977 Firebird, V-8						
2d Cpe	272	816	1,360	3,060	4,760	6,800
2d Esprit Cpe	280	840	1,400	3,150	4,900	7,000
2d Formula Cpe	292	876	1,460	3,290	5,110	7,300
2d Trans Am Cpe	520	1,560	2,600	5,850	9,100	13,000
NOTE: Add 10 percent for 4-speed. Add 10 percent for L78 option.						
1978 Sunbird						
2d Cpe	116	348	580	1,310	2,030	2,900
2d Spt Cpe	120	360	600	1,350	2,100	3,000
2d Spt HBk	124	372	620	1,400	2,170	3,100
4d Spt Wag	120	360	600	1,350	2,100	3,000
1978 Phoenix						
4d Sed	120	360	600	1,350	2,100	3,000
2d Cpe	132	396	660	1,490	2,310	3,300
2d HBk	124	372	620	1,400	2,170	3,100
1978 Phoenix LJ						
4d Sed	124	372	620	1,400	2,170	3,100
2d Cpe	140	420	700	1,580	2,450	3,500
1978 LeMans						
4d Sed	180	540	900	2,030	3,150	4,500
2d Cpe	290	860	1,440	3,240	5,040	7,200
4d 2S Sta Wag	180	550	920	2,070	3,220	4,600
1978 Grand LeMans						
4d Sed	180	550	920	2,070	3,220	4,600
2d Cpe	290	880	1,460	3,290	5,110	7,300
4d 2S Sta Wag	190	560	940	2,120	3,290	4,700
1978 Grand Am						
4d Sed	210	620	1,040	2,340	3,640	5,200
2d Cpe	300	900	1,500	3,380	5,250	7,500
1978 Catalina						
4d Sed	190	560	940	2,120	3,290	4,700
2d Cpe	190	580	960	2,160	3,360	4,800
4d 2S Sta Wag	200	590	980	2,210	3,430	4,900
1978 Bonneville						
4d Sed	200	600	1,000	2,250	3,500	5,000
2d Cpe	210	620	1,040	2,340	3,640	5,200
4d 2S Sta Wag	200	610	1,020	2,300	3,570	5,100

PONTIAC

PONTIAC

	6	5	4	3	2	1
1978 Bonneville Brougham						
4d Sed.	200	610	1,020	2,300	3,570	5,100
2d Cpe.	220	650	1,080	2,430	3,780	5,400
1978 Grand Prix						
2d Cpe.	320	950	1,580	3,560	5,530	7,900
2d Cpe LJ.	320	960	1,600	3,600	5,600	8,000
2d Cpe SJ.	330	980	1,640	3,690	5,740	8,200
1978 Firebird, V-8, 108" wb						
2d Cpe.	232	696	1,160	2,610	4,060	5,800
2d Esprit Cpe.	240	720	1,200	2,700	4,200	6,000
2d Formula Cpe.	252	756	1,260	2,840	4,410	6,300
2d Trans Am Cpe.	500	1,450	2,400	5,400	8,400	12,000
NOTE: Add 10 percent for 4-speed. Add 10 percent for L78 option.						
1979 Sunbird						
2d Cpe.	120	360	600	1,350	2,100	3,000
2d Spt Cpe.	124	372	620	1,400	2,170	3,100
2d HBk.	124	372	620	1,400	2,170	3,100
4d Sta Wag.	128	384	640	1,440	2,240	3,200
1979 Phoenix						
2d Sed.	124	372	620	1,400	2,170	3,100
2d Cpe.	132	396	660	1,490	2,310	3,300
2d HBk.	128	384	640	1,440	2,240	3,200
1979 Phoenix LJ						
4d Sed.	128	384	640	1,440	2,240	3,200
2d Cpe.	136	408	680	1,530	2,380	3,400
1979 LeMans						
4d Sed.	180	550	920	2,070	3,220	4,600
2d Cpe.	290	880	1,460	3,290	5,110	7,300
4d Sta Wag.	190	560	940	2,120	3,290	4,700
1979 Grand LeMans						
4d Sed.	190	560	940	2,120	3,290	4,700
2d Cpe.	300	900	1,500	3,380	5,250	7,500
4d Sta Wag.	190	580	960	2,160	3,360	4,800
1979 Grand Am						
4d Sed.	190	580	960	2,160	3,360	4,800
2d Cpe.	310	920	1,540	3,470	5,390	7,700
1979 Catalina						
4d Sed.	190	580	960	2,160	3,360	4,800
2d Cpe.	200	600	1,000	2,250	3,500	5,000
4d Sta Wag.	200	590	980	2,210	3,430	4,900
1979 Bonneville						
4d Sed.	200	590	980	2,210	3,430	4,900
2d Cpe.	210	620	1,040	2,340	3,640	5,200
4d Sta Wag.	200	600	1,000	2,250	3,500	5,000
1979 Bonneville Brougham						
4d Sed.	200	600	1,000	2,250	3,500	5,000
2d Cpe.	220	660	1,100	2,480	3,850	5,500
1979 Grand Prix						
2d Cpe.	280	840	1,400	3,150	4,900	7,000
2d LJ Cpe.	290	860	1,440	3,240	5,040	7,200
2d SJ Cpe.	300	890	1,480	3,330	5,180	7,400
1979 Firebird, V-8, 108" wb						
2d Cpe.	248	744	1,240	2,790	4,340	6,200
2d Esprit Cpe.	256	768	1,280	2,880	4,480	6,400
2d Formula Cpe.	264	792	1,320	2,970	4,620	6,600
2d Trans Am Cpe.	500	1,550	2,600	5,850	9,100	13,000
NOTE: Add 15 percent for 10th Anniversary Edition. Add 10 percent for 4-speed.						
1980 Sunbird, V-6						
2d Cpe.	140	420	700	1,580	2,450	3,500
2d HBk.	144	432	720	1,620	2,520	3,600
2d Spt Cpe.	144	432	720	1,620	2,520	3,600
2d Cpe HBk.	148	444	740	1,670	2,590	3,700
NOTE: Deduct 10 percent for 4-cyl.						
1980 Phoenix, V-6						
2d Cpe.	148	444	740	1,670	2,590	3,700
4d Sed HBk.	144	432	720	1,620	2,520	3,600
NOTE: Deduct 10 percent for 4-cyl.						
1980 Phoenix LJ, V-6						
2d Cpe.	152	456	760	1,710	2,660	3,800
4d Sed HBk.	148	444	740	1,670	2,590	3,700
NOTE: Deduct 10 percent for 4-cyl.						
1980 LeMans, V-8						
4d Sed.	190	560	940	2,120	3,290	4,700
2d Cpe.	280	830	1,380	3,110	4,830	6,900
4d Sta Wag.	190	580	960	2,160	3,360	4,800
NOTE: Deduct 10 percent for V-6.						
1980 Grand LeMans, V-8						
4d Sed.	190	580	960	2,160	3,360	4,800
2d Cpe.	280	840	1,400	3,150	4,900	7,000

	6	5	4	3	2	1
4d Sta Wag..........................	200	590	980	2,210	3,430	4,900

NOTE: *Deduct 10 percent for V-6.*

1980 Grand Am, V-8

	6	5	4	3	2	1
2d Cpe............................	280	850	1,420	3,200	4,970	7,100

1980 Firebird, V-8

	6	5	4	3	2	1
2d Cpe............................	236	708	1,180	2,660	4,130	5,900
2d Cpe Esprit......................	240	720	1,200	2,700	4,200	6,000
2d Cpe Formula....................	244	732	1,220	2,750	4,270	6,100
2d Cpe Trans Am..................	252	756	1,260	2,840	4,410	6,300

NOTE: *Deduct 15 percent for V-6. Add 10 percent for Indy Pace Car.*

1980 Catalina, V-8

	6	5	4	3	2	1
4d Sed............................	200	590	980	2,210	3,430	4,900
2d Cpe............................	200	600	1,000	2,250	3,500	5,000
4d 2S Sta Wag....................	200	590	980	2,210	3,430	4,900
4d 3S Sta Wag....................	200	600	1,000	2,250	3,500	5,000

NOTE: *Deduct 10 percent for V-6.*

1980 Bonneville, V-8

	6	5	4	3	2	1
4d Sed............................	200	600	1,000	2,250	3,500	5,000
2d Cpe............................	200	610	1,020	2,300	3,570	5,100
4d 2S Sta Wag....................	200	600	1,000	2,250	3,500	5,000
4d 3S Sta Wag....................	200	610	1,020	2,300	3,570	5,100

NOTE: *Deduct 10 percent for V-6.*

1980 Bonneville Brougham, V-8

	6	5	4	3	2	1
4d Sed............................	200	610	1,020	2,300	3,570	5,100
2d Cpe............................	210	620	1,040	2,340	3,640	5,200

NOTE: *Deduct 10 percent for V-6.*

1980 Grand Prix, V-8

	6	5	4	3	2	1
2d Cpe............................	300	890	1,480	3,330	5,180	7,400
2d Cpe LJ.........................	300	900	1,500	3,380	5,250	7,500
2d Cpe SJ.........................	300	910	1,520	3,420	5,320	7,600

NOTE: *Deduct 10 percent for V-6.*

1981 T1000, 4-cyl.

	6	5	4	3	2	1
2d Sed HBk........................	140	420	700	1,580	2,450	3,500
4d Sed HBk........................	144	432	720	1,620	2,520	3,600

1981 Phoenix, V-6

	6	5	4	3	2	1
2d Cpe............................	148	444	740	1,670	2,590	3,700
4d Sed HBk........................	144	432	720	1,620	2,520	3,600

NOTE: *Deduct 10 percent for 4-cyl.*

1981 Phoenix LJ, V-6

	6	5	4	3	2	1
2d Cpe............................	152	456	760	1,710	2,660	3,800
4d Sed HBk........................	148	444	740	1,670	2,590	3,700

NOTE: *Deduct 10 percent for 4-cyl.*

1981 LeMans, V-8

	6	5	4	3	2	1
4d Sed............................	200	590	980	2,210	3,430	4,900
4d Sed LJ.........................	200	600	1,000	2,250	3,500	5,000
2d Cpe............................	280	840	1,400	3,150	4,900	7,000
4d Sta Wag........................	200	600	1,000	2,250	3,500	5,000

NOTE: *Deduct 10 percent for V-6.*

1981 Grand LeMans, V-8

	6	5	4	3	2	1
4d Sed............................	200	600	1,000	2,250	3,500	5,000
2d Cpe............................	290	860	1,440	3,240	5,040	7,200
4d Sta Wag........................	200	610	1,020	2,300	3,570	5,100

NOTE: *Deduct 10 percent for V-6.*

1981 Firebird, V-8

	6	5	4	3	2	1
2d Cpe............................	240	720	1,200	2,700	4,200	6,000
2d Cpe Esprit......................	244	732	1,220	2,750	4,270	6,100
2d Cpe Formula....................	248	744	1,240	2,790	4,340	6,200
2d Cpe Trans Am..................	260	780	1,300	2,930	4,550	6,500
2d Cpe Trans Am SE..............	270	820	1,360	3,060	4,760	6,800

NOTE: *Deduct 15 percent for V-6.*

1981 Catalina, V-8

	6	5	4	3	2	1
4d Sed............................	200	610	1,020	2,300	3,570	5,100
2d Cpe............................	230	700	1,160	2,610	4,060	5,800
4d 2S Sta Wag....................	210	620	1,040	2,340	3,640	5,200
4d 3S Sta Wag....................	210	640	1,060	2,390	3,710	5,300

NOTE: *Deduct 10 percent for V-6.*

1981 Bonneville, V-8

	6	5	4	3	2	1
4d Sed............................	210	620	1,040	2,340	3,640	5,200
2d Cpe............................	240	710	1,180	2,660	4,130	5,900
4d 2S Sta Wag....................	210	640	1,060	2,390	3,710	5,300
4d 3S Sta Wag....................	220	650	1,080	2,430	3,780	5,400

NOTE: *Deduct 10 percent for V-6.*

1981 Bonneville Brougham, V-8

	6	5	4	3	2	1
4d Sed............................	210	640	1,060	2,390	3,710	5,300
2d Cpe............................	240	720	1,200	2,700	4,200	6,000

1981 Grand Prix, V-8

	6	5	4	3	2	1
2d Cpe............................	300	890	1,480	3,330	5,180	7,400
2d Cpe LJ.........................	300	900	1,500	3,380	5,250	7,500

	6	5	4	3	2	1
2d Cpe Brgm...............................	300	910	1,520	3,420	5,320	7,600

NOTE: Deduct 10 percent for V-6.

1982 T1000, 4-cyl.

	6	5	4	3	2	1
4d Sed HBk................................	148	444	740	1,670	2,590	3,700
2d Cpe HBk................................	144	432	720	1,620	2,520	3,600

1982 J2000 S, 4-cyl.

4d Sed...................................	156	468	780	1,760	2,730	3,900
2d Cpe...................................	160	480	800	1,800	2,800	4,000
4d Sta Wag...............................	160	480	800	1,800	2,800	4,000

1982 J2000, 4-cyl.

4d Sed...................................	160	480	800	1,800	2,800	4,000
2d Cpe...................................	164	492	820	1,850	2,870	4,100
2d Cpe HBk................................	168	504	840	1,890	2,940	4,200
4d Sta Wag...............................	168	504	840	1,890	2,940	4,200

1982 J2000 LE, 4-cyl.

4d Sed...................................	164	492	820	1,850	2,870	4,100
2d Cpe...................................	168	504	840	1,890	2,940	4,200

1982 J2000 SE, 4-cyl.

2d Cpe HBk................................	176	528	880	1,980	3,080	4,400

1982 Phoenix, V-6

4d Sed HBk................................	152	456	760	1,710	2,660	3,800
2d Cpe...................................	156	468	780	1,760	2,730	3,900

NOTE: Deduct 10 percent for 4-cyl.

1982 Phoenix LJ, V-6

4d Sed HBk................................	156	468	780	1,760	2,730	3,900
2d Cpe...................................	160	480	800	1,800	2,800	4,000

NOTE: Deduct 10 percent for 4-cyl.

1982 Phoenix SJ, V-6

4d Sed HBk................................	160	480	800	1,800	2,800	4,000
2d Cpe...................................	164	492	820	1,850	2,870	4,100

1982 6000, V-6

4d Sed...................................	168	504	840	1,890	2,940	4,200
2d Cpe...................................	172	516	860	1,940	3,010	4,300

NOTE: Deduct 10 percent for 4-cyl.

1982 6000 LE, V-6

4d Sed...................................	172	516	860	1,940	3,010	4,300
2d Cpe...................................	176	528	880	1,980	3,080	4,400

NOTE: Deduct 10 percent for 4-cyl.

1982 Firebird, V-8

2d Cpe...................................	252	756	1,260	2,840	4,410	6,300
2d Cpe SE................................	264	792	1,320	2,970	4,620	6,600
2d Cpe Trans Am	276	828	1,380	3,110	4,830	6,900

NOTE: Deduct 15 percent for V-6.

1982 Bonneville, V-6

4d Sed...................................	210	620	1,040	2,340	3,640	5,200
4d Sta Wag...............................	210	640	1,060	2,390	3,710	5,300

1982 Bonneville Brougham

4d Sed...................................	210	640	1,060	2,390	3,710	5,300

1982 Grand Prix, V-6

2d Cpe...................................	280	830	1,380	3,110	4,830	6,900
2d Cpe LJ................................	280	840	1,400	3,150	4,900	7,000
2d Cpe Brgm..............................	280	850	1,420	3,200	4,970	7,100

1983 1000, 4-cyl.

4d Sed HBk................................	152	456	760	1,710	2,660	3,800
2d Cpe...................................	148	444	740	1,670	2,590	3,700

1983 2000, 4-cyl.

4d Sed...................................	160	480	800	1,800	2,800	4,000
2d Cpe...................................	164	492	820	1,850	2,870	4,100
2d Cpe HBk................................	168	504	840	1,890	2,940	4,200
4d Sta Wag...............................	168	504	840	1,890	2,940	4,200

1983 2000 LE, 4-cyl.

4d Sed...................................	168	504	840	1,890	2,940	4,200
2d Cpe...................................	172	516	860	1,940	3,010	4,300
4d Sta Wag...............................	172	516	860	1,940	3,010	4,300

1983 2000 SE, 4-cyl.

2d Cpe HBk................................	176	528	880	1,980	3,080	4,400

1983 Sunbird, 4-cyl.

2d Conv..................................	340	1,020	1,700	3,830	5,950	8,500

1983 Phoenix, V-6

4d Sed HBk................................	156	468	780	1,760	2,730	3,900
2d Cpe...................................	160	480	800	1,800	2,800	4,000

NOTE: Deduct 10 percent for 4-cyl.

1983 Phoenix LJ, V-6

4d Sed HBk................................	160	480	800	1,800	2,800	4,000
2d Cpe...................................	164	492	820	1,850	2,870	4,100

NOTE: Deduct 10 percent for 4-cyl.

1983 Phoenix SJ, V-6

4d Sed HBk................................	164	492	820	1,850	2,870	4,100
2d Cpe...................................	168	504	840	1,890	2,940	4,200

PONTIAC

	6	5	4	3	2	1
1983 6000, V-6						
4d Sed	172	516	860	1,940	3,010	4,300
2d Cpe	176	528	880	1,980	3,080	4,400
NOTE: Deduct 10 percent for 4-cyl.						
1983 6000 LE, V-6						
4d Sed	176	528	880	1,980	3,080	4,400
2d Cpe	180	540	900	2,030	3,150	4,500
NOTE: Deduct 10 percent for 4-cyl.						
1983 6000 STE, V-6						
4d Sed	188	564	940	2,120	3,290	4,700
1983 Firebird, V-8						
2d Cpe	252	756	1,260	2,840	4,410	6,300
2d Cpe SE	256	768	1,280	2,880	4,480	6,400
2d Cpe Trans Am	264	792	1,320	2,970	4,620	6,600
NOTE: Deduct 15 percent for V-6. Add 25 percent for Daytona 500 Limited Ed. pkg. on Trans Am.						
1983 Bonneville, V-8						
4d Sed	210	640	1,060	2,390	3,710	5,300
4d Brgm	220	650	1,080	2,430	3,780	5,400
4d Sta Wag	220	660	1,100	2,480	3,850	5,500
NOTE: Deduct 10 percent for V-6.						
1983 Grand Prix, V-8						
2d Cpe	270	800	1,340	3,020	4,690	6,700
2d Cpe LJ	270	820	1,360	3,060	4,760	6,800
2d Cpe Brgm	280	830	1,380	3,110	4,830	6,900
1984 1000, 4-cyl.						
4d HBk	152	456	760	1,710	2,660	3,800
2d HBk	148	444	740	1,670	2,590	3,700
1984 Sunbird 2000, 4-cyl.						
4d Sed LE	164	492	820	1,850	2,870	4,100
2d Sed LE	160	480	800	1,800	2,800	4,000
2d Conv LE	340	1,020	1,700	3,830	5,950	8,500
4d Sta Wag LE	168	504	840	1,890	2,940	4,200
4d Sed SE	168	504	840	1,890	2,940	4,200
2d Sed SE	164	492	820	1,850	2,870	4,100
2d HBk SE	172	516	860	1,940	3,010	4,300
NOTE: Deduct 5 percent for lesser models. Add 10 percent for turbo where available.						
1984 Phoenix, 4-cyl.						
2d Sed	156	468	780	1,760	2,730	3,900
4d HBk	160	480	800	1,800	2,800	4,000
2d Sed LE	160	480	800	1,800	2,800	4,000
4d HBk LE	164	492	820	1,850	2,870	4,100
1984 Phoenix, V-6						
2d Sed	164	492	820	1,850	2,870	4,100
4d HBk	168	504	840	1,890	2,940	4,200
2d Sed LE	168	504	840	1,890	2,940	4,200
4d HBk LE	172	516	860	1,940	3,010	4,300
2d Sed SE	176	528	880	1,980	3,080	4,400
1984 6000, 4-cyl.						
4d Sed LE	180	540	900	2,030	3,150	4,500
2d Sed LE	184	552	920	2,070	3,220	4,600
4d Sta Wag LE	188	564	940	2,120	3,290	4,700
NOTE: Deduct 5 percent for lesser models.						
1984 6000, V-6						
4d Sed LE	184	552	920	2,070	3,220	4,600
2d Sed LE	188	564	940	2,120	3,290	4,700
4d Sta Wag LE	192	576	960	2,160	3,360	4,800
4d Sed STE	196	588	980	2,210	3,430	4,900
NOTE: Deduct 5 percent for lesser models.						
1984 Fiero, 4-cyl.						
2d Cpe	232	696	1,160	2,610	4,060	5,800
2d Cpe Spt	236	708	1,180	2,660	4,130	5,900
2d Cpe SE	240	720	1,200	2,700	4,200	6,000
NOTE: Add 40 percent for Indy Pace Car.						
1984 Firebird, V-6						
2d Cpe	244	732	1,220	2,750	4,270	6,100
2d Cpe SE	252	756	1,260	2,840	4,410	6,300
1984 Firebird, V-8						
2d Cpe	264	792	1,320	2,970	4,620	6,600
2d Cpe SE	268	804	1,340	3,020	4,690	6,700
2d Cpe TA	272	816	1,360	3,060	4,760	6,800
1984 Bonneville, V-6						
4d Sed	210	640	1,060	2,390	3,710	5,300
4d Sed LE	220	650	1,080	2,430	3,780	5,400
4d Sed Brgm	220	660	1,100	2,480	3,850	5,500
1984 Bonneville, V-8						
4d Sed	220	660	1,100	2,480	3,850	5,500
4d Sed LE	220	670	1,120	2,520	3,920	5,600
4d Sed Brgm	230	680	1,140	2,570	3,990	5,700

	6	5	4	3	2	1
1984 Grand Prix, V-6						
2d Cpe	270	800	1,340	3,020	4,690	6,700
2d Cpe LE	270	820	1,360	3,060	4,760	6,800
2d Cpe Brgm	280	830	1,380	3,110	4,830	6,900
1984 Grand Prix, V-8						
2d Cpe	280	840	1,400	3,150	4,900	7,000
2d Cpe LE	280	850	1,420	3,200	4,970	7,100
2d Cpe Brgm	290	860	1,440	3,240	5,040	7,200
1984 Parisienne, V-6						
4d Sed	210	620	1,040	2,340	3,640	5,200
4d Sed Brgm	210	640	1,060	2,390	3,710	5,300
1984 Parisienne, V-8						
4d Sed	220	650	1,080	2,430	3,780	5,400
4d Sed Brgm	220	660	1,100	2,480	3,850	5,500
4d Sta Wag	220	670	1,120	2,520	3,920	5,600
1985 1000, 4-cyl.						
4d Sed	152	456	760	1,710	2,660	3,800
2d Sed	148	444	740	1,670	2,590	3,700
2d HBk	156	468	780	1,760	2,730	3,900
4d Sta Wag	160	480	800	1,800	2,800	4,000
1985 Sunbird, 4-cyl.						
4d Sed	164	492	820	1,850	2,870	4,100
2d Cpe	160	480	800	1,800	2,800	4,000
Conv	340	1,020	1,700	3,830	5,950	8,500
4d Sta Wag	168	504	840	1,890	2,940	4,200
4d Sed SE	168	504	840	1,890	2,940	4,200
2d Cpe SE	164	492	820	1,850	2,870	4,100
2d HBk SE	172	516	860	1,940	3,010	4,300
NOTE: Add 20 percent for turbo.						
1985 Grand Am, V-6						
2d Cpe	180	540	900	2,030	3,150	4,500
2d Cpe LE	184	552	920	2,070	3,220	4,600
NOTE: Deduct 15 percent for 4-cyl.						
1985 6000, V-6						
4d Sed LE	184	552	920	2,070	3,220	4,600
2d Sed LE	188	564	940	2,120	3,290	4,700
4d Sta Wag LE	192	576	960	2,160	3,360	4,800
4d Sed STE	196	588	980	2,210	3,430	4,900
NOTE: Deduct 20 percent for 4-cyl. where available. Deduct 5 percent for lesser models.						
1985 Fiero, V-6						
2d Cpe	240	720	1,200	2,700	4,200	6,000
2d Cpe Spt	244	732	1,220	2,750	4,270	6,100
2d Cpe SE	248	744	1,240	2,790	4,340	6,200
2d Cpe GT	252	756	1,260	2,840	4,410	6,300
NOTE: Deduct 20 percent for 4-cyl. where available.						
1985 Firebird, V-8						
2d Cpe	264	792	1,320	2,970	4,620	6,600
2d Cpe SE	268	804	1,340	3,020	4,690	6,700
2d Cpe Trans Am	272	816	1,360	3,060	4,760	6,800
NOTE: Deduct 30 percent for V-6 where available.						
1985 Bonneville, V-8						
4d Sed	210	640	1,060	2,390	3,710	5,300
4d Sed LE	220	650	1,080	2,430	3,780	5,400
4d Sed Brgm	220	660	1,100	2,480	3,850	5,500
NOTE: Deduct 25 percent for V-6.						
1985 Grand Prix, V-8						
2d Cpe	270	800	1,340	3,020	4,690	6,700
2d Cpe LE	270	820	1,360	3,060	4,760	6,800
2d Cpe Brgm	280	830	1,380	3,110	4,830	6,900
NOTE: Deduct 25 percent for V-6.						
1985 Parisienne, V-8						
4d Sed	220	650	1,080	2,430	3,780	5,400
4d Sed Brgm	220	660	1,100	2,480	3,850	5,500
4d Sta Wag	220	670	1,120	2,520	3,920	5,600
NOTE: Deduct 20 percent for V-6 where available. Deduct 30 percent for diesel.						
1986 Fiero, V-6						
2d Cpe Spt	240	720	1,200	2,700	4,200	6,000
2d Cpe SE	244	732	1,220	2,750	4,270	6,100
2d Cpe GT	252	756	1,260	2,840	4,410	6,300
NOTE: Deduct 20 percent for 4-cyl. where available.						
2d HBk	152	456	760	1,710	2,660	3,800
4d HBk	156	468	780	1,760	2,730	3,900
1986 Sunbird						
2d Cpe	160	480	800	1,800	2,800	4,000
2d HBk	164	492	820	1,850	2,870	4,100
2d Conv	344	1,032	1,720	3,870	6,020	8,600
4d GT Sed	164	492	820	1,850	2,870	4,100
2d GT Conv	352	1,056	1,760	3,960	6,160	8,800

	6	5	4	3	2	1
1986 Grand Am						
2d Cpe	188	564	940	2,120	3,290	4,700
4d Sed	184	552	920	2,070	3,220	4,600
1986 Firebird						
2d Cpe	264	792	1,320	2,970	4,620	6,600
2d SE V-8 Cpe	268	804	1,340	3,020	4,690	6,700
Trans Am Cpe	276	828	1,380	3,110	4,830	6,900
1986 6000						
2d Cpe	192	576	960	2,160	3,360	4,800
4d Sed	188	564	940	2,120	3,290	4,700
4d Sta Wag.	192	576	960	2,160	3,360	4,800
4d STE Sed	200	600	1,000	2,250	3,500	5,000
1986 Grand Prix						
2d Cpe	280	830	1,380	3,110	4,830	6,900
1986 Bonneville						
4d Sed	220	660	1,100	2,480	3,850	5,500
1986 Parisienne						
4d Sed	220	670	1,120	2,520	3,920	5,600
4d Sta Wag.	232	696	1,160	2,610	4,060	5,800
4d Brgm Sed	230	680	1,140	2,570	3,990	5,700

NOTE: Add 10 percent for deluxe models.

	6	5	4	3	2	1
1986-1/2 Grand Prix 2 plus 2						
2d Aero Cpe	840	2,520	4,200	9,450	14,700	21,000

NOTE: Deduct 5 percent for smaller engines.

	6	5	4	3	2	1
1987 1000, 4-cyl.						
2d HBk	152	456	760	1,710	2,660	3,800
4d HBk	156	468	780	1,760	2,730	3,900
1987 Sunbird, 4-cyl.						
4d Sed	156	468	780	1,760	2,730	3,900
4d Sta Wag.	160	480	800	1,800	2,800	4,000
2d SE Cpe	164	492	820	1,850	2,870	4,100
2d SE HBk	168	504	840	1,890	2,940	4,200
2d SE Conv	520	1,560	2,600	5,850	9,100	13,000
4d GT Turbo Sed	172	516	860	1,940	3,010	4,300
2d GT Turbo Cpe	168	504	840	1,890	2,940	4,200
2d GT Turbo HBk	172	516	860	1,940	3,010	4,300
2d GT Turbo Conv	560	1,680	2,800	6,300	9,800	14,000

NOTE: Add 5 percent for Turbo on all models except GT.

	6	5	4	3	2	1
1987 Grand Am, 4-cyl.						
4d Sed	192	576	960	2,160	3,360	4,800
2d Cpe	196	588	980	2,210	3,430	4,900
4d LE Sed	196	588	980	2,210	3,430	4,900
2d LE Cpe	200	600	1,000	2,250	3,500	5,000
4d SE Sed	204	612	1,020	2,300	3,570	5,100
2d SE Cpe	208	624	1,040	2,340	3,640	5,200
1987 Grand Am, V-6						
4d Sed	196	588	980	2,210	3,430	4,900
2d Cpe	200	600	1,000	2,250	3,500	5,000
4d LE Sed	200	600	1,000	2,250	3,500	5,000
2d LE Cpe	204	612	1,020	2,300	3,570	5,100
4d SE Sed	212	636	1,060	2,390	3,710	5,300
2d SE Cpe	216	648	1,080	2,430	3,780	5,400
1987 6000, 4-cyl.						
4d Sed	200	600	1,000	2,250	3,500	5,000
2d Cpe	196	588	980	2,210	3,430	4,900
4d Sta Wag.	204	612	1,020	2,300	3,570	5,100
4d LE Sed	204	612	1,020	2,300	3,570	5,100
4d LE Sta Wag	208	624	1,040	2,340	3,640	5,200
1987 6000, V-6						
4d Sed	204	612	1,020	2,300	3,570	5,100
2d Cpe	200	600	1,000	2,250	3,500	5,000
4d Sta Wag.	208	624	1,040	2,340	3,640	5,200
4d LE Sed	208	624	1,040	2,340	3,640	5,200
4d LE Sta Wag	212	636	1,060	2,390	3,710	5,300
4d SE Sed	212	636	1,060	2,390	3,710	5,300
4d SE Sta Wag.	216	648	1,080	2,430	3,780	5,400
4d STE Sed	216	648	1,080	2,430	3,780	5,400
1987 Fiero, V-6						
2d Cpe	244	732	1,220	2,750	4,270	6,100
2d Spt Cpe	248	744	1,240	2,790	4,340	6,200
2d SE Cpe	252	756	1,260	2,840	4,410	6,300

NOTE: Deduct 20 percent for 4-cyl.

	6	5	4	3	2	1
2d GT Cpe	260	780	1,300	2,930	4,550	6,500
1987 Firebird, V-6						
2d Cpe	268	804	1,340	3,020	4,690	6,700
1987 Firebird, V-8						
2d Cpe	276	828	1,380	3,110	4,830	6,900
2d Cpe Formula	280	840	1,400	3,150	4,900	7,000
2d Cpe Trans Am	288	864	1,440	3,240	5,040	7,200

	6	5	4	3	2	1
2d Cpe GTA 296		888	1,480	3,330	5,180	7,400

NOTE: Add 10 percent for 5.7 liter V-8 where available.

1987 Bonneville, V-6
4d Sed 200		600	1,000	2,250	3,500	5,000
4d LE Sed 208		624	1,040	2,340	3,640	5,200

1987 Grand Prix, V-6
2d Cpe 280		840	1,400	3,150	4,900	7,000
2d LE Cpe 280		850	1,420	3,200	4,970	7,100
2d Brgm Cpe 290		860	1,440	3,240	5,040	7,200

1987 Grand Prix, V-8
2d Cpe 290		860	1,440	3,240	5,040	7,200
2d LE Cpe 290		880	1,460	3,290	5,110	7,300
2d Brgm Cpe 300		890	1,480	3,330	5,180	7,400

1987 Safari, V-8
4d Sta Wag 220		660	1,100	2,480	3,850	5,500

1988 LeMans, 4-cyl.
3d HBk 100		300	500	1,130	1,750	2,500
4d Sed 112		336	560	1,260	1,960	2,800
4d SE Sed 120		360	600	1,350	2,100	3,000

1988 Sunbird, 4-cyl.
4d Sed 136		408	680	1,530	2,380	3,400
2d SE Cpe 144		432	720	1,620	2,520	3,600
4d SE Sed 148		444	740	1,670	2,590	3,700
4d Sta Wag 152		456	760	1,710	2,660	3,800
2d GT Cpe 200		600	1,000	2,250	3,500	5,000
2d GT Conv 340		1,020	1,700	3,830	5,950	8,500

1988 Grand Am, 4-cyl.
2d Cpe 180		540	900	2,030	3,150	4,500
4d Sed 184		552	920	2,070	3,220	4,600
2d LE Cpe 192		576	960	2,160	3,360	4,800
4d Sed LE 196		588	980	2,210	3,430	4,900
2d SE Turbo Cpe 224		672	1,120	2,520	3,920	5,600
4d SE Turbo Sed 228		684	1,140	2,570	3,990	5,700

1988 6000, 4-cyl.
4d Sed 156		468	780	1,760	2,730	3,900
4d Sta Wag 160		480	800	1,800	2,800	4,000
4d LE Sed 160		480	800	1,800	2,800	4,000
4d LE Sta Wag 168		504	840	1,890	2,940	4,200

1988 6000, V-6
4d Sed 168		504	840	1,890	2,940	4,200
4d Sta Wag 180		540	900	2,030	3,150	4,500
4d Sed LE 200		600	1,000	2,250	3,500	5,000
4d LE Sta Wag 200		600	1,000	2,250	3,500	5,000
4d SE Sed 208		624	1,040	2,340	3,640	5,200
4d SE Sta Wag 220		660	1,100	2,480	3,850	5,500
4d STE Sed 288		864	1,440	3,240	5,040	7,200

1988 Fiero, V-6
2d Cpe lll 240		720	1,200	2,700	4,200	6,000
2d Formula Cpe 260		780	1,300	2,930	4,550	6,500
2d GT Cpe 272		816	1,360	3,060	4,760	6,800

1988 Firebird, V-6
2d Cpe 240		720	1,200	2,700	4,200	6,000

1988 Firebird, V-8
2d Cpe 280		840	1,400	3,150	4,900	7,000
2d Formula Cpe 320		960	1,600	3,600	5,600	8,000
2d Cpe Trans Am 520		1,560	2,600	5,850	9,100	13,000
2d Cpe GTA 600		1,800	3,000	6,750	10,500	15,000

1988 Bonneville, V-6
4d LE Sed 240		720	1,200	2,700	4,200	6,000
4d SE Sed 300		900	1,500	3,380	5,250	7,500
4d SSE Sed 520		1,560	2,600	5,850	9,100	13,000

1988 Grand Prix, V-6
2d Cpe 260		780	1,300	2,930	4,550	6,500
2d LE Cpe 280		840	1,400	3,150	4,900	7,000
2d SE Cpe 320		960	1,600	3,600	5,600	8,000

1989 LeMans, 4-cyl.
2d HBk 108		324	540	1,220	1,890	2,700
2d LE HBk 116		348	580	1,310	2,030	2,900
2d GSE HBk 136		408	680	1,530	2,380	3,400
4d LE Sed 132		396	660	1,490	2,310	3,300
4d SE Sed 140		420	700	1,580	2,450	3,500

1989 Sunbird, 4-cyl.
4d LE Sed 184		552	920	2,070	3,220	4,600
2d LE Cpe 180		540	900	2,030	3,150	4,500
2d SE Cpe 188		564	940	2,120	3,290	4,700
2d GT Turbo Cpe 268		804	1,340	3,020	4,690	6,700
2d GT Turbo Conv 540		1,620	2,700	6,080	9,450	13,500

1989 Grand Am, 4-cyl.
4d LE Sed 224		672	1,120	2,520	3,920	5,600

	6	5	4	3	2	1
2d LE Cpe	220	660	1,100	2,480	3,850	5,500
4d SE Sed	252	756	1,260	2,840	4,410	6,300
2d SE Cpe	248	744	1,240	2,790	4,340	6,200
1989 6000, 4-cyl.						
4d Sed LE	228	684	1,140	2,570	3,990	5,700
1989 6000, V-6						
4d LE Sed	244	732	1,220	2,750	4,270	6,100
4d LE Sta Wag	256	768	1,280	2,880	4,480	6,400
4d STE Sed, AWD	300	950	1,600	3,600	5,600	8,000
1989 Firebird, V-6						
2d Cpe	260	780	1,300	2,930	4,550	6,500
1989 Firebird, V-8						
2d Cpe	280	840	1,400	3,150	4,900	7,000
2d Formula Cpe	300	900	1,500	3,380	5,250	7,500
2d Trans Am Cpe	560	1,680	2,800	6,300	9,800	14,000
2d GTA Cpe	600	1,800	3,000	6,750	10,500	15,000
1989 Firebird, V-6						
2d Trans Am Cpe	550	1,700	2,800	6,300	9,800	14,000
1989 Bonneville, V-6						
4d LE Sed	272	816	1,360	3,060	4,760	6,800
4d SE Sed	312	936	1,560	3,510	5,460	7,800
4d SSE Sed	352	1,056	1,760	3,960	6,160	8,800
1989 Grand Prix, V-6						
2d Cpe	280	840	1,400	3,150	4,900	7,000
2d LE Cpe	300	900	1,500	3,380	5,250	7,500
2d SE Cpe	320	960	1,600	3,600	5,600	8,000
NOTE: Add 40 percent for McLaren Turbo Cpe.						
1989 Safari, V-8						
4d Sta Wag	288	864	1,440	3,240	5,040	7,200
1989-1/2 Firebird Trans Am Pace Car, V-6 Turbo						
Cpe	750	2,300	3,800	8,550	13,300	19,000
1990 LeMans, 4-cyl.						
2d Cpe	112	336	560	1,260	1,960	2,800
2d LE Cpe	128	384	640	1,440	2,240	3,200
2d GSE Cpe	144	432	720	1,620	2,520	3,600
4d LE Sed	128	384	640	1,440	2,240	3,200
1990 Sunbird, 4-cyl.						
2d VL Cpe	160	480	800	1,800	2,800	4,000
4d VL Sed	164	492	820	1,850	2,870	4,100
2d LE Cpe	168	504	840	1,890	2,940	4,200
2d LE Conv	300	900	1,500	3,380	5,250	7,500
4d LE Sed	172	516	860	1,940	3,010	4,300
2d SE Cpe	200	600	1,000	2,250	3,500	5,000
2d GT Turbo Cpe	240	720	1,200	2,700	4,200	6,000
1990 Grand Am, 4-cyl.						
2d LE Cpe	228	684	1,140	2,570	3,990	5,700
4d LE Cpe	240	720	1,200	2,700	4,200	6,000
2d SE Quad Cpe	260	780	1,300	2,930	4,550	6,500
4d SE Quad Sed	264	792	1,320	2,970	4,620	6,600
1990 6000, 4-cyl.						
4d LE Sed	180	540	900	2,030	3,150	4,500
1990 6000, V-6						
4d LE Sed	200	600	1,000	2,250	3,500	5,000
4d LE Sta Wag	220	660	1,100	2,480	3,850	5,500
4d SE Sed	220	660	1,100	2,480	3,850	5,500
4d SE Sta Wag	240	720	1,200	2,700	4,200	6,000
NOTE: Add 35 percent for AWD.						
1990 Firebird, V-6						
2d Cpe	260	780	1,300	2,930	4,550	6,500
1990 Firebird, V-8						
2d Cpe	300	900	1,500	3,380	5,250	7,500
2d Formula Cpe	320	960	1,600	3,600	5,600	8,000
2d Trans Am Cpe	520	1,560	2,600	5,850	9,100	13,000
2d GTA Cpe	600	1,800	3,000	6,750	10,500	15,000
1990 Bonneville, V-6						
4d LE Sed	280	840	1,400	3,150	4,900	7,000
4d SE Sed	300	900	1,500	3,380	5,250	7,500
4d SSE Sed	340	1,020	1,700	3,830	5,950	8,500
1990 Grand Prix, 4-cyl.						
2d LE Cpe	240	720	1,200	2,700	4,200	6,000
4d LE Sed	244	732	1,220	2,750	4,270	6,100
1990 Grand Prix, V-6						
2d LE Cpe	252	756	1,260	2,840	4,410	6,300
4d LE Sed	256	768	1,280	2,880	4,480	6,400
2d SE Cpe	320	960	1,600	3,600	5,600	8,000
4d STE Sed	340	1,020	1,700	3,830	5,950	8,500
1991 LeMans, 4-cyl.						
2d Aero Cpe	128	384	640	1,440	2,240	3,200

	6	5	4	3	2	1
2d Aero LE Cpe...............................	152	456	760	1,710	2,660	3,800
4d LE Sed	140	420	700	1,580	2,450	3,500
1991 Sunbird, 4-cyl.						
2d Cpe.......................................	152	456	760	1,710	2,660	3,800
4d Sed.......................................	152	456	760	1,710	2,660	3,800
2d LE Cpe...................................	160	480	800	1,800	2,800	4,000
4d LE Cpe...................................	160	480	800	1,800	2,800	4,000
2d LE Conv	320	960	1,600	3,600	5,600	8,000
2d SE Cpe...................................	200	600	1,000	2,250	3,500	5,000
1991 Sunbird, V-6						
2d GT Cpe...................................	260	780	1,300	2,930	4,550	6,500
1991 Grand Am, 4-cyl.						
2d Cpe.......................................	200	600	1,000	2,250	3,500	5,000
4d Sed.......................................	200	600	1,000	2,250	3,500	5,000
2d LE Cpe...................................	208	624	1,040	2,340	3,640	5,200
4d LE Sed...................................	208	624	1,040	2,340	3,640	5,200
2d SE Quad 4 Cpe	232	696	1,160	2,610	4,060	5,800
4d SE Quad 4 Sed	232	696	1,160	2,610	4,060	5,800
1991 6000, 4-cyl.						
4d LE Sed	180	540	900	2,030	3,150	4,500
1991 6000, V-6						
4d LE Sed	200	600	1,000	2,250	3,500	5,000
4d LE Sta Wag	220	660	1,100	2,480	3,850	5,500
4d SE Sed...................................	216	648	1,080	2,430	3,780	5,400
1991 Firebird, V-6						
2d Cpe.......................................	260	780	1,300	2,930	4,550	6,500
2d Conv.....................................	560	1,680	2,800	6,300	9,800	14,000
1991 Firebird, V-8						
2d Cpe.......................................	300	900	1,500	3,380	5,250	7,500
2d Conv.....................................	600	1,800	3,000	6,750	10,500	15,000
2d Formula Cpe	320	960	1,600	3,600	5,600	8,000
2d Trans Am Cpe	520	1,560	2,600	5,850	9,100	13,000
2d Trans Am Conv	660	1,980	3,300	7,430	11,550	16,500
2d GTA Cpe	600	1,800	3,000	6,750	10,500	15,000
1991 Bonneville, V-6						
4d LE Sed	260	780	1,300	2,930	4,550	6,500
4d SE Sed..................................	300	900	1,500	3,380	5,250	7,500
4d SSE Sed.................................	320	960	1,600	3,600	5,600	8,000
1991 Grand Prix, Quad 4						
2d SE Cpe...................................	220	660	1,100	2,480	3,850	5,500
4d LE Sed...................................	220	660	1,100	2,480	3,850	5,500
4d SE Sed...................................	232	696	1,160	2,610	4,060	5,800
1991 Grand Prix, V-6						
4d SE Cpe...................................	240	720	1,200	2,700	4,200	6,000
2d GT Cpe...................................	256	768	1,280	2,880	4,480	6,400
4d LE Sed...................................	240	720	1,200	2,700	4,200	6,000
4d SE Sed...................................	256	768	1,280	2,880	4,480	6,400
4d STE Sed..................................	280	840	1,400	3,150	4,900	7,000
1992 LeMans, 4-cyl.						
2d Aero Cpe HBk............................	152	456	760	1,710	2,660	3,800
2d SE Aero Cpe HBk	156	468	780	1,760	2,730	3,900
4d SE Sed...................................	160	480	800	1,800	2,800	4,000
1992 Sunbird, 4-cyl.						
4d LE Sed	160	480	800	1,800	2,800	4,000
2d LE Cpe...................................	164	492	820	1,850	2,870	4,100
4d SE Sed...................................	168	504	840	1,890	2,940	4,200
2d SE Cpe...................................	172	516	860	1,940	3,010	4,300
2d SE Conv..................................	260	780	1,300	2,930	4,550	6,500
2d GT Cpe V-6	180	540	900	2,030	3,150	4,500
1992 Grand Am, 4-cyl.						
4d SE Sed	200	600	1,000	2,250	3,500	5,000
2d SE Cpe...................................	220	660	1,100	2,480	3,850	5,500
4d GT Sed...................................	240	720	1,200	2,700	4,200	6,000
2d GT Cpe...................................	260	780	1,300	2,930	4,550	6,500
NOTE: Add 10 percent for V-6.						
1992 Firebird, V-8						
2d Cpe.......................................	320	960	1,600	3,600	5,600	8,000
2d Conv.....................................	600	1,800	3,000	6,750	10,500	15,000
2d Formula Cpe	340	1,020	1,700	3,830	5,950	8,500
2d Trans Am Cpe	540	1,620	2,700	6,080	9,450	13,500
2d Trans Am Conv	620	1,860	3,100	6,980	10,850	15,500
2d GTA Cpe	580	1,740	2,900	6,530	10,150	14,500
NOTE: Deduct 10 percent for V-6.						
1992 Bonneville, V-6						
4d SE Sed	260	780	1,300	2,930	4,550	6,500
4d SSE Sed..................................	300	900	1,500	3,380	5,250	7,500
4d SSEi Sed.................................	520	1,560	2,600	5,850	9,100	13,000
1992 Grand Prix, V-6						
4d LE Sed	220	660	1,100	2,480	3,850	5,500

	6	5	4	3	2	1
4d SE Sed	240	720	1,200	2,700	4,200	6,000
2d SE Cpe	260	780	1,300	2,930	4,550	6,500
4d STE Sed	320	960	1,600	3,600	5,600	8,000
2d GT Cpe	340	1,020	1,700	3,830	5,950	8,500
1993 LeMans						
2d Aero Cpe	156	468	780	1,760	2,730	3,900
2d SE Aero Cpe	160	480	800	1,800	2,800	4,000
4d SE Sed	156	468	780	1,760	2,730	3,900
1993 Sunbird						
2d LE Cpe	168	504	840	1,890	2,940	4,200
4d LE Sed.	170	510	850	1,910	2,975	4,250
2d SE Cpe	172	516	860	1,940	3,010	4,300
4d SE Sed	174	522	870	1,960	3,045	4,350
2d GT Cpe, V-6	180	540	900	2,030	3,150	4,500
2d SE Conv	188	564	940	2,120	3,290	4,700
1993 Grand Am, 4-cyl.						
2d SE Cpe	220	660	1,100	2,480	3,850	5,500
4d SE Sed	220	660	1,100	2,480	3,850	5,500
2d GT Cpe	224	672	1,120	2,520	3,920	5,600
4d GT Sed	224	672	1,120	2,520	3,920	5,600
1993 Grand Am, V-6						
2d SE Cpe	224	672	1,120	2,520	3,920	5,600
4d SE Sed	224	672	1,120	2,520	3,920	5,600
2d GT Cpe	228	684	1,140	2,570	3,990	5,700
4d GT Sed	228	684	1,140	2,570	3,990	5,700
1993 Firebird						
2d Cpe, V-6	320	960	1,600	3,600	5,600	8,000
2d Formula Cpe, V-8	520	1,560	2,600	5,850	9,100	13,000
2d Trans Am Cpe, V-8	540	1,620	2,700	6,080	9,450	13,500
1993 Bonneville, V-6						
4d SE Sed	320	960	1,600	3,600	5,600	8,000
4d SSE Sed	340	1,020	1,700	3,830	5,950	8,500
4d SSEi Sed.	520	1,560	2,600	5,850	9,100	13,000
1993 Grand Prix						
2d SE Cpe	240	720	1,200	2,700	4,200	6,000
2d GT Cpe	248	744	1,240	2,790	4,340	6,200
4d LE Sed.	240	720	1,200	2,700	4,200	6,000
4d SE Sed	248	744	1,240	2,790	4,340	6,200
4d STE Sed	256	768	1,280	2,880	4,480	6,400
1994 Sunbird						
2d LE Cpe, 4-cyl.	220	660	1,100	2,480	3,850	5,500
4d LE Sed, 4-cyl.	224	672	1,120	2,520	3,920	5,600
2d LE Conv, 4-cyl.	300	900	1,500	3,380	5,250	7,500
2d SE Cpe, V-6	260	780	1,300	2,930	4,550	6,500
1994 Grand Am						
2d SE Cpe, 4-cyl.	244	732	1,220	2,750	4,270	6,100
4d SE Sed, 4-cyl.	248	744	1,240	2,790	4,340	6,200
4d GT Sed, 4-cyl.	260	780	1,300	2,930	4,550	6,500
2d SE Cpe, V-6	252	756	1,260	2,840	4,410	6,300
2d GT Cpe, V-6	256	768	1,280	2,880	4,480	6,400
4d SE Sed, V-6	256	768	1,280	2,880	4,480	6,400
4d GT Sed, V-6	260	780	1,300	2,930	4,550	6,500
1994 Firebird						
2d Cpe, V-6	420	1,260	2,100	4,730	7,350	10,500
2d Conv, V-6	540	1,620	2,700	6,080	9,450	13,500
2d Formula Cpe, V-8	480	1,440	2,400	5,400	8,400	12,000
2d Formula Conv, V-8	580	1,740	2,900	6,530	10,150	14,500
2d Trans Am Cpe, V-8	540	1,620	2,700	6,080	9,450	13,500
2d Trans Am GT Cpe, V-8	580	1,740	2,900	6,530	10,150	14,500
2d Trans Am GT Conv, V-8	620	1,860	3,100	6,980	10,850	15,500
1994 Bonneville, V-6						
4d SE Sed	340	1,020	1,700	3,830	5,950	8,500
4d SSE Sed	440	1,320	2,200	4,950	7,700	11,000
1994 Grand Prix						
2d SE Cpe	340	1,020	1,700	3,830	5,950	8,500
4d SE Sed	344	1,032	1,720	3,870	6,020	8,600
1995 Sunbird, 4-cyl.						
2d SE Cpe	200	650	1,100	2,480	3,850	5,500
4d SE Sed	200	650	1,100	2,520	3,900	5,600
2d SE Conv	300	900	1,500	3,380	5,250	7,500
2d GT Cpe	300	850	1,400	3,150	4,900	7,000
1995 Grand Am, 4-cyl. & V-6						
2d SE Cpe	250	750	1,200	2,750	4,250	6,100
4d SE Sed	250	750	1,250	2,790	4,350	6,200
2d GT Cpe	250	750	1,300	2,880	4,500	6,400
4d GT Sed	250	800	1,300	2,930	4,550	6,500
1995 Firebird, V-6 & V-8						
2d Cpe, V-6	400	1,250	2,100	4,730	7,350	10,500

	6	5	4	3	2	1
2d Conv, V-6 550	1,600	2,700	6,080	9,450	13,500
2d Formula Cpe, V-8 480	1,440	2,400	5,400	8,400	12,000
2d Formula Conv, V-8 580	1,740	2,900	6,530	10,150	14,500
2d Trans Am Cpe, V-8 540	1,620	2,700	6,080	9,450	13,500
2d Trans Am Conv, V-8 620	1,860	3,100	6,980	10,850	15,500
1995 Bonneville, V-6						
4d SE Sed 350	1,000	1,700	3,830	5,950	8,500
4d SSE Sed 450	1,300	2,200	4,950	7,700	11,000
4d SSEi Sed 500	1,500	2,500	5,630	8,750	12,500
1995 Grand Prix, V-6						
2d SE Cpe 350	1,000	1,700	3,830	5,950	8,500
4d SE Sed 350	1,050	1,700	3,870	6,000	8,600
1996 Sunfire, 4-cyl.						
2d SE Cpe 200	650	1,100	2,480	3,850	5,500
4d SE Sed 200	650	1,100	2,520	3,900	5,600
2d SE Conv 300	900	1,500	3,380	5,250	7,500
2d GT Cpe 300	850	1,400	3,150	4,900	7,000
1996 Grand Am, 4-cyl. & V-6						
2d SE Cpe 250	750	1,250	2,790	4,350	6,200
4d SE Sed 250	750	1,200	2,750	4,250	6,100
2d GT Cpe 250	800	1,300	2,930	4,550	6,500
4d GT Sed 250	750	1,300	2,880	4,500	6,400
1996 Firebird, V-6 & V-8						
2d Cpe, V-6 400	1,250	2,100	4,730	7,350	10,500
2d Conv, V-6 550	1,600	2,700	6,080	9,450	13,500
2d Formula Cpe, V-8 480	1,440	2,400	5,400	8,400	12,000
2d Formula Conv, V-8 580	1,740	2,900	6,530	10,150	14,500
2d Trans Am Cpe, V-8 540	1,620	2,700	6,080	9,450	13,500
2d Trans Am Conv, V-8 620	1,860	3,100	6,980	10,850	15,500
1996 Bonneville, V-6						
4d SE Sed 350	1,000	1,700	3,830	5,950	8,500
4d SSE Sed 450	1,300	2,200	4,950	7,700	11,000
4d SSEi Sed 500	1,500	2,500	5,630	8,750	12,500
NOTE: For SE and SSE add 5 percent for supercharged V-6.						
1996 Grand Prix, V-6						
2d SE Cpe 350	1,000	1,700	3,830	5,950	8,500
4d SE Sed 350	1,050	1,700	3,870	6,000	8,600
NOTE: Add 5 percent for GT pkg. Add 10 percent for GTP pkg.						
1997 Sunfire, 4-cyl						
2d SE Cpe 220	660	1,100	2,480	3,850	5,500
4d SE Sed 224	672	1,120	2,520	3,920	5,600
2d SE Conv 300	900	1,500	3,380	5,250	7,500
2d GT Cpe 280	840	1,400	3,150	4,900	7,000
1997 Grand Am, 4-cyl. & V-6						
2d SE Cpe 248	744	1,240	2,790	4,340	6,200
4d SE Sed 244	732	1,220	2,750	4,270	6,100
2d GT Cpe 260	780	1,300	2,930	4,550	6,500
4d GT Sed 256	768	1,280	2,880	4,480	6,400
1997 Firebird, V-6 & V-8						
2d Cpe, V-6 420	1,260	2,100	4,730	7,350	10,500
2d Conv, V-6 540	1,620	2,700	6,080	9,450	13,500
2d Formula Cpe, V-8 480	1,440	2,400	5,400	8,400	12,000
2d Formula Conv, V-8 580	1,740	2,900	6,530	10,150	14,500
2d Trans Am Cpe, V-8 540	1,620	2,700	6,080	9,450	13,500
2d Trans Am Conv, V-8 620	1,860	3,100	6,980	10,850	15,500
NOTE: Add 5 percent for Sport Pkg on V-6 models. Add 5 percent for Ram Air Pkg on convertibles.						
1997 Bonneville, V-6						
4d SE Sed 340	1,020	1,700	3,830	5,950	8,500
4d SSE Sed 440	1,320	2,200	4,950	7,700	11,000
4d SSEi Sed 500	1,500	2,500	5,630	8,750	12,500
NOTE: Add 5 percent for supercharged V-6 on SE or SSE models. Add 5 percent for 40th Anv Pkg on SE or SSE.						
1997 Grand Prix, V-6						
4d SE Sed 344	1,032	1,720	3,870	6,020	8,600
2d GT Cpe 372	1,116	1,860	4,190	6,510	9,300
4d GT Sed 376	1,128	1,880	4,230	6,580	9,400
2d GTP Cpe (supercharged) 408	1,224	2,040	4,590	7,140	10,200
4d GTP Sed (supercharged) 412	1,236	2,060	4,640	7,210	10,300
1998 Sunfire, 4-cyl.						
2d SE Cpe 220	660	1,100	2,480	3,850	5,500
4d SE Sed 220	670	1,120	2,520	3,920	5,600
2d SE Conv 300	900	1,500	3,380	5,250	7,500
2d GT Cpe 280	840	1,400	3,150	4,900	7,000
1998 Grand Am, 4-cyl. & V-6						
2d SE Cpe 250	740	1,240	2,790	4,340	6,200
4d SE Sed 240	730	1,220	2,750	4,270	6,100
2d GT Cpe 260	780	1,300	2,930	4,550	6,500
4d GT Sed 260	770	1,280	2,880	4,480	6,400
1998 Firebird, V-6 & V-8						
2d Cpe, V-6 420	1,260	2,100	4,730	7,350	10,500

PONTIAC

	6	5	4	3	2	1
2d Conv, V-6	540	1,620	2,700	6,080	9,450	13,500
2d Formula Cpe, V-8	480	1,440	2,400	5,400	8,400	12,000
2d Trans Am Cpe, V-8	540	1,620	2,700	6,080	9,450	13,500
2d Trans Am Conv, V-8	620	1,860	3,100	6,980	10,850	15,500

NOTE: Add 5 percent for Autocross Pkg. Add 10 percent for WS6 Pkg.

1998 Bonneville, V-6

	6	5	4	3	2	1
4d SE Sed	340	1,020	1,700	3,830	5,950	8,500
4d SSE Sed	440	1,320	2,200	4,950	7,700	11,000
4d SSEi Sed..............................	500	1,500	2,500	5,630	8,750	12,500

NOTE: Add 5 percent for supercharged V-6 on SSE Sed.

1998 Grand Prix, V-6

	6	5	4	3	2	1
4d SE Sed	340	1,030	1,720	3,870	6,020	8,600
2d GT Cpe	370	1,120	1,860	4,190	6,510	9,300
4d GT Sed	380	1,130	1,880	4,230	6,580	9,400
2d GTP Cpe (supercharged)	410	1,220	2,040	4,590	7,140	10,200
4d GTP Sed (supercharged)	410	1,240	2,060	4,640	7,210	10,300

1999 Sunfire, 4-cyl.

	6	5	4	3	2	1
2d SE Cpe	230	680	1,140	2,570	3,990	5,700
4d SE Sed	220	670	1,120	2,520	3,920	5,600
2d GT Cpe	280	840	1,400	3,150	4,900	7,000
2d GT Conv	300	900	1,500	3,380	5,250	7,500

NOTE: Add 5 percent for Sun & Sound (SE Cpe), Sun & Storm (GT Cpe), or Special Ed (SE Sed) Pkgs.

1999 Grand Am, 4-cyl. & V-6

	6	5	4	3	2	1
2d SE Cpe	250	760	1,260	2,840	4,410	6,300
4d SE Sed	250	740	1,240	2,790	4,340	6,200
2d GT Cpe (V-6 only)........................	260	790	1,320	2,970	4,620	6,600
4d GT Sed (V-6 only)........................	260	780	1,300	2,930	4,550	6,500

NOTE: Add 5 percent for Solid Sound or Solid Style Pkgs on SE models.

1999 Firebird, V-6 & V-8

	6	5	4	3	2	1
2d Cpe, V-6	420	1,260	2,100	4,730	7,350	10,500
2d Conv, V-6	540	1,620	2,700	6,080	9,450	13,500
2d Formula Cpe, V-8	480	1,440	2,400	5,400	8,400	12,000
2d Trans Am Cpe, V-8	540	1,620	2,700	6,080	9,450	13,500
2d Trans Am Conv, V-8	620	1,860	3,100	6,980	10,850	15,500

NOTE: Add 10 percent for 30th Anv Pkg (Z4C) Trans Am. Add 5 percent for Autocross Pkg. Add 10 percent for WS6 Pkg.

1999 Bonneville, V-6

	6	5	4	3	2	1
4d SE Sed	340	1,020	1,700	3,830	5,950	8,500
4d SSE Sed	440	1,320	2,200	4,950	7,700	11,000
4d SSEi Sed..............................	500	1,500	2,500	5,630	8,750	12,500

NOTE: Add 5 percent for supercharged V-6 on SSE Sed.

1999 Grand Prix, V-6

	6	5	4	3	2	1
4d SE Sed	340	1,030	1,720	3,870	6,020	8,600
2d GT Cpe	380	1,140	1,900	4,280	6,650	9,500
4d GT Sed	380	1,150	1,920	4,320	6,720	9,600
2d GTP Cpe (supercharged)	410	1,240	2,060	4,640	7,210	10,300
4d GTP Sed (supercharged)	420	1,250	2,080	4,680	7,280	10,400

2000 Sunfire, 4-cyl.

	6	5	4	3	2	1
2d SE Cpe	230	680	1,140	2,570	3,990	5,700
4d SE Sed	220	670	1,120	2,520	3,920	5,600
2d GT Cpe	280	840	1,400	3,150	4,900	7,000
2d GT Conv	300	900	1,500	3,380	5,250	7,500

2000 Grand Am, 4-cyl. & V-6

	6	5	4	3	2	1
2d SE Cpe	250	760	1,260	2,840	4,410	6,300
4d SE Sed	250	740	1,240	2,790	4,340	6,200
2d GT Cpe (V-6 only)........................	260	790	1,320	2,970	4,620	6,600
4d GT Sed (V-6 only)........................	260	780	1,300	2,930	4,550	6,500

2000 Firebird, V-6 & V-8

	6	5	4	3	2	1
2d Cpe, V-6	420	1,260	2,100	4,730	7,350	10,500
2d Conv, V-6	540	1,620	2,700	6,080	9,450	13,500
2d Formula Cpe, V-8	480	1,440	2,400	5,400	8,400	12,000
2d Trans Am Cpe, V-8	540	1,620	2,700	6,080	9,450	13,500
2d Trans Am Conv, V-8	620	1,860	3,100	6,980	10,850	15,500

NOTE: Add 5 percent for Formula Autocross pkg. Add 10 percent for V-8 WS6 pkg.

2000 Bonneville, V-6

	6	5	4	3	2	1
4d SE Sed	340	1,020	1,700	3,830	5,950	8,500
4d SLE Sed	380	1,140	1,900	4,280	6,650	9,500
4d SSEi Sed (supercharged)	500	1,500	2,500	5,630	8,750	12,500

2000 Grand Prix, V-6

	6	5	4	3	2	1
4d SE Sed	340	1,030	1,720	3,870	6,020	8,600
2d GT Cpe	380	1,140	1,900	4,280	6,650	9,500
4d GT Sed	380	1,150	1,920	4,320	6,720	9,600
2d GTP Cpe (supercharged)	410	1,240	2,060	4,640	7,210	10,300
4d GTP Sed (supercharged)	420	1,250	2,080	4,680	7,280	10,400

NOTE: Add 5 percent for Daytona Pace Car pkg.

2001 Sunfire, 4-cyl.

	6	5	4	3	2	1
2d SE Cpe	230	680	1,140	2,850	3,990	5,700
4d SE Sed	220	670	1,120	2,800	3,920	5,600
2d GT Cpe	280	840	1,400	3,500	4,900	7,000

	6	5	4	3	2	1
2001 Grand Am, 4-cyl. & V-6						
2d SE Cpe.	250	760	1,260	3,150	4,410	6,300
4d SE Sed.	250	740	1,240	3,100	4,340	6,200
2d GT Cpe (V-6 only)	260	790	1,320	3,300	4,620	6,600
4d GT Sed (V-6 only)	260	780	1,300	3,250	4,550	6,500
2001 Firebird, V-6 & V-8						
2d Cpe, V-6.	420	1,260	2,100	5,250	7,350	10,500
2d Conv, V-6.	540	1,620	2,700	6,750	9,450	13,500
2d Formula Cpe, V-8.	480	1,440	2,400	6,000	8,400	12,000
2d Trans Am Cpe, V-8	540	1,620	2,700	6,750	9,450	13,500
2d Trans Am Conv, V-8.	620	1,860	3,100	7,750	10,850	15,500
NOTE: Add 10 percent for V-8 WS6 pkg.						
2001 Bonneville, V-6						
4d SE Sed.	340	1,030	1,720	4,300	6,020	8,600
4d SLE Sed.	380	1,150	1,920	4,800	6,720	9,600
4d SSEi Sed (supercharged)	500	1,510	2,520	6,300	8,820	12,600
2001 Grand Prix, V-6						
4d SE Sed.	340	1,030	1,720	4,300	6,020	8,600
2d GT Cpe.	380	1,140	1,900	4,750	6,650	9,500
4d GT Sed.	380	1,150	1,920	4,800	6,720	9,600
2d GTP Cpe (supercharged)	410	1,240	2,060	5,150	7,210	10,300
4d GTP Sed (supercharged)	420	1,250	2,080	5,200	7,280	10,400

OAKLAND

	6	5	4	3	2	1
1907 Model A, 4-cyl., 96" wb - 100" sb						
All Body Styles	1,400	4,200	7,000	15,750	24,500	35,000
1909 Model 20, 2-cyl., 112" wb						
All Body Styles	1,280	3,840	6,400	14,400	22,400	32,000
1909 Model 40, 4-cyl., 112" wb						
All Body Styles	1,200	3,600	6,000	13,500	21,000	30,000
1910-11 Model 24, 4-cyl., 96" wb						
Rds	960	2,880	4,800	10,800	16,800	24,000
1910-11 Model 25, 4-cyl., 100" wb						
Tr.	880	2,640	4,400	9,900	15,400	22,000
1910-11 Model 33, 4-cyl., 106" wb						
Tr.	1,040	3,120	5,200	11,700	18,200	26,000
NOTE: Model 33 - 1911 only						
1910-11 Model K, 4-cyl., 102" wb						
Tr.	1,120	3,360	5,600	12,600	19,600	28,000
1910-11 Model M, 4-cyl., 112" wb						
Rds	1,160	3,480	5,800	13,050	20,300	29,000
1912 Model 30, 4-cyl., 106" wb						
5P Tr.	680	2,040	3,400	7,650	11,900	17,000
Rbt.	700	2,100	3,500	7,880	12,250	17,500
1912 Model 40, 4-cyl., 112" wb						
5P Tr.	680	2,040	3,400	7,650	11,900	17,000
Cpe.	520	1,560	2,600	5,850	9,100	13,000
Rds.	720	2,160	3,600	8,100	12,600	18,000
1912 Model 45, 4-cyl., 120" wb						
7P Tr.	920	2,760	4,600	10,350	16,100	23,000
4P Tr.	960	2,880	4,800	10,800	16,800	24,000
Limo	880	2,640	4,400	9,900	15,400	22,000
1913 Greyhound 6-60, 6-cyl., 130" wb						
4P Tr.	1,040	3,120	5,200	11,700	18,200	26,000
7P Tr.	1,000	3,000	5,000	11,250	17,500	25,000
Rbt.	840	2,520	4,200	9,450	14,700	21,000
1913 Model 42, 4-cyl., 116" wb						
5P Tr.	800	2,400	4,000	9,000	14,000	20,000
3P Rds	760	2,280	3,800	8,550	13,300	19,000
4P Cpe	520	1,560	2,600	5,850	9,100	13,000
1913 Model 35, 4-cyl., 112" wb						
5P Tr.	720	2,160	3,600	8,100	12,600	18,000
3P Rds	720	2,160	3,600	8,100	12,600	18,000
1913 Model 40, 4-cyl., 114" wb						
5P Tr.	760	2,280	3,800	8,550	13,300	19,000
1913 Model 45, 4-cyl., 120" wb						
7P Limo.	680	2,040	3,400	7,650	11,900	17,000
1914 Model 6-60, 6-cyl., 130" wb						
Rbt.	760	2,280	3,800	8,550	13,300	19,000
Rds	920	2,760	4,600	10,350	16,100	23,000
Cl Cpl	720	2,160	3,600	8,100	12,600	18,000
Tr.	1,000	3,000	5,000	11,250	17,500	25,000
1914 Model 6-48, 6-cyl., 130" wb						
Spt.	560	1,680	2,800	6,300	9,800	14,000
Rds	840	2,520	4,200	9,450	14,700	21,000
Tr.	880	2,640	4,400	9,900	15,400	22,000
1914 Model 43, 4-cyl., 116" wb						
5P Tr.	720	2,160	3,600	8,100	12,600	18,000

	6	5	4	3	2	1
Cpe.	480	1,440	2,400	5,400	8,400	12,000
Sed.	460	1,380	2,300	5,180	8,050	11,500
1914 Model 36, 4-cyl., 112" wb						
5P Tr.	680	2,040	3,400	7,650	11,900	17,000
Cabr	660	1,980	3,300	7,430	11,550	16,500
1914 Model 35, 4-cyl., 112" wb						
Rds.	640	1,920	3,200	7,200	11,200	16,000
5P Tr.	660	1,980	3,300	7,430	11,550	16,500
1915-16 Model 37 - Model 38, 4-cyl., 112" wb						
Tr.	640	1,920	3,200	7,200	11,200	16,000
Rds.	600	1,800	3,000	6,750	10,500	15,000
Spd.	580	1,740	2,900	6,530	10,150	14,500
1915-16 Model 49 - Model 32, 6-cyl., 110"-123.5" wb						
Tr.	720	2,160	3,600	8,100	12,600	18,000
Rds.	700	2,100	3,500	7,880	12,250	17,500
1915-16 Model 50, 8-cyl., 127" wb						
7P Tr.	840	2,520	4,200	9,450	14,700	21,000
NOTE: Model 37 and Model 49 are 1915 models.						
1917 Model 34, 6-cyl., 112" wb						
Rds.	560	1,680	2,800	6,300	9,800	14,000
5P Tr.	540	1,620	2,700	6,080	9,450	13,500
Cpe.	460	1,380	2,300	5,180	8,050	11,500
Sed.	440	1,320	2,200	4,950	7,700	11,000
1917 Model 50, 8-cyl., 127" wb						
7P Tr.	840	2,520	4,200	9,450	14,700	21,000
1918 Model 34-B, 6-cyl., 112" wb						
5P Tr.	560	1,680	2,800	6,300	9,800	14,000
Rds.	540	1,620	2,700	6,080	9,450	13,500
Rds Cpe	460	1,380	2,300	5,180	8,050	11,500
Tr Sed.	440	1,320	2,200	4,950	7,700	11,000
4P Cpe	320	960	1,600	3,600	5,600	8,000
Sed.	300	900	1,500	3,380	5,250	7,500
1919 Model 34-B, 6-cyl., 112" wb						
5P Tr.	560	1,680	2,800	6,300	9,800	14,000
Rds.	540	1,620	2,700	6,080	9,450	13,500
Rds Cpe	460	1,380	2,300	5,180	8,050	11,500
Cpe.	320	960	1,600	3,600	5,600	8,000
Sed.	300	900	1,500	3,380	5,250	7,500
1920 Model 34-C, 6-cyl., 112" wb						
Tr.	560	1,680	2,800	6,300	9,800	14,000
Rds.	540	1,620	2,700	6,080	9,450	13,500
Sed.	360	1,080	1,800	4,050	6,300	9,000
Cpe.	440	1,320	2,200	4,950	7,700	11,000
1921-22 Model 34-C, 6-cyl., 115" wb						
Tr.	600	1,800	3,000	6,750	10,500	15,000
Rds.	580	1,740	2,900	6,530	10,150	14,500
Sed.	360	1,080	1,800	4,050	6,300	9,000
Cpe.	440	1,320	2,200	4,950	7,700	11,000
1923 Model 6-44, 6-cyl., 115" wb						
Rds.	600	1,800	3,000	6,750	10,500	15,000
Tr.	620	1,860	3,100	6,980	10,850	15,500
Spt Rds.	620	1,860	3,100	6,980	10,850	15,500
Spt Tr.	640	1,920	3,200	7,200	11,200	16,000
2P Cpe	320	960	1,600	3,600	5,600	8,000
4P Cpe.	320	950	1,580	3,560	5,530	7,900
Sed.	300	900	1,500	3,380	5,250	7,500
1924-25 Model 6-54, 6-cyl., 113" wb						
5P Tr.	680	2,040	3,400	7,650	11,900	17,000
Spl Tr	700	2,100	3,500	7,880	12,250	17,500
Rds.	660	1,980	3,300	7,430	11,550	16,500
Spl Rds.	680	2,040	3,400	7,650	11,900	17,000
4P Cpe	460	1,380	2,300	5,180	8,050	11,500
Lan Cpe	460	1,380	2,300	5,180	8,050	11,500
Sed.	340	1,020	1,700	3,830	5,950	8,500
Lan Sed	360	1,080	1,800	4,050	6,300	9,000
2d Sed	320	960	1,600	3,600	5,600	8,000
2d Lan Sed.	340	1,020	1,700	3,830	5,950	8,500
1926-27 Greater Six, 6-cyl., 113" wb						
Tr.	700	2,100	3,500	7,880	12,250	17,500
Spt Phae.	720	2,160	3,600	8,100	12,600	18,000
Rds.	680	2,040	3,400	7,650	11,900	17,000
Spt Rds.	700	2,100	3,500	7,880	12,250	17,500
Lan Cpe	500	1,500	2,500	5,630	8,750	12,500
2d Sed	440	1,320	2,200	4,950	7,700	11,000
Sed.	360	1,080	1,800	4,050	6,300	9,000
Lan Sed	440	1,320	2,200	4,950	7,700	11,000
1928 Model 212, All-American, 6-cyl., 117" wb						
Spt Rds.	740	2,220	3,700	8,330	12,950	18,500
Phae.	760	2,280	3,800	8,550	13,300	19,000

OAKLAND

	6	5	4	3	2	1
Lan Cpe.	520	1,560	2,600	5,850	9,100	13,000
Cabr	680	2,040	3,400	7,650	11,900	17,000
2d Sed.	480	1,440	2,400	5,400	8,400	12,000
Sed	460	1,380	2,300	5,180	8,050	11,500
Lan Sed.	480	1,440	2,400	5,400	8,400	12,000
1929 Model 212, All-American, 6-cyl., 117" wb						
Spt Rds	1,040	3,120	5,200	11,700	18,200	26,000
Spt Phae	1,080	3,240	5,400	12,150	18,900	27,000
Cpe	520	1,560	2,600	5,850	9,100	13,000
Conv	960	2,880	4,800	10,800	16,800	24,000
2d Sed.	480	1,440	2,400	5,400	8,400	12,000
Brgm	520	1,560	2,600	5,850	9,100	13,000
Sed	460	1,380	2,300	5,180	8,050	11,500
Spl Sed	480	1,440	2,400	5,400	8,400	12,000
Lan Sed.	500	1,500	2,500	5,630	8,750	12,500
1930 Model 101, V-8, 117" wb						
Spt Rds	1,040	3,120	5,200	11,700	18,200	26,000
Phae	1,080	3,240	5,400	12,150	18,900	27,000
Cpe	640	1,920	3,200	7,200	11,200	16,000
Spt Cpe	680	2,040	3,400	7,650	11,900	17,000
2d Sed.	520	1,560	2,600	5,850	9,100	13,000
Sed	500	1,500	2,500	5,630	8,750	12,500
Cus Sed	510	1,540	2,560	5,760	8,960	12,800
1931 Model 301, V-8, 117" wb						
Cpe	680	2,040	3,400	7,650	11,900	17,000
Spt Cpe	720	2,160	3,600	8,100	12,600	18,000
Conv	1,080	3,240	5,400	12,150	18,900	27,000
2d Sed.	500	1,500	2,500	5,630	8,750	12,500
Sed	510	1,540	2,560	5,760	8,960	12,800
Cus Sed	520	1,560	2,600	5,850	9,100	13,000

REO

	6	5	4	3	2	1
1905 2-cyl., 16 hp, 88" wb						
5P Detachable Tonn	1,080	3,240	5,400	12,150	18,900	27,000
1905 1-cyl., 7-1/2" hp, 76" wb						
Rbt.	1,040	3,120	5,200	11,700	18,200	26,000
1906 1-cyl., 8 hp, 76" wb						
2P Bus Rbt	1,040	3,120	5,200	11,700	18,200	26,000
1906 1-cyl., 8 hp, 78" wb						
4P Rbt	1,080	3,240	5,400	12,150	18,900	27,000
1906 2-cyl., 16 hp, 90" wb						
2P Physician's Vehicle	1,120	3,360	5,600	12,600	19,600	28,000
4P Cpe/Depot Wag	1,160	3,480	5,800	13,050	20,300	29,000
5P Tr	1,080	3,240	5,400	12,150	18,900	27,000
1906 Four - 24 hp, 100" wb						
5P Tr	1,120	3,360	5,600	12,600	19,600	28,000
1907 2-cyl., 16/20 hp, 94" wb						
5P Tr	1,120	3,360	5,600	12,600	19,600	28,000
7P Limo	1,160	3,480	5,800	13,050	20,300	29,000
1907 1-cyl., 8 hp, 78" wb						
2/4P Rbt	1,120	3,360	5,600	12,600	19,600	28,000
2P Rbt	1,080	3,240	5,400	12,150	18,900	27,000
1908 1-cyl., 8/10 hp, 78" wb						
Rbt.	1,080	3,240	5,400	12,150	18,900	27,000
1908 2-cyl., 18/20 hp, 94" wb						
Tr.	1,120	3,360	5,600	12,600	19,600	28,000
Rds	1,080	3,240	5,400	12,150	18,900	27,000
1909 1-cyl., 10/12 hp, 78" wb						
Rbt.	1,040	3,120	5,200	11,700	18,200	26,000
1909 2-cyl., 20/22, 96" wb						
Tr.	1,120	3,360	5,600	12,600	19,600	28,000
Semi-Racer	1,080	3,240	5,400	12,150	18,900	27,000
1910 1-cyl., 10/12 hp, 78" wb						
Rbt.	1,040	3,120	5,200	11,700	18,200	26,000
1910 2-cyl., 20 hp, 96" wb						
Tr.	1,080	3,240	5,400	12,150	18,900	27,000
1910 Four, 35 hp, 108" wb						
5P Tr	1,120	3,360	5,600	12,600	19,600	28,000
4P Demi-Tonn	1,120	3,360	5,600	12,600	19,600	28,000
1911 Twenty-Five, 4-cyl., 22.5 hp, 98" wb						
Rbt.	1,120	3,360	5,600	12,600	19,600	28,000
1911 Thirty, 4-cyl., 30 hp, 108" wb						
2P Torp Rds	1,200	3,600	6,000	13,500	21,000	30,000
5P Tr	1,200	3,600	6,000	13,500	21,000	30,000
4P Rds	1,160	3,480	5,800	13,050	20,300	29,000
1911 Thirty-Five, 4-cyl., 35 hp, 108" wb						
5P Tr	1,280	3,840	6,400	14,400	22,400	32,000
4P Demi-Tonn	1,240	3,720	6,200	13,950	21,700	31,000

	6	5	4	3	2	1
1912 The Fifth, 4-cyl., 30/35 hp, 112" wb						
5P Tr.	1,200	3,600	6,000	13,500	21,000	30,000
4P Rds	1,160	3,480	5,800	13,050	20,300	29,000
2P Rbt	1,160	3,480	5,800	13,050	20,300	29,000
1913 The Fifth, 4-cyl., 30/35 hp, 112" wb						
5P Tr.	1,160	3,480	5,800	13,050	20,300	29,000
2P Rbt	1,120	3,360	5,600	12,600	19,600	28,000
1914 The Fifth, 4-cyl., 30/35 hp, 112" wb						
5P Tr.	1,160	3,480	5,800	13,050	20,300	29,000
2P Rbt	1,120	3,360	5,600	12,600	19,600	28,000
1915 The Fifth, 4-cyl., 30/35 hp, 115" wb						
5P Tr.	1,120	3,360	5,600	12,600	19,600	28,000
2P Rds	1,040	3,120	5,200	11,700	18,200	26,000
3P Cpe	880	2,640	4,400	9,900	15,400	22,000
1916 The Fifth, 4-cyl., 30/35 hp, 115" wb						
5P Tr.	960	2,880	4,800	10,800	16,800	24,000
3P Rbt	920	2,760	4,600	10,350	16,100	23,000
1916 Model M, 6-cyl., 45 hp, 126" wb						
7P Tr.	1,360	4,080	6,800	15,300	23,800	34,000
1917 The Fifth, 4-cyl., 30/35 hp, 115" wb						
5P Tr.	960	2,880	4,800	10,800	16,800	24,000
3P Rds	920	2,760	4,600	10,350	16,100	23,000
1917 Model M, 6-cyl., 45 hp, 126" wb						
7P Tr.	1,360	4,080	6,800	15,300	23,800	34,000
4P Rds	1,320	3,960	6,600	14,850	23,100	33,000
7P Sed	840	2,520	4,200	9,450	14,700	21,000
1918 The Fifth, 4-cyl., 30/35 hp, 120" wb						
5P Tr.	1,000	3,000	5,000	11,250	17,500	25,000
3P Rds	960	2,880	4,800	10,800	16,800	24,000
1918 Model M, 6-cyl., 45 hp, 126" wb						
7P Tr.	1,360	4,080	6,800	15,300	23,800	34,000
4P Rds	1,320	3,960	6,600	14,850	23,100	33,000
4P Enol Rdo	1,280	3,840	6,400	14,400	22,400	32,000
7P Sed	840	2,520	4,200	9,450	14,700	21,000
1919 The Fifth, 4-cyl., 30/35 hp, 120" wb						
5P Tr.	920	2,760	4,600	10,350	16,100	23,000
3P Rds	880	2,640	4,400	9,900	15,400	22,000
4P Cpe	560	1,680	2,800	6,300	9,800	14,000
5P Sed	520	1,560	2,600	5,850	9,100	13,000
1920 Model T-6, 6-cyl., 50 hp, 120" wb						
5P Tr.	1,320	3,960	6,600	14,850	23,100	33,000
3P Rds	1,280	3,840	6,400	14,400	22,400	32,000
4P Cpe	720	2,160	3,600	8,100	12,600	18,000
5P Sed	680	2,040	3,400	7,650	11,900	17,000
1921 Model T-6, 6-cyl., 50 hp, 120" wb						
5P Tr.	1,320	3,960	6,600	14,850	23,100	33,000
3P Rds	1,280	3,840	6,400	14,400	22,400	32,000
4P Cpe	720	2,160	3,600	8,100	12,600	18,000
5P Sed	680	2,040	3,400	7,650	11,900	17,000
1922 Model T-6, 6-cyl., 50 hp, 120" wb						
7P Tr.	1,320	3,960	6,600	14,850	23,100	33,000
3P Rds	1,280	3,840	6,400	14,400	22,400	32,000
3P Bus Cpe	720	2,160	3,600	8,100	12,600	18,000
4P Cpe	680	2,040	3,400	7,650	11,900	17,000
5P Sed	640	1,920	3,200	7,200	11,200	16,000
1923 Model T-6, 6-cyl., 50 hp, 120" wb						
7P Tr.	1,320	3,960	6,600	14,850	23,100	33,000
5P Phae	1,360	4,080	6,800	15,300	23,800	34,000
4P Cpe	680	2,040	3,400	7,650	11,900	17,000
5P Sed	640	1,920	3,200	7,200	11,200	16,000
1924 Model T-6, 6-cyl., 50 hp, 120" wb						
5P Tr.	1,320	3,960	6,600	14,850	23,100	33,000
5P Phae	1,360	4,080	6,800	15,300	23,800	34,000
4P Cpe	680	2,040	3,400	7,650	11,900	17,000
5P Sed	640	1,920	3,200	7,200	11,200	16,000
5P Brgm	660	1,980	3,300	7,430	11,550	16,500
1925 Model T-6, 6-cyl., 50 hp, 120" wb						
5P Tr.	1,320	3,960	6,600	14,850	23,100	33,000
5P Sed	640	1,920	3,200	7,200	11,200	16,000
4P Cpe	660	1,980	3,300	7,430	11,550	16,500
5P Brgm	640	1,920	3,200	7,200	11,200	16,000
1926 Model T-6, 6-cyl., 50 hp, 120" wb						
4P Rds	920	2,760	4,600	10,350	16,100	23,000
2P Cpe	640	1,920	3,200	7,200	11,200	16,000
5P Sed	600	1,800	3,000	6,750	10,500	15,000
5P Tr.	1,220	3,660	6,100	13,730	21,350	30,500
1927 Flying Cloud, 6-cyl., 65 hp, 121" wb						
4P Spt Rds	1,040	3,120	5,200	11,700	18,200	26,000

REO

	6	5	4	3	2	1
4P Cpe	600	1,800	3,000	6,750	10,500	15,000
4P DeL Cpe.	640	1,920	3,200	7,200	11,200	16,000
2d 5P Brgm	600	1,800	3,000	6,750	10,500	15,000
5P DeL Sed.	560	1,680	2,800	6,300	9,800	14,000
1928 Flying Cloud, 6-cyl., 65 hp, 121" wb						
4P Spt Rds	1,000	3,000	5,000	11,250	17,500	25,000
4P Cpe	560	1,680	2,800	6,300	9,800	14,000
4P DeL Cpe.	600	1,800	3,000	6,750	10,500	15,000
2d 5P Brgm	560	1,680	2,800	6,300	9,800	14,000
5P DeL Sed.	520	1,560	2,600	5,850	9,100	13,000
1929 Flying Cloud Mate, 6-cyl., 65 hp, 115" wb						
5P Sed	480	1,440	2,400	5,400	8,400	12,000
4P Cpe	600	1,800	3,000	6,750	10,500	15,000
1929 Flying Cloud Master, 6-cyl., 80 hp, 121" wb						
4P Rds	1,160	3,480	5,800	13,050	20,300	29,000
4P Cpe	640	1,920	3,200	7,200	11,200	16,000
5P Brgm	560	1,680	2,800	6,300	9,800	14,000
5P Sed	520	1,560	2,600	5,850	9,100	13,000
4P Vic	560	1,680	2,800	6,300	9,800	14,000
1930 Flying Cloud, Model 15, 6-cyl., 60 hp, 115" wb						
5P Sed	520	1,560	2,600	5,850	9,100	13,000
2P Cpe	640	1,920	3,200	7,200	11,200	16,000
4P Cpe	680	2,040	3,400	7,650	11,900	17,000
1930 Flying Cloud, Model 20, 6-cyl., 80 hp, 120" wb						
5P Sed	560	1,680	2,800	6,300	9,800	14,000
2P Cpe	680	2,040	3,400	7,650	11,900	17,000
4P Cpe	720	2,160	3,600	8,100	12,600	18,000
1930 Flying Cloud, Model 25, 6-cyl., 80 hp, 124" wb						
7P Sed	600	1,800	3,000	6,750	10,500	15,000
1931 Flying Cloud, Model 15, 6-cyl., 60 hp, 116" wb						
5P Phae	1,320	3,960	6,600	14,850	23,100	33,000
5P Sed	600	1,800	3,000	6,750	10,500	15,000
2P Cpe	720	2,160	3,600	8,100	12,600	18,000
4P Cpe	760	2,280	3,800	8,550	13,300	19,000
1931 Flying Cloud, Model 20, 6-cyl., 85 hp, 120" wb						
5P Sed	640	1,920	3,200	7,200	11,200	16,000
Spt Cpe	720	2,160	3,600	8,100	12,600	18,000
Spt Sed	680	2,040	3,400	7,650	11,900	17,000
4P Cpe	720	2,160	3,600	8,100	12,600	18,000
1931 Flying Cloud, Model 25, 6-cyl., 85 hp, 125" wb						
Sed	640	1,920	3,200	7,200	11,200	16,000
Vic	680	2,040	3,400	7,650	11,900	17,000
4P Cpe	740	2,220	3,700	8,330	12,950	18,500
Spt Sed	700	2,100	3,500	7,880	12,250	17,500
Spt Vic	720	2,160	3,600	8,100	12,600	18,000
Spt Cpe	760	2,280	3,800	8,550	13,300	19,000
1931 Flying Cloud, Model 30, 8-cyl., 125 hp, 130" wb						
Sed	800	2,400	4,000	9,000	14,000	20,000
Vic	880	2,640	4,400	9,900	15,400	22,000
4P Cpe	880	2,640	4,400	9,900	15,400	22,000
Spt Sed	840	2,520	4,200	9,450	14,700	21,000
Spt Vic	920	2,760	4,600	10,350	16,100	23,000
Spt Cpe	920	2,760	4,600	10,350	16,100	23,000
1931 Royale, Model 35, 8-cyl., 125 hp, 135" wb						
Sed	1,240	3,720	6,200	13,950	21,700	31,000
Vic	1,280	3,840	6,400	14,400	22,400	32,000
4P Cpe	1,360	4,080	6,800	15,300	23,800	34,000
1932 Flying Cloud, Model 6-21, 6-cyl., 85 hp, 121" wb						
Sed	880	2,640	4,400	9,900	15,400	22,000
Spt Sed	920	2,760	4,600	10,350	16,100	23,000
1932 Flying Cloud, Model 8-21, 8-cyl., 90 hp, 121" wb						
Sed	920	2,760	4,600	10,350	16,100	23,000
Spt Sed	960	2,880	4,800	10,800	16,800	24,000
1932 Flying Cloud, Model 6-25						
Vic	1,080	3,240	5,400	12,150	18,900	27,000
Sed	1,000	3,000	5,000	11,250	17,500	25,000
Cpe	1,040	3,120	5,200	11,700	18,200	26,000
1932 Flying Cloud, Model 8-25, 8-cyl., 90 hp, 125" wb						
Sed	960	2,880	4,800	10,800	16,800	24,000
Vic	1,040	3,120	5,200	11,700	18,200	26,000
Cpe	1,040	3,120	5,200	11,700	18,200	26,000
Spt Sed	1,000	3,000	5,000	11,250	17,500	25,000
Spt Vic	1,080	3,240	5,400	12,150	18,900	27,000
Spt Cpe	1,080	3,240	5,400	12,150	18,900	27,000
1932 Royale, Model 8-31, 8-cyl., 125 hp, 131" wb						
Sed	1,480	4,440	7,400	16,650	25,900	37,000
Vic	1,560	4,680	7,800	17,550	27,300	39,000
Cpe	1,560	4,680	7,800	17,550	27,300	39,000

REO

	6	5	4	3	2	1
Spt Sed.	1,520	4,560	7,600	17,100	26,600	38,000
Spt Vic	1,600	4,800	8,000	18,000	28,000	40,000
Spt Cpe	1,600	4,800	8,000	18,000	28,000	40,000
1932 Royale, Model 8-35, 8-cyl., 125 hp, 135" wb						
Sed.	1,520	4,560	7,600	17,100	26,600	38,000
Vic.	1,600	4,800	8,000	18,000	28,000	40,000
Cpe.	1,600	4,800	8,000	18,000	28,000	40,000
Conv Cpe	6,000	18,000	30,000	67,500	105,000	150,000
1932 Flying Cloud, Model S						
Std Cpe	800	2,400	4,000	9,000	14,000	20,000
Std Conv Cpe.	1,400	4,200	7,000	15,750	24,500	35,000
Std Sed.	680	2,040	3,400	7,650	11,900	17,000
Spt Cpe	840	2,520	4,200	9,450	14,700	21,000
Spt Conv Cpe.	1,440	4,320	7,200	16,200	25,200	36,000
Spt Sed.	720	2,160	3,600	8,100	12,600	18,000
DeL Cpe.	840	2,520	4,200	9,450	14,700	21,000
DeL Conv Cpe.	1,480	4,440	7,400	16,650	25,900	37,000
DeL Sed.	760	2,280	3,800	8,550	13,300	19,000
NOTE: Model 8-31 had been introduced April 1931, Model 8-21 May 1931.						
1933 Flying Cloud, 6-cyl., 85 hp, 117-1/2" wb						
5P Sed.	880	2,640	4,400	9,900	15,400	22,000
4P Cpe.	1,000	3,000	5,000	11,250	17,500	25,000
Vic	960	2,880	4,800	10,800	16,800	24,000
1933 Royale, 8-cyl., 125 hp, 131" wb						
5P Sed.	1,320	3,960	6,600	14,850	23,100	33,000
5P Vic.	1,440	4,320	7,200	16,200	25,200	36,000
4P Cpe.	1,400	4,200	7,000	15,750	24,500	35,000
Conv Cpe.	2,280	6,840	11,400	25,650	39,900	57,000
1934 Flying Cloud, 6-cyl., 95 hp, 118" wb						
Cpe.	920	2,760	4,600	10,350	16,100	23,000
5P Sed.	880	2,640	4,400	9,900	15,400	22,000
Cpe.	960	2,880	4,800	10,800	16,800	24,000
5P Sed.	920	2,760	4,600	10,350	16,100	23,000
Elite Sed.	960	2,880	4,800	10,800	16,800	24,000
Elite Cpe.	1,000	3,000	5,000	11,250	17,500	25,000
1934 Royale, 8-cyl., 95 hp, 131" wb						
5P Sed.	1,360	4,080	6,800	15,300	23,800	34,000
Vic	1,440	4,320	7,200	16,200	25,200	36,000
Elite Sed.	1,600	4,800	8,000	18,000	28,000	40,000
Elite Vic	1,680	5,040	8,400	18,900	29,400	42,000
Elite Cpe.	1,720	5,160	8,600	19,350	30,100	43,000
1934 Royale, 8-cyl., 95 hp, 135" wb						
Cus Sed.	1,480	4,440	7,400	16,650	25,900	37,000
Cus Vic.	1,560	4,680	7,800	17,550	27,300	39,000
Cus Cpe.	1,600	4,800	8,000	18,000	28,000	40,000
1935 Flying Cloud, 6-cyl., 85 hp, 115" wb						
Cpe.	880	2,640	4,400	9,900	15,400	22,000
Sed.	760	2,280	3,800	8,550	13,300	19,000
1935 Flying Cloud, 6-cyl., 85 hp, 118" wb						
Sed.	800	2,400	4,000	9,000	14,000	20,000
Conv Cpe.	1,440	4,320	7,200	16,200	25,200	36,000
2P Cpe.	920	2,760	4,600	10,350	16,100	23,000
4P Cpe.	960	2,880	4,800	10,800	16,800	24,000
1936 Flying Cloud, 6-cyl., 85 hp, 115" wb						
Coach.	800	2,400	4,000	9,000	14,000	20,000
Sed.	840	2,520	4,200	9,450	14,700	21,000
DeL Brgm.	920	2,760	4,600	10,350	16,100	23,000
DeL Sed.	880	2,640	4,400	9,900	15,400	22,000

SATURN

	6	5	4	3	2	1
1991 4-cyl.						
SL 2d Cpe	240	720	1,200	2,700	4,200	6,000
SL 4d Sed.	160	480	800	1,800	2,800	4,000
SL1 4d Sed.	180	540	900	2,030	3,150	4,500
SL2 4d Trg Sed	220	660	1,100	2,480	3,850	5,500
1992 4-cyl.						
SL 4d Sed.	180	540	900	2,030	3,150	4,500
SL1 4d Sed.	220	660	1,100	2,480	3,850	5,500
SL2 4d Sed.	260	780	1,300	2,930	4,550	6,500
SC 2d Cpe	280	840	1,400	3,150	4,900	7,000
1993 4-cyl.						
SC1 2d Cpe	288	864	1,440	3,240	5,040	7,200
SC2 2d Cpe	292	876	1,460	3,290	5,110	7,300
SL 4d Sed.	284	852	1,420	3,200	4,970	7,100
SL1 4d Sed.	288	864	1,440	3,240	5,040	7,200
SL2 4d Sed.	292	876	1,460	3,290	5,110	7,300
SW1 4d Sta Wag	296	888	1,480	3,330	5,180	7,400
SW2 4d Sta Wag	300	900	1,500	3,380	5,250	7,500

SATURN

	6	5	4	3	2	1
1994 4-cyl.						
SC1 2d Cpe.	248	744	1,240	2,790	4,340	6,200
SC2 2d Cpe.	268	804	1,340	3,020	4,690	6,700
4d Sed.	200	600	1,000	2,250	3,500	5,000
SL1 4d Sed	220	660	1,100	2,480	3,850	5,500
SL2 4d Sed	260	780	1,300	2,930	4,550	6,500
SW1 4d Sta Wag.	280	840	1,400	3,150	4,900	7,000
SW2 4d Sta Wag.	280	840	1,400	3,150	4,900	7,000
1995 4-cyl.						
4d SL Sed	200	600	1,000	2,250	3,500	5,000
4d SL1 Sed	200	650	1,100	2,480	3,850	5,500
4d SL2 Sed	250	800	1,300	2,930	4,550	6,500
2d SC1 Cpe.	250	750	1,250	2,790	4,350	6,200
2d SC2 Cpe.	250	800	1,350	3,020	4,700	6,700
4d SW1 Sta Wag.	300	850	1,400	3,150	4,900	7,000
4d SW2 Sta Wag.	300	950	1,600	3,600	5,600	8,000
1996 4-cyl.						
4d SL Sed	200	600	1,000	2,250	3,500	5,000
4d SL1 Sed	200	650	1,100	2,480	3,850	5,500
4d SL2 Sed	250	800	1,300	2,930	4,550	6,500
2d SC1 Cpe.	250	750	1,250	2,790	4,350	6,200
2d SC2 Cpe.	250	800	1,350	3,020	4,700	6,700
4d SW1 Sta Wag.	300	850	1,400	3,150	4,900	7,000
4d SW2 Sta Wag.	300	950	1,600	3,600	5,600	8,000
1997 4-cyl.						
4d SL Sed	200	600	1,000	2,250	3,500	5,000
4d SL1 Sed	220	660	1,100	2,480	3,850	5,500
4d SL2 Sed	260	780	1,300	2,930	4,550	6,500
2d SC1 Cpe.	248	744	1,240	2,790	4,340	6,200
2d SC2 Cpe.	268	804	1,340	3,020	4,690	6,700
4d SW1 Sta Wag.	280	840	1,400	3,150	4,900	7,000
4d SW2 Sta Wag.	320	960	1,600	3,600	5,600	8,000
1998 4-cyl.						
4d SL Sed	200	600	1,000	2,250	3,500	5,000
4d SL1 Sed	220	660	1,100	2,480	3,850	5,500
4d SL2 Sed	260	780	1,300	2,930	4,550	6,500
2d SC1 Cpe.	250	740	1,240	2,790	4,340	6,200
2d SC2 Cpe.	270	800	1,340	3,020	4,690	6,700
4d SW1 Sta Wag.	280	840	1,400	3,150	4,900	7,000
4d SW2 Sta Wag.	320	960	1,600	3,600	5,600	8,000
1999 4-cyl.						
4d SL Sed	200	600	1,000	2,250	3,500	5,000
4d SL1 Sed	220	660	1,100	2,480	3,850	5,500
4d SL2 Sed	260	780	1,300	2,930	4,550	6,500
3d SC1 Cpe.	250	760	1,260	2,840	4,410	6,300
3d SC2 Cpe.	270	820	1,360	3,060	4,760	6,800
4d SW1 Sta Wag.	280	840	1,400	3,150	4,900	7,000
4d SW2 Sta Wag.	320	960	1,600	3,600	5,600	8,000
NOTE: Add 5 percent for Homecoming Commemorative Ed.						
2000 S Series, 4-cyl.						
4d SL Sed	200	600	1,000	2,250	3,500	5,000
4d SL1 Sed	220	660	1,100	2,480	3,850	5,500
4d SL2 Sed	260	780	1,300	2,930	4,550	6,500
3d SC1 Cpe.	250	760	1,260	2,840	4,410	6,300
3d SC2 Cpe.	270	820	1,360	3,060	4,760	6,800
4d SW2 Sta Wag.	320	960	1,600	3,600	5,600	8,000
2000 L Series, 4-cyl.						
4d LS Sed	220	660	1,100	2,480	3,850	5,500
4d LS1 Sed	240	720	1,200	2,700	4,200	6,000
4d LS2 Sed (V-6 only)	280	840	1,400	3,150	4,900	7,000
4d LW1 Sta Wag.	280	830	1,380	3,110	4,830	6,900
4d LW2 Sta Wag (V-6 only)	340	1,020	1,700	3,830	5,950	8,500
2001 S, 4-cyl.						
4d SL Sed.	200	600	1,000	2,500	3,500	5,000
4d SL1 Sed	220	660	1,100	2,750	3,850	5,500
4d SL2 Sed	260	780	1,300	3,250	4,550	6,500
3d SC1 Cpe.	250	760	1,260	3,150	4,410	6,300
3d SC2 Cpe.	270	820	1,360	3,400	4,760	6,800
4d SW2 Sta Wag.	320	960	1,600	4,000	5,600	8,000
2001 L, 4-cyl. & V-6						
4d L100 Sed (4-cyl. only)	240	720	1,200	3,000	4,200	6,000
4d L200 Sed (4-cyl. only)	280	840	1,400	3,500	4,900	7,000
4d L300 Sed (V-6 only)	280	850	1,420	3,200	4,970	7,100
4d LW200 Sta Wag (4-cyl. only)	280	830	1,380	3,450	4,830	6,900
4d LW300 Sta Wag (V-6 only)	290	860	1,440	3,600	5,040	7,200

STUDEBAKER

1903 Model A, 8 hp
Tonn Tr . . . .   value not estimable

	6	5	4	3	2	1
1904 Model A						
Tonn Tr.	1,200	3,600	6,000	13,500	21,000	30,000
1904 Model B						
Dely Wagon	1,160	3,480	5,800	13,050	20,300	29,000
1904 Model C						
Tonn Tr.	1,240	3,720	6,200	13,950	21,700	31,000
1905 Model 9502, 2-cyl.						
Rear Ent Tr.	1,280	3,840	6,400	14,400	22,400	32,000
Side Ent Tr	1,320	3,960	6,600	14,850	23,100	33,000
1905 Model 9503, 4-cyl.						
Side Ent Tr	1,400	4,200	7,000	15,750	24,500	35,000
1906 Model E, 20 N.A.C.C.H.P.						
Side Ent Tr	1,240	3,720	6,200	13,950	21,700	31,000
Twn Car	1,200	3,600	6,000	13,500	21,000	30,000
1906 Model F, 28 N.A.C.C.H.P.						
Side Ent Tr	1,320	3,960	6,600	14,850	23,100	33,000
1906 Model G, 30 N.A.C.C.H.P.						
Side Ent Tr	1,440	4,320	7,200	16,200	25,200	36,000
1907 Model L, 4-cyl., 28 hp, 104" wb						
5P Rear Ent Tr	1,480	4,440	7,400	16,650	25,900	37,000
1907 Model G, 4-cyl., 30 hp, 104" wb						
5P Rear Ent Tr	1,520	4,560	7,600	17,100	26,600	38,000
1907 Model H, 4-cyl., 30 hp, 104" wb						
5P Rear Ent Tr	1,520	4,560	7,600	17,100	26,600	38,000
1908 Model H, 4-cyl., 30 hp, 104" wb						
5P Rear Ent Tr	1,520	4,560	7,600	17,100	26,600	38,000
1908 Model A, 4-cyl., 30 hp, 104" wb						
5P Tr.	1,520	4,560	7,600	17,100	26,600	38,000
5P Twn Car	1,480	4,440	7,400	16,650	25,900	37,000
2P Rbt	1,440	4,320	7,200	16,200	25,200	36,000
5P Lan'let	1,520	4,560	7,600	17,100	26,600	38,000
1908 Model B, 4-cyl., 40 hp, 114" wb						
5P Tr.	1,600	4,800	8,000	18,000	28,000	40,000
2P Rbt	1,520	4,560	7,600	17,100	26,600	38,000
7P Limo	1,560	4,680	7,800	17,550	27,300	39,000
5P Lan'let	1,600	4,800	8,000	18,000	28,000	40,000
4P Trabt	1,640	4,920	8,200	18,450	28,700	41,000
3P Speed Car	1,560	4,680	7,800	17,550	27,300	39,000
1909 Model A, 4-cyl., 30 hp, 104" wb						
5P Tr.	1,520	4,560	7,600	17,100	26,600	38,000
5P Twn Car	1,480	4,440	7,400	16,650	25,900	37,000
Rbt	1,440	4,320	7,200	16,200	25,200	36,000
5P Lan'let	1,520	4,560	7,600	17,100	26,600	38,000
1909 Model B, 4-cyl., 40 hp, 114" wb						
5P Tr.	1,600	4,800	8,000	18,000	28,000	40,000
7P Limo	1,560	4,680	7,800	17,550	27,300	39,000
5P Lan'let	1,600	4,800	8,000	18,000	28,000	40,000
1909 Model C, 4-cyl., 30 hp, 104" wb						
5P Tr.	1,520	4,560	7,600	17,100	26,600	38,000
1909 Model D, 4-cyl., 40 hp, 117.5" wb						
5P Tr.	1,640	4,920	8,200	18,450	28,700	41,000
1910 Model H, 4-cyl., 30 hp, 104" wb						
5P Tr.	1,520	4,560	7,600	17,100	26,600	38,000
1910 Model M, 4-cyl., 28 hp, 104" wb						
5P Tr.	1,480	4,440	7,400	16,650	25,900	37,000
1910 Model G-7, 4-cyl., 40 hp, 117.5" wb						
4/5P Tr	1,600	4,800	8,000	18,000	28,000	40,000
7P Tr.	1,640	4,920	8,200	18,450	28,700	41,000
Limo (123" wb)	1,520	4,560	7,600	17,100	26,600	38,000
1911 Model G-8, 4-cyl., 40 hp, 117.5" wb						
4d 7P Limo	1,560	4,680	7,800	17,550	27,300	39,000
4d 5P Lan'let	1,600	4,800	8,000	18,000	28,000	40,000
4d 4/6/7P Tr	1,680	5,040	8,400	18,900	29,400	42,000
2d 2P Rds.	1,480	4,440	7,400	16,650	25,900	37,000
1911 Model G-10, 4-cyl., 30 hp, 116" wb						
4d 5P Tr	1,600	4,800	8,000	18,000	28,000	40,000
NOTE: Studebaker-Garford association was discontinued after 1911 model year.						
1913 Model SA-25, 4-cyl., 101" wb						
2d Rds	1,120	3,360	5,600	12,600	19,600	28,000
4d Tr	1,160	3,480	5,800	13,050	20,300	29,000
1913 Model AA-35, 4-cyl., 115.5" wb						
4d Tr.	1,320	3,960	6,600	14,850	23,100	33,000
2d Cpe	960	2,880	4,800	10,800	16,800	24,000
4d Sed	920	2,760	4,600	10,350	16,100	23,000
1913 Model E, 6-cyl., 121" wb						
4d Tr.	1,360	4,080	6,800	15,300	23,800	34,000
4d Limo.	1,040	3,120	5,200	11,700	18,200	26,000
1914 Series 14, Model 1 SC, 4-cyl., 108.3" wb						
4d Tr.	1,040	3,120	5,200	11,700	18,200	26,000
2d Lan Rds.	1,040	3,120	5,200	11,700	18,200	26,000

STUDEBAKER

STUDEBAKER

	6	5	4	3	2	1
1914 Series 14, Model EB, 6-cyl., 121.3" wb						
4d Tr	1,280	3,840	6,400	14,400	22,400	32,000
4d Lan Rds	1,080	3,240	5,400	12,150	18,900	27,000
2d Sed	760	2,280	3,800	8,550	13,300	19,000
1915 Series 15, Model SD, 4-cyl., 108.3" wb						
2d Rds	1,040	3,120	5,200	11,700	18,200	26,000
4d Tr	1,120	3,360	5,600	12,600	19,600	28,000
1915 Series 15, Model EC, 6-cyl., 121.3" wb						
4d 5P Tr	1,080	3,240	5,400	12,150	18,900	27,000
4d 7P Tr	1,120	3,360	5,600	12,600	19,600	28,000
1916 Model SF, 4-cyl., 112" wb						
2d Rds	1,000	3,000	5,000	11,250	17,500	25,000
2d Lan Rds	1,040	3,120	5,200	11,700	18,200	26,000
4d 7P Tr	1,120	3,360	5,600	12,600	19,600	28,000
4d A/W Sed	840	2,520	4,200	9,450	14,700	21,000
1916 Series 16 & 17, Model ED, 6-cyl., 121.8" wb						
2d Rds	1,040	3,120	5,200	11,700	18,200	26,000
2d Lan Rds	1,080	3,240	5,400	12,150	18,900	27,000
4d 7P Tr	1,120	3,360	5,600	12,600	19,600	28,000
2d Cpe	600	1,800	3,000	6,750	10,500	15,000
4d Sed	520	1,560	2,600	5,850	9,100	13,000
4d Limo	840	2,520	4,200	9,450	14,700	21,000
4d A/W Sed	840	2,520	4,200	9,450	14,700	21,000

NOTE: The All Weather sedan was available only in the Series 17.

	6	5	4	3	2	1
1917 Series 18, Model SF, 4-cyl., 112" wb						
2d Rds	880	2,640	4,400	9,900	15,400	22,000
2d Lan Rds	920	2,760	4,600	10,350	16,100	23,000
4d 7P Tr	960	2,880	4,800	10,800	16,800	24,000
4d A/W Sed	760	2,280	3,800	8,550	13,300	19,000
1917 Series 18, Model ED, 6-cyl., 121.8" wb						
2d Rds	920	2,760	4,600	10,350	16,100	23,000
2d Lan Rds	960	2,880	4,800	10,800	16,800	24,000
4d 7P Tr	1,000	3,000	5,000	11,250	17,500	25,000
2d Cpe	560	1,680	2,800	6,300	9,800	14,000
4d Sed	520	1,560	2,600	5,850	9,100	13,000
4d Limo	640	1,920	3,200	7,200	11,200	16,000
4d A/W Sed	840	2,520	4,200	9,450	14,700	21,000
1918-19 Series 19, Model SH, 4-cyl., 112" wb						
2d Rds	760	2,280	3,800	8,550	13,300	19,000
4d Tr	760	2,280	3,800	8,550	13,300	19,000
4d Sed	460	1,380	2,300	5,180	8,050	11,500
1918-19 Series 19, Model EH, 6-cyl., 119" wb						
4d Tr	800	2,400	4,000	9,000	14,000	20,000
2d Clb Rds	800	2,400	4,000	9,000	14,000	20,000
2d Rds	640	1,920	3,200	7,200	11,200	16,000
4d Sed	464	1,392	2,320	5,220	8,120	11,600
2d Cpe	480	1,440	2,400	5,400	8,400	12,000
1918-19 Series 19, Model EG, 6-cyl., 126" wb						
4d 7P Tr	880	2,640	4,400	9,900	15,400	22,000
1920-21 Model EJ, 6-cyl., 112" wb						
4d Tr	640	1,920	3,200	7,200	11,200	16,000
2d Lan Rds *	680	2,040	3,400	7,650	11,900	17,000
2d Rds	648	1,944	3,240	7,290	11,340	16,200
2d Cpe Rds **	700	2,100	3,500	7,880	12,250	17,500
4d Sed	440	1,320	2,200	4,950	7,700	11,000
1920-21 Model EH, 6-cyl., 119" wb						
4d Tr	680	2,040	3,400	7,650	11,900	17,000
2d Rds	688	2,064	3,440	7,740	12,040	17,200
4d Rds	700	2,100	3,500	7,880	12,250	17,500
2d Cpe	480	1,440	2,400	5,400	8,400	12,000
4d Sed	440	1,320	2,200	4,950	7,700	11,000
1920-21 Model EG, Big Six						
4d 7P Tr	760	2,280	3,800	8,550	13,300	19,000
2d Cpe **	520	1,560	2,600	5,850	9,100	13,000
4d 7P Sed	480	1,440	2,400	5,400	8,400	12,000

* 1920 Model only.** 1921 Model only.

	6	5	4	3	2	1
1922 Model EJ, Light Six, 6-cyl., 112" wb						
2d Rds	640	1,920	3,200	7,200	11,200	16,000
4d Tr	620	1,860	3,100	6,980	10,850	15,500
2d Cpe Rds	660	1,980	3,300	7,430	11,550	16,500
4d Sed	460	1,380	2,300	5,180	8,050	11,500
1922 Model EL, Special Six, 6-cyl., 119" wb						
2d Rds	660	1,980	3,300	7,430	11,550	16,500
4d Tr	640	1,920	3,200	7,200	11,200	16,000
4d Rds	680	2,040	3,400	7,650	11,900	17,000
2d Cpe	520	1,560	2,600	5,850	9,100	13,000
4d Sed	480	1,440	2,400	5,400	8,400	12,000
1922 Model EK, Big Six, 6-cyl., 126" wb						
4d Tr	680	2,040	3,400	7,650	11,900	17,000

	6	5	4	3	2	1
2d Cpe	500	1,500	2,500	5,630	8,750	12,500
4d Sed	480	1,440	2,400	5,400	8,400	12,000
4d Spds	720	2,160	3,600	8,100	12,600	18,000
1923 Model EM, Light Six						
2d Rds	640	1,920	3,200	7,200	11,200	16,000
4d Tr	620	1,860	3,100	6,980	10,850	15,500
2d Cpe	480	1,440	2,400	5,400	8,400	12,000
4d Sed	460	1,380	2,300	5,180	8,050	11,500
1923 Model EL, Special Six						
4d Tr	640	1,920	3,200	7,200	11,200	16,000
2d 4P Cpe	500	1,500	2,500	5,630	8,750	12,500
2d Rds	664	1,992	3,320	7,470	11,620	16,600
2d 5P Cpe	520	1,560	2,600	5,850	9,100	13,000
4d Sed	480	1,440	2,400	5,400	8,400	12,000
1923 Model EK, Big Six						
4d Tr	700	2,100	3,500	7,880	12,250	17,500
2d Spds	800	2,400	4,000	9,000	14,000	20,000
2d 5P Cpe	540	1,620	2,700	6,080	9,450	13,500
2d 4P Cpe	536	1,608	2,680	6,030	9,380	13,400
4d Sed	500	1,500	2,500	5,630	8,750	12,500
1924 Model EM, Light Six, 6-cyl., 112" wb						
4d Tr	600	1,800	3,000	6,750	10,500	15,000
2d Rds	620	1,860	3,100	6,980	10,850	15,500
2d Cpe Rds	660	1,980	3,300	7,430	11,550	16,500
4d Cus Tr	640	1,920	3,200	7,200	11,200	16,000
4d Sed	340	1,020	1,700	3,830	5,950	8,500
2d Cpe	460	1,380	2,300	5,180	8,050	11,500
1924 Model EL, Special Six, 6-cyl., 119" wb						
4d Tr	640	1,920	3,200	7,200	11,200	16,000
2d Rds	660	1,980	3,300	7,430	11,550	16,500
2d Cpe	520	1,560	2,600	5,850	9,100	13,000
4d Sed	480	1,440	2,400	5,400	8,400	12,000
1924 Model EK, Big Six, 6-cyl., 126" wb						
4d 7P Tr	780	2,340	3,900	8,780	13,650	19,500
2d Spds	800	2,400	4,000	9,000	14,000	20,000
2d Cpe	540	1,620	2,700	6,080	9,450	13,500
4d Sed	480	1,440	2,400	5,400	8,400	12,000
1925-26 Model ER, Standard Six, 6-cyl., 113" wb						
4d Dplx Phae	720	2,160	3,600	8,100	12,600	18,000
2d Dplx Rds	760	2,280	3,800	8,550	13,300	19,000
2d Coach	352	1,056	1,760	3,960	6,160	8,800
2d Cty Clb Cpe	560	1,680	2,800	6,300	9,800	14,000
2d Spt Rds	700	2,100	3,500	7,880	12,250	17,500
4d Spt Phae	680	2,040	3,400	7,650	11,900	17,000
4d Sed	440	1,320	2,200	4,950	7,700	11,000
2d Cpe Rds	720	2,160	3,600	8,100	12,600	18,000
4d w/Sed	460	1,380	2,300	5,180	8,050	11,500
4d Sed	440	1,320	2,200	4,950	7,700	11,000
2d Cpe	520	1,560	2,600	5,850	9,100	13,000
4d Ber	500	1,500	2,500	5,630	8,750	12,500
1925-26 Model EQ, Special Six, 6-cyl., 120" - 127" wb						
4d Dplx Phae	800	2,400	4,000	9,000	14,000	20,000
2d Dplx Rds	860	2,580	4,300	9,680	15,050	21,500
2d Vic	512	1,536	2,560	5,760	8,960	12,800
4d Sed	500	1,500	2,500	5,630	8,750	12,500
4d Ber	540	1,620	2,700	6,080	9,450	13,500
2d Brgm	520	1,560	2,600	5,850	9,100	13,000
2d Spt Rds	840	2,520	4,200	9,450	14,700	21,000
2d Coach	480	1,440	2,400	5,400	8,400	12,000
1925-26 Model EP, Big Six, 6-cyl., 120" wb						
4d Dplx Phae	880	2,640	4,400	9,900	15,400	22,000
2d Cpe	560	1,680	2,800	6,300	9,800	14,000
2d Brgm	460	1,380	2,300	5,180	8,050	11,500
4d 7P Sed	456	1,368	2,280	5,130	7,980	11,400
2d Ber	520	1,560	2,600	5,850	9,100	13,000
4d Sed	460	1,380	2,300	5,180	8,050	11,500
4d Spt Phae	840	2,520	4,200	9,450	14,700	21,000
2d Clb Cpe	448	1,344	2,240	5,040	7,840	11,200

NOTE: Add 10 percent for 4-wheel brake option.

1927 Dictator, Model EU, Standard, 6-cyl., 113" wb						
2d Spt Rds	960	2,880	4,800	10,800	16,800	24,000
4d Tr	900	2,700	4,500	10,130	15,750	22,500
4d Dplx Tr	920	2,760	4,600	10,350	16,100	23,000
4d 7P Tr	880	2,640	4,400	9,900	15,400	22,000
2d Bus Cpe	540	1,620	2,700	6,080	9,450	13,500
2d Spt Cpe	560	1,680	2,800	6,300	9,800	14,000
2d Vic	460	1,380	2,300	5,180	8,050	11,500

	6	5	4	3	2	1
4d (P) Sed.............................. 440		1,320	2,200	4,950	7,700	11,000
4d (M) Sed 480		1,440	2,400	5,400	8,400	12,000
1927 Special, Model EQ						
4d Dplx Phae..............................1,000		3,000	5,000	11,250	17,500	25,000
2d Coach................................. 480		1,440	2,400	5,400	8,400	12,000
2d Brgm.................................. 520		1,560	2,600	5,850	9,100	13,000
2d Spt Rds................................1,040		3,120	5,200	11,700	18,200	26,000
1927 Commander, Model EW						
2d Spt Rds 1,080		3,240	5,400	12,150	18,900	27,000
2d Bus Cpe 560		1,680	2,800	6,300	9,800	14,000
2d Spt Cpe 580		1,740	2,900	6,530	10,150	14,500
4d Sed................................... 500		1,500	2,500	5,630	8,750	12,500
2d Cus Vic................................ 540		1,620	2,700	6,080	9,450	13,500
2d Dplx Rds...............................1,040		3,120	5,200	11,700	18,200	26,000
4d Spt Phae 1,040		3,120	5,200	11,700	18,200	26,000
2d Cus Brgm.............................. 508		1,524	2,540	5,720	8,890	12,700
1927 President, Model ES						
4d Cus Sed 500		1,500	2,500	5,630	8,750	12,500
4d Limo 800		2,400	4,000	9,000	14,000	20,000
4d Dplx Phae..............................1,000		3,000	5,000	11,250	17,500	25,000
1928 Dictator, Model GE						
2d Roy Rds...............................1,520		4,560	7,600	17,100	26,600	38,000
4d Tr....................................1,400		4,200	7,000	15,750	24,500	35,000
4d Dplx Tr................................1,440		4,320	7,200	16,200	25,200	36,000
4d 7P Roy Tr..............................1,480		4,440	7,400	16,650	25,900	37,000
2d Bus Cpe 500		1,500	2,500	5,630	8,750	12,500
2d Roy Cpe 520		1,560	2,600	5,850	9,100	13,000
2d Roy Vic................................ 500		1,500	2,500	5,630	8,750	12,500
2d Clb Sed 468		1,404	2,340	5,270	8,190	11,700
4d Sed................................... 448		1,344	2,240	5,040	7,840	11,200
4d Roy Sed 460		1,380	2,300	5,180	8,050	11,500
1928 Commander, Model GB						
2d Reg Rds...............................1,520		4,560	7,600	17,100	26,600	38,000
2d Cpe................................... 540		1,620	2,700	6,080	9,450	13,500
2d Reg Cpe 560		1,680	2,800	6,300	9,800	14,000
2d Reg Cabr 500		1,500	2,500	5,630	8,750	12,500
2d Vic 500		1,500	2,500	5,630	8,750	12,500
2d Reg Vic................................ 520		1,560	2,600	5,850	9,100	13,000
4d Sed................................... 500		1,500	2,500	5,630	8,750	12,500
2d Clb Sed 508		1,524	2,540	5,720	8,890	12,700
4d Reg Sed 480		1,440	2,400	5,400	8,400	12,000
1928 President Six, Model ES						
4d Cus Sed 500		1,500	2,500	5,630	8,750	12,500
4d Limo 720		2,160	3,600	8,100	12,600	18,000
4d Cus Tr 1,000		3,000	5,000	11,250	17,500	25,000
1928 President Eight, Model FA						
4d 7P Tr 1,280		3,840	6,400	14,400	22,400	32,000
2d Sta Cabr...............................1,320		3,960	6,600	14,850	23,100	33,000
4d Sed................................... 528		1,584	2,640	5,940	9,240	13,200
4d Sta Sed 540		1,620	2,700	6,080	9,450	13,500
4d 7P Sed 540		1,620	2,700	6,080	9,450	13,500
4d 7P Sta Sed............................. 560		1,680	2,800	6,300	9,800	14,000
4d Limo 760		2,280	3,800	8,550	13,300	19,000
4d Sta Ber 800		2,400	4,000	9,000	14,000	20,000
1928-1/2 Dictator, Model GE						
2d Tr 1,040		3,120	5,200	11,700	18,200	26,000
2d 7P Tr 1,060		3,180	5,300	11,930	18,550	26,500
2d Bus Cpe 480		1,440	2,400	5,400	8,400	12,000
2d Roy Cabr 1,280		3,840	6,400	14,400	22,400	32,000
2d Roy Vic................................ 500		1,500	2,500	5,630	8,750	12,500
2d Clb Sed 468		1,404	2,340	5,270	8,190	11,700
4d Sed................................... 456		1,368	2,280	5,130	7,980	11,400
4d Roy Sed 480		1,440	2,400	5,400	8,400	12,000
1928-1/2 Commander, Model GH						
2d Reg Vic................................ 508		1,524	2,540	5,720	8,890	12,700
4d Sed................................... 488		1,464	2,440	5,490	8,540	12,200
4d Reg Sed 496		1,488	2,480	5,580	8,680	12,400
1928-1/2 President, Model FB						
2d Sta Rds 1,280		3,840	6,400	14,400	22,400	32,000
2d Sta Cabr...............................1,240		3,720	6,200	13,950	21,700	31,000
2d Sta Vic 512		1,536	2,560	5,760	8,960	12,800
4d Sed................................... 496		1,488	2,480	5,580	8,680	12,400
4d Sta Sed 504		1,512	2,520	5,670	8,820	12,600
1928-1/2 President, Model FA						
4d Tr 1,320		3,960	6,600	14,850	23,100	33,000
4d Sta Tr 1,360		4,080	6,800	15,300	23,800	34,000
2d Sta Cabr...............................1,400		4,200	7,000	15,750	24,500	35,000
4d Sta Sed 560		1,680	2,800	6,300	9,800	14,000

STUDEBAKER

	6	5	4	3	2	1
4d Sed	552	1,656	2,760	6,210	9,660	13,800
4d 7P Sta Sed	580	1,740	2,900	6,530	10,150	14,500
4d Limo	800	2,400	4,000	9,000	14,000	20,000
1929 Dictator GE, 6-cyl., 113" wb						
4d 5P Tr	1,040	3,120	5,200	11,700	18,200	26,000
4d 7P Tr	1,040	3,120	5,200	11,700	18,200	26,000
2d Bus Cpe	500	1,500	2,500	5,630	8,750	12,500
2d Cabr.	1,040	3,120	5,200	11,700	18,200	26,000
2d Vic Ryl	520	1,560	2,600	5,850	9,100	13,000
1929 Commander Six, Model GJ						
2d Rds	1,640	4,920	8,200	18,450	28,700	41,000
2d Reg Rds	1,680	5,040	8,400	18,900	29,400	42,000
4d Tr	1,440	4,320	7,200	16,200	25,200	36,000
4d Reg Tr	1,520	4,560	7,600	17,100	26,600	38,000
4d 7P Tr	1,440	4,320	7,200	16,200	25,200	36,000
4d 7P Reg Tr	1,520	4,560	7,600	17,100	26,600	38,000
2d Cpe	540	1,620	2,700	6,080	9,450	13,500
2d Spt Cpe	520	1,560	2,600	5,850	9,100	13,000
2d Cabr.	1,400	4,200	7,000	15,750	24,500	35,000
2d Vic	500	1,500	2,500	5,630	8,750	12,500
4d Sed	480	1,440	2,400	5,400	8,400	12,000
4d Reg Sed	520	1,560	2,600	5,850	9,100	13,000
4d Reg Brgm	540	1,620	2,700	6,080	9,450	13,500
1929 Commander Eight, Model FD						
2d Reg Rds	1,760	5,280	8,800	19,800	30,800	44,000
4d Tr	1,560	4,680	7,800	17,550	27,300	39,000
4d Reg Tr	1,640	4,920	8,200	18,450	28,700	41,000
4d 7P Tr	1,560	4,680	7,800	17,550	27,300	39,000
4d 7P Reg Tr	1,640	4,920	8,200	18,450	28,700	41,000
2d Bus Cpe	620	1,860	3,100	6,980	10,850	15,500
2d Spt Cpe	640	1,920	3,200	7,200	11,200	16,000
2d Reg Conv	1,600	4,800	8,000	18,000	28,000	40,000
2d Vic	560	1,680	2,800	6,300	9,800	14,000
2d Reg Brgm	600	1,800	3,000	6,750	10,500	15,000
4d Sed	580	1,740	2,900	6,530	10,150	14,500
4d Reg Sed	600	1,800	3,000	6,750	10,500	15,000
1929 President Eight, Model FH, 125" wb						
2d Rds	1,800	5,400	9,000	20,250	31,500	45,000
2d Cabr.	1,640	4,920	8,200	18,450	28,700	41,000
2d Sta Vic	680	2,040	3,400	7,650	11,900	17,000
4d Sed	640	1,920	3,200	7,200	11,200	16,000
4d Sta Sed	680	2,040	3,400	7,650	11,900	17,000
1929 President Eight, Model FE, 135" wb						
4d 7P Tr	1,640	4,920	8,200	18,450	28,700	41,000
4d 7P Sta Tr	1,720	5,160	8,600	19,350	30,100	43,000
2d Brgm	680	2,040	3,400	7,650	11,900	17,000
4d 7P Sed.	680	2,040	3,400	7,650	11,900	17,000
4d 7P Sta Sed	720	2,160	3,600	8,100	12,600	18,000
4d 7P Limo	760	2,280	3,800	8,550	13,300	19,000
1930 Studebaker Model 53, 6-cyl., 114" wb						
4d Tr	1,400	4,200	7,000	15,750	24,500	35,000
4d Reg Tr	1,440	4,320	7,200	16,200	25,200	36,000
2d Bus Cpe	560	1,680	2,800	6,300	9,800	14,000
2d Reg Cpe	580	1,740	2,900	6,530	10,150	14,500
2d Clb Sed	520	1,560	2,600	5,850	9,100	13,000
4d Sed	480	1,440	2,400	5,400	8,400	12,000
4d Reg Sed	500	1,500	2,500	5,630	8,750	12,500
4d Lan Sed	488	1,464	2,440	5,490	8,540	12,200
1930 Dictator, 6 & 8-cyl., 115" wb						
4d Tr	1,440	4,320	7,200	16,200	25,200	36,000
4d Reg Tr	1,480	4,440	7,400	16,650	25,900	37,000
2d Cpe	580	1,740	2,900	6,530	10,150	14,500
2d Spt Cpe	620	1,860	3,100	6,980	10,850	15,500
2d Brgm	540	1,620	2,700	6,080	9,450	13,500
2d Clb Sed	520	1,560	2,600	5,850	9,100	13,000
4d Sed	520	1,560	2,600	5,850	9,100	13,000
4d Reg Sed	540	1,620	2,700	6,080	9,450	13,500

NOTE: Add $200 for Dictator 8-cyl.

1930 Commander 6 & 8-cyl., 120" wb Commander FD						
2d Reg Rds	1,800	5,400	9,000	20,250	31,500	45,000
4d Tr	1,520	4,560	7,600	17,100	26,600	38,000
4d Reg Tr	1,560	4,680	7,800	17,550	27,300	39,000
4d 7P Tr	1,520	4,560	7,600	17,100	26,600	38,000
4d 7P Reg Tr	1,560	4,680	7,800	17,550	27,300	39,000
2d Cpe	640	1,920	3,200	7,200	11,200	16,000
2d Spt Cpe	680	2,040	3,400	7,650	11,900	17,000
2d Conv Cabr	1,720	5,160	8,600	19,350	30,100	43,000
2d Vic	560	1,680	2,800	6,300	9,800	14,000

	6	5	4	3	2	1
2d Brgm.	580	1,740	2,900	6,530	10,150	14,500
4d Sed.	560	1,680	2,800	6,300	9,800	14,000
4d Reg Sed	600	1,800	3,000	6,750	10,500	15,000

NOTE: Add $200 for Commander 8-cyl.

1930 President FH Model
	6	5	4	3	2	1
2d Rds.	2,200	6,600	11,000	24,750	38,500	55,000
2d Conv Cabr	1,960	5,880	9,800	22,050	34,300	49,000
2d Sta Vic	720	2,160	3,600	8,100	12,600	18,000
4d Sed.	640	1,920	3,200	7,200	11,200	16,000
4d Sta Sed	680	2,040	3,400	7,650	11,900	17,000

1930 President FE Model
	6	5	4	3	2	1
4d Tr	1,880	5,640	9,400	21,150	32,900	47,000
4d Sta Tr	1,920	5,760	9,600	21,600	33,600	48,000
2d Sta Vic	1,200	3,600	6,000	13,500	21,000	30,000
2d Brgm.	680	2,040	3,400	7,650	11,900	17,000
4d Sed.	720	2,160	3,600	8,100	12,600	18,000
4d Sta Sed	760	2,280	3,800	8,550	13,300	19,000
4d Limo	880	2,640	4,400	9,900	15,400	22,000
4d Sta Limo	920	2,760	4,600	10,350	16,100	23,000

1931 Studebaker Six, Model 53, 114" wb
	6	5	4	3	2	1
2d Rds.	1,520	4,560	7,600	17,100	26,600	38,000
2d Tr	1,360	4,080	6,800	15,300	23,800	34,000
2d Reg Tr	1,400	4,200	7,000	15,750	24,500	35,000
2d Bus Cpe	520	1,560	2,600	5,850	9,100	13,000
2d Spt Cpe	560	1,680	2,800	6,300	9,800	14,000
2d Clb Sed	480	1,440	2,400	5,400	8,400	12,000
4d Sed	480	1,440	2,400	5,400	8,400	12,000

1931 Model 61 Dictator, 8-cyl., 115" wb
	6	5	4	3	2	1
4d Reg Sed	496	1,488	2,480	5,580	8,680	12,400
4d Lan Sed	500	1,500	2,500	5,630	8,750	12,500

1931 Series 54
	6	5	4	3	2	1
2d Rds.	1,960	5,880	9,800	22,050	34,300	49,000
4d Tr	1,680	5,040	8,400	18,900	29,400	42,000
4d Req Tr	1,720	5,160	8,600	19,350	30,100	43,000
2d Bus Cpe	580	1,740	2,900	6,530	10,150	14,500
2d Spt Cpe	600	1,800	3,000	6,750	10,500	15,000
4d Sed.	520	1,560	2,600	5,850	9,100	13,000
4d Reg Sed	540	1,620	2,700	6,080	9,450	13,500

1931 Dictator Eight, Model FC
	6	5	4	3	2	1
4d Tr	1,640	4,920	8,200	18,450	28,700	41,000
4d Reg Tr	1,680	5,040	8,400	18,900	29,400	42,000
2d Cpe.	600	1,800	3,000	6,750	10,500	15,000
2d Spt Cpe	620	1,860	3,100	6,980	10,850	15,500
2d Reg Brgm.	560	1,680	2,800	6,300	9,800	14,000
2d Clb Sed	540	1,620	2,700	6,080	9,450	13,500
4d Sed.	560	1,680	2,800	6,300	9,800	14,000
4d Reg Sed	568	1,704	2,840	6,390	9,940	14,200

1931 Model 61
	6	5	4	3	2	1
2d Cpe.	640	1,920	3,200	7,200	11,200	16,000
2d Spt Cpe	680	2,040	3,400	7,650	11,900	17,000
4d Sed.	580	1,740	2,900	6,530	10,150	14,500
4d Reg Sed	600	1,800	3,000	6,750	10,500	15,000

1931 Commander Eight, Model 70
	6	5	4	3	2	1
2d Cpe.	660	1,980	3,300	7,430	11,550	16,500
2d Vic	640	1,920	3,200	7,200	11,200	16,000
2d Reg Brgm.	660	1,980	3,300	7,430	11,550	16,500
4d Sed.	660	1,980	3,300	7,430	11,550	16,500
4d Reg Sed	680	2,040	3,400	7,650	11,900	17,000

1931 President Eight, Model 80
	6	5	4	3	2	1
2d Sta Rds	2,480	7,440	12,400	27,900	43,400	62,000
2d Cpe.	1,000	3,000	5,000	11,250	17,500	25,000
2d Sta Cpe	1,080	3,240	5,400	12,150	18,900	27,000
4d Sed.	760	2,280	3,800	8,550	13,300	19,000
4d Sta Sed	800	2,400	4,000	9,000	14,000	20,000

1931 President Eight, Model 90
	6	5	4	3	2	1
4d Tr	2,000	6,000	10,000	22,500	35,000	50,000
4d Sta Tr	2,080	6,240	10,400	23,400	36,400	52,000
2d Sta Vic	960	2,880	4,800	10,800	16,800	24,000
2d Sta Brgm	960	2,880	4,800	10,800	16,800	24,000
4d Sed.	880	2,640	4,400	9,900	15,400	22,000
4d Sta Sed	920	2,760	4,600	10,350	16,100	23,000
4d Sta Limo	1,000	3,000	5,000	11,250	17,500	25,000

1932 Model 55, 6-cyl., 117" wb
	6	5	4	3	2	1
2d Conv Rds	1,600	4,800	8,000	18,000	28,000	40,000
2d Reg Conv Rds	1,760	5,280	8,800	19,800	30,800	44,000
2d Cpe.	580	1,740	2,900	6,530	10,150	14,500
2d Reg Cpe.	588	1,764	2,940	6,620	10,290	14,700
2d Spt Cpe	580	1,740	2,900	6,530	10,150	14,500

	6	5	4	3	2	1
2d Reg Spt Cpe	600	1,800	3,000	6,750	10,500	15,000
2d St R Brgm	560	1,680	2,800	6,300	9,800	14,000
2d Reg St R Brgm	600	1,800	3,000	6,750	10,500	15,000
4d Conv Sed	1,760	5,280	8,800	19,800	30,800	44,000
4d Reg Conv Sed	1,800	5,400	9,000	20,250	31,500	45,000
4d Sed	520	1,560	2,600	5,850	9,100	13,000
4d Reg Sed	528	1,584	2,640	5,940	9,240	13,200
1932 Model 62 Dictator, 8-cyl., 117" wb						
2d Conv Rds	2,080	6,240	10,400	23,400	36,400	52,000
2d Reg Conv Rds	2,120	6,360	10,600	23,850	37,100	53,000
2d Cpe	880	2,640	4,400	9,900	15,400	22,000
2d Reg Cpe	920	2,760	4,600	10,350	16,100	23,000
2d Spt Cpe	1,160	3,480	5,800	13,050	20,300	29,000
2d Reg Spt Cpe	1,200	3,600	6,000	13,500	21,000	30,000
2d St R Brgm	1,040	3,120	5,200	11,700	18,200	26,000
2d Reg St R Brgm	1,080	3,240	5,400	12,150	18,900	27,000
4d Conv Sed	1,760	5,280	8,800	19,800	30,800	44,000
4d Reg Conv Sed	2,040	6,120	10,200	22,950	35,700	51,000
4d Sed	880	2,640	4,400	9,900	15,400	22,000
4d Reg Sed	920	2,760	4,600	10,350	16,100	23,000
1932 Model 65 Rockne, 6-cyl., 110" wb						
2d 2P Cpe	560	1,680	2,800	6,300	9,800	14,000
4d 5P Sed	520	1,560	2,600	5,850	9,100	13,000
2d Sed	500	1,500	2,500	5,630	8,750	12,500
4d 5P Conv Sed	1,640	4,920	8,200	18,450	28,700	41,000
2d Rds	1,800	5,400	9,000	20,250	31,500	45,000
1932 Model 71 Commander, 8-cyl.						
2d Rds Conv	2,200	6,600	11,000	24,750	38,500	55,000
2d Reg Rds Conv	2,240	6,720	11,200	25,200	39,200	56,000
2d Spt Cpe	1,120	3,360	5,600	12,600	19,600	28,000
2d Reg Spt Cpe	1,160	3,480	5,800	13,050	20,300	29,000
2d St R Brgm	1,120	3,360	5,600	12,600	19,600	28,000
2d Reg St R Brgm	1,160	3,480	5,800	13,050	20,300	29,000
4d Conv Sed	2,040	6,120	10,200	22,950	35,700	51,000
4d Reg Conv Sed	2,000	6,240	10,400	23,400	36,400	52,000
4d Sed	880	2,640	4,400	9,900	15,400	22,000
4d Reg Sed	900	2,700	4,500	10,130	15,750	22,500
1932 Model 75 Rockne, 6-cyl., 114" wb						
2d 2P Cpe	580	1,740	2,900	6,530	10,150	14,500
2d 4P Cpe	560	1,680	2,800	6,300	9,800	14,000
4d 5P Sed	520	1,560	2,600	5,850	9,100	13,000
2d 2P DeL Cpe	620	1,860	3,100	6,980	10,850	15,500
2d 4P DeL Cpe	600	1,800	3,000	6,750	10,500	15,000
4d 5P DeL Sed	560	1,680	2,800	6,300	9,800	14,000
2d Rds	1,880	5,640	9,400	21,150	32,900	47,000
4d Conv Sed	1,840	5,520	9,200	20,700	32,200	46,000
1932 Model 91 President, 8-cyl.						
2d Rds Conv	2,800	8,400	14,000	31,500	49,000	70,000
2d Sta Rds Conv	2,720	8,160	13,600	30,600	47,600	68,000
2d Cpe	1,280	3,840	6,400	14,400	22,400	32,000
2d Sta Cpe	1,320	3,960	6,600	14,850	23,100	33,000
2d Spt Cpe	1,360	4,080	6,800	15,300	23,800	34,000
2d Sta Spt Cpe	1,400	4,200	7,000	15,750	24,500	35,000
2d St R Brgm	1,160	3,480	5,800	13,050	20,300	29,000
2d Sta St R Brgm	1,200	3,600	6,000	13,500	21,000	30,000
4d Conv Sed	2,640	7,920	13,200	29,700	46,200	66,000
4d Sta Conv Sed	2,720	8,160	13,600	30,600	47,600	68,000
4d Sed	920	2,760	4,600	10,350	16,100	23,000
4d Sta Sed	960	2,880	4,800	10,800	16,800	24,000
4d Limo	1,080	3,240	5,400	12,150	18,900	27,000
4d Sta Limo	1,120	3,360	5,600	12,600	19,600	28,000
4d 7P Sed	880	2,640	4,400	9,900	15,400	22,000
4d 7P Sta Sed	920	2,760	4,600	10,350	16,100	23,000
1933 Model 10 Rockne, 6-cyl., 110" wb						
2d 4P Conv	1,600	4,800	8,000	18,000	28,000	40,000
2d 4P DeL Conv Rds	1,640	4,920	8,200	18,450	28,700	41,000
2d 2P Cpe	640	1,920	3,200	7,200	11,200	16,000
2d 5P Coach	480	1,440	2,400	5,400	8,400	12,000
2d 4P Cpe	600	1,800	3,000	6,750	10,500	15,000
2d 2P DeL Cpe	640	1,920	3,200	7,200	11,200	16,000
2d 5P Sed	480	1,440	2,400	5,400	8,400	12,000
2d 5P DeL Coach	500	1,500	2,500	5,630	8,750	12,500
2d 4P DeL Cpe	600	1,800	3,000	6,750	10,500	15,000
4d 5P DeL Sed	480	1,440	2,400	5,400	8,400	12,000
4d 5P Conv Sed	1,760	5,280	8,800	19,800	30,800	44,000
4d 5P DeL Conv Sed	1,800	5,400	9,000	20,250	31,500	45,000
1933 Model 56 Studebaker, 6-cyl., 117" wb						
2d Conv	1,840	5,520	9,200	20,700	32,200	46,000

STUDEBAKER

	6	5	4	3	2	1
2d Reg Conv	1,880	5,640	9,400	21,150	32,900	47,000
2d Cpe	760	2,280	3,800	8,550	13,300	19,000
2d Reg Cpe	800	2,400	4,000	9,000	14,000	20,000
2d Spt Cpe	840	2,520	4,200	9,450	14,700	21,000
2d Reg Spt Cpe	880	2,640	4,400	9,900	15,400	22,000
2d St R Brgm	680	2,040	3,400	7,650	11,900	17,000
2d Reg St R Brgm	720	2,160	3,600	8,100	12,600	18,000
4d Conv Sed	1,800	5,400	9,000	20,250	31,500	45,000
4d Reg Conv Sed	1,840	5,520	9,200	20,700	32,200	46,000
4d Sed	600	1,800	3,000	6,750	10,500	15,000
4d Reg Sed	640	1,920	3,200	7,200	11,200	16,000

1933 Model 73 Commander, 8-cyl.

	6	5	4	3	2	1
2d Rds Conv	2,000	6,000	10,000	22,500	35,000	50,000
2d Reg Rds Conv	2,040	6,120	10,200	22,950	35,700	51,000
2d Cpe	800	2,400	4,000	9,000	14,000	20,000
2d Reg Cpe	840	2,520	4,200	9,450	14,700	21,000
2d Spt Cpe	880	2,640	4,400	9,900	15,400	22,000
2d Reg Spt Cpe	920	2,760	4,600	10,350	16,100	23,000
2d St R Brgm	720	2,160	3,600	8,100	12,600	18,000
2d Reg St R Brgm	760	2,280	3,800	8,550	13,300	19,000
4d Conv Sed	1,880	5,640	9,400	21,150	32,900	47,000
4d Reg Conv Sed	1,920	5,760	9,600	21,600	33,600	48,000
4d Sed	720	2,160	3,600	8,100	12,600	18,000
4d Reg Sed	760	2,280	3,800	8,550	13,300	19,000

1933 Model 82 President, 8-cyl.

	6	5	4	3	2	1
2d Sta Rds Conv	2,120	6,360	10,600	23,850	37,100	53,000
2d Cpe	800	2,400	4,000	9,000	14,000	20,000
2d Sta Cpe	920	2,760	4,600	10,350	16,100	23,000
2d St R Brgm	720	2,160	3,600	8,100	12,600	18,000
2d Sta St R Brgm	760	2,280	3,800	8,550	13,300	19,000
4d Sta Conv Sed	2,000	6,000	10,000	22,500	35,000	50,000
4d Sed	760	2,280	3,800	8,550	13,300	19,000
4d Sta Sed	800	2,400	4,000	9,000	14,000	20,000

1933 Model 92 President Speedway, 8-cyl.

	6	5	4	3	2	1
2d Sta Rds Conv	2,160	6,480	10,800	24,300	37,800	54,000
2d Sta Cpe	920	2,760	4,600	10,350	16,100	23,000
2d Sta St R Brgm	960	2,880	4,800	10,800	16,800	24,000
4d Sta Conv Sed	2,040	6,120	10,200	22,950	35,700	51,000
4d Sed	720	2,160	3,600	8,100	12,600	18,000
4d Sta Sed	760	2,280	3,800	8,550	13,300	19,000
4d 7P Sed	800	2,400	4,000	9,000	14,000	20,000
4d 7P Sta Sed	840	2,520	4,200	9,450	14,700	21,000
4d 7P Sta Limo	920	2,760	4,600	10,350	16,100	23,000

1934 Model Special A, Dictator

	6	5	4	3	2	1
2d Cpe	600	1,800	3,000	6,750	10,500	15,000
2d Reg Cpe	680	2,040	3,400	7,650	11,900	17,000
2d 4P Cpe	600	1,800	3,000	6,750	10,500	15,000
2d 4P Reg Cpe	640	1,920	3,200	7,200	11,200	16,000
2d St R Sed	480	1,440	2,400	5,400	8,400	12,000
2d Reg St R Sed	500	1,500	2,500	5,630	8,750	12,500
2d Sed	480	1,440	2,400	5,400	8,400	12,000
2d Reg Sed	500	1,500	2,500	5,630	8,750	12,500
4d Cus Reg St R	520	1,560	2,600	5,850	9,100	13,000
4d Cus Sed	540	1,620	2,700	6,080	9,450	13,500

1934 Model A, Dictator

	6	5	4	3	2	1
2d Rds	1,640	4,920	8,200	18,450	28,700	41,000
2d Rds Regal	1,680	5,040	8,400	18,900	29,400	42,000
2d Reg Cpe	760	2,280	3,800	8,550	13,300	19,000
2d St R Sed	600	1,800	3,000	6,750	10,500	15,000
2d Cus St R Sed	500	1,500	2,500	5,630	8,750	12,500
4d Sed	480	1,440	2,400	5,400	8,400	12,000
4d Reg Sed	500	1,500	2,500	5,630	8,750	12,500

1934 Model B, Commander

	6	5	4	3	2	1
2d Rds Conv	1,680	5,040	8,400	18,900	29,400	42,000
2d Reg Rds Conv	1,720	5,160	8,600	19,350	30,100	43,000
2d Cpe	760	2,280	3,800	8,550	13,300	19,000
2d Reg Cpe	800	2,400	4,000	9,000	14,000	20,000
2d 4P Cpe	720	2,160	3,600	8,100	12,600	18,000
2d 4P Reg Cpe	760	2,280	3,800	8,550	13,300	19,000
2d St R Sed	520	1,560	2,600	5,850	9,100	13,000
2d Cus St R Sed	540	1,620	2,700	6,080	9,450	13,500
4d Sed	480	1,440	2,400	5,400	8,400	12,000
4d Reg Sed	500	1,500	2,500	5,630	8,750	12,500
4d Cus Sed	508	1,524	2,540	5,720	8,890	12,700
4d L Cruise	680	2,040	3,400	7,650	11,900	17,000

1934 Model C, President

	6	5	4	3	2	1
2d Rds Conv	1,800	5,400	9,000	20,250	31,500	45,000
2d Reg Rds Conv	1,840	5,520	9,200	20,700	32,200	46,000

	6	**5**	**4**	**3**	**2**	**1**
2d Cpe	800	2,400	4,000	9,000	14,000	20,000
2d Reg Cpe	840	2,520	4,200	9,450	14,700	21,000
2d 4P Cpe	760	2,280	3,800	8,550	13,300	19,000
2d 4P Reg Cpe	800	2,400	4,000	9,000	14,000	20,000
2d Sed	540	1,620	2,700	6,080	9,450	13,500
2d Reg Sed	560	1,680	2,800	6,300	9,800	14,000
4d Cus Sed	560	1,680	2,800	6,300	9,800	14,000
4d Cus Berl	580	1,740	2,900	6,530	10,150	14,500
4d L Cruise	720	2,160	3,600	8,100	12,600	18,000
1935 Model 1A, Dictator Six						
2d Rds	1,600	4,800	8,000	18,000	28,000	40,000
2d Reg Rds	1,640	4,920	8,200	18,450	28,700	41,000
2d Cpe	560	1,680	2,800	6,300	9,800	14,000
2d Reg Cpe	600	1,800	3,000	6,750	10,500	15,000
2d R/S Cpe	620	1,860	3,100	6,980	10,850	15,500
2d Reg R/S Cpe	660	1,980	3,300	7,430	11,550	16,500
2d St Reg	348	1,044	1,740	3,920	6,090	8,700
2d Reg St Reg	440	1,320	2,200	4,950	7,700	11,000
2d Cus St Reg	452	1,356	2,260	5,090	7,910	11,300
4d Sed	340	1,020	1,700	3,830	5,950	8,500
2d Reg Sed	352	1,056	1,760	3,960	6,160	8,800
2d Cus Sed	444	1,332	2,220	5,000	7,770	11,100
4d L Cr	600	1,800	3,000	6,750	10,500	15,000
4d Reg L Cr	640	1,920	3,200	7,200	11,200	16,000
1935 Model 1B, Commander Eight						
2d Rds	1,720	5,160	8,600	19,350	30,100	43,000
2d Reg Rds	1,760	5,280	8,800	19,800	30,800	44,000
2d Cpe	600	1,800	3,000	6,750	10,500	15,000
2d Reg Cpe	640	1,920	3,200	7,200	11,200	16,000
2d R/S Cpe	660	1,980	3,300	7,430	11,550	16,500
2d Reg R/S Cpe	680	2,040	3,400	7,650	11,900	17,000
2d Reg St R	480	1,440	2,400	5,400	8,400	12,000
2d Cus St R	488	1,464	2,440	5,490	8,540	12,200
2d Reg Sed	492	1,476	2,460	5,540	8,610	12,300
2d Cus Sed	500	1,500	2,500	5,630	8,750	12,500
4d L Cr	640	1,920	3,200	7,200	11,200	16,000
4d Reg L Cr	680	2,040	3,400	7,650	11,900	17,000
1935 Model 1C, President Eight						
2d Rds	1,760	5,280	8,800	19,800	30,800	44,000
2d Reg Rds	1,800	5,400	9,000	20,250	31,500	45,000
2d Cpe	720	2,160	3,600	8,100	12,600	18,000
2d Reg Cpe	760	2,280	3,800	8,550	13,300	19,000
2d R/S Cpe	780	2,340	3,900	8,780	13,650	19,500
2d Reg R/S Cpe	800	2,400	4,000	9,000	14,000	20,000
2d Reg Sed	520	1,560	2,600	5,850	9,100	13,000
2d Cus Sed	560	1,680	2,800	6,300	9,800	14,000
4d L Cr	680	2,040	3,400	7,650	11,900	17,000
4d Reg L Cr	720	2,160	3,600	8,100	12,600	18,000
4d Cus Berl	680	2,040	3,400	7,650	11,900	17,000
4d Reg Berl	700	2,100	3,500	7,880	12,250	17,500
NOTE: Add 10 percent for 2A Dictator models.						
1936 Model 3A/4A, Dictator Six						
2d Bus Cpe	550	1,700	2,800	6,300	9,800	14,000
2d Cus Cpe	600	1,800	3,000	6,750	10,500	15,000
2d 5P Cus Cpe	650	1,900	3,200	7,200	11,200	16,000
2d Cus St R	500	1,450	2,450	5,490	8,550	12,200
4d Cr St R	500	1,500	2,500	5,630	8,750	12,500
2d Cus Sed	500	1,500	2,500	5,630	8,750	12,500
4d Cr Sed	500	1,550	2,550	5,760	8,950	12,800
1936 Model 2C, President Eight						
2d Cus Cpe	700	2,050	3,400	7,650	11,900	17,000
2d 5P Cus Cpe	700	2,150	3,600	8,100	12,600	18,000
2d Cus St R	550	1,700	2,850	6,390	9,950	14,200
4d Cr St R	600	1,750	2,900	6,530	10,200	14,500
4d Cus Sed	600	1,800	3,000	6,750	10,500	15,000
4d Cus Sed	650	1,900	3,200	7,200	11,200	16,000
NOTE: Add 10 percent for Model 4A Dictator Six.						
1937 Model 5A/6A, Dictator Six						
2d Cpe Express	1,000	3,000	5,000	11,250	17,500	25,000
2d Bus Cpe	600	1,800	3,000	6,750	10,500	15,000
2d Cus Cpe	650	1,900	3,200	7,200	11,200	16,000
2d 5P Cus Cpe	600	1,850	3,100	6,980	10,900	15,500
2d Cus St R	500	1,500	2,500	5,630	8,750	12,500
4d St R Cr	500	1,500	2,500	5,580	8,700	12,400
4d Cus Sed	500	1,500	2,500	5,580	8,700	12,400
4d Cr Sed	500	1,500	2,550	5,720	8,900	12,700
1937 Model 3C, President Eight						
2d Cus Cpe	700	2,050	3,400	7,650	11,900	17,000

STUDEBAKER

	6	5	4	3	2	1
2d 5P Cus Cpe 650	2,000	3,300	7,430	11,600	16,500
2d Cus St R. 550	1,700	2,850	6,390	9,950	14,200
4d St R Cr 550	1,700	2,800	6,350	9,850	14,100
4d Cus Sed 550	1,700	2,800	6,350	9,850	14,100
4d Cr Sed 600	1,750	2,900	6,480	10,100	14,400

NOTE: Add 10 percent for Dictator 6A models.

1938 Model 7A, Commander Six

	6	5	4	3	2	1
2d Cpe Exp 1,000	3,000	5,000	11,250	17,500	25,000
2d Bus Cpe 550	1,700	2,800	6,300	9,800	14,000
2d Cus Cpe 600	1,800	3,000	6,750	10,500	15,000
2d Clb Sed 500	1,500	2,500	5,670	8,800	12,600
4d Cr Sed 500	1,550	2,550	5,760	8,950	12,800
4d Conv Sed 1,340	4,020	6,700	15,080	23,450	33,500

1938 Model 8A, State Commander Six

	6	5	4	3	2	1
2d Cus Cpe 600	1,850	3,100	6,980	10,900	15,500
2d Clb Sed 500	1,500	2,500	5,670	8,800	12,600
4d Cr Sed 500	1,550	2,550	5,760	8,950	12,800
4d Conv Sed 1,380	4,140	6,900	15,530	24,150	34,500

1938 Model 4C, President Eight

	6	5	4	3	2	1
2d Cpe. 650	1,900	3,200	7,200	11,200	16,000
2d Clb Sed 550	1,700	2,800	6,300	9,800	14,000
4d Cr Sed 600	1,750	2,900	6,530	10,200	14,500

1938 Model 4C, State President Eight

	6	5	4	3	2	1
2d Cpe. 700	2,050	3,400	7,650	11,900	17,000
2d Clb Sed 550	1,700	2,850	6,440	10,000	14,300
4d Cr Sed 600	1,800	3,000	6,750	10,500	15,000
4d Conv Sed 1,500	4,500	7,500	16,880	26,250	37,500

1939 Model G, Custom Champion Six

	6	5	4	3	2	1
2d Cpe. 600	1,800	3,000	6,750	10,500	15,000
2d Clb Sed 550	1,650	2,750	6,170	9,600	13,700
4d Cr Sed 550	1,650	2,750	6,210	9,650	13,800

1939 Model G, Deluxe Champion Six

	6	5	4	3	2	1
2d Cpe. 700	2,050	3,400	7,650	11,900	17,000
2d Clb Sed 600	1,800	2,950	6,660	10,400	14,800
4d Cr Sed 600	1,800	3,000	6,750	10,500	15,000

1939 Model 9A, Commander Six

	6	5	4	3	2	1
2d Cpe Express. 1,040	3,120	5,200	11,700	18,200	26,000
2d Bus Cpe 700	2,150	3,600	8,100	12,600	18,000
2d Cus Cpe 750	2,300	3,800	8,550	13,300	19,000
2d Clb Sed 650	2,000	3,300	7,470	11,600	16,600
4d Cr Sed 650	2,000	3,350	7,520	11,700	16,700
4d Conv Sed 1,600	4,800	8,000	18,000	28,000	40,000

1939 Model 5C, State President Eight

	6	5	4	3	2	1
2d Cus Cpe 800	2,400	4,000	9,000	14,000	20,000
2d Clb Sed 700	2,150	3,600	8,100	12,600	18,000
4d Cr Sed 750	2,200	3,700	8,330	13,000	18,500
4d Conv Sed 1,720	5,160	8,600	19,350	30,100	43,000

1940 Champion Custom

	6	5	4	3	2	1
2d Cpe. 650	2,000	3,300	7,430	11,600	16,500
2d OS Cpe 700	2,100	3,500	7,880	12,300	17,500
2d Clb Sed 600	1,800	3,000	6,750	10,500	15,000
4d Cr Sed 600	1,800	3,000	6,800	10,600	15,100

1940 Champion Custom Deluxe

	6	5	4	3	2	1
2d Cpe. 700	2,150	3,600	8,100	12,600	18,000
2d OS Cpe 750	2,200	3,700	8,330	13,000	18,500
2d Clb Sed 600	1,800	3,000	6,800	10,600	15,100
4d Cr Sed 600	1,800	3,050	6,840	10,600	15,200

1940 Champion Deluxe

	6	5	4	3	2	1
2d Cpe. 750	2,200	3,700	8,330	13,000	18,500
2d OS Cpe 750	2,300	3,800	8,550	13,300	19,000
2d Clb Sed 600	1,800	3,050	6,840	10,600	15,200
4d Cr Sed 600	1,850	3,050	6,890	10,700	15,300

1940 Champion Deluxe-Tone

	6	5	4	3	2	1
2d Cpe. 750	2,300	3,800	8,550	13,300	19,000
2d OS Cpe 800	2,350	3,900	8,780	13,700	19,500
2d Clb Sed 600	1,850	3,050	6,890	10,700	15,300
4d Cr Sed 600	1,850	3,100	6,930	10,800	15,400

1940 Commander

	6	5	4	3	2	1
2d Cus Cpe 800	2,400	4,000	9,000	14,000	20,000
2d Clb Sed 600	1,850	3,100	7,020	10,900	15,600
4d Cr Sed 650	1,900	3,150	7,070	11,000	15,700

1940 Commander Deluxe-Tone

	6	5	4	3	2	1
2d Cus Cpe 850	2,500	4,200	9,450	14,700	21,000
2d Clb Sed 600	1,850	3,100	7,020	10,900	15,600
4d Cr Sed 650	1,900	3,150	7,070	11,000	15,700

1940 State President

	6	5	4	3	2	1
2d Cpe. 850	2,600	4,300	9,680	15,000	21,500
2d Clb Sed 700	2,050	3,400	7,650	11,900	17,000
4d Cr Sed 700	2,150	3,600	8,100	12,600	18,000

	6	5	4	3	2	1
1940 President Deluxe-Tone						
2d Cpe	900	2,700	4,500	10,130	15,700	22,500
2d Clb Sed	700	2,050	3,450	7,740	12,000	17,200
4d Cr Sed	700	2,150	3,600	8,100	12,600	18,000
1941 Champion Custom						
2d Cpe	700	2,050	3,400	7,650	11,900	17,000
2d D D Cpe	700	2,100	3,500	7,880	12,300	17,500
2d OS Cpe	700	2,150	3,600	8,100	12,600	18,000
2d Clb Sed	650	1,900	3,150	7,070	11,000	15,700
4d Cr Sed	650	1,900	3,150	7,110	11,100	15,800
1941 Champion Custom Deluxe						
2d Cpe	700	2,100	3,500	7,880	12,300	17,500
2d D D Cpe	700	2,150	3,600	8,100	12,600	18,000
2d OS Cpe	750	2,200	3,700	8,330	13,000	18,500
2d Clb Sed	650	1,900	3,150	7,110	11,100	15,800
4d Cr Sed	650	1,900	3,200	7,200	11,200	16,000
1941 Champion Deluxe-Tone						
2d Cpe	700	2,150	3,600	8,100	12,600	18,000
2d D D Cpe	750	2,200	3,700	8,330	13,000	18,500
2d OS Cpe	750	2,300	3,800	8,550	13,300	19,000
2d Clb Sed	650	1,900	3,150	7,110	11,100	15,800
4d Cr Sed	650	1,900	3,200	7,200	11,200	16,000
1941 Commander Custom						
4d Sed Cpe	700	2,150	3,600	8,100	12,600	18,000
2d Cr Cpe	800	2,350	3,900	8,780	13,700	19,500
4d L Cruise	700	2,150	3,600	8,100	12,600	18,000
1941 Commander Deluxe-Tone						
4d Cr Sed	750	2,200	3,650	8,240	12,800	18,300
4d L Cruise	750	2,200	3,700	8,330	13,000	18,500
1941 Commander Skyway						
4d Sed Cpe	800	2,400	4,000	9,000	14,000	20,000
4d Cr Sed	750	2,300	3,800	8,550	13,300	19,000
4d L Cruise	800	2,350	3,900	8,780	13,700	19,500
1941 President Custom						
4d Cr Sed	800	2,050	3,900	8,780	13,700	19,500
4d L Cruise	800	2,450	4,100	9,230	14,300	20,500
1941 President Deluxe-Tone						
4d Cr Sed	800	2,350	3,950	8,870	13,800	19,700
4d L Cruise	850	2,500	4,150	9,320	14,500	20,700
1941 President Skyway						
2d Sed Cpe	950	2,900	4,800	10,800	16,800	24,000
4d Cr Sed	900	2,650	4,400	9,900	15,400	22,000
4d L Cruise	900	2,700	4,500	10,130	15,700	22,500
1942 Champion Custom Series						
2d Cpe	600	1,750	2,900	6,530	10,200	14,500
2d D D Cpe	600	1,800	3,000	6,750	10,500	15,000
2d Clb Sed	500	1,550	2,600	5,850	9,100	13,000
4d Cr Sed	500	1,550	2,600	5,900	9,150	13,100
1942 Champion Deluxstyle Series						
2d Cpe	600	1,800	3,000	6,750	10,500	15,000
2d D D Cpe	600	1,850	3,100	6,980	10,900	15,500
2d Clb Sed	500	1,550	2,600	5,900	9,150	13,100
4d Cr Sed	550	1,600	2,650	5,940	9,250	13,200
1942 Commander Custom Series						
2d Sed Cpe	600	1,850	3,100	6,980	10,900	15,500
4d Cr Sed	550	1,650	2,750	6,170	9,600	13,700
4d L Cr	550	1,650	2,750	6,210	9,650	13,800
1942 Commander Deluxstyle Series						
2d Sed Cpe	650	2,000	3,300	7,430	11,600	16,500
4d Cr Sed	550	1,700	2,850	6,440	10,000	14,300
4d L Cr	600	1,800	2,950	6,660	10,400	14,800
1942 Commander Skyway Series						
2d Sed Cpe	750	2,200	3,700	8,330	13,000	18,500
4d Cr Sed	650	1,900	3,150	7,110	11,100	15,800
4d L Cr	650	2,000	3,350	7,560	11,800	16,800
1942 President Custom Series						
2d Sed Cpe	750	2,200	3,700	8,330	13,000	18,500
4d Cr Sed	650	1,900	3,150	7,110	11,100	15,800
4d L Cr	650	2,000	3,350	7,560	11,800	16,800
1942 President Deluxstyle Series						
2d Sed Cpe	800	2,350	3,900	8,780	13,700	19,500
4d Cr Sed	650	2,000	3,350	7,560	11,800	16,800
4d L Cr	700	2,150	3,550	8,010	12,500	17,800
1942 President Skyway Series						
2d Sed Cpe	800	2,450	4,100	9,230	14,300	20,500
4d Cr Sed	700	2,150	3,550	8,010	12,500	17,800
4d L Cr	750	2,250	3,750	8,460	13,200	18,800
1946 Skyway Champion, 6-cyl., 109.5" wb						
2d 3P Cpe	680	2,040	3,400	7,650	11,900	17,000

STUDEBAKER

	6	5	4	3	2	1
2d 5P Cpe	700	2,100	3,500	7,880	12,250	17,500
2d Sed	608	1,824	3,040	6,840	10,640	15,200
4d Sed	616	1,848	3,080	6,930	10,780	15,400
1947-49 Champion, 6-cyl., 112" wb						
2d 3P Cpe	640	1,920	3,200	7,200	11,200	16,000
2d 5P Cpe Starlight	700	2,100	3,500	7,880	12,250	17,500
2d Sed	588	1,764	2,940	6,620	10,290	14,700
4d Sed	592	1,776	2,960	6,660	10,360	14,800
2d Conv	1,040	3,120	5,200	11,700	18,200	26,000
1947-49 Commander, 6-cyl., 119" wb						
2d 3P Cpe	660	1,980	3,300	7,430	11,550	16,500
2d 5P Cpe Starlight	680	2,040	3,400	7,650	11,900	17,000
2d Sed	604	1,812	3,020	6,800	10,570	15,100
4d Sed	612	1,836	3,060	6,890	10,710	15,300
2d Conv	1,040	3,120	5,200	11,700	18,200	26,000
1947-49 Land Cruiser, 6-cyl., 123" wb						
4d Ld Crs Sed	668	2,004	3,340	7,520	11,690	16,700
1950 Champion, 6-cyl., 113" wb						
2d 3P Cpe	700	2,100	3,500	7,880	12,250	17,500
2d 5P Cpe Starlight	720	2,160	3,600	8,100	12,600	18,000
2d Sed	720	2,160	3,600	8,100	12,600	18,000
4d Sed	720	2,160	3,600	8,100	12,600	18,000
2d Conv	1,040	3,120	5,200	11,700	18,200	26,000
1950 Commander, 6-cyl., 120" - 124" wb						
2d 3P Cpe	840	2,520	4,200	9,450	14,700	21,000
2d 5P Cpe Starlight	880	2,640	4,400	9,900	15,400	22,000
2d Sed	740	2,220	3,700	8,330	12,950	18,500
4d Sed	740	2,220	3,700	8,330	12,950	18,500
2d Conv	1,120	3,360	5,600	12,600	19,600	28,000
1950 Land Cruiser, 6-cyl., 124" wb						
4d Ld Crs Sed	760	2,280	3,800	8,550	13,300	19,000
1951 Champion Custom, 6-cyl., 115" wb						
4d Sed	760	2,280	3,800	8,550	13,300	19,000
2d Sed	760	2,280	3,800	8,550	13,300	19,000
2d 5P Cpe Starlight	840	2,520	4,200	9,450	14,700	21,000
2d 3P Cpe	780	2,340	3,900	8,780	13,650	19,500
1951 Champion DeLuxe, 6-cyl., 115" wb						
4d Sed	680	2,040	3,400	7,650	11,900	17,000
2d Sed	680	2,040	3,400	7,650	11,900	17,000
2d 5P Cpe Starlight	840	2,520	4,200	9,450	14,700	21,000
2d 3P Cpe	760	2,280	3,800	8,550	13,300	19,000
1951 Champion Regal, 6-cyl., 115" wb						
4d Sed	720	2,160	3,600	8,100	12,600	18,000
2d Sed	720	2,160	3,600	8,100	12,600	18,000
2d 5P Cpe Starlight	800	2,400	4,000	9,000	14,000	20,000
2d 3P Cpe	760	2,280	3,800	8,550	13,300	19,000
2d Conv	1,080	3,240	5,400	12,150	18,900	27,000
1951 Commander Regal, V-8, 115" wb						
4d Sed	720	2,160	3,600	8,100	12,600	18,000
2d Sed	720	2,160	3,600	8,100	12,600	18,000
2d 5P Cpe Starlight	840	2,520	4,200	9,450	14,700	21,000
1951 Commander State, V-8, 115" wb						
4d Sed	740	2,220	3,700	8,330	12,950	18,500
2d Sed	740	2,220	3,700	8,330	12,950	18,500
2d 5P Cpe Starlight	880	2,640	4,400	9,900	15,400	22,000
2d Conv	1,200	3,600	6,000	13,500	21,000	30,000
1951 Land Cruiser, V-8, 119" wb						
4d Sed	760	2,280	3,800	8,550	13,300	19,000
1952 Champion Custom, 6-cyl., 115" wb						
4d Sed	680	2,040	3,400	7,650	11,900	17,000
2d Sed	680	2,040	3,400	7,650	11,900	17,000
2d 5P Cpe Starlight	800	2,400	4,000	9,000	14,000	20,000
1952 Champion DeLuxe, 6-cyl., 115" wb						
4d Sed	680	2,040	3,400	7,650	11,900	17,000
2d Sed	680	2,040	3,400	7,650	11,900	17,000
2d 5P Cpe Starlight	800	2,400	4,000	9,000	14,000	20,000
1952 Champion Regal, 6-cyl., 115" wb						
Sed	700	2,100	3,500	7,880	12,250	17,500
2d Sed	700	2,100	3,500	7,880	12,250	17,500
2d 5P Cpe Starlight	820	2,460	4,100	9,230	14,350	20,500
2d Star Cpe	840	2,520	4,200	9,450	14,700	21,000
2d Conv	1,080	3,240	5,400	12,150	18,900	27,000
1952 Commander Regal, V-8, 115" wb						
4d Sed	720	2,160	3,600	8,100	12,600	18,000
2d Sed	720	2,160	3,600	8,100	12,600	18,000
2d 5P Cpe Starlight	880	2,640	4,400	9,900	15,400	22,000
1952 Commander State, V-8, 115" wb						
4d Sed	740	2,220	3,700	8,330	12,950	18,500
2d Sed	740	2,220	3,700	8,330	12,950	18,500

STUDEBAKER

	6	5	4	3	2	1
2d Cpe Starlight 920		2,760	4,600	10,350	16,100	23,000
2d Star HT 1,040		3,120	5,200	11,700	18,200	26,000
2d Conv 1,160		3,480	5,800	13,050	20,300	29,000
1952 Land Cruiser, V-8, 119" wb						
4d Sed 760		2,280	3,800	8,550	13,300	19,000
1953-54 Champion Custom, 6-cyl., 116.5" wb						
4d Sed 640		1,920	3,200	7,200	11,200	16,000
2d Sed 648		1,944	3,240	7,290	11,340	16,200
1953-54 Champion DeLuxe, 6-cyl., 116.5" - 120.5" wb						
4d Sed 660		1,980	3,300	7,430	11,550	16,500
2d Star 668		2,004	3,340	7,520	11,690	16,700
2d Cpe 840		2,520	4,200	9,450	14,700	21,000
2d Sta Wag 720		2,160	3,600	8,100	12,600	18,000
1953-54 Champion Regal, 6-cyl., 116.5" - 120.5" wb						
4d Sed 700		2,100	3,500	7,880	12,250	17,500
2d Sed 704		2,112	3,520	7,920	12,320	17,600
2d 5P Cpe 880		2,640	4,400	9,900	15,400	22,000
2d HT 920		2,760	4,600	10,350	16,100	23,000
2d Sta Wag (1954 only) 760		2,280	3,800	8,550	13,300	19,000
1953-54 Commander DeLuxe, V-8, 116.5" - 120.5" wb						
4d Sed 720		2,160	3,600	8,100	12,600	18,000
2d Sed 724		2,172	3,620	8,150	12,670	18,100
2d Cpe 920		2,760	4,600	10,350	16,100	23,000
Sta Wag (1954 only) 800		2,400	4,000	9,000	14,000	20,000
1953-54 Commander Regal, V-8, 116.5" - 120.5" wb						
4d Sed 740		2,220	3,700	8,330	12,950	18,500
2d Cpe 940		2,820	4,700	10,580	16,450	23,500
2d HT 1,040		3,120	5,200	11,700	18,200	26,000
2d Sta Wag (1954 only) 820		2,460	4,100	9,230	14,350	20,500
1953-54 Land Cruiser, V-8, 120.5" wb						
4d Sed 760		2,280	3,800	8,550	13,300	19,000
4d Reg Sed (1954 only) 780		2,340	3,900	8,780	13,650	19,500
1955 Champion Custom, 6-cyl., 116.5" wb						
4d Sed 640		1,920	3,200	7,200	11,200	16,000
2d Sed 644		1,932	3,220	7,250	11,270	16,100
1955 Champion DeLuxe, 6-cyl., 116.5" - 120.5" wb						
4d Sed 680		2,040	3,400	7,650	11,900	17,000
2d Sed 684		2,052	3,420	7,700	11,970	17,100
2d Cpe 960		2,880	4,800	10,800	16,800	24,000
1955 Champion Regal, 6-cyl., 116.5" - 120.5" wb						
4d Sed 700		2,100	3,500	7,880	12,250	17,500
2d Cpe 1,000		3,000	5,000	11,250	17,500	25,000
2d HT 1,080		3,240	5,400	12,150	18,900	27,000
2d Sta Wag 800		2,400	4,000	9,000	14,000	20,000
1955 Commander Custom, V-8, 116.5" wb						
4d Sed 720		2,160	3,600	8,100	12,600	18,000
2d Sed 724		2,172	3,620	8,150	12,670	18,100
1955 Commander DeLuxe, V-8, 116.5" - 120.5" wb						
4d Sed 740		2,220	3,700	8,330	12,950	18,500
2d Sed 744		2,232	3,720	8,370	13,020	18,600
2d Cpe 1,120		3,360	5,600	12,600	19,600	28,000
Sta Wag 840		2,520	4,200	9,450	14,700	21,000
1955 Commander Regal, V-8, 116.5" - 120.5" wb						
4d Sed 760		2,280	3,800	8,550	13,300	19,000
2d Cpe 1,140		3,420	5,700	12,830	19,950	28,500
2d HT 1,180		3,540	5,900	13,280	20,650	29,500
2d Sta Wag 880		2,640	4,400	9,900	15,400	22,000
1955 President DeLuxe, V-8, 120.5" wb						
4d Sed 780		2,340	3,900	8,780	13,650	19,500
1955 President State, V-8, 120.5" wb						
4d Sed 800		2,400	4,000	9,000	14,000	20,000
2d Cpe 1,160		3,480	5,800	13,050	20,300	29,000
2d HT 1,200		3,600	6,000	13,500	21,000	30,000
2d Spds HT 1,240		3,720	6,200	13,950	21,700	31,000
NOTE: Deduct $200 for Champion models in all series.						
1956 Champion, 6-cyl., 116.5" wb						
4d Sed 600		1,800	3,000	6,750	10,500	15,000
2d Sed 604		1,812	3,020	6,800	10,570	15,100
1956 Flight Hawk, 6-cyl., 120.5" wb						
2d Cpe 840		2,520	4,200	9,450	14,700	21,000
1956 Champion Pelham, 6-cyl., 116.5" wb						
Sta Wag 860		2,580	4,300	9,680	15,050	21,500
1956 Commander, V-8, 116.5" wb						
4d Sed 620		1,860	3,100	6,980	10,850	15,500
2d Sed 624		1,872	3,120	7,020	10,920	15,600
1956 Power Hawk, V-8, 120.5" wb						
2d Cpe 900		2,700	4,500	10,130	15,750	22,500
1956 Commander Parkview, V-8, 116.5" wb						
2d Sta Wag 880		2,640	4,400	9,900	15,400	22,000

STUDEBAKER

	6	5	4	3	2	1
1956 President, V-8, 116.5" wb						
4d Sed 860	2,580	4,300	9,680	15,050	21,500
4d Classic 880	2,640	4,400	9,900	15,400	22,000
2d Sed 864	2,592	4,320	9,720	15,120	21,600
1956 Sky Hawk, V-8, 120.5" wb						
2d HT 920	2,760	4,600	10,350	16,100	23,000
1956 President Pinehurst, V-8, 116.5" wb						
4d Sta Wag 900	2,700	4,500	10,130	15,750	22,500
1956 Golden Hawk, V-8, 120.5" wb						
2d HT 1,160	3,480	5,800	13,050	20,300	29,000
1957 Champion Scotsman, 6-cyl., 116.5" wb						
4d Sed 560	1,680	2,800	6,300	9,800	14,000
2d Sed 564	1,692	2,820	6,350	9,870	14,100
2d Sta Wag 720	2,160	3,600	8,100	12,600	18,000
1957 Champion Custom, 6-cyl., 116.5" wb						
4d Sed 600	1,800	3,000	6,750	10,500	15,000
2d Clb Sed 604	1,812	3,020	6,800	10,570	15,100
1957 Champion DeLuxe, 6-cyl., 116.5" wb						
4d Sed 620	1,860	3,100	6,980	10,850	15,500
2d Clb Sed 624	1,872	3,120	7,020	10,920	15,600
1957 Silver Hawk, 6-cyl., 120.5" wb						
2d Cpe 880	2,640	4,400	9,900	15,400	22,000
1957 Champion Pelham, 6-cyl., 116.5" wb						
Sta Wag 860	2,580	4,300	9,680	15,050	21,500
1957 Commander Custom, V-8, 116.5" wb						
4d Sed 600	1,800	3,000	6,750	10,500	15,000
2d Clb Sed 604	1,812	3,020	6,800	10,570	15,100
1957 Commander DeLuxe, V-8, 116.5" wb						
4d Sed 620	1,860	3,100	6,980	10,850	15,500
2d Clb Sed 624	1,872	3,120	7,020	10,920	15,600
1957 Commander Station Wagons, V-8, 116.5" wb						
4d Park 880	2,640	4,400	9,900	15,400	22,000
4d Prov 900	2,700	4,500	10,130	15,750	22,500
1957 President, V-8, 116.5" wb						
4d Sed 680	2,040	3,400	7,650	11,900	17,000
4d Classic 700	2,100	3,500	7,880	12,250	17,500
2d Clb Sed 684	2,052	3,420	7,700	11,970	17,100
1957 Silver Hawk, V-8, 120.5" wb						
2d Cpe 940	2,820	4,700	10,580	16,450	23,500
1957 President Broadmoor, V-8, 116.5" wb						
4d Sta Wag 900	2,700	4,500	10,130	15,750	22,500
1957 Golden Hawk, V-8, 120.5" wb						
2d Spt HT 1,120	3,360	5,600	12,600	19,600	28,000
1958 Champion Scotsman, 6-cyl., 116.5" wb						
4d Sed 388	1,164	1,940	4,370	6,790	9,700
2d Sed 384	1,152	1,920	4,320	6,720	9,600
4d Sta Wag 420	1,260	2,100	4,730	7,350	10,500
1958 Champion, 6-cyl., 116.5" wb						
4d Sed 392	1,176	1,960	4,410	6,860	9,800
2d Sed 388	1,164	1,940	4,370	6,790	9,700
1958 Silver Hawk, 6-cyl., 120.5" wb						
2d Cpe 800	2,400	4,000	9,000	14,000	20,000
1958 Commander, V-8, 116.5" wb						
4d Sed 520	1,560	2,600	5,850	9,100	13,000
2d HT 580	1,740	2,900	6,530	10,150	14,500
4d Sta Wag 540	1,620	2,700	6,080	9,450	13,500
1958 President, V-8, 120.5" & 116.5" wb						
4d Sed 528	1,584	2,640	5,940	9,240	13,200
2d HT 588	1,764	2,940	6,620	10,290	14,700
1958 Silver Hawk, V-8, 120.5" wb						
2d Cpe 840	2,520	4,200	9,450	14,700	21,000
1958 Golden Hawk, V-8, 120.5" wb						
2d Spt HT 1,080	3,240	5,400	12,150	18,900	27,000
1959-60 Lark DeLuxe, V-8, 108.5" wb						
4d Sed 400	1,200	2,000	4,500	7,000	10,000
2d Sed 400	1,200	2,000	4,500	7,000	10,000
4d Sta Wag (1960 only) 410	1,240	2,060	4,640	7,210	10,300
2d Sta Wag 416	1,248	2,080	4,680	7,280	10,400
1959-60 Lark Regal, V-8, 108.5" wb						
4d Sed 420	1,260	2,100	4,730	7,350	10,500
2d HT 580	1,740	2,900	6,530	10,150	14,500
2d Conv (1960 only) 780	2,340	3,900	8,780	13,650	19,500
4d Sta Wag 420	1,260	2,100	4,730	7,350	10,500
NOTE: Deduct 5 percent for 6-cyl. models.						
1959-60 Hawk, V-8, 120.5" wb						
2d Spt Cpe 840	2,520	4,200	9,450	14,700	21,000
1961 Lark DeLuxe, V-8, 108.5" wb						
4d Sed 392	1,176	1,960	4,410	6,860	9,800
2d Sed 396	1,188	1,980	4,460	6,930	9,900

	6	5	4	3	2	1
1961 Lark Regal, V-8, 108.5" wb						
4d Sed	400	1,200	2,000	4,500	7,000	10,000
2d HT	560	1,680	2,800	6,300	9,800	14,000
2d Conv	700	2,100	3,500	7,880	12,250	17,500
1961 Lark Cruiser, V-8, 113" wb						
4d Sed	408	1,224	2,040	4,590	7,140	10,200
1961 Station Wagons, V-8, 113" wb						
4d DeL	392	1,176	1,960	4,410	6,860	9,800
2d	392	1,176	1,960	4,410	6,860	9,800
4d Reg	396	1,188	1,980	4,460	6,930	9,900
1961 Hawk, 8-cyl., 120.5" wb						
2d Spt Cpe	840	2,520	4,200	9,450	14,700	21,000
NOTE: Deduct 5 percent for 6-cyl. models. First year for 4-speed Hawks.						
1962 Lark DeLuxe, V-8, 109" - 113" wb						
4d Sed	392	1,176	1,960	4,410	6,860	9,800
2d Sed	392	1,176	1,960	4,410	6,860	9,800
4d Sta Wag	412	1,236	2,060	4,640	7,210	10,300
1962 Lark Regal, V-8, 109" - 113" wb						
4d Sed	392	1,176	1,960	4,410	6,860	9,800
2d HT	580	1,740	2,900	6,530	10,150	14,500
2d Conv	660	1,980	3,300	7,430	11,550	16,500
4d Sta Wag	420	1,260	2,100	4,730	7,350	10,500
1962 Lark Daytona, V-8, 109" wb						
2d HT	580	1,740	2,900	6,530	10,150	14,500
2d Conv	680	2,040	3,400	7,650	11,900	17,000
1962 Lark Cruiser, V-8, 113" wb						
4d Sed	560	1,680	2,800	6,300	9,800	14,000
1962 Gran Turismo Hawk, V-8, 120.5" wb						
2d HT	880	2,640	4,400	9,900	15,400	22,000
NOTE: Deduct 5 percent for 6-cyl. models.						
1963 Lark Standard, V-8, 109" - 113" wb						
4d Sed	392	1,176	1,960	4,410	6,860	9,800
2d Sed	392	1,176	1,960	4,410	6,860	9,800
4d Sta Wag	420	1,260	2,100	4,730	7,350	10,500
1963 Lark Regal, V-8, 109" - 113" wh						
4d Sed	392	1,176	1,960	4,410	6,860	9,800
2d Sed	392	1,176	1,960	4,410	6,860	9,800
4d Sta Wag	428	1,284	2,140	4,820	7,490	10,700
1963 Lark Custom, V-8, 109" - 113" wb						
4d Sed	392	1,176	1,960	4,410	6,860	9,800
2d Sed	396	1,188	1,980	4,460	6,930	9,900
1963 Lark Daytona, V-8, 109" - 113" wb						
2d HT	560	1,680	2,800	6,300	9,800	14,000
2d Conv	660	1,980	3,300	7,430	11,550	16,500
4d Sta Wag	560	1,680	2,800	6,300	9,800	14,000
1963 Cruiser, V-8, 113" wb						
4d Sed	564	1,692	2,820	6,350	9,870	14,100
1963 Gran Turismo Hawk, V-8, 120.5" wb						
2d HT	960	2,880	4,800	10,800	16,800	24,000
NOTE: Deduct 5 percent for 6-cyl. Add 10 percent for R1 engine option. Add 20 percent for R2 engine option. Add 30 percent for R3 engine option.						
1964 Challenger, V-8, 109" - 113" wb						
4d Sed	396	1,188	1,980	4,460	6,930	9,900
2d Sed	400	1,200	2,000	4,500	7,000	10,000
4d Sta Wag	408	1,224	2,040	4,590	7,140	10,200
1964 Commander, V-8, 109" - 113" wb						
4d Sed	404	1,212	2,020	4,550	7,070	10,100
2d Sed	408	1,224	2,040	4,590	7,140	10,200
4d Sta Wag	420	1,260	2,100	4,730	7,350	10,500
1964 Daytona, V-8, 109" - 113" wb						
4d Sed	420	1,260	2,100	4,730	7,350	10,500
2d HT	620	1,860	3,100	6,980	10,850	15,500
2d Conv	660	1,980	3,300	7,430	11,550	16,500
4d Sta Wag	580	1,740	2,900	6,530	10,150	14,500
1964 Cruiser, V-8, 113" wb						
4d Sed	568	1,704	2,840	6,390	9,940	14,200
1964 Gran Turismo Hawk, V-8, 120.5" wb						
2d HT	1,000	3,000	5,000	11,250	17,500	25,000
NOTE: Deduct 5 percent for 6-cyl. models. Add 10 percent for R1 engine option. Add 20 percent for R2 engine option. Add 30 percent for R3 engine option.						
1965 Commander, V-8, 109" - 113" wb						
4d Sed	400	1,200	2,000	4,500	7,000	10,000
2d Sed	396	1,188	1,980	4,460	6,930	9,900
4d Sta Wag	412	1,236	2,060	4,640	7,210	10,300
1965 Daytona, V-8, 109" - 113" wb						
4d Spt Sed	408	1,224	2,040	4,590	7,140	10,200
4d Sta Wag	420	1,260	2,100	4,730	7,350	10,500
2d Spt Sed	420	1,260	2,100	4,730	7,350	10,500

STUDEBAKER

	6	5	4	3	2	1
1965 Cruiser, V-8, 113" wb						
4d Sed 428	1,284	2,140	4,820	7,490	10,700	
NOTE: Deduct 10 percent for 6-cyl. models.						
1966 Commander, V-8, 109" wb						
4d Sed 400	1,200	2,000	4,500	7,000	10,000	
2d Sed 396	1,188	1,980	4,460	6,930	9,900	
1966 Daytona, V-8, 109" - 113" wb						
2d Spt Sed 420	1,260	2,100	4,730	7,350	10,500	
1966 Cruiser, V-8, 113" wb						
4d Sed 412	1,236	2,060	4,640	7,210	10,300	
1966 Wagonaire, V-8, 113" wb						
4d Sta Wag 420	1,260	2,100	4,730	7,350	10,500	

AVANTI

	6	5	4	3	2	1
1963 Avanti, V-8, 109" wb						
2d Spt Cpe 1,120	3,360	5,600	12,600	19,600	28,000	
1964 Avanti, V-8, 109" wb						
2d Spt Cpe 1,120	3,360	5,600	12,600	19,600	28,000	
NOTE: Add 40 percent for R2 engine option. Add 60 percent for R4 engine option. Add 80 percent for R3 engine option.						

AVANTI II

	6	5	4	3	2	1
Avanti II, V-8, 109" wb						
1965 2d Spt Cpe 1,040	3,120	5,200	11,700	18,200	26,000	
NOTE: 5 prototypes made.						
1966 2d Spt Cpe 880	2,640	4,400	9,900	15,400	22,000	
1967 2d Spt Cpe 880	2,640	4,400	9,900	15,400	22,000	
1968 2d Spt Cpe 880	2,640	4,400	9,900	15,400	22,000	
1969 2d Spt Cpe 880	2,640	4,400	9,900	15,400	22,000	
1970 2d Spt Cpe 880	2,640	4,400	9,900	15,400	22,000	
1971 2d Spt Cpe 880	2,640	4,400	9,900	15,400	22,000	
1972 2d Spt Cpe 880	2,640	4,400	9,900	15,400	22,000	
1973 2d Spt Cpe 880	2,640	4,400	9,900	15,400	22,000	
1974 2d Spt Cpe 880	2,640	4,400	9,900	15,400	22,000	
1975 2d Spt Cpe 880	2,640	4,400	9,900	15,400	22,000	
1976 2d Spt Cpe 840	2,520	4,200	9,450	14,700	21,000	
NOTE: Add 5 percent for leather upholstery. Add 5 percent for sunroof. Add 6 percent for wire wheels.						
1977 2d Spt Cpe 840	2,520	4,200	9,450	14,700	21,000	
1978 2d Spt Cpe 840	2,520	4,200	9,450	14,700	21,000	
1979 2d Spt Cpe 920	2,760	4,600	10,350	16,100	23,000	
1980 2d Spt Cpe 920	2,760	4,600	10,350	16,100	23,000	
1981 2d Spt Cpe 960	2,880	4,800	10,800	16,800	24,000	
1982 2d Spt Cpe 1,000	3,000	5,000	11,250	17,500	25,000	
1983 2d Spt Cpe 1,000	3,000	5,000	11,250	17,500	25,000	
1984 2d Spt Cpe 1,000	3,000	5,000	11,250	17,500	25,000	
1985 2d Spt Cpe 1,080	3,240	5,400	12,150	18,900	27,000	
NOTE: No Avanti II models manufactred in 1976.						
1987 2d Spt Cpe 1,200	3,600	6,000	13,500	21,000	30,000	
1987 2d Conv 1,320	3,960	6,600	14,850	23,100	33,000	
1988 2d Spt Cpe 1,240	3,720	6,200	13,950	21,700	31,000	
1988 2d Conv 1,360	4,080	6,800	15,300	23,800	34,000	
1989 2d Spt Cpe 1,240	3,720	6,200	13,950	21,700	31,000	
1989 2d Conv 1,360	4,080	6,800	15,300	23,800	34,000	
1990 4d Sed 960	2,880	4,800	10,800	16,800	24,000	
1991 2d Conv 1,400	4,200	7,000	15,750	24,500	35,000	

STUTZ

	6	5	4	3	2	1
1912 Series A, 4-cyl., 50 hp, 120" wb						
2P Rds 2,800	8,400	14,000	31,500	49,000	70,000	
4P Toy Tonn 2,720	8,160	13,600	30,600	47,600	68,000	
5P Tr 2,720	8,160	13,600	30,600	47,600	68,000	
2P Bearcat 5,200	15,600	26,000	58,500	91,000	130,000	
4P Cpe 2,080	6,240	10,400	23,400	36,400	52,000	
1912 Series A, 6-cyl., 60 hp, 124" wb Touring - 6P (130" wb)						
6P Tr 2,560	7,680	12,800	28,800	44,800	64,000	
4P Toy Tonn 2,480	7,440	12,400	27,900	43,400	62,000	
2P Bearcat 5,600	16,800	28,000	63,000	98,000	140,000	
1913 Series B, 4-cyl., 50 hp, 120" wb						
2P Rds 2,800	8,400	14,000	31,500	49,000	70,000	
4P Toy Tonn 2,720	8,160	13,600	30,600	47,600	68,000	
4P Tr (124" wb) 2,720	8,160	13,600	30,600	47,600	68,000	
2P Bearcat 5,200	15,600	26,000	58,500	91,000	130,000	
6P Tr (124" wb) 2,880	8,640	14,400	32,400	50,400	72,000	
1913 Series B, 6-cyl., 60 hp, 124" wb						
2P Bearcat 5,600	16,800	28,000	63,000	98,000	140,000	
4P Toy Tonn 2,720	8,160	13,600	30,600	47,600	68,000	
6P Tr (130" wb) 2,960	8,880	14,800	33,300	51,800	74,000	

	6	5	4	3	2	1
1914 Model 4E, 4-cyl., 50 hp, 120" wb						
2P Rds	2,720	8,160	13,600	30,600	47,600	68,000
Bearcat	5,600	16,800	28,000	63,000	98,000	140,000
5P Tr	2,720	8,160	13,600	30,600	47,600	68,000
1914 Model 6E, 6-cyl., 55 hp, 130" wb						
2P Rds	2,960	8,880	14,800	33,300	51,800	74,000
6P Tr	2,960	8,880	14,800	33,300	51,800	74,000
1915 Model H.C.S., 4-cyl., 23 hp, 108" wb						
2P Rds	2,080	6,240	10,400	23,400	36,400	52,000
1915 Model 4F, 4-cyl., 36.1 hp, 120" wb						
2P Rds	2,480	7,440	12,400	27,900	43,400	62,000
Bearcat	5,200	15,600	26,000	58,500	91,000	130,000
Cpe	1,360	4,080	6,800	15,300	23,800	34,000
Bulldog	2,400	7,200	12,000	27,000	42,000	60,000
5P Tr	2,400	7,200	12,000	27,000	42,000	60,000
5P Sed	1,240	3,720	6,200	13,950	21,700	31,000
1915 Model 6F, 6-cyl., 38.4 hp, 130" wb						
2P Rds	2,480	7,440	12,400	27,900	43,400	62,000
Bearcat	5,200	15,600	26,000	58,500	91,000	130,000
Cpe	1,480	4,440	7,400	16,650	25,900	37,000
5P Tr	2,560	7,680	12,800	28,800	44,800	64,000
6P Tr	2,560	7,680	12,800	28,800	44,800	64,000
5P Sed	1,280	3,840	6,400	14,400	22,400	32,000
1916 Model C, 4-cyl., 36.1 hp, 120" wb						
2P Rds	2,480	7,440	12,400	27,900	43,400	62,000
Bearcat	5,200	15,600	26,000	58,500	91,000	130,000
Bulldog	2,560	7,680	12,800	28,800	44,800	64,000
Sed	1,240	3,720	6,200	13,950	21,700	31,000
1916 Bulldog Special, 4-cyl., 36.1 hp, 130" wb						
4P Tr	2,560	7,680	12,800	28,800	44,800	64,000
5P Tr	2,640	7,920	13,200	29,700	46,200	66,000
1917 Series R, 4-cyl., 80 hp, 130" wb						
2P Rds	2,720	8,160	13,600	30,600	47,600	68,000
4P Bulldog Spl	2,560	7,680	12,800	28,800	44,800	64,000
6P Bulldog Spl	2,640	7,920	13,200	29,700	46,200	66,000
Bearcat (120" wb)	5,400	16,200	27,000	60,750	94,500	135,000
1918 Series S, 4-cyl., 80 hp, 130" wb						
2P Rds	2,720	8,160	13,600	30,600	47,600	68,000
4P Bulldog Spl	2,560	7,680	12,800	28,800	44,800	64,000
6P Bulldog Spl	2,640	7,920	13,200	29,700	46,200	66,000
Bearcat (120" wb)	5,400	16,200	27,000	60,750	94,500	135,000
1919 Series G, 4-cyl., 80 hp, 130" wb						
6P Tr	2,800	8,400	14,000	31,500	49,000	70,000
2P Rds	2,560	7,680	12,800	28,800	44,800	64,000
4P C.C. Tr	2,800	8,400	14,000	31,500	49,000	70,000
Bearcat (120" wb)	5,400	16,200	27,000	60,750	94,500	135,000
1920 Series H, 4-cyl., 80 hp, 130" wb						
2P Bearcat (120" wb)	5,400	16,200	27,000	60,750	94,500	135,000
2P Rds	2,720	8,160	13,600	30,600	47,600	68,000
4P/5P Tr	2,800	8,400	14,000	31,500	49,000	70,000
6P/7P Tr	2,880	8,640	14,400	32,400	50,400	72,000
1921 Series K, 4-cyl., 80 hp, 130" wb						
2P Bearcat (120" wb)	5,400	16,200	27,000	60,750	94,500	135,000
2P Rds	3,520	10,560	17,600	39,600	61,600	88,000
4P Tr	2,800	8,400	14,000	31,500	49,000	70,000
6P Tr	2,800	8,400	14,000	31,500	49,000	70,000
4P Cpe	1,680	5,040	8,400	18,900	29,400	42,000
1922 Series K, 4-cyl., 80 hp, 130" wb						
3P Cpe	1,680	5,040	8,400	18,900	29,400	42,000
2P Rds	2,720	8,160	13,600	30,600	47,600	68,000
Bearcat (120" wb)	5,400	16,200	27,000	60,750	94,500	135,000
6P Tr	2,800	8,400	14,000	31,500	49,000	70,000
4P Spt	2,960	8,880	14,800	33,300	51,800	74,000
1923 Special Six, 70 hp, 120" wb						
5P Sed	1,480	4,440	7,400	16,650	25,900	37,000
5P Tr	2,800	8,400	14,000	31,500	49,000	70,000
Rds	2,800	8,400	14,000	31,500	49,000	70,000
1923 Speedway Four, 88 hp, 130" wb						
6P Tr	2,960	8,880	14,800	33,300	51,800	74,000
Sportster	3,120	9,360	15,600	35,100	54,600	78,000
4P Cpe	1,680	5,040	8,400	18,900	29,400	42,000
Sportsedan	1,560	4,680	7,800	17,550	27,300	39,000
Rds	2,720	8,160	13,600	30,600	47,600	68,000
Bearcat	5,600	16,800	28,000	63,000	98,000	140,000
Calif Tr	3,040	9,120	15,200	34,200	53,200	76,000
Calif Sptstr	3,040	9,120	15,200	34,200	53,200	76,000
1924 Special Six, 70 hp, 120" wb						
5P Phae	2,640	7,920	13,200	29,700	46,200	66,000

STUTZ

	6	5	4	3	2	1
Tourabout	2,640	7,920	13,200	29,700	46,200	66,000
2P Rds	2,720	8,160	13,600	30,600	47,600	68,000
Palanquin	2,640	7,920	13,200	29,700	46,200	66,000
5P Sed	1,360	4,080	6,800	15,300	23,800	34,000
1924 Speedway Four, 4-cyl., 88 hp, 130" wb						
2P Rds	2,720	8,160	13,600	30,600	47,600	68,000
2P Bearcat	5,600	16,800	28,000	63,000	98,000	140,000
6P Tr	2,800	8,400	14,000	31,500	49,000	70,000
4P Cpe	1,680	5,040	8,400	18,900	29,400	42,000
1925 Models 693-694, 6-cyl., 70 hp, 120" wb						
5P Phae	2,560	7,680	12,800	28,800	44,800	64,000
5P Tourabout	2,640	7,920	13,200	29,700	46,200	66,000
2P Rds	2,560	7,680	12,800	28,800	44,800	64,000
4P Cpe	1,600	4,800	8,000	18,000	28,000	40,000
5P Sed	1,360	4,080	6,800	15,300	23,800	34,000
1925 Model 695, 6-cyl., 80 hp, 130" wb						
7P Tourster	2,640	7,920	13,200	29,700	46,200	66,000
5P Sportster	2,640	7,920	13,200	29,700	46,200	66,000
7P Sub	1,880	5,640	9,400	21,150	32,900	47,000
Sportbrohm	1,840	5,520	9,200	20,700	32,200	46,000
7P Berline	1,920	5,760	9,600	21,600	33,600	48,000
1926 Vertical Eight, AA, 92 hp, 131" wb						
4P Spds	5,000	15,000	25,000	56,250	87,500	125,000
5P Spds	5,000	15,000	25,000	56,250	87,500	125,000
4P Vic Cpe	2,280	6,840	11,400	25,650	39,900	57,000
5P Brgm	2,040	6,120	10,200	22,950	35,700	51,000
5P Sed	1,680	5,040	8,400	18,900	29,400	42,000
1927 Vertical Eight, AA, 92 hp, 131" wb						
4P Spds	5,000	15,000	25,000	56,250	87,500	125,000
5P Spds	5,000	15,000	25,000	56,250	87,500	125,000
2P Cpe	2,080	6,240	10,400	23,400	36,400	52,000
4P Cpe	2,080	6,240	10,400	23,400	36,400	52,000
5P Brgm	2,040	6,120	10,200	22,950	35,700	51,000
5P Sed	1,680	5,040	8,400	18,900	29,400	42,000
7P Berline	2,040	6,120	10,200	22,950	35,700	51,000
7P Sed	1,760	5,280	8,800	19,800	30,800	44,000
1928 Series BB, 8-cyl., 115 hp, 131 & 135" wb						
2P Spds	5,200	15,600	26,000	58,500	91,000	130,000
4P Spds	5,000	15,000	25,000	56,250	87,500	125,000
5P Spds	5,000	15,000	25,000	56,250	87,500	125,000
7P Spds	5,100	15,300	25,500	57,380	89,250	127,500
2P Black Hawk Spds	5,800	17,400	29,000	65,250	101,500	145,000
4P Black Hawk Spds	5,800	17,400	29,000	65,250	101,500	145,000
4P Vic Cpe	2,280	6,840	11,400	25,650	39,900	57,000
2P Cpe	2,160	6,480	10,800	24,300	37,800	54,000
5P Sed	1,680	5,040	8,400	18,900	29,400	42,000
5P Brgm	1,720	5,160	8,600	19,350	30,100	43,000
2P Cabr Cpe	3,520	10,560	17,600	39,600	61,600	88,000
7P Sed	1,760	5,280	8,800	19,800	30,800	44,000
7P Sed Limo	2,480	7,440	12,400	27,900	43,400	62,000
4P Deauville	2,400	7,200	12,000	27,000	42,000	60,000
5P Chantilly Sed	2,400	7,200	12,000	27,000	42,000	60,000
4P Monaco Cpe	2,560	7,680	12,800	28,800	44,800	64,000
5P Riv Sed	2,560	7,680	12,800	28,800	44,800	64,000
7P Biarritz Sed	2,560	7,680	12,800	28,800	44,800	64,000
5P Chamonix Sed	2,640	7,920	13,200	29,700	46,200	66,000
7P Fontainbleau	2,640	7,920	13,200	29,700	46,200	66,000
5P Aix Les Bains	2,640	7,920	13,200	29,700	46,200	66,000
7P Versailles	2,720	8,160	13,600	30,600	47,600	68,000
5P Prince of Wales	2,720	8,160	13,600	30,600	47,600	68,000
8P Prince of Wales	2,800	8,400	14,000	31,500	49,000	70,000
Transformable Twn Car	2,960	8,880	14,800	33,300	51,800	74,000
1929 Model M, 8-cyl., 115 hp, 134-1/2" wb						
4P Spds	5,000	15,000	25,000	56,250	87,500	125,000
7P Spds	5,100	15,300	25,500	57,380	89,250	127,500
2P Speed Car	5,600	16,800	28,000	63,000	98,000	140,000
5P Cpe	2,160	6,480	10,800	24,300	37,800	54,000
4P Cpe	2,160	6,480	10,800	24,300	37,800	54,000
2P Cabr	3,760	11,280	18,800	42,300	65,800	94,000
5P Sed	1,760	5,280	8,800	19,800	30,800	44,000
7P Sed	1,800	5,400	9,000	20,250	31,500	45,000
5P Chantilly Sed	2,400	7,200	12,000	27,000	42,000	60,000
5P Monaco Cpe	2,560	7,680	12,800	28,800	44,800	64,000
5P Deauville	2,400	7,200	12,000	27,000	42,000	60,000
7P Limo	2,400	7,200	12,000	27,000	42,000	60,000
5P Sed	2,080	6,240	10,400	23,400	36,400	52,000
2P Cabr	4,000	12,000	20,000	45,000	70,000	100,000
5P Biarritz	2,560	7,680	12,800	28,800	44,800	64,000

STUTZ

	6	5	4	3	2	1
7P Fontainbleau	2,640	7,920	13,200	29,700	46,200	66,000
7P Aix Les Baines	2,640	7,920	13,200	29,700	46,200	66,000
5P Sed	2,280	6,840	11,400	25,650	39,900	57,000
5P Limo	2,560	7,680	12,800	28,800	44,800	64,000
6P Brgm	2,560	7,680	12,800	28,800	44,800	64,000
Brgm Limo	2,640	7,920	13,200	29,700	46,200	66,000
6P Sed	2,240	6,720	11,200	25,200	39,200	56,000
6P Sed Limo	2,640	7,920	13,200	29,700	46,200	66,000
7P Sed Limo	2,640	7,920	13,200	29,700	46,200	66,000
5P Transformable Cabr	3,360	10,080	16,800	37,800	58,800	84,000
7P Trans Twn Car	3,360	10,080	16,800	37,800	58,800	84,000
5P Trans Twn Car	3,440	10,320	17,200	38,700	60,200	86,000
1929 Model M, 8-cyl., 115 hp, 145" wb						
4P Spds	5,200	15,600	26,000	58,500	91,000	130,000
7P Spds	5,300	15,900	26,500	59,630	92,750	132,500
5P Sed	1,800	5,400	9,000	20,250	31,500	45,000
7P Sed	1,840	5,520	9,200	20,700	32,200	46,000
7P Limo	2,080	6,240	10,400	23,400	36,400	52,000
5P Sed	1,920	5,760	9,600	21,600	33,600	48,000
Cabr	3,600	10,800	18,000	40,500	63,000	90,000
Chaumont	2,720	8,160	13,600	30,600	47,600	68,000
Monte Carlo	2,720	8,160	13,600	30,600	47,600	68,000
5P Sed	2,480	7,440	12,400	27,900	43,400	62,000
5P Limo	2,400	7,200	12,000	27,000	42,000	60,000
Brgm	2,480	7,440	12,400	27,900	43,400	62,000
Brgm Limo	2,560	7,680	12,800	28,800	44,800	64,000
6P Sed	2,480	7,440	12,400	27,900	43,400	62,000
6P Sed Limo	2,560	7,680	12,800	28,800	44,800	64,000
7P Sed Limo	2,640	7,920	13,200	29,700	46,200	66,000
Transformable Cabr	3,360	10,080	16,800	37,800	58,800	84,000
Transformable Twn Car	3,360	10,080	16,800	37,800	58,800	84,000
Transformable Tr Cabr	3,520	10,560	17,600	39,600	61,600	88,000
1930 Model MA, 8-cyl., 115 hp, 134-1/2" wb						
2P Spds	4,800	14,400	24,000	54,000	84,000	120,000
4P Spds	5,000	15,000	25,000	56,250	87,500	125,000
2P Cpe	2,280	6,840	11,400	25,650	39,900	57,000
5P Cpe	2,280	6,840	11,400	25,650	39,900	57,000
Sed	1,680	5,040	8,400	18,900	29,400	42,000
Cabr	3,520	10,560	17,600	39,600	61,600	88,000
Longchamps	2,560	7,680	12,800	28,800	44,800	64,000
Versailles	2,560	7,680	12,800	28,800	44,800	64,000
Torpedo	3,200	9,600	16,000	36,000	56,000	80,000
1930 Model MB, 8-cyl., 115 hp, 145" wb						
4P Spds	5,200	15,600	26,000	58,500	91,000	130,000
7P Spds	5,300	15,900	26,500	59,630	92,750	132,500
5P Sed	1,800	5,400	9,000	20,250	31,500	45,000
7P Sed	1,840	5,520	9,200	20,700	32,200	46,000
7P Limo	2,080	6,240	10,400	23,400	36,400	52,000
5P Sed	1,920	5,760	9,600	21,600	33,600	48,000
Cabr	3,600	10,800	18,000	40,500	63,000	90,000
Chaumont	2,720	8,160	13,600	30,600	47,600	68,000
Monte Carlo	2,720	8,160	13,600	30,600	47,600	68,000
5P Sed	2,480	7,440	12,400	27,900	43,400	62,000
5P Limo	2,400	7,200	12,000	27,000	42,000	60,000
Brgm	2,480	7,440	12,400	27,900	43,400	62,000
Brgm Limo	2,560	7,680	12,800	28,800	44,800	64,000
6P Sed	2,480	7,440	12,400	27,900	43,400	62,000
6P Sed Limo	2,560	7,680	12,800	28,800	44,800	64,000
7P Sed Limo	2,640	7,920	13,200	29,700	46,200	66,000
Transformable Cabr	3,360	10,080	16,800	37,800	58,800	84,000
Transformable Twn Car	3,360	10,080	16,800	37,800	58,800	84,000
Transformable Tr Cabr	3,520	10,560	17,600	39,600	61,600	88,000
1931 Model LA, 6-cyl., 85 hp, 127-1/2" wb						
4P Spds	4,960	14,880	24,800	55,800	86,800	124,000
5P Cpe	1,880	5,640	9,400	21,150	32,900	47,000
Sed	1,600	4,800	8,000	18,000	28,000	40,000
4P Cpe	1,920	5,760	9,600	21,600	33,600	48,000
Cabr Cpe	3,120	9,360	15,600	35,100	54,600	78,000
1931 Model MA, 8-cyl., 115 hp, 134-1/2" wb						
2P Spds	4,800	14,400	24,000	54,000	84,000	120,000
Torp	3,600	10,800	18,000	40,500	63,000	90,000
4P Spds	5,000	15,000	25,000	56,250	87,500	125,000
5P Cpe	2,080	6,240	10,400	23,400	36,400	52,000
4P Cpe	2,120	6,360	10,600	23,850	37,100	53,000
Cabr Cpe	3,120	9,360	15,600	35,100	54,600	78,000
Sed	1,760	5,280	8,800	19,800	30,800	44,000
Longchamps	2,240	6,720	11,200	25,200	39,200	56,000
Versailles	2,240	6,720	11,200	25,200	39,200	56,000

	6	5	4	3	2	1
1931 Model MB, 8-cyl., 115 hp, 145" wb						
7P Spds.	5,360	16,080	26,800	60,300	93,800	134,000
5P Sed	2,040	6,120	10,200	22,950	35,700	51,000
7P Sed	2,080	6,240	10,400	23,400	36,400	52,000
Limo	2,480	7,440	12,400	27,900	43,400	62,000
Cabr Cpe.	3,760	11,280	18,800	42,300	65,800	94,000
Conv Sed	4,960	14,880	24,800	55,800	86,800	124,000
Chaumont	3,760	11,280	18,800	42,300	65,800	94,000
Monte Carlo.	3,760	11,280	18,800	42,300	65,800	94,000
5P Sed	2,480	7,440	12,400	27,900	43,400	62,000
Brgm	2,400	7,200	12,000	27,000	42,000	60,000
7P Sed	2,560	7,680	12,800	28,800	44,800	64,000
Brgm Limo.	2,640	7,920	13,200	29,700	46,200	66,000
6/7P Sed Limo.	2,720	8,160	13,600	30,600	47,600	68,000
Transformable Cabr	3,520	10,560	17,600	39,600	61,600	88,000
Transformable Twn Car.	3,360	10,080	16,800	37,800	58,800	84,000
Transformable Twn Cabr.	3,520	10,560	17,600	39,600	61,600	88,000
1932 Model LAA, 6-cyl., 85 hp, 127-1/2" wb						
Sed	1,680	5,040	8,400	18,900	29,400	42,000
5P Cpe	2,280	6,840	11,400	25,650	39,900	57,000
4P Cpe	2,280	6,840	11,400	25,650	39,900	57,000
Clb Sed	1,880	5,640	9,400	21,150	32,900	47,000
1932 Model SV-16, 8-cyl., 115 hp, 134-1/2" wb						
4P Spds.	5,120	15,360	25,600	57,600	89,600	128,000
Torp.	3,360	10,080	16,800	37,800	58,800	84,000
5P Cpe	2,080	6,240	10,400	23,400	36,400	52,000
5P Sed	1,880	5,640	9,400	21,150	32,900	47,000
4P Cpe	2,280	6,840	11,400	25,650	39,900	57,000
Clb Sed	1,960	5,880	9,800	22,050	34,300	49,000
Cabr Cpe.	3,360	10,080	16,800	37,800	58,800	84,000
Longchamps	2,280	6,840	11,400	25,650	39,900	57,000
Versailles.	2,280	6,840	11,400	25,650	39,900	57,000
6P Sed	2,160	6,480	10,800	24,300	37,800	54,000
Cont Cpe.	2,640	7,920	13,200	29,700	46,200	66,000
1932 Model SV-16, 8-cyl., 115 hp, 145" wb						
7P Spds.	5,720	17,160	28,600	64,350	100,100	143,000
7P Sed	3,120	9,360	15,600	35,100	54,600	78,000
5P Sed	2,960	8,880	14,800	33,300	51,800	74,000
Limo	3,360	10,080	16,800	37,800	58,800	84,000
Conv Sed	4,960	14,880	24,800	55,800	86,800	124,000
6P Sed	3,200	9,600	16,000	36,000	56,000	80,000
Chaumont	3,760	11,280	18,800	42,300	65,800	94,000
Brgm	3,360	10,080	16,800	37,800	58,800	84,000
Monte Carlo.	3,440	10,320	17,200	38,700	60,200	86,000
Brgm Limo.	3,520	10,560	17,600	39,600	61,600	88,000
7P Sed Limo	3,520	10,560	17,600	39,600	61,600	88,000
6P Sed Limo	3,520	10,560	17,600	39,600	61,600	88,000
Transformable Cabr	3,760	11,280	18,800	42,300	65,800	94,000
Monte Carlo.	3,840	11,520	19,200	43,200	67,200	96,000
Prince of Wales.	3,840	11,520	19,200	43,200	67,200	96,000
Conv Vic	4,320	12,960	21,600	48,600	75,600	108,000
Spt Sed	3,360	10,080	16,800	37,800	58,800	84,000
Tuxedo Cabr	5,360	16,080	26,800	60,300	93,800	134,000
Patrician Cpe.	3,520	10,560	17,600	39,600	61,600	88,000
Transformable Twn Car.	5,520	16,560	27,600	62,100	96,600	138,000
NOTE: All other models same as SV-16, with prices $1,000 more than SV-16.						
1932 Model DV-32, 8-cyl., 156 hp, 134-1/2" wb						
Bearcat	8,000	24,000	40,000	90,000	140,000	200,000
1932 Model DV-32, 8-cyl., 156 hp, 145" wb						
NOTE: All models same as SV-16, with prices $1,000 more than SV-16.						
1932 Model DV-32, 8-cyl., 156 hp, 116" wb						
Sup Bearcat	8,000	24,000	40,000	90,000	140,000	200,000
1933 Model LAA, 6-cyl., 85 hp, 127-1/2" wb						
5P Sed	1,760	5,280	8,800	19,800	30,800	44,000
5P Cpe	2,080	6,240	10,400	23,400	36,400	52,000
4P Cpe	2,120	6,360	10,600	23,850	37,100	53,000
5P Clb Sed	1,880	5,640	9,400	21,150	32,900	47,000
4P Cabr Cpe	2,960	8,880	14,800	33,300	51,800	74,000
1933 Model SV-16, 8-cyl., 115 hp, 134-1/2" wb						
2P Spds.	4,320	12,960	21,600	48,600	75,600	108,000
2P Torp	3,120	9,360	15,600	35,100	54,600	78,000
4P Spds.	4,720	14,160	23,600	53,100	82,600	118,000
5P Cpe	2,360	7,080	11,800	26,550	41,300	59,000
5P Sed	1,880	5,640	9,400	21,150	32,900	47,000
4P Cpe	2,400	7,200	12,000	27,000	42,000	60,000
5P Clb Sed	1,960	5,880	9,800	22,050	34,300	49,000
4P Cabr Cpe	3,120	9,360	15,600	35,100	54,600	78,000
5P Versailles	2,560	7,680	12,800	28,800	44,800	64,000

	6	5	4	3	2	1
1933 Model SV-16, 8-cyl., 115 hp, 145" wb						
4P Spds	5,520	16,560	27,600	62,100	96,600	138,000
5P Sed	2,280	6,840	11,400	25,650	39,900	57,000
7P Sed	2,360	7,080	11,800	26,550	41,300	59,000
7P Limo	2,560	7,680	12,800	28,800	44,800	64,000
4P Cabr Cpe	3,760	11,280	18,800	42,300	65,800	94,000
5P Conv Sed	5,120	15,360	25,600	57,600	89,600	128,000
6P Sed	2,640	7,920	13,200	29,700	46,200	66,000
5P Chaumont	2,720	8,160	13,600	30,600	47,600	68,000
6P Brgm	2,720	8,160	13,600	30,600	47,600	68,000
6P Sed	2,640	7,920	13,200	29,700	46,200	66,000
5P Monte Carlo	2,800	8,400	14,000	31,500	49,000	70,000
6P Brgm Limo	3,360	10,080	16,800	37,800	58,800	84,000
6P Sed Limo	3,120	9,360	15,600	35,100	54,600	78,000
7P Twn Car	3,520	10,560	17,600	39,600	61,600	88,000
5P Monte Carlo	3,520	10,560	17,600	39,600	61,600	88,000
1933 Series DV-32, 8-cyl., 156" wb						
NOTE: Same models as the SV-16 on the two chassis, with prices $700 more. Bearcat and Super Bearcat continued from 1932.						
1934 Model SV-16, 8-cyl., 115 hp, 134-1/2" wb						
Spds	4,720	14,160	23,600	53,100	82,600	118,000
Spds	4,720	14,160	23,600	53,100	82,600	118,000
Torp	4,320	12,960	21,600	48,600	75,600	108,000
4P Cpe	2,080	6,240	10,400	23,400	36,400	52,000
Conv Cpe	3,360	10,080	16,800	37,800	58,800	84,000
Club Sed	2,480	7,440	12,400	27,900	43,400	62,000
5P Sed	2,280	6,840	11,400	25,650	39,900	57,000
5P Cpe	2,480	7,440	12,400	27,900	43,400	62,000
Versailles	2,480	7,440	12,400	27,900	43,400	62,000
1934 Model SV-16, 8-cyl., 115 hp, 145" wb						
Conv Cpe	3,520	10,560	17,600	39,600	61,600	88,000
7P Sed	2,440	7,320	12,200	27,450	42,700	61,000
Limo	2,400	7,200	12,000	27,000	42,000	60,000
Chaumont	2,400	7,200	12,000	27,000	42,000	60,000
Monte Carlo	2,480	7,440	12,400	27,900	43,400	62,000
1934 Model DV-32, 8-cyl., 156 hp, 134-1/2" wh						
Spdo	5,120	15,360	25,600	57,600	89,600	128,000
Spds	5,200	15,600	26,000	58,500	91,000	130,000
Torp	5,040	15,120	25,200	56,700	88,200	126,000
4P Cpe	2,480	7,440	12,400	27,900	43,400	62,000
Conv Cpe	4,960	14,880	24,800	55,800	86,800	124,000
Clb Sed	2,440	7,320	12,200	27,450	42,700	61,000
5P Sed	2,400	7,200	12,000	27,000	42,000	60,000
5P Cpe	2,400	7,200	12,000	27,000	42,000	60,000
Versailles	2,560	7,680	12,800	28,800	44,800	64,000
1934 Model DV-32, 8-cyl., 156 hp, 145" wb						
Conv Cpe	4,720	14,160	23,600	53,100	82,600	118,000
7P Sed	2,480	7,440	12,400	27,900	43,400	62,000
Limo	2,720	8,160	13,600	30,600	47,600	68,000
Chaumont	2,720	8,160	13,600	30,600	47,600	68,000
Monte Carlo	2,800	8,400	14,000	31,500	49,000	70,000
1935 Model SV-16, 8-cyl., 134 & 145" wb						
2P Spds	3,440	10,320	17,200	38,700	60,200	86,000
2P Cpe	2,160	6,480	10,800	24,300	37,800	54,000
5P Sed	1,760	5,280	8,800	19,800	30,800	44,000
7P Sed	2,000	6,000	10,000	22,500	35,000	50,000
1935 Model DV-32, 8-cyl., 134 & 145" wb						
2P Spds	3,520	10,560	17,600	39,600	61,600	88,000
2/4P Cpe	2,280	6,840	11,400	25,650	39,900	57,000
5P Sed	1,760	5,280	8,800	19,800	30,800	44,000
7P Limo	2,280	6,840	11,400	25,650	39,900	57,000

WHIPPET

	6	5	4	3	2	1
1926 Model 96, 4-cyl.						
2d 2P Cpe	360	1,090	1,820	4,100	6,370	9,100
4d 5P Tr	840	2,520	4,200	9,450	14,700	21,000
4d 5P Sed	360	1,080	1,800	4,050	6,300	9,000
1927 Model 96, 4-cyl., 30 hp, 104-1/4" wb						
4d 5P Tr	840	2,520	4,200	9,450	14,700	21,000
2d 5P Coach	360	1,070	1,780	4,010	6,230	8,900
2d 5P Rds	800	2,400	4,000	9,000	14,000	20,000
2d 2P Cpe	460	1,380	2,300	5,180	8,050	11,500
4d 5P Sed	360	1,080	1,800	4,050	6,300	9,000
2d Cabr	640	1,920	3,200	7,200	11,200	16,000
4d 5P Lan Sed	350	1,060	1,760	3,960	6,160	8,800
1927 Model 93A, 6-cyl., 40 hp, 109-1/4" wb						
4d 5P Tr	880	2,640	4,400	9,900	15,400	22,000
2d 2/4P Rds	840	2,520	4,200	9,450	14,700	21,000

WHIPPET

	6	5	4	3	2	1
2d 2P Cpe	480	1,440	2,400	5,400	8,400	12,000
2d 5P Cpe	440	1,320	2,200	4,950	7,700	11,000
4d 5P Sed	450	1,340	2,240	5,040	7,840	11,200
2d Cabr	640	1,920	3,200	7,200	11,200	16,000
2d 5P Lan Sed	360	1,070	1,780	4,010	6,230	8,900
1928 Model 96, 4-cyl., 32 hp, 100-1/4" wb						
2d 2/4P Spt Rds	800	2,400	4,000	9,000	14,000	20,000
4d 5P Tr	840	2,520	4,200	9,450	14,700	21,000
2d 5P Coach	340	1,010	1,680	3,780	5,880	8,400
2d 2P Cpe	440	1,320	2,200	4,950	7,700	11,000
2d 2/4P Cabr	640	1,920	3,200	7,200	11,200	16,000
4d 5P Sed	330	980	1,640	3,690	5,740	8,200
1928 Model 98, 6-cyl.						
2d 2/4P Rds	840	2,520	4,200	9,450	14,700	21,000
4d 5P Tr	880	2,640	4,400	9,900	15,400	22,000
2d 2P Cpe	480	1,440	2,400	5,400	8,400	12,000
2d 5P Coach	440	1,320	2,200	4,950	7,700	11,000
4d 5P Sed	450	1,340	2,240	5,040	7,840	11,200
1929 Model 96A, 4-cyl., 103-1/2" wb						
2d 2P Rds	800	2,400	4,000	9,000	14,000	20,000
2d 2/4P Rds	840	2,520	4,200	9,450	14,700	21,000
2d 2/4P Rds College	840	2,520	4,200	9,450	14,700	21,000
4d 5P Tr	840	2,520	4,200	9,450	14,700	21,000
2d 2P Cpe	440	1,320	2,200	4,950	7,700	11,000
2d Cabr	640	1,920	3,200	7,200	11,200	16,000
2d 2/4P Cpe	640	1,920	3,200	7,200	11,200	16,000
2d 5P Coach	340	1,010	1,680	3,780	5,880	8,400
4d 5P Sed	340	1,030	1,720	3,870	6,020	8,600
4d DeL Sed	360	1,070	1,780	4,010	6,230	8,900
1929 Model 98A, 6-cyl.						
2d 2/4P Spt Rds	920	2,760	4,600	10,350	16,100	23,000
4d 5P Tr	880	2,640	4,400	9,900	15,400	22,000
2d 2P Cpe	460	1,380	2,300	5,180	8,050	11,500
2d 2/4P Cpe	480	1,440	2,400	5,400	8,400	12,000
2d 5P Coach	340	1,030	1,720	3,870	6,020	8,600
4d 5P Sed	360	1,070	1,780	4,010	6,230	8,900
4d 5P DeL Sed	360	1,080	1,800	4,050	6,300	9,000
1930 Model 96A, 4-cyl.						
2d 2P Rds	920	2,760	4,600	10,350	16,100	23,000
2d 2/4P Rds College	1,000	3,000	5,000	11,250	17,500	25,000
4d 5P Tr	880	2,640	4,400	9,900	15,400	22,000
2d 2P Cpe	440	1,320	2,200	4,950	7,700	11,000
2d 2/4P Cpe	460	1,380	2,300	5,180	8,050	11,500
2d 5P Coach	320	960	1,600	3,600	5,600	8,000
4d 5P Sed	330	980	1,640	3,690	5,740	8,200
4d 5P DeL Sed	340	1,020	1,700	3,830	5,950	8,500
1930 Model 98A, 6-cyl.						
4d 5P Tr	880	2,640	4,400	9,900	15,400	22,000
2d 2/4P Spt Rds	920	2,760	4,600	10,350	16,100	23,000
2d 2P Cpe	450	1,340	2,240	5,040	7,840	11,200
2d 2/4P Cpe	460	1,390	2,320	5,220	8,120	11,600
2d 5P Coach	450	1,340	2,240	5,040	7,840	11,200
4d 5P Sed	450	1,360	2,260	5,090	7,910	11,300
4d 5P DeL Sed	470	1,420	2,360	5,310	8,260	11,800
1930 Model 96A, 4-cyl.						
2d 2P Cpe	440	1,320	2,200	4,950	7,700	11,000
2d 2/4P Cpe	460	1,380	2,300	5,180	8,050	11,500
4d 5P Sed	330	980	1,640	3,690	5,740	8,200
1930 Model 98A, 6-cyl.						
2d 5P Coach	330	980	1,640	3,690	5,740	8,200
4d 5P Sed	330	1,000	1,660	3,740	5,810	8,300
4d 5P DeL Sed	350	1,060	1,760	3,960	6,160	8,800

WILLYS

	6	5	4	3	2	1
1902-03 Model 13, 1-cyl.						
2P Rbt	1,280	3,840	6,400	14,400	22,400	32,000
1904 Model 13, 1-cyl.						
2P Rbt	1,200	3,600	6,000	13,500	21,000	30,000
1905 Model 15, 2-cyl.						
2P Rbt	1,200	3,600	6,000	13,500	21,000	30,000
1905 Model 17, 2-cyl.						
2P Rbt	1,200	3,600	6,000	13,500	21,000	30,000
1905 Model 18, 4-cyl.						
5P Tr	1,240	3,720	6,200	13,950	21,700	31,000
1906 Model 16, 2-cyl.						
2P Rbt	1,160	3,480	5,800	13,050	20,300	29,000
1906 Model 18, 4-cyl.						
4P Tr	1,200	3,600	6,000	13,500	21,000	30,000

	6	5	4	3	2	1
1907 Model 22, 4-cyl.						
2P Rbt	1,160	3,480	5,800	13,050	20,300	29,000
1908 Model 24, 4-cyl.						
2P Rds	1,200	3,600	6,000	13,500	21,000	30,000
1909 Model 30, 4-cyl.						
3P Rds	1,160	3,480	5,800	13,050	20,300	29,000
4P Rds	1,160	3,480	5,800	13,050	20,300	29,000
2P Cpe	1,080	3,240	5,400	12,150	18,900	27,000
1909 Model 31, 4-cyl.						
4P Toy Tonn.	1,200	3,600	6,000	13,500	21,000	30,000
5P Tourist.	1,200	3,600	6,000	13,500	21,000	30,000
5P Taxi	1,160	3,480	5,800	13,050	20,300	29,000
1909 Model 32, 4-cyl.						
3P Rds	1,120	3,360	5,600	12,600	19,600	28,000
4P Rds	1,160	3,480	5,800	13,050	20,300	29,000
4P Toy Tonn.	1,160	3,480	5,800	13,050	20,300	29,000
5P Tr.	1,200	3,600	6,000	13,500	21,000	30,000
1909 Willys, 6-cyl.						
3P Rds	1,200	3,600	6,000	13,500	21,000	30,000
4P Rds	1,200	3,600	6,000	13,500	21,000	30,000
Toy Tonn	1,240	3,720	6,200	13,950	21,700	31,000
5P Tr.	1,240	3,720	6,200	13,950	21,700	31,000
1910 Model 38, 4-cyl., 102" wb, 25 hp						
2P Rds	1,160	3,480	5,800	13,050	20,300	29,000
3P Rds	1,160	3,480	5,800	13,050	20,300	29,000
4P Rds	1,180	3,540	5,900	13,280	20,650	29,500
Toy Tonn	1,160	3,480	5,800	13,050	20,300	29,000
1910 Model 40, 4-cyl., 112" wb, 40 hp						
3P Rds	1,200	3,600	6,000	13,500	21,000	30,000
4P Rds	1,200	3,600	6,000	13,500	21,000	30,000
1910 Model 41, 4-cyl.						
5P Tr.	1,240	3,720	6,200	13,950	21,700	31,000
4P C.C. Tr	1,240	3,720	6,200	13,950	21,700	31,000
1910 Model 42, 4-cyl.						
5P Tr.	1,280	3,840	6,400	14,400	22,400	32,000
4P C.C. Tr	1,280	3,840	6,400	14,400	22,400	32,000
1911 Model 38, 4-cyl.						
4P Tr.	1,080	3,240	5,400	12,150	18,900	27,000
2P Cpe	880	2,640	4,400	9,900	15,400	22,000
1911 Model 45, 4-cyl.						
2P Rds	1,120	3,360	5,600	12,600	19,600	28,000
1911 Model 46, 4-cyl.						
2P Torp.	1,120	3,360	5,600	12,600	19,600	28,000
1911 Model 47, 4-cyl.						
Tr	1,160	3,480	5,800	13,050	20,300	29,000
1911 Model 49, 4-cyl.						
5P Tr.	1,120	3,360	5,600	12,600	19,600	28,000
4P Tr.	1,160	3,480	5,800	13,050	20,300	29,000
1911 Model 50, 4-cyl.						
2P Torp.	1,280	3,840	6,400	14,400	22,400	32,000
1911 Model 51, 4-cyl.						
4d 5P Tr	1,240	3,720	6,200	13,950	21,700	31,000
5P Tr.	1,240	3,720	6,200	13,950	21,700	31,000
1911 Model 52, 4-cyl.						
4d 5P Tr	1,280	3,840	6,400	14,400	22,400	32,000
5P Tr.	1,280	3,840	6,400	14,400	22,400	32,000
1911 Model 53, 4-cyl.						
2P Rds	1,320	3,960	6,600	14,850	23,100	33,000
1911 Model 54, 4-cyl.						
5P Tr.	1,320	3,960	6,600	14,850	23,100	33,000
1911 Model 55, 4-cyl.						
4d 5P Tr	1,320	3,960	6,600	14,850	23,100	33,000
5P Tr.	1,320	3,960	6,600	14,850	23,100	33,000
1911 Model 56, 4-cyl.						
5P Tr.	1,360	4,080	6,800	15,300	23,800	34,000
1912 Model 58R, 4-cyl., 25 hp						
Torp Rds.	1,120	3,360	5,600	12,600	19,600	28,000
1912 Model 59R-T, 4-cyl., 30 hp						
Rds.	1,160	3,480	5,800	13,050	20,300	29,000
Tr	1,200	3,600	6,000	13,500	21,000	30,000
1912 Model 59C, 4-cyl., 30 hp						
Cpe.	880	2,640	4,400	9,900	15,400	22,000
1912 Model 60, 4-cyl., 35 hp						
Tr	1,240	3,720	6,200	13,950	21,700	31,000
1912 Model 61, 4-cyl., 45 hp						
Rds.	1,440	4,320	7,200	16,200	25,200	36,000
4d Tr.	1,480	4,440	7,400	16,650	25,900	37,000
Tr	1,480	4,440	7,400	16,650	25,900	37,000
Cpe.	1,000	3,000	5,000	11,250	17,500	25,000

WILLYS

	6	5	4	3	2	1
1913 Model 69, 4-cyl., 30 hp						
Cpe 840	2,520	4,200	9,450	14,700	21,000
Tr. 1,200	3,600	6,000	13,500	21,000	30,000
Rds 1,160	3,480	5,800	13,050	20,300	29,000
4d Tr 1,240	3,720	6,200	13,950	21,700	31,000
1913 Model 71, 4-cyl., 45 hp						
Rds 1,440	4,320	7,200	16,200	25,200	36,000
Tr. 1,480	4,440	7,400	16,650	25,900	37,000
5P Tr 1,520	4,560	7,600	17,100	26,600	38,000
1914 Model 79, 4-cyl., 35 hp						
Rds 1,160	3,480	5,800	13,050	20,300	29,000
Tr. 1,200	3,600	6,000	13,500	21,000	30,000
Cpe 880	2,640	4,400	9,900	15,400	22,000
1914 Model 46, 4-cyl., 35 hp						
Tr. 1,240	3,720	6,200	13,950	21,700	31,000
1915 Model 81, 4-cyl., 30 hp						
Rds 1,200	3,600	6,000	13,500	21,000	30,000
Tr. 1,240	3,720	6,200	13,950	21,700	31,000
1915 Willys-Knight K-19, 4-cyl., 45 hp						
Rds 1,240	3,720	6,200	13,950	21,700	31,000
Tr. 1,280	3,840	6,400	14,400	22,400	32,000
1915 Willys-Knight K-17, 4-cyl., 45 hp						
Rds 1,280	3,840	6,400	14,400	22,400	32,000
Tr. 1,320	3,960	6,600	14,850	23,100	33,000
1915 Model 80, 4-cyl., 35 hp						
Rds 1,080	3,240	5,400	12,150	18,900	27,000
Tr. 1,040	3,120	5,200	11,700	18,200	26,000
Cpe 880	2,640	4,400	9,900	15,400	22,000
1915 Model 82, 6-cyl., 45-50 hp						
7P Tr 1,600	4,800	8,000	18,000	28,000	40,000
1916 Model 75, 4-cyl., 20-25 hp						
Rds 840	2,520	4,200	9,450	14,700	21,000
Tr. 880	2,640	4,400	9,900	15,400	22,000
1916 Model 83, 4-cyl., 35 hp						
Rds 880	2,640	4,400	9,900	15,400	22,000
Tr. 920	2,760	4,600	10,350	16,100	23,000
1916 Model 83-B, 4-cyl., 35 hp						
Rds 920	2,760	4,600	10,350	16,100	23,000
Tr. 960	2,880	4,800	10,800	16,800	24,000
1916 Willys-Knight, 4-cyl., 40 hp (also Model 84)						
Rds 1,120	3,360	5,600	12,600	19,600	28,000
Tr. 1,160	3,480	5,800	13,050	20,300	29,000
Cpe 720	2,160	3,600	8,100	12,600	18,000
Limo 800	2,400	4,000	9,000	14,000	20,000
1916 Willys-Knight, 6-cyl., 45 hp (also Model 86)						
7P Tr 1,480	4,440	7,400	16,650	25,900	37,000
1917-18 Light Four 90, 4-cyl., 32 hp						
2P Rds 760	2,280	3,800	8,550	13,300	19,000
5P Tr 800	2,400	4,000	9,000	14,000	20,000
4P Ctry Clb 720	2,160	3,600	8,100	12,600	18,000
5P Sed* 480	1,440	2,400	5,400	8,400	12,000
NOTE: (*1917 only).						
1917-18 Big Four 85, 4-cyl., 35 hp						
3P Rds 800	2,400	4,000	9,000	14,000	20,000
5P Tr 840	2,520	4,200	9,450	14,700	21,000
3P Tr Cpe 680	2,040	3,400	7,650	11,900	17,000
5P Tr Sed 520	1,560	2,600	5,850	9,100	13,000
1917-18 Light Six 85, 6-cyl., 35-40 hp						
3P Rds 840	2,520	4,200	9,450	14,700	21,000
5P Tr 880	2,640	4,400	9,900	15,400	22,000
3P Tr Cpe 720	2,160	3,600	8,100	12,600	18,000
5P Tr Sed 560	1,680	2,800	6,300	9,800	14,000
1917-18 Willys 89, 6-cyl., 45 hp						
7P Tr 1,120	3,360	5,600	12,600	19,600	28,000
4P Clb Rds 1,080	3,240	5,400	12,150	18,900	27,000
6P Sed 640	1,920	3,200	7,200	11,200	16,000
1917-18 Willys-Knight 88-4, 4-cyl., 40 hp						
7P Tr 1,240	3,720	6,200	13,950	21,700	31,000
4P Cpe 760	2,280	3,800	8,550	13,300	19,000
7P Tr Sed 600	1,800	3,000	6,750	10,500	15,000
7P Limo 800	2,400	4,000	9,000	14,000	20,000
1917-18 Willys-Knight 88-8, 8-cyl., 65 hp						
7P Tr 1,440	4,320	7,200	16,200	25,200	36,000
7P Sed 640	1,920	3,200	7,200	11,200	16,000
7P Limo 800	2,400	4,000	9,000	14,000	20,000
7P Twn Car 840	2,520	4,200	9,450	14,700	21,000
*This model offered 1917 only.						
1919 Light Four 90, 4-cyl., 32 hp						
Rds 640	1,920	3,200	7,200	11,200	16,000

	6	5	4	3	2	1
5P Tr.	680	2,040	3,400	7,650	11,900	17,000
Clb Rds.	680	2,040	3,400	7,650	11,900	17,000
5P Sed	500	1,500	2,500	5,630	8,750	12,500
1919 Willys 89, 6-cyl., 45 hp						
7P Tr.	1,120	3,360	5,600	12,600	19,600	28,000
4P Clb Rds	1,080	3,240	5,400	12,150	18,900	27,000
6P Sed	500	1,500	2,500	5,630	8,750	12,500
1919 Willys-Knight 88-4, 4-cyl., 40 hp						
7P Tr.	1,040	3,120	5,200	11,700	18,200	26,000
4P Cpe	460	1,380	2,300	5,180	8,050	11,500
7P Sed	460	1,380	2,300	5,180	8,050	11,500
7P Limo	560	1,680	2,800	6,300	9,800	14,000
1919 Willys-Knight 88-8, 8-cyl., 65 hp						
7P Tr.	1,160	3,480	5,800	13,050	20,300	29,000
4P Cpe	500	1,500	2,500	5,630	8,750	12,500
7P Tr Sed	480	1,440	2,400	5,400	8,400	12,000
7P Limo	600	1,800	3,000	6,750	10,500	15,000
1920 Model 4, 4-cyl., 100" wb, 27 hp						
2P Rds	800	2,400	4,000	9,000	14,000	20,000
5P Tr.	840	2,520	4,200	9,450	14,700	21,000
Clb Rds.	640	1,920	3,200	7,200	11,200	16,000
5P Sed	480	1,440	2,400	5,400	8,400	12,000
1920 Model 89-6, Willys Six, 6-cyl.						
Clb Rds.	840	2,520	4,200	9,450	14,700	21,000
7P Tr.	880	2,640	4,400	9,900	15,400	22,000
6P Sed	480	1,440	2,400	5,400	8,400	12,000
1920 Model 20 Willys-Knight, 4-cyl., 118" wb, 48 hp						
3P Rds	840	2,520	4,200	9,450	14,700	21,000
5P Tr.	880	2,640	4,400	9,900	15,400	22,000
4P Cpe	500	1,500	2,500	5,630	8,750	12,500
5P Sed	480	1,440	2,400	5,400	8,400	12,000
1921 Model 4, 4-cyl., 100" wb, 27 hp						
5P Tr.	800	2,400	4,000	9,000	14,000	20,000
2P Rds	840	2,520	4,200	9,450	11,700	21,000
5P Sed	500	1,500	2,500	5,630	8,750	12,500
2P Cpe	512	1,536	2,560	5,760	8,960	12,800
1921 Model 20 Willys-Knight, 4-cyl., 118" wb						
3P Rds	760	2,280	3,800	8,550	13,300	19,000
5P Tr.	800	2,400	4,000	9,000	14,000	20,000
4P Cpe	540	1,620	2,700	6,080	9,450	13,500
5P Sed	520	1,560	2,600	5,850	9,100	13,000
1922 Model 4, 4-cyl., 100" wb, 27 hp						
2P Rds	760	2,280	3,800	8,550	13,300	19,000
5P Tr.	800	2,400	4,000	9,000	14,000	20,000
5P Sed	500	1,500	2,500	5,630	8,750	12,500
2P Cpe	508	1,524	2,540	5,720	8,890	12,700
1922 Model 20 Willys-Knight, 4-cyl., 118" wb, 40 hp						
3P Rds	840	2,520	4,200	9,450	14,700	21,000
5P Tr.	880	2,640	4,400	9,900	15,400	22,000
4P Cpe	520	1,560	2,600	5,850	9,100	13,000
5P Sed	500	1,500	2,500	5,630	8,750	12,500
1922 Model 27 Willys-Knight, 4-cyl., 118" wb						
7P Tr.	920	2,760	4,600	10,350	16,100	23,000
7P Sed	500	1,500	2,500	5,630	8,750	12,500
1923-24 Model 91, 4-cyl., 100" wb, 27 hp						
2P Rds	640	1,920	3,200	7,200	11,200	16,000
5P Tr.	640	1,920	3,200	7,200	11,200	16,000
3P Cpe	500	1,500	2,500	5,630	8,750	12,500
5P Sed	480	1,440	2,400	5,400	8,400	12,000
1923-24 Model 92, 4-cyl., 106" wb, 30 hp						
Redbird	1,480	4,440	7,400	16,650	25,900	37,000
Blackbird*	1,480	4,440	7,400	16,650	25,900	37,000
Bluebird*	1,480	4,440	7,400	16,650	25,900	37,000
NOTE: (*1924 only).						
1923-24 Model 64 Willys-Knight, 4-cyl., 118" wb, 40 hp						
3P Rds	840	2,520	4,200	9,450	14,700	21,000
5P Tr.	880	2,640	4,400	9,900	15,400	22,000
Ctry Clb	600	1,800	3,000	6,750	10,500	15,000
4P Cpe	500	1,500	2,500	5,630	8,750	12,500
5P Sed	480	1,440	2,400	5,400	8,400	12,000
1923-24 Model 67 Willys-Knight, 4-cyl., 124" wb, 40 hp						
7P Tr.	880	2,640	4,400	9,900	15,400	22,000
7P Sed	520	1,560	2,600	5,850	9,100	13,000
*Model offered 1924 only.						
1925 Model 91, 4-cyl., 100" wb, 27 hp						
5P Tr.	760	2,280	3,800	8,550	13,300	19,000
2P Cpe	540	1,620	2,700	6,080	9,450	13,500
5P Tr Sed	480	1,440	2,400	5,400	8,400	12,000

	6	5	4	3	2	1
5P Cpe Sed	492	1,476	2,460	5,540	8,610	12,300
5P DeL Sed	500	1,500	2,500	5,630	8,750	12,500
1925 Model 92, 4-cyl., 106" wb, 30 hp						
Bluebird	1,400	4,200	7,000	15,750	24,500	35,000
1925 Model 93, 6-cyl., 113" wb, 38 hp						
5P Sed	710	2,140	3,560	8,010	12,460	17,800
DeL Sed	720	2,160	3,600	8,100	12,600	18,000
1925 Model 65 Willys-Knight, 4-cyl., 124" wb, 40 hp						
5P Tr	840	2,520	4,200	9,450	14,700	21,000
2P Cpe	560	1,680	2,800	6,300	9,800	14,000
Cpe Sed	540	1,620	2,700	6,080	9,450	13,500
Sed	480	1,440	2,400	5,400	8,400	12,000
Brgm	520	1,560	2,600	5,850	9,100	13,000
1925 Model 66 Willys-Knight, 6-cyl., 126" wb, 60 hp						
Rds	1,080	3,240	5,400	12,150	18,900	27,000
5P Tr	1,120	3,360	5,600	12,600	19,600	28,000
Cpe Sed	760	2,280	3,800	8,550	13,300	19,000
Brgm	780	2,340	3,900	8,780	13,650	19,500
Cpe	780	2,340	3,900	8,780	13,650	19,500
Sed	740	2,220	3,700	8,330	12,950	18,500
1926 Model 91, 4-cyl., 100" wb, 27 hp						
5P Tr	800	2,400	4,000	9,000	14,000	20,000
2P Cpe	540	1,620	2,700	6,080	9,450	13,500
5P Sed	472	1,416	2,360	5,310	8,260	11,800
2d Sed	464	1,392	2,320	5,220	8,120	11,600
4P Cpe	468	1,404	2,340	5,270	8,190	11,700
1926 Model 92, 4-cyl., 100" wb, 30 hp						
5P Tr	1,040	3,120	5,200	11,700	18,200	26,000
1926 Model 93, 6-cyl., 113" wb, 38 hp						
5P Tr	1,080	3,240	5,400	12,150	18,900	27,000
5P Sed	680	2,040	3,400	7,650	11,900	17,000
DeL Sed	700	2,100	3,500	7,880	12,250	17,500
2P Cpe	680	2,040	3,400	7,650	11,900	17,000
1926 Model 66 Willys-Knight, 6-cyl., 126" wb, 60 hp						
Rds	1,440	4,320	7,200	16,200	25,200	36,000
7P Tr	1,280	3,840	6,400	14,400	22,400	32,000
5P Tr	1,240	3,720	6,200	13,950	21,700	31,000
4P Cpe	740	2,220	3,700	8,330	12,950	18,500
Sed	720	2,160	3,600	8,100	12,600	18,000
1926 Model 70 Willys-Knight, 6-cyl., 113" wb, 53 hp						
5P Tr	1,280	3,840	6,400	14,400	22,400	32,000
Sed	700	2,100	3,500	7,880	12,250	17,500
2d Sed	680	2,040	3,400	7,650	11,900	17,000
Cpe	740	2,220	3,700	8,330	12,950	18,500
Rds	1,480	4,440	7,400	16,650	25,900	37,000
1927 Model 70A Willys-Knight, 6-cyl., 113" wb, 52 hp						
Rds	1,360	4,080	6,800	15,300	23,800	34,000
Tr	1,200	3,600	6,000	13,500	21,000	30,000
Cpe	800	2,400	4,000	9,000	14,000	20,000
Cabr	1,120	3,360	5,600	12,600	19,600	28,000
Sed	740	2,220	3,700	8,330	12,950	18,500
2d Sed	720	2,160	3,600	8,100	12,600	18,000
1927 Model 66A Willys-Knight, 6-cyl., 126" wb, 65 hp						
Rds	1,520	4,560	7,600	17,100	26,600	38,000
Tr	1,360	4,080	6,800	15,300	23,800	34,000
Foursome	1,520	4,560	7,600	17,100	26,600	38,000
Cabr	1,400	4,200	7,000	15,750	24,500	35,000
5P Sed	780	2,340	3,900	8,780	13,650	19,500
7P Sed	820	2,460	4,100	9,230	14,350	20,500
Limo	880	2,640	4,400	9,900	15,400	22,000
1928 Model 56 Willys-Knight, 6-cyl., 109.5" wb, 45 hp						
Rds	1,320	3,960	6,600	14,850	23,100	33,000
Tr	1,160	3,480	5,800	13,050	20,300	29,000
Cpe	820	2,460	4,100	9,230	14,350	20,500
2d Sed	720	2,160	3,600	8,100	12,600	18,000
Sed	720	2,170	3,620	8,150	12,670	18,100
1928 Model 70A Willys-Knight, 6-cyl., 113.5" wb, 53 hp						
Rds	1,400	4,200	7,000	15,750	24,500	35,000
Tr	1,240	3,720	6,200	13,950	21,700	31,000
Cpe	880	2,640	4,400	9,900	15,400	22,000
5P Cpe	900	2,700	4,500	10,130	15,750	22,500
Cabr	960	2,880	4,800	10,800	16,800	24,000
2d Sed	780	2,340	3,900	8,780	13,650	19,500
Sed	800	2,400	4,000	9,000	14,000	20,000
1928 Model 66A Willys-Knight, 6-cyl., 126" wb, 70 hp						
Rds	1,480	4,440	7,400	16,650	25,900	37,000
Tr	1,320	3,960	6,600	14,850	23,100	33,000
Cabr	1,360	4,080	6,800	15,300	23,800	34,000

	6	5	4	3	2	1
Fml Sed	820	2,460	4,100	9,230	14,350	20,500
Sed	760	2,280	3,800	8,550	13,300	19,000

1928 Model 66A Willys-Knight, 6-cyl., 135" wb, 70 hp

	6	5	4	3	2	1
7P Tr	1,360	4,080	6,800	15,300	23,800	34,000
Cpe	960	2,880	4,800	10,800	16,800	24,000
7P Sed	900	2,700	4,500	10,130	15,750	22,500
Limo	920	2,760	4,600	10,350	16,100	23,000

1929 Series 56, 6-cyl., 109.5" wb, 45 hp
(All Willys-Knight)

	6	5	4	3	2	1
Rds	1,520	4,560	7,600	17,100	26,600	38,000
Tr	1,120	3,360	5,600	12,600	19,600	28,000
Cpe	840	2,520	4,200	9,450	14,700	21,000
2d Sed	780	2,340	3,900	8,780	13,650	19,500
Sed	800	2,400	4,000	9,000	14,000	20,000

1929 Series 70A, 6-cyl., 113.2" wb, 53 hp

	6	5	4	3	2	1
Rds	1,560	4,680	7,800	17,550	27,300	39,000
Tr	1,400	4,200	7,000	15,750	24,500	35,000
Cpe	960	2,880	4,800	10,800	16,800	24,000
Cabr	1,440	4,320	7,200	16,200	25,200	36,000
2d Sed	800	2,400	4,000	9,000	14,000	20,000
Sed	820	2,460	4,100	9,230	14,350	20,500

1929 Series 66A, 6-cyl., 126" wb, 70 hp

	6	5	4	3	2	1
Rds	1,600	4,800	8,000	18,000	28,000	40,000
Tr	1,440	4,320	7,200	16,200	25,200	36,000
Cabr	1,480	4,440	7,400	16,650	25,900	37,000
Fml Sed	960	2,880	4,800	10,800	16,800	24,000
DeL Fml Sed	980	2,940	4,900	11,030	17,150	24,500
Sed	880	2,640	4,400	9,900	15,400	22,000

1929 Series 66A, 6-cyl., 135" wb, 70 hp

	6	5	4	3	2	1
7P Tr	1,560	4,680	7,800	17,550	27,300	39,000
5P Cpe	1,080	3,240	5,400	12,150	18,900	27,000
7P Sed	960	2,880	4,800	10,800	16,800	24,000
Limo	1,000	3,000	5,000	11,250	17,500	25,000

1929 Series 70B, 6-cyl., 112.5" - 115" wb, 53 hp

	6	5	4	3	2	1
Rds	1,520	4,500	7,600	17,100	26,600	38,000
Tr	1,360	4,080	6,800	15,300	23,800	34,000
2P Cpe	920	2,760	4,600	10,350	16,100	23,000
4P Cpe	880	2,640	4,400	9,900	15,400	22,000
2d Sed	780	2,340	3,900	8,780	13,650	19,500
Sed	780	2,350	3,920	8,820	13,720	19,600
DeL Sed	800	2,400	4,000	9,000	14,000	20,000

1930 Series 98B, 6-cyl., 110" wb, 65 hp
Willys Models

	6	5	4	3	2	1
Rds	1,560	4,680	7,800	17,550	27,300	39,000
4P Rds	1,600	4,800	8,000	18,000	28,000	40,000
5P Tr	1,440	4,320	7,200	16,200	25,200	36,000
2P Cpe	920	2,760	4,600	10,350	16,100	23,000
4P Cpe	880	2,640	4,400	9,900	15,400	22,000
2d Sed	800	2,400	4,000	9,000	14,000	20,000
Sed	820	2,460	4,100	9,230	14,350	20,500
DeL Sed	840	2,520	4,200	9,450	14,700	21,000

1930 Series 66B, 6-cyl., 120" wb, 87 hp
Willys-Knight Models

	6	5	4	3	2	1
Rds	1,640	4,920	8,200	18,450	28,700	41,000
Tr	1,480	4,440	7,400	16,650	25,900	37,000
2P Cpe	960	2,880	4,800	10,800	16,800	24,000
5P Cpe	1,000	3,000	5,000	11,250	17,500	25,000
Sed	920	2,760	4,600	10,350	16,100	23,000

1930
Series 70B, "See 1929 Series 70B"
Series 6-87, "See 1929 Series 56"

1931
Willys 98B, "See 1930 98B Series"

1931 Willys 97, 6-cyl., 110" wb, 65 hp

	6	5	4	3	2	1
Rds	1,480	4,440	7,400	16,650	25,900	37,000
Tr	1,320	3,960	6,600	14,850	23,100	33,000
Cpe	920	2,760	4,600	10,350	16,100	23,000
2d Sed	820	2,460	4,100	9,230	14,350	20,500
Clb Sed	840	2,520	4,200	9,450	14,700	21,000
Sed	820	2,460	4,100	9,230	14,350	20,500

1931 Willys 98D, 6-cyl., 113" wb, 65 hp

	6	5	4	3	2	1
Vic Cpe	880	2,640	4,400	9,900	15,400	22,000
Sed	840	2,520	4,200	9,450	14,700	21,000

NOTE: Add 10 percent for DeLuxe Willys models.

1931
Willys-Knight 66B, "See 1930 W-K 66B"
Willys-Knight 87, "See 1930 Series 6-87"

1931 Willys-Knight 66D, 6-cyl., 121" wb, 87 hp

	6	5	4	3	2	1
Vic Cpe	920	2,760	4,600	10,350	16,100	23,000

	6	5	4	3	2	1
Sed 880		2,640	4,400	9,900	15,400	22,000
Cus Sed 900		2,700	4,500	10,130	15,750	22,500

NOTE: Add 10 percent for DeLuxe Willys-Knight models.

1931 Willys 8-80, 8-cyl., 120" wb, 80 hp

	6	5	4	3	2	1
Cpe 960		2,880	4,800	10,800	16,800	24,000
DeL Cpe 1,000		3,000	5,000	11,250	17,500	25,000
Sed 920		2,760	4,600	10,350	16,100	23,000
DeL Sed 960		2,880	4,800	10,800	16,800	24,000

1931 Willys 8-80D, 8-cyl., 120" wb, 80 hp

	6	5	4	3	2	1
Vic Cpe 1,000		3,000	5,000	11,250	17,500	25,000
DeL Vic Cpe 1,020		3,060	5,100	11,480	17,850	25,500
Sed 960		2,880	4,800	10,800	16,800	24,000
DeL Sed 980		2,940	4,900	11,030	17,150	24,500
Cus Sed 1,000		3,000	5,000	11,250	17,500	25,000

1932

Willys 97, "See 1931 Willys 97 Series"
Willys 98D, "See 1931 Willys 98D Series"

1932 Willys 90 (Silver Streak), 6-cyl., 113" wb, 65 hp

	6	5	4	3	2	1
2P Rds 1,480		4,440	7,400	16,650	25,900	37,000
4P Rds 1,520		4,560	7,600	17,100	26,600	38,000
Spt Rds 1,560		4,680	7,800	17,550	27,300	39,000
5P Tr 1,360		4,080	6,800	15,300	23,800	34,000
2P Cpe 960		2,880	4,800	10,800	16,800	24,000
4P Cpe 1,000		3,000	5,000	11,250	17,500	25,000
Vic Cus 920		2,760	4,600	10,350	16,100	23,000
5P Sed 680		2,040	3,400	7,650	11,900	17,000
2d Sed.................................. 780		2,340	3,900	8,780	13,650	19,500
Spl Sed 840		2,520	4,200	9,450	14,700	21,000
Cus Sed 860		2,580	4,300	9,680	15,050	21,500

1932

Willys 8-88D, "See 1931 Willys 8-80D"

1932 Willys 8-88 (Silver Streak), 8-cyl., 121" wb, 80 hp

	6	5	4	3	2	1
Rds 1,520		4,560	7,600	17,100	26,600	38,000
Spt Rds 1,560		4,680	7,800	17,550	27,300	39,000
2P Cpe 1,000		3,000	5,000	11,250	17,500	25,000
4P Cpe 1,040		3,120	5,200	11,700	18,200	26,000
Vic Cus 960		2,880	4,800	10,800	16,800	24,000
Sed 800		2,400	4,000	9,000	14,000	20,000
Spl Sed 880		2,640	4,400	9,900	15,400	22,000
Cus Sed 920		2,760	4,600	10,350	16,100	23,000

1932 Willys-Knight 95 DeLuxe, 6-cyl., 113" wb, 60 hp

	6	5	4	3	2	1
2P Cpe 900		2,700	4,500	10,130	15,750	22,500
4P Cpe 920		2,760	4,600	10,350	16,100	23,000
Vic 880		2,640	4,400	9,900	15,400	22,000
2d Sed.................................. 840		2,520	4,200	9,450	14,700	21,000
Sed 860		2,580	4,300	9,680	15,050	21,500

1932 Willys-Knight 66D, 6-cyl., 121" wb, 87 hp
1st Series (start Oct. 1931)

	6	5	4	3	2	1
Vic..................................... 960		2,880	4,800	10,800	16,800	24,000
DeL Vic 980		2,940	4,900	11,030	17,150	24,500
Sed 880		2,640	4,400	9,900	15,400	22,000
DeL Sed 900		2,700	4,500	10,130	15,750	22,500
Cus Sed 920		2,760	4,600	10,350	16,100	23,000

2nd Series (start Jan. 1932)

	6	5	4	3	2	1
Vic Cus 960		2,880	4,800	10,800	16,800	24,000
Cus Sed 980		2,940	4,900	11,030	17,150	24,500

1933 Willys 77, 4-cyl., 100" wb, 48 hp

	6	5	4	3	2	1
Cpe 2,160		6,480	10,800	24,300	37,800	54,000
Cus Cpe 2,200		6,600	11,000	24,750	38,500	55,000
4P Cpe 2,220		6,660	11,100	24,980	38,850	55,500
4P Cus Cpe.............................. 2,240		6,720	11,200	25,200	39,200	56,000
Sed 2,080		6,240	10,400	23,400	36,400	52,000
Cus Sed 2,120		6,360	10,600	23,850	37,100	53,000

1933 Willys 6-90A (Silver Streak), 6-cyl., 113" wb, 65 hp

	6	5	4	3	2	1
Rds 1,280		3,840	6,400	14,400	22,400	32,000
4P Rds 1,320		3,960	6,600	14,850	23,100	33,000
Spt Rds 1,360		4,080	6,800	15,300	23,800	34,000
Cpe 1,360		4,080	6,800	15,300	23,800	34,000
Cus Cpe 1,400		4,200	7,000	15,750	24,500	35,000
2d Sed.................................. 1,000		3,000	5,000	11,250	17,500	25,000
Sed 920		2,760	4,600	10,350	16,100	23,000
Cus Sed 960		2,880	4,800	10,800	16,800	24,000

1933 Willys 8-88A (Streamline), 8-cyl., 121" wb, 80 hp

	6	5	4	3	2	1
2P Cpe 1,080		3,240	5,400	12,150	18,900	27,000
Cus Cpe 1,120		3,360	5,600	12,600	19,600	28,000
Sed 960		2,880	4,800	10,800	16,800	24,000
Cus Sed 1,000		3,000	5,000	11,250	17,500	25,000

1933 Willys-Knight 66E, 6-cyl., 121" wb, 87 hp

	6	5	4	3	2	1
Cus Sed 980		2,940	4,900	11,030	17,150	24,500

WILLYS

	6	5	4	3	2	1
1934 Willys 77, 4-cyl., 100" wb, 48 hp						
Cpe	2,200	6,600	11,000	24,750	38,500	55,000
Cus Cpe	2,240	6,720	11,200	25,200	39,200	56,000
4P Cpe	2,260	6,780	11,300	25,430	39,550	56,500
4P Cus Cpe	2,280	6,840	11,400	25,650	39,900	57,000
Sed	2,120	6,360	10,600	23,850	37,100	53,000
Cus Sed	2,160	6,480	10,800	24,300	37,800	54,000
Pan Dely	2,600	7,800	13,000	29,250	45,500	65,000
1935 Willys 77, 4-cyl., 100" wb, 48 hp						
Cpe	2,200	6,600	11,000	24,750	38,500	55,000
Sed	2,120	6,360	10,600	23,850	37,100	53,000
1936 Willys 77, 4-cyl., 100" wb, 48 hp						
Cpe	2,200	6,600	11,000	24,750	38,500	55,000
Sed	2,120	6,360	10,600	23,850	37,100	53,000
DeL Sed	2,160	6,480	10,800	24,300	37,800	54,000
1937 Willys 37, 4-cyl., 100" wb, 48 hp						
Cpe	3,000	9,000	15,000	33,750	52,500	75,000
DeL Cpe	3,040	9,120	15,200	34,200	53,200	76,000
Sed	2,600	7,800	13,000	29,250	45,500	65,000
DeL Sed	2,640	7,920	13,200	29,700	46,200	66,000
1938 Willys 38, 4-cyl., 100" wb, 48 hp						
Std Cpe	2,920	8,760	14,600	32,850	51,100	73,000
DeL Cpe	2,960	8,880	14,800	33,300	51,800	74,000
2d Clipper Sed	2,680	8,040	13,400	30,150	46,900	67,000
Std Sed	2,400	7,200	12,000	27,000	42,000	60,000
2d DeL Clipper Sed	2,720	8,160	13,600	30,600	47,600	68,000
DeL Sed	2,480	7,440	12,400	27,900	43,400	62,000
Cus Sed	2,500	7,500	12,500	28,130	43,750	62,500
1939 Willys Std Speedway, 4-cyl., 102" wb, 48 hp						
Cpe	3,040	9,120	15,200	34,200	53,200	76,000
2d Sed	2,720	8,160	13,600	30,600	47,600	68,000
Sed	2,420	7,260	12,100	27,230	42,350	60,500
DeLCpe	3,080	9,240	15,400	34,650	53,900	77,000
DeL 2d Sed	2,760	8,280	13,800	31,050	48,300	69,000
DeL 4d Sed	2,400	7,440	12,400	27,900	43,400	62,000
Spl Speedway Cpe	3,080	9,240	15,400	34,650	53,900	77,000
Spl Speedway 2d Sed	2,800	8,400	14,000	31,500	49,000	70,000
Spl Speedway 4d Sed	2,520	7,560	12,600	28,350	44,100	63,000
1939 Model 48, 100" wb						
Cpe	2,980	8,940	14,900	33,530	52,150	74,500
2d Sed	2,680	8,040	13,400	30,150	46,900	67,000
4d Sed	2,480	7,440	12,400	27,900	43,400	62,000
1939 Model 38, 100" wb						
Std Cpe	3,000	9,000	15,000	33,750	52,500	75,000
Std 2d Sed	2,680	8,040	13,400	30,150	46,900	67,000
Std 4d Sed	2,380	7,140	11,900	26,780	41,650	59,500
DeL Cpe	3,040	9,120	15,200	34,200	53,200	76,000
DeL 2d Sed	2,720	8,160	13,600	30,600	47,600	68,000
DeL 4d Sed	2,440	7,320	12,200	27,450	42,700	61,000
1940 Willys Speedway, 4-cyl., 102" wb, 48 hp *Willys (American)*						
Cpe	3,200	9,600	16,000	36,000	56,000	80,000
Sed	2,480	7,440	12,400	27,900	43,400	62,000
Sta Wag	3,240	9,720	16,200	36,450	56,700	81,000
1940 DeLuxe, 4-cyl., 102" wb						
Cpe	3,160	9,480	15,800	35,550	55,300	79,000
Sed	2,440	7,320	12,200	27,450	42,700	61,000
Sta Wag	3,200	9,600	16,000	36,000	56,000	80,000
1941 Speedway Series, 4-cyl., 104" wb, 63 hp						
Cpe	3,280	9,840	16,400	36,900	57,400	82,000
Sed	2,560	7,680	12,800	28,800	44,800	64,000
1941 DeLuxe, 4-cyl., 104" wb, 63 hp						
Cpe	3,240	9,720	16,200	36,450	56,700	81,000
Sed	2,520	7,560	12,600	28,350	44,100	63,000
Sta Wag	3,280	9,840	16,400	36,900	57,400	82,000
1941 Plainsman, 4-cyl., 104" wb, 63 hp						
Cpe	3,240	9,720	16,200	36,450	56,700	81,000
Sed	2,520	7,560	12,600	28,350	44,100	63,000
1942 Speedway Series, 4-cyl., 104" wb, 63 hp						
Cpe	3,240	9,720	16,200	36,450	56,700	81,000
Sed	2,520	7,560	12,600	28,350	44,100	63,000
1942 DeLuxe, 4-cyl., 104" wb, 63 hp						
Cpe	3,200	9,600	16,000	36,000	56,000	80,000
Sed	2,480	7,440	12,400	27,900	43,400	62,000
Sta Wag	3,260	9,780	16,300	36,680	57,050	81,500
1942 Plainsman, 4-cyl., 104" wb, 63 hp						
Cpe	3,200	9,600	16,000	36,000	56,000	80,000
Sed	2,480	7,440	12,400	27,900	43,400	62,000

WILLYS

WILLYS

	6	5	4	3	2	1
1946-47 Willys 4-63, 4-cyl., 104" wb, 63 hp						
2d Sta Wag	600	1,800	3,000	6,750	10,500	15,000
1948 Willys 4-63, 4-cyl., 104" wb, 63 hp						
2d Sta Wag	600	1,800	3,000	6,750	10,500	15,000
2d Jeepster	700	2,150	3,600	8,100	12,600	18,000
1948 Willys 6-63, 6-cyl., 104" wb, 75 hp						
2d Sta Sed	600	1,850	3,100	6,980	10,900	15,500
2d Jeepster	750	2,200	3,700	8,330	13,000	18,500
1949 Willys 4X463, 4-cyl., 104.5" wb, 63 hp						
2d FWD Sta Wag	550	1,700	2,800	6,300	9,800	14,000
1949 Willys VJ3, 4-cyl., 104" wb, 63 hp						
2d Phae.	700	2,150	3,600	8,100	12,600	18,000
1949 Willys 463, 4-cyl., 104" wb, 63 hp						
2d Sta Wag	600	1,800	3,000	6,750	10,500	15,000
1949 Willys Six, 6-cyl., 104" wb, 75 hp						
2d Phae.	750	2,200	3,700	8,330	13,000	18,500
2d Sta Sed	650	1,900	3,150	7,110	11,100	15,800
2d Sta Wag	600	1,850	3,100	6,980	10,900	15,500
1950-51 Willys 473SW, 4-cyl., 104" wb, 63 hp						
2d Sta Wag	600	1,800	3,000	6,750	10,500	15,000
1950-51 Willys 4X473SW, 4-cyl., 104.5" wb, 63 hp						
2d FWD Sta Wag	600	1,750	2,900	6,530	10,200	14,500
1950-51 Willys 473VJ, 4-cyl., 104" wb, 63 hp						
2d Phae.	750	2,200	3,700	8,330	13,000	18,500
NOTE: Add 10 percent for six cylinder models.						
1952 Willys Aero, 6-cyl., 108" wb, 75 hp						
2d Lark	600	1,800	3,000	6,750	10,500	15,000
2d Wing.	600	1,800	3,050	6,840	10,600	15,200
2d Ace.	600	1,850	3,100	7,020	10,900	15,600
2d HT Eagle	700	2,100	3,500	7,880	12,300	17,500
1952 Willys Four, 4-cyl., 104"-104.5" wb, 63 hp						
2d FWD Sta Wag	550	1,600	2,700	6,080	9,450	13,500
2d Sta Wag	550	1,700	2,800	6,300	9,800	14,000
1952 Willys Six, 6-cyl., 104" wb, 75 hp						
2d Sta Wag	600	1,750	2,900	6,530	10,200	14,500
NOTE: Deduct 10 percent for standard models.						
1953 Willys Aero, 6-cyl., 108" wb, 90 hp						
4d H.D. Aero	600	1,800	3,000	6,800	10,600	15,100
4d DeL Lark.	600	1,850	3,100	6,930	10,800	15,400
2d DeL Lark.	600	1,850	3,100	6,980	10,900	15,500
4d Falcon	600	1,850	3,100	7,020	10,900	15,600
2d Falcon	650	1,900	3,150	7,070	11,000	15,700
4d Ace	650	1,900	3,150	7,110	11,100	15,800
2d Ace.	650	1,900	3,200	7,200	11,200	16,000
2d HT Eagle	750	2,300	3,800	8,550	13,300	19,000
1953 Willys Four, 4-cyl., 104"-104.5" wb, 72 hp						
2d FWD Sta Wag	550	1,600	2,700	6,080	9,450	13,500
2d Sta Wag	550	1,700	2,800	6,300	9,800	14,000
1953 Willys Six, 6-cyl., 104" wb, 90 hp						
2d Sta Wag	550	1,700	2,850	6,440	10,000	14,300
1954 Willys, 6-cyl., 108" wb, 90 hp						
4d DeL Ace	600	1,850	3,100	6,980	10,900	15,500
2d DeL Ace	600	1,850	3,100	7,020	10,900	15,600
2d HT DeL Eagle.	750	2,300	3,800	8,550	13,300	19,000
2d HT Cus Eagle.	800	2,350	3,900	8,780	13,700	19,500
4d Lark	600	1,850	3,100	7,020	10,900	15,600
2d Lark	650	1,900	3,150	7,070	11,000	15,700
4d Ace	650	1,900	3,150	7,070	11,000	15,700
2d Ace.	650	1,900	3,150	7,110	11,100	15,800
2d HT Eagle	800	2,350	3,900	8,780	13,700	19,500
1954 Willys Four, 4-cyl., 104"-104.5" wb, 72 hp						
2d Sta Wag	550	1,700	2,800	6,300	9,800	14,000
1954 Willys Six, 6-cyl., 104" wb, 90 hp						
2d FWD Sta Wag	550	1,600	2,700	6,080	9,450	13,500
2d Sta Wag	550	1,700	2,850	6,440	10,000	14,300
1955 Willys Six, 6-cyl., 108" wb, 90 hp						
4d Cus Sed	650	1,900	3,200	7,200	11,200	16,000
2d Cus.	650	1,950	3,200	7,250	11,300	16,100
2d HT Bermuda.	850	2,500	4,200	9,450	14,700	21,000
1955 Willys Six, 6-cyl., 104"-104.5" wb, 90 hp						
2d FWD Sta Wag	550	1,600	2,700	6,080	9,450	13,500
2d Sta Wag	550	1,700	2,800	6,300	9,800	14,000

FOREIGN CAR

	6	5	4	3	2	1
AC						
1947-52 Two-Litre, 6-cyl., 117" wb, various bodies						
2d DHC	1,520	4,560	7,600	17,100	26,600	38,000
4d Saloon	1,280	3,840	6,400	14,400	22,400	32,000
1953-54 Ace, 6-cyl., 90" wb						
2d Rds	3,000	9,000	15,000	33,750	52,500	75,000
1955-56 Ace, 6-cyl., 90" wb						
2d Rds	3,000	9,000	15,000	33,750	52,500	75,000
1955-56 Aceca, 6-cyl., 90" wb						
2d FBk Cpe	2,400	7,200	12,000	27,000	42,000	60,000
1957 Ace, 6-cyl., 90" wb						
2d Rds	3,000	9,000	15,000	33,750	52,500	75,000
1957 Aceca, 6-cyl., 90" wb						
2d FBk Cpe	2,400	7,200	12,000	27,000	42,000	60,000
1958 Ace, 6-cyl., 90" wb						
2d Rds	3,000	9,000	15,000	33,750	52,500	75,000
1958 Aceca, 6-cyl., 90" wb						
2d FBk Cpe	2,400	7,200	12,000	27,000	42,000	60,000
1959 Ace, 6-cyl., 90" wb						
2d Rds	3,000	9,000	15,000	33,750	52,500	75,000
1959 Aceca, 6-cyl., 90" wb						
2d FBk Cpe	2,400	7,200	12,000	27,000	42,000	60,000
1960 Ace, 6-cyl., 90" wb						
2d Rds	3,000	9,000	15,000	33,750	52,500	75,000
1960 Aceca, 6-cyl., 90" wb						
2d FBk Cpe	2,400	7,200	12,000	27,000	42,000	60,000
1961 Ace, 6-cyl., 90" wb						
2d Rds	3,000	9,000	15,000	33,750	52,500	75,000
1961 Aceca, 6-cyl., 90" wb						
2d FBk Cpe	2,400	7,200	12,000	27,000	42,000	60,000
1962 Ace, 6-cyl., 90" wb						
2d Rds	3,000	9,000	15,000	33,750	52,500	75,000
1962 Aceca, 6-cyl., 90" wb						
2d FBk Cpe	2,440	7,320	12,200	27,450	42,700	61,000
1962 Ford/AC Shelby Cobra, 260/289 V-8, 90" wb						
2d Rds	14,700	44,100	73,500	165,380	257,250	367,500
1963 Ace, 6-cyl., 90" wb						
2d Rds	3,000	9,000	15,000	33,750	52,500	75,000
1963 Aceca, 6-cyl., 90" wb						
2d FBk Cpe	2,440	7,320	12,200	27,450	42,700	61,000
1963 Ford/AC Shelby Cobra Mk II, 289 V-8, 90" wb						
2d Rds	14,390	43,170	71,950	161,890	251,830	359,750
NOTE: Add 30 percent for 1956-63 Ace or Aceca with Bristol engine.						
1964 Ace, 6-cyl., 90" wb						
2d Rds	3,000	9,000	15,000	33,750	52,500	75,000
1964 Aceca, 6-cyl., 90" wb						
2d FBk Cpe	2,440	7,320	12,200	27,450	42,700	61,000
1964 Ford/AC Shelby Cobra Mk II, 289 V-8, 90" wb						
2d Rds	14,390	43,170	71,950	161,890	251,830	359,750
1965 Ford/AC Shelby Cobra Mk II, 289 V-8, 90" wb						
2d Rds	14,390	43,170	71,950	161,890	251,830	359,750
1965 Ford/AC Shelby Cobra Mk III, 427/428, V-8, 90" wb						
2d Rds	22,400	67,200	112,000	252,000	392,000	560,000
1965 Ford/AC 428, 428 V-8, 96" wb						
2d Conv	2,800	8,400	14,000	31,500	49,000	70,000
2d Cpe	2,520	7,560	12,600	28,350	44,100	63,000
1965 Shelby Cobra Mk III, 427 SC V-8, 90" wb						
2d Rds			value not estimable			
NOTE: Approximately 26 made.						
1965 Shelby Cobra Daytona						
2d Cpe			value not estimable			
NOTE: 6 made.						
1966 Ford/AC Shelby Cobra Mk III, 427/428 V-8, 90" wb						
2d Rds	22,400	67,200	112,000	252,000	392,000	560,000
1966 Ford/AC 289, 289 V-8, 90" wb						
2d Rds	11,400	34,200	57,000	128,250	199,500	285,000
1966 Ford/AC 428, 428 V-8, 96" wb						
2d Conv	2,800	8,400	14,000	31,500	49,000	70,000
2d Cpe	2,520	7,560	12,600	28,350	44,100	63,000
1967 Ford/AC Shelby Cobra Mk III 427/428 V-8, 90" wb						
2d Rds	22,400	67,200	112,000	252,000	392,000	560,000
1967 Ford/AC 289, 289 V-8, 90" wb						
2d Rds	11,400	34,200	57,000	128,250	199,500	285,000

	6	5	4	3	2	1
1967 Ford/AC 428, 428 V-8, 96" wb						
2d Conv....................................2,800		8,400	14,000	31,500	49,000	70,000
2d Cpe.....................................2,520		7,560	12,600	28,350	44,100	63,000
1968 Ford/AC 289, 289 V-8, 90" wb						
2d Rds...................................11,400		34,200	57,000	128,250	199,500	285,000
1968 Ford/AC 428, 428 V-8, 96" wb						
2d Conv....................................2,800		8,400	14,000	31,500	49,000	70,000
2d Cpe.....................................2,520		7,560	12,600	28,350	44,100	63,000
1969-73 Ford/AC 428, 428 V-8, 96" wb						
2d Conv....................................2,800		8,400	14,000	31,500	49,000	70,000
2d Cpe.....................................2,520		7,560	12,600	28,350	44,100	63,000

ACURA

	6	5	4	3	2	1
1986 Integra						
3d HBk RS						
280 840		1,400	3,150	4,900	7,000	
1986 Legend						
4d Sed......................................300		900	1,500	3,380	5,250	7,500
1987 Integra						
3d HBk RS 260		780	1,300	2,930	4,550	6,500
5d HBk RS 270		800	1,340	3,020	4,690	6,700
3d HBk LS...................................280		840	1,400	3,150	4,900	7,000
5d HBk LS...................................300		900	1,500	3,380	5,250	7,500
1987 Legend						
4d Sed......................................320		960	1,600	3,600	5,600	8,000
2d Cpe......................................340		1,020	1,700	3,830	5,950	8,500
1988 Integra						
3d HBk RS 260		780	1,300	2,930	4,550	6,500
5d HBk RS 280		840	1,400	3,150	4,900	7,000
3d HBk LS...................................300		900	1,500	3,380	5,250	7,500
5d HBk LS...................................320		960	1,600	3,600	5,600	8,000
3d HBk SE...................................340		1,020	1,700	3,830	5,950	8,500
1988 Legend						
4d Sed......................................360		1,080	1,800	4,050	6,300	9,000
2d Cpe......................................380		1,140	1,900	4,280	6,650	9,500
1989 Integra						
3d HBk RS 320		960	1,600	3,600	5,600	8,000
5d HBk RS 340		1,020	1,700	3,830	5,950	8,500
3d HBk LS...................................340		1,020	1,700	3,830	5,950	8,500
5d HBk LS...................................360		1,080	1,800	4,050	6,300	9,000
1989 Legend						
4d Sed......................................680		2,040	3,400	7,650	11,900	17,000
2d Cpe......................................720		2,160	3,600	8,100	12,600	18,000
1990 Integra, 4-cyl.						
2d HBk RS 340		1,020	1,700	3,830	5,950	8,500
4d Sed RS...................................360		1,080	1,800	4,050	6,300	9,000
2d HBk LS...................................360		1,080	1,800	4,050	6,300	9,000
4d Sed LS...................................380		1,140	1,900	4,280	6,650	9,500
2d HBk GS 380		1,140	1,900	4,280	6,650	9,500
4d Sed GS...................................560		1,680	2,800	6,300	9,800	14,000
1990 Legend, V-6						
4d Sed......................................600		1,800	3,000	6,750	10,500	15,000
2d Cpe......................................680		2,040	3,400	7,650	11,900	17,000
4d Sed L 660		1,980	3,300	7,430	11,550	16,500
2d Cpe L 720		2,160	3,600	8,100	12,600	18,000
4d Sed LS...................................700		2,100	3,500	7,880	12,250	17,500
2d Cpe LS...................................760		2,280	3,800	8,550	13,300	19,000
1991 Integra						
2d HBk RS 310		940	1,560	3,510	5,460	7,800
4d Sed RS...................................320		960	1,600	3,600	5,600	8,000
2d HBk LS...................................320		960	1,600	3,600	5,600	8,000
4d Sed LS...................................330		980	1,640	3,690	5,740	8,200
2d HBk GS 340		1,020	1,700	3,830	5,950	8,500
4d Sed GS...................................350		1,040	1,740	3,920	6,090	8,700
1991 Legend						
2d Cpe L 680		2,040	3,400	7,650	11,900	17,000
2d Cpe LS...................................720		2,160	3,600	8,100	12,600	18,000
4d Sed......................................600		1,800	3,000	6,750	10,500	15,000
4d Sed L 700		2,100	3,500	7,880	12,250	17,500
4d Sed LS...................................740		2,220	3,700	8,330	12,950	18,500
1991 NSX, V-6						
2d Cpe....................................1,400		4,200	7,000	15,750	24,500	35,000
1992 Integra, 4-cyl.						
2d HBk RS 340		1,020	1,700	3,830	5,950	8,500
4d Sed RS...................................350		1,040	1,740	3,920	6,090	8,700
2d HBk LS...................................350		1,040	1,740	3,920	6,090	8,700
4d Sed LS...................................360		1,070	1,780	4,010	6,230	8,900
2d HBk GS 360		1,080	1,800	4,050	6,300	9,000

	6	5	4	3	2	1
4d Sed GS	560	1,680	2,800	6,300	9,800	14,000
4d Sed GS-R	580	1,740	2,900	6,530	10,150	14,500
1992 Vigor, 5-cyl.						
4d Sed LS	580	1,740	2,900	6,530	10,150	14,500
4d Sed GS	600	1,800	3,000	6,750	10,500	15,000
1992 Legend, V-6						
4d Sed	740	2,220	3,700	8,330	12,950	18,500
4d Sed L	760	2,280	3,800	8,550	13,300	19,000
2d Cpe L	800	2,400	4,000	9,000	14,000	20,000
4d Sed LS	800	2,400	4,000	9,000	14,000	20,000
2d Cpe LS	880	2,640	4,400	9,900	15,400	22,000
1992 NSX, V-6						
2d Cpe	1,800	5,400	9,000	20,250	31,500	45,000
1993 Integra, 4-cyl.						
2d Sed RS	340	1,030	1,720	3,870	6,020	8,600
4d Sed RS	350	1,040	1,740	3,920	6,090	8,700
2d Sed LS	350	1,040	1,740	3,920	6,090	8,700
4d Sed LS	360	1,070	1,780	4,010	6,230	8,900
2d Sed GS	360	1,070	1,780	4,010	6,230	8,900
4d Sed GS	600	1,800	3,000	6,750	10,500	15,000
1993 Legend, V-6						
4d Sed	760	2,280	3,800	8,550	13,300	19,000
4d Sed L	780	2,340	3,900	8,780	13,650	19,500
2d Cpe L	820	2,460	4,100	9,230	14,350	20,500
4d Sed LS	820	2,460	4,100	9,230	14,350	20,500
2d Cpe LS	900	2,700	4,500	10,130	15,750	22,500
1993 NSX, V-6						
2d Cpe	1,840	5,520	9,200	20,700	32,200	46,000
1994 Integra, 4-cyl.						
2d Cpe RS	400	1,200	2,000	4,500	7,000	10,000
2d Cpe LS	420	1,260	2,100	4,730	7,350	10,500
2d Cpe GS-R	480	1,440	2,400	5,400	8,400	12,000
4d Sed RS	410	1,220	2,040	4,590	7,140	10,200
4d Sed LS	430	1,280	2,140	4,820	7,490	10,700
4d Sed GS-R	490	1,460	2,440	5,490	8,540	12,200
1994 Vigor, 5-cyl.						
4d Sed LS	520	1,560	2,600	5,850	9,100	13,000
4d Sed GS	540	1,620	2,700	6,080	9,450	13,500
1994 Legend, V-6						
2d Cpe L	760	2,280	3,800	8,550	13,300	19,000
2d Cpe LS	800	2,400	4,000	9,000	14,000	20,000
4d Sed L	680	2,040	3,400	7,650	11,900	17,000
4d Sed LS	720	2,160	3,600	8,100	12,600	18,000
4d Sed GS	760	2,280	3,800	8,550	13,300	19,000
1994 NSX, V-6						
2d Cpe	1,760	5,280	8,800	19,800	30,800	44,000
1995 Integra, 4-cyl						
2d Cpe RS	400	1,200	2,000	4,500	7,000	10,000
2d Cpe LS	420	1,260	2,100	4,730	7,350	10,500
2d Cpe SE	440	1,320	2,200	4,950	7,700	11,000
2d Cpe GS-R	480	1,440	2,400	5,400	8,400	12,000
4d Sed RS	410	1,220	2,040	4,590	7,140	10,200
4d Sed LS	430	1,280	2,140	4,820	7,490	10,700
4d Sed SE	460	1,380	2,300	5,180	8,050	11,500
4d Sed GS-R	490	1,460	2,440	5,490	8,540	12,200
1995 TL, 5-cyl.						
4d Sed 2.5	500	1,500	2,500	5,630	8,750	12,500
4d Sed 2.5 Prem	540	1,620	2,700	6,080	9,450	13,500
1995 Legend, V-6						
2d Cpe L	760	2,280	3,800	8,550	13,300	19,000
2d Cpe LS	800	2,400	4,000	9,000	14,000	20,000
4d Sed L	680	2,040	3,400	7,650	11,900	17,000
4d Sed SE	700	2,100	3,500	7,880	12,250	17,500
4d Sed LS	720	2,160	3,600	8,100	12,600	18,000
4d Sed GS	760	2,280	3,800	8,550	13,300	19,000
1995 NSX, V-6						
2d Cpe	1,760	5,280	8,800	19,800	30,800	44,000
1996 Integra, 4-cyl.						
2d Cpe RS	400	1,200	2,000	4,500	7,000	10,000
2d Cpe LS	420	1,260	2,100	4,730	7,350	10,500
2d Cpe SE	440	1,320	2,200	4,950	7,700	11,000
2d Cpe GS-R	480	1,440	2,400	5,400	8,400	12,000
4d Sed RS	410	1,220	2,040	4,590	7,140	10,200
4d Sed LS	430	1,280	2,140	4,820	7,490	10,700
4d Sed SE	460	1,380	2,300	5,180	8,050	11,500
4d Sed GS-R	490	1,460	2,440	5,490	8,540	12,200
1996 TL, 5-cyl.						
4d Sed 2.5	500	1,500	2,500	5,630	8,750	12,500
4d Sed 2.5 Prem	540	1,620	2,700	6,080	9,450	13,500

ACURA

	6	5	4	3	2	1
1996 TL, V-6						
4d Sed 3.2	660	1,980	3,300	7,430	11,550	16,500
4d Sed 3.2 Prem	680	2,040	3,400	7,650	11,900	17,000
1996 RL, V-6						
4d Sed 3.5	700	2,100	3,500	7,880	12,250	17,500
4d Sed 3.5 Prem	740	2,220	3,700	8,330	12,950	18,500
1996 NSX, V-6						
2d Cpe	1,740	5,220	8,700	19,580	30,450	43,500
2d Targa Cpe	1,800	5,400	9,000	20,250	31,500	45,000
1997 Integra, 4-cyl.						
2d Cpe RS	400	1,200	2,000	4,500	7,000	10,000
2d Cpe LS	420	1,260	2,100	4,730	7,350	10,500
2d Cpe GS	440	1,320	2,200	4,950	7,700	11,000
2d Cpe GS-R	480	1,440	2,400	5,400	8,400	12,000
2d Cpe R	530	1,580	2,640	5,940	9,240	13,200
4d Sed LS	430	1,280	2,140	4,820	7,490	10,700
4d Sed GS	460	1,380	2,300	5,180	8,050	11,500
4d Sed GS-R	490	1,460	2,440	5,490	8,540	12,200
1997 CL, 4-cyl.						
2d Cpe 2.2	410	1,220	2,040	4,590	7,140	10,200
2d Cpe 2.2 Prem	420	1,260	2,100	4,730	7,350	10,500
1997 CL, V-6						
2d Cpe 3.0	440	1,320	2,200	4,950	7,700	11,000
2d Cpe 3.0 Prem	460	1,380	2,300	5,180	8,050	11,500
1997 TL, 5-cyl.						
4d Sed 2.5	500	1,500	2,500	5,630	8,750	12,500
4d Sed 2.5 Prem	540	1,620	2,700	6,080	9,450	13,500
1997 TL, V-6						
4d Sed 3.2	660	1,980	3,300	7,430	11,550	16,500
4d Sed 3.2 Prem	680	2,040	3,400	7,650	11,900	17,000
1997 RL, V-6						
4d Sed 3.5	700	2,100	3,500	7,880	12,250	17,500
4d Sed 3.5 Prem	740	2,220	3,700	8,330	12,950	18,500
1997 NSX, V-6						
2d Cpe	1,740	5,220	8,700	19,580	30,450	43,500
2d Targa Cpe	1,800	5,400	9,000	20,250	31,500	45,000
1998 Integra, 4-cyl.						
2d Cpe RS	400	1,200	2,000	4,500	7,000	10,000
2d Cpe LS	420	1,260	2,100	4,730	7,350	10,500
2d Cpe GS	440	1,320	2,200	4,950	7,700	11,000
2d Cpe GS-R	480	1,440	2,400	5,400	8,400	12,000
2d Cpe R	530	1,580	2,640	5,940	9,240	13,200
4d Sed LS	430	1,280	2,140	4,820	7,490	10,700
4d Sed GS	460	1,380	2,300	5,180	8,050	11,500
4d Sed GS-R	490	1,460	2,440	5,490	8,540	12,200
1998 CL, 4-cyl.						
2d Cpe 2.3	410	1,220	2,040	4,590	7,140	10,200
2d Cpe 2.3 Prem	420	1,260	2,100	4,730	7,350	10,500
1998 CL, V-6						
2d Cpe 3.0	440	1,320	2,200	4,950	7,700	11,000
2d Cpe 3.0 Prem	460	1,380	2,300	5,180	8,050	11,500
1998 TL, 5-cyl.						
4d Sed 2.5	500	1,500	2,500	5,630	8,750	12,500
1998 TL, V-6						
4d Sed 3.2	660	1,980	3,300	7,430	11,550	16,500
1998 RL, V-6						
4d Sed 3.5	700	2,100	3,500	7,880	12,250	17,500
4d Sed 3.5 Prem	740	2,220	3,700	8,330	12,950	18,500
1998 NSX, V-6						
2d Cpe	1,820	5,460	9,100	20,480	31,850	45,500
2d Targa Cpe	1,880	5,640	9,400	21,150	32,900	47,000
1999 Integra, 4-cyl.						
2d Cpe LS	420	1,260	2,100	4,730	7,350	10,500
2d Cpe GS	440	1,320	2,200	4,950	7,700	11,000
2d Cpe GS-R	480	1,440	2,400	5,400	8,400	12,000
4d Sed LS	430	1,280	2,140	4,820	7,490	10,700
4d Sed GS	460	1,380	2,300	5,180	8,050	11,500
1999 CL, 4-cyl.						
2d Cpe 2.3	420	1,260	2,100	4,730	7,350	10,500
1999 CL, V-6						
2d Cpe 3.0	460	1,380	2,300	5,180	8,050	11,500
1999 TL, V-6						
4d Sed 3.2	660	1,980	3,300	7,430	11,550	16,500
1999 RL, V-6						
4d Sed 3.5	740	2,220	3,700	8,330	12,950	18,500
1999 NSX, V-6						
2d Cpe	1,820	5,460	9,100	20,480	31,850	45,500
2d Targa Cpe	1,880	5,640	9,400	21,150	32,900	47,000

NOTE: Add 10 percent for Zanardi Ed NSX.

	6	5	4	3	2	1
2000 Integra, 4-cyl.						
2d Cpe LS	420	1,260	2,100	4,730	7,350	10,500
2d Cpe GS	440	1,320	2,200	4,950	7,700	11,000
2d Cpe GS-R	480	1,440	2,400	5,400	8,400	12,000
2d Cpe R	540	1,620	2,700	6,080	9,450	13,500
4d Sed LS	430	1,280	2,140	4,820	7,490	10,700
4d Sed GS	460	1,380	2,300	5,180	8,050	11,500
4d Sed GS-R	480	1,440	2,400	5,400	8,400	12,000
2000 CL, V-6						
2d Cpe 3.2	460	1,380	2,300	5,180	8,050	11,500
2000 TL, V-6						
4d Sed 3.2	680	2,040	3,400	7,650	11,900	17,000
2000 RL, V-6						
4d Sed 3.5	740	2,220	3,700	8,330	12,950	18,500
2000 NSX, V-6						
2d Cpe	1,740	5,220	8,700	19,580	30,450	43,500
2d Targa Cpe	1,800	5,400	9,000	20,250	31,500	45,000
2001 Integra, 4-cyl.						
2d Cpe LS	420	1,260	2,100	5,250	7,350	10,500
2d Cpe GS	440	1,320	2,200	5,500	7,700	11,000
2d Cpe GS-R	480	1,440	2,400	6,000	8,400	12,000
2d Cpe R	540	1,620	2,700	6,750	9,450	13,500
4d Sed LS	430	1,280	2,140	5,350	7,490	10,700
4d Sed GS	460	1,380	2,300	5,750	8,050	11,500
4d Sed GS-R	480	1,440	2,400	6,000	8,400	12,000
2001 CL, V-6						
2d Cpe 3.2	470	1,410	2,350	5,880	8,230	11,750
2001 TL, V-6						
4d Sed 3.2	680	2,040	3,400	8,500	11,900	17,000
2001 RL, V-6						
4d Sed 3.5	740	2,220	3,700	9,250	12,950	18,500
2001 NSX, V-6						
2d Cpe	1,740	5,220	8,700	21,750	30,450	43,500
2d Targa Cpe	1,800	5,400	9,000	22,500	31,500	45,000

ALFA ROMEO

	6	5	4	3	2	1
1946-53 6-cyl., 2443cc, 118" wb (106" SS) 6C-2500 Series						
3P Spt Cpe	1,600	4,800	8,000	18,000	28,000	40,000
Spt Cabr	2,400	7,200	12,000	27,000	42,000	60,000
3P Sup Spt Cpe	1,800	5,400	9,000	20,250	31,500	45,000
Sup Spt Cabr	2,600	7,800	13,000	29,250	45,500	65,000
Freccia d'Oro Cpe	1,240	3,720	6,200	13,950	21,700	31,000
Spt Sed	1,000	3,000	5,000	11,250	17,500	25,000
1950 4-cyl., 1884cc, 98.5" wb						
1900 Berlina 4d Sed	1,520	4,560	7,600	17,100	26,600	38,000
1951 4-cyl., 1884cc, 98.5" wb						
1900 Berlina 4d Sed	1,520	4,560	7,600	17,100	26,600	38,000
1900 Sprint Cpe	1,600	4,800	8,000	18,000	28,000	40,000
1952 4-cyl., 1884cc, 98.5" wb						
1900 Berlina 4d Sed	1,520	4,560	7,600	17,100	26,600	38,000
1900 TI 4d Sed	720	2,160	3,600	8,100	12,600	18,000
1900 Sprint Cpe	1,600	4,800	8,000	18,000	28,000	40,000
1900 Sup Sprint Cpe	1,680	5,040	8,400	18,900	29,400	42,000
1900 Cabr	2,200	6,600	11,000	24,750	38,500	55,000
1953 4-cyl., 1884cc, 98.5" wb						
1900 Berlina 4d Sed	1,520	4,560	7,600	17,100	26,600	38,000
1953 4-cyl., 1975cc, 98.5" wb						
1900 TI Sup 4d Sed	800	2,400	4,000	9,000	14,000	20,000
1900 Sup Sprint Cpe	1,680	5,040	8,400	18,900	29,400	42,000
1954 4-cyl., 1884cc, 98.5" wb						
1900 Berlina 4d Sed	1,520	4,560	7,600	17,100	26,600	38,000
1954 4-cyl., 1975cc, 98.5" wb						
1900 TI Sup 4d Sed	800	2,400	4,000	9,000	14,000	20,000
1900 Sup Sprint Cpe	1,680	5,040	8,400	18,900	29,400	42,000
1954 4-cyl., 1290cc, 93.7" wb						
Giulietta Sprint Cpe	680	2,040	3,400	7,650	11,900	17,000
1955 4-cyl., 1975cc, 98.5" wb						
1900 TI Sup 4d Sed	800	2,400	4,000	9,000	14,000	20,000
1900 Sup Sprint Cpe	1,680	5,040	8,400	18,900	29,400	42,000
1955 Giulietta 4-cyl., 1290cc, 93.7" wb (88.6" Spider)						
Berlina 4d Sed	520	1,560	2,600	5,850	9,100	13,000
Sprint Cpe	680	2,040	3,400	7,650	11,900	17,000
Spider Conv	920	2,760	4,600	10,350	16,100	23,000
1956 4-cyl., 1975cc, 98.5" wb						
1900 Sup Sprint Cpe	1,520	4,560	7,600	17,100	26,600	38,000
1956 Giulietta 4-cyl., 1290cc, 93.7" wb (88.6" Spider)						
Berlina 4d Sed	520	1,560	2,600	5,850	9,100	13,000

ALFA ROMEO

ALFA ROMEO

	6	5	4	3	2	1
Sprint Cpe	680	2,040	3,400	7,650	11,900	17,000
Sp Veloce Cpe	720	2,160	3,600	8,100	12,600	18,000
Spider Conv	920	2,760	4,600	10,350	16,100	23,000
Spr Veloce Conv	1,120	3,360	5,600	12,600	19,600	28,000
1957 1900, 4-cyl., 1975cc, 98.5" wb						
Sup Sprint Cpe	1,520	4,560	7,600	17,100	26,600	38,000
1957 Giulietta 4-cyl., 1290cc, 93.7" wb (88.6" Spider & SS)						
Berlina 4d Sed	560	1,680	2,800	6,300	9,800	14,000
Sprint Cpe	680	2,040	3,400	7,650	11,900	17,000
Veloce Cpe	720	2,160	3,600	8,100	12,600	18,000
Spider Conv	920	2,760	4,600	10,350	16,100	23,000
Spr Veloce Conv	1,160	3,480	5,800	13,050	20,300	29,000
Sprint Speciale	1,360	4,080	6,800	15,300	23,800	34,000
1958 1900, 4-cyl., 1975cc, 98.5" wb						
Sup Sprint Cpe	1,480	4,440	7,400	16,650	25,900	37,000
1958 Giulietta 4-cyl., 1290cc, 93.7" wb (88.6" Spider & SS)						
Berlina 4d Sed	560	1,680	2,800	6,300	9,800	14,000
Sprint Cpe	680	2,040	3,400	7,650	11,900	17,000
Veloce Cpe	720	2,160	3,600	8,100	12,600	18,000
Spider Conv	920	2,760	4,600	10,350	16,100	23,000
Spider Veloce Conv	1,160	3,480	5,800	13,050	20,300	29,000
Sprint Speciale	1,360	4,080	6,800	15,300	23,800	34,000
1958 2000, 4-cyl., 1975cc, 107.1" wb (98.4" Spider)						
Berlina 4d Sed	520	1,560	2,600	5,850	9,100	13,000
Spider Conv	920	2,760	4,600	10,350	16,100	23,000
1959 4-cyl., 1290cc, 93.7" wb (88.6" Spider, SS, SZ) Giulietta - 750 Series						
Berlina 4d Sed	560	1,680	2,800	6,300	9,800	14,000
Sprint Cpe	680	2,040	3,400	7,650	11,900	17,000
Veloce Cpe	720	2,160	3,600	8,100	12,600	18,000
Spider Conv	920	2,760	4,600	10,350	16,100	23,000
Spr Veloce Conv	1,160	3,480	5,800	13,050	20,300	29,000
1959 Giulietta - 101 Series						
Sprint Cpe	680	2,040	3,400	7,650	11,900	17,000
Sp Veloce Cpe	720	2,160	3,600	8,100	12,600	18,000
Spider Conv	840	2,520	4,200	9,450	14,700	21,000
Spr Veloce Conv	880	2,640	4,400	9,900	15,400	22,000
Sprint Speciale Cpe	1,160	3,480	5,800	13,050	20,300	29,000
Sprint Zagato	1,240	3,720	6,200	13,950	21,700	31,000
1959 2000, 4-cyl., 1975cc, 107.1" wb (98.4" Spider)						
Berlina 4d Sed	600	1,800	3,000	6,750	10,500	15,000
Spider Conv	1,120	3,360	5,600	12,600	19,600	28,000
1960 4-cyl., 1290cc, 93.7" wb (88.6" Spider, SS, SZ) Giulietta - 750 Series						
Berlina 4d Sed	560	1,680	2,800	6,300	9,800	14,000
1960 Giulietta - 101 Series						
Sprint Cpe	680	2,040	3,400	7,650	11,900	17,000
Sp Veloce Cpe	720	2,160	3,600	8,100	12,600	18,000
Spider Conv	920	2,760	4,600	10,350	16,100	23,000
Spr Veloce Conv	880	2,640	4,400	9,900	15,400	22,000
Sprint Speciale	1,240	3,720	6,200	13,950	21,700	31,000
Sprint Zagato	1,320	3,960	6,600	14,850	23,100	33,000
1960 2000, 4-cyl., 1975cc, 107.1" wb (101.6" Sprint, 98.4" Spider)						
Berlina 4d Sed	740	2,220	3,700	8,330	12,950	18,500
Sprint Cpe	840	2,520	4,200	9,450	14,700	21,000
Spider Conv	1,080	3,240	5,400	12,150	18,900	27,000
1961 Giulietta, 4-cyl., 1290cc, 93.7" wb (88.6" Spider, SS, SZ)						
Sprint Cpe	540	1,620	2,700	6,080	9,450	13,500
Sp Veloce Cpe	720	2,160	3,600	8,100	12,600	18,000
Spider Conv	920	2,760	4,600	10,350	16,100	23,000
Spr Veloce Conv	960	2,880	4,800	10,800	16,800	24,000
Sprint Speciale	1,240	3,720	6,200	13,950	21,700	31,000
Sprint Zagato	1,320	3,960	6,600	14,850	23,100	33,000
1961 2000, 4-cyl., 1975cc, 107" wb (101.6" Sprint, 98.4" Spider)						
Berlina 4d Sed	740	2,220	3,700	8,330	12,950	18,500
Sprint Cpe	840	2,520	4,200	9,450	14,700	21,000
Spider Conv	1,160	3,480	5,800	13,050	20,300	29,000
1962 Giulietta, 4-cyl., 1290cc, 93.7" wb (88.6" Spider, SS)						
Sprint Cpe	680	2,040	3,400	7,650	11,900	17,000
Sp Veloce Cpe	720	2,160	3,600	8,100	12,600	18,000
Spider Conv	920	2,760	4,600	10,350	16,100	23,000
Spr Veloce Conv	960	2,880	4,800	10,800	16,800	24,000
Sprint Speciale	1,240	3,720	6,200	13,950	21,700	31,000
1962 4-cyl., 1570cc, 93.7" wb (88.6" Spider) Giulia - 101 Series						
Sprint Cpe	720	2,160	3,600	8,100	12,600	18,000
Spider Conv	1,080	3,240	5,400	12,150	18,900	27,000
1962 4-cyl., 1570cc, 98.8" wb Giulia - 105 Series						
TI 4d Sed	640	1,920	3,200	7,200	11,200	16,000
1962 2000, 4-cyl., 1975cc, 107" wb (101.6" Sprint)						
Berlina 4d Sed	720	2,160	3,600	8,100	12,600	18,000
Sprint Cpe	840	2,520	4,200	9,450	14,700	21,000

	6	5	4	3	2	1
1962 2600, 6-cyl., 2584cc, 106.7" wb (101.6" Sprint, 98.4" Spider, SZ)						
Berlina 4d Sed	800	2,400	4,000	9,000	14,000	20,000
Sprint Cpe	880	2,640	4,400	9,900	15,400	22,000
Spider Conv	1,200	3,600	6,000	13,500	21,000	30,000
1963 Giulietta, 4-cyl., 1290cc, 93.7" wb						
Sprint 1300 Cpe	600	1,800	3,000	6,750	10,500	15,000
1963 4-cyl., 1570cc, 93.7" wb (88.6" Spider) Giulia - 101 Series						
Sprint Cpe	680	2,040	3,400	7,650	11,900	17,000
Spider Conv	960	2,880	4,800	10,800	16,800	24,000
Sprint Spl	1,240	3,720	6,200	13,950	21,700	31,000
1963 4-cyl., 1570cc, 98.8" wb (92.5" Sprint) Giulia - 105 Series						
TI 4d Sed	540	1,620	2,700	6,080	9,450	13,500
TI Sup 4d Sed	560	1,680	2,800	6,300	9,800	14,000
Sprint GT Cpe	720	2,160	3,600	8,100	12,600	18,000
GTZ	2,480	7,440	12,400	27,900	43,400	62,000
1963 2600, 6-cyl., 2584cc, 106.7" wb (101.6" Sprint, 98.4" Spider)						
Berlina 4d Sed	580	1,740	2,900	6,530	10,150	14,500
Sprint Cpe	680	2,040	3,400	7,650	11,900	17,000
Spider Conv	1,000	3,000	5,000	11,250	17,500	25,000
1964 Giulietta, 4-cyl., 1290cc, 93.7" wb						
Sprint 1300 Cpe	600	1,800	3,000	6,750	10,500	15,000
1964 4-cyl., 1570cc, 93.7" wb (88.6" Spider) Giulia - 101 Series						
Sprint Cpe	680	2,040	3,400	7,650	11,900	17,000
Spider Conv	920	2,760	4,600	10,350	16,100	23,000
Spider Veloce Conv	840	2,520	4,200	9,450	14,700	21,000
Sprint Speciale	1,360	4,080	6,800	15,300	23,800	34,000
1964 4-cyl., 1570cc, 98.8" wb (92.5" Sprint) Giulia - 105 Series						
TI 4d Sed	540	1,620	2,700	6,080	9,450	13,500
TI Sup 4d Sed	560	1,680	2,800	6,300	9,800	14,000
Sprint GT Cpe	720	2,160	3,600	8,100	12,600	18,000
GTZ	2,480	7,440	12,400	27,900	43,400	62,000
GTC Conv	800	2,400	4,000	9,000	14,000	20,000
1964 2600, 6-cyl., 2584cc, 106.7" wb (101.6" Sprint, 98.4" Spider)						
Berlina 4d Sed	580	1,740	2,900	6,530	10,150	14,500
Sprint Cpe	680	2,040	3,400	7,650	11,900	17,000
Spider Conv	880	2,040	4,400	9,900	15,400	22,000
1965 4-cyl., 1570cc, 93.7" wb (88.6" Spider) Giulia - 101 Series						
Spider Conv	960	2,880	4,800	10,800	16,800	24,000
Spider Veloce Conv	1,000	3,000	5,000	11,250	17,500	25,000
Sprint Spl Cpe	1,320	3,960	6,600	14,850	23,100	33,000
1965 4-cyl., 1570cc, 98.8" wb (92.5" Sprint) Giulia - 105 Series						
TI 4d Sed	250	740	1,240	2,790	4,340	6,200
Sup 4d Sed	560	1,680	2,800	6,300	9,800	14,000
Sprint GT Cpe	720	2,160	3,600	8,100	12,600	18,000
GTV Cpe	800	2,400	4,000	9,000	14,000	20,000
GTZ Cpe	2,480	7,440	12,400	27,900	43,400	62,000
GTA Cpe	1,320	3,960	6,600	14,850	23,100	33,000
GTC Conv	800	2,400	4,000	9,000	14,000	20,000
TZ 2	3,280	9,840	16,400	36,900	57,400	82,000
1965 2600, 6-cyl., 2584cc, 106.7" wb (101.6" Sprint, 98.4" Spider)						
Berlina 4d Sed	560	1,680	2,800	6,300	9,800	14,000
Sprint Cpe	680	2,040	3,400	7,650	11,900	17,000
Spider Conv	1,320	3,960	6,600	14,850	23,100	33,000
SZ	1,120	3,360	5,600	12,600	19,600	28,000
1966 Giulia, 4-cyl., 1570cc, 98.8" wb (92.5" Sprint)						
T.I. 4d Sed	250	740	1,240	2,790	4,340	6,200
Sprint GT Cpe	720	2,160	3,600	8,100	12,600	18,000
GTV Cpe	1,360	4,080	6,800	15,300	23,800	34,000
Spider Conv	960	2,880	4,800	10,800	16,800	24,000
Spider Veloce	1,000	3,000	5,000	11,250	17,500	25,000
GTZ	2,480	7,440	12,400	27,900	43,400	62,000
GTA Cpe	1,080	3,240	5,400	12,150	18,900	27,000
GTC Conv	800	2,400	4,000	9,000	14,000	20,000
TZ 2 Cpe	3,360	10,080	16,800	37,800	58,800	84,000
1966 4-cyl., 1570cc, 88.6" wb						
Duetto Conv	680	2,040	3,400	7,650	11,900	17,000
1966 2600, 6-cyl., 2584cc, 106.7" wb (101.6" Sprint, 98.4" Spider)						
Berlina 4d Sed	640	1,920	3,200	7,200	11,200	16,000
Sprint Cpe	880	2,640	4,400	9,900	15,400	22,000
SZ	1,120	3,360	5,600	12,600	19,600	28,000
1967 Giulia, 4-cyl., 1570cc, 98.8" wb (92.5" Sprint)						
T.I. 4d Sed	250	740	1,240	2,790	4,340	6,200
GTV Cpe	800	2,400	4,000	9,000	14,000	20,000
GTZ Cpe	2,480	7,440	12,400	27,900	43,400	62,000
GTA Cpe	1,080	3,240	5,400	12,150	18,900	27,000
TZ 2	3,280	9,840	16,400	36,900	57,400	82,000
1967 4-cyl., 1570cc, 88.6" wb						
Duetto Conv	680	2,040	3,400	7,650	11,900	17,000

ALFA ROMEO

ALFA ROMEO

	6	5	4	3	2	1
1967 1750, 4-cyl., 1779cc, 101.2" wb (92.5" Cpe, 88.6" Spider)						
Berlina 4d Sed.	250	740	1,240	2,790	4,340	6,200
GTV Cpe	840	2,520	4,200	9,450	14,700	21,000
Spider	880	2,640	4,400	9,900	15,400	22,000
1967 2600, 6-cyl., 2584cc, 106.7" wb						
Berlina 4d Sed.	580	1,740	2,900	6,530	10,150	14,500
SZ	1,120	3,360	5,600	12,600	19,600	28,000
1968 4-cyl., 1290/1570cc, 92.5" wb						
Giulia GTV Cpe	800	2,400	4,000	9,000	14,000	20,000
1968 1750, 4-cyl., 1779cc, 101.2" wb (92.5" Sprint, 88.6" Spider)						
Berlina 4d Sed.	250	740	1,240	2,790	4,340	6,200
GTV Cpe	840	2,520	4,200	9,450	14,700	21,000
Spider Conv	880	2,640	4,400	9,900	15,400	22,000
1968 2600, 6-cyl., 2584cc, 106.7" wb						
Berlina 4d Sed.	300	900	1,500	3,380	5,250	7,500
1969 Giulia, 4-cyl., 1290cc, 92.5" wb						
GTA 1300 Jr Cpe	1,000	3,000	5,000	11,250	17,500	25,000
1969 1750, 4-cyl., 1779cc, 101.2" wb (92.5" Cpe, 88.6" Spider)						
Berlina 4d Sed.	260	780	1,300	2,930	4,550	6,500
GTV Cpe	840	2,520	4,200	9,450	14,700	21,000
Spider Conv	880	2,640	4,400	9,900	15,400	22,000
1970 Giulia, 4-cyl., 1290cc, 92.5" wb						
GTA 1300 Jr Cpe	1,000	3,000	5,000	11,250	17,500	25,000
Jr Z 1300 Cpe	800	2,400	4,000	9,000	14,000	20,000
1970 1750, 4-cyl., 1779cc, 101.2" wb (92.5" Cpe, 88.6" Spider)						
Berlina 4d Sed.	260	780	1,300	2,930	4,550	6,500
GTV Cpe	520	1,560	2,600	5,850	9,100	13,000
Spider	640	1,920	3,200	7,200	11,200	16,000
1971 Giulia, 4-cyl., 1290cc, 92.5" wb						
GTA 1300 Jr Cpe	1,000	3,000	5,000	11,250	17,500	25,000
Jr Z 1300 Cpe	800	2,400	4,000	9,000	14,000	20,000
1971 1750, 4-cyl., 1779cc, 101.2" wb (92.5" Cpe, 88.6" Spider)						
Berlina 4d Sed.	250	740	1,240	2,790	4,340	6,200
GTV Cpe	520	1,560	2,600	5,850	9,100	13,000
Spider	580	1,740	2,900	6,530	10,150	14,500
1971 2000, 4-cyl., 1962cc, 101.8" wb (92.5" Cpe, 88.6" Spider)						
Berlina 4d Sed.	260	780	1,300	2,930	4,550	6,500
GTV Cpe	560	1,680	2,800	6,300	9,800	14,000
Spider Veloce	640	1,920	3,200	7,200	11,200	16,000
1971 V-8, 2953cc, 92.5" wb						
Montreal Cpe.	1,080	3,240	5,400	12,150	18,900	27,000
1972 Giulia, 4-cyl., 1290cc, 92.5" wb						
GTA 1300 Jr Cpe	1,000	3,000	5,000	11,250	17,500	25,000
Jr Z 1300 Cpe	800	2,400	4,000	9,000	14,000	20,000
Jr Z 1600 Cpe	840	2,520	4,200	9,450	14,700	21,000
1972 1750, 4-cyl., 1779cc, 101.2" wb (92.5" Cpe, 88.6" Spider)						
Berlina 4d Sed.	250	740	1,240	2,790	4,340	6,200
GTV Cpe	520	1,560	2,600	5,850	9,100	13,000
Spider	580	1,740	2,900	6,530	10,150	14,500
1972 2000, 4-cyl., 1962cc, 101.8" wb (92.5" Cpe, 88.6" Spider)						
Berlina 4d Sed.	260	780	1,300	2,930	4,550	6,500
GTV Cpe	520	1,560	2,600	5,850	9,100	13,000
Spider Veloce	640	1,920	3,200	7,200	11,200	16,000
1972 V-8, 2593cc, 92.5" wb						
Montreal Cpe.	1,080	3,240	5,400	12,150	18,900	27,000
1973 4-cyl., 1570cc, 92.5" wb						
Giulia Jr Z 1600	800	2,400	4,000	9,000	14,000	20,000
1973 2000, 4-cyl., 1992cc, 101.8" wb (92.5" Cpe, 88.6" Spider)						
Berlina 4d Sed.	260	780	1,300	2,930	4,550	6,500
GTV Cpe	540	1,620	2,700	6,080	9,450	13,500
Spider Veloce	640	1,920	3,200	7,200	11,200	16,000
1973 V-8, 2593cc, 92.5" wb						
Montreal Cpe.	1,080	3,240	5,400	12,150	18,900	27,000
1974 4-cyl., 1570 cc, 92.5" wb						
Giulia Jr Z 1600 Cpe	800	2,400	4,000	9,000	14,000	20,000
1974 2000, 4-cyl., 1962cc, 101.8" wb (92.5" Cpe, 88.6" Spider)						
Berlina 4d Sed.	260	780	1,300	2,930	4,550	6,500
GTV Cpe	540	1,620	2,700	6,080	9,450	13,500
Spider Veloce	640	1,920	3,200	7,200	11,200	16,000
1974 V-8, 2953cc, 92.5" wb						
Montreal Cpe.	1,080	3,240	5,400	12,150	18,900	27,000
1975 Giulia, 4-cyl., 1570cc, 92.5" wb						
Jr Z 1600 Cpe	800	2,400	4,000	9,000	14,000	20,000
1975 2000, 4-cyl., 1962cc, 88.6" wb						
Spr Veloce Conv	640	1,920	3,200	7,200	11,200	16,000
1975 V-8, 2593cc, 92.5" wb						
Montreal Cpe.	1,080	3,240	5,400	12,150	18,900	27,000
1975 Alfetta, 4-cyl., 1779cc, 98.8" wb						
4d Sed.	240	720	1,200	2,700	4,200	6,000

	6	5	4	3	2	1
1975 Alfetta, 4-cyl., 1962cc, 94.5" wb						
GT Cpe....................	520	1,560	2,600	5,850	9,100	13,000
1976 2000, 4-cyl., 1962cc, 88.6" wb						
Spr Veloce Conv	640	1,920	3,200	7,200	11,200	16,000
1976 Alfetta, 4-cyl., 1779cc, 98.8" wb						
4d Sed	260	780	1,300	2,930	4,550	6,500
1976 4-cyl., 1962cc, 94.5" wb						
GTV Cpe	520	1,560	2,600	5,850	9,100	13,000
1977 2000, 4-cyl., 1962cc, 88.6" wb						
Spr Veloce Conv	640	1,920	3,200	7,200	11,200	16,000
1977 Alfetta, 4-cyl., 1779cc, 98.8" wb						
4d Sed	260	780	1,300	2,930	4,550	6,500
1977 4-cyl., 1962cc, 94.5" wb						
GTV Cpe	540	1,620	2,700	6,080	9,450	13,500
1978 2000, 4-cyl., 1962cc, 88.6" wb						
Spr Veloce Conv	640	1,920	3,200	7,200	11,200	16,000
1978 4-cyl., 1962cc, 98.8" wb (94.5" Cpe)						
4d Spt Sed	260	780	1,300	2,930	4,550	6,500
Sprint Veloce Cpe	540	1,620	2,700	6,080	9,450	13,500
1980 4-cyl., 1962cc, 98.8" wb (94.5" Cpe)						
2d Spider Conv.	620	1,860	3,100	6,980	10,850	15,500
1981 4-cyl., 1962cc, 98.8" wb (94.5" Cpe)						
2d Spt Cpe 2 plus 2	280	840	1,400	3,150	4,900	7,000
2d Spider Conv.	620	1,860	3,100	6,980	10,850	15,500
1982 4-cyl., 1962cc, 98.8" wb (94.5" Cpe)						
2d Spt Cpe	270	800	1,340	3,020	4,690	6,700
2d Spider	620	1,860	3,100	6,980	10,850	15,500
1983 4-cyl., 1962cc, 98.8" wb (94.5" Cpe)						
2d Cpe.	280	840	1,400	3,150	4,900	7,000
2d Spider	620	1,860	3,100	6,980	10,850	15,500
1984 4-cyl., 1962cc, 98.8" wb (94.5" Cpe)						
GTV6 Cpe.	320	960	1,600	3,600	5,600	8,000
Spider Veloce	620	1,860	3,100	6,980	10,850	15,500
1985 4-cyl., 1962cc, 98.8" wb (94.5" Cpe)						
GTV6 2d Cpe	520	1,560	2,600	5,850	9,100	13,000
Graduate 2d Conv	640	1,920	3,200	7,200	11,200	16,000
Spider Veloce 2d Conv.	680	2,040	3,400	7,650	11,900	17,000
1986 4-cyl., 1962cc, 98.8" wb (94.5" Cpe)						
GTV6 2d Cpe	520	1,560	2,600	5,850	9,100	13,000
Graduate 2d Conv	680	2,040	3,400	7,650	11,900	17,000
Spider Veloce 2d Conv.	720	2,160	3,600	8,100	12,600	18,000
Quadrifoglio 2d Conv	680	2,040	3,400	7,650	11,900	17,000
1987 4-cyl., 1962cc, 98.8" wb (94.5" Cpe)						
4d Sed Milano Silver	320	960	1,600	3,600	5,600	8,000
2d Spider Veloce	720	2,160	3,600	8,100	12,600	18,000
4d Quadrifoglio.	640	1,920	3,200	7,200	11,200	16,000
2d Conv Graduate	680	2,040	3,400	7,650	11,900	17,000
1988 4-cyl., 1962cc, 98.8" wb (94.5" Cpe)						
4d Sed Milano Gold	520	1,560	2,600	5,850	9,100	13,000
4d Sed Milano Platinum	540	1,620	2,700	6,080	9,450	13,500
4d Sed Milano Verde 3.0	680	1,680	2,800	6,300	9,800	14,000
2d Spider Veloce	680	2,040	3,400	7,650	11,900	17,000
4d Quadrifoglio.	680	2,040	3,400	7,650	11,900	17,000
2d Conv Graduate	660	1,980	3,300	7,430	11,550	16,500
1989 4-cyl., 1962cc, 98.8" wb (94.5" Cpe)						
4d Sed Milano Gold	520	1,560	2,600	5,850	9,100	13,000
4d Sed Milano Platinum	540	1,620	2,700	6,080	9,450	13,500
4d Sed Milano 3.0	560	1,680	2,800	6,300	9,800	14,000
2d Spider Veloce	680	2,040	3,400	7,650	11,900	17,000
4d Quadrifoglio.	720	2,160	3,600	8,100	12,600	18,000
2d Conv Graduate	600	1,800	3,000	6,750	10,500	15,000
1990 4-cyl., 1962cc, 98.8" wb (94.5" Cpe)						
2d Conv Spider.	560	1,680	2,800	6,300	9,800	14,000
2d Conv Graduate	520	1,560	2,600	5,850	9,100	13,000
2d Conv Quadrifoglio	600	1,800	3,000	6,750	10,500	15,000
1991 Alfa Romeo						
4d.	220	660	1,100	2,480	3,850	5,500
4d L	260	780	1,300	2,930	4,550	6,500
4d S	320	960	1,600	3,600	5,600	8,000
1991 Spider						
2d Conv	520	1,560	2,600	5,850	9,100	13,000
2d Conv Veloce	560	1,680	2,800	6,300	9,800	14,000
1992 Spider, 4-cyl.						
2d Conv	620	1,860	3,100	6,980	10,850	15,500
2d Conv Veloce	680	2,040	3,400	7,650	11,900	17,000
1992 164, V-6						
4d Sed L.	540	1,620	2,700	6,080	9,450	13,500
4d Sed S.	620	1,860	3,100	6,980	10,850	15,500

ALFA ROMEO

	6	5	4	3	2	1
1993 Spider, 4-cyl.						
2d Conv.	640	1,920	3,200	7,200	11,200	16,000
2d Veloce Conv.	680	2,040	3,400	7,650	11,900	17,000
1993 164, V-6						
4d Sed L	540	1,630	2,720	6,120	9,520	13,600
4d Sed S	550	1,660	2,760	6,210	9,660	13,800
1994 Spider, 4-cyl.						
2d Conv.	520	1,560	2,600	5,850	9,100	13,000
2d Conv Veloce	580	1,740	2,900	6,530	10,150	14,500
1994 164, V-6						
4d Sed LS	560	1,680	2,800	6,300	9,800	14,000
4d Sed Quadrifoglio	680	2,040	3,400	7,650	11,900	17,000

ALLARD

	6	5	4	3	2	1
1946-49 J1, V-8, 100" wb						
2d Rds.	5,760	17,280	28,800	64,800	100,800	144,000
1946-49 K1, V-8, 106" wb						
2d Rds.	6,160	18,480	30,800	69,300	107,800	154,000
1946-49 L, V-8, 112" wb						
2d Tr	2,960	8,880	14,800	33,300	51,800	74,000
1946-49 M, V-8, 112" wb						
2d DHC	3,120	9,360	15,600	35,100	54,600	78,000
1950-51 J2, V-8, 100" wb						
2d Rds.	4,960	14,880	24,800	55,800	86,800	124,000
1950-51 K2, V-8, 106" wb						
2d Rds.	5,360	16,080	26,800	60,300	93,800	134,000
2d Spt Sed	2,800	8,400	14,000	31,500	49,000	70,000
1950-51 L, V-8, 112" wb						
2d Tr	2,960	8,880	14,800	33,300	51,800	74,000
1950-51 M, V-8, 112" wb						
2d DHC	3,040	9,120	15,200	34,200	53,200	76,000
1952-54 K3, V-8, 100" wb						
2d Rds.	5,600	16,800	28,000	63,000	98,000	140,000
1952-54 J2X, V-8, 100" wb						
2d Rds.	6,160	18,480	30,800	69,300	107,800	154,000
2d LeMans Rds.	6,160	18,480	30,800	69,300	107,800	154,000
1952-54 JR, V-8, 96" wb						
2d Rds.	6,560	19,680	32,800	73,800	114,800	164,000
1952-54 Monte Carlo/Safari, V-8, 112" wb						
2d M.C. Sed	2,720	8,160	13,600	30,600	47,600	68,000
2d Safari Wag	2,960	8,880	14,800	33,300	51,800	74,000
1952-54 Palm Beach, 4-cyl., 96" wb						
2d Rds.	2,960	8,880	14,800	33,300	51,800	74,000
1952-54 Palm Beach, 6-cyl., 96" wb						
2d Rds.	3,200	9,600	16,000	36,000	56,000	80,000
1955-59 Palm Beach, 4-cyl., 96" wb						
2d Rds.	2,960	8,880	14,800	33,300	51,800	74,000
1955-59 Palm Beach, 6-cyl., 96" wb						
2d Rds.	3,200	9,600	16,000	36,000	56,000	80,000

AMPHICAR

	6	5	4	3	2	1
1961 4-cyl., 43 hp, 83" wb						
2d Conv.	2,280	6,840	11,400	25,650	39,900	57,000
1962 4-cyl., 43 hp, 83" wb						
2d Conv.	2,280	6,840	11,400	25,650	39,900	57,000
1963 4-cyl., 43 hp, 83" wb						
2d Conv.	2,280	6,840	11,400	25,650	39,900	57,000
1964 4-cyl., 43 hp, 83" wb						
2d Conv.	2,280	6,840	11,400	25,650	39,900	57,000
1965 4-cyl., 43 hp, 83" wb						
2d Conv.	2,280	6,840	11,400	25,650	39,900	57,000
1966 4-cyl., 43 hp, 83" wb						
2d Conv.	2,280	6,840	11,400	25,650	39,900	57,000
1967-68 4-cyl., 43 hp, 83" wb						
2d Conv.	2,280	6,840	11,400	25,650	39,900	57,000

ASTON MARTIN

	6	5	4	3	2	1
1948-50 DBI, 4-cyl., 1970cc, 108" wb						
2S Rds (14 made)			value not estimable			
1950-53 DB2, 6-cyl., 2580cc, 99" wb						
Saloon	3,040	9,120	15,200	34,200	53,200	76,000
DHC	6,000	18,000	30,000	67,500	105,000	150,000
Graber DHC (3 made)			value not estimable			
1951-53 DB3, 6-cyl., 2580/2922cc, 93" wb						
Racer (10 made)			value not estimable			

ALLARD

	6	5	4	3	2	1
1953-55 DB2/4, 6-cyl., 292cc, 99" wb						
Saloon	4,000	12,000	20,000	45,000	70,000	100,000
DHC	6,000	18,000	30,000	67,500	105,000	150,000
DHC by Graber	7,000	21,000	35,000	78,750	122,500	175,000
Rds by Touring (2 made)		value not estimable				
1953-56 DB3S, 6-cyl., 2922cc, 87" wb						
Racer		value not estimable				
Cpe	8,000	24,000	40,000	90,000	140,000	200,000
1955-57 DB2/4, 6-cyl., 2922cc, 99" wb						
Mk II Saloon	3,040	9,120	15,200	34,200	53,200	76,000
Mk II DHC	6,000	18,000	30,000	67,500	105,000	150,000
Mk II FHC	3,600	10,800	18,000	40,500	63,000	90,000
Mk II Spider by Touring (2 made)		value not estimable				
1956-60 DBR, 6-cyl., 2493/2992/4164cc, 90" wb						
Racer (14 made)		value not estimable				
1957-59 DB, 6-cyl., 2922cc, 99" wb						
Mk III Saloon	3,040	9,120	15,200	34,200	53,200	76,000
Mk III DHC	6,000	18,000	30,000	67,500	105,000	150,000
Mk III FHC	3,200	9,600	16,000	36,000	56,000	80,000
1958-60 DB4, 6-cyl., 3670cc, 98" wb, Series 1						
Saloon	3,040	9,120	15,200	34,200	53,200	76,000
1959-63 DB4GT, 6-cyl., 3670cc, 93" wb						
Saloon	5,040	15,120	25,200	56,700	88,200	126,000
Cpe by Zagato		value not estimable				
Bertone (1 made)		value not estimable				
1960-61 DB4, 6-cyl., 3670cc, 98" wb, Series 2						
Saloon	3,040	9,120	15,200	34,200	53,200	76,000
1961 DB4, 6-cyl., 3670cc, 98" wb, Series 3						
Saloon	3,040	9,120	15,200	34,200	53,200	76,000
1961-62 DB4, 6-cyl., 3670cc, 98" wb, Series 4						
Saloon	3,040	9,120	15,200	34,200	53,200	76,000
DHC	5,600	16,800	28,000	63,000	98,000	140,000
1962-63 DB4, 6-cyl., 3670cc, 98" wb, Series 5						
Saloon	3,040	9,120	15,200	34,200	53,200	76,000
DHC	5,600	16,800	28,000	63,000	98,000	140,000
1963-65 DB5, 6-cyl., 3995cc, 98" wb						
Saloon	3,200	9,600	16,000	36,000	56,000	80,000
DHC	6,000	18,000	30,000	67,500	105,000	150,000
Radford Shooting Brake (12 made)		value not estimable				
Volante (37 made)		value not estimable				
1965-69 DB6, 6-cyl., 3995cc, 102" wb						
Saloon	3,440	10,320	17,200	38,700	60,200	86,000
Radford Shooting Brake (6 made)		value not estimable				
Volante	6,000	18,000	30,000	67,500	105,000	150,000
1967-72 6-cyl., 3995cc, 103" wb						
DBS Saloon	3,040	9,120	15,200	34,200	53,200	76,000
DBSC Saloon (2 made)		value not estimable				
1969-70 DB6, 6-cyl., 3995cc, 102" wb						
Mk II Saloon	3,200	9,600	16,000	36,000	56,000	80,000
Mk II Volante	6,000	18,000	30,000	67,500	105,000	150,000
1970-72 DBSV8, V-8, 5340cc, 103" wb						
Saloon	3,200	9,600	16,000	36,000	56,000	80,000
Saloon by Ogle (2 built)		value not estimable				
1972-73 AM, 6-cyl., 3995cc, 103" wb						
Vantage Saloon (70 made)		value not estimable				
1972-73 AMV8, 5340cc, V-8, 103" wb, Series II						
Saloon	2,000	6,000	10,000	22,500	35,000	50,000
1973-78 AMV8, V-8, 5340cc, 103" wb, Series III						
Saloon	2,360	7,080	11,800	26,550	41,300	59,000
1977-78 AMV8, V-8, 5340cc, 103" wb						
Vantage Saloon	2,360	7,080	11,800	26,550	41,300	59,000
1979 AMV8, V-8, 5340cc, 103" wb						
2d Vantage Cpe	2,440	7,320	12,200	27,450	42,700	61,000
2d Volante Conv	3,760	11,280	18,800	42,300	65,800	94,000
4d Lagonda	2,960	8,880	14,800	33,300	51,800	74,000
1980 AMV8, V-8, 5340cc, 103" wb						
2d Vantage Cpe	2,520	7,560	12,600	28,350	44,100	63,000
2d Volante Conv	3,760	11,280	18,800	42,300	65,800	94,000
4d Lagonda	2,960	8,880	14,800	33,300	51,800	74,000
1981 AMV8, V-8, 5340cc, 103" wb						
2d Vantage Cpe	2,480	7,440	12,400	27,900	43,400	62,000
2d Volante Conv	3,840	11,520	19,200	43,200	67,200	96,000
4d Lagonda	2,960	8,880	14,800	33,300	51,800	74,000
1982 AMV8, V-8, 5340cc, 103" wb						
2d Vantage Cpe	2,560	7,680	12,800	28,800	44,800	64,000
2d Volante Conv	3,840	11,520	19,200	43,200	67,200	96,000
4d Lagonda	2,960	8,880	14,800	33,300	51,800	74,000

ASTON MARTIN

	6	5	4	3	2	1
1983 AMV8, V-8, 5340cc, 103" wb						
2d Vantage Cpe	2,800	8,400	14,000	31,500	49,000	70,000
2d Volante Conv	3,920	11,760	19,600	44,100	68,600	98,000
4d Lagonda	3,040	9,120	15,200	34,200	53,200	76,000
1984 AMV8, V-8, 5340cc, 103" wb						
2d Vantage Cpe	3,680	11,040	18,400	41,400	64,400	92,000
2d Volante Conv	3,920	11,760	19,600	44,100	68,600	98,000
4d Lagonda	3,040	9,120	15,200	34,200	53,200	76,000
1985 V-8						
2d Vantage Cpe	530	1,580	2,640	5,940	9,240	13,200
2d Volante Conv	550	1,660	2,760	6,210	9,660	13,800
4d Lagonda	3,040	9,120	15,200	34,200	53,200	76,000
1986 V-8						
2d Vantage Cpe	3,760	11,280	18,800	42,300	65,800	94,000
2d Volante Conv	4,000	12,000	20,000	45,000	70,000	100,000
4d Lagonda Saloon	310	940	1,560	3,510	5,460	7,800
1987 V-8						
2d Vantage Cpe	3,760	11,280	18,800	42,300	65,800	94,000
2d Volante Conv	4,000	12,000	20,000	45,000	70,000	100,000
4d Lagonda Saloon	3,120	9,360	15,600	35,100	54,600	78,000
1988 V-8						
2d Vantage Cpe	3,840	11,520	19,200	43,200	67,200	96,000
2d Volante Conv	4,080	12,240	20,400	45,900	71,400	102,000
4d Lagonda Saloon	3,120	9,360	15,600	35,100	54,600	78,000
1989 V-8						
2d Vantage Cpe	4,000	12,000	20,000	45,000	70,000	100,000
2d Volante Conv	4,160	12,480	20,800	46,800	72,800	104,000
4d Lagonda Saloon	3,280	9,840	16,400	36,900	57,400	82,000
1990 V-8						
2d Virage Cpe	5,440	16,320	27,200	61,200	95,200	136,000
1991 Virage						
2d Cpe	4,400	13,200	22,000	49,500	77,000	110,000
1992 Virage						
2d Cpe	4,600	13,800	23,000	51,750	80,500	115,000
1993 Virage						
2d Cpe	4,000	12,000	20,000	45,000	70,000	100,000
1993 Volante						
2d Conv	6,400	19,200	32,000	72,000	112,000	160,000
1994 Virage						
2d Cpe	4,400	13,200	22,000	49,500	77,000	110,000
1994 Volante						
2d Conv	6,600	19,800	33,000	74,250	115,500	165,000

AUDI

	6	5	4	3	2	1
1970 Super 90						
2d Sed	260	790	1,320	2,970	4,620	6,600
4d Sed	270	800	1,340	3,020	4,690	6,700
4d Sta Wag	270	820	1,360	3,060	4,760	6,800
1970 100 LS						
2d Sed	270	820	1,360	3,060	4,760	6,800
4d Sed	280	830	1,380	3,110	4,830	6,900
1971 Super 90						
2d Sed	260	790	1,320	2,970	4,620	6,600
4d Sed	270	800	1,340	3,020	4,690	6,700
4d Sta Wag	270	800	1,340	3,020	4,690	6,700
1971 100 LS						
2d Sed	270	820	1,360	3,060	4,760	6,800
4d Sed	280	830	1,380	3,110	4,830	6,900
1972 Super 90						
2d Sed	260	790	1,320	2,970	4,620	6,600
4d Sed	270	800	1,340	3,020	4,690	6,700
4d Sta Wag	270	820	1,360	3,060	4,760	6,800
1972 100						
2d Sed	270	800	1,340	3,020	4,690	6,700
4d Sed	270	820	1,360	3,060	4,760	6,800
1972 100 LS						
2d Sed	270	820	1,360	3,060	4,760	6,800
4d Sed	280	830	1,380	3,110	4,830	6,900
1972 100 GL						
2d Sed	280	830	1,380	3,110	4,830	6,900
4d Sed	280	840	1,400	3,150	4,900	7,000
1973 100						
2d Sed	260	790	1,320	2,970	4,620	6,600
4d Sed	270	800	1,340	3,020	4,690	6,700
1973 100 LS						
2d Sed	270	800	1,340	3,020	4,690	6,700
4d Sed	270	820	1,360	3,060	4,760	6,800

	6	5	4	3	2	1
1973 100 GL						
2d Sed	270	820	1,360	3,060	4,760	6,800
4d Sed	280	830	1,380	3,110	4,830	6,900
1973 Fox						
2d Sed	200	600	1,000	2,250	3,500	5,000
4d Sed	200	610	1,020	2,300	3,570	5,100
1974 100 LS						
2d Sed	260	790	1,320	2,970	4,620	6,600
4d Sed	270	800	1,340	3,020	4,690	6,700
1974 Fox						
2d Sed	200	600	1,000	2,250	3,500	5,000
4d Sed	200	600	1,000	2,250	3,500	5,000
1975 100 LS						
2d Sed	260	780	1,300	2,930	4,550	6,500
4d Sed	260	790	1,320	2,970	4,620	6,600
1975 Fox						
2d Sed	200	600	1,000	2,250	3,500	5,000
4d Sed	200	600	1,000	2,250	3,500	5,000
4d Sta Wag.	210	620	1,040	2,340	3,640	5,200
1976 100 LS						
2d Sed	260	770	1,280	2,880	4,480	6,400
4d Sed	260	780	1,300	2,930	4,550	6,500
1976 Fox						
2d Sed	200	600	1,000	2,250	3,500	5,000
4d Sed	200	600	1,000	2,250	3,500	5,000
4d Sta Wag.	210	620	1,040	2,340	3,640	5,200
1977 Sedan						
2d	250	760	1,260	2,840	4,410	6,300
4d	260	770	1,280	2,880	4,480	6,400
1977 Fox						
2d Sed	200	600	1,000	2,250	3,500	5,000
4d Sed	200	600	1,000	2,250	3,500	5,000
4d Sta Wag.	210	620	1,040	2,340	3,640	5,200
1978 5000						
4d Sed	260	770	1,280	2,880	4,480	6,400
1978 Fox						
2d Sed	200	600	1,000	2,250	3,500	5,000
4d Sed	200	600	1,000	2,250	3,500	5,000
4d Sta Wag.	210	620	1,040	2,340	3,640	5,200
1979 5000						
4d Sed	250	760	1,260	2,840	4,410	6,300
4d Sed S.	260	790	1,320	2,970	4,620	6,600
1979 Fox						
2d Sed	200	600	1,000	2,250	3,500	5,000
4d Sed	200	600	1,000	2,250	3,500	5,000
4d Sta Wag.	210	620	1,040	2,340	3,640	5,200
1980 5000						
4d Sed	250	740	1,240	2,790	4,340	6,200
4d Sed S.	260	780	1,300	2,930	4,550	6,500
4d Sed (Turbo)	280	840	1,400	3,150	4,900	7,000
1980 4000						
2d Sed	240	710	1,180	2,660	4,130	5,900
4d Sed	240	720	1,200	2,700	4,200	6,000
1981 5000						
4d Sed	240	720	1,200	2,700	4,200	6,000
4d Sed S.	250	740	1,240	2,790	4,340	6,200
4d Sed (Turbo)	260	780	1,300	2,930	4,550	6,500
1981 4000						
2d Sed 4E.	220	650	1,080	2,430	3,780	5,400
4d Sed 4E.	220	660	1,100	2,480	3,850	5,500
2d Sed (5 plus 5)	240	710	1,180	2,660	4,130	5,900
2d Cpe	240	720	1,200	2,700	4,200	6,000
1982 5000						
4d Sed S.	240	720	1,200	2,700	4,200	6,000
4d Sed (Turbo)	260	780	1,300	2,930	4,550	6,500
1982 4000						
2d Sed	220	660	1,100	2,480	3,850	5,500
4d Sed (Diesel)	200	600	1,000	2,250	3,500	5,000
4d Sed S.	230	700	1,160	2,610	4,060	5,800
2d Cpe	240	710	1,180	2,660	4,130	5,900
1983 5000						
4d Sed S.	240	720	1,200	2,700	4,200	6,000
4d Sed (Turbo)	260	780	1,300	2,930	4,550	6,500
4d Sed (Turbo Diesel)	230	700	1,160	2,610	4,060	5,800
1983 4000						
2d Sed	220	660	1,100	2,480	3,850	5,500
4d Sed S.	230	700	1,160	2,610	4,060	5,800
4d Sed S (Diesel)	200	600	1,000	2,250	3,500	5,000
2d Cpe	240	710	1,180	2,660	4,130	5,900
2d Quattro Cpe (4x4)	340	1,020	1,700	3,830	5,950	8,500

	6	5	4	3	2	1
1984 5000						
4d Sed S	240	720	1,200	2,700	4,200	6,000
4d Sed (Turbo)	260	780	1,300	2,930	4,550	6,500
4d Sta Wag S	250	760	1,260	2,840	4,410	6,300
1984 4000						
2d Sed S	220	660	1,100	2,480	3,850	5,500
4d Sed S	230	680	1,140	2,570	3,990	5,700
2d GT Cpe	250	760	1,260	2,840	4,410	6,300
4d Sed S Quattro (4x4)	260	780	1,300	2,930	4,550	6,500
2d Quattro Cpe (4x4)	360	1,080	1,800	4,050	6,300	9,000
1985 5000						
4d Sed S	240	720	1,200	2,700	4,200	6,000
4d Sed (Turbo)	260	780	1,300	2,930	4,550	6,500
4d Sta Wag S	250	760	1,260	2,840	4,410	6,300
1985 4000						
4d Sed S	230	680	1,140	2,570	3,990	5,700
2d GT Cpe	250	760	1,260	2,840	4,410	6,300
4d Sed S Quattro (4x4)	260	780	1,300	2,930	4,550	6,500
2d Quattro Cpe (4x4)	360	1,080	1,800	4,050	6,300	9,000
1986 5000						
4d Sed S	280	840	1,400	3,150	4,900	7,000
4d Sed CS (Turbo)	320	960	1,600	3,600	5,600	8,000
4d Sed CS Quattro (Turbo - 4x4)	560	1,680	2,800	6,300	9,800	14,000
4d Sta Wag S	300	900	1,500	3,380	5,250	7,500
4d Sta Wag CS Quattro (Turbo - 4x4)	580	1,740	2,900	6,530	10,150	14,500
1986 4000						
4d Sed S	260	780	1,300	2,930	4,550	6,500
2d GT Cpe	320	960	1,600	3,600	5,600	8,000
4d Sed CS Quattro (4x4)	360	1,080	1,800	4,050	6,300	9,000
1987 5000						
4d Sed S	300	900	1,500	3,380	5,250	7,500
4d Sed CS (Turbo)	340	1,020	1,700	3,830	5,950	8,500
4d Sed CS Quattro (Turbo - 4x4)	560	1,680	2,800	6,300	9,800	14,000
4d Sta Wag S	300	900	1,500	3,380	5,250	7,500
4d Sta Wag CS Quattro (Turbo - 4x4)	580	1,740	2,900	6,530	10,150	14,500
1987 4000						
4d Sed S	280	840	1,400	3,150	4,900	7,000
2d GT Cpe	340	1,020	1,700	3,830	5,950	8,500
4d Sed CS Quattro (4x4)	380	1,140	1,900	4,280	6,650	9,500
1988 5000						
4d Sed S	340	1,020	1,700	3,830	5,950	8,500
4d Sed CS (Turbo)	380	1,140	1,900	4,280	6,650	9,500
4d Sed S Quattro (4x4)	560	1,680	2,800	6,300	9,800	14,000
4d Sed CS Quattro (Turbo - 4x4)	580	1,740	2,900	6,530	10,150	14,500
4d Sta Wag S	340	1,020	1,700	3,830	5,950	8,500
4d Sta Wag CS Quattro (Turbo - 4x4)	600	1,800	3,000	6,750	10,500	15,000
1988 80 and 90						
4d Sed 80	740	2,220	3,700	8,330	12,950	18,500
4d Sed 90	560	1,680	2,800	6,300	9,800	14,000
4d Sed 80 Quattro (4x4)	580	1,740	2,900	6,530	10,150	14,500
4d Sed 90 Quattro (4x4)	740	2,220	3,700	8,330	12,950	18,500
1989 80 and 90						
4d Sed 80	700	2,100	3,500	7,880	12,250	17,500
4d Sed 90	740	2,220	3,700	8,330	12,950	18,500
4d Sed 80 (4x4)	760	2,280	3,800	8,550	13,300	19,000
4d Sed 90 (4x4)	820	2,460	4,100	9,230	14,350	20,500
1989 100						
4d Sed E	740	2,220	3,700	8,330	12,950	18,500
4d Sed	820	2,460	4,100	9,230	14,350	20,500
4d Sed Quattro (4x4)	860	2,580	4,300	9,680	15,050	21,500
4d Sta Wag	820	2,460	4,100	9,230	14,350	20,500
1989 200						
4d Sed (Turbo)	860	2,580	4,300	9,680	15,050	21,500
4d Sed Quattro (Turbo - 4x4)	900	2,700	4,500	10,130	15,750	22,500
4d Sta Wag Quattro (Turbo - 4x4)	980	2,940	4,900	11,030	17,150	24,500
1990 80 and 90, 4 & 5-cyl.						
4d Sed 80	300	900	1,500	3,380	5,250	7,500
4d Sed 90	560	1,680	2,800	6,300	9,800	14,000
4d Sed 80 Quattro	560	1,670	2,780	6,260	9,730	13,900
4d Sed 90 Quattro	660	1,980	3,300	7,430	11,550	16,500
2d Cpe	680	2,040	3,400	7,650	11,900	17,000
1990 100						
4d Sed	540	1,620	2,700	6,080	9,450	13,500
4d Sed Quattro	620	1,860	3,100	6,980	10,850	15,500
1990 200						
4d Sed Turbo	640	1,920	3,200	7,200	11,200	16,000
4d Sed 200T Quattro	720	2,160	3,600	8,100	12,600	18,000
4d Sta Wag 200T Quattro	740	2,220	3,700	8,330	12,950	18,500
4d Sed Quattro V-8	820	2,460	4,100	9,230	14,350	20,500

	6	5	4	3	2	1
1991 80 and 90						
2d Cpe Quattro	620	1,860	3,100	6,980	10,850	15,500
4d Sed 80	320	960	1,600	3,600	5,600	8,000
4d Sed 90	560	1,680	2,800	6,300	9,800	14,000
4d Sed 80 Quattro	560	1,670	2,780	6,260	9,730	13,900
4d Sed 90 Quattro	600	1,800	3,000	6,750	10,500	15,000
1991 100						
4d Sed	340	1,020	1,700	3,830	5,950	8,500
4d Sed Quattro	560	1,680	2,800	6,300	9,800	14,000
1991 200						
4d Sed Turbo	620	1,860	3,100	6,980	10,850	15,500
4d Sed Turbo Quattro	660	1,980	3,300	7,430	11,550	16,500
4d Sta Wag Turbo Quattro	740	2,220	3,700	8,330	12,950	18,500
4d Sed Quattro V-8	780	2,340	3,900	8,780	13,650	19,500
1992 80, 5-cyl.						
4d Sed	300	900	1,500	3,380	5,250	7,500
4d Sed Quattro	540	1,620	2,700	6,080	9,450	13,500
1992 100, V-6						
4d Sed	540	1,620	2,700	6,080	9,450	13,500
4d Sed S	580	1,740	2,900	6,530	10,150	14,500
4d Sed CS	620	1,860	3,100	6,980	10,850	15,500
4d Sed CS Quattro	660	1,980	3,300	7,430	11,550	16,500
4d Sed S4 (Turbo - 4x4)	900	2,700	4,500	10,130	15,750	22,500
4d Sed Quattro V-8	900	2,700	4,500	10,130	15,750	22,500
4d Sta Wag CS	700	2,100	3,500	7,880	12,250	17,500
1993 90, V-6						
4d Sed S	330	1,000	1,660	3,740	5,810	8,300
4d Sed CS	340	1,010	1,680	3,780	5,880	8,400
4d Quattro Sed	350	1,040	1,740	3,920	6,090	8,700
1993 100, V-6						
4d Sed	550	1,640	2,740	6,170	9,590	13,700
4d Sed S	560	1,680	2,800	6,300	9,800	14,000
4d Sed CS	560	1,690	2,820	6,350	9,870	14,100
4d Sed CS Quattro	570	1,720	2,860	6,440	10,010	14,300
4d Sta Wag CS Quattro	580	1,740	2,900	6,530	10,150	14,500
4d Sed (4x4)	600	1,810	3,020	6,800	10,570	15,100
4d Quattro Sed V-8	620	1,860	3,100	6,980	10,850	15,500
1994 90, V-6						
4d Sed S	540	1,620	2,700	6,080	9,450	13,500
4d Sed CS	560	1,680	2,800	6,300	9,800	14,000
4d Sed Quattro Spt	620	1,860	3,100	6,980	10,850	15,500
1994 Cabriolet, V-6						
2d Conv	740	2,220	3,700	8,330	12,950	18,500
1994 100, V-6						
4d Sed S	590	1,760	2,940	6,620	10,290	14,700
4d Sed CS	600	1,800	3,000	6,750	10,500	15,000
4d Sed CS Quattro	610	1,840	3,060	6,890	10,710	15,300
4d Sta Wag S	600	1,800	3,000	6,750	10,500	15,000
4d Sta Wag CS Quattro	640	1,920	3,200	7,200	11,200	16,000
1994 S4, 5-cyl.						
4d Sed (4x4)	800	2,400	4,000	9,000	14,000	20,000
1994 Quattro, V-8						
4d Sed	920	2,760	4,600	10,350	16,100	23,000
1995 90, V-6						
4d Sed	540	1,620	2,700	6,080	9,450	13,500
4d Sed Spt	560	1,680	2,800	6,300	9,800	14,000
4d Sed Quattro	600	1,800	3,000	6,750	10,500	15,000
4d Sed Quattro Spt	620	1,860	3,100	6,980	10,850	15,500
1995 Cabriolet, V-6						
2d Conv	740	2,220	3,700	8,330	12,950	18,500
1995 A6, V-6						
4d Sed	620	1,860	3,100	6,980	10,850	15,500
4d Sed Quattro	700	2,100	3,500	7,880	12,250	17,500
4d Sta Wag	720	2,160	3,600	8,100	12,600	18,000
4d Sta Wag Quattro	760	2,280	3,800	8,550	13,300	19,000
1995 S6, 5-cyl. Turbo						
4d Sed (AWD)	920	2,760	4,600	10,350	16,100	23,000
4d Sta Wag (AWD)	1,020	3,060	5,100	11,480	17,850	25,500
1996 A4, V-6						
4d Sed 2.8	540	1,620	2,700	6,080	9,450	13,500
4d Sed 2.8 Quattro	600	1,800	3,000	6,750	10,500	15,000
1996 Cabriolet, V-6						
2d Conv	740	2,220	3,700	8,330	12,950	18,500
1996 A6, V-6						
4d Sed	620	1,860	3,100	6,980	10,850	15,500
4d Sed Quattro	700	2,100	3,500	7,880	12,250	17,500
4d Sta Wag	720	2,160	3,600	8,100	12,600	18,000
4d Sta Wag Quattro	760	2,280	3,800	8,550	13,300	19,000
1997 A4, Turbo 4-cyl.						
4d Sed 1.8	500	1,500	2,500	5,630	8,750	12,500
4d Sed 1.8 Quattro	560	1,680	2,800	6,300	9,800	14,000

	6	5	4	3	2	1
1997 A4, V-6						
4d Sed 2.8	540	1,620	2,700	6,080	9,450	13,500
4d Sed 2.8 Quattro	600	1,800	3,000	6,750	10,500	15,000
1997 Cabriolet, V-6						
2d Conv	740	2,220	3,700	8,330	12,950	18,500
1997 A6, V-6						
4d Sed	620	1,860	3,100	6,980	10,850	15,500
4d Sed Quattro	700	2,100	3,500	7,880	12,250	17,500
4d Sta Wag	720	2,160	3,600	8,100	12,600	18,000
4d Sta Wag Quattro	760	2,280	3,800	8,550	13,300	19,000
1997 A8, V-8						
4d Sed 3.7	900	2,700	4,500	10,130	15,750	22,500
4d Sed 4.2 Quattro	1,000	3,000	5,000	11,250	17,500	25,000
1998 A4, Turbo, 4-cyl.						
4d Sed 1.8	500	1,500	2,500	5,630	8,750	12,500
4d Sed 1.8 Quattro	560	1,680	2,800	6,300	9,800	14,000
1998 A4, V-6						
4d Sed 2.8	540	1,620	2,700	6,080	9,450	13,500
4d Sed 2.8 Quattro	600	1,800	3,000	6,750	10,500	15,000
4d Sta Wag 2.8	600	1,800	3,000	6,750	10,500	15,000
4d Sta Wag 2.8 Quattro	680	2,040	3,400	7,650	11,900	17,000
1998 Cabriolet, V-6						
2d Conv	740	2,220	3,700	8,330	12,950	18,500
1998 A6, V-6						
4d Sed	620	1,860	3,100	6,980	10,850	15,500
4d Sed Quattro	700	2,100	3,500	7,880	12,250	17,500
4d Sta Wag	720	2,160	3,600	8,100	12,600	18,000
4d Sta Wag Quattro	760	2,280	3,800	8,550	13,300	19,000
1998 A8, V-8						
4d Sed 3.7	900	2,700	4,500	10,130	15,750	22,500
4d Sed 4.2 Quattro	1,000	3,000	5,000	11,250	17,500	25,000
1999 A4, Turbo 4-cyl.						
4d Sed 1.8	500	1,500	2,500	5,630	8,750	12,500
4d Sed 1.8 Quattro	560	1,680	2,800	6,300	9,800	14,000
4d Avant 1.8 Sta Wag Quattro	600	1,800	3,000	6,750	10,500	15,000
1999 A4, V-6						
4d Sed 2.8	540	1,620	2,700	6,080	9,450	13,500
4d Sed 2.8 Quattro	600	1,800	3,000	6,750	10,500	15,000
4d Avant 2.8 Sta Wag Quattro	680	2,040	3,400	7,650	11,900	17,000
1999 A6, V-6						
4d Sed	620	1,860	3,100	6,980	10,850	15,500
4d Sed Quattro	700	2,100	3,500	7,880	12,250	17,500
4d Avant Sta Wag Quattro	760	2,280	3,800	8,550	13,300	19,000
1999 A8, V-8						
4d Sed 3.7	900	2,700	4,500	10,130	15,750	22,500
4d Sed 4.2 Quattro	1,000	3,000	5,000	11,250	17,500	25,000
2000 A4, Turbo 4-cyl.						
4d Sed 1.8	500	1,500	2,500	5,630	8,750	12,500
4d Sed 1.8 Quattro	560	1,680	2,800	6,300	9,800	14,000
4d Avant 1.8 Sta Wag Quattro	600	1,800	3,000	6,750	10,500	15,000
2000 A4, V-6						
4d Sed 2.8	540	1,620	2,700	6,080	9,450	13,500
4d Sed 2.8 Quattro	600	1,800	3,000	6,750	10,500	15,000
4d Avant 2.8 Sta Wag Quattro	680	2,040	3,400	7,650	11,900	17,000
2000 S4, Turbo V-6						
4d Sed	740	2,220	3,700	8,330	12,950	18,500
2000 TT, 4-cyl.						
2d Cpe	520	1,560	2,600	5,850	9,100	13,000
2d Cpe Quattro	580	1,740	2,900	6,530	10,150	14,500
2000 A6, V-6						
4d Sed	620	1,860	3,100	6,980	10,850	15,500
4d Sed Quattro	700	2,100	3,500	7,880	12,250	17,500
4d Avant Sta Wag Quattro	760	2,280	3,800	8,550	13,300	19,000
NOTE: Add 5 percent for optional turbo V-6. Add 10 percent for optional V-8.						
2000 A8, V-8						
4d Sed 4.2 Quattro	1,000	3,000	5,000	11,250	17,500	25,000
2001 A4, Turbo 4-cyl.						
4d Sed 1.8	500	1,500	2,500	6,250	8,750	12,500
4d Sed 1.8 Quattro	560	1,680	2,800	7,000	9,800	14,000
4d Avant 1.8 Sta Wag Quattro	600	1,800	3,000	7,500	10,500	15,000
2001 A4, V-6						
4d Sed 2.8	540	1,620	2,700	6,750	9,450	13,500
4d Sed 2.8 Quattro	600	1,800	3,000	7,500	10,500	15,000
4d Avant 2.8 Sta Wag Quattro	680	2,040	3,400	8,500	11,900	17,000
2001 S4, Turbo V-6						
4d Sed T Quattro	740	2,220	3,700	9,250	12,950	18,500
4d Avant Sta Wag T Quattro	760	2,280	3,800	8,550	13,300	19,000
2001 TT, Turbo 4-cyl.						
2d 180 Cpe	520	1,560	2,600	6,500	9,100	13,000

	6	5	4	3	2	1
2d 180 Cpe Quattro	580	1,740	2,900	7,250	10,150	14,500
2d 225 Cpe Quattro	620	1,860	3,100	7,750	10,850	15,500
2d 180 Rds	600	1,800	3,000	7,500	10,500	15,000
2d 225 Rds Quattro	640	1,920	3,200	8,000	11,200	16,000
2001 A6, V-6						
4d 2.8 Sed	620	1,860	3,100	7,750	10,850	15,500
4d 2.8 Sed Quattro	700	2,100	3,500	8,750	12,250	17,500
4d 2.8 T Sed Quattro	740	2,220	3,700	9,250	12,950	18,500
4d Avant 2.8 Sta Wag Quattro	760	2,280	3,800	9,500	13,300	19,000
NOTE: Add 5 percent for optional turbo V-6. Add 10 percent for optional V-8.						
2001 AllRoad, Turbo V-6						
4d Sta Wag Quattro	800	2,400	4,000	10,000	14,000	20,000
2001 A8, V-8						
4d Sed 4.2 Quattro	1,000	3,000	5,000	12,500	17,500	25,000
4d Sed L 4.2 Quattro	1,040	3,120	5,200	13,000	18,200	26,000
2001 S8, V-8						
4d Sed 4.2 Quattro	1,160	3,480	5,800	14,500	20,300	29,000

AUSTIN

	6	5	4	3	2	1
1947-48 A40, 4-cyl., 40 hp, 92.5" wb						
2d Dorset Sed	550	1,700	2,800	6,300	9,800	14,000
2d Devon Sed	550	1,700	2,800	6,300	9,800	14,000
1949 A40, 4-cyl., 40 hp, 92.5" wb						
2d Dorset Sed	550	1,700	2,800	6,300	9,800	14,000
2d Devon Sed	550	1,700	2,800	6,300	9,800	14,000
2d Countryman Wag	580	1,740	2,900	6,530	10,150	14,500
1949 A90 Atlantic, 4-cyl., 88 hp, 96" wb						
2d Conv	800	2,450	4,100	9,230	14,300	20,500
1949 A125 Sheerline, 6-cyl., 125 hp, 119" wb						
4d Sed	600	1,850	3,100	6,980	10,900	15,500
1950 A40 Devon, 4-cyl., 40 hp, 92.5" wb						
4d Mk II Sed	550	1,700	2,800	6,300	9,800	14,000
4d DeL Sed	550	1,700	2,800	6,300	9,800	14,000
1950 A40 Countryman, 4-cyl., 40 hp, 92.5" wb						
2d Sta Wag	650	2,000	3,300	7,430	11,600	16,500
1950 A90 Atlantic, 4-cyl., 88 hp, 96" wb						
2d Conv	800	2,450	4,100	9,230	14,300	20,500
1950 A125 Sheerline, 6-cyl., 125 hp, 119" wb						
4d Sed	650	1,900	3,200	7,200	11,200	16,000
1951 A40 Devon, 4-cyl., 40 hp, 92.5" wb						
4d Mk II Sed	550	1,600	2,700	6,080	9,450	13,500
4d DeL Sed	550	1,700	2,800	6,300	9,800	14,000
1951 A40 Countryman, 4-cyl., 40 hp, 92.5" wb						
2d Sta Wag	650	2,000	3,300	7,430	11,600	16,500
1951 A90 Atlantic, 4-cyl., 88 hp, 96" wb						
2d Conv	800	2,450	4,100	9,230	14,300	20,500
2d Spt Sed	600	1,850	3,100	6,980	10,900	15,500
1951 A125 Sheerline, 6-cyl., 125 hp, 119" wb						
4d Sed	650	1,900	3,200	7,200	11,200	16,000
1952 A40 Somerset, 4-cyl., 42/50 hp, 92.5" wb						
2d Conv	800	2,350	3,900	8,780	13,700	19,500
2d Spt Conv	800	2,400	4,000	9,000	14,000	20,000
4d Sed	550	1,600	2,700	6,080	9,450	13,500
1952 A40 Countryman, 4-cyl., 42 hp, 92.5" wb						
2d Sta Wag	650	2,000	3,300	7,430	11,600	16,500
1952 A90 Atlantic, 4-cyl., 88 hp, 96" wb						
2d Spt Sed	600	1,750	2,900	6,530	10,200	14,500
1952 A125 Sheerline, 6-cyl., 125 hp, 119" wb						
4d Sed	650	1,900	3,200	7,200	11,200	16,000
1953 A30 "Seven", 4-cyl., 30 hp, 79.5" wb						
4d Sed	550	1,600	2,700	6,080	9,450	13,500
1953 A40 Somerset, 4-cyl., 42/50 hp, 92.5" wb						
2d Conv	800	2,350	3,900	8,780	13,700	19,500
2d Spt Conv	800	2,400	4,000	9,000	14,000	20,000
4d Sed	550	1,700	2,800	6,300	9,800	14,000
1953 A40 Countryman, 4-cyl., 42 hp, 92.5" wb						
2d Sta Wag	650	2,000	3,300	7,430	11,600	16,500
1954 A30 "Seven", 4-cyl., 30 hp, 79.5" wb						
2d Sed	550	1,600	2,700	6,080	9,450	13,500
4d Sed	350	1,000	1,700	3,830	5,950	8,500
1954 A40 Somerset, 4-cyl., 42/50 hp, 92.5" wb						
2d Conv	750	2,200	3,700	8,330	13,000	18,500
4d Sed	550	1,600	2,700	6,080	9,450	13,500
1954 A40 Countryman, 4-cyl., 42 hp, 92.5" wb						
2d Sta Wag	650	2,000	3,300	7,430	11,600	16,500
1955 A50 Cambridge, 4-cyl., 50 hp, 99" wb						
4d Sed	350	1,100	1,800	4,050	6,300	9,000
1955 A90 Westminster, 6-cyl., 85 hp, 103" wb						
4d Sed	550	1,600	2,700	6,080	9,450	13,500

AUSTIN

	6	5	4	3	2	1
1956 A50 Cambridge, 4-cyl., 50 hp, 99" wb						
4d Sed	350	1,100	1,800	4,050	6,300	9,000
1956 A90 Westminster, 6-cyl., 85 hp, 103" wb						
4d Sed	550	1,600	2,700	6,080	9,450	13,500
1957 A35, 4-cyl., 34 hp, 79" wb						
2d Sed	300	950	1,600	3,560	5,550	7,900
1957 A55 Cambridge, 4-cyl., 51 hp, 99" wb						
4d Sed	350	1,000	1,650	3,690	5,750	8,200
1957 A95 Westminster, 6-cyl., 92 hp, 106" wb						
4d Sed	550	1,600	2,700	6,080	9,450	13,500
1958 A35, 4-cyl., 34 hp, 79" wb						
2d Sed	300	950	1,600	3,560	5,550	7,900
1958 A55 Cambridge, 4-cyl., 51 hp, 99" wb						
4d Sed	350	1,000	1,650	3,690	5,750	8,200
1959 A35, 4-cyl., 34 hp, 79" wb						
2d Sed	300	950	1,600	3,560	5,550	7,900
1959 A40, 4-cyl., 34 hp, 83" wb						
2d Std Sed	300	950	1,600	3,600	5,600	8,000
2d DeL Sed	300	950	1,600	3,650	5,650	8,100
1959 A55 Cambridge, 4-cyl., 51 hp, 99" wb						
4d Sed	350	1,000	1,650	3,690	5,750	8,200
1959 A55 Mk II, 4-cyl., 51 hp, 99" wb						
4d Sed	350	1,000	1,650	3,740	5,800	8,300
1960 850 Mini, 4-cyl., 37 hp, 80" wb						
2d Sed	650	2,000	3,300	7,430	11,600	16,500
1960 A40, 4-cyl., 34 hp, 83" wb						
2d Std Sed	300	950	1,600	3,600	5,600	8,000
2d DeL Sed	300	950	1,600	3,650	5,650	8,100
1960 A55 Mk II, 4-cyl., 51 hp, 99" wb						
4d Sed	350	1,000	1,650	3,740	5,800	8,300
1960 A99 Westminster, 6-cyl., 112 hp, 108" wb						
4d Sed	350	1,000	1,700	3,780	5,900	8,400
1961 850 Mini, 4-cyl., 37 hp, 80" wb						
2d Sed	650	2,000	3,300	7,430	11,600	16,500
1961 Mini Cooper, 4-cyl., 55 hp, 80" wb						
2d Sed	750	2,200	3,700	8,330	13,000	18,500
1961 A40, 4-cyl., 34 hp, 83" wb						
2d Std Sed	300	950	1,600	3,600	5,600	8,000
2d DeL Sed	300	950	1,600	3,650	5,650	8,100
2d Std Sta Wag	350	1,000	1,700	3,830	5,950	8,500
2d DeL Sta Wag	350	1,100	1,800	4,050	6,300	9,000
1961 A55 Mk II, 4-cyl., 51 hp, 99" wb						
4d Sed	350	1,000	1,650	3,740	5,800	8,300
1961 A99 Westminster, 6-cyl., 112 hp, 108" wb						
4d Sed	350	1,000	1,700	3,830	5,950	8,500
1962 850 Mini, 4-cyl., 37 hp, 80" wb						
2d Sed	650	2,000	3,300	7,430	11,600	16,500
1962 Mini Cooper, 4-cyl., 55 hp, 80" wb						
2d Sed	750	2,200	3,700	8,330	13,000	18,500
1962 A40, 4-cyl., 34 hp, 83" wb						
2d Sed	300	950	1,600	3,600	5,600	8,000
1962 A55 Mk II, 4-cyl., 51 hp, 99" wb						
4d Sed	300	950	1,600	3,650	5,650	8,100
1963 850 Mini, 4-cyl., 37 hp, 80" wb						
2d Sed	650	2,000	3,300	7,430	11,600	16,500
2d Sta Wag	700	2,100	3,500	7,880	12,300	17,500
1963 850 Mini Cooper, 4-cyl., 56 hp, 80" wb						
2d Sed	750	2,300	3,800	8,550	13,300	19,000
1963 850 Mini Cooper "S", 4-cyl., 75 hp, 80" wb						
2d Sed	800	2,450	4,100	9,230	14,300	20,500
1963 A60, 4-cyl., 68 hp, 100" wb						
4d Sed	300	950	1,600	3,600	5,600	8,000
4d Countryman	350	1,000	1,650	3,690	5,750	8,200
1964 850 Mini, 4-cyl., 37 hp, 80" wb						
2d Sed	650	2,000	3,300	7,430	11,600	16,500
2d Sta Wag	700	2,100	3,500	7,880	12,300	17,500
1964 850 Mini Cooper, 4-cyl., 56 hp, 80" wb						
2d Sed	750	2,300	3,800	8,550	13,300	19,000
1964 850 Mini Cooper "S", 4-cyl., 75 hp, 80" wb						
4d Sed	800	2,450	4,100	9,230	14,300	20,500
1964 A60, 4-cyl., 68 hp, 100" wb						
4d Sed	300	950	1,600	3,600	5,600	8,000
4d Countryman	350	1,000	1,650	3,690	5,750	8,200
1964 Mk II Princess, 6-cyl., 175 hp, 110" wb						
4d Sed	700	2,100	3,500	7,880	12,300	17,500
1965 850 Mini, 4-cyl., 34 hp, 80" wb						
2d Sed	650	2,000	3,300	7,430	11,600	16,500
1965 850 Mini Cooper "S", 4-cyl., 75 hp, 80" wb						
2d Sed	800	2,450	4,100	9,230	14,300	20,500

	6	5	4	3	2	1
1965 Mk II Princess, 6-cyl., 175 hp, 110" wb						
4d Sed	550	1,600	2,700	6,080	9,450	13,500
1966 850 Mini, 4-cyl., 34 hp, 80" wb						
2d Sed	650	2,000	3,300	7,430	11,600	16,500
1966 850 Mini Cooper "S", 4-cyl., 75 hp, 80" wb						
2d Sed	800	2,450	4,100	9,230	14,300	20,500
1966 Mk II Princess "R", 6-cyl., 175 hp, 110" wb						
4d Sed	550	1,600	2,700	6,080	9,450	13,500
1967 850 Mini Cooper "S", 4-cyl., 75 hp, 80" wb						
2d Sed	850	2,500	4,200	9,450	14,700	21,000
1968 850 Mini Cooper "S", 4-cyl., 75 hp, 80" wb						
2d Sed	850	2,500	4,200	9,450	14,700	21,000
1968 America, 4-cyl., 58 hp, 93" wb						
2d Sed	200	650	1,100	2,480	3,850	5,500
1969 America, 4-cyl., 58 hp, 93" wb						
2d Sed	200	650	1,100	2,480	3,850	5,500
1970 America, 4-cyl., 58 hp, 93" wb						
2d Sed	200	650	1,100	2,480	3,850	5,500
1971 America, 4-cyl., 58 hp, 93" wb						
2d Sed	200	650	1,100	2,480	3,850	5,500
1972						
NOTE: No Austins imported in 1972.						
1973 Marina, 4-cyl., 68 hp, 96" wb						
2d GT Sed	200	650	1,100	2,480	3,850	5,500
4d Sed	200	650	1,050	2,390	3,700	5,300
1974 Marina, 4-cyl., 68 hp, 96" wb						
2d GT Sed	200	650	1,100	2,480	3,850	5,500
4d Sed	200	650	1,050	2,390	3,700	5,300
1975 Marina, 4-cyl., 68 hp, 96" wb						
2d GT Sed	200	650	1,100	2,480	3,850	5,500
4d Sed	200	650	1,050	2,390	3,700	5,300

AUSTIN-HEALEY

	6	5	4	3	2	1
1953-56 "100", 4-cyl., 90 hp, 90" wb						
Rds	1,480	4,440	7,400	16,650	25,900	37,000
1956 "100-6", 6-cyl., 102 hp, 92" wb						
Rds	1,360	4,080	6,800	15,300	23,800	34,000
1957 "100-6", 6-cyl., 102 hp, 92" wb						
Rds	1,360	4,080	6,800	15,300	23,800	34,000
1958 "100-6", 6-cyl., 117 hp, 92" wb						
Rds	1,400	4,200	7,000	15,750	24,500	35,000
1958 Sprite Mk I, 4-cyl., 43 hp, 80" wb						
Rds	720	2,160	3,600	8,100	12,600	18,000
1959 "100-6", 6-cyl., 117 hp, 92" wb						
Rds	1,400	4,200	7,000	15,750	24,500	35,000
1959 Sprite Mk I, 4-cyl., 43 hp, 80" wb						
Rds	720	2,160	3,600	8,100	12,600	18,000
1960 "3000" Mk I, 6-cyl., 124 hp, 92" wb						
Rds	1,760	5,280	8,800	19,800	30,800	44,000
1960 Sprite Mk I, 4-cyl., 43 hp, 80" wb						
Rds	720	2,160	3,600	8,100	12,600	18,000
1961 "3000" Mk I, 6-cyl., 124 hp, 92" wb						
Rds	1,760	5,280	8,800	19,800	30,800	44,000
1961 "3000" Mk II, 6-cyl., 132 hp, 92" wb						
Rds	1,920	5,760	9,600	21,600	33,600	48,000
1961 Sprite Mk I, 4-cyl., 43 hp, 80" wb						
Rds	720	2,160	3,600	8,100	12,600	18,000
1961 Sprite Mk II, 4-cyl., 46 hp, 80" wb						
Rds	640	1,920	3,200	7,200	11,200	16,000
1962 "3000" Mk II, 6-cyl., 132 hp, 92" wb						
Rds	1,920	5,760	9,600	21,600	33,600	48,000
1962 Sprite Mk II, 4-cyl., 46 hp, 80" wb						
Conv	600	1,800	3,000	6,750	10,500	15,000
1963 "3000" Mk II, 6-cyl., 132 hp, 92" wb						
Conv	1,920	5,760	9,600	21,600	33,600	48,000
1963 Sprite Mk II, 4-cyl., 56 hp, 80" wb						
Rds	600	1,800	3,000	6,750	10,500	15,000
1964 "3000" Mk II, 6-cyl., 132 hp, 92" wb						
Conv	1,920	5,760	9,600	21,600	33,600	48,000
1964 "3000" Mk III, 6-cyl., 150 hp, 92" wb						
Conv	2,000	6,000	10,000	22,500	35,000	50,000
1964 Sprite Mk II, 4-cyl., 56 hp, 80" wb						
Rds	600	1,800	3,000	6,750	10,500	15,000
1964 Sprite Mk III, 4-cyl., 59 hp, 80" wb						
Conv	620	1,860	3,100	6,980	10,850	15,500
1965 "3000" Mk III, 6-cyl., 150 hp, 92" wb						
Conv	2,000	6,000	10,000	22,500	35,000	50,000
1965 Sprite Mk III, 4-cyl., 59 hp, 80" wb						
Conv	620	1,860	3,100	6,980	10,850	15,500

AUSTIN-HEALEY

	6	5	4	3	2	1
1966 "3000" Mk III, 6-cyl., 150 hp, 92" wb						
Conv 2,000	6,000	10,000	22,500	35,000	50,000
1966 Sprite Mk III, 4-cyl., 59 hp, 80" wb						
Conv 620	1,860	3,100	6,980	10,850	15,500
1967 "3000" Mk III, 6-cyl., 150 hp, 92" wb						
Conv 2,000	6,000	10,000	22,500	35,000	50,000
1967 Sprite Mk III, 4-cyl., 59 hp, 80" wb						
Conv 620	1,860	3,100	6,980	10,850	15,500
1968 Sprite Mk III, 4-cyl., 59 hp, 80" wb						
2d Rds. 600	1,800	3,000	6,750	10,500	15,000
1968 Sprite Mk IV, 4-cyl., 62 hp, 80" wb						
2d Rds. 640	1,920	3,200	7,200	11,200	16,000
1969 Sprite Mk IV, 4-cyl., 62 hp, 80" wb						
2d Rds. 640	1,920	3,200	7,200	11,200	16,000
1970 Sprite MK IV, 4-cyl., 62 hp, 80" wb						
2d Rds. 640	1,920	3,200	7,200	11,200	16,000

BENTLEY

	6	5	4	3	2	1
1951-52 Mk VI, 6-cyl., 4566cc, 120" wb						
Std Steel Saloon 1,280	3,840	6,400	14,400	22,400	32,000
1951-52 Abbott						
DHC 2,640	7,920	13,200	29,700	46,200	66,000
FHC. 1,440	4,320	7,200	16,200	25,200	36,000
1951-52 Facel						
FHC. 1,880	5,640	9,400	21,150	32,900	47,000
1951-52 Franay						
Sedanca Cpe 1,840	5,520	9,200	20,700	32,200	46,000
DHC 2,720	8,160	13,600	30,600	47,600	68,000
1951-52 Freestone & Webb						
Cpe 1,640	4,920	8,200	18,450	28,700	41,000
Saloon. 1,440	4,320	7,200	16,200	25,200	36,000
1951-52 Graber						
Cpe 1,960	5,880	9,800	22,050	34,300	49,000
1951-52 Gurney Nutting						
Sedanca Cpe 1,880	5,640	9,400	21,150	32,900	47,000
1951-52 Hooper						
Cpe 2,000	6,000	10,000	22,500	35,000	50,000
Saloon. 1,880	5,640	9,400	21,150	32,900	47,000
Sedanca Cpe 2,080	6,240	10,400	23,400	36,400	52,000
1951-52 H.J. Mulliner						
DHC 3,760	11,280	18,800	42,300	65,800	94,000
4d Saloon 1,440	4,320	7,200	16,200	25,200	36,000
2d Saloon 1,600	4,800	8,000	18,000	28,000	40,000
1951-52 Park Ward						
DHC 3,760	11,280	18,800	42,300	65,800	94,000
Cpe 1,680	5,040	8,400	18,900	29,400	42,000
Saloon. 1,640	4,920	8,200	18,450	28,700	41,000
1951-52 Radford						
Countryman. 1,680	5,040	8,400	18,900	29,400	42,000
1951-52 Windovers						
2d Saloon 1,640	4,920	8,200	18,450	28,700	41,000
1951-52 Worlaufen						
DHC 2,480	7,440	12,400	27,900	43,400	62,000
1951-52 James Young						
Clubman Cpe 1,640	4,920	8,200	18,450	28,700	41,000
Saloon. 1,480	4,440	7,400	16,650	25,900	37,000
Spt Saloon. 1,680	5,040	8,400	18,900	29,400	42,000
NOTE: Deduct 30 percent for RHD.						
1952-55 R Type, 6-cyl., 4566cc, 120" wb						
NOTE: Numbers produced in ( ).						
Std Steel Saloon 1,280	3,840	6,400	14,400	22,400	32,000
1952-55 Abbott (16)						
Continental 2,960	8,880	14,800	33,300	51,800	74,000
DHC 3,120	9,360	15,600	35,100	54,600	78,000
1952-55 Frankdale						
Saloon. 1,520	4,560	7,600	17,100	26,600	38,000
1952-55 Freestone & Webb (29)						
Saloon. 1,640	4,920	8,200	18,450	28,700	41,000
1952-55 Franay (2)						
Cpe 2,560	7,680	12,800	28,800	44,800	64,000
1952-55 Hooper (41)						
4d Saloon 1,600	4,800	8,000	18,000	28,000	40,000
2d Saloon 1,680	5,040	8,400	18,900	29,400	42,000
Sedanca Cpe 1,800	5,400	9,000	20,250	31,500	45,000
1952-55 Graber (7) H.J. Mulliner (67)						
DHC 2,960	8,880	14,800	33,300	51,800	74,000
Saloon. 1,520	4,560	7,600	17,100	26,600	38,000
1952-55 Radford (20)						
Countryman. 1,840	5,520	9,200	20,700	32,200	46,000

	6	5	4	3	2	1
1952-55 Park Ward (50)						
FHC	1,880	5,640	9,400	21,150	32,900	47,000
DHC	2,720	8,160	13,600	30,600	47,600	68,000
Saloon	1,440	4,320	7,200	16,200	25,200	36,000
1952-55 James Young (69)						
Cpe	1,520	4,560	7,600	17,100	26,600	38,000
Saloon	1,320	3,960	6,600	14,850	23,100	33,000
Sedanca Cpe	1,560	4,680	7,800	17,550	27,300	39,000
1952-55 R Type Continental 6-cyl., 4566cc (A-C series), 4887cc (D-E series) Bertone, 120" wb						
Saloon	1,880	5,640	9,400	21,150	32,900	47,000
1952-55 Farina						
Cpe (1)			value not estimable			
Franay (5)			value not estimable			
Graber (3)			value not estimable			
1952-55 J.H. Mulliner						
Cpe (193)	1,880	5,640	9,400	21,150	32,900	47,000
Park Ward (6)			value not estimable			
Cpe (2)			value not estimable			
DHC (4)			value not estimable			
NOTE: Deduct 30 percent for RHD.						
1955-59 S1 Type, 6-cyl., 4887cc, 123" wb, 127" wb						
Std Steel Saloon	1,640	4,920	8,200	18,450	28,700	41,000
LWB Saloon (after 1957)	1,760	5,280	8,800	19,800	30,800	44,000
1955-59 Freestone & Webb						
Saloon	1,800	5,400	9,000	20,250	31,500	45,000
1955-59 Graber						
DHC	2,560	7,680	12,800	28,800	44,800	64,000
1955-59 Hooper						
Saloon	1,800	5,400	9,000	20,250	31,500	45,000
1955-59 H.J. Mulliner						
Saloon	2,040	6,120	10,200	22,950	35,700	51,000
Limo (5)	2,080	6,240	10,400	23,400	36,400	52,000
1955-59 Park Ward						
FHC	2,320	6,960	11,600	26,100	40,600	58,000
1955-59 James Young						
Saloon	1,840	5,520	9,200	20,700	32,200	46,000
1955-59 S1 Type Continental, 6-cyl., 4887cc Franay, 123" wb						
Cpe	5,200	15,600	26,000	58,500	91,000	130,000
1955-59 Graber						
DHC	3,760	11,280	18,800	42,300	65,800	94,000
1955-59 Hooper						
Saloon (6)	1,680	5,040	8,400	18,900	29,400	42,000
1955-59 H.J. Mulliner						
Cpe	1,760	5,280	8,800	19,800	30,800	44,000
DHC	2,480	7,440	12,400	27,900	43,400	62,000
Spt Saloon	2,080	6,240	10,400	23,400	36,400	52,000
Flying Spur (after 1957)	3,200	9,600	16,000	36,000	56,000	80,000
1955-59 Park Ward						
DHC	2,640	7,920	13,200	29,700	46,200	66,000
Spt Saloon	2,280	6,840	11,400	25,650	39,900	57,000
1955-59 James Young						
Saloon	1,560	4,680	7,800	17,550	27,300	39,000
NOTE: Deduct 30 percent for RHD.						
1959-62 S2 Type V-8, 6230cc, 123" wb, 127" wb						
Std Steel Saloon	1,640	4,920	8,200	18,450	28,700	41,000
LWB Saloon	1,800	5,400	9,000	20,250	31,500	45,000
Franay	2,160	6,480	10,800	24,300	37,800	54,000
Graber	2,200	6,600	11,000	24,750	38,500	55,000
Hooper	2,240	6,720	11,200	25,200	39,200	56,000
1959-62 H.J. Mulliner						
DHC (15)	3,520	10,560	17,600	39,600	61,600	88,000
1959-62 Park Ward						
DHC	2,480	7,440	12,400	27,900	43,400	62,000
1959-62 Radford						
Countryman	2,080	6,240	10,400	23,400	36,400	52,000
1959-62 James Young						
Limo (5)	2,120	6,360	10,600	23,850	37,100	53,000
1959-62 S2 Type Continental, V-8, 6230cc H.J. Mulliner, 123" wb						
Flying Spur	2,480	7,440	12,400	27,900	43,400	62,000
1959-62 Park Ward						
DHC	2,440	7,320	12,200	27,450	42,700	61,000
1959-62 James Young						
Saloon	1,680	5,040	8,400	18,900	29,400	42,000
NOTE: Deduct 30 percent for RHD.						
1962-65 S3 Type V-8, 6230cc, 123" wb, 127" wb						
Std Steel Saloon	1,760	5,280	8,800	19,800	30,800	44,000
LWB Saloon	1,920	5,760	9,600	21,600	33,600	48,000
1962-65 H.J. Mulliner						
Cpe	1,840	5,520	9,200	20,700	32,200	46,000
DHC	2,520	7,560	12,600	28,350	44,100	63,000

BENTLEY

	6	5	4	3	2	1
1962-65 Park Ward						
Cpe 2,440	7,320	12,200	27,450	42,700	61,000
DHC 3,120	9,360	15,600	35,100	54,600	78,000
1962-65 James Young						
LWB Limo 2,440	7,320	12,200	27,450	42,700	61,000
1962-65 S3 Continental, V-8, 6230cc H.J. Mulliner-Park Ward, 123" wb						
Cpe 2,160	6,480	10,800	24,300	37,800	54,000
DHC 2,720	8,160	13,600	30,600	47,600	68,000
Flying Spur 2,480	7,440	12,400	27,900	43,400	62,000
1962-65 James Young						
Cpe 1,840	5,520	9,200	20,700	32,200	46,000
Saloon 2,040	6,120	10,200	22,950	35,700	51,000
NOTE: Add 10 percent for factory sunroof. Deduct 30 percent for RHD.						
1966 James Young						
James Young 2d 2,240	6,720	11,200	25,200	39,200	56,000
Park Ward 2d 4,080	12,240	20,400	45,900	71,400	102,000
1967 James Young						
James Young 2d 2,200	6,600	11,000	24,750	38,500	55,000
Park Ward 2d 3,360	10,080	16,800	37,800	58,800	84,000
Park Ward 2d Conv 4,080	12,240	20,400	45,900	71,400	102,000
T 4d 1,600	4,800	8,000	18,000	28,000	40,000
1968 James Young						
Park Ward 2d 3,360	10,080	16,800	37,800	58,800	84,000
Park Ward 2d Conv 4,080	12,240	20,400	45,900	71,400	102,000
T 4d 1,600	4,800	8,000	18,000	28,000	40,000
1969 James Young						
Park Ward 2d 3,360	10,080	16,800	37,800	58,800	84,000
Park Ward 2d Conv 4,320	12,960	21,600	48,600	75,600	108,000
T 4d 1,640	4,920	8,200	18,450	28,700	41,000
1970 James Young						
Park Ward 2d 3,280	9,840	16,400	36,900	57,400	82,000
Park Ward 2d Conv 4,320	12,960	21,600	48,600	75,600	108,000
T 4d 1,680	5,040	8,400	18,900	29,400	42,000
1971 James Young						
T 4d 1,640	4,920	8,200	18,450	28,700	41,000
1972 James Young						
T 4d 1,640	4,920	8,200	18,450	28,700	41,000
1973 James Young						
T 4d 1,640	4,920	8,200	18,450	28,700	41,000
1974 James Young						
T 4d 1,680	5,040	8,400	18,900	29,400	42,000
1975 James Young						
T 4d 1,680	5,040	8,400	18,900	29,400	42,000
1976 James Young						
T 4d 1,720	5,160	8,600	19,350	30,100	43,000
1977 James Young						
T2 4d 1,520	4,560	7,600	17,100	26,600	38,000
Corniche 2d 1,840	5,520	9,200	20,700	32,200	46,000
Corniche 2d Conv 2,720	8,160	13,600	30,600	47,600	68,000
1978 James Young						
T2 4d 1,600	4,800	8,000	18,000	28,000	40,000
Corniche 2d 1,840	5,520	9,200	20,700	32,200	46,000
Corniche 2d Conv 2,720	8,160	13,600	30,600	47,600	68,000
1979 James Young						
T2 4d 1,720	5,160	8,600	19,350	30,100	43,000
Corniche 2d 1,920	5,760	9,600	21,600	33,600	48,000
Corniche 2d Conv 2,800	8,400	14,000	31,500	49,000	70,000
1980 James Young						
T2 4d 1,800	5,400	9,000	20,250	31,500	45,000
Mulsanne 4d 2,000	6,000	10,000	22,500	35,000	50,000
Corniche 2d 2,100	6,250	10,400	23,400	36,400	52,000
Corniche 2d Conv 2,850	8,500	14,200	31,950	49,700	71,000
1981 James Young						
Mulsanne 4d 2,100	6,250	10,400	23,400	36,400	52,000
Corniche 2d Conv 2,900	8,750	14,600	32,850	51,100	73,000
1982 James Young						
Mulsanne 4d 2,200	6,600	11,000	24,750	38,500	55,000
Corniche 2d Conv 3,100	9,250	15,400	34,650	53,900	77,000
1983 James Young						
Mulsanne 4d 2,300	6,850	11,400	25,650	39,900	57,000
Corniche 2d Conv 3,150	9,500	15,800	35,550	55,300	79,000
1984 Mulsanne						
4d Sed 2,350	7,100	11,800	26,550	41,300	59,000
Turbo 4d Sed 2,450	7,300	12,200	27,450	42,700	61,000
1984 Corniche						
2d Conv 3,250	9,700	16,200	36,450	56,700	81,000
1985 Eight						
4d Sed 2,600	7,800	13,000	29,250	45,500	65,000

	6	5	4	3	2	1
1985 Mulsanne-S						
4d Sed	2,500	7,550	12,600	28,350	44,100	63,000
Turbo 4d Sed	2,600	7,800	13,000	29,250	45,500	65,000
1985 Continental						
2d Conv	3,550	10,700	17,800	40,050	62,500	89,000
1986 Eight						
4d Sed	2,700	8,050	13,400	30,150	46,900	67,000
1986 Mulsanne-S						
4d Sed	2,750	8,300	13,800	31,050	48,300	69,000
Turbo 4d Sed	2,850	8,500	14,200	31,950	49,700	71,000
1986 Continental						
2d Conv	3,800	11,400	19,000	42,750	66,500	95,000
1987 Eight						
4d Sed	1,900	5,750	9,600	21,600	33,600	48,000
1987 Mulsanne-S						
4d Sed	2,050	6,100	10,200	22,950	35,700	51,000
1987 Continental						
2d Conv	5,250	15,700	26,200	58,950	91,500	131,000
1988 Eight						
4d Sed	2,100	6,250	10,400	23,400	36,400	52,000
1988 Mulsanne-S						
4d Sed	2,200	6,600	11,000	24,750	38,500	55,000
1988 Continental						
2d Conv	5,500	16,400	27,400	61,650	96,000	137,000
1989 Eight						
4d Sed	2,200	6,600	11,000	24,750	38,500	55,000
1989 Mulsanne-S						
4d Sed	2,300	6,850	11,400	25,650	39,900	57,000
Turbo 4d Sed	2,400	7,200	12,000	27,000	42,000	60,000
1989 Continental						
2d Conv	5,550	16,700	27,800	62,550	97,500	139,000
1990 Eight						
4d Sed	2,500	7,550	12,600	28,350	44,100	63,000
1990 Mulsanne C						
4d Sed	2,600	7,800	13,000	29,250	45,500	65,000
Turbo 4d Sed	2,600	7,800	13,000	29,250	45,500	65,000
1990 Continental						
2d Conv	5,650	16,900	28,200	63,450	98,500	141,000
1991 Eight						
4d Sed	2,600	7,800	13,000	29,250	45,500	65,000
1991 Mulsanne-S						
4d Sed	2,850	8,500	14,200	31,950	49,700	71,000
1991 Turbo R						
4d Sed	3,250	9,700	16,200	36,450	56,700	81,000
1991 Continental						
2d Conv	5,850	17,500	29,200	65,700	102,000	146,000
1992 Mulsanne-S, V-8						
4d Sed	2,850	8,500	14,200	31,950	49,700	71,000
1992 Turbo R, V-8						
4d Sed	3,400	10,200	17,000	38,250	59,500	85,000
4d Sed LWB	5,100	15,200	25,400	57,150	89,000	127,000
1992 Continental, V-8						
2d Conv	5,650	16,900	28,200	63,450	98,500	141,000
1993 Brooklands						
4d Sed	2,600	7,800	13,000	29,250	45,500	65,000
1993 Brooklands LWB						
4d Limo	2,850	8,500	14,200	31,950	49,700	71,000
1993 Turbo R						
4d Sed	3,250	9,700	16,200	36,450	56,700	81,000
1993 Turbo RL LWB						
4d Limo	3,450	10,300	17,200	38,700	60,000	86,000
1993 Continental R						
2d Cpe	5,250	15,700	26,200	58,950	91,500	131,000
1993 Continental						
2d Conv	5,650	16,900	28,200	63,450	98,500	141,000
1994 Continental						
2d Conv	7,650	22,900	38,200	85,950	134,000	191,000
2d Cpe R	6,850	20,500	34,200	76,950	120,000	171,000
1994 Turbo						
4d Sed R	4,050	12,100	20,200	45,450	70,500	101,000
4d Sed R L LWB	4,650	13,900	23,200	52,200	81,000	116,000
1994 Brooklands						
4d Sed	3,450	10,300	17,200	38,700	60,000	86,000
4d Sed LWB	3,500	10,400	17,400	39,150	61,000	87,000
1995 Continental						
2d Conv	7,650	22,900	38,200	85,950	134,000	191,000
2d Cpe R	6,850	20,500	34,200	76,950	120,000	171,000
1995 Turbo						
4d Sed R	4,050	12,100	20,200	45,450	70,500	101,000
4d Sed RL, LWB	4,650	13,900	23,200	52,200	81,000	116,000

	6	5	4	3	2	1
1995 Brooklands						
4d Sed...........3,450	10,300	17,200	38,700	60,000	86,000
4d Sed, LWB...........3,500	10,400	17,400	39,150	61,000	87,000
1995 Azure						
2d Conv...........7,050	21,100	35,200	79,200	123,000	176,000
1996 Continental						
2d Cpe R...........6,800	20,400	34,000	76,500	119,000	170,000
1996 Turbo						
4d Sed R...........4,000	12,000	20,000	45,000	70,000	100,000
4d Sed RL, LWB...........4,600	13,800	23,000	51,750	80,500	115,000
1996 Brooklands						
4d Sed...........3,400	10,200	17,000	38,250	59,500	85,000
4d Sed, LWB...........3,450	10,300	17,200	38,700	60,000	86,000
1996 Azure						
2d Conv...........7,000	21,000	35,000	78,750	122,000	175,000
1997 Continental R						
2d Cpe...........6,800	20,400	34,000	76,500	119,000	170,000
1997 Turbo RT						
4d Sed...........4,000	12,000	20,000	45,000	70,000	100,000
1997 Brooklands R						
4d Sed...........3,400	10,200	17,000	38,250	59,500	85,000
1997 Arnage						
4d Sed...........3,800	11,400	19,000	42,750	66,500	95,000
1997 Azure						
2d Conv...........7,000	21,000	35,000	78,750	122,500	175,000
1998 Continental R						
2d Cpe...........6,800	20,400	34,000	76,500	119,000	170,000
1998 Turbo RT						
4d Sed...........4,000	12,000	20,000	45,000	70,000	100,000
1998 Brooklands R						
4d Sed...........3,400	10,200	17,000	38,250	59,500	85,000
1998 Arnage						
4d Sed...........3,800	11,400	19,000	42,750	66,500	95,000
1998 Azure						
2d Conv...........7,000	21,000	35,000	78,750	122,500	175,000
1999 Continental R						
2d Cpe...........6,800	20,400	34,000	76,500	119,000	170,000
1999 Continental T						
4d Sed...........7,200	21,600	36,000	81,000	126,000	180,000
1999 Continental SC						
4d Sed...........7,600	22,800	38,000	85,500	133,000	190,000
1999 Arnage						
Green Label 4d Sed...........3,600	10,800	18,000	40,500	63,000	90,000
Red Label 4d Sed...........3,800	11,400	19,000	42,750	66,500	95,000
1999 Azure						
2d Conv...........7,000	21,000	35,000	78,750	122,500	175,000
2000 Continental R						
2d Cpe...........6,800	20,400	34,000	76,500	119,000	170,000
2000 Continental T						
4d Sed...........7,200	21,600	36,000	81,000	126,000	180,000
2000 Continental SC						
4d Sed...........7,600	22,800	38,000	85,500	133,000	190,000
2000 Arnage						
Green Label 4d Sed...........3,600	10,800	18,000	40,500	63,000	90,000
Red Label 4d Sed...........3,800	11,400	19,000	42,750	66,500	95,000
2000 Azure						
2d Conv...........7,000	21,000	35,000	78,750	122,500	175,000
2001 Continental R, V-8						
2d Cpe...........6,800	20,400	34,000	85,000	119,000	170,000
NOTE: Add 5 percent for Mulliner Ed.						
2001 Continental T, V-8						
2d Cpe...........7,200	21,600	36,000	90,000	126,000	180,000
2001 Arnage, V-8						
Green Label 4d Sed...........3,600	10,800	18,000	45,000	63,000	90,000
Red Label 4d Sed...........3,800	11,400	19,000	47,500	66,500	95,000
2001 Azure, V-8						
2d Conv...........7,000	21,000	35,000	87,500	122,500	175,000
NOTE: Add 5 percent for Mulliner Ed.						

BMW

1955 6-cyl., 1971cc, 111.6" wb						
501A 4d Sed...........620	1,860	3,100	6,980	10,850	15,500
501B 4d Sed...........620	1,860	3,100	6,980	10,850	15,500
501/6 4d Sed, 2077cc...........680	2,040	3,400	7,650	11,900	17,000
501 V-8 4d Sed, 2580cc...........720	2,160	3,600	8,100	12,600	18,000
502/2.6 4d Sed...........760	2,280	3,800	8,550	13,300	19,000
502/3.2 4d Sed...........680	2,040	3,400	7,650	11,900	17,000

NOTE: Add 75 percent for coach-built cpe. Add 100 percent for coach-built 2d and 4d convertibles.

	6	5	4	3	2	1
1956 Isetta 250						
1d Std Sed	620	1,860	3,100	6,980	10,850	15,500
1d DeL Sed	672	2,016	3,360	7,560	11,760	16,800
501/6 4d Sed	620	1,860	3,100	6,980	10,850	15,500
501 V-8 4d Sed	700	2,100	3,500	7,880	12,250	17,500
502/2.6 4d Sed	740	2,220	3,700	8,330	12,950	18,500
502/3.2 4d Sed	820	2,460	4,100	9,230	14,350	20,500

NOTE: Add 25 percent for coach-built cpe. Add 100 percent for coach-built 2d and 4d convertibles.

	6	5	4	3	2	1
1956 V-8, 3168cc, 111.6" wb						
503 Cpe	1,480	4,440	7,400	16,650	25,900	37,000
503 Conv	1,920	5,760	9,600	21,600	33,600	48,000
507 Rds	13,900	41,700	69,500	156,380	243,250	347,500
1957 Isetta 300						
1d Std Sed	648	1,944	3,240	7,290	11,340	16,200
1d DeL Sed	620	1,860	3,100	6,980	10,850	15,500
1957 2-cyl., 582cc, 66.9" wb						
600 2d Sed	600	1,800	3,000	6,750	10,500	15,000
501/6 4d Sed	620	1,860	3,100	6,980	10,850	15,500
501 V-8 4d Sed	700	2,100	3,500	7,880	12,250	17,500
502/2.6 4d Sed	740	2,220	3,700	8,330	12,950	18,500
502/3.2 4d Sed	820	2,460	4,100	9,230	14,350	20,500
502/3.2 Sup 4d Sed	860	2,580	4,300	9,680	15,050	21,500
503 Cpe	1,480	4,440	7,400	16,650	25,900	37,000
503 Conv	1,920	5,760	9,600	21,600	33,600	48,000
507 Rds	13,900	41,700	69,500	156,380	243,250	347,500
1958 Isetta 300						
1d Std Sed	660	1,980	3,300	7,430	11,550	16,500
1d DeL Sed	672	2,016	3,360	7,560	11,760	16,800
600 2d Sed	600	1,800	3,000	6,750	10,500	15,000
501/3 4d Sed	620	1,860	3,100	6,980	10,850	15,500
501 V-8 4d Sed	700	2,100	3,500	7,880	12,250	17,500
502/2.6 4d Sed	740	2,220	3,700	8,330	12,950	18,500
502/3.2 4d Sed	020	2,460	4,100	9,230	14,350	20,500
502/3.2 Sup 4d Sed	860	2,580	4,300	9,680	15,050	21,500

NOTE: Add 75 percent for coach-built cpe. Add 100 percent for coach-built 2d and 4d convertibles.

	6	5	4	3	2	1
503 Cpe	1,480	4,440	7,400	16,650	25,900	37,000
503 Conv	1,920	5,760	9,600	21,600	33,600	48,000
507 Rds	13,900	41,700	69,500	156,380	243,250	347,500
1959 Isetta 300						
1d Std Sed	660	1,980	3,300	7,430	11,550	16,500
1d DeL Sed	672	2,016	3,360	7,560	11,760	16,800
600 2d Sed	600	1,800	3,000	6,750	10,500	15,000
1959 700, 2-cyl., 697cc, 83.5" wb						
Cpe	420	1,260	2,100	4,730	7,350	10,500
2d Sed	368	1,104	1,840	4,140	6,440	9,200
501 V-8 4d Sed	700	2,100	3,500	7,880	12,250	17,500
502/2.6 4d Sed	740	2,220	3,700	8,330	12,950	18,500
502/3.2 4d Sed	820	2,460	4,100	9,230	14,350	20,500
502/3.2 Sup 4d Sed	860	2,580	4,300	9,680	15,050	21,500
503 Cpe	1,480	4,440	7,400	16,650	25,900	37,000
503 Conv	1,920	5,760	9,600	21,600	33,600	48,000
507 Rds	13,900	41,700	69,500	156,380	243,250	347,500
1960 Isetta 300						
1d Std Sed	668	2,004	3,340	7,520	11,690	16,700
1d DeL Sed	676	2,028	3,380	7,610	11,830	16,900
600 2d Sed	600	1,800	3,000	6,750	10,500	15,000
700 Cpe	440	1,320	2,200	4,950	7,700	11,000
700 2d Sed	428	1,284	2,140	4,820	7,490	10,700
700 Spt Cpe	444	1,332	2,220	5,000	7,770	11,100
501 V-8 4d Sed	700	2,100	3,500	7,880	12,250	17,500
502/2.6 4d Sed	740	2,220	3,700	8,330	12,950	18,500
502/3.2 4d Sed	820	2,460	4,100	9,230	14,350	20,500
502/3.2 Sup 4d Sed	860	2,580	4,300	9,680	15,050	21,500
1961 Isetta 300						
1d Std Sed	672	2,016	3,360	7,560	11,760	16,800
1d DeL Sed	680	2,040	3,400	7,650	11,900	17,000
700 Cpe	440	1,320	2,200	4,950	7,700	11,000
700 2d Sed	420	1,260	2,100	4,730	7,350	10,500
700 Spt Cpe	448	1,344	2,240	5,040	7,840	11,200
700 2d Luxus Sed	428	1,284	2,140	4,820	7,490	10,700
700 Conv	700	2,100	3,500	7,880	12,250	17,500
501 V-8 4d Sed	700	2,100	3,500	7,880	12,250	17,500
502/2.6 4d Sed	740	2,220	3,700	8,330	12,950	18,500
2600 4d Sed	780	2,340	3,900	8,780	13,650	19,500
2600L 4d Sed	800	2,400	4,000	9,000	14,000	20,000
502/3.2 4d Sed	740	2,220	3,700	8,330	12,950	18,500
502/3.2 4d Sup Sed	780	2,340	3,900	8,780	13,650	19,500
3200L 4d Sed	820	2,460	4,100	9,230	14,350	20,500
3200S 4d Sed	860	2,580	4,300	9,680	15,050	21,500

	6	5	4	3	2	1
1962 Isetta 300						
1d Std Sed	672	2,016	3,360	7,560	11,760	16,800
1d DeL Sed	680	2,040	3,400	7,650	11,900	17,000
700 Cpe	440	1,320	2,200	4,950	7,700	11,000
700CS Cpe	448	1,344	2,240	5,040	7,840	11,200
700 Spt Cpe	452	1,356	2,260	5,090	7,910	11,300
700 2d Sed	420	1,260	2,100	4,730	7,350	10,500
700 Conv	700	2,100	3,500	7,880	12,250	17,500
700LS 2d Sed	432	1,296	2,160	4,860	7,560	10,800
700LS Luxus 2d Sed	440	1,320	2,200	4,950	7,700	11,000
1962 4-cyl., 1499cc, 100.4" wb						
1500 4d Sed	440	1,320	2,200	4,950	7,700	11,000
2600 4d Sed	600	1,800	3,000	6,750	10,500	15,000
2600L 4d Sed	600	1,800	3,000	6,750	10,500	15,000
3200L 4d Sed	700	2,100	3,500	7,880	12,250	17,500
3200S 4d Sed	720	2,160	3,600	8,100	12,600	18,000
3200CS Cpe	1,060	3,180	5,300	11,930	18,550	26,500
1963 4-cyl., 1499cc, 100.4" wb						
700 Cpe	348	1,044	1,740	3,920	6,090	8,700
700 Spt Cpe	452	1,356	2,260	5,090	7,910	11,300
700CS Cpe	368	1,104	1,840	4,140	6,440	9,200
700 Conv	700	2,100	3,500	7,880	12,250	17,500
700LS 2d Sed	432	1,296	2,160	4,860	7,560	10,800
700LS Luxus 2d Sed	440	1,320	2,200	4,950	7,700	11,000
1500 4d Sed	428	1,284	2,140	4,820	7,490	10,700
1800 4d Sed	460	1,380	2,300	5,180	8,050	11,500
2600L 4d Sed	640	1,920	3,200	7,200	11,200	16,000
3200S 4d Sed	660	1,980	3,300	7,430	11,550	16,500
3200CS Cpe	1,020	3,060	5,100	11,480	17,850	25,500
1964 4-cyl., 1499cc, 100.4" wb						
700 C Cpe	348	1,044	1,740	3,920	6,090	8,700
700CS Cpe	368	1,104	1,840	4,140	6,440	9,200
700 Conv	700	2,100	3,500	7,880	12,250	17,500
700LS Cpe	428	1,284	2,140	4,820	7,490	10,700
700 Luxus 2d Sed	420	1,260	2,100	4,730	7,350	10,500
1500 4d Sed	420	1,260	2,100	4,730	7,350	10,500
1600 4d Sed	440	1,320	2,200	4,950	7,700	11,000
1800 4d Sed	460	1,380	2,300	5,180	8,050	11,500
1800TI 4d Sed	480	1,440	2,400	5,400	8,400	12,000
1800TI/SA 4d Sed	660	1,980	3,300	7,430	11,550	16,500
2600L 4d Sed	620	1,860	3,100	6,980	10,850	15,500
3200CS Cpe	1,020	3,060	5,100	11,480	17,850	25,500
1965 4-cyl., 1499cc, 100.4" wb						
700LS Cpe	428	1,284	2,140	4,820	7,490	10,700
700 Luxus 2d Sed	420	1,260	2,100	4,730	7,350	10,500
1600 4d Sed	440	1,320	2,200	4,950	7,700	11,000
1800 4d Sed	580	1,740	2,900	6,530	10,150	14,500
1800TI 4d Sed	600	1,800	3,000	6,750	10,500	15,000
1800TI/SA 4d Sed	700	2,100	3,500	7,880	12,250	17,500
1965 4-cyl., 100.4" wb						
2000C Cpe	740	2,220	3,700	8,330	12,950	18,500
2000CS Cpe	772	2,316	3,860	8,690	13,510	19,300
1965 V-8, 111.4" wb						
3200CS Cpe	1,020	3,060	5,100	11,480	17,850	25,500
1966 4-cyl., 98.4" wb						
1600-2 2d Sed	460	1,380	2,300	5,180	8,050	11,500
1600 4d Sed	440	1,320	2,200	4,950	7,700	11,000
1800 4d Sed	460	1,380	2,300	5,180	8,050	11,500
1800TI 4d Sed	488	1,464	2,440	5,490	8,540	12,200
2000 4d Sed	468	1,404	2,340	5,270	8,190	11,700
2000TI 4d Sed	488	1,464	2,440	5,490	8,540	12,200
2000TI Lux 4d Sed	588	1,764	2,940	6,620	10,290	14,700
2000C Cpe	740	2,220	3,700	8,330	12,950	18,500
2000CA Cpe	772	2,316	3,860	8,690	13,510	19,300
2000CS Cpe	772	2,316	3,860	8,690	13,510	19,300
1967 4-cyl., 98.4" wb						
1602 2d Sed	420	1,260	2,100	4,730	7,350	10,500
1600TI 2d Sed	580	1,740	2,900	6,530	10,150	14,500
Glas 1600GT Cpe	600	1,800	3,000	6,750	10,500	15,000
1800 4d Sed	420	1,260	2,100	4,730	7,350	10,500
2000 4d Sed	428	1,284	2,140	4,820	7,490	10,700
2000TI 4d Sed	448	1,344	2,240	5,040	7,840	11,200
2000TI Lux 4d Sed	480	1,440	2,400	5,400	8,400	12,000
2000C Cpe	752	2,256	3,760	8,460	13,160	18,800
2000CA Cpe	752	2,256	3,760	8,460	13,160	18,800
2000CS Cpe	752	2,256	3,760	8,460	13,160	18,800
Glas 3000 V-8 Cpe	800	2,400	4,000	9,000	14,000	20,000
1968 4-cyl., 98.4" wb						
1600 2d Sed	580	1,740	2,900	6,530	10,150	14,500

	6	5	4	3	2	1
1600 Cabr.	820	2,460	4,100	9,230	14,350	20,500
Glas 1600GT Cpe	600	1,800	3,000	6,750	10,500	15,000
1800 4d Sed.	420	1,260	2,100	4,730	7,350	10,500
2002 2d Sed.	600	1,800	3,000	6,750	10,500	15,000
2002TI 2d Sed, Non-USA.	660	1,980	3,300	7,430	11,550	16,500
2000 4d Sed.	420	1,260	2,100	4,730	7,350	10,500
2000TI 4d Sed	440	1,320	2,200	4,950	7,700	11,000
2000TI Lux 4d Sed.	480	1,440	2,400	5,400	8,400	12,000
2000C Cpe.	736	2,208	3,680	8,280	12,880	18,400
2000CA Cpe.	740	2,220	3,700	8,330	12,950	18,500
2000CS Cpe.	760	2,280	3,800	8,550	13,300	19,000
2500 4d Sed, E-3.	440	1,320	2,200	4,950	7,700	11,000
2800 4d Sed, E-3.	480	1,440	2,400	5,400	8,400	12,000
2800CS Cpe, E-9.	940	2,820	4,700	10,580	16,450	23,500
Glas 3000 V-8 Cpe.	780	2,340	3,900	8,780	13,650	19,500
1969 4-cyl., 98.4" wb						
1600 2d Sed.	460	1,380	2,300	5,180	8,050	11,500
1600 Cabr.	860	2,580	4,300	9,680	15,050	21,500
1800 4d Sed.	420	1,260	2,100	4,730	7,350	10,500
2002 2d Sed.	600	1,800	3,000	6,750	10,500	15,000
2002TI 2d Sed, Non-USA.	660	1,980	3,300	7,430	11,550	16,500
2000TI Lux 4d Sed.	440	1,320	2,200	4,950	7,700	11,000
2000CA Cpe.	736	2,208	3,680	8,280	12,880	18,400
2000CS Cpe.	760	2,280	3,800	8,550	13,300	19,000
2500 4d Sed.	460	1,380	2,300	5,180	8,050	11,500
2800 4d Sed.	440	1,320	2,200	4,950	7,700	11,000
2800CSA Cpe	812	2,436	4,060	9,140	14,210	20,300
2800CS Cpe.	904	2,712	4,520	10,170	15,820	22,600
1970 4-cyl., 98.4" wb						
1600 2d Sed.	480	1,440	2,400	5,400	8,400	12,000
1600 Cabr.	860	2,580	4,300	9,680	15,050	21,500
1800 4d Sed.	420	1,260	2,100	4,730	7,350	10,500
2002 2d Sed.	580	1,740	2,900	6,530	10,150	14,500
2000TI Lux 4d Sed.	480	1,440	2,400	5,400	8,400	12,000
2000TII 4d Sed.	580	1,740	2,900	6,530	10,150	14,500
2500 4d Sed.	440	1,320	2,200	4,950	7,700	11,000
2800 4d Sed.	480	1,440	2,400	5,400	8,400	12,000
2800CSA	812	2,436	4,060	9,140	14,210	20,300
2800CS Cpe.	900	2,700	4,500	10,130	15,750	22,500
1971 4-cyl., 98.4" wb						
1600 2d Sed.	450	1,400	2,300	5,180	8,050	11,500
1600 Tr, E-10, Non-USA	460	1,380	2,300	5,180	8,050	11,500
1600 Cabr.	900	2,650	4,400	9,900	15,400	22,000
1800 4d Sed.	400	1,200	2,000	4,500	7,000	10,000
2002 2d Sed.	550	1,700	2,800	6,300	9,800	14,000
2002 Cabr.	1,000	3,000	5,000	11,250	17,500	25,000
2002 Targa.	700	2,050	3,400	7,650	11,900	17,000
2000 Tr, E-10, Non-USA	620	1,860	3,100	6,980	10,850	15,500
2002TI 2d Sed, Non-USA.	580	1,740	2,900	6,530	10,150	14,500
2000TII 4d Sed.	550	1,700	2,800	6,300	9,800	14,000
2500 4d Sed.	400	1,200	2,000	4,500	7,000	10,000
2800 4d Sed.	400	1,250	2,100	4,730	7,350	10,500
Bavaria 4d Sed.	400	1,250	2,100	4,730	7,350	10,500
3.0S 4d Sed	450	1,400	2,300	5,180	8,050	11,500
Bavaria 4d Sed.	450	1,400	2,300	5,180	8,050	11,500
2800CSA Cpe	800	2,400	3,950	8,910	13,900	19,800
2800CS Cpe.	900	2,700	4,550	10,220	15,900	22,700
3.0CSA Cpe	850	2,600	4,350	9,810	15,300	21,800
3.0CS Cpe	900	2,750	4,600	10,350	16,100	23,000
3.0CSi Cpe.	1,100	3,250	5,400	12,150	18,900	27,000
3.0CSL Cpe, Non-USA.	1,260	3,780	6,300	14,180	22,050	31,500
1972 4-cyl., 98.4" wb						
1800 4d Sed.	400	1,200	2,000	4,500	7,000	10,000
2000TII 4d Sed.	550	1,700	2,800	6,300	9,800	14,000
2002 2d Sed.	550	1,700	2,800	6,300	9,800	14,000
2002 Targa.	700	2,050	3,400	7,650	11,900	17,000
2000 Tr, Non-USA	600	1,850	3,100	6,980	10,900	15,500
2002TII 2d Sed.	600	1,800	3,000	6,750	10,500	15,000
2000TII Tr, Non-USA.	640	1,920	3,200	7,200	11,200	16,000
2800 4d Sed.	400	1,250	2,100	4,730	7,350	10,500
Bavaria 4d Sed, 2788cc.	420	1,260	2,100	4,730	7,350	10,500
3.0S 4d Sed	450	1,400	2,300	5,180	8,050	11,500
Bavaria 4d Sed, 2985cc.	460	1,380	2,300	5,180	8,050	11,500
3.0CS Cpe	900	2,750	4,550	10,260	16,000	22,800
3.0CSA Cpe	750	2,300	3,800	8,550	13,300	19,000
3.0CSi Cpe.	1,050	3,100	5,200	11,700	18,200	26,000
3.0CSL Cpe, Non-USA.	1,260	3,780	6,300	14,180	22,050	31,500

BMW

	6	5	4	3	2	1
1973 4-cyl., 98.4" wb						
2002 2d Sed	550	1,700	2,800	6,300	9,800	14,000
2000 Targa	700	2,050	3,400	7,650	11,900	17,000
2000 Tr, Non-USA	620	1,860	3,100	6,980	10,850	15,500
2002TII 2d Sed	600	1,800	3,000	6,750	10,500	15,000
2000TII Tr, Non-USA	640	1,920	3,200	7,200	11,200	16,000
2002 Turbo, Non-USA	920	2,760	4,600	10,350	16,100	23,000
2800 4d Sed	400	1,250	2,100	4,730	7,350	10,500
Bavaria 4d Sed, 2788cc	420	1,260	2,100	4,730	7,350	10,500
3.0S 4d Sed	450	1,400	2,300	5,180	8,050	11,500
Bavaria 4d Sed, 2985cc	460	1,380	2,300	5,180	8,050	11,500
3.0CSA Cpe	800	2,400	4,000	9,000	14,000	20,000
3.0CS Cpe	900	2,650	4,400	9,900	15,400	22,000
3.0CSi Cpe	1,000	3,000	5,000	11,250	17,500	25,000
3.0CSL Cpe, Non-USA	1,260	3,780	6,300	14,180	22,050	31,500
1973 3153cc						
3.0CSL Cpe	1,350	4,000	6,700	15,080	23,500	33,500
1974 3153cc						
2002 2d Sed	550	1,700	2,800	6,300	9,800	14,000
2002 Targa	700	2,050	3,400	7,650	11,900	17,000
2000 Tr, Non-USA	610	1,840	3,060	6,890	10,710	15,300
2002TII 2d Sed	600	1,800	3,000	6,750	10,500	15,000
2000TII Tr, Non-USA	640	1,920	3,200	7,200	11,200	16,000
2002 Turbo, Non-USA	880	2,630	4,380	9,860	15,330	21,900
2800 4d Sed	400	1,250	2,100	4,730	7,350	10,500
Bavaria 4d Sed, 2788cc	420	1,260	2,100	4,730	7,350	10,500
3.0S 4d Sed	450	1,400	2,300	5,180	8,050	11,500
Bavaria 4d Sed, 2985cc	460	1,380	2,300	5,180	8,050	11,500
3.0CSA Cpe	800	2,400	4,000	9,000	14,000	20,000
3.0CS Cpe	900	2,650	4,400	9,900	15,400	22,000
3.0CSi Cpe	1,000	3,000	5,000	11,250	17,500	25,000
3.0CSL Cpe, Non-USA	1,340	4,020	6,700	15,080	23,450	33,500
530i 4d Sed, E-12	450	1,400	2,300	5,180	8,050	11,500
1975 3153cc						
2002 2d Sed	550	1,700	2,800	6,300	9,800	14,000
2002TII 2d Sed	600	1,800	3,000	6,750	10,500	15,000
2002 Targa	700	2,150	3,600	8,100	12,600	18,000
320i 2d Sed, E-21	400	1,200	2,000	4,500	7,000	10,000
2800 4d Sed	400	1,250	2,100	4,730	7,350	10,500
Bavaria, 2788cc	400	1,250	2,100	4,730	7,350	10,500
3.0S 4d Sed	550	1,700	2,800	6,300	9,800	14,000
Bavaria, 2985cc	550	1,700	2,800	6,300	9,800	14,000
3.0CSA Cpe	800	2,400	4,000	9,000	14,000	20,000
3.0CS Cpe	900	2,650	4,400	9,900	15,400	22,000
3.0CSi Cpe	1,000	3,000	5,000	11,250	17,500	25,000
3.0CSL Cpe, Non-USA	1,340	4,020	6,700	15,080	23,450	33,500
530i 4d Sed	550	1,700	2,800	6,300	9,800	14,000
1976 3153cc						
2002 2d Sed	550	1,700	2,800	6,300	9,800	14,000
320i 2d Sed	450	1,300	2,200	4,950	7,700	11,000
2800 4d Sed	450	1,300	2,200	4,950	7,700	11,000
Bavaria, 2788cc	450	1,300	2,200	4,950	7,700	11,000
3.0Si 4d Sed	600	1,750	2,900	6,530	10,200	14,500
Bavaria, 2985cc	600	1,750	2,900	6,530	10,200	14,500
530i 4d Sed	600	1,750	2,900	6,530	10,200	14,500
630CS Cpe, E-24	800	2,400	4,000	9,000	14,000	20,000
1977 3153cc						
320i 2d Sed	450	1,400	2,300	5,180	8,050	11,500
2800 4d Sed	450	1,400	2,300	5,180	8,050	11,500
Bavaria, 2788cc	450	1,400	2,300	5,180	8,050	11,500
3.0S 4d Sed	600	1,750	2,900	6,530	10,200	14,500
Bavaria, 2985cc	600	1,750	2,900	6,530	10,200	14,500
530i 4d Sed	600	1,750	2,900	6,530	10,200	14,500
630CS Cpe	800	2,400	4,000	9,000	14,000	20,000
630CSi Cpe	900	2,650	4,400	9,900	15,400	22,000
633CSi Cpe	900	2,750	4,600	10,350	16,100	23,000
1978 3153cc						
320i 2d Sed	550	1,700	2,800	6,300	9,800	14,000
528i 4d Sed	600	1,800	3,000	6,750	10,500	15,000
530i 4d Sed	800	2,400	4,000	9,000	14,000	20,000
630CS Cpe	850	2,500	4,200	9,450	14,700	21,000
630CSi Cpe	900	2,650	4,400	9,900	15,400	22,000
633CSi Cpe	950	2,900	4,800	10,800	16,800	24,000
733i 4d Sed, E-23	800	2,400	4,000	9,000	14,000	20,000
1979 3153cc						
320i 2d Sed	600	1,750	2,900	6,530	10,200	14,500
528i 4d Sed	650	1,900	3,200	7,200	11,200	16,000
M535i 4d Sed, Non-USA	1,000	3,000	4,950	11,160	17,400	24,800

	6	5	4	3	2	1
733i 4d Sed	900	2,650	4,400	9,900	15,400	22,000
633CSi 2d Cpe	950	2,900	4,800	10,800	16,800	24,000
M1 Cpe, E-26, Non-USA	5,850	17,500	29,200	65,700	102,000	146,000
1980 3153cc						
320i 2d Sed	600	1,750	2,900	6,530	10,200	14,500
528i 4d Sed	650	1,900	3,200	7,200	11,200	16,000
M535i 4d Sed, Non-USA	1,000	3,000	4,950	11,160	17,400	24,800
733i 4d Sed	900	2,650	4,400	9,900	15,400	22,000
633CSi 2d Cpe	950	2,900	4,800	10,800	16,800	24,000
M1 Cpe, Non-USA	6,440	19,320	32,200	72,450	112,700	161,000
1981 3153cc						
320i 2d Sed	600	1,800	3,000	6,750	10,500	15,000
528i 4d Sed	650	1,900	3,200	7,200	11,200	16,000
733i 4d Sed	950	2,900	4,800	10,800	16,800	24,000
633CSi 2d Cpe	1,050	3,100	5,200	11,700	18,200	26,000
1982 3153cc						
320i 2d Sod	650	1,900	3,200	7,200	11,200	16,000
528E 4d Sed	700	2,050	3,400	7,650	11,900	17,000
733i 4d Sed	950	2,900	4,800	10,800	16,800	24,000
633CSi 2d Cpe	1,100	3,350	5,600	12,600	19,600	28,000
1983 3153cc						
320i 2d Sed	600	1,750	2,900	6,530	10,200	14,500
528E 4d Sed	700	2,050	3,400	7,650	11,900	17,000
533i 4d Sed	700	2,150	3,600	8,100	12,600	18,000
733i 4d Sed	1,000	3,000	5,000	11,250	17,500	25,000
633CSi 2d Cpe	1,100	3,250	5,400	12,150	18,900	27,000
1984 3153cc						
318i 2d Sed	550	1,700	2,800	6,300	9,800	14,000
325E 2d Sed	600	1,800	3,000	6,750	10,500	15,000
528E 4d Sed	700	2,050	3,400	7,650	11,900	17,000
533i 4d Sed	750	2,300	3,800	8,550	13,300	19,000
733i 4d Sed	1,050	3,100	5,200	11,700	18,200	26,000
633CSi Cpe	1,100	3,250	5,400	12,150	18,900	27,000
1985 3153cc						
318i 2d Sed	600	1,750	2,900	6,530	10,200	14,500
318i 4d Sed	600	1,750	2,900	6,480	10,100	14,400
325E 2d Sed	650	1,900	3,200	7,200	11,200	16,000
325E 4d Sed	650	1,900	3,200	7,200	11,200	16,000
528E 4d Sed	700	2,150	3,600	8,100	12,600	18,000
535i 4d Sed	800	2,400	4,000	9,000	14,000	20,000
524TD 4d Sed	800	2,400	4,000	9,000	14,000	20,000
735i 4d Sed	1,150	3,500	5,800	13,050	20,300	29,000
635CSi 2d Cpe	1,300	3,850	6,400	14,400	22,400	32,000
1986 3153cc						
325 2d Sed	700	2,050	3,400	7,650	11,900	17,000
325 4d Sed	700	2,050	3,400	7,650	11,900	17,000
325ES 4d Sed	700	2,150	3,600	8,100	12,600	18,000
325E 4d Sed	700	2,150	3,600	8,100	12,600	18,000
524TD 4d Sed	800	2,400	4,000	9,000	14,000	20,000
528E 4d Sed	850	2,500	4,200	9,450	14,700	21,000
535i 4d Sed	900	2,750	4,600	10,350	16,100	23,000
735i 4d Sed	1,250	3,700	6,200	13,950	21,700	31,000
L7 4d Sed	1,300	3,950	6,600	14,850	23,100	33,000
635CSi 2d Cpe	1,400	4,200	7,000	15,750	24,500	35,000
1987 3153cc						
325 2d Sed	700	2,150	3,600	8,100	12,600	18,000
325 4d Sed	700	2,150	3,600	8,100	12,600	18,000
325ES 2d Sed	750	2,300	3,800	8,550	13,300	19,000
325E 4d Sed	750	2,300	3,800	8,550	13,300	19,000
325is 2d Sed	850	2,500	4,200	9,450	14,700	21,000
325i 4d Sed	800	2,400	4,000	9,000	14,000	20,000
325i 2d Conv	1,150	3,500	5,800	13,050	20,300	29,000
528E 4d Sed	900	2,750	4,600	10,350	16,100	23,000
528i 4d Sed	1,000	3,000	5,000	11,250	17,500	25,000
528is 4d Sed	1,000	3,050	5,100	11,480	17,900	25,500
735i 4d Sed	1,100	3,250	5,400	12,150	18,900	27,000
L7 4d Sed	1,100	3,250	5,400	12,150	18,900	27,000
635CSi 2d Cpe	1,300	3,950	6,600	14,850	23,100	33,000
L6 2d Cpe	1,500	4,450	7,400	16,650	25,900	37,000
M6 2d Cpe	1,400	4,200	7,000	15,750	24,500	35,000
1988 3153cc						
325 2d	850	2,500	4,200	9,450	14,700	21,000
325 4d	850	2,500	4,200	9,450	14,700	21,000
325i 2d	900	2,750	4,600	10,350	16,100	23,000
325i 4d	900	2,750	4,600	10,350	16,100	23,000
325i 2d Conv	1,100	3,250	5,400	12,150	18,900	27,000
325iX 2d	1,000	3,000	5,000	11,250	17,500	25,000
M3 2d Sed	1,200	3,600	6,000	13,500	21,000	30,000

	6	5	4	3	2	1
528E 4d....................................	1,000	3,000	5,000	11,250	17,500	25,000
535i 4d....................................	1,100	3,350	5,600	12,600	19,600	28,000
535is 4d..................................	1,150	3,500	5,800	13,050	20,300	29,000
M5 4d	1,300	3,950	6,600	14,850	23,100	33,000
735i 4d	1,300	3,950	6,600	14,850	23,100	33,000
735iL 4d	1,400	4,200	7,000	15,750	24,500	35,000
750iL 4d	1,500	4,450	7,400	16,650	25,900	37,000
635CSi 2d	1,400	4,200	7,000	15,750	24,500	35,000
M6 2d	1,600	4,800	8,000	18,000	28,000	40,000
1989 3153cc						
325i 2d Sed..............................	900	2,750	4,600	10,350	16,100	23,000
325i 4d Sed..............................	900	2,750	4,600	10,350	16,100	23,000
325is 2d Sed.............................	1,000	3,000	5,000	11,250	17,500	25,000
325i Conv................................	1,250	3,700	6,200	13,950	21,700	31,000
325ix 2d Sed (4x4)	1,100	3,250	5,400	12,150	18,900	27,000
325ix 4d Sed (4x4)	1,100	3,250	5,400	12,150	18,900	27,000
M3 2d Sed................................	1,360	4,080	6,800	15,300	23,800	34,000
525i 4d Sed..............................	1,300	3,950	6,600	14,850	23,100	33,000
535i 4d Sed..............................	1,400	4,200	7,000	15,750	24,500	35,000
735i 4d Sed..............................	1,100	3,250	5,400	12,150	18,900	27,000
735iL 4d Sed.............................	1,850	5,500	9,200	20,700	32,200	46,000
750iL 4d Sed.............................	1,500	4,450	7,400	16,650	25,900	37,000
635CSi Cpe..............................	1,600	4,800	8,000	18,000	28,000	40,000
1990 3153cc						
325i 2d Sed..............................	700	2,050	3,400	7,650	11,900	17,000
325i 4d Sed..............................	700	2,150	3,600	8,100	12,600	18,000
325is 2d Sed.............................	750	2,200	3,700	8,330	13,000	18,500
325i 2d Conv.............................	850	2,500	4,200	9,450	14,700	21,000
325i 2d Sed (4x4)	750	2,300	3,800	8,550	13,300	19,000
325i 4d Sed (4x4)	750	2,300	3,800	8,550	13,300	19,000
M3 4d Sed................................	850	2,500	4,200	9,450	14,700	21,000
525i 4d Sed..............................	800	2,400	4,000	9,000	14,000	20,000
535i 4d Sed..............................	900	2,750	4,600	10,350	16,100	23,000
735i 4d Sed..............................	950	2,900	4,800	10,800	16,800	24,000
735iL 4d Sed.............................	1,000	3,000	5,000	11,250	17,500	25,000
750iL 4d Sed.............................	1,500	4,450	7,400	16,650	25,900	37,000
1991 3153cc						
318i 2d Sed..............................	400	1,250	2,100	4,730	7,350	10,500
318i 4d Sed..............................	400	1,200	2,000	4,500	7,000	10,000
318i 2d Conv.............................	700	2,150	3,600	8,100	12,600	18,000
325i 2d Sed..............................	650	1,900	3,200	7,200	11,200	16,000
325i 4d Sed..............................	650	1,900	3,200	7,200	11,200	16,000
325i 2d Conv.............................	950	2,800	4,700	10,580	16,500	23,500
325i 2d Sed (4x4)	800	2,400	4,000	9,000	14,000	20,000
325i 4d Sed (4x4)	800	2,400	4,000	9,000	14,000	20,000
M3 2d Sed................................	850	2,600	4,300	9,680	15,000	21,500
525i 4d Sed..............................	800	2,400	4,000	9,000	14,000	20,000
535i 4d Sed..............................	850	2,500	4,200	9,450	14,700	21,000
M5 4d Sed................................	1,100	3,250	5,400	12,150	18,900	27,000
735i 4d Sed..............................	900	2,750	4,600	10,350	16,100	23,000
735iL 4d Sed.............................	950	2,800	4,700	10,580	16,500	23,500
750iL 4d Sed.............................	1,300	3,950	6,600	14,850	23,100	33,000
850i 2d Cpe..............................	1,400	4,200	7,000	15,750	24,500	35,000
1992 3153cc						
318is 2d Cpe.............................	700	2,050	3,400	7,650	11,900	17,000
318i 4d Sed..............................	650	1,900	3,200	7,200	11,200	16,000
318i 2d Conv.............................	750	2,300	3,800	8,550	13,300	19,000
325is 2d Cpe.............................	800	2,400	4,000	9,000	14,000	20,000
325i 4d Sed..............................	800	2,350	3,900	8,780	13,700	19,500
325i 2d Conv.............................	900	2,650	4,400	9,900	15,400	22,000
525i 4d Sed..............................	850	2,500	4,200	9,450	14,700	21,000
535i 4d Sed..............................	900	2,750	4,600	10,350	16,100	23,000
525i 4d Sta Wag	850	2,500	4,200	9,450	14,700	21,000
M5 4d Sed................................	1,350	4,100	6,800	15,300	23,800	34,000
735i 4d Sed..............................	900	2,750	4,600	10,350	16,100	23,000
735L 4d Sed	1,050	3,100	5,200	11,700	18,200	26,000
750L 4d Sed	1,150	3,500	5,800	13,050	20,300	29,000
850i 2d Cpe..............................	1,450	4,300	7,200	16,200	25,200	36,000
1993 3 Series						
318is 2d Cpe.............................	700	2,150	3,600	8,100	12,600	18,000
318i 4d Sed..............................	750	2,200	3,650	8,190	12,700	18,200
325 is 2d Cpe	750	2,200	3,700	8,330	13,000	18,500
325i 4d Sed..............................	750	2,250	3,750	8,420	13,100	18,700
318i 2d Conv.............................	700	2,050	3,400	7,650	11,900	17,000
325i 2d Conv.............................	850	2,500	4,200	9,450	14,700	21,000
1993 5 Series						
525i 4d Sed..............................	900	2,700	4,500	10,130	15,700	22,500
530i 4d Sed..............................	700	2,150	3,600	8,100	12,600	18,000
540i 4d Sed..............................	850	2,500	4,200	9,450	14,700	21,000

BMW

	6	5	4	3	2	1
525i 4d Sta Wag	950	2,800	4,700	10,580	16,500	23,500
530i 4d Sta Wag	750	2,300	3,800	8,550	13,300	19,000
1993 7 Series						
740i 4d Sed	1,100	3,250	5,400	12,150	18,900	27,000
740iL 4d Sed	1,100	3,350	5,600	12,600	19,600	28,000
750iL 4d Sed	1,150	3,500	5,800	13,050	20,300	29,000
1993 8 Series						
850ci 2d Cpe	1,150	3,500	5,800	13,050	20,300	29,000
850ci 2d Cpe	1,400	4,200	7,000	15,750	24,500	35,000
850csi 2d Cpe	1,750	5,300	8,800	19,800	30,800	44,000
1994 3 Series						
318is 2d Cpe	600	1,850	3,100	6,980	10,900	15,500
325is 2d Cpe	800	2,350	3,900	8,780	13,700	19,500
318i 4d Sed	600	1,800	3,000	6,750	10,500	15,000
325i 4d Sed	750	2,300	3,800	8,550	13,300	19,000
318i 2d Conv	800	2,400	4,000	9,000	14,000	20,000
325i 2d Conv	1,000	3,000	5,000	11,250	17,500	25,000
1994 5 Series						
525i 4d Sed	800	2,350	3,900	8,780	13,700	19,500
530i 4d Sed	850	2,500	4,200	9,450	14,700	21,000
540i 4d Sed	950	2,900	4,800	10,800	16,800	24,000
525i 4d Sta Wag	850	2,500	4,200	9,450	14,700	21,000
530i 4d Sta Wag	900	2,750	4,600	10,350	16,100	23,000
1994 7 Serles						
740i 4d Sed	900	2,750	4,600	10,350	16,100	23,000
740il 4d Sed	1,000	3,000	5,000	11,250	17,500	25,000
750il 4d Sed	1,150	3,500	5,800	13,050	20,300	29,000
1994 8 Series						
840ci 2d Cpe	1,350	4,100	6,800	15,300	23,800	34,000
850ci 2d Cpe	1,650	4,900	8,200	18,450	28,700	41,000
850csi 2d Cpe	2,050	6,100	10,200	22,950	35,700	51,000
1995 3 Series						
318ti 2d Cpe	500	1,550	2,600	5,850	9,100	13,000
010is 2d Cpe	600	1,850	3,100	6,980	10,900	15,500
325is 2d Cpe	800	2,350	3,900	8,780	13,700	19,500
M3 2d Cpe	1,000	2,950	4,900	11,030	17,200	24,500
318i 4d Sed	600	1,800	3,000	6,750	10,500	15,000
325i 4d Sed	750	2,300	3,800	8,550	13,300	19,000
318i 2d Conv	800	2,400	4,000	9,000	14,000	20,000
325i 2d Conv	1,000	3,000	5,000	11,250	17,500	25,000
1995 5 Series						
525i 4d Sed	800	2,350	3,900	8,780	13,700	19,500
530i 4d Sed	850	2,500	4,200	9,450	14,700	21,000
540i 4d Sed	950	2,900	4,800	10,800	16,800	24,000
525i 4d Sta Wag	850	2,500	4,200	9,450	14,700	21,000
530i 4d Sta Wag	900	2,750	4,600	10,350	16,100	23,000
1995 7 Series						
740i 4d Sed	900	2,750	4,600	10,350	16,100	23,000
740iL 4d Sed	1,000	3,000	5,000	11,250	17,500	25,000
750iL 4d Sod	1,150	3,500	5,800	13,050	20,300	29,000
1995 8 Series						
840ci 2d Cpe	1,350	4,100	6,800	15,300	23,800	34,000
850ci 2d Cpe	1,650	4,900	8,200	18,450	28,700	41,000
850csi 2d Cpe	2,050	6,100	10,200	22,950	35,700	51,000
1996 3 Series						
318ti 2d Cpe	500	1,450	2,400	5,400	8,400	12,000
318is 2d Cpe	600	1,750	2,900	6,530	10,200	14,500
328is 2d Cpe	750	2,200	3,700	8,330	13,000	18,500
M3 2d Cpe	950	2,800	4,700	10,580	16,500	23,500
318i 4d Sed	550	1,700	2,800	6,300	9,800	14,000
328i 4d Sed	700	2,150	3,600	8,100	12,600	18,000
318i 2d Conv	750	2,300	3,800	8,550	13,300	19,000
328i 2d Conv	950	2,900	4,800	10,800	16,800	24,000
1996 Z Series						
Z3 2d Rds	750	2,300	3,800	8,550	13,300	19,000
1996 7 Series						
740iL 4d Sed	950	2,900	4,800	10,800	16,800	24,000
750iL 4d Sed	1,100	3,350	5,600	12,600	19,600	28,000
1996 8 Series						
840Ci 2d Cpe	1,300	3,950	6,600	14,850	23,100	33,000
850Ci 2d Cpe	1,600	4,800	8,000	18,000	28,000	40,000
NOTE: Add 5 percent for detachable hardtop.						
1997 3 Series						
318ti 2d Cpe	480	1,440	2,400	5,400	8,400	12,000
318is 2d Cpe	580	1,740	2,900	6,530	10,150	14,500
328is 2d Cpe	740	2,220	3,700	8,330	12,950	18,500
M3 2d Cpe	940	2,820	4,700	10,580	16,450	23,500
M3 4d Sed	920	2,760	4,600	10,350	16,100	23,000
318i 4d Sed	560	1,680	2,800	6,300	9,800	14,000

	6	5	4	3	2	1
328i 4d Sed 720		2,160	3,600	8,100	12,600	18,000
318i 2d Conv 760		2,280	3,800	8,550	13,300	19,000
328i 2d Conv 960		2,880	4,800	10,800	16,800	24,000
1997 Z Series, 6-cyl.						
Z3 2d Rds 760		2,280	3,800	8,550	13,300	19,000
M 2d Rds 920		2,760	4,600	10,350	16,100	23,000
NOTE: Deduct 5 percent for 4-cyl. on Z3 Rds.						
1997 5 Series						
528i 4d Sed 740		2,220	3,700	8,330	12,950	18,500
540i 4d Sed 900		2,700	4,500	10,130	15,750	22,500
1997 7 Series						
740i 4d Sed 920		2,760	4,600	10,350	16,100	23,000
740iL 4d Sed 960		2,880	4,800	10,800	16,800	24,000
750iL 4d Sed 1,120		3,360	5,600	12,600	19,600	28,000
1997 8 Series						
840Ci 2d Cpe 1,320		3,960	6,600	14,850	23,100	33,000
850Ci 2d Cpe 1,600		4,800	8,000	18,000	28,000	40,000
NOTE: Add 5 percent for detachable hardtop.						
1998 3 Series						
318ti 2d Cpe 480		1,440	2,400	5,400	8,400	12,000
323is 2d Cpe 580		1,740	2,900	6,530	10,150	14,500
328is 2d Cpe 740		2,220	3,700	8,330	12,950	18,500
M3 2d Cpe 940		2,820	4,700	10,580	16,450	23,500
M3 4d Sed 920		2,760	4,600	10,350	16,100	23,000
318i 4d Sed 560		1,680	2,800	6,300	9,800	14,000
328i 4d Sed 720		2,160	3,600	8,100	12,600	18,000
323i 2d Conv 760		2,280	3,800	8,550	13,300	19,000
328i 2d Conv 880		2,640	4,400	9,900	15,400	22,000
M3 2d Conv 1,060		3,180	5,300	11,930	18,550	26,500
1998 Z Series, 6-cyl.						
Z3 1.9 2d Rds (4-cyl.) 760		2,280	3,800	8,550	13,300	19,000
Z3 2.8 2d Rds 800		2,400	4,000	9,000	14,000	20,000
M 2d Rds 920		2,760	4,600	10,350	16,100	23,000
NOTE: Add 5 percent for detachable HT.						
1998 5 Series						
528i 4d Sed 740		2,220	3,700	8,330	12,950	18,500
540i 4d Sed 900		2,700	4,500	10,130	15,750	22,500
1998 7 Series						
740i 4d Sed 920		2,760	4,600	10,350	16,100	23,000
740iL 4d Sed 960		2,880	4,800	10,800	16,800	24,000
750iL 4d Sed 1,120		3,360	5,600	12,600	19,600	28,000
1999 E36 3 Series, 6-cyl.						
318ti 2d Cpe (4-cyl.) 480		1,440	2,400	5,400	8,400	12,000
323is 2d Cpe 580		1,740	2,900	6,530	10,150	14,500
328is 2d Cpe 740		2,220	3,700	8,330	12,950	18,500
M3 2d Cpe 940		2,820	4,700	10,580	16,450	23,500
323i 2d Conv 760		2,280	3,800	8,550	13,300	19,000
328i 2d Conv 880		2,640	4,400	9,900	15,400	22,000
M3 2d Conv 1,060		3,180	5,300	11,930	18,550	26,500
1999 E46 3 Series, 6-cyl.						
323i 4d Sed 560		1,680	2,800	6,300	9,800	14,000
328i 4d Sed 720		2,160	3,600	8,100	12,600	18,000
1999 Z Series, 6-cyl.						
Z3 2.3 2d Rds 780		2,340	3,900	8,780	13,650	19,500
Z3 2.8 2d Rds 800		2,400	4,000	9,000	14,000	20,000
Z3 2.8 2d Cpe 780		2,340	3,900	8,780	13,650	19,500
M 2d Rds 920		2,760	4,600	10,350	16,100	23,000
M 2d Cpe 900		2,700	4,500	10,130	15,750	22,500
NOTE: Add 5 percent for detachable HT.						
1999 5 Series, 6-cyl.						
528i 4d Sed 740		2,220	3,700	8,330	12,950	18,500
528i 4d Sta Wag 760		2,280	3,800	8,550	13,300	19,000
540i 4d Sed (V-8) 900		2,700	4,500	10,130	15,750	22,500
540i 4d Sta Wag (V-8) 920		2,760	4,600	10,350	16,100	23,000
1999 7 Series, V-8						
740i 4d Sed 920		2,760	4,600	10,350	16,100	23,000
740iL 4d Sed 960		2,880	4,800	10,800	16,800	24,000
750iL 4d Sed (V-12) 1,120		3,360	5,600	12,600	19,600	28,000
2000 3 Series, 6-cyl.						
323Ci 2d Cpe 580		1,740	2,900	6,530	10,150	14,500
328Ci 2d Cpe 660		1,980	3,300	7,430	11,550	16,500
323Ci 4d Sed 540		1,620	2,700	6,080	9,450	13,500
328Ci 4d Sed 620		1,860	3,100	6,980	10,850	15,500
323i 2d Conv 720		2,160	3,600	8,100	12,600	18,000
328i 2d Conv 760		2,280	3,800	8,550	13,300	19,000
323i 4d Sta Wag 640		1,920	3,200	7,200	11,200	16,000
2000 Z Series, 6-cyl.						
Z3 2.3 2d Rds 780		2,340	3,900	8,780	13,650	19,500
Z3 2.8 2d Rds 800		2,400	4,000	9,000	14,000	20,000

	6	5	4	3	2	1
Z3 2.8 2d Cpe	780	2,340	3,900	8,780	13,650	19,500
M 2d Rds	920	2,760	4,600	10,350	16,100	23,000
M 2d Cpe	900	2,700	4,500	10,130	15,750	22,500
NOTE: Add 5 percent for detachable HT.						
2000 5 Series, 6-cyl.						
528i 4d Sed	750	2,240	3,740	8,420	13,090	18,700
528i 4d Sta Wag	770	2,300	3,840	8,640	13,440	19,200
540i 4d Sed (V-8)	910	2,720	4,540	10,220	15,890	22,700
540i 4d Sta Wag (V-8)	930	2,780	4,640	10,440	16,240	23,200
M5 4d Sed (V-8)	1,520	4,560	7,600	17,100	26,600	38,000
2000 7 Series, V-8						
740i 4d Sed	930	2,780	4,640	10,440	16,240	23,200
740iL 4d Sed	970	2,900	4,840	10,890	16,940	24,200
750iL 4d Sed (V-12)	1,130	3,380	5,640	12,690	19,740	28,200
2001 3 Series, 6-cyl.						
325Ci 2d Cpe	580	1,750	2,920	7,300	10,220	14,600
330Ci 2d Cpe	660	1,990	3,320	8,300	11,620	16,600
325i 4d Sed	540	1,630	2,720	6,800	9,520	13,600
325xi 4d Sed (AWD)	620	1,860	3,100	7,750	10,850	15,500
330i 4d Sed	600	1,810	3,020	7,550	10,570	15,100
325Ci 2d Conv	720	2,170	3,620	9,050	12,670	18,100
330Ci 2d Conv	760	2,290	3,820	9,550	13,370	19,100
325i 4d Sta Wag	640	1,930	3,220	8,050	11,270	16,100
325xi 4d Sta Wag (AWD)	660	1,980	3,300	8,250	11,550	16,500
M3 2d Cpe	860	2,580	4,300	10,750	15,050	21,500
2001 Z Series, 6-cyl.						
Z3 2.5 2d Rds	780	2,350	3,920	9,800	13,720	19,600
Z3 3.0 2d Rds	800	2,410	4,020	10,050	14,070	20,100
Z3 3.0 2d Cpe	780	2,350	3,920	9,800	13,720	19,600
M 2d Rds	920	2,770	4,620	11,550	16,170	23,100
M 2d Cpe	900	2,710	4,520	11,300	15,820	22,600
NOTE: Add 5 percent for detachable HT.						
2001 5 Series, 6-cyl.						
525i 4d Sed	740	2,230	3,720	9,300	13,020	18,600
525i 4d Sta Wag	760	2,290	3,820	9,550	13,370	19,100
530i 4d Sed	810	2,420	4,040	10,100	14,140	20,200
540i 4d Sed (V-8)	910	2,720	4,540	11,350	15,890	22,700
540i 4d Sta Wag (V-8)	930	2,780	4,640	11,600	16,240	23,200
M5 4d Sed (V-8)	1,520	4,570	7,620	19,050	26,670	38,100
2001 7 Series, V-8						
740i 4d Sed	930	2,780	4,640	11,600	16,240	23,200
740iL 4d Sed	970	2,900	4,840	12,100	16,940	24,200
750iL 4d Sed (V-12)	1,130	3,380	5,640	14,100	19,740	28,200
NOTE: Add 20 percent for 740iL and 750iL Protection (armor body panels/bullet-proof glass/run-flat tires) pkg.						
2001 Z8, V-8						
	1,650	4,940	8,240	20,600	28,840	41,200

BORGWARD

	6	5	4	3	2	1
1949-53 Hansa 1500, 4-cyl., 96" wb						
2d Sed	300	850	1,400	3,150	4,900	7,000
2d Conv	550	1,600	2,700	6,080	9,450	13,500
1949-53 Hansa 1800, 4-cyl., 102" wb						
4d Sed	300	850	1,400	3,200	4,950	7,100
1949-53 Hansa 2400, 4-cyl., 102" wb or 111" wb						
4d Sed	300	850	1,450	3,240	5,050	7,200
1954-55 Isabella, 4-cyl., 102" wb						
2d Sed	300	950	1,600	3,600	5,600	8,000
1954-55 Hansa 1500, 4-cyl., 96" wb						
2d Sed	300	850	1,400	3,200	4,950	7,100
2d Conv	550	1,600	2,700	6,080	9,450	13,500
1954-55 Hansa 1800, 4-cyl., 102" wb						
4d Sed	300	850	1,400	3,200	4,950	7,100
1954-55 Hansa 2400, 4-cyl., 102" or 111" wb						
4d Sed	300	850	1,450	3,240	5,050	7,200
1956 Isabella, 4-cyl., 102" wb						
2d Sed	350	1,000	1,650	3,690	5,750	8,200
2d TS Sed	350	1,000	1,650	3,740	5,800	8,300
2d Sta Wag	350	1,000	1,650	3,690	5,750	8,200
2d Cabr	600	1,850	3,100	6,980	10,900	15,500
1957 Isabella, 4-cyl., 102" wb						
2d Sed	350	1,000	1,650	3,740	5,800	8,300
2d Sta Wag	350	1,000	1,650	3,740	5,800	8,300
2d TS Sed	350	1,000	1,700	3,830	5,950	8,500
2d TS Conv Cpe	600	1,850	3,100	6,980	10,900	15,500
2d TS Spt Cpe	550	1,600	2,700	6,080	9,450	13,500
1958 Isabella, 4-cyl., 102" wb						
2d Sed	350	1,000	1,650	3,690	5,750	8,200

	6	5	4	3	2	1
2d Sta Wag	350	1,000	1,650	3,740	5,800	8,300
2d TS Sed	350	1,000	1,700	3,780	5,900	8,400
2d TS Spt Cpe	550	1,600	2,700	6,080	9,450	13,500
1959 Isabella, 4-cyl., 102" wb						
2d Sed	350	1,000	1,650	3,690	5,750	8,200
2d SR Sed	350	1,000	1,650	3,740	5,800	8,300
2d Combi Wag	350	1,000	1,700	3,780	5,900	8,400
2d TS Spt Sed	350	1,000	1,700	3,780	5,900	8,400
2d TS DeL Sed	350	1,000	1,700	3,830	5,950	8,500
2d TS Spt Cpe	550	1,600	2,700	6,080	9,450	13,500
1960 Isabella, 4-cyl., 102" wb						
2d Sed	350	1,000	1,650	3,690	5,750	8,200
2d SR Sed	350	1,000	1,650	3,740	5,800	8,300
2d Combi Wag	350	1,000	1,650	3,740	5,800	8,300
2d TS Spt Sed	350	1,000	1,700	3,780	5,900	8,400
2d TS DeL Sed	350	1,000	1,700	3,830	5,950	8,500
2d TS Spt Cpe	550	1,600	2,700	6,080	9,450	13,500
1961 Isabella, 4-cyl., 102" wb						
2d Sed	350	1,000	1,700	3,780	5,900	8,400

CITROEN

	6	5	4	3	2	1
1945-48 11 Legere, 4-cyl., 1911cc, 114.5" wb						
4d Sed	700	2,050	3,400	7,650	11,900	17,000
1945-48 11 Normale, 4-cyl., 1911cc, 119" wb						
4d Sed	1,000	3,000	5,000	11,250	17,500	25,000
1945-48 15, 6-cyl., 2867cc, 119" wb						
4d Sed	1,000	3,000	5,000	11,250	17,500	25,000
1949-54 2CV, 2-cyl., 375cc, 94.4" wb						
4d Sed	350	1,000	1,700	3,830	5,950	8,500
1949-54 11 Legere, 4-cyl., 1911cc, 114.5" wb						
4d Sed	700	2,050	3,400	7,650	11,900	17,000
1949-54 11 Normale, 4-cyl., 1911cc, 119" wb						
4d Sed	750	2,300	3,800	8,550	13,300	19,000
1949-54 15, 6-cyl., 2867cc, 119" wb						
4d Sed	1,100	3,300	5,500	12,380	19,300	27,500
1955-56 2CV, 2-cyl., 425cc, 94.4" wb						
4d Sed	350	1,050	1,750	3,960	6,150	8,800
1955-56 DS19, 4-cyl., 1911cc, 123" wb						
4d Sed	400	1,200	2,000	4,500	7,000	10,000
1955-56 11, 4-cyl., 1911cc, 114.5" wb						
4d Sed	800	2,400	4,000	9,000	14,000	20,000
1955-56 15, 6-cyl., 2867cc, 121.5" wb						
4d Sed	1,200	3,600	6,000	13,500	21,000	30,000
1957 2CV, 2-cyl., 425cc, 94.4" wb						
4d Sed	350	1,050	1,750	3,960	6,150	8,800
1957 ID19, 4-cyl., 1911cc, 123" wb						
4d Sed	400	1,150	1,900	4,280	6,650	9,500
1957 DS19, 4-cyl., 1911cc, 123" wb						
4d DeL Sed	400	1,200	2,000	4,500	7,000	10,000
1958 2CV, 2-cyl., 425cc, 94.4" wb						
4d DeL Sed	350	1,050	1,750	3,960	6,150	8,800
1958 ID19, 4-cyl., 1911cc, 123" wb						
4d Sed	400	1,150	1,900	4,280	6,650	9,500
1958 DS19, 4-cyl., 1911cc, 123" wb						
4d DeL Sed	400	1,200	2,000	4,500	7,000	10,000
1959 2CV, 2-cyl., 425cc, 94.4" wb						
2d Sed	350	1,050	1,750	3,960	6,150	8,800
1959 ID19, 4-cyl., 1911cc, 123" wb						
4d Sed	400	1,150	1,900	4,320	6,700	9,600
1959 DS19, 4-cyl., 1911cc, 123" wb						
4d DeL Sed	400	1,200	2,050	4,590	7,150	10,200
1960 AMI-6, 2-cyl., 602cc, 94.5" wb						
4d Sed	400	1,150	1,900	4,280	6,650	9,500
1960 ID19, 4-cyl., 1911cc, 123" wb						
4d Luxe Sed	400	1,200	2,000	4,460	6,950	9,900
4d Confort Sed	400	1,250	2,050	4,640	7,200	10,300
4d Sta Wag	400	1,200	2,000	4,500	7,000	10,000
1960 DS19, 4-cyl., 1911cc, 123" wb						
4d DeL Sed	400	1,200	1,950	4,410	6,850	9,800
1961 AMI-6, 2-cyl., 602cc, 94.5" wb						
4d Sed	400	1,150	1,900	4,280	6,650	9,500
1961 ID19, 4-cyl., 1911cc, 123" wb						
4d Luxe Sed	400	1,200	2,000	4,500	7,000	10,000
4d Luxe Sta Wag	400	1,200	2,000	4,500	7,000	10,000
4d Confort Sed	400	1,200	2,050	4,590	7,150	10,200
4d Confort Sta Wag	400	1,200	2,050	4,590	7,150	10,200
1961 DS19, 4-cyl., 1911cc, 123" wb						
4d DeL Sed	400	1,200	2,000	4,500	7,000	10,000

CITROEN

	6	5	4	3	2	1
2d Chapron Sed 1,200	1,200	3,600	6,000	13,500	21,000	30,000
4d Prestige Limo 700	700	2,050	3,400	7,650	11,900	17,000
1962 AMI-6, 2-cyl., 602cc, 94.5" wb						
4d Sed 400	400	1,150	1,900	4,280	6,650	9,500
1962 ID19, 4-cyl., 1911cc, 123" wb						
4d Normale Sed 400	400	1,200	1,950	4,410	6,850	9,800
4d Luxe Sed 400	400	1,200	2,000	4,500	7,000	10,000
4d Luxe Sta Wag 400	400	1,200	2,000	4,500	7,000	10,000
4d Confort Sed 400	400	1,200	2,050	4,590	7,150	10,200
4d Confort Sta Wag 400	400	1,200	2,050	4,590	7,150	10,200
1962 DS19, 4-cyl., 1911cc, 123" wb						
4d Sup 83 Sed 400	400	1,250	2,100	4,730	7,350	10,500
1963 AMI-6, 2-cyl., 602cc, 94.5" wb						
4d Sed 400	400	1,150	1,900	4,280	6,650	9,500
1963 ID19, 4-cyl., 1911cc, 123" wb						
4d Normale Sed 400	400	1,200	1,950	4,410	6,850	9,800
4d Luxe Sed 400	400	1,200	2,000	4,500	7,000	10,000
4d Luxe Sta Wag 400	400	1,200	2,000	4,500	7,000	10,000
4d Confort Sed 400	400	1,200	2,050	4,590	7,150	10,200
4d Confort Sta Wag 400	400	1,200	2,050	4,590	7,150	10,200
2d Confort Conv 1,200	1,200	3,600	6,000	13,500	21,000	30,000
1963 DS19, 4-cyl., 1911cc, 123" wb						
4d Sup 83 Sed 400	400	1,250	2,100	4,730	7,350	10,500
2d Sup 83 Conv 1,250	1,250	3,800	6,300	14,180	22,100	31,500
4d Aero Sup Sed 600	600	1,800	3,000	6,750	10,500	15,000
2d Aero Sup Conv 1,350	1,350	4,000	6,700	15,080	23,500	33,500
1964 AMI-6, 2-cyl., 602cc, 94.5" wb						
4d Sed 400	400	1,150	1,900	4,280	6,650	9,500
1964 ID19, 4-cyl., 1911cc, 123" wb						
4d Sup Sed 400	400	1,200	2,000	4,500	7,000	10,000
2d Sup Conv 1,200	1,200	3,600	6,000	13,500	21,000	30,000
4d DeL Sta Wag 400	400	1,200	2,000	4,500	7,000	10,000
4d Confort Sta Wag 400	400	1,200	2,050	4,590	7,150	10,200
1964 DS19, Grande Route, 4-cyl., 1911cc, 94.5" wb						
4d Sed 400	400	1,250	2,100	4,730	7,350	10,500
2d Conv 1,250	1,250	3,800	6,300	14,180	22,100	31,500
1964 DS19, Aero Super, 4-cyl., 1911cc, 94.5" wb						
4d Sed 600	600	1,800	3,000	6,750	10,500	15,000
2d Conv 1,350	1,350	4,000	6,700	15,080	23,500	33,500
1965 AMI-6, 2-cyl., 602cc, 94.5" wb						
4d Sed 400	400	1,150	1,900	4,280	6,650	9,500
1965 ID19, 4-cyl., 1911cc, 123" wb						
4d Luxe Sed 400	400	1,200	2,000	4,500	7,000	10,000
4d Luxe Sta Wag 400	400	1,200	2,000	4,500	7,000	10,000
4d Sup Sed 400	400	1,200	2,000	4,500	7,000	10,000
4d Confort Sta Wag 400	400	1,200	2,050	4,590	7,150	10,200
1965 DS19, Grande Route, 4-cyl., 1911cc, 123" wb						
4d Sed 400	400	1,250	2,100	4,730	7,350	10,500
4d Pallas Sed 400	400	1,250	2,100	4,770	7,400	10,600
1965 DS19, Aero Super, 4-cyl., 1911cc, 123" wb						
4d Sed 600	600	1,800	3,000	6,750	10,500	15,000
4d Pallas Sed 600	600	1,800	2,950	6,660	10,400	14,800
1966-67 AMI-6, 2-cyl., 602cc, 94.5" wb						
4d Sed 400	400	1,150	1,900	4,280	6,650	9,500
4d Sta Wag 400	400	1,150	1,900	4,280	6,650	9,500
1966-67 ID19, 4-cyl., 1911cc, 123" wb						
4d Luxe Sed 400	400	1,200	2,000	4,500	7,000	10,000
4d Sup Sed 400	400	1,200	2,000	4,500	7,000	10,000
1966-67 DS19, Grand Route, 4-cyl., 1985cc, 123" wb						
4d Sed 400	400	1,250	2,100	4,730	7,350	10,500
4d Pallas Sed 700	700	2,100	3,500	7,880	12,300	17,500
1966-67 DS19, Aero Super, 4-cyl., 1985cc, 123" wb						
4d Sed 400	400	1,250	2,100	4,730	7,350	10,500
4d Pallas Sed 700	700	2,100	3,500	7,880	12,300	17,500
1966-67 DS21, Grande Route, 4-cyl., 2175cc, 123" wb						
4d Sed 450	450	1,300	2,150	4,860	7,550	10,800
4d Pallas Sed 600	600	1,800	3,000	6,750	10,500	15,000
1966-67 DS21, Aero Super, 4-cyl., 2175cc, 123" wb						
4d Sed 750	750	2,200	3,700	8,330	13,000	18,500
4d Pallas Sed 800	800	2,400	4,000	9,000	14,000	20,000
1966-67 DS21, Chapron, 4-cyl., 2175cc, 123" wb						
2d Conv Cpe 1,400	1,400	4,200	7,000	15,750	24,500	35,000
1966-67 D21, 4-cyl., 2175cc, 123" wb						
4d Luxe Sta Wag 600	600	1,800	3,000	6,750	10,500	15,000
4d Confort Sta Wag 650	650	2,000	3,300	7,430	11,600	16,500
1968 ID19, 4-cyl., 1985cc, 123" wb						
4d Luxe Sed 400	400	1,200	2,000	4,500	7,000	10,000
4d Grande Rte Sed 400	400	1,250	2,100	4,730	7,350	10,500

CITROEN

DAIHATSU

	6	5	4	3	2	1
1968 DS21, Grande Route, 4-cyl., 2175cc, 123" wb						
4d Sed	450	1,300	2,150	4,860	7,550	10,800
4d Pallas Sed	600	1,800	3,000	6,750	10,500	15,000
1968 DS21, Aero Super, 4-cyl., 2175cc, 123" wb						
4d Sed	750	2,200	3,700	8,330	13,000	18,500
4d Pallas Sed	800	2,400	4,000	9,000	14,000	20,000
1968 D21, 4-cyl., 2175cc, 123" wb						
4d Luxe Sta Wag	600	1,800	3,000	6,750	10,500	15,000
4d Confort Sta Wag	650	2,000	3,300	7,430	11,600	16,500
1969 ID19, 4-cyl., 1985cc, 123" wb						
4d Luxe Sed	400	1,150	1,900	4,280	6,650	9,500
4d Grande Rte Sed	400	1,200	2,000	4,500	7,000	10,000
1969 DS21, Grande Route, 4-cyl., 2175cc, 123" wb						
4d Sed	400	1,250	2,050	4,640	7,200	10,300
4d Pallas Sed	600	1,750	2,900	6,530	10,200	14,500
1969 DS21, Aero Super, 4-cyl., 2175cc, 123" wb						
4d Sed	400	1,250	2,050	4,640	7,200	10,300
4d Pallas Sed	600	1,750	2,900	6,530	10,200	14,500
1969 Luxe, 4-cyl., 2175cc, 123" wb						
4d D19 Sta Wag	600	1,750	2,900	6,530	10,200	14,500
4d D21 Sta Wag	600	1,750	2,900	6,530	10,200	14,500
1970 ID19/D Special, 4-cyl., 1985cc, 123" wb						
4d Grande Rte Sed	400	1,250	2,050	4,640	7,200	10,300
1970 DS21, Aero Super, 4-cyl., 2175cc, 123" wb						
4d Sed	400	1,200	2,050	4,590	7,150	10,200
4d Pallas Sed	600	1,750	2,900	6,530	10,200	14,500
4d Grande Rte Sed	400	1,200	2,000	4,500	7,000	10,000
1970 D21, 4-cyl., 2175cc, 123" wb						
4d Luxe Sta Wag	550	1,700	2,800	6,300	9,800	14,000
4d Confort Sta Wag	600	1,850	3,100	6,980	10,900	15,500
1971-72 D Special, 4-cyl., 1985cc, 123" wb						
4d DS20 Sed	550	1,700	2,800	6,300	9,800	14,000
1971-72 DS21, Aero Super, 4-cyl., 2175cc, 123" wb						
4d Sed	400	1,200	2,050	4,590	7,150	10,200
4d Pallas Sed	600	1,750	2,900	6,530	10,200	14,500
1971-72 DS21, Grande Route, 4-cyl., 2175cc, 123" wb						
4d Sed	400	1,200	2,000	4,500	7,000	10,000
1971-72 D21, 4-cyl., 2175cc, 123" wb						
4d Sta Wag	550	1,700	2,800	6,300	9,800	14,000
1971-72 SM Maserati, V-6, 2670cc, 116.1" wb						
2d Cpe (2 plus 2)	1,100	3,350	5,600	12,600	19,600	28,000
1973-75 SM-Maserati, V-6, 2670-2695cc, 116.1" wb						
2d Cpe	1,000	3,000	5,000	11,250	17,500	25,000
1973-75 SM-Maserati, V-6, 2670-2965cc, 116.1" wb						

NOTE: Although still in production in the '80s and '90s, cars were not exported to U.S. after mid-'70s.

DAIHATSU

	6	5	4	3	2	1
1988						
2d HBk CLS	200	550	900	2,030	3,150	4,500
2d HBk CLX	200	600	1,000	2,210	3,450	4,900
2d HBk CSX	200	650	1,100	2,480	3,850	5,500
1989						
2d HBk CES	200	650	1,100	2,480	3,850	5,500
2d HBk CLS	250	700	1,200	2,660	4,150	5,900
2d HBk CLX	250	800	1,300	2,930	4,550	6,500
1990 Charade						
2d HBk SE	250	750	1,250	2,790	4,350	6,200
2d HBk SX	250	750	1,250	2,840	4,400	6,300
4d Sed SE	250	750	1,250	2,790	4,350	6,200
4d Sed SX	250	750	1,250	2,840	4,400	6,300
1990 Rocky 4x4						
2d Conv SE	300	950	1,600	3,600	5,600	8,000
2d Conv SX	350	1,000	1,650	3,690	5,750	8,200
2d Utly SE	300	850	1,400	3,150	4,900	7,000
2d Utly SX	300	850	1,450	3,240	5,050	7,200
1991 Charade						
2d HBk SE	100	350	600	1,350	2,100	3,000
4d Sed SE	150	400	650	1,440	2,250	3,200
4d Sed SX	150	450	700	1,620	2,500	3,600
1992 Charade						
2d HBk SE	150	400	650	1,440	2,250	3,200
4d Sed SE	150	400	700	1,530	2,400	3,400
4d Sed SX	150	400	700	1,580	2,450	3,500

DATSUN

	6	5	4	3	2	1
1960 4-cyl., 1189cc, 87.4" wb						
Fairlady Rds SPL 212	480	1,440	2,400	5,400	8,400	12,000

	6	5	4	3	2	1
1961-62 4-cyl., 1189cc, 86.6" wb						
Fairlady Rds SPL 213	480	1,440	2,400	5,400	8,400	12,000
1963-65 4-cyl., 1488cc, 89.8" wb						
1500 Rds SPL 310	480	1,440	2,400	5,400	8,400	12,000
1966 4-cyl., 1595cc, 89.8" wb						
1600 Rds SPL 311	468	1,404	2,340	5,270	8,190	11,700
1967 4-cyl., 1595cc, 89.8" wb						
1600 Rds SPL 311, (Early)	468	1,404	2,340	5,270	8,190	11,700
2000 Rds SRL 311, (Late)	488	1,464	2,440	5,490	8,540	12,200
1968 4-cyl., 1595cc, 89.8" wb						
4d Sed 510	412	1,236	2,060	4,640	7,210	10,300
1600 Rds SPL 311	460	1,380	2,300	5,180	8,050	11,500
1968 4-cyl., 1982cc, 89.8" wb						
2000 Rds SRL 311	460	1,380	2,300	5,180	8,050	11,500
1969 4-cyl., 1595cc, 95.3" wb						
2d 510 Sed	416	1,248	2,080	4,680	7,280	10,400
4d 510 Sed	412	1,236	2,060	4,640	7,210	10,300
1969 4-cyl., 1595cc, 89.8" wb						
1600 Rds SPL 311	428	1,284	2,140	4,820	7,490	10,700
1969 4-cyl., 1982cc, 89.8" wb						
2000 Rds SRL 311	468	1,404	2,340	5,270	8,190	11,700
1970 4-cyl., 1595cc, 95.3" wb						
2d 510 Sed	416	1,248	2,080	4,680	7,280	10,400
4d 510 Sed	412	1,236	2,060	4,640	7,210	10,300
1970 4-cyl., 1595cc, 89.8" wb						
1600 Rds SPL 311	452	1,356	2,260	5,090	7,910	11,300
1970 4-cyl., 1982cc, 89.8" wb						
2000 Rds SRL 311	440	1,320	2,200	4,950	7,700	11,000
1970 6-cyl., 2393cc, 90.7" wb						
240Z 2d Cpe.	640	1,920	3,200	7,200	11,200	16,000
1971 4-cyl., 1595cc, 95.3" wb						
2d 510 Sed	416	1,248	2,080	4,680	7,280	10,400
4d 510 Sed	412	1,236	2,060	4,640	7,210	10,300
1971 6-cyl., 2393cc, 90.7" wb						
240Z 2d Cpe.	600	1,800	3,000	6,750	10,500	15,000
1972 4-cyl., 1595cc, 95.3" wb						
2d 510 Sed	416	1,248	2,080	4,680	7,280	10,400
4d 510 Sed	412	1,236	2,060	4,640	7,210	10,300
1972 6-cyl., 2393cc, 90.7" wb						
240Z 2d Cpe.	560	1,680	2,800	6,300	9,800	14,000
1973 4-cyl., 1595cc, 95.3" wb						
2d 510 Sed	416	1,248	2,080	4,680	7,280	10,400
1973 6-cyl., 2393cc, 90.7" wb						
240Z 2d Cpe.	560	1,680	2,800	6,300	9,800	14,000
1974 6-cyl., 2565cc, 90.7" wb						
260Z 2d Cpe.	396	1,188	1,980	4,460	6,930	9,900
1974 6-cyl., 2565cc, 102.6" wb						
260Z 2d Cpe 2 plus 2	390	1,160	1,940	4,370	6,790	9,700
1975 6-cyl., 2565cc, 90.7" wb						
260Z 2d Cpe.	396	1,188	1,980	4,460	6,930	9,900
1975 6-cyl., 2565cc, 102.6" wb						
260Z 2d Cpe 2 plus 2	390	1,160	1,940	4,370	6,790	9,700
1975 6-cyl., 2753cc, 90.7" wb						
280Z 2d Cpe.	404	1,212	2,020	4,550	7,070	10,100
1975 6-cyl., 2753cc, 102.6" wb						
280Z 2d Cpe 2 plus 2	400	1,190	1,980	4,460	6,930	9,900
1976 6-cyl., 2753cc, 90.7" wb						
280Z 2d Cpe.	444	1,332	2,220	5,000	7,770	11,100
1976 6-cyl., 2753cc, 102.6" wb						
280Z 2d Cpe 2 plus 2	410	1,240	2,060	4,640	7,210	10,300
1977 6-cyl., 2393cc, 104.3" wb						
4d 810 Sed	240	720	1,200	2,700	4,200	6,000
1977 6-cyl., 2753cc, 90.7" wb						
280Z 2d Cpe.	420	1,260	2,100	4,730	7,350	10,500
1977 6-cyl., 2753cc, 102.6" wb						
280Z 2d Cpe 2 plus 2	390	1,160	1,940	4,370	6,790	9,700

DATSUN/NISSAN

	6	5	4	3	2	1
1978 6-cyl., 149 hp, 90.7" wb						
280Z Cpe	400	1,200	2,000	4,500	7,000	10,000
280Z Cpe 2 plus 2	390	1,180	1,960	4,410	6,860	9,800
1978-79 4-cyl., 1952cc, 92.1" wb						
200SX Cpe	312	936	1,560	3,510	5,460	7,800
1979 6-cyl., L28E/L28ET, 2753cc, 90.7" wb						
280ZX Cpe	400	1,200	2,000	4,500	7,000	10,000
280ZX Cpe 2 plus 2	390	1,180	1,960	4,410	6,860	9,800
1980 6-cyl., L28E/L28ET, 2753cc, 90.7" wb						
280ZX Cpe	400	1,150	1,950	4,370	6,800	9,700

DATSUN/NISSAN

DATSUN/NISSAN

	6	5	4	3	2	1
280ZX Cpe 2 plus 2 380		1,130	1,880	4,230	6,580	9,400
NOTE: Add 10 percent for 10th Anniv. Ed. (Black Gold).						
1981 6-cyl., L28E/L28ET, 2753cc, 90.7" wb						
280ZX Cpe 350		1,100	1,850	4,190	6,500	9,300
280ZX Cpe 2 plus 2 GL. 360		1,080	1,800	4,050	6,300	9,000
280ZX Cpe Turbo GL 360		1,080	1,800	4,050	6,300	9,000
1982 6-cyl., L28E/L28ET, 2753cc, 90.7" wb						
280ZX Cpe 400		1,150	1,900	4,320	6,700	9,600
280ZX Cpe 2 plus 2 370		1,120	1,860	4,190	6,510	9,300
280ZX Cpe Turbo 400		1,200	2,000	4,500	7,000	10,000
280ZX Cpe 2 plus 2 Turbo 400		1,200	1,950	4,410	6,850	9,800
1983 6-cyl., L28E/L28ET, 2753cc, 90.7" wb						
280ZX Cpe 400		1,150	1,900	4,280	6,650	9,500
280ZX Cpe 2 plus 2 370		1,100	1,840	4,140	6,440	9,200
280ZX Cpe Turbo 400		1,200	2,000	4,460	6,950	9,900
280ZX Cpe 2 plus 2 Turbo 400		1,150	1,950	4,370	6,800	9,700
1984 Sentra (FWD)						
2d Sed. 200		600	1,000	2,300	3,550	5,100
2d DeL Sed 200		600	1,050	2,340	3,650	5,200
4d DeL Sed 200		600	1,000	2,250	3,500	5,000
4d DeL Wag 200		650	1,050	2,390	3,700	5,300
2d HBk XE 200		650	1,100	2,430	3,800	5,400
300ZX Cpe GL 600		1,750	2,900	6,530	10,200	14,500
300ZX 2d 2 plus 2 GL 390		1,160	1,940	4,370	6,790	9,700
300ZX 2d Turbo GL 440		1,320	2,200	4,950	7,700	11,000
1985 Sentra						
2d Std Sed 200		600	1,000	2,300	3,550	5,100
2d DeL Sed 200		600	1,050	2,340	3,650	5,200
4d DeL Sed 200		650	1,050	2,390	3,700	5,300
4d DeL Sta Wag 200		650	1,100	2,430	3,800	5,400
2d Diesel Sed 200		600	1,000	2,300	3,550	5,100
XE 2d Sed 200		650	1,050	2,390	3,700	5,300
XE 4d Sed 200		650	1,100	2,430	3,800	5,400
XE 4d Sta Wag 200		650	1,100	2,480	3,850	5,500
XE 2d HBk 200		650	1,100	2,430	3,800	5,400
SE 2d HBk 200		650	1,100	2,520	3,900	5,600
1985 Pulsar						
2d Cpe 250		700	1,150	2,610	4,050	5,800
1985 Stanza						
4d HBk 200		650	1,100	2,520	3,900	5,600
4d Sed 250		700	1,150	2,570	4,000	5,700
1985 200SX						
2d DeL Sed 250		700	1,200	2,700	4,200	6,000
2d DeL HBk 250		750	1,250	2,840	4,400	6,300
XE 2d Sed 250		750	1,250	2,790	4,350	6,200
XE 2d HBk 250		800	1,300	2,930	4,550	6,500
Turbo 2d HBk 250		800	1,350	3,020	4,700	6,700
1985 Maxima						
SE 4d Sed 350		1,000	1,650	3,690	5,750	8,200
GL 4d Sed 350		1,000	1,700	3,780	5,900	8,400
GL 4d Sta Wag 350		1,050	1,700	3,870	6,000	8,600
1985 300ZX						
2d Cpe 550		1,700	2,800	6,300	9,800	14,000
2d Cpe 2 plus 2 600		1,800	3,000	6,750	10,500	15,000
Turbo 2d Cpe 650		1,900	3,200	7,200	11,200	16,000
1986 Sentra						
2d Sed 250		700	1,150	2,570	4,000	5,700
2d DeL Sed 250		700	1,150	2,610	4,050	5,800
4d DeL Sed 250		700	1,200	2,660	4,150	5,900
4d Sta Wag 200		650	1,100	2,480	3,850	5,500
2d Diesel Sed 250		700	1,150	2,570	4,000	5,700
XE 2d Sed 200		650	1,100	2,480	3,850	5,500
XE 4d Sed 200		650	1,100	2,520	3,900	5,600
XE 4d Sta Wag 200		650	1,050	2,390	3,700	5,300
XE 2d HBk 200		600	1,000	2,300	3,550	5,100
SE 2d HBk 200		650	1,100	2,430	3,800	5,400
1986 Pulsar						
2d Cpe 200		650	1,100	2,480	3,850	5,500
1986 Stanza						
GL 4d Sed 250		750	1,250	2,790	4,350	6,200
XE 4d Sta Wag 250		750	1,250	2,840	4,400	6,300
XE 4d Sta Wag 4WD 280		830	1,380	3,110	4,830	6,900
1986 200SX						
E 2d Sed 250		800	1,350	3,060	4,750	6,800
E 2d HBk 300		850	1,450	3,240	5,050	7,200
XE 2d Sed 300		850	1,400	3,110	4,850	6,900
XE 2d HBk 300		900	1,450	3,290	5,100	7,300
Turbo 2d HBk 300		900	1,500	3,420	5,300	7,600

	6	5	4	3	2	1
1986 Maxima						
SE 4d Sed	350	1,050	1,750	3,960	6,150	8,800
GL 4d Sed	350	1,100	1,800	4,100	6,350	9,100
GL 4d Sta Wag	350	1,100	1,850	4,190	6,500	9,300
1986 300ZX						
2d Cpe	400	1,250	2,100	4,730	7,350	10,500
2d Cpe 2 plus 2	450	1,400	2,300	5,180	8,050	11,500
2d Turbo Cpe	500	1,500	2,500	5,630	8,750	12,500
1987 Sentra						
2d Sed	200	600	1,050	2,340	3,650	5,200
E 2d Sed	250	700	1,200	2,700	4,200	6,000
E 4d Sed	250	750	1,200	2,750	4,250	6,100
E 2d HBk	250	700	1,200	2,700	4,200	6,000
E 4d Sta Wag	250	750	1,250	2,840	4,400	6,300
XE 2d Sed	250	750	1,250	2,840	4,400	6,300
XE 4d Sed	250	750	1,300	2,880	4,500	6,400
XE 4d Sta Wag	250	750	1,250	2,840	4,400	6,300
XE 4d Sta Wag 4WD	270	800	1,340	3,020	4,690	6,700
GXE 4d Sed	300	900	1,450	3,290	5,100	7,300
XE 2d Cpe	250	800	1,350	3,060	4,750	6,800
SE 2d Cpe	300	850	1,450	3,240	5,050	7,200
1987 Pulsar						
XE 2d Cpe	350	1,000	1,650	3,690	5,750	8,200
SE 2d Cpe 16V	350	1,050	1,750	3,920	6,100	8,700
1987 Stanza						
E 4d NBk	300	950	1,600	3,560	5,550	7,900
GXE 4d NBk	300	900	1,500	3,330	5,200	7,400
4d HBk	300	850	1,450	3,240	5,050	7,200
XE 4d Sta Wag	300	900	1,500	3,330	5,200	7,400
XE 4d Sta Wag 4WD	320	960	1,600	3,600	5,600	8,000
1987 200SX						
XE 2d NBk	300	850	1,400	3,200	4,950	7,100
XE 2d HBk	300	850	1,450	3,240	5,050	7,200
SE 2d HBk V-6	350	1,000	1,650	3,740	5,800	8,300
1987 Maxima						
SE 4d Sed	350	1,050	1,750	3,960	6,150	8,800
GXE 4d Sed	350	1,050	1,750	3,920	6,100	8,700
GXE 4d Sta Wag	400	1,150	1,900	4,280	6,650	9,500
1987 300ZX						
GS 2d Cpe	500	1,450	2,400	5,400	8,400	12,000
GS 2d Cpe 2 plus 2	500	1,500	2,500	5,630	8,750	12,500
2d Turbo Cpe	550	1,600	2,700	6,080	9,450	13,500
1988 Sentra						
2d Sed	250	700	1,150	2,570	4,000	5,700
E 2d Sed	250	800	1,350	3,020	4,700	6,700
E 4d Sed	300	850	1,400	3,150	4,900	7,000
E 2d HBk	250	800	1,350	3,020	4,700	6,700
E 4d Sta Wag	300	900	1,450	3,290	5,100	7,300
XE 2d Sed	300	850	1,400	3,200	4,950	7,100
XE 4d Sed	300	900	1,500	3,330	5,200	7,400
XE 4d Sta Wag	300	900	1,550	3,470	5,400	7,700
XE 4d Sta Wag 4x4	350	1,000	1,700	3,780	5,900	8,400
XE 2d Cpe	300	900	1,550	3,470	5,400	7,700
SE 2d Cpe	350	1,000	1,650	3,690	5,750	8,200
GXE 4d Sed	300	950	1,550	3,510	5,450	7,800
1988 Pulsar						
XE 2d Cpe	350	1,050	1,750	3,960	6,150	8,800
SE 2d Cpe	350	1,100	1,850	4,140	6,450	9,200
1988 Stanza						
E 4d Sed	350	1,000	1,650	3,690	5,750	8,200
GXE 4d Sed	350	1,100	1,800	4,050	6,300	9,000
XE 4d Sta Wag	350	1,050	1,750	3,920	6,100	8,700
XE 4d Sta Wag 4x4	400	1,150	1,900	4,230	6,600	9,400
1988 200 SX						
XE 2d Cpe	350	1,050	1,750	3,920	6,100	8,700
XE 2d HBk	350	1,050	1,800	4,010	6,250	8,900
SE 2d HBk V-6	400	1,200	2,000	4,500	7,000	10,000
1988 Maxima						
SE 4d Sed	400	1,200	2,000	4,500	7,000	10,000
GXE 4d Sed	400	1,250	2,100	4,730	7,350	10,500
GXE 4d Sta Wag	450	1,300	2,200	4,950	7,700	11,000
1988 300ZX						
GS 2d Cpe	500	1,550	2,600	5,850	9,100	13,000
GS 2d Cpe 2 plus 2	540	1,620	2,700	6,080	9,450	13,500
2d Turbo Cpe	550	1,700	2,800	6,300	9,800	14,000
1989 Sentra						
2d Sed	300	850	1,400	3,150	4,900	7,000
E 2d Sed	300	950	1,600	3,600	5,600	8,000
E 4d Sed	350	1,000	1,700	3,780	5,900	8,400

DATSUN/NISSAN

	6	5	4	3	2	1
E 4d Sta Wag	350	1,050	1,750	3,920	6,100	8,700
XE 2d Sed	350	1,050	1,700	3,870	6,000	8,600
XE 4d Sed	350	1,050	1,800	4,010	6,250	8,900
XE 4d Sta Wag	350	1,100	1,850	4,140	6,450	9,200
XE 4d Sta Wag 4x4	400	1,200	2,000	4,460	6,950	9,900
XE Cpe	400	1,150	1,900	4,280	6,650	9,500
SE Cpe	400	1,200	2,000	4,460	6,950	9,900
1989 Pulsar						
XE Cpe	400	1,200	2,050	4,590	7,150	10,200
SE Cpe (16V)	450	1,300	2,150	4,860	7,550	10,800
1989 Stanza						
E 4d Sed	400	1,200	2,050	4,590	7,150	10,200
GXE 4d Sed	450	1,300	2,200	4,950	7,700	11,000
1989 240 SX						
XE 2d Sed	500	1,500	2,450	5,540	8,600	12,300
SE 2d HBk	500	1,500	2,500	5,580	8,700	12,400
1989 Maxima						
SE 4d Sed	600	1,800	2,950	6,660	10,400	14,800
GXE 4d Sed	600	1,750	2,900	6,480	10,100	14,400
1989 300 ZX						
GS Cpe	600	1,850	3,100	6,930	10,800	15,400
GS 2d Cpe 2 plus 2	620	1,860	3,100	6,980	10,850	15,500
Cpe Turbo	650	1,900	3,200	7,200	11,200	16,000
1990 Sentra, 4-cyl.						
2d Sed	200	550	900	2,070	3,200	4,600
XE 2d Sed	200	650	1,100	2,480	3,850	5,500
XE 4d Sed	200	650	1,100	2,520	3,900	5,600
XE 4d Sta Wag	250	700	1,150	2,570	4,000	5,700
XE 2d Cpe	250	700	1,200	2,700	4,200	6,000
SE 2d Cpe	250	800	1,300	2,930	4,550	6,500
1990 Pulsar, 4-cyl.						
XE 2d Cpe	300	900	1,500	3,380	5,250	7,500
1990 Stanza, 4-cyl.						
XE 4d Sed	300	850	1,450	3,240	5,050	7,200
GXE 4d Sed	300	900	1,550	3,470	5,400	7,700
1990 240 SX, 4-cyl.						
XE 2d Cpe	300	950	1,600	3,600	5,600	8,000
SE 2d FBk	350	1,000	1,700	3,830	5,950	8,500
1990 Maxima, V-6						
SE 4d Sed	450	1,300	2,150	4,820	7,500	10,700
GXE 4d Sed	400	1,200	2,000	4,500	7,000	10,000
1990 300ZX, V-6						
GS 2d Cpe	550	1,700	2,800	6,300	9,800	14,000
GS 2d Cpe 2 plus 2	580	1,740	2,900	6,530	10,150	14,500
2d Turbo Cpe	650	1,900	3,200	7,200	11,200	16,000
1990 Axxess, 4-cyl.						
XE 4d Sta Wag	300	850	1,400	3,150	4,900	7,000
XE 4d Sta Wag 4x4	300	950	1,600	3,600	5,600	8,000
1991 Sentra						
E 2d Sed	200	600	1,050	2,340	3,650	5,200
XE 2d Sed	200	650	1,100	2,430	3,800	5,400
SE 2d Sed	200	650	1,100	2,520	3,900	5,600
SE-R 2d Sed	200	700	1,150	2,610	4,050	5,800
E 4d Sed	200	600	1,050	2,340	3,650	5,200
XE 4d Sed	200	650	1,100	2,430	3,800	5,400
GXE 4d Sed	250	700	1,200	2,660	4,150	5,900
1991 Stanza						
XE 4d Sed	250	800	1,350	3,020	4,700	6,700
GXE 4d Sed	300	900	1,500	3,330	5,200	7,400
1991 NX						
2d Cpe 1600	250	800	1,300	2,930	4,550	6,500
2d Cpe 2000	300	850	1,400	3,150	4,900	7,000
1991 240SX						
2d Cpe	300	950	1,600	3,600	5,600	8,000
SE 2d Cpe	350	1,100	1,800	4,050	6,300	9,000
2d FBk	350	1,100	1,800	4,050	6,300	9,000
SE 2d FBk	400	1,150	1,900	4,280	6,650	9,500
LE 2d FBk	400	1,150	1,950	4,370	6,800	9,700
1991 Maxima, V-6						
SE 4d Sed	400	1,250	2,100	4,730	7,350	10,500
GXE 4d Sed	400	1,200	2,000	4,500	7,000	10,000
1991 300ZX, V-6						
2d Cpe	600	1,800	3,000	6,750	10,500	15,000
2d Cpe 2 plus 2	600	1,850	3,100	6,980	10,900	15,500
2d Turbo Cpe	650	1,900	3,200	7,200	11,200	16,000
1992 Sentra, 4-cyl.						
E 2d Sed	200	650	1,100	2,520	3,900	5,600
E 4d Sed	250	700	1,150	2,610	4,050	5,800
XE 2d Sed	250	700	1,200	2,660	4,150	5,900

	6	5	4	3	2	1
XE 4d Sed	250	700	1,200	2,700	4,200	6,000
SE 2d Sed	250	700	1,200	2,700	4,200	6,000
SE-R 4d Sed	250	750	1,250	2,790	4,350	6,200
GXE 4d Sed	250	800	1,300	2,930	4,550	6,500
1992 NX, 4-cyl.						
2d Cpe 1600	300	900	1,500	3,380	5,250	7,500
2d Cpe 2000	300	950	1,600	3,600	5,600	8,000
1992 Stanza, 4-cyl.						
XE 4d Sed	250	800	1,300	2,930	4,550	6,500
SE 4d Sed	300	850	1,400	3,150	4,900	7,000
GXE 4d Sed	300	900	1,500	3,380	5,250	7,500
1992 240SX, 4-cyl.						
2d Cpe	300	850	1,400	3,150	4,900	7,000
2d FBk	300	900	1,500	3,380	5,250	7,500
SE 2d Cpe	300	950	1,600	3,600	5,600	8,000
SE 2d FBk	350	1,000	1,700	3,830	5,950	8,500
LE 2d FBk	400	1,150	1,900	4,280	6,650	9,500
SE 2d Conv	600	1,850	3,100	6,980	10,900	15,500
1992 Maxima, V-6						
GXE 4d Sed	400	1,250	2,100	4,730	7,350	10,500
SE 4d Sed	450	1,400	2,300	5,180	8,050	11,500
1992 300ZX, V-6						
2d Cpe	600	1,800	3,000	6,750	10,500	15,000
2d Cpe 2 plus 2	650	1,900	3,200	7,200	11,200	16,000
2d Cpe Turbo	700	2,150	3,600	8,100	12,600	18,000
1993 Sentra, 4-cyl.						
E 2d Sed	200	650	1,100	2,480	3,850	5,500
E 4d Sed	200	650	1,100	2,520	3,900	5,600
XE 2d Sed	250	700	1,150	2,570	4,000	5,700
XE 4d Sed	250	700	1,150	2,610	4,050	5,800
SE 2d Sed	250	700	1,150	2,610	4,050	5,800
SE-R 2d Sed	250	700	1,200	2,660	4,150	5,900
GXE 4d Sed	250	700	1,200	2,700	4,200	6,000
1993 NX, 4-cyl.						
2d Cpe 1600	250	750	1,250	2,790	4,350	6,200
2d Cpe 2000	250	800	1,300	2,930	4,550	6,500
1993 Altima, 4-cyl.						
XE 4d Sed	250	700	1,150	2,610	4,050	5,800
GXE 4d Sed	250	700	1,200	2,660	4,150	5,900
SE 4d Sed	250	750	1,200	2,750	4,250	6,100
GLE 4d Sed	250	750	1,250	2,790	4,350	6,200
1993 240SX, 4-cyl.						
2d Cpe	350	1,000	1,700	3,830	5,950	8,500
2d FBk	350	1,000	1,700	3,830	5,950	8,500
SE 2d Cpe	350	1,050	1,700	3,870	6,000	8,600
SE 2d FBk	350	1,050	1,700	3,870	6,000	8,600
SE 2d Conv	500	1,550	2,600	5,850	9,100	13,000
1993 Maxima, V-6						
GXE 4d Sed	250	700	1,200	2,700	4,200	6,000
SE 4d Sed	250	750	1,250	2,790	4,350	6,200
1993 300ZX, V-6						
2d Cpe	400	1,250	2,100	4,730	7,350	10,500
2d Cpe 2 plus 2	450	1,300	2,200	4,950	7,700	11,000
2d Cpe Turbo	500	1,450	2,400	5,400	8,400	12,000
2d Conv	550	1,700	2,800	6,300	9,800	14,000
1994 Sentra, 4-cyl.						
E 2d Sed	250	700	1,200	2,700	4,200	6,000
XE 2d Sed	250	750	1,250	2,790	4,350	6,200
LE 2d Sed	250	750	1,300	2,880	4,500	6,400
SE 2d Sed	250	800	1,300	2,930	4,550	6,500
SE-R 2d Sed	250	800	1,350	3,020	4,700	6,700
E 4d Sed	250	750	1,200	2,750	4,250	6,100
XE 4d Sed	250	800	1,300	2,930	4,550	6,500
LE 4d Sed	300	850	1,400	3,150	4,900	7,000
GXE 4d Sed	300	900	1,500	3,380	5,250	7,500
1994 Altima, 4-cyl.						
XE 4d Sed	300	950	1,600	3,600	5,600	8,000
GXE 4d Sed	350	1,000	1,700	3,830	5,950	8,500
SE 4d Sed	350	1,100	1,800	4,050	6,300	9,000
GLE 4d Sed	400	1,200	2,000	4,500	7,000	10,000
1994 240SX, 4-cyl.						
SE 2d Conv	500	1,450	2,400	5,400	8,400	12,000
1994 Maxima, V-6						
GXE 4d Sed	350	1,100	1,800	4,050	6,300	9,000
SE 4d Sed	400	1,200	2,000	4,500	7,000	10,000
1994 300ZX, V-6						
2d Cpe	700	2,050	3,400	7,650	11,900	17,000
2d Cpe 2 plus 2	700	2,150	3,600	8,100	12,600	18,000

	6	5	4	3	2	1
2d Cpe Turbo	800	2,400	4,000	9,000	14,000	20,000
2d Conv.	850	2,500	4,200	9,450	14,700	21,000
1995 Sentra, 4-cyl.						
E 4d Sed	250	750	1,200	2,750	4,250	6,100
XE 4d Sed	250	800	1,300	2,930	4,550	6,500
GXE 4d Sed	300	900	1,500	3,380	5,250	7,500
GLE 4d Sed.	300	950	1,600	3,600	5,600	8,000
1995 200SX, 4-cyl.						
2d Cpe.	250	800	1,350	3,060	4,750	6,800
SE 2d Cpe.	300	900	1,500	3,330	5,200	7,400
SER 2d Cpe	350	1,000	1,650	3,690	5,750	8,200
1995 Altima, 4-cyl.						
XE 4d Sed	300	950	1,600	3,600	5,600	8,000
GXE 4d Sed	350	1,000	1,700	3,830	5,950	8,500
SE 4d Sed	350	1,100	1,800	4,050	6,300	9,000
GLE 4d Sed.	400	1,200	2,000	4,500	7,000	10,000
1995 240SX, 4-cyl.						
2d Cpe.	350	1,000	1,650	3,690	5,750	8,200
SE 2d Cpe.	400	1,150	1,900	4,230	6,600	9,400
1995 Maxima, V-6						
GXE 4d Sed	350	1,100	1,800	4,050	6,300	9,000
SE 4d Sed.	400	1,200	2,000	4,500	7,000	10,000
GLE 4d Sed.	400	1,250	2,100	4,730	7,350	10,500
1995 300ZX, V-6						
2d Cpe.	700	2,050	3,400	7,650	11,900	17,000
2d Cpe 2 plus 2.	700	2,150	3,600	8,100	12,600	18,000
2d Turbo Cpe	800	2,400	4,000	9,000	14,000	20,000
2d Conv.	850	2,500	4,200	9,450	14,700	21,000
1996 Sentra, 4-cyl.						
4d Sed.	200	600	1,000	2,300	3,550	5,100
XE 4d Sed	200	650	1,100	2,480	3,850	5,500
GXE 4d Sed	250	800	1,300	2,930	4,550	6,500
GLE 4d Sed	300	850	1,400	3,150	4,900	7,000
1996 200SX, 4-cyl.						
2d Cpe.	250	700	1,150	2,610	4,050	5,800
SE 2d Cpe.	250	750	1,300	2,880	4,500	6,400
SER 2d Cpe	300	850	1,450	3,240	5,050	7,200
1996 Altima, 4-cyl.						
XE 4d Sed	300	850	1,400	3,150	4,900	7,000
GXE 4d Sed	300	900	1,500	3,380	5,250	7,500
SE 4d Sed	300	950	1,600	3,600	5,600	8,000
GLE 4d Sed	350	1,100	1,800	4,050	6,300	9,000
1996 240SX, 4-cyl.						
2d Cpe.	300	850	1,450	3,240	5,050	7,200
SE 2d Cpe.	350	1,000	1,700	3,780	5,900	8,400
1996 Maxima, V-6						
GXE 4d Sed	300	950	1,600	3,600	5,600	8,000
SE 4d Sed	350	1,100	1,800	4,050	6,300	9,000
GLE 4d Sed.	400	1,150	1,900	4,280	6,650	9,500
1996 300ZX, V-6						
2d Cpe.	650	1,900	3,200	7,200	11,200	16,000
2d Cpe 2 plus 2.	700	2,050	3,400	7,650	11,900	17,000
Turbo Cpe	750	2,300	3,800	8,550	13,300	19,000
2d Conv.	800	2,400	4,000	9,000	14,000	20,000
1997 Sentra, 4-cyl.						
4d Sed.	204	612	1,020	2,300	3,570	5,100
XE 4d Sed	220	660	1,100	2,480	3,850	5,500
GXE 4d Sed	260	780	1,300	2,930	4,550	6,500
GLE 4d Sed.	280	840	1,400	3,150	4,900	7,000
1997 200SX, 4-cyl.						
2d Cpe.	232	696	1,160	2,610	4,060	5,800
SE 2d Cpe.	256	768	1,280	2,880	4,480	6,400
SER 2d Cpe	288	864	1,440	3,240	5,040	7,200
1997 Altima, 4-cyl.						
XE 4d Sed	280	840	1,400	3,150	4,900	7,000
GXE 4d Sed	300	900	1,500	3,380	5,250	7,500
SE 4d Sed	320	960	1,600	3,600	5,600	8,000
GLE 4d Sed	360	1,080	1,800	4,050	6,300	9,000
NOTE: Add 5 percent for Limited Ed Pkg on GXE.						
1997 240SX, 4-cyl.						
2d Cpe.	288	864	1,440	3,240	5,040	7,200
SE 2d Cpe.	336	1,008	1,680	3,780	5,880	8,400
LE 2d Cpe.	400	1,200	2,000	4,500	7,000	10,000
1997 Maxima, V-6						
GXE 4d Sed	320	960	1,600	3,600	5,600	8,000
SE 4d Sed.	360	1,080	1,800	4,050	6,300	9,000
GLE 4d Sed.	380	1,140	1,900	4,280	6,650	9,500
1998 Sentra, 4-cyl.						
4d Sed.	210	620	1,040	2,340	3,640	5,200

	6	5	4	3	2	1
XE 4d Sed	220	670	1,120	2,520	3,920	5,600
GXE 4d Sed	260	790	1,320	2,970	4,620	6,600
GLE 4d Sed	280	850	1,420	3,200	4,970	7,100
SE 4d Sed	290	860	1,440	3,240	5,040	7,200
1998 200SX, 4-cyl.						
2d Cpe	230	700	1,160	2,610	4,060	5,800
SE 2d Cpe	260	770	1,280	2,880	4,480	6,400
SER 2d Cpe	290	860	1,440	3,240	5,040	7,200
1998 Altima, 4-cyl.						
XE 4d Sed	280	850	1,420	3,200	4,970	7,100
GXE 4d Sed	300	910	1,520	3,420	5,320	7,600
SE 4d Sed	320	970	1,620	3,650	5,670	8,100
GLE 4d Sed	360	1,090	1,820	4,100	6,370	9,100
1998 240SX, 4-cyl.						
2d Cpe	290	860	1,440	3,240	5,040	7,200
SE 2d Cpe	340	1,010	1,680	3,780	5,880	8,400
LE 2d Cpe	400	1,200	2,000	4,500	7,000	10,000
1998 Maxima, V-6						
GXE 4d Sed	320	960	1,600	3,600	5,600	8,000
SE 4d Sed	360	1,080	1,800	4,050	6,300	9,000
GLE 4d Sed	380	1,140	1,900	4,280	6,650	9,500
1999 Sentra, 4-cyl.						
4d Sed	210	620	1,040	2,340	3,640	5,200
XE 4d Sed	220	670	1,120	2,520	3,920	5,600
GXE 4d Sed	260	790	1,320	2,970	4,620	6,600
GLE 4d Sed	280	850	1,420	3,200	4,970	7,100
SE 4d Sed	290	860	1,440	3,240	5,040	7,200
1999 Altima, 4-cyl.						
XE 4d Sed	280	850	1,420	3,200	4,970	7,100
GXE 4d Sed	300	910	1,520	3,420	5,320	7,600
SE 4d Sed	320	970	1,620	3,650	5,670	8,100
GLE 4d Sed	360	1,090	1,820	4,100	6,370	9,100
1999 Maxima, V-6						
GXE 4d Sed	320	960	1,600	3,600	5,600	8,000
SE 4d Sed	360	1,080	1,800	4,050	6,300	9,000
GLE 4d Sed	380	1,140	1,900	4,280	6,650	9,500
2000 Sentra, 4-cyl.						
CA 4d Sed (low emissions)	280	840	1,400	3,150	4,900	7,000
XE 4d Sed	220	670	1,120	2,520	3,920	5,600
GXE 4d Sed	260	790	1,320	2,970	4,620	6,600
SE 4d Sed	290	860	1,440	3,240	5,040	7,200
2000 Altima, 4-cyl.						
XE 4d Sed	290	860	1,440	3,240	5,040	7,200
GXE 4d Sed	310	920	1,540	3,470	5,390	7,700
SE 4d Sed	330	980	1,640	3,690	5,740	8,200
GLE 4d Sed	370	1,100	1,840	4,140	6,440	9,200
2000 Maxima, V-6						
GXE 4d Sed	320	970	1,620	3,650	5,670	8,100
SE 4d Sed	360	1,090	1,820	4,100	6,370	9,100
GLE 4d Sed	380	1,150	1,920	4,320	6,720	9,600
2001 Sentra, 4-cyl.						
CA 4d Sed (low emissions)	280	840	1,400	3,500	4,900	7,000
XE 4d Sed	220	670	1,120	2,800	3,920	5,600
GXE 4d Sed	260	790	1,320	3,300	4,620	6,600
SE 4d Sed	290	860	1,440	3,600	5,040	7,200
2001 Altima, 4-cyl.						
XE 4d Sed	290	860	1,440	3,600	5,040	7,200
GXE 4d Sed	310	920	1,540	3,850	5,390	7,700
SE 4d Sed	330	980	1,640	4,100	5,740	8,200
GLE 4d Sed	370	1,100	1,840	4,600	6,440	9,200

NOTE: Add 5 percent for GXE Limited Ed. pkg.

	6	5	4	3	2	1
2001 Maxima, V-6						
GXE 4d Sed	320	970	1,620	4,050	5,670	8,100
SE 4d Sed	360	1,090	1,820	4,550	6,370	9,100
GLE 4d Sed	380	1,150	1,920	4,800	6,720	9,600

NOTE: Add 5 percent for Maxima SE 20th Anv. E.

DE TOMASO

	6	5	4	3	2	1
1967-71 V-8, 302 cid, 98.4" wb						
Mangusta 2d Cpe	3,400	10,200	17,000	38,250	59,500	85,000
1971-74 V-8, 351 cid, 99" wb						
Pantera 2d Cpe	2,320	6,960	11,600	26,100	40,600	58,000
1975-78 V-8, 351 cid, 99" wb						
Pantera 2d Cpe	2,120	6,360	10,600	23,850	37,100	53,000

NOTE: After 1974 the Pantera was not officially available in the U.S. Add 5 percent for GTS models.

DE TOMASO

	6	5	4	3	2	1

FACEL VEGA

1954 FV, V-8, 103" wb
	6	5	4	3	2	1
2d HT Cpe. 2,720	8,160	13,600	30,600	47,600	68,000

1955 FV, V-8, 103" wb
2d HT Cpe. 2,720 8,160 13,600 30,600 47,600 68,000

1956 FV2, V-8, 103" wb
2d HT Cpe. 2,720 8,160 13,600 30,600 47,600 68,000

1956 Excellence, V-8, 122" wb
4d HT Sed. 2,640 7,920 13,200 29,700 46,200 66,000

1957 FV2, V-8, 103" wb
2d HT Cpe. 2,720 8,160 13,600 30,600 47,600 68,000

1957 Excellence, V-8, 122" wb
4d HT Sed. 2,640 7,920 13,200 29,700 46,200 66,000

1958 FV2, V-8, 105" wb
2d HT Cpe. 2,720 8,160 13,600 30,600 47,600 68,000

1958 Excellence, V-8, 122" wb
4d HT Sed. 2,640 7,920 13,200 29,700 46,200 66,000

1959 HK500, V-8, 105" wb
2d HT Cpe. 2,720 8,160 13,600 30,600 47,600 68,000

1959 Excellence, V-8, 125" wb
4d HT Sed. 2,640 7,920 13,200 29,700 46,200 66,000

1960 Facellia, 4-cyl., 96" wb
2d Cpe. 1,840 5,520 9,200 20,700 32,200 46,000
2d Conv. 2,240 6,720 11,200 25,200 39,200 56,000

1960 HK500, V-8, 105" wb
2d HT Cpe. 2,720 8,160 13,600 30,600 47,600 68,000

1960 Excellence, V-8, 125" wb
4d HT Sed. 2,640 7,920 13,200 29,700 46,200 66,000

1961 Facellia, 4-cyl., 96" wb
2d Cpe. 1,840 5,520 9,200 20,700 32,200 46,000
2d Conv. 2,240 6,720 11,200 25,200 39,200 56,000

1961 HK500, V-8, 105" wb
2d HT Cpe. 2,720 8,160 13,600 30,600 47,600 68,000

1961 Excellence, V-8, 125" wb
4d HT Sed. 2,640 7,920 13,200 29,700 46,200 66,000

1962 Facellia, 4-cyl., 96" wb
2d Cpe. 1,840 5,520 9,200 20,700 32,200 46,000
2d Conv. 2,240 6,720 11,200 25,200 39,200 56,000

1962 Facel II, V-8, 105" wb
2d HT Cpe. 2,720 8,160 13,600 30,600 47,600 68,000

1962 Excellence, V-8, 125" wb
4d HT Sed. 2,880 8,640 14,400 32,400 50,400 72,000

1963 Facellia, 4-cyl., 96" wb
2d Cpe. 1,840 5,520 9,200 20,700 32,200 46,000
2d Conv. 2,240 6,720 11,200 25,200 39,200 56,000

1963 Facel II, V-8, 105" wb
2d HT Cpe. 2,880 8,640 14,400 32,400 50,400 72,000

1963 Facel III, 4-cyl., 97" wb
2d HT Cpe. 2,720 8,160 13,600 30,600 47,600 68,000

1963 Facel 6, 6-cyl., 97" wb
2d HT Cpe. 2,800 8,400 14,000 31,500 49,000 70,000

1963 Excellence, V-8, 125" wb
4d HT Sed. 2,880 8,640 14,400 32,400 50,400 72,000

1964-65 Facellia, 4-cyl., 96" wb
2d Cpe. 1,840 5,520 9,200 20,700 32,200 46,000
2d Conv. 2,240 6,720 11,200 25,200 39,200 56,000

1964-65 Facel II, V-8, 105" wb
2d HT Cpe. 2,880 8,640 14,400 32,400 50,400 72,000

1964-65 Facel III, 4-cyl., 97" wb
2d HT Cpe. 2,720 8,160 13,600 30,600 47,600 68,000

1964-65 Facel 6, 6-cyl., 97" wb
2d HT Cpe. 2,800 8,400 14,000 31,500 49,000 70,000

FIAT

1947-52 4-cyl., 570cc, 78.75" wb
500 2d Sed 360 1,080 1,800 4,050 6,300 9,000

1947-52 4-cyl., 1089cc, 95.4" wb
1100B 4d Sed 240 720 1,200 2,700 4,200 6,000
1100BL 4d Sed 240 720 1,200 2,700 4,200 6,000

1947-52 4-cyl., 1089cc, 95.25" wb
1100E 4d Sed 280 840 1,400 3,150 4,900 7,000

1947-52 4-cyl., 1089cc, 106" wb
1100EL 4d Sed 280 840 1,400 3,150 4,900 7,000
1100S 2d Spt Cpe. 440 1,320 2,200 4,950 7,700 11,000
1100ES 2d Spt Cpe 440 1,320 2,200 4,950 7,700 11,000

FACEL VEGA

	6	5	4	3	2	1
1947-52 4-cyl., 1395cc, 104.2" wb						
1400 4d Sed................................. 260	260	780	1,300	2,930	4,550	6,500
1400 2d Cabr................................. 520	520	1,560	2,600	5,850	9,100	13,000
1947-52 6-cyl., 1493cc, 110" wb						
1500 4d Sed................................. 260	260	780	1,300	2,930	4,550	6,500
2d Conv Cpe................................. 520	520	1,560	2,600	5,850	9,100	13,000
1953-56 500, 4-cyl., 570cc, 78.75" wb						
2d Sed 360	360	1,080	1,800	4,050	6,300	9,000
2d Sta Wag.................................. 400	400	1,200	2,000	4,500	7,000	10,000
1953-56 600, 4-cyl., 633cc, 78.75" wb						
2d Sed 240	240	720	1,200	2,700	4,200	6,000
2d Conv (S/R)............................... 260	260	780	1,300	2,930	4,550	6,500
1953-56 600 Multipla, 4-cyl., 633cc, 78.75" wb						
4d Sta Wag.................................. 280	280	840	1,400	3,150	4,900	7,000
1953-56 1100, 4-cyl., 1089cc, 92.1" wb						
103 4d Sed.................................. 240	240	720	1,200	2,700	4,200	6,000
103E 4d Sed................................. 244	244	732	1,220	2,750	4,270	6,100
103E TV 4d Sed.............................. 248	248	744	1,240	2,790	4,340	6,200
103E 4d Sta Wag............................. 260	260	780	1,300	2,930	4,550	6,500
103F TV 2d Spt Rds.......................... 640	640	1,920	3,200	7,200	11,200	16,000
1953-56 1400, 4-cyl., 1395cc, 104.2" wb						
4d Sed 260	260	780	1,300	2,930	4,550	6,500
2d Cabr...................................... 520	520	1,560	2,600	5,850	9,100	13,000
1953-56 1900, 4-cyl., 1901cc, 104" wb						
4d Sed 260	260	780	1,300	2,930	4,550	6,500
1953-56 8V, V-8, 1996cc, 94.5" wb						
2d Cpe 5,600	5,600	16,800	28,000	63,000	98,000	140,000
1957 500, 2-cyl., 479cc, 72.4" wb						
2d Sed 320	320	960	1,600	3,600	5,600	8,000
1957 600, 4-cyl., 633cc, 78.75" wb						
2d Sed 240	240	720	1,200	2,700	4,200	6,000
2d Conv (S/R)............................... 280	280	840	1,400	3,150	4,000	7,000
1957 600 Multipla, 4-cyl., 633cc, 78.75" wb						
4d Sta Wag (4/5P)........................... 280	280	840	1,400	3,150	4,900	7,000
4d Sta Wag (6P)............................. 280	280	840	1,400	3,150	4,900	7,000
1957 1100, 4-cyl., 1089cc, 92.1" wb						
4d Sed 240	240	720	1,200	2,700	4,200	6,000
4d Sta Wag.................................. 260	260	780	1,300	2,930	4,550	6,500
1957 1100 TV, 4-cyl., 1089cc, 92.1" wb						
4d Sed 272	272	816	1,360	3,060	4,760	6,800
2d Conv 520	520	1,560	2,600	5,850	9,100	13,000
1958 500, 2-cyl., 479cc, 72.4" wb						
2d Sed 320	320	960	1,600	3,600	5,600	8,000
1958 600, 4-cyl., 633cc, 78.75" wb						
2d Sed 240	240	720	1,200	2,700	4,200	6,000
2d Conv (S/R)............................... 260	260	780	1,300	2,930	4,550	6,500
1958 600 Multipla, 4-cyl., 633cc, 78.75" wb						
4d Sta Wag (4/5P)........................... 280	280	840	1,400	3,150	4,900	7,000
4d Sta Wag (6P)............................. 280	280	840	1,400	3,150	4,900	7,000
1958 1100, 4-cyl., 1089cc, 92.1" wb						
4d Sed 260	260	780	1,300	2,930	4,550	6,500
4d Familiare Sta Wag........................ 270	270	820	1,360	3,060	4,760	6,800
1958 1100 TV, 4-cyl., 1089cc, 92.1" wb						
4d Sed 260	260	780	1,300	2,930	4,550	6,500
2d Conv 520	520	1,560	2,600	5,850	9,100	13,000
1958 1200 Gran Luce, 4-cyl., 1221cc, 92.1" wb						
4d Sed 240	240	720	1,200	2,700	4,200	6,000
TV, 2d Conv 520	520	1,560	2,600	5,850	9,100	13,000
1959 500, 2-cyl., 479cc, 72.4" wb						
2d Sed 240	240	720	1,200	2,700	4,200	6,000
2d Bianchina Cpe............................ 260	260	780	1,300	2,930	4,550	6,500
2d Jolly Sed 440	440	1,320	2,200	4,950	7,700	11,000
1959 500 Sport, 2-cyl., 499cc, 72.4" wb						
2d Sed 240	240	720	1,200	2,700	4,200	6,000
2d Bianchina Cpe............................ 260	260	780	1,300	2,930	4,550	6,500
1959 600, 4-cyl., 633cc, 78.75" wb						
2d Sed 240	240	720	1,200	2,700	4,200	6,000
2d Sed (S/R)................................ 260	260	780	1,300	2,930	4,550	6,500
1959 600 Multipla, 4-cyl., 633cc, 78.75" wb						
4d Sta Wag (4/5P)........................... 280	280	840	1,400	3,150	4,900	7,000
4d Sta Wag (6P)............................. 280	280	840	1,400	3,150	4,900	7,000
1959 1100, 4-cyl., 1089cc, 92.1" wb						
4d Sed 240	240	720	1,200	2,700	4,200	6,000
4d Sta Wag.................................. 260	260	780	1,300	2,930	4,550	6,500
1959 1200, 4-cyl., 1221cc, 92.1" wb						
4d Sed 240	240	720	1,200	2,700	4,200	6,000
2d Spider Conv.............................. 480	480	1,440	2,400	5,400	8,400	12,000
1959 1500, 1500S, 4-cyl., 1491cc, 92.1" wb						
2d Spider Conv.............................. 540	540	1,620	2,700	6,080	9,450	13,500

FIAT

	6	5	4	3	2	1
1960 500, 2-cyl., 479cc, 72.4" wb						
2d Sed.	248	744	1,240	2,790	4,340	6,200
2d Bianchina Cpe	268	804	1,340	3,020	4,690	6,700
2d Jolly Sed.	440	1,320	2,200	4,950	7,700	11,000
1960 500 Sport, 2-cyl., 499cc, 72.4" wb						
2d Sed.	252	756	1,260	2,840	4,410	6,300
2d Bianchina Cpe	272	816	1,360	3,060	4,760	6,800
1960 600, 4-cyl., 633cc, 78.75" wb						
2d Sed.	240	720	1,200	2,700	4,200	6,000
2d Sed (S/R)	260	780	1,300	2,930	4,550	6,500
2d Jolly Sed.	440	1,320	2,200	4,950	7,700	11,000
1960 600 Multipla, 4-cyl., 633cc, 78.75" wb						
4d Sta Wag (4/5P)	280	840	1,400	3,150	4,900	7,000
4d Sta Wag (6P)	280	840	1,400	3,150	4,900	7,000
1960 1100, 4-cyl., 1089cc, 92.1" wb						
4d Sed.	240	720	1,200	2,700	4,200	6,000
4d DeL Sed	248	744	1,240	2,790	4,340	6,200
4d Sta Wag	260	780	1,300	2,930	4,550	6,500
1960 1200, 4-cyl., 1221cc, 92.1" wb						
4d Sed.	240	720	1,200	2,700	4,200	6,000
2d Spider Conv	540	1,620	2,700	6,080	9,450	13,500
1960 1500, 1500S, 4-cyl., 1491cc, 92.1" wb						
2d Spider Conv	580	1,740	2,900	6,530	10,150	14,500
1960 2100, 6-cyl., 2054cc, 104.3" wb						
4d Sed.	260	780	1,300	2,930	4,550	6,500
4d Sta Wag	260	780	1,300	2,930	4,550	6,500
1961 500, 2-cyl., 479cc, 72.4" wb						
Bianchina DeL Cpe	264	792	1,320	2,970	4,620	6,600
2d Jolly Sed.	440	1,320	2,200	4,950	7,700	11,000
1961 500 Sport, 2-cyl., 499cc, 72.4" wb						
2d Sed.	320	960	1,600	3,600	5,600	8,000
2d Bianchina Cpe	268	804	1,340	3,020	4,690	6,700
1961 600, 4-cyl., 633cc, 78.75" wb						
2d Sed.	240	720	1,200	2,700	4,200	6,000
2d Sed (S/R)	260	780	1,300	2,930	4,550	6,500
2d Jolly Sed.	440	1,320	2,200	4,950	7,700	11,000
1961 600 Multipla, 4-cyl., 633cc, 78.75" wb						
4d Sta Wag (4/5P)	280	840	1,400	3,150	4,900	7,000
4d Sta Wag (6P)	280	840	1,400	3,150	4,900	7,000
1961 1100, 4-cyl., 1089cc, 92.1" wb						
4d Sed.	240	720	1,200	2,700	4,200	6,000
4d DeL Sed	248	744	1,240	2,790	4,340	6,200
4d Sta Wag	260	780	1,300	2,930	4,550	6,500
1961 1200, 4-cyl., 1225cc, 92.1" wb						
4d Sed.	240	720	1,200	2,700	4,200	6,000
2d Spider Conv	480	1,440	2,400	5,400	8,400	12,000
1961 1500, 1500S, 4-cyl., 1491cc, 92.1" wb						
Spider Conv	540	1,620	2,700	6,080	9,450	13,500
1961 2100, 6-cyl., 2054cc, 104.3" wb						
4d Sed.	240	720	1,200	2,700	4,200	6,000
4d Sta Wag	260	780	1,300	2,930	4,550	6,500
1962 600D, 4-cyl., 767cc, 78.75" wb						
2d Sed.	240	720	1,200	2,700	4,200	6,000
1962 1100, 4-cyl., 1089cc, 92.1" wb						
4d Export Sed	240	720	1,200	2,700	4,200	6,000
4d Spl Sed.	248	744	1,240	2,790	4,340	6,200
1962 1200 Spider, 4-cyl., 1221cc, 92.1" wb						
2d Conv.	480	1,440	2,400	5,400	8,400	12,000
1963 600D, 4-cyl., 767cc, 78.5" wb						
2d Sed.	240	720	1,200	2,700	4,200	6,000
1963 1100 Special, 4-cyl., 1089cc, 92.1" wb						
4d Sed.	240	720	1,200	2,700	4,200	6,000
1963 1100D, 4-cyl., 1221cc, 92.1" wb						
4d Sed.	240	720	1,200	2,700	4,200	6,000
1963 1200 Spider, 4-cyl., 1221cc, 92.1" wb						
2d Conv.	480	1,440	2,400	5,400	8,400	12,000
1964 600D, 4-cyl., 767cc, 78.5" wb						
2d Sed.	240	720	1,200	2,700	4,200	6,000
1964 1100D, 4-cyl., 1221cc, 92.1" wb						
4d Sed.	260	780	1,300	2,930	4,550	6,500
1964 1500 Spider, 4-cyl., 1481cc, 92.1" wb						
2d Conv.	500	1,500	2,500	5,630	8,750	12,500
1965 600D, 4-cyl., 767cc, 78.5" wb						
2d Sed.	240	720	1,200	2,700	4,200	6,000
1965 1100D, 4-cyl., 1221cc, 92.1" wb						
4d Sed.	240	720	1,200	2,700	4,200	6,000
4d Sta Wag	260	780	1,300	2,930	4,550	6,500
1965 1500 Spider, 4-cyl., 1481cc, 92." wb						
2d Conv.	500	1,500	2,500	5,630	8,750	12,500
1966 600D, 4-cyl., 767cc, 78.5" wb						
2d Sed.	240	720	1,200	2,700	4,200	6,000

	6	5	4	3	2	1
1966 1100D, 4-cyl., 1221cc, 92.1" wb						
4d Sed	240	720	1,200	2,700	4,200	6,000
4d Sta Wag	260	780	1,300	2,930	4,550	6,500
1966 1500 Spider, 4-cyl., 1481cc, 92.1" wb						
2d Conv	500	1,500	2,500	5,630	8,750	12,500
1967 600D, 4-cyl., 767cc, 78.7" wb						
2d Sed	240	720	1,200	2,700	4,200	6,000
1967 850, 4-cyl., 843cc, 79.8" wb						
FBk Cpe 2 plus 2	240	720	1,200	2,700	4,200	6,000
2d Spider Conv.	420	1,260	2,100	4,730	7,350	10,500
1967 124, 4-cyl., 1197cc, 95.3" wb						
4d Sed	200	600	1,000	2,250	3,500	5,000
4d Sta Wag	212	636	1,060	2,390	3,710	5,300
1967 1100R, 4-cyl., 1089cc, 92.2" wb						
4d Sed	240	720	1,200	2,700	4,200	6,000
4d Sta Wag	260	780	1,300	2,930	4,550	6,500
1967 1500 Spider, 4-cyl., 1481cc, 92.1" wb						
2d Conv	500	1,500	2,500	5,630	8,750	12,500
1968 850, 4-cyl., 817cc, 79.8" wb						
2d Sed	200	600	1,000	2,250	3,500	5,000
2d FBk Cpe	240	720	1,200	2,700	4,200	6,000
2d Spider Conv.	460	1,380	2,300	5,180	8,050	11,500
1968 124, 4-cyl., 1197cc, 95.3" wb						
4d Sed	200	600	1,000	2,250	3,500	5,000
4d Sta Wag	200	600	1,000	2,250	3,500	5,000
1968 124, 4-cyl., 1438cc, 95.3" wb						
2d Spt Cpe	320	960	1,600	3,600	5,600	8,000
1968 124 Spider, 4-cyl., 1438cc, 89.8" wb						
2d Conv	500	1,500	2,500	5,630	8,750	12,500
1969 850, 4-cyl., 817cc, 79.8" wb						
2d Sed	200	600	1,000	2,250	3,500	5,000
2d FBk Cpe 2 plus 2	240	720	1,200	2,700	4,200	6,000
2d Spider Conv.	460	1,380	2,300	5,180	8,050	11,500
1969 124, 4-cyl., 1197cc, 95.3" wb						
4d Sed	200	600	1,000	2,250	3,500	5,000
4d Sta Wag	200	600	1,000	2,250	3,500	5,000
1969 124, 4-cyl., 1438cc, 95.3" wb						
2d Spt Cpe	320	960	1,600	3,600	5,600	8,000
1969 124 Spider, 4-cyl., 1438cc, 89.8" wb						
2d Conv	500	1,500	2,500	5,630	8,750	12,500
1970 850, 4-cyl., 817cc, 79.8" wb						
2d Sed	200	600	1,000	2,250	3,500	5,000
1970 850, 4-cyl., 903cc, 79.8" wb						
Spt FBk Cpe 2 plus 2	260	780	1,300	2,930	4,550	6,500
Racer 2d HT Cpe	272	816	1,360	3,060	4,760	6,800
1970 850 Spider, 4-cyl., 903cc, 79.8" wb						
2d Conv	400	1,200	2,000	4,500	7,000	10,000
1970 124, 4-cyl., 1438cc, 95.3" wb						
4d Spl Sed	240	720	1,200	2,700	4,200	6,000
4d Spl Sta Wag	240	720	1,200	2,700	4,200	6,000
2d Spt Cpe	360	1,080	1,800	4,050	6,300	9,000
1970 124 Spider, 4-cyl., 1438cc, 89.8" wb						
2d Conv	500	1,500	2,500	5,630	8,750	12,500
1971 850, 4-cyl., 817cc, 79.8" wb						
2d Sed	240	720	1,200	2,700	4,200	6,000
1971 850, 4-cyl., 903cc, 79.8" wb						
2d FBk Cpe, 2 plus 2	280	840	1,400	3,150	4,900	7,000
Racer, 2d HT Cpe	312	936	1,560	3,510	5,460	7,800
1971 850 Spider, 4-cyl., 903cc, 79.8" wb						
2d Conv	380	1,140	1,900	4,280	6,650	9,500
1971 124, 4-cyl., 1438cc, 95.3" wb						
4d Spl Sed	240	720	1,200	2,700	4,200	6,000
4d Spl Sta Wag	240	720	1,200	2,700	4,200	6,000
2d Spt Cpe	360	1,080	1,800	4,050	6,300	9,000
1971 124 Spider, 4-cyl., 1438cc, 89.8" wb						
2d Conv	500	1,500	2,500	5,630	8,750	12,500

NOTE: The 124 coupe and convertible could be ordered with the larger 1.6-liter engine (1608cc).

	6	5	4	3	2	1
1972 850 Spider, 4-cyl., 903cc, 79.8" wb						
2d Conv	380	1,140	1,900	4,280	6,650	9,500
1972 128, 4-cyl., 1116cc, 96.4" wb						
2d Sed	220	660	1,100	2,480	3,850	5,500
4d Sed	220	660	1,100	2,480	3,850	5,500
2d Sta Wag.	220	660	1,100	2,480	3,850	5,500
1972 124, 4-cyl., 1438cc, 95.3" wb						
4d Spl Sed	240	720	1,200	2,700	4,200	6,000
4d Sta Wag.	240	720	1,200	2,700	4,200	6,000
1972 124, 4-cyl., 1608cc, 95.3" wb						
2d Spt Cpe	360	1,080	1,800	4,050	6,300	9,000

FIAT

	6	5	4	3	2	1
1972 124 Spider, 4-cyl., 1608cc, 89.8" wb						
2d Conv. 480	1,440	2,400	5,400	8,400	12,000
1973 850 Spider, 4-cyl., 903cc, 79.8" wb						
2d Conv. 380	1,140	1,900	4,280	6,650	9,500
1973 128, 4-cyl., 1116cc, 96.4" wb						
2d Sed. 240	720	1,200	2,700	4,200	6,000
4d Sed. 240	720	1,200	2,700	4,200	6,000
2d Sta Wag 244	732	1,220	2,750	4,270	6,100
SL 1300 2d Cpe 252	756	1,260	2,840	4,410	6,300
1973 124, 4-cyl., 1438cc, 95.3" wb						
4d Spl Sed. 260	780	1,300	2,930	4,550	6,500
4d Sta Wag 260	780	1,300	2,930	4,550	6,500
1973 124, 4-cyl., 1608cc, 95.3" wb						
2d Spt Cpe 380	1,140	1,900	4,280	6,650	9,500
1973 124 Spider, 4-cyl., 1608cc, 89.8" wb						
2d Conv. 480	1,440	2,400	5,400	8,400	12,000
1974 128, 4-cyl., 1290cc, 96.4" wb						
2d Sed. 240	720	1,200	2,700	4,200	6,000
4d Sed. 240	720	1,200	2,700	4,200	6,000
2d Sta Wag 244	732	1,220	2,750	4,270	6,100
1974 128, 4-cyl., 1290cc, 87.5" wb						
SL 2d Cpe 252	756	1,260	2,840	4,410	6,300
1974 X1/9, 4-cyl., 1290cc, 86.7" wb						
2d Targa Cpe 300	900	1,500	3,380	5,250	7,500
1974 124, 4-cyl., 1593cc, 95.3" wb						
4d Spl Sed. 260	780	1,300	2,930	4,550	6,500
4d Sta Wag 260	780	1,300	2,930	4,550	6,500
1974 124, 4-cyl., 1756cc, 95.3" wb						
2d Spt Cpe 260	780	1,300	2,930	4,550	6,500
1974 124 Spider, 4-cyl., 1756cc, 89.8" wb						
2d Conv. 480	1,440	2,400	5,400	8,400	12,000
1975 128, 4-cyl., 1290cc, 96.4" wb						
2d Sed. 240	720	1,200	2,700	4,200	6,000
4d Sed. 240	720	1,200	2,700	4,200	6,000
2d Sta Wag 244	732	1,220	2,750	4,270	6,100
1975 128, 4-cyl., 1290cc, 87.5" wb						
SL 2d Cpe 252	756	1,260	2,840	4,410	6,300
1975 X1/9, 4-cyl., 1290cc, 86.7" wb						
2d Targa Cpe 300	900	1,500	3,380	5,250	7,500
1975 131, 4-cyl., 1756cc, 98" wb						
2d Sed. 240	720	1,200	2,700	4,200	6,000
4d Sed. 240	720	1,200	2,700	4,200	6,000
4d Sta Wag 252	756	1,260	2,840	4,410	6,300
1975 124, 4-cyl., 1756cc, 95.3" wb						
2d Spt Cpe 380	1,140	1,900	4,280	6,650	9,500
1975 124 Spider, 4-cyl., 1756cc, 89.7" wb						
2d Conv. 480	1,440	2,400	5,400	8,400	12,000
1976 128, 4-cyl., 1290cc, 96.4" wb						
2d Sed. 240	720	1,200	2,700	4,200	6,000
2d Cus Sed 240	720	1,200	2,700	4,200	6,000
4d Cus Sed 240	720	1,200	2,700	4,200	6,000
2d Sta Wag 244	732	1,220	2,750	4,270	6,100
1976 128 Sport, 4-cyl., 1290cc, 87.5" wb						
3P HBk Cpe 252	756	1,260	2,840	4,410	6,300
1976 X1/9, 4-cyl., 1290cc, 86.7" wb						
AS Targa Cpe 300	900	1,500	3,380	5,250	7,500
1976 131, 4-cyl., 1756cc, 98" wb						
A3 2d Sed 240	720	1,200	2,700	4,200	6,000
A3 4d Sed 240	720	1,200	2,700	4,200	6,000
AF2 4d Sta Wag 240	720	1,200	2,700	4,200	6,000
1976 124 Sport Spider, 4-cyl., 1756cc, 89.7" wb						
CS 2d Conv. 480	1,440	2,400	5,400	8,400	12,000
1977 128, 4-cyl., 1290cc, 96.4" wb						
2d Sed. 240	720	1,200	2,700	4,200	6,000
2d Cus Sed 240	720	1,200	2,700	4,200	6,000
4d Cus Sed 240	720	1,200	2,700	4,200	6,000
2d Sta Wag 244	732	1,220	2,750	4,270	6,100
1977 128, 4-cyl., 1290cc, 87.5" wb						
3P Cus HBk Cpe 252	756	1,260	2,840	4,410	6,300
1977 X1/9, 4-cyl., 1290cc, 86.7" wb						
AS Targa Cpe 300	900	1,500	3,380	5,250	7,500
1977 131, 4-cyl., 1756cc, 98" wb						
A3 2d Sed 240	720	1,200	2,700	4,200	6,000
A3 4d Sed 240	720	1,200	2,700	4,200	6,000
AF2 4d Sta Wag 244	732	1,220	2,750	4,270	6,100
1977 124 Sport Spider, 4-cyl., 1756cc, 89.7" wb						
CS 2d Conv. 480	1,440	2,400	5,400	8,400	12,000
1978 128, 4-cyl., 1290cc, 96.4" wb						
A1 2d Sed 240	720	1,200	2,700	4,200	6,000
A1 4d Sed 240	720	1,200	2,700	4,200	6,000

	6	5	4	3	2	1
1978 128, 4-cyl., 1290cc, 87.5" wb						
AC Spt HBk	252	756	1,260	2,840	4,410	6,300
1978 X1/9, 4-cyl., 1290cc, 86.7" wb						
AS Targa Cpe..........................	300	900	1,500	3,380	5,250	7,500
1978 131, 4-cyl., 1756cc, 98" wb						
A 2d Sed...............................	244	732	1,220	2,750	4,270	6,100
A 4d Sed...............................	244	732	1,220	2,750	4,270	6,100
AF 4d Sta Wag.........................	248	744	1,240	2,790	4,340	6,200
1978 Brava, 4-cyl., 1756cc, 98" wb						
2d Sed	208	624	1,040	2,340	3,640	5,200
2d Sup Sed.	208	624	1,040	2,340	3,640	5,200
4d Sup Sed.............................	208	624	1,040	2,340	3,640	5,200
4d Sup Sta Wag	212	636	1,060	2,390	3,710	5,300
1978 Spider 124, 4-cyl., 1756cc, 89.7" wb						
2d Conv	480	1,440	2,400	5,400	8,400	12,000
1978 X1/9						
NOTE: At mid-year the Brava series and Spider contained the new twin-cam 2.0-liter four (1995cc).						
1979 128A1, 4-cyl., 1290cc, 96.4" wb						
2d Sed	200	600	1,000	2,250	3,500	5,000
4d Sed	200	600	1,000	2,250	3,500	5,000
1979 128AC, 4-cyl., 1290cc, 87.5" wb						
2d Spt HBk	212	636	1,060	2,390	3,710	5,300
1979 X1/9, 4-cyl., 1498cc, 86.7" wb						
AS Targa Cpe.	260	780	1,300	2,930	4,550	6,500
1979 Strada 138A, 1498cc, 96.4" wb						
2d HBk	204	612	1,020	2,300	3,570	5,100
2d Cus HBk	204	612	1,020	2,300	3,570	5,100
4d Cus HBk	204	612	1,020	2,300	3,570	5,100
1979 Brava 131, 4-cyl., 1995cc, 98" wb						
A4 2d Sed..............................	208	624	1,040	2,340	3,640	5,200
A4 4d Sed..............................	208	624	1,040	2,340	3,640	5,200
AF 4d Sta Wag	212	636	1,060	2,390	3,710	5,300
1979 Spider 2000, 4-cyl., 1995cc, 89.7" wb						
2d Conv	500	1,500	2,500	5,630	8,750	12,500
1980 Strada 138, 4-cyl., 1498cc, 96.4" wb						
2d HBk	200	600	1,000	2,250	3,500	5,000
2d Cus HBk	200	600	1,000	2,250	3,500	5,000
4d Cus HBk	200	600	1,000	2,250	3,500	5,000
1980 X1/9, 4-cyl., 1498cc, 86.7" wb						
128 Targa Cpe.........................	260	780	1,300	2,930	4,550	6,500
1980 Brava 131, 4-cyl., 1995cc, 98" wb						
2d Sed	204	612	1,020	2,300	3,570	5,100
4d Sed	204	612	1,020	2,300	3,570	5,100
1980 Spider 2000, 4-cyl., 1995cc, 89.7" wb						
124 2d Conv...........................	500	1,500	2,500	5,630	8,750	12,500
NOTE The Brava series and the Spider 2000 were also available with fuel injection in 1980.						
1981 Strada 138, 4-cyl., 1498cc, 96.4" wb						
2d HBk	200	600	1,000	2,250	3,500	5,000
2d Cus HBk	200	600	1,000	2,250	3,500	5,000
4d Cus HBk	200	600	1,000	2,250	3,500	5,000
1981 X1/9, 4-cyl., 1498cc, 86.7" wb						
128 Targa Cpe.........................	260	780	1,300	2,930	4,550	6,500
1981 Brava 131, 4-cyl., 1995cc, 98" wb						
2d Sed	204	612	1,020	2,300	3,570	5,100
4d Sed	204	612	1,020	2,300	3,570	5,100
1981 Spider 2000, 4-cyl., 1995cc, 89.7" wb						
124 2d Conv...........................	420	1,260	2,100	4,730	7,350	10,500
124 2d Turbo Conv.	440	1,320	2,200	4,950	7,700	11,000
1982 Strada, 4-cyl., 1498cc, 96.4" wb						
DD 2d HBk	200	600	1,000	2,250	3,500	5,000
DD 2d Cus HBk	200	600	1,000	2,250	3,500	5,000
DE Cus 4d HBk	200	600	1,000	2,250	3,500	5,000
1982 X1/9, 4-cyl., 1498cc, 86.7" wb						
BS Targa Cpe..........................	260	780	1,300	2,930	4,550	6,500
1982 Spider 2000, 4-cyl., 1995cc, 89.7" wb						
AS 2d Conv	420	1,260	2,100	4,730	7,350	10,500
2d Turbo Conv	440	1,320	2,200	4,950	7,700	11,000
1983 X1/9, 4-cyl., 1498cc, 86.7" wb						
BS Targa Cpe..........................	260	780	1,300	2,930	4,550	6,500
1983 Spider 2000, 4-cyl., 1995cc, 89.7" wb						
AS 2d Conv	420	1,260	2,100	4,730	7,350	10,500
2d Turbo Conv	440	1,320	2,200	4,950	7,700	11,000
NOTE: The Spider 2000 convertible was produced under the Pininfarina nameplate during 1984-85. The X1/9 Targa Coupe was produced under the Bertone nameplate during 1984-90.						

FORD - BRITISH

	6	5	4	3	2	1
1948 Anglia, 4-cyl., 90" wb						
2d Sed	400	1,200	2,000	4,500	7,000	10,000

FORD - BRITISH

	6	5	4	3	2	1
1948 Prefect, 4-cyl., 94" wb						
4d Sed	400	1,150	1,900	4,280	6,650	9,500
1949 Anglia, 4-cyl., 90" wb						
2d Sed	400	1,200	2,000	4,500	7,000	10,000
1949 Prefect, 4-cyl., 94" wb						
4d Sed	400	1,150	1,900	4,280	6,650	9,500
1950 Anglia, 4-cyl., 90" wb						
2d Sed	400	1,200	2,000	4,500	7,000	10,000
1950 Prefect, 4-cyl., 94" wb						
4d Sed	400	1,150	1,900	4,280	6,650	9,500
1951 Anglia, 4-cyl., 90" wb						
2d Sed	350	1,000	1,650	3,690	5,750	8,200
1951 Prefect, 4-cyl., 90" wb						
4d Sed	300	950	1,600	3,650	5,650	8,100
1951 Consul, 4-cyl., 100" wb						
4d Sed	350	1,000	1,650	3,690	5,750	8,200
1952 Anglia, 4-cyl., 90" wb						
2d Sed	350	1,000	1,650	3,690	5,750	8,200
1952 Prefect, 4-cyl., 94" wb						
4d Sed	300	950	1,600	3,650	5,650	8,100
1952 Consul, 4-cyl., 100" wb						
4d Sed	350	1,000	1,650	3,690	5,750	8,200
1952 Zephyr, 6-cyl., 104" wb						
4d Sed	350	1,000	1,700	3,830	5,950	8,500
1953 Anglia, 4-cyl., 90" wb						
2d Sed	350	1,000	1,650	3,690	5,750	8,200
1953 Prefect, 4-cyl., 94" wb						
4d Sed	300	950	1,600	3,650	5,650	8,100
1953 Consul, 4-cyl., 100" wb						
4d Sed	350	1,000	1,650	3,690	5,750	8,200
1953 Zephyr, 6-cyl., 104" wb						
4d Sed	350	1,000	1,700	3,830	5,950	8,500
1954 Anglia, 4-cyl., 87" wb						
2d Sed	350	1,000	1,650	3,690	5,750	8,200
1954 Prefect, 4-cyl., 87" wb						
4d Sed	300	950	1,600	3,650	5,650	8,100
1954 Consul, 4-cyl., 100" wb						
4d Sed	350	1,000	1,650	3,690	5,750	8,200
1954 Zephyr, 6-cyl., 104" wb						
4d Sed	350	1,000	1,700	3,830	5,950	8,500
1955 Anglia, 4-cyl., 87" wb						
2d Sed	350	1,000	1,650	3,690	5,750	8,200
1955 Prefect, 4-cyl., 87" wb						
4d Sed	300	950	1,600	3,650	5,650	8,100
1955 Consul, 4-cyl., 100" wb						
4d Sed	350	1,000	1,700	3,780	5,900	8,400
2d Conv	400	1,200	2,000	4,500	7,000	10,000
1955 Zephyr, 6-cyl., 104" wb						
4d Sed	350	1,000	1,700	3,830	5,950	8,500
1955 Zodiac, 6-cyl., 104" wb						
4d Sed	350	1,050	1,700	3,870	6,000	8,600
2d Conv	400	1,200	2,000	4,500	7,000	10,000
1956 Anglia, 4-cyl., 87" wb						
2d Sed	350	1,000	1,650	3,690	5,750	8,200
1956 Prefect, 4-cyl., 87" wb						
4d Sed	300	950	1,600	3,650	5,650	8,100
1956 Escort/Squire, 4-cyl., 87" wb						
2d Sta Wag	350	1,000	1,700	3,780	5,900	8,400
1956 Consul, 4-cyl., 100" wb						
4d Sed	350	1,000	1,700	3,780	5,900	8,400
2d Conv	400	1,200	2,000	4,500	7,000	10,000
1956 Zephyr, 6-cyl., 104" wb						
4d Sed	350	1,000	1,700	3,830	5,950	8,500
2d Conv	400	1,200	2,000	4,500	7,000	10,000
1956 Zodiac, 6-cyl., 104" wb						
4d Sed	350	1,050	1,700	3,870	6,000	8,600
1957 Anglia, 4-cyl., 87" wb						
2d Sed	350	1,000	1,650	3,690	5,750	8,200
1957 Prefect, 4-cyl., 87" wb						
4d Sed	300	950	1,600	3,650	5,650	8,100
1957 Escort/Squire, 4-cyl., 87" wb						
2d Sta Wag	350	1,000	1,700	3,780	5,900	8,400
1957 Consul, 4-cyl., 104" wb						
4d Sed	350	1,000	1,700	3,780	5,900	8,400
2d Conv	400	1,200	2,000	4,500	7,000	10,000
1957 Zephyr, 6-cyl., 107" wb						
4d Sed	350	1,000	1,700	3,830	5,950	8,500
2d Conv	400	1,200	2,000	4,500	7,000	10,000

	6	5	4	3	2	1
1957 Zodiac, 6-cyl., 107" wb						
4d Sed	350	1,050	1,700	3,870	6,000	8,600
2d Conv	600	1,750	2,900	6,530	10,200	14,500
1958 Anglia, 4-cyl., 87" wb						
2d Sed	350	1,000	1,650	3,690	5,750	8,200
2d DeL Sed	350	1,000	1,650	3,740	5,800	8,300
1958 Prefect, 4-cyl., 87" wb						
4d Sed	350	1,000	1,650	3,690	5,750	8,200
1958 Escort/Squire, 4-cyl., 87" wb						
2d Sta Wag	350	1,000	1,700	3,780	5,900	8,400
1958 Consul, 4-cyl., 104" wb						
4d Sed	350	1,000	1,700	3,780	5,900	8,400
2d Conv	400	1,200	2,000	4,500	7,000	10,000
1958 Zephyr, 6-cyl., 107" wb						
4d Sed	350	1,000	1,700	3,830	5,950	8,500
2d Conv	400	1,200	2,000	4,500	7,000	10,000
1958 Zodiac, 6-cyl., 107" wb						
4d Sed	350	1,050	1,700	3,870	6,000	8,600
2d Conv	600	1,750	2,900	6,530	10,200	14,500
1959 Anglia, 4-cyl., 87" wb						
2d DeL Sed	350	1,000	1,650	3,690	5,750	8,200
1959 Prefect, 4-cyl., 87" wb						
4d Sed	300	950	1,600	3,650	5,650	8,100
1959 Escort/Squire, 4-cyl., 87" wb						
2d Sta Wag	350	1,000	1,700	3,780	5,900	8,400
1959 Consul, 4-cyl., 104" wb						
4d Sed	350	1,000	1,700	3,780	5,900	8,400
2d Conv	400	1,200	2,000	4,500	7,000	10,000
4d Sta Wag	350	1,000	1,700	3,830	5,950	8,500
1959 Zephyr, 6-cyl., 107" wb						
4d Sed	350	1,000	1,700	3,830	5,950	8,500
2d Conv	400	1,200	2,000	4,500	7,000	10,000
4d Sta Wag	350	1,050	1,700	3,870	6,000	8,600
1959 Zodiac, 6-cyl., 107" wb						
4d Sed	350	1,050	1,700	3,870	6,000	8,600
2d Conv	400	1,200	2,000	4,550	7,050	10,100
4d Sta Wag	350	1,050	1,750	3,920	6,100	8,700
1960 Anglia, 4-cyl., 90" wb						
2d Sed	300	950	1,600	3,650	5,650	8,100
1960 Prefect, 4-cyl., 90" wb						
4d Sed	300	850	1,400	3,150	4,900	7,000
1960 Escort/Squire, 4-cyl., 87" wb						
2d Sta Wag	350	1,000	1,700	3,780	5,900	8,400
1960 Consul, 4-cyl., 104" wb						
4d Sed	350	1,000	1,700	3,780	5,900	8,400
2d Conv	400	1,150	1,900	4,280	6,650	9,500
1960 Zephyr, 6-cyl., 107" wb						
4d Sed	350	1,000	1,700	3,830	5,950	8,500
2d Conv	400	1,150	1,950	4,370	6,800	9,700
1960 Zodiac, 6-cyl., 107" wb						
4d Sed	350	1,050	1,700	3,870	6,000	8,600
2d Conv	400	1,200	2,000	4,500	7,000	10,000
1961 Anglia, 4-cyl., 90" wb						
2d Sed	300	850	1,400	3,200	4,950	7,100
1961 Prefect, 4-cyl., 90" wb						
4d Sed	300	850	1,400	3,150	4,900	7,000
1961 Escort, 4-cyl., 87" wb						
2d Sta Wag	350	1,000	1,700	3,780	5,900	8,400
1961 Consul, 4-cyl., 104" wb						
4d Sed	350	1,000	1,700	3,780	5,900	8,400
2d Conv	600	1,800	3,000	6,750	10,500	15,000
1961 Zephyr, 6-cyl., 107" wb						
4d Sed	350	1,000	1,700	3,830	5,950	8,500
2d Conv	600	1,850	3,100	6,980	10,900	15,500
1961 Zodiac, 6-cyl., 107" wb						
4d Sed	350	1,050	1,700	3,870	6,000	8,600
2d Conv	650	1,900	3,150	7,070	11,000	15,700
1962 Anglia, 4-cyl., 90" wb						
2d Sed	300	850	1,400	3,200	4,950	7,100
2d DeL Sed	300	850	1,450	3,240	5,050	7,200
2d Sta Wag	300	850	1,450	3,240	5,050	7,200
1962 Consul 315, 4-cyl., 99" wb						
2d Sed	300	900	1,450	3,290	5,100	7,300
4d DeL Sed	300	900	1,500	3,330	5,200	7,400
1962 Consul Capri, 4-cyl., 99" wb						
2d HT Cpe	350	1,000	1,700	3,830	5,950	8,500
1963 Anglia, 4-cyl., 90" wb						
2d Sed	300	850	1,400	3,200	4,950	7,100

	6	5	4	3	2	1
2d DeL Sed	300	850	1,450	3,240	5,050	7,200
2d Sta Wag	300	850	1,450	3,240	5,050	7,200
1963 Consul 315, 4-cyl., 99" wb						
2d Sed	300	900	1,450	3,290	5,100	7,300
4d DeL Sed	300	900	1,500	3,330	5,200	7,400
1963 Capri, 4-cyl., 99" wb						
2d HT Cpe	350	1,000	1,700	3,830	5,950	8,500
1963 Cortina, 4-cyl., 98" wb						
2d DeL Sed	300	850	1,450	3,240	5,050	7,200
4d DeL Sed	300	900	1,450	3,290	5,100	7,300
4d Sta Wag	300	900	1,450	3,290	5,100	7,300
1963 Zephyr, 6-cyl., 107" wb						
4d Sed	300	900	1,500	3,330	5,200	7,400
1963 Zodiac, 6-cyl., 107" wb						
4d Sed	300	900	1,500	3,380	5,250	7,500
1964 Anglia, 4-cyl., 90" wb						
2d Sed	300	850	1,400	3,200	4,950	7,100
2d DeL Sed	300	850	1,450	3,240	5,050	7,200
2d Sta Wag	300	850	1,450	3,240	5,050	7,200
1964 Consul 315, 4-cyl., 99" wb						
2d Sed	300	900	1,450	3,290	5,100	7,300
4d DeL Sed	300	900	1,500	3,330	5,200	7,400
1964 Consul Capri, 4-cyl., 99" wb						
2d Cpe	350	1,000	1,700	3,830	5,950	8,500
2d GT Cpe	350	1,050	1,750	3,920	6,100	8,700
1964 Cortina, 4-cyl., 98" wb						
2d GT Sed	300	900	1,500	3,420	5,300	7,600
2d DeL Sed	300	900	1,500	3,380	5,250	7,500
4d DeL Sed	300	900	1,500	3,330	5,200	7,400
4d Sta Wag	300	900	1,500	3,330	5,200	7,400
1964 Zodiac, 6-cyl., 107" wb						
4d Sed	300	900	1,500	3,380	5,250	7,500
1965 Anglia, 4-cyl., 90" wb						
2d DeL Sed	300	850	1,450	3,240	5,050	7,200
1965 Capri, 4-cyl., 99" wb						
2d Cpe	300	900	1,450	3,290	5,100	7,300
2d GT Cpe	300	900	1,500	3,330	5,200	7,400
1965 Cortina, 4-cyl., 98" wb						
2d GT Sed	300	950	1,600	3,600	5,600	8,000
2d Sed	300	850	1,450	3,240	5,050	7,200
4d Sed	300	850	1,400	3,200	4,950	7,100
4d Sta Wag	300	850	1,400	3,200	4,950	7,100
1966 Anglia 1200, 4-cyl., 90" wb						
2d DeL Sed	300	850	1,450	3,240	5,050	7,200
1966 Cortina 1500, 4-cyl., 98" wb						
2d GT Sed	300	950	1,600	3,600	5,600	8,000
2d Sed	300	850	1,450	3,240	5,050	7,200
4d Sed	300	900	1,450	3,290	5,100	7,300
4d Sta Wag	300	900	1,500	3,330	5,200	7,400
1966 Cortina Lotus, 4-cyl., 98" wb						
2d Sed	650	2,000	3,300	7,430	11,600	16,500
1967 Anglia 113E, 4-cyl., 90" wb						
2d DeL Sed	300	850	1,450	3,240	5,050	7,200
1967 Cortina 116E, 4-cyl., 98" wb						
2d GT Sed	300	900	1,450	3,290	5,100	7,300
2d Sed	300	850	1,400	3,200	4,950	7,100
4d Sed	300	850	1,450	3,240	5,050	7,200
4d Sta Wag	300	900	1,500	3,380	5,250	7,500
1968 Cortina, 4-cyl., 98" wb						
2d Sed	300	900	1,450	3,290	5,100	7,300
4d Sed	300	900	1,500	3,330	5,200	7,400
2d GT Sed	300	900	1,500	3,380	5,250	7,500
4d GT Sed	300	900	1,500	3,380	5,250	7,500
4d Sta Wag	300	900	1,500	3,380	5,250	7,500
1969 Cortina, 4-cyl., 98" wb						
2d Sed	300	900	1,450	3,290	5,100	7,300
4d Sed	300	900	1,500	3,330	5,200	7,400
2d GT Sed	300	900	1,500	3,420	5,300	7,600
4d GT Sed	300	900	1,500	3,420	5,300	7,600
2d DeL Sed	300	900	1,500	3,380	5,250	7,500
4d DeL Sed	300	900	1,500	3,380	5,250	7,500
4d Sta Wag	300	900	1,500	3,420	5,300	7,600
1970 Cortina, 4-cyl., 98" wb						
2d Sed	300	900	1,450	3,290	5,100	7,300
4d Sed	300	900	1,500	3,330	5,200	7,400
2d GT Sed	300	900	1,500	3,420	5,300	7,600
4d GT Sed	300	900	1,500	3,420	5,300	7,600
2d DeL Sed	300	900	1,500	3,380	5,250	7,500

	6	5	4	3	2	1
4d DeL Sed	300	900	1,500	3,380	5,250	7,500
4d Sta Wag	300	900	1,500	3,420	5,300	7,600

FORD-CAPRI

1969-70 1600, 4-cyl., 1599cc, 100.8" wb

	6	5	4	3	2	1
2d Spt Cpe	340	1,020	1,700	3,830	5,950	8,500

1971 1600, 4-cyl., 1599cc, 100.8" wb

	6	5	4	3	2	1
2d Spt Cpe	360	1,080	1,800	4,050	6,300	9,000

1971 2000, 4-cyl., 1993cc. 100.8" wb

	6	5	4	3	2	1
2d Spt Cpe	380	1,140	1,900	4,280	6,650	9,500

1972 1600, 4-cyl., 1599cc. 100.8" wb

	6	5	4	3	2	1
2d Spt Cpe	340	1,020	1,700	3,830	5,950	8,500

1972 2000, 4-cyl., 1993cc, 100.8" wb

	6	5	4	3	2	1
2d Spt Cpe	360	1,080	1,800	4,050	6,300	9,000

1972 2600, V-6, 2548cc, 100.8" wb

	6	5	4	3	2	1
2d Spt Cpe	380	1,140	1,900	4,280	6,650	9,500

1973 2000, 4-cyl., 1993cc, 100.8" wb

	6	5	4	3	2	1
2d Spt Cpe	360	1,080	1,800	4,050	6,300	9,000

1973 2600, V-6, 2548cc, 100.8" wb

	6	5	4	3	2	1
2d Spt Cpe	380	1,140	1,900	4,280	6,650	9,500

1974 2000, 4-cyl., 1993cc, 100.8" wb

	6	5	4	3	2	1
2d Spt Cpe	360	1,080	1,800	4,050	6,300	9,000

1974 2800, V-6, 2792cc, 100.8" wb

	6	5	4	3	2	1
2d Spt Cpe	380	1,140	1,900	4,280	6,650	9,500

1975-76 2300, 4-cyl., 2300cc, 100.9" wb

	6	5	4	3	2	1
2d HBk Cpe	360	1,080	1,800	4,050	6,300	9,000
2d Ghia Cpe	380	1,140	1,900	4,280	6,650	9,500
2d "S" Cpe	380	1,140	1,900	4,280	6,650	9,500

1975-76 2800, V-6, 2795cc, 100.9" wb

	6	5	4	3	2	1
2d HBk Cpe	360	1,080	1,800	4,050	6,300	9,000

NOTE: No Capris were imported for the 1975 model year. Late in the year came the Capri II (intended as a '76 model).

1977-78 2300, 4-cyl., 2300cc, 100.9" wb

	6	5	4	3	2	1
2d HBk Cpe	360	1,080	1,800	4,050	6,300	9,000
2d Ghia Cpe	380	1,140	1,900	4,280	6,650	9,500

1977-78 2800, V-6, 2795cc, 100.9" wb

	6	5	4	3	2	1
2d HBk Cpe	380	1,140	1,900	4,280	6,650	9,500

NOTE: 1977 was the final model year for Capri II. They were not imported after 1977.

GEO

1989 Metro

	6	5	4	3	2	1
2d HBk	184	552	920	2,070	3,220	4,600
2d HBk LSi	204	612	1,020	2,300	3,570	5,100
4d Sed LSi	208	624	1,040	2,340	3,640	5,200

1989 Prizm

	6	5	4	3	2	1
4d Sed	264	792	1,320	2,970	4,620	6,600
5d HBk	268	804	1,340	3,020	4,690	6,700

1989 Spectrum

	6	5	4	3	2	1
2d HBk	224	672	1,120	2,520	3,920	5,600
4d Sed	232	696	1,160	2,610	4,060	5,800

1989 Tracker (4x4)

	6	5	4	3	2	1
Wag HT	340	1,020	1,700	3,830	5,950	8,500
Wag Soft-top	320	960	1,600	3,600	5,600	8,000

1990 Metro, 3-cyl.

	6	5	4	3	2	1
2d HBk XFi	112	336	560	1,260	1,960	2,800
2d HBk	116	348	580	1,310	2,030	2,900
2d HBk LSi	124	372	620	1,400	2,170	3,100
4d HBk	116	348	580	1,310	2,030	2,900
4d HBk LSi	132	396	660	1,490	2,310	3,300
2d Conv LSi	200	600	1,000	2,250	3,500	5,000

1990 Prizm, 4-cyl.

	6	5	4	3	2	1
4d Sed	240	720	1,200	2,700	4,200	6,000
4d Sed GSi	260	780	1,300	2,930	4,550	6,500
4d HBk	256	768	1,280	2,880	4,480	6,400
4d HBk GSi	276	828	1,380	3,110	4,830	6,900

1990 Storm, 4-cyl.

	6	5	4	3	2	1
2d HBk (2 plus 2)	220	660	1,100	2,480	3,850	5,500
2d HBk (2 plus 2) GSi	240	720	1,200	2,700	4,200	6,000

1991 Metro

	6	5	4	3	2	1
2d HBk	100	300	500	1,130	1,750	2,500
2d HBk XFi	104	312	520	1,170	1,820	2,600
2d HBk LSi	112	336	560	1,260	1,960	2,800
4d HBk	104	312	520	1,170	1,820	2,600
4d HBk LSi	112	336	560	1,260	1,960	2,800
2d Conv LSi	156	468	780	1,760	2,730	3,900

1991 Prizm

	6	5	4	3	2	1
4d NBk	200	600	1,000	2,250	3,500	5,000

	6	5	4	3	2	1
4d NBk GSi	220	660	1,100	2,480	3,850	5,500
4d HBk	204	612	1,020	2,300	3,570	5,100
4d HBk GSi	224	672	1,120	2,520	3,920	5,600
1991 Storm						
2d Cpe	180	540	900	2,030	3,150	4,500
2d Cpe GSi	200	600	1,000	2,250	3,500	5,000
2d HBk	180	540	900	2,030	3,150	4,500
1992 Metro, 3-cyl.						
2d HBk XFi	120	360	600	1,350	2,100	3,000
2d HBk	128	384	640	1,440	2,240	3,200
2d HBk LSi	140	420	700	1,580	2,450	3,500
4d HBk	128	384	640	1,440	2,240	3,200
4d HBk LSi	140	420	700	1,580	2,450	3,500
2d Conv LSi	180	540	900	2,030	3,150	4,500
1992 Prizm, 4-cyl.						
4d Sed	200	600	1,000	2,250	3,500	5,000
4d Sed GSi	240	720	1,200	2,700	4,200	6,000
1992 Storm, 4-cyl.						
2d Cpe	168	504	840	1,890	2,940	4,200
2d HBk	180	540	900	2,030	3,150	4,500
2d Cpe GSi	220	660	1,100	2,480	3,850	5,500
1993 Metro, 3-cyl.						
2d XFi HBk	152	456	760	1,710	2,660	3,800
2d HBk	156	468	780	1,760	2,730	3,900
2d LSi HBk	156	468	780	1,760	2,730	3,900
4d HBk	160	480	800	1,800	2,800	4,000
4d LSi HBk	160	480	800	1,800	2,800	4,000
2d LSi Conv	260	780	1,300	2,930	4,550	6,500
1993 Prizm						
4d Sed	220	660	1,100	2,480	3,850	5,500
4d LSi Sed	224	672	1,120	2,520	3,920	5,600
1993 Storm						
2d Cpe	228	684	1,140	2,570	3,990	5,700
2d GSi Cpe	232	696	1,160	2,610	4,060	5,800
1994 Metro, 3-cyl.						
2d HBk XFi	128	384	640	1,440	2,240	3,200
2d HBk	136	408	680	1,530	2,380	3,400
4d HBk	140	420	700	1,580	2,450	3,500
1994 Prizm, 4-cyl.						
4d Sed	220	660	1,100	2,480	3,850	5,500
4d Sed LSi	224	672	1,120	2,520	3,920	5,600
1995 Metro, 4-cyl.						
2d HBk (3-cyl.)	150	400	650	1,440	2,250	3,200
2d HBk LSi (3-cyl.)	150	400	700	1,530	2,400	3,400
2d HBk LSi	150	400	700	1,580	2,450	3,500
4d Sed	150	400	700	1,530	2,400	3,400
4d Sed LSi	150	450	700	1,620	2,500	3,600
1995 Prizm, 4-cyl.						
4d Sed	200	650	1,100	2,480	3,850	5,500
4d Sed LSi	200	650	1,100	2,520	3,900	5,600
1996 Metro, 4-cyl.						
2d HBk (3-cyl.)	150	400	650	1,440	2,250	3,200
2d HBk	150	400	650	1,490	2,300	3,300
2d HBk LSi (3-cyl.)	150	400	700	1,530	2,400	3,400
2d HBk LSi	150	400	700	1,580	2,450	3,500
4d Sed	150	400	700	1,530	2,400	3,400
4d Sed LSi	150	450	700	1,620	2,500	3,600
1996 Prizm, 4-cyl.						
4d Sed	200	650	1,100	2,480	3,850	5,500
4d Sed LSi	200	650	1,100	2,520	3,900	5,600
1997 Metro, 4-cyl.						
2d HBk (3-cyl.)	128	384	640	1,440	2,240	3,200
2d HBk LSi	136	408	680	1,530	2,380	3,400
4d Sed LSi	144	432	720	1,620	2,520	3,600
1997 Prizm, 4-cyl.						
4d Sed	220	660	1,100	2,480	3,850	5,500
4d Sed LSi	224	672	1,120	2,520	3,920	5,600

HILLMAN

	6	5	4	3	2	1
1948 Minx, 4-cyl., 92" wb						
4d Sed	300	850	1,400	3,150	4,900	7,000
2d Conv	540	1,620	2,700	6,080	9,450	13,500
4d Est Wag	300	950	1,600	3,600	5,600	8,000
1949 Minx, 4-cyl., 93" wb						
4d Sed	300	850	1,400	3,150	4,900	7,000
2d Conv	540	1,620	2,700	6,080	9,450	13,500
4d Est Wag	300	950	1,600	3,600	5,600	8,000

	6	5	4	3	2	1
1950 Minx, 4-cyl., 93" wb						
4d Sed	300	850	1,400	3,150	4,900	7,000
2d Conv	540	1,620	2,700	6,080	9,450	13,500
4d Est Wag	300	950	1,600	3,600	5,600	8,000
1951 Minx Mk IV, 4-cyl., 93" wb						
4d Sed	300	850	1,400	3,150	4,900	7,000
2d Conv	540	1,620	2,700	6,080	9,450	13,500
4d Est Wag	300	950	1,600	3,600	5,600	8,000
1952 Minx Mk IV, 4-cyl., 93" wb						
4d Sed	300	850	1,400	3,150	4,900	7,000
2d Conv	540	1,620	2,700	6,080	9,450	13,500
4d Est Wag	300	900	1,500	3,380	5,250	7,500
1952 Minx Mk V, 4-cyl., 93" wb						
4d Sed	300	850	1,400	3,150	4,900	7,000
2d Conv	544	1,632	2,720	6,120	9,520	13,600
4d Est Wag	300	950	1,600	3,600	5,600	8,000
1953 Minx Mk VI, 4-cyl., 93" wb						
4d Sed	300	850	1,400	3,150	4,900	7,000
2d HT	350	1,100	1,800	4,050	6,300	9,000
2d Conv	548	1,644	2,740	6,170	9,590	13,700
4d Est Wag	300	950	1,600	3,600	5,600	8,000
1954 Minx Mk VII, 4-cyl., 93" wb						
4d Sed	300	850	1,400	3,150	4,900	7,000
2d HT	350	1,100	1,800	4,050	6,300	9,000
2d Conv	548	1,644	2,740	6,170	9,590	13,700
4d Est Wag	300	950	1,600	3,600	5,600	8,000
1955 Husky, 4-cyl., 84" wb						
2d Sta Wag	300	950	1,600	3,600	5,600	8,000
1955 Minx Mk VIII, 4-cyl., 93" wb						
4d Sed	300	850	1,400	3,150	4,900	7,000
2d HT Cpe	350	1,100	1,800	4,050	6,300	9,000
2d Conv	548	1,644	2,740	6,170	9,590	13,700
4d Est Wag	300	950	1,600	3,600	5,600	8,000
1956 Husky, 4-cyl., 84" wb						
2d Sta Wag	300	900	1,500	3,380	5,250	7,500
1956 Minx Mk VIII, 4-cyl., 93" wb						
4d Sed	300	900	1,500	3,380	5,250	7,500
2d HT Cpe	350	1,100	1,800	4,050	6,300	9,000
2d Conv	548	1,644	2,740	6,170	9,590	13,700
4d Est Wag	300	950	1,600	3,600	5,600	8,000
1957 Husky, 4-cyl., 84" wb						
2d Sta Wag	300	950	1,600	3,600	5,600	8,000
1957 New Minx, 4-cyl., 96" wb						
4d Sed	300	850	1,400	3,150	4,900	7,000
2d Conv	536	1,608	2,680	6,030	9,380	13,400
4d Est Wag	350	1,000	1,650	3,690	5,750	8,200
1958 Husky, 4-cyl., 84" wb						
2d Sta Wag	300	950	1,600	3,600	5,600	8,000
1958 Husky, 2nd Series, 4-cyl., 86" wb						
2d Sta Wag	300	900	1,500	3,420	5,300	7,600
1958 Minx, 4-cyl., 96" wb						
4d Spl Sed	300	850	1,400	3,150	4,900	7,000
4d DeL Sed	300	900	1,500	3,380	5,250	7,500
2d Conv	536	1,608	2,680	6,030	9,380	13,400
4d Est Wag	350	1,000	1,700	3,780	5,900	8,400
1959 Husky, 4-cyl., 86" wb						
2d Sta Wag	300	900	1,500	3,380	5,250	7,500
1959 Minx Series II, 4-cyl., 96" wb						
4d Spl Sed	300	900	1,500	3,380	5,250	7,500
4d DeL Sed	300	900	1,500	3,380	5,250	7,500
2d Conv	400	1,150	1,900	4,230	6,600	9,400
4d Est Wag	300	900	1,550	3,470	5,400	7,700
1960 Husky, 4-cyl., 86" wb						
2d Sta Wag	300	900	1,500	3,380	5,250	7,500
1960 Minx Series IIIA, 4-cyl., 96" wb						
4d Spl Sed	300	900	1,500	3,380	5,250	7,500
4d DeL Sed	300	900	1,500	3,380	5,250	7,500
2d Conv	400	1,150	1,900	4,280	6,650	9,500
4d Est Wag	300	900	1,550	3,470	5,400	7,700
1961 Husky, 4-cyl., 86" wb						
2d Sta Wag	300	900	1,500	3,380	5,250	7,500
1961 Minx Series IIIA, 4-cyl., 96" wb						
4d Spl Sed	300	900	1,500	3,380	5,250	7,500
4d DeL Sed	300	900	1,500	3,380	5,250	7,500
2d Conv	540	1,620	2,700	6,080	9,450	13,500
4d Est Wag	300	900	1,550	3,470	5,400	7,700
1962 Husky, 4-cyl., 86" wb						
2d Sta Wag	300	900	1,500	3,380	5,250	7,500

HILLMAN

	6	5	4	3	2	1
1962 Minx Series 1600, 4-cyl., 96" wb						
4d Sed	300	850	1,400	3,150	4,900	7,000
2d Conv	500	1,550	2,600	5,850	9,100	13,000
4d Est Wag	300	900	1,550	3,470	5,400	7,700
1962 Super Minx, 4-cyl., 101" wb						
4d Sed	300	900	1,500	3,380	5,250	7,500
1963 Husky II, 4-cyl., 86" wb						
2d Sta Wag	300	900	1,500	3,380	5,250	7,500
1963 Minx Series 1600, 4-cyl., 96" wb						
4d Sed	300	850	1,400	3,150	4,900	7,000
1963 Super Minx Mk I, 4-cyl., 101" wb						
4d Sed	300	850	1,400	3,150	4,900	7,000
2d Conv	520	1,560	2,600	5,850	9,100	13,000
4d Est Wag	300	900	1,550	3,470	5,400	7,700
1963 Super Minx Mk II, 4-cyl., 101" wb						
4d Sed	520	1,560	2,600	5,850	9,100	13,000
2d Conv	528	1,584	2,640	5,940	9,240	13,200
4d Est Wag	300	950	1,550	3,510	5,450	7,800
1964 Husky, 4-cyl., 86" wb						
2d Sta Wag	300	900	1,500	3,380	5,250	7,500
1964 Minx Series 1600 Mk V, 4-cyl., 96" wb						
4d Sed	300	850	1,400	3,150	4,900	7,000
1964 Super Minx Mk II, 4-cyl., 101" wb						
4d Sed	300	850	1,400	3,150	4,900	7,000
2d Conv	524	1,572	2,620	5,900	9,170	13,100
4d Est Wag	300	900	1,500	3,420	5,300	7,600
1965 Husky, 4-cyl., 86" wb						
2d Sta Wag	300	900	1,500	3,380	5,250	7,500
1965 Super Minx Mk II, 4-cyl., 101" wb						
4d Sed	300	850	1,400	3,150	4,900	7,000
4d Est Wag	300	900	1,550	3,470	5,400	7,700
1966 Husky, 4-cyl., 86" wb						
2d Sta Wag	300	900	1,500	3,380	5,250	7,500
1966 Super Minx Mk III, 4-cyl., 101" wb						
4d Sed	300	850	1,400	3,150	4,900	7,000
4d Est Wag	300	900	1,550	3,470	5,400	7,700
1967 Husky, 4-cyl., 86" wb						
2d Sta Wag	300	900	1,550	3,470	5,400	7,700

HONDA

	6	5	4	3	2	1
1967-70 S 800						
2d	450	1,400	2,300	5,180	8,050	11,500
1970-72 N 600						
2d	300	850	1,400	3,150	4,900	7,000
2d AZ600	350	1,100	1,800	4,050	6,300	9,000
1973-78 Civic						
2d	250	700	1,200	2,700	4,200	6,000
4d Sta Wag	250	750	1,200	2,750	4,250	6,100
1976-79 Accord						
HBk	220	660	1,100	2,480	3,850	5,500
LX HBx (1978-79 only)	240	720	1,200	2,700	4,200	6,000
4 Sed (1979 only)	240	720	1,200	2,700	4,200	6,000
1979 Civic						
2d	250	750	1,200	2,750	4,250	6,100
4d Sta Wag	250	750	1,250	2,790	4,350	6,200
1980 Civic 1300						
3d HBk	200	600	1,000	2,250	3,500	5,000
3d DX	200	600	1,000	2,250	3,500	5,000
1980 Civic 1500						
3d HBk	200	600	1,000	2,250	3,500	5,000
3d HBk DX	200	600	1,000	2,300	3,550	5,100
3d HBk GL	200	600	1,050	2,340	3,650	5,200
5d Sta Wag	200	600	1,000	2,300	3,550	5,100
1980 Accord						
3d HBk	200	650	1,100	2,480	3,850	5,500
4d Sed	250	700	1,200	2,700	4,200	6,000
3d HBk LX	250	700	1,200	2,700	4,200	6,000
1980 Prelude						
2d Cpe	250	800	1,350	3,020	4,700	6,700
1981 Civic 1300						
3d HBk	200	600	1,000	2,250	3,500	5,000
3d HBk DX	200	600	1,000	2,300	3,550	5,100
1981 Civic 1500						
3d HBk DX	200	600	1,000	2,250	3,500	5,000
3d HBk GL	200	600	1,000	2,250	3,500	5,000
4d Sed	200	600	1,000	2,300	3,550	5,100
4d Sta Wag	200	600	1,000	2,300	3,550	5,100

	6	5	4	3	2	1
1981 Accord						
3d HBk	250	700	1,200	2,700	4,200	6,000
4d Sed	250	700	1,200	2,700	4,200	6,000
3d HBk LX	250	750	1,200	2,750	4,250	6,100
4d Sed SE	250	750	1,200	2,750	4,250	6,100
1981 Prelude						
2d Cpe	300	850	1,400	3,150	4,900	7,000
1982 Civic 1300						
3d HBk	200	600	1,000	2,250	3,500	5,000
3d HBk FE	200	600	1,000	2,250	3,500	5,000
1982 Civic 1500						
3d HBk DX	200	600	1,000	2,300	3,550	5,100
3d HBk GL	200	600	1,050	2,340	3,650	5,200
4d Sed	200	650	1,050	2,390	3,700	5,300
4d Sta Wag	250	750	1,200	2,750	4,250	6,100
1982 Accord						
3d HBk	250	700	1,200	2,700	4,200	6,000
4d Sed	250	750	1,200	2,750	4,250	6,100
3d HBk LX	250	750	1,250	2,790	4,350	6,200
1982 Prelude						
2d Cpe	300	850	1,450	3,240	5,050	7,200
1983 Civic 1300						
3d HBk	200	600	1,000	2,250	3,500	5,000
3d HBk FE	200	600	1,000	2,250	3,500	5,000
1983 Civic 1500						
3d HBk DX	200	600	1,000	2,300	3,550	5,100
3d HBk S	200	600	1,050	2,340	3,650	5,200
4d Sed	200	650	1,050	2,390	3,700	5,300
4d Sta Wag	200	600	1,000	2,300	3,550	5,100
1983 Accord						
3d HBk	250	700	1,200	2,700	4,200	6,000
3d HBk LX	250	750	1,200	2,750	4,250	6,100
4d Sed	250	750	1,250	2,790	4,350	6,200
1983 Prelude						
2d Cpe	300	900	1,450	3,290	5,100	7,300
1984 Civic 1300						
2d Cpe CRX	200	600	1,000	2,250	3,500	5,000
3d HBk	200	600	1,000	2,250	3,500	5,000
1984 Civic 1500						
2d Cpe CRX	250	700	1,200	2,700	4,200	6,000
3d HBk DX	200	600	1,000	2,250	3,500	5,000
3d HBk S	200	600	1,000	2,250	3,500	5,000
4d Sed	200	600	1,050	2,340	3,650	5,200
4d Sta Wag	200	600	1,050	2,340	3,650	5,200
1984 Accord						
3d HBk	200	650	1,100	2,520	3,900	5,600
3d HBk LX	250	700	1,150	2,570	4,000	5,700
4d Sed	250	700	1,150	2,610	4,050	5,800
4d Sed LX	250	700	1,200	2,700	4,200	6,000
1984 Prelude						
2d Cpe	300	850	1,400	3,150	4,900	7,000
1985 Civic 1300						
3d HBk	200	600	1,000	2,250	3,500	5,000
1985 Civic 1500						
2d Cpe CRX HF	250	700	1,200	2,700	4,200	6,000
2d Cpe CRX	250	750	1,250	2,790	4,350	6,200
2d Cpe CRX Si	250	800	1,300	2,930	4,550	6,500
3d HBk DX	200	650	1,100	2,480	3,850	5,500
3d HBk S	200	550	900	2,030	3,150	4,500
4d Sed	200	550	900	2,070	3,200	4,600
4d Sta Wag	200	550	900	2,030	3,150	4,500
4d Sta Wag (4x4)	200	600	1,000	2,250	3,500	5,000
1985 Accord						
3d HBk	250	800	1,300	2,930	4,550	6,500
3d HBk LX	300	850	1,400	3,150	4,900	7,000
4d Sed	300	850	1,400	3,200	4,950	7,100
4d Sed LX	300	900	1,450	3,290	5,100	7,300
4d Sed SEi	300	950	1,600	3,600	5,600	8,000
1985 Prelude						
2d Cpe	300	950	1,600	3,600	5,600	8,000
2d Cpe Si	350	1,050	1,750	3,960	6,150	8,800
1986 Civic						
3d HBk	200	550	950	2,120	3,300	4,700
3d HBk DX	200	600	1,050	2,340	3,650	5,200
3d HBk Si	250	700	1,200	2,660	4,150	5,900
4d Sed	250	700	1,200	2,700	4,200	6,000
4d Sta Wag	200	650	1,100	2,480	3,850	5,500
4d Sta Wag (4x4)	250	750	1,200	2,750	4,250	6,100

HONDA

	6	5	4	3	2	1
1986 Civic CRX						
2d Cpe HF	250	700	1,150	2,570	4,000	5,700
2d Cpe Si	250	800	1,300	2,930	4,550	6,500
2d Cpe	250	700	1,200	2,700	4,200	6,000
1986 Accord						
3d HBk DX	300	850	1,400	3,200	4,950	7,100
3d HBk LXi	350	1,000	1,700	3,830	5,950	8,500
4d Sed DX	300	950	1,600	3,600	5,600	8,000
4d Sed LX	350	1,000	1,700	3,830	5,950	8,500
4d Sed LXi	400	1,150	1,900	4,230	6,600	9,400
1986 Prelude						
2d Cpe	350	1,100	1,850	4,190	6,500	9,300
2d Cpe Si	400	1,200	2,050	4,590	7,150	10,200
1987 Civic						
3d HBk	200	600	1,000	2,250	3,500	5,000
3d HBk DX	200	650	1,100	2,520	3,900	5,600
3d HBk Si	250	750	1,250	2,840	4,400	6,300
4d Sed	250	800	1,300	2,930	4,550	6,500
4d Sta Wag	250	700	1,200	2,660	4,150	5,900
4d Sta Wag (4x4)	250	800	1,300	2,970	4,600	6,600
1987 Civic CRX						
2d Cpe HF	250	750	1,200	2,750	4,250	6,100
2d Cpe	250	750	1,300	2,880	4,500	6,400
2d Cpe Si	300	850	1,400	3,150	4,900	7,000
1987 Accord						
3d HBk DX	300	900	1,500	3,380	5,250	7,500
3d HBk LXi	300	950	1,600	3,560	5,550	7,900
4d Sed DX	350	1,000	1,650	3,690	5,750	8,200
4d Sed LX	300	950	1,600	3,600	5,600	8,000
4d Sed LXi	400	1,200	2,000	4,500	7,000	10,000
1987 Prelude						
2d Cpe	400	1,200	2,000	4,500	7,000	10,000
2d Cpe Si	450	1,400	2,300	5,180	8,050	11,500
1988 Civic						
3d HBk	200	650	1,100	2,480	3,850	5,500
3d HBk DX	250	800	1,300	2,930	4,550	6,500
4d Sed DX	250	800	1,350	3,020	4,700	6,700
4d Sed LX	300	900	1,450	3,290	5,100	7,300
4d Sta Wag	250	750	1,250	2,840	4,400	6,300
4d Sta Wag (4x4)	250	700	1,200	2,700	4,200	6,000
1988 Civic CRX						
2d Cpe HF	300	850	1,400	3,150	4,900	7,000
2d Cpe Si	300	950	1,600	3,600	5,600	8,000
2d Cpe	300	900	1,450	3,290	5,100	7,300
1988 Accord						
3d HBk DX	300	950	1,600	3,650	5,650	8,100
3d HBk LXi	400	1,150	1,900	4,280	6,650	9,500
2d Cpe DX	350	1,000	1,650	3,740	5,800	8,300
2d Cpe LXi	350	1,100	1,800	4,050	6,300	9,000
4d Sed DX	350	1,000	1,700	3,830	5,950	8,500
4d Sed LX	350	1,050	1,750	3,920	6,100	8,700
4d Sed LXi	400	1,200	2,000	4,500	7,000	10,000
1988 Prelude						
2d Cpe S	400	1,250	2,100	4,730	7,350	10,500
2d Cpe Si	500	1,450	2,400	5,400	8,400	12,000
2d Cpe Si (4x4)	500	1,500	2,500	5,630	8,750	12,500
1989 Civic						
3d HBk	250	800	1,350	3,060	4,750	6,800
3d HBk DX	300	950	1,550	3,510	5,450	7,800
3d HBk Si	350	1,050	1,700	3,870	6,000	8,600
4d Sed DX	350	1,050	1,750	3,960	6,150	8,800
4d Sed LX	400	1,150	1,900	4,230	6,600	9,400
4d Sta Wag	350	1,000	1,700	3,830	5,950	8,500
4d Sta Wag (4x4)	400	1,150	1,900	4,230	6,600	9,400
1989 Civic CRX						
2d Cpe HF	350	1,000	1,700	3,830	5,950	8,500
2d Cpe	350	1,100	1,800	4,050	6,300	9,000
2d Cpe Si	450	1,300	2,200	4,950	7,700	11,000
1989 Accord						
3d HBk DX	400	1,200	2,050	4,590	7,150	10,200
3d HBk LXi	500	1,500	2,450	5,540	8,600	12,300
2d Cpe DX	450	1,350	2,200	5,000	7,750	11,100
2d Cpe LXi	550	1,600	2,650	5,990	9,300	13,300
4d Sed DX	450	1,350	2,250	5,090	7,900	11,300
4d Sed LX	450	1,400	2,300	5,180	8,050	11,500
4d Sed LXi	550	1,600	2,650	5,990	9,300	13,300
2d Cpe SEi	550	1,600	2,650	5,990	9,300	13,300
4d Sed SEi	550	1,700	2,800	6,300	9,800	14,000

	6	5	4	3	2	1
1989 Prelude						
2d Cpe S	400	1,250	2,100	4,730	7,350	10,500
2d Cpe Si	500	1,550	2,550	5,760	8,950	12,800
2d Cpe Si (4x4)	550	1,600	2,650	5,990	9,300	13,300
1990 Civic, 4-cyl.						
2d HBk	200	600	1,000	2,250	3,500	5,000
2d HBk DX	200	650	1,100	2,480	3,850	5,500
2d HBk Si	250	700	1,200	2,700	4,200	6,000
4d Sed DX	250	800	1,300	2,930	4,550	6,500
4d Sed LX	300	850	1,400	3,150	4,900	7,000
4d Sed EX	300	900	1,450	3,290	5,100	7,300
4d Sta Wag	250	800	1,300	2,930	4,550	6,500
4d Sta Wag 4x4	300	850	1,400	3,150	4,900	7,000
1990 Civic CRX, 4-cyl.						
2d Cpe HF	250	700	1,200	2,700	4,200	6,000
2d Cpe	250	800	1,300	2,930	4,550	6,500
2d Cpe Si	300	850	1,400	3,150	4,900	7,000
1990 Accord, 4-cyl.						
2d Cpo DX	300	900	1,500	3,380	5,250	7,500
2d Cpe LX	300	950	1,600	3,600	5,600	8,000
2d Cpe EX	350	1,000	1,700	3,830	5,950	8,500
4d Sed DX	300	950	1,600	3,600	5,600	8,000
4d Sed LX	350	1,000	1,700	3,830	5,950	8,500
4d Sed EX	400	1,150	1,900	4,280	6,650	9,500
1990 Prelude, 4-cyl.						
2d 2.0 Cpe S	350	1,000	1,700	3,830	5,950	8,500
2d 2.0 Cpe Si	350	1,100	1,800	4,050	6,300	9,000
2d Cpe Si	400	1,150	1,900	4,280	6,650	9,500
2d Cpe Si 4WS	400	1,200	2,000	4,500	7,000	10,000
1991 Civic						
2d HBk	200	550	950	2,120	3,300	4,700
2d HBk DX	200	600	1,000	2,250	3,500	5,000
2d HBk Si	200	650	1,100	2,480	3,850	5,500
4d Sed DX	250	700	1,200	2,700	4,200	6,000
4d Sed LX	250	750	1,250	2,840	4,400	6,300
4d Sed EX	250	800	1,350	3,020	4,700	6,700
4d Sta Wag	250	700	1,200	2,700	4,200	6,000
4d Sta Wag 4x4	250	800	1,350	3,020	4,700	6,700
2d Cpe CRX HF	200	650	1,100	2,480	3,850	5,500
2d Cpe CRX	250	700	1,200	2,700	4,200	6,000
2d Cpe CRX Si	250	800	1,300	2,930	4,550	6,500
1991 Accord						
2d Cpe DX	250	800	1,300	2,930	4,550	6,500
2d Cpe LX	300	900	1,500	3,380	5,250	7,500
2d Cpe EX	350	1,000	1,700	3,830	5,950	8,500
4d Sed DX	250	800	1,300	2,930	4,550	6,500
4d Sed LX	300	900	1,500	3,380	5,250	7,500
4d Sed EX	350	1,000	1,700	3,830	5,950	8,500
4d Sed SE	350	1,100	1,800	4,050	6,300	9,000
4d Sta Wag LX	350	1,100	1,850	4,190	6,500	9,300
4d Sta Wag EX	400	1,150	1,900	4,280	6,650	9,500
1991 Prelude						
2d 2.0 Si Cpe	350	1,000	1,700	3,830	5,950	8,500
2d Si Cpe	350	1,100	1,800	4,050	6,300	9,000
2d Si Cpe 4WS	400	1,150	1,900	4,280	6,650	9,500
1992 Civic, 4-cyl.						
2d Cpe CX	200	650	1,100	2,480	3,850	5,500
2d HBk DX	250	700	1,200	2,700	4,200	6,000
2d HBk VX	250	700	1,200	2,700	4,200	6,000
2d HBk Si	250	800	1,350	3,020	4,700	6,700
4d Sed DX	250	800	1,350	3,020	4,700	6,700
4d Sed LX	300	850	1,400	3,150	4,900	7,000
4d Sed EX	350	1,000	1,650	3,740	5,800	8,300
4d Sta Wag	300	850	1,400	3,150	4,900	7,000
1992 Accord, 4-cyl.						
2d Cpe DX	300	900	1,500	3,380	5,250	7,500
2d Cpe LX	300	950	1,600	3,600	5,600	8,000
2d Cpe EX	300	950	1,600	3,600	5,600	8,000
4d Sed DX	300	950	1,600	3,600	5,600	8,000
4d Sed LX	350	1,000	1,700	3,830	5,950	8,500
4d Sed EX	400	1,200	2,000	4,500	7,000	10,000
4d Sta Wag LX	400	1,200	2,000	4,500	7,000	10,000
4d Sta Wag EX	400	1,250	2,100	4,730	7,350	10,500
1992 Prelude, 4-cyl.						
2d S Cpe	400	1,200	2,000	4,500	7,000	10,000
2d Si Cpe	400	1,250	2,100	4,730	7,350	10,500
2d Si Cpe 4WS	450	1,400	2,300	5,180	8,050	11,500
1993 Civic, 4-cyl.						
2d HBk CX	200	600	1,000	2,250	3,500	5,000

	6	5	4	3	2	1
2d HBk DX	200	600	1,000	2,300	3,550	5,100
2d HBk VX	200	600	1,050	2,340	3,650	5,200
2d HBk Si	200	650	1,050	2,390	3,700	5,300
2d Cpe DX	200	600	1,050	2,340	3,650	5,200
2d Cpe EX	200	650	1,050	2,390	3,700	5,300
4d Sed DX	200	650	1,050	2,390	3,700	5,300
4d Sed LX	200	650	1,100	2,430	3,800	5,400
4d Sed EX	200	650	1,100	2,480	3,850	5,500
2d Cpe S	200	650	1,100	2,430	3,800	5,400
2d Cpe Si	200	650	1,100	2,520	3,900	5,600
1993 Accord, 4-cyl.						
2d Cpe DX	250	700	1,200	2,700	4,200	6,000
2d Cpe LX	250	750	1,200	2,750	4,250	6,100
2d Cpe EX	250	750	1,250	2,790	4,350	6,200
2d Cpe SE	250	750	1,200	2,750	4,250	6,100
4d Sed DX	250	750	1,250	2,790	4,350	6,200
4d Sed LX	250	750	1,250	2,840	4,400	6,300
4d Sed Anniversary	260	770	1,280	2,880	4,480	6,400
4d Sed EX	250	800	1,300	2,930	4,550	6,500
4d Sed SE	250	800	1,300	2,970	4,600	6,600
4d Sta Wag LX	300	850	1,400	3,150	4,900	7,000
4d Sta Wag EX	300	850	1,450	3,240	5,050	7,200
1993 Prelude, 4-cyl.						
2d Cpe S	250	700	1,200	2,700	4,200	6,000
2d Cpe Si	250	750	1,200	2,750	4,250	6,100
2d Cpe 4WS	250	750	1,250	2,840	4,400	6,300
2d Cpe VTEC	250	800	1,300	2,930	4,550	6,500
1994 Civic, 4-cyl.						
2d HBk CX	200	550	950	2,120	3,300	4,700
2d HBk DX	200	600	1,000	2,250	3,500	5,000
2d HBk VX	200	600	1,000	2,250	3,500	5,000
2d HBk Si	250	700	1,200	2,700	4,200	6,000
2d Cpe DX	250	700	1,200	2,700	4,200	6,000
2d Cpe EX	300	850	1,450	3,240	5,050	7,200
4d Sed DX	250	700	1,200	2,700	4,200	6,000
4d Sed LX	300	850	1,400	3,150	4,900	7,000
4d Sed EX	300	900	1,500	3,380	5,250	7,500
1994 Civic Del Sol, 4-cyl.						
2d Cpe S	300	850	1,400	3,150	4,900	7,000
2d Cpe Si	300	900	1,500	3,380	5,250	7,500
2d Cpe VTEC	300	950	1,600	3,600	5,600	8,000
1994 Accord, 4-cyl.						
2d Cpe DX	300	850	1,400	3,150	4,900	7,000
2d Cpe LX	300	900	1,500	3,380	5,250	7,500
2d Cpe EX	350	1,000	1,700	3,830	5,950	8,500
4d Sed DX	300	850	1,400	3,150	4,900	7,000
4d Sed LX	300	950	1,600	3,600	5,600	8,000
4d Sed EX	350	1,100	1,800	4,050	6,300	9,000
4d Sta Wag LX	350	1,000	1,700	3,830	5,950	8,500
4d Sta Wag EX	400	1,150	1,900	4,280	6,650	9,500
1994 Prelude, 4-cyl.						
2d S	300	950	1,600	3,600	5,600	8,000
2d Si	350	1,100	1,800	4,050	6,300	9,000
2d Si 4WS	400	1,200	2,000	4,500	7,000	10,000
2d VTEC	400	1,250	2,100	4,730	7,350	10,500
1995 Civic, 4-cyl.						
2d HBk CX	200	550	950	2,120	3,300	4,700
2d HBk DX	200	600	1,000	2,250	3,500	5,000
2d HBk VX	200	650	1,050	2,390	3,700	5,300
2d HBk Si	250	700	1,200	2,700	4,200	6,000
2d Cpe DX	250	800	1,300	2,930	4,550	6,500
2d Cpe EX	300	850	1,450	3,240	5,050	7,200
4d Sed DX	250	700	1,200	2,700	4,200	6,000
4d Sed LX	300	850	1,400	3,150	4,900	7,000
4d Sed EX	300	900	1,500	3,380	5,250	7,500
1995 Civic Del Sol, 4-cyl.						
2d Cpe S	300	850	1,400	3,150	4,900	7,000
2d Cpe Si	300	900	1,500	3,380	5,250	7,500
2d Cpe VTEC	300	950	1,600	3,600	5,600	8,000
1995 Accord, 4-cyl. & V-6						
2d Cpe LX	300	900	1,500	3,380	5,250	7,500
2d Cpe EX	350	1,000	1,700	3,830	5,950	8,500
4d Sed DX	300	850	1,400	3,150	4,900	7,000
4d Sed LX, 4-cyl.	350	1,100	1,800	4,050	6,300	9,000
4d Sed LX, V-6	400	1,150	1,900	4,280	6,650	9,500
4d Sed EX, 4-cyl.	400	1,250	2,100	4,730	7,350	10,500
4d Sed EX, V-6	450	1,300	2,200	4,950	7,700	11,000
4d Sta Wag LX	350	1,000	1,700	3,830	5,950	8,500
4d Sta Wag EX	400	1,150	1,900	4,280	6,650	9,500

	6	5	4	3	2	1
1995 Prelude, 4-cyl.						
2d Cpe S	300	950	1,600	3,600	5,600	8,000
2d Cpe Si	350	1,100	1,800	4,050	6,300	9,000
2d Cpe SE	400	1,200	2,000	4,500	7,000	10,000
2d Cpe VTEC	400	1,250	2,100	4,730	7,350	10,500
1996 Civic, 4-cyl.						
2d HBk CX	150	500	850	1,890	2,950	4,200
2d HBk DX	200	550	900	2,030	3,150	4,500
2d Cpe DX	250	700	1,200	2,700	4,200	6,000
2d Cpe HX	250	750	1,250	2,840	4,400	6,300
2d Cpe EX	250	800	1,350	3,020	4,700	6,700
4d Sed DX	200	650	1,100	2,480	3,850	5,500
4d Sed LX	250	800	1,300	2,930	4,550	6,500
4d Sed EX	300	850	1,400	3,150	4,900	7,000
1996 Civic Del Sol, 4-cyl.						
2d Cpe S	250	800	1,300	2,930	4,550	6,500
2d Cpe Si	300	850	1,400	3,150	4,900	7,000
2d Cpe VTEC	300	900	1,500	3,380	5,250	7,500
1996 Accord, 4-cyl.						
2d Cpe LX	300	850	1,400	3,150	4,900	7,000
2d Cpe EX	300	950	1,600	3,600	5,600	8,000
4d Sed DX	250	800	1,300	2,930	4,550	6,500
4d Sed LX	350	1,000	1,700	3,830	5,950	8,500
4d Sed EX	400	1,200	2,000	4,500	7,000	10,000
4d Sta Wag LX	300	950	1,600	3,600	5,600	8,000
4d Sta Wag EX	350	1,100	1,800	4,050	6,300	9,000
NOTE: Add 10 percent for Anv. Pkg.						
1996 Accord, V-6.						
4d Sed LX	350	1,100	1,800	4,050	6,300	9,000
4d Sed EX	400	1,250	2,100	4,730	7,350	10,500
1996 Prelude, 4-cyl.						
2d Cpe S	300	900	1,500	3,380	5,250	7,500
2d Cpe Si	350	1,000	1,700	3,830	5,950	8,500
2d Cpe VTEC	400	1,200	2,000	4,500	7,000	10,000
1997 Civic, 4-cyl.						
2d HBk CX	168	504	840	1,890	2,940	4,200
2d HBk DX	180	540	900	2,030	3,150	4,500
2d Cpe DX	240	720	1,200	2,700	4,200	6,000
2d Cpe HX	252	756	1,260	2,840	4,410	6,300
2d Cpe EX	268	804	1,340	3,020	4,690	6,700
4d Sed DX	220	660	1,100	2,480	3,850	5,500
4d Sed LX	260	780	1,300	2,930	4,550	6,500
4d Sed EX	280	840	1,400	3,150	4,900	7,000
1997 Civic Del Sol, 4-cyl.						
2d Cpe S	260	780	1,300	2,930	4,550	6,500
2d Cpe Si	280	840	1,400	3,150	4,900	7,000
2d Cpe VTEC	300	900	1,500	3,380	5,250	7,500
1997 Accord, 4-cyl.						
2d Cpe LX	280	840	1,400	3,150	4,900	7,000
2d Cpe SE	300	900	1,500	3,380	5,250	7,500
2d Cpe EX	320	960	1,600	3,600	5,600	8,000
4d Sed DX	260	780	1,300	2,930	4,550	6,500
4d Sed LX	320	960	1,600	3,600	5,600	8,000
4d Sed SE	360	1,080	1,800	4,050	6,300	9,000
4d Sed EX	400	1,200	2,000	4,500	7,000	10,000
4d Sta Wag LX	320	960	1,600	3,600	5,600	8,000
4d Sta Wag EX	360	1,080	1,800	4,050	6,300	9,000
1997 Accord, V-6						
4d Sed LX	360	1,080	1,800	4,050	6,300	9,000
4d Sed EX	420	1,260	2,100	4,730	7,350	10,500
1997 Prelude, 4-cyl.						
2d Cpe	340	1,020	1,700	3,830	5,950	8,500
2d Cpe SH	400	1,200	2,000	4,500	7,000	10,000
1998 Civic, 4-cyl.						
2d HBk CX	170	500	840	1,890	2,940	4,200
2d HBk DX	180	540	900	2,030	3,150	4,500
2d Cpe DX	240	720	1,200	2,700	4,200	6,000
2d Cpe HX	260	780	1,300	2,930	4,550	6,500
2d Cpe EX	270	800	1,340	3,020	4,690	6,700
4d Sed DX	220	660	1,100	2,480	3,850	5,500
4d Sed LX	260	780	1,300	2,930	4,550	6,500
4d Sed EX	280	840	1,400	3,150	4,900	7,000
1998 Accord, 4-cyl. & V-6						
2d Cpe LX	290	860	1,440	3,240	5,040	7,200
2d Cpe EX	330	980	1,640	3,690	5,740	8,200
4d Sed DX (4-cyl. only)	270	800	1,340	3,020	4,690	6,700
4d Sed LX	330	980	1,640	3,690	5,740	8,200
4d Sed EX	410	1,220	2,040	4,590	7,140	10,200

HYUNDAI

	6	5	4	3	2	1
1998 Prelude, 4-cyl.						
2d Cpe.	340	1,020	1,700	3,830	5,950	8,500
2d Cpe SH.	400	1,200	2,000	4,500	7,000	10,000
1999 Civic, 4-cyl.						
2d HBk CX	170	500	840	1,890	2,940	4,200
2d HBk DX	180	540	900	2,030	3,150	4,500
2d Cpe DX.	240	720	1,200	2,700	4,200	6,000
2d Cpe HX.	260	780	1,300	2,930	4,550	6,500
2d Cpe EX.	270	800	1,340	3,020	4,690	6,700
4d Sed DX.	220	660	1,100	2,480	3,850	5,500
4d Sed LX	260	780	1,300	2,930	4,550	6,500
4d Sed EX.	280	840	1,400	3,150	4,900	7,000
1999 Accord, 4-cyl. & V-6						
2d Cpe LX	290	860	1,440	3,240	5,040	7,200
2d Cpe EX.	330	980	1,640	3,690	5,740	8,200
4d Sed DX (4-cyl. only)	270	800	1,340	3,020	4,690	6,700
4d Sed LX	330	980	1,640	3,690	5,740	8,200
4d Sed EX.	410	1,220	2,040	4,590	7,140	10,200
1999 Prelude, 4-cyl.						
2d Cpe.	340	1,020	1,700	3,830	5,950	8,500
2d Cpe SH.	400	1,200	2,000	4,500	7,000	10,000
2000 Civic, 4-cyl.						
2d HBk CX	170	500	840	1,890	2,940	4,200
2d HBk DX	180	540	900	2,030	3,150	4,500
2d Cpe DX.	240	720	1,200	2,700	4,200	6,000
2d Cpe HX.	260	780	1,300	2,930	4,550	6,500
2d Cpe EX.	270	800	1,340	3,020	4,690	6,700
4d Sed DX.	220	660	1,100	2,480	3,850	5,500
4d Sed LX	260	780	1,300	2,930	4,550	6,500
4d Sed EX.	280	840	1,400	3,150	4,900	7,000
2000 Accord, 4-cyl. & V-6						
2d Cpe LX	290	860	1,440	3,240	5,040	7,200
2d Cpe EX.	330	980	1,640	3,690	5,740	8,200
4d Sed DX (4-cyl. only)	270	800	1,340	3,020	4,690	6,700
4d Sed LX	330	980	1,640	3,690	5,740	8,200
4d Sed EX.	410	1,220	2,040	4,590	7,140	10,200
2000 Prelunde, 4-cyl.						
2d Cpe.	340	1,020	1,700	3,830	5,950	8,500
2d Cpe SH.	400	1,200	2,000	4,500	7,000	10,000
2000 Insight hybrid, 3-cyl.						
2d HBk (gas/elect).	480	1,440	2,400	5,400	8,400	12,000
2000 S2000, 4-cyl.						
2d Rds.	880	2,640	4,400	9,900	15,400	22,000
NOTE: Add 5 percent for detachable HT.						
2001 Civic, 4-cyl.						
2d Cpe DX.	240	720	1,200	3,000	4,200	6,000
2d Cpe LX.	250	740	1,240	3,100	4,340	6,200
2d Cpe HX.	260	780	1,300	3,250	4,550	6,500
2d Cpe EX.	270	800	1,340	3,350	4,690	6,700
4d Sed DX.	220	660	1,100	2,750	3,850	5,500
4d Sed LX.	260	780	1,300	3,250	4,550	6,500
4d Sed EX.	280	840	1,400	3,500	4,900	7,000
2001 Accord, 4-cyl. & V-6						
2d Cpe LX.	290	860	1,440	3,600	5,040	7,200
2d Cpe EX.	330	980	1,640	4,100	5,740	8,200
4d Sed DX (4-cyl. only)	270	800	1,340	3,350	4,690	6,700
4d Sed LX.	330	980	1,640	4,100	5,740	8,200
4d Sed EX.	410	1,220	2,040	5,100	7,140	10,200
2001 Prelude, 4-cyl.						
2d Cpe.	340	1,020	1,700	4,250	5,950	8,500
2d Cpe SH.	400	1,200	2,000	5,000	7,000	10,000
2001 Insight hybrid, 3-cyl.						
2d HBk (gas/elect).	480	1,440	2,400	6,000	8,400	12,000
2001 S2000, 4-cyl.						
2d Rds.	880	2,640	4,400	11,000	15,400	22,000
NOTE: Add 5 percent for detachable HT.						

HYUNDAI

	6	5	4	3	2	1
1993 Excel, 4-cyl.						
2d HBk	150	450	750	1,710	2,650	3,800
4d Sed.	150	450	800	1,760	2,750	3,900
2d GS HBk	150	450	800	1,760	2,750	3,900
4d GL Sed.	150	500	800	1,800	2,800	4,000
1993 Scoupe, 4-cyl.						
2d Cpe.	150	500	850	1,890	2,950	4,200
2d LS Cpe.	150	500	850	1,940	3,000	4,300
2d Turbo Cpe	200	550	900	2,030	3,150	4,500

	6	5	4	3	2	1
1993 Elantra, 4-cyl.						
4d Sed	200	550	900	2,030	3,150	4,500
4d GLS Sed	200	550	900	2,070	3,200	4,600
1993 Sonata, 4-cyl.						
4d Sed	200	550	900	2,070	3,200	4,600
4d GLS Sed	200	550	950	2,120	3,300	4,700
4d Sed, V-6	200	550	950	2,120	3,300	4,700
4d GLS Sed V-6	200	600	950	2,160	3,350	4,800
1994 Excel, 4-cyl.						
2d HBk	150	450	750	1,710	2,650	3,800
2d GS HBk	150	450	800	1,760	2,750	3,900
4d GL Sed	150	500	800	1,800	2,800	4,000
1994 Scoupe, 4-cyl.						
2d Cpe	150	500	850	1,890	2,950	4,200
2d LS Cpe	150	500	850	1,940	3,000	4,300
2d Turbo Cpe	200	550	900	2,030	3,150	4,500
1994 Elantra, 4-cyl.						
4d Sed	200	550	900	2,030	3,150	4,500
4d GLS Sed	200	550	900	2,070	3,200	4,600
1994 Sonata, 4-cyl.						
4d Sed	200	550	900	2,070	3,200	4,600
4d GLS Sed	200	550	950	2,120	3,300	4,700
4d Sed (V-6)	200	550	950	2,120	3,300	4,700
4d GLS Sed (V-6)	200	600	950	2,160	3,350	4,800
1995 Accent, 4-cyl.						
2d L HBk	150	400	700	1,580	2,450	3,500
2d HBk	150	450	750	1,710	2,650	3,800
4d Sed	150	500	800	1,800	2,800	4,000
1995 Scoupe, 4-cyl.						
2d Cpe	150	500	850	1,890	2,950	4,200
2d LS Cpe	150	500	850	1,940	3,000	4,300
2d Turbo Cpe	200	550	900	2,030	3,150	4,500
1995 Elantra, 4-cyl.						
4d Sed	200	550	900	2,030	3,150	4,500
4d GLS Sed	200	550	900	2,070	3,200	4,600
1995 Sonata, 4-cyl.						
4d Sed	200	550	900	2,070	3,200	4,600
4d GL Sed	200	550	950	2,120	3,300	4,700
4d GL Sed (V-6)	200	600	950	2,160	3,350	4,800
4d GLS Sed (V-6)	200	600	1,000	2,210	3,450	4,900
1996 Accent, 4-cyl.						
2d L HBk	150	400	700	1,580	2,450	3,500
2d HBk	150	450	750	1,710	2,650	3,800
2d GT HBk	150	500	800	1,850	2,850	4,100
4d Sed	150	500	800	1,800	2,800	4,000
1996 Elantra, 4-cyl.						
4d Sed	200	550	900	2,030	3,150	4,500
4d GLS Sed	200	550	900	2,070	3,200	4,600
4d Sta Wag	200	600	1,000	2,210	3,450	4,900
4d GLS Sta Wag	200	600	1,000	2,250	3,500	5,000
1996 Sonata, 4-cyl.						
4d Sed	200	550	900	2,070	3,200	4,600
4d GL Sed	200	550	950	2,120	3,300	4,700
4d GL Sed (V-6)	200	600	950	2,160	3,350	4,800
4d GLS Sed (V-6)	200	600	1,000	2,210	3,450	4,900
1997 Accent, 4-cyl.						
2d L HBk	140	420	700	1,580	2,450	3,500
2d GS HBk	152	456	760	1,710	2,660	3,800
2d GT HBk	164	492	820	1,850	2,870	4,100
4d GL Sed	160	480	800	1,800	2,800	4,000
1997 Elantra, 4-cyl.						
4d Sed	180	540	900	2,030	3,150	4,500
4d GLS Sed	184	552	920	2,070	3,220	4,600
4d Sta Wag	196	588	980	2,210	3,430	4,900
4d GLS Sta Wag	200	600	1,000	2,250	3,500	5,000
1997 Tiburon, 4-cyl.						
2d Cpe	180	540	900	2,030	3,150	4,500
2d FX Cpe	192	576	960	2,160	3,360	4,800
1997 Sonata, 4-cyl.						
4d Sed	184	552	920	2,070	3,220	4,600
4d GL Sed	188	564	940	2,120	3,290	4,700
4d GL Sed (V-6)	192	576	960	2,160	3,360	4,800
4d GLS Sed (V-6)	196	588	980	2,210	3,430	4,900
1998 Accent, 4-cyl.						
2d L HBk	140	420	700	1,580	2,450	3,500
2d GS HBk	150	460	760	1,710	2,660	3,800
2d GSi HBk	160	490	820	1,850	2,870	4,100
4d GL Sed	160	480	800	1,800	2,800	4,000

HYUNDAI

INFINITI

	6	5	4	3	2	1
1998 Elantra, 4-cyl.						
4d Sed	180	540	900	2,030	3,150	4,500
4d GLS Sed	180	550	920	2,070	3,220	4,600
4d Sta Wag	200	590	980	2,210	3,430	4,900
4d GLS Sta Wag	200	600	1,000	2,250	3,500	5,000
1998 Tiburon, 4-cyl.						
2d Cpe	180	540	900	2,030	3,150	4,500
2d FX Cpe	190	580	960	2,160	3,360	4,800
1998 Sonata, 4-cyl.						
4d Sed	180	550	920	2,070	3,220	4,600
4d GL Sed	190	560	940	2,120	3,290	4,700
4d GL Sed (V-6)	190	580	960	2,160	3,360	4,800
4d GLS Sed (V-6)	200	590	980	2,210	3,430	4,900
1999 Accent, 4-cyl.						
2d L HBk	140	420	700	1,580	2,450	3,500
2d GS HBk	150	460	760	1,710	2,660	3,800
4d GL Sed	160	480	800	1,800	2,800	4,000
1999 Elantra, 4-cyl.						
4d Sed	180	540	900	2,030	3,150	4,500
4d GLS Sed	180	550	920	2,070	3,220	4,600
4d Sta Wag	200	590	980	2,210	3,430	4,900
4d GLS Sta Wag	200	600	1,000	2,250	3,500	5,000
1999 Triburon, 4-cyl.						
2d Cpe	180	540	900	2,030	3,150	4,500
2d FX Cpe	190	580	960	2,160	3,360	4,800
1999 Sonata, V-6						
4d Sed (4-cyl)	180	550	920	2,070	3,220	4,600
4d GL Sed	190	580	960	2,160	3,360	4,800
4d GLS Sed	200	590	980	2,210	3,430	4,900
2000 Accent, 4-cyl.						
2d L HBk	140	420	700	1,580	2,450	3,500
2d GS HBk	150	460	760	1,710	2,660	3,800
4d GL Sed	160	480	800	1,800	2,800	4,000
2000 Elantra, 4-cyl.						
4d GLS Sed	180	550	920	2,070	3,220	4,600
4d GLS Sta Wag	200	600	1,000	2,250	3,500	5,000
2000 Tiburon, 4-cyl.						
2d Cpe	180	540	900	2,030	3,150	4,500
2000 Sonata, V-6						
4d Sed (4-cyl.)	180	550	920	2,070	3,220	4,600
4d GL Sed	190	580	960	2,160	3,360	4,800
4d GLS Sed	200	590	980	2,210	3,430	4,900
2001 Accent, 4-cyl.						
2d L HBk	140	420	700	1,750	2,450	3,500
2d GS HBk	150	460	760	1,900	2,660	3,800
4d GL Sed	160	480	800	2,000	2,800	4,000
2001 Elantra, 4-cyl.						
4d GLS Sed	180	550	920	2,300	3,220	4,600
4d GT HBk	200	600	1,000	2,500	3,500	5,000
2001 Tiburon, 4-cyl.						
2d Cpe	180	540	900	2,250	3,150	4,500
2001 Sonata, V-6						
4d Sed (4-cyl.)	180	550	920	2,300	3,220	4,600
4d GLS Sed	200	590	980	2,450	3,430	4,900
2001 XG300, V-6						
4d Sed	200	600	1,000	2,500	3,500	5,000
4d L Sed	220	660	1,100	2,750	3,850	5,500

INFINITI

	6	5	4	3	2	1
1990 Infiniti						
4d Sed Q45	680	2,040	3,400	7,650	11,900	17,000
2d Cpe M30	640	1,920	3,200	7,200	11,200	16,000
1991 Infiniti						
4d Sed G20	400	1,200	2,000	4,500	7,000	10,000
4d Sed Q45	720	2,160	3,600	8,100	12,600	18,000
4d Sed Q45A	740	2,220	3,700	8,330	12,950	18,500
2d Cpe M30	660	1,980	3,300	7,430	11,550	16,500
2d Conv M30	840	2,520	4,200	9,450	14,700	21,000
1992 G20, 4-cyl.						
4d Sed	400	1,200	2,000	4,500	7,000	10,000
1992 M30, V-6						
2d Cpe	640	1,920	3,200	7,200	11,200	16,000
2d Conv	800	2,400	4,000	9,000	14,000	20,000
1992 Q45, V-8						
4d Sed	770	2,300	3,840	8,640	13,440	19,200
4d Sed Active	780	2,340	3,900	8,780	13,650	19,500
1993 G20, 4-cyl.						
4d Sed	680	2,040	3,400	7,650	11,900	17,000

	6	5	4	3	2	1
1993 J30, V-6						
4d Sed	760	2,280	3,800	8,550	13,300	19,000
1993 Q45, V-8						
4d Sed	880	2,640	4,400	9,900	15,400	22,000
4d Sed Active	960	2,880	4,800	10,800	16,800	24,000
1994 G20, 4-cyl.						
4d Sed	380	1,140	1,900	4,280	6,650	9,500
1994 J30, V-6						
4d Sed	560	1,680	2,800	6,300	9,800	14,000
1994 Q45, V-8						
4d Sed	680	2,040	3,400	7,650	11,900	17,000
4d Sed Active	700	2,100	3,500	7,880	12,250	17,500
1995 G20, 4-cyl.						
4d Sed	380	1,140	1,900	4,280	6,650	9,500
1995 J30, V-6						
4d Sed	560	1,680	2,800	6,300	9,800	14,000
1995 Q45, V-8						
4d Sed	680	2,040	3,400	7,650	11,900	17,000
4d Sed Active	700	2,100	3,500	7,880	12,250	17,500
1996 G20, 4-cyl.						
4d Sed	380	1,140	1,900	4,280	6,650	9,500
1996 I30, V-6						
4d Sed	480	1,440	2,400	5,400	8,400	12,000
1996 J30, V-6						
4d Sed	560	1,680	2,800	6,300	9,800	14,000
1996 Q45, V-8						
4d Sed	680	2,040	3,400	7,650	11,900	17,000
1997 I30, V-6						
4d Sed	480	1,440	2,400	5,400	8,400	12,000
1997 J30, V-6						
4d Sed	560	1,680	2,800	6,300	9,800	14,000
1997 Q45, V-8						
4d Sed	700	2,100	3,500	7,880	12,250	17,500
1998 I30, V-8						
4d Sed	480	1,440	2,400	5,400	8,400	12,000
NOTE: Add 5 percent for Touring Pkg.						
1998 Q45, V-8						
4d Sed	700	2,100	3,500	7,880	12,250	17,500
NOTE: Add 5 percent for Touring Pkg.						
1999 G20, 4-cyl.						
4d Sed	360	1,080	1,800	4,050	6,300	9,000
NOTE: Add 5 percent for Touring Pkg.						
1999 I30, V-6						
4d Sed	480	1,440	2,400	5,400	8,400	12,000
NOTE: Add 5 percent for Touring Pkg.						
1999 Q45, V-8						
4d Sed	700	2,100	3,500	7,880	12,250	17,500
NOTE: Add 5 percent for Touring Pkg.						
2000 G20, 4-cyl.						
4d Sed	360	1,080	1,800	4,050	6,300	9,000
NOTE: Add 5 percent for Touring pkg.						
2000 I30, V-6						
4d Sed	500	1,500	2,500	5,630	8,750	12,500
NOTE: Add 5 percent for Touring pkg.						
2000 Q45, V-8						
4d Sed	700	2,100	3,500	7,880	12,250	17,500
NOTE: Add 5 percent for Touring pkg. Add 5 percent for Anniversary Ed.						
2001 G20, 4-cyl.						
4d Sed	360	1,080	1,800	4,500	6,300	9,000
NOTE: Add 5 percent for Touring pkg.						
2001 I30, V-6						
4d Sed	500	1,500	2,500	6,250	8,750	12,500
NOTE: Add 5 percent for Touring pkg.						
2001 Q45, V-8						
4d Sed	700	2,100	3,500	8,750	12,250	17,500
NOTE: Add 5 percent for Touring pkg. Add 5 percent for Luxury Ed.						

ISUZU

	6	5	4	3	2	1
1961-65 Bellel 2000, 4-cyl., 1991cc, 99.6" wb						
Diesel 4d Sed	200	600	1,000	2,250	3,500	5,000
Diesel 4d Sta Wag	208	624	1,040	2,340	3,640	5,200
NOTE: An optional diesel engine DL200 was available.						
1966-80 Bellel 2000, 4-cyl., 1991cc, 99.6" wb						
NOTE: See detailed listings.						
1981-82 I-Mark, Gasoline, 4-cyl., 1817cc, 94.3" wb						
AT77B 2d DeL Cpe	180	540	900	2,030	3,150	4,500
AT69B 4d DeL Sed	180	540	900	2,030	3,150	4,500
AT77B 2d LS Cpe	192	576	960	2,160	3,360	4,800

	6	5	4	3	2	1
1981-82 I-Mark, Diesel, 4-cyl., 1817cc, 94.3" wb						
AT77P 2d Cpe	160	480	800	1,800	2,800	4,000
AT77P 2d DeL Cpe	168	504	840	1,890	2,940	4,200
AT69P 4d DeL Sed	164	492	820	1,850	2,870	4,100
AT77P 2d LS Cpe	184	552	920	2,070	3,220	4,600
1983-85 I-Mark, Gasoline, 4-cyl., 1817cc, 94.3" wb						
T77 2d DeL Cpe	200	600	1,000	2,250	3,500	5,000
T69 4d DeL Sed	200	600	1,000	2,250	3,500	5,000
T77 2d LS Cpe	204	612	1,020	2,300	3,570	5,100
T69 4d LS Sed	204	612	1,020	2,300	3,570	5,100
1983-85 I-Mark, Diesel, 4-cyl., 1817cc, 94.3" wb						
T77 2d Cpe	212	636	1,060	2,390	3,710	5,300
1983-85 Impulse, 4-cyl., 1949cc, 96" wb						
2d Spt Cpe	280	840	1,400	3,150	4,900	7,000
1986 I-Mark, 4x4						
4d Sed	220	660	1,100	2,480	3,850	5,500
2d HBk	228	684	1,140	2,570	3,990	5,700
1986 Impulse						
2d Cpe	300	900	1,500	3,380	5,250	7,500
2d Turbo Cpe	320	960	1,600	3,600	5,600	8,000
1987 I-Mark, 4x4						
2d S HBk	224	672	1,120	2,520	3,920	5,600
2d HBk	232	696	1,160	2,610	4,060	5,800
2d RS Turbo HBk	248	744	1,240	2,790	4,340	6,200
4d S Sed	232	696	1,160	2,610	4,060	5,800
4d Sed	240	720	1,200	2,700	4,200	6,000
4d RS Turbo Sed	256	768	1,280	2,880	4,480	6,400
1987 Impulse						
2d RS Turbo Cpe	340	1,020	1,700	3,830	5,950	8,500
1988 I-Mark, 4x4						
2d S HBk	228	684	1,140	2,570	3,990	5,700
2d XS HBk	236	708	1,180	2,660	4,130	5,900
2d Turbo HBk	252	756	1,260	2,840	4,410	6,300
2d RS Turbo HBk	260	780	1,300	2,930	4,550	6,500
4d S Sed	232	696	1,160	2,610	4,060	5,800
4d XS Sed	240	720	1,200	2,700	4,200	6,000
4d Turbo Sed	256	768	1,280	2,880	4,480	6,400
4d LS Turbo Sed	264	792	1,320	2,970	4,620	6,600
1988 Impulse						
2d Cpe	340	1,020	1,700	3,830	5,950	8,500
2d Turbo Cpe	348	1,044	1,740	3,920	6,090	8,700
2d S Sta Wag	600	1,800	3,000	6,750	10,500	15,000
4d S Sta Wag	620	1,860	3,100	6,980	10,850	15,500
4d Ltd Sta Wag	640	1,920	3,200	7,200	11,200	16,000
1989 I-Mark						
2d S HBk	228	684	1,140	2,570	3,990	5,700
2d XS HBk	236	708	1,180	2,660	4,130	5,900
2d RS HBk 16V	256	768	1,280	2,880	4,480	6,400
4d S Sed	232	696	1,160	2,610	4,060	5,800
4d XS Sed	236	708	1,180	2,660	4,130	5,900
4d RS Sed 16V	260	780	1,300	2,930	4,550	6,500
4d LS Turbo Sed	264	792	1,320	2,970	4,620	6,600
1989 Impulse						
2d Cpe	340	1,020	1,700	3,830	5,950	8,500
2d Turbo Cpe	352	1,056	1,760	3,960	6,160	8,800
1990 Impulse, 4x4						
2d XS 2 plus 2 Cpe	356	1,068	1,780	4,010	6,230	8,900
1990 Amigo						
2d S SUV	352	1,056	1,760	3,960	6,160	8,800
2d XS SUV	356	1,068	1,780	4,010	6,230	8,900
2d S SUV 4x4	552	1,656	2,760	6,210	9,660	13,800
2d XS SUV 4x4	556	1,668	2,780	6,260	9,730	13,900

JAGUAR

	6	5	4	3	2	1
1946-48 3.5 Litre, 6-cyl., 125 hp, 120" wb						
Conv Cpe	5,400	16,200	27,000	60,750	94,500	135,000
Saloon	3,020	9,060	15,100	33,980	52,850	75,500
1949 Mk V, 6-cyl., 125 hp, 120" wb						
Conv Cpe	3,880	11,640	19,400	43,650	67,900	97,000
Saloon	2,260	6,780	11,300	25,430	39,550	56,500
1950 Mk V, 6-cyl., 160 hp, 120" wb						
Saloon	2,260	6,780	11,300	25,430	39,550	56,500
Conv Cpe	3,720	11,160	18,600	41,850	65,100	93,000
1950 XK-120, 6-cyl., 160 hp, 102" wb						
Rds	6,500	19,500	32,500	73,130	113,750	162,500
NOTE: Some XK-120 models delivered as early as 1949 models, use 1950 prices.						
1951 Mk VII, 6-cyl., 160 hp, 120" wb						
Saloon	1,660	4,980	8,300	18,680	29,050	41,500

	6	5	4	3	2	1
1951 XK-120, 6-cyl., 160 hp, 102" wb						
Rds	5,800	17,400	29,000	65,250	101,500	145,000
Cpe	3,480	10,440	17,400	39,150	60,900	87,000
1952 Mk VII, 6-cyl., 160 hp, 120" wb, (twin-cam)						
Std Sed	1,580	4,740	7,900	17,780	27,650	39,500
DeL Sed	1,620	4,860	8,100	18,230	28,350	40,500
1952 XK-120S (modified), 160 hp, 102" wb						
Rds	5,800	17,400	29,000	65,250	101,500	145,000
Cpe	3,480	10,440	17,400	39,150	60,900	87,000
1952 XK-120, 6-cyl., 160 hp, 102" wb						
Rds	5,600	16,800	28,000	63,000	98,000	140,000
Cpe	3,280	9,840	16,400	36,900	57,400	82,000
1953 Mk VII, 6-cyl., 160 hp, 120" wb						
Std Sed	1,580	4,740	7,900	17,780	27,650	39,500
1953 XK-120S (modified), 6-cyl., 160 hp, 102" wb						
Rds	5,800	17,400	29,000	65,250	101,500	145,000
Cpe	3,480	10,440	17,400	39,150	60,900	87,000
Conv	3,740	11,220	18,700	42,080	65,450	93,500
1953 XK-120, 6-cyl., 160 hp, 102" wb						
Rds	5,600	16,800	28,000	63,000	98,000	140,000
Cpe	3,280	9,840	16,400	36,900	57,400	82,000
Conv	3,540	10,620	17,700	39,830	61,950	88,500
1954 Mk VII, 6-cyl., 160 hp, 120" wb						
Sed	1,580	4,740	7,900	17,780	27,650	39,500
1954 XK-120S (modified), 6-cyl., 102" wb						
Rds	5,800	17,400	29,000	65,250	101,500	145,000
Cpe	3,480	10,440	17,400	39,150	60,900	87,000
Conv	3,740	11,220	18,700	42,080	65,450	93,500
1954 XK-120, 6-cyl., 160 hp, 102" wb						
Rds	5,600	16,800	28,000	63,000	98,000	140,000
Cpe	3,280	9,840	16,400	36,900	57,400	82,000
Conv	3,540	10,620	17,700	39,830	61,950	88,500
1955 Mk VII M, 6-cyl., 190 hp, 120" wb						
Saloon	1,580	4,740	7,900	17,780	27,650	39,500
1955 XK-140, 6-cyl., 190 hp, 102" wb						
Cpe	2,300	6,900	11,500	25,880	40,250	57,500
Rds	4,840	14,520	24,200	54,450	84,700	121,000
Conv	3,500	10,500	17,500	39,380	61,250	87,500
1955 XK-140M, 6-cyl., 190 hp, 102" wb						
Cpe	3,100	9,300	15,500	34,880	54,250	77,500
Rds	5,280	15,840	26,400	59,400	92,400	132,000
Conv	3,700	11,100	18,500	41,630	64,750	92,500
1955 XK-140MC, 6-cyl., 210 hp, 102" wb						
Cpe	3,900	11,700	19,500	43,880	68,250	97,500
Rds	7,480	22,440	37,400	84,150	130,900	187,000
Conv	5,580	16,740	27,900	62,780	97,650	139,500
1956 Mk VII M, 6-cyl., 190 hp, 120" wb						
Saloon	1,580	4,740	7,900	17,780	27,650	39,500
1956 XK-140, 6-cyl., 190 hp, 102" wb						
Cpe	2,300	6,900	11,500	25,880	40,250	57,500
Rds	4,840	14,520	24,200	54,450	84,700	121,000
Conv	3,500	10,500	17,500	39,380	61,250	87,500
1956 XK-140M, 6-cyl., 190 hp, 102" wb						
Cpe	3,100	9,300	15,500	34,880	54,250	77,500
Rds	5,280	15,840	26,400	59,400	92,400	132,000
Conv	3,700	11,100	18,500	41,630	64,750	92,500
1956 XK-140MC, 6-cyl., 210 hp, 102" wb						
Cpe	3,900	11,700	19,500	43,880	68,250	97,500
Rds	7,480	22,440	37,400	84,150	130,900	187,000
Conv	5,580	16,740	27,900	62,780	97,650	139,500
1956 2.4 Litre, 6-cyl., 112 hp, 108" wb						
Sed	1,500	4,500	7,500	16,880	26,250	37,500
1956 3.4 Litre, 6-cyl., 210 hp, 108" wb						
Sed	1,540	4,620	7,700	17,330	26,950	38,500
1956 Mk VIII, 6-cyl., 210 hp, 120" wb						
Lux Sed	1,620	4,860	8,100	18,230	28,350	40,500
NOTE: 3.4 Litre available 1957 only. Mk VIII luxury sedan available 1957.						
1957 Mk VIII, 6-cyl., 210 hp, 102" wb						
Saloon	1,360	4,080	6,800	15,300	23,800	34,000
1957 XK-140, 6-cyl., 190 hp, 102" wb						
Cpe	2,300	6,900	11,500	25,880	40,250	57,500
Rds	4,840	14,520	24,200	54,450	84,700	121,000
Conv	3,500	10,500	17,500	39,380	61,250	87,500
1957 XK-150, 6-cyl., 190 hp, 102" wb						
Cpe	3,200	9,600	16,000	36,000	56,000	80,000
Rds	4,200	12,600	21,000	47,250	73,500	105,000
Conv	3,780	11,340	18,900	47,250	66,150	94,500
1957 2.4 Litre, 6-cyl., 112 hp, 108" wb						
Sed	1,500	4,500	7,500	16,880	26,250	37,500

JAGUAR

	6	5	4	3	2	1
1957 3.4 Litre, 6-cyl., 210 hp, 108" wb						
Sed 1,540	4,620	7,700	17,330	26,950	38,500
1958 3.4 Litre, 6-cyl., 210 hp, 108" wb						
Sed 1,540	4,620	7,700	17,330	26,950	38,500
1958 XK-150, 6-cyl., 190 hp, 120" wb						
Cpe 3,200	9,600	16,000	36,000	56,000	80,000
Rds 4,200	12,600	21,000	47,250	73,500	105,000
Conv 3,780	11,340	18,900	42,530	66,150	94,500
1958 XK-150S, 6-cyl., 250 hp, 102" wb						
Rds 7,020	21,060	35,100	78,980	122,850	175,500
1958 Mk VIII, 6-cyl., 210 hp, 120" wb						
Saloon 1,660	4,980	8,300	18,680	29,050	41,500
1959-60 XK-150, 6-cyl., 210 hp, 102" wb						
Cpe 3,200	9,600	16,000	36,000	56,000	80,000
Rds 4,200	12,600	21,000	47,250	73,500	105,000
Conv 3,780	11,340	18,900	42,530	66,150	94,500
1959-60 XK-150SE, 6-cyl., 210 hp, 102" wb						
Cpe 3,400	10,200	17,000	38,250	59,500	85,000
Rds 4,400	13,200	22,000	49,500	77,000	110,000
Conv 3,980	11,940	19,900	44,780	69,650	99,500
1959-60 XK-150S, 6-cyl., 250 hp, 102" wb						
Rds 7,000	21,000	35,000	78,750	122,500	175,000
1959-60 3.4 Litre, 6-cyl., 210 hp, 108" wb						
Sed 1,540	4,620	7,700	17,330	26,950	38,500
1959-60 Mk IX, 6-cyl., 220 hp, 120" wb						
Sed 1,700	5,100	8,500	19,130	29,750	42,500
NOTE: Some factory prices increase for 1960.						
1961 XK-150, 6-cyl., 210 hp, 102" wb						
Cpe 3,200	9,600	16,000	36,000	56,000	80,000
Conv 3,780	11,340	18,900	42,530	66,150	94,500
1961 XKE, 6-cyl., 265 hp, 96" wb						
Rds 3,660	10,980	18,300	41,180	64,050	91,500
Cpe 2,540	7,620	12,700	28,580	44,450	63,500
1961 3.8 Litre Mk II, 6-cyl., 265 hp, 108" wb						
Sed 2,740	8,220	13,700	30,830	47,950	68,500
1961 Mk IX, 6-cyl., 265 hp, 120" wb						
Sed 1,700	5,100	8,500	19,130	29,750	42,500
1962 XKE, 6-cyl., 265 hp, 96" wb						
Rds 3,660	10,980	18,300	41,180	64,050	91,500
Cpe 2,540	7,620	12,700	28,580	44,450	63,500
1962 3.8 Litre Mk II, 6-cyl., 265 hp, 108" wb						
Sed 2,740	8,220	13,700	30,830	47,950	68,500
1962 Mk X, 6-cyl., 265 hp, 120" wb						
Sed 1,100	3,300	5,500	12,380	19,250	27,500
1963 XKE, 6-cyl., 265 hp, 96" wb						
Rds 3,660	10,980	18,300	41,180	64,050	91,500
Cpe 2,540	7,620	12,700	28,580	44,450	63,500
1963 3.8 Litre Mk II, 6-cyl., 265 hp, 108" wb						
Sed 2,740	8,220	13,700	30,830	47,950	68,500
1963 Mk X, 6-cyl., 265 hp, 120" wb						
Sed 1,100	3,300	5,500	12,380	19,250	27,500
1964 XKE, 6-cyl., 265 hp, 96" wb						
Rds 3,660	10,980	18,300	41,180	64,050	91,500
Cpe 2,540	7,620	12,700	28,580	44,450	63,500
1964 Model 3.8 Liter Mk II, 6-cyl., 108" wb						
4d Sed 2,740	8,220	13,700	30,830	47,950	68,500
1964 Model Mk X, 6-cyl., 265 hp, 120" wb						
4d Sed 1,100	3,300	5,500	12,380	19,250	27,500
1965 XKE 4.2, 6-cyl., 265 hp, 96" wb						
Rds 3,660	10,980	18,300	41,180	64,050	91,500
Cpe 2,540	7,620	12,700	28,580	44,450	63,500
1965 Model Mk X 4.2						
4d Sed 1,000	3,000	5,000	11,250	17,500	25,000
1965 Model 3.8 Mk II						
4d Sed 2,740	8,220	13,700	30,830	47,950	68,500
S Sed 1,200	3,600	6,000	13,500	21,000	30,000
1966 XKE 4.2, 6-cyl., 265 hp, 96" wb						
Rds 3,660	10,980	18,300	41,180	64,050	91,500
Cpe 2,540	7,620	12,700	28,580	44,450	63,500
1966 Model Mk X 4.2						
4d Sed 1,000	3,000	5,000	11,250	17,500	25,000
1966 Model 3.8 Mk II						
4d Sed 2,740	8,220	13,700	30,830	47,950	68,500
S 4d Sed 1,200	3,600	6,000	13,500	21,000	30,000
1967 XKE 4.2, 6-cyl., 265 hp, 96" wb						
Rds 3,660	10,980	18,300	41,180	64,050	91,500
Cpe 2,540	7,620	12,700	28,580	44,450	63,500
2 plus 2 Cpe 1,440	4,320	7,200	16,200	25,200	36,000
1967 420, 6-cyl., 255 hp, 108" wb						
4d Sed 1,540	4,620	7,700	17,330	26,950	38,500

	6	5	4	3	2	1
1967 340, 6-cyl., 225 hp, 108" wb						
4d Sed	1,340	4,020	6,700	15,080	23,450	33,500
1967 420 G, 6-cyl., 245 hp, 107" wb						
4d Sed	1,420	4,260	7,100	15,980	24,850	35,500
1968 Model XKE 4.2, 245 hp, 96" wb						
Rds	3,220	9,660	16,100	36,230	56,350	80,500
Cpe	2,100	6,300	10,500	23,630	36,750	52,500
2 plus 2 Cpe	1,120	3,360	5,600	12,600	19,600	28,000
1969 Model XKE, 246 hp, 96" wb						
Rds	2,160	6,480	10,800	24,300	37,800	54,000
Cpe	1,440	4,320	7,200	16,200	25,200	36,000
2 plus 2 Cpe	1,080	3,240	5,400	12,150	18,900	27,000
1969 Model XJ, 246 hp, 96" wb						
4d Sed	800	2,400	4,000	9,000	14,000	20,000
1970 Model XKE, 246 hp, 96" wb						
Rds	2,160	6,480	10,800	24,300	37,800	54,000
Cpe	1,440	4,320	7,200	16,200	25,200	36,000
2 plus 2 Cpe	1,080	3,240	5,400	12,150	18,900	27,000
1970 Model XJ, 246 hp, 96" wb						
4d Sed	800	2,400	4,000	9,000	14,000	20,000
1971 Model XKE, 246 hp, 96" wb						
Rds	2,160	6,480	10,800	24,300	37,800	54,000
Cpe	1,440	4,320	7,200	16,200	25,200	36,000
V-12 2 plus 2 Cpe	1,480	4,440	7,400	16,650	25,900	37,000
V-12 Conv	2,520	7,560	12,600	28,350	44,100	63,000
1971 Model XJ, 246 hp, 96" wb						
4d Sed	800	2,400	4,000	9,000	14,000	20,000
1972 Model XKE V-12, 272 hp, 105" wb						
Rds	2,520	7,560	12,600	28,350	44,100	63,000
2 plus 2 Cpe	1,480	4,440	7,400	16,650	25,900	37,000
1972 Model XJ6, 186 hp, 108.9" wb						
4d Sed	720	2,160	3,600	8,100	12,600	18,000
1973 Model XKE V-12, 272 hp, 105" wb						
Rds	2,520	7,560	12,600	28,350	44,100	63,000
2 plus 2 Cpe	1,480	4,440	7,400	16,650	25,900	37,000
1973 Model XJ, 186 hp, 108.9" wb						
4d XJ6	680	2,040	3,400	7,650	11,900	17,000
4d XJ12	840	2,520	4,200	9,450	14,700	21,000
1974 Model XKE V-12, 272 hp, 105" wb						
Rds	2,400	7,200	12,000	27,000	42,000	60,000
1974 Model XJ						
4d XJ6	640	1,920	3,200	7,200	11,200	16,000
4d XJ6 LWB	680	2,040	3,400	7,650	11,900	17,000
4d XJ12L	800	2,400	4,000	9,000	14,000	20,000
1975 Model XJ6						
C Cpe	800	2,400	4,000	9,000	14,000	20,000
4d L Sed	640	1,920	3,200	7,200	11,200	16,000
1975 Model XJ12						
C Cpe	880	2,640	4,400	9,900	15,400	22,000
4d L Sed	720	2,160	3,600	8,100	12,600	18,000
1976 Model XJ6						
C Cpe	800	2,400	4,000	9,000	14,000	20,000
4d L Sed	640	1,920	3,200	7,200	11,200	16,000
1976 Model XJ12						
C Cpe	880	2,640	4,400	9,900	15,400	22,000
4d L Sed	720	2,160	3,600	8,100	12,600	18,000
1976 Model XJS						
2 plus 2 Cpe	800	2,400	4,000	9,000	14,000	20,000
1977 Model XJ6						
C Cpe	800	2,400	4,000	9,000	14,000	20,000
4d L Sed	640	1,920	3,200	7,200	11,200	16,000
1977 Model XJ12L						
4d Sed	720	2,160	3,600	8,100	12,600	18,000
1977 Model XJS						
GT 2 plus 2 Cpe	800	2,400	4,000	9,000	14,000	20,000
1978 Model XJ6L						
4d Sed	640	1,920	3,200	7,200	11,200	16,000
1978 Model XJ12L						
4d Sed	720	2,160	3,600	8,100	12,600	18,000
1978 Model XJS						
Cpe	800	2,400	4,000	9,000	14,000	20,000
1979 Model XJ6						
4d Sed	600	1,800	3,000	6,750	10,500	15,000
4d Sed Series III	640	1,920	3,200	7,200	11,200	16,000
1979 Model XJ12						
4d Sed	720	2,160	3,600	8,100	12,600	18,000
1979 Model XJS						
Cpe	800	2,400	4,000	9,000	14,000	20,000

JAGUAR

JAGUAR

	6	5	4	3	2	1
1980 Model XJS						
4d Sed XJ6	600	1,800	3,000	6,750	10,500	15,000
2d XJS 2 plus 2 Cpe	840	2,520	4,200	9,450	14,700	21,000
1981 Model XJS						
4d XJ6 Sed	600	1,800	3,000	6,750	10,500	15,000
2d XJS Cpe	840	2,520	4,200	9,450	14,700	21,000
1982 Model XJS						
4d XJ6 Sed	600	1,800	3,000	6,750	10,500	15,000
Vanden Plas 4d XJ6 Sed	760	2,280	3,800	8,550	13,300	19,000
2d XJS Cpe	840	2,520	4,200	9,450	14,700	21,000
1983 Model XJS						
4d XJ6 Sed	600	1,800	3,000	6,750	10,500	15,000
Vanden Plas 4d XJ6 Sed	760	2,280	3,800	8,550	13,300	19,000
2d XJS Cpe	840	2,520	4,200	9,450	14,700	21,000
1984 Model XJS						
4d XJ6 Sed	600	1,800	3,000	6,750	10,500	15,000
Vanden Plas 4d XJ6 Sed	760	2,280	3,800	8,550	13,300	19,000
2d XJS Cpe	840	2,520	4,200	9,450	14,700	21,000
1985 Model XJ6						
4d Sed	600	1,800	3,000	6,750	10,500	15,000
Vanden Plas 4d Sed	760	2,280	3,800	8,550	13,300	19,000
1985 Model XJS						
2d Cpe	840	2,520	4,200	9,450	14,700	21,000
1986 Model XJ6						
4d Sed	600	1,800	3,000	6,750	10,500	15,000
Vanden Plas 4d Sed	760	2,280	3,800	8,550	13,300	19,000
1986 Model XJS						
2d Cpe	840	2,520	4,200	9,450	14,700	21,000
1987 Model XJ6						
4d Sed	600	1,800	3,000	6,750	10,500	15,000
Vanden Plas 4d Sed	760	2,280	3,800	8,550	13,300	19,000
1987 Model XJS						
2d Cpe	880	2,640	4,400	9,900	15,400	22,000
2d Cpe Cabr	1,000	3,000	5,000	11,250	17,500	25,000
1988 Model XJ6						
4d Sed	680	2,040	3,400	7,650	11,900	17,000
1988 Model XJS						
2d Cpe	880	2,640	4,400	9,900	15,400	22,000
2d Cpe Cabr	1,000	3,000	5,000	11,250	17,500	25,000
2d Conv	1,080	3,240	5,400	12,150	18,900	27,000
1989 Model XJ6						
4d Sed	720	2,160	3,600	8,100	12,600	18,000
1989 Model XJS						
2d Cpe	920	2,760	4,600	10,350	16,100	23,000
2d Conv	1,120	3,360	5,600	12,600	19,600	28,000
1990 Model XJ6						
4d Sed	760	2,280	3,800	8,550	13,300	19,000
4d Sovereign Sed	800	2,400	4,000	9,000	14,000	20,000
Vanden Plas 4d Sed	840	2,520	4,200	9,450	14,700	21,000
4d Majestic Sed	880	2,640	4,400	9,900	15,400	22,000
1990 Model XJS						
2d Cpe	920	2,760	4,600	10,350	16,100	23,000
2d Conv	1,120	3,360	5,600	12,600	19,600	28,000
NOTE: Add 10 percent for Collection Rouge Ed.						
1991 Model XJ6						
4d Sed	760	2,280	3,800	8,550	13,300	19,000
4d Sovereign Sed	800	2,400	4,000	9,000	14,000	20,000
Vanden Plas 4d Sed	840	2,520	4,200	9,450	14,700	21,000
1991 Model XJS						
2d Cpe	900	2,750	4,600	10,350	16,100	23,000
2d Conv	1,120	3,360	5,600	12,600	19,600	28,000
1992 Model XJ6						
4d Sed	800	2,400	4,000	9,000	14,000	20,000
4d Sovereign Sed	850	2,500	4,200	9,450	14,700	21,000
Vanden Plas 4d Sed	880	2,640	4,400	9,900	15,400	22,000
4d Majestic Sed	900	2,750	4,600	10,350	16,100	23,000
1992 Model XJS						
2d Cpe	960	2,880	4,800	10,800	16,800	24,000
2d Conv	1,160	3,480	5,800	13,050	20,300	29,000
1993 Model XJ6						
4d Sed	840	2,520	4,200	9,450	14,700	21,000
Vanden Plas 4d Sed	880	2,640	4,400	9,900	15,400	22,000
1993 Model XJS, V-12						
2d Cpe	960	2,880	4,800	10,800	16,800	24,000
2d Conv	1,160	3,480	5,800	13,050	20,300	29,000
NOTE: Deduct 10 percent for 6-cyl.						
1994 XJ6, 6-cyl.						
4d Sed	840	2,520	4,200	9,450	14,700	21,000

	6	5	4	3	2	1
Vanden Plas 4d Sed.	880	2,640	4,400	9,900	15,400	22,000
4d Sed XJ12.	1,000	3,000	5,000	11,250	17,500	25,000
1994 XJS						
2d Cpe, 6-cyl.	860	2,580	4,300	9,680	15,050	21,500
2d Cpe, V-12	960	2,880	4,800	10,800	16,800	24,000
2d Conv, 6-cyl.	1,040	3,120	5,200	11,700	18,200	26,000
2d Conv, V-12	1,160	3,480	5,800	13,050	20,300	29,000
1995 XJ6, 6-cyl. & V-12						
4d Sed	840	2,520	4,200	9,450	14,700	21,000
Vanden Plas 4d Sed.	880	2,640	4,400	9,900	15,400	22,000
4d XJR Sed (supercharged).	940	2,820	4,700	10,580	16,450	23,500
4d XJ12 Sed.	1,000	3,000	5,000	11,250	17,500	25,000
1995 XJS, 6-cyl. & V-12						
2d Cpe, 6-cyl.	900	2,700	4,500	10,130	15,750	22,500
2d Cpe, V-12	1,000	3,000	5,000	11,250	17,500	25,000
2d Conv, 6-cyl.	1,080	3,240	5,400	12,150	18,900	27,000
2d Conv, V-12	1,200	3,600	6,000	13,500	21,000	30,000
1996 XJ6, 6-cyl.						
4d Sed	840	2,520	4,200	9,450	14,700	21,000
Vanden Plas 4d Sed.	880	2,640	4,400	9,900	15,400	22,000
XJR 4d Sed (supercharged).	940	2,820	4,700	10,580	16,450	23,500
1996 XJ12, V-12						
XJ12 4d Sed.	1,000	3,000	5,000	11,250	17,500	25,000
1996 XJS, 6-cyl.						
2d Conv	1,080	3,240	5,400	12,150	18,900	27,000
1997 XJ6, 6-cyl.						
4d Sed	840	2,520	4,200	9,450	14,700	21,000
L 4d Sed.	860	2,580	4,300	9,680	15,050	21,500
Vanden Plas 4d Sed.	880	2,640	4,400	9,900	15,400	22,000
XJR 4d Sed (supercharged).	940	2,820	4,700	10,580	16,450	23,500
1997 XK8, V-8						
2d Cpe	980	2,940	4,900	11,030	17,150	24,500
2d Conv	1,160	3,480	5,800	13,050	20,300	29,000
1998 XJ8, V-8						
4d Sed	880	2,640	4,400	9,900	15,400	22,000
L 4d Sed.	900	2,700	4,500	10,130	15,750	22,500
Vanden Plas 4d Sed.	920	2,760	4,600	10,350	16,100	23,000
XJR 4d Sed (supercharged).	960	2,880	4,800	10,800	16,800	24,000
1998 XK8, V-8						
2d Cpe	1,020	3,060	5,100	11,480	17,850	25,500
2d Conv	1,200	3,600	6,000	13,500	21,000	30,000
1999 XJ8, V-8						
4d Sed	760	2,280	3,800	8,550	13,300	19,000
L 4d Sed.	800	2,400	4,000	9,000	14,000	20,000
Vanden Plas 4d Sed.	840	2,520	4,200	9,450	14,700	21,000
XJR 4d Sed (supercharged).	1,040	3,120	5,200	11,700	18,200	26,000
1999 XK8, V-8						
2d Cpe	1,020	3,060	5,100	11,480	17,850	25,500
2d Conv	1,200	3,600	6,000	13,500	21,000	30,000
2000 S-type, V-8						
4d Sed 3.0 (V-6).	760	2,280	3,800	8,550	13,300	19,000
4d Sed 4.0	800	2,400	4,000	9,000	14,000	20,000
2000 XJ8, V-8						
4d Sed	820	2,460	4,100	9,230	14,350	20,500
L 4d Sed.	860	2,580	4,300	9,680	15,050	21,500
Vanden Plas 4d Sed.	900	2,700	4,500	10,130	15,750	22,500
XJR 4d Sed (supercharged).	1,100	3,300	5,500	12,380	19,250	27,500
2000 XK8, V-8						
2d Cpe	1,060	3,180	5,300	11,930	18,550	26,500
2d Conv	1,200	3,600	6,000	13,500	21,000	30,000
2d XKR Cpe (supercharged)	1,300	3,900	6,500	14,630	22,750	32,500
2d XKR Conv (supercharged)	1,380	4,140	6,900	15,530	24,150	34,500
2001 S-type, V-8						
4d Sed 3.0 (V-6).	760	2,280	3,800	9,500	13,300	19,000
4d Sed 4.0	800	2,400	4,000	10,000	14,000	20,000
2001 XJ8, V-8						
4d Sed	820	2,460	4,100	10,250	14,350	20,500
L 4d Sed.	860	2,580	4,300	10,750	15,050	21,500
Vanden Plas 4d Sed.	900	2,700	4,500	11,250	15,750	22,500
XJR 4d Sed (supercharged).	1,100	3,300	5,500	13,750	19,250	27,500

NOTE: Add 10 percent for supercharged Vanden Plas model.

2001 XK8, V-8						
2d Cpe	1,060	3,180	5,300	13,250	18,550	26,500
2d Conv	1,200	3,600	6,000	15,000	21,000	30,000
2d XKR Cpe (supercharged)	1,300	3,900	6,500	16,250	22,750	32,500
2d XKR Conv (supercharged)	1,380	4,140	6,900	17,250	24,150	34,500

NOTE: Add 10 percent for XKR Silverstone Ed.

LAMBORGHINI *(sidebar)*

	6	5	4	3	2	1

LAMBORGHINI

	6	5	4	3	2	1
1964-66 V-12, 3464/3929cc, 350/400 GT, 99.5" wb						
Cpe 3,800	11,400	19,000	42,750	66,500	95,000
1966-68 V-12, 3929cc, 99.5" wb, 400 GT 2 plus 2						
2 plus 2 Cpe 3,640	10,920	18,200	40,950	63,700	91,000
1966-69 V-12, 3929cc, 97.5" wb, P400 Miura						
Cpe 4,600	13,800	23,000	51,750	80,500	115,000
1968-69 V-12, 3929cc, 99.5" wb, 400 GT Islero, Islero S						
2 plus 2 Cpe 2,400	7,200	12,000	27,000	42,000	60,000
1968-78 V-12, 3929cc, 99.5" wb, Espada						
2 plus 2 Cpe 2,000	6,000	10,000	22,500	35,000	50,000
1969-71 V-12, 3929cc, 97.7" wb, P400 Miura S						
Cpe 6,400	19,200	32,000	72,000	112,000	160,000
1970-73 V-12, 3929cc, 92.8" wb, 400 GT Jarama						
2 plus 2 Cpe 1,800	5,400	9,000	20,250	31,500	45,000
1971-72 V-12, 3929cc, 97.7" wb, P400 Miura SV						
Cpe 11,400	34,200	57,000	128,250	199,500	285,000
1972-76 V-8, 2462cc, 95.5" wb, P 250 Urraco						
2 plus 2 Cpe 1,600	4,800	8,000	18,000	28,000	40,000
1973-76 V-12, 3929cc, 92.8" wb, 400 GTS Jarama						
2 plus 2 Cpe 1,880	5,640	9,400	21,150	32,900	47,000
1973-78 V-12, 3929cc, 95.5" wb, LP 400 Countach						
Cpe 3,600	10,800	18,000	40,500	63,000	90,000
1975-77 V-8, 1994cc, 95.5" wb, P 200 Urraco						
2 plus 2 Cpe 1,400	4,200	7,000	15,750	24,500	35,000
1975-79 V-8, 2995.8cc, 95.5" wb, P 300 Urraco						
2 plus 2 Cpe 1,920	5,760	9,600	21,600	33,600	48,000
1976-78 V-8, 2995.8cc, 95.5" wb, Silhouette						
Targa Conv 2,200	6,600	11,000	24,750	38,500	55,000
1978-Present V-12, 3929cc, 95.5" wb, LP 400S Countach						
Cpe 2,800	8,400	14,000	31,500	49,000	70,000
1982-Present V-12, 4754cc, 95.5" wb, LP 5000 Countach						
Cpe 3,000	9,000	15,000	33,750	52,500	75,000
1982-Present V-8, 3485cc, 95.5" wb, P 350 Jalpa						
Targa Conv 1,200	3,600	6,000	13,500	21,000	30,000
1990-91 Diablo						
2d Cpe.....................................4,200	12,600	21,000	47,250	73,500	105,000
1992 Diablo						
2d Cpe.....................................4,400	13,200	22,000	49,500	77,000	110,000
1993 Diablo						
2d Cpe.....................................4,800	14,400	24,000	54,000	84,000	120,000
1994 Diablo						
VT 5,200	15,600	26,000	58,500	91,000	130,000
1995 Diablo						
VT 5,400	16,200	27,000	60,750	94,500	135,000
1996 Diablo, V-12						
VT 2d Cpe..................................5,600	16,800	28,000	63,000	98,000	140,000
VT 2d Rds (w/removable HT) 6,600	19,800	33,000	74,250	115,000	165,000
1997 Diablo, V-12						
VT 2d Cpe..................................5,600	16,800	28,000	63,000	98,000	140,000
VT 2d Rds (w/removable HT) 6,600	19,800	33,000	74,250	115,500	165,000
1998 Diablo, V-12						
SV 2d Cpe..................................4,400	13,200	22,000	49,500	77,000	110,000
VT 2d Cpe..................................5,680	17,040	28,400	63,900	99,400	142,000
VT 2d Rds (w/removable HT) 6,680	20,040	33,400	75,150	116,900	167,000
1999 Diablo, V-12						
SV 2d Cpe..................................3,800	11,400	19,000	42,750	66,500	95,000
VT 2d Cpe..................................5,680	17,040	28,400	63,900	99,400	142,000
VT 2d Rds (w/removable HT) 6,680	20,040	33,400	75,150	116,900	167,000
2000 Diablo, V-12						
SV 2d Cpe..................................3,880	11,640	19,400	43,650	67,900	97,000
VT 2d Cpe..................................5,760	17,280	28,800	64,800	100,800	144,000
VT 2d Rds (w/removable HT) 6,760	20,280	33,800	76,050	118,300	169,000
2001 Diablo, V-12						
VT 6.2 2d Cpe..............................5,760	17,280	28,800	72,000	100,800	144,000

LEXUS

	6	5	4	3	2	1
1990 Lexus						
4d ES250 Sed.............................. 400	1,150	1,900	4,280	6,650	9,500
4d LS400 Sed 700	2,100	3,500	7,880	12,300	17,500
1991 Lexus						
4d ES250 Sed.............................. 400	1,250	2,100	4,730	7,350	10,500
4d LS400 Sed 750	2,200	3,700	8,330	13,000	18,500
1992 Lexus						
4d ES300 Sed.............................. 800	2,400	4,000	9,000	14,000	20,000
2d SC300 Cpe.............................1,000	3,000	5,000	11,250	17,500	25,000

	6	5	4	3	2	1
2d SC400 Cpe 1,100		3,250	5,400	12,150	18,900	27,000
4d LS400 Sed. 1,050		3,100	5,200	11,700	18,200	26,000
1993 ES						
4d ES300 Sed 750		2,300	3,800	8,550	13,300	19,000
1993 GS						
4d GS300 Sed 850		2,500	4,200	9,450	14,700	21,000
1993 SC						
2d SC300 Cpe 950		2,900	4,800	10,800	16,800	24,000
2d SC400 Cpe 1,000		2,950	4,900	11,030	17,200	24,500
1993 LS						
4d LS400 Sed, V-8 1,080		3,240	5,400	12,150	18,900	27,000
1994 ES, V-6						
4d ES300 Sed 550		1,700	2,800	6,300	9,800	14,000
1994 GS						
4d GS300 Sed 750		2,200	3,700	8,330	13,000	18,500
1994 SC, V-8						
2d SC300 Cpe 750		2,300	3,800	8,550	13,300	19,000
2d SC400 Cpe 850		2,500	4,200	9,450	14,700	21,000
1994 LS						
4d LS400 Sed. 850		2,500	4,200	9,450	14,700	21,000
1995 ES, V-6						
4d ES300 Sed 550		1,700	2,800	6,300	9,800	14,000
1995 GS, 6-cyl.						
4d GS300 Sed 750		2,200	3,700	8,330	13,000	18,500
1995 SC, 6-cyl. & V-8						
2d SC300 Cpe 750		2,300	3,800	8,550	13,300	19,000
2d SC400 Cpe 850		2,500	4,200	9,450	14,700	21,000
1995 LS, V-8						
4d LS400 Sed. 900		2,650	4,400	9,900	15,400	22,000
1996 ES, V-6						
4d ES300 Sed 500		1,550	2,600	5,850	9,100	13,000
1996 GS, 6-cyl.						
4d GS300 Sed 700		2,100	3,500	7,880	12,300	17,500
1996 SC, 6-cyl. & V-8						
2d SC300 Cpe 700		2,150	3,600	8,100	12,600	18,000
2d SC400 Cpe 800		2,400	4,000	9,000	14,000	20,000
1996 LS, V-8						
4d LS400 Sed. 850		2,500	4,200	9,450	14,700	21,000
1997 ES, V-6						
ES300 4d Sed 520		1,560	2,600	5,850	9,100	13,000
1997 GS, 6-cyl.						
GS300 4d Sed 700		2,100	3,500	7,880	12,250	17,500
1997 SC, 6-cyl. & V-8						
SC300 2d Cpe 720		2,160	3,600	8,100	12,600	18,000
SC400 2d Cpe 800		2,400	4,000	9,000	14,000	20,000
1997 LS, V-8						
LS400 4d Sed. 840		2,520	4,200	9,450	14,700	21,000
1998 ES, V-6						
ES300 4d Sed 520		1,560	2,600	5,850	9,100	13,000
1998 GS, 6-cyl. & V-8						
GS300 4d Sed 700		2,100	3,500	7,880	12,250	17,500
GS400 4d Sed 740		2,220	3,700	8,330	12,950	18,500
1998 SC, 6-cyl. & V-8						
SC300 2d Cpe 760		2,280	3,800	8,550	13,300	19,000
SC400 2d Cpe 840		2,520	4,200	9,450	14,700	21,000
1998 LS, V-8						
LS400 4d Sed. 880		2,640	4,400	9,900	15,400	22,000
1999 ES, V-6						
ES300 4d Sed 540		1,620	2,700	6,080	9,450	13,500
1999 GS, 6-cyl.						
GS300 4d Sed 700		2,100	3,500	7,880	12,250	17,500
GS400 4d Sed (V-8) 740		2,220	3,700	8,330	12,950	18,500
1999 SC, 6-cyl.						
SC300 2d Cpe 760		2,280	3,800	8,550	13,300	19,000
SC400 2d Cpe (V-8) 840		2,520	4,200	9,450	14,700	21,000
1999 LS, V-8						
LS400 4d Sed. 880		2,640	4,400	9,900	15,400	22,000
2000 ES, V-6						
ES300 4d Sed 540		1,620	2,700	6,080	9,450	13,500
2000 GS, 6-cyl.						
GS300 4d Sed 700		2,100	3,500	7,880	12,250	17,500
GS400 4d Sed (V-8) 740		2,220	3,700	8,330	12,950	18,500
2000 SC, 6-cyl.						
SC300 2d Cpe 760		2,280	3,800	8,550	13,300	19,000
SC400 2d Cpe (V-8) 840		2,520	4,200	9,450	14,700	21,000
2000 LS, V-8						
LS400 4d Sed. 880		2,640	4,400	9,900	15,400	22,000
2001 ES, V-6						
ES300 4d Sed 540		1,620	2,700	6,750	9,450	13,500

LEXUS

	6	5	4	3	2	1
2001 IS, 6-cyl.						
IS300 4d Sed 620	1,860	3,100	7,750	10,850	15,500
2001 GS, 6-cyl.						
GS300 4d Sed. 700	2,100	3,500	8,750	12,250	17,500
GS430 4d Sed (V-8) 740	2,220	3,700	9,250	12,950	18,500
2001 SC, V-8						
SC430 2d Conv. 840	2,520	4,200	10,500	14,700	21,000
2001 LS, V-8						
LS430 4d Sed 880	2,640	4,400	11,000	15,400	22,000

MASERATI

	6	5	4	3	2	1
1946-50 A6/1500, 6-cyl., 1488cc, 100.4" wb						
2d Cpe (2 plus 2). 4,400	13,200	22,000	49,500	77,000	110,000
2d Cabr. 8,400	25,200	42,000	94,500	147,000	210,000
1951-53 A6G, 6-cyl., 1954cc, 100.4" wb						
2d Cpe (2 plus 2). 6,400	19,200	32,000	72,000	112,000	160,000
2d Cabr (2 plus 2) 12,400	37,200	62,000	139,500	217,000	310,000
1954-56 A6G, 6-cyl., 1954cc, 100.4" wb						
2d Cpe (2 plus 2). 6,400	19,200	32,000	72,000	112,000	160,000
2d Cabr (2 plus 2) 12,400	37,200	62,000	139,500	217,000	310,000
1954-56 A6G/2000, 6-cyl., 1985cc, 100.4" wb						
2d Cpe (2 plus 2). 6,400	19,200	32,000	72,000	112,000	160,000
2d Cabr (2 plus 2) 12,400	37,200	62,000	139,500	217,000	310,000
1957-61 A6G/2000/C, 6-cyl., 1985cc, 100.4" wb						
Allemano Cpe (2 plus 2) .6,400	19,200	32,000	72,000	112,000	160,000
Frua Cabr (2 plus 2) 12,400	37,200	62,000	139,500	217,000	310,000
Frua 2d Cpe 10,400	31,200	52,000	117,000	182,000	260,000
Zagato Cpe (2 plus 2) 12,400	37,200	62,000	139,500	217,000	310,000
1957-61 3500 GT, 6-cyl., 3485cc, 102.3" wb						
2d Cpe. 2,120	6,360	10,600	23,850	37,100	53,000
1957-61 3500 GT Spider 6-cyl., 3485cc, 98.4" wb						
2d Rds. 4,000	12,000	20,000	45,000	70,000	100,000
1962 3500 GTI, 6-cyl., 3485cc, 102.3" wb						
2d Cpe (2 plus 2) 2,120	6,360	10,600	23,850	37,100	53,000
1962 3500 GTI, 6-cyl., 3485cc, 98.4" wb						
Spider 2d Rds 4,000	12,000	20,000	45,000	70,000	100,000
1962 Sebring, 6-cyl., 3485cc, 98.4" wb						
2d Cpe (2 plus 2). 2,000	6,000	10,000	22,500	35,000	50,000
1963-64 3500 GTI, 6-cyl., 3485cc, 102.3" wb						
2d Cpe (2 plus 2). 1,960	5,880	9,800	22,050	34,300	49,000
Spider 2d Conv 4,000	12,000	20,000	45,000	70,000	100,000
1963-64 Sebring, 6-cyl, 102.3" wb Early 3485cc, Later 3694cc						
2d Cpe (2 plus 2). 2,080	6,240	10,400	23,400	36,400	52,000
1963-64 Mistral, 6-cyl., 94.5" wb Early 3485cc, Later 3694cc						
2d Cpe. 1,800	5,400	9,000	20,250	31,500	45,000
Spider 2d Conv 4,000	12,000	20,000	45,000	70,000	100,000
1963-64 Quattroporte, V-8, 4136cc, 108.3" wb						
4d Sed. 800	2,400	4,000	9,000	14,000	20,000
1965-66 Sebring II, 6-cyl., 3694cc, 102.3" wb						
2d Cpe (2 plus 2). 1,720	5,160	8,600	19,350	30,100	43,000
1965-66 Mistral, 6-cyl., 3694cc, 94.5" wb						
2d Cpe. 1,800	5,400	9,000	20,250	31,500	45,000
Spider 2d Conv 4,000	12,000	20,000	45,000	70,000	100,000
NOTE: Optional Six engine 4014cc available in Sebring Mistral models.						
1965-66 Mexico, V-8, 4136cc, 103.9" wb						
2d Cpe. 1,000	3,000	5,000	11,250	17,500	25,000
1965-66 Quattroporte, V-8, 4136cc, 108.3" wb						
4200 4d Sed 540	1,620	2,700	6,080	9,450	13,500
1967-68 Mistral, 6-cyl., 3694cc, 94.5" wb						
2d Cpe. 1,800	5,400	9,000	20,250	31,500	45,000
Spider 2d Conv 4,000	12,000	20,000	45,000	70,000	100,000
1967-68 Ghibli, V-8, 4719cc, 100.4" wb						
4700 2d Cpe 2,360	7,080	11,800	26,550	41,300	59,000
1967-68 Mexico, V-8, 4136cc-4719cc, 103.9" wb						
4200 2d Cpe 1,000	3,000	5,000	11,250	17,500	25,000
4700 2d Cpe 1,040	3,120	5,200	11,700	18,200	26,000
1967-68 Quattroporte, V-8, 4136cc-4719cc, 108.3" wb						
4200 4d Sed 540	1,620	2,700	6,080	9,450	13,500
4700 4d Sed 560	1,680	2,800	6,300	9,800	14,000
1969-70 Mistral, 6-cyl., 3694cc, 94.5" wb						
2d Cpe. 1,800	5,400	9,000	20,250	31,500	45,000
Spider 2d Conv 4,000	12,000	20,000	45,000	70,000	100,000
1969-70 Ghibli, V-8, 4719cc, 100.4" wb						
2d Cpe. 2,360	7,080	11,800	26,550	41,300	59,000
Spider 2d Conv 5,000	15,000	25,000	56,250	87,500	125,000
1969-70 Indy, V-8, 4136cc, 102.5" wb						
2d Cpe (2 plus 2). 1,160	3,480	5,800	13,050	20,300	29,000

	6	5	4	3	2	1
1969-70 Quattroporte, V-8, 4719cc, 108.3" wb						
4d Sed	540	1,620	2,700	6,080	9,450	13,500
1971-73 Merak, V-6, 2965cc, 102.3" wb						
2d Cpe (2 plus 2)	920	2,760	4,600	10,350	16,100	23,000
1971-73 Bora, V-8, 4719cc, 102.3" wb						
2d Cpe	2,840	8,520	14,200	31,950	49,700	71,000
1971-73 Ghibli, V-8, 4930cc, 100.4" wb						
2d Cpe	2,360	7,080	11,800	26,550	41,300	59,000
Spider 2d Conv.	5,000	15,000	25,000	56,250	87,500	125,000
1971-73 Indy, V-8, 4136cc, 102.5" wb						
2d Cpe (2 plus 2)	1,160	3,480	5,800	13,050	20,300	29,000
1974-76 Merak, V-6, 2965cc, 102.3" wb						
2d Cpe (2 plus 2)	920	2,760	4,600	10,350	16,100	23,000
1974-76 Bora, V-8, 4930cc, 102.3" wb						
2d Cpe	2,840	8,520	14,200	31,950	49,700	71,000
1974-76 Indy, V-8, 4930cc, 102.5" wb						
2d Cpe	1,160	3,480	5,800	13,050	20,300	29,000
1977-83 Merak SS, 2965cc, 102.3" wb						
2d Cpe (2 plus 2)	1,120	3,360	5,600	12,600	19,600	28,000
1977-83 Bora, V-8, 4930cc, 102.3" wb						
2d Cpe	2,840	8,520	14,200	31,950	49,700	71,000
1977-83 Khamsin, V-8, 4930cc, 100.3" wb						
2d Cpe (2 plus 2)	1,320	3,960	6,600	14,850	23,100	33,000
1977-83 Kyalami, V-8, 4930cc, 102.4" wb						
2d Cpe (2 plus 2)	1,200	3,600	6,000	13,500	21,000	30,000
1984-88 Biturbo, V-6, 1996cc, 99" wb						
2d Cpe	400	1,200	2,000	4,500	7,000	10,000
E 2d Cpe	440	1,320	2,200	4,950	7,700	11,000
1984-88 Biturbo, V-6, 2491cc, 94.5" wb						
Spider 2d Conv.	600	1,800	3,000	6,750	10,500	15,000
425 4d Sed.	400	1,200	2,000	4,500	7,000	10,000
1984-88 Quattroporte, V-8, 4930cc, 110.2" wb						
4d Sed	600	1,800	3,000	6,750	10,500	15,000

MAZDA

	6	5	4	3	2	1
1970-71 Conventional Engine 1200, 4-cyl., 1169cc, 88.9" wb						
2d Sed	190	580	960	2,160	3,360	4,800
2d Cpe	200	600	1,000	2,250	3,500	5,000
2d Sta Wag.	190	580	960	2,160	3,360	4,800
1970-71 616, 4-cyl., 1587cc, 97" wb						
2d Cpe	200	600	1,000	2,250	3,500	5,000
4d Sed	190	580	960	2,160	3,360	4,800
1970-71 1800, 4-cyl., 1769cc, 98.4" wb						
4d Sed	200	590	980	2,210	3,430	4,900
4d Sta Wag.	200	610	1,020	2,300	3,570	5,100
1970-71 Wankel Rotary Engine R100, 1146cc, 88.9" wb						
2d Spt Cpe (2 plus 2)	280	840	1,400	3,150	4,900	7,000
1970-71 RX-2, 1146cc, 97" wb						
2d Cpe	210	620	1,040	2,340	3,640	5,200
4d Sed	200	600	1,000	2,250	3,500	5,000
1972 Conventional Engine 808, 4-cyl., 1587cc, 91" wb						
2d Cpe	180	550	920	2,070	3,220	4,600
4d Sed	180	540	900	2,030	3,150	4,500
4d Sta Wag.	190	560	940	2,120	3,290	4,700
1972 618, 4-cyl., 1796cc, 97" wb						
2d Cpe	190	560	940	2,120	3,290	4,700
4d Sed	180	550	920	2,070	3,220	4,600
1972 Wankel Rotary Engine R100, 1146cc, 88.9" wb						
2d Cpe (2 plus 2)	280	840	1,400	3,150	4,900	7,000
1972 RX-2, 1146cc, 97" wb						
2d Cpe	200	600	1,000	2,250	3,500	5,000
4d Sed	190	560	940	2,120	3,290	4,700
1972 RX-3, 1146cc, 91" wb						
2d Cpe	200	600	1,000	2,250	3,500	5,000
4d Sed	180	550	920	2,070	3,220	4,600
4d Sta Wag.	190	560	940	2,120	3,290	4,700
1973 Conventional Engine 808, 4-cyl., 1587cc, 91" wb						
2d Cpe	180	550	920	2,070	3,220	4,600
4d Sed	180	540	900	2,030	3,150	4,500
4d Sta Wag.	190	560	940	2,120	3,290	4,700
1973 Wankel Rotary Engine RX-2, 1146cc, 97" wb						
2d Cpe	200	600	1,000	2,250	3,500	5,000
4d Sed	180	550	920	2,070	3,220	4,600
1973 RX-3, 1146cc, 162" wb						
2d Cpe	200	590	980	2,210	3,430	4,900
4d Sed	180	540	900	2,030	3,150	4,500
4d Sta Wag.	190	560	940	2,120	3,290	4,700
1974 Conventional Engine 808, 4-cyl., 1587cc, 91" wb						
2d Cpe	200	600	1,000	2,250	3,500	5,000
4d Sta Wag.	190	580	960	2,160	3,360	4,800

MAZDA

	6	5	4	3	2	1
1974 Wankel Rotary Engine RX-2, 1146cc, 97" wb						
2d Cpe.	200	610	1,020	2,300	3,570	5,100
4d Sed.	200	590	980	2,210	3,430	4,900
1974 RX-3, 1146cc, 91" wb						
2d Cpe.	200	590	980	2,210	3,430	4,900
4d Sta Wag	190	560	940	2,120	3,290	4,700
1974 RX-4, 1308cc, 99" wb						
2d HT Cpe.	200	610	1,020	2,300	3,570	5,100
4d Sed.	190	580	960	2,160	3,360	4,800
4d Sta Wag	200	590	980	2,210	3,430	4,900
1975 Conventional Engine 808, 4-cyl., 1587cc, 91" wb						
2d Cpe.	180	550	920	2,070	3,220	4,600
4d Sta Wag	190	560	940	2,120	3,290	4,700
1975 Wankel Rotary Engine RX-3, 1146cc, 91" wb						
2d Cpe.	200	600	1,000	2,250	3,500	5,000
4d Sta Wag	190	580	960	2,160	3,360	4,800
1975 RX-4, 1308cc, 99" wb						
2d HT Cpe.	200	610	1,020	2,300	3,570	5,100
4d Sed.	190	560	940	2,120	3,290	4,700
4d Sta Wag	190	580	960	2,160	3,360	4,800
1976 Conventional Engine Mizer 808-1300, 4-cyl., 1272cc, 91" wb						
2d Cpe.	180	540	900	2,030	3,150	4,500
4d Sed.	180	550	920	2,070	3,220	4,600
4d Sta Wag	190	560	940	2,120	3,290	4,700
1976 808-1600, 4-cyl., 1587cc, 91" wb						
2d Cpe.	180	550	920	2,070	3,220	4,600
4d Sed.	190	560	940	2,120	3,290	4,700
4d Sta Wag	190	580	960	2,160	3,360	4,800
1976 Wankel Rotary Engine RX-3, 1146cc, 91" wb						
2d Cpe.	200	600	1,000	2,250	3,500	5,000
4d Sta Wag	190	580	960	2,160	3,360	4,800
1976 RX-4, 1308cc, 99" wb						
2d HT Cpe.	200	600	1,000	2,250	3,500	5,000
4d Sed.	190	580	960	2,160	3,360	4,800
4d Sta Wag	200	590	980	2,210	3,430	4,900
Cosmo 2d HdTp Cpe	260	780	1,300	2,930	4,550	6,500
1977 Mizer, 4-cyl., 1272cc						
2d Cpe.	180	540	900	2,030	3,150	4,500
4d Sed.	180	540	900	2,030	3,150	4,500
4d Sta Wag	180	550	920	2,070	3,220	4,600
1977 GLC, 4-cyl., 1272cc, 91.1" wb						
2d HBk	180	540	900	2,030	3,150	4,500
2d DeL HBk.	180	550	920	2,070	3,220	4,600
1977 808, 4-cyl., 1587cc, 91" wb						
2d Cpe.	180	550	920	2,070	3,220	4,600
4d Sed.	180	540	900	2,030	3,150	4,500
4d Sta Wag	190	560	940	2,120	3,290	4,700
1977 Wankel Rotary Engine RX-3SP, 1146cc, 91" wb						
2d Cpe.	200	610	1,020	2,300	3,570	5,100
1977 RX-4, 1308cc, 99" wb						
4d Sed.	180	550	920	2,070	3,220	4,600
4d Sta Wag	190	560	940	2,120	3,290	4,700
Cosmo 2d HT Cpe	260	780	1,300	2,930	4,550	6,500
1978 GLC, 4-cyl., 1272cc, 91.1" wb						
2d HBk	170	520	860	1,940	3,010	4,300
2d DeL HBk.	180	530	880	1,980	3,080	4,400
2d Spt HBk.	180	540	900	2,030	3,150	4,500
4d DeL HBk.	180	540	900	2,030	3,150	4,500
1978 Wankel Rotary Engine RX-3SP, 1146cc, 91" wb						
2d Cpe.	200	600	1,000	2,250	3,500	5,000
1978 RX-4, 1308cc, 99" wb						
4d Sed.	180	540	900	2,030	3,150	4,500
4d Sta Wag	180	550	920	2,070	3,220	4,600
Cosmo 2d Cpe	260	780	1,300	2,930	4,550	6,500
1979 GLC, 4-cyl., 1415cc, 91" wb						
2d HBk	170	520	860	1,940	3,010	4,300
2d DeL HBk.	180	530	880	1,980	3,080	4,400
2d Spt HBk.	180	540	900	2,030	3,150	4,500
4d DeL HBk.	180	540	900	2,030	3,150	4,500
4d Sta Wag	180	550	920	2,070	3,220	4,600
4d DeL Sta Wag	190	560	940	2,120	3,290	4,700
1979 626, 4-cyl., 1970cc, 98.8" wb						
2d Spt Cpe	200	600	1,000	2,250	3,500	5,000
4d Spt Sed	190	580	960	2,160	3,360	4,800
1979 Wankel Rotary Engine RX-7, 1146cc, 95.3" wb						
S 2d Cpe.	260	780	1,300	2,930	4,550	6,500
GS 2d Cpe	270	800	1,340	3,020	4,690	6,700
1980 GLC, 4-cyl., 1415cc, 91" wb						
2d HBk	200	600	1,000	2,250	3,500	5,000

	6	5	4	3	2	1
2d Cus HBk	200	610	1,020	2,300	3,570	5,100
2d Spt HBk	210	620	1,040	2,340	3,640	5,200
4d Cus HBk	210	620	1,040	2,340	3,640	5,200
4d Cus Sta Wag	210	640	1,060	2,390	3,710	5,300
1980 626, 4-cyl., 1970cc, 98.8" wb						
2d Spt Cpe	220	660	1,100	2,480	3,850	5,500
4d Spt Sed	220	650	1,080	2,430	3,780	5,400
1980 Wankel Rotary Engine RX-7, 1146cc, 95.3" wb						
S 2d Cpe	280	840	1,400	3,150	4,900	7,000
GS 2d Cpe	290	880	1,460	3,290	5,110	7,300
1981 GLC, 4-cyl., 1490cc, 93.1" wb						
2d HBk	200	600	1,000	2,250	3,500	5,000
2d Cus HBk	200	610	1,020	2,300	3,570	5,100
4d Cus HBk	200	600	1,000	2,250	3,500	5,000
4d Cus Sed	200	610	1,020	2,300	3,570	5,100
2d Cus L HBk	210	620	1,040	2,340	3,640	5,200
4d Cus L Sed	210	620	1,040	2,340	3,640	5,200
2d Spt HBk	210	640	1,060	2,390	3,710	5,300
4d Sta Wag	220	650	1,080	2,430	3,780	5,400
1981 626, 4-cyl., 1970cc, 98.8" wb						
2d Spt Cpe	220	660	1,100	2,480	3,850	5,500
4d Spt Sed	220	650	1,080	2,430	3,780	5,400
2d Lux Spt Cpe	230	680	1,140	2,570	3,990	5,700
4d Lux Spt Sed	220	670	1,120	2,520	3,920	5,600
1981 Wankel Rotary Engine RX-7, 1146cc, 95.3" wb						
S 2d Cpe	300	900	1,500	3,380	5,250	7,500
GS 2d Cpe	320	960	1,600	3,600	5,600	8,000
GSL 2d Cpe	340	1,020	1,700	3,830	5,950	8,500
1982 GLC, 4-cyl., 1490cc, 93.1" wb						
2d HBk	220	660	1,100	2,480	3,850	5,500
2d Cus HBk	220	670	1,120	2,520	3,920	5,600
4d Cus Sed	220	670	1,120	2,520	3,920	5,000
2d Cus L HBk	230	680	1,140	2,570	3,990	5,700
4d Cus L Sed	230	680	1,140	2,570	3,990	5,700
2d Spt HBk	230	700	1,160	2,610	4,060	5,800
4d Cus Sta Wag	220	660	1,100	2,480	3,850	5,500
1982 626, 4-cyl., 1970cc, 98.8" wb						
2d Spt Cpe	220	670	1,120	2,520	3,920	5,600
4d Spt Sed	220	660	1,100	2,480	3,850	5,500
2d Lux Spt Cpe	230	680	1,140	2,570	3,990	5,700
4d Lux Spt Sed	220	670	1,120	2,520	3,920	5,600
1982 Wankel Rotary Engine RX-7, 1146cc, 95.3" wb						
S 2d Cpe	320	960	1,600	3,600	5,600	8,000
GS 2d Cpe	340	1,020	1,700	3,830	5,950	8,500
GSL 2d Cpe	350	1,060	1,760	3,960	6,160	8,800
1983 GLC, 4-cyl., 1490cc, 93.1" wb						
2d HBk	220	660	1,100	2,480	3,850	5,500
2d Cus HBk	220	670	1,120	2,520	3,920	5,600
4d Cus Sed	220	670	1,120	2,520	3,920	5,600
2d Cus L HBk	230	680	1,140	2,570	3,990	5,700
4d Cus L Sed	230	680	1,140	2,570	3,990	5,700
2d Spt HBk	230	700	1,160	2,610	4,060	5,800
4d Sed	220	670	1,120	2,520	3,920	5,600
4d Cus Sta Wag	220	670	1,120	2,520	3,920	5,600
1983 626, 4-cyl., 1998cc, 98.8" wb						
2d Spt Cpe	230	680	1,140	2,570	3,990	5,700
4d Spt Sed	230	680	1,140	2,570	3,990	5,700
2d Lux Spt Cpe	230	700	1,160	2,610	4,060	5,800
4d Lux Spt Sed	230	700	1,160	2,610	4,060	5,800
4d Lux HBk	240	720	1,200	2,700	4,200	6,000
1983 Wankel Rotary Engine RX-7, 1146cc, 95.3" wb						
S 2d Cpe	320	960	1,600	3,600	5,600	8,000
GS 2d Cpe	340	1,020	1,700	3,830	5,950	8,500
1984-85 GLC, 4-cyl., 1490cc, 93.1" wb						
2d HBk	240	710	1,180	2,660	4,130	5,900
2d DeL HBk	240	720	1,200	2,700	4,200	6,000
4d DeL Sed	240	720	1,200	2,700	4,200	6,000
2d Lux HBk	240	730	1,220	2,750	4,270	6,100
4d Lux Sed	240	730	1,220	2,750	4,270	6,100
1984-85 626, 4-cyl., 1998cc, 98.8" wb						
2d DeL Cpe	260	780	1,300	2,930	4,550	6,500
4d DeL Sed	260	780	1,300	2,930	4,550	6,500
2d Lux Cpe	270	800	1,340	3,020	4,690	6,700
4d Lux Sed	270	800	1,340	3,020	4,690	6,700
4d Tr HBk	270	820	1,360	3,060	4,760	6,800
1984-85 Wankel Rotary Engine RX-7, 1146cc, 95.3" wb						
S 2d Cpe	340	1,020	1,700	3,830	5,950	8,500

	6	5	4	3	2	1
GS 2d Cpe 360	1,080	1,800	4,050	6,300	9,000
GSL 2d Cpe 380	1,140	1,900	4,280	6,650	9,500
1984-85 RX-7, 1308cc, 95.3" wb						
GSL-SE 2d Cpe 360	1,080	1,800	4,050	6,300	9,000
1986 323						
2d HBk 140	430	720	1,620	2,520	3,600
DX 2d HBk 150	440	740	1,670	2,590	3,700
LX 2d HBk 150	460	760	1,710	2,660	3,800
DX 4d Sed 160	470	780	1,760	2,730	3,900
LX 4d Sed 160	480	800	1,800	2,800	4,000
1986 626, 4-cyl.						
DX 4d Sed 170	520	860	1,940	3,010	4,300
DX 2d Cpe 180	530	880	1,980	3,080	4,400
LX 4d Sed 180	540	900	2,030	3,150	4,500
LX 2d Cpe 190	560	940	2,120	3,290	4,700
LX 4d HBk 190	580	960	2,160	3,360	4,800
GT 4d Sed (Turbo) 200	600	1,000	2,250	3,500	5,000
GT 2d Cpe (Turbo) 200	610	1,020	2,300	3,570	5,100
GT 4d HBk (Turbo) 210	620	1,040	2,340	3,640	5,200
1986 RX-7, 4-cyl.						
2d Cpe 220	660	1,100	2,480	3,850	5,500
GXL 2d Cpe 240	720	1,200	2,700	4,200	6,000
1987 323, 4-cyl.						
2d HBk 150	460	760	1,710	2,660	3,800
SE 2d HBk 160	470	780	1,760	2,730	3,900
DX 2d HBk 170	500	840	1,890	2,940	4,200
DX 4d Sed 180	550	920	2,070	3,220	4,600
LX 4d Sed 190	580	960	2,160	3,360	4,800
DX 4d Sta Wag 180	540	900	2,030	3,150	4,500
1987 626, 4-cyl.						
DX 4d Sed 200	600	1,000	2,250	3,500	5,000
DX 2d Cpe 200	610	1,020	2,300	3,570	5,100
LX 4d Sed 210	620	1,040	2,340	3,640	5,200
LX 2d Cpe 220	650	1,080	2,430	3,780	5,400
LX 4d HBk 220	660	1,100	2,480	3,850	5,500
GT 4d Sed 210	620	1,040	2,340	3,640	5,200
GT 2d Cpe 210	640	1,060	2,390	3,710	5,300
GT 4d HBk 220	660	1,100	2,480	3,850	5,500
1987 RX-7, 4-cyl.						
2d Cpe 240	720	1,200	2,700	4,200	6,000
GXL 2d Cpe 280	840	1,400	3,150	4,900	7,000
2d Cpe Turbo 300	900	1,500	3,380	5,250	7,500
1988 323, 4-cyl.						
2d HBk 160	480	800	1,800	2,800	4,000
SE 2d HBk 170	500	840	1,890	2,940	4,200
GTX 2d HBk (4x4) 260	780	1,300	2,930	4,550	6,500
4d Sed 170	520	860	1,940	3,010	4,300
SE 4d Sed 180	540	900	2,030	3,150	4,500
LX 4d Sed 200	600	1,000	2,250	3,500	5,000
GT 4d Sed 220	660	1,100	2,480	3,850	5,500
4d Sta Wag 190	580	960	2,160	3,360	4,800
1988 626, 4-cyl.						
DX 4d Sed 200	600	1,000	2,250	3,500	5,000
LX 4d Sed 220	660	1,100	2,480	3,850	5,500
LX 4d HBk 240	720	1,200	2,700	4,200	6,000
4d Sed (Turbo) 260	780	1,300	2,930	4,550	6,500
4d HBk (Turbo) 270	820	1,360	3,060	4,760	6,800
4d Sed, (Turbo) 4WS 280	830	1,380	3,110	4,830	6,900
1988 MX-6, 4-cyl.						
DX 2d Cpe 240	710	1,180	2,660	4,130	5,900
LX 2d Cpe 260	780	1,300	2,930	4,550	6,500
GT 2d Cpe 270	820	1,360	3,060	4,760	6,800
1988 RX-7, 4-cyl.						
SE 2d Cpe 300	890	1,480	3,330	5,180	7,400
GTV 2d Cpe 300	900	1,500	3,380	5,250	7,500
GXL 2d Cpe 330	980	1,640	3,690	5,740	8,200
2d Cpe (Turbo) 340	1,020	1,700	3,830	5,950	8,500
2d Conv 600	1,800	3,000	6,750	10,500	15,000
1988 929						
LX 4d Sed 310	920	1,540	3,470	5,390	7,700
1989 323, 4-cyl.						
2d HBk 190	580	960	2,160	3,360	4,800
SE 2d HBk 200	590	980	2,210	3,430	4,900
GTX 2d HBk (4x4) 260	780	1,300	2,930	4,550	6,500
SE 4d Sed 240	720	1,200	2,700	4,200	6,000
LX 4d Sed 260	780	1,300	2,930	4,550	6,500
1989 626, 4-cyl.						
DX 4d Sed 260	780	1,300	2,930	4,550	6,500

	6	5	4	3	2	1
LX 4d Sed.	280	840	1,400	3,150	4,900	7,000
LX 4d HBk	300	900	1,500	3,380	5,250	7,500
4d HBk (Turbo)	320	960	1,600	3,600	5,600	8,000
1989 MX-6, 4-cyl.						
DX 2d Cpe	270	800	1,340	3,020	4,690	6,700
LX 2d Cpe	280	840	1,400	3,150	4,900	7,000
GT 2d Cpe	320	960	1,600	3,600	5,600	8,000
GT 2d Cpe 4WS	320	960	1,600	3,600	5,600	8,000
1989 RX-7, 4-cyl.						
GTV 2d Cpe	340	1,020	1,700	3,830	5,950	8,500
GXL 2d Cpe	380	1,140	1,900	4,280	6,650	9,500
2d Cpe (Turbo)	560	1,680	2,800	6,300	9,800	14,000
2d Conv	680	2,040	3,400	7,650	11,900	17,000
1989 929, V-6						
LX 4d Sed.	340	1,020	1,700	3,830	5,950	8,500
1990 323, 4-cyl.						
2d HBk	200	600	1,000	2,250	3,500	5,000
2d HBk SE	220	660	1,100	2,480	3,850	5,500
1990 Protege, 4-cyl.						
SE 4d Sed	240	720	1,200	2,700	4,200	6,000
LX 4d Sed.	260	780	1,300	2,930	4,550	6,500
4d Sed (4x4)	280	840	1,400	3,150	4,900	7,000
1990 626, 4-cyl.						
DX 4d Sed	300	900	1,500	3,380	5,250	7,500
LX 4d Sed.	320	960	1,600	3,600	5,600	8,000
LX 4d HBk	320	960	1,600	3,600	5,600	8,000
GT 4d HBk	360	1,080	1,800	4,050	6,300	9,000
1990 MX-6, 4-cyl.						
DX 2d Cpe	320	960	1,600	3,600	5,600	8,000
LX 2d Cpe	340	1,020	1,700	3,830	5,950	8,500
GT 2d Cpe	360	1,070	1,780	4,010	6,230	8,900
GT 2d Cpe 4WS	360	1,080	1,800	4,050	6,300	9,000
1990 MX-5 Miata, 4-cyl.						
2d Conv	640	1,920	3,200	7,200	11,200	16,000
1990 RX-7						
GTV 2d Cpe	560	1,680	2,800	6,300	9,800	14,000
GXL 2d Cpe	580	1,740	2,900	6,530	10,150	14,500
2d Cpe (Turbo)	600	1,800	3,000	6,750	10,500	15,000
2d Conv	720	2,160	3,600	8,100	12,600	18,000
1990 926, V-6						
4d Sed	580	1,740	2,900	6,530	10,150	14,500
S 4d Sed.	600	1,800	3,000	6,750	10,500	15,000
1991 323						
2d HBk	200	600	1,000	2,250	3,500	5,000
2d HBk SE	220	660	1,100	2,480	3,850	5,500
1991 Protege						
4d Sed DX	220	660	1,100	2,480	3,850	5,500
4d Sed LX.	240	720	1,200	2,700	4,200	6,000
4d Sed (4x4)	280	840	1,400	3,150	4,900	7,000
1991 626						
4d Sed DX	280	840	1,400	3,150	4,900	7,000
4d Sed LX.	300	900	1,500	3,380	5,250	7,500
4d HBk LX	310	940	1,560	3,510	5,460	7,800
4d HBk GT	320	960	1,600	3,600	5,600	8,000
1991 Miata						
2d Conv	640	1,920	3,200	7,200	11,200	16,000
1991 RX-7						
2d Cpe	560	1,680	2,800	6,300	9,800	14,000
2d Cpe (Turbo)	600	1,800	3,000	6,750	10,500	15,000
2d Conv	700	2,100	3,500	7,880	12,250	17,500
1991 929, V-6						
4d Sed	380	1,140	1,900	4,280	6,650	9,500
4d Sed S.	560	1,680	2,800	6,300	9,800	14,000
1992 323, 4-cyl.						
2d HBk	200	600	1,000	2,250	3,500	5,000
2d HBk SE	220	660	1,100	2,480	3,850	5,500
1992 Protege, 4-cyl.						
4d Sed DX	240	720	1,200	2,700	4,200	6,000
4d Sed LX.	260	780	1,300	2,930	4,550	6,500
1992 MX-3, 4-cyl.						
2d Cpe	240	720	1,200	2,700	4,200	6,000
2d Cpe GS, V-6	260	780	1,300	2,930	4,550	6,500
1992 626, 4-cyl.						
4d Sed DX	280	840	1,400	3,150	4,900	7,000
4d Sed LX.	300	900	1,500	3,380	5,250	7,500
1992 MX-6, 4-cyl.						
2d Cpe DX	300	900	1,500	3,380	5,250	7,500
2d Cpe LX	320	960	1,600	3,600	5,600	8,000
2d Cpe GT	360	1,080	1,800	4,050	6,300	9,000

MAZDA

MAZDA

	6	5	4	3	2	1
1992 MX-5, 4-cyl.						
2d Miata Conv.	640	1,920	3,200	7,200	11,200	16,000
1992 929, V-6						
4d Sed.	620	1,860	3,100	6,980	10,850	15,500
1993 323, 4-cyl.						
2d HBk.	220	660	1,100	2,480	3,850	5,500
2d SE HBk.	220	670	1,120	2,520	3,920	5,600
1993 Protege, 4-cyl.						
4d DX Sed.	260	780	1,300	2,930	4,550	6,500
4d LX Sed.	270	800	1,340	3,020	4,690	6,700
1993 MX-3						
2d Cpe, 4-cyl.	300	900	1,500	3,380	5,250	7,500
2d Cpe, V-6	310	920	1,540	3,470	5,390	7,700
1993 626						
4d DX Sed, 4-cyl.	270	820	1,360	3,060	4,760	6,800
4d LX Sed, 4-cyl.	280	830	1,380	3,110	4,830	6,900
4d ES Sed, V-6	280	840	1,400	3,150	4,900	7,000
1993 MX-6						
2d Cpe, 4-cyl.	340	1,020	1,700	3,830	5,950	8,500
2d LS Cpe, V-6	350	1,040	1,740	3,920	6,090	8,700
1993 MX-5 Miata, 4-cyl.						
2d Conv.	720	2,160	3,600	8,100	12,600	18,000
1993 RX7						
2d Turbo Cpe	800	2,400	4,000	9,000	14,000	20,000
1994 323, 4-cyl.						
2d HBk.	220	660	1,100	2,480	3,850	5,500
1994 Protege, 4-cyl.						
4d Sed.	240	720	1,200	2,700	4,200	6,000
4d DX Sed.	260	780	1,300	2,930	4,550	6,500
4d LX Sed.	280	840	1,400	3,150	4,900	7,000
1994 MX-3						
2d Cpe, 4-cyl.	320	960	1,600	3,600	5,600	8,000
2d GS Cpe, V-6	360	1,080	1,800	4,050	6,300	9,000
1994 626						
4d DX Sed, 4-cyl.	320	960	1,600	3,600	5,600	8,000
4d LX Sed, 4-cyl.	340	1,020	1,700	3,830	5,950	8,500
4d LX Sed, V-6	360	1,080	1,800	4,050	6,300	9,000
4d ES Sed, V-6	380	1,140	1,900	4,280	6,650	9,500
1994 MX-6						
2d Cpe, 4-cyl.	360	1,080	1,800	4,050	6,300	9,000
2d Cpe, V-6	400	1,200	2,000	4,500	7,000	10,000
1994 MX-5 Miata, 4-cyl.						
2d Conv.	460	1,380	2,300	5,180	8,050	11,500
2d Conv M.	520	1,560	2,600	5,850	9,100	13,000
1994 RX-7 Rotary Turbo						
2d Cpe.	800	2,400	4,000	9,000	14,000	20,000
1994 929						
4d Sed, V-6	480	1,440	2,400	5,400	8,400	12,000
1995 Protege, 4-cyl.						
4d DX Sed.	260	780	1,300	2,930	4,550	6,500
4d LX Sed.	280	840	1,400	3,150	4,900	7,000
4d ES Sed.	300	900	1,500	3,380	5,250	7,500
1995 MX-3, 4-cyl.						
2d Cpe.	320	960	1,600	3,600	5,600	8,000
1995 626, 4-cyl.						
4d DX Sed.	320	960	1,600	3,600	5,600	8,000
4d LX Sed.	340	1,020	1,700	3,830	5,950	8,500
4d LX Sed (V-6)	360	1,080	1,800	4,050	6,300	9,000
4d ES Sed (V-6)	400	1,200	2,000	4,500	7,000	10,000
1995 MX-6, 4-cyl.						
2d Cpe.	360	1,080	1,800	4,050	6,300	9,000
2d LS Cpe (V-6)	400	1,200	2,000	4,500	7,000	10,000
1995 MX-5 Miata, 4-cyl.						
2d Conv.	460	1,380	2,300	5,180	8,050	11,500
2d MConv.	520	1,560	2,600	5,850	9,100	13,000
NOTE: Add 5 percent for detachable HT.						
1995 RX-7 Rotary Turbo						
2d Cpe.	800	2,400	4,000	9,000	14,000	20,000
1995 Millenia, V-6						
4d Sed.	400	1,200	2,000	4,500	7,000	10,000
4d L Sed.	420	1,260	2,100	4,730	7,350	10,500
4d S Sed.	440	1,320	2,200	4,950	7,700	11,000
1995 929, V-6						
4d Sed.	480	1,440	2,400	5,400	8,400	12,000
1996 Protege, 4-cyl.						
4d DX Sed.	260	780	1,300	2,930	4,550	6,500
4d LX Sed.	280	840	1,400	3,150	4,900	7,000
4d ES Sed.	300	900	1,500	3,380	5,250	7,500

	6	5	4	3	2	1
1996 626, 4-cyl.						
4d DX Sed	320	960	1,600	3,600	5,600	8,000
4d LX Sed	340	1,020	1,700	3,830	5,950	8,500
4d LX Sed (V-6)	360	1,080	1,800	4,050	6,300	9,000
4d ES Sed (V-6)	400	1,200	2,000	4,500	7,000	10,000
1996 MX-6, 4-cyl.						
2d Cpe	360	1,080	1,800	4,050	6,300	9,000
2d LS Cpe (V-6)	400	1,200	2,000	4,500	7,000	10,000
1996 MX-5 Miata, 4-cyl.						
2d Conv	460	1,380	2,300	5,180	8,050	11,500
2d M Conv	520	1,560	2,600	5,850	9,100	13,000
NOTE: Add 5 percent for detachable HT.						
1996 Milenia, V-6						
4d Sed	400	1,200	2,000	4,500	7,000	10,000
4d L Sed	420	1,260	2,100	4,730	7,350	10,500
4d S Sed	440	1,320	2,200	4,950	7,700	11,000
1997 Protege, 4-cyl.						
4d DX Sed	260	780	1,300	2,930	4,550	6,500
4d LX Sed	280	840	1,400	3,150	4,900	7,000
4d ES Sed	300	900	1,500	3,380	5,250	7,500
1997 626, 4-cyl.						
4d DX Sed	320	960	1,600	3,600	5,600	8,000
4d LX Sed	340	1,020	1,700	3,830	5,950	8,500
4d LX Sed (V-6)	360	1,080	1,800	4,050	6,300	9,000
4d ES Sed (V-6)	400	1,200	2,000	4,500	7,000	10,000
1997 MX-6, 4-cyl.						
2d Cpe	360	1,080	1,800	4,050	6,300	9,000
2d LS Cpe (V-6)	400	1,200	2,000	4,500	7,000	10,000
1997 MX-5 Miata, 4-cyl.						
2d Conv	460	1,380	2,300	5,180	8,050	11,500
2d M Conv	520	1,560	2,600	5,850	9,100	13,000
NOTE: Add 5 percent for detachable HT.						
1997 Millenia, V-6						
4d Sed	400	1,200	2,000	4,500	7,000	10,000
4d L Sed	420	1,260	2,100	4,730	7,350	10,500
4d S Sed (supercharged)	440	1,320	2,200	4,950	7,700	11,000
1998 Protege, 4-cyl.						
4d DX Sed	260	780	1,300	2,930	4,550	6,500
4d LX Sed	280	840	1,400	3,150	4,900	7,000
4d ES Sed	300	900	1,500	3,380	5,250	7,500
1998 626, 4-cyl.						
4d DX Sed	320	960	1,600	3,600	5,600	8,000
4d LX Sed	340	1,020	1,700	3,830	5,950	8,500
4d LX Sed (V-6)	360	1,080	1,800	4,050	6,300	9,000
4d ES Sed (V-6)	400	1,200	2,000	4,500	7,000	10,000
1998 Miata MX-5, 4-cyl.						
2d Conv	460	1,380	2,300	5,180	8,050	11,500
2d M Conv	520	1,560	2,600	5,850	9,100	13,000
NOTE: Add 5 percent for detachable HT.						
1998 Millenia, V-6						
4d Sed	400	1,200	2,000	4,500	7,000	10,000
4d Premium Sed	420	1,260	2,100	4,730	7,350	10,500
4d S Sed (supercharged)	440	1,320	2,200	4,950	7,700	11,000
1999 Protege, 4-cyl.						
4d DX Sed	260	780	1,300	2,930	4,550	6,500
4d LX Sed	280	840	1,400	3,150	4,900	7,000
4d ES Sed	300	900	1,500	3,380	5,250	7,500
1999 626, 4-cyl. & V-6						
4d LX Sed	320	960	1,600	3,600	5,600	8,000
4d ES Sed	360	1,080	1,800	4,050	6,300	9,000
1999 Miata MX-5, 4-cyl.						
2d Conv	480	1,440	2,400	5,400	8,400	12,000
NOTE: Add 5 percent for Anv Pkg. Add 5 percent for detachable HT.						
1999 Millenia, V-6						
4d Sed	400	1,200	2,000	4,500	7,000	10,000
4d Premium Sed	420	1,260	2,100	4,730	7,350	10,500
4d S Sed (supercharged)	440	1,320	2,200	4,950	7,700	11,000
2000 Protege, 4-cyl.						
4d DX Sed	260	780	1,300	2,930	4,550	6,500
4d LX Sed	280	840	1,400	3,150	4,900	7,000
4d ES Sed	300	900	1,500	3,380	5,250	7,500
2000 626, 4-cyl. & V-6						
4d LX Sed	320	960	1,600	3,600	5,600	8,000
4d ES Sed	360	1,080	1,800	4,050	6,300	9,000
2000 Miata MX5, 4-cyl.						
2d Conv	480	1,440	2,400	5,400	8,400	12,000
2d LS Conv	520	1,560	2,600	5,850	9,100	13,000
NOTE: Add 5 percent for detachable HT.						

MAZDA

MERCEDES-BENZ

	6	5	4	3	2	1
2000 Millenia, V-6						
4d Sed	400	1,200	2,000	4,500	7,000	10,000
4d Premium Sed	420	1,260	2,100	4,730	7,350	10,500
4d S Sed (supercharged)	440	1,320	2,200	4,950	7,700	11,000
NOTE: Add 5 percent for Millennium Ed.						
2001 Protege, 4-cyl.						
4d DX Sed	260	780	1,300	3,250	4,550	6,500
4d LX Sed	280	840	1,400	3,500	4,900	7,000
4d LX 2.0 Sed	290	860	1,440	3,600	5,040	7,200
4d ES 2.0 Sed	300	900	1,500	3,750	5,250	7,500
4d MP3 Sed	320	950	1,580	3,950	5,530	7,900
2001 626, 4-cyl. & V-6						
4d LX Sed	320	960	1,600	4,000	5,600	8,000
4d ES Sed	360	1,080	1,800	4,500	6,300	9,000
2001 Miata MX-5, 4-cyl.						
2d Conv	490	1,460	2,440	6,100	8,540	12,200
2d LS Conv	530	1,580	2,640	6,600	9,240	13,200
2d SE Conv	550	1,640	2,740	6,850	9,590	13,700
NOTE: Add 5 percent for detachable HT.						
2001 Millenia, V-6						
4d Premium Sed	420	1,270	2,120	5,300	7,420	10,600
4d S Sed (supercharged)	440	1,330	2,220	5,550	7,770	11,100

MERCEDES-BENZ

	6	5	4	3	2	1
1951-53 Model 170S						
4d Sed	1,240	3,720	6,200	13,950	21,700	31,000
NOTE: Deduct 8 percent for lesser models. Deduct 10 percent for diesel.						
1951-53 Model 180						
4d Sed	1,200	3,600	6,000	13,500	21,000	30,000
1951-53 Model 220						
4d Sed	1,280	3,840	6,400	14,400	22,400	32,000
2d Conv	2,400	7,200	12,000	27,000	42,000	60,000
2d Cpe	1,600	4,800	8,000	18,000	28,000	40,000
1951-53 Model 300						
4d Sed	1,400	4,200	7,000	15,750	24,500	35,000
4d Conv Sed	3,200	9,600	16,000	36,000	56,000	80,000
2d Cpe	3,680	11,040	18,400	41,400	64,400	92,000
1951-53 Model 300S						
4d Conv Sed	5,600	16,800	28,000	63,000	98,000	140,000
2d Conv	8,000	24,000	40,000	90,000	140,000	200,000
2d Cpe	4,200	12,600	21,000	47,250	73,500	105,000
2d Rds	9,200	27,600	46,000	103,500	161,000	230,000
1954 Model 170						
4d Sed	1,000	3,000	5,000	11,250	17,500	25,000
NOTE: Deduct 10 percent for diesel.						
1954 Model 180						
4d Sed	1,050	3,100	5,200	11,700	18,200	26,000
NOTE: Deduct 10 percent for diesel.						
1954 Model 220A						
4d Sed	1,320	3,960	6,600	14,850	23,100	33,000
2d Conv	2,360	7,080	11,800	26,550	41,300	59,000
2d Cpe	1,960	5,880	9,800	22,050	34,300	49,000
1954 Model 300						
4d Sed	1,400	4,200	7,000	15,750	24,500	35,000
4d Conv Sed	3,200	9,600	16,000	36,000	56,000	80,000
2d Cpe	3,680	11,040	18,400	41,400	64,400	92,000
1954 Model 300B						
4d Sed	1,600	4,800	8,000	18,000	28,000	40,000
4d Conv Sed	3,400	10,200	17,000	38,250	59,500	85,000
2d Cpe	3,600	10,800	18,000	40,500	63,000	90,000
1954 Model 300S						
4d Sed	1,960	5,880	9,800	22,050	34,300	49,000
2d Conv	7,400	22,200	37,000	83,250	129,500	185,000
2d Cpe	4,200	12,600	21,000	47,250	73,500	105,000
2d Rds	8,800	26,400	44,000	99,000	154,000	220,000
1954 Model 300SL						
2d GW Cpe	15,400	46,200	77,000	173,250	269,500	385,000
1955 Model 170						
4d Sed	1,040	3,120	5,200	11,700	18,200	26,000
NOTE: Deduct 10 percent for diesel.						
1955 Model 180						
4d Sed	1,100	3,250	5,400	12,150	18,900	27,000
NOTE: Deduct 10 percent for diesel.						
1955 Model 190						
2d Rds	2,400	7,200	12,000	27,000	42,000	60,000
1955 Model 220A						
4d Sed	1,320	3,960	6,600	14,850	23,100	33,000

	6	5	4	3	2	1
2d Conv	2,360	7,080	11,800	26,550	41,300	59,000
2d Cpe	1,960	5,880	9,800	22,050	34,300	49,000
1955 Model 300B						
4d Sed	1,600	4,800	8,000	18,000	28,000	40,000
4d Conv Sed	3,400	10,200	17,000	38,250	59,500	85,000
2d Cpe	3,600	10,800	18,000	40,500	63,000	90,000
1955 Model 300S						
4d Sed	1,960	5,880	9,800	22,050	34,300	49,000
2d Conv	7,400	22,200	37,000	83,250	129,500	185,000
2d Cpe	4,200	12,600	21,000	47,250	73,500	105,000
2d Rds	8,800	26,400	44,000	99,000	154,000	220,000
1955 Model 300SL						
2d GW Cpe	15,400	46,200	77,000	173,250	269,500	385,000
1956-57 Model 180						
4d Sed	760	2,280	3,800	8,550	13,300	19,000
NOTE: Deduct 10 percent for diesel.						
1956-57 Model 190						
4d Sed	800	2,400	4,000	9,000	14,000	20,000
SL Rds	1,880	5,640	9,400	21,150	32,900	47,000
NOTE: Add 10 percent for removable hardtop.						
1956-57 Model 219						
4d Sed	880	2,640	4,400	9,900	15,400	22,000
1956-57 Model 220S						
4d Sed	920	2,760	4,600	10,350	16,100	23,000
Cpe	1,120	3,360	5,600	12,600	19,600	28,000
Cabr	2,280	6,840	11,400	25,650	39,900	57,000
1956-57 Model 300C						
4d Sed	1,560	4,680	7,800	17,550	27,300	39,000
4d Limo	1,920	5,760	9,600	21,600	33,600	48,000
4d Conv Sed	3,440	10,320	17,200	38,700	60,200	86,000
2d Cpe	4,040	12,120	20,200	45,450	70,700	101,000
1956-57 Model 300S						
4d Sed	1,920	5,760	9,600	21,600	33,600	48,000
2d Conv	7,200	21,600	36,000	81,000	126,000	180,000
2d Cpe	3,800	11,400	19,000	42,750	66,500	95,000
2d Rds	8,000	24,000	40,000	90,000	140,000	200,000
1956-57 Model 300SC						
4d Sed	2,080	6,240	10,400	23,400	36,400	52,000
2d Conv	12,600	37,800	63,000	141,750	220,500	315,000
2d Rds	13,200	39,600	66,000	148,500	231,000	330,000
1956-57 Model 300SL						
2d GW Cpe	15,600	46,800	78,000	175,500	273,000	390,000
1958-60 Model 180a						
4d Sed	680	2,040	3,400	7,650	11,900	17,000
NOTE: Deduct 10 percent for diesel.						
1958-60 Model 190						
4d Sed	720	2,160	3,600	8,100	12,600	18,000
SL Rds	1,840	5,520	9,200	20,700	32,200	46,000
SL Cpe	1,840	5,520	9,200	20,700	32,200	46,000
NOTE: Add 10 percent for removable hardtop. Deduct 10 percent for diesel.						
1958-60 Model 219						
4d Sed	760	2,280	3,800	8,550	13,300	19,000
1958-60 Model 220S						
2d Cpe	1,040	3,120	5,200	11,700	18,200	26,000
4d Sed	840	2,520	4,200	9,450	14,700	21,000
2d Conv	2,200	6,600	11,000	24,750	38,500	55,000
1958-60 Model 220SE						
4d Sed	1,000	3,000	5,000	11,250	17,500	25,000
2d Cpe	1,200	3,600	6,000	13,500	21,000	30,000
2d Conv	3,000	9,000	15,000	33,750	52,500	75,000
1958-60 Model 300D						
4d HT	1,200	3,600	6,000	13,500	21,000	30,000
4d Conv	4,040	12,120	20,200	45,450	70,700	101,000
1958-60 Model 300SL						
2d Rds	12,000	36,000	60,000	135,000	210,000	300,000
NOTE: Add 5 percent for removable hardtop.						
1961-62						
180 4d Sed	600	1,800	3,000	6,750	10,500	15,000
180D 4d Sed	640	1,920	3,200	7,200	11,200	16,000
190 4d Sed	620	1,860	3,100	6,980	10,850	15,500
190D 4d Sed	660	1,980	3,300	7,430	11,550	16,500
190SL Cpe/Rds	1,840	5,520	9,200	20,700	32,200	46,000
220 4d Sed	760	2,280	3,800	8,550	13,300	19,000
220S 4d Sed	800	2,400	4,000	9,000	14,000	20,000
220SE 4d Sed	840	2,520	4,200	9,450	14,700	21,000
220SE Cpe	1,120	3,360	5,600	12,600	19,600	28,000
220SE Cabr	2,000	6,000	10,000	22,500	35,000	50,000
220SEb Cpe	1,280	3,840	6,400	14,400	22,400	32,000
220SEb Cabr	1,880	5,640	9,400	21,150	32,900	47,000

MERCEDES-BENZ

MERCEDES-BENZ

	6	5	4	3	2	1
220SEb 4d Sed	880	2,640	4,400	9,900	15,400	22,000
300 4d HT	2,000	6,000	10,000	22,500	35,000	50,000
300 4d Cabr	4,560	13,680	22,800	51,300	79,800	114,000
300SE 4d Sed	1,000	3,000	5,000	11,250	17,500	25,000
300SE 2d Cpe	1,480	4,440	7,400	16,650	25,900	37,000
300SE 2d Cabr	3,480	10,440	17,400	39,150	60,900	87,000
300SL Rds	11,200	33,600	56,000	126,000	196,000	280,000

NOTE: Add 5 percent for removable hardtop.

1963

	6	5	4	3	2	1
180Dc 4d Sed	550	1,700	2,800	6,300	9,800	14,000
190c 4d Sed	450	1,400	2,300	5,180	8,050	11,500
190Dc 4d Sed	600	1,750	2,900	6,530	10,200	14,500
190SL Rds	1,800	5,400	9,000	20,250	31,500	45,000

NOTE: Add 10 percent for removable hardtop.

	6	5	4	3	2	1
220 4d Sed	650	1,900	3,200	7,200	11,200	16,000
220S 4d Sed	700	2,050	3,400	7,650	11,900	17,000
220SE 4d Sed	700	2,150	3,600	8,100	12,600	18,000
220SEb Cpe	900	2,650	4,400	9,900	15,400	22,000
220SEb Cabr	1,600	4,800	8,000	18,000	28,000	40,000
300SE 4d Sed	1,050	3,100	5,200	11,700	18,200	26,000
300SE Cpe	1,250	3,700	6,200	13,950	21,700	31,000
300SE Cabr	3,100	9,250	15,400	34,650	53,900	77,000
300 4d HT	1,300	3,850	6,400	14,400	22,400	32,000
300SL Rds	11,200	33,600	56,000	126,000	196,000	280,000

NOTE: Add 5 percent for removable hardtop.

1964

	6	5	4	3	2	1
190c 4d Sed	450	1,300	2,200	4,950	7,700	11,000
190Dc 4d Sed	550	1,700	2,800	6,300	9,800	14,000
220 4d Sed	650	1,900	3,200	7,200	11,200	16,000
220S 4d Sed	700	2,050	3,400	7,650	11,900	17,000
220SE 4d Sed	700	2,150	3,600	8,100	12,600	18,000
220SEb Cpe	900	2,750	4,600	10,350	16,100	23,000
220SEb Cabr	1,550	4,700	7,800	17,550	27,300	39,000
230SL Cpe/Rds	1,050	3,100	5,200	11,700	18,200	26,000
300SE 4d Sed	900	2,650	4,400	9,900	15,400	22,000
300SE 4d Sed (112)	920	2,760	4,600	10,350	16,100	23,000
300SE Cpe	1,300	3,850	6,400	14,400	22,400	32,000
300SE Cabr	3,150	9,500	15,800	35,550	55,300	79,000

1965

	6	5	4	3	2	1
190c 4d Sed	450	1,300	2,200	4,950	7,700	11,000
190Dc 4d Sed	550	1,700	2,800	6,300	9,800	14,000
220b 4d Sed	650	1,900	3,200	7,200	11,200	16,000
220Sb 4d Sed	650	2,000	3,300	7,430	11,600	16,500
220SEb 4d Sed	700	2,050	3,400	7,650	11,900	17,000
220SEb Cpe	800	2,400	4,000	9,000	14,000	20,000
220SEb Cabr	1,500	4,550	7,600	17,100	26,600	38,000
230SL Cpe/Rds	1,100	3,250	5,400	12,150	18,900	27,000
250SE Cpe	900	2,650	4,400	9,900	15,400	22,000
250SE Cabr	1,550	4,700	7,800	17,550	27,300	39,000
300SE 4d Sed	750	2,300	3,800	8,550	13,300	19,000
300SEL 4d Sed	850	2,500	4,200	9,450	14,700	21,000
300SE Cpe	900	2,750	4,600	10,350	16,100	23,000
300SE Cabr	3,150	9,500	15,800	35,550	55,300	79,000
600 4d Sed	2,000	6,000	10,000	22,500	35,000	50,000
600 Limo	2,400	7,200	12,000	27,000	42,000	60,000

1966

	6	5	4	3	2	1
200 4d Sed	450	1,300	2,200	4,950	7,700	11,000
200D 4d Sed	550	1,700	2,800	6,300	9,800	14,000
230 4d Sed	450	1,400	2,300	5,180	8,050	11,500
230S 4d Sed	450	1,400	2,350	5,270	8,200	11,700
230SL Cpe/Rds	1,200	3,600	6,000	13,500	21,000	30,000
250SE Cpe	900	2,650	4,400	9,900	15,400	22,000
250SE Cabr	1,550	4,700	7,800	17,550	27,300	39,000
250S 4d Sed	650	1,900	3,200	7,200	11,200	16,000
250SE 4d Sed	650	2,000	3,300	7,430	11,600	16,500
300SE Cpe	900	2,750	4,600	10,350	16,100	23,000
300SE Cabr	3,150	9,500	15,800	35,550	55,300	79,000
600 4d Sed	2,000	6,000	10,000	22,500	35,000	50,000
600 Limo	2,400	7,200	12,000	27,000	42,000	60,000

1967

	6	5	4	3	2	1
200 4d Sed	450	1,400	2,300	5,180	8,050	11,500
200D 4d Sed	600	1,750	2,900	6,530	10,200	14,500
230 4d Sed	550	1,700	2,800	6,300	9,800	14,000
230S 4d Sed	550	1,700	2,850	6,390	9,950	14,200
230SL Cpe/Rds	1,100	3,350	5,600	12,600	19,600	28,000
250S 4d Sed	650	1,900	3,200	7,200	11,200	16,000
250SE 4d Sed	650	2,000	3,300	7,430	11,600	16,500
250SE Cpe	900	2,650	4,400	9,900	15,400	22,000

	6	5	4	3	2	1
250SE Cabr	1,200	3,600	6,000	13,500	21,000	30,000
250SL Cpe/Rds	1,150	3,500	5,800	13,050	20,300	29,000
280SE Cpe	900	2,750	4,600	10,350	16,100	23,000
280SE Cabr	1,750	5,300	8,800	19,800	30,800	44,000
300SE Cpe	1,050	3,100	5,200	11,700	18,200	26,000
300SE Cabr	3,150	9,500	15,800	35,550	55,300	79,000
300SE 4d Sed	950	2,900	4,800	10,800	16,800	24,000
300SEL 4d Sed	1,000	3,000	5,000	11,250	17,500	25,000
600 4d Sed	2,000	6,000	10,000	22,500	35,000	50,000
600 Limo	2,400	7,200	12,000	27,000	42,000	60,000
1968						
220 4d Sed	450	1,400	2,300	5,180	8,050	11,500
220D 4d Sed	600	1,750	2,900	6,530	10,200	14,500
230 4d Sed	560	1,680	2,800	6,300	9,800	14,000
250 4d Sed	600	1,750	2,900	6,570	10,200	14,600
280 4d Sed	600	1,800	2,950	6,660	10,400	14,800
280SE 4d Sed	650	1,900	3,200	7,200	11,200	16,000
280SEL 4d Sed	700	2,050	3,400	7,650	11,900	17,000
280SE Cpe	920	2,760	4,600	10,350	16,100	23,000
280SE Cabr	1,850	5,500	9,200	20,700	32,200	46,000
280SL Cpe/Rds	1,440	4,320	7,200	16,200	25,200	36,000
300SEL 4d Sed	1,000	3,000	5,000	11,250	17,500	25,000
600 4d Sed	2,000	6,000	10,000	22,500	35,000	50,000
600 Limo	2,400	7,200	12,000	27,000	42,000	60,000
1969						
220 4d Sed	600	1,850	3,100	6,980	10,900	15,500
220D 4d Sed	650	2,000	3,300	7,430	11,600	16,500
230 4d Sed	650	1,900	3,150	7,110	11,100	15,800
250 4d Sed	650	1,900	3,200	7,200	11,200	16,000
280S 4d Sed	650	1,950	3,200	7,250	11,300	16,100
280SE 4d Sed	650	1,900	3,200	7,200	11,200	16,000
280SEL 4d Sed	650	2,000	3,300	7,430	11,600	16,500
280SE Cpe	900	2,750	4,600	10,350	16,100	23,000
280SE Cabr	1,900	5,750	9,600	21,600	33,600	48,000
280SL Cpe/Rds	1,450	4,300	7,200	16,200	25,200	36,000
300SEL 4d Sed	950	2,900	4,800	10,800	16,800	24,000
300SEL 6.3 4d Sed	1,160	3,480	5,800	13,050	20,300	29,000
600 4d Sed	2,000	6,000	10,000	22,500	35,000	50,000
600 Limo	2,400	7,200	12,000	27,000	42,000	60,000
1970						
220 4d Sed	550	1,700	2,800	6,300	9,800	14,000
220D 4d Sed	600	1,750	2,900	6,530	10,200	14,500
250 4d Sed	550	1,700	2,850	6,390	9,950	14,200
250C Cpe	700	2,050	3,400	7,650	11,900	17,000
280S 4d Sed	600	1,850	3,100	6,980	10,900	15,500
280SE 4d Sed	650	1,900	3,200	7,200	11,200	16,000
280SEL 4d Sed	650	2,000	3,300	7,430	11,600	16,500
280SE Cpe	1,200	3,600	6,000	13,500	21,000	30,000
280SE Cpe 3.5	1,700	5,150	8,600	19,350	30,100	43,000
280SE Cabr	2,000	6,000	10,000	22,500	35,000	50,000
280SE Cabr 3.5	2,600	7,800	13,000	29,250	45,500	65,000
280SL Cpe/Rds	1,500	4,450	7,400	16,650	25,900	37,000
300SEL 4d Sed	900	2,750	4,600	10,350	16,100	23,000
300SEL 6.3 4d Sed	1,160	3,480	5,800	13,050	20,300	29,000
600 4d Sed	2,000	6,000	10,000	22,500	35,000	50,000
600 Limo	2,400	7,200	12,000	27,000	42,000	60,000
1971						
220 4d Sed	550	1,700	2,800	6,300	9,800	14,000
220D 4d Sed	600	1,750	2,900	6,530	10,200	14,500
250 4d Sed	550	1,700	2,800	6,300	9,800	14,000
250C Cpe	650	1,900	3,200	7,200	11,200	16,000
280S 4 Sed	600	1,850	3,100	6,980	10,900	15,500
280SE 4d Sed	650	1,900	3,200	7,200	11,200	16,000
280SE 4.5 4d Sed	800	2,400	4,000	9,000	14,000	20,000
280SEL 4d Sed	650	2,000	3,300	7,430	11,600	16,500
280SE 3.5 Cpe	1,200	3,600	6,000	13,500	21,000	30,000
280SE 3.5 Cabr	3,100	9,250	15,400	34,650	53,900	77,000
280SL Cpe/Rds	1,500	4,550	7,600	17,100	26,600	38,000
300SEL 4d Sed	950	2,900	4,800	10,800	16,800	24,000
300SEL 6.3 4d Sed	1,160	3,480	5,800	13,050	20,300	29,000
600 4d Sed	2,000	6,000	10,000	22,500	35,000	50,000
600 4d Limo	2,400	7,200	12,000	27,000	42,000	60,000
1972						
220 4d Sed	550	1,700	2,800	6,300	9,800	14,000
220D 4d Sed	600	1,750	2,900	6,530	10,200	14,500
250 4d Sed	600	1,800	3,000	6,750	10,500	15,000
250C Cpe	700	2,050	3,400	7,650	11,900	17,000
280SE 4d Sed	650	1,900	3,200	7,200	11,200	16,000

MERCEDES-BENZ

	6	5	4	3	2	1
280SE 4.5 4d Sed	800	2,400	4,000	9,000	14,000	20,000
280SE 3.5 Cpe	900	2,650	4,400	9,900	15,400	22,000
280SE 3.5 Cabr	1,550	4,700	7,800	17,550	27,300	39,000
280SEL 4d Sed	700	2,050	3,400	7,650	11,900	17,000
300SEL 4d Sed	900	2,750	4,600	10,350	16,100	23,000
350SL Cpe/Rds	1,450	4,300	7,200	16,200	25,200	36,000
600 4d Sed	2,000	6,000	10,000	22,500	35,000	50,000
600 Limo	2,400	7,200	12,000	27,000	42,000	60,000
1973						
220 4d Sed	550	1,700	2,800	6,300	9,800	14,000
220D 4d Sed	600	1,800	3,000	6,750	10,500	15,000
280 4d Sed	600	1,850	3,100	6,980	10,900	15,500
280C Cpe	700	2,150	3,600	8,100	12,600	18,000
280SE 4d Sed	700	2,050	3,400	7,650	11,900	17,000
280SE 4.5 4d Sed	850	2,500	4,200	9,450	14,700	21,000
280SEL 4d Sed	700	2,100	3,500	7,880	12,300	17,500
280SEL 4.5 4d Sed	880	2,640	4,400	9,900	15,400	22,000
300SEL 4d Sed	900	2,750	4,600	10,350	16,100	23,000
450SE 4d Sed	700	2,100	3,500	7,880	12,300	17,500
450SEL 4d Sed	750	2,200	3,700	8,330	13,000	18,500
450SL Cpe/Rds	1,350	4,100	6,800	15,300	23,800	34,000
450SLC Cpe	1,100	3,350	5,600	12,600	19,600	28,000
1974						
230 4d Sed	600	1,750	2,900	6,530	10,200	14,500
240D 4d Sed	600	1,800	3,000	6,750	10,500	15,000
280 4d Sed	650	1,900	3,200	7,200	11,200	16,000
280C Cpe	700	2,150	3,600	8,100	12,600	18,000
450SE 4d Sed	750	2,300	3,800	8,550	13,300	19,000
450SEL 4d Sed	850	2,500	4,200	9,450	14,700	21,000
450SL Cpe/Rds	1,300	3,950	6,600	14,850	23,100	33,000
450SLC Cpe	1,100	3,350	5,600	12,600	19,600	28,000
1975						
230 4d Sed	600	1,800	3,000	6,750	10,500	15,000
240D 4d Sed	650	1,900	3,200	7,200	11,200	16,000
300D 4d Sed	700	2,050	3,400	7,650	11,900	17,000
280 4d Sed	700	2,150	3,600	8,100	12,600	18,000
280C Cpe	750	2,300	3,800	8,550	13,300	19,000
280S 4d Sed	700	2,150	3,600	8,100	12,600	18,000
450SE 4d Sed	800	2,400	4,000	9,000	14,000	20,000
450SEL 4d Sed	850	2,500	4,200	9,450	14,700	21,000
450SL Cpe/Rds	1,400	4,200	7,000	15,750	24,500	35,000
450SLC Cpe	1,100	3,350	5,600	12,600	19,600	28,000
1976						
230 4d Sed	700	2,050	3,400	7,650	11,900	17,000
240D 4d Sed	700	2,050	3,400	7,650	11,900	17,000
300D 4d Sed	700	2,100	3,500	7,880	12,300	17,500
280 4d Sed	700	2,150	3,600	8,100	12,600	18,000
280C Cpe	850	2,500	4,200	9,450	14,700	21,000
280S 4d Sed	750	2,200	3,700	8,330	13,000	18,500
450SE 4d Sed	900	2,650	4,400	9,900	15,400	22,000
450SEL 4d Sed	900	2,750	4,600	10,350	16,100	23,000
450SL Cpe/Rds	1,400	4,200	7,000	15,750	24,500	35,000
450SLC Cpe	1,100	3,250	5,400	12,150	18,900	27,000
1977						
230 4d Sed	650	1,900	3,200	7,200	11,200	16,000
240D 4d Sed	700	2,100	3,500	7,880	12,300	17,500
300D 4d Sed	700	2,150	3,600	8,100	12,600	18,000
280E 4d Sed	750	2,200	3,700	8,330	13,000	18,500
280SE 4d Sed	750	2,300	3,800	8,550	13,300	19,000
450SEL 4d Sed	900	2,750	4,600	10,350	16,100	23,000
450SL Cpe/Rds	1,400	4,200	7,000	15,750	24,500	35,000
450SLC Cpe	1,100	3,250	5,400	12,150	18,900	27,000
1978						
230 4d Sed	650	1,900	3,200	7,200	11,200	16,000
240D 4d Sed	650	2,000	3,300	7,430	11,600	16,500
300D 4d Sed	700	2,050	3,400	7,650	11,900	17,000
300CD Cpe	700	2,150	3,600	8,100	12,600	18,000
300SD 4d Sed	800	2,350	3,900	8,780	13,700	19,500
280E 4d Sed	700	2,100	3,500	7,880	12,300	17,500
280CE Cpe	800	2,350	3,900	8,780	13,700	19,500
280SE 4d Sed	800	2,400	4,000	9,000	14,000	20,000
450SEL 4d Sed	950	2,900	4,800	10,800	16,800	24,000
450SL Cpe/Rds	1,350	4,100	6,800	15,300	23,800	34,000
450SLC Cpe	1,150	3,500	5,800	13,050	20,300	29,000
6.9L 4d Sed	1,100	3,350	5,600	12,600	19,600	28,000
1979						
240D 4d Sed	550	1,700	2,800	6,300	9,800	14,000
300D 4d Sed	600	1,800	3,000	6,750	10,500	15,000

	6	5	4	3	2	1
300CD Cpe.	700	2,050	3,400	7,650	11,900	17,000
300TD Sta Wag	900	2,750	4,600	10,350	16,100	23,000
300SD 4d Sed	750	2,300	3,800	8,550	13,300	19,000
280E 4d Sed.	650	1,900	3,200	7,200	11,200	16,000
280CE Cpe.	700	2,150	3,600	8,100	12,600	18,000
280SE 4d Sed	750	2,300	3,800	8,550	13,300	19,000
450SEL 4d Sed	900	2,650	4,400	9,900	15,400	22,000
450SL Cpe/Rds	1,300	3,850	6,400	14,400	22,400	32,000
450SLC Cpe.	1,100	3,350	5,600	12,600	19,600	28,000
6.9L 4d Sed	1,050	3,100	5,200	11,700	18,200	26,000
1980						
240D 4d Sed	600	1,800	3,000	6,750	10,500	15,000
300D 4d Sed	650	1,900	3,200	7,200	11,200	16,000
300CD 2d Cpe	700	2,150	3,600	8,100	12,600	18,000
300TD 4d Sta Wag.	900	2,750	4,600	10,350	16,100	23,000
300SD 4d Sed	800	2,400	4,000	9,000	14,000	20,000
280E 4d Sed.	750	2,300	3,800	8,550	13,300	19,000
280CE 2d Cpe	800	2,400	4,000	9,000	14,000	20,000
280SE 4d Sed	750	2,300	3,800	8,550	13,300	19,000
450SEL 4d Sed	800	2,400	4,000	9,000	14,000	20,000
450SL 2d Conv.	1,350	4,100	6,800	15,300	23,800	34,000
450SLC 2d Cpe	1,050	3,100	5,200	11,700	18,200	26,000
1981						
240D 4d Sed	600	1,800	3,000	6,750	10,500	15,000
300D 4d Sed	650	1,900	3,200	7,200	11,200	16,000
300CD 2d Cpe	700	2,150	3,600	8,100	12,600	18,000
300TD-T 4d Turbo Sta Wag.	1,050	3,100	5,200	11,700	18,200	26,000
300SD 4d Sed	750	2,300	3,800	8,550	13,300	19,000
280E 4d Sed.	700	2,150	3,600	8,100	12,600	18,000
280CE 2d Cpe	750	2,300	3,800	8,550	13,300	19,000
280SEL 4d Sed	950	2,900	4,800	10,800	16,800	24,000
380SL 2d Conv.	1,450	4,300	7,200	16,200	25,200	36,000
380SLC 2d Cpe	1,100	3,250	5,400	12,150	18,900	27,000
1982						
240D 4d Sed	650	1,900	3,200	7,200	11,200	16,000
300D-T 4d Sed.	700	2,050	3,400	7,650	11,900	17,000
300CD-T 2d Cpe	750	2,300	3,800	8,550	13,300	19,000
300TD-T 4d Turbo Sta Wag.	1,050	3,100	5,200	11,700	18,200	26,000
300SD 4d Sed	800	2,400	4,000	9,000	14,000	20,000
380SEL 4d Sed	1,000	3,000	5,000	11,250	17,500	25,000
380SL 2d Conv.	1,600	4,800	8,000	18,000	28,000	40,000
380SEC 2d Cpe	1,200	3,600	6,000	13,500	21,000	30,000
1983						
240D 4d Sed	650	1,900	3,200	7,200	11,200	16,000
300D-T 4d Sed.	700	2,050	3,400	7,650	11,900	17,000
300CD-T 2d Cpe	750	2,300	3,800	8,550	13,300	19,000
300TD-T 4d Turbo Sta Wag.	1,050	3,100	5,200	11,700	18,200	26,000
300SD 4d Sed	800	2,400	4,000	9,000	14,000	20,000
300SEL 4d Sed	1,000	3,000	5,000	11,250	17,500	25,000
380SL 2d Conv.	1,600	4,800	8,000	18,000	28,000	40,000
380SEC 2d Cpe	1,200	3,600	6,000	13,500	21,000	30,000
1984						
190E 4d Sed.	650	1,900	3,200	7,200	11,200	16,000
190D 4d Sed	600	1,800	3,000	6,750	10,500	15,000
300D-T 4d Sed.	650	2,000	3,300	7,430	11,600	16,500
300CD-T 2d Cpe	700	2,050	3,400	7,650	11,900	17,000
300TD-T 4d Turbo Sta Wag.	1,050	3,100	5,200	11,700	18,200	26,000
300SD 4d Sed	900	2,750	4,600	10,350	16,100	23,000
500SEL 4d Sed	1,100	3,250	5,400	12,150	18,900	27,000
500SEC 2d Cpe	1,200	3,600	6,000	13,500	21,000	30,000
380SE 4d Sed	900	2,750	4,600	10,350	16,100	23,000
380SL 2d Conv.	1,500	4,450	7,400	16,650	25,900	37,000
1985						
190E 4d Sed.	650	1,900	3,200	7,200	11,200	16,000
190D 4d Sed	600	1,850	3,100	6,980	10,900	15,500
300D-T 4d Sed.	700	2,100	3,500	7,880	12,300	17,500
300CD-T 2d Cpe	700	2,150	3,600	8,100	12,600	18,000
300TD-T 4d Turbo Sta Wag.	1,050	3,100	5,200	11,700	18,200	26,000
300SD 4d Sed	950	2,900	4,800	10,800	16,800	24,000
500SEL 4d Sed	1,100	3,350	5,600	12,600	19,600	28,000
500SEC 2d Cpe	1,250	3,700	6,200	13,950	21,700	31,000
380SE 4d Sed	950	2,900	4,800	10,800	16,800	24,000
380SL 2d Conv.	1,450	4,300	7,200	16,200	25,200	36,000
1986						
190E 4d Sed.	650	2,000	3,300	7,430	11,600	16,500
190D 4d Sed	650	1,900	3,200	7,200	11,200	16,000
190D 1.6 4d Sed	700	2,050	3,400	7,650	11,900	17,000
300E 4d Sed.	750	2,200	3,700	8,330	13,000	18,500

MERCEDES-BENZ

	6	5	4	3	2	1
300SDL 4d Sed	1,100	3,250	5,400	12,150	18,900	27,000
420SEL 4d Sed	1,150	3,500	5,800	13,050	20,300	29,000
560SEL 4d Sed	1,250	3,700	6,200	13,950	21,700	31,000
560SEC 2d Cpe	1,300	3,950	6,600	14,850	23,100	33,000
560SL 2d Conv	1,500	4,550	7,600	17,100	26,600	38,000
1987						
190D 4d Sed	700	2,150	3,600	8,100	12,600	18,000
190D-T 4d Sed	750	2,200	3,700	8,330	13,000	18,500
190E 4d Sed	800	2,350	3,900	8,780	13,700	19,500
190 2.6 4d Sed	800	2,450	4,100	9,230	14,300	20,500
190E-16V 4d Sed	1,000	3,050	5,100	11,480	17,900	25,500
260E 4d Sed	900	2,750	4,600	10,350	16,100	23,000
300E 4d Sed	1,000	3,000	5,000	11,250	17,500	25,000
300DT 4d Sed	950	2,800	4,700	10,580	16,500	23,500
300TD-T 4d Sta Wag	1,020	3,060	5,100	11,480	17,850	25,500
300SDL-T 4d Sed	1,150	3,500	5,800	13,050	20,300	29,000
420SEL 4d Sed	1,200	3,550	5,900	13,280	20,700	29,500
560SEL 4d Sed	1,500	4,450	7,400	16,650	25,900	37,000
560SEC 2d Cpe	1,500	4,550	7,600	17,100	26,600	38,000
560SL 2d Conv	1,450	4,300	7,200	16,200	25,200	36,000
1988						
190D 4d Sed	750	2,300	3,800	8,550	13,300	19,000
190E 4d Sed	850	2,500	4,200	9,450	14,700	21,000
190E 2.6 4d Sed	950	2,900	4,800	10,800	16,800	24,000
260E 4d Sed	1,000	3,000	5,000	11,250	17,500	25,000
300E 4d Sed	1,100	3,250	5,400	12,150	18,900	27,000
300CE 2d Cpe	1,300	3,950	6,600	14,850	23,100	33,000
300TE 4d Sta Wag	1,200	3,650	6,100	13,730	21,400	30,500
300SE 4d Sed	1,100	3,350	5,600	12,600	19,600	28,000
300SEL 4d Sed	1,200	3,600	6,000	13,500	21,000	30,000
420SEL 4d Sed	1,300	3,850	6,400	14,400	22,400	32,000
560SEL 4d Sed	1,500	4,450	7,400	16,650	25,900	37,000
560SEC 2d Cpe	1,550	4,700	7,800	17,550	27,300	39,000
560SL 2d Conv	1,650	4,900	8,200	18,450	28,700	41,000
1989						
190D 4d Sed	950	2,900	4,800	10,800	16,800	24,000
190E 4d 2.6 Sed	900	2,750	4,600	10,350	16,100	23,000
260E 4d Sed	1,200	3,600	6,000	13,500	21,000	30,000
300E 4d Sed	1,300	3,850	6,400	14,400	22,400	32,000
300CE 2d Cpe	1,400	4,200	7,000	15,750	24,500	35,000
300TE 4d Sta Wag	1,300	3,850	6,400	14,400	22,400	32,000
300SE 4d Sed	1,200	3,600	6,000	13,500	21,000	30,000
300SEC 4d Sed	1,250	3,700	6,200	13,950	21,700	31,000
420SEL 4d Sed	1,400	4,200	7,000	15,750	24,500	35,000
560SEL 4d Sed	1,600	4,800	8,000	18,000	28,000	40,000
560SEC 2d Cpe	1,800	5,400	9,000	20,250	31,500	45,000
560SL 2d Conv	2,300	6,850	11,400	25,650	39,900	57,000
1990						
190E 4d 2.6 Sed	900	2,650	4,400	9,900	15,400	22,000
300D 4d 2.6 Sed	950	2,900	4,800	10,800	16,800	24,000
300D 4d 2.5 Turbo Sed	1,000	3,000	5,000	11,250	17,500	25,000
300E 4d Sed	1,300	3,950	6,600	14,850	23,100	33,000
300E Matic 4d Sed	1,350	4,100	6,800	15,300	23,800	34,000
300CE 2d Cpe	1,450	4,300	7,200	16,200	25,200	36,000
300TE 4d Sta Wag	1,300	3,950	6,600	14,850	23,100	33,000
300TE Matic 4d Sta Wag	1,350	4,100	6,800	15,300	23,800	34,000
300SE 4d Sed	1,250	3,700	6,200	13,950	21,700	31,000
300SEL 4d Sed	1,300	3,950	6,600	14,850	23,100	33,000
350SDL 4d Turbo Sed	1,280	3,840	6,400	14,400	22,400	32,000
420SEL 4d Sed	1,500	4,550	7,600	17,100	26,600	38,000
560SEL 4d Sed	1,650	4,900	8,200	18,450	28,700	41,000
560SEC 2d Cpe	1,800	5,400	9,000	20,250	31,500	45,000
300SL 2d Conv	2,200	6,600	11,000	24,750	38,500	55,000
500SL 2d Conv	2,300	6,950	11,600	26,100	40,600	58,000
1991						
4d 2.3 Sed	700	2,050	3,400	7,650	11,900	17,000
4d 2.6 Sed	750	2,300	3,800	8,550	13,300	19,000
300TD 4d Turbo Sed	880	2,640	4,400	9,900	15,400	22,000
300E 4d Sed	950	2,900	4,800	10,800	16,800	24,000
300E Matic 4x4 4d Sed	1,080	3,240	5,400	12,150	18,900	27,000
300CE 2d Cpe	1,200	3,600	6,000	13,500	21,000	30,000
300TE 4d Sta Wag	1,150	3,500	5,800	13,050	20,300	29,000
300TE Matic 4x4 4d Sta Wag	1,250	3,700	6,200	13,950	21,700	31,000
300SE 4d Sed	1,050	3,100	5,200	11,700	18,200	26,000
300SEL 4d Sed	1,100	3,350	5,600	12,600	19,600	28,000
350SD 4d Sed	1,300	3,850	6,400	14,400	22,400	32,000
350SDL 4d Turbo Sed	1,320	3,960	6,600	14,850	23,100	33,000
420SEL 4d Sed	1,550	4,700	7,800	17,550	27,300	39,000

	6	5	4	3	2	1
560SEL 4d Sed	1,700	5,050	8,400	18,900	29,400	42,000
560SEC 2d Cpe	1,900	5,750	9,600	21,600	33,600	48,000
300SL 2d Conv.	2,250	6,700	11,200	25,200	39,200	56,000
500SL 2d Conv.	2,350	7,100	11,800	26,550	41,300	59,000
1992						
190 4d 2.3 Sed	700	2,150	3,600	8,100	12,600	18,000
190 4d 2.6 Sed	750	2,300	3,800	8,550	13,300	19,000
300E 4d 2.6 Sed	800	2,400	4,000	9,000	14,000	20,000
300DT 4d 2.5 Sed	900	2,700	4,500	10,130	15,700	22,500
300E 4d Sed	1,000	2,950	4,900	11,030	17,200	24,500
300E 4d Sed 4 Matic	1,120	3,360	5,600	12,600	19,600	28,000
300CE 2d Cpe	1,250	3,700	6,200	13,950	21,700	31,000
300TE 4d Sta Wag	1,200	3,600	6,000	13,500	21,000	30,000
300TE 4d Sta Wag 4 Matic	1,300	3,850	6,400	14,400	22,400	32,000
300SDT 4d Sed	1,050	3,100	5,200	11,700	18,200	26,000
300SE 4d Sed	1,100	3,350	5,600	12,600	19,600	28,000
400E 4d Sed	1,100	3,250	5,400	12,150	18,900	27,000
400SE 4d Sed	1,150	3,500	5,800	13,050	20,300	29,000
500E 4d Sed	1,250	3,700	6,200	13,950	21,700	31,000
500SEL 4d Sed	1,350	4,100	6,800	15,300	23,800	34,000
600SEL 4d Sed	1,450	4,300	7,200	16,200	25,200	36,000
300SL 2d Conv.	2,300	6,850	11,400	25,650	39,900	57,000
500SL 2d Conv.	2,400	7,200	12,000	27,000	42,000	60,000
1993						
190E 4d 2.3 Sed	700	2,150	3,600	8,100	12,600	18,000
190E 4d 2.6 Sed	750	2,200	3,650	8,190	12,700	18,200
300E 4d 2.8 Sed	750	2,300	3,800	8,550	13,300	19,000
300DT 4d 2.5 Sed	950	2,900	4,850	10,890	16,900	24,200
300E 4d Sed	1,200	3,600	6,000	13,500	21,000	30,000
300E Matic 4d Sed	1,200	3,600	6,050	13,590	21,100	30,200
300CE 2d Cpe	1,250	3,700	6,200	13,950	21,700	31,000
300CE 2d Conv	2,300	6,850	11,400	25,650	39,900	57,000
300TE 4d Sta Wag	1,300	3,950	6,600	14,850	23,100	33,000
300TE Matic 4d Sta Wag	1,350	4,100	6,800	15,300	23,800	34,000
300SDT 4d Sed	1,150	3,500	5,800	13,050	20,300	29,000
300SE 4d Sed	1,200	3,550	5,900	13,280	20,700	29,500
400E 4d Sed	1,200	3,600	6,000	13,500	21,000	30,000
400SEL 4d Sed	1,250	3,700	6,200	13,950	21,700	31,000
500E 4d Sed	1,300	3,950	6,600	14,850	23,100	33,000
500SEL 4d Sed	1,350	4,100	6,800	15,300	23,800	34,000
500SEL 2d Cpe	1,450	4,300	7,200	16,200	25,200	36,000
600SEL 4d Sed	1,500	4,550	7,600	17,100	26,600	38,000
600SEL 2d Cpe	1,650	4,900	8,200	18,450	28,700	41,000
300SL 2d Rds.	2,300	6,950	11,600	26,100	40,600	58,000
500SL 2d Rds.	2,400	7,200	12,000	27,000	42,000	60,000
600SL 2d Rds.	2,500	7,550	12,600	28,350	44,100	63,000
1994 C Class						
220C 4d Sed	750	2,300	3,800	8,550	13,300	19,000
280C 4d Sed	850	2,500	4,200	9,450	14,700	21,000
1994 E Class						
320C 2d Cpe	1,250	3,700	6,200	13,950	21,700	31,000
320E 2d Conv.	1,850	5,500	9,200	20,700	32,200	46,000
320E 4d Sed.	1,250	3,700	6,200	13,950	21,700	31,000
420E 4d Sed.	1,600	4,800	8,000	18,000	28,000	40,000
500E 4d Sed.	1,650	4,900	8,200	18,450	28,700	41,000
320E 4d Sta Wag	1,150	3,500	5,800	13,050	20,300	29,000
1994 S Class						
500S 2d Cpe	2,050	6,100	10,200	22,950	35,700	51,000
600S 2d Cpe	2,250	6,700	11,200	25,200	39,200	56,000
320S 4d Sed.	1,250	3,700	6,200	13,950	21,700	31,000
350S 4d Sed Diesel Turbo	1,300	3,850	6,400	14,400	22,400	32,000
420S 4d Sed.	1,450	4,300	7,200	16,200	25,200	36,000
500S 4d Sed.	1,650	4,900	8,200	18,450	28,700	41,000
600S 4d Sed.	2,100	6,350	10,600	23,850	37,100	53,000
1994 SL Class						
320SL 2d Rds.	1,650	4,900	8,200	18,450	28,700	41,000
500SL 2d Rds.	2,050	6,100	10,200	22,950	35,700	51,000
600SL 2d Rds.	2,450	7,300	12,200	27,450	42,700	61,000
1995 C Class						
220C 4d Sed	750	2,300	3,800	8,550	13,300	19,000
280C 4d Sed	850	2,500	4,200	9,450	14,700	21,000
36C 4d Sed	1,150	3,500	5,800	13,050	20,300	29,000
1995 E Class						
300E 4d Sed Diesel Turbo	700	2,150	3,600	8,100	12,600	18,000
320E 2d Cpe	1,250	3,700	6,200	13,950	21,700	31,000
320E 2d Conv.	1,850	5,500	9,200	20,700	32,200	46,000
320E 4d Sed.	1,100	3,350	5,600	12,600	19,600	28,000
320E 4d Sta Wag	1,150	3,500	5,800	13,050	20,300	29,000
420E 4d Sed.	1,600	4,800	8,000	18,000	28,000	40,000

MERCEDES-BENZ

	6	5	4	3	2	1
1995 S Class						
320SW 4d Sed	1,250	3,700	6,200	13,950	21,700	31,000
320SV 4d Sed	1,300	3,950	6,600	14,850	23,100	33,000
350S 4d Sed Diesel Turbo	1,300	3,850	6,400	14,400	22,400	32,000
420S 4d Sed	1,450	4,300	7,200	16,200	25,200	36,000
500S 2d Cpe	2,050	6,100	10,200	22,950	35,700	51,000
500S 4d Sed	1,650	4,900	8,200	18,450	28,700	41,000
600S 2d Cpe	2,250	6,700	11,200	25,200	39,200	56,000
600S 4d Sed	2,100	6,350	10,600	23,850	37,100	53,000
1995 SL Class						
320SL 2d Rds	1,650	4,900	8,200	18,450	28,700	41,000
500SL 2d Rds	2,050	6,100	10,200	22,950	35,700	51,000
600SL 2d Rds	2,450	7,300	12,200	27,450	42,700	61,000
1996 C Class						
C220 4d Sed	v1,100	3,350	5,600	12,600	19,600	28,000
1996 E Class						
E300 4d Sed, Diesel	760	2,280	3,800	8,550	13,300	19,000
E320 4d Sed	1,100	3,250	5,400	12,150	18,900	27,000
1996 S Class						
S320W 4d Sed	1,200	3,600	6,000	13,500	21,000	30,000
S320V 4d Sed	1,300	3,850	6,400	14,400	22,400	32,000
S420 4d Sed	1,400	4,200	7,000	15,750	24,500	35,000
S500 2d Cpe	2,000	6,000	10,000	22,500	35,000	50,000
S500 4d Sed	1,600	4,800	8,000	18,000	28,000	40,000
S600 2d Cpe	2,200	6,600	11,000	24,750	38,500	55,000
S600 4d Sed	2,100	6,250	10,400	23,400	36,400	52,000
1996 SL Class						
SL320 2d Rds	1,600	4,800	8,000	18,000	28,000	40,000
SL500 2d Rds	2,000	6,000	10,000	22,500	35,000	50,000
SL600 2d Rds	2,400	7,200	12,000	27,000	42,000	60,000
NOTE: Add 5 percent for Spt Pkg.						
1997 C Class						
C230 4d Sed	760	2,280	3,800	8,550	13,300	19,000
C280 4d Sed	800	2,400	4,000	9,000	14,000	20,000
C36 4d Sed	1,120	3,360	5,600	12,600	19,600	28,000
1997 E Class						
E300D 4d Sed, Diesel	760	2,280	3,800	8,550	13,300	19,000
E320 4d Sed	1,080	3,240	5,400	12,150	18,900	27,000
E420 4d Sed	1,180	3,540	5,900	13,280	20,650	29,500
1997 S Class						
S320W 4d Sed	1,200	3,600	6,000	13,500	21,000	30,000
S320V 4d Sed	1,280	3,840	6,400	14,400	22,400	32,000
S420 4d Sed	1,400	4,200	7,000	15,750	24,500	35,000
S500 2d Cpe	1,920	5,760	9,600	21,600	33,600	48,000
S500 4d Sed	1,800	5,400	9,000	20,250	31,500	45,000
S600 2d Cpe	2,200	6,600	11,000	24,750	38,500	55,000
S600 4d Sed	2,080	6,240	10,400	23,400	36,400	52,000
1997 SL Class						
SL320 2d Rds	1,600	4,800	8,000	18,000	28,000	40,000
SL500 2d Rds	2,000	6,000	10,000	22,500	35,000	50,000
SL600 2d Rds	2,400	7,200	12,000	27,000	42,000	60,000
NOTE: Add 5 percent for Spt Pkg.						
1998 C Class, 4-cyl. & V-6						
C230 4d Sed	760	2,280	3,800	8,550	13,300	19,000
C280 4d Sed	800	2,400	4,000	9,000	14,000	20,000
1998 CLK Class, V-6						
CLK320 2d Cpe	860	2,580	4,300	9,680	15,050	21,500
1998 E Class, 6-cyl. & V-6						
E300TD 4d Sed, turbo diesel	760	2,280	3,800	8,550	13,300	19,000
E320 4d Sed	680	2,040	3,400	7,650	11,900	17,000
E320 4d Sed AWD	780	2,340	3,900	8,780	13,650	19,500
E320 4d Sta Wag	760	2,280	3,800	8,550	13,300	19,000
E320 4d Sta Wag AWD	800	2,400	4,000	9,000	14,000	20,000
E320 4d Sed (V-8 only)	780	2,340	3,900	8,780	13,650	19,500
1998 S Class, 6-cyl. & V-8						
S320W 4d Sed	1,200	3,600	6,000	13,500	21,000	30,000
S320V 4d Sed	1,280	3,840	6,400	14,400	22,400	32,000
S420 4d Sed	1,400	4,200	7,000	15,750	24,500	35,000
S500 4d Sed	1,800	5,400	9,000	20,250	31,500	45,000
S600 4d Sed (V-12 only)	2,080	6,240	10,400	23,400	36,400	52,000
1998 CL Class						
CL500 2d Cpe (V-8 only)	1,680	5,040	8,400	18,900	29,400	42,000
CL600 2d Cpe (V-12 only)	2,120	6,360	10,600	23,850	37,100	53,000
1998 SLK Class, Supercharged 4-cyl.						
SLK320 "Kompressor" 2d Rds	880	2,640	4,400	9,900	15,400	22,000
1998 SL Class						
SL500 2d Rds (V-8 only)	1,800	5,400	9,000	20,250	31,500	45,000

		6	5	4	3	2	1
SL600 2d Rds (V-12 only)		2,200	6,600	11,000	24,750	38,500	55,000

NOTE: Add 5 percent for Spt Pkg.

1999 C Class

	6	5	4	3	2	1
C230K 4d Sed (supercharged 4-cyl.)	760	2,280	3,800	8,550	13,300	19,000
C280 4d Sed (V-6)	800	2,400	4,000	9,000	14,000	20,000
C43 4d Sed (AMG V-8)	880	2,640	4,400	9,900	15,400	22,000

1999 CLK Class

	6	5	4	3	2	1
CLK320 2d Cpe (V-6)	860	2,580	4,300	9,680	15,050	21,500
CLK320 2d Conv (6-cyl.)	1,000	3,000	5,000	11,250	17,500	25,000
CLK430 2d Cpe (V-8)	940	2,820	4,700	10,580	16,450	23,500

1999 E Class, 6-cyl. & V-6

	6	5	4	3	2	1
E300TD 4d Sed, turbo diesel	760	2,280	3,800	8,550	13,300	19,000
E320 4d Sed	680	2,040	3,400	7,650	11,900	17,000
E320 4d Sed AWD	780	2,340	3,900	8,780	13,650	19,500
E320 4d Sta Wag	760	2,280	3,800	8,550	13,300	19,000
E320 4d Sta Wag AWD	800	2,400	4,000	9,000	14,000	20,000
E430 4d Sed (V-8 only)	780	2,340	3,900	8,780	13,650	19,500

1999 S Class, 6-cyl. & V-8

	6	5	4	3	2	1
S320W 4d Sed	1,200	3,600	6,000	13,500	21,000	30,000
S320V 4d Sed	1,280	3,840	6,400	14,400	22,400	32,000
S420 4d Sed	1,400	4,200	7,000	15,750	24,500	35,000
S500 4d Sed	1,800	5,400	9,000	20,250	31,500	45,000
S600 4d Sed (V-12 only)	2,080	6,240	10,400	23,400	36,400	52,000

1999 CL Class

	6	5	4	3	2	1
CL500 2d Cpe (V-8 only)	1,680	5,040	8,400	18,900	29,400	42,000
CL600 2d Cpe (V-12 only)	2,120	6,360	10,600	23,850	37,100	53,000

1999 SLK Class, Supercharged 4-cyl.

	6	5	4	3	2	1
SLK230 "Kompressor" 2d Rds	880	2,640	4,400	9,900	15,400	22,000

NOTE: Add 5 percent for Sport Pkg.

1999 SL Class

	6	5	4	3	2	1
SL500 2d Rds (V-8 only)	1,800	5,400	9,000	20,250	31,500	45,000
SL600 2d Rds (V-12 only)	2,200	6,600	11,000	24,750	38,500	55,000

NOTE: Add 5 percent for Sport Pkg.

2000 C Class

	6	5	4	3	2	1
C230K 4d Sed (supercharged 4-cyl.)	760	2,280	3,800	8,550	13,300	19,000
C280 4d Sed (V-6)	800	2,400	4,000	9,000	14,000	20,000
C43 4d Sed (AMG V-8)	880	2,640	4,400	9,900	15,400	22,000

2000 CLK Class

	6	5	4	3	2	1
CLK320 2d Cpe (V-6)	860	2,580	4,300	9,680	15,050	21,500
CLK320 2d Conv (6-cyl.)	1,000	3,000	5,000	11,250	17,500	25,000
CLK430 2d Cpe (V-8)	940	2,820	4,700	10,580	16,450	23,500
CLK430 2d Conv (V-8)	1,100	3,300	5,500	12,380	19,250	27,500

2000 E Class, 6-cyl. & V-6

	6	5	4	3	2	1
E320 4d Sed	680	2,040	3,400	7,650	11,900	17,000
E320 4d Sed AWD	780	2,340	3,900	8,780	13,650	19,500
E320 4d Sta Wag	760	2,280	3,800	8,550	13,300	19,000
E320 4d Sta Wag AWD	800	2,400	4,000	9,000	14,000	20,000
E430 4d Sed (V-8 only)	780	2,340	3,900	8,780	13,650	19,500
E430 4d Sed AWD (V-8 only)	820	2,460	4,100	9,230	14,350	20,500
E55 4d Sed (V-8 only)	1,140	3,420	5,700	12,830	19,950	28,500

2000 S Class, V-8

	6	5	4	3	2	1
S430 4d Sed	1,320	3,960	6,600	14,850	23,100	33,000
S500 4d Sed	1,720	5,160	8,600	19,350	30,100	43,000

2000 CL Class, V-8

	6	5	4	3	2	1
CL500 2d Cpe	1,800	5,400	9,000	20,250	31,500	45,000

2000 SLK Class, Supercharged 4-cyl.

	6	5	4	3	2	1
SLK230 "Kompressor" 2d Rds	880	2,640	4,400	9,900	15,400	22,000

NOTE: Add 5 percent for Sport pkg.

2000 SL Class

	6	5	4	3	2	1
SL500 2d Rds (V-8 only)	1,800	5,400	9,000	20,250	31,500	45,000
SL600 2d Rds (V-12 only)	2,200	6,600	11,000	24,750	38,500	55,000

NOTE: Add 5 percent for Sport pkg.

2001 C Class, V-6

	6	5	4	3	2	1
C240K 4d Sed	760	2,280	3,800	9,500	13,300	19,000
C320 4d Sed	800	2,400	4,000	10,000	14,000	20,000

2001 CLK Class, V-6 & V-8

	6	5	4	3	2	1
CLK320 2d Cpe (V-6)	860	2,580	4,300	10,750	15,050	21,500
CLK320 2d Conv (V-6)	1,000	3,000	5,000	12,500	17,500	25,000
CLK430 2d Cpe (V-8)	940	2,820	4,700	11,750	16,450	23,500
CLK430 2d Conv (V-8)	1,100	3,300	5,500	13,750	19,250	27,500
CLK55 AMG 2d Cpe (V-8)	1,040	3,120	5,200	13,000	18,200	26,000

2001 E Class, V-6 & V-8

	6	5	4	3	2	1
E320 4d Sed (V-6)	680	2,040	3,400	8,500	11,900	17,000
E320 4d Sed AWD (V-6)	780	2,340	3,900	9,750	13,650	19,500
E320 4d Sta Wag (V-6)	760	2,280	3,800	9,500	13,300	19,000
E320 4d Sta Wag AWD (V-6)	800	2,400	4,000	10,000	14,000	20,000
E430 4d Sed (V-8)	780	2,340	3,900	9,750	13,650	19,500
E430 4d Sed AWD (V-8)	820	2,460	4,100	10,250	14,350	20,500
E55 AMG 4d Sed (V-8)	1,140	3,420	5,700	14,250	19,950	28,500

NOTE: Add 5 percent for Sport pkg. (excluding E55 Sed).

	6	5	4	3	2	1
2001 S Class, V-8						
S430 4d Sed	1,320	3,960	6,600	16,500	23,100	33,000
S500 4d Sed	1,720	5,160	8,600	21,500	30,100	43,000
S55 AMG 4d Sed	1,800	5,400	9,000	22,500	31,500	45,000
S600 4d Sed (V-12)	1,980	5,940	9,900	24,750	34,650	49,500
2001 CL Class, V-8						
CL500 2d Cpe	1,800	5,400	9,000	22,500	31,500	45,000
CL55 AMG 2d Cpe	1,860	5,580	9,300	23,250	32,550	46,500
CL600 2d Cpe (V-12)	2,020	6,060	10,100	25,250	35,350	50,500
2001 SLK Class, Supercharged 4-cyl.						
SLK230 "Kompressor" 2d Rds	880	2,640	4,400	11,000	15,400	22,000
SLK230 2d Rds (V-6)	960	2,880	4,800	12,000	16,800	24,000

NOTE: Add 5 percent for detachable HT. Add 5 percent for Sport pkg.

	6	5	4	3	2	1
2001 SL Class, V-8						
SL500 2d Rds	1,800	5,400	9,000	22,500	31,500	45,000
SL600 2d Rds (V-12)	2,200	6,600	11,000	27,500	38,500	55,000

NOTE: Add 5 percent for detachable HT. Add 5 percent for Sport pkg. AMG wheels on SL600 and body cladding on both models are standard equipment.

MERKUR

	6	5	4	3	2	1
1985						
HBk XR4Ti	240	720	1,200	2,700	4,200	6,000
1986						
HBk XR4Ti	280	840	1,400	3,150	4,900	7,000
1987						
HBk XR4Ti	360	1,080	1,800	4,050	6,300	9,000
1988						
HBk XR4Ti	380	1,140	1,900	4,280	6,650	9,500
HBk Scorpio	380	1,140	1,900	4,280	6,650	9,500
1989						
HBk XR4Ti	600	1,800	3,000	6,750	10,500	15,000
HBk Scorpio	600	1,800	3,000	6,750	10,500	15,000

MG

	6	5	4	3	2	1
1945-49 MG-TC, 4-cyl., 94" wb						
Rds	1,320	3,960	6,600	14,850	23,100	33,000
1950 MG-TD, 4-cyl., 54.4 hp, 94" wb						
Rds	1,050	3,100	5,200	11,700	18,200	26,000
1951 MG-TD, 4-cyl., 54.4 hp, 94" wb						
Rds	1,050	3,100	5,200	11,700	18,200	26,000
1951 Mk II, 4-cyl., 54.4 hp, 94" wb						
Rds	1,100	3,350	5,600	12,600	19,600	28,000
1952 MG-TD, 4-cyl., 54.4 hp, 94" wb						
Rds	1,050	3,100	5,200	11,700	18,200	26,000
1952 Mk II, 4-cyl., 62 hp, 94" wb						
Rds	1,100	3,350	5,600	12,600	19,600	28,000

NOTE: Add 20 percent for Inskip 4 place Roadster.

	6	5	4	3	2	1
1953 MG-TD, 4-cyl., 54.4 hp, 94" wb						
Rds	1,100	3,300	5,500	12,380	19,250	27,500
1953 MG-TDC, 4-cyl., 62 hp, 94" wb						
Rds	1,100	3,350	5,600	12,600	19,600	28,000
1953 MG-TF, 4-cyl., 57 hp, 94" wb						
Rds	1,160	3,480	5,800	13,050	20,300	29,000
1954 MG-TF, 4-cyl., 57 hp, 94" wb						
Rds	1,160	3,480	5,800	13,050	20,300	29,000
1955 MG-TF, 4-cyl., 68 hp, 94" wb						
Rds	1,200	3,600	6,000	13,500	21,000	30,000
1956 MG- "A", 4-cyl., 68 hp, 94" wb						
1500 Rds	1,040	3,120	5,200	11,700	18,200	26,000
1957 MG- "A", 4-cyl., 68 hp, 94" wb						
1500 Rds	1,040	3,120	5,200	11,700	18,200	26,000
1958 MG- "A", 4-cyl., 72 hp, 94" wb						
1500 Cpe	1,000	3,000	5,000	11,250	17,500	25,000
1500 Rds	1,040	3,120	5,200	11,700	18,200	26,000
1959-60 MG- "A", 4-cyl., 72 hp, 94" wb						
1600 Rds	1,040	3,120	5,200	11,700	18,200	26,000
1600 Cpe	1,000	3,000	5,000	11,250	17,500	25,000
1959-60 MG- "A", Twin-Cam, 4-cyl., 107 hp, 94" wb						
Rds	1,400	4,200	7,000	15,750	24,500	35,000
Cpe	1,280	3,840	6,400	14,400	22,400	32,000
1961 MG- "A", 4-cyl., 79 hp, 94" wb						
1600 Rds	1,000	3,000	5,000	11,250	17,500	25,000
1600 Cpe	960	2,880	4,800	10,800	16,800	24,000
1600 Mk II Rds	960	2,880	4,800	10,800	16,800	24,000
1600 Mk II Cpe	920	2,760	4,600	10,350	16,100	23,000
1962 MG Midget, 4-cyl., 50 hp, 80" wb						
Rds	400	1,200	2,000	4,500	7,000	10,000

	6	5	4	3	2	1
1962 MG- "A", 4-cyl., 90 hp, 94" wb						
1600 Mk II Rds	960	2,880	4,800	10,800	16,800	24,000
1600 Mk II Cpe	920	2,760	4,600	10,350	16,100	23,000
NOTE: Add 40 percent for 1600 Mk II Deluxe.						
1963 MG Midget, 4-cyl., 56 hp, 80" wb						
Rds	400	1,200	2,000	4,500	7,000	10,000
1963 MG-B, 4-cyl., 95 hp, 91" wb						
Rds	700	2,100	3,500	7,880	12,300	17,500
1964 MG Midget, 4-cyl., 56 hp, 80" wb						
Rds	440	1,320	2,200	4,950	7,700	11,000
1964 MG-B, 4-cyl., 95 hp, 91" wb						
Rds	700	2,100	3,500	7,880	12,300	17,500
1965 MG Midget Mk II, 4-cyl., 59 hp, 80" wb						
Rds	440	1,320	2,200	4,950	7,700	11,000
1965 MG-B, 4-cyl., 95 hp, 91" wb						
Rds	700	2,100	3,500	7,880	12,300	17,500
1966 MG Midget Mk III, 4-cyl., 59 hp, 80" wb						
Rds	440	1,320	2,200	4,950	7,700	11,000
1966 MG-B, 4-cyl., 95 hp, 91" wb						
Rds	700	2,050	3,400	7,650	11,900	17,000
1966 1100 Sport, 4-cyl., 58 hp, 93.5" wb						
2d Sed	300	850	1,400	3,150	4,900	7,000
4d Sed	300	850	1,450	3,240	5,050	7,200
1967 MG Midget Mk III, 4-cyl., 59 hp, 80" wb						
Rds	440	1,320	2,200	4,950	7,700	11,000
1967 MG-B, 4-cyl., 98 hp, 91" wb						
Rds	700	2,050	3,400	7,650	11,900	17,000
GT Cpe	650	1,900	3,200	7,200	11,200	16,000
1967 1100 Sport, 4-cyl., 58 hp, 93.5" wb						
2d Sed	300	850	1,400	3,150	4,900	7,000
4d Sed	300	850	1,450	3,240	5,050	7,200
1968 MG Midget, 4-cyl., 65 hp, 80" wb						
Rds	440	1,320	2,200	4,950	7,700	11,000
1968 MG-B, 4-cyl., 98 hp, 91" wb						
Conv	600	1,750	2,900	6,570	10,200	14,600
GT Cpe	600	1,750	2,900	6,530	10,200	14,500
1969 MG Midget Mk III, 4-cyl., 65 hp, 80" wb						
Rds	400	1,200	2,000	4,500	7,000	10,000
1969 MG-B/GT, Mk II, 4-cyl., 98 hp, 91" wb						
Cpe	550	1,700	2,850	6,390	9,950	14,200
"B" Rds	650	1,900	3,200	7,200	11,200	16,000
1969 MG-C, 6-cyl., 145 hp, 91" wb						
Rds	700	2,100	3,500	7,880	12,300	17,500
GT Cpe	550	1,700	2,800	6,300	9,800	14,000
1970 MG Midget, 4-cyl., 65 hp, 80" wb						
Rds	400	1,200	2,000	4,500	7,000	10,000
1970 MG-B/GT, 4-cyl., 78.5 hp, 91" wb						
Rds	650	2,000	3,300	7,430	11,600	16,500
GT Cpe	600	1,850	3,100	6,980	10,900	15,500
NOTE: Add 10 percent for wire wheels. Add 5 percent for overdrive.						
1971 MG Midget, 4-cyl., 65 hp, 80" wb						
Rds	400	1,200	2,000	4,500	7,000	10,000
1971 MG-B/GT, 4-cyl., 78.5 hp, 91" wb						
Rds	650	2,000	3,300	7,430	11,600	16,500
GT Cpe	600	1,850	3,100	6,980	10,900	15,500
NOTE: Add 10 percent for wire wheels. Add 5 percent for overdrive.						
1972 MG Midget, 4-cyl., 54.5 hp, 80" wb						
Conv	400	1,200	2,000	4,500	7,000	10,000
1972 MG-B/GT, 4-cyl., 78.5 hp, 91" wb						
Conv	600	1,850	3,100	6,980	10,900	15,500
Cpe GT	550	1,700	2,800	6,300	9,800	14,000
NOTE: Add 10 percent for wire wheels. Add 5 percent for overdrive.						
1973 MG Midget, 4-cyl., 54.5 hp, 80" wb						
Conv	400	1,200	2,000	4,500	7,000	10,000
1973 MG-B/GT, 4-cyl., 78.5 hp, 91" wb						
Conv	600	1,850	3,100	6,980	10,900	15,500
GT Cpe	550	1,700	2,800	6,300	9,800	14,000
NOTE: Add 10 percent for wire wheels. Add 5 percent for overdrive.						
1974 MG Midget, 4-cyl., 54.5 hp, 80" wb						
Conv	400	1,200	2,000	4,500	7,000	10,000
1974 MG-B, 4-cyl., 78.5 hp, 91" wb						
Conv	600	1,850	3,100	6,980	10,900	15,500
GT Cpe	550	1,700	2,800	6,300	9,800	14,000
1974 Interim MG-B, 4-cyl., 62.9 hp, 91.125" wb						
Conv	600	1,750	2,900	6,530	10,200	14,500
GT Cpe	350	1,100	1,800	4,100	6,350	9,100
NOTE: Add 10 percent for wire wheels. Add 5 percent for overdrive.						
1975 MG Midget, 4-cyl., 50 hp, 80" wb						
Conv	400	1,200	2,000	4,500	7,000	10,000

MG

	6	5	4	3	2	1
1975 MG-B, 4-cyl., 62.9 hp, 91.125" wb						
Conv	560	1,680	2,800	6,300	9,800	14,000
NOTE: Add 10 percent for wire wheels. Add 5 percent for overdrive.						
1976 MG Midget, 4-cyl., 50 hp, 80" wb						
Conv	400	1,200	2,000	4,500	7,000	10,000
1976 MG-B, 4-cyl., 62.5 hp, 91.13" wb						
Conv	560	1,680	2,800	6,300	9,800	14,000
NOTE: Add 10 percent for wire wheels. Add 5 percent for overdrive.						
1977 MG Midget, 4-cyl., 50 hp, 80" wb						
Conv	400	1,200	2,000	4,500	7,000	10,000
1977 MG-B, 4-cyl., 62.5 hp, 91.13" wb						
Conv	560	1,680	2,800	6,300	9,800	14,000
NOTE: Add 10 percent for wire wheels. Add 5 percent for overdrive.						
1978 MG-B, 4-cyl., 62.5 hp, 91.13" wb						
Midget Conv	400	1,200	2,000	4,500	7,000	10,000
B Conv	560	1,680	2,800	6,300	9,800	14,000
1979 MG-B, 4-cyl., 62.5 hp, 91.13" wb						
Midget Conv	400	1,200	2,000	4,500	7,000	10,000
B Conv	560	1,680	2,800	6,300	9,800	14,000
1980 MG-B, 4-cyl., 62.5 hp, 91.13" wb						
B Conv	560	1,680	2,800	6,300	9,800	14,000

MITSUBISHI

	6	5	4	3	2	1
1982-83 Cordia, 4-cyl., 1795cc, FWD, 96.3" wb						
2d HBk	150	460	760	1,710	2,660	3,800
L 2d HBk	160	470	780	1,760	2,730	3,900
LS 2d HBk	180	540	900	2,030	3,150	4,500
1982-83 Tredia, 4-cyl., 1795cc, FWD, 96.3" wb						
4d Sed	140	420	700	1,580	2,450	3,500
L 4d Sed	150	460	760	1,710	2,660	3,800
LS 4d Sed	160	480	800	1,800	2,800	4,000
1982-83 Starion, 4-cyl., 2555cc, 95.9" wb						
2d Cpe (2 plus 2)	190	560	940	2,120	3,290	4,700
LS 2d Cpe (2 plus 2)	220	660	1,100	2,480	3,850	5,500
1984 Cordia, 4-cyl., 1997cc, FWD, 96.3" wb						
2d HBk	190	560	940	2,120	3,290	4,700
L 2d HBk	200	610	1,020	2,300	3,570	5,100
LS 2d HBk	210	620	1,040	2,340	3,640	5,200
2d HBk Turbo	220	660	1,100	2,480	3,850	5,500
1984 Tredia, 4-cyl., 1997cc, FWD, 96.3" wb						
4d Sed	170	500	840	1,890	2,940	4,200
L 4d Sed	170	520	860	1,940	3,010	4,300
LS 4d Sed	180	540	900	2,030	3,150	4,500
1984 Tredia, 4-cyl., 1795cc, FWD, 96.3" wb						
4d Sed Turbo	190	560	940	2,120	3,290	4,700
1984 Starion, 4-cyl., 2555cc, 95.9" wb						
LS Cpe (2 plus 2)	260	780	1,300	2,930	4,550	6,500
LE Cpe (2 plus 2)	280	840	1,400	3,150	4,900	7,000
ES Cpe (2 plus 2)	290	860	1,440	3,240	5,040	7,200
1985-86 Mirage, 4-cyl., 1468cc, FWD, 93.7" wb						
2d HBk	180	540	900	2,030	3,150	4,500
L 2d HBk	190	560	940	2,120	3,290	4,700
LS 2d HBk	200	600	1,000	2,250	3,500	5,000
1985-86 Mirage, 4-cyl., 1597cc, FWD, 93.7" wb						
2d HBk Turbo	220	660	1,100	2,480	3,850	5,500
1985-86 Cordia, 4-cyl., 1997cc, FWD, 96.3" wb						
L 2d HBk	240	720	1,200	2,700	4,200	6,000
1985-86 Cordia, 4-cyl., 1795cc, FWD, 96.3" wb						
2d HBk Turbo	250	740	1,240	2,790	4,340	6,200
1985-86 Tredia, 4-cyl., 1997cc, FWD, 96.3" wb						
4d Sed	180	540	900	2,030	3,150	4,500
L 4d Sed	200	600	1,000	2,250	3,500	5,000
4d Sed Turbo	200	600	1,000	2,250	3,500	5,000
1985-86 Galant, 4-cyl., 2350cc, FWD, 102.4" wb						
4d Sed	220	660	1,100	2,480	3,850	5,500
1985-86 Starion (2 plus 2), 4-cyl., 2555cc, 95.9" wb						
LS 2d Cpe	220	660	1,100	2,480	3,850	5,500
LE 2d Cpe	220	660	1,100	2,480	3,850	5,500
ES 2d Cpe	230	700	1,160	2,610	4,060	5,800
ESI 2d Cpe	240	710	1,180	2,660	4,130	5,900
ESI-R 2d Cpe	240	720	1,200	2,700	4,200	6,000
1987 Precis						
2d HBk	180	530	880	1,980	3,080	4,400
LS 2d HBk	180	550	920	2,070	3,220	4,600
LS 4d HBk	180	550	920	2,070	3,220	4,600
1987 Mirage						
2d HBk	200	600	1,000	2,250	3,500	5,000
L 2d HBk	200	610	1,020	2,300	3,570	5,100

	6	5	4	3	2	1
2d HBk Turbo	210	620	1,040	2,340	3,640	5,200
4d Sed	200	610	1,020	2,300	3,570	5,100
1987 Cordia						
L 2d HBk	240	710	1,180	2,660	4,130	5,900
2d HBk Turbo	240	730	1,220	2,750	4,270	6,100
1987 Tredia						
L 4d Sed	180	550	920	2,070	3,220	4,600
4d Sed Turbo	190	580	960	2,160	3,360	4,800
1987 Galant						
LUX 4d Sed	220	650	1,080	2,430	3,780	5,400
1987 Starion						
LE 2d Cpe	230	680	1,140	2,570	3,990	5,700
ESi-R 2d Cpe	240	710	1,180	2,660	4,130	5,900
1988 Precis						
2d HBk	180	540	900	2,030	3,150	4,500
RS 2d HBk	180	550	920	2,070	3,220	4,600
LS 2d HBk	190	580	960	2,160	3,360	4,800
LS 4d HBk	200	590	980	2,210	3,430	4,900
1988 Mirage						
2d HBk Turbo	210	640	1,060	2,390	3,710	5,300
L 4d Sed	200	600	1,000	2,250	3,500	5,000
1988 Cordia						
L 2d HBk	240	720	1,200	2,700	4,200	6,000
2d HBk Turbo	250	740	1,240	2,790	4,340	6,200
1988 Galant						
Sigma 4d Sed	220	670	1,120	2,520	3,920	5,600
1988 Starion						
ESi 2d Cpe	230	700	1,160	2,610	4,060	5,800
ESi-R 2d Cpe	240	720	1,200	2,700	4,200	6,000
1989 Precis						
2d HBk	180	550	920	2,070	3,220	4,600
RS 2d HBk	190	560	940	2,120	3,290	4,700
LS 2d HBk	200	590	980	2,210	3,430	4,900
LS 4d HBk	200	600	1,000	2,250	3,500	5,000
1989 Mirage						
2d HBk	200	610	1,020	2,300	3,570	5,100
2d HBk Turbo	220	650	1,080	2,430	3,780	5,400
4d Sed	200	600	1,000	2,250	3,500	5,000
LS 4d Sed	200	610	1,020	2,300	3,570	5,100
1989 Galant						
4d Sed	230	680	1,140	2,570	3,990	5,700
LS 4d Sed	230	700	1,160	2,610	4,060	5,800
GS 4d Sed	240	710	1,180	2,660	4,130	5,900
1989 Sigma						
4d Sed	240	730	1,220	2,750	4,270	6,100
1989 Starion						
ESi-R 2d Cpe	240	730	1,220	2,750	4,270	6,100
1990 Precis						
2d HBk	190	560	940	2,120	3,290	4,700
RS 2d HBk	190	580	960	2,160	3,360	4,800
1990 Mirage						
VL 2d HBk	210	620	1,040	2,340	3,640	5,200
2d HBk	210	640	1,060	2,390	3,710	5,300
RS 2d HBk	210	640	1,060	2,390	3,710	5,300
4d Sed	220	650	1,080	2,430	3,780	5,400
RS 4d Sed	220	660	1,100	2,480	3,850	5,500
1990 Galant						
4d Sed	230	700	1,160	2,610	4,060	5,800
LS 4d Sed	240	710	1,180	2,660	4,130	5,900
GS 4d Sed	240	720	1,200	2,700	4,200	6,000
GSX 4d Sed 4x4	280	840	1,400	3,150	4,900	7,000
1990 Sigma						
4d Sed	250	740	1,240	2,790	4,340	6,200
1990 Eclipse						
2d Cpe	250	760	1,260	2,840	4,410	6,300
GS 2d Cpe	260	770	1,280	2,880	4,480	6,400
2d Cpe Turbo	260	780	1,300	2,930	4,550	6,500
2d Cpe Turbo 4x4	300	900	1,500	3,380	5,250	7,500
1990 Van						
Cargo Van	230	680	1,140	2,570	3,990	5,700
Mini Van	240	710	1,180	2,660	4,130	5,900
1991 Precis						
2d HBk	160	480	800	1,800	2,800	4,000
RS 2d HBk	160	490	820	1,850	2,870	4,100
1991 Mirage						
VL 2d HBk	170	500	840	1,890	2,940	4,200
2d HBk	180	540	900	2,030	3,150	4,500
4d Sed	180	540	900	2,030	3,150	4,500
LS 4d Sed	190	560	940	2,120	3,290	4,700
GS 4d Sed	200	590	980	2,210	3,430	4,900

	6	5	4	3	2	1
1991 Galant						
4d Sed	240	720	1,200	2,700	4,200	6,000
LS 4d Sed	260	780	1,300	2,930	4,550	6,500
GS 4d Sed	280	840	1,400	3,150	4,900	7,000
GSR 4d Sed	300	900	1,500	3,380	5,250	7,500
GSX 4d Sed 4x4	360	1,080	1,800	4,050	6,300	9,000
VR-4 4d Turbo Sed 4x4	580	1,740	2,900	6,530	10,150	14,500
1991 Eclipse						
2d Cpe	240	720	1,200	2,700	4,200	6,000
GS 2d Cpe	260	780	1,300	2,930	4,550	6,500
GS 2d Cpe 16V	280	840	1,400	3,150	4,900	7,000
GS 2d Cpe 16V Turbo	320	960	1,600	3,600	5,600	8,000
GSX 2d Cpe 16V Turbo 4x4	360	1,080	1,800	4,050	6,300	9,000
1991 3000 GT						
2d Cpe	560	1,680	2,800	6,300	9,800	14,000
SL 2d Cpe	660	1,980	3,300	7,430	11,550	16,500
VR-4 2d Turbo Cpe 4x4	780	2,340	3,900	8,780	13,650	19,500
1992 Precis, 4-cyl.						
2d HBk	160	470	780	1,760	2,730	3,900
1992 Mirage, 4-cyl.						
2d VL HBk	180	540	900	2,030	3,150	4,500
2d HBk	200	600	1,000	2,250	3,500	5,000
4d Sed	200	600	1,000	2,250	3,500	5,000
4d LS Sed	220	660	1,100	2,480	3,850	5,500
4d GS Sed	240	720	1,200	2,700	4,200	6,000
1992 Expo, 4-cyl.						
2d LRV Sta Wag	280	840	1,400	3,150	4,900	7,000
2d LRV Spt Sta Wag	300	900	1,500	3,380	5,250	7,500
2d LRV Spt Sta Wag 4x4	320	960	1,600	3,600	5,600	8,000
4d Sta Wag	300	900	1,500	3,380	5,250	7,500
4d SP Sta Wag	320	960	1,600	3,600	5,600	8,000
4d SP Sta Wag 4x4	360	1,080	1,800	4,050	6,300	9,000
1992 Galant, 4-cyl.						
4d Sed	200	600	1,000	2,250	3,500	5,000
4d LS Sed	220	660	1,100	2,480	3,850	5,500
4d GS Sed	240	720	1,200	2,700	4,200	6,000
4d GSR Sed	260	780	1,300	2,930	4,550	6,500
4d GSX Sed 4x4	320	960	1,600	3,600	5,600	8,000
4d VR4 Sed 4x4	360	1,080	1,800	4,050	6,300	9,000
1992 Eclipse, 4-cyl.						
2d Cpe	240	720	1,200	2,700	4,200	6,000
2d GS Cpe	260	780	1,300	2,930	4,550	6,500
1992 Eclipse, GS, 16V, 4-cyl.						
2d Cpe	300	900	1,500	3,380	5,250	7,500
2d Turbo Cpe	320	960	1,600	3,600	5,600	8,000
2d GSX Turbo Cpe 4x4	540	1,620	2,700	6,080	9,450	13,500
1992 Diamante, V-6						
4d Sed	360	1,080	1,800	4,050	6,300	9,000
4d LS Sed	560	1,680	2,800	6,300	9,800	14,000
1992 3000 GT, V-6						
2d Cpe	600	1,800	3,000	6,750	10,500	15,000
2d SL Cpe	700	2,100	3,500	7,880	12,250	17,500
2d VR-4 Turbo Cpe 4x4	820	2,460	4,100	9,230	14,350	20,500
1993 Precis, 4-cyl.						
2d HBk	200	600	1,000	2,250	3,500	5,000
1993 Mirage, 4-cyl.						
2d S Cpe	220	660	1,100	2,480	3,850	5,500
2d ES Cpe	230	680	1,140	2,570	3,990	5,700
2d LS Cpe	240	720	1,200	2,700	4,200	6,000
4d S Sed	230	680	1,140	2,570	3,990	5,700
4d ES Sed	230	700	1,160	2,610	4,060	5,800
4d LS Sed	240	710	1,180	2,660	4,130	5,900
1993 Expo, 4-cyl.						
3d LRV Sta Wag	270	800	1,340	3,020	4,690	6,700
3d LRV Sta Wag 4x4	310	920	1,540	3,470	5,390	7,700
3d Spt Sta Wag	280	840	1,400	3,150	4,900	7,000
4d Sta Wag	300	900	1,500	3,380	5,250	7,500
4d Sta Wag 4x4	340	1,020	1,700	3,830	5,950	8,500
4d SP Sta Wag	320	960	1,600	3,600	5,600	8,000
4d SP Sta Wag 4x4	360	1,080	1,800	4,050	6,300	9,000
1993 Galant, 4-cyl.						
4d S Sed	280	840	1,400	3,150	4,900	7,000
4d ES Sed	280	850	1,420	3,200	4,970	7,100
4d LS Sed	290	860	1,440	3,240	5,040	7,200
1993 Eclipse, 4-cyl.						
2d Cpe	280	850	1,420	3,200	4,970	7,100
2d GS Cpe	290	860	1,440	3,240	5,040	7,200
2d GS Cpe 16V	300	890	1,480	3,330	5,180	7,400

MITSUBISHI

	6	5	4	3	2	1
2d GS Turbo Cpe.............................	300	900	1,500	3,380	5,250	7,500
2d GSX Cpe 4x4	340	1,020	1,700	3,830	5,950	8,500
1993 Diamante, V-6						
4d ES Sed.................................	320	960	1,600	3,600	5,600	8,000
4d LS Sed.................................	320	970	1,620	3,650	5,670	8,100
4d ES Sta Wag.............................	330	1,000	1,660	3,740	5,810	8,300
1993 3000 GT, V-6						
2d Cpe	540	1,620	2,700	6,080	9,450	13,500
2d SL Cpe	580	1,740	2,900	6,530	10,150	14,500
2d Turbo Cpe, 4x4	760	2,280	3,800	8,550	13,300	19,000
1994 Precis, 4-cyl.						
2d HBk	160	480	800	1,800	2,800	4,000
1994 Mirage, 4-cyl.						
2d S Cpe	180	540	900	2,030	3,150	4,500
2d ES Cpe	200	600	1,000	2,250	3,500	5,000
2d LS Cpe	220	660	1,100	2,480	3,850	5,500
4d S Sed.	200	600	1,000	2,250	3,500	5,000
4d ES Sed	220	660	1,100	2,480	3,850	5,500
4d LS Sed.	240	720	1,200	2,700	4,200	6,000
1994 Expo, 4-cyl.						
4d LRV Sta Wag.	290	880	1,460	3,290	5,110	7,300
4d Spt LRV Sta Wag	300	900	1,500	3,380	5,250	7,500
4d Sta Wag.	320	960	1,600	3,600	5,600	8,000
4d Sta Wag 4x4	340	1,020	1,700	3,830	5,950	8,500
1994 Galant, 4-cyl.						
4d S Sed.	280	840	1,400	3,150	4,900	7,000
4d ES Sed	300	900	1,500	3,380	5,250	7,500
4d LS Sed.	340	1,020	1,700	3,830	5,950	8,500
4d GS Sed	380	1,140	1,900	4,280	6,650	9,500
1994 Eclipse, 4-cyl.						
2d Cpe	260	780	1,300	2,930	4,550	6,500
2d GS Cpe	280	840	1,400	3,150	4,900	7,000
2d GS Cpe 16V	300	900	1,500	3,380	5,250	7,500
2d GSi Cpe Turbo 16V......................	340	1,020	1,700	3,830	5,950	8,500
2d GSX Cpe Turbo 4x4 16V..................	460	1,380	2,300	5,180	8,050	11,500
1994 Diamante, V-6						
4d ES Sed	380	1,140	1,900	4,280	6,650	9,500
4d LS Sed.	500	1,500	2,500	5,630	8,750	12,500
4d ES Sta Wag.	380	1,140	1,900	4,280	6,650	9,500
1994 3000 GT, V-6						
2d Cpe	540	1,620	2,700	6,080	9,450	13,500
2d SL Cpe	620	1,860	3,100	6,980	10,850	15,500
2d Cpe Turbo 4x4.	860	2,580	4,300	9,680	15,050	21,500
1995 Mirage, 4-cyl.						
2d S Cpe	180	540	900	2,030	3,150	4,500
2d ES Cpe	200	600	1,000	2,250	3,500	5,000
2d LS Cpe	220	660	1,100	2,480	3,850	5,500
4d S Sed.	200	600	1,000	2,250	3,500	5,000
4d ES Sed	220	660	1,100	2,480	3,850	5,500
1995 Expo, 4-cyl.						
4d Sta Wag.	320	960	1,600	3,600	5,600	8,000
4d Sta Wag 4x4	340	1,020	1,700	3,830	5,950	8,500
1995 Galant, 4-cyl.						
4d S Sed.	280	840	1,400	3,150	4,900	7,000
4d ES Sed	300	900	1,500	3,380	5,250	7,500
4d LS Sed.	340	1,020	1,700	3,830	5,950	8,500
1995 Eclipse, 4-cyl.						
2d RS Cpe	260	780	1,300	2,930	4,550	6,500
2d GS Cpe	280	840	1,400	3,150	4,900	7,000
2d GS Cpe Turbo	340	1,020	1,700	3,830	5,950	8,500
2d GSX Cpe Turbo 4x4	460	1,380	2,300	5,180	8,050	11,500
1995 Diamante, V-6						
4d ES Sed	380	1,140	1,900	4,280	6,650	9,500
4d LS Sed.	500	1,500	2,500	5,630	8,750	12,500
4d ES Sta Wag.	380	1,140	1,900	4,280	6,650	9,500
1995 3000GT, V-6						
2d Cpe	540	1,620	2,700	6,080	9,450	13,500
2d SL Cpe	620	1,860	3,100	6,980	10,850	15,500
2d VR-4 Cpe Turbo 4x4.....................	780	2,340	3,900	8,780	13,650	19,500
2d Spyder SL Cpe	960	2,880	4,800	10,800	16,800	24,000
2d Spyder VR-4 Cpe Turbo 4x4..............	1,140	3,420	5,700	12,830	19,950	28,500
1996 Mirage, 4-cyl.						
2d S Cpe	180	540	900	2,030	3,150	4,500
2d LS Cpe	220	660	1,100	2,480	3,850	5,500
4d S Sed.	200	600	1,000	2,250	3,500	5,000
1996 Galant, 4-cyl.						
4d S Sed.	280	840	1,400	3,150	4,900	7,000
4d ES Sed	300	900	1,500	3,380	5,250	7,500
4d LS Sed.	340	1,020	1,700	3,830	5,950	8,500

MITSUBISHI

	6	5	4	3	2	1
1996 Eclipse, 4-cyl.						
2d RS Cpe.	260	780	1,300	2,930	4,550	6,500
2d GS Cpe	280	840	1,400	3,150	4,900	7,000
2d GS Cpe Turbo	340	1,020	1,700	3,830	5,950	8,500
2d GSX Cpe Turbo 4x4	460	1,380	2,300	5,180	8,050	11,500
2d GS Spyder Conv	440	1,320	2,200	4,950	7,700	11,000
2d GS Spyder Conv Turbo	500	1,500	2,500	5,630	8,750	12,500
NOTE: The GS convertible debuted late in the 1996 model year.						
1996 Diamante, V-6						
4d ES Sed	380	1,140	1,900	4,280	6,650	9,500
4d LS Sed	500	1,500	2,500	5,630	8,750	12,500
1996 3000GT, V-6						
2d Cpe.	540	1,620	2,700	6,080	9,450	13,500
2d SL Cpe	620	1,860	3,100	6,980	10,850	15,500
2d VR-4 Cpe Turbo 4x4	780	2,340	3,900	8,780	13,650	19,500
2d Spyder SL Cpe.	960	2,880	4,800	10,800	16,800	24,000
2d Spyder VR-4 Cpe Turbo 4x4	1,140	3,420	5,700	12,830	19,950	28,500
1997 Mirage, 4-cyl.						
2d DE Cpe.	180	540	900	2,030	3,150	4,500
2d LS Cpe	220	660	1,100	2,480	3,850	5,500
4d DE Sed	200	600	1,000	2,250	3,500	5,000
4d LS Sed	240	720	1,200	2,700	4,200	6,000
1997 Galant, 4-cyl.						
4d DE Sed.	280	840	1,400	3,150	4,900	7,000
4d ES Sed.	300	900	1,500	3,380	5,250	7,500
4d LS Sed	340	1,020	1,700	3,830	5,950	8,500
1997 Eclipse, 4-cyl.						
2d Cpe.	240	720	1,200	2,700	4,200	6,000
2d RS Cpe	260	780	1,300	2,930	4,550	6,500
2d GS Cpe	280	840	1,400	3,150	4,900	7,000
2d GS Cpe Turbo	340	1,020	1,700	3,830	5,950	8,500
2d GSX Cpe Turbo AWD	460	1,380	2,300	5,180	8,050	11,500
2d GS Spyder Conv	440	1,320	2,200	4,950	7,700	11,000
2d GS Spyder Conv Turbo	500	1,500	2,500	5,630	8,750	12,500
1997 Diamante, V-6						
4d ES Sed.	380	1,140	1,900	4,280	6,650	9,500
4d LS Sed	500	1,500	2,500	5,630	8,750	12,500
1997 3000GT, V-6						
2d Cpe.	540	1,620	2,700	6,080	9,450	13,500
2d SL Cpe	620	1,860	3,100	6,980	10,850	15,500
2d VR-4 Cpe Turbo AWD	780	2,340	3,900	8,780	13,650	19,500
1998 Mirage, 4-cyl.						
2d DE Cpe.	180	540	900	2,030	3,150	4,500
2d LS Cpe	220	660	1,100	2,480	3,850	5,500
4d DE Sed.	200	600	1,000	2,250	3,500	5,000
4d LS Sed	240	720	1,200	2,700	4,200	6,000
1998 Galant, 4-cyl.						
4d DE Sed.	280	840	1,400	3,150	4,900	7,000
4d ES Sed.	300	900	1,500	3,380	5,250	7,500
4d LS Sed	340	1,020	1,700	3,830	5,950	8,500
1998 Eclipse, 4-cyl.						
2d RS Cpe.	260	780	1,300	2,930	4,550	6,500
2d GS Cpe	280	840	1,400	3,150	4,900	7,000
2d GS Cpe Turbo	340	1,020	1,700	3,830	5,950	8,500
2d GSX Cpe Turbo AWD	460	1,380	2,300	5,180	8,050	11,500
2d GS Spyder Conv	440	1,320	2,200	4,950	7,700	11,000
2d GS Spyder Conv Turbo	500	1,500	2,500	5,630	8,750	12,500
1998 Diamante, V-6						
4d ES Sed.	380	1,140	1,900	4,280	6,650	9,500
4d LS Sed	500	1,500	2,500	5,630	8,750	12,500
1998 3000GT, V-6						
2d Cpe.	540	1,620	2,700	6,080	9,450	13,500
2d SL Cpe	620	1,860	3,100	6,980	10,850	15,500
2d VR-4 Cpe Turbo AWD	780	2,340	3,900	8,780	13,650	19,500
1999 Mirage, 4-cyl.						
2d DE Cpe.	180	540	900	2,030	3,150	4,500
2d LS Cpe	220	660	1,100	2,480	3,850	5,500
4d DE Sed.	200	600	1,000	2,250	3,500	5,000
4d LS Sed	240	720	1,200	2,700	4,200	6,000
1999 Galant, 4-cyl. & V-6						
4d DE Sed.	280	840	1,400	3,150	4,900	7,000
4d ES Sed.	300	900	1,500	3,380	5,250	7,500
4d LS Sed (V-6 only).	340	1,020	1,700	3,830	5,950	8,500
4d GTZ Sed (V-6 only)	350	1,060	1,760	3,960	6,160	8,800
1999 Eclipse, 4-cyl.						
2d RS Cpe.	260	780	1,300	2,930	4,550	6,500
2d GS Cpe	280	840	1,400	3,150	4,900	7,000
2d GS Cpe Turbo	340	1,020	1,700	3,830	5,950	8,500

MITSUBISHI

	6	5	4	3	2	1
2d GSX Cpe Turbo AWD	460	1,380	2,300	5,180	8,050	11,500
2d GSX Spyder Conv	440	1,320	2,200	4,950	7,700	11,000
2d GSX Spyder Conv Turbo	500	1,500	2,500	5,630	8,750	12,500

NOTE: Add 5 percent for Sport Value Pkg.

1999 Diamante, V-6

	6	5	4	3	2	1
4d Sed	460	1,380	2,300	5,180	8,050	11,500

NOTE: Add 5 percent for Cold Weather Pkg.

1999 3000GT, V-6

	6	5	4	3	2	1
2d Cpe	540	1,620	2,700	6,080	9,450	13,500
2d SL Cpe	620	1,860	3,100	6,980	10,850	15,500
2d VR-4 Cpe Turbo AWD	780	2,340	3,900	8,780	13,650	19,500

2000 Mirage, 4-cyl.

	6	5	4	3	2	1
2d DE Cpe	190	560	940	2,120	3,290	4,700
2d LS Cpe	230	680	1,140	2,570	3,990	5,700
4d DE Sed	210	620	1,040	2,340	3,640	5,200
4d LS Sed	250	740	1,240	2,790	4,340	6,200

2000 Galant, 4-cyl. & V-6

	6	5	4	3	2	1
4d DE Sed (4-cyl. only)	280	840	1,400	3,150	4,900	7,000
4d ES Sed	300	900	1,500	3,380	5,250	7,500
4d LS Sed (V-6 only)	340	1,020	1,700	3,830	5,950	8,500
4d GTZ Sed (V-6 only)	350	1,060	1,760	3,960	6,160	8,800

2000 Eclipse, 4-cyl.

	6	5	4	3	2	1
2d RS Cpe	270	800	1,340	3,020	4,690	6,700
2d GS Cpe	290	860	1,440	3,240	5,040	7,200
2d GT Cpe (V-6)	350	1,040	1,740	3,920	6,090	8,700

2000 Diamante, V-6

	6	5	4	3	2	1
4d ES Sed	440	1,320	2,200	4,950	7,700	11,000
4d LS Sed	460	1,380	2,300	5,180	8,050	11,500

NOTE: Add 5 percent for Cold Weather Pkg.

2001 Mirage, 4-cyl.

	6	5	4	3	2	1
2d DE Cpe	190	560	940	2,350	3,290	4,700
2d LS Cpe	230	680	1,140	2,850	3,990	5,700
4d ES Sed	210	620	1,040	2,600	3,640	5,200
4d LS Sed	250	740	1,240	3,100	4,340	6,200

2001 Galant, 4-cyl. & V-6

	6	5	4	3	2	1
4d DE Sed (4-cyl. only)	280	840	1,400	3,500	4,900	7,000
4d ES Sed	300	900	1,500	3,750	5,250	7,500
4d LS Sed (V-6 only)	340	1,020	1,700	4,250	5,950	8,500
4d GTZ Sed (V-6 only)	350	1,060	1,760	4,400	6,160	8,800

2001 Eclipse, 4-cyl.

	6	5	4	3	2	1
2d RS Cpe	270	800	1,340	3,350	4,690	6,700
2d GS Cpe	290	860	1,440	3,600	5,040	7,200
2d GT Cpe (V-6)	350	1,040	1,740	4,350	6,090	8,700
2d GS Spyder Conv	360	1,080	1,800	4,500	6,300	9,000
2d GS Spyder Conv (V-6)	400	1,200	2,000	5,000	7,000	10,000

2001 Diamante, V-6

	6	5	4	3	2	1
4d ES Sed	440	1,320	2,200	5,500	7,700	11,000
4d LS Sed	460	1,380	2,300	5,750	8,050	11,500

MORGAN

1945-50 4/4, Series I, 4-cyl., 1267cc, 92" wb

2d Rds	1,600	4,800	8,000	18,000	28,000	40,000
2d Rds (2 plus 2)	1,560	4,680	7,800	17,550	27,300	39,000
2d DHC	1,640	4,920	8,200	18,450	28,700	41,000

1951-54 Plus Four I, 4-cyl., 2088cc, 96" wb

2d Rds	1,400	4,200	7,000	15,750	24,500	35,000
2d Rds (2 plus 2)	1,320	3,960	6,600	14,850	23,100	33,000
2d DHC	1,600	4,800	8,000	18,000	28,000	40,000
2d DHC (2 plus 2)	1,480	4,440	7,400	16,650	25,900	37,000

1955-62 Plus Four I (1954-1962) 4-cyl., 1991cc, 96" wb

2d Rds	1,360	4,080	6,800	15,300	23,800	34,000
2d Rds (2 plus 2)	1,280	3,840	6,400	14,400	22,400	32,000
2d DHC	1,560	4,680	7,800	17,550	27,300	39,000

1955-62 Plus Four Super Sports 4-cyl., 2138cc, 96" wb

2d Rds	2,600	7,800	13,000	29,250	45,500	65,000

1955-62 4/4 II (1955-59) L-head, 4-cyl., 1172cc, 96" wb

2d Rds	1,000	3,000	5,000	11,250	17,500	25,000

1955-62 4/4 III (1960-61) 4-cyl., 997cc, 96" wb

2d Rds	1,080	3,240	5,400	12,150	18,900	27,000

1955-62 4/4 IV (1961-63) 4-cyl., 1340cc, 96" wb

2d Rds	1,120	3,360	5,600	12,600	19,600	28,000

1963-67 Plus Four (1962-68) 4-cyl., 2138cc, 96" wb

2d Rds	1,400	4,200	7,000	15,750	24,500	35,000
2d Rds (2 plus 2)	1,320	3,960	6,600	14,850	23,100	33,000
2d DHC	1,600	4,800	8,000	18,000	28,000	40,000
2d Sup Spt Rds	2,600	7,800	13,000	29,250	45,500	65,000

1963-67 Plus Four Plus (1963-66) 4-cyl., 2138cc, 96" wb

2d Cpe	1,520	4,560	7,600	17,100	26,600	38,000

MORGAN

	6	5	4	3	2	1
1963-67 4/4 Series IV (1962-63) 4-cyl., 1340cc, 96" wb						
2d Rds	1,120	3,360	5,600	12,600	19,600	28,000
1963-67 4/4 Series V (1963-68) 4-cyl., 1498cc, 96" wb						
2d Rds	960	2,880	4,800	10,800	16,800	24,000
1968-69 Plus Four (1962-68) 4-cyl., 2138cc, 96" wb						
2d Rds	1,440	4,320	7,200	16,200	25,200	36,000
2d Rds (2 plus 2)	1,360	4,080	6,800	15,300	23,800	34,000
2d DHC	1,640	4,920	8,200	18,450	28,700	41,000
2d Sup Spt Rds	2,640	7,920	13,200	29,700	46,200	66,000
1968-69 Plus 8, V-8, 3528cc, 98" wb						
2d Rds	1,800	5,400	9,000	20,250	31,500	45,000
1968-69 4/4 Series V (1963-68) 4-cyl., 1498cc, 96" wb						
2d Rds	960	2,880	4,800	10,800	16,800	24,000
1968-69 4/4 1600, 4-cyl., 1599cc, 96" wb						
2d Rds	1,040	3,120	5,200	11,700	18,200	26,000
2d Rds (2 plus 2)	1,000	3,000	5,000	11,250	17,500	25,000
1970-90 Plus 8 (1972-90) V-8, 3528cc, 98" wb						
2d Rds	1,720	5,160	8,600	19,350	30,100	43,000
1970-90 4/4 1600 (1970-81) 4-cyl., 1599cc, 96" wb						
2d Rds	1,160	3,480	5,800	13,050	20,300	29,000
2d Rds (2 plus 2)	1,120	3,360	5,600	12,600	19,600	28,000
1970-90 4/4 1600 (1982-87) 4-cyl., 1596cc, 96" wb						
2d Rds	1,200	3,600	6,000	13,500	21,000	30,000
2d Rds (2 plus 2)	1,160	3,480	5,800	13,050	20,300	29,000

MORRIS

	6	5	4	3	2	1
1946-48 Eight Series, 4-cyl., 918cc, 89" wb						
2d Sed	550	1,700	2,800	6,300	9,800	14,000
4d Sed	400	1,200	2,000	4,500	7,000	10,000
2d Rds	600	1,850	3,100	6,980	10,900	15,500
1946-48 Ten Series, 4-cyl., 1140cc						
4d Sed	400	1,200	2,000	4,500	7,000	10,000
1949 Minor MM, 4-cyl., 918.6cc, 86" wb						
2d Sed	400	1,250	2,100	4,730	7,350	10,500
2d Conv	600	1,850	3,100	6,980	10,900	15,500
1949 Oxford MO, 4-cyl., 1476cc, 97" wb						
4d Sed	400	1,200	2,000	4,500	7,000	10,000
1950 Minor MM, 4-cyl., 918.6cc, 86" wb						
2d Sed	400	1,250	2,100	4,730	7,350	10,500
2d Conv	600	1,850	3,100	6,980	10,900	15,500
1950 Oxford MO, 4-cyl., 1476cc, 97" wb						
4d Sed	400	1,200	2,000	4,500	7,000	10,000
1951 Minor MM, 4-cyl., 918.6cc, 86" wb						
2d Sed	400	1,250	2,100	4,730	7,350	10,500
2d Conv	600	1,850	3,100	6,980	10,900	15,500
4d Sed	400	1,200	2,000	4,500	7,000	10,000
1951 Oxford MO, 4-cyl., 1476cc, 97" wb						
4d Sed	400	1,200	2,000	4,500	7,000	10,000
1952 Minor MM, 4-cyl., 918.6cc, 86" wb						
2d Sed	400	1,250	2,100	4,730	7,350	10,500
2d Conv	650	2,000	3,300	7,430	11,600	16,500
4d Sed	400	1,200	2,000	4,500	7,000	10,000
1952 Oxford MO, 4-cyl., 1476cc, 97" wb						
4d Sed	400	1,200	2,000	4,500	7,000	10,000
1953 Minor II, 4-cyl., 803cc, 86" wb						
2d Sed	400	1,250	2,100	4,730	7,350	10,500
4d Sed	400	1,200	2,000	4,500	7,000	10,000
2d Conv	650	2,000	3,300	7,430	11,600	16,500
1953 Oxford MO, 4-cyl., 1476cc, 97" wb						
4d Sed	400	1,200	2,000	4,500	7,000	10,000
4d Sta Wag	650	2,000	3,300	7,430	11,600	16,500
1954 Minor II, 4-cyl., 803cc, 86" wb						
2d Sed	400	1,250	2,100	4,730	7,350	10,500
4d Sed	400	1,200	2,000	4,500	7,000	10,000
2d Tr Conv	650	2,000	3,300	7,430	11,600	16,500
2d Sta Wag	650	2,000	3,300	7,430	11,600	16,500
1954 Oxford MO, 4-cyl., 1476cc, 97" wb						
4d Sed	400	1,200	2,000	4,500	7,000	10,000
4d Sta Wag	700	2,050	3,400	7,650	11,900	17,000
1955-56 Minor II, 4-cyl., 803cc, 86" wb						
2d Sed	400	1,250	2,100	4,730	7,350	10,500
4d Sed	400	1,200	2,000	4,500	7,000	10,000
2d Conv	650	2,000	3,300	7,430	11,600	16,500
2d Sta Wag	650	2,000	3,300	7,430	11,600	16,500
1957-59 Minor 1000, 4-cyl., 948cc, 86" wb						
2d Sed	400	1,250	2,100	4,730	7,350	10,500
4d Sed	400	1,200	2,000	4,500	7,000	10,000
2d Conv	650	2,000	3,300	7,430	11,600	16,500
2d Sta Wag	650	2,000	3,300	7,430	11,600	16,500

MORRIS

	6	5	4	3	2	1
1960-62 Minor 1000, 4-cyl., 997cc, 86" wb						
2d Sed	400	1,250	2,100	4,730	7,350	10,500
2d DeL Sed	550	1,600	2,700	6,080	9,450	13,500
4d Sed	400	1,200	2,000	4,500	7,000	10,000
4d DeL Sed	550	1,600	2,700	6,080	9,450	13,500
2d Conv	700	2,050	3,400	7,650	11,900	17,000
2d DeL Conv	700	2,100	3,500	7,880	12,300	17,500
2d Sta Wag	650	2,000	3,300	7,430	11,600	16,500
2d DeL Sta Wag	700	2,050	3,400	7,650	11,900	17,000
1960-62 Mini-Minor, 4-cyl., 997cc, FWD, 80" wb						
850 2d Sed	400	1,250	2,100	4,730	7,350	10,500
850 2d Sta Wag	650	2,000	3,300	7,430	11,600	16,500
1960-62 Oxford V, 4-cyl., 1489cc, 99.2" wb						
4d Sed	400	1,200	2,000	4,500	7,000	10,000
1963-71 Minor 1000, 4-cyl., 1098cc, 86" wb						
2d Sed	400	1,250	2,100	4,730	7,350	10,500
2d Conv	700	2,050	3,400	7,650	11,900	17,000
2d Sta Wag	650	2,000	3,300	7,430	11,600	16,500
2d DeL Wag	700	2,050	3,400	7,650	11,900	17,000
1963-71 Mini-Minor 850 Cooper 4-cyl., 848cc, FWD, 80" wb						
2d Sed	550	1,700	2,800	6,300	9,800	14,000
2d Sta Wag	650	2,000	3,300	7,430	11,600	16,500

NOTE: The Mini-Minor Mark II 1000 1967-69 contained a 998cc engine. The Mini-Minor Cooper a 997cc until 1964 998cc thru 1964-65. The 1071 S a 1071cc the 970 S a 970cc the 1275 S a 1275cc. Add 50 percent for Mini-Minor Coopers.

OPEL

	6	5	4	3	2	1
1947-52 Olympia, 4-cyl., 1488cc, 94.3" wb						
2d Sed	300	900	1,500	3,380	5,250	7,500
1947-52 Kapitan, 6-cyl., 2473cc, 106.1" wb						
4d Sed	300	900	1,500	3,380	5,250	7,500
1953-57 Olympia Rekord, 4-cyl., 1488cc, 97.9" wb						
2d Sed	280	840	1,400	3,150	4,900	7,000
1953-57 Caravan, 4-cyl.						
2d Sta Wag	290	860	1,440	3,240	5,040	7,200
1953-57 Kapitan, 6-cyl., 2473cc, 108.3" wb						
4d Sed	300	900	1,500	3,380	5,250	7,500
1958-59 Olympia Rekord 28, 4-cyl., 1488cc, 100.4" wb						
2d Sed	280	840	1,400	3,150	4,900	7,000
1958-59 Caravan 29, 4-cyl., 100.4" wb						
2d Sta Wag	300	900	1,500	3,380	5,250	7,500
1960 Olympia Rekord 28, 4-cyl., 1488cc, 100.4" wb						
2d Sed	280	840	1,400	3,150	4,900	7,000
1960 Caravan 29, 4-cyl., 100.4" wb						
2d Sta Wag	300	900	1,500	3,380	5,250	7,500
1961-62 Olympia Rekord 11, 4-cyl., 1680cc, 100" wb						
2d Sed	280	840	1,400	3,150	4,900	7,000
1961-62 Caravan 14, 4-cyl., 1680cc						
2d Sta Wag	290	860	1,440	3,240	5,040	7,200
1964-65 Kadett, 4-cyl., 987cc, 91.5" wb						
31 2d Sed	280	840	1,400	3,150	4,900	7,000
32 2d Spt Cpe	300	900	1,500	3,380	5,250	7,500
34 2d Sta Wag	320	960	1,600	3,600	5,600	8,000
1966-67 Kadett, 4-cyl., 1077cc, 95.1" wb						
31 2d Sed	280	840	1,400	3,150	4,900	7,000
32 2d Spt Cpe	300	900	1,500	3,380	5,250	7,500
38 2d DeL Sed	290	860	1,440	3,240	5,040	7,200
37 4d DeL Sed	300	910	1,520	3,420	5,320	7,600
39 2d DeL Sta Wag	320	960	1,600	3,600	5,600	8,000
1966-67 Rallye, 4-cyl., 1077cc, 95.1" wb						
32 2d Spt Cpe	310	940	1,560	3,510	5,460	7,800
1968 Kadett, 4-cyl., 1077cc, 95.1" wb						
31 2d Sed	280	840	1,400	3,150	4,900	7,000
39 2d Sta Wag	290	860	1,440	3,240	5,040	7,200
1968 Rallye, 4-cyl., 1491cc, 95.1" wb						
92 2d Spt Cpe	300	910	1,520	3,420	5,320	7,600
1968 Sport Series, 4-cyl., 1491cc, 95.1" wb						
91 2d Spt Sed	290	860	1,440	3,240	5,040	7,200
99 2d LS Cpe	300	900	1,500	3,380	5,250	7,500
95 2d DeL Spt Cpe	310	940	1,560	3,510	5,460	7,800

NOTE: Two larger engines were optional in 1968. The 4-cyl. 149cc engine that was standard in the Rallye Cpe and the even larger 4-cyl. 1897cc.

	6	5	4	3	2	1
1969 Kadett, 4-cyl., 1077cc, 95.1" wb						
31 2d Sed	280	850	1,420	3,200	4,970	7,100
39 2d Sta Wag	290	860	1,440	3,240	5,040	7,200
1969 Rallye/Sport Series, 4-cyl., 1077cc, 95.1" wb						
92 Rallye Spe Cpe	300	910	1,520	3,420	5,320	7,600
91 2d Spt Sed	290	880	1,460	3,290	5,110	7,300
95 DeL Spt Cpe	300	900	1,500	3,380	5,250	7,500

	6	5	4	3	2	1
1969 GT, 4-cyl., 1077cc, 95.7" wb						
2d Cpe.............................	330	980	1,640	3,690	5,740	8,200
NOTE: Optional 4-cyl. 1897cc engine.						
1970 Kadett, 4-cyl., 1077cc, 95.1" wb						
31 2d Sed	280	850	1,420	3,200	4,970	7,100
39 2d Sta Wag	290	860	1,440	3,240	5,040	7,200
1970 Rallye/Sport (FB) Series, 4-cyl., 1077cc, 95.1" wb						
92 Rallye Spt Cpe.................	300	910	1,520	3,420	5,320	7,600
91 2d Spt Sed	290	880	1,460	3,290	5,110	7,300
95 DeL Spt Cpe...................	300	890	1,480	3,330	5,180	7,400
1970 GT, 4-cyl., 1077cc, 95.7" wb						
93 2d Cpe	330	980	1,640	3,690	5,740	8,200
1971-72 Kadett, 4-cyl., 1077cc, 95.1" wb						
31 2d Sed	290	860	1,440	3,240	5,040	7,200
31D DeL 2d Sed	290	880	1,460	3,290	5,110	7,300
36 4d Sed	280	850	1,420	3,200	4,970	7,100
36D DeL 4d Sed	290	860	1,440	3,240	5,040	7,200
39 DeL 2d Sta Wag...............	300	900	1,500	3,380	5,250	7,500
1971-72 1900 Series, 4-cyl., 1897cc, 95.7" wb						
51 2d Sed	300	900	1,500	3,380	5,250	7,500
53 4d Sed	300	890	1,480	3,330	5,180	7,400
54 2d Sta Wag	300	910	1,520	3,420	5,320	7,600
57 2d Spt Cpe	300	910	1,520	3,420	5,320	7,600
57R 2d Rallye Cpe	320	960	1,600	3,600	5,600	8,000
1971-72 GT, 4-cyl., 1897cc, 95.7" wb						
77 2d Cpe	330	980	1,640	3,690	5,740	8,200
1973 1900 Series, 4-cyl., 1897cc, 95.7" wb						
51 2d Sed	300	900	1,500	3,380	5,250	7,500
53 4d Sed	300	890	1,480	3,330	5,180	7,400
54 2d Sta Wag	300	910	1,520	3,420	5,320	7,600
1973 Manta 57, 4-cyl., 1897cc, 95.7" wb						
2d Spt Cpe	310	920	1,540	3,470	5,390	7,700
Luxus 2d Spt Cpe	330	980	1,640	3,690	5,740	8,200
R 2d Rallye Cpe	340	1,010	1,680	3,780	5,880	8,400
1973 GT, 4-cyl., 1897cc, 95.7" wb						
77 2d Cpe	330	980	1,640	3,690	5,740	8,200
1974-75 1900, 4-cyl., 1897cc, 95.7" wb						
51 2d Sed	290	860	1,440	3,240	5,040	7,200
54 2d Sta Wag	300	900	1,500	3,380	5,250	7,500
1974-75 Manta 57, 1897cc, 95.7" wb						
2d Spt Cpe	300	910	1,520	3,420	5,320	7,600
Luxus Spt Cpe....................	330	980	1,640	3,690	5,740	8,200
R 2d Rallye Cpe	340	1,010	1,680	3,780	5,880	8,400
NOTE: FI was available in 1975.						
1976-79 Opel Isuzu, 1976 models 4-cyl., 1817cc, 94.3" wb						
77 2d Cpe	230	700	1,160	2,610	4,060	5,800
2d DeL Cpe.......................	240	710	1,180	2,660	4,130	5,900
T77 2d Cpe	230	700	1,160	2,610	4,060	5,800
Y77 2d DeL Cpe	240	710	1,180	2,660	4,130	5,900
Y69 4d DeL Sed	240	710	1,180	2,660	4,130	5,900
W77 2d Spt Cpe	240	720	1,200	2,700	4,200	6,000

PEUGEOT

	6	5	4	3	2	1
1945-48 202, 4-cyl., 1133cc						
Sed	300	900	1,500	3,380	5,250	7,500
1949-54 203, 4-cyl., 1290cc, 102 or 110" wb						
4d Sed...........................	300	900	1,500	3,380	5,250	7,500
4d Family Limo	280	840	1,400	3,150	4,900	7,000
2d Cabr..........................	660	1,980	3,300	7,430	11,550	16,500
4d Conv..........................	700	2,100	3,500	7,880	12,250	17,500
1955-57 203, minimal changes 403, 4-cyl., 1468cc, 105" wb						
4d Sed...........................	300	900	1,500	3,380	5,250	7,500
4d Sta Wag......................	280	850	1,420	3,200	4,970	7,100
2d Conv Cpe.....................	700	2,100	3,500	7,880	12,250	17,500
1955-57 403L, 4-cyl., 1468cc, 114" wb						
4d Family Sed	260	780	1,300	2,930	4,550	6,500
1958-59 403, 4-cyl., 1468cc, 105" wb						
4d Sed...........................	260	780	1,300	2,930	4,550	6,500
L 4d Family Sed	300	900	1,500	3,380	5,250	7,500
4d Sta Wag	540	1,620	2,700	6,080	9,450	13,500
2d Conv Cpe.....................	700	2,100	3,500	7,880	12,250	17,500
1960 403, 4-cyl., 1468cc, 105" wb						
4d Sed...........................	280	840	1,400	3,150	4,900	7,000
1960 403, 4-cyl., 1468cc, 116" wb						
4d Sta Wag	300	900	1,500	3,380	5,250	7,500
1961-62 403, 4-cyl., 1468cc, 105" wb						
4d Sed...........................	280	840	1,400	3,150	4,900	7,000

	6	5	4	3	2	1
1961-62 403, 4-cyl., 1468cc, 116" wb						
4d Sta Wag.	280	840	1,400	3,150	4,900	7,000
1961-62 404, 4-cyl., 1618cc, 104.3" wb						
4d Sed	280	840	1,400	3,150	4,900	7,000
1963-64 403, 4-cyl., 1468cc, 105" wb						
4d Sed	280	840	1,400	3,150	4,900	7,000
1963-64 404, 4-cyl., 1618cc, 104.3" wb						
4d Sed	280	840	1,400	3,150	4,900	7,000
4d Sta Wag.	300	900	1,500	3,380	5,250	7,500
1965-67 403, 4-cyl., 1468cc, 105" wb						
4d Sed	280	840	1,400	3,150	4,900	7,000
1965-67 404, 4-cyl., 1618cc, 104.3" wb						
4d Sed	260	780	1,300	2,930	4,550	6,500
1965-67 404, 4-cyl., 1618cc, 111.8" wb						
4d Sta Wag.	280	840	1,400	3,150	4,900	7,000
1968-69 404, 4-cyl., 1618cc, 104.3" wb						
4d Sed	260	780	1,300	2,930	4,550	6,500
1968-69 404, 4-cyl., 1618cc, 111.8" wb						
4d Sta Wag.	280	840	1,400	3,150	4,900	7,000
NOTE: Convertibles were available on a special order basis.						
1970 404, 4-cyl., 1796cc, 111.8" wb						
4d Sta Wag.	240	720	1,200	2,700	4,200	6,000
1970 504, 4-cyl., 1796cc, 108" wb						
4d Sed	240	720	1,200	2,700	4,200	6,000
1971-72 304, 4-cyl., 1288cc, 101.9" wb						
4d Sed	240	720	1,200	2,700	4,200	6,000
4d Sta Wag.	260	780	1,300	2,930	4,550	6,500
1971-72 504, 4-cyl., 1971cc, 108" wb						
4d Sed	240	720	1,200	2,700	4,200	6,000
4d Sta Wag.	260	780	1,300	2,930	4,550	6,500
1973-76 504, 1973 models 4-cyl., 1971cc						
4d Sed	240	720	1,200	2,700	4,200	6,000
4d Sta Wag.	260	780	1,300	2,930	4,550	6,500
1973-76 504, 1974 models 4-cyl., 1971cc						
4d Sed	240	720	1,200	2,700	4,200	6,000
4d Sta Wag.	240	720	1,200	2,700	4,200	6,000
1973-76 Diesel, 2111cc						
4d Sed	240	720	1,200	2,700	4,200	6,000
4d Sta Wag.	260	780	1,300	2,930	4,550	6,500
1973-76 504, 1975 models 4-cyl., 1971cc						
4d Sed	240	720	1,200	2,700	4,200	6,000
4d Sta Wag.	260	780	1,300	2,930	4,550	6,500
1973-76 Diesel, 2111cc						
4d Sed	240	720	1,200	2,700	4,200	6,000
4d Sta Wag.	260	780	1,300	2,930	4,550	6,500
1973-76 504, 1976 models 4-cyl., 1971cc						
GL 4d Sed	240	720	1,200	2,700	4,200	6,000
SL 4d Sed.	260	780	1,300	2,930	4,550	6,500
4d Sta Wag.	260	780	1,300	2,930	4,550	6,500
1973-76 Diesel, 2111cc						
4d Sed	240	720	1,200	2,700	4,200	6,000
4d Sta Wag.	260	780	1,300	2,930	4,550	6,500
NOTE: The sedans had a 108" wb. The station wagons had a 114" wb.						
1977-79 504, 1977 models 4-cyl., 1971cc						
SL 4d Sed.	240	720	1,200	2,700	4,200	6,000
4d Sta Wag.	260	780	1,300	2,930	4,550	6,500
1977-79 Diesel, 2304cc						
4d Sed	240	720	1,200	2,700	4,200	6,000
4d Sta Wag.	260	780	1,300	2,930	4,550	6,500
1977-79 604, 1977 models V-6, 2664cc, 110.2" wb						
4d Sed	240	720	1,200	2,700	4,200	6,000
NOTE: 504 sedans - 108" wb, 504 wagons - 114" wb.						
1980-81 505/504, 1980 models, 4-cyl., 1971cc, 107.9" wb						
4d Sed	240	720	1,200	2,700	4,200	6,000
1980-81 Diesel, 2304cc						
505 4d Sed.	240	720	1,200	2,700	4,200	6,000
504 4d Sta Wag	260	780	1,300	2,930	4,550	6,500
1980-81 505 Turbodiesel, 1981 models						
D 4d Sed	240	720	1,200	2,700	4,200	6,000
1980-81 604, 1980 models V-6, 2849cc, 110.2" wb						
SL 4d Sed.	240	720	1,200	2,700	4,200	6,000
1982 505, 4-cyl., 1971cc, 107.9" wb						
4d Sed	260	780	1,300	2,930	4,550	6,500
S 4d Sed.	260	780	1,300	2,930	4,550	6,500
STI 4d Sed	270	820	1,360	3,060	4,760	6,800
1982 Diesel, 2304cc						
505 4d Sed.	220	660	1,100	2,480	3,850	5,500
504 4d Sta Wag	230	700	1,160	2,610	4,060	5,800
1982 505/604 Turbodiesel, 2304cc						
505 4d Sed.	230	700	1,160	2,610	4,060	5,800

PEUGEOT

PEUGEOT

	6	5	4	3	2	1
505S 4d Sed 230		700	1,160	2,610	4,060	5,800
604TD 4d Sed 240		720	1,200	2,700	4,200	6,000
1983 505/504						
505 4d Sed 260		780	1,300	2,930	4,550	6,500
505S 4d Sed 260		780	1,300	2,930	4,550	6,500
505 STI 4d Sed 260		780	1,300	2,930	4,550	6,500
505 Dsl 4d Sed 220		660	1,100	2,480	3,850	5,500
504 Dsl Sta Wag 240		720	1,200	2,700	4,200	6,000
1983 505/604 Turbodiesel						
505 4d Sed 260		780	1,300	2,930	4,550	6,500
505 S 4d Sed 260		780	1,300	2,930	4,550	6,500
604 4d Sed 260		780	1,300	2,930	4,550	6,500
1984 505 Series						
GL 4d Sed. 280		840	1,400	3,150	4,900	7,000
S 4d Sed 280		840	1,400	3,150	4,900	7,000
STI 4d Sed 280		840	1,400	3,150	4,900	7,000
GL 4d Sta Wag 300		900	1,500	3,380	5,250	7,500
S 4d Sta Wag 300		900	1,500	3,380	5,250	7,500
1984 505/604 Turbodiesel						
GL 4d Sed. 260		780	1,300	2,930	4,550	6,500
S 4d Sed 260		780	1,300	2,930	4,550	6,500
STI 4d Sed 260		780	1,300	2,930	4,550	6,500
GL 4d Sta Wag 280		840	1,400	3,150	4,900	7,000
S 4d Sta Wag 280		840	1,400	3,150	4,900	7,000
604 4d Sed 280		840	1,400	3,150	4,900	7,000
1985 505						
GL 4d Sed. 300		900	1,500	3,380	5,250	7,500
S 4d Sed 300		900	1,500	3,380	5,250	7,500
STI 4d Sed 300		900	1,500	3,380	5,250	7,500
Turbo 4d Sed 310		940	1,560	3,510	5,460	7,800
GL 4d Sta Wag 310		940	1,560	3,510	5,460	7,800
S 4d Sta Wag 310		940	1,560	3,510	5,460	7,800
1985 505 Turbodiesel						
GL 4d Sed. 280		840	1,400	3,150	4,900	7,000
S 4d Sed 280		840	1,400	3,150	4,900	7,000
STI 4d Sed 260		780	1,300	2,930	4,550	6,500
GL 4d Sta Wag 300		900	1,500	3,380	5,250	7,500
S 4d Sta Wag 300		900	1,500	3,380	5,250	7,500
1986 505						
GL 4d Sed. 310		920	1,540	3,470	5,390	7,700
S 4d Sed 310		920	1,540	3,470	5,390	7,700
S 4d Sed Turbodiesel 300		910	1,520	3,420	5,320	7,600
STI 4d Sed 310		940	1,560	3,510	5,460	7,800
GL 4d Sed Turbo. 320		960	1,600	3,600	5,600	8,000
4d Sed Turbo 310		940	1,560	3,510	5,460	7,800
GL 4d Sta Wag 310		940	1,560	3,510	5,460	7,800
S 4d Sta Wag 320		950	1,580	3,560	5,530	7,900
S 4d Sta Wag Turbodiesel 310		920	1,540	3,470	5,390	7,700
4d Sta Wag Turbo. 320		960	1,600	3,600	5,600	8,000
1987 505						
GL 4d Sed. 300		910	1,520	3,420	5,320	7,600
GLS 4d Sed. 310		940	1,560	3,510	5,460	7,800
4d Sed Turbo 310		940	1,560	3,510	5,460	7,800
S 4d Sed Turbo. 320		960	1,600	3,600	5,600	8,000
STI 4d Sed 320		970	1,620	3,650	5,670	8,100
STI 4d Sed V-6 320		950	1,580	3,560	5,530	7,900
STX 4d Sed V-6 320		960	1,600	3,600	5,600	8,000
Lib. 4d Sed 320		970	1,620	3,650	5,670	8,100
Lib. 4d Sta Wag. 320		950	1,580	3,560	5,530	7,900
4d Sta Wag Turbo 320		960	1,600	3,600	5,600	8,000
S 4d Sta Wag Turbo 320		970	1,620	3,650	5,670	8,100
1988 505						
DL 4d Sed. 320		950	1,580	3,560	5,530	7,900
GLS 4d Sed. 320		960	1,600	3,600	5,600	8,000
S 4d Sed Turbo. 320		970	1,620	3,650	5,670	8,100
STI 4d Sed 320		950	1,580	3,560	5,530	7,900
GLX 4d Sed V-6 330		980	1,640	3,690	5,740	8,200
STX 4d Sed V-6 330		980	1,640	3,690	5,740	8,200
DL 4d Sta Wag 320		960	1,600	3,600	5,600	8,000
GLS 4d Sta Wag. 320		970	1,620	3,650	5,670	8,100
SW8 4d Sta Wag. 330		980	1,640	3,690	5,740	8,200
S 4d Sta Wag Turbo 330		1,000	1,660	3,740	5,810	8,300
1989 405						
DL 4d Sed. 320		960	1,600	3,600	5,600	8,000
S 4d Sed 320		970	1,620	3,650	5,670	8,100
Mk 4d Sed. 330		980	1,640	3,690	5,740	8,200
1989 505						
S 4d Sed 320		970	1,620	3,650	5,670	8,100

	6	5	4	3	2	1
S 4d Sed V-6	330	1,000	1,660	3,740	5,810	8,300
STX 4d Sed V-6	340	1,010	1,680	3,780	5,880	8,400
4d Sed Turbo	340	1,020	1,700	3,830	5,950	8,500
DL 4d Sta Wag	340	1,010	1,680	3,780	5,880	8,400
SW8 4d Sta Wag	340	1,020	1,700	3,830	5,950	8,500
4d Sta Wag Turbo	350	1,040	1,740	3,920	6,090	8,700
SW8 4d Sta Wag Turbo	360	1,080	1,800	4,050	6,300	9,000
1990 405						
DL 4d Sed	340	1,010	1,680	3,780	5,880	8,400
DL 4d Sta Wag	350	1,040	1,740	3,920	6,090	8,700
S 4d Sta Wag	360	1,080	1,800	4,050	6,300	9,000
1991 405						
DL 4d Sed	220	660	1,100	2,480	3,850	5,500
S 4d Sed	240	720	1,200	2,700	4,200	6,000
Mi 4d Sed 16V	260	780	1,300	2,930	4,550	6,500
DL 4d Sta Wag	330	980	1,640	3,690	5,740	8,200
S 4d Sta Wag	260	780	1,300	2,930	4,550	6,500
1991 505						
DL 4d Sta Wag	240	720	1,200	2,700	4,200	6,000
SW8 4d 2.2 Sta Wag	260	780	1,300	2,930	4,550	6,500
SW8 4d Turbo Sta Wag	300	900	1,500	3,380	5,250	7,500

PORSCHE

	6	5	4	3	2	1
1950 Model 356, 40 hp, 1100cc						
Cpe	1,440	4,320	7,200	16,200	25,200	36,000
1951 Model 356, 40 hp, 1100cc						
Cpe	1,400	4,200	7,000	15,750	24,500	35,000
Cabr	1,920	5,760	9,600	21,600	33,600	48,000
1952 Model 356, 40 hp, 1100cc						
Cpe	1,400	4,200	7,000	15,750	24,500	35,000
Cabr	1,920	5,760	9,600	21,600	33,600	48,000
1953 Model 356, 40 hp						
Cpe	1,400	4,200	7,000	15,750	24,500	35,000
Cabr	1,920	5,760	9,600	21,600	33,600	48,000
1954 Model 356, 1.5 liter, 55 hp						
Spds	2,800	8,400	14,000	31,500	49,000	70,000
Cpe	1,400	4,200	7,000	15,750	24,500	35,000
Cabr	1,920	5,760	9,600	21,600	33,600	48,000
1954 Model 356, 1.5 liter, Super						
Spds	2,920	8,760	14,600	32,850	51,100	73,000
Cpe	1,520	4,560	7,600	17,100	26,600	38,000
Cabr	2,040	6,120	10,200	22,950	35,700	51,000
1955 Model 356, 4-cyl., 55 hp						
Spds	2,800	8,400	14,000	31,500	49,000	70,000
Cpe	1,400	4,200	7,000	15,750	24,500	35,000
Cabr	1,920	5,760	9,600	21,600	33,600	48,000
1955 Model 356, Super, 1.5 liter, 70 hp						
Spds	2,920	8,760	14,600	32,850	51,100	73,000
Cpe	1,520	4,560	7,600	17,100	26,600	38,000
Cabr	2,040	6,120	10,200	22,950	35,700	51,000
1956 Model 356A, Normal, 1.6 liter, 60 hp						
Spds	2,600	7,800	13,000	29,250	45,500	65,000
Cpe	1,600	4,800	8,000	18,000	28,000	40,000
Cabr	1,880	5,640	9,400	21,150	32,900	47,000
1956 Model 356A, Super, 1.6 liter, 75 hp						
Spds	2,720	8,160	13,600	30,600	47,600	68,000
Cpe	1,720	5,160	8,600	19,350	30,100	43,000
Cabr	2,000	6,000	10,000	22,500	35,000	50,000
1956 Model 356A, Carrera, 1.5 liter, 100 hp						
Spds	6,200	18,600	31,000	69,750	108,500	155,000
Cpe	2,400	7,200	12,000	27,000	42,000	60,000
Cabr	2,680	8,040	13,400	30,150	46,900	67,000
1957 Model 356A, Normal, 1.6 liter, 60 hp						
Spds	2,600	7,800	13,000	29,250	45,500	65,000
Cpe	1,600	4,800	8,000	18,000	28,000	40,000
Cabr	1,880	5,640	9,400	21,150	32,900	47,000
1957 Model 356A, Super, 1.6 liter, 75 hp						
Spds	2,720	8,160	13,600	30,600	47,600	68,000
Cpe	1,720	5,160	8,600	19,350	30,100	43,000
Cabr	2,000	6,000	10,000	22,500	35,000	50,000
1957 Model 356A, Carrera, 1.5 liter, 100 hp						
Spds	6,200	18,600	31,000	69,750	108,500	155,000
Cpe	2,400	7,200	12,000	27,000	42,000	60,000
Cabr	2,680	8,040	13,400	30,150	46,900	67,000
1958 Model 356A, Normal, 1.6 liter, 60 hp						
Spds	2,600	7,800	13,000	29,250	45,500	65,000
Cpe	1,600	4,800	8,000	18,000	28,000	40,000

PORSCHE

	6	5	4	3	2	1
Cabr	1,880	5,640	9,400	21,150	32,900	47,000
HT	1,000	3,000	5,000	11,250	17,500	25,000
1958 Model 356A, Super, 1.6 liter, 75 hp						
Spds	2,720	8,160	13,600	30,600	47,600	68,000
Cpe	1,720	5,160	8,600	19,350	30,100	43,000
HT	1,200	3,600	6,000	13,500	21,000	30,000
Cabr	2,000	6,000	10,000	22,500	35,000	50,000
1958 Model 356A, Carrera, 1.5 liter, 100 hp						
Spds	6,200	18,600	31,000	69,750	108,500	155,000
Cpe	2,400	7,200	12,000	27,000	42,000	60,000
HT	2,200	6,600	11,000	24,750	38,500	55,000
Cabr	2,680	8,040	13,400	30,150	46,900	67,000
1959 Model 356A, Normal, 60 hp						
Cpe	1,600	4,800	8,000	18,000	28,000	40,000
Cpe/HT	1,200	3,600	6,000	13,500	21,000	30,000
Conv D	2,480	7,440	12,400	27,900	43,400	62,000
Cabr	1,880	5,640	9,400	21,150	32,900	47,000
1959 Model 356A, Super, 75 hp						
Cpe	1,720	5,160	8,600	19,350	30,100	43,000
Cpe/HT	1,320	3,960	6,600	14,850	23,100	33,000
Conv D	2,600	7,800	13,000	29,250	45,500	65,000
Cabr	2,000	6,000	10,000	22,500	35,000	50,000
1959 Model 356A, Carrera, 1.6 liter, 105 hp						
Cpe	2,400	7,200	12,000	27,000	42,000	60,000
Cpe/HT	2,040	6,120	10,200	22,950	35,700	51,000
Cabr	2,680	8,040	13,400	30,150	46,900	67,000
1960 Model 356B, Normal, 1.6 liter, 60 hp						
Cpe	1,120	3,360	5,600	12,600	19,600	28,000
HT	1,000	3,000	5,000	11,250	17,500	25,000
Rds	2,000	6,000	10,000	22,500	35,000	50,000
Cabr	1,800	5,400	9,000	20,250	31,500	45,000
1960 Model 356B, Super, 1.6 liter, 75 hp						
Cpe	1,240	3,720	6,200	13,950	21,700	31,000
HT	1,120	3,360	5,600	12,600	19,600	28,000
Rds	2,120	6,360	10,600	23,850	37,100	53,000
Cabr	1,920	5,760	9,600	21,600	33,600	48,000
1960 Model 356B, Super 90, 1.6 liter, 90 hp						
Cpe	1,360	4,080	6,800	15,300	23,800	34,000
HT	1,240	3,720	6,200	13,950	21,700	31,000
Rds	2,240	6,720	11,200	25,200	39,200	56,000
Cabr	2,040	6,120	10,200	22,950	35,700	51,000
1961 Model 356B, Normal, 1.6 liter, 60 hp						
Cpe	1,120	3,360	5,600	12,600	19,600	28,000
HT	1,000	3,000	5,000	11,250	17,500	25,000
Rds	2,000	6,000	10,000	22,500	35,000	50,000
Cabr	1,800	5,400	9,000	20,250	31,500	45,000
1961 Model 356B, Super 90, 1.6 liter, 90 hp						
Cpe	1,360	4,080	6,800	15,300	23,800	34,000
HT	1,240	3,720	6,200	13,950	21,700	31,000
Rds	2,240	6,720	11,200	25,200	39,200	56,000
Cabr	2,040	6,120	10,200	22,950	35,700	51,000
1961 Model 356B, Carrera, 2.0 liter, 130 hp						
Cpe	6,000	18,000	30,000	67,500	105,000	150,000
Rds	6,400	19,200	32,000	72,000	112,000	160,000
Cabr	6,800	20,400	34,000	76,500	119,000	170,000
1962 Model 356B, Normal, 1.6 liter, 60 hp						
Cpe	1,120	3,360	5,600	12,600	19,600	28,000
HT	1,000	3,000	5,000	11,250	17,500	25,000
1962 Model 356B, Super 90, 1.6 liter, 90 hp						
Cpe	1,360	4,080	6,800	15,300	23,800	34,000
HT	1,240	3,720	6,200	13,950	21,700	31,000
Rds	2,240	6,720	11,200	25,200	39,200	56,000
Cabr	2,040	6,120	10,200	22,950	35,700	51,000
1962 Model 356B, Carrera 2, 2.0 liter, 130 hp						
Cpe	6,000	18,000	30,000	67,500	105,000	150,000
Rds	6,400	19,200	32,000	72,000	112,000	160,000
Cabr	6,800	20,400	34,000	76,500	119,000	170,000
1963 Model 356C, Standard, 1.6 liter, 75 hp						
Cpe	1,200	3,600	6,000	13,500	21,000	30,000
Cabr	2,000	6,000	10,000	22,500	35,000	50,000
1963 Model 356C, SC, 1.6 liter, 95 hp						
Cpe	1,280	3,840	6,400	14,400	22,400	32,000
Cabr	2,080	6,240	10,400	23,400	36,400	52,000
1963 Model 356C, Carrera 2, 2.0 liter, 130 hp						
Cpe	6,000	18,000	30,000	67,500	105,000	150,000
Cabr	6,800	20,400	34,000	76,500	119,000	170,000
1964 Model 356C, Normal, 1.6 liter, 75 hp						
Cpe	1,200	3,600	6,000	13,500	21,000	30,000
Cabr	2,000	6,000	10,000	22,500	35,000	50,000

	6	5	4	3	2	1
1964 Model 356C, SC, 1.6 liter, 95 hp						
Cpe.	1,280	3,840	6,400	14,400	22,400	32,000
Cabr	2,080	6,240	10,400	23,400	36,400	52,000
1964 Model 356C, Carrera 2, 2.0 liter, 130 hp						
Cpe.	6,000	18,000	30,000	67,500	105,000	150,000
Cabr	6,800	20,400	34,000	76,500	119,000	170,000
1965 Model 356C, 1.6 liter, 75 hp						
Cpe.	1,200	3,600	6,000	13,500	21,000	30,000
Cabr	2,000	6,000	10,000	22,500	35,000	50,000
1965 Model 356SC, 1.6 liter, 95 hp						
Cpe.	1,280	3,840	6,400	14,400	22,400	32,000
Cabr	2,080	6,240	10,400	23,400	36,400	52,000
1966 Model 912, 4-cyl., 90 hp						
Cpe.	900	2,750	4,600	10,350	16,100	23,000
1966 Model 911, 6-cyl., 130 hp						
Cpe.	1,000	3,000	5,000	11,250	17,500	25,000
1967 Model 912, 4-cyl., 90 hp						
Cpe.	900	2,750	4,600	10,350	16,100	23,000
Targa	1,000	3,000	5,000	11,250	17,500	25,000
1967 Model 911, 6-cyl., 110 hp						
Cpe.	1,000	3,000	5,000	11,250	17,500	25,000
Targa	1,100	3,250	5,400	12,150	18,900	27,000
1967 Model 911S, 6-cyl., 160 hp						
Cpe.	1,150	3,500	5,800	13,050	20,300	29,000
Targa	1,200	3,600	6,000	13,500	21,000	30,000
1968 Model 912, 4-cyl., 90 hp						
Cpe.	950	2,900	4,800	10,800	16,800	24,000
Targa	1,050	3,100	5,200	11,700	18,200	26,000
1968 Model 911, 6-cyl., 130 hp						
Cpe.	1,100	3,250	5,400	12,150	18,900	27,000
Targa	1,100	3,350	5,600	12,600	19,600	28,000
1968 Model 911L, 6-cyl., 130 hp						
Cpe.	1,100	3,350	5,600	12,600	19,600	28,000
Targa	1,150	3,500	5,800	13,050	20,300	29,000
1968 Model 911S, 6-cyl., 160 hp						
Cpe.	1,200	3,600	6,000	13,500	21,000	30,000
Targa	1,300	3,850	6,400	14,400	22,400	32,000
1969 Model 912, 4-cyl., 90 hp						
Cpe.	950	2,900	4,800	10,800	16,800	24,000
Targa	1,000	3,000	5,000	11,250	17,500	25,000
1969 Model 911T, 6-cyl., 110 hp						
Cpe.	1,100	3,250	5,400	12,150	18,900	27,000
Targa	1,150	3,500	5,800	13,050	20,300	29,000
1969 Model 911E, 6-cyl., 140 hp						
Cpe.	1,100	3,250	5,400	12,150	18,900	27,000
Targa	1,150	3,500	5,800	13,050	20,300	29,000
1969 Model 911S, 6-cyl., 170 hp						
Cpe.	1,200	3,600	6,000	13,500	21,000	30,000
Targa	1,300	3,850	6,400	14,400	22,400	32,000
1970 Model 914, 4-cyl., 1.7 liter, 80 hp						
Cpe/Targa	900	2,650	4,400	9,900	15,400	22,000
1970 Model 914/6, 6-cyl., 2.0 liter, 110 hp						
Cpe/Targa	950	2,900	4,800	10,800	16,800	24,000
1970 Model 911T, 6-cyl., 125 hp						
Cpe.	1,000	3,000	5,000	11,250	17,500	25,000
Targa	1,100	3,250	5,400	12,150	18,900	27,000
1970 Model 911E, 6-cyl., 155 hp						
Cpe.	1,050	3,100	5,200	11,700	18,200	26,000
Targa	1,100	3,350	5,600	12,600	19,600	28,000
1970 Model 911S, 6-cyl., 180 hp						
Cpe.	1,200	3,600	6,000	13,500	21,000	30,000
Targa	1,300	3,950	6,600	14,850	23,100	33,000
1971 Model 914, 4-cyl., 1.7 liter, 80 hp						
Cpe/Targa	900	2,650	4,400	9,900	15,400	22,000
1971 Model 914/6, 6-cyl., 2.0 liter, 110 hp						
Cpe/Targa	950	2,900	4,800	10,800	16,800	24,000
1971 Model 911T, 6-cyl., 125 hp						
Cpe.	1,000	3,000	5,000	11,250	17,500	25,000
Targa	1,100	3,250	5,400	12,150	18,900	27,000
1971 Model 911E, 6-cyl., 155 hp						
Cpe.	1,050	3,100	5,200	11,700	18,200	26,000
Targa	1,100	3,350	5,600	12,600	19,600	28,000
1971 Model 911S, 6-cyl., 180 hp						
Cpe.	1,300	3,850	6,400	14,400	22,400	32,000
Targa	1,400	4,200	7,000	15,750	24,500	35,000
1972 Model 914, 4-cyl., 1.7 liter, 80 hp						
Cpe/Targa	900	2,650	4,400	9,900	15,400	22,000
1972 Model 911T, 6-cyl., 130 hp						
Cpe.	1,000	3,000	5,000	11,250	17,500	25,000
Targa	1,100	3,250	5,400	12,150	18,900	27,000

PORSCHE

	6	5	4	3	2	1
1972 Model 911E, 6-cyl., 165 hp						
Cpe	950	2,900	4,800	10,800	16,800	24,000
Targa	1,100	3,250	5,400	12,150	18,900	27,000
1972 Model 911S, 6-cyl., 190 hp						
Cpe	1,200	3,600	6,000	13,500	21,000	30,000
Targa	1,300	3,950	6,600	14,850	23,100	33,000
1973 Model 914, 4-cyl., 1.8 liter, 76 hp						
Cpe/Targa	900	2,650	4,400	9,900	15,400	22,000
1973 Model 914, 4-cyl., 2.0 liter, 95 hp						
Cpe/Targa	950	2,900	4,800	10,800	16,800	24,000
1973 Model 911T, 6-cyl., 140 hp						
Cpe	1,050	3,100	5,200	11,700	18,200	26,000
Targa	1,100	3,350	5,600	12,600	19,600	28,000
1973 Model 911E, 6-cyl., 165 hp						
Cpe	1,050	3,100	5,200	11,700	18,200	26,000
Targa	1,100	3,350	5,600	12,600	19,600	28,000
1973 Model 911S, 6-cyl., 190 hp						
Cpe	1,200	3,600	6,000	13,500	21,000	30,000
Targa	1,300	3,950	6,600	14,850	23,100	33,000
1974 Model 914, 4-cyl., 1.8 liter, 76 hp						
Cpe/Targa	900	2,650	4,400	9,900	15,400	22,000
1974 Model 914, 4-cyl., 2 liter, 95 hp						
Cpe/Targa	950	2,900	4,800	10,800	16,800	24,000
1974 Model 911, 6-cyl., 150 hp						
Cpe	1,100	3,250	5,400	12,150	18,900	27,000
Targa	1,150	3,500	5,800	13,050	20,300	29,000
1974 Model 911S, 6-cyl., 175 hp						
Cpe	1,150	3,500	5,800	13,050	20,300	29,000
Targa	1,250	3,700	6,200	13,950	21,700	31,000
1974 Model 911 Carrera, 6-cyl., 175 hp						
Cpe	1,350	4,100	6,800	15,300	23,800	34,000
Targa	1,450	4,300	7,200	16,200	25,200	36,000
NOTE: Add 10 percent for RS. Add 20 percent for RSR.						
1975 Model 914, 4-cyl., 1.8 liter, 76 hp						
Cpe/Targa	750	2,300	3,800	8,550	13,300	19,000
1975 Model 914, 4-cyl., 2 liter, 95 hp						
Cpe/Targa	800	2,400	4,000	9,000	14,000	20,000
1975 Model 911S, 6-cyl., 175 hp						
Cpe	1,100	3,350	5,600	12,600	19,600	28,000
Targa	1,150	3,500	5,800	13,050	20,300	29,000
1975 Model 911 Carrera, 6-cyl., 210 hp						
Cpe	1,300	3,950	6,600	14,850	23,100	33,000
Targa	1,400	4,200	7,000	15,750	24,500	35,000
1976 Model 914, 4-cyl., 2 liter, 95 hp						
Cpe/Targa	800	2,400	4,000	9,000	14,000	20,000
1976 Model 912E, 4-cyl., 90 hp						
Cpe	1,000	3,000	5,000	11,250	17,500	25,000
1976 Model 911S, 6-cyl., 165 hp						
Cpe	1,100	3,350	5,600	12,600	19,600	28,000
Cpe 3.0	1,750	5,200	8,700	19,580	30,400	43,500
Targa	1,200	3,600	6,000	13,500	21,000	30,000
1976 Model 930, Turbo & T. Carrera						
Cpe	1,700	5,050	8,400	18,900	29,400	42,000
1977 Model 924, 4-cyl., 95 hp						
Cpe	800	2,400	4,000	9,000	14,000	20,000
1977 Model 911S, 6-cyl., 165 hp						
Cpe	1,050	3,100	5,200	11,700	18,200	26,000
Targa	1,100	3,350	5,600	12,600	19,600	28,000
Targa 3.0 (200 hp)	1,750	5,200	8,700	19,580	30,400	43,500
1977 Model 930 Turbo, 6-cyl., 245 hp						
Cpe	1,700	5,050	8,400	18,900	29,400	42,000
1978 Model 924						
Cpe	800	2,400	4,000	9,000	14,000	20,000
1978 Model 911SC						
Cpe	1,100	3,250	5,400	12,150	18,900	27,000
Cpe Targa	1,100	3,350	5,600	12,600	19,600	28,000
1978 Model 928						
Cpe	1,200	3,600	6,000	13,500	21,000	30,000
1978 Model 930						
Cpe	1,700	5,050	8,400	18,900	29,400	42,000
1979 Model 924						
Cpe	750	2,300	3,800	8,550	13,300	19,000
1979 Model 911SC						
Cpe	1,050	3,100	5,200	11,700	18,200	26,000
Targa	1,100	3,350	5,600	12,600	19,600	28,000
1979 Model 930						
Cpe	1,650	4,900	8,200	18,450	28,700	41,000
1979 Model 928						
Cpe	1,700	5,050	8,400	18,900	29,400	42,000

	6	5	4	3	2	1
1980 Model 924						
Cpe	750	2,300	3,800	8,550	13,300	19,000
Cpe Turbo	900	2,650	4,400	9,900	15,400	22,000
1980 Model 911SC						
Cpe	1,100	3,350	5,600	12,600	19,600	28,000
Cpe Targa	1,150	3,500	5,800	13,050	20,300	29,000
1980 Model 928						
Cpe	1,250	3,700	6,200	13,950	21,700	31,000
1981 Model 924						
Cpe	700	2,150	3,600	8,100	12,600	18,000
Cpe Turbo	800	2,400	4,000	9,000	14,000	20,000
1981 Model 911SC						
Cpe	1,100	3,250	5,400	12,150	18,900	27,000
Cpe Targa	1,100	3,350	5,600	12,600	19,600	28,000
1981 Model 928						
Cpe	1,300	3,850	6,400	14,400	22,400	32,000
1982 Model 924						
Cpe	700	2,050	3,400	7,650	11,900	17,000
Cpe Turbo	750	2,300	3,800	8,550	13,300	19,000
1982 Model 911SC						
Cpe	1,000	3,000	5,000	11,250	17,500	25,000
Cpe Targa	1,050	3,100	5,200	11,700	18,200	26,000
1982 Model 928						
Cpe	1,300	3,850	6,400	14,400	22,400	32,000
1983 Model 944						
Cpe	700	2,050	3,400	7,650	11,900	17,000
1983 Model 911SC						
Cpe	1,000	3,000	5,000	11,250	17,500	25,000
Cpe Targa	1,050	3,100	5,200	11,700	18,200	26,000
Conv	1,100	3,350	5,600	12,600	19,600	28,000
1983 Model 928						
Cpe	1,350	4,100	6,800	15,300	23,800	34,000
1984 Model 944						
2U Cpe	700	2,050	3,400	7,650	11,900	17,000
1984 Model 911						
2d Cpe	1,000	3,000	5,000	11,250	17,500	25,000
2d Cpe Targa	1,100	3,350	5,600	12,600	19,600	28,000
2d Conv	1,250	3,700	6,200	13,950	21,700	31,000
1984 Model 928S						
Cpe	1,350	4,100	6,800	15,300	23,800	34,000
1985 Model 944						
2d Cpe	700	2,150	3,600	8,100	12,600	18,000
1985 Model 911						
Carrera 2d Cpe	1,100	3,250	5,400	12,150	18,900	27,000
Carrera 2d Conv	1,300	3,950	6,600	14,850	23,100	33,000
Targa 2d Cpe	1,200	3,600	6,000	13,500	21,000	30,000
1985 Model 928S						
2d Cpe	1,400	4,200	7,000	15,750	24,500	35,000
1986 Model 944						
2d Cpe	750	2,300	3,800	8,550	13,300	19,000
Turbo 2d Cpe	800	2,400	4,000	9,000	14,000	20,000
1986 Model 911 Carrera						
2d Cpe	1,450	4,300	7,200	16,200	25,200	36,000
2d Conv	1,700	5,050	8,400	18,900	29,400	42,000
2d Cpe Targa	1,500	4,550	7,600	17,100	26,600	38,000
2d Cpe Turbo	2,050	6,100	10,200	22,950	35,700	51,000
1986 Model 928S						
2d Cpe	1,400	4,200	7,000	15,750	24,500	35,000
1987 Model 924S						
2d Cpe	750	2,300	3,800	8,550	13,300	19,000
1987 Model 928S4						
2d Cpe	2,000	6,000	10,000	22,500	35,000	50,000
1987 Model 944						
2d Cpe	900	2,650	4,400	9,900	15,400	22,000
2d Cpe Turbo	950	2,900	4,800	10,800	16,800	24,000
1987 Model 944S						
2d Cpe	900	2,750	4,600	10,350	16,100	23,000
1987 Model 911 Carrera						
2d Cpe	1,450	4,300	7,200	16,200	25,200	36,000
2d Cpe Targa	1,500	4,550	7,600	17,100	26,600	38,000
2d Conv	1,700	5,050	8,400	18,900	29,400	42,000
2d Turbo	2,050	6,100	10,200	22,950	35,700	51,000
1988 Porsche						
2d 924S Cpe	900	2,650	4,400	9,900	15,400	22,000
2d 944 Cpe	950	2,900	4,800	10,800	16,800	24,000
2d 944S Cpe	1,000	3,000	5,000	11,250	17,500	25,000
2d 944 Cpe Turbo	1,050	3,100	5,200	11,700	18,200	26,000
2d 911 Cpe Carrera	1,720	5,160	8,600	19,350	30,100	43,000
2d 911 Cpe Targa	1,750	5,300	8,800	19,800	30,800	44,000

	6	5	4	3	2	1
2d 911 Conv 1,900		5,650	9,400	21,150	32,900	47,000
2d 928S4 Cpe 1,300		3,950	6,600	14,850	23,100	33,000
2d 911 Turbo Conv 2,440		7,320	12,200	27,450	42,700	61,000
1989 Model 944						
2d Cpe. 1,000		3,000	5,000	11,250	17,500	25,000
2d Cpe (Turbo) 1,100		3,250	5,400	12,150	18,900	27,000
2d S2 Cpe 1,150		3,500	5,800	13,050	20,300	29,000
2d S2 Conv 1,400		4,200	7,000	15,750	24,500	35,000
1989 Model 911						
2d Carrera. 1,600		4,800	8,000	18,000	28,000	40,000
2d Targa 1,650		4,900	8,200	18,450	28,700	41,000
2d Conv. 1,900		5,750	9,600	21,600	33,600	48,000
2d Conv Turbo 2,450		7,300	12,200	27,450	42,700	61,000
1989 Model 928						
2d Cpe. 1,300		3,950	6,600	14,850	23,100	33,000
1990 Model 944S						
2d Cpe. 950		2,900	4,800	10,800	16,800	24,000
2d Conv. 1,100		3,250	5,400	12,150	18,900	27,000
1990 Model 911						
2d Carrera Cpe 2P 1,500		4,550	7,600	17,100	26,600	38,000
2d Targa Cpe 2P. 1,550		4,700	7,800	17,550	27,300	39,000
2d Carrera Conv 2P 1,840		5,520	9,200	20,700	32,200	46,000
2d Carrera Cpe 4P 1,700		5,050	8,400	18,900	29,400	42,000
2d Targa Cpe 4P. 1,700		5,150	8,600	19,350	30,100	43,000
2d Carrera Conv 4P 1,920		5,760	9,600	21,600	33,600	48,000
1990 Model 928S						
2d Cpe. 1,300		3,850	6,400	14,400	22,400	32,000
1991 Model 944S						
2d Cpe 2P 1,000		3,000	5,000	11,250	17,500	25,000
2d Conv 2P 1,100		3,350	5,600	12,600	19,600	28,000
1991 Model 911						
2d Carrera 2P 1,650		4,900	8,200	18,450	28,700	41,000
2d Carrera Targa 2P 1,680		5,040	8,400	18,900	29,400	42,000
2d Carrera Conv 2P 1,920		5,760	9,600	21,600	33,600	48,000
2d Carrera 4P 1,800		5,400	9,000	20,250	31,500	45,000
2d Carrera Targa 4P 1,840		5,520	9,200	20,700	32,200	46,000
2d Carrera Conv 4P 2,040		6,120	10,200	22,950	35,700	51,000
2d Turbo Cpe 2,150		6,500	10,800	24,300	37,800	54,000
1991 Model 928S						
2d Cpe 4P 1,250		3,700	6,200	13,950	21,700	31,000
1992 968, 4-cyl.						
2d Cpe. 1,200		3,600	6,000	13,500	21,000	30,000
2d Conv. 1,400		4,200	7,000	15,750	24,500	35,000
1992 911, 6-cyl.						
2d Cpe 2P 1,850		5,500	9,200	20,700	32,200	46,000
2d Targa Cpe 2P. 1,900		5,650	9,400	21,150	32,900	47,000
2d Conv 2P 2,050		6,100	10,200	22,950	35,700	51,000
2d Cpe 4P 1,900		5,750	9,600	21,600	33,600	48,000
2d Targa Cpe 4P. 1,950		5,900	9,800	22,050	34,300	49,000
2d Conv 4P 2,150		6,500	10,800	24,300	37,800	54,000
2d Turbo Cpe 2,450		7,300	12,200	27,450	42,700	61,000
1993 968, 4-cyl.						
2d Cpe. 1,250		3,700	6,200	13,950	21,700	31,000
2d Conv. 1,450		4,300	7,200	16,200	25,200	36,000
1993 911, 6-cyl.						
2d Carrera. 1,900		5,750	9,600	21,600	33,600	48,000
2d Carrera Targa. 2,100		6,250	10,400	23,400	36,400	52,000
2d Carrera Cabrio 2,150		6,500	10,800	24,300	37,800	54,000
2d Carrera. 2,250		6,700	11,200	25,200	39,200	56,000
2d Carrera Turbo. 2,700		8,050	13,400	30,150	46,900	67,000
1993 928 GTS, V-8						
2d Cpe. 2,100		6,250	10,400	23,400	36,400	52,000
1994 968, 4-cyl.						
2d Cpe. 900		2,650	4,400	9,900	15,400	22,000
2d Conv. 1,100		3,250	5,400	12,150	18,900	27,000
1994 911, 6-cyl.						
2d Cpe Carrera 1,600		4,800	8,000	18,000	28,000	40,000
2d Cpe Carrera Targa .1,680		5,040	8,400	18,900	29,400	42,000
2d Cpe Carrera Conv .1,760		5,280	8,800	19,800	30,800	44,000
2d Cpe Carrera 1,700		5,050	8,400	18,900	29,400	42,000
2d Cpe Carrera Targa .1,720		5,160	8,600	19,350	30,100	43,000
2d Cpe Carrera Conv .1,880		5,640	9,400	21,150	32,900	47,000
1994 928 GTS, V-8						
2d Cpe. 1,500		4,450	7,400	16,650	25,900	37,000
1995 968, 4-cyl.						
2d Cpe. 900		2,650	4,400	9,900	15,400	22,000
2d Conv. 1,100		3,250	5,400	12,150	18,900	27,000
1995 911, 6-cyl.						
2d Cpe Carrera 2 1,600		4,800	8,000	18,000	28,000	40,000

	6	5	4	3	2	1
2d Cpe Carrera 2 Conv	1,760	5,280	8,800	19,800	30,800	44,000
2d Cpe Carrera 4	1,700	5,050	8,400	18,900	29,400	42,000
2d Cpe Carrera 4 Conv	1,880	5,640	9,400	21,150	32,900	47,000
1995 928GTS, V-8						
2d Cpe	1,500	4,450	7,400	16,650	25,900	37,000
1996 911, 6-cyl.						
2d Cpe Carrera 2	1,500	4,550	7,600	17,100	26,600	38,000
2d Cpe Carrera 2 Conv	1,680	5,040	8,400	18,900	29,400	42,000
2d Cpe Carrera 4	1,600	4,800	8,000	18,000	28,000	40,000
2d Cpe Carrera 4S	1,700	5,150	8,600	19,350	30,100	43,000
2d Cpe Carrera 4 Conv	1,800	5,400	9,000	20,250	31,500	45,000
2d Targa Cpe	1,650	4,900	8,200	18,450	28,700	41,000
2d Turbo Cpe 4x4	3,000	9,000	15,000	33,750	52,500	75,000
1997 911, 6-cyl.						
2d Cpe Carrera 2	1,520	4,560	7,600	17,100	26,600	38,000
2d Cpe Carrera 2 Conv	1,680	5,040	8,400	18,900	29,400	42,000
2d Cpe Carrera 4	1,600	4,800	8,000	18,000	28,000	40,000
2d Cpe Carrera 4S	1,720	5,160	8,600	19,350	30,100	43,000
2d Cpe Carrera 4 Conv	1,800	5,400	9,000	20,250	31,500	45,000
2d Targa Cpe	1,640	4,920	8,200	18,450	28,700	41,000
2d Turbo Cpe 4x4	3,000	9,000	15,000	33,750	52,500	75,000
1997 Boxster, 6-cyl.						
2d Conv	880	2,640	4,400	9,900	15,400	22,000
NOTE: Add 5 percent for detachable HT.						
1998 911, 6-cyl.						
2d Cpe Carrera S	1,500	4,500	7,500	16,880	26,250	37,500
2d Conv Cpe Carrera 2	1,680	5,040	8,400	18,900	29,400	42,000
2d Cpe Carrera 4	1,600	4,800	8,000	18,000	28,000	40,000
2d Cpe Carrera 4S	1,720	5,160	8,600	19,350	30,100	43,000
2d Conv Cpe Carrera 4	1,800	5,400	9,000	20,250	31,500	45,000
2d Targa Cpe	1,640	4,920	8,200	18,450	28,700	41,000
1998 Boxster, 6-cyl.						
2d Conv	880	2,640	4,400	9,900	15,400	22,000
NOTE: Add 5 percent for detachable HT.						
1999 911, 6-cyl.						
2d Cpe Carrera S	1,500	4,500	7,500	16,880	26,250	37,500
2d Conv Cpe Carrera 2	1,680	5,040	8,400	18,900	29,400	42,000
2d Cpe Carrera 4	1,600	4,800	8,000	18,000	28,000	40,000
2d Conv Cpe Carrera 4	1,800	5,400	9,000	20,250	31,500	45,000
1999 Boxster, 6-cyl.						
2d Conv	880	2,640	4,400	9,900	15,400	22,000
NOTE: Add 5 percent for detachable HT.						
2000 911, 6-cyl.						
2d Cpe Carrera 2	1,500	4,500	7,500	16,880	26,250	37,500
2d Conv Cpe Carrera 2	1,680	5,040	8,400	18,900	29,400	42,000
2d Cpe Carrera 4	1,600	4,800	8,000	18,000	28,000	40,000
2d Conv Cpe Carrera 4	1,800	5,400	9,000	20,250	31,500	45,000
2000 Boxster, 6-cyl.						
2d Conv	880	2,640	4,400	9,900	15,400	22,000
2d S Conv	1,060	3,180	5,300	11,930	18,550	26,500
NOTE: Add 5 percent for detachable HT.						
2001 911, 6-cyl.						
2d Cpe Carrera 2	1,500	4,500	7,500	18,750	26,250	37,500
2d Conv Cpe Carrera 2	1,680	5,040	8,400	21,000	29,400	42,000
2d Cpe Carrera 4	1,600	4,800	8,000	20,000	28,000	40,000
2d Conv Cpe Carrera 4	1,800	5,400	9,000	22,500	31,500	45,000
2d Cpe Turbo AWD	2,540	7,620	12,700	31,750	44,450	63,500
2001 Boxster, 6-cyl.						
2d Conv	880	2,640	4,400	11,000	15,400	22,000
2d S Conv	1,060	3,180	5,300	13,250	18,550	26,500
NOTE: Add 5 percent for detachable HT.						

RENAULT

	6	5	4	3	2	1
1946-48 Juvaquatre, 4-cyl., 760cc 4CV, 4-cyl., 760cc. 83" wb						
4d Sed	300	850	1,400	3,150	4,900	7,000
1949 4CV, 4-cyl., 760cc, 83" wb						
Std 4d Sed	300	850	1,400	3,150	4,900	7,000
Grande Luxe 4d Sed	280	840	1,400	3,150	4,900	7,000
1950 4CV, 4-cyl., 760cc, 83" wb						
Grande Luxe 4d Sed	280	840	1,400	3,150	4,900	7,000
1951 4CV, Sliding Windows 4-cyl., 747cc, 83" wb						
R-1060 4d Sed	300	850	1,400	3,150	4,900	7,000
1951 4CV Luxe, Rolldown Windows						
R-1062 4d Sed	300	850	1,400	3,150	4,900	7,000
1951 4CV Super Grande Luxe, Rolldown Windows						
R-1062 4d Sed	300	850	1,400	3,150	4,900	7,000
R-1062 4d Conv	300	900	1,500	3,380	5,250	7,500

RENAULT

	6	5	4	3	2	1
1952 4CV Luxe, 4-cyl., 747cc, 83" wb						
R-1062 4d Sed	300	850	1,400	3,150	4,900	7,000
1952 4CV Super Grande Luxe						
R-1062 4d Sed	300	850	1,400	3,150	4,900	7,000
R-1062 4d Conv	300	900	1,500	3,380	5,250	7,500
NOTE: All models had rollup windows.						
1953-54 4CV Luxe, Sport Line 4-cyl., 747cc, 83" wb						
R-1062 4d Sed	300	850	1,400	3,150	4,900	7,000
1953-54 4CV Super Grande Luxe, Sport Line 4-cyl., 747cc, 83" wb						
R-1062 4d Conv	300	900	1,500	3,380	5,250	7,500
1953-54 Fregate, 4-cyl., 1997cc, 110.25" wb						
R-1100 4d Sed	200	650	1,100	2,480	3,850	5,500
1955-56 4CV Luxe, Sport Line 4-cyl., 747cc, 82.7" wb						
R-1062 4d Sed	300	850	1,400	3,150	4,900	7,000
1955-56 4CV Super Grande Luxe 4-cyl., 747cc, 82.7" wb						
R-1062 4d Conv	300	900	1,500	3,380	5,250	7,500
1957-59 4CV, Sport Line 4-cyl., 747cc, 82.7" wb						
R-1062 4d Sed	300	850	1,400	3,150	4,900	7,000
1957-59 Dauphine, 4-cyl., 845cc, 89" wb						
R-1090 4d Sed	250	700	1,200	2,700	4,200	6,000
1960-62 4CV, 1960-61 4-cyl., 747cc, 83" wb						
R-1062 4d Sed	300	850	1,400	3,150	4,900	7,000
4d Sed S/R	300	850	1,400	3,150	4,900	7,000
1960-62 Dauphine, 4-cyl., 845cc, 89" wb						
R-1090 4d Sed	250	700	1,200	2,700	4,200	6,000
4d Sed S/R	250	700	1,200	2,700	4,200	6,000
1960-62 Gordini, 1961-62 4-cyl., 845cc, 89" wb						
R-1091A 4d Spt Sed	220	660	1,100	2,480	3,850	5,500
1960-62 Caravella R-1092, 4-cyl., 845cc, 89" wb						
2d Conv	350	1,000	1,700	3,830	5,950	8,500
2d Cpe	300	950	1,600	3,600	5,600	8,000
2d HdTp Conv	350	1,000	1,700	3,830	5,950	8,500
1963-66 Dauphine, 4-cyl., 845cc, 89" wb						
R-1090 4d Sed	250	700	1,200	2,700	4,200	6,000
1963-66 Caravella S, 1963, 4-cyl., 956cc, 89" wb						
R-1133 2d Conv	350	1,000	1,700	3,830	5,950	8,500
R-1131 2d Cpe	300	950	1,600	3,600	5,600	8,000
2d HT Cpe	350	1,000	1,700	3,830	5,950	8,500
1963-66 Caravella 1964-66, 4-cyl., 89" wb						
R-1133 2d Conv	350	1,000	1,700	3,830	5,950	8,500
R-1131 2d Cpe	300	950	1,600	3,600	5,600	8,000
1963-66 R8, 4-cyl., 956cc, 89" wb						
R-1130 4d Sed	200	650	1,100	2,480	3,850	5,500
1963-66 R8 1100, 1964-66, 4-cyl., 1108cc, 89" wb						
R-1132 4d Sed	200	650	1,100	2,480	3,850	5,500
1963-66 R8 Gordini, 1965-66, 4-cyl., 89" wb						
R-1134 4d Sed	250	700	1,200	2,700	4,200	6,000
1967-68 10, R-10, 4-cyl., 1108cc, 89" wb						
R-1190 4d Sed	200	650	1,100	2,480	3,850	5,500
1969-70 10, 1969 R-10, 4-cyl., 1108cc, 89" wb						
R-1190 4d Sed	200	650	1,100	2,480	3,850	5,500
1969-70 10, 1970 R-10, 4-cyl., 1289cc, 89" wb						
4d Sed	250	700	1,200	2,700	4,200	6,000
1969-70 16, 1970 R-16, 4-cyl., 1565cc, FWD, 105.8" wb						
R-1152 4d Sed Wag	260	780	1,300	2,930	4,550	6,500
1971-75 R-10, 1971 only, 4-cyl., 1289cc, 89" wb						
4d Sed	250	700	1,200	2,700	4,200	6,000
1971-75 R-12, 1972-up, 4-cyl., 1565cc, FWD, 96" wb						
4d Sed	250	800	1,300	2,930	4,550	6,500
4d Sta Wag	250	700	1,200	2,700	4,200	6,000
1971-75 R-15, 1972-up, 4-cyl., 1647cc, FWD, 96" wb						
2d Cpe	250	800	1,300	2,930	4,550	6,500
1971-75 R-16, 1971-72 only, 4-cyl., 1565cc, FWD, 105.8" wb						
4d Sed	200	650	1,100	2,480	3,850	5,500
1971-75 R-17, 1972-up, 4-cyl., 1565cc-1647cc, FWD, 96" wb						
2d Spt Cpe	300	850	1,400	3,150	4,900	7,000
1976-80 R-5, 1976, 4-cyl., 1289cc, FWD, 94.6-95.8" wb						
R-5TL 2d HBk	200	650	1,100	2,480	3,850	5,500
R-5GTL 2d HBk	200	650	1,100	2,480	3,850	5,500
1976-80 LeCar, 1977-up, 4-cyl., 1289cc-1397cc, FWD						
TL 2d HBk	200	650	1,100	2,480	3,850	5,500
GTL 2d HBk	200	650	1,100	2,480	3,850	5,500
1976-80 R-12, 1976-77 only, 4-cyl., 1647cc, FWD, 96" wb						
TL 4d Sed	200	600	1,000	2,250	3,500	5,000
GTL 4d Sed	200	600	1,000	2,250	3,500	5,000
R-12 4d Sta Wag	200	650	1,050	2,390	3,700	5,300
1976-80 R-15, 1976 only, 4-cyl., 1647cc, FWD, 96" wb						
TL 2d Cpe	200	600	1,000	2,250	3,500	5,000

	6	5	4	3	2	1
1976-80 R-17, 4-cyl., 1647cc, FWD, 96" wb						
TL 2d Cpe/Conv	250	800	1,300	2,930	4,550	6,500
Gordini 2d Cpe/Conv	280	840	1,400	3,150	4,900	7,000
1981 LeCar, 4-cyl., 1397cc, FWD, 95.2" wb						
2d HBk	200	650	1,100	2,480	3,850	5,500
1981 LeCar, 4-cyl., 95.2" wb, 1397cc, FWD						
DeL 2d HBk	200	650	1,100	2,480	3,850	5,500
DeL 4d HBk	200	650	1,100	2,480	3,850	5,500
1981 18i, 4-cyl., 1647cc, FWD, 96.1" wb						
4d Sed	200	650	1,100	2,480	3,850	5,500
4d Sta Wag	250	700	1,150	2,570	4,000	5,700
DeL 4d Sed	250	700	1,150	2,570	4,000	5,700
DeL 4d Sta Wag	250	700	1,200	2,660	4,150	5,900
1982 LeCar, 4-cyl., 1397cc, FWD, 95.2" wb						
2d HBk	200	650	1,100	2,480	3,850	5,500
DeL 2d HBk	250	700	1,150	2,570	4,000	5,700
DeL 4d HBk	250	700	1,150	2,570	4,000	5,700
1982 Fuego, 4-cyl., 1647cc, FWD, 96.1" wb						
2d Cpe	250	800	1,300	2,930	4,550	6,500
1982 18i, 4-cyl., 1647cc, FWD, 96.1" wb						
4d Sed	200	650	1,100	2,480	3,850	5,500
4d Sta Wag	250	700	1,150	2,570	4,000	5,700
DeL 4d Sed	250	700	1,150	2,570	4,000	5,700
DeL 4d Sta Wag	250	700	1,200	2,660	4,150	5,900
1983 LeCar, 4-cyl., 1397cc, FWD, 95.2" wb						
2d HBk	200	650	1,100	2,480	3,850	5,500
DeL 2d HBk	250	700	1,150	2,570	4,000	5,700
DeL 4d HBk	250	700	1,200	2,660	4,150	5,900
1983 Fuego, 4-cyl., 1647cc, FWD, 96.1" wb						
2d Cpe	250	800	1,300	2,930	4,550	6,500
1983 Fuego Turbo, 4-cyl., 1565cc, FWD, 96.1" wb						
2d Cpe	300	850	1,400	3,150	4,900	7,000
1983 18i, 4-cyl., 1647cc, FWD, 96.1" wb						
DeL 4d Sed	200	650	1,100	2,480	3,850	5,500
DeL 4d Sta Wag	250	700	1,150	2,570	4,000	5,700
1984 Fuego, 4-cyl., 2165cc, FWD, 96.1" wb						
2d Cpe	250	800	1,300	2,930	4,550	6,500
1984 Fuego Turbo, 4-cyl., 1565cc, FWD, 96.1" wb						
2d Cpe	300	850	1,400	3,150	4,900	7,000
1984 Sportwagon, 4-cyl., 2165cc, FWD, 96.1" wb						
4d Sta Wag	250	700	1,150	2,570	4,000	5,700
1985 Fuego, 4-cyl., 2165cc, FWD, 96.1" wb						
2d Cpe	300	850	1,400	3,150	4,900	7,000
1985 Sportwagon, 4-cyl., 2165cc, FWD, 96.1" wb						
4d Sta Wag	250	700	1,150	2,570	4,000	5,700

ROLLS-ROYCE

	6	5	4	3	2	1
1947-51 6-cyl., 4257cc, 127" wb, 133" wb (1951), Silver Wraith Freestone & Webb						
Cpe	2,520	7,560	12,600	28,350	44,100	63,000
Limo	2,000	6,000	10,000	22,500	35,000	50,000
Saloon	1,760	5,280	8,800	19,800	30,800	44,000
Spt Saloon	1,840	5,520	9,200	20,700	32,200	46,000
1947-51 Hooper						
DHC	3,520	10,560	17,600	39,600	61,600	88,000
Treviot	2,000	6,000	10,000	22,500	35,000	50,000
Treviot II	2,040	6,120	10,200	22,950	35,700	51,000
Treviot III	2,080	6,240	10,400	23,400	36,400	52,000
1947-51 H.J. Mulliner						
Sedanca de Ville	3,120	9,360	15,600	35,100	54,600	78,000
Tr Limo	2,080	6,240	10,400	23,400	36,400	52,000
1947-51 Park Ward						
Saloon	1,920	5,760	9,600	21,600	33,600	48,000
1947-51 James Young						
Limo	2,080	6,240	10,400	23,400	36,400	52,000
Saloon	2,000	6,000	10,000	22,500	35,000	50,000
1949-51 6-cyl., 4257cc, 120" wb, Silver Dawn						
Std Steel Saloon	2,000	6,000	10,000	22,500	35,000	50,000
1949-51 Farina						
Spl Saloon	2,600	7,800	13,000	29,250	45,500	65,000
1949-51 Freestone & Webb						
Saloon	2,080	6,240	10,400	23,400	36,400	52,000
1949-51 Park Ward						
DHC	2,640	7,920	13,200	29,700	46,200	66,000
FHC	2,200	6,600	11,000	24,750	38,500	55,000
1950-56 8-cyl., 5675cc, 145" wb, Phantom IV						
Park Ward Limo	6,360	19,080	31,800	71,550	111,300	159,000
1951-52 6-cyl., 4566cc, 127" wb, Silver Wraith Freestone & Webb						
Cpe	2,080	6,240	10,400	23,400	36,400	52,000

	6	5	4	3	2	1
1951-55 6-cyl., 4566cc, 127" wb, Silver Wraith Freestone & Webb						
Spt Saloon..................................2,080	6,240	10,400	23,400	36,400	52,000
1951-55 Hooper						
Tr Limo 1,920	5,760	9,600	21,600	33,600	48,000
1951-55 H.J. Mulliner						
Tr Limo 2,080	6,240	10,400	23,400	36,400	52,000
1951-55 Park Ward						
Limo 2,040	6,120	10,200	22,950	35,700	51,000
1951-55 6-cyl., 4566cc, 120" wb, Silver Dawn						
Std Steel Saloon...........................2,000	6,000	10,000	22,500	35,000	50,000
1951-55 Park Ward						
DHC 2,720	8,160	13,600	30,600	47,600	68,000
1955-59 6-cyl., 4887cc, 123" wb, 127" wb (after 1957), Silver Cloud						
Std Steel Saloon...........................1,920	5,760	9,600	21,600	33,600	48,000
1955-59 H.J. Mulliner						
DHC 3,600	10,800	18,000	40,500	63,000	90,000
1955-59 Park Ward						
Saloon, LWB...............................1,960	5,880	9,800	22,050	34,300	49,000
1955-59 James Young						
Saloon.....................................2,400	7,200	12,000	27,000	42,000	60,000
NOTE: Deduct 30 percent for RHD.						
1955-59 6-cyl., 4887cc, 133" wb, Silver Wraith Hooper						
Limo, LWB..................................2,080	6,240	10,400	23,400	36,400	52,000
Saloon.....................................2,000	6,000	10,000	22,500	35,000	50,000
1955-59 H.J. Mulliner						
Tr Limo 2,160	6,480	10,800	24,300	37,800	54,000
1955-59 Park Ward						
Limo 1,920	5,760	9,600	21,600	33,600	48,000
Saloon.....................................1,880	5,640	9,400	21,150	32,900	47,000
NOTE: Deduct 30 percent for RHD.						
1959-62 V-8, 6230cc, 123" wb, 127" wb (after 1960), Silver Cloud II						
Std Steel Saloon...........................1,960	5,880	9,800	22,050	34,300	49,000
1959-62 H.J. Mulliner						
DHC 4,240	12,720	21,200	47,700	74,200	106,000
1959-62 Radford						
Countryman................................2,200	6,600	11,000	24,750	38,500	55,000
1959-62 James Young						
Limo, LWB..................................2,640	7,920	13,200	29,700	46,200	66,000
NOTE: Deduct 30 percent for RHD.						
1960-68 V-8, 6230cc, 144" wb, Phantom V H.J. Mulliner-Park Ward						
Landaulette.................................6,360	19,080	31,800	71,550	111,300	159,000
Limo 2,960	8,880	14,800	33,300	51,800	74,000
1960-68 Park Ward						
Limo 2,400	7,200	12,000	27,000	42,000	60,000
1960-68 James Young						
Limo 3,360	10,080	16,800	37,800	58,800	84,000
Sedanca de Ville...........................6,360	19,080	31,800	71,550	111,300	159,000
NOTE: Deduct 30 percent for RHD.						
1962-66 V-8, 6230cc, 123" wb, 127" wb, Silver Cloud III						
Std Steel Saloon...........................3,120	9,360	15,600	35,100	54,600	78,000
1962-66 H.J. Mulliner						
2d Saloon..................................2,360	7,080	11,800	26,550	41,300	59,000
DHC 5,280	15,840	26,400	59,400	92,400	132,000
Flying Spur 3,600	10,800	18,000	40,500	63,000	90,000
NOTE: Deduct 30 percent for RHD.						
1962-66 James Young						
4d Spt Saloon..............................1,960	5,880	9,800	22,050	34,300	49,000
Cpe..2,400	7,200	12,000	27,000	42,000	60,000
Tr Limo, SWB..............................2,720	8,160	13,600	30,600	47,600	68,000
Tr Limo, LWB 3,200	9,600	16,000	36,000	56,000	80,000
1962-66 Park Ward						
DHC 2,600	7,800	13,000	29,250	45,500	65,000
Limo, LWB..................................2,720	8,160	13,600	30,600	47,600	68,000
NOTE: Deduct 30 percent for RHD.						
1965-69 V-8, 6230cc, 119.5" wb, 123.5" wb, Silver Shadow						
Std Steel Saloon...........................1,920	5,760	9,600	21,600	33,600	48,000
LWB Saloon 2,040	6,120	10,200	22,950	35,700	51,000
1965-69 Mulliner-Park Ward						
2d Saloon..................................2,160	6,480	10,800	24,300	37,800	54,000
DHC 2,280	6,840	11,400	25,650	39,900	57,000
1965-69 James Young						
2d Saloon..................................2,160	6,480	10,800	24,300	37,800	54,000
NOTE: Deduct 30 percent for RHD.						
1968-77 V-8, 6230cc, 145" wb, Phantom VI						
Landau 4,000	12,000	20,000	45,000	70,000	100,000
Limo 3,600	10,800	18,000	40,500	63,000	90,000
1968-77 Mulliner-Park Ward						
Laudaulette.................................7,360	22,080	36,800	82,800	128,800	184,000
NOTE: Deduct 30 percent for RHD.						

ROLLS-ROYCE

	6	5	4	3	2	1
1970-76 V-8, 6750cc, 119.5" wb, 123.5" wb, Silver Shadow						
Std Steel Saloon. 2,040	6,120	10,200	22,950	35,700	51,000	
1970-76 V-8, 6750cc, 119.5" wb, 123.5" wb Silver Shadow						
LWB Saloon 2,240	6,720	11,200	25,200	39,200	56,000	
1970-76 Mulliner-Park Ward						
2d Saloon 2,480	7,440	12,400	27,900	43,400	62,000	
DHC 2,880	8,640	14,400	32,400	50,400	72,000	
NOTE: Deduct 30 percent for RHD.						
1971-77 V-8, 6750cc, 119" wb, Corniche						
2d Saloon 2,640	7,920	13,200	29,700	46,200	66,000	
Conv 3,280	9,840	16,400	36,900	57,400	82,000	
NOTE: Deduct 30 percent for RHD.						
1975-78 V-8, 6750cc, 108.5" wb						
Camarque. 2,240	6,720	11,200	25,200	39,200	56,000	
NOTE: Deduct 30 percent for RHD.						
1977-78 V-8, 6750cc, 120" wb						
Silver Shadow II 2,040	6,120	10,200	22,950	35,700	51,000	
1977-78 V-8, 6750cc, 123.5" wb						
Silver Wraith II 2,240	6,720	11,200	25,200	39,200	56,000	
NOTE: Add 10 percent for factory sunroof. Deduct 30 percent for RHD.						
1979 V-8, 6750cc, 123.5" wb						
4d Silver Spirit 2,550	7,700	12,800	28,800	44,800	64,000	
4d Silver Spur. 2,650	7,900	13,200	29,700	46,200	66,000	
2d Conv Corniche. 3,500	10,600	17,600	39,600	61,500	88,000	
2d Camargue 2,600	7,800	13,000	29,250	45,500	65,000	
4d Phantom VI 6,700	20,000	33,400	75,150	117,000	167,000	
4d Silver Shadow 2,450	7,300	12,200	27,450	42,700	61,000	
4d Silver Wraith 2,550	7,700	12,800	28,800	44,800	64,000	
1980 V-8, 6750cc, 123.5" wb						
4d Silver Spirit 2,550	7,700	12,800	28,800	44,800	64,000	
4d Silver Spur. 2,650	7,900	13,200	29,700	46,200	66,000	
2d Conv Corniche. 3,500	10,600	17,600	39,600	61,500	88,000	
2d Camarque 2,650	7,900	13,200	29,700	46,200	66,000	
4d Phantom VI 6,700	20,000	33,400	75,150	117,000	167,000	
4d Silver Shadow 2,450	7,300	12,200	27,450	42,700	61,000	
4d Silver Wraith 2,550	7,700	12,800	28,800	44,800	64,000	
1981 V-8, 6750cc, 123.5" wb						
4d Silver Spirit 2,550	7,700	12,800	28,800	44,800	64,000	
4d Silver Spur. 2,650	7,900	13,200	29,700	46,200	66,000	
2d Conv Corniche. 3,500	10,600	17,600	39,600	61,500	88,000	
2d Camarque 2,600	7,800	13,000	29,250	45,500	65,000	
4d Phantom VI 6,700	20,000	33,400	75,150	117,000	167,000	
1982 V-8, 6750cc, 123.5" wb						
4d Silver Spirit 2,500	7,550	12,600	28,350	44,100	63,000	
4d Silver Spur. 2,650	7,900	13,200	29,700	46,200	66,000	
2d Conv Corniche. 3,600	10,800	18,000	40,500	63,000	90,000	
2d Camarque 2,550	7,700	12,800	28,800	44,800	64,000	
4d Phantom VI 6,700	20,000	33,400	75,150	117,000	167,000	
1983 V-8, 6750cc, 123.5" wb						
4d Silver Spirit 2,500	7,550	12,600	28,350	44,100	63,000	
4d Silver Spur. 2,650	7,900	13,200	29,700	46,200	66,000	
2d Conv Corniche. 3,600	10,800	18,000	40,500	63,000	90,000	
2d Camarque 2,550	7,700	12,800	28,800	44,800	64,000	
4d Phantom VI 6,700	20,000	33,400	75,150	117,000	167,000	
1984 V-8, 6750cc, 123.5" wb						
4d Silver Spirit Sed. 2,600	7,800	13,000	29,250	45,500	65,000	
4d Silver Spur Sed 2,720	8,160	13,600	30,600	47,600	68,000	
2d Camarque Cpe 2,700	8,150	13,600	30,600	47,600	68,000	
2d Corniche Conv. 3,750	11,300	18,800	42,300	66,000	94,000	
1985 V-8, 6750cc, 123.5" wb						
4d Silver Spirit Sed. 2,720	8,160	13,600	30,600	47,600	68,000	
4d Silver Spur Sed 2,960	8,880	14,800	33,300	51,800	74,000	
2d Camargue Cpe 2,950	8,900	14,800	33,300	51,800	74,000	
2d Corniche Conv. 4,000	12,000	20,000	45,000	70,000	100,000	
1986 V-8, 6750cc, 123.5" wb						
4d Silver Spirit Sed. 2,960	8,880	14,800	33,300	51,800	74,000	
4d Silver Spur Sed 3,200	9,600	16,000	36,000	56,000	80,000	
2d Camargue Cpe 3,200	9,600	16,000	36,000	56,000	80,000	
2d Corniche Conv. 4,100	12,200	20,400	45,900	71,500	102,000	
1987 V-8, 6750cc, 123.5" wb						
4d Silver Spirit Sed. 2,040	6,120	10,200	22,950	35,700	51,000	
4d Silver Spur Sed 2,160	6,480	10,800	24,300	37,800	54,000	
2d Camargue Cpe 3,700	11,000	18,400	41,400	64,500	92,000	
2d Corniche Conv. 5,300	15,800	26,400	59,400	92,500	132,000	
4d Silver Spur Limo 4,880	14,640	24,400	54,900	85,400	122,000	
1988 V-8, 6750cc, 123.5" wb						
4d Silver Spirit Sed. 2,320	6,960	11,600	26,100	40,600	58,000	
4d Silver Spur Sed 2,440	7,320	12,200	27,450	42,700	61,000	
2d Corniche Conv. 5,500	16,600	27,600	62,100	96,500	138,000	

	6	5	4	3	2	1
1989 V-8, 6750cc, 123.5" wb						
4d Silver Spirit Sed	2,520	7,560	12,600	28,350	44,100	63,000
4d Silver Spur Sed	2,640	7,920	13,200	29,700	46,200	66,000
2d Corniche Conv	5,600	16,800	28,000	63,000	98,000	140,000
1990 V-8, 6750cc, 123.5" wb						
4d Silver Spirit Sed	2,720	8,160	13,600	30,600	47,600	68,000
4d Silver Spur Sed	2,800	8,400	14,000	31,500	49,000	70,000
2d Corniche Conv	5,600	16,800	28,000	63,000	98,000	140,000
1991 Silver Spirit II						
4d Sed, SWB	2,900	8,650	14,400	32,400	50,400	72,000
4d Sed, LWB	3,100	9,350	15,600	35,100	54,600	78,000
1991 Corniche III						
2d Conv	5,700	17,000	28,400	63,900	99,500	142,000
1992 Silver Spirit, V-8						
4d Sed	3,100	9,350	15,600	35,100	54,600	78,000
1992 Silver Spur, V-8						
4d Sed	3,500	10,600	17,600	39,600	61,500	88,000
4d Limo	5,500	16,600	27,600	62,100	96,500	138,000
1992 Corniche IV, V-8						
2d Conv	5,900	17,600	29,400	66,150	103,000	147,000
1993 Silver Spur IV						
4d Sed	3,900	11,600	19,400	43,650	68,000	97,000
1993 Silver Spur						
4d Limo	5,700	17,000	28,400	63,900	99,500	142,000
1993 Corniche IV						
2d Conv	6,500	19,400	32,400	72,900	113,000	162,000
1994 Corniche IV, V-8						
2d Conv	7,500	22,400	37,400	84,150	131,000	187,000
1994 Silver Spirit II, V-8						
4d Sed	3,950	11,900	19,800	44,550	69,500	99,000
1994 Silver Spur III, V-8						
4d Sed, LWB	4,050	12,100	20,200	45,450	70,500	101,000
4d Limo	7,300	21,800	36,400	81,900	127,000	182,000
1995 Corniche IV, V-8						
2d Conv	7,300	22,000	36,600	82,350	128,000	183,000
2d Conv, Turbo	10,200	30,600	51,000	114,750	179,000	255,000
1995 Silver Dawn, V-8						
4d Sed	2,900	8,750	14,600	32,850	51,100	73,000
1995 Silver Spur III, V-8						
4d Sed, LWB	3,900	11,600	19,400	43,650	68,000	97,000
4d Limo	7,100	21,400	35,600	80,100	125,000	178,000
1996 Silver Dawn, V-8						
4d Sed	3,000	9,000	15,000	33,750	52,500	75,000
1996 Silver Spur III, V-8						
4d Sed, LWB	3,950	11,900	19,800	44,550	69,500	99,000
4d Limo	7,200	21,600	36,000	81,000	126,000	180,000
1997 Silver Dawn, V-8						
4d Sed	3,000	9,000	15,000	33,750	52,500	75,000
1997 Silver Spur III, V-8						
4d Sed, LWB	3,960	11,880	19,800	44,550	69,300	99,000
4d Limo	7,200	21,600	36,000	81,000	126,000	180,000
1997 Corniche IV, V-8						
2d Conv	6,000	18,000	30,000	67,500	105,000	150,000
1998 Silver Spur III, V-8						
4d Sed, LWB	3,960	11,880	19,800	44,550	69,300	99,000
4d Limo	7,200	21,600	36,000	81,000	126,000	180,000
1999 Silver Seraph, V-12						
4d Sed	4,400	13,200	22,000	49,500	77,000	110,000
2000 Silver Seraph, V-12						
4d Sed	4,600	13,800	23,000	51,750	80,500	115,000
2000 Corniche IV, V-8						
2d Conv Cpe	8,400	25,200	42,000	94,500	147,000	210,000
2001 Silver Seraph, V-12						
4d Sed	4,600	13,800	23,000	57,500	80,500	115,000
2001 Park Ward, V-12						
4d Sed	5,000	15,000	25,000	62,500	87,500	125,000
2001 Corniche IV, V-8						
2d Conv Cpe	8,400	25,200	42,000	105,000	147,000	210,000

SAAB

	6	5	4	3	2	1
1950-52 2-cyl., 764cc, 97.2" wb						
92 2d Sed	352	1,056	1,760	3,960	6,160	8,800
1953-55 2-cyl., 764cc, 97.2" wb						
92B 2d Sed	332	996	1,660	3,740	5,810	8,300
1956-57 3-cyl., 748cc, 98" wb						
93 2d Sed	312	936	1,560	3,510	5,460	7,800
1958 3-cyl., 748cc, 98" wb						
93B 2d Sed	292	876	1,460	3,290	5,110	7,300
GT 750 2d Sed	312	936	1,560	3,510	5,460	7,800

	6	5	4	3	2	1
1959 3-cyl., 748cc, 98" wb						
93B 2d Sed.	292	876	1,460	3,290	5,110	7,300
GT 750 2d Sed.	312	936	1,560	3,510	5,460	7,800
1959 3-cyl., 841cc, 98" wb						
95 2d Sta Wag	304	912	1,520	3,420	5,320	7,600
1960 3-cyl., 748cc, 98" wb						
93F 2d Sed.	292	876	1,460	3,290	5,110	7,300
GT 750 2d Sed.	312	936	1,560	3,510	5,460	7,800
1960 3-cyl., 841cc, 98" wb						
96 2d Sed.	292	876	1,460	3,290	5,110	7,300
95 2d Sta Wag	304	912	1,520	3,420	5,320	7,600
1961 3-cyl., 748cc, 98" wb						
GT 750 2d Sed.	312	936	1,560	3,510	5,460	7,800
1961 3-cyl., 841cc, 98" wb						
96 2d Sed.	280	840	1,400	3,150	4,900	7,000
95 2d Sta Wag	284	852	1,420	3,200	4,970	7,100
1962 3-cyl., 748cc, 98" wb						
GT 750 2d Sed.	312	936	1,560	3,510	5,460	7,800
1962 3-cyl., 841cc, 98" wb						
96 2d Sed.	280	840	1,400	3,150	4,900	7,000
95 2d Sta Wag	284	852	1,420	3,200	4,970	7,100
2d Spt Sed	292	876	1,460	3,290	5,110	7,300
1963 3-cyl., 841cc, 98" wb						
96 2d Sed.	280	840	1,400	3,150	4,900	7,000
95 2d Sta Wag	284	852	1,420	3,200	4,970	7,100
Spt/GT 850 2d Sed.	292	876	1,460	3,290	5,110	7,300
1964 3-cyl., 841cc, 98" wb						
96 2d Sed.	280	840	1,400	3,150	4,900	7,000
95 2d Sta Wag	292	876	1,460	3,290	5,110	7,300
Spt/Monte Carlo 850 2d Sed	332	996	1,660	3,740	5,810	8,300
1965 3-cyl., 841cc, 98" wb						
96 2d Sed.	280	840	1,400	3,150	4,900	7,000
95 2d Sta Wag	284	852	1,420	3,200	4,970	7,100
Spt/Monte Carlo 850 2d Sed	332	996	1,660	3,740	5,810	8,300
1966 3-cyl., 841cc, 98" wb						
96 2d Sed.	280	840	1,400	3,150	4,900	7,000
96 Spl 2d Sed.	284	852	1,420	3,200	4,970	7,100
95 2d Sta Wag	288	864	1,440	3,240	5,040	7,200
Monte Carlo 850 2d Sed	330	1,000	1,660	3,740	5,810	8,300
1966 3-cyl., 841cc, 84.6" wb						
Sonett II	332	996	1,660	3,740	5,810	8,300
1967 3-cyl., 841cc, 98" wb						
96 Shrike 2d Sed	240	720	1,200	2,700	4,200	6,000
95 2d Sta Wag	244	732	1,220	2,750	4,270	6,100
Monte Carlo 850 2d Sed	330	1,000	1,660	3,740	5,810	8,300
1967 3-cyl., 841cc, 84.6" wb						
Sonett II	332	996	1,660	3,740	5,810	8,300
1967 V-4, 1498cc, 98" wb						
96 V4 2d Sed	240	720	1,200	2,700	4,200	6,000
95 V4 2d Sta Wag	244	732	1,220	2,750	4,270	6,100
Monte Carlo V4 2d Sed	340	1,020	1,700	3,830	5,950	8,500
1967 V-4, 1498cc, 84.6" wb						
Sonett V4	332	996	1,660	3,740	5,810	8,300
1968 3-cyl., 841cc (816cc Shrike), 98" wb						
96 Shrike 2d Sed	272	816	1,360	3,060	4,760	6,800
96 2d Sed.	276	828	1,380	3,110	4,830	6,900
95 Shrike 2d Sta Wag	270	820	1,360	3,060	4,760	6,800
95 2d Sta Wag	276	828	1,380	3,110	4,830	6,900
1968 V-4, 1498cc, 98" wb						
96 V4 2d Sed	292	876	1,460	3,290	5,110	7,300
96 V4 2d DeL Sed	296	888	1,480	3,330	5,180	7,400
95 V4 2d Sta Wag	300	900	1,500	3,380	5,250	7,500
95 V4C 2d Sta Wag	304	912	1,520	3,420	5,320	7,600
Monte Carlo V4 2d Sed	340	1,010	1,680	3,780	5,880	8,400
1968 V-4, 1498cc, 84.6" wb						
Sonett V4	320	960	1,600	3,600	5,600	8,000
1969 V-4, 1498cc, 98" wb						
96 V4 2d Sed	292	876	1,460	3,290	5,110	7,300
96 V4 2d DeL Sed	296	888	1,480	3,330	5,180	7,400
95 V4 2d Sta Wag	292	876	1,460	3,290	5,110	7,300
1969 V-4, 1498cc, 84.6" wb						
Sonett V4	320	960	1,600	3,600	5,600	8,000
1969 4-cyl., 1709cc, 97.4" wb						
99 2d Sed.	292	876	1,460	3,290	5,110	7,300
1970 V-4, 1498cc, 98" wb						
96 V4 2d Sed	292	876	1,460	3,290	5,110	7,300
95 V4 2d Sta Wag	304	912	1,520	3,420	5,320	7,600
1970 V-4, 84.6" wb						
Sonett III	340	1,020	1,700	3,830	5,950	8,500

SAAB

	6	5	4	3	2	1
1970 4-cyl., 1709cc, 97.4" wb						
99 2d Sed	288	864	1,440	3,240	5,040	7,200
99 4d Sed	284	852	1,420	3,200	4,970	7,100
1971 V-4, 1698cc, 98" wb						
96 V4 2d Sed	252	756	1,260	2,840	4,410	6,300
95 V4 2d Sta Wag	264	792	1,320	2,970	4,620	6,600
1971 V-4, 1698cc, 84.6" wb						
Sonett III	320	960	1,600	3,600	5,600	8,000
1971 4-cyl., 1709cc, 97.4" wb						
99 2d Sed	252	756	1,260	2,840	4,410	6,300
99 4d Sed	248	744	1,240	2,790	4,340	6,200
1972 V-4, 1698cc, 98" wb						
96 V4 2d Sed	252	756	1,260	2,840	4,410	6,300
95 V4 2d Sta Wag	264	792	1,320	2,970	4,620	6,600
1972 V-4, 1698cc, 84.6" wb						
Sonett III	320	960	1,600	3,600	5,600	8,000
1972 4-cyl., 1850/1985cc, 97.4" wb						
99 2d Sed	252	756	1,260	2,840	4,410	6,300
99EMS 2d Sed	272	816	1,360	3,060	4,760	6,800
99 4d Sed	252	756	1,260	2,840	4,410	6,300
1973 V-4, 1698cc, 98" wb						
96 V4	252	756	1,260	2,840	4,410	6,300
95 V4 2d Sta Wag	264	792	1,320	2,970	4,620	6,600
1973 V-4, 1698cc, 84.6" wb						
Sonett III	320	960	1,600	3,600	5,600	8,000
1973 4-cyl., 1850/1985cc, 97.4" wb						
99X7 2d Sed	248	744	1,240	2,790	4,340	6,200
99L 2d Sed	248	744	1,240	2,790	4,340	6,200
99L 4d Sed	244	732	1,220	2,750	4,270	6,100
99EMS 2d Sed	272	816	1,360	3,060	4,760	6,800
1974 V-4, 1698cc, 98" wb						
96 V4 2d Sed	252	756	1,260	2,840	4,410	6,300
95 V4 2d Sta Wag	260	780	1,300	2,930	4,550	6,500
1974 V-4, 1698cc, 84.6" wb						
Sonett III	320	960	1,600	3,600	5,600	8,000
1974 4-cyl., 1985cc, 97.4" wb						
99X7 2d Sed	250	750	1,250	2,840	4,400	6,300
99L 2d Sed	250	750	1,300	2,880	4,500	6,400
99L 4d Sed	250	750	1,250	2,840	4,400	6,300
99L 3d Combi Cpe	250	800	1,300	2,930	4,550	6,500
99EMS 2d Sed	250	800	1,350	3,060	4,750	6,800
1975 V-4, 1498cc, 98" wb						
96 V4 2d Sed	232	696	1,160	2,610	4,060	5,800
95 V4 2d Sta Wag	240	720	1,200	2,700	4,200	6,000
1975 4-cyl., 1985cc, 97.4" wb						
99 2d Sed	200	600	1,050	2,340	3,650	5,200
99L 2d Sed	200	650	1,100	2,480	3,850	5,500
99L 4d Sed	200	650	1,100	2,480	3,850	5,500
99L 3d Combi Cpe	200	650	1,100	2,520	3,900	5,600
99EMS 2d Sed	250	700	1,200	2,700	4,200	6,000
1976 4-cyl., 1985cc, 97.4" wb						
99L 2d Sed	200	650	1,050	2,390	3,700	5,300
99GL 2d Sed	200	650	1,100	2,430	3,800	5,400
99GL 4d Sed	200	650	1,050	2,390	3,700	5,300
99GL 3d Combi Cpe	220	660	1,100	2,480	3,850	5,500
99GL 5d Combi Cpe	220	670	1,120	2,520	3,920	5,600
99EMS 2d Sed	250	750	1,250	2,790	4,350	6,200
99GLE 4d Sed	250	750	1,200	2,750	4,250	6,100
1977 4-cyl., 1985cc, 97.4" wb						
99L 2d Sed	200	600	1,000	2,250	3,500	5,000
99GL 2d Sed	200	650	1,050	2,390	3,700	5,300
99GL 4d Sed	200	650	1,050	2,390	3,700	5,300
99GL 3d Combi Cpe	220	660	1,100	2,480	3,850	5,500
99GL 5d Combi Cpe	220	670	1,120	2,520	3,920	5,600
99EMS 2d Sed	250	700	1,150	2,610	4,050	5,800
99GLE 4d Sed	250	700	1,150	2,570	4,000	5,700
1978 4-cyl., 1985cc, 97.4" wb						
99L 2d Sed	200	600	1,000	2,250	3,500	5,000
99L 4d Sed	200	600	1,000	2,250	3,500	5,000
99L 3d Combi Cpe	200	650	1,050	2,390	3,700	5,300
99GL 2d Sed	200	600	1,000	2,300	3,550	5,100
99GL 4d Sed	200	600	1,050	2,340	3,650	5,200
99GL 3d Combi Cpe	220	650	1,080	2,430	3,780	5,400
99GL 5d Combi Cpe	220	650	1,080	2,430	3,780	5,400
99EMS 2d Sed	200	650	1,100	2,480	3,850	5,500
99EMS 3d Combi Cpe	220	670	1,120	2,520	3,920	5,600
99GLE 5d Combi Cpe	220	670	1,120	2,520	3,920	5,600
99 Turbo 3d Combi Cpe	250	760	1,260	2,840	4,410	6,300

	6	5	4	3	2	1
1979 4-cyl., 1985cc, 97.4" wb						
99GL 2d Sed	200	650	1,100	2,480	3,850	5,500
900GL 2d HBk	200	650	1,100	2,520	3,900	5,600
900GLE 4d HBk	250	700	1,200	2,660	4,150	5,900
900EMS 2d HBk	250	700	1,200	2,700	4,200	6,000
900 Turbo 2d HBk	250	750	1,250	2,790	4,350	6,200
900 Turbo 4d HBk	250	750	1,250	2,790	4,350	6,200
1980 4-cyl., 1985cc, 97.4" wb						
99GL 2d Sed	250	700	1,150	2,570	4,000	5,700
900GLI 2d HBk	250	700	1,150	2,610	4,050	5,800
900GLE 4d HBk	250	700	1,200	2,660	4,150	5,900
900EMS 2d HBk	250	700	1,200	2,700	4,200	6,000
900 Turbo 2d HBk	250	750	1,250	2,790	4,350	6,200
900 Turbo 4d HBk	250	750	1,250	2,790	4,350	6,200
1981 4-cyl., 1985cc, 97.4" wb						
900 2d HBk	250	750	1,200	2,750	4,250	6,100
900S 2d HBk	250	750	1,250	2,790	4,350	6,200
900S 4d Sed	250	750	1,250	2,790	4,350	6,200
900 Turbo 2d HBk	250	750	1,250	2,840	4,400	6,300
900 Turbo 4d HBk	250	750	1,250	2,840	4,400	6,300
1982 4-cyl., 1985cc, 97.4" wb						
900 2d HBk	250	700	1,200	2,700	4,200	6,000
900 4d Sed	250	750	1,200	2,750	4,250	6,100
900S 2d HBk	250	750	1,200	2,750	4,250	6,100
900S 4d Sed	250	750	1,250	2,790	4,350	6,200
900 Turbo 2d HBk	250	750	1,300	2,880	4,500	6,400
900 Turbo 4d Sed	250	750	1,300	2,880	4,500	6,400
1983 4-cyl., 1985cc, 97.4" wb						
900 2d HBk	250	700	1,200	2,700	4,200	6,000
900 4d Sed	250	750	1,200	2,750	4,250	6,100
900S 2d HBk	250	750	1,200	2,750	4,250	6,100
900S 4d Sed	250	750	1,250	2,790	4,350	6,200
900 Turbo 2d HBk	250	750	1,300	2,000	4,500	6,400
900 Turbo 4d Sed	250	750	1,300	2,880	4,500	6,400
1984 4-cyl., 1985cc, 97.4" wb						
900 2d HBk	250	700	1,200	2,700	4,200	6,000
900 4d Sed	250	750	1,200	2,750	4,250	6,100
900S 2d HBk	250	750	1,200	2,750	4,250	6,100
900S 4d Sed	250	750	1,250	2,790	4,350	6,200
900 Turbo 2d HBk	250	800	1,300	2,930	4,550	6,500
900 Turbo 4d Sed	250	800	1,300	2,930	4,550	6,500
1985 4-cyl., 1985cc, 97.4" wb						
900 2d HBk	250	800	1,300	2,930	4,550	6,500
900 4d Sed	250	800	1,350	3,020	4,700	6,700
900S 2d HBk	300	900	1,450	3,290	5,100	7,300
900S 4d Sed	300	900	1,450	3,290	5,100	7,300
NOTE: Add 10 percent for Turbo.						
1986 4-cyl., 1985cc, 97.4" wb						
900 2d HBk	250	800	1,300	2,930	4,550	6,500
900 4d Sed	250	800	1,350	3,020	4,700	6,700
900S 2d Sed	300	900	1,500	3,330	5,200	7,400
900S 2d HBk	300	900	1,500	3,330	5,200	7,400
900S 4d Sed	300	900	1,500	3,380	5,250	7,500
NOTE: Add 10 percent for Turbo.						
1987 4-cyl., 1985cc, 97.4" wb						
900 2d HBk	300	900	1,500	3,380	5,250	7,500
900 4d Sed	300	900	1,550	3,470	5,400	7,700
900S 2d HBk	300	950	1,600	3,600	5,600	8,000
900S 4d Sed	300	950	1,600	3,600	5,600	8,000
900 2d HBk Turbo	350	1,100	1,800	4,050	6,300	9,000
900 2d Conv Turbo	700	2,100	3,500	7,880	12,300	17,500
9000S 4d HBk	350	1,100	1,800	4,050	6,300	9,000
9000 4d HBk Turbo	400	1,150	1,900	4,280	6,650	9,500
1988 4-cyl., 1985cc, 97.4" wb						
900 2d HBk	350	1,000	1,700	3,830	5,950	8,500
900 4d Sed	350	1,000	1,700	3,830	5,950	8,500
900S 2d HBk	400	1,150	1,900	4,230	6,600	9,400
900S 4d Sed	400	1,150	1,900	4,280	6,650	9,500
900 2d HBk Turbo	450	1,400	2,300	5,180	8,050	11,500
900 2d Conv Turbo	800	2,350	3,900	8,780	13,700	19,500
9000 4d HBk	400	1,150	1,900	4,280	6,650	9,500
9000 4d HBk Turbo	400	1,250	2,100	4,730	7,350	10,500
1989 4-cyl., 1985cc, 97.4" wb						
900 2d HBk	350	1,000	1,700	3,830	5,950	8,500
900 4d Sed	350	1,000	1,700	3,830	5,950	8,500
900S 2d HBk	400	1,150	1,900	4,280	6,650	9,500
900S 4d Sed	400	1,150	1,900	4,280	6,650	9,500
900 2d HBk Turbo	400	1,250	2,100	4,730	7,350	10,500

SAAB

	6	5	4	3	2	1
900 4d Sed Turbo 400	1,250	2,100	4,730	7,350	10,500	
900 2d Conv Turbo 900	2,700	4,500	10,130	15,700	22,500	
9000S 4d HBk 450	1,400	2,300	5,180	8,050	11,500	
9000 4d HBk Turbo 500	1,500	2,500	5,630	8,750	12,500	
9000 4d Sed Turbo 550	1,600	2,700	6,080	9,450	13,500	
1990 4-cyl., 1985 cc, 97.4" wb						
900 2d Sed 350	1,100	1,800	4,050	6,300	9,000	
1990 4-cyl., 1985cc, 97.4" wb						
900 4d Sed 350	1,100	1,800	4,100	6,350	9,100	
900S 2d Sed 400	1,150	1,900	4,280	6,650	9,500	
900S 4d Sed 400	1,150	1,900	4,320	6,700	9,600	
900 2d Sed Turbo 450	1,400	2,300	5,180	8,050	11,500	
900 4d Sed Turbo 450	1,400	2,300	5,220	8,100	11,600	
900 2d Conv Turbo 650	2,000	3,300	7,430	11,600	16,500	
9000S 4d Sed 450	1,400	2,300	5,180	8,050	11,500	
9000S 4d HBk Sed 450	1,400	2,300	5,220	8,100	11,600	
9000 4d HBk Sed Turbo 540	1,620	2,700	6,080	9,450	13,500	
9000 4d Sed Turbo 600	1,750	2,900	6,530	10,200	14,500	
1991 4-cyl., 1985cc, 97.4" wb						
900 2d Sed 300	950	1,600	3,600	5,600	8,000	
900S 2d Sed 350	1,100	1,800	4,050	6,300	9,000	
900S 2d Conv 550	1,600	2,700	6,080	9,450	13,500	
900 2d Sed Turbo 450	1,400	2,300	5,180	8,050	11,500	
900 2d Conv Turbo 600	1,850	3,100	6,980	10,900	15,500	
900 4d Sed 300	950	1,600	3,600	5,600	8,000	
900S 4d Sed 350	1,100	1,800	4,050	6,300	9,000	
9000 HBk 400	1,150	1,900	4,280	6,650	9,500	
9000S 4d HBk 400	1,200	2,000	4,500	7,000	10,000	
9000S 4d Turbo HBk 460	1,380	2,300	5,180	8,050	11,500	
9000CD 4d Sed 400	1,250	2,100	4,730	7,350	10,500	
9000CD 4d Turbo Sed 460	1,380	2,300	5,180	8,050	11,500	
1992 900, 4-cyl.						
2d HBk 350	1,100	1,800	4,050	6,300	9,000	
4d Sed 350	1,100	1,800	4,050	6,300	9,000	
2d S HBk 400	1,200	2,000	4,500	7,000	10,000	
4d S Sed 400	1,200	2,000	4,500	7,000	10,000	
2d S Conv 500	1,500	2,500	5,630	8,750	12,500	
2d Turbo HBk 400	1,250	2,100	4,730	7,350	10,500	
2d Turbo Conv 600	1,850	3,100	6,980	10,900	15,500	
1992 9000, 4-cyl.						
4d HBk 450	1,300	2,200	4,950	7,700	11,000	
4d S HBk 450	1,400	2,300	5,180	8,050	11,500	
4d CD Sed 450	1,400	2,300	5,180	8,050	11,500	
4d Turbo HBk 500	1,500	2,500	5,630	8,750	12,500	
4d CD Turbo Sed 500	1,500	2,500	5,630	8,750	12,500	
1993 900, 4-cyl.						
2d S Sed 400	1,150	1,900	4,230	6,600	9,400	
4d S Sed 400	1,150	1,900	4,280	6,650	9,500	
2d S Conv 500	1,550	2,600	5,850	9,100	13,000	
2d Sed Turbo 400	1,200	2,000	4,500	7,000	10,000	
2d Conv Turbo 550	1,700	2,800	6,300	9,800	14,000	
1993 9000, 4-cyl.						
4d CD Sed 400	1,150	1,950	4,370	6,800	9,700	
4d CD Turbo Sed 400	1,200	2,000	4,550	7,050	10,100	
CS 4d HBk 400	1,250	2,100	4,730	7,350	10,500	
CS 4d HBk, Turbo 450	1,300	2,200	4,950	7,700	11,000	
4d CDE Sed 400	1,250	2,050	4,640	7,200	10,300	
4d CDE Turbo Sed 450	1,300	2,150	4,820	7,500	10,700	
CSE 4d HBk 400	1,200	2,000	4,500	7,000	10,000	
CSE 4d Turbo HBk 400	1,250	2,100	4,730	7,350	10,500	
4d Aero Turbo Sed 450	1,400	2,300	5,180	8,050	11,500	
1994 900, 4-cyl.						
2d S Cpe HBk 450	1,400	2,300	5,180	8,050	11,500	
2d SE Cpe HBk Turbo 480	1,440	2,400	5,400	8,400	12,000	
4d S Sed HBk 500	1,450	2,400	5,400	8,400	12,000	
4d S Sed HBk, V-6 500	1,500	2,500	5,630	8,750	12,500	
4d SE Sed HBk, V-6 560	1,680	2,800	6,300	9,800	14,000	
2d S Conv 600	1,750	2,900	6,530	10,200	14,500	
2d Conv, Turbo 650	2,000	3,300	7,430	11,600	16,500	
1994 9000, 4-cyl.						
4d Sed Cpe, Turbo 600	1,750	2,900	6,530	10,200	14,500	
CS 4d Sed HBk 500	1,500	2,500	5,630	8,750	12,500	
CS 4d Sed HBk, Turbo 540	1,620	2,700	6,080	9,450	13,500	
CSE 4d Sed HBk 550	1,600	2,700	6,080	9,450	13,500	
CSE 4d Sed Hbk, Turbo 580	1,740	2,900	6,530	10,150	14,500	
4d Sed HBk Hero, Turbo 700	2,100	3,500	7,880	12,250	17,500	
1995 995, 4-cyl. & V-6						
2d S Cpe 450	1,400	2,300	5,180	8,050	11,500	
2d S Conv 600	1,750	2,900	6,530	10,200	14,500	

SAAB

	6	5	4	3	2	1
4d S Sed.	500	1,450	2,400	5,400	8,400	12,000
2d SE Cpe, Turbo.	500	1,450	2,400	5,400	8,400	12,000
4d SE Sed, V-6.	550	1,700	2,800	6,300	9,800	14,000
2d SE Conv, Turbo.	650	2,000	3,300	7,430	11,600	16,500
2d SE Conv, V-6.	650	1,950	3,250	7,340	11,400	16,300
1995 9000, 4-cyl. & V-6						
4d CDE Sed, V-6	550	1,600	2,700	6,080	9,450	13,500
CS 4d Sed, Turbo.	500	1,500	2,500	5,630	8,750	12,500
CS 4d Sup Sed, Turbo.	540	1,620	2,700	6,080	9,450	13,500
CSE 4d Sed, Turbo	600	1,750	2,900	6,530	10,200	14,500
CSE 4d Sed, V-6	550	1,700	2,800	6,300	9,800	14,000
4d Aero Sed, Turbo	700	2,100	3,500	7,880	12,300	17,500
1996 900, 4-cyl.						
2d S Cpe	450	1,300	2,200	4,950	7,700	11,000
2d S Conv.	550	1,700	2,800	6,300	9,800	14,000
4d S Sed.	450	1,400	2,300	5,180	8,050	11,500
2d SE Cpe, Turbo.	450	1,400	2,300	5,180	8,050	11,500
2d SE Conv, Turbo.	650	1,900	3,200	7,200	11,200	16,000
4d SE Sed, Turbo.	450	1,400	2,350	5,270	8,200	11,700
1996 900, V-6						
2d SE Conv	632	1,896	3,160	7,110	11,060	15,800
4d SE Sed	540	1,620	2,700	6,080	9,450	13,500
1996 9000, 4-cyl.						
CS 4d Sed, Turbo.	500	1,450	2,400	5,400	8,400	12,000
CSE 4d Sed, Turbo	550	1,700	2,800	6,300	9,800	14,000
4d Aero Sed, Turbo	700	2,050	3,400	7,650	11,900	17,000
1996 9000, V-6.						
CSE 4d Sed	550	1,600	2,700	6,080	9,450	13,500
1997 900, 4-cyl.						
2d S Cpe	440	1,320	2,200	4,950	7,700	11,000
2d S Conv.	560	1,680	2,800	6,300	9,800	14,000
4d S Sed.	460	1,380	2,300	5,180	8,050	11,500
2d SE Cpe, Turbo.	460	1,380	2,300	5,180	8,050	11,500
2d SE Conv, Turbo.	640	1,920	3,200	7,200	11,200	16,000
4d SE Sed, Turbo.	468	1,404	2,340	5,270	8,190	11,700
1997 900, V-6						
2d SE Conv	630	1,890	3,150	7,090	11,025	15,750
4d SE Sed	540	1,620	2,700	6,080	9,450	13,500
1997 9000, 4-cyl.						
CS 4d Sed, Turbo.	480	1,440	2,400	5,400	8,400	12,000
CSE 4d Sed, Turbo	560	1,680	2,800	6,300	9,800	14,000
4d Aero Sed, Turbo	680	2,040	3,400	7,650	11,900	17,000
1997 9000, V-6						
CSE 4d Sed	540	1,620	2,700	6,080	9,450	13,500
1998 900, 4-cyl.						
2d S Cpe Turbo	440	1,320	2,200	4,950	7,700	11,000
2d S Conv.	560	1,680	2,800	6,300	9,800	14,000
4d S Sed.	460	1,380	2,300	5,180	8,050	11,500
2d SE Cpe Turbo	460	1,380	2,300	5,180	8,050	11,500
2d SE Conv Turbo	640	1,920	3,200	7,200	11,200	16,000
4d SE Sed Turbo	470	1,400	2,340	5,270	8,190	11,700
1998 9000, Turbo 4-cyl.						
CS 4d Sed	520	1,560	2,600	5,850	9,100	13,000
CSE 4d Sed	600	1,800	3,000	6,750	10,500	15,000
1999 9-3, Turbo 4-cyl.						
2d Cpe	320	960	1,600	3,600	5,600	8,000
2d Conv	400	1,200	2,000	4,500	7,000	10,000
2d Viggen Cpe	440	1,320	2,200	4,950	7,700	11,000
4d Sed	340	1,020	1,700	3,830	5,950	8,500
4d SE Sed	360	1,080	1,800	4,050	6,300	9,000
2d SE Conv	480	1,440	2,400	5,400	8,400	12,000
1999 9-5, Turbo 4-cyl.						
4d Sed	380	1,140	1,900	4,280	6,650	9,500
4d SE Sed	400	1,200	2,000	4,500	7,000	10,000
4d SE Sed (Turbo V-6).	440	1,320	2,200	4,950	7,700	11,000
2000 9-3, Turbo 4-cyl.						
2d Cpe	320	960	1,600	3,600	5,600	8,000
4d Sed	340	1,020	1,700	3,830	5,950	8,500
2d Conv	400	1,200	2,000	4,500	7,000	10,000
4d SE Sed	360	1,080	1,800	4,050	6,300	9,000
2d SE Conv	480	1,440	2,400	5,400	8,400	12,000
2d Viggen Cpe	440	1,320	2,200	4,950	7,700	11,000
4d Viggen Sed	450	1,340	2,240	5,040	7,840	11,200
2d Viggen Conv	580	1,740	2,900	6,530	10,150	14,500
2000 9-5, Turbo 4-cyl.						
4d Sed	380	1,140	1,900	4,280	6,650	9,500
4d SE Sed	400	1,200	2,000	4,500	7,000	10,000
4d SE Sed (Turbo V-6).	440	1,320	2,200	4,950	7,700	11,000

SAAB

SIMCA

	6	5	4	3	2	1
4d Aero Sed	460	1,380	2,300	5,180	8,050	11,500
4d Sta Wag	470	1,400	2,340	5,270	8,190	11,700
4d SE Sta Wag (Turbo V-6)	510	1,520	2,540	5,720	8,890	12,700
4d Aero Sta Wag	560	1,680	2,800	6,300	9,800	14,000
2001 9-3, Turbo 4-cyl.						
2d Cpe	320	960	1,600	4,000	5,600	8,000
4d Sed	340	1,020	1,700	4,250	5,950	8,500
4d SE Sed	360	1,080	1,800	4,500	6,300	9,000
2d SE Conv	480	1,440	2,400	6,000	8,400	12,000
2d Viggen Cpe	440	1,320	2,200	5,500	7,700	11,000
4d Viggen Sed	450	1,340	2,240	5,600	7,840	11,200
2d Viggen Conv	580	1,740	2,900	7,250	10,150	14,500
2001 9-5, Turbo 4-cyl.						
4d Sed	380	1,140	1,900	4,750	6,650	9,500
4d SE Sed	400	1,200	2,000	5,000	7,000	10,000
4d SE Sed (Turbo V-6)	440	1,320	2,200	5,500	7,700	11,000
4d Aero Sed	460	1,380	2,300	5,750	8,050	11,500
4d Sta Wag	470	1,400	2,340	5,850	8,190	11,700
4d SE Sta Wag (Turbo V-6)	510	1,520	2,540	6,350	8,890	12,700
4d Aero Sta Wag	560	1,680	2,800	7,000	9,800	14,000
SIMCA						
1946-50 Series 5, 4-cyl., 570cc, 79" wb						
2d Cpe	350	1,000	1,700	3,830	5,950	8,500
1946-50 Series 6, 4-cyl., 570cc, 79" wb						
2d Cpe	350	1,000	1,700	3,830	5,950	8,500
1946-50 Series 8, 1000, 4-cyl., 1089cc, 95" wb						
4d Sed	300	950	1,600	3,600	5,600	8,000
2d Bus Cpe	350	1,000	1,700	3,830	5,950	8,500
2d Conv Cpe	600	1,750	2,900	6,530	10,200	14,500
1946-50 Series 8, 1200, 4-cyl., 1221cc, 95" wb						
4d Sed	300	950	1,600	3,600	5,600	8,000
2d Bus Cpe	350	1,000	1,700	3,830	5,950	8,500
2d Conv Cpe	600	1,750	2,900	6,530	10,200	14,500
1946-50 Series 8, 4-cyl., 1221cc, 95" wb						
2d Spt Rds	700	2,050	3,400	7,650	11,900	17,000
1951-55 Series 8, 4-cyl., 1221cc, 95" wb						
2d Spt Rds	700	2,050	3,400	7,650	11,900	17,000
2d Spt Cpe	600	1,750	2,900	6,530	10,200	14,500
2d Sed	300	950	1,600	3,600	5,600	8,000
1951-55 Aronde 9, 4-cyl., 1221cc, 96" wb						
4d Sed	200	600	1,000	2,250	3,500	5,000
2d Sta Wag	200	650	1,100	2,480	3,850	5,500
2d HT Cpe	250	800	1,300	2,930	4,550	6,500
1956-58 Aronde 1300, 4-cyl., 1290cc, 96.2" wb						
4d DeL Sed	200	550	900	2,030	3,150	4,500
4d Elysee Sed	200	600	950	2,160	3,350	4,800
2d Plein Ciel Sed	200	600	1,000	2,250	3,500	5,000
Grand Large HT Cpe	260	780	1,300	2,930	4,550	6,500
Chatelaine Sta Wag	200	650	1,100	2,480	3,850	5,500
Oceane 2d Conv	600	1,750	2,900	6,530	10,200	14,500
1956-58 Vedette, V-8, 2351cc, 106" wb						
Versailles Sed	200	650	1,100	2,480	3,850	5,500
1959-61 Aronde, 4-cyl., 1290cc, 96.3" wb						
4d DeL Sed	200	550	900	2,030	3,150	4,500
Sup DeL Sed	200	600	950	2,160	3,350	4,800
4d Elysee Sed	200	600	1,000	2,250	3,500	5,000
Montlhery Sed	200	600	1,050	2,340	3,650	5,200
Grand Large HT Cpe	260	780	1,300	2,930	4,550	6,500
Plain Ciel HT Cpe	250	800	1,300	2,930	4,550	6,500
Chatelaine Sta Wag	200	650	1,100	2,480	3,850	5,500
Oceane 2d Conv	600	1,750	2,900	6,530	10,200	14,500
1959-61 Aronde (Second Series 1959) 4-cyl., 1290cc, 96.3" wb						
Elysee 4d Sed	200	550	900	2,030	3,150	4,500
Montlhery Sed	200	600	950	2,160	3,350	4,800
Grand Large HT Cpe	260	780	1,300	2,930	4,550	6,500
Monaco HT Cpe	250	800	1,300	2,930	4,550	6,500
Etoile 4d Sed	200	600	950	2,160	3,350	4,800
1959-61 Vedette Beaulieu, V-8, 2351cc, 106" wb						
4d Sed	200	650	1,100	2,480	3,850	5,500
1959-61 Ariane, 235cc, 106" wb						
Four 4d Sed	200	550	900	2,030	3,150	4,500
1959-61 Ariane, 2351cc, 106" wb						
V-8 4d Sed	200	650	1,100	2,480	3,850	5,500
1962-68 Series 5, 4-cyl., 1290cc, 96.3" wb						
4d Sed	200	550	900	2,030	3,150	4,500
1962-68 Series 1000, 4-cyl., 944cc, 87.3" wb						
4d Sed	200	550	900	2,030	3,150	4,500

	6	5	4	3	2	1
1962-68 Bertone 1000, 4-cyl., 944cc, 87.7" wb						
2d Cpe	200	650	1,100	2,480	3,850	5,500
1969-71 Series 1118, 4-cyl., 1118cc, 87.4" wb						
GL 4d Sed	200	550	900	2,030	3,150	4,500
GLS 4d Sed	200	550	900	2,030	3,150	4,500
1969-71 Series 1204, 4-cyl., 1204cc, 99.2" wb						
LS 2d Sed.	200	550	900	2,030	3,150	4,500
GLS 2d Sed	200	550	900	2,070	3,200	4,600
GLS 4d Sed	200	550	900	2,030	3,150	4,500
GLS 2d Sta Wag	200	600	950	2,160	3,350	4,800
GLS 4d Sta Wag	200	600	950	2,160	3,350	4,800

SUBARU

	6	5	4	3	2	1
1958-70 360, 2-cyl., 356cc, 70.9" wb						
2d Cpe	220	660	1,100	2,480	3,850	5,500
2d Cus Cpe	230	680	1,140	2,570	3,990	5,700
NOTE: Imports began in the late 1960s.						
1971 FF-1 Star, 4-cyl., 1088cc, 95.2" wb						
1100 2d Sed	220	670	1,120	2,520	3,920	5,600
1100 4d Sed.	220	660	1,100	2,480	3,850	5,500
1100 4d Sta Wag	230	680	1,140	2,570	3,990	5,700
1972 1300, 4-cyl., 1267cc, 95.3" wb						
A15L 2d Sed.	220	670	1,120	2,520	3,920	5,600
A15L 4d Sed.	220	660	1,100	2,480	3,850	5,500
A44L 4d Sta Wag	230	680	1,140	2,570	3,990	5,700
GL 2d Cpe	240	720	1,200	2,700	4,200	6,000
1973-76 1400, 4-cyl., 1361cc, 96.7" wb						
DL 2d Sed	220	670	1,120	2,520	3,920	5,600
DL 4d Sed	220	660	1,100	2,480	3,850	5,500
DL 4d Sta Wag.	220	660	1,100	2,480	3,850	5,500
GL 2d Cpe	240	720	1,200	2,700	4,200	6,000
NOTE: A 4WD Station Wagon was available in 1975 with a 96.1" wh						
1977-79 1600, 4-cyl., 1595cc, 96.7" wb						
STD 2d Sed	220	660	1,100	2,480	3,850	5,500
DL 2d Sed	220	670	1,120	2,520	3,920	5,600
DL 4d Sed	220	660	1,100	2,480	3,850	5,500
DL 2d Cpe	230	680	1,140	2,570	3,990	5,700
GF 2d HT Cpe	240	720	1,200	2,700	4,200	6,000
DL 4d Sta Wag.	230	680	1,140	2,570	3,990	5,700
DL 4x4 Sta Wag	260	780	1,300	2,930	4,550	6,500
1980-84 1600						
STD 2d HBk	220	660	1,100	2,480	3,850	5,500
STD 2d HBk, 4x4	240	720	1,200	2,700	4,200	6,000
DL 2d HBk	220	660	1,100	2,480	3,850	5,500
DL 2d HBk, 4x4	240	720	1,200	2,700	4,200	6,000
DL 4d Sed	220	660	1,100	2,480	3,850	5,500
DL 2d HT Cpe	240	720	1,200	2,700	1,200	6,000
DL 4d Sta Wag.	220	660	1,100	2,480	3,850	5,500
DL Sta Wag, 4x4	260	780	1,300	2,930	4,550	6,500
GL 4d Sed	220	660	1,100	2,480	3,850	5,500
GL 4d Sta Wag.	240	720	1,200	2,700	4,200	6,000
GL Sta Wag, 4x4	260	780	1,300	2,930	4,550	6,500
GLF HT Cpe.	240	720	1,200	2,700	4,200	6,000
NOTE: Optional 4-cyl 1781cc engine also available.						
1985-86 STD						
STD 2d HBk	240	720	1,200	2,700	4,200	6,000
DL 4d Sed	260	780	1,300	2,930	4,550	6,500
DL 4d Sta Wag.	280	840	1,400	3,150	4,900	7,000
GL 2d HBk	290	860	1,440	3,240	5,040	7,200
GL HBk, 4x4	310	920	1,540	3,470	5,390	7,700
GL 4d Sed	250	740	1,240	2,790	4,340	6,200
GL 4d Sed, 4x4	280	840	1,400	3,150	4,900	7,000
GL 4d Sta Wag.	260	780	1,300	2,930	4,550	6,500
GL Sta Wag, 4x4	300	900	1,500	3,380	5,250	7,500
1985-86 Turbo RX						
RX 4d Sed, 4x4	300	900	1,500	3,380	5,250	7,500
GL 4d Sed, 4x4	300	900	1,500	3,380	5,250	7,500
1985-86 XT						
DL 2d Cpe	280	840	1,400	3,150	4,900	7,000
GL 2d Cpe	290	860	1,440	3,240	5,040	7,200
Turbo 2d Cpe, 4x4	300	900	1,500	3,380	5,250	7,500
1987 STD						
2d HBk	190	580	960	2,160	3,360	4,800
1987 Justy						
DL 2d HBk	210	620	1,040	2,340	3,640	5,200
GL 2d HBk	220	650	1,080	2,430	3,780	5,400
1987 DL						
2d Cpe	220	670	1,120	2,520	3,920	5,600

SUBARU

SUBARU

	6	5	4	3	2	1
4d Sed	220	660	1,100	2,480	3,850	5,500
4d Sta Wag	230	680	1,140	2,570	3,990	5,700
4d Sta Wag, 4x4	270	800	1,340	3,020	4,690	6,700
1987 GL						
2d HBk	230	680	1,140	2,570	3,990	5,700
2d HBk, 4x4	270	800	1,340	3,020	4,690	6,700
2d Cpe	220	670	1,120	2,520	3,920	5,600
2d Cpe, 4x4	260	790	1,320	2,970	4,620	6,600
4d Sed	220	660	1,100	2,480	3,850	5,500
4d Sed, 4x4	260	780	1,300	2,930	4,550	6,500
4d Sta Wag	230	700	1,160	2,610	4,060	5,800
4d Sta Wag, 4x4	270	820	1,360	3,060	4,760	6,800
4d Sed RX Turbo, 4x4	300	910	1,520	3,420	5,320	7,600
1987 XT						
DL 2d Cpe	270	820	1,360	3,060	4,760	6,800
GL 2d Cpe	280	830	1,380	3,110	4,830	6,900
GL 2d Cpe, 4x4	310	940	1,560	3,510	5,460	7,800
1988 Justy						
DL 2d HBk	220	650	1,080	2,430	3,780	5,400
GL 2d HBk	220	660	1,100	2,480	3,850	5,500
GL 2d HBk, 4x4	260	770	1,280	2,880	4,480	6,400
RS 2d HBk, 4x4	260	780	1,300	2,930	4,550	6,500
1988 DL						
2d Cpe	230	680	1,140	2,570	3,990	5,700
4d Sed	220	670	1,120	2,520	3,920	5,600
4d Sta Wag	230	700	1,160	2,610	4,060	5,800
4d Sta Wag, 4x4	270	820	1,360	3,060	4,760	6,800
1988 GL						
2d HBk	230	680	1,140	2,570	3,990	5,700
2d HBk, 4x4	270	800	1,340	3,020	4,690	6,700
2d Cpe	240	710	1,180	2,660	4,130	5,900
2d Cpe, 4x4	270	820	1,360	3,060	4,760	6,800
2d Cpe RX Turbo, 4x4	300	900	1,500	3,380	5,250	7,500
4d Sed	230	700	1,160	2,610	4,060	5,800
4d Sed, 4x4	280	830	1,380	3,110	4,830	6,900
4d Sed RX Turbo, 4x4	300	910	1,520	3,420	5,320	7,600
4d Sta Wag	240	730	1,220	2,750	4,270	6,100
4d Sta Wag, 4x4	280	850	1,420	3,200	4,970	7,100
1988 XT						
DL 2d Cpe	280	830	1,380	3,110	4,830	6,900
GL 2d Cpe	280	840	1,400	3,150	4,900	7,000
GL 2d Cpe, 4x4	320	960	1,600	3,600	5,600	8,000
2d Cpe XT6	300	900	1,500	3,380	5,250	7,500
2d Cpe XT6, 4x4	340	1,020	1,700	3,830	5,950	8,500
1989 Justy						
DL 2d HBk	220	660	1,100	2,480	3,850	5,500
GL 2d HBk	220	670	1,120	2,520	3,920	5,600
DL 2d HBk, 4x4	260	780	1,300	2,930	4,550	6,500
GL 2d HBk, 4x4	260	790	1,320	2,970	4,620	6,600
1989 DL						
2d Cpe	230	700	1,160	2,610	4,060	5,800
4d Sed	230	680	1,140	2,570	3,990	5,700
4d Sta Wag	240	710	1,180	2,660	4,130	5,900
4d Sta Wag, 4x4	280	830	1,380	3,110	4,830	6,900
1989 GL						
2d HBk	230	700	1,160	2,610	4,060	5,800
2d HBk, 4x4	270	820	1,360	3,060	4,760	6,800
2d Cpe	240	720	1,200	2,700	4,200	6,000
2d Cpe, 4x4	280	830	1,380	3,110	4,830	6,900
2d Cpe RX Turbo, 4x4	310	940	1,560	3,510	5,460	7,800
4d Sed	240	710	1,180	2,660	4,130	5,900
4d Sed, 4x4	280	840	1,400	3,150	4,900	7,000
4d Sta Wag	250	740	1,240	2,790	4,340	6,200
4d Sta Wag, 4x4	290	860	1,440	3,240	5,040	7,200
1989 XT						
GL 2d Cpe	280	840	1,400	3,150	4,900	7,000
GL 2d Cpe, 4x4	320	960	1,600	3,600	5,600	8,000
2d Cpe XT6	310	940	1,560	3,510	5,460	7,800
2d Cpe XT6, 4x4	350	1,060	1,760	3,960	6,160	8,800
1990 Justy						
2d DL HBk	220	670	1,120	2,520	3,920	5,600
2d GL HBk	230	680	1,140	2,570	3,990	5,700
2d GL HBk 4x4	270	800	1,340	3,020	4,690	6,700
4d GL HBk 4x4	260	790	1,320	2,970	4,620	6,600
1990 Loyale						
2d Cpe	220	650	1,080	2,430	3,780	5,400
2d RS Cpe 4x4	270	820	1,360	3,060	4,760	6,800
2d RS Cpe Turbo 4x4	280	840	1,400	3,150	4,900	7,000

	6	5	4	3	2	1
4d Sed	230	700	1,160	2,610	4,060	5,800
4d Sed 4x4	280	830	1,380	3,110	4,830	6,900
4d Sta Wag	240	720	1,200	2,700	4,200	6,000
4d Sta Wag 4x4	280	840	1,400	3,150	4,900	7,000
1990 Legacy						
4d Sed	240	720	1,200	2,700	4,200	6,000
4d L Sed	240	730	1,220	2,750	4,270	6,100
4d L Sed 4x4	280	850	1,420	3,200	4,970	7,100
4d Sta Wag	240	730	1,220	2,750	4,270	6,100
4d L Sta Wag	250	740	1,240	2,790	4,340	6,200
4d L Sta Wag 4x4	290	860	1,440	3,240	5,040	7,200
1991 Justy						
2d DL HBk	160	480	800	1,800	2,800	4,000
2d GL HBk	170	500	840	1,890	2,940	4,200
2d GL HBk 4x4	240	720	1,200	2,700	4,200	6,000
4d GL HBk 4x4	240	710	1,180	2,660	4,130	5,900
1991 Loyale						
4d Sed	230	680	1,140	2,570	3,990	5,700
4d Sed 4x4	260	780	1,300	2,930	4,550	6,500
4d Sta Wag	240	720	1,200	2,700	4,200	6,000
4d Sta Wag 4x4	280	840	1,400	3,150	4,900	7,000
1991 Legacy						
4d L Sed	280	840	1,400	3,150	4,900	7,000
4d L Sed 4x4	340	1,020	1,700	3,830	5,950	8,500
4d LS Sed	300	900	1,500	3,380	5,250	7,500
4d LS Sed 4x4	360	1,080	1,800	4,050	6,300	9,000
4d Sed Spt Turbo 4x4	560	1,680	2,800	6,300	9,800	14,000
4d L Sta Wag	320	960	1,600	3,600	5,600	8,000
4d L Sta Wag 4x4	360	1,080	1,800	4,050	6,300	9,000
4d LS Sta Wag	340	1,020	1,700	3,830	5,950	8,500
4d LS Sta Wag 4x4	380	1,140	1,900	4,280	6,650	9,500
1991 XT						
2d GL HBk	280	840	1,400	3,150	4,900	7,000
2d XT6 HBk	300	900	1,500	3,380	5,250	7,500
2d XT6 HBk 4x4	320	960	1,600	3,600	5,600	8,000
1992 Justy, 3-cyl.						
2d DL HBk	170	500	840	1,890	2,940	4,200
2d GL HBk	180	540	900	2,030	3,150	4,500
2d GL HBk, 4x4	220	670	1,120	2,520	3,920	5,600
4d GL HBk, 4x4	220	660	1,100	2,480	3,850	5,500
1992 Loyale, 4-cyl.						
4d Sed	240	720	1,200	2,700	4,200	6,000
4d Sed 4x4	280	840	1,400	3,150	4,900	7,000
4d Sta Wag	250	740	1,240	2,790	4,340	6,200
4d Sta Wag 4x4	300	900	1,500	3,380	5,250	7,500
1992 Legacy, 4-cyl.						
4d L Sed	290	860	1,440	3,240	5,040	7,200
4d L Sed 4x4	320	960	1,600	3,600	5,600	8,000
4d LS Sed	320	960	1,600	3,600	5,600	8,000
4d LS Sed 4x4	360	1,080	1,800	4,050	6,300	9,000
4d LSi Sed	340	1,020	1,700	3,830	5,950	8,500
4d LSi Sed 4x4	580	1,740	2,900	6,530	10,150	14,500
4d Turbo Sed 4x4	600	1,800	3,000	6,750	10,500	15,000
4d L Sta Wag	340	1,020	1,700	3,830	5,950	8,500
4d L Sta Wag 4x4	580	1,740	2,900	6,530	10,150	14,500
4d LS Sta Wag	560	1,680	2,800	6,300	9,800	14,000
4d LS Sta Wag 4x4	600	1,800	3,000	6,750	10,500	15,000
4d Turbo Sta Wag 4x4	620	1,860	3,100	6,980	10,850	15,500
1992 SVX, 6-cyl.						
2d LS Cpe	640	1,920	3,200	7,200	11,200	16,000
2d LSL Cpe	680	2,040	3,400	7,650	11,900	17,000
1993 Justy, 3-cyl.						
2d HBk	220	660	1,100	2,480	3,850	5,500
2d GL HBk	220	670	1,120	2,520	3,920	5,600
2d GL HBk 4x4	260	790	1,320	2,970	4,620	6,600
4d GL HBk 4x4	260	780	1,300	2,930	4,550	6,500
1993 Loyale, 4-cyl.						
4d Sed	240	710	1,180	2,660	4,130	5,900
4d Sed, 4x4	280	830	1,380	3,110	4,830	6,900
4d Sta Wag	240	730	1,220	2,750	4,270	6,100
4d Sta Wag 4x4	280	850	1,420	3,200	4,970	7,100
1993 Impreza, 4-cyl.						
4d Sed	290	860	1,440	3,240	5,040	7,200
4d Sed L	300	900	1,500	3,380	5,250	7,500
4d Sed L 4x4	340	1,020	1,700	3,830	5,950	8,500
4d Sed LS	300	910	1,520	3,420	5,320	7,600
4d Sed LS 4x4	340	1,030	1,720	3,870	6,020	8,600
4d Sta Wag L	320	960	1,600	3,600	5,600	8,000

SUBARU

SUBARU

	6	5	4	3	2	1
4d Sta Wag L 4x4	360	1,080	1,800	4,050	6,300	9,000
4d Sta Wag LS	330	980	1,640	3,690	5,740	8,200
4d Sta Wag LS 4x4	370	1,100	1,840	4,140	6,440	9,200
1993 Legacy, 4-cyl.						
4d Sed L	380	1,140	1,900	4,280	6,650	9,500
4d Sed L 4x4	580	1,740	2,900	6,530	10,150	14,500
4d Sed LS	380	1,150	1,920	4,320	6,720	9,600
4d Sed LS 4x4	580	1,750	2,920	6,570	10,220	14,600
4d Sed LSi 4x4	590	1,780	2,960	6,660	10,360	14,800
4d Turbo Sed 4x4	600	1,800	3,000	6,750	10,500	15,000
4d Sta Wag L	580	1,740	2,900	6,530	10,150	14,500
4d Sta Wag L 4x4	620	1,860	3,100	6,980	10,850	15,500
4d Sta Wag LS	580	1,750	2,920	6,570	10,220	14,600
4d Sta Wag LS 4x4	620	1,870	3,120	7,020	10,920	15,600
4d Sta Wag LSi 4x4	640	1,920	3,200	7,200	11,200	16,000
4d Turbo Sta Wag 4x4	680	2,040	3,400	7,650	11,900	17,000
1993 SVX, 6-cyl.						
2d Cpe LSL	590	1,780	2,960	6,660	10,360	14,800
1994 Justy, 3-cyl.						
2d HBk	170	500	840	1,890	2,940	4,200
4d HBk GL 4x4	180	540	900	2,030	3,150	4,500
1994 Loyale, 4-cyl.						
4d Sta Wag 4x4	340	1,020	1,700	3,830	5,950	8,500
1994 Impreza, 4-cyl.						
4d Sed	260	780	1,300	2,930	4,550	6,500
4d Sed L	280	840	1,400	3,150	4,900	7,000
4d Sed L 4x4	340	1,020	1,700	3,830	5,950	8,500
4d Sed LS 4x4	380	1,140	1,900	4,280	6,650	9,500
4d Sta Wag L	360	1,080	1,800	4,050	6,300	9,000
4d Sta Wag L 4x4	420	1,260	2,100	4,730	7,350	10,500
4d Sta Wag LS 4x4	440	1,320	2,200	4,950	7,700	11,000
1994 Legacy, 4-cyl.						
4d Sed L	320	960	1,600	3,600	5,600	8,000
4d Sed L 4x4	380	1,140	1,900	4,280	6,650	9,500
4d Sed LS	360	1,080	1,800	4,050	6,300	9,000
4d Sed LS 4x4	420	1,260	2,100	4,730	7,350	10,500
4d Sed LSi 4x4	440	1,320	2,200	4,950	7,700	11,000
4d Sed Spt Turbo 4x4	480	1,440	2,400	5,400	8,400	12,000
4d Sta Wag L	360	1,080	1,800	4,050	6,300	9,000
4d Sta Wag L 4x4	400	1,200	2,000	4,500	7,000	10,000
4d Sta Wag LS	400	1,200	2,000	4,500	7,000	10,000
4d Sta Wag LS 4x4	460	1,380	2,300	5,180	8,050	11,500
4d Sta Wag LSi 4x4	480	1,440	2,400	5,400	8,400	12,000
4d Sta Wag Spt Turbo 4x4	520	1,560	2,600	5,850	9,100	13,000
1994 SVX, 6-cyl.						
2d Cpe L	340	1,020	1,700	3,830	5,950	8,500
2d Cpe LS	380	1,140	1,900	4,280	6,650	9,500
2d Cpe LSi 4x4	440	1,320	2,200	4,950	7,700	11,000
1995 Impreza, 4-cyl.						
2d Cpe	180	550	920	2,070	3,220	4,600
2d Cpe 4x4	200	600	1,000	2,250	3,500	5,000
2d L Cpe	210	640	1,060	2,390	3,710	5,300
2d L Cpe 4x4	240	710	1,180	2,660	4,130	5,900
2d LX Cpe 4x4	280	840	1,400	3,150	4,900	7,000
4d Sed	260	780	1,300	2,930	4,550	6,500
4d Sed 4x4	270	820	1,360	3,060	4,760	6,800
4d L Sed	280	840	1,400	3,150	4,900	7,000
4d L Sed 4x4	340	1,020	1,700	3,830	5,950	8,500
4d LX Sed 4x4	380	1,140	1,900	4,280	6,650	9,500
4d L Sta Wag 4x4	420	1,260	2,100	4,730	7,350	10,500
4d LX Sta Wag 4x4	440	1,320	2,200	4,950	7,700	11,000
1995 Legacy, 4-cyl.						
4d Sed	290	880	1,460	3,290	5,110	7,300
4d L Sed	320	960	1,600	3,600	5,600	8,000
4d L Sed 4x4	380	1,140	1,900	4,280	6,650	9,500
4d LS Sed 4x4	420	1,260	2,100	4,730	7,350	10,500
4d LSi Sed 4x4	440	1,320	2,200	4,950	7,700	11,000
4d Brighton Sta Wag 4x4	380	1,140	1,900	4,280	6,650	9,500
4d L Sta Wag	360	1,080	1,800	4,050	6,300	9,000
4d L Sta Wag 4x4	400	1,200	2,000	4,500	7,000	10,000
4d Outback Sta Wag 4x4	420	1,260	2,100	4,730	7,350	10,500
4d LS Sta Wag 4x4	460	1,380	2,300	5,180	8,050	11,500
4d LSi Sta Wag 4x4	480	1,440	2,400	5,400	8,400	12,000
1995 SVX, 6-cyl.						
2d L Cpe	340	1,020	1,700	3,830	5,950	8,500
2d L Cpe 4x4	380	1,140	1,900	4,280	6,650	9,500
2d LSi Cpe 4x4	440	1,320	2,200	4,950	7,700	11,000
1996 Impreza, 4-cyl.						
2d Brighton Cpe 4x4	180	550	920	2,070	3,220	4,600

	6	5	4	3	2	1
2d L Cpe	210	640	1,060	2,390	3,710	5,300
2d L Cpe 4x4	240	710	1,180	2,660	4,130	5,900
2d LX Cpe 4x4	280	840	1,400	3,150	4,900	7,000
4d L Sed	280	840	1,400	3,150	4,900	7,000
4d L Sed 4x4	340	1,020	1,700	3,830	5,950	8,500
4d LX Sed 4x4	380	1,140	1,900	4,280	6,650	9,500
4d L Sta Wag 4x4	420	1,260	2,100	4,730	7,350	10,500
4d LX Sta Wag 4x4	440	1,320	2,200	4,950	7,700	11,000
4d Outback Sta Wag 4x4	460	1,380	2,300	5,180	8,050	11,500
1996 Legacy, 4-cyl.						
4d L Sed	320	960	1,600	3,600	5,600	8,000
4d L Sed 4x4	380	1,140	1,900	4,280	6,650	9,500
4d LS Sed 4x4	420	1,260	2,100	4,730	7,350	10,500
4d LSi Sed 4x4	440	1,320	2,200	4,950	7,700	11,000
4d Brighton Sta Wag 4x4	380	1,140	1,900	4,280	6,650	9,500
4d L Sta Wag 4x4	400	1,200	2,000	4,500	7,000	10,000
4d Outback Sta Wag 4x4	420	1,260	2,100	4,730	7,350	10,500
4d LS Sta Wag 4x4	460	1,380	2,300	5,180	8,050	11,500
4d LSi Sta Wag 4x4	480	1,440	2,400	5,400	8,400	12,000
4d 2.5 GT Sed	440	1,320	2,200	4,950	7,700	11,000
4d 2.5 GT Sta Wag	460	1,380	2,300	5,180	8,050	11,500
1996 SVX, 6-cyl.						
2d L Cpe 4x4	380	1,140	1,900	4,280	6,650	9,500
2d LSi Cpe 4x4	440	1,320	2,200	4,950	7,700	11,000
1997 Impreza, 4-cyl.						
2d Brighton Cpe AWD	180	550	920	2,070	3,220	4,600
2d L Cpe AWD	240	710	1,180	2,660	4,130	5,900
4d L Sed AWD	340	1,020	1,700	3,830	5,950	8,500
4d L Sta Wag AWD	420	1,260	2,100	4,730	7,350	10,500
4d Outback Sta Wag AWD	460	1,380	2,300	5,180	8,050	11,500
1997 Legacy, 4-cyl.						
4d L Sed AWD	380	1,140	1,900	4,280	6,650	9,500
4d GT Sed AWD	420	1,260	2,100	4,730	7,350	10,500
4d LSi Sed AWD	440	1,320	2,200	4,950	7,700	11,000
4d Brighton Sta Wag AWD	380	1,140	1,900	4,280	6,650	9,500
4d L Sta Wag AWD	400	1,200	2,000	4,500	7,000	10,000
4d GT Sta Wag AWD	440	1,320	2,200	4,950	7,700	11,000
4d Outback Sta Wag AWD	460	1,380	2,300	5,180	8,050	11,500
4d Outback Ltd Sta Wag AWD	480	1,440	2,400	5,400	8,400	12,000
4d LSi Sta Wag AWD	500	1,500	2,500	5,630	8,750	12,500
1997 SVX, 6-cyl.						
2d L Cpe AWD	380	1,140	1,900	4,280	6,650	9,500
2d LSi Cpe AWD	520	1,560	2,600	5,850	9,100	13,000
1998 Impreza, 4-cyl.						
2d L Cpe AWD	240	710	1,180	2,660	4,130	5,900
4d L Sed AWD	340	1,020	1,700	3,830	5,950	8,500
4d L Sta Wag AWD	420	1,260	2,100	4,730	7,350	10,500
4d Outback Sta Wag AWD	460	1,380	2,300	5,180	8,050	11,500
2d 2.5 RS Cpe AWD	500	1,500	2,500	5,630	8,750	12,500
1998 Legacy, 4-cyl.						
4d L Sed AWD	380	1,140	1,900	4,280	6,650	9,500
4d Spt Utly Sed AWD	400	1,200	2,000	4,500	7,000	10,000
4d GT Sed AWD	420	1,260	2,100	4,730	7,350	10,500
4d Brighton Sta Wag AWD	380	1,140	1,900	4,280	6,650	9,500
4d L Sta Wag AWD	400	1,200	2,000	4,500	7,000	10,000
4d GT Sta Wag AWD	440	1,320	2,200	4,950	7,700	11,000
4d Outback Sta Wag AWD	460	1,380	2,300	5,180	8,050	11,500
NOTE: Add 5 percent for Limited Pkg.						
1998 Forester, 4-cyl.						
4d Sta Wag AWD	440	1,320	2,200	4,950	7,700	11,000
4d L Sta Wag AWD	480	1,440	2,400	5,400	8,400	12,000
4d S Sta Wag AWD	520	1,560	2,600	5,850	9,100	13,000
1999 Impreza, 4-cyl.						
2d L Cpe AWD	240	710	1,180	2,660	4,130	5,900
4d L Sed AWD	340	1,020	1,700	3,830	5,950	8,500
4d L Sta Wag AWD	420	1,260	2,100	4,730	7,350	10,500
4d Outback Sta Wag AWD	460	1,380	2,300	5,180	8,050	11,500
2d 2.5 RS Cpe AWD	500	1,500	2,500	5,630	8,750	12,500
1999 Legacy, 4-cyl.						
4d L Sed AWD	380	1,140	1,900	4,280	6,650	9,500
4d Spt Utly Sed AWD	400	1,200	2,000	4,500	7,000	10,000
4d GT Sed AWD	420	1,260	2,100	4,730	7,350	10,500
4d Brighton Sta Wag AWD	380	1,140	1,900	4,280	6,650	9,500
4d L Sta Wag AWD	400	1,200	2,000	4,500	7,000	10,000
4d GT Sta Wag AWD	440	1,320	2,200	4,950	7,700	11,000
4d Outback Sta Wag AWD	460	1,380	2,300	5,180	8,050	11,500
NOTE: Add 5 percent for Limited Pkg. Add 5 percent for 30th Anv Pkg.						
1999 Forester, 4-cyl.						
4d Sta Wag AWD	440	1,320	2,200	4,950	7,700	11,000

SUBARU

	6	5	4	3	2	1
4d L Sta Wag AWD	480	1,440	2,400	5,400	8,400	12,000
4d S Sta Wag AWD	520	1,560	2,600	5,850	9,100	13,000
2000 Impreza, 4-cyl., AWD						
2d L Cpe	240	710	1,180	2,660	4,130	5,900
4d L Sed	340	1,020	1,700	3,830	5,950	8,500
4d L Sta Wag	420	1,260	2,100	4,730	7,350	10,500
4d Outback Sta Wag	460	1,380	2,300	5,180	8,050	11,500
2d 2.5 RS Cpe	500	1,500	2,500	5,630	8,750	12,500
4d 2.5 RS Sed	520	1,560	2,600	5,850	9,100	13,000
2000 Legacy, 4-cyl., AWD						
4d L Sed	380	1,140	1,900	4,280	6,650	9,500
4d GT Sed	420	1,260	2,100	4,730	7,350	10,500
4d GT Ltd Sed	440	1,320	2,200	4,950	7,700	11,000
4d Outback Ltd Sed	460	1,380	2,300	5,180	8,050	11,500
4d Brighton Sta Wag	390	1,160	1,940	4,370	6,790	9,700
4d L Sta Wag	400	1,200	2,000	4,500	7,000	10,000
4d GT Sta Wag	450	1,340	2,240	5,040	7,840	11,200
4d Outback Sta Wag	470	1,400	2,340	5,270	8,190	11,700
4d Outback Ltd Sta Wag	500	1,500	2,500	5,630	8,750	12,500
2000 Forester, 4-cyl., AWD						
4d L Sta Wag	480	1,440	2,400	5,400	8,400	12,000
4d S Sta Wag	520	1,560	2,600	5,850	9,100	13,000
2001 Impreza, 4-cyl., AWD						
2d L Cpe	240	710	1,180	2,950	4,130	5,900
4d L Sed	340	1,020	1,700	4,250	5,950	8,500
4d L Sta Wag	420	1,260	2,100	5,250	7,350	10,500
4d Outback Sta Wag	460	1,380	2,300	5,750	8,050	11,500
2d 2.5 RS Cpe	500	1,500	2,500	6,250	8,750	12,500
4d 2.5 RS Sed	520	1,560	2,600	6,500	9,100	13,000
2001 Legacy, 4-cyl., AWD						
4d L Sed	380	1,140	1,900	4,750	6,650	9,500
4d GT Sed	420	1,260	2,100	5,250	7,350	10,500
4d GT Ltd Sed	440	1,320	2,200	5,500	7,700	11,000
4d L Sta Wag	400	1,200	2,000	5,000	7,000	10,000
4d GT Sta Wag	450	1,340	2,240	5,600	7,840	11,200
4d Sport Sta Wag	400	1,200	2,000	5,000	7,000	10,000
4d Outback Ltd Sed	460	1,380	2,300	5,750	8,050	11,500
4d Outback Sta Wag	470	1,400	2,340	5,850	8,190	11,700
4d Outback Ltd Sta Wag	500	1,500	2,500	6,250	8,750	12,500
4d Outback LL Bean Sta Wag (6-cyl)	560	1,680	2,800	7,000	9,800	14,000
4d Outback VDC Sta Wag (6-cyl)	460	1,380	2,300	5,750	8,050	11,500
2001 Forester, 4-cyl., AWD						
4d L Sta Wag	480	1,440	2,400	6,000	8,400	12,000
4d S Sta Wag	520	1,560	2,600	6,500	9,100	13,000

SUNBEAM

	6	5	4	3	2	1
1948-51 4-cyl., 1944cc, 97.5" wb, Sunbeam-Talbot 90						
4d Sed	280	840	1,400	3,150	4,900	7,000
DHC	360	1,080	1,800	4,050	6,300	9,000
1948-57 4-cyl., 2267cc, 97.5" wb, Sunbeam-Talbot 90						
4d Sed	300	900	1,500	3,380	5,250	7,500
DHC	380	1,140	1,900	4,280	6,650	9,500
1953-55 4-cyl., 2267cc, 97.5" wb, Sunbeam Alpine						
Rds	600	1,800	3,000	6,750	10,500	15,000
1956-58 4-cyl., 1390cc, 96" wb, Sunbeam Rapier Series I						
2d HT	280	840	1,400	3,150	4,900	7,000
Conv	400	1,200	2,000	4,500	7,000	10,000
1959-61 4-cyl., 1494cc, 96" wb, Sunbeam Rapier Series II/III						
2d HT	280	840	1,400	3,150	4,900	7,000
Conv	400	1,200	2,000	4,500	7,000	10,000
1960 4-cyl., 1494cc, 86" wb, Sunbeam Alpine Series I						
Conv	540	1,620	2,700	6,080	9,450	13,500
1961 4-cyl., 1592cc, 86" wb, Sunbeam Alpine Series II/III						
Conv	540	1,620	2,700	6,080	9,450	13,500
1962 4-cyl., 1592cc, 86" wb, Sunbeam Alpine Series II/III						
Conv	540	1,620	2,700	6,080	9,450	13,500
1962 Sunbeam Herrington LeMans						
Cpe	870	2,610	4,350	9,790	15,230	21,750
1962-65 4-cyl., 1592cc, 96" wb, Sunbeam Rapier Series III/IV						
2d HT	340	1,020	1,700	3,830	5,950	8,500
Conv	400	1,200	2,000	4,500	7,000	10,000
1963 4-cyl., 1592cc, 86" wb, Sunbeam Alpine Series II/III						
Conv	420	1,260	2,100	4,730	7,350	10,500
Conv GT	460	1,380	2,300	5,180	8,050	11,500
1963 Sunbeam Herrington LeMans						
Cpe	870	2,610	4,350	9,790	15,230	21,750

	6	5	4	3	2	1
1964 4-cyl., 1592cc, 86" wb, Sunbeam Alpine Series III/IV						
Conv	440	1,320	2,200	4,950	7,700	11,000
Conv GT	480	1,440	2,400	5,400	8,400	12,000
1964 Sunbeam Venezia by Superleggera						
Cpe	780	2,340	3,900	8,780	13,650	19,500
1964 V-8, 260 cid, 86" wb, Sunbeam Tiger Series I						
Conv	1,540	4,620	7,700	17,330	26,950	38,500
1965 4-cyl., 1592cc, 86" wb, Sunbeam Alpine Series IV						
Conv	460	1,380	2,300	5,180	8,050	11,500
1965 Sunbeam Venezia by Superleggera						
Cpe	780	2,340	3,900	8,780	13,650	19,500
1965 V-8, 260 cid, 86" wb, Sunbeam Tiger Series I						
Conv	1,480	4,440	7,400	16,650	25,900	37,000
1966 V-8, 260 cid, 86" wb, Sunbeam Tiger Series I/IA						
Conv	1,620	4,860	8,100	18,230	28,350	40,500
1966-67 4-cyl., 1725cc, 96" wb, Sunbeam Rapier Series V						
2d HT	360	1,080	1,800	4,050	6,300	9,000
Conv	520	1,560	2,600	5,850	9,100	13,000
1967-68 4-cyl., 1725cc, 86" wb, Sunbeam Alpine Series V						
Conv	520	1,560	2,600	5,850	9,100	13,000
1967-68 V-8, 289cc, 86" wb, Sunbeam Tiger Series II						
Conv	1,700	5,100	8,500	19,130	29,750	42,500
1969-70 4-cyl., 1725cc, 98.5" wb, Sunbeam Alpine						
HT FBk	280	840	1,400	3,150	4,900	7,000
GT HT FBk	300	900	1,500	3,380	5,250	7,500

SUZUKI

	6	5	4	3	2	1
1989 Swift FWD						
2d GTi HBk	200	650	1,100	2,480	3,850	5,500
4d GLX HBk	200	600	1,000	2,250	3,500	5,000
1990 Swift, 4-cyl.						
2d GA HBk	150	400	700	1,580	2,450	3,500
2d GT HDk	150	500	850	1,940	3,000	4,300
4d GA Sed	150	450	750	1,710	2,650	3,800
4d GS Sed	150	500	800	1,850	2,850	4,100
1991 Swift						
2d GA HBk	150	400	700	1,580	2,450	3,500
2d GT HBk	150	500	850	1,940	3,000	4,300
4d GA Sed	150	450	750	1,710	2,650	3,800
4d GT Sed	150	500	800	1,850	2,850	4,100
1992 Swift, 4-cyl.						
2d GA HBk	150	400	700	1,580	2,450	3,500
2d GT HBk	150	500	850	1,940	3,000	4,300
4d GA Sed	150	450	750	1,710	2,650	3,800
4d GS Sed	150	500	800	1,850	2,850	4,100
1993 Swift, 4-cyl.						
2d GA HBk	150	400	700	1,580	2,450	3,500
2d GT HBk	150	500	850	1,940	3,000	4,300
4d GA Sed	150	450	750	1,710	2,650	3,800
4d GS Sed	150	500	800	1,850	2,850	4,100
1994 Swift, 4-cyl.						
2d GA HBk	150	400	700	1,580	2,450	3,500
2d GT HBk	150	500	850	1,940	3,000	4,300
4d GA Sed	150	450	750	1,710	2,650	3,800
4d GS Sed	150	500	800	1,850	2,850	4,100
1995 Swift, 4-cyl.						
2d HBk	150	450	800	1,760	2,750	3,900
1995 Esteem, 4-cyl.						
4d GL Sed	200	600	950	2,160	3,350	4,800
4d GLX Sed	200	600	1,000	2,250	3,500	5,000
1996 Swift, 4-cyl.						
2d HBk	150	450	800	1,760	2,750	3,900
1996 Esteem, 4-cyl.						
4d GL Sed	200	600	950	2,160	3,350	4,800
4d GLX Sed	200	600	1,000	2,250	3,500	5,000
1997 Swift, 4-cyl.						
2d HBk	156	468	780	1,760	2,730	3,900
1997 Esteem, 4-cyl.						
4d GL Sed	192	576	960	2,160	3,360	4,800
4d GLi Sed	200	600	1,000	2,250	3,500	5,000
4d GLX Sed	208	624	1,040	2,340	3,640	5,200
1998 Swift, 4-cyl.						
2d HBk	160	470	780	1,760	2,730	3,900
1998 Esteem, 4-cyl.						
4d GL Sed	190	580	960	2,160	3,360	4,800
4d GLX Sed	210	620	1,040	2,340	3,640	5,200
4d GL Sta Wag	210	640	1,060	2,390	3,710	5,300
4d GLX Sta Wag	220	660	1,100	2,480	3,850	5,500

	6	5	4	3	2	1
1999 Swift, 4-cyl.						
2d HBk	160	470	780	1,760	2,730	3,900
1999 Esteem, 4-cyl.						
4d GL Sed	190	580	960	2,160	3,360	4,800
4d GLX Sed	210	620	1,040	2,340	3,640	5,200
4d GL Sta Wag	210	640	1,060	2,390	3,710	5,300
4d GLX Sta Wag	220	660	1,100	2,480	3,850	5,500
2000 Swift, 4-cyl.						
2d GA HBk	160	470	780	1,760	2,730	3,900
2d GL HBk	180	530	880	1,980	3,080	4,400
2000 Esteem, 4-cyl.						
4d GL Sed	190	580	960	2,160	3,360	4,800
4d GLX Sed	210	620	1,040	2,340	3,640	5,200
4d GL Sta Wag	210	640	1,060	2,390	3,710	5,300
4d GLX Sta Wag	220	660	1,100	2,480	3,850	5,500
2001 Swift, 4-cyl.						
2d GA HBk	160	470	780	1,950	2,730	3,900
2d GL HBk	180	530	880	2,200	3,080	4,400
2001 Esteem, 4-cyl.						
4d GL Sed	190	580	960	2,400	3,360	4,800
4d GLX Sed	210	620	1,040	2,600	3,640	5,200
4d GL Sta Wag	210	640	1,060	2,650	3,710	5,300
4d GLX Sta Wag	220	660	1,100	2,750	3,850	5,500

TOYOTA (TOYOPET)

	6	5	4	3	2	1
1958-60 Crown, 4-cyl., 1453cc, 99.6" wb						
RSL 4d Sed	260	780	1,300	2,930	4,550	6,500
1961-66 Tiara, 4-cyl., 1453cc, 94.5" wb						
4d Sed	240	720	1,200	2,700	4,200	6,000
1961-66 Crown, 4-cyl., 1879cc, 99.6" wb						
4d Cus Sed	268	804	1,340	3,020	4,690	6,700
4d Cus Sta Wag	272	816	1,360	3,060	4,760	6,800

TOYOTA

	6	5	4	3	2	1
1967-68 Corona, 4-cyl., 1879cc, 95.3" wb						
4d Sed	240	720	1,200	2,700	4,200	6,000
2d HT Cpe	280	840	1,400	3,150	4,900	7,000
1967-68 Crown, 6-cyl., 2254cc, 105.9" wb						
4d Sed	240	720	1,200	2,700	4,200	6,000
4d Sta Wag	248	744	1,240	2,790	4,340	6,200
1967-68 2000 GT, 6-cyl., 1988cc, 91.7" wb						
2d FBk Cpe	10,400	31,200	52,000	117,000	182,000	260,000
1969-70 1969 - Corolla, 4-cyl., 1079cc, 90" wb; 1970 - Corolla, 4-cyl., 1166cc, 90" wb						
2d Sed	220	660	1,100	2,480	3,850	5,500
2d FBk Cpe	240	720	1,200	2,700	4,200	6,000
2d Sta Wag	232	696	1,160	2,610	4,060	5,800
1969-70 Corona, 4-cyl., 1879cc, 95.3" wb						
4d Sed	220	660	1,100	2,480	3,850	5,500
2d HT Cpe	260	780	1,300	2,930	4,550	6,500
1969-70 Corona Mk II, 4-cyl., 1859cc, 98.8" wb						
4d Sed	240	720	1,200	2,700	4,200	6,000
2d HT Cpe	268	804	1,340	3,020	4,690	6,700
4d Sta Wag	252	756	1,260	2,840	4,410	6,300
1969-70 Crown, 6-cyl., 2254cc, 105.9" wb						
4d Sed	240	720	1,200	2,700	4,200	6,000
4d Sta Wag	260	780	1,300	2,930	4,550	6,500
1971-77 Corolla 1200, 4-cyl., 1166cc, 91.9" wb						
2d Sed	220	660	1,100	2,480	3,850	5,500
2d Cpe	220	660	1,100	2,480	3,850	5,500
2d Sta Wag	232	696	1,160	2,610	4,060	5,800
1971-77 Corolla 1600, 4-cyl., 1588cc, 91.9" wb						
2d Sed	220	660	1,100	2,480	3,850	5,500
4d Sed	220	660	1,100	2,480	3,850	5,500
2d Cpe	232	696	1,160	2,610	4,060	5,800
2d Sta Wag	236	708	1,180	2,660	4,130	5,900
1971-77 1971-74 - Celica, 4-cyl., 1967cc; 1975-77 - 2189cc						
2d Cpe	300	900	1,500	3,380	5,250	7,500
1971-77 Corona, 4-cyl., 1859cc, 95.7" wb						
4d Sed	240	720	1,200	2,700	4,200	6,000
2d HT Cpe	268	804	1,340	3,020	4,690	6,700
1971-77 Corona Mk II, 4-cyl., 1859cc, 98.8" wb						
4d Sed	240	720	1,200	2,700	4,200	6,000
2d HT Cpe	268	804	1,340	3,020	4,690	6,700
4d Sta Wag	260	780	1,300	2,930	4,550	6,500
1971-77 Crown, 1971 only, 6-cyl., 2254cc, 105.9" wb						
4d Sed	240	720	1,200	2,700	4,200	6,000
4d Sta Wag	260	780	1,300	2,930	4,550	6,500

	6	5	4	3	2	1
1978-83 Corolla, 4-cyl., 1770cc, 94.5" wb						
2d Sed	200	600	1,000	2,250	3,500	5,000
DeL 2d Sed	200	600	1,000	2,250	3,500	5,000
DeL 4d Sed	200	600	1,000	2,250	3,500	5,000
DeL Sta Wag	200	600	1,000	2,300	3,550	5,100
DeL HT Cpe	200	650	1,100	2,480	3,850	5,500
SR5 2d HT Cpe	250	700	1,150	2,570	4,000	5,700
DeL 3d LBk	200	600	1,000	2,250	3,500	5,000
DeL 2d Spt Cpe	200	650	1,050	2,390	3,700	5,300
SR5 3d LBk	200	650	1,100	2,480	3,850	5,500
SR5 2d Spt Cpe	200	650	1,100	2,480	3,850	5,500
1978-83 Tercel, 4-cyl., 1452cc, 98.4" wb						
2d Sed	200	650	1,100	2,480	3,850	5,500
DeL 2d Sed	200	650	1,100	2,480	3,850	5,500
4d Sed	200	650	1,100	2,480	3,850	5,500
DeL 3d LBk	200	650	1,100	2,480	3,850	5,500
SR5 3d LBk	250	700	1,150	2,570	4,000	5,700
1978-83 Starlet, 4-cyl., 1290cc, 90.6" wb						
3d LBk	200	650	1,100	2,480	3,850	5,500
1978-83 Celica, 4-cyl., 2366cc, 98.4" wb						
ST 2d Spt Cpe	250	800	1,300	2,930	4,550	6,500
GT 2d Spt Cpe	250	800	1,300	2,970	4,600	6,600
GT 3d LBk	250	800	1,350	3,020	4,700	6,700
1978-83 Celica Supra, 6-cyl., 2759cc, 103.5" wb						
GT 2d Spt Cpe	300	900	1,500	3,380	5,250	7,500
1978-83 Corona, 4-cyl., 2366cc, 99.4" wb						
DeL 4d Sed	200	650	1,100	2,480	3,850	5,500
DeL 5d Sta Wag	250	700	1,200	2,700	4,200	6,000
LE 4d Sed	200	650	1,100	2,480	3,850	5,500
LE 5d LBk	250	700	1,200	2,700	4,200	6,000
1978-83 Cressida, 6-cyl., 2759cc, 104.1" wb						
Lux 4d Sed	250	700	1,150	2,570	4,000	5,700
Lux 4d Sta Wag	250	740	1,240	2,790	4,340	6,200
1978-83 Cressida, 6-cyl., 2759cc, 103.5" wb						

NOTE: Specifications in this section are for 1981 models only. Prices are averages for the 1980-1981 model years.

	6	5	4	3	2	1
1984 Starlet						
2d LBk	200	600	1,000	2,300	3,550	5,100
1984 Tercel						
2d LBk	200	600	1,050	2,340	3,650	5,200
4d Sta Wag	200	650	1,050	2,390	3,700	5,300
NOTE: Add 20 percent for 4x4 option where available.						
1984 Corolla						
4d Sed	200	600	1,050	2,340	3,650	5,200
4d LBk	200	650	1,050	2,390	3,700	5,300
2d HT	200	650	1,100	2,480	3,850	5,500
1984 Celica						
2d Cpe	250	700	1,150	2,610	4,050	5,800
2d LBk	250	700	1,200	2,700	4,200	6,000
2d Supra	250	750	1,250	2,840	4,400	6,300
1984 Camry						
4d Sed	250	700	1,200	2,660	4,150	5,900
4d LBk	250	700	1,200	2,700	4,200	6,000
1984 Cressida						
4d Sed	250	700	1,200	2,700	4,200	6,000
4d Sta Wag	250	750	1,200	2,750	4,250	6,100
1985 Tercel						
2d LBk	200	650	1,050	2,390	3,700	5,300
4d LBk	200	650	1,100	2,430	3,800	5,400
4d Sta Wag	200	650	1,100	2,480	3,850	5,500
NOTE: Add 20 percent for 4x4 option where available.						
1985 Corolla						
4d Sed	200	650	1,100	2,430	3,800	5,400
4d LBk	200	650	1,100	2,480	3,850	5,500
2d Cpe	200	650	1,100	2,520	3,900	5,600
2d LBk	200	650	1,100	2,480	3,850	5,500
1985 Celica						
2d Cpe	250	700	1,150	2,610	4,050	5,800
2d LBk	250	700	1,200	2,700	4,200	6,000
2d Conv	300	850	1,400	3,150	4,900	7,000
2d Supra	250	750	1,250	2,840	4,400	6,300
1985 Camry						
4d Sed	250	700	1,200	2,660	4,150	5,900
4d LBk	250	750	1,200	2,750	4,250	6,100
1985 MR2						
2d Cpe	250	750	1,300	2,880	4,500	6,400
1985 Cressida						
4d Sed	250	750	1,250	2,840	4,400	6,300
4d Sta Wag	250	750	1,300	2,880	4,500	6,400

	6	5	4	3	2	1
1986 Tercel						
2d LBk.	200	600	1,000	2,210	3,450	4,900
4d Sta Wag	200	600	1,000	2,250	3,500	5,000
NOTE: Add 20 percent for 4x4 option where available.						
1986 Corolla						
4d Sed.	200	600	950	2,160	3,350	4,800
4d LBk.	200	600	1,000	2,210	3,450	4,900
2d Cpe.	200	550	950	2,120	3,300	4,700
1986 Celica						
2d Cpe.	250	700	1,200	2,660	4,150	5,900
2d LBk.	250	750	1,200	2,750	4,250	6,100
1986 Supra						
2d LBk.	250	750	1,300	2,880	4,500	6,400
1986 Camry						
4d Sed.	200	600	950	2,160	3,350	4,800
4d LBk.	200	600	1,000	2,210	3,450	4,900
1986 MR2						
2d Cpe.	250	700	1,200	2,700	4,200	6,000
1986 Cressida						
4d Sed.	250	700	1,200	2,660	4,150	5,900
4d Sta Wag	250	750	1,250	2,790	4,350	6,200
1987 Tercel						
2d LBk.	200	600	1,000	2,250	3,500	5,000
4d LBk.	200	600	1,000	2,300	3,550	5,100
2d Cpe.	200	600	1,000	2,210	3,450	4,900
4d Sta Wag	200	600	1,000	2,300	3,550	5,100
NOTE: Add 20 percent for 4x4 option where available.						
1987 Corolla						
4d Sed.	200	600	1,000	2,210	3,450	4,900
4d LBk.	200	600	1,000	2,250	3,500	5,000
2d Cpe.	200	600	1,000	2,210	3,450	4,900
2d LBk.	200	600	950	2,160	3,350	4,800
1987 Celica						
2d Cpe.	250	700	1,200	2,700	4,200	6,000
2d LBk.	250	750	1,200	2,750	4,250	6,100
2d Conv.	300	900	1,450	3,290	5,100	7,300
1987 Supra						
2d LBk.	250	800	1,300	2,930	4,550	6,500
1987 Camry						
4d Sed.	200	600	1,000	2,210	3,450	4,900
4d Sta Wag	200	600	1,000	2,250	3,500	5,000
1987 MR2						
2d Cpe.	250	750	1,200	2,750	4,250	6,100
1987 Cressida						
4d Sed.	250	700	1,200	2,700	4,200	6,000
4d Sta Wag	250	750	1,250	2,840	4,400	6,300
1988 Tercel						
2d LBk.	200	550	900	2,070	3,200	4,600
4d LBk.	200	550	950	2,120	3,300	4,700
2d Cpe.	200	550	900	2,030	3,150	4,500
4d Sta Wag	200	550	950	2,120	3,300	4,700
NOTE: Add 20 percent for 4x4 option where available.						
1988 Corolla						
4d Sed.	200	550	900	2,030	3,150	4,500
4d Sta Wag	200	550	900	2,030	3,150	4,500
2d Cpe.	200	550	900	2,070	3,200	4,600
2d LBk.	200	550	900	2,030	3,150	4,500
NOTE: Add 20 percent for 4x4 option where available.						
1988 Celica						
2d Cpe.	250	750	1,200	2,750	4,250	6,100
2d LBk.	250	750	1,250	2,790	4,350	6,200
2d Conv.	300	900	1,500	3,380	5,250	7,500
1988 Supra						
2d LBk.	250	800	1,300	2,930	4,550	6,500
1988 Camry						
4d Sed.	200	600	1,000	2,250	3,500	5,000
4d Sta Wag	200	600	1,000	2,300	3,550	5,100
NOTE: Add 20 percent for 4x4 option where available.						
1988 MR2						
2d Cpe.	250	750	1,250	2,790	4,350	6,200
1988 Cressida						
4d Sed.	250	750	1,200	2,750	4,250	6,100
1989 Tercel						
2d LBk.	200	550	950	2,120	3,300	4,700
4d LBk.	200	600	950	2,160	3,350	4,800
2d Cpe.	200	550	900	2,070	3,200	4,600
1989 Corolla						
4d Sed.	200	550	900	2,070	3,200	4,600
4d Sta Wag	200	550	900	2,070	3,200	4,600

	6	5	4	3	2	1
2d Cpe	200	550	950	2,120	3,300	4,700

NOTE: Add 20 percent for 4x4 option.

1989 Celica

	6	5	4	3	2	1
2d Cpe	250	750	1,250	2,790	4,350	6,200
2d LBk	250	750	1,250	2,840	4,400	6,300
2d Conv	300	900	1,550	3,470	5,400	7,700

1989 Supra

	6	5	4	3	2	1
2d LBk	250	800	1,300	2,970	4,600	6,600

1989 Camry

	6	5	4	3	2	1
4d Sed	200	600	1,000	2,300	3,550	5,100
4d Sta Wag.	200	600	1,050	2,340	3,650	5,200

1989 MR2

	6	5	4	3	2	1
2d Cpe	250	750	1,250	2,840	4,400	6,300

1989 Cressida

	6	5	4	3	2	1
4d Sed	250	750	1,250	2,790	4,350	6,200

1990 Tercel, 4-cyl.

	6	5	4	3	2	1
2d EZ HBk	200	550	900	2,030	3,150	4,500
2d HBk	200	600	1,000	2,250	3,500	5,000
2d Cpe	200	600	1,000	2,300	3,550	5,100
2d DLX Cpe	200	650	1,100	2,480	3,850	5,500

1990 Corolla, 4-cyl.

	6	5	4	3	2	1
4d Sed	200	600	1,000	2,250	3,500	5,000
DLX 4d Sed	220	660	1,100	2,480	3,850	5,500
LE 4d Sed.	240	720	1,200	2,700	4,200	6,000
DLX 4d Sta Wag.	228	684	1,140	2,570	3,990	5,700
DLX 4d Sed 4x4	260	780	1,300	2,930	4,550	6,500
DLX 4d Sta Wag 4x4	260	780	1,300	2,930	4,550	6,500
SR5 4d Sta Wag 4x4	290	860	1,440	3,240	5,040	7,200
SR5 2d Cpe	280	840	1,400	3,150	4,900	7,000
GT-S 2d Cpe	300	900	1,450	3,290	5,100	7,300

1990 Celica, 4-cyl.

	6	5	4	3	2	1
ST 2d Cpe	300	950	1,600	3,600	5,600	8,000
GT 2d Cpe	350	1,000	1,700	3,830	5,950	8,500
GT 2d HBk	350	1,050	1,750	3,920	6,100	8,700
GT-S 2d HBk	400	1,150	1,900	4,280	6,650	9,500
2d HBk 4x4, Turbo	450	1,400	2,300	5,180	8,050	11,500

1990 Supra, 6-cyl.

	6	5	4	3	2	1
2d HBk	450	1,400	2,300	5,180	8,050	11,500
2d HBk, Turbo	500	1,500	2,500	5,630	8,750	12,500

1990 Camry 4-cyl.

	6	5	4	3	2	1
4d Sed	300	900	1,500	3,380	5,250	7,500
DLX 4d Sed	300	950	1,600	3,560	5,550	7,900
LE 4d Sed.	300	950	1,600	3,650	5,650	8,100
DLX 4d Sed 4x4	350	1,000	1,700	3,830	5,950	8,500
LE 4d Sed 4x4	350	1,050	1,800	4,010	6,250	8,900
DLX 4d Sta Wag.	350	1,050	1,750	3,960	6,150	8,800

1990 V-6

	6	5	4	3	2	1
DLX 4d Sed	300	950	1,600	3,600	5,600	8,000
LE 4d Sed.	350	1,000	1,650	3,740	5,800	8,300
DLX 4d Sta Wag.	350	1,100	1,800	4,100	6,350	9,100
LE 4d Sta Wag	400	1,150	1,900	4,280	6,650	9,500

1990 Cressida, 6-cyl.

	6	5	4	3	2	1
LUX 4d Sed	400	1,200	2,000	4,500	7,000	10,000

1991 Tercel

	6	5	4	3	2	1
2d Sed	150	500	800	1,800	2,800	4,000
DX 2d Sed	150	500	850	1,940	3,000	4,300
DX 4d Sed	150	500	800	1,850	2,850	4,100
LE 4d Sed.	200	550	900	1,980	3,100	4,400

1991 Corolla

	6	5	4	3	2	1
4d Sed	200	600	1,000	2,250	3,500	5,000
DX 4d Sed	200	650	1,100	2,480	3,850	5,500
LE 4d Sed.	250	700	1,200	2,700	4,200	6,000
DX 4d Sta Wag.	250	750	1,250	2,790	4,350	6,200
DX 4d Sta Wag 4x4	250	800	1,300	2,930	4,550	6,500
SR5 2d Cpe	300	850	1,400	3,150	4,900	7,000
GT-S 2d Cpe	300	900	1,450	3,290	5,100	7,300

1991 Celica

	6	5	4	3	2	1
ST 2d Cpe	300	900	1,500	3,380	5,250	7,500
GT 2d Cpe	300	950	1,600	3,600	5,600	8,000
GT 2d Conv	500	1,500	2,500	5,630	8,750	12,500
GT 2d HBk	400	1,150	1,900	4,280	6,650	9,500
GT-S 2d HBk	400	1,250	2,100	4,730	7,350	10,500
2d HBk 4x4, Turbo	450	1,300	2,200	4,950	7,700	11,000

1991 Supra

	6	5	4	3	2	1
2d HBk	450	1,400	2,300	5,180	8,050	11,500
2d HBk, Turbo	500	1,500	2,500	5,630	8,750	12,500

1991 Camry

	6	5	4	3	2	1
4d Sed	300	850	1,400	3,150	4,900	7,000
DX 4d Sed	300	900	1,500	3,380	5,250	7,500

TOYOTA

	6	5	4	3	2	1
LE 4d Sed 300	900	1,500	3,380	5,250	7,500
DX 4d Sed 4x4 350	1,000	1,700	3,830	5,950	8,500
LE 4d Sed 4x4 350	1,100	1,800	4,050	6,300	9,000
DX 4d Sta Wag 300	950	1,600	3,600	5,600	8,000
LE 4d Sta Wag V-6 400	1,150	1,900	4,280	6,650	9,500

NOTE: Add 5 percent for V-6 on LE and DX 2x4 sedans.

1991 MR2

	6	5	4	3	2	1
2d Cpe. 350	1,100	1,800	4,050	6,300	9,000
2d Cpe, Turbo 400	1,150	1,900	4,280	6,650	9,500

1991 Cressida

	6	5	4	3	2	1
4d Sed 450	1,400	2,300	5,180	8,050	11,500

1992 & 1993 Tercel, 4-cyl.

	6	5	4	3	2	1
2d Sed. 200	550	900	2,030	3,150	4,500
DX 2d Sed. 200	550	950	2,120	3,300	4,700
DX 4d Sed. 200	600	1,000	2,250	3,500	5,000
LE 4d Sed 200	650	1,050	2,390	3,700	5,300

1992 & 1993 Corolla, 4-cyl.

	6	5	4	3	2	1
4d Sed. 300	950	1,600	3,600	5,600	8,000
DX 4d Sed. 350	1,000	1,650	3,740	5,800	8,300
LE 4d Sed 350	1,000	1,700	3,830	5,950	8,500
DX 4d Sta Wag 400	1,200	2,000	4,500	7,000	10,000

1992 & 1993 Paseo, 4-cyl.

	6	5	4	3	2	1
2d Cpe. 550	1,600	2,700	6,080	9,450	13,500

1992 & 1993 Celica, 4-cyl.

	6	5	4	3	2	1
ST 2d Cpe. 350	1,000	1,700	3,830	5,950	8,500
GT 2d Cpe. 350	1,100	1,800	4,050	6,300	9,000
GT 2d HBk 450	1,300	2,200	4,950	7,700	11,000
GT-S 2d HBk. 450	1,350	2,250	5,090	7,900	11,300
2d HBk, Turbo. 450	1,400	2,300	5,180	8,050	11,500
GT 2d Conv. 500	1,500	2,500	5,630	8,750	12,500

1992 & 1993 Camry, 4-cyl.

	6	5	4	3	2	1
DX 4d Sed. 250	800	1,350	3,060	4,750	6,800
LE 4d Sed 300	850	1,400	3,150	4,900	7,000
XLE 4d Sed. 300	900	1,500	3,380	5,250	7,500
DX 4d Sta Wag 300	950	1,600	3,600	5,600	8,000
LE 4d Sta Wag 350	1,000	1,700	3,830	5,950	8,500

1992 & 1993 Camry, V-6

	6	5	4	3	2	1
DX 4d Sed. 300	900	1,500	3,380	5,250	7,500
LE 4d Sed 300	900	1,500	3,420	5,300	7,600
SE 4d Sed 300	900	1,550	3,470	5,400	7,700
XLE 4d Sed. 350	1,000	1,650	3,740	5,800	8,300
LE 4d Sta Wag 400	1,200	2,000	4,500	7,000	10,000

1992 & 1993 MR2, 4-cyl.

	6	5	4	3	2	1
2d Cpe. 400	1,150	1,900	4,280	6,650	9,500
2d Cpe, Turbo 400	1,200	2,000	4,500	7,000	10,000

1992 & 1993 Supra

	6	5	4	3	2	1
2d HBk 600	1,800	3,000	6,750	10,500	15,000
2d HBk, Turbo. 720	2,160	3,600	8,100	12,600	18,000

1994 Tercel, 4-cyl.

	6	5	4	3	2	1
2d Sed. 200	600	1,000	2,250	3,500	5,000
DX 2d Sed. 200	650	1,100	2,480	3,850	5,500
DX 4d Sed. 250	700	1,150	2,570	4,000	5,700

1994 Corolla, 4-cyl.

	6	5	4	3	2	1
4d Sed. 300	850	1,400	3,150	4,900	7,000
DX 4d Sed. 300	900	1,500	3,380	5,250	7,500
LE 4d Sed 300	950	1,600	3,600	5,600	8,000
DX 4d Sta Wag 350	1,000	1,650	3,740	5,800	8,300

1994 Paseo, 4-cyl.

	6	5	4	3	2	1
2d Cpe. 300	900	1,500	3,380	5,250	7,500

1994 Celica, 4-cyl.

	6	5	4	3	2	1
ST 2d Cpe. 400	1,200	2,000	4,500	7,000	10,000
GT 2d Cpe. 400	1,250	2,100	4,730	7,350	10,500
ST 2d HBk. 400	1,150	1,900	4,280	6,650	9,500
GT 2d HBk 450	1,300	2,200	4,950	7,700	11,000

1994 Camry

	6	5	4	3	2	1
DX 2d Cpe, 4-cyl. 400	1,200	2,000	4,500	7,000	10,000
LE 2d Cpe, 4-cyl.. 400	1,250	2,100	4,730	7,350	10,500
LE 2d Cpe, V-6 450	1,300	2,200	4,950	7,700	11,000
SE 2d Cpe, V-6 450	1,400	2,300	5,180	8,050	11,500
DX 4d Sed, 4-cyl. 400	1,200	2,000	4,460	6,950	9,900
LE 4d Sed, 4-cyl. 400	1,200	2,000	4,500	7,000	10,000
LE 4d Sed, V-6 450	1,300	2,200	4,950	7,700	11,000
SE 4d Sed, V-6 450	1,400	2,300	5,180	8,050	11,500
XLE 4d Sed, 4-cyl. 450	1,400	2,300	5,180	8,050	11,500
XLE 4d Sed, V-6 500	1,450	2,400	5,400	8,400	12,000
DX 4d Sta Wag, 4-cyl.. 420	1,260	2,100	4,730	7,350	10,500
LE 4d Sta Wag, 4-cyl. 440	1,320	2,200	4,950	7,700	11,000
LE 4d Sta Wag, V-6 480	1,440	2,400	5,400	8,400	12,000

	6	5	4	3	2	1
1994 MR2, 4-cyl.						
2d Cpe	500	1,500	2,500	5,630	8,750	12,500
2d Cpe, Turbo	600	1,750	2,900	6,530	10,200	14,500
1994 Supra						
2d HBk	800	2,400	4,000	9,000	14,000	20,000
2d HBk, Turbo	960	2,880	4,800	10,800	16,800	24,000
1995 Tercel, 4-cyl.						
2d Sed	200	600	1,000	2,250	3,500	5,000
DX 2d Sed	200	650	1,100	2,480	3,850	5,500
DX 4d Sed	250	700	1,150	2,570	4,000	5,700
1995 Corolla, 4-cyl.						
4d Sed	300	850	1,400	3,150	4,900	7,000
DX 4d Sed	300	900	1,500	3,380	5,250	7,500
DX 4d Sta Wag	350	1,000	1,650	3,740	5,800	8,300
LE 4d Sed	300	950	1,600	3,600	5,600	8,000
1995 Paseo, 4-cyl.						
2d Cpe	300	900	1,500	3,380	5,250	7,500
1995 Celica, 4-cyl.						
ST 2d Cpe	400	1,200	2,000	4,500	7,000	10,000
ST 2d HBk	400	1,150	1,900	4,280	6,650	9,500
GT 2d Cpe	400	1,250	2,100	4,730	7,350	10,500
GT 2d HBk	450	1,300	2,200	4,950	7,700	11,000
GT 2d Conv	500	1,550	2,600	5,850	9,100	13,000
1995 Camry, 4-cyl. & V-6						
DX 2d Cpe	400	1,200	2,000	4,500	7,000	10,000
DX 4d Sed	400	1,200	2,000	4,460	6,950	9,900
LE 2d Cpe	400	1,250	2,100	4,730	7,350	10,500
LE 2d Cpe, V-6	450	1,300	2,200	4,950	7,700	11,000
LE 4d Sed	400	1,200	2,000	4,500	7,000	10,000
LE 4d Sed, V-6	450	1,300	2,200	4,950	7,700	11,000
LE 4d Sta Wag	450	1,300	2,200	4,950	7,700	11,000
LE 4d Sta Wag, V-6	480	1,440	2,400	5,400	8,400	12,000
SE 2d Cpe, V-6	450	1,400	2,300	5,180	8,050	11,500
SE 4d Sed, V-6	450	1,400	2,300	5,180	8,050	11,500
XLE 4d Sed	450	1,400	2,300	5,180	8,050	11,500
XLE 4d Sed, V-6	500	1,450	2,400	5,400	8,400	12,000
1995 MR2, 4-cyl.						
2d Cpe	500	1,500	2,500	5,630	8,750	12,500
2d Cpe, Turbo	600	1,750	2,900	6,530	10,200	14,500
1995 Avalon, V-6						
XL 4d Sed	400	1,250	2,100	4,730	7,350	10,500
XLS 4d Sed	450	1,400	2,300	5,180	8,050	11,500
1995 Supra, 6-cyl.						
2d HBk	800	2,400	4,000	9,000	14,000	20,000
2d HBk, Turbo	960	2,880	4,800	10,800	16,800	24,000
1996 Tercel, 4-cyl.						
2d Sed	200	550	900	2,030	3,150	4,500
DX 2d Sed	200	600	1,000	2,250	3,500	5,000
DX 4d Sed	200	600	1,050	2,340	3,650	5,200
1996 Corolla, 4-cyl.						
4d Sed	250	800	1,300	2,930	4,550	6,500
DX 4d Sed	300	850	1,400	3,150	4,900	7,000
DX 4d Sta Wag	300	950	1,550	3,510	5,450	7,800
1996 Paseo, 4-cyl.						
2d Cpe	300	850	1,400	3,150	4,900	7,000
1996 Celica, 4-cyl.						
ST 2d Cpe	400	1,150	1,900	4,280	6,650	9,500
ST 2d HBk	350	1,100	1,800	4,050	6,300	9,000
GT 2d Cpe	400	1,200	2,000	4,500	7,000	10,000
GT 2d HBk	400	1,250	2,100	4,730	7,350	10,500
GT 2d Conv	500	1,500	2,500	5,630	8,750	12,500
1996 Camry, 4-cyl.						
DX 2d Cpe	400	1,150	1,900	4,280	6,650	9,500
DX 4d Sed	400	1,150	1,900	4,230	6,600	9,400
LE 2d Cpe	400	1,200	2,000	4,500	7,000	10,000
LE 4d Sed	400	1,150	1,900	4,280	6,650	9,500
LE 4d Sta Wag	400	1,250	2,100	4,730	7,350	10,500
XLE 4d Sed	450	1,300	2,200	4,950	7,700	11,000
1996 Camry, V-6.						
LE 2d Cpe	400	1,250	2,100	4,730	7,350	10,500
LE 4d Sed	400	1,250	2,100	4,730	7,350	10,500
LE 4d Sta Wag	450	1,400	2,300	5,180	8,050	11,500
SE 2d Cpe	450	1,300	2,200	4,950	7,700	11,000
SE 4d Sed	450	1,300	2,200	4,950	7,700	11,000
XLE 4d Sed	450	1,400	2,300	5,180	8,050	11,500
1996 Avalon, V-6.						
XL 4d Sed	400	1,200	2,000	4,500	7,000	10,000
XLS 4d Sed	450	1,300	2,200	4,950	7,700	11,000

	6	5	4	3	2	1
1996 Supra, 6-cyl.						
2d HBk 780	2,340	3,900	8,780	13,650	19,500
2d HBk, Turbo. 940	2,820	4,700	10,580	16,450	23,500
1997 Tercel, 4-cyl.						
CE 2d Sed. 200	600	1,000	2,250	3,500	5,000
CE 4d Sed. 208	624	1,040	2,340	3,640	5,200
1997 Corolla, 4-cyl.						
VE 4d Sed. 260	780	1,300	2,930	4,550	6,500
CE 4d Sed. 280	840	1,400	3,150	4,900	7,000
LE 4d Sed 300	900	1,500	3,380	5,250	7,500
1997 Paseo, 4-cyl.						
2d Cpe. 280	840	1,400	3,150	4,900	7,000
2d Conv. 348	1,044	1,740	3,920	6,090	8,700
1997 Celica, 4-cyl.						
ST 2d Cpe. 380	1,140	1,900	4,280	6,650	9,500
ST 2d HBk. 360	1,080	1,800	4,050	6,300	9,000
GT 2d HBk 420	1,260	2,100	4,730	7,350	10,500
GT 2d Conv. 500	1,500	2,500	5,630	8,750	12,500
1997 Camry, 4-cyl.						
CE 4d Sed. 380	1,140	1,900	4,280	6,650	9,500
LE 4d Sed 388	1,164	1,940	4,370	6,790	9,700
XLE 4d Sed 400	1,200	2,000	4,500	7,000	10,000
1997 Camry, V-6						
CE 4d Sed. 400	1,200	2,000	4,500	7,000	10,000
LE 4d Sed 420	1,260	2,100	4,730	7,350	10,500
XLE 4d Sed 440	1,320	2,200	4,950	7,700	11,000
1997 Avalon, V-6						
XL 4d Sed 408	1,224	2,040	4,590	7,140	10,200
XLS 4d Sed. 460	1,380	2,300	5,180	8,050	11,500
1997 Supra, 6-cyl.						
2d HBk 800	2,400	4,000	9,000	14,000	20,000
2d HBk, Turbo. 960	2,880	4,800	10,800	16,800	24,000
NOTE: 15th Anv. Ed.						
1998 Tercel, 4-cyl.						
CE 2d Sed. 200	600	1,000	2,250	3,500	5,000
CE 4d Sed. 210	620	1,040	2,340	3,640	5,200
1998 Corolla, 4-cyl.						
VE 4d Sed. 260	780	1,300	2,930	4,550	6,500
CE 4d Sed. 280	840	1,400	3,150	4,900	7,000
LE 4d Sed 300	900	1,500	3,380	5,250	7,500
1998 Paseo, 4-cyl.						
2d Cpe. 280	840	1,400	3,150	4,900	7,000
2d Conv. 350	1,040	1,740	3,920	6,090	8,700
1998 Celica GT, 4-cyl.						
2d Cpe. 380	1,140	1,900	4,280	6,650	9,500
2d HBk 420	1,260	2,100	4,730	7,350	10,500
2d Conv. 500	1,500	2,500	5,630	8,750	12,500
1998 Camry, 4-cyl.						
CE 4d Sed. 380	1,140	1,900	4,280	6,650	9,500
LE 4d Sed 390	1,160	1,940	4,370	6,790	9,700
XLE 4d Sed 400	1,200	2,000	4,500	7,000	10,000
1998 Camry, V-6						
CE 4d Sed. 400	1,200	2,000	4,500	7,000	10,000
LE 4d Sed 420	1,260	2,100	4,730	7,350	10,500
XLE 4d Sed 440	1,320	2,200	4,950	7,700	11,000
1998 Avalon, V-6						
XL 4d Sed 430	1,280	2,140	4,820	7,490	10,700
XLS 4d Sed. 490	1,460	2,440	5,490	8,540	12,200
1998 Supra, 6-cyl.						
2d HBk 840	2,520	4,200	9,450	14,700	21,000
2d HBk, Turbo. 1,000	3,000	5,000	11,250	17,500	25,000
1999 Echo, 4-cyl.						
2d Sed. 160	480	800	1,800	2,800	4,000
4d Sed. 170	500	840	1,890	2,940	4,200
1999 Corolla, 4-cyl.						
VE 4d Sed. 260	780	1,300	2,930	4,550	6,500
CE 4d Sed. 280	840	1,400	3,150	4,900	7,000
LE 4d Sed 300	900	1,500	3,380	5,250	7,500
1999 Celica GT, 4-cyl.						
2d HBk 420	1,260	2,100	4,730	7,350	10,500
2d Conv. 500	1,500	2,500	5,630	8,750	12,500
1999 Camry, 4-cyl. & V-6						
CE 4d Sed (4-cyl. only). 400	1,200	2,000	4,500	7,000	10,000
LE 4d Sed 420	1,260	2,100	4,730	7,350	10,500
XLE 4d Sed 440	1,320	2,200	4,950	7,700	11,000
1999 Camry Solara, 4-cyl. & V-6						
SE 2d Cpe. 420	1,260	2,100	4,730	7,350	10,500
SLE 2d Cpe (V-6 only) 440	1,320	2,200	4,950	7,700	11,000
1999 Avalon, V-6						
XL 4d Sed 430	1,280	2,140	4,820	7,490	10,700
XLS 4d Sed. 490	1,460	2,440	5,490	8,540	12,200

TOYOTA

	6	5	4	3	2	1
2000 Echo, 4-cyl.						
2d Sed	160	480	800	1,800	2,800	4,000
4d Sed	170	500	840	1,890	2,940	4,200
2000 Corolla, 4-cyl.						
VE 4d Sed	260	780	1,300	2,930	4,550	6,500
CE 4d Sed	280	840	1,400	3,150	4,900	7,000
LE 4d Sed	300	900	1,500	3,380	5,250	7,500
2000 Celica, 4-cyl.						
2d GT Cpe	430	1,280	2,140	4,820	7,490	10,700
2d GT-S Cpe	510	1,520	2,540	5,720	8,890	12,700
2000 Camry, 4-cyl. & V-6						
CE 4d Sed (4-cyl. only)	400	1,200	2,000	4,500	7,000	10,000
LE 4d Sed	420	1,260	2,100	4,730	7,350	10,500
XLE 4d Sed	440	1,320	2,200	4,950	7,700	11,000
2000 Camry Solara, 4-cyl. & V-6						
SE 2d Cpe	420	1,260	2,100	4,730	7,350	10,500
SLE 2d Cpe (V-6 only)	440	1,320	2,200	4,950	7,700	11,000
SE 2d Conv	500	1,500	2,500	5,630	8,750	12,500
SLE 2d Conv (V-6 only)	540	1,620	2,700	6,080	9,450	13,500
2000 Avalon, V-6						
XL 4d Sed	430	1,280	2,140	4,820	7,490	10,700
XLS 4d Sed	490	1,460	2,440	5,490	8,540	12,200
2000 Prius, 4-cyl. hybrid						
4d Sed (gas/elect)	420	1,260	2,100	4,730	7,350	10,500
2001 Echo, 4-cyl.						
2d Sed	160	480	800	2,000	2,800	4,000
4d Sed	170	500	840	2,100	2,940	4,200
2001 Corolla, 4-cyl.						
CE 4d Sed	280	840	1,400	3,500	4,900	7,000
S 4d Sed	290	860	1,440	3,600	5,040	7,200
LE 4d Sed	300	900	1,500	3,750	5,250	7,500
2001 Celica, 4-cyl.						
2d GT Cpe	430	1,280	2,140	5,350	7,490	10,700
2d GT-S Cpe	510	1,520	2,540	6,350	8,890	12,700
2001 Camry, 4-cyl. & V-6						
CE 4d Sed (4-cyl. only)	400	1,200	2,000	5,000	7,000	10,000
LE 4d Sed	420	1,260	2,100	5,250	7,350	10,500
XLE 4d Sed	440	1,320	2,200	5,500	7,700	11,000
NOTE: Add 5 percent for LE Gallery Series Ed.						
2001 Camry Solara, 4-cyl. & V-6						
SE 2d Cpe	420	1,260	2,100	5,250	7,350	10,500
SLE 2d Cpe (V-6 only)	440	1,320	2,200	5,500	7,700	11,000
SE 2d Conv	500	1,500	2,500	6,250	8,750	12,500
SLE 2d Conv (V-6 only)	540	1,620	2,700	6,750	9,450	13,500
2001 Avalon, V-6						
XL 4d Sed	430	1,280	2,140	5,350	7,490	10,700
XLS 4d Sed	490	1,460	2,440	6,100	8,540	12,200
2001 Prius, 4-cyl. hybrid						
4d Sed (gas/elect)	420	1,260	2,100	5,250	7,350	10,500
2001 MR2, 4-cyl.						
2d Spyder Conv	510	1,540	2,560	6,400	8,960	12,800

TRIUMPH

	6	5	4	3	2	1
1946-48 1800, 4-cyl., 63 hp, 108" wb						
T&C Saloon	300	950	1,600	3,600	5,600	8,000
1946-48 1800, 4-cyl., 63 hp, 100" wb						
Rds	1,040	3,120	5,200	11,700	18,200	26,000
1949 1800, 4-cyl., 63 hp, 108" wb						
T&C Saloon	300	850	1,400	3,150	4,900	7,000
1949 2000 4-cyl., 68 hp, 108" wb						
Saloon	300	850	1,400	3,200	4,950	7,100
1949 2000 Renown, 4-cyl., 68 hp, 108" wb						
Saloon	300	950	1,600	3,600	5,600	8,000
1949 Mayflower, 4-cyl., 38 hp, 84" wb						
Saloon	250	800	1,300	2,930	4,550	6,500
1949 2000, 4-cyl., 68 hp, 100" wb						
Rds	1,080	3,240	5,400	12,150	18,900	27,000
1950 2000 Renown, 4-cyl., 68 hp, 108" wb						
Saloon	300	850	1,400	3,150	4,900	7,000
1950 Mayflower, 4-cyl., 38 hp, 84" wb						
Saloon	250	800	1,300	2,930	4,550	6,500
Conv	350	1,000	1,700	3,830	5,950	8,500
1950 TRX (New Roadster Prototype) 4-cyl., 71 hp, 94" wb						
Rds		value not estimable				
NOTE: Car was offered but none were ever delivered.						
1951 2000 Renown, 4-cyl., 68 hp, 108" wb						
Saloon	300	850	1,400	3,150	4,900	7,000
1951 2000, 4-cyl., 68 hp, 111" wb						
Limo	300	900	1,500	3,380	5,250	7,500

	6	5	4	3	2	1
1951 Mayflower, 4-cyl., 38 hp, 84" wb						
Saloon	250	800	1,300	2,930	4,550	6,500
1952 2000, 4-cyl., 68 hp, 111" wb						
Limo	300	900	1,500	3,380	5,250	7,500
1952 Mayflower, 4-cyl., 38 hp, 84" wb						
Saloon	250	800	1,300	2,930	4,550	6,500
1952 20TS (prototype), 4-cyl., 75 hp, 130" wb						
TR-1 Rds			value not estimable			
NOTE: Only one prototype built.						
1952 2000 Renown, 4-cyl., 68 hp, 111" wb						
Saloon	300	850	1,400	3,150	4,900	7,000
1953 2000 Renown, 4-cyl., 68 hp, 108" wb						
Saloon	300	850	1,400	3,150	4,900	7,000
1953 2000, 4-cyl., 68 hp, 111" wb						
Limo	300	850	1,400	3,200	4,950	7,100
1953 Mayflower, 4-cyl., 38 hp, 84" wb						
Saloon	250	800	1,300	2,930	4,550	6,500
1953 TR-2, 4-cyl., 90 hp, 88" wb						
Rds	1,040	3,120	5,200	11,700	18,200	26,000
1954 2000 Renown, 4-cyl., 68 hp, 108" wb						
Saloon	300	850	1,400	3,150	4,900	7,000
1954 TR-2, 4-cyl., 90 hp, 88" wb						
Rds	1,000	3,000	5,000	11,250	17,500	25,000
1955 TR-2, 4-cyl., 90 hp, 88" wb						
Rds	1,000	3,000	5,000	11,250	17,500	25,000
1955 TR-3, 4-cyl., 95 hp, 88" wb						
Rds	1,040	3,120	5,200	11,700	18,200	26,000
1956 TR-3, 4-cyl., 95 hp, 88" wb						
Rds	1,040	3,120	5,200	11,700	18,200	26,000
HT Rds	1,080	3,240	5,400	12,150	18,900	27,000
1957 TR-3, 4-cyl., 100 hp, 88" wb						
Rds	1,040	3,120	5,200	11,700	18,200	26,000
HT Rds	1,080	3,240	5,400	12,150	18,900	27,000
1957 TR-10, 4-cyl., 40 hp, 84" wb						
Saloon	550	1,700	2,800	6,300	9,800	14,000
1958 TR-3, 4-cyl., 100 hp, 88" wb						
Rds	1,040	3,120	5,200	11,700	18,200	26,000
HT Rds	1,080	3,240	5,400	12,150	18,900	27,000
1958 TR-10, 4-cyl., 40 hp, 84" wb						
Saloon	550	1,700	2,800	6,300	9,800	14,000
Sta Wag	550	1,700	2,850	6,390	9,950	14,200
NOTE: All cars registered after 9-15-58 are 1959 models.						
1959 TR-3, 4-cyl., 100 hp, 88" wb						
Rds	1,040	3,120	5,200	11,700	18,200	26,000
HT Rds	1,080	3,240	5,400	12,150	18,900	27,000
1959 TR-10, 4-cyl., 40 hp, 84" wb						
Saloon	550	1,700	2,800	6,300	9,800	14,000
Sta Wag	550	1,700	2,850	6,390	9,950	14,200
1960 Herald, 4-cyl., 40 hp, 84" wb						
Sed	250	750	1,200	2,750	4,250	6,100
Cpe	250	750	1,250	2,790	4,350	6,200
Conv	450	1,300	2,200	4,950	7,700	11,000
Sta Wag	250	800	1,300	2,930	4,550	6,500
1960 TR-3, 4-cyl., 100 hp, 88" wb						
Rds	1,040	3,120	5,200	11,700	18,200	26,000
HT Rds	1,080	3,240	5,400	12,150	18,900	27,000
NOTE: All cars registered after 9-15-60 are 1961 models.						
1961 Herald, 4-cyl., 40 hp, 91.5" wb						
Sed	250	750	1,250	2,790	4,350	6,200
Cpe	250	750	1,250	2,840	4,400	6,300
Conv	450	1,300	2,200	4,950	7,700	11,000
Sta Wag	250	750	1,250	2,790	4,350	6,200
1961 TR-3, 4-cyl., 100 hp, 88" wb						
Rds	1,040	3,120	5,200	11,700	18,200	26,000
HT Rds	1,080	3,240	5,400	12,150	18,900	27,000
1962 Herald, 4-cyl., 40 hp, 91.5" wb						
Sed	250	750	1,200	2,750	4,250	6,100
Cpe	250	750	1,250	2,790	4,350	6,200
Conv	450	1,300	2,200	4,950	7,700	11,000
1962 TR-3, 4-cyl., 100 hp, 88" wb						
Rds	1,040	3,120	5,200	11,700	18,200	26,000
HT Rds	1,080	3,240	5,400	12,150	18,900	27,000
1962 TR-4, 4-cyl., 105 hp, 88" wb						
Rds	800	2,400	4,000	9,000	14,000	20,000
HT Rds	820	2,460	4,100	9,230	14,350	20,500
1962 Spitfire, 4-cyl., 57 hp, 83" wb						
Conv	680	2,040	3,400	7,650	11,900	17,000
1963 TR-3B, 4-cyl., 100 hp, 88" wb						
Rds	960	2,880	4,800	10,800	16,800	24,000
HT Rds	1,040	3,120	5,200	11,700	18,200	26,000

	6	5	4	3	2	1
1963 TR-4, 4-cyl., 105 hp, 88" wb						
Conv	650	1,900	3,200	7,200	11,200	16,000
HT	550	1,700	2,800	6,300	9,800	14,000
1963 Four, 4-cyl., 40 hp, 91.5" wb						
Sed	250	800	1,300	2,930	4,550	6,500
Conv	300	950	1,600	3,600	5,600	8,000
1963 Spitfire, 4-cyl., 57 hp, 83" wb						
Spt Conv	560	1,680	2,800	6,300	9,800	14,000
1963 Six, 6-cyl., 70 hp, 91.5" wb						
Spt Conv	600	1,750	2,900	6,530	10,200	14,500
1964 TR-4, 4-cyl., 105 hp, 88" wb						
Conv	700	2,050	3,400	7,650	11,900	17,000
HT Cpe	600	1,850	3,100	6,980	10,900	15,500
1965 TR-4 and TR-4A, 4-cyl., 105 hp, 88" wb						
Conv	750	2,200	3,700	8,330	13,000	18,500
HT Cpe	650	1,900	3,200	7,200	11,200	16,000
1965 Spitfire Mk II, 4-cyl., 57 hp, 83" wb						
Conv	560	1,680	2,800	6,300	9,800	14,000
1966 TR-4A, 4-cyl., 105 hp, 88" wb						
Conv	750	2,200	3,700	8,330	13,000	18,500
HT Cpe	600	1,850	3,100	6,980	10,900	15,500
1966 2000, 6-cyl., 90 hp, 106" wb						
Sed	300	900	1,500	3,380	5,250	7,500
1966 Spitfire Mk II, 4-cyl., 57 hp, 83" wb						
Conv	560	1,680	2,800	6,300	9,800	14,000
1967 TR-4A, 4-cyl., 105 hp, 88" wb						
Conv	750	2,200	3,700	8,330	13,000	18,500
HT Cpe	650	1,900	3,200	7,200	11,200	16,000
1967 2000						
Sed	250	700	1,200	2,700	4,200	6,000
1967 Spitfire Mk II, 4-cyl., 68 hp, 83" wb						
Conv	600	1,750	2,900	6,530	10,200	14,500
HT Cpe	400	1,150	1,900	4,280	6,650	9,500
1967 1200 Sport						
Sed	250	700	1,150	2,570	4,000	5,700
Conv	450	1,400	2,300	5,180	8,050	11,500
1968 TR-250, 6-cyl., 104 hp, 88" wb						
Conv	650	1,900	3,200	7,200	11,200	16,000
1968 Spitfire Mk III, 4-cyl., 68 hp, 83" wb						
Conv	600	1,750	2,900	6,530	10,200	14,500
1968 GT-6 Plus, 6-cyl., 95 hp, 83" wb						
Cpe	300	950	1,600	3,600	5,600	8,000
NOTE: Add 10 percent for wire wheels. Add 10 percent for factory hardtop. Add 5 percent for overdrive.						
1969 TR-6, 6-cyl., 104 hp, 88" wb						
Conv	650	1,900	3,200	7,200	11,200	16,000
1969 Spitfire Mk III, 4-cyl., 68 hp, 83" wb						
Conv	600	1,750	2,900	6,530	10,200	14,500
1969 GT-6 Plus, 6-cyl., 95 hp, 83" wb						
Cpe	300	950	1,600	3,600	5,600	8,000
NOTE: Add 10 percent for wire wheels. Add 10 percent for factory hardtop. Add 5 percent for overdrive.						
1970 TR-6, 6-cyl., 104 hp, 88" wb						
Conv	650	1,900	3,200	7,200	11,200	16,000
1970 Spitfire Mk III, 4-cyl., 68 hp, 83" wb						
Conv	600	1,750	2,900	6,530	10,200	14,500
1970 GT-6 Plus, 6-cyl., 95 hp, 83" wb						
Cpe	300	950	1,600	3,600	5,600	8,000
1970 Stag, 8-cyl., 145 hp, 100" wb						
Conv	700	2,150	3,600	8,100	12,600	18,000
NOTE: Add 10 percent for wire wheels. Add 10 percent for factory hardtop. Add 5 percent for overdrive.						
1971 TR-6, 6-cyl., 104 hp, 88" wb						
Conv	650	1,900	3,200	7,200	11,200	16,000
1971 Spitfire Mk IV, 4-cyl., 58 hp, 83" wb						
Conv	600	1,750	2,900	6,530	10,200	14,500
1971 GT-6 Mk III, 6-cyl., 90 hp, 83" wb						
Cpe	300	950	1,600	3,600	5,600	8,000
1971 Stag, 8-cyl., 145 hp, 100" wb						
Conv	700	2,100	3,500	7,880	12,300	17,500
NOTE: Add 10 percent for wire wheels. Add 10 percent for factory hardtop. Add 5 percent for overdrive.						
1972 TR-6, 6-cyl., 106 hp, 88" wb						
Conv	650	1,900	3,200	7,200	11,200	16,000
1972 Spitfire Mk IV, 4-cyl., 48 hp, 83" wb						
Conv	600	1,750	2,900	6,530	10,200	14,500
1972 GT-6 Mk III, 6-cyl., 79 hp, 83" wb						
Cpe	300	950	1,600	3,600	5,600	8,000
1972 Stag, 8-cyl., 127 hp, 100" wb						
Conv	700	2,100	3,500	7,880	12,300	17,500
NOTE: Add 10 percent for wire wheels. Add 10 percent for factory hardtop. Add 5 percent for overdrive.						
1973 TR-6, 6-cyl., 106 hp, 88" wb						
Conv	600	1,800	3,000	6,750	10,500	15,000

TRIUMPH

VAUXHALL

	6	5	4	3	2	1
1973 Spitfire Mk IV, 4-cyl., 57 hp, 83" wb						
Conv	450	1,400	2,300	5,180	8,050	11,500
1973 GT-6 Mk III, 6-cyl., 79 hp, 83" wb						
Cpe	300	950	1,600	3,600	5,600	8,000
1973 Stag, 8-cyl., 127 hp, 100" wb						
Conv	700	2,050	3,400	7,650	11,900	17,000
NOTE: Add 10 percent for wire wheels. Add 10 percent for factory hardtop. Add 5 percent for overdrive.						
1974 TR-6, 6-cyl., 106 hp, 88" wb						
Conv	600	1,800	3,000	6,750	10,500	15,000
1974 Spitfire Mk IV, 4-cyl., 57 hp, 83" wb						
Conv	450	1,400	2,300	5,180	8,050	11,500
NOTE: Add 10 percent for factory hardtop. Add 5 percent for overdrive.						
1975 TR-6, 6-cyl., 106 hp, 88" wb						
Conv	600	1,800	3,000	6,750	10,500	15,000
1975 TR-7, 4-cyl., 92 hp, 85" wb						
Cpe	450	1,300	2,200	4,950	7,700	11,000
1975 Spitfire 1500, 4-cyl., 57 hp, 83" wb						
Conv	450	1,400	2,300	5,180	8,050	11,500
NOTE: Add 10 percent for factory hardtop. Add 5 percent for overdrive.						
1976 TR-6, 6-cyl., 106 hp, 88" wb						
Conv	600	1,850	3,100	6,980	10,900	15,500
1976 TR-7, 4-cyl., 92 hp, 85" wb						
Cpe	450	1,300	2,200	4,950	7,700	11,000
1976 Spitfire 1500, 4-cyl., 57 hp, 83" wb						
Conv	450	1,400	2,300	5,180	8,050	11,500
NOTE: Add 10 percent for factory hardtop. Add 5 percent for overdrive.						
1977 TR-7, 4-cyl., 92 hp, 85" wb						
Cpe	350	1,000	1,700	3,830	5,950	8,500
1977 Spitfire 1500, 4-cyl., 57 hp, 83" wb						
Conv	450	1,400	2,300	5,180	8,050	11,500
NOTE: Add 10 percent for factory hardtop. Add 5 percent for overdrive.						
1978 TR-7, 4-cyl., 92 hp, 85" wb						
Cpe	350	1,000	1,700	3,830	5,950	8,500
1978 TR-8, 8-cyl., 133 hp, 85" wb(About 150 prototypes in USA)						
Cpe	650	2,000	3,300	7,430	11,600	16,500
1978 Spitfire 1500, 4-cyl., 57 hp, 83" wb						
Conv	450	1,300	2,200	4,950	7,700	11,000
NOTE: Add 10 percent for factory hardtop. Add 5 percent for overdrive.						
1979 TR-7, 4-cyl., 86 hp, 85" wb						
Conv	450	1,300	2,200	4,950	7,700	11,000
Cpe	300	950	1,600	3,600	5,600	8,000
1979 Spitfire 1500, 4-cyl., 53 hp, 83" wb						
Conv	350	1,000	1,700	3,830	5,950	8,500
NOTE: Add 10 percent for factory hardtop. Add 5 percent for overdrive.						
1980 TR-7, 4-cyl., 86 hp, 85" wb						
Conv	450	1,350	2,250	5,040	7,850	11,200
Spider Conv	450	1,400	2,300	5,220	8,100	11,600
Cpe	350	1,000	1,650	3,740	5,800	8,300
1980 TR-8, 8-cyl., 133 hp, 85" wb						
Conv	700	2,050	3,450	7,740	12,000	17,200
Cpe	600	1,850	3,100	6,980	10,900	15,500
1980 Spitfire 1500, 4-cyl., 57 hp, 83" wb						
Conv	450	1,350	2,300	5,130	8,000	11,400
NOTE: Add 10 percent for factory hardtop. Add 5 percent for overdrive.						
1981 TR-7, 4-cyl., 89 hp, 85" wb						
Conv	500	1,450	2,400	5,360	8,350	11,900
1981 TR-8, 8-cyl., 148 hp, 85" wb						
Conv	750	2,200	3,700	8,330	13,000	18,500

VAUXHALL

	6	5	4	3	2	1
1946-56 Ten, 4-cyl., 1203cc. 97.8" wb						
Saloon	248	744	1,240	2,790	4,340	6,200
1946-56 Twelve, 4-cyl., 1442cc, 97.8" wb						
Saloon	280	840	1,400	3,150	4,900	7,000
1946-56 Fourteen, 6-cyl., 1781cc, 105" wb						
Saloon	320	960	1,600	3,600	5,600	8,000
1946-56 Wyvern, 1948, 1442cc, 97.8" wb; 1951, 103" wb						
Saloon	320	960	1,600	3,600	5,600	8,000
1946-56 Velox, 1948, 6-cyl., 97.8" wb, 2275cc 1951, 103" wb						
Saloon	340	1,020	1,700	3,830	5,950	8,500
1957-59 Victor Super, 4-cyl., 1507cc, 98" wb						
FD 4d Sed	300	850	1,450	3,240	5,050	7,200
FW 4d Sta Wag	300	950	1,550	3,510	5,450	7,800
1960-61 Victor Super, 4-cyl., 1507cc Series 2, 98" wb						
FD 4d Sed	300	850	1,450	3,240	5,050	7,200
FW 4d Sta Wag	300	950	1,550	3,510	5,450	7,800
1962 Victor FB Super, 4-cyl., 1507cc, 100" wb						
FBD 4d Sed.	300	850	1,450	3,240	5,050	7,200
FBW 4d Sta Wag	300	950	1,550	3,510	5,450	7,800

	6	5	4	3	2	1

VOLKSWAGEN

1945 Standard, 4-cyl., 25 hp, 94.5" wb

	6	5	4	3	2	1
2d Sed	880	2,640	4,400	9,900	15,400	22,000

1946 Standard, 4-cyl., 25 hp, 94.5" wb

	6	5	4	3	2	1
2d Sed	840	2,520	4,200	9,450	14,700	21,000

1947-48 4-cyl., 25 hp, 94.5" wb

	6	5	4	3	2	1
Std	700	2,100	3,500	7,880	12,250	17,500
Export	800	2,400	4,000	9,000	14,000	20,000

1949 Standard, 4-cyl., 25 hp, 94.5" wb

	6	5	4	3	2	1
2d Sed	700	2,100	3,500	7,880	12,250	17,500

1949 DeLuxe, 4-cyl., 10 hp, 94.5" wb

	6	5	4	3	2	1
2d Sed	760	2,280	3,800	8,550	13,300	19,000
Conv	916	2,748	4,580	10,310	16,030	22,900
Heb Conv	956	2,868	4,780	10,760	16,730	23,900

NOTE: Only 700 Hebmuller Cabr convertibles were built during 1949-1950. Add 10 percent for sunroof.

1950 DeLuxe, 4-cyl., 25 hp, 94.5" wb

	6	5	4	3	2	1
2d Sed	740	2,220	3,700	8,330	12,950	18,500
Conv	820	2,460	4,100	9,230	14,350	20,500
Heb Conv	960	2,880	4,800	10,800	16,800	24,000

NOTE: Add 10 percent for sunroof.

1950 Transporter, 4-cyl., 25 hp, 94.5" wb

	6	5	4	3	2	1
DeL Van	840	2,520	4,200	9,450	14,700	21,000
Kombi	740	2,220	3,700	8,330	12,950	18,500

1951-52 (Serial Nos. 170000-Up) DeLuxe, 4-cyl., 25 hp, 94.5" wb

	6	5	4	3	2	1
2d Sed	700	2,100	3,500	7,880	12,250	17,500
Conv	760	2,280	3,800	8,550	13,300	19,000

NOTE: Add 10 percent for sunroof.

1951-52 Transporter, 4-cyl., 25 hp, 94.5" wb

	6	5	4	3	2	1
DeL Van	840	2,520	4,200	9,450	14,700	21,000
Kombi	740	2,220	3,700	8,330	12,950	18,500

NOTE: Overdrive is standard equipment.

1952-53 (Serial Nos. 1-0264198-Up) DeLuxe 4-cyl., 25 hp, 94.5" wb

	6	5	4	3	2	1
2d Sed	700	2,100	3,500	7,880	12,250	17,500
Conv	820	2,460	4,100	9,230	14,350	20,500

NOTE: Add 10 percent for sunroof.

1952-53 Transporter, 4-cyl., 25 hp, 94.5" wb

	6	5	4	3	2	1
DeL Van	840	2,520	4,200	9,450	14,700	21,000
Kombi	740	2,220	3,700	8,330	12,950	18,500

1953 (Serial Nos. later than March 1953) DeLuxe, 4-cyl., 94.5" wb, 25 hp

	6	5	4	3	2	1
2d Sed	700	2,100	3,500	7,880	12,250	17,500
Conv	820	2,460	4,100	9,230	14,350	20,500

NOTE: Add 10 percent for sunroof.

1953 Transporter, 4-cyl., 25 hp, 94.5" wb

	6	5	4	3	2	1
DeL Van	740	2,220	3,700	8,330	12,950	18,500
Kombi	840	2,520	4,200	9,450	14,700	21,000

1954 DeLuxe, 4-cyl., 36 hp, 94.5" wb

	6	5	4	3	2	1
2d Sed	700	2,100	3,500	7,880	12,250	17,500
Conv	820	2,460	4,100	9,230	14,350	20,500

NOTE: Add 10 percent for sunroof.

1954 Station Wagons, 4-cyl., 30 hp, 94.5" wb

	6	5	4	3	2	1
Microbus	820	2,460	4,100	9,230	14,350	20,500
DeL Microbus	840	2,520	4,200	9,450	14,700	21,000

NOTE: Microbus 165" overall; DeLuxe Microbus 166.1" overall; Beetle 160.3" overall.

1955 DeLuxe, 4-cyl., 36 hp, 94.5" wb

	6	5	4	3	2	1
2d Sed	700	2,100	3,500	7,880	12,250	17,500
Conv	820	2,460	4,100	9,230	14,350	20,500

NOTE: Add 10 percent for sunroof.

1955 Station Wagons, 4-cyl., 36 hp, 94.5" wb

	6	5	4	3	2	1
Kombi	740	2,220	3,700	8,330	12,950	18,500
Microbus	820	2,460	4,100	9,230	14,350	20,500
Microbus DeL	840	2,520	4,200	9,450	14,700	21,000

1956 DeLuxe, 4-cyl., 36 hp, 94.5" wb

	6	5	4	3	2	1
2d Sed	700	2,100	3,500	7,880	12,250	17,500
Conv	820	2,460	4,100	9,230	14,350	20,500

NOTE: Add 10 percent for sunroof.

1956 Karmann-Ghia, 4-cyl., 36 hp, 94.5" wb

	6	5	4	3	2	1
Cpe	740	2,220	3,700	8,330	12,950	18,500

1956 Station Wagons, 4-cyl., 36 hp, 94.5" wb

	6	5	4	3	2	1
Kombi	740	2,220	3,700	8,330	12,950	18,500
Microbus	860	2,580	4,300	9,680	15,050	21,500
Microbus DeL	880	2,640	4,400	9,900	15,400	22,000

1957 Beetle, 4-cyl., 36 hp, 94.5" wb

	6	5	4	3	2	1
2d Sed	700	2,100	3,500	7,880	12,250	17,500
Conv	820	2,460	4,100	9,230	14,350	20,500

NOTE: Add 10 percent for sunroof.

1957 Karmann-Ghia, 4-cyl., 36 hp, 94.5" wb

	6	5	4	3	2	1
Cpe	700	2,100	3,500	7,880	12,250	17,500

VOLKSWAGEN

	6	5	4	3	2	1
1957 Station Wagons, 4-cyl., 36 hp, 94.5" wb						
Kombi	780	2,340	3,900	8,780	13,650	19,500
Microbus	920	2,760	4,600	10,350	16,100	23,000
Microbus SR	940	2,820	4,700	10,580	16,450	23,500
Camper	980	2,940	4,900	11,030	17,150	24,500
NOTE: Add 10 percent for sunroof.						
1958 Beetle, 4-cyl., 36 hp, 94.5" wb						
2d DeL Sed	700	2,100	3,500	7,880	12,250	17,500
Conv	820	2,460	4,100	9,230	14,350	20,500
1958 Karmann-Ghia, 4-cyl., 36 hp, 94.5" wb						
Cpe	780	2,340	3,900	8,780	13,650	19,500
Conv	820	2,460	4,100	9,230	14,350	20,500
1958 Station Wagons, 4-cyl., 36 hp, 94.5" wb						
Kombi	780	2,340	3,900	8,780	13,650	19,500
Microbus	960	2,880	4,800	10,800	16,800	24,000
Microbus DeL SR	980	2,940	4,900	11,030	17,150	24,500
Camper	1,020	3,060	5,100	11,480	17,850	25,500
1959 Beetle, 4-cyl., 36 hp, 94.5" wb						
2d Sed	680	2,040	3,400	7,650	11,900	17,000
Conv	800	2,400	4,000	9,000	14,000	20,000
NOTE: Add 10 percent for sunroof.						
1959 Karmann-Ghia, 4-cyl., 36 hp, 94.5" wb						
Cpe	740	2,220	3,700	8,330	12,950	18,500
Conv	780	2,340	3,900	8,780	13,650	19,500
1959 Station Wagons, 4-cyl., 36 hp, 94.5" wb						
Kombi	780	2,340	3,900	8,780	13,650	19,500
Microbus	980	2,940	4,900	11,030	17,150	24,500
Microbus DeL SR	1,100	3,300	5,500	12,380	19,250	27,500
Camper	1,040	3,120	5,200	11,700	18,200	26,000
1960 Beetle, 4-cyl., 36 hp, 94.5" wb						
2d DeL Sed	680	2,040	3,400	7,650	11,900	17,000
Conv	800	2,400	4,000	9,000	14,000	20,000
1960 Karmann-Ghia, 4-cyl., 36 hp, 94.5" wb						
Cpe	740	2,220	3,700	8,330	12,950	18,500
Conv	780	2,340	3,900	8,780	13,650	19,500
1960 Station Wagons, 4-cyl., 36 hp, 94.5" wb						
Kombi	780	2,340	3,900	8,780	13,650	19,500
Microbus	980	2,940	4,900	11,030	17,150	24,500
Microbus DeL SR	1,100	3,300	5,500	12,380	19,250	27,500
Camper	1,040	3,120	5,200	11,700	18,200	26,000
NOTE: Add 10 percent for sunroof.						
1961 Beetle, 4-cyl., 40 hp, 94.5" wb						
2d DeL Sed	680	2,040	3,400	7,650	11,900	17,000
Conv	760	2,280	3,800	8,550	13,300	19,000
1961 Karmann-Ghia, 4-cyl., 40 hp, 94.5" wb						
Cpe	780	2,340	3,900	8,780	13,650	19,500
Conv	820	2,460	4,100	9,230	14,350	20,500
1961 Station Wagons, 4-cyl., 40 hp, 94.5" wb						
Kombi	780	2,340	3,900	8,780	13,650	19,500
Sta Wag	1,020	3,060	5,100	11,480	17,850	25,500
Sta Wag DeL/SR	1,140	3,420	5,700	12,830	19,950	28,500
Camper	1,080	3,240	5,400	12,150	18,900	27,000
NOTE: Add 5 percent for extra seats (sta. wag.).						
1962 Beetle, 4-cyl., 40 hp, 94.5" wb						
2d DeL Sed	680	2,040	3,400	7,650	11,900	17,000
Conv	760	2,280	3,800	8,550	13,300	19,000
NOTE: Add 10 percent for sunroof.						
1962 Karmann-Ghia, 4-cyl., 40 hp, 94.5" wb						
Cpe	780	2,340	3,900	8,780	13,650	19,500
Conv	820	2,460	4,100	9,230	14,350	20,500
1962 Station Wagons, 4-cyl., 40 hp, 94.5" wb						
Kombi	780	2,340	3,900	8,780	13,650	19,500
Sta Wag	1,040	3,120	5,200	11,700	18,200	26,000
DeL Sta Wag	1,140	3,420	5,700	12,830	19,950	28,500
Camper	1,100	3,300	5,500	12,380	19,250	27,500
1963 Beetle, 4-cyl., 40 hp, 94.5" wb						
2d DeL Sed	660	1,980	3,300	7,430	11,550	16,500
Conv	740	2,220	3,700	8,330	12,950	18,500
NOTE: Add 10 percent for sunroof.						
1963 Karmann-Ghia, 4-cyl., 40 hp, 94.5" wb						
Cpe	740	2,220	3,700	8,330	12,950	18,500
Conv	780	2,340	3,900	8,780	13,650	19,500
1963 Station Wagons, 4-cyl., 40 hp, 94.5" wb						
Kombi	780	2,340	3,900	8,780	13,650	19,500
Sta Wag	1,040	3,120	5,200	11,700	18,200	26,000
DeL Sta Wag	1,140	3,420	5,700	12,830	19,950	28,500
Camper	1,100	3,300	5,500	12,380	19,250	27,500
1964 Beetle, 4-cyl., 40 hp, 94.5" wb						
2d DeL Sed	660	1,980	3,300	7,430	11,550	16,500

	6	5	4	3	2	1
Conv. 740	2,220	3,700	8,330	12,950	18,500
NOTE: Add 10 percent for sunroof.						
1964 Karmann-Ghia, 4-cyl., 40 hp, 94.5" wb						
Cpe. 740	2,220	3,700	8,330	12,950	18,500
Conv. 780	2,340	3,900	8,780	13,650	19,500
1964 Station Wagons (1200 Series), 4-cyl., 40 hp, 94.5" wb						
Kombi 780	2,340	3,900	8,780	13,650	19,500
Sta Wag 1,040	3,120	5,200	11,700	18,200	26,000
DeL Sta Wag 1,080	3,240	5,400	12,150	18,900	27,000
1964 Station Wagons (1500 Series), 4-cyl., 50 hp, 94.5" wb						
Kombi 820	2,460	4,100	9,230	14,350	20,500
Sta Wag 1,060	3,180	5,300	11,930	18,550	26,500
DeL Sta Wag 1,140	3,420	5,700	12,830	19,950	28,500
Camper. 1,140	3,420	5,700	12,830	19,950	28,500
1965 Beetle, 4-cyl., 40 hp, 94.5" wb						
2d DeL Sed 660	1,980	3,300	7,430	11,550	16,500
Conv. 740	2,220	3,700	8,330	12,950	18,500
NOTE: Add 10 percent for sunroof.						
1965 Karmann-Ghia, 4-cyl., 40 hp, 94.5" wb						
Cpe. 740	2,220	3,700	8,330	12,950	18,500
Conv. 780	2,340	3,900	8,780	13,650	19,500
1965 Station Wagons (1500 Series), 4-cyl., 40 hp, 94.5" wb						
Kombi 780	2,340	3,900	8,780	13,650	19,500
Sta Wag 1,040	3,120	5,200	11,700	18,200	26,000
DeL Sta Wag 1,140	3,420	5,700	12,830	19,950	28,500
Camper. 1,100	3,300	5,500	12,380	19,250	27,500
1965 Commercial, (1500 Series), 4-cyl., 40 hp, 94.5" wb						
Panel 660	1,980	3,300	7,430	11,550	16,500
PU 680	2,040	3,400	7,650	11,900	17,000
Dbl Cab PU 684	2,052	3,420	7,700	11,970	17,100
1966 Beetle, 50 hp						
2d DeL Sed 660	1,980	3,300	7,430	11,550	16,500
Conv. 740	2,220	3,700	8,330	12,950	18,500
NOTE: Add 10 percent for sunroof.						
1966 Karmann-Ghia, 53 hp						
Cpe. 740	2,220	3,700	8,330	12,950	18,500
Conv. 780	2,340	3,900	8,780	13,650	19,500
1966 Station Wagons, 57 hp						
Kombi 780	2,340	3,900	8,780	13,650	19,500
Sta Wag 1,040	3,120	5,200	11,700	18,200	26,000
DeL Sta Wag 1,140	3,420	5,700	12,830	19,950	28,500
Camper. 1,100	3,300	5,500	12,380	19,250	27,500
1966 1600 Series, 65 hp						
2d FBk Sed. 304	912	1,520	3,420	5,320	7,600
2d SqBk Sed 308	924	1,540	3,470	5,390	7,700
NOTE: Add 10 percent for sunroof.						
1966 Commercial						
Panel 660	1,980	3,300	7,430	11,550	16,500
PU 680	2,040	3,400	7,650	11,900	17,000
Dbl Cab PU 684	2,052	3,420	7,700	11,970	17,100
1967 Beetle, 53 hp						
2d DeL Sed 680	2,040	3,400	7,650	11,900	17,000
Conv. 760	2,280	3,800	8,550	13,300	19,000
NOTE: Add 10 percent for sunroof.						
1967 Karmann-Ghia, 53 hp						
Cpe. 740	2,220	3,700	8,330	12,950	18,500
Conv. 780	2,340	3,900	8,780	13,650	19,500
1967 Station Wagon, 57 hp						
Kombi 780	2,340	3,900	8,780	13,650	19,500
Sta Wag 1,040	3,120	5,200	11,700	18,200	26,000
DeL Sta Wag 1,140	3,420	5,700	12,830	19,950	28,500
Camper. 1,100	3,300	5,500	12,380	19,250	27,500
1967 1600 Series, 65 hp						
2d FBk Sed. 316	948	1,580	3,560	5,530	7,900
2d SqBk Sed 324	972	1,620	3,650	5,670	8,100
NOTE: Add 10 percent for sunroof.						
1967 Commercial						
Panel 660	1,980	3,300	7,430	11,550	16,500
PU 680	2,040	3,400	7,650	11,900	17,000
Dbl Cab PU 684	2,052	3,420	7,700	11,970	17,100
1968 Beetle, 53 hp						
2d Sed 660	1,980	3,300	7,430	11,550	16,500
Conv. 740	2,220	3,700	8,330	12,950	18,500
NOTE: Add 10 percent for sunroof.						
1968 Karmann-Ghia, 53 hp						
Cpe. 740	2,220	3,700	8,330	12,950	18,500
Conv. 780	2,340	3,900	8,780	13,650	19,500
1968 1600 Series, 65 hp						
2d FBk Sed. 316	948	1,580	3,560	5,530	7,900

VOLKSWAGEN

	6	5	4	3	2	1
2d SqBk Sed	324	972	1,620	3,650	5,670	8,100

NOTE: Add 10 percent for sunroof.

1968 Station Wagons, 57 hp

	6	5	4	3	2	1
Kombi	780	2,340	3,900	8,780	13,650	19,500
Sta Wag	980	2,940	4,900	11,030	17,150	24,500
Camper 1,020		3,060	5,100	11,480	17,850	25,500

1968 Commercial

	6	5	4	3	2	1
Panel.	620	1,860	3,100	6,980	10,850	15,500
PU	640	1,920	3,200	7,200	11,200	16,000
Dbl Cab PU	644	1,932	3,220	7,250	11,270	16,100

1969 Beetle, 53 hp

	6	5	4	3	2	1
2d Sed.	660	1,980	3,300	7,430	11,550	16,500
Conv	740	2,220	3,700	8,330	12,950	18,500

NOTE: Add 10 percent for sunroof.

1969 Karmann-Ghia, 53 hp

	6	5	4	3	2	1
Cpe	740	2,220	3,700	8,330	12,950	18,500
Conv	780	2,340	3,900	8,780	13,650	19,500

1969 1600 Series, 65 hp

	6	5	4	3	2	1
2d FBk Sed	324	972	1,620	3,650	5,670	8,100
2d SqBk Sed	328	984	1,640	3,690	5,740	8,200

NOTE: Add 10 percent for sunroof.

1969 Station Wagons, 57 hp

	6	5	4	3	2	1
Kombi	740	2,220	3,700	8,330	12,950	18,500
Sta Wag	980	2,940	4,900	11,030	17,150	24,500
Camper 1,000		3,000	5,000	11,250	17,500	25,000

1969 Commercial

	6	5	4	3	2	1
Panel.	620	1,860	3,100	6,980	10,850	15,500
PU	640	1,920	3,200	7,200	11,200	16,000
Dbl Cab PU	644	1,932	3,220	7,250	11,270	16,100

1970 Beetle, 60 hp

	6	5	4	3	2	1
2d Sed.	660	1,980	3,300	7,430	11,550	16,500
Conv	740	2,220	3,700	8,330	12,950	18,500

NOTE: Add 10 percent for sunroof.

1970 Karmann-Ghia, 60 hp

	6	5	4	3	2	1
Cpe	740	2,220	3,700	8,330	12,950	18,500
Conv	780	2,340	3,900	8,780	13,650	19,500

1970 1600 Series, 65 hp

	6	5	4	3	2	1
2d FBk Sed	320	960	1,600	3,600	5,600	8,000
2d SqBk Sed	324	972	1,620	3,650	5,670	8,100

NOTE: Add 10 percent for sunroof.

1970 Station Wagons, 60 hp

	6	5	4	3	2	1
Kombi	740	2,220	3,700	8,330	12,950	18,500
Sta Wag	980	2,940	4,900	11,030	17,150	24,500
Camper 1,000		3,000	5,000	11,250	17,500	25,000

1970 Commercial

	6	5	4	3	2	1
Panel.	620	1,860	3,100	6,980	10,850	15,500
PU	640	1,920	3,200	7,200	11,200	16,000
Dbl Cab PU	644	1,932	3,220	7,250	11,270	16,100

1971 Beetle, 60 hp

	6	5	4	3	2	1
2d Sed.	650	1,900	3,200	7,200	11,200	16,000
2d Sup Sed	650	2,000	3,300	7,430	11,600	16,500
Conv	700	2,150	3,600	8,100	12,600	18,000

NOTE: Add 10 percent for sunroof.

1971 Karmann-Ghia

	6	5	4	3	2	1
Cpe	700	2,050	3,400	7,650	11,900	17,000
Conv	750	2,200	3,700	8,330	13,000	18,500

1971 Thing

	6	5	4	3	2	1
4d Conv.	440	1,320	2,200	4,950	7,700	11,000

1971 Type 3, Sq. Back 411

	6	5	4	3	2	1
2d SqBk Sed	300	900	1,500	3,380	5,250	7,500
3d 411 Sed	304	912	1,520	3,420	5,320	7,600
4d 411 Sed	304	912	1,520	3,420	5,320	7,600
2d Type 3 Sed	300	900	1,500	3,380	5,250	7,500

1971 Transporter

	6	5	4	3	2	1
Kombi	700	2,050	3,400	7,650	11,900	17,000
Sta Wag	800	2,400	4,000	9,000	14,000	20,000
Sta Wag SR	800	2,400	4,050	9,090	14,100	20,200
Campmobile	800	2,450	4,100	9,230	14,300	20,500

1971 Commercial

	6	5	4	3	2	1
Panel.	550	1,700	2,800	6,300	9,800	14,000
PU	600	1,750	2,900	6,530	10,200	14,500
Dbl Cab PU	600	1,750	2,900	6,570	10,200	14,600

1972 Beetle, 60 hp

	6	5	4	3	2	1
2d Sed.	650	1,900	3,200	7,200	11,200	16,000
2d Sup Sed	650	2,000	3,300	7,430	11,600	16,500
Conv	700	2,150	3,600	8,100	12,600	18,000

NOTE: Add 10 percent for sunroof.

	6	5	4	3	2	1
1972 Karmann-Ghia						
Cpe.	700	2,050	3,400	7,650	11,900	17,000
Conv.	750	2,200	3,700	8,330	13,000	18,500
1972 Thing						
4d Conv	440	1,320	2,200	4,950	7,700	11,000
1972 Type 3, Sq. Back 411						
2d Sed	300	900	1,500	3,380	5,250	7,500
2d Sed Type 3	300	900	1,500	3,380	5,250	7,500
2d Sed 411	304	912	1,520	3,420	5,320	7,600
4d Sed AT 411	304	912	1,520	3,420	5,320	7,600
3d Wagon 411	308	924	1,540	3,470	5,390	7,700
NOTE: Add 10 percent for sunroof.						
1972 Transporter						
Kombi	700	2,050	3,400	7,650	11,900	17,000
Sta Wag	800	2,400	4,000	9,000	14,000	20,000
Campmobile	800	2,450	4,100	9,230	14,300	20,500
1972 Commercial						
Panel	550	1,700	2,800	6,300	9,800	14,000
PU	600	1,750	2,900	6,530	10,200	14,500
Dbl Cab PU	600	1,750	2,900	6,570	10,200	14,600
1973 Beetle, 46 hp						
2d Sed	650	1,900	3,200	7,200	11,200	16,000
2d Sup Sed.	650	2,000	3,300	7,430	11,600	16,500
Conv.	700	2,150	3,600	8,100	12,600	18,000
1973 Karmann-Ghia						
Cpe.	650	1,900	3,200	7,200	11,200	16,000
Conv.	700	2,150	3,600	8,100	12,600	18,000
1973 Type 3, Sq. Back 412						
2d Sed SqBk	300	900	1,500	3,380	5,250	7,500
2d Sed Type 3	300	900	1,500	3,380	5,250	7,500
2d Sed 412	304	912	1,520	3,420	5,320	7,600
4d Sed 412.	304	912	1,520	3,420	5,320	7,600
3d Sed 412.	304	912	1,520	3,420	5,320	7,600
1973 Thing						
4d Conv	440	1,320	2,200	4,950	7,700	11,000
1973 Transporter						
Kombi.	650	1,900	3,200	7,200	11,200	16,000
Sta Wag	750	2,300	3,800	8,550	13,300	19,000
Campmobile.	800	2,350	3,900	8,780	13,700	19,500
Panel	600	1,850	3,100	6,980	10,900	15,500
1974 Beetle						
2d Sed	650	1,900	3,200	7,200	11,200	16,000
2d Sup Sed.	650	2,000	3,300	7,430	11,600	16,500
2d Sun Bug Sed.	650	2,000	3,300	7,470	11,600	16,600
Conv.	700	2,100	3,500	7,880	12,300	17,500
1974 Karmann-Ghia						
Cpe.	600	1,850	3,100	6,980	10,900	15,500
Conv.	700	2,100	3,500	7,880	12,300	17,500
1974 Thing						
4d Conv	440	1,320	2,200	4,950	7,700	11,000
NOTE: Add 5 percent for Acupulco pkg.						
1974 Dasher						
2d Sed	300	950	1,550	3,510	5,450	7,800
4d Sed	300	950	1,600	3,560	5,550	7,900
4d Wag.	300	950	1,600	3,600	5,600	8,000
1974 412						
2d Sed	300	950	1,550	3,510	5,450	7,800
4d Sed	300	950	1,600	3,560	5,550	7,900
3d Sed	300	950	1,600	3,560	5,550	7,900
1974 Transporter						
Kombi.	650	1,900	3,200	7,200	11,200	16,000
Sta Wag	700	2,150	3,600	8,100	12,600	18,000
Campmobile	750	2,200	3,700	8,330	13,000	18,500
Panel	600	1,800	3,000	6,750	10,500	15,000
1975 Beetle						
2d Sed	600	1,800	3,000	6,750	10,500	15,000
2d Sup Sed.	600	1,850	3,100	6,980	10,900	15,500
Conv.	700	2,050	3,400	7,650	11,900	17,000
1975 Rabbit						
2d Cus Sed.	300	900	1,500	3,420	5,300	7,600
4d Cus Sed.	300	900	1,550	3,470	5,400	7,700
NOTE: Add 5 percent for DeLuxe.						
1975 Dasher						
2d Sed	300	900	1,500	3,420	5,300	7,600
4d Sed	300	950	1,550	3,510	5,450	7,800
HBk.	300	950	1,600	3,560	5,550	7,900
4d Wag.	300	950	1,600	3,600	5,600	8,000
1975 Scirocco						
Cpe.	350	1,000	1,700	3,780	5,900	8,400

VOLKSWAGEN

	6	5	4	3	2	1
1975 Transporter						
Kombi	600	1,850	3,100	6,980	10,900	15,500
Sta Wag	700	2,050	3,400	7,650	11,900	17,000
Campmobile	700	2,100	3,500	7,880	12,300	17,500
Panel	600	1,750	2,900	6,530	10,200	14,500
1976 Beetle						
2d Sed	600	1,800	3,000	6,750	10,500	15,000
Conv	600	1,850	3,100	6,980	10,900	15,500
1976 Rabbit						
2d Sed	250	800	1,300	2,970	4,600	6,600
2d Cus Sed	250	800	1,350	3,020	4,700	6,700
4d Cus Sed	250	800	1,350	3,020	4,700	6,700
NOTE: Add 10 percent for DeLuxe.						
1976 Dasher						
2d Sed	250	800	1,350	3,020	4,700	6,700
4d Sed	300	850	1,400	3,110	4,850	6,900
4d Wag	300	850	1,450	3,240	5,050	7,200
1976 Scirocco						
Cpe	300	950	1,550	3,510	5,450	7,800
1976 Transporter						
Kombi	600	1,850	3,100	6,980	10,900	15,500
Sta Wag	700	2,050	3,400	7,650	11,900	17,000
Campmobile	700	2,100	3,500	7,880	12,300	17,500
1977 Beetle						
2d Sed	600	1,800	3,000	6,750	10,500	15,000
Conv	700	2,050	3,400	7,650	11,900	17,000
1977 Rabbit						
2d Sed	250	800	1,300	2,970	4,600	6,600
2d Cus Sed	250	800	1,350	3,020	4,700	6,700
4d Cus Sed	250	800	1,350	3,020	4,700	6,700
NOTE: Add 10 percent for DeLuxe. Add 15 percent for Champagne Ed.						
1977 Dasher						
2d Sed	250	800	1,350	3,020	4,700	6,700
4d Sed	300	850	1,400	3,110	4,850	6,900
4d Wag	300	850	1,450	3,240	5,050	7,200
1977 Scirocco						
Cpe	300	950	1,600	3,560	5,550	7,900
1977 Transporter						
Kombi	600	1,800	3,000	6,750	10,500	15,000
Sta Wag	700	2,050	3,400	7,650	11,900	17,000
Campmobile	700	2,100	3,500	7,880	12,300	17,500
1978 Beetle						
2d Conv	650	1,900	3,200	7,200	11,200	16,000
1978 Rabbit						
2d	250	800	1,300	2,930	4,550	6,500
2d Cus	250	800	1,300	2,970	4,600	6,600
4d Cus	250	800	1,300	2,970	4,600	6,600
2d DeL	250	800	1,350	3,020	4,700	6,700
4d DeL	250	800	1,350	3,020	4,700	6,700
1978 Dasher						
2d	300	850	1,400	3,150	4,900	7,000
4d	300	850	1,400	3,150	4,900	7,000
4d Sta Wag	300	850	1,400	3,200	4,950	7,100
1978 Scirocco						
2d Cpe	300	900	1,500	3,380	5,250	7,500
1978 Transporter						
Kombi	600	1,800	3,000	6,750	10,500	15,000
Sta Wag	700	2,050	3,400	7,650	11,900	17,000
Campmobile	700	2,100	3,500	7,880	12,300	17,500
1979 Beetle						
2d Conv	650	2,000	3,300	7,430	11,600	16,500
1979 Rabbit						
2d	250	800	1,300	2,930	4,550	6,500
2d Cus	250	800	1,300	2,970	4,600	6,600
4d Cus	250	800	1,300	2,970	4,600	6,600
2d DeL	250	800	1,350	3,020	4,700	6,700
4d DeL	250	800	1,350	3,020	4,700	6,700
1979 Dasher						
2d HBk	300	850	1,400	3,150	4,900	7,000
4d HBk	300	850	1,400	3,150	4,900	7,000
4d Sta Wag	300	850	1,400	3,200	4,950	7,100
1979 Scirocco						
2d Cpe	300	900	1,500	3,380	5,250	7,500
1979 Transporter						
Kombi	600	1,800	3,000	6,750	10,500	15,000
Sta Wag	700	2,050	3,400	7,650	11,900	17,000
Campmobile	700	2,100	3,500	7,880	12,300	17,500

	6	5	4	3	2	1
1980 Rabbit						
2d Conv	350	1,000	1,700	3,780	5,900	8,400
2d Cus	250	700	1,200	2,700	4,200	6,000
4d Cus	250	700	1,200	2,700	4,200	6,000
2d DeL	250	750	1,200	2,750	4,250	6,100
4d DeL	250	750	1,200	2,750	4,250	6,100
1980 Jetta						
2d	250	750	1,300	2,880	4,500	6,400
4d	250	750	1,300	2,880	4,500	6,400
1980 Dasher						
2d	250	750	1,250	2,840	4,400	6,300
4d	250	750	1,250	2,840	4,400	6,300
4d Sta Wag	250	750	1,300	2,880	4,500	6,400
1980 Scirocco						
2d Cpe	250	800	1,300	2,970	4,600	6,600
2d Cpe S	250	800	1,350	3,060	4,750	6,800
1980 Pickup						
Cus	250	800	1,300	2,970	4,600	6,600
LX	250	800	1,350	3,020	4,700	6,700
Spt	250	800	1,350	3,060	4,750	6,800
1980 Vanagon Transporter						
Kombi	400	1,150	1,900	4,280	6,650	9,500
Sta Wag	400	1,250	2,100	4,730	7,350	10,500
Campmobile	600	1,800	3,000	6,750	10,500	15,000
1981 Rabbit						
2d Conv	300	900	1,450	3,290	5,100	7,300
2d	200	600	1,000	2,250	3,500	5,000
2d L	200	600	1,000	2,250	3,500	5,000
4d L	200	600	1,000	2,250	3,500	5,000
2d LS	200	600	1,000	2,300	3,550	5,100
4d LS	200	600	1,000	2,300	3,550	5,100
2d S	200	600	1,050	2,340	3,650	5,200
1981 Jetta						
2d	200	650	1,100	2,430	3,800	5,400
4d	200	650	1,100	2,430	3,800	5,400
1981 Dasher						
4d	200	600	1,050	2,340	3,650	5,200
1981 Scirocco						
2d Cpe	200	650	1,100	2,520	3,900	5,600
2d Cpe S	250	700	1,150	2,570	4,000	5,700
1981 Pickup						
PU	200	650	1,100	2,520	3,900	5,600
LX	250	700	1,150	2,570	4,000	5,700
Spl	250	700	1,150	2,610	4,050	5,800
1981 Vanagon Transporter						
Kombi	350	1,000	1,700	3,830	5,950	8,500
Sta Wag	400	1,150	1,900	4,280	6,650	9,500
Campmobile	450	1,300	2,200	4,950	7,700	11,000
1982 Rabbit						
2d Conv	300	850	1,400	3,200	4,950	7,100
2d	200	600	1,000	2,250	3,500	5,000
2d L	200	600	1,000	2,300	3,550	5,100
4d L	200	600	1,000	2,250	3,500	5,000
2d LS	200	600	1,000	2,300	3,550	5,100
4d LS	200	600	1,000	2,300	3,550	5,100
2d S	200	600	1,050	2,340	3,650	5,200
1982 Jetta						
2d	200	650	1,050	2,390	3,700	5,300
4d	200	650	1,050	2,390	3,700	5,300
1982 Scirocco						
2d Cpe	250	700	1,150	2,570	4,000	5,700
1982 Quantum						
2d Cpe	250	700	1,200	2,700	4,200	6,000
4d	250	700	1,200	2,700	4,200	6,000
4d Sta Wag	250	750	1,200	2,750	4,250	6,100
1982 Pickup						
PU	200	650	1,100	2,520	3,900	5,600
LX	250	700	1,150	2,570	4,000	5,700
Spt	250	700	1,150	2,610	4,050	5,800
1982 Vanagon						
Sta Wag	350	1,000	1,700	3,830	5,950	8,500
Campmobile	450	1,300	2,200	4,950	7,700	11,000
1983 Rabbit						
2d Conv	300	850	1,450	3,240	5,050	7,200
2d L	200	600	1,000	2,250	3,500	5,000
4d L	200	600	1,000	2,250	3,500	5,000
2d LS	200	600	1,000	2,250	3,500	5,000
4d LS	200	600	1,000	2,250	3,500	5,000

VOLKSWAGEN

	6	5	4	3	2	1
GL 2d	200	600	1,000	2,300	3,550	5,100
GL 4d	200	600	1,000	2,300	3,550	5,100
GTI 2d	200	650	1,100	2,480	3,850	5,500
1983 Jetta						
2d	200	650	1,100	2,430	3,800	5,400
4d	200	650	1,100	2,430	3,800	5,400
1983 Scirocco						
2d Cpe.	250	750	1,200	2,750	4,250	6,100
1983 Quantum						
2d Cpe.	250	750	1,200	2,750	4,250	6,100
4d	250	750	1,200	2,750	4,250	6,100
4d Sta Wag	250	750	1,250	2,790	4,350	6,200
1983 Pickup						
PU	200	650	1,100	2,520	3,900	5,600
LX	250	700	1,150	2,570	4,000	5,700
Spt.	250	700	1,150	2,610	4,050	5,800
1983 Vanagon						
Sta Wag	350	1,000	1,700	3,830	5,950	8,500
Campmobile	450	1,300	2,200	4,950	7,700	11,000
1984 Rabbit						
2d Conv.	300	950	1,550	3,510	5,450	7,800
2d L HBk	200	600	1,000	2,250	3,500	5,000
4d L HBk	200	600	1,000	2,300	3,550	5,100
GL 4d HBk.	200	650	1,100	2,480	3,850	5,500
GTI 2d HBk.	250	700	1,200	2,700	4,200	6,000
1984 Jetta						
2d Sed.	250	700	1,150	2,610	4,050	5,800
4d Sed.	250	700	1,200	2,660	4,150	5,900
GL 4d Sed.	250	700	1,200	2,700	4,200	6,000
GLi 4d Sed	250	750	1,250	2,790	4,350	6,200
1984 Scirocco						
2d Cpe.	250	700	1,200	2,700	4,200	6,000
1984 Quantum						
GL 4d Sed.	250	700	1,150	2,610	4,050	5,800
GL 4d Sta Wag	250	700	1,150	2,570	4,000	5,700
1984 Vanagon						
Sta Wag	300	950	1,600	3,600	5,600	8,000
Campmobile	450	1,300	2,200	4,950	7,700	11,000
1985 Golf						
2d HBk	200	600	1,000	2,300	3,550	5,100
GTI 2d HBk.	200	650	1,100	2,480	3,850	5,500
4d HBk	200	600	1,050	2,340	3,650	5,200
1985 Jetta						
2d Sed.	200	600	1,050	2,340	3,650	5,200
4d Sed.	200	650	1,050	2,390	3,700	5,300
NOTE: Add 5 percent for GL and GLi option.						
1985 Cabriolet						
2d Conv.	350	1,000	1,700	3,830	5,950	8,500
1985 Scirocco						
2d Cpe.	200	650	1,100	2,480	3,850	5,500
1985 Quantum						
4d Sed.	200	650	1,050	2,390	3,700	5,300
4d Sta Wag	200	650	1,100	2,430	3,800	5,400
1985 Vanagon						
Sta Wag	300	950	1,600	3,600	5,600	8,000
Camper	450	1,300	2,200	4,950	7,700	11,000
1986 Golf						
2d HBk	250	800	1,300	2,970	4,600	6,600
GTI 2d HBk	300	850	1,400	3,150	4,900	7,000
4d HBk	250	800	1,350	3,020	4,700	6,700
1986 Jetta						
2d Sed.	250	800	1,350	3,020	4,700	6,700
4d Sed.	250	800	1,350	3,060	4,750	6,800
NOTE: Add 5 percent for GL and GLi option.						
1986 Cabriolet						
2d Conv.	400	1,250	2,100	4,730	7,350	10,500
1986 Scirocco						
2d Cpe.	300	850	1,400	3,150	4,900	7,000
1986 Quantum						
GL 4d Sed.	250	800	1,350	3,060	4,750	6,800
1986 Vanagon						
Sta Wag	350	1,100	1,800	4,050	6,300	9,000
Camper	600	1,800	3,000	6,750	10,500	15,000
1987 Fox						
2d Sed.	250	800	1,350	3,020	4,700	6,700
GL 4d Sed.	250	800	1,350	3,060	4,750	6,800
GL 2d Sta Wag	300	850	1,400	3,110	4,850	6,900
1987 Cabriolet						
2d Conv.	450	1,300	2,150	4,860	7,550	10,800

	6	5	4	3	2	1
1987 Golf						
2d HBk GL	250	800	1,350	3,060	4,750	6,800
GL 4d HBk	300	850	1,400	3,110	4,850	6,900
GT 2d HBk	300	850	1,400	3,110	4,850	6,900
GT 4d HBk	300	850	1,400	3,150	4,900	7,000
GTI 2d HBk	300	950	1,550	3,510	5,450	7,800
GTI 2d HBk 16V	350	1,050	1,750	3,960	6,150	8,800
1987 Jetta						
2d Sed	300	850	1,400	3,110	4,850	6,900
4d Sed	300	850	1,400	3,150	4,900	7,000
GL 4d Sed	300	850	1,450	3,240	5,050	7,200
GLi 4d Sed	300	950	1,600	3,560	5,550	7,900
GLi 4d Sed 16V	350	1,050	1,800	4,010	6,250	8,900
1987 Scirocco						
2d Cpe	300	850	1,450	3,240	5,050	7,200
2d Cpe 16V	350	1,000	1,650	3,690	5,750	8,200
1987 Quantum						
GL 4d Sed	300	850	1,400	3,150	4,900	7,000
4d Sta Wag	300	850	1,400	3,200	4,950	7,100
GL 4d Sta Wag	300	900	1,450	3,290	5,100	7,300
1987 Vanagon						
Sta Wag	350	1,100	1,800	4,050	6,300	9,000
GL Sta Wag	400	1,150	1,900	4,280	6,650	9,500
Campor	400	1,200	2,000	4,500	7,000	10,000
GL Camper	400	1,200	2,050	4,590	7,150	10,200
1988 Fox						
2d Sed	250	700	1,200	2,700	4,200	6,000
GL 4d Sed	250	750	1,250	2,790	4,350	6,200
GL 2d Sta Wag	250	800	1,300	2,930	4,550	6,500
1988 Cabriolet						
2d Conv	500	1,450	2,400	5,400	8,400	12,000
1988 Golf						
2d HBk	250	800	1,000	2,930	4,550	6,500
GL 2d HBk	300	850	1,400	3,150	4,900	7,000
GL 4d HBk	300	850	1,450	3,240	5,050	7,200
GT 2d HBk	300	900	1,500	3,420	5,300	7,600
GT 4d HBk	300	950	1,550	3,510	5,450	7,800
GTI 2d HBk	300	950	1,600	3,560	5,550	7,900
1988 Jetta						
2d Sed	300	950	1,550	3,510	5,450	7,800
4d Sed	300	950	1,600	3,650	5,650	8,100
GL 4d Sed	350	1,000	1,700	3,780	5,900	8,400
4d Sed Carat	350	1,000	1,700	3,830	5,950	8,500
GLi 4d Sed	400	1,150	1,900	4,280	6,650	9,500
1988 Scirocco						
2d Cpe	300	950	1,550	3,510	5,450	7,800
1988 Quantum						
GL 4d Sed	300	850	1,450	3,240	5,050	7,200
GL 4d Sta Wag	300	850	1,450	3,240	5,050	7,200
1988 Vanagon						
GL Sta Wag	400	1,250	2,100	4,730	7,350	10,500
GL Camper	500	1,550	2,600	5,850	9,100	13,000
1989 Fox						
2d Sed	250	750	1,250	2,790	4,350	6,200
GL 2d Sed	250	800	1,300	2,930	4,550	6,500
GL 4d Sed	250	800	1,350	3,020	4,700	6,700
GL 4d Sta Wag	300	850	1,400	3,110	4,850	6,900
1989 Cabriolet						
2d Conv	500	1,500	2,500	5,630	8,750	12,500
1989 Golf						
2d HBk	250	800	1,350	3,020	4,700	6,700
GL 2d HBk	300	850	1,400	3,200	4,950	7,100
GL 4d HBk	300	850	1,450	3,240	5,050	7,200
GTI 2d HBk	300	950	1,600	3,600	5,600	8,000
1989 Jetta						
2d Sed	300	950	1,600	3,600	5,600	8,000
4d Sed	350	1,000	1,650	3,690	5,750	8,200
GL 4d Sed	350	1,000	1,700	3,830	5,950	8,500
4d Sed Carat	350	1,050	1,700	3,870	6,000	8,600
GLi 4d Sed	400	1,150	1,950	4,370	6,800	9,700
1989 Vanagon						
GL Sta Wag	500	1,450	2,400	5,400	8,400	12,000
GL Camper	550	1,600	2,700	6,080	9,450	13,500
Carat Sta Wag	550	1,600	2,700	6,080	9,450	13,500
1990 Fox, 4-cyl.						
2d Sed	250	700	1,200	2,700	4,200	6,000
4d Sed	250	800	1,300	2,930	4,550	6,500
2d Sta Wag	250	800	1,350	3,060	4,750	6,800
4d Spt Sed	250	800	1,300	2,970	4,600	6,600

VOLKSWAGEN

	6	5	4	3	2	1
1990 Cabriolet, 4-cyl.						
2d Conv.	500	1,450	2,400	5,400	8,400	12,000
1990 Golf, 4-cyl.						
GL 2d HBk.	300	850	1,400	3,150	4,900	7,000
GL 4d HBk.	300	850	1,400	3,200	4,950	7,100
GTI 2d HBk.	300	950	1,600	3,560	5,550	7,900
1990 Jetta, 4-cyl.						
GL 2d Sed.	350	1,000	1,650	3,740	5,800	8,300
GL 4d Sed.	350	1,000	1,700	3,780	5,900	8,400
GL 4d Sed Diesel	300	950	1,550	3,510	5,450	7,800
4d Carat Sed.	350	1,000	1,700	3,830	5,950	8,500
GLi 4d Sed	400	1,150	1,900	4,280	6,650	9,500
1990 Passat, 4-cyl.						
4d Sed.	400	1,150	1,900	4,280	6,650	9,500
4d Sta Wag	400	1,200	2,000	4,500	7,000	10,000
1990 Corrado, 4-cyl.						
2d Cpe.	400	1,250	2,100	4,730	7,350	10,500
1991 Fox						
2d Sed.	150	500	850	1,890	2,950	4,200
GL 4d Sed.	200	550	900	2,030	3,150	4,500
1991 Cabriolet						
2d Conv.	400	1,150	1,900	4,280	6,650	9,500
1991 Golf						
GL 2d HBk.	250	700	1,200	2,700	4,200	6,000
GTI 2d HBk	300	900	1,500	3,380	5,250	7,500
GTI 2d HBk 16V	300	950	1,600	3,600	5,600	8,000
GL 4d HBk.	250	800	1,350	3,020	4,700	6,700
1991 Jetta						
GL 2d Sed.	250	800	1,300	2,930	4,550	6,500
GL 4d Sed.	250	800	1,350	3,020	4,700	6,700
GL 4d Sed Diesel	200	650	1,100	2,480	3,850	5,500
4d Carat Sed.	300	850	1,450	3,240	5,050	7,200
GLi 4d Sed 16V.	300	950	1,600	3,600	5,600	8,000
1991 Passat						
GL 4d Sed.	300	900	1,500	3,380	5,250	7,500
GL 4d Sta Wag	300	950	1,600	3,600	5,600	8,000
1991 Corrado						
2d Cpe.	400	1,150	1,900	4,280	6,650	9,500
1992 Fox, 4-cyl.						
2d Sed.	200	600	1,000	2,250	3,500	5,000
GL 4d Sed.	200	650	1,100	2,480	3,850	5,500
1992 Golf, 4-cyl.						
GL 2d HBk.	300	850	1,400	3,150	4,900	7,000
GL 4d HBk.	300	900	1,500	3,380	5,250	7,500
GTI 2d HBk	300	950	1,600	3,600	5,600	8,000
GTI 2d HBk 16V	350	1,000	1,700	3,830	5,950	8,500
1992 Cabriolet, 4-cyl.						
2d Conv.	400	1,150	1,900	4,280	6,650	9,500
1992 Jetta, 4-cyl.						
GL 4d Sed.	300	900	1,500	3,380	5,250	7,500
GL 4d Sed Diesel	300	850	1,400	3,150	4,900	7,000
4d Carat Sed.	350	1,000	1,700	3,830	5,950	8,500
GLi 4d Sed 16V.	400	1,150	1,900	4,280	6,650	9,500
1992 Passat, 4-cyl.						
CL 4d Sed.	300	900	1,500	3,380	5,250	7,500
GL 4d Sed.	350	1,000	1,700	3,830	5,950	8,500
GL 4d Sta Wag	400	1,150	1,900	4,280	6,650	9,500
1992 Corrado, 4-cyl.						
2d G60 Cpe.	450	1,300	2,200	4,950	7,700	11,000
SLC 2d Cpe.	500	1,550	2,600	5,850	9,100	13,000
1993 Fox, 4-cyl.						
2d Sed.	200	550	900	2,070	3,200	4,600
GL 4d Sed.	200	600	950	2,160	3,350	4,800
1993 Golf						
GL 4d HBk.	300	950	1,600	3,600	5,600	8,000
1993 Cabriolet, 4-cyl.						
2d Conv.	400	1,150	1,950	4,370	6,800	9,700
1993 Jetta, 4-cyl.						
GL 4d Sed.	300	950	1,550	3,510	5,450	7,800
1993 Passat, 4-cyl.						
GL 4d Sed.	350	1,100	1,800	4,050	6,300	9,000
GLX 4d Sed.	400	1,150	1,900	4,280	6,650	9,500
GLX 4d Sta Wag	400	1,200	2,000	4,500	7,000	10,000
1993 Corrado, V-6						
SLC 2d Cpe.	500	1,450	2,400	5,400	8,400	12,000
1994 Golf, 4-cyl.						
GL 2d HBk.	300	900	1,500	3,380	5,250	7,500
GL 4d HBk.	300	950	1,550	3,510	5,450	7,800

	6	5	4	3	2	1
1994 Jetta, 4-cyl.						
GL 4d Sed	350	1,000	1,700	3,830	5,950	8,500
GLS 4d Sed	350	1,100	1,800	4,050	6,300	9,000
GLX 4d Sed, V-6	400	1,250	2,100	4,730	7,350	10,500
1994 Passat, V-6						
GLX 4d Sed	450	1,300	2,200	4,950	7,700	11,000
GLX 4d Sta Wag	500	1,450	2,400	5,400	8,400	12,000
1994 Corrado, V-6						
SLC 2d Cpe	550	1,700	2,800	6,300	9,800	14,000
1995 Golf III, 4-cyl. & V-6						
4d HBk	300	900	1,450	3,290	5,100	7,300
GL 2d HBk	300	900	1,500	3,380	5,250	7,500
GL 4d HBk	300	950	1,550	3,510	5,450	7,800
2d Spt HBk	300	950	1,600	3,600	5,600	8,000
GTI 2d HBk, V-6	400	1,250	2,100	4,730	7,350	10,500
1995 Jetta III, 4-cyl. & V-6						
4d Sed	300	950	1,600	3,600	5,600	8,000
GL 4d Sed	350	1,000	1,700	3,830	5,950	8,500
GLS 4d Sed	350	1,100	1,800	4,050	6,300	9,000
GLX 4d Sed, V-6	400	1,250	2,100	4,730	7,350	10,500
1995 Cabrio, 4-cyl.						
2d Conv	450	1,300	2,200	4,950	7,700	11,000
1995 Passat, 4-cyl.						
GLS 4d Sed	350	1,000	1,700	3,830	5,950	8,500
GLX 4d Sed, V-6	450	1,300	2,200	4,950	7,700	11,000
GLX 4d Sta Wag, V-6	480	1,440	2,400	5,400	8,400	12,000
1996 Golf, 4-cyl.						
GL 4d HBk	250	800	1,350	3,060	4,750	6,800
GTI 2d HBk	300	950	1,550	3,510	5,450	7,800
GTI VR6 2d HBk (V-6 only)	400	1,150	1,900	4,280	6,650	9,500
1996 Jetta, 4-cyl.						
GL 4d Sed	300	900	1,500	3,380	5,250	7,500
GLS 4d Sed	300	950	1,600	3,600	5,600	8,000
GLX VR6 4d Sed (V-6 only)	400	1,150	1,900	4,280	6,650	9,500
1996 Cabrio, 4-cyl.						
2d Conv	400	1,200	2,000	4,500	7,000	10,000
1996 Passat, 4-cyl.						
GLS 4d Sed	300	900	1,500	3,380	5,250	7,500
TDI 4d Sed	350	1,100	1,800	4,050	6,300	9,000
TDI 4d Sta Wag	400	1,150	1,900	4,280	6,650	9,500
1996 Passat, V-6.						
GLX VR6 4d Sed	400	1,200	2,000	4,500	7,000	10,000
GLX VR6 4d Sta Wag	440	1,320	2,200	4,950	7,700	11,000
1997 Golf, 4-cyl.						
GL 4d HBk	272	816	1,360	3,060	4,760	6,800
GTI 2d HBk	312	936	1,560	3,510	5,460	7,800
GTI VR6 2d HBk (V-6 only)	380	1,140	1,900	4,280	6,650	9,500
1997 Jetta, 4-cyl.						
GL 4d Sed	300	900	1,500	3,380	5,250	7,500
GT 4d Sed	320	960	1,600	3,600	5,600	8,000
GLS 4d Sed	340	1,020	1,700	3,830	5,950	8,500
GLX VR6 4d Sed (V-6 only)	380	1,140	1,900	4,280	6,650	9,500
NOTE: Add 5 percent for TDI (diesel) engine.						
1997 Cabrio, 4-cyl.						
2d Conv	400	1,200	2,000	4,500	7,000	10,000
2d Highline Conv	420	1,260	2,100	4,730	7,350	10,500
1997 Passat, TDI 4-cyl.						
4d Sed	360	1,080	1,800	4,050	6,300	9,000
4d Sta Wag	380	1,140	1,900	4,280	6,650	9,500
1997 Passat, V-6						
GLX VR6 4d Sed	400	1,200	2,000	4,500	7,000	10,000
GLX VR6 4d Sta Wag	440	1,320	2,200	4,950	7,700	11,000
1998 Golf, 4-cyl.						
GL 4d HBk	270	820	1,360	3,060	4,760	6,800
GTI 2d HBk	310	940	1,560	3,510	5,460	7,800
GTI VR6 2d HBk (V-6 only)	380	1,140	1,900	4,280	6,650	9,500
1998 Jetta, 4-cyl.						
GL 4d Sed	300	900	1,500	3,380	5,250	7,500
GT 4d Sed	320	960	1,600	3,600	5,600	8,000
GLS 4d Sed	340	1,020	1,700	3,830	5,950	8,500
GLX VR6 4d Sed (V-6 only)	380	1,140	1,900	4,280	6,650	9,500
TDI 4d Sed	360	1,080	1,800	4,050	6,300	9,000
1998 Cabrio, 4-cyl.						
2d Conv	400	1,200	2,000	4,500	7,000	10,000
2d GLS Conv	440	1,320	2,200	4,950	7,700	11,000
1998 Passat, Turbo 4-cyl.						
GLS 4d Sed	400	1,200	2,000	4,500	7,000	10,000
GLX 4d Sed	440	1,320	2,200	4,950	7,700	11,000

	6	5	4	3	2	1
1998 New Beetle, 4-cyl.						
2d Cpe.	320	960	1,600	3,600	5,600	8,000
TDI 2d Cpe	340	1,020	1,700	3,830	5,950	8,500
1999 Golf, 4-cyl.						
GL 2d HBk.	270	820	1,360	3,060	4,760	6,800
GLS 2d HBk	270	820	1,360	3,060	4,760	6,800
GTI GLS 2d HBk	310	940	1,560	3,510	5,460	7,800
GTI GLX VR6 2d HBk (V-6 only)	380	1,140	1,900	4,280	6,650	9,500
NOTE: Add 10 percent for TDI 4-cyl.						
1999 Jetta, 4-cyl. & V-6						
GL 4d Sed (4-cyl. only)	300	900	1,500	3,380	5,250	7,500
GLS 4d Sed.	340	1,020	1,700	3,830	5,950	8,500
GLX VR6 4d Sed (V-6 only)	380	1,140	1,900	4,280	6,650	9,500
NOTE: Add 10 percent for TDI 4-cyl.						
1999 Cabrio, 4-cyl.						
2d GL Conv.	400	1,200	2,000	4,500	7,000	10,000
2d GLS Conv.	440	1,320	2,200	4,950	7,700	11,000
1999 Passat, Turbo 4-cyl. & V-6						
GLS 4d Sed.	400	1,200	2,000	4,500	7,000	10,000
GLS 4d Sta Wag	420	1,260	2,100	4,730	7,350	10,500
GLX 4d Sed (V-6 only)	440	1,320	2,200	4,950	7,700	11,000
1999 New Beetle, 4-cyl.						
GL 2d Cpe.	320	960	1,600	3,600	5,600	8,000
GLS 2d Cpe	330	980	1,640	3,690	5,740	8,200
GLS TDI 2d Cpe	340	1,020	1,700	3,830	5,950	8,500
GLS 1.8T 2d Cpe	330	1,000	1,660	3,740	5,810	8,300
GLX 1.8T 2d Cpe	360	1,080	1,800	4,050	6,300	9,000
2000 Golf, 4-cyl.						
GL 2d HBk.	270	820	1,360	3,060	4,760	6,800
GLS 2d HBk	270	820	1,360	3,060	4,760	6,800
GTI GLS 2d HBk	310	940	1,560	3,510	5,460	7,800
GTI GLX VR6 2d HBk (V-6 only)	380	1,140	1,900	4,280	6,650	9,500
GLS 4d HBk	360	1,080	1,800	4,050	6,300	9,000
NOTE: Add 10 percent for TDI 4-cyl.						
2000 Jetta, 4-cyl. & V-6						
GL 4d Sed (4-cyl. only)	300	900	1,500	3,380	5,250	7,500
GLS 4d Sed.	340	1,020	1,700	3,830	5,950	8,500
GLX VR6 4d Sed (V-6 only)	380	1,140	1,900	4,280	6,650	9,500
NOTE: Add 10 percent for TDI 4-cyl.						
2000 Cabrio, 4-cyl.						
2d GL Conv.	400	1,200	2,000	4,500	7,000	10,000
2d GLS Conv.	440	1,320	2,200	4,950	7,700	11,000
2000 Passat, 4-cyl. & V-6						
GLS 4d Sed.	400	1,200	2,000	4,500	7,000	10,000
GLS 4d Sta Wag	420	1,260	2,100	4,730	7,350	10,500
GLX 4d Sed (V-6 only)	440	1,320	2,200	4,950	7,700	11,000
GLX 4d Sta Wag (V-6 only).	460	1,380	2,300	5,180	8,050	11,500
2000 New Beetle, 4-cyl.						
GL 2d Cpe.	320	960	1,600	3,600	5,600	8,000
GLS 2d Cpe	330	980	1,640	3,690	5,740	8,200
TDI 2d Cpe	340	1,020	1,700	3,830	5,950	8,500
GLS 1.8T 2d Cpe	330	1,000	1,660	3,740	5,810	8,300
GLX 1.8T 2d Cpe	360	1,080	1,800	4,050	6,300	9,000
2001 Golf, 4-cyl.						
GL 2d HBk.	270	820	1,360	3,400	4,760	6,800
GLS 4d HBk	270	820	1,360	3,400	4,760	6,800
GLS Turbo 4d HBk (diesel)	360	1,080	1,800	4,500	6,300	9,000
GTI GLS 2d HBk	370	1,100	1,840	4,600	6,440	9,200
GTI GLX 2d HBk	380	1,140	1,900	4,750	6,650	9,500
NOTE: Add 10 percent for TDI 4-cyl.						
2001 Jetta, 4-cyl.						
GL 2d Sed.	300	900	1,500	3,750	5,250	7,500
GLS 2d Sed.	340	1,020	1,700	4,250	5,950	8,500
GLS Turbo 4d Sed	360	1,080	1,800	4,500	6,300	9,000
GLX VR6 4d Sed (V-6)	380	1,140	1,900	4,750	6,650	9,500
Wolfsburg 4d Sed	390	1,160	1,940	4,850	6,790	9,700
GLS 4d Sta Wag	370	1,100	1,840	4,600	6,440	9,200
GLX 4d Sta Wag (V-6)	410	1,220	2,040	5,100	7,140	10,200
NOTE: Add 10 percent for TDI 4-cyl. Add 5 percent for Sport pkg.						
2001 Cabrio, 4-cyl.						
2d GL Conv.	400	1,200	2,000	5,000	7,000	10,000
2d GLS Conv.	440	1,320	2,200	5,500	7,700	11,000
2d GLX Conv.	450	1,340	2,240	5,600	7,840	11,200
2001 Passat, 4-cyl. & V-6						
GLS 4d Sed.	400	1,200	2,000	5,000	7,000	10,000
GLS 4d Sta Wag	420	1,260	2,100	5,250	7,350	10,500
GLX 4d Sed (V-6 only)	440	1,320	2,200	5,500	7,700	11,000

VOLKSWAGEN

	6	5	4	3	2	1
GLX 4d Sta Wag (V-6 only) 460		1,380	2,300	5,750	8,050	11,500

NOTE: Add 5 percent for 4Motion option.

2001 New Beetle, 4-cyl.

	6	5	4	3	2	1
GL 2d Cpe 320		960	1,600	4,000	5,600	8,000
GLS 2d Cpe 330		980	1,640	4,100	5,740	8,200
GLS Turbo 2d Cpe 330		1,000	1,660	4,150	5,810	8,300
GLX Turbo 2d Cpe 360		1,080	1,800	4,500	6,300	9,000
Sport 2d Cpe 380		1,140	1,900	4,750	6,650	9,500

NOTE: Add 10 percent for TDI 4-cyl.

VOLVO

	6	5	4	3	2	1
1944-50 4-cyl., 1414cc, 102.4" wb						
PV444 2d Sed 568		1,704	2,840	6,390	9,940	14,200
1951 4-cyl., 1414cc, 102.4" wb						
PV444 2d Sed 550		1,700	2,800	6,300	9,800	14,000
1952 4-cyl., 1414cc, 102.4" wb						
PV444 2d Sed 550		1,700	2,800	6,300	9,800	14,000
1953 4-cyl., 1414cc, 102.4" wb						
PV444 2d Sed 550		1,700	2,800	6,300	9,800	14,000
1954 4-cyl., 1414cc, 102.4" wb						
PV444 2d Sed 550		1,700	2,800	6,300	9,800	14,000
PV445 2d Sta Wag. 550		1,700	2,800	6,350	9,850	14,100
1955 4-cyl., 1414cc, 102.4" wb						
PV444 2d Sed 550		1,700	2,800	6,300	9,800	14,000
PV445 2d Sta Wag 550		1,700	2,800	6,350	9,850	14,100
1956 4-cyl., 1414cc, 102.4" wb						
PV444 2d Sed 550		1,700	2,800	6,300	9,800	14,000
PV445 2d Sta Wag 550		1,700	2,800	6,350	9,850	14,100
1957 4-cyl., 1414cc, 102.4" wb						
PV444 2d Sed 550		1,700	2,800	6,300	9,800	14,000
PV445 2d Sta Wag. 550		1,700	2,800	6,350	9,850	14,100
1957 4-cyl., 104.4" wb, 1583cc, 4-cyl., 94.5" wb, 1414cc						
P1900 Conv 1,320		3,960	6,600	14,850	23,100	33,000
1958 4-cyl., 1583cc, 102.4" wb						
PV544 2d Sed 550		1,700	2,800	6,300	9,800	14,000
PV445 2d Sta Wag. 550		1,700	2,800	6,350	9,850	14,100
1959 4-cyl., 1583cc, 102.4" wb						
PV544 2d Sed 550		1,700	2,800	6,300	9,800	14,000
PV445 2d Sta Wag. 550		1,700	2,800	6,350	9,850	14,100
122S 4d Sed. 600		1,750	2,900	6,530	10,200	14,500
1960 4-cyl., 1583cc, 102.4" wb						
PV544 2d Sed 550		1,700	2,800	6,300	9,800	14,000
PV445 2d Sta Wag. 550		1,700	2,850	6,440	10,000	14,300
122S 4d Sed. 600		1,750	2,900	6,530	10,200	14,500
1961 4-cyl., 1583cc, 102.4" wb						
PV544 2d Sed 450		1,400	2,300	5,180	8,050	11,500
P210 2d Sta Wag 450		1,400	2,350	5,310	8,250	11,800
122 4d Sed 550		1,700	2,800	6,300	9,800	14,000
1961 4-cyl., 1778cc, 96.5" wb						
P1800 Cpe 550		1,700	2,800	6,300	9,800	14,000
1962 4-cyl., 1583cc, 102.4" wb						
P210 2d Sta Wag 450		1,400	2,350	5,270	8,200	11,700
1962 4-cyl., 1778cc, 102.4" wb						
PV544 2d Sed 450		1,300	2,200	4,950	7,700	11,000
122S 4d Sed. 350		1,000	1,700	3,830	5,950	8,500
122S 2d Sed. 350		1,050	1,750	3,920	6,100	8,700
122S 4d Sta Wag 450		1,300	2,200	4,950	7,700	11,000
1962 4-cyl., 1778cc, 96.5" wb						
P1800 Cpe 550		1,700	2,800	6,300	9,800	14,000
1963 4-cyl., 1778cc, 102.4" wb						
PV544 2d Sed 450		1,400	2,350	5,270	8,200	11,700
210 2d Sta Wag 450		1,400	2,350	5,310	8,250	11,800
P122S 2d Sed 450		1,300	2,200	4,950	7,700	11,000
P122S 2d Sed 450		1,350	2,250	5,040	7,850	11,200
P122S 4d Sta Wag. 450		1,400	2,300	5,180	8,050	11,500
1963 4-cyl., 1778cc, 96.5" wb						
1800S Cpe 550		1,700	2,800	6,300	9,800	14,000
1964 4-cyl., 1778cc, 102.4" wb						
PV544 2d Sed 450		1,400	2,350	5,270	8,200	11,700
P210 2d Sta Wag 600		1,750	2,900	6,530	10,200	14,500
122S 4d Sed. 450		1,300	2,200	4,950	7,700	11,000
122S 2d Sed. 450		1,350	2,250	5,040	7,850	11,200
122S 4d Sta Wag 450		1,400	2,300	5,180	8,050	11,500
1964 4-cyl., 1778cc, 96.5" wb						
1800S Cpe. 600		1,750	2,900	6,530	10,200	14,500
1965 4-cyl., 1778cc, 102.4" wb						
PV544 2d Sed 450		1,400	2,300	5,180	8,050	11,500
P210 Sta Wag 550		1,700	2,800	6,300	9,800	14,000

	6	5	4	3	2	1
122S 4d Sed	450	1,350	2,250	5,040	7,850	11,200
122S 2d Sed	450	1,300	2,200	4,950	7,700	11,000
122S 4d Sta Wag	450	1,400	2,300	5,180	8,050	11,500
1965 4-cyl., 1778cc, 96.5" wb						
1800S Cpe	600	1,800	3,000	6,750	10,500	15,000
1966 4-cyl., 1778cc, 102.4" wb						
210S 2d Sta Wag	550	1,700	2,800	6,300	9,800	14,000
122S 4d Sed	450	1,300	2,200	4,950	7,700	11,000
122S 2d Sed	450	1,350	2,250	5,040	7,850	11,200
122S 4d Sta Wag	450	1,400	2,300	5,180	8,050	11,500
1966 4-cyl., 1778cc, 96.5" wb						
1800S Cpe	550	1,700	2,800	6,300	9,800	14,000
1967 4-cyl., 1778cc, 102.4" wb						
P210 2d Sta Wag	600	1,750	2,900	6,530	10,200	14,500
122S 2d Sed	450	1,350	2,250	5,040	7,850	11,200
122S 4d Sed	450	1,300	2,200	4,950	7,700	11,000
122S 4d Sta Wag	450	1,400	2,300	5,180	8,050	11,500
1967 4-cyl., 1778cc, 96.5" wb						
123 GT	550	1,700	2,800	6,300	9,800	14,000
1800S Cpe	600	1,850	3,100	6,980	10,900	15,500
1968 4-cyl., 1778cc, 102.4" wb						
122S 2d Sed	450	1,350	2,250	5,040	7,850	11,200
122S 4d Sta Wag	450	1,400	2,300	5,180	8,050	11,500
123 GT	550	1,700	2,800	6,300	9,800	14,000
142S 2d Sed	350	1,000	1,700	3,830	5,950	8,500
144 4d Sed	350	1,000	1,650	3,740	5,800	8,300
1968 4-cyl., 1778cc, 96.5" wb						
1800S Cpe	600	1,800	3,000	6,750	10,500	15,000
1969 4-cyl., 1986cc, 102.4" wb						
142S 2d Sed	450	1,350	2,200	5,000	7,750	11,100
144S 4d Sed	450	1,300	2,200	4,950	7,700	11,000
145S 4d Sta Wag	450	1,350	2,250	5,040	7,850	11,200
1969 4-cyl., 1986cc, 96.5" wb						
1800S Cpe	600	1,850	3,100	6,980	10,900	15,500
1970 4-cyl., 1986cc, 102.4" wb						
142 2d Sed	450	1,350	2,250	5,040	7,850	11,200
144 4d Sed	450	1,350	2,200	5,000	7,750	11,100
145 4d Sta Wag	450	1,350	2,200	5,000	7,750	11,100
1970 4-cyl., 1986cc, 96.5" wb						
1800E Cpe	600	1,850	3,100	6,980	10,900	15,500
1970 6-cyl., 2978cc, 106.3" wb						
164 4d Sed	350	1,000	1,700	3,830	5,950	8,500
1971 4-cyl., 1986cc, 103.2" wb						
142 2d Sed	350	1,050	1,750	3,920	6,100	8,700
144 4d Sed	350	1,000	1,700	3,830	5,950	8,500
145 4d Sta Wag	350	1,050	1,800	4,010	6,250	8,900
1971 4-cyl., 1986cc, 96.5" wb						
1800E Cpe	650	1,900	3,200	7,200	11,200	16,000
1971 6-cyl., 2978cc, 107" wb						
164 4d Sed	350	1,050	1,700	3,870	6,000	8,600
1972 4-cyl., 1986cc, 103.2" wb						
142 2d Sed	350	1,050	1,750	3,960	6,150	8,800
144 4d Sed	350	1,050	1,750	3,920	6,100	8,700
145 4d Sta Wag	450	1,300	2,200	4,950	7,700	11,000
1972 4-cyl., 1986cc, 96.5" wb						
1800E Cpe	650	1,900	3,200	7,200	11,200	16,000
1800ES Spt Wag	650	2,000	3,300	7,430	11,600	16,500
1972 6-cyl., 2978cc, 107" wb						
164 4d Sed	350	1,050	1,700	3,870	6,000	8,600
1973 4-cyl., 1986cc, 103.2" wb						
142 2d Sed	350	1,000	1,700	3,830	5,950	8,500
144 4d Sed	350	1,000	1,700	3,780	5,900	8,400
145 4d Sta Wag	350	1,050	1,750	3,920	6,100	8,700
1973 4-cyl., 1986cc, 96.5" wb						
1800ES Spt Wag	700	2,050	3,400	7,650	11,900	17,000
1973 6-cyl., 2978cc, 107" wb						
164E 4d Sed	350	1,000	1,700	3,830	5,950	8,500
1974 4-cyl., 1986cc, 103.2" wb						
142 2d Sed	300	950	1,600	3,650	5,650	8,100
144 4d Sed	300	950	1,600	3,650	5,650	8,100
145 4d Sta Wag	350	1,000	1,650	3,740	5,800	8,300
142GL 2d Sed	350	1,000	1,650	3,690	5,750	8,200
144GL 4d Sed	350	1,000	1,650	3,690	5,750	8,200
1974 6-cyl., 2978cc, 107" wb						
164E 4d Sed	350	1,000	1,700	3,780	5,900	8,400
1975 4-cyl., 2127cc, 103.9" wb						
242 2d Sed	300	850	1,450	3,240	5,050	7,200
244 4d Sed	300	850	1,450	3,240	5,050	7,200

	6	5	4	3	2	1
245 4d Sta Wag	300	900	1,500	3,380	5,250	7,500
242GL 2d Sed	300	900	1,500	3,330	5,200	7,400
244GL 4d Sed	300	900	1,500	3,330	5,200	7,400
1975 6-cyl., 2978cc, 107" wb						
164 4d Sed	300	900	1,500	3,380	5,250	7,500
1976 4-cyl., 2127cc, 103.9" wb						
242 2d Sed	300	900	1,500	3,380	5,250	7,500
244 4d Sed	300	900	1,500	3,380	5,250	7,500
245 4d Sta Wag	300	950	1,550	3,510	5,450	7,800
1976 6-cyl., 2664cc, 103.9" wb						
262GL 2d Sed	300	950	1,550	3,510	5,450	7,800
264 4d Sed	300	950	1,600	3,560	5,550	7,900
265 4d Sta Wag	300	950	1,600	3,650	5,650	8,100
264GL 4d Sed	300	950	1,600	3,600	5,600	8,000
1977 4-cyl., 2127cc, 103.9" wb						
242 2d Sed	300	950	1,550	3,510	5,450	7,800
244 4d Sed	300	950	1,550	3,510	5,450	7,800
245 4d Sta Wag	350	1,000	1,650	3,690	5,750	8,200
1977 6-cyl., 2664cc, 103.9" wb						
264GL 4d Sed	300	950	1,600	3,650	5,650	8,100
265GL 4d Sta Wag	350	1,000	1,650	3,740	5,800	8,300
262C 2d Cpe	600	1,800	3,000	6,750	10,500	15,000
1978 6-cyl., 2664cc, 103.9" wb						
244 4d	300	850	1,400	3,150	4,900	7,000
242GT 2d	300	850	1,400	3,200	4,950	7,100
242 2d	300	850	1,450	3,240	5,050	7,200
245 4d Sta Wag	300	900	1,450	3,290	5,100	7,300
264GL 4d	300	850	1,450	3,240	5,050	7,200
265GL 4d Sta Wag	300	900	1,500	3,330	5,200	7,400
262C 2d	600	1,800	3,000	6,750	10,500	15,000
1979 6-cyl., 2664cc, 103.9" wb						
242DL 2d	250	800	1,350	3,060	4,750	6,800
242GT 2d	300	850	1,400	3,110	4,850	6,900
244DL 4d	300	850	1,400	3,110	4,850	6,900
245DL 4d Sta Wag	300	850	1,400	3,150	4,900	7,000
245GL 4d	300	850	1,400	3,150	4,900	7,000
265GL 4d Sta Wag	300	850	1,400	3,200	4,950	7,100
262C 2d Cpe	600	1,850	3,100	6,980	10,900	15,500
1980 6-cyl., 2664cc, 103.9" wb						
DL 2d	250	750	1,250	2,790	4,350	6,200
DL GT 2d	250	750	1,300	2,880	4,500	6,400
DL 4d	250	750	1,300	2,880	4,500	6,400
DL 4d Sta Wag	250	800	1,350	3,020	4,700	6,700
GL 4d	250	800	1,350	3,020	4,700	6,700
GLE 4d	250	800	1,350	3,060	4,750	6,800
GLE 4d Sta Wag	300	850	1,400	3,110	4,850	6,900
GLE 2d Cpe Bertone	600	1,810	3,020	6,800	10,570	15,100
1981 6-cyl., 2664cc, 103.9" wb						
DL 2d	250	750	1,250	2,790	4,350	6,200
DL 4d	250	750	1,300	2,880	4,500	6,400
DL 4d Sta Wag	250	800	1,350	3,020	4,700	6,700
GL 2d	250	800	1,300	2,930	4,550	6,500
GL 4d	250	800	1,300	2,930	4,550	6,500
GLT 2d	250	800	1,300	2,930	4,550	6,500
GLT 4d Sta Wag	250	800	1,350	3,060	4,750	6,800
GLT 2d, Turbo	300	850	1,400	3,150	4,900	7,000
GLT 4d, Turbo	300	850	1,400	3,150	4,900	7,000
GLE 4d	300	850	1,400	3,150	4,900	7,000
2d Bertone Cpe	600	1,850	3,100	6,980	10,900	15,500
1982 6-cyl., 2664cc, 103.9" wb						
DL 2d	250	750	1,250	2,790	4,350	6,200
DL 4d	250	750	1,250	2,790	4,350	6,200
DL 4d Sta Wag	250	750	1,250	2,840	4,400	6,300
GL 4d	250	750	1,250	2,840	4,400	6,300
GL 4d Sta Wag	250	750	1,300	2,880	4,500	6,400
GLT 2d	250	750	1,250	2,840	4,400	6,300
GLT 2d, Turbo	250	800	1,350	3,020	4,700	6,700
GLT 4d, Turbo	250	800	1,350	3,020	4,700	6,700
GLT 4d Sta Wag, Turbo	270	800	1,340	3,020	4,690	6,700
GLE 4d	250	800	1,350	3,020	4,700	6,700
1983 4-cyl., 2316cc						
DL 2d	250	750	1,250	2,790	4,350	6,200
DL 4d	250	750	1,250	2,790	4,350	6,200
DL 4d Sta Wag	250	750	1,250	2,840	4,400	6,300
GL 4d	250	750	1,250	2,840	4,400	6,300
GL 4d Sta Wag	250	750	1,300	2,880	4,500	6,400
GLT 2d, Turbo	250	750	1,250	2,840	4,400	6,300
GLT 4d, Turbo	250	800	1,300	2,970	4,600	6,600
GLT 4d Sta Wag, Turbo	270	800	1,340	3,020	4,690	6,700

	6	5	4	3	2	1
760 GLE 4d..................................	250	800	1,350	3,020	4,700	6,700
760 GLE 4d, Turbo Diesel........................	270	820	1,360	3,060	4,760	6,800
NOTE: Add 5 percent for 6-cyl.						
1984 4-cyl., 2316cc						
DL 2d....................................	350	1,000	1,700	3,830	5,950	8,500
DL 4d....................................	450	1,300	2,200	4,950	7,700	11,000
DL 4d Sta Wag	450	1,400	2,300	5,180	8,050	11,500
GL 4d	550	1,700	2,800	6,300	9,800	14,000
GL 4d Sta Wag	600	1,750	2,900	6,530	10,200	14,500
GLT 2d, Turbo.............................	600	1,800	3,000	6,750	10,500	15,000
GLT 4d, Turbo.............................	600	1,850	3,100	6,980	10,900	15,500
GLT 4d Sta Wag, Turbo	620	1,860	3,100	6,980	10,850	15,500
760 GLE 4d...............................	600	1,850	3,100	6,980	10,900	15,500
760 GLE 4d, Turbo.........................	650	1,900	3,200	7,200	11,200	16,000
760 GLE 4d, Turbo Diesel...................	600	1,800	3,000	6,750	10,500	15,000
NOTE: Add 5 percent for 6-cyl.						
1985 4-cyl., 2316cc						
DL 4d Sed................................	350	1,000	1,700	3,830	5,950	8,500
DL 4d Sta Wag	350	1,050	1,700	3,870	6,000	8,600
GL 4d Sed................................	450	1,400	2,300	5,180	8,050	11,500
GL 4d Sta Wag	450	1,400	2,300	5,220	8,100	11,600
NOTE: Add 10 percent for Turbo.						
740 4d Sed...............................	600	1,850	3,100	6,980	10,900	15,500
740 4d Sta Wag	650	1,900	3,200	7,200	11,200	16,000
NOTE: Deduct 10 percent for Diesel. Add 10 percent for Turbo. Add 5 percent for 6-cyl.						
760 4d Sed...............................	700	2,050	3,400	7,650	11,900	17,000
760 4d Sta Wag	700	2,100	3,500	7,880	12,300	17,500
NOTE: Deduct 10 percent for Diesel. Add 10 percent for Turbo. Add 5 percent for 6-cyl.						
1986 4-cyl., 2316cc						
DL 4d Sed................................	550	1,700	2,800	6,300	9,800	14,000
DL 4d Sta Wag	550	1,700	2,800	6,350	9,850	14,100
GL 4d Sed................................	600	1,850	3,100	6,980	10,900	15,500
GL 4d Sta Wag	600	1,850	3,100	7,020	10,900	15,600
740 4d Sed...............................	700	2,100	3,500	7,880	12,300	17,500
740 4d Sta Wag	700	2,150	3,600	8,100	12,600	18,000
NOTE: Deduct 10 percent for Diesel. Add 10 percent for Turbo.						
760 4d Sed...............................	750	2,300	3,800	8,550	13,300	19,000
760 4d Sta Wag	800	2,400	4,000	9,000	14,000	20,000
NOTE: Add 5 percent for 6-cyl.						
1987 240						
DL 4d Sed................................	600	1,800	3,000	6,750	10,500	15,000
DL 4d Sta Wag	650	1,900	3,200	7,200	11,200	16,000
GL 4d Sed................................	650	1,900	3,200	7,200	11,200	16,000
GL 4d Sta Wag	700	2,050	3,400	7,650	11,900	17,000
1987 740						
GLE 4d Sed...............................	700	2,100	3,500	7,880	12,300	17,500
GLE 4d Sed, Turbo.........................	750	2,300	3,800	8,550	13,300	19,000
GLE 4d Sta Wag	700	2,150	3,600	8,100	12,600	18,000
GLE 4d Sta Wag, Turbo	800	2,400	4,000	9,000	14,000	20,000
1987 760						
GLE 4d Sed, Turbo.........................	850	2,500	4,200	9,450	14,700	21,000
GLE 4d Sta Wag, Turbo	880	2,640	4,400	9,900	15,400	22,000
1987 780						
GLE 2d Cpe	1,100	3,250	5,400	12,150	18,900	27,000
1987 240						
DL 4d Sed................................	600	1,750	2,900	6,530	10,200	14,500
DL 4d Sta Wag	600	1,850	3,100	6,980	10,900	15,500
GL 4d Sed................................	600	1,850	3,100	7,020	10,900	15,600
GL 4d Sta Wag	600	1,850	3,100	6,980	10,900	15,500
1987 740						
GLE 4d Sed...............................	700	2,100	3,500	7,880	12,300	17,500
GLE 4d Sta Wag...........................	700	2,150	3,600	8,100	12,600	18,000
GLE 4d Sed, Turbo.........................	750	2,300	3,800	8,550	13,300	19,000
GLE Sta Wag	800	2,400	4,000	9,000	14,000	20,000
1987 760						
4d Sed..................................	750	2,300	3,800	8,550	13,300	19,000
4d Sed, Turbo............................	850	2,500	4,200	9,450	14,700	21,000
4d Sta Wag, Turbo	900	2,650	4,400	9,900	15,400	22,000
1987 780						
GLE 2d Cpe	1,100	3,250	5,400	12,150	18,900	27,000
NOTE: Deduct 5 percent for 4-cyl.						
1988 240						
DL 4d Sed................................	700	2,050	3,400	7,650	11,900	17,000
DL 4d Sta Wag	700	2,150	3,600	8,100	12,600	18,000
GL 4d Sed................................	750	2,300	3,800	8,550	13,300	19,000
GL 4d Sta Wag	800	2,400	4,000	9,000	14,000	20,000
1988 740						
GLE 4d Sed...............................	800	2,400	4,000	9,000	14,000	20,000

	6	5	4	3	2	1
GLE 4d Sta Wag	850	2,500	4,200	9,450	14,700	21,000
GLE 4d Sed, Turbo	1,000	3,000	5,000	11,250	17,500	25,000
GLE 4d Sta Wag, Turbo	1,040	3,120	5,200	11,700	18,200	26,000
1988 760						
4d Sed	1,100	3,250	5,400	12,150	18,900	27,000
GLE 4d Sed, Turbo	1,100	3,350	5,600	12,600	19,600	28,000
GLE 4d Sta Wag, Turbo	1,160	3,480	5,800	13,050	20,300	29,000
1988 780						
GLE 2d Cpe	1,250	3,700	6,200	13,950	21,700	31,000
NOTE: Deduct 5 percent for 4-cyl.						
1989 DL						
4d Sed	650	1,900	3,200	7,200	11,200	16,000
4d Sta Wag	700	2,050	3,400	7,650	11,900	17,000
1989 GL						
4d Sed	700	2,050	3,400	7,650	11,900	17,000
4d Sta Wag	700	2,150	3,600	8,100	12,600	18,000
1989 740 GL						
4d	750	2,300	3,800	8,550	13,300	19,000
4d Sta Wag	800	2,400	4,000	9,000	14,000	20,000
1989 740 GLE						
4d Sed (16V)	900	2,650	4,400	9,900	15,400	22,000
4d Sta Wag (16V)	900	2,750	4,600	10,350	16,100	23,000
1989 740 (Turbo)						
4d Sed	950	2,900	4,800	10,800	16,800	24,000
4d Sta Wag	1,000	3,000	5,000	11,250	17,500	25,000
1989 760 GLE						
4d Sed	1,100	3,350	5,600	12,600	19,600	28,000
4d Sed, Turbo	1,150	3,500	5,800	13,050	20,300	29,000
4d Sta Wag, Turbo	1,200	3,600	6,000	13,500	21,000	30,000
1989 780						
2d Cpe	1,200	3,600	6,000	13,500	21,000	30,000
2d Cpe, Turbo	1,250	3,700	6,200	13,950	21,700	31,000
NOTE: Deduct 5 percent for 4-cyl.						
1990 240, 4-cyl.						
4d Sed	600	1,800	3,000	6,750	10,500	15,000
4d Sta Wag	650	1,900	3,200	7,200	11,200	16,000
DL 4d Sed	650	1,900	3,200	7,200	11,200	16,000
DL 4d Sta Wag	700	2,050	3,400	7,650	11,900	17,000
1990 740, 4-cyl.						
4d Sed	650	1,900	3,200	7,200	11,200	16,000
4d Sta Wag	700	2,050	3,400	7,650	11,900	17,000
GL 4d Sed	700	2,150	3,600	8,100	12,600	18,000
GL 4d Sta Wag	750	2,300	3,800	8,550	13,300	19,000
GLE 4d Sed	800	2,400	4,000	9,000	14,000	20,000
GLE 4d Sta Wag	850	2,500	4,200	9,450	14,700	21,000
4d Sed, Turbo	900	2,650	4,400	9,900	15,400	22,000
4d Sta Wag, Turbo	900	2,750	4,600	10,350	16,100	23,000
1990 760, 6-cyl.						
GLE 4d Sed	950	2,900	4,800	10,800	16,800	24,000
GLE 4d Sed, Turbo	1,000	3,000	5,000	11,250	17,500	25,000
GLE 4d Sta Wag, Turbo	1,040	3,120	5,200	11,700	18,200	26,000
1990 780, 6-cyl.						
2d Cpe	1,050	3,100	5,200	11,700	18,200	26,000
2d Cpe, Turbo	1,100	3,250	5,400	12,150	18,900	27,000
NOTE: Deduct 5 percent for 4-cyl.						
1991 240						
4d Sed	600	1,750	2,900	6,530	10,200	14,500
4d Sta Wag	600	1,800	2,950	6,660	10,400	14,800
4d SE Sta Wag	650	1,900	3,200	7,200	11,200	16,000
1991 740						
4d Sed	650	1,900	3,150	7,070	11,000	15,700
4d Sed, Turbo	700	2,150	3,600	8,100	12,600	18,000
4d SE Sed, Turbo	700	2,100	3,500	7,880	12,300	17,500
4d Sta Wag	700	2,150	3,600	8,100	12,600	18,000
4d Sta Wag, Turbo	750	2,300	3,800	8,550	13,300	19,000
4d SE Sta Wag, Turbo	800	2,400	4,000	9,000	14,000	20,000
1991 940						
GLE 4d Sed (16V)	700	2,150	3,600	8,100	12,600	18,000
4d Sed, Turbo	750	2,300	3,800	8,550	13,300	19,000
4d SE Sed, Turbo	800	2,400	4,000	9,000	14,000	20,000
GLE 4d Sta Wag (16V)	760	2,280	3,800	8,550	13,300	19,000
4d Sta Wag, Turbo	800	2,400	4,000	9,000	14,000	20,000
4d SE Sta Wag, Turbo	800	2,400	4,000	9,000	14,000	20,000
1991 780						
2d Cpe, Turbo	900	2,750	4,600	10,350	16,100	23,000
1992 240, 4-cyl.						
4d Sed	600	1,850	3,100	6,980	10,900	15,500
4d Sta Wag	650	2,000	3,300	7,430	11,600	16,500
GL 4d Sed	650	1,900	3,200	7,200	11,200	16,000

	6	5	4	3	2	1
1992 740, 4-cyl.						
4d Sed	650	1,900	3,200	7,200	11,200	16,000
4d Sta Wag	700	2,050	3,400	7,650	11,900	17,000
4d Sta Wag, Turbo	750	2,300	3,800	8,550	13,300	19,000
1992 940, 4-cyl.						
CL 4d Sed	650	1,900	3,200	7,200	11,200	16,000
4d Sed, Turbo	750	2,200	3,650	8,190	12,700	18,200
4d Sta Wag, Turbo	750	2,300	3,850	8,640	13,400	19,200
1992 960, 4-cyl.						
4d Sed (16V)	750	2,200	3,650	8,240	12,800	18,300
4d Sta Wag (16V)	750	2,300	3,850	8,690	13,500	19,300
1993 240, 4-cyl.						
4d Sed	600	1,800	3,000	6,750	10,500	15,000
4d Sta Wag	650	1,900	3,200	7,200	11,200	16,000
1993 850, 5-cyl.						
GLT 4d Sed	650	1,900	3,200	7,200	11,200	16,000
1993 940, 4-cyl.						
4d Sed	650	2,000	3,300	7,430	11,600	16,500
4d Sta Wag	650	2,000	3,300	7,430	11,600	16,500
4d Sed, Turbo	700	2,050	3,400	7,650	11,900	17,000
4d Sta Wag, Turbo	700	2,100	3,500	7,880	12,300	17,500
1993 960, 4-cyl.						
4d Sed	700	2,150	3,600	8,100	12,600	18,000
4d Sta Wag	800	2,350	3,900	8,780	13,700	19,500
1994 850, 4-cyl.						
4d Sed	650	1,900	3,200	7,200	11,200	16,000
4d Sed, Turbo	700	2,150	3,600	8,100	12,600	18,000
4d Sta Wag	700	2,050	3,400	7,650	11,900	17,000
4d Sta Wag, Turbo	750	2,300	3,800	8,550	13,300	19,000
1994 940, 4-cyl.						
4d Sed	500	1,550	2,600	5,850	9,100	13,000
4d Sed, Turbo	600	1,800	3,000	6,750	10,500	15,000
4d Sta Wag	550	1,700	2,800	6,300	9,800	14,000
4d Sta Wag, Turbo	650	1,900	3,200	7,200	11,200	16,000
1994 960, 4-cyl.						
4d Sed	650	1,900	3,200	7,200	11,200	16,000
4d Sta Wag	700	2,050	3,400	7,650	11,900	17,000
1995 850, 4-cyl.						
4d Sed	650	1,900	3,200	7,200	11,200	16,000
4d Sed, Turbo	700	2,150	3,600	8,100	12,600	18,000
4d Sta Wag	700	2,050	3,400	7,650	11,900	17,000
4d Sta Wag, Turbo	750	2,300	3,800	8,550	13,300	19,000
GLT 4d Sed	700	2,100	3,500	7,880	12,300	17,500
GLT 4d Sta Wag	750	2,200	3,700	8,330	13,000	18,500
T-5R 4d Sed, Turbo	780	2,340	3,900	8,780	13,650	19,500
T-5R 4d Sta Wag, Turbo	840	2,520	4,200	9,450	14,700	21,000
1995 940, 4-cyl.						
4d Sed	500	1,550	2,600	5,850	9,100	13,000
4d Sta Wag	550	1,700	2,800	6,300	9,800	14,000
4d Sed, Turbo	600	1,800	3,000	6,750	10,500	15,000
4d Sta Wag, Turbo	650	1,900	3,200	7,200	11,200	16,000
1995 960, 6-cyl.						
4d Sed	650	1,900	3,200	7,200	11,200	16,000
4d Sta Wag	700	2,050	3,400	7,650	11,900	17,000
1996 850, 5-cyl.						
4d Sed	600	1,800	3,000	6,750	10,500	15,000
4d Sed, Turbo	700	2,050	3,400	7,650	11,900	17,000
4d Sta Wag	650	1,900	3,200	7,200	11,200	16,000
4d Sta Wag, Turbo	700	2,150	3,600	8,100	12,600	18,000
GLT 4d Sed	650	2,000	3,300	7,430	11,600	16,500
GLT 4d Sta Wag	700	2,100	3,500	7,880	12,300	17,500
T-5R 4d Sed, Turbo	740	2,220	3,700	8,330	12,950	18,500
T-5R 4d Sta Wag, Turbo	800	2,400	4,000	9,000	14,000	20,000
1996 960, 6-cyl.						
4d Sed	600	1,800	3,000	6,750	10,500	15,000
4d Sta Wag	650	1,900	3,200	7,200	11,200	16,000
1997 850, 5-cyl.						
4d Sed	600	1,800	3,000	6,750	10,500	15,000
GLT 4d Sed, Turbo	640	1,920	3,200	7,200	11,200	16,000
T5 4d Sed, Turbo	660	1,980	3,300	7,430	11,550	16,500
R 4d Sed, Turbo	700	2,100	3,500	7,880	12,250	17,500
4d Sta Wag	640	1,920	3,200	7,200	11,200	16,000
GLT 4d Sta Wag, Turbo	700	2,100	3,500	7,880	12,250	17,500
T5 4d Sta Wag, Turbo	720	2,160	3,600	8,100	12,600	18,000
R 4d Sta Wag, Turbo	740	2,220	3,700	8,330	12,950	18,500
1997 960, 6-cyl.						
4d Sed	600	1,800	3,000	6,750	10,500	15,000
4d Sta Wag	640	1,920	3,200	7,200	11,200	16,000
1998 70 Series, 5-cyl.						
C70 2d Cpe	800	2,400	4,000	9,000	14,000	20,000

	6	5	4	3	2	1
S70 4d Sed.	600	1,800	3,000	6,750	10,500	15,000
S70 GLT 4d Sed Turbo	640	1,920	3,200	7,200	11,200	16,000
S70 T5 4d Sed Turbo	660	1,980	3,300	7,430	11,550	16,500
V70 4d Sta Wag	640	1,920	3,200	7,200	11,200	16,000
V70 GLT 4d Sta Wag Turbo	700	2,100	3,500	7,880	12,250	17,500
V70 T5 4d Sta Wag Turbo	720	2,160	3,600	8,100	12,600	18,000
V70 4d Sta Wag AWD	720	2,160	3,600	8,100	12,600	18,000
V70 R 4d Sta Wag AWD	740	2,220	3,700	8,330	12,950	18,500
V70 XC 4d Sta Wag AWD	800	2,400	4,000	9,000	14,000	20,000
1998 90 Series, 6-cyl.						
S90 4d Sed.	600	1,800	3,000	6,750	10,500	15,000
V90 4d Sta Wag.	640	1,920	3,200	7,200	11,200	16,000
1999 70 Series, 5-cyl.						
C70 2d Cpe	720	2,160	3,600	8,100	12,600	18,000
C70 2d Conv	840	2,520	4,200	9,450	14,700	21,000
S70 4d Sed.	600	1,800	3,000	6,750	10,500	15,000
S70 GLT 4d Sed Turbo	640	1,920	3,200	7,200	11,200	16,000
S70 T5 4d Sed Turbo	660	1,980	3,300	7,430	11,550	16,500
S70 4d Sed AWD Turbo	680	2,040	3,400	7,650	11,900	17,000
V70 4d Sta Wag	640	1,920	3,200	7,200	11,200	16,000
V70 GLT 4d Sta Wag Turbo	700	2,100	3,500	7,880	12,250	17,500
V70 T5 4d Sta Wag Turbo	720	2,160	3,600	8,100	12,600	18,000
V70 4d Sta Wag AWD Turbo	720	2,160	3,600	8,100	12,600	18,000
V70 R 4d Sta Wag AWD Turbo	740	2,220	3,700	8,330	12,950	18,500
V70 XC 4d Sta Wag AWD Turbo	800	2,400	4,000	9,000	14,000	20,000
1999 80 Series, 6-cyl.						
2.9 4d Sed	630	1,880	3,140	7,070	10,990	15,700
2.8 T-6 4d Sed	660	1,980	3,300	7,430	11,550	16,500
2000 40 Series, 4-cyl.						
S40 4d Sed.	400	1,200	2,000	4,500	7,000	10,000
V40 4d Sta Wag.	420	1,260	2,100	4,730	7,350	10,500
2000 70 Series, 5-cyl.						
C70 LT 2d Cpe	520	1,560	2,600	5,850	9,100	13,000
C70 HT 2d Cpe	600	1,800	3,000	6,750	10,500	15,000
C70 LT 2d Conv.	680	2,040	3,400	7,650	11,900	17,000
C70 HT 2d Conv.	720	2,160	3,600	8,100	12,600	18,000
S70 4d Sed.	600	1,800	3,000	6,750	10,500	15,000
S70 GLT 4d Sed Turbo	640	1,920	3,200	7,200	11,200	16,000
S70 T5 4d Sed Turbo	660	1,980	3,300	7,430	11,550	16,500
S70 4d Sed AWD Turbo	680	2,040	3,400	7,650	11,900	17,000
V70 4d Sta Wag.	640	1,920	3,200	7,200	11,200	16,000
V70 GLT 4d Sta Wag Turbo.	700	2,100	3,500	7,880	12,250	17,500
V70 XC 4d Sta Wag AWD Turbo	740	2,220	3,700	8,330	12,950	18,500
V70 R 4d Sta Wag AWD Turbo	800	2,400	4,000	9,000	14,000	20,000
2000 80 Series, 6-cyl.						
2.9 4d Sed	630	1,880	3,140	7,070	10,990	15,700
2.8 T-6 4d Sed	660	1,980	3,300	7,430	11,550	16,500
2001 40 Series, 4-cyl.						
S40 4d Sed.	400	1,210	2,020	5,050	7,070	10,100
V40 4d Sta Wag.	420	1,270	2,120	5,300	7,420	10,600
2001 60 Series, Turbo 5-cyl.						
S60 4d Sed.	410	1,220	2,040	5,100	7,140	10,200
S60 2.4T 4d Sed	430	1,280	2,140	5,350	7,490	10,700
S60 T5 4d Sed	440	1,320	2,200	5,500	7,700	11,000
2001 70 Series, Turbo 5-cyl.						
C70 HT 2d Cpe	600	1,800	3,000	7,500	10,500	15,000
C70 LT 2d Conv.	680	2,040	3,400	8,500	11,900	17,000
C70 HT 2d Conv.	720	2,160	3,600	9,000	12,600	18,000
V70 2.4 4d Sta Wag (non-turbocharged)	500	1,500	2,500	6,250	8,750	12,500
V70 2.4T 4d Sta Wag.	520	1,560	2,600	6,500	9,100	13,000
V70 T5 4d Sta Wag	560	1,680	2,800	7,000	9,800	14,000
2001 80 Series, 6-cyl.						
2.9 4d Sed	630	1,880	3,140	7,850	10,990	15,700
2.8 T-6 4d Sed	660	1,980	3,300	8,250	11,550	16,500
NOTE: Add 5 percent for Executive Ed.						
2001 Cross Country, Turbo 5-cyl.						
XC 4d Sta Wag.	620	1,860	3,100	7,750	10,850	15,500

YUGO

1986						
2d HBk GV	150	400	650	1,490	2,300	3,300
1987						
2d HBk GV	150	400	650	1,490	2,300	3,300
1988						
2d HBk GV	150	400	650	1,490	2,300	3,300
2d HBk GVL	150	400	700	1,530	2,400	3,400

DOMESTIC TRUCKS

	6	5	4	3	2	1
AMERICAN AUSTIN-BANTAM TRUCKS						
1931 Austin Series A						
Cpe Dly	960	2,880	4,800	10,800	16,800	24,000
Panel Dly	1,040	3,120	5,200	11,700	18,200	26,000
1932 Austin Series A						
Cpe Dly	960	2,880	4,800	10,800	16,800	24,000
Panel Dly	1,040	3,120	5,200	11,700	18,200	26,000
1933 Austin 275						
Cpe Dly	920	2,760	4,600	10,350	16,100	23,000
Panel Dly	1,000	3,000	5,000	11,250	17,500	25,000
Bantam Van	960	2,880	4,800	10,800	16,800	24,000
1933 Austin 375						
Panel Dly	960	2,880	4,800	10,800	16,800	24,000
PU	920	2,760	4,600	10,350	16,100	23,000
Pony Exp	880	2,640	4,400	9,900	15,400	22,000
Cpe Dly	1,000	3,000	5,000	11,250	17,500	25,000
1934 Austin 375						
PU	800	2,400	4,000	9,000	14,000	20,000
Panel Dly	880	2,640	4,400	9,900	15,400	22,000
1935 Austin 475						
PU	760	2,280	3,800	8,550	13,300	19,000
Panel Dly	840	2,520	4,200	9,450	14,700	21,000
1936 Austin 475						
No vehicles manufactured.						
1937 American Bantam 575						
PU	920	2,760	4,600	10,350	16,100	23,000
Panel Dly	1,080	3,240	5,400	12,150	18,900	27,000
1938 American Bantam 60						
Bus Cpe	840	2,520	4,200	9,450	14,700	21,000
PU Exp	920	2,760	4,600	10,350	16,100	23,000
Panel Exp	1,080	3,240	5,400	12,150	18,900	27,000
Boulevard Dly	1,960	5,880	9,800	22,050	34,300	49,000
1939 American Bantam 60						
PU Exp	920	2,760	4,600	10,350	16,100	23,000
Panel Exp	1,080	3,240	5,400	12,150	18,900	27,000
Boulevard Dly	1,960	5,880	9,800	22,050	34,300	49,000
1940 American Bantam 65						
PU	920	2,760	4,600	10,350	16,100	23,000
Panel	1,080	3,240	5,400	12,150	18,900	27,000
Boulevard Dly	1,960	5,880	9,800	22,050	34,300	49,000
1941 American Bantam 65						
PU	920	2,760	4,600	10,350	16,100	23,000
Panel	1,080	3,240	5,400	12,150	18,900	27,000
CADILLAC TRUCKS						
1999 Escalade, V-8, 4x4						
4d SUV	600	1,800	3,000	6,750	10,500	15,000
2000 Escalade, V-8, 4x4						
4d SUV	620	1,860	3,100	6,980	10,850	15,500
2001 Escalade, V-8, 4x4						
NOTE: Cadillac did not offer Escalade in 2001, but it returned in 2002.						
CHEVROLET TRUCKS						
1918 Series "490"						
1/2-Ton Light Dly	640	1,920	3,200	7,200	11,200	16,000
1918 Series "T"						
1-Ton Flare Exp	540	1,620	2,700	6,080	9,450	13,500
1-Ton Covered Flare	560	1,680	2,800	6,300	9,800	14,000
1919 Series "490"						
1/2-Ton Light Dly	640	1,920	3,200	7,200	11,200	16,000
1919 Series "T"						
1-Ton Flare Exp	540	1,620	2,700	6,080	9,450	13,500
1-Ton Covered Flare	560	1,680	2,800	6,300	9,800	14,000
1920 Series "490"						
Light Dly Wag 1-Seat	640	1,920	3,200	7,200	11,200	16,000
Light Dly Wag 2-Seat	640	1,920	3,200	7,200	11,200	16,000

	6	5	4	3	2	1
1920 Model T						
Flareboard Exp.	540	1,620	2,700	6,080	9,450	13,500
Covered Flare.	560	1,680	2,800	6,300	9,800	14,000
1921 Series "490"						
Open Exp.	640	1,920	3,200	7,200	11,200	16,000
Canopy Exp 3 Seat	660	1,980	3,300	7,430	11,550	16,500
1921 Series G						
Open Exp.	600	1,800	3,000	6,750	10,500	15,000
Canopy Exp.	608	1,824	3,040	6,840	10,640	15,200
1921 Series T						
Open Exp.	540	1,620	2,700	6,080	9,450	13,500
Canopy Exp.	560	1,680	2,800	6,300	9,800	14,000
1922 Series "490"						
Dly Wag.	640	1,920	3,200	7,200	11,200	16,000
Panel Dly.	680	2,040	3,400	7,650	11,900	17,000
Sta Wag.	780	2,340	3,900	8,780	13,650	19,500
1922 Series G						
Exp.	600	1,800	3,000	6,750	10,500	15,000
Canopy Exp.	608	1,824	3,040	6,840	10,640	15,200
1922 Series T						
Open Exp.	540	1,620	2,700	6,080	9,450	13,500
Canopy Exp.	560	1,680	2,800	6,300	9,800	14,000
Canopy Exp w/curtains.	560	1,680	2,800	6,300	9,800	14,000
1923 Series B Superior						
Canopy Exp.	680	2,040	3,400	7,650	11,900	17,000
Panel Dly.	680	2,040	3,400	7,650	11,900	17,000
Sta Wag.	780	2,340	3,900	8,780	13,650	19,500
1923 Series D Superior						
Utl Dly (Exp).	540	1,620	2,700	6,080	9,450	13,500
Cattle Body (Stake)	572	1,716	2,860	6,440	10,010	14,300
Dly Wag.	560	1,680	2,800	6,300	9,800	14,000
Panel Body.	580	1,740	2,900	6,530	10,150	14,500
Gravity Dump.	588	1,764	2,940	6,620	10,290	14,700
Petroleum Tanker.	600	1,800	3,000	6,750	10,500	15,000
1924 Series F						
Open Exp.	536	1,608	2,680	6,030	9,380	13,400
Canopy Exp.	560	1,680	2,800	6,300	9,800	14,000
Panel Dly.	560	1,680	2,800	6,300	9,800	14,000
Sta Wag.	596	1,788	2,980	6,710	10,430	14,900
1924 Series H						
Open Cab Grain/Stock Body	484	1,452	2,420	5,450	8,470	12,100
Closed Cab Grain/Stock Body	488	1,464	2,440	5,490	8,540	12,200
Flareboard Exp.	516	1,548	2,580	5,810	9,030	12,900
Panel Body.	532	1,596	2,660	5,990	9,310	13,300
Dump/Coal Body.	536	1,608	2,680	6,030	9,380	13,400
Tanker (3 compartment).	560	1,680	2,800	6,300	9,800	14,000
1925 Series M, 1924-25, 1-Ton						
Flareboard Exp.	476	1,428	2,380	5,360	8,330	11,900
Panel Body.	492	1,476	2,460	5,540	8,610	12,300
1925 Series K, 1/2-Ton						
Flareboard Exp.	540	1,620	2,700	6,080	9,450	13,500
Panel Body.	560	1,680	2,800	6,300	9,800	14,000
Sta Wag.	636	1,908	3,180	7,160	11,130	15,900
1925 Series R, 1-Ton						
Flareboard Exp.	476	1,428	2,380	5,360	8,330	11,900
Panel Body.	492	1,476	2,460	5,540	8,610	12,300
Grain Body.	488	1,464	2,440	5,490	8,540	12,200
Stake-Platform.	484	1,452	2,420	5,450	8,470	12,100
Tanker (3 compartment).	520	1,560	2,600	5,850	9,100	13,000
Dump Body.	496	1,488	2,480	5,580	8,680	12,400
Wrecker.	560	1,680	2,800	6,300	9,800	14,000
1926 Series V						
Rds PU (Factory)	560	1,680	2,800	6,300	9,800	14,000
Commercial Rds (Factory)	548	1,644	2,740	6,170	9,590	13,700
Hercules Panel Dly.	580	1,740	2,900	6,530	10,150	14,500
Springfield Ctry Clb Sub.	760	2,280	3,800	8,550	13,300	19,000
Springfield Panel Dly.	680	2,040	3,400	7,650	11,900	17,000
1926 Series X, 1926-27						
Flareboard Exp (Factory)	560	1,680	2,800	6,300	9,800	14,000
Canopy Exp (Factory)	580	1,740	2,900	6,530	10,150	14,500
Screenside Exp (Factory).	580	1,740	2,900	6,530	10,150	14,500
Peddler's Wag (Factory).	592	1,776	2,960	6,660	10,360	14,800
Mifflinburg Depot Hack.	680	2,040	3,400	7,650	11,900	17,000
Springfield 12P Sub.	680	2,040	3,400	7,650	11,900	17,000
Proctor-Keefe Dump.	588	1,764	2,940	6,620	10,290	14,700
Mifflinburg Jitney/Exp.	580	1,740	2,900	6,530	10,150	14,500
Platform Stake.	572	1,716	2,860	6,440	10,010	14,300
Rack Body w/Coach Front	572	1,716	2,860	6,440	10,010	14,300

	6	5	4	3	2	1
1927-28						
Rds PU	800	2,400	4,000	9,000	14,000	20,000
Commercial Rds	800	2,400	4,000	9,000	14,000	20,000
Open Exp	720	2,160	3,600	8,100	12,600	18,000
Sta Wag	800	2,400	4,000	9,000	14,000	20,000
Panel Dly	760	2,280	3,800	8,550	13,300	19,000
1929-30						
Rds w/Slip-in Cargo Box	1,040	3,120	5,200	11,700	18,200	26,000
Rds w/Panel Carrier	1,040	3,120	5,200	11,700	18,200	26,000
Open Exp	960	2,880	4,800	10,800	16,800	24,000
Canopy Exp	1,000	3,000	5,000	11,250	17,500	25,000
Sed Dly	1,040	3,120	5,200	11,700	18,200	26,000
Screenside Exp	1,000	3,000	5,000	11,250	17,500	25,000
Panel Dly	1,000	3,000	5,000	11,250	17,500	25,000
Ambassador Panel Dly	1,080	3,240	5,400	12,150	18,900	27,000
1931-32						
Open Cab PU	1,120	3,360	5,600	12,600	19,600	28,000
Closed Cab PU	1,040	3,120	5,200	11,700	18,200	26,000
Panel Dly	1,080	3,240	5,400	12,150	18,900	27,000
Canopy Dly (curtains)	1,120	3,360	5,600	12,600	19,600	28,000
Canopy Dly (screens)	1,120	3,360	5,600	12,600	19,600	28,000
Sed Dly	1,200	3,600	6,000	13,500	21,000	30,000
DeL Sta Wag	1,120	3,360	5,600	12,600	19,600	28,000

NOTE: Add 5 percent for Deluxe 1/2-Ton models. Add 5 percent for Special Equipment on models other than those noted as "Specials" above. Add 2 percent for Canopy Tops on both pickups.

	6	5	4	3	2	1
1933-36						
Sed Dly	1,040	3,120	5,200	11,700	18,200	26,000
Spl Sed Dly	1,080	3,240	5,400	12,150	18,900	27,000
Closed Cab PU	960	2,880	4,800	10,800	16,800	24,000
Panel Dly	960	2,880	4,800	10,800	16,800	24,000
Spl Panel Dly	1,000	3,000	5,000	11,250	17,500	25,000
Canopy Exp	1,040	3,120	5,200	11,700	18,200	26,000
Spl Canopy Exp	1,000	3,000	5,000	11,250	17,500	25,000
Screenside Exp	1,000	3,000	5,000	11,250	17,500	25,000

NOTE: Add 2 percent for canopied pickups.

	6	5	4	3	2	1
1937-40						
Sed Dly	1,080	3,240	5,400	12,150	18,900	27,000
PU	1,040	3,120	5,200	11,700	18,200	26,000
Panel	1,040	3,120	5,200	11,700	18,200	26,000
Canopy Exp	1,080	3,240	5,400	12,150	18,900	27,000
Carryall Suburban	1,080	3,240	5,400	12,150	18,900	27,000
1937-40 1/2-Ton						
PU	1,000	3,000	5,000	11,250	17,500	25,000
Stake	960	2,880	4,800	10,800	16,800	24,000
1937-40 3/4-Ton						
PU	1,000	3,000	5,000	11,250	17,500	25,000
Stake	960	2,880	4,800	10,800	16,800	24,000
1941-47 1/2-Ton						
PU	1,160	3,480	5,800	13,050	20,300	29,000
Panel Dly	1,120	3,360	5,600	12,600	19,600	28,000
Canopy	1,160	3,480	5,800	13,050	20,300	29,000
Suburban	1,160	3,480	5,800	13,050	20,300	29,000
1941-47 3/4-Ton						
Cpe PU	1,160	3,480	5,800	13,050	20,300	29,000
Sed Dly	1,200	3,600	6,000	13,500	21,000	30,000
1948-53 1/2-Ton						
Sed Dly	1,160	3,480	5,800	13,050	20,300	29,000
PU	1,240	3,720	6,200	13,950	21,700	31,000
Panel	1,040	3,120	5,200	11,700	18,200	26,000
Canopy Exp	1,080	3,240	5,400	12,150	18,900	27,000
Suburban	1,080	3,240	5,400	12,150	18,900	27,000
1948-53 3/4-Ton						
PU	1,120	3,360	5,600	12,600	19,600	28,000
Platform	1,000	3,000	5,000	11,250	17,500	25,000
Stake	1,000	3,000	5,000	11,250	17,500	25,000
1948-53 1-Ton						
PU	1,020	3,060	5,100	11,480	17,850	25,500
Panel	950	2,860	4,760	10,710	16,660	23,800
Canopy Exp	960	2,880	4,800	10,800	16,800	24,000
Platform	910	2,740	4,560	10,260	15,960	22,800
Stake	920	2,760	4,600	10,350	16,100	23,000
1954						
Sed Dly	1,160	3,480	5,800	13,050	20,300	29,000
1954 - First Series 1955 1/2-Ton						
PU	1,120	3,360	5,600	12,600	19,600	28,000
Panel	1,000	3,000	5,000	11,250	17,500	25,000
Canopy	980	2,940	4,900	11,030	17,150	24,500
Suburban	1,020	3,060	5,100	11,480	17,850	25,500

	6	5	4	3	2	1
1954 - First Series 1955 3/4-Ton						
PU	1,040	3,120	5,200	11,700	18,200	26,000
Platform	920	2,770	4,620	10,400	16,170	23,100
Stake	930	2,800	4,660	10,490	16,310	23,300
1954 - First Series 1955 1-Ton						
PU	1,040	3,120	5,200	11,700	18,200	26,000
Panel	960	2,880	4,800	10,800	16,800	24,000
Canopy	960	2,880	4,800	10,800	16,800	24,000
Platform	920	2,760	4,600	10,350	16,100	23,000
Stake	920	2,770	4,620	10,400	16,170	23,100
1955-57 - Second Series 1/2-Ton, V-8						
Sed Dly	1,240	3,720	6,200	13,950	21,700	31,000
PU	1,120	3,360	5,600	12,600	19,600	28,000
Cus Cab PU	1,140	3,420	5,700	12,830	19,950	28,500
Panel Dly	1,040	3,120	5,200	11,700	18,200	26,000
Suburban	1,080	3,240	5,400	12,150	18,900	27,000
Cameo Carrier	1,500	4,500	7,500	16,880	26,250	37,500
Cantrell Sta Wag	1,550	4,640	7,740	17,420	27,090	38,700
NOTE: 1955 and up prices based on top of the line models. Deduct 20 percent for 6-cyl., except Cameo deduct 10 percent.						
1958-59 1/2-Ton, V-8						
Sed Dly	1,040	3,120	5,200	11,700	18,200	26,000
El Camino - 1959 only	1,120	3,360	5,600	12,600	19,600	28,000
Stepside PU	1,000	3,000	5,000	11,250	17,500	25,000
Fleetside PU	1,040	3,120	5,200	11,700	18,200	26,000
Cameo PU - 1958 only	1,240	3,720	6,200	13,950	21,700	31,000
Panel	960	2,880	4,800	10,800	16,800	24,000
Suburban	960	2,880	4,800	10,800	16,800	24,000
Fleetside (LBx)	960	2,880	4,800	10,800	16,800	24,000
NOTE: 1955-up prices based on top of the line models. Deduct 20 percent for 6-cyl., except Cameo deduct 10 percent.						
1960-66 1/2-Ton, V-8						
Sed Dly (1960 only)	960	2,880	4,800	10,800	16,800	24,000
El Camino	1,080	3,240	5,400	12,150	18,900	27,000
Stepside PU	760	2,280	3,800	8,550	13,300	19,000
Fleetside PU	820	2,460	4,100	9,230	14,350	20,500
Panel	740	2,210	3,680	8,280	12,880	18,400
Suburban	750	2,240	3,740	8,420	13,090	18,700
1960-66 "Long Box", 1/2-Ton, V-8						
Stepside PU	740	2,210	3,680	8,280	12,880	18,400
Fleetside PU	760	2,280	3,800	8,550	13,300	19,000
1960-66 3/4-Ton, V-8						
Stepside PU	740	2,210	3,680	8,280	12,880	18,400
Fleetside PU	760	2,280	3,800	8,550	13,300	19,000
8-ft. Stake	680	2,040	3,400	7,650	11,900	17,000
NOTE: Deduct 20 percent for 6-cyl.						
1961-65 Corvair Series 95, 61-64						
Loadside	800	2,400	4,000	9,000	14,000	20,000
Rampside	820	2,460	4,100	9,230	14,350	20,500
1961-65 Corvan Series, 61-64						
Corvan Panel	820	2,460	4,100	9,230	14,350	20,500
Greenbriar Spt Van	840	2,520	4,200	9,450	14,700	21,000
1967 El Camino Series, V-8						
Spt PU	920	2,760	4,600	10,350	16,100	23,000
Cus Spt PU	940	2,820	4,700	10,580	16,450	23,500
1967-68 Fleetside Pickups, V-8						
C10 PU (SBx)	800	2,400	4,000	9,000	14,000	20,000
C10 PU (LBx)	760	2,280	3,800	8,550	13,300	19,000
K10 PU (SBx)	840	2,520	4,200	9,450	14,700	21,000
K10 PU (LBx)	800	2,400	4,000	9,000	14,000	20,000
C20 PU (LBx)	712	2,136	3,560	8,010	12,460	17,800
C20 PU (8-1/2 ft. bed)	710	2,120	3,540	7,970	12,390	17,700
K20 PU (LBx)	800	2,400	4,000	9,000	14,000	20,000
K20 PU (8-1/2 ft. bed)	760	2,280	3,800	8,550	13,300	19,000
1967-68 Stepside Pickups, V-8						
C10 PU (SBx)	760	2,280	3,800	8,550	13,300	19,000
C10 PU (LBx)	744	2,232	3,720	8,370	13,020	18,600
C20 PU (LBx)	708	2,124	3,540	7,970	12,390	17,700
K10 PU (SBx)	760	2,280	3,800	8,550	13,300	19,000
K20 PU (LBx)	740	2,220	3,700	8,330	12,950	18,500
1967-68 Panel/Suburbans, Stakes, V-8						
C10 Panel	640	1,920	3,200	7,200	11,200	16,000
C10 Suburban	760	2,280	3,800	8,550	13,300	19,000
C20 Panel	600	1,800	3,000	6,750	10,500	15,000
C20 Suburban	660	1,980	3,300	7,430	11,550	16,500
NOTE: 1955-up prices based on top of the line models. Add 5 percent for 4x4. C is conventional drive model. K is 4-wheel drive (4x4) model. 10 is 1/2-Ton series. 20 is 3/4-Ton series. 30 is 1-Ton series. Short box has 6-1/2 ft. bed. Long box has 8-ft. bed. Deduct 20 percent for 6-cyl.						
1968-70 El Camino Series, V-8						
Spt PU	920	2,760	4,600	10,350	16,100	23,000
Cus Spt PU	960	2,880	4,800	10,800	16,800	24,000

CHEVROLET TRUCKS

	6	5	4	3	2	1
1969-70 El Camino Series, V-8						

NOTE: Add 25 percent for SS-396 option. Add 45 percent for 454 engine option.

	6	5	4	3	2	1
1969-70 Blazer Series, 4x4						
Blazer, V-8	800	2,400	4,000	9,000	14,000	20,000
1969-70 Fleetside Series, V-8						
C10 PU (SBx)	840	2,520	4,200	9,450	14,700	21,000
C10 PU (LBx)	820	2,460	4,100	9,230	14,350	20,500
K10 PU (SBx)	860	2,580	4,300	9,680	15,050	21,500
K10 PU (LBx)	840	2,520	4,200	9,450	14,700	21,000
C20 PU (LBx)	712	2,136	3,560	8,010	12,460	17,800
C20 PU (long horn)	704	2,112	3,520	7,920	12,320	17,600
K20 PU (LBx)	744	2,232	3,720	8,370	13,020	18,600
K20 PU (long horn)	748	2,244	3,740	8,420	13,090	18,700
1969-70 Stepside Series, V-8						
C10 PU (SBx)	760	2,280	3,800	8,550	13,300	19,000
C10 PU (LBx)	740	2,220	3,700	8,330	12,950	18,500
K10 PU (SBx)	760	2,280	3,800	8,550	13,300	19,000
K10 PU (LBx)	780	2,340	3,900	8,780	13,650	19,500
C20 PU (LBx)	752	2,256	3,760	8,460	13,160	18,800
C20 PU (long horn)	724	2,172	3,620	8,150	12,670	18,100
K20 PU (LBx)	764	2,292	3,820	8,600	13,370	19,100
K20 PU (long horn)	764	2,292	3,820	8,600	13,370	19,100
1969-70 Panel/Suburban Series C10/K10, V-8, 115" wb						
C10 Suburban	800	2,400	4,000	9,000	14,000	20,000
K10 Suburban	820	2,460	4,100	9,230	14,350	20,500
1969-70 Panel/Suburban Series C20/K20, V-8, 127" wb						
C20 Suburban	760	2,280	3,800	8,550	13,300	19,000
K20 Suburban	780	2,340	3,900	8,780	13,650	19,500

NOTE: 1955-up prices based on top of the line models. C is conventional drive model. K is 4-wheel drive (4x4) model. 10 is 1/2-Ton series. 20 is 3/4-Ton series. 30 is 1-Ton series. Short box has 6-1/2 ft. bed and 115" wb. Long box pickup has 8-ft. bed and 127" wb. Long horn pickup has 8-1/2 to 9-ft. bed and 133" wb. Deduct 20 percent for 6-cyl.

	6	5	4	3	2	1
1971-72 Vega, 1/2-Ton, V-8						
Panel Exp	380	1,140	1,900	4,280	6,650	9,500
1971-72 LUV Pickup, 1/2-Ton, 1972 only						
PU	352	1,056	1,760	3,960	6,160	8,800
1971-72 El Camino, V-8						
Spt PU	840	2,520	4,200	9,450	14,700	21,000
Cus Spt PU	880	2,640	4,400	9,900	15,400	22,000
SS PU	1,120	3,360	5,600	12,600	19,600	28,000

NOTE: Add 30 percent for 350, 40 percent for 402, 45 percent for 454 engine options. Deduct 20 percent for 6-cyl.

	6	5	4	3	2	1
1971-72 Blazer, 4x4						
C10 Blazer, V-8 (1972 only)	800	2,400	4,000	9,000	14,000	20,000
K10 Blazer, V-8	800	2,400	4,000	9,000	14,000	20,000
1971-72 Fleetside Pickups, V-8						
C10 PU (SBx)	860	2,580	4,300	9,680	15,050	21,500
C10 PU (LBx)	840	2,520	4,200	9,450	14,700	21,000
K10 PU (SBx)	880	2,640	4,400	9,900	15,400	22,000
K10 PU (LBx)	860	2,580	4,300	9,680	15,050	21,500
C20 PU (SBx)	752	2,256	3,760	8,460	13,160	18,800
C20 PU (LBx)	760	2,280	3,800	8,550	13,300	19,000
K20 PU (SBx)	800	2,400	4,000	9,000	14,000	20,000
K20 PU (LBx)	780	2,340	3,900	8,780	13,650	19,500
1971-72 Stepside Pickups, V-8						
C10 PU (SBx)	800	2,400	4,000	9,000	14,000	20,000
C10 PU (LBx)	780	2,340	3,900	8,780	13,650	19,500
K10 PU (SBx)	820	2,460	4,100	9,230	14,350	20,500
K10 PU (LBx)	800	2,400	4,000	9,000	14,000	20,000
K20 PU (LBx)	780	2,340	3,900	8,780	13,650	19,500
1971-72 Suburban, V-8						
C10 Suburban	800	2,400	4,000	9,000	14,000	20,000
K10 Suburban	780	2,340	3,900	8,780	13,650	19,500
C20 Suburban	780	2,340	3,900	8,780	13,650	19,500
K20 Suburban	760	2,280	3,800	8,550	13,300	19,000

NOTE: 1955-up prices based on top of the line models. Deduct 20 percent for 6-cyl. Add 15 percent for 4x4.

	6	5	4	3	2	1
1973-77 El Camino, V-8						
PU	600	1,800	3,000	6,750	10,500	15,000
Cus PU	620	1,860	3,100	6,980	10,850	15,500

NOTE: Add 25 percent for 454 engine option.

	6	5	4	3	2	1
1973-80 Vega						
Panel	360	1,080	1,800	4,050	6,300	9,000
1973-80 LUV						
PU	312	936	1,560	3,510	5,460	7,800
1973-80 Blazer K10, V-8						
Blazer 2WD	620	1,860	3,100	6,980	10,850	15,500
Blazer (4x4)	700	2,100	3,500	7,880	12,250	17,500
1973-80 C10, 1/2-Ton, V-8						
Stepside (SBx)	660	1,980	3,300	7,430	11,550	16,500
Stepside (LBx)	620	1,860	3,100	6,980	10,850	15,500
Fleetside (SBx)	620	1,860	3,100	6,980	10,850	15,500

	6	5	4	3	2	1
Fleetside (LBx)	600	1,800	3,000	6,750	10,500	15,000
Suburban	620	1,860	3,100	6,980	10,850	15,500
1973-80 K10, 4x4, 1/2-Ton, V-8						
Stepside (SBx)	680	2,040	3,400	7,650	11,900	17,000
Stepside (LBx)	660	1,980	3,300	7,430	11,550	16,500
Fleetside (SBx)	640	1,920	3,200	7,200	11,200	16,000
Fleetside (LBx)	620	1,860	3,100	6,980	10,850	15,500
Suburban	640	1,920	3,200	7,200	11,200	16,000
1973-80 C20, 3/4-Ton						
Stepside (LBx)	360	1,080	1,800	4,050	6,300	9,000
Fleetside (LBx)	368	1,104	1,840	4,140	6,440	9,200
6P (LBx)	352	1,056	1,760	3,960	6,160	8,800
Suburban	460	1,380	2,300	5,180	8,050	11,500
1973-80 K20, 4x4, 3/4-Ton, V-8						
Stepside (LBx)	420	1,260	2,100	4,730	7,350	10,500
Fleetside (LBx)	420	1,260	2,100	4,730	7,350	10,500
6P (LBx)	376	1,128	1,880	4,230	6,580	9,400
Suburban	480	1,440	2,400	5,400	8,400	12,000
NOTE: Deduct 20 percent for 6-cyl.						
1978-80 El Camino, V-8						
PU	520	1,560	2,600	5,850	9,100	13,000
Cus PU	540	1,620	2,700	6,080	9,450	13,500
NOTE: Deduct 20 percent for V-6.						
1981-82 Luv, 1/2-Ton, 104.3" or 117.9" wb						
PU (SBx)	264	792	1,320	2,970	4,620	6,600
PU (LBx)	268	804	1,340	3,020	4,690	6,700
1981-82 El Camino, 1/2-Ton, V-8, 117" wb						
PU	460	1,380	2,300	5,180	8,050	11,500
SS PU	560	1,680	2,800	6,300	9,800	14,000
1981-82 Blazer K10, 1/2-Ton, V-8, 106.5" wb						
Blazer (4x4), V-8	620	1,860	3,100	6,980	10,850	15,500
1981-82 C10, 1/2-Ton, V-8, 117" or 131" wb						
Stepside PU (SBx)	452	1,356	2,260	5,090	7,910	11,300
Stepside PU (LBx)	448	1,344	2,240	5,040	7,840	11,200
Fleetside PU (SBx)	480	1,440	2,400	5,400	8,400	12,000
Fleetside PU (LBx)	580	1,740	2,900	6,530	10,150	14,500
Suburban	480	1,440	2,400	5,400	8,400	12,000
1981-82 C20, 3/4-Ton, V-8, 131" or 164" wb						
Stepside PU (LBx)	448	1,344	2,240	5,040	7,840	11,200
Fleetside PU (LBx)	452	1,356	2,260	5,090	7,910	11,300
Fleetside PU Bonus Cab (LBx)	460	1,380	2,300	5,180	8,050	11,500
Fleetside PU Crew Cab (LBx)	456	1,368	2,280	5,130	7,980	11,400
Suburban	468	1,404	2,340	5,270	8,190	11,700
NOTE: Add 15 percent for 4x4. Deduct 20 percent for 6-cyl.						
1983-87 El Camino, 1/2-Ton, 117" wb						
PU	420	1,260	2,100	4,730	7,350	10,500
SS PU	520	1,560	2,600	5,850	9,100	13,000
NOTE: Deduct 20 percent for V-6. Add 30 percent for ChooChoo model where available.						
1983-87 S10, 1/2-Ton, 100.5" wb						
Blazer 2WD	320	960	1,600	3,600	5,600	8,000
Blazer (4x4)	340	1,020	1,700	3,830	5,950	8,500
1983-87 Blazer K10, 1/2-Ton, 106.5" wb						
Blazer (4x4)	480	1,440	2,400	5,400	8,400	12,000
1983-87 S10, 1/2-Ton, 108" or 122" wb						
Fleetside PU (SBx)	288	864	1,440	3,240	5,040	7,200
Fleetside PU (LBx)	292	876	1,460	3,290	5,110	7,300
Fleetside PU Ext Cab	300	900	1,500	3,380	5,250	7,500
1983-87 C10, 1/2-Ton, 117" or 131" wb						
Stepside PU (SBx)	372	1,116	1,860	4,190	6,510	9,300
Fleetside PU (SBx)	376	1,128	1,880	4,230	6,580	9,400
Fleetside PU (LBx)	364	1,092	1,820	4,100	6,370	9,100
Suburban	432	1,296	2,160	4,860	7,560	10,800
1983-87 C20, 3/4-Ton, 131" or 164" wb						
Stepside PU (LBx)	368	1,104	1,840	4,140	6,440	9,200
Fleetside PU (LBx)	372	1,116	1,860	4,190	6,510	9,300
Fleetside PU Bonus Cab (LBx)	424	1,272	2,120	4,770	7,420	10,600
Fleetside PU Crew Cab (LBx)	364	1,092	1,820	4,100	6,370	9,100
Suburban	432	1,296	2,160	4,860	7,560	10,800
NOTE: Add 15 percent for 4x4. Deduct 20 percent for 6-cyl. on full-size vehicles.						
1988-91 Blazer, 106.5" wb						
V10 (4x4)	600	1,800	3,000	6,750	10,500	15,000
S10 2WD	320	960	1,600	3,600	5,600	8,000
S10 (4x4)	440	1,320	2,200	4,950	7,700	11,000
1988-91 S10 Pickup, 108.3" or 122.9" wb						
Fleetside (SBx)	280	840	1,400	3,150	4,900	7,000
Fleetside (LBx)	288	864	1,440	3,240	5,040	7,200
Fleetside Ext Cab	300	900	1,500	3,380	5,250	7,500
1988-91 C1500, 1/2-Ton, 117.5" or 131" wb						
Sportside PU (SBx)	400	1,200	2,000	4,500	7,000	10,000

CHEVROLET TRUCKS

	6	5	4	3	2	1
SS 454 PU (SBx), 1990 & 1991 only 760	2,280	3,800	8,550	13,300	19,000
Fleetside PU (SBx)............................ 400	1,200	2,000	4,500	7,000	10,000
Fleetside PU (LBx) 420	1,260	2,100	4,730	7,350	10,500
Fleetside PU Ext Cab (LBx) 460	1,380	2,300	5,180	8,050	11,500
Suburban..................................... 640	1,920	3,200	7,200	11,200	16,000
1988-91 C2500, 3/4-Ton, 129.5" or 164.5" wb					
Stepside PU (LBx)............................ 560	1,680	2,800	6,300	9,800	14,000
Fleetside PU (LBx) 560	1,680	2,800	6,300	9,800	14,000
Bonus Cab PU (LBx)........................... 460	1,380	2,300	5,180	8,050	11,500
Crew Cab PU (LBx)........................... 472	1,416	2,360	5,310	8,260	11,800
Suburban..................................... 680	2,040	3,400	7,650	11,900	17,000
1992 K1500 Blazer, V-8					
2d SUV (4x4).................................. 700	2,150	3,600	8,100	12,600	18,000
1992 S10 Blazer, V-6					
2d SUV 400	1,200	2,000	4,500	7,000	10,000
2d SUV (4x4).................................. 450	1,300	2,200	4,950	7,700	11,000
4d SUV 600	1,750	2,900	6,530	10,200	14,500
4d SUV (4x4).................................. 600	1,850	3,100	6,980	10,900	15,500
1992 Astro Van, V-6					
3d Van.. 250	800	1,350	3,020	4,700	6,700
1992 Lumina, V-6					
3d Van.. 250	800	1,300	2,930	4,550	6,500
1992 Suburban 1500, V-8					
4d Sta Wag 750	2,300	3,800	8,550	13,300	19,000
4d Sta Wag (4x4) 800	2,400	4,000	9,000	14,000	20,000
1992 Suburban 2500, V-8					
4d Sta Wag 800	2,400	4,000	9,000	14,000	20,000
4d Sta Wag (4x4) 850	2,500	4,200	9,450	14,700	21,000
1992 S10, 1/2-Ton, V-6					
2d PU (SBx) 450	1,300	2,200	4,950	7,700	11,000
2d PU (LBx).................................. 450	1,300	2,200	4,950	7,700	11,000
NOTE: Add $1,500 for 4x4.					
1992 C1500, 1/2-Ton, V-8					
2d Sportside PU (SBx) 560	1,680	2,800	6,300	9,800	14,000
2d Fleetside PU (SBx)......................... 560	1,680	2,800	6,300	9,800	14,000
2d Fleetside PU (LBx)......................... 560	1,680	2,800	6,300	9,800	14,000
NOTE: Add $2,000 for 4x4. Add 25 percent for 454 SS pkg.					
1992 C2500, 3/4-Ton, V-8					
2d Fleetside PU (LBx) 600	1,800	3,000	6,750	10,500	15,000
1993 K1500 Blazer, V-8					
2d SUV 4x4................................... 750	2,300	3,800	8,550	13,300	19,000
1993 S10 Blazer, V-6					
2d SUV 2WD................................. 350	1,000	1,700	3,830	5,950	8,500
4d SUV 2WD................................. 350	1,050	1,750	3,960	6,150	8,800
2d SUV 4x4.................................. 600	1,750	2,900	6,530	10,200	14,500
4d SUV 4x4.................................. 600	1,800	3,000	6,750	10,500	15,000
1993 Astro, V-6					
Van 250	700	1,200	2,700	4,200	6,000
1993 Lumina, V-6, FWD					
Van 250	700	1,200	2,700	4,200	6,000
1993 G Van, V-8					
Spt Van....................................... 250	800	1,300	2,930	4,550	6,500
1993 Suburban C1500/C2500, V-8					
4d Sta Wag 1500 800	2,400	4,000	9,000	14,000	20,000
4d Sta Wag 2500 800	2,400	4,000	9,000	14,000	20,000
1993 S10, V-6					
2d PU (SBx) 350	1,100	1,850	4,140	6,450	9,200
2d PU (LBx).................................. 400	1,150	1,900	4,280	6,650	9,500
1993 C1500/C2500, V-8					
2d PU 1500 (SBx) 550	1,700	2,850	6,390	9,950	14,200
2d PU 1500 (LBx) 600	1,750	2,900	6,530	10,200	14,500
2d PU 2500 (SBx) 600	1,750	2,900	6,530	10,200	14,500
2d PU 2500 (LBx) 600	1,750	2,950	6,620	10,300	14,700
1994 K1500 Blazer, V-8					
2d SUV 4x4.................................. 700	2,150	3,600	8,100	12,600	18,000
1994 S10 Blazer, V-6					
2d SUV 350	1,100	1,800	4,050	6,300	9,000
4d SUV 350	1,100	1,850	4,140	6,450	9,200
2d SUV 4x4.................................. 500	1,450	2,400	5,400	8,400	12,000
4d SUV 4x4.................................. 500	1,550	2,600	5,850	9,100	13,000
1994 Astro, V-6					
Cargo Van.................................... 350	1,000	1,700	3,830	5,950	8,500
Cargo Van LWB 350	1,100	1,800	4,050	6,300	9,000
CS Van 400	1,150	1,900	4,280	6,650	9,500
CS Van LWB.................................. 400	1,250	2,100	4,730	7,350	10,500
1994 Lumina, V-6					
Cargo Van.................................... 300	850	1,400	3,150	4,900	7,000
Window Van 350	1,000	1,700	3,830	5,950	8,500

	6	5	4	3	2	1
1994 G10, V-8						
Van	400	1,250	2,100	4,730	7,350	10,500
1994 G20, V-8						
Van	500	1,450	2,400	5,400	8,400	12,000
Van Spt.	500	1,550	2,600	5,850	9,100	13,000
1994 Suburban, V-8						
4d C1500	700	2,150	3,600	8,100	12,600	18,000
4d C2500	750	2,300	3,800	8,550	13,300	19,000
1994 S10, V-6						
2d PU 6 ft.	300	900	1,500	3,380	5,250	7,500
2d PU 7-1/2 ft.	300	900	1,500	3,420	5,300	7,600
2d PU 6 ft. Ext Cab.	400	1,150	1,900	4,280	6,650	9,500
1994 C1500, V-8						
2d PU 6-1/2 ft.	350	1,100	1,800	4,050	6,300	9,000
2d PU 8 ft.	400	1,150	1,900	4,280	6,650	9,500
2d PU 6-1/2 ft. Ext Cab	540	1,620	2,700	6,080	9,450	13,500
2d PU 8 ft. Ext Cab.	550	1,700	2,800	6,300	9,800	14,000
NOTE: Deduct 10 percent for V-6.						
1994 C2500, V-8						
2d PU 8 ft.	450	1,300	2,200	4,950	7,700	11,000
2d PU 6 ft. Ext Cab.	550	1,700	2,800	6,300	9,800	14,000
2d PU 8 ft. Ext Cab.	600	1,800	3,000	6,750	10,500	15,000
1995 Tahoe, V-8						
LS 4d SUV	550	1,700	2,800	6,300	9,800	14,000
2d SUV, 4x4	600	1,750	2,900	6,530	10,200	14,500
LS 2d SUV, 4x4	600	1,800	3,000	6,750	10,500	15,000
LS 4d SUV, 4x4	650	1,900	3,200	7,200	11,200	16,000
1995 Blazer, V-6						
2d SUV	300	950	1,600	3,600	5,600	8,000
4d SUV	350	1,100	1,800	4,050	6,300	9,000
2d SUV, 4x4	350	1,100	1,850	4,190	6,500	9,300
4d SUV, 4x4	400	1,250	2,050	4,640	7,200	10,300
1995 Astro, V-6						
Cargo Van	350	1,000	1,700	3,830	5,950	8,500
CS Van	400	1,150	1,900	4,280	6,650	9,500
1995 Lumina, V-6						
Cargo Van	300	850	1,400	3,150	4,900	7,000
Window Van	350	1,000	1,700	3,830	5,950	8,500
1995 G-10, V-8						
Van	400	1,250	2,100	4,730	7,350	10,500
1995 G-20, V-8						
Van	500	1,450	2,400	5,400	8,400	12,000
Van Spt.	500	1,550	2,600	5,850	9,100	13,000
1995 Suburban, V-8						
4d C1500	700	2,150	3,600	8,100	12,600	18,000
4d C1500 LS	750	2,200	3,700	8,330	13,000	18,500
4d C1500 LT	750	2,300	3,800	8,550	13,300	19,000
4d C2500	750	2,300	3,800	8,550	13,300	19,000
4d C2500 LS	800	2,350	3,900	8,780	13,700	19,500
4d C2500 LT	800	2,400	4,000	9,000	14,000	20,000
1995 S-10, V-6						
2d PU, 6 ft.	300	900	1,500	3,380	5,250	7,500
2d PU, 7-1/2 ft.	300	900	1,500	3,420	5,300	7,600
2d PU, 6 ft. Ext Cab	400	1,150	1,900	4,280	6,650	9,500
NOTE: Deduct 10 percent for 4-cyl. Add $2,000 for 4x4.						
1995 C1500, V-8						
2d Fleetside WT PU, 6-1/2 ft.	350	1,100	1,800	4,050	6,300	9,000
2d Fleetside WT PU, 8 ft.	380	1,140	1,900	4,280	6,650	9,500
2d Sportside PU, 6-1/2 ft.	440	1,320	2,200	4,950	7,700	11,000
2d Fleetside PU, 6-1/2 ft.	460	1,380	2,300	5,180	8,050	11,500
2d Fleetside PU, 8 ft.	480	1,440	2,400	5,400	8,400	12,000
2d Fleetside PU, 6-1/2 ft. Ext Cab	550	1,600	2,700	6,080	9,450	13,500
2d Fleetside PU, 8 ft. Ext Cab	550	1,700	2,800	6,300	9,800	14,000
2d Sportside PU, 6-1/2 ft. Ext Cab	550	1,700	2,800	6,300	9,800	14,000
NOTE: Deduct 10 percent for V-6.						
1995 C2500, V-8						
2d Fleetside PU, 8 ft.	440	1,320	2,200	4,950	7,700	11,000
2d Fleetside PU, 6-1/2 ft. Ext Cab	550	1,700	2,800	6,300	9,800	14,000
2d Fleetside PU, 8 ft. Ext Cab	600	1,800	3,000	6,750	10,500	15,000
1996 Tahoe, V-8						
2d SUV	450	1,400	2,350	5,310	8,250	11,800
LS 2d SUV	500	1,500	2,500	5,630	8,750	12,500
LS 4d SUV	500	1,550	2,600	5,850	9,100	13,000
2d SUV, 4x4	550	1,600	2,700	6,080	9,450	13,500
LS 2d SUV, 4x4	550	1,700	2,800	6,300	9,800	14,000
LS 4d SUV, 4x4	600	1,800	3,000	6,750	10,500	15,000
NOTE: Add 10 percent for turbo diesel V-8.						
1996 Blazer, V-6						
2d SUV	300	850	1,400	3,150	4,900	7,000

	6	5	4	3	2	1
4d SUV	300	950	1,600	3,600	5,600	8,000
2d SUV, 4x4	350	1,000	1,650	3,740	5,800	8,300
4d SUV, 4x4	350	1,100	1,850	4,190	6,500	9,300
1996 Astro, V-6						
Cargo Van	300	900	1,500	3,380	5,250	7,500
Van	340	1,020	1,700	3,830	5,950	8,500
NOTE: Add 15 percent for 4x4.						
1996 Lumina, V-6						
Cargo Van	250	700	1,200	2,700	4,200	6,000
Window Van	300	900	1,500	3,380	5,250	7,500
1996 G10, V-8						
Van	400	1,150	1,900	4,280	6,650	9,500
Express Van	400	1,250	2,100	4,730	7,350	10,500
1996 G20, V-8						
Van	450	1,300	2,200	4,950	7,700	11,000
Express Van	500	1,450	2,400	5,400	8,400	12,000
1996 Suburban, V-8						
4d C1500	700	2,050	3,400	7,650	11,900	17,000
4d C1500 LS	700	2,100	3,500	7,880	12,300	17,500
4d C1500 LT	700	2,150	3,600	8,100	12,600	18,000
4d C2500	700	2,150	3,600	8,100	12,600	18,000
4d C2500 LS	750	2,200	3,700	8,330	13,000	18,500
4d C2500 LT	760	2,280	3,800	8,550	13,300	19,000
NOTE: Add 10 percent for turbo diesel V-8. Add 10 percent for 4x4.						
1996 S10, V-6						
2d PU, 6 ft.	250	800	1,300	2,930	4,550	6,500
2d PU, 7-1/2 ft.	250	800	1,300	2,970	4,600	6,600
2d PU, 6 ft. Ext Cab	340	1,020	1,700	3,830	5,950	8,500
NOTE: Deduct 10 percent for 4-cyl. Add $2,000 for 4x4.						
1996 C1500, V-8						
2d Fleetside WT PU, 6-1/2 ft.	300	950	1,600	3,600	5,600	8,000
2d Fleetside WT PU, 8 ft.	340	1,020	1,700	3,830	5,950	8,500
2d Sportside PU, 6-1/2 ft.	400	1,200	2,000	4,500	7,000	10,000
2d Fleetside PU, 6-1/2 ft.	420	1,260	2,100	4,730	7,350	10,500
2d Fleetside PU, 8 ft.	440	1,320	2,200	4,950	7,700	11,000
2d Fleetside PU, 6-1/2 ft. Ext Cab	500	1,500	2,500	5,630	8,750	12,500
2d Fleetside PU, 8 ft. Ext. Cab	500	1,550	2,600	5,850	9,100	13,000
2d Sportside PU, 6-1/2 ft. Ext Cab	500	1,550	2,600	5,850	9,100	13,000
1996 C2500, V-8						
2d Fleetside PU, 8 ft.	400	1,200	2,000	4,500	7,000	10,000
2d Fleetside PU, 6-1/2 ft. Ext Cab.	500	1,550	2,600	5,850	9,100	13,000
2d Fleetside PU, 8 ft. Ext Cab.	560	1,680	2,800	6,300	9,800	14,000
NOTE: Add $2,000 for 4x4. Add 10 percent for turbo diesel V-8.						
1997 Tahoe, V-8						
2d SUV	472	1,416	2,360	5,310	8,260	11,800
LS 2d SUV	500	1,500	2,500	5,630	8,750	12,500
LS 4d SUV	520	1,560	2,600	5,850	9,100	13,000
2d SUV, 4x4	540	1,620	2,700	6,080	9,450	13,500
LS 2d SUV, 4x4	560	1,680	2,800	6,300	9,800	14,000
LS 4d SUV, 4x4	600	1,800	3,000	6,750	10,500	15,000
NOTE: Add 10 percent for turbo diesel V-8.						
1997 Blazer, V-6						
2d SUV	280	840	1,400	3,150	4,900	7,000
4d SUV	320	960	1,600	3,600	5,600	8,000
2d SUV, 4x4	332	996	1,660	3,740	5,810	8,300
4d SUV, 4x4	372	1,116	1,860	4,190	6,510	9,300
1997 Astro, V-6						
Cargo Van	300	900	1,500	3,380	5,250	7,500
Van	340	1,020	1,700	3,830	5,950	8,500
NOTE: Add 15 percent for 4x4.						
1997 Venture, V-6						
2d Van	240	720	1,200	2,700	4,200	6,000
4d Van	300	900	1,500	3,380	5,250	7,500
NOTE: Add 5 percent for extended model.						
1997 G Series, V-8						
G10 Van	380	1,140	1,900	4,280	6,650	9,500
G10 Express Van	420	1,260	2,100	4,730	7,350	10,500
G20 Van	440	1,320	2,200	4,950	7,700	11,000
G20 Express Van	480	1,440	2,400	5,400	8,400	12,000
NOTE: Add 10 percent for turbo diesel V-8. Add 5 percent for 7.4L V-8.						
1997 Suburban, V-8						
4d C1500	680	2,040	3,400	7,650	11,900	17,000
4d C1500 LS	700	2,100	3,500	7,880	12,250	17,500
4d C1500 LT	720	2,160	3,600	8,100	12,600	18,000
4d C2500	720	2,160	3,600	8,100	12,600	18,000
4d C2500 LS	740	2,220	3,700	8,330	12,950	18,500
4d C2500 LT	760	2,280	3,800	8,550	13,300	19,000
4d K1500	700	2,100	3,500	7,880	12,250	17,500

	6	5	4	3	2	1
4d K1500 LS	720	2,160	3,600	8,100	12,600	18,000
4d K1500 LT	760	2,280	3,800	8,550	13,300	19,000
4d K2500	740	2,220	3,700	8,330	12,950	18,500
4d K2500 LS	780	2,340	3,900	8,780	13,650	19,500
4d K2500 LT	800	2,400	4,000	9,000	14,000	20,000

NOTE: Add 10 percent for turbo diesel V-8. Add 10 percent for 4x4.

1997 S10, V-6

	6	5	4	3	2	1
2d PU, 6 ft	260	780	1,300	2,930	4,550	6,500
2d PU, 7-1/2 ft	264	792	1,320	2,970	4,620	6,600
2d PU, 6 ft. Ext Cab	340	1,020	1,700	3,830	5,950	8,500

NOTE: Deduct 10 percent for 4-cyl. Add $2,000 for 4x4.

1997 C1500, V-8

	6	5	4	3	2	1
2d Fleetside WT PU, 6-1/2 ft	320	960	1,600	3,600	5,600	8,000
2d Fleetside WT PU, 8 ft	340	1,020	1,700	3,830	5,950	8,500
2d Sportside PU, 6-1/2 ft	400	1,200	2,000	4,500	7,000	10,000
2d Fleetside PU, 6-1/2 ft	420	1,260	2,100	4,730	7,350	10,500
2d Fleetside PU, 8 ft	440	1,320	2,200	4,950	7,700	11,000
2d Fleetside PU, 6-1/2 ft. Ext Cab	500	1,500	2,500	5,630	8,750	12,500
2d Fleetside PU, 8 ft. Ext Cab	520	1,560	2,600	5,850	9,100	13,000
2d Sportside PU, 6-1/2 ft. Ext Cab	520	1,560	2,600	5,850	9,100	13,000

NOTE: Add $2,000 for 4x4. Add 10 percent for turbo diesel V-8.

1997 C2500, V-8

	6	5	4	3	2	1
2d Fleetside PU, 8 ft	400	1,200	2,000	4,500	7,000	10,000
2d Fleetside PU, 6-1/2 ft. Ext Cab	520	1,560	2,600	5,850	9,100	13,000
2d Fleetside PU, 8 ft. Ext Cab	560	1,680	2,800	6,300	9,800	14,000

NOTE: Add $2,000 for 4x4. Add 10 percent for turbo diesel V-8.

1998 Tracker, 4-cyl.

	6	5	4	3	2	1
2d Utly Conv	210	620	1,040	2,340	3,640	5,200
4d SUV	230	680	1,140	2,570	3,990	5,700
2d Utly Conv, 4x4	250	740	1,240	2,790	4,340	6,200
4d SUV, 4x4	270	800	1,340	3,020	4,690	6,700

1998 Tahoe, V-8

	6	5	4	3	2	1
2d SUV	470	1,420	2,360	5,310	8,260	11,800
LS 2d SUV	500	1,500	2,500	5,630	8,750	12,500
LS 4d SUV	520	1,560	2,600	5,850	9,100	13,000
2d SUV, 4x4	540	1,620	2,700	6,080	9,450	13,500
LS 2d SUV, 4x4	560	1,680	2,800	6,300	9,800	14,000
LS 4d SUV, 4x4	600	1,800	3,000	6,750	10,500	15,000

NOTE: Add 10 percent for turbo diesel V-8.

1998 Blazer, V-6

	6	5	4	3	2	1
2d SUV	280	840	1,400	3,150	4,900	7,000
4d SUV	320	960	1,600	3,600	5,600	8,000
2d SUV, 4x4	330	1,000	1,660	3,740	5,810	8,300
4d SUV, 4x4	370	1,120	1,860	4,190	6,510	9,300

1998 Astro, V-6

	6	5	4	3	2	1
Cargo Van	300	900	1,500	3,380	5,250	7,500
Van	340	1,020	1,700	3,830	5,950	8,500

NOTE: Add 15 percent for 4x4.

1998 Venture, V-6

	6	5	4	3	2	1
2d Van	240	720	1,200	2,700	4,200	6,000
4d Van	300	900	1,500	3,380	5,250	7,500

NOTE: Add 5 percent for extended model.

1998 G Series, V-8

	6	5	4	3	2	1
G15 Van	380	1,140	1,900	4,280	6,650	9,500
G15 Express Van	420	1,260	2,100	4,730	7,350	10,500
G20 Van	440	1,320	2,200	4,950	7,700	11,000
G20 Express Van	480	1,440	2,400	5,400	8,400	12,000

NOTE: Add 5 percent for extended model. Add 10 percent for turbo diesel V-8. Add 5 percent for 7.4L V-8.

1998 Suburban, V-8

	6	5	4	3	2	1
4d C1500	680	2,040	3,400	7,650	11,900	17,000
4d C1500 LS	700	2,100	3,500	7,880	12,250	17,500
4d C1500 LT	720	2,160	3,600	8,100	12,600	18,000
4d C2500	720	2,160	3,600	8,100	12,600	18,000
4d C2500 LS	740	2,220	3,700	8,330	12,950	18,500
4d C2500 LT	760	2,280	3,800	8,550	13,300	19,000
4d K1500	700	2,100	3,500	7,880	12,250	17,500
4d K1500 LS	720	2,160	3,600	8,100	12,600	18,000
4d K1500 LT	760	2,280	3,800	8,550	13,300	19,000
4d K2500	740	2,220	3,700	8,330	12,950	18,500
4d K2500 LS	780	2,340	3,900	8,780	13,650	19,500
4d K2500 LT	800	2,400	4,000	9,000	14,000	20,000

NOTE: Add 10 percent for turbo diesel V-8. Add 10 percent for 4x4.

1998 S10, V-6

	6	5	4	3	2	1
2d PU, 6 ft	260	780	1,300	2,930	4,550	6,500
2d PU, 7-1/2 ft	260	790	1,320	2,970	4,620	6,600
2d PU, 6 ft. Ext Cab	340	1,020	1,700	3,830	5,950	8,500
2d PU, 7-1/2 ft. Ext Cab	340	1,030	1,720	3,870	6,020	8,600

NOTE: Deduct 10 percent for 4-cyl. Add $2,000 for 4x4.

	6	5	4	3	2	1
1998 C1500, V-8						
2d Fleetside WT PU (V-6)	320	960	1,600	3,600	5,600	8,000
2d Fleetside PU	360	1,080	1,800	4,050	6,300	9,000
2d Sportside PU	400	1,200	2,000	4,500	7,000	10,000

NOTE: Add 5 percent for extended cab. Add $2,000 for 4x4. Add 10 percent for turbo diesel V-8. Add 5 percent for 7.4L V-8.

	6	5	4	3	2	1
1998 C2500, V-8						
2d Fleetside PU	400	1,200	2,000	4,500	7,000	10,000
2d HD Fleetside PU	480	1,440	2,400	5,400	8,400	12,000

NOTE: Add 5 percent for extended cab. Add $2,000 for 4x4. Add 10 percent for turbo diesel V-8. Add 5 percent for 7.4L V-8.

	6	5	4	3	2	1
1999 Tracker, 4-cyl.						
2d Utly Conv	210	620	1,040	2,340	3,640	5,200
4d SUV	230	680	1,140	2,570	3,990	5,700
2d Utly Conv, 4x4	250	740	1,240	2,790	4,340	6,200
4d SUV, 4x4	270	800	1,340	3,020	4,690	6,700
1999 Tahoe, V-8						
2d SUV	470	1,420	2,360	5,310	8,260	11,800
LS 2d SUV	500	1,500	2,500	5,630	8,750	12,500
LS 4d SUV	520	1,560	2,600	5,850	9,100	13,000
LT 2d SUV	540	1,620	2,700	6,080	9,450	13,500
LT4d SUV	560	1,680	2,800	6,300	9,800	14,000
2d SUV, 4x4	540	1,620	2,700	6,080	9,450	13,500
LS 2d SUV, 4x4	560	1,680	2,800	6,300	9,800	14,000
LS 4d SUV, 4x4	600	1,800	3,000	6,750	10,500	15,000
LT 2d SUV, 4x4	600	1,800	3,000	6,750	10,500	15,000
LT 4d SUV, 4x4	620	1,860	3,100	6,980	10,850	15,500

NOTE: Add 10 percent for turbo diesel V-8.

	6	5	4	3	2	1
1999 Blazer, V-6						
2d SUV	280	840	1,400	3,150	4,900	7,000
4d SUV	320	960	1,600	3,600	5,600	8,000
2d SUV, 4x4	330	1,000	1,660	3,740	5,810	8,300
4d SUV, 4x4	370	1,120	1,860	4,190	6,510	9,300

NOTE: Add 5 percent for LS, LT, Trailblazer, or ZR2 Pkgs.

	6	5	4	3	2	1
1999 Astro, V-6						
Cargo Van	300	900	1,500	3,380	5,250	7,500
Van	340	1,020	1,700	3,830	5,950	8,500

NOTE: Add 15 percent for 4x4. Add 5 percent for LS or LT Pkgs.

	6	5	4	3	2	1
1999 Venture, V-6						
2d Van	240	720	1,200	2,700	4,200	6,000
4d Van	300	900	1,500	3,380	5,250	7,500

NOTE: Add 5 percent for extended model. Add 5 percent for LS or LT Pkgs.

	6	5	4	3	2	1
1999 G Series, V-8						
G15 Van	380	1,140	1,900	4,280	6,650	9,500
G15 Express Van	420	1,260	2,100	4,730	7,350	10,500
G25 Van	440	1,320	2,200	4,950	7,700	11,000
G25 Express Van	480	1,440	2,400	5,400	8,400	12,000

NOTE: Add 5 percent for extended model. Add 5 percent for LS Pkg. Add 10 percent for turbo diesel V-8. Add 5 percent for 7.4L V-8. Deduct 5 percent for V-6.

	6	5	4	3	2	1
1999 Suburban, V-8						
4d C1500	680	2,040	3,400	7,650	11,900	17,000
4d C1500 LS	700	2,100	3,500	7,880	12,250	17,500
4d C1500 LT	720	2,160	3,600	8,100	12,600	18,000
4d C2500	720	2,160	3,600	8,100	12,600	18,000
4d C2500 LS	740	2,220	3,700	8,330	12,950	18,500
4d C2500 LT	760	2,280	3,800	8,550	13,300	19,000
4d K1500	700	2,100	3,500	7,880	12,250	17,500
4d K1500 LS	720	2,160	3,600	8,100	12,600	18,000
4d K1500 LT	760	2,280	3,800	8,550	13,300	19,000
4d K2500	740	2,220	3,700	8,330	12,950	18,500
4d K2500 LS	780	2,340	3,900	8,780	13,650	19,500
4d K2500 LT	800	2,400	4,000	9,000	14,000	20,000

NOTE: Add 10 percent for turbo diesel V-8. Add 10 percent for 4x4. Add 5 percent for 7.4L V-8.

	6	5	4	3	2	1
1999 S10, V-6						
2d Fleetside PU	260	780	1,300	2,930	4,550	6,500
2d Sportside PU	260	790	1,320	2,970	4,620	6,600
2d Fleetside Ext Cab PU	340	1,020	1,700	3,830	5,950	8,500
2d Sportside Ext Cab PU	340	1,030	1,720	3,870	6,020	8,600

NOTE: Add 5 percent for LS, Extreme, or ZR2 Pkgs. Deduct 10 percent for 4-cyl. Add $2,000 for 4x4.

	6	5	4	3	2	1
1999 C1500, V-8						
2d LS Ext Cab PU	400	1,200	2,000	4,500	7,000	10,000
2d Silverado Fleetside PU	360	1,080	1,800	4,050	6,300	9,000
2d Silverado Sportside PU	400	1,200	2,000	4,500	7,000	10,000

NOTE: Add 5 percent for Silverado extended cab. Add 5 percent for LS or LT Pkgs. Add $2,000 for 4x4. Add 10 percent for turbo diesel V-8. Add 5 percent for 7.4L V-8. Deduct 5 percent for V-6.

	6	5	4	3	2	1
1999 C2500, V-8						
2d Fleetside PU	400	1,200	2,000	4,500	7,000	10,000
2d HD Fleetside PU (6.0L V-8)	420	1,260	2,100	4,730	7,350	10,500
4d Fleetside Crew Cab PU	480	1,440	2,400	5,400	8,400	12,000

NOTE: Add 5 percent for extended cab. Add 5 percent for LS or LT Pkgs. Add $2,000 for 4x4. Add 10 percent for turbo diesel V-8. Add 5 percent for 7.4L V-8.

	6	5	4	3	2	1
2000 Tracker, 4-cyl.						
2d Utly Conv	210	640	1,060	2,390	3,710	5,300
4d SUV	230	700	1,160	2,610	4,060	5,800
2d Utly Conv, 4x4	250	760	1,260	2,840	4,410	6,300
4d SUV, 4x4	270	820	1,360	3,060	4,760	6,800
NOTE: Add 5 percent for Hang Ten Ed.						
2000 Tahoe, V-8						
Limited 4d SUV	480	1,430	2,380	5,360	8,330	11,900
Z71 4d SUV, 4x4	540	1,620	2,700	6,080	9,450	13,500
2000 New Tahoe, V-8						
4d SUV	470	1,420	2,360	5,310	8,260	11,800
LS 4d SUV	520	1,560	2,600	5,850	9,100	13,000
4d SUV, 4x4	560	1,680	2,800	6,300	9,800	14,000
LS 4d SUV, 4x4	600	1,800	3,000	6,750	10,500	15,000
NOTE: Add 5 percent for LT pkg on LS.						
2000 Blazer, V-6						
LS 2d SUV	280	840	1,400	3,150	4,900	7,000
LS 4d SUV	320	960	1,600	3,600	5,600	8,000
LS 2d SUV, 4x4	330	1,000	1,660	3,740	5,810	8,300
LS 4d SUV, 4x4	370	1,120	1,860	4,190	6,510	9,300
NOTE: Add 5 percent for LT, Trailblazer, or ZR2 pkgs.						
2000 Astro, V-6						
Cargo Van	300	900	1,500	3,380	5,250	7,500
Van	340	1,020	1,700	3,830	5,950	8,500
NOTE: Add 15 percent for 4x4. Add 5 percent for LS or LT pkg.						
2000 Venture, V-6						
4d Van	300	900	1,500	3,380	5,250	7,500
NOTE: Add 5 percent for extended model. Add 5 percent for LS or LT pkgs. Add 5 percent for Warner Bros. Ed.						
2000 G Series, V-8						
G1500 Van	380	1,140	1,900	4,280	6,650	9,500
G1500 Express Van	420	1,260	2,100	4,730	7,350	10,500
G2500 Van	440	1,320	2,200	4,950	7,700	11,000
G2500 Express Van	480	1,440	2,400	5,400	8,400	12,000
NOTE: Add 5 percent for extended model. Add 5 percent for LS pkg. Add 10 percent for turbo diesel V-8. Add 5 percent for 7.4L V-8. Deduct 5 percent for V-6.						
2000 Suburban, V-8						
4d C1500	680	2,040	3,400	7,650	11,900	17,000
4d C1500 LS	700	2,100	3,500	7,880	12,250	17,500
4d C1500 LT	720	2,160	3,600	8,100	12,600	18,000
4d C2500	720	2,160	3,600	8,100	12,600	18,000
4d C2500 LS	740	2,220	3,700	8,330	12,950	18,500
4d C2500 LT	760	2,280	3,800	8,550	13,300	19,000
4d K1500	700	2,100	3,500	7,880	12,250	17,500
4d K1500 LS	720	2,160	3,600	8,100	12,600	18,000
4d K1500 LT	760	2,280	3,800	8,550	13,300	19,000
4d K2500	740	2,220	3,700	8,330	12,950	18,500
4d K2500 LS	780	2,340	3,900	8,780	13,650	19,500
4d K2500 LT	800	2,400	4,000	9,000	14,000	20,000
NOTE: Add 10 percent for 4x4.						
2000 S10, V-6						
2d Fleetside PU	260	780	1,300	2,930	4,550	6,500
2d Sportside PU	260	790	1,320	2,970	4,620	6,600
2d Fleetside Ext Cab PU	340	1,020	1,700	3,830	5,950	8,500
2d Sportside Ext Cab PU	340	1,030	1,720	3,870	6,020	8,600
NOTE: Add 5 percent for LS, Extreme, or ZR2 pkgs. Deduct 10 percent for 4-cyl. Add $2,000 for 4x4.						
2000 C1500, V-8						
2d Silverado Fleetside PU	400	1,200	2,000	4,500	7,000	10,000
2d Silverado Sportside PU	440	1,320	2,200	4,950	7,700	11,000
NOTE: Add 5 percent for Silverado extended cab. Add 5 percent for Z71, LS or LT pkgs. Add $2,000 for 4x4. Add 10 percent for turbo diesel V-8. Add 5 percent for 7.4L V-8. Deduct 5 percent for V-6.						
2000 C2500, V-8						
2d Fleetside PU	420	1,260	2,100	4,730	7,350	10,500
2d HD Fleetside PU	440	1,320	2,200	4,950	7,700	11,000
4d Fleetside Crew Cab PU	500	1,500	2,500	5,630	8,750	12,500
NOTE: Add 5 percent for dual rear wheels. Add 5 percent for Z71, LS or LT pkgs. Add $2,000 for 4x4. Add 10 percent for turbo diesel V-8. Add 5 percent for 7.4L V-8.						
2001 Tracker, 4-cyl.						
2d Utly Conv	210	640	1,060	2,650	3,710	5,300
ZR2 2d Utly Conv	240	730	1,220	3,050	4,270	6,100
2d Utly Conv, 4x4	250	760	1,260	3,150	4,410	6,300
4d SUV	230	700	1,160	2,900	4,060	5,800
4d SUV, 4x4	270	820	1,360	3,400	4,760	6,800
LT 4d SUV (V-6)	260	770	1,280	3,200	4,480	6,400
LT 4d SUV, 4x4 (V-6)	260	790	1,320	3,300	4,620	6,600
ZR2 4d SUV (V-6)	270	820	1,360	3,400	4,760	6,800
2001 Tahoe, V-8						
4d SUV	380	1,140	1,900	4,750	6,650	9,500
LS 4d SUV	410	1,240	2,060	5,150	7,210	10,300

	6	5	4	3	2	1
LT 4d SUV.	480	1,430	2,380	5,950	8,330	11,900
4d SUV, 4x4	540	1,620	2,700	6,750	9,450	13,500
LS 4d SUV, 4x4	560	1,670	2,780	6,950	9,730	13,900
LT 4d SUV, 4x4	580	1,740	2,900	7,250	10,150	14,500

NOTE: Add 10 percent for Z72 pkg.

2001 Blazer, V-6

LS 2d SUV	280	840	1,400	3,500	4,900	7,000
Extreme 2d SUV	380	1,140	1,900	4,750	6,650	9,500
LS 4d SUV	320	960	1,600	4,000	5,600	8,000
LS 2d SUV, 4x4	330	1,000	1,660	4,150	5,810	8,300
LS 4d SUV, 4x4	370	1,120	1,860	4,650	6,510	9,300

NOTE: Add 5 percent for LT, Trailblazer, or ZR2 pkgs.

2001 Astro, V-6

Cargo Van	300	900	1,500	3,750	5,250	7,500
Van	340	1,020	1,700	4,250	5,950	8,500

NOTE: Add 15 percent for 4x4. Add 5 percent for LS or LT pkgs.

2001 Venture, V-6

4d Van	300	900	1,500	3,750	5,250	7,500

NOTE: Add 5 percent for extended model. Add 5 percent for LS or LT pkgs. Add 5 percent for Warner Bros. Ed.

2001 G Series, V-8

G1500 Van	380	1,140	1,900	4,750	6,650	9,500
G1500 Express Van	420	1,260	2,100	5,250	7,350	10,500
G2500 Van	440	1,320	2,200	5,500	7,700	11,000
G2500 Express Van	480	1,440	2,400	6,000	8,400	12,000

NOTE: Add 5 percent for extended model. Add 5 percent for LS pkg. Add 10 percent for turbo diesel V-8. Add 5 percent for 8.1L V-8. Deduct 5 percent for V-6.

2001 Suburban, V-8

4d C1500.	680	2,040	3,400	8,500	11,900	17,000
4d C1500 LS	700	2,100	3,500	8,750	12,250	17,500
4d C1500 LT	720	2,160	3,600	9,000	12,600	18,000
4d C2500.	720	2,160	3,600	9,000	12,600	18,000
4d C2500 LS	740	2,220	3,700	9,250	12,950	18,500
4d C2500 LT	760	2,280	3,800	9,500	13,300	19,000
4d K1500.	700	2,100	3,500	8,750	12,250	17,500
4d K1500 LS	720	2,160	3,600	9,000	12,600	18,000
4d K1500 LT	760	2,280	3,800	9,500	13,300	19,000
4d K2500.	740	2,220	3,700	9,250	12,950	18,500
4d K2500 LS	780	2,340	3,900	9,750	13,650	19,500
4d K2500 LT	800	2,400	4,000	10,000	14,000	20,000

NOTE: Add 10 percent for 4x4. Add 10 percent for Z71 pkg. Add 5 percent for 8.1L V-8.

2001 S10, V-6

2d Fleetside PU.	260	780	1,300	3,250	4,550	6,500
2d Sportside PU	260	790	1,320	3,300	4,620	6,600
2d Fleetide Ext Cab PU.	340	1,020	1,700	4,250	5,950	8,500
2d Sportside Ext Cab PU	340	1,030	1,720	4,300	6,020	8,600
4d LS Crew Cab PU	420	1,260	2,100	5,250	7,350	10,500

NOTE: Add 5 percent for LS, Extreme, or ZR2 pkgs. Deduct 10 percent for 4-cyl. Add $2,000 for 4x4.

2001 C1500, V-8

2d Silverado Fleetside PU.	400	1,200	2,000	5,000	7,000	10,000
2d Silverado Sportside PU	440	1,320	2,200	5,500	7,700	11,000

NOTE: Add 5 percent for Silverado extended cab. Add 5 percent for Z71, LS or LT pkgs. Add $2,000 for 4x4. Add 10 percent for turbo diesel V-8. Add 5 percent for 8.1L V-8. Deduct 5 percent for V-6.

2001 C2500, V-8

2d Fleetside PU.	420	1,260	2,100	5,250	7,350	10,500
2d HD Fleetside PU	440	1,320	2,200	5,500	7,700	11,000
4d Fleetside Crew Cab PU	500	1,500	2,500	6,250	8,750	12,500

NOTE: Add 5 percent for dual rear wheels. Add 5 percent for Z71, LS or LT pkgs. Add $2,000 for 4x4. Add 10 percent for turbo diesel V-8. Add 5 percent for 7.4L V-8.

CHRYSLER TRUCKS

1990 Town & Country

Window Van	228	684	1,140	2,570	3,990	5,700

1991 Town & Country

Window Van	248	744	1,240	2,790	4,340	6,200

1992 Town & Country

Window Van	288	864	1,440	3,240	5,040	7,200

NOTE: Add 5 percent for 4x4.

1993 Town & Country

Window Van	316	948	1,580	3,560	5,530	7,900

NOTE: Add 5 percent for 4x4.

1994 Town & Country

Window Van	388	1,164	1,940	4,370	6,790	9,700

NOTE: Add 5 percent for 4x4.

1995 Town & Country

Window Van	388	1,164	1,940	4,370	6,790	9,700

NOTE: Add 5 percent for 4x4.

	6	5	4	3	2	1
1996 Town & Country, V-6						
Window Van LX	368	1,104	1,840	4,140	6,440	9,200
Window Van LXi	400	1,250	2,050	4,640	7,200	10,300
NOTE: Add 5 percent for 4x4.						
1997 Town & Country, V-6						
Window Van SX	320	960	1,600	3,600	5,600	8,000
Window Van LX	360	1,080	1,800	4,050	6,300	9,000
Window Van LXi	412	1,236	2,060	4,640	7,210	10,300
NOTE: Add 5 percent for 4x4.						
1998 Town & Country, V-6						
Window Van SX	320	960	1,600	3,600	5,600	8,000
Window Van LX	360	1,080	1,800	4,050	6,300	9,000
Window Van LXi	410	1,240	2,060	4,640	7,210	10,300
NOTE: Add 5 percent for 4x4.						
1999 Town & Country, V-6						
Window Van SX	320	960	1,600	3,600	5,600	8,000
Window Van LX	360	1,080	1,800	4,050	6,300	9,000
Window Van LXi	410	1,240	2,060	4,640	7,210	10,300
NOTE: Add 5 percent for 4x4.						
2000 Voyager, V-6						
Voyager (4-cyl.)	240	720	1,200	2,700	4,200	6,000
Voyager SE (4-cyl.)	250	740	1,240	2,790	4,340	6,200
Grand Voyager	290	860	1,440	3,240	5,040	7,200
Grand Voyager SE	300	890	1,480	3,330	5,180	7,400
2000 Town & Country, V-6						
SX	320	960	1,600	3,600	5,600	8,000
LX	330	980	1,640	3,690	5,740	8,200
LXi	370	1,100	1,840	4,140	6,440	9,200
Limited	410	1,220	2,040	4,590	7,140	10,200
NOTE: Add 5 percent for 4x4.						
2001 Voyager, V-6						
Voyager	250	740	1,240	3,100	4,310	6,200
Voyager LX	260	780	1,300	3,250	4,550	6,500
NOTE: Deduct 5 percent for 4-cy.						
2001 Town & Country, V-6						
LX	330	980	1,640	4,100	5,740	8,200
EX	340	1,020	1,700	4,250	5,950	8,500
LXi	370	1,100	1,840	4,600	6,440	9,200
Limited	410	1,220	2,040	5,100	7,140	10,200
NOTE: Add 5 percent for 4x4.						

CROFTON TRUCKS

	6	5	4	3	2	1
1959-62 Crofton Bug Series						
Bug Utl	420	1,250	2,080	4,680	7,280	10,400
Brawny Bug Utl	430	1,280	2,140	4,820	7,490	10,700

CROSLEY TRUCKS

	6	5	4	3	2	1
1940 Crosley Commercial						
Panel Dly	370	1,120	1,860	4,190	6,510	9,300
1941 Crosley Commercial						
PU Dly	370	1,100	1,840	4,140	6,440	9,200
Parkway Dly	380	1,130	1,880	4,230	6,580	9,400
Panel Dly	370	1,120	1,860	4,190	6,510	9,300
1942 Crosley Commercial						
PU Dly	370	1,100	1,840	4,140	6,440	9,200
Parkway Dly	380	1,130	1,880	4,230	6,580	9,400
Panel Dly	370	1,120	1,860	4,190	6,510	9,300
1947 Crosley Commercial						
PU	370	1,100	1,840	4,140	6,440	9,200
1948 Crosley Commercial						
PU	370	1,100	1,840	4,140	6,440	9,200
Panel	380	1,130	1,880	4,230	6,580	9,400
1949 Series CD						
PU	370	1,120	1,860	4,190	6,510	9,300
Panel	380	1,130	1,880	4,230	6,580	9,400
1950 Crosley Commercial Series CD						
PU	370	1,120	1,860	4,190	6,510	9,300
Panel	380	1,130	1,880	4,230	6,580	9,400
Farm-O-Road	380	1,140	1,900	4,280	6,650	9,500
1951 Crosley Commercial Series CD						
PU	370	1,120	1,860	4,190	6,510	9,300
Panel	380	1,130	1,880	4,230	6,580	9,400
Farm-O-Road	380	1,140	1,900	4,280	6,650	9,500
1952 Crosley Commercial Series CD						
PU	370	1,120	1,860	4,190	6,510	9,300
Panel	380	1,130	1,880	4,230	6,580	9,400
Farm-O-Road	380	1,140	1,900	4,280	6,650	9,500

	6	5	4	3	2	1
DODGE TRUCKS						
1917 Commercial Car, 1/2-Ton						
Screenside 556	1,668	2,780	6,260	9,730	13,900
1918 Commercial/Business Car, 1/2-Ton						
Screenside 556	1,668	2,780	6,260	9,730	13,900
Panel.................... 552	1,656	2,760	6,210	9,660	13,800
1919 Commercial/Business Car, 1/2-Ton						
Screenside 552	1,656	2,760	6,210	9,660	13,800
Panel.................... 548	1,644	2,740	6,170	9,590	13,700
1920 Commercial/Business Car, 1/2-Ton						
Screenside 544	1,632	2,720	6,120	9,520	13,600
Panel.................... 540	1,620	2,700	6,080	9,450	13,500
1921 Commercial/Business Car, 1/2-Ton						
Screenside 548	1,644	2,740	6,170	9,590	13,700
Panel.................... 544	1,632	2,720	6,120	9,520	13,600
1922 Commercial/Business Car, 1/2-Ton						
Screenside 548	1,644	2,740	6,170	9,590	13,700
Panel.................... 544	1,632	2,720	6,120	9,520	13,600
1923 Commercial/Business Car, 3/4-Ton						
Screenside 552	1,656	2,760	6,210	9,660	13,800
Panel.................... 548	1,644	2,740	6,170	9,590	13,700
1924 Commercial/Business Car, 3/4-Ton						
Screenside 552	1,656	2,760	6,210	9,660	13,800
Panel.................... 548	1,644	2,740	6,170	9,590	13,700
1925 Commercial/Business Car, 3/4-Ton						
Screenside 552	1,656	2,760	6,210	9,660	13,800
Panel.................... 548	1,644	2,740	6,170	9,590	13,700
1926 Commercial/Business Car, 3/4-Ton, 116" wb						
Screenside 548	1,644	2,740	6,170	9,590	13,700
Panel (72" wb) 540	1,620	2,700	6,080	9,450	13,500
1926 Business Car, 3/4-Ton, 140" wb						
Panel (96" wb)........ 536	1,608	2,680	6,030	9,380	13,400
1927 Series DC, 3/4-Ton, 116" wb						
Exp 548	1,644	2,740	6,170	9,590	13,700
Canopy 544	1,632	2,720	6,120	9,520	13,600
Screen.................... 548	1,644	2,740	6,170	9,590	13,700
Panel.................... 532	1,596	2,660	5,990	9,310	13,300
1927 Series BD, 1-Ton, 126" wb						
Exp 520	1,560	2,600	5,850	9,100	13,000
Farm Box.................... 504	1,512	2,520	5,670	8,820	12,600
Canopy 516	1,548	2,580	5,810	9,030	12,900
Panel.................... 512	1,536	2,560	5,760	8,960	12,800
Stake.................... 504	1,512	2,520	5,670	8,820	12,600
1927 Series ID, 1-Ton,137" wb						
Exp 516	1,548	2,580	5,810	9,030	12,900
Canopy 512	1,536	2,560	5,760	8,960	12,800
Panel.................... 508	1,524	2,540	5,720	8,890	12,700
1928-29 Series SE, 1/2-Ton						
Panel.................... 536	1,608	2,680	6,030	9,380	13,400
1928-29 Series DA-120, 3/4-Ton						
PU Exp 540	1,620	2,700	6,080	9,450	13,500
Canopy Dly 532	1,596	2,660	5,990	9,310	13,300
Screen Dly.................... 536	1,608	2,680	6,030	9,380	13,400
Panel Dly.................... 528	1,584	2,640	5,940	9,240	13,200
Platform.................... 520	1,560	2,600	5,850	9,100	13,000
Stake.................... 516	1,548	2,580	5,810	9,030	12,900
1928-29 Series DA-130, 1-Ton						
PU Exp 520	1,560	2,600	5,850	9,100	13,000
Farm 500	1,500	2,500	5,630	8,750	12,500
Canopy Dly 512	1,536	2,560	5,760	8,960	12,800
Screen Dly.................... 516	1,548	2,580	5,810	9,030	12,900
Panel Dly.................... 508	1,524	2,540	5,720	8,890	12,700
Platform.................... 500	1,500	2,500	5,630	8,750	12,500
Stake.................... 500	1,500	2,500	5,630	8,750	12,500
1928-29 Series DA-140, 1-Ton						
PU Exp 520	1,560	2,600	5,850	9,100	13,000
Canopy Dly 508	1,524	2,540	5,720	8,890	12,700
Screen Dly.................... 512	1,536	2,560	5,760	8,960	12,800
Panel Dly.................... 504	1,512	2,520	5,670	8,820	12,600
Side Door Panel 500	1,500	2,500	5,630	8,750	12,500
Carryall 504	1,512	2,520	5,670	8,820	12,600
Platform.................... 496	1,488	2,480	5,580	8,680	12,400
Stake.................... 496	1,488	2,480	5,580	8,680	12,400
1929 Merchant's Exp, 1/2-Ton, 109" wb						
Panel.................... 540	1,620	2,700	6,080	9,450	13,500
1930 Series UI-A-109, 1/2-Ton						
PU.................... 630	1,900	3,160	7,110	11,060	15,800

	6	5	4	3	2	1
Canopy	610	1,840	3,060	6,890	10,710	15,300
Screen	620	1,850	3,080	6,930	10,780	15,400
Panel	610	1,820	3,040	6,840	10,640	15,200

1930 Series UI-B-124, 3/4-Ton, 4-cyl.

	6	5	4	3	2	1
PU	600	1,800	3,000	6,750	10,500	15,000
Canopy	590	1,780	2,960	6,660	10,360	14,800
Screen	600	1,790	2,980	6,710	10,430	14,900
Panel	590	1,760	2,940	6,620	10,290	14,700
Platform	560	1,680	2,800	6,300	9,800	14,000
Stake	570	1,700	2,840	6,390	9,940	14,200

1930 Series DA1-B-124, 3/4-Ton, 6-cyl., Note 1Series UI-C-133, 1-Ton, 4-cyl.

	6	5	4	3	2	1
Farm	560	1,690	2,820	6,350	9,870	14,100
Exp	600	1,790	2,980	6,710	10,430	14,900
Canopy	590	1,760	2,940	6,620	10,290	14,700
Screen	590	1,780	2,960	6,660	10,360	14,800
Panel	580	1,750	2,920	6,570	10,220	14,600
Platform	560	1,670	2,780	6,260	9,730	13,900
Stake	560	1,690	2,820	6,350	9,870	14,100

1930 Series DA1-C-133, 1-Ton, 6-cyl., Note 2Series DA1-C-140, 1-Ton, 140" wb

	6	5	4	3	2	1
Exp	560	1,690	2,820	6,350	9,870	14,100
Canopy	590	1,760	2,940	6,620	10,290	14,700
Screen	590	1,780	2,960	6,660	10,360	14,800
Panel	500	1,750	2,920	6,570	10,220	14,600
Side Door Panel	580	1,740	2,900	6,530	10,150	14,500
Carryall	590	1,780	2,960	6,660	10,360	14,800
Platform	560	1,670	2,780	6,260	9,730	13,900
Stake	560	1,690	2,820	6,350	9,870	14,100

NOTE 1: For 6-cyl. models, add 5 percent from figure given for equivalent 4-cyl. (UI-B-124).NOTE 2: For 6-cyl. models, add 5 percent from figure given for equivalent 4-cyl. (UI-C-133).

1931 Series UF-10, 1/2-Ton, 4-cyl.

	6	5	4	3	2	1
PU	640	1,930	3,220	7,250	11,270	16,100
Canopy	620	1,870	3,120	7,020	10,920	15,600
Screen	630	1,880	3,140	7,070	10,990	15,700
Panel	620	1,860	3,100	6,980	10,850	15,500

1931 Series F-10, 1/2-Ton, 6-cyl., Note 1Series UI-B-124, 3/4-Ton, 4-cyl.

	6	5	4	3	2	1
PU	600	1,800	3,000	6,750	10,500	15,000
Canopy	590	1,780	2,960	6,660	10,360	14,800
Screen	600	1,790	2,980	6,710	10,430	14,900
Panel	590	1,760	2,940	6,620	10,290	14,700
Platform	560	1,680	2,800	6,300	9,800	14,000
Stake	570	1,700	2,840	6,390	9,940	14,200
Exp	600	1,790	2,980	6,710	10,430	14,900
Farm	560	1,690	2,820	6,350	9,870	14,100
Canopy	590	1,760	2,940	6,620	10,290	14,700
Screen	590	1,780	2,960	6,660	10,360	14,800

1931 Series DA1-B-124, 3/4-Ton, 6-cyl., Note 2Series UI-C-133, 1-Ton, 4-cyl.

	6	5	4	3	2	1
Panel	580	1,750	2,920	6,570	10,220	14,600
Platform	560	1,670	2,780	6,260	9,730	13,900
Stake	560	1,690	2,820	6,350	9,870	14,100

1931 Series DA1-C-133, 1-Ton, 6-cyl., Note 3

NOTE 1: For 6-cyl. model F-10, add 5 percent from figure given for equivalent 4-cyl. (UF-10).NOTE 2: For 6-cyl. model DA1-B-124, add 5 percent from figure given for equivalent 4-cyl. (UI-B-124).NOTE 3: For 6-cyl. model DA1-C-133, add 5 percent from figure given for equivalent 4-cyl. (UI-C-133).

1932 Series UF-10, 1/2-Ton, 4-cyl.

	6	5	4	3	2	1
PU	640	1,920	3,200	7,200	11,200	16,000
Canopy	620	1,870	3,120	7,020	10,920	15,600
Screen	630	1,880	3,140	7,070	10,990	15,700
Panel	620	1,860	3,100	6,980	10,850	15,500

1932 Series F-10, 1/2-Ton, 6-cyl., Note 1Series UI-B-124, 3/4-Ton, 4-cyl.

	6	5	4	3	2	1
PU	600	1,800	3,000	6,750	10,500	15,000
Canopy	590	1,780	2,960	6,660	10,360	14,800
Screen	600	1,790	2,980	6,710	10,430	14,900
Panel	590	1,760	2,940	6,620	10,290	14,700
Platform	560	1,680	2,800	6,300	9,800	14,000
Stake	570	1,700	2,840	6,390	9,940	14,200

1932 Series DA1-B-124, 3/4-Ton, 6-cyl., Note 2Series UI-C-133, 1-Ton, 4-cyl.

	6	5	4	3	2	1
Exp	600	1,790	2,980	6,710	10,430	14,900
Farm	560	1,690	2,820	6,350	9,870	14,100
Canopy	590	1,760	2,940	6,620	10,290	14,700
Screen	590	1,780	2,960	6,660	10,360	14,800
Panel	580	1,750	2,920	6,570	10,220	14,600
Platform	560	1,670	2,780	6,260	9,730	13,900
Stake	560	1,690	2,820	6,350	9,870	14,100

1932 Series DA1-C-133, 1-Ton, 6-cyl., Note 3

NOTE 1: For 6-cyl. model F-10, add 5 percent from figure given for equivalent 4-cyl. (UF-10).NOTE 2: For 6-cyl. model DA1-B-124, add 5 percent from figure given for equivalent 4-cyl. (UI-B-124).NOTE 3: For 6-cyl. model DA1-C-133, add 5 percent from figure given for equivalent 4-cyl. (UI-C-133).

1933-35 1/2-Ton, 111.25" wb

	6	5	4	3	2	1
PU	760	2,280	3,800	8,550	13,300	19,000

DODGE TRUCKS

	6	5	4	3	2	1
Canopy	700	2,110	3,520	7,920	12,320	17,600
Comm Sed	710	2,120	3,540	7,970	12,390	17,700
Panel	700	2,100	3,500	7,880	12,250	17,500
1933-35 1/2-Ton, 119" wb						
Panel	700	2,090	3,480	7,830	12,180	17,400
1933-35 1/2-Ton, 109" wb						
PU	760	2,280	3,800	8,550	13,300	19,000
Canopy	710	2,120	3,540	7,970	12,390	17,700
Screen	710	2,140	3,560	8,010	12,460	17,800
Panel	700	2,110	3,520	7,920	12,320	17,600
1933-35 3/4-Ton, 131" wb						
Panel	690	2,080	3,460	7,790	12,110	17,300
1936-38 1/2-Ton						
PU	760	2,290	3,820	8,600	13,370	19,100
Canopy	710	2,120	3,540	7,970	12,390	17,700
Screen	710	2,140	3,560	8,010	12,460	17,800
Comm Sed	720	2,150	3,580	8,060	12,530	17,900
Panel	700	2,110	3,520	7,920	12,320	17,600
Westchester Suburban	1,560	4,680	7,800	17,550	27,300	39,000
1936-38 3/4-Ton, 136" wb						
PU	740	2,220	3,700	8,330	12,950	18,500
Canopy	720	2,160	3,600	8,100	12,600	18,000
Screen	720	2,160	3,600	8,100	12,600	18,000
Panel	700	2,100	3,500	7,880	12,250	17,500
Platform	630	1,900	3,160	7,110	11,060	15,800
Stake	640	1,920	3,200	7,200	11,200	16,000
1939-42, 1946-47 1/2-Ton, 116" wb						
PU	780	2,340	3,900	8,780	13,650	19,500
Canopy	740	2,230	3,720	8,370	13,020	18,600
Screen	740	2,230	3,720	8,370	13,020	18,600
Panel	750	2,260	3,760	8,460	13,160	18,800
1939-42, 1946-47 3/4-Ton, 120" wb						
PU	750	2,240	3,740	8,420	13,090	18,700
Platform	700	2,090	3,480	7,830	12,180	17,400
Stake	700	2,090	3,480	7,830	12,180	17,400
1948-49 1/2-Ton, 108" wb						
PU	820	2,460	4,100	9,230	14,350	20,500
Panel	740	2,220	3,700	8,330	12,950	18,500
1948-49 3/4-Ton, 116" wb						
PU	810	2,420	4,040	9,090	14,140	20,200
Platform	720	2,160	3,600	8,100	12,600	18,000
Stake	700	2,110	3,520	7,920	12,320	17,600
1948-49 Power Wagon, 1-Ton, 126" wb						
PU	900	2,700	4,500	10,130	15,750	22,500
1950-52 1/2-Ton, 108" wb						
PU	840	2,520	4,200	9,450	14,700	21,000
Panel	760	2,280	3,800	8,550	13,300	19,000
1950-52 3/4-Ton, 116" wb						
PU	830	2,480	4,140	9,320	14,490	20,700
Platform	740	2,220	3,700	8,330	12,950	18,500
Stake	740	2,230	3,720	8,370	13,020	18,600
1950-52 Power-Wagon, 1-Ton, 126" wb						
PU	900	2,700	4,500	10,130	15,750	22,500
NOTE: Add 3 percent for Fluid Drive.						
1953-54 1/2-Ton, 108" wb						
PU	840	2,520	4,200	9,450	14,700	21,000
Panel	760	2,280	3,800	8,550	13,300	19,000
1953-54 1/2-Ton, 116" wb						
PU	830	2,500	4,160	9,360	14,560	20,800
1953-54 3/4-Ton, 116" wb						
PU	820	2,470	4,120	9,270	14,420	20,600
Platform	740	2,220	3,700	8,330	12,950	18,500
Stake	740	2,220	3,700	8,330	12,950	18,500
NOTE: Add 3 percent for Fluid Drive. Add 10 percent for V-8. Add 5 percent for automatic transmission.						
1953-54 Power-Wagon, 1-Ton, 126" wb						
PU	900	2,700	4,500	10,130	15,750	22,500
1955-57 1/2-Ton, 108" wb						
Lowside PU	850	2,560	4,260	9,590	14,910	21,300
Highside PU	860	2,570	4,280	9,630	14,980	21,400
Panel	790	2,360	3,940	8,870	13,790	19,700
1955-57 1/2-Ton, 116" wb						
Lowside PU	840	2,520	4,200	9,450	14,700	21,000
Highside PU	840	2,530	4,220	9,500	14,770	21,100
Sweptside PU, 1957 only	880	2,640	4,400	9,900	15,400	22,000
Platform	760	2,280	3,800	8,550	13,300	19,000
Stake	760	2,290	3,820	8,600	13,370	19,100
1955-57 3/4-Ton, 116" wb						
PU	820	2,450	4,080	9,180	14,280	20,400
Platform	740	2,220	3,700	8,330	12,950	18,500

	6	5	4	3	2	1
Stake 740		2,220	3,700	8,330	12,950	18,500

NOTE: Add 15 percent for V-8 engine. Add 5 percent for automatic transmission.

1955-57 Power-Wagon, 1-Ton, 126" wb

	6	5	4	3	2	1
PU 880		2,640	4,400	9,900	15,400	22,000

1958-60 1/2-Ton, 108" wb

	6	5	4	3	2	1
PU 740		2,230	3,720	8,370	13,020	18,600
Twn Panel 700		2,100	3,500	7,880	12,250	17,500
6P Wag. 710		2,120	3,540	7,970	12,390	17,700
8P Wag. 680		2,040	3,400	7,650	11,900	17,000

1958-60 1/2-Ton, 116" wb

	6	5	4	3	2	1
PU 820		2,460	4,100	9,230	14,350	20,500
Sweptside PU (1958-1959) 880		2,640	4,400	9,900	15,400	22,000
Platform 490		1,460	2,440	5,490	8,540	12,200
Stake 490		1,480	2,460	5,540	8,610	12,300

1958-60 3/4-Ton, 116" wb

	6	5	4	3	2	1
PU 700		2,100	3,500	7,880	12,250	17,500
Platform 460		1,390	2,320	5,220	8,120	11,600
Stake 470		1,400	2,340	5,270	8,190	11,700

NOTE: Add 10 percent for V-8 engine. Add 5 percent for automatic transmission.

1958-60 Power-Wagon, 1-Ton, 126" wb

	6	5	4	3	2	1
PU 880		2,640	4,400	9,900	15,400	22,000

1961-71 1/2-Ton, 114" wb

	6	5	4	3	2	1
Utiline PU 380		1,140	1,900	4,280	6,650	9,500
Sweptline PU 380		1,130	1,880	4,230	6,580	9,400
Twn Panel 330		1,000	1,660	3,740	5,810	8,300
6P Wag. 340		1,010	1,680	3,780	5,880	8,400
8P Wag. 340		1,010	1,680	3,780	5,880	8,400

1961-71 1/2-Ton, 122" wb Power-Wagon, 1-Ton, 126" wb

	6	5	4	3	2	1
PU 800		2,400	4,000	9,000	14,000	20,000
Utiline PU 380		1,130	1,880	4,230	6,580	9,400
Sweptline PU 370		1,120	1,860	4,190	6,510	9,300
Platform 300		900	1,500	3,380	5,250	7,500
Stake 300		910	1,520	3,420	5,320	7,600

1961-71 3/4-Ton, 122" wb

	6	5	4	3	2	1
Utiline PU 360		1,090	1,820	4,100	6,370	9,100
Sweptline PU 360		1,080	1,800	4,050	6,300	9,000
Platform 300		890	1,480	3,330	5,180	7,400
Stake 300		900	1,500	3,380	5,250	7,500

NOTE: Add 10 percent for V-8 engine. Add 5 percent for automatic transmission.

1964-69 A100, 90" wb

	6	5	4	3	2	1
PU 460		1,380	2,300	5,180	8,050	11,500
Van 430		1,280	2,140	4,820	7,490	10,700
Wag 400		1,210	2,020	4,550	7,070	10,100

NOTE: Add 10 percent for Sportsman models.

1972-80 1/2-Ton

	6	5	4	3	2	1
Van (109" wb) 184		552	920	2,070	3,220	4,600
Van (127" wb) 192		576	960	2,160	3,360	4,800

1972-80 3/4-Ton

	6	5	4	3	2	1
Van (109" wb) 176		528	880	1,980	3,080	4,400
Van (127" wb) 184		552	920	2,070	3,220	4,600
Maxivan 192		576	960	2,160	3,360	4,800

1972-80 1-Ton

	6	5	4	3	2	1
Van (109" wb) 168		504	840	1,890	2,940	4,200
Van (127" wb) 176		528	880	1,980	3,080	4,400
Maxivan 184		552	920	2,070	3,220	4,600

1972-80 1/2-Ton

	6	5	4	3	2	1
Utiline PU (115" wb) 290		880	1,460	3,290	5,110	7,300
Sweptline PU (115" wb) 290		860	1,440	3,240	5,040	7,200
Utiline PU (131" wb) 290		860	1,440	3,240	5,040	7,200
Sweptline PU (131" wb) 290		880	1,460	3,290	5,110	7,300

NOTE: Add 20 percent for Macho Power Wagon Package.

1972-80 3/4-Ton, 131" wb

	6	5	4	3	2	1
Utiline PU 280		840	1,400	3,150	4,900	7,000
Sweptline PU 284		852	1,420	3,200	4,970	7,100

1972-80 Crew Cab, 3/4-Ton

	6	5	4	3	2	1
Utiline PU (149" wb) 230		700	1,160	2,610	4,060	5,800
Sweptline PU (149" wb) 240		710	1,180	2,660	4,130	5,900
Utiline PU (165" wb) 230		680	1,140	2,570	3,990	5,700
Sweptline PU (165" wb) 230		700	1,160	2,610	4,060	5,800
1978 Little Red Express PU 760		2,280	3,800	8,550	13,300	19,000
1979 Little Red Express PU 720		2,160	3,600	8,100	12,600	18,000

NOTE: Add 10 percent for V-8 engine. Add 20 percent for Warlock Package. (1977).

1981-91 Rampage

	6	5	4	3	2	1
PU 168		504	840	1,890	2,940	4,200

1981-91 Ram 50

	6	5	4	3	2	1
Cus PU 180		540	900	2,030	3,150	4,500
Royal PU 184		552	920	2,070	3,220	4,600
Spt PU 188		564	940	2,120	3,290	4,700

	6	5	4	3	2	1
1981-91 Ramcharger						
2WD	240	720	1,200	2,700	4,200	6,000
4x4	280	840	1,400	3,150	4,900	7,000
1981-91 B150						
Van	220	660	1,100	2,480	3,850	5,500
Long Range Van	212	636	1,060	2,390	3,710	5,300
Wag	256	768	1,280	2,880	4,480	6,400
Mini-Ram Wag	252	756	1,260	2,840	4,410	6,300
1981-91 B250						
Van	216	648	1,080	2,430	3,780	5,400
Wag	256	768	1,280	2,880	4,480	6,400
Mini-Ram Wag	252	756	1,260	2,840	4,410	6,300
1981-91 B350						
Van	216	648	1,080	2,430	3,780	5,400
Wag	256	768	1,280	2,880	4,480	6,400
1981-91 D150						
Utiline PU (SBx)	176	528	880	1,980	3,080	4,400
Sweptline PU (SBx)	180	540	900	2,030	3,150	4,500
Clb Cab PU (SBx)	196	588	980	2,210	3,430	4,900
Utiline PU (LBx)	180	540	900	2,030	3,150	4,500
Sweptline PU (LBx)	184	552	920	2,070	3,220	4,600
Clb Cab PU (LBx)	200	600	1,000	2,250	3,500	5,000
1981-91 D250						
Utiline PU (LBx)	172	516	860	1,940	3,010	4,300
Sweptline PU (LBx)	176	528	880	1,980	3,080	4,400
Clb Cab PU (LBx)	196	588	980	2,210	3,430	4,900
Crew Cab PU (SBx)	192	576	960	2,160	3,360	4,800
Crew Cab PU (LBx)	196	588	980	2,210	3,430	4,900
NOTE: Add 15 percent for 4x4.						
1981-91 Dakota, 1/2-Ton, V-6, 1987-91						
PU (SBx)	180	540	900	2,030	3,150	4,500
PU (LBx)	176	528	880	1,980	3,080	4,400
PU Spt Conv (1989-91)	340	1,020	1,700	3,830	5,950	8,500
NOTE: Deduct 10 percent for 4-cyl. Add 30 percent for V-8, 1991.NOTE: Add 5 percent for 2.2 Turbo. Add 15 percent for Shelby package (1987, 1988 & 1989 only).						
1984-91						
Caravan	192	576	960	2,160	3,360	4,800
Caravan SE	204	612	1,020	2,300	3,570	5,100
Caravan LE	212	636	1,060	2,390	3,710	5,300
1984-91 Caravan, V-6						
Sta Wag	232	696	1,160	2,610	4,060	5,800
Sta Wag SE	236	708	1,180	2,660	4,130	5,900
Sta Wag LE	240	720	1,200	2,700	4,200	6,000
NOTE: Add 5 percent for 4x4.						
1992 Ram 50, 1/2-Ton, 4-cyl.						
2d PU	200	600	1,000	2,250	3,500	5,000
2d LB PU	208	624	1,040	2,340	3,640	5,200
2d SE PU	220	660	1,100	2,480	3,850	5,500
1992 Ramcharger, V-8						
2d 150S SUV	272	816	1,360	3,060	4,760	6,800
2d 150S SUV (4x4)	288	864	1,440	3,240	5,040	7,200
2d 150 SUV	280	840	1,400	3,150	4,900	7,000
2d 150 SUV (4x4)	300	900	1,500	3,380	5,250	7,500
1992 Caravan, V-6						
3d CV Van	228	684	1,140	2,570	3,990	5,700
3d SE Van	232	696	1,160	2,610	4,060	5,800
3d LE Van	236	708	1,180	2,660	4,130	5,900
3d ES Van	240	720	1,200	2,700	4,200	6,000
NOTE: Add 10 percent for Grand models. Add 5 percent for 4x4.						
1992 B Series Van, V-8						
B150 Van	280	840	1,400	3,150	4,900	7,000
B150 Wag	300	900	1,500	3,380	5,250	7,500
B250 Van	300	900	1,500	3,380	5,250	7,500
B250 Sta Wag	320	960	1,600	3,600	5,600	8,000
B250 Maxi Van	320	960	1,600	3,600	5,600	8,000
B250 Maxi Wag	340	1,020	1,700	3,830	5,950	8,500
1992 Dakota, 1/2-Ton						
2d PU (SBx)	220	660	1,100	2,480	3,850	5,500
2d PU (LBx)	240	720	1,200	2,700	4,200	6,000
NOTE: Add 10 percent for V-8. Add 5 percent for 4x4.						
1992 D Series, V-8						
2d D150 PU	260	780	1,300	2,930	4,550	6,500
2d D250 PU	300	900	1,500	3,380	5,250	7,500
1993 Ram 50, 4-cyl.						
2d PU SBx	208	624	1,040	2,340	3,640	5,200
2d PU LBx	212	636	1,060	2,390	3,710	5,300
1993 Ramcharger, V-8						
2d SUV 2WD	280	840	1,400	3,150	4,900	7,000
2d SUV 4x4	320	960	1,600	3,600	5,600	8,000

	6	5	4	3	2	1
1993 Caravan, V-6						
Sta Wag	272	816	1,360	3,060	4,760	6,800
1993 B150/250						
Window Van	276	828	1,380	3,110	4,830	6,900
1993 Dakota, V-8						
2d PU SBx	260	780	1,300	2,930	4,550	6,500
2d PU LBx	264	792	1,320	2,970	4,620	6,600
1993 D150/250, V-8						
2d PU SBx D150	280	840	1,400	3,150	4,900	7,000
2d PU LBx D150	284	852	1,420	3,200	4,970	7,100
2d PU SBx D250	284	852	1,420	3,200	4,970	7,100
2d PU LBx D250	288	864	1,440	3,240	5,040	7,200
1994						
Caravan	200	550	900	2,030	3,150	4,500
Caravan LWB	250	700	1,200	2,700	4,200	6,000
Caravan SE	300	850	1,400	3,150	4,900	7,000
Caravan LE	300	900	1,500	3,380	5,250	7,500
Caravan ES	300	950	1,600	3,600	5,600	8,000
Caravan Grand SE	300	900	1,500	3,380	5,250	7,500
Caravan Grand LE	300	950	1,600	3,600	5,600	8,000
Caravan Grand ES	350	1,000	1,700	3,830	5,950	8,500
1994 B150 & B250, V-8						
Window Van	450	1,300	2,200	4,950	7,700	11,000
Van	400	1,200	2,000	4,500	7,000	10,000
Maxi Van	500	1,450	2,400	5,400	8,400	12,000
1994 Dakota, V-6						
2d PU 6 ft.	250	800	1,300	2,930	4,550	6,500
2d PU 8 ft.	250	800	1,350	3,020	4,700	6,700
2d PU Spt 6 ft.	300	900	1,500	3,380	5,250	7,500
2d PU Spt 8 ft.	300	950	1,600	3,600	5,600	8,000
1994 Ram 1500 & 2500, V-8						
2d Pu 6-1/2 ft.	400	1,200	2,000	4,500	7,000	10,000
2d PU 8 ft.	400	1,250	2,100	4,730	7,350	10,500
1995						
Caravan C/V	150	400	700	1,580	2,450	3,500
Caravan C/V, LWB	150	500	850	1,940	3,000	4,300
Caravan	200	550	900	2,030	3,150	4,500
Caravan SE	300	850	1,400	3,150	4,900	7,000
Caravan LE	300	900	1,500	3,380	5,250	7,500
Caravan ES	300	950	1,600	3,600	5,600	8,000
Grand Caravan	300	850	1,400	3,150	4,900	7,000
Grand Caravan SE	300	900	1,500	3,380	5,250	7,500
Grand Caravan LE	300	950	1,600	3,600	5,600	8,000
Grand Caravan ES	350	1,000	1,700	3,830	5,950	8,500
NOTE: Deduct 5 percent for 4-cyl. Add 5 percent for 4x4.						
1995 Ram Van 1500 & 2500, V-8						
Window Van	450	1,300	2,200	4,950	7,700	11,000
Van	400	1,200	2,000	4,500	7,000	10,000
Maxi Van	500	1,450	2,400	5,400	8,400	12,000
1995 Dakota, V-6						
2d PU, 6-1/2 ft.	250	800	1,300	2,930	4,550	6,500
2d PU, 8 ft.	250	800	1,350	3,020	4,700	6,700
2d PU Spt, 6-1/2 ft.	300	900	1,500	3,380	5,250	7,500
Club Cab PU, 6-1/2 ft.	320	960	1,600	3,600	5,600	8,000
Club Cab Spt PU, 6-1/2 ft.	300	950	1,600	3,650	5,650	8,100
1995 Ram 1500 & 2500, V-8						
2d PU, 6-1/2 ft.	400	1,200	2,000	4,500	7,000	10,000
2d PU, 8 ft.	400	1,250	2,100	4,730	7,350	10,500
Club Cab PU, 6-1/2 ft.	480	1,440	2,400	5,400	8,400	12,000
Club Cab PU, 8 ft.	500	1,450	2,450	5,490	8,550	12,200
1996 Caravan, V-6						
Caravan	200	550	900	2,030	3,150	4,500
Caravan SE	300	850	1,400	3,150	4,900	7,000
Caravan LE	300	900	1,500	3,380	5,250	7,500
Caravan ES	300	950	1,600	3,600	5,600	8,000
Grand Caravan	300	850	1,400	3,150	4,900	7,000
Grand Caravan SE	300	900	1,500	3,380	5,250	7,500
Grand Caravan LE	300	950	1,600	3,600	5,600	8,000
Grand Caravan ES	350	1,000	1,700	3,830	5,950	8,500
NOTE: Deduct 5 percent for 4-cyl. Add 5 percent for 4x4.						
1996 Ram Van 1500 & 2500, V-8						
Window Van	450	1,300	2,200	4,950	7,700	11,000
Van	400	1,200	2,000	4,500	7,000	10,000
Maxi Van	500	1,450	2,400	5,400	8,400	12,000
1996 Dakota, V-6						
2d PU, 6-1/2 ft.	250	800	1,300	2,930	4,550	6,500
2d PU, 8 ft.	250	800	1,350	3,020	4,700	6,700
2d PU Spt, 6-1/2 ft.	300	900	1,500	3,380	5,250	7,500

	6	5	4	3	2	1
Club Cab PU, 6-1/2 ft.	320	960	1,600	3,600	5,600	8,000
Club Cab Spt PU, 6-1/2 ft.	300	950	1,600	3,650	5,650	8,100

NOTE: Add $2,000 for 4x4. Add 5 percent for V-8.

1996 Ram 1500 & 2500, V-8

	6	5	4	3	2	1
2d PU, 6-1/2 ft.	400	1,200	2,000	4,500	7,000	10,000
2d PU, 8 ft.	400	1,250	2,100	4,730	7,350	10,500
Club Cab PU, 6-1/2 ft.	480	1,440	2,400	5,400	8,400	12,000
Club Cab PU, 8 ft.	500	1,450	2,450	5,490	8,550	12,200

NOTE: Add $2,000 for 4x4. Add 5 percent for V-10.

1997 Caravan, V-6

	6	5	4	3	2	1
Caravan.	180	540	900	2,030	3,150	4,500
Caravan SE.	280	840	1,400	3,150	4,900	7,000
Caravan LE.	300	900	1,500	3,380	5,250	7,500
Caravan ES.	320	960	1,600	3,600	5,600	8,000
Grand Caravan	280	840	1,400	3,150	4,900	7,000
Grand Caravan SE	300	900	1,500	3,380	5,250	7,500
Grand Caravan LE	320	960	1,600	3,600	5,600	8,000
Grand Caravan ES	340	1,020	1,700	3,830	5,950	8,500

NOTE: Deduct 5 percent for 4-cyl. Add 5 percent for 4x4.

1997 Ram Van 1500 & 2500, V-8

	6	5	4	3	2	1
Window Van	440	1,320	2,200	4,950	7,700	11,000
Van	400	1,200	2,000	4,500	7,000	10,000
Maxi Van	480	1,440	2,400	5,400	8,400	12,000

NOTE: Deduct 5 percent for V-6.

1997 Dakota, V-6

	6	5	4	3	2	1
2d PU, 6-1/2 ft.	260	780	1,300	2,930	4,550	6,500
2d PU, 8 ft.	268	804	1,340	3,020	4,690	6,700
Club Cab 2d PU, 6-1/2 ft.	320	960	1,600	3,600	5,600	8,000

NOTE: Add $2,000 for 4x4. Add 5 percent for V-8. Deduct 5 percent for 4-cyl.

1997 Ram 1500 & 2500, V-8

	6	5	4	3	2	1
2d PU, 6-1/2 ft.	400	1,200	2,000	4,500	7,000	10,000
2d PU, 8 ft.	420	1,260	2,100	4,730	7,350	10,500
Club Cab PU, 6-1/2 ft.	480	1,440	2,400	5,400	8,400	12,000
Club Cab PU, 8 ft.	490	1,460	2,440	5,490	8,540	12,200

NOTE: Add $2,000 for 4x4. Add 5 percent for V-10. Add 25 percent for turbo diesel V-8.

1998 Caravan, V-6

	6	5	4	3	2	1
Caravan.	180	540	900	2,030	3,150	4,500
Caravan SE.	280	840	1,400	3,150	4,900	7,000
Caravan LE.	300	900	1,500	3,380	5,250	7,500
Grand Caravan	280	840	1,400	3,150	4,900	7,000
Grand Caravan SE	300	900	1,500	3,380	5,250	7,500
Grand Caravan LE	320	960	1,600	3,600	5,600	8,000
Grand Caravan ES	340	1,020	1,700	3,830	5,950	8,500

NOTE: Deduct 5 percent for 4-cyl. Add 5 percent for 4x4.

1998 Durango, V-8, 4x4

	6	5	4	3	2	1
SLT 4d SUV	380	1,140	1,900	4,280	6,650	9,500

1998 Ram Van 1500 & 2500, V-8

	6	5	4	3	2	1
Window Van	440	1,320	2,200	4,950	7,700	11,000
Van	400	1,200	2,000	4,500	7,000	10,000
Maxi Van	480	1,440	2,400	5,400	8,400	12,000

NOTE: Deduct 5 percent for V-6.

1998 Dakota, V-6

	6	5	4	3	2	1
2d PU	260	780	1,300	2,930	4,550	6,500
R/T Spt 2d PU	330	980	1,640	3,690	5,740	8,200
Club Cab 2d PU	320	960	1,600	3,600	5,600	8,000
R/T Spt Club Cab 2d PU	400	1,200	2,000	4,500	7,000	10,000

NOTE: Add $2,000 for 4x4. Add 5 percent for V-8. Deduct 5 percent for 4-cyl.

1998 Ram 1500 & 2500, V-8

	6	5	4	3	2	1
2d PU WS (V-6)	280	840	1,400	3,150	4,900	7,000
2d PU	360	1,080	1,800	4,050	6,300	9,000
2d PU HD	400	1,200	2,000	4,500	7,000	10,000
Club Cab PU	440	1,320	2,200	4,950	7,700	11,000
Club Cab PU HD	460	1,380	2,300	5,180	8,050	11,500
Quad Cab PU	440	1,320	2,200	4,950	7,700	11,000
Quad Cab PU HD	480	1,440	2,400	5,400	8,400	12,000

NOTE: Add $2,000 for 4x4. Add 5 percent for V-10. Add 25 percent for turbo diesel 6-cyl. Add 5 percent for SST pkg.

1999 Caravan, V-6

	6	5	4	3	2	1
Caravan.	180	540	900	2,030	3,150	4,500
Caravan SE.	280	840	1,400	3,150	4,900	7,000
Caravan LE.	300	900	1,500	3,380	5,250	7,500
Grand Caravan	280	840	1,400	3,150	4,900	7,000
Grand Caravan SE	300	900	1,500	3,380	5,250	7,500
Grand Caravan LE	320	960	1,600	3,600	5,600	8,000
Grand Caravan ES	340	1,020	1,700	3,830	5,950	8,500

NOTE: Add 5 percent for Sport Pkg. Deduct 5 percent for 4-cyl. Add 5 percent for 4x4.

1999 Durango, V-8

	6	5	4	3	2	1
SLT 4d SUV	380	1,140	1,900	4,280	6,650	9,500

NOTE: Add 5 percent for 4x4.

	6	5	4	3	2	1
1999 Ram Van 1500 & 2500, V-8						
Window Van	440	1,320	2,200	4,950	7,700	11,000
Van	400	1,200	2,000	4,500	7,000	10,000
Maxi Van	480	1,440	2,400	5,400	8,400	12,000

NOTE: Add 5 percent for Premium Pkg. Deduct 5 percent for V-6.

	6	5	4	3	2	1
1999 Dakota, V-6						
2d Sweptline PU	260	780	1,300	2,930	4,550	6,500
2d Sweptline R/T Spt PU	330	980	1,640	3,690	5,740	8,200
2d Club Cab PU	320	960	1,600	3,600	5,600	8,000
2d Club Cab R/T Spt PU	400	1,200	2,000	4,500	7,000	10,000

NOTE: Add $2,000 for 4x4. Add 5 percent for V-8. Add 5 percent for SLT Pkg. Deduct 5 percent for 4-cyl.

	6	5	4	3	2	1
1999 Ram 1500 & 2500, V-8						
2d Sweptline PU	360	1,080	1,800	4,050	6,300	9,000
2d Sweptline HD PU	400	1,200	2,000	4,500	7,000	10,000
Club Cab PU	440	1,320	2,200	4,950	7,700	11,000
HD Club Cab PU	460	1,380	2,300	5,180	8,050	11,500
Quad Cab PU	440	1,320	2,200	4,950	7,700	11,000
HQ Quad Cab PU	480	1,440	2,400	5,400	8,400	12,000

NOTE: Add $2,000 for 4x4. Add 5 percent for V-10. Add 25 percent for turbo diesel 6-cyl. Add 5 percent for Sport or Laramie SLT Pkgs.

	6	5	4	3	2	1
2000 Caravan, V-6						
Caravan	180	540	900	2,030	3,150	4,500
Caravan SE	280	840	1,400	3,150	4,900	7,000
Grand Caravan	280	840	1,400	3,150	4,900	7,000
Grand Caravan SE	300	900	1,500	3,380	5,250	7,500
Grand Caravan LE	320	960	1,600	3,600	5,600	8,000
Grand Caravan ES	340	1,020	1,700	3,830	5,950	8,500

NOTE: Add 5 percent for Sport pkg. Deduct 5 percent for 4-cyl. Add 5 percent for 4x4.

	6	5	4	3	2	1
2000 Durango, V-8						
Sport 4d SUV	360	1,080	1,800	4,050	6,300	9,000
SLT 4d SUV	380	1,140	1,900	4,280	6,650	9,500
SLT Plus 4d SUV	400	1,200	2,000	4,500	7,000	10,000
R/T Sport 4d SUV	480	1,440	2,400	5,400	8,400	12,000

NOTE: Add 5 percent for 4x4.

	6	5	4	3	2	1
2000 Ram Van 1500 & 2500, V-8						
Window Van	440	1,320	2,200	4,950	7,700	11,000
Van	400	1,200	2,000	4,500	7,000	10,000
Maxi Van	480	1,440	2,400	5,400	8,400	12,000

NOTE: Add 5 percent for Premium pkg. Deduct 5 percent for V-6.

	6	5	4	3	2	1
2000 Dakota, V-6						
2d Sweptline PU	260	780	1,300	2,930	4,550	6,500
2d Sweptline PU R/T Spt PU	330	980	1,640	3,690	5,740	8,200
2d Club Cab PU	320	960	1,600	3,600	5,600	8,000
2d Club Cab R/T Spt PU	400	1,200	2,000	4,500	7,000	10,000
Quad Cab Sport SLT PU	380	1,140	1,900	4,280	6,650	9,500

NOTE: Add $2,000 for 4x4. Add 5 percent for V-8. Add 5 percent for SLT or Sport pkgs. Deduct 5 percent for 4-cyl.

	6	5	4	3	2	1
2000 Ram 1500 & 2500, V-8						
2d Sweptline PU	360	1,080	1,800	4,050	6,300	9,000
2d Sweptline HD PU	400	1,200	2,000	4,500	7,000	10,000
Club Cab PU	440	1,320	2,200	4,950	7,700	11,000
Quad Cab PU	440	1,320	2,200	4,950	7,700	11,000
HD Quad Cab PU	480	1,440	2,400	5,400	8,400	12,000

NOTE: Add $2,000 for 4x4. Add 5 percent for V-10. Add 25 percent for turbo diesel V-8. Add 5 percent for Sport, SLT Plus or Laramie SLT pkgs. Deduct 5 percent for V-6.

	6	5	4	3	2	1
2001 Caravan, V-6						
Caravan SE	280	840	1,400	3,500	4,900	7,000
Caravan Sport	290	860	1,440	3,600	5,040	7,200
Grand Caravan SE	300	900	1,500	3,750	5,250	7,500
Grand Caravan Sport	320	960	1,600	4,000	5,600	8,000
Grand Caravan EX	330	980	1,640	4,100	5,740	8,200
Grand Caravan ES	340	1,020	1,700	4,250	5,950	8,500

NOTE: Deduct 5 percent for 4-cyl. Add 5 percent for 4x4.

	6	5	4	3	2	1
2001 Durango, V-8						
Sport 4d SUV	360	1,080	1,800	4,500	6,300	9,000
SLT 4d SUV	380	1,140	1,900	4,750	6,650	9,500
SLT Plus 4d SUV	400	1,200	2,000	5,000	7,000	10,000
R/T Sport 4d SUV	480	1,440	2,400	6,000	8,400	12,000

NOTE: Add 5 percent for 4x4.

	6	5	4	3	2	1
2001 Ram Van 1500 & 2500, V-8						
Window Van	440	1,320	2,200	5,500	7,700	11,000
Van	400	1,200	2,000	5,000	7,000	10,000
Maxi Van	480	1,440	2,400	6,000	8,400	12,000

NOTE: Add 5 percent for Premium pkg. Deduct 5 percent for V-6.

	6	5	4	3	2	1
2001 Dakota, V-6						
2d Sweptline PU	260	780	1,300	3,250	4,550	6,500
2d Sweptline R/T Spt PU	330	980	1,640	4,100	5,740	8,200
2d Club Cab PU	320	960	1,600	4,000	5,600	8,000
2d Club Cab R/T Sport PU	400	1,200	2,000	5,000	7,000	10,000

	6	5	4	3	2	1
Quad Cab Sport SLT PU. 380		1,140	1,900	4,750	6,650	9,500

NOTE: Add $2,000 for 4x4. Add 5 percent for V-8. Add 5 percent for SLT or Sport pkgs. Deduct 5 percent for 4-cyl.

2001 Ram 1500 & 2500, V-8

	6	5	4	3	2	1
2d Sweptline PU 360		1,080	1,800	4,500	6,300	9,000
2d Sweptline HD PU 400		1,200	2,000	5,000	7,000	10,000
Club Cab PU 440		1,320	2,200	5,500	7,700	11,000
Quad Cab PU 440		1,320	2,200	5,500	7,700	11,000
HD Quad Cab PU 480		1,440	2,400	6,000	8,400	12,000

NOTE: Add $2,000 for 4x4. Add 5 percent for V-10. Add 25 percent for turbo diesel V-8. Add 5 percent for Sport, SLT or SLT Plus or pkgs. Deduct 5 percent for V-6.

FORD TRUCKS

1905 Model E, 78" wb

	6	5	4	3	2	1
Dly Car 880		2,640	4,400	9,900	15,400	22,000

1906 Model T, 84" wb

PU. 680		2,040	3,400	7,650	11,900	17,000
Dly Van 760		2,280	3,800	8,550	13,300	19,000

1907 Model T, 84" wb

PU. 680		2,040	3,400	7,650	11,900	17,000
Dly Van 760		2,280	3,800	8,550	13,300	19,000

1908 Model T, 84" wb

PU. 680		2,040	3,400	7,650	11,900	17,000
Dly Van 760		2,280	3,800	8,550	13,300	19,000

1909 Model T, 100" wb

PU. 680		2,040	3,400	7,650	11,900	17,000
Dly Van 760		2,280	3,800	8,550	13,300	19,000

1910 Model T, 100" wb

PU. 680		2,040	3,400	7,650	11,900	17,000
Dly Van 760		2,280	3,800	8,550	13,300	19,000

1911 Model T, 100" wb

PU. 680		2,040	3,400	7,650	11,900	17,000
Dly Van 760		2,280	3,800	8,550	13,300	19,000

NOTE: The 1906-1911 Ford trucks were commercial adaptations of passenger car chassis. As there were no factory truck bodies, the above prices should be used as a general guide only.

1912 Model T, 84" wb

Commercial Rds 680		2,040	3,400	7,650	11,900	17,000
Dly Van 760		2,280	3,800	8,550	13,300	19,000

NOTE: In 1912 the company marketed a true commercial roadster and also buillt Delivery Car (Van) prototypes that were listed by firms such as Bell Telephone, John Wanamaker and Milwaukee Novelty Dye Works.

1913 Model T, 84" wb

Dly Van 560		1,680	2,800	6,300	9,800	14,000
Panel truck 760		2,280	3,800	8,550	13,300	19,000

NOTE: Ford again stopped making factory truck bodies. Trucks built on the 1913-1916 Model T chassis have aftermarket bodies. Therefore, prices given here should be considered only a general guide to typical body styles that exist.

1914 Model T, 84" wb

C-Cab Dly 680		2,040	3,400	7,650	11,900	17,000
Panel truck 520		1,560	2,600	5,850	9,100	13,000
Fire truck (TT) 600		1,800	3,000	6,750	10,500	15,000

1915 Model T, 84" wb

C-Cab Dly 560		1,680	2,800	6,300	9,800	14,000
Panel truck 520		1,560	2,600	5,850	9,100	13,000
Express. 520		1,560	2,600	5,850	9,100	13,000

1916 Model T, 100" wb

Panel truck 520		1,560	2,600	5,850	9,100	13,000
Swellside Panel. 520		1,560	2,600	5,850	9,100	13,000
Fire truck 600		1,800	3,000	6,750	10,500	15,000

1917 Model T, 100" wb

Box Body Dly. 520		1,560	2,600	5,850	9,100	13,000
Open Front Panel 520		1,560	2,600	5,850	9,100	13,000
Enclosed Panel 520		1,560	2,600	5,850	9,100	13,000
Huckster 520		1,560	2,600	5,850	9,100	13,000

1917 Model TT, 124" wb

Exp 480		1,440	2,400	5,400	8,400	12,000
Stake. 480		1,440	2,400	5,400	8,400	12,000
Open Front Panel 520		1,560	2,600	5,850	9,100	13,000
Enclosed Panel 480		1,440	2,400	5,400	8,400	12,000

1918-20 Model T, 100" wb

Rds PU 680		2,040	3,400	7,650	11,900	17,000
Box Body Dly. 620		1,860	3,100	6,980	10,850	15,500
Open Front Panel 640		1,920	3,200	7,200	11,200	16,000
Enclosed Panel 600		1,800	3,000	6,750	10,500	15,000
Huckster 620		1,860	3,100	6,980	10,850	15,500

1918-20 Model TT, 124" wb

Exp 540		1,620	2,700	6,080	9,450	13,500
Stake. 520		1,560	2,600	5,850	9,100	13,000
Open Front Panel 580		1,740	2,900	6,530	10,150	14,500
Enclosed Panel 540		1,620	2,700	6,080	9,450	13,500
Huckster 580		1,740	2,900	6,530	10,150	14,500

	6	5	4	3	2	1
1921-27 Model T, 100" wb						
Rds PU	680	2,040	3,400	7,650	11,900	17,000
Box Body Dly	620	1,860	3,100	6,980	10,850	15,500
Open Front Panel	640	1,920	3,200	7,200	11,200	16,000
Enclosed Panel	600	1,800	3,000	6,750	10,500	15,000
Huckster	620	1,860	3,100	6,980	10,850	15,500
1921-27 Model TT, 124" wb						
Exp	560	1,680	2,800	6,300	9,800	14,000
Stake	540	1,620	2,700	6,080	9,450	13,500
Open Front Panel	620	1,860	3,100	6,980	10,850	15,500
Enclosed Panel	580	1,740	2,900	6,530	10,150	14,500
Huckster	600	1,800	3,000	6,750	10,500	15,000
1928-29 Model A, 103" wb						
Sed Dly	780	2,340	3,900	8,780	13,650	19,500
Open Cab PU	720	2,160	3,600	8,100	12,600	18,000
Closed Cab PU	640	1,920	3,200	7,200	11,200	16,000
Canopy Exp	660	1,980	3,300	7,430	11,550	16,500
Screenside Exp	660	1,980	3,300	7,430	11,550	16,500
Panel	700	2,100	3,500	7,880	12,250	17,500
1930-31 Model A, 103" wb						
Sed Dly	990	2,960	4,940	11,120	17,290	24,700
Twn Car Dly	1,210	3,620	6,040	13,590	21,140	30,200
Open Cab PU	1,300	3,900	6,500	14,630	22,750	32,500
Closed Cab PU	1,100	3,300	5,500	12,380	19,250	27,500
Panel	980	2,940	4,900	11,030	17,150	24,500
NOTE: Sedan Delivery officially called "Deluxe Delivery".						
1932 Model B, 4-cyl., 106" wb						
Sed Dly	1,010	3,020	5,040	11,340	17,640	25,200
Open Cab PU	1,320	3,960	6,600	14,850	23,100	33,000
Closed Cab PU	1,120	3,360	5,600	12,600	19,600	28,000
Std Panel	1,000	3,000	5,000	11,250	17,500	25,000
DeL Panel	1,020	3,060	5,100	11,480	17,850	25,500
1932 Model B-18, V-8, 106" wb						
Sed Dly	1,050	3,140	5,240	11,790	18,340	26,200
Open Cab PU	1,360	4,080	6,800	15,300	23,800	34,000
Closed Cab PU	1,160	3,480	5,800	13,050	20,300	29,000
Std Panel	1,040	3,120	5,200	11,700	18,200	26,000
DeL Panel	1,060	3,180	5,300	11,930	18,550	26,500
1933-34 Model 46, 4-cyl., 112" wb						
Sed Dly	1,470	4,400	7,340	16,520	25,690	36,700
Panel	1,120	3,360	5,600	12,600	19,600	28,000
DeL Panel	1,140	3,420	5,700	12,830	19,950	28,500
PU	1,100	3,300	5,500	12,380	19,250	27,500
1933-34 Model 46, V-8, 112" wb						
Sed Dly	1,510	4,520	7,540	16,970	26,390	37,700
Panel	1,160	3,480	5,800	13,050	20,300	29,000
DeL Panel	1,180	3,540	5,900	13,280	20,650	29,500
PU	1,140	3,420	5,700	12,830	19,950	28,500
1935 Model 48, V-8, 112" wb						
Sed Dly	1,300	3,900	6,500	14,630	22,750	32,500
1935 Model 50, V-8, 112" wb						
Panel	960	2,880	4,800	10,800	16,800	24,000
DeL Panel	980	2,940	4,900	11,030	17,150	24,500
PU	1,100	3,300	5,500	12,380	19,250	27,500
1936 Model 68, V-8, 112" wb						
Sed Dly	1,280	3,840	6,400	14,400	22,400	32,000
1936 Model 67, V-8, 112" wb						
Panel	880	2,640	4,400	9,900	15,400	22,000
DeL Panel	900	2,700	4,500	10,130	15,750	22,500
PU	900	2,700	4,500	10,130	15,750	22,500
1937-39 V-8, 60 hp, 112" wb						
Cpe PU	1,180	3,540	5,900	13,280	20,650	29,500
Sed Dly	1,200	3,600	6,000	13,500	21,000	30,000
1937-39 V-8, 60 hp, 142" wb						
PU	780	2,340	3,900	8,780	13,650	19,500
Platform	680	2,040	3,400	7,650	11,900	17,000
Stake	680	2,040	3,400	7,650	11,900	17,000
Panel	730	2,200	3,660	8,240	12,810	18,300
DeL Panel	740	2,220	3,700	8,330	12,950	18,500
1937-39 V-8, 85 hp, 112" wb						
Cpe PU	1,220	3,660	6,100	13,730	21,350	30,500
DeL Cpe PU	1,240	3,720	6,200	13,950	21,700	31,000
Sed Dly	1,240	3,720	6,200	13,950	21,700	31,000
PU	820	2,460	4,100	9,230	14,350	20,500
Platform	680	2,050	3,420	7,700	11,970	17,100
Stake	680	2,050	3,420	7,700	11,970	17,100
Panel	920	2,760	4,600	10,350	16,100	23,000
DeL Panel	940	2,820	4,700	10,580	16,450	23,500

	6	5	4	3	2	1
1937-39 3/4-Ton, 85 hp, 122" wb (1939)						
PU Exp	740	2,220	3,700	8,330	12,950	18,500
NOTE: Deduct 10 percent for 60 hp V-8.						
1940-41 1/2-Ton, 112" wb						
PU	840	2,520	4,200	9,450	14,700	21,000
Platform	640	1,920	3,200	7,200	11,200	16,000
Stake	640	1,920	3,200	7,200	11,200	16,000
Panel	760	2,280	3,800	8,550	13,300	19,000
Sed Dly	1,460	4,380	7,300	16,430	25,550	36,500
1940-41 3/4-Ton, 122" wb						
Platform	640	1,920	3,200	7,200	11,200	16,000
PU Exp	780	2,340	3,900	8,780	13,650	19,500
Stake	640	1,920	3,200	7,200	11,200	16,000
Panel	800	2,400	4,000	9,000	14,000	20,000
NOTE: Deduct 5 percent for 60 hp V-8 where available. Deduct 10 percent for 4-cyl. (1941 only) where avail.						
1942-47 1/2-Ton, 6-cyl., 114" wb						
Sed Dly	1,380	4,140	6,900	15,530	24,150	34,500
1942-47 1/2-Ton, 114" wb						
PU	810	2,440	4,060	9,140	14,210	20,300
Platform	630	1,900	3,160	7,110	11,060	15,800
Stake	640	1,930	3,220	7,250	11,270	16,100
Panel	750	2,260	3,760	8,460	13,160	18,800
1942-47 3/4-Ton, 122" wb						
Platform	650	1,960	3,260	7,340	11,410	16,300
PU Exp	800	2,400	4,000	9,000	14,000	20,000
Stake	660	1,990	3,320	7,470	11,620	16,600
Panel	770	2,320	3,860	8,690	13,510	19,300
NOTE: Deduct 10 percent for 4-cyl. (1942 only) where available.						
1948-50 F-1 Model 8HC, 1/2-Ton, V-8, 114" wb						
DeL Sed Dly	920	2,760	4,600	10,350	16,100	23,000
PU	800	2,400	4,000	9,000	14,000	20,000
Platform	620	1,860	3,100	6,980	10,850	15,500
Stake	628	1,884	3,140	7,070	10,990	15,700
Panel	700	2,100	3,500	7,880	12,250	17,500
1948-50 F-2 Model 8HD, 3/4-Ton, V-8, 112" wb						
PU	780	2,340	3,900	8,780	13,650	19,500
Platform	600	1,800	3,000	6,750	10,500	15,000
Stake	608	1,824	3,040	6,840	10,640	15,200
1948-50 F-3 Model 8HY, HD 3/4-Ton, V-8, 122" wb						
PU	788	2,364	3,940	8,870	13,790	19,700
Platform	604	1,812	3,020	6,800	10,570	15,100
Stake	612	1,836	3,060	6,890	10,710	15,300
NOTE: Deduct 10 percent for 6-cyl.						
1951-52 Courier Sed Dly 6-cyl., 115" wb						
1952 only	1,230	3,680	6,140	13,820	21,490	30,700
1951-52 F-1 Model 1HC, 1/2-Ton, V-8, 114" wb						
PU	960	2,880	4,800	10,800	16,800	24,000
Platform	620	1,860	3,100	6,980	10,850	15,500
Stake	628	1,884	3,140	7,070	10,990	15,700
Panel	940	2,820	4,700	10,580	16,450	23,500
1951-52 F-2 Model 1HD, 3/4-Ton, V-8, 122" wb						
PU	980	2,940	4,900	11,030	17,150	24,500
Platform	600	1,800	3,000	6,750	10,500	15,000
Stake	608	1,824	3,040	6,840	10,640	15,200
1951-52 F-3 Model 1HY, Heavy 3/4-Ton, 6-cyl., 112" wb						
PU	1,000	3,000	5,000	11,250	17,500	25,000
Platform	604	1,812	3,020	6,800	10,570	15,100
Stake	612	1,836	3,060	6,890	10,710	15,300
1951-52 F-3 Model 1HJ, 104" wb; Model 1H2J, 122" wb 3/4-Ton, 6-cyl.						
Parcel Dly	780	2,340	3,900	8,780	13,650	19,500
NOTE: Add 10 percent for V-8.						
1953-55 Courier Series, 1/2-Ton, 6-cyl., 115" wb						
Sed Dly	1,240	3,720	6,200	13,950	21,700	31,000
1953-55 F-100 Series, 1/2-Ton, 6-cyl., 110" wb						
PU	1,320	3,960	6,600	14,850	23,100	33,000
Platform	640	1,920	3,200	7,200	11,200	16,000
Stake	648	1,944	3,240	7,290	11,340	16,200
Panel	980	2,940	4,900	11,030	17,150	24,500
1953-55 F-250 Series, 3/4-Ton, 6-cyl., 118" wb						
PU	1,020	3,060	5,100	11,480	17,850	25,500
Platform	600	1,800	3,000	6,750	10,500	15,000
Stake	608	1,824	3,040	6,840	10,640	15,200
NOTE: Add 10 percent for V-8.						
1956 Courier Series, 1/2-Ton, 6-cyl., 115.5" wb						
Sed Dly	1,280	3,840	6,400	14,400	22,400	32,000
1956 F-100 Series, 1/2-Ton, 6-cyl., 110" wb						
PU	1,340	4,020	6,700	15,080	23,450	33,500
PU (118" wb)	950	2,860	4,760	10,710	16,660	23,800
Platform	620	1,860	3,100	6,980	10,850	15,500

	6	5	4	3	2	1
Stake	628	1,884	3,140	7,070	10,990	15,700
Panel	1,060	3,180	5,300	11,930	18,550	26,500
Cus Panel	1,080	3,240	5,400	12,150	18,900	27,000
1956 F-250 Series, 3/4-Ton, 6-cyl., 118" wb						
PU	800	2,400	4,000	9,000	14,000	20,000
Platform	620	1,870	3,120	7,020	10,920	15,600
Stake	630	1,900	3,160	7,110	11,060	15,800
NOTE: Add 10 percent for V-8.						
1957-59 Ranchero Series, 1/2-Ton, 6-cyl., 116" wb						
PU	1,080	3,240	5,400	12,150	18,900	27,000
Cus PU	1,320	3,960	6,600	14,850	23,100	33,000
1957-60 Courier Series, 1/2-Ton, 6-cyl., 116" wb						
Sed Dly	1,060	3,180	5,300	11,930	18,550	26,500
1957-60 F-100 Series, 1/2-Ton, 6-cyl., 110" wb						
Flareside PU	880	2,640	4,400	9,900	15,400	22,000
Styleside PU (118" wb)	860	2,580	4,300	9,680	15,050	21,500
Styleside PU	870	2,600	4,340	9,770	15,190	21,700
Platform	580	1,740	2,900	6,530	10,150	14,500
Stake	588	1,764	2,940	6,620	10,290	14,700
Panel	1,080	3,240	5,400	12,150	18,900	27,000
1957-60 F-250 Series, 3/4-Ton, 6-cyl., 118" wb						
Flareside PU	760	2,280	3,800	8,550	13,300	19,000
Styleside PU	780	2,340	3,900	8,780	13,650	19,500
Platform	520	1,560	2,600	5,850	9,100	13,000
Stake	530	1,580	2,640	5,940	9,240	13,200
NOTE: Add 10 percent for V-8.						
1960-66 Falcon Series, 1/2-Ton, 6-cyl., 109.5" wb						
Ranchero PU (to 1965)	820	2,460	4,100	9,230	14,350	20,500
Sed Dly (1961 to 1965)	660	1,980	3,300	7,430	11,550	16,500
1961-66 Econoline, Series E-100 1/2-Ton, 6-cyl., 90" wb						
PU	560	1,680	2,800	6,300	9,800	14,000
Van	540	1,620	2,700	6,080	9,450	13,500
Station Bus	550	1,640	2,740	6,170	9,590	13,700
1961-66 F-100 Series, 1/2-Ton, 6-cyl., 110" wb						
Styleside PU, 6-1/2 ft.	710	2,120	3,540	7,970	12,390	17,700
Flareside PU, 6-1/2 ft.	700	2,100	3,500	7,880	12,250	17,500
Platform	580	1,740	2,900	6,530	10,150	14,500
Stake	588	1,764	2,940	6,620	10,290	14,700
Panel	650	1,960	3,260	7,340	11,410	16,300
Styleside PU, 8 ft.	700	2,100	3,500	7,880	12,250	17,500
Flareside PU, 8 ft.	690	2,080	3,460	7,790	12,110	17,300
NOTE: Add 10 percent for Intergal Body PU 1961-1964. Deduct 5 percent for F-250.						
1966 Bronco U-100, 1/2-Ton, 4x4, 6-cyl., 90" wb						
Rds	780	2,340	3,900	8,780	13,650	19,500
Spt Utl	760	2,280	3,800	8,550	13,300	19,000
Wag	760	2,280	3,800	8,550	13,300	19,000
1966 Fairlane Ranchero, 1/2-Ton, 113" wb						
PU	700	2,100	3,500	7,880	12,250	17,500
Cus PU	740	2,220	3,700	8,330	12,950	18,500
NOTE. Add 10 percent for V-8.						
1967-72 Bronco U-100, 1/2-Ton, 113" wb						
Rds	780	2,340	3,900	8,780	13,650	19,500
Spt Utl	760	2,280	3,800	8,550	13,300	19,000
Wag	760	2,280	3,800	8,550	13,300	19,000
1967-72 Econoline E-100, 1/2-Ton, 6-cyl.						
PU	560	1,680	2,800	6,300	9,800	14,000
Van	540	1,620	2,700	6,080	9,450	13,500
Sup Van	550	1,640	2,740	6,170	9,590	13,700
Panel Van	520	1,560	2,600	5,850	9,100	13,000
Sup Panel Van	530	1,580	2,640	5,940	9,240	13,200
1967-72 Ranchero, 1/2-Ton, 6-cyl.						
PU (1967-1971)	680	2,040	3,400	7,650	11,900	17,000
500 PU	740	2,220	3,700	8,330	12,950	18,500
500 XL PU (1967 only)	760	2,280	3,800	8,550	13,300	19,000
500 GT PU (1968-1972)	800	2,400	4,000	9,000	14,000	20,000
500 Squire PU (1970-1972)	780	2,340	3,900	8,780	13,650	19,500
NOTE: Add 10 percent for V-8.						
1967-72 F-100/ Model F-101, 1/2-Ton, 6-cyl.						
Flareside PU, 6-1/2 ft.	700	2,100	3,500	7,880	12,250	17,500
Styleside PU, 6-1/2 ft.	710	2,120	3,540	7,970	12,390	17,700
Platform	460	1,380	2,300	5,180	8,050	11,500
Stake	460	1,380	2,300	5,180	8,050	11,500
Flareside, 8 ft.	730	2,200	3,660	8,240	12,810	18,300
Styleside, 8 ft.	740	2,220	3,700	8,330	12,950	18,500
1967-72 F-250, 3/4-Ton, 6-cyl.						
Flareside PU, 8 ft.	710	2,120	3,540	7,970	12,390	17,700
Styleside PU, 8 ft.	720	2,160	3,600	8,100	12,600	18,000
Platform	420	1,260	2,100	4,730	7,350	10,500

FORD TRUCKS

	6	5	4	3	2	1
Stake 420	1,260	2,100	4,730	7,350	10,500	

NOTE: Add 10 percent for V-8. Add 5 percent for 4x4.

1973-79 Courier, 1/2-Ton, 4-cyl.

	6	5	4	3	2	1
PU 360	1,080	1,800	4,050	6,300	9,000	

1973-79 Fairlane/Torino, 1/2-Ton, V-8

	6	5	4	3	2	1
Ranchero 500 PU 580	1,740	2,900	6,530	10,150	14,500	
Ranchero Squire PU 600	1,800	3,000	6,750	10,500	15,000	
Ranchero GT PU 620	1,860	3,100	6,980	10,850	15,500	

NOTE: Deduct 5 percent for 6-cyl.

1973-79 Club Wagon E-100, 1/2-Ton, 6-cyl.

	6	5	4	3	2	1
Clb Wag 348	1,044	1,740	3,920	6,090	8,700	
Cus Clb Wag 360	1,080	1,800	4,050	6,300	9,000	
Chateau Wag 440	1,320	2,200	4,950	7,700	11,000	

1973-79 Bronco U-100, 1/2-Ton, 6-cyl.

	6	5	4	3	2	1
Wag 600	1,800	3,000	6,750	10,500	15,000	

1973-79 Econoline E-100, 1/2-Ton, 6-cyl.

	6	5	4	3	2	1
Cargo Van 280	840	1,400	3,150	4,900	7,000	
Window Van 300	900	1,500	3,380	5,250	7,500	
Display Van 292	876	1,460	3,290	5,110	7,300	

1973-79 Econoline E-200, 3/4-Ton, 6-cyl.

	6	5	4	3	2	1
Cargo Van 276	828	1,380	3,110	4,830	6,900	
Window Van 296	888	1,480	3,330	5,180	7,400	
Display Van 288	864	1,440	3,240	5,040	7,200	

1973-79 Econoline E-300, HD 3/4-Ton, 6-cyl.

	6	5	4	3	2	1
Cargo Van 272	816	1,360	3,060	4,760	6,800	
Window Van 292	876	1,460	3,290	5,110	7,300	
Display Van 284	852	1,420	3,200	4,970	7,100	

1973-79 F-100, 1/2-Ton, 6-cyl.

	6	5	4	3	2	1
Flareside PU, 6-1/2 ft. 580	1,740	2,900	6,530	10,150	14,500	
Styleside PU, 6-1/2 ft. 580	1,750	2,920	6,570	10,220	14,600	
Flareside PU, 8 ft. 576	1,728	2,880	6,480	10,080	14,400	
Styleside PU, 8 ft. 580	1,740	2,900	6,530	10,150	14,500	

1973-79 F-250, 3/4-Ton, 6-cyl.

	6	5	4	3	2	1
Flareside PU 476	1,428	2,380	5,360	8,330	11,900	
Styleside PU 472	1,416	2,360	5,310	8,260	11,800	
Platform 300	900	1,500	3,380	5,250	7,500	
Stake 308	924	1,540	3,470	5,390	7,700	

1973-79 F-350, HD 3/4-Ton, 6-cyl.

	6	5	4	3	2	1
Flareside PU 468	1,404	2,340	5,270	8,190	11,700	
Styleside PU 464	1,392	2,320	5,220	8,120	11,600	
Platform 292	876	1,460	3,290	5,110	7,300	
Stake 300	900	1,500	3,380	5,250	7,500	

NOTE: Add 5 percent for base V-8. Add 10 percent for optional V-8. Add 5 percent for 4x4 on F-250 and F-350 models only.

1975-82 F-150, 1/2-Ton

	6	5	4	3	2	1
Flareside PU (SBx) 500	1,500	2,500	5,630	8,750	12,500	
Styleside PU (SBx) 520	1,560	2,600	5,850	9,100	13,000	
Styleside PU (LBx) 540	1,620	2,700	6,080	9,450	13,500	
Styleside PU Sup Cab (SBx) 560	1,680	2,800	6,300	9,800	14,000	
Styleside PU Sup Cab (LBx) 600	1,800	3,000	6,750	10,500	15,000	

1980-83 F-100, 1/2-Ton

	6	5	4	3	2	1
Flareside PU 280	840	1,400	3,150	4,900	7,000	
Styleside PU 284	852	1,420	3,200	4,970	7,100	
Sup Cab 284	852	1,420	3,200	4,970	7,100	

NOTE: F-100 was discontinued after 1983.

1980-86 Courier to 1982, replaced by Ranger 1983-1986

	6	5	4	3	2	1
PU 280	840	1,400	3,150	4,900	7,000	

1980-86 Bronco

	6	5	4	3	2	1
Wag 340	1,020	1,700	3,830	5,950	8,500	

1980-86 Econoline E-100

	6	5	4	3	2	1
Cargo Van 240	720	1,200	2,700	4,200	6,000	
Window Van 248	744	1,240	2,790	4,340	6,200	
Display Van 256	768	1,280	2,880	4,480	6,400	
Clb Wag 276	828	1,380	3,110	4,830	6,900	
Cus Clb Wag 284	852	1,420	3,200	4,970	7,100	
Chateau Clb Wag 292	876	1,460	3,290	5,110	7,300	

1980-86 Econoline E-200

	6	5	4	3	2	1
Cargo Van 240	720	1,200	2,700	4,200	6,000	
Window Van 244	732	1,220	2,750	4,270	6,100	
Display Van 248	744	1,240	2,790	4,340	6,200	

1980-86 Econoline E-300

	6	5	4	3	2	1
Cargo Van 236	708	1,180	2,660	4,130	5,900	
Window Van 240	720	1,200	2,700	4,200	6,000	
Display Van 244	732	1,220	2,750	4,270	6,100	

1980-86 F-250, 3/4-Ton

	6	5	4	3	2	1
Flareside PU 280	840	1,400	3,150	4,900	7,000	
Styleside PU 284	852	1,420	3,200	4,970	7,100	
Sup Cab 288	864	1,440	3,240	5,040	7,200	

1980-86 F-350, 1-Ton

	6	5	4	3	2	1
PU 272	816	1,360	3,060	4,760	6,800	

	6	5	4	3	2	1
Crew Cab PU	276	828	1,380	3,110	4,830	6,900
Stake	260	780	1,300	2,930	4,550	6,500

NOTE: Add 10 percent for 4x4.

1983-86 F-150, 1/2-Ton

	6	5	4	3	2	1
Flareside PU (SBx)	260	780	1,300	2,930	4,550	6,500
Styleside PU (SBx)	280	840	1,400	3,150	4,900	7,000
Styleside PU (LBx)	300	900	1,500	3,380	5,250	7,500
Styleside PU Sup Cab (SBx)	320	960	1,600	3,600	5,600	8,000
Styleside PU Sup Cab (LBx)	360	1,080	1,800	4,050	6,300	9,000

1987-91 Bronco II, 1/2-Ton, 94" wb

	6	5	4	3	2	1
Wag	220	660	1,100	2,480	3,850	5,500
Wag (4x4)	280	840	1,400	3,150	4,900	7,000

1987-91 Bronco, 1/2-Ton, 105" wb

	6	5	4	3	2	1
Wag (4x4)	380	1,140	1,900	4,280	6,650	9,500

1987-91 Aerostar, 1/2-Ton, 119" wb

	6	5	4	3	2	1
Cargo Van	200	600	1,000	2,250	3,500	5,000
Wag	260	780	1,300	2,930	4,550	6,500
Window Van	200	600	1,000	2,250	3,500	5,000

1987-91 Club Wagon, 138" wb

	6	5	4	3	2	1
E-150 Wag	300	900	1,500	3,380	5,250	7,500
E-250 Wag	320	960	1,600	3,600	5,600	8,000
E-350 Sup Clb Wag	340	1,020	1,700	3,830	5,950	8,500

1987-91 Econoline E-150, 1/2-Ton, 124" or 138" wb

	6	5	4	3	2	1
Cargo Van	240	720	1,200	2,700	4,200	6,000
Sup Cargo Van	260	780	1,300	2,930	4,550	6,500

1987-91 Econoline E-250, 3/4-Ton, 138" wb

	6	5	4	3	2	1
Cargo Van	260	780	1,300	2,930	4,550	6,500
Sup Cargo Van	280	840	1,400	3,150	4,900	7,000

1987-91 Econoline E-350, 1-Ton , 138" or 176" wb

	6	5	4	3	2	1
Cargo Van	280	840	1,400	3,150	4,900	7,000
Sup Cargo Van	300	900	1,500	3,380	5,250	7,500

1987-91 Ranger, 1/2-Ton, 108" or 125" wb

	6	5	4	3	2	1
Styleside PU (SBx)	196	588	980	2,210	3,430	4,900
Styleside PU (LBx)	200	600	1,000	2,250	3,500	5,000
Styleside PU Sup Cab	220	660	1,100	2,480	3,850	5,500

1987-91 F-150, 1/2-Ton, 116" or 155" wb

	6	5	4	3	2	1
Flareside PU (SBx)	220	660	1,100	2,480	3,850	5,500
Styleside PU (SBx)	240	720	1,200	2,700	4,200	6,000
Styleside PU (LBx)	260	780	1,300	2,930	4,550	6,500
Styleside PU Sup Cab (SBx)	280	840	1,400	3,150	4,900	7,000
Styleside PU Sup Cab (LBx)	320	960	1,600	3,600	5,600	8,000

1987-91 F-250, 3/4-Ton, 133" or 155" wb

	6	5	4	3	2	1
Styleside PU (LBx)	300	900	1,500	3,380	5,250	7,500
Styleside PU Sup Cab (LBx)	320	960	1,600	3,600	5,600	8,000

1987-91 F-350, 1-Ton , 133" or 168.4" wb

	6	5	4	3	2	1
Styleside PU (LBx)	320	960	1,600	3,600	5,600	8,000
Styleside PU Crew Cab	340	1,020	1,700	3,830	5,950	8,500

NOTE: Add 15 percent for 4x4.

1992 Explorer, V-6

	6	5	4	3	2	1
2d SUV	600	1,800	3,000	6,750	10,500	15,000
4d SUV	600	1,850	3,100	6,980	10,900	15,500
2d SUV, 4x4	600	1,850	3,100	6,980	10,900	15,500
4d SUV, 4x4	650	1,900	3,200	7,200	11,200	16,000

1992 Bronco, V-8

	6	5	4	3	2	1
2d SUV	700	2,050	3,400	7,650	11,900	17,000

1992 Aerostar, V-6

	6	5	4	3	2	1
Van	350	1,000	1,700	3,830	5,950	8,500
Window Van	350	1,100	1,800	4,050	6,300	9,000
Ext Van	350	1,100	1,800	4,050	6,300	9,000
Ext Window Van	400	1,150	1,900	4,280	6,650	9,500

NOTE: Add 5 percent for 4x4.

1992 E Series, V-8

	6	5	4	3	2	1
Cargo Van	600	1,750	2,900	6,530	10,200	14,500

1992 Club Wagon, V-8

	6	5	4	3	2	1
E-150 Wag	600	1,800	3,000	6,750	10,500	15,000

1992 Ranger, 1/2-Ton, V-6

	6	5	4	3	2	1
2d PU (SBx)	250	800	1,300	2,930	4,550	6,500
2d PU (LBx)	300	850	1,400	3,150	4,900	7,000

NOTE: Add 5 percent for 4x4.

1992 F-150, F-250, V-8

	6	5	4	3	2	1
2d PU 1/2-Ton (SBx)	600	1,800	3,000	6,750	10,500	15,000
2d PU 1/2-Ton (LBx)	620	1,860	3,100	6,980	10,850	15,500
2d PU 3/4-Ton (SBx)	620	1,860	3,100	6,980	10,850	15,500
2d PU 3/4-Ton (LBx)	640	1,920	3,200	7,200	11,200	16,000

NOTE: Add 5 percent for 4x4.

1993 Explorer, V-6

	6	5	4	3	2	1
2d SUV 2WD	600	1,800	3,000	6,750	10,500	15,000
4d SUV 2WD	600	1,800	3,000	6,750	10,500	15,000

FORD TRUCKS

	6	5	4	3	2	1
2d SUV, 4x4	650	1,900	3,200	7,200	11,200	16,000
4d SUV, 4x4	650	1,900	3,200	7,200	11,200	16,000
1993 Bronco, V-8						
2d SUV	700	2,100	3,500	7,880	12,300	17,500
1993 Aerostar, V-6						
Window Van	400	1,150	1,900	4,280	6,650	9,500
1993 E150/250 Van, V-8						
Window Van	600	1,750	2,900	6,530	10,200	14,500
1993 Ranger, V-6						
2d PU SBx	250	800	1,300	2,930	4,550	6,500
2d PU LBx	250	800	1,350	3,020	4,700	6,700
1993 F150/F250, V-8						
2d PU SBx F150	600	1,800	3,000	6,750	10,500	15,000
2d PU LBx F150	600	1,800	3,000	6,750	10,500	15,000
2d PU SBx F250	650	1,900	3,200	7,200	11,200	16,000
2d PU LBx F250	650	1,900	3,200	7,200	11,200	16,000
NOTE: Add 25 percent for F150 Lightning option.						
1994 Explorer, V-6						
2d SUV	400	1,150	1,900	4,280	6,650	9,500
4d SUV	400	1,200	2,000	4,500	7,000	10,000
2d SUV, 4x4	500	1,450	2,400	5,400	8,400	12,000
4d SUV, 4x4	500	1,550	2,600	5,850	9,100	13,000
1994 Bronco, V-8						
2d SUV	600	1,800	3,000	6,750	10,500	15,000
1994 Aerostar, V-6						
Cargo Van	300	850	1,400	3,150	4,900	7,000
Window Van	300	900	1,500	3,380	5,250	7,500
Cargo Van LWB	300	950	1,600	3,560	5,550	7,900
Window Van LWB	300	950	1,600	3,600	5,600	8,000
1994 E150/250, V-8						
Cargo Van	400	1,250	2,100	4,730	7,350	10,500
Window Van	500	1,450	2,400	5,400	8,400	12,000
Club Wag	550	1,700	2,800	6,300	9,800	14,000
1994 Ranger, V-6						
2d PU	300	900	1,500	3,380	5,250	7,500
2d PU 4x4	400	1,250	2,100	4,730	7,350	10,500
2d PU Sup Cab 4x4	440	1,320	2,200	4,950	7,700	11,000
1994 F150/250, V-8						
2d PU XL 6 ft.	400	1,250	2,100	4,730	7,350	10,500
2d PU XL 8 ft.	450	1,300	2,200	4,950	7,700	11,000
2d PU Sup Cab XL 6 ft.	480	1,440	2,400	5,400	8,400	12,000
2d PU Sup Cab XL 8 ft.	520	1,560	2,600	5,850	9,100	13,000
NOTE: Add 10 percent for 4x4. Add 25 percent for F150 Lightning option.						
1995 Explorer, V-6						
2d SUV	400	1,150	1,900	4,280	6,650	9,500
4d SUV	400	1,200	2,000	4,500	7,000	10,000
2d SUV, 4x4	500	1,450	2,400	5,400	8,400	12,000
4d SUV, 4x4	500	1,550	2,600	5,850	9,100	13,000
NOTE: Add 5 percent for Spt, XLT, Eddie Bauer, Ltd, or Expedition trim package.						
1995 Bronco, V-8						
2d SUV	600	1,800	3,000	6,750	10,500	15,000
NOTE: Add 5 percent for XL or, Eddie Bauer trim package.						
1995 Aerostar, V-6						
Cargo Van	300	850	1,400	3,150	4,900	7,000
XLT Van	300	900	1,500	3,380	5,250	7,500
XLT Van, LWB	300	950	1,600	3,600	5,600	8,000
NOTE: Add 10 percent for 4x4.						
1995 Windstar, V-6						
Cargo Van	250	800	1,300	2,930	4,550	6,500
GL Van	300	950	1,600	3,600	5,600	8,000
LX Van	400	1,150	1,900	4,280	6,650	9,500
1995 E150 & E250, V-8						
Cargo Van	400	1,250	2,100	4,730	7,350	10,500
Window Van	500	1,450	2,400	5,400	8,400	12,000
Club Wag	550	1,700	2,800	6,300	9,800	14,000
1995 Ranger, 4-cyl. & V-6						
2d PU	300	900	1,500	3,380	5,250	7,500
2d LB PU	300	900	1,550	3,470	5,400	7,700
2d Splash	350	1,000	1,700	3,830	5,950	8,500
2d Sup Cab PU	400	1,200	2,000	4,500	7,000	10,000
2d Splash Sup Cab PU	440	1,320	2,200	4,950	7,700	11,000
NOTE: Add 5 percent for XLT, Spt, or STX trim package. Add 10 percent for 4x4. Deduct 5 percent for 4-cyl.						
1995 F150 & F250, V-8						
2d XL PU, 6-3/4 ft.	400	1,250	2,100	4,730	7,350	10,500
2d XL PU, 8 ft.	450	1,300	2,200	4,950	7,700	11,000
2d Lightning PU, 6-3/4 ft.	440	1,320	2,200	4,950	7,700	11,000
2d Sup Cab XL PU, 6-3/4 ft.	500	1,450	2,400	5,400	8,400	12,000
2d Sup Cab XL PU, 8 ft.	560	1,680	2,800	6,300	9,800	14,000
NOTE: Add 10 percent for 4x4.						

	6	5	4	3	2	1
1996 Explorer, V-6						
2d SUV	350	1,000	1,700	3,830	5,950	8,500
4d SUV	350	1,100	1,800	4,050	6,300	9,000
2d SUV, 4x4	450	1,300	2,200	4,950	7,700	11,000
4d SUV, 4x4	500	1,450	2,400	5,400	8,400	12,000
NOTE: Add 5 percent for Sport, XLT, Eddie Bauer, or Limited Pkg.						
1996 Bronco, V-8						
2d SUV	550	1,700	2,800	6,300	9,800	14,000
NOTE: Add 5 percent for XLT or Eddie Bauer Pkg.						
1996 Aerostar, V-6						
Cargo Van	250	700	1,200	2,700	4,200	6,000
XLT Van	250	800	1,300	2,930	4,550	6,500
XLT Van, LWB	300	850	1,400	3,150	4,900	7,000
NOTE: Add 10 percent for 4x4.						
1996 Windstar, V-6						
Cargo Van	200	650	1,100	2,480	3,850	5,500
GL Van	300	850	1,400	3,150	4,900	7,000
LX Van	350	1,000	1,700	3,830	5,950	8,500
1996 E150 & E250, V-8						
Cargo Van	400	1,150	1,900	4,280	6,650	9,500
Sup Cargo Van	450	1,300	2,200	4,950	7,700	11,000
Club Wag	500	1,550	2,600	5,850	9,100	13,000
1996 Ranger, 4-cyl. & V-6						
2d PU	250	800	1,300	2,930	4,550	6,500
2d LB PU	250	800	1,350	3,020	4,700	6,700
2d Splash	300	900	1,500	3,380	5,250	7,500
2d Sup Cab PU	350	1,100	1,800	4,050	6,300	9,000
2d Splash Sup Cab PU	400	1,200	2,000	4,500	7,000	10,000
NOTE: Add 5 percent for XLT, Sport, or STX Pkg. Add 10 percent for 4x4. Deduct 5 percent for 4-cyl.						
1996 F150 & F250, V-8						
2d PU, 6-3/4 ft.	300	850	1,400	3,150	4,900	7,000
2d PU, 8 ft.	300	900	1,500	3,380	5,250	7,500
2d XL PU, 6-3/4 ft.	400	1,150	1,900	4,280	6,650	9,500
2d XL PU, 8 ft.	400	1,200	2,000	4,500	7,000	10,000
2d Sup Cab XL PU, 6-3/4 ft.	450	1,300	2,200	4,950	7,700	11,000
2d Sup Cab XL PU, 8 ft.	480	1,440	2,400	5,400	8,400	12,000
2d Heavy-Duty Sup Cab XL PU, 6-3/4 ft.	500	1,550	2,600	5,850	9,100	13,000
2d Heavy-Duty Sup Cab XL PU, 8 ft.	600	1,800	3,000	6,750	10,500	15,000
NOTE: Add 10 percent for 4x4. Add 15 percent for turbo diesel V-8.						
1997 Explorer, V-6						
2d SUV	340	1,020	1,700	3,830	5,950	8,500
4d SUV	360	1,080	1,800	4,050	6,300	9,000
2d SUV, 4x4	440	1,320	2,200	4,950	7,700	11,000
4d SUV, 4x4	480	1,440	2,400	5,400	8,400	12,000
NOTE: Add 5 percent for Sport, XLT, Eddie Bauer, or Limited Pkg. Add 5 percent for V-8.						
1997 Expedition, V-8						
XLT SUV	600	1,800	3,000	6,750	10,500	15,000
Eddie Bauer SUV	620	1,860	3,100	6,980	10,850	15,500
XLT SUV, 4x4	640	1,920	3,200	7,200	11,200	16,000
Eddie Bauer, 4x4	660	1,980	3,300	7,430	11,550	16,500
NOTE: Deduct 5 percent for 4.6L V-8.						
1997 Aerostar, V-6						
Cargo Van	240	720	1,200	2,700	4,200	6,000
XLT Van	260	780	1,300	2,930	4,550	6,500
XLT Van, LWB	280	840	1,400	3,150	4,900	7,000
NOTE: Add 10 percent for 4x4.						
1997 Windstar, V-6						
Cargo Van	220	660	1,100	2,480	3,850	5,500
GL Van	280	840	1,400	3,150	4,900	7,000
LX Van	340	1,020	1,700	3,830	5,950	8,500
1997 E150 & E250, V-8						
Cargo Van	380	1,140	1,900	4,280	6,650	9,500
Sup Cargo Van	440	1,320	2,200	4,950	7,700	11,000
Club Wag	520	1,560	2,600	5,850	9,100	13,000
1997 Ranger, V-6						
2d PU	260	780	1,300	2,930	4,550	6,500
2d LBx PU	268	804	1,340	3,020	4,690	6,700
2d Splash	300	900	1,500	3,380	5,250	7,500
2d Sup Cab PU	360	1,080	1,800	4,050	6,300	9,000
2d Splash Sup Cab PU	400	1,200	2,000	4,500	7,000	10,000
NOTE: Add 5 percent for XLT or STX Pkg. Add 10 percent for 4x4. Deduct 5 percent for 4-cyl.						
1997 F150 & F250, V-6						
2d PU, 6-3/4 ft.	280	840	1,400	3,150	4,900	7,000
2d PU, 8 ft.	300	900	1,500	3,380	5,250	7,500
2d XL PU, 6-3/4 ft.	380	1,140	1,900	4,280	6,650	9,500
2d XL PU, 8 ft.	400	1,200	2,000	4,500	7,000	10,000
2d Sup Cab XL PU, 6-3/4 ft.	440	1,320	2,200	4,950	7,700	11,000
2d Sup Cab XL PU, 8 ft.	480	1,440	2,400	5,400	8,400	12,000

FORD TRUCKS

	6	5	4	3	2	1
2d Heavy-Duty Sup Cab XL PU, 6-3/4 ft. 520	1,560	2,600	5,850	9,100	13,000
2d Heavy-Duty Sup Cab XL PU, 8 ft. 600	1,800	3,000	6,750	10,500	15,000

NOTE: Add 10 percent for 4x4. Add 15 percent for turbo diesel V-8. Add 5 percent for 7.5L V-8.

1998 Explorer, V-6
2d Spt SUV 340	1,020	1,700	3,830	5,950	8,500
4d SUV 360	1,080	1,800	4,050	6,300	9,000
2d Spt SUV, 4x4 440	1,320	2,200	4,950	7,700	11,000
4d SUV, 4x4 480	1,440	2,400	5,400	8,400	12,000

NOTE: Add 5 percent for XLT, Eddie Bauer, or Limited Pkg. Add 5 percent for V-8.

1998 Expedition, V-8
XLT SUV 600	1,800	3,000	6,750	10,500	15,000
Eddie Bauer SUV 620	1,860	3,100	6,980	10,850	15,500
XLT SUV, 4x4 640	1,920	3,200	7,200	11,200	16,000
Eddie Bauer, 4x4 660	1,980	3,300	7,430	11,550	16,500

NOTE: Deduct 5 percent for 4.6L V-8.

1998 Windstar, V-6
Cargo Van 240	720	1,200	2,700	4,200	6,000
GL Van 280	840	1,400	3,150	4,900	7,000
LX Van 300	900	1,500	3,380	5,250	7,500
Ltd Van 320	960	1,600	3,600	5,600	8,000

1998 E150 & E250, V-8
Cargo Van 380	1,140	1,900	4,280	6,650	9,500
Sup Cargo Van 440	1,320	2,200	4,950	7,700	11,000
Club Wag 520	1,560	2,600	5,850	9,100	13,000

NOTE: Add 5 percent for Chateau or XLT Pkg. Add 5 percent for V-10. Add 10 percent for turbo diesel V-8. Deduct 5 percent for V-6.

1998 Ranger, V-6
2d PU 260	780	1,300	2,930	4,550	6,500
2d Splash PU 300	900	1,500	3,380	5,250	7,500
2d Sup Cab PU 360	1,080	1,800	4,050	6,300	9,000
2d Splash Sup Cab PU 400	1,200	2,000	4,500	7,000	10,000

NOTE: Add 5 percent for XLT Pkg. Add 10 percent for 4x4. Deduct 5 percent for 4-cyl.

1998 F150 & F250, V-8
S 2d PU 300	900	1,500	3,380	5,250	7,500
XL 2d PU 320	960	1,600	3,600	5,600	8,000
S 2d Sup Cab PU 400	1,200	2,000	4,500	7,000	10,000
XL 2d Sup Cab PU 440	1,320	2,200	4,950	7,700	11,000

NOTE: Add 5 percent for Lariat, STX, or XLT Pkg. Add 10 percent for 4x4. Deduct 5 percent for V-6.

1999 Explorer, V-6
2d Spt SUV 340	1,020	1,700	3,830	5,950	8,500
4d SUV 360	1,080	1,800	4,050	6,300	9,000
2d Spt SUV, 4x4 440	1,320	2,200	4,950	7,700	11,000
4d SUV, 4x4 480	1,440	2,400	5,400	8,400	12,000

NOTE: Add 5 percent for XLS, XLT, Eddie Bauer, or Limited Pkgs. Add 5 percent for V-8.

1999 Expedition, V-8
XLT SUV 600	1,800	3,000	6,750	10,500	15,000
Eddie Bauer SUV 620	1,860	3,100	6,980	10,850	15,500
XLT SUV, 4x4 640	1,920	3,200	7,200	11,200	16,000
Eddie Bauer, 4x4 660	1,980	3,300	7,430	11,550	16,500

NOTE: Deduct 5 percent for 4.6L V-8.

1999 Windstar, V-6
Cargo Van 240	720	1,200	2,700	4,200	6,000
LX Van 300	900	1,500	3,380	5,250	7,500
SE Van 320	960	1,600	3,600	5,600	8,000
SEL Van 340	1,020	1,700	3,830	5,950	8,500

1999 E150 & E250, V-8
Cargo Van 380	1,140	1,900	4,280	6,650	9,500
Ext Cargo Van 440	1,320	2,200	4,950	7,700	11,000
Club Wag 520	1,560	2,600	5,850	9,100	13,000

NOTE: Add 5 percent for Chateau or XLT Pkg. Add 5 percent for V-10. Add 20 percent for turbo diesel V-8. Deduct 5 percent for V-6.

1999 Ranger, V-6
2d Styleside PU 240	720	1,200	2,700	4,200	6,000
2d Flareside PU 260	780	1,300	2,930	4,550	6,500
2d Styleside Sup Cab PU 280	840	1,400	3,150	4,900	7,000
2d Flareside Sup Cab PU 300	900	1,500	3,380	5,250	7,500
4d Styleside Sup Cab PU 320	960	1,600	3,600	5,600	8,000
4d Flareside Sup Cab PU 340	1,020	1,700	3,830	5,950	8,500

NOTE: Add 5 percent for XLT Pkg. Add 10 percent for 4x4. Deduct 5 percent for 4-cyl.

1999 F150 & F250, V-8
2d Styleside XL PU 320	960	1,600	3,600	5,600	8,000
2d Flareside XL PU 340	1,020	1,700	3,830	5,950	8,500
Styleside XL Sup Cab PU 400	1,200	2,000	4,500	7,000	10,000
Flareside XL Sup Cab PU 420	1,260	2,100	4,730	7,350	10,500
2d Flareside Lightning PU 660	1,980	3,300	7,430	11,550	16,500
4d XL Crew Cab PU (F250 only) 580	1,740	2,900	6,530	10,150	14,500

NOTE: Add 5 percent for Lariat or XLT Pkg. Add 10 percent for 4x4. Add 5 percent for V-10. Add 25 percent for turbo diesel V-8. Add 5 percent for dually version. Deduct 5 percent for V-6.

	6	5	4	3	2	1
2000 Explorer, V-6						
2d Spt SUV	340	1,020	1,700	3,830	5,950	8,500
4d XL SUV	360	1,080	1,800	4,050	6,300	9,000
2d Spt SUV, 4x4	440	1,320	2,200	4,950	7,700	11,000
4d XL SUV, 4x4	480	1,440	2,400	5,400	8,400	12,000
NOTE: Add 5 percent for XLS, XLT, Eddie Bauer or Limited pkgs. Add 5 percent for V-8.						
2000 Expedition, V-8						
XLT	600	1,800	3,000	6,750	10,500	15,000
Eddie Bauer SUV	620	1,860	3,100	6,980	10,850	15,500
XLT SUV, 4x4	640	1,920	3,200	7,200	11,200	16,000
Eddie Bauer, 4x4	660	1,980	3,300	7,430	11,550	16,500
NOTE: Deduct 5 percent for 4.6L V-8.						
2000 Excursion, V-10						
XLT SUV	630	1,880	3,140	7,070	10,990	15,700
Limited SUV	640	1,910	3,180	7,160	11,130	15,900
XLT SUV (turbo diesel)	700	2,100	3,500	7,880	12,250	17,500
Limited SUV (turbo diesel)	740	2,220	3,700	8,330	12,950	18,500
NOTE: Add 10 percent for 4x4. Deduct 5 percent for 4.6L V-8.						
2000 Windstar, V-6						
Cargo Van	240	720	1,200	2,700	4,200	6,000
Window Van	250	740	1,240	2,790	4,340	6,200
LX Van	300	900	1,500	3,380	5,250	7,500
SE Van	320	960	1,600	3,600	5,600	8,000
SEL Van	340	1,020	1,700	3,830	5,950	8,500
Limited Van	360	1,080	1,800	4,050	6,300	9,000
2000 E150 & E250, V-8						
Cargo Van	380	1,140	1,900	4,280	6,650	9,500
Ext Cargo Van	440	1,320	2,200	4,950	7,700	11,000
Club Wag	520	1,560	2,600	5,850	9,100	13,000
NOTE: Add 5 percent for Chateau or XLT pkgs. Add 5 percent for V-10. Add 20 percent for turbo diesel V-8. Deduct 5 percent for V-6.						
2000 Ranger, V-6						
2d Styleside PU	240	720	1,200	2,700	4,200	6,000
2d Flareside PU	260	780	1,300	2,930	4,550	6,500
2d Styleside Sup Cab PU	280	840	1,400	3,150	4,900	7,000
2d Flareside Sup Cab PU	300	900	1,500	3,380	5,250	7,500
4d Styleside Sup Cab PU	320	960	1,600	3,600	5,600	8,000
4d Flareside Sup Cab PU	340	1,020	1,700	3,830	5,950	8,500
NOTE: Add 5 percent for XLT pkg. Add 10 percent for 4x4. Deduct 5 percent for 4-cyl.						
2000 F150 & F250, V-8						
2d Styleside XL PU	320	960	1,600	3,600	5,600	8,000
2d Flareside XL PU	340	1,020	1,700	3,830	5,950	8,500
Styleside XL Sup Cab PU	400	1,200	2,000	4,500	7,000	10,000
Flareside XL Sup Cab PU	420	1,260	2,100	4,730	7,350	10,500
2d Flareside Lightning PU	660	1,980	3,300	7,430	11,550	16,500
4d XL Crew Cab PU (F250 only)	580	1,740	2,900	6,530	10,150	14,500
Flareside XL Sup Cab Harley PU (F150 only)	730	2,180	3,640	8,190	12,740	18,200
NOTE: Add 5 percent for Lariat or XLT pkgs. Add 10 percent for 4x4. Add 5 percent for V-10. Add 25 percent for turbo diesel V-8. Add 5 percent for dually version. Deduct 5 percent for V-6.						
2001 Escape, V-6						
4d XLS SUV	300	900	1,500	3,750	5,250	7,500
4d XLT SUV	320	960	1,600	4,000	5,600	8,000
4d XLS SUV, 4x4	340	1,020	1,700	4,250	5,950	8,500
4d XLT SUV, 4x4	360	1,080	1,800	4,500	6,300	9,000
NOTE: Deduct 5 percent for 4-cyl.						
2001 Explorer Sport Trac, V-6						
4d SUV	400	1,200	2,000	5,000	7,000	10,000
4d SUV, 4x4	420	1,260	2,100	5,250	7,350	10,500
NOTE: Add 5 percent for Eddie Bauer or Limited pkgs. Add 5 percent for V-8.						
2001 Explorer, V-6						
2d Spt SUV	340	1,020	1,700	4,250	5,950	8,500
4d XLS SUV	360	1,080	1,800	4,500	6,300	9,000
4d XLT SUV	380	1,140	1,900	4,750	6,650	9,500
2d Spt SUV, 4x4	440	1,320	2,200	5,500	7,700	11,000
4d XLS SUV, 4x4	480	1,440	2,400	6,000	8,400	12,000
4d XLT SUV, 4x4	500	1,500	2,500	6,250	8,750	12,500
NOTE: Add 5 percent for Eddie Bauer or Limited pkgs. Add 5 percent for V-8.						
2001 Expedition, V-8						
XLT SUV	600	1,800	3,000	7,500	10,500	15,000
Eddie Bauer SUV	620	1,860	3,100	7,750	10,850	15,500
XLT SUV, 4x4	640	1,920	3,200	8,000	11,200	16,000
Eddie Bauer SUV, 4x4	660	1,980	3,300	8,250	11,550	16,500
NOTE: Deduct 5 percent for 4.6L V-8.						
2001 Excursion, V-10						
XLT SUV	630	1,880	3,140	7,850	10,990	15,700
Limited SUV	640	1,910	3,180	7,950	11,130	15,900
XLT SUV (turbo diesel)	700	2,100	3,500	8,750	12,250	17,500
Limited SUV (turbo diesel)	740	2,220	3,700	9,250	12,950	18,500
NOTE: Add 10 percent for 4x4. Deduct 5 percent for 5.4L V-8.						

	6	5	4	3	2	1
2001 Windstar, V-6						
Cargo Van	240	720	1,200	3,000	4,200	6,000
Window Van	250	740	1,240	3,100	4,340	6,200
LX Van	300	900	1,500	3,750	5,250	7,500
SE Van	320	960	1,600	4,000	5,600	8,000
SEL Van	340	1,020	1,700	4,250	5,950	8,500
Limited Van	360	1,080	1,800	4,500	6,300	9,000

NOTE: Add 5 percent for SE Sport pkg.

2001 Econoline E150 & E250, V-8						
Cargo Van	380	1,140	1,900	4,750	6,650	9,500
Ext Cargo Van	440	1,320	2,200	5,500	7,700	11,000
Club Wag	520	1,560	2,600	6,500	9,100	13,000

NOTE: Add 5 percent for Chateau or XLT pkgs. Add 5 percent for V-10. Add 20 percent for turbo diesel V-8. Deduct 5 percent for V-6.

2001 Ranger, V-6						
2d Styleside PU	240	720	1,200	3,000	4,200	6,000
2d Flareside PU	260	780	1,300	3,250	4,550	6,500
2d Styleside Sup Cab PU	280	840	1,400	3,500	4,900	7,000
2d Flareside Sup Cab PU	300	900	1,500	3,750	5,250	7,500
4d Styleside Sup Cab PU	320	960	1,600	4,000	5,600	8,000
4d Flareside Sup Cab PU	340	1,020	1,700	4,250	5,950	8,500

NOTE: Add 5 percent for Edge or XLT pkgs. Add 10 percent for 4x4. Deduct 5 percent for 4-cyl.

2001 F150 & F250, V-8						
2d Styleside XL PU	320	960	1,600	4,000	5,600	8,000
2d Flareside XL PU	340	1,020	1,700	4,250	5,950	8,500
Styleside XL Sup Cab PU	400	1,200	2,000	5,000	7,000	10,000
Flareside XL Sup Cab PU	420	1,260	2,100	5,250	7,350	10,500
2d Flareside Lightning PU	660	1,980	3,300	8,250	11,550	16,500
4d XL Crew Cab PU (F250 only)	580	1,740	2,900	7,250	10,150	14,500
Flareside XL Sup Cab Harley PU (F150 only)	730	2,180	3,640	9,100	12,740	18,200

NOTE: Add 5 percent for F150 King Ranch pkg. Add 5 percent for Lariat or XLT pkgs. Add 10 percent for 4x4. Add 5 percent for V-10. Add 25 percent for turbo diesel V-8. Add 5 percent for dually version. Deduct 5 percent for V-6.

GMC TRUCKS

1920-26						
Canopy	600	1,800	3,000	6,750	10,500	15,000
1927-29 Light Duty						
PU	600	1,800	3,000	6,750	10,500	15,000
Panel	588	1,764	2,940	6,620	10,290	14,700
1930-33 Light Duty						
PU	628	1,884	3,140	7,070	10,990	15,700
Panel	620	1,860	3,100	6,980	10,850	15,500
Stake	580	1,740	2,900	6,530	10,150	14,500
1934-35 Light Duty						
PU	680	2,040	3,400	7,650	11,900	17,000
Panel	640	1,920	3,200	7,200	11,200	16,000
1936-40 Light Duty						
PU	720	2,160	3,600	8,100	12,600	18,000
Panel	680	2,040	3,400	7,650	11,900	17,000
1940 Light Duty, 1/2-Ton, 113.5" wb						
Canopy Dly	720	2,160	3,600	8,100	12,600	18,000
Screenside Dly	720	2,160	3,600	8,100	12,600	18,000
Suburban	780	2,340	3,900	8,780	13,650	19,500
1941-42, 1946-47 Light Duty, 1/2-Ton, 115" wb						
PU	840	2,520	4,200	9,450	14,700	21,000
Panel	788	2,364	3,940	8,870	13,790	19,700
Canopy Dly	780	2,340	3,900	8,780	13,650	19,500
Screenside Dly	820	2,460	4,100	9,230	14,350	20,500
Suburban	800	2,400	4,000	9,000	14,000	20,000
Stake	660	1,980	3,300	7,430	11,550	16,500
1941-42, 1946-47 Light Duty, 1/2-Ton, 125" wb						
PU	840	2,520	4,200	9,450	14,700	21,000
Panel	780	2,340	3,900	8,780	13,650	19,500
Stake	672	2,016	3,360	7,560	11,760	16,800
1941-42, 1946-47 Medium Duty, 3/4-Ton, 125" wb						
PU	720	2,160	3,600	8,100	12,600	18,000
Panel	680	2,040	3,400	7,650	11,900	17,000
Stake	656	1,968	3,280	7,380	11,480	16,400
1948-53 Light Duty, 1/2-Ton						
PU	920	2,760	4,600	10,350	16,100	23,000
Panel	808	2,424	4,040	9,090	14,140	20,200
Canopy Exp	748	2,244	3,740	8,420	13,090	18,700
Suburban	820	2,460	4,100	9,230	14,350	20,500
1948-53 Medium Duty, 3/4-Ton						
PU	780	2,340	3,900	8,780	13,650	19,500
Stake	680	2,040	3,400	7,650	11,900	17,000

	6	5	4	3	2	1
1948-53 Heavy Duty, 1-Ton						
PU	760	2,280	3,800	8,550	13,300	19,000
Stake	724	2,172	3,620	8,150	12,670	18,100
1954-55 First Series Light Duty, 1/2-Ton						
PU	860	2,580	4,300	9,680	15,050	21,500
Panel	760	2,280	3,800	8,550	13,300	19,000
Canopy Dly.	800	2,400	4,000	9,000	14,000	20,000
Suburban	800	2,400	4,000	9,000	14,000	20,000
PU (LWB)	780	2,340	3,900	8,780	13,650	19,500
Stake Rack	640	1,920	3,200	7,200	11,200	16,000
1954-55 First Series Medium Duty, 3/4-Ton						
PU	800	2,400	4,000	9,000	14,000	20,000
Stake Rack	640	1,920	3,200	7,200	11,200	16,000
1954-55 First Series Heavy Duty, 1-Ton						
PU	760	2,280	3,800	8,550	13,300	19,000
Panel	680	2,040	3,400	7,650	11,900	17,000
Canopy Exp	740	2,220	3,700	8,330	12,950	18,500
Stake Rack	640	1,920	3,200	7,200	11,200	16,000
Platform	640	1,920	3,200	7,200	11,200	16,000
1955-57 Second Series Light Duty, 1/2-Ton, V-8						
PU	840	2,520	4,200	9,450	14,700	21,000
Panel	720	2,160	3,600	8,100	12,600	18,000
DeL Panel	728	2,184	3,640	8,190	12,740	18,200
Suburban PU	980	2,940	4,900	11,030	17,150	24,500
Suburban	728	2,184	3,640	8,190	12,740	18,200
1955-57 Second Series Medium Duty, 3/4-Ton, V-8						
PU	760	2,280	3,800	8,550	13,300	19,000
Stake Rack	640	1,920	3,200	7,200	11,200	16,000
1955-57 Second Series Heavy Duty, 1-Ton, V-8						
PU	700	2,100	3,500	7,880	12,250	17,500
Panel	720	2,160	3,600	8,100	12,600	18,000
DeL Panel	740	2,220	3,700	8,330	12,950	18,500
Stake Rack	640	1,920	3,200	7,200	11,200	16,000
Platform	640	1,920	3,200	7,200	11,200	16,000
NOTE: Deduct 20 percent for 6-cyl.						
1958-59 Light Duty, 1/2-Ton, V-8						
PU	760	2,280	3,800	8,550	13,300	19,000
Wide-Side PU	752	2,256	3,760	8,460	13,160	18,800
PU (LWB)	748	2,244	3,740	8,420	13,090	18,700
Wide-Side PU (LWB)	740	2,220	3,700	8,330	12,950	18,500
Panel	720	2,160	3,600	8,100	12,600	18,000
Panel DeL.	728	2,184	3,640	8,190	12,740	18,200
Suburban	740	2,220	3,700	8,330	12,950	18,500
1958-59 Medium Duty, 3/4-Ton, V-8						
PU	680	2,040	3,400	7,650	11,900	17,000
Wide-Side PU	688	2,064	3,440	7,740	12,040	17,200
Stake Rack	600	1,800	3,000	6,750	10,500	15,000
1958-59 V-8						
Panel, 8 ft.	660	1,980	3,300	7,430	11,550	16,500
Panel, 10 ft.	660	1,980	3,300	7,430	11,550	16,500
Panel, 12 ft.	668	2,004	3,340	7,520	11,690	16,700
1958-59 Heavy Duty, 1-Ton, V-8						
PU	660	1,980	3,300	7,430	11,550	16,500
Panel	660	1,980	3,300	7,430	11,550	16,500
Panel DeL.	668	2,004	3,340	7,520	11,690	16,700
Stake Rack	512	1,536	2,560	5,760	8,960	12,800
NOTE: Deduct 20 percent for 6-cyl.						
1960-66 95" wb						
Dly Van	620	1,860	3,100	6,980	10,850	15,500
1960-66 1/2-Ton, V-8, 115" wb						
Fender-Side PU	728	2,184	3,640	8,190	12,740	18,200
Wide-Side PU.	720	2,160	3,600	8,100	12,600	18,000
1960-66 1/2-Ton, V-8, 127" wb						
Fender-Side PU	700	2,100	3,500	7,880	12,250	17,500
Wide-Side PU.	720	2,160	3,600	8,100	12,600	18,000
Panel	664	1,992	3,320	7,470	11,620	16,600
Suburban	680	2,040	3,400	7,650	11,900	17,000
1960-66 3/4-Ton, V-8, 127" wb						
Fender-Side PU	504	1,512	2,520	5,670	8,820	12,600
Wide-Side PU.	508	1,524	2,540	5,720	8,890	12,700
Stake	600	1,800	3,000	6,750	10,500	15,000
1960-66 1-Ton, V-8, 121" or 133" wb						
PU	496	1,488	2,480	5,580	8,680	12,400
Panel	488	1,464	2,440	5,490	8,540	12,200
Stake	484	1,452	2,420	5,450	8,470	12,100
NOTE: Deduct 20 percent for 6-cyl.						
1967-68 1/2-Ton, 90" wb						
Handi Van	460	1,380	2,300	5,180	8,050	11,500
Handi Bus	436	1,308	2,180	4,910	7,630	10,900

	6	5	4	3	2	1
1967-68 1/2-Ton, 102" wb						
Van	440	1,320	2,200	4,950	7,700	11,000
1967-68 1/2-Ton, V-8, 115" wb						
Fender-Side PU	760	2,280	3,800	8,550	13,300	19,000
Wide-Side PU	780	2,340	3,900	8,780	13,650	19,500
1967-68 1/2-Ton, V-8, 127" wb						
Fender-Side PU	744	2,232	3,720	8,370	13,020	18,600
Wide-Side PU	748	2,244	3,740	8,420	13,090	18,700
Panel	672	2,016	3,360	7,560	11,760	16,800
Suburban	740	2,220	3,700	8,330	12,950	18,500
1967-68 3/4-Ton, V-8, 127" wb						
Fender-Side PU	660	1,980	3,300	7,430	11,550	16,500
Wide-Side PU	680	2,040	3,400	7,650	11,900	17,000
Panel	420	1,260	2,100	4,730	7,350	10,500
Suburban	700	2,100	3,500	7,880	12,250	17,500
Stake	416	1,248	2,080	4,680	7,280	10,400
1967-68 1-Ton, V-8, 133" wb						
PU	620	1,860	3,100	6,980	10,850	15,500
Stake Rack	500	1,500	2,500	5,630	8,750	12,500
NOTE: Deduct 20 percent for 6-cyl. Add 5 percent for 4x4 where available.						
1969-70 1/2-Ton, 90" wb						
Handi Van	460	1,380	2,300	5,180	8,050	11,500
Handi Bus DeL	356	1,068	1,780	4,010	6,230	8,900
1969-70 1/2-Ton, 102" wb						
Van	440	1,320	2,200	4,950	7,700	11,000
1969-70 1/2-Ton, V-8, 115" wb						
Fender-Side PU	760	2,280	3,800	8,550	13,300	19,000
Wide-Side PU	768	2,304	3,840	8,640	13,440	19,200
1969-70 1/2-Ton, V-8, 127" wb						
Fender-Side PU	744	2,232	3,720	8,370	13,020	18,600
Wide-Side PU	748	2,244	3,740	8,420	13,090	18,700
Panel	672	2,016	3,360	7,560	11,760	16,800
Suburban	740	2,220	3,700	8,330	12,950	18,500
1969-70 3/4-Ton, V-8, 127" wb						
Fender-Side PU	700	2,100	3,500	7,880	12,250	17,500
Wide-Side PU	720	2,160	3,600	8,100	12,600	18,000
Panel	460	1,380	2,300	5,180	8,050	11,500
Suburban	620	1,860	3,100	6,980	10,850	15,500
Stake	460	1,380	2,300	5,180	8,050	11,500
1969-70 1-Ton, V-8, 133" wb						
PU	624	1,872	3,120	7,020	10,920	15,600
Stake Rack	504	1,512	2,520	5,670	8,820	12,600
NOTE: Deduct 20 percent for 6-cyl. Add 5 percent for 4x4 where available.						
1971-72 Sprint, 1/2-Ton, V-8						
PU	840	2,520	4,200	9,450	14,700	21,000
Cus PU	880	2,640	4,400	9,900	15,400	22,000
NOTE: Add 30 percent for 350, 40 percent for 402, 45 percent for 454 engine options.						
1971-72 1/2-Ton, 90" wb						
Handi Van	440	1,320	2,200	4,950	7,700	11,000
Handi Bus DeL	440	1,320	2,200	4,950	7,700	11,000
1971-72 1/2-Ton, 102" wb						
Van	460	1,380	2,300	5,180	8,050	11,500
1971-72 1/2-Ton, V-8, 115" wb						
Fender-Side PU	840	2,520	4,200	9,450	14,700	21,000
Wide-Side PU	860	2,580	4,300	9,680	15,050	21,500
1971-72 1/2-Ton, V-8, 127" wb						
Fender-Side PU	820	2,460	4,100	9,230	14,350	20,500
Wide-Side PU	840	2,520	4,200	9,450	14,700	21,000
Suburban	740	2,220	3,700	8,330	12,950	18,500
1971-72 3/4-Ton, V-8, 127" wb						
Fender-Side PU	760	2,280	3,800	8,550	13,300	19,000
Wide-Side PU	780	2,340	3,900	8,780	13,650	19,500
Suburban	680	2,040	3,400	7,650	11,900	17,000
Stake	464	1,392	2,320	5,220	8,120	11,600
1971-72 1-Ton, V-8, 133" wb						
PU	672	2,016	3,360	7,560	11,760	16,800
Stake Rack	620	1,860	3,100	6,980	10,850	15,500
1971-72 Jimmy, V-8, 104" wb						
Jimmy (2WD)	720	2,160	3,600	8,100	12,600	18,000
Jimmy (4x4)	800	2,400	4,000	9,000	14,000	20,000
NOTE: Deduct 20 percent for 6-cyl. Add 5 percent for 4x4 where available.						
1973-77 Sprint 1/2-Ton, V-8, 116" wb						
Sprint Cus	580	1,740	2,900	6,530	10,150	14,500
1973-80 Jimmy, 1/2-Ton, V-8, 106" wb						
Jimmy (2WD)	640	1,920	3,200	7,200	11,200	16,000
Jimmy (4x4)	680	2,040	3,400	7,650	11,900	17,000
1973-80 1/2-Ton, V-8, 110" wb						
Rally Van	408	1,224	2,040	4,590	7,140	10,200

	6	5	4	3	2	1
1973-80 1/2-Ton, V-8, 117" wb						
Fender-Side PU	620	1,860	3,100	6,980	10,850	15,500
Wide-Side PU	620	1,860	3,100	6,980	10,850	15,500
1973-80 1/2-Ton, V-8, 125" wb						
Fender-Side PU	640	1,920	3,200	7,200	11,200	16,000
Wide-Side PU	640	1,920	3,200	7,200	11,200	16,000
Suburban	560	1,680	2,800	6,300	9,800	14,000
1973-80 3/4-Ton, V-8, 125" wb						
Fender-Side PU	440	1,320	2,200	4,950	7,700	11,000
Wide-Side PU	448	1,344	2,240	5,040	7,840	11,200
Suburban	560	1,680	2,800	6,300	9,800	14,000
Rally Van	400	1,200	2,000	4,500	7,000	10,000
1973-80 1-Ton, V-8, 125" or 135" wb						
PU	400	1,200	2,000	4,500	7,000	10,000
Crew Cab PU	308	924	1,540	3,470	5,390	7,700
NOTE: Deduct 20 percent for 6-cyl. Add 5 percent for 4x4 where available.						
1978-80 Caballero, V-8						
PU	500	1,500	2,500	5,630	8,750	12,500
Cus PU	520	1,560	2,600	5,850	9,100	13,000
NOTE: Deduct 20 percent for V-6.						
1981-82 Caballero, 1/2-Ton, 117" wb						
Caballero PU	500	1,500	2,500	5,630	8,750	12,500
Diablo PU	520	1,560	2,600	5,850	9,100	13,000
1981-82 K1500, 1/2-Ton, 106.5" wb						
Jimmy (4x4)	580	1,740	2,900	6,530	10,150	14,500
Jimmy Conv. Top (4x4)	620	1,860	3,100	6,980	10,850	15,500
1981-82 G1500 Van, 1/2-Ton, 110" or 125" wb						
Vandura	252	756	1,260	2,840	4,410	6,300
Rally	288	864	1,440	3,240	5,040	7,200
Rally Cus	296	888	1,480	3,330	5,180	7,400
Rally STX	304	912	1,520	3,420	5,320	7,600
1981-82 G2500 Van, 3/4-Ton, 110" or 125" wb						
Vandura	248	744	1,240	2,790	4,340	6,200
Rally	284	852	1,420	3,200	4,970	7,100
Rally Cus	292	876	1,460	3,290	5,110	7,300
Rally STX	300	900	1,500	3,380	5,250	7,500
Gaucho	300	900	1,500	3,380	5,250	7,500
1981-82 G3500 Van, 1-Ton, 125" or 146" wb						
Vandura	244	732	1,220	2,750	4,270	6,100
Vandura Spl	280	840	1,400	3,150	4,900	7,000
Rally Camper Spl	288	864	1,440	3,240	5,040	7,200
Rally	296	888	1,480	3,330	5,180	7,400
Rally Cus	304	912	1,520	3,420	5,320	7,600
Rally STX	312	936	1,560	3,510	5,460	7,800
Magna Van 10 ft.	280	840	1,400	3,150	4,900	7,000
Magna Van 12 ft.	280	840	1,400	3,150	4,900	7,000
1981-82 C1500, 1/2-Ton, 117.5" or 131.5" wb						
Fender-Side PU (SBx)	310	940	1,560	3,510	5,460	7,800
Wide-Side PU (SBx)	320	950	1,580	3,560	5,530	7,900
Wide-Side PU (LBx)	310	920	1,540	3,470	5,390	7,700
Suburban 4d	408	1,224	2,040	4,590	7,140	10,200
1981-82 C2500, 3/4-Ton, 131" wb						
Fender-Side PU (LBx)	310	920	1,540	3,470	5,390	7,700
Wide-Side PU (LBx)	310	940	1,560	3,510	5,460	7,800
Bonus Cab 2d PU (LBx)	320	960	1,600	3,600	5,600	8,000
Crew Cab 4d PU (LBx)	320	950	1,580	3,560	5,530	7,900
Suburban 4d	412	1,236	2,060	4,640	7,210	10,300
1981-82 C3500, 1-Ton, 131.5" or 164.5" wb						
Fender-Side PU (LBx)	300	910	1,520	3,420	5,320	7,600
Wide-Side PU (LBx)	310	920	1,540	3,470	5,390	7,700
Bonus Cab 2d PU (LBx)	310	940	1,560	3,510	5,460	7,800
Crew Cab 4d PU (LBx)	310	920	1,540	3,470	5,390	7,700
NOTE: Add 5 percent for 4x4. Deduct 20 percent for 6-cyl.						
1983-87 Caballero, V-8						
PU	460	1,380	2,300	5,180	8,050	11,500
Cus PU	480	1,440	2,400	5,400	8,400	12,000
NOTE: Deduct 20 percent for V-6. Add 30 percent for Choo Choo model where available.						
1983-87 S15, 1/2-Ton, 100.5" wb						
Jimmy (2WD)	260	780	1,300	2,930	4,550	6,500
Jimmy (4x4)	320	960	1,600	3,600	5,600	8,000
1983-87 K1500, 1/2-Ton, 106.5" wb						
Jimmy (4x4)	400	1,200	2,000	4,500	7,000	10,000
1983-87 G1500 Van, 1/2-Ton, 110" or 125" wb						
Vandura	240	720	1,200	2,700	4,200	6,000
Rally	252	756	1,260	2,840	4,410	6,300
Rally Cus	260	780	1,300	2,930	4,550	6,500
Rally STX	268	804	1,340	3,020	4,690	6,700
1983-87 G2500 Van, 3/4-Ton, 110" or 125" wb						
Vandura	240	720	1,200	2,700	4,200	6,000

	6	5	4	3	2	1
Rally	248	744	1,240	2,790	4,340	6,200
Rally Cus.	256	768	1,280	2,880	4,480	6,400
Rally STX	264	792	1,320	2,970	4,620	6,600
1983-87 G3500 Van, 1-Ton, 125" or 146" wb						
Vandura	240	720	1,200	2,700	4,200	6,000
Rally	244	732	1,220	2,750	4,270	6,100
Rally Cus.	252	756	1,260	2,840	4,410	6,300
Rally STX	260	780	1,300	2,930	4,550	6,500
Magna Van 10 ft.	240	720	1,200	2,700	4,200	6,000
Magna Van 12 ft.	240	720	1,200	2,700	4,200	6,000
1983-87 S15, 1/2-Ton, 108.3" or 122.9" wb						
Wide-Side PU (SBx)	210	640	1,060	2,390	3,710	5,300
Wide-Side PU (LBx)	220	650	1,080	2,430	3,780	5,400
Wide-Side Ext Cab PU	220	670	1,120	2,520	3,920	5,600
1983-87 C1500, 1/2-Ton, 117.5" or 131.5" wb						
Fender-Side PU (SBx)	280	830	1,380	3,110	4,830	6,900
Wide-Side PU (SBx)	280	840	1,400	3,150	4,900	7,000
Wide-Side PU (LBx)	270	800	1,340	3,020	4,690	6,700
Suburban 4d	376	1,128	1,880	4,230	6,580	9,400
1983-87 C2500, 3/4-Ton, 131" wb						
Fender-Side PU (LBx)	270	820	1,360	3,060	4,760	6,800
Wide-Side PU (LBx)	280	830	1,380	3,110	4,830	6,900
Bonus Cab 2d PU (LBx)	290	860	1,440	3,240	5,040	7,200
Crew Cab 4d PU (LBx)	310	920	1,540	3,470	5,390	7,700
Suburban 4d	380	1,140	1,900	4,280	6,650	9,500
1983-87 C3500, 1-Ton, 131.5" or 164.5" wb						
Fender-Side PU (LBx)	260	790	1,320	2,970	4,620	6,600
Wide-Side PU (LBx)	270	800	1,340	3,020	4,690	6,700
Bonus Cab 2d PU (LBx)	280	830	1,380	3,110	4,830	6,900
Crew Cab 4d PU (LBx)	270	820	1,360	3,060	4,760	6,800
NOTE: Add 15 percent for 4x4.						
1988-91 V1500 Jimmy, 1/2-Ton, 106.5" wb						
Wag (4x4)	628	1,884	3,140	7,070	10,990	15,700
1988-91 S15, 1/2-Ton, 100.5" wb						
Wag.	308	924	1,540	3,470	5,390	7,700
Wag (4x4)	428	1,284	2,140	4,820	7,490	10,700
1988-91 Safari, 1/2-Ton, 111" wb						
Cargo Van	260	780	1,300	2,930	4,550	6,500
SLX Van	420	1,260	2,100	4,730	7,350	10,500
SLE Van	460	1,380	2,300	5,180	8,050	11,500
SLT Van	580	1,740	2,900	6,530	10,150	14,500
1988-91 G1500 Van, 1/2-Ton, 110" or 125" wb						
Vandura	288	864	1,440	3,240	5,040	7,200
Rally	428	1,284	2,140	4,820	7,490	10,700
Rally Cus.	468	1,404	2,340	5,270	8,190	11,700
Rally STX	588	1,764	2,940	6,620	10,290	14,700
1988-91 G2500 Van, 3/4-Ton, 110" or 125" wb						
Vandura	400	1,200	2,000	4,500	7,000	10,000
Rally	460	1,380	2,300	5,180	8,050	11,500
Rally Cus.	568	1,704	2,840	6,390	9,940	14,200
Rally STX	608	1,824	3,040	6,840	10,640	15,200
1988-91 G3500, 1-Ton, 125" or 146" wb						
Vandura	468	1,404	2,340	5,270	8,190	11,700
Rally	568	1,704	2,840	6,390	9,940	14,200
Rally Cus.	608	1,824	3,040	6,840	10,640	15,200
Rally STX	628	1,884	3,140	7,070	10,990	15,700
Magna Van 10 ft.	560	1,680	2,800	6,300	9,800	14,000
Magna Van 12 ft.	600	1,800	3,000	6,750	10,500	15,000
1988-91 S15, 1/2-Ton, 108.3" or 122.9" wb						
Wide-Side PU (SBx)	240	710	1,180	2,660	4,130	5,900
Wide-Side PU (LBx)	240	720	1,200	2,700	4,200	6,000
Wide-Side Ext Cab PU (SBx)	244	732	1,220	2,750	4,270	6,100
1988-91 C1500, 1/2-Ton, 117.5" or 131.5" wb						
Fender-Side PU (SBx)	310	920	1,540	3,470	5,390	7,700
Wide-Side PU (SBx)	310	920	1,540	3,470	5,390	7,700
Wide-Side PU (LBx)	320	960	1,600	3,600	5,600	8,000
Wide-Side Clb Cab PU (LBx)	360	1,080	1,800	4,050	6,300	9,000
Suburban	680	2,040	3,400	7,650	11,900	17,000
1988-91 C2500, 3/4-Ton, 117.5" or 131.5" wb						
Fender-Side PU (LBx)	350	1,040	1,740	3,920	6,090	8,700
Wide-Side PU (LBx)	350	1,040	1,740	3,920	6,090	8,700
Wide-Side Bonus Cab (LBx)	368	1,104	1,840	4,140	6,440	9,200
Wide-Side Crew Cab (LBx)	380	1,140	1,900	4,280	6,650	9,500
Suburban	720	2,160	3,600	8,100	12,600	18,000
Wide-Side PU (LBx)	370	1,100	1,840	4,140	6,440	9,200
1988-91 C2500, 1-Ton, 131.5" or 164.5" wb						
Wide-Side Clb Cpe PU (LBx)	368	1,104	1,840	4,140	6,440	9,200
Wide-Side Bonus Cab (LBx)	568	1,704	2,840	6,390	9,940	14,200

	6	5	4	3	2	1
Wide-Side Crew Cab (LBx) 580	580	1,740	2,900	6,530	10,150	14,500
NOTE: Add 15 percent for 4x4.						
1992 Yukon, V-8						
2d SUV. 700	700	2,150	3,600	8,100	12,600	18,000
1992 Jimmy, V-6						
2d SUV. 300	300	950	1,600	3,600	5,600	8,000
4d SUV. 350	350	1,100	1,800	4,050	6,300	9,000
2d SUV (4x4). 600	600	1,750	2,900	6,530	10,200	14,500
4d SUV (4x4). 600	600	1,850	3,100	6,980	10,900	15,500
2d Typhoon SUV (4x4). 760	760	2,280	3,800	8,550	13,300	19,000
1992 Safari, V-6						
3d Van 300	300	900	1,500	3,380	5,250	7,500
3d SLX Van 350	350	1,000	1,700	3,830	5,950	8,500
1992 G Series, V-8						
G150 Van. 300	300	900	1,500	3,380	5,250	7,500
G250 Van 300	300	950	1,600	3,600	5,600	8,000
1992 Suburban 1500, V-8						
4d 750	750	2,300	3,800	8,550	13,300	19,000
4d (4x4) 800	800	2,400	4,000	9,000	14,000	20,000
1992 Suburban 2500, V-8						
4d 800	800	2,400	4,000	9,000	14,000	20,000
4d (4x4) 850	850	2,500	4,200	9,450	14,700	21,000
1992 Sonoma, 1/2-Ton, V-6						
2d PU (SBx) 350	350	1,100	1,800	4,050	6,300	9,000
2d PU (LBx) 350	350	1,100	1,800	4,050	6,300	9,000
2d Syclone PU (AWD) (1991-1992 only) 900	900	2,700	4,500	10,130	15,700	22,500
NOTE: Add 15 percent for 4x4.						
1992 Sierra 1500, 1/2-Ton, V-8						
2d Sportside PU (SBx) 560	560	1,680	2,800	6,300	9,800	14,000
2d Fleetside PU (SBx) 560	560	1,680	2,800	6,300	9,800	14,000
2d Fleetside PU (LBx) 560	560	1,680	2,800	6,300	9,800	14,000
NOTE: Add 15 percent for 4x4.						
1992 Sierra 2500, 3/4-Ton, V-8						
2d Fleetside PU (SBx) 600	600	1,800	3,000	6,750	10,500	15,000
2d Fleetside PU (LBx) 600	600	1,800	3,000	6,750	10,500	15,000
NOTE: Add 15 percent for 4x4.						
1993 Yukon, V-8						
2d SUV (4x4) 750	750	2,300	3,800	8,550	13,300	19,000
1993 Jimmy, V-6						
2d SUV 2WD 350	350	1,000	1,700	3,830	5,950	8,500
4d SUV 2WD 350	350	1,050	1,750	3,960	6,150	8,800
2d SUV (4x4) 600	600	1,750	2,900	6,530	10,200	14,500
4d SUV (4x4) 600	600	1,800	3,000	6,750	10,500	15,000
1993 Safari, V-6						
Window Van. 250	250	700	1,200	2,700	4,200	6,000
1993 G Van, V-8						
Window Van 250	250	800	1,300	2,930	4,550	6,500
1993 Suburban C1500/C2500						
4d Sta Wag 1500 800	800	2,400	4,000	9,000	14,000	20,000
4d Sta Wag 2500 800	800	2,400	4,000	9,000	14,000	20,000
1993 Sonoma, V-6						
2d PU (SBx) 350	350	1,100	1,850	4,140	6,450	9,200
2d PU (LBx) 400	400	1,150	1,900	4,280	6,650	9,500
1993 Sierra 1500/2500, V-8						
2d PU 1500 (SBx) 550	550	1,700	2,850	6,390	9,950	14,200
2d PU 1500 (LBx). 600	600	1,750	2,900	6,530	10,200	14,500
2d PU 2500 (SBx) 600	600	1,750	2,900	6,530	10,200	14,500
2d PU 2500 (LBx). 600	600	1,750	2,950	6,620	10,300	14,700
1994 Yukon, V-8						
2d SUV 4x4 700	700	2,150	3,600	8,100	12,600	18,000
1994 Jimmy, V-6						
2d SUV. 350	350	1,100	1,800	4,050	6,300	9,000
2d SUV 4x4 350	350	1,100	1,850	4,140	6,450	9,200
4d SUV. 500	500	1,450	2,400	5,400	8,400	12,000
4d SUV 4x4 500	500	1,550	2,600	5,850	9,100	13,000
1994 Safari, V-6						
Van Cargo 350	350	1,000	1,700	3,830	5,950	8,500
Van Cargo XT. 350	350	1,100	1,800	4,050	6,300	9,000
Van SLX 400	400	1,150	1,900	4,280	6,650	9,500
Van SLX XT 400	400	1,250	2,100	4,730	7,350	10,500
1994 G1500/G2500, V-8						
Van. 400	400	1,250	2,100	4,730	7,350	10,500
Rally (G2500 only) 500	500	1,550	2,600	5,850	9,100	13,000
1994 Suburban, V-8						
4d C1500 700	700	2,150	3,600	8,100	12,600	18,000
4d C2500 750	750	2,300	3,800	8,550	13,300	19,000
1994 Sonoma, V-6						
2d PU 6 ft. 300	300	900	1,500	3,380	5,250	7,500
2d PU 7 ft. 300	300	900	1,500	3,420	5,300	7,600
2d PU Club Cab 6 ft. 380	380	1,140	1,900	4,280	6,650	9,500

GMC TRUCKS

	6	5	4	3	2	1
1994 Sierra 1500/2500, V-8						
2d PU 6 ft.	400	1,200	2,000	4,500	7,000	10,000
2d PU 8 ft.	500	1,550	2,600	5,850	9,100	13,000
2d PU Club Cab 6 ft.	560	1,680	2,800	6,300	9,800	14,000
2d PU Club Cab 8 ft.	600	1,800	3,000	6,750	10,500	15,000
1995 Yukon, V-8						
2d SUV, 4x4	700	2,150	3,600	8,100	12,600	18,000
4d SUV, 4x4	750	2,200	3,700	8,330	13,000	18,500
NOTE: Add 10 percent for turbo diesel.						
1995 Jimmy, V-6						
2d SUV	350	1,100	1,800	4,050	6,300	9,000
4d SUV	500	1,450	2,400	5,400	8,400	12,000
2d SUV, 4x4	400	1,150	1,900	4,280	6,650	9,500
4d SUV, 4x4	500	1,550	2,600	5,850	9,100	13,000
NOTE: Add 5 percent for SLS, SLE, or SLT trim package.						
1995 Safari, V-6						
Cargo Van XT	350	1,100	1,800	4,050	6,300	9,000
Van SLX XT	400	1,250	2,100	4,730	7,350	10,500
NOTE: Add 5 percent for SLE or SLT trim package. Add 10 percent for 4x4.						
1995 G1500 & G2500, V-8						
Van	400	1,250	2,100	4,730	7,350	10,500
Rally (G2500 only)	500	1,550	2,600	5,850	9,100	13,000
1995 Suburban, V-8						
C1500	700	2,150	3,600	8,100	12,600	18,000
C2500	750	2,300	3,800	8,550	13,300	19,000
NOTE: Add 10 percent for 4x4. Add 10 percent for turbo diesel.						
1995 Sonoma, 4-cyl. & V-6						
2d PU, 6 ft.	300	900	1,500	3,380	5,250	7,500
2d PU, 7-1/2 ft.	300	900	1,500	3,420	5,300	7,600
Club Cab PU, 6 ft.	400	1,150	1,900	4,280	6,650	9,500
NOTE: Add 5 percent SLS or SLE trim package. Add 10 percent for 4x4. Deduct 5 percent for 4-cyl.						
1995 Sierra 1500 & 2500, V-6 & V-8						
2d PU, 6-1/2 ft.	400	1,200	2,000	4,500	7,000	10,000
2d PU, 8 ft.	500	1,550	2,600	5,850	9,100	13,000
Club Cab PU, 6-1/2 ft.	560	1,680	2,800	6,300	9,800	14,000
Club Cab PU, 8 ft.	600	1,800	3,000	6,750	10,500	15,000
NOTE: Add 5 percent for SLE or SLT trim package. Add 10 percent for 4x4. Add 10 percent for turbo diesel. Deduct 5 percent for V-6.						
1996 Yukon, V-8						
2d SUV	600	1,800	3,000	6,750	10,500	15,000
SLE 2d SUV	600	1,850	3,100	6,980	10,900	15,500
SLE 4d SUV	650	1,900	3,200	7,200	11,200	16,000
NOTE: Add 10 percent for turbo diesel V-8. Add 10 percent for 4x4.						
1996 Jimmy, V-6						
2d SUV	300	950	1,600	3,600	5,600	8,000
4d SUV	450	1,300	2,200	4,950	7,700	11,000
NOTE: Add 5 percent for SLS, SLE, or SLT Pkg. Add 10 percent for 4x4.						
1996 Safari, V-6						
Cargo Van	300	950	1,600	3,600	5,600	8,000
SLX Van	400	1,150	1,900	4,280	6,650	9,500
NOTE: Add 5 percent for SLE or SLT Pkg. Add 10 percent for 4x4.						
1996 G1500 & G2500, V-8						
Cargo Van	400	1,150	1,900	4,280	6,650	9,500
Savana Van	500	1,450	2,400	5,400	8,400	12,000
1996 Suburban, V-8						
C1500	700	2,050	3,400	7,650	11,900	17,000
C2500	700	2,150	3,600	8,100	12,600	18,000
NOTE: Add 5 percent for SLE or SLT Pkg. Add 10 percent for 4x4. Add 10 percent for turbo diesel V-8.						
1996 Sonoma, 4-cyl. & V-6						
2d PU, 6 ft.	250	800	1,300	2,930	4,550	6,500
2d PU, 7-1/2 ft.	250	800	1,300	2,970	4,600	6,600
Club Cab PU, 6 ft.	350	1,000	1,700	3,830	5,950	8,500
NOTE: Add 5 percent SLS or SLE trim pkg. Add 10 percent for 4x4. Deduct 5 percent for 4-cyl.						
1996 Sierra 1500 & 2500, V-6 & V-8						
2d PU, 6-1/2 ft.	350	1,100	1,800	4,050	6,300	9,000
2d PU, 8 ft.	500	1,450	2,400	5,400	8,400	12,000
Club Cab PU, 6-1/2 ft.	520	1,560	2,600	5,850	9,100	13,000
Club Cab PU, 8 ft.	550	1,700	2,800	6,300	9,800	14,000
NOTE: Add 5 percent for SLE or SLT Pkg. Add 10 percent for 4x4. Add 10 percent for turbo diesel V-8. Deduct 5 percent for V-6.						
1997 Yukon, V-8						
2d SUV	600	1,800	3,000	6,750	10,500	15,000
SLE 2d SUV	620	1,860	3,100	6,980	10,850	15,500
SLE 4d SUV	640	1,920	3,200	7,200	11,200	16,000
NOTE: Add 10 percent for turbo diesel V-8. Add 10 percent for 4x4.						
1997 Jimmy, V-6						
2d SUV	320	960	1,600	3,600	5,600	8,000
4d SUV	440	1,320	2,200	4,950	7,700	11,000
NOTE: Add 5 percent for SLS, SLE, or SLT Pkg. Add 10 percent for 4x4.						

	6	5	4	3	2	1
1997 Safari, V-6						
Cargo Van	320	960	1,600	3,600	5,600	8,000
SLX Van	380	1,140	1,900	4,280	6,650	9,500
NOTE: Add 5 percent for SLE or SLT Pkg. Add 10 percent for 4x4.						
1997 G1500 & G2500, V-8						
Cargo Van	380	1,140	1,900	4,280	6,650	9,500
Savana Van	480	1,440	2,400	5,400	8,400	12,000
NOTE: Add 5 percent for extended model. Add 10 percent for turbo diesel V-8. Add 5 percent for 7.4L V-8. Deduct 5 percent for V-6.						
1997 Suburban, V-8						
C1500	680	2,040	3,400	7,650	11,900	17,000
C2500	720	2,160	3,600	8,100	12,600	18,000
K1500	740	2,220	3,700	8,330	12,950	18,500
K2500	760	2,280	3,800	8,550	13,300	19,000
NOTE: Add 5 percent for SLE or SLT Pkg. Add 10 percent for 4x4. Add 10 percent for turbo diesel V-8. Add 5 percent for 7.4L V-8.						
1997 Sonoma, V-6						
2d PU, 6 ft.	260	780	1,300	2,930	4,550	6,500
2d PU, 7-1/2 ft.	264	792	1,320	2,970	4,620	6,600
Club Cab PU, 6 ft.	340	1,020	1,700	3,830	5,950	8,500
NOTE: Add 5 percent SLS or SLE Pkg. Add 10 percent for 4x4. Deduct 5 percent for 4-cyl.						
1997 Sierra 1500 & 2500, V-8						
2d PU, 6-1/2 ft.	360	1,080	1,800	4,050	6,300	9,000
2d PU, 8 ft.	480	1,440	2,400	5,400	8,400	12,000
Club Cab PU, 6-1/2 ft.	520	1,560	2,600	5,850	9,100	13,000
Club Cab PU, 8 ft.	560	1,680	2,800	6,300	9,800	14,000
NOTE: Add 5 percent for SLE or SLT Pkg. Add 10 percent for 4x4. Add 10 percent for turbo diesel V-8. Add 5 percent for 7.4L V-8. Deduct 5 percent for V-6.						
1998 Yukon, V-8						
SLE 4d SUV	640	1,920	3,200	7,200	11,200	16,000
NOTE: Add 10 percent for 4x4.						
1998 Jimmy, V-6						
2d SUV	320	960	1,600	3,600	5,600	8,000
4d SUV	440	1,320	2,200	4,950	7,700	11,000
NOTE: Add 5 percent for SLS, SLE, or SLT Pkg. Add 10 percent for 4x4.						
1998 Envoy, V-6, 4x4						
4d SUV	400	1,200	2,000	4,500	7,000	10,000
1998 Safari, V-6						
Cargo Van	320	960	1,600	3,600	5,600	8,000
SLX Van	380	1,140	1,900	4,280	6,650	9,500
NOTE: Add 5 percent for SLE or SLT Pkg. Add 10 percent for 4x4.						
1998 G1500 & G2500, V-8						
Cargo Van	380	1,140	1,900	4,280	6,650	9,500
Savana Van	480	1,440	2,400	5,400	8,400	12,000
NOTE: Add 5 percent for extended model. Add 10 percent for turbo diesel V-8. Add 5 percent for 7.4L V-8. Deduct 5 percent for V-6.						
1998 Suburban, V-8						
C1500	680	2,040	3,400	7,650	11,900	17,000
C2500	720	2,160	3,600	8,100	12,600	18,000
K1500	740	2,220	3,700	8,330	12,950	18,500
K2500	760	2,280	3,800	8,550	13,300	19,000
NOTE: Add 5 percent for SLE or SLT Pkg. Add 10 percent for 4x4. Add 10 percent for turbo diesel V-8. Add 5 percent for 7.4L V-8.						
1998 Sonoma, V-6						
2d Wideside PU	260	780	1,300	2,930	4,550	6,500
2d Sportside PU	260	790	1,320	2,970	4,620	6,600
NOTE: Add 5 percent for extended cab. Add 5 percent for SLE, SLS, or ZR2 Highrider Pkg. Add 10 percent for 4x4. Deduct 5 percent for 4-cyl.						
1998 Sierra 1500 & 2500, V-8						
WS 2d PU (V-6)	280	840	1,400	3,150	4,900	7,000
2d Wideside PU	360	1,080	1,800	4,050	6,300	9,000
2d Sportside PU	480	1,440	2,400	5,400	8,400	12,000
NOTE: Add 5 percent for SLE or SLT Pkg. Add 5 percent for extended cab. Add 10 percent for 4x4. Add 10 percent for Heavy Duty Pkg. Add 10 percent for turbo diesel V-8. Add 5 percent for 7.4L V-8. Add 5 percent for dual rear wheels. Deduct 5 percent for V-6.						
1999 Yukon, V-8						
SLE 4d SUV	560	1,680	2,800	6,300	9,800	14,000
SLT 4d SUV	580	1,740	2,900	6,530	10,150	14,500
NOTE: Add 10 percent for 4x4.						
1999 Jimmy, V-6						
2d SUV	280	840	1,400	3,150	4,900	7,000
4d SUV	360	1,080	1,800	4,050	6,300	9,000
4d Envoy SUV 4x4	400	1,200	2,000	4,500	7,000	10,000
NOTE: Add 5 percent for SLE or SLT Pkgs. Add 10 percent for 4x4.						
1999 Denali, V-8, 4x4						
4d SUV	540	1,620	2,700	6,080	9,450	13,500
1999 Safari, V-6						
Cargo Van	320	960	1,600	3,600	5,600	8,000
SL Van	380	1,140	1,900	4,280	6,650	9,500
NOTE: Add 5 percent for SLE or SLT Pkgs. Add 10 percent for 4x4.						

GMC TRUCKS

	6	5	4	3	2	1
1999 G1500 & G2500, V-8						
Cargo Van............................... 380	1,140	1,900	4,280	6,650	9,500
Savana Van............................. 480	1,440	2,400	5,400	8,400	12,000

NOTE: Add 5 percent for SLE Pkg. Add 5 percent for extended model. Add 10 percent for turbo diesel V-8. Add 5 percent for 7.4L V-8. Deduct 5 percent for V-6.

	6	5	4	3	2	1
1999 Suburban, V-8						
C1500 680	2,040	3,400	7,650	11,900	17,000
C2500 720	2,160	3,600	8,100	12,600	18,000
K1500 740	2,220	3,700	8,330	12,950	18,500
K2500 760	2,280	3,800	8,550	13,300	19,000

NOTE: Add 5 percent for SLE or SLT Pkgs. Add 10 percent for 4x4. Add 10 percent for turbo diesel V-8. Add 5 percent for 7.4L V-8.

	6	5	4	3	2	1
1999 Sonoma, V-6						
2d Wideside PU 260	780	1,300	2,930	4,550	6,500
2d Sportside PU 260	790	1,320	2,970	4,620	6,600

NOTE: Add 5 percent for extended cab. Add 5 percent SLE or ZR2 Pkgs. Add 10 percent for 4x4. Deduct 5 percent for 4-cyl.

	6	5	4	3	2	1
1999 Sierra 1500 & 2500, V-8						
2d Wideside PU 360	1,080	1,800	4,050	6,300	9,000
2d Sportside PU 480	1,440	2,400	5,400	8,400	12,000
4d Crew Cab PU (2500 only) 520	1,560	2,600	5,850	9,100	13,000

NOTE: Add 5 percent for SLE or SLT pkg. Add 5 percent for extended cab. Add 10 percent for 4x4. Add 10 percent for Heavy Duty Pkg. Add 10 percent for turbo diesel V-8. Add 5 percent for 7.4L V-8. Add 5 percent for dually version. Deduct 5 percent for V-6.

	6	5	4	3	2	1
2000 Yukon, V-8						
SLE 4d SUV 560	1,680	2,800	6,300	9,800	14,000

NOTE: Add 5 percent for SLT pkg. Add 10 percent for 4x4.

	6	5	4	3	2	1
2000 Jimmy, V-6						
2d SLS SUV 280	840	1,400	3,150	4,900	7,000
4d SLE SUV 360	1,080	1,800	4,050	6,300	9,000
4d Diamond SUV 370	1,100	1,840	4,140	6,440	9,200
4d Envoy SUV (4x4 only) 400	1,200	2,000	4,500	7,000	10,000

NOTE: Add 5 percent for SLT pkg. Add 10 percent for 4x4.

	6	5	4	3	2	1
2000 Denali, V-8, 4x4						
4d SUV 560	1,680	2,800	6,300	9,800	14,000

	6	5	4	3	2	1
2000 Safari, V-6						
Cargo Van............................... 320	960	1,600	3,600	5,600	8,000
SL Van............................... 380	1,140	1,900	4,280	6,650	9,500

NOTE: Add 5 percent for SLE or SLT pkgs. Add 10 percent for 4x4.

	6	5	4	3	2	1
2000 G1500 & G2500, V-8						
Cargo Van............................... 380	1,140	1,900	4,280	6,650	9,500
Savana Van............................. 480	1,440	2,400	5,400	8,400	12,000

NOTE: Add 5 percent for SLE pkg. Add 5 percent for extended model. Add 10 percent for turbo diesel V-8. Add 5 percent for 7.4L V-8. Deduct 5 percent for V-6.

	6	5	4	3	2	1
2000 Yukon XL, V-8						
C1500 SLE SUV 600	1,800	3,000	6,750	10,500	15,000
C1500 SLT SUV 620	1,860	3,100	6,980	10,850	15,500
C2500 SLE SUV 620	1,870	3,120	7,020	10,920	15,600
C2500 SLT SUV 640	1,920	3,200	7,200	11,200	16,000
K1500 SLE SUV, 4x4 660	1,980	3,300	7,430	11,550	16,500
K1500 SLT SUV, 4x4 680	2,040	3,400	7,650	11,900	17,000
K2500 SLE SUV, 4x4 700	2,100	3,500	7,880	12,250	17,500
K2500 SLT SUV, 4x4 720	2,160	3,600	8,100	12,600	18,000

NOTE: Add 10 percent for C Series 4x4.

	6	5	4	3	2	1
2000 Sonoma, V-6						
2d Wideside PU 260	780	1,300	2,930	4,550	6,500
2d Sportside PU 260	790	1,320	2,970	4,620	6,600

NOTE: Add 5 percent for extended cab. Add 5 percent SLE, SLS or ZR2 pkgs. Add 10 percent for 4x4. Deduct 5 percent for 4-cyl.

	6	5	4	3	2	1
2000 New Sierra 1500, V-8						
2d Wideside PU 360	1,080	1,800	4,050	6,300	9,000
2d Sportside PU 480	1,440	2,400	5,400	8,400	12,000

	6	5	4	3	2	1
2000 Classic Seirra 2500, V-8						
2d Wideside PU 400	1,200	2,000	4,500	7,000	10,000
2d Wideside Crew Cab PU 520	1,560	2,600	5,850	9,100	13,000

	6	5	4	3	2	1
2000 New Seirra 2500, V-8						
2d Wideside PU 490	1,460	2,440	5,490	8,540	12,200

NOTE (all Sierra): Add 5 percent for Z71, SLE or SLT pkgs. Add 5 percent for extended cab. Add 10 percent for 4x4. Add 10 percent for Heavy Duty pkg. Add 10 percent for turbo diesel V-8. Add 5 percent for 7.4L V-8. Add 5 percent for dually version. Deduct 5 percent for V-6.

	6	5	4	3	2	1
2001 Yukon, V-8						
SLE 4d SUV 560	1,680	2,800	7,000	9,800	14,000
SLT 4d SUV 600	1,800	3,000	7,500	10,500	15,000

NOTE: Add 10 percent for 4x4.

	6	5	4	3	2	1
2001 Jimmy, V-6						
2d SLS SUV 280	840	1,400	3,500	4,900	7,000
4d SL SUV 270	800	1,340	3,350	4,690	6,700
4d SLE SUV 360	1,080	1,800	4,500	6,300	9,000
4d Diamond SUV 370	1,100	1,840	4,600	6,440	9,200

NOTE: Add 5 percent for SLT pkg on SLE. Add 10 percent for 4x4.

	6	5	4	3	2	1
2001 Denali, V-8, 4x4						
4d SUV	560	1,680	2,800	7,000	9,800	14,000
4d XL SUV	570	1,710	2,850	7,130	9,980	14,250
2001 Safari, V-6						
Cargo Van	320	960	1,600	4,000	5,600	8,000
SLE Van	380	1,140	1,900	4,750	6,650	9,500
SLT Van	390	1,160	1,940	4,850	6,790	9,700
NOTE: Add 10 percent for 4x4.						
2001 G1500 & G2500, V-8						
Cargo Van	380	1,140	1,900	4,750	6,650	9,500
Savana Van	480	1,440	2,400	6,000	8,400	12,000
NOTE: Add 5 percent for SLE pkg. Add 5 percent for extended model. Add 10 percent for turbo diesel V-8. Add 5 percent for 8.1L V-8. Deduct 5 percent for V-6.						
2001 Yukon XL, V-8						
C1500 SLE SUV	600	1,800	3,000	7,500	10,500	15,000
C1500 SLT SUV	620	1,860	3,100	7,750	10,850	15,500
C2500 SLE SUV	620	1,870	3,120	7,800	10,920	15,600
C2500 SLT SUV	640	1,920	3,200	8,000	11,200	16,000
K1500 SLE SUV, 4x4	660	1,980	3,300	8,250	11,550	16,500
K1500 SLT SUV, 4x4	680	2,040	3,400	8,500	11,900	17,000
K2500 SLE SUV, 4x4	700	2,100	3,500	8,750	12,250	17,500
K2500 SLT SUV, 4x4	720	2,160	3,600	9,000	12,600	18,000
NOTE: Add 10 percent for C Series 4x4. Add 5 percent for 8.1L V-8.						
2001 Sonoma, V-6						
2d Wideside PU	260	780	1,300	3,250	4,550	6,500
2d Sportside PU	260	790	1,320	3,300	4,620	6,600
4d SLS Crew Cab PU, 4x4	410	1,220	2,040	5,100	7,140	10,200
NOTE: Add 5 percent for extended cab. Add 5 percent for SLE, SLS or ZR2 pkgs. Add 10 percent for 4x4. Deduct 5 percent for 4-cyl.						
2001 Sierra 1500 & 2500, V-8						
2d Wideside PU	360	1,080	1,800	4,500	6,300	9,000
2d Sportside PU	480	1,440	2,400	6,000	8,400	12,000
NOTE: Add 5 percent for Z71, SLE or SLT pkgs. Add 5 percent for extended cab. Add 10 percent for 4x4. Add 10 percent for Heavy Duty pkg. Add 10 percent for turbo diesel V-8. Add 5 percent for 8.1L V-8. Add 5 percent for dually version. Deduct 5 percent for V-6.						

HUDSON TRUCKS

	6	5	4	3	2	1
1929 Dover Series						
Canopy Exp	664	1,992	3,320	7,470	11,620	16,600
Screenside Dly	652	1,956	3,260	7,340	11,410	16,300
Panel Dly	672	2,016	3,360	7,560	11,760	16,800
Flareboard PU	692	2,076	3,460	7,790	12,110	17,300
Bed Rail PU	792	2,376	3,960	8,910	13,860	19,800
Sed Dly	712	2,136	3,560	8,010	12,460	17,800
Mail Truck w/sl doors	952	2,856	4,760	10,710	16,660	23,800
1930-31 Essex Commercial Car Series						
PU	770	2,320	3,860	8,690	13,510	19,300
Canopy Exp	720	2,160	3,600	8,100	12,600	18,000
Screenside Exp	730	2,200	3,660	8,240	12,810	18,300
Panel Exp	750	2,260	3,760	8,460	13,160	18,800
Sed Dly	790	2,380	3,960	8,910	13,860	19,800
1933 Essex-Terraplane Series						
PU Exp	720	2,160	3,600	8,100	12,600	18,000
Canopy Dly	700	2,100	3,500	7,880	12,250	17,500
Screenside Dly	710	2,140	3,560	8,010	12,460	17,800
Panel Dly	720	2,170	3,620	8,150	12,670	18,100
DeL Panel Dly	730	2,200	3,660	8,240	12,810	18,300
Sed Dly	750	2,260	3,760	8,460	13,160	18,800
Mail Dly Van	910	2,740	4,560	10,260	15,960	22,800
1934 Terraplane Series						
Cab PU	730	2,200	3,660	8,240	12,810	18,300
Sed Dly	750	2,260	3,760	8,460	13,160	18,800
Cantrell Sta Wag	870	2,620	4,360	9,810	15,260	21,800
Cotton Sta Wag	830	2,500	4,160	9,360	14,560	20,800
1935-36 Terraplane Series GU						
Cab PU	730	2,200	3,660	8,240	12,810	18,300
Sed Dly	750	2,260	3,760	8,460	13,160	18,800
1937 Terraplane Series 70, 1/2-Ton						
Utl Cpe PU	740	2,220	3,700	8,330	12,950	18,500
1937 Terraplane Series 70, 3/4-Ton						
Cab PU	730	2,200	3,660	8,240	12,810	18,300
Panel Dly	740	2,230	3,720	8,370	13,020	18,600
1937 "Big Boy" Series 78, 3/4-Ton						
Cab PU	710	2,140	3,560	8,010	12,460	17,800
Cus Panel Dly	730	2,200	3,660	8,240	12,810	18,300
1938 Hudson-Terraplane Series 80						
Cab PU	710	2,140	3,560	8,010	12,460	17,800
Cus Panel Dly	750	2,260	3,760	8,460	13,160	18,800

	6	5	4	3	2	1
1938 Hudson "Big Boy" Series 88						
Cab PU	750	2,260	3,760	8,460	13,160	18,800
Cus Panel Dly	770	2,320	3,860	8,690	13,510	19,300
1938 Hudson 112 Series 89						
Cab PU	730	2,200	3,660	8,240	12,810	18,300
Panel Dly	750	2,260	3,760	8,460	13,160	18,800
1939 Hudson 112 Series						
PU	650	1,960	3,260	7,340	11,410	16,300
Cus Panel	670	2,020	3,360	7,560	11,760	16,800
1939 Hudson "Big Boy" Series						
PU	670	2,020	3,360	7,560	11,760	16,800
Cus Panel	690	2,080	3,460	7,790	12,110	17,300
1939 Hudson Pacemaker Series						
Cus Panel	780	2,350	3,920	8,820	13,720	19,600
1940 Hudson Six Series						
PU	870	2,620	4,360	9,810	15,260	21,800
Panel Dly	850	2,560	4,260	9,590	14,910	21,300
1940 "Big Boy" Series						
PU	890	2,680	4,460	10,040	15,610	22,300
Panel Dly	870	2,620	4,360	9,810	15,260	21,800
1941 Hudson Six Series						
PU	850	2,560	4,260	9,590	14,910	21,300
All-Purpose Dly	860	2,570	4,280	9,630	14,980	21,400
1941 "Big Boy" Series						
PU	870	2,620	4,360	9,810	15,260	21,800
1942 Hudson Six Series						
PU	850	2,560	4,260	9,590	14,910	21,300
1942 Hudson "Big Boy" Series						
PU	870	2,620	4,360	9,810	15,260	21,800
1946-47 Cab Pickup Series 178						
Cab PU	1,000	3,000	5,000	11,250	17,500	25,000

IHC TRUCKS

	6	5	4	3	2	1
1909 Model A Series						
Auto Wag	1,000	3,000	5,000	11,250	17,500	25,000
1910 Model A Series						
Auto Wag	1,000	3,000	5,000	11,250	17,500	25,000
1911 Model A Series						
Auto Wag	1,000	3,000	5,000	11,250	17,500	25,000
1912 Series AA						
Dly Wag	1,020	3,060	5,100	11,480	17,850	25,500
1912 Series MW						
Dly Wag	1,020	3,060	5,100	11,480	17,850	25,500
Panel Exp	1,048	3,144	5,240	11,790	18,340	26,200
1912 Series AW						
Panel Exp	1,048	3,144	5,240	11,790	18,340	26,200
1913-14 Series AA						
Panel Exp	1,020	3,060	5,100	11,480	17,850	25,500
1913-14 Series AW						
Panel Exp	1,020	3,060	5,100	11,480	17,850	25,500
1913-14 Series MA						
Panel Exp	1,048	3,144	5,240	11,790	18,340	26,200
1913-14 Series MW						
Panel Exp	1,048	3,144	5,240	11,790	18,340	26,200
1915 Model M						
1/2-Ton Chassis	700	2,100	3,500	7,880	12,250	17,500
1915 Model E						
3/4-Ton Chassis	680	2,040	3,400	7,650	11,900	17,000
1915 Model F						
1-Ton Chassis	696	2,088	3,480	7,830	12,180	17,400
1916-20 Model F						
1-Ton Chassis	696	2,088	3,480	7,830	12,180	17,400
1916-20 Model H						
3/4-Ton Chassis	700	2,100	3,500	7,880	12,250	17,500
1921 Model S Series, 3/4-Ton						
Chassis	580	1,740	2,900	6,530	10,150	14,500
PU	680	2,040	3,400	7,650	11,900	17,000
Exp	660	1,980	3,300	7,430	11,550	16,500
Stake	660	1,980	3,300	7,430	11,550	16,500
Ambulance	680	2,040	3,400	7,650	11,900	17,000
Panel	680	2,040	3,400	7,650	11,900	17,000
1921 Model 21 Series, 1-Ton						
Chassis	560	1,680	2,800	6,300	9,800	14,000
Exp	620	1,860	3,100	6,980	10,850	15,500
Panel	640	1,920	3,200	7,200	11,200	16,000
Stake	620	1,860	3,100	6,980	10,850	15,500
Dump	640	1,920	3,200	7,200	11,200	16,000
Tank	660	1,980	3,300	7,430	11,550	16,500

	6	5	4	3	2	1
1922 Model S Series, 3/4-Ton						
Chassis	580	1,740	2,900	6,530	10,150	14,500
PU	680	2,040	3,400	7,650	11,900	17,000
Exp	660	1,980	3,300	7,430	11,550	16,500
Panel	680	2,040	3,400	7,650	11,900	17,000
Stake	660	1,980	3,300	7,430	11,550	16,500
Ambulance	680	2,040	3,400	7,650	11,900	17,000
1922 Model 21 Series, 1-Ton						
Chassis	560	1,680	2,800	6,300	9,800	14,000
Exp	620	1,860	3,100	6,980	10,850	15,500
Panel	640	1,920	3,200	7,200	11,200	16,000
Stake	620	1,860	3,100	6,980	10,850	15,500
Dump	640	1,920	3,200	7,200	11,200	16,000
Tank	660	1,980	3,300	7,430	11,550	16,500
1923 Model S Series, 3/4-Ton						
Chassis	580	1,740	2,900	6,530	10,150	14,500
PU	680	2,040	3,400	7,650	11,900	17,000
Exp	660	1,980	3,300	7,430	11,550	16,500
Panel	680	2,040	3,400	7,650	11,900	17,000
Stake	660	1,980	3,300	7,430	11,550	16,500
Ambulance	680	2,040	3,400	7,650	11,900	17,000
1923 Model 21 Series, 1-Ton						
Chassis	560	1,680	2,800	6,300	9,800	14,000
Exp	620	1,860	3,100	6,980	10,850	15,500
Panel	640	1,920	3,200	7,200	11,200	16,000
Stake	620	1,860	3,100	6,980	10,850	15,500
Dump	640	1,920	3,200	7,200	11,200	16,000
Tank	660	1,980	3,300	7,430	11,550	16,500
1925 Special Delivery Series, 3/4-Ton						
Chassis	620	1,860	3,100	6,980	10,850	15,500
Panel Dly	660	1,980	3,300	7,430	11,550	16,500
1925 Model S Series, 1-Ton						
Chassis	500	1,740	2,900	6,530	10,150	14,500
PU	660	1,980	3,300	7,430	11,550	16,500
Exp	640	1,920	3,200	7,200	11,200	16,000
Panel	660	1,980	3,300	7,430	11,550	16,500
Stake	640	1,920	3,200	7,200	11,200	16,000
Ambulance	660	1,980	3,300	7,430	11,550	16,500
Lang Bus	560	1,680	2,800	6,300	9,800	14,000
1925 Model SD Series, 1-Ton						
Chassis	560	1,680	2,800	6,300	9,800	14,000
1925 Model SL Series, 1-Ton						
Chassis	560	1,680	2,800	6,300	9,800	14,000
1927-28 Series S, 3/4-Ton						
PU	660	1,980	3,300	7,430	11,550	16,500
Canopy Dly	644	1,932	3,220	7,250	11,270	16,100
Screen Dly	628	1,884	3,140	7,070	10,990	15,700
Panel Dly	676	2,028	3,380	7,610	11,830	16,900
Sed Dly	696	2,088	3,480	7,830	12,180	17,400
1929 Series S, 3/4-Ton						
PU	660	1,980	3,300	7,430	11,550	16,500
Canopy Dly	644	1,932	3,220	7,250	11,270	16,100
Screen Dly	628	1,884	3,140	7,070	10,990	15,700
Panel Dly	676	2,028	3,380	7,610	11,830	16,900
Sed Dly	696	2,088	3,480	7,830	12,180	17,400
1930 Series AW-1, 3/4-Ton, 134" wb						
Chassis	620	1,860	3,100	6,980	10,850	15,500
PU	652	1,956	3,260	7,340	11,410	16,300
Canopy Dly	652	1,956	3,260	7,340	11,410	16,300
Screen Dly	640	1,920	3,200	7,200	11,200	16,000
Panel Dly	680	2,040	3,400	7,650	11,900	17,000
Sed Dly	700	2,100	3,500	7,880	12,250	17,500
1930 Series AW-1, 3/4-Ton, 136" wb						
Chassis	580	1,740	2,900	6,530	10,150	14,500
PU	644	1,932	3,220	7,250	11,270	16,100
Canopy Dly	628	1,884	3,140	7,070	10,990	15,700
Screen Dly	612	1,836	3,060	6,890	10,710	15,300
Panel Dly	660	1,980	3,300	7,430	11,550	16,500
Sed Dly	680	2,040	3,400	7,650	11,900	17,000
1931 Series AW-1, 3/4-Ton						
Chassis	620	1,860	3,100	6,980	10,850	15,500
PU	680	2,040	3,400	7,650	11,900	17,000
Canopy Dly	676	2,028	3,380	7,610	11,830	16,900
Screen Dly	652	1,956	3,260	7,340	11,410	16,300
Panel	640	1,920	3,200	7,200	11,200	16,000
Sed Dly	700	2,100	3,500	7,880	12,250	17,500
1931 Series A-1, 3/4-Ton						
Chassis	600	1,800	3,000	6,750	10,500	15,000

	6	5	4	3	2	1
1932 Series AW-1, 3/4-Ton						
Chassis	620	1,860	3,100	6,980	10,850	15,500
PU	680	2,040	3,400	7,650	11,900	17,000
Canopy Dly	676	2,028	3,380	7,610	11,830	16,900
Screen Dly	652	1,956	3,260	7,340	11,410	16,300
Panel	640	1,920	3,200	7,200	11,200	16,000
Sed Dly	700	2,100	3,500	7,880	12,250	17,500
1932 Series A-1, 3/4-Ton						
Chassis	600	1,800	3,000	6,750	10,500	15,000
PU	620	1,860	3,100	6,980	10,850	15,500
Canopy Dly	616	1,848	3,080	6,930	10,780	15,400
Screen Dly	592	1,776	2,960	6,660	10,360	14,800
Panel	580	1,740	2,900	6,530	10,150	14,500
Sed Dly	640	1,920	3,200	7,200	11,200	16,000
1932 Series M-2, 1-Ton						
Chassis	572	1,716	2,860	6,440	10,010	14,300
1933 Series D-1, 1/2-Ton						
Chassis	604	1,812	3,020	6,800	10,570	15,100
PU	624	1,872	3,120	7,020	10,920	15,600
Canopy Dly	620	1,860	3,100	6,980	10,850	15,500
Screen Dly	596	1,788	2,980	6,710	10,430	14,900
Panel	584	1,752	2,920	6,570	10,220	14,600
Sed Dly	644	1,932	3,220	7,250	11,270	16,100
1933 Series A-1, 3/4-Ton						
Chassis	600	1,800	3,000	6,750	10,500	15,000
PU	620	1,860	3,100	6,980	10,850	15,500
Canopy Dly	616	1,848	3,080	6,930	10,780	15,400
Screen Dly	592	1,776	2,960	6,660	10,360	14,800
Panel	580	1,740	2,900	6,530	10,150	14,500
Sed Dly	640	1,920	3,200	7,200	11,200	16,000
1933 Series M-2, 1-Ton						
Chassis	572	1,716	2,860	6,440	10,010	14,300
1934-36 Series D-1, 1/2-Ton						
PU	664	1,992	3,320	7,470	11,620	16,600
Canopy Dly	660	1,980	3,300	7,430	11,550	16,500
Screen Dly	680	2,040	3,400	7,650	11,900	17,000
Panel	660	1,980	3,300	7,430	11,550	16,500
Sed Dly	684	2,052	3,420	7,700	11,970	17,100
1934-36 Series C-1, 1/2-Ton						
PU (113" wb)	680	2,040	3,400	7,650	11,900	17,000
1934-36 Series A-1, 3/4-Ton						
PU	660	1,980	3,300	7,430	11,550	16,500
Canopy Dly	640	1,920	3,200	7,200	11,200	16,000
Screen Dly	668	2,004	3,340	7,520	11,690	16,700
Panel	660	1,980	3,300	7,430	11,550	16,500
Sed Dly	680	2,040	3,400	7,650	11,900	17,000
1937-40 Series D-2, 6-cyl., 1/2-Ton, 113" wb						
Exp	672	2,016	3,360	7,560	11,760	16,800
Canopy Exp	676	2,028	3,380	7,610	11,830	16,900
Panel	680	2,040	3,400	7,650	11,900	17,000
DM Body	660	1,980	3,300	7,430	11,550	16,500
DB Body	660	1,980	3,300	7,430	11,550	16,500
Sta Wag	700	2,100	3,500	7,880	12,250	17,500
Metro	580	1,740	2,900	6,530	10,150	14,500
1937-40 Series D-2, 6-cyl., 1-Ton, 125" wb						
Exp	664	1,992	3,320	7,470	11,620	16,600
Canopy Exp	668	2,004	3,340	7,520	11,690	16,700
Panel	672	2,016	3,360	7,560	11,760	16,800
Stake	648	1,944	3,240	7,290	11,340	16,200
1941-42, 1946-49 Series K-1, 1/2-Ton, 113" wb						
PU	820	2,460	4,100	9,230	14,350	20,500
1941-42, 1946-49 Series K-1, 1/2-Ton, 125" wb						
Canopy	828	2,484	4,140	9,320	14,490	20,700
Panel	824	2,472	4,120	9,270	14,420	20,600
Milk Dly	720	2,160	3,600	8,100	12,600	18,000
Sta Wag	960	2,880	4,800	10,800	16,800	24,000
PU	820	2,460	4,100	9,230	14,350	20,500
Canopy	820	2,460	4,100	9,230	14,350	20,500
Panel	800	2,400	4,000	9,000	14,000	20,000
Stake	740	2,220	3,700	8,330	12,950	18,500
Bakery Dly	712	2,136	3,560	8,010	12,460	17,800
1941-42, 1946-49 Series K-2, 3/4-Ton, 125" wb						
PU	760	2,280	3,800	8,550	13,300	19,000
Canopy	768	2,304	3,840	8,640	13,440	19,200
Panel	764	2,292	3,820	8,600	13,370	19,100
Stake	740	2,220	3,700	8,330	12,950	18,500
Bakery Dly	708	2,124	3,540	7,970	12,390	17,700
1950-52 Series L-110/L-111, 1/2-Ton						
PU (6-1/2 ft.)	800	2,400	4,000	9,000	14,000	20,000

	6	5	4	3	2	1
PU (8 ft.)	780	2,340	3,900	8,780	13,650	19,500
Sta Wag	920	2,760	4,600	10,350	16,100	23,000
Panel (7-1/2 ft.)	760	2,280	3,800	8,550	13,300	19,000
1950-52 Series L-112, 3/4-Ton						
PU (6-1/2 ft.)	740	2,220	3,700	8,330	12,950	18,500
PU (8 ft.)	740	2,220	3,700	8,330	12,950	18,500
Sta Wag	940	2,820	4,700	10,580	16,450	23,500
PU (8 ft.)	684	2,052	3,420	7,700	11,970	17,100
1950-52 Series L-120, 3/4-Ton						
PU (6-1/2 ft.)	700	2,100	3,500	7,880	12,250	17,500
PU (8 ft.)	704	2,112	3,520	7,920	12,320	17,600
Panel (7-1/2 ft.)	680	2,040	3,400	7,650	11,900	17,000
1953-55 Series R-100 Light Duty, 1/2-Ton, 115" wb						
PU (6-1/2 ft.)	720	2,160	3,600	8,100	12,600	18,000
1953-55 Series R-110 Heavy Duty, 1/2-Ton, 115" or 127" wb						
PU (6-1/2 ft.)	716	2,148	3,580	8,060	12,530	17,900
Panel (7-1/2 ft.)	700	2,100	3,500	7,880	12,250	17,500
PU (8 ft.)	700	2,100	3,500	7,880	12,250	17,500
Stake	580	1,740	2,900	6,530	10,150	14,500
1953-55 Series R-120, 3/4-Ton, 115" or 127" wb						
PU (6-1/2 ft.)	668	2,004	3,340	7,520	11,690	16,700
Panel (7-1/2 ft.)	660	1,980	3,300	7,430	11,550	16,500
PU (8 ft.)	640	1,920	3,200	7,200	11,200	16,000
Stake	632	1,896	3,160	7,110	11,060	15,800
1956-57 Series S-100, 1/2-Ton, 115" wb						
PU (6-1/2 ft.)	720	2,160	3,600	8,100	12,600	18,000
1956-57 Series S-110, Heavy Duty 1/2-Ton, 115" or 127" wb						
PU (6-1/2 ft.)	720	2,160	3,600	8,100	12,600	18,000
Panel	668	2,004	3,340	7,520	11,690	16,700
Travelall	672	2,016	3,360	7,560	11,760	16,800
PU (8 ft.)	700	2,100	3,500	7,880	12,250	17,500
Stake	580	1,740	2,900	6,530	10,150	14,500
Platform	580	1,710	2,900	6,530	10,150	14,500
1956-57 Series S-120, 3/4-Ton, 115" or 127" wb						
PU (6-1/2 ft.)	720	2,160	3,600	8,100	12,600	18,000
Panel	560	1,680	2,800	6,300	9,800	14,000
Travelall	564	1,692	2,820	6,350	9,870	14,100
PU (8 ft.)	620	1,860	3,100	6,980	10,850	15,500
Stake	580	1,740	2,900	6,530	10,150	14,500
1957-1/2 - 1958 Series A-100, 1/2-Ton, 7 ft.						
PU	700	2,150	3,600	8,100	12,600	18,000
Cus PU	800	2,450	4,100	9,230	14,300	20,500
Panel	600	1,800	3,000	6,800	10,600	15,100
Travelall	600	1,850	3,100	7,020	10,900	15,600
1957-1/2 - 1958 Series A-110, Heavy Duty, 1/2-Ton						
PU (7 ft.)	750	2,200	3,700	8,330	13,000	18,500
Cus PU (7 ft.)	800	2,350	3,900	8,780	13,700	19,500
Panel (7 ft.)	600	1,800	3,000	6,750	10,500	15,000
Travelall	600	1,850	3,100	6,980	10,900	15,500
PU (8-1/2 ft.)	600	1,850	3,100	6,980	10,900	15,500
Utl PU (6 ft.)	600	1,750	2,900	6,530	10,200	14,500
Cus Utl PU (6 ft.)	650	2,000	3,300	7,430	11,600	16,500
1957-1/2 - 1958 Series A-120, 3/4-Ton						
PU (7 ft.)	600	1,750	2,900	6,530	10,200	14,500
Cus PU (7 ft.)	650	2,000	3,300	7,430	11,600	16,500
Panel (7 ft.)	450	1,300	2,150	4,860	7,550	10,800
Travelall (7 ft.)	550	1,700	2,850	6,440	10,000	14,300
PU (8-1/2 ft.)	550	1,700	2,850	6,440	10,000	14,300
Utl PU (6 ft.)	550	1,700	2,800	6,350	9,850	14,100
Cus Utl PU (6 ft.)	650	1,900	3,200	7,200	11,200	16,000
1959-60 Series B-100/B-102, 3/4-Ton						
PU (7 ft.)	428	1,284	2,140	4,820	7,490	10,700
Panel (7 ft.)	388	1,164	1,940	4,370	6,790	9,700
Travelall	416	1,248	2,080	4,680	7,280	10,400
1959-60 Series B-110/B-112, Heavy Duty, 1/2-Ton						
PU (7 ft.)	428	1,284	2,140	4,820	7,490	10,700
Panel	388	1,164	1,940	4,370	6,790	9,700
Travelall	416	1,248	2,080	4,680	7,280	10,400
PU (8-1/2 ft.)	408	1,224	2,040	4,590	7,140	10,200
Travelette	396	1,188	1,980	4,460	6,930	9,900

NOTE: Add 10 percent for Custom trim package.

	6	5	4	3	2	1
1959-60 Series B-120/B-122, 3/4-Ton						
PU (7 ft.)	408	1,224	2,040	4,590	7,140	10,200
Panel (7 ft.)	404	1,212	2,020	4,550	7,070	10,100
Travelall	408	1,224	2,040	4,590	7,140	10,200
PU (8-1/2 ft.)	392	1,176	1,960	4,410	6,860	9,800
Travelette (6 ft.)	388	1,164	1,940	4,370	6,790	9,700

NOTE: Add 5 percent for 4x4 trucks.

	6	5	4	3	2	1
1959-60 Series B-130/B-132, 1-Ton						
PU (8-1/2 ft.) 388	1,164	1,940	4,370	6,790	9,700
Travelette 392	1,176	1,960	4,410	6,860	9,800
NOTE: Add 5 percent for V-8 engines.						
1961-64 Series 80 Scout, 1/4-Ton, 5 ft.						
PU 276	828	1,380	3,110	4,830	6,900
PU (4x4) 396	1,188	1,980	4,460	6,930	9,900
NOTE: Add 5 percent for vinyl Sport-Top (full enclosure). Add 4 percent for steel Travel-Top.						
1961-68 Series C-100, 1/2-Ton						
PU (7 ft.) 288	864	1,440	3,240	5,040	7,200
Panel (7 ft.) 268	804	1,340	3,020	4,690	6,700
Travelall. 388	1,164	1,940	4,370	6,790	9,700
Cus Travelall 408	1,224	2,040	4,590	7,140	10,200
1961-68 Series C-110, Heavy Duty, 1/2-Ton						
PU (7 ft.) 292	876	1,460	3,290	5,110	7,300
Panel (7 ft.) 272	816	1,360	3,060	4,760	6,800
Travelall. 392	1,176	1,960	4,410	6,860	9,800
Cus Travelall 412	1,236	2,060	4,640	7,210	10,300
PU (8-1/2 ft.) 288	864	1,440	3,240	5,040	7,200
Travelette PU 268	804	1,340	3,020	4,690	6,700
1961-68 Series C-120, 3/4-Ton						
PU (7 ft.) 272	816	1,360	3,060	4,760	6,800
Panel (7 ft.) 264	792	1,320	2,970	4,620	6,600
Travelall. 288	864	1,440	3,240	5,040	7,200
Cus Travelall 304	912	1,520	3,420	5,320	7,600
PU (8-1/2 ft.) 268	804	1,340	3,020	4,690	6,700
Travelette PU 280	840	1,400	3,150	4,900	7,000
NOTE: Add 5 percent for vinyl Sport-Top (full enclosure). Add 4 percent for steel Travel-Top.						
1965-69 Series 80 Scout, 1/4-Ton, 5 ft.						
PU 276	828	1,380	3,110	4,830	6,900
PU (4x4) 396	1,188	1,980	4,460	6,930	9,900
NOTE: Add 10 percent for 1966-on Sport-Top.						
1969-70 Scout 800A and 1971 800B Series						
PU 268	804	1,340	3,020	4,690	6,700
Rds 248	744	1,240	2,790	4,340	6,200
Travel-Top. 272	816	1,360	3,060	4,760	6,800
Aristocrat. 372	1,116	1,860	4,190	6,510	9,300
NOTE: Add 45 percent for 4x4.						
1969-75 Metro Series						
M-1100 Panel 260	780	1,300	2,930	4,550	6,500
M-1200 Panel 260	780	1,300	2,930	4,550	6,500
MA-1200 Panel 264	792	1,320	2,970	4,620	6,600
1969-75 Series 1000D						
PU (6-1/2 ft.) 252	756	1,260	2,840	4,410	6,300
Bonus Load PU (6-1/2 ft.) 256	768	1,280	2,880	4,480	6,400
PU (8 ft.) 248	744	1,240	2,790	4,340	6,200
Bonus Load PU (8 ft.) 250	760	1,260	2,840	4,410	6,300
Panel. 228	684	1,140	2,570	3,990	5,700
1969-75 Series 1100D						
PU (6-1/2 ft.) 260	780	1,300	2,930	4,550	6,500
Bonus Load PU (6-1/2 ft.) 264	792	1,320	2,970	4,620	6,600
PU (8 ft.) 240	720	1,200	2,700	4,200	6,000
Bonus Load PU (8 ft.) 240	730	1,220	2,750	4,270	6,100
Panel. 232	696	1,160	2,610	4,060	5,800
1969-75 Series 1200D						
PU (6-1/2 ft.) 256	768	1,280	2,880	4,480	6,400
Bonus Load PU (6-1/2 ft.) 260	780	1,300	2,930	4,550	6,500
PU (8 ft.) 248	744	1,240	2,790	4,340	6,200
Bonus Load PU (8 ft.) 250	760	1,260	2,840	4,410	6,300
Panel. 228	684	1,140	2,570	3,990	5,700
Travelette (6-1/2 ft.). 248	744	1,240	2,790	4,340	6,200
BL Travelette (8 ft.) 252	756	1,260	2,840	4,410	6,300
1969-75 Series 1300D						
PU (9 ft.) 264	792	1,320	2,970	4,620	6,600
Travelette 248	744	1,240	2,790	4,340	6,200
B.L. Travelette (6-1/2 ft.) 240	730	1,220	2,750	4,270	6,100
NOTE: See 1967 for percent additions for special equipment, optional engines and 4x4 models (all series).						
1971-75 Scout II						
Travel-Top (2WD) 340	1,020	1,700	3,830	5,950	8,500
Travel-Top (4x4) 348	1,044	1,740	3,920	6,090	8,700
PU (2WD) 320	960	1,600	3,600	5,600	8,000
PU (4x4) 328	984	1,640	3,690	5,740	8,200
1976-80 Scout II						
Travel-Top (2WD) 340	1,020	1,700	3,830	5,950	8,500
Travel-Top (4x4) 348	1,044	1,740	3,920	6,090	8,700
1976-80 Scout II Diesel						
Travel-Top (2WD) 328	984	1,640	3,690	5,740	8,200
Travel-Top (4x4) 336	1,008	1,680	3,780	5,880	8,400

IHC TRUCKS

	6	5	4	3	2	1
1976-80 Terra						
PU (2WD)	252	756	1,260	2,840	4,410	6,300
PU (4x4)	260	780	1,300	2,930	4,550	6,500
1976-80 Terra Diesel						
PU (2WD)	240	720	1,200	2,700	4,200	6,000
PU (4x4)	248	744	1,240	2,790	4,340	6,200
1976-80 Traveler						
Sta Wag (2WD)	268	804	1,340	3,020	4,690	6,700
Sta Wag (4x4)	276	828	1,380	3,110	4,830	6,900
1976-80 Traveler Diesel						
Sta Wag (2WD)	256	768	1,280	2,880	4,480	6,400
Sta Wag (4x4)	264	792	1,320	2,970	4,620	6,600

NOTE: Add 3 percent for V-8 engines. Add 3 percent for 4-speed transmission. Add 6 percent for Rally package. Add 4 percent for Custom trim. Add 2 percent for Deluxe trim.

	6	5	4	3	2	1
1977-79 Scout SS-II, 4x4 only						
Rds	420	1,260	2,100	4,730	7,350	10,500

WILLYS OVERLAND JEEP/TRUCKS (1945-1962)

1945 Jeep Series, 4x4
NOTE: All Jeep prices in this catalog are for civilian models unless noted otherwise. Military Jeeps may sell for higher prices.

	6	5	4	3	2	1
1946 Jeep Series, 4x4						
CJ-2 Jeep	668	2,004	3,340	7,520	11,690	16,700
1947 Willys Jeep, 4x4						
CJ-2 Jeep	668	2,004	3,340	7,520	11,690	16,700
1947 Willys Jeep, 2WD						
Panel	592	1,776	2,960	6,660	10,360	14,800
1947 Willys Truck, 4x4						
PU	580	1,740	2,900	6,530	10,150	14,500
1948 Jeep Series, 4x4						
CJ-2 Jeep	628	1,884	3,140	7,070	10,990	15,700
1948 Willys Jeep, 2WD						
PU	572	1,716	2,860	6,440	10,010	14,300
Panel	592	1,776	2,960	6,660	10,360	14,800
1948 Willys Truck, 4x4						
PU	580	1,740	2,900	6,530	10,150	14,500
1949 Jeep Series, 4x4						
CJ-2 Jeep	628	1,884	3,140	7,070	10,990	15,700
CJ-3 Jeep	620	1,860	3,100	6,980	10,850	15,500
1949 Willys Truck, 2WD						
PU	572	1,716	2,860	6,440	10,010	14,300
Panel	592	1,776	2,960	6,660	10,360	14,800
1949 Willys Truck, 4x4						
PU	580	1,740	2,900	6,530	10,150	14,500
1950 Jeep Series, 4x4						
CJ-3 Jeep	628	1,884	3,140	7,070	10,990	15,700
1950 Willys Truck, 2WD						
PU	580	1,740	2,900	6,530	10,150	14,500
Panel	592	1,776	2,960	6,660	10,360	14,800
1950 Jeep Truck, 4x4						
PU	580	1,740	2,900	6,530	10,150	14,500
Utl Wag	592	1,776	2,960	6,660	10,360	14,800
1951 Jeep Series, 4x4						
Farm Jeep	612	1,836	3,060	6,890	10,710	15,300
CJ-3 Jeep	628	1,884	3,140	7,070	10,990	15,700
1951 Jeep Trucks, 2WD						
PU	572	1,716	2,860	6,440	10,010	14,300
Sed Dly	596	1,788	2,980	6,710	10,430	14,900
1951 Jeep Trucks, 4x4						
PU	580	1,740	2,900	6,530	10,150	14,500
Utl Wag	592	1,776	2,960	6,660	10,360	14,800
1952 Jeep Series, 4x4						
CJ-3 Open	628	1,884	3,140	7,070	10,990	15,700
1952 Jeep Trucks, 2WD						
Sed Dly	596	1,788	2,980	6,710	10,430	14,900
1952 Jeep Trucks, 4x4						
PU	584	1,752	2,920	6,570	10,220	14,600
Utl Wag	596	1,788	2,980	6,710	10,430	14,900
1953 Jeep Series, 4x4						
CJ-3B Jeep	632	1,896	3,160	7,110	11,060	15,800
CJ-3B Farm Jeep	628	1,884	3,140	7,070	10,990	15,700
CJ-3A Jeep	628	1,884	3,140	7,070	10,990	15,700
1953 Jeep Trucks, 2WD						
Sed Dly	596	1,788	2,980	6,710	10,430	14,900
1953 Jeep Trucks, 4x4						
Sed Dly	572	1,716	2,860	6,440	10,010	14,300
PU	588	1,764	2,940	6,620	10,290	14,700
Utl Wag	560	1,680	2,800	6,300	9,800	14,000

WILLYS OVER. JEEP/TRKS

	6	5	4	3	2	1
1954 Jeep Series, 4x4						
Open Jeep	632	1,896	3,160	7,110	11,060	15,800
Farm Jeep	628	1,884	3,140	7,070	10,990	15,700
1954 Jeep Trucks, 2WD						
Sed Dly	596	1,788	2,980	6,710	10,430	14,900
1954 Jeep Trucks, 4x4						
PU	616	1,848	3,080	6,930	10,780	15,400
Sed Dly	616	1,848	3,080	6,930	10,780	15,400
Utl Wag	628	1,884	3,140	7,070	10,990	15,700
1955 Jeep Series, 4x4						
CJ-3B	628	1,884	3,140	7,070	10,990	15,700
CJ-5	628	1,884	3,140	7,070	10,990	15,700
1955 Jeep Trucks, 2WD						
Sed Dly	568	1,704	2,840	6,390	9,940	14,200
Utl Wag	580	1,740	2,900	6,530	10,150	14,500
1955 Jeep Trucks, 4x4						
Sed Dly	580	1,740	2,900	6,530	10,150	14,500
Utl Wag	592	1,776	2,960	6,660	10,360	14,800
1956 Jeep Series, 4x4						
CJ-3B	628	1,884	3,140	7,070	10,990	15,700
CJ-5	628	1,884	3,140	7,070	10,990	15,700
CJ-6	624	1,872	3,120	7,020	10,920	15,600
1956 Dispatcher Series, 2WD						
Open Jeep	572	1,716	2,860	6,440	10,010	14,300
Canvas Top	580	1,740	2,900	6,530	10,150	14,500
HT	588	1,764	2,940	6,620	10,290	14,700
1956 Jeep Trucks, 2WD						
Utl Wag	580	1,740	2,900	6,530	10,150	14,500
Sed Dly	568	1,704	2,840	6,390	9,940	14,200
1956 Jeep Trucks, 4x4						
Sed Dly	584	1,752	2,920	6,570	10,220	14,600
Sta Wag	592	1,776	2,960	6,660	10,360	14,800
PU	560	1,680	2,800	6,300	9,800	14,000
1957 Jeep Series, 4x4						
CJ-3B	628	1,884	3,140	7,070	10,990	15,700
CJ-5	628	1,884	3,140	7,070	10,990	15,700
CJ-6	624	1,872	3,120	7,020	10,920	15,600
1957 Dispatcher Series, 2WD						
Open Jeep	572	1,716	2,860	6,440	10,010	14,300
Soft Top	580	1,740	2,900	6,530	10,150	14,500
HT	588	1,764	2,940	6,620	10,290	14,700
1957 Jeep Trucks, 2WD						
Dly	568	1,704	2,840	6,390	9,940	14,200
Utl Wag	580	1,740	2,900	6,530	10,150	14,500
1957 Jeep Trucks, 4x4						
Dly	584	1,752	2,920	6,570	10,220	14,600
PU	560	1,680	2,800	6,300	9,800	14,000
Utl Wag	592	1,776	2,960	6,660	10,360	14,800
1957 Forward Control, 4x4						
1/2-Ton PU	540	1,620	2,700	6,080	9,450	13,500
3/4-Ton PU	560	1,680	2,800	6,300	9,800	14,000
1958 Jeep Series, 4x4						
CJ-3B	628	1,884	3,140	7,070	10,990	15,700
CJ-5	632	1,896	3,160	7,110	11,060	15,800
CJ-6	624	1,872	3,120	7,020	10,920	15,600
1958 Dispatcher Series, 2WD						
Open Jeep	572	1,716	2,860	6,440	10,010	14,300
Soft Top	580	1,740	2,900	6,530	10,150	14,500
HT	588	1,764	2,940	6,620	10,290	14,700
1958 Jeep Trucks, 2WD						
Dly	528	1,584	2,640	5,940	9,240	13,200
Utl Wag	532	1,596	2,660	5,990	9,310	13,300
1958 Jeep Trucks, 4x4						
Dly	544	1,632	2,720	6,120	9,520	13,600
Utl Wag	548	1,644	2,740	6,170	9,590	13,700
1958 Forward Control, 4x4						
1/2-Ton PU	540	1,620	2,700	6,080	9,450	13,500
3/4-Ton PU	560	1,680	2,800	6,300	9,800	14,000
NOTE: Add 3 percent for 6-cyl. trucks, not available in Jeeps.						
1959 Jeep Series, 4x4						
CJ-3	628	1,884	3,140	7,070	10,990	15,700
CJ-5	632	1,896	3,160	7,110	11,060	15,800
CJ-6	624	1,872	3,120	7,020	10,920	15,600
1959 Dispatcher Series, 2WD						
Soft Top	576	1,728	2,880	6,480	10,080	14,400
HT	592	1,776	2,960	6,660	10,360	14,800
1959 Jeep Trucks, 2WD						
Utl Wag	536	1,608	2,680	6,030	9,380	13,400
Dly	532	1,596	2,660	5,990	9,310	13,300

	6	5	4	3	2	1
1959 Jeep Trucks, 4x4						
Utl Dly	548	1,644	2,740	6,170	9,590	13,700
PU	520	1,560	2,600	5,850	9,100	13,000
Utl Wag	556	1,668	2,780	6,260	9,730	13,900
1959 Forward Control, 4x4						
1/2-Ton PU	568	1,704	2,840	6,390	9,940	14,200
3/4-Ton PU	564	1,692	2,820	6,350	9,870	14,100
NOTE: Add 3 percent for 6-cyl. trucks, not available for Jeeps. Add 5 percent for Maverick.						
1960 Jeep Series, 4x4						
CJ-3	628	1,884	3,140	7,070	10,990	15,700
CJ-5	632	1,896	3,160	7,110	11,060	15,800
CJ-6	624	1,872	3,120	7,020	10,920	15,600
1960 Dispatcher Series, 2WD						
Soft Top	576	1,728	2,880	6,480	10,080	14,400
HT	592	1,776	2,960	6,660	10,360	14,800
Surrey	608	1,824	3,040	6,840	10,640	15,200
1960 Jeep Trucks, 2WD						
Economy Dly	508	1,524	2,540	5,720	8,890	12,700
Sta Wag	548	1,644	2,740	6,170	9,590	13,700
Utl Wag	536	1,608	2,680	6,030	9,380	13,400
Utl Dly	528	1,584	2,640	5,940	9,240	13,200
1960 Jeep Trucks, 4x4						
Utl Wag	548	1,644	2,740	6,170	9,590	13,700
Utl Dly	540	1,620	2,700	6,080	9,450	13,500
1960 Forward Control, 4x4						
1/2-Ton PU	536	1,608	2,680	6,030	9,380	13,400
3/4-Ton PU	544	1,632	2,720	6,120	9,520	13,600
NOTE: Add 3 percent for 6-cyl. trucks. Add 5 percent for custom two-tone trim.						
1961 Jeep Series, 4x4						
CJ-3	628	1,884	3,140	7,070	10,990	15,700
CJ-5	632	1,896	3,160	7,110	11,060	15,800
CJ-6	624	1,872	3,120	7,020	10,920	15,600
1961 Dispatcher Series, 2WD						
Jeep (Open)	580	1,740	2,900	6,530	10,150	14,500
Soft Top	584	1,752	2,920	6,570	10,220	14,600
HT	592	1,776	2,960	6,660	10,360	14,800
1961 Jeep Trucks, 2WD						
Fleetvan	512	1,536	2,560	5,760	8,960	12,800
Economy Dly	508	1,524	2,540	5,720	8,890	12,700
Sta Wag	540	1,620	2,700	6,080	9,450	13,500
Utl Wag	528	1,584	2,640	5,940	9,240	13,200
Utl Dly	524	1,572	2,620	5,900	9,170	13,100
1961 Jeep Trucks, 4x4						
Utl Wag	540	1,620	2,700	6,080	9,450	13,500
Utl Dly	520	1,560	2,600	5,850	9,100	13,000
1-Ton PU	512	1,536	2,560	5,760	8,960	12,800
1961 Forward Control, 4x4						
1/2-Ton PU	520	1,560	2,600	5,850	9,100	13,000
3/4-Ton PU	528	1,584	2,640	5,940	9,240	13,200
NOTE: Add 3 percent for 6-cyl. trucks.						
1962 Jeep Series, 4x4						
CJ-3	628	1,884	3,140	7,070	10,990	15,700
CJ-5	632	1,896	3,160	7,110	11,060	15,800
CJ-6	624	1,872	3,120	7,020	10,920	15,600
1962 Dispatcher Series, 2WD						
Basic Jeep	540	1,620	2,700	6,080	9,450	13,500
Jeep w/Soft Top	544	1,632	2,720	6,120	9,520	13,600
Jeep w/HT	548	1,644	2,740	6,170	9,590	13,700
Surrey	552	1,656	2,760	6,210	9,660	13,800
1962 Jeep Trucks, 2WD						
Fleetvan	472	1,416	2,360	5,310	8,260	11,800
Economy Dly	468	1,404	2,340	5,270	8,190	11,700
Sta Wag	500	1,500	2,500	5,630	8,750	12,500
Utl Wag	488	1,464	2,440	5,490	8,540	12,200
Utl Dly	484	1,452	2,420	5,450	8,470	12,100
1962 Jeep Trucks, 4x4						
Utl Wag	500	1,500	2,500	5,630	8,750	12,500
Utl Dly	480	1,440	2,400	5,400	8,400	12,000
1962 Forward Control, 4x4						
1/2-Ton PU	520	1,560	2,600	5,850	9,100	13,000
3/4-Ton PU	488	1,464	2,440	5,490	8,540	12,200
NOTE: Add 3 percent for 6-cyl. trucks.						

KAISER JEEP

	6	5	4	3	2	1
1963 Jeep Universal, 4x4						
CJ-3B Jeep	560	1,680	2,800	6,300	9,800	14,000
CJ-5 Jeep	600	1,800	3,000	6,750	10,500	15,000
CJ-6 Jeep	580	1,740	2,900	6,530	10,150	14,500

	6	5	4	3	2	1
1963 Dispatcher, 2WD						
Jeep 464	1,392	2,320	5,220	8,120	11,600
HT 468	1,404	2,340	5,270	8,190	11,700
Soft Top.................................... 472	1,416	2,360	5,310	8,260	11,800
1963 "Jeep" Wagons and Trucks, 1/2-Ton						
Sta Wag 440	1,320	2,200	4,950	7,700	11,000
Traveller 448	1,344	2,240	5,040	7,840	11,200
Utl (2WD) 420	1,260	2,100	4,730	7,350	10,500
Utl (4x4)................................... 440	1,320	2,200	4,950	7,700	11,000
Panel (2WD)................................ 410	1,220	2,040	4,590	7,140	10,200
Panel (4x4) 430	1,300	2,160	4,860	7,560	10,800
1963 "Jeep" Wagons and Truck, 1-Ton						
PU (4WD) 390	1,180	1,960	4,410	6,860	9,800
NOTE: Add 3 percent for L-Head 6-cyl. Add 4 percent for OHC 6-cyl.						
1963 Forward-Control, 4x4, 1/2-Ton						
PU.. 410	1,220	2,040	4,590	7,140	10,200
1963 Forward-Control, 4x4, 3/4-Ton						
PU.. 400	1,210	2,020	4,550	7,070	10,100
1963 Forward-Control, 1-Ton						
PU.. 400	1,210	2,020	4,550	7,070	10,100
Stake...................................... 430	1,300	2,160	4,860	7,560	10,800
HD PU 410	1,220	2,040	4,590	7,140	10,200
1963 Gladiator/Wagoneer, 1/2-Ton						
2d Wag 440	1,310	2,180	4,910	7,630	10,900
4d Wag 480	1,440	2,400	5,400	8,400	12,000
2d Cus Wag 480	1,440	2,400	5,400	8,400	12,000
4d Cus Wag 480	1,450	2,420	5,450	8,470	12,100
Panel Dly.................................. 370	1,120	1,860	4,190	6,510	9,300
1963 Gladiator, 1/2-Ton, 120" wb						
Thriftside PU................................ 420	1,260	2,100	4,730	7,350	10,500
Townside PU................................ 430	1,280	2,140	4,820	7,490	10,700
1963 Gladiator, 1/2-Ton, 126" wb						
Thriftside PU................................ 410	1,240	2,060	4,640	7,210	10,300
Townside PU................................ 420	1,260	2,100	4,730	7,350	10,500
1963 Gladiator, 3/4-Ton, 120" wb						
Thriftside PU................................ 400	1,210	2,020	4,550	7,070	10,100
Townside PU................................ 410	1,240	2,060	4,640	7,210	10,300
1963 Gladiator, 1-Ton, 126" wb						
PU.. 410	1,240	2,060	4,640	7,210	10,300
NOTE: Add 5 percent for 4x4.						
1964 Jeep Universal, 4x4						
CJ-3B Jeep................................. 560	1,680	2,800	6,300	9,800	14,000
CJ-5 Jeep.................................. 600	1,800	3,000	6,750	10,500	15,000
CJ-5A Tuxedo Park........................... 620	1,860	3,100	6,980	10,850	15,500
CJ-6 Jeep.................................. 610	1,820	3,040	6,840	10,640	15,200
CJ-6A Jeep Park............................ 620	1,850	3,080	6,930	10,780	15,400
1964 Dispatcher, 2WD						
Jeep 500	1,510	2,520	5,670	8,820	12,600
HT.. 510	1,520	2,540	5,720	8,890	12,700
Soft Top................................... 510	1,540	2,560	5,760	8,960	12,800
Surrey 520	1,560	2,600	5,850	9,100	13,000
1964 "Jeep" Wagons and Trucks, 1/2-Ton						
Sta Wag 420	1,260	2,100	4,730	7,350	10,500
Utl (2WD) 410	1,240	2,060	4,640	7,210	10,300
Utl (4x4).................................. 430	1,300	2,160	4,860	7,560	10,800
Traveler (2WD) 430	1,280	2,140	4,820	7,490	10,700
Traveler (4x4) 490	1,460	2,440	5,490	8,540	12,200
Panel (2WD)................................ 400	1,210	2,020	4,550	7,070	10,100
Panel (4x4)................................ 420	1,270	2,120	4,770	7,420	10,600
1964 "Jeep" Wagons and Trucks, 1-Ton, 4x4						
PU.. 410	1,240	2,060	4,640	7,210	10,300
NOTE: Add 3 percent for L-Head 6-cyl. Add 4 percent for OHC 6-cyl.						
1964 Forward-Control, 1/2-Ton, 4x4						
PU.. 390	1,160	1,940	4,370	6,790	9,700
1964 Forward-Control, 3/4-Ton, 4x4						
Stake...................................... 380	1,130	1,880	4,230	6,580	9,400
PU.. 380	1,150	1,920	4,320	6,720	9,600
HD PU..................................... 390	1,160	1,940	4,370	6,790	9,700
1964 Gladiator/Wagoneer, 1/2-Ton						
2d Wag 440	1,310	2,180	4,910	7,630	10,900
4d Wag 480	1,440	2,400	5,400	8,400	12,000
2d Cus Wag 480	1,440	2,400	5,400	8,400	12,000
4d Cus Wag 480	1,450	2,420	5,450	8,470	12,100
Panel Dly................................... 410	1,240	2,060	4,640	7,210	10,300
1964 Gladiator Pickup Truck, 1/2-Ton, 120" wb						
Thriftside PU................................ 400	1,200	2,000	4,500	7,000	10,000
Townside PU................................ 410	1,220	2,040	4,590	7,140	10,200
1964 Gladiator Pickup Truck, 1/2-Ton, 126" wb						
Thriftside PU................................ 390	1,180	1,960	4,410	6,860	9,800
Townside PU................................ 400	1,200	2,000	4,500	7,000	10,000

(vertical left margin:) **KAISER JEEP**

	6	5	4	3	2	1
1964 Gladiator Pickup Truck, 3/4-Ton, 120" wb						
Thriftside PU	380	1,150	1,920	4,320	6,720	9,600
Townside PU	390	1,180	1,960	4,410	6,860	9,800
1964 Gladiator Pickup Truck, 3/4-Ton, 126" wb						
Thriftside PU	380	1,140	1,900	4,280	6,650	9,500
Townside PU	390	1,160	1,940	4,370	6,790	9,700
1965 Jeep Universal, 4x4						
CJ-3B Jeep	560	1,680	2,800	6,300	9,800	14,000
CJ-5 Jeep	580	1,740	2,900	6,530	10,150	14,500
CJ-5A Tuxedo Park	600	1,800	3,000	6,750	10,500	15,000
CJ-6 Jeep	580	1,750	2,920	6,570	10,220	14,600
CJ-6A Tuxedo Park	590	1,780	2,960	6,660	10,360	14,800
1965 Dispatcher, 2WD						
DJ-5 Courier	420	1,260	2,100	4,730	7,350	10,500
DJ-6 Courier	420	1,270	2,120	4,770	7,420	10,600
DJ-3A Jeep	390	1,160	1,940	4,370	6,790	9,700
DJ-3A HT	480	1,440	2,400	5,400	8,400	12,000
1965 "Jeep" Wagons and Trucks, 1/2-Ton						
Sta Wag	420	1,260	2,100	4,730	7,350	10,500
Utl Wag (4x4)	430	1,300	2,160	4,860	7,560	10,800
Traveler (4x4)	490	1,460	2,440	5,490	8,540	12,200
Panel (2WD)	400	1,210	2,020	4,550	7,070	10,100
Panel (4x4)	420	1,270	2,120	4,770	7,420	10,600
1965 "Jeep" Wagons and Trucks, 1-Ton, 4x4						
PU	410	1,240	2,060	4,640	7,210	10,300
NOTE: Add 3 percent for L-Head 6-cyl. engine.						
1965 Forward-Control, 4x4, 1/2-Ton						
PU	380	1,140	1,900	4,280	6,650	9,500
1965 Forward-Control, 4x4, 3/4-Ton						
PU	390	1,160	1,940	4,370	6,790	9,700
1965 Gladiator/Wagoneer, 1/2-Ton						
2d Wag	440	1,310	2,180	4,910	7,630	10,900
4d Wag	480	1,440	2,400	5,400	8,400	12,000
2d Cus Wag	480	1,440	2,400	5,400	8,400	12,000
4d Cus Wag	480	1,450	2,420	5,450	8,470	12,100
Panel Dly	410	1,240	2,060	4,640	7,210	10,300
1965 Gladiator Pickup Truck, 1/2-Ton, 120" wb						
Thriftside PU	400	1,200	2,000	4,500	7,000	10,000
Townside PU	410	1,220	2,040	4,590	7,140	10,200
1965 Gladiator Pickup Truck, 1/2-Ton, 126" wb						
Thriftside PU	390	1,180	1,960	4,410	6,860	9,800
Townside PU	400	1,200	2,000	4,500	7,000	10,000
1965 Gladiator Pickup Truck, 3/4-Ton, 120" wb						
Thriftside PU	380	1,150	1,920	4,320	6,720	9,600
Townside PU	390	1,180	1,960	4,410	6,860	9,800
1965 Gladiator Pickup Truck, 3/4-Ton, 126" wb						
Thriftside PU	380	1,140	1,900	4,280	6,650	9,500
Townside PU	390	1,160	1,940	4,370	6,790	9,700
1965 Gladiator Pickup Truck, 3/4-Ton, 120" wb						
Thriftside PU	400	1,200	2,000	4,500	7,000	10,000
Townside PU	490	1,460	2,440	5,490	8,540	12,200
NOTE: Add 5 percent for 4x4. Add 5 percent for V-8. For "First Series" 1965 Gladiators, refer to 1964 prices.						
1966 Jeep Universal, 4x4						
CJ-3B Jeep	560	1,680	2,800	6,300	9,800	14,000
CJ-5 Jeep	580	1,740	2,900	6,530	10,150	14,500
CJ-5A Tuxedo Park	600	1,800	3,000	6,750	10,500	15,000
CJ-6 Jeep	580	1,750	2,920	6,570	10,220	14,600
CJ-6A Tuxedo Park	590	1,780	2,960	6,660	10,360	14,800
1966 Dispatcher, 2WD						
DJ-5 Courier	420	1,260	2,100	4,730	7,350	10,500
DJ-6 Courier	420	1,270	2,120	4,770	7,420	10,600
DJ-3A Jeep	430	1,280	2,140	4,820	7,490	10,700
DJ-3A HT	480	1,440	2,400	5,400	8,400	12,000
1966 Forward-Control, 4x4, 1/2-Ton						
PU	380	1,140	1,900	4,280	6,650	9,500
1966 Forward-Control, 4x4, 3/4-Ton						
PU	390	1,160	1,940	4,370	6,790	9,700
1966 Wagoneer, 1/2-Ton						
2d Wag	420	1,250	2,080	4,680	7,280	10,400
4d Wag	420	1,260	2,100	4,730	7,350	10,500
2d Cus Sta Wag	420	1,260	2,100	4,730	7,350	10,500
4d Cus Sta Wag	420	1,270	2,120	4,770	7,420	10,600
Panel Dly	390	1,180	1,960	4,410	6,860	9,800
4d Super Wag	490	1,480	2,460	5,540	8,610	12,300
1966 Gladiator, 1/2-Ton, 120" wb						
Thriftside PU	410	1,220	2,040	4,590	7,140	10,200
Townside PU	420	1,260	2,100	4,730	7,350	10,500
1966 Gladiator, 1/2-Ton, 126" wb						
Thriftside PU	390	1,180	1,960	4,410	6,860	9,800
Townside PU	400	1,200	2,000	4,500	7,000	10,000

	6	5	4	3	2	1
1966 Gladiator, 3/4-Ton, 120" wb						
Thriftside PU 380	1,150	1,920	4,320	6,720	9,600	
Townside PU 390	1,180	1,960	4,410	6,860	9,800	
1966 Gladiator, 3/4-Ton, 126" wb						
Thriftside PU 380	1,140	1,900	4,280	6,650	9,500	
Townside PU 390	1,160	1,940	4,370	6,790	9,700	
NOTE: Add 5 percent for 4x4. Add 5 percent for V-8.						
1967 Jeep Universal, 4x4						
CJ-5 Jeep 560	1,680	2,800	6,300	9,800	14,000	
CJ-5A Jeep 580	1,740	2,900	6,530	10,150	14,500	
CJ-6 Jeep 600	1,800	3,000	6,750	10,500	15,000	
CJ-6A Jeep 620	1,860	3,100	6,980	10,850	15,500	
1967 Dispatcher, 2WD						
DJ-5 Courier 420	1,260	2,100	4,730	7,350	10,500	
DJ-6 Courier 430	1,280	2,140	4,820	7,490	10,700	
1967 Jeepster Commando, 4x4						
Conv 600	1,800	3,000	6,750	10,500	15,000	
Sta Wag 440	1,310	2,180	4,910	7,630	10,900	
Cpe-Rds 560	1,680	2,800	6,300	9,800	14,000	
PU 420	1,260	2,100	4,730	7,350	10,500	
1967 Wagoneer						
2d Wag 420	1,250	2,080	4,680	7,280	10,400	
4d Wag 420	1,260	2,100	4,730	7,350	10,500	
2d Cus Sta Wag 420	1,260	2,100	4,730	7,350	10,500	
4d Cus Sta Wag 420	1,270	2,120	4,770	7,420	10,600	
Panel Dly 390	1,180	1,960	4,410	6,860	9,800	
4d Sup Wag 430	1,300	2,160	4,860	7,560	10,800	
1967 Gladiator, 4x4, 1/2-Ton, 120" wb						
Thriftside PU 400	1,210	2,020	4,550	7,070	10,100	
Townside PU 410	1,220	2,040	4,590	7,140	10,200	
1967 Gladiator, 3/4-Ton, 120" wb						
Thriftside PU 380	1,150	1,920	4,320	6,720	9,600	
Townside PU 390	1,160	1,940	4,370	6,790	9,700	
1967 Gladiator, 1/2-Ton, 126" wb						
Thriftside PU 390	1,180	1,960	4,410	6,860	9,800	
Townside PU 400	1,190	1,980	4,460	6,930	9,900	
1967 Gladiator, 3/4-Ton, 126" wb						
Thriftside PU 380	1,150	1,920	4,320	6,720	9,600	
Townside PU 390	1,160	1,940	4,370	6,790	9,700	
NOTE: Add 5 percent for V-8 (except Super V-8). Add 5 percent for 2WD (Series 2500 only). Add 4 percent for V-6 engine. Add 5 percent for 4x4.						
1968 Jeep Universal, 4x4						
CJ-5 Jeep 560	1,680	2,800	6,300	9,800	14,000	
CJ-5A Jeep 580	1,740	2,900	6,530	10,150	14,500	
CJ-6 Jeep 600	1,800	3,000	6,750	10,500	15,000	
CJ-6A Jeep 620	1,860	3,100	6,980	10,850	15,500	
1968 Dispatcher, 2WD						
DJ-5 Courier 410	1,220	2,040	4,590	7,140	10,200	
DJ-6 Courier 410	1,240	2,060	4,640	7,210	10,300	
NOTE: Add 4 percent for V-6 engine. Add 5 percent for diesel engine.						
1968 Wagoneer, V-8, 4x4						
4d Sta Wag 430	1,280	2,140	4,820	7,490	10,700	
4d Sta Wag Cus 430	1,300	2,160	4,860	7,560	10,800	
4d Sta Wag Sup 440	1,310	2,180	4,910	7,630	10,900	
1968 Jeepster Commando, 4x4						
Conv 600	1,800	3,000	6,750	10,500	15,000	
Sta Wag 440	1,310	2,180	4,910	7,630	10,900	
Cpe-Rds 560	1,680	2,800	6,300	9,800	14,000	
PU 420	1,260	2,100	4,730	7,350	10,500	
NOTE: Add 4 percent for V-6 engine.						
1969 Jeep						
CJ-5 Jeep 560	1,680	2,800	6,300	9,800	14,000	
CJ-6 Jeep 580	1,740	2,900	6,530	10,150	14,500	
DJ-5 Courier 420	1,260	2,100	4,730	7,350	10,500	
1969 Jeepster Commando, 4x4						
Conv 600	1,800	3,000	6,750	10,500	15,000	
Sta Wag 400	1,190	1,980	4,460	6,930	9,900	
Cpe-Rds 560	1,680	2,800	6,300	9,800	14,000	
PU 380	1,140	1,900	4,280	6,650	9,500	
1969 Wagoneer						
4d Wag 390	1,180	1,960	4,410	6,860	9,800	
4d Cus Wag 400	1,190	1,980	4,460	6,930	9,900	
1969 Gladiator, 1/2-Ton, 120" wb						
Thriftside PU 380	1,140	1,900	4,280	6,650	9,500	
Townside PU 380	1,150	1,920	4,320	6,720	9,600	
1969 Gladiator, 3/4-Ton, 120" wb						
Thriftside PU 360	1,070	1,780	4,010	6,230	8,900	
Townside PU 360	1,080	1,800	4,050	6,300	9,000	

	6	5	4	3	2	1
1969 Gladiator, 1/2-Ton, 126" wb						
Townside	360	1,070	1,780	4,010	6,230	8,900
1969 Gladiator, 3/4-Ton, 126" wb						
Townside	350	1,040	1,740	3,920	6,090	8,700

NOTE: Add 4 percent for V-6 engine. Add 5 percent for V-8 engine. Add 10 percent for factory Camper Package.

AMC JEEP

	6	5	4	3	2	1
1970-76 Model J-100, 110" wb						
PU	340	1,020	1,700	3,830	5,950	8,500
4d Cus Sta Wag	336	1,008	1,680	3,780	5,880	8,400
1970-76 Model J-100, 101" wb						
4d Cust Sta Wag	324	972	1,620	3,650	5,670	8,100
1970-76 Jeepster Commando, 101" wb						
Sta Wag	336	1,008	1,680	3,780	5,880	8,400
Rds	408	1,224	2,040	4,590	7,140	10,200
1970-76 Jeepster						
Conv	600	1,800	3,000	6,750	10,500	15,000
Conv Commando	620	1,860	3,100	6,980	10,850	15,500
1970-76 CJ-5, 1/4-Ton, 81" wb						
Jeep	620	1,860	3,100	6,980	10,850	15,500
1970-76 CJ-6, 101" wb						
Jeep	600	1,800	3,000	6,750	10,500	15,000
1970-76 CJ-7, 94" wb						
Jeep	600	1,800	3,000	6,750	10,500	15,000
1970-76 DJ-5, 1/4-Ton, 81" wb						
Jeep	340	1,020	1,700	3,830	5,950	8,500
1970-76 Jeepster, 1/4-Ton, 101" wb						
PU	380	1,140	1,900	4,280	6,650	9,500
1970-76 Wagoneer, V-8						
4d Cus Sta Wag	390	1,160	1,940	4,370	6,790	9,700

NOTE: Deduct 10 percent for 6-cyl.

	6	5	4	3	2	1
1970-76 Series J-2500						
Thriftsido PU	296	888	1,480	3,330	5,180	7,400
Townside PU	300	900	1,500	3,380	5,250	7,500
1970-76 Series J-2600						
Thriftside PU	288	864	1,440	3,240	5,040	7,200
Townside PU	292	876	1,460	3,290	5,110	7,300
1970-76 Series J-2700, 3/4-Ton						
Thriftside PU	268	804	1,340	3,020	4,690	6,700
Townside PU	272	816	1,360	3,060	4,760	6,800
1970-76 Series J-3500, 1/2-Ton						
Townside PU	272	816	1,360	3,060	4,760	6,800
1970-76 Series J-3600, 1/2-Ton						
Townside PU	268	804	1,340	3,020	4,690	6,700
1970-76 Series J-3700, 3/4-Ton						
Townside PU	264	792	1,320	2,970	4,620	6,600
1977-80 Wagoneer, V-8						
4d Sta Wag	380	1,150	1,920	4,320	6,720	9,600
1977-80 Cherokee, 6-cyl.						
2d Sta Wag	332	996	1,660	3,740	5,810	8,300
2d "S" Sta Wag	336	1,008	1,680	3,780	5,880	8,400
4d Sta Wag	332	996	1,660	3,740	5,810	8,300
1977-80 CJ-5, 1/4-Ton, 84" wb						
Jeep	588	1,764	2,940	6,620	10,290	14,700
1977-80 CJ-7, 1/4-Ton, 94" wb						
Jeep	580	1,740	2,900	6,530	10,150	14,500
1977-80 Series J-10, 1/2-Ton, 119" or 131" wb						
Townside PU, SWB	284	852	1,420	3,200	4,970	7,100
Townside PU, LWB	280	840	1,400	3,150	4,900	7,000
1977-80 Series J-20, 3/4-Ton, 131" wb						
Townside PU	276	828	1,380	3,110	4,830	6,900
1981-83 Wagoneer, 108.7" wb						
4d Sta Wag	380	1,140	1,900	4,280	6,650	9,500
4d Brgm Sta Wag	390	1,160	1,940	4,370	6,790	9,700
4d Ltd Sta Wag	400	1,190	1,980	4,460	6,930	9,900
1981-83 Cherokee						
2d Sta Wag	296	888	1,480	3,330	5,180	7,400
2d Sta Wag, Wide Wheels	300	900	1,500	3,380	5,250	7,500
4d Sta Wag	304	912	1,520	3,420	5,320	7,600
1981-83 Scrambler, 1/2-Ton, 104" wb						
PU	240	720	1,200	2,700	4,200	6,000
1981-83 CJ-5, 1/4-Ton, 84" wb						
Jeep	260	780	1,300	2,930	4,550	6,500
1981-83 CJ-7, 1/4-Ton, 94" wb						
Jeep	268	804	1,340	3,020	4,690	6,700
1981-83 Series J-10, 1/2-Ton, 119" or 131" wb						
Townside PU, SWB	280	840	1,400	3,150	4,900	7,000
Townside PU, LWB	276	828	1,380	3,110	4,830	6,900

AMC JEEP

	6	5	4	3	2	1
1981-83 Series J-20, 3/4-Ton, 131" wb						
Townside PU.................... 272	816	1,360	3,060	4,760	6,800	
1983-85 Wagoneer, 4-cyl.						
4d Sta Wag....................... 430	1,280	2,140	4,820	7,490	10,700	
4d Ltd Sta Wag.................. 440	1,320	2,200	4,950	7,700	11,000	
1983-85 Wagoneer, 6-cyl.						
4d Sta Wag....................... 440	1,310	2,180	4,910	7,630	10,900	
4d Ltd Sta Wag.................. 450	1,340	2,240	5,040	7,840	11,200	
1983-85 Grand Wagoneer, V-8						
4d Sta Wag....................... 450	1,360	2,260	5,090	7,910	11,300	
1983-85 Cherokee, 4-cyl.						
2d Sta Wag....................... 384	1,152	1,920	4,320	6,720	9,600	
4d Sta Wag....................... 380	1,140	1,900	4,280	6,650	9,500	
1983-85 Cherokee, 6-cyl.						
2d Sta Wag....................... 392	1,176	1,960	4,410	6,860	9,800	
4d Sta Wag....................... 388	1,164	1,940	4,370	6,790	9,700	
1983-85 Scrambler, 1/2-Ton, 103.4" wb						
PU................................. 276	828	1,380	3,110	4,830	6,900	
1983-85 CJ-7, 1/4-Ton, 93.4" wb						
Jeep.............................. 412	1,236	2,060	4,640	7,210	10,300	
1983-85 Series J-10, 1/2-Ton, 119" or 131" wb						
Townside PU..................... 308	924	1,540	3,470	5,390	7,700	
1983-85 Series J-20, 3/4-Ton, 131" wb						
Townside PU..................... 312	936	1,560	3,510	5,460	7,800	
1986-87 Wagoneer						
4d Sta Wag....................... 480	1,440	2,400	5,400	8,400	12,000	
4d Ltd Sta Wag.................. 490	1,480	2,460	5,540	8,610	12,300	
4d Grand Sta Wag 520	1,560	2,600	5,850	9,100	13,000	
1986-87 Cherokee						
2d Sta Wag 2WD................. 380	1,140	1,900	4,280	6,650	9,500	
4d Sta Wag 2WD 400	1,200	2,000	4,500	7,000	10,000	
2d Sta Wag (4x4)............... 400	1,200	2,000	4,500	7,000	10,000	
4d Sta Wag (4x4)............... 420	1,260	2,100	4,730	7,350	10,500	
1986-87 Wrangler, 1/4-Ton, 93.4" wb						
Jeep 2WD 400	1,200	2,000	4,500	7,000	10,000	
1986-87 Comanche, 120" wb						
PU............................... 356	1,068	1,780	4,010	6,230	8,900	
1986-87 CJ-7, 1/4-Ton, 93.5" wb						
Jeep 440	1,320	2,200	4,950	7,700	11,000	
1986-87 Series J-10, 1/2-Ton, 131" wb, 4x4						
Townside PU..................... 380	1,140	1,900	4,280	6,650	9,500	
1986-87 Series J-20, 3/4-Ton, 131" wb, 4x4						
Townside PU..................... 400	1,200	2,000	4,500	7,000	10,000	

CHRYSLER JEEP

	6	5	4	3	2	1
1988 Jeep Wagoneer						
4d Limited Sta Wag, 6-cyl. 500	1,450	2,400	5,400	8,400	12,000	
4d Grand Wagoneer, V-8 540	1,620	2,700	6,080	9,450	13,500	
1988 Jeep Cherokee, 6-cyl.						
2d Sta Wag 2WD 280	840	1,400	3,150	4,900	7,000	
4d Sta Wag 2WD 300	900	1,500	3,380	5,250	7,500	
2d Sta Wag, 4x4 350	1,100	1,800	4,050	6,300	9,000	
4d Sta Wag, 4x4 400	1,150	1,900	4,280	6,650	9,500	
2d Limited Sta Wag, 4x4........................ 480	1,440	2,400	5,400	8,400	12,000	
4d Limited Sta Wag, 4x4........................ 540	1,620	2,700	6,080	9,450	13,500	
NOTE: Deduct 7 percent for 4-cyl. models.						
1988 Wrangler, 4x4, 93.5" wb						
Jeep....................................... 548	1,644	2,740	6,170	9,590	13,700	
Jeep S..................................... 400	1,200	2,000	4,500	7,000	10,000	
1988 Comanche, 113" or 120" wb						
PU (SBx).................................... 352	1,056	1,760	3,960	6,160	8,800	
PU (LBx).................................... 368	1,104	1,840	4,140	6,440	9,200	
1988 J10, 131" wb						
PU.. 520	1,560	2,600	5,850	9,100	13,000	
1988 J20, 131" wb						
PU.. 540	1,620	2,700	6,080	9,450	13,500	
1989 Jeep Wagoneer						
4d Sta Wag, V-6 640	1,920	3,200	7,200	11,200	16,000	
4d Grand Wagoneer, V-8 600	1,800	3,000	6,750	10,500	15,000	
1989 Jeep Cherokee, 4-cyl.						
2d Sta Wag 2WD 400	1,200	2,000	4,500	7,000	10,000	
4d Sta Wag 2WD 408	1,224	2,040	4,590	7,140	10,200	
2d Sta Wag, 4x4 550	1,600	2,700	6,080	9,450	13,500	
4d Sta Wag, 4x4 550	1,650	2,700	6,120	9,500	13,600	
1989 Jeep Cherokee, 6-cyl.						
2d Sta Wag 2WD 420	1,260	2,100	4,730	7,350	10,500	
4d Sta Wag 2WD 424	1,272	2,120	4,770	7,420	10,600	
2d Sta Wag, 4x4 550	1,650	2,750	6,210	9,650	13,800	

	6	5	4	3	2	1
4d Sta Wag, 4x4	550	1,700	2,800	6,300	9,800	14,000
2d Limited Sta Wag, 4x4	620	1,860	3,100	6,980	10,850	15,500
4d Limited Sta Wag, 4x4	630	1,880	3,140	7,070	10,990	15,700
1989 Jeep						
2d Wrangler, 4x4	550	1,600	2,700	6,080	9,450	13,500
2d Laredo Sta Wag, 4x4	580	1,740	2,900	6,530	10,150	14,500
4d Laredo Sta Wag, 4x4	590	1,760	2,940	6,620	10,290	14,700
1990 Wrangler, 6-cyl., 4x4						
Jeep	548	1,644	2,740	6,170	9,590	13,700
Jeep S	564	1,692	2,820	6,350	9,870	14,100
1990 Comanche, 6-cyl.						
PU	428	1,284	2,140	4,820	7,490	10,700
PU (LBx)	432	1,296	2,160	4,860	7,560	10,800
1990 Wagoneer, 6-cyl., 4x4						
4d Sta Wag	660	1,980	3,300	7,430	11,550	16,500
1990 Grand Wagoneer, V-8, 4x4						
4d Sta Wag	700	2,100	3,500	7,880	12,250	17,500
1990 Cherokee, 4-cyl.						
4d Sta Wag, 2x4	600	1,850	3,100	6,980	10,900	15,500
2d Sta Wag, 2x4	600	1,800	3,000	6,750	10,500	15,000
4d Sta Wag, 4x4	700	2,050	3,400	7,650	11,900	17,000
2d Sta Wag, 4x4	650	2,000	3,300	7,430	11,600	16,500
1990 Cherokee, 6-cyl.						
4d Sta Wag, 2x4	700	2,050	3,400	7,650	11,900	17,000
2d Sta Wag, 2x4	650	2,000	3,300	7,430	11,600	16,500
4d Sta Wag, 4x4	700	2,100	3,500	7,880	12,300	17,500
2d Sta Wag, 4x4	700	2,050	3,400	7,650	11,900	17,000
4d Limited Sta Wag, 4x4	740	2,220	3,700	8,330	12,950	18,500
2d Limited Sta Wag, 4x4	720	2,160	3,600	8,100	12,600	18,000
1991 Wrangler Jeep, 6-cyl.						
2d Jeep	520	1,560	2,600	5,850	9,100	13,000
2d Sahara	560	1,680	2,800	6,300	9,800	14,000
2d Renegade	580	1,740	2,900	6,530	10,150	14,500
NOTE: Deduct 5 percent for 4-cyl.						
1991 Comanche, 6-cyl.						
2d PU	340	1,020	1,700	3,830	5,950	8,500
2d PU (LBx)	352	1,056	1,760	3,960	6,160	8,800
NOTE: Deduct 5 percent for 4-cyl.						
1991 Wagoneer, V-6, 4x4						
4d Limited Sta Wag	580	1,740	2,900	6,530	10,150	14,500
1991 Grand Wagoneer, V-8, 4x4						
4d Sta Wag	640	1,920	3,200	7,200	11,200	16,000
1991 Cherokee, 4-cyl.						
2d Sta Wag 2WD	320	960	1,600	3,600	5,600	8,000
4d Sta Wag 2WD	320	960	1,600	3,600	5,600	8,000
2d Sta Wag, 4x4	400	1,200	2,000	4,500	7,000	10,000
4d Sta Wag, 4x4	400	1,200	2,000	4,500	7,000	10,000
1991 Cherokee, 6-cyl.						
2d Sta Wag, 2x4	350	1,000	1,700	3,830	5,950	8,500
4d Sta Wag, 4x4	350	1,000	1,700	3,830	5,950	8,500
1991 Cherokee, 4x4						
2d Sta Wag	420	1,260	2,100	4,730	7,350	10,500
4d Sta Wag	420	1,260	2,100	4,730	7,350	10,500
4d Limited Sta Wag	600	1,800	3,000	6,750	10,500	15,000
4d Briarwood Sta Wag	620	1,860	3,100	6,980	10,850	15,500
1992 Wrangler, 4-cyl.						
Jeep S	520	1,560	2,600	5,850	9,100	13,000
Jeep	540	1,620	2,700	6,080	9,450	13,500
Jeep, 6-cyl.	600	1,800	3,000	6,750	10,500	15,000
1992 Cherokee, 4-cyl.						
2d SUV	260	780	1,300	2,930	4,550	6,500
4d SUV	280	840	1,400	3,150	4,900	7,000
2d SUV, 4x4	350	1,000	1,700	3,830	5,950	8,500
4d SUV, 4x4	350	1,100	1,800	4,050	6,300	9,000
NOTE: Add 10 percent for 6-cyl. Add 5 percent for Deluxe models.						
1992 Comanche, 6-cyl.						
2d PU (SBx)	360	1,080	1,800	4,050	6,300	9,000
2d PU (LBx)	380	1,140	1,900	4,280	6,650	9,500
NOTE: Add 5 percent for 4x4.						
1993 Wrangler, 6-cyl.						
Jeep	540	1,620	2,700	6,080	9,450	13,500
1993 Cherokee, 6-cyl.						
2d SUV 2WD	272	816	1,360	3,060	4,760	6,800
4d SUV 2WD	276	828	1,380	3,110	4,830	6,900
2d SUV, 4x4	350	1,050	1,750	3,960	6,150	8,800
4d SUV, 4x4	350	1,050	1,800	4,010	6,250	8,900
1993 Grand Cherokee, V-8						
4d Sta Wag, 4x4	600	1,800	3,000	6,750	10,500	15,000
4d Sta Wag 2WD 6-cyl.	540	1,620	2,700	6,080	9,450	13,500

	6	5	4	3	2	1
1994 Wrangler 4x4						
2d Jeep S	400	1,200	2,000	4,500	7,000	10,000
2d Jeep Sahara	440	1,320	2,200	4,950	7,700	11,000
2d Jeep Renegade	460	1,380	2,300	5,180	8,050	11,500
1994 Cherokee, 6-cyl.						
2d Sta Wag	320	960	1,600	3,600	5,600	8,000
4d Sta Wag	332	996	1,660	3,740	5,810	8,300
2d Sta Wag, 4x4	400	1,150	1,900	4,280	6,650	9,500
4d Sta Wag, 4x4	400	1,200	1,950	4,410	6,850	9,800
1994 Grand Cherokee 4x4, V-8						
4d Sta Wag Laredo	560	1,680	2,800	6,300	9,800	14,000
4d Limited Sta Wag	600	1,800	3,000	6,750	10,500	15,000
1995 Wrangler 4x4						
2d Jeep S, 4-cyl.	400	1,200	2,000	4,500	7,000	10,000
2d Jeep SE, 6-cyl.	400	1,250	2,100	4,730	7,350	10,500
2d Jeep Sahara, 6-cyl.	440	1,320	2,200	4,950	7,700	11,000
NOTE: Add 5 percent for Spt or Rio Grande trim package.						
1995 Cherokee, 4-cyl. & 6-cyl.						
2d Sta Wag	300	950	1,600	3,600	5,600	8,000
4d Sta Wag	350	1,000	1,650	3,740	5,800	8,300
2d Sta Wag, 4x4	400	1,150	1,900	4,280	6,650	9,500
4d Sta Wag, 4x4	400	1,200	1,950	4,410	6,850	9,800
NOTE: Deduct 5 percent for 4-cyl.						
1995 Grand Cherokee, 6-cyl. & V-8						
4d SE Sta Wag	400	1,200	2,000	4,500	7,000	10,000
4d SE Sta Wag, 4x4	480	1,440	2,400	5,400	8,400	12,000
4d Laredo Sta Wag	500	1,450	2,400	5,400	8,400	12,000
4d Laredo Sta Wag, 4x4	560	1,680	2,800	6,300	9,800	14,000
4d Limited Sta Wag	500	1,550	2,600	5,850	9,100	13,000
4d Limited Sta Wag, 4x4	600	1,800	3,000	6,750	10,500	15,000
NOTE: Deduct 5 percent for 6-cyl.						
1996 Cherokee, 4-cyl. & 6-cyl.						
2d Sta Wag	300	950	1,600	3,600	5,600	8,000
4d Sta Wag	350	1,000	1,650	3,740	5,800	8,300
2d Sta Wag, 4x4	400	1,150	1,900	4,280	6,650	9,500
4d Sta Wag, 4x4	400	1,200	1,950	4,410	6,850	9,800
1996 Grand Cherokee, 6-cyl. & V-8						
4d Laredo Sta Wag	400	1,200	2,000	4,500	7,000	10,000
4d Laredo Sta Wag, 4x4	480	1,440	2,400	5,400	8,400	12,000
4d Limited Sta Wag	520	1,560	2,600	5,850	9,100	13,000
4d Limited Sta Wag, 4x4	600	1,800	3,000	6,750	10,500	15,000
NOTE: Deduct 5 percent for 6-cyl.						
1997 Wrangler, 6-cyl.						
SE Utly (4-cyl. only)	280	840	1,400	3,150	4,900	7,000
Sport Utly	320	960	1,600	3,600	5,600	8,000
Sahara Utly	440	1,320	2,200	4,950	7,700	11,000
NOTE: Add 5 percent for detachable HT.						
1997 Cherokee, 6-cyl.						
2d SE Sta Wag	320	960	1,600	3,600	5,600	8,000
4d SE Sta Wag	332	996	1,660	3,740	5,810	8,300
2d Sport Sta Wag	380	1,140	1,900	4,280	6,650	9,500
4d Sport Sta Wag	392	1,176	1,960	4,410	6,860	9,800
4d Country Sta Wag	420	1,260	2,100	4,730	7,350	10,500
NOTE: Add 10 percent for 4x4. Deduct 5 percent for 4-cyl.						
1997 Grand Cherokee, 6-cyl.						
4d Laredo Sta Wag	400	1,200	2,000	4,500	7,000	10,000
4d TSi Sta Wag	400	1,200	2,000	4,500	7,000	10,000
4d Limited Sta Wag	520	1,560	2,600	5,850	9,100	13,000
NOTE: Add 10 percent for 4x4. Add 5 percent for V-8.						
1998 Wrangler, 6-cyl., 4x4						
SE Utly (4-cyl. only)	280	840	1,400	3,150	4,900	7,000
Sport Utly	320	960	1,600	3,600	5,600	8,000
Sahara Utly	440	1,320	2,200	4,950	7,700	11,000
NOTE: Add 5 percent for detachable HT.						
1998 Cherokee, 6-cyl.						
2d SE Sta Wag	320	960	1,600	3,600	5,600	8,000
4d SE Sta Wag	330	1,000	1,660	3,740	5,810	8,300
2d Sport Sta Wag	380	1,140	1,900	4,280	6,650	9,500
4d Sport Sta Wag	390	1,180	1,960	4,410	6,860	9,800
4d Classic Sta Wag	420	1,260	2,100	4,730	7,350	10,500
4d Classic Sta Wag	440	1,320	2,200	4,950	7,700	11,000
NOTE: Add 10 percent for 4x4. Deduct 5 percent for 4-cyl.						
1998 Grand Cherokee, V-8						
4d Laredo Sta Wag	400	1,200	2,000	4,500	7,000	10,000
4d TSi Sta Wag	480	1,440	2,400	5,400	8,400	12,000
4d SE Sta Wag	520	1,560	2,600	5,850	9,100	13,000
4d Limited Sta Wag	600	1,800	3,000	6,750	10,500	15,000
NOTE: Add 10 percent for 4x4. Deduct 5 percent for 6-cyl.						

CHRYSLER JEEP

	6	5	4	3	2	1

1999 Wrangler, 6-cyl., 4x4

	6	5	4	3	2	1
SE Utly (4-cyl. only)	280	840	1,400	3,150	4,900	7,000
Sport Utly	320	960	1,600	3,600	5,600	8,000
Sahara Utly	440	1,320	2,200	4,950	7,700	11,000

NOTE: Add 5 percent for detachable HT.

1999 Cherokee, 6-cyl.

	6	5	4	3	2	1
2d SE Sta Wag	320	960	1,600	3,600	5,600	8,000
4d SE Sta Wag	330	1,000	1,660	3,740	5,810	8,300
2d Sport Sta Wag	380	1,140	1,900	4,280	6,650	9,500
4d Sport Sta Wag	390	1,180	1,960	4,410	6,860	9,800
4d Classic Sta Wag	420	1,260	2,100	4,730	7,350	10,500
4d Limited Sta Wag	440	1,320	2,200	4,950	7,700	11,000

NOTE: Add 10 percent for 4x4. Deduct 5 percent for 4-cyl.

1999 Grand Cherokee, 6-cyl.

	6	5	4	3	2	1
4d Laredo Sta Wag	400	1,200	2,000	4,500	7,000	10,000
4d Limited Sta Wag	440	1,320	2,200	4,950	7,700	11,000

NOTE: Add 10 percent for 4x4. Add 10 percent for V-8.

2000 Wrangler, 6-cyl., 4x4

	6	5	4	3	2	1
SE Utly (4-cyl. only)	290	860	1,440	3,240	5,040	7,200
Sport Utly	330	980	1,640	3,690	5,740	8,200
Sahara Utly	450	1,340	2,240	5,040	7,840	11,200

NOTE: Add 5 percent for automatic transmission. Add 5 percent for detachable HT.

2000 Cherokee, 6-cyl.

	6	5	4	3	2	1
2d SE Sta Wag	320	960	1,600	3,600	5,600	8,000
4d SE Sta Wag	330	1,000	1,660	3,740	5,810	8,300
2d Sport Sta Wag	380	1,140	1,900	4,280	6,650	9,500
4d Sport Sta Wag	390	1,180	1,960	4,410	6,860	9,800
4d Classic Sta Wag	420	1,260	2,100	4,730	7,350	10,500
4d Limited Sta Wag	440	1,320	2,200	4,950	7,700	11,000

NOTE: Add 10 percent for 4x4. Deduct 5 percent for 4-cyl.

2000 Grand Cherokee, 6-cyl.

	6	5	4	3	2	1
4d Laredo Sta Wag	400	1,200	2,000	4,500	7,000	10,000
4d Limited Sta Wag	440	1,320	2,200	4,950	7,700	11,000

NOTE: Add 10 percent for 4x4. Add 10 percent for V-8.

2001 Wrangler, 6-cyl., 4x4

	6	5	4	3	2	1
SE Utly (4-cyl. only)	290	860	1,440	3,600	5,040	7,200
Sport Utly	330	980	1,640	4,100	5,740	8,200
Sahara Utly	450	1,340	2,240	5,600	7,840	11,200

NOTE: Add 5 percent for detachable HT.

2001 Cherokee, 6-cyl.

	6	5	4	3	2	1
2d SE Sta Wag	320	960	1,600	4,000	5,600	8,000
4d SE Sta Wag	330	1,000	1,660	4,150	5,810	8,300
2d Sport Sta Wag	380	1,140	1,900	4,750	6,650	9,500
4d Sport Sta Wag	390	1,180	1,960	4,900	6,860	9,800
4d Classic Sta Wag	420	1,260	2,100	5,250	7,350	10,500
4d Limited Sta Wag	440	1,320	2,200	5,500	7,700	11,000

NOTE: Add 10 percent for 4x4.

2001 Grand Cherokee, 6-cyl.

	6	5	4	3	2	1
4d Laredo Sta Wag	400	1,200	2,000	5,000	7,000	10,000
4d Limited Sta Wag	440	1,320	2,200	5,500	7,700	11,000

NOTE: Add 10 percent for 4x4. Add 10 percent for V-8.

LINCOLN TRUCKS

1998 Navigator, V-8

	6	5	4	3	2	1
4d SUV	580	1,740	2,900	6,530	10,150	14,500

NOTE: Add 10 percent for 4x4.

1999 Navigator, V-8, 4x4

	6	5	4	3	2	1
4d SUV	580	1,740	2,900	6,530	10,150	14,500

NOTE: Add 10 percent for 4x4.

2000 Navigator, V-8, 4x4

	6	5	4	3	2	1
4d SUV	580	1,740	2,900	6,530	10,150	14,500

NOTE: Add 10 percent for 4x4.

2001 Navigator, V-8

	6	5	4	3	2	1
4d SUV	580	1,740	2,900	7,250	10,150	14,500

NOTE: Add 10 percent for 4x4.

MERCURY TRUCKS

1993 Villager FWD, V-6

	6	5	4	3	2	1
GS Sta Wag	300	950	1,600	3,600	5,600	8,000
LS Sta Wag	350	1,100	1,800	4,050	6,300	9,000

1994 Villager, V-6

	6	5	4	3	2	1
GS Window Van	350	1,100	1,800	4,050	6,300	9,000
LS Window Van	450	1,300	2,150	4,860	7,550	10,800
Nautica Window Van	440	1,320	2,200	4,950	7,700	11,000

1995 Villager, V-6

	6	5	4	3	2	1
GS Window Van	350	1,100	1,800	4,050	6,300	9,000

	6	5	4	3	2	1
LS Window Van.	450	1,300	2,150	4,860	7,550	10,800
Nautica Window Van.	440	1,320	2,200	4,950	7,700	11,000
1996 Villager, V-6						
GS Window Van	350	1,100	1,800	4,050	6,300	9,000
LS Window Van.	450	1,300	2,150	4,860	7,550	10,800
Nautica Window Van.	440	1,320	2,200	4,950	7,700	11,000
1997 Villager, V-6						
GS Window Van	360	1,080	1,800	4,050	6,300	9,000
LS Window Van.	432	1,296	2,160	4,860	7,560	10,800
Nautica Window Van.	440	1,320	2,200	4,950	7,700	11,000
1997 Mountaineer, V-8						
4d Wag	280	840	1,400	3,150	4,900	7,000
NOTE: Add 10 percent for AWD.						
1998 Villager, V-6						
GS Window Van	360	1,080	1,800	4,050	6,300	9,000
LS Window Van.	430	1,300	2,160	4,860	7,560	10,800
Nautica Window Van.	440	1,320	2,200	4,950	7,700	11,000
1998 Mountaineer, V-6						
4d Wag	280	840	1,400	3,150	4,900	7,000
NOTE: Add 10 percent for AWD. Add 5 percent for V-8.						
1999 Villager, V-6						
Van .	280	840	1,400	3,150	4,900	7,000
Sport Van .	320	960	1,600	3,600	5,600	8,000
Estate Van.	340	1,020	1,700	3,830	5,950	8,500
1999 Mountaineer, V-6						
4d SUV	280	840	1,400	3,150	4,900	7,000
NOTE: Add 10 percent for 4x4. Add 5 percent for V-8.						
2000 Villager, V-6						
Van .	280	840	1,400	3,150	4,900	7,000
Sport Van .	320	960	1,600	3,600	5,600	8,000
Estate Van.	340	1,020	1,700	3,830	5,950	8,500
2000 Mountaineer, V-6						
4d SUV	280	840	1,400	3,150	4,900	7,000
NOTE: Add 10 percent for 4x4. Add 5 percent for V-8.						
2001 Villager, V-6						
Van .	280	840	1,400	3,500	4,900	7,000
Sport Van .	320	960	1,600	4,000	5,600	8,000
Estate Van.	340	1,020	1,700	4,250	5,950	8,500
2001 Mountaineer, V-6						
4d SUV	280	840	1,400	3,500	4,900	7,000
NOTE: Add 10 percent for 4x4. Add 5 percent for V-8.						

OLDSMOBILE TRUCKS

	6	5	4	3	2	1
1990 Silhouette FWD, V-6						
Sta Wag	280	840	1,400	3,150	4,900	7,000
1991 Bravada 4x4, V-6						
Sta Wag	380	1,140	1,900	4,280	6,650	9,500
1991 Silhouette FWD, V-6						
Sta Wag	300	900	1,500	3,380	5,250	7,500
1992 Bravada 4x4, V-6						
Sta Wag	400	1,200	2,000	4,500	7,000	10,000
1992 Silhouette FWD, V-6						
Sta Wag	320	960	1,600	3,600	5,600	8,000
1993 Bravada 4x4, V-6						
Sta Wag	440	1,320	2,200	4,950	7,700	11,000
1993 Silhouette FWD, V-6						
Sta Wag	340	1,020	1,700	3,830	5,950	8,500
1994 Bravada, V-6						
4d Utility	460	1,380	2,300	5,180	8,050	11,500
1994 Silhouette, V-6						
Window Van	380	1,140	1,900	4,280	6,650	9,500
1995 Silhouette, V-6						
Window Van	380	1,140	1,900	4,280	6,650	9,500
1996 Silhouette, V-6						
Window Van	380	1,140	1,900	4,280	6,650	9,500
1996 Bravada, V-6						
4d SUV	460	1,380	2,300	5,180	8,050	11,500
1997 Silhouette, V-6						
Window Van	340	1,020	1,700	3,830	5,950	8,500
GL Window Van	380	1,140	1,900	4,280	6,650	9,500
GLS Window Van	440	1,320	2,200	4,950	7,700	11,000
1997 Bravada, V-6						
4d SUV	460	1,380	2,300	5,180	8,050	11,500
1998 Silhouette, V-6						
GS Window Van	320	960	1,600	3,600	5,600	8,000
GL Window Van	360	1,080	1,800	4,050	6,300	9,000
GLS Window Van	420	1,260	2,100	4,730	7,350	10,500

OLDSMOBILE TRUCKS

	6	5	4	3	2	1
1998 Bravada, V-6, 4x4						
4d SUV	440	1,320	2,200	4,950	7,700	11,000
1999 Silhouette, V-6						
GS Van	320	960	1,600	3,600	5,600	8,000
GL Van	360	1,080	1,800	4,050	6,300	9,000
GLS Van	380	1,140	1,900	4,280	6,650	9,500
Premiere Van	400	1,200	2,000	4,500	7,000	10,000
1999 Bravada, V-6, 4x4						
4d SUV	360	1,080	1,800	4,050	6,300	9,000
2000 Silhouette, V-6						
GL Van	360	1,080	1,800	4,050	6,300	9,000
GLS Van	380	1,140	1,900	4,280	6,650	9,500
Premiere Van	400	1,200	2,000	4,500	7,000	10,000
2000 Bravada, V-6, 4x4						
4d SUV	360	1,080	1,800	4,050	6,300	9,000
2001 Silhouette, V-6						
GL Van	360	1,080	1,800	4,500	6,300	9,000
GLS Van	380	1,140	1,900	4,750	6,650	9,500
Premiere Van	400	1,200	2,000	5,000	7,000	10,000
2001 Bravada, V-6, 4x4						
4d SUV	360	1,080	1,800	4,500	6,300	9,000

PLYMOUTH TRUCKS

	6	5	4	3	2	1
1930-31 Series 30U						
Commercial Sed	760	2,280	3,800	8,550	13,300	19,000
1935 Series PJ						
Sed Dly	680	2,040	3,400	7,650	11,900	17,000
1936 Series P-1						
Sed Dly	680	2,040	3,400	7,650	11,900	17,000
1937 Series PT-50						
PU	720	2,170	3,620	8,150	12,670	18,100
Sed Dly	680	2,040	3,400	7,650	11,900	17,000
Sta Wag	880	2,640	4,400	9,900	15,400	22,000
1938 Series PT-57						
PU	720	2,170	3,620	8,150	12,670	18,100
Sed Dly	680	2,040	3,400	7,650	11,900	17,000
1939 Series PT-81						
PU	720	2,170	3,620	8,150	12,670	18,100
Sed Dly	680	2,040	3,400	7,650	11,900	17,000
1940 Series PT-105						
PU	740	2,220	3,700	8,330	12,950	18,500
1941 Series PT-125						
Sed Dly	700	2,100	3,500	7,880	12,250	17,500
PU	740	2,220	3,700	8,330	12,950	18,500
1974-91 Scamp (1983 only)						
PU	188	564	940	2,120	3,290	4,700
1974-91 Trail Duster, (4x4), 1/2-Ton						
Utl	280	840	1,400	3,150	4,900	7,000
1974-91 PB-100 Voyager Van, 1/2-Ton, 109" wb						
Wag	260	780	1,300	2,930	4,550	6,500
1984-91 Voyager, V-6						
Sta Wag	252	756	1,260	2,840	4,410	6,300
SE Sta Wag	256	768	1,280	2,880	4,480	6,400
LE Sta Wag	260	780	1,300	2,930	4,550	6,500
NOTE: Add 5 percent for 4x4.						
1992 Voyager, V-6						
3d Van	248	744	1,240	2,790	4,340	6,200
SE 3d Van	252	756	1,260	2,840	4,410	6,300
LE 3d Van	256	768	1,280	2,880	4,480	6,400
NOTE: Add 5 percent for Grand package. Add 5 percent for 4x4.						
1993 Voyager, V-6						
Window Van	292	876	1,460	3,290	5,110	7,300
NOTE: Add 5 percent for 4x4.						
1994 Voyager, V-6						
Window Van Voyager	280	840	1,400	3,150	4,900	7,000
SE Window Van Voyager	300	900	1,500	3,380	5,250	7,500
LE Window Van Voyager	320	960	1,600	3,600	5,600	8,000
Window Van Grand Voyager	320	960	1,600	3,600	5,600	8,000
SE Window Van Grand Voyager	340	1,020	1,700	3,830	5,950	8,500
LE Window Van Grand Voyager	360	1,080	1,800	4,050	6,300	9,000
Window Van Grand Voyager 4x4	420	1,260	2,100	4,730	7,350	10,500
NOTE: Add 5 percent for 4x4.						
1995 Voyager, 4-cyl. & V-6						
Window Van	280	840	1,400	3,150	4,900	7,000
SE Window Van	300	900	1,500	3,380	5,250	7,500
LE Window Van	320	960	1,600	3,600	5,600	8,000
Grand Voyager Window Van	320	960	1,600	3,600	5,600	8,000
SE Grand Voyager Window Van	340	1,020	1,700	3,830	5,950	8,500

	6	5	4	3	2	1
LE Grand Voyager Window Van 360	1,080	1,800	4,050	6,300	9,000

NOTE: Add 10 percent for 4x4. Deduct 5 percent for 4-cyl.

1996 Voyager, 4-cyl. & V-6

Window Van 280	840	1,400	3,150	4,900	7,000
SE Window Van 300	900	1,500	3,380	5,250	7,500
Grand Voyager Window Van. 320	960	1,600	3,600	5,600	8,000
Grand Voyager SE Window Van. 340	1,020	1,700	3,830	5,950	8,500

NOTE: Deduct 5 percent for 4-cyl.

1997 Voyager, V-6

Window Van 280	840	1,400	3,150	4,900	7,000
SE Window Van 300	900	1,500	3,380	5,250	7,500
Grand Voyager Window Van. 320	960	1,600	3,600	5,600	8,000
Grand Voyager SE Window Van. 340	1,020	1,700	3,830	5,950	8,500

NOTE: Deduct 5 percent for 4-cyl.

1998 Voyager, V-6

Window Van 260	780	1,300	2,930	4,550	6,500
SE Window Van 280	840	1,400	3,150	4,900	7,000
Expresso Window Van 290	870	1,450	3,260	5,080	7,250
Grand Voyager Window Van. 300	900	1,500	3,380	5,250	7,500
Grand Voyager SE Window Van. 320	960	1,600	3,600	5,600	8,000
Grand Voyager Expresso Window Van. 330	990	1,650	3,710	5,780	8,250

NOTE: Deduct 5 percent for 4-cyl.

1999 Voyager, V-6

Van 260	780	1,300	2,930	4,550	6,500
SE Van 280	840	1,400	3,150	4,900	7,000
Expresso Van 290	870	1,450	3,260	5,080	7,250
Grand Voyager Van 300	900	1,500	3,380	5,250	7,500
Grand Voyager SE Van. 320	960	1,600	3,600	5,600	8,000
Grand Voyager Expresso Van 330	990	1,650	3,710	5,780	8,250

NOTE: Deduct 5 percent for 4-cyl.

NOTE: Plymouth Voyager vans were produced only to December 1999, and then were badged as Chryslers, as Plymouth ceased truck production.

PONTIAC TRUCKS

1949 Streamliner Series 6

Sed Dly 800	2,400	4,000	9,000	14,000	20,000

1949 Streamliner Series 8

Sed Dly 840	2,520	4,200	9,450	14,700	21,000

1950 Streamliner Series 6

Sed Dly 800	2,400	4,000	9,000	14,000	20,000

1950 Streamliner Series 8

Sed Dly 840	2,520	4,200	9,450	14,700	21,000

1951 Streamliner Series 6

Sed Dly 820	2,460	4,100	9,230	14,350	20,500

1951 Streamliner Series 8

Sed Dly 860	2,580	4,300	9,680	15,050	21,500

1952 Chieftain Series 6

Sed Dly 820	2,460	4,100	9,230	14,350	20,500

1952 Chieftain Series 8

Sed Dly 860	2,580	4,300	9,680	15,050	21,500

1953 Chieftain Series 6

Sed Dly 840	2,520	4,200	9,450	14,700	21,000

1953 Chieftain Series 8

Sed Dly 880	2,640	4,400	9,900	15,400	22,000

1990 Trans Sport FWD, V-6

Sta Wag 260	780	1,300	2,930	4,550	6,500
SE Sta Wag. 280	840	1,400	3,150	4,900	7,000

1991 Trans Sport FWD, V-6

Sta Wag 300	900	1,500	3,380	5,250	7,500
SE Sta Wag. 320	960	1,600	3,600	5,600	8,000

1992 Trans Sport FWD, V-6

SE Sta Wag. 352	1,056	1,760	3,960	6,160	8,800
GS Sta Wag 360	1,080	1,800	4,050	6,300	9,000

1993 Trans Sport FWD, V-6

SE Sta Wag. 372	1,116	1,860	4,190	6,510	9,300

1994 Trans Sport, V-6

SE Window Van 380	1,140	1,900	4,280	6,650	9,500

1995 Trans Sport, V-6

SE Window Van 380	1,140	1,900	4,280	6,650	9,500

1996 Trans Sport, V-6

SE Window Van 380	1,140	1,900	4,280	6,650	9,500

1997 Trans Sport, V-6

SE Window Van 380	1,140	1,900	4,280	6,650	9,500

NOTE: Add 5 percent for extended model.

1998 Trans Sport, V-6

SE Window Van 360	1,080	1,800	4,050	6,300	9,000

NOTE: Add 5 percent for extended model. Add 5 percent for Montana Pkg.

	6	5	4	3	2	1
1999 Montana, V-6						
Van	280	840	1,400	3,150	4,900	7,000
NOTE: Add 5 percent for extended model.						
2000 Montana, V-6						
Van	280	840	1,400	3,150	4,900	7,000
NOTE: Add 5 percent for extended model. Add 5 percent for Luxury pkg.						
2001 Aztek, V-6						
4d SUV	280	840	1,400	3,500	4,900	7,000
4d GT SUV	290	860	1,440	3,600	5,040	7,200
NOTE: Add 5 percent for AWD.						
2001 Montana, V-6						
Van	280	840	1,400	3,500	4,900	7,000
NOTE: Add 5 percent for extended model. Add 5 percent for Luxury pkg.						

STUDEBAKER TRUCKS

	6	5	4	3	2	1
1937 Model 5A/6A, Dictator Six						
Cpe Exp	800	2,400	4,000	9,000	14,000	20,000
1938 Model 7A, Commander Six						
Cpe Exp	800	2,400	4,000	9,000	14,000	20,000
1939 Model 9A, Commander Six						
Cpe Exp	850	2,500	4,200	9,450	14,700	21,000
1941-42, 1946-48 Six-cyl., 113" wb						
1/2-Ton	760	2,280	3,800	8,550	13,300	19,000
1949-53 Pickup, 1/2-Ton, 6-cyl.						
2R5	770	2,320	3,860	8,690	13,510	19,300
2R6	780	2,330	3,880	8,730	13,580	19,400
1949-53 Pickup, 3/4-Ton, 6-cyl.						
2R10	750	2,260	3,760	8,460	13,160	18,800
2R11	760	2,270	3,780	8,510	13,230	18,900
1954 Pickup, 1/2-Ton, 6-cyl.						
3R5	770	2,320	3,860	8,690	13,510	19,300
3R6	780	2,330	3,880	8,730	13,580	19,400
1954 Pickup, 3/4-Ton, 6-cyl.						
3R10	750	2,260	3,760	8,460	13,160	18,800
3R11	760	2,270	3,780	8,510	13,230	18,900
1955 Pickup, 1/2-Ton, 6-cyl.						
E5	780	2,340	3,900	8,780	13,650	19,500
E7	780	2,350	3,920	8,820	13,720	19,600
1955 Pickup, 3/4-Ton, 6-cyl.						
E10	760	2,290	3,820	8,600	13,370	19,100
E12	770	2,300	3,840	8,640	13,440	19,200
NOTE: Add 20 percent for V-8.						
1956-58 Pickup, 1/2-Ton, 6-cyl.						
2E5 (SWB)	750	2,240	3,740	8,420	13,090	18,700
2E5 (LWB)	740	2,220	3,700	8,330	12,950	18,500
2E7 (SWB)	760	2,280	3,800	8,550	13,300	19,000
2E7 (LWB)	750	2,260	3,760	8,460	13,160	18,800
1956-58 Pickup, 3/4-Ton, 6-cyl.						
2E12	740	2,220	3,700	8,330	12,950	18,500
NOTE: Add 20 percent for V-8.						
1959-64 Pickup, 1/2-Ton, 6-cyl.						
4E1 (SWB)	720	2,160	3,600	8,100	12,600	18,000
4E1 (LWB)	720	2,160	3,600	8,100	12,600	18,000
4E5 (SWB)	730	2,180	3,640	8,190	12,740	18,200
4E5 (LWB)	730	2,180	3,640	8,190	12,740	18,200
4E6 (SWB)	730	2,200	3,660	8,240	12,810	18,300
4E6 (LWB)	730	2,200	3,660	8,240	12,810	18,300
4E7 (SWB)	760	2,280	3,800	8,550	13,300	19,000
4E7 (LWB)	760	2,280	3,800	8,550	13,300	19,000
1959-64 Pickup, 3/4-Ton, 6-cyl.						
4E11	710	2,140	3,560	8,010	12,460	17,800
4E12	730	2,200	3,660	8,240	12,810	18,300
NOTE: Add 20 percent for V-8.						

WILLYS OVERLAND TRUCKS (1911-1942)

	6	5	4	3	2	1
1911-12 Overland "37"						
Dly	600	1,800	3,000	6,750	10,500	15,000
Spl Dly	640	1,920	3,200	7,200	11,200	16,000
1911-12 Overland						
1-Ton Truck	508	1,524	2,540	5,720	8,890	12,700
1911-12 Gramm						
1-Ton Truck	520	1,560	2,600	5,850	9,100	13,000
1913 Overland						
Open Exp	580	1,740	2,900	6,530	10,150	14,500
Full Panel	600	1,800	3,000	6,750	10,500	15,000
1913 Gramm						
Chassis (1-Ton)	520	1,560	2,600	5,850	9,100	13,000

WILLYS OVER. TRUCKS

WILLYS OVER. TRUCKS

	6	5	4	3	2	1
1913 Willys						
Chassis (3/4-Ton)	560	1,680	2,800	6,300	9,800	14,000
1914 Overland "79"						
Exp	580	1,740	2,900	6,530	10,150	14,500
Panel	600	1,800	3,000	6,750	10,500	15,000
1914 Willys Utility "65"						
Exp	580	1,740	2,900	6,530	10,150	14,500
Panel	592	1,776	2,960	6,660	10,360	14,800
1915 Willys Utility						
3/4-Ton Exp	572	1,716	2,860	6,440	10,010	14,300
1916 Overland "83"						
Exp Dly	600	1,800	3,000	6,750	10,500	15,000
Spl Dly	640	1,920	3,200	7,200	11,200	16,000
Open Exp	580	1,740	2,900	6,530	10,150	14,500
1916 Overland "75"						
Screen	644	1,932	3,220	7,250	11,270	16,100
Panel	648	1,944	3,240	7,290	11,340	16,200
1917 Overland "90"						
Panel	620	1,860	3,100	6,980	10,850	15,500
1918 Overland "90"						
Exp (800 lbs.)	604	1,812	3,020	6,800	10,570	15,100
Panel (800 lbs.)	620	1,860	3,100	6,980	10,850	15,500
Exp (1200 lbs.)	580	1,740	2,900	6,530	10,150	14,500
1919 Overland Light Four						
Exp (800 lbs.)	604	1,812	3,020	6,800	10,570	15,100
Panel (800 lbs.)	620	1,860	3,100	6,980	10,850	15,500
Exp (1200 lbs.)	580	1,740	2,900	6,530	10,150	14,500
1920 Overland Model 5 - ("Light Four")						
Exp (800 lbs.)	608	1,824	3,040	6,840	10,640	15,200
Panel (800 lbs.)	628	1,884	3,140	7,070	10,990	15,700
Exp (1000 lbs.)	584	1,752	2,920	6,570	10,220	14,600
1921 Overland Model Four						
Exp (800 lbs.)	528	1,584	2,640	5,940	9,240	13,200
Panel (800 lbs.)	548	1,644	2,740	6,170	9,590	13,700
Exp (1000 lbs.)	504	1,512	2,520	5,670	8,820	12,600
1922 Overland Model Four						
Exp (800 lbs.)	608	1,824	3,040	6,840	10,640	15,200
Panel (800 lbs.)	628	1,884	3,140	7,070	10,990	15,700
Exp (1000 lbs.)	584	1,752	2,920	6,570	10,220	14,600
1923 Overland "91CE"						
Exp	608	1,824	3,040	6,840	10,640	15,200
Canopy	648	1,944	3,240	7,290	11,340	16,200
Screen	616	1,848	3,080	6,930	10,780	15,400
Panel	628	1,884	3,140	7,070	10,990	15,700
1924 Overland "91CE"						
Exp	608	1,824	3,040	6,840	10,640	15,200
Canopy	620	1,860	3,100	6,980	10,850	15,500
Screen	616	1,848	3,080	6,930	10,780	15,400
Panel	628	1,884	3,140	7,070	10,990	15,700
1925 Overland "91CE"						
Open Exp	608	1,824	3,040	6,840	10,640	15,200
Canopy	620	1,860	3,100	6,980	10,850	15,500
Screen	616	1,848	3,080	6,930	10,780	15,400
Panel	628	1,884	3,140	7,070	10,990	15,700
NOTE: With aftermarket bodies.						
1926 Overland Model 91						
Open Exp	608	1,824	3,040	6,840	10,640	15,200
Canopy	620	1,860	3,100	6,980	10,850	15,500
Screen	616	1,848	3,080	6,930	10,780	15,400
Panel	628	1,884	3,140	7,070	10,990	15,700
NOTE: With aftermarket bodies.						
1927 Whippet Model 96						
PU	508	1,524	2,540	5,720	8,890	12,700
Canopy	512	1,536	2,560	5,760	8,960	12,800
Screen	516	1,548	2,580	5,810	9,030	12,900
Panel	524	1,572	2,620	5,900	9,170	13,100
Sed Dly	540	1,620	2,700	6,080	9,450	13,500
NOTE: Add 12 percent for 6-cyl. engine.						
1928 Whippet Series 96						
PU	508	1,524	2,540	5,720	8,890	12,700
Canopy	512	1,536	2,560	5,760	8,960	12,800
Screen	516	1,548	2,580	5,810	9,030	12,900
Panel	524	1,572	2,620	5,900	9,170	13,100
Sed Dly	540	1,620	2,700	6,080	9,450	13,500
NOTE: Add 12 percent for 6-cyl. engine.						
1929 Whippet Series 96, 100" wb						
PU	508	1,524	2,540	5,720	8,890	12,700
Screen	512	1,536	2,560	5,760	8,960	12,800
Canopy	516	1,548	2,580	5,810	9,030	12,900

	6	5	4	3	2	1
Panel	524	1,572	2,620	5,900	9,170	13,100
Sed Dly	540	1,620	2,700	6,080	9,450	13,500
1929 Whippet Series 96A, 103" wb						
PU	516	1,548	2,580	5,810	9,030	12,900
Canopy	520	1,560	2,600	5,850	9,100	13,000
Screen	524	1,572	2,620	5,900	9,170	13,100
Panel	532	1,596	2,660	5,990	9,310	13,300
Sed Dly	548	1,644	2,740	6,170	9,590	13,700
NOTE: Add 12 percent for Whippet Six.						
1929 Willys Series 98B						
PU	560	1,680	2,800	6,300	9,800	14,000
Canopy	564	1,692	2,820	6,350	9,870	14,100
Screenside	572	1,716	2,860	6,440	10,010	14,300
Panel	580	1,740	2,900	6,530	10,150	14,500
Sed Dly	604	1,812	3,020	6,800	10,570	15,100
1930 Whippet Series 96A						
PU	516	1,548	2,580	5,810	9,030	12,900
Canopy	520	1,560	2,600	5,850	9,100	13,000
Screenside	524	1,572	2,620	5,900	9,170	13,100
Panel	532	1,596	2,660	5,990	9,310	13,300
Screen Dly	548	1,644	2,740	6,170	9,590	13,700
1931 Whippet Series 96						
PU	516	1,548	2,580	5,810	9,030	12,900
Canopy	520	1,560	2,600	5,850	9,100	13,000
Screenside	524	1,572	2,620	5,900	9,170	13,100
Panel	532	1,596	2,660	5,990	9,310	13,300
Sed Dly	548	1,644	2,740	6,170	9,590	13,700
NOTE: Add 12 percent for Whippet Six.						
1931 Willys Series 98B						
PU	560	1,680	2,800	6,300	9,800	14,000
Canopy	564	1,692	2,820	6,350	9,870	14,100
Screenside	572	1,716	2,860	6,440	10,010	14,300
Panel	580	1,740	2,900	6,530	10,150	14,500
Sed Dly	604	1,812	3,020	6,800	10,570	15,100
1931 Willys Series C-113						
PU	500	1,500	2,500	5,630	8,750	12,500
Canopy	504	1,512	2,520	5,670	8,820	12,600
Screenside	508	1,524	2,540	5,720	8,890	12,700
Panel	516	1,548	2,580	5,810	9,030	12,900
Sed Dly	528	1,584	2,640	5,940	9,240	13,200
1932 Willys Series C-113						
PU	580	1,740	2,900	6,530	10,150	14,500
Canopy	584	1,752	2,920	6,570	10,220	14,600
Screenside	588	1,764	2,940	6,620	10,290	14,700
Panel	596	1,788	2,980	6,710	10,430	14,900
Sed Dly	608	1,824	3,040	6,840	10,640	15,200
1933 Willys "77"						
Panel	840	2,520	4,200	9,450	14,700	21,000
1934 Willys Model 77						
Panel	840	2,520	4,200	9,450	14,700	21,000
1935 Willys Model 77						
PU	800	2,400	4,000	9,000	14,000	20,000
Panel	840	2,520	4,200	9,450	14,700	21,000
1936 Willys Model 77						
PU	800	2,400	4,000	9,000	14,000	20,000
Panel	840	2,520	4,200	9,450	14,700	21,000
1937 Willys Model 77						
PU	1,000	3,000	5,000	11,250	17,500	25,000
Panel	1,020	3,060	5,100	11,480	17,850	25,500
1938 Willys Model 38						
PU	1,000	3,000	5,000	11,250	17,500	25,000
Stake	960	2,880	4,800	10,800	16,800	24,000
Panel	1,020	3,060	5,100	11,480	17,850	25,500
1939 Willys Model 38						
PU	1,000	3,000	5,000	11,250	17,500	25,000
Stake	960	2,880	4,800	10,800	16,800	24,000
Panel	1,020	3,060	5,100	11,480	17,850	25,500
1939 Willys Model 48						
PU	1,020	3,060	5,100	11,480	17,850	25,500
Stake	960	2,880	4,800	10,800	16,800	24,000
Panel	1,020	3,060	5,100	11,480	17,850	25,500
1940 Willys Model 440						
PU	1,040	3,120	5,200	11,700	18,200	26,000
Panel Dly	1,040	3,120	5,200	11,700	18,200	26,000
1941 Willys Model 441						
PU	1,120	3,360	5,600	12,600	19,600	28,000
Panel Dly	1,120	3,360	5,600	12,600	19,600	28,000

	6	5	4	3	2	1
1942 Willys Model 442						
PU	1,120	3,360	5,600	12,600	19,600	28,000
Panel Dly	1,120	3,360	5,600	12,600	19,600	28,000

FOREIGN TRUCKS

ACURA TRUCKS

	6	5	4	3	2	1
1998 SLX, V-6, 4x4						
4d Utility	400	1,200	2,000	4,500	7,000	10,000
1999 SLX, V-6, 4x4						
4d Utility	400	1,200	2,000	4,500	7,000	10,000

1999
NOTE: The SLX SUV was not continued in 2000, and its replacement, the MDX was released as a 2001 model.

	6	5	4	3	2	1
2001 MDX, V-6, 4x4						
4d SUV	600	1,800	3,000	7,500	10,500	15,000

BMW TRUCKS

	6	5	4	3	2	1
2000 X5, V-8, 4x4						
4.4i SUV	1,000	3,000	5,000	11,250	17,500	25,000

NOTE: Add 5 percent for Spt pkg.

	6	5	4	3	2	1
2001 X5, 6-cyl. & V-8, 4x4						
3.0i SUV (6-cyl.)	860	2,580	4,300	10,750	15,050	21,500
4.4i SUV (V-8)	1,000	3,000	5,000	12,500	17,500	25,000

NOTE: Add 5 percent for Sport pkg.

DAIHATSU TRUCKS

	6	5	4	3	2	1
1991 Rocky						
SE 2d Utly Conv	200	650	1,100	2,480	3,850	5,500
SE 2d Utly	250	700	1,150	2,610	4,050	5,800
SX 2d Utly	250	700	1,200	2,700	4,200	6,000
1992 Rocky, 4-cyl.						
SE 2d Utly Conv	200	650	1,100	2,480	3,850	5,500
SE 2d Utly HT	250	700	1,200	2,660	4,150	5,900
SX 2d Utly HT	250	750	1,200	2,750	4,250	6,100

GEO TRUCKS

	6	5	4	3	2	1
1991						
2d Utility 4x4	200	550	950	2,120	3,300	4,700
2d Conv 2x4	250	700	1,150	2,570	4,000	5,700
2d Conv 4x4	250	700	1,200	2,660	4,150	5,900
1992 Tracker, 4-cyl.						
2d Utility Conv 2x4	150	500	850	1,890	2,950	4,200
2d Utility HT 4x4	200	600	1,050	2,340	3,650	5,200
2d Utility Conv 4x4	250	700	1,150	2,570	4,000	5,700
1993 Tracker, 4-cyl.						
2d Utility Conv 2x4	150	500	850	1,940	3,000	4,300
2d Utility HT 4x4	200	650	1,100	2,430	3,800	5,400
2d Utility Conv 4x4	250	700	1,200	2,660	4,150	5,900
1994 Tracker						
2d Utility Conv	200	600	1,050	2,340	3,650	5,200
2d Utility HT 4x4	250	750	1,250	2,790	4,350	6,200
2d Utility Conv 4x4	250	800	1,350	3,020	4,700	6,700
1995 Tracker, 4-cyl.						
2d Utility Conv	200	600	1,050	2,340	3,650	5,200
2d Utility HT 4x4	250	750	1,250	2,790	4,350	6,200
2d Utility Conv 4x4	250	800	1,350	3,020	4,700	6,700
1996 Tracker, 4-cyl.						
2d Utility Conv	200	600	1,050	2,340	3,650	5,200
2d Utility HT	250	700	1,150	2,570	4,000	5,700
2d Utility Conv 4x4	250	750	1,250	2,790	4,350	6,200
2d Utility HT 4x4	250	800	1,350	3,020	4,700	6,700
1997 Tracker, 4-cyl.						
2d Utility Conv	208	624	1,040	2,340	3,640	5,200
2d Utility HT	228	684	1,140	2,570	3,990	5,700
2d Utility Conv 4x4	248	744	1,240	2,790	4,340	6,200
2d Utility HT 4x4	268	804	1,340	3,020	4,690	6,700

HONDA TRUCKS

	6	5	4	3	2	1
1997 CR-V, 4-cyl.						
4d Utility	560	1,680	2,800	6,300	9,800	14,000

	6	5	4	3	2	1
1997 Passport, V-6						
4d LX Utility	320	960	1,600	3,600	5,600	8,000
4d EX Utility	360	1,080	1,800	4,050	6,300	9,000
4d LX Utility 4x4	380	1,140	1,900	4,280	6,650	9,500
4d EX Utility 4x4	400	1,200	2,000	4,500	7,000	10,000
1997 Odyssey, 4-cyl.						
4d LX Window Van	408	1,224	2,040	4,590	7,140	10,200
4d EX Window Van	420	1,260	2,100	4,730	7,350	10,500
1998 CR-V, 4-cyl.						
LX 4d Utility	480	1,440	2,400	5,400	8,400	12,000
EX 4d Utility	520	1,560	2,600	5,850	9,100	13,000
NOTE: Add 5 percent for 4x4.						
1998 Passport, V-6						
4d LX Utility	320	960	1,600	3,600	5,600	8,000
4d EX Utility	360	1,080	1,800	4,050	6,300	9,000
4d EX Utility			value not estimable			
NOTE: Add 5 percent for 4x4.						
1998 Odyssey, 4-cyl.						
4d LX Window Van	410	1,220	2,040	4,590	7,140	10,200
4d EX Window Van	420	1,260	2,100	4,730	7,350	10,500
1999 CR-V, 4-cyl.						
LX 4d Utility	480	1,440	2,400	5,400	8,400	12,000
EX 4d Utility	520	1,560	2,600	5,850	9,100	13,000
NOTE: Add 5 percent for 4x4.						
1999 Passport, V-6						
4d LX Utility	320	960	1,600	3,600	5,600	8,000
4d EX Utility	360	1,080	1,800	4,050	6,300	9,000
NOTE: Add 5 percent for 4x4.						
1999 Odyssey, 4-cyl.						
4d LX Van	410	1,220	2,040	4,590	7,140	10,200
4d EX Van	420	1,260	2,100	4,730	7,350	10,500
2000 CR-V, 4-cyl.						
LX 4d Utility	480	1,440	2,400	5,400	8,400	12,000
EX 4d Utility	520	1,560	2,600	5,850	9,100	13,000
SE 4d Utility	540	1,620	2,700	6,080	9,450	13,500
NOTE: Add 5 percent for 4x4.						
2000 Passport, V-6						
4d LX Utility	320	960	1,600	3,600	5,600	8,000
4d EX Utility	360	1,080	1,800	4,050	6,300	9,000
NOTE: Add 5 percent for 4x4.						
2000 Odyssey, V-6						
4d LX Van	410	1,220	2,040	4,590	7,140	10,200
4d EX Van	420	1,260	2,100	4,730	7,350	10,500
2001 CR-V, 4-cyl.						
LX 4d Utility	480	1,440	2,400	6,000	8,400	12,000
EX 4d Utility	520	1,560	2,600	6,500	9,100	13,000
SE 4d Utility	540	1,620	2,700	6,750	9,450	13,500
NOTE: Add 5 percent for 4x4.						
2001 Passport, V-6						
4d LX Utility	320	960	1,600	4,000	5,600	8,000
4d EX Utility	360	1,080	1,800	4,500	6,300	9,000
NOTE: Add 5 percent for 4x4.						
2001 Odyssey, V-6						
4d LX Van	410	1,220	2,040	5,100	7,140	10,200
4d EX Van	420	1,260	2,100	5,250	7,350	10,500

INFINITI TRUCKS

	6	5	4	3	2	1
1998 QX4, V-6, 4x4						
4d Utility	480	1,440	2,400	5,400	8,400	12,000
1999 QX4, V-6, 4x4						
4d Utility	480	1,440	2,400	5,400	8,400	12,000
2000 QX4, V-6, 4x4						
4d Utility	520	1,560	2,600	5,850	9,100	13,000
2001 QX4, V-6						
4d Utility	520	1,560	2,600	6,500	9,100	13,000
NOTE: Add 10 percent for 4x4.						

ISUZU TRUCKS

	6	5	4	3	2	1
1981 1/2-Ton						
PU SBx	88	264	440	990	1,540	2,200
PU LBx	96	288	480	1,080	1,680	2,400
NOTE: Add 10 percent for 4x4. Prices based on deluxe model.						
1982 1/2-Ton						
PU SBx	88	264	440	990	1,540	2,200
PU LBx	96	288	480	1,080	1,680	2,400
NOTE: Add 10 percent for 4x4. Prices based on deluxe model.						

ISUZU TRUCKS

ISUZU TRUCKS

	6	5	4	3	2	1
1983 1/2-Ton						
PU SBx 92	276	460	1,040	1,610	2,300	
PU LBx 100	300	500	1,130	1,750	2,500	
NOTE: Add 10 percent for 4x4. Prices based on deluxe model.						
1984 1/2-Ton						
PU SBx 112	336	560	1,260	1,960	2,800	
PU LBx 120	360	600	1,350	2,100	3,000	
NOTE: Add 10 percent for 4x4. Deduct 5 percent for diesel.						
1984 Trooper II 4x4						
Wag. 180	540	900	2,030	3,150	4,500	
NOTE: Prices based on deluxe model.						
1985 1/2-Ton						
PU SBx 128	384	640	1,440	2,240	3,200	
PU LBx 180	540	900	2,030	3,150	4,500	
NOTE: Add 10 percent for 4x4. Deduct 5 percent for diesel.						
1985 Trooper II 4x4						
Wag. 212	636	1,060	2,390	3,710	5,300	
NOTE: Prices based on deluxe model.						
1986 1/2-Ton						
PU SBx 160	480	800	1,800	2,800	4,000	
PU LBx 168	504	840	1,890	2,940	4,200	
PU Space Cab 180	540	900	2,030	3,150	4,500	
NOTE: Add 10 percent for 4x4. Deduct 5 percent for diesel.						
1986 Trooper II 4x4						
Wag. 260	780	1,300	2,930	4,550	6,500	
NOTE: Prices based on deluxe model.						
1987 Pickup						
PU 120	360	600	1,350	2,100	3,000	
PU LBx 140	420	700	1,580	2,450	3,500	
PU LS 152	456	760	1,710	2,660	3,800	
PU MPG (Diesel). 116	348	580	1,310	2,030	2,900	
PU LBx (Diesel). 120	360	600	1,350	2,100	3,000	
PU Space Cab 140	420	700	1,580	2,450	3,500	
PU Space Cab DeL. 160	480	800	1,800	2,800	4,000	
PU LS Space Cab 180	540	900	2,030	3,150	4,500	
PU 4x4 176	528	880	1,980	3,080	4,400	
PU LS 4x4 188	564	940	2,120	3,290	4,700	
PU LS Space Cab 4x4 188	564	940	2,120	3,290	4,700	
PU LBx (4WD). 200	600	1,000	2,250	3,500	5,000	
1987 Trooper II 4x4						
2d DeL. 260	780	1,300	2,930	4,550	6,500	
4d DeL. 280	840	1,400	3,150	4,900	7,000	
1988 Pickup						
PU S 164	492	820	1,850	2,870	4,100	
PU S LBx. 172	516	860	1,940	3,010	4,300	
1-Ton PU S LBx 180	540	900	2,030	3,150	4,500	
PU LS 192	576	960	2,160	3,360	4,800	
PU LS Space Cab 212	636	1,060	2,390	3,710	5,300	
PU S 4x4 232	696	1,160	2,610	4,060	5,800	
PU LS Space Cab 4x4 272	816	1,360	3,060	4,760	6,800	
1988 Trooper II 4x4						
2d S 320	960	1,600	3,600	5,600	8,000	
4d S. 340	1,020	1,700	3,830	5,950	8,500	
4d Ltd 540	1,620	2,700	6,080	9,450	13,500	
1989 Amigo						
Utly S. 260	780	1,300	2,930	4,550	6,500	
Utly XS 280	840	1,400	3,150	4,900	7,000	
Utly S 4x4 520	1,560	2,600	5,850	9,100	13,000	
Utly XS 4x4 520	1,560	2,600	5,850	9,100	13,000	
1989 Pickup						
PU S 180	540	900	2,030	3,150	4,500	
PU S LBx. 200	600	1,000	2,250	3,500	5,000	
1-Ton PU S LBx 220	660	1,100	2,480	3,850	5,500	
PU LS 220	660	1,100	2,480	3,850	5,500	
PU LS Space Cab 240	720	1,200	2,700	4,200	6,000	
PU S 4x4 260	780	1,300	2,930	4,550	6,500	
PU LS Space Cab 4x4 280	840	1,400	3,150	4,900	7,000	
1989 Trooper II 4x4						
2d S. 560	1,680	2,800	6,300	9,800	14,000	
4d S. 540	1,620	2,700	6,080	9,450	13,500	
1990 Amigo						
2d S SUV 350	1,050	1,750	3,960	6,150	8,800	
2d XS SUV 350	1,050	1,800	4,010	6,250	8,900	
2d S SUV 4x4 550	1,650	2,750	6,210	9,650	13,800	
2d XS SUV 4x4 550	1,650	2,800	6,260	9,750	13,900	
1990 Trooper						
2d RS Sta Wag 600	1,800	3,000	6,750	10,500	15,000	
4d S Sta Wag 600	1,850	3,100	6,980	10,900	15,500	

	6	5	4	3	2	1
1991 Amigo						
S 2d Utly	260	780	1,300	2,930	4,550	6,500
XS 2d Utly	276	828	1,380	3,110	4,830	6,900
S 2d Utly 4x4	300	900	1,500	3,380	5,250	7,500
XS 2d Utly 4x4	320	960	1,600	3,600	5,600	8,000
1991 Rodeo						
S 4d Utly	320	960	1,600	3,600	5,600	8,000
XS 4d Utly V-6	520	1,560	2,600	5,850	9,100	13,000
LS 4d Utly 2x4	520	1,560	2,600	5,850	9,100	13,000
S 4d Utly 4x4	560	1,680	2,800	6,300	9,800	14,000
XS 4d Utly 4x4	580	1,740	2,900	6,530	10,150	14,500
LS 4d Utly 4x4	600	1,800	3,000	6,750	10,500	15,000
1991 Pickup						
S 2d PU	180	540	900	2,030	3,150	4,500
SLB 2d PU	184	552	920	2,070	3,220	4,600
S 2d PU Space Cab	188	564	940	2,120	3,290	4,700
S 2d PU 4x4	260	780	1,300	2,930	4,550	6,500
LS 2d PU Space Cab 4x4	300	900	1,500	3,380	5,250	7,500
1991 Trooper						
4d Utly 4x4	320	960	1,600	3,600	5,600	8,000
XS 4d Utly V-6 4x4	520	1,560	2,600	5,850	9,100	13,000
SE 4d Utly V-6 4x4	520	1,560	2,600	5,850	9,100	13,000
LS 4d Utly V-6 4x4	528	1,584	2,640	5,940	9,240	13,200
1992 Amigo, 4-cyl.						
S 2d Utly 2x4	260	780	1,300	2,930	4,550	6,500
XS 2d Utly 2x4	272	816	1,360	3,060	4,760	6,800
S 2d Utly 4x4	320	960	1,600	3,600	5,600	8,000
XS 2d Utly 4x4	340	1,020	1,700	3,830	5,950	8,500
1992 Rodeo						
S 4d Utly 4-cyl. 2x4	280	840	1,400	3,150	4,900	7,000
XS 4d Utly 2x4	288	864	1,440	3,240	5,040	7,200
LS 4d Utly 2x4	300	900	1,500	3,380	5,250	7,500
S 4d Utly 4x4	340	1,020	1,700	3,830	5,950	8,500
XS 4d Utly 4x4	348	1,044	1,740	3,920	6,090	8,700
LS 4d Utly 4x4	520	1,560	2,600	5,850	9,100	13,000
1992 Trooper, V-6						
S 4d Utly 4x4	540	1,620	2,700	6,080	9,450	13,500
LS 4d Utly 4x4	580	1,740	2,900	6,530	10,150	14,500
1992 Pickups, V-6						
S PU	200	600	1,000	2,250	3,500	5,000
S PU LBx	200	600	1,050	2,340	3,650	5,200
S PU LS	260	780	1,300	2,930	4,550	6,500
PU LS 4x4	540	1,620	2,700	6,080	9,450	13,500
S PU 4x4	520	1,560	2,600	5,850	9,100	13,000
1993 Amigo 4-cyl.						
2d SUV 2WD	220	660	1,100	2,480	3,850	5,500
2d SUV 4x4	260	780	1,300	2,930	4,550	6,500
1993 Rodeo V-6						
4d SUV 2WD	228	684	1,140	2,570	3,990	5,700
4d SUV 4x4	268	804	1,340	3,020	4,690	6,700
1993 Trooper V-6						
2d SUV 4x4	540	1,620	2,700	6,080	9,450	13,500
4d SUV 4x4	548	1,644	2,740	6,170	9,590	13,700
1993 Pickup 4-cyl.						
2d PU SBx	192	576	960	2,160	3,360	4,800
2d PU LBx	196	588	980	2,210	3,430	4,900
2d PU 4x4	236	708	1,180	2,660	4,130	5,900
1994 Amigo						
2d SUV	280	840	1,400	3,150	4,900	7,000
2d SUV 4x4	440	1,320	2,200	4,950	7,700	11,000
1994 Rodeo, V-6						
4d SUV	440	1,320	2,200	4,950	7,700	11,000
4d SUV 4x4	520	1,560	2,600	5,850	9,100	13,000
1994 Trooper, V-6						
2d SUV 4x4	560	1,680	2,800	6,300	9,800	14,000
4d SUV 4x4	552	1,656	2,760	6,210	9,660	13,800
1994 Pickup, 4-cyl.						
2d PU S	200	650	1,100	2,480	3,850	5,500
2d PU LBx	200	650	1,100	2,520	3,900	5,600
2d PU Space Cab	300	850	1,400	3,150	4,900	7,000
2d PU 4x4	300	950	1,600	3,600	5,600	8,000
1995 Rodeo, V-6						
4d SUV	450	1,300	2,200	4,950	7,700	11,000
4d SUV 4x4	500	1,550	2,600	5,850	9,100	13,000
1995 Trooper, V-6						
4d SUV 4x4	550	1,650	2,750	6,210	9,650	13,800
1995 Pickup, 4-cyl.						
2d S PU	200	650	1,100	2,480	3,850	5,500
2d S PU LBx	200	650	1,100	2,520	3,900	5,600
2d S PU 4x4	300	950	1,600	3,600	5,600	8,000

	6	5	4	3	2	1
1996 Oasis, 4-cyl.						
4d S Sta Wag 400	1,200	2,000	4,500	7,000	10,000	
4d LS Sta Wag 450	1,300	2,200	4,950	7,700	11,000	
1996 Rodeo, V-6						
4d S SUV (4-cyl.) 300	900	1,500	3,380	5,250	7,500	
4d S SUV 300	950	1,600	3,600	5,600	8,000	
4d LS SUV 350	1,100	1,800	4,050	6,300	9,000	
4d S SUV 4x4 450	1,300	2,200	4,950	7,700	11,000	
4d LS SUV 4x4 500	1,450	2,400	5,400	8,400	12,000	
1996 Trooper, V-6						
4d S SUV 4x4 400	1,250	2,100	4,730	7,350	10,500	
4d LS SUV 4x4 450	1,300	2,200	4,950	7,700	11,000	
4d Ltd SUV 4x4 550	1,600	2,700	6,080	9,450	13,500	
4d SE SUV 4x4 550	1,700	2,800	6,300	9,800	14,000	
1996 Hombre, 4-cyl.						
2d S PU 200	650	1,100	2,480	3,850	5,500	
2d XS PU 250	700	1,150	2,570	4,000	5,700	
1997 Oasis, 4-cyl.						
4d S Sta Wag 400	1,200	2,000	4,500	7,000	10,000	
4d LS Sta Wag 440	1,320	2,200	4,950	7,700	11,000	
1997 Rodeo, V-6						
4d S SUV (4-cyl.) 300	900	1,500	3,380	5,250	7,500	
4d S SUV 320	960	1,600	3,600	5,600	8,000	
4d LS SUV 360	1,080	1,800	4,050	6,300	9,000	
4d S SUV 4x4 440	1,320	2,200	4,950	7,700	11,000	
4d LS SUV 4x4 480	1,440	2,400	5,400	8,400	12,000	
1997 Trooper, V-6						
4d S SUV 4x4 420	1,260	2,100	4,730	7,350	10,500	
4d LS SUV 4x4 440	1,320	2,200	4,950	7,700	11,000	
4d Ltd SUV 4x4 540	1,620	2,700	6,080	9,450	13,500	
1997 Hombre, 4-cyl.						
2d S PU 220	660	1,100	2,480	3,850	5,500	
2d XS PU 228	684	1,140	2,570	3,990	5,700	
NOTE: Add 10 percent for ext cab XS. Add 10 percent for V-6.						
1998 Amigo, 4-cyl.						
2d Utility 200	600	1,000	2,250	3,500	5,000	
NOTE: Add 10 percent for V-6. Add 5 percent for 4x4.						
1998 Oasis, 4-cyl.						
4d S Sta Wag 400	1,200	2,000	4,500	7,000	10,000	
4d LS Sta Wag 440	1,320	2,200	4,950	7,700	11,000	
1998 Rodeo, V-6						
4d S SUV 320	960	1,600	3,600	5,600	8,000	
4d LS SUV 360	1,080	1,800	4,050	6,300	9,000	
NOTE: Add 5 percent for 4x4. Deduct 5 percent for 4-cyl.						
1998 Trooper, V-6, 4x4						
4d S SUV 420	1,260	2,100	4,730	7,350	10,500	
4d Performance SUV 440	1,320	2,200	4,950	7,700	11,000	
4d Luxury SUV 540	1,620	2,700	6,080	9,450	13,500	
1998 Hombre, 4-cyl.						
2d S PU 220	660	1,100	2,480	3,850	5,500	
2d XS PU 230	680	1,140	2,570	3,990	5,700	
NOTE: Add 10 percent for extended cab. Add 10 percent for V-6. Add 5 percent for 4x4.						
1999 Amigo, 4-cyl.						
2d Utility 200	600	1,000	2,250	3,500	5,000	
NOTE: Add 10 percent for V-6. Add 5 percent for 4x4.						
1999 Oasis, 4-cyl.						
4d S Sta Wag 400	1,200	2,000	4,500	7,000	10,000	
1999 Rodeo, V-6						
4d S SUV 320	960	1,600	3,600	5,600	8,000	
4d LS SUV 360	1,080	1,800	4,050	6,300	9,000	
4d LSE SUV 400	1,200	2,000	4,500	7,000	10,000	
NOTE: Add 5 percent for 4x4. Deduct 5 percent for 4-cyl.						
1999 Trooper, V-6, 4x4						
4d S SUV 420	1,260	2,100	4,730	7,350	10,500	
4d Performance SUV 440	1,320	2,200	4,950	7,700	11,000	
4d Luxury SUV 500	1,500	2,500	5,630	8,750	12,500	
1999 Hombre, 4-cyl.						
2d S PU 220	660	1,100	2,480	3,850	5,500	
2d XS PU 230	680	1,140	2,570	3,990	5,700	
NOTE: Add 10 percent for extended cab. Add 5 percent for V-6. Add 10 percent for 4x4.						
1999 Vehicross, V-6, 4x4						
2d Utility 480	1,440	2,400	5,400	8,400	12,000	
2000 Amigo, 4-cyl.						
2d Utility 200	600	1,000	2,250	3,500	5,000	
NOTE: Add 10 percent for V-6. Add 5 percent for 4x4. Add 10 percent for automatic transmission.						
2000 Rodeo, V-6						
4d S SUV 320	960	1,600	3,600	5,600	8,000	
4d LS SUV 360	1,080	1,800	4,050	6,300	9,000	

ISUZU TRUCKS

	6	5	4	3	2	1
4d LSE SUV	400	1,200	2,000	4,500	7,000	10,000

NOTE: Add 5 percent for 4x4. Deduct 5 percent for 4-cyl.

2000 Trooper, V-6

	6	5	4	3	2	1
4d S SUV	420	1,260	2,100	4,730	7,350	10,500
4d LS SUV	440	1,320	2,200	4,950	7,700	11,000
4d Limited SUV	500	1,500	2,500	5,630	8,750	12,500

NOTE: Add 5 percent for 4x4.

2000 Hombre, 4-cyl.

	6	5	4	3	2	1
2d S PU	220	660	1,100	2,480	3,850	5,500
2d XS PU	230	680	1,140	2,570	3,990	5,700

NOTE: Add 10 percent for extended cab. Add 5 percent for V-6. Add 10 percent for 4x4. Add 5 percent for automatic transmission.

2000 Vehicross, V-6, 4x4

	6	5	4	3	2	1
2d Utility	490	1,480	2,460	5,540	8,610	12,300

2001 Rodeo Sport, 4-cyl.

	6	5	4	3	2	1
2d Soft Top Utility	210	620	1,040	2,600	3,640	5,200
2d Hard Top Utility	230	680	1,140	2,850	3,990	5,700

NOTE: Add 10 percent for V-6. Add 5 percent for 4x4. Add 10 percent for automatic transmission.

2001 Rodeo, V-6

	6	5	4	3	2	1
4d S SUV	320	960	1,600	4,000	5,600	8,000
4d LS SUV	360	1,080	1,800	4,500	6,300	9,000
4d Anniversary SUV	380	1,140	1,900	4,750	6,650	9,500
4d LSE SUV	400	1,200	2,000	5,000	7,000	10,000

NOTE: Add 5 percent for 4x4. Deduct 5 percent for 4-cyl.

2001 Trooper, V-6

	6	5	4	3	2	1
4d S SUV	420	1,260	2,100	5,250	7,350	10,500
4d LS SUV	440	1,320	2,200	5,500	7,700	11,000
4d Anniversary SUV	460	1,380	2,300	5,750	8,050	11,500
4d Limited SUV	500	1,500	2,500	6,250	8,750	12,500

2001 Vehicross, V-6, 4x4

	6	5	4	3	2	1
2d Utility	490	1,480	2,460	6,150	8,610	12,300

LEXUS TRUCKS

1998 LX470, V-8, 4x4

	6	5	4	3	2	1
4d SUV	1,000	3,000	5,000	11,250	17,500	25,000

1999 RX300, V-6

	6	5	4	3	2	1
4d SUV	640	1,920	3,200	7,200	11,200	16,000

NOTE: Add 5 percent for 4x4.

1999 LX470, V-8, 4x4

	6	5	4	3	2	1
4d SUV	1,000	3,000	5,000	11,250	17,500	25,000

2000 RX300, V-6

	6	5	4	3	2	1
4d SUV	650	1,940	3,240	7,290	11,340	16,200

NOTE: Add 5 percent for 4x4.

2000 LX470, V-8, 4x4

	6	5	4	3	2	1
4d SUV	1,010	3,020	5,040	11,340	17,640	25,200

2001 RX300, V-6

	6	5	4	3	2	1
4d SUV	650	1,940	3,240	8,100	11,340	16,200

NOTE: Add 5 percent for 4x4.

2001 LX470, V-8, 4x4

	6	5	4	3	2	1
4d SUV	1,010	3,020	5,040	12,600	17,640	25,200

MAZDA TRUCKS

1972 B1600, 1/2-Ton

	6	5	4	3	2	1
PU	150	400	700	1,530	2,400	3,400

NOTE: Deduct 10 percent for rotary engine. Prices based on deluxe model.

1973 B1600, 1/2-Ton

	6	5	4	3	2	1
PU	150	400	700	1,530	2,400	3,400

NOTE: Deduct 10 percent for rotary engine. Prices based on deluxe model.

1974 B1600, 1/2-Ton

	6	5	4	3	2	1
PU	150	400	700	1,530	2,400	3,400

NOTE: Deduct 10 percent for rotary engine. Prices based on deluxe model.

1975 B1600, 1/2-Ton

	6	5	4	3	2	1
PU	150	400	700	1,530	2,400	3,400

NOTE: Deduct 10 percent for rotary engine. Prices based on deluxe model.

1976 B1600, 1/2-Ton

	6	5	4	3	2	1
PU	150	400	700	1,530	2,400	3,400

NOTE: Deduct 10 percent for rotary engine. Prices based on deluxe model.

1977 B1800, 1/2-Ton

	6	5	4	3	2	1
PU	150	400	700	1,530	2,400	3,400

NOTE: Deduct 10 percent for rotary engine. Prices based on deluxe model.

1978 B1800, 1/2-Ton

	6	5	4	3	2	1
PU SBx	150	400	650	1,490	2,300	3,300
PU LBx	150	400	700	1,530	2,400	3,400

NOTE: Prices based on deluxe model.

1979 B2000, 1/2-Ton

	6	5	4	3	2	1
PU SBx	150	400	650	1,490	2,300	3,300

	6	5	4	3	2	1
PU LBx 150		400	700	1,530	2,400	3,400
NOTE: Prices based on deluxe model.						
1980 B2000, 1/2-Ton						
PU 150		400	650	1,440	2,250	3,200
Sundowner PU SBx 150		400	700	1,530	2,400	3,400
Sundowner PU LBx 150		400	700	1,580	2,450	3,500
NOTE: Prices based on deluxe model.						
1981 B2000, 1/2-Ton						
PU 150		400	650	1,440	2,250	3,200
Sundowner PU SBx 150		400	700	1,530	2,400	3,400
Sundowner PU LBx 150		400	700	1,580	2,450	3,500
NOTE: Prices based on deluxe model.						
1982 B2000 Sundowner, 1/2-Ton						
PU SBx 150		400	650	1,490	2,300	3,300
PU LBx 150		400	700	1,530	2,400	3,400
NOTE: Deduct 20 percent for diesel. Prices based on deluxe model.						
1983 B2000 Sundowner, 1/2-Ton						
PU SBx 150		400	650	1,490	2,300	3,300
PU LBx 150		400	700	1,530	2,400	3,400
NOTE: Deduct 20 percent for diesel. Prices based on deluxe model.						
1984 B2000 Sundowner, 1/2-Ton						
PU SBx 150		400	650	1,490	2,300	3,300
PU LBx 150		400	700	1,530	2,400	3,400
NOTE: Deduct 20 percent for diesel. Prices based on deluxe model.						
1986 B2000, 1/2-Ton						
PU SBx 150		400	700	1,530	2,400	3,400
PU LBx 150		400	700	1,580	2,450	3,500
PU Cab Plus 150		450	750	1,710	2,650	3,800
NOTE: Prices based on deluxe model.						
1987 Light Trucks						
PU 150		400	700	1,580	2,450	3,500
PU LBx 150		450	700	1,620	2,500	3,600
PU Cab Plus 150		450	750	1,710	2,650	3,800
1987 LX						
PU 150		500	800	1,800	2,800	4,000
PU LBx 150		500	850	1,890	2,950	4,200
PU Cab Plus 200		550	900	1,980	3,100	4,400
1987 Light Trucks 4x4						
PU 200		600	1,000	2,250	3,500	5,000
PU LBx 200		650	1,100	2,480	3,850	5,500
PU Cab Plus 250		700	1,200	2,700	4,200	6,000
1987 LX 4x4						
PU 250		700	1,200	2,700	4,200	6,000
PU LBx 250		750	1,200	2,750	4,250	6,100
PU Cab Plus 250		750	1,250	2,790	4,350	6,200
1988 Light Trucks						
PU 200		550	900	2,030	3,150	4,500
PU LBx 200		550	900	2,070	3,200	4,600
PU Cab Plus 200		600	1,000	2,250	3,500	5,000
1988 LX						
PU 200		600	1,000	2,250	3,500	5,000
PU LBx 200		600	1,050	2,340	3,650	5,200
PU Cab Plus 200		650	1,100	2,430	3,800	5,400
1988 Light Trucks 4x4						
PU 250		700	1,200	2,700	4,200	6,000
PU LBx 250		800	1,300	2,930	4,550	6,500
PU Cab Plus 300		850	1,400	3,150	4,900	7,000
1988 LX, 4x4						
PU 300		900	1,500	3,380	5,250	7,500
PU LBx 300		900	1,500	3,420	5,300	7,600
PU Cab Plus 300		900	1,550	3,470	5,400	7,700
1989 Light Trucks						
PU 200		650	1,100	2,480	3,850	5,500
PU LBx 250		700	1,200	2,700	4,200	6,000
PU 4x4 300		850	1,400	3,150	4,900	7,000
1989 LX						
PU Cab Plus 250		800	1,300	2,930	4,550	6,500
PU Cab Plus 4x4 350		1,000	1,700	3,830	5,950	8,500
1990 Light Trucks						
2d PU 200		650	1,100	2,480	3,850	5,500
2d PU LBx 250		700	1,150	2,570	4,000	5,700
2d PU Clb Cab 250		700	1,200	2,660	4,150	5,900
2d PU 4x4 300		850	1,400	3,110	4,850	6,900
2d PU CLB Cab 4x4 300		900	1,500	3,380	5,250	7,500
1990 MPV						
Cargo Van 300		900	1,500	3,380	5,250	7,500
Mini Van 300		950	1,550	3,510	5,450	7,800
Mini Van V-6 4x4 350		1,050	1,750	3,960	6,150	8,800

MAZDA TRUCKS

	6	5	4	3	2	1
1991 MPV						
3d Cargo Van	300	850	1,400	3,150	4,900	7,000
3d Sta Wag	400	1,150	1,900	4,280	6,650	9,500
3d Sta Wag V-6 4x4	680	2,040	3,400	7,650	11,900	17,000
1991 Pickup						
2d PU	300	850	1,400	3,150	4,900	7,000
LB 2d PU	300	900	1,500	3,380	5,250	7,500
2d PU Crew Cab	300	950	1,600	3,600	5,600	8,000
2d PU 4x4	350	1,100	1,800	4,050	6,300	9,000
2d PU Crew Cab 4x4	380	1,140	1,900	4,280	6,650	9,500
1991 Navajo						
2d Utly 4x4	650	2,000	3,300	7,430	11,600	16,500
1992 Navajo, V-6						
2d Utly DX 2x4	300	850	1,400	3,150	4,900	7,000
4d Utly LX 2x4	300	950	1,600	3,600	5,600	8,000
2d Utly DX 4x4	350	1,000	1,700	3,830	5,950	8,500
4d Utly LX 4x4	400	1,150	1,900	4,280	6,650	9,500
1992 MPV, 4-cyl.						
Van 2x4	300	850	1,400	3,150	4,900	7,000
Sta Wag 2x4	350	1,100	1,800	4,050	6,300	9,000
Sta Wag V-6 4x4	600	1,800	3,000	6,750	10,500	15,000
1992 Pickups, 4-cyl.						
PU 2x4	250	800	1,300	2,930	4,550	6,500
PU LB 2x4	250	800	1,350	3,020	4,700	6,700
PU 4x4	300	900	1,500	3,380	5,250	7,500
PU LB 4x4	300	950	1,600	3,600	5,600	8,000
1993 Navajo, V-6						
4d SUV 2WD	200	650	1,100	2,480	3,850	5,500
4d SUV 4x4	250	800	1,300	2,930	4,550	6,500
1993 MPV, 4-cyl.						
4d Sta Wag	300	850	1,400	3,150	4,900	7,000
4d Sta Wag V-6 4x4	320	960	1,600	3,600	5,600	8,000
1993 Pickup						
2d PU SBx	250	800	1,300	2,930	4,550	6,500
2d PU LBx	250	800	1,300	2,970	4,600	6,600
2d PU 4x4	300	900	1,500	3,420	5,300	7,600
1994 Navajo, V-6						
2d Utly DX	300	900	1,500	3,380	5,250	7,500
2d Utly LX	300	950	1,600	3,600	5,600	8,000
2d Utly DX 4x4	450	1,300	2,200	4,950	7,700	11,000
2d Utly LX 4x4	450	1,350	2,250	5,040	7,850	11,200
1994 MPV, 4-cyl.						
Van	350	1,100	1,800	4,050	6,300	9,000
Wag	400	1,150	1,900	4,280	6,650	9,500
Wag 4x4	500	1,450	2,400	5,400	8,400	12,000
1994 Pickup						
2d PU B2300, 4-cyl.	280	840	1,400	3,150	4,900	7,000
2d PU SE B2300, 4-cyl.	300	900	1,500	3,380	5,250	7,500
2d PU Club Cab B2300, 4-cyl.	320	960	1,600	3,600	5,600	8,000
2d PU SE B3000, V-6	340	1,020	1,700	3,830	5,950	8,500
2d PU Club Cab B3000, V-6	360	1,080	1,800	4,050	6,300	9,000
2d PU Club Cab 4x4 B3000, V-6	380	1,140	1,900	4,280	6,650	9,500
2d PU SE LB, V-6	350	1,100	1,800	4,050	6,300	9,000
2d PU SE Club Cab, V-6	400	1,200	2,000	4,500	7,000	10,000
2d PU LE Club Cab 4x4, V-6	480	1,440	2,400	5,400	8,400	12,000
1995 MPV, V-6						
4d Sta Wag	400	1,150	1,900	4,280	6,650	9,500
4d Sta Wag 4x4	500	1,450	2,400	5,400	8,400	12,000
1995 Pickup						
2d PU B2300, 4-cyl.	280	840	1,400	3,150	4,900	7,000
2d PU B2300 4x4, 4-cyl.	340	1,020	1,700	3,830	5,950	8,500
2d PU B2300 SE, 4-cyl.	300	900	1,500	3,380	5,250	7,500
2d PU B2300 Club Cab, 4-cyl.	320	960	1,600	3,600	5,600	8,000
2d PU B3000 SE, V-6	340	1,020	1,700	3,830	5,950	8,500
2d PU B3000 Club Cab, V-6	360	1,080	1,800	4,050	6,300	9,000
2d PU B3000 Club Cab 4x4, V-6	380	1,140	1,900	4,280	6,650	9,500
2d PU B4000 SE Club Cab, V-6	360	1,080	1,800	4,050	6,300	9,000
2d PU B4000 SE Club Cab 4x4, V-6	400	1,200	2,000	4,500	7,000	10,000
2d PU B4000 LE Club Cab, V-6	380	1,140	1,900	4,280	6,650	9,500
2d PU B4000 LE Club Cab 4x4, V-6	480	1,440	2,400	5,400	8,400	12,000
1996 MPV, V-6						
4d DX Sta Wag	400	1,150	1,900	4,280	6,650	9,500
4d LX Sta Wag	400	1,200	2,000	4,500	7,000	10,000
4d ES Sta Wag	400	1,250	2,100	4,730	7,350	10,500
4d LX Sta Wag 4x4	500	1,450	2,400	5,400	8,400	12,000
4d ES Sta Wag 4x4	500	1,550	2,600	5,850	9,100	13,000
1996 B2300 Pickup, 4-cyl.						
2d PU	250	700	1,200	2,700	4,200	6,000
2d PU 4x4	300	900	1,500	3,380	5,250	7,500

MAZDA TRUCKS

	6	5	4	3	2	1
2d Cab Plus PU............................. 300		950	1,600	3,600	5,600	8,000
2d SE PU 300		900	1,500	3,380	5,250	7,500
2d SE Cab Plus PU......................... 350		1,000	1,700	3,830	5,950	8,500
1996 B3000 Pickup, V-6						
2d SE Cab Plus PU......................... 350		1,000	1,700	3,830	5,950	8,500
2d Cab Plus 4x4 400		1,150	1,900	4,280	6,650	9,500
1996 B4000 Pickup, V-6						
2d SE PU 4x4 350		1,100	1,800	4,050	6,300	9,000
2d SE Cab Plus PU 4x4 400		1,200	2,000	4,500	7,000	10,000
2d LE Cab Plus PU......................... 400		1,150	1,900	4,280	6,650	9,500
2d LE Cab Plus PU 4x4 440		1,320	2,200	4,950	7,700	11,000
1997 MPV, V-6						
LX Sta Wag................................ 360		1,080	1,800	4,050	6,300	9,000
4d ES Sta Wag 380		1,140	1,900	4,280	6,650	9,500
4d LX Sta Wag 4x4 400		1,200	2,000	4,500	7,000	10,000
4d ES Sta Wag 4x4......................... 420		1,260	2,100	4,730	7,350	10,500
1997 B2300 Pickup, 4-cyl.						
2d PU 240		720	1,200	2,700	4,200	6,000
2d SE PU 300		900	1,500	3,380	5,250	7,500
2d SE Cab Plus PU......................... 340		1,020	1,700	3,830	5,950	8,500
1997 B4000 Pickup, V-6						
2d SE Cab Plus PU......................... 340		1,020	1,700	3,830	5,950	8,500
2d PU 4x4 360		1,080	1,800	4,050	6,300	9,000
2d Cab Plus PU 4x4 380		1,140	1,900	4,280	6,650	9,500
2d SE Cab Plus PU 4x4 400		1,200	2,000	4,500	7,000	10,000
1998 MPV, V-6						
4d LX Sta Wag 360		1,080	1,800	4,050	6,300	9,000
4d ES Sta Wag 380		1,140	1,900	4,280	6,650	9,500
NOTE: Add 5 percent for 4x4.						
1998 B2500, 4-cyl.						
2d SX PU 240		720	1,200	2,700	4,200	6,000
2d SE PU 300		900	1,500	3,380	5,250	7,500
NOTE: Add 10 percent for extended cab.						
1998 B3000, V-6						
2d SX PU 260		780	1,300	2,930	4,550	6,500
2d SE PU 320		960	1,600	3,600	5,600	8,000
NOTE: Add 10 percent for extended cab. Add 5 percent for 4x4.						
1998 B4000, V-6						
2d SE Cab Plus PU......................... 340		1,020	1,700	3,830	5,950	8,500
NOTE: Add 5 percent for 4x4.						
1999 B2500, 4-cyl.						
2d SX PU 240		720	1,200	2,700	4,200	6,000
2d SE PU 300		900	1,500	3,380	5,250	7,500
NOTE: Add 10 percent for extended cab.						
1999 B3000, V-6						
2d SE PU 320		960	1,600	3,600	5,600	8,000
NOTE: Add 10 percent for extended cab. Add 5 percent for 4x4.						
1999 B4000, V-6						
2d SE PU 340		1,020	1,700	3,830	5,950	8,500
NOTE: Add 10 percent for extended cab. Add 5 percent for 4x4.						
2000 MPV, V-6						
4d DX SUV 270		800	1,340	3,020	4,690	6,700
4d LX SUV 290		860	1,440	3,240	5,040	7,200
4d EX SUV 310		920	1,540	3,470	5,390	7,700
2000 B2500, 4-cyl.						
2d SX PU 240		720	1,200	2,700	4,200	6,000
2d SE PU 300		900	1,500	3,380	5,250	7,500
NOTE: Add 10 percent for extended cab.						
2000 B3000, V-6						
2d SX PU 300		900	1,500	3,380	5,250	7,500
2d SE PU 320		960	1,600	3,600	5,600	8,000
NOTE: Add 10 percent for extended cab. Add 5 percent for 4x4.						
2000 B4000, V-6						
2d SE PU 340		1,020	1,700	3,830	5,950	8,500
NOTE: Add 10 percent for extended cab. Add 5 percent for 4x4.						
2001 Tribute, V-6						
4d DX SUV 320		960	1,600	4,000	5,600	8,000
4d LX SUV 340		1,020	1,700	4,250	5,950	8,500
4d ES SUV 370		1,100	1,840	4,600	6,440	9,200
NOTE: Add 5 percent for 4x4. Deduct 5 percent for 4-cyl.						
2001 MPV, V-6						
4d DX SUV 270		800	1,340	3,350	4,690	6,700
4d LX SUV 290		860	1,440	3,600	5,040	7,200
4d EX SUV 310		920	1,540	3,850	5,390	7,700
2001 B2300/B2500, 4-cyl.						
2d SX PU 240		720	1,200	3,000	4,200	6,000
2d SE PU 300		900	1,500	3,750	5,250	7,500
2001 B3000, V-6						
2d SX PU 300		900	1,500	3,750	5,250	7,500

	6	5	4	3	2	1
2d SE PU	320	960	1,600	4,000	5,600	8,000

NOTE: Add 10 percent for extended cab. Add 5 percent for 4x4.

2001 B4000, V-6

	6	5	4	3	2	1
4d DS Cab Plus PU	360	1,080	1,800	4,500	6,300	9,000
4d SE Cab Plus PU	420	1,260	2,100	5,250	7,350	10,500

NOTE: Add 5 percent for 4x4.

MERCEDES-BENZ TRUCKS

1998 ML320, V-6, 4x4

	6	5	4	3	2	1
4d Utility	640	1,920	3,200	7,200	11,200	16,000

1999 M Class, V-6/V-8, 4x4

	6	5	4	3	2	1
ML320 4d Utility	560	1,680	2,800	6,300	9,800	14,000
ML430 4d Utility	640	1,920	3,200	7,200	11,200	16,000

2000 M Class, V-6/V-8, 4x4

	6	5	4	3	2	1
ML320 4d Utility	580	1,740	2,900	6,530	10,150	14,500
ML430 4d Utility	660	1,980	3,300	7,430	11,550	16,500
ML55/AMG 4d Utility (V-8 only)	960	2,880	4,800	10,800	16,800	24,000

2001 M Class, V-8, 4x4

	6	5	4	3	2	1
ML320 4d Utility (V-6 only)	580	1,740	2,900	7,250	10,150	14,500
ML430 4d Utility	660	1,980	3,300	8,250	11,550	16,500
ML55/AMG 4d Utility	960	2,880	4,800	12,000	16,800	24,000

NOTE: Add 5 percent for Sport pkg.

MITSUBISHI TRUCKS

1983 1/2-Ton

	6	5	4	3	2	1
PU	88	264	440	990	1,540	2,200

NOTE: Add 15 percent for 4x4. Prices based on deluxe model.

1983 Montero 4x4

	6	5	4	3	2	1
Wag	112	336	560	1,260	1,960	2,800

NOTE: Prices based on deluxe model.

1984 1/2-Ton

	6	5	4	3	2	1
PU	100	300	500	1,130	1,750	2,500

NOTE: Add 15 percent for 4x4. Prices based on deluxe model.

1984 Montero, 4x4

	6	5	4	3	2	1
Wag	120	360	600	1,350	2,100	3,000

NOTE: Prices based on deluxe model.

1985 1/2-Ton

	6	5	4	3	2	1
PU	120	360	600	1,350	2,100	3,000

NOTE: Add 15 percent for 4x4. Prices based on deluxe model.

1985 Montero, 4x4

	6	5	4	3	2	1
Wag	120	360	600	1,350	2,100	3,000

NOTE: Prices based on deluxe model.

1986 1/2-Ton

	6	5	4	3	2	1
PU	140	420	700	1,580	2,450	3,500

NOTE: Add 15 percent for 4x4. Prices based on deluxe model.

1986 Montero, 4x4

	6	5	4	3	2	1
Wag	220	660	1,100	2,480	3,850	5,500

NOTE: Prices based on deluxe model.

1987 Mighty Max

	6	5	4	3	2	1
PU	100	300	500	1,130	1,750	2,500
1-Ton LBx	108	324	540	1,220	1,890	2,700
Spt	116	348	580	1,310	2,030	2,900
Spt LBx	120	360	600	1,350	2,100	3,000
PU, 4x4	128	384	640	1,440	2,240	3,200
PU LBx 4x4	132	396	660	1,490	2,310	3,300

1987 SPX

	6	5	4	3	2	1
PU	124	372	620	1,400	2,170	3,100
PU 4WD	136	408	680	1,530	2,380	3,400

1987 Montero

	6	5	4	3	2	1
4x4	160	480	800	1,800	2,800	4,000

1988 Mighty Max

	6	5	4	3	2	1
PU	160	480	800	1,800	2,800	4,000
1-Ton LBx	176	528	880	1,980	3,080	4,400
Spt	180	540	900	2,030	3,150	4,500
Spt LBx	184	552	920	2,070	3,220	4,600
Macrocab	180	540	900	2,030	3,150	4,500
PU 4x4	228	684	1,140	2,570	3,990	5,700
Spt LBx 4x4	252	756	1,260	2,840	4,410	6,300

1988 SPX

	6	5	4	3	2	1
Macrocab	208	624	1,040	2,340	3,640	5,200
Macrocab 4x4	276	828	1,380	3,110	4,830	6,900
4x4	256	768	1,280	2,880	4,480	6,400

1988 Montero - Van - Wagon

	6	5	4	3	2	1
SP 4x4	300	900	1,500	3,380	5,250	7,500
Spt 4x4	340	1,020	1,700	3,830	5,950	8,500
Cargo Van	228	684	1,140	2,570	3,990	5,700
Wag	300	900	1,500	3,380	5,250	7,500

	6	5	4	3	2	1
1989 Mighty Max						
PU	200	600	1,000	2,250	3,500	5,000
1-Ton LBx	208	624	1,040	2,340	3,640	5,200
Spt	216	648	1,080	2,430	3,780	5,400
Spt LBx	228	684	1,140	2,570	3,990	5,700
Macrocab	224	672	1,120	2,520	3,920	5,600
PU 4x4	240	720	1,200	2,700	4,200	6,000
Spt LBx 4x4	260	780	1,300	2,930	4,550	6,500
1989 SPX						
PU 4x4	280	840	1,400	3,150	4,900	7,000
Macrocab 4x4	292	876	1,460	3,290	5,110	7,300
1989 Montero - Van - Wagon						
SP 4x4	520	1,560	2,600	5,850	9,100	13,000
Spt 4x4	540	1,620	2,700	6,080	9,450	13,500
4d 4x4	560	1,680	2,800	6,300	9,800	14,000
Cargo Van	280	840	1,400	3,150	4,900	7,000
Wag	540	1,620	2,700	6,080	9,450	13,500
1990 Light Trucks						
2d Mighty Max	192	576	960	2,160	3,360	4,800
2d Mighty Max 4x4	232	696	1,160	2,610	4,060	5,800
1990 Montero, 4x4						
2d Std Utly	300	900	1,500	3,380	5,250	7,500
2d Spt Utly	304	912	1,520	3,420	5,320	7,600
4d Std Utly	304	912	1,520	3,420	5,320	7,600
RS 4d Utly	308	924	1,540	3,470	5,390	7,700
1991 Light Trucks						
2d PU	220	660	1,100	2,480	3,850	5,500
2d PU Crew Cab	260	780	1,300	2,930	4,550	6,500
1-Ton 2d PU LBx	228	684	1,140	2,570	3,990	5,700
2d PU V-6 4x4	340	1,020	1,700	3,830	5,950	8,500
1991 Montero						
4d Utly 4x4	520	1,560	2,600	5,850	9,100	13,000
RS 4d Utly 4x4	540	1,620	2,700	6,080	9,450	13,500
LS 4d Utly 4x4	560	1,680	2,800	6,300	9,800	14,000
1992 Montero, V-6						
4d Utly 4x4	600	1,800	3,000	6,750	10,500	15,000
4d Utly RS 4x4	620	1,860	3,100	6,980	10,850	15,500
4d Utly LS 4x4	660	1,980	3,300	7,430	11,550	16,500
4d Utly SR 4x4	680	2,040	3,400	7,650	11,900	17,000
1992 Pickups, 4-cyl.						
PU Mighty Max	200	600	1,000	2,250	3,500	5,000
PU Mighty Max LB	220	660	1,100	2,480	3,850	5,500
PU Mighty Max 4x4 V-6	300	900	1,500	3,380	5,250	7,500
1993 Montero, V-6						
4d SUV 4x4	600	1,800	3,000	6,750	10,500	15,000
1993 Pickup						
2d PU SBx	228	684	1,140	2,570	3,990	5,700
2d PU LBx	232	696	1,160	2,610	4,060	5,800
2d PU 4x4	272	816	1,360	3,060	4,760	6,800
1994 Montero, V-6						
4d Utly LS 4x4	560	1,680	2,800	6,300	9,800	14,000
4d Utly SR 4x4	640	1,920	3,200	7,200	11,200	16,000
1994 Pickups						
2d PU Mighty Max, 4-cyl.	200	600	1,000	2,250	3,500	5,000
2d PU Mighty Max Club Cab, 4-cyl.	300	900	1,500	3,380	5,250	7,500
2d PU Mighty Max 4x4, V-6	340	1,020	1,700	3,830	5,950	8,500
1995 Montero, V-6						
4d Utly LS 4x4	550	1,700	2,800	6,300	9,800	14,000
4d Utly SR 4x4	650	1,900	3,200	7,200	11,200	16,000
1995 Pickup, 4-cyl.						
2d PU Mighty Max	200	600	1,000	2,250	3,500	5,000
1996 Montero, V-6						
4d LS SUV 4x4	550	1,700	2,800	6,300	9,800	14,000
4d SR SUV 4x4	650	1,900	3,200	7,200	11,200	16,000
1996 Pickup, 4-cyl.						
2d Mighty Max PU	200	600	1,000	2,250	3,500	5,000
1997 Montero Sport, V-6						
4d ES SUV (4-cyl.)	248	744	1,240	2,790	4,340	6,200
4d LS SUV	300	900	1,500	3,380	5,250	7,500
4d LS SUV 4x4	360	1,080	1,800	4,050	6,300	9,000
4d XLS SUV 4x4	400	1,200	2,000	4,500	7,000	10,000
1997 Montero, V-6						
4d LS SUV 4x4	420	1,260	2,100	4,730	7,350	10,500
4d SR SUV 4x4	460	1,380	2,300	5,180	8,050	11,500
1998 Montero Sport, V-6						
ES SUV (4-cyl.)	250	740	1,240	2,790	4,340	6,200
LS SUV	300	900	1,500	3,380	5,250	7,500
XLS SUV	400	1,200	2,000	4,500	7,000	10,000

NOTE: Add 5 percent for 4x4.

	6	5	4	3	2	1
1998 Montero, V-6, 4x4						
4d Utility	420	1,260	2,100	4,730	7,350	10,500
1999 Montero Sport, V-6						
ES SUV (4-cyl.)	250	740	1,240	2,790	4,340	6,200
LS SUV	300	900	1,500	3,380	5,250	7,500
XLS SUV	400	1,200	2,000	4,500	7,000	10,000
Limited	410	1,230	2,050	4,610	7,180	10,250
NOTE: Add 5 percent for 4x4.						
1999 Montero, V-6, 4x4						
4d Utility	420	1,260	2,100	4,730	7,350	10,500
2000 Montero Sport, V-6						
ES SUV	250	740	1,240	2,790	4,340	6,200
LS SUV	300	900	1,500	3,380	5,250	7,500
XLS SUV	400	1,200	2,000	4,500	7,000	10,000
Limited SUV	410	1,230	2,050	4,610	7,180	10,250
NOTE: Add 5 percent for 4x4.						
2000 Montero, V-6, 4x4						
4d Utility	430	1,280	2,140	4,820	7,490	10,700
4d Endeavor Utility	460	1,380	2,300	5,180	8,050	11,500
2001 Montero Sport, V-6						
ES SUV	250	740	1,240	3,100	4,340	6,200
LS SUV	300	900	1,500	3,750	5,250	7,500
XLS SUV	400	1,200	2,000	5,000	7,000	10,000
3.5 XS SUV	400	1,210	2,020	5,050	7,070	10,100
Limited SUV	410	1,230	2,050	5,130	7,180	10,250
NOTE: Add 5 percent for 4x4.						
2001 Montero, V-6, 4x4						
4d XLS Utility	430	1,300	2,160	5,400	7,560	10,800
4d Limited Utility	470	1,420	2,360	5,900	8,260	11,800

NISSAN TRUCKS

	6	5	4	3	2	1
1967						
1/2-Ton PU	100	300	550	1,220	1,900	2,700
1968						
1/2-Ton PU	100	300	550	1,220	1,900	2,700
1969						
1/2-Ton PU	100	300	550	1,220	1,900	2,700
1970						
1/2-Ton PU	100	300	550	1,220	1,900	2,700
1971						
1/2-Ton PU	100	300	550	1,220	1,900	2,700
1972						
1/2-Ton PU	100	300	550	1,220	1,900	2,700
1973						
1/2-Ton PU	100	300	550	1,220	1,900	2,700
1974						
1/2-Ton PU	100	300	550	1,220	1,900	2,700
1975 1/2-Ton						
PU SBx	100	300	550	1,220	1,900	2,700
PU LBx	100	350	550	1,260	1,950	2,800
1976 1/2-Ton						
PU SBx	100	350	550	1,260	1,950	2,800
PU LBx	100	350	600	1,310	2,050	2,900
1977 1/2-Ton						
PU SBx	100	350	550	1,260	1,950	2,800
PU LBx	100	350	600	1,310	2,050	2,900
PU King Cab	100	350	600	1,350	2,100	3,000
1978 1/2-Ton						
PU SBx	100	350	550	1,260	1,950	2,800
PU LBx	100	350	600	1,310	2,050	2,900
PU King Cab	100	350	600	1,350	2,100	3,000
1979 1/2-Ton						
PU SBx	100	350	600	1,310	2,050	2,900
PU LBx	100	350	600	1,350	2,100	3,000
PU King Cab	100	350	600	1,400	2,150	3,100
1980 1/2-Ton						
PU SBx	100	350	600	1,310	2,050	2,900
PU LBx	100	350	600	1,350	2,100	3,000
PU King Cab	100	350	600	1,400	2,150	3,100
NOTE: Add 10 percent for 4x4.						
1981 1/2-Ton						
PU SBx	100	300	500	1,130	1,750	2,500
PU LBx	100	300	500	1,170	1,800	2,600
PU King Cab	150	400	700	1,530	2,400	3,400
NOTE: Add 10 percent for 4x4. Prices based on deluxe model.						
1982 1/2-Ton						
PU SBx	100	300	550	1,220	1,900	2,700
PU LBx	100	350	600	1,310	2,050	2,900

NISSAN TRUCKS (side margin)

	6	5	4	3	2	1
PU King Cab	150	450	750	1,670	2,600	3,700

NOTE: Add 10 percent for 4x4. Prices based on deluxe model.

1983 1/2-Ton

	6	5	4	3	2	1
PU SBx	100	350	600	1,350	2,100	3,000
PU LBx	150	400	650	1,440	2,250	3,200
PU King Cab	150	500	850	1,890	2,950	4,200

NOTE: Add 10 percent for 4x4. Prices based on deluxe model.

1984 1/2-Ton

	6	5	4	3	2	1
PU SBx	150	400	650	1,440	2,250	3,200
PU LBx	150	450	750	1,670	2,600	3,700
PU King Cab	200	550	950	2,120	3,300	4,700

NOTE: Add 10 percent for 4x4. Prices based on deluxe model.

1985 1/2-Ton

	6	5	4	3	2	1
PU SBx	150	450	750	1,670	2,600	3,700
PU LBx	150	500	800	1,800	2,800	4,000
PU King Cab	200	600	1,000	2,210	3,450	4,900

NOTE: Add 10 percent for 4x4. Prices based on deluxe model.

1986 1/2-Ton

	6	5	4	3	2	1
PU SBx	200	550	900	2,030	3,150	4,500
PU LBx	200	600	1,000	2,210	3,450	4,900
PU King Cab	250	750	1,300	2,880	4,500	6,400

NOTE: Add 10 percent for 4x4. Deduct 10 percent for diesel where applied. Prices based on deluxe model.

1987 Light Trucks

	6	5	4	3	2	1
PU Std	180	540	900	2,030	3,150	4,500
PU E	188	564	940	2,120	3,290	4,700
PU SE (6-cyl.)	200	650	1,100	2,480	3,850	5,500
PU E LBx	212	636	1,060	2,390	3,710	5,300
PU XE LBx	220	660	1,100	2,480	3,850	5,500
PU E King Cab	220	660	1,100	2,480	3,850	5,500
PU XE King Cab	240	720	1,200	2,700	4,200	6,000
PU SE King Cab (6-cyl.)	240	720	1,200	2,700	4,200	6,000
PU E	260	780	1,300	2,930	4,550	6,500
PU SE (6-cyl.)	300	850	1,400	3,150	4,900	7,000
PU XE LBx	272	816	1,360	3,060	4,760	6,800
PU XE King Cab	288	864	1,440	3,240	5,040	7,200
PU SE King Cab (6-cyl.)	280	840	1,400	3,150	4,900	7,000

1987 Van

	6	5	4	3	2	1
XE	260	780	1,300	2,930	4,550	6,500

1987 Pathfinder 4x4

	6	5	4	3	2	1
E	340	1,020	1,700	3,830	5,950	8,500
XE	520	1,560	2,600	5,850	9,100	13,000
SE (6-cyl.)	600	1,800	3,000	6,750	10,500	15,000

1988 Light Trucks

	6	5	4	3	2	1
PU Std	180	540	900	2,030	3,150	4,500
PU E	188	564	940	2,120	3,290	4,700
PU E LBx	192	576	960	2,160	3,360	4,800
PU E King Cab	208	624	1,040	2,340	3,640	5,200
PU XE King Cab	236	708	1,180	2,660	4,130	5,900
PU SE King Cab (6-cyl.)	260	780	1,300	2,930	4,550	6,500
PU E	300	900	1,500	3,380	5,250	7,500
PU E (6-cyl.)	300	950	1,600	3,600	5,600	8,000
PU SE (6-cyl.)	300	850	1,400	3,150	4,900	7,000
PU E King Cab	340	1,020	1,700	3,830	5,950	8,500
PU XE King Cab	520	1,560	2,600	5,850	9,100	13,000
PU SE King Cab (6-cyl.)	540	1,620	2,700	6,080	9,450	13,500

1988 Van

	6	5	4	3	2	1
XE	300	900	1,500	3,380	5,250	7,500

1988 Pathfinder 4x4

	6	5	4	3	2	1
XE	600	1,800	3,000	6,750	10,500	15,000
SE	640	1,920	3,200	7,200	11,200	16,000

1989 Light Trucks

	6	5	4	3	2	1
PU Std	220	660	1,100	2,480	3,850	5,500
PU Spl	228	684	1,140	2,570	3,990	5,700
PU LBx (6-cyl.)	250	700	1,150	2,570	4,000	5,700
PU Spl LBx (6-cyl.)	250	700	1,150	2,610	4,050	5,800
PU King Cab	240	720	1,200	2,700	4,200	6,000
PU Spl King Cab	260	780	1,300	2,930	4,550	6,500
PU SE King Cab (6-cyl.)	300	900	1,500	3,380	5,250	7,500

1989 Light Trucks 4x4

	6	5	4	3	2	1
PU	280	840	1,400	3,150	4,900	7,000
PU Spl	340	1,020	1,700	3,830	5,950	8,500
PU (6-cyl.)	300	900	1,500	3,380	5,250	7,500
PU Spl (6-cyl.)	350	1,050	1,750	3,960	6,150	8,800
PU King Cab	320	960	1,600	3,600	5,600	8,000
PU Spl King Cab	340	1,020	1,700	3,830	5,950	8,500
PU SE King Cab	520	1,560	2,600	5,850	9,100	13,000

1989 Pathfinder

	6	5	4	3	2	1
XE 2x4	600	1,800	3,000	6,750	10,500	15,000

	6	5	4	3	2	1
XE 4x4	680	2,040	3,400	7,650	11,900	17,000
SE 4x4	720	2,160	3,600	8,100	12,600	18,000
1990 Light Trucks						
2d PU	228	684	1,140	2,570	3,990	5,700
2d PU LBx V-6	236	708	1,180	2,660	4,130	5,900
2d PU Clb Cab	232	696	1,160	2,610	4,060	5,800
2d PU Clb Cab SE V-6	240	720	1,200	2,700	4,200	6,000
2d PU 4x4	280	840	1,400	3,150	4,900	7,000
2d PU 4x4 V-6	288	864	1,440	3,240	5,040	7,200
2d PU Clb Cab 4x4	296	888	1,480	3,330	5,180	7,400
2d PU Clb Cab 4x4 V-6	304	912	1,520	3,420	5,320	7,600
1990 Van						
Mini Van XE	264	792	1,320	2,970	4,620	6,600
Mini Van GXE	268	804	1,340	3,020	4,690	6,700
1990 Pathfinder						
4d Spt Utly XE 2WD	620	1,860	3,100	6,980	10,850	15,500
4d Spt Utly XE 4x4	680	2,040	3,400	7,650	11,900	17,000
4d Spt Utly SE 4x4	720	2,160	3,600	8,100	12,600	18,000
2d Spt Utly SE 4x4	700	2,100	3,500	7,880	12,250	17,500
1991 Pathfinder						
XE 4d Utly 2x4	560	1,680	2,800	6,300	9,800	14,000
XE 4d Utly 4x4	680	2,040	3,400	7,650	11,900	17,000
SE 4d Utly 4x4	720	2,160	3,600	8,100	12,600	18,000
1991 Light Trucks						
2d PU	240	720	1,200	2,700	4,200	6,000
LBx 2d PU V-6	300	850	1,400	3,150	4,900	7,000
2d PU Crew Cab	300	900	1,500	3,380	5,250	7,500
SE 2d PU Crew Cab V-6	320	960	1,600	3,600	5,600	8,000
2d PU 4x4	520	1,560	2,600	5,850	9,100	13,000
2d PU Crew Cab 4x4	540	1,620	2,700	6,080	9,450	13,500
2d PU Crew Cab V-6 4x4	560	1,680	2,800	6,300	9,800	14,000
1992 Pathfinder, V-6						
XE 4d Utly 2x4	540	1,620	2,700	6,080	9,450	13,500
XE 4d Utly 4x4	600	1,800	3,000	6,750	10,500	15,000
SE 4d Utly 4x4	660	1,980	3,300	7,430	11,550	16,500
1992 Pickups						
PU Std 4x4	340	1,020	1,700	3,830	5,950	8,500
PU LBx 4x4	550	1,600	2,700	6,080	9,450	13,500
SE PU 4x4	580	1,740	2,900	6,530	10,150	14,500
NOTE: Add 10 percent for V-6. Deduct 10 percent for 2x4.						
1993 Pathfinder, V-6						
4d SUV 2WD	272	816	1,360	3,060	4,760	6,800
4d SUV 4x4	312	936	1,560	3,510	5,460	7,800
1993 Quest, V-6						
Van	228	684	1,140	2,570	3,990	5,700
1993 Pickup, V-6						
2d PU SBx	216	648	1,080	2,430	3,780	5,400
2d PU LBx	220	660	1,100	2,480	3,850	5,500
2d PU 4x4	260	780	1,300	2,930	4,550	6,500
1994 Pathfinder, V-6						
4d Utly XE	400	1,200	2,000	4,500	7,000	10,000
4d Utly XE 4x4	480	1,440	2,400	5,400	8,400	12,000
1994 Quest, V-6						
Window Van XE	400	1,200	2,000	4,500	7,000	10,000
Window Van GXE	440	1,320	2,200	4,950	7,700	11,000
1994 Pickups						
2d PU XE	280	840	1,400	3,150	4,900	7,000
2d PU LBx, V-6	300	950	1,600	3,600	5,600	8,000
2d PU Club Cab	320	960	1,600	3,600	5,600	8,000
2d PU Club Cab, V-6	360	1,080	1,800	4,050	6,300	9,000
2d PU Club Cab 4x4, V-6	480	1,440	2,400	5,400	8,400	12,000
1995 Pathfinder, V-6						
4d Utly XE	400	1,200	2,000	4,500	7,000	10,000
4d Utly XE 4x4	500	1,450	2,400	5,400	8,400	12,000
4d Utly LE	450	1,300	2,200	4,950	7,700	11,000
4d Utly SE 4x4	500	1,550	2,600	5,850	9,100	13,000
4d Utly LE 4x4	550	1,600	2,700	6,080	9,450	13,500
1995 Quest, V-6						
Window Van XE	400	1,200	2,000	4,500	7,000	10,000
Window Van GXE	450	1,300	2,200	4,950	7,700	11,000
1995 Pickup						
PU XE, 4-cyl.	300	850	1,400	3,150	4,900	7,000
PU LBx, V-6	300	950	1,600	3,600	5,600	8,000
PU Club Cab, 4-cyl.	300	950	1,600	3,600	5,600	8,000
PU Club Cav, V-6	350	1,100	1,800	4,050	6,300	9,000
PU Club Cab 4x4, V-6	480	1,440	2,400	5,400	8,400	12,000
1996 Pathfinder, V-6						
4d XE SUV	400	1,200	2,000	4,500	7,000	10,000

NISSAN TRUCKS

	6	5	4	3	2	1
4d XE SUV 4x4	500	1,450	2,400	5,400	8,400	12,000
4d LE SUV	450	1,300	2,200	4,950	7,700	11,000
4d SE SUV 4x4	500	1,550	2,600	5,850	9,100	13,000
4d LE SUV 4x4	550	1,600	2,700	6,080	9,450	13,500
1996 Quest, V-6						
XE Window Van	400	1,200	2,000	4,500	7,000	10,000
GXE Window Van	450	1,300	2,200	4,950	7,700	11,000
1996 Pickup, 4-cyl.						
PU	200	650	1,100	2,480	3,850	5,500
XE PU	300	850	1,400	3,150	4,900	7,000
XE King Cab PU	300	950	1,600	3,600	5,600	8,000
SE King Cab PU	350	1,000	1,700	3,830	5,950	8,500
XE PU 4x4	400	1,150	1,900	4,280	6,650	9,500
XE King Cab PU 4x4	460	1,380	2,300	5,180	8,050	11,500
SE King Cab PU 4x4	480	1,440	2,400	5,400	8,400	12,000
1997 Pathfinder, V-6						
4d XE SUV	400	1,200	2,000	4,500	7,000	10,000
4d LE SUV	440	1,320	2,200	4,950	7,700	11,000
4d XE SUV 4x4	480	1,440	2,400	5,400	8,400	12,000
4d SE SUV 4x4	520	1,560	2,600	5,850	9,100	13,000
4d LE SUV 4x4	540	1,620	2,700	6,080	9,450	13,500
1997 Quest, V-6						
XE Window Van	400	1,200	2,000	4,500	7,000	10,000
GXE Window Van	420	1,260	2,100	4,730	7,350	10,500
1997 Pickup, 4-cyl.						
PU	220	660	1,100	2,480	3,850	5,500
XE PU	280	840	1,400	3,150	4,900	7,000
XE King Cab PU	320	960	1,600	3,600	5,600	8,000
SE King Cab PU	340	1,020	1,700	3,830	5,950	8,500
XE PU 4x4	380	1,140	1,900	4,280	6,650	9,500
XE King Cab PU 4x4	460	1,380	2,300	5,180	8,050	11,500
SE King Cab PU 4x4	480	1,440	2,400	5,400	8,400	12,000
1998 Pathfinder, V-6						
XE 4d SUV	400	1,200	2,000	4,500	7,000	10,000
SE 4d SUV	420	1,260	2,100	4,730	7,350	10,500
LE 4d SUV	440	1,320	2,200	4,950	7,700	11,000
NOTE: Add 5 percent for 4x4.						
1998 Quest, V-6						
XE Window Van	400	1,200	2,000	4,500	7,000	10,000
GXE Window Van	420	1,260	2,100	4,730	7,350	10,500
GLE Window Van	440	1,320	2,200	4,950	7,700	11,000
1998 Frontier, 4-cyl.						
PU	220	660	1,100	2,480	3,850	5,500
XE PU	280	840	1,400	3,150	4,900	7,000
SE King Cab PU	340	1,020	1,700	3,830	5,950	8,500
NOTE: Add 10 percent for extended cab (XE only). Add 5 percent for 4x4.						
1999 Pathfinder, V-6						
XE 4d SUV	400	1,200	2,000	4,500	7,000	10,000
SE 4d SUV	420	1,260	2,100	4,730	7,350	10,500
LE 4d SUV	440	1,320	2,200	4,950	7,700	11,000
NOTE: Add 5 percent for 4x4.						
1999 Quest, V-6						
GXE Van	360	1,080	1,800	4,050	6,300	9,000
SE Van	380	1,140	1,900	4,280	6,650	9,500
GLE Van	400	1,200	2,000	4,500	7,000	10,000
1999 Frontier, 4-cyl.						
XE PU	280	840	1,400	3,150	4,900	7,000
SE King Cab PU	340	1,020	1,700	3,830	5,950	8,500
NOTE: Add 10 percent for extended cab (XE only). Add 5 percent for V-6. Add 5 percent for 4x4.						
2000 Pathfinder, V-6						
XE 4d SUV	400	1,200	2,000	4,500	7,000	10,000
SE 4d SUV	420	1,260	2,100	4,730	7,350	10,500
LE 4d SUV	440	1,320	2,200	4,950	7,700	11,000
NOTE: Add 5 percent for 4x4.						
2000 Quest, V-6						
GXE Van	360	1,080	1,800	4,050	6,300	9,000
SE Van	380	1,140	1,900	4,280	6,650	9,500
GLE Van	400	1,200	2,000	4,500	7,000	10,000
2000 Frontier, V-6						
XE PU	280	840	1,400	3,150	4,900	7,000
XE King Cab PU	320	960	1,600	3,600	5,600	8,000
SE King Cab PU	340	1,020	1,700	3,830	5,950	8,500
XE Crew Cab PU	400	1,200	2,000	4,500	7,000	10,000
SE Crew Cab PU	420	1,260	2,100	4,730	7,350	10,500
NOTE: Add 5 percent for 4x4. Deduct 5 percent for 4-cyl.						
2000 Xterra, V-6						
XE Utility	360	1,080	1,800	4,050	6,300	9,000
SE Utility	380	1,140	1,900	4,280	6,650	9,500
NOTE: Add 5 percent for 4x4. Deduct 5 percent for 4-cyl.						

	6	5	4	3	2	1
2001 Pathfinder, V-6						
XE 4d SUV	400	1,200	2,000	5,000	7,000	10,000
SE 4d SUV	420	1,260	2,100	5,250	7,350	10,500
LE 4d SUV	440	1,320	2,200	5,500	7,700	11,000
NOTE: Add 5 percent for 4x4.						
2001 Quest, V-6						
GXE Van	360	1,080	1,800	4,500	6,300	9,000
SE Van	380	1,140	1,900	4,750	6,650	9,500
GLE Van	400	1,200	2,000	5,000	7,000	10,000
2001 Frontier, V-6						
XE PU	280	840	1,400	3,500	4,900	7,000
XE King Cab PU	320	960	1,600	4,000	5,600	8,000
SE King Cab PU	340	1,020	1,700	4,250	5,950	8,500
SC King Cab PU	390	1,160	1,940	4,850	6,790	9,700
XE Crew Cab PU	400	1,200	2,000	5,000	7,000	10,000
SE Crew Cab PU	420	1,260	2,100	5,250	7,350	10,500
SC Crew Cab PU	440	1,320	2,200	5,500	7,700	11,000
NOTE: Add 5 percent for 4x4. Deduct 5 percent for 4-cyl.						
2001 Xterra, V-6						
XE Utility	360	1,080	1,800	4,500	6,300	9,000
SE Utility	380	1,140	1,900	4,750	6,650	9,500
NOTE: Add 5 percent for 4x4. Deduct 5 percent for 4-cyl.						

SUBARU TRUCKS

	6	5	4	3	2	1
1978 1/4-Ton 4x4						
Brat PU	150	400	700	1,580	2,450	3,500
NOTE: Prices based on deluxe model.						
1979 1/4-Ton 4x4						
Brat PU	150	400	700	1,580	2,450	3,500
NOTE: Prices based on deluxe model.						
1980 1/4-Ton 4x4						
Brat PU	150	400	700	1,580	2,450	3,500
NOTE: Prices based on deluxe model.						
1981 1/4-Ton 4x4						
Brat PU	150	400	700	1,580	2,450	3,500
NOTE: Prices based on deluxe model.						
1982 1/4-Ton 4x4						
Brat PU	150	400	700	1,580	2,450	3,500
NOTE: Prices based on deluxe model.						
1983 1/4-Ton 4x4						
Brat PU	150	400	700	1,580	2,450	3,500
1984 1/4-Ton 4x4						
Brat PU	150	500	800	1,800	2,800	4,000
1985 1/4-Ton 4x4						
Brat PU	200	600	1,000	2,250	3,500	5,000
1986 1/4-Ton 4x4						
Brat PU	250	700	1,200	2,700	4,200	6,000
NOTE: Prices based on deluxe model.						
1987 1/4-Ton 4x4						
Brat GL	250	700	1,150	2,570	4,000	5,700

SUZUKI TRUCKS

	6	5	4	3	2	1
1986 Samurai (4x4)						
UTL HT	200	550	900	2,030	3,150	4,500
Utl Conv	200	600	1,000	2,250	3,500	5,000
1987 Samurai (4x4)						
Utl HT	200	600	1,000	2,250	3,500	5,000
Utl Conv	200	650	1,100	2,480	3,850	5,500
1988 Samurai (4x4)						
Utl HT	200	550	900	2,030	3,150	4,500
Utl Conv	200	600	1,000	2,250	3,500	5,000
1989 Samurai (4x4)						
Utl	200	650	1,100	2,430	3,800	5,400
Conv	200	650	1,100	2,520	3,900	5,600
1989 Sidekick (4x4)						
JA Utl Conv	300	850	1,400	3,150	4,900	7,000
JX Utl HT	500	1,550	2,600	5,850	9,100	13,000
JX Utl Conv	300	950	1,600	3,600	5,600	8,000
1991 Samurai						
JA 2d Utly Conv 2x4	120	360	600	1,350	2,100	3,000
JS 2d Utly Conv 2x4	128	384	640	1,440	2,240	3,200
JA 2d Utly Conv 4x4	200	550	900	2,030	3,150	4,500
1991 Sidekick						
JS 2d Utly Conv 2x4	160	480	800	1,800	2,800	4,000
JL 2d Utly Conv 4x4	200	600	1,000	2,250	3,500	5,000
JX 2d Utly Conv 4x4	260	780	1,300	2,930	4,550	6,500

	6	5	4	3	2	1
JX 4d Utly 4x4 240	720	1,200	2,700	4,200	6,000
JLX 4d Utly 4x4 250	800	1,300	2,930	4,550	6,500
1992 Samurai, 4-cyl.						
JA 2d Utly Conv 2x4 100	350	600	1,350	2,100	3,000
JL 2d Utly Conv 4x4 180	540	900	2,030	3,150	4,500
1992 Sidekick, 4-cyl.						
JS 2d Utly Conv 2x4 150	500	800	1,800	2,800	4,000
JX 2d Utly Conv 4x4 250	800	1,300	2,930	4,550	6,500
JX 4d Utly HT 4x4 250	700	1,200	2,700	4,200	6,000
JLX 4d Utly HT 4x4 250	800	1,300	2,930	4,550	6,500
1993 Samurai, 4-cyl.						
SUV 2WD 192	576	960	2,160	3,360	4,800
SUV 4x4 232	696	1,160	2,610	4,060	5,800
1993 Sidekick, 4-cyl.						
2d SUV 2WD 192	576	960	2,160	3,360	4,800
4d SUV 2WD 196	588	980	2,210	3,430	4,900
2d SUV 4x4 240	720	1,200	2,700	4,200	6,000
4d SUV 4x4 248	744	1,240	2,790	4,340	6,200
1994 Samurai, 4-cyl.						
2d Utly 200	550	900	2,030	3,150	4,500
1994 Sidekick, 4-cyl.						
2d Utly JS Conv 200	550	900	2,030	3,150	4,500
2d Utly JX Conv 4x4 200	600	1,000	2,250	3,500	5,000
4d Utly JS HT 4x4 200	650	1,100	2,480	3,850	5,500
4d Utly JX HT 4x4 250	700	1,200	2,700	4,200	6,000
4d Utly JLX HT 4x4 280	840	1,400	3,150	4,900	7,000
1995 Samurai, 4-cyl.						
JL 2d Utly Conv 4x4 200	550	900	2,030	3,150	4,500
1995 Sidekick, 4-cyl.						
JS 2d Utly Conv 2x4 200	550	900	2,030	3,150	4,500
JS 4d Utly HT 2x4 200	600	1,000	2,250	3,500	5,000
JX 2d Utly Conv 4x4 220	660	1,100	2,480	3,850	5,500
JX 4d Utly HT 4x4 250	700	1,200	2,700	4,200	6,000
JLX 4d Utly HT 4x4 280	840	1,400	3,150	4,900	7,000
1996 X-90, 4-cyl.						
2d Utly 200	550	900	2,030	3,150	4,500
2d Utly 4x4 200	650	1,100	2,480	3,850	5,500
1996 Sidekick, 4-cyl.						
2d JS Utly Conv 200	550	900	2,030	3,150	4,500
4d JS Utly HT 200	600	1,000	2,250	3,500	5,000
4d JS Spt Utly HT 200	650	1,100	2,480	3,850	5,500
2d JX Utly Conv 4x4 220	660	1,100	2,480	3,850	5,500
4d JX Utly HT 4x4 250	700	1,200	2,700	4,200	6,000
4d JX Spt Utly HT 4x4 260	780	1,300	2,930	4,550	6,500
4d JLX Spt Utly HT 4x4 280	840	1,400	3,150	4,900	7,000
1997 X-90, 4-cyl.						
2d Utly 180	540	900	2,030	3,150	4,500
2d Utly 4x4 220	660	1,100	2,480	3,850	5,500
1997 Sidekick, 4-cyl.						
2d JS Utly Conv 180	540	900	2,030	3,150	4,500
4d JS Utly HT 200	600	1,000	2,250	3,500	5,000
4d JS Spt Utly HT 220	660	1,100	2,480	3,850	5,500
2d JX Utly Conv 4x4 220	660	1,100	2,480	3,850	5,500
4d JX Utly HT 4x4 240	720	1,200	2,700	4,200	6,000
4d JX Spt Utly HT 4x4 260	780	1,300	2,930	4,550	6,500
4d JLX Spt Utly HT 4x4 280	840	1,400	3,150	4,900	7,000
1998 X-90, 4-cyl.						
2d Utility 180	540	900	2,030	3,150	4,500
NOTE: Add 5 percent for 4x4.						
1998 Sidekick, 4-cyl.						
2d JS Utly Conv 180	540	900	2,030	3,150	4,500
4d JS Utly HT 200	600	1,000	2,250	3,500	5,000
4d JS Spt Utly HT 220	660	1,100	2,480	3,850	5,500
2d JX Utly Conv 220	660	1,100	2,480	3,850	5,500
4d JX Utly HT 240	720	1,200	2,700	4,200	6,000
4d JX Spt Utly HT 260	780	1,300	2,930	4,550	6,500
4d JLX Spt Utly HT 280	840	1,400	3,150	4,900	7,000
NOTE: Add 5 percent for 4x4.						
1999 Vitara, 4-cyl.						
JS 1.6 Utility 160	480	800	1,800	2,800	4,000
JS 2.0 Utility 180	540	900	2,030	3,150	4,500
JX 1.6 Utility 200	600	1,000	2,250	3,500	5,000
JX 2.0 Utility 220	660	1,100	2,480	3,850	5,500
NOTE: Add 5 percent for 4x4.						
1999 Grand Vitara, V-6						
4d JS Utility 180	540	900	2,030	3,150	4,500
4d JLX Utility 280	840	1,400	3,150	4,900	7,000
NOTE: Add 5 percent for Plus model. Add 5 percent for 4x4.						

	6	5	4	3	2	1
2000 Vitara, 4-cyl.						
2d JS Utility	160	480	800	1,800	2,800	4,000
2d JLS Utility	180	540	900	2,030	3,150	4,500
2d JX Utility	200	600	1,000	2,250	3,500	5,000
4d JS Utility	220	660	1,100	2,480	3,850	5,500
4d JLS Utility	240	720	1,200	2,700	4,200	6,000
4d JX Utility	260	780	1,300	2,930	4,550	6,500
4d JLX Utility	280	840	1,400	3,150	4,900	7,000
NOTE: Add 5 percent for 4x4.						
2000 Grand Vitara, V-6						
4d JLS Utility	300	900	1,500	3,380	5,250	7,500
4d JLX Utility	320	960	1,600	3,600	5,600	8,000
4d Limited Utility	360	1,080	1,800	4,050	6,300	9,000
NOTE: Add 5 percent for Plus model. Add 5 percent for 4x4.						
2001 Vitara, 4-cyl.						
2d JS Utility	160	480	800	2,000	2,800	4,000
2d JLS Utility	180	540	900	2,250	3,150	4,500
2d JLX Utility	200	600	1,000	2,500	3,500	5,000
4d JS Utility	220	660	1,100	2,750	3,850	5,500
4d JLS Utility	240	720	1,200	3,000	4,200	6,000
4d JX Utility	260	780	1,300	3,250	4,550	6,500
4d JLX Utility	280	840	1,400	3,500	4,900	7,000
NOTE: Add 5 percent for 4x4.						
2001 Grand Vitara, V-6						
4d JLS Utility	300	900	1,500	3,750	5,250	7,500
4d JLX Utility	320	960	1,600	4,000	5,600	8,000
4d Limited Utility	360	1,080	1,800	4,500	6,300	9,000
NOTE: Add 5 percent for Plus model. Add 5 percent for 4x4.						
2001 XL-7, V-6						
4d Standard Utility	300	900	1,500	3,750	5,250	7,500
4d Plus Utility	320	960	1,600	4,000	5,600	8,000
4d Touring Utility	340	1,020	1,700	4,250	5,050	8,500
4d Limited Utility	350	1,040	1,740	4,350	6,090	8,700
NOTE: Add 5 percent for 4x4.						

TOYOTA TRUCKS

	6	5	4	3	2	1
1967 Landcruiser, 4x4						
No Top	350	1,000	1,700	3,830	5,950	8,500
Soft-Top	350	1,000	1,650	3,690	5,750	8,200
HdTp.	350	1,050	1,800	4,010	6,250	8,900
NOTE: Prices based on deluxe model.						
1968 1/2-Ton						
PU	150	400	700	1,580	2,450	3,500
1968 Landcruiser, 4x4						
No Top	350	1,000	1,700	3,830	5,950	8,500
Soft-Top	350	1,050	1,750	3,920	6,100	8,700
HT	350	1,050	1,800	4,010	6,250	8,900
NOTE: Prices based on deluxe model.						
1969 1/2-Ton						
PU	150	400	700	1,580	2,450	3,500
1969 Landcruiser, 4x4						
No Top	350	1,050	1,700	3,870	6,000	8,600
Soft-Top	350	1,050	1,750	3,960	6,150	8,800
HT	350	1,100	1,800	4,050	6,300	9,000
NOTE: Prices based on deluxe model.						
1970 1/2-Ton						
PU	150	400	700	1,580	2,450	3,500
1970 Landcruiser, 4x4						
No Top	350	1,050	1,700	3,870	6,000	8,600
Soft-Top	350	1,050	1,750	3,960	6,150	8,800
HT	350	1,100	1,800	4,050	6,300	9,000
NOTE: Prices based on deluxe model.						
1971 1/2-Ton						
PU	150	400	700	1,580	2,450	3,500
1971 Landcruiser, 4x4						
Soft-Top	350	1,050	1,750	3,920	6,100	8,700
HT	350	1,050	1,800	4,010	6,250	8,900
Wag	350	1,100	1,800	4,050	6,300	9,000
NOTE: Prices based on deluxe model.						
1972 1/2-Ton						
PU	150	400	700	1,580	2,450	3,500
1972 Landcruiser, 4x4						
Soft-Top	350	1,050	1,800	4,010	6,250	8,900
HT	350	1,100	1,800	4,050	6,300	9,000
Wag	350	1,100	1,850	4,140	6,450	9,200
NOTE: Prices based on deluxe model.						
1973 1/2-Ton						
PU	150	400	700	1,580	2,450	3,500

TOYOTA TRUCKS

	6	5	4	3	2	1
1973 Landcruiser, 4x4						
Soft-Top	350	1,050	1,800	4,010	6,250	8,900
HT	350	1,100	1,800	4,100	6,350	9,100
Wag	350	1,100	1,850	4,140	6,450	9,200
NOTE: Prices based on deluxe model.						
1974 1/2-Ton						
PU SBx	150	450	700	1,620	2,500	3,600
PU LBx	150	450	750	1,670	2,600	3,700
1974 Landcruiser, 4x4						
Soft-Top	350	1,100	1,800	4,050	6,300	9,000
HT	350	1,100	1,850	4,190	6,500	9,300
Wag	400	1,150	1,900	4,230	6,600	9,400
NOTE: Prices based on deluxe model.						
1975 1/2-Ton						
PU SBx	150	450	750	1,670	2,600	3,700
PU LBx	150	450	750	1,710	2,650	3,800
1975 Landcruiser, 4x4						
Soft-Top	350	1,100	1,800	4,100	6,350	9,100
HT	400	1,150	1,900	4,280	6,650	9,500
Wag	400	1,150	1,900	4,320	6,700	9,600
1976 1/2-Ton						
PU SBx	150	450	800	1,760	2,750	3,900
PU LBx	150	500	800	1,850	2,850	4,100
1976 Landcruiser - (4WD)						
HT	400	1,150	1,900	4,230	6,600	9,400
Wag	400	1,150	1,900	4,280	6,650	9,500
NOTE: Prices based on deluxe model.						
1977 1/2-Ton						
NOTE: Add 15 percent for 4x4.						
PU SBx	200	550	900	2,030	3,150	4,500
PU LBx	200	550	900	2,070	3,200	4,600
NOTE: Add 15 percent for 4x4.						
1978 Landcruiser, 4x4						
NOTE: Prices based on deluxe model.						
HT	350	1,100	1,850	4,140	6,450	9,200
Wag	400	1,150	1,900	4,230	6,600	9,400
NOTE: Prices based on deluxe model.						
1979 1/2-Ton						
PU SBx	200	550	900	2,030	3,150	4,500
PU LBx	200	550	900	2,070	3,200	4,600
NOTE: Add 15 percent for 4x4.						
1979 Landcruiser, 4x4						
HT	350	1,100	1,850	4,140	6,450	9,200
Wag	400	1,150	1,900	4,230	6,600	9,400
NOTE: Prices based on deluxe model.						
1980 1/2-Ton						
PU SBx	200	550	900	2,070	3,200	4,600
PU LBx	200	600	950	2,160	3,350	4,800
NOTE: Add 15 percent for 4x4.						
1980 Landcruiser, 4x4						
HT	400	1,150	1,900	4,280	6,650	9,500
Wag	400	1,150	1,950	4,370	6,800	9,700
NOTE: Prices based on deluxe model.						
1981 1/2-Ton						
PU SBx	200	600	950	2,160	3,350	4,800
PU LBx	200	600	1,000	2,210	3,450	4,900
NOTE: Add 15 percent for 4x4.						
1981 Landcruiser, 4x4						
HT	400	1,150	1,950	4,370	6,800	9,700
Wag	400	1,200	2,000	4,460	6,950	9,900
NOTE: Prices based on deluxe model.						
1982 1/2-Ton						
PU SBx	200	600	1,000	2,210	3,450	4,900
PU LBx	200	600	1,000	2,250	3,500	5,000
NOTE: Add 15 percent for 4x4.						
1982 Landcruiser, 4x4						
HT	400	1,250	2,050	4,640	7,200	10,300
Wag	400	1,250	2,100	4,730	7,350	10,500
NOTE: Prices based on deluxe model.						
1983 1/2-Ton						
PU SBx	200	550	950	2,120	3,300	4,700
PU LBx	200	600	1,000	2,210	3,450	4,900
NOTE: Add 15 percent for 4x4.						
1983 Landcruiser, 4x4						
HT	450	1,300	2,200	4,950	7,700	11,000
Wag	450	1,350	2,250	5,040	7,850	11,200
NOTE: Prices based on deluxe model.						
1984 1/2-Ton						
PU SBx	200	600	1,000	2,210	3,450	4,900

	6	5	4	3	2	1
PU LBx	200	600	1,000	2,300	3,550	5,100
PU Xcab	200	650	1,050	2,390	3,700	5,300

NOTE: Add 15 percent for 4x4.

1984 4Runner, 4x4

	6	5	4	3	2	1
Wag	300	850	1,400	3,150	4,900	7,000

1984 Vans

	6	5	4	3	2	1
Cargo	120	360	600	1,350	2,100	3,000
DeL	160	480	800	1,800	2,800	4,000
LE	180	540	900	2,030	3,150	4,500

NOTE: Add 15 percent for 4x4.

1984 Landcruiser, 4x4

	6	5	4	3	2	1
Wag	500	1,500	2,500	5,630	8,750	12,500

NOTE: Prices based on deluxe model.

1985 1/2-Ton

	6	5	4	3	2	1
PU SBx	180	540	900	2,030	3,150	4,500
PU LBx	188	564	940	2,120	3,290	4,700
PU Xcab	192	576	960	2,160	3,360	4,800

NOTE: Add 15 percent for 4x4.

1985 4Runner, 4x4

	6	5	4	3	2	1
Wag	300	950	1,600	3,600	5,600	8,000

1985 Vans

	6	5	4	3	2	1
Cargo	160	480	800	1,800	2,800	4,000
DeL	168	504	840	1,890	2,940	4,200
LE	172	516	860	1,940	3,010	4,300

1985 Landcruiser, 4x4

	6	5	4	3	2	1
Wag	500	1,500	2,500	5,630	8,750	12,500

NOTE: Prices based on deluxe model.

1986 1/2-Ton

	6	5	4	3	2	1
PU SBx	160	480	800	1,800	2,800	4,000
PU LBx	168	504	840	1,890	2,940	4,200
PU Xcab	172	516	860	1,940	3,010	4,300

NOTE: Add 15 percent for 4x4.

1986 4Runner

	6	5	4	3	2	1
Wag	300	950	1,600	3,600	5,600	8,000

1986 Vans

	6	5	4	3	2	1
Cargo	160	480	800	1,800	2,800	4,000
DeL	180	540	900	2,030	3,150	4,500
LE	200	600	1,000	2,250	3,500	5,000

1986 Landcruiser, 4x4

	6	5	4	3	2	1
Wag	520	1,560	2,600	5,850	9,100	13,000

NOTE: Prices based on deluxe model.

1987 Light Trucks

	6	5	4	3	2	1
PU	144	432	720	1,620	2,520	3,600
PU LBx	152	456	760	1,710	2,660	3,800
PU DeL LBx	160	480	800	1,800	2,800	4,000
PU Xcab LBx	164	492	820	1,850	2,870	4,100
PU DeL Xcab LBx	184	552	920	2,070	3,220	4,600
PU SR5 Xcab	192	576	960	2,160	3,360	4,800
PU SR5 Xcab (Turbo)	200	600	1,000	2,250	3,500	5,000
PU 1-Ton LBx	180	540	900	2,030	3,150	4,500

1987 Light Trucks 4x4

	6	5	4	3	2	1
PU Std	200	600	1,000	2,250	3,500	5,000
PU (Turbo)	220	660	1,100	2,480	3,850	5,500
PU DeL LBx	224	672	1,120	2,520	3,920	5,600
PU DeL Xcab	240	720	1,200	2,700	4,200	6,000
PU SR5	248	744	1,240	2,790	4,340	6,200
PU SR5 Xcab	260	780	1,300	2,930	4,550	6,500
PU SR5 Xcab (Turbo)	280	840	1,400	3,150	4,900	7,000

1987 4Runner, 4x4

	6	5	4	3	2	1
DeL	300	950	1,600	3,600	5,600	8,000
SR5	500	1,550	2,600	5,850	9,100	13,000
SR5 Wag	550	1,600	2,700	6,080	9,450	13,500
SR5 Wag (Turbo)	550	1,700	2,800	6,300	9,800	14,000

1987 Vans

	6	5	4	3	2	1
Window	140	420	700	1,580	2,450	3,500
Panel	156	468	780	1,760	2,730	3,900
DeL	160	480	800	1,800	2,800	4,000
LE	200	600	1,000	2,250	3,500	5,000
Panel 4x4	180	540	900	2,030	3,150	4,500
LE 4x4	220	660	1,100	2,480	3,850	5,500

1987 Landcruiser 4x4

	6	5	4	3	2	1
Wag	520	1,560	2,600	5,850	9,100	13,000

1988 Light Trucks

	6	5	4	3	2	1
PU	180	540	900	2,030	3,150	4,500
PU LBx	200	600	1,000	2,250	3,500	5,000
PU DeL LBx	220	660	1,100	2,480	3,850	5,500
PU Xcab LBx	236	708	1,180	2,660	4,130	5,900
PU DeL Xcab LBx	248	744	1,240	2,790	4,340	6,200

	6	5	4	3	2	1
PU SR5 Xcab	260	780	1,300	2,930	4,550	6,500
PU SR5 Xcab (Turbo)	268	804	1,340	3,020	4,690	6,700
PU 1-Ton LBx	180	540	900	2,030	3,150	4,500
1988 Light Trucks 4x4						
PU Std	240	720	1,200	2,700	4,200	6,000
PU DeL LBx	268	804	1,340	3,020	4,690	6,700
PU DeL Xcab	280	840	1,400	3,150	4,900	7,000
PU SR5	300	900	1,500	3,380	5,250	7,500
PU SR5 Xcab	320	960	1,600	3,600	5,600	8,000
1988 4Runner 4x4						
DeL	550	1,700	2,800	6,300	9,800	14,000
SR5	600	1,800	3,000	6,750	10,500	15,000
DeL Wag	600	1,800	3,050	6,840	10,600	15,200
SR5 Wag (6-cyl.)	650	1,900	3,200	7,200	11,200	16,000
1988 Vans						
Window	208	624	1,040	2,340	3,640	5,200
Panel	200	600	1,000	2,250	3,500	5,000
DeL	240	720	1,200	2,700	4,200	6,000
LE	268	804	1,340	3,020	4,690	6,700
Panel 4x4	272	816	1,360	3,060	4,760	6,800
Panel LE 4x4	320	960	1,600	3,600	5,600	8,000
1988 Landcruiser 4x4						
Wag	620	1,860	3,100	6,980	10,850	15,500
1989 Light Trucks						
PU	220	660	1,100	2,480	3,850	5,500
PU DeL	240	720	1,200	2,700	4,200	6,000
PU DeL LBx	260	780	1,300	2,930	4,550	6,500
PU SR5 LBx	272	816	1,360	3,060	4,760	6,800
PU DeL Xcab	280	840	1,400	3,150	4,900	7,000
PU SR5 Xcab	300	900	1,500	3,380	5,250	7,500
PU DeL 1-Ton LBx (6-cyl.)	280	840	1,400	3,150	4,900	7,000
1989 Light Trucks 4x4						
PU DeL	300	900	1,500	3,380	5,250	7,500
PU DeL LBx	320	960	1,600	3,600	5,600	8,000
PU SR5	344	1,032	1,720	3,870	6,020	8,600
PU DeL Xcab	340	1,020	1,700	3,830	5,950	8,500
PU SR5 Xcab	520	1,560	2,600	5,850	9,100	13,000
1989 4Runner 4x4						
DeL	600	1,850	3,100	6,980	10,900	15,500
DeL Wag	650	2,000	3,300	7,430	11,600	16,500
SR5 Wag	700	2,050	3,400	7,650	11,900	17,000
1989 Vans						
Window	264	792	1,320	2,970	4,620	6,600
Panel	260	780	1,300	2,930	4,550	6,500
DeL	340	1,020	1,700	3,830	5,950	8,500
LE	520	1,560	2,600	5,850	9,100	13,000
Panel 4x4	320	960	1,600	3,600	5,600	8,000
DeL 4x4	520	1,560	2,600	5,850	9,100	13,000
LE 4x4	560	1,680	2,800	6,300	9,800	14,000
1989 Landcruiser 4x4						
Wag	720	2,160	3,600	8,100	12,600	18,000
1990 Light Trucks						
2d PU	224	672	1,120	2,520	3,920	5,600
2d PU Dix	228	684	1,140	2,570	3,990	5,700
2d PU SR5	232	696	1,160	2,610	4,060	5,800
2d PU SR5 Clb Cab	236	708	1,180	2,660	4,130	5,900
2d PU Dix 4x4	264	792	1,320	2,970	4,620	6,600
2d PU Dix Clb Cab 4x4	272	816	1,360	3,060	4,760	6,800
2d PU SR5 Clb Cab 4x4	276	828	1,380	3,110	4,830	6,900
1990 4Runner SR5						
2d Spt Utly 4x4	650	2,000	3,300	7,430	11,600	16,500
4d Spt Utly 4x4	700	2,050	3,400	7,650	11,900	17,000
4d Spt Utly 2x4	600	1,850	3,100	6,980	10,900	15,500
1990 Landcruiser						
4d Spt Utly 4x4	760	2,280	3,800	8,550	13,300	19,000
1991 Previa						
DX 3d Van	540	1,620	2,700	6,080	9,450	13,500
LE 3d Van	560	1,680	2,800	6,300	9,800	14,000
DX 3d Van 4x4	600	1,800	3,000	6,750	10,500	15,000
LE 3d Van 4x4	620	1,860	3,100	6,980	10,850	15,500
1991 Light Trucks						
2d PU	260	780	1,300	2,930	4,550	6,500
DX 2d PU	280	840	1,400	3,150	4,900	7,000
DX 2d PU LBx	288	864	1,440	3,240	5,040	7,200
DX 2d PU Crew Cab	300	900	1,500	3,380	5,250	7,500
SR5 2d PU Crew Cab V-6	340	1,020	1,700	3,830	5,950	8,500
1991 Pickup 4x4						
DX 2d PU	320	960	1,600	3,600	5,600	8,000
DX-LB 2d PU	340	1,020	1,700	3,830	5,950	8,500

	6	5	4	3	2	1
DX 2d PU Crew Cab	520	1,560	2,600	5,850	9,100	13,000
SR5 2d PU Crew Cab	560	1,680	2,800	6,300	9,800	14,000
1991 4Runner						
SR5 2d Sta Wag 4x4	720	2,160	3,600	8,100	12,600	18,000
SR5 4d Sta Wag 2x4	560	1,680	2,800	6,300	9,800	14,000
SR5 4d Sta Wag 4x4	728	2,184	3,640	8,190	12,740	18,200
1991 Land Cruiser						
4d Sta Wag 4x4	920	2,760	4,600	10,350	16,100	23,000
1992 4Runner, V-6						
SR5 2d Sta Wag 4x4	676	2,028	3,380	7,610	11,830	16,900
SR5 4d Sta Wag 2x4	652	1,956	3,260	7,340	11,410	16,300
SR5 4d Sta Wag 4x4	696	2,088	3,480	7,830	12,180	17,400
1992 Land Cruiser, 6-cyl.						
4d Sta Wag 4x4	908	2,724	4,540	10,220	15,890	22,700
1992 Previa						
DX Van	558	1,674	2,790	6,280	9,765	13,950
LE Van	628	1,884	3,140	7,070	10,990	15,700
DX Van 4x4	620	1,860	3,100	6,980	10,850	15,500
LE Van 4x4	692	2,076	3,460	7,790	12,110	17,300
1992 Pickups, 4-cyl.						
DX PU	280	840	1,400	3,150	4,900	7,000
DX PU LB	320	960	1,600	3,600	5,600	8,000
DX PU LB 1-Ton	520	1,560	2,600	5,850	9,100	13,000
SR5 PU	640	1,920	3,200	7,200	11,200	16,000
NOTE: Add 10 percent for 4x4. Add 10 percent for V-6.						
1993 4Runner, V-6						
4d Sta Wag 2WD	300	850	1,400	3,110	4,850	6,900
4d Sta Wag 4x4	300	950	1,600	3,560	5,550	7,900
1993 Land Cruiser, 6-cyl.						
4d Sta Wag 4x4	580	1,740	2,900	6,530	10,150	14,500
1993 Previa, 4-cyl.						
Window Van	240	720	1,200	2,700	4,200	6,000
1993 Pickup						
2d PU SBx	180	540	900	2,030	3,150	4,500
2d PU LBx	184	552	920	2,070	3,220	4,600
T-100 2d PU V-6 2WD	184	552	920	2,070	3,220	4,600
T-100 2d PU V-6 4x4	224	672	1,120	2,520	3,920	5,600
1994 4Runner						
4d Utly SR5 2x4, V-6	520	1,560	2,600	5,850	9,100	13,000
4d Utly SR5 4x4, 4-cyl.	560	1,680	2,800	6,300	9,800	14,000
4d Utly SR5 4x4, V-6	600	1,800	3,000	6,750	10,500	15,000
1994 Land Cruiser, 6-cyl.						
4d Utly	960	2,880	4,800	10,800	16,800	24,000
1994 Previa, 4-cyl.						
Window Van DX	480	1,440	2,400	5,400	8,400	12,000
Window Van LE	500	1,500	2,500	5,630	8,750	12,500
Window Van DX 4x4	540	1,620	2,700	6,080	9,450	13,500
Window Van LE 4x4	560	1,680	2,800	6,300	9,800	14,000
1994 Pickups, 4-cyl.						
2d PU	260	780	1,300	2,930	4,550	6,500
2d PU DX	280	840	1,400	3,150	4,900	7,000
2d PU DX Club Cab	360	1,080	1,800	4,050	6,300	9,000
2d PU SR5 Club Cab, V-6	400	1,200	2,000	4,500	7,000	10,000
2d PU DX 4x4	420	1,260	2,100	4,730	7,350	10,500
2d PU SR5 Club Cab 4x4, V-6	500	1,500	2,500	5,630	8,750	12,500
1994 T100 Pickups						
2d PU, 4-cyl.	280	840	1,400	3,150	4,900	7,000
2d PU DX, V-6	340	1,020	1,700	3,830	5,950	8,500
2d PU SR5, V-6	360	1,080	1,800	4,050	6,300	9,000
2d PU DX 4x4, V-6	440	1,320	2,200	4,950	7,700	11,000
2d PU SR5 4x4, V-6	520	1,560	2,600	5,850	9,100	13,000
1995 4Runner, V-6						
4d Utly SR5 2x4, V-6	520	1,560	2,600	5,850	9,100	13,000
4d Utly SR5 4x4, 4-cyl.	560	1,680	2,800	6,300	9,800	14,000
4d Utly SR5 4x4, V-6	600	1,800	3,000	6,750	10,500	15,000
1995 Land Cruiser, 6-cyl.						
4d Utly 4x4	950	2,900	4,800	10,800	16,800	24,000
1995 Previa, 4-cyl.						
Window Van DX	500	1,450	2,400	5,400	8,400	12,000
Window Van LE	500	1,500	2,500	5,630	8,750	12,500
Window Van DX 4x4	540	1,620	2,700	6,080	9,450	13,500
Window Van LE 4x4	560	1,680	2,800	6,300	9,800	14,000
1995 Pickup						
PU DX	300	850	1,400	3,150	4,900	7,000
PU DX Club Cab	350	1,100	1,800	4,050	6,300	9,000
PU DX Club Cab 4x4	420	1,260	2,100	4,730	7,350	10,500
PU SR5 Club Cab, V-6	400	1,200	2,000	4,500	7,000	10,000
PU SR5 Club Cab 4x4, V-6	500	1,500	2,500	5,630	8,750	12,500

TOYOTA TRUCKS

	6	5	4	3	2	1
1995 Tacoma Pickup, 4-cyl.						
PU 4x4	350	1,100	1,800	4,050	6,300	9,000
PU Club Cab 4x4	400	1,250	2,050	4,640	7,200	10,300
PU SR5 Club Cab 4x4, V-6	480	1,440	2,400	5,400	8,400	12,000
1995 T100 Pickup, V-6						
PU, 4-cyl.	300	850	1,400	3,150	4,900	7,000
PU DX	350	1,000	1,700	3,830	5,950	8,500
PU DX Club Cab	400	1,200	2,000	4,500	7,000	10,000
PU DX Club Cab 4x4	420	1,260	2,100	4,730	7,350	10,500
PU SR5 Club Cab	450	1,300	2,200	4,950	7,700	11,000
PU SR5 Club Cab 4x4	520	1,560	2,600	5,850	9,100	13,000
1996 4Runner, V-6						
4d Utly, 4-cyl.	350	1,100	1,800	4,050	6,300	9,000
4d Utly 4x4, 4-cyl.	400	1,200	2,000	4,500	7,000	10,000
4d Utly SR5	500	1,550	2,600	5,850	9,100	13,000
4d Utly SR5 4x4	550	1,700	2,800	6,300	9,800	14,000
4d Utly Ltd 4x4	600	1,800	3,000	6,750	10,500	15,000
1996 Land Cruiser, 6-cyl.						
4d Utly 4x4	950	2,900	4,800	10,800	16,800	24,000
1996 Previa, 4-cyl.						
DX Window Van	500	1,450	2,400	5,400	8,400	12,000
LE Window Van	500	1,500	2,500	5,630	8,750	12,500
DX Window Van 4x4	540	1,620	2,700	6,080	9,450	13,500
LE Window Van 4x4	560	1,680	2,800	6,300	9,800	14,000
1996 RAV4, 4-cyl.						
2d Utly	250	700	1,200	2,700	4,200	6,000
2d Utly 4x4	300	850	1,400	3,150	4,900	7,000
4d Utly	250	800	1,300	2,930	4,550	6,500
4d Utly 4x4	300	900	1,500	3,380	5,250	7,500
1996 Tacoma Pickup, 4-cyl.						
PU	300	900	1,500	3,380	5,250	7,500
PU X Cab	350	1,000	1,700	3,830	5,950	8,500
PU 4x4	350	1,100	1,800	4,050	6,300	9,000
PU X Cab 4x4	450	1,300	2,200	4,950	7,700	11,000
SR5 PU X Cab 4x4, V-6	520	1,560	2,600	5,850	9,100	13,000
NOTE: Add 5 percent for V-6, exc. SR5.						
1996 T100 Pickup, V-6						
PU, 4-cyl.	300	850	1,400	3,150	4,900	7,000
PU X Cab PU	400	1,150	1,900	4,280	6,650	9,500
SR5 PU X Cab	400	1,250	2,100	4,730	7,350	10,500
PU X Cab PU 4x4	450	1,400	2,300	5,180	8,050	11,500
SR5 PU X Cab 4x4	500	1,550	2,600	5,850	9,100	13,000
1997 4Runner, V-6						
4d Utly, 4-cyl.	360	1,080	1,800	4,050	6,300	9,000
4d Utly 4x4, 4-cyl.	400	1,200	2,000	4,500	7,000	10,000
4d Utly SR5	520	1,560	2,600	5,850	9,100	13,000
4d Utly SR5 4x4	560	1,680	2,800	6,300	9,800	14,000
4d Utly Ltd	580	1,740	2,900	6,530	10,150	14,500
4d Utly Ltd 4x4	600	1,800	3,000	6,750	10,500	15,000
1997 Land Cruiser, 6-cyl.						
4d Utly 4x4	960	2,880	4,800	10,800	16,800	24,000
1997 Previa, 4-cyl.						
DX Window Van	480	1,440	2,400	5,400	8,400	12,000
LE Window Van	500	1,500	2,500	5,630	8,750	12,500
DX Window Van AWD	540	1,620	2,700	6,080	9,450	13,500
LE Window Van AWD	560	1,680	2,800	6,300	9,800	14,000
1997 RAV4, 4-cyl.						
2d Utly	240	720	1,200	2,700	4,200	6,000
2d Utly 4x4	280	840	1,400	3,150	4,900	7,000
4d Utly	260	780	1,300	2,930	4,550	6,500
4d Utly 4x4	300	900	1,500	3,380	5,250	7,500
1997 Tacoma Pickup, 4-cyl.						
PU	300	900	1,500	3,380	5,250	7,500
PU X Cab	340	1,020	1,700	3,830	5,950	8,500
PU 4x4	360	1,080	1,800	4,050	6,300	9,000
PU X Cab 4x4	440	1,320	2,200	4,950	7,700	11,000
SR5 PU X Cab 4x4, V-6	520	1,560	2,600	5,850	9,100	13,000
NOTE: Add 5 percent for V-6, exc. SR5.						
1997 T100 Pickup, V-6						
PU, 4-cyl.	280	840	1,400	3,150	4,900	7,000
PU X Cab PU	380	1,140	1,900	4,280	6,650	9,500
SR5 PU X Cab	420	1,260	2,100	4,730	7,350	10,500
PU X Cab PU 4x4	460	1,380	2,300	5,180	8,050	11,500
SR5 PU X Cab 4x4	520	1,560	2,600	5,850	9,100	13,000
1998 4Runner, V-6						
4d Utility (4-cyl.)	360	1,080	1,800	4,050	6,300	9,000
SR5 4d Utility	520	1,560	2,600	5,850	9,100	13,000
Limited 4d Utility	580	1,740	2,900	6,530	10,150	14,500
NOTE: Add 5 percent for 4x4.						

	6	5	4	3	2	1
1998 Land Cruiser, V-8, 4x4						
4d Utility	960	2,880	4,800	10,800	16,800	24,000
1998 Sienna, V-6						
CE Window Van	480	1,440	2,400	5,400	8,400	12,000
LE Window Van	500	1,500	2,500	5,630	8,750	12,500
XLE Window Van	520	1,560	2,600	5,850	9,100	13,000
1998 RAV4, 4-cyl.						
2d Utility	240	720	1,200	2,700	4,200	6,000
4d Utility	260	780	1,300	2,930	4,550	6,500
NOTE: Add 5 percent for 4x4.						
1998 Tacoma, 4-cyl.						
PU	300	900	1,500	3,380	5,250	7,500
PreRunner X Cab PU	340	1,020	1,700	3,830	5,950	8,500
Limited X Cab PU	520	1,560	2,600	5,850	9,100	13,000
NOTE: Add 5 percent for SR5 or TRD Pkg. Add 10 percent for extended cab (base PU only). Add 5 percent for 4x4. Add 5 percent for V-6, exc. Limited.						
1998 T100, V-6						
PU (4-cyl.)	280	840	1,400	3,150	4,900	7,000
X Cab PU	380	1,140	1,900	4,280	6,650	9,500
SR5 X Cab PU	420	1,260	2,100	4,730	7,350	10,500
NOTE: Add 5 percent for 4x4.						
1999 4Runner, V-6						
4d Utility (4-cyl.)	360	1,080	1,800	4,050	6,300	9,000
SR5 4d Utility	520	1,560	2,600	5,850	9,100	13,000
Limited 4d Utility	580	1,740	2,900	6,530	10,150	14,500
NOTE: Add 5 percent for 4x4.						
1999 Land Cruiser, V-8, 4x4						
4d Utility	880	2,640	4,400	9,900	15,400	22,000
1999 Sienna, V-6						
CE Van	440	1,320	2,200	4,950	7,700	11,000
LE Van	460	1,380	2,300	5,180	8,050	11,500
XLE Van	480	1,440	2,400	5,400	8,400	12,000
1999 RAV4, 4-cyl.						
2d Utility	240	720	1,200	2,700	4,200	6,000
4d Utility	260	780	1,300	2,930	4,550	6,500
NOTE: Add 5 percent for L Pkg. Add 5 percent for 4x4.						
1999 Tacoma, 4-cyl.						
PU	300	900	1,500	3,380	5,250	7,500
PreRunner X Cab PU	340	1,020	1,700	3,830	5,950	8,500
Limited X Cab PU	520	1,560	2,600	5,850	9,100	13,000
NOTE: Add 5 percent for SR5 or TRD Pkgs. Add 10 percent for extended cab. Add 5 percent for 4x4. Add 5 percent for V-6, excl Limited.						
2000 4Runner, V-6						
4d Utility (4-cyl.)	360	1,080	1,800	4,050	6,300	9,000
SR5 4d Utility	520	1,560	2,600	5,850	9,100	13,000
Limited 4d Utility	580	1,740	2,900	6,530	10,150	14,500
NOTE: Add 5 percent for 4x4.						
2000 Land Cruiser, V-8, 4x4						
4d Utility	900	2,700	4,500	10,130	15,750	22,500
2000 Sienna, V-6						
CE Van	440	1,320	2,200	4,950	7,700	11,000
LE Van	460	1,380	2,300	5,180	8,050	11,500
XLE Van	480	1,440	2,400	5,400	8,400	12,000
2000 RAV4, 4-cyl.						
4d Utility	260	780	1,300	2,930	4,550	6,500
NOTE: Add 5 percent for L Pkg. Add 5 percent for 4x4.						
2000 Tacoma, 4-cyl.						
PU	300	900	1,500	3,380	5,250	7,500
PreRunner X Cab PU	340	1,020	1,700	3,830	5,950	8,500
Limited X Cab PU (V-6 only)	520	1,560	2,600	5,850	9,100	13,000
NOTE: Add 5 percent for SR5 or TRD pkgs. Add 10 percent for extended cab. Add 5 percent for 4x4.						
2000 Tundra, V-8						
PU	320	960	1,600	3,600	5,600	8,000
SR5 PU	500	1,500	2,500	5,630	8,750	12,500
Limited X Cab PU	600	1,800	3,000	6,750	10,500	15,000
NOTE: Add 5 percent for TRD pkg. Add 5 percent for 4x4. Deduct 5 percent for V-6.						
2001 4Runner, V-6						
SR5 4d Utility	520	1,560	2,600	6,500	9,100	13,000
Limited 4d Utility	580	1,740	2,900	7,250	10,150	14,500
NOTE: Add 5 percent for 4x4.						
2001 Land Cruiser, V-8, 4x4						
4d Utility	900	2,700	4,500	11,250	15,750	22,500
2001 Sequoia, V-8						
SR5 4d Utility	540	1,620	2,700	6,750	9,450	13,500
Limited 4d Utility	590	1,760	2,940	7,350	10,290	14,700
NOTE: Add 5 percent for 4x4.						
2001 Sienna, V-6						
CE Van	440	1,320	2,200	5,500	7,700	11,000

	6	5	4	3	2	1
LE Van 460		1,380	2,300	5,750	8,050	11,500
XLE Van 480		1,440	2,400	6,000	8,400	12,000
2001 RAV4, 4-cyl.						
4d Utility 260		780	1,300	3,250	4,550	6,500
NOTE: Add 5 percent for L Pkg. Add 5 percent for 4x4.						
2001 Highlander, V-6						
4d Utility 540		1,620	2,700	6,750	9,450	13,500
Limited 4d Utility 580		1,740	2,900	7,250	10,150	14,500
NOTE: Add 5 percent for 4x4. Deduct 5 percent for 4-cyl.						
2001 Tacoma, 4-cyl.						
PU. 300		900	1,500	3,750	5,250	7,500
PreRunner PU. 320		960	1,600	4,000	5,600	8,000
PreRunner X Cab PU 340		1,020	1,700	4,250	5,950	8,500
S-Runner X Cab PU 440		1,320	2,200	5,500	7,700	11,000
Limited X Cab PU (V-6 only) 520		1,560	2,600	6,500	9,100	13,000
NOTE: Add 5 percent for SR5 or TRD pkgs. Add 5 percent for 4x4. Deduct 5 percent for 4-cyl.						
2001 Tundra, V-8						
PU 320		960	1,600	4,000	5,600	8,000
SR5 PU. 500		1,500	2,500	6,250	8,750	12,500
Limited PU. 600		1,800	3,000	7,500	10,500	15,000
NOTE: Add 5 percent for TRD pkg. Add 5 percent for 4x4. Deduct 5 percent for V-6.						

VOLKSWAGEN TRUCKS

	6	5	4	3	2	1
1950 Transporter, 4-cyl., 94.5" wb, 25 hp						
DeL Van 500		1,550	2,600	5,810	9,050	12,900
Kombi 500		1,500	2,500	5,580	8,700	12,400
1951-52 Transporter, 4-cyl., 94.5" wb, 25 hp						
DeL Van 516		1,548	2,580	5,810	9,030	12,900
Kombi 496		1,488	2,480	5,580	8,680	12,400
1951-52 Transporter, 4-cyl, 94.5" wb, 25 hp						
NOTE: Overdrive is standard equipment.						
1952-53 Transporter, 4-cyl., 94.5" wb, 25 hp						
DeL Van 508		1,524	2,540	5,720	8,890	12,700
Kombi 488		1,464	2,440	5,490	8,540	12,200
1953 (Serial Nos. later than March 1953.) Transporter, 4-cyl., 94.5" wb, 25 hp						
DeL Van 500		1,500	2,500	5,630	8,750	12,500
Kombi 500		1,500	2,500	5,580	8,700	12,400
1954 Station Wagons, 4-cyl., 94.5" wb, 30 hp						
Microbus 400		1,200	2,050	4,590	7,150	10,200
Micro DeL 400		1,250	2,100	4,680	7,300	10,400
1954 Station Wagons, 4-cyl, 94.5" wb, 30 hp						
NOTE: Microbus 165" overall. DeLuxe Microbus 166.1" overall.						
1955 Station Wagons, 4-cyl., 94.5" wb, 36 hp						
Kombi 400		1,200	2,000	4,500	7,000	10,000
Microbus 400		1,200	2,050	4,590	7,150	10,200
Micro DeL 400		1,250	2,100	4,680	7,300	10,400
1956 Station Wagons, 4-cyl., 94.5" wb, 36 hp						
Kombi 400		1,200	1,950	4,410	6,850	9,800
Microbus 400		1,200	2,000	4,500	7,000	10,000
Micro DeL 400		1,200	2,050	4,590	7,150	10,200
1957 Station Wagons, 4-cyl., 94.5" wb, 36 hp						
Kombi 400		1,150	1,900	4,280	6,650	9,500
Microbus 400		1,200	1,950	4,410	6,850	9,800
Micro SR DeL 400		1,200	2,000	4,460	6,950	9,900
Camper 400		1,250	2,100	4,680	7,300	10,400
1958 Station Wagons, 4-cyl., 94.5" wb, 36 hp						
Kombi 400		1,150	1,900	4,230	6,600	9,400
Microbus 400		1,150	1,950	4,370	6,800	9,700
Micro SR DeL 400		1,200	2,000	4,460	6,950	9,900
Camper 400		1,250	2,100	4,680	7,300	10,400
1959 Station Wagons, 4-cyl., 94.5" wb, 36 hp						
Kombi 400		1,150	1,900	4,230	6,600	9,400
Micro 400		1,150	1,950	4,370	6,800	9,700
Micro SR DeL 400		1,200	2,000	4,460	6,950	9,900
Camper 400		1,250	2,100	4,680	7,300	10,400
1960 Station Wagons, 4-cyl., 94.5" wb, 36 hp						
Kombi 350		1,100	1,850	4,190	6,500	9,300
Micro 400		1,150	1,900	4,320	6,700	9,600
Micro SR DeL 400		1,200	1,950	4,410	6,850	9,800
Camper 400		1,250	2,050	4,640	7,200	10,300
1961 Station Wagons, 4-cyl., 94.5" wb, 40 hp						
Sta Wag 350		1,100	1,850	4,190	6,500	9,300
Kombi 400		1,150	1,900	4,320	6,700	9,600
Sta Wag DeL. 400		1,200	1,950	4,410	6,850	9,800
Camper 400		1,250	2,050	4,640	7,200	10,300
1961 Station Wagons, 4-cyl, 94.5" wb, 40 hp						
NOTE: Add 5 percent for extra seats sta wag.						

	6	5	4	3	2	1
1962 Station Wagons, 4-cyl., 94.5" wb, 40 hp						
Sta Wag	400	1,150	1,900	4,320	6,700	9,600
Kombi	350	1,100	1,850	4,190	6,500	9,300
Sta Wag DeL	400	1,200	1,950	4,410	6,850	9,800
Camper	400	1,250	2,050	4,640	7,200	10,300
1963 Station Wagons, 4-cyl., 94.5" wb, 40 hp						
Sta Wag	400	1,150	1,900	4,320	6,700	9,600
Kombi	350	1,100	1,850	4,190	6,500	9,300
Sta Wag DeL	400	1,200	1,950	4,410	6,850	9,800
1964 Station Wagons, 1200 Series, 4-cyl., 94.5" wb, 40 hp						
Wag	400	1,150	1,900	4,320	6,700	9,600
Kombi w/Seats	350	1,100	1,850	4,190	6,500	9,300
Sta Wag DeL	400	1,200	1,950	4,410	6,850	9,800
1964 Station Wagons, 1500 Series, 4-cyl., 94.5" wb, 50 hp						
Wag	400	1,150	1,950	4,370	6,800	9,700
Kombi w/Seats	400	1,150	1,900	4,230	6,600	9,400
Sta Wag DeL	400	1,200	2,000	4,460	6,950	9,900
1965 Station Wagons, 1500 Series, 4-cyl., 94.5" wb, 40 hp						
Sta Wag	400	1,150	1,950	4,370	6,800	9,700
Kombi w/Seats	400	1,150	1,900	4,230	6,600	9,400
Sta Wag DeL	400	1,200	2,000	4,460	6,950	9,900
1965 Commercial, 1500 Series, 4-cyl., 94.5" wb, 40 hp						
Panel	400	1,150	1,900	4,320	6,700	9,600
PU	400	1,200	1,950	4,410	6,850	9,800
Dbl Cab PU	400	1,200	2,000	4,460	6,950	9,900
1966 Station Wagons, 57 hp						
Sta Wag	400	1,150	1,950	4,370	6,800	9,700
Kombi w/Seats	400	1,150	1,900	4,230	6,600	9,400
DeL Sta Wag	400	1,200	2,000	4,460	6,950	9,900
1966 Commercial						
Panel	400	1,150	1,900	4,320	6,700	9,600
PU	400	1,200	1,950	4,410	6,850	9,800
Dbl Cab PU	400	1,150	1,950	4,370	6,800	9,700
1967 Station Wagons, 57 hp						
Sta Wag	400	1,150	1,950	4,370	6,800	9,700
Kombi w/Seats	400	1,150	1,900	4,230	6,600	9,400
Sta Wag DeL	400	1,200	2,000	4,460	6,950	9,900
1967 Commercial						
Panel	400	1,150	1,900	4,320	6,700	9,600
PU	400	1,200	1,950	4,410	6,850	9,800
Dbl Cab PU	400	1,200	2,000	4,460	6,950	9,900
1968 Station Wagons, 57 hp						
Sta Wag	400	1,200	1,950	4,410	6,850	9,800
Kombi w/Seats	400	1,150	1,900	4,280	6,650	9,500
1968 Commercial						
Panel	400	1,150	1,950	4,370	6,800	9,700
PU	400	1,200	2,000	4,460	6,950	9,900
Dbl Cab PU	400	1,200	2,000	4,500	7,000	10,000
1969 Station Wagons, 57 hp						
Sta Wag	400	1,200	1,950	4,410	6,850	9,800
Kombi w/Seats	400	1,150	1,900	4,280	6,650	9,500
Camper	450	1,300	2,200	4,950	7,700	11,000
1969 Commercial						
Panel	400	1,150	1,950	4,370	6,800	9,700
PU	400	1,200	2,000	4,460	6,950	9,900
Dbl Cab PU	400	1,200	2,000	4,500	7,000	10,000
1970 Station Wagons, 60 hp						
Sta Wag	400	1,200	1,950	4,410	6,850	9,800
Kombi w/Seats	400	1,150	1,900	4,280	6,650	9,500
Camper	450	1,300	2,200	4,950	7,700	11,000
1970 Commercial						
Panel	400	1,150	1,950	4,370	6,800	9,700
PU	400	1,200	2,000	4,460	6,950	9,900
Dbl Cab PU	400	1,200	2,000	4,500	7,000	10,000
1971 Transporter						
Sta Wag	400	1,200	1,950	4,410	6,850	9,800
Kombi w/Seats	400	1,150	1,900	4,280	6,650	9,500
Sta Wag SR	400	1,200	2,000	4,500	7,000	10,000
Campmobile	500	1,450	2,400	5,400	8,400	12,000
1971 Commercial						
Panel	400	1,150	1,950	4,370	6,800	9,700
PU	400	1,200	2,000	4,460	6,950	9,900
Dbl Cab PU	400	1,200	2,000	4,500	7,000	10,000
1972 Transporter						
Sta Wag	400	1,200	1,950	4,410	6,850	9,800
Kombi	400	1,150	1,900	4,280	6,650	9,500
Campmobile	500	1,450	2,400	5,400	8,400	12,000
1972 Commercial						
Panel	400	1,150	1,950	4,370	6,800	9,700

	6	5	4	3	2	1
PU	400	1,200	2,000	4,460	6,950	9,900
Dbl Cab PU	400	1,200	2,000	4,500	7,000	10,000
1973 Transporter						
Sta Wag	400	1,200	1,950	4,410	6,850	9,800
Kombi	400	1,150	1,900	4,280	6,650	9,500
Campmobile	500	1,450	2,400	5,400	8,400	12,000
1973 Commercial						
Panel	400	1,150	1,950	4,370	6,800	9,700
1974 Transporter						
Sta Wag	400	1,200	2,000	4,460	6,950	9,900
Kombi	400	1,150	1,900	4,320	6,700	9,600
Campmobile	500	1,500	2,500	5,630	8,750	12,500
1974 Commercial						
Panel	400	1,150	1,950	4,370	6,800	9,700
1975 Transporter - Type II						
Sta Wag	400	1,150	1,950	4,370	6,800	9,700
Kombi	400	1,150	1,900	4,280	6,650	9,500
Campmobile	400	1,250	2,100	4,730	7,350	10,500
1975 Commercial						
Panel	400	1,150	1,900	4,280	6,650	9,500
1976 Transporter						
Sta Wag	400	1,150	1,950	4,370	6,800	9,700
Kombi	400	1,150	1,900	4,280	6,650	9,500
Campmobile	400	1,250	2,100	4,730	7,350	10,500
1977 Transporter						
Sta Wag	400	1,150	1,950	4,370	6,800	9,700
Kombi	400	1,150	1,900	4,280	6,650	9,500
Campmobile	400	1,250	2,100	4,730	7,350	10,500
1978 Transporter - Type II						
5P Sta Wag	400	1,150	1,950	4,370	6,800	9,700
Kombi	400	1,150	1,900	4,280	6,650	9,500
7P Sta Wag	400	1,200	1,950	4,410	6,850	9,800
Campmobile	400	1,250	2,100	4,730	7,350	10,500
NOTE: Prices based on deluxe model.						
1979 Transporter - Type II						
5P Sta Wag	400	1,150	1,950	4,370	6,800	9,700
Kombi	400	1,150	1,900	4,280	6,650	9,500
7P Sta Wag	400	1,200	1,950	4,410	6,850	9,800
Campmobile	400	1,250	2,100	4,730	7,350	10,500
NOTE: Prices based on deluxe model.						
1980 Pickup (FWD)						
Cus PU	150	500	800	1,850	2,850	4,100
LX PU	150	500	850	1,890	2,950	4,200
Spt PU	150	500	850	1,940	3,000	4,300
1980 Vanagon Transporter Type II						
5P Sta Wag	400	1,150	1,950	4,370	6,800	9,700
Kombi	400	1,150	1,900	4,280	6,650	9,500
7P Sta Wag	400	1,200	1,950	4,410	6,850	9,800
Campmobile	400	1,250	2,100	4,730	7,350	10,500
NOTE: Prices based on deluxe model.						
1981 Pickup						
PU	150	500	800	1,850	2,850	4,100
LX PU	150	500	850	1,890	2,950	4,200
Spt PU	150	500	850	1,940	3,000	4,300
1981 Vanagon Transporter Type II						
5P Sta Wag	400	1,150	1,950	4,370	6,800	9,700
Kombi	400	1,150	1,900	4,280	6,650	9,500
7P Sta Wag	400	1,200	1,950	4,410	6,850	9,800
Campmobile	400	1,250	2,100	4,730	7,350	10,500
NOTE: Deduct 5 percent for diesel. Prices based on deluxe model.						
1982 Pickup, FWD						
PU	150	500	800	1,850	2,850	4,100
LX PU	150	500	850	1,890	2,950	4,200
Spt PU	150	500	850	1,940	3,000	4,300
1982 Vanagon						
5P Sta Wag	400	1,150	1,950	4,370	6,800	9,700
7P Sta Wag	400	1,200	1,950	4,410	6,850	9,800
Campmobile	400	1,250	2,100	4,730	7,350	10,500
NOTE: Deduct 5 percent for diesel. Prices based on deluxe model.						
1983 Pickup, FWD						
PU	150	500	800	1,850	2,850	4,100
LX PU	150	500	850	1,890	2,950	4,200
Spt PU	150	500	850	1,940	3,000	4,300
1983 Vanagon						
5P Sta Wag	400	1,200	1,950	4,410	6,850	9,800
7P Sta Wag	400	1,200	2,000	4,460	6,950	9,900
Campmobile	400	1,250	2,100	4,770	7,400	10,600
NOTE: Deduct 5 percent for diesel. Prices based on deluxe model.						

	6	5	4	3	2	1
1984 Vanagon						
Sta Wag 400	1,200	2,000	4,500	7,000	10,000
Campmobile 500	1,450	2,400	5,400	8,400	12,000
NOTE: Deduct 5 percent for diesel. Prices based on deluxe model.						
1985 Vanagon						
Sta Wag 400	1,250	2,100	4,730	7,350	10,500
Campmobile 500	1,500	2,500	5,630	8,750	12,500
NOTE: Deduct 5 percent for diesel. Prices based on deluxe model.						
1986 Vanagon						
Sta Wag 400	1,250	2,100	4,730	7,350	10,500
Campmobile 500	1,500	2,500	5,630	8,750	12,500
NOTE: Deduct 5 percent for diesel. Prices based on deluxe model.						
1987 Vanagon						
Sta Wag 350	1,100	1,800	4,050	6,300	9,000
Sta Wag GL 400	1,150	1,900	4,280	6,650	9,500
Camper. 400	1,200	2,000	4,500	7,000	10,000
Camper GL 500	1,450	2,400	5,400	8,400	12,000
1987 Vanagon (4WD)						
Sta Wag GL 400	1,250	2,100	4,730	7,350	10,500
Camper. 500	1,450	2,400	5,400	8,400	12,000
Camper GL. 650	1,900	3,200	7,200	11,200	16,000
1988 Vanagon						
Sta Wag GL 400	1,250	2,100	4,730	7,350	10,500
Camper GL. 650	1,900	3,200	7,200	11,200	16,000
1989 Vanagon						
Sta Wag GL 650	2,000	3,300	7,430	11,600	16,500
Camper GL. 800	2,350	3,900	8,780	13,700	19,500
Sta Wag Carat 700	2,100	3,500	7,880	12,300	17,500
1989 Vanagon (4WD)						
Sta Wag GL 700	2,150	3,600	8,100	12,600	18,000
Camper GL. 850	2,500	4,200	9,450	14,700	21,000
1990 Vanagon						
Sta Wag 700	2,050	3,400	7,650	11,900	17,000
Sta Wag Syncro 800	2,350	3,900	8,780	13,700	19,500
Sta Wag GL 800	2,400	4,000	9,000	14,000	20,000
Sta Wag Carat 800	2,450	4,100	9,230	14,300	20,500
Camper GL. 900	2,650	4,400	9,900	15,400	22,000
Camper GL Syncro. 900	2,750	4,600	10,350	16,100	23,000
1991 Vanagon						
3d Van 350	1,000	1,700	3,830	5,950	8,500
3d Syncro Van 550	1,700	2,800	6,300	9,800	14,000
GL 3d Van 600	1,800	3,000	6,750	10,500	15,000
Carat 3d Van 700	2,050	3,400	7,650	11,900	17,000
GL 3d Camper Van 750	2,300	3,800	8,550	13,300	19,000
GL 3d Syncro Van 650	1,900	3,200	7,200	11,200	16,000
1993 Eurovan, 5-cyl.						
Window Van 300	950	1,550	3,510	5,450	7,800

MOTORCYCLE

ACE						
1920						
Ace Four (78-cid, inline four) 13,000	19,500	29,250	39,000	52,000	65,000
1921						
Ace Four (78-cid, inline four) 13,000	19,500	29,250	39,000	52,000	65,000
1922						
Ace Four (78-cid, inline four) 13,000	19,500	29,250	39,000	52,000	65,000
1923						
Ace Four (78-cid, inline four) 13,000	19,500	29,250	39,000	52,000	65,000
Sporting Solo (78-cid, inline four) 13,400	20,100	30,150	40,200	53,600	67,000
1924						
Ace Four (78-cid, inline four) 13,000	19,500	29,250	39,000	52,000	65,000
Sporting Solo (78-cid, inline four) 13,400	20,100	30,150	40,200	53,600	67,000
1925						
NOTE: No production.						
1926						
Ace Four (78-cid, inline four) 13,000	19,500	29,250	39,000	52,000	65,000
Sporting Solo (78-cid, inline four) 13,400	20,100	30,150	40,200	53,600	67,000
1927						
Ace Four (78-cid, inline four) 13,600	20,400	30,600	40,800	54,400	68,000
Sporting Solo (78-cid, inline four) 13,800	20,700	31,050	41,400	55,200	69,000
NOTE: Dec. 1927: Ace purchased by Indian.						

AJS						
1945						
18 (500cc single) 1,500	2,250	3,380	4,500	6,000	7,500

AJS

	6	5	4	3	2	1
1946						
16M (350cc single)	1,400	2,100	3,150	4,200	5,600	7,000
16MC (350cc single)	1,400	2,100	3,150	4,200	5,600	7,000
18 (500cc single)	1,500	2,250	3,380	4,500	6,000	7,500
1947						
16M (350cc single)	1,400	2,100	3,150	4,200	5,600	7,000
16MC (350cc single)	1,400	2,100	3,150	4,200	5,600	7,000
18 (500cc single)	1,500	2,250	3,380	4,500	6,000	7,500
18C (500cc single)	1,540	2,310	3,470	4,620	6,160	7,700
1948						
7R Racer (350cc single)	5,000	7,500	11,250	15,000	20,000	25,000
16M (350cc single)	1,400	2,100	3,150	4,200	5,600	7,000
16MC (350cc single)	1,480	2,220	3,330	4,440	5,920	7,400
18 (500cc single)	1,300	1,950	2,930	3,900	5,200	6,500
18C (500cc single)	1,440	2,160	3,240	4,320	5,760	7,200
1949						
7R Racer (350cc single)	5,000	7,500	11,250	15,000	20,000	25,000
16M (350cc single)	1,400	2,100	3,150	4,200	5,600	7,000
16MC (350cc single)	1,480	2,220	3,330	4,440	5,920	7,400
16MS (350cc single)	1,400	2,100	3,150	4,200	5,600	7,000
18 (500cc single)	1,300	1,950	2,930	3,900	5,200	6,500
18C (500cc single)	1,440	2,160	3,240	4,320	5,760	7,200
20 (500cc twin)	1,240	1,860	2,790	3,720	4,960	6,200
20CSR (500cc twin)	1,400	2,100	3,150	4,200	5,600	7,000
1950						
7R Racer (350cc single)	5,000	7,500	11,250	15,000	20,000	25,000
16M (350cc single)	1,400	2,100	3,150	4,200	5,600	7,000
16MC (350cc single)	1,480	2,220	3,330	4,440	5,920	7,400
16MCS (350cc single)	1,380	2,070	3,110	4,140	5,520	6,900
16MS (350cc single)	1,400	2,100	3,150	4,200	5,600	7,000
18 (500cc single)	1,300	1,950	2,930	3,900	5,200	6,500
18C (500cc single)	1,440	2,160	3,240	4,320	5,760	7,200
18CS (500cc single)	1,440	2,160	3,240	4,320	5,760	7,200
18S (500cc single)	1,240	1,860	2,790	3,720	4,960	6,200
20 (500cc twin)	1,240	1,860	2,790	3,720	4,960	6,200
20CSR (500cc twin)	1,400	2,100	3,150	4,200	5,600	7,000
1951						
7R Racer (350cc single)	5,000	7,500	11,250	15,000	20,000	25,000
16M (350cc single)	1,400	2,100	3,150	4,200	5,600	7,000
16MC (350cc single)	1,480	2,220	3,330	4,440	5,920	7,400
16MCS (350cc single)	1,380	2,070	3,110	4,140	5,520	6,900
16MS (350cc single)	1,400	2,100	3,150	4,200	5,600	7,000
18 (500cc single)	1,300	1,950	2,930	3,900	5,200	6,500
18C (500cc single)	1,440	2,160	3,240	4,320	5,760	7,200
18CS (500cc single)	1,440	2,160	3,240	4,320	5,760	7,200
18S (500cc single)	1,240	1,860	2,790	3,720	4,960	6,200
20 (500cc twin)	1,240	1,860	2,790	3,720	4,960	6,200
20CSR (500cc twin)	1,400	2,100	3,150	4,200	5,600	7,000
1952						
7R Racer (350cc single)	5,000	7,500	11,250	15,000	20,000	25,000
16M (350cc single)	1,400	2,100	3,150	4,200	5,600	7,000
16MC (350cc single)	1,480	2,220	3,330	4,440	5,920	7,400
16MCS (350cc single)	1,380	2,070	3,110	4,140	5,520	6,900
16MS (350cc single)	1,400	2,100	3,150	4,200	5,600	7,000
18 (500cc single)	1,300	1,950	2,930	3,900	5,200	6,500
18C (500cc single)	1,440	2,160	3,240	4,320	5,760	7,200
18CS (500cc single)	1,440	2,160	3,240	4,320	5,760	7,200
18S (500cc single)	1,300	1,950	2,930	3,900	5,200	6,500
20 (500cc twin)	1,240	1,860	2,790	3,720	4,960	6,200
20CSR (500cc twin)	1,400	2,100	3,150	4,200	5,600	7,000
1953						
7R Racer (350cc single)	5,600	8,400	12,600	16,800	22,400	28,000
16M (350cc single)	1,400	2,100	3,150	4,200	5,600	7,000
16MC (350cc single)	1,480	2,220	3,330	4,440	5,920	7,400
16MCS (350cc single)	1,380	2,070	3,110	4,140	5,520	6,900
16MS (350cc single)	1,400	2,100	3,150	4,200	5,600	7,000
18 (500cc single)	1,300	1,950	2,930	3,900	5,200	6,500
18C (500cc single)	1,440	2,160	3,240	4,320	5,760	7,200
18CS (500cc single)	1,440	2,160	3,240	4,320	5,760	7,200
18S (500cc single)	1,300	1,950	2,930	3,900	5,200	6,500
20 (500cc twin)	1,240	1,860	2,790	3,720	4,960	6,200
20CSR (500cc twin)	1,400	2,100	3,150	4,200	5,600	7,000
1954						
7R Racer (350cc single)	6,000	9,000	13,500	18,000	24,000	30,000
16M (350cc single)	1,400	2,100	3,150	4,200	5,600	7,000
16MC (350cc single)	1,480	2,220	3,330	4,440	5,920	7,400
16MCS (350cc single)	1,380	2,070	3,110	4,140	5,520	6,900
16MS (350cc single)	1,400	2,100	3,150	4,200	5,600	7,000

	6	5	4	3	2	1
18 (500cc single)	1,300	1,950	2,930	3,900	5,200	6,500
18C (500cc single)	1,440	2,160	3,240	4,320	5,760	7,200
18CS (500cc single)	1,440	2,160	3,240	4,320	5,760	7,200
18S (500cc single)	1,300	1,950	2,930	3,900	5,200	6,500
20 (500cc twin)	1,240	1,860	2,790	3,720	4,960	6,200
20CSR (500cc twin)	1,400	2,100	3,150	4,200	5,600	7,000
20B (545cc twin)	1,340	2,010	3,020	4,020	5,360	6,700
1955						
7R Racer (350cc single)	6,000	9,000	13,500	18,000	24,000	30,000
16M (350cc single)	1,400	2,100	3,150	4,200	5,600	7,000
16MC (350cc single)	1,480	2,220	3,330	4,440	5,920	7,400
16MCS (350cc single)	1,400	2,100	3,150	4,200	5,600	7,000
16MS (350cc single)	1,420	2,130	3,200	4,260	5,680	7,100
18 (500cc single)	1,340	2,010	3,020	4,020	5,360	6,700
18C (500cc single)	1,440	2,160	3,240	4,320	5,760	7,200
18CS (500cc single)	1,440	2,160	3,240	4,320	5,760	7,200
18S (500cc single)	1,320	1,980	2,970	3,960	5,280	6,600
20 (500cc twin)	1,240	1,860	2,790	3,720	4,960	6,200
20CSR (500cc twin)	1,400	2,100	3,150	4,200	5,600	7,000
20B (545cc twin)	1,340	2,010	3,020	4,020	5,360	6,700
1956						
7R Racer (350cc single)	6,000	9,000	13,500	18,000	24,000	30,000
16MCS (350cc single)	1,400	2,100	3,150	4,200	5,600	7,000
16MS (350cc single)	1,440	2,160	3,240	4,320	5,760	7,200
18CS (500cc single)	1,440	2,160	3,240	4,320	5,760	7,200
18S (500cc single)	1,320	1,980	2,970	3,960	5,280	6,600
20 (500cc twin)	1,240	1,860	2,790	3,720	4,960	6,200
20CSR (500cc twin)	1,400	2,100	3,150	4,200	5,600	7,000
30 (600cc twin)	1,260	1,890	2,840	3,780	5,040	6,300
30CSR (600cc twin)	1,400	2,100	3,150	4,200	5,600	7,000
1957						
7R Racer (350cc single)	6,000	9,000	13,500	18,000	24,000	30,000
16MCS (350cc single)	1,440	2,160	3,240	4,320	5,760	7,200
18CS (500cc single)	1,440	2,160	3,240	4,320	5,760	7,200
18S (500cc single)	1,320	1,980	2,970	3,960	5,280	6,600
20 (500cc twin)	1,240	1,860	2,790	3,720	4,960	6,200
20CSR (500cc twin)	1,400	2,100	3,150	4,200	5,600	7,000
30 (600cc twin)	1,260	1,890	2,840	3,780	5,040	6,300
30CSR (600cc twin)	1,400	2,100	3,150	4,200	5,600	7,000
1958						
14 (250cc single)	800	1,200	1,800	2,400	3,200	4,000
7R Racer (350cc single)	6,000	9,000	13,500	18,000	24,000	30,000
16MCS (350cc single)	1,440	2,160	3,240	4,320	5,760	7,200
18CS (500cc single)	1,440	2,160	3,240	4,320	5,760	7,200
18S (500cc single)	1,320	1,980	2,970	3,960	5,280	6,600
20 Deluxe (500cc twin)	1,240	1,860	2,790	3,720	4,960	6,200
20 (500cc twin)	1,240	1,860	2,790	3,720	4,960	6,200
20CSR (500cc twin)	1,400	2,100	3,150	4,200	5,600	7,000
30 (600cc twin)	1,260	1,890	2,840	3,780	5,040	6,300
30CSR (600cc twin)	1,400	2,100	3,150	4,200	5,600	7,000
1959						
14 (250cc single)	700	1,050	1,580	2,100	2,800	3,500
14CS (250cc single)	780	1,170	1,760	2,340	3,120	3,900
7R Racer (350cc single)	6,000	9,000	13,500	18,000	24,000	30,000
16 (350cc single)	1,080	1,620	2,430	3,240	4,320	5,400
16C (350cc single)	1,340	2,010	3,020	4,020	5,360	6,700
16CS (350cc single)	1,340	2,010	3,020	4,020	5,360	6,700
18CS (500cc single)	1,440	2,160	3,240	4,320	5,760	7,200
18S (500cc single)	1,320	1,980	2,970	3,960	5,280	6,600
20 Deluxe (500cc twin)	1,240	1,860	2,790	3,720	4,960	6,200
20 (500cc twin)	1,240	1,860	2,790	3,720	4,960	6,200
20CSR (500cc twin)	1,400	2,100	3,150	4,200	5,600	7,000
31 Deluxe (650cc twin)	1,200	1,800	2,700	3,600	4,800	6,000
31 (650cc twin)	1,180	1,770	2,660	3,540	4,720	5,900
31CSR (650cc twin)	1,400	2,100	3,150	4,200	5,600	7,000
1960						
14 (250cc single)	660	990	1,490	1,980	2,640	3,300
14CS (250cc single)	740	1,110	1,670	2,220	2,960	3,700
8 (350cc single)	880	1,320	1,980	2,640	3,520	4,400
7R Racer (350cc single)	6,000	9,000	13,500	18,000	24,000	30,000
16 (350cc single)	1,080	1,620	2,430	3,240	4,320	5,400
16C (350cc single)	1,340	2,010	3,020	4,020	5,360	6,700
18CS (500cc single)	1,340	2,010	3,020	4,020	5,360	6,700
18S (500cc single)	1,440	2,160	3,240	4,320	5,760	7,200
20 (500cc twin)	1,240	1,860	2,790	3,720	4,960	6,200
20CSR (500cc twin)	1,400	2,100	3,150	4,200	5,600	7,000
31 Deluxe (650cc twin)	1,200	1,800	2,700	3,600	4,800	6,000
31 (650cc twin)	1,180	1,770	2,660	3,540	4,720	5,900
31CSR (650cc twin)	1,400	2,100	3,150	4,200	5,600	7,000

AJS

AJS

	6	5	4	3	2	1
1961						
14 (250cc single)	660	990	1,490	1,980	2,640	3,300
14CS (250cc single)	740	1,110	1,670	2,220	2,960	3,700
14S (250cc single)	780	1,170	1,760	2,340	3,120	3,900
7R Racer (350cc single)	6,000	9,000	13,500	18,000	24,000	30,000
8 (350cc single)	880	1,320	1,980	2,640	3,520	4,400
16 (350cc single)	1,080	1,620	2,430	3,240	4,320	5,400
16C (350cc single)	1,380	2,070	3,110	4,140	5,520	6,900
18CS (500cc single)	1,460	2,190	3,290	4,380	5,840	7,300
18S (500cc single)	1,280	1,920	2,880	3,840	5,120	6,400
20 (500cc twin)	1,240	1,860	2,790	3,720	4,960	6,200
20CSR (500cc twin)	1,400	2,100	3,150	4,200	5,600	7,000
31 Deluxe (650cc twin)	1,200	1,800	2,700	3,600	4,800	6,000
31 (650cc twin)	1,180	1,770	2,660	3,540	4,720	5,900
31CSR (650cc twin)	1,400	2,100	3,150	4,200	5,600	7,000
1962						
14 (250cc single)	660	990	1,490	1,980	2,640	3,300
14CS (250cc single)	740	1,110	1,670	2,220	2,960	3,700
14CSR (250cc single)	840	1,260	1,890	2,520	3,360	4,200
14S (250cc single)	780	1,170	1,760	2,340	3,120	3,900
7R Racer (350cc single)	6,000	9,000	13,500	18,000	24,000	30,000
8 (350cc single)	880	1,320	1,980	2,640	3,520	4,400
16 (350cc single)	1,040	1,560	2,340	3,120	4,160	5,200
16C (350cc single)	1,380	2,070	3,110	4,140	5,520	6,900
16S (350cc single)	1,040	1,560	2,340	3,120	4,160	5,200
18CS (500cc single)	1,460	2,190	3,290	4,380	5,840	7,300
18S (500cc single)	1,240	1,860	2,790	3,720	4,960	6,200
31 (650cc twin)	1,180	1,770	2,660	3,540	4,720	5,900
31CSR (650cc twin)	1,400	2,100	3,150	4,200	5,600	7,000
1963						
14 (250cc single)	660	990	1,490	1,980	2,640	3,300
14CSR (250cc single)	840	1,260	1,890	2,520	3,360	4,200
7R Racer (350cc single)	6,000	9,000	13,500	18,000	24,000	30,000
16 (350cc single)	1,040	1,560	2,340	3,120	4,160	5,200
16C (350cc single)	1,340	2,010	3,020	4,020	5,360	6,700
18CS (500cc single)	1,460	2,190	3,290	4,380	5,840	7,300
18S (500cc single)	1,200	1,800	2,700	3,600	4,800	6,000
31 (650cc twin)	1,180	1,770	2,660	3,540	4,720	5,900
31CSR (650cc twin)	1,400	2,100	3,150	4,200	5,600	7,000
1964						
14CSR (250cc single)	840	1,260	1,890	2,520	3,360	4,200
16 (350cc single)	1,040	1,560	2,340	3,120	4,160	5,200
16C (350cc single)	1,340	2,010	3,020	4,020	5,360	6,700
18CS (500cc single)	1,420	2,130	3,200	4,260	5,680	7,100
18S (500cc single)	1,200	1,800	2,700	3,600	4,800	6,000
31 (650cc twin)	1,180	1,770	2,660	3,540	4,720	5,900
31CSR (650cc twin)	1,400	2,100	3,150	4,200	5,600	7,000
33 (750cc twin)	1,100	1,650	2,480	3,300	4,400	5,500
33CSR (750cc twin)	1,400	2,100	3,150	4,200	5,600	7,000
1965						
14CSR (250cc single)	840	1,260	1,890	2,520	3,360	4,200
16 (350cc single)	1,040	1,560	2,340	3,120	4,160	5,200
18CS (500cc single)	1,420	2,130	3,200	4,260	5,680	7,100
18S (500cc single)	1,180	1,770	2,660	3,540	4,720	5,900
31 (650cc twin)	1,180	1,770	2,660	3,540	4,720	5,900
31CSR (650cc twin)	1,400	2,100	3,150	4,200	5,600	7,000
33 (750cc twin)	1,100	1,650	2,480	3,300	4,400	5,500
33CSR (750cc twin)	1,300	1,950	2,930	3,900	5,200	6,500
1966						
14CSR (250cc single)	840	1,260	1,890	2,520	3,360	4,200
16 (350cc single)	1,040	1,560	2,340	3,120	4,160	5,200
18S (500cc single)	1,100	1,650	2,480	3,300	4,400	5,500
31 (650cc twin)	1,180	1,770	2,660	3,540	4,720	5,900
31CSR (650cc twin)	1,400	2,100	3,150	4,200	5,600	7,000
33 (750cc twin)	1,100	1,650	2,480	3,300	4,400	5,500
33CSR (750cc twin)	1,300	1,950	2,930	3,900	5,200	6,500
1967						
33 (750cc twin)	1,100	1,650	2,480	3,300	4,400	5,500
33CSR (750cc twin)	1,300	1,950	2,930	3,900	5,200	6,500
1968						
37A Trials (250cc single)	1,000	1,500	2,250	3,000	4,000	5,000
33 (750cc twin)	1,100	1,650	2,480	3,300	4,400	5,500
33CSR (750cc twin)	1,300	1,950	2,930	3,900	5,200	6,500
1969						
37A Trials (250cc single)	1,000	1,500	2,250	3,000	4,000	5,000
33 (750cc twin)	1,100	1,650	2,480	3,300	4,400	5,500
33CSR (750cc twin)	1,300	1,950	2,930	3,900	5,200	6,500
1970						
Y40 Stormer (250cc single)	600	900	1,350	1,800	2,400	3,000
Y50 Stormer (370cc single)	660	990	1,490	1,980	2,640	3,300

	6	5	4	3	2	1

ARIEL

1920

Solo (498cc single)	1,200	1,800	2,700	3,600	4,800	6,000
Solo (586cc single)	1,350	2,030	3,040	4,050	5,400	6,750
Solo/SC (670cc V-twin)	3,000	4,500	6,750	9,000	12,000	15,000
Solo/SC (795cc V-twin)	3,000	4,500	6,750	9,000	12,000	15,000

1921

Solo (498cc single)	1,200	1,800	2,700	3,600	4,800	6,000
Solo (586cc single)	1,500	2,250	3,380	4,500	6,000	7,500
Solo/SC (670cc V-twin)	3,000	4,500	6,750	9,000	12,000	15,000
Solo/SC (795cc V-twin)	3,000	4,500	6,750	9,000	12,000	15,000

1922

Solo (498cc single)	1,200	1,800	2,700	3,600	4,800	6,000
Solo (665cc single)	1,500	2,250	3,380	4,500	6,000	7,500
Solo/SC (795cc V-twin)	2,800	4,200	6,300	8,400	11,200	14,000
Solo/SC (993cc V-twin)	3,600	5,400	8,100	10,800	14,400	18,000

1923

Solo (249cc single)	1,100	1,650	2,480	3,300	4,400	5,500
Solo (498cc single)	1,200	1,800	2,700	3,600	4,800	6,000
Solo (665cc single)	1,500	2,250	3,380	4,500	6,000	7,500
Solo/SC (795cc V-twin)	2,800	4,200	6,300	8,400	11,200	14,000
Solo/SC (993cc V-twin)	3,600	5,400	8,100	10,800	14,400	18,000

1924

Solo (249cc single)	1,100	1,650	2,480	3,300	4,400	5,500
Solo (249cc single)	1,100	1,650	2,480	3,300	4,400	5,500
Solo 1 (498cc single)	1,200	1,800	2,700	3,600	4,800	6,000
Solo 2 (498cc single)	1,200	1,800	2,700	3,600	4,800	6,000
Solo 3 (498cc single)	1,200	1,800	2,700	3,600	4,800	6,000
Solo/SC (993cc V-twin)	3,600	5,400	8,100	10,800	14,400	18,000

1925

Solo (249cc single)	1,100	1,650	2,480	3,300	4,400	5,500
Solo (249cc single)	1,100	1,660	2,480	3,300	4,400	5,500
Sports (498cc single)	1,500	2,250	3,380	4,500	6,000	7,500

1926

Sports C (500cc single)	1,200	1,800	2,700	3,600	4,800	6,000
Touring D (500cc single)	1,200	1,800	2,700	3,600	4,800	6,000
Sports A (557cc single)	1,600	2,400	3,600	4,800	6,400	8,000
Touring B (557cc single)	1,600	2,400	3,600	4,800	6,400	8,000

1927

Sports C (500cc single)	1,200	1,800	2,700	3,600	4,800	6,000
Sports E (500cc single)	1,200	1,800	2,700	3,600	4,800	6,000
Touring D (500cc single)	1,200	1,800	2,700	3,600	4,800	6,000
Sports A (557cc single)	1,600	2,400	3,600	4,800	6,400	8,000
Touring B (557cc single)	1,600	2,400	3,600	4,800	6,400	8,000

1928

Sports C (500cc single)	1,200	1,800	2,700	3,600	4,800	6,000
Sports E (500cc single)	1,200	1,800	2,700	3,600	4,800	6,000
Touring D (500cc single)	1,200	1,800	2,700	3,600	4,800	6,000
Sports A (557cc single)	1,600	2,400	3,600	4,800	6,400	8,000
Touring B (557cc single)	1,600	2,400	3,600	4,800	6,400	8,000

1929

LB Colt (250cc single)	1,300	1,950	2,930	3,900	5,200	6,500
LF Colt (250cc single)	1,300	1,950	2,930	3,900	5,200	6,500
Deluxe F (500cc single)	1,500	2,250	3,380	4,500	6,000	7,500
Model E (500cc single)	1,500	2,250	3,380	4,500	6,000	7,500
Deluxe B (557cc single)	1,600	2,400	3,600	4,800	6,400	8,000
Model A (557cc single)	1,600	2,400	3,600	4,800	6,400	8,000

1930

LB Colt (250cc single)	1,300	1,950	2,930	3,900	5,200	6,500
LF Colt (250cc single)	1,300	1,950	2,930	3,900	5,200	6,500
LG Colt (250cc single)	1,300	1,050	2,930	3,900	5,200	6,500
Deluxe F (500cc single)	1,500	2,250	3,380	4,500	6,000	7,500
Model E (500cc single)	1,500	2,250	3,380	4,500	6,000	7,500
Model G (500cc single)	1,500	2,250	3,380	4,500	6,000	7,500
Model A (557cc single)	1,600	2,400	3,600	4,800	6,400	8,000
Deluxe B (557cc single)	1,600	2,400	3,600	4,800	6,400	8,000

1931

LB31 (250cc single)	1,200	1,800	2,700	3,600	4,800	6,000
L1F31 (250cc single)	1,200	1,800	2,700	3,600	4,800	6,000
L2F31 (250cc single)	1,200	1,800	2,700	3,600	4,800	6,000
MF (250cc single)	1,200	1,800	2,700	3,600	4,800	6,000
VF (500cc single)	1,200	1,800	2,700	3,600	4,800	6,000
SF31 (500cc single)	1,200	1,800	2,700	3,600	4,800	6,000
SG31 (500cc single)	1,200	1,800	2,700	3,600	4,800	6,000
4F Square Four (500cc four)	3,000	4,500	6,750	9,000	12,000	15,000
VG31 (500cc single)	1,100	1,650	2,480	3,300	4,400	5,500

ARIEL

ARIEL

	6	5	4	3	2	1
SB31 (557cc single)	1,400	2,100	3,150	4,200	5,600	7,000
VB (557cc single)	1,400	2,100	3,150	4,200	5,600	7,000
1932						
LB32 (249cc single)	1,100	1,650	2,480	3,300	4,400	5,500
LF32 (249cc single)	1,100	1,650	2,480	3,300	4,400	5,500
MB32 (348cc single)	1,160	1,740	2,610	3,480	4,640	5,800
MF32 (348cc single)	1,160	1,740	2,610	3,480	4,640	5,800
MH32 (348cc single)	1,160	1,740	2,610	3,480	4,640	5,800
VG32 (499cc single)	1,200	1,800	2,700	3,600	4,800	6,000
SG32 (499cc single)	1,200	1,800	2,700	3,600	4,800	6,000
VH32 RH (499cc single)	1,700	2,550	3,830	5,100	6,800	8,500
VB32 (557cc single)	1,240	1,860	2,790	3,720	4,960	6,200
SB32 (557cc single)	1,240	1,860	2,790	3,720	4,960	6,200
4F/6 Square Four (601cc four)	3,000	4,500	6,750	9,000	12,000	15,000
1933						
LH (248cc single)	1,100	1,650	2,480	3,300	4,400	5,500
NF (346cc single)	1,200	1,800	2,700	3,600	4,800	6,000
NH (346cc single)	1,200	1,800	2,700	3,600	4,800	6,000
VF (499cc single)	1,400	2,100	3,150	4,200	5,600	7,000
VH (499cc single)	1,700	2,550	3,830	5,100	6,800	8,500
VA (557cc single)	1,240	1,860	2,790	3,720	4,960	6,200
VB Deluxe (557cc single)	1,300	1,950	2,930	3,900	5,200	6,500
4F/6 Square Four (601cc four)	3,400	5,100	7,650	10,200	13,600	17,000
1934						
LF (248cc single)	940	1,410	2,120	2,820	3,760	4,700
LH/RH Sport (248cc single)	1,040	1,560	2,340	3,120	4,160	5,200
NF (346cc single)	1,160	1,740	2,610	3,480	4,640	5,800
NH/RH Sport (346cc single)	1,320	1,980	2,970	3,960	5,280	6,600
VF (499cc single)	1,440	2,160	3,240	4,320	5,760	7,200
VH/RH Sport (499cc single)	1,700	2,550	3,830	5,100	6,800	8,500
VA (557cc single)	1,240	1,860	2,790	3,720	4,960	6,200
VB Deluxe (557cc single)	1,300	1,950	2,930	3,900	5,200	6,500
4F/6 Square Four (601cc four)	3,400	5,100	7,650	10,200	13,600	17,000
1935						
LF (248cc single)	940	1,410	2,120	2,820	3,760	4,700
LH/RH Sport (248cc single)	1,040	1,560	2,340	3,120	4,160	5,200
NF (346cc single)	1,160	1,740	2,610	3,480	4,640	5,800
NH/RH Sport (346cc single)	1,320	1,980	2,970	3,960	5,280	6,600
VF (499cc single)	1,400	2,100	3,150	4,200	5,600	7,000
VG Deluxe (499cc single)	1,400	2,100	3,150	4,200	5,600	7,000
VH/RH Sport (499cc single)	1,700	2,550	3,830	5,100	6,800	8,500
VA (557cc single)	1,240	1,860	2,790	3,720	4,960	6,200
VB Deluxe (557cc single)	1,300	1,950	2,930	3,900	5,200	6,500
4F/6 Square Four (601cc four)	3,400	5,100	7,650	10,200	13,600	17,000
1936						
LG Deluxe (248cc single)	940	1,410	2,120	2,820	3,760	4,700
LH/RH Sport (248cc single)	1,040	1,560	2,340	3,120	4,160	5,200
NG Deluxe (346cc single)	1,160	1,740	2,610	3,480	4,640	5,800
NH/RH Sport (346cc single)	1,320	1,980	2,970	3,960	5,280	6,600
VG Deluxe (499cc single)	1,400	2,100	3,150	4,200	5,600	7,000
VH/RH Sport (499cc single)	1,700	2,550	3,830	5,100	6,800	8,500
VB Deluxe (598cc single)	1,300	1,950	2,930	3,900	5,200	6,500
4F/6 Square Four (601cc four)	3,400	5,100	7,650	10,200	13,600	17,000
4G Square Four (1,000cc four)	2,400	3,600	5,400	7,200	9,600	12,000
1937						
LG Deluxe (248cc single)	940	1,410	2,120	2,820	3,760	4,700
LH/RH (248cc single)	1,040	1,560	2,340	3,120	4,160	5,200
NG Deluxe (346cc single)	1,160	1,740	2,610	3,480	4,640	5,800
NH/RH (346cc single)	1,320	1,980	2,970	3,960	5,280	6,600
VG Deluxe (499cc single)	1,400	2,100	3,150	4,200	5,600	7,000
VH/RH (499cc single)	1,700	2,550	3,830	5,100	6,800	8,500
VB Deluxe (598cc single)	1,300	1,950	2,930	3,900	5,200	6,500
4F Square Four (601cc four)	3,400	5,100	7,650	10,200	13,600	17,000
4G Square Four (1,000cc four)	2,400	3,600	5,400	7,200	9,600	12,000
1938						
LG Deluxe (248cc single)	940	1,410	2,120	2,820	3,760	4,700
LH/RH (248cc single)	1,000	1,500	2,250	3,000	4,000	5,000
NG Deluxe (346cc single)	1,180	1,770	2,660	3,540	4,720	5,900
NH/RH (346cc single)	1,300	1,950	2,930	3,900	5,200	6,500
VG Deluxe (499cc single)	1,400	2,100	3,150	4,200	5,600	7,000
VH/RH (499cc single)	1,700	2,550	3,830	5,100	6,800	8,500
VB Deluxe (598cc single)	1,400	2,100	3,150	4,200	5,600	7,000
4F Square Four (600cc four)	3,800	5,700	8,550	11,400	15,200	19,000
4G Square Four (995cc four)	2,400	3,600	5,400	7,200	9,600	12,000
4H Square Four (995cc four)	2,400	3,600	5,400	7,200	9,600	12,000
1939						
OG Deluxe (248cc single)	900	1,350	2,030	2,700	3,600	4,500
OH/RH (248cc single)	1,000	1,500	2,250	3,000	4,000	5,000

	6	5	4	3	2	1
NG Deluxe (346cc single)	1,180	1,770	2,660	3,540	4,720	5,900
NH/RH (346cc single)	1,300	1,950	2,930	3,900	5,200	6,500
VG Deluxe (499cc single)	1,400	2,100	3,150	4,200	5,600	7,000
VH/RH (499cc single)	1,700	2,550	3,830	5,100	6,800	8,500
VA Deluxe (500cc single)	1,400	2,100	3,150	4,200	5,600	7,000
VB Deluxe (598cc single)	1,440	2,160	3,240	4,320	5,760	7,200
4F Square Four (600cc four)	3,800	5,700	8,550	11,400	15,200	19,000
4G Square Four (995cc four)	2,400	3,600	5,400	7,200	9,600	12,000
4H Square Four (995cc four)	2,400	3,600	5,400	7,200	9,600	12,000
1940						
OG Deluxe (248cc single)	900	1,350	2,030	2,700	3,600	4,500
OH/RH (248cc single)	1,000	1,500	2,250	3,000	4,000	5,000
NG Deluxe (346cc single)	1,180	1,770	2,660	3,540	4,720	5,900
NH/RH (346cc single)	1,300	1,950	2,930	3,900	5,200	6,500
VG Deluxe (500cc single)	1,400	2,100	3,150	4,200	5,600	7,000
VH/RH (500cc single)	1,700	2,550	3,830	5,100	6,800	8,500
VA Deluxe (598cc single)	1,400	2,100	3,150	4,200	5,600	7,000
VB Deluxe (598cc single)	1,440	2,160	3,240	4,320	5,760	7,200
4F Square Four (600cc four)	3,800	5,700	8,550	11,400	15,200	19,000
4G Square Four (995cc four)	2,400	3,600	5,400	7,200	9,600	12,000
4H Square Four (995cc four)	2,400	3,600	5,400	7,200	9,600	12,000
1941-1945 (military production)						
Model W/NG (346cc single)	1,300	1,950	2,930	3,900	5,200	6,500
1946						
NG Deluxe (346cc single)	1,300	1,950	2,930	3,900	5,200	6,500
NH (346cc single)	1,300	1,950	2,930	3,900	5,200	6,500
VG Deluxe (500cc single)	1,200	1,800	2,700	3,600	4,800	6,000
VH (500cc single)	1,600	2,400	3,600	4,800	6,400	8,000
VB Deluxe (598cc single)	1,300	1,950	2,930	3,900	5,200	6,500
4G Square Four (995cc four)	2,400	3,600	5,400	7,200	9,600	12,000
1947						
NG (347cc single)	1,300	1,950	2,930	3,900	5,200	6,500
NH (347cc single)	1,300	1,950	2,930	3,900	5,200	6,500
VG (497cc single)	1,200	1,000	2,700	3,600	4,800	6,000
VH (497cc single)	1,600	2,400	3,600	4,800	6,400	8,000
VB (598cc single)	1,300	1,950	2,930	3,900	5,200	6,500
4G Square Four (997cc four)	2,400	3,600	5,400	7,200	9,600	12,000
1948						
NG (347cc single)	1,300	1,950	2,930	3,900	5,200	6,500
NH (347cc single)	1,300	1,950	2,930	3,900	5,200	6,500
VH (497cc single)	1,600	2,400	3,600	4,800	6,400	8,000
KG Deluxe (498cc twin)	1,440	2,160	3,240	4,320	5,760	7,200
KH (498cc twin)	1,840	2,760	4,140	5,520	7,360	9,200
VB (598cc single)	1,300	1,950	2,930	3,900	5,200	6,500
4G Mk. 1 Square Four (997cc four)	2,400	3,600	5,400	7,200	9,600	12,000
1949						
NG (347cc single)	1,300	1,950	2,930	3,900	5,200	6,500
NH (347cc single)	1,300	1,950	2,930	3,900	5,200	6,500
VG (497cc single)	1,200	1,800	2,700	3,600	4,800	6,000
VH (497cc single)	1,600	2,400	3,600	4,800	6,400	8,000
KH (498cc twin)	1,840	2,760	4,140	5,520	7,360	9,200
VB (598cc single)	1,300	1,950	2,930	3,900	5,200	6,500
4G Mk. 1 Square Four (997cc four)	2,400	3,600	5,400	7,200	9,600	12,000
1950						
NH (347cc single)	1,300	1,950	2,930	3,900	5,200	6,500
VCH (497cc single)	1,480	2,220	3,330	4,440	5,920	7,400
VG (497cc single)	1,200	1,800	2,700	3,600	4,800	6,000
VH (497cc single)	1,600	2,400	3,600	4,800	6,400	8,000
KG Deluxe (498cc twin)	1,440	2,160	3,240	4,320	5,760	7,200
KH (498cc twin)	1,900	2,850	4,280	5,700	7,600	9,500
VB (598cc single)	1,300	1,950	2,930	3,900	5,200	6,500
4G Mk. 1 Square Four (997cc four)	2,400	3,600	5,400	7,200	9,600	12,000
1951						
NH (347cc single)	1,300	1,950	2,930	3,900	5,200	6,500
VCH (497cc single)	1,600	2,400	3,600	4,800	6,400	8,000
VH (497cc single)	1,600	2,400	3,600	4,800	6,400	8,000
KG Deluxe (498cc twin)	1,440	2,160	3,240	4,320	5,760	7,200
KH (498cc twin)	1,800	2,700	4,050	5,400	7,200	9,000
VB (598cc single)	1,300	1,950	2,930	3,900	5,200	6,500
4G Mk. 1 Square Four (997cc four)	2,400	3,600	5,400	7,200	9,600	12,000
1952						
NH (347cc single)	1,300	1,950	2,930	3,900	5,200	6,500
VCH (497cc single)	1,600	2,400	3,600	4,800	6,400	8,000
VH (497cc single)	1,600	2,400	3,600	4,800	6,400	8,000
VHA (497cc single)	2,000	3,000	4,500	6,000	8,000	10,000
KH (498cc twin)	1,600	2,400	3,600	4,800	6,400	8,000
VB (598cc single)	1,300	1,950	2,930	3,900	5,200	6,500
4G Mk. 1 Square Four (997cc four)	2,400	3,600	5,400	7,200	9,600	12,000
4G Mk. 2 Square Four (997cc four)	3,800	5,700	8,550	11,400	15,200	19,000

	6	5	4	3	2	1
1953						
LH (197cc single)	1,000	1,500	2,250	3,000	4,000	5,000
NH (347cc single)	1,300	1,950	2,930	3,900	5,200	6,500
HT5 Trials (497cc single)	1,200	1,800	2,700	3,600	4,800	6,000
VH (497cc single)	1,600	2,400	3,600	4,800	6,400	8,000
KH (498cc twin)	1,600	2,400	3,600	4,800	6,400	8,000
VHA (500cc single)	2,000	3,000	4,500	6,000	8,000	10,000
KHA (500cc twin)	2,000	3,000	4,500	6,000	8,000	10,000
VB (598cc single)	1,300	1,950	2,930	3,900	5,200	6,500
4G Mk. 1 Square Four (997cc four)	2,400	3,600	5,400	7,200	9,600	12,000
4G Mk. 2 Square Four (997cc four)	3,800	5,700	8,550	11,400	15,200	19,000
1954						
LH (197cc single)	1,000	1,500	2,250	3,000	4,000	5,000
NH (347cc single)	1,300	1,950	2,930	3,900	5,200	6,500
HS Scrambler (497cc single)	1,200	1,800	2,700	3,600	4,800	6,000
HT5 Trials (497cc single)	1,200	1,800	2,700	3,600	4,800	6,000
VH (497cc single)	1,600	2,400	3,600	4,800	6,400	8,000
KH (498cc twin)	1,700	2,550	3,830	5,100	6,800	8,500
VB (598cc single)	1,300	1,950	2,930	3,900	5,200	6,500
FH (650cc twin)	1,300	1,950	2,930	3,900	5,200	6,500
4G Mk. 2 Square Four (997cc four)	3,800	5,700	8,550	11,400	15,200	19,000
1955						
LH (197cc single)	1,000	1,500	2,250	3,000	4,000	5,000
LM (197cc single)	1,100	1,650	2,480	3,300	4,400	5,500
NH (347cc single)	1,300	1,950	2,930	3,900	5,200	6,500
HS Scrambler (497cc single)	1,200	1,800	2,700	3,600	4,800	6,000
HT5 Trials (497cc single)	1,200	1,800	2,700	3,600	4,800	6,000
VH (497cc single)	1,600	2,400	3,600	4,800	6,400	8,000
KH (498cc twin)	1,700	2,550	3,830	5,100	6,800	8,500
VB (598cc single)	1,300	1,950	2,930	3,900	5,200	6,500
FH (650cc twin)	1,300	1,950	2,930	3,900	5,200	6,500
4G Mk. 2 Square Four (997cc four)	3,800	5,700	8,550	11,400	15,200	19,000
1956						
LH (197cc single)	1,000	1,500	2,250	3,000	4,000	5,000
LM (197cc single)	1,100	1,650	2,480	3,300	4,400	5,500
HT3 Trials (347cc single)	1,600	2,400	3,600	4,800	6,400	8,000
NH (347cc single)	1,300	1,950	2,930	3,900	5,200	6,500
HS Mk. 3 (497cc single)	2,000	3,000	4,500	6,000	8,000	10,000
HT5 Trials (497cc single)	1,200	1,800	2,700	3,600	4,800	6,000
VH (497cc single)	1,600	2,400	3,600	4,800	6,400	8,000
KH (498cc twin)	1,700	2,550	3,830	5,100	6,800	8,500
VB (598cc single)	1,300	1,950	2,930	3,900	5,200	6,500
FH (650cc twin)	1,300	1,950	2,930	3,900	5,200	6,500
Cyclone (650cc twin)	1,400	2,100	3,150	4,200	5,600	7,000
4G Mk. 2 Square Four (997cc four)	3,800	5,700	8,550	11,400	15,200	19,000
1957						
LH (197cc single)	1,000	1,500	2,250	3,000	4,000	5,000
HT3 Trials (347cc single)	1,600	2,400	3,600	4,800	6,400	8,000
NH (347cc single)	1,300	1,950	2,930	3,900	5,200	6,500
HS Mk. 3 (497cc single)	2,000	3,000	4,500	6,000	8,000	10,000
HT5 Trials (497cc single)	1,200	1,800	2,700	3,600	4,800	6,000
VH (497cc single)	1,600	2,400	3,600	4,800	6,400	8,000
KH (498cc twin)	1,700	2,550	3,830	5,100	6,800	8,500
VB (598cc single)	1,300	1,950	2,930	3,900	5,200	6,500
FH (650cc twin)	1,300	1,950	2,930	3,900	5,200	6,500
Cyclone (650cc twin)	1,400	2,100	3,150	4,200	5,600	7,000
4G Mk. 2 Square Four (997cc four)	3,800	5,700	8,550	11,400	15,200	19,000
1958						
LH (197cc single)	1,000	1,500	2,250	3,000	4,000	5,000
Leader (247cc twin)	840	1,260	1,890	2,520	3,360	4,200
HT3 Trials (347cc single)	1,600	2,400	3,600	4,800	6,400	8,000
NH (347cc single)	1,300	1,950	2,930	3,900	5,200	6,500
HS Mk. 3 (497cc single)	2,000	3,000	4,500	6,000	8,000	10,000
HT5 Trials (497cc single)	1,200	1,800	2,700	3,600	4,800	6,000
VH (497cc single)	1,600	2,400	3,600	4,800	6,400	8,000
VB (598cc single)	1,300	1,950	2,930	3,900	5,200	6,500
FH (650cc twin)	1,300	1,950	2,930	3,900	5,200	6,500
Cyclone (650cc twin)	1,400	2,100	3,150	4,200	5,600	7,000
4G Mk. 2 Square Four (997cc four)	3,800	5,700	8,550	11,400	15,200	19,000
1959						
Arrow (247cc twin)	780	1,170	1,760	2,340	3,120	3,900
Leader (247cc twin)	840	1,260	1,890	2,520	3,360	4,200
1960						
Arrow (247cc twin)	780	1,170	1,760	2,340	3,120	3,900
Arrow Sport (247cc twin)	800	1,200	1,800	2,400	3,200	4,000
Leader (247cc twin)	840	1,260	1,890	2,520	3,360	4,200
1963						
Pixie (49cc single)	420	630	950	1,260	1,680	2,100

ARIEL

	6	5	4	3	2	1
Arrow (197cc twin)	780	1,170	1,760	2,340	3,120	3,900
Arrow (247cc twin)	820	1,230	1,850	2,460	3,280	4,100
Arrow Sport (247cc twin)	860	1,290	1,940	2,580	3,440	4,300
Leader (247cc twin)	900	1,350	2,030	2,700	3,600	4,500

NOTE: Ariel had limited production through 1965.

BMW

1937

	6	5	4	3	2	1
R20 (192cc single)	1,400	2,100	3,150	4,200	5,600	7,000
R35 (342cc twin)	1,800	2,700	4,050	5,400	7,200	9,000
R4 (398cc single)	3,800	5,700	8,550	11,400	15,200	19,000
R5 (494cc twin)	2,200	3,300	4,950	6,600	8,800	11,000
R6 (598cc twin)	2,000	3,000	4,500	6,000	8,000	10,000
R17 (735cc twin)	3,400	5,100	7,650	10,200	13,600	17,000
R12 (745cc twin)	2,600	3,900	5,850	7,800	10,400	13,000

1938

	6	5	4	3	2	1
R20 (192cc single)	1,400	2,100	3,150	4,200	5,600	7,000
R23 (247cc single)	1,380	2,070	3,110	4,140	5,520	6,900
R35 (342cc twin)	1,800	2,700	4,050	5,400	7,200	9,000
R51 (494cc twin)	2,600	3,900	5,850	7,800	10,400	13,000
R66 (597cc twin)	3,400	5,100	7,650	10,200	13,600	17,000
R61 (599cc twin)	1,600	2,400	3,600	4,800	6,400	8,000
R12 (745cc twin)	2,400	3,600	5,400	7,200	9,600	12,000
R71 (745cc twin)	3,000	4,500	6,750	9,000	12,000	15,000

1939

	6	5	4	3	2	1
R23 (247cc single)	1,380	2,070	3,110	4,140	5,520	6,900
R35 (342cc single)	1,800	2,700	4,050	5,400	7,200	9,000
R51 (494cc twin)	2,600	3,900	5,850	7,800	10,400	13,000
R61 (597cc twin)	2,400	3,600	5,400	7,200	9,600	12,000
R66 (597cc twin)	3,200	4,800	7,200	9,600	12,800	16,000
R12 (745cc twin)	2,400	3,600	5,400	7,200	9,600	12,000
R71 (745cc twin)	3,000	4,500	6,750	9,000	12,000	15,000

1940

	6	5	4	3	2	1
R23 (247cc single)	1,380	2,070	3,110	4,140	5,520	6,900
R35 (342cc single)	1,800	2,700	4,050	5,400	7,200	9,000
R51 (494cc twin)	2,600	3,900	5,850	7,800	10,400	13,000
R61 (597cc twin)	2,200	3,300	4,950	6,600	8,800	11,000
R66 (597cc twin)	3,200	4,800	7,200	9,600	12,800	16,000
R12 (745cc twin)	2,400	3,600	5,400	7,200	9,600	12,000
R71 (745cc twin)	3,400	5,100	7,650	10,200	13,600	17,000

1941

	6	5	4	3	2	1
R61 (597cc twin)	2,200	3,300	4,950	6,600	8,800	11,000
R66 (597cc twin)	3,200	4,800	7,200	9,600	12,800	16,000
R12 (745cc twin)	2,400	3,600	5,400	7,200	9,600	12,000
R71 (745cc twin)	3,400	5,100	7,650	10,200	13,600	17,000
R75 (745cc twin)	4,000	6,000	9,000	12,000	16,000	20,000

1942

	6	5	4	3	2	1
R12 (745cc twin)	2,400	3,600	5,400	7,200	9,600	12,000
R75 (745cc twin)	4,000	6,000	9,000	12,000	16,000	20,000

1943

	6	5	4	3	2	1
R75 (745cc twin)	4,000	6,000	9,000	12,000	16,000	20,000

1944

	6	5	4	3	2	1
R75 (745cc twin)	4,000	6,000	9,000	12,000	16,000	20,000

1945

NOTE: 1945-1947 no civilian BMW motorcycle production.

1948

	6	5	4	3	2	1
R24 (247cc single)	1,300	1,950	2,930	3,900	5,200	6,500

1949

	6	5	4	3	2	1
R24 (247cc single)	1,300	1,950	2,930	3,900	5,200	6,500

1950

	6	5	4	3	2	1
R24 (247cc single)	1,300	1,950	2,930	3,900	5,200	6,500
R25 (247cc single)	1,200	1,800	2,700	3,600	4,800	6,000
R51/2 (494cc twin)	2,000	3,000	4,500	6,000	8,000	10,000

1951

	6	5	4	3	2	1
R25 (247cc single)	1,200	1,800	2,700	3,600	4,800	6,000
R25/2 (247cc single)	1,200	1,800	2,700	3,600	4,800	6,000
R51/2 (494cc twin)	2,000	3,000	4,500	6,000	8,000	10,000
R51/3 (494cc twin)	2,400	3,600	5,400	7,200	9,600	12,000
R67 (594cc twin)	1,600	2,400	3,600	4,800	6,400	8,000

1952

	6	5	4	3	2	1
R25/2 (247cc single)	1,200	1,800	2,700	3,600	4,800	6,000
R51/3 (494cc twin)	2,400	3,600	5,400	7,200	9,600	12,000
R67/2 (594cc twin)	1,400	2,100	3,150	4,200	5,600	7,000
R68 (594cc twin)	3,000	4,500	6,750	9,000	12,000	15,000

1953

	6	5	4	3	2	1
R25/2 (247cc single)	1,200	1,800	2,700	3,600	4,800	6,000
R25/3 (247cc single)	1,200	1,800	2,700	3,600	4,800	6,000

BMW

BMW

	6	5	4	3	2	1
R51/3 (494cc twin)	2,400	3,600	5,400	7,200	9,600	12,000
R67/2 (594cc twin)	1,400	2,100	3,150	4,200	5,600	7,000
R68 (594cc twin)	3,000	4,500	6,750	9,000	12,000	15,000
1954						
R25/3 (247cc single)	1,200	1,800	2,700	3,600	4,800	6,000
R51/3 (494cc twin)	2,400	3,600	5,400	7,200	9,600	12,000
R67/2 (594cc twin)	1,400	2,100	3,150	4,200	5,600	7,000
R68 (594cc twin)	3,200	4,800	7,200	9,600	12,800	16,000
1955						
R25/3 (247cc single)	1,200	1,800	2,700	3,600	4,800	6,000
R50 (494cc twin)	1,200	1,800	2,700	3,600	4,800	6,000
R67/3 (594cc twin)	1,600	2,400	3,600	4,800	6,400	8,000
R69 (594cc twin)	1,400	2,100	3,150	4,200	5,600	7,000
1956						
R25/3 (247cc single)	1,200	1,800	2,700	3,600	4,800	6,000
R26 (247cc single)	1,000	1,500	2,250	3,000	4,000	5,000
R50 (494cc twin)	1,200	1,800	2,700	3,600	4,800	6,000
R60 (594cc twin)	1,200	1,800	2,700	3,600	4,800	6,000
R67/3 (594cc twin)	1,600	2,400	3,600	4,800	6,400	8,000
R69 (594cc twin)	1,400	2,100	3,150	4,200	5,600	7,000
R69 (594cc twin)	1,400	2,100	3,150	4,200	5,600	7,000
1957						
R50 (494cc twin)	1,500	2,250	3,380	4,500	6,000	7,500
R60 (594cc twin)	1,480	2,220	3,330	4,440	5,920	7,400
R69 (594cc twin)	1,400	2,100	3,150	4,200	5,600	7,000
1958						
R26 (247cc single)	1,000	1,500	2,250	3,000	4,000	5,000
R50 (494cc twin)	1,500	2,250	3,380	4,500	6,000	7,500
R60 (594cc twin)	1,480	2,220	3,330	4,440	5,920	7,400
R69 (594cc twin)	1,400	2,100	3,150	4,200	5,600	7,000
1959						
R26 (247cc single)	1,000	1,500	2,250	3,000	4,000	5,000
R50 (494cc twin)	1,500	2,250	3,380	4,500	6,000	7,500
R60 (594cc twin)	1,480	2,220	3,330	4,440	5,920	7,400
R69 (594cc twin)	1,400	2,100	3,150	4,200	5,600	7,000
1960						
R26 (247cc single)	1,000	1,500	2,250	3,000	4,000	5,000
R27 (247cc single)	1,300	1,950	2,930	3,900	5,200	6,500
R50 (494cc twin)	1,500	2,250	3,380	4,500	6,000	7,500
R50/2 (494cc twin)	1,500	2,250	3,380	4,500	6,000	7,500
R50S (494cc twin)	2,400	3,600	5,400	7,200	9,600	12,000
R60 (594cc twin)	1,480	2,220	3,330	4,440	5,920	7,400
R60/2 (594cc twin)	1,900	2,850	4,280	5,700	7,600	9,500
R69 (594cc twin)	1,400	2,100	3,150	4,200	5,600	7,000
R69S (594cc twin)	2,400	3,600	5,400	7,200	9,600	12,000
1961						
R27 (247cc single)	1,300	1,950	2,930	3,900	5,200	6,500
R50/2 (494cc twin)	2,400	3,600	5,400	7,200	9,600	12,000
R50S (494cc twin)	2,400	3,600	5,400	7,200	9,600	12,000
R60/2 (594cc twin)	1,900	2,850	4,280	5,700	7,600	9,500
R69S (594cc twin)	2,400	3,600	5,400	7,200	9,600	12,000
1962						
R27 (247cc single)	1,300	1,950	2,930	3,900	5,200	6,500
R50/2 (494cc twin)	2,400	3,600	5,400	7,200	9,600	12,000
R50S (494cc twin)	2,400	3,600	5,400	7,200	9,600	12,000
R60/2 (594cc twin)	1,900	2,850	4,280	5,700	7,600	9,500
R69S (594cc twin)	2,400	3,600	5,400	7,200	9,600	12,000
1963						
R27 (247cc single)	1,300	1,950	2,930	3,900	5,200	6,500
R50/2 (494cc twin)	1,600	2,400	3,600	4,800	6,400	8,000
R60/2 (594cc twin)	1,900	2,850	4,280	5,700	7,600	9,500
R69S (594cc twin)	2,400	3,600	5,400	7,200	9,600	12,000
1964						
R27 (247cc single)	1,340	2,010	3,020	4,020	5,360	6,700
R50/2 (494cc twin)	2,400	3,600	5,400	7,200	9,600	12,000
R60/2 (594cc twin)	1,900	2,850	4,280	5,700	7,600	9,500
R69S (594cc twin)	2,400	3,600	5,400	7,200	9,600	12,000
1965						
R27 (247cc single)	1,340	2,010	3,020	4,020	5,360	6,700
R50/2 (494cc twin)	2,400	3,600	5,400	7,200	9,600	12,000
R60/2 (594cc twin)	1,900	2,850	4,280	5,700	7,600	9,500
R69S (594cc twin)	2,400	3,600	5,400	7,200	9,600	12,000
1966						
R27 (247cc single)	1,340	2,010	3,020	4,020	5,360	6,700
R50/2 (494cc twin)	2,400	3,600	5,400	7,200	9,600	12,000
R60/2 (594cc twin)	1,900	2,850	4,280	5,700	7,600	9,500
R69S (594cc twin)	2,400	3,600	5,400	7,200	9,600	12,000
1967						
R50US (294cc twin)	800	1,200	1,800	2,400	3,200	4,000

	6	5	4	3	2	1
R50/2 (494cc twin)	2,400	3,600	5,400	7,200	9,600	12,000
R60/2 (594cc twin)	1,900	2,850	4,280	5,700	7,600	9,500
R60US (594cc twin)	1,000	1,500	2,250	3,000	4,000	5,000
R69US (594cc twin)	1,600	2,400	3,600	4,800	6,400	8,000
1968						
*R50US (294cc twin)	1,400	2,100	3,150	4,200	5,600	7,000
R50/2 (494cc twin)	2,400	3,600	5,400	7,200	9,600	12,000
R60/2 (594cc twin)	1,900	2,850	4,280	5,700	7,600	9,500
*R60US (594cc twin)	1,400	2,100	3,150	4,200	5,600	7,000
*R69US (594cc twin)	1,600	2,400	3,600	4,800	6,400	8,000

NOTE: Add 30 percent for original red or green bike; add 50 percent for original blue.

	6	5	4	3	2	1
1969						
R50US (294cc twin)	1,400	2,100	3,150	4,200	5,600	7,000
R50/2 (494cc twin)	2,400	3,600	5,400	7,200	9,600	12,000
R50/5 (496cc twin)	1,100	1,650	2,480	3,300	4,400	5,500
R60/5 (496cc twin)	940	1,410	2,120	2,820	3,760	4,700
R60/2 (594cc twin)	1,900	2,850	4,280	5,700	7,600	9,500
R60US (594cc twin)	1,400	2,100	3,150	4,200	5,600	7,000
R69US (594cc twin)	1,600	2,400	3,600	4,800	6,400	8,000
R75/5 (745cc twin)	1,000	1,500	2,250	3,000	4,000	5,000
1970						
R50/5 (496cc twin)	1,100	1,650	2,480	3,300	4,400	5,500
R60/5 (496cc twin)	940	1,410	2,120	2,820	3,760	4,700
R75/5 (745cc twin)	1,200	1,800	2,700	3,600	4,800	6,000
1971						
R50/5 (496cc twin)	1,100	1,650	2,480	3,300	4,400	5,500
R60/5 (496cc twin)	960	1,440	2,160	2,880	3,840	4,800
R75/5 (745cc twin)	1,200	1,800	2,700	3,600	4,800	6,000
1972						
R50/5 (496cc twin)	1,100	1,650	2,480	3,300	4,400	5,500
R60/5 (496cc twin)	960	1,440	2,160	2,880	3,840	4,800
R75/5 (745cc twin)	1,200	1,800	2,700	3,600	4,800	6,000
1973						
R50/5 (496cc twin)	1,100	1,650	2,480	3,300	4,400	5,500
R60/5 (496cc twin)	900	1,350	2,030	2,700	3,600	4,500
R75/5 (745cc twin)	1,200	1,800	2,700	3,600	4,800	6,000
1974						
R60/6 (599cc twin)	800	1,200	1,800	2,400	3,200	4,000
R75/6 (745cc twin)	820	1,230	1,850	2,460	3,280	4,100
R90/6 (898cc twin)	900	1,350	2,030	2,700	3,600	4,500
R90S (898cc twin)	1,900	2,850	4,280	5,700	7,600	9,500
1975						
R60/6 (599cc twin)	800	1,200	1,800	2,400	3,200	4,000
R75/6 (745cc twin)	820	1,230	1,850	2,460	3,280	4,100
R90/6 (898cc twin)	900	1,350	2,030	2,700	3,600	4,500
R90S (898cc twin)	1,900	2,850	4,280	5,700	7,600	9,500
1976						
R60/6 (599cc twin)	800	1,200	1,800	2,400	3,200	4,000
R60/7 (599cc twin)	800	1,200	1,800	2,400	3,200	4,000
R75/6 (745cc twin)	820	1,230	1,850	2,460	3,280	4,100
R/5/7 (745cc twin)	860	1,290	1,940	2,580	3,440	4,300
R75/7 (745cc twin)	860	1,290	1,940	2,580	3,440	4,300
R90/6 (898cc twin)	880	1,320	1,980	2,640	3,520	4,400
R90S (898cc twin)	1,900	2,850	4,280	5,700	7,600	9,500
R100/7 (980cc twin)	760	1,140	1,710	2,280	3,040	3,800
R100RS (980cc twin)	800	1,200	1,800	2,400	3,200	4,000
R100S (980cc twin)	760	1,140	1,710	2,280	3,040	3,800
1977						
R60/7 (599cc twin)	800	1,200	1,800	2,400	3,200	4,000
R75/7 (745cc twin)	840	1,260	1,890	2,520	3,360	4,200
R80/7 (797cc twin)	800	1,200	1,800	2,400	3,200	4,000
R100/7 (980cc twin)	760	1,140	1,710	2,280	3,040	3,800
R100RS (980cc twin)	800	1,200	1,800	2,400	3,200	4,000
R100S (980cc twin)	760	1,140	1,710	2,280	3,040	3,800
1978						
R60/7 (599cc twin)	800	1,200	1,800	2,400	3,200	4,000
R65 (649cc twin)	760	1,140	1,710	2,280	3,040	3,800
R80/7 (797cc twin)	800	1,200	1,800	2,400	3,200	4,000
R100RS (980cc twin)	940	1,410	2,120	2,820	3,760	4,700
R100RT (980cc twin)	940	1,410	2,120	2,820	3,760	4,700
R100S (980cc twin)	700	1,050	1,580	2,100	2,800	3,500
R100T (980cc twin)	700	1,050	1,580	2,100	2,800	3,500
R100/7 (980cc twin)	640	960	1,440	1,920	2,560	3,200
1979						
R60/7 (599cc twin)	800	1,200	1,800	2,400	3,200	4,000
R65 (649cc twin)	760	1,140	1,710	2,280	3,040	3,800
R80/7 (797cc twin)	800	1,200	1,800	2,400	3,200	4,000
R100RS (980cc twin)	940	1,410	2,120	2,820	3,760	4,700

BMW

	6	5	4	3	2	1
R100RT (980cc twin)	940	1,410	2,120	2,820	3,760	4,700
R100T (980cc twin)	800	1,200	1,800	2,400	3,200	4,000
1980						
R60/7 (599cc twin)	800	1,200	1,800	2,400	3,200	4,000
R65 (649cc twin)	760	1,140	1,710	2,280	3,040	3,800
R80G/S (797cc twin)	800	1,200	1,800	2,400	3,200	4,000
R80/7 (797cc twin)	800	1,200	1,800	2,400	3,200	4,000
R100RS (980cc twin)	940	1,410	2,120	2,820	3,760	4,700
R100RT (980cc twin)	940	1,410	2,120	2,820	3,760	4,700
R100T (980cc twin)	800	1,200	1,800	2,400	3,200	4,000

BRIDGESTONE

	6	5	4	3	2	1
1963						
Bridgestone 7 (48cc single)	320	480	720	960	1,280	1,600
1964						
50 Homer (48cc single)	340	510	770	1,020	1,360	1,700
Bridgestone 7 (48cc single)	320	480	720	960	1,280	1,600
Bridgestone 90 (88cc single)	420	630	950	1,260	1,680	2,100
1965						
50 Sport (48cc single)	340	510	770	1,020	1,360	1,700
50 Homer (48cc single)	340	510	770	1,020	1,360	1,700
60 Sport (60cc single)	380	570	860	1,140	1,520	1,900
90 Deluxe (88cc single)	400	600	900	1,200	1,600	2,000
90 Mountain (88cc single)	400	600	900	1,200	1,600	2,000
90 Racer (88cc single)	400	600	900	1,200	1,600	2,000
90 Sport (88cc single)	420	630	950	1,260	1,680	2,100
1966						
50 Sport (48cc single)	340	510	770	1,020	1,360	1,700
50 Homer (48cc single)	340	510	770	1,020	1,360	1,700
60 Sport (60cc single)	380	570	860	1,140	1,520	1,900
90 Deluxe (88cc single)	400	600	900	1,200	1,600	2,000
90 Mountain (88cc single)	400	600	900	1,200	1,600	2,000
90 Racer (88cc single)	400	600	900	1,200	1,600	2,000
90 Sport (88cc single)	420	630	950	1,260	1,680	2,100
DT 175 (177cc dual twin)	580	870	1,310	1,740	2,320	2,900
1967						
50 Sport (48cc single)	340	510	770	1,020	1,360	1,700
50 Homer (48cc single)	340	510	770	1,020	1,360	1,700
60 Sport (60cc single)	380	570	860	1,140	1,520	1,900
90 Deluxe (88cc single)	400	600	900	1,200	1,600	2,000
90 Mountain (88cc single)	400	600	900	1,200	1,600	2,000
90 Racer (88cc single)	440	660	990	1,320	1,760	2,200
90 Sport (88cc single)	400	600	900	1,200	1,600	2,000
90 Trail (88cc single)	420	630	950	1,260	1,680	2,100
DT 175 (177cc dual twin)	580	870	1,310	1,740	2,320	2,900
Hurricane Scrambler (177cc dual twin)	580	870	1,310	1,740	2,320	2,900
1968						
50 Sport (48cc single)	340	510	770	1,020	1,360	1,700
50 Step-thru (48cc single)	340	510	770	1,020	1,360	1,700
60 Sport (60cc single)	360	540	810	1,080	1,440	1,800
90 Deluxe (88cc single)	400	600	900	1,200	1,600	2,000
90 Mountain (88cc single)	400	600	900	1,200	1,600	2,000
90 Racer (88cc single)	440	660	990	1,320	1,760	2,200
90 Sport (88cc single)	420	630	950	1,260	1,680	2,100
90 Trail (88cc single)	420	630	950	1,260	1,680	2,100
DT 175 (175cc dual twin)	580	870	1,310	1,740	2,320	2,900
Hurricane Scrambler (177cc dual twin)	580	870	1,310	1,740	2,320	2,900
350 GTR (345cc twin)	780	1,170	1,760	2,340	3,120	3,900
1969						
60 Sport (60cc single)	380	570	860	1,140	1,520	1,900
SR 90 (90cc single)	440	660	990	1,320	1,760	2,200
SR 100 (100cc single)	900	1,350	2,030	2,700	3,600	4,500
100 GP (100cc single)	500	750	1,130	1,500	2,000	2,500
100 TMX (100cc single)	540	810	1,220	1,620	2,160	2,700
SR 175 (175cc twin)	1,400	2,100	3,150	4,200	5,600	7,000
350 GTR (345cc twin)	780	1,170	1,760	2,340	3,120	3,900
350 GTO (345cc twin)	1,000	1,500	2,250	3,000	4,000	5,000
1970						
60 Sport (60cc single)	380	570	860	1,140	1,520	1,900
SR 90 (90cc single)	440	660	990	1,320	1,760	2,200
SR 100 (100cc single)	900	1,350	2,030	2,700	3,600	4,500
100 Sport (100cc single)	540	810	1,220	1,620	2,160	2,700
350 GTR (345cc twin)	780	1,170	1,760	2,340	3,120	3,900
350 GTO (345cc twin)	1,000	1,500	2,250	3,000	4,000	5,000
1971						
SR 90 (90cc single)	440	660	990	1,320	1,760	2,200
SR 100 (100cc single)	900	1,350	2,030	2,700	3,600	4,500

	6	5	4	3	2	1
350 GTR (345cc twin) 780		1,170	1,760	2,340	3,120	3,900
350 GTO (345cc twin) 1,000		1,500	2,250	3,000	4,000	5,000

BROUGH SUPERIOR

	6	5	4	3	2	1
1921						
Mk. I (side-valve J.A.P. twin) 8,000		12,000	18,000	24,000	32,000	40,000
1922						
Mk. I (side-valve J.A.P. twin) 8,000		12,000	18,000	24,000	32,000	40,000
1922						
SS80 (side-valve J.A.P. twin, 976cc) 8,000		12,000	18,000	24,000	32,000	40,000
1923						
Mk. I (side-valve J.A.P. twin) 8,000		12,000	18,000	24,000	32,000	40,000
SS80 (side-valve J.A.P. twin, 976cc) 8,400		12,600	18,900	25,200	33,600	42,000
1924						
Mk. I (side-valve J.A.P. twin) 9,000		13,500	20,250	27,000	36,000	45,000
SS80 (side-valve J.A.P. twin, 976cc) 8,400		12,600	18,900	25,200	33,600	42,000
SS100 (OHV J.A.P. twin, 984cc) 31,000		46,500	60,750	93,000	124,000	155,000
1925						
SS80 (side-valve J.A.P. twin, 976cc) 9,000		13,500	20,250	27,000	36,000	45,000
SS100 (OHV J.A.P. twin, 984cc) 31,000		46,500	69,750	93,000	124,000	155,000
1926						
SS80 (side-valve J.A.P. twin, 976cc) 9,000		13,500	20,250	27,000	36,000	45,000
SS100 (OHV J.A.P. twin, 984cc) 31,000		46,500	69,750	93,000	124,000	155,000
Model 680 (OHV J.A.P. twin, 676cc) 9,000		13,500	20,250	27,000	36,000	45,000
1927						
SS80 (side-valve J.A.P. twin, 976cc) 9,000		13,500	20,250	27,000	36,000	45,000
SS100 (OHV J.A.P. twin, 984cc) 31,000		46,500	69,750	93,000	124,000	155,000
Model 680 (OHV J.A.P. twin, 676cc) 9,000		13,500	20,250	27,000	36,000	45,000
1928						
SS80 (side-valve J.A.P. twin, 976cc) 9,000		13,500	20,250	27,000	36,000	45,000
SS100 (OHV J.A.P. twin, 984cc) 31,000		46,500	69,750	93,000	124,000	155,000
Model 680 (OHV J.A.P. twin, 676cc) 9,000		13,500	20,250	27,000	36,000	45,000
1929						
SS80 (side-valve J.A.P. twin, 976cc) 9,000		13,500	20,250	27,000	36,000	45,000
SS100 (OHV J.A.P. twin, 984cc) 31,000		46,500	69,750	93,000	124,000	155,000
Model 680 (OHV J.A.P. twin, 676cc) 9,000		13,500	20,250	27,000	36,000	45,000
1930						
SS80 (side-valve J.A.P. twin, 976cc) 9,000		13,500	20,250	27,000	36,000	45,000
SS100 (OHV J.A.P. twin, 984cc) 31,000		46,500	69,750	93,000	124,000	155,000
Model 680 (OHV J.A.P. twin, 676cc) 9,000		13,500	20,250	27,000	36,000	45,000
1931						
SS80 (side-valve J.A.P. twin, 976cc) 9,000		13,500	20,250	27,000	36,000	45,000
SS100 (OHV J.A.P. twin, 984cc) 29,000		43,500	65,250	87,000	116,000	145,000
Model 680 (OHV J.A.P. twin, 676cc) 9,000		13,500	20,250	27,000	36,000	45,000
1932						
SS80 (side-valve J.A.P. twin, 976cc) 9,000		13,500	20,250	27,000	36,000	45,000
SS100 (OHV J.A.P. twin, 984cc) 29,000		43,500	65,250	87,000	116,000	145,000
Model 680 (OHV J.A.P. twin, 676cc) 9,000		13,500	20,250	27,000	36,000	45,000
1933						
SS80 (side-valve J.A.P. twin, 976cc) 9,000		13,500	20,250	27,000	36,000	45,000
SS100 (OHV J.A.P. twin, 984cc) 29,000		43,500	65,250	87,000	116,000	145,000
Model 680 (OHV J.A.P. twin, 676cc) 9,000		13,500	20,250	27,000	36,000	45,000
Model 1150 (side-valve J.A.P. twin, 1150cc) 6,800		10,200	15,300	20,400	27,200	34,000
1934						
SS80 (side-valve J.A.P. twin, 976cc) 9,000		13,500	20,250	27,000	36,000	45,000
SS100 (OHV J.A.P. twin, 984cc) 29,000		43,500	65,250	87,000	116,000	145,000
Model 680 (OHV J.A.P. twin, 676cc) 9,000		13,500	20,250	27,000	36,000	45,000
Model 1150 (side-valve J.A.P. twin, 1150cc) 6,800		10,200	15,300	20,400	27,200	34,000
1935						
SS80 (side-valve Matchless twin, 998cc) 12,000		18,000	27,000	36,000	48,000	60,000
SS100 (OHV J.A.P. twin, 984cc) 29,000		43,500	65,250	87,000	116,000	145,000
Model 680 (OHV J.A.P. twin, 676cc) 9,000		13,500	20,250	27,000	36,000	45,000
Model 1150 (side-valve J.A.P. twin, 1150cc) 6,800		10,200	15,300	20,400	27,200	34,000
1936						
SS80 (side-valve Matchless twin, 998cc) 12,000		18,000	27,000	36,000	48,000	60,000
SS100 (OHV Matchless twin, 998cc) 24,000		36,000	54,000	72,000	96,000	120,000
Model 1150 (side-valve J.A.P. twin, 1150cc) 6,800		10,200	15,300	20,400	27,200	34,000
1937						
SS80 (side-valve Matchless twin, 998cc) 12,000		18,000	27,000	36,000	48,000	60,000
SS100 (OHV Matchless twin, 998cc) 24,000		36,000	54,000	72,000	96,000	120,000
Model 1150 (side-valve J.A.P. twin, 1150cc) 6,800		10,200	15,300	20,400	27,200	34,000
1938						
SS80 (side-valve Matchless twin, 998cc) 12,000		18,000	27,000	36,000	48,000	60,000
SS100 (OHV Matchless twin, 998cc) 24,000		36,000	54,000	72,000	96,000	120,000
Model 1150 (side-valve J.A.P. twin, 1150cc) 6,000		9,000	13,500	18,000	24,000	30,000
1939						
SS80 (side-valve Matchless twin, 998cc) 12,000		18,000	27,000	36,000	48,000	60,000
SS100 (OHV Matchless twin, 998cc) 24,000		36,000	54,000	72,000	96,000	120,000
Model 1150 (side-valve J.A.P. twin, 1150cc) 7,600		11,400	17,100	22,800	30,400	38,000

BROUGH SUPERIOR

	6	5	4	3	2	1
BSA						
1930						
A-2 (150cc single)	1,120	1,680	2,520	3,360	4,480	5,600
B-3 (250cc single)	1,160	1,740	2,610	3,480	4,640	5,800
B-4 (250cc single)	1,160	1,740	2,610	3,480	4,640	5,800
L-11 (350cc single)	1,200	1,800	2,700	3,600	4,800	6,000
L-5 (350cc single)	1,200	1,800	2,700	3,600	4,800	6,000
L-6 (350cc single)	1,200	1,800	2,700	3,600	4,800	6,000
S-12 (500cc single)	1,220	1,830	2,750	3,660	4,880	6,100
S-13 Deluxe (500cc single)	1,240	1,860	2,790	3,720	4,960	6,200
S-18 Light (500cc single)	1,270	1,910	2,860	3,810	5,080	6,350
S-19 Light (500cc single)	1,270	1,910	2,860	3,810	5,080	6,350
S-7 (500cc single)	1,280	1,920	2,880	3,840	5,120	6,400
S-9 Deluxe (500cc single)	1,280	1,920	2,880	3,840	5,120	6,400
H-10 Deluxe (550cc single)	1,360	2,040	3,060	4,080	5,440	6,800
H-8 (550cc single)	1,360	2,040	3,060	4,080	5,440	6,800
E-14 (750cc twin)	1,400	2,100	3,150	4,200	5,600	7,000
G-15 (1,000cc twin)	2,000	3,000	4,500	6,000	8,000	10,000
G-16 World Tour (1,000cc twin)	2,000	3,000	4,500	6,000	8,000	10,000
1931						
B-1 (250cc single)	1,160	1,740	2,610	3,480	4,640	5,800
B-2 (250cc single)	1,160	1,740	2,610	3,480	4,640	5,800
B-3 Deluxe (250cc single)	1,200	1,800	2,700	3,600	4,800	6,000
L-4 (350cc single)	1,220	1,830	2,750	3,660	4,880	6,100
L-5 Deluxe (350cc single)	1,220	1,830	2,750	3,660	4,880	6,100
L-6 Deluxe (350cc single)	1,240	1,860	2,790	3,720	4,960	6,200
S-10 Deluxe (500cc single)	1,240	1,860	2,790	3,720	4,960	6,200
S-7 (500cc single)	1,240	1,860	2,790	3,720	4,960	6,200
S-9 (500cc single)	1,240	1,860	2,790	3,720	4,960	6,200
H-8 Deluxe (550cc single)	1,360	2,040	3,060	4,080	5,440	6,800
H-8 Deluxe (550cc single)	1,360	2,040	3,060	4,080	5,440	6,800
E-11 (750cc twin, 3-gal. tank)	1,400	2,100	3,150	4,200	5,600	7,000
E-11 (750cc twin, 3-gal. tank)	1,400	2,100	3,150	4,200	5,600	7,000
1932						
B-1 (250cc single)	1,160	1,740	2,610	3,480	4,640	5,800
L-2 (350cc single)	1,300	1,950	2,930	3,900	5,200	6,500
L-3 (350cc single)	1,300	1,950	2,930	3,900	5,200	6,500
L-4 Deluxe (350cc single)	1,300	1,950	2,930	3,900	5,200	6,500
L-5 Blue Star (350cc single)	1,480	2,220	3,330	4,440	5,920	7,400
L-5 Deluxe (350cc single)	1,300	1,950	2,930	3,900	5,200	6,500
S-8 Deluxe (500cc single)	1,240	1,860	2,790	3,720	4,960	6,200
W-6 (500cc single)	1,240	1,860	2,790	3,720	4,960	6,200
W-7 Blue Star (500cc single)	1,900	2,850	4,280	5,700	7,600	9,500
H-9 Deluxe (550cc single)	1,360	2,040	3,060	4,080	5,440	6,800
G-10 (1,000cc twin)	2,000	3,000	4,500	6,000	8,000	10,000
1933						
B-1 (250cc single)	1,200	1,800	2,700	3,600	4,800	6,000
B-2 S.P. (250cc single)	1,200	1,800	2,700	3,600	4,800	6,000
B-3 Blue Star Jr. (250cc single)	1,200	1,800	2,700	3,600	4,800	6,000
R-4 (350cc single)	1,320	1,980	2,970	3,960	5,280	6,600
R-5 Blue Star (350cc single)	1,480	2,220	3,330	4,440	5,920	7,400
W-6 (500cc single)	1,240	1,860	2,790	3,720	4,960	6,200
W-6 Post Office (500cc single)	1,240	1,860	2,790	3,720	4,960	6,200
W-7 (500cc single)	1,240	1,860	2,790	3,720	4,960	6,200
W-8 Blue Star (500cc single)	1,900	2,850	4,280	5,700	7,600	9,500
W-9 Special (500cc single)	1,300	1,950	2,930	3,900	5,200	6,500
M-10 (600cc single)	1,300	1,950	2,930	3,900	5,200	6,500
M-11 (600cc single)	1,300	1,950	2,930	3,900	5,200	6,500
G-12 Light (1,000cc twin)	2,000	3,000	4,500	6,000	8,000	10,000
G-13 World Tour (1,000cc twin)	2,200	3,300	4,950	6,600	8,800	11,000
G-14 War Office (1,000cc twin)	2,200	3,300	4,950	6,600	8,800	11,000
1934						
X-0 (150cc single)	1,200	1,800	2,700	3,600	4,800	6,000
B-1 (250cc single)	1,200	1,800	2,700	3,600	4,800	6,000
B-17 Sports (250cc single)	1,200	1,800	2,700	3,600	4,800	6,000
B-2 (250cc single)	1,200	1,800	2,700	3,600	4,800	6,000
B-3 Blue Star Jr. (250cc single)	1,200	1,800	2,700	3,600	4,800	6,000
R-4 (350cc single)	1,320	1,980	2,970	3,960	5,280	6,600
R-5 Blue Star (350cc single)	1,500	2,250	3,380	4,500	6,000	7,500
R-6 Special (350cc single)	1,320	1,980	2,970	3,960	5,280	6,600
W-7 (500cc single)	1,200	1,800	2,700	3,600	4,800	6,000
W-8 (500cc single)	1,320	1,980	2,970	3,960	5,280	6,600
W-9 Blue Star (500cc single)	1,900	2,850	4,280	5,700	7,600	9,500
W-10 Special (500cc single)	1,300	1,950	2,930	3,900	5,200	6,500
J-11 (500cc twin)	1,900	2,850	4,280	5,700	7,600	9,500
M-12 (600cc single)	1,300	1,950	2,930	3,900	5,200	6,500

	6	5	4	3	2	1
M-13 (600cc single)	1,300	1,950	2,930	3,900	5,200	6,500
G-14 World Tour (1,000cc twin)	2,200	3,300	4,950	6,600	8,800	11,000
1935						
X-0 (150cc single)	1,200	1,800	2,700	3,600	4,800	6,000
B-1 (250cc single)	1,200	1,800	2,700	3,600	4,800	6,000
B-2 (250cc single)	1,200	1,800	2,700	3,600	4,800	6,000
B-3 Deluxe (250cc single)	1,200	1,800	2,700	3,600	4,800	6,000
R-4 Deluxe (350cc single)	1,300	1,950	2,930	3,900	5,200	6,500
R-5 Blue Star (350cc single)	1,400	2,100	3,150	4,200	5,600	7,000
R-17 Twin Port (350cc single)	1,300	1,950	2,930	3,900	5,200	6,500
W-6 (500cc single)	1,300	1,950	2,930	3,900	5,200	6,500
J-12 (500cc twin)	1,900	2,850	4,280	5,700	7,600	9,500
W-7 (500cc single)	1,300	1,950	2,930	3,900	5,200	6,500
W-8 Blue Star (500cc single)	1,900	2,850	4,280	5,700	7,600	9,500
W-9 Special (500cc single)	1,300	1,950	2,930	3,900	5,200	6,500
M-10 (600cc single)	1,300	1,950	2,930	3,900	5,200	6,500
M-10 (600cc single)	1,300	1,950	2,930	3,900	5,200	6,500
J-15 War Office (750cc twin)	1,800	2,700	4,050	5,400	7,200	9,000
G-14 (1,000cc twin)	2,200	3,300	4,950	6,600	8,800	11,000
1936						
X0 (150cc single)	1,100	1,650	2,480	3,300	4,400	5,500
B1 (250cc single)	1,200	1,800	2,700	3,600	4,800	6,000
B18 Light Deluxe (250cc single)	1,200	1,800	2,700	3,600	4,800	6,000
B2 (250cc single)	1,200	1,800	2,700	3,600	4,800	6,000
B3 Deluxe (250cc single)	1,200	1,800	2,700	3,600	4,800	6,000
R4 Deluxe (350cc single)	1,300	1,950	2,930	3,900	5,200	6,500
R17 (350cc single)	1,300	1,950	2,930	3,900	5,200	6,500
R19 Comp. (350cc single)	1,600	2,400	3,600	4,800	6,400	8,000
R20 New Blue Star (350cc single)	1,400	2,100	3,150	4,200	5,600	7,000
R5 Empire Star (350cc single)	1,500	2,250	3,380	4,500	6,000	7,500
Q21 New Blue Star (500cc single)	2,200	3,300	4,950	6,600	8,800	11,000
Q7 (500cc single)	1,600	2,400	3,600	4,800	6,400	8,000
Q8 Empire Star (500cc single)	2,000	3,000	4,500	6,000	8,000	10,000
J12 (500cc twin)	2,200	3,300	4,950	6,600	8,800	11,000
W6 (500cc single)	1,200	1,800	2,700	3,600	4,800	6,000
M10 (600cc single)	1,340	2,010	3,020	4,020	5,360	6,700
Y13 (750cc twin)	2,400	3,600	5,400	7,200	9,600	12,000
G14 (1,000cc twin)	2,200	3,300	4,950	6,600	8,800	11,000
1937						
B20 Tourer (250cc single)	1,200	1,800	2,700	3,600	4,800	6,000
B21 Sports (250cc single)	1,200	1,800	2,700	3,600	4,800	6,000
B22 Empire Star (250cc single)	1,300	1,950	2,930	3,900	5,200	6,500
B23 Tourer (350cc single)	1,200	1,800	2,700	3,600	4,800	6,000
B24 Empire Star (350cc single)	1,500	2,250	3,380	4,500	6,000	7,500
D25 Comp. (350cc single)	1,600	2,400	3,600	4,800	6,400	8,000
B26 Sports (350cc single)	1,440	2,160	3,240	4,320	5,760	7,200
M19 Deluxe (350cc single)	1,200	1,800	2,700	3,600	4,800	6,000
M20 Tourer (500cc single)	1,100	1,650	2,480	3,300	4,400	5,500
M22 Sports (500cc single)	1,220	1,830	2,750	3,660	4,880	6,100
M23 Empire Star (500cc single)	1,800	2,700	4,050	5,400	7,200	9,000
M21 Tourer (600cc single)	1,200	1,800	2,700	3,600	4,800	6,000
Y13 (750cc twin)	2,400	3,600	5,400	7,200	9,600	12,000
G14 (1,000cc twin)	2,200	3,300	4,950	6,600	8,800	11,000
1938						
B20 Tourer (250cc single)	1,200	1,800	2,700	3,600	4,800	6,000
B21 Sports (250cc single)	1,200	1,800	2,700	3,600	4,800	6,000
B22 Empire Star (250cc single)	1,300	1,950	2,930	3,900	5,200	6,500
C10 (250cc single)	900	1,350	2,030	2,700	3,600	4,500
C11 (250cc single)	900	1,350	2,030	2,700	3,600	4,500
B23 Tourer (350cc single)	1,300	1,950	2,930	3,900	5,200	6,500
B24 Empire Star (350cc single)	1,580	2,370	3,560	4,740	6,320	7,900
B25 Comp. (350cc single)	1,700	2,550	3,830	5,100	6,800	8,500
B26 Sports (350cc single)	1,440	2,160	3,240	4,320	5,760	7,200
M19 Deluxe (350cc single)	1,100	1,650	2,480	3,300	4,400	5,500
M19 Deluxe (350cc single)	1,100	1,650	2,480	3,300	4,400	5,500
M22 Sports (500cc single)	1,220	1,830	2,750	3,660	4,880	6,100
M23 Empire Star (500cc single)	1,780	2,670	4,010	5,340	7,120	8,900
M24 Gold Star (500cc single)	2,000	3,000	4,500	6,000	8,000	10,000
M21 Tourer (600cc single)	1,160	1,740	2,610	3,480	4,640	5,800
Y13 (750cc twin)	2,200	3,300	4,950	6,600	8,800	11,000
G14 (1,000cc twin)	2,200	3,300	4,950	6,600	8,800	11,000
1939						
B21 Deluxe (250cc single)	1,000	1,500	2,250	3,000	4,000	5,000
B21 (250cc single)	1,000	1,500	2,250	3,000	4,000	5,000
C10 Deluxe (250cc single)	900	1,350	2,030	2,700	3,600	4,500
C10 (250cc single)	900	1,350	2,030	2,700	3,600	4,500
C11 (250cc single)	900	1,350	2,030	2,700	3,600	4,500
B23 (350cc single)	1,200	1,800	2,700	3,600	4,800	6,000

BSA

	6	5	4	3	2	1
B25 Comp. (350cc single)	2,000	3,000	4,500	6,000	8,000	10,000
B26 (350cc single)	1,540	2,310	3,470	4,620	6,160	7,700
B23 Deluxe (350cc single)	1,200	1,800	2,700	3,600	4,800	6,000
B24 Silver Star (350cc single)	1,700	2,550	3,830	5,100	6,800	8,500
M20 Deluxe (500cc single)	1,160	1,740	2,610	3,480	4,640	5,800
M20 (500cc single)	1,160	1,740	2,610	3,480	4,640	5,800
M22 (500cc single)	1,200	1,800	2,700	3,600	4,800	6,000
M23 Silver Star (500cc single)	1,400	2,100	3,150	4,200	5,600	7,000
M24 Gold Star (500cc single)	2,000	3,000	4,500	6,000	8,000	10,000
M21 (600cc single)	1,120	1,680	2,520	3,360	4,480	5,600
G14 (1,000cc twin)	2,200	3,300	4,950	6,600	8,800	11,000
1940						
WD/M20 (500cc single)	1,400	2,100	3,150	4,200	5,600	7,000
1941						
WD/M20 (500cc single)	1,400	2,100	3,150	4,200	5,600	7,000
1942						
WD/M20 (500cc single)	1,400	2,100	3,150	4,200	5,600	7,000
1943						
WD/M20 (500cc single)	1,400	2,100	3,150	4,200	5,600	7,000
1944						
WD/M20 (500cc single)	1,400	2,100	3,150	4,200	5,600	7,000
1945						
C10 (250cc single)	900	1,350	2,030	2,700	3,600	4,500
C11 (250cc single)	900	1,350	2,030	2,700	3,600	4,500
B31 (350cc single)	1,000	1,500	2,250	3,000	4,000	5,000
M20 (500cc single)	1,040	1,560	2,340	3,120	4,160	5,200
1946						
C10 (250cc single)	900	1,350	2,030	2,700	3,600	4,500
C11 (250cc single)	900	1,350	2,030	2,700	3,600	4,500
B31 (350cc single)	1,020	1,530	2,300	3,060	4,080	5,100
B32 Comp. (350cc single)	1,100	1,650	2,480	3,300	4,400	5,500
M20 (500cc single)	1,020	1,530	2,300	3,060	4,080	5,100
A7 (500cc twin)	1,100	1,650	2,480	3,300	4,400	5,500
M21 (600cc single)	1,030	1,550	2,320	3,090	4,120	5,150
1947						
C10 (250cc single)	820	1,230	1,850	2,460	3,280	4,100
C11 (250cc single)	820	1,230	1,850	2,460	3,280	4,100
B31 (350cc single)	1,020	1,530	2,300	3,060	4,080	5,100
B32 Comp. (350cc single)	1,100	1,650	2,480	3,300	4,400	5,500
A7 (500cc twin)	1,100	1,650	2,480	3,300	4,400	5,500
B33 (500cc single)	1,080	1,620	2,430	3,240	4,320	5,400
B34 Comp. (500cc single)	1,180	1,770	2,660	3,540	4,720	5,900
M20 (500cc single)	980	1,470	2,210	2,940	3,920	4,900
M21 (600cc single)	1,000	1,500	2,250	3,000	4,000	5,000
1948						
C10 (250cc single)	820	1,230	1,850	2,460	3,280	4,100
C10 (250cc single)	820	1,230	1,850	2,460	3,280	4,100
B31 (350cc single)	1,020	1,530	2,300	3,060	4,080	5,100
B32 Comp. (350cc single)	1,100	1,650	2,480	3,300	4,400	5,500
A7 (500cc twin)	1,100	1,650	2,480	3,300	4,400	5,500
B33 (500cc single)	1,080	1,620	2,430	3,240	4,320	5,400
B34 Comp. (500cc single)	1,180	1,770	2,660	3,540	4,720	5,900
M20 (500cc single)	980	1,470	2,210	2,940	3,920	4,900
M33 (500cc single)	1,080	1,620	2,430	3,240	4,320	5,400
M21 (600cc single)	1,000	1,500	2,250	3,000	4,000	5,000
1949						
D1 Bantam (125cc single)	600	900	1,350	1,800	2,400	3,000
D1 Bantam (125cc single)	600	900	1,350	1,800	2,400	3,000
C10 (250cc single)	780	1,170	1,760	2,340	3,120	3,900
B31 (350cc single)	1,020	1,530	2,300	3,060	4,080	5,100
B31 "Plunger" (350cc single)	1,020	1,530	2,300	3,060	4,080	5,100
B32 Comp. (350cc single)	1,160	1,740	2,610	3,480	4,640	5,800
B32 Comp. "Plunger" (350cc single)	1,160	1,740	2,610	3,480	4,640	5,800
B32 Comp. "Plunger" (350cc single)	1,160	1,740	2,610	3,480	4,640	5,800
B32GS Gold Star "Plunger" (350cc single)	2,000	3,000	4,500	6,000	8,000	10,000
A7 (500cc twin)	1,040	1,560	2,340	3,120	4,160	5,200
A7 "Plunger" (500cc twin)	1,040	1,560	2,340	3,120	4,160	5,200
A7S Star "Plunger" (500cc twin)	1,140	1,710	2,570	3,420	4,560	5,700
B33 (500cc single)	1,080	1,620	2,430	3,240	4,320	5,400
B33 "Plunger" (500cc single)	1,080	1,620	2,430	3,240	4,320	5,400
B34 Comp. (500cc single)	1,180	1,770	2,660	3,540	4,720	5,900
B34 Comp. "Plunger" (500cc single)	1,180	1,770	2,660	3,540	4,720	5,900
B34GS Gold Star (500cc single)	2,600	3,900	5,850	7,800	10,400	13,000
B34GS Gold Star "Plunger" (500cc single)	2,600	3,900	5,850	7,800	10,400	13,000
M20 (500cc single)	980	1,470	2,210	2,940	3,920	4,900
M33 (500cc single)	1,080	1,620	2,430	3,240	4,320	5,400
M21 (600cc single)	1,000	1,500	2,250	3,000	4,000	5,000
1950						
D1 Bantam w/WIPAC (125cc single)	600	900	1,350	1,800	2,400	3,000

	6	5	4	3	2	1
D1 Bantam w/Lucas (125cc single)	600	900	1,350	1,800	2,400	3,000
D1 Bantam "Plunger" w/WIPAC (125cc single)	600	900	1,350	1,800	2,400	3,000
D1 Bantam "Plunger" w/Lucas (125cc single)	600	900	1,350	1,800	2,400	3,000
C10 (250cc single)	660	990	1,490	1,980	2,640	3,300
C11 (250cc single)	660	990	1,490	1,980	2,640	3,300
B31 (350cc single)	1,000	1,500	2,250	3,000	4,000	5,000
B31 "Plunger" (350cc single)	1,000	1,500	2,250	3,000	4,000	5,000
B32 Comp. (350cc single)	1,160	1,740	2,610	3,480	4,640	5,800
B32 Comp. "Plunger" (350cc single)	1,160	1,740	2,610	3,480	4,640	5,800
B32GS Gold Star (350cc single)	2,000	3,000	4,500	6,000	8,000	10,000
B32GS Gold Star "Plunger" (350cc single)	2,000	3,000	4,500	6,000	8,000	10,000
A7 (500cc twin)	1,040	1,560	2,340	3,120	4,160	5,200
A7 "Plunger" (500cc twin)	1,040	1,560	2,340	3,120	4,160	5,200
A7S Star "Plunger" (500cc twin)	1,140	1,710	2,570	3,420	4,560	5,700
B33 (500cc single)	1,080	1,620	2,430	3,240	4,320	5,400
B33 "Plunger" (500cc single)	1,080	1,620	2,430	3,240	4,320	5,400
B34 Comp. (500cc single)	1,180	1,770	2,660	3,540	4,720	5,900
B34 Comp. "Plunger" (500cc single)	1,180	1,770	2,660	3,540	4,720	5,900
B34GS Gold Star (500cc single)	2,600	3,900	5,850	7,800	10,400	13,000
B34GS Gold Star "Plunger" (500cc single)	2,600	3,900	5,850	7,800	10,400	13,000
M20 (500cc single)	940	1,410	2,120	2,820	3,760	4,700
M33 (500cc single)	1,060	1,590	2,390	3,180	4,240	5,300
M21 (600cc single)	1,000	1,500	2,250	3,000	4,000	5,000
1951						
D1 Bantam w/WIPAC (125cc single)	580	870	1,310	1,740	2,320	2,900
D1 Bantam w/Lucas (125cc single)	580	870	1,310	1,740	2,320	2,900
D1 Bantam "Plunger" w/WIPAC (125cc single)	580	870	1,310	1,740	2,320	2,900
D1 Bantam "Plunger" w/Lucas (125cc single)	580	870	1,310	1,740	2,320	2,900
D1 Bantam "Plunger" GPO (125cc single)	580	870	1,310	1,740	2,320	2,900
C10 (250cc single)	620	930	1,400	1,860	2,480	3,100
C10 "Plunger" (250cc single)	620	930	1,400	1,860	2,480	3,100
C11 (250cc single)	620	930	1,400	1,860	2,480	3,100
C11 "Plunger" (250cc single)	620	930	1,400	1,860	2,480	3,100
B31 (350cc single)	990	1,490	2,230	2,970	3,960	4,950
B31 "Plunger" (350cc single)	990	1,490	2,230	2,970	3,960	4,950
B32 Comp. (350cc single)	1,160	1,740	2,610	3,480	4,640	5,800
B32 Comp. "Plunger" (350cc single)	1,160	1,740	2,610	3,480	4,640	5,800
B32GS Gold Star (350cc single)	2,200	3,300	4,950	6,600	8,800	11,000
B32GS Gold Star "Plunger" (350cc single)	2,200	3,300	4,950	6,600	8,800	11,000
A7 (500cc twin)	1,040	1,560	2,340	3,120	4,160	5,200
A7 "Plunger" (500cc twin)	1,040	1,560	2,340	3,120	4,160	5,200
A7S Star "Plunger" (500cc twin)	1,140	1,710	2,570	3,420	4,560	5,700
B33 (500cc single)	1,040	1,560	2,340	3,120	4,160	5,200
B33 "Plunger" (500cc single)	1,040	1,560	2,340	3,120	4,160	5,200
B34 Comp. (500cc single)	1,160	1,740	2,610	3,480	4,640	5,800
B34 Comp. "Plunger" (500cc single)	1,160	1,740	2,610	3,480	4,640	5,800
B34GS Gold Star (500cc single)	3,400	5,100	7,650	10,200	13,600	17,000
B34GS Gold Star "Plunger" (500cc single)	3,400	5,100	7,650	10,200	13,600	17,000
M20 (500cc single)	960	1,440	2,160	2,880	3,840	4,800
M20 "Plunger" (500cc single)	960	1,440	2,160	2,880	3,840	4,800
M33 (500cc single)	1,020	1,530	2,300	3,060	4,080	5,100
M33 "Plunger" (500cc single)	1,020	1,530	2,300	3,060	4,080	5,100
M21 (600cc single)	980	1,470	2,210	2,940	3,920	4,900
M21 "Plunger" (600cc single)	980	1,470	2,210	2,940	3,920	4,900
A10 Golden Flash (650cc twin)	1,000	1,500	2,250	3,000	4,000	5,000
A10 Golden Flash "Plunger" (650cc twin)	1,000	1,500	2,250	3,000	4,000	5,000
1952						
D1 Bantam w/WIPAC (125cc single)	580	870	1,310	1,740	2,320	2,900
D1 Bantam w/Lucas (125cc single)	580	870	1,310	1,740	2,320	2,900
D1 Bantam "Plunger" w/WIPAC (125cc single)	580	870	1,310	1,740	2,320	2,900
D1 Bantam "Plunger" w/Lucas (125cc single)	580	870	1,310	1,740	2,320	2,900
D1 Bantam "Plunger" GPO (125cc single)	600	900	1,350	1,800	2,400	3,000
C10 (250cc single)	600	900	1,350	1,800	2,400	3,000
C10 "Plunger" (250cc single)	600	900	1,350	1,800	2,400	3,000
C11 (250cc single)	600	900	1,350	1,800	2,400	3,000
C11 "Plunger" (250cc single)	600	900	1,350	1,800	2,400	3,000
B31 (350cc single)	980	1,470	2,210	2,940	3,920	4,900
B31 "Plunger" (350cc single)	980	1,470	2,210	2,940	3,920	4,900
B32 Comp. (350cc single)	1,160	1,740	2,610	3,480	4,640	5,800
B32 Comp. "Plunger" (350cc single)	1,160	1,740	2,610	3,480	4,640	5,800
B32GS Gold Star (350cc single)	2,200	3,300	4,950	6,600	8,800	11,000
B32GS Gold Star "Plunger" (350cc single)	2,200	3,300	4,950	6,600	8,800	11,000
B32 Gold Star Clubman (350cc single)	2,700	4,050	6,080	8,100	10,800	13,500
B32GS Gold Star Clubman "Plunger" (350cc single)	2,700	4,050	6,080	8,100	10,800	13,500
A7 (500cc twin)	1,000	1,500	2,250	3,000	4,000	5,000
A7 "Plunger" (500cc twin)	1,000	1,500	2,250	3,000	4,000	5,000
A7S Star "Plunger" (500cc twin)	1,120	1,680	2,520	3,360	4,480	5,600
B33 (500cc single)	1,040	1,560	2,340	3,120	4,160	5,200

BSA

BSA

	6	5	4	3	2	1
B33 "Plunger" (500cc single)	1,040	1,560	2,340	3,120	4,160	5,200
B34 Comp. (500cc single)	1,160	1,740	2,610	3,480	4,640	5,800
B34 Comp. "Plunger" (500cc single)	1,160	1,740	2,610	3,480	4,640	5,800
B34GS Gold Star (500cc single)	3,400	5,100	7,650	10,200	13,600	17,000
B34GS Gold Star "Plunger" (500cc single)	3,400	5,100	7,650	10,200	13,600	17,000
M20 (500cc single)	1,020	1,530	2,300	3,060	4,080	5,100
M20 "Plunger" (500cc single)	960	1,440	2,160	2,880	3,840	4,800
M33 (500cc single)	1,000	1,500	2,250	3,000	4,000	5,000
M33 "Plunger' (500cc single)	1,000	1,500	2,250	3,000	4,000	5,000
M21 (600cc single)	980	1,470	2,210	2,940	3,920	4,900
M21 "Plunger" (600cc single)	980	1,470	2,210	2,940	3,920	4,900
A10 Golden Flash (650cc twin)	1,000	1,500	2,250	3,000	4,000	5,000
A10 Golden Flash "Plunger" (650cc twin)	1,000	1,500	2,250	3,000	4,000	5,000
1953						
D1 Bantam w/WIPAC (125cc single)	580	870	1,310	1,740	2,320	2,900
D1 Bantam w/Lucas (125cc single)	580	870	1,310	1,740	2,320	2,900
D1 Bantam "Plunger" w/WIPAC (125cc single)	580	870	1,310	1,740	2,320	2,900
D1 Bantam "Plunger" w/Lucas (125cc single)	580	870	1,310	1,740	2,320	2,900
D1 Bantam "Plunger" GPO (125cc single)	600	900	1,350	1,800	2,400	3,000
C10 (250cc single)	540	810	1,220	1,620	2,160	2,700
C10 "Plunger" (250cc single)	540	810	1,220	1,620	2,160	2,700
C11 (250cc single)	540	810	1,220	1,620	2,160	2,700
C11 "Plunger" (250cc single)	540	810	1,220	1,620	2,160	2,700
B31 (350cc single)	960	1,440	2,160	2,880	3,840	4,800
B31 "Plunger" (350cc single)	960	1,440	2,160	2,880	3,840	4,800
B32 Comp. (350cc single)	1,160	1,740	2,610	3,480	4,640	5,800
B32 Comp. "Plunger" (350cc single)	1,160	1,740	2,610	3,480	4,640	5,800
B32GS Gold Star (350cc single)	2,600	3,900	5,850	7,800	10,400	13,000
B32GS Gold Star "Plunger" (350cc single)	2,600	3,900	5,850	7,800	10,400	13,000
A7 (500cc twin)	1,000	1,500	2,250	3,000	4,000	5,000
A7 "Plunger" (500cc twin)	1,000	1,500	2,250	3,000	4,000	5,000
A7S Star "Plunger" (500cc twin)	1,120	1,680	2,520	3,360	4,480	5,600
B33 (500cc single)	1,040	1,560	2,340	3,120	4,160	5,200
B33 "Plunger" (500cc single)	1,040	1,560	2,340	3,120	4,160	5,200
B34 Comp. (500cc single)	1,160	1,740	2,610	3,480	4,640	5,800
B34 Comp. "Plunger" (500cc single)	1,160	1,740	2,610	3,480	4,640	5,800
B34GS Gold Star (500cc single)	3,600	5,400	8,100	10,800	14,400	18,000
B34GS Gold Star "Plunger" (500cc single)	3,600	5,400	8,100	10,800	14,400	18,000
M20 (500cc single)	1,040	1,560	2,340	3,120	4,160	5,200
M20 "Plunger" (500cc single)	940	1,410	2,120	2,820	3,760	4,700
M33 (500cc single)	1,000	1,500	2,250	3,000	4,000	5,000
M33 "Plunger" (500cc single)	1,000	1,500	2,250	3,000	4,000	5,000
M21 (600cc single)	980	1,470	2,210	2,940	3,920	4,900
M21 "Plunger" (600cc single)	980	1,470	2,210	2,940	3,920	4,900
A10 Golden Flash (650cc twin)	1,000	1,500	2,250	3,000	4,000	5,000
A10 Golden Flash "Plunger" (650cc twin)	1,000	1,500	2,250	3,000	4,000	5,000
A10SF Super Flash "Plunger" (650cc twin)	1,120	1,680	2,520	3,360	4,480	5,600
1954						
D1 Bantam w/direct elec. (125cc single)	580	870	1,310	1,740	2,320	2,900
D1 Bantam w/batt. (125cc single)	580	870	1,310	1,740	2,320	2,900
D1 Bantam "Plunger" w/direct elec. (125cc single)	580	870	1,310	1,740	2,320	2,900
D1 Bantam "Plunger" w/batt. (125cc single)	580	870	1,310	1,740	2,320	2,900
D1 Bantam Comp. "Plunger" (125cc single)	600	900	1,350	1,800	2,400	3,000
D1 Bantam "Plunger" GPO (125cc single)	580	870	1,310	1,740	2,320	2,900
D3 Bantam w/direct elec. (153cc single)	580	870	1,310	1,740	2,320	2,900
D3 Bantam w/batt. (153cc single)	580	870	1,310	1,740	2,320	2,900
D3 Bantam "Plunger" w/direct elec. (150cc single)	580	870	1,310	1,740	2,320	2,900
D3 Bantam "Plunger" w/batt. (150cc single)	580	870	1,310	1,740	2,320	2,900
D3 Bantam Comp. "Plunger" (150cc single)	600	900	1,350	1,800	2,400	3,000
C10L (250cc single)	540	810	1,220	1,620	2,160	2,700
C11G (250cc single)	540	810	1,220	1,620	2,160	2,700
C11G "Plunger" (250cc single)	540	810	1,220	1,620	2,160	2,700
C11G "Rigid" (250cc single)	540	810	1,220	1,620	2,160	2,700
B31 (350cc single)	940	1,410	2,120	2,820	3,760	4,700
B31 "Plunger" (350cc single)	940	1,410	2,120	2,820	3,760	4,700
B32 Comp. (350cc single)	1,180	1,770	2,660	3,540	4,720	5,900
B32GS Gold Star (350cc single)	2,600	3,900	5,850	7,800	10,400	13,000
B32GS Gold Star New Clubman (350cc single)	2,600	3,900	5,850	7,800	10,400	13,000
A7 "Plunger" (500cc twin)	1,000	1,500	2,250	3,000	4,000	5,000
A7 (500cc twin)	1,000	1,500	2,250	3,000	4,000	5,000
A7S Star "Plunger" (500cc twin)	1,120	1,680	2,520	3,360	4,480	5,600
A7SS Shooting Star (500cc twin)	1,120	1,680	2,520	3,360	4,480	5,600
B33 (500cc single)	1,000	1,500	2,250	3,000	4,000	5,000
B33 "Plunger" (500cc single)	1,000	1,500	2,250	3,000	4,000	5,000
B34 Comp. (500cc single)	1,200	1,800	2,700	3,600	4,800	6,000
B34GS Gold Star (500cc single)	3,600	5,400	8,100	10,800	14,400	18,000
B34GS Gold Star New Clubman (500cc single)	3,600	5,400	8,100	10,800	14,400	18,000
B34GSD Gold Star Daytona (500cc single)	3,600	5,400	8,100	10,800	14,400	18,000

	6	5	4	3	2	1
M20 (500cc single)	940	1,410	2,120	2,820	3,760	4,700
M20 "Plunger" (500cc single)	940	1,410	2,120	2,820	3,760	4,700
M33 (500cc single)	960	1,440	2,160	2,880	3,840	4,800
M33 "Plunger" (500cc single)	960	1,440	2,160	2,880	3,840	4,800
M21 (600cc single)	920	1,380	2,070	2,760	3,680	4,600
M21 "Plunger" (600cc single)	920	1,380	2,070	2,760	3,680	4,600
A10 Golden Flash "Plunger" (650cc twin)	1,080	1,620	2,430	3,240	4,320	5,400
A10SF Super Flash "Plunger" (650cc twin)	1,140	1,710	2,570	3,420	4,560	5,700
A10SF Super Flash (650cc twin)	1,140	1,710	2,570	3,420	4,560	5,700
A10R Road Rocket (650cc twin)	1,140	1,710	2,570	3,420	4,560	5,700
1955						
D1 Bantam w/direct elec. (125cc single)	560	840	1,260	1,680	2,240	2,800
D1 Bantam w/batt. (125cc single)	560	840	1,260	1,680	2,240	2,800
D3 Bantam w/direct elec. (153cc single)	560	840	1,260	1,680	2,240	2,800
D3 Bantam w/batt. (153cc single)	560	840	1,260	1,680	2,240	2,800
C10L (250cc single)	540	810	1,220	1,620	2,160	2,700
C11G (250cc single)	540	810	1,220	1,620	2,160	2,700
B31 (350cc single)	900	1,350	2,030	2,700	3,600	4,500
B32 Comp. (350cc single)	1,360	2,040	3,060	4,080	5,440	6,800
B32GS Gold Star (350cc single)	2,600	3,900	5,850	7,800	10,400	13,000
B32GS Gold Star Clubman (350cc single)	2,600	3,900	5,850	7,800	10,400	13,000
A7 (500cc twin)	1,000	1,500	2,250	3,000	4,000	5,000
A7SS Shooting Star (500cc twin)	1,120	1,680	2,520	3,360	4,480	5,600
B33 (500cc single)	1,000	1,500	2,250	3,000	4,000	5,000
B34 Comp. (500cc single)	1,240	1,860	2,790	3,720	4,960	6,200
B34GS Gold Star (500cc single)	3,600	5,400	8,100	10,800	14,400	18,000
B34GS Gold Star Clubman (500cc single)	3,600	5,400	8,100	10,800	14,400	18,000
M20 (500cc single)	940	1,410	2,120	2,820	3,760	4,700
M20 "Plunger" (500cc single)	940	1,410	2,120	2,820	3,760	4,700
M33 (500cc single)	940	1,410	2,120	2,820	3,760	4,700
M33 "Plunger" (500cc single)	940	1,410	2,120	2,820	3,760	4,700
M21 (600cc single)	910	1,370	2,050	2,730	3,640	4,550
M21 "Plunger" (600cc single)	910	1,370	2,050	2,730	3,640	4,550
A10 Golden Flash "Plungor" (650cc twin)	1,080	1,620	2,430	3,240	4,320	5,400
A10 Golden Flash (650cc twin)	1,080	1,620	2,430	3,240	4,320	5,400
A10R Road Rocket (650cc twin)	1,140	1,710	2,570	3,420	4,560	5,700
1956						
D1 Bantam w/direct elec. (125cc single)	560	840	1,260	1,680	2,240	2,800
D1 Bantam w/batt. (125cc single)	560	840	1,260	1,680	2,240	2,800
D3 Bantam w/direct elec. (150cc single)	560	840	1,260	1,680	2,240	2,800
D3 Bantam w/batt. (150cc single)	560	840	1,260	1,680	2,240	2,800
C10L (250cc single)	540	810	1,220	1,620	2,160	2,700
C11G (250cc single)	540	810	1,220	1,620	2,160	2,700
C12 (250cc single)	540	810	1,220	1,620	2,160	2,700
B31 (350cc single)	900	1,350	2,030	2,700	3,600	4,500
B32 Comp. (350cc single)	1,240	1,860	2,790	3,720	4,960	6,200
B32GS Gold Star (350cc single)	2,600	3,900	5,850	7,800	10,400	13,000
A7 (500cc twin)	1,000	1,500	2,250	3,000	4,000	5,000
A7SS Shooting Star (500cc twin)	1,120	1,680	2,520	3,360	4,480	5,600
B33 (500cc single)	1,000	1,500	2,250	3,000	4,000	5,000
B34 Comp. (500cc single)	1,240	1,860	2,790	3,720	4,960	6,200
DBD34 Gold Star (500cc single)	3,800	5,700	8,550	11,400	15,200	19,000
DBD34 Gold Star "Rigid" U.S. (500cc single)	3,800	5,700	8,550	11,400	15,200	19,000
M33 (500cc single)	940	1,410	2,120	2,820	3,760	4,700
M33 "Plunger" (500cc single)	940	1,410	2,120	2,820	3,760	4,700
M21 (600cc single)	900	1,350	2,030	2,700	3,600	4,500
M21 "Plunger" (600cc single)	900	1,350	2,030	2,700	3,600	4,500
A10 Golden Flash "Plunger" (650cc twin)	1,080	1,620	2,430	3,240	4,320	5,400
A10 Golden Flash (650cc twin)	1,080	1,620	2,430	3,240	4,320	5,400
A10R Road Rocket (650cc twin)	1,140	1,710	2,570	3,420	4,560	5,700
1957						
Dandy (70cc single)	420	630	950	1,260	1,680	2,100
Dandy w/Lucas (70cc single)	420	630	950	1,260	1,680	2,100
D1 Bantam w/direct elec. (125cc single)	560	840	1,260	1,680	2,240	2,800
D1 Bantam w/batt. (125cc single)	560	840	1,260	1,680	2,240	2,800
D3 Bantam w/direct elec. (150cc single)	560	840	1,260	1,680	2,240	2,800
D3 Bantam w/batt. (150cc single)	560	840	1,260	1,680	2,240	2,800
C10L (250cc single)	540	810	1,220	1,620	2,160	2,700
C12 (250cc single)	540	810	1,220	1,620	2,160	2,700
B31 (350cc single)	900	1,350	2,030	2,700	3,600	4,500
B32 Comp. (350cc single)	1,200	1,800	2,700	3,600	4,800	6,000
B32GS Gold Star (350cc single)	2,600	3,900	5,850	7,800	10,400	13,000
A7 (500cc twin)	1,000	1,500	2,250	3,000	4,000	5,000
A7SS Shooting Star (500cc twin)	1,120	1,680	2,520	3,360	4,480	5,600
B33 (500cc single)	1,000	1,500	2,250	3,000	4,000	5,000
B34 Comp. (500cc single)	1,360	2,040	3,060	4,080	5,440	6,800
DBD34 Gold Star (500cc single)	3,800	5,700	8,550	11,400	15,200	19,000
DBD34 Gold Star "Rigid" U.S. (500cc single)	4,000	6,000	9,000	12,000	16,000	20,000

	6	5	4	3	2	1
M33 (500cc single)	940	1,410	2,120	2,820	3,760	4,700
M33 "Plunger" (500cc single)	940	1,410	2,120	2,820	3,760	4,700
M21 (600cc single)	900	1,350	2,030	2,700	3,600	4,500
M21 "Plunger" (600cc single)	900	1,350	2,030	2,700	3,600	4,500
A10 Golden Flash "Plunger" (650cc twin)	1,040	1,560	2,340	3,120	4,160	5,200
A10 Golden Flash (650cc twin)	1,120	1,680	2,520	3,360	4,480	5,600
A10R Road Rocket (650cc twin)	1,120	1,680	2,520	3,360	4,480	5,600
A10S Spitfire Scrambler (650cc twin)	1,200	1,800	2,700	3,600	4,800	6,000
1958						
Dandy (70cc single)	420	630	950	1,260	1,680	2,100
Dandy (70cc single)	420	630	950	1,260	1,680	2,100
D1 Bantam w/direct elec. (125cc single)	540	810	1,220	1,620	2,160	2,700
D1 Bantam w/batt. (125cc single)	540	810	1,220	1,620	2,160	2,700
D5 Bantam w/direct elec. (175cc single)	540	810	1,220	1,620	2,160	2,700
D5 Bantam w/batt. (175cc single)	540	810	1,220	1,620	2,160	2,700
C12 (250cc single)	540	810	1,220	1,620	2,160	2,700
B31 (350cc single)	900	1,350	2,030	2,700	3,600	4,500
A7 (500cc twin)	1,000	1,500	2,250	3,000	4,000	5,000
A7SS Shooting Star (500cc twin)	1,120	1,680	2,520	3,360	4,480	5,600
B33 (500cc single)	1,000	1,500	2,250	3,000	4,000	5,000
DBD34 Gold Star Clubman (500cc single)	4,000	6,000	9,000	12,000	16,000	20,000
M21 (600cc single)	900	1,350	2,030	2,700	3,600	4,500
M21 "Plunger" (600cc single)	900	1,350	2,030	2,700	3,600	4,500
A10 Golden Flash (650cc twin)	1,040	1,560	2,340	3,120	4,160	5,200
A10R Super Rocket (650cc twin)	1,120	1,680	2,520	3,360	4,480	5,600
A10S Spitfire Scrambler (650cc twin)	1,200	1,800	2,700	3,600	4,800	6,000
1959						
Dandy (70cc single)	400	600	900	1,200	1,600	2,000
Dandy w/Lucas (70cc single)	400	600	900	1,200	1,600	2,000
D1 Bantam w/batt. (125cc single)	540	810	1,220	1,620	2,160	2,700
D1 Bantam w/direct elec. (125cc single)	540	810	1,220	1,620	2,160	2,700
D7 Bantam w/batt. (175cc single)	540	810	1,220	1,620	2,160	2,700
D7 Bantam w/direct elec. (175cc single)	540	810	1,220	1,620	2,160	2,700
C15 Star (250cc single)	600	900	1,350	1,800	2,400	3,000
C15 Scrambles (250cc single)	700	1,050	1,580	2,100	2,800	3,500
C15 Trials (250cc single)	700	1,050	1,580	2,100	2,800	3,500
B31 (350cc single)	840	1,260	1,890	2,520	3,360	4,200
B34GS Gold Star (350cc single)	1,800	2,700	4,050	5,400	7,200	9,000
A7 (500cc twin)	1,000	1,500	2,250	3,000	4,000	5,000
A7SS Shooting Star (500cc twin)	1,100	1,650	2,480	3,300	4,400	5,500
B33 (500cc single)	1,000	1,500	2,250	3,000	4,000	5,000
DBD34 Gold Star (500cc single)	3,800	5,700	8,550	11,400	15,200	19,000
DBD34 Gold Star Catalina (500cc single)	4,000	6,000	9,000	12,000	16,000	20,000
M21 (600cc single)	900	1,350	2,030	2,700	3,600	4,500
M21 "Plunger" (600cc single)	900	1,350	2,030	2,700	3,600	4,500
A10 Golden Flash (650cc twin)	1,020	1,530	2,300	3,060	4,080	5,100
A10R Super Rocket (650cc twin)	1,120	1,680	2,520	3,360	4,480	5,600
A10S Spitfire Scrambler (650cc twin)	1,200	1,800	2,700	3,600	4,800	6,000
1960						
Dandy (70cc single)	400	600	900	1,200	1,600	2,000
Dandy w/Lucas (70cc single)	400	600	900	1,200	1,600	2,000
D1 Bantam w/direct elec. (125cc single)	540	810	1,220	1,620	2,160	2,700
D1 Bantam w/batt. (125cc single)	540	810	1,220	1,620	2,160	2,700
D7 Bantam w/direct elec. (175cc single)	540	810	1,220	1,620	2,160	2,700
D7 Bantam w/batt. (175cc single)	540	810	1,220	1,620	2,160	2,700
C15 Star (250cc single)	600	900	1,350	1,800	2,400	3,000
C15 Scrambles (250cc single)	700	1,050	1,580	2,100	2,800	3,500
C15 Trials (250cc single)	700	1,050	1,580	2,100	2,800	3,500
A7 (500cc twin)	1,000	1,500	2,250	3,000	4,000	5,000
A7SS Shooting Star (500cc twin)	1,100	1,650	2,480	3,300	4,400	5,500
B33 (500cc single)	1,000	1,500	2,250	3,000	4,000	5,000
DBD34 Gold Star (500cc single)	3,800	5,700	8,550	11,400	15,200	19,000
DBD34 Gold Star Catalina (500cc single)	3,800	5,700	8,550	11,400	15,200	19,000
M21 (600cc single)	900	1,350	2,030	2,700	3,600	4,500
M21 "Plunger" (600cc single)	900	1,350	2,030	2,700	3,600	4,500
A10 Golden Flash (650cc twin)	1,040	1,560	2,340	3,120	4,160	5,200
A10R Super Rocket (650cc twin)	1,120	1,680	2,520	3,360	4,480	5,600
A10S Spitfire Scrambler (650cc twin)	1,200	1,800	2,700	3,600	4,800	6,000
1961						
Dandy (70cc single)	400	600	900	1,200	1,600	2,000
Dandy w/Lucas (70cc single)	400	600	900	1,200	1,600	2,000
D1 Bantam w/direct elec. (125cc single)	540	810	1,220	1,620	2,160	2,700
D1 Bantam w/batt. (125cc single)	540	810	1,220	1,620	2,160	2,700
D7 Bantam w/direct elec. (175cc single)	540	810	1,220	1,620	2,160	2,700
D7 Bantam w/batt. (175cc single)	540	810	1,220	1,620	2,160	2,700
C15 Star (250cc single)	600	900	1,350	1,800	2,400	3,000
C15 SS80 Sports Star 80 (250cc single)	600	900	1,350	1,800	2,400	3,000
C15 Scrambles (250cc single)	720	1,080	1,620	2,160	2,880	3,600

	6	5	4	3	2	1
C15 Trials (250cc single)	720	1,080	1,620	2,160	2,880	3,600
B40 Star (350cc single)	690	1,040	1,550	2,070	2,760	3,450
A7 (500cc twin)	1,000	1,500	2,250	3,000	4,000	5,000
A7 Shooting Star (500cc twin)	1,100	1,650	2,480	3,300	4,400	5,500
DBD34 Gold Star (500cc single)	3,800	5,700	8,550	11,400	15,200	19,000
DBD34 Gold Star Catalina (500cc single)	3,800	5,700	8,550	11,400	15,200	19,000
M21 (600cc single)	900	1,350	2,030	2,700	3,600	4,500
A10 Golden Flash (650cc twin)	1,040	1,560	2,340	3,120	4,160	5,200
A10R Super Rocket (650cc twin)	1,120	1,680	2,520	3,360	4,480	5,600
A10S Spitfire Scrambler (650cc twin)	1,200	1,800	2,700	3,600	4,800	6,000
1962						
Dandy (70cc single)	400	600	900	1,200	1,600	2,000
Dandy w/Lucas (70cc single)	400	600	900	1,200	1,600	2,000
D1 Bantam w/direct elec. (125cc single)	540	810	1,220	1,620	2,160	2,700
D1 Bantam w/batt. (125cc single)	540	810	1,220	1,620	2,160	2,700
D7 Bantam w/direct elec. (175cc single)	540	810	1,220	1,620	2,160	2,700
D7 Bantam w/batt. (175cc single)	540	810	1,220	1,620	2,160	2,700
C15 Star (250cc single)	600	900	1,350	1,800	2,400	3,000
C15 SS80 Sports Star 80 (250cc single)	600	900	1,350	1,800	2,400	3,000
C15 Scrambles (250cc single)	720	1,080	1,620	2,160	2,880	3,600
C15 Trials (250cc single)	720	1,080	1,620	2,160	2,880	3,600
C15 Scrambles Special (250cc single)	720	1,080	1,620	2,160	2,880	3,600
C15 Trials Special (250cc single)	720	1,080	1,620	2,160	2,880	3,600
B40 Star (350cc single)	680	1,020	1,530	2,040	2,720	3,400
B40 SS90 Sports Star 90 (350cc single)	640	960	1,440	1,920	2,560	3,200
A50 Star (500cc twin)	780	1,170	1,760	2,340	3,120	3,900
DBD34 Gold Star (500cc single)	3,800	5,700	8,550	11,400	15,200	19,000
DBD34 Gold Star Catalina (500cc single)	3,800	5,700	8,550	11,400	15,200	19,000
M21 (600cc single)	900	1,350	2,030	2,700	3,600	4,500
A10 Golden Flash (650cc twin)	1,200	1,800	2,700	3,600	4,800	6,000
A10R Super Rocket (650cc twin)	1,120	1,680	2,520	3,360	4,480	5,600
A10S Spitfire Scrambler (650cc twin)	1,160	1,740	2,610	3,480	4,640	5,800
A10RGS Rocket Gold Star (650cc twin)	4,000	6,000	9,000	12,000	16,000	20,000
A65 Star (650cc twin)	900	1,350	2,030	2,700	3,600	4,500
1963						
D1 Bantam w/direct elec. (125cc single)	540	810	1,220	1,620	2,160	2,700
D1 Bantam w/batt. (125cc single)	540	810	1,220	1,620	2,160	2,700
D7 Bantam w/direct elec. (175cc single)	540	810	1,220	1,620	2,160	2,700
D7 Bantam w/batt. (175cc single)	540	810	1,220	1,620	2,160	2,700
D7 Bantam U.S. (175cc single)	540	810	1,220	1,620	2,160	2,700
D7 Bantam U.S. w/batt. (175cc single)	540	810	1,220	1,620	2,160	2,700
D7 Bantam Police (175cc single)	540	810	1,220	1,620	2,160	2,700
D7 Bantam Trail (175cc single)	540	810	1,220	1,620	2,160	2,700
C15 Star (250cc single)	600	900	1,350	1,800	2,400	3,000
C15 Police (250cc single)	720	1,080	1,620	2,160	2,880	3,600
C15 SS80 Sports Star 80 (250cc single)	600	900	1,350	1,800	2,400	3,000
C15 Scrambles (250cc single)	720	1,080	1,620	2,160	2,880	3,600
C15 Star U.S. (250cc single)	720	1,080	1,620	2,160	2,880	3,600
C15 Starfire Roadster (250cc single)	720	1,080	1,620	2,160	2,880	3,600
C15 Trials (250cc single)	720	1,080	1,620	2,160	2,880	3,600
C15 Trials Pastoral (250cc single)	720	1,080	1,620	2,160	2,880	3,600
B40 Star (350cc single)	680	1,020	1,530	2,040	2,720	3,400
B40 SS90 Sports Star 90 (350cc single)	640	960	1,440	1,920	2,560	3,200
B40 Star U.S. (350cc single)	680	1,020	1,530	2,040	2,720	3,400
A50 Star (500cc twin)	780	1,170	1,760	2,340	3,120	3,900
DBD34 Gold Star Clubman (500cc single)	3,800	5,700	8,550	11,400	15,200	19,000
DBD34 Gold Star Catalina (500cc single)	3,800	5,700	8,550	11,400	15,200	19,000
M21 (600cc single)	900	1,350	2,030	2,700	3,600	4,500
A10 Golden Flash (650cc twin)	1,040	1,560	2,340	3,120	4,160	5,200
A10R Super Rocket (650cc twin)	1,120	1,680	2,520	3,360	4,480	5,600
A10S Spitfire Scrambler (650cc twin)	1,160	1,740	2,610	3,480	4,640	5,800
A10RGS Rocket Gold Star (650cc twin)	4,000	6,000	9,000	12,000	16,000	20,000
A65 Star (650cc twin)	900	1,350	2,030	2,700	3,600	4,500
1964						
Beagle (75cc single)	300	450	680	900	1,200	1,500
Starlite 75 (75cc single)	300	450	680	900	1,200	1,500
D1 Bantam "Plunger" GPO (125cc single)	540	810	1,220	1,620	2,160	2,700
D7 Bantam w/direct elec. (175cc single)	540	810	1,220	1,620	2,160	2,700
D7 Bantam w/batt. (175cc single)	540	810	1,220	1,620	2,160	2,700
D7 Bantam U.S. (175cc single)	540	810	1,220	1,620	2,160	2,700
D7 Bantam U.S. w/batt. (175cc single)	540	810	1,220	1,620	2,160	2,700
D7 Bantam Trail (175cc single)	540	810	1,220	1,620	2,160	2,700
C15 Star (250cc single)	600	900	1,350	1,800	2,400	3,000
C15 SS80 Sports Star 80 (250cc single)	600	900	1,350	1,800	2,400	3,000
C15 Police (250cc single)	700	1,050	1,580	2,100	2,800	3,500
C15 Star U.S. (250cc single)	720	1,080	1,620	2,160	2,880	3,600
C15 Scrambles (250cc single)	720	1,080	1,620	2,160	2,880	3,600
C15 Starfire Roadster (250cc single)	720	1,080	1,620	2,160	2,880	3,600

BSA

	6	5	4	3	2	1
C15 Trials Pastoral (250cc single)	640	960	1,440	1,920	2,560	3,200
C15 Trials (250cc single)	640	960	1,440	1,920	2,560	3,200
B40 Star (350cc single)	680	1,020	1,530	2,040	2,720	3,400
B40 Police (350cc single)	680	1,020	1,530	2,040	2,720	3,400
B40 Super Star U.S. (350cc single)	680	1,020	1,530	2,040	2,720	3,400
B40 SS90 Sports Star 90 (350cc single)	640	960	1,440	1,920	2,560	3,200
B40 Enduro Star U.S. (350cc single)	720	1,080	1,620	2,160	2,880	3,600
A50 Star (500cc twin)	780	1,170	1,760	2,340	3,120	3,900
A50C Cyclone (500cc twin)	900	1,350	2,030	2,700	3,600	4,500
A65 Star (650cc twin)	900	1,350	2,030	2,700	3,600	4,500
A65R Rocket (650cc twin)	1,000	1,500	2,250	3,000	4,000	5,000
A65T Thunderbolt Rocket (650cc twin)	1,120	1,680	2,520	3,360	4,480	5,600
A65L Lightning Rocket (650cc twin)	1,200	1,800	2,700	3,600	4,800	6,000
A65SH Spitfire Hornet (650cc twin)	1,020	1,530	2,300	3,060	4,080	5,100
1965						
Beagle (75cc single)	300	450	680	900	1,200	1,500
Starlite 75 (75cc single)	300	450	680	900	1,200	1,500
D1 Bantam "Plunger" GPO (125cc single)	540	810	1,220	1,620	2,160	2,700
D7 Bantam w/direct elec. (175cc single)	540	810	1,220	1,620	2,160	2,700
D7 Bantam w/batt. (175cc single)	540	810	1,220	1,620	2,160	2,700
D7 Bantam Pastoral (175cc single)	540	810	1,220	1,620	2,160	2,700
D7 Bantam Trail Bonc (175cc single)	540	810	1,220	1,620	2,160	2,700
C15 Star (250cc single)	600	900	1,350	1,800	2,400	3,000
C15 Star U.S. (250cc single)	600	900	1,350	1,800	2,400	3,000
C15 Police (250cc single)	600	900	1,350	1,800	2,400	3,000
C15 SS80 Sports Star 80 (250cc single)	600	900	1,350	1,800	2,400	3,000
C15 Scrambles (250cc single)	720	1,080	1,620	2,160	2,880	3,600
C15 Starfire Roadster (250cc single)	720	1,080	1,620	2,160	2,880	3,600
C15 Trials (250cc single)	640	960	1,440	1,920	2,560	3,200
C15 Trials Cat (250cc single)	640	960	1,440	1,920	2,560	3,200
C15 Trials Pastoral (250cc single)	640	960	1,440	1,920	2,560	3,200
B40 Star (350cc single)	680	1,020	1,530	2,040	2,720	3,400
B40 Police (350cc single)	680	1,020	1,530	2,040	2,720	3,400
B40 SS90 Sports Star 90 (350cc single)	1,040	1,560	2,340	3,120	4,160	5,200
B40 Enduro Star U.S. (350cc single)	720	1,080	1,620	2,160	2,880	3,600
B40 Sportsman U.S. (350cc single)	680	1,020	1,530	2,040	2,720	3,400
A50 Star (500cc twin)	780	1,170	1,760	2,340	3,120	3,900
A50 Cyclone Comp. U.K. (500cc twin)	900	1,350	2,030	2,700	3,600	4,500
A50 Cyclone U.K. (500cc twin)	900	1,350	2,030	2,700	3,600	4,500
A50C Cyclone (500cc twin)	900	1,350	2,030	2,700	3,600	4,500
A50CC Cyclone Comp. (500cc twin)	990	1,490	2,230	2,970	3,960	4,950
A65 Star (650cc twin)	900	1,350	2,030	2,700	3,600	4,500
A65 Lightning (650cc twin)	1,200	1,800	2,700	3,600	4,800	6,000
A65 Lightning Clubman (650cc twin)	1,240	1,860	2,790	3,720	4,960	6,200
A65L Lightning Rocket (650cc twin)	1,200	1,800	2,700	3,600	4,800	6,000
A65R Rocket (650cc twin)	1,000	1,500	2,250	3,000	4,000	5,000
A65SH Spitfire Hornet (650cc twin)	1,020	1,530	2,300	3,060	4,080	5,100
1966						
D7 Silver Bantam (175cc single)	540	810	1,220	1,620	2,160	2,700
D7 Bantam Deluxe (175cc single)	540	810	1,220	1,620	2,160	2,700
D7 Bantam Silver Deluxe (175cc single)	540	810	1,220	1,620	2,160	2,700
D7 Bantam GPO (175cc single)	540	810	1,220	1,620	2,160	2,700
C15 Star (250cc single)	620	930	1,400	1,860	2,480	3,100
C15 Sportsman (250cc single)	600	900	1,350	1,800	2,400	3,000
B40 Star (350cc single)	680	1,020	1,530	2,040	2,720	3,400
B40 Star Mod. (350cc single)	680	1,020	1,530	2,040	2,720	3,400
B44 Victor Grand Prix (441cc single)	1,000	1,500	2,250	3,000	4,000	5,000
B44 Victor Enduro (441cc single)	700	1,050	1,580	2,100	2,800	3,500
A50R Royal Star (500cc twin)	840	1,260	1,890	2,520	3,360	4,200
A50W Wasp (500cc twin)	800	1,200	1,800	2,400	3,200	4,000
A65T Thunderbolt (650cc twin)	1,120	1,680	2,520	3,360	4,480	5,600
A65L Lightning (650cc twin)	1,200	1,800	2,700	3,600	4,800	6,000
A65LC Lightning Clubman (650cc twin)	1,240	1,860	2,790	3,720	4,960	6,200
A65S Spitfire Mk. II (650cc twin)	1,600	2,400	3,600	4,800	6,400	8,000
A65H Hornet (650cc twin)	1,000	1,500	2,250	3,000	4,000	5,000
1967						
D10 Bantam Silver (175cc single)	540	810	1,220	1,620	2,160	2,700
D10 Bantam GPO (175cc single)	540	810	1,220	1,620	2,160	2,700
D10 Bantam Supreme (175cc single)	540	810	1,220	1,620	2,160	2,700
D10 Bantam Sport (175cc single)	560	840	1,260	1,680	2,240	2,800
D10 Bushman (175cc single)	560	840	1,260	1,680	2,240	2,800
D10 Bushman Pastoral (175cc single)	560	840	1,260	1,680	2,240	2,800
B25 Starfire U.S. (250cc single)	600	900	1,350	1,800	2,400	3,000
C15 Star (250cc single)	600	900	1,350	1,800	2,400	3,000
C15 Police (250cc single)	600	900	1,350	1,800	2,400	3,000
C15 Sportsman (250cc single)	660	990	1,490	1,980	2,640	3,300
C25 Barracuda (250cc single)	680	1,020	1,530	2,040	2,720	3,400
B40 Star (350cc single)	680	1,020	1,530	2,040	2,720	3,400

	6	5	4	3	2	1
B40 Military (350cc single)	680	1,020	1,530	2,040	2,720	3,400
B44 Victor Grand Prix (441cc single)	1,000	1,500	2,250	3,000	4,000	5,000
B44 Victor Enduro (441cc single)	700	1,050	1,580	2,100	2,800	3,500
B44 Victor Roadster (441cc single)	700	1,050	1,580	2,100	2,800	3,500
A50R Royal Star (500cc twin)	840	1,260	1,890	2,520	3,360	4,200
A50W Wasp (500cc twin)	800	1,200	1,800	2,400	3,200	4,000
A65T Thunderbolt (650cc twin)	1,120	1,680	2,520	3,360	4,480	5,600
A65L Lightning (650cc twin)	1,200	1,800	2,700	3,600	4,800	6,000
A65SA Spitfire Mk. III (650cc twin)	1,600	2,400	3,600	4,800	6,400	8,000
A65H Hornet (650cc twin)	1,000	1,500	2,250	3,000	4,000	5,000
1968						
D13 Bantam Supreme (175cc single)	540	810	1,220	1,620	2,160	2,700
D13 Bantam Sports (175cc single)	540	810	1,220	1,620	2,160	2,700
D13 Bantam Bushman (175cc single)	540	810	1,220	1,620	2,160	2,700
D14/4 Bantam (175cc single)	540	810	1,220	1,620	2,160	2,700
D14/4 Sports (175cc single)	540	810	1,220	1,620	2,160	2,700
D14/4 Bantam Bushman (175cc single)	560	840	1,260	1,680	2,240	2,800
B25 Starfire (250cc single)	540	810	1,220	1,620	2,160	2,700
B25 Fleetstar (250cc single)	540	810	1,220	1,620	2,160	2,700
B40 Military (350cc single)	680	1,020	1,530	2,040	2,720	3,400
B44 Shooting Star (441cc single)	880	1,320	1,980	2,640	3,520	4,400
B44 Victor Special (441cc single)	920	1,380	2,070	2,760	3,680	4,600
A50R Royal Star (500cc twin)	840	1,260	1,890	2,520	3,360	4,200
A50W Wasp (500cc twin)	800	1,200	1,800	2,400	3,200	4,000
A65T Thunderbolt (650cc twin)	1,120	1,680	2,520	3,360	4,480	5,600
A65L Lightning (650cc twin)	1,140	1,710	2,570	3,420	4,560	5,700
A65F Firebird Scrambler (650cc twin)	950	1,430	2,140	2,850	3,800	4,750
A65S Spitfire Mk. IV (650cc twin)	1,320	1,980	2,970	3,960	5,280	6,600
1969						
B175 Bantam (175cc single)	540	810	1,220	1,620	2,160	2,700
B175 Bantam Bushman (175cc single)	600	900	1,350	1,800	2,400	3,000
B25 Starfire (250cc single)	540	810	1,220	1,620	2,160	2,700
B25FS Fleetstar (250cc single)	540	810	1,220	1,620	2,160	2,700
B40 Military (350cc single)	680	1,020	1,530	2,040	2,720	3,400
B40 Roughrider (350cc single)	680	1,020	1,530	2,040	2,720	3,400
B44SS Shooting Star (441cc single)	880	1,320	1,980	2,640	3,520	4,400
B44VS Victor Special (441cc single)	1,160	1,740	2,610	3,480	4,640	5,800
A50 Royal Star (500cc twin)	940	1,410	2,120	2,820	3,760	4,700
A65T Thunderbolt (650cc twin)	1,080	1,620	2,430	3,240	4,320	5,400
A65L Lightning (650cc twin)	1,100	1,650	2,480	3,300	4,400	5,500
A65F Firebird Scrambler (650cc twin)	1,100	1,650	2,480	3,300	4,400	5,500
A75 Rocket III (750cc triple)	1,800	2,700	4,050	5,400	7,200	9,000
1970						
B175 Bantam (175cc single)	540	810	1,220	1,620	2,160	2,700
B175 Bantam Bushman (175cc single)	600	900	1,350	1,800	2,400	3,000
B25 Starfire (250cc single)	640	960	1,440	1,920	2,560	3,200
B25FS Fleetstar (250cc single)	640	960	1,440	1,920	2,560	3,200
B40 Military (350cc single)	660	990	1,490	1,980	2,640	3,300
B44 Shooting Star (441cc single)	840	1,260	1,890	2,520	3,360	4,200
B44 Victor Special (441cc single)	900	1,350	2,030	2,700	3,600	4,500
A50 Royal Star (500cc twin)	800	1,200	1,800	2,400	3,200	4,000
A65 Thunderbolt (650cc twin)	1,080	1,620	2,430	3,240	4,320	5,400
A65 Lightning (650cc twin)	1,100	1,650	2,480	3,300	4,400	5,500
A65 Firebird Scrambler (650cc twin)	1,300	1,950	2,930	3,900	5,200	6,500
A75 Rocket III (750cc triple)	1,300	1,950	2,930	3,900	5,200	6,500
1971						
B175 Bantam (175cc single)	500	750	1,130	1,500	2,000	2,500
B25 Victor Trail (250cc single)	700	1,050	1,580	2,100	2,800	3,500
B25FS Fleetstar (250cc single)	560	840	1,260	1,680	2,240	2,800
B25SS Gold Star 250 (250cc single)	560	840	1,260	1,680	2,240	2,800
B50 Motorcross (500cc single)	400	600	900	1,200	1,600	2,000
B50 Victor Trial (500cc single)	500	750	1,130	1,500	2,000	2,500
B50SS Gold Star 500 (500cc single)	400	600	900	1,200	1,600	2,000
A65 Thunderbolt (650cc twin)	1,120	1,680	2,520	3,360	4,480	5,600
A65 Lightning (650cc twin)	1,100	1,650	2,480	3,300	4,400	5,500
A65 Firebird Scrambler (650cc twin)	1,100	1,650	2,480	3,300	4,400	5,500
A75 Rocket III (750cc triple)	1,100	1,650	2,480	3,300	4,400	5,500
1972						
Ariel 3 (48cc single)	240	360	540	720	960	1,200
B50 Motorcross (500cc single)	400	600	900	1,200	1,600	2,000
B50 Victor Trial (500cc single)	400	600	900	1,200	1,600	2,000
B50SS Gold Star 500 (500cc single)	400	600	900	1,200	1,600	2,000
A65 Thunderbolt (650cc twin)	1,100	1,650	2,480	3,300	4,400	5,500
A65 Lightning (650cc twin)	1,000	1,500	2,250	3,000	4,000	5,000
A70 Lightning 750 (750cc twin)	1,040	1,560	2,340	3,120	4,160	5,200
A75 Rocket III (750cc triple)	1,100	1,650	2,480	3,300	4,400	5,500
1973						
Ariel 3 (48cc single)	240	360	540	720	960	1,200

DKW

	6	5	4	3	2	1
B50 Motorcross (500cc single) 400	600	900	1,200	1,600	2,000
T65 (650cc twin) 740	1,110	1,670	2,220	2,960	3,700
1974					
Ariel 3 (48cc single) 240	360	540	720	960	1,200

DKW

	6	5	4	3	2	1
1930					
KM 175 (175cc) 480	720	1,080	1,440	1,920	2,400
Volksrad ES 200 (198cc) 500	750	1,130	1,500	2,000	2,500
ZiS (198cc) 580	870	1,310	1,740	2,320	2,900
Special 200/Luxus Special (192cc) 880	1,320	1,980	2,640	3,520	4,400
Luxus 200 (198cc) 570	850	1,280	1,700	2,270	2,840
Luxus 300 (293cc) 500	750	1,130	1,500	2,000	2,500
Luxus Sport 300 (293cc) 500	750	1,130	1,500	2,000	2,500
Luxus 500 (494cc) 1,600	2,400	3,600	4,800	6,400	8,000
Supersport 500 (500cc) 1,600	2,400	3,600	4,800	6,400	8,000
1931					
KM 175 (175cc) 480	720	1,080	1,440	1,920	2,400
ZiS (198cc) 580	870	1,310	1,740	2,320	2,900
Volksrad ES 200 (198cc) 500	750	1,130	1,500	2,000	2,500
Block 200 (192cc) 440	660	990	1,320	1,760	2,200
Block 350 (345cc) 560	840	1,260	1,680	2,240	2,800
Special 200/Luxus Special (192cc) 880	1,320	1,980	2,640	3,520	4,400
Luxus 200 (198cc) 570	850	1,280	1,700	2,270	2,840
Luxus Sport 300 (293cc) 500	750	1,130	1,500	2,000	2,500
Supersport 500 (500cc) 1,600	2,400	3,600	4,800	6,400	8,000
Supersport 600 (586cc) 1,900	2,850	4,280	5,700	7,600	9,500
1932					
KM 175 (175cc) 480	720	1,080	1,440	1,920	2,400
TM 200 (192cc) 440	660	990	1,320	1,760	2,200
Block 200 (192cc) 440	660	990	1,320	1,760	2,200
Block 350 (345cc) 560	840	1,260	1,680	2,240	2,800
Luxus 200 (198cc) 570	850	1,280	1,700	2,270	2,840
Supersport 500 (500cc) 1,600	2,400	3,600	4,800	6,400	8,000
Supersport 600 (586cc) 1,900	2,850	4,280	5,700	7,600	9,500
1933					
KM 175 (175cc) 480	720	1,080	1,440	1,920	2,400
Block 175 (175cc) 480	720	1,080	1,440	1,920	2,400
SB 200 (192cc) 440	660	990	1,320	1,760	2,200
TM 200 (192cc) 440	660	990	1,320	1,760	2,200
BM 200 (199cc) 540	810	1,220	1,620	2,160	2,700
Sport 350 (345cc) 600	900	1,350	1,800	2,400	3,000
Block 500 (494cc) 1,000	1,500	2,250	3,000	4,000	5,000
1934					
RT 100 (98cc) 320	480	720	960	1,280	1,600
SB 200 (192cc) 480	720	1,080	1,440	1,920	2,400
KM 200 (200cc) 480	720	1,080	1,440	1,920	2,400
Sport 350 (345cc) 600	900	1,350	1,800	2,400	3,000
SB 500 (490cc) 1,140	1,710	2,570	3,420	4,560	5,700
1935					
RT 100 (98cc) 320	480	720	960	1,280	1,600
SB 200 (192cc) 480	720	1,080	1,440	1,920	2,400
KM 200 (200cc) 480	720	1,080	1,440	1,920	2,400
SB 500 (490cc) 1,140	1,710	2,570	3,420	4,560	5,700
1936					
RT 3 PS (97cc) 320	480	720	960	1,280	1,600
RT 100 (98cc) 320	480	720	960	1,280	1,600
SB 200 (192cc) 480	720	1,080	1,440	1,920	2,400
KS 200 (198cc) 380	570	860	1,140	1,520	1,900
KM 200 (200cc) 480	720	1,080	1,440	1,920	2,400
Sport 250 (247cc) 600	900	1,350	1,800	2,400	3,000
SB 500 (490cc) 1,140	1,710	2,570	3,420	4,560	5,700
1937					
RT 3 PS (97cc) 320	480	720	960	1,280	1,600
SB 200 (192cc) 500	750	1,130	1,500	2,000	2,500
KS 200 (198cc) 380	570	860	1,140	1,520	1,900
Sport 250 (247cc) 600	900	1,350	1,800	2,400	3,000
SB 500 (490cc) 1,140	1,710	2,570	3,420	4,560	5,700
1938					
RT 3 PS (97cc) 320	480	720	960	1,280	1,600
SB 200 (192cc) 500	750	1,130	1,500	2,000	2,500
KS 200 (198cc) 380	570	860	1,140	1,520	1,900
NZ 250 (245cc) 640	960	1,440	1,920	2,560	3,200
Sport 250 (247cc) 600	900	1,350	1,800	2,400	3,000
NZ 350 (343cc) 660	990	1,490	1,980	2,640	3,300
SB 500 (490cc) 1,140	1,710	2,570	3,420	4,560	5,700
1939					
RT 3 PS (97cc) 320	480	720	960	1,280	1,600

	6	5	4	3	2	1
RT 125 (123cc)	320	480	720	960	1,280	1,600
KS 200 (198cc)	380	570	860	1,140	1,520	1,900
NZ 250 (245cc)	640	960	1,440	1,920	2,560	3,200
NZ 350 (343cc)	660	990	1,490	1,980	2,640	3,300
NZ 500 (489cc)	1,000	1,500	2,250	3,000	4,000	5,000
SB 500 (490cc)	1,140	1,710	2,570	3,420	4,560	5,700
1940						
RT 3 PS (97cc)	320	480	720	960	1,280	1,600
RT 125 (123cc)	320	480	720	960	1,280	1,600
KS 200 (198cc)	380	570	860	1,140	1,520	1,900
NZ 250 (245cc)	640	960	1,440	1,920	2,560	3,200
NZ 350 (343cc)	660	990	1,490	1,980	2,640	3,300
NZ 500 (489cc)	1,000	1,500	2,250	3,000	4,000	5,000
1941						
RT 125 (123cc)	320	480	720	960	1,280	1,600
NZ 250 (245cc)	640	960	1,440	1,920	2,560	3,200
NZ 350 (343cc)	660	990	1,490	1,980	2,640	3,300
NZ 500 (489cc)	1,000	1,500	2,250	3,000	4,000	5,000
1942						
NZ 350 (343cc)	660	990	1,490	1,980	2,640	3,300
1943						
RT 125-1 (123cc)	320	480	720	960	1,280	1,600
NZ 350 (343cc)	660	990	1,490	1,980	2,640	3,300
1944						
RT 125-1 (123cc)	300	450	680	900	1,200	1,500
NZ 350-1 (343cc)	680	1,020	1,530	2,040	2,720	3,400
1945						
NZ 350-1 (343cc)	680	1,020	1,530	2,040	2,720	3,400
1946-48						
No production motorcycles						
1949						
RT 125 W (123cc)	440	660	990	1,320	1,760	2,200
1950						
RT 125 W (123cc)	440	660	000	1,320	1,760	2,200
1951						
RT 125 W (123cc)	440	660	990	1,320	1,760	2,200
RT 200 (191cc)	500	750	1,130	1,500	2,000	2,500
1952						
RT 125/2 (123cc)	300	450	680	900	1,200	1,500
RT 125 W (123cc)	440	660	990	1,320	1,760	2,200
RT 200 (191cc)	500	750	1,130	1,500	2,000	2,500
RT 200 H (191cc)	380	570	860	1,140	1,520	1,900
RT 250 H (244cc)	440	660	990	1,320	1,760	2,200
1953						
RT 125/2 (123cc)	300	450	680	900	1,200	1,500
RT 200 H (191cc)	380	570	860	1,140	1,520	1,900
RT 250/1 (244cc)	420	630	950	1,260	1,680	2,100
RT 250/2 (244cc)	440	660	990	1,320	1,760	2,200
RT 250 H (244cc)	440	660	990	1,320	1,760	2,200
1954						
RT 125/2 (123cc)	300	450	680	900	1,200	1,500
RT 125/2 H (123cc)	380	570	860	1,140	1,520	1,900
RT 175 (174cc)	380	570	860	1,140	1,520	1,900
RT 200/2 (197cc)	440	660	990	1,320	1,760	2,200
RT 250/2 (244cc)	440	660	990	1,320	1,760	2,200
1955						
RT 125/2 H (123cc)	380	570	860	1,140	1,520	1,900
RT 175 (174cc)	380	570	860	1,140	1,520	1,900
RT 175 S (174cc)	300	450	680	900	1,200	1,500
RT 200/2 (197cc)	440	660	990	1,320	1,760	2,200
RT 200 S (197cc)	300	450	680	900	1,200	1,500
RT 250/2 (244cc)	440	660	990	1,320	1,760	2,200
RT 250 S (244cc)	500	750	1,130	1,500	2,000	2,500
RT 350 S (348cc)	940	1,410	2,120	2,820	3,760	4,700
1956						
RT 125/2 H (123cc)	380	570	860	1,140	1,520	1,900
RT 175 S (174cc)	300	450	680	900	1,200	1,500
RT 175 VS (174cc)	300	450	680	900	1,200	1,500
RT 200 S (197cc)	300	450	680	900	1,200	1,500
RT 200 VS (197cc)	300	450	680	900	1,200	1,500
RT 250 S (244cc)	500	750	1,130	1,500	2,000	2,500
RT 250 VS (244cc)	500	750	1,130	1,500	2,000	2,500
RT 350 S (348cc)	940	1,410	2,120	2,820	3,760	4,700
1957						
RT 125/2 H (123cc)	380	570	860	1,140	1,520	1,900
RT 175 VS (174cc)	300	450	680	900	1,200	1,500
RT 200 VS (197cc)	300	450	680	900	1,200	1,500
RT 250 VS (244cc)	500	750	1,130	1,500	2,000	2,500

DKW

	6	5	4	3	2	1
1958						
RT 175 VS (174cc)	300	450	680	900	1,200	1,500

DUCATI

	6	5	4	3	2	1
1953						
98 Sport (98cc single)	1,200	1,800	2,700	3,600	4,800	6,000
1954						
98 Sport (98cc single)	1,200	1,800	2,700	3,600	4,800	6,000
98 Super Sport (98cc single)	1,300	1,950	2,930	3,900	5,200	6,500
1955						
98 Sport (98cc single)	1,200	1,800	2,700	3,600	4,800	6,000
98 Super Sport (98cc single)	1,300	1,950	2,930	3,900	5,200	6,500
Gran Sport (110cc single)	4,800	7,200	10,800	14,400	19,200	24,000
1956						
98 Sport (98cc single)	1,200	1,800	2,700	3,600	4,800	6,000
98 Super Sport (98cc single)	1,300	1,950	2,930	3,900	5,200	6,500
Gran Sport (100cc single)	4,800	7,200	10,800	14,400	19,200	24,000
1957						
98 Sport (98cc single)	1,100	1,650	2,480	3,300	4,400	5,500
Gran Sport (100cc single)	4,800	7,200	10,800	14,400	19,200	24,000
Grand Prix (125cc single)	5,200	7,800	11,700	15,600	20,800	26,000
1958						
98 Sport (98cc single)	1,100	1,650	2,480	3,300	4,400	5,500
Grand Prix (125cc single)	5,200	7,800	11,700	15,600	20,800	26,000
125 F3 (125cc single)	2,400	3,600	5,400	7,200	9,600	12,000
175 F3 (175cc single)	3,400	5,100	7,650	10,200	13,600	17,000
1959						
Grand Prix (125cc single)	5,200	7,800	11,700	15,600	20,800	26,000
125 F3 (125cc single)	2,400	3,600	5,400	7,200	9,600	12,000
175 F3 (175cc single)	3,400	5,100	7,650	10,200	13,600	17,000
200 Elite (200cc single)	1,000	1,500	2,250	3,000	4,000	5,000
1960						
Bronco (85cc single)	500	750	1,130	1,500	2,000	2,500
125 F3 (125cc single)	2,400	3,600	5,400	7,200	9,600	12,000
125 Grand Prix (125cc single)	5,200	7,800	11,700	15,600	20,800	26,000
175 F3 (175cc single)	3,400	5,100	7,650	10,200	13,600	17,000
200 Americano (200cc single)	700	1,050	1,580	2,100	2,800	3,500
200 Elite (200cc single)	1,000	1,500	2,250	3,000	4,000	5,000
200 Motocross (200cc single)	1,000	1,500	2,250	3,000	4,000	5,000
220 Grand Prix (220cc single)	6,400	9,600	14,400	19,200	25,600	32,000
1961						
Bronco (85cc single)	500	750	1,130	1,500	2,000	2,500
Grand Prix (125cc single)	5,200	7,800	11,700	15,600	20,800	26,000
125 F3 (125cc single)	2,400	3,600	5,400	7,200	9,600	12,000
175 F3 (175cc single)	3,400	5,100	7,650	10,200	13,600	17,000
200 Americano (200cc single)	900	1,350	2,030	2,700	3,600	4,500
200 Elite (200cc single)	1,000	1,500	2,250	3,000	4,000	5,000
200 Motocross (200cc single)	1,000	1,500	2,250	3,000	4,000	5,000
Monza Tourer (250cc single)	800	1,200	1,800	2,400	3,200	4,000
250 F3 (250cc single)	3,400	5,100	7,650	10,200	13,600	17,000
1962						
48 Sport "Falcon" (48cc single)	640	960	1,440	1,920	2,560	3,200
Bronco (85cc single)	500	750	1,130	1,500	2,000	2,500
Diana (250cc single)	1,000	1,500	2,250	3,000	4,000	5,000
250 F3 (250cc single)	3,400	5,100	7,650	10,200	13,600	17,000
Monza Tourer (250cc single)	800	1,200	1,800	2,400	3,200	4,000
250 Scrambler (250cc single)	760	1,140	1,710	2,280	3,040	3,800
1963						
48 Sport "Falcon" (48cc single)	640	960	1,440	1,920	2,560	3,200
Bronco (85cc single)	500	750	1,130	1,500	2,000	2,500
Diana (250cc single)	1,000	1,500	2,250	3,000	4,000	5,000
Monza Tourer (250cc single)	800	1,200	1,800	2,400	3,200	4,000
250 Scrambler (250cc single)	700	1,050	1,580	2,100	2,800	3,500
1964						
48 SL (48cc single)	560	840	1,260	1,680	2,240	2,800
48 Sport "Falcon" (48cc single)	640	960	1,440	1,920	2,560	3,200
Cadet "Falcon 100" (98cc single)	580	870	1,310	1,740	2,320	2,900
Mountaineer (98cc single)	600	900	1,350	1,800	2,400	3,000
Diana (250cc single)	1,200	1,800	2,700	3,600	4,800	6,000
Monza Tourer (250cc single)	800	1,200	1,800	2,400	3,200	4,000
250 GT (250cc single)	600	900	1,350	1,800	2,400	3,000
250 Mach 1 (250cc single)	1,200	1,800	2,700	3,600	4,800	6,000
1965						
48 SL (48cc single)	560	840	1,260	1,680	2,240	2,800
48 Sport "Falcon" (48cc single)	640	960	1,440	1,920	2,560	3,200
Cadet "Falcon 100" (98cc single)	580	870	1,310	1,740	2,320	2,900
Mountaineer (98cc single)	600	900	1,350	1,800	2,400	3,000

	6	5	4	3	2	1
Diana (250cc single)	1,100	1,650	2,480	3,300	4,400	5,500
Monza Tourer (250cc single)	800	1,200	1,800	2,400	3,200	4,000
250 GT (250cc single)	600	900	1,350	1,800	2,400	3,000
250 Mach 1 (250cc single)	1,300	1,950	2,930	3,900	5,200	6,500
1966						
50 SL (50cc single)	560	840	1,260	1,680	2,240	2,800
Cadet "Falcon 100" (98cc single)	580	870	1,310	1,740	2,320	2,900
Mountaineer (98cc single)	600	900	1,350	1,800	2,400	3,000
Monza Tourer (250cc single)	800	1,200	1,800	2,400	3,200	4,000
250 GT (250cc single)	600	900	1,350	1,800	2,400	3,000
250 Mach 1 (250cc single)	1,300	1,950	2,930	3,900	5,200	6,500
1967						
50 SL (50cc single)	560	840	1,260	1,680	2,240	2,800
Cadet "Falcon 100" (98cc single)	580	870	1,310	1,740	2,320	2,900
Mountaineer (98cc single)	600	900	1,350	1,800	2,400	3,000
250 GT (250cc single)	600	900	1,350	1,800	2,400	3,000
250 Mach 1 (250cc single)	1,300	1,950	2,930	3,900	5,200	6,500
1968						
50 SL (50cc single)	560	840	1,260	1,680	2,240	2,800
160 Monza Junior (152cc single)	600	900	1,350	1,800	2,400	3,000
250 Mark 3 (250cc single)	800	1,200	1,800	2,400	3,200	4,000
250 Mark 3 Desmo (250cc single)	900	1,350	2,030	2,700	3,600	4,500
250 Street Scrambler (250cc single)	600	900	1,350	1,800	2,400	3,000
350 Mark 3 (340cc single)	900	1,350	2,030	2,700	3,600	4,500
350 Mark 3 Desmo (340cc single)	1,020	1,530	2,300	3,060	4,080	5,100
350 Street Scrambler (340cc single)	660	990	1,490	1,980	2,640	3,300
350 Sebring (340cc single)	600	900	1,350	1,800	2,400	3,000
1969						
50 Scrambler (50cc single)	480	720	1,080	1,440	1,920	2,400
50 SL (50cc single)	560	840	1,260	1,680	2,240	2,800
100 Scrambler (100cc single)	400	600	900	1,200	1,600	2,000
160 Monza Junior (152cc single)	600	900	1,350	1,800	2,400	3,000
250 Mark 3 (250cc single)	800	1,200	1,800	2,400	3,200	4,000
250 Mark 3 Desmo (250cc single)	900	1,350	2,030	2,700	3,600	4,500
250 Street Scrambler (250cc single)	600	900	1,350	1,800	2,400	3,000
350 Mark 3 (340cc single)	900	1,350	2,030	2,700	3,600	4,500
350 Mark 3 Desmo (340cc single)	1,020	1,530	2,300	3,060	4,080	5,100
350 Sebring (340cc single)	600	900	1,350	1,800	2,400	3,000
350 Street Scrambler (340cc single)	660	990	1,490	1,980	2,640	3,300
1970						
50 Scrambler (50cc single)	480	720	1,080	1,440	1,920	2,400
100 Scrambler (100cc single)	400	600	900	1,200	1,600	2,000
160 Monza Junior (152cc single)	600	900	1,350	1,800	2,400	3,000
250 Mark 3 (250cc single)	800	1,200	1,800	2,400	3,200	4,000
250 Mark 3 Desmo (250cc single)	900	1,350	2,030	2,700	3,600	4,500
250 Street Scrambler (250cc single)	600	900	1,350	1,800	2,400	3,000
350 Mark 3 (340cc single)	900	1,350	2,030	2,700	3,600	4,500
350 Mark 3 Desmo (340cc single)	1,020	1,530	2,300	3,060	4,080	5,100
350 Sebring (340cc single)	600	900	1,350	1,800	2,400	3,000
350 Street Scrambler (340cc single)	660	990	1,490	1,980	2,640	3,300
450 Mark 3 (436cc single)	940	1,410	2,120	2,820	3,760	4,700
450 Mark 3 Desmo (436cc single)	1,240	1,860	2,790	3,720	4,960	6,200
1971						
125 Scrambler (125cc single)	400	600	900	1,200	1,600	2,000
250 Mark 3 (250cc single)	800	1,200	1,800	2,400	3,200	4,000
250 Mark 3 Desmo (250cc single)	900	1,350	2,030	2,700	3,600	4,500
250 Street Scrambler (250cc single)	600	900	1,350	1,800	2,400	3,000
350 Mark 3 (340cc single)	900	1,350	2,030	2,700	3,600	4,500
350 Mark 3 Desmo (340cc single)	1,020	1,530	2,300	3,060	4,080	5,100
350 Sebring (340cc single)	600	900	1,350	1,800	2,400	3,000
350 Street Scrambler (340cc single)	660	990	1,490	1,980	2,640	3,300
450 Mark 3 (436cc single)	940	1,410	2,120	2,820	3,760	4,700
450 Mark 3 Desmo (436cc single)	1,240	1,860	2,790	3,720	4,960	6,200
750 GT (748cc V-twin)	1,600	2,400	3,600	4,800	6,400	8,000
1972						
250 Mark 3 (250cc single)	820	1,230	1,850	2,460	3,280	4,100
250 Mark 3 Desmo (250cc single)	940	1,410	2,120	2,820	3,760	4,700
250 Street Scrambler (250cc single)	600	900	1,350	1,800	2,400	3,000
350 Mark 3 (340cc single)	880	1,320	1,980	2,640	3,520	4,400
350 Mark 3 Desmo (340cc single)	960	1,440	2,160	2,880	3,840	4,800
350 Mark 3 Desmo "Silver Shotgun" (340cc single)	1,100	1,650	2,480	3,300	4,400	5,500
350 Sebring (340cc single)	600	900	1,350	1,800	2,400	3,000
350 Street Scrambler (340cc single)	660	990	1,490	1,980	2,640	3,300
450 Mark 3 (436cc single)	940	1,410	2,120	2,820	3,760	4,700
450 Mark 3 Desmo (436cc single)	1,240	1,860	2,790	3,720	4,960	6,200
750 GT (748cc V-twin)	1,600	2,400	3,600	4,800	6,400	8,000
750 Sport (748cc V-twin)	2,800	4,200	6,300	8,400	11,200	14,000
1973						
250 Mark 3 (250cc single)	820	1,230	1,850	2,460	3,280	4,100
250 Mark 3 Desmo (250cc single)	940	1,410	2,120	2,820	3,760	4,700

HARLEY-DAVIDSON

	6	5	4	3	2	1
250 Street Scrambler (250cc single)	600	900	1,350	1,800	2,400	3,000
350 Mark 3 (340cc single)	880	1,320	1,980	2,640	3,520	4,400
350 Mark 3 Desmo (340cc single)	960	1,440	2,160	2,880	3,840	4,800
350 Street Scrambler (340cc single)	660	990	1,490	1,980	2,640	3,300
450 Mark 3 (436cc single)	940	1,410	2,120	2,820	3,760	4,700
450 Mark 3 Desmo (436cc single)	1,240	1,860	2,790	3,720	4,960	6,200
750 GT (748cc V-twin)	1,600	2,400	3,600	4,800	6,400	8,000
750 Sport (748cc V-twin)	2,800	4,200	6,300	8,400	11,200	14,000
750 SS "Round Case" (748cc V-twin)	10,000	15,000	22,500	30,000	40,000	50,000
1974						
250 Mark 3 (250cc single)	820	1,230	1,850	2,460	3,280	4,100
250 Mark 3 Desmo (250cc single)	940	1,410	2,120	2,820	3,760	4,700
250 Street Scrambler (250cc single)	600	900	1,350	1,800	2,400	3,000
350 Mark 3 (340cc single)	880	1,320	1,980	2,640	3,520	4,400
350 Mark 3 Desmo (340cc single)	960	1,440	2,160	2,880	3,840	4,800
350 Street Scrambler (340cc single)	660	990	1,490	1,980	2,640	3,300
450 Mark 3 (436cc single)	940	1,410	2,120	2,820	3,760	4,700
450 Mark 3 Desmo (436cc single)	1,240	1,860	2,790	3,720	4,960	6,200
750 GT (748cc V-twin)	1,600	2,400	3,600	4,800	6,400	8,000
750 Sport (748cc V-twin)	2,400	3,600	5,400	7,200	9,600	12,000
750 SS "Round Case" (748cc V-twin)	10,000	15,000	22,500	30,000	40,000	50,000
860 GT (864cc V-twin)	880	1,320	1,980	2,640	3,520	4,400
1975						
125 Regolarita (125cc single)	440	660	990	1,320	1,760	2,200
GTL 350 (350cc twin)	720	1,080	1,620	2,160	2,880	3,600
GTL 500 (496cc twin)	620	930	1,400	1,860	2,480	3,100
750 SS "Square Case" (748cc V-twin)	3,000	4,500	6,750	9,000	12,000	15,000
860 GT (864cc V-twin)	880	1,320	1,980	2,640	3,520	4,400
900 SS (864cc V-twin)	3,600	5,400	8,100	10,800	14,400	18,000
1976						
125 Regolarita (125cc single)	460	690	1,040	1,380	1,840	2,300
GTL 350 (350cc twin)	700	1,050	1,580	2,100	2,800	3,500
GTL 500 (496cc twin)	620	930	1,400	1,860	2,480	3,100
750 SS "Square Case" (748cc V-twin)	3,000	4,500	6,750	9,000	12,000	15,000
860 GTS (864cc V-twin)	880	1,320	1,980	2,640	3,520	4,400
900 GTS (864cc V-twin)	1,200	1,800	2,700	3,600	4,800	6,000
900 SS (864cc V-twin)	2,800	4,200	6,300	8,400	11,200	14,000
1977						
125 Six Days (125cc single)	700	1,050	1,580	2,100	2,800	3,500
GTL 350 (350cc twin)	700	1,050	1,580	2,100	2,800	3,500
Sport Desmo 350 (350cc twin)	680	1,020	1,530	2,040	2,720	3,400
GTL 500 (496cc twin)	600	900	1,350	1,800	2,400	3,000
Sport Desmo 500 (496cc twin)	750	1,130	1,690	2,250	3,000	3,750
750 SS "Square Case" (748cc V-twin)	3,200	4,800	7,200	9,600	12,800	16,000
Darmah SD (864cc V-twin)	900	1,350	2,030	2,700	3,600	4,500
900 GTS (864cc V-twin)	1,200	1,800	2,700	3,600	4,800	6,000
900 SS (864cc V-twin)	2,800	4,200	6,300	8,400	11,200	14,000
1978						
Sport Desmo 350 (350cc twin)	680	1,020	1,530	2,040	2,720	3,400
Sport Desmo 500 (496cc twin)	750	1,130	1,690	2,250	3,000	3,750
Darmah SD (864cc V-twin)	1,000	1,500	2,250	3,000	4,000	5,000
900 GTS (864cc V-twin)	1,200	1,800	2,700	3,600	4,800	6,000
900 SS (864cc V-twin)	2,200	3,300	4,950	6,600	8,800	11,000
1979						
GTV 350 (350cc twin)	640	960	1,440	1,920	2,560	3,200
Sport Desmo 350 (350cc twin)	680	1,020	1,530	2,040	2,720	3,400
GTV 500 (496cc twin)	700	1,050	1,580	2,100	2,800	3,500
Sport Desmo 500 (496 twin)	750	1,130	1,690	2,250	3,000	3,750
500 SL Pantah (500cc V-twin)	760	1,140	1,710	2,280	3,040	3,800
Darmah SD (864cc V-twin)	1,000	1,500	2,250	3,000	4,000	5,000
Darmah SD Sport (864cc V-twin)	1,000	1,500	2,250	3,000	4,000	5,000
Darmah SS (864cc V-twin)	1,140	1,710	2,570	3,420	4,560	5,700
Mike Hailwood Replica (864cc V-twin)	2,400	3,600	5,400	7,200	9,600	12,000
900 SS (864cc V-twin)	2,000	3,000	4,500	6,000	8,000	10,000
1980						
GTV 350 (350cc twin)	640	960	1,440	1,920	2,560	3,200
Sport Desmo 350 (350cc twin)	680	1,020	1,530	2,040	2,720	3,400
GTV 500 (496cc twin)	700	1,050	1,580	2,100	2,800	3,500
Sport Desmo 500 (496cc twin)	750	1,130	1,690	2,250	3,000	3,750
500 SL Pantah (500cc V-twin)	760	1,140	1,710	2,280	3,040	3,800
Darmah SD (864cc V-twin)	1,000	1,500	2,250	3,000	4,000	5,000
Darmah SD Sport (864cc V-twin)	1,000	1,500	2,250	3,000	4,000	5,000
Darmah SS (864cc V-twin)	1,140	1,710	2,570	3,420	4,560	5,700
Mike Hailwood Replica (864cc V-twin)	2,400	3,600	5,400	7,200	9,600	12,000
900 SS (864cc V-twin)	2,000	3,000	4,500	6,000	8,000	10,000

HARLEY-DAVIDSON

1920						
WF (35.64ci twin)	4,800	7,200	10,800	14,400	19,200	24,000

	6	5	4	3	2	1
WJ (35.64ci twin)	4,800	7,200	10,800	14,400	19,200	24,000
F (60.34ci V-twin)	5,000	7,500	11,250	15,000	20,000	25,000
FS (60.34ci V-twin)	5,000	7,500	11,250	15,000	20,000	25,000
J (60.34ci V-twin)	5,000	7,500	11,250	15,000	20,000	25,000
JS (60.34ci V-twin)	5,000	7,500	11,250	15,000	20,000	25,000
1921						
WF (35.64ci twin)	4,400	6,600	9,900	13,200	17,600	22,000
WJ (35.64ci twin)	4,400	6,600	9,900	13,200	17,600	22,000
CD (37ci single)	4,400	6,600	9,900	13,200	17,600	22,000
F (60.34ci V-twin)	5,000	7,500	11,250	15,000	20,000	25,000
FS (60.34ci V-twin)	5,000	7,500	11,250	15,000	20,000	25,000
J (60.34ci V-twin)	5,000	7,500	11,250	15,000	20,000	25,000
JS (60.34ci V-twin)	5,000	7,500	11,250	15,000	20,000	25,000
FD (74ci V-twin)	5,100	7,650	11,480	15,300	20,400	25,500
FDS (74ci V-twin)	5,100	7,650	11,480	15,300	20,400	25,500
JD (74ci V-twin)	5,100	7,650	11,480	15,300	20,400	25,500
JDS (74ci V-twin)	5,100	7,650	11,480	15,300	20,400	25,500
1922						
WF (35.64ci twin)	4,400	6,600	9,900	13,200	17,600	22,000
WJ (35.64ci twin)	4,400	6,600	9,900	13,200	17,600	22,000
CD (37ci single)	4,400	6,600	9,900	13,200	17,600	22,000
F (60.34ci V-twin)	4,600	6,900	10,350	13,800	18,400	23,000
FS (60.34ci V-twin)	4,600	6,900	10,350	13,800	18,400	23,000
J (60.34ci V-twin)	4,600	6,900	10,350	13,800	18,400	23,000
JS (60.34ci V-twin)	4,600	6,900	10,350	13,800	18,400	23,000
FD (74ci V-twin)	5,000	7,500	11,250	15,000	20,000	25,000
FDS (74ci V-twin)	5,000	7,500	11,250	15,000	20,000	25,000
JD (74ci V-twin)	5,000	7,500	11,250	15,000	20,000	25,000
JDS (74ci V-twin)	5,000	7,500	11,250	15,000	20,000	25,000
1923						
WF (35.64ci twin)	4,400	6,600	9,900	13,200	17,600	22,000
WJ (35.64ci twin)	4,400	6,600	9,900	13,200	17,600	22,000
F (60.34ci V-twin)	4,600	6,900	10,350	13,800	18,400	23,000
FS (60.34ci V-twin)	4,600	6,900	10,350	13,800	18,400	23,000
J (60.34ci V-twin)	4,600	6,900	10,350	13,800	18,400	23,000
JS (60.34ci V-twin)	4,600	6,900	10,350	13,800	18,400	23,000
FD (74ci V-twin)	5,000	7,500	11,250	15,000	20,000	25,000
FDS (74ci V-twin)	5,000	7,500	11,250	15,000	20,000	25,000
JD (74ci V-twin)	5,000	7,500	11,250	15,000	20,000	25,000
JDS (74ci V-twin)	5,000	7,500	11,250	15,000	20,000	25,000
1924						
FE (60.34ci V-twin)	3,800	5,700	8,550	11,400	15,200	19,000
FES (60.34ci V-twin)	3,800	5,700	8,550	11,400	15,200	19,000
JE (60.34ci V-twin)	4,200	6,300	9,450	12,600	16,800	21,000
JES (60.34ci V-twin)	4,200	6,300	9,450	12,600	16,800	21,000
FD (74ci V-twin)	4,000	6,000	9,000	12,000	16,000	20,000
FDS (74ci V-twin)	4,000	6,000	9,000	12,000	16,000	20,000
FDCA (74ci V-twin)	4,000	6,000	9,000	12,000	16,000	20,000
FDSCA (74ci V-twin)	4,000	6,000	9,000	12,000	16,000	20,000
FDCB (74ci V-twin)	4,000	6,000	9,000	12,000	16,000	20,000
JD (74ci V-twin)	4,600	6,900	10,350	13,800	18,400	23,000
JDS (74ci V-twin)	4,600	6,900	10,350	13,800	18,400	23,000
JDCA (74ci V-twin)	4,600	6,900	10,350	13,800	18,400	23,000
JDSCA (74ci V-twin)	4,600	6,900	10,350	13,800	18,400	23,000
JDCB (74ci V-twin)	4,600	6,900	10,350	13,800	18,400	23,000
1925						
FE (60.34ci V-twin)	3,800	5,700	8,550	11,400	15,200	19,000
FES (60.34ci V-twin)	3,800	5,700	8,550	11,400	15,200	19,000
JE (60.34ci V-twin)	4,200	6,300	9,450	12,600	16,800	21,000
JES (60.34ci V-twin)	4,200	6,300	9,450	12,600	16,800	21,000
FDCB (74ci V-twin)	4,000	6,000	9,000	12,000	16,000	20,000
FDCBS (74ci V-twin)	4,000	6,000	9,000	12,000	16,000	20,000
JDCB (74ci V-twin)	4,600	6,900	10,350	13,800	18,400	23,000
JDCBS (74ci V-twin)	4,600	6,900	10,350	13,800	18,400	23,000
1926						
A (21.35ci single)	3,200	4,800	7,200	9,600	12,800	16,000
B (21.35ci single)	3,200	4,800	7,200	9,600	12,800	16,000
AA (21.35ci single)	4,000	6,000	9,000	12,000	16,000	20,000
BA (21.35ci single)	4,000	6,000	9,000	12,000	16,000	20,000
S (21.35ci single)	4,400	6,600	9,900	13,200	17,600	22,000
J (60.34ci V-twin)	4,600	6,900	10,350	13,800	18,400	23,000
JS (60.34ci V-twin)	4,600	6,900	10,350	13,800	18,400	23,000
JD (74ci V-twin)	4,600	6,900	10,350	13,800	18,400	23,000
JDS (74ci V-twin)	4,600	6,900	10,350	13,800	18,400	23,000
1927						
A (21.35ci single)	3,200	4,800	7,200	9,600	12,800	16,000
B (21.35ci single)	3,200	4,800	7,200	9,600	12,800	16,000
AA (21.35ci single)	3,900	5,850	8,780	11,700	15,600	19,500
BA (21.35ci single)	4,000	6,000	9,000	12,000	16,000	20,000

HARLEY-DAVIDSON

	6	5	4	3	2	1
S (21.35ci single)	4,400	6,600	9,900	13,200	17,600	22,000
J (60.34ci V-twin)	4,600	6,900	10,350	13,800	18,400	23,000
JS (60.34ci V-twin)	4,600	6,900	10,350	13,800	18,400	23,000
JD (74ci V-twin)	4,600	6,900	10,350	13,800	18,400	23,000
JDS (74ci V-twin)	4,600	6,900	10,350	13,800	18,400	23,000
1928						
B (21.35ci single)	3,000	4,500	6,750	9,000	12,000	15,000
BA (21.35ci single)	3,800	5,700	8,550	11,400	15,200	19,000
J (60.34ci V-twin)	4,600	6,900	10,350	13,800	18,400	23,000
JS (60.34ci V-twin)	4,600	6,900	10,350	13,800	18,400	23,000
JL (60.34ci V-twin)	5,000	7,500	11,250	15,000	20,000	25,000
JH (60.34ci V-twin)	8,400	12,600	18,900	25,200	33,600	42,000
JD (74ci V-twin)	4,600	6,900	10,350	13,800	18,400	23,000
JDS (74ci V-twin)	4,600	6,900	10,350	13,800	18,400	23,000
JDL (74ci V-twin)	5,000	7,500	11,250	15,000	20,000	25,000
JDH (74ci V-twin)	9,000	13,500	20,250	27,000	36,000	45,000
1929						
B (21.35ci single)	3,000	4,500	6,750	9,000	12,000	15,000
BA (21.35ci single)	3,800	5,700	8,550	11,400	15,200	19,000
C (30.50ci single)	3,400	5,100	7,650	10,200	13,600	17,000
D (45ci V-twin)	3,800	5,700	8,550	11,400	15,200	19,000
DL (45ci V-twin)	4,000	6,000	9,000	12,000	16,000	20,000
J (60.34ci V-twin)	4,600	6,900	10,350	13,800	18,400	23,000
JS (60.34ci V-twin)	4,600	6,900	10,350	13,800	18,400	23,000
JH (60.34ci V-twin)	8,400	12,600	18,900	25,200	33,600	42,000
JD (74ci V-twin)	4,600	6,900	10,350	13,800	18,400	23,000
JDS (74ci V-twin)	4,600	6,900	10,350	13,800	18,400	23,000
JDH (74ci V-twin)	9,200	13,800	20,700	27,600	36,800	46,000
1930						
B (21.35ci single)	2,400	3,600	5,400	7,200	9,600	12,000
C (30.50ci single)	2,800	4,200	6,300	8,400	11,200	14,000
D (45ci V-twin)	3,800	5,700	8,550	11,400	15,200	19,000
DS (45ci V-twin)	3,800	5,700	8,550	11,400	15,200	19,000
DL (45ci V-twin)	4,000	6,000	9,000	12,000	16,000	20,000
DL (45ci V-twin)	4,000	6,000	9,000	12,000	16,000	20,000
V (74ci V-twin)	4,400	6,600	9,900	13,200	17,600	22,000
VL (74ci V-twin)	4,400	6,600	9,900	13,200	17,600	22,000
VS (74ci V-twin)	4,400	6,600	9,900	13,200	17,600	22,000
VC (74ci V-twin)	4,400	6,600	9,900	13,200	17,600	22,000
1931						
C (30.50ci single)	2,800	4,200	6,300	8,400	11,200	14,000
D (45ci V-twin)	3,400	5,100	7,650	10,200	13,600	17,000
DS (45ci V-twin)	3,400	5,100	7,650	10,200	13,600	17,000
DL (45ci V-twin)	3,600	5,400	8,100	10,800	14,400	18,000
DLD (45ci V-twin)	3,700	5,550	8,330	11,100	14,800	18,500
V (74ci V-twin)	4,400	6,600	9,900	13,200	17,600	22,000
VS (74ci V-twin)	4,400	6,600	9,900	13,200	17,600	22,000
VL (74ci V-twin)	4,800	7,200	10,800	14,400	19,200	24,000
VC (74ci V-twin)	4,000	6,000	9,000	12,000	16,000	20,000
1932						
B (21.35ci single)	2,400	3,600	5,400	7,200	9,600	12,000
C (30.50ci single)	2,800	4,200	6,300	8,400	11,200	14,000
R (45ci V-twin)	2,600	3,900	5,850	7,800	10,400	13,000
RS (45ci V-twin)	2,600	3,900	5,850	7,800	10,400	13,000
RL (45ci V-twin)	2,700	4,050	6,080	8,100	10,800	13,500
RLD (45ci V-twin)	3,000	4,500	6,750	9,000	12,000	15,000
G Servi-Car (45ci V-twin)	1,800	2,700	4,050	5,400	7,200	9,000
GA Servi-Car (45ci V-twin)	1,800	2,700	4,050	5,400	7,200	9,000
GD Servi-Car (45ci V-twin)	1,800	2,700	4,050	5,400	7,200	9,000
GE Servi-Car (45ci V-twin)	1,800	2,700	4,050	5,400	7,200	9,000
V (74ci V-twin)	4,400	6,600	9,900	13,200	17,600	22,000
VS (74ci V-twin)	4,400	6,600	9,900	13,200	17,600	22,000
VL (74ci V-twin)	4,800	7,200	10,800	14,400	19,200	24,000
VC (74ci V-twin)	4,000	6,000	9,000	12,000	16,000	20,000
1933						
B (21.35ci single)	2,400	3,600	5,400	7,200	9,600	12,000
C (30.50ci single)	2,800	4,200	6,300	8,400	11,200	14,000
CB (30.50ci single)	2,800	4,200	6,300	8,400	11,200	14,000
R (45ci V-twin)	2,800	4,200	6,300	8,400	11,200	14,000
RS (45ci V-twin)	2,800	4,200	6,300	8,400	11,200	14,000
RL (45ci V-twin)	3,000	4,500	6,750	9,000	12,000	15,000
RLD (45ci V-twin)	3,000	4,500	6,750	9,000	12,000	15,000
G Servi-Car (45ci V-twin)	1,900	2,850	4,280	5,700	7,600	9,500
GA Servi-Car (45ci V-twin)	1,900	2,850	4,280	5,700	7,600	9,500
GD Servi-Car (45ci V-twin)	1,900	2,850	4,280	5,700	7,600	9,500
GDT Servi-Car (45ci V-twin)	1,900	2,850	4,280	5,700	7,600	9,500
GE Servi-Car (45ci V-twin)	1,900	2,850	4,280	5,700	7,600	9,500
V (74ci V-twin)	4,400	6,600	9,900	13,200	17,600	22,000

	6	5	4	3	2	1
VS (74ci V-twin)	4,400	6,600	9,900	13,200	17,600	22,000
VL (74ci V-twin)	4,800	7,200	10,800	14,400	19,200	24,000
VLD (74ci V-twin)	4,900	7,350	11,030	14,700	19,600	24,500
VC (74ci V-twin)	4,200	6,300	9,450	12,600	16,800	21,000
1934						
B (21.35ci single)	2,400	3,600	5,400	7,200	9,600	12,000
C (30.50ci single)	2,800	4,200	6,300	8,400	11,200	14,000
CB (30.50ci single)	2,800	4,200	6,300	8,400	11,200	14,000
R (45ci V-twin)	2,700	4,050	6,080	8,100	10,800	13,500
RL (45ci V-twin)	3,000	4,500	6,750	9,000	12,000	15,000
RLD (45ci V-twin)	3,300	4,950	7,430	9,900	13,200	16,500
G Servi-Car (45ci V-twin)	1,900	2,850	4,280	5,700	7,600	9,500
GA Servi-Car (45ci V-twin)	1,900	2,850	4,280	5,700	7,600	9,500
GD Servi-Car (45ci V-twin)	1,900	2,850	4,280	5,700	7,600	9,500
GDT Servi-Car (45ci V-twin)	1,900	2,850	4,280	5,700	7,600	9,500
GE Servi-Car (45ci V-twin)	1,900	2,850	4,280	5,700	7,600	9,500
VLD (74ci V-twin)	4,300	6,450	9,680	12,900	17,200	21,500
VD (74ci V-twin)	3,800	5,700	8,550	11,400	15,200	19,000
VDS (74ci V-twin)	3,800	5,700	8,550	11,400	15,200	19,000
VFDS (74ci V-twin)	4,000	6,000	9,000	12,000	16,000	20,000
1935						
R (45ci V-twin)	2,600	3,900	5,850	7,800	10,400	13,000
RL (45ci V-twin)	2,900	4,350	6,530	8,700	11,600	14,500
RS (45ci V-twin)	2,600	3,900	5,850	7,800	10,400	13,000
RLD (45ci V-twin)	2,900	4,350	6,530	8,700	11,600	14,500
RLDR (45ci V-twin)	3,200	4,800	7,200	9,600	12,800	16,000
G Servi-Car (45ci V-twin)	1,900	2,850	4,280	5,700	7,600	9,500
GA Servi-Car (45ci V-twin)	1,900	2,850	4,280	5,700	7,600	9,500
GD Servi-Car (45ci V-twin)	1,900	2,850	4,280	5,700	7,600	9,500
GDT Servi-Car (45ci V-twin)	1,900	2,850	4,280	5,700	7,600	9,500
GE Servi-Car (45ci V-twin)	1,900	2,850	4,280	5,700	7,600	9,500
VD (74ci V-twin)	3,800	5,700	8,550	11,400	15,200	19,000
VDS (74ci V-twin)	3,800	5,700	8,550	11,400	15,200	19,000
VLD (74ci V-twin)	4,400	6,600	9,900	13,200	17,600	22,000
VLDJ (74ci V-twin)	5,000	7,500	11,250	15,000	20,000	25,000
VLDD (80ci V-twin)	5,000	7,500	11,250	15,000	20,000	25,000
VDDS (80ci V-twin)	5,000	7,500	11,250	15,000	20,000	25,000
1936						
R (45ci V-twin)	2,600	3,900	5,850	7,800	10,400	13,000
RL (45ci V-twin)	2,900	4,350	6,530	8,700	11,600	14,500
RLD (45ci V-twin)	3,100	4,650	6,980	9,300	12,400	15,500
RLDR (45ci V-twin)	3,200	4,800	7,200	9,600	12,800	16,000
RS (45ci V-twin)	2,600	3,900	5,850	7,800	10,400	13,000
G Servi-Car (45ci V-twin)	1,900	2,850	4,280	5,700	7,600	9,500
GA Servi-Car (45ci V-twin)	1,900	2,850	4,280	5,700	7,600	9,500
GD Servi-Car (45ci V-twin)	1,900	2,850	4,280	5,700	7,600	9,500
GDT Servi-Car (45ci V-twin)	1,900	2,850	4,280	5,700	7,600	9,500
GE Servi-Car (45ci V-twin)	1,900	2,850	4,280	5,700	7,600	9,500
E (61ci V-twin)	9,400	14,100	21,150	28,200	37,600	47,000
ES (61ci V-twin)	9,400	14,100	21,150	28,200	37,600	47,000
EL (61ci V-twin)	10,400	15,600	23,400	31,200	41,600	52,000
VD (74ci V-twin)	4,000	6,000	9,000	12,000	16,000	20,000
VDS (74ci V-twin)	4,000	6,000	9,000	12,000	16,000	20,000
VLD (74ci V-twin)	4,500	6,750	10,130	13,500	18,000	22,500
VLH (80ci V-twin)	4,800	7,200	10,800	14,400	19,200	24,000
VHS (80ci V-twin)	4,800	7,200	10,800	14,400	19,200	24,000
1937						
W (45ci V-twin)	2,400	3,600	5,400	7,200	9,600	12,000
WS (45ci V-twin)	2,400	3,600	5,400	7,200	9,600	12,000
WL (45ci V-twin)	2,700	4,050	6,080	8,100	10,800	13,500
WLD (45ci V-twin)	3,000	4,500	6,750	9,000	12,000	15,000
WLDR (45ci V-twin)	3,400	5,100	7,650	10,200	13,600	17,000
G Servi-Car (45ci V-twin)	1,900	2,850	4,280	5,700	7,600	9,500
GA Servi-Car (45ci V-twin)	1,900	2,850	4,280	5,700	7,600	9,500
GD Servi-Car (45ci V-twin)	1,900	2,850	4,280	5,700	7,600	9,500
GDT Servi-Car (45ci V-twin)	1,900	2,850	4,280	5,700	7,600	9,500
GE Servi-Car (45ci V-twin)	1,900	2,850	4,280	5,700	7,600	9,500
E (61ci V-twin)	8,000	12,000	18,000	24,000	32,000	40,000
ES (61ci V-twin)	8,000	12,000	18,000	24,000	32,000	40,000
EL (61ci V-twin)	8,800	13,200	19,800	26,400	35,200	44,000
U (74ci V-twin)	4,400	6,600	9,900	13,200	17,600	22,000
US (74ci V-twin)	4,400	6,600	9,900	13,200	17,600	22,000
UL (74ci V-twin)	5,100	7,650	11,480	15,300	20,400	25,500
UH (80ci V-twin)	4,400	6,600	9,900	13,200	17,600	22,000
UHS (80ci V-twin)	4,400	6,600	9,900	13,200	17,600	22,000
ULH (80ci V-twin)	5,000	7,500	11,250	15,000	20,000	25,000
1938						
WL (45ci V-twin)	3,000	4,500	6,750	9,000	12,000	15,000

	6	5	4	3	2	1
WLD (45ci V-twin)	3,300	4,950	7,430	9,900	13,200	16,500
WLDR (45ci V-twin)	3,400	5,100	7,650	10,200	13,600	17,000
G Servi-Car (45ci V-twin)	1,900	2,850	4,280	5,700	7,600	9,500
GA Servi-Car (45ci V-twin)	1,900	2,850	4,280	5,700	7,600	9,500
GD Servi-Car (45ci V-twin)	1,900	2,850	4,280	5,700	7,600	9,500
GDT Servi-Car (45ci V-twin)	1,900	2,850	4,280	5,700	7,600	9,500
EL (61ci V-twin)	8,400	12,600	18,900	25,200	33,600	42,000
ES (61ci V-twin)	8,000	12,000	18,000	24,000	32,000	40,000
U (74ci V-twin)	4,000	6,000	9,000	12,000	16,000	20,000
UL (74ci V-twin)	4,200	6,300	9,450	12,600	16,800	21,000
US (74ci V-twin)	4,000	6,000	9,000	12,000	16,000	20,000
UH (80ci V-twin)	4,000	6,000	9,000	12,000	16,000	20,000
ULH (80ci V-twin)	4,200	6,300	9,450	12,600	16,800	21,000
UHS (80ci V-twin)	4,000	6,000	9,000	12,000	16,000	20,000
1939						
WL (45ci V-twin)	3,150	4,730	7,090	9,450	12,600	15,750
WLD (45ci V-twin)	3,300	4,950	7,430	9,900	13,200	16,500
WLDR (45ci V-twin)	3,500	5,250	7,880	10,500	14,000	17,500
G Servi-Car (45ci V-twin)	2,000	3,000	4,500	6,000	8,000	10,000
GA Servi-Car (45ci V-twin)	2,000	3,000	4,500	6,000	8,000	10,000
GD Servi-Car (45ci V-twin)	2,000	3,000	4,500	6,000	8,000	10,000
GDT Servi-Car (45ci V-twin)	2,000	3,000	4,500	6,000	8,000	10,000
EL (61ci V-twin)	8,400	12,600	18,900	25,200	33,600	42,000
ES (61ci V-twin)	8,000	12,000	18,000	24,000	32,000	40,000
U (74ci V-twin)	4,000	6,000	9,000	12,000	16,000	20,000
UL (74ci V-twin)	4,300	6,450	9,680	12,900	17,200	21,500
US (74ci V-twin)	4,000	6,000	9,000	12,000	16,000	20,000
UH (80ci V-twin)	4,000	6,000	9,000	12,000	16,000	20,000
ULH (80ci V-twin)	4,200	6,300	9,450	12,600	16,800	21,000
UHS (80ci V-twin)	4,000	6,000	9,000	12,000	16,000	20,000
1940						
WL (45ci V-twin)	3,200	4,800	7,200	9,600	12,800	16,000
WLD (45ci V-twin)	3,400	5,100	7,650	10,200	13,600	17,000
WLDR (45ci V-twin)	3,700	5,550	8,330	11,100	14,800	18,500
G Servi-Car (45ci V-twin)	2,000	3,000	4,500	6,000	8,000	10,000
GA Servi-Car (45ci V-twin)	2,000	3,000	4,500	6,000	8,000	10,000
GD Servi-Car (45ci V-twin)	2,000	3,000	4,500	6,000	8,000	10,000
GDT Servi-Car (45ci V-twin)	2,000	3,000	4,500	6,000	8,000	10,000
EL (61ci V-twin)	8,400	12,600	18,900	25,200	33,600	42,000
ES (61ci V-twin)	8,000	12,000	18,000	24,000	32,000	40,000
U (74ci V-twin)	4,000	6,000	9,000	12,000	16,000	20,000
UL (74ci V-twin)	4,200	6,300	9,450	12,600	16,800	21,000
US (74ci V-twin)	4,000	6,000	9,000	12,000	16,000	20,000
UH (80ci V-twin)	3,800	5,700	8,550	11,400	15,200	19,000
ULH (80ci V-twin)	4,100	6,150	9,230	12,300	16,400	20,500
UHS (80ci V-twin)	3,800	5,700	8,550	11,400	15,200	19,000
1941						
WL (45ci V-twin)	3,200	4,800	7,200	9,600	12,800	16,000
WLA (45ci V-twin)	3,300	4,950	7,430	9,900	13,200	16,500
WLD (45ci V-twin)	3,400	5,100	7,650	10,200	13,600	17,000
WLDR (45ci V-twin)	3,600	5,400	8,100	10,800	14,400	18,000
G Servi-Car (45ci V-twin)	2,000	3,000	4,500	6,000	8,000	10,000
GA Servi-Car (45ci V-twin)	2,000	3,000	4,500	6,000	8,000	10,000
GD Servi-Car (45ci V-twin)	2,000	3,000	4,500	6,000	8,000	10,000
GDT Servi-Car (45ci V-twin)	2,000	3,000	4,500	6,000	8,000	10,000
EL (61ci V-twin)	8,000	12,000	18,000	24,000	32,000	40,000
ES (61ci V-twin)	7,600	11,400	17,100	22,800	30,400	38,000
U (74ci V-twin)	4,000	6,000	9,000	12,000	16,000	20,000
UL (74ci V-twin)	4,200	6,300	9,450	12,600	16,800	21,000
US (74ci V-twin)	4,000	6,000	9,000	12,000	16,000	20,000
FL (74ci V-twin)	5,800	8,700	13,050	17,400	23,200	29,000
FS (74ci V-twin)	5,500	8,250	12,380	16,500	22,000	27,500
UH (80ci V-twin)	3,800	5,700	8,550	11,400	15,200	19,000
ULH (80ci V-twin)	4,200	6,300	9,450	12,600	16,800	21,000
UHS (80ci V-twin)	3,800	5,700	8,550	11,400	15,200	19,000
1942						
WL (45ci V-twin)	3,200	4,800	7,200	9,600	12,800	16,000
WLA (45ci V-twin)	3,300	4,950	7,430	9,900	13,200	16,500
WLC (45ci V-twin)	3,300	4,950	7,430	9,900	13,200	16,500
WLD (45ci V-twin)	3,350	5,030	7,540	10,050	13,400	16,750
G Servi-Car (45ci V-twin)	2,000	3,000	4,500	6,000	8,000	10,000
GA Servi-Car (45ci V-twin)	2,000	3,000	4,500	6,000	8,000	10,000
XA (45ci twin)	3,800	5,700	8,550	11,400	15,200	19,000
E (61ci V-twin)	6,800	10,200	15,300	20,400	27,200	34,000
EL (61ci V-twin)	7,000	10,500	15,750	21,000	28,000	35,000
U (74ci V-twin)	3,800	5,700	8,550	11,400	15,200	19,000
UL (74ci V-twin)	4,000	6,000	9,000	12,000	16,000	20,000
F (74ci V-twin)	5,400	8,100	12,150	16,200	21,600	27,000
FL (74ci V-twin)	5,800	8,700	13,050	17,400	23,200	29,000

	6	5	4	3	2	1
1943						
WLA (45ci V-twin)	3,300	4,950	7,430	9,900	13,200	16,500
WLC (74ci V-twin)	3,300	4,950	7,430	9,900	13,200	16,500
G Servi-Car (45ci V-twin)	2,000	3,000	4,500	6,000	8,000	10,000
GA Servi-Car (45ci V-twin)	2,000	3,000	4,500	6,000	8,000	10,000
XA (45ci twin)	3,800	5,700	8,550	11,400	15,200	19,000
E (61ci V-twin)	6,800	10,200	15,300	20,400	27,200	34,000
EL (61ci V-twin)	7,000	10,500	15,750	21,000	28,000	35,000
U (74ci V-twin)	3,800	5,700	8,550	11,400	15,200	19,000
UL (74ci V-twin)	4,000	6,000	9,000	12,000	16,000	20,000
F (74ci V-twin)	5,400	8,100	12,150	16,200	21,600	27,000
FL (74ci V-twin)	5,800	8,700	13,050	17,400	23,200	29,000
1944						
WLA (45ci V-twin)	3,300	4,950	7,430	9,900	13,200	16,500
WLC (45ci V-twin)	3,300	4,950	7,430	9,900	13,200	16,500
G Servi-Car (45ci V-twin)	2,000	3,000	4,500	6,000	8,000	10,000
GA Servi-Car (45ci V-twin)	2,000	3,000	4,500	6,000	8,000	10,000
E (61ci V-twin)	6,500	9,750	14,630	19,500	26,000	32,500
EL (61ci V-twin)	6,800	10,200	15,300	20,400	27,200	34,000
U (74ci V-twin)	3,600	5,400	8,100	10,800	14,400	18,000
UL (74ci V-twin)	4,000	6,000	9,000	12,000	16,000	20,000
F (74ci V-twin)	5,400	8,100	12,150	16,200	21,600	27,000
FL (74ci V-twin)	5,800	8,700	13,050	17,400	23,200	29,000
1945						
WL (45ci V-twin)	3,200	4,800	7,200	9,600	12,800	16,000
WLA (45ci V-twin)	3,300	4,950	7,430	9,900	13,200	16,500
NOTE: WLA models were sold as surplus after World War II had ended.						
G Servi-Car (45ci V-twin)	2,200	3,300	4,950	6,600	8,800	11,000
GA Servi-Car (45ci V-twin)	2,200	3,300	4,950	6,600	8,800	11,000
E (61ci V-twin)	6,400	9,600	14,400	19,200	25,600	32,000
EL (61ci V-twin)	6,600	9,900	14,850	19,800	26,400	33,000
ES (61ci V-twin)	6,400	9,600	14,400	19,200	25,600	32,000
U (74ci V-twin)	3,600	5,400	8,100	10,800	14,400	18,000
UL (74ci V-twin)	4,000	6,000	9,000	12,000	16,000	20,000
US (74ci V-twin)	3,600	5,400	8,100	10,800	14,400	18,000
F (74ci V-twin)	5,300	7,950	11,930	15,900	21,200	26,500
FL (74ci V-twin)	5,800	8,700	13,050	17,400	23,200	29,000
FS (74ci V-twin)	5,300	7,950	11,930	15,900	21,200	26,500
1946						
WL (45ci V-twin)	3,300	4,950	7,430	9,900	13,200	16,500
G Servi-Car (45ci V-twin)	2,400	3,600	5,400	7,200	9,600	12,000
GA Servi-Car (45ci V-twin)	2,400	3,600	5,400	7,200	9,600	12,000
E (61ci V-twin)	6,000	9,000	13,500	18,000	24,000	30,000
EL (61ci V-twin)	6,400	9,600	14,400	19,200	25,600	32,000
ES (61ci V-twin)	6,000	9,000	13,500	18,000	24,000	30,000
U (74ci V-twin)	3,600	5,400	8,100	10,800	14,400	18,000
UL (74ci V-twin)	4,000	6,000	9,000	12,000	16,000	20,000
US (74ci V-twin)	3,600	5,400	8,100	10,800	14,400	18,000
F (74ci V-twin)	5,300	7,950	11,930	15,900	21,200	26,500
FL (74ci V-twin)	5,600	8,400	12,600	16,800	22,400	28,000
FS (74ci V-twin)	5,300	7,950	11,930	15,900	21,200	26,500
1947						
WL (45ci V-twin)	3,300	4,950	7,430	9,900	13,200	16,500
G Servi-Car (45ci V-twin)	2,400	3,600	5,400	7,200	9,600	12,000
GA Servi-Car (45ci V-twin)	2,400	3,600	5,400	7,200	9,600	12,000
E (61ci V-twin)	5,600	8,400	12,600	16,800	22,400	28,000
EL (61ci V-twin)	5,900	8,850	13,280	17,700	23,600	29,500
ES (61ci V-twin)	5,600	8,400	12,600	16,800	22,400	28,000
U (74ci V-twin)	3,500	5,250	7,880	10,500	14,000	17,500
UL (74ci V-twin)	3,800	5,700	8,550	11,400	15,200	19,000
US (74ci V-twin)	3,500	5,250	7,880	10,500	14,000	17,500
F (74ci V-twin)	5,200	7,800	11,700	15,600	20,800	26,000
FL (74ci V-twin)	5,600	8,400	12,600	16,800	22,400	28,000
FS (74ci V-twin)	5,200	7,800	11,700	15,600	20,800	26,000
1948						
S Hummer (125cc single)	1,400	2,100	3,150	4,200	5,600	7,000
WL (45ci V-twin)	3,300	4,950	7,430	9,900	13,200	16,500
G Servi-Car (45ci V-twin)	2,400	3,600	5,400	7,200	9,600	12,000
GA Servi-Car (45ci V-twin)	2,400	3,600	5,400	7,200	9,600	12,000
E (61ci V-twin)	4,100	6,150	9,230	12,300	16,400	20,500
EL (61ci V-twin)	4,200	6,300	9,450	12,600	16,800	21,000
ES (61ci V-twin)	4,100	6,150	9,230	12,300	16,400	20,500
U (74ci V-twin)	3,200	4,800	7,200	9,600	12,800	16,000
UL (74ci V-twin)	3,450	5,180	7,760	10,350	13,800	17,250
US (74ci V-twin)	3,200	4,800	7,200	9,600	12,800	16,000
F (74ci V-twin)	5,200	7,800	11,700	15,600	20,800	26,000
FL (74ci V-twin)	5,600	8,400	12,600	16,800	22,400	28,000
FS (74ci V-twin)	5,200	7,800	11,700	15,600	20,800	26,000

HARLEY-DAVIDSON

	6	5	4	3	2	1
1949						
S Hummer (125cc single)	1,400	2,100	3,150	4,200	5,600	7,000
WL (45ci V-twin)	3,300	4,950	7,430	9,900	13,200	16,500
G Servi-Car (45ci V-twin)	2,600	3,900	5,850	7,800	10,400	13,000
GA Servi-Car (45ci V-twin)	2,600	3,900	5,850	7,800	10,400	13,000
E (61ci V-twin)	3,800	5,700	8,550	11,400	15,200	19,000
EL (61ci V-twin)	4,200	6,300	9,450	12,600	16,800	21,000
ES (61ci V-twin)	3,800	5,700	8,550	11,400	15,200	19,000
EP (61ci V-twin)	3,950	5,930	8,890	11,850	15,800	19,750
ELP (61ci V-twin)	4,100	6,150	9,230	12,300	16,400	20,500
F Hydra-Glide (74ci V-twin)	4,200	6,300	9,450	12,600	16,800	21,000
FL Hydra-Glide (74ci V-twin)	4,700	7,050	10,580	14,100	18,800	23,500
FS Hydra-Glide (74ci V-twin)	4,200	6,300	9,450	12,600	16,800	21,000
FP Hydra-Glide (74ci V-twin)	4,300	6,450	9,680	12,900	17,200	21,500
FLP Hydra-Glide (74ci V-twin)	4,820	7,230	10,850	14,460	19,280	24,100
1950						
S Hummer (125cc single)	1,400	2,100	3,150	4,200	5,600	7,000
WL (45ci V-twin)	3,300	4,950	7,430	9,900	13,200	16,500
G Servi-Car (45ci V-twin)	2,600	3,900	5,850	7,800	10,400	13,000
GA Servi-Car (45ci V-twin)	2,600	3,900	5,850	7,800	10,400	13,000
E (61ci V-twin)	4,200	6,300	9,450	12,600	16,800	21,000
EL (61ci V-twin)	4,200	6,300	9,450	12,600	16,800	21,000
ES (61ci V-twin)	4,200	6,300	9,450	12,600	16,800	21,000
F Hydra-Glide (74ci V-twin)	4,200	6,300	9,450	12,600	16,800	21,000
FL Hydra-Glide (74ci V-twin)	4,500	6,750	10,130	13,500	18,000	22,500
FS Hydra-Glide (74ci V-twin)	4,200	6,300	9,450	12,600	16,800	21,000
1951						
S Hummer (125cc single)	1,400	2,100	3,150	4,200	5,600	7,000
WL (45ci V-twin)	3,300	4,950	7,430	9,900	13,200	16,500
G Servi-Car (45ci V-twin)	2,600	3,900	5,850	7,800	10,400	13,000
GA Servi-Car (45ci V-twin)	2,600	3,900	5,850	7,800	10,400	13,000
EL (61ci V-twin)	4,200	6,300	9,450	12,600	16,800	21,000
ELS (61ci V-twin)	4,200	6,300	9,450	12,600	16,800	21,000
FL Hydra-Glide (74ci V-twin)	4,400	6,600	9,900	13,200	17,600	22,000
FLS Hydra-Glide (74ci V-twin)	4,400	6,600	9,900	13,200	17,600	22,000
1952						
S Hummer (125cc single)	900	1,350	2,030	2,700	3,600	4,500
K (45ci V-twin)	2,900	4,350	6,530	8,700	11,600	14,500
G Servi-Car (45ci V-twin)	2,600	3,900	5,850	7,800	10,400	13,000
GA Servi-Car (45ci V-twin)	2,600	3,900	5,850	7,800	10,400	13,000
EL (61ci V-twin)	4,200	6,300	9,450	12,600	16,800	21,000
ELF (61ci V-twin)	4,200	6,300	9,450	12,600	16,800	21,000
ELS (61ci V-twin)	4,200	6,300	9,450	12,600	16,800	21,000
FL Hydra-Glide (74ci V-twin)	4,200	6,300	9,450	12,600	16,800	21,000
FLF Hydra-Glide (74ci V-twin)	4,300	6,450	9,680	12,900	17,200	21,500
FLS (Hydra-Glide (74ci V-twin)	4,200	6,300	9,450	12,600	16,800	21,000
1953						
ST Hummer (165cc single)	1,000	1,500	2,250	3,000	4,000	5,000
K (45ci V-twin)	2,900	4,350	6,530	8,700	11,600	14,500
G Servi-Car (45ci V-twin)	2,600	3,900	5,850	7,800	10,400	13,000
GA Servi-Car (45ci V-twin)	2,600	3,900	5,850	7,800	10,400	13,000
FL Hydra-Glide (74ci V-twin)	4,200	6,300	9,450	12,600	16,800	21,000
FLF Hydra-Glide (74ci V-twin)	4,050	6,080	9,110	12,150	16,200	20,250
FLE Hydra-Glide (74ci V-twin)	4,200	6,300	9,450	12,600	16,800	21,000
FLEF Hydra-Glide (74ci V-twin)	4,050	6,080	9,110	12,150	16,200	20,250
1954						
ST Hummer (165cc single)	1,000	1,500	2,250	3,000	4,000	5,000
STU Hummer (165cc single)	1,000	1,500	2,250	3,000	4,000	5,000
G Servi-Car (45ci V-twin)	2,600	3,900	5,850	7,800	10,400	13,000
GA Servi-Car (45ci V-twin)	2,600	3,900	5,850	7,800	10,400	13,000
KH (55ci V-twin)	3,000	4,500	6,750	9,000	12,000	15,000
FL Hydra-Glide (74ci V-twin)	4,600	6,900	10,350	13,800	18,400	23,000
FLF Hydra-Glide (74ci V-twin)	4,200	6,300	9,450	12,600	16,800	21,000
FLE Hydra-Glide (74ci V-twin)	4,600	6,900	10,350	13,800	18,400	23,000
FLEF Hydra-Glide (74ci V-twin)	4,200	6,300	9,450	12,600	16,800	21,000
1955						
B Hummer (125cc single)	900	1,350	2,030	2,700	3,600	4,500
ST Hummer (165cc single)	1,000	1,500	2,250	3,000	4,000	5,000
STU Hummer (165cc single)	1,000	1,500	2,250	3,000	4,000	5,000
G Servi-Car (45ci V-twin)	2,600	3,900	5,850	7,800	10,400	13,000
GA Servi-Car (45ci V-twin)	2,600	3,900	5,850	7,800	10,400	13,000
KH (55ci V-twin)	2,800	4,200	6,300	8,400	11,200	14,000
KHK (55ci V-twin)	3,000	4,500	6,750	9,000	12,000	15,000
FL Hydra-Glide (74ci V-twin)	4,000	6,000	9,000	12,000	16,000	20,000
FLE Hydra-Glide (74ci V-twin)	4,000	6,000	9,000	12,000	16,000	20,000
FLEF Hydra-Glide (74ci V-twin)	3,800	5,700	8,550	11,400	15,200	19,000
FLF Hydra-Glide (74ci V-twin)	3,800	5,700	8,550	11,400	15,200	19,000
FLH Hydra-Glide (74ci V-twin)	4,100	6,150	9,230	12,300	16,400	20,500
FLHF Hydra-Glide (74ci V-twin)	4,000	6,000	9,000	12,000	16,000	20,000

	6	5	4	3	2	1
1956						
B Hummer (125cc single)	800	1,200	1,800	2,400	3,200	4,000
ST Hummer (165cc single)	900	1,350	2,030	2,700	3,600	4,500
STU Hummer (165cc single)	900	1,350	2,030	2,700	3,600	4,500
G Servi-Car (45ci V-twin)	2,600	3,900	5,850	7,800	10,400	13,000
GA Servi-Car (45ci V-twin)	2,600	3,900	5,850	7,800	10,400	13,000
KH (55ci V-twin)	2,800	4,200	6,300	8,400	11,200	14,000
KHK (55ci V-twin)	3,000	4,500	6,750	9,000	12,000	15,000
FL Hydra-Glide (74ci V-twin)	4,000	6,000	9,000	12,000	16,000	20,000
FLE Hydra-Glide (74ci V-twin)	4,000	6,000	9,000	12,000	16,000	20,000
FLEF Hydra-Glide (74ci V-twin)	3,800	5,700	8,550	11,400	15,200	19,000
FLF Hydra-Glide (74ci V-twin)	3,800	5,700	8,550	11,400	15,200	19,000
FLH Hydra-Glide (74ci V-twin)	4,100	6,150	9,230	12,300	16,400	20,500
FLHF Hydra-Glide (74ci V-twin)	4,000	6,000	9,000	12,000	16,000	20,000
1957						
B Hummer (125cc single)	800	1,200	1,800	2,400	3,200	4,000
ST Hummer (165cc single)	900	1,350	2,030	2,700	3,600	4,500
STU Hummer (165cc single)	900	1,350	2,030	2,700	3,600	4,500
G Servi-Car (45ci V-twin)	2,600	3,900	5,850	7,800	10,400	13,000
GA Servi-Car (45ci V-twin)	2,600	3,900	5,850	7,800	10,400	13,000
XL Sportster (65ci V-twin)	2,800	4,200	6,300	8,400	11,200	14,000
FL Hydra-Glide (74ci V-twin)	4,200	6,300	9,450	12,600	16,800	21,000
FLF Hydra-Glide (74ci V-twin)	4,000	6,000	9,000	12,000	16,000	20,000
FLH Hydra-Glide (74ci V-twin)	4,200	6,300	9,450	12,600	16,800	21,000
FLHF Hydra-Glide (74ci V-twin)	4,000	6,000	9,000	12,000	16,000	20,000
1958						
B Hummer (125cc single)	800	1,200	1,800	2,400	3,200	4,000
ST Hummer (165cc single)	800	1,200	1,800	2,400	3,200	4,000
STU Hummer (165cc single)	800	1,200	1,800	2,400	3,200	4,000
G Servi-Car (45ci V-twin)	2,600	3,900	5,850	7,800	10,400	13,000
GA Servi-Car (45ci V-twin)	2,600	3,900	5,850	7,800	10,400	13,000
XL Sportster (55ci V-twin)	2,000	3,000	4,500	6,000	8,000	10,000
XLH Sportster (55ci V-twin)	2,200	3,300	4,950	6,600	8,800	11,000
XLC Sportster (55ci V-twin)	2,200	3,300	4,950	6,600	8,800	11,000
XLCH Sportster (55ci V-twin)	2,300	3,450	5,180	6,900	9,200	11,500
FL Duo-Glide (74ci V-twin)	4,200	6,300	9,450	12,600	16,800	21,000
FLF Duo-Glide (74ci V-twin)	4,000	6,000	9,000	12,000	16,000	20,000
FLH Duo-Glide (74ci V-twin)	4,200	6,300	9,450	12,600	16,800	21,000
FLHF Duo-Glide (74ci V-twin)	4,000	6,000	9,000	12,000	16,000	20,000
1959						
B Hummer (125cc single)	850	1,280	1,910	2,550	3,400	4,250
ST Hummer (165cc single)	780	1,170	1,760	2,340	3,120	3,900
STU Hummer (165cc single)	780	1,170	1,760	2,340	3,120	3,900
G Servi-Car (45ci V-twin)	2,600	3,900	5,850	7,800	10,400	13,000
GA Servi-Car (45ci V-twin)	2,600	3,900	5,850	7,800	10,400	13,000
XL Sportster (55ci V-twin)	2,000	3,000	4,500	6,000	8,000	10,000
XLH Sportster (55ci V-twin)	2,200	3,300	4,950	6,600	8,800	11,000
XLCH Sportster (55ci V-twin)	2,300	3,450	5,180	6,900	9,200	11,500
FL Duo-Glide (74ci V-twin)	4,200	6,300	9,450	12,600	16,800	21,000
FLF Duo-Glide (74ci V-twin)	4,000	6,000	9,000	12,000	16,000	20,000
FLH Duo-Glide (74ci V-twin)	4,200	6,300	9,450	12,600	16,800	21,000
FLHF Duo-Glide (74ci V-twin)	4,000	6,000	9,000	12,000	16,000	20,000
1960						
A Topper (165cc single)	1,000	1,500	2,250	3,000	4,000	5,000
AU Topper (165cc single)	900	1,350	2,030	2,700	3,600	4,500
BT Pacer (165cc single)	500	750	1,130	1,500	2,000	2,500
BTU Pacer (165cc single)	500	750	1,130	1,500	2,000	2,500
G Servi-Car (45ci V-twin)	2,400	3,600	5,400	7,200	9,600	12,000
GA Servi-Car (45ci V-twin)	2,400	3,600	5,400	7,200	9,600	12,000
XLH Sportster (55ci V-twin)	2,200	3,300	4,950	6,600	8,800	11,000
XLCH Sportster (55ci V-twin)	2,200	3,300	4,950	6,600	8,800	11,000
FL Duo-Glide (74ci V-twin)	4,200	6,300	9,450	12,600	16,800	21,000
FLF Duo-Glide (74ci V-twin)	4,000	6,000	9,000	12,000	16,000	20,000
FLH Duo-Glide (74ci V-twin)	4,200	6,300	9,450	12,600	16,800	21,000
FLHF Duo-Glide (74ci V-twin)	4,000	6,000	9,000	12,000	16,000	20,000
1961						
AH Topper (165cc single)	940	1,410	2,120	2,820	3,760	4,700
AU Topper (165cc single)	900	1,350	2,030	2,700	3,600	4,500
BT Pacer (165cc single)	500	750	1,130	1,500	2,000	2,500
BTU Pacer (165cc single)	500	750	1,130	1,500	2,000	2,500
C Sprint (250cc single)	700	1,050	1,580	2,100	2,800	3,500
G Servi-Car (45ci V-twin)	2,400	3,600	5,400	7,200	9,600	12,000
GA Servi-Car (45ci V-twin)	2,400	3,600	5,400	7,200	9,600	12,000
XLH Sportster (55ci V-twin)	2,200	3,300	4,950	6,600	8,800	11,000
XLCH Sportster (55ci V-twin)	2,200	3,300	4,950	6,600	8,800	11,000
FL Duo-Glide (74ci V-twin)	4,200	6,300	9,450	12,600	16,800	21,000
FLF Duo-Glide (74ci V-twin)	4,000	6,000	9,000	12,000	16,000	20,000
FLH Duo-Glide (74ci V-twin)	4,200	6,300	9,450	12,600	16,800	21,000
FLHF Duo-Glide (74ci V-twin)	4,000	6,000	9,000	12,000	16,000	20,000

HARLEY-DAVIDSON

	6	5	4	3	2	1
1962						
AH Topper (165cc single)	940	1,410	2,120	2,820	3,760	4,700
AU Topper (165cc single)	900	1,350	2,030	2,700	3,600	4,500
BTF Ranger (165cc single)	600	900	1,350	1,800	2,400	3,000
BTU Pacer (165cc single)	680	1,020	1,530	2,040	2,720	3,400
BT Pacer (175cc single)	680	1,020	1,530	2,040	2,720	3,400
BTH Scat (175cc single)	700	1,050	1,580	2,100	2,800	3,500
C Sprint (250cc single)	740	1,110	1,670	2,220	2,960	3,700
CH Sprint (250cc single)	780	1,170	1,760	2,340	3,120	3,900
G Servi-Car (45ci V-twin)	2,400	3,600	5,400	7,200	9,600	12,000
GA Servi-Car (45ci V-twin)	2,400	3,600	5,400	7,200	9,600	12,000
XLH Sportster (55ci V-twin)	2,400	3,600	5,400	7,200	9,600	12,000
XLCH Sportster (55ci V-twin)	2,400	3,600	5,400	7,200	9,600	12,000
FL Duo-Glide (74ci V-twin)	4,200	6,300	9,450	12,600	16,800	21,000
FLF Duo-Glide (74ci V-twin)	4,000	6,000	9,000	12,000	16,000	20,000
FLH Duo-Glide (74ci V-twin)	4,200	6,300	9,450	12,600	16,800	21,000
FLHF Duo-Glide (74ci V-twin)	4,000	6,000	9,000	12,000	16,000	20,000
1963						
AH Topper (165cc single)	940	1,410	2,120	2,820	3,760	4,700
AU Topper (165cc single)	900	1,350	2,030	2,700	3,600	4,500
BT Pacer (175cc single)	680	1,020	1,530	2,040	2,720	3,400
1963						
BTU Pacer (175cc single)	680	1,020	1,530	2,040	2,720	3,400
1963						
BTH Scat (175cc single)	700	1,050	1,580	2,100	2,800	3,500
C Sprint (250cc single)	740	1,110	1,670	2,220	2,960	3,700
CH Sprint (250cc single)	780	1,170	1,760	2,340	3,120	3,900
G Servi-Car (45ci V-twin)	2,400	3,600	5,400	7,200	9,600	12,000
GA Servi-Car (45ci V-twin)	2,400	3,600	5,400	7,200	9,600	12,000
XLH Sportster (65ci V-twin)	2,400	3,600	5,400	7,200	9,600	12,000
XLCH Sportster (55ci V-twin)	2,400	3,600	5,400	7,200	9,600	12,000
FL Duo-Glide (74ci V-twin)	4,200	6,300	9,450	12,600	16,800	21,000
FLF Duo-Glide (74ci V-twin)	4,000	6,000	9,000	12,000	16,000	20,000
FLH Duo-Glide (74ci V-twin)	4,200	6,300	9,450	12,600	16,800	21,000
FLHF Duo-Glide (74ci V-twin)	4,000	6,000	9,000	12,000	16,000	20,000
1964						
AH Topper (165cc single)	940	1,410	2,120	2,820	3,760	4,700
AU Topper (165cc single)	980	1,470	2,210	2,940	3,920	4,900
BT Pacer (175cc single)	680	1,020	1,530	2,040	2,720	3,400
BTU Pacer (175cc single)	680	1,020	1,530	2,040	2,720	3,400
BTH Scat (175cc single)	700	1,050	1,580	2,100	2,800	3,500
C Sprint (250cc single)	760	1,140	1,710	2,280	3,040	3,800
CH Sprint (250cc single)	800	1,200	1,800	2,400	3,200	4,000
GE Servi-Car (45ci V-twin)	2,200	3,300	4,950	6,600	8,800	11,000
XLH Sportster (55ci V-twin)	2,400	3,600	5,400	7,200	9,600	12,000
XLCH Sportster (55ci V-twin)	2,400	3,600	5,400	7,200	9,600	12,000
FL Duo-Glide (74ci V-twin)	4,200	6,300	9,450	12,600	16,800	21,000
FLF Duo-Glide (74ci V-twin)	4,000	6,000	9,000	12,000	16,000	20,000
FLH Duo-Glide (74ci V-twin)	4,200	6,300	9,450	12,600	16,800	21,000
FLHF Duo-Glide (74ci V-twin)	4,000	6,000	9,000	12,000	16,000	20,000
1965						
M-50 (50cc single)	920	1,380	2,070	2,760	3,680	4,600
AH Topper (165cc single)	940	1,410	2,120	2,820	3,760	4,700
BT Pacer (175cc single)	680	1,020	1,530	2,040	2,720	3,400
BTH Scat (175cc single)	700	1,050	1,580	2,100	2,800	3,500
C Sprint (250cc single)	800	1,200	1,800	2,400	3,200	4,000
CH Sprint (250cc single)	800	1,200	1,800	2,400	3,200	4,000
GE Servi-Car (45ci V-twin)	2,200	3,300	4,950	6,600	8,800	11,000
XLH Sportster (55ci V-twin)	2,400	3,600	5,400	7,200	9,600	12,000
XLCH Sportster (55ci V-twin)	2,400	3,600	5,400	7,200	9,600	12,000
FLB Electra-Glide (74ci V-twin)	4,200	6,300	9,450	12,600	16,800	21,000
FLFB Electra-Glide (74ci V-twin)	4,000	6,000	9,000	12,000	16,000	20,000
FLHB Electra-Glide (74ci V-twin)	4,200	6,300	9,450	12,600	16,800	21,000
FLHFB Electra-Glide (74ci V-twin)	4,000	6,000	9,000	12,000	16,000	20,000
1966						
M-50 (50cc single)	620	930	1,400	1,860	2,480	3,100
MS (50cc single)	620	930	1,400	1,860	2,480	3,100
BTH Bobcat (175cc single)	600	900	1,350	1,800	2,400	3,000
C Sprint (250cc single)	800	1,200	1,800	2,400	3,200	4,000
CH Sprint (250cc single)	800	1,200	1,800	2,400	3,200	4,000
GE Servi-Car (45ci V-twin)	2,200	3,300	4,950	6,600	8,800	11,000
XLH Sportster (55ci V-twin)	2,200	3,300	4,950	6,600	8,800	11,000
XLCH Sportster (55ci V-twin)	2,200	3,300	4,950	6,600	8,800	11,000
FLB Electra-Glide (74ci V-twin)	3,400	5,100	7,650	10,200	13,600	17,000
FLFB Electra-Glide (74ci V-twin)	3,300	4,950	7,430	9,900	13,200	16,500
FLHB Electra-Glide (74ci V-twin)	3,400	5,100	7,650	10,200	13,600	17,000
FLHFB Electra-Glide (74ci V-twin)	3,300	4,950	7,430	9,900	13,200	16,500
1967						
M (65cc single)	600	900	1,350	1,800	2,400	3,000

	6	5	4	3	2	1
MS (65cc single)	620	930	1,400	1,860	2,480	3,100
SS Sprint (250cc single)	840	1,260	1,890	2,520	3,360	4,200
CH Sprint (250cc single)	800	1,200	1,800	2,400	3,200	4,000
GE Servi-Car (45ci V-twin)	2,200	3,300	4,950	6,600	8,800	11,000
XLH Sportster (55ci V-twin)	2,200	3,300	4,950	6,600	8,800	11,000
XLCH Sportster (55ci V-twin)	2,200	3,300	4,950	6,600	8,800	11,000
FLB Electra-Glide (74ci V-twin)	3,400	5,100	7,650	10,200	13,600	17,000
FLFB Electra-Glide (74ci V-twin)	3,300	4,950	7,430	9,900	13,200	16,500
FLHB Electra-Glide (74ci V-twin)	3,400	5,100	7,650	10,200	13,600	17,000
FLHFB Electra-Glide (74ci V-twin)	3,300	4,950	7,430	9,900	13,200	16,500
1968						
M (65cc single)	600	900	1,350	1,800	2,400	3,000
MS (65cc single)	620	930	1,400	1,860	2,480	3,100
ML Rapido (125cc single)	680	1,020	1,530	2,040	2,720	3,400
SS Sprint (250cc single)	840	1,260	1,890	2,520	3,360	4,200
CH Sprint (250cc single)	800	1,200	1,800	2,400	3,200	4,000
GE Servi-Car (45ci V-twin)	2,100	3,150	4,730	6,300	8,400	10,500
XLH Sportster (55ci V-twin)	1,900	2,850	4,280	5,700	7,600	9,500
XLCH Sportster (55ci V-twin)	2,200	3,300	4,950	6,600	8,800	11,000
FLB Electra-Glide (74ci V-twin)	3,150	4,730	7,090	9,450	12,600	15,750
FLFB Electra-Glide (74ci V-twin)	3,000	4,500	6,750	9,000	12,000	15,000
FLHB Electra-Glide (74ci V-twin)	3,150	4,730	7,090	9,450	12,600	15,750
FLHFB Electra-Glide (74ci V-twin)	3,000	4,500	6,750	9,000	12,000	15,000
1969						
M (65cc single)	600	900	1,350	1,800	2,400	3,000
MS (65cc single)	600	900	1,350	1,800	2,400	3,000
ML Rapido (125cc single)	660	990	1,490	1,980	2,640	3,300
MLS Rapido Scrambler (125cc single)	680	1,020	1,530	2,040	2,720	3,400
SS Sprint (350cc single)	800	1,200	1,800	2,400	3,200	4,000
ERS Sprint (350cc single)	820	1,230	1,850	2,460	3,280	4,100
GE Servi-Car (45ci V-twin)	2,000	3,000	4,500	6,000	8,000	10,000
XLH Sportster (55ci V-twin)	1,900	2,850	4,280	5,700	7,600	9,500
XLCH Sportster (55ci V-twin)	2,200	3,300	4,950	6,600	8,800	11,000
FLB Electra-Glide (74ci V-twin)	3,150	4,730	7,090	9,450	12,600	15,750
FLFB Electra-Glide (74ci V-twin)	3,000	4,500	6,750	9,000	12,000	15,000
FLHB Electra-Glide (74ci V-twin)	3,150	4,730	7,090	9,450	12,600	15,750
FLHFB Electra-Glide (74ci V-twin)	3,000	4,500	6,750	9,000	12,000	15,000
1970						
MS Leggero (65cc single)	580	870	1,310	1,740	2,320	2,900
MSR Baja 100 (100cc single)	680	1,020	1,530	2,040	2,720	3,400
MLS Scrambler (125cc single)	690	1,040	1,550	2,070	2,760	3,450
SS Sprint (350cc single)	800	1,200	1,800	2,400	3,200	4,000
ERS Sprint (350cc single)	820	1,230	1,850	2,460	3,280	4,100
GE Servi-Car (45ci V-twin)	2,000	3,000	4,500	6,000	8,000	10,000
XLH Sportster (55ci V-twin)	1,800	2,700	4,050	5,400	7,200	9,000
XLCH Sportster (55ci V-twin)	2,000	3,000	4,500	6,000	8,000	10,000
FLB Electra-Glide (74ci V-twin)	2,900	4,350	6,530	8,700	11,600	14,500
FLBF Electra-Glide (74ci V-twin)	2,800	4,200	6,300	8,400	11,200	14,000
FLHB Electra-Glide (74ci V-twin)	2,900	4,350	6,530	8,700	11,600	14,500
FLHFB Electra-Glide (74ci V-twin)	2,800	4,200	6,300	8,400	11,200	14,000
1971						
MS (65cc single)	540	810	1,220	1,620	2,160	2,700
MSR Baja 100 (100cc single)	560	840	1,260	1,680	2,240	2,800
MLS Scrambler (125cc single)	560	840	1,260	1,680	2,240	2,800
SS Sprint (350cc single)	760	1,140	1,710	2,280	3,040	3,800
SX Sprint (350cc single)	800	1,200	1,800	2,400	3,200	4,000
ERS Sprint (350cc single)	800	1,200	1,800	2,400	3,200	4,000
GE Servi-Car (45ci V-twin)	2,000	3,000	4,500	6,000	8,000	10,000
XLH Sportster (55ci V-twin)	1,600	2,400	3,600	4,800	6,400	8,000
XLCH Sportster (55ci V-twin)	1,600	2,400	3,600	4,800	6,400	8,000
FX Super Glide (74ci V-twin)	2,500	3,750	5,630	7,500	10,000	12,500
FLP Electra Glide (74ci V-twin)	2,900	4,350	6,530	8,700	11,600	14,500
FLPF Electra Glide (74ci V-twin)	2,800	4,200	6,300	8,400	11,200	14,000
FLH Electra Glide (74ci V-twin)	2,900	4,350	6,530	8,700	11,600	14,500
FLHF Electra Glide (74ci V-twin)	2,800	4,200	6,300	8,400	11,200	14,000
1972						
MC (65cc single)	540	810	1,220	1,620	2,160	2,700
MS (65cc single)	540	810	1,220	1,620	2,160	2,700
MSR Baja 100 (100cc single)	560	840	1,260	1,680	2,240	2,800
MLS Scrambler (125cc single)	560	840	1,260	1,680	2,240	2,800
SS Sprint (350cc single)	760	1,140	1,710	2,280	3,040	3,800
SX Sprint (350cc single)	800	1,200	1,800	2,400	3,200	4,000
ERS Sprint (350cc single)	800	1,200	1,800	2,400	3,200	4,000
GE Servi-Car (45ci V-twin)	2,000	3,000	4,500	6,000	8,000	10,000
XLH Sportster (61ci V-twin)	1,600	2,400	3,600	4,800	6,400	8,000
XLCH Sportster (61ci V-twin)	1,600	2,400	3,600	4,800	6,400	8,000
FX Super Glide (74ci V-twin)	2,400	3,600	5,400	7,200	9,600	12,000
FLP Electra Glide (74ci V-twin)	2,600	3,900	5,850	7,800	10,400	13,000

	6	5	4	3	2	1
FLPF Electra Glide (74ci V-twin)	2,500	3,750	5,630	7,500	10,000	12,500
FLH Electra Glide (74ci V-twin)	2,600	3,900	5,850	7,800	10,400	13,000
FLHF Electra Glide (74ci V-twin)	2,500	3,750	5,630	7,500	10,000	12,500
1973						
X (90cc single)	220	330	500	660	880	1,100
Z (90cc single)	340	510	770	1,020	1,360	1,700
MSR Baja 100 (100cc single)	480	720	1,080	1,440	1,920	2,400
TX (125cc single)	420	630	950	1,260	1,680	2,100
S Sprint (350cc single)	640	960	1,440	1,920	2,560	3,200
SX Sprint (350cc single)	640	960	1,440	1,920	2,560	3,200
GE Servi-Car (45ci V-twin)	2,000	3,000	4,500	6,000	8,000	10,000
XLH Sportster (61ci V-twin)	1,600	2,400	3,600	4,800	6,400	8,000
XLCH Sportster (61ci V-twin)	1,600	2,400	3,600	4,800	6,400	8,000
FX Super Glide (74ci V-twin)	2,200	3,300	4,950	6,600	8,800	11,000
FL Electra Glide (74ci V-twin)	2,500	3,750	5,630	7,500	10,000	12,500
FLH Electra Glide (74ci V-twin)	2,500	3,750	5,630	7,500	10,000	12,500
1974						
X (90cc single)	220	330	500	660	880	1,100
Z (90cc single)	320	480	720	960	1,280	1,600
SR (100cc single)	310	470	700	930	1,240	1,550
SX (125cc single)	400	600	900	1,200	1,600	2,000
SX (175cc single)	440	660	990	1,320	1,760	2,200
SS Sprint (350cc single)	640	960	1,440	1,920	2,560	3,200
SX Sprint (350cc single)	640	960	1,440	1,920	2,560	3,200
XLH Sportster (61ci V-twin)	1,400	2,100	3,150	4,200	5,600	7,000
XLCH Sportster (61ci V-twin)	1,400	2,100	3,150	4,200	5,600	7,000
FX Super Glide (74ci V-twin)	2,200	3,300	4,950	6,600	8,800	11,000
FXE Super Glide (74ci V-twin)	2,200	3,300	4,950	6,600	8,800	11,000
FLH Electra Glide (74ci V-twin)	2,300	3,450	5,180	6,900	9,200	11,500
FLHF Electra Glide (74ci V-twin)	2,300	3,450	5,180	6,900	9,200	11,500
FLP Electra Glide (74ci V-twin)	2,400	3,600	5,400	7,200	9,600	12,000
1975						
X (90cc single)	220	330	500	660	880	1,100
Z (90cc single)	300	450	680	900	1,200	1,500
SXT (125cc single)	440	660	990	1,320	1,760	2,200
SX (175cc single)	420	630	950	1,260	1,680	2,100
SX (250cc single)	480	720	1,080	1,440	1,920	2,400
SS (250cc single)	480	720	1,080	1,440	1,920	2,400
XLH Sportster (61ci V-twin)	1,400	2,100	3,150	4,200	5,600	7,000
XLCH Sportster (61ci V-twin)	1,400	2,100	3,150	4,200	5,600	7,000
FX Super Glide (74ci V-twin)	2,200	3,300	4,950	6,600	8,800	11,000
FXE Super Glide (74ci V-twin)	2,200	3,300	4,950	6,600	8,800	11,000
FLH Electra Glide (74ci V-twin)	2,300	3,450	5,180	6,900	9,200	11,500
FLHF Electra Glide (74ci V-twin)	2,300	3,450	5,180	6,900	9,200	11,500
FLP Electra Glide (74ci V-twin)	2,400	3,600	5,400	7,200	9,600	12,000
1976						
SS (125cc single)	420	630	950	1,260	1,680	2,100
SXT (125cc single)	420	630	950	1,260	1,680	2,100
SS (175cc single)	420	630	950	1,260	1,680	2,100
SX (175cc single)	420	630	950	1,260	1,680	2,100
SS (250cc single)	540	810	1,220	1,620	2,160	2,700
SX (250cc single)	540	810	1,220	1,620	2,160	2,700
XLH Sportster (61ci V-twin)	1,400	2,100	3,150	4,200	5,600	7,000
XLCH Sportster (61ci V-twin)	1,400	2,100	3,150	4,200	5,600	7,000
FX Super Glide (74ci V-twin)	2,200	3,300	4,950	6,600	8,800	11,000
FXE Super Glide (74ci V-twin)	2,200	3,300	4,950	6,600	8,800	11,000
FLH Electra Glide (74ci V-twin)	2,400	3,600	5,400	7,200	9,600	12,000
1977						
SS (125cc single)	400	600	900	1,200	1,600	2,000
SXT (125cc single)	400	600	900	1,200	1,600	2,000
SS (175cc single)	400	600	900	1,200	1,600	2,000
SS (250cc single)	540	810	1,220	1,620	2,160	2,700
SX (250cc single)	540	810	1,220	1,620	2,160	2,700
XLH Sportster (61ci V-twin)	1,400	2,100	3,150	4,200	5,600	7,000
XLT Sportster (61ci V-twin)	1,500	2,250	3,380	4,500	6,000	7,500
XLCH Sportster (61ci V-twin)	1,400	2,100	3,150	4,200	5,600	7,000
XLCR Sportster (61ci V-twin)	2,400	3,600	5,400	7,200	9,600	12,000
FX Super Glide (74ci V-twin)	2,000	3,000	4,500	6,000	8,000	10,000
FXE Super Glide (74ci V-twin)	2,000	3,000	4,500	6,000	8,000	10,000
FXS low rider (74cc V-twin)	2,200	3,300	4,950	6,600	8,800	11,000
FLH Electra Glide (74ci V-twin)	2,400	3,600	5,400	7,200	9,600	12,000
FLHS Electra Glide (74ci V-twin)	2,500	3,750	5,630	7,500	10,000	12,500
1978						
SS (250cc single)	420	630	950	1,260	1,680	2,100
XLH Sportster (61ci V-twin)	1,400	2,100	3,150	4,200	5,600	7,000
XLH Sportster (61ci V-twin, 75th Anniv.)	1,540	2,310	3,470	4,620	6,160	7,700
XLT Sportster (61ci V-twin)	1,400	2,100	3,150	4,200	5,600	7,000
XLCH Sportster (61ci V-twin)	1,400	2,100	3,150	4,200	5,600	7,000

	6	5	4	3	2	1
XLCR Sportster (61ci V-twin)	2,400	3,600	5,400	7,200	9,600	12,000
FX Super Glide (74ci V-twin)	2,000	3,000	4,500	6,000	8,000	10,000
FXE Super Glide (74ci V-twin)	2,000	3,000	4,500	6,000	8,000	10,000
FXS low rider (74ci V-twin)	2,200	3,300	4,950	6,600	8,800	11,000
FLH Electra Glide (74ci V-twin, 75th Anniv.)	2,300	3,450	5,180	6,900	9,200	11,500
FLH-80 Electra Glide (80ci V-twin)	2,000	3,000	4,500	6,000	8,000	10,000
1979						
XLH Sportster (61ci V-twin)	1,400	2,100	3,150	4,200	5,600	7,000
XLS Sportster (61ci V-twin)	1,400	2,100	3,150	4,200	5,600	7,000
XLCH Sportster (61ci V-twin)	1,400	2,100	3,150	4,200	5,600	7,000
FXE Super Glide (74ci V-twin)	2,000	3,000	4,500	6,000	8,000	10,000
FXS-74 Super Glide (74ci V-twin)	2,000	3,000	4,500	6,000	8,000	10,000
FXS-80 Super Glide (80ci V-twin)	2,000	3,000	4,500	6,000	8,000	10,000
FXEF-74 Fat Bob (74ci V-twin)	2,300	3,450	5,180	6,900	9,200	11,500
FXEF-80 Fat Bob (80ci V-twin)	2,300	3,450	5,180	6,900	9,200	11,500
FLH-74 Electra Glide (74ci V-twin)	2,000	3,000	4,500	6,000	8,000	10,000
FLH-80 Electra Glide (80ci V-twin)	2,100	3,150	4,730	6,300	8,400	10,500
FLHC Electra Glide (80ci V-twin)	2,100	3,150	4,730	6,300	8,400	10,500
FLHCE Electra Glide (80ci V-twin)	2,100	3,150	4,730	6,300	8,400	10,500
FLHP-74 Electra Glide (74ci V-twin)	2,200	3,300	4,950	6,600	8,800	11,000
FLHP-80 Electra Glide (80ci V-twin)	2,200	3,300	4,950	6,600	8,800	11,000
1980						
XLH Sportster (61ci V-twin)	1,300	1,950	2,930	3,900	5,200	6,500
XLS Sportster (61ci V-twin)	1,300	1,950	2,930	3,900	5,200	6,500
FXB-80 Super Glide "Sturgis" (80ci V-twin)	2,600	3,900	5,850	7,800	10,400	13,000
FXE-74 Super Glide (74ci V-twin)	2,200	3,300	4,950	6,600	8,800	11,000
FXEF-80 Fat Bob (80ci V-twin)	2,300	3,450	5,180	6,900	9,200	11,500
FXS-74 Low Rider (74ci V-twin)	2,000	3,000	4,500	6,000	8,000	10,000
FXS-80 Low Rider (80ci V-twin)	2,000	3,000	4,500	6,000	8,000	10,000
FXWG-80 Wide Glide (80ci V-twin)	2,100	3,150	4,730	6,300	8,400	10,500
FLH-74 Electra Glide (74ci V-twin)	2,000	3,000	4,500	6,000	8,000	10,000
FLH-80 Electra Glide (74ci V-twin)	2,100	3,150	4,730	6,300	8,400	10,500
FLHC-80 Electra Glide Classic (80ci v-twin)	2,100	3,150	4,730	6,300	8,400	10,500
FLHCE-80 Electra Glide Classic (80ci V-twin)	2,110	3,170	4,750	6,340	8,450	10,560
FLHP-74 Electra Glide (74ci V-twin)	2,200	3,300	4,950	6,600	8,800	11,000
FLHP-80 Electra Glide (80ci V-twin)	2,200	3,300	4,950	6,600	8,800	11,000
FLT Tour Glide (80ci V-twin)	2,000	3,000	4,500	6,000	8,000	10,000
1981						
XLH Sportster (61ci V-twin)	1,300	1,950	2,930	3,900	5,200	6,500
XLS Sportster (61ci V-twin)	2,300	3,450	5,180	6,900	9,200	11,500
FXB Super Glide "Sturgis" (80ci V-twin)	2,100	3,150	4,730	6,300	8,400	10,500
FXE Super Glide (80ci V-twin)	2,200	3,300	4,950	6,600	8,800	11,000
FXEF Fat Bob (80ci V-twin)	2,300	3,450	5,180	6,900	9,200	11,500
FXWG Wide Glide (80ci V-twin)	2,100	3,150	4,730	6,300	8,400	10,500
FLH Electra Glide (80ci V-twin)	2,200	3,300	4,950	6,600	8,800	11,000
FLH Electra Glide Heritage (80ci V-twin)	2,200	3,300	4,950	6,600	8,800	11,000
FLHC Electra Glide Classic (80ci V-twin)	2,200	3,300	4,950	6,600	8,800	11,000
FLHCE Electra Glide Classic (80ci V-twin)	2,200	3,300	4,950	6,600	8,800	11,000
FLHP Electra Glide (80ci V-twin)	2,200	3,300	4,950	6,600	8,800	11,000
FLT Tour Glide (80ci V-twin)	2,000	3,000	4,500	6,000	8,000	10,000
FLTC Tour Glide Classic (80ci V-twin)	2,000	3,000	4,500	6,000	8,000	10,000
1982						
XLH Sportster (61ci V-twin)	1,300	1,950	2,930	3,900	5,200	6,500
XLHA Sportster (61ci V-twin, 25th Anniv.)	1,450	2,180	3,260	4,350	5,800	7,250
XLS Sportster (61ci V-twin)	1,300	1,950	2,930	3,900	5,200	6,500
XLSA Sportster (61ci V-twin, 25th Anniv.)	1,450	2,180	3,260	4,350	5,800	7,250
FLH Electra Glide (80ci V-twin)	2,200	3,300	4,950	6,600	8,800	11,000
FLHC Electra Glide Classic (80ci V-twin)	2,200	3,300	4,950	6,600	8,800	11,000
FLT Tour Glide (80ci V-twin)	2,000	3,000	4,500	6,000	8,000	10,000
FLTC Tour Glide Classic (80ci V-twin)	2,000	3,000	4,500	6,000	8,000	10,000
FXB Super Glide "Sturgis" (80-ci V-twin)	2,800	4,200	6,300	8,400	11,200	14,000
FXE Super Glide (80ci V-twin)	2,200	3,300	4,950	6,600	8,800	11,000
FXR Super Glide II (80ci V-twin)	2,200	3,300	4,950	6,600	8,800	11,000
FXRS Super Glide II (80ci V-twin)	2,200	3,300	4,950	6,600	8,800	11,000
FXS Low Rider (80ci V-twin)	2,300	3,450	5,180	6,900	9,200	11,500
FXWG Wide Glide (80ci V-twin)	2,300	3,450	5,180	6,900	9,200	11,500
1983						
XLH Sportster (61ci V-twin)	1,300	1,950	2,930	3,900	5,200	6,500
XLS Sportster (61ci V-twin)	1,300	1,950	2,930	3,900	5,200	6,500
XLX Sportster (61ci V-twin)	1,300	1,950	2,930	3,900	5,200	6,500
XR-1000 Sportster (61ci V-twin)	2,600	3,900	5,850	7,800	10,400	13,000
FLH Electra Glide (80ci V-twin)	2,200	3,300	4,950	6,600	8,800	11,000
FLHT Electra Glide (80ci V-twin)	2,200	3,300	4,950	6,600	8,800	11,000
FLHTC Electra Glide Classic (80ci V-twin)	2,200	3,300	4,950	6,600	8,800	11,000
FLT Tour Glide (80ci V-twin)	2,000	3,000	4,500	6,000	8,000	10,000
FLTC Tour Glide Classic (80ci V-twin)	2,000	3,000	4,500	6,000	8,000	10,000
FXDG Super Glide (80ci V-twin)	2,200	3,300	4,950	6,600	8,800	11,000
FXE Super Glide (80ci V-twin)	2,200	3,300	4,950	6,600	8,800	11,000

HARLEY-DAVIDSON

	6	5	4	3	2	1
FXR Super Glide II (80ci V-twin)	2,200	3,300	4,950	6,600	8,800	11,000
FXRS Super Glide II (80ci V-twin)	2,200	3,300	4,950	6,600	8,800	11,000
FXRT Super Glide II Touring (80ci V-twin)	2,200	3,300	4,950	6,600	8,800	11,000
FXSB Low Rider (80ci V-twin)	2,300	3,450	5,180	6,900	9,200	11,500
FXWG Wide Glide (80ci V-twin)	2,300	3,450	5,180	6,900	9,200	11,500
1984						
XLH Sportster (61ci V-twin)	1,300	1,950	2,930	3,900	5,200	6,500
XLS Sportster (61ci V-twin)	1,300	1,950	2,930	3,900	5,200	6,500
XLX Sportster (61ci V-twin)	1,300	1,950	2,930	3,900	5,200	6,500
XR-1000 Sportster (61ci V-twin)	2,600	3,900	5,850	7,800	10,400	13,000
FLH Electra Glide (80ci V-twin)	2,200	3,300	4,950	6,600	8,800	11,000
FLHT "Last Edition" (80ci V-twin)	2,700	4,050	6,080	8,100	10,800	13,500
FLHTC Electra Glide Classic (80ci V-twin)	2,200	3,300	4,950	6,600	8,800	11,000
FLTC Tour Glide Classic (80ci V-twin)	2,000	3,000	4,500	6,000	8,000	10,000
FXE Super Glide (80ci V-twin)	2,200	3,300	4,950	6,600	8,800	11,000
FXRDG Disc Glide (80ci V-twin)	2,400	3,600	5,400	7,200	9,600	12,000
FXRP Super Glide (80ci V-twin)	2,200	3,300	4,950	6,600	8,800	11,000
FXRS Low Glide (80ci V-twin)	2,300	3,450	5,180	6,900	9,200	11,500
FXRT Sport Glide (80ci V-twin)	2,400	3,600	5,400	7,200	9,600	12,000
FXSB Low Rider (80ci V-twin)	2,300	3,450	5,180	6,900	9,200	11,500
FXST Softail (80ci V-twin)	2,700	4,050	6,080	8,100	10,800	13,500
FXWG Wide Glide (80ci V-twin)	2,300	3,450	5,180	6,900	9,200	11,500
1985						
XLH Sportster (61ci V-twin)	1,300	1,950	2,930	3,900	5,200	6,500
XLS Sportster (61ci V-twin)	1,300	1,950	2,930	3,900	5,200	6,500
XLX Sportster (61ci V-twin)	1,300	1,950	2,930	3,900	5,200	6,500
FLHTC Electra Glide Classic (80ci V-twin)	2,000	3,000	4,500	6,000	8,000	10,000
FLTC Tour Glide Classic (80ci V-twin)	2,000	3,000	4,500	6,000	8,000	10,000
FXEF Fat Bob (80ci V-twin)	2,300	3,450	5,180	6,900	9,200	11,500
FXRC Low Glide Custom (80ci V-twin)	2,500	3,750	5,630	7,500	10,000	12,500
FXRP Super Glide (80ci V-twin)	2,200	3,300	4,950	6,600	8,800	11,000
FXRS Low Glide (80ci V-twin)	2,400	3,600	5,400	7,200	9,600	12,000
FXRT Sport Glide (80ci V-twin)	2,400	3,600	5,400	7,200	9,600	12,000
FXSB Low Rider (80ci V-twin)	2,300	3,450	5,180	6,900	9,200	11,500
FXST Softail (80ci V-twin)	2,700	4,050	6,080	8,100	10,800	13,500
FXWG Wide Glide (80ci V-twin)	2,300	3,450	5,180	6,900	9,200	11,500
1986						
XLH-883 Sportster (883cc V-twin)	1,300	1,950	2,930	3,900	5,200	6,500
XLH-1100 Sportster (1,100cc V-twin)	1,800	2,700	4,050	5,400	7,200	9,000
FLHT Electra Glide (80ci V-twin)	2,000	3,000	4,500	6,000	8,000	10,000
FLHTC Electra Glide Classic (80ci V-twin)	2,000	3,000	4,500	6,000	8,000	10,000
FLTC Tour Glide Classic (80ci V-twin)	2,000	3,000	4,500	6,000	8,000	10,000
FXR Super Glide (80ci V-twin)	2,200	3,300	4,950	6,600	8,800	11,000
FXRD Sport Glide Deluxe (80ci V-twin)	2,200	3,300	4,950	6,600	8,800	11,000
FXRP Super Glide (80ci V-twin)	2,200	3,300	4,950	6,600	8,800	11,000
FXRS Low Rider (80ci V-twin)	2,400	3,600	5,400	7,200	9,600	12,000
FXRT Sport Glide (80ci V-twin)	2,200	3,300	4,950	6,600	8,800	11,000
FXST Softail (80ci V-twin)	2,700	4,050	6,080	8,100	10,800	13,500
FXSTC Softail Custom (80ci V-twin)	2,700	4,050	6,080	8,100	10,800	13,500
FXSTH Softail Heritage (80ci V-twin)	2,700	4,050	6,080	8,100	10,800	13,500
1987						
XLH-883 Sportster (883cc V-twin)	1,300	1,950	2,930	3,900	5,200	6,500
XLH-1100 Sportster (1,100cc V-twin)	1,700	2,550	3,830	5,100	6,800	8,500
XLH-1100 Sportster (1,100cc V-twin, 30th Anniv.)	2,100	3,150	4,730	6,300	8,400	10,500
FLHS Electra Glide Sport (80ci V-twin)	2,000	3,000	4,500	6,000	8,000	10,000
FLHTC Electra Glide Classic (80ci V-twin)	2,000	3,000	4,500	6,000	8,000	10,000
FLST Heritage Softail (80ci V-twin)	2,300	3,450	5,180	6,900	9,200	11,500
FLSTC Heritage Softail Special (80ci V-twin)	2,300	3,450	5,180	6,900	9,200	11,500
FLTC Tour Glide (80ci V-twin)	2,000	3,000	4,500	6,000	8,000	10,000
FXLR Low Rider Custom (80ci V-twin)	2,400	3,600	5,400	7,200	9,600	12,000
FXLR Low Rider Custom (80ci V-twin, 10th Anniv.)	2,700	4,050	6,080	8,100	10,800	13,500
FXR Super Glide (80-ci V-twin)	2,200	3,300	4,950	6,600	8,800	11,000
FXRP Super Glide (80ci V-twin)	2,200	3,300	4,950	6,600	8,800	11,000
FXRS Low Rider (80ci V-twin)	2,400	3,600	5,400	7,200	9,600	12,000
FXRS-SP Low Rider Sport (80ci V-twin)	2,550	3,830	5,740	7,650	10,200	12,750
FXRT Sport Glide (80ci V-twin)	2,200	3,300	4,950	6,600	8,800	11,000
FXST Softail (80ci V-twin)	2,700	4,050	6,080	8,100	10,800	13,500
FXSTC Softail Custom (80ci V-twin)	2,700	4,050	6,080	8,100	10,800	13,500
1988						
XLH-883 Sportster (883cc V-twin)	1,300	1,950	2,930	3,900	5,200	6,500
XLH-883 Sportster Hugger (883cc V-twin)	1,400	2,100	3,150	4,200	5,600	7,000
XLH-883 Sportster Deluxe (883cc V-twin)	1,400	2,100	3,150	4,200	5,600	7,000
XLH-1200 Sportster (1,200cc V-twin)	2,000	3,000	4,500	6,000	8,000	10,000
FLHS Electra Glide Sport (80ci V-twin)	2,000	3,000	4,500	6,000	8,000	10,000
FLHTC Electra Glide Classic (80ci V-twin)	2,000	3,000	4,500	6,000	8,000	10,000
FLHTC Electra Glide Classic (80ci V-twin, 85th Anniv.)	2,600	3,900	5,850	7,800	10,400	13,000
FLST Heritage Softail (80ci V-twin)	2,300	3,450	5,180	6,900	9,200	11,500
FLSTC Heritage Softail Custom (80ci V-twin)	2,300	3,450	5,180	6,900	9,200	11,500

	6	5	4	3	2	1
FLTC Tour Glide Classic (80ci V-twin)	2,200	3,300	4,950	6,600	8,800	11,000
FLTC Tour Glide Classic (80ci V-twin, 85th Anniv.)	2,600	3,900	5,850	7,800	10,400	13,000
FXLR Low Rider Custom (80ci V-twin)	2,400	3,600	5,400	7,200	9,600	12,000
FXR Super Glide (80ci V-twin)	2,200	3,300	4,950	6,600	8,800	11,000
FXRP Super Glide (80ci V-twin)	2,200	3,300	4,950	6,600	8,800	11,000
FXRS Low Rider (80ci V-twin)	2,400	3,600	5,400	7,200	9,600	12,000
FXRS Low Rider (80ci V-twin, 85th Anniv.)	2,700	4,050	6,080	8,100	10,800	13,500
FXRS-SP Low Rider Sport (80ci V-twin)	2,400	3,600	5,400	7,200	9,600	12,000
FXRT Sport Glide (80ci V-twin)	2,200	3,300	4,950	6,600	8,800	11,000
FXST Softail (80ci V-twin)	2,700	4,050	6,080	8,100	10,800	13,500
FXST Softail (80ci V-twin, 85th Anniv.)	2,900	4,350	6,530	8,700	11,600	14,500
FXSTC Softail Custom (80ci V-twin)	2,700	4,050	6,080	8,100	10,800	13,500
1989						
XLH-883 Sportster (883cc V-twin)	1,300	1,950	2,930	3,900	5,200	6,500
XLH-883 Sportster Hugger (883cc V-twin)	1,400	2,100	3,150	4,200	5,600	7,000
XLH-883 Sportster Deluxe (883cc V-twin)	1,400	2,100	3,150	4,200	5,600	7,000
XLH-1200 Sportster (1,200cc V-twin)	2,000	3,000	4,500	6,000	8,000	10,000
FLHS Electra Glide Sport (80ci V-twin)	2,200	3,300	4,950	6,600	8,800	11,000
FLHTC Electra Glide Classic (80ci V-twin)	2,200	3,300	4,950	6,600	8,800	11,000
FLHTCU Electra Glide Ultra Classic (80ci V-twin)	2,800	4,200	6,300	8,400	11,200	14,000
FLST Heritage Softail (80ci V-twin)	2,300	3,450	5,180	6,900	9,200	11,500
FLSTC Heritage Softail Custom (80ci V-twin)	2,300	3,450	5,180	6,900	9,200	11,500
FLTC Tour Glide Classic (80ci V-twin)	2,300	3,450	5,180	6,900	9,200	11,500
FLTCU Tour Glide Ultra Classic (80ci V-twin)	2,800	4,200	6,300	8,400	11,200	14,000
FXLR Low Rider Custom (80ci V-twin)	2,400	3,600	5,400	7,200	9,600	12,000
FXR Super Glide (80ci V-twin)	2,200	3,300	4,950	6,600	8,800	11,000
FXRP Super Glide (80ci V-twin)	2,200	3,300	4,950	6,600	8,800	11,000
FXRS Low Rider (80ci V-twin)	2,500	3,750	5,630	7,500	10,000	12,500
FXRS-C Low Rider "convertible"(80ci V-twin)	2,500	3,750	5,630	7,500	10,000	12,500
FXRS-SP Low Rider Sport (80ci V-twin)	2,500	3,750	5,630	7,500	10,000	12,500
FXRT Sport Glide (80-ci V-twin)	2,200	3,300	4,950	6,600	8,800	11,000
FXST Softail (80ci V-twin)	2,600	3,900	5,850	7,800	10,400	13,000
FXSTC Softail Custom (80ci V-twin)	2,700	4,050	6,080	8,100	10,800	13,500
FXSTS Springer Softail (80ci V-twin)	2,700	4,050	6,080	8,100	10,800	13,500
1990						
XLH-883 Sportster (883cc V-twin)	1,300	1,950	2,930	3,900	5,200	6,500
XLH-883 Sportster Hugger (883cc V-twin)	1,400	2,100	3,150	4,200	5,600	7,000
XLH-883 Sportster Deluxe (883cc V-twin)	1,400	2,100	3,150	4,200	5,600	7,000
XLH-1200 Sportster (1,200cc V-twin)	2,000	3,000	4,500	6,000	8,000	10,000
FLHS Electra Glide Sport (80ci V-twin)	2,200	3,300	4,950	6,600	8,800	11,000
FLHTC Electra Glide Classic (80ci V-twin)	2,200	3,300	4,950	6,600	8,800	11,000
FLHTCU Electra glide Ultra Classic (80ci V-twin)	2,800	4,200	6,300	8,400	11,200	14,000
FLST Heritage Softail (80ci V-twin)	2,300	3,450	5,180	6,900	9,200	11,500
FLSTC Heritage Softail Custom (80ci V-twin)	2,300	3,450	5,180	6,900	9,200	11,500
FLSTF Fat Boy (80ci V-twin)	2,600	3,900	5,850	7,800	10,400	13,000
FLTC Tour Glide Classic (80ci V-twin)	2,500	3,750	5,630	7,500	10,000	12,500
FLTCU Tour Glide Ultra Classic (80ci V-twin)	2,800	4,200	6,300	8,400	11,200	14,000
FXLR Low Rider Custom (80ci V-twin)	2,400	3,600	5,400	7,200	9,600	12,000
FXR Super Glide (80ci V-twin)	2,200	3,300	4,950	6,600	8,800	11,000
FXRP Super Glide (80ci V-twin)	2,200	3,300	4,950	6,600	8,800	11,000
FXRS Low Rider (80ci V-twin)	2,500	3,750	5,630	7,500	10,000	12,500
FXRS-C Low Rider "convertible" (80ci V-twin)	2,500	3,750	5,630	7,500	10,000	12,500
FXRS-SP Low Rider Sport (80ci V-twin)	2,500	3,750	5,630	7,500	10,000	12,500
FXRT Sport Glide (80ci V-twin)	2,200	3,300	4,950	6,600	8,800	11,000
FXST Softail (80ci V-twin)	2,600	3,900	5,850	7,800	10,400	13,000
FXSTC Softail Custom (80ci V-twin)	2,700	4,050	6,080	8,100	10,800	13,500
FXSTS Springer Softail (80ci V-twin)	2,700	4,050	6,080	8,100	10,800	13,500

HENDERSON

	6	5	4	3	2	1
1920						
Model K (80-cid, inline 4-cyl.)	10,600	15,900	23,850	31,800	42,400	53,000
1921						
Model K (80-cid, inline 4-cyl.)	10,600	15,900	23,850	31,800	42,400	53,000
1922						
De Luxe (80-cid, inline 4-cyl.)	10,400	15,600	23,400	31,200	41,600	52,000
1923						
De Luxe (80-cid, inline 4-cyl.)	10,400	15,600	23,400	31,200	41,600	52,000
1924						
De Luxe (80-cid, inline 4-cyl.)	10,400	15,600	23,400	31,200	41,600	52,000
1925						
De Luxe (80-cid, inline 4-cyl.)	10,400	15,600	23,400	31,200	41,600	52,000
1926						
De Luxe (80-cid, inline 4-cyl.)	10,400	15,600	23,400	31,200	41,600	52,000
1927						
De Luxe (80-cid, inline 4-cyl.)	10,400	15,600	23,400	31,200	41,600	52,000
1928						
De Luxe (80-cid, inline 4-cyl.)	10,400	15,600	23,400	31,200	41,600	52,000

HENDERSON

	6	5	4	3	2	1
1929						
Streamline KJ (80-cid, inline 4-cyl.)..............11,000	16,500	24,750	33,000	44,000	55,000
1930						
Streamline KJ (80-cid, inline 4-cyl.)..............11,000	16,500	24,750	33,000	44,000	55,000
Streamline KL (high comp.).....................11,400	17,100	25,650	34,200	45,600	57,000
1931 (final model year)						
Streamline KJ (80-cid, inline 4-cyl.)..............11,000	16,500	24,750	33,000	44,000	55,000
Streamline KL (high comp.).....................11,400	17,100	25,650	34,200	45,600	57,000

HODAKA

NOTE: Years listed are by manufacture dates, rather than sales dates, as Hodakas were titled when sold, making a 1981 Hodaka possible though the company went out of business in 1978.

	6	5	4	3	2	1
1964						
ACE 90 (90cc single) 360	540	810	1,080	1,440	1,800
1965						
ACE 90 (90cc single) 360	540	810	1,080	1,440	1,800
1966						
ACE 90 (90cc single) 360	540	810	1,080	1,440	1,800
1967						
ACE 90 (90cc single) 360	540	810	1,080	1,440	1,800
1968						
ACE 100 (100cc single) 360	540	810	1,080	1,440	1,800
1969						
ACE 100A (100cc single) 360	540	810	1,080	1,440	1,800
ACE 100 Super Rat (100cc single)..............780	1,170	1,760	2,340	3,120	3,900
1970						
ACE 100B (100cc single) 420	630	950	1,260	1,680	2,100
ACE 100 Super Rat (100cc single)..............780	1,170	1,760	2,340	3,120	3,900
1971						
ACE 100B+ (100cc single) 480	720	1,080	1,440	1,920	2,400
ACE 100 Super Rat (100cc single)...............820	1,230	1,850	2,460	3,280	4,100
1972						
ACE 100B+ (100cc single) 480	720	1,080	1,440	1,920	2,400
ACE 100 Super Rat (100cc single)...............820	1,230	1,850	2,460	3,280	4,100
125 Wombat (125cc single) 500	750	1,130	1,500	2,000	2,500
1973						
100 Dirt Squirt (100cc single) 480	720	1,080	1,440	1,920	2,400
125 Combat Wombat (125cc single)..............580	870	1,310	1,740	2,320	2,900
125 Wombat (125cc single) 520	780	1,170	1,560	2,080	2,600
1974						
100 Dirt Squirt (100cc single) 480	720	1,080	1,440	1,920	2,400
100 Road Toad (100cc single) 500	750	1,130	1,500	2,000	2,500
100 Super Rat (100cc single) 780	1,170	1,760	2,340	3,120	3,900
125 Super Combat (125cc single)................900	1,350	2,030	2,700	3,600	4,500
1975						
100 Dirt Squirt (100cc single) 500	750	1,130	1,500	2,000	2,500
100 Road Toad (100cc single) 500	750	1,130	1,500	2,000	2,500
1976						
100 Road Toad (100cc single) 500	750	1,130	1,500	2,000	2,500
125 Wombat (125cc single) 580	870	1,310	1,740	2,320	2,900
250ED (250cc single) 640	960	1,440	1,920	2,560	3,200
250SL (250cc single) 580	870	1,310	1,740	2,320	2,900
1977						
Dirt Squirt 80 (80cc single) 580	870	1,310	1,740	2,320	2,900
175SL (175cc single) 700	1,050	1,580	2,100	2,800	3,500
250SL (250cc single) 580	870	1,310	1,740	2,320	2,900

HONDA

	6	5	4	3	2	1
1959						
C100 Super Cub (49cc single) 600	900	1,350	1,800	2,400	3,000
CA92 Benly Touring 125 (124cc twin)..............800	1,200	1,800	2,400	3,200	4,000
CB92 Benly Super Sport 125 (124cc twin) 2,400	3,600	5,400	7,200	9,600	12,000
CA95 Benly Touring 150 "Early" (154cc twin) 800	1,200	1,800	2,400	3,200	4,000
CA71 Dream Touring 250 (247cc twin)............1,300	1,950	2,930	3,900	5,200	6,500
CE71 Dream Sport 250 (247cc twin)..............2,400	3,600	5,400	7,200	9,600	12,000
C76 Dream Touring 300 (305cc twin)............1,300	1,950	2,930	3,900	5,200	6,500
CA76 Dream Touring 300 (305cc twin)...........1,280	1,920	2,880	3,840	5,120	6,400
1960						
C100 Super Cub (						
50 "Early" (154cc twin) 800	1,200	1,800	2,400	3,200	4,000
CA71 Dream Touring 250 (247cc twin)............1,300	1,950	2,930	3,900	5,200	6,500
CA72 Dream Touring 250 "Early" (247cc twin) 1,000	1,500	2,250	3,000	4,000	5,000
CE71 Dream Sport 250 (247cc twin)..............2,200	3,300	4,950	6,600	8,800	11,000
C76 Dream Touring 300 (305cc twin)............1,300	1,950	2,930	3,900	5,200	6,500
CA76 Dream Touring 300 (305cc twin)...........1,200	1,800	2,700	3,600	4,800	6,000
CA77 Dream Touring 305 "Early" (305cc twin) 900	1,350	2,030	2,700	3,600	4,500

	6	5	4	3	2	1
CS76 Dream Sport 300 (305cc twin) 2,200		3,300	4,950	6,600	8,800	11,000
CSA76 Dream Sport 300 (305cc twin) 1,800		2,700	4,050	5,400	7,200	9,000
CSA77 Dream Sport 305 (305cc twin) 1,000		1,500	2,250	3,000	4,000	5,000
1961						
C100 Super Cub (49cc single) 600		900	1,350	1,800	2,400	3,000
C102 Super Cub (49cc single) 600		900	1,350	1,800	2,400	3,000
CA100T Trail 50 (49cc single) 600		900	1,350	1,800	2,400	3,000
C110 Super Sports Cub (49cc single) 600		900	1,350	1,800	2,400	3,000
CB92R Benly SS Racer 125 (124cc twin) 4,400		6,600	9,900	13,200	17,600	22,000
CA95 Benly Touring 150 "Early" (154cc twin) 800		1,200	1,800	2,400	3,200	4,000
C72 Dream Touring 250 (247cc twin) 1,180		1,770	2,660	3,540	4,720	5,900
CA72 Dream Touring 250 "Early" (247cc twin). 940		1,410	2,120	2,820	3,760	4,700
CB72 Hawk 250 (247cc twin). 960		1,440	2,160	2,880	3,840	4,800
C77 Dream Touring 305 (305cc twin) 820		1,230	1,850	2,460	3,280	4,100
CA77 Dream Touring 305 "Early" (305cc twin). 850		1,280	1,910	2,550	3,400	4,250
CB77 Super Hawk 305 (305cc twin) 900		1,350	2,030	2,700	3,600	4,500
CSA77 Dream Sport 305 (305cc twin) 1,000		1,500	2,250	3,000	4,000	5,000
1962						
C100 Super Cub (49cc single) 600		900	1,350	1,800	2,400	3,000
C102 Super Cub (49cc single) 600		900	1,350	1,800	2,400	3,000
C110 Super Sports Cub (49cc single) 600		900	1,350	1,800	2,400	3,000
CA100 Honda 50 (49cc single) 600		900	1,350	1,800	2,400	3,000
CA100T Trail 50 (49cc single) 600		900	1,350	1,800	2,400	3,000
CA102 Honda 50 (49cc single) 600		900	1,350	1,800	2,400	3,000
CA110 Sport 50 (49cc single) 600		900	1,350	1,800	2,400	3,000
C105T Trail 55 (55cc single) 500		750	1,130	1,500	2,000	2,500
CB92R Benly SS Racer 125 (124cc twin) 4,400		6,600	9,900	13,200	17,600	22,000
CA95 Benly Touring 150 "Early" (154cc twin) 800		1,200	1,800	2,400	3,200	4,000
CA72 Dream Touring 250 "Early" (247cc twin). 940		1,410	2,120	2,820	3,760	4,700
CB72 Hawk 250 (247cc twin) 1,000		1,500	2,250	3,000	4,000	5,000
CL72 Scrambler 250 (247cc twin) 700		1,050	1,580	2,100	2,800	3,500
C77 Dream Touring 305 (305cc twin) 820		1,230	1,850	2,460	3,280	4,100
CA77 Dream Touring 305 "Early" (305cc twin). 850		1,280	1,910	2,550	3,400	4,250
CB77 Super Hawk 305 (305cc twin) 900		1,350	2,030	2,700	3,600	4,500
CSA77 Dream Sport 305 (305cc twin) 1,000		1,500	2,250	3,000	4,000	5,000
1963						
CA100 Honda 50 (49cc single) 500		750	1,130	1,500	2,000	2,500
CA102 Honda 50 (49cc single) 500		750	1,130	1,500	2,000	2,500
CA110 Sport 50 (49cc single) 600		900	1,350	1,800	2,400	3,000
CA105T Trail 55 (54cc single) 500		750	1,130	1,500	2,000	2,500
C105T Trail 55 (55cc single) 500		750	1,130	1,500	2,000	2,500
CA200 Honda 90 (89cc single) 480		720	1,080	1,440	1,920	2,400
CA95 Benly Touring 150 "Early" (154cc twin) 800		1,200	1,800	2,400	3,200	4,000
CA95 Benly Touring 150 "Late" (154cc twin) 800		1,200	1,800	2,400	3,200	4,000
CA72 Dream Touring 250 "Early" (247cc twin). 940		1,410	2,120	2,820	3,760	4,700
CA72 Dream Touring 250 "Late" (247cc twin) 940		1,410	2,120	2,820	3,760	4,700
CB72 Hawk 250 (247cc twin). 800		1,200	1,800	2,400	3,200	4,000
CL72 Scrambler 250 (247cc twin) 700		1,050	1,580	2,100	2,800	3,500
C77 Dream Touring 305 (305cc twin) 820		1,230	1,850	2,460	3,280	4,100
CA77 Dream Touring 305 "Early" (305cc twin). 850		1,280	1,910	2,550	3,400	4,250
CA77 Dream Touring 305 "Late" (305cc twin) 850		1,280	1,910	2,550	3,400	4,250
CB77 Super Hawk 305 (305cc twin) 800		1,200	1,800	2,400	3,200	4,000
CSA77 Dream Sport 305 (305cc twin) 1,000		1,500	2,250	3,000	4,000	5,000
1964						
CA100 Honda 50 (49cc single) 500		750	1,130	1,500	2,000	2,500
CA102 Honda 50 (49cc single) 500		750	1,130	1,500	2,000	2,500
CA110 Sport 50 (49cc single) 500		750	1,130	1,500	2,000	2,500
CA105T Trail 55 (54cc single) 480		720	1,080	1,440	1,920	2,400
CA200 Honda 90 (87cc single) 480		720	1,080	1,440	1,920	2,400
CT200 Trail 90 (87cc single) 400		600	900	1,200	1,600	2,000
S90 Super 90 (89cc single) 420		630	950	1,260	1,680	2,100
CA95 Benly Touring 150 "Late" (154cc twin) 600		900	1,350	1,800	2,400	3,000
CA72 Dream Touring 250 "Late" (247cc twin) 940		1,410	2,120	2,820	3,760	4,700
CB72 Hawk 250 (247cc twin). 800		1,200	1,800	2,400	3,200	4,000
CL72 Scrambler 250 (247cc twin) 700		1,050	1,580	2,100	2,800	3,500
C77 Dream Touring 305 (305cc twin) 820		1,230	1,850	2,460	3,280	4,100
CA77 Dream Touring 305 "Late" (305cc twin) 820		1,230	1,850	2,460	3,280	4,100
CB77 Super Hawk 305 (305cc twin) 600		900	1,350	1,800	2,400	3,000
1965						
CA100 Honda 50 (49cc single) 500		750	1,130	1,500	2,000	2,500
CA102 Honda 50 (49cc single) 500		750	1,130	1,500	2,000	2,500
CA110 Sport 50 (49cc single) 500		750	1,130	1,500	2,000	2,500
CA105T Trail 55 (54cc single) 480		720	1,080	1,440	1,920	2,400
S65 Sport 65 (63cc single). 420		630	950	1,260	1,680	2,100
CA200 Honda 90 (87cc single) 480		720	1,080	1,440	1,920	2,400
CT200 Trail 90 (87cc single) 400		600	900	1,200	1,600	2,000
S90 Super 90 (89cc single) 420		630	950	1,260	1,680	2,100
CA95 Benly Touring 150 "Late" (154cc twin) 600		900	1,350	1,800	2,400	3,000

HONDA

	6	5	4	3	2	1
CB160 Sport 160 (161cc twin)	380	570	860	1,140	1,520	1,900
CA72 Dream Touring 250 "Late" (247cc twin)	900	1,350	2,030	2,700	3,600	4,500
CB72 Hawk 250 (247cc twin)	800	1,200	1,800	2,400	3,200	4,000
CL72 Scrambler 250 (247cc twin)	700	1,050	1,580	2,100	2,800	3,500
CA77 Dream Touring 305 "Late" (305cc twin)	820	1,230	1,850	2,460	3,280	4,100
CB77 Super Hawk 305 (305cc twin)	600	900	1,350	1,800	2,400	3,000
CL77 Scrambler 305 (305cc twin)	700	1,050	1,580	2,100	2,800	3,500
CB450 Super Sport 450 (444cc twin)	800	1,200	1,800	2,400	3,200	4,000
1966						
CA100 Honda 50 (49cc single)	400	600	900	1,200	1,600	2,000
CA102 Honda 50 (49cc single)	400	600	900	1,200	1,600	2,000
CA110 Sport 50 (49cc single)	400	600	900	1,200	1,600	2,000
S65 Sport 65 (63cc single)	420	630	950	1,260	1,680	2,100
CA200 Honda 90 (87cc single)	440	660	990	1,320	1,760	2,200
CT200 Trail 90 (87cc single)	400	600	900	1,200	1,600	2,000
CM91 Honda 90 (89cc single)	400	600	900	1,200	1,600	2,000
CT90 Trail 90 (89cc single)	400	600	900	1,200	1,600	2,000
S90 Super 90 (89cc single)	420	630	950	1,260	1,680	2,100
CA95 Benly Touring 150 "Late" (154cc twin)	600	900	1,350	1,800	2,400	3,000
CA160 Touring 160 (161cc twin)	380	570	860	1,140	1,520	1,900
CB160 Sport 160 (161cc twin)	380	570	860	1,140	1,520	1,900
CL160 Scrambler 160 (161cc twin)	400	600	900	1,200	1,600	2,000
CA72 Dream Touring 250 "Late" (247cc twin)	800	1,200	1,800	2,400	3,200	4,000
CB72 Hawk 250 (247cc twin)	800	1,200	1,800	2,400	3,200	4,000
CA77 Dream Touring 305 "Late" (305cc twin)	820	1,230	1,850	2,460	3,280	4,100
CB77 Super Hawk 305 (305cc twin)	600	900	1,350	1,800	2,400	3,000
CL77 Scrambler 305 (305cc twin)	800	1,200	1,800	2,400	3,200	4,000
CB450 Super Sport 450 (444cc twin)	840	1,260	1,890	2,520	3,360	4,200
1967						
CA100 Honda 50 (49cc single)	400	600	900	1,200	1,600	2,000
CA102 Honda 50 (49cc single)	400	600	900	1,200	1,600	2,000
CA110 Sport 50 (49cc single)	400	600	900	1,200	1,600	2,000
S65 Sport 65 (63cc single)	380	570	860	1,140	1,520	1,900
CL90 Scrambler 90 (89cc single)	340	510	770	1,020	1,360	1,700
CM91 Honda 90 (89cc single)	380	570	860	1,140	1,520	1,900
CT90 Trail 90 (89cc single)	380	570	860	1,140	1,520	1,900
S90 Super 90 (89cc single)	400	600	900	1,200	1,600	2,000
CL125A Scrambler 125 (124cc twin)	350	530	790	1,050	1,400	1,750
SS125A Super Sport 125 (124cc twin)	350	530	790	1,050	1,400	1,750
CA160 Touring 160 (161cc twin)	380	570	860	1,140	1,520	1,900
CB160 Sport 160 (161cc twin)	380	570	860	1,140	1,520	1,900
CL160 Scrambler 160 (161cc twin)	410	620	920	1,230	1,640	2,050
CL160D Scrambler 160D (161cc twin)	380	570	860	1,140	1,520	1,900
CA77 Dream Touring 305 "Late" (305cc twin)	820	1,230	1,850	2,460	3,280	4,100
CB77 Super Hawk 305 (305cc twin)	800	1,200	1,800	2,400	3,200	4,000
CL77 Scrambler 305 (305cc twin)	800	1,200	1,800	2,400	3,200	4,000
CB450 Super Sport 450 (444cc twin)	900	1,350	2,030	2,700	3,600	4,500
CB450D Super Sport 450D (444cc twin)	800	1,200	1,800	2,400	3,200	4,000
CL450 Scrambler 450 (444cc twin)	820	1,230	1,850	2,460	3,280	4,100
1968						
CA100 Honda 50 (49cc single)	380	570	860	1,140	1,520	1,900
CA102 Honda 50 (49cc single)	380	570	860	1,140	1,520	1,900
CA110 Sport 50 (49cc single)	400	600	900	1,200	1,600	2,000
S65 Sport 65 (63cc single)	380	570	860	1,140	1,520	1,900
CL90 Scrambler 90 (89cc single)	400	600	900	1,200	1,600	2,000
CL90L* Scrambler 90 (89cc single)	340	510	770	1,020	1,360	1,700
NOTE: Five hp version of CL90 for Nevada requirements.						
CM91 Honda 90 (89cc single)	380	570	860	1,140	1,520	1,900
CT90 Trail 90 (89cc single)	340	510	770	1,020	1,360	1,700
S90 Super 90 (89cc single)	400	600	900	1,200	1,600	2,000
CL125A Scrambler 125 (124cc twin)	400	600	900	1,200	1,600	2,000
SS125A Super Sport 125 (124cc twin)	420	630	950	1,260	1,680	2,100
CA160 Touring 160 (161cc twin)	380	570	860	1,140	1,520	1,900
CB160 Sport 160 (161cc twin)	380	570	860	1,140	1,520	1,900
CL160D Scrambler 160D (161cc twin)	380	570	860	1,140	1,520	1,900
CA175 Touring 175 (174cc twin)	360	540	810	1,080	1,440	1,800
CL175 Scrambler 175 (174cc twin)	360	540	810	1,080	1,440	1,800
CA77 Dream Touring 305 "Late" (305cc twin)	800	1,200	1,800	2,400	3,200	4,000
CB77 Super Hawk 305 (305cc twin)	900	1,350	2,030	2,700	3,600	4,500
CL77 Scrambler 305 (305cc twin)	800	1,200	1,800	2,400	3,200	4,000
CB350 Super Sport 350 (325cc twin)	740	1,110	1,670	2,220	2,960	3,700
CL350 Scrambler 350 (325cc twin)	740	1,110	1,670	2,220	2,960	3,700
CB450 Super Sport 450 (444cc twin)	820	1,230	1,850	2,460	3,280	4,100
CB450K1 Super Sport 450 (444cc twin)	840	1,260	1,890	2,520	3,360	4,200
CL450K1 Scrambler 450 (444cc twin)	840	1,260	1,890	2,520	3,360	4,200
1969						
CA100 Honda 50 (49cc single)	360	540	810	1,080	1,440	1,800
CA102 Honda 50 (49cc single)	360	540	810	1,080	1,440	1,800

	6	5	4	3	2	1
CA110 Sport 50 (49cc single)	400	600	900	1,200	1,600	2,000
S65 Sport 65 (63cc single)	380	570	860	1,140	1,520	1,900
CL70 Scrambler 70 (72cc single)	400	600	900	1,200	1,600	2,000
CL90 Scrambler 90 (89cc single)	400	600	900	1,200	1,600	2,000
CL90L* Scrambler 90 (89cc single)	340	510	770	1,020	1,360	1,700
*NOTE: Five hp version of CL90 for Nevada requirements.						
CM91 Honda 90 (89cc single)	380	570	860	1,140	1,520	1,900
CT90K1 Trail 90 (89cc single)	340	510	770	1,020	1,360	1,700
S90 Super 90 (89cc single)	400	600	900	1,200	1,600	2,000
SL90 Motosport 90 (89cc single)	380	570	860	1,140	1,520	1,900
CL125A Scrambler 125 (124cc twin)	400	600	900	1,200	1,600	2,000
SS125A Super Sport 125 (124cc twin)............	400	600	900	1,200	1,600	2,000
CA160 Touring 160 (161cc twin)	370	560	830	1,110	1,480	1,850
CB160 Sport 160 (161cc twin)	380	570	860	1,140	1,520	1,900
CA175 Touring 175 (174cc twin)	340	510	770	1,020	1,360	1,700
CA175K3 Touring 175 (174cc twin)	340	510	770	1,020	1,360	1,700
CB175K3 Super Sport 175 "Early" (174cc twin)......	340	510	770	1,020	1,360	1,700
CB175K3 Super Sport 175 "Late" (174cc twin)	350	530	790	1,050	1,400	1,750
CL175 Scrambler 175 (174cc twin)	360	540	810	1,080	1,440	1,800
CL175K3 Scrambler 175 (174cc twin)	360	540	810	1,080	1,440	1,800
CA77 Dream Touring 305 "Late" (305cc twin)	740	1,110	1,670	2,220	2,960	3,700
CB350 Super Sport 350 (325cc twin)	700	1,050	1,580	2,100	2,800	3,500
CB350K1 Super Sport (325cc twin)	700	1,050	1,580	2,100	2,800	3,500
CL350 Scrambler 350 (325cc twin)	740	1,110	1,670	2,220	2,960	3,700
CL350K1 Scrambler 350 (325cc twin)	740	1,110	1,670	2,220	2,960	3,700
SL350 Motosport 350 (325cc twin)................	440	660	990	1,320	1,760	2,200
CB450K1 Super Sport 450 (444cc twin)	900	1,350	2,030	2,700	3,600	4,500
CB450K2 Super Sport 450 (444cc twin)	810	1,220	1,820	2,430	3,240	4,050
CL450K1 Scrambler 450 (444cc twin)	800	1,200	1,800	2,400	3,200	4,000
CL450K2 Scrambler 450 (444cc twin)	800	1,200	1,800	2,400	3,200	4,000
CB750 Four "Sandcast" (736cc four) 3,900		5,850	8,780	11,700	15,600	19,500
CB750 Four "Diecast" (736cc four) 1,600		2,400	3,600	4,800	6,400	8,000
1970						
CA100 Honda 50 (49cc single)	240	360	540	720	960	1,200
C70M Honda 70 (72cc single)	240	360	540	720	960	1,200
CL70K1 Scrambler 70 (72cc single).............	250	380	560	750	1,000	1,250
CL90L* Scrambler 90 (89cc single)	300	450	680	900	1,200	1,500
*NOTE: Five hp version of CL90 for Nevada requirements.						
CT90K2 Trail 90 (89cc single)	300	450	680	900	1,200	1,500
CB100 Super Sport 100 (99cc single)	260	390	590	780	1,040	1,300
CL100 Scrambler 100 (99cc single)	220	330	500	660	880	1,100
SL100 Motosport 100 (99cc single)	220	330	500	660	880	1,100
CA175K3 Touring 175 (174cc twin)	280	420	630	840	1,120	1,400
CB175K4 Super Sport 175 (174cc twin)	270	410	610	810	1,080	1,350
CL175K3 Scrambler 175 (174cc twin)	270	410	610	810	1,080	1,350
CL175K4 Scrambler 175 (174cc twin)	270	410	610	810	1,080	1,350
SL175 Motosport 175 (174cc twin)...............	360	540	810	1,080	1,440	1,800
CB350K2 Super Sport 350 (325cc twin)	580	870	1,310	1,740	2,320	2,900
CL350K2 Scrambler 350 (325cc twin)	580	870	1,310	1,740	2,320	2,900
SL350 Motosport 350 (325cc twin)................	560	840	1,260	1,680	2,240	2,800
SL350K1 Motosport 350 (325cc twin)	560	840	1,260	1,680	2,240	2,800
CB450K3 Super Sport 450 (444cc twin)	640	960	1,440	1,920	2,560	3,200
CL450K3 Scrambler 450 (444cc twin)	650	980	1,460	1,950	2,600	3,250
CB750 750 Four "Diecast" (736cc four) 1,600		2,400	3,600	4,800	6,400	8,000
CB750K1 750 Four (736cc four) 1,600		2,400	3,600	4,800	6,400	8,000
1971						
C70M Honda 70 (72cc single)	190	290	430	570	760	950
CL70K2 Scrambler 70 (72cc single).............	190	290	430	570	760	950
SL70 Motosport 70 (72cc single)	210	320	470	630	840	1,050
SL70K1 Motosport 70 (72cc single)	200	300	450	600	800	1,000
CT90K3 Trail 90 (89cc single)	280	420	630	840	1,120	1,400
CB100K1 Super Sport 100 (99cc single)	240	360	540	720	960	1,200
CL100K1 Scrambler 100 (99cc single)...........	250	380	560	750	1,000	1,250
CL100S Scrambler 100S (99cc single)	250	380	560	750	1,000	1,250
SL100K1 Motosport 100 (99cc single)	260	390	590	780	1,040	1,300
SL125 Motosport 125 (122cc single)	270	410	610	810	1,080	1,350
CB175K5 Super Sport 175 (174cc twin)	270	410	610	810	1,080	1,350
CL175K5 Scrambler 175 (174cc twin)	280	420	630	840	1,120	1,400
SL175K1 Motosport 175 (174cc twin)	280	420	630	840	1,120	1,400
CB350K3 Super Sport 350 (325cc twin)	540	810	1,220	1,620	2,160	2,700
CL350K3 Scrambler 350 (325cc twin)	550	830	1,240	1,650	2,200	2,750
SL350K1 Motosport 350 (325cc twin)	540	810	1,220	1,620	2,160	2,700
CB450K4 Super Sport 450 (444cc twin)	640	960	1,440	1,920	2,560	3,200
CL450K2 Scrambler 450 (444cc twin)	640	960	1,440	1,920	2,560	3,200
CB500 500 Four (498cc four)...................	700	1,050	1,580	2,100	2,800	3,500
CB750K1 750 Four (736cc four) 1,600		2,400	3,600	4,800	6,400	8,000
1972						
C70K1 Honda 70 (72cc single)	190	290	430	570	760	950

	6	5	4	3	2	1
CL70K3 Scrambler 70 (72cc single) 190		290	430	570	760	950
SL70 Motosport 70 (72cc single) 190		290	430	570	760	950
SL70K1 Motosport 70 (72cc single) 190		290	430	570	760	950
CT90K4 Trail 90 (89cc single) 280		420	630	840	1,120	1,400
CB100K2 Super Sport 100 (99cc single) 220		330	500	660	880	1,100
CL100K2 Scrambler 100 (99cc single) 220		330	500	660	880	1,100
CL100S2 Scrambler 100S (99cc single) 230		350	520	690	920	1,150
SL100K2 Motosport 100 (99cc single) 230		350	520	690	920	1,150
SL125K1 Motosport 125 (122cc single) 220		330	500	660	880	1,100
CB175K6 Super Sport 175 (174cc twin) 230		350	520	690	920	1,150
CL175K6 Scrambler 175 (174cc twin) 230		350	520	690	920	1,150
SL175K1 Motosport 175 (174cc twin) 230		350	520	690	920	1,150
XL250 Motosport 250 (248cc single) 450		680	1,010	1,350	1,800	2,250
CB350K4 Super Sport 350 (325cc twin) 360		540	810	1,080	1,440	1,800
CL350K4 Scrambler 350 (325cc twin) 360		540	810	1,080	1,440	1,800
SL350K2 Motosport 350 (325cc twin) 360		540	810	1,080	1,440	1,800
CB350F (347cc four) 480		720	1,080	1,440	1,920	2,400
CB450K5 Super Sport 450 (444cc twin) 400		600	900	1,200	1,600	2,000
CL450K5 Scrambler 450 (444cc twin) 400		600	900	1,200	1,600	2,000
CB500K1 500 Four (498cc four) 640		960	1,440	1,920	2,560	3,200
CB750K2 750 Four (736cc four) 1,600		2,400	3,600	4,800	6,400	8,000
1973						
C70K1 Honda 70 (72cc single) 190		290	430	570	760	950
CL70K3 Scrambler 70 (72cc single) 190		290	430	570	760	950
XR75 (72cc single) 190		290	430	570	760	950
CT90K4 Trail 90 (89cc single) 280		420	630	840	1,120	1,400
CL100S3 Scrambler 100S (99cc single) 200		300	450	600	800	1,000
SL100K3 Motosport 100 (99cc single) 200		300	450	600	800	1,000
CB125S (122cc single) 220		330	500	660	880	1,100
CL125S Scrambler 125 (122cc single) 220		330	500	660	880	1,100
SL125K2 Motosport 125 (122cc single) 220		330	500	660	880	1,100
TL125 Trails 125 (122cc single) 220		330	500	660	880	1,100
XL175 (173cc single) 260		390	590	780	1,040	1,300
CB175K7 Super Sport 175 (174cc twin) 240		360	540	720	960	1,200
CL175K7 Scrambler 175 (174cc twin) 240		360	540	720	960	1,200
CR250M Elsinore (248cc single) 360		540	810	1,080	1,440	1,800
XL250 Motosport 250 (248cc single) 320		480	720	960	1,280	1,600
CB350G Super Sport 350 (325cc twin) 360		540	810	1,080	1,440	1,800
CB350K4 Super Sport 350 (325cc twin) 360		540	810	1,080	1,440	1,800
CL350K4 Scrambler 350 (325cc twin) 360		540	810	1,080	1,440	1,800
CL350K5 Scrambler 350 (325cc twin) 360		540	810	1,080	1,440	1,800
SL350K2 Motosport 350 (325cc twin) 390		590	880	1,170	1,560	1,950
CB350F (347cc four) 440		660	990	1,320	1,760	2,200
CB450K6 Super Sport 450 (444cc twin) 380		570	860	1,140	1,520	1,900
CL450K5 Scrambler 450 (444cc twin) 440		660	990	1,320	1,760	2,200
CB500K2 500 Four (498cc four) 600		900	1,350	1,800	2,400	3,000
CB750K3 750 Four (736cc four) 1,400		2,100	3,150	4,200	5,600	7,000
1974						
MR50 Elsinore (49cc single) 220		330	500	660	880	1,100
XL70 (72cc single) 240		360	540	720	960	1,200
XR75K1 (72cc single) 190		290	430	570	760	950
CT90K5 Trail 90 (89cc single) 240		360	540	720	960	1,200
XL100 Motosport 100 (99cc single) 240		360	540	720	960	1,200
CB125S1 Scrambler 125 (122cc single) 220		330	500	660	880	1,100
CL125S1 Scrambler 125 (122cc single) 220		330	500	660	880	1,100
TL125K1 Trails 125 (122cc single) 220		330	500	660	880	1,100
XL125 (122cc single) 240		360	540	720	960	1,200
CR125M Elsinore (123cc single) 240		360	540	720	960	1,200
MT125 Elsinore (123cc single) 260		390	590	780	1,040	1,300
XL175K1 (173cc single) 260		390	590	780	1,040	1,300
CB200 (198cc twin) 240		360	540	720	960	1,200
CL200 Scrambler (198cc twin) 240		360	540	720	960	1,200
CR250M Elsinore (248cc single) 360		540	810	1,080	1,440	1,800
MT250 Elsinore (248cc single) 290		440	650	870	1,160	1,450
XL250K1 Motosport (248cc single) 300		450	680	900	1,200	1,500
CB350F1 (347cc four) 380		570	860	1,140	1,520	1,900
XL350 (348cc single) 360		540	810	1,080	1,440	1,800
CB360 (356cc twin) 360		540	810	1,080	1,440	1,800
CB360G (356cc twin) 360		540	810	1,080	1,440	1,800
CL360 Scrambler 360 (356cc twin) 360		540	810	1,080	1,440	1,800
CB450K7 Super Sport 450 (444cc twin) 380		570	860	1,140	1,520	1,900
CL450K6 Scrambler 450 (444cc twin) 380		570	860	1,140	1,520	1,900
CB550 550 Four (544cc four) 400		600	900	1,200	1,600	2,000
CB750K4 750 Four (736cc four) 1,400		2,100	3,150	4,200	5,600	7,000
1975						
MR50K1 Elsinore (49cc single) 220		330	500	660	880	1,100
XL70K1 (72cc single) 230		350	520	690	920	1,150
XR75K2 (72cc single) 190		290	430	570	760	950

	6	5	4	3	2	1
CT90K6 Trail 90 (89cc single)	240	360	540	720	960	1,200
CB125S2 (122cc single)	220	330	500	660	880	1,100
TL125K2 Trails 125 (122cc single)	220	330	500	660	880	1,100
XL125K1 (122cc single)	240	360	540	720	960	1,200
CR125M1 Elsinore (123cc single)	240	360	540	720	960	1,200
MT125K1 Elsinore (123cc single)	260	390	590	780	1,040	1,300
MR175 Elsinore (171cc single)	280	420	630	840	1,120	1,400
CB200T (198cc twin)	270	410	610	810	1,080	1,350
CR250M1 Elsinore (248cc single)	360	540	810	1,080	1,440	1,800
MT250K1 Elsinore (248cc single)	290	440	650	870	1,160	1,450
TL250 Trails 250 (248cc single)	400	600	900	1,200	1,600	2,000
XL250K2 (248cc single)	300	450	680	900	1,200	1,500
XL350K1 (348cc single)	360	540	810	1,080	1,440	1,800
CB360T (356cc twin)	340	510	770	1,020	1,360	1,700
CL360K1 Scrambler 360 (356cc twin)	340	510	770	1,020	1,360	1,700
CB400F Super Sport 400 Four (408cc four)	400	600	900	1,200	1,600	2,000
CB500T 500 Twin (498cc twin)	360	540	810	1,080	1,440	1,800
CB550F Super Sport 550 Four (544cc four)	400	600	900	1,200	1,600	2,000
CB550K1 550 Four (544cc four)	400	600	900	1,200	1,600	2,000
CB750F 750 Super Sport (736cc four)	900	1,350	2,030	2,700	3,600	4,500
CB750K5 750 Four (736cc four)	600	900	1,350	1,800	2,400	3,000
GL1000 Gold Wing (999cc four)	1,000	1,500	2,250	3,000	4,000	5,000
1976						
XL70 (72cc single)	220	330	500	660	880	1,100
XR75 (72cc single)	190	290	430	570	760	950
CT90 Trail 90 (89cc single)	240	360	540	720	960	1,200
XL100 (99cc single)	220	330	500	660	880	1,100
CR125M Elsinore (123cc single)	240	360	540	720	960	1,200
MT125 Elsinore (123cc single)	260	390	590	780	1,040	1,300
CB125S (124cc single)	220	330	500	660	880	1,100
TL1215S Trails 125 (124cc single)	220	330	500	660	880	1,100
XL125 (124cc single)	240	360	540	720	960	1,200
MR175 Elsinore (171cc single)	280	420	630	840	1,120	1,400
XL176 (173cc single)	250	380	560	750	1,000	1,250
CB200T (198cc twin)	260	390	590	780	1,040	1,300
CR250M Elsinore (248cc single)	360	540	810	1,080	1,440	1,800
MR250 Elsinore (248cc single)	360	540	810	1,080	1,440	1,800
MT250 Elsinore (248cc single)	290	440	650	870	1,160	1,450
TL250 Trails 250 (248cc single)	400	600	900	1,200	1,600	2,000
XL250 (248cc single)	300	450	680	900	1,200	1,500
XL350 (348cc single)	420	630	950	1,260	1,680	2,100
CB360T (356cc twin)	340	510	770	1,020	1,360	1,700
CJ360T (356cc twin)	340	510	770	1,020	1,360	1,700
CB400F Super Sport 400 Four (408cc four)	540	810	1,220	1,620	2,160	2,700
CB500T 500 Twin (498cc twin)	360	540	810	1,080	1,440	1,800
CB550F Super Sport 550 Four (544cc four)	400	600	900	1,200	1,600	2,000
CB550K 550 Four K (554cc four)	400	600	900	1,200	1,600	2,000
CB750A 750 Hondamatic (736cc four)	600	900	1,350	1,800	2,400	3,000
CB750F 750 Super Sport (736cc four)	600	900	1,350	1,800	2,400	3,000
CB750K 750 Four K (736cc four)	600	900	1,350	1,800	2,400	3,000
GL1000 Gold Wing (999cc four)	660	990	1,490	1,980	2,640	3,300
GL1000LTD Gold Wing Limited Edition (999cc four)	760	1,140	1,710	2,280	3,040	3,800
1977						
XR75 (72cc single)	190	290	430	570	760	950
XL75 (75cc single)	220	330	500	660	880	1,100
CT90 Trail 90 (89cc single)	240	360	540	720	960	1,200
XL100 (99cc single)	220	330	500	660	880	1,100
CR125M Elsinore (123cc single)	240	360	540	720	960	1,200
CT125 Trail 125 (123cc single)	240	360	540	720	960	1,200
MT125R (123cc single)	240	360	540	720	960	1,200
XL125 (124cc single)	240	360	540	720	960	1,200
MR175 Elsinore (171cc single)	280	420	630	840	1,120	1,400
XL175 (173cc single)	240	360	540	720	960	1,200
XL350 (348cc single)	320	480	720	960	1,280	1,600
CJ360T (356cc twin)	340	510	770	1,020	1,360	1,700
CB400F Super Sport 400 Four (408cc four)	400	600	900	1,200	1,600	2,000
CB550F Super Sport 550 Four (544cc four)	400	600	900	1,200	1,600	2,000
CB550K 550 Four K (554cc four)	400	600	900	1,200	1,600	2,000
CB750A 750 Hondamatic (736cc four)	600	900	1,350	1,800	2,400	3,000
CB750F 750 Super Sport (736cc four)	600	900	1,350	1,800	2,400	3,000
CB750K 750 Four K (736cc four)	600	900	1,350	1,800	2,400	3,000
GL1000 Gold Wing (999cc four)	660	990	1,490	1,980	2,640	3,300
1978						
XR75 (72cc single)	190	290	430	570	760	950
XL75 (75cc single)	200	300	450	600	800	1,000
CT90 Trail 90 (89cc single)	240	360	540	720	960	1,200
XL100 (99cc single)	220	330	500	660	880	1,100
CB125S (122cc single)	220	330	500	660	880	1,100

	6	5	4	3	2	1
CR125M Elsinore (123cc single)	240	360	540	720	960	1,200
MT125R (123cc single)	240	360	540	720	960	1,200
XL125 (124cc single)	240	360	540	720	960	1,200
XL175 (173cc single)	240	360	540	720	960	1,200
CM185T Twinstar (181cc twin)	240	360	540	720	960	1,200
CR250R Elsinore (247cc single)	400	600	900	1,200	1,600	2,000
XL250S (249cc single)	300	450	680	900	1,200	1,500
XL350 (348cc single)	320	480	720	960	1,280	1,600
CB400A Hawk Hondamatic (395cc twin)	400	600	900	1,200	1,600	2,000
CB400TI Hawk I (395cc twin)	320	480	720	960	1,280	1,600
CB400TII Hawk II (395cc twin)	340	500	750	1,010	1,340	1,675
CX500 (496cc V-twin)	330	500	740	990	1,320	1,650
CB550K 550 Four K (554cc four)	340	510	770	1,020	1,360	1,700
CB750A 750 Hondamatic (736cc four)	550	830	1,240	1,650	2,200	2,750
CB750F 750 Super Sport (736cc four)	550	830	1,240	1,650	2,200	2,750
CB750K 750 Four K (736cc four)	550	830	1,240	1,650	2,200	2,750
GL1000 Gold Wing (999cc four)	640	960	1,440	1,920	2,560	3,200
1979						
XL75 (75cc single)	180	270	410	540	720	900
XR80 (80cc single)	190	290	430	570	760	950
CT90 Trail 90 (89cc single)	240	360	540	720	960	1,200
XL100S (99cc single)	190	290	430	570	760	950
CB125S (124cc single)	220	330	500	660	880	1,100
CR125R Elsinore (124cc single)	280	420	630	840	1,120	1,400
XL125S (124cc single)	220	330	500	660	880	1,100
XL185S (180cc single)	240	360	540	720	960	1,200
XR185 (180cc single)	240	360	540	720	960	1,200
CM185T Twinstar (181cc twin)	240	360	540	720	960	1,200
CR250R Elsinore (247cc single)	400	600	900	1,200	1,600	2,000
XL250S (249cc single)	280	420	630	840	1,120	1,400
XR250 (249cc single)	320	480	720	960	1,280	1,600
CB400TI Hawk I (395cc twin)	320	480	720	960	1,280	1,600
CB400TII Hawk II (395cc twin)	340	500	750	1,010	1,340	1,675
CM400A Hondamatic (395cc twin)	400	600	900	1,200	1,600	2,000
CM400T (395cc twin)	420	630	950	1,260	1,680	2,100
CX500 (496cc V-twin)	340	510	770	1,020	1,360	1,700
CX500C Custom (496cc V-twin)	340	510	770	1,020	1,360	1,700
XL500S (498cc single)	320	480	720	960	1,280	1,600
XR500 (498cc single)	320	480	720	960	1,280	1,600
CB650 (627cc four)	340	510	770	1,020	1,360	1,700
CB750F 750 Super Sport (749cc four)	640	960	1,440	1,920	2,560	3,200
CB750K 750 Four K (749cc four)	540	810	1,220	1,620	2,160	2,700
CB750K Limited Edition (749cc four)	600	900	1,350	1,800	2,400	3,000
GL1000 Gold Wing (999cc four)	640	960	1,440	1,920	2,560	3,200
CBX Super Sport (1,047cc six)	1,800	2,700	4,050	5,400	7,200	9,000
1980						
C70 Passport (72cc single)	180	270	410	540	720	900
CR80R Elsinore (80cc single)	190	290	430	570	760	950
XL80S (80cc single)	190	290	430	570	760	950
XR80 (80cc single)	190	290	430	570	760	950
XL100S (99cc single)	190	290	430	570	760	950
CT110 Trail 110 (105cc single)	200	300	450	600	800	1,000
CB125S (124cc single)	220	330	500	660	880	1,100
CR125R Elsinore (124cc single)	280	420	630	840	1,120	1,400
XL125S (124cc single)	220	330	500	660	880	1,100
XL185S (180cc single)	240	360	540	720	960	1,200
CM200T Twinstar (194cc twin)	240	360	540	720	960	1,200
XR200 (195cc single)	280	420	630	840	1,120	1,400
CR250R Elsinore (247cc single)	400	600	900	1,200	1,600	2,000
XL250S (249cc single)	280	420	630	840	1,120	1,400
XR250 (249cc single)	320	480	720	960	1,280	1,600
CB400T Hawk (395cc twin)	320	480	720	960	1,280	1,600
CM400A Hondamatic (395cc twin)	380	570	860	1,140	1,520	1,900
CM400E (395cc twin)	400	600	900	1,200	1,600	2,000
CM400T (395cc twin)	400	600	900	1,200	1,600	2,000
CX500C Custom (496cc V-twin)	340	510	770	1,020	1,360	1,700
CX500D Deluxe (496cc V-twin)	340	510	770	1,020	1,360	1,700
XL500S (498cc single)	300	450	680	900	1,200	1,500
XR500 (498cc single)	300	450	680	900	1,200	1,500
CB650 (627cc four)	340	510	770	1,020	1,360	1,700
CB650C 650 Custom (627cc four)	340	510	770	1,020	1,360	1,700
CB750C 750 Custom (749cc four)	500	750	1,130	1,500	2,000	2,500
CB750F 750 Super Sport (749cc four)	640	960	1,440	1,920	2,560	3,200
CB750K 750 Four K (749cc four)	500	750	1,130	1,500	2,000	2,500
CB900C 900 Custom (902cc four)	500	750	1,130	1,500	2,000	2,500
CBX Super Sport (1,047cc six)	1,800	2,700	4,050	5,400	7,200	9,000
GL1100 Gold Wing (1,085cc four)	700	1,050	1,580	2,100	2,800	3,500
GL1100I Gold Wing Interstate (1,085cc four)	840	1,260	1,890	2,520	3,360	4,200

	6	5	4	3	2	1
1981						
C70 Passport (72cc single)	180	270	410	540	720	900
CR80R Elsinore (80cc single)	190	290	430	570	760	950
XL80S (80cc single)	190	290	430	570	760	950
XR80 (80cc single)	190	290	430	570	760	950
XL100S (99cc single)	190	290	430	570	760	950
XR100 (99cc single)	220	330	500	660	880	1,100
CT110 Trail 110 (105cc single)	200	300	450	600	800	1,000
CR125R Elsinore (123cc single)	280	420	630	840	1,120	1,400
CB125S (124cc single)	220	330	500	660	880	1,100
XL125S (124cc single)	220	330	500	660	880	1,100
XL185S (180cc single)	240	360	540	720	960	1,200
CM200T Twinstar (194cc twin)	240	360	540	720	960	1,200
XR200 (195cc single)	280	420	630	840	1,120	1,400
XR200R (195cc single)	340	510	770	1,020	1,360	1,700
CR250R Elsinore (246cc single)	400	600	900	1,200	1,600	2,000
XL250S (249cc single)	280	420	630	840	1,120	1,400
XR250R (249cc single)	380	570	860	1,140	1,520	1,900
CB400T Hawk (395cc twin)	360	540	810	1,080	1,440	1,800
CM400A Hondamatic (395cc twin)	400	600	900	1,200	1,600	2,000
CM400C Custom (395cc twin)	400	600	900	1,200	1,600	2,000
CM400E (395cc twin)	400	600	900	1,200	1,600	2,000
CM400T (395cc twin)	400	600	900	1,200	1,600	2,000
CR480R Elsinore (431cc single)	440	660	990	1,320	1,760	2,200
CX500C Custom (496cc V-twin)	360	540	810	1,080	1,440	1,800
CX500D Deluxe (496cc V-twin)	360	540	810	1,080	1,440	1,800
GL500 Silver Wing (496cc V-twin)	600	900	1,350	1,800	2,400	3,000
GL500I Silver Wing Interstate (496cc V-twin)	600	900	1,350	1,800	2,400	3,000
XL500S (498cc single)	400	600	900	1,200	1,600	2,000
XR500R (498cc single)	500	750	1,130	1,500	2,000	2,500
CB650 (627cc four)	340	510	770	1,020	1,360	1,700
CB650C 650 Custom (627cc four)	320	480	720	960	1,280	1,600
CB750C 750 Custom (749cc four)	400	600	900	1,200	1,600	2,000
CB750F 750 Super Sport (710oo four)	440	660	990	1,320	1,760	2,200
CB750K 750 Four K (749cc four)	500	750	1,130	1,500	2,000	2,500
CB900C 900 Custom (902cc four)	560	840	1,260	1,680	2,240	2,800
CB900F 900 Super Sport (902cc four)	600	900	1,350	1,800	2,400	3,000
CBX Super Sport (1,047cc six)	1,800	2,700	4,050	5,400	7,200	9,000
GL1100 Gold Wing (1,085cc four)	700	1,050	1,580	2,100	2,800	3,500
GL1100I Gold Wing Interstate (1,085cc four)	840	1,260	1,890	2,520	3,360	4,200
1982						
MB5 (49cc single)	220	330	500	660	880	1,100
C70 Passport (72cc single)	180	270	410	540	720	900
CR80R (80cc single)	190	290	430	570	760	950
XL80S (80cc single)	190	290	430	570	760	950
XR80 (80cc single)	190	290	430	570	760	950
XL100S (99cc single)	190	290	430	570	760	950
XR100 (99cc single)	220	330	500	660	880	1,100
CT110 Trail 110 (105cc single)	200	300	450	600	800	1,000
CR125R (123cc single)	280	420	630	840	1,120	1,400
CB125S (124cc single)	220	330	500	660	880	1,100
XL125S (124cc single)	220	330	500	660	880	1,100
XL185S (180cc single)	240	360	540	720	960	1,200
CM200T Twinstar (194cc twin)	240	360	540	720	960	1,200
XR200 (195cc single)	280	420	630	840	1,120	1,400
XR200R (195cc single)	300	450	680	900	1,200	1,500
CM250C 250 Custom (234cc twin)	300	450	680	900	1,200	1,500
CR250R (246cc single)	400	600	900	1,200	1,600	2,000
XL250R (249cc single)	380	570	860	1,140	1,520	1,900
XR250R (249cc single)	380	570	860	1,140	1,520	1,900
CB450SC Nighthawk 450 (447cc twin)	400	600	900	1,200	1,600	2,000
CB450T Hawk (447cc twin)	360	540	810	1,080	1,440	1,800
CM450A Hondamatic (447cc twin)	400	600	900	1,200	1,600	2,000
CM450C Custom (447cc twin)	400	600	900	1,200	1,600	2,000
CM450E (447cc twin)	380	570	860	1,140	1,520	1,900
CR480R (472cc single)	420	630	950	1,260	1,680	2,100
CX500C Custom (496cc V-twin)	360	540	810	1,080	1,440	1,800
GL500 Silver Wing (496cc V-twin)	600	900	1,350	1,800	2,400	3,000
GL500I Silver Wing Interstate (496cc V-twin)	600	900	1,350	1,800	2,400	3,000
CX500TC 500 Turbo (497cc turbo V-twin)	1,200	1,800	2,700	3,600	4,800	6,000
FT500 Ascot (498cc single)	900	1,350	2,030	2,700	3,600	4,500
XL500R (498cc single)	400	600	900	1,200	1,600	2,000
XR500R (498cc single)	500	750	1,130	1,500	2,000	2,500
CB650 (627cc four)	500	750	1,130	1,500	2,000	2,500
CB650SC Nighthawk 650 (627cc four)	750	1,130	1,690	2,250	3,000	3,750
VF750C V45 Magna (748cc V-four)	640	960	1,440	1,920	2,560	3,200
VF750S V45 Sabre (748cc V-four)	640	960	1,440	1,920	2,560	3,200
CB750C 750 Custom (749cc four)	400	600	900	1,200	1,600	2,000

HONDA

	6	5	4	3	2	1
CB750F 750 Super Sport (749cc four) 440	660	990	1,320	1,760	2,200
CB750K 750 four K (749cc four) 500	750	1,130	1,500	2,000	2,500
CB750SC Nighthawk 750 (749cc four) 1,000	1,500	2,250	3,000	4,000	5,000
CB900C 900 Custom (902cc four) 560	840	1,260	1,680	2,240	2,800
CB900F 900 Super Sport (902cc four) 600	900	1,350	1,800	2,400	3,000
CBX Super Sport (1,047cc six) 1,800	2,700	4,050	5,400	7,200	9,000
GL1100 Gold Wing (1,085cc four) 700	1,050	1,580	2,100	2,800	3,500
GL1100A Gold Wing Aspencade (1,085cc four) 920	1,380	2,070	2,760	3,680	4,600
GL1100I Gold Wing Interstate (1,085cc four) 840	1,260	1,890	2,520	3,360	4,200
1983						
CR60R (58cc single) 200	300	450	600	800	1,000
C70 Passport (72cc single) 180	270	410	540	720	900
CR80R (79cc single) 190	290	430	570	760	950
XL80S (80cc single) 190	290	430	570	760	950
XR80 (80cc single) 190	290	430	570	760	950
XL100S (99cc single) 190	290	430	570	760	950
XR 100 (99cc single) 220	330	500	660	880	1,100
CT110 Trail 110 (105cc single) 200	300	450	600	800	1,000
CR125R (123cc single) 280	420	630	840	1,120	1,400
XL185S (180cc single) 240	360	540	720	960	1,200
XL200R (195cc single) 280	420	630	840	1,120	1,400
XR200 (195cc single) 300	450	680	900	1,200	1,500
XR200R (195cc single) 380	570	860	1,140	1,520	1,900
CM250C 250 Custom (234cc twin) 300	450	680	900	1,200	1,500
CR250R (246cc single) 400	600	900	1,200	1,600	2,000
XL250R (249cc single) 380	570	860	1,140	1,520	1,900
XR350R (339cc single) 440	660	990	1,320	1,760	2,200
CB450SC Nighthawk 450 (447cc twin) 400	600	900	1,200	1,600	2,000
CM450A Hondamatic (447cc twin) 400	600	900	1,200	1,600	2,000
CM450E (447cc twin) 380	570	860	1,140	1,520	1,900
CR480R (472cc single) 420	630	950	1,260	1,680	2,100
VT500C Shadow 500 (491cc V-twin) 400	600	900	1,200	1,600	2,000
FT500 Ascot (498cc single) 900	1,350	2,030	2,700	3,600	4,500
XR500R (498cc single) 500	750	1,130	1,500	2,000	2,500
CB550SC Nighthawk 550 (572cc four) 620	930	1,400	1,860	2,480	3,100
XL600R (589cc single) 420	630	950	1,260	1,680	2,100
CB650SC Nighthawk 650 (655cc four) 700	1,050	1,580	2,100	2,800	3,500
CX650C Custom (674cc V-twin) 640	960	1,440	1,920	2,560	3,200
CX650T 650 Turbo (674cc turbo V-twin) 1,100	1,650	2,480	3,300	4,400	5,500
GL650 Silver Wing (674cc V-twin) 700	1,050	1,580	2,100	2,800	3,500
GL650I Silver Wing Interstate (674cc V-twin) 700	1,050	1,580	2,100	2,800	3,500
VF750C V45 Magna (748cc V-four) 640	960	1,440	1,920	2,560	3,200
VF750F V45 Interceptor (748cc V-four) 940	1,410	2,120	2,820	3,760	4,700
VF750S V45 Sabre (748cc V-four) 680	1,020	1,530	2,040	2,720	3,400
VT750C Shadow 750 (749cc V-twin) 680	1,020	1,530	2,040	2,720	3,400
CB750SC Nighthawk 750 (749cc four) 960	1,440	2,160	2,880	3,840	4,800
CB1000C 1000 Custom (973cc four) 600	900	1,350	1,800	2,400	3,000
CB1100F Super Sport (1,067cc four) 940	1,410	2,120	2,820	3,760	4,700
GL1100 Gold Wing (1,085cc four) 700	1,050	1,580	2,100	2,800	3,500
GL1100A Gold Wing Aspencade (1,085cc four) 920	1,380	2,070	2,760	3,680	4,600
GL1100I Gold Wing Interstate (1,085cc four) 940	1,410	2,120	2,820	3,760	4,700
VF1100 V65 Magna (1,098cc V-four) 700	1,050	1,580	2,100	2,800	3,500
1984						
CR60R (58cc single) 200	300	450	600	800	1,000
CR80R (80cc single) 220	330	500	660	880	1,100
XL80S (80cc single) 200	300	450	600	800	1,000
XR80 (80cc single) 200	300	450	600	800	1,000
XL100S (99cc single) 200	300	450	600	800	1,000
XR 100 (99cc single) 200	300	450	600	800	1,000
CT110 Trail 110 (105cc single) 200	300	450	600	800	1,000
CR125R (123cc single) 280	420	630	840	1,120	1,400
CB125S (124cc single) 240	360	540	720	960	1,200
XL125S (124cc single) 240	360	540	720	960	1,200
XL200R (195cc single) 280	420	630	840	1,120	1,400
XR200 (195cc single) 300	450	680	900	1,200	1,500
XR200R (199cc single) 380	570	860	1,140	1,520	1,900
CR250R (246cc single) 400	600	900	1,200	1,600	2,000
XL250R (249cc single) 380	570	860	1,140	1,520	1,900
XR250R (249cc single) 440	660	990	1,320	1,760	2,200
XL350R (339cc single) 440	660	990	1,320	1,760	2,200
XR350R (339cc single) 440	660	990	1,320	1,760	2,200
CR500R (491cc single) 520	780	1,170	1,560	2,080	2,600
VT500C Shadow 500 (491cc V-twin) 400	600	900	1,200	1,600	2,000
VT500FT Ascot (491cc V-twin) 900	1,350	2,030	2,700	3,600	4,500
VF500C V30 Magna (498cc V-four) 560	840	1,260	1,680	2,240	2,800
VF500F 500 Interceptor (498cc V-four) 620	930	1,400	1,860	2,480	3,100
XR500R (498cc single) 460	690	1,040	1,380	1,840	2,300
XL600R (589cc single) 460	690	1,040	1,380	1,840	2,300

	6	5	4	3	2	1
CB650SC Nighthawk 650 (655cc four)	700	1,050	1,580	2,100	2,800	3,500
VT700C Shadow (694cc V-twin)	680	1,020	1,530	2,040	2,720	3,400
CB700SC Nighthawk S (696cc V-four)	800	1,200	1,800	2,400	3,200	4,000
VF700C Magna (699cc V-four)	600	900	1,350	1,800	2,400	3,000
VF700F Interceptor (699cc V-four)	640	960	1,440	1,920	2,560	3,200
VF700S Sabre (699cc V-four)	600	900	1,350	1,800	2,400	3,000
VF750F V45 Interceptor (748cc V-four)	880	1,320	1,980	2,640	3,520	4,400
VF1000F 1000 Interceptor (998cc V-four)	1,000	1,500	2,250	3,000	4,000	5,000
VF1100 V65 Magna (1,098cc V-four)	700	1,050	1,580	2,100	2,800	3,500
VF1100S V65 Sabre (1,098cc V-four)	780	1,170	1,760	2,340	3,120	3,900
GL1200 Gold Wing (1,182cc four)	760	1,140	1,710	2,280	3,040	3,800
GL1200A Gold Wing Aspencade (1,182cc four)	940	1,410	2,120	2,820	3,760	4,700
GL1200I Gold Wing Interstate (1,182cc four)	840	1,260	1,890	2,520	3,360	4,200
1985						
XL80S (80cc single)	200	300	450	600	800	1,000
XR80 (80cc single)	200	300	450	600	800	1,000
CR80R (83cc single)	200	300	450	600	800	1,000
XL100S (99cc single)	200	300	450	600	800	1,000
XR100R (99cc single)	200	300	450	600	800	1,000
CB125S (124cc single)	200	300	450	600	800	1,000
CR125R (124cc single)	280	420	630	840	1,120	1,400
XL125S (124cc single)	240	360	540	720	960	1,200
XR200R (199cc single)	280	420	630	840	1,120	1,400
CMX250C Rebel 250 (234cc twin)	300	450	680	900	1,200	1,500
CR250R (246cc single)	400	600	900	1,200	1,600	2,000
XL250R (249cc single)	380	570	860	1,140	1,520	1,900
XR250R (249cc single)	420	630	950	1,260	1,680	2,100
XL350R (339cc single)	420	630	950	1,260	1,680	2,100
XR350R (353cc single)	480	720	1,080	1,440	1,920	2,400
CB450SC Nighthawk 450 (447cc twin)	420	630	950	1,260	1,680	2,100
CR500R (491cc single)	480	720	1,080	1,440	1,920	2,400
VF500C V30 Magna (498cc V-four)	560	840	1,260	1,680	2,240	2,800
VF500F 500 Interceptor (498cc V-four)	620	930	1,400	1,860	2,480	3,100
XL600R (589cc single)	460	690	1,040	1,380	1,840	2,300
XR600R (591cc single)	460	690	1,040	1,380	1,840	2,300
CB650SC Nighthawk 650 (655cc four)	700	1,050	1,580	2,100	2,800	3,500
CB700SC Nighthawk S (696cc V-four)	750	1,130	1,690	2,250	3,000	3,750
VT700C Shadow (694cc V-twin)	680	1,020	1,530	2,040	2,720	3,400
VF700C Magna (699cc V-four)	620	930	1,400	1,860	2,480	3,100
VF700F Interceptor (699cc V-four)	660	990	1,490	1,980	2,640	3,300
VF700S Sabre (699cc V-four)	620	930	1,400	1,860	2,480	3,100
VF1000R (998cc V-four)	1,000	1,500	2,250	3,000	4,000	5,000
VF1100 V65 Magna (1,098cc V-four)	700	1,050	1,580	2,100	2,800	3,500
VF1100S V65 Sabre (1,098cc V-four)	780	1,170	1,760	2,340	3,120	3,900
VT1100C Shadow 1100 (1,099cc V-twin)	840	1,260	1,890	2,520	3,360	4,200
GL1200A Gold Wing Aspencade (1,182cc four)	960	1,440	2,160	2,880	3,840	4,800
GL1200I Gold Wing Interstate (1,182cc four)	840	1,260	1,890	2,520	3,360	4,200
GL1200L Gold Wing Limited Edition (1,182cc four)	920	1,380	2,070	2,760	3,680	4,600
1986						
XR80 (80cc single)	200	300	450	600	800	1,000
CR80R (83cc single)	200	300	450	600	800	1,000
XR100R (99cc single)	200	300	450	600	800	1,000
CT110 Trail 110 (105cc single)	200	300	450	600	800	1,000
CR125R (124cc single)	240	360	540	720	960	1,200
TLR200 Reflex (195cc single)	220	330	500	660	880	1,100
XR200R (195cc single)	240	360	540	720	960	1,200
TR200 FatCat (199cc single)	240	360	540	720	960	1,200
CMX250C Rebel 250 (234cc twin)	280	420	630	840	1,120	1,400
CMX250CD Rebel 250 Limited (234cc twin)	310	470	700	930	1,240	1,550
CR250R (249cc single)	360	540	810	1,080	1,440	1,800
XL250R (249cc single)	360	540	810	1,080	1,440	1,800
XR250R (249cc single)	360	540	810	1,080	1,440	1,800
CB450SC Nighthawk 450 (447cc twin)	400	600	900	1,200	1,600	2,000
CMX450C Rebel 450 (447cc twin)	340	510	770	1,020	1,360	1,700
CR500R (491cc single)	440	660	990	1,320	1,760	2,200
VF500F 500 Interceptor (498cc V-four)	620	930	1,400	1,860	2,480	3,100
XL600R (589cc single)	460	690	1,040	1,380	1,840	2,300
XR600R (591cc single)	460	690	1,040	1,380	1,840	2,300
VT700C Shadow (694cc V-twin)	700	1,050	1,580	2,100	2,800	3,500
CB700SC Nighthawk S (696cc V-four)	780	1,170	1,760	2,340	3,120	3,900
VFR700F Interceptor (698cc V-four)	680	1,020	1,530	2,040	2,720	3,400
VFR700F2 Interceptor (698cc V-four)	750	1,130	1,690	2,250	3,000	3,750
VF700C Magna (699cc V-four)	620	930	1,400	1,860	2,480	3,100
VFR750F 750 Interceptor (748cc V-four)	800	1,200	1,800	2,400	3,200	4,000
VF1000R (998cc V-four)	1,000	1,500	2,250	3,000	4,000	5,000
VF1100 V65 Magna (1,098cc V-four)	680	1,020	1,530	2,040	2,720	3,400
VT1100C Shadow 1100 (1,099cc V-twin)	820	1,230	1,850	2,460	3,280	4,100
GL1200A Gold Wing Aspencade (1,182cc four)	920	1,380	2,070	2,760	3,680	4,600

	6	5	4	3	2	1
GL1200I Gold Wing Interstate (1,182cc four) 800	1,200	1,800	2,400	3,200	4,000
GL1200SE-i Gold Wing Aspencade SE-i (1,182cc four) 980	1,470	2,210	2,940	3,920	4,900
1987						
XR80 (80cc single) 200	300	450	600	800	1,000
CR80R (83cc single) 200	300	450	600	800	1,000
XR100R (99cc single) 200	300	450	600	800	1,000
CR125R (124cc single) 200	300	450	600	800	1,000
TLR200 Reflex (195cc single) 240	360	540	720	960	1,200
XR200R (195cc single) 240	360	540	720	960	1,200
TR200 FatCat (199cc single) 240	360	540	720	960	1,200
CMX250C Rebel 250 (234cc twin) 280	420	630	840	1,120	1,400
CR250R (249cc single) 360	540	810	1,080	1,440	1,800
XL250R (249cc single) 360	540	810	1,080	1,440	1,800
XR250R (249cc single) 360	540	810	1,080	1,440	1,800
CMX450C Rebel 450 (447cc twin) 340	510	770	1,020	1,360	1,700
CR500R (491cc single) 420	630	950	1,260	1,680	2,100
XL600R (589cc single) 460	690	1,040	1,380	1,840	2,300
XR600R (591cc single) 460	690	1,040	1,380	1,840	2,300
CBR600F Hurricane 600 (598cc four) 600	900	1,350	1,800	2,400	3,000
VT700C Shadow (694cc V-twin) 650	980	1,460	1,950	2,600	3,250
VFR700F2 Interceptor (698cc V-four) 740	1,110	1,670	2,220	2,960	3,700
VF700C Magna (699cc V-four) 640	960	1,440	1,920	2,560	3,200
CBR1000F 1000 Hurricane (998cc four) 800	1,200	1,800	2,400	3,200	4,000
VT1100C Shadow 1100 (1,099cc V-twin) 800	1,200	1,800	2,400	3,200	4,000
GL1200A Gold Wing Aspencade (1,182cc four) 920	1,380	2,070	2,760	3,680	4,600
GL1200I Gold Wing Interstate (1,182cc four) 800	1,200	1,800	2,400	3,200	4,000
1988						
XR80 (80cc single) 200	300	450	600	800	1,000
CR80R (83cc single) 200	300	450	600	800	1,000
XR100R (99cc single) 200	300	450	600	800	1,000
CR125R (124cc single) 200	300	450	600	800	1,000
NX125 (124cc single) 200	300	450	600	800	1,000
XR200R (195cc single) 180	270	410	540	720	900
CR250R (249cc single) 240	360	540	720	960	1,200
NX250 (249cc single) 220	330	500	660	880	1,100
VTR250 Interceptor VTR (249cc twin) 300	450	680	900	1,200	1,500
XR250R (249cc single) 320	480	720	960	1,280	1,600
CR500R (491cc single) 320	480	720	960	1,280	1,600
VT600C Shadow VLX (583cc V-twin) 700	1,050	1,580	2,100	2,800	3,500
XR600R (591cc single) 460	690	1,040	1,380	1,840	2,300
CBR600F Hurricane 600 (598cc four) 600	900	1,350	1,800	2,400	3,000
NX650 (644cc single) 440	660	990	1,320	1,760	2,200
NT650 Hawk GT (647cc V-twin) 540	810	1,220	1,620	2,160	2,700
VF750C V45 Magna (748cc V-four) 640	960	1,440	1,920	2,560	3,200
VT800C Shadow 800 (800cc V-twin) 1,000	1,500	2,250	3,000	4,000	5,000
CBR1000F 1000 Hurricane (998cc four) 820	1,230	1,850	2,460	3,280	4,100
VT1100C Shadow 1100 (1,099cc V-twin) 800	1,200	1,800	2,400	3,200	4,000
GL1500 Gold Wing (1,520cc six) 1,200	1,800	2,700	3,600	4,800	6,000
1989						
CR80R (83cc single) 200	300	450	600	800	1,000
XR100R (99cc single) 200	300	450	600	800	1,000
NX125 (124cc single) 200	300	450	600	800	1,000
CR125R (125cc single) 200	300	450	600	800	1,000
CR250R (249cc single) 240	360	540	720	960	1,200
NX250 (249cc single) 240	360	540	720	960	1,200
VTR250 VTR (249cc twin) 300	450	680	900	1,200	1,500
XR250R (249cc single) 300	450	680	900	1,200	1,500
CB400F CB-1 (399cc four) 420	630	950	1,260	1,680	2,100
CR500R (491cc single) 340	510	770	1,020	1,360	1,700
GB500 Tourist Trophy (499cc single) 1,300	1,950	2,930	3,900	5,200	6,500
VT600C Shadow VLX (583cc V-twin) 700	1,050	1,580	2,100	2,800	3,500
XL600V TransAlp (583cc V-twin) 1,000	1,500	2,250	3,000	4,000	5,000
XR600R (591cc single) 460	690	1,040	1,380	1,840	2,300
CBR600F (598cc four) 600	900	1,350	1,800	2,400	3,000
NX650 (644cc single) 440	660	990	1,320	1,760	2,200
NT650 Hawk GT (647cc V-twin) 540	810	1,220	1,620	2,160	2,700
PC800 Pacific Coast (800cc V-twin) 800	1,200	1,800	2,400	3,200	4,000
VT1100C Shadow 1100 (1,099cc V-twin) 800	1,200	1,800	2,400	3,200	4,000
GL1500 Gold Wing (1,520cc six) 1,200	1,800	2,700	3,600	4,800	6,000
1990						
NS50F (49cc single) 160	240	360	480	640	800
XR80 (80cc single) 200	300	450	600	800	1,000
CR80R (83cc single) 200	300	450	600	800	1,000
XR100R (99cc single) 200	300	450	600	800	1,000
NX125 (124cc single) 200	300	450	600	800	1,000
CR125R (125cc single) 200	300	450	600	800	1,000
XR200R (195cc single) 240	360	540	720	960	1,200
CR250R (249cc single) 240	360	540	720	960	1,200

	6	5	4	3	2	1
NX250 (249cc single)	240	360	540	720	960	1,200
VTR250 VTR (249cc twin)	300	450	680	900	1,200	1,500
XR250R (249cc single)	300	450	680	900	1,200	1,500
CB400F CB-1 (399cc four)	420	630	950	1,260	1,680	2,100
CR500R (491cc single)	340	510	770	1,020	1,360	1,700
GB500 Tourist Trophy (499cc single)	1,300	1,950	2,930	3,900	5,200	6,500
XL600V TransAlp (583cc V-twin)	1,000	1,500	2,250	3,000	4,000	5,000
XR600R (591cc single)	460	690	1,040	1,380	1,840	2,300
CBR600F (598cc four)	600	900	1,350	1,800	2,400	3,000
NT650 Hawk GT (647cc V-twin)	540	810	1,220	1,620	2,160	2,700
VFR750F VFR (748cc V-four)	680	1,020	1,530	2,040	2,720	3,400
*VFR750R RC30 (748cc V-four)	1,700	2,550	3,830	5,100	6,800	8,500
PC800 Pacific Coast (800cc V-twin)	800	1,200	1,800	2,400	3,200	4,000
CBR1000F (998cc four)	820	1,230	1,850	2,460	3,280	4,100
VT1100C Shadow 1100 (1,099cc V-twin)	800	1,200	1,800	2,400	3,200	4,000
GL1500 Gold Wing (1,520cc six)	1,200	1,800	2,700	3,600	4,800	6,000
GL1500SE Gold Wing SE (1,520cc six)	1,300	1,950	2,930	3,900	5,200	6,500

INDIAN

	6	5	4	3	2	1
1920						
Powerplus (33-cid single)	4,800	7,200	10,800	14,400	19,200	24,000
Scout (37-cid V-twin)	6,200	9,300	13,950	18,600	24,800	31,000
Powerplus (61-cid V-twin)	5,600	8,400	12,600	16,800	22,400	28,000
1921						
Powerplus (33-cid single)	4,800	7,200	10,800	14,400	19,200	24,000
Scout (37-cid V-twin)	6,000	9,000	13,500	18,000	24,000	30,000
Powerplus (61-cid V-twin)	5,500	8,250	12,380	16,500	22,000	27,500
1922						
Powerplus (33-cid single)	4,400	6,600	9,900	13,200	17,600	22,000
Scout (37-cid V-twin)	5,900	8,850	13,280	17,700	23,600	29,500
Powerplus (61-cid V-twin)	5,500	8,250	12,380	16,500	22,000	27,500
Chief (61-cid V-twin)	8,500	12,750	19,130	25,500	34,000	42,500
1923						
Powerplus (33-cid single)	4,300	6,450	9,680	12,900	17,200	21,500
Scout (37-cid V-twin)	5,800	8,700	13,050	17,400	23,200	29,000
Powerplus (61-cid V-twin)	5,400	8,100	12,150	16,200	21,600	27,000
Chief (61-cid V-twin)	8,400	12,600	18,900	25,200	33,600	42,000
Big Chief (74-cid V-twin)	8,700	13,050	19,580	26,100	34,800	43,500
1924						
Powerplus (33-cid single)	4,300	6,450	9,680	12,900	17,200	21,500
Scout (37-cid V-twin)	5,300	7,950	11,930	15,900	21,200	26,500
Powerplus (61-cid V-twin)	5,200	7,800	11,700	15,600	20,800	26,000
Chief (61-cid V-twin)	8,400	12,600	18,900	25,200	33,600	42,000
Big Chief (74-cid V-twin)	8,600	12,900	19,350	25,800	34,400	43,000
1925						
Prince (21-cid single)	3,600	5,400	8,100	10,800	14,400	18,000
Scout (37-cid V-twin)	4,800	7,200	10,800	14,400	19,200	24,000
Chief (61-cid V-twin)	8,200	12,300	18,450	24,600	32,800	41,000
Big Chief (74-cid V-twin)	8,600	12,900	19,350	25,800	34,400	43,000
1926						
Prince (21-cid single)	3,400	5,100	7,650	10,200	13,600	17,000
Scout (37-cid V-twin)	4,800	7,200	10,800	14,400	19,200	24,000
Chief (61-cid V-twin)	8,200	12,300	18,450	24,600	32,800	41,000
Big Chief (74-cid V-twin)	8,600	12,900	19,350	25,800	34,400	43,000
1927						
Prince (21-cid single)	3,400	5,100	7,650	10,200	13,600	17,000
Scout (37-cid V-twin)	4,200	6,300	9,450	12,600	16,800	21,000
Scout (45-cid V-twin)	4,600	6,900	10,350	13,800	18,400	23,000
Chief (61-cid V-twin)	8,000	12,000	18,000	24,000	32,000	40,000
Big Chief (74-cid V-twin)	8,600	12,900	19,350	25,800	34,400	43,000
Indian Ace (78-cid, inline 4-cyl.)	10,400	15,600	23,400	31,200	41,600	52,000
1928						
Prince (21-cid single)	3,400	5,100	7,650	10,200	13,600	17,000
101 Scout (37-cid V-twin)	4,400	6,600	9,900	13,200	17,600	22,000
101 Scout (45-cid V-twin)	4,900	7,350	11,030	14,700	19,600	24,500
Chief (61-cid V-twin)	8,000	12,000	18,000	24,000	32,000	40,000
Big Chief (74-cid V-twin)	8,600	12,900	19,350	25,800	34,400	43,000
Indian Ace (78-cid, inline 4-cyl.)	10,400	15,600	23,400	31,200	41,600	52,000
1929						
101 Scout (37-cid V-twin)	4,400	6,600	9,900	13,200	17,600	22,000
101 Scout (45-cid V-twin)	4,900	7,350	11,030	14,700	19,600	24,500
Chief (74-cid V-twin)	7,700	11,550	17,330	23,100	30,800	38,500
Model 401 (78-cid, inline 4-cyl.)	10,200	15,300	22,950	30,600	40,800	51,000
Model 402 (78-cid, inline 4-cyl.)	10,000	15,000	22,500	30,000	40,000	50,000
NOTE: Model 402 had new five-main-bearing crankshaft						
1930						
101 Scout (37-cid V-twin)	4,400	6,600	9,900	13,200	17,600	22,000

	6	5	4	3	2	1
101 Scout (45-cid V-twin) 4,900	7,350	11,030	14,700	19,600	24,500
Chief (74-cid V-twin) 7,600	11,400	17,100	22,800	30,400	38,000
Model 402 (78-cid, inline 4-cyl.) 9,800	14,700	22,050	29,400	39,200	49,000
1931						
101 Scout (37-cid V-twin) 4,400	6,600	9,900	13,200	17,600	22,000
101 Scout (45-cid V-twin) 5,000	7,500	11,250	15,000	20,000	25,000
Chief (74-cid V-twin) 7,600	11,400	17,100	22,800	30,400	38,000
Model 402 (78-cid, inline 4-cyl.) 9,800	14,700	22,050	29,400	39,200	49,000
1932						
Scout Pony (30-cid V-twin) .3,200	4,800	7,200	9,600	12,800	16,000
Scout (45-cid V-twin). 4,200	6,300	9,450	12,600	16,800	21,000
Chief (74-cid V-twin) 7,600	11,400	17,100	22,800	30,400	38,000
Model 403 (78-cid, inline 4-cyl.) 9,900	14,850	22,280	29,700	39,600	49,500
1933						
Junior Scout (30.50-cid V-twin) 3,200	4,800	7,200	9,600	12,800	16,000
Standard Scout (45-cid V-twin) 4,000	6,000	9,000	12,000	16,000	20,000
Motoplane (45-cid V-twin)		value not estimable				
Chief (74-cid V-twin) 7,600	11,400	17,100	22,800	30,400	38,000
Model 403 (78-cid, inline 4-cyl.) 10,000	15,000	22,500	30,000	40,000	50,000
1934						
Junior Scout (30.50-cid V-twin) 3,200	4,800	7,200	9,600	12,800	16,000
Standard Scout (45-cid V-twin) 3,800	5,700	8,550	11,400	15,200	19,000
Sport Scout (45-cid V-twin) .4,600	6,900	10,350	13,800	18,400	23,000
Chief (74-cid V-twin) 7,600	11,400	17,100	22,800	30,400	38,000
Model 434 (78-cid, inline 4-cyl.) 10,300	15,450	23,180	30,900	41,200	51,500
1935						
Junior Scout (30.50-cid V-twin) 3,200	4,800	7,200	9,600	12,800	16,000
Standard Scout (45-cid V-twin) 3,800	5,700	8,550	11,400	15,200	19,000
Sport Scout (45-cid V-twin) .4,600	6,900	10,350	13,800	18,400	23,000
Chief (74-cid V-twin) 7,600	11,400	17,100	22,800	30,400	38,000
Model 435 (78-cid, inline 4-cyl.) 10,300	15,450	23,180	30,900	41,200	51,500
1936						
Junior Scout (30.50-cid V-twin) 3,000	4,500	6,750	9,000	12,000	15,000
Scout 45 (45-cid V-twin) 3,600	5,400	8,100	10,800	14,400	18,000
Sport Scout (45-cid V-twin) .4,600	6,900	10,350	13,800	18,400	23,000
Chief (74-cid V-twin) 7,400	11,100	16,650	22,200	29,600	37,000
Model 436 (78-cid, inline 4-cyl.) 10,200	15,300	22,950	30,600	40,800	51,000
1937						
Junior Scout (30.50-cid V-twin) 3,000	4,500	6,750	9,000	12,000	15,000
Scout 45 (45-cid V-twin) 3,600	5,400	8,100	10,800	14,400	18,000
Sport Scout (45-cid V-twin) .4,600	6,900	10,350	13,800	18,400	23,000
Chief (74-cid V-twin) 7,400	11,100	16,650	22,200	29,600	37,000
Model 437 (78-cid, inline 4-cyl.) 10,200	15,300	22,950	30,600	40,800	51,000
1938						
Junior Scout (30.50-cid V-twin) 3,000	4,500	6,750	9,000	12,000	15,000
Sport Scout (45-cid V-twin) .4,600	6,900	10,350	13,800	18,400	23,000
Chief (74-cid V-twin) 8,200	12,300	18,450	24,600	32,800	41,000
Model 438 (78-cid, inline 4-cyl.) 10,400	15,600	23,400	31,200	41,600	52,000
1939						
Junior Scout (30.50-cid V-twin) 3,000	4,500	6,750	9,000	12,000	15,000
Sport Scout (45-cid V-twin) .4,600	6,900	10,350	13,800	18,400	23,000
Chief (74-cid V-twin) 7,600	11,400	17,100	22,800	30,400	38,000
Model 439 (78-cid, inline 4-cyl.) 10,000	15,000	22,500	30,000	40,000	50,000
1940						
Thirty-fifty (30.50-cid V-twin) 3,000	4,500	6,750	9,000	12,000	15,000
Sport Scout (45-cid V-twin) .4,600	6,900	10,350	13,800	18,400	23,000
Chief (74-cid V-twin) 7,800	11,700	17,550	23,400	31,200	39,000
Model 440 (78-cid, inline 4-cyl.) 10,800	16,200	24,300	32,400	43,200	54,000
1941						
Thirty-fifty (30.50-cid V-twin) 2,800	4,200	6,300	8,400	11,200	14,000
Model 741 (30.50-cid V-twin, military) 2,800	4,200	6,300	8,400	11,200	14,000
Sport Scout (45-cid V-twin) .4,600	6,900	10,350	13,800	18,400	23,000
Model 640-B (45-cid V-twin, military) 3,200	4,800	7,200	9,600	12,800	16,000
Model 841 (45-cid V-twin, shaft-drive, military) 4,200	6,300	9,450	12,600	16,800	21,000
Chief (74-cid V-twin) 7,800	11,700	17,550	23,400	31,200	39,000
Model 441 (78-cid, inline 4-cyl.) 1,200	1,800	2,700	3,600	4,800	6,000
1942						
Model 741 (30.50-cid V-twin, military) 2,800	4,200	6,300	8,400	11,200	14,000
Model 640-B (45-cid V-twin, military) 3,200	4,800	7,200	9,600	12,800	16,000
Model 841 (45-cid V-twin, shaft-drive, military) 4,200	6,300	9,450	12,600	16,800	21,000
Chief (74-cid V-twin) 7,800	11,700	17,550	23,400	31,200	39,000
Chief (74-cid V-twin, military) 7,800	11,700	17,550	23,400	31,200	39,000
Model 442 (78-cid, inline 4-cyl.) 12,000	18,000	27,000	36,000	48,000	60,000
1943						
Model 640-B (45-cid V-twin, military) 3,200	4,800	7,200	9,600	12,800	16,000
Model 841 (45-cid V-twin, shaft-drive, military) 4,000	6,000	9,000	12,000	16,000	20,000
Chief (74-cid V-twin, military) 6,800	10,200	15,300	20,400	27,200	34,000
1944						
Chief (74-cid V-twin, military) 6,400	9,600	14,400	19,200	25,600	32,000

	6	5	4	3	2	1
1945						
Chief (74-cid V-twin)	7,000	10,500	15,750	21,000	28,000	35,000
Chief (74-cid V-twin, military)	6,400	9,600	14,400	19,200	25,600	32,000
1946						
Chief (74-cid V-twin)	7,000	10,500	15,750	21,000	28,000	35,000
1947						
Chief (74-cid V-twin)	7,000	10,500	15,750	21,000	28,000	35,000
Chief Roadmaster (74-cid V-twin)	7,200	10,800	16,200	21,600	28,800	36,000
1948						
Chief (74-cid V-twin)	7,000	10,500	15,750	21,000	28,000	35,000
Chief Roadmaster (74-cid V-twin)	7,200	10,800	16,200	21,600	28,800	36,000
1949						
Arrow (13-cid single)	1,700	2,550	3,830	5,100	6,800	8,500
Scout (27-cid vertical twin)	1,800	2,700	4,050	5,400	7,200	9,000
NOTE: 1949 Chiefs sold as 1950 models						
1950						
Arrow (13-cid single)	1,700	2,550	3,830	5,100	6,800	8,500
Scout (27-cid vertical twin)	1,900	2,850	4,280	5,700	7,600	9,500
Warrior (30.50-cid vertical twin)	2,000	3,000	4,500	6,000	8,000	10,000
Warrior TT (30.50-cid vertical twin)	2,200	3,300	4,950	6,600	8,800	11,000
Chief (80-cid V-twin)	8,200	12,300	18,450	24,600	32,800	41,000
1951						
Brave (15-cid single)	1,200	1,800	2,700	3,600	4,800	6,000
Warrior (30.50-cid vertical twin)	2,000	3,000	4,500	6,000	8,000	10,000
Warrior TT (30.50-cid vertical twin)	2,400	3,600	5,400	7,200	9,600	12,000
Chief (80-cid V-twin)	8,300	12,450	18,680	24,900	33,200	41,500
1952						
Brave (15-cid single)	1,200	1,800	2,700	3,600	4,800	6,000
Warrior (30.50-cid vertical twin)	2,000	3,000	4,500	6,000	8,000	10,000
Warrior TT (30.50-cid vertical twin)	2,400	3,600	5,400	7,200	9,600	12,000
Chief (80-cid V-twin)	8,300	12,450	18,680	24,900	33,200	41,500
1953						
Brave (15-cid single)	1,200	1,800	2,700	3,600	4,800	6,000
Chief (80-cid V-twin)	8,800	13,200	19,800	26,400	35,200	44,000
NOTE: American production of Indian motorcycles ends.						

KAWASAKI

	6	5	4	3	2	1
1963						
B8/B8T (125cc single)	700	1,050	1,580	2,100	2,800	3,500
1964						
B8/B8T (125cc single)	640	960	1,440	1,920	2,560	3,200
SG (250cc single)	740	1,110	1,670	2,220	2,960	3,700
1965						
J1 (85cc single)	400	600	900	1,200	1,600	2,000
J1T (85cc single)	400	600	900	1,200	1,600	2,000
B8/B8T (125cc single)	600	900	1,350	1,800	2,400	3,000
B8S (150cc single)	620	930	1,400	1,860	2,480	3,100
SG (250cc single)	740	1,110	1,670	2,220	2,960	3,700
1966						
M10/M11 (50cc single)	300	450	680	900	1,200	1,500
J1 (85cc single)	370	560	830	1,110	1,480	1,850
J1T (85cc single)	370	560	830	1,110	1,480	1,850
J1TR (85cc single)	400	600	900	1,200	1,600	2,000
D1 (100cc single)	340	510	770	1,020	1,360	1,700
C1 (120cc single)	400	600	900	1,200	1,600	2,000
C1D (120cc single)	400	600	900	1,200	1,600	2,000
B1 (125cc single)	400	600	900	1,200	1,600	2,000
B1T/B1TL (125cc single)	400	600	900	1,200	1,600	2,000
B8/B8T (125cc single)	440	660	990	1,320	1,760	2,200
B8S (150cc single)	480	720	1,080	1,440	1,920	2,400
F1 (175cc single)	440	660	990	1,320	1,760	2,200
F1TR (175cc single)	450	680	1,010	1,350	1,800	2,250
F2 (175cc single)	460	690	1,040	1,380	1,840	2,300
SG (250cc single)	600	900	1,350	1,800	2,400	3,000
W1 (624cc twin)	1,400	2,100	3,150	4,200	5,600	7,000
1967						
M10/M11 (50cc single)	300	450	680	900	1,200	1,500
J1D (85cc single)	360	540	810	1,080	1,440	1,800
J1TL (85cc single)	360	540	810	1,080	1,440	1,800
J1TRL (85cc single)	400	600	900	1,200	1,600	2,000
G1M (90cc single)	340	510	770	1,020	1,360	1,700
D1 (100cc single)	340	510	770	1,020	1,360	1,700
C1DL (120cc single)	400	600	900	1,200	1,600	2,000
C1L (120cc single)	400	600	900	1,200	1,600	2,000
C2SS Roadrunner (120cc single)	360	540	810	1,080	1,440	1,800
C2TR Roadrunner (120cc single)	400	600	900	1,200	1,600	2,000
B1 (125cc single)	400	600	900	1,200	1,600	2,000

KAWASAKI

	6	5	4	3	2	1
B1T/B1TL (125cc single)	400	600	900	1,200	1,600	2,000
F2 (175cc single)	460	690	1,040	1,380	1,840	2,300
F2TR (175cc single)	460	690	1,040	1,380	1,840	2,300
A1 Samurai (247cc twin)	600	900	1,350	1,800	2,400	3,000
A1R (247cc twin)	2,000	3,000	4,500	6,000	8,000	10,000
A1SS Samurai (247cc twin)	600	900	1,350	1,800	2,400	3,000
SG (250cc single)	600	900	1,350	1,800	2,400	3,000
A7 Avenger (338cc twin)	700	1,050	1,580	2,100	2,800	3,500
A7SS Avenger (338cc twin)	700	1,050	1,580	2,100	2,800	3,500
W1 (624cc twin)	1,400	2,100	3,150	4,200	5,600	7,000
1968						
M10/M11 (50cc single)	300	450	680	900	1,200	1,500
J1L (85cc single)	320	480	720	960	1,280	1,600
G1L (90cc single)	320	480	720	960	1,280	1,600
G1M (90cc single)	320	480	720	960	1,280	1,600
D1 (100cc single)	360	540	810	1,080	1,440	1,800
C2SS Roadrunner (120cc single)	360	540	810	1,080	1,440	1,800
C2TR Roadrunner (120cc single)	400	600	900	1,200	1,600	2,000
B1L (125cc single)	400	600	900	1,200	1,600	2,000
B1T/B1TL (125cc single)	400	600	900	1,200	1,600	2,000
F2 (175cc single)	420	630	950	1,260	1,680	2,100
F3 Bushwacker (175cc single)	420	630	950	1,260	1,680	2,100
A1 Samurai (247cc twin)	600	900	1,350	1,800	2,400	3,000
A1R (247cc twin)	2,000	3,000	4,500	6,000	8,000	10,000
A1SS Samurai (247cc twin)	600	900	1,350	1,800	2,400	3,000
F21M (250cc single)	700	1,050	1,580	2,100	2,800	3,500
SG (250cc single)	600	900	1,350	1,800	2,400	3,000
A7 Avenger (338cc twin)	700	1,050	1,580	2,100	2,800	3,500
A7SS Avenger (338cc twin)	700	1,050	1,580	2,100	2,800	3,500
W1 (624cc twin)	1,100	1,650	2,480	3,300	4,400	5,500
W1SS (624cc twin)	1,160	1,740	2,610	3,480	4,640	5,800
W2SS Commander (624cc twin)	1,400	2,100	3,150	4,200	5,600	7,000
1969						
M10/M11 (50cc single)	240	360	540	720	960	1,200
GA1 (90cc single)	280	420	630	840	1,120	1,400
GA2 (90cc single)	280	420	630	840	1,120	1,400
GA3 Street Scrambler (90cc single)	280	420	630	840	1,120	1,400
G1DL (90cc single)	320	480	720	960	1,280	1,600
G1TRL (90cc single)	320	480	720	960	1,280	1,600
G3SS (90cc single)	320	480	720	960	1,280	1,600
G3TR Bushmaster (90cc single)	320	480	720	960	1,280	1,600
B1L (125cc single)	310	470	700	930	1,240	1,550
B1T/B1TL (125cc single)	310	470	700	930	1,240	1,550
F2 (175cc single)	420	630	950	1,260	1,680	2,100
F3 Bushwacker (175cc single)	600	900	1,350	1,800	2,400	3,000
A1 Samurai (247cc twin)	600	900	1,350	1,800	2,400	3,000
A1SS Samurai (247cc twin)	600	900	1,350	1,800	2,400	3,000
A7 Avenger (247cc twin)	700	1,050	1,580	2,100	2,800	3,500
F4 Sidewinder (250cc single)	440	660	990	1,320	1,760	2,200
F21M (250cc single)	700	1,050	1,580	2,100	2,800	3,500
SG (250cc single)	440	660	990	1,320	1,760	2,200
A7SS Avenger (338cc twin)	600	900	1,350	1,800	2,400	3,000
H1 Mach III (498cc triple)	1,400	2,100	3,150	4,200	5,600	7,000
H1R Roadracer (498cc triple)	5,200	7,800	11,700	15,600	20,800	26,000
W1SS (624cc twin)	1,100	1,650	2,480	3,300	4,400	5,500
W2SS Commander (624cc twin)	1,160	1,740	2,610	3,480	4,640	5,800
W2TT Commander (624cc twin)	1,320	1,980	2,970	3,960	5,280	6,600
1970						
GA1 (90cc single)	280	420	630	840	1,120	1,400
GA2 (90cc single)	280	420	630	840	1,120	1,400
GA3 Street Scrambler (90cc single)	280	420	630	840	1,120	1,400
G3SS (90cc single)	320	480	720	960	1,280	1,600
G3TR Bushmaster (90cc single)	320	480	720	960	1,280	1,600
G4TR Trail Boss (100cc single)	340	510	770	1,020	1,360	1,700
G31M Centurian (100cc single)	340	510	770	1,020	1,360	1,700
B1LA (125cc single)	300	450	680	900	1,200	1,500
F3 Bushwacker (175cc single)	600	900	1,350	1,800	2,400	3,000
A1A Samurai (247cc twin)	600	900	1,350	1,800	2,400	3,000
A1SSA Samurai (247cc twin)	600	900	1,350	1,800	2,400	3,000
A7A Avenger (247cc twin)	700	1,050	1,580	2,100	2,800	3,500
F4 Sidewinder (250cc single)	400	600	900	1,200	1,600	2,000
F21M (250cc single)	700	1,050	1,580	2,100	2,800	3,500
A7SSA Avenger (338cc twin)	600	900	1,350	1,800	2,400	3,000
F5 Big Horn (350cc single)	420	630	950	1,260	1,680	2,100
H1 Mach III (498cc triple)	1,400	2,100	3,150	4,200	5,600	7,000
H1R Roadracer (498cc triple)	5,200	7,800	11,700	15,600	20,800	26,000
W1SS (624cc twin)	1,080	1,620	2,430	3,240	4,320	5,400
W2SS Commander (624cc twin)	1,160	1,740	2,610	3,480	4,640	5,800

	6	5	4	3	2	1
1971						
GA1A (90cc single)	280	420	630	840	1,120	1,400
GA2A (90cc single)	280	420	630	840	1,120	1,400
G3SS (90cc single)	320	480	720	960	1,280	1,600
GA5A (100cc single)	310	470	700	930	1,240	1,550
G3TRA (100cc single)	320	480	720	960	1,280	1,600
G4TRA Trail Boss (100cc single)	340	510	770	1,020	1,360	1,700
G31M Centurian (100cc single)	340	510	770	1,020	1,360	1,700
F6 (125cc single)	320	480	720	960	1,280	1,600
F7 (175cc single)	340	510	770	1,020	1,360	1,700
A1B Samurai (247cc twin)	520	780	1,170	1,560	2,080	2,600
A1SSB Samurai (247cc twin)	520	780	1,170	1,560	2,080	2,600
F8 (250cc single)	480	720	1,080	1,440	1,920	2,400
A7B Avenger (338cc twin)	480	720	1,080	1,440	1,920	2,400
A7SSB Avenger (338cc twin)	480	720	1,080	1,440	1,920	2,400
F5A Big Horn (350cc single)	360	540	810	1,080	1,440	1,800
H1 Mach III (498cc triple)	1,300	1,950	2,930	3,900	5,200	6,500
H1R Roadracer (498cc triple)	5,200	7,800	11,700	15,600	20,800	26,000
W1SS (624cc twin)	1,080	1,620	2,430	3,240	4,320	5,400
1972						
GA1A (90cc single)	260	390	590	780	1,040	1,300
GA2A (90cc single)	260	390	590	780	1,040	1,300
G3SS (90cc single)	240	360	540	720	960	1,200
GA5A (100cc single)	270	410	610	810	1,080	1,350
G4TRB Trail Boss (100cc single)	270	410	610	810	1,080	1,350
G5 (100cc single)	240	360	540	720	960	1,200
B1LA (125cc single)	240	360	540	720	960	1,200
F6A (125cc single)	260	390	590	780	1,040	1,300
F7A (175cc single)	290	440	650	870	1,160	1,450
S1 Mach I (249cc triple)	360	540	810	1,080	1,440	1,800
F8A Bison (250cc single)	400	600	900	1,200	1,600	2,000
F11 (250cc single)	360	540	810	1,080	1,440	1,800
F9 Big Horn (350cc single)	320	480	720	960	1,280	1,600
S2 Mach II (350cc triple)	400	600	900	1,200	1,600	2,000
H1B Mach III (498cc triple)	600	900	1,350	1,800	2,400	3,000
H2 Mach IV (750cc triple)	1,100	1,650	2,480	3,300	4,400	5,500
1973						
GA1A (90cc single)	240	360	540	720	960	1,200
GA2A (90cc single)	240	360	540	720	960	1,200
G3SS (90cc single)	240	360	540	720	960	1,200
GA5A (100cc single)	260	390	590	780	1,040	1,300
G4TRC Trail Boss (100cc single)	270	410	610	810	1,080	1,350
G7S (100cc single)	240	360	540	720	960	1,200
G7T (100cc single)	240	360	540	720	960	1,200
B1LA (125cc single)	240	360	540	720	960	1,200
F6B (125cc single)	260	390	590	780	1,040	1,300
F7B (175cc single)	260	390	590	780	1,040	1,300
S1A Mach I (249cc triple)	360	540	810	1,080	1,440	1,800
F11 (250cc single)	380	570	860	1,140	1,520	1,900
F9A Big Horn (350cc single)	400	600	900	1,200	1,600	2,000
S2A Mach II (350cc triple)	360	540	810	1,080	1,440	1,800
F12MX (450cc single)	340	510	770	1,020	1,360	1,700
H1D Mach III (498cc triple)	600	900	1,350	1,800	2,400	3,000
H2A Mach IV (750cc triple)	980	1,470	2,210	2,940	3,920	4,900
Z1 (900cc four)	3,000	4,500	6,750	9,000	12,000	15,000
1974						
GA1A (90cc single)	220	330	500	660	880	1,100
GA2A (90cc single)	220	330	500	660	880	1,100
G2S (90cc single)	240	360	540	720	960	1,200
G2T (90cc single)	240	360	540	720	960	1,200
G3SS (90cc single)	240	360	540	720	960	1,200
GA5A (100cc single)	260	390	590	780	1,040	1,300
G4TRD Trail Boss (100cc single)	270	410	610	810	1,080	1,350
G5B (100cc single)	240	360	540	720	960	1,200
G7S (100cc single)	240	360	540	720	960	1,200
G7T (100cc single)	240	360	540	720	960	1,200
B1LA (125cc single)	250	380	560	750	1,000	1,250
KS125 (125cc single)	220	330	500	660	880	1,100
S1B Mach I (249cc triple)	380	570	860	1,140	1,520	1,900
F11A (250cc single)	380	570	860	1,140	1,520	1,900
KX250 (250cc single)	400	600	900	1,200	1,600	2,000
F9B Big Horn (350cc single)	400	600	900	1,200	1,600	2,000
KZ400D (400cc twin)	320	480	720	960	1,280	1,600
S3 (400cc triple)	400	600	900	1,200	1,600	2,000
KX450 (450cc single)	420	630	950	1,260	1,680	2,100
H1E Mach III (498cc triple)	700	1,050	1,580	2,100	2,800	3,500
H2B Mach IV (750cc triple)	1,000	1,500	2,250	3,000	4,000	5,000
Z1A (900cc four)	2,600	3,900	5,850	7,800	10,400	13,000

KAWASAKI

	6	5	4	3	2	1
1975						
GA1A (90cc single)	180	270	410	540	720	900
G2T (90cc single)	180	270	410	540	720	900
G3SSE (100cc single)	200	300	450	600	800	1,000
G3T (100cc single)	190	290	430	570	760	950
G4TRE Trail Boss (100cc single)	200	300	450	600	800	1,000
G5C (100cc single)	220	330	500	660	880	1,100
G7SA (100cc single)	220	330	500	660	880	1,100
G7TA (100cc single)	220	330	500	660	880	1,100
B1LA (125cc single)	230	350	520	690	920	1,150
KD125 (125cc single)	200	300	450	600	800	1,000
KS125A (125cc single)	200	300	450	600	800	1,000
KX125A (125cc single)	210	320	470	630	840	1,050
KD175-A1 (175cc single)	240	360	540	720	960	1,200
KH250-B1 Mach I (249cc triple)	400	600	900	1,200	1,600	2,000
KT250 (250cc single)	280	420	630	840	1,120	1,400
KX250-A3 (250cc single)	250	380	560	750	1,000	1,250
KZ400D (398cc twin)	250	380	560	750	1,000	1,250
KZ400S (398cc twin)	300	450	680	900	1,200	1,500
KH400-A3 (400cc triple)	560	840	1,260	1,680	2,240	2,800
KX400 (400cc single)	340	510	770	1,020	1,360	1,700
KH500-A8 Mach III (498cc triple)	600	900	1,350	1,800	2,400	3,000
Z1-B (900cc four)	2,600	3,900	5,850	7,800	10,400	13,000
1976						
G2T (90cc single)	180	270	410	540	720	900
G3T (100cc single)	180	270	410	540	720	900
G7TA (100cc single)	200	300	450	600	800	1,000
KE100-A5 (100cc single)	200	300	450	600	800	1,000
KH100-B7 (100cc single)	220	330	500	660	880	1,100
B1LA (125cc single)	220	330	500	660	880	1,100
KD125 (125cc single)	200	300	450	600	800	1,000
KE125-A3 (125cc single)	200	300	450	600	800	1,000
KX125-A3 (125cc single)	200	300	450	600	800	1,000
KD175-A1 (175cc single)	240	360	540	720	960	1,200
KE175-B1 (175cc single)	240	360	540	720	960	1,200
KH250-A5 (249cc triple)	380	570	860	1,140	1,520	1,900
KT250 (250cc single)	280	420	630	840	1,120	1,400
KX250-A3 (250cc single)	240	360	540	720	960	1,200
KX400 (398cc single)	340	510	770	1,020	1,360	1,700
KX400-A2 (398cc single)	260	390	590	780	1,040	1,300
KZ400-D3 (398cc twin)	310	470	700	930	1,240	1,550
KZ400-S2 (398cc twin)	310	470	700	930	1,240	1,550
KH500-A8 (498cc triple)	400	600	900	1,200	1,600	2,000
KZ750-B1 (750cc twin)	400	600	900	1,200	1,600	2,000
KZ900-A4 (903cc four)	1,200	1,800	2,700	3,600	4,800	6,000
KZ900-B1 LTD (903cc four)	1,000	1,500	2,250	3,000	4,000	5,000
1977						
KC90-C1 (90cc single)	180	270	410	540	720	900
KE100-A6 (100cc single)	200	300	450	600	800	1,000
KH100-A2 EL (100cc single)	200	300	450	600	800	1,000
KH100-B8 (100cc single)	200	300	450	600	800	1,000
KH100-C1 (100cc single)	200	300	450	600	800	1,000
KH100-E1 ES (100cc single)	200	300	450	600	800	1,000
KC125-A6 (125cc single)	190	290	430	570	760	950
KD125-A2 (125cc single)	190	290	430	570	760	950
KE125-A4 (125cc single)	190	290	430	570	760	950
KH125-A1 (125cc single)	190	290	430	570	760	950
KD175-A1 (175cc single)	220	330	500	660	880	1,100
KE175-B2 (175cc single)	220	330	500	660	880	1,100
KZ200 (200cc single)	200	300	450	600	800	1,000
KH250-B2 Mach I (249cc triple)	380	570	860	1,140	1,520	1,900
KE250-B1 (250cc single)	260	390	590	780	1,040	1,300
KH400-A4 (398cc triple)	400	600	900	1,200	1,600	2,000
KZ400-A1 (398cc twin)	320	480	720	960	1,280	1,600
KZ400-D4 (398cc twin)	320	480	720	960	1,280	1,600
KZ400-S3 (398cc twin)	240	360	540	720	960	1,200
KZ650 (652cc four)	400	600	900	1,200	1,600	2,000
KZ650-B1 (652cc four)	420	630	950	1,260	1,680	2,100
KZ750-B2 (750cc twin)	360	540	810	1,080	1,440	1,800
KZ900-A5 (903cc four)	660	990	1,490	1,980	2,640	3,300
KZ1000-A1 (1,015cc four)	640	960	1,440	1,920	2,560	3,200
KZ1000-B1 LTD (1,015cc four)	550	830	1,240	1,650	2,200	2,750
1978						
KE100-A7 (100cc single)	200	300	450	600	800	1,000
KD125-A2 (125cc single)	200	300	450	600	800	1,000
KE125-A5 (125cc single)	210	320	470	630	840	1,050
KH125-A2 (125cc single)	190	290	430	570	760	950
KX125-A3 (125cc single)	200	300	450	600	800	1,000
KD175-A1 (175cc single)	220	330	500	660	880	1,100
KE175-B3 (175cc single)	220	330	500	660	880	1,100

	6	5	4	3	2	1
KE250-B2 (250cc single)	260	390	590	780	1,040	1,300
KL250-A1 (250cc single)	220	330	500	660	880	1,100
KX250 (250cc single)	260	390	590	780	1,040	1,300
KH400-A5 (398cc triple)	400	600	900	1,200	1,600	2,000
KZ400-A2 (398cc twin)	320	480	720	960	1,280	1,600
KZ400-B1 (398cc twin)	300	450	680	900	1,200	1,500
KZ400-C1 (398cc twin)	240	360	540	720	960	1,200
KZ650-B2 (652cc four)	400	600	900	1,200	1,600	2,000
KZ650-C2 (652cc four)	420	630	950	1,260	1,680	2,100
KZ650-D1 SR (652cc four)	480	720	1,080	1,440	1,920	2,400
KZ750-B3 (750cc twin)	340	510	770	1,020	1,360	1,700
KZ1000-A2 (1,015cc four)	550	830	1,240	1,650	2,200	2,750
KZ1000-D1 (1,015cc four)	700	1,050	1,580	2,100	2,800	3,500
KZ1 RTC Turbo (1,015cc four)	1,600	2,400	3,600	4,800	6,400	8,000
1979						
KE100-A8 (100cc single)	200	300	450	600	800	1,000
KM100-A4 (100cc single)	220	330	500	660	880	1,100
KD125-A2 (125cc single)	200	300	450	600	800	1,000
KE125-A6 (125cc single)	200	300	450	600	800	1,000
KX125-A3 (125cc single)	190	290	430	570	760	950
KD175-A4 (175cc single)	200	300	450	600	800	1,000
KZ200-A2 (200cc single)	180	270	410	540	720	900
KE250-B3 (250cc single)	220	330	500	660	880	1,100
KL250-A2 (250cc single)	220	330	500	660	880	1,100
KX250 (250cc single)	260	390	590	780	1,040	1,300
KDX400 (398cc single)	270	410	610	810	1,080	1,350
KZ400-B2 (398cc twin)	300	450	680	900	1,200	1,500
KZ650-B3 (652cc four)	400	600	900	1,200	1,600	2,000
KZ650-C3 (652cc four)	420	630	950	1,260	1,680	2,100
KZ650-D2 (652cc four)	480	720	1,080	1,440	1,920	2,400
KZ750-B4 (750cc twin)	220	330	500	660	880	1,100
KZ1000-A3 (1,015cc four)	540	810	1,220	1,620	2,160	2,700
KZ1000-B3 LTD (1,015cc four)	660	990	1,490	1,980	2,640	3,300
KZ1000-E1 (1,015cc four)	620	930	1,400	1,860	2,480	3,100
KZ1300-A1 (1,286cc six)	680	1,020	1,530	2,040	2,720	3,400
1980						
KE100-A9 (100cc single)	180	270	410	540	720	900
KE125-A7 (125cc single)	180	270	410	540	720	900
KX125-A6 (125cc single)	180	270	410	540	720	900
KDX175-A1 (175cc single)	200	300	450	600	800	1,000
KE175-D2 (175cc single)	200	300	450	600	800	1,000
KZ250-A1 (249cc twin)	280	420	630	840	1,120	1,400
KDX250-A1 (250cc single)	220	330	500	660	880	1,100
KL250-A3 (250cc single)	220	330	500	660	880	1,100
KLX250-A2 (250cc single)	220	330	500	660	880	1,100
KX250-A6 (250cc single)	220	330	500	660	880	1,100
KDX400-A2 (398cc single)	270	410	610	810	1,080	1,350
KX400 (398cc single)	300	450	680	900	1,200	1,500
KX420-A1 (420cc single)	300	450	680	900	1,200	1,500
KZ440-A1 (443cc twin)	320	480	720	960	1,280	1,600
KZ440-B1 (443cc twin)	320	480	720	960	1,280	1,600
KZ440-D1 (443cc twin)	320	480	720	960	1,280	1,600
KZ550-A1 (553cc four)	180	270	410	540	720	900
KZ550-C1 (553cc four)	180	270	410	540	720	900
KZ650-E1 LTD (652cc four)	200	300	450	600	800	1,000
KZ650-F1 (652cc four)	200	300	450	600	800	1,000
KZ750-E1 750 (739cc four)	230	350	520	690	920	1,150
KZ750-G1 LTD 750 (750cc twin)	240	360	540	720	960	1,200
KZ750-H1 750 (739cc four)	240	360	540	720	960	1,200
KZ1000-B4 LTD (1,015cc four)	560	840	1,260	1,680	2,240	2,800
KZ1000-D3 ZIR (1,015cc four)	580	870	1,310	1,740	2,320	2,900
KZ1000-E2 Shaft (1,015cc four)	620	930	1,400	1,860	2,480	3,100
KZ1000-G1 Classic (1,015cc four)	580	870	1,310	1,740	2,320	2,900
KZ1 RTC Turbo (1,015cc four)	1,600	2,400	3,600	4,800	6,400	8,000
KZ1300-A2 (1,286cc six)	680	1,020	1,530	2,040	2,720	3,400
KZ1300-B2 (1,286cc six)	680	1,020	1,530	2,040	2,720	3,400

LAVERDA

	6	5	4	3	2	1
1969						
American Eagle (750cc twin)	1,300	1,950	2,930	3,900	5,200	6,500
1970						
American Eagle (750cc twin)	1,300	1,950	2,930	3,900	5,200	6,500
750 S (750cc twin)	1,400	2,100	3,150	4,200	5,600	7,000
1971						
GT 750 (750cc twin)	1,400	2,100	3,150	4,200	5,600	7,000
SFC 750 racer (750cc twin)	2,000	3,000	4,500	6,000	8,000	10,000
1972						
GT 750 (750cc twin)	1,400	2,100	3,150	4,200	5,600	7,000
SF 750 (750cc twin)	1,500	2,250	3,380	4,500	6,000	7,500

LAVERDA

	6	5	4	3	2	1
SFC 750 racer (750cc twin)	2,000	3,000	4,500	6,000	8,000	10,000
1973						
GT 750 (750cc twin)	1,400	2,100	3,150	4,200	5,600	7,000
SF 750 (750cc twin)	1,500	2,250	3,380	4,500	6,000	7,500
SFC 750 racer (750cc twin)	2,000	3,000	4,500	6,000	8,000	10,000
3C (1,000cc triple)	1,600	2,400	3,600	4,800	6,400	8,000
1974						
GT 750 (750cc twin)	1,400	2,100	3,150	4,200	5,600	7,000
SF 750 twin (750cc twin)	1,500	2,250	3,380	4,500	6,000	7,500
SFC 750 racer (750cc twin)	2,000	3,000	4,500	6,000	8,000	10,000
3C (1,000cc triple)	1,600	2,400	3,600	4,800	6,400	8,000
1975						
GTL 750 (750cc twin)	1,300	1,950	2,930	3,900	5,200	6,500
SF 750 twin (750cc twin)	1,500	2,250	3,380	4,500	6,000	7,500
SFC 750 racer (750cc twin)	2,000	3,000	4,500	6,000	8,000	10,000
3C (1,000cc triple)	1,600	2,400	3,600	4,800	6,400	8,000
1976						
GTL 750 (750cc twin)	1,300	1,950	2,930	3,900	5,200	6,500
SF 750 (750cc twin)	1,500	2,250	3,380	4,500	6,000	7,500
SFC 750 racer (750cc twin)	2,000	3,000	4,500	6,000	8,000	10,000
3CL (1,000cc triple)	1,600	2,400	3,600	4,800	6,400	8,000
Jota (1,000cc triple)	2,000	3,000	4,500	6,000	8,000	10,000
1977						
Alpino (500cc twin)	1,200	1,800	2,700	3,600	4,800	6,000
GTL 750 (750cc twin)	1,300	1,950	2,930	3,900	5,200	6,500
SF 750 (750cc twin)	1,500	2,250	3,380	4,500	6,000	7,500
3CL (1,000cc triple)	1,600	2,400	3,600	4,800	6,400	8,000
Jota (1,000cc triple)	2,000	3,000	4,500	6,000	8,000	10,000
1200 (1,116cc triple)	1,600	2,400	3,600	4,800	6,400	8,000
1978						
Alpino (500cc twin)	1,200	1,800	2,700	3,600	4,800	6,000
Montjuic (500cc twin)	1,200	1,800	2,700	3,600	4,800	6,000
GTL 750 (750cc twin)	1,300	1,950	2,930	3,900	5,200	6,500
3CL (1,000cc triple)	1,600	2,400	3,600	4,800	6,400	8,000
Jota (1,000cc triple)	2,000	3,000	4,500	6,000	8,000	10,000
1200 (1,116cc triple)	1,600	2,400	3,600	4,800	6,400	8,000
1979						
Alpino (500cc twin)	1,200	1,800	2,700	3,600	4,800	6,000
Montjuic (500cc twin)	1,200	1,800	2,700	3,600	4,800	6,000
GTL 750 (750cc twin)	1,300	1,950	2,930	3,900	5,200	6,500
3CL (1,000cc triple)	1,600	2,400	3,600	4,800	6,400	8,000
Jota (1,000cc triple)	2,000	3,000	4,500	6,000	8,000	10,000
1200 (1,116cc triple)	1,600	2,400	3,600	4,800	6,400	8,000
1980						
Alpino (500cc twin)	1,200	1,800	2,700	3,600	4,800	6,000
Montjuic (500cc twin)	1,200	1,800	2,700	3,600	4,800	6,000
GTL 750 (750cc twin)	1,300	1,950	2,930	3,900	5,200	6,500
3CL (1,000cc triple)	1,600	2,400	3,600	4,800	6,400	8,000
Jota (1,000cc triple)	2,000	3,000	4,500	6,000	8,000	10,000
1200 (1,116cc triple)	1,600	2,400	3,600	4,800	6,400	8,000
1981						
Alpino (500cc twin)	1,200	1,800	2,700	3,600	4,800	6,000
Montjuic (500cc twin)	1,200	1,800	2,700	3,600	4,800	6,000
GTL 750 (750cc twin)	1,300	1,950	2,930	3,900	5,200	6,500
3CL (1,000cc triple)	1,600	2,400	3,600	4,800	6,400	8,000
Jota (1,000cc triple)	2,000	3,000	4,500	6,000	8,000	10,000
Jota 120 (1,000cc triple)	2,000	3,000	4,500	6,000	8,000	10,000
1200 (1,116cc triple)	1,600	2,400	3,600	4,800	6,400	8,000
1982						
Alpino (500cc twin)	1,200	1,800	2,700	3,600	4,800	6,000
Montjuic (500cc twin)	1,200	1,800	2,700	3,600	4,800	6,000
Jota 120 (1,000cc triple)	2,000	3,000	4,500	6,000	8,000	10,000
RGS (1,000cc triple)	1,600	2,400	3,600	4,800	6,400	8,000
SFC (1,000cc triple)	1,600	2,400	3,600	4,800	6,400	8,000
1983						
RGS (1,000cc triple)	1,600	2,400	3,600	4,800	6,400	8,000
SFC (1,000cc triple)	1,600	2,400	3,600	4,800	6,400	8,000
1984						
RGS (1,000cc triple)	1,600	2,400	3,600	4,800	6,400	8,000
SFC (1,000cc triple)	1,600	2,400	3,600	4,800	6,400	8,000
1985						
RGS (1,000cc triple)	1,600	2,400	3,600	4,800	6,400	8,000
SFC (1,000cc triple)	1,600	2,400	3,600	4,800	6,400	8,000

MATCHLESS

	6	5	4	3	2	1
1945						
G3L (350cc single)	1,240	1,860	2,790	3,720	4,960	6,200
G80 (500cc single)	1,320	1,980	2,970	3,960	5,280	6,600

	6	5	4	3	2	1
1946						
G3L (350cc single)	1,220	1,830	2,750	3,660	4,880	6,100
G3LC (350cc single)	1,280	1,920	2,880	3,840	5,120	6,400
G80 (500cc single)	1,320	1,980	2,970	3,960	5,280	6,600
1947						
G3L (350cc single)	1,220	1,830	2,750	3,660	4,880	6,100
G3LC (350cc single)	1,280	1,920	2,880	3,840	5,120	6,400
G80 (500cc single)	1,300	1,950	2,930	3,900	5,200	6,500
G80C (500cc single)	1,360	2,040	3,060	4,080	5,440	6,800
1948						
G3L (350cc single)	1,220	1,830	2,750	3,660	4,880	6,100
G3LC (350cc single)	1,280	1,920	2,880	3,840	5,120	6,400
G80 (500cc single)	1,300	1,950	2,930	3,900	5,200	6,500
G80C (500cc single)	1,360	2,040	3,060	4,080	5,440	6,800
1949						
G3L (350cc single)	1,200	1,800	2,700	3,600	4,800	6,000
G3LC (350cc single)	1,260	1,890	2,840	3,780	5,040	6,300
G3LS (350cc single)	1,200	1,800	2,700	3,600	4,800	6,000
G9 (500cc twin)	1,240	1,860	2,790	3,720	4,960	6,200
G9CSR (500cc twin)	1,400	2,100	3,150	4,200	5,600	7,000
G80 (500cc single)	1,300	1,950	2,930	3,900	5,200	6,500
G80C (500cc single)	1,360	2,040	3,060	4,080	5,440	6,800
1950						
G3L (350cc single)	1,200	1,800	2,700	3,600	4,800	6,000
G3LC (350cc single)	1,280	1,920	2,880	3,840	5,120	6,400
G3LCS (350cc single)	1,280	1,920	2,880	3,840	5,120	6,400
G3LS (350cc single)	1,200	1,800	2,700	3,600	4,800	6,000
G9 (500cc twin)	1,240	1,860	2,790	3,720	4,960	6,200
G9CSR (500cc twin)	1,400	2,100	3,150	4,200	5,600	7,000
G80 (500cc single)	1,300	1,950	2,930	3,900	5,200	6,500
G80C (500cc single)	1,380	2,070	3,110	4,140	5,520	6,900
G80CS (500cc single)	1,540	2,310	3,470	4,620	6,160	7,700
G80S (500cc single)	1,300	1,950	2,930	3,900	5,200	6,500
1951						
G3L (350cc single)	1,200	1,800	2,700	3,600	4,800	6,000
G3LC (350cc single)	1,280	1,920	2,880	3,840	5,120	6,400
G3LCS (350cc single)	1,280	1,920	2,880	3,840	5,120	6,400
G3LS (350cc single)	1,200	1,800	2,700	3,600	4,800	6,000
G9 (500cc twin)	1,240	1,860	2,790	3,720	4,960	6,200
G9CSR (500cc twin)	1,400	2,100	3,150	4,200	5,600	7,000
G80 (500cc single)	1,300	1,950	2,930	3,900	5,200	6,500
G80C (500cc single)	1,380	2,070	3,110	4,140	5,520	6,900
G80CS (500cc single)	1,540	2,310	3,470	4,620	6,160	7,700
G80S (500cc single)	1,300	1,950	2,930	3,900	5,200	6,500
1952						
G3L (350cc single)	1,220	1,830	2,750	3,660	4,880	6,100
G3LC (350cc single)	1,320	1,980	2,970	3,960	5,280	6,600
G3LCS (350cc single)	1,360	2,040	3,060	4,080	5,440	6,800
G3LS (350cc single)	1,220	1,830	2,750	3,660	4,880	6,100
G9 (500cc twin)	1,240	1,860	2,790	3,720	4,960	6,200
G9CSR (500cc twin)	1,400	2,100	3,150	4,200	5,600	7,000
G80 (500cc single)	1,340	2,010	3,020	4,020	5,360	6,700
G80C (500cc single)	1,440	2,160	3,240	4,320	5,760	7,200
G80CS (500cc single)	1,580	2,370	3,560	4,740	6,320	7,900
G80S (500cc single)	1,340	2,010	3,020	4,020	5,360	6,700
1953						
G3L (350cc single)	1,220	1,830	2,750	3,660	4,880	6,100
G3LC (350cc single)	1,320	1,980	2,970	3,960	5,280	6,600
G3LCS (350cc single)	1,400	2,100	3,150	4,200	5,600	7,000
G3LS (350cc single)	1,220	1,830	2,750	3,660	4,880	6,100
G9 (500cc twin)	1,240	1,860	2,790	3,720	4,960	6,200
G9CSR (500cc twin)	1,400	2,100	3,150	4,200	5,600	7,000
G45 (500cc twin)	6,000	9,000	13,500	18,000	24,000	30,000
G80 (500cc single)	1,340	2,010	3,020	4,020	5,360	6,700
G80C (500cc single)	1,440	2,160	3,240	4,320	5,760	7,200
G80CS (500cc single)	1,580	2,370	3,560	4,740	6,320	7,900
G80S (500cc single)	1,340	2,010	3,020	4,020	5,360	6,700
1954						
G3L (350cc single)	1,220	1,830	2,750	3,660	4,880	6,100
G3LC (350cc single)	1,320	1,980	2,970	3,960	5,280	6,600
G3LCS (350cc single)	1,400	2,100	3,150	4,200	5,600	7,000
G3LS (350cc single)	1,220	1,830	2,750	3,660	4,880	6,100
G9 (500cc twin)	1,240	1,860	2,790	3,720	4,960	6,200
G9CSR (500cc twin)	1,400	2,100	3,150	4,200	5,600	7,000
G45 (500cc twin)	6,000	9,000	13,500	18,000	24,000	30,000
G80 (500cc single)	1,340	2,010	3,020	4,020	5,360	6,700
G80C (500cc single)	1,440	2,160	3,240	4,320	5,760	7,200
G80CS (500cc single)	1,580	2,370	3,560	4,740	6,320	7,900

MATCHLESS

	6	5	4	3	2	1
G80S (500cc single)	1,340	2,010	3,020	4,020	5,360	6,700
G9B (545cc twin)	1,280	1,920	2,880	3,840	5,120	6,400
G9BCSR (545cc twin)	1,400	2,100	3,150	4,200	5,600	7,000
1955						
G3L (350cc single)	1,220	1,830	2,750	3,660	4,880	6,100
G3LC (350cc single)	1,300	1,950	2,930	3,900	5,200	6,500
G3LCS (350cc single)	1,400	2,100	3,150	4,200	5,600	7,000
G3LS (350cc single)	1,220	1,830	2,750	3,660	4,880	6,100
G9 (500cc twin)	1,240	1,860	2,790	3,720	4,960	6,200
G9CSR (500cc twin)	1,400	2,100	3,150	4,200	5,600	7,000
G45 (500cc twin)	6,000	9,000	13,500	18,000	24,000	30,000
G80 (500cc single)	1,340	2,010	3,020	4,020	5,360	6,700
G80C (500cc single)	1,420	2,130	3,200	4,260	5,680	7,100
G80CS (500cc single)	1,580	2,370	3,560	4,740	6,320	7,900
G80S (500cc single)	1,340	2,010	3,020	4,020	5,360	6,700
G9B (545cc twin)	1,280	1,920	2,880	3,840	5,120	6,400
G9BCSR (545cc twin)	1,400	2,100	3,150	4,200	5,600	7,000
1956						
G3LCS (350cc single)	1,400	2,100	3,150	4,200	5,600	7,000
G3LS (350cc single)	1,300	1,950	2,930	3,900	5,200	6,500
G9 (500cc twin)	1,240	1,860	2,790	3,720	4,960	6,200
G9CSR (500cc twin)	1,400	2,100	3,150	4,200	5,600	7,000
G45 (500cc twin)	6,600	9,900	14,850	19,800	26,400	33,000
G80CS (500cc single)	1,580	2,370	3,560	4,740	6,320	7,900
G80S (500cc single)	1,340	2,010	3,020	4,020	5,360	6,700
G11 (600cc twin)	1,260	1,890	2,840	3,780	5,040	6,300
G11CSR (600cc twin)	1,400	2,100	3,150	4,200	5,600	7,000
1957						
G3LCS (350cc single)	1,400	2,100	3,150	4,200	5,600	7,000
G3LS (350cc single)	1,300	1,950	2,930	3,900	5,200	6,500
G9 (500cc twin)	1,280	1,920	2,880	3,840	5,120	6,400
G9CSR (500cc twin)	1,400	2,100	3,150	4,200	5,600	7,000
G45 (500cc twin)	6,600	9,900	14,850	19,800	26,400	33,000
G80CS (500cc single)	1,580	2,370	3,560	4,740	6,320	7,900
G80R/R Dirt Tracker (500cc single)	2,400	3,600	5,400	7,200	9,600	12,000
G80S (500cc single)	1,300	1,950	2,930	3,900	5,200	6,500
G11 (600cc twin)	1,260	1,890	2,840	3,780	5,040	6,300
G11CSR (600cc twin)	1,400	2,100	3,150	4,200	5,600	7,000
1958						
G2 (250cc single)	620	930	1,400	1,860	2,480	3,100
G3LCS (350cc single)	1,400	2,100	3,150	4,200	5,600	7,000
G3LS (350cc single)	1,240	1,860	2,790	3,720	4,960	6,200
G9 (500cc twin)	1,240	1,860	2,790	3,720	4,960	6,200
G9CSR (500cc twin)	1,400	2,100	3,150	4,200	5,600	7,000
G45 (500cc twin)	6,600	9,900	14,850	19,800	26,400	33,000
G80CS (500cc single)	1,800	2,700	4,050	5,400	7,200	9,000
G80S (500cc single)	1,300	1,950	2,930	3,900	5,200	6,500
G11 (600cc twin)	1,260	1,890	2,840	3,780	5,040	6,300
G11CS (600cc twin)	1,340	2,010	3,020	4,020	5,360	6,700
G11CSR (600cc twin)	1,400	2,100	3,150	4,200	5,600	7,000
1959						
G2 (250cc single)	620	930	1,400	1,860	2,480	3,100
G2CS (250cc single)	700	1,050	1,580	2,100	2,800	3,500
G3 (350cc single)	1,240	1,860	2,790	3,720	4,960	6,200
G3C (350cc single)	1,400	2,100	3,150	4,200	5,600	7,000
G3CS (350cc single)	1,420	2,130	3,200	4,260	5,680	7,100
G9 (500cc twin)	1,240	1,860	2,790	3,720	4,960	6,200
G9CS (500cc twin)	1,400	2,100	3,150	4,200	5,600	7,000
G9CSR (500cc twin)	1,400	2,100	3,150	4,200	5,600	7,000
G45 (500cc twin)	6,600	9,900	14,850	19,800	26,400	33,000
G50 (500cc single)	7,000	10,500	15,750	21,000	28,000	35,000
G80CS (500cc single)	1,800	2,700	4,050	5,400	7,200	9,000
G80S (500cc single)	1,300	1,950	2,930	3,900	5,200	6,500
G80 Typhoon (600cc single)	2,000	3,000	4,500	6,000	8,000	10,000
G12 Deluxe (650cc twin)	1,200	1,800	2,700	3,600	4,800	6,000
G12 (650cc twin)	1,200	1,800	2,700	3,600	4,800	6,000
G12CS (650cc twin)	1,300	1,950	2,930	3,900	5,200	6,500
G12CSR (650cc twin)	1,400	2,100	3,150	4,200	5,600	7,000
1960						
G2 (250cc single)	620	930	1,400	1,860	2,480	3,100
G2CS (250cc single)	700	1,050	1,580	2,100	2,800	3,500
G3 (350cc single)	1,240	1,860	2,790	3,720	4,960	6,200
G3C (350cc single)	1,400	2,100	3,150	4,200	5,600	7,000
G5 (350cc single)	1,100	1,650	2,480	3,300	4,400	5,500
G9 (500cc twin)	1,240	1,860	2,790	3,720	4,960	6,200
G9CSR (500cc twin)	1,400	2,100	3,150	4,200	5,600	7,000
G50 (500cc single)	7,000	10,500	15,750	21,000	28,000	35,000
G80 (500cc single)	1,300	1,950	2,930	3,900	5,200	6,500

	6	5	4	3	2	1
G80CS (500cc single)	1,800	2,700	4,050	5,400	7,200	9,000
G80 Typhoon (600cc single)	2,000	3,000	4,500	6,000	8,000	10,000
G12 (650cc twin)	1,200	1,800	2,700	3,600	4,800	6,000
G12 Deluxe (650cc twin)	1,200	1,800	2,700	3,600	4,800	6,000
G12CS (650cc twin)	1,300	1,950	2,930	3,900	5,200	6,500
G12CSR (650cc twin)	1,400	2,100	3,150	4,200	5,600	7,000
1961						
G2 (250cc single)	620	930	1,400	1,860	2,480	3,100
G2CS (250cc single)	700	1,050	1,580	2,100	2,800	3,500
G2S (250cc single)	620	930	1,400	1,860	2,480	3,100
G3 (350cc single)	1,240	1,860	2,790	3,720	4,960	6,200
G3C (350cc single)	1,400	2,100	3,150	4,200	5,600	7,000
G5 (350cc single)	1,100	1,650	2,480	3,300	4,400	5,500
G9 (500cc twin)	1,240	1,860	2,790	3,720	4,960	6,200
G9CSR (500cc twin)	1,400	2,100	3,150	4,200	5,600	7,000
G50 (500cc single)	7,000	10,500	15,750	21,000	28,000	35,000
G80 (500cc single)	1,300	1,950	2,930	3,900	5,200	6,500
G80CS (500cc single)	1,800	2,700	4,050	5,400	7,200	9,000
G80 Typhoon (600cc single)	2,000	3,000	4,500	6,000	8,000	10,000
G12 (650cc twin)	1,200	1,800	2,700	3,600	4,800	6,000
G12 Deluxe (650cc twin)	1,200	1,800	2,700	3,600	4,800	6,000
G12CSR (650cc twin)	1,400	2,100	3,150	4,200	5,600	7,000
1962						
G2 (250cc single)	620	930	1,400	1,860	2,480	3,100
G2CS (250cc single)	700	1,050	1,580	2,100	2,800	3,500
G2CSR (250cc single)	700	1,050	1,580	2,100	2,800	3,500
G2S (250cc single)	620	930	1,400	1,860	2,480	3,100
G3 (350cc single)	1,240	1,860	2,790	3,720	4,960	6,200
G3C (350cc single)	1,400	2,100	3,150	4,200	5,600	7,000
G3S (350cc single)	1,240	1,860	2,790	3,720	4,960	6,200
G5 (350cc single)	1,080	1,620	2,430	3,240	4,320	5,400
G50 (500cc single)	7,000	10,500	15,750	21,000	28,000	35,000
G80 (500cc single)	1,300	1,950	2,930	3,900	5,200	6,500
G80CS (500cc single)	1,800	2,700	4,050	5,400	7,200	9,000
G80 Typhoon (600cc single)	2,000	3,000	4,500	6,000	8,000	10,000
G12 (650cc twin)	1,200	1,800	2,700	3,600	4,800	6,000
G12CSR (650cc twin)	1,400	2,100	3,150	4,200	5,600	7,000
1963						
G2 (250cc single)	620	930	1,400	1,860	2,480	3,100
G2CSR (250cc single)	700	1,050	1,580	2,100	2,800	3,500
G3 (350cc single)	1,240	1,860	2,790	3,720	4,960	6,200
G3C (350cc single)	1,400	2,100	3,150	4,200	5,600	7,000
G50 (500cc single)	7,000	10,500	15,750	21,000	28,000	35,000
G80 (500cc single)	1,300	1,950	2,930	3,900	5,200	6,500
G80CS (500cc single)	1,800	2,700	4,050	5,400	7,200	9,000
G80 Typhoon (600cc single)	2,000	3,000	4,500	6,000	8,000	10,000
G12 (650cc twin)	1,200	1,800	2,700	3,600	4,800	6,000
G12CSR (650cc twin)	1,400	2,100	3,150	4,200	5,600	7,000
G15 (750cc twin)	1,100	1,650	2,480	3,300	4,400	5,500
G15CSR (750cc twin)	1,300	1,950	2,930	3,900	5,200	6,500
1964						
G2CSR (250cc single)	700	1,050	1,580	2,100	2,800	3,500
G3 (350cc single)	1,240	1,860	2,790	3,720	4,960	6,200
G3C (350cc single)	1,340	2,010	3,020	4,020	5,360	6,700
G80 (500cc single)	1,300	1,950	2,930	3,900	5,200	6,500
G80CS (500cc single)	1,800	2,700	4,050	5,400	7,200	9,000
G80 Typhoon (600cc single)	2,000	3,000	4,500	6,000	8,000	10,000
G12 (650cc twin)	1,200	1,800	2,700	3,600	4,800	6,000
G12CSR (650cc twin)	1,400	2,100	3,150	4,200	5,600	7,000
G15 (750cc twin)	1,100	1,650	2,480	3,300	4,400	5,500
G15CSR (750cc twin)	1,300	1,950	2,930	3,900	5,200	6,500
1965						
G2CSR (250cc single)	720	1,080	1,620	2,160	2,880	3,600
G3 (350cc single)	1,200	1,800	2,700	3,600	4,800	6,000
G80 (500cc single)	1,300	1,950	2,930	3,900	5,200	6,500
G80CS (500cc single)	1,800	2,700	4,050	5,400	7,200	9,000
G80 Typhoon (600cc single)	2,000	3,000	4,500	6,000	8,000	10,000
G12 (650cc twin)	1,200	1,800	2,700	3,600	4,800	6,000
G12CSR (650cc twin)	1,400	2,100	3,150	4,200	5,600	7,000
G15 (750cc twin)	1,100	1,650	2,480	3,300	4,400	5,500
G15CSR (750cc twin)	1,300	1,950	2,930	3,900	5,200	6,500
1966						
G2CSR (250cc single)	720	1,080	1,620	2,160	2,880	3,600
G3 (350cc single)	1,200	1,800	2,700	3,600	4,800	6,000
G80 (500cc single)	1,300	1,950	2,930	3,900	5,200	6,500
G85CS (500cc single)	2,000	3,000	4,500	6,000	8,000	10,000
G80 Typhoon (600cc single)	2,000	3,000	4,500	6,000	8,000	10,000
G12 (650cc twin)	1,200	1,800	2,700	3,600	4,800	6,000

MATCHLESS

MOTO GUZZI

	6	5	4	3	2	1
G12CSR (650cc twin)	1,400	2,100	3,150	4,200	5,600	7,000
G15 (750cc twin)	1,100	1,650	2,480	3,300	4,400	5,500
G15CSR (750cc twin)	1,300	1,950	2,930	3,900	5,200	6,500
P11 (750cc twin)	1,600	2,400	3,600	4,800	6,400	8,000
1967						
G85CS (500cc single)	2,400	3,600	5,400	7,200	9,600	12,000
G15 (750cc twin)	1,100	1,650	2,480	3,300	4,400	5,500
G15CSR (750cc twin)	1,300	1,950	2,930	3,900	5,200	6,500
1968						
G85CS (500cc single)	2,400	3,600	5,400	7,200	9,600	12,000
G15 (750cc twin)	1,100	1,650	2,480	3,300	4,400	5,500
G15CSR (750cc twin)	1,300	1,950	2,930	3,900	5,200	6,500
1969						
G85CS (500cc single)	2,400	3,600	5,400	7,200	9,600	12,000
G15 (750cc twin)	1,100	1,650	2,480	3,300	4,400	5,500
G15CSR (750cc twin)	1,300	1,950	2,930	3,900	5,200	6,500

MOTO GUZZI

	6	5	4	3	2	1
1921						
Normale 500 (498cc single)	6,000	9,000	13,500	18,000	24,000	30,000
1922						
Normale 500 (498cc single)	3,600	5,400	8,100	10,800	14,400	18,000
1923						
Normale 500 (498cc single)	3,600	5,400	8,100	10,800	14,400	18,000
1924						
Normale 500 (498cc single)	3,600	5,400	8,100	10,800	14,400	18,000
1925-1930						
NOTE: Spotty records; research ongoing.						
1931						
Sport 15 (498cc single)	2,400	3,600	5,400	7,200	9,600	12,000
1932						
P175 (175cc single)	1,200	1,800	2,700	3,600	4,800	6,000
Sport 15 (498cc single)	2,400	3,600	5,400	7,200	9,600	12,000
1933						
P175 (175cc single)	1,200	1,800	2,700	3,600	4,800	6,000
Sport 15 (498cc single)	2,400	3,600	5,400	7,200	9,600	12,000
1934						
PE250 (238cc single)	1,500	2,250	3,380	4,500	6,000	7,500
Sport 15 (498cc single)	2,400	3,600	5,400	7,200	9,600	12,000
1935						
PE250 (238cc single)	1,500	2,250	3,380	4,500	6,000	7,500
Sport 15 (498cc single)	2,400	3,600	5,400	7,200	9,600	12,000
GTW 500 (499cc single)	2,000	3,000	4,500	6,000	8,000	10,000
1936						
PE250 (238cc single)	1,500	2,250	3,380	4,500	6,000	7,500
Sport 15 (498cc single)	2,400	3,600	5,400	7,200	9,600	12,000
GTW 500 (499cc single)	2,000	3,000	4,500	6,000	8,000	10,000
1937						
PE250 (238cc single)	1,200	1,800	2,700	3,600	4,800	6,000
Sport 15 (498cc single)	2,000	3,000	4,500	6,000	8,000	10,000
GTW 500 (499cc single)	2,000	3,000	4,500	6,000	8,000	10,000
1938						
PE250 (250cc single)	1,200	1,800	2,700	3,600	4,800	6,000
Condor 500 Sport (498cc single)	2,000	3,000	4,500	6,000	8,000	10,000
Sport 15 (498cc single)	1,800	2,700	4,050	5,400	7,200	9,000
GTW 500 (499cc single)	1,600	2,400	3,600	4,800	6,400	8,000
1939						
PE250 (250cc single)	1,200	1,800	2,700	3,600	4,800	6,000
Condor 500 Sport (498cc single)	1,900	2,850	4,280	5,700	7,600	9,500
Sport 15 (498cc single)	1,800	2,700	4,050	5,400	7,200	9,000
GTW 500 (499cc single)	1,600	2,400	3,600	4,800	6,400	8,000
1940						
GTW 500 (499cc single)	1,600	2,400	3,600	4,800	6,400	8,000
1941						
GTW 500 (499cc single)	1,600	2,400	3,600	4,800	6,400	8,000
1942						
GTW 500 (499cc single)	1,600	2,400	3,600	4,800	6,400	8,000
1943						
GTW 500 (499cc single)	1,600	2,400	3,600	4,800	6,400	8,000
1944						
GTW 500 (499cc single)	1,600	2,400	3,600	4,800	6,400	8,000
1945						
GTW 500 (499cc single)	1,600	2,400	3,600	4,800	6,400	8,000
1946						
Guzzino 65 (64cc single)	400	600	900	1,200	1,600	2,000
Airone 250 Turismo (247cc single)	1,300	1,950	2,930	3,900	5,200	6,500
GTV 500 Alloy (499cc single)	2,400	3,600	5,400	7,200	9,600	12,000
GTW 500 (499cc single)	1,600	2,400	3,600	4,800	6,400	8,000

MOTO GUZZI

	6	5	4	3	2	1
GTW 500 (499cc single competition)	2,000	3,000	4,500	6,000	8,000	10,000
1947						
Guzzino 65 (64cc single)	400	600	900	1,200	1,600	2,000
Airone 250 Turismo (247cc single)	1,300	1,950	2,930	3,900	5,200	6,500
GTV 500 alloy (499cc single)	2,400	3,600	5,400	7,200	9,600	12,000
GTW 500 (499cc single)	1,600	2,400	3,600	4,800	6,400	8,000
1948						
Guzzino 65 (64cc single)	400	600	900	1,200	1,600	2,000
Airone 250 Turismo (247cc single)	1,300	1,950	2,930	3,900	5,200	6,500
GTV 500 Alloy (499cc single)	2,400	3,600	5,400	7,200	9,600	12,000
GTW 500 (499cc single)	1,600	2,400	3,600	4,800	6,400	8,000
1949						
Airone 250 Sport (247cc single)	1,500	2,250	3,380	4,500	6,000	7,500
Airone 250 Turismo (247cc single)	1,300	1,950	2,930	3,900	5,200	6,500
GTV 500 Alloy (499cc single)	2,400	3,600	5,400	7,200	9,600	12,000
GTW 500 (499cc single)	1,600	2,400	3,600	4,800	6,400	8,000
1950						
Guzzino 65 (64cc single)	400	600	900	1,200	1,600	2,000
Airone 250 Sport (247cc single)	1,500	2,250	3,380	4,500	6,000	7,500
Airone 250 Turismo (247cc single)	1,300	1,950	2,930	3,900	5,200	6,500
Astore 500 (497cc single)	1,700	2,550	3,830	5,100	6,800	8,500
Falcone 500 Sport (498cc single)	2,400	3,600	5,400	7,200	9,600	12,000
Falcone 500 Turismo (498cc single)	1,800	2,700	4,050	5,400	7,200	9,000
1951						
Guzzino 65 (64cc single)	400	600	900	1,200	1,600	2,000
Airone 250 Sport (247cc single)	1,500	2,250	3,380	4,500	6,000	7,500
Airone 250 Turismo (247cc single)	1,300	1,950	2,930	3,900	5,200	6,500
Astore 500 (497cc single)	1,700	2,550	3,830	5,100	6,800	8,500
Falcone 500 Sport (498cc single)	2,400	3,600	5,400	7,200	9,600	12,000
Falcone 500 Turismo (498cc single)	1,800	2,700	4,050	5,400	7,200	9,000
1952						
Airone 250 Sport (247cc single)	1,500	2,250	3,380	4,500	6,000	7,500
Airone 250 Turismo (247cc single)	1,300	1,950	2,930	3,900	5,200	6,500
Astore 500 (497cc single)	1,700	2,550	3,830	5,100	6,800	8,500
Falcone 500 Sport (498cc single)	2,400	3,600	5,400	7,200	9,600	12,000
Falcone 500 Turismo (498cc single)	1,800	2,700	4,050	5,400	7,200	9,000
1953						
Guzzino 65 (64cc single)	400	600	900	1,200	1,600	2,000
Airone 250 Sport (247cc single)	1,500	2,250	3,380	4,500	6,000	7,500
Airone 250 Turismo (247cc single)	1,300	1,950	2,930	3,900	5,200	6,500
Astore 500 (497cc single)	1,700	2,550	3,830	5,100	6,800	8,500
Falcone 500 Sport (498cc single)	2,400	3,600	5,400	7,200	9,600	12,000
Falcone 500 Turismo (498cc single)	1,800	2,700	4,050	5,400	7,200	9,000
1954						
Guzzino 65 (64cc single)	400	600	900	1,200	1,600	2,000
Zigolo 100 (98cc single)	560	840	1,260	1,680	2,240	2,800
Airone 250 Sport (247cc single)	1,500	2,250	3,380	4,500	6,000	7,500
Airone 250 Turismo (247cc single)	1,300	1,950	2,930	3,900	5,200	6,500
Astore 500 (497cc single)	1,600	2,400	3,600	4,800	6,400	8,000
Falcone 500 Sport (498cc single)	2,400	3,600	5,400	7,200	9,600	12,000
Falcone 500 Turismo (498cc single)	1,800	2,700	4,050	5,400	7,200	9,000
1955						
Cardellino 65 (64cc single)	400	600	900	1,200	1,600	2,000
Zigolo 100 (98cc single)	560	840	1,260	1,680	2,240	2,800
Airone 250 Sport (247cc single)	1,500	2,250	3,380	4,500	6,000	7,500
Airone 250 Turismo (247cc single)	1,300	1,950	2,930	3,900	5,200	6,500
Falcone 500 Sport (498cc single)	2,400	3,600	5,400	7,200	9,600	12,000
Falcone 500 Turismo (498cc single)	1,800	2,700	4,050	5,400	7,200	9,000
1956						
Cardellino 65 (64cc single)	400	600	900	1,200	1,600	2,000
Zigolo 100 (98cc single)	560	840	1,260	1,680	2,240	2,800
Lodola 175 (174cc single)	720	1,080	1,620	2,160	2,880	3,600
Airone 250 Sport (247cc single)	1,500	2,250	3,380	4,500	6,000	7,500
Airone 250 Turismo (247cc single)	1,300	1,950	2,930	3,900	5,200	6,500
Falcone 500 Sport (498cc single)	2,400	3,600	5,400	7,200	9,600	12,000
Falcone 500 Turismo (498cc single)	1,800	2,700	4,050	5,400	7,200	9,000
1957						
Cardellino 65 (64cc single)	400	600	900	1,200	1,600	2,000
Zigolo 100 (98cc single)	560	840	1,260	1,680	2,240	2,800
Lodola 175 (174cc single)	720	1,080	1,620	2,160	2,880	3,600
Airone 250 Sport (247cc single)	1,500	2,250	3,380	4,500	6,000	7,500
Airone 250 Turismo (247cc single)	1,300	1,950	2,930	3,900	5,200	6,500
Falcone 500 Sport (498cc single)	2,400	3,600	5,400	7,200	9,600	12,000
Falcone 500 Turismo (498cc single)	1,800	2,700	4,050	5,400	7,200	9,000
1958						
Cardellino 65 (64cc single)	400	600	900	1,200	1,600	2,000
Zigolo 100 (98cc single)	560	840	1,260	1,680	2,240	2,800
Lodola 175 (175cc single)	720	1,080	1,620	2,160	2,880	3,600

	6	5	4	3	2	1
Falcone 500 Sport (498cc single) 2,400		3,600	5,400	7,200	9,600	12,000
Falcone 500 Turismo (498cc single) 1,800		2,700	4,050	5,400	7,200	9,000
1959						
Cardellino 75 (73cc single) 500		750	1,130	1,500	2,000	2,500
Zigolo 110 (110cc single) 600		900	1,350	1,800	2,400	3,000
Lodola 235 (235cc single) .1,300		1,950	2,930	3,900	5,200	6,500
Falcone 500 Sport (498cc single) 2,400		3,600	5,400	7,200	9,600	12,000
Falcone 500 Turismo (498cc single) 1,800		2,700	4,050	5,400	7,200	9,000
1960						
Cardellino 75 (73cc single) 400		600	900	1,200	1,600	2,000
Zigolo 110 (110cc single) 600		900	1,350	1,800	2,400	3,000
Lodola 175 Regolarita (175cc single) 1,600		2,400	3,600	4,800	6,400	8,000
Lodola 235 (235cc single) .1,200		1,800	2,700	3,600	4,800	6,000
Lodola 235 Regolarita (235cc single) 1,700		2,550	3,830	5,100	6,800	8,500
Falcone 500 Sport (498cc single) 2,400		3,600	5,400	7,200	9,600	12,000
Falcone 500 Turismo (498cc single) 1,600		2,400	3,600	4,800	6,400	8,000
1961						
Cardellino 75 (73cc single) 400		600	900	1,200	1,600	2,000
Zigolo 110 (110cc single) 600		900	1,350	1,800	2,400	3,000
Stornello Sport (125cc single) 650		980	1,460	1,950	2,600	3,250
Lodola 175 Regolarita (175cc single) 1,600		2,400	3,600	4,800	6,400	8,000
Lodola 235 (235cc single) .1,200		1,800	2,700	3,600	4,800	6,000
Lodola 235 Regolarita (235cc single) 1,700		2,550	3,830	5,100	6,800	8,500
Falcone 500 Sport (498cc single) 2,400		3,600	5,400	7,200	9,600	12,000
Falcone 500 Turismo (498cc single) 1,600		2,400	3,600	4,800	6,400	8,000
1962						
Cardellino 75 (73cc single) 400		600	900	1,200	1,600	2,000
Zigolo 110 (110cc single) 600		900	1,350	1,800	2,400	3,000
Stornello Sport (125cc single) 650		980	1,460	1,950	2,600	3,250
Lodola 235 (235cc single) .1,200		1,800	2,700	3,600	4,800	6,000
Falcone 500 Sport (498cc single) 2,400		3,600	5,400	7,200	9,600	12,000
Falcone 500 Turismo (498cc single) 1,600		2,400	3,600	4,800	6,400	8,000
1963						
Cardellino 75 (73cc single) 400		600	900	1,200	1,600	2,000
Zigolo 110 (110cc single) 600		900	1,350	1,800	2,400	3,000
Lodola 235 (235cc single) .1,200		1,800	2,700	3,600	4,800	6,000
Falcone 500 Sport (498cc single) 2,400		3,600	5,400	7,200	9,600	12,000
Falcone 500 Turismo (498cc single) 1,600		2,400	3,600	4,800	6,400	8,000
1964						
Cardellino 85 (83cc single) 400		600	900	1,200	1,600	2,000
Zigolo 110 (110cc single) 600		900	1,350	1,800	2,400	3,000
Stornello Sport (125cc single) 650		980	1,460	1,950	2,600	3,250
Lodola 235 (235cc single) .1,200		1,800	2,700	3,600	4,800	6,000
Falcone 500 Sport (498cc single) 1,900		2,850	4,280	5,700	7,600	9,500
Falcone 500 Turismo (498cc single) 1,600		2,400	3,600	4,800	6,400	8,000
1965						
Cardellino 85 (83cc single) 400		600	900	1,200	1,600	2,000
Zigolo 110 (110cc single) 600		900	1,350	1,800	2,400	3,000
Stornello Sport (125cc single) 650		980	1,460	1,950	2,600	3,250
Lodola 235 (235cc single) .1,200		1,800	2,700	3,600	4,800	6,000
1966						
Zigolo 110 (110cc single) 600		900	1,350	1,800	2,400	3,000
Stornello Sport (125cc single) 650		980	1,460	1,950	2,600	3,250
Lodola 235 (235cc single) .1,200		1,800	2,700	3,600	4,800	6,000
1967						
Zigolo 110 (110cc single) 600		900	1,350	1,800	2,400	3,000
Stornello 125 American (123cc single) 650		980	1,460	1,950	2,600	3,250
Stornello 125 Sport (123cc single) 650		980	1,460	1,950	2,600	3,250
1968						
Zigolo 110 (110cc single) 600		900	1,350	1,800	2,400	3,000
Stornello 125 America (123cc single) 650		980	1,460	1,950	2,600	3,250
Stornello Sport (125cc single) 650		980	1,460	1,950	2,600	3,250
V7 700 (703cc twin) 1,500		2,250	3,380	4,500	6,000	7,500
1969						
Stornello 125 America (123cc single) 650		980	1,460	1,950	2,600	3,250
Falcone 500 Nuovo (498cc single) 1,120		1,680	2,520	3,360	4,480	5,600
V7 700 (703cc twin) 1,500		2,250	3,380	4,500	6,000	7,500
V7 750 Ambassador (757cc twin) 1,800		2,700	4,050	5,400	7,200	9,000
1970						
Stornello 125 America (123cc single) 650		980	1,460	1,950	2,600	3,250
Falcone 500 Nuovo (498cc single) 1,120		1,680	2,520	3,360	4,480	5,600
V7 750 Ambassador (757cc twin) 1,800		2,700	4,050	5,400	7,200	9,000
1971						
Stornello 125 America (123cc single) 650		980	1,460	1,950	2,600	3,250
Falcone 500 Nuovo (498cc single) 1,120		1,680	2,520	3,360	4,480	5,600
V7 750 Police (750cc twin) 2,000		3,000	4,500	6,000	8,000	10,000
V7 750 Ambassador (757cc twin) 1,800		2,700	4,050	5,400	7,200	9,000
1972						
Stornello 125 America (123cc single) 650		980	1,460	1,950	2,600	3,250

	6	5	4	3	2	1
Falcone 500 Nuovo (498cc single)	1,120	1,680	2,520	3,360	4,480	5,600
V7 750 Police (750cc twin)	2,000	3,000	4,500	6,000	8,000	10,000
V7 750 Sport (748cc twin)	2,080	3,120	4,680	6,240	8,320	10,400
Eldorado 850GT (844cc twin)	2,100	3,150	4,730	6,300	8,400	10,500
V850 California (844cc twin)	2,400	3,600	5,400	7,200	9,600	12,000
1973						
Stornello 125 America (123cc single)	650	980	1,460	1,950	2,600	3,250
Falcone 500 Nuovo (498cc single)	1,200	1,800	2,700	3,600	4,800	6,000
850 Eldorado LAPD (844cc twin)	2,200	3,300	4,950	6,600	8,800	11,000
V7 750 Sport (748cc twin)	2,100	3,150	4,730	6,300	8,400	10,500
Eldorado 850GT (844cc twin)	2,100	3,150	4,730	6,300	8,400	10,500
V850 California (844cc twin)	2,400	3,600	5,400	7,200	9,600	12,000
1974						
Stornello 125 America (123cc single)	650	980	1,460	1,950	2,600	3,250
V7 750 Sport (748cc twin)	2,080	3,120	4,680	6,240	8,320	10,400
850T (844cc twin)	1,300	1,950	2,930	3,900	5,200	6,500
Eldorado 850GT (844cc twin)	2,100	3,150	4,730	6,300	8,400	10,500
V850 California (844cc twin)	2,400	3,600	5,400	7,200	9,600	12,000
1975						
850T (844cc twin)	1,300	1,950	2,930	3,900	5,200	6,500
850T3 (844cc twin)	1,700	2,550	3,830	5,100	6,800	8,500
1976						
850T3 (844cc twin)	1,700	2,550	3,830	5,100	6,800	8,500
Lemans I 850 (844cc twin)	2,400	3,600	5,400	7,200	9,600	12,000
V1000 Convert (948cc twin)	1,200	1,800	2,700	3,600	4,800	6,000
1977						
850T3 (844cc twin)	1,700	2,550	3,830	5,100	6,800	8,500
Lemans I 850 (844cc twin)	2,400	3,600	5,400	7,200	9,600	12,000
V1000 Convert (948cc twin)	1,200	1,800	2,700	3,600	4,800	6,000
1978						
V50 (490cc twin)	600	900	1,350	1,800	2,400	3,000
850T3 (844cc twin)	1,700	2,550	3,830	5,100	6,800	8,500
Lemans I 850 (844cc twin)	2,400	3,600	5,400	7,200	9,600	12,000
1000SP (948cc twin)	1,300	1,950	2,930	3,900	5,200	6,500
V1000 Convert (948cc twin)	1,200	1,800	2,700	3,600	4,800	6,000
1979						
V50 II (490cc twin)	600	900	1,350	1,800	2,400	3,000
V50 (490cc twin)	600	900	1,350	1,800	2,400	3,000
1000 G5 (948cc twin)	1,300	1,950	2,930	3,900	5,200	6,500
1000SP (948cc twin)	1,300	1,950	2,930	3,900	5,200	6,500
V1000 Convert (948cc twin)	1,200	1,800	2,700	3,600	4,800	6,000
1980						
V50 II (490cc twin)	600	900	1,350	1,800	2,400	3,000
V50 Monza (490cc twin)	960	1,440	2,160	2,880	3,840	4,800
1000 G5 (948cc twin)	1,300	1,950	2,930	3,900	5,200	6,500
1000SP (948cc twin)	1,300	1,950	2,930	3,900	5,200	6,500
Lemans CX1000 (998cc twin)	1,700	2,550	3,830	5,100	6,800	8,500

NORTON

	6	5	4	3	2	1
1930						
CJ (348cc single)	1,900	2,850	4,280	5,700	7,600	9,500
CS1 (490cc single)	3,000	4,500	6,750	9,000	12,000	15,000
ES2 (490cc single)	1,800	2,700	4,050	5,400	7,200	9,000
Model 16H (490cc single)	2,100	3,150	4,730	6,300	8,400	10,500
Model 18 (490cc single)	2,100	3,150	4,730	6,300	8,400	10,500
Model 19 (588cc single)	2,100	3,150	4,730	6,300	8,400	10,500
Big 4 (633cc single)	1,400	2,100	3,150	4,200	5,600	7,000
1931						
CJ (348cc single)	1,900	2,850	4,280	5,700	7,600	9,500
CS1 (490cc single)	3,000	4,500	6,750	9,000	12,000	15,000
ES2 (490cc single)	1,800	2,700	4,050	5,400	7,200	9,000
Model 16H (490cc single)	2,100	3,150	4,730	6,300	8,400	10,500
Model 18 (490cc single)	2,100	3,150	4,730	6,300	8,400	10,500
Model 19 (588cc single)	2,100	3,150	4,730	6,300	8,400	10,500
Big 4 (633cc single)	1,400	2,100	3,150	4,200	5,600	7,000
1932						
CJ (348cc single)	1,900	2,850	4,280	5,700	7,600	9,500
Model 30 "International" (490cc single)	3,600	5,400	8,100	10,800	14,400	18,000
ES2 (490cc single)	1,800	2,700	4,050	5,400	7,200	9,000
Model 16H (490cc single)	2,000	3,000	4,500	6,000	8,000	10,000
Model 18 (490cc single)	2,000	3,000	4,500	6,000	8,000	10,000
Model 40 "International" (348cc single)	3,600	5,400	8,100	10,800	14,400	18,000
Model 19 (588cc single)	2,000	3,000	4,500	6,000	8,000	10,000
Big 4 (633cc single)	1,400	2,100	3,150	4,200	5,600	7,000
1933						
CJ (348cc single)	1,900	2,850	4,280	5,700	7,600	9,500
Model 50 (348cc single)	1,900	2,850	4,280	5,700	7,600	9,500

NORTON

	6	5	4	3	2	1
Model 30 "International" (490cc single)	3,600	5,400	8,100	10,800	14,400	18,000
ES2 (490cc single)	1,800	2,700	4,050	5,400	7,200	9,000
Model 16H (490cc single)	2,000	3,000	4,500	6,000	8,000	10,000
Model 18 (490cc single)	2,000	3,000	4,500	6,000	8,000	10,000
Model 40 "International" (348cc single)	3,600	5,400	8,100	10,800	14,400	18,000
Model 19 (596cc single)	2,000	3,000	4,500	6,000	8,000	10,000
Big 4 (633cc single)	1,400	2,100	3,150	4,200	5,600	7,000
1934						
CJ (348cc single)	1,900	2,850	4,280	5,700	7,600	9,500
Model 50 (348cc single)	1,900	2,850	4,280	5,700	7,600	9,500
Model 30 "International" (490cc single)	3,600	5,400	8,100	10,800	14,400	18,000
ES2 (490cc single)	1,800	2,700	4,050	5,400	7,200	9,000
Model 16H (490cc single)	2,000	3,000	4,500	6,000	8,000	10,000
Model 18 (490cc single)	2,000	3,000	4,500	6,000	8,000	10,000
Model 40 "International" (348cc single)	3,600	5,400	8,100	10,800	14,400	18,000
Model 19 (596cc single)	2,000	3,000	4,500	6,000	8,000	10,000
Big 4 (633cc single)	1,400	2,100	3,150	4,200	5,600	7,000
1935						
CJ (348cc single)	1,900	2,850	4,280	5,700	7,600	9,500
Model 50 (348cc single)	1,900	2,850	4,280	5,700	7,600	9,500
Model 30 "International" (490cc single)	3,600	5,400	8,100	10,800	14,400	18,000
ES2 (490cc single)	1,800	2,700	4,050	5,400	7,200	9,000
Model 16H (490cc single)	2,000	3,000	4,500	6,000	8,000	10,000
Model 18 (490cc single)	2,000	3,000	4,500	6,000	8,000	10,000
Model 40 "International" (348cc single)	3,600	5,400	8,100	10,800	14,400	18,000
Model 19 (596cc single)	2,000	3,000	4,500	6,000	8,000	10,000
Big 4 (633cc single)	1,400	2,100	3,150	4,200	5,600	7,000
1936						
CJ (348cc single)	1,900	2,850	4,280	5,700	7,600	9,500
Model 50 (348cc single)	1,900	2,850	4,280	5,700	7,600	9,500
Model 30 "International" (490cc single)	3,000	4,500	6,750	9,000	12,000	15,000
ES2 (490cc single)	1,800	2,700	4,050	5,400	7,200	9,000
Model 16H (490cc single)	2,000	3,000	4,500	6,000	8,000	10,000
Model 18 (490cc single)	2,000	3,000	4,500	6,000	8,000	10,000
Model 40 "International" (348cc single)	3,000	4,500	6,750	9,000	12,000	15,000
Model 19 (596cc single)	2,000	3,000	4,500	6,000	8,000	10,000
Big 4 (633cc single)	1,400	2,100	3,150	4,200	5,600	7,000
1937						
CJ (348cc single)	1,900	2,850	4,280	5,700	7,600	9,500
Model 50 (348cc single)	1,900	2,850	4,280	5,700	7,600	9,500
Model 30 "International" (490cc single)	3,000	4,500	6,750	9,000	12,000	15,000
ES2 (490cc single)	1,800	2,700	4,050	5,400	7,200	9,000
Model 16H (490cc single)	2,000	3,000	4,500	6,000	8,000	10,000
Model 18 (490cc single)	2,000	3,000	4,500	6,000	8,000	10,000
Model 40 "International" (348cc single)	3,000	4,500	6,750	9,000	12,000	15,000
Model 19 (596cc single)	2,000	3,000	4,500	6,000	8,000	10,000
Big 4 (633cc single)	1,400	2,100	3,150	4,200	5,600	7,000
1938						
CJ (348cc single)	1,900	2,850	4,280	5,700	7,600	9,500
Model 50 (348cc single)	1,900	2,850	4,280	5,700	7,600	9,500
Model 30 "International" (490cc single)	3,000	4,500	6,750	9,000	12,000	15,000
ES2 (490cc single)	1,800	2,700	4,050	5,400	7,200	9,000
Model 16H (490cc single)	2,000	3,000	4,500	6,000	8,000	10,000
Model 18 (490cc single)	2,000	3,000	4,500	6,000	8,000	10,000
Model 40 "International" (348cc single)	3,000	4,500	6,750	9,000	12,000	15,000
Model 19 (596cc single)	2,000	3,000	4,500	6,000	8,000	10,000
Big 4 (633cc single)	1,400	2,100	3,150	4,200	5,600	7,000
1939						
CJ (348cc single)	1,700	2,550	3,830	5,100	6,800	8,500
Model 50 (348cc single)	1,700	2,550	3,830	5,100	6,800	8,500
Model 30 "International" (490cc single)	3,000	4,500	6,750	9,000	12,000	15,000
ES2 (490cc single)	1,800	2,700	4,050	5,400	7,200	9,000
Model 16H (490cc single)	1,800	2,700	4,050	5,400	7,200	9,000
Model 18 (490cc single)	1,800	2,700	4,050	5,400	7,200	9,000
Model 40 "International" (348cc single)	3,000	4,500	6,750	9,000	12,000	15,000
Model 19 (596cc single)	1,800	2,700	4,050	5,400	7,200	9,000
Big 4 (633cc single)	1,400	2,100	3,150	4,200	5,600	7,000
1940						
WD/Big 4 (633cc single)	1,400	2,100	3,150	4,200	5,600	7,000
WD/Model 16H (490cc single)	1,400	2,100	3,150	4,200	5,600	7,000
1941						
WD/Big 4 (633cc single)	1,400	2,100	3,150	4,200	5,600	7,000
WD/Model 16H (499cc single)	1,400	2,100	3,150	4,200	5,600	7,000
1942						
WD/Big 4 (633cc single)	1,400	2,100	3,150	4,200	5,600	7,000
WD/Model 16H (490cc single)	1,400	2,100	3,150	4,200	5,600	7,000
1943						
WD/Big 4 (633cc single)	1,400	2,100	3,150	4,200	5,600	7,000
WD/Model 16H (490cc single)	1,400	2,100	3,150	4,200	5,600	7,000

	6	5	4	3	2	1
1944						
WD/Big 4 (633cc single)	1,400	2,100	3,150	4,200	5,600	7,000
WD/Model 16H (490cc single)	1,400	2,100	3,150	4,200	5,600	7,000
1945						
WD/Big 4 (633cc single)	1,400	2,100	3,150	4,200	5,600	7,000
WD/Model 16H (490cc single)	1,400	2,100	3,150	4,200	5,600	7,000
1946						
Manx 40M (348cc single)	4,200	6,300	9,450	12,600	16,800	21,000
Model 40 "International" (348cc single)	2,800	4,200	6,300	8,400	11,200	14,000
Model 16H (490cc single)	1,500	2,250	3,380	4,500	6,000	7,500
Model 18 (490cc single)	1,600	2,400	3,600	4,800	6,400	8,000
Model 30 "International" (490cc single)	3,000	4,500	6,750	9,000	12,000	15,000
Manx 30M (498cc single)	5,200	7,800	11,700	15,600	20,800	26,000
Model 19R (596cc single)	1,400	2,100	3,150	4,200	5,600	7,000
Model 19S (596cc single)	1,400	2,100	3,150	4,200	5,600	7,000
Big 4 (633cc single)	1,400	2,100	3,150	4,200	5,600	7,000
1947						
Manx 40M (348cc single)	4,200	6,300	9,450	12,600	16,800	21,000
Model 40 "International" (348cc single)	2,600	3,900	5,850	7,800	10,400	13,000
Model 50 (348cc single)	1,000	1,500	2,250	3,000	4,000	5,000
Trials (348cc single)	1,000	1,500	2,250	3,000	4,000	5,000
Model 16H (490cc single)	1,500	2,250	3,380	4,500	6,000	7,500
Model 18 (490cc single)	1,600	2,400	3,600	4,800	6,400	8,000
Model 30 "International" (490cc single)	3,000	4,500	6,750	9,000	12,000	15,000
ES2 (490cc single)	1,200	1,800	2,700	3,600	4,800	6,000
Trials (490cc single)	1,000	1,500	2,250	3,000	4,000	5,000
Manx 30M (498cc single)	5,200	7,800	11,700	15,600	20,800	26,000
Model 19R (596cc single)	1,400	2,100	3,150	4,200	5,600	7,000
Model 19S (596cc single)	1,400	2,100	3,150	4,200	5,600	7,000
Big 4 (633cc single)	1,400	2,100	3,150	4,200	5,600	7,000
1948						
Manx 40M (348cc single)	4,200	6,300	9,450	12,600	16,800	21,000
Model 40 "International" (348cc single)	2,600	3,900	5,850	7,800	10,400	13,000
Model 50 (348cc single)	1,000	1,500	2,250	3,000	4,000	5,000
Trials (348cc single)	1,000	1,500	2,250	3,000	4,000	5,000
ES2 (490cc single)	1,200	1,800	2,700	3,600	4,800	6,000
Model 16H (490cc single)	1,500	2,250	3,380	4,500	6,000	7,500
Model 18 (490cc single)	1,600	2,400	3,600	4,800	6,400	8,000
Model 30 "International" (490cc single)	3,000	4,500	6,750	9,000	12,000	15,000
Trials (490cc single)	1,000	1,500	2,250	3,000	4,000	5,000
Manx 30M (498cc single)	5,200	7,800	11,700	15,600	20,800	26,000
Model 19R (596cc single)	1,400	2,100	3,150	4,200	5,600	7,000
Model 19S (596cc single)	1,400	2,100	3,150	4,200	5,600	7,000
Big 4 (597cc single)	1,400	2,100	3,150	4,200	5,600	7,000
1949						
Manx 40M (348cc single)	4,200	6,300	9,450	12,600	16,800	21,000
Model 40 "International" (348cc single)	2,600	3,900	5,850	7,800	10,400	13,000
Model 50 (348cc single)	1,000	1,500	2,250	3,000	4,000	5,000
ES2 (490cc single)	1,200	1,800	2,700	3,600	4,800	6,000
Model 16H (490cc single)	1,500	2,250	3,380	4,500	6,000	7,500
Model 18 (490cc single)	1,600	2,400	3,600	4,800	6,400	8,000
Model 30 "International" (490cc single)	3,000	4,500	6,750	9,000	12,000	15,000
Model 500T (490cc single)	1,500	2,250	3,380	4,500	6,000	7,500
Dominator Model 7 (497cc twin)	1,320	1,980	2,970	3,960	5,280	6,600
Manx 30M (498cc single)	5,200	7,800	11,700	15,600	20,800	26,000
Model 19R (596cc single)	1,400	2,100	3,150	4,200	5,600	7,000
Model 19S (596cc single)	1,400	2,100	3,150	4,200	5,600	7,000
Big 4 (597cc single)	1,400	2,100	3,150	4,200	5,600	7,000
1950						
Manx 40M (348cc single)	4,200	6,300	9,450	12,600	16,800	21,000
Model 40 "International" (348cc single)	2,600	3,900	5,850	7,800	10,400	13,000
Model 50 (348cc single)	1,000	1,500	2,250	3,000	4,000	5,000
ES2 (490cc single)	1,200	1,800	2,700	3,600	4,800	6,000
Model 16H (490cc single)	1,500	2,250	3,380	4,500	6,000	7,500
Model 18 (490cc single)	1,600	2,400	3,600	4,800	6,400	8,000
Model 30 "International" (490cc single)	3,000	4,500	6,750	9,000	12,000	15,000
Model 500T (490cc single)	1,500	2,250	3,380	4,500	6,000	7,500
Dominator Model 7 (497cc twin)	1,320	1,980	2,970	3,960	5,280	6,600
Manx 30M (498cc single)	5,200	7,800	11,700	15,600	20,800	26,000
Model 19R (596cc single)	1,400	2,100	3,150	4,200	5,600	7,000
Model 19S (596cc single)	1,400	2,100	3,150	4,200	5,600	7,000
Big 4 (597cc single)	1,400	2,100	3,150	4,200	5,600	7,000
1951						
Manx 40M (348cc single)	4,200	6,300	9,450	12,600	16,800	21,000
Model 40 "International" (348cc single)	2,600	3,900	5,850	7,800	10,400	13,000
Model 50 (348cc single)	1,000	1,500	2,250	3,000	4,000	5,000
ES2 (490cc single)	1,200	1,800	2,700	3,600	4,800	6,000
Model 16H (490cc single)	1,500	2,250	3,380	4,500	6,000	7,500

NORTON

	6	5	4	3	2	1
Model 18 (490cc single)	1,600	2,400	3,600	4,800	6,400	8,000
Model 30 "International" (490cc single)	3,000	4,500	6,750	9,000	12,000	15,000
Model 500T (490cc single)	1,500	2,250	3,380	4,500	6,000	7,500
Dominator Model 7 (497cc twin)	1,320	1,980	2,970	3,960	5,280	6,600
Manx 30M (498cc single)	5,400	8,100	12,150	16,200	21,600	27,000
Model 19R (596cc single)	1,400	2,100	3,150	4,200	5,600	7,000
Model 19S (596cc single)	1,400	2,100	3,150	4,200	5,600	7,000
Big 4 (597cc single)	1,400	2,100	3,150	4,200	5,600	7,000
1952						
Manx 40M (348cc single)	4,400	6,600	9,900	13,200	17,600	22,000
Model 40 "International" (348cc single)	2,600	3,900	5,850	7,800	10,400	13,000
Model 50 (348cc single)	1,000	1,500	2,250	3,000	4,000	5,000
ES2 (490cc single)	1,200	1,800	2,700	3,600	4,800	6,000
Model 16H (490cc single)	1,500	2,250	3,380	4,500	6,000	7,500
Model 18 (490cc single)	1,600	2,400	3,600	4,800	6,400	8,000
Model 30 "International" (490cc single)	3,000	4,500	6,750	9,000	12,000	15,000
Model 500T (490cc single)	1,500	2,250	3,380	4,500	6,000	7,500
Dominator Model 7 (497cc twin)	1,320	1,980	2,970	3,960	5,280	6,600
Dominator Model 88 (497cc twin)	1,480	2,220	3,330	4,440	5,920	7,400
Manx 30M (498cc single)	5,400	8,100	12,150	16,200	21,600	27,000
Model 19R (596cc single)	1,400	2,100	3,150	4,200	5,600	7,000
Model 19S (596cc single)	1,400	2,100	3,150	4,200	5,600	7,000
Big 4 (597cc single)	1,400	2,100	3,150	4,200	5,600	7,000
1953						
Manx 40M (348cc single)	4,600	6,900	10,350	13,800	18,400	23,000
Model 40 "International" (348cc single)	2,600	3,900	5,850	7,800	10,400	13,000
Model 50 (348cc single)	1,000	1,500	2,250	3,000	4,000	5,000
ES2 (490cc single)	1,200	1,800	2,700	3,600	4,800	6,000
Model 16H (490cc single)	1,500	2,250	3,380	4,500	6,000	7,500
Model 18 (490cc single)	1,600	2,400	3,600	4,800	6,400	8,000
Model 30 "International" (490cc single)	3,200	4,800	7,200	9,600	12,800	16,000
Model 500T (490cc single)	1,500	2,250	3,380	4,500	6,000	7,500
Dominator Model 7 (497cc twin)	1,340	2,010	3,020	4,020	5,360	6,700
Dominator Model 88 (497cc twin)	1,520	2,280	3,420	4,560	6,080	7,600
Manx 30M (498cc single)	5,800	8,700	13,050	17,400	23,200	29,000
Model 19R (596cc single)	1,400	2,100	3,150	4,200	5,600	7,000
Model 19S (596cc single)	1,400	2,100	3,150	4,200	5,600	7,000
Big 4 (597cc single)	1,400	2,100	3,150	4,200	5,600	7,000
1954						
Manx 40M (348cc single)	4,600	6,900	10,350	13,800	18,400	23,000
Model 40 "International" (348cc single)	2,600	3,900	5,850	7,800	10,400	13,000
Model 50 (348cc single)	1,000	1,500	2,250	3,000	4,000	5,000
ES2 (490cc single)	1,200	1,800	2,700	3,600	4,800	6,000
Model 16H (490cc single)	1,500	2,250	3,380	4,500	6,000	7,500
Model 18 (490cc single)	1,600	2,400	3,600	4,800	6,400	8,000
Model 30 "International" (490cc single)	3,200	4,800	7,200	9,600	12,800	16,000
Model 500T (490cc single)	1,500	2,250	3,380	4,500	6,000	7,500
Dominator Model 7 (497cc twin)	1,380	2,070	3,110	4,140	5,520	6,900
Dominator Model 88 (497cc twin)	1,560	2,340	3,510	4,680	6,240	7,800
Manx 30M (498cc single)	6,200	9,300	13,950	18,600	24,800	31,000
Model 19R (596cc single)	1,400	2,100	3,150	4,200	5,600	7,000
Model 19S (596cc single)	1,400	2,100	3,150	4,200	5,600	7,000
Big 4 (597cc single)	1,400	2,100	3,150	4,200	5,600	7,000
1955						
Manx 40M (348cc single)	4,600	6,900	10,350	13,800	18,400	23,000
Model 40 "International" (348cc single)	2,600	3,900	5,850	7,800	10,400	13,000
Model 50 (348cc single)	1,000	1,500	2,250	3,000	4,000	5,000
ES2 (490cc single)	1,200	1,800	2,700	3,600	4,800	6,000
Model 30 "International" (490cc single)	3,200	4,800	7,200	9,600	12,800	16,000
Dominator Model 7 (497cc twin)	1,380	2,070	3,110	4,140	5,520	6,900
Dominator Model 88 (497cc twin)	1,560	2,340	3,510	4,680	6,240	7,800
Manx 30M (498cc single)	6,200	9,300	13,950	18,600	24,800	31,000
Model 19R (596cc single)	1,400	2,100	3,150	4,200	5,600	7,000
Model 19S (596cc single)	1,400	2,100	3,150	4,200	5,600	7,000
1956						
Manx 40M (348cc single)	4,600	6,900	10,350	13,800	18,400	23,000
Model 40 "International" (348cc single)	2,600	3,900	5,850	7,800	10,400	13,000
Model 50 (348cc single)	1,000	1,500	2,250	3,000	4,000	5,000
ES2 (490cc single)	1,200	1,800	2,700	3,600	4,800	6,000
Model 30 "International" (490cc single)	3,200	4,800	7,200	9,600	12,800	16,000
Dominator Model 88 (497cc twin)	1,560	2,340	3,510	4,680	6,240	7,800
Manx 30M (498cc single)	6,200	9,300	13,950	18,600	24,800	31,000
Model 19S (596cc single)	1,400	2,100	3,150	4,200	5,600	7,000
Dominator Model 99 (596cc twin)	1,640	2,460	3,690	4,920	6,560	8,200
1957						
Manx 40M (348cc single)	4,900	7,350	11,030	14,700	19,600	24,500
Model 40 "International" (348cc single)	2,600	3,900	5,850	7,800	10,400	13,000
Model 50 (348cc single)	1,000	1,500	2,250	3,000	4,000	5,000

	6	5	4	3	2	1
ES2 (490cc single)	1,200	1,800	2,700	3,600	4,800	6,000
Model 30 "International" (490cc single)	3,200	4,800	7,200	9,600	12,800	16,000
Dominator Model 88 (497cc twin)	1,600	2,400	3,600	4,800	6,400	8,000
Manx 30M (498cc single)	6,200	9,300	13,950	18,600	24,800	31,000
Dominator Model 77 (596cc twin)	1,400	2,100	3,150	4,200	5,600	7,000
Dominator Model 99 (596cc twin)	1,640	2,460	3,690	4,920	6,560	8,200
Model 19S (596cc single)	1,400	2,100	3,150	4,200	5,600	7,000
1958						
Manx 40M (348cc single)	4,900	7,350	11,030	14,700	19,600	24,500
Model 50 (348cc single)	1,000	1,500	2,250	3,000	4,000	5,000
ES2 (490cc single)	1,200	1,800	2,700	3,600	4,800	6,000
Dominator Model 88 (497cc twin)	1,600	2,400	3,600	4,800	6,400	8,000
Manx 30M (498cc single)	6,300	9,450	14,180	18,900	25,200	31,500
Dominator Model 77 (596cc twin)	1,400	2,100	3,150	4,200	5,600	7,000
Dominator Model 99 (596cc twin)	1,640	2,460	3,690	4,920	6,560	8,200
Model 19S (596cc single)	1,400	2,100	3,150	4,200	5,600	7,000
Nomad (596cc twin)	1,100	1,650	2,480	3,300	4,400	5,500
1959						
Jubilee Deluxe (249cc twin)	1,020	1,530	2,300	3,060	4,080	5,100
Manx 40M (348cc single)	5,000	7,500	11,250	15,000	20,000	25,000
Model 50 (348cc single)	1,200	1,800	2,700	3,600	4,800	6,000
ES2 (490cc single)	1,500	2,250	3,380	4,500	6,000	7,500
Dominator Model 88 (497cc twin)	1,600	2,400	3,600	4,800	6,400	8,000
Manx 30M (498cc single)	7,200	10,800	16,200	21,600	28,800	36,000
Dominator Model 99 (596cc twin)	1,640	2,460	3,690	4,920	6,560	8,200
Nomad (596cc twin)	1,100	1,650	2,480	3,300	4,400	5,500
1960						
Jubilee Deluxe (249cc twin)	1,020	1,530	2,300	3,060	4,080	5,100
Manx 40M (348cc single)	5,000	7,500	11,250	15,000	20,000	25,000
Model 50 (348cc single)	1,200	1,800	2,700	3,600	4,800	6,000
ES2 (490cc single)	1,500	2,250	3,380	4,500	6,000	7,500
Dominator Model 88 (497cc twin)	1,600	2,400	3,600	4,800	6,400	8,000
Dominator Model 88 Deluxe (497cc twin)	1,620	2,430	3,650	4,860	6,480	8,100
Manx 30M (498cc single)	7,200	10,800	16,200	21,600	28,800	36,000
Dominator Model 99 (596cc twin)	1,640	2,460	3,690	4,920	6,560	8,200
Dominator Model 99 Deluxe (596cc twin)	1,680	2,520	3,780	5,040	6,720	8,400
Nomad (596cc twin)	1,100	1,650	2,480	3,300	4,400	5,500
Manxman (646cc twin)	1,800	2,700	4,050	5,400	7,200	9,000
1961						
Jubilee Deluxe (249cc twin)	1,020	1,530	2,300	3,060	4,080	5,100
Jubilee Standard (249cc twin)	990	1,490	2,230	2,970	3,960	4,950
Manx 40M (348cc single)	5,000	7,500	11,250	15,000	20,000	25,000
Model 50 (348cc single)	1,300	1,950	2,930	3,900	5,200	6,500
Navigator (349cc twin)	1,000	1,500	2,250	3,000	4,000	5,000
Navigator Deluxe (349cc twin)	1,000	1,500	2,250	3,000	4,000	5,000
ES2 (490cc single)	1,600	2,400	3,600	4,800	6,400	8,000
Dominator Model 88 (497cc twin)	1,600	2,400	3,600	4,800	6,400	8,000
Dominator Model 88 Deluxe (497cc twin)	1,620	2,430	3,650	4,860	6,480	8,100
Dominator Model 88SS (497cc twin)	1,680	2,520	3,780	5,040	6,720	8,400
Manx 30M (498cc single)	7,200	10,800	16,200	21,600	28,800	36,000
Dominator Model 99 (596cc twin)	1,680	2,520	3,780	5,040	6,720	8,400
Dominator Model 99 Deluxe (596cc twin)	1,700	2,550	3,830	5,100	6,800	8,500
Dominator Model 99SS (596cc twin)	1,740	2,610	3,920	5,220	6,960	8,700
Manxman (646cc twin)	1,800	2,700	4,050	5,400	7,200	9,000
1962						
Jubilee Deluxe (249cc twin)	1,000	1,500	2,250	3,000	4,000	5,000
Jubilee Standard (249cc twin)	980	1,470	2,210	2,940	3,920	4,900
Manx 40M (348cc single)	5,000	7,500	11,250	15,000	20,000	25,000
Model 50 (348cc single)	1,300	1,950	2,930	3,900	5,200	6,500
Navigator (349cc twin)	1,000	1,500	2,250	3,000	4,000	5,000
Navigator Deluxe (349cc twin)	1,000	1,500	2,250	3,000	4,000	5,000
ES2 (490cc single)	1,600	2,400	3,600	4,800	6,400	8,000
Dominator Model 88 (497cc twin)	1,600	2,400	3,600	4,800	6,400	8,000
Dominator Model 88 Deluxe (497cc twin)	1,620	2,430	3,650	4,860	6,480	8,100
Dominator Model 88SS (497cc twin)	1,680	2,520	3,780	5,040	6,720	8,400
Manx 30M (498cc single)	7,200	10,800	16,200	21,600	28,800	36,000
Dominator Model 99 (596cc twin)	1,680	2,520	3,780	5,040	6,720	8,400
Dominator Model 99 Deluxe (596cc twin)	1,700	2,550	3,830	5,100	6,800	8,500
Dominator Model 99SS (596cc twin)	1,740	2,610	3,920	5,220	6,960	8,700
Model 650SS (646cc twin)	1,400	2,100	3,150	4,200	5,600	7,000
Atlas (745cc twin)	1,280	1,920	2,880	3,840	5,120	6,400
1963						
Jubilee Deluxe (249cc twin)	1,000	1,500	2,250	3,000	4,000	5,000
Jubilee Standard (249cc twin)	980	1,470	2,210	2,940	3,920	4,900
Manx 40M (348cc single)	5,000	7,500	11,250	15,000	20,000	25,000
Model 50 (348cc single)	1,300	1,950	2,930	3,900	5,200	6,500
Navigator (349cc twin)	1,000	1,500	2,250	3,000	4,000	5,000
Navigator Deluxe (349cc twin)	1,000	1,500	2,250	3,000	4,000	5,000

NORTON

NORTON

	6	5	4	3	2	1
Electra (400cc twin)	800	1,200	1,800	2,400	3,200	4,000
ES2 (490cc single)	1,600	2,400	3,600	4,800	6,400	8,000
Dominator Model 88 (497cc twin)	1,620	2,430	3,650	4,860	6,480	8,100
Dominator Model 88SS (497cc twin)	1,700	2,550	3,830	5,100	6,800	8,500
Manx 30M (498cc single)	6,800	10,200	15,300	20,400	27,200	34,000
Model 650SS (646cc twin)	1,400	2,100	3,150	4,200	5,600	7,000
Atlas (745cc twin)	1,280	1,920	2,880	3,840	5,120	6,400
1964						
Jubilee Standard (249cc twin)	980	1,470	2,210	2,940	3,920	4,900
Model 50 Mk. II (348cc single)	1,000	1,500	2,250	3,000	4,000	5,000
Navigator (349cc twin)	1,000	1,500	2,250	3,000	4,000	5,000
Electra (400cc twin)	800	1,200	1,800	2,400	3,200	4,000
ES2 Mk. II (490cc single)	1,300	1,950	2,930	3,900	5,200	6,500
Dominator Model 88SS (497cc twin)	1,700	2,550	3,830	5,100	6,800	8,500
Model 650SS (646cc twin)	1,400	2,100	3,150	4,200	5,600	7,000
Atlas (745cc twin)	1,300	1,950	2,930	3,900	5,200	6,500
Atlas Scrambler (750cc twin)	1,100	1,650	2,480	3,300	4,400	5,500
N15CS (750cc twin)	1,300	1,950	2,930	3,900	5,200	6,500
1965						
Jubilee Standard (249cc twin)	980	1,470	2,210	2,940	3,920	4,900
Model 50 Mk. II (348cc single)	1,000	1,500	2,250	3,000	4,000	5,000
Navigator (349cc twin)	1,000	1,500	2,250	3,000	4,000	5,000
Electra (400cc twin)	800	1,200	1,800	2,400	3,200	4,000
ES2 Mk. II (490cc single)	1,300	1,950	2,930	3,900	5,200	6,500
Dominator Model 88SS (497cc twin)	1,700	2,550	3,830	5,100	6,800	8,500
Model 650SS (646cc twin)	1,400	2,100	3,150	4,200	5,600	7,000
Atlas (745cc twin)	1,320	1,980	2,970	3,960	5,280	6,600
N15CS (750cc twin)	1,300	1,950	2,930	3,900	5,200	6,500
1966						
Jubilee Standard (249cc twin)	980	1,470	2,210	2,940	3,920	4,900
Model 50 Mk. II (348cc single)	1,000	1,500	2,250	3,000	4,000	5,000
ES2 Mk. II (490cc single)	1,300	1,950	2,930	3,900	5,200	6,500
Dominator Model 88SS (497cc twin)	1,700	2,550	3,830	5,100	6,800	8,500
Model 650SS (646cc twin)	1,400	2,100	3,150	4,200	5,600	7,000
Atlas (745cc twin)	1,320	1,980	2,970	3,960	5,280	6,600
N15CS (750cc twin)	1,300	1,950	2,930	3,900	5,200	6,500
1967						
Model 650SS (646cc twin)	1,700	2,550	3,830	5,100	6,800	8,500
Atlas (745cc twin)	1,360	2,040	3,060	4,080	5,440	6,800
Commando (745cc twin)	1,440	2,160	3,240	4,320	5,760	7,200
N15CS (750cc twin)	1,300	1,950	2,930	3,900	5,200	6,500
P11 (750cc twin)	1,600	2,400	3,600	4,800	6,400	8,000
1968						
Model 650SS (646cc twin)	1,400	2,100	3,150	4,200	5,600	7,000
Atlas (745cc twin)	1,360	2,040	3,060	4,080	5,440	6,800
Commando (745cc twin)	1,440	2,160	3,240	4,320	5,760	7,200
P11A (750cc twin)	1,600	2,400	3,600	4,800	6,400	8,000
1969						
Commando 750R (745cc twin)	1,440	2,160	3,240	4,320	5,760	7,200
Commando 750S (745cc twin)	1,520	2,280	3,420	4,560	6,080	7,600
Commando Fastback (745cc twin)	1,600	2,400	3,600	4,800	6,400	8,000
Mercury (750cc twin)	1,000	1,500	2,250	3,000	4,000	5,000
Ranger (750cc twin)	1,500	2,250	3,380	4,500	6,000	7,500
1970						
Commando 750 Roadster (745cc twin)	1,400	2,100	3,150	4,200	5,600	7,000
Commando 750S (745cc twin)	1,520	2,280	3,420	4,560	6,080	7,600
Commando 750SS (745cc twin)	1,440	2,160	3,240	4,320	5,760	7,200
Commando Fastback (745cc twin)	1,600	2,400	3,600	4,800	6,400	8,000
Mercury (750cc twin)	1,000	1,500	2,250	3,000	4,000	5,000
1971						
Commando 750 Production Racer (745cc twin)	2,800	4,200	6,300	8,400	11,200	14,000
Commando 750 Roadster (745cc twin)	1,200	1,800	2,700	3,600	4,800	6,000
Commando 750SS (745cc twin)	1,200	1,800	2,700	3,600	4,800	6,000
Commando Fastback (745cc twin)	2,000	3,000	4,500	6,000	8,000	10,000
Commando Fastback LR (745cc twin)	2,200	3,300	4,950	6,600	8,800	11,000
Commando Hi-Rider (745cc twin)	2,200	3,300	4,950	6,600	8,800	11,000
Commando 750S (745cc twin)	2,000	3,000	4,500	6,000	8,000	10,000
1972						
Commando 750 Hi-Rider (745cc twin)	1,200	1,800	2,700	3,600	4,800	6,000
Commando 750 Interstate "Combat" (745cc twin)	2,600	3,900	5,850	7,800	10,400	13,000
Commando 750 Production Racer (745cc twin)	2,800	4,200	6,300	8,400	11,200	14,000
Commando 750 Roadster (745cc twin)	2,200	3,300	4,950	6,600	8,800	11,000
Commando Fastback (745cc twin)	2,000	3,000	4,500	6,000	8,000	10,000
Commando Fastback LR (745cc twin)	2,000	3,000	4,500	6,000	8,000	10,000
1973						
Commando 750 Hi-Rider (745cc twin)	2,200	3,300	4,950	6,600	8,800	11,000
Commando 750 Interstate (745cc twin)	2,600	3,900	5,850	7,800	10,400	13,000
Commando 750 Production Racer (745cc twin)	2,800	4,200	6,300	8,400	11,200	14,000

	6	5	4	3	2	1
Commando 750 Roadster (745cc twin) 2,200	3,300	4,950	6,600	8,800	11,000
Commando Fastback (745cc twin) 2,000	3,000	4,500	6,000	8,000	10,000
Commando 850 Hi-Rider (838cc twin) 1,200	1,800	2,700	3,600	4,800	6,000
Commando 850 Interstate (828cc twin) 2,700	4,050	6,080	8,100	10,800	13,500
Commando 850 Roadster (828cc twin) 1,600	2,400	3,600	4,800	6,400	8,000
1974						
Commando 850 Hi-Rider (828cc twin) 2,200	3,300	4,950	6,600	8,800	11,000
Commando 850 Interstate (828cc twin) 1,600	2,400	3,600	4,800	6,400	8,000
Commando 850 John Player(828cc twin) 3,400	5,100	7,650	10,200	13,600	17,000
Commando 850 Roadster (828cc twin) 1,600	2,400	3,600	4,800	6,400	8,000
1975						
Commando 850 Hi-Rider (828cc twin) 1,200	1,800	2,700	3,600	4,800	6,000
Commando 850 Interstate (828cc twin) 1,600	2,400	3,600	4,800	6,400	8,000
Commando 850 John Player (828cc twin) 2,400	3,600	5,400	7,200	9,600	12,000
Commando Mk. III (828cc twin) 1,800	2,700	4,050	5,400	7,200	9,000
Commando 850 Roadster (828cc twin) 1,600	2,400	3,600	4,800	6,400	8,000
1976						
Commando 850 Roadster (828cc twin) 1,600	2,400	3,600	4,800	6,400	8,000
Commando Mk. III (828cc twin) 1,800	2,700	4,050	5,400	7,200	9,000
1977						
Commando 850 Roadster (828cc twin) 2,000	3,000	4,500	6,000	8,000	10,000
Commando Mk. III (828cc twin) 2,000	3,000	4,500	6,000	8,000	10,000

PANTHER

	6	5	4	3	2	1
1946						
Model 100 (600cc single) 1,600	2,400	3,600	4,800	6,400	8,000
1947						
Model 65 (250cc single) 800	1,200	1,800	2,400	3,200	4,000
Model 75 (350cc single) 900	1,350	2,030	2,700	3,600	4,500
Model 100 (600cc single) 1,600	2,400	3,600	4,800	6,400	8,000
1948						
Model 65 (250cc single) 800	1,200	1,800	2,400	3,200	4,000
Model 75 (350cc single) 900	1,350	2,030	2,700	3,600	4,500
Model 100 (600cc single) 1,600	2,400	3,600	4,800	6,400	8,000
1949						
Model 65 (250cc single) 800	1,200	1,800	2,400	3,200	4,000
Model 75 (350cc single) 900	1,350	2,030	2,700	3,600	4,500
Model 100 (600cc single) 1,600	2,400	3,600	4,800	6,400	8,000
1950						
Model 65 (250cc single) 800	1,200	1,800	2,400	3,200	4,000
Model 75 (350cc single) 900	1,350	2,030	2,700	3,600	4,500
Model 100 (600cc single) 1,600	2,400	3,600	4,800	6,400	8,000
1951						
Model 65 (250cc single) 800	1,200	1,800	2,400	3,200	4,000
Model 75 (350cc single) 900	1,350	2,030	2,700	3,600	4,500
Model 100 (600cc single) 1,600	2,400	3,600	4,800	6,400	8,000
1952						
Model 65 (250cc single) 800	1,200	1,800	2,400	3,200	4,000
Model 75 (350cc single) 900	1,350	2,030	2,700	3,600	4,500
Model 100 (600cc single) 1,600	2,400	3,600	4,800	6,400	8,000
1953						
Model 65 (250cc single) 800	1,200	1,800	2,400	3,200	4,000
Model 75 (350cc single) 900	1,350	2,030	2,700	3,600	4,500
Model 100 (600cc single) 1,600	2,400	3,600	4,800	6,400	8,000
1954						
Model 65 (250cc single) 800	1,200	1,800	2,400	3,200	4,000
Model 75 (350cc single) 900	1,350	2,030	2,700	3,600	4,500
Model 100 (600cc single) 1,600	2,400	3,600	4,800	6,400	8,000
1955						
Model 65 (250cc single) 800	1,200	1,800	2,400	3,200	4,000
Model 75 (350cc single) 900	1,350	2,030	2,700	3,600	4,500
Model 100 (600cc single) 1,600	2,400	3,600	4,800	6,400	8,000
1956						
Model 65 (250cc single) 800	1,200	1,800	2,400	3,200	4,000
Model 75 (350cc single) 900	1,350	2,030	2,700	3,600	4,500
Model 100 (600cc single) 1,600	2,400	3,600	4,800	6,400	8,000
1957						
Model 65 (250cc single) 800	1,200	1,800	2,400	3,200	4,000
Model 75 (350cc single) 900	1,350	2,030	2,700	3,600	4,500
Model 100 (600cc single) 1,600	2,400	3,600	4,800	6,400	8,000
1958						
Model 65 (250cc single) 800	1,200	1,800	2,400	3,200	4,000
Model 75 (350cc single) 900	1,350	2,030	2,700	3,600	4,500
Model 100 (600cc single) 1,600	2,400	3,600	4,800	6,400	8,000
1959						
Model 65 (250cc single) 800	1,200	1,800	2,400	3,200	4,000
Model 75 (350cc single) 900	1,350	2,030	2,700	3,600	4,500

PANTHER

ROYAL ENFIELD

	6	5	4	3	2	1
Model 100 (600cc single)	1,600	2,400	3,600	4,800	6,400	8,000
Model 120 (650cc single)	1,600	2,400	3,600	4,800	6,400	8,000
1960						
Model 65 (250cc single)	800	1,200	1,800	2,400	3,200	4,000
Model 75 (350cc single)	900	1,350	2,030	2,700	3,600	4,500
Model 100 (600cc single)	1,600	2,400	3,600	4,800	6,400	8,000
Model 120 (650cc single)	1,600	2,400	3,600	4,800	6,400	8,000
1961						
Model 65 (250cc single)	800	1,200	1,800	2,400	3,200	4,000
Model 75 (350cc single)	900	1,350	2,030	2,700	3,600	4,500
Model 100 (600cc single)	1,600	2,400	3,600	4,800	6,400	8,000
Model 120 (650cc single)	1,600	2,400	3,600	4,800	6,400	8,000
1962						
Model 65 (250cc single)	800	1,200	1,800	2,400	3,200	4,000
Model 75 (350cc single)	900	1,350	2,030	2,700	3,600	4,500
Model 100 (600cc single)	1,600	2,400	3,600	4,800	6,400	8,000
Model 120 (650cc single)	1,600	2,400	3,600	4,800	6,400	8,000
1963						
Model 100 (600cc single)	1,600	2,400	3,600	4,800	6,400	8,000
Model 120 (650cc single)	1,600	2,400	3,600	4,800	6,400	8,000
1964						
Model 120 (650cc single)	1,600	2,400	3,600	4,800	6,400	8,000
1965						
Model 120 (650cc single)	1,600	2,400	3,600	4,800	6,400	8,000

ROYAL ENFIELD

	6	5	4	3	2	1
1935						
T (148cc single)	840	1,260	1,890	2,520	3,360	4,200
A (225cc single)	900	1,350	2,030	2,700	3,600	4,500
Bullet (250cc single)	900	1,350	2,030	2,700	3,600	4,500
Bullet (350cc single)	1,000	1,500	2,250	3,000	4,000	5,000
Bullet (500cc single)	1,400	2,100	3,150	4,200	5,600	7,000
1936						
T (148cc single)	840	1,260	1,890	2,520	3,360	4,200
A (225cc single)	900	1,350	2,030	2,700	3,600	4,500
Bullet (250cc single)	900	1,350	2,030	2,700	3,600	4,500
Bullet (350cc single)	1,000	1,500	2,250	3,000	4,000	5,000
Bullet (500cc single)	1,400	2,100	3,150	4,200	5,600	7,000
1937						
T (148cc single)	840	1,260	1,890	2,520	3,360	4,200
A (225cc single)	900	1,350	2,030	2,700	3,600	4,500
Bullet (250cc single)	900	1,350	2,030	2,700	3,600	4,500
Bullet (350cc single)	900	1,350	2,030	2,700	3,600	4,500
Bullet (500cc single)	980	1,470	2,210	2,940	3,920	4,900
1938						
T (148cc single)	800	1,200	1,800	2,400	3,200	4,000
A (225cc single)	840	1,260	1,890	2,520	3,360	4,200
Bullet (250cc single)	840	1,260	1,890	2,520	3,360	4,200
Bullet (350cc single)	900	1,350	2,030	2,700	3,600	4,500
Bullet (500cc single)	900	1,350	2,030	2,700	3,600	4,500
K (1,140cc V-twin)	1,000	1,500	2,250	3,000	4,000	5,000
1939						
T (148cc single)	800	1,200	1,800	2,400	3,200	4,000
A (225cc single)	840	1,260	1,890	2,520	3,360	4,200
Bullet (250cc single)	840	1,260	1,890	2,520	3,360	4,200
Bullet (350cc single)	900	1,350	2,030	2,700	3,600	4,500
Bullet (500cc single)	900	1,350	2,030	2,700	3,600	4,500
K (1,140cc V-twin)	1,000	1,500	2,250	3,000	4,000	5,000
1940						
A (225cc single)	1,400	2,100	3,150	4,200	5,600	7,000
Bullet (250cc single)	840	1,260	1,890	2,520	3,360	4,200
Bullet (350cc single)	900	1,350	2,030	2,700	3,600	4,500
Bullet (500cc single)	900	1,350	2,030	2,700	3,600	4,500
K (1,140cc V-twin)	1,000	1,500	2,250	3,000	4,000	5,000
1941						
War production models (350cc single)	1,100	1,650	2,480	3,300	4,400	5,500
1942						
War production models (350cc single)	1,100	1,650	2,480	3,300	4,400	5,500
1943						
War production models (350cc single)	1,100	1,650	2,480	3,300	4,400	5,500
1944						
War production models (350cc single)	1,100	1,650	2,480	3,300	4,400	5,500
1945						
War production models (350cc single)	1,100	1,650	2,480	3,300	4,400	5,500
1946						
RE (125cc single)	600	900	1,350	1,800	2,400	3,000
G (350cc single)	900	1,350	2,030	2,700	3,600	4,500
J (500cc single)	1,400	2,100	3,150	4,200	5,600	7,000

ROYAL ENFIELD

	6	5	4	3	2	1
1947						
RE (125cc single)	600	900	1,350	1,800	2,400	3,000
G (350cc single)	900	1,350	2,030	2,700	3,600	4,500
J (500cc twin)	1,400	2,100	3,150	4,200	5,600	7,000
1948						
RE (125cc single)	600	900	1,350	1,800	2,400	3,000
G (350cc single)	900	1,350	2,030	2,700	3,600	4,500
J (500cc twin)	1,400	2,100	3,150	4,200	5,600	7,000
J2 (500cc twin)	1,560	2,340	3,510	4,680	6,240	7,800
1949						
RE (125cc single)	600	900	1,350	1,800	2,400	3,000
Bullet (350cc single)	1,000	1,500	2,250	3,000	4,000	5,000
G (350cc single)	900	1,350	2,030	2,700	3,600	4,500
Bullet (500cc single)	1,400	2,100	3,150	4,200	5,600	7,000
J (500cc twin)	1,400	2,100	3,150	4,200	5,600	7,000
J2 (500cc twin)	1,560	2,340	3,510	4,680	6,240	7,800
1950						
RE (125cc single)	600	900	1,350	1,800	2,400	3,000
Bullet (350cc single)	1,000	1,500	2,250	3,000	4,000	5,000
G (350cc single)	900	1,350	2,030	2,700	3,600	4,500
Bullet (500cc single)	1,200	1,800	2,700	3,600	4,800	6,000
J (500cc twin)	1,240	1,860	2,790	3,720	4,960	6,200
J2 (500cc twin)	1,560	2,340	3,510	4,680	6,240	7,800
1951						
RE (125cc single)	600	900	1,350	1,800	2,400	3,000
RE2 (125cc single)	600	900	1,350	1,800	2,400	3,000
Bullet (350cc single)	1,000	1,500	2,250	3,000	4,000	5,000
G (350cc single)	900	1,350	2,030	2,700	3,600	4,500
Bullet (500cc single)	1,200	1,800	2,700	3,600	4,800	6,000
J (500cc twin)	1,240	1,860	2,790	3,720	4,960	6,200
J2 (500cc twin)	1,560	2,340	3,510	4,680	6,240	7,800
1952						
RE (125cc single)	560	840	1,260	1,680	2,240	2,800
RE2 (125cc single)	560	840	1,260	1,680	2,240	2,800
Bullet (350cc single)	1,000	1,500	2,250	3,000	4,000	5,000
G (350cc single)	1,000	1,500	2,250	3,000	4,000	5,000
Bullet (500cc single)	1,200	1,800	2,700	3,600	4,800	6,000
J (500cc twin)	1,200	1,800	2,700	3,600	4,800	6,000
J2 (500cc twin)	1,500	2,250	3,380	4,500	6,000	7,500
1953						
RE2 (125cc single)	560	840	1,260	1,680	2,240	2,800
Ensign (148cc single)	620	930	1,400	1,860	2,480	3,100
Bullet (350cc single)	1,000	1,500	2,250	3,000	4,000	5,000
G (350cc single)	960	1,440	2,160	2,880	3,840	4,800
Trials (350cc single)	1,600	2,400	3,600	4,800	6,400	8,000
Bullet (500cc single)	1,200	1,800	2,700	3,600	4,800	6,000
J (500cc twin)	1,200	1,800	2,700	3,600	4,800	6,000
J2 (500cc twin)	1,400	2,100	3,150	4,200	5,600	7,000
Meteor (700cc twin)	1,200	1,800	2,700	3,600	4,800	6,000
1954						
RE2 (125cc single)	560	840	1,260	1,680	2,240	2,800
Ensign (148cc single)	620	930	1,400	1,860	2,480	3,100
Clipper (250cc single)	680	1,020	1,530	2,040	2,720	3,400
S (250cc single)	680	1,020	1,530	2,040	2,720	3,400
Bullet (350cc single)	1,000	1,500	2,250	3,000	4,000	5,000
G (350cc single)	960	1,440	2,160	2,880	3,840	4,800
Trials (350cc single)	1,600	2,400	3,600	4,800	6,400	8,000
Bullet (500cc single)	1,200	1,800	2,700	3,600	4,800	6,000
J (500cc twin)	1,200	1,800	2,700	3,600	4,800	6,000
J2 (500cc twin)	1,400	2,100	3,150	4,200	5,600	7,000
Meteor (700cc twin)	1,200	1,800	2,700	3,600	4,800	6,000
1955						
Ensign (148cc single)	620	930	1,400	1,860	2,480	3,100
Clipper (250cc single)	680	1,020	1,530	2,040	2,720	3,400
S (250cc single)	680	1,020	1,530	2,040	2,720	3,400
Bullet (350cc single)	1,000	1,500	2,250	3,000	4,000	5,000
Trials (350cc single)	1,600	2,400	3,600	4,800	6,400	8,000
Bullet (500cc single)	1,200	1,800	2,700	3,600	4,800	6,000
J (500cc twin)	1,200	1,800	2,700	3,600	4,800	6,000
J2 (500cc twin)	1,400	2,100	3,150	4,200	5,600	7,000
Meteor (700cc twin)	1,200	1,800	2,700	3,600	4,800	6,000
1956						
Ensign (148cc single)	620	930	1,400	1,860	2,480	3,100
Ensign II (150cc single)	620	930	1,400	1,860	2,480	3,100
Clipper (250cc single)	700	1,050	1,580	2,100	2,800	3,500
Crusader (250cc single)	780	1,170	1,760	2,340	3,120	3,900
Bullet (350cc single)	1,000	1,500	2,250	3,000	4,000	5,000
Trials (350cc single)	1,400	2,100	3,150	4,200	5,600	7,000

ROYAL ENFIELD

	6	5	4	3	2	1
Bullet (500cc single)	1,200	1,800	2,700	3,600	4,800	6,000
J2 (500cc twin)	1,400	2,100	3,150	4,200	5,600	7,000
Meteor (700cc twin)	1,100	1,650	2,480	3,300	4,400	5,500
Super Meteor (700cc twin)	1,200	1,800	2,700	3,600	4,800	6,000
1957						
Ensign II (150cc single)	620	930	1,400	1,860	2,480	3,100
Clipper (250cc single)	700	1,050	1,580	2,100	2,800	3,500
Crusader (250cc single)	780	1,170	1,760	2,340	3,120	3,900
Bullet (350cc single)	1,000	1,500	2,250	3,000	4,000	5,000
Trials (350cc single)	1,400	2,100	3,150	4,200	5,600	7,000
Bullet (500cc single)	1,000	1,500	2,250	3,000	4,000	5,000
J2 (500cc twin)	1,400	2,100	3,150	4,200	5,600	7,000
Meteor (700cc twin)	1,100	1,650	2,480	3,300	4,400	5,500
Super Meteor (700cc twin)	1,200	1,800	2,700	3,600	4,800	6,000
1958						
Ensign II (150cc single)	620	930	1,400	1,860	2,480	3,100
Ensign III (150cc single)	620	930	1,400	1,860	2,480	3,100
Crusader (250cc single)	780	1,170	1,760	2,340	3,120	3,900
Bullet (350cc single)	1,000	1,500	2,250	3,000	4,000	5,000
Clipper (350cc single)	800	1,200	1,800	2,400	3,200	4,000
Trials (350cc single)	1,400	2,100	3,150	4,200	5,600	7,000
Bullet (500cc single)	1,200	1,800	2,700	3,600	4,800	6,000
J2 (500cc twin)	1,400	2,100	3,150	4,200	5,600	7,000
Meteor (700cc twin)	1,100	1,650	2,480	3,300	4,400	5,500
Meteor "Air Flow" (700cc twin)	1,280	1,920	2,880	3,840	5,120	6,400
Super Meteor (700cc twin)	1,200	1,800	2,700	3,600	4,800	6,000
1959						
Ensign III (150cc single)	620	930	1,400	1,860	2,480	3,100
Prince (150cc single)	620	930	1,400	1,860	2,480	3,100
Crusader (250cc single)	780	1,170	1,760	2,340	3,120	3,900
Bullet (350cc single)	1,000	1,500	2,250	3,000	4,000	5,000
Clipper (350cc single)	800	1,200	1,800	2,400	3,200	4,000
Trials (350cc single)	1,200	1,800	2,700	3,600	4,800	6,000
Bullet (500cc single)	1,200	1,800	2,700	3,600	4,800	6,000
J2 (500cc twin)	1,400	2,100	3,150	4,200	5,600	7,000
Constellation (700cc twin)	1,040	1,560	2,340	3,120	4,160	5,200
Meteor (700cc twin)	1,100	1,650	2,480	3,300	4,400	5,500
Meteor "Air Flow" (700cc twin)	1,280	1,920	2,880	3,840	5,120	6,400
Meteor Deluxe (700cc twin)	1,100	1,650	2,480	3,300	4,400	5,500
Super Meteor (700cc twin)	1,200	1,800	2,700	3,600	4,800	6,000
1960						
Ensign III (150cc single)	620	930	1,400	1,860	2,480	3,100
Prince (150cc single)	620	930	1,400	1,860	2,480	3,100
Crusader (250cc single)	780	1,170	1,760	2,340	3,120	3,900
Bullet (350cc single)	1,000	1,500	2,250	3,000	4,000	5,000
Clipper (350cc single)	800	1,200	1,800	2,400	3,200	4,000
Trials (350cc single)	1,200	1,800	2,700	3,600	4,800	6,000
"Big Head" Bullet (500cc single)	1,600	2,400	3,600	4,800	6,400	8,000
Fury [U.S.] (500cc single)	1,300	1,950	2,930	3,900	5,200	6,500
J2 (500cc twin)	1,400	2,100	3,150	4,200	5,600	7,000
Meteor Minor (500cc twin)	1,040	1,560	2,340	3,120	4,160	5,200
Constellation (700cc twin)	1,040	1,560	2,340	3,120	4,160	5,200
Meteor (700cc twin)	1,100	1,650	2,480	3,300	4,400	5,500
Meteor "Air Flow" (700cc twin)	1,280	1,920	2,880	3,840	5,120	6,400
Meteor Deluxe (700cc twin)	1,100	1,650	2,480	3,300	4,400	5,500
Super Meteor (700cc twin)	1,200	1,800	2,700	3,600	4,800	6,000
1961						
Prince (150cc single)	620	930	1,400	1,860	2,480	3,100
Crusader (250cc single)	780	1,170	1,760	2,340	3,120	3,900
Bullet (350cc single)	1,000	1,500	2,250	3,000	4,000	5,000
Clipper (350cc single)	800	1,200	1,800	2,400	3,200	4,000
Trials (350cc single)	1,200	1,800	2,700	3,600	4,800	6,000
"Big Head" Bullet (500cc single)	1,600	2,400	3,600	4,800	6,400	8,000
Fury [U.S.] (500cc single)	1,300	1,950	2,930	3,900	5,200	6,500
J2 (500cc twin)	1,400	2,100	3,150	4,200	5,600	7,000
Constellation (700cc twin)	1,040	1,560	2,340	3,120	4,160	5,200
Meteor Deluxe (700cc twin)	1,100	1,650	2,480	3,300	4,400	5,500
Super Meteor (700cc twin)	1,200	1,800	2,700	3,600	4,800	6,000
1962						
Crusader (250cc single)	720	1,080	1,620	2,160	2,880	3,600
Super 5 (250cc single)	1,300	1,950	2,930	3,900	5,200	6,500
Bullet (350cc single)	1,000	1,500	2,250	3,000	4,000	5,000
Clipper (350cc single)	800	1,200	1,800	2,400	3,200	4,000
"Big Head" Bullet (500cc single)	1,600	2,400	3,600	4,800	6,400	8,000
Fury [U.S.] (500cc single)	1,300	1,950	2,930	3,900	5,200	6,500
Constellation (700cc twin)	1,040	1,560	2,340	3,120	4,160	5,200
Meteor Deluxe (700cc twin)	1,100	1,650	2,480	3,300	4,400	5,500
Super Meteor (700cc twin)	1,200	1,800	2,700	3,600	4,800	6,000

	6	5	4	3	2	1

1963

	6	5	4	3	2	1
Continental (250cc single)	680	1,020	1,530	2,040	2,720	3,400
Super 5 (250cc single)	1,300	1,950	2,930	3,900	5,200	6,500
Bullet (350cc single)	1,000	1,500	2,250	3,000	4,000	5,000
Clipper (350cc single)	800	1,200	1,800	2,400	3,200	4,000
"Big Head" Bullet (500cc single)	1,600	2,400	3,600	4,800	6,400	8,000
Fury [U.S.] (500cc single)	1,300	1,950	2,930	3,900	5,200	6,500
Interceptor (750cc twin)	1,200	1,800	2,700	3,600	4,800	6,000

1964

	6	5	4	3	2	1
Continental (250cc single)	680	1,020	1,530	2,040	2,720	3,400
GT (250cc single)	720	1,080	1,620	2,160	2,880	3,600
Olympic (250cc single)	600	900	1,350	1,800	2,400	3,000
Super 5 (250cc single)	1,300	1,950	2,930	3,900	5,200	6,500
Turbo Twin (250cc twin)	1,400	2,100	3,150	4,200	5,600	7,000
Interceptor (750cc twin)	1,200	1,800	2,700	3,600	4,800	6,000

1965

	6	5	4	3	2	1
Continental (250cc single)	680	1,020	1,530	2,040	2,720	3,400
Crusader (250cc single)	720	1,080	1,620	2,160	2,880	3,600
GT (250cc single)	720	1,080	1,620	2,160	2,880	3,600
Olympic (250cc single)	600	900	1,350	1,800	2,400	3,000
Turbo Twin (250cc twin)	1,400	2,100	3,150	4,200	5,600	7,000
Interceptor (750cc twin)	1,200	1,800	2,700	3,600	4,800	6,000

1966

	6	5	4	3	2	1
Crusader Sports (250cc single)	700	1,050	1,580	2,100	2,800	3,500
GT (250cc single)	720	1,080	1,620	2,160	2,880	3,600
Turbo Twin (250cc twin)	1,400	2,100	3,150	4,200	5,600	7,000
Interceptor (750cc twin)	1,200	1,800	2,700	3,600	4,800	6,000

1967

	6	5	4	3	2	1
Crusader Sports (250cc single)	700	1,050	1,580	2,100	2,800	3,500
Interceptor (750cc twin)	1,200	1,800	2,700	3,600	4,800	6,000

1968

	6	5	4	3	2	1
Interceptor (750cc twin)	1,200	1,800	2,700	3,600	4,800	6,000
Interceptor II (750cc twin)	1,700	2,550	3,830	5,100	6,800	8,500

1969-1971

	6	5	4	3	2	1
Interceptor II (750cc twin)	1,700	2,550	3,830	5,100	6,800	8,500

NOTE: The Royal Enfield Bullet continues production today in Madras, India.

SUNBEAM

1947

	6	5	4	3	2	1
S7 (487cc twin, shaft-drive)	1,800	2,700	4,050	5,400	7,200	9,000

1948

	6	5	4	3	2	1
S7 (487cc twin, shaft-drive)	1,800	2,700	4,050	5,400	7,200	9,000

1949

	6	5	4	3	2	1
S7 (487cc twin, shaft-drive)	1,800	2,700	4,050	5,400	7,200	9,000

1950

	6	5	4	3	2	1
S7 Deluxe (487cc twin, shaft-drive)	1,800	2,700	4,050	5,400	7,200	9,000
S8 (487cc twin, shaft-drive)	1,800	2,700	4,050	5,400	7,200	9,000

1951

	6	5	4	3	2	1
S7 Deluxe (487cc twin, shaft-drive)	1,800	2,700	4,050	5,400	7,200	9,000
S8 (487cc twin, shaft-drive)	1,800	2,700	4,050	5,400	7,200	9,000

1952

	6	5	4	3	2	1
S7 Deluxe (487cc twin, shaft-drive)	1,800	2,700	4,050	5,400	7,200	9,000
S8 (487cc twin, shaft-drive)	1,800	2,700	4,050	5,400	7,200	9,000

1953

	6	5	4	3	2	1
S7 Deluxe (487cc twin, shaft-drive)	1,800	2,700	4,050	5,400	7,200	9,000
S8 (487cc twin, shaft-drive)	1,800	2,700	4,050	5,400	7,200	9,000

1954

	6	5	4	3	2	1
S7 Deluxe (487cc twin, shaft-drive)	2,200	3,300	4,950	6,600	8,800	11,000
S8 (487cc twin, shaft-drive)	2,200	3,300	4,950	6,600	8,800	11,000

1955

	6	5	4	3	2	1
S7 Deluxe (487cc twin, shaft-drive)	2,200	3,300	4,950	6,600	8,800	11,000
S8 (487cc twin, shaft-drive)	2,200	3,300	4,950	6,600	8,800	11,000

1956

	6	5	4	3	2	1
S7 Deluxe (487cc twin, shaft-drvie)	2,200	3,300	4,950	6,600	8,800	11,000
S8 (487cc twin, shaft-drive)	2,200	3,300	4,950	6,600	8,800	11,000

NOTE: Sunbeam trademarks were acquired by BSA in 1943. BSA ended production of Sunbeam motorcycles in 1956.

SUZUKI

1963

	6	5	4	3	2	1
RM63 (50cc single)	11,000	16,500	24,750	33,000	44,000	55,000
RT63 (124cc twin)	10,000	15,000	22,500	30,000	40,000	50,000
S31 (124cc twin)	220	330	500	660	880	1,100
S250 Colleda (248cc twin)	300	450	680	900	1,200	1,500
TC250 El Camino (248cc twin)	300	450	680	900	1,200	1,500

1964

	6	5	4	3	2	1
M12 Sports 50 (50cc single)	220	330	500	660	880	1,100

	6	5	4	3	2	1
K11 Sports 80 (79cc single) 220	330	500	660	880	1,100
T10 (246cc twin) 300	450	680	900	1,200	1,500
1965					
K11 Sports 80 (79cc single) 180	270	410	540	720	900
B100 (118cc single) 180	270	410	540	720	900
S10 (124cc twin) 220	330	500	660	880	1,100
S32 (149cc twin) 240	360	540	720	960	1,200
T20 (247cc twin) 300	450	680	900	1,200	1,500
X-6 Super Six (247cc twin) 320	480	720	960	1,280	1,600
1966					
M15 (49cc single) 180	270	410	540	720	900
K11 P Challenger (79cc single). 180	270	410	540	720	900
A100 (98cc single) 180	270	410	540	720	900
B120 (118cc single) 240	360	540	720	960	1,200
S32 II (149cc twin) 240	360	540	720	960	1,200
T20 (247cc twin) 300	450	680	900	1,200	1,500
1967					
RK67 Racer (50cc twin) 9,000	13,500	20,250	27,000	36,000	45,000
K10 P Corsair (79cc single). 180	270	410	540	720	900
K11 P Challenger (79cc single). 180	270	410	540	720	900
K15 P Hillbilly (79cc single). 180	270	410	540	720	900
A90 (86cc single) 200	300	450	600	800	1,000
A100 Charger (98cc single) 200	300	450	600	800	1,000
AS100 Sierra (98cc single) 200	300	450	600	800	1,000
B100 P Magnum (118cc single) 210	320	470	630	840	1,050
B105 P Bearcat (118cc single) 280	420	630	840	1,120	1,400
B120 (118cc single) 210	320	470	630	840	1,050
TC120 (118cc single) 210	320	470	630	840	1,050
T125 (124cc twin) 240	360	540	720	960	1,200
T200 (196cc single). 240	360	540	720	960	1,200
TC200 Stingray (196cc single) 240	360	540	720	960	1,200
T20 Super Six (247cc twin) 300	450	680	900	1,200	1,500
T21 Super (247cc twin) 300	450	680	900	1,200	1,500
TC250 Hustler (247cc twin). 700	1,050	1,580	2,100	2,800	3,500
1968					
AC90 (86cc single) 220	330	500	660	880	1,100
KT120 Trail (118cc single) 180	270	410	540	720	900
T200 (196cc twin) 240	360	540	720	960	1,200
TC200 Stingray (196cc twin). 240	360	540	720	960	1,200
TC250 (247cc twin) 300	450	680	900	1,200	1,500
TM250 (249cc single) 440	660	990	1,320	1,760	2,200
T305 (305cc twin) 500	750	1,130	1,500	2,000	2,500
TC305 (305cc twin) 500	750	1,130	1,500	2,000	2,500
T500 Cobra (492cc twin) 600	900	1,350	1,800	2,400	3,000
1969					
AS50 (49cc single) 240	360	540	720	960	1,200
A95 (69cc single) 320	480	720	960	1,280	1,600
T90 Wolf (89cc twin) 320	480	720	960	1,280	1,600
T125 Stinger (124cc twin) 340	510	770	1,020	1,360	1,700
T250 Hustler (247cc twin) 440	660	990	1,320	1,760	2,200
TS250 (247cc single) 400	600	900	1,200	1,600	2,000
T305 Raider (305cc twin) 480	720	1,080	1,440	1,920	2,400
T350 Rebel (315cc twin) 520	780	1,170	1,560	2,080	2,600
T500 II Titan (492cc twin) 600	900	1,350	1,800	2,400	3,000
TR500 (500cc twin). 600	900	1,350	1,800	2,400	3,000
1970					
AC50 Maverick (49cc single). 240	360	540	720	960	1,200
TC90 Blazer (89cc single). 320	480	720	960	1,280	1,600
TS 90 Honcho (89cc single) 320	480	720	960	1,280	1,600
TC120II Cat (118cc single) 320	480	720	960	1,280	1,600
T125II Stinger (124cc twin) 340	510	770	1,020	1,360	1,700
TS250II Savage (246cc single) 400	600	900	1,200	1,600	2,000
T250II Hustler (247cc twin) 440	660	990	1,320	1,760	2,200
T350II Rebel (315cc twin) 520	780	1,170	1,560	2,080	2,600
T500III Titan (492cc twin) 600	900	1,350	1,800	2,400	3,000
1971					
TS50R (49cc single) 300	450	680	900	1,200	1,500
TC90R (89cc single) 320	480	720	960	1,280	1,600
TS90R (89cc single) 320	480	720	960	1,280	1,600
TC120R (118cc single) 340	510	770	1,020	1,360	1,700
TS125R (123cc single) 340	510	770	1,020	1,360	1,700
TS185R (183cc single) 380	570	860	1,140	1,520	1,900
TS250R (246cc single) 400	600	900	1,200	1,600	2,000
TS250R (247cc twin) 460	690	1,040	1,380	1,840	2,300
T350R (315cc twin). 520	780	1,170	1,560	2,080	2,600
T500R Titan (492cc twin) 660	990	1,490	1,980	2,640	3,300
1972					
TS50J Gaucho (49cc single). 260	390	590	780	1,040	1,300

	6	5	4	3	2	1
TC90J Blazer (89cc single)	320	480	720	960	1,280	1,600
TS125J (123cc single)	340	510	770	1,020	1,360	1,700
TS185J Sierra (183cc single)	360	540	810	1,080	1,440	1,800
TS250J Savage (246cc single)	380	570	860	1,140	1,520	1,900
T250J Hustler (247cc twin)	420	630	950	1,260	1,680	2,100
GT380J Sebring (371cc triple)	400	600	900	1,200	1,600	2,000
TS400J (396cc twin)	420	630	950	1,260	1,680	2,100
T500J Titan (492cc twin)	520	780	1,170	1,560	2,080	2,600
GT550J Indy (543cc triple)	440	660	990	1,320	1,760	2,200
GT750J LeMans (739cc triple)	1,000	1,500	2,250	3,000	4,000	5,000
1973						
TS50K Gaucho (49cc single)	230	350	520	690	920	1,150
TC100K Blazer (97cc single)	240	360	540	720	960	1,200
TS100K Honcho (97cc single)	240	360	540	720	960	1,200
TS125K Duster (123cc single)	340	510	770	1,020	1,360	1,700
TS185K Sierra (183cc single)	360	540	810	1,080	1,440	1,800
GT185K Adventurer (184cc twin)	360	540	810	1,080	1,440	1,800
T250K Hustler (247cc twin)	440	660	990	1,320	1,760	2,200
TS250K Savage (246cc single)	380	570	860	1,140	1,520	1,900
GT380K Sebring (371cc triple)	420	630	950	1,260	1,680	2,100
TS400K Apache (396cc single)	420	630	950	1,260	1,680	2,100
T500K Titan (492cc twin)	480	720	1,080	1,440	1,920	2,400
GT550K Indy (543cc triple)	400	600	900	1,200	1,600	2,000
GT750K LeMans (739cc triple)	940	1,410	2,120	2,820	3,760	4,700
1974						
TS50L Gaucho (49cc single)	230	350	520	690	920	1,150
TC100L Blazer (97cc single)	240	360	540	720	960	1,200
TS100L Honcho (97cc single)	240	360	540	720	960	1,200
TS125L Duster (123cc single)	320	480	720	960	1,280	1,600
TC185L Ranger (183cc single)	340	510	770	1,020	1,360	1,700
TS185L Sierra (183cc single)	340	510	770	1,020	1,360	1,700
GT185L Adventurer (184cc twin)	360	540	810	1,080	1,440	1,800
T250L Hustler (247cc twin)	440	660	990	1,320	1,760	2,200
TS250L Savage (246cc single)	380	570	860	1,140	1,520	1,900
GT380L Sebring (371cc triple)	420	630	950	1,260	1,680	2,100
TS400L Apache (396cc single)	420	630	950	1,260	1,680	2,100
T500L Titan (492cc twin)	480	720	1,080	1,440	1,920	2,400
GT550L Indy (543cc triple)	400	600	900	1,200	1,600	2,000
GT750L LeMans (739cc triple)	920	1,380	2,070	2,760	3,680	4,600
1975						
TC100M Blazer (97cc single)	240	360	540	720	960	1,200
TS100M Honcho (97cc single)	240	360	540	720	960	1,200
TS125M Duster (123cc single)	320	480	720	960	1,280	1,600
TC185M Ranger (183cc single)	340	510	770	1,020	1,360	1,700
TS185M Sierra (183cc single)	420	630	950	1,260	1,680	2,100
GT185M Adventurer (184cc twin)	360	540	810	1,080	1,440	1,800
T250M Hustler (247cc twin)	440	660	990	1,320	1,760	2,200
TS250M Savage (246cc single)	360	540	810	1,080	1,440	1,800
GT380M Sebring (371cc triple)	400	600	900	1,200	1,600	2,000
TS400M Apache (396cc single)	420	630	950	1,260	1,680	2,100
T500M Titan (492cc twin)	480	720	1,080	1,440	1,920	2,400
RE5M (497cc single, Wankel)	1,140	1,710	2,570	3,420	4,560	5,700
GT550M Indy (543cc triple)	400	600	900	1,200	1,600	2,000
GT750M LeMans (739cc triple)	880	1,320	1,980	2,640	3,520	4,400
1976						
TC100A Blazer (97cc single)	240	360	540	720	960	1,200
TS100A (97cc single)	240	360	540	720	960	1,200
TS125A Duster (123cc single)	320	480	720	960	1,280	1,600
TC185A Ranger (183cc single)	340	510	770	1,020	1,360	1,700
TS185A Sierra (183cc single)	340	510	770	1,020	1,360	1,700
GT185A Adventurer (184cc twin)	360	540	810	1,080	1,440	1,800
T250A Hustler (247cc twin)	440	660	990	1,320	1,760	2,200
TS250A Savage (246cc single)	360	540	810	1,080	1,440	1,800
GT380A Sebring (371cc triple)	400	600	900	1,200	1,600	2,000
TS400A Apache (396cc single)	420	630	950	1,260	1,680	2,100
T500A Titan (492cc twin)	480	720	1,080	1,440	1,920	2,400
RE5A (497cc single, Wankel)	1,100	1,650	2,480	3,300	4,400	5,500
GT550A Indy (543cc triple)	400	600	900	1,200	1,600	2,000
GT750A LeMans (739cc triple)	880	1,320	1,980	2,640	3,520	4,400
1977						
TC100B Blazer (97cc single)	220	330	500	660	880	1,100
TS100B (97cc single)	220	330	500	660	880	1,100
TS125B (123cc single)	280	420	630	840	1,120	1,400
TC185B Ranger (183cc single)	340	510	770	1,020	1,360	1,700
TS185B Sierra (183cc single)	340	510	770	1,020	1,360	1,700
GT185B Adventurer (184cc twin)	360	540	810	1,080	1,440	1,800
T250B Hustler (247cc twin)	440	660	990	1,320	1,760	2,200
TS250B Savage (246cc single)	360	540	810	1,080	1,440	1,800

TRIUMPH

	6	5	4	3	2	1
GT380B Sebring (371cc triple)	400	600	900	1,200	1,600	2,000
TS400B Apache (396cc single)	400	600	900	1,200	1,600	2,000
GS400B (398cc four)	340	510	770	1,020	1,360	1,700
GS400XB (398cc four)	380	570	860	1,140	1,520	1,900
T500B Titan (492cc twin)	420	630	950	1,260	1,680	2,100
GT550B Indy (543cc triple)	320	480	720	960	1,280	1,600
GS550B (549cc four)	380	570	860	1,140	1,520	1,900
GT750B LeMans (739cc triple)	400	600	900	1,200	1,600	2,000
GS750B (748cc four)	880	1,320	1,980	2,640	3,520	4,400
1978						
TS100C (97cc single)	220	330	500	660	880	1,100
TS125C (123cc single)	240	360	540	720	960	1,200
TS185C (183cc single)	300	450	680	900	1,200	1,500
TS250C (246cc single)	360	540	810	1,080	1,440	1,800
DR370C (370cc single)	360	540	810	1,080	1,440	1,800
SP370C (370cc single)	360	540	810	1,080	1,440	1,800
GS400C (398cc four)	340	510	770	1,020	1,360	1,700
GS400XC (398cc four)	380	570	860	1,140	1,520	1,900
GS550C (549cc four)	440	660	990	1,320	1,760	2,200
GS550EC (549cc four)	440	660	990	1,320	1,760	2,200
GS750C (748cc four)	580	870	1,310	1,740	2,320	2,900
GS750EC (748cc four)	580	870	1,310	1,740	2,320	2,900
GS1000C (997cc four)	600	900	1,350	1,800	2,400	3,000

TRIUMPH

	6	5	4	3	2	1
1936						
T70 Tiger (250cc single)	1,500	2,250	3,380	4,500	6,000	7,500
T80 Tiger (350cc single)	1,800	2,700	4,050	5,400	7,200	9,000
T90 Tiger (500cc single)	2,600	3,900	5,850	7,800	10,400	13,000
6/1 (650cc twin)	3,600	5,400	8,100	10,800	14,400	18,000
1937						
T70 Tiger (250cc single)	1,500	2,250	3,380	4,500	6,000	7,500
2H (250cc single)	1,400	2,100	3,150	4,200	5,600	7,000
T80 Tiger (350cc single)	1,800	2,700	4,050	5,400	7,200	9,000
3H (350cc single)	1,640	2,460	3,690	4,920	6,560	8,200
3S (350cc single)	1,640	2,460	3,690	4,920	6,560	8,200
T90 Tiger (500cc single)	2,600	3,900	5,850	7,800	10,400	13,000
5H (500cc single)	2,400	3,600	5,400	7,200	9,600	12,000
1938						
T70 Tiger (250cc single)	1,500	2,250	3,380	4,500	6,000	7,500
2H (250cc single)	1,400	2,100	3,150	4,200	5,600	7,000
2HC (250cc single)	1,440	2,160	3,240	4,320	5,760	7,200
T80 Tiger (350cc single)	1,800	2,700	4,050	5,400	7,200	9,000
3H (350cc single)	1,640	2,460	3,690	4,920	6,560	8,200
3S (350cc single)	1,640	2,460	3,690	4,920	6,560	8,200
3SC (350cc single)	1,720	2,580	3,870	5,160	6,880	8,600
T90 Tiger (500cc single)	2,600	3,900	5,850	7,800	10,400	13,000
T100 Tiger (500cc twin)	3,200	4,800	7,200	9,600	12,800	16,000
5H (500cc single)	2,400	3,600	5,400	7,200	9,600	12,000
5T Speed (500cc twin)	4,000	6,000	9,000	12,000	16,000	20,000
6S (600cc twin)	3,600	5,400	8,100	10,800	14,400	18,000
1939						
T70 Tiger (250cc single)	1,500	2,250	3,380	4,500	6,000	7,500
2H (250cc single)	1,400	2,100	3,150	4,200	5,600	7,000
2HC (250cc single)	1,440	2,160	3,240	4,320	5,760	7,200
T80 Tiger (350cc single)	1,800	2,700	4,050	5,400	7,200	9,000
3H (350cc single)	1,640	2,460	3,690	4,920	6,560	8,200
3S (350cc single)	1,640	2,460	3,690	4,920	6,560	8,200
3SC (350cc single)	1,720	2,580	3,870	5,160	6,880	8,600
T90 Tiger (500cc single)	2,600	3,900	5,850	7,800	10,400	13,000
T100 Tiger (500cc twin)	3,200	4,800	7,200	9,600	12,800	16,000
5H (500cc single)	2,400	3,600	5,400	7,200	9,600	12,000
5S (500cc single)	2,400	3,600	5,400	7,200	9,600	12,000
5T Speed (500cc twin)	4,000	6,000	9,000	12,000	16,000	20,000
6S (600cc twin)	3,600	5,400	8,100	10,800	14,400	18,000
1940						
T70 Tiger (250cc single)	1,500	2,250	3,380	4,500	6,000	7,500
T80 Tiger (350cc single)	1,800	2,700	4,050	5,400	7,200	9,000
3H (350cc single)	1,640	2,460	3,690	4,920	6,560	8,200
3S (350cc single)	1,640	2,460	3,690	4,920	6,560	8,200
3SE (350cc single)	1,640	2,460	3,690	4,920	6,560	8,200
T100 Tiger (500cc twin)	3,200	4,800	7,200	9,600	12,800	16,000
5S (500cc single)	2,400	3,600	5,400	7,200	9,600	12,000
5SE (500cc single)	2,400	3,600	5,400	7,200	9,600	12,000
5T Speed (500cc twin)	4,000	6,000	9,000	12,000	16,000	20,000
1941						
WD/3HW (350cc single)	1,640	2,460	3,690	4,920	6,560	8,200

	6	5	4	3	2	1
WD/3SW (350cc single)	1,800	2,700	4,050	5,400	7,200	9,000
WD/5SW (500cc single)	2,400	3,600	5,400	7,200	9,600	12,000
1942						
WD/3HW (350cc single)	1,640	2,460	3,690	4,920	6,560	8,200
WD/3SW (350cc single)	1,800	2,700	4,050	5,400	7,200	9,000
WD/5SW (500cc single)	2,400	3,600	5,400	7,200	9,600	12,000
1943						
WD/3HW (350cc single)	1,640	2,460	3,690	4,920	6,560	8,200
WD/3SW (350cc single)	1,800	2,700	4,050	5,400	7,200	9,000
WD/5SW (500cc single)	2,400	3,600	5,400	7,200	9,600	12,000
1944						
WD/3HW (350cc single)	1,640	2,460	3,690	4,920	6,560	8,200
WD/3SW (350cc single)	1,800	2,700	4,050	5,400	7,200	9,000
WD/5SW (500cc single)	2,400	3,600	5,400	7,200	9,600	12,000
1945						
WD/3HW (350cc single)	1,640	2,460	3,690	4,920	6,560	8,200
WD/3SW (350cc single)	1,800	2,700	4,050	5,400	7,200	9,000
WD/5SW (500cc single)	2,400	3,600	5,400	7,200	9,600	12,000
1946						
3T (350cc single)	1,700	2,550	3,830	5,100	6,800	8,500
T100 Tiger (500cc twin)	3,200	4,800	7,200	9,600	12,800	16,000
5T Speed (500cc twin)	3,600	5,400	8,100	10,800	14,400	18,000
1947						
3T (350cc single)	1,700	2,550	3,830	5,100	6,800	8,500
T100 Tiger (500cc twin)	3,200	4,800	7,200	9,600	12,800	16,000
5T Speed (500cc twin)	3,600	5,400	8,100	10,800	14,400	18,000
1948						
3T (350cc single)	1,700	2,550	3,830	5,100	6,800	8,500
Grand Prix (500cc twin)	6,200	9,300	13,950	18,600	24,800	31,000
T100 Tiger (500cc twin)	3,000	4,500	6,750	9,000	12,000	15,000
TR5 Trophy 500 (500cc twin)	2,400	3,600	5,400	7,200	9,600	12,000
5T Speed (500cc twin)	3,400	5,100	7,650	10,200	13,600	17,000
1949						
3T (350cc single)	1,700	2,550	3,830	5,100	6,800	8,500
Grand Prix (500cc twin)	6,200	9,300	13,950	18,600	24,800	31,000
T100 Tiger (500cc twin)	3,000	4,500	6,750	9,000	12,000	15,000
TR5 Trophy 500 (500cc twin)	2,400	3,600	5,400	7,200	9,600	12,000
TRW (500cc twin)	1,200	1,800	2,700	3,600	4,800	6,000
5T Speed (500cc twin)	3,400	5,100	7,650	10,200	13,600	17,000
6T Thunderbird (650cc twin)	2,000	3,000	4,500	6,000	8,000	10,000
1950						
3T (350cc single)	1,700	2,550	3,830	5,100	6,800	8,500
Grand Prix (500cc twin)	6,200	9,300	13,950	18,600	24,800	31,000
T100 Tiger (500cc twin)	3,000	4,500	6,750	9,000	12,000	15,000
TR5 Trophy 500 (500cc twin)	2,400	3,600	5,400	7,200	9,600	12,000
TRW (500cc twin)	1,200	1,800	2,700	3,600	4,800	6,000
5T Speed (500cc twin)	3,400	5,100	7,650	10,200	13,600	17,000
6T Thunderbird (650cc twin)	2,000	3,000	4,500	6,000	8,000	10,000
1951						
3T (350cc single)	1,700	2,550	3,830	5,100	6,800	8,500
T100 Tiger (500cc twin)	2,800	4,200	6,300	8,400	11,200	14,000
TR5 Trophy (500cc twin)	2,400	3,600	5,400	7,200	9,600	12,000
TRW (500cc twin)	1,200	1,800	2,700	3,600	4,800	6,000
5T Speed (500cc twin)	3,400	5,100	7,650	10,200	13,600	17,000
6T Thunderbird (650cc twin)	2,000	3,000	4,500	6,000	8,000	10,000
1952						
T100 Tiger (500cc twin)	2,800	4,200	6,300	8,400	11,200	14,000
TR5 Trophy 500 (500cc twin)	2,400	3,600	5,400	7,200	9,600	12,000
TRW (500cc twin)	1,200	1,800	2,700	3,600	4,800	6,000
5T Speed (500cc twin)	3,400	5,100	7,650	10,200	13,600	17,000
6T Thunderbird (650cc twin)	2,000	3,000	4,500	6,000	8,000	10,000
1953						
T15 Terrier (150cc single)	1,000	1,500	2,250	3,000	4,000	5,000
T100 Tiger (500cc twin)	2,800	4,200	6,300	8,400	11,200	14,000
TR5 Trophy 500 (500cc twin)	2,400	3,600	5,400	7,200	9,600	12,000
TRW (500cc twin)	1,200	1,800	2,700	3,600	4,800	6,000
5T Speed (500cc twin)	3,400	5,100	7,650	10,200	13,600	17,000
6T Thunderbird (650cc twin)	2,000	3,000	4,500	6,000	8,000	10,000
1954						
T15 Terrier (150cc single)	1,000	1,500	2,250	3,000	4,000	5,000
T100 Tiger (500cc twin)	2,800	4,200	6,300	8,400	11,200	14,000
TR5 Trophy 500 (500cc twin)	2,200	3,300	4,950	6,600	8,800	11,000
TRW (500cc twin)	1,200	1,800	2,700	3,600	4,800	6,000
5T Speed (500cc twin)	3,200	4,800	7,200	9,600	12,800	16,000
T110 Tiger (650cc twin)	2,800	4,200	6,300	8,400	11,200	14,000
6T Thunderbird (650cc twin)	2,000	3,000	4,500	6,000	8,000	10,000
1955						
T20 Tiger Club (200cc single)	900	1,350	2,030	2,700	3,600	4,500
T100 Tiger (500cc twin)	2,800	4,200	6,300	8,400	11,200	14,000

TRIUMPH

	6	5	4	3	2	1
TR5 Trophy 500 (500cc twin)	2,200	3,300	4,950	6,600	8,800	11,000
TRW (500cc twin)	1,200	1,800	2,700	3,600	4,800	6,000
5T Speed (500cc twin)	3,200	4,800	7,200	9,600	12,800	16,000
T110 Tiger (650cc twin)	2,800	4,200	6,300	8,400	11,200	14,000
6T Thunderbird (650cc twin)	2,000	3,000	4,500	6,000	8,000	10,000
1956						
T20 Tiger Cub (200cc single)	900	1,350	2,030	2,700	3,600	4,500
T100 Tiger (500cc twin)	2,800	4,200	6,300	8,400	11,200	14,000
TR5 Trophy 500 (500cc twin)	2,200	3,300	4,950	6,600	8,800	11,000
TRW (500cc twin)	1,200	1,800	2,700	3,600	4,800	6,000
5T Speed (500cc twin)	3,200	4,800	7,200	9,600	12,800	16,000
T110 Tiger (650cc twin)	2,800	4,200	6,300	8,400	11,200	14,000
TR6 Trophy (650cc twin)	2,200	3,300	4,950	6,600	8,800	11,000
6T Thunderbird (650cc twin)	2,000	3,000	4,500	6,000	8,000	10,000
1957						
T20 Tiger Cub (200cc single)	900	1,350	2,030	2,700	3,600	4,500
T20C Tiger Cub (200cc single)	1,020	1,530	2,300	3,060	4,080	5,100
3TA Twenty One (350cc twin)	1,220	1,830	2,750	3,660	4,880	6,100
T100 Tiger (500cc twin)	2,800	4,200	6,300	8,400	11,200	14,000
TR5 Trophy 500 (500cc twin)	2,200	3,300	4,950	6,600	8,800	11,000
TRW (500cc twin)	1,200	1,800	2,700	3,600	4,800	6,000
5T Speed (500cc twin)	3,200	4,800	7,200	9,600	12,800	16,000
T110 Tiger (650cc twin)	2,800	4,200	6,300	8,400	11,200	14,000
TR6 Trophy (650cc twin)	2,200	3,300	4,950	6,600	8,800	11,000
6T Thunderbird (650cc twin)	2,000	3,000	4,500	6,000	8,000	10,000
1958						
T20 Tiger Cub (200cc single)	900	1,350	2,030	2,700	3,600	4,500
T20C Tiger Cub (200cc single)	1,000	1,500	2,250	3,000	4,000	5,000
3TA Twenty One (350cc twin)	1,200	1,800	2,700	3,600	4,800	6,000
T100 Tiger (500cc twin)	2,600	3,900	5,850	7,800	10,400	13,000
TR5 Trophy 500 (500cc twin)	2,200	3,300	4,950	6,600	8,800	11,000
TRW (500cc twin)	1,200	1,800	2,700	3,600	4,800	6,000
5T Speed (500cc twin)	3,000	4,500	6,750	9,000	12,000	15,000
T110 Tiger (650cc twin)	2,800	4,200	6,300	8,400	11,200	14,000
TR6 Trophy (650cc twin)	2,200	3,300	4,950	6,600	8,800	11,000
6T Thunderbird (650cc twin)	2,000	3,000	4,500	6,000	8,000	10,000
1959						
T20 Tiger Cub (200cc single)	900	1,350	2,030	2,700	3,600	4,500
T20C Tiger Cub (200cc single)	1,000	1,500	2,250	3,000	4,000	5,000
3TA Twenty One (350cc twin)	1,200	1,800	2,700	3,600	4,800	6,000
T100 Tiger (500cc twin)	2,600	3,900	5,850	7,800	10,400	13,000
TRW (500cc twin)	1,200	1,800	2,700	3,600	4,800	6,000
5TA Speed (500cc twin)	3,000	4,500	6,750	9,000	12,000	15,000
T110 Tiger (650cc twin)	2,800	4,200	6,300	8,400	11,200	14,000
T120 Bonneville (650cc twin)	4,200	6,300	9,450	12,600	16,800	21,000
TR6 Trophy (650cc twin)	2,200	3,300	4,950	6,600	8,800	11,000
6T Thunderbird (650cc twin)	2,000	3,000	4,500	6,000	8,000	10,000
1960						
T20 Tiger Cub (200cc single)	900	1,350	2,030	2,700	3,600	4,500
T20S Tiger Cub (200cc single)	1,000	1,500	2,250	3,000	4,000	5,000
3TA Twenty One (350cc twin)	1,200	1,800	2,700	3,600	4,800	6,000
T100A Tiger (500cc twin)	2,600	3,900	5,850	7,800	10,400	13,000
TRW (500cc twin)	1,200	1,800	2,700	3,600	4,800	6,000
5TA Speed (500cc twin)	3,000	4,500	6,750	9,000	12,000	15,000
T110 Tiger (650cc twin)	2,800	4,200	6,300	8,400	11,200	14,000
T120 Bonneville (650cc twin)	3,600	5,400	8,100	10,800	14,400	18,000
TR6 Trophy (650cc twin)	2,200	3,300	4,950	6,600	8,800	11,000
6T Thunderbird (650cc twin)	2,000	3,000	4,500	6,000	8,000	10,000
1961						
T20 Tiger Cub (200cc single)	900	1,350	2,030	2,700	3,600	4,500
T20S/L Tiger Cub (200cc single)	900	1,350	2,030	2,700	3,600	4,500
T20T Tiger Cub (200cc single)	900	1,350	2,030	2,700	3,600	4,500
3TA Twenty One (350cc twin)	1,200	1,800	2,700	3,600	4,800	6,000
T100A Tiger (500cc twin)	2,400	3,600	5,400	7,200	9,600	12,000
TRW (500cc twin)	1,200	1,800	2,700	3,600	4,800	6,000
5TA Speed (500cc twin)	2,800	4,200	6,300	8,400	11,200	14,000
T110 Tiger (650cc twin)	2,800	4,200	6,300	8,400	11,200	14,000
T120 Bonneville (650cc twin)	3,600	5,400	8,100	10,800	14,400	18,000
T120R Bonneville (650cc twin)	3,600	5,400	8,100	10,800	14,400	18,000
TR6 Trophy (650cc twin)	2,000	3,000	4,500	6,000	8,000	10,000
6T Thunderbird (650cc twin)	2,000	3,000	4,500	6,000	8,000	10,000
1962						
T20 Tiger Cub (200cc single)	900	1,350	2,030	2,700	3,600	4,500
T20S/H Tiger Cub (200cc single)	900	1,350	2,030	2,700	3,600	4,500
T20S/S Tiger Cub (200cc single)	900	1,350	2,030	2,700	3,600	4,500
TR20 Tiger Cub (200cc single)	900	1,350	2,030	2,700	3,600	4,500
3TA Twenty One (350cc twin)	1,200	1,800	2,700	3,600	4,800	6,000

	6	5	4	3	2	1
T100SS Tiger (500cc twin)	2,400	3,600	5,400	7,200	9,600	12,000
TRW (500cc twin)	1,200	1,800	2,700	3,600	4,800	6,000
5TA Speed (500cc twin)	2,800	4,200	6,300	8,400	11,200	14,000
T120 Bonneville (650cc twin)	3,600	5,400	8,100	10,800	14,400	18,000
T120R Bonneville (650cc twin)	3,600	5,400	8,100	10,800	14,400	18,000
TR6 Trophy (650cc single)	2,000	3,000	4,500	6,000	8,000	10,000
6T Thunderbird (650cc twin)	2,000	3,000	4,500	6,000	8,000	10,000
1963						
T20 Tiger Cub (200cc single)	900	1,350	2,030	2,700	3,600	4,500
T20S/H Tiger Cub (200cc single)	900	1,350	2,030	2,700	3,600	4,500
T20S/S Tiger Cub (200cc single)	900	1,350	2,030	2,700	3,600	4,500
T90 Tiger (350cc single)	1,120	1,680	2,520	3,360	4,480	5,600
3TA Twenty One (350cc twin)	1,200	1,800	2,700	3,600	4,800	6,000
T100SC Tiger (500cc twin)	2,200	3,300	4,950	6,600	8,800	11,000
T100SR Tiger (500cc twin)	2,200	3,300	4,950	6,600	8,800	11,000
T100SS Tiger (500cc twin)	2,200	3,300	4,950	6,600	8,800	11,000
TRW (500cc twin)	1,200	1,800	2,700	3,000	4,800	6,000
5TA Speed (500cc twin)	2,800	4,200	6,300	8,400	11,200	14,000
T120 Bonneville (650cc twin)	3,600	5,400	8,100	10,800	14,400	18,000
T120C Bonneville (650cc twin)	3,600	5,400	8,100	10,800	14,400	18,000
T120R Bonneville (650cc twin)	3,600	5,400	8,100	10,800	14,400	18,000
TR6 Trophy (650cc twin)	2,000	3,000	4,500	6,000	8,000	10,000
6T Thunderbird (650cc twin)	2,000	3,000	4,500	6,000	8,000	10,000
1964						
T20 Tiger Cub (200cc single)	920	1,380	2,070	2,760	3,680	4,600
T20S/H Tiger Cub (200cc single)	920	1,380	2,070	2,760	3,680	4,600
T20S/S Tiger Cub (200cc single)	920	1,380	2,070	2,760	3,680	4,600
T90 Tiger (350cc twin)	1,120	1,680	2,520	3,360	4,480	5,600
3TA Twenty One (350cc twin)	1,200	1,800	2,700	3,600	4,800	6,000
T100SC Tiger (500cc twin)	2,000	3,000	4,500	6,000	8,000	10,000
T100SR Tiger (500cc twin)	2,000	3,000	4,500	6,000	8,000	10,000
T100SS Tiger (500cc twin)	2,000	3,000	4,500	6,000	8,000	10,000
5TA Speed (500cc twin)	2,000	3,900	5,850	7,800	10,400	13,000
T120 Bonneville (650cc twin)	3,200	4,800	7,200	9,600	12,800	16,000
T120 Bonneville Thruxton (650cc twin)	4,100	6,150	9,230	12,300	16,400	20,500
T120C Bonneville (650cc twin)	3,200	4,800	7,200	9,600	12,800	16,000
T120R Bonneville (650cc twin)	3,200	4,800	7,200	9,600	12,800	16,000
T120TT Bonneville TT Special (650cc twin)	3,300	4,950	7,430	9,900	13,200	16,500
TR6 Trophy (650cc twin)	2,000	3,000	4,500	6,000	8,000	10,000
TR6S/C Trophy (650cc twin)	2,000	3,000	4,500	6,000	8,000	10,000
TR6S/R Trophy (650cc twin)	2,000	3,000	4,500	6,000	8,000	10,000
TRW (500cc twin)	1,200	1,800	2,700	3,600	4,800	6,000
6T Thunderbird (650cc twin)	2,000	3,000	4,500	6,000	8,000	10,000
1965						
T20 Tiger Cub (200cc single)	920	1,380	2,070	2,760	3,680	4,600
T20S/H Tiger Cub (200cc single)	920	1,380	2,070	2,760	3,680	4,600
T20S/M Tiger Cub (200cc single)	920	1,380	2,070	2,760	3,680	4,600
T20S/S Tiger Cub (200cc single)	920	1,380	2,070	2,760	3,680	4,600
T90 Tiger (350cc twin)	1,120	1,680	2,520	3,360	4,480	5,600
3TA Twenty One (350cc twin)	1,200	1,800	2,700	3,600	4,800	6,000
T100SC Tiger (500cc twin)	2,000	3,000	4,500	6,000	8,000	10,000
T100SR Tiger (500cc twin)	2,000	3,000	4,500	6,000	8,000	10,000
T100SS Tiger (500cc twin)	2,000	3,000	4,500	6,000	8,000	10,000
TRW (500cc twin)	1,200	1,800	2,700	3,600	4,800	6,000
5TA Speed (500cc twin)	2,600	3,900	5,850	7,800	10,400	13,000
T120 Bonneville (650cc twin)	3,200	4,800	7,200	9,600	12,800	16,000
T120 Bonneville Thruxton (650cc twin)	4,100	6,150	9,230	12,300	16,400	20,500
T120C Bonneville (650cc twin)	3,200	4,800	7,200	9,600	12,800	16,000
T120R Bonneville (650cc twin)	3,200	4,800	7,200	9,600	12,800	16,000
T120TT Bonneville TT Special (650cc twin)	3,300	4,950	7,430	9,900	13,200	16,500
TR6 Trophy (650cc twin)	2,000	3,000	4,500	6,000	8,000	10,000
TR6S/C Trophy (650cc twin)	2,000	3,000	4,500	6,000	8,000	10,000
TR6S/R Trophy (650cc twin)	2,000	3,000	4,500	6,000	8,000	10,000
6T Thunderbird (650cc twin)	2,000	3,000	4,500	6,000	8,000	10,000
1966						
T20 Tiger Cub Bantam (200cc single)	900	1,350	2,030	2,700	3,600	4,500
T20S/H Tiger Cub (200cc single)	920	1,380	2,070	2,760	3,680	4,600
T20S/M Tiger Cub (200cc single)	920	1,380	2,070	2,760	3,680	4,600
T20S/S Tiger Cub (200cc single)	920	1,380	2,070	2,760	3,680	4,600
T90 Tiger (350cc twin)	1,120	1,680	2,520	3,360	4,480	5,600
3TA Twenty One (350cc twin)	1,220	1,830	2,750	3,660	4,880	6,100
T100C (500cc twin)	1,800	2,700	4,050	5,400	7,200	9,000
T100R Tiger Daytona (500cc twin)	1,800	2,700	4,050	5,400	7,200	9,000
5TA Speed (500cc twin)	2,500	3,750	5,630	7,500	10,000	12,500
T120 Bonneville (650cc twin)	3,200	4,800	7,200	9,600	12,800	16,000
T120R Bonneville (650cc twin)	3,200	4,800	7,200	9,600	12,800	16,000
T120TT Bonneville TT Special (650cc twin)	3,300	4,950	7,430	9,900	13,200	16,500
TR6 Trophy (650cc twin)	2,000	3,000	4,500	6,000	8,000	10,000

TRIUMPH

	6	5	4	3	2	1
TR6C Trophy (650cc twin) 2,000	3,000	4,500	6,000	8,000	10,000
TR6R Trophy (650cc twin) 2,000	3,000	4,500	6,000	8,000	10,000
TR6S/C Trophy (650cc twin)...................2,000	3,000	4,500	6,000	8,000	10,000
TR6S/R Trophy (650cc twin)...................2,000	3,000	4,500	6,000	8,000	10,000
6T Thunderbird (650cc twin) 2,000	3,000	4,500	6,000	8,000	10,000
1967						
T20S/C Tiger Cub (200cc single) 920	1,380	2,070	2,760	3,680	4,600
T90 Tiger (350cc twin) 1,120	1,680	2,520	3,360	4,480	5,600
T100 Tiger (500cc twin) 1,800	2,700	4,050	5,400	7,200	9,000
T100R Tiger Daytona (500cc twin)............1,940	2,910	4,370	5,820	7,760	9,700
T100S Tiger (500cc twin) 1,800	2,700	4,050	5,400	7,200	9,000
T120 Bonneville (650cc twin) 3,200	4,800	7,200	9,600	12,800	16,000
T120R Bonneville (650cc twin) 3,200	4,800	7,200	9,600	12,800	16,000
T120TT Bonneville TT Special (650cc twin) ...3,300	4,950	7,430	9,900	13,200	16,500
TR6 Trophy (650cc twin)......................2,000	3,000	4,500	6,000	8,000	10,000
TR6C Trophy (650cc twin) 2,000	3,000	4,500	6,000	8,000	10,000
TR6R Trophy (650cc twin) 2,000	3,000	4,500	6,000	8,000	10,000
1968						
T20S/C Tiger Cub (200cc single) 920	1,380	2,070	2,760	3,680	4,600
TR25W Trophy (250cc single)................. 840	1,260	1,890	2,520	3,360	4,200
T90 Tiger (350cc twin) 1,120	1,680	2,520	3,360	4,480	5,600
T100C (500cc twin)..........................1,800	2,700	4,050	5,400	7,200	9,000
T100R Tiger Daytona (500cc twin)............1,940	2,910	4,370	5,820	7,760	9,700
T100S Tiger (500cc twin) 1,800	2,700	4,050	5,400	7,200	9,000
T120 Bonneville (650cc twin) 3,200	4,800	7,200	9,600	12,800	16,000
T120R Bonneville (650cc twin) 3,200	4,800	7,200	9,600	12,800	16,000
TR6 Trophy (650cc twin)......................2,000	3,000	4,500	6,000	8,000	10,000
TR6C Trophy (650cc twin) 2,000	3,000	4,500	6,000	8,000	10,000
TR6R Trophy (650cc twin) 2,000	3,000	4,500	6,000	8,000	10,000
1969						
TR25W Trophy (250cc single)................. 840	1,260	1,890	2,520	3,360	4,200
T90 Tiger (350cc twin) 1,120	1,680	2,520	3,360	4,480	5,600
T100C (500cc twin)..........................1,800	2,700	4,050	5,400	7,200	9,000
T100R Tiger Daytona (500cc twin)............1,940	2,910	4,370	5,820	7,760	9,700
T100S Tiger (500cc twin) 1,800	2,700	4,050	5,400	7,200	9,000
T120 Bonneville (650cc twin) 3,200	4,800	7,200	9,600	12,800	16,000
T120R Bonneville (650cc twin) 3,200	4,800	7,200	9,600	12,800	16,000
TR6 Trophy (650cc twin)......................1,800	2,700	4,050	5,400	7,200	9,000
TR6C Trophy (650cc twin) 1,800	2,700	4,050	5,400	7,200	9,000
TR6R Trophy (650cc twin) 1,800	2,700	4,050	5,400	7,200	9,000
T150 Trident (750cc triple) 2,200	3,300	4,950	6,600	8,800	11,000
1970						
T25SS Street Scrambler (250cc single) 880	1,320	1,980	2,640	3,520	4,400
T25T Blazer (250cc single)................... 880	1,320	1,980	2,640	3,520	4,400
TR25W Trophy (250cc single)................. 840	1,260	1,890	2,520	3,360	4,200
T100C (500cc twin)..........................1,800	2,700	4,050	5,400	7,200	9,000
T100R Tiger Daytona (500cc twin)............1,940	2,910	4,370	5,820	7,760	9,700
T100S Tiger (500cc twin) 1,800	2,700	4,050	5,400	7,200	9,000
T120 Bonneville (650cc twin) 3,200	4,800	7,200	9,600	12,800	16,000
T120R Bonneville (650cc twin) 3,200	4,800	7,200	9,600	12,800	16,000
T120RT Bonneville (US) (750cc twin)..........3,200	4,800	7,200	9,600	12,800	16,000
TR6 Trophy (650cc twin)......................1,800	2,700	4,050	5,400	7,200	9,000
TR6C Trophy (650cc twin) 1,800	2,700	4,050	5,400	7,200	9,000
TR6R Trophy (650cc twin) 1,800	2,700	4,050	5,400	7,200	9,000
T150 Trident (750cc triple) 2,200	3,300	4,950	6,600	8,800	11,000
1971						
T25SS Blazer Street Scrambler (250cc single)....... 880	1,320	1,980	2,640	3,520	4,400
T25T Blazer (250cc single)................... 880	1,320	1,980	2,640	3,520	4,400
T100C (500cc twin)..........................1,800	2,700	4,050	5,400	7,200	9,000
T100R Tiger Daytona (500cc twin)............1,940	2,910	4,370	5,820	7,760	9,700
T120 Bonneville (650cc twin) 3,200	4,800	7,200	9,600	12,800	16,000
T120R Bonneville (650cc twin) 3,200	4,800	7,200	9,600	12,800	16,000
TR6C Trophy (650cc twin) 1,800	2,700	4,050	5,400	7,200	9,000
T150 Trident (750cc triple) 2,200	3,300	4,950	6,600	8,800	11,000
1972						
T100R Tiger Daytona (500cc twin)............1,940	2,910	4,370	5,820	7,760	9,700
T120R Bonneville (650cc twin) 3,000	4,500	6,750	9,000	12,000	15,000
T120RV Bonneville (650cc twin)..............3,000	4,500	6,750	9,000	12,000	15,000
T120V Bonneville (650cc twin)...............3,000	4,500	6,750	9,000	12,000	15,000
TR6C Trophy (650cc twin) 1,800	2,700	4,050	5,400	7,200	9,000
TR6CV Trophy (650cc twin) 1,800	2,700	4,050	5,400	7,200	9,000
TR6R Trophy Sports (650cc twin)..............1,860	2,790	4,190	5,580	7,440	9,300
T150 Trident (750cc triple) 2,200	3,300	4,950	6,600	8,800	11,000
T150V Trident (750cc triple) 2,200	3,300	4,950	6,600	8,800	11,000
1973						
T100R Tiger Daytona (500cc twin)............1,940	2,910	4,370	5,820	7,760	9,700
TR5T Adventurer (500cc twin) 840	1,260	1,890	2,520	3,360	4,200
T120R Bonneville (650cc twin) 3,000	4,500	6,750	9,000	12,000	15,000

	6	5	4	3	2	1
T120RV Bonneville (650cc twin)	3,000	4,500	6,750	9,000	12,000	15,000
T120V Bonneville (650cc twin)	3,000	4,500	6,750	9,000	12,000	15,000
TR6C Trophy (650cc twin)	1,800	2,700	4,050	5,400	7,200	9,000
TR6CV Trophy (650cc twin)	1,800	2,700	4,050	5,400	7,200	9,000
TR6R Trophy Sport (650cc twin)	1,860	2,790	4,190	5,580	7,440	9,300
T140RV Bonneville (750cc twin)	3,100	4,650	6,980	9,300	12,400	15,500
T140V Bonneville (750cc twin)	3,100	4,650	6,980	9,300	12,400	15,500
T150V Trident (750cc triple)	2,200	3,300	4,950	6,600	8,800	11,000
TR7RV Tiger (750cc twin)	980	1,470	2,210	2,940	3,920	4,900
X75 Hurricane (750cc triple)	4,000	6,000	9,000	12,000	16,000	20,000
1974						
T100R Tiger Daytona (500cc twin)	1,940	2,910	4,370	5,820	7,760	9,700
TR5MX Avenger (500cc twin)	790	1,190	1,780	2,370	3,160	3,950
TR5T Adventurer (500cc twin)	840	1,260	1,890	2,520	3,360	4,200
T120R Bonneville (650cc twin)	3,000	4,500	6,750	9,000	12,000	15,000
T120RV Bonneville (650cc twin)	3,000	4,500	6,750	9,000	12,000	15,000
T120V Bonneville (650cc twin)	3,000	4,500	6,750	9,000	12,000	15,000
T140RV Bonneville (750cc twin)	3,100	4,650	6,980	9,300	12,400	15,500
T140V Bonneville (750cc twin)	3,100	4,650	6,980	9,300	12,400	15,500
T150V Trident (750cc triple)	2,200	3,300	4,950	6,600	8,800	11,000
TR7RV Tiger (750cc twin)	980	1,470	2,210	2,940	3,920	4,900
1975						
T120RV Bonneville (650cc twin)	3,000	4,500	6,750	9,000	12,000	15,000
T120V Bonneville (650cc twin)	3,000	4,500	6,750	9,000	12,000	15,000
T140RV Bonneville (750cc twin)	3,200	4,800	7,200	9,600	12,800	16,000
T140V Bonneville (750cc twin)	3,200	4,800	7,200	9,600	12,800	16,000
T150V Trident (750cc triple)	2,200	3,300	4,950	6,600	8,800	11,000
T160 Trident (750cc triple)	2,200	3,300	4,950	6,600	8,800	11,000
TR7RV Tiger (750cc twin)	980	1,470	2,210	2,940	3,920	4,900
1976						
T140V Bonneville (750cc twin)	2,600	3,900	5,850	7,800	10,400	13,000
T160 Trident (750cc triple)	2,000	3,000	4,500	6,000	8,000	10,000
TR7V Tiger (750cc twin)	1,040	1,560	2,340	3,120	4,160	5,200
1977						
T140J Bonneville Silver Jubilee (750cc twin)	2,800	4,200	6,300	8,400	11,200	14,000
T140V Bonneville (750cc twin)	2,600	3,900	5,850	7,800	10,400	13,000
TR7V Tiger (750cc twin)	1,300	1,950	2,930	3,900	5,200	6,500
1978						
T140E Bonneville (750cc twin)	2,600	3,900	5,850	7,800	10,400	13,000
T140V Bonneville (750cc twin)	2,600	3,900	5,850	7,800	10,400	13,000
TR7V Tiger (750cc twin)	1,040	1,560	2,340	3,120	4,160	5,200
1979						
T140D Bonneville Special (750cc twin)	2,800	4,200	6,300	8,400	11,200	14,000
T140E Bonneville (750cc twin)	2,600	3,900	5,850	7,800	10,400	13,000
TR7V Tiger (750cc twin)	1,140	1,710	2,570	3,420	4,560	5,700
1980						
T140 Executive Bonneville (750cc twin)	2,900	4,350	6,530	8,700	11,600	14,500
T140D Bonneville Special (750cc twin)	2,800	4,200	6,300	8,400	11,200	14,000
T140E Bonneville (750cc twin)	2,600	3,900	5,850	7,800	10,400	13,000
T140ES Bonneville Electro (750cc twin)	2,600	3,900	5,850	7,800	10,400	13,000
TR7V Tiger (750cc twin)	1,140	1,710	2,570	3,420	4,560	5,700

VELOCETTE

	6	5	4	3	2	1
1947						
KTT (348cc single)	7,000	10,500	15,750	21,000	28,000	35,000
KSS Mk. II (349cc single)	2,000	3,000	4,500	6,000	8,000	10,000
MAC (349cc single)	1,400	2,100	3,150	4,200	5,600	7,000
1948						
KTT (348cc single)	7,000	10,500	15,750	21,000	28,000	35,000
KSS Mk. II (349cc single)	2,000	3,000	4,500	6,000	8,000	10,000
MAC (349cc single)	1,400	2,100	3,150	4,200	5,600	7,000
1949						
LE (150cc twin, shaft-drive)	700	1,050	1,580	2,100	2,800	3,500
KTT (348cc single)	7,000	10,500	15,750	21,000	28,000	35,000
MAC (349cc single)	1,400	2,100	3,150	4,200	5,600	7,000
1950						
LE (150cc twin, shaft-drive)	700	1,050	1,580	2,100	2,800	3,500
KTT (348cc single)	7,000	10,500	15,750	21,000	28,000	35,000
MAC (349cc single)	1,400	2,100	3,150	4,200	5,600	7,000
1951						
LE (200cc twin, shaft-drive)	800	1,200	1,800	2,400	3,200	4,000
KTT (348cc single)	7,000	10,500	15,750	21,000	28,000	35,000
MAC (349cc single)	1,400	2,100	3,150	4,200	5,600	7,000
1952						
LE (200cc twin, shaft-drive)	800	1,200	1,800	2,400	3,200	4,000
KTT (348cc single)	7,000	10,500	15,750	21,000	28,000	35,000
MAC (349cc single)	1,400	2,100	3,150	4,200	5,600	7,000

VELOCETTE

	6	5	4	3	2	1
1953						
LE (200cc twin, shaft-drive). 800	1,200	1,800	2,400	3,200	4,000
KTT (348cc single) 7,000	10,500	15,750	21,000	28,000	35,000
MAC (349cc single). 1,400	2,100	3,150	4,200	5,600	7,000
1954						
LE (200cc twin, shaft-drive). 800	1,200	1,800	2,400	3,200	4,000
MAC (349cc single). 1,400	2,100	3,150	4,200	5,600	7,000
MSS (499cc single). 1,600	2,400	3,600	4,800	6,400	8,000
1955						
LE (200cc twin, shaft-drive). 800	1,200	1,800	2,400	3,200	4,000
MAC (349cc single). 1,400	2,100	3,150	4,200	5,600	7,000
MSS (499cc single). 1,600	2,400	3,600	4,800	6,400	8,000
1956						
LE (200cc twin, shaft-drive). 800	1,200	1,800	2,400	3,200	4,000
MAC (349cc single). 1,400	2,100	3,150	4,200	5,600	7,000
Viper (349cc single) 1,600	2,400	3,600	4,800	6,400	8,000
MSS (499cc single). 1,600	2,400	3,600	4,800	6,400	8,000
Venom (499cc single) .1,700	2,550	3,830	5,100	6,800	8,500
1957						
LE (200cc twin, shaft-drive). 800	1,200	1,800	2,400	3,200	4,000
Valiant (200cc twin, shaft-drive) 900	1,350	2,030	2,700	3,600	4,500
MAC (349cc single). 1,400	2,100	3,150	4,200	5,600	7,000
Viper (349cc single) 1,600	2,400	3,600	4,800	6,400	8,000
MSS (499cc single). 1,600	2,400	3,600	4,800	6,400	8,000
Venom (499cc single) .1,700	2,550	3,830	5,100	6,800	8,500
1958						
LE (200cc twin, shaft-drive). 800	1,200	1,800	2,400	3,200	4,000
Valiant (200cc twin, shaft-drive) 900	1,350	2,030	2,700	3,600	4,500
MAC (349cc single). 1,400	2,100	3,150	4,200	5,600	7,000
Viper (349cc single) 1,600	2,400	3,600	4,800	6,400	8,000
MSS (499cc single). 1,600	2,400	3,600	4,800	6,400	8,000
Venom (499cc single) .1,700	2,550	3,830	5,100	6,800	8,500
1959						
LE (200cc twin, shaft-drive). 800	1,200	1,800	2,400	3,200	4,000
Valiant (200cc twin, shaft-drive) 900	1,350	2,030	2,700	3,600	4,500
MAC (349cc single). 1,400	2,100	3,150	4,200	5,600	7,000
Viper (349cc single) 1,600	2,400	3,600	4,800	6,400	8,000
MSS (499cc single). 1,600	2,400	3,600	4,800	6,400	8,000
1960						
LE (200cc twin, shaft-drive). 800	1,200	1,800	2,400	3,200	4,000
Valiant (200cc twin, shaft-drive) 900	1,350	2,030	2,700	3,600	4,500
MAC (349cc single). 1,400	2,100	3,150	4,200	5,600	7,000
Viper (349cc single) 1,600	2,400	3,600	4,800	6,400	8,000
MSS (499cc single). 1,600	2,400	3,600	4,800	6,400	8,000
1961						
LE (200cc twin, shaft-drive). 800	1,200	1,800	2,400	3,200	4,000
Valiant (200cc twin, shaft-drive) 900	1,350	2,030	2,700	3,600	4,500
Viper (349cc single) 1,600	2,400	3,600	4,800	6,400	8,000
MSS (499cc single). 1,600	2,400	3,600	4,800	6,400	8,000
MSS Scrambler (499cc single) 1,700	2,550	3,830	5,100	6,800	8,500
1962						
LE (200cc twin, shaft-drive). 800	1,200	1,800	2,400	3,200	4,000
Valiant (200cc twin, shaft-drive) 900	1,350	2,030	2,700	3,600	4,500
Viper (349cc single) 1,600	2,400	3,600	4,800	6,400	8,000
MSS (499cc single). 1,600	2,400	3,600	4,800	6,400	8,000
MSS Scrambler (499cc single) 1,700	2,550	3,830	5,100	6,800	8,500
1963						
LE (200cc twin, shaft-drive). 800	1,200	1,800	2,400	3,200	4,000
Valiant (200cc twin, shaft-drive) 900	1,350	2,030	2,700	3,600	4,500
Vogue (200cc twin, shaft-drive). 800	1,200	1,800	2,400	3,200	4,000
Viper (349cc single) 1,600	2,400	3,600	4,800	6,400	8,000
MSS (499cc single). 1,600	2,400	3,600	4,800	6,400	8,000
MSS Scrambler (499cc single) 1,700	2,550	3,830	5,100	6,800	8,500
1964						
LE (200cc twin, shaft-drive). 800	1,200	1,800	2,400	3,200	4,000
Valiant (200cc twin, shaft-drive) 900	1,350	2,030	2,700	3,600	4,500
Vogue (200cc twin, shaft-drive). 900	1,350	2,030	2,700	3,600	4,500
Viper (349cc single) 1,600	2,400	3,600	4,800	6,400	8,000
MSS (499cc single). 1,600	2,400	3,600	4,800	6,400	8,000
MSS Scrambler (499cc single) 1,700	2,550	3,830	5,100	6,800	8,500
Thruxton (499cc single). 4,000	6,000	9,000	12,000	16,000	20,000
1965						
Viceroy scooter (200cc single) 900	1,350	2,030	2,700	3,600	4,500
LE (200cc twin, shaft-drive). 800	1,200	1,800	2,400	3,200	4,000
Vogue (200cc twin, shaft-drive). 900	1,350	2,030	2,700	3,600	4,500
MSS Scrambler (349cc single) 1,600	2,400	3,600	4,800	6,400	8,000
Viper (349cc single) 1,600	2,400	3,600	4,800	6,400	8,000
MSS (499cc single). 1,600	2,400	3,600	4,800	6,400	8,000

VELOCETTE

	6	5	4	3	2	1
MSS Scrambler (499cc single)	1,700	2,550	3,830	5,100	6,800	8,500
Thruxton (499cc single)	4,000	6,000	9,000	12,000	16,000	20,000
1966						
Viceroy scooter (200cc single)	900	1,350	2,030	2,700	3,600	4,500
LE (200cc twin, shaft-drive)	800	1,200	1,800	2,400	3,200	4,000
Vogue (200cc twin, shaft-drive)	900	1,350	2,030	2,700	3,600	4,500
MSS Scrambler (349cc single)	1,600	2,400	3,600	4,800	6,400	8,000
Viper Clubman (349cc single)	1,600	2,400	3,600	4,800	6,400	8,000
Mk. II Venom (499cc single)	1,700	2,550	3,830	5,100	6,800	8,500
MSS (499cc single)	1,600	2,400	3,600	4,800	6,400	8,000
MSS Endurance (499cc single)	1,700	2,550	3,830	5,100	6,800	8,500
Thruxton (499cc single)	4,000	6,000	9,000	12,000	16,000	20,000
1967						
LE (200cc twin, shaft-drive)	800	1,200	1,800	2,400	3,200	4,000
Vogue (200cc twin, shaft-drive)	900	1,350	2,030	2,700	3,600	4,500
MSS Scrambler (349cc single)	1,600	2,400	3,600	4,800	6,400	8,000
Viper Clubman (349cc single)	1,600	2,400	3,600	4,800	6,400	8,000
Mk. II Venom (499cc single)	1,700	2,550	3,830	5,100	6,800	8,500
MSS (499cc single)	1,600	2,400	3,600	4,800	6,400	8,000
MSS Endurance (499cc single)	1,700	2,550	3,830	5,100	6,800	8,500
Thruxton (499cc single)	4,000	6,000	9,000	12,000	16,000	20,000
1968						
LE (200cc twin, shaft-drive)	800	1,200	1,800	2,400	3,200	4,000
Vogue (200cc twin, shaft-drive)	900	1,350	2,030	2,700	3,600	4,500
MSS Scrambler (349cc single)	1,600	2,400	3,600	4,800	6,400	8,000
Viper Clubman (349cc single)	1,600	2,400	3,600	4,800	6,400	8,000
Mk. II Venom (499cc single)	1,700	2,550	3,830	5,100	6,800	8,500
MSS (499cc single)	1,600	2,400	3,600	4,800	6,400	8,000
MSS Endurance (499cc single)	1,700	2,550	3,830	5,100	6,800	8,500
Thruxton (499cc single)	4,000	6,000	9,000	12,000	16,000	20,000
1969						
LE (200cc twin, shaft-drive)	800	1,200	1,800	2,400	3,200	4,000
MSS Scrambler (349cc single)	1,600	2,400	3,600	4,800	6,400	8,000
Viper Clubman (349cc single)	1,600	2,400	3,600	4,800	6,400	8,000
Mk. II Venom (499cc single)	1,700	2,550	3,830	5,100	6,800	8,500
Thruxton (499cc single)	4,000	6,000	9,000	12,000	16,000	20,000
1970						
LE (200cc twin, shaft-drive)	800	1,200	1,800	2,400	3,200	4,000
Mk. II Venom (499cc single)	1,700	2,550	3,830	5,100	6,800	8,500
Thruxton (499cc single)	4,000	6,000	9,000	12,000	16,000	20,000

VINCENT

	6	5	4	3	2	1
1934						
Series A Comet (499cc single)	7,000	10,500	15,750	21,000	28,000	35,000
Series A Meteor (499cc single)	6,400	9,600	14,400	19,200	25,600	32,000
1935						
Series A Comet (499cc single)	7,000	10,500	15,750	21,000	28,000	35,000
Series A Comet Special (499cc single)	7,000	10,500	15,750	21,000	28,000	35,000
Series A Meteor (499cc single)	6,400	9,600	14,400	19,200	25,600	32,000
TT Replica (499cc single)	10,000	15,000	22,500	30,000	40,000	50,000
1936						
Series A Comet (499cc single)	7,000	10,500	15,750	21,000	28,000	35,000
Series A Comet Special (499cc single)	7,000	10,500	15,750	21,000	28,000	35,000
Series A Meteor (499cc single)	6,400	9,600	14,400	19,200	25,600	32,000
Series A TT Replica (499cc single)	10,000	15,000	22,500	30,000	40,000	50,000
Series A Rapide (998cc twin)	40,000	60,000	90,000	120,000	160,000	200,000
1937						
Series A Comet (499cc single)	7,000	10,500	15,750	21,000	28,000	35,000
Series A Comet Special (499cc single)	7,000	10,500	15,750	21,000	28,000	35,000
Series A Meteor (499cc single)	6,400	9,600	14,400	19,200	25,600	32,000
Series A TT Replica (499cc single)	10,000	15,000	22,500	30,000	40,000	50,000
Series A Rapide (998cc twin)	40,000	60,000	90,000	120,000	160,000	200,000
1938						
Series A Comet (499cc single)	7,000	10,500	15,750	21,000	28,000	35,000
Series A Meteor (499cc single)	6,400	9,600	14,400	19,200	25,600	32,000
Series A TT Replica (499cc single)	10,000	15,000	22,500	30,000	40,000	50,000
Series A Rapide (998cc twin)	40,000	60,000	90,000	120,000	160,000	200,000
1939						
Series A Comet (499cc single)	7,000	10,500	15,750	21,000	28,000	35,000
Series A Meteor (499cc single)	6,400	9,600	14,400	19,200	25,600	32,000
Series A Rapide (998cc twin)	40,000	60,000	90,000	120,000	160,000	200,000
1940-1945						
NOTE: No civilian production.						
1946						
Series B Rapide (998cc twin)	7,000	10,500	15,750	21,000	28,000	35,000
Series B Rapide Touring (998cc twin)	7,000	10,500	15,750	21,000	28,000	35,000

VINCENT

	6	5	4	3	2	1
1947						
Series B Rapide 7,000	10,500	15,750	21,000	28,000	35,000
Series B Rapide Touring (998cc twin). 7,000	10,500	15,750	21,000	28,000	35,000
1948						
Series B Black Shadow (998cc twin). 20,000	30,000	45,000	60,000	80,000	100,000
Series B Black Shadow Touring (998cc twin) 20,000	30,000	45,000	60,000	80,000	100,000
Series B Rapide (998cc twin) 7,000	10,500	15,750	21,000	28,000	35,000
Series B Rapide Touring (998cc twin). 7,000	10,500	15,750	21,000	28,000	35,000
Series C Black Lightning (998cc twin). 40,000	60,000	90,000	120,000	160,000	200,000
Series C Black Shadow (998cc twin) 16,000	24,000	36,000	48,000	64,000	80,000
Series C Black Shadow Touring (998cc twin). 16,000	24,000	36,000	48,000	64,000	80,000
Series C Rapide (998cc twin) 7,000	10,500	15,750	21,000	28,000	35,000
Series C Rapide Touring (998cc twin). 7,000	10,500	15,750	21,000	28,000	35,000
1949						
Series B Meteor (499cc single). 5,000	7,500	11,250	15,000	20,000	25,000
Series C Comet (499cc single) 5,000	7,500	11,250	15,000	20,000	25,000
Series C Comet Touring (499cc single) 5,000	7,500	11,250	15,000	20,000	25,000
Series C Grey Flash (499cc single). 11,000	16,500	24,750	33,000	44,000	55,000
Series B Black Shadow (998cc twin). 20,000	30,000	45,000	60,000	80,000	100,000
Series B Black Shadow Touring (998cc twin) 20,000	30,000	45,000	60,000	80,000	100,000
Series B Rapide (998cc twin) 7,000	10,500	15,750	21,000	28,000	35,000
Series B Rapide Touring (998cc twin). 7,000	10,500	15,750	21,000	28,000	35,000
Series C Black Lightning (998cc twin). 40,000	60,000	90,000	120,000	160,000	200,000
Series C Black Shadow (998cc twin) 16,000	24,000	36,000	48,000	64,000	80,000
Series C Black Shadow Touring (998cc twin). 16,000	24,000	36,000	48,000	64,000	80,000
Series C Rapide (998cc twin) 7,000	10,500	15,750	21,000	28,000	35,000
Series C Rapide Touring (998cc twin). 6,400	9,600	14,400	19,200	25,600	32,000
1950						
Series B Meteor (499cc single). 5,000	7,500	11,250	15,000	20,000	25,000
Series C Comet (499cc single) 5,000	7,500	11,250	15,000	20,000	25,000
Series C Comet Touring (499cc single) 5,000	7,500	11,250	15,000	20,000	25,000
Series C Grey Flash (499cc single). 11,000	16,500	24,750	33,000	44,000	55,000
Series B Black Shadow (998cc twin). 16,000	24,000	36,000	48,000	64,000	80,000
Series B Black Shadow Touring (998cc twin) 16,000	24,000	36,000	48,000	64,000	80,000
Series C Black Lightning (998cc twin). 40,000	60,000	90,000	120,000	160,000	200,000
Series C Black Shadow (998cc twin) 16,000	24,000	36,000	48,000	64,000	80,000
Series C Black Shadow Touring (998cc twin). 16,000	24,000	36,000	48,000	64,000	80,000
Series C Rapide (998cc twin) 7,000	10,500	15,750	21,000	28,000	35,000
Serues C Rapide Touring (998cc twin). 7,000	10,500	15,750	21,000	28,000	35,000
1951						
Series C Comet (499cc single) 5,000	7,500	11,250	15,000	20,000	25,000
Series C Comet Touring (499cc single) 5,000	7,500	11,250	15,000	20,000	25,000
Series C Grey Flash (499cc single). 11,000	16,500	24,750	33,000	44,000	55,000
Series C Black Lightning (998cc twin). 40,000	60,000	90,000	120,000	160,000	200,000
Series C Black Shadow (998cc twin) 16,000	24,000	36,000	48,000	64,000	80,000
Series C Black Shadow Touring (998cc twin). 16,000	24,000	36,000	48,000	64,000	80,000
Series C Rapide (998cc twin) 7,000	10,500	15,750	21,000	28,000	35,000
Series C Rapide Touring (998cc twin). 7,000	10,500	15,750	21,000	28,000	35,000
1952						
Series C Comet (499cc single) 5,000	7,500	11,250	15,000	20,000	25,000
Series C Comet Touring (499cc single) 5,000	7,500	11,250	15,000	20,000	25,000
Series C Black Lightning (998cc twin). 40,000	60,000	90,000	120,000	160,000	200,000
Series C Black Shadow (998cc twin) 16,000	24,000	36,000	48,000	64,000	80,000
Series C Black Shadow Touring (998cc twin). 16,000	24,000	36,000	48,000	64,000	80,000
Series C Rapide (998cc twin) 7,000	10,500	15,750	21,000	28,000	35,000
Series C Rapide Touring (998cc twin). 7,000	10,500	15,750	21,000	28,000	35,000
1953						
Series C Comet (499cc single) 5,000	7,500	11,250	15,000	20,000	25,000
Series C Comet Touring (499cc single) 5,000	7,500	11,250	15,000	20,000	25,000
Series C Black Lightning (998cc twin). 40,000	60,000	90,000	120,000	160,000	200,000
Series C Black Shadow (998cc twin) 16,000	24,000	36,000	48,000	64,000	80,000
Series C Black Shadow Touring (998cc twin). 16,000	24,000	36,000	48,000	64,000	80,000
Series C Rapide (998cc twin) 7,000	10,500	15,750	21,000	28,000	35,000
Series C Rapide Touring (998cc twin). 7,000	10,500	15,750	21,000	28,000	35,000
1954						
Series C Comet (499cc single) 5,000	7,500	11,250	15,000	20,000	25,000
Series C Comet Touring (499cc single) 5,000	7,500	11,250	15,000	20,000	25,000
Series D Black Knight (998cc twin). 8,000	12,000	18,000	24,000	32,000	40,000
Series C Black Lightning (998cc twin). 40,000	60,000	90,000	120,000	160,000	200,000
Series D Black Prince (998cc twin). 8,000	12,000	18,000	24,000	32,000	40,000
Series C Black Shadow (998cc twin) 16,000	24,000	36,000	48,000	64,000	80,000
Series C Black Shadow Touring (998cc twin). 16,000	24,000	36,000	48,000	64,000	80,000
Series C Rapide (998cc twin) 7,000	10,500	15,750	21,000	28,000	35,000
Series C Rapide Touring (998cc twin). 7,000	10,500	15,750	21,000	28,000	35,000
1955						
Series C Black Lightning (998cc twin). 40,000	60,000	90,000	120,000	160,000	200,000
Series D Black Knight (998cc twin). 8,000	12,000	18,000	24,000	32,000	40,000
Series D Black Prince (998cc twin). 8,000	12,000	18,000	24,000	32,000	40,000

	6	5	4	3	2	1
Series D Black Shadow (998cc twin) 10,000		15,000	22,500	30,000	40,000	50,000
Series D Rapide (998cc twin). 6,000		9,000	13,500	18,000	24,000	30,000

YAMAHA

1961

	6	5	4	3	2	1
MF1 (50cc single). 500		750	1,130	1,500	2,000	2,500
MF2 (50cc single). 500		750	1,130	1,500	2,000	2,500
YA2 (125cc single). 500		750	1,130	1,500	2,000	2,500
YA3 (125cc single). 500		750	1,130	1,500	2,000	2,500
YC1 (175cc single). 540		810	1,220	1,620	2,160	2,700
YD2 (250cc twin) 900		1,350	2,030	2,700	3,600	4,500
YDS1 (250cc twin) 900		1,350	2,030	2,700	3,600	4,500
1962						
MJ2 (55cc single) 420		630	950	1,260	1,680	2,100
YA5 (125cc single) 520		780	1,170	1,560	2,080	2,600
YD3 (250cc twin) 920		1,380	2,070	2,760	3,680	4,600
YDS2 (250cc twin) 920		1,380	2,070	2,760	3,680	4,600
1963						
YG1 (73cc single). 520		780	1,170	1,560	2,080	2,600
YG1T (73cc single). 520		780	1,170	1,560	2,080	2,600
YDT1 (250cc twin) 920		1,380	2,070	2,760	3,680	4,600
1964						
MJ2S (55cc single). 420		630	950	1,260	1,680	2,100
MJ2T Trail (55cc single). 420		630	950	1,260	1,680	2,100
YJ1 (60cc single) 420		630	950	1,260	1,680	2,100
MG1T (73cc single). 520		780	1,170	1,560	2,080	2,600
YG1 (73cc single). 500		750	1,130	1,500	2,000	2,500
YA5 (125cc single) 520		780	1,170	1,560	2,080	2,600
YA6 (125cc single) 520		780	1,170	1,560	2,080	2,600
YD3 (250cc twin) 920		1,380	2,070	2,760	3,680	4,600
YDS2 (250cc twin) 1,200		1,800	2,700	3,600	4,800	6,000
TDS3 (250cc twin) 1,400		2,100	3,150	4,200	5,600	7,000
YDT1 (250cc twin) 1,000		1,500	2,250	3,000	4,000	5,000
1965						
U5 (50cc single) 400		600	900	1,200	1,600	2,000
MJ2T (55cc single) 400		600	900	1,200	1,600	2,000
YJ2S (60cc single) 420		630	950	1,260	1,680	2,100
YGS1 (73cc single) 500		750	1,130	1,500	2,000	2,500
MG1B (80cc single) 520		780	1,170	1,560	2,080	2,600
YL1 (98cc twin). 600		900	1,350	1,800	2,400	3,000
TD1B (250cc twin) 2,600		3,900	5,850	7,800	10,400	13,000
TD1C (250cc twin) 2,600		3,900	5,850	7,800	10,400	13,000
YD3C Big Bear Scrambler (250cc twin) 1,140		1,710	2,570	3,420	4,560	5,700
YDS3 (250cc twin) 1,400		2,100	3,150	4,200	5,600	7,000
YM1 (305cc twin) 800		1,200	1,800	2,400	3,200	4,000
1966						
U5 Step Thru (50cc single). 400		600	900	1,200	1,600	2,000
MJ2T Omaha Trail (55cc single) 400		600	900	1,200	1,600	2,000
YJ2 Riverside (60cc single) 400		600	900	1,200	1,600	2,000
YGK Rotary Jet (73cc single) 480		720	1,080	1,440	1,920	2,400
YGTK Trailmaster (73cc single) 480		720	1,080	1,440	1,920	2,400
MJ1T Omaha Trail (80cc single) 500		750	1,130	1,500	2,000	2,500
YL1 (98cc twin). 500		750	1,130	1,500	2,000	2,500
YA6 Santa Barbara (125cc single). 400		600	900	1,200	1,600	2,000
TD1 Daytona Road Racer (247cc twin) 2,600		3,900	5,850	7,800	10,400	13,000
YDS3C Big Bear (250cc twin) 1,000		1,500	2,250	3,000	4,000	5,000
YDSM Ascot Scrambler (250cc twin) 1,000		1,500	2,250	3,000	4,000	5,000
YM1 Big Bear Scrambler (305cc twin) 800		1,200	1,800	2,400	3,200	4,000
1967						
U5 Newport (50cc single). 400		600	900	1,200	1,600	2,000
YJ2 Campus (60cc single) 400		600	900	1,200	1,600	2,000
YG1K Rotary Jet (73cc single) 480		720	1,080	1,440	1,920	2,400
MG1T Omaha Trail (80cc single) 480		720	1,080	1,440	1,920	2,400
YL1 (98cc twin). 480		720	1,080	1,440	1,920	2,400
YL2C (98cc single). 500		750	1,130	1,500	2,000	2,500
YA6 Santa Barbara (125cc single). 500		750	1,130	1,500	2,000	2,500
YCS1 Bonanza (180cc twin) 480		720	1,080	1,440	1,920	2,400
TD1 Daytona (247cc twin) 2,600		3,900	5,850	7,800	10,400	13,000
YDS3 Catalina (250cc twin) 440		660	990	1,320	1,760	2,200
YDS3C Big Bear (250cc twin) 480		720	1,080	1,440	1,920	2,400
YDS5 Catalina Electric (250cc twin). 440		660	990	1,320	1,760	2,200
YM1 Cross Country (305cc twin) 540		810	1,220	1,620	2,160	2,700
YM2C (305cc twin) 500		750	1,130	1,500	2,000	2,500
YR1 Grand Prix (350cc twin) 600		900	1,350	1,800	2,400	3,000
1968						
U5 Newport (50cc single). 400		600	900	1,200	1,600	2,000
YJ2 Campus (60cc single) 400		600	900	1,200	1,600	2,000

YAMAHA

YAMAHA

	6	5	4	3	2	1
YG5T (73cc single) 480	720	1,080	1,440	1,920	2,400
YL1 (98cc twin) 440	660	990	1,320	1,760	2,200
YL2CM (98cc single). 440	660	990	1,320	1,760	2,200
YAS1C (125cc twin) 450	680	1,010	1,350	1,800	2,250
YCS1C (180cc twin) 480	720	1,080	1,440	1,920	2,400
TD1 Daytona (247cc twin) .2,600	3,900	5,850	7,800	10,400	13,000
DT1 Enduro (250cc single) 900	1,350	2,030	2,700	3,600	4,500
YDS5 Catalina Electric (250cc twin) 440	660	990	1,320	1,760	2,200
YM1 Cross Country (305cc twin) 540	810	1,220	1,620	2,160	2,700
YR2 Grand Prix (350cc twin). 600	900	1,350	1,800	2,400	3,000
YR2C Street Scrambler (350cc twin) 540	810	1,220	1,620	2,160	2,700
1969						
U5 Step Thru (50cc single) 400	600	900	1,200	1,600	2,000
YJ2 (60cc single). 400	600	900	1,200	1,600	2,000
G5S (73cc single) 480	720	1,080	1,440	1,920	2,400
U7E (75cc single) 460	690	1,040	1,380	1,840	2,300
L5T Trail (98cc single). 440	660	990	1,320	1,760	2,200
YL1 (98cc twin) 440	660	990	1,320	1,760	2,200
AT1 Trail (125cc single) 480	720	1,080	1,440	1,920	2,400
AT1M (125cc single). 480	720	1,080	1,440	1,920	2,400
YAS1-C Street Scrambler (125cc twin). 510	770	1,150	1,530	2,040	2,550
CT1 Trail (175cc single) 500	750	1,130	1,500	2,000	2,500
YCS1-C Street Scrambler (180cc twin) 440	660	990	1,320	1,760	2,200
DT1B Trail (250cc single) 440	660	990	1,320	1,760	2,200
DT1S (250cc single) 460	690	1,040	1,380	1,840	2,300
YDS6C Street Scrambler (250cc twin) 540	810	1,220	1,620	2,160	2,700
YM1 (305cc twin) 600	900	1,350	1,800	2,400	3,000
R3 (347cc twin) 600	900	1,350	1,800	2,400	3,000
YR2-C Street Scrambler (350cc twin) 540	810	1,220	1,620	2,160	2,700
1970						
G6SB (73cc single). 460	690	1,040	1,380	1,840	2,300
HS1 (90cc single) 480	720	1,080	1,440	1,920	2,400
HT1 Enduro (90cc single) 480	720	1,080	1,440	1,920	2,400
L5TA (98cc single) 480	720	1,080	1,440	1,920	2,400
YL1E (98cc twin). 480	720	1,080	1,440	1,920	2,400
YL2 (98cc single) 480	720	1,080	1,440	1,920	2,400
AS2C (125cc twin) 500	750	1,130	1,500	2,000	2,500
AT1B Enduro (125cc single) 500	750	1,130	1,500	2,000	2,500
AT1BMX (125cc single) 500	750	1,130	1,500	2,000	2,500
CT1B Enduro (175cc single) 500	750	1,130	1,500	2,000	2,500
CS3C (198cc twin) 440	660	990	1,320	1,760	2,200
DS6B (247cc twin) 420	630	950	1,260	1,680	2,100
DT1C Enduro (247cc single) 440	660	990	1,320	1,760	2,200
DT1CM (247cc single). 440	660	990	1,320	1,760	2,200
TD2 (247cc twin) 2,700	4,050	6,080	8,100	10,800	13,500
RT1 Enduro (250cc single) 620	930	1,400	1,860	2,480	3,100
R2C (347cc twin). 440	660	990	1,320	1,760	2,200
R5 (347cc twin) 520	780	1,170	1,560	2,080	2,600
RT1M (360cc single) 440	660	990	1,320	1,760	2,200
XS1 (654cc twin). 1,000	1,500	2,250	3,000	4,000	5,000
1971						
G6SB (73cc single) 460	690	1,040	1,380	1,840	2,300
HS1B (90cc single) 480	720	1,080	1,440	1,920	2,400
HT1B Enduro (90cc single) 480	720	1,080	1,440	1,920	2,400
HT1MX (90cc single). 480	720	1,080	1,440	1,920	2,400
AT1C Enduro (125cc single) 500	750	1,130	1,500	2,000	2,500
AT1MX (125cc single). 500	750	1,130	1,500	2,000	2,500
CT1C Enduro (173cc single). 500	750	1,130	1,500	2,000	2,500
CS3B (198cc twin) 480	720	1,080	1,440	1,920	2,400
TD2B (247cc twin). 2,700	4,050	6,080	8,100	10,800	13,500
DT1E Enduro (250cc single) 500	750	1,130	1,500	2,000	2,500
DT1MX (250cc single). 440	660	990	1,320	1,760	2,200
R5B (347cc twin). 540	810	1,220	1,620	2,160	2,700
RT1B Enduro (360cc single) 540	810	1,220	1,620	2,160	2,700
RT1MX (360cc single). 500	750	1,130	1,500	2,000	2,500
XS1B (654cc twin). 1,000	1,500	2,250	3,000	4,000	5,000
1972						
G7S (73cc single) 430	650	970	1,290	1,720	2,150
U7E (75cc single) 420	630	950	1,260	1,680	2,100
LS2 (98cc twin) 440	660	990	1,320	1,760	2,200
LT2 Enduro (98cc single) 440	660	990	1,320	1,760	2,200
LT2M (98cc single) 440	660	990	1,320	1,760	2,200
AT2 Enduro (125cc single) 480	720	1,080	1,440	1,920	2,400
AT2M (125cc single). 480	720	1,080	1,440	1,920	2,400
CT2 Enduro (173cc single) 480	720	1,080	1,440	1,920	2,400
CS5 (198cc twin). 510	770	1,150	1,530	2,040	2,550
DS7 (247cc twin). 400	600	900	1,200	1,600	2,000
DT2 Enduro (247cc single) 440	660	990	1,320	1,760	2,200

	6	5	4	3	2	1
DT2MX (247cc single)	440	660	990	1,320	1,760	2,200
TD3 (247cc twin)	2,700	4,050	6,080	8,100	10,800	13,500
R5C (347cc twin)	540	810	1,220	1,620	2,160	2,700
RT2 Enduro (360cc single)	540	810	1,220	1,620	2,160	2,700
RT2MX (360cc single)	480	720	1,080	1,440	1,920	2,400
XS2 (654cc twin)	1,000	1,500	2,250	3,000	4,000	5,000
1973						
GT1 (73cc single)	320	480	720	960	1,280	1,600
GTMX (73cc single)	320	480	720	960	1,280	1,600
LT3 (98cc single)	270	410	610	810	1,080	1,350
LTMX (98cc single)	280	420	630	840	1,120	1,400
AT3 (125cc single)	280	420	630	840	1,120	1,400
ATMX (125cc single)	290	440	650	870	1,160	1,450
CT3 (173cc single)	340	510	770	1,020	1,360	1,700
DT3 (247cc single)	400	600	900	1,200	1,600	2,000
MX250 (247cc single)	360	540	810	1,080	1,440	1,800
RD250A (247cc twin)	400	600	900	1,200	1,600	2,000
TA250 (247cc twin)	2,100	3,150	4,730	6,300	8,400	10,500
RD350 (347cc twin)	480	720	1,080	1,440	1,920	2,400
TZ350 (347cc twin)	2,600	3,900	5,850	7,800	10,400	13,000
MX360 (360cc single)	340	510	770	1,020	1,360	1,700
RT3 (360cc single)	700	1,050	1,580	2,100	2,800	3,500
MX500 (500cc single)	420	630	950	1,260	1,680	2,100
SC500 (500cc single)	420	630	950	1,260	1,680	2,100
TX500 (500cc twin)	600	900	1,350	1,800	2,400	3,000
TX650 (654cc twin)	1,000	1,500	2,250	3,000	4,000	5,000
TX750 (743cc twin)	800	1,200	1,800	2,400	3,200	4,000
1974						
GT80A (73cc single)	320	480	720	960	1,280	1,600
GTMXA (73cc single)	320	480	720	960	1,280	1,600
TY 80A (73cc single)	320	480	720	960	1,280	1,600
YZ80A (73cc single)	320	480	720	960	1,280	1,600
DT100A (90cc single)	280	420	630	840	1,120	1,400
MX100A (98cc single)	280	420	630	840	1,120	1,400
DT125A (123cc single)	290	440	650	870	1,160	1,450
MX125A (123cc single)	290	440	650	870	1,160	1,450
TA125A (125cc twin)	1,700	2,550	3,830	5,100	6,800	8,500
YZ125A (125cc single)	280	420	630	840	1,120	1,400
DT175A (171cc single)	320	480	720	960	1,280	1,600
MX175A (171cc single)	320	480	720	960	1,280	1,600
RD200A (195cc twin)	420	630	950	1,260	1,680	2,100
DT250A (246cc single)	480	720	1,080	1,440	1,920	2,400
MX250A (246cc single)	480	720	1,080	1,440	1,920	2,400
RD250A (247cc twin)	510	770	1,150	1,530	2,040	2,550
TY250A (247cc twin)	320	480	720	960	1,280	1,600
TZ250A (247cc twin)	2,400	3,600	5,400	7,200	9,600	12,000
YZ250A (247cc single)	280	420	630	840	1,120	1,400
RD350A (347cc twin)	700	1,050	1,580	2,100	2,800	3,500
RD350B (347cc twin)	550	830	1,240	1,650	2,200	2,750
TZ350A (347cc twin)	2,600	3,900	5,850	7,800	10,400	13,000
DT360A (352cc single)	400	600	900	1,200	1,600	2,000
MX360A (352cc single)	320	480	720	960	1,280	1,600
YZ360A (360cc single)	380	570	860	1,140	1,520	1,900
SC500A (500cc single)	380	570	860	1,140	1,520	1,900
TX650A (654cc twin)	1,000	1,500	2,250	3,000	4,000	5,000
TZ700A (698cc four)	4,000	6,000	9,000	12,000	16,000	20,000
TX750 (743cc twin)	800	1,200	1,800	2,400	3,200	4,000
1975						
GT80B (73cc single)	320	480	720	960	1,280	1,600
GTMXB (73cc single)	320	480	720	960	1,280	1,600
TY80B (73cc single)	320	480	720	960	1,280	1,600
YZ80B (73cc single)	320	480	720	960	1,280	1,600
DT100B (98cc single)	280	420	630	840	1,120	1,400
DT100B5 (98cc single)	280	420	630	840	1,120	1,400
MX100B (98cc single)	260	390	590	780	1,040	1,300
DT125B (123cc single)	290	440	650	870	1,160	1,450
MX125B (123cc single)	290	440	650	870	1,160	1,450
RD125B (125cc twin)	280	420	630	840	1,120	1,400
TA1 (125cc twin)	1,800	2,700	4,050	5,400	7,200	9,000
YZ125B (125cc single)	280	420	630	840	1,120	1,400
DT175B (171cc single)	320	480	720	960	1,280	1,600
MX175B (171cc single)	320	480	720	960	1,280	1,600
TY175B (171cc single)	320	480	720	960	1,280	1,600
RD200B (195cc twin)	420	630	950	1,260	1,680	2,100
DT250B (246cc single)	480	720	1,080	1,440	1,920	2,400
MX250B (246cc single)	480	720	1,080	1,440	1,920	2,400
RD250B (247cc twin)	480	720	1,080	1,440	1,920	2,400
TZ250B (247cc twin)	2,400	3,600	5,400	7,200	9,600	12,000

YAMAHA

	6	5	4	3	2	1
YZ250B (247cc single)	280	420	630	840	1,120	1,400
RD350B (347cc twin)	550	830	1,240	1,650	2,200	2,750
TZ350B (347cc twin)	2,600	3,900	5,850	7,800	10,400	13,000
YZ360B (360cc single)	380	570	860	1,140	1,520	1,900
DT400B (397cc single)	400	600	900	1,200	1,600	2,000
MX400B (397cc single)	380	570	860	1,140	1,520	1,900
XS500B (499cc twin)	600	900	1,350	1,800	2,400	3,000
XS650B (654cc twin)	800	1,200	1,800	2,400	3,200	4,000
TZ750B (750cc four)	3,800	5,700	8,550	11,400	15,200	19,000
1976						
GT80C (73cc single)	320	480	720	960	1,280	1,600
GTMXC (73cc single)	320	480	720	960	1,280	1,600
YZ80C (73cc single)	320	480	720	960	1,280	1,600
RS100C (97cc single)	320	480	720	960	1,280	1,600
DT100C (98cc single)	330	500	740	990	1,320	1,650
YZ100C (98cc single)	330	500	740	990	1,320	1,650
DT125C (123cc single)	340	510	770	1,020	1,360	1,700
MX125C (123cc single)	340	510	770	1,020	1,360	1,700
RD125C (125cc twin)	380	570	860	1,140	1,520	1,900
YZ125C (125cc single)	400	600	900	1,200	1,600	2,000
YZ125X (125cc single)	400	600	900	1,200	1,600	2,000
DT175C (171cc single)	400	600	900	1,200	1,600	2,000
TY175C (171cc single)	400	600	900	1,200	1,600	2,000
YZ175C (174cc single)	400	600	900	1,200	1,600	2,000
RD200C (195cc twin)	420	630	950	1,260	1,680	2,100
DT250C (246cc single)	480	720	1,080	1,440	1,920	2,400
TY250C (247cc twin)	480	720	1,080	1,440	1,920	2,400
TZ250C (247cc twin)	2,400	3,600	5,400	7,200	9,600	12,000
YZ250C (247cc single)	400	600	900	1,200	1,600	2,000
XS360C (358cc twin)	400	600	900	1,200	1,600	2,000
RD400C (399cc twin)	550	830	1,240	1,650	2,200	2,750
YZ400C (399cc single)	380	570	860	1,140	1,520	1,900
TT500C (499cc single)	400	600	900	1,200	1,600	2,000
XS500C (499cc twin)	380	570	860	1,140	1,520	1,900
XT500C (499cc single)	600	900	1,350	1,800	2,400	3,000
XS650C (654cc twin)	800	1,200	1,800	2,400	3,200	4,000
TZ750C (750cc four)	3,800	5,700	8,550	11,400	15,200	19,000
1977						
GTMXD (73cc single)	300	450	680	900	1,200	1,500
YZ80D (73cc single)	300	450	680	900	1,200	1,500
DT100D (98cc single)	300	450	680	900	1,200	1,500
YZ100D (98cc single)	300	450	680	900	1,200	1,500
YZ125D (125cc single)	320	480	720	960	1,280	1,600
IT175D (171cc single)	320	480	720	960	1,280	1,600
TY250D (243cc twin)	350	530	790	1,050	1,400	1,750
DT250D (246cc single)	350	530	790	1,050	1,400	1,750
IT250D (246cc single)	350	530	790	1,050	1,400	1,750
TZ250D (247cc twin)	2,200	3,300	4,950	6,600	8,800	11,000
YZ250D (247cc single)	380	570	860	1,140	1,520	1,900
XS360D (358cc twin)	400	600	900	1,200	1,600	2,000
XS400D (392cc twin)	400	600	900	1,200	1,600	2,000
DT400D (397cc single)	420	630	950	1,260	1,680	2,100
IT400D (399cc single)	420	630	950	1,260	1,680	2,100
RD400D (399cc twin)	420	630	950	1,260	1,680	2,100
YZ400D (399cc single)	2,400	3,600	5,400	7,200	9,600	12,000
TT500D (499cc single)	420	630	950	1,260	1,680	2,100
XS500D (499cc twin)	440	660	990	1,320	1,760	2,200
XT500D (499cc single)	380	570	860	1,140	1,520	1,900
XS650D (654cc twin)	800	1,200	1,800	2,400	3,200	4,000
XS750D (747cc triple)	700	1,050	1,580	2,100	2,800	3,500
TZ750D (750cc four)	3,400	5,100	7,650	10,200	13,600	17,000
1978						
GT80E (73cc single)	300	450	680	900	1,200	1,500
YZ80E (73cc single)	300	450	680	900	1,200	1,500
DT100E (98cc single)	300	450	680	900	1,200	1,500
YZ100E (98cc single)	300	450	680	900	1,200	1,500
DT125E (123cc single)	300	450	680	900	1,200	1,500
YZ125E (125cc single)	300	450	680	900	1,200	1,500
DT175E (171cc single)	360	540	810	1,080	1,440	1,800
IT175E (171cc single)	360	540	810	1,080	1,440	1,800
DT250E (246cc single)	370	560	830	1,110	1,480	1,850
IT250E (246cc single)	370	560	830	1,110	1,480	1,850
TZ250E (247cc twin)	2,400	3,600	5,400	7,200	9,600	12,000
YZ250E (247cc single)	380	570	860	1,140	1,520	1,900
XS400-2E (392cc twin)	420	630	950	1,260	1,680	2,100
XS400E (392cc twin)	420	630	950	1,260	1,680	2,100
DT400E (397cc single)	400	600	900	1,200	1,600	2,000
IT400E (399cc single)	400	600	900	1,200	1,600	2,000

	6	5	4	3	2	1
RD400E (399cc twin)	400	600	900	1,200	1,600	2,000
YZ400E (399cc single)	400	600	900	1,200	1,600	2,000
SR500E (499cc single)	420	630	950	1,260	1,680	2,100
TT500E (499cc single)	480	720	1,080	1,440	1,920	2,400
XS500E (499cc twin)	380	570	860	1,140	1,520	1,900
XT500E (499cc single)	400	600	900	1,200	1,600	2,000
XS650E (654cc twin)	800	1,200	1,800	2,400	3,200	4,000
XS650SE (654cc twin)	800	1,200	1,800	2,400	3,200	4,000
XS750E (747cc triple)	700	1,050	1,580	2,100	2,800	3,500
XS750SE (747cc triple)	700	1,050	1,580	2,100	2,800	3,500
TZ750E (750cc four)	3,400	5,100	7,650	10,200	13,600	17,000
XS1100E (1,101cc four)	1,000	1,500	2,250	3,000	4,000	5,000
1979						
GT80F (73cc single)	300	450	680	900	1,200	1,500
GTMXF (73cc single)	300	450	680	900	1,200	1,500
YZ80F (73cc single)	300	450	680	900	1,200	1,500
DT100F (98cc single)	300	450	680	900	1,200	1,500
MX100F (98cc single)	300	450	680	900	1,200	1,500
YZ100F (98cc single)	300	450	680	900	1,200	1,500
DT125F (123cc single)	310	470	700	930	1,240	1,550
YZ125F (125cc single)	310	470	700	930	1,240	1,550
DT175F (171cc single)	340	510	770	1,020	1,360	1,700
IT175F (171cc single)	340	510	770	1,020	1,360	1,700
MX175F (171cc single)	340	510	770	1,020	1,360	1,700
DT250F (246cc single)	360	540	810	1,080	1,440	1,800
IT250F (246cc single)	360	540	810	1,080	1,440	1,800
YZ250F (247cc single)	380	570	860	1,140	1,520	1,900
XS400-2F (392cc twin)	420	630	950	1,260	1,680	2,100
IT400F (399cc single)	400	600	900	1,200	1,600	2,000
RD400F (399cc twin)	400	600	900	1,200	1,600	2,000
RD400F Daytona Special (399cc twin)	660	990	1,490	1,980	2,640	3,300
YZ400F (399cc single)	400	600	900	1,200	1,600	2,000
SR500F (499cc single)	420	630	950	1,260	1,680	2,100
TT500 (499cc single)	380	570	860	1,140	1,520	1,900
XT500F (499cc twin)	800	1,200	1,800	2,400	3,200	4,000
XS650-2F (654cc twin)	800	1,200	1,800	2,400	3,200	4,000
XS750-2F (747cc triple)	440	660	990	1,320	1,760	2,200
XS1100F (1,101cc four)	1,000	1,500	2,250	3,000	4,000	5,000
XS1100SF (1,101cc four)	1,000	1,500	2,250	3,000	4,000	5,000
1980						
YZ50G (49cc single)	260	390	590	780	1,040	1,300
GT80G (73cc single)	300	450	680	900	1,200	1,500
MX80G (73cc single)	300	450	680	900	1,200	1,500
YZ80G (73cc single)	300	450	680	900	1,200	1,500
DT100G (98cc single)	300	450	680	900	1,200	1,500
MX100G (98cc single)	300	450	680	900	1,200	1,500
YZ100G (98cc single)	300	450	680	900	1,200	1,500
DT125G (123cc single)	310	470	700	930	1,240	1,550
IT125G (125cc single)	310	470	700	930	1,240	1,550
YZ125G (125cc single)	310	470	700	930	1,240	1,550
DT175G (171cc single)	310	470	700	930	1,240	1,550
IT175G (171cc single)	320	480	720	960	1,280	1,600
MX175G (171cc single)	320	480	720	960	1,280	1,600
IT250G (246cc single)	360	540	810	1,080	1,440	1,800
YZ250G (247cc single)	360	540	810	1,080	1,440	1,800
XT250G (249cc single)	360	540	810	1,080	1,440	1,800
SR250G (250cc single)	400	600	900	1,200	1,600	2,000
TT250G (250cc single)	400	600	900	1,200	1,600	2,000
XS400G (392cc twin)	440	660	990	1,320	1,760	2,200
XS400SG (392cc twin)	440	660	990	1,320	1,760	2,200
IT425G (425cc single)	420	630	950	1,260	1,680	2,100
YZ465G (465cc single)	470	710	1,060	1,410	1,880	2,350
SR500G (499cc single)	420	630	950	1,260	1,680	2,100
TT500G (499cc single)	420	630	950	1,260	1,680	2,100
XT500G (499cc single)	480	720	1,080	1,440	1,920	2,400
XJ650G (653cc four)	460	690	1,040	1,380	1,840	2,300
XS650G (654cc twin)	800	1,200	1,800	2,400	3,200	4,000
XS650SG (654cc twin)	800	1,200	1,800	2,400	3,200	4,000
XS850G (826cc triple)	800	1,200	1,800	2,400	3,200	4,000
XS1100G (1,101cc four)	800	1,200	1,800	2,400	3,200	4,000
XS1100SG (1,101cc four)	800	1,200	1,800	2,400	3,200	4,000